Mit freundlicher
Empfehlung

# Meyers Taschen Lexikon A–Z

**6., neu bearbeitete Auflage**

Herausgegeben und bearbeitet
von Meyers Lexikonredaktion

**B.I.-Taschenbuchverlag**
Mannheim · Leipzig · Wien · Zürich

**Redaktionelle Leitung** Dr. Annette Zwahr
**Redaktion** Jutta Arndt, Dörte Brox, Ursula Butzek, Konrad Fehr, Sigrid Filtzer, Dr. Hannelore Gärtner, Thomas Handschel, Gudrun Jeschke, Hedi Kätzel, Lutz Krupke, Rumen Kujumdshiev, Jutta Lange, Karin Müller-Syring, Knut Neubauer, Siegrun Paulick, Claudia Pein, Bernd Rohr, Ute Rosner, Birgitt Sandke, Martina Schmidt, Dr. Andreas Schneider, Ingrid Schröder, Inge Steinhäußer, Gunther Tröbs, Gudrun Vogel

Die Deutsche Bibliothek -CIP- Einheitsaufnahme
Ein Titeldatensatz für diese Publikation ist
bei der Deutschen Bibliothek erhältlich.



Das Werk folgt der neuen Rechtschreibung.


**Satz** A–Z Satztechnik GmbH, Mannheim
(PageOne, alfa Media Partner GmbH)
**Papier** PlanoJet holzfrei hochweiß matt Preprint
**Druck** Appl, Wemding
**Bindearbeit** Sigloch, Blaufelden
**Umschlaggestaltung** Bettina Bank, Heidelberg

Printed in Germany

ISBN 3-411-10136-9

# Vorwort

**Meyers Taschenlexikon A–Z** behauptet sich neben Meyers Großem Taschenlexikon in 25 Bänden nun schon in der 6. Auflage. Das handliche, völlig neu bearbeitete Werk bietet in rund 45 000 Stichwörtern das Wichtigste aus Gesellschaft, Politik, Wirtschaft und Finanzen, Wissenschaft, Technik, Kultur, Sport und Alltag.
Die verständlich und präzise formulierten Texte schließen Wissenslücken, die alltäglich auftreten können, sodass sich dieses Lexikon hervorragend für den Gebrauch in Schule, Ausbildung, Beruf und Freizeit eignet. Auch die rund 1000 farbigen Abbildungen, die zahlreichen Grafiken, Karten und Übersichten, die die Informationen ergänzen und veranschaulichen, lassen das Nachschlagen zum Vergnügen werden.

Leipzig und Mannheim, im Sommer 2002
Verlag und Herausgeber

# Hinweise für den Benutzer

## REIHENFOLGE UND SCHREIBWEISE DER STICHWÖRTER

Als Stichwort gilt der fett gedruckte Begriff am Anfang eines Artikels. Er kann aus einem oder mehreren Buchstaben bzw. Zeichen oder aus einem bzw. mehreren Wörtern bestehen. Die Einordnung der Stichwörter erfolgt alphabetisch vom ersten bis zum letzten fett gedruckten Buchstaben, auch wenn das Stichwort aus mehreren Wörtern zusammengesetzt ist, z. B. Neues Testament.
Die Umlaute ä, ö, ü werden wie die Buchstaben a, o und u behandelt. Die Verbindungen ae, oe, ue, auch wenn sie wie Umlaute gesprochen werden, sind dem Schriftbild entsprechend eingeordnet. Buchstaben mit diakritischen Zeichen sind gleichen Buchstaben ohne diakritisches Zeichen nachgeordnet, z. B. Abbe, Abbé.

Für die Schreibung der Stichwörter gilt allgemein die Dudenschreibweise.
Stichwörter aus Sprachen mit Lateinschrift erscheinen in der Originalschreibweise, einschließlich der in den verschiedenen Sprachen üblichen diakritischen und Sonderzeichen.
Wörter aus Sprachen mit nichtlateinischer Schrift werden in einer der Aussprache oder dem allgemeinen Sprachgebrauch angepassten Umschrift (Transkription) gebracht.
Stichwörter aus dem Chinesischen werden im Allgemeinen in der amtlichen chinesischen Lateinumschrift (Pinyin-Transkription) angegeben.
Von wichtigen Schreibvarianten wurde in zahlreichen Fällen auf die Hauptform verwiesen.

## BETONUNG UND AUSSPRACHE

Die Personen- und geographischen Namen und z. T. die fremdsprachigen Stichwörter sowie das gesamte Fremdwortgut haben als Betonungshilfen einen Punkt (bedeutet Kürze) oder einen Strich (bedeutet Länge) unter dem betonten Laut. Bei mehreren möglichen Betonungen erfolgt die Betonungsangabe in eckigen Klammern.

Wird die Aussprache eines Stichwortes in eckigen Klammern angegeben, wird eine phonetische Umschrift verwendet, die dem Internationalen Lautschriftsystem der International Phonetic Association (IPA) folgt. Bedürfen nur Teile der Aussprachehilfe, steht für die anderen ein Bindestrich. Die Zeichen bedeuten:

- a = helles a, dt. Blatt, frz. patte
- ɑ = dunkles a, dt. war, engl. rather
- ã = nasales a, frz. grand
- ʌ = dumpfes a, engl. but
- β = halboffener Reibelaut b, span. Habanera
- ç = Ichlaut, dt. mich
- ð = stimmhaftes engl. th, engl. the
- æ = breites ä, dt. Äther
- ɛ = offenes e, dt. fett
- e = geschlossenes e, dt. Beet
- ə = dumpfes e, dt. alle
- ɛ̃ = nasales e, frz. fin
- ɣ = geriebenes g, Segovia
- i = geschlossenes i, dt. Wiese
- ɪ = offenes i, dt. bitte
- ʎ = lj, span. Sevilla
- ŋ = ng-Laut, dt. Hang
- ɲ = nj-Laut, frz. Champagne
- ɔ = offenes o, dt. Kopf
- o = geschlossenes o, dt. Tor
- õ = nasales o, frz. bon
- ø = geschlossenes ö, dt. Höhle
- œ = offenes ö, dt. Hölle
- œ̃ = nasales ö, frz. parfum
- s = stimmloses s, dt. was
- z = stimmhaftes s, dt. singen
- ʃ = stimmloses sch, dt. Schuh
- ʒ = stimmhaftes sch, Regie
- θ = stimmloses th, engl. thing
- u = geschlossenes u, dt. Kuh
- ʊ = offenes u, dt. bunt
- v = stimmhaftes w, dt. Wald
- w = halbvokalisches w, engl. well
- x = Achlaut, dt. Krach
- y = geschlossenes ü, dt. Mütze
- ɥ = konsonantisches y, frz. Suisse
- ː = bezeichnet Länge des vorhergehenden Vokals
- ˈ = bezeichnet Betonung und steht vor der betonten Silbe, z. B. ˈætlɪ = Attlee

b, d, f, g, h, j, k, l, m, n, p, r, t geben in den meisten Sprachen etwa den Lautwert wieder, den sie im Deutschen haben.

## SPRACHLICHE HERKUNFT DER WÖRTER UND VERWEISUNGEN

Herkunftsangaben stehen in der eckigen Klammer hinter dem Stichwort. Sie sind auf die kürzestmögliche Form gebracht. Im Allgemeinen wird nur die Herkunftssprache genannt, z. B. anno [lat.]; wenn die wörtliche deutsche Entsprechung des fremden Begriffs von Bedeutung ist, wird sie angegeben.

Verweisungen sollen helfen, den Inhalt des Lexikons allseitig zu erschließen. Der Pfeil (↑) fordert auf, beim dahinter stehenden Stichwort nachzuschlagen, um weitere Informationen zu erhalten, die zum besseren Verständnis erforderlich sind. Hinweise auf Bilder und Karten stehen ohne Verweispfeil.

## VERZEICHNIS DER ABKÜRZUNGEN

| | |
|---|---|
| Abb. | Abbildung |
| Abg. | Abgeordneter |
| Abk. | Abkürzung |
| Abt. | Abteilung |
| afrik. | afrikanisch |
| A.-Masse | Atommasse |
| ags. | angelsächsisch |
| ahd. | althochdeutsch |
| akad. | akademisch |
| Akad. | Akademie |
| allg. | allgemein |
| allm. | allmählich |
| amer. | amerikanisch |
| anat. | anatomisch |
| Anf. | Anfang |
| aram. | aramäisch |
| argent. | argentinisch |
| Art. | Artikel |
| ASSR | Autonome Sozialistische Sowjetrepublik |
| at. | alttestamentlich |
| A. T. | Altes Testament |
| Atm. | Atmosphäre |
| Aus.-B. | Ausbildungsberuf |
| ausgen. | ausgenommen |
| außerh. | außerhalb |
| Ausw. | Auswahl |
| b. | bei; bis |
| B.- | Bundes... |
| ba.-wü. | baden-württembergisch |
| Ba.-Wü. | Baden-Württemberg |
| Bay. | Bayern |
| Bbg. | Brandenburg |
| BdL | Bank deutscher Länder |
| bearb. | bearbeitet |
| Bearb. | Bearbeitung |
| bed. | bedeutend |
| Bed. | Bedeutung |
| beg. | begonnen |
| begr. | begründet[e] |
| Begr. | Begründer |
| bek. | bekannt |
| ben. | benannt |
| bes. | besondere; besonders |
| best. | bestimmt[e] |
| betr. | betreffend |
| Bev. | Bevölkerung |
| bez. | bezeichnet |
| Bez. | Bezeichnung; Bezirk |
| boliv. | boliv[ian]isch |
| Bot. | Botanik |
| BR | Bundesrepublik |
| brasil. | brasilianisch |
| BRD | Bundesrepublik Deutschland |
| C | Celsius |
| charakt. | charakteristisch |
| chin. | chinesisch |
| d. | der, die, das |
| d. Ä. | der Ältere |
| dargest. | dargestellt |
| Darst. | Darstellung |
| DDR | Deutsche Demokratische Republik |
| Dép. | Département |
| dgl. | dergleichen; desgleichen |
| d. h. | das heißt |
| Dir. | Direktor |
| Distr. | Distrikt |
| d. J. | der Jüngere |
| Doz. | Dozent |
| dt. | deutsch |
| Dtl. | Deutschland |
| durchschn. | durchschnittlich |
| Dyn. | Dynastie |
| E | Einwohner |
| ehem. | ehemalig, ehemals |
| Eigensch. | Eigenschaft |
| eigtl. | eigentlich |
| Einfl. | Einfluss |
| einschl. | einschließlich |
| El. | Element[e] |
| entspr. | entsprechend |
| entw. | entweder |
| Entw. | Entwicklung |
| erb. | erbaut |
| erfolgr. | erfolgreich |
| erh. | erhalten |
| Erz. | Erzählung |
| Erzb. | Erzbischof |
| europ. | europäisch |
| ev. | evangelisch |
| f. | folgende; für |
| Fa. | Firma |
| Fabr. | Fabrik; Fabrikation |
| Fam. | Familie |
| ff. | folgende |
| FH | Fachhochschule |
| Fin. | Finanz[en] |
| Fl. | Fluss |
| Forts. | Fortsetzung |
| fotogr. | fotografisch |
| Fotogr. | Fotografie |
| Fp. | Fließpunkt (Schmelzpunkt) |
| fr. | früher[e] |
| französ. | französierend |
| Frhr. | Freiherr |
| Frkr. | Frankreich |
| fruchtb. | fruchtbar |
| frz. | französisch |
| Ft. | Fürstentum |
| Gatt. | Gattung |
| geb. | geboren[e] |
| Geb. | Gebirge |
| Ged. | Gedicht |
| gegr. | gegründet |
| Gem. | Gemahl[in]; Gemeinde |
| gen. | genannt |
| Gen. | General |
| Ger. | Gericht |
| ges. | gesamt |
| Ges. | Gesellschaft; Gesetz |
| Gesch. | Geschichte |
| Gew. | Gewicht |
| Gf. | Graf |
| Gfn. | Gräfin |
| Gft. | Grafschaft |
| GG | Grundgesetz |
| gg. | gegen |
| ggf. | gegebenenfalls |
| ggs. | gegensätzlich |
| Ggs. | Gegensatz |
| Gouv. | Gouvernement |
| gr. | groß |
| gr., griech. | griechisch |
| Gramm. | Grammatik |
| Großbrit. | Großbritannien |
| H. d. | Hälfte des |
| hebr. | hebräisch |
| hergest. | hergestellt |
| Herst. | Herstellung |
| hg. | herausgegeben |
| Hg. | Herausgeber |
| Hk. | Handwerk |
| hl. | heilig[e] |
| holl. | holländisch |
| hpts. | hauptsächlich |
| Hptst. | Hauptstadt |
| Hzg. | Herzog |
| Hzgn. | Herzogin |
| Hzgt. | Herzogtum |
| i. Allg. | im Allgemeinen |
| idgm. | indogermanisch |
| i. d. R. | in der Regel |
| i. e. S. | im engeren Sinne |
| IHK | Industrie- und Handelskammer |
| ind. | industriell[e] |
| Ind. | Industrie |
| Ing. | Ingenieur |
| innerh. | innerhalb |
| Inst. | Institut |
| isl. | isländisch |
| isr. | israelisch |
| ital. | italienisch |
| i. w. S. | im weiteren Sinne |
| J. | Jahr[e] |
| jap. | japanisch |
| Jh. | Jahrhundert |
| Jt. | Jahrtausend |
| Kap. | Kapital |
| kath. | katholisch |
| Kathedr. | Kathedrale |
| Kfz | Kraftfahrzeug |
| KG | Kommanditgesellschaft |
| Kg. | König |
| kgl. | königlich |
| Kgn. | Königin |
| Kgr. | Königreich |
| kl. | klein |
| Kl. | Klasse |
| klim. | klimatisch |
| kolumb. | kolumb[ian]isch |

**VERZEICHNIS DER ABKÜRZUNGEN** (Fortsetzung)

| | |
|---|---|
| konst. | konstant |
| konstit. | konstitutionell |
| Kr. | Kreis |
| Krfst. | Kurfürst |
| Krfstn. | Kurfürstin |
| krsfr. | kreisfrei |
| Krst. | Kreisstadt |
| Ks. | Kaiser |
| Ksn. | Kaiserin |
| Kt. | Kanton |
| Kurzw. | Kurzwort |
| kW | Kilowatt |
| Kw. | Kunstwort |
| kWh | Kilowattstunde |
| KZ | Konzentrationslager |
| l. | links; linker |
| landw. | landwirtschaftlich |
| Landw. | Landwirtschaft[s-] |
| lat. | lateinisch |
| latin. | latinisiert |
| Ldsch. | Landschaft |
| LG | Landgericht |
| lib. | liberal |
| Lit. | Literatur |
| lothr. | lothringisch |
| Lothr. | Lothringen |
| lt. | laut (gemäß) |
| luth. | lutherisch |
| M- | Mittel... |
| ma. | mittelalterlich |
| MA | Mittelalter |
| Masch. | Maschine |
| math. | mathematisch |
| Math. | Mathematik |
| Mckbg. | Mecklenburg |
| Mckbg.-Vorp. | Mecklenburg-Vorpommern |
| MdB | Mitglied des Bundestages |
| Mdg. | Mündung |
| MdL | Mitglied des Landtages |
| MdR | Mitglied des Reichstages |
| mech. | mechanisch |
| Mech. | Mechanik |
| med. | medizinisch |
| Med. | Medizin |
| mehr. | mehrere |
| mex. | mexikanisch |
| mgr. | mittelgriechisch |
| mhd. | mittelhochdeutsch |
| mil. | militärisch |
| Mil. | Militär |
| Mill. | Million[en] |
| min, Min. | Minute |
| Min. | Minister[ium] |
| mind. | mindestens |
| Mitarb. | Mitarbeit[er] |
| Mitgl. | Mitglied[er] |
| mittl. | mittlere |
| mlat. | mittellateinisch |
| mod. | modern |
| Mrd. | Milliarde[n] |
| Mrz. | Mehrzahl |
| N | Nord[en] |
| Nachf. | Nachfolge[r] |
| nat. | national |
| nat.-soz. | national-sozialistisch |
| Nat.-Soz. | Nationalsozialismus |
| Nbfl. | Nebenfluss |
| n. Br. | nördliche Breite |
| Nd.- | Nieder... |
| Nds. | Niedersachsen |
| neugr. | neugriechisch |
| nhd. | neuhochdeutsch |
| niederl. | niederländisch |
| nlat. | neulateinisch |
| NO | Nordost[en] |
| nö. | nordöstlich |
| NRW | Nordrhein-Westfalen |
| nt. | neutestamentlich |
| N.T. | Neues Testament |
| NW | Nordwest[en] |
| nw. | nordwestlich |
| O | Ost[en] |
| o.ä. | oder ähnlich |
| o.Ä. | oder Ähnliches |
| Obb. | Oberbayern |
| obh. | oberhalb |
| od. | oder |
| öff. | öffentlich |
| offiz. | offiziell |
| Ofr. | Oberfranken |
| ö. L. | östliche Länge |
| OLG | Oberlandesgericht |
| Opt. | Optik |
| Ordn. | Ordnung |
| orient. | orientalisch |
| orth. | orthodox |
| östr. | österreichisch |
| Östr. | Österreich[er] |
| OZ | Ordnungszahl |
| pädag. | pädagogisch |
| Pädag. | Pädagogik |
| Pfl. | Pflanze[n] |
| PH | Pädagogische Hochschule |
| philos. | philosophisch |
| Philos. | Philosophie |
| Pol. | Politik |
| portug. | portugiesisch |
| Präs. | Präsident |
| Prof. | Professor |
| Progr. | Programm |
| prot. | protestantisch |
| Prov. | Provinz |
| Pseud. | Pseudonym |
| Pt. | Punkt |
| r. | rechts; rechter |
| R.- | Reichs... |
| rd. | rund |
| ref. | reformiert |
| reg. | regiert[e] |
| Reg. | Regierung |
| rel. | relativ |
| relig. | religiös |
| Rep. | Republik |
| Rhld. | Rheinland |
| RP | Rheinland-Pfalz |
| s | Sekunde |
| S | Süd[en] |
| s. | seit |
| Sa. | Sachsen |
| Sa.-Anh. | Sachsen-Anhalt |
| sanskr. | sanskritisch |
| s. Br. | südliche Breite |
| SBZ | Sowjetische Besatzungszone |
| ...sch. | ...schule |
| Schl.-Ho. | Schleswig-Holstein |
| sec, sek, Sek. | Sekunde |
| Sekr. | Sekretär |
| selbst. | selbstständig |
| senkr. | senkrecht |
| skand. | skandinavisch |
| Slg. | Sammlung |
| SO | Südost[en] |
| sö. | südöstlich |
| sowj. | sowjetisch |
| soz. | sozial |
| Sp. | Siedepunkt |
| Spr. | Sprache |
| SSR | Sozialistische Sowjetrepublik |
| St. | Sankt; Stadt |
| Std. | Stunde |
| stellvertr. | stellvertretend |
| Str. | Straße |
| svw. | so viel wie |
| SW | Südwest[en] |
| sw. | südwestlich |
| Symb. | Symbol |
| Tab. | Tabelle |
| teilw. | teilweise |
| Temp. | Temperatur |
| TH | Technische Hochschule |
| Thür. | Thüringen |
| tradit. | traditionell |
| TU | Technische Universität |
| u. | und |
| u.a. | und anderes; unter anderem |
| u.Ä. | und Ähnliches |
| übers. | übersetzt |
| Übers. | Übersetzung; Übersetzer; Übersicht |
| übertr. | übertragen |
| überw. | überwiegend |
| u.d.M. | unter dem Meeresspiegel |
| ü.d.M. | über dem Meeresspiegel |
| u.d.T. | unter dem Titel |
| Ufr. | Unterfranken |
| ugs. | umgangssprachlich |
| umfangr. | umfangreich |
| unabh. | unabhängig |

## VERZEICHNIS DER ABKÜRZUNGEN (Fortsetzung)

| | |
|---|---|
| Univ. | Universität; Université; University |
| unterh. | unterhalb |
| urspr. | ursprünglich |
| u. v. a. | und viele[s] andere |
| v. | von |
| v. a. | vor allem |
| VAR | Vereinigte Arabische Republik |
| venezol. | venezolanisch |
| verarb. | verarbeitet; verarbeitend |
| Verarb. | Verarbeitung |
| Verbdg. | Verbindung |
| verf. | verfasste |
| Verf. | Verfasser; Verfassung |
| verh. | verheiratet |
| veröff. | veröffentlicht[e] |
| Veröff. | Veröffentlichung |
| Vers. | Versammlung |
| versch. | verschieden |
| Vertr. | Vertrag; Vertreter |
| verw. | verwendet |
| Verw. | Verwaltung |
| vis. | visuell |
| vollst. | vollständig |
| Vors. | Vorsitz; Vorsitz[end]er |
| vorw. | vorwiegend |
| VR | Volksrepublik |
| W | West[en] |
| waagr. | waagerecht |
| wahrsch. | wahrscheinlich |
| wirtsch. | wirtschaftlich |
| Wirtsch. | Wirtschaft[s-] |
| wiss. | wissenschaftlich |
| Wiss. | Wissenschaft[s-] |
| w. L. | westliche Länge |
| wm. | weidmännisch |
| württ. | württembergisch |
| Württ. | Württemberg |
| Wwschaft | Woiwodschaft |
| Z- | Zentral... |
| zahlr. | zahlreich |
| Zeich. | Zeichen |
| zeitw. | zeitweise |
| ZK | Zentralkomitee |
| z. [gr.] T. | zum [großen] Teil |
| zus. | zusammen |
| zw. | zwischen |

**Abgekürzt werden häufig die Endungen:**

| | |
|---|---|
| ...bar | (fruchtb. fruchtbar) |
| ...fach | (mehrf. mehrfach) |
| ...haft | (krankh. krankhaft) |
| ...ich | (peinl. peinlich) |
| ...ig | (förm. förmig) |
| ...isch | (chem. chemisch) |
| ...iv | (posit. positiv) |
| ...logie | (Biol. Biologie) |
| ...logisch | (biol. biologisch) |

Die angeführten Abkürzungen gelten auch für die flektierten Substantive (Adjektive, Verben) des entsprechenden Wortes (z. B. fruchtb. für fruchtbare, fruchtbarer, fruchtbares, fruchtbaren).

**Zeichen**

| | |
|---|---|
| * | geboren |
| ≈ | getauft |
| † | gestorben |
| ⚔ | gefallen |
| ⚭ | verheiratet |
| ♂ | männlich; Männchen, |
| ♀ | weiblich; Weibchen |
| ☠ | giftig |
| ® | Marke |
| Ø | Durchmesser |
| ☼ | Astronomie |
| ⌂ | Bauwesen, Baukunst |
| ⚒ | Bergbau, Hüttenwesen |
| ❀ | allgemeine Biologie, Genetik, Biochemie |
| | Botanik, Ackerbau |
| 🕮 | Buchherstellung, grafische Technik |
| | Chemie |
| ⚡ | Elektrotechnik, Elektronik |
| ⊕ | Geowissenschaften |
| 💻 | Computertechnik, Informatik |
| 🚗 | Kraftfahrzeug, Kraftverkehr |
| | Kunst |
| ✈ | Luftfahrt, Flughafen |
| √ | Mathematik |
| ⚕ | Medizin |
| | Militärwesen |
| 𝄞 | Musik |
| 📡 | Nachrichtentechnik |
| (Pä) | Pädagogik |
| (Ph) | Philosophie |
| ⚛ | Physik |
| (Ps) | Psychologie |
| ⚖ | Rechtswesen |
| ⚓ | Schifffahrt, Hafen |
| | Sport |
| (S) | Sprachwissenschaft |
| ⚙ | Technik |
| | Waidmannssprache |
| | Zoologie, Viehzucht |

Außer den oben aufgeführten Abkürzungen wurden allgemein übliche Abkürzungen verwendet. Zudem wurden Ableitungssilben abgekürzt, die leicht zu entschlüsseln sind. Alle Abkürzungen werden auch innerhalb zusammengesetzter Wörter (Komposita) gebraucht (z. B. Temp.-Bereich, Textilmasch.). Stichwörter, die sich im Text wiederholen, werden in der Regel, auch bei zusammengesetzten Wörtern, mit ihren Anfangsbuchstaben wiedergegeben (z. B. Bürgertum, Groß-B.).

# A

**a, 1)** Einheitenzeichen für: ↑Ar. **2)** Zeichen für: ↑Atto-. **3)** @ [ɛt], Sonderzeichen („Klammeraffe"), das bei E-Mail-Adressen zw. dem Namen des Empfängers u. der Zielanschrift steht.

**A, 1) a,** 1. Buchstabe des Alphabets. **2)** 𝄞 die 6. Stufe der C-Dur-Tonleiter; das eingestrichene a (a[1]) ist der Stimmton (↑Kammerton). **3)** Abk. für: Anno (↑Anno Domini). **4)** Einheitenzeichen für: ↑Ampere.

**à** [frz.], zu, für, je, je zu, nach.

**Å,** Einheitenzeichen für: ↑**Å**ngström.

**a..., A..., an..., An...** [gr.], verneinende Vorsilbe.

**AA,** Abk. für: ↑**A**uswärtiges **A**mt.

**A. A.,** Abk. für: ↑Anonyme Alkoholiker.

**Aachen,** St. in NRW, 243 800 E; TH, FH, Museen; LG, IHK; Elektro-, Textil-, Glas-, Masch.-Ind.; Thermalquellen *(Bad A.).* – Röm. Gründung; 936–1531 Krönungsst. der Röm. Könige; bis 1794/1801 R.-St. – Dom *(A.er Münster)* mit Grab Karls d. Gr., Domschatz; got. Rathaus.

**Aaiún, El-,** Hauptort der Westsahara, rd. 139 000 E; nahebei Phosphatabbau; ⚓, ✈.

**Aale,** schlangenförm. Knochenfische; Schuppen sehr kl., keine Bauchflossen; im Süßwasser u. Meer. – *Flussaal* am bekanntesten, laicht in der Sargassosee u. stirbt dann; Larven wandern über den Atlantik, die europ., nordafrik. u. vorderasiat. Flüsse hinauf, teils zu Seen, leben dort als nächtl. Räuber, ♂♂ werden rd. 50, ♀♀ 100 cm lang; Speisefische; nach 5–7 J. Rückwanderung zum Meer u. dann zu den Laichplätzen in der Sargassosee.

**Aalen,** Krst. in Ba.-Wü., 66 500 E; Hütteniind.; ehem. Reichsstadt.

**Aalto,** Alvar, finn. Architekt, *1898, †1976; Vertreter der ↑organ. Architektur; u. a. Konzert- u. Kongresshaus in Helsinki.

**Aarau,** Hptst. des schweizer. Kt. Aargau, 15 700 E; spätma. Stadtbild; vielseit. Industrie.

**Aare,** schweizer. Nebenfluss des Rheins, 295 km.

**Aargau,** nordschweizer. Kt., 1 404 km², 540 000 E; Hptst. Aarau.

**Aaron,** älterer Bruder des Moses, erster Hoher Priester des Alten Bundes.

**Aas,** verwesender Tierkörper.

**Aasinsekten,** ernähren und entwickeln sich von/in Aas, bes. Aaskäfer (u. a. Totengräber), -fliegen.

**Abadan,** iran. Hafenst. im Mdg.-Gebiet des Schatt el-Arab, 310 000 E; Erdölraffinerie u. Export v. Erdölderivaten; ✈.

**Abaelard,** Peter, frz. Pierre **Abélard** [abe'la:r], frz. Theologe u. Philosoph der Scholastik, *1079, †1142; manche seiner Lehrsätze durch das Konzil von Sens (1141) verurteilt. Berühmt sein (von ihm frei gestalteter) Briefwechsel mit Héloise; nach Liebesbeziehung zu ihr entmannt.

**Abakus** [gr.], **1)** Rechen- od. Spielbrett der Antike. **2)** Deckplatte eines Säulenkapitells.

**Abandon** [abã'dɔ̃; frz.], Verzicht auf ein Recht zugunsten einer Gegenleistung.

**Abbado,** Claudio, ital. Dirigent, *1933; u. a. Chefdirigent der Berliner Philharmoniker.

**Abbas** Ibn Abd al-Muttalib, *um 565, †um 653, Onkel Mohammeds, Ahnherr der *Abbasiden* (Kalifendynastie, regierte 750–1258 in Bagdad, danach bis 1517 in Kairo).

**Abbas I.,** der Große, Schah von Persien (1587–1629), *1571, †1629; erhebl. Gebietserweiterungen.

**Abbau, 1)** Spaltung komplizierter gr. in einfache kl. Moleküle (z. B. Eiweiß in Aminosäuren). **2)** ⚒ Gewinnung nutzb. Bodenschätze im Untertage- od. Tagebau.

**Abbe,** Ernst, dt. Physiker u. Sozialpolitiker, *1840, †1905; Begr. der mod. opt. Technik; 1875 Teilhaber, 1889 Alleininhaber der Firma Carl Zeiss, Mitbegr. der Fa. „Jenaer Glaswerk Schott und Gen."; vorbildl. Sozialordnung in der v. A. gegr. *Carl-Zeiss-Stiftung:* Gewinnbeteiligung, Pensionskasse, Siedlungsbau.

**Abbé** [a'be; frz.], Titel der Weltgeistlichen in Frankreich.

**Abbildung, 1)** Optik: Projektion eines Gegenstandes durch ein opt. System auf eine Bildebene. – Abb. S. 12. **2)** √ eindeutige Überführung der Punkte einer Objektmenge *(Urbildpunkte)* in Punkte einer Bildmenge *(Bildpunkte).*

**Abbrand, 1)** die dem Brennstoff in einem Kernreaktor entnommene Energie, meist angegeben in Megawatt-Tag pro Tonne Brennstoff (1 MWd/t). **2)** in der Raketentechnik Verbrennung von Festtreibstoffen. **3)** beim Schmelzen von Metallen entstehender Oxidationsverlust.

**Abchasi|en,** autonome Rep. innerhalb Georgiens, erstreckt sich vom Schwarzen Meer in den Großen Kaukasus, 8 600 km², 537 000 E, Hptst. Suchumi. Die rd. 87 000 *Abchasen* sind ein nordwestkaukas. Volk. – Vom 8. bis 10. Jh. Kgr., kam 1810/64 unter russ. Herrschaft, 1921 eigenständige Sowjetrep., 1931 ASSR Georgiens. 1992 einseitige Unabhängigkeitserklärung; 1992–93 Kämpfe zw. georg. Truppen u. abchas. Milizen (Flucht bzw. Vertreibung v. 250 000 Georgiern). 1994 Waffenstillstand u. Stationierung v. GUS-Friedenstruppen; seitdem unter UN-Patronat Verhandlungen über den polit. Status von A., aber auch mehrfach neue Kämpfe.

**ABC-Waffen,** Sammelbez. für ↑**A**tomwaffen, ↑**b**iologische Waffen und ↑**c**hemische Waffen.

**Abd ar-Rahman** [-rax'ma:n], **1) A. ar-R. I.,** *731, †788, Begr. der

**Aachen:** *Aachener Münster mit Pfalzkapelle und gotischem Chor (Ansicht von Südosten)*

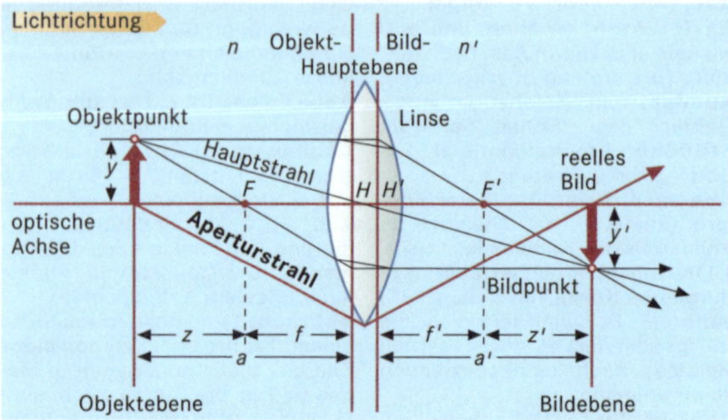


**Abbildung 1):** *reelle optische Abbildung durch eine bikonvexe Linse. Bildkonstruktion mithilfe der Hauptpunkte (H, H') und der Brennpunkte (F und F'). Es sind: f die objekt-, f' die bildseitige Brennweite, a die Objekt-, a' die Bildweite, z die objektseitige und z' die bildseitige Brennpunktweite, n und n' die Brechzahlen.*

Herrschaft der ↑Omaijaden in Spanien. **2) A. ar-R.** Ibn Abd Allah, ⚔732, arab. Statthalter in Spanien; unterlag 732 Karl Martell.

**Abdera,** altgriech. St. in Thrakien; die *Abderiten* galten als skurril; daher svw. ↑Schildbürger.

**Abdomen** [lat.], **1)** ⚕ Bauch. **2)** ⚲ Hinterleib, bes. bei Gliederfüßern.

**Abdrift,** von Wind od. Strömung verursachte Kursabweichung eines Schiffs, Flugzeugs u. a.

**Abdullah [II.],** Kg. von Jordanien, *1962; ab 1999 Nachfolger seines Vaters, Husain II.

**Abélard** [abeˈlaːr], Pierre ↑Abaelard, Peter.

**Abendland,** der [west]europ. Kulturkreis, geformt durch Antike u. Christentum.

**Abendmahl,** Feier zum Gedächtnis des letzten Mahles Jesu mit seinen Jüngern, das Gedächtnis seines Todes und seine Verkündigung als den kommenden Herrn einschließend; schon in der Urkirche feierl. begangen, allm. Entw. kult. Formen; über die Vergegenwärtigung Jesu Christi im A. versch. Auffassungen, z. B. ↑Transsubstantiation. – ↑Eucharistie.

**Abendrot,** durch Überwiegen des roten Anteils im Sonnenlicht gekennzeichnete abendl. Dämmerungserscheinung.

**Abendstern,** der Planet ↑Venus.

**Abeokuta,** St. in SW-Nigeria, 427 400 E; Handels- (Kakao) u. Ind.-Zentrum.

**Aberdeen** [æbəˈdiːn], St. in Schottland, am Dee, 190 000 E; Univ.; Maschinenbau, Fischverarbeitungsind., Schiffbau; ⚓. Eine der Versorgungsbasen für die Erdöl- u. Erdgasfelder in der Nordsee.

**Aberglaube,** urspr. abwertende Bez. für v. der christl. Glaubenslehre abweichende Glaubensinhalte u. -formen; religionswiss. der Glaube an die Wirkung mag., naturgesetzlich unerklärter Kräfte sowie damit verbundene Praktiken (z. B. Wahrsagen), als Volksfrömmigkeit auch in Weltreligionen.

**Aberration** [lat.], **1)** Abweichung der Strahlen vom idealen Bildpt. eines opt. Instruments aufgrund v. Abbildungsfehlern. **2)** scheinbare Ortsveränderung eines Gestirns aufgrund der endl. Lichtgeschwindigkeit u. der Bahngeschwindigkeit der Erde.

**Abessinien,** ältere Bez. für ↑Äthiopien.

**abessinischer Brunnen,** Saugpumpe, deren geschlitzter Pumpenstutzen ohne Vorbohrung in die Erde getrieben wird.

**Abfahrtslauf,** alpine Skidisziplin, bei der eine meist steile, dem Gelände angepasste Gefällestrecke („Abfahrtsstrecke“) mit Pflichttoren und Richtungsänderungen in kürzester Zeit in einem Durchgang zu durchfahren ist; Teil der ↑alpinen Kombination.

**Abfall,** Rückstände, Nebenprodukte od. Altstoffe, die bei Produktion, Konsum u. Energiegewinnung entstehen. Man unterscheidet: A. zur Verwertung, A. zur Beseitigung u. bes. überwachungsbedürft. A. (Sonder-A., z. B. radioakt. A.); außerdem nach Herkunft: *kommunale A.,* wie Hausmüll, Sperrmüll, Straßenkehricht, Klärschlamm; *gewerbl. A.,* wie Industrie-A., Altöl, Autowracks, Altreifen, Bauschutt, tier. Exkremente, Glas. Gebräuchl. Formen der Entsorgung sind Ablagerung auf geordneten Deponien, Kompostierung u. ↑Abfallverbrennung.

**Abfallbeseitigung,** Verfahren zur Erfassung, Beförderung, Behandlung, Lagerung u. Ablagerung (Deponierung) v. Abfällen.

**Abfallverbrennung,** therm. Verfahren der Abfallbehandlung, bei dem die Abfälle verbrannt werden. Dabei wird ihr Volumen auf $^1/_5$ bis $^1/_7$ verringert. I. Allg. versteht man unter *Müllverbrennung* die Verbrennung v. Hausmüll.

**Abfindung,** einmal. Entschädigung in Geld zur Abgeltung von Rechtsansprüchen.

**Abgaben,** durch Zwang erhobene öff. Einkünfte, bestehend aus Steuern, Zöllen, Gebühren u. Beiträgen; *A.ordnung* (AO), wichtigstes Verfahrensges. für die Finanzverwaltung in Dtl.

**Abgas,** gasförmiges Verbrennungsprodukt aus Feuerungen, Kraftwerken u. Motoren; enthält Schadstoffe wie Kohlenmonoxid, -dioxid, Stickoxide, Kohlenwasserstoffe.

**Abgaskatalysator,** in die Aus-

**Abendmahl:** *Tintoretto, „Abendmahl“ (1592–94)*

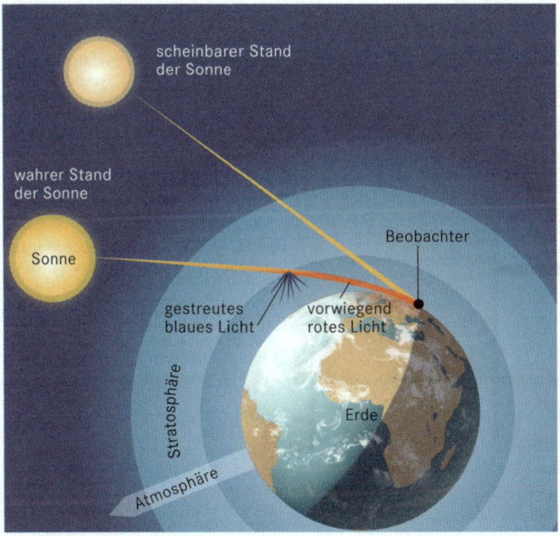


**Abendrot** *(schematische Darstellung)*

puffanlage von Kfz-Motoren eingebaute Katalysatoranlage, in der Stickoxide reduziert sowie Kohlenmonoxid und Kohlenwasserstoffe oxidiert werden; bes. wirkungsvoll als *Dreiwegekatalysator.*

**Abgasturbolader** ↑Aufladung.

**Abgasuntersuchung,** Abk. **AU,** Kfz-Untersuchung, bei der der Gehalt an Kohlenmonoxid (CO) im Abgas beim Leerlauf des Motors, die Leerlaufdrehzahl u. der Zündzeitpunkt sowie die Funktionsfähigkeit des Lambda-Regelkreises u. die Wirkung des Abgaskatalysators geprüft werden (bei Dieselfahrzeugen v. a. die Rauchgastrübung). Die AU gilt seit 1. 12. 1993 auch für Pkw mit geregeltem Abgaskatalysator sowie Dieselfahrzeuge. Sie ist i. d. R. alle 2 J. durchzuführen.

**ABGB,** Abk. für: ↑**A**llgemeines **B**ürgerliches **G**esetz**b**uch.

**Abgeordnete[r],** Mitgl. eines parlamentar. Gremiums.

**Abhörverbot,** strafrechtl. Verbot, nicht öff. Gesprochenes mit techn. Hilfsmitteln abzuhören. Die Verfassungsschutz-Ges., Polizei-Ges. der Länder, das Abhör-Ges. v. 2001 u. die StPO lassen zur Abwehr bestimmter Gefahren das Abhören v. Telefongesprächen auch in Wohnungen zu.

**Abidjan** [-dʒ-], Reg.-Sitz, wichtigster Hafen u. Ind.-Zentrum der Rep. Elfenbeinküste, 2,8 Mill. E; Erzb.-Sitz, Univ.; ✈. – 1934–84 Hptst. des Landes.

**Abitur** [lat.], Abgangs-, Reifeprüfung als Abschluss der gymnasialen Oberstufe.

**Ablass,** nach kath. Lehre der Nachlass zeitl. Sündenstrafen, d. h. von Strafen, die entw. auf Erden od. im ↑Fegefeuer zu büßen wären; urspr. Nachlass verhängter Kirchenbußen.

**Ablativ** [lat.], Kasus idgm. Sprachen (u. a. im Lat. erh.), auf die Frage: wo, woher, womit, wodurch?

**Ablaut,** Wechsel best. Vokale in etymolog. zusammengehörigen Wörtern; z. B. binden – band.

**Ableitung,** √ der ↑Differenzialquotient.

**ABM** [eɪbiːˈɛm, Abk. für engl.: **a**nti**b**allistic **m**issile], Abwehrrakete, die in Verbdg. mit einem Radarüberwachungssystem feindl. Raketen orten und im Anflug zerstören soll. Der *ABM-Vertrag* von 1972 zw. USA und UdSSR gestattet je 100 derartige Abschusseinrichtungen, aber keine flächendeckenden Abwehrsysteme; der Vertrag wurde 2001 von den USA gekündigt.

**Abmusterung,** Beendigung des Heuerverhältnisses bei Seeleuten.

**Abodriten,** svw. ↑Obotriten.

**Abonnement** [abɔnəˈmã; frz.], durch Vorauszahlung gesicherter Dauerbezug von Büchern, Zeitungen u. a.; Dauermiete für Theater- u. Konzertplätze.

**Aborigines** [æbəˈrɪdʒɪniːz], **Aboriginals** [-dʒɪnls], die Ureinwohner Australiens, ↑Australier.

**Abort[us]** [lat.], Fehlgeburt; vorzeitige Beendigung der Schwangerschaft.

**Abotriten,** svw. ↑Obotriten.

**Abplattung,** Verformung eines Himmelskörpers durch Rotationskräfte; mit Verkürzung der Polarachse gegenüber dem Äquatordurchmesser.

**Abraham,** erster der drei bibl. Patriarchen; Urbild des Gläubigen.

**Abraham,** Paul, ungar.-dt. Operettenkomponist, * 1892, † 1960; u. a. „Die Blume von Hawaii", 1931.

**Abraham a Sancta Clara,** eigtl. Johann Ulrich **Megerle,** Augustiner-Barfüßer, * 1644, † 1709; bes. sprachgewalt. u. volkstüml. Prediger der Barockzeit.

**Abrasion,** abtragende Tätigkeit der Brandungswellen an der Küste.

**Abraum,** das bei Tagebaubetrieb abzuräumende Deckgebirge im Bergbau.

**Abrechnungsverkehr,** alle zur Durchführung des bargeldlosen Ausgleichs von Forderungen u. Verbindlichkeiten durchgeführten Maßnahmen, i. d. R. im Rahmen des Bankapparates.

**Abrüstung,** Verminderung od. völliger Abbau von Waffen und Streitkräften; auch Rüstungskontrolle und -begrenzung (↑Atomteststoppabkommen, ↑Atomwaffensperrvertrag, ↑SALT, ↑START, ↑MBFR, ↑INF, ↑VSBM, ↑VKSE).

**Abraham a Sancta Clara**

**Abruzzischer Apennin,** höchster Teil (bis 2914 m) des Apennin, Italien.

**Abs,** Hermann Josef, dt. Bankier, * 1901, † 1994.

**ABS,** Abk. für: ↑Antiblockiersystem.

**Absatz,** die letzte Phase des Betriebsprozesses; schließt den betriebl. Wertkreislauf, in dem durch Verkauf von Waren u. Dienstleistungen das eingesetzte Kapital in den Betrieb zurückfließt.

**Abschiebung,** zwangsweise Entfernung ausreisepflichtiger Ausländer aus einem Staatsgebiet.

**Abschirmung, 1)** Schutz elektr. Bauteile od. Geräte gegenüber elektr. od. magnet. (Stör)feldern. **2)** Schutz vor energiereicher, radioaktiver od. Röntgenstrahlung (↑Strahlenschutz).

**Abschöpfung,** Abgabe zur Anpassung des Warenpreises bei der Einfuhr an den im Inland festgelegten oder angestrebten Preis.

**Abschreibung, 1)** betriebswirtschaftl. u. steuerrechtl. Verfahren zur Verteilung der Anschaffungs- od. Herstellungskosten des abnutzbaren Anlagevermögens auf die Nutzungsdauer. **2)** Anlage eines eigenen Grundbuchblatts für einen abgetrennten Teil eines Grundstücks.

**Abseits,** Regelverstoß in Ballsportarten, z. B. Fußball, Hockey, Rugby. So ist im *Fußball* ein Spieler „strafbar" im A., wenn er in dem Augenblick, in dem der Ball gespielt wird, der gegner. Torlinie näher ist als zwei Abwehrspieler des Gegners und dabei aktiv das Spiel beeinflusst.

**Absence** [apˈsãːs; frz.], anfallartige Bewusstseinsstörung bei Epilepsie.

**Absinth** [gr.], grünl. Branntwein aus Wermut.

**absolut** [lat.], unbedingt.

**Absolutbetrag,** Größe einer Zahl, unabhängig vom Vorzeichen, z. B. |−3| = |+3| = 3.

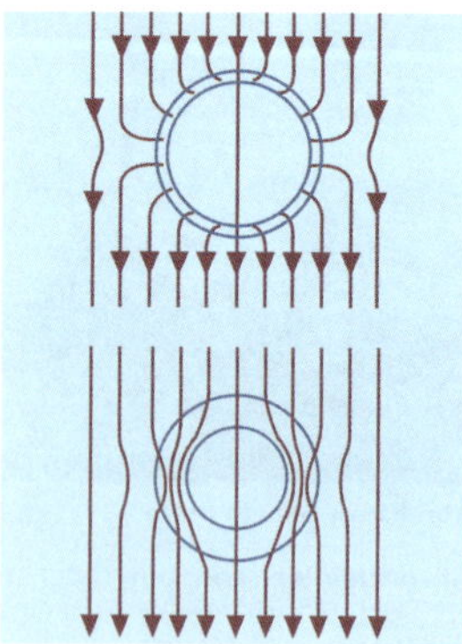

**Abschirmung 1):** *elektrische Abschirmung durch eine elektrisch leitende Umhüllung (oben); magnetische Abschirmung durch eine weichmagnetische Umhüllung (unten)*

**absoluter Nullpunkt,** die tiefste mögl. Temp., −273,15 °C = 0 K (Kelvin).

**absolutes Gehör,** Fähigkeit, einen Ton ohne Bezugston nach Gehör zu bestimmen.

**absolute Temperatur,** vom ↑absoluten Nullpunkt aus in ↑Kelvin gemessene Temperatur.

**abstrakte Kunst:** *Piet Mondrian, „Komposition mit Rot, Gelb und Blau" (1921)*

**Absolution** [lat.], rechtl.: Freisprechung; kath. Kirche: Lossprechung von Sünden (↑Buße).

**Absolutismus** [lat.], Staatsform (17./18. Jh.), in der der Herrscher unbeschränkte (absolute) Staatsgewalt ausübte; der *aufgeklärte A.* sah im Herrscher den [ersten] Diener des Staates.

**Absolvent** [lat.], jemand, der eine Schule, ein Studium erfolgr. beendet hat.

**Absonderung** ↑Sekretion.

**absorbieren** [lat.], **1)** aufsaugen, in sich aufnehmen. **2)** [gänzl.] beanspruchen.

**Absorption, 1)** Schwächung einer Strahlung beim Durchgang durch ein Medium (z. B. Blei). **2)** Aufnahme v. Gasen durch Flüssigkeiten od. feste Körper.

**Abstammungslehre,** svw. ↑Deszendenztheorie.

**Abstimmung, 1)** Herbeiführung einer Entscheidung durch Feststellung des Willens der Mehrheit. **2)** Frequenzeinstellung an Sendern u. Empfängern (Telegrafie, Rundfunktechnik).

**Abstinenz** [lat.], Enthaltsamkeit; freiwilliger Verzicht, z. B. in Bezug auf Alkohol, Sexualität.

**abstrahieren** [lat.], etwas gedankl. verallgemeinern.

**abstrakt** [lat.], vom Dinglichen gelöst, unwirklich, nur gedacht.

**abstrakte Kunst,** Kunstrichtung des 20. Jh. in Malerei u. Plastik, die sich vom Gegenständlichen löst; das Kunstwerk selbst ist Gegenstand, Inhalt u. Aussage; ausgehend v. a. vom Fauvismus u. Kubismus; Anfänge in der Malerei um 1910 in Dtl. (Kandinsky), Frkr. (Delaunay) sowie mit dem Konstruktivismus in Russland (Malewitsch) u. den Niederlanden (Mondrian); nach dem 2. Weltkrieg breitete sich die „informelle" abstrakte Malerei aus (↑abstrakter Expressionismus). Die Wiederaufnahme konstruktivist. Ansätze führte zur Neuen Abstraktion (Farbfeldmalerei, Hardedge), zu Op-Art u. kinet. Kunst.

**abstrakter Expressionismus,** bereits in den 1920er-Jahren verw., wurde der Begriff auf eine Malerei in der amer. Kunst der 1940er- und 1950er-Jahre übertr., bei der eine automat. Umsetzung von Gestaltungs- u. Erlebnisimpulsen ohne rationale Kontrolle erfolgt, sie steigerte sich in der Aktionsmalerei *(Actionpainting)* von Pollock. Der a. E. war weltweit verbreitet, auch unter der Bez. *Informel* oder *informelle Kunst.*

**Abstrich,** Entnahme von Haut- oder Schleimhautmaterial zur mikrobiolog. oder zytolog. Diagnostik.

**absurd** [lat.], sinnwidrig, sinnlos; *a.es Theater,* Form d. Theaters, die mit grotesken Mitteln die Entfremdung d. Menschen von der Umwelt u. sich selbst darstellt.

**Abszess** [lat.], Eiteransammlung in einem anatom. nicht vorgebildeten Gewebehohlraum.

**Abszisse** [lat.], erste ↑Koordinate eines Pt. im ebenen kartes. Koordinatensystem.

**Abt** [aram. abba = Vater], Vorsteher eines Klosters *(Abtei)* in den älteren kath. Orden (bes. Benediktiner). – Weibl. Entsprechung: *Äbtissin.*

**Abteufen,** Niederbringen eines senkrechten Schachts im Grubenbau.

**Abtragung,** Gesamtheit aller Vorgänge, die zum Erniedrigen u. Einebnen der Erdoberfläche führen.

**Abtreibung,** umgangssprachl. Bez. für einen ↑Schwangerschaftsabbruch.

**Abtreibungspille,** svw. ↑Mifepriston.

**Abtretung,** Übertragung von Forderungen u. Rechten durch Vertr. zw. Abtretendem (Zedent) und Empfangendem (Zessionar).

**Abtrieb,** Kahlschlag kleinerer Waldflächen.

**Abu** [arab.; = Vater], Teil arab. Personennamen.

**Abu Bakr,** * 573, † 634, Schwiegervater u. Nachf. Mohammeds, erster Kalif (seit 632).

**Abu Dhabi,** größtes der ↑Vereinigten Arab. Emirate, Hptst. A. D. (363 000 E).

**Abu Simbel:** *Kolossalstatuen Ramses' II. vor dem Großen Tempel von Abu Simbel (1290–1224 v. Chr.)*

**Abuja** [-dʒ-], Hptst. von Nigeria, an der Mündung des Benue in den Niger, 423 400 E, ✈. – Ab 1979 aufgebaut, seit 1991 Hptst.

**Abukir,** ägypt. Seebad b. Alexandria; 1798 Sieg Nelsons über die frz. Flotte; 1799 Sieg Napoleons über die Türken.

**ab urbe condita** [lat.], „seit Gründung der Stadt" [Rom] (753 v. Chr.).

**Abu Simbel,** 2 bed. Felsentempel Ramses' II. (1290–1224 v. Chr.) am westl. Nilufer mit kolossalen Sitz- u. Standfiguren des Kg. u. der Kgn.; wegen des Assuanstausees 1964–68 landeinwärts verlegt.

**Abusus** [lat.], Missbrauch, z. B. von Alkohol.

**Abwärme,** in einem wärmetechn. Prozess anfallende nicht genutzte Wärmeenergie; *A.verwertung,* ihre spätere Nutzung, z. B. für Heizzwecke.

**Abwasserreinigung,** Reinigung von Abwässern in Kläranlagen vor ihrer Einleitung in einen Wasserlauf (Vorfluter); 1. *mech. A.* mit Rechen, Becken, Filtern u. a.; 2. *biol. A.* unter Einsatz aerober Bakterien.

**Abwehrmechanismen,** Psychoanalyse: meist unbewusste Reaktionen, die der Stabilisierung des seel. Gleichgewichts dienen, z. B. ↑Verdrängung, ↑Kompensation, ↑Sublimierung.

**Abwehrstoff** ↑Antikörper.

**Abwertung, Devaluation,** Senkung des Außenwertes einer Währung; Ggs.: *Aufwertung* (Erhöhung des Außenwertes).

**Abydos, 1)** antike St. in Kleinasien, berühmt durch den Brückenbau des Xerxes (480 v. Chr.). **2)** ägypt. **Abodu,** bed. Ruinenstätte in Oberägypten, nw. v. Luxor; Kultstätte des Osiris; Königsgräber.

Acapulco de Juárez

**Abzinsung, Diskontierung,** Verminderung eines zukünftigen Kapitalbetrages um Zinsen, die von der Gegenwart bis zur Zahlung berechnet werden.

**Ac,** ☈ Symb. für ↑Actinium.

**Académie française** [akaˈdemi frãˈsɛːz], Akad. für frz. Spr. u. Lit., 1635 in Paris gegr., 40 Mitgl.; 1793 aufgehoben, 1803 wieder gegründet im Rahmen des ↑Institut de France.

**a cappella** [ital.], mehrstimm. Gesang ohne Instrumentalbegleitung.

**Acapulco de Juárez** [- ðɛ xuˈarez], mex. Hafenst. am Pazifik, 592 000 E, Seebad; ✈.

**Accademia della Crusca,** 1582 in Florenz gegr. Akad. zur Pflege der ital. Spr.; gab 1612 das 1. Wörterbuch der ital. Spr. heraus.

**Accessoires** [aksɛˈswaːrs; frz.], modisches Beiwerk.

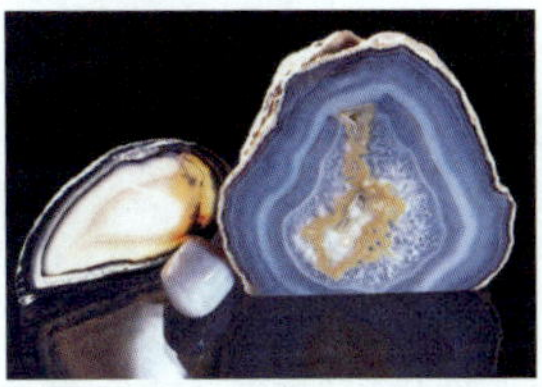

**Achat** *(angeschliffen)*

**Account-Management** [əˈkaʊntmænɪdʒmənt; engl.], auf spezielle Kundengruppen ausgerichtete Organisationsform, v. a. von Werbeagenturen und Dienstleistungsunternehmen.

**Accra, Akkra,** Hptst. v. Ghana, 1,9 Mill. E; Univ.; vielseitige Ind., Diamantenhandel; ⚓, ✈.

**Acetate** [lat.], Salze oder Ester der Essigsäure, essigsaure Salze; organ. A. bed. als Lösemittel.

**Aceton** [lat.], Dimethylketon (↑Ketone), feuergefährl. Löse- u. Extraktionsmittel.

**Acetylen** [lat.; gr.], **Äthin,** farbloser, gasförm., brennbarer Kohlenwasserstoff, mit Sauerstoff zum autogenen Schweißen verw.; bed. für die A.chemie (Reppe-Chemie); chem. Formel HC≡CH.

**Achaia,** Ldsch. der Peloponnes, griech. Verw.-Geb., Hptst. Patras.

**Achaier, Achäer,** frühgriech. Stamm; bei Homer alle Griechen.

**Achat** [gr.], Schmuckstein mit charakterist. Bänderung, Abart des Chalzedons, Härte 7; Sonderformen: *Onyx* u. *Sardonyx.*

**Achenbach,** Andreas, dt. Landschaftsmaler, *1815, †1910; Vertr. der Düsseldorfer Schule.

**Achensee,** See in Tirol, 133 m tief; gr. Stauanlage u. *A.werk* (80 MW), Straße über den *A.pass* (941 m ü. d. M.).

**Acheron,** in der griech. Mythol. Fluss der Unterwelt.

**Achill[es],** gr. Heros, von seiner Mutter Thetis bis auf eine Ferse (Achillesferse) unverwundbar gemacht; tötet im Trojan. Krieg Hektor, wird selbst von Paris, dessen Pfeil Apoll lenkt, tödl. an der Ferse verwundet.

**Achillessehne,** Sehnenverbdg. zw. Wadenmuskulatur u. Fersenbein.

**Achmatowa,** Anna Andrejewna, russ. Lyrikerin *1889, †1966; schrieb sensible Gedichte in lakon. Stil.

**a. Chr. [n.],** Abk. für: ↑ante **Chr**istum [**n**atum].

**Achse, 1)** √ jede Gerade, zu der die Pt. einer Figur symmetr. liegen; ↑Koordinatensystem. **2)** ⚙ mit Zapfen versehener Stab zur Aufnahme v. Rollen, Rädern u. Scheiben.

**Achsenmächte,** seit 1936 Bez. für das Dt. Reich u. Italien, dann (seit 1940) auch für Japan (Achse Berlin–Rom–Tokio).

**Achslast,** der auf die einzelne Achse entfallende Teil des Fahrzeuggesamtgewichts (lt. StVZO höchstens 10 t für Einzel- u. 16 t für Doppelachsen).

**Acht,** im altgerman. und ma. Recht Friedloserklärung eines Verbrechers (mit soz. Folgen); *A. u. Bann,* Hinzutritt der geistl. Strafe der Exkommunikation.

**Achternbusch,** Herbert, dt. Schriftsteller u. Filmemacher, *1938.

**Acidität** [lat.], Säuregrad einer Lösung, z. B. ausgedrückt durch den pH-Wert.

**Ackerschachtelhalm** ↑Schachtelhalme.

**Ackersenf,** Kreuzblütler; ↑Senf.

**Ackja** [finn.], Rentierschlitten in Bootsform, auch Bez. für Rettungsschlitten der Bergwacht.

**Aconcagua,** höchster Berg Amerikas, in den argent. Anden, 6959 m ü. d. M.

**Aconitum** [gr.], Hahnenfußgewächs; Staudenpflanzen, ☠. – *Blauer Eisenhut* geschützt!

**Acqui Terme** ['akwi -], ital. Badeort (Schwefelquellen) im N der Ligur. Alpen, 19 000 E.

**Acre** ['eıkə; engl.], angloamerikan. Flächeneinheit, 4046,85 m².

**Acroski** [-ʃi:], ↑Freestyle.

**Acrylfarben, Acrylatfarben,** Dispersionsfarben, die als Bindemittel in Wasser fein verteilte Acrylharze enthalten.

**Acrylglas,** organ. Glas aus ↑Polymethacrylsäureestern.

**Acrylharze,** svw. ↑Polyacrylharze.

**ACS,** Abk. für **A**utomobil-**C**lub der **S**chweiz, 1898 in Genf gegründet.

**Actinium** [gr.], Symb. **Ac,** radioakt. chem. El., OZ 89; entsteht durch Zerfall d. Uranisotops U 235.

**Actinoide** [gr.], Gruppe untereinander sehr ähnl. chem. El.; (El. mit OZ 89 bis 103); die A. sind durchweg radioaktiv.

**Action française** [aks'jɔ̃ frã'sɛz], 1898 gegr. rechtsradikale frz. Bewegung, royalist.-chauvinist.; 1936 verboten.

**Actionpainting** ['ækʃn'peıntıŋ; engl.], ↑abstrakter Expressionismus.

**a. D.,** Abk. für: **a**ußer **D**ienst.

**A. D.,** Abk. für: ↑**A**nno **D**omini.

**ad absurdum führen** [lat.], den Widersinn einer Behauptung oder Sache beweisen.

**ADAC,** Abk. für: **A**llg. **D**t. **A**utomobil-**C**lub; größte dt. u. europ. Kraftfahrerorganisation; gegr. 1903, Sitz München.

**adagio** [a'da:dʒio], 𝄞 langsam, ruhig. – *Adagio,* langsamer Satz einer Sonate, Sinfonie.

**Adalbert von Bremen,** *um 1000, †1072; 1043 Erzb. von Hamburg-Bremen; ab 1063 Regent für den minderjährigen Heinrich IV., erlangte maßgebl. Einfluss auf die Reichspolitik; 1066 gestürzt.

**Adalbert von Prag,** hl., *um 956, †(erschlagen) 997; 983 Bischof von Prag; Apostel der Preußen.

**Adam de la Halle** [a'dã də la'al], frz. Dichter, *um 1240, †um 1287; verfasste und komponierte Lieder; u. a. Schöpfer des ersten Singspiels („Jeu de Robin et de Marion").

**Adamellogruppe,** Gebirgsstock in den S-Alpen, vergletschert; Monte Adamello 3554 m.

**Adamkus,** Valdas, litauischer Politiker, *1926; lebte 1949–97 in den USA; s. 1998 Staatspräs. Litauens.

**Adams** ['ædəmz], Ansel, amer. Fotograf, *1902, †1984; bed. Landschaftsfotografien.

**Adamsapfel,** Schildknorpel des Kehlkopfes (bes. beim Mann).

**Adam und Eva,** nach der Bibel (1. Mos. 1–4) erstes Menschenpaar und Stammeltern aller Menschen.

**Adana,** südosttürk. St., 972 300 E; Baumwoll-, Tabakind., Maschinen- u. Konservenfabr.; ✈.

**Adaptation, Adaption** [lat.], svw. Anpassung.

**Adapter, 1)** ⚙ Anpassungselement, Vorrichtung zur Kopplung v. Geräten od. Baugruppen. **2)** in der Raumfahrt Kopplungshilfsmittel.

**adäquat** [lat.], angemessen, entsprechend.

**Addams** ['ædəmz], Jane, amer. Sozialreformerin, *1860, †1935; Mitarbeit in der Weltfriedensbewegung; Friedensnobelpreis (mit N. M. Butler) 1931.

**Addis Abeba,** Hptst. und wirtsch. Zentrum Äthiopiens, 2420 m ü. d. M., 1,5 Mill. E; Univ., Sitz der OAU; ✈.

**Addison** ['ædısn], Thomas, engl. Mediziner, *1793, †1860; nach ihm benannt die *A.-Krankheit,* Abmagerung, Hautbräunung („Bronzehautkrankheit"), u. a. bei unzureichender Produktion von Nebennierenrindenhormon.

**Addition** [lat.], **1)** √ Zusammenzählen v. Zahlen *(Summanden)* zu einer Zahl *(Summe),* Zeichen: + (plus). **2)** ⚗ Anlagerung v. chem. El. od. Verbdg. an ungesättigte Moleküle unter Bildung einer neuen Verbdg.

**Additive,** Wirkstoffe, die Kraft- o. a. Betriebsstoffen (z. B. Kunststoffen, Lacken, Schmierölen, Waschmitteln) zur Verbesserung ihrer Betriebseigenschaften zugesetzt werden.

**Adduktion** [lat.], Heranführung von Gliedmaßen an den Körper; *Adduktor,* d. entspr. Muskel.

**Adel,** aufgrund von Geburt, Besitz oder Leistung ehem. bevorrechteter Stand. In Dtl. 1919 alle Vorrechte d. A.s aufgehoben, Titel fortan Namensbestandteil.

**Adelaide** ['ædəleıd], Hptst. Südaustraliens am Saint-Vincent-Golf, 960 000 E; Univ.; Auto- u. Maschinenind.; Hafen: *Port A.,* ✈.

**Adelboden,** schweizer. Kur- u. Wintersportort in den Berner Alpen, 1353 m ü. d. M.; 3600 E.

**Adelheid,** hl., dt. Ksn., *um 931, †999; Gemahlin Ottos I., Regentin für Otto III. 991–994.

**Adelsberg** ↑Postojna.

**Adelung,** Johann Christoph, dt. Sprachforscher, *1732, †1806; verf. u. a. ein dt. Wörterbuch.

**Aden,** Haupthafen des Jemen, 562 000 E; Univ.; Erdölraffinerie in Little Aden; befestigter Hafen, ✈. – 1839–1967 britisch.

**Adenauer,** Konrad, dt. Politiker, *5. 1. 1876, †19. 4. 1967; Oberbürgermeister von Köln 1917–33; nach dem 1. Weltkrieg Eintreten für ein autonomes Rheinland innerhalb des Dt. Reiches; 1920–33 Präs. des Preuß. Staatsrates; Mitglied der CDU ab 1945, bis 1966 Parteivors.; Präs. des Parlamentar. Rates 1948/49, Bundeskanz-

**K. Adenauer**

ler 1949–63, gleichzeitig Außenmin. 1951–55; bemüht um Verbesserung der dt. Position auf dem Wege über die europ. Integration; Eintreten für mil. Stärke des Westens; stärkte die dt.-frz. Freundschaft.

**Adenom** [gr.], gutart., drüsenart. Geschwulst.

**Adenosin** [gr.], Nukleosid; biol. wicht., glykosidart. Verbdg. aus Adenin u. Ribose; *A.triphosphat* ↑ATP.

**Aderhaut** ↑Auge.

**Aderlass,** therapeut. Blutentnahme aus einer Vene; heute nur noch selten angewendet.

**Adern, 1)** Blattrippen u. -nerven zur Festigung u. Stoffleitung. **2)** Längs- und Querrippen im Insektenflügel, zur Festigung. **3)** Blutgefäße: ↑Arterien, ↑Arteriolen, ↑Haargefäße, ↑Venen.

**ADGB,** Abk. für: ↑**A**llgemeiner **D**eutscher **G**ewerkschafts**b**und.

**Adhäsion** [lat.], auf Molekularkräften beruhendes Aneinanderhaften zweier versch. Stoffe.

**ad hoc** [lat.], [eigens] zu diesem [Zweck].

**ad honorem** [lat.], zu Ehren.

**adiabatisch** [gr.], ohne Wärmeaustausch erfolgend.

**Adige** ['a:didʒe], ↑Etsch.

**Ädil,** im antiken Rom Beamter, der d. Ordnungs-, Markt-, Sitten- u. Gesundheitsbehörde vertrat.

**Adjektiv** [lat.], attribut. oder prädikat. Eigenschaftswort.

**adjustieren** [lat.], [Werkstücke] zurichten; eichen, fein einstellen.

**Adjutant** [lat.], dem Befehlshaber beigegebener Offizier.

**Adler,** Greifvogel mit kräft. Hakenschnabel; Jäger und Aasfresser; in Dtl. seltene Brutvögel. – *Stein-A.,* Spannweite 230 cm, kosmopolit. (Alpen); *Fisch-A.,* bussardgroß, kosmopolit. (östl. Dtl.); *See-A.,* Spannweite 225 cm (Nordeuropa, auch Dtl.); *Harpyie,* rd. 1 m lang (Südamerika).

**Adler, 1)** Alfred, östr. Psychologe, * 1870, † 1937; begr. die Individualpsychol. **2)** Victor, * 1852, † 1918, Einiger u. Leiter der östr. Sozialdemokrat. Partei, 1918 Außenminister.

**Adlerfarn,** heim. Farn, bildet bis mannshohe Horste in lichten Wäldern; Stängelquerschnitt zeigt Figur des Doppeladlers.

**Adlergebirge,** tschech. **Orlické hory** ['ɔrlitskɛ: -], mittl. Teil der böhm. Sudeten; bis 1 115 m.

**Adlerorden, 1) Schwarzer A.,** höchster preuß. Orden, gestiftet 1701, verbunden mit erbl. Adel. **2) Roter A.,** zweithöchster preuß. Orden, gestiftet 1705, 1792 von Preußen übernommen, 4 Klassen.

**Administration,** Verwaltung.

**Admiral,** Tagfalter mit roten Querbinden auf den Vorderflügeln; spannt 55–60 mm; Wanderfalter.

**Admiral** [arab.], Marineoffizier im Generalsrang.

**Admiralitätsinseln,** Inselgruppe des Bismarckarchipels, Papua-Neuguinea, 2 070 km²; Hauptinsel: Manus; melanes. Bevölkerung.

**Adolf von Nassau,** Röm. Kg. (seit 1292), * um 1255, ⚔ 1298; fiel im Kampf gg. Albrecht von Österreich.

**Adonai** [hebr.; = mein Herr], Anrede Gottes im jüd. Gebet für ↑Jahwe.

**Adonis,** urspr. orient. Vegetationsgott; in der griech. Mythol.: junger u. schöner Mann; Geliebter Aphrodites.

**Adonisröschen,** ein Hahnenfußgewächs; *Frühlings-A.,* Arzneipflanze.

**Adoption** [lat.], svw. ↑Annahme als Kind.

**Adorf,** Mario, dt. Schauspieler, * 1930; spielt v.a. in dt. und ital. Spielfilmen.

**Adorno,** Theodor, eigtl. Th. **Wiesengrund,** dt. Philosoph (krit. Theorie), Soziologe u. Musiktheoretiker, * 1903, † 1969.

**ADP,** Abk. für: **A**denosin**d**i**p**hosphat; biochem. wichtige Verbindung.

**Adrenalin** [lat.], Hormon des Nebennierenmarks, erhöht den Blutzuckerspiegel, ist daher Gegenspieler des ↑Insulins; steigert Grundumsatz u. Herzleistung (erhöht Blutdruck u. Herzfrequenz).

**Adriatisches Meer, Adria,** Nebenmeer des Mittelmeeres, zw. Apennin- u. Balkanhalbinsel, 132 000 km², im südl. Teil bis 1 260 m tief, mittl. Salzgehalt 3–3,8 %; Haupthäfen: Triest, Venedig.

**Adsorption** [lat.], Aufnahme u. physikal. Bindung v. Gasen, Dämpfen u. Flüssigkeiten an der Oberfläche v. Stoffen.

**Adstringenzi|en** [lat.], zusammenziehende Arzneimittel; wirken u.a. blutstillend.

**Adular,** monokliner ↑Feldspat, Härte 6, durchsichtig, farblos; Schmuckstein.

**ad usum proprium** [lat.], zum eigenen Gebrauch.

**Adveniat** [lat.], kath. Hilfswerk zur Unterstützung der Kirche in Lateinamerika, gegr. 1961.

**Advent** [lat.; = Ankunft], Zeit der Vorbereitung auf Weihnachten, beginnend mit dem 4. Sonntag vor Weihnachten.

**Adventisten** [engl.], prot. Glaubensgemeinschaft (rd. 11 Mill.); 1831 von dem amer. Farmer u. Prediger William Miller (* 1782, † 1849) gegr.; lehrt die bald. Wiederkunft Christi.

**Adverb** [lat.], svw. ↑Umstandswort.

**Adler:** *Seeadler*

**Advokat,** veraltet für ↑Rechtsanwalt.

**AE,** Einheitenzeichen für ↑**a**stronom. **E**inheit.

**a|ero..., A|ero...,** Bestimmungswort; Bed.: „Luft, Gas".

**Aerobic** [ɛə'rɔbɪk], im Rhythmus von Popmusik betriebene, intensive Form der Gymnastik; dient als Fitnesstraining u. zur Schulung von Ausdauer u. Beweglichkeit.

**A|erobi|er,** Organismen, die nur mit Sauerstoff leben können; Ggs. ↑Anaerobier.

**A|erodynamik,** Teilgebiet der Strömungslehre; die Wiss. v. den Kräften, denen ein in einem Gas (speziell in d. Luft) bewegter Körper ausgesetzt ist.

**A|eronautik,** veraltet f. Luftfahrttechnik und -kunde.

**A|erosol,** feinste, kolloidale Verteilung fester (Staub, Rauch) od. flüss. Stoffe (Nebel) in Gas. – *A.-Therapie,* Inhalationsbehandlung mit nebelförmig verteilten, kolloidalen Medikamenten.

**A|erosonde,** an einem Ballon hängendes Messgerät, sendet Messwerte (Luftdruck, -temperatur, -feuchtigkeit) zur Erde.

**A|erostatik,** Lehre vom Gleichgew. gasförm. Stoffe.

**Aetius,** Flavius, röm. Feldherr u. Staatsmann, * 390, † 454; schlug 451 Attila auf den Katalaun. Feldern.

**AFC,** Abk. für engl.: **a**utomatic **f**requency **c**ontrol, automat. Scharfabstimmung bei Rundfunkgeräten, v. a. im UKW-Bereich.

**Affäre** [frz.], Vorfall, wichtige oder Aufsehen erregende Angelegenheit.

**Affekt** [lat.], starke Gefühlserregung.

**Affen, Simiae,** Ordn. Primates, Herrentiere. – Zwei Unterordn.: I. *A.,* in Afrika u. Asien Altwelt-A. od. Schmalnasen, in Südamerika Neuwelt-A. od. Breitnasen; menschenähnlichste Säugetiere; Großhirn stark entwickelt, lebhaftes Mienenspiel, Sohlengänger, z. T. fähig zu aufrechtem Gang; vorw. Pflanzennahrung; meist Baumbewohner; Herdentiere, poly- od. monogam; 16 bis 200 cm lang; II. *Halbaffen* mit *Makis und Lemuren,* wenig Ähnlichkeit mit I. in Lebensweise u. Körperbau; sehr dicht behaartes „Fuchs"-Gesicht, Intelligenz wenig entwickelt; scheue Baumbewohner, meist Nachttiere; pflanzl., gemischte od. tier. Kost; 14–100 cm lang.

**Affen:** *Flachlandgorilla mit Jungtier*

**Affinität** [lat.], **1)** ⚗ das Bestreben chem. El. od. Verbdg., sich miteinander zu verbinden. **2)** √ **affine Abbildung,** ↑Abbildung, bei der die A.achse erh. bleibt.

**Affront** [aˈfrõ; frz.], Kränkung, Beleidigung, Schmähung.

**Afghanistan,** Binnenstaat in Asien, zw. Iran u. Pakistan, schwer zugängl. Hochgeb.-Land (Hindukusch), in Tälern Ackerbau (Getreide, Baumwolle, Obst), künstl. Bewässerung, meist 2 Ernten; im Grenzgebiet zu Pakistan Mohnanbau (weltgrößter Opiumproduzent); Karakulschafzucht; Hirtennomaden (v. a. Paschtunen, etwa 2 Mill.). – Bodenschätze: Lapislazuli (weltgrößter Fundort), Erdgas, Kohle, Gold; Eisenerz noch unerschlossen. – *Gesch.:* Seit 1747 selbst. Monarchie (Ahmed Schah), ab 19. Jh. brit.-russ. Konkurrenz um das Gebiet; 1838–42, 1878–80 u. 1919 drei angloafghan. Kriege; 1919 Erlangung der Unabhängigkeit unter Emir Aman Ullah; 1973 Ausrufung der Rep.; 1978 (kommunist.) Militärputsch. 1979–89 sowj. Militärinvasion, gegen die sich der (bes. von den USA) unterstützte muslim. Widerstand der Mudjahedin richtete. 1992 Machtübernahme durch die Mudjahedin, zw. deren rivalisierenden Gruppierungen es zum Bürgerkrieg kam (Aufteilung A.s in Einflusszonen versch. Kriegsherren). 1994 Eingreifen der v. a. von Pakistan geförderten radikalislam. ↑Taliban, die fast ganz A. eroberten u. eine international isolierte Religionsdiktatur errichteten. 2001/02 US-amer. Militäraktion (begleitet v. einer Offensive der afghan. „Nordallianz" der Mudjahedin u. unterstützt v. brit. u. a. westl. Spezialeinheiten) gegen das Terrornetzwerk v. Osama Bin Laden („al-Qaida") u. das Talibanregime; im Dez. 2001 Errichtung einer afghan. Interimsreg., 2002 Einsatzbeginn einer internat. Friedenstruppe (ISAF). Im Juni 2002 Wahl v. H. Karsai zum Präs. d. Landes.

**Afghanistan**

*Fläche:* 652 225 km²

*Einwohner:* 23,8 Mill.

*Hauptstadt:* Kabul

*Amtssprachen:* Paschtu und Dari (Neupersisch)

*Zeitzone:* MEZ + $3^{1}/_{2}$ Stunden

**AFP** ↑Nachrichtenagenturen (Übers.).

**Afrika,** zweitgrößter Erdteil, 30,3 Mill. km², rd. 780 Mill. E. – *Oberflächengestalt:* geschlossene Landmasse, schwach gegliederte Küsten. Nieder-A. (200 bis 500 m ü. d. M., Atlas im NW bis 4 165 m ü. d. M.) mit N-, W- (Sahara, Sudan), Zentral-A. (Kongobecken) u. Hoch-A. (über 1 000 m ü. d. M.) mit O- u. S-A. Oberfläche durch gr. Becken u. Schwellen gegliedert; v. Roten Meer bis zum unteren Sambesi das z. T. von Vulkanen (z. B. Kilimandscharo, 5 892 m, Mount Kenia, 5 199 m, Karisimbi, 4 507 m) begleitete ostafrik. Grabensystem mit den größten Seen A.s (Victoria-, Tanganjika-, Malawisee u. a.). Größte Stromsysteme: Nil, Kongo, Niger, Sambesi, Oranje u. Senegal; abflusslose Gebiete: Tschadbecken, Kalahari, Etoschapfanne, Teile O-A.s. – *Klima:* Vom Äquator nach N u. S alle Zonen des trop. Klimabereichs, N u. S subtropisch. – *Vegetationszonen u. Tierwelt:* trop. Regenwald, Savannen (Feucht-, Trocken-, Dornsavannen), Sahel u. Wüste. Am N-Rand A.s u. im sw. Kapland mediterrane Vegetation. Tierwelt nördl. der Sahara ähnl.

der der Mittelmeerländer; südl. der Sahara in Grasländern u. Savannen Antilopen, Gazellen, Büffel, Giraffen, Nashörner, Elefanten u. a.; in ihrem Gefolge Raubtiere (Löwen, Panther, Schakale, Hyänen); arm an Säugetieren die Regenwaldgebiete (Affen, Okapis); in Gewässern: Flusspferde, Krokodile; Schlangen, Vögel und Insekten überall. – *Bev.:* In den Gebieten südl. der Sahara (Schwarz-A.) leben v. a. Schwarze (Bantu-, Sudanvölker), nördl. von ihnen (Weiß-A.) bes. Araber, Berber u. a. hamit. u. semit. Völker, im O u. SO auch Asiaten (Einwanderer). Die ältesten einheim. Völker sind die Buschleute u. Hottentotten im S u. die Zwergvölker (Pygmäen) im trop. A. – Rd. 48 % der Bev. (bes. in Zentral- u. dem südl. A.) gehören christl. Kirchen an (in Äthiopien ist das kopt. Christentum vorherrschend), rd. 41 % bekennen sich zum Islam (bes. in Nord-A. u. der Sahelzone), rd. 10 % (bes. in Südost- u. West-A.) zu traditionellen afrikan. Religionen. – *Wirtsch.:* A. liefert bed. Rohstoffe, u. a. Diamanten (Demokrat. Rep. Kongo, Botswana), Gold (Südafrika, Ghana), Kupfer (Sambia, Demokrat. Rep. Kongo), Eisenerz (Liberia, Mauretanien), Bauxit (Guinea), Erdöl (Algerien, Libyen, Nigeria, Angola), Erdgas (Algerien), Phosphat (Marokko, Westsahara), Holz, Uran u. a. Metalle, Baumwolle (Ägypten, Sudan), Kaffee (Elfenbeinküste, Uganda, Äthiopien), Kakao (Ghana, Nigeria, Elfenbeinküste), Erdnüsse, Kautschuk u. a., z. T. in Plantagen angebaut. Größere Ind.-Gebiete im Kupfergürtel Sambias u. in der Demokrat. Rep. Kongo (Shaba), in Simbabwe u. Südafrika (Witwatersrand) sowie um einige Hafenstädte. Überw. Lkw-Transport, von zahlr. Hafenstädten Eisenbahnen ins Hinterland, Luftverkehr v. zunehmender Bedeutung. – *Entdeckungsgesch.:* Im Altertum war der N- u. NO-Rand A.s bekannt, um 600 v. Chr. Umsegelung des Kontinents durch Phöniker; um 500 v. Chr. drang der Karthager Hanno entlang der W-Küste bis Kamerun vor; im MA Erforschung durch Araber (Ibn Battuta, Leo Africanus) u. Portugiesen (B. Diaz u. V. da Gama), 1488 Umsegelung des Kaps der Guten Hoffnung; im 19. Jh. Beginn der Erforschung des Innern durch Livingstone, Stanley, Barth, Vogel, Nachtigal, Rohlfs, Emin Pascha, Hans Meyer, Speke u. a.

**Afrikaans, Kapholländisch,** Spr. aus niederl. Dialekten mit dt., engl., afrik. El.; neben Englisch Amtsspr. in der Rep. Südafrika.

**Afrikanischer Nationalkongress,** engl. **African National Congress,** [ˈæfrɪkən ˈnæʃnl ˈkɔŋgrəs], **ANC,** 1912 gegr. südafrik. Partei; fordert eine demokrat. Gesellschaft, in der die sozial u. polit. gleichberechtigten Rassen integriert zusammenleben; 1960–90 im Untergrund; nach freien Wahlen 1994 Reg.-Partei; ab 1990 von N. ↑Mandela, seit 1997 von T. Mbeki geführt.

**Agaven:** *Drachenbaumagave*

**afrikanische Sprachen,** vier Sprachgruppen: 1. Nigerkordofanisch, 2. Nilosaharanisch, 3. Khoisan, 4. Hamitosemitisch. – Verkehrssprachen: Hausa (Sudan), Suaheli (Ostafrika); die meisten Sprachen ohne eigene Schrift.

**After,** Öffnung am äußersten Ende des Mastdarms, mit innerem und äußerem Schließmuskel.

**after...,** hinter..., nach..., in Zusammensetzungen.

**Ag,** ☽ Symb. für ↑Silber.

**AG,** Abk. für: **1)** ↑**A**ktien**g**esellschaft. **2)** ↑**A**mts**g**ericht.

**Aga, Agha,** fr. Titel für türk. Offiziere u. Beamte; Anrede („Herr").

**Agadir,** marokkan. Hafenstadt und Seebad am Atlantik, 550 200 E; Fisch verarb. Ind.; Fremdenverkehr; ✵. 1960 schweres Erdbeben.

**Ägäisches Meer, Ägäis,** Nebenmeer des Mittelmeeres zw. Griechenland, Kreta u. Kleinasien; 179 000 km²; bis 2 962 m (bei Kreta) tief; sehr buchten- u. inselreich. *Ägäische Inseln:* v. a. Kykladen, Sporaden.

**Aga Khan,** Titel des Oberhauptes der islam. Sondergemeinschaft der Hodschas (Zweig der Ismailiten).

**Agamemnon,** in der griech. Sage Kg. von Mykene; Führer der Griechen im Trojan. Krieg; nach Rückkehr v. seiner Gattin Klytämnestra u. Ägisth ermordet.

**Agape** [gr.; = Liebe], schenkende Liebe Gottes, Nächstenliebe.

**Agar-Agar** [malai.], Gallertstoff aus Rotalgen, Geliermittel, Nährböden für Bakterienzucht, Textilappretur u. a.

**Agaven** [gr.], mächt. Sukkulenten im wärmeren Amerika; Rosettenpflanzen; blühen erst nach Jahren an bis 10 m hohem Schaft und sterben nach der Fruchtreife ab; Blätter liefern Fasern; in Mexiko Saft zu alkohol. Getränken ↑Pulque vergoren; viele Zier- u. Topfpflanzen.

**AGB,** Abk. für: ↑**a**llgemeine **G**eschäfts**b**edingungen.

**Agenda,** Merkbuch, Schreibtafel; Aufstellung von Gesprächs-, Verhandlungspunkten.

**Agende** [lat.], [Buch für] Gottesdienstordnung[en].

**Agent** [lat.], jeder im Auftrag u. Interesse eines anderen Tätige, **1)** Bez. für Spion. **2)** jemand, der berufsmäßig Künstlern Engagements vermittelt.

**Agent Provocateur** [aˈʒã prɔvɔkaˈtœːr; frz.], Lockspitzel.

**Agentur** [lat.], **1)** Firmenvertretung durch Agenten; Geschäftsnebenstelle. **2)** svw. Nachrichtenagentur. **3)** Büro, das Künstlern Engagements vermittelt.

**Agglomerat** [lat.], aus groben (v. a. vulkan.) Bruchstücken locker zusammengeballte Gesteinsmasse.

**Agglutination** [lat.], Verklumpung von Zellen, Blutkörperchen, Erregern u. Ä., bewirkt von *Agglutininen* (Antikörper).

**Aggregat** [lat.], **1)** ⚒ Verwachsung v. Mineralien gleicher oder versch. Art. **2)** ⚙ Maschinensatz aus mehreren Teilen.

**Aggregatzustand,** physikal. Erscheinungsform v. Stoffen: fest, flüssig od. gasförm. sowie der Plasmazustand.

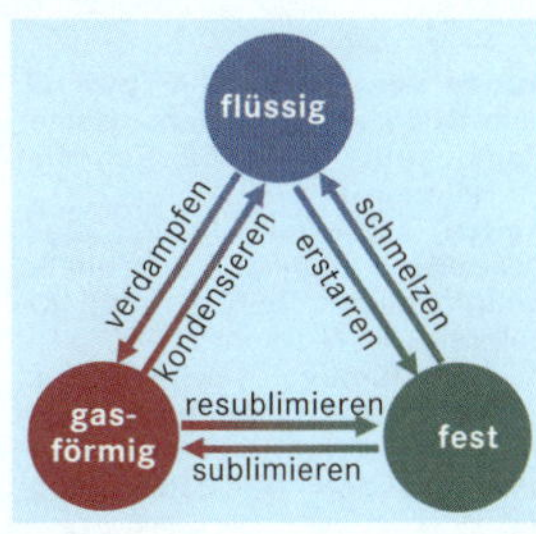


**Aggregatzustand**

**Aggression** [lat.], **1)** Völkerrecht: Angriff eines Staates auf einen anderen Staat. **2)**® Angriffsverhalten gegenüber Menschen u. a. mit dem Ziel der Beherrschung, Schädigung oder Vernichtung.

**Ägide** [gr.], Schutz, Obhut, Schirmherrschaft.

**Agilolfinger,** ältestes bayr. Herzogsgeschlecht, erscheint um 555, erlischt 788 mit Herzog Tassilo III.

**Ägina,** neugriech. **Äjina,** griech. Insel im Saron. Golf, 85 km², 6300 E; im N Reste eines dor. Tempels.

**Agio** ['a:dʒo; ital.], **Aufgeld,** über dem Nennwert eines Wertpapiers liegender Ausgabebetrag. – *A.papiere,* mit Aufgeld rückzahlbare festverzinsl. Wertpapiere.

**Ägisth,** in der griech. Sage mit Klytämnestra Mörder des heimgekehrten Agamemnon; von Orestes getötet.

**Agitation** [lat.], aggressive polit. Propaganda.

**Agnaten** [lat.], im german. Recht alle Personen mit Abstammung von einem gemeinsamen Stammvater allein in männl. Linie.

**Agnes,** hl., röm. Märtyrerin des 3. Jahrhunderts.

**1)** Bez. und Symbol für Christus. **2)** liturg. Gebetsruf.

**Agonie** [gr.], Sterbephase, Vorstadium des Todes.

**Agora** [gr.], Marktplatz, auch die dort stattfindende Volksvers. im alten Griechenland.

**Agra,** ind. Stadt sö. v. Delhi, 892 000 E; Univ.; Moscheen, *Tadsch Mahal* (Grabmal, 1632–54; UNESCO-Weltkulturerbe); Kunsthandwerk, Textilind.; ✈.

**agrar..., Agrar...** [lat.], Bestimmungswort; Bed.: „Landw., Boden“.

**Agrarier** [lat.], allg. Bez. für Vertr. landw. Interessen; bes. für preuß. Großgrundbesitzer nach 1871.

**Agrarreform,** grundlegende Umgestaltung d. Agrarverfassung.

**Agreement** [ə'gri:mənt; engl.], Vereinbarung auf Treu u. Glauben *(Gentlemen's A.),* bes. im diplomat. Verkehr.

**Agrément** [agre'mã; frz.], [vertraul.] eingeholte Zustimmung zur Person eines diplomat. Vertr. beim Empfangsstaat.

**Agrigent,** ital. **Agrigento,** ital. Prov.-Hptst., Sizilien, 55 700 E; Fremdenverkehr; griech. Siedlung (Tempelruinen), Blüte 6./5. Jh. v. Chr.

**Ägina:** *Aphaiatempel (Ende 6. Jh. v. Chr.)*

**Agnes von Poitou,** [- - pwa'tu], * um 1025, † 1077, Gem. Kaiser Heinrichs III.; 1056–62 Regentin für Heinrich IV.

**Agnon,** Samuel Josef, eigtl. **Czaczkes** ['tʃatʃkɛs], neuhebr. Schriftsteller, * 1888, † 1970; Nobelpreis (mit N. Sachs) 1966.

**Agnostizismus** [gr.], philos. Lehre, die die Erkennbarkeit von über das Erfahrungswissen hinausgehenden Realitäten leugnet.

**Agnus Dei** [lat.; = Lamm Gottes],

**Agrikultur,** Ackerbau, Landw.

**Agronom** [gr.], akadem. ausgebildeter Landwirt.

**Ägypten,** Rep. in NO-Afrika; Flussoase des Nils im Gebiet d. Sahara; im W: Libysche Wüste mit Oasen u. Kattarasenke, im O: Arab. Wüste, die steil zum Roten Meer abfällt; durch Flussanschwemmungen fruchtb. Nildelta; Anbau v. Baumwolle, Mais, Reis, Weizen, Zuckerrohr; Viehzucht; Bodenschätze: Erdöl, Phosphate, Mangan-, Eisenerze; Textil-, Eisen- u. Stahl-, Nahrungsmittelind., Fremdenverkehr. – *Gesch.:* ↑ägyptische Geschichte.

**Ägypten**

*Fläche:* 1 001 449 km²

*Einwohner:* 68,4 Mill.

*Hauptstadt:* Kairo

*Amtssprache:* Arabisch

*Zeitzone:* MEZ + 1 Stunde

**ägyptische Augenkrankheit** ↑Trachom.

**ägyptische Geschichte,** um 3000 v. Chr. Entstehung des ägypt. Einheitsreiches, Gründung v. Memphis (b. Kairo); 1. u. 2. Dyn. (Thiniten), Ausbau d. Verw.; *Altes Reich,* um 2660–2160 (3.–6. Dyn.), Residenz Memphis; Eroberungszüge nach Nubien u. Palästina; Bau d. Pyramiden unter Djoser, Snofru, Cheops, Chephren u. Mykerinos; *I. Zwischenzeit,* um 2160–2040 (7.–10. u. frühe 11. Dyn.), Zerfall des Reiches in Gaufürstentümer, um 2040 neue Einigung; Residenzen Herakleopolis u. Theben; *Mittleres Reich,* um 2040–1785 (11.–12. Dyn.), Festigung des Reiches u. Blütezeit; *II. Zwischenzeit,* um 1785–1552 (13.–17. Dyn.), innere Wirren; Eroberung N-Ägyptens durch die Hyksos um 1650–1550; *Neues Reich,* um 1552–1070 (18.–20. Dyn.), Ägypten wird Weltmacht, gewinnt Nubien; Herrscher: Königin Hatschepsut, Könige Amenophis III. u. IV. (Echnaton), Tutanchamun, Ramses II. u. III.; *III. Zwischenzeit,* um 1070–712 (21.–24. Dyn.), u. *Spätzeit,* 712–332 (25.–31. Dyn.), Verfall d. ägypt. Macht; wechselnde Fremdherrschaften; seit 525 pers. Prov., 332 durch Alexander d. Gr. besetzt; 304–30 unter den makedon. Ptolemäern, 30 v. Chr. v. Rom erobert, bis 395 n. Chr. röm. Prov., danach byzantin.; 640/642 Eroberung durch d. Araber; ab 1250 Mameluckenherrschaft; seit 1517 türk. Prov., zeitw. praktisch selbst.; 1798 ägypt. Expedition Napoleons; 1869 Eröffnung des Suezkanals; 1882 brit. Schutzherrschaft;

1885 Aufstand d. Mahdisten (↑Mahdi); 1922 unabh. (konstit. Monarchie); 1952 Staatsstreich, 1953 Rep. (↑Nasser), 1956 Suezkrise (Konflikt mit Großbrit., Frkr. u. Israel); 1958–61 mit Syrien zur Vereinigten Arab. Rep. zusammengeschlossen, deren Namen Ägypten bis 1971 beibehielt; 1967 besiegte Israel Ä. und eroberte d. Sinai-Halbinsel. Seit 1971 amtl. Staatsname „Arab. Rep. Ägypten". Nach dem israel.-arab. Krieg v. Okt./Nov. 1973 ägypt.-israel. Truppenentflechtungsabkommen (Jan. 1974), 1979 ägypt.-israel. Friedensvertrag, danach Isolierung in d. arab. Welt; seit Ende d. 1980er-Jahre wieder regionale Führungsmacht; im Golfkrieg 1991 Unterstützung d. multinat. Streitkräfte gg. Irak; seit 1992/93 zunehmend Terroranschläge radikalislam. Fundamentalisten; im Konflikt zw. Israel und d. PLO förderte Ä. unter H. Mubarak (seit 1981 Präs.) d. Friedensbemühungen.

**ägyptische Kunst,** *Frühzeit* (etwa 4. Jt.): Ton- u. Steingefäße, Figuren, Felsbilder (Jagdszenen); gg. Ende der Frühzeit Anlage gr. Grabkammern (Mastabas), Wände mit Kampf-, Jagd- und Tanzszenen bemalt (Grab von Hierakonpolis); *Altes Reich* (um 2660–2160): Grabanlagen als Stufenpyramiden; Pyramide auf eine Mastaba gesetzt; in der 4. Dyn. endgültige Form der Pyramide (Pyramiden der Kg. Cheops, Chephren und Mykerinos bei Giseh), reiche Reliefkunst u. Wandmalereien in den Grabkammern; grundlegend für Darst. u. Bauten der Gedanke, die Person des Toten zu verewigen, auch in Haltung der Statuen und Sitzbilder; *Mittleres Reich* (2040–1785): Entstehung gr. Tempelanlagen; Versuch einer Charakterisierung bei den Bildnisstatuen; endgültige Form des ↑Obelisken; *Neues Reich* (1552–1070): keine Pyramiden, sondern Terrassentempel, Kolossalstatuen, Reliefkunst und Wandgemälde v. höchster Feinheit; in Bauten der 19. u. 20. Dyn. (1306–1070 v. Chr.) Zurückgreifen auf alte Kultbauten (↑Abu Simbel); allmähl. Verfall aller Kunstgattungen.

**ägyptische Plagen,** nach der Bibel (2. Mos. 7–12) die zehn von Gott über Ägypten verhängten Katastrophen, um vom Pharao die Freilassung der Israeliten zu erzwingen: blutiges Wasser, Frösche, Stechmücken, Bremsen, Viehseuchen, Geschwüre, Hagel, Heuschrecken, undurchdringl. Finsternis, Tod der Erstgeborenen bei Menschen u. Tieren.

**ägyptische Kunst:** *Sphinx von Giseh (um 2500 v. Chr.) mit der Cheopspyramide (2580 v. Chr.) im Hintergrund*

**ägyptische Religion,** urspr. tiergestaltige Ortsgottheiten (in Memphis Ptah, in Heliopolis Atum u. a.), allm. Aufkommen kosm. Gottheiten, wie Sonnengott Re, Himmelsgöttin Nut, Erdgott Geb; der Vegetations- und Totengott Osiris war in jedem rituell Bestatteten (Mumie) verkörpert, Totenreich war Fortsetzung ird. Lebens; Pharao als menschl. Verkörperung des Allgottes Horus, der ihn schützt; relig. Reform ↑Amenophis' IV., der nur Aton, die Sonnenscheibe, verehrte (änderte seinen Namen in Echnaton); nach seinem Tode Wiederherstellung der alten Staatsreligion.

**ägyptische Kunst:** *Goldmaske Tutanchamuns (14. Jh. v. Chr.)*

**ägyptische Sprache,** Spr. der alten Ägypter, die im Koptischen weiterlebt; Schrift: ↑Hieroglyphen, später ↑hierat. u. ↑demot. Schrift.

**Ahaggar, Hoggar,** Geb. in der mittl. Sahara, SO-Algerien, fast 3 000 m hoch.

**Ahasver[us],** Name des *Ewigen Juden* (der zu ewiger Wanderung verurteilte Jude); Legende s. dem 6. Jh. bekannt.

**Ahlen,** Ind.-St. in NRW, 55 000 E; vielseitige Industrie.

**Ahmad** [ax-], **1) A. I.,** türk. Sultan (1603–17), * 1590, † 1617; Bau der A.-Moschee in Istanbul. **2) A. III.,** türk. Sultan (1703–30), * 1673, † 1736; Gegner Prinz Eugens.

**Ahmadabad,** St. im ind. B.-Staat Gujarat, 2,87 Mill. E; Univ.; Bibliotheken; alte Moscheen u. Tempel; Textilind.; ✈.

**Ahmadija,** aus dem sunnit. Islam hervorgegangene Glaubensgemeinschaft, die weltweit Mission betreibt, innerhalb des Weltislam jedoch als häret. gilt; Zentrum: Pakistan.

**Ahnenforschung,** svw. ↑Genealogie.

**Ahnentafel** ↑Stammtafel.

**Ahnenverehrung,** Verehrung der verstorbenen Vorfahren; in allen Kulturen, v. a. bei Naturvölkern; bed. u. a. im antiken Rom; in China u. Japan wesentl. Teil der Religion.

**Ähnlichkeit,** Eigenschaft geometr. Figuren; entspr. Winkel u. Verhältnisse entspr. Seiten sind gleich.

**Ahorngewächse,** Laubbäume nördl. gemäßigter Zonen mit meist gelappten Blättern u. geflügelten Spaltfrüchten; *Spitz-, Berg-, Feldahorn* in Mitteleuropa, *Zucker-*

**Ahorngewächse:** *Bergahorn (oben) und Spitzahorn (unten)*

*ahorn* in N-Amerika, *Eschenahorn* in Japan.

**Ahr,** l. Nbfl. des Rheins, 89 km.

**Ahrensburg,** Stadt nö. von Hamburg, Schl.-Ho., 27 400 E; Renaissanceschloss (um 1595); paläolith. u. mesolith. Funde.

**Ahwas,** Prov.-Hptst. in SW-Iran, 725 000 E; Univ.; Zentrum d. Eisen- u. Stahlind.; Verkehrsknotenpunkt.

**Aichinger,** Ilse, östr. Schriftstellerin, * 1921; gehörte zur „Gruppe 47", schreibt Erzn., Lyrik, Hörspiele.

**Aids** [eɪdz; Abk. für engl.: **a**quired **i**mmune **d**eficiency **s**yndrome, = erworbenes Immunschwächesyndrom], erstmals 1981 in den USA beschriebene, sich weltweit ausbreitende Virusinfektionskrankheit, die zu einer schweren Störung od. zum Zusammenbruch der körpereigenen Abwehrkräfte (zelluläre Immunschwäche) führt.

**Aikido,** jap. Selbstverteidigungskunst, nutzt die Kraft des Gegners aus.

**Aïr,** Gebirgsmassiv in der südl. Sahara, Rep. Niger, bis 2310 m; Zinn- u. Uranerzabbau.

**Airbag** [ˈeəbæg], bei Unfällen sich selbsttätig aufblasender Luftsack im Pkw zum Insassenschutz; als Fahrer-, Beifahrer- u. Seiten-A.

**Airbus** [ˈeəbʊs], Passagierflugzeug mit großer Sitzkapazität für Kurz-, Mittel- u. Langstrecken, seit 1970 gebaut unter frz., dt., span. u. brit. Beteiligung v. d. *A. Industrie* (Sitz Blagnac bei Toulouse), seit 2001 ein Tochterunternehmen der EADS N. V.

**Airedaleterrier** [eəˈdeɪl-], eine Haushunderasse, 60 cm hoch, drahthaarig.

**Air France** [ɛːr ˈfrãːs; frz.], **AF,** staatl. frz. Luftverkehrsgesellschaft; Verw. in Paris.

**Airmail** [ˈeəmeɪl; engl.], Luftpost.

**Airsurfing** [ˈeəsəːfɪŋ; engl.], svw. ↑Skysurfing.

**Aischa,** Lieblingsfrau Mohammeds, * um 614, † 678; Tochter des Abu Bakr.

**Ais|chylos** ↑Äschylus.

**Aitmatow,** Tschingis, kirgis. Schriftsteller, * 1928; schreibt v. a. Erzählungen in kirgis. u. russ. Sprache.

**Aix-en-Provence** [ɛksãprɔˈvãs], frz. St. nördl. von Marseille, 121 000 E; Univ., roman. Kathedr.; Bad (röm. *Aquae Sextiae*).

**Aix-les-Bains** [ɛksleˈbɛ̃], frz. Kurort östl. von Lyon, 23 000 E; Schwefelquellen.

**Ajaccio** [aʒakˈjo], Hptst. Korsikas, 55 000 E; ⚓, ✈; Geburtsort Napoleons I.

**Ajatollah** ↑Ayatollah.

**Akazie:** *Schirmakazie*

**Ajax** [der Große], griech. Held im ↑Trojan. Krieg.

**Akaba,** einziger jordan. Tiefseehafen, am *Golf von A.*, 62 040 E; ✈. Umschlag von Phosphaten; Sonderwirtschaftszone.

**Akademie** [gr.], urspr. die v. Platon in Athen gegründete Philosophenschule; heute bes. die Gelehrtenvereinigung *(Akad. der Wiss.n).*

**Akademie der Arbeit,** 1946 wieder gegr. Hochschule in Frankfurt a. M. zur Ausbildung von Arbeitnehmern für spezielle Aufgaben im wirtsch. u. öff. Leben.

**Akademie der Wissenschaften,** Vereinigung v. Gelehrten zur Pflege wiss. Austauschs u. zur Förderung der Forschung. – Erste A. d. W. der Neuzeit 1470 in Florenz gegr., Preuß. A. d. W. entstand 1700 in Berlin.

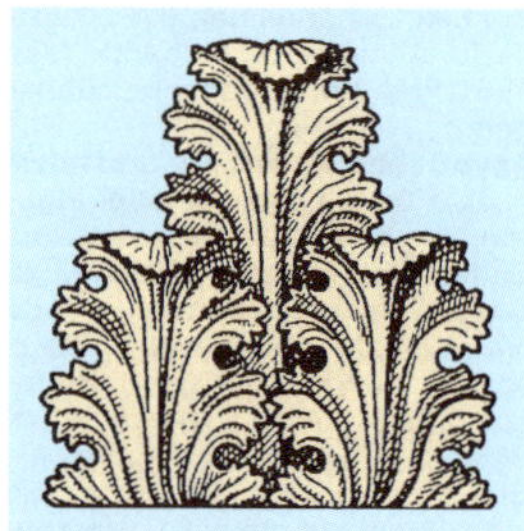

**Akanthus**

**Akademiker** [gr.], Person mit Hochschulbildung.

**akademische Grade,** nach best. Prüfungen verliehene akad. Titel; ↑Doktor, ↑Magister, ↑Diplom.

**akademisches Viertel,** $^1/_4$ Std., um die akad. Veranstaltungen später als angegeben beginnen; *c. t.* (*c*um *t*empore = mit Zeit), im Ggs. zu *s. t.* (*s*ine *t*empore = ohne Zeit), also pünktlich.

**Akanthus** [gr.], Ornament, in der griech. Kunst im 5. Jh. an Grabreliefs, dann an korinth. Säulen am Kapitell; auch in der röm., byzantin., roman. Kunst, in der Renaissance und im Barock.

**Akarinose** ↑Pflanzenkrankheiten (Übers.).

**Akazi|e** [gr.], **1)** artenreiche Gattung der Mimosengewächse; Tropen, Subtropen; meist Bäume; *Schirm-A.*, Charakterbaum O-Afrikas; *Acacia senegal* liefert Gummiarabikum. **2)** häufig verw. falsche Bez. für ↑Robinie.

**Akbar,** * 1542, † 1605, Großmogul von Indien (reg. seit 1556); führte Mogulreich zur Blüte.

**Akelei** [mlat.], geschütztes Hahnenfußgewächs; Gebirgswälder u. -wiesen; fünfzählige gespornte Blüten; blüht meist violett, rosa, gelb und weiß; Zuchtformen.

**Akihito,** Kaiser von Japan (125. Tennō seit 1989), * 1933; Sohn von ↑Hirohito, 1990 inthronisiert; Devise: Heisei (Frieden schaffen).

**Akita,** jap. Hafenst. im NW von Honshū, 302 000 E; Univ.; ✈.

**Akkad,** um 2300/2200 v. Chr. Hptst. des Reiches von A. in N-Babylonien.

**Akkadisch** [nach Akkad], semit. Spr., Keilschrift; neuere Bez. für Babylon. und Assyrisch.

**Akklamation** [lat.], Zustimmung durch Zuruf.

**Akklimatisation** [nlat.], Anpassung an veränderte, umweltbedingte Lebensverhältnisse; Gewöhnung an ein fremdes Klima.

**Akko,** isr. St. an der *A.bucht,* 43 600 E; bed. in phöniz. Zeit; in den Kreuzzügen umkämpft; UNESCO-Weltkulturerbe.

**Akkommodation** [lat.], Anpassung, Einstellung eines Organs, insbes. beim Auge die Erhöhung der Brechkraft der Linse, um etwas in der Nähe Liegendes scharf zu sehen.

**Akkord** [frz.], 𝄞 Verbindung von mindestens 3 Tönen zu einem Zusammenklang (↑Dreiklang).

**Akkordarbeit,** Arbeit, die nach Leistung (Norm[stück]zahl) bezahlt wird.

**Akkordeon** [frz.-nlat.], Ziehharmonika mit Tastenreihe für die Melodie- u. Knopfreihe für die Bassstimmen (Akkorde).

**Akropolis:** *Parthenon der Akropolis von Athen (447–432 v. Chr.)*

**Akkra** ↑Accra.

**akkreditieren** [lat.], **1)** beglaubigen; diplomat. Vertr. beim Empfangsstaat amtl. einführen (*Akkreditiv* = Beglaubigungsschreiben). **2)** eine Bank beauftragen, einem Dritten fristgerecht eine best. Summe auszuzahlen.

**Akku,** Kurzw. für ↑**Akku**mulator.

**Akkumulation** [lat.], **1)** Anhäufung, Speicherung. **2)** Begriff der klass. Nationalökonomie u. des Marxismus für die Anhäufung v. Reichtum.

**Akkumulator** [lat.], **Akku,** auf elektrochem. Basis arbeitender Stromspeicher; z. B. *Blei-A.* (elektrolyt. Umsetzungen v. Bleisulfatplatten in Schwefelsäure), liefert 2 V pro Zelle, höhere Spannungen durch Hintereinanderschaltung.

**Akkusativ** [lat.], **Wenfall, 4. Fall,** ↑Kasus, antwortet auf die Frage: wen oder was?

**Akne** [gr.], mit Knötchen- und Pustelbildung verbundene Talgdrüsenentzündung; meist hormonell bedingt.

**AKP-Staaten,** Gruppe von 77 Entwicklungsländern aus **A**frika, der **K**aribik und dem **P**azifik, mit den EU-Staaten durch die ↑Lomé-Abkommen assoziiert.

**Akquisiteur** [-ˈtœːr; frz.], Kundenwerber; Anzeigenwerber.

**Akrobat** [gr.], Turnkünstler, Artist.

**Akropolis** [gr.], Festung auf Burgbergen griech. Städte, bes. die A. von Athen mit ↑Parthenon, ↑Propyläen, ↑Erechtheion.

**Akroter[ion]** [gr.], selbst. figurales od. ornamentales Zierglied auf der Spitze od. an den Ecken eines Giebels (griech. Antike bis Klassizismus).

**Akt** [lat.], **1)** Vorgang, Handlung. **2)** größerer Handlungsabschnitt eines Dramas. **3)** Darst. eines nackten Menschen. **4)** Ⓟⓗ ↑Potenz. **5)** (Akte) Schriftstück, Slg. zusammengehör. Schriftstücke.

**Aktäon,** Jäger der griech. Sage; sieht Artemis im Bade, wird in einen Hirsch verwandelt u. von seinen Hunden zerrissen.

**Akteneinsicht,** Einsicht in Gerichtsakten; im Zivil- u. Verwaltungsprozess den Parteien, im Strafprozess nur dem Verteidiger u. dem Anwalt des Privatklägers neben dem Staatsanwalt erlaubt (nach Abschluss des Ermittlungsverfahrens).

**Akteur** [-ˈtœːr; frz.], Handelnder; Schauspieler.

**Aktie,** an der Börse zum Kurswert gehandeltes Wertpapier, übertragbarer Anteilschein am Kap. einer AG; lautet auf einen best. Nennbetrag (Mindestnennbetrag in Dtl.: 1 €).

**Aktienanleihe,** Anleihe, bei der

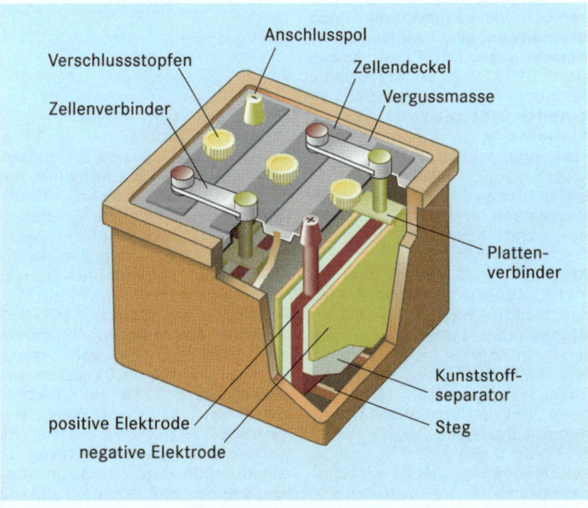


**Akkumulator:** *Aufbau eines Bleiakkumulators*

der Emittent das Wahlrecht hat, die Rückzahlung zum Nennwert in bar od. in Aktien vorzunehmen.

**Aktienfonds,** Investmentfonds, dessen Vermögen ganz od. überw. aus Aktien besteht.

**Aktiengesellschaft, AG,** Kapitalges. mit eigener Rechtspersönlichkeit; Anteile bestehen in ↑Aktien; *Aktionär* (Aktieninhaber) haftet nicht persönl.; Organe: Aufsichtsrat, Vorstand (Geschäftsführung) u. *Hauptvers.,* i. d. R. jährl. einmal, beschließt Gewinnverwendung (↑Dividende), Entlastung v. Aufsichtsrat u. Vorstand sowie Neuwahl des Aufsichtsrates; Mindestnennbetrag des Grundkap. 50 000 €.

**Aktienindex,** Kennziffer zur Verdeutlichung der Kursentwicklung eines Aktienmarktes.

**Aktinomykose** [gr.], Strahlenpilzkrankheit, verursacht durch Actinomyzetes israelii u. Staphylokokken (pilzmyzelartig wachsende Bakterien); chron. Infektion v. Mundhöhle, Atemwegen od. Lunge.

**Aktionär** ↑Aktiengesellschaft.

**Aktion Mensch,** Hilfsaktion zur Unterstützung von gemeinnützigen Einrichtungen u. Initiativen der Behindertenhilfe u. -selbsthilfe; 1964 als *Aktion Sorgenkind* gegr.

**Aktionspotenzial,** eine elektr. Begleiterscheinung körperl. Vorgänge; bes. der bei Tätigkeit von Nerven, Gehirn, Muskeln, Herz ableitbare Strom.

**Aktium, La Punta,** westgriech. Landzunge; bei A. siegte 31 v. Chr. Oktavians Flotte über Marcus Antonius.

**aktiv** [lat.], **1)** tätig, unternehmend. **2)** im Dienst stehend. **3)** ⚗ bes. reaktionsfähig.

**Aktiv** [lat.], Tätigkeitsform; der Urheber der Handlung ist grammat. Subjekt.

**Aktiva** ↑Bilanz.

**Aktivgeschäfte** ↑Banken.

**Aktivität,** Formelzeichen *A*, Maß für die Zahl der Zerfälle einer radioaktiv. Substanz in einer Zeiteinheit, SI-Einheit: ↑Becquerel.

**Aktivkohle,** porenreiche Kohle, v. a. aus Torf, Holz, Kokosnussschalen; dient als Adsorbens zur Reinigung v. Gasen und Flüssigkeiten.

**aktuell** [frz.], zeitgemäß, gegenwartsbezogen.

**Akupressur** [lat.], an die Akupunktur angelehntes Verfahren, bei dem durch Massage v. Akupunkturpunkten der Haut eine Reizwirkung mit Organ- u./od. Schmerzbeeinflussung erzielt werden soll (z. B. bei Migräne).

**Akupunktur** [lat.], alte chin. Heilmethode; Metallnadeln werden in best., den Organen zugeordnete Hautpunkte (liegen auf so gen. Meridianen) eingestochen, um z. B. Schmerzsyndrome zu mildern.

**Akustik** [gr.], Lehre vom Schall.

**akut** [lat.], dringend, vordringl.; unmittelbar; unvermittelt auftretend und von heftigem, kurz dauerndem Verlauf.

**Akzeleration** [lat.; = Beschleunigung], **1)** eine Störung in der Bewegung des Mondes. **2)** Beschleunigung der körperl.-biol. Entw. von Jugendlichen.

**Akzent** [lat.], **1)** Betonungszeichen (Akut: ´, Gravis: `, Zirkumflex: ^). **2)** Betonung einer Silbe, eines Redeteils im Satz. **3)** Tonfall. **4)** Nachdruck.

**Akzept** [lat.], auf einem Wechsel die schriftl. Annahmeerklärung des Bezogenen; auch der angenommene Wechsel selbst.

**Akzeptor,** Fremdatom in einem Halbleiter, das ein Valenzelektron weniger als die Atome des Grundmaterials aufweist.

**Al,** ⚗ Symb. für ↑Aluminium.

**à la** [frz.], auf, nach Art von ...

**Alabama** [engl. ælə'bæmə], Abk. Ala., Staat im SO der USA am Golf v. Mexiko, 135 775 km², 4,35 Mill. E; Hptst. Montgomery; Baumwolle, Mais; Schwer-, Textilind.

**Alabaster** [gr.], feinkörn., durchscheinende Gipsart.

**Alaigebirge,** Kettengebirge in Zentralasien, bis 5 539 m.

**Alamain, El-,** ägypt. Küstenort westl. von Alexandria; d. Kämpfe bei El- A. vom 30. 6. bis 3. 11. 1942 setzten Rommels Durchbruchsversuch auf Alexandria ein Ende.

**Alamannen,** svw. ↑Alemannen.

**Alamogordo,** St. in New Mexico, USA, 30 000 E; ✈; in der Wüste bei A. wurde am 16. 7. 1945 die 1. Atombombe gezündet.

**Ålandinseln** ['o:-], finn. **Ahvenanmaa,** finn. Inselgruppe im Bottn. Meerbusen, 1 527 km², 24 500 meist schwed. sprechende E; Hauptinsel: Åland (650 km²) mit der Hptst. *Mariehamn* (9 700 E); Fischerei, Viehzucht.

**Alarich I.,** Westgotenkg, * um 370, † 410; eroberte 410 Rom; bei Cosenza im Busento begraben.

**Alaska** [engl. ə'læskə], nördlichster u. größter Staat d. USA, 1,7 Mill. km², 619 500 E, davon 16 % Eskimos u. Indianer, Hptst. Juneau. Von vergletscherten Kettengebirgszügen (*Alaskakette*; im *Mt. McKinley* 6 198 m ü. d. M.) eingeschlossene Hochfläche mit Kontinentalklima; Erdöl- u. Erdgasförderung, Fischerei, Holzwirtschaft, Pelzgewinnung; reiche Bodenschätze (Gold, Steinkohle, Eisen, Kupfer, Uran, Beryllium, Wolfram), Erdölförderung s. 1977 (1 285 km lange *Trans-Alaska-Pipeline*); im 2. Weltkrieg Bau des *A. Highways* von Dawson Creek (Kanada) bis Fairbanks (2 450 km). – 1741 entdeckt, Gründung russ. Pelzhandelsstationen *(Kodiak),* 1867 v. Russland an die USA verkauft, wurde 1959 der 49. Staat der USA.

**Alassio,** ital. Seebad an der westl. Riviera, 11 600 E.

**Alb, Nachtmahr,** nächtl. Gespenst; ↑auch Albdrücken.

**Alba,** Fernando Álvarez de Toledo, 3. Herzog von, span. Feldherr, * 1507, † 1582; 1537 Oberbefehlshaber der kaiserl. Heere, siegte 1547 bei Mühlberg/Elbe über den ↑Schmalkald. Bund; 1567–73 Statthalter in den Niederlanden (Schreckensherrschaft); eroberte 1580 Portugal.

**Albaner Berge,** vulkan. Ringgeb. (bis 956 m) sö. Roms.

**Albanien**

| | |
|---|---|
| *Fläche:* | 28 748 km² |
| *Einwohner:* | 3,49 Mill. |
| *Hauptstadt:* | Tirana |
| *Amtssprache:* | Albanisch |
| *Zeitzone:* | MEZ |

**Albanien,** Rep. an der sö. Adria, v. a. Bergland, im N die Nordalban. Alpen (bis 2 694 m ü. M.); eines der ärmsten Länder Europas.; Erdölgewinnung; weitere Bodenschätze: Chrom-, Kupfer-, Eisen-, Nickelerz; verkehrsmäßig wenig erschlossen; Haupthafen Durrës. *Bev.:* vorw. Albaner (mehr als 60 % Muslime). – *Gesch.:* 167–395 röm.; im MA teilw. von Bulgarien (bis 1018), bis 1343 von Byzanz, dazw. zeitw. durch Despoten von Epirus, seit 1343 von Serben, 1479–1913 von Türken beherrscht; seit 1913 Ft. unter Mbret (= Herrscher) Wilhelm I. (Prinz zu Wied), 1925 Rep., 1928 Kgr. (Zogu I., ehem. Min.-Präs.). 1939–43 Personalunion mit Italien; 1946

VR (Verstaatlichung der Wirtsch., KP Staatspartei). A. betrieb die Entwicklung der kommunist. Gesellschaftsform radikaler als die anderen europ. sozialist. Staaten; bis 1960 enges Verhältnis zur UdSSR, danach bis 1977/78 zur VR China. Trotz 1989/90 einsetzender Reformbewegung u. polit. Umwandlung in demokrat. Staat ab 1991 anhaltende Instabilität (Höhepunkt: Unruhen 1998).

**Albany** [ˈɔːlbənɪ], Hauptstadt des B.-Staates New York, USA, 102 000 E; Eisen-, Textil- und Elektroind.; Univ.; Flusshafen, ✈.

**Albatrosse** [arab.], Vogelfam., ausgezeichnet segelnde Meeresvögel v. a. auf der Südhalbkugel; *Wander-A.*, die größten Meeresvögel, Spannweite rd. 350 cm.

**Albe** [lat.], weißes liturg. Gewand.

**Albedo** [lat.], Verhältniszahl zw. einfallender u. reflektierter Strahlung an nicht selbstleuchtenden Körpern.

**Albee** [ˈɔːlbɪ], Edward, amer. Dramatiker, * 1928; „Wer hat Angst vor Virginia Woolf?“ (dt. 1963).

**Alberich,** Zwerg der german. Sage, Hüter des Nibelungenhorts.

**Albers,** Hans, dt. Schauspieler, * 1891, † 1960; in seinen Filmen spielte er v. a. Abenteuerrollen.

**Albert** [alˈbɛːr], Eugen d', dt. Komponist u. Pianist frz. Herkunft, * 1864, † 1932; über 20 Opern, u. a. „Tiefland“, „Die toten Augen“.

**Albert,** *Belgien:* **1) A. I.,** * 1875, † 1934, Kg. seit 1909; Verteidiger der belg. Neutralität im 1. Weltkrieg. **2) A. II.,** * 1934, Kg. seit 1993. – *Großbrit.:* **3) A.,** Prinz von Sachsen-Coburg und Gotha, * 1819, † 1861; s. 1840 verh. mit Kgn. Viktoria.

**Alberta** [æːlˈbəːtə], kanad. Prov. östl. d. Rocky Mountains, 661 848 $km^2$, 2,96 Mill. E; Hptst. Edmonton; Landw., Kohle- u. Erdölvorkommen.

**Alberti,** Leon Battista, Baumeister u. Kunsttheoretiker der ital. Frührenaissance, * 1404, † 1472.

**Albertina** [nlat.], graf. Slg. in Wien, begr. 1769 von Hzg. Albert Kasimir v. Sachsen-Teschen.

**Albertiner,** Linie der ↑Wettiner.

**Albertkanal,** Kanal zw. der Maas bei Lüttich u. der Schelde bei Antwerpen, 130 km.

**Albertsee,** See im Zentralafrik. Graben, in Uganda u. der Demokrat. Rep. Kongo, 618 m ü. d. M., 5 300 $km^2$, 48 m tief; sehr fischreich; Ausfluss: *Albertnil.*

**Albertus Magnus,** hl., eigtl. Albert Graf von **Bollstädt,** Dominikaner, * um 1200, † 1280; einer der bedeutendsten Gelehrten des MA, Lehrer des Thomas v. Aquin.

**H. Albers**

**Albertz,** Heinrich, dt. ev. Theologe und Politiker (SPD), * 1915, † 1993; 1966/67 Regierender Bürgermeister von Berlin (West); in den frühen 1980er-Jahren Vertr. d. Friedensbewegung.

**Albi,** Hptst. des frz. Dep. Tarn, 48 000 E; Erzbischofssitz; Kathedrale (13./14. Jh.).

**Albigenser,** Gruppe der ↑Katharer aus Albi; extrem asket.; in den *A.kriegen* (1209–29) blutig verfolgt.

**Albinismus** [lat.], bei Mensch u. Tier vorkommendes erbl. Fehlen der Bildung von Pigmenten (Melanine).

**Ålborg** [ˈɔːlbɔr], dän. Hafenstadt am Limfjord, 158 000 E; vielseitige Ind., Werft; ✈.

**Albrecht,** *Hl. Röm. Reich:* **1) A. I.,** * 1255, † 1308 (ermordet von seinem Neffen Johann Parricida), Sohn Rudolfs I. v. Habsburg, Hzg. von Östr. u. Steiermark, 1298 Kg. **2) A. II.,** * 1397, † 1439, Hzg. von Östr., 1437 Kg. von Böhmen und Ungarn, 1438 Kg. – *Brandenburg:* **3) A. I.,** der Bär, * um 1100, † 1170, Askanier, Gründer und 1. Markgraf der Mark Brandenburg. – *Mainz:* **4) A. II.,** * 1490, † 1545, Erzb. und Krfst. von Mainz, Erzb. von Magdeburg und Administrator des Bistums Halberstadt; ließ von Tetzel den Ablass vertreiben, gegen den sich Luther mit seinem Thesenanschlag 1517 wandte. – *Preußen:* **5) A.,** * 1490, † 1568, Sohn Markgf. Friedrichs IV. v. Brandenburg-Ansbach; 1510/11 Hochmeister des Dt. Ordens in Preußen, wurde luth. und wandelte 1525 den Ordensstaat in ein weltl. Hzgt. unter poln. Lehnshoheit um.

**Albright** [ˈɔːlbraɪt], Madeleine, amer. Politikerin, * 1937; 1993–97 ständige UN-Botschafterin der USA, 1997–2001 Außen-Min.

**Albträume, Angstträume,** Beklemmung und Angstgefühle im [Halb]schlaf.

**Albula,** rechter Nbfl. des Hinterrheins, Schweiz, 36 km, Mdg. b. Thusis; *A.straße* über den *A.pass* (2 312 m ü. d. M.); *A.bahn* Thusis–Sankt Moritz mit *A.tunnel* (5,9 km).

**Albumen** [lat.], das Eiklar des Vogeleis.

**Albumine** [lat.], wichtigste Gruppe der Eiweißstoffe.

**Albuquerque** [ˈælbəkəːkɪ], St. in New Mexico, USA, 419 000 E; 2 Univ.; Nahrungsmittelind.; Kernforschungsanlagen; Kurort, Fremdenverkehr; ✈.

**Alcántara,** span. St. am Tajo, 2 300 E; Stammsitz des *Ritterordens von A.* (gegr. um 1160).

**Alcantara®,** wildlederähnl. Textilstoff aus feinsten Polyesterfasern; voll waschbar.

**Alcatraz** [ælkəˈtræz], Felseninsel in der Bucht v. San Francisco; 1934–63 Hochsicherheitsgefängnis, heute Touristenattraktion.

**Alcazar** ↑Alkazar.

**Alchemie** [arab.], „Chemie“ des MA (Spätantike bis 17. Jh.), mit dem Ziel, Materie in einen vollkommenen Zustand zu bringen; im 17./18. Jh. zur Pseudowiss. entartend mit dem Ziel, Gold aus unedlen Stoffen zu gewinnen.

**Älchen,** 1–2 mm lange Fadenwürmer, meist parasitär, Landwirtschaftsschädlinge.

**Alchimie** ↑Alchemie.

**Aldegrever,** Heinrich, eigtl. **Trippenmecker,** dt. Kupferstecher u. Goldschmied, * um 1502, † nach 1555.

**Aldehyde** [Kurzw.], aus primären Alkoholen durch Dehydrierung, aus organ. Säuren durch Reduktion gewonnene chem. Verbdg., die *Aldehydgruppe* –CHO enthaltend; niedere A. sind flücht., höhere flüss. bis fest; wicht. bei biochem. Vorgängen; techn. wicht. als Ausgangsprodukte für viele Synthesen (z. B. Formaldehyd). Nach der chem. Nomenklatur heißen die aliphat. A. *Alkanale.*

**Alder,** Kurt, dt. Chemiker, * 1902, † 1958; Nobelpreis für Chemie 1950 für die Diensynthese (mit O. Diels).

**Ale** [eɪl; engl.], helles obergäriges Bier.

**alea iacta est** [lat. „der Würfel ist geworfen“], sprichwörtl. „die Entscheidung ist gefallen“; angebl. v. Caesar bei Überschreiten des Rubikons gesagt.

**Alejchem,** Scholem ↑Scholem Alejchem.

**Alemannen,** urspr. Verband v. Teilstämmen der westgerman. Sweben, zuerst 212 am oberen

**Aleppo:** *Zitadelle mit Torbauten über dem künstlich angelegten Burggraben (12.–16. Jh.)*

Main gen.; im 3. Jh. Vorstöße über den ↑Limes, um 260 Ansiedlung im ↑Dekumatland; im 5. Jh. Ausdehnung über Pfalz, Elsass, N-Schweiz, Rätien; um 500 von den Franken unterworfen. – Das zu Beginn des 10. Jh.s entstand. Stammeshzgt. Schwaben umfasste das gesamte alemann.-schwäbische Stammesgebiet.

**Alemannisch,** oberdt. Mundart (oberrhein.), in der die hochdt. ↑Lautverschiebung am stärksten durchgedrungen ist.

**Alembert** [alãˈbɛr], Jean Le Rond d', frz. Mathematiker u. Schriftsteller, *1717, †1783; Wegbereiter des Positivismus, mit ↑Diderot bis Bd. 7 Hg. der frz. „Encyclopédie" (33 Bde., 1751–80). Formulierte u.a. das *d'alembertsche Prinzip* der Dynamik.

**Alençon** [alãˈsõ], Hptst. des frz. Dép. Orne, 31 500 E; Baumwollind., berühmte Spitzen.

**Aleppo, Halab,** Prov.-Hptst. in NW-Syrien, 1,54 Mill. E; Univ.; Ind.-, Verkehrs- u. Handelszentrum; ✈.

**Alessandria,** ital. Prov.-Hptst. in Piemont, 90 700 E; vielseitige Ind., Handelszentrum mit Messen.

**Aletschgletscher, Großer,** größter Alpengletscher, Berner Alpen, 87 km², 25 km lang; westl. das *Aletschhorn,* 4 195 m.

**Aleuten,** Inselkette zw. Alaska u. Kamtschatka, zu USA, etwa 70 Inseln, 17 666 km²; südl. der *A.graben,* bis 7 822 m tief.

**Alexander,** Päpste: **1) A. III.,** †1181, Papst seit 1159, Gegner der Staufer. **2) A. VI.,** *1431 (1432?), †1503, vorher Rodrigo de **Borgia,** Papst seit 1492, bed., skrupelloser Staatsmann.

**Alexander,** Herrscher: *Bulgarien:* **1) A. I.,** Prinz von Battenberg, *1857, †1893; 1879 Fürst von Bulgarien, 1886 auf Russlands Betreiben gestürzt. – *Jugoslawien:* **2) A. I. Karađorđević,** *1888, †1934 (in Marseille durch Attentat), Kg. seit 1921. – *Makedonien:* **3) A. der Große,** *356, †13. 6. 323, Sohn Philipps II. von Makedonien; seit 336 Kg.; trug 338 entscheidend zum Sieg über die Griechen bei Chaironeia bei; 334 Zug gegen Persien: Siege in Kleinasien am Granikos (334) u. bei Issos (333) über Dareios III.; Eroberung von Palästina u. Ägypten, Vernichtung der Perser bei Gaugamela (331); 327–325 Zug nach Indien. Übernahme u. Organisation des Perserreiches. Durch A.s Eroberungen u. Städtegründungen verbreitete sich die griech. Kultur in Asien. – *Russland:* **4) A. Newski,** hl., russ. Großfürst, *um 1220, †1263; Nationalheld; Siege über die Schweden u. die Schwertritter. **5) A. I. Pawlowitsch,** *1777, †1825, Zar seit 1801; Versuche lib. Reformen; Verbündeter Preußens und Österreichs im Kampf gg. Napoleon; Stifter der „Hl. Allianz". **6) A. II. Nikolajewitsch,** *1818, †1881 (durch Attentat), Zar seit 1855; Aufhebung der Leibeigenschaft u.a. Reformen; unterdrückte den poln. Aufstand (1863), 1873 Dreikaiserbund mit Östr. und Dtl., 1877/78 Krieg gg. Türkei. **7) A. III. Alexandrowitsch,** *1845, †1894, Zar seit 1881; reaktionär, Panslawist. – *Serbien:* **8) A. I. Obrenović,** *1876, †1903 (ermordet), Kg. seit 1889.

**Alexander II. Nikolajewitsch**

**Alexandria,** arab. **El-Iskandarijja,** bed. Hafen- u. Ind.-St. Ägyptens, am W-Rand des Nildeltas, 3,4 Mill. E; 2 Univ.; Fremdenverkehr; ✈. – 332/31 v. Chr. von Alexander d. Gr. gegr., Hptst. der Ptolemäer; Alexandrin. Bibliothek.

**Alexandrinische Bibliothek,** größte Bibliothek d. Altertums, in Alexandria, gegr. im 3. Jh. v. Chr., vor dem Brand (47 v. Chr.) etwa 700 000 Rollen; die *kl. A. B.* im Serapistempel.

**Alexandrinisches Zeitalter,** Zeit der Blüte der griech.-hellenist. Kultur, Zentrum Alexandria.

**Alexandrit** [nlat.], Abart des ↑Chrysoberylls, Härte 8,5; durchsicht., grün; Schmuckstein.

**Alexie** [gr.], Unfähigkeit, Buchstaben od. Wörter zu erkennen (bei intaktem Sehvermögen).

**Alexi II.,** eigtl. Alexei Michailowitsch **Ridiger,** russ.-orth. Theologe, *1929; seit 1990 Patriarch von Moskau und ganz Russland.

**Al-Fatah** [-faˈtax], ↑Fatah.

**al fine** [ital.], bis zum Schluss [eines Musikstückes].

**Alföld** ↑Großes Ungar. Tiefland.

**Alfons,** *Kastilien und León:* **1) A. X.,** der Weise, *1221, †1284, Kg. seit 1252; Enkel Philipps von Schwaben, 1257 zum Röm. König gewählt, ohne je das Hl. Röm. Reich betreten zu haben. – *Spanien:* **2) A. XIII.,** *1886, †1941, Kg. seit Geburt; verließ 1931 nach Wahlsieg der republikan. Parteien das Land, ohne abzudanken.

**Alfred der Große,** *848 (?), †899 (?), Kg. von England seit 871; schwere Kämpfe mit den Dänen, schuf eine Flotte; bed. Gesetzgeber und Übersetzer.

**Algarve,** Ldsch. und histor. Prov. (heute: Distrikt Faro) in S-Portugal, 4 960 km², 340 000 E; Hptst. *Faro* (32 000 E).

**Algebra** [arab.], Lehre v. den Gleichungen u. ihren Lösungen;

die mod. A. untersucht die Strukturen math. Mengen.

**Algeciras** [alxe'θiras], span. Hafenst. westl. Gibraltar, 102 000 E; Fremdenverkehr. – *A.-Konferenz* 1906: Frkr. erreichte (gg. Dtl.) die Anerkennung seiner Vormachtstellung in Marokko.

**Algen** [lat.], Pflanzengruppe, kleine 1 μm große Einzeller bis tonnenschwere Tange; hpts. Wasserbewohner, flächig od. fadenförmig, noch ohne Wurzeln u. Gefäße; ein- oder mehrzellig; Chlorophyll, auch andere Farbstoffe enthaltend; Ernährung auto-, manchmal heterotroph; u. a. Geißel-, Grünalgen.

**Algenpilze,** niedr., mikroskop. kl. Pilze; Parasiten und Moderpfl. (z. B. Schimmelpilze).

**Algeri|en,** Rep. in NW-Afrika, zw. Tellatlas u. Saharaatlas, Hochland der Schotts (800 bis 1 000 m), südl. die Sahara; Bev. v. a. Araber u. Berber; Landw. bes. an der Küste, Viehzucht im Geb.; Bodenschätze: Erdöl, Erdgas, Phosphate, Eisenerze, Zink; vielseitige Ind. – *Gesch.:* Im Altertum röm. Provinz, im 7. Jh. arab., kam 1519 unter türk. Oberhoheit, vom 16. bis 19. Jh. Seeräuberstaat, der 1830–47 v. den Franzosen erobert wurde. 1954 Aufstand unter Führung der ↑FLN gegen Frkr.; Waffenstillstand im Abkommen v. Évian-les-Bains (18. 3. 1962), das A. am 1. 7. 1962 die staatl. Unabhängigkeit brachte; bis Ende der 1980er-Jahre sozialist. orientierte Politik; seit dem anullierten Wahlsieg fundamentalist. islam. Kräfte 1991 Bürgerkrieg; Präs. Bouteflika unterbreitete nach seiner Wahl 1999 einen Friedensplan; die Gewalttaten dauerten jedoch an.

**Algerien**

*Fläche:* 2 381 741 km²

*Einwohner:* 31,2 Mill.

*Hauptstadt:* Algier

*Amtssprache:* Arabisch

*Zeitzone:* MEZ

**Alkazar** *von Segovia (urspr. 11. Jh., Neubau 13. Jh., im 14.–16. Jh. erweitert)*

**Algier** ['alʒi:r], arab. **El-Djesair** [-dʒ-], Hptst., wirtsch. Zentrum und wichtigster Hafen Algeriens, 2,6 Mill. E; 2 Univ.; vielseit. Ind.; ✈.

**Algonkin,** indian. Stämme im NO Nordamerikas, u. a. Micmac, Delaware, Ojibwa, Cree und Fox.

**Algorithmus** [mlat.], systemat. Rechenverfahren in endlich vielen, eindeutig festgelegten, auch wiederholbaren Schritten.

**Alhambra** [arab. al hamra; = die Rote], Burg über Granada; bed. islam. Schloss (13./14. Jh.).

**Alibi** [lat.; = anderswo], bes. im Strafprozess wicht. Beweis der Abwesenheit vom Tatort zur Tatzeit.

**Alicante,** ostspan. Prov.-Hptst. am *Golf v. A.,* 268 000 E; Seebad; ⚓, ✈; Ausfuhr: *A.wein,* Südfrüchte, Alfagras, Erze, Maschinen.

**alicyclische Verbindungen,** organ. Verbdg. mit Ringstruktur (Ringe aus Kohlenstoffatomen), außer Benzolringen (↑Benzol) u. deren Derivaten (↑aromat. Verbindungen).

**Aligarh,** ind. Stadt sö. v. Delhi, 480 000 E; Universität.

**Alimente** [lat.], Unterhaltsbeitrag (aufgrund gesetzl. Unterhaltspflicht).

**aliphatische Verbindungen,** Bez. für alle organ. Verbdg. mit geraden od. verzweigten Kohlenstoffketten (Ggs.: alicycl. und aromat. Verbdg.); Öle, Zucker, Benzin.

**ALITALIA,** Abk. für: **A**ero**l**inee **Ita**l**ia**ne Internazionali, staatl. ital. Luftverkehrsges., Sitz Rom.

**Alkali|en** [arab.], Hydroxide der Alkalimetalle; charakt.: eine OH-Gruppe; oft nur Bez. für Natrium- oder Kaliumhydroxid; wässrige Lösungen färben Lackmusindikator blau *(alkal. Reaktion);* ätzend; umfassen noch d. Hydroxide der Erdalkalimetalle und das Ammoniumhydroxid.

**Alkalimetalle,** El. der 1. Hauptgruppe des Periodensystems: Lithium, Natrium, Kalium, Rubidium, Cäsium u. Francium.

**Alkalimetrie,** chem. Analyseverfahren, bei dem der Alkaligehalt einer Lösung mit Säure definierter Konzentration titriert wird.

**Alkaloide** [arab.; gr.], bas., meist giftige Stickstoffverbdg. in Pfl.; schmerzlindernd, krampflösend, betäubend (u. a. Morphin); bisher sind mehr als 3 000 A. bekannt.

**Alkalose** [nlat.], krankhafter Zustand mit Basenüberschuss od. Säureverlust im Blut; kann bis zur ↑Tetanie führen.

**Alkane** [Kw.], früher **Paraffine,** gesättigte Kohlenwasserstoffe der Summenformel $C_nH_{2n+2}$.

**Alkäus, Alkaios,** griech. Lyriker, * um 620, † um 580 v. Chr; mit Sappho Hauptvertr. der äol. Lyrik.

**Alkazar** [al'kaθar; arab.], Bez. für Burg u. Schloss in Spanien; u. a. der A. in Sevilla (im so gen. Mudejarstil, 14. Jh.) u. der A. in Toledo (im Span. Bürgerkrieg zerstört, dann wieder aufgebaut, heute Nationaldenkmal).

**Alken** [nord.], entengroße, arkt. Meeresvögel, an Pinguine erinnernd; der 90 cm gr. *Riesenalk* 1844 ausgerottet; ↑Tordalk, ↑Papagei[en]taucher.

**Alkene** [Kw.], **Olefine,** ungesättigte aliphat. Kohlenwasserstoffe, allg. Summenformel $C_nH_{2n}$; enthalten eine Kohlenstoffdoppelbindung, die sie bes. reaktionsfähig macht, z. B. Äthen.

**Alkibiades,** athen. Staatsmann und Feldherr, * um 450, † 404

v. Chr. (ermordet); bestimmte Athen 415 zur unglückl. Expedition nach Sizilien u. erhielt den Oberbefehl; Flucht nach Sparta u. Kampf gg. Athen; Zwist mit Sparta, erneut athen. Feldherr, Seesiege, 408 triumphale Rückkehr; im nächsten Jahr abgesetzt u. verbannt.

**Alkine, Acetylene,** ungesättigte azykl. Kohlenwasserstoffe mit Dreifachbindung, allg. Summenformel $C_nH_{2n-2}$.

**Alkmaar,** niederl. St. in Nordholland, 90 000 E; tradit. Käsemarkt an der Stadtwaage.

**Alkmene,** im griech. Mythos Gattin des Amphitryon; durch Zeus, der Amphitryons Gestalt annimmt, Mutter des Herakles.

**Alkohole** [arab.], flüss. bis feste Oxidationsprodukte der Kohlenwasserstoffe mit der charakterist. OH-Gruppe; bed. v. a. *Äthylalkohol,* $C_2H_5OH$ (i. e. S. als Alkohol bez.), in gr. Mengen durch alkohol. Gärung v. Stärke od. Zucker (u. a. Korn), aber auch synthet. gewonnen; desinfizierend, in reiner Form giftig.

**Alkoholkrankheit, Alkoholismus,** durch Abhängigkeit od. Missbrauch v. Alkohol hervorgerufene chron. Krankheit mit körperl., psych. u. sozialer Schädigung. Die A. zieht sich meist über viele Jahre hin u. bewirkt geist. u. körperl. Dauerschäden, schwere Organerkrankungen (v. a. von Leber, Magen, Nieren u. Nerven; ↑Delirium).

**Alkoholvergiftung** ↑Vergiftungen.

**Alkoven,** Nebenraum, Bettnische, Verschlag.

**Alkuin,** ags. Gelehrter, * um 730, † 804; am Hof Karls d. Gr., einer seiner Berater; Leiter der Aachener Hofschule; unter seinen Schülern bes. Hrabanus Maurus.

**Alkydharze** [Kw.], Polyester, wicht. Grundstoffe für die Lackind., entstehen durch Kondensation von mehrwert. Alkoholen mit mehrbas. Säuren unter Zusatz weiterer Substanzen (v. a. fetten Ölen).

**Alkyl-** [Kw.], einwert. Kohlenwasserstoffrest, der aus Alkanen durch Entfernen eines H-Atoms entsteht, z. B. Methyl $(-CH_3)$.

**Allah** [arab.; = der Gott], Name des einen Gottes im ↑Islam.

**Allahabad,** ind. Stadt u. Wallfahrtsort am mittl. Ganges, 806 000 E; Univ., bed. Handelsplatz; ✈.

**Alldeutscher Verband,** 1891 als Reaktion auf den Helgoland-Sansibar-Vertr. gegr. (bis 1894 *Allg. Dt. Verband*); verfocht eine nationalist. Expansionspolitik; 1939 aufgelöst.

**Allee** [frz.], von Bäumen gesäumte Straße (auch Weg).

**Allegheny River** ['ælɪgenɪ 'rɪwə], Quellfluss des Ohio, 523 km.

**Allegorie** [gr.], die Darstellung eines Begriffs in einem Bild; Ggs. ↑Symbol.

**allegretto** [ital.], 𝄞 langsamer als allegro, mäßig schnell; *allegro,* freudig, lebhaft.

**Allemande** [al'mãd; frz.], „Tanz im dt. Stil", zuerst etwa 1550; s. 17. Jh. 1. Satz der Suite.

**W. Allen**

**Allen** ['ælən], Woody, eigtl. Allen Stewart **Konigsberg** ['kaʊnɪgzbə:g], amer. Regisseur und Schauspieler, * 1935; Vertr. einer intellektuellen Komik („Der Stadtneurotiker").

**Allende** [a'jende] Isabel, chilen. Schriftstellerin, * 1942, Nichte von S. Allende Gossens; schreibt Erzählungen u. Romane („Das Geisterhaus").

**Allende Gossens,** Salvador, chilen. Politiker, * 1908, † 1973; Arzt, Mitbegr. der Sozialist. Partei; 1970–73 Präs. Chiles, bei Militärputsch erschossen.

**Allenstein,** poln. **Olsztyn** ['ɔlʃtin], Hptst. der Wwschaft Ermland-Masuren, Polen, an der Alle, 169 900 E; landw.-techn. Akad.; Schloss (14. Jh.).

**Aller,** r. Nbfl. der Weser, 211 km.

**Allergie** [gr.], von körperfremden Substanzen *(Allergenen)* ausgelöste Bildung v. ↑Antikörpern u. die dadurch bedingte angeborene od. erworbene Reaktion des Körpers, u. a. mit Ekzemen u. Entzündungen (z. B. bei Heufieber). – ↑Anaphylaxie.

**Allerheiligen,** kath. Fest zum Gedächtnis aller Heiligen (1. Nov.).

**Allerheiligstes, 1)** der hinterste Raum des Tempels in Jerusalem mit der Bundeslade. **2)** die konsekrierte Hostie (kath.).

**Allerseelen,** kath. Gedächtnistag für alle verstorbenen Gläubigen (2. Nov.).

**Allesfresser,** svw. ↑Omnivoren.

**Allgäu,** dt. Landschaftsraum zw. Bodensee und Lech, Hauptort Kempten. Im S die *A.er Alpen* mit Hochfrottspitze, 2649 m, Mädelegabel, 2645 m; Viehzucht, Milchwirtsch., Fremdenverkehr.

**allgemeine Geschäftsbedingungen,** Abk. AGB, für eine Vielzahl von Verträgen vorformulierte Vertragsbedingungen, die eine Vertragspartei (Verwender) der anderen Partei bei Abschluss eines Vertrages stellt (z. B. Lieferungs-, Zahlungsbedingungen).

**Allgemeine Ortskrankenkassen,** Abk. AOK, Träger der gesetzlichen Krankenversicherung für alle Pflichtversicherten, Versicherungsberechtigten und freiwillig Weiterversicherten eines örtl. Bezirks, die keiner anderen Krankenkasse angehören; gegr. 1883.

**Allgemeiner deutscher Arbeiterverein,** Abk. ADAV, unter F. Lassalle erste selbst. dt. Arbeiterpartei, gegr. 1863; 1875 Zusammenschluss mit der Sozialdemokrat. Arbeiterpartei zur Sozialist. Arbeiterpartei Deutschlands.

**Allgemeiner Deutscher Gewerkschaftsbund, ADGB,** 1919–33 Spitzenorganisation der freien Gewerkschaften.

**Allgemeines Bürgerliches Gesetzbuch, ABGB,** seit 1. 1. 1812 gült., mehrf. ergänztes östr. Gesetzbuch.

**Allianz** [frz.], Bündnis zw. Staaten.

**Allier** [al'je], l. Nbfl. der Loire, 410 km.

**Alligatoren** [engl.], hoch entwickelte Raubreptilien (Krokodile) subtrop. u. trop. Flüsse u. Sümpfe; bis 6 m lang.

**Alliierte** [frz.], verbündete Mächte, v. a.: **1)** die im Kampf gg. Napoleon I. verbündeten Mächte. **2)** im 1. Weltkrieg England, Frkr. u. Russland als Gegner der Mittelmächte. **3)** im 2. Weltkrieg die Gegner der Achsenmächte.

**Alliierte Hohe Kommandantur Berlin,** gemeinsames Organ der vier Besatzungsmächte für Berlin, bestand Juli 1945 bis Okt. 1990.

**Alliierte Hohe Kommission,** Abk. AHK, 1949–55 oberstes Kontrollorgan der 3 Westmächte für die BRD u. Berlin (West).

**Alliierter Kontrollrat,** 1945 eingesetzte Behörde der 4 Besatzungsmächte zur Ausübung der

Reg.-Gewalt in Dtl.; seit 1948 nicht mehr zusammengetreten, 1990 formal aufgelöst.

**Alliierte und assoziierte Mächte,** die ↑Alliierten u. die ihnen (ohne Bündnisvertrag) angeschlossenen Gegner Deutschlands im 1. Weltkrieg.

**Allmende,** Teil der Gemeindeflur, der den berechtigten Gemeindemitgl. zur gemeinschaftl. Nutzung zusteht.

**Allod[ium]** [mlat.], lehnsfreies Eigentum.

**Allongeperücke** [aˈlõʒ-; frz.], künstl. Haartracht mit langen Locken (17. u. 18. Jh.).

**Allopathie** [gr.], Heilmethode mit Heilmitteln, deren Wirkung den Krankheiten entgegengerichtet ist; Ggs. ↑Homöopathie.

**Allotropie** [gr.], Auftreten versch. Zustandsformen bei chem. El., z. B. Kohlenstoff als Graphit und Diamant.

**all right** [ɔːlˈraɪt; engl.], richtig, in Ordnung.

**Allstromgerät,** elektr. Gerät für Gleich- u. Wechselstrom.

**Alm,** Bergweide (über der Baumgrenze).

**Alma-Ata,** russ. Name von ↑Almaty.

**Almadén** [-ðen], südspan. St., 9 500 E; reichste Quecksilberlager der Erde; heute fast erschöpft; Bergbauschulen.

**Alma Mater** [lat.; = nährende Mutter], urspr. Beiname röm. Göttinnen (u. a. Ceres); jetzt bildungssprachl., oft scherzhafte Bez. für Universität.

**Almanach** [mlat.], urspr. astronom.-astrolog. Kalendertafel, seit dem 17. Jh. svw. Jahrbuch.

**Almandin** [nlat.], Eisentongranat, Härte 7,5, durchsichtig, rot; Schmuckstein.

**Almansor** ↑Mansur, Al.

**Almaty,** russ. **Alma-Ata,** St. und Gebiet in Kasachstan, 1,2 Mill. E; Univ., nahebei Hochgebirgs-Eisstadion (Medeo); vielseitige Ind., ✈.

**Alm[en]rausch** ↑Alpenrosen.

**Almería,** südspan. Prov.-Hptst. am *Golf v. A.,* 158 000 E; Solarkraftwerke; maur. Burg, Kathedrale (16. Jh.); ⚓.

**Almodóvar,** Pedro, span. Filmregisseur, * 1951; skurrile Filme („Kika", „Alles über meine Mutter").

**Alo|e** [gr.], sukkulente [stammbildende] Rosettenpfl. der afrik. Trockengebiete; Kleinformen als Topfpfl.; Heilpfl.: *A. ferox* u. a.

**Alpaka** [indian.], **1)** kamelartiges Haustier in Bolivien u. Peru (A.-Wolle). **2)** ältere Bez. für ↑Neusilber.

**Alpen:** *Dorf am Sustenpass zwischen Berner und Urner Alpen (Schweiz)*

**Alpen,** höchstes Gebirge Europas, bogenförmig durch M-Europa ziehend (Montblanc 4 810 m), etwa 1 200 km lang, 150–250 km breit, 220 000 km². Anteil an den A. haben: Frkr., Italien, Schweiz, Dtl., Liechtenstein, Östr. und Slowenien. Im Zentralteil Wasserscheide zw. Nordsee u. Mittelmeer, auch bed. Klimascheide. Grenze zw. W- u. O-A.: die Linie Bodensee–Comer See. Erdgeschichtl. junges Faltengebirge, in Phasen aufgefaltet (Kreide, Tertiär). Die weniger hohen O-A. gliedern sich in drei Zonen: Nördl. Kalk-A., kristalline Zentralzone, Südl. Kalk-A.; Abtragungsschutt (Flysch u. Molasse) in den nördl. u. südl. Randsenken. Die Eiszeit prägte den typ. Hochgebirgscharakter: Trogtäler, Kare, spitze Gipfel, Seen. *Klima:* im N gemäßigt, im O trocken, ganz im S mediterran. Grenzen der vertikalen Vegetationsgürtel im S meist höher als im N. Durch niedere Pässe u. breite Täler gut zugängl.; *Besiedlung* seit vorgeschichtl. Zeit; in den Tälern u. an Hängen Ackerbau, Alm-, Vieh- und Forstwirtsch.; Bergbau (Salz u. Erze); Nutzung der Wasserkräfte durch Talsperren u. Kraftwerke; starker Fremdenverkehr, der sich nach dem 2. Weltkrieg z. T. zum Massentourismus entwickelte, mit vielfach negativen Auswirkungen. Erhebl. Belastungen durch den Transitschwerverkehr.

**Alpenbock, 1)** Steinbockart. **2)** Bockkäferart.

**Alpenglöckchen,** Primelgewächs; geschützte Hochgebirgspflanze.

**Alpenpflanzen,** i. w. S. alle Hochgebirgspflanzen (einige Hundert Arten in Europa); i. e. S. die Pfl. der alpinen Stufe, also von der Baumgrenze (1 800–2 200 m) bis zur Schneegrenze (um 3 250 m).

**Alpenrosen,** immergrüne Bäume od. Sträucher der Geb., vorwiegend nördl. Halbkugel; in den Alpen *Rostrote Alpenrose* auf kalkarmen Böden; *Behaarte Alpenrose* (Alm[en]rausch) auf Kalk, in Dtl. geschützt; Topf- u. Gartenpfl.

**Alpentiere,** in den Alpen (z. T. auch anderen Geb.) vorkommende Tiere, z. B. Einwanderer der Nacheiszeit (v. a. Alpenhase, Felsenschneehuhn, Mornellregenpfeifer, Leinfink und bes. niedere Tiere); ältere mittelasiat. Einwanderer (v. a. Murmeltier, Alpensteinbock, Gämse, Alpendohle, Alpenbraunelle, Alpenmauerläufer, Ringdrossel, Schneefink); während der Eiszeit eingewanderte Taigatiere (Dreizehenspecht, Raufußkauz); *Alpeninsekten:* Apollofalter, Eismohrenfalter, Alpenbock, Gletscherfloh; *Amphibien:* Alpenmolch, Alpensalamander.

**Alpenveilchen,** Primelgewächse, **1)** *Cyclamen europaeum,* kleine geschützte Bergwaldpfl. (bes. Kalkalpen). **2)** Topfpfl., meist vom westasiat. *Cyclamen persicum* abstammend.

**Alpha,** 1. Buchstabe des griech. Alphabets (Α, α).

**Alphabet** [gr.], Reihenfolge der Schriftzeichen einer Sprache; ben. nach den ersten Buchstaben des griech. A.s: Alpha, Beta.

**Alphastrahlen, α-Strahlen,** Korpuskularstrahlen, die beim radioakt. Zerfall auftreten, bestehend aus *Alphateilchen* (Heliumkerne $^4_2He$); aufgrund ihrer starken Ionisationswirkung chemisch sehr wirksam und biologisch schädigend.

**Alphorn,** bis zu 10 m langes Holzblasinstrument.

**alpine Kombination,** Skiwettbewerb: Abfahrtslauf u. Slalom *(alpine Zweierkombination)* od. Abfahrtslauf, Slalom u. Riesenslalom *(alpine Dreierkombination).*

**alpine Stufe,** Gebirgsregion von der Baumgrenze (in den Alpen 1 800 bis 2 200 m) bis zur klimat. Schneegrenze (Sonderflora).

**Alpinismus, Alpinistik** [nlat.], Bergsteigen im Hochgeb. aus sportl. u. wiss. Interesse.

**Alpirsbach,** Stadt u. Luftkurort im Schwarzwald, 7 000 E; ehem. Benediktinerkloster (1095 gegr.).

**al-Qaida,** auch **El Kaida** [-ˈkaɪda; arab.], von Osama ↑Bin Laden gegr. islamist. Terrororganisation.

**Alraune,** menschenähnl. Figur aus der Wurzel der *Alraunpfl.* (Mandragora); soll Glück und Reichtum bringen.

**Alsfeld,** hess. Stadt am Vogelsberg, 17 700 E; Kirchen d. 13. Jh.s, viele alte Fachwerkbauten.

**Alster,** r. Nebenfluss der Elbe, 51 km, größtenteils im Gebiet Hamburgs; seeartige Erweiterungen: *Binnen-, Außen-A.;* mündet in den Hamburger Hafen.

**Alt,** rumän. **Olt,** linker Nbfl. der Donau in Rumänien, 670 km.

**Alt** ↑Stimmlagen.

**Altai,** innerasiat. Geb. in Russland, China u. der Mongolei (Belucha 4 506 m ü. d. M.); reiche Erzlagerstätten.

**altamerikanische Kulturen:** *Kukulcánpyramide (vermutl. 10. Jh.) in Chichén Itzá (Mexiko)*

**altamerikanische Kulturen,** Kulturen der indian. Hochkulturvölker Mittel- u. Südamerikas bis zur europ. Eroberung: *1. Mittelamerika:* Sammler u. Jäger, allm. Entw. zu Ackerbauern *(Tlatilco-Bauern)* mit Tempeln und Wohnungen aus luftgetrockneten Ziegeln (Adoben), kl. Tonfiguren. *Teotihuacánzeit* (etwa 3.–7. Jh.): Pyramidentempel, Wandmalerei, Gesichtsmasken. *Tolteken* (etwa 850 bis 1168): Kulturzentrum Tula, Pyramidentempel, Federschlangen als Pfeiler. *Zapoteken* (etwa 200 bis 800): Tempelstadt auf dem Monte Albán. *Mixteken:* Aufschwung nach Auswanderung der Tolteken, Bücher aus Leder und Papier. *Azteken:* im 14. Jh. ins Mexikotal eingewandert; Zentrum Tenochtitlán; Tempel, Paläste, Kolossalstatuen der Götter, Vasenmalerei. *Mayakultur* (in Mexiko, Guatemala und Honduras; klass. Zeit 4. bis 10. Jh.): monumentale Bauten, Skulpturen, Keramik; Astronomie, Kalenderwiss.; nachklass. Zeit (Yucatán, 10.–16. Jh.): Kultplätze Chichén Itzá, Mayapán, Uxmal. *2. Südamerika:* im Andengebiet relativ einheitl. Kulturentw.; *Chavín* im N (Keramik) u. *Paracas* im S („Mantos“, Weberei, bemalte Tongefäße); *Moche-* (N-Peru) und *Nazcakultur:* Höhepunkt d. Töpferei; 8.–11. Jh. *Tiahuanacozeit:* bemalte Keramik; 13.–15. Jh. *Chimureich:* Keramik, Bronzearbeiten; 1440–1533 *Inkaherrschaft* (Ausbreitung v. Cuzco aus bis Ecuador u. N-Chile): Terrassen mit künstl. Bewässerung, Haustiere, ausgebautes Verkehrs- und Militärwesen, Sonnenkult, Knotenschnüre (Quipu) als Schriftersatz, Töpferei, Weberei, Metalltechnik (kein Eisen). Im nördl. Andengebiet (Kolumbien) wenig erforschte Kulturen: San Agustín, Quimbaya und Calama (Goldarbeiten), Chibcha (Bogotá, Priesterkg. von Guatavira = El Dorado).

**Albrecht Altdorfer:** *Donaulandschaft mit Schloss Wörth bei Regensburg (um 1525)*

**Altamira,** Höhle bei Santillana del Mar (N-Spanien) mit 1879 entdeckten, altsteinzeitl. Deckenmalereien.

**Altan** [ital.], balkonartiger Anbau, vom Boden aus gestützt.

**Altar** [lat.], erhöhter Opferplatz, in der Antike vor dem Tempel, im Christentum in der Kirche (Mittelpt. der Abendmahlsfeier). – ↑Flügelaltar, ↑Antependium, ↑Retabel, ↑Ziborium.

**Altdorf,** Hauptort des schweizer. Kt. Uri, östl. der Reuß, 8 200 E; Schauplatz der Tellsage.

**Altdorfer,** Albrecht, dt. Maler u. Grafiker, *um 1480, †1538; Hauptmeister der Donauschule; Schöpfer des mod. Landschaftsbildes.

**Altenberg,** Ortsteil der Gem. *Odenthal* (14 000 E) bei Köln, NRW; ehem. Zisterzienserabtei (1133–1803) mit Wallfahrtskirche.

**Altenbourg** [-burg], Gerhard, dt. Maler u. Grafiker, *1926, †(Autounfall) 1989; mit subtilen Arbeiten Beiträge zum fantast. Realismus.

**Altenburg,** Krst. in Thür., 41 100 E; Schloss (18. Jh.), Renaissancerathaus; Spielkartenmuseum und -fabrik.

**Altenglisch,** älteste Stufe des Engl.; aus der Sprache der Angelsachsen entstanden.

**Altenhilfe,** Angebote u. soziale Dienste für ältere Menschen; bei Hilfe- bzw. Pflegebedarf zuerkannte Leistungen der Pflegeversicherung u./od. Sozialhilfe (u. a. Unterbringung in Heimen, Hilfe im Krankheitsfall u. bei der Haushaltsführung).

**Altenkirchen (Westerwald),** Krst. an der Wied, RP, 6 300 E; Kunststoff-, Papierind.

A

**Altenteil, Ausgedinge,** die Rechte des den Hof an seinen Nachf. übergebenden Bauern lt. Übergabevertrag (Wohnrecht, Unterhalt u. a.).

**Alter Dessauer** ↑Leopold I. von Anhalt-Dessau.

**Alter Ego** [lat.; = das andere Ich], sehr enger, vertrauter Freund; bei Freud der Bereich des Unbewussten (Es).

**Alternative,** Wahl, Entscheidung zw. zwei sich ausschließenden Möglichkeiten.

**alternative Landwirtschaft,** svw. ↑ökologischer Landbau.

**alternierender Vers,** regelmäß. Wechsel von einsilb. Hebung und Senkung (z. B. Jambus).

**Altersentlastungsbetrag,** steuerrechtl. Freibetrag für Steuerpflichtige über 64 Jahre; gilt für Einkünfte, die weder Sozialrenten noch Pensionen u. Ä. sind.

**Altersgrenze,** Zeitpt., zu dem best. gesetzl. Folgen eintreten, z. B. Pensionierung.

**Alterspräsident,** ältestes Mitgl. einer neu gewählten Körperschaft (Vors. bis zur Präsidentenwahl).

**Alterssichtigkeit,** Einschränkung des Nahsehens durch Elastizitätsverlust der Augenlinse od. nachlassende Fähigkeit des Auges zur ↑Akkommodation.

**Altersteilzeitarbeit,** Teilzeitarbeit ab 55 J. bei Reduzierung d. wöchentl. Arbeitszeit auf d. Hälfte; Förderung durch d. Arbeitsamt, wenn d. Stelle mit Arbeitslosem od. Auszubildendem besetzt wird.

**Altertum,** im Allg. der Zeitraum von den Anfängen der Gesch. bis zum Beginn der Völkerwanderung (um 375) od. bis zum Untergang des Weström. Reiches (476); *klass. A.:* griech.-röm. Antike (um 800 v. Chr. bis um 500 n. Chr.).

**Altes Land,** fruchtb. Marschldsch. zw. Stade und Hamburg, Landwirtschaft und Obstbau.

**Ältestenrat,** Parlamentsausschuss zur Unterstützung des Bundestagspräsidenten.

**Altes Testament** ↑Bibel.

**Altgläubige,** svw. ↑Raskolniki.

**Altgrad,** $\sqrt{\ }$ ↑Grad.

**Althing,** das isl. Parlament.

**Althochdeutsch,** älteste Stufe d. Hochdt. (ab 6. Jh.), mundartl. differenziert; westgerman. Spr. mit ↑Lautverschiebung; ↑auch deutsche Sprache.

**Altiplano,** Hochebene in den zentralen Anden, in Bolivien u. Peru, mit dem Titicacasee.

**Altkatholiken,** Glieder einer Kirche, die sich aus Anlass der Dogmatisierung der Unfehlbarkeit des Papstes (1870) von der röm.-kath. Kirche getrennt hat; stützen sich auf altkirchl. Traditionen; in der Utrechter Union verbunden.

**Altlasten,** Bez. für ehem. Mülldeponien, Grubenverfüllungen, Aufschüttungen u. Ä., auch Bodenschichten unter ehem. Industriebetrieben u. militär. Anlagen, die mit Schad- u. Giftstoffen versetzt sind; auch Bez. für die Schad- u. Giftstoffe selbst.

**Altlutheraner,** Mitgl. der dt. luth. Freikirchen, im 19. Jh. unter Protest gg. Unionsbestrebungen zw. ref. u. luth. Kirchen entstanden; 1972 meist zur Selbst. Ev.-Luth. Kirche (SELK) zusammengeschlossen.

**Altman** [ˈɔːltmən], Robert, amer. Filmregisseur, * 1925; bissige satir. Gesellschaftsstücke, u. a. „M. A. S. H."; „Short Cuts"; „Prêt-à-porter"; „Kansas City".

**Altmark,** Gebiet zw. Lüneburger Heide u. mittl. Elbe; Grünlandwirtschaft, Erdgasfeld bei Salzwedel.

**Altmühl,** l. Nbfl. der Donau, 220 km, Teil des Rhein-Main-Donau-Großschifffahrtsweges.

**altnordische Literatur,** älteres Schrifttum Norwegens u. Islands; erst zw. 12. u. 14. Jh. aufgezeichnet; u. a. Götter- u. Heldenlieder der ↑Edda, ↑Skaldendichtung, ↑Saga.

**Alto de Pico,** höchster Berg auf den Azoren, 2 351 m.

**Altokumulus** [lat.], Haufenschichtwolke; in 3–4 km Höhe.

**Altona,** seit 1937 Stadtteil von ↑Hamburg.

**Altostratus** [lat.], stabile graue Schichtwolke, in 4–5 km Höhe.

**Altötting,** Wallfahrtsort u. Krst. in Bayern, 12 500 E.

**Altphilologie,** Teil der ↑Philologie.

**Altruismus** [lat.], Selbstlosigkeit, auf das Wohl anderer bedachtes Verhalten.

**Altsteinzeit, Paläolithikum,** ältester Abschnitt der Menschheitsgesch., begann vor etwa 2,5–3 Mill. Jahren mit der ersten Herst. v. Werkzeugen durch den Menschen, dauerte bis zum Ende der letzten Kaltzeit (etwa 9. Jt. v. Chr.). ↑Vorgeschichte.

**Amaryllisgewächse:** *Osterglocken*

**Altvater,** höchster Berg (1 491 m) im *A.gebirge,* einem Teil der Ostsudeten (ČR).

**Altweibersommer, 1)** Bez. einer in Europa und Nordamerika auftretenden Schönwetterperiode, 2. Sept.-Hälfte bis Anf. Oktober. **2)** im Herbst v. jungen Spinnen erzeugte Spinnfäden, die mit den Tieren umhergeweht werden.

**Aluminate** [lat.], aluminiumhaltige Salze, die durch Auflösen von Aluminiumhydroxid in Alkalilösungen entstehen.

**Aluminium** [lat.], Symb. **Al,** chem. El., OZ 13, rel. A.-Masse 26,9815, Leichtmetall; silberglänzend, gut leitend, Dichte 2,7 g/cm$^3$ (20 °C), Fp. 660,32 °C, Sp. 2 519 °C; weich, dehnbar; im Luftsauerstoff dünner Oxidüberzug, dadurch korrosionsbeständig; in Verbdg. dreiwertig; *A.oxid,* $Al_2O_3$, Tonerde; *A.hydroxid* mit bas. u. sauren Eigensch.; *A.chlorid* hygroskop.; *Vorkommen:* häufigstes Metall der Erdkruste (8 %); durch Elektrolyse aus Bauxit gewonnen. Rein od. in Form v. sehr widerstandsfähigen Legierungen verw.

**Alveole** [lat.], **1)** kl. Fach im Kiefer, in dem der Zahn sitzt. **2)** Lungenbläschen (↑Lunge).

**Alwegbahn** [nach dem schwed. Industriellen *A. L. Wenner-Gren*], Einschienenhochbahn für hohe Geschwindigkeiten.

**Alzey,** Krst. in RP, 17 800 E; Pfarrkirche (15. Jh.); Weinbau.

**Alzheimerkrankheit,** degenerative Hirnerkrankung mit charakterist. Veränderungen u. nachfolgender Demenz. Ursache unklar.

**Am,** ☊ Symb. für ↑Americium.

**a. m.,** Abk. für: ↑**a**nte **m**eridiem.

**Amagasaki,** jap. Ind.- u. Hafenst. auf Honshū, 500 000 E.

**Amalasuntha, Amalaswintha,** Ostgotenkönigin, Tochter Theoderichs des Großen, † 535.

**Amalfi,** ital. St. u. Seebad am Golf von Salerno, 5 600 E.; Erzb.-Sitz; im MA Seerepublik.

**Amalgam** ↑Quecksilber.

**Amarillo** [æməˈrɪləʊ], Stadt in Texas, USA, 164 000 E; Univ.; Erdgas- u. Erdölfelder, chem. Ind., Zinkhütte.

**Amarna, Tell el-A.,** Ruinenstätte der Hptst. Amenophis' IV., in M-Ägypten; Ausgrabungen seit 1890: u. a. Büste der Nofretete, polit. Korrespondenz zw. Pharaonen u. ausländ. Fürsten *(A.-Briefe)* auf Tontafeln in babylon. Keilschrift.

**Amaryllisgewächse** [gr.; dt.], meist Zwiebelpfl., viele mit schönen Blüten; Schneeglöckchen, Osterglocken u.a.; Topfpfl. aus wärmeren Zonen: Amaryllis.

**Amateur** [-'tœ:r; frz.], jemand, der sich aus Liebhaberei (nicht berufl.) mit etwas beschäftigt; im Sport durch A.statut definiert, im Spitzensport umstritten.

**Amati,** Geigenbauerfamilie in Cremona; am bedeutendsten: Nicola A., * 1595, † 1684, Lehrer Guarneris und Stradivaris.

**Amato,** Guiliano, ital. Politiker, * 1938; parteilos; 1992-93 u. 2000–2001 Min.-Präs.

**Amazonas, 1)** längster Strom Südamerikas, zweitlängster Fluss der Erde, 6 500 km, mit dem größten Stromgebiet der Erde (7 Mill. $km^2$); Oberlauf Río Marañón, Río Huallaga u. Río Ucayali (peruan. Anden); über 200 Nebenflüsse. **2)** größter brasil. Staat, 1 577 820 $km^2$, 2,4 Mill. E, Hptst. Manaus; meist trop. Regenwald, im N Savanne.

**Amazonen** [gr.], in der griech. Mythologie krieger. Frauen Kleinasiens (u.a. Kampf mit Achill).

**Amazoni|en,** das riesige, überw. mit trop. Regenwald bedeckte, in der Regenzeit weithin überschwemmte Amazonastiefland, etwa 5,8 Mill. $km^2$ (über $^1/_5$ Südamerikas); größtenteils zu Brasilien, daneben zu Kolumbien, Ecuador, Peru u. Bolivien.

**Amber, Ambra** [arab.], öl. Darmausscheidung des Pottwals; Duftstoff für Parfüms.

**Amberg,** Stadt in der Oberpfalz, 43 500 E; Wehranlagen aus dem MA, got. Kirchen; spätgot. Rathaus; LG; Elektro-, Porzellanind., Gießerei.

**Ambiguität** [lat.], Zweideutigkeit, Doppelsinnigkeit.

**Ambition** [lat.], Ehrgeiz, Streben.

**Ambivalenz** [lat.], Doppelwertigkeit von Begriffen.

**Ambon, 1)** Molukkeninsel, Indonesien, 813 $km^2$. **2)** Hafen u. Hptst. v. 1), 206 000 E; Univ.; Werften; ✈.

**Amboss, 1)** Unterlage bei der Metallbearb., bes. beim Schmieden. **2)** ↑Ohr.

**Ambra,** svw. ↑Amber.

**Ambras,** ma. Schloss im Innsbrucker Stadtteil Amras; früher gr. Sammlungen (jetzt Östr. Nat.-Bibliothek), darunter *A.er Heldenbuch,* Slg. mhd. Epen, auf Veranlassung Kaiser Maximilians I. 1504 ff. aufgezeichnet.

**Ambrosia** [gr.], in der griech. Mythol. Speise der Götter, durch die sie unsterbl. bleiben.

**Ambrosius,** hl., lat. Kirchenlehrer, * um 340, † 397; Bischof von Mailand; Begr. des abendländ. Kirchengesangs.

**ambulant** [lat.], wandernd, ohne festen Sitz; *a.e Behandlung,* Behandlung, bei der der Kranke den Arzt aufsucht.

**Ambulanz** [lat.], **1)** Krankentransportwagen. **2)** Abt. einer Klinik zur Behandlung nicht stationär aufgenommener Kranker.

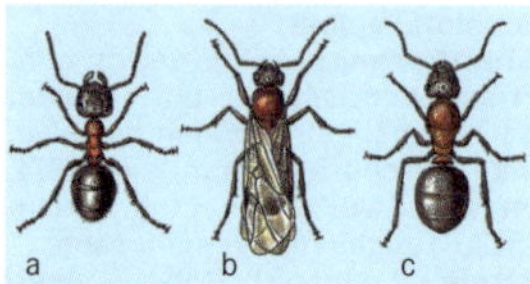


**Ameisen:** *Große Rote Waldameise: a Arbeiterin, b Männchen, c Weibchen*

**Ameisen,** artenreiche, global verbreitete, fast immer Staaten bildende Insekten mit Arbeitsteilung u. Polymorphismus (geflügelte ♂♂ u. ♀♀, Arbeiterinnen, Soldaten); *Rote Wald-A.* u.a. einheim. Arten: unter die Erde reichende Haufennester; *Azteca-A.* u.a. trop. Arten: frei hängende Papiernester; trop. *Wander-A.:* kunstlose Wandernester; *Weber-A.* (Ceylon): Nester aus Blättern; einige nordamer. Arten verwenden Arbeiterinnen als lebende Honigvorratstöpfe; *Blattschneider-A.* (Amerika) züchten unterird. Pilzgärten zur Ernährung; *Amazonen-A.* rauben fremde Brut als zukünftige Sklaven; als *A.gäste,* Nahrung spendend (z.B. Zuckersaft) u. dafür geschützt, leben viele Gliederfüßer mit den A. symbiotisch.

**Ameisenbären,** südamer. Ameisen- u. Termitenfresser mit röhrenartig ausgezogenen zahnlosen Kiefern u. etwa $^1/_2$ m langer, klebriger Zunge; *Gr. Ameisenbär* rd. $2^1/_2$ m lang; *Tamandua* etwa katzengroß.

**Ameisenigel,** Kloakentier (Australien); zahnloser Insektenfresser mit röhrenförm. Schnabel, wurmart. Zunge, starken Grabkrallen und stacheligem Pelz.

**Ameisensäure, Methansäure,** HCOOH, einfachste organ. Säure; im Gift der Ameisen u.a. Insekten; Hauptbestandteil des Brennnesselgifts; als Konservierungsstoff für best. Lebensmittel zugelassen.

**Ameland,** eine der Westfries. Inseln, 57 $km^2$, 3 200 E; Seebäder; Fähre von Holwerd.

**amen** [hebr.; wahrlich; es geschehe!], Gebetsschlusswort.

**Amenophis, Amenhotep,** Name ägypt. Kg. der 18. Dyn.: **1) A. III.** (1402–1364), Vater von 2), Erbauer des Tempels v. Luxor mit den Memnonkolossen (↑Memnon). **2) A. IV.,** später **Echnaton** (1364–47), Sohn von 1), Gemahl der ↑Nofretete; relig. Reformator, erhob die Sonnenscheibe Aton zum alleinigen Gott; gründete als neue Hptst. ↑Amarna.

**Amenorrhö** [gr.], Ausbleiben der monatl. ↑Menstruation.

**American Football** [ə'merıkən 'fʊtbɔ:l], svw. ↑Football.

**American Telephone & Telegraph Company** [ə'merıkən 'telıfəʊn ænd 'telıgra:f 'kʌmpənı], **AT&T,** weltgrößter Telekommunikationskonzern, gegr. 1885, Sitz: New York.

**Americium** [nlat.], Symb. **Am,** chem. El., OZ 95, zahlr. Isotope, am langlebigsten ist Am 243, künstlich hergestelltes radioakt. El. (↑Transurane); ein ↑Actinoid.

**Amerika** [nach Amerigo Vespucci], einziger Doppelkontinent (↑Nordamerika, ↑Südamerika), durch eine Landbrücke (↑Zentral-

**Ameisenbären:** *Tamandua*

amerika) verbunden; 42 Mill. km², rd. 827 Mill. E. Die „Neue Welt" (im Ggs. zur „Alten Welt") hat eine N-S-Ausdehnung von 15 500 km. *Oberflächengestalt:* Im W erstreckt sich von N nach S das junge Faltengebirgssystem der Kordilleren (Rocky Mountains; Anden); daran schließen sich ostwärts weite Tiefländer u. alte Rumpfschollengebirge an; klimat. reicht A. vom polaren N über die Tropen bis zur südl. gemäßigten Zone. Die Hauptentwässerung geht zum Atlantik. *Bev.:* A. wurde vor etwa 25 000 Jahren (neuere Untersuchungen gehen auch von früheren Einwanderungsschüben aus) über eine Landbrücke im Gebiet der heutigen Beringstraße von N-Asien aus besiedelt; zunächst ↑Indianer, später ↑Eskimos. Im Andengebiet u. in Mexiko Hochkulturen u. a. der Tolteken, Azteken, Maya u. Inka (↑altamer. Kulturen), durch Europäer Umwandlung od. Zerstörung der alten Kulturen. *Entdeckungsgesch.:* Um 1000 erreichte der Wikinger Leif Eriksson v. Grönland aus Nord-A. (Vinland). 1492 landete Kolumbus auf der Bahamainsel Guanahani u. leitete damit die eigtl. Entdeckung A.s ein. Spanier u. Portugiesen eroberten im 16. Jh. auf der Suche nach Gold weite Teile Süd- u. Mittel-A. *(Latein-A.).* Neben Franzosen, Spaniern und z. T. Russen (Alaska) erkundeten v. a. Engländer Nord-A. *(Angloamerika).*

**amerikanische Kunst.** Die Kunst der nordamer. Indianer wurde im 18. Jh. nur langsam von v. a. in Europa ausgebildeten Künstlern abgelöst; Baukunst zunächst geprägt vom Kolonialstil, in der Malerei Entw. von Ereignis- u. Historienmalerei, Porträtmalerei, naiven Strömungen; um 1830 eigene Landschaftsmalerei (Hudson River School); s. etwa 1860 die ersten Wolkenkratzer als Wegbereiter eines neuen techn. Baustils. Vertreter: L. Sullivan u. F. L. Wright; später bed. die Europäer E. Mendelsohn, W. Gropius, Mies van der Rohe; wicht. Rolle der a. K. für die mod. Malerei (wegweisend A. Gorky, J. Albers): Actionpainting, Pop-Art, Op-Art, kinet. Lichtkunst (W. De Kooning, J. Pollock, R. Rauschenberg, A. Warhol, R. Lichtenstein, J. Rosenquist), Farbfeldmalerei (Color-Field-Painting; B. Newman, Ad Reinhard, F. Stella), Fotorealismus (H. Kanovitz, C. Close, R. Goings, R. Estes); die Bildhauer u. Installationskünstler N. Gabo, A. Calder, D. Smith, L. Nevelson, C. Oldenburg, G. Segal, E. Kienholz, D. Hanson; Konzeptkunst, Land-Art, Body-Art, Happening, Fluxus, Performance, Videokunst (J. Kosuth, W. De Maria, Christo, R. Morris, D. Oppenheim, B. Viola, B. Nauman, L. Anderson, J. Holzer); spontan entstanden in New York die Graffiti jugendl. Slumbewohner (K. Haring u. a.). Sie stehen neben einer als neoexpressionist. od. postmodern eingeordneten Avantgarde (M. Kelley, J. Koons, J. Schnabel, D. Salle, S. Rothenberg, J. Borofsky, J. Shapiro). – ↑lateinamerikanische Kunst.

**amerikanische Literatur,** Bez. für die Lit. der USA; in der frühen Kolonialzeit erste literar. Zeugnisse in der Tradition d. engl. Lit. sowie relig. Schrifttum der Puritaner; im 18. Jh. aufklärer. Schriften (B. Franklin); im 19. Jh. noch europ. Einfluss (W. Irving) u. erste spezif. amer. Themen (J. F. Cooper, H. Beecher-Stowe, Mark Twain); klass. amer. Prosawerke (E. A. Poe, H. Melville); in der 1. Hälfte des 20. Jh. Durchbruch der mod. Lyrik (T. S. Eliot), Schule des Imaginismus (E. Pound, A. Lowell); in der Erzähllit. finden sich neben realist. Texten sprachexperimentelle Werke (G. Stein); desillusionierte u. skept. Erz., v. a. der Schriftsteller der Lostgeneration (F. S. K. Fitzgerald, J. Dos Passos, E. Hemingway); komplexe Romane über den amer. Süden (W. Faulkner); weitere gesellschaftskrit. Werke (E. Caldwell, J. Steinbeck, U. Sinclair, R. Wright); in der 2. Hälfte des 20. Jh. Protestlit. gegen gesellschaftl. Zwänge, v. a. durch d. Beatgeneration (A. Ginsberg, J. Kerouac); Dramen (E. O'Neill, T. Williams, A. Miller), z. T. mit antirealist. Elementen (S. Shepard, R. Wilson); neuere Lyrik mit Tendenz zur schonungslosen Selbstenthüllung (S. Plath); Prosa (T. Capote, G. Vidal, J. D. Salinger, K. Vonnegut, J. Updike, J. C. Oates, S. Sontag, J. Irving, P. Roth); bed. Beitrag der a. L. zur internat. Unterhaltungslit. (M. Crichton, S. King).

**amerikanische Musik,** Anfänge der Kirchenmusik mit den ersten brit. Einwanderern; im frühen 18. Jh. Eindringen ital. Kammer- u. Kirchenmusik, dann frz. Einflüsse, nach 1850 starker dt. Einfluss, verdrängt um 1910 durch den frz. Impressionismus; nach dem 1. Weltkrieg bestimmend der Russe I. Strawinsky, nach 1933 die Emigranten A. Schönberg, B. Bartók, P. Hindemith, E. Křenek; E. Varèse schrieb als Erster reine Geräuschkompositionen. Als amer. Komponisten sind neben G. Gershwin zu erwähnen: C. Ives, W. Piston, R. Sessions, L. Bernstein, A. Copland, W. H. Schuman, S. Barber, J. Cage, E. Brown, M. Feldman, G. Wolff; Vertr. der Minimal Music u. a. T. Riley, La M. Young, S. Reich, P. Glass. – In der populären Musik z. T. eigenständ. Entwicklung (u. a. Hillbillie, Folkblues); als eigene Musikgattung Jazz.

**Amerikanisches Mittelmeer,** den Golf von Mexiko u. das Karib. Meer umfassendes Nebenmeer des Atlantiks, 4,36 Mill. km², größte Tiefe 7 680 m.

**Amerikanisch-Samoa,** Territorium der USA im Z-Pazifik, umfasst die 7 östl. ↑Samoainseln (Hauptinsel Tutuila), 197 km², 47 500 E, Hptst. Pago Pago; Export v. Thunfischkonserven, Uhren, Kopra.

**Amiens:** *Westfassade der Kathedrale Notre-Dame (um 1236 vollendet)*

**Amerikanismus** [nlat.], **1)** bes. Merkmal d. amer. Engl. **2)** Entlehnung aus dem amer. Engl., z. B. Bluejeans, Playboy.

**Améry** [ame'ri], Jean, eigtl. Hans **Mayer,** österreich. Schriftsteller, *1912, †1978 (Selbstmord); „Charles Bovary, Landarzt".

**Amethyst** ↑Quarz.

**Amidasen** [Kw.], Enzyme, die Amidbindungen (–CO–NH) hydrolytisch spalten.

**Amiens** [a'mjɛ̃], Hptst. des nordfrz. Dép. Somme u. der Region Picardie, 156 500 E; Univ.; got. Kathedr.; Textilind. – 1802 *Friede zu A.* zw. Frkr., Spanien, der Batav. Rep. u. Großbritannien, der den 2. Koalitionskrieg beendete.

**Amine** [Kw.], Ammoniakderivate: Ersatz von 1, 2 od. 3 H-Atomen durch Alkyl- od. Arylreste.

**Aminosäuren** [Kw.], wesentl. Bausteine d. Eiweiße mit charakt. Aminogruppe $-NH_2$ und Carbonsäuregruppe $-COOH$; Pfl. bauen A. selbst auf, Tier u. Mensch müssen 9 A. *(essenzielle A.)* mit der Nahrung aufnehmen.

**Amitose** ↑Zellteilung.

**Amman,** Hptst. Jordaniens, 850 m ü. d. M., 1,3 Mill. E; Univ.; vielseitige Ind.; ✈.

**Amman[n],** Jost, *1539, †1591, seit 1561 in Nürnberg, Maler, Kupferstecher, Holzschneider.

**Ammer,** l. Nbfl. der Isar, 175 km; durchfließt den *A.see* (47,6 km², Tiefe 82,5 m), danach *Amper.*

**Ammon** ↑Amun.

**Ammoniak** [gr.], $NH_3$, stechend riechendes Gas (seine wässr. Lösung als *Salmiakgeist* bek.). In der chem. Ind. Ausgangsprodukt für viele Synthesen zur Herst. wicht. Ammoniumsalze (z. B. Düngemittel); meist vollsynthet. aus Luftstickstoff u. Wasserstoff erzeugt (Haber-Bosch-Synthese).

**Ammoniten** [gr.], ausgestorbene Kopffüßer mit meist spiral. eingerollter Schale; Versteinerungen *(Ammonshörner)* wichtige Leitfossilien.

**Ammonium** [gr.], Bez. für die frei nicht auftretende Atomgruppe $NH_4$, die sich wie ein Alkalimetall verhält, aber nicht isoliert werden kann; *A.salze:* Verbdg. des A.s mit einem Säurerest.

**Ammoniumchlorid,** svw. ↑Salmiak.

**Ammoniumphosphat,** ein Ammoniumsalz; *Di-A.,* $(NH_4)_2HPO_4$, wicht. Düngemittel.

**Ammoniumsulfat,** Ammoniumsalz $(NH_4)_2SO_4$, wichtigstes Stickstoffdüngemittel.

A. M. Ampère

**Amnesie** [gr.], Form der Gedächtnisstörung; z. B. bei Gehirnerschütterung.

**Amnestie** [gr.], Strafbefreiung durch Ges. (Richtschnur meist ein best. Strafmaß).

**Amnesty International** [ˈæmnestɪ ɪntəˈnæʃnl], 1961 in London gegr. internat. Hilfsorganisation für polit. Gefangene; erhielt 1977 den Friedensnobelpreis. A. I. hat rd. 1,1 Mill. Mitgl. in über 150 Ländern.

**Amöben** [gr.], Einzeller, die durch Fließbewegungen des Protoplasmas (lebende Grundsubstanz, hpts. Eiweißstoffe) ständig die Gestalt wechseln; meist Wasserbewohner; viele Parasiten.

**Amöbenruhr, Amöbiasis,** Tropenkrankheit; verursacht durch Ruhramöben; Kennzeichen sind z. B. Abszesse u. Durchfälle.

**Amoklauf** [malai.; dt.], Affektzustand; Drang, wahllos andere anzufallen u. zu töten; anfallartig auftretend; meist mit Amnesie für diese Zeit.

**Amor,** röm. Liebesgott.

**Amorbach,** bayr. St., Luftkurort im östl. Odenwald, 4300 E; Barockkirche (innen Rokoko) mit bed. Orgel.

**Amoretten** [ital.], geflügelte kl. Liebesgötter der Antike. (↑Putten)

**amorph** [gr.], form-, gestaltlos; Ggs. kristallin.

**Amortisation** [lat.], **1)** planmäßige Tilgung von Schulden. **2)** Rückfluss des investierten Kapitals durch Verkaufserlöse.

**Amos** ↑Kleine Propheten.

**Amoy** ↑Xiamen.

**Ampelkoalition,** ugs. für Reg.-Koalition von SPD, FDP u. Grünen, anknüpfend an die den Parteien zugeordneten Farben: SPD Rot, FDP Gelb, Grüne Grün.

**Amper** ↑Ammer.

**Ampere** [amˈpɛːr], Einheitenzeichen **A,** SI-Einheit der elektr. Stromstärke; definiert als die Stärke eines zeitl. unveränderl. Stroms, der, durch zwei im Vakuum parallel im Abstand von 1 m voneinander angeordnete, geradlinige, unendl. lange Leiter von vernachlässigbar kleinem, kreisförmigem Querschnitt fließend, zw. diesen Leitern von je 1 m Leiterlänge elektrodynam. die Kraft $2 \cdot 10^{-7}$ Newton hervorruft.

**Ampère** [ãˈpɛːr], André Marie, frz. Physiker u. Mathematiker, *1775, †1836; grundlegende Entdeckungen über die Wechselwirkungen zw. elektr. Strömen u. Magnetfeldern, Begr. d. Elektrodynamik; auch Beiträge zur Math. u. Chemie.

**Amperemeter** [ampɛːr-], **Strommesser,** Messgerät zur Bestimmung der elektr. Stromstärke.

**Amperesekunde** [ampɛːr-], Einheitenzeichen **As,** Einheit der Elektrizitätsmenge, entspricht 1 Coulomb (C).

**Ampfer,** Knöterichgewächs v. a. d. nördl. gemäßigten Zone; *Sauer-A.:* Gewürz- u. Heilpfl.; *Garten-A.:* spinatart. Gemüse.

**Amphora** *(um 500 v. Chr.)*

**amphi..., Amphi...** [gr.], Bestimmungswort; Bed.: „um – herum, beid..., doppel...".

**Amphibilen** [gr.], **Lurche,** Wirbeltierklasse; Eier legend, Kiemen tragende Larven; erwachsene Tiere mit Lunge, im Wasser u. auf dem Land; wechselwarm, schlüpfrige Haut; fehlen nur in den Polargebieten; älteste A. schon im Devon; z. B. Frösche, Salamander.

**Amphibilenfahrzeug,** schwimmfähiges Landfahrzeug.

**Amphibole,** wichtige gesteinsbildende Calcium-Magnesium- od. Natrium-Magnesium-Silikatminerale (teilw. mit Aluminium- od. Eisenanteil), meist monoklin, selten rhombisch. Zu den monoklinen A. zählt d. *Hornblende.*

**Amphitheater** [gr.], f. Tierhetzen u. Gladiatorenkämpfe best. Theater der Römer mit ansteigenden Sitzreihen, um eine ellipt. Arena gebaut; u. a. ↑Kolosseum.

**Amphitryon,** in der griech. Sage Kg. von Tiryns, Gemahl der ↑Alkmene.

**Amphora** [gr.], zweihenkel. Tongefäß der Antike; Vorratsgefäß.

**Amplitude** [lat.], größter Funktionswert period. Funktionen; bei mech. Schwingungen größter Abstand v. der Ruhelage.

**Amplitudenmodulation** ↑Modulation.

**Ampulle** [lat.], **1)** zugeschmolzenes Glasröhrchen (bes. für keimfreie Arzneimittel). **2)** kl. Kanne mit Wein, Öl u. dgl. für den liturg. Gebrauch.

**Amputation** [lat.], ⚕ operative Abtrennung eines Körperteils.

**Amritsar,** nordind. Stadt im Pandschab, 709 000 E; Univ.; Handel, Ind. (Teppiche); „Goldener Tempel", Haupttheiligtum der Sikhs.

**Amrum,** nordfriesische Insel, Schl.-Ho., Hauptort Nebel, 20,4 km², 1 100 E; Seebäder; Fähre v. Dagebüll u. Schlüttsiel.

**Amsel, Schwarzdrossel,** Singvogel; Teilzieher.

**Amselfeld,** serb. **Kosovo polje,** fruchtbares Hochbecken in Serbien (Prov. Kosovo); 1389 Sieg d. Türken über d. Serben, 1448 über d. Ungarn.

**Amsterdam,** Hptst. der Niederlande (nicht Reg.-Sitz), 720 000 E; seit dem 17. Jh. Welthandelsplatz, zweitgrößter Hafen des Landes. Am Ijsselmeer, Kanäle zur Nordsee, zum Rhein u. a.; Stadtkern (im 13./14. Jh. in Sumpfgelände auf Pfählen erbaut) von verkehrsreichen Grachten durchzogen. In der Altstadt Patrizierhäuser, repräsentat. Bauten (Backstein); Rembrandthaus; mod. Außenviertel; 2 Univ., Akad. der Wiss., Hochschulen, Museen (u. a. Rijksmuseum, 1808 gegr.), Kunsthandel; bed. Banken, Börse; Diamantenschleifereien, Schiffbau, chem. u. Masch.-Ind.; ✈.

**Amsel:** *Jungvogel*

**Amsterdam-Rhein-Kanal,** zw. Amsterdam u. Waal bei Tiel, 72 km.

**Amtmann,** Dienstbez. im gehobenen Verw.-Dienst.

**Amtsgericht, AG,** unterstes Gericht in der BRD; von Einzelrichtern besetzt; in Strafsachen Einzelrichter od. ↑Schöffengericht (1 Richter und 2 Schöffen).

**Amsterdam:** *Häuserfront an der Prinsengracht*

**Amtsvormundschaft,** ↑Vormundschaft des Jugendamtes.

**Amudarja,** im Altertum **Oxus,** Fl. in Mittelasien, 2 540 km, fließt in niederschlagsreichen J. zum Aralsee.

**Amulett** [lat.], Gegenstand, der dem Träger mag. Schutz od. mag. Kraft verleihen soll.

**Amun, Ammon,** altägypt. Gott; später als *A. Re* Sonnengott, Kg. der Götter.

**Amundsen,** Roald, norweg. Polarforscher, *1872, †1928 (verschollen); befuhr 1903–06 die Nordwestl. Durchfahrt, gelangte als Erster am 14. 12. 1911 zum Südpol u. überflog 1926 mit Ellsworth und Nobile den Nordpol.

**Amur,** Fluss in Ostasien, 4 440 km (mit Quellfluss Argun), mündet in den Tatarensund (Ochotsk. Meer).

**Amylase** [gr.], ↑Enzym, das Stärke spaltet (Verdauungsenzym).

**Amylum** [gr.], svw. ↑Stärke.

**ana..., Ana...** [gr.], Vorsilbe; Bed.: „hinauf, wieder, entsprechend".

**Anabolika, anabole Steroide,** den Eiweißaufbau des Körpers fördernde, sich vom Testosteron ableitende synthet. Arzneimittel; missbräuchl. Anwendung als muskelaufbauendes Mittel (Doping).

**Anachronismus** [gr.], durch den Zeitablauf Überholtes.

**Anaerobier** [gr.], niedere Organismen, die ohne Sauerstoff leben können; Ggs. Aerobier.

**Anaglyphen** [gr.], 2 zusammengehörende rote u. grüne Teilbilder, die, durch eine Brille mit grünen u. roten Gläsern betrachtet, einen räuml. Eindruck vermitteln.

**Anagramm** [gr.], Umstellung der Buchstaben eines Wortes, wodurch sich ein neues Wort ergibt.

**Anakonda** [singhal.?], ↑Boa, Schlange in den feuchten trop. Wäldern S-Amerikas.

**Anakreon,** griech. Lyriker, *um 580, †nach 495 v. Chr; lebte auf Samos, später in Athen, besang Wein, Freundschaft u. Liebe – Abb. S. 36.

**anal** [lat.], zum After gehörig.

**Analeptika** [gr.], Belebungs-, Weckmittel; steigern die Erregbarkeit des Zentralnervensystems.

**Analgetika** [gr.], schmerzstillende Mittel.

**analog** [gr.], ähnl., entsprechend.

**Analogieschluss,** Wahrscheinlichkeitsschluss von einem Sachverhalt auf einen ähnlichen.

**Analogrechner,** Rechenanlage, bei der die Berechnung nicht ziffernmäßig (wie beim Digitalrechner) erfolgt, sondern durch kontinuierl. veränderl. Größen, z. B. Längen, Winkel, elektr. Ströme.

**R. Amundsen**

**Analphabetismus,** [gr.], mangelhafte od. fehlende Kenntnis u. Beherrschung des Lesens u. Schreibens.
**Analysator** [gr.], Teil eines ↑Polarisationsgerätes, das den Polarisationszustand des Lichtes feststellt.

**Anakreon** *(Marmorkopie)*

**Analyse** [gr.], **1)** bei Aristoteles Schluss- u. Beweislehre (*Analytik* = Logik), bei Kant zergliedernde Denktechnik. **2)** ⚗ Zerlegung eines Stoffes in seine Bestandteile, z. B. El., Ionen, Radikale od. einfachere Verbdg. *(chem. A.)*, Ggs. ↑Synthese. **3)** ↑Psychoanalyse.
**Analysis** [gr.], Gebiet der Math., in dem mit ↑Grenzwerten gearbeitet wird; umfasst Infinitesimalrechnung (Differenzial- u. Integralrechnung), Differenzial- u. Integralgleichungen, Funktionentheorie u. a.
**analytische Geometrie** ↑Geometrie.
**Anämie** [gr.], **Blutarmut,** Erkrankung durch Verminderung von ↑Hämoglobin, meist auch der Erythrozytenzahl; u. a. ↑perniziöse A.
**Anamnese** [gr.], Vorgesch. einer Krankheit.
**Ananas,** Kulturpfl. warmer Länder; Blütenachse u. Deckblätter des Blütenstandes werden zur saft.-fleisch. Scheinfrucht.
**Anapäst** [gr.], Versmaß aus zwei Kürzen (bzw. Senkungen) und einer Länge (bzw. Hebung): ◡◡– (umgekehrt der ↑Daktylus).
**Anaphylaxie** [gr.], bes. Form der Überempfindlichkeit (↑Allergie) gg. artfremde Eiweißkörper in der Blutbahn; ein *anaphylakt. Schock* kann tödl. sein.
**Anarchie** [gr.], Herrschafts-, Gesetzlosigkeit.
**Anarchismus,** Theorie der Anarchie, die jede allg.-gült. staatl. u. rechtl. Ordnung ablehnt.
**Anästhesie** [gr.], Unempfindlichkeit, Schmerzbetäubung; *allg. A.* (↑Narkose) unter Ausschaltung des Bewusstseins mit versch. Methoden, unter Lokal- bzw. Regional-A. versteht man die örtl. Schmerzausschaltung.
**Anastigmat** [gr.], Linsensystem, bei dem ↑Astigmatismus, Farbfehler u. Bildfeldwölbung korrigiert sind.
**Anatoli|en,** asiat. Teil d. Türkei.
**Anatomie** [gr.], Lehre v. Bau d. tier. u. pflanzl. Körpers; gründet sich auf Zergliederung u. mikroskop. Untersuchung; *systemat. A.:* Lehre von den Knochen und Bändern, Muskeln, Gefäßen, Eingeweiden u. Nerven; *mikroskop. A. (Histologie):* Feingewebslehre; *topograph. A.:* Lehre v. der Lage der Organe u. ihren Lagebeziehungen; *vergleichende A.:* Lehre v. den anat. Bezieh. der Lebewesen.
**ANC** [ˈeɪensɪː], ↑Afrikanischer Nationalkongress.
**Anchorage** [ˈæŋkərɪdʒ], größte St. Alaskas; 227 000 E; Univ.; ✈.
**Ancien Régime** [ãˈsjɛ̃ reˈʒiːm; frz.], die alte Regierungsform, bes. die frz. bis 1789.
**Ancona,** Prov.-Hptst. in der Region Marken, Italien, an der Adria, 98 600 E; Erzb.-Sitz; Dom (1128); ⚓, ✈. – Um 390 v. Chr. von Griechen aus Syrakus gegr.
**Andalusi|en,** span. **Andalucía,** südspan. autonome (seit 1982) Region, 87 268 km², 6,9 Mill. E, Zentrum Sevilla; umfasst das gut bewässerte fruchtb. Guadalquivirbecken (Zitrusfrüchte, Wein), den S-Abfall der Sierra Morena u. (im S) die Betische Kordillere. Macchien u. Garriguen; Fischerei, Korkgewinnung, Ölbaumkulturen; Viehzucht (Kampfstiere). Erzreichtum (Kupfer, Eisen, Blei, Zink).
**Andaman and Nicobar Islands** [ˈændəmən ænd ˈnɪkəʊbɑː ˈaɪləndz; engl.], ind. Unionsterritorium (Inselgruppen *Andamanen* u. *Nikobaren* im Golf v. Bengalen), 8 249 km², 360 000 E, Hptst. Port Blair.
**Andante** [ital.], ruhiges, mäßig langsames Musikstück.
**Andechs,** oberbayr. Wallfahrtsort östl. vom Ammersee, 2 600 E; Benediktinerkloster, spätgot., barockisierte Kirche.
**Anden, Kordilleren** [kɔrdilˈjeːrən], junges Faltengeb. am W-Rand Südamerikas, von d. venezolan. Küste bis zum Kap Hoorn; rd. 800 km lang, im zentralen Teil bis 700 km breit; reich an Vulkanen; zw. W- und O-Kordillere das innerandine Hochland, im W die Küstenkordillere; *Aconcagua* 6 959 m.
**Andermatt,** schweizer. Kur- u. Wintersportort nördl. des St. Gotthards, 1 444 m ü. d. M., 1 390 E.
**Andernach,** St. am Rhein, RP, 29 500 E; Holz-, Bimssteinind., Tabakwaren; Römergründung.
**Andersch,** Alfred, dt. Schriftsteller, * 1914, † 1980; „Sansibar od. der letzte Grund" u. a. Romane.
**Andersen,** Hans Christian, dän. Dichter, * 1805, † 1875; schrieb Romane und v. a. Märchen („Die kleine Seejungfrau").
**Andersen-Nexø** [-ˈneksø], Martin, dän. Arbeiterdichter, * 1869, † 1954; sein Hauptthema ist das soziale Elend.
**Anderson** [ˈændəsn], **1)** Maxwell, amer. Dramatiker, * 1888, † 1959; „Johanna von Lothringen" (1947). **2)** Sherwood, amer. Schriftsteller, * 1876, † 1941; Roman „Winesburg, Ohio".
**Andō,** Tadao, jap. Architekt, * 1941; von asket. Grundhaltung geprägte Bauten (u. a. Konferenzzentrum d. Firma Vitra Design in Weil am Rhein).

**Andorra**

*Fläche:* 453 km²
*Einwohner:* 76 000
*Hauptstadt:* Andorra la Vella
*Amtssprache:* Katalanisch
*Zeitzone:* MEZ

**Andorra,** Ft. in den östl. Pyrenäen, zw. Spanien und Frankreich; Staatsoberhaupt sind formal der span. Bischof von Urgel und d. frz. Staatspräs.; Spr. vorw. Katalan., Religion röm.-katholisch. – Talbecken mit Weiden und Wäldern; Pferde-, Rinder- u. Schafzucht; Fremdenverkehr. Selbst. seit 1278; Verf. v. 1993.
**Andreas-Salomé,** Lou, dt. Schriftstellerin russ.-frz. Herkunft, * 1861, † 1937; Freundin Nietzsches, Rilkes und Freuds; schrieb Erz., Romane sowie eine Rilke-Biografie.
**Andres,** Stefan, dt. Schriftsteller,

*1906, †1970; „Wir sind Utopia" (Novelle), „Der Knabe im Brunnen" (Roman).

**Andrić** [ˈandritʃ], Ivo, serb. Schriftsteller, *1892, †1975; Romane („Die Brücke über die Drina"), Erz. aus der Gesch. Bosniens, Autobiografisches; Nobelpreis für Literatur 1961.

**Andromache,** in der griech. Mythol. die Gattin des Trojaners Hektor.

**Andromeda,** in der griech. Mythol. Königstochter; wird v. ihrem Vater Kepheus an einen Felsen geschmiedet, um die Götter zu versöhnen; v. Perseus befreit.

**Andromeda,** Sternbild des nördl. Himmels, im Herbst u. Winter sichtbar, mit hellstem Stern (α) *Alpheratz* u. dem mit bloßem Auge sichtbaren *A.nebel,* dem erdnächsten Sternsystem.

**Andros,** nördl. Kykladeninsel, Griechenland, 374 km², 9000 E; Wein-, Oliven-, Obst-, Getreideanbau; Fremdenverkehr.

**Androsteron** [gr.], männl. Sexualhormon, Umwandlungsform von ↑Testosteron.

**Äneas,** in der griech. u. röm. Sage Sohn des Anchises u. der Aphrodite; flieht aus Troja, landet nach langer Irrfahrt in Italien, Ahnherr der Julier.

**Äneis,** Epos des ↑Vergil; schildert die Irrfahrt des Äneas.

**Anekdote** [gr.], knappe Erzählung, die mit oft überraschender Wendung eine charakterisierende Begebenheit wiedergibt.

**Anemometer** [gr.], Gerät zur Messung der Windgeschwindigkeit.

**Anemone** [gr.], Gatt. d. Hahnenfußgewächse; Kräuter der nördl. gemäßigten Zone, viele Frühlingsblüher *(Buschwindröschen),* teilw. geschützt.

**Anerbenrecht,** Sondererbrecht für ländl. Grundbesitz zur Verhinderung unwirtschaftl. Teilungen.

**Anerkennung,** im Völkerrecht die formelle (de jure) oder dem Handeln nach vollzogene (de facto) Bestätigung der Völkerrechtsfähigkeit eines Staates.

**Aneto, Pico de,** höchster Berg in den Pyrenäen, Spanien, 3404 m.

**Aneurin** ↑Thiamin.

**Aneurysma** [gr.], krankhafte örtl. Erweiterung eines arteriellen Blutgefäßes; Ursachen u. a. Arterienverkalkung.

**Anfechtung,** Angreifen einer jurist. Situation, z. B. der Rechtswirkung eines Vertrages.

**Angara,** r. Nbfl. des Jenissei, 1779 km, Abfluss des Baikalsees; Wasserkraftwerke.

**Angebot,** Gesamtheit der vom Verkäufer auf den Markt gebrachten Güter; Ggs.: ↑Nachfrage.

**Fra Angelico:** *Fresko der „Verkündigung" im Kloster San Marco in Florenz (um 1445)*

**Angehörige,** im Sinne des StGB Verwandte u. Verschwägerte in gerader Linie, Adoptiv- u. Pflegeeltern u. -kinder, Ehegatten u. deren Geschwister, Geschwister u. deren Ehegatten, Lebenspartner, Verlobte.

**Angeklagter,** der einer Straftat Beschuldigte nach der Eröffnung des Hauptverfahrens.

**Angel,** als *Hand-A.* aus Rute, Schnur, Floß und beködertem Haken bestehendes Gerät zum Fischfang. – *Angelsport:* Fischfang nach sportlichen Regeln.

**Angelico** [anˈdʒɛːliko], **Fra A.,** ital. Maler, *um 1400, †1455; Dominikanermönch; seine Altarbilder und Fresken in S. Marco in Florenz gehören zu den schönsten Zeugnissen der Frührenaissance.

**Angeln,** fruchtb. Ldsch. im NO v. Schl.-Ho., Hauptort Süderbrarup.

**Angelsachsen,** seit dem 8. Jh. Name der Angeln, Sachsen und Jüten, der german. Einwanderer Britanniens (um 470); drängten die Kelten zurück; 827 Zusammenschluss der Teilreiche unter Egbert; Christianisierung im 6./7. Jh.; 1016 von Dänen, 1066 von Normannen unterworfen.

**Angelus** [gr.-lat.], Engel; Bote; *A. Domini* [= Engel des Herrn], Anfangsworte eines kath. Gebetes; Glockenzeichen dafür: *A.läuten.*

**Angelus Silesius,** eigtl. Johann **Scheffler,** dt. geistl. Dichter, *1624, †1677; Vertr. der Gegenreformation („Cherubin. Wandersmann").

**Angerapp,** Abfluss des Mauersees, Ostpreußen, 170 km, größter Quellfluss des ↑Pregels.

**Ångermanland** [ˈɔŋər-], histor. Prov. in N-Schweden.

**Angeschuldigter,** der einer Straftat Beschuldigte nach Erhebung der öff. Klage (bis zur Eröffnung des Hauptverfahrens).

**Angestelltenversicherung,** Zweig der ↑Sozialversicherung.

**Angestellter,** abhängig Beschäftigter mit monatl. Gehaltszahlung; Abgrenzungsmerkmale zum ↑Arbeiter gehen verloren, sind aber noch im Sozialversicherungs- u. Arbeitsrecht vorhanden.

**Angina** [gr.], mit Schluckschmerz, Rötung u. Schwellung bes. der Mandeln (Tonsillitis) verbundene Entzündung des lymphat. Rachenrings (Halsentzündung).

**Angina pectoris, Stenokardie,** Brustenge; anfallsweise auftretende, krampfart. Schmerzen hinter dem Brustbein, die in den linken Arm ausstrahlen; Ursache meist Verengung der Herzkranzarterien.

**Angiokardiographie** [gr.], röntgenol. Kontrastdarstellung der Herzinnenräume u. gr. Blutgefäße nach Herzkatheterisierung.

**Angiom** [gr.], Gefäßgeschwulst (↑Hämangiom, ↑Lymphangiom).

**Angkor,** Ort in Kambodscha, Ruinen d. Hptst. des alten Khmerreiches (↑Khmer). Tempel *A. Wat* (1112–52). – Abb. S. 38.

**anglikanische Kirche,** die engl. Staatskirche *Church of England* (entstanden durch Bruch Heinrichs VIII. mit d. Papst, Hauptrichtungen: *High Church* (hochkirchl., liturgiebetont), *Low Church* (kalvinist.), *Broad Church* (liberaltheol.) u. die aus ihr (bes. im Commonwealth) hervorgegangenen anglikan. National- u. Partikularkirchen

**Angkor:** *Tempelbezirk Angkor Wat*

der *Anglikan. Kirchengemeinschaft* (weltweit rd. 73 Mill. Anglikaner).

**Anglistik** [nlat.], Wiss. von der engl. Sprache und Literatur.

**Angloamerika,** Bez. für d. hpts. engl.-sprachige ↑Nordamerika; Ggs.: Lateinamerika.

**Angola,** Rep. in SW-Afrika mit der Exklave Cabinda. A. ist eine von Flüssen zerschnittene Hochfläche (bis 2620 m ü. d. M.) mit Steilabfall zum schmalen Küstensaum; Bev. vorw. Bantus; Landw.: Mais, Hülsenfrüchte u. Bataten; Bodenschätze: Erdöl, Diamanten, Kupfer, Eisen, Mangan, Uranerz u. Phosphate; reiche Wasserkraftreserven. – 1520 portug. Küstensiedlung, seit Ende des 19. Jh.s Vordringen ins Innere; 1951–75 portug. Überseeprov.; im Bürgerkrieg setzte sich 1975 die prosowjet. MPLA gg. prowestl. Befreiungsbewegungen durch; seit 11. 11. 1975 unabhängig; Staatspräs. 1975–79 A. Neto, seitdem J. E. Dos Santos; MPLA-Reg. bis 1989 v. kuban. Truppen gegen prowestl. Befreiungsbewegung UNITA unter J. Savimbi unterstützt. Friedensabkommen 1991 u. 1994 zw. MPLA u. UNITA sowie eine Reg.beteiligung der UNITA (ab 1997) konnten den seit 1975 andauernden Bürgerkrieg vorerst nicht beenden. Nach dem Tod Savimbis 2002 wurde ein Waffenstillstandsvertrag unterzeichnet.

**Angola**

*Fläche:* 1 246 700 $km^2$
*Einwohner:* 10,15 Mill.
*Hauptstadt:* Luanda
*Amtssprache:* Portugiesisch
*Zeitzone:* MEZ

**Angorakaninchen,** langhaar. Kaninchenrasse; liefert je Tier im Jahr 700–800 g Angorahaare.

**Angorawolle,** verspinnb. Haare der *Angoraziege* od. des *Angorakaninchens.*

**Angosturarinde,** getrocknete Rinde eines südamer. Baumes, Bestandteil eines Bitterlikörs.

**Angoulême** [ãgu'lɛ:m], Hptst. des westfrz. Dép. Charente, 46 000 E; roman. Kathedr.; Papier-, keram. und chem. Industrie.

**Ångström, Å.-Einheit** ['ɔŋstrøm; nach dem schwed. Physiker A. J. Ångström, *1814, †1874], Einheitenzeichen **Å**, nicht gesetzl. Längeneinheit, 1 Å = $10^{-8}$ cm.

**Anguilla** [æŋ'gwɪlə], Insel der Kl. Antillen, zus. mit d. Insel Sombrero brit. Kolonie mit innerer Autonomie; 96 $km^2$, 12 000 E, Hptst. The Valley; Fremdenverkehr, Fischerei, Salzgewinnung. Ab 1650 brit. Kolonie; 1967–80 (fakt. bis 1971) Teil v. Saint-Kitts and Nevis.

**Anhalt,** histor. Territorium an der mittl. Elbe, unteren Saale u. im Unterharz; Hptst. Dessau, 2326 $km^2$, 432 000 E (1939). Seit dem 11./12. Jh. durch Erbteilungen der ↑Askanier zersplittert; 1863 alle anhalt. Lande durch Erbfall vereinigt; 1919 Freistaat; 1933–45 mit Braunschweig unter einem Reichsstatthalter; bildete 1945 mit Sachsen das Land Sachsen-A., ab 1952 Teil der neu gebildeten DDR-Bez. Halle und Magdeburg; s. 1990 Teil des Bundeslandes Sachsen-Anhalt.

**Anhydride** [gr.], chem. Verbindungen, die durch Abspalten von Wasser aus Säuren entstehen.

**Anhydrit,** wasserfreier Gips.

**Anilin** [arab.], **Aminobenzol,** organ., aromat., stickstoffhalt. Verbdg. der Formel $C_6H_5NH_2$; bed. Ausgangsmaterial zur Herst. von Arzneimitteln u. vielen z. T. wicht. *A.farben* (Teerfarbstoffe), z. B. A.blau; auch zur Herst. von *A.harzen* verw., die bes. elektr. Eigensch. haben; mit A. im Steinkohlenteer vorkommende aromat. Stickstoffverbdg. werden *A.basen* gen.; *A.vergiftung:* akute od. chron. Vergiftung mit A., meist durch Einatmen der *A.dämpfe,* bes. bei Pelzfärbern.

**Animismus** [lat.], bes. bei Naturvölkern der Glaube an die Beseeltheit der Natur u. der Naturkräfte.

**Animosität** [lat.], Erbitterung, Abneigung, Widerwille.

**Anion,** negat. geladenes Ion. (↑Elektrolyse)

**Anis** [gr.], Doldengewächs; Samen dienen als Gewürz, zur Herst. v. Heilmitteln u. Likör *(Anisette).*

**Anjou** [ã'ʒu], **1)** Seitenlinie d. frz. Königsdyn. d. ↑Kapetinger; *älteres Haus A.* 1246–1435, *jüngeres Haus A.* 1356–1481. **2)** ehem. frz. Gft. an der unteren Loire, Hptst. Angers, größtenteils im heutigen Dép. Maine-et-Loire; 1154–1204 engl., 1480 endgültig französisch.

**Anjou-Plantagenet** ↑Plantagenet.

**Ankara,** Hptst. der Türkei (seit 1923), 2,84 Mill. E; mit mod. Neustadt; 3 Univ., bed. Museen, Nationalbibliothek; Handels- u. Verkehrszentrum, Industriestandort; ⚔. – Thermen, Tempel u. a. aus röm. Zeit (antiker Name *Ankyra*), Zitadelle (7. u. 9. Jh.).

**Ankathete,** im rechtwinkligen Dreieck die einem spitzen Winkel anliegende Kathete.

**Anker** [gr.-lat.], **1)** Gerät zum Festlegen von Wasserfahrzeugen; **2)** Eisenteil zum Zusammenhalten von Bauteilen. **3)** bewegl. Eisenstück in elektromech. Geräten (z. B. ↑Relais), das von einem Elektromagneten angezogen werden kann. **4)** Teil einer elektr. Maschine, in dem durch ein veränderl. Magnetfeld eine elektr. Spannung induziert wird. **5)** bewegl. Teil zur Hemmung des Steigrades der Uhr.

**Anklage,** durch die Staatsanwaltschaft (außer bei einer Privatklage) bei Gericht gestellter Antrag auf Einleitung eines Strafverfahrens gg. eine od. mehr. Personen.

**Anlagevermögen,** zur Dauerverwendung in einem Unternehmen best. Vermögen (Sach- u. immaterielle Anlagen).

**Anlasser,** **1)** elektr. Schalter, kombiniert mit Widerständen, zum In-Betrieb-Setzen v. Elektromotoren. **2)** alte Bez. für ↑Starter.

**Anleihe,** Aufnahme langfrist., festverzinsl. Darlehen durch öff.-rechtl. Körperschaften od. Privatunternehmen.

**Anlieger,** Eigentümer von an öffentl. Straßen od. Wasserläufen gelegenen Grundstücken. – *A.beiträge,* Abgaben, die die Gem. vom A. für Versorgungs- u. Entsorgungseinrichtungen erheben.

**Anna,** hl., Mutter Marias.

**Anna,** *England:* **1) A. Boleyn** [ˈbʊlɪn], *1507 (?), †1536, 2. Gemahlin Heinrichs VIII., Mutter Kgn. Elisabeths I., wegen angebl. Ehebruchs enthauptet. **2) A. Stuart** [ˈstjʊət], *1665, †1714, 1702 Kgn.; vereinigte England mit Schottland. – *Sachsen-Weimar:* **3) A. Amalia,** *1739, †1807, Regentin 1758–75; nahm regen Anteil am geist. Leben.

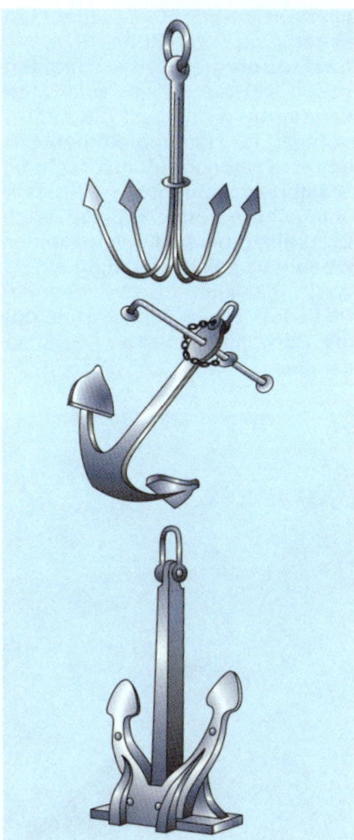

**Anker 1):** *Ankerformen (von oben): Draggen, Stockanker und Patentanker*

**Annaba,** frz. **Bône** [bo:n], Hafen- u. Ind.-Stadt in NO-Algerien, 227 800 E; Univ.; ⚘.

**Annaberg,** höchste Erhebung Oberschlesiens, Polen, 385 m ü. d. M., Wallfahrtskirche.

**Annaberg-Buchholz,** Krst. in Sa., 25 000 E; spätgot. Hallenkirche, Erzgebirgsmuseum; Ind., v. a. Spitzenklöppelei, Posamentiergewerbe.

**Annahme als Kind, Adoption,** die Begründung eines Eltern-Kind-Verhältnisses ohne Rücksicht auf die biolog. Abstammung; erfordert ggf. die Einwilligung des Kindes sowie die der leibl. Eltern u. erfolgt auf Antrag des Annehmenden durch Beschluss des Vormundschaftsgerichts. Der Annehmende muss i. d. R. 25 J., das Kind mindestens acht Wochen alt sein.

**Annahmeverzug,** die rechtl. Position, in die ein Gläubiger gerät, wenn er die vom Schuldner angebotene Leistung nicht annimmt.

**Annalen** [lat.], Jahrbücher; jährl. Aufzeichnungen.

**Annam,** Gebiet im mittl. Vietnam, Hptst. Huê; ehem. Kaiserreich, 1883/84 von Frkr. erobert.

**Annan,** Kofi, ghana. Politiker, *1938; nach versch. Positionen bei der UNO s. 1997 deren Gen.-Sekr.

**Annapolis** [əˈnæpəlɪs], Hptst. von Maryland, USA, 33 000 E.

**Annapurna,** Berg im Himalaja (Nepal), 8 091 m.

**Annecy** [anˈsi], Hptst. d. frz. Dep. Haute-Savoie, südlich von Genf, am *Lac d'A.* (27 km²), 50 000 E.

**annektieren** [lat.], sich etwas [gewaltsam] aneignen.

**Annexion** [lat.], [gewaltsame] Aneignung fremden Staatsgebiets.

**Anno Domini** [lat.], **A. D.,** im Jahre des Herrn, d. h. nach Christi Geburt.

**Anno II.,** hl., Erzb. von Köln, Vormund Heinrichs IV, *um 1010, †1075.

**Annolied,** anonyme frühmhd. Geschichtsdichtung über Erzb. ↑Anno II., verf. wahrsch. 1080/85.

**Annonengewächse** [indian.], vorw. trop. Holzpfl.; liefern teils Früchte, teils Gewürze und Öl.

**annuell** [lat.], svw. ↑einjährig.

**Annuität,** Jahresrate zur Abtragung einer Geldschuld, bestehend aus Zins- u. Tilgungsanteil.

**annullieren** [lat.], für ungültig, für nichtig erklären.

**Annunzio,** Gabriele d', ital. Dichter, *1863, †1938; Freund der Duse; Romane, Dramen, Lyrik.

**Anode** [gr.], positive ↑Elektrode. – *A.schlamm,* Schlamm, der bei der elektrolyt. Raffination v. Metallen als edelmetallhalt. Metallpulver an der A. ausfällt. – *A.strahlen,* Strahlen posit. Ionen, die v. einer geheizten u. mit Alkali- od. Erdalkalisalzen präparierten A. infolge therm. Ionisation ausgehen.

**Anökumene** [gr.], unbewohnte Welt (Polargebiete, Ödland u. a.).

**Anomalie** [gr.], Regelwidrigkeit, Abweichung v. Normalen.

**anonym** [gr.], ungenannt, ohne Angabe des Verfassers, Absenders.

**K. Annan**

**Anonyme Alkoholiker,** Abk. **A. A.,** von ehem. Alkoholabhängigen 1935 in den USA gegr., weltweit verbreitete Selbsthilfeorganisation von Alkoholkranken.

**Anopheles** [gr.], Fiebermücke, trop. u. südeurop. Stechmückengattung; überträgt u. a. Malaria.

**Anorak** [eskimo.], Kajakjacke d. Eskimo; Wind- od. Schneebluse mit angearbeiteter Kapuze.

**anorganische Chemie,** Teilgebiet der Chem., untersucht sämtl. El. u. alle Verbdg. ohne Kohlenstoffanteil (Ausnahmen u. a. CO, $CO_2$, Carbide).

**Anouilh** [aˈnuj], Jean, frz. Dramatiker, *1910, †1987; griff oft antike Themen auf, die er virtuos ins Moderne wendete.

**Anregung,** Übergang eines mikrophysikal. Systems (Atom, Molekül) in einen Zustand höherer Energie, z. B. durch Photonenabsorption od. inelast. Stoß.

**Anreicherung,** Erhöhung des Anteils eines Isotops in einem Isotopengemisch durch Isotopentrennung, v. a. zur Uran-A.

**Anrufbeantworter,** Zusatzgerät zum Telefon, dient dem selbstständigen Aufnehmen ankommender Anrufe.

**Ansbach,** Hptst. des Reg.-Bez. Mittelfranken, Bay., krsfr. u. Krst., 39 600 E; Schloss (Anf. 18. Jh.);

LG; vielseitige Ind. – 1420–1791 Sitz der Markgrafen von A. (zeitweise *A.-Bayreuth*).

**Ansbach-Bayreuth,** ehem. fränk. Markgft.; Teilung in die Ft. Ansbach u. Bayreuth 1473; wiederholt vereinigt; 1791 preuß.; 1810 bayrisch.

**Anschlussbewegung,** nach Auflösung der östr.-ung. Monarchie (1918) entstandene Bewegung, die den Anschluss Dt.-Östr. an Dtl. erstrebte; die Verwirklichung scheiterte am Widerspruch der Alliierten. Im östr. Staatsvertrag (1955) Anschluss verboten.

**Anselm von Canterbury**

**Anschovis** [port.], **1)** eine Sardelle; Mittelmeer, westeurop. Küsten; rd. 15 cm lang; auch der konservierte Fisch. **2)** Handelsbez. für eingedoste norweg. Sprotten.

**Anselm von Canterbury,** hl., Benediktiner, * 1033, † 1109; s. 1093 Erzb. von Canterbury; „Vater" der Scholastik; Versuch einer streng wiss. Theol.; formulierte den ontolog. Gottesbeweis.

**Ansermet** [ãsɛrˈmɛ], Ernest, schweiz. Dirigent, * 1883, † 1969.

**Ansgar,** hl., Erzb. von Hamburg-Bremen, * um 801, † 865; missionierte in Dänemark, Schweden.

**Anshan,** chin. St. in der Prov. Liaoning, 1,3 Mill. E.

**Anstalt des öffentlichen Rechts,** Träger öffentl. Verw.-Aufgaben, die außerh. der unmittelb. Staatsverw. liegen (z. B. Rundfunkanstalten); hat im Ggs. zur Körperschaft öff. Rechts keine Mitgl. u. ist Teil der Staatsverw. od. rechtsfäh. Anstalt.

**Anstand, Ansitz,** ♆ versteckte Stelle, an der d. Jäger d. Wild erwartet.

**ansteckende Krankheiten,** svw. ↑Infektionskrankheiten.

**Antagonismus** [gr.], Ggs., Gegnerschaft, Widerstand.

**Antalya** [-ˈtalja], türk. St., an der Mittelmeerküste, 502 000 E; Seebad; ✈.

**Antananarivo,** bis 1976 **Tananarive** [-ˈriːv], Hptst. v. Madagaskar, im zentralen Hochland, 1,05 Mill. E; Univ., Palast der Königin; verarbeitende Ind.; ✈.

**Antarktis,** Land- und Meergebiete um den S-Pol; gebirgiges Festland (*Antarktika;* „6. Erdteil") mit Inseln (86 000 km²) u. Schelfeis etwa 14 Mill. km²; Festland vom Eis bedeckt (bis über 4 335 m mächtig), nur 2 500 km² Küstengebiet eisfrei; tiefste bisher gemessene Temp.: −88,3 °C. Algen, Moose, Flechten, auf den Inseln Tundra; Seevögel, zahlr. Meerestiere; Aufteilung der A. in Form von Sektoren vom S-Pol aus, wurde v. den USA u. der damaligen UdSSR nicht anerkannt. – Erste Umseglung 1772–75 durch James Cook; 1911 erreichte Amundsen als Erster den geograph. Südpol; 1956–58 Errichtung ständiger Forschungsstationen.

**Antarktische Halbinsel,** westantarkt. gebirg. Halbinsel.

**Antarktis-Vertrag,** 1961 in Kraft getretenes Abkommen, das die wiss. Forschung im S-Polargebiet fördern u. die Nutzung für ausschließl. friedl. Zwecke sicherstellen soll; BRD 1979 beigetreten; ergänzend 1991 *Antarktis-Abkommen,* das die kommerzielle Nutzung der Antarktis auf 50 Jahre verbietet.

**ante..., Ante...** [lat.], Bestimmungswort; Bed.: „vor".

**ante Christum [natum]** [lat.], Abk. **a. Chr. [n.],** vor Christi [Geburt].

**Antelami,** Benedetto, ital. Bildhauer, * um 1150, † nach 1220.

**ante meridi|em** [lat.], Abk. **a.m.,** vor Mittag, vormittags.

**Antenne** [lat.], **1)** Sende- u. Empfangsvorrichtung für elektromagnet. Wellen. Es gibt 2 gr. Gruppen von A., die *Linearstrahler,* deren Länge gr. ist gegen ihre Querabmessungen (z. B. die *Dipol-A.*), u. die *Flächen-* od. *Aperturstrahler* (z. B. die *Parabol-A.*). **2)** 1 oder 2 Fühlerpaare am Kopf d. Insekten, Krebstiere, Tausendfüßer, mit Geruch- und Tastsinnesorganen.

**Antependium** [lat.], den Altarunterbau schmückende Verkleidung.

**Antes,** Horst, dt. Maler, * 1936; stellt nach informellen Anfängen die Figur des „Kopffüßlers" signethaft dar.

**Anthemion** [gr.], Schmuckfries mit stilisierten Palmblättern und Lotosblüten (bes. griech. Baukunst).

**Anthere** [gr.], Staubbeutel der Blütenpflanzen.

**Antheridium** [gr.], ♂ Geschlechtsorgan der Algen, Moose und Farne.

**Anthologie** [gr.], Auswahl von Gedichten od. Prosastücken.

**Anthozoa** [gr.], svw. ↑Korallentiere.

**Anthrazit,** hochwert., gasarme Steinkohle (etwa 95 % Kohlenstoff).

**anthropo..., Anthropo...** [gr.], Bestimmungswort; Bed.: „zum Menschen gehörig", „Mensch".

**Anthropologie,** Lehre vom Menschen: **1)** die Wiss. vom Menschen; die A. umfasst die Anthropobiologie (Humanbiologie), Erblehre, Konstitutionsforschung, Stammesgeschichte, Abstammungslehre und Rassenkunde. **2)** Ⓟ Lehre vom Menschen, seinem Wesen u. seiner Stellung in der Welt; gewann durch ↑Scheler, Plessner, A. ↑Gehlen zentrale philos. Bed.; auch im amer. ↑Pragmatismus.

**Antarktis:** *die britische Antarktisstation Halley Bay*

**Antibes:** *Blick über die Hafenbucht Port Vauban auf die Festung Fort Carré*

**Anthroposophie,** von R.↑Steiner begr. Lehre von der Wesenheit des Menschen, will durch „geistige Schau" ein höheres Wissen v. den übersinnl. Kräften erlangen; eigene Formen der Lebensgestaltung und Pädagogik (↑Waldorfschulen, Freie).

**ant[i]..., Ant[i]...** [gr.], Vorsilbe od. Bestimmungswort; Bed.: „gegen".

**antiautoritär,** gg. autoritäre Normen gewendet, bes. bei theoret. Einstellungen u. soz. Verhaltensweisen („antiautoritäres Denken", „antiautoritäre Erziehung").

**Antibabypille** [-'be:bi-], ↑Empfängnisverhütung.

**Antibes** [ã'tib], frz. Hafenst. an der Côte d'Azur, 63 000 E. Seebad, Fremdenverkehr. Zentrum eines Blumenzuchtgebietes.

**Antibiotika,** Stoffwechselprodukte v. Bakterien, Pilzen, Algen, Flechten u. höheren Pflanzen, die dagegen empfindl. Mikroorganismen abtöten od. ihre Vermehrungsfähigkeit blockieren; Penicillin, Streptomyzin u. a.

**Antiblockiersystem, Bremsschlupfregler,** Abk. ABS, elektron. Regeleinrichtung an Radfahrzeugen, die beim Bremsen das Blockieren der Räder verhindert.

**Antichrist,** Widersacher, Gegner u. Gegenspieler Christi, Verderber vor Christi Wiederkunft.

**Antidiabetika,** Mittel zur Behandlung der Zuckerkrankheit (Diabetes mellitus).

**Antifaschismus,** urspr. Bez. für jede Art von Opposition gg. den ital. Faschismus, dann für den Widerstand gg. die faschist. Regime bis 1945 bzw. danach gg. die [neo]faschist. Systeme und Bewegungen. Internat. polit. Bed. erhielt der A. durch die nat.-soz. Machtergreifung 1933. Im Span. Bürgerkrieg kam es zur ersten polit.-mil. Koalition einer Vielzahl polit. Gruppen im Zeichen des A. („Internat. Brigaden").

**Antigene** [gr.], alle Stoffe, die nach Kontakt mit dem Organismus eine Immunabwehr durch Bildung von ↑Antikörpern od. durch Aktivierung zellulärer Reaktionen auslösen.

**Antigua und Barbuda**

| | |
|---|---|
| *Fläche:* | 442 km² |
| *Einwohner:* | 68 000 |
| *Hauptstadt:* | Saint John's |
| *Amtssprache:* | Englisch |
| *Zeitzone:* | MEZ – 5 Stunden |

**Antigone,** in der griech. Sage Tochter des Ödipus, bestattet gg. das Verbot Kreons, Kg. von Theben, den Leichnam ihres im Kampf gg. die Stadt gefallenen Bruders Polyneikes, zur Strafe lebendig eingemauert. Tragödien u. a. von Sophokles und J. Anouilh.

**Antigonos I.** Monophthalmos („der Einäugige"), *um 384, ⚔ 301, seit 306 Kg. v. Makedonien; einer der ↑Diadochen.

**Antigua und Barbuda,** Staat in der Karibik, umfasst drei Inseln der Kleinen Antillen (Antigua, Barbuda, Redonda), Fremdenverkehr; Baumwollexport. – Antigua wurde 1493 von Kolumbus entdeckt und ab 1628 (Barbuda ab 1628) von engl. Siedlern kolonisiert; seit 1967 mit Großbritannien assoziierter Staat, seit 1981 selbst. Staat im brit. Commonwealth.

**antik** [lat.], altertüml., dem Altertum angehörend.

**Antikathode** [gr.], Anode einer ↑Röntgenröhre.

**Antike** [lat.], die griech.-röm. Kulturwelt (kret.-myken. Zeit bis zum Ende Westroms).

**Antiklopfmittel,** Zusätze bei Kfz-Kraftstoffen, die deren Klopffestigkeit erhöhen. Bleihaltige A. sind in Dtl. seit 1996 nicht mehr zulässig.

**Antikoagulanzi|en,** gerinnungshemmende Stoffe.

**Antikominternpakt,** Abkommen zw. Dtl. u. Japan (1936) zur Bekämpfung der ↑Komintern; 1937 ff. Beitritt Italiens u. a.

**antikonzeptionelle Mittel,** Mittel zur ↑Empfängnisverhütung.

**Antikörper,** im Blutserum als Reaktion auf ↑Antigene gebildete Abwehrstoffe (Eiweißkörper in Form von Immunglobulinen).

**Antilibanon,** Geb. in Libanon u. Syrien, im *Tall Musa* 2629 m.

**Antillen,** Inselbogen zw. Nord- u. Südamerika (außer den Bahamas). *Gr. A.:* ↑Kuba, ↑Jamaika, Hispaniola (↑Haiti), ↑Puerto Rico; *Kl. A.:* Inselkette (z. T. niederl., brit., frz., USA) zw. Puerto Rico u. Trinidad bzw. vor der venezol. Küste.

**Antilopen** [mgr.], gehörnte, grazile Huftiere; 30 cm hoch bis Pferdegröße; Afrika, Asien; in Wald u. Busch meist kl. Familienverbände, in der Steppe Herden.

**Antimachiavell** [-makia-], anonyme Schrift Friedrichs II., des Gr., (1739) zur Widerlegung des „Il Principe" von ↑Machiavelli.

**Antimaterie** [gr.], aus Antiteilchen aufgebaute Materie.

**Antimon** [mlat.], Symb. **Sb** [von lat. **Stib**ium], chem. El., OZ 51, relat. A.-Masse 121,76, Metall; spröde; guter elektr. Leiter, Dichte des gewöhnl. A. (graues od. metall. A.) 6,691 g/cm$^3$, Fp. 630,63 °C, Sp. 1587 °C; beständig in der Luft, verbrennt oberh. vom Siedep., nicht lösl. in nicht oxidierenden Säuren, energ. Reaktion mit Halogenen; selten rein, oft in Form von *A.erzen* (*A.glanz, A.blüte* usw.); viele A.verbdg. fast so giftig wie Arsenverbdg.; Legierungsbestandteil, härtet weiche Metalle.

**Antineuralgika,** schmerzstillende Mittel.

**Antinomie** [gr.], Ⓟⓗ Widerstreit zweier entgegengesetzter Urteile, die beide in sich begründet sind.

**Antiochia,** Name zahlr. antiker Städte; bed. v. a. *A. in Syrien* (heute Antakya), 300 v. Chr. gegr., Hptst. des Seleukidenreiches.

**Antiochos III.,** d. Gr., syr. Kg, *242, †187 v. Chr; 212–205 Eroberungszug bis nach Indien.

**Antioxidantien,** den oxidativen Abbau verhindernde anorgan. oder organ. Stoffe; werden oxidationsempfindl. Substanzen (z. B. Kunststoffen, Lebensmitteln) zugesetzt.

**Antipathie** [gr.], Abneigung, Widerwille.

**Antiphon** [gr.], liturg. Kehrvers bei Psalmengesang.

**Antipode** [gr.], **1)** auf dem entgegengesetzten Punkt der Erde wohnender Mensch. **2)** Mensch mit entgegengesetztem [geist.] Standpunkt.

**Antipoden,** zwei opt. aktive Stoffe, die sich in allen Eigensch. gleichen, jedoch die Schwingungsebene polarisierten Lichts in entgegengesetzte Richtung drehen.

**Antipodeninseln,** unbewohnte Inselgruppe sö. von Neuseeland, 62 km$^2$ Landfläche.

**Antiquariat,** eine Buchhandlung bzw. der Handel mit alten Büchern, Kunstblättern, Handschriften, ↑Autographen; *mod. A.,* Verkauf von Restauflagen bzw. Mängelexemplaren neuerer Werke zu herabgesetzten Preisen.

**Antiquitäten,** durch Alter und Seltenheitswert ausgezeichnete Kunst- u. Gebrauchsgegenstände.

**Antireflexbelag,** transparenter Belag aus aufgedampften Metallfluoriden auf opt. Gläsern (z. B. Brillen) zum Entspiegeln.

**Antisemitismus,** von W. Marr 1879 zuerst verw. Bez. für Feindschaft gg. die Juden (nicht gg. andere Semiten, z. B. Araber); bereits im vorchristl. Altertum (durch relig. u. gesellschaftl. Absonderung der jüd. Diasporagemeinden); im MA Neubelebung durch die span. Reconquista u. die Kreuzzugsidee; relig. Motivierung

**Antisemitismus:** *Aufruf zum Boykott an von Juden betriebenen Geschäften vom März 1933*

oft nur Vorwand für wirtsch. Beweggründe; seit der Judenemanzipation im 19. Jh. „völk." A.; rass. Begründung durch pseudowiss. Theorien; latenter A. im 19. Jh. (Ausbrüche in Russland u. Ende des Jh.s in Frkr., Dtl. u. Östr.); in Dtl. seit 1933 Programm des Nat.-Soz. (↑Nürnberger Gesetze), der die Ermordung von etwa 6 Mill. Juden verantwortet (Holocaust). Auch nach dem 2. Weltkrieg vielerorts latent vorhanden.

**Antisklavereiakte** ↑Sklaverei.

**Antisthenes,** griech. Philosoph, *um 445, †um 360 v. Chr; gründete die philos. Schule der ↑Kyniker.

**Antiteilchen,** einem ↑Elementarteilchen komplementäres Teilchen, das sich v. ihm im Vorzeichen der elektr. Ladung u. a. ladungsartiger Quantenzahlen unterscheidet.

**Antiterrorkrieg,** Schlagwort f. die nach den Terroranschlägen islamist. Extremisten vom 11. 9. 2001 in den USA durch diese eingeleitete mil. Maßnahmen, bes. die Militäraktion gg. das Terrornetzwerk „al-Qaida" v. Osama Bin Laden u. die Taliban in Afghanistan. Die USA, deren Präs. G. W. Bush einen „langen Feldzug" gg. den internat. Terrorismus ankündigte (begleitet v. diplomat., wirtsch., jurist. u. a. Schritten), sicherten sich d. Unterstützung ihrer westl. Verbündeten (Ausrufen des Bündnisfalles durch NATO am 2. 10. 2001) sowie zahlr. weiterer Staaten in einer *Antiterrorkoalition.*

**Antithese,** der ↑These entgegengesetzte Behauptung; bed. Begriff der Dialektik bei ↑Hegel.

**Antitoxine,** Antikörper, die vom menschl. und tier. Körper gegen eingedrungene Toxine gebildet werden; angewendet z. B. bei Diphtherie.

**Antizyklone,** svw. ↑Hoch.

**Antofagasta,** nordchilen. Hafen- u. Provinzhauptstadt, 237000 E; Universität.

**Antonescu,** Ion, rumän. General, *1882, †1946 (hingerichtet); 1940 autoritärer Reg.-Chef, stürzte Kg. Karl II.

**Antoninus Pius,** *86, †161, seit 138 röm. Ks.; Adoptivsohn Hadrians; errichtete in Schottld. den nach diesem ben. Schutzwall; adoptierte Mark Aurel.

**Antonioni,** Michelangelo, ital. Filmregisseur, *1912; dreht v. a. gesellschaftskrit. Filme („Blow up").

**Antonius,** Marcus, röm. Staatsmann und Feldherr, *82, †30 v. Chr.; Anhänger Caesars, bildete nach dessen Tod mit Octavianius (später Ks. ↑Augustus) u. Lepidus das 2. Triumvirat; siegte 42 bei Philippi, 40 Herrscher im Orient, Geliebter der Kleopatra; unterlag 31 v. Chr. bei Aktium gg. Octavianius, floh nach Alexandria u. beging dort Selbstmord.

**Antonius d. Gr.,** hl., *251/252, †356; Einsiedler in der ägypt. Wüste (in d. Kunst häufig dargest. „Versuchung des hl. A."), Urvater des christl. Mönchtums.

**Antragsdelikte,** Straftaten, die nur auf Antrag des in seinem Recht Verletzten behördl. verfolgt werden, z. B. Beleidigung.

**Antrieb, 1)** ⚙ der einer Masch. zugeführte ↑Impuls; auch die den mech. A. liefernde Masch.; als Einzel- od. Gruppen-A. **2)** Ⓟ Gesamtheit der Verhaltensimpulse (↑Motivation).

**Antriebsschlupfregelung,** Abk. **ASR,** elektron. Regelsystem, das beim Anfahren u. Beschleunigen v. Kfz einen übermäß. Schlupf zw. Reifen u. Fahrbahn verhindert.

**Antwẹrpen,** frz. **Anvers** [ãˈvɛːr], belg. Prov.-Hptst. am rechten Ufer der Schelde, 88 km vom Meer, 185 000 E (Agglomeration: 459 000 E); einer der größten Häfen der Erde; Hochschulen; Bauten aus d. MA, spätgot. Kathedrale mit Rubenswerken, Rubens-Grabkapelle; Renaissancerathaus; bed. Ind., u. a. petrolchem., Diamanten-, Nahrungsmittelind., Maschinen- u. Schiffbau; Straßentunnel unter der Schelde, ✈. – Im 8. Jh. erwähnt, 1291 Stadt, im 16. Jh. größter Handelsplatz der Erde.

**Anụbis,** ägypt. Totengott, als schakalköpf. Mensch dargestellt.

**Anus** [lat.], After; *A. praeternaturalis,* künstl. angelegter After.

**Anwaltszwang,** Zwang, sich im Zivilprozess vor Amtsger. (in Familiensachen), Landger. u. höheren Ger. durch einen Rechtsanwalt vertreten zu lassen.

**anzeigepflichtige Krankheiten** ↑meldepflichtige Krankheiten.

**Anzengruber,** Ludwig, östr. Schriftsteller, * 1839, † 1889; Bühnenstücke mit volksnaher Thematik u. lib. Tendenz.

**ANZUS-Pakt,** Verteidigungsbündnis (1951) zw. **A**ustralien, **N**ew-**Z**ealand (Neuseeland) und den **US**A; 1986 wurde Neuseeland wegen seiner Kernwaffen ablehnenden Politik ausgeschlossen.

**AOK,** Abk. für ↑**A**llgemeine **O**rts**k**rankenkasse.

**Äolien,** im Altertum von den Äoliern bewohnte Ldsch. an der NW-Küste Kleinasiens mit Lesbos.

**Äolische Inseln** ↑Lipar. Inseln.

**Äolus,** in der griech. Mythol. Beherrscher der Winde.

**a. o. Prof.,** Abk. für: **a**ußer**o**rdentl. **Prof**essor.

**Aọrta** [gr.], Hauptschlagader; geht aus der l. Herzkammer hervor u. führt sauerstoffreiches Blut.

**Aọsta,** Hptst. der autonomen italienischen Region *A.tal* (3 263 $km^2$, 120 000 E), im Tal der Dora Baltea, 34 800 E; Ausgangspt. der Passstraße über den Großen u. Kleinen Sankt Bernhard; bed. röm. Baudenkmäler.

**Aphrodite** *von Melos, Marmorstatue (um 130/120 v. Chr.)*

**AP** ↑Nachrichtenagenturen (Übers.).

**APA** ↑Nachrichtenagenturen (Übers.).

**Apạchen,** Indianerstämme der Athapasken im SW der USA, leben heute in Reservationen.

**Apanage** [-ʒə; frz.], [Geld]zuwendung zum Unterhalt nicht regierender Mitgl. von Fürstenhäusern.

**Apartheid** [afrikaans], Bez. für die v. der weißen südafrik. Reg. seit 1948 praktizierte Pol. d. Rassentrennung; stieß auf internat. Ablehnung, führte zur Isolation der Rep. Südafrika; 1990 teilw., 1994 endgültig aufgehoben.

**Apạstron,** ↑Apsiden.

**Apathie** [gr.], Teilnahmslosigkeit, Gleichgültigkeit.

**Apatit** [gr.], $Ca_5(PO_4)_3(F,Cl)$, techn. wicht. Mineral (Phosphorsäure- u. Düngemittelherst.); als *Hydroxyl-A.* Schmuckstein.

**Apeldoorn,** niederl. St., Prov. Geldern, 146 000 E; kgl. Sommerresidenz *Het Loo* (17. Jh.).

**Apennin,** Faltengeb. in Italien, aus Gebirgsketten u. -stöcken (z. B. Abruzz. A. bis 2 914 m) bestehend, von der Toskana bis Sizilien. Im Altertum bewaldet, heute fast kahl.

**Aperçu** [-ˈsy; frz.], geistreiche Bemerkung.

**Aperitif** [frz.], appetitanregendes alkohol. Getränk.

**Apfelbaum,** Kernobstgewächs, Fam. Rosengewächse; zahlreiche, aus der Wildform gezüchtete Edelsorten.

**Apfelblütenstecher,** ↑Pflanzenkrankheiten (Übers.).

**Apfelmehltau** ↑Pflanzenkrankheiten (Übers.).

**Apfelsäure,** organ. Säure in unreifen Äpfeln, Stachelbeeren, Trauben u. a.

**Apfelsine** ↑Zitrusfrüchte.

**Apfelwickler** ↑Pflanzenkrankheiten (Übers.).

**Aphasie** [gr.], zerebral bedingte Sprachstörung bei intakter Funktion der Sprechorgane (Zunge, Kehlkopf) und der Sinneswahrnehmungen (Sehen, Hören).

**Aphel,** ↑Apsiden.

**Aphorịsmus** [gr.], origineller, kurzer u. krit. Prosaausspruch.

**Aphrodisiaka** [gr.], den Geschlechtstrieb steigernde Mittel.

**Aphrodite,** in der griech. Mythol. Göttin der Schönheit u. der Liebe; Tochter des Zeus u. der Dione od. aus dem Schaum des Meeres geboren *(Anadyomene).*

**Aphthen** [gr.], [schmerzhafte] Geschwüre auf der Mundschleimhaut; Erreger: Herpesvirus. – *A.seuche,* svw. ↑Maul- u. Klauenseuche.

**Apia,** Hptst. v. Samoa, auf der Insel Upolu, 32 200 E; ⚓, ✈.

**Apis,** hl. Stier der ägypt. Religion (Kultstätte Memphis).

**APL,** Abk. für **A** **P**rogramming **L**anguage, Programmiersprache für wiss.-techn. Anwendungen.

**APO,** Abk. für **a**ußer**p**arlamentarische **O**pposition. In der BRD s. 1966 Bez. für eine Aktionsgemeinschaft, die ihre Interessen nicht von den parlamentar. Kräften vertreten sah u. diese außerhalb des Parlaments durchzusetzen versuchte; zerfiel nach 1969.

**apo..., Apo...** [gr.], Bestimmungswort; Bed.: „von – weg, von – ab, seit, nach“.

**Apogäum,** ↑Apsiden.

**Apokalypse** [gr.], Abk. Apk., Enthüllung, Offenbarung; Schrift über das Weltende, bes. die *Offenbarung des Johannes.*

**Apokalyptik, 1)** Deutung von Ereignissen im Hinblick auf ein [nahes] Weltende. **2)** Sammelbez. des Schrifttums über das Weltende.

**apokalyptische Reiter,** die vier Reiter der Apokalypse, meist als Pest, Krieg, Hunger, Tod gedeutet.

**Apokryphen** [gr.], nicht zum bibl. Kanon gerechnete jüd. oder christl. Zusatzschriften zum A. T. und N. T.

**Apollinaire** [-ˈnɛ:r], Guillaume, frz. Dichter, *1880, †1918, wichtiger Vertreter der Moderne, Anreger des Surrealismus.

**Apollo,** griech. Gott, Sohn des Zeus u. der Leto, Gott der Künste, des Lichtes (Beiname „Phoibos") u. der Weissagung (Orakel v. Delphi).

**Apollo,** Gatt. seltener Ritterfalter.

**Apollonios von Perge,** griech. Mathematiker u. Astronom, *um 262, †um 190 v. Chr.; lehrte in Alexandria; *apollon. Kreis* zur Konstruktion eines Dreiecks, wenn eine Seite u. das Verhältnis der beiden anderen gegeben sind.

**Apollo-Programm,** Raumfahrtprogramm der NASA mit dem Ziel, Astronauten auf dem Mond landen zu lassen. Mit Apollo 11 betraten am 20. 7. 1969 erstmals Menschen den Mond. Insgesamt wurden im Rahmen des A.-P. 6 bemannte Mondlandungen zw. 1969 u. 1972 durchgeführt.

**Apollo-Sojus-Mission,** im Jahre 1975 gestartetes gemeinsames Raumflugunternehmen der USA u. UdSSR, in dessen Verlauf Sojus 19 an eine Apollo-Raumkapsel ankoppelte; Durchführung gemeinsamer Experimente.

**Apologeten** [gr.], Verteidiger (bes. d. Christentums), i. e. S. die *frühchristl. A.* – Verteidigung eines Bekenntnisses, einer Anschauung oder Lehre: *Apologetik.*

**Aquädukt:** *Pont du Gard bei Nîmes (Frankreich)*

**Appenzell:** *Giebelhäuser an der Hauptstraße*

**Apologie** [gr.], Verteidigung best. Lehren (berühmt die *A. des Sokrates* von Platon).

**Apoplexie** [gr.], svw. ↑Schlaganfall.

**Apostel** [gr.], die von Jesus berufenen 12 Sendboten des Evangeliums: Simon Petrus, Andreas, Jakobus d. Ä., Johannes, Philippus, Bartholomäus, Thomas, Matthäus, Jakobus d. J., Judas Thaddäus, Simon, Judas Ischariot (später durch Matthias ersetzt), dazu Paulus; leitende u. missionierende Tätigkeit; *A.briefe,* Briefe des A.s Paulus u. a. A., an Einzelpersonen und Gemeinden; *A.geschichte* (Apg.), Gesch. der Urkirche, ihrer Missionstätigkeit u. Ausbreitung; *A.lehre,* älteste christl. Kirchenordnung.

**apostolisch, 1)** auf die Apostel zurückgehend. **2)** päpstlich.

**Apostolischer Stuhl, Hl. Stuhl,** der Bischofssitz des Papstes als Nachfolger des Apostels Petrus; die päpstl. Reg. (↑Kurie).

**Apostolisches Glaubensbekenntnis,** ältestes christl. Glaubensbekenntnis („Ich glaube an Gott den Vater ..."); nach der Legende auf die Apostel selbst zurückgehend.

**Apostroph** [gr.], Auslassungszeichen ('), kennzeichnet u. a. den Ausfall eines Lautes, einer Silbe.

**Apotheke** [gr.], von approbiertem Apotheker geleiteter Betrieb zur Herstellung u. Prüfung v. Arzneimitteln u. zu deren Abgabe gegen ärztl. Rezept od. in der Selbstmedikation.

**Apotheose** [gr.], Erhebung eines Menschen zum Gott, Verklärung, Verherrlichung.

**Appalachen,** Geb.-System im O Nordamerikas, rd. 2600 km lang, 200 bis 300 km breit; im *Mount Mitchell* 2037 m; reiche Steinkohle- u. Eisenerzvorkommen.

**appassionato** [ital.], leidenschaftl., entfesselt, stürmisch (𝄞).

**Appeasement** [əˈpi:zmənt; engl.], Beschwichtigung[spolitik].

**Appellation** [lat.], ⚖ veraltet für Berufung.

**Appendix** [lat.], **1)** Anhängsel. **2)** Anhang eines Buches. **3)** svw. Wurmfortsatz (↑Blinddarm).

**Appenzell,** schweizer. Kt. in den *A.er Alpen* (Säntis 2503 m), seit 1597 (Gegenreformation) geteilt in die Halbkantone: *A. Innerrhoden* (vorw. kath.; 173 km², 14 900 E, Hauptort *A.:* 5600 E) u. *A. Außerrhoden* (vorw. reformiert; 243 km², 53 700 E, Hauptort ist Herisau: 16 100 E); Fremdenverkehr; Milchwirtsch., Viehzucht, Textilind.

**Appetitzügler,** anregende Mittel (↑Weckamine o. Ä.) mit appetithemmender Wirkung; sollten nur kurze Zeit genommen werden.

**Applikation** [lat.], **1)** Verabreichen v. Arzneimitteln od. Anwendung v. Heilverfahren. **2)** Aufnäharbeit mit Stoffteilen u. Ä.

**apportieren** [lat.], Gegenstände od. Wild herbeibringen (v. Hund).

**Apposition** [lat.], substantiv. Attribut, steht im gleichen Fall wie das Bezugswort.

**appretieren** [frz.], Gewebe, Gewirke u. Gestricke ausrüsten, gebrauchsfertig machen (Glätte u. Glanz geben), i. w. S. die Gesamtheit aller Veredlungsarbeiten an Textilien.

**Approbation** [lat.], **1)** kirchl. Bestätigung eines Priesters, Ordens u. a. **2)** staatl. Zulassung (Bestallung) für Ärzte, Zahnärzte, Tierärzte u. Apotheker.

**Approximation** [lat.], **Näherung,** √ Näherungslösung einer unbek. Größe od. Funktion.

**Aprikose** [frz.], Untergatt. der Rosengewächse; aus Zentral- u. Ostasien, verlangt mildes Klima; wohlschmeckende Steinfrucht.

**April** [lat.], 4. Monat des Jahres.

**Apscheron,** Halbinsel an der W-Küste des Kasp. Meeres, Aserbaidschan, Erdölförderung bei Baku.

**Apsiden** [gr.], die beiden Punkte der ellipt. Bahn eines Himmelskörpers um einen anderen, für die die Entfernung zw. den Körpern am größten bzw. am kleinsten ist; bei Doppelsternbahnen *Apastron* (Sternferne) bzw. *Periastron* (Sternnähe), bei d. Erdbahn *Aphel* (Sonnenferne) bzw. *Perihel* (Sonnennähe), bei d. Mondbahn u. den Bahnen künstl. Erdsatelliten *Apogäum* (Erdferne) bzw. *Perigäum* (Erdnähe). Die Verbindungslinie zw. den A. *(A.linie)* ist gleich der gr. Achse der Bahn.

**Apsis, Exedra,** halbrunde Altarnische (Chorhaupt) d. christl. Kirche; auch polygonal.

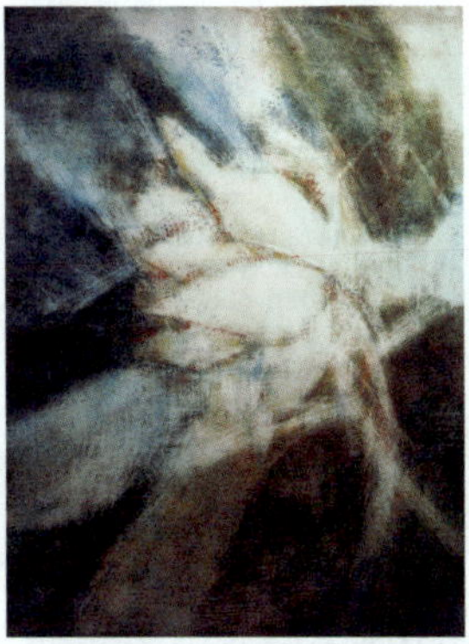

**Aquarell:** *Christian Rohlfs, „Lotosblüte" (1937)*

**APS-System,** 1996 eingeführtes Kleinbildsystem (APS, Abk. für **A**dvanced **P**hoto **S**ystem), soll in der Amateurfotografie neben das klass. 35-mm-Kleinbildformat treten; schmaleres Filmformat mit Magnetschicht zur Kennzeichnung von Filmtyp u. Empfindlichkeit sowie zur kameraeigenen Aufzeichnung von Belichtungsdaten für den Fotofinisher, im Filmpatronenmaul Speicherung weiterer Daten zur Filmverarbeitung; erlaubt die Verwendung von 3 unterschiedl. Bildformaten.

**Apuli|en,** ital. **Puglia** [ˈpuʎa], Ldsch. in SO-Italien, als Region: 19363 km², 4,1 Mill. E, Hptst. Bari. Wasserarme Hochfläche, fruchtb. Schwemmland an der NO-Küste (Wein-, Olivenbau).

**Aqua** [lat.], Wasser; *A. destillata,* destilliertes (chemisch reines) Wasser.

**Aquädukt,** röm. Wasserleitung, Kanal auf einer Pfeiler-Bogen-Reihe (u. a. Nîmes, Ruinen in Rom).

**Aquae,** röm. Bez. für Orte mit Mineralbädern (z. B. Aachen: A. Grani).

**Aquamarin,** hellblaue bis meergrüne Abart des ↑Berylls, Härte 7,5–8.

**Aquanaut** [lat.; gr.], Forscher einer Unterwasserstation, die bes. Lebens- und Umweltbedingungen in Meerestiefen erforscht.

**Aquaplaning** [engl.], Gleiten v. Kfz-Reifen auf Wasseransammlungen der Fahrbahn; tritt auf, wenn der Reifen nicht mehr in der Lage ist, genügend Wasser durch d. Profil abzuleiten, ist mit dem Verlust d. Antriebs-, Brems- u. Lenkkräfte verbunden.

**Aquarell** [ital.], mit (pflanzl. od. mineral.) Wasserfarben auf Papier oder Pergament gemaltes Bild.

**Aquarium** [lat.], Glasgefäß zur Haltung v. Wassertieren und -pfl.

**Aquarius** [lat.], das Sternbild ↑Wassermann.

**Aquatinta** [ital.], Kupferstichverfahren, das die Wirkung der Tuschzeichnung nachahmt.

**Äquator** [lat.], **1) Erd-Ä.,** größter Breitenkreis (40076,592 km), Ebene senkrecht auf der Rotationsachse der Erde. **2) Himmels-Ä.,** Projektion des Erd-Ä. auf die gedachte Himmelskugel; **3) magnet. Ä.,** Linie, die die Orte mit der Inklination null verbindet.

**Äquatorialguinea,** Rep. in W-Afrika, am Golf von Guinea, mit dem Festlandsteil Mbini u. den Inseln Bioko (früher Fernando Póo), Pagalu, Corisco, Elobey Grande u. Elobey Chico. – Seit Anfang des 20. Jh. span. Kolonie, seit 1959 Überseeprov.; 1963 innere Autonomie; 1968 unabh.; bis 1979 Diktatur, danach Reg. durch einen Obersten Militärrat; trotz der seit 1991 formal demokrat. Herrschaftsstrukturen trägt das Reg.system diktator. Züge.

**Äquatorialguinea**

| | |
|---|---|
| *Fläche:* | 28051 km² |
| *Einwohner:* | 474000 |
| *Hauptstadt:* | Malabo |
| *Amtssprache:* | Spanisch |
| *Zeitzone:* | MEZ |

**Aquavit** [lat.], mit Kümmel gewürzter Trinkbranntwein.

**Aquila, L',** ital. Prov.-Hptst. u. Hptst. der Region Abruzzen, 69600 E; Erzb.-Sitz; Univ.; Fremdenverkehr.

**Aquileja,** oberital. St., 3300 E; röm. Ruinen, Dom (11.–14. Jh.).

**Äquinoktium** [lat.], **Tagundnachtgleiche,** Zeitpunkt, an dem die Sonne auf ihrer jährl. scheinbaren Bahn, der ↑Ekliptik, den Himmelsäquator schneidet *(Frühlings- u. Herbst-Ä.).*

**Aquitani|en,** histor. Ldsch. in SW-Frankreich, heute Region, 41308 km², 2,79 Mill. E, Hptst. Bordeaux.

**Ar** [frz.], Einheitenzeichen **a**, Flächeneinheit (1 a = 100 m²).

**Ar,** ⊄ Symbol für ↑Argon.

**Ara** ↑Aras.

**Ära** [lat.], Zeitalter, Zeitabschnitt; [Amts]zeit; Zeitrechnung von einem best. Ereignis an.

**Araber,** die Bewohner der Arab. Halbinsel, i. w. S. alle, die Arabisch als Muttersprache sprechen.

**Arabeske** [ital.-frz.], **1)** islam. Ornament, aus hellenist.-röm. Motiven entwickelt; in der Renaissance als Maureske. **2)** heiteres, fantastisches Musikstück.

**Arabische Halbinsel,** in SW-Asien, etwa 3,5 Mill. km², eine sich nach O abdachende Hochscholle, im Inneren etwa 1000 m hoch, deren Ränder (Hedschas, Asir, Jemen, Hadramaut, Oman) aber noch größere Höhen erreichen u. in Steilstufen zum Küstenland abfallen. Das Binnenland wüstenhaft (Oasenwirtsch.), Küsten z. T. feuchtheiß, im SW genügend Niederschlag für den Anbau v. Kaffee, Hirse, Sesam, Mais; dünn besiedelt; Bev. auf etwa 10 Mill. (vorw. Araber) geschätzt; am Pers. Golf Erdölförderung. – Die arab. Reiche des Altertums bewahrten infolge d. Unzugänglichkeit ihres Gebiets ihre Unabhängigkeit gegen Assyrer, Babylonier, Perser u. Römer. Später in Beduinenstaaten zersplittert, durch den Islam geeint. Anf. des 16. Jh.s gerieten der N mit Mekka u. der Jemen unter osman. Herrschaft. Nach dem 1. Weltkrieg entstanden arab. Teilstaaten (teilw. zunächst unter brit. bzw. frz. Mandat od. als Protektorat).

**arabische Kunst** ↑islamische Kunst.

**Arabische Liga,** 1945 Zusammenschluss arab. Staaten (heute 21 Mitgl.) u. der PLO zu mil., wirtsch. u. polit. Zusammenarbeit; 1950 Sicherheitspakt (v. a. gg. Israel). Ägyptens Mitgliedschaft ruhte 1979–89.

**arabische Literatur,** in *vorislam.*

*Zeit* Beduinendichtung in Form der Kasside, ab 8. Jh. Diwane u. Anthologien (Kampf-, Trauer-, Liebeslieder); in *islam. Zeit* (Blüte 8.–12. Jh.) Prosaspr. im Koran ausgebildet, Reimprosa, höf. Prosa nach pers. Vorbild; Gedichte; poet. Schmähungen u. Satiren; die Märchenslg. „Tausendundeine Nacht" verbindet arab. Erzählkunst mit arab., pers. u. ind. Überlieferung. In d. Moderne überwiegt europ. Einfluss.

**arabische Musik** ↑oriental. Musik.

**Arabisches Meer,** NW-Teil des Ind. Ozeans zw. Arab. Halbinsel u. Vorderindien, durchschnittl. Tiefe 3000–4000 m.

**arabische Sprache,** semit. Sprache, verbreitet in N- u. NO-Afrika u. Vorderasien; viele Mundarten, einheitl. nur das Schriftarabisch der Lit. u. Wiss.; Schrift läuft von r. nach l., die Vokale werden z. T. unter od. über die Konsonanten oder gar nicht gesetzt.

**Arabische Wüste,** östl. Teil der Sahara in Ägypten, zw. Nil und Rotem Meer.

**arabische Ziffern,** im 13. Jh. von den Arabern nach W-Europa vermittelte, urspr. ind. Zahlensymbole von 0 bis 9.

**Arafat,** Jasir, arab. Politiker, *1929; s. 1967 Führer der ↑Fatah; s. 1969 Vors. des Exekutivkomitees der PLO, s. 1989 Präs. des internat. nicht anerkannten „Staates Palästina"; schloss 1994 mit Israel ein Autonomieabkommen für Jericho und den Gazastreifen; s. 1996 gewählter Präs. des palästinens. Autonomierats. 1994 Friedensnobelpreis mit S. Peres u. Y. Rabin.

**Aragon** [-ˈgɔ̃], Louis, frz. Schriftsteller, *1897, †1982; Lyrik, Essays und Romane; prominenter Vertreter des Surrealismus.

**Aragoni|en,** span. **Aragón,** Ldsch. in NO-Spanien, von den Pyrenäen über das Becken des mittl. Ebro zum Iber. Randgeb.; als Region: 47 650 km², 1,2 Mill. E, Hptst. Zaragoza. Meist Alfagrassteppe mit Bewässerungsoasen. – 1035 Kgr., s. 1479 im span. Gesamtreich. 1982 Autonomiestatut.

**Aralsee,** abflussloser See östlich des Kaspischen Meeres; 30 900 km², größte Tiefe etwa 10 m, 36‰ Salzgehalt, durch Wasserentnahme geschrumpft und zweigeteilt.

**Aramäer,** semit. Nomadenstämme, die im 2. Jt. v. Chr. nach Syrien und Mesopotamien vordrangen. Das *Aramäische,* ein Zweig des Semitischen, war z. Z. Christi Umgangssprache in Palästina.

**Aramide,** Gruppe v. ↑Polyamiden; u. a. zur Herst. techn. Fasern *(Aramidfasern)* verwendet.

**Aranjuez** [araŋˈxuɛθ], span. St. am oberen Tajo, 36 000 E; Sommerresidenz Philipps II.

**Aräometer** [gr.], auf dem archimed. Prinzip (↑Archimedes) beruhendes Gerät zur Bestimmung der Dichte v. Flüssigkeiten.

**Ararat,** höchster Gipfel (5137 m) der Türkei, in Ostanatolien. – *A.-Hochland:* nach dem A. T. Landungsstelle der ↑Arche Noah.

**Aras** [indian.], Gruppe der größten lebenden Papageien mit 17 Arten; M- und S-Amerika.

**Arbeit, 1)** bewusstes, zielgerichtetes Handeln des Menschen zum Zweck der Existenzsicherung wie der Befriedigung v. Einzelbedürfnissen; zugleich wesentl. Moment der Daseinserfüllung. **2)** ⚛ Formelzeichen *W*, in der Mech. Produkt aus der an einem Körper angreifenden konstanten Kraft u. dem unter ihrer Einwirkung v. ihm zurückgelegten geradlinigen Weg; SI-Einheit: ↑Joule, daneben z. B. kWh (↑Kilowattstunde), MWh (Megawattstunde). *Elektr. A.* ist zur Verschiebung einer Ladung in einem elektrostat. Feld erforderlich.

**Arbeiter,** i. w. S. jeder [körperlich od. geistig] arbeitende Mensch; i. e. S. der gegen Lohn beschäftigte, überwiegend körperl. tätige A. *(Lohn-A.)*; ↑Angestellter.

**Arbeiterbewegung,** organisierte Bestrebungen der Arbeiter zur Verbesserung ihrer Lebensbedingungen; Anf. im fr. 19. Jh. (bes. in England); Zusammenschlüsse s. 1863 (*Allg. dt. Arbeiterverein* von F. Lassalle, 1869 *Sozialdemokrat. Arbeiterpartei* mit A. Bebel u. W. Liebknecht); bald darauf erste ↑Gewerkschaften; 1864 I. Internationale in London, 1889 II. Internationale in Paris, 1919 III. Internationale in Moskau; seither z. T. strenge Teilung in Kommunisten, Sozialisten u. Sozialdemokraten.

**Arbeiter-Samariter-Bund Deutschlands e. V.,** Abk. **ASB,** Organisation der freien Wohlfahrtspflege, gegr. 1888, neu gegr. 1945, Sitz: Köln; tätig u. a. im Rettungsdienst, in sozialen Diensten, der Kinder- u. Jugendhilfe.

**Arbeiter-und-Soldaten-Räte,** von Arbeitern u. Soldaten zur Übernahme der Staatsleitung gewählte Vertretungen; in Russland 1905 u. 1917, in Dtl. während d. Novemberrevolution 1918.

**Arbeitervereine,** Bez. f. Kultur-, Sport-, Geselligkeitsvereine innerhalb der Arbeiterbewegung.

**Arbeiterwohlfahrt e. V.,** Abk. **AWO,** Spitzenverband der freien Wohlfahrtspflege, gegr. 1919, neu gegr. 1945, Sitz: Bonn; tätig auf allen Gebieten der Sozialarbeit.

**Arbeitgeber,** natürl od. jurist. Person, die Arbeitnehmer gegen Entgelt beschäftigt. – *A.verbände,* Vereinigungen der A., Vertragspartner der Arbeitnehmerverbände, mit denen sie Tarifverträge aushandeln.

**Arbeitnehmer,** abhängig Beschäftigter, dem Arbeitgeber vertraglich verpflichtet; *A.verbände* ↑Gewerkschaften (Übers.).

**Arbeitsämter,** Behörden der Arbeitsverw., dem Bund unterstellt; Aufgabe v. a. Arbeitsvermittlung und Berufsberatung.

**Arbeitsbeschaffungsmaßnahmen,** Abk. **ABM,** Maßnahmen der Bundesanstalt für Arbeit nach dem ↑Sozialgesetzbuch III zur Schaffung von Arbeitsplätzen.

**Arbeitsbewertung,** Verfahren zur Ermittlung der angemessenen Entlohnung; ↑auch REFA.

**Arbeitsdienst,** freiwillig oder aufgrund gesetzl. Zwanges geleistete körperl. Arbeit ohne ein den übl. Lohnbedingungen entspr. Entgelt. Freiwill. A. z. Z. der Massenarbeitslosigkeit (nach 1930) in Dtl., versch. europ. Staaten u. in den USA; im nat.-soz. Dtl. zwangsweiser Reichs-A. (RAD) für männl. u. weibl. Jugendliche s. 1935.

**Arbeitsdirektor,** Mitgl. des zur gesetzl. Vertretung berufenen Organs in Gesellschaften, für die das Mitbestimmungsgesetz gilt.

**Arbeitserlaubnis,** bes. Erlaubnis der B.-Anstalt für Arbeit, die ausländ. Arbeitnehmer für eine Arbeitsaufnahme in der BRD benötigen (mit Ausnahme v. Angehörigen der EG-Staaten u. heimatlosen Ausländern).

**Arbeitsförderungsgesetz,** Abk. **AFG,** Ges. v. 1969, regelte die Aufgaben u. Leistungen der Bundesanstalt für Arbeit. Seit 1998 ist das Sozialgesetzbuch III Rechtsgrundlage der Arbeitsförderung.

**Arbeitsfrieden,** konfliktloser Zustand, den das kollektive Arbeitsrecht in zahlr. Fällen gebietet. Eine *Friedenspflicht* herrscht für die Tarifvertragsparteien während der Laufzeit von Tarifverträgen.

**Arbeitsgerichte** ↑Gerichte (Übers.).

**Arbeitskosten** ↑Lohnkosten.

**Arbeitslosengeld** ↑Arbeitslosenversicherung.

**Arbeitslosenhilfe,** aus Steuermitteln finanziertes, beitragsfreies System zur Unterstützung Arbeitsloser, die den Anspruch auf Arbeitslosengeld erschöpft haben; wird zeitl. unbegrenzt gewährt; Leistungsempfänger ohne

Kind erhalten 53 %, mit einem Kind 57 % d. früheren Nettolohns.

**Arbeitslosenquote,** Zahl der registrierten Arbeitslosen in Prozent der Anzahl der zivilen Erwerbspersonen (abhängige Erwerbstätige [ohne Soldaten], Selbstständige sowie registrierte Arbeitslose).

**Arbeitslosenversicherung,** gesetzl. geregelte Pflichtversicherung für alle Arbeitnehmer zur Erhaltung bzw. Schaffung von Arbeitsplätzen sowie zur Finanzierung von Arbeitslosen-, Insolvenz-, Kurzarbeiter-, Schlechtwettergeld, Arbeitslosenhilfe u. a. m.; d. Arbeitslose muss in den letzten 3 Jahren vor der Arbeitslosmeldung mind. 12 Monate beitragspflicht. beschäftigt gewesen sein, um einen Anspruch auf *Arbeitslosengeld* zu erwerben; die Bezugsdauer beträgt je nach Länge der beitragspflichtigen vorhergehenden Beschäftigung u. Lebensalter 6–32 Monate. Beiträge zur A. zahlen Arbeitgeber und Arbeitnehmer je zur Hälfte.

**Arbeitsmarkt,** abstrakte Zusammenfassung von Angebot u. Nachfrage bei Arbeitsleistungen.

**Arbeitsmedizin,** Fachgebiet der Med., das u. a. die Einwirkungen der versch. Arbeitsprozesse auf d. menschl. Körper untersucht.

**Arbeitsrecht,** Zweig der Rechtswiss., betrifft die vertragsmäßige abhängige Arbeit; A. ist auch Schutzrecht, seine Ergänzung das Sozialrecht.

**Arbeitsschutz,** gesetzl. Schutz der Arbeitnehmer: 1. allg. Betriebsschutz u. Unfallverhütung, 2. Arbeitszeitschutz, 3. Kündigungsschutz, 4. Lohnschutz; Sonder- und Zusatzbestimmungen für Frauen, Jugendliche, Heimarbeiter und Schwerbehinderte.

**Arbeitsspeicher,** ▣ Speicher in der Zentraleinheit eines Computers, der Programme, Daten, Zwischenergebnisse aufnimmt.

**Arbeitsstudi|en,** Studien für rationellen Arbeitsablauf u. sachgemäßen Aufbau einer Arbeitsbewertung; ↑REFA.

**Arbeitstherapie,** therapeut. Verfahren, das Arbeit einsetzt od. Einzelleistungen trainiert, um die Arbeitsfähigkeit wieder herzustellen.

**Arbeitsvertrag,** vertragl. Vereinbarung zw. Arbeitgeber u. -nehmer; u. a. an Gesetze u. Tarifverträge gebunden.

**Arbeitsverweigerung,** Unterlassung der Arbeitsleistung seitens des Arbeitnehmers; zuläss., wenn d. Arbeitnehmer unter unzumutbaren Bedingungen (z. B. Missachtung von Arbeitsschutzvorschriften) arbeiten soll.

**Archivolte**

**Arbeitszeit,** Zeit, in der ein Arbeitnehmer für den Arbeitgeber arbeitet (ohne Ruhepausen). Grundsätzl. geregelt im A.-Ges. v. 1994. Flexibilisierung zur Anpassung an Auftragsschwankungen wird angestrebt.

**Arbeitszeitkonto,** betriebl. Konto d. Arbeitnehmers zur Dokumentation der über die vertragl. Arbeitszeit hinaus geleisteten Zeit, um einen späteren [bezahlten] Freizeitausgleich zu schaffen.

**Arber,** Werner, schweizer. Mikrobiologe, *1929; Arbeiten v. a. zur Molekulargenetik; erhielt für Entdeckungen in der Enzymforschung 1978 den Nobelpreis f. Physiol. od. Medizin (mit D. Nathans u. H. O. Smith).

**Arbitrage** [-ˈtraːʒə; frz.], Ausnutzung von Preis-, Zins- u. Kursunterschieden zw. versch. Börsenplätzen.

**arc,** Zeichen für Arkus (↑Bogenmaß).

**Archaikum** ↑Geologie (Übers.).

**Archaismus** [gr.], Rückgriff auf veraltete Wörter, Sprachformen od. Stilmittel.

**Archangelsk,** Hptst. des Gebietes A. in N-Russland, an der Nördl. Dwina, 366 200 E; Univ.; Hafen (6 Monate im J. eisfrei), Werften, bed. Holzind. u. -ausfuhr.

**Archäologie** [gr.], Altertumskunde; Ausgrabung und Erforschung v. Funden; bes. d. von Winckelmann begr. Wiss. von den Kunstdenkmälern des Altertums; v. a. *klass.* (gr.-röm.), *frühchristl.*, *orient.*, *bibl.*, *präkolumb.*, auch *vor- u. frühgeschichtl. Archäologie.*

**Archäopteryx** [gr.], taubengroßer Urvogel mit Reptilien- u. Vogelmerkmalen; 1861 in Solnhofener Plattenkalken gefunden.

**Arche** [lat.], Schiff, in dem ↑Noah mit seiner Familie u. einem Paar v. jeder Tierart vor der Sintflut gerettet wurde.

**Archetyp** [gr.], Urbild; in der Psychol. C. G. ↑Jungs: angeborenes Leitbild menschl. Erfahrung im „kollektiven Unbewussten".

**Archimedes,** griech. Mechaniker u. Mathematiker, *um 287, †212 v. Chr.; entdeckte math. u. physikal. Ges., berechnete $\pi$, Kreisfläche u. -umfang, Kegelschnitte, Quadratwurzeln, kub. Gleichungen; konstruierte den Flaschenzug, die *archimed. Schraube* zur Wasserförderung u. a.; von ihm stammt das archimed. Prinzip (↑Auftrieb).

**Archipel** [gr.], allg. Bez. für Inselgruppe.

**Archipelagos,** Inselwelt im Ägäischen Meer.

**Archipoeta,** fahrender Sänger, *zw. 1130 u. 1140 in Dtl.; dichtete lat. Vagantenlieder.

**Architekt** [gr.], Baufachmann; wichtigster dt. A.verein: *Bund Dt. A.* (BDA), gegr. 1903, neu gegr. 1948.

**Architektur,** svw. ↑Baukunst.

**Architrav** [ital.], **Epistyl,** unmittelbar auf den Säulen ruhender Querbalken.

**Archiv** [gr.], [geordnete] Slg. von Urkunden, Akten usw.; Raum für deren Aufbewahrung.

**Archivar,** wiss. Verwalter eines Archivs.

**Archivolte** [ital.], sichtb. Teil eines Bogens an Portalen.

**Archonten** [gr.], im antiken Athen die 9 obersten republikan. Beamten.

**Arco,** Georg Graf von, dt. Physiker, *1869, †1940; Pionier der Funktechnik.

**ARD,** Abk. für: **A**rbeitsgemeinschaft der öff.-rechtl. **R**undfunkanstalten der BR **D**eutschland; Mitgl.: Bayer., Hess., Mitteldt., Norddt., Saarländ., Westdt. Rundfunk, Ostdt. Rundfunk Bbg., Radio Bremen, Sender Freies Berlin, Südwestrundfunk.

**Ardenne,** Manfred Frhr. von, dt. Physiker, *1907, †1997; zahlr.

**M. von Ardenne**

Entw. zur Elektronik, Funk- u. Fernsehtechnik, Elektronenmikroskopie, Krebstherapie u. a.

**Ardennen,** frz. **Ardennes** [arˈdɛn], westl. Forts. des Rhein. Schiefergeb. in Luxemburg, Belgien u. O-Frkr.; waldreiche, wellige Hochfläche, Hochmoore; Steinbrüche, Zement-, Textilind., Weidewirtsch.; Fremdenverkehr.

**Areal** [lat.], **1)** Bodenfläche. **2)** Verbreitungsgebiet einer Tier- oder Pflanzenart.

**Arelat, Arelatisches Reich,** Kgr. in SO-Frkr., Hptst. Arles; ↑Burgund, Geschichte.

**Arena** [lat.], im Altertum ein sandbestreuter Kampfplatz in Amphitheater u. Zirkus; Sportplatz; auch svw. Manege.

**Arendal,** norweg. St. am Skagerrak, Hptst. v. Aust-Agder, 39 400 E; Elektroind. und Holz verarbeitende Ind.; ⚓.

**Arendt,** Hannah, amer. Soziologin dt. Herkunft, *1906, †1975; „Elemente u. Ursprünge totaler Herrschaft“ (1951), „Eichmann in Jerusalem“ (1963).

**Areopag** [gr.], höchster Gerichtshof im antiken Athen.

**Arequipa** [areˈkipa], peruan. St. in den Anden, 620 000 E; 2 Univ.

**Ares,** griech. Gott des Krieges; Sohn des Zeus und der Hera.

**Arezzo,** ital. Prov.-Hptst., Toskana, 91 300 E; histor. Bauten, got. Dom, roman. Kirche; Weinbau, Textilindustrie.

**Argenteuil** [arʒãˈtœj], frz. St. nw. von Paris, 96 000 E.

**Argentinien**

*Fläche:* 2 780 400 km²

*Einwohner:* 37,0 Mill.

*Hauptstadt:* Buenos Aires

*Amtssprache:* Spanisch

*Zeitzone:* MEZ – 4 Stunden

**Argentinien,** Rep. in Südamerika, erstreckt sich nach S rd. 3 700 km bis nach Feuerland. Im W Hochgeb. (Anden), östl. zahlr. Vorgebirge, dann Steppenebene der Pampas; im N Gran Chaco. Größte Ströme Paraná u. Uruguay. Bev. überwiegend europ. Abstammung. 51 % der Gesamtfläche Wiesen u. Weiden, 10 % Ackerland, 21 % Wald; Viehzucht, bes. Rinder, Schafe, Pferde; Ackerbau (zugunsten der Ind. zurückgegangen): Weizen, Mais; bed. Bodenschätze (Erdöl, -gas); Nahrungsmittelind. (Gefrierfleisch, Zucker), Textil- u. Kfz-Ind. – *Gesch.:* 1516 La-Plata-Mündung entdeckt (de Solís); 1776 span. Vizekgr.; 1816 Unabhängigkeitserklärung, Bürgerkrieg; ab 1855 Masseneinwanderung aus Europa; 1880 Bundesstaat; 1930–43 Konservative an der Macht; 1943–46 Militärdiktatur, danach autoritäre Reg. unter Präs. J. D. Perón (soziale u. wirtsch. Reformen), 1955 gestürzt, wechselnde Zivil- u. Militärreg.en; 1973–76 Zivilreg.en (Perón); der Militärdiktatur (1976–82) folgte die Rückkehr zur Demokratie; Niederlage im Krieg um die Falklandinseln (1982); Programme der Reg. (bes. ab 2002) sollen schwere Wirtschafts- u. Finanzkrisen (seit 1995) überwinden.

**Argentum** [lat.], das ↑Silber.

**Arglist,** Anwendung unlauterer Mittel im Rechtsverkehr, ↑Täuschung.

**Argolis,** histor. griech. Ldsch., jetzt Verw.-Gebiet im NO der Peloponnes, Hptst. Navplion.

**Argon** [gr.], Symbol **Ar,** chem. El., OZ 18, rel. A.-Masse 39,948, ↑Edelgas; Dichte $1{,}7837 \cdot 10^{-3}\,g/cm^3$, Fp. −189,2 °C, Sp. −185,7 °C; Vorkommen: Erdatmosphäre.

**Argonauten,** in der griech. Mythol. der Held Jason u. seine Begleiter, die auf dem Schiff Argo nach Kolchis fahren, um das Goldene Vlies zu gewinnen.

**Argonnen,** Bergland im östl. Pariser Becken, Frkr., zw. Aisne u. Aire.

**Argument** [lat.], **1)** Beweis, Begründung. **2)** √ unabh. Veränderliche einer ↑Funktion.

**Argus,** der hundertäugige Wächter der ↑Io; daher: *A.augen,* scharfe, wachsame Augen.

**Århus** [ˈɔrhus], fr. **Aarhus,** dänische Provinz-Hptst. am Kattegat, 274 000 E; Univ., Domkirche (13. bis 15. Jh.); Ind.; ⚓, ✈.

**Ariadne,** in der gr. Mythol. Tochter des Kg. Minos v. Kreta, hilft Theseus aus dem Labyrinth.

**Ariane,** von der ESA zw. 1973 u. 1981 entwickelte europ. Trägerrakete (im Einsatz z. B. seit 1997 eine A.-5) zum Start v. Kommunikations-, Navigations- u. Wettersatelliten.

**Arianismus,** von *Arius* (Presbyter in Alexandria, 4. Jh.) ausgehende Lehre: Christus war Mensch und ist erst durch seine Erlösungstat zur Gottheit erhoben worden; verurteilt auf dem Konzil von Nizäa (325).

Aristoteles

**Arias Sánchez** [-s], Oscar, costarican. Politiker, *1941. 1986 bis 1990 Staatspräs.; 1987 Friedensnobelpreis.

**Ariel, 1)** im Judentum ein Engel. **2)** Luftgeist. **3)** ein Mond des Uranus.

**Arier** [sanskr.], **1)** Angehörige frühgeschichtl. Völker mit idgm. Spr. in Indien u. Iran; i. w. S. Indogermanen. **2)** in der nat.-soz. Rassenpol. fälschl. für Menschen „dt. u. artverwandten“ Blutes.

**Ariosto,** Ludovico, ital. Dichter, *1474, †1533; Epos „Der rasende Roland“.

**Ariovist,** Swebenfürst, †vor 54 v. Chr; ging um 71 v. Chr. über den Rhein nach Gallien, 61 v. Chr. Sieg über die Häduer, 58 v. Chr. Niederlage durch Caesar.

**Aristarchos von Samos,** griech. Astronom, *um 310, †um 230 v. Chr.; vertrat als Erster das heliozentr. Weltbild; entwickelte die erste genaue Methode zur Bestimmung kosm. Entfernungen.

**Aristokratie** [gr.], Staatsform, Herrschaft des Adels; Ggs. zu Monarchie u. Demokratie.

**Aristophanes,** bedeutendster griech. Dichter der att. Komödie, *um 445, †um 385 v. Chr; etwa 40 Stücke, 11 erhalten, u. a. „Die Wolken“, „Lysistrate“, „Die Frösche“.

**Aristoteles,** griech. Philosoph aus Stagira, *384 v. Chr., †322 v. Chr; Schüler Platons, Erzieher Alexanders d. Gr.; begr. um 335 die peripatet. Schule in Athen; sein universales wiss. Werk (z. B. Staatslehre, Entw. der formalen

Logik) ist Grundlage für die ges. abendländ. Philos., Norm für die ma. Scholastik; Werke: „Organon", „Physik", „Metaphysik", „Poetik", „Nikomach. Ethik", „Politik", „Rhetorik".

**Arithmetik** [gr.], Gebiet der Math., das sich mit Zahlen, Variablen u. ihren Rechenregeln befasst; zur A. gehören auch Kombinatorik, Wahrscheinlichkeitsrechnung, Reihen- u. Zahlentheorie.

**arithmetische Reihe,** √ ↑Reihe.

**arithmetisches Mittel,** Quotient aus dem Zahlenwert einer Summe u. der Anzahl der Summanden, $\bar{x} = \frac{1}{n}(x_1 + x_2 \ldots + x_n)$.

**Arizona,** Abk. Ariz., Staat im SW der USA, 295 276 km², 4,7 Mill. E (etwa 100 000 Indianer in Reservationen), Hptst. Phoenix; Bewässerungsfeldbau; Vorkommen von Kupfer, Gold, Uran.

**Arkadilen,** griech. Berg- u. Hochland der Peloponnes; im Altertum Hirtenland; in der Dichtung das Land der Glückseligkeit.

**Arkansas,** Abk. Ark., Staat der USA, 137 742 km², 2,54 Mill. E, Hptst. Little Rock; stark bewaldet, Anbau von Baumwolle, Reis, Weizen; reiche Bauxitlager, Erdöl; Holz verarb. Industrie.

**Arkansas River,** r. Nbfl. des Mississippi, 2 333 km.

**Arktis** [gr.], um den N-Pol liegende Länder und Meere (Nordpolargebiet); begrenzt durch d. 10 °C-Juli-Isotherme, etwa 26,4 Mill. km² (30 % Festland). Den Zentralteil bildet das Nordpolarmeer (rd. 14 Mill. km²) mit Tiefen bis etwa 5 000 m. Meeresoberfläche fast das ganze Jahr mit Eis bedeckt; Boden des Festlandes nur im Sommer oberflächlich auftauend; geringe Besiedlung (Jäger und Ren-Nomaden): Nordeuropa: Lappen; N-Asien: Nenzen, Chanten, Ewenken, Jakuten, Tschuktschen; N-Amerika und Grönland: Eskimo. Meist Tundren, auch Zwergstrauchheiden und Matten mit niedrigen Blütenpflanzen; Moschusochsen, Rene, Eisfüchse u. -bären, Schneehasen, Wale, Walrosse, Alke, Insekten.

**Arkus** [lat.], ↑Bogenmaß.

**Arlberg,** Alpenpass in 1 793 m Höhe zw. Tirol u. Vorarlberg, mit *A.straße;* s. 1978 auch Straßentunnel (14 km lang) in 1 200 m Höhe; *A.bahn* mit 10,3 km langem *A.tunnel.*

**Arles** [arl], frz. St. am Rhonedelta, 57 000 E; roman. Kathedrale, röm. Amphitheater; Weinbau; *Kanal v. A.* (47 km) zum Mittelmeer.

**Armada** [span.], [mächtige] Flotte, bes. die von Philipp II. 1588 gg. England gesandte Flotte; von der engl. Flotte unter ↑Drake u. a. zerstreut, vom Sturm vernichtet; Ende der span. Seegeltung.

**Armagnac** [-'ɲak], südfrz. Ldsch., Hauptort Auch; Weinbau.

**Armaturen** [lat.], Bedien-, Schalt- u./oder Messvorrichtungen an techn. Anlagen. – *A.enbrett,* Leiste mit Mess- u. Kontrollinstrumenten.

**Ärmelkanal** ↑Kanal, Der.

**Armenbibel** ↑Biblia pauperum.

**Armenilen, 1)** Landschaft in Vorderasien zw. dem anatol. und dem iran. Hochland; politisch aufgeteilt zw. der Rep. A., Türkei, Iran u. Aserbaidschan. – Im 9. Jh. v. Chr. Entstehung des Reiches Urartu, im 6. Jh. v. Chr. erstmalige Erwähnung der Armenier in einer Inschrift; um 190 v. Chr. zwei armen. Kgr., 95 v. Chr. vereinigt, später unter röm., dann pers. Oberhoheit; um 301 Christianisierung; 7.–9. Jh. unter arab. Herrschaft; im 11. Jh. seldschuk., im 13. Jh. mongolische Eroberung; 1472 Hauptteil an Persien, 1514/1639 an die Türkei. Zw. 1813/28 und 1878 fiel Ost-A. an Russland. Im Osman. Reich Armenierverfolgungen (Pogrome 1894–96, 1909; Deportation und Genozid 1915/16). 1918 Gründung der nat. Rep. A. **2)** Rep. in Vorderasien (Transkaukasien), zw. Georgien, Aserbaidschan, Iran u. der Türkei, Bev. vorw. Armenier. – Landwirtschaft, Kupferbergbau. – 1918–20 unabhängige Rep.; 1920 Errichtung der Sowjetmacht (in der UdSSR 1922–36 zus. mit Aserbaidschan u. Georgien Teil der Transkaukas. Föderation, 1936 bis 1991 Armen. SSR); Forderungen nach Anschluss ↑Bergkarabachs führten zum Konflikt mit Aserbaidschan. 1991 Unabhängigkeitserklärung; Mitgl. der GUS.

**Armenien**

*Fläche:* 29 800 km²

*Einwohner:* 3,7 Mill.

*Hauptstadt:* Jerewan

*Amtssprache:* Armenisch

*Zeitzone:* MEZ + 3 Stunden

**armenische Kirche,** erste christl. Nat.-Kirche im Orient (↑orientalische Kirchen).

**Arminianer,** Anhänger des Jacobus Arminius (eigtl. Jakob Harmenszoon, * 1560, † 1609; Prof. in Leiden, Gegner d. kalvinist. Prädestinationslehre); seine Lehre wurde von der Dordrechter Synode verdammt; seit 1625 wurden die A. wieder geduldet.

**Arminius,** verdeutscht **Hermann,** Cheruskerfürst, * zw. 18 u. 16 v. Chr., † um 21 n. Chr. (ermordet); besiegte 9 n. Chr. die Römer unter Varus im Teutoburger Wald (nach neueren archäolog. Ausgrabungen lag der Schlachtort in der Kalkrieser Senke bei Osnabrück). – Hermannsdenkmal bei Detmold.

**L. Armstrong**

**Armstrong** ['ɑːm-], **1)** Louis „Satchmo", amer. Jazztrompeter, * 1900, † 1971; **2)** Neil A., amer. Astronaut (Gemini 8, Apollo 11), * 1930; betrat als erster Mensch am 20. 7. 1969 den Mond.

**Arndt,** Ernst Moritz, dt. Dichter, Publizist u. Politiker, * 1769, † 1860; polit. Schriften, Lieder.

**Arnheim,** niederl. **Arnhem,** Hptst. der niederl. Prov. Geldern, am Neder-Rijn, 133 000 E; ⚓, Textil-, Metallindustrie.

**Arnika,** Heilpfl. (Korbblütler), geschützt; gelb blühend.

**Arnim, 1)** Achim von, eigtl. Ludwig Joachim v. A., * 1781, † 1831, dt. Dichter der Romantik; mit C. ↑Brentano Hg. der Volksliederslg. „Des Knaben Wunderhorn"; Dramen, Erzählungen. **2)** Bettina von, * 1785, † 1859, Gattin v. 1), Schwester von C. ↑Brentano; „Goethes Briefwechsel mit einem Kinde".

**Arno,** ital. Zufluss zum Ligur. Meer, 241 km.

**Arnold,** Karl, dt. Politiker, *1901, †1958; seit 1920 aktiv in der christl. Arbeiterbewegung, 1945 Mitbegr. der CDU, 1947–56 Min.-Präs. v. NRW.

**Arnsberg,** Hptst. des Reg.-Bez. A., NRW, an der oberen Ruhr, 79 000 E; LG, IHK.

**Arnstadt,** St. in Thür., 25 900 E; Masch.-, Möbel-, Kristallglasind.; Bachgedenkstätte.

**Arnulf,** *Hl. Röm. Reich:* **1) A. von Kärnten,** *um 850, †899, ostfränk. Kg. seit 887, Ks. seit 896. – *Metz:* **2) A.,** *um 580, †641, hl., Bischof von Metz, Ahnherr der *Arnulfinger,* bed. Einfluss auf die fränk. Politik.

**Aroma** [gr.], **1)** Wohlgeruch und -geschmack. **2)** Geschmacksstoff für Lebensmittel.

**aromatische Verbindungen,** cycl. organ. Verbindungen, die sich v. Benzol od. dessen Homologen ableiten.

**Aronstabgewächse:** *Fruchtstand (links) und Pflanze (rechts) des Gefleckten Aronstabes*

**Aronstabgewächse,** oft epiphyt. Lianen od. großblättr. Rosettenpfl., meist in trop. Wäldern; in Dtl. *Drachenwurz* in Mooren, *Aronstab* in Laubwäldern; Zimmerpfl.: ↑Philodendron, ↑Kalla.

**Arosa,** Höhenluftkur- u. Wintersportort in Graubünden, Schweiz, um 1 800 m ü. d. M., 3 800 E.

**Arp,** Hans, dt. Bildhauer, Maler u. Dichter, *1887, †1966; einer der Begr. des Dadaismus u. des Surrealismus.

**Arpad,** ungar. Großfürst, †um 907; Begr. der Dyn. der *Arpaden* (um 890 bis 1301).

**arpeggio** [-ddʒo; ital. v. arpa „Harfe"], Spielart für Akkorde auf Tasten-, Streich- und Zupfinstrumenten, bei der die Töne harfenartig nacheinander erklingen.

**Arrangement** [arãʒ'mã; frz.], **1)** Anordnung, Übereinkommen. **2)** Bearb. eines Musikstücks für nicht in der Originalpartitur vorgeschriebene Instrumente.

**Arras,** Hptst. des nordfrz. Dep. Pas-de-Calais u. der Ldsch. Artois, 42 000 E; Kathedr.; alte, berühmte Wandteppichwirkerei, Industrie.

**Arrau,** Claudio, chilen. Pianist, *1904, †1991.

**Array** [ə'reı; engl.], **1)** Zusammenfassung ein- od. mehrdimensional angeordneter Daten gleichen Typs. **2)** matrixförmige Anordnung elektron. Bauelemente. **3)** ☼ Anordnung mehr. verschiebbarer Radioteleskope.

**Array-Prozessor** [ə'reı-], Feldrechner mit parallelen Rechenwerken z. B. zur Lösung v. Matrizenoperationen.

**Arrest** [mlat.], **1)** Freiheitsentziehung, als ↑Jugend-A. od. im Wehrstrafrecht. **2)** Beschlagnahme; Mittel zur Sicherung der Zwangsvollstreckung in das bewegl. od. unbewegl. Vermögen (Zivilprozess); im Konkursverfahren u. Steuerrecht bes. Regelung.

**Arrhenius,** Svante, schwed. Chemiker u. Physiker, *1859, †1927; begr. die Theorie der elektrolyt. Dissoziation, Nobelpreis für Chemie 1903.

**Ar-Rijad** ↑Riad.

**Arroganz** [lat.], Anmaßung, Eigendünkel.

**Arrondissement** [arõdis'mã; frz.], in Frkr. Teil eines Dép.; auch Stadtbezirk.

**Arsen** [gr.], Symbol **As,** chem. El., OZ 33, rel. A.-Masse 74,9216, tritt in mehr. Modifikationen auf, beständigste Form ist die kristallisierte (metall. graues A.), daneben nichtmetall. gelbes, unbeständ. A.; Dichte des grauen A. 5,73 g/cm³, Fp. 817 °C (bei 2,8 MPa); bei gewöhnl. Druck sublimiert A. bei 613 °C; verbindet sich mit vielen El. bei Erwärmen, wird durch stark oxidierende Säuren zu A.säure. A. kommt in der Natur gediegen sowie v. a. in Form von A.erzen u. -salzen vor. Die wichtigste Verbdg. ist das *Arsentrioxid (Arsenik),* $As_2O_3$, das beim Abrösten von A.erzen erhalten wird (wie alle A.verbdg. sehr giftig), Zwischenprodukt für zahlr. weitere Arsenverbindungen.

**Arsenal** [arab.], Zeughaus, Geräte-, Waffenlager.

**Art, Spezies, Species,** natürl. gegebene ↑Kategorie der Pfl.- und Tiersystematik, besteht aus Individuen, die in allen wesentl. Merkmalen übereinstimmen und zur Fortpflanzungsgemeinschaft befähigt sind; Unterarten (geograph. u. ökol. Rassen), Lokalformen u. a.

**Artaxerxes,** *Persien:* **1) A. I.,** Kg. 465 bis 425/424 v. Chr.; schloss 448 den „Kalliasfrieden" mit Athen. **2) A. II.,** Kg. 405/404 bis 359/358 v. Chr.; schlug 401 seinen aufständ. Bruder Kyros d. J., Machtausdehnung über Kleinasien u. Griechenland.

**Art déco** [a:r de'ko:; frz.], Kurzbez. für frz. art décoratif, Bez. für eine Stilrichtung in der Kunst (v. a. Kunsthandwerk) zw. 1920 u. 1930. Charakt. Gestaltungsmittel sind geometr. Formen. Stilgeschichtl. stehen die Werke in der Nachfolge des Jugendstils.

**Artefakt** [lat.], Kunsterzeugnis; von Menschenhand bearb. Gegenstände (Vor-, Frühgeschichte).

**Artemis,** griech. Göttin der Jagd; Tochter des Zeus u. der Leto, Zwillingsschwester Apolls.

**Artemisia** [gr.], **Beifuß,** Gatt. d. Korbblütler, teils Gewürz- u. Heilpfl., bes. *Echter Wermut.*

**Artenschutz,** der durch versch., v. a. behördliche Maßnahmen angestrebte Schutz von vom Aussterben bedrohten Tier- u. Pflanzenarten; Handhabe bieten d. *Washingtoner A.abkommen* v. 1973 bzw. d. *Bundes-A.-VO.*

**Artenvielfalt,** ↑Biodiversität.

**Arteri|en** [gr.], **Schlagadern,** Adern, die Blut vom Herzen zu Organen u. Geweben führen.

**Arteri|enverkalkung, Arteriosklerose,** häufigste krankhafte Veränderung der Arterien (Einlagerung v. Cholesterol, Fettsäuren u. Kalk) an der innersten Schicht der Blutgefäßwand.

**Arteriolen,** kleinste, in Haargefäße übergehende Arterien.

**Arteriosklerose,** svw. ↑Arterienverkalkung.

**artesischer Brunnen** [frz.; dt.], durch natürl. (artes.) Druck des Grundwassers fließender Brunnen.

**Arthritis,** Gelenkentzündung.

**Arthrose** [gr.], degenerat. nicht entzündl. Gelenkerkrankung.

**Artikel** [lat.], **1)** Geschlechtswort;

*best. A.:* der, die, das; *unbest. A.:* ein, eine. **2)** Abschnitt eines Vertr., Gesetzes usw. **3)** Zeitungsbeitrag. **4) Glaubensartikel,** Abschnitt im ↑Glaubensbekenntnis.

**Artikulation** [lat.], gegliederte Aussprache, Lautbildung.

**Artillerie,** mit Geschützen od. Raketen ausgerüstete Truppe.

**Artischocke** [ital.], bis 2 m hoher, mediterraner, nur in Kultur bekannter Korbblütler; fleischiger Blütenboden als Feingemüse.

**Artois** [arˈtwa], fruchtbare Ldsch. in N-Frkr., ehem. Gft., Hauptort Arras.

**Artus,** sagenhafter walis. Kg., der mit den Rittern seiner Tafelrunde (Lanzelot, Erec, ↑Parzival u. a.) in vielen ma. literar. Denkmälern auftritt.

**Aruba,** Insel vor der N-Küste Südamerikas; überseeisches Gebiet der Niederlande; 193 km$^2$, 93 000 E; Hptst. u. Freihafen: Oranjestad. Erdölraffinerie, Fremdenverkehr.

**Arzneimittel, Medikamente** [lat.], **Pharmaka** [gr.], Stoffe zur Verhütung, Linderung u. Beseitigung v. Krankheiten, Beschwerden od. Körperschäden. Der Verkehr mit A. ist gesetzl. geregelt. A. sind Stoffe chem., pflanzl. od. tier. Ursprungs, die körperl. Funktionen beeinflussen, v. menschl. od. tier. Organismus erzeugte Wirkstoffe ersetzen od. Krankheitserreger u. Ä. unschädl. machen.

**Arzt** [gr.], Berufsbez. für Männer od. Frauen *(Ärztinnen),* die nach einer wiss. Ausbildung den Heilberuf ausüben u. zum Führen dieser Bez. aufgrund der Approbation berechtigt sind.

**As, 1)** ⚗ Symbol für ↑Arsen; **2)** alte röm. Gewichts- u. Münzeinheit. **3)** Einheitenzeichen für ↑**A**mpere**s**ekunden.

**ASA,** Abk. f.: **A**merican **S**tandards **A**ssociation; Einheit für die Lichtempfindlichkeit fotograf. Materials.

**Asad, Assad, 1)** Baschar **al-A.**, syr. Politiker, *1965, Sohn v. 2); wurde 2000 Präsident. **2)** Hafis **al-A.**, syr. Gen. u. Politiker, *1928, †2000; 1970/71 Min.-Präs., seit 1971 Staatspräsident.

**Asam,** Cosmas Damian, dt. Maler, *1686, †1739; tätig mit seinem Bruder Egid Quirin A. (*1692, †1750), Bildhauer und Baumeister; Spätbarock.

**Asbest** [gr.], mineral. Faser aus Hornblende od. Serpentin; biegsam, widerstandsfähig gg. Hitze und schwache Säuren; früher bes. für feuerfeste Gewebe. A. ist Krebs erregend, Verwendung intern. seit Beginn der 80er-Jahre stark eingeschränkt, in Dtl seit 1993 verboten.

**Asbestose, Asbeststaublunge,** bösartige Staubinhalationskrankheit durch jahrelanges Einatmen asbestfaserhaltiger Stäube; äußert sich in Atemfunktionsstörungen, Anfälligkeit f. Bronchialkrebs; Berufskrankheit.

**Ascension** [əˈsenʃən], brit. Vulkaninsel im S-Atlantik, 88 km$^2$, 1 040 E; Kabelstation.

**Aschaffenburg,** bayr. Krst. in Unterfranken, 69 000 E; LG, IHK; Stiftskirche, Renaissanceschloss (Wiederaufbau n. 1945), Museum; Textil-, Papierind.; Mainhafen.

**Aschanti,** Volk im zentralen S-Ghana, etwa 3,15 Mill. A.; Hackbauern; im 18./19. Jh. bed. Reich; Gold-, Gelbguss- u. a. künstler. Arbeiten.

**Aschchabad,** turkmen. **Ašgabad,** Hptst. von Turkmenistan, 517 000 E; Univ., vielseitige Ind.; ⚔. – Durch ein Erdbeben 1948 schwer zerstört.

**Aschermittwoch,** der Tag nach Fastnacht; Beginn der Fastenzeit.

**Aschersleben,** Krst. in Sa.-An., 27 100 E; Maschinenbau; alte Stadtbefestigung.

**Aschkenasim,** hebr. Bez. für die Juden in M- u. O-Europa im Unterschied zu den ↑Sephardim, von denen sie sich durch Umgangsspr. (Jiddisch), Gebetsritus u. andere Aussprache d. Hebr. unterscheiden.

**Aschoka,** ind. Herrscher (s. 273 od. 269/268 v. Chr.) aus der Dyn. der Maurya, †232 v. Chr.; errichtete das erste ind. Großreich.

**Artischocke** *(blühend)*

**Aschram** [sanskr.], Einsiedelei eines ind. Asketen.

**Äschylus, Aischylos,** griech. Tragiker, *525/24, †456/55 v. Chr; schuf das att. Drama; „theol." Deutung u. metaphys. Durchdringung der Handlung; von etwa 90 Dramen sind 7 erhalten, u. a. „Perser", die Trilogie „Orestie".

**ASCII,** Abk. für **A**merican **S**tandard **C**ode for **I**nformation **I**nterchange, 💻 eine aus 7 Bits bestehende Codierung zur Darstellung von $2^7 = 128$ Zeichen.

**Ascoli Piceno** [- piˈtʃɛ:no], mittelital. Prov.-Hptst., 52 100 E; got. Dom (15. Jh.), röm. Brücke über den Tronto; Ind.; Bischofssitz.

**Ascorbinsäure,** svw. Vitamin C, ↑Vitamine (Übers.).

**ASEAN** [ˈeɪzɪæn], Abk. für engl. **A**ssociation of **S**outh **E**ast **A**sian **N**ations, 1967 gegr. Vereinigung südostasiat. Staaten zur Förderung der wirtsch., polit. u. sozialen Zusammenarbeit; Mitgl.: Brunei, Burma, Indonesien, Kambodscha, Laos, Malaysia, Philippinen, Singapur, Thailand, Vietnam; 1994 trat die Freihandelszone *AFTA* (Abk. für ASEAN Free Trade Area) in Kraft.

**Asen,** german. Göttergeschlecht, geführt von ↑Odin.

**Asepsis** [gr.], Keimfreiheit.

**Aserbaidschan, 1)** histor. Gebiet in Vorderasien, umfasst die Rep. Aserbaidschan und die iran. Prov. in NW-Iran (*A.-Ost,* Hptst. Täbris, *A.-West,* Hptst. Urmia, und Teile der Prov. Ardebil, zus. rd. 100 000 km$^2$, 6,1 Mill. E.). **2)** Rep. in Vorderasien, zw. Russland, Georgien, Iran, Armenien und dem Kasp. Meer; petrochem. Ind.; Land- u. Forstwirtschaft. – Im 7. Jh. von den

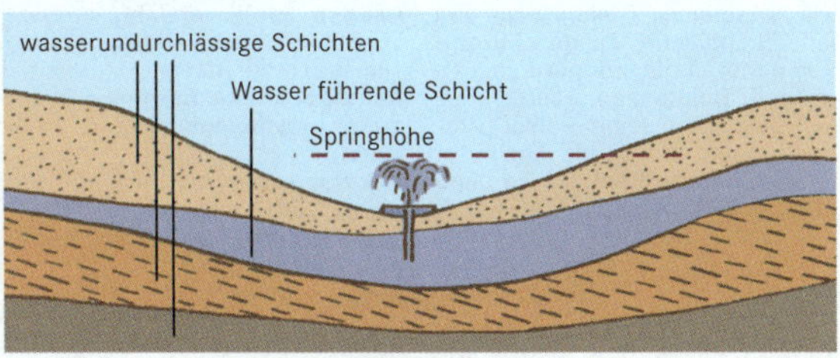


**artesischer Brunnen:** *Horizontalfilterbrunnen*

Arabern erobert, die den Islam einführten; im 11. Jh. türkisiert; 1828 von Persien an Russland abgetreten; 1918 unabhängige Rep., 1920 von der Roten Armee erobert, in der UdSSR 1922–36 zus. mit Armenien und Georgien Teil der Transkaukas. Föderation, 1936–91 Aserbaidschan. SSR, 1991 Unabhängigkeitserklärung. Konflikt mit Armenien um Bergkarabach.

**Aserbaidschan**

*Fläche:* 86 600 km$^2$

*Einwohner:* 7,7 Mill.

*Hauptstadt:* Baku

*Amtssprache:* Aserbaidschanisch (Aseri)

*Zeitzone:* MEZ + 3 Stunden

**Ashar-Moschee** [-ʃ-], Moschee u. islam. Hochschule *(Ashar-Univ.)* in Kairo, gegr. 972; geistiges Zentrum des sunnit. Islam.

**Ashdod** [aʃˈdod], St. in S-Israel, 90 100 E; Ind., bed. ⚓.

**Ashkenazy** [aʃkeˈnazi], Wladimir Dawidowitsch, russ. Pianist u. Dirigent, * 1937.

**Ashqelon** [aʃ-], St. in S-Israel nö. v. Gaza, 64 200 E; Betonröhrenwerk u. a. Ind.; Fremdenverkehr; das antike *Askalon* war einer der 5 Hauptorte der Philister.

**Asien,** größter Kontinent der Erde (44,4 Mill. km$^2$); rd. 3,7 Mrd. E (über 60 % der Weltbev.); A. u. Europa bilden die euras. Landmasse; im W vom Uralgeb. und dem Fluss Ural, der Manytschniederung, dem Schwarzen u. Ägäischen Meer, im SW und S vom Suezkanal, dem Roten Meer u. Ind. Ozean, im SO u. O von der Arafurasee, dem Pazifik u. dem Beringmeer, im N vom Nordpolarmeer begrenzt. *Oberflächengestalt:* von Kettengebirgen durchzogen, die sich vom Hochland von Kleinasien über das armen. Hochland, die iran. Ketten bis zum Hindukusch erstrecken, dort Teilung: Südketten mit Himalaja u. den N-S-verlaufenden Geb.-Zügen Hinterindiens; Nordketten mit Pamir, Tienschan, Alatau, Altai, Sajan, Jablon- u. Stangebirge sowie den sibir. Randkettengebirgen. Zw. den Gebirgszügen ausgedehnte Hochebenen od. -becken (Iran, Tarimbecken, Tibet). Den Kettengebirgen sind Tiefländer vorgelagert; Stromgebiete des Euphrat u. Tigris, Indus, Ganges u. Hinterindiens, die Tiefländer O-A.s u. Sibiriens. 2 Tafelländer: Arab. Halbinsel u. d. Hochland von Dekhan (Indien). Das Mittelsibir. Bergland ist eine well. Rumpfflächenlandschaft. *Klima:* A. hat Anteil an allen Klimabereichen von den Tropen bis zur Arktis (N-Sibirien, nördl. Kältepol Station Oimjakon im Indigirkagebiet mit Temperaturen bis −78 °C). *Vegetation:* längs der Eismeerküste bis 1 000 km breite Zone der ↑Tundra, südl. anschließend ↑Taiga; Laubwaldzone nur wenig ausgeprägt. Von Vorder-A. über Inner-A. bis in die Mandschurei eine Trockenzone: Steppen, Salzsteppen u. Wüsten; in den Hochgebirgen z. T. arkt. Florenelemente, jedoch reichen Steppen u. Wüsten oft bis in die alpine Stufe hinauf. In Vorderindien große Savannen u. Dornbuschsteppen, nur an d. Malabarküste, am Fuße des Himalaja u. am unteren Brahmaputra z. T. noch dichte Regen- u. Monsunwälder mit Mangroveküsten; auch in Hinterindien Monsunregenwälder; im feuchtheißen Tropengebiet der südostasiat. Inselwelt immergrüne Regenwälder. *Tierwelt:* in der Tundra Ren, Lemming, Schneehase, Eisfuchs u. an der Küste Eisbär; Waldregion reich an Pelztieren, bes. Zobel, Marder u. a.; in Steppen u. Wüsten des Innern: Wildesel, Antilopen, Nagetiere, Wolf; in O-Turkestan Wildkamel u. in Tibet Jak, Bambusbär u. Gnuziege; südasiat. Monsunwaldgebiet u. trop. Regenwaldgebiet der Inselwelt haben eigene Tierregionen (Orientalis u. indoaustral. Zwischengebiet): Menschenaffen, Nashorn, Elefant, Tiger, Schlangen, farbenprächtige Vögel u. Insekten. *Bev.:* Ballung der Bev. in den fruchtb. Stromtiefländern Vorderindiens u. Chinas u. auf den jap. Hauptinseln. Zu den Europiden gehören die indogerman. (Afghanen, Belutschen, Hindu, Perser, Russen) u. semit. Völker (Araber); ihnen stehen die Altsibirier (u. a. Tschuktschen) u. die Ainu (auf Japan) nahe. Zu den Mongoliden zählen die inner- (Mongolen, Tibeter), ost- (Chinesen, Japaner, Koreaner), nordost- (Tungusen) u. südostasiat. Völker (Thai, Vietnamesen); Zwischen- u. Übergangsformen bilden die Turkvölker u. Malaien. Im S Reste älterer Besiedlungsschichten, die kleinwüchsigen Wedda u. Zwergvölker (Negrito). – Alle Hochreligionen sind in A. entstanden u. auch heute vertreten; daneben Naturreligionen. Die *Wirtsch.* ist bestimmt durch den Ggs. von intensiver Landw. in den von Natur aus begünstigten Gebieten, Nomadismus in den Steppen, Jagd u. Sammelwirtsch. in den Rückzugsgebieten, Jagd, Fischerei u. Rentierzucht in der Tundra und Taiga. Zunehmende Industrialisierung, bis in die Gegenwart Rohstofflieferant. Bed. Ind.gebiete: Ural, Karaganda, Ferganabecken u. Kusbass; Japan mit hoch entwickelter Ind., die aber nur eine unzureichende Rohstoffbasis besitzt. *Entdeckungsgesch.:* Den Griechen war A. bis nach Indien bekannt; Vertiefung der Kenntnisse durch die Alexanderzüge; Vordringen der Araber beendete europ. Beziehungen zu A.; erst die Kreuzzüge brachten neues Wissen; Araber bereisten die ganze süd- u. südostasiat. Küste; Ende des 13. Jh. zogen ital. Kaufleute (u. a. Marco Polo) u. päpstl. Gesandtschaften ins Mongolenreich u. brachten neues Wissen; 1498 landete Vasco da Gama in Indien; später folgten die Kolonialmächte: Spanier, Holländer, Portugiesen, Engländer u. Franzosen hielten bis ins 20. Jh. hinein Kolonialgebiete; seit 1577 drangen russ. Kosaken erobernd nach Sibirien vor u. erreichten 1648 die Beringstraße; seit dem 18. Jh. Erforschung des Innern; bek. Forscher: ↑Hedin, ↑Filchner u. F. von ↑Richthofen.

**Asimov** [əˈsi:mɔv], Isaak, amer. Biochemiker u. Schriftsteller russ. Herkunft, * 1920, † 1992; naturwiss. Abhandlungen u. Science-Fiction.

**Askalon** ↑Ashqelon.

**Askanier,** altes dt. Fürstengeschlecht, 1134–1319 in Brandenburg, bis 1918 in Anhalt.

**Askari** [arab.], eingeborener Soldat im ehem. Dt.-Ostafrika.

**Askese** [gr.], Verzicht; strenge Lebensweise zur Verwirklichung sittl. und relig. Ideale.

**Äskulap,** griech. **Asklepios,** in der griech. Mythologie Gott d. Heilkunst.

**Äskulapnatter,** bis 2 m lange, ungiftige Natter.

**Äskulapstab,** schlangenumwundener Stab, Arztsymbol.

**Äsop,** angebl. Mitte 6. Jh. v. Chr., legendärer griech. Fabeldichter.

**Asowsches Meer,** nördl. Nebenmeer des Schwarzen Meeres, bis

14,5 m tief, 38 000 km². Im S durch die Straße v. Kertsch Verbdg. zum Schwarzen Meer.

**Asparagus** [gr.], Gatt. d. Liliengewächse, z. T. Zimmerpfl. (Zierspargel); als Nutzpfl. Spargel.

**Aspekt** [lat.], **1)** Ansicht, Betrachtungsweise, Gesichtspt. **2)** ↑Konstellation. **3)** Verwendung versch. Verbalformen für Vorgänge, die als Faktum festgestellt od. als im Verlauf betrachtet werden; bes. im Engl. und in slaw. Sprachen.

**Aspern,** ehem. niederöstr. Dorf, heute Stadtteil v. Wien. – 1809 bei *A.* und *Eßling* östr. Sieg über Napoleon I.

**Asphalt** [gr.], brennbares, braunes od. schwarzes, festes od. zähflüss., mit Mineralstoffen gemischtes ↑Bitumen; *Natur-A.* entsteht durch Verdunsten der leicht flücht. und durch Oxidation der schwer flücht. Stoffe des Erdöls. Techn. hergest. A. wird überw. im Straßenbau verw.

**asphärisch,** nicht kugelförmig (z. B. a. Linsen in fotogr. Objektiven).

**Asphyxie** [gr.], Atemstillstand mit drohender Erstickung; oft bei Neugeborenen.

**Aspik** [frz.], Gallert aus Gelatine oder Kalbsknochen.

**Aspirant** [lat.], Anwärter auf einen Posten.

**Aspiration,** Bestrebung, Hoffnung, Ehrgeiz.

**Aspisviper** [gr.; lat.], in Dtl. (Schwarzwald) einzige Giftschlange neben der Kreuzotter.

**Ass,** höchste Spielkarte in versch. Kartenspielen.

**Assagai,** Wurfspeer (1–2 m) südafrikan. Stämme.

**assai** [ital.], 𝄞 sehr, genug, recht.

**Assam,** B.-Staat im NO Indiens, vom Brahmaputra entwässert u. von hohen Gebirgen eingerahmt; 78 438 km², 26,6 Mill. E; Hptst. Dispur; v. a. Anbau von Tee.

**Asseln,** kl., flache Krebstiere in Süßwasser, im Meer, auf d. Land.

**Assembler** [ə'semblə; engl.], maschinenorientierte Programmiersprache (*A.sprache,* kurz A.), die sich v. der Maschinensprache dadurch unterscheidet, dass anstelle eines Binärcodes die Befehle und Operanden durch leichter verständl. mnemon. Symb. dargestellt sind.

**Assessor** [lat.], **Ass.,** Bewerber für höhere Beamtenlaufbahn nach Univ.-Ausbildung und Vorbereitungsdienst; auch Titel des Juristen mit 2. Staatsprüfung.

**Assignaten** [frz.], 1790–96 Papiergeld der Frz. Revolution, gedeckt durch nationalisierten Grundbesitz; schrankenlos vermehrt, zuletzt wertlos.

**Assimilation** [lat.], **1)** Überführung v. körperfremden Stoffen in körpereigene; bes. $CO_2$-A. bei den grünen Pfl., die aus $CO_2$ u. $H_2O$ mithilfe v. ↑Chlorophyll u. Sonnenlicht *(Photosynthese)* Kohlenhydrate erzeugen, wobei Sauerstoff frei wird. **2)** Angleichung v. Menschen an eine andere ethn. Gruppe, auch des Einzelnen an die umgebenden Gruppen.

**Assisi,** ital. Stadt in Umbrien, 25 000 E; Geburts- u. Begräbnisort (got. Klosterkirche, 1228–53) des hl. Franz v. Assisi.

**Assiut, Asjut, Asyut,** oberägypt. Prov.-Hptst., am l. Nilufer, 321 000 E; Univ.; Baumwoll-, Düngemittelind.; ✈. – Bei A. Nilstaudamm (833 m lang).

**Assoziation** [lat.], **1)** Vereinigung, Verbindung od. Ges. zu gegenseitiger Unterstützung (z. B. Genossenschaft, Interessenverband). **2)** Verknüpfung von Bewusstseinsinhalten (z. B. Karbolgeruch – Krankenhaus); Grundbegriff der Psychol. seit Aristoteles. **3)** Zusammenlagerung mehrerer gleichart. Moleküle, bes. bei Flüssigkeiten; Ergebnis: *Assoziat.*

**Assuan,** arab. **Aswan,** oberägypt. Prov.-Hptst., 220 000 E; Univ., 2 Staudämme im Nil; der A.-Hochdamm (121 m hoch, 4 km lang) staut den Nil zum 550 km langen *Nassersee;* Handelsplatz, Fremdenverkehr; Kraftwerke; ✈.

**Assur,** Gott der St. Assur, oberster Gott Assyriens.

**Assur,** Ruinenstätte am r. Tigrisufer; im Altertum Ausgangspt. u. Hptst. des Assyr. Reiches; Ausgrabungen: zahlr. Tempel, Paläste, Festungsanlagen.

**Assurbanipal,** griech. **Sardanapal,** assyr. Kg. (669 bis etwa 627); bed. d. v. ihm angelegte Tontafel-Bibliothek in Ninive.

**Assyrien,** altes Reich in Vorderasien, urspr. das Land am mittleren Tigris (heute N-Irak), dehnte seinen Einfluss rasch aus. Sein erster Aufstieg begann im 20. Jh. v. Chr.; im 13. und 12. Jh. wurde es die bedeutendste Macht neben Babylonien. Nach Rückschlägen begann etwa seit 900 v. Chr. der zweite, bedeutendere Aufstieg (Eroberung Babyloniens); Könige waren u. a. Assurnasirpal II. (853–859), Sargon II. (722–704), Asarhaddon (680–669) und Assurbanipal (669 bis etwa 627). 612 v. Chr. erlag A. den Erhebungen der Meder und Babylonier. Hptst. Assur, daneben Ninive, Kalach, Dur-Scharrukin.

**Assisi:** *die einschiffige Kirche Santa Chiara (1257–60)*

**assyrische Kunst:** *Verwundete Löwin (Detail eines Alabasterreliefs aus Ninive, um 600 v. Chr.)*

**Assyriologie** [gr.], Wiss. von der assyr.-babylon. Kultur u. Spr., bes. der Keilschrift.

**Assyrisch** ↑Akkadisch.

**assyrische Kunst,** beginnend mit dem Aufstieg des Assyr. Reiches, Blütezeit 9.–7. Jh. v. Chr., Residenzbauten v. Assur, Ninive und Nimrud, Tempel, Paläste, Zikkurats; Wandmalerei; bes. bed. Reliefs (Kriegs-, Jagdszenen).

**assyrische Literatur** ↑babylonisch-assyrische Literatur.

**assyrische Religion** ↑babylonisch-assyrische Religion.

**a. St.,** Abk. für: **a**lten **St**ils, d. h. nach dem julian. Kalender.

**Astaire** [əs'teə], Fred, eigtl. Frederick Austerlitz, amer. Tänzer u. Filmschauspieler, *1899, †1987.

**Astana,** bis 1992 **Zelinograd** [z-], bis 1998 **Akmola**, s. 1998 Hptst. von Kasachstan, 287 000 E; Hochschulen; Landmaschinenbau; ✈.

**Astarte,** Fruchtbarkeitsgöttin Kanaans, der babylon. Ischtar ähnlich.

**Astat** [gr.], Symbol **At**, chem. El., OZ 85, rel. A.-Masse des stabilsten Isotops 210, Halogen; zahlr. stark radioaktive Isotope.

**Aster** [gr.], Korbblütler; im Sommer oder Herbst blühend.

**Asteroiden** [gr.], die ↑Planetoiden.

**Astheniker,** svw. leptosomer Typ (↑Körperbautypen).

**ästhetisch,** schön, geschmackvoll, ansprechend.

**Asthma** [gr.], in Anfällen auftretende Atemnot; *Bronchial-A.* mit hochgrad. Atemnot infolge Zusammenziehung der kleinsten Bronchien mit Schleimabsonderung; oft allerg. bedingt; *Herz-A.* bes. bei ↑Angina pectoris.

**Asti,** ital. St. in Piemont, 73 300 E; Weinbau; *Asti spumante,* ital. Schaumwein.

**Astigmatismus** [gr.], Abbildungsfehler v. Linsen: Strahlenbündel, die von einem außerh. der opt. Achse befindl. Punkt ausgehen, haben in 2 zueinander senkr. Schnitten längs der opt. Achse versch. Konvergenzpunkte; auch als Augenfehler infolge einer abnormalen Wölbung der Hornhaut.

**Aston** ['æstən], Francis William, engl. Chemiker und Physiker, *1877, †1945; begr. die ↑Massenspektroskopie; Nobelpreis 1922.

**Astor** ['æstə], Johann Jakob, amer. Großkaufmann dt. Herkunft, *1763, †1848; wanderte 1783 nach Amerika aus; erwarb durch Pelzhandel u. Bodenspekulation ein großes Vermögen.

**Astra,** direkt strahlende Rundfunksatelliten, Empfang über Parabolantenne od. Kabelnetz.

**Astrachan,** russ. St. im Wolgadelta, 509 000 E; Hochschulen; bed. Fischerei; ⚓.

**Astragal** [gr.], konvexes Gesimsglied, oft als Perlstab.

**astral** [gr.], die Gestirne betreffend.

**astro..., Astro...** [gr.], Bestimmungswort, Bed. „Gestirn".

**Astrologie, Sterndeutung,** Lehre vom angebl. Einfluss der Gestirne auf ird. Geschehen, schon früh in China, Indien, Babylon u. a.; heute Schicksalsdeutung aus Horoskop; naturwiss. unhaltbar.

**Astronaut** [gr.], svw. Weltraumfahrer.

**Astronomie, Sternkunde,** Wiss., die sich mit der Erforschung des Universums befasst. Klass. Teilgebiete sind: *Astrometrie,* die sich mit der Orts- und Bahnbestimmung der Gestirne befasst, *Himmelsmechanik,* die die unter dem Einfluss der Gravitation erfolgende Bewegung der Gestirne im

**Astrologie:** *die zwölf Tierkreissternbilder, Mosaik in der Synagoge von Beth-Alpha (um 525 n. Chr.)*

Raum berechnet; *Stellarstatistik* u. *-dynamik* erforschen die Verteilung u. Bewegung der Materie im Weltraum, die *Astrophysik* Aufbau, Zusammensetzung, physikal. Zustand u. Entw. der Himmelskörper. Nach dem beobachteten Spektralbereich wird die Astrophysik unterteilt in: *Radio-* u. *Submillimeter-A., Infrarot-, opt., Ultraviolett-, Röntgen-* u. *Gamma-A.* – Die *Kosmogonie* untersucht die Entstehung u. Entw. der Himmelskörper, während sich die *Kosmologie* mit der Struktur des Weltalls als Ganzem befasst.

**astronomische Einheit,** Einheitenzeichen **AE**, Entfernungsmaß im Sonnensystem; 1 AE = 149 597 870 km (etwa mittlere Entfernung Erde–Sonne).

**astronomische Zeichen,** symbol. Zeichen für Tierkreisbilder, Planeten u. deren Konstellationen.

**Astrophotometrie** Messung der Strahlung u. scheinbaren Helligkeit v. Himmelskörpern mit visuellen, fotograf. u. thermoelektr. Methoden.

**Astrophysik** ↑Astronomie.

**Astrospektroskopie** ↑Astronomie.

**Asturias,** Miguel Ángel, guatemaltek. Schriftsteller, *1899, †1974; schrieb Romane u. Erz.; Nobelpreis 1967.

**Asturi|en,** histor. Prov. u. Region an der span. N-Küste, 10 565 km², 1,1 Mill. E, Hptst. Oviedo. Bergbau: Steinkohle, Eisen-, Quecksilbererze. – Ausgangsort der Reconquista; ehem. Kgr. (nach 722), 1230 im Kgr. Kastilien aufgegangen. 1982 Autonomiestatut.

**Asunción** [-'sjɔn], Hptst. von Paraguay, 550 000 E; Verw.-, Wirtsch.- u. Verkehrszentrum d. Landes, Univ.; ✈.

**Asyl** [gr.], **1)** Freistätte, Zufluchtsort für Verfolgte. **2)** Heim zur vorübergehenden Aufnahme v. Obdachlosen sowie Hilfs- und Schutzbedürftigen.

**Asylrecht,** Bestimmungen der einzelnen Staaten über den Schutz Fremder (v. a. polit. Verfolgter). – Im Altertum und im MA genossen Verfolgte an hl. Stätten Asylrecht.

**Asymptote** [gr.], Gerade, an die sich eine Kurve anschmiegt, ohne sie im Endl. zu erreichen.

**asynchron** [gr.], nicht mit gleicher Geschwindigkeit laufend, entgegenlaufend.

**Asynchronmotor,** ein ↑Elektromotor.

**Aszendent, 1)** „Aufgang" best. Sterne (Tierkreis-Astrologie). **2)** Vorfahr, Verwandter aufsteigender Linie (Großvater, Vater usw.).

**at,** Einheitenzeichen für: techn. ↑Atmosphäre.

**At,** ☡ Symbol für ↑Astat.

**Atacama,** nordchilen. Wüste zw. Haupt- und Küstenkordillere, regenarm, bis 4 000 m, Salzbecken (Salpeter), reiche Kupfer-, Zinn- und Silbererzlagerstätten.

**Atahualpa,** letzter Herrscher des Inkareiches, *um 1502, †1533; von ↑F. Pizarro umgebracht.

**Atatürk** ↑Kemal Atatürk.

**Atatürk-Staudamm,** Staudamm des Euphrat in der Türkei, 1990 fertig gestellt, Stausee 817 km².

**Atavismus,** Wiederauftreten stammesgeschichtl. älterer Körpermerkmale u. Verhaltensweisen.

**Ataxie** [gr.], Störung des geordneten Bewegungsablaufs von Muskelgruppen.

**Atbara,** Nbfl. des Nil, 1 120 km.

**Atemfrequenz,** Anzahl der Atemzüge pro Minute (Mensch, normal 12–20).

**a tempo,** [ital.], sofort.

**Äthanol, Ethanol,** chem. Bez. des ↑Äthylalkohols, ↑Alkohole.

**Athapasken,** indian. Jäger- u. Fischervölker (einheitl. Sprachgruppe) in Alaska, Kanada u. im W der USA.

**Atheismus** [gr.], Leugnung der Existenz Gottes bzw. von Göttern (im Unterschied zum ↑Agnostizismus).

**Athen,** Hptst. von Griechenland, am Saron. Golf, 885 000 E (Groß-A. mit Piräus 3,03 Mill.); Univ., Akademie, Hochschulen, archäol. Institute, Museen; bed. antike Baudenkmäler, u. a. ↑Akropolis. Reger Fremdenverkehr u. Handel; Seebäder, Leder-, Textil- u. a. Ind.; ⚓ ↑Piräus; ✈. – Glanzzeit im 5. Jh. v. Chr. (↑griechische Geschichte), Niedergang durch den Peloponnes. Krieg (431–404), Plünderung durch Sulla 86 v. Chr., Verfall im 3./4. Jh.; unter osman. Herrschaft (ab 1456) weitgehend bedeutungslos; 1834 Hptst. Griechenlands – Abb. S. 56.

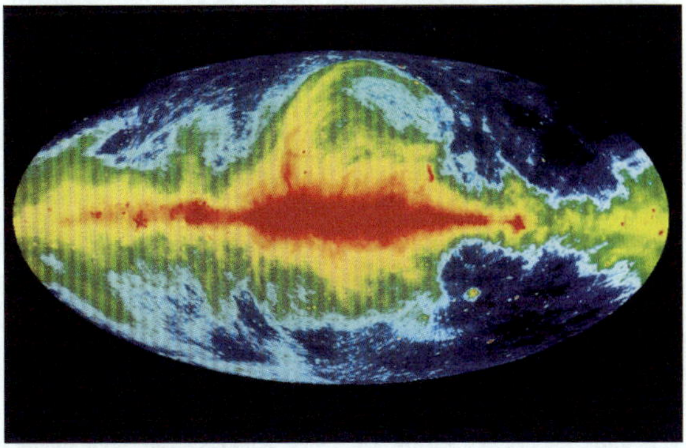

**Astronomie:** *Radiokarte des gesamten Himmels bei einer Wellenlänge der Radiostrahlung von 73,5 cm (408 MHz) mit dem galaktischen Zentrum in der Bildmitte; in der Falschfarbendarstellung erscheinen die Gebiete schwächster Emission dunkelblau, diejenigen stärkster Emission rot*

**Atemwurzeln,** über den Boden od. das Wasser ragende Wurzeln, die wahrsch. der Atmung dienen.

**Atemzentrum,** im verlängerten Rückenmark gelegenes, selbst. Regulationsorgan der Atmung.

**Atget** [ad'ʒe], Jean-Eugène-Auguste, frz. Fotograf, *1857, †1927; Wegbereiter der mod. Fotografie („Photograph. Slg. des alten Paris").

**Äthan, Ethan** [gr.], $H_3C-CH_3$, Kohlenwasserstoff, farb- u. geruchloses Gas, z. B. in Erdgas.

**Athanasios,** hl., griech. Kirchenlehrer, *um 295, †373; Bischof v. Alexandria; bekämpfte den ↑Arianismus.

**Athene,** in der griech. Mythol. Lieblingstochter des Zeus, aus seinem Haupte entsprungen; Göttin des Kriegs u. des Friedens, der Weisheit, der Künste und des Handwerks.

**Äther** [gr.], **1)** Himmelsluft, Himmel. **2)** Ether, chem. Verbindungen der allg. Formel $R_1-O-R_2$, bei denen $R_1$ und $R_2$ gleiche oder versch. Alkyl- oder Arylreste sind; wichtiges Beispiel ist: Diäthyläther, $C_2H_5-O-C_2H_5$, Lösungsmittel, fr. Inhalationsnarkotikum.

**ätherische Öle, etherische Öle,** flücht. pflanzl. Öle mit charakt., angenehmem Geruch; für Parfüms, Liköre u. a.

**Athen:** *Blick von der Akropolis auf den Kalkberg Lykabettos*

**Äthiopide,** typolog. Kategorie, der die Mehrheit der Bevölkerung N-Afrikas angehören soll; eine Mischung von europiden (Form-) und negriden (Farb-)Merkmalen.

**Äthiopilen,** früher *Abessinien,* Rep. in NO-Afrika. Zerklüftetes Gebirgsland, sommerl. Regenzeit, trockene Winter. Bev. etwa 40% Amharen u. Tigre, 40% Omoro, außerdem Afar, Somali u. a.; christl. Kirche monophysit. Richtung. Etwa 90% der Bev. leben von Ackerbau (Kaffee, Mais, Hirse) u. Viehzucht (Schafe); Ind. verarb. meist landw. Erzeugnisse, Hauptausfuhr Kaffee. – *Gesch.:* im Altertum Reich v. Aksum (6. Jh. v. Chr. bis 10. Jh. n. Chr.), im 4. Jh. christianisiert. Bis zum 17. Jh. unter Königen, dann Zerfall in Teilreiche mit Statthaltern (Ras); um 1850 Schaffung eines neuen Gesamtstaats; Menelik II. wird 1889 Kaiser; 1895/96 erfolgr. Kampf gg. Italien; 1930–74 Kaiserreich unter Haile Selassie I. (v. Militär abgesetzt). 1936–41 von Italien annektiert. Föderation mit ↑Eritrea ab 1952 (Annexion 1962); 1974 Übernahme der Macht durch das Militär unter Mengistu Haile Mariam, 1975 Abschaffung d. Monarchie; Sturz der Militärreg. 1991. Eritrea wird 1993 unabhängig (Grenzkrieg 1998–2000). Staatspräs. wurde 2001 Girma Wolde Giorgis.

**Äthiopien**

*Fläche:* 1 133 380 km²
*Einwohner:* 64,1 Mill.
*Hauptstadt:* Addis Abeba
*Amtssprache:* Amharisch
*Zeitzone:* MEZ + 2 Stunden

**äthiopische Sprache,** semit. Spr., s. dem 14. Jh. nur noch in der Liturgie der äthiop. Kirche u. in der Lit.; *neuäthiop. Sprachen* sind im N Tigre und Tigrinja, im S u. a. Amharisch.

**athletischer Typ** ↑Körperbautypen.

**Athos,** östlichste Halbinsel der Chalkidike, N-Griechenland; gebirg., im *Berg A.* bis 2033 m; am Berg griech.-orthodoxe Mönchsrep.; seit dem 9. Jh. histor. belegte Mönchsansiedlungen; bed. durch Denkmäler der byzantin. Kunst in den Klosteranlagen.

**Äthyl-, Ethyl-** [gr.], einwert. Kohlenwasserstoffrest $C_2H_5$–; in vielen organ. Verbdg., z. B. Diäthyläther (↑Äther).

**Äthylalkohol, Ethylalkohol** ↑Alkohole.

**Äthylen, Ethylen, Äthen, Ethen,** einfachster ungesättigter Kohlenwasserstoff der Formel $C_2H_4$ aus der Gruppe der Alkene.

**Atlant** [gr.], kraftvolle Männerfigur als Gebälkträger anstelle eines Pfeilers oder einer Säule; nach dem Riesen ↑Atlas.

**Atlanta** [ət'læntə], Hptst. von Georgia, USA, 404 000 E; Wirtschafts- u. Kulturzentrum im SO der USA, Universitäten, TH; ✈.

**Atlantikcharta,** 1941 zw. Roosevelt und Churchill beschlossene Grundsatzerklärung: u. a. Verzicht auf Annexionen, Anerkennung des Selbstbestimmungsrechts d. Völker, vollst. Entmilitarisierung aller Aggressorstaaten; eines der Grunddokumente der UN.

**Atlantikpakt,** svw. ↑NATO.

**Atlantikwall,** dt. Befestigungsanlagen entlang der frz., belg. u. niederl. Küste, erbaut 1942–44, 1944 in der Normandie durchbrochen.

**Atlantis,** im Altertum sagenhaftes Inselreich mit hoher Kultur, durch Naturkatastrophe versunken.

**Atlantischer Ozean, Atlantik,** zweitgrößtes Weltmeer, zw. Europa u. Afrika im O u. Amerika im W; 106,6 Mill. km² (einschließl. Nebenmeere); 5 500 km mittlere Breite, N-S-Erstreckung (Beringstraße–Nordpol–Antarkt. Kontinent) etwa 21 300 km, mittl. Tiefe 3 293 m, größte Tiefe 9 219 m (Puerto-Rico-Graben); Grenze zum Pazifik: im N Beringstraße, im S kürzeste Verbindung Kap Hoorn–Antarkt. Halbinsel, zum Ind. Ozean: 20° ö. L. Etwa 20% der Gesamtfläche wird von Nebenmeeren eingenommen (Nordpolarmeer, Baffinmeer, Europ. Nordmeer, Europ. u. Amer. Mittelmeer, Hudsonbai, Nord- u. Ostsee, Ärmelkanal, Ir. See, Weddellmeer). Inselarm, nur in Nebenmeeren größere Inseln, Meeresbodenoberfläche durch den Mittelatlant. Rücken (zusammenhängendes unterseeisches Gebirge) in 2 Längsbecken geteilt, durch Seitenschwellen in Becken gegliedert. Die Meeresströmungen hängen mit dem Windsystem zusammen; 2 gr. Kreisläufe nördl. und südl. des Äquators.

**Atlas,** Riese der griech. Mythologie, Bruder des Prometheus, trägt auf seinen Schultern den Himmel.

**Atlas,** Faltengebirgssystem in NW-Afrika, in mehrere Ketten gegliedert (Tell-, Sahara-, Hoher, Mittl., Rif- und Anti-A.), dazw. Hochland der Schotts; Djebel Toubkal 4 165 m.

**Atlas** [gr.], geograph. Kartenwerk od. Bildtafeln in Buchform.

**atm,** Abk. für: physikal. ↑Atmosphäre.

**Atmosphäre** [gr.], **1)** gasförm. Hülle eines Himmelskörpers, bes. der Erde. Gliederung der Erd-A.: *Troposphäre,* etwa 9 (Pole) bis 17 km (Äquator), Zone der Wettervorgänge, Temp.-Abnahme bis −80 °C an der Obergrenze (Tropopause), darin ↑Jetstreams; *Stratosphäre,* bis 50 km, Temp.-Unterschiede v. −80° bis etwa 0 °C, mehr. Schichten mit hohem Ozongehalt; *Mesosphäre* mit Temp.-Abnahme bis etwa 80 km Höhe, darüber *Thermosphäre* mit starkem Temp.-Anstieg. Zw. 80 und 500 km *Ionosphäre,* elektr. leitend, Kurzwellen reflektierend, Temp. bei 400 °C, schichtenweise starker Gehalt an Ionen; *Exosphäre,* genaue Obergrenze nicht anzugeben. Zusammensetzung der A. in Bodennähe: 78 % Stickstoff, 21 % Sauerstoff, 0,9 % Argon, Rest Kohlendioxid u. Edelgase, stark wechselnder Wasserdampfgehalt. **2)** Einheit des ↑Drucks (gesetzl. seit 1978 nicht mehr zulässig); *physikalische A.* (atm), 1 atm = 101 325 Pa = 1,01325 bar; *techn. A.* (at, bei Überdruck auch atü), 1 at (= 1 kp/cm$^2$) = 98 066,5 Pa = 0,980 665 bar.

**Atmung,** Energie freisetzende Stoffwechselabbauvorgänge, **1)** anaerobe A.: Spaltung von energiereicheren organ. Verbdg. in energieärmere ohne Mitwirkung v. Sauerstoff (Gärung). **2)** aerobe A.: Verbrennung organ. Stoffe unter Aufnahme von Sauerstoff (Endprodukt: Kohlendioxid, Wasser): 1. *äußere A.* der Tiere durch Lungen (im allg. Landwirbeltiere), Kiemen (Wassertiere), Tracheen (Insekten u. a.) u. zusätzl. (bei niederen u. sehr kl. Tieren ausschließl.) A. durch die Hautoberfläche; 2. *Gewebs-A.:* Gasaustausch zw. Blut u. Gewebe; 3. *innere* od. *Zell-A.:* Oxidation v. organ. Verbdg. in der Zelle zur Energiegewinnung.

**Ätna,** tätiger Schichtvulkan im O Siziliens, Italien, 3 350 m, meist schneebedeckt; mit kleinen Nebenkratern; Observatorium, letzter Ausbruch 2001.

**Ätolien,** Landschaft im westl. Mittelgriechenland.

**Atoll** [malaiisch], ringförm. Koralleninsel trop. Meere, umschließt eine ↑Lagune; bes. in der Südsee.

**Atom** [gr.], kleinstes Teilchen eines chem. El., das aufgrund seiner Struktur (↑Atomkern mit umgebender ↑Elektronenhülle) für dessen chem. u. physikal. Eigenschaften verantwortl. ist. Die Zahl der A.sorten entspr. der Zahl der chem. El. (↑Periodensystem der chem. El.), wobei innerh. einer A.sorte meist A.arten unterschiedl. Masse, die ↑Isotope des betr. El., auftreten. Die Massen der A. liegen zw. 1,6736 · 10$^{-24}$ g beim leichten Wasserstoff u. etwa 4,3 · 10$^{-22}$ g bei den schwersten Transuranen, die A.durchmesser bei rd. 10$^{-8}$ cm, wobei der A.kern, in dem die wesentl. Masse des A. vereinigt ist, nur einen Durchmesser von einigen 10$^{-12}$ cm hat. Die Elektronen der A.hülle halten sich infolge der Coulomb-Wechselwirkung mit dem positiv elektr. geladenen A.kern in Bereichen auf, die schalenförmig *(Elektronenschalen)* um den Kern liegen, wobei jedes Elektron mit einer best. Bindungsenergie an den A.kern gebunden ist, d. h. sich in einem durch diese Energie (bzw. durch 4 ↑Quantenzahlen) gekennzeichneten Energie- od. Quantenzustand befindet. Als Grundzustand od. Elektronenkonfiguration des A. bez. man denjenigen A.zustand, in dem die Elektronen die niedrigsten der für sie mögl. Energiezustände besetzen. Durch Energiezufuhr (z. B. durch Teilchenstöße, Absorption v. Photonen) können die Elektronen in Zustände höherer Energie (geringerer Bindungsenergie) gelangen *(A.anregung),* aus denen sie im Allg. nach etwa 10$^{-8}$ s in unbesetzte Zustände tieferer Energie unter Abstrahlung der Energiedifferenz $\Delta E$ als elektromagnet. Strahlung zurückkehren (Emission eines Photons der Energie $\Delta E = h\nu$; $h$ plancksches Wirkungsquantum, $\nu$ Frequenz der Strahlung). Diese *Quantensprünge* liefern ein für das A. bzw. El. charakt. ↑Spektrum.

**Atomausstieg** ↑Kernenergierecht.

**Atombindung,** Art der chem. Bindung, bei der Elektronenpaare den beteiligten Atomen gemeinsam angehören.

**Atombombe** ↑Atomwaffen.

**Atomenergie,** svw. ↑Kernenergie.

**Atomgesetz** ↑Kernenergierecht.

**Atomgewicht** ↑Atommasse.

**Atomkern,** im Zentrum eines Atoms befindl., aus ↑Nukleonen zusammengesetztes Gebilde sehr gr. Massendichte (1,4 · 10$^{14}$ g/cm$^3$) u. sehr geringer Ausdehnung (einige 10$^{-12}$ cm), in dem über 99,9 % der Masse des Atoms vereinigt sind. Die Anzahl $Z$ der Protonen bestimmt die Kernladungs- u. damit die ↑Ordnungszahl, die Zahl der Nukleonen (Protonen und Neutronen) die ↑Massenzahl. Die wirkl. Masse des A. ist um den sog. *Massendefekt* kleiner als die Summe der Massen seiner Nukleonen. Unterschiede in der Neutronenzahl bei gleichem $Z$ bedingen ↑Isotope. Der Zusammenhalt (die Bindung) der Nukleonen im Atom erfolgt durch die Kernkräfte.

**Atommasse, 1) relative A.** (veraltet *Atomgewicht*), dimensionslose Größe, die angibt, wievielmal die mittl. Masse eines Atoms eines chem. El. größer ist als $^1/_{12}$ der Masse eines Atoms des Kohlenstoffisotops $^{12}$C. **2) absolute A.**, die tatsächl. Masse eines Atoms.

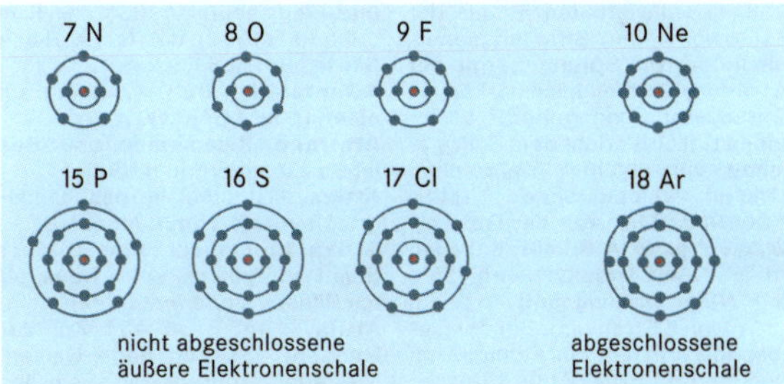


**Atom:** *stark vereinfachte Schalenmodelle von Atomen einiger Elemente; bei den Atomen der Edelgase Neon und Argon sind alle Elektronenschalen abgeschlossene Schalen, die keine weiteren Elektronen aufnehmen können; man unterscheidet die abgeschlossene innere Elektronenschale mit zwei und die nicht abgeschlossene äußere Schale mit sechs Elektronen.*

**Atommodell,** mehr od. weniger anschaul., meist räuml. Vorstellung vom Aufbau des Atoms, das in möglichst einf. Weise Verhalten u. Eigensch. der Atome näherungsweise erklärt. Nach dem *Rutherford-Bohr-A.* besteht das Atom aus einem Kern posit. Ladung, der auf genau definierten Kreisbahnen von den Elektronen der Atomhülle umkreist wird. Energie und Drehimpuls der Elektronen können nach den *bohrschen Postulaten* nur ganz best. Werte annehmen. Im *Bohr-Sommerfeld-A.* sind die Kreisbahnen durch Ellipsenbahnen ersetzt. Beim *De-Broglie-Schrödinger-A.* werden die stationären Quantenbahnen der Elektronen durch Materiewellen beschrieben.

**Atommüll,** svw. radioakt. Abfall.

**Atomreaktor,** svw. ↑Kernreaktor.

**Atomteststoppabkommen,** 1963 von Großbrit., den USA u. der UdSSR unterzeichnetes Abkommen über die Einstellung der Kernwaffenversuche in der Atm., im Weltraum und unter Wasser. 1976 Vertr. zw. den USA u. der UdSSR über die Unterlassung unterird. Kernwaffenversuche mit einer Sprengkraft v. mehr als 150kt TNT; Beitritt weiterer Staaten.

**Atomuhr** ↑Uhr.

**Atomwaffen, Kernwaffen, A-Waffen, Nuklearwaffen,** Geschosse, Raketen, Bomben u.a. mit Sprengladungen aus Kernsprengstoff. A. unterteilt man in solche, die auf der Kernspaltung von Uran 235 oder Plutonium 239 beruhen, u. solche, bei denen eine Verschmelzung leichter Atomkerne (z.B. Deuterium, Tritium) zu Helium eintritt *(Wasserstoff-* oder *H-Bombe).* Schwerste Waffen sind die *Dreiphasenbomben* mit einem Zünder aus Uran 235, Lithiumdeuterid als Fusionsmaterial und Uran 238, das die größten Anteile der Explosions- und Strahlungsenergie liefert. Die Sprengenergie der A. wird im Vergleich mit herkömml. Sprengstoff angegeben: 1 Kilotonne (kt) entspricht dem Energieinhalt von 1000t Trinitrotoluol (TNT); 1 Megatonne (Mt) = 1000000t TNT. Von der Gesamtwirkung einer A-Bombe entfallen rd. 50% auf Druckwirkung, 35% auf Wärmewirkung und 15% auf radioaktive Strahlung. Bei der Detonation entsteht ein Atompilz mit ungeheuren Drücken und Temperaturen von 15 bis 20 Mill. °C im Zentrum (↑Neutronenwaffe).

**Atomwaffensperrvertrag,** 1968 v. den USA, v. Großbrit. u. der UdSSR unterzeichneter „Vertr. über die Nichtverbreitung v. Kernwaffen" (in Kraft s. 1970); 1995 von den 178 Unterzeichnerstaaten unbefristet verlängert; Probleme bei der Durchsetzung des A. bereiten die Staaten, die Kernwaffen produzieren können (Schwellenmächte), aber dem A. nicht beigetreten sind.

**Atomwärme,** auf die Stoffmenge bezogene Wärmekapazität eines El., zahlenmäßig gleich der Wärmemenge, die notwendig ist, um 1 Mol eines El. um 1 °C zu erwärmen.

**Aton,** Sonnenscheibe der Ägypter, von Echnaton (↑Amenophis IV.) als höchstes Wesen verehrt.

**atonale Musik,** Musik ohne tonales Zentrum; Grundlage ist nicht eine Folge (Tonleiter), sondern eine Zahl von Tönen.

**ATP,** Abk. für: **A**denosin**tri**phos**p**hat; biochem. Verbdg. zur vorübergehenden Energiespeicherung u. -übertragung.

**Atrium** [lat.], **1)** im röm. Haus in der Mitte nach oben offene Halle (Innenhof); die Dachöffnung ist von Säulen gestützt. Das moderne *Atriumhaus* ist ein eingeschossiger Haustyp mit Wohnhof. **2)** Säulenhof des röm. Tempels; später Säulenvorhof der ↑Basilika.

**Atrophie** [gr.], **Gewebeschwund,** Rückbildung eines Organs oder Gewebes.

**Atropin** [gr.], hochgiftiges Alkaloid der Nachtschattengewächse (Tollkirsche u.a.); in kleinen Dosen für Heilzwecke.

**Attaché** [ataˈʃe; frz.], Rangbez. für die Eingangsstufe im diplomat. Dienst; Diplomat im Auslandsdienst mit bes. Aufgaben.

**Attachment** [əˈtætʃmənt, engl.], Bez. für eine Datei, die an eine E-Mail angehängt u. mit dieser verschickt werden kann.

**Attenborough** [ˈætnbrə], Sir Richard Samuel, brit. Schauspieler und Regisseur, *1923; der Film „Ghandi" (1982), bei dem A. Regie führte, erhielt 8 Oscars.

**Attentat** [lat.-frz.], Anschlag auf einen [polit.] Gegner.

**Attersee, Kammersee,** östr. See im Salzkammergut, 45,9 km².

**Attika,** Halbinsel im östl. Mittelgriechenland, Hptst. Athen.

**Attika** [gr.], niedr. Aufsatz über dem Hauptgesims eines Baus, oft mit Pilastern und Inschriften.

**Attila,** †453, seit 434 Kg. der Hunnen; 451 Zug nach Gallien, Niederlage durch den weström. Feldherrn Aetius; 452 Einfall in Italien.

**Attischer Seebund,** Vereinigung griech. Staaten unter Führung Athens *(1. A. S., Delisch-Att. Seebund,* 477–404); urspr. gg. die Perser gerichtet, nach 449 Machtinstrument athen. Hegemonialpolitik. Der *2. A. S.* entstand 378 zur Abwehr Spartas (bis 338 v.Chr.).

**Atto-** [skand.], Zeichen: **a,** Vorsatz vor Einheiten zur Kennzeichnung des $10^{18}$ten Teils der Einheit, 1 Attometer = 1 am = $10^{-18}$ m.

**Attraktion** [frz.], Anziehungskraft, Anziehung; Zugnummer, Glanznummer, -stück.

**Attrappe** [frz.], Nachbildung eines Gegenstandes; bei Waren für Werbeausstellungen u.Ä.

**Attribut** [lat. ], **1)** wesentl. Merkmal einer Sache. **2)** Ⓢ Beifügung, nähere Bestimmung. **3)** kennzeichnende Beigabe einer dargest. Person (Gottheit, Held, Heiliger).

**atü,** veraltete Abk. für: Druck in techn. **At**mosphären **ü**ber dem Luftdruck (↑Atmosphäre).

**Atum,** ägypt. Gott, Ortsgottheit von Heliopolis, später mit Re identisch.

**Atwood** [ˈætwʊd], Margaret, kanad. Schriftstellerin, *1939; schreibt in engl. Sprache Gedichte u. psychol. Romane.

**Ätzen,** Verändern der Oberfläche von Stoffen (Metalle, Glas, lebendes Gewebe) durch chem. hoch akt. Verbdg. *(Ätzmittel),* z.B. Laugen, Säuren, Schwermetallsalze, auch Gase; zur Entfernung von Oberflächenschichten, Sichtbarmachung von Texturen, in der graf. Technik, beim Textildruck.

**Au,** ☊ Symb. für ↑Gold.

**Auber** [oˈbɛːr], Daniel François Esprit, frz. Opernkomponist, *1782, †1871; „Die Stumme von Portici", „Fra Diavolo".

**Aubergine** [oberˈʒiːnə; frz.], ein Nachtschattengewächs, dunkelviolette bis weißl. ei- bis gurkenförm. Frucht; Feingemüse.

**Aubusson** [obyˈsɔ̃], frz. St. östl. von Limoges, 6200E; histor. Zentrum der frz. Gobelin- und Teppichkunst.

**a. u. c.,** Abk. für: ↑**a**b **u**rbe [**c**ondita].

**Auckland** [ɔːklənd], größte St. und Haupthafen Neuseelands, 855000E (städt. Agglomeration); Univ.; ⚓. – Gegr. 1840 als erste Europäersiedlung in Neuseeland.

**Audienz** [lat.], Empfang bei hoch gestellten polit. oder kirchl. Würdenträgern.

**Audiovision,** Oberbegriff für Geräte und Verfahren zum gleichzeitigen Sehen und Hören, dazu zählen z.B. die Bildplatte und das Videoband.

**Auditorium** [lat.], **1)** Hörsaal der Hochsch.; *A. maximum,* größter Hörsaal einer Hochsch. **2)** Hörerschaft.

**Aue,** Krst. in Sa., 19600E; Bergbaumuseum; Textil-, Metallindustrie.

**Auerbach,** Berthold, eigtl. Moses Baruch **Auerbacher,** dt. Erzähler („Schwarzwälder Dorfgeschichten"), *1812, †1882.

**Auerbachs Keller,** alte Weinstube in Leipzig; der Sage nach gemeinsam v. ↑Faust u. ↑Mephisto besucht.

**Auerbach/Vogtland,** St. in Sa., 20200E; Maschinenbau.

**Auerhuhn,** Raufußhuhn; etwa 90cm lang; gefährdete Art; Europa, Sibirien.

**Auerochse, Ur,** ausgerottete Stammform des Hausrindes.

**Auerstedt,** Gem. im Kr. Weimarer Land (Thüringen), 500E; 1806 Schlacht von Jena und A. (↑Jena).

**Aufbauschulen,** versch. Schultypen: 1. zur Hochschulreife führende Schulen, die auf der Realschule aufbauen (3 Jahre); 2. zur mittleren Reife führende Schulen, die auf der Hauptschule aufbauen; 3. ↑Berufsaufbauschulen.

**Aufbereitung,** mech., chem. od. elektrolyt. Behandlung v. Rohstoffen zur Abscheidung unerwünschter Bestandteile. In der *Kerntechnik* die Extraktion von Uran u. Thorium aus dem Erz bis zur Gewinnung der Oxide.

**Aufbewahrungspflicht,** Pflicht des Kaufmanns, Handelsbücher, Bilanzen, Inventare 10 J., Briefe 6 J. aufzubewahren, auch bei Auflösung des Unternehmens.

**Auferstehung Christi,** die im N.T. bezeugte Wiedererweckung Jesu nach seinem Kreuzestod; grundlegendes Bekenntnis christl. Glaubens.

**Aufgebot,** **1)** kirchenrechtl.: öff. A. kath. Brautleute, um etwaige Ehehindernisse zu erfahren. **2)** im Eherecht bis 1998 Aushang zur Ermittlung etwaiger Ehehindernisse. **3)** Aufruf zu den Waffen. **4)** öff. Aufforderung zur Anmeldung v. Rechten od. zur Erhebung v. Ansprüchen an unbek. Beteiligte.

**Aufgeld,** svw. ↑Agio.

**Aufheller** ↑optische Aufheller.

**Aufklärung,** geist. Bewegung im Europa des 18. Jh., breitete sich, im Wesentl. getragen vom Bürgertum, seit Ende des 17. Jh. v. England über Frkr. u. Dtl. aus; Forderung nach log. klarem u. richt. Denken, relig. u. kirchl. Autoritäten wurden scharf kritisiert, v.a. durch Voltaire (als Freund Friedrichs d. Gr. in Dtl. bed. Einfl.); La Mettrie u. d'Holbach in Frkr.: radikaler Atheismus, Vertrauen auf die Macht d. Vernunft; daher in der Gesch.-Philos. optimist. Fortschrittsglaube (Montesquieu, Condorcet), in der Sozialphilos. Toleranzidee, Glaube an die Erziehbarkeit des Menschen; die allen gemeinsame Vernunft schafft Gleichheit vor dem Gesetz (Naturrecht); Schaffung der „Encyclopédie" (Diderot, d'Alembert). *Lit.:* Didakt. Funktion der Lit. stand im Vordergrund (Fabel, Epigramm), vermittelt auch durch die Moral. Wochenschriften, der Roman wurde allmählich zur beherrschenden Gattung (bes. der Briefroman); gegen Ende des 18. Jh. ging der Rationalismus der A. in die gefühlsbetonte, naturschwärmer. Empfindsamkeit über. Wichtige Vertreter: in England Swift, Defoe, Sterne, in Dtl. Gottsched, Gellert, Klopstock, Lessing, Wieland, Lichtenberg, in Frankreich außer den schon Genannten Rousseau, in Russland Lomonossow.

**Aufladung,** **1)** das Aufnehmen posit. od. negat. elektr. Ladung durch einen Körper, ein Gerät (z.B. Kondensator) u.a.; **2)** Erhöhung der den Zylindern von Verbrennungsmotoren zugeführten Luftmenge bzw. des Kraftstoff-Luft-Gemischs durch Zuführung vorverdichteter Luft (z.B. mit *Abgasturboladern,* bei denen ein Turbokompressor durch die Abgase angetrieben wird); führt zu erhebl. Leistungssteigerung.

**Auflage,** **1)** Verpflichtung zu einem Tun oder Unterlassen bei privatrechtl. Zuwendungen (z.B. Schenkung) od. verantwortungsrechtl. Verfügungen (z.B. Baugenehmigungen). **2)** 🕮 Gesamtzahl der vervielfältigten Exemplare eines Werkes.

**Auflassung,** die zur Übertragung des Eigentums an einem Grundstück erforderl. Einigung zw. Veräußerer u. Erwerber bei gleichzeitiger Anwesenheit beider vor einem Notar; im dt. Recht erforderlich.

**Aufliegen, Dekubitus** [lat.], Druckschädigung der Haut (z.B. Wundenbildung) bes. durch lange Bettlägerigkeit; Vorbeugung: Hautpflege durch Abreibung, Lagewechsel, Wasserkissen.

**Auflösungsvermögen,** die Güte eines opt. Systems bestimmende Trennfähigkeit für sehr nahe beieinander liegende Gegenstandspunkte.

**Auflösungszeichen,** 𝄞 Zeich. ♮, Zurücknahme einer vorher angegebenen Tonerhöhung (♯) oder -erniedrigung (♭).

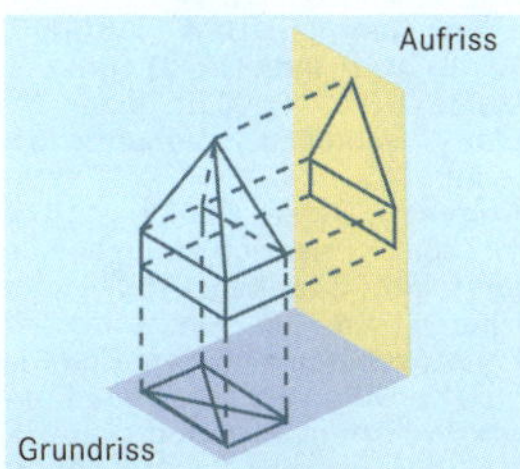


**Aufriss**

**Aufriss,** senkr. Projektion eines Körpers auf eine vertikale Ebene.

**aufschließen,** schwerlösl. Stoffe in lösl. Verbdg. bringen.

**Aufsichtspflicht,** Pflicht zur Beaufsichtigung Minderjähriger od. bes. Beaufsichtigung Bedürftiger (für Eltern, Lehrer, Vormünder, Pfleger).

**Aufsichtsrat,** gesetzl. Organ von ↑Aktienges., KGaA u. Genossenschaften zur Bestellung des Vorstands u. Überwachung der Geschäftsführung; mind. 3 Mitgl.; Amtszeit in der AG höchstens 4 Jahre.

**Auftakt,** **1)** der ein Tonstück od. ein musikal. Motiv eröffnende leichte Taktteil. **2)** am Versanfang: unbetonte Silbe[n] vor der 1. Hebung.

**Auftrag,** ⚖ Vertrag, durch den der Beauftragte sich verpflichtet, ein ihm übertragenes Geschäft unentgeltl. zu besorgen.

**Auftrieb,** **1) stat. A.,** eine der Gewichtskraft entgegenwirkende Kraft. Der stat. A. eines Körpers in einer ruhenden Flüssigkeit od. einem ruhenden Gas ist gleich der Gewichtskraft der v. dem Körper verdrängten Gas- od. Flüssigkeitsmenge *(archimed. Prinzip).* **2) dynam. A.,** senkrecht zur Anströmrichtung eines umströmten Körpers (z.B. Flugzeugflügel) wirkende Kraft.

**Aufwand, Aufwendungen,** die von einem Unternehmen im Verlauf einer Abrechnungsperiode verbrauchten Güter, in der Gewinn-und-Verlust-Rechnung zur Ermittlung des Periodenergebnisses dem Ertrag gegenübergestellt.

**Aufwandsentschädigung,** (steuerfreie od. beschränkt steuerpflichtige) Vergütung für Ausgaben im Rahmen der Berufsausübung (z.B. Umzugskosten); auch Entschädigung der Abgeordneten (↑Diäten).

**Aufwertung, Revaluation,** ↑Abwertung.

**Aufzinsung,** in der Zinseszinsrechnung die Ermittlung des Zeit- od. Endwertes eines Kapitals aus einem gegebenen Anfangskapital.

**Auge,** Sehorgan; bei Menschen u. Tieren paar., kompliziert gebautes Sinnesorgan, das als Linsen-A. aus dem *Augapfel* u. seinen Anhangsgebilden besteht; d. Augapfel liegt in der *A.nhöhle;* d. Sehnerv bildet die Verbdg. zum Gehirn; äußere Hülle d. Augapfels die *Lederhaut (Sklera),* vorn in d. durchsichtige Hornhaut übergehend, hinter der die ↑Iris folgt, d. mit Ziliarkörper u. der gut durchbluteten *Aderhaut* die 2. Schicht des A.s bildet; in der Iris die Pupille; dahinter Linse u. Glaskörper; zw. Glaskörper u. Aderhaut als 3. Schicht die Netzhaut; vordere u. hintere *A.nkammer* vor u. hinter der Iris; auf der Netzhaut umgekehrtes, reelles Bild (durch Sehnerv und -bahnen zum Sehzentrum im Hinterhauptslappen des Großhirns geleitet); räuml. Sehen durch Vermischung der von beiden A.n gelieferten Bilder; Eintrittsstelle des Sehnervs in den Augapfel nicht lichtempfindl.

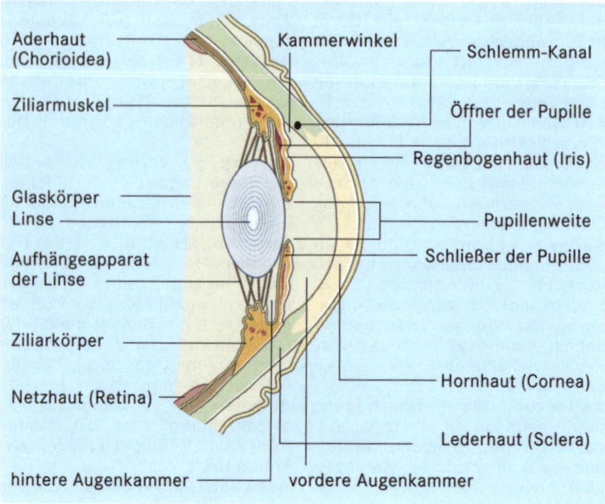


**Auge:** *schematisierter Schnitt durch das Auge des Menschen*

*(blinder Fleck),* schläfenwärts davon der *gelbe Fleck,* Stelle des schärfsten Sehens; Nah- u. Fernsehen durch Akkommodation; Anhangsgebilde zum Schutz u. zur Pflege der A.: *A.nlider,* Tränendrüsen mit Ausführgängen befeuchten A. mit Tränenflüssigkeit. (↑Bindehaut, ↑ Lichtsinn)

**Augias,** sagenhafter Kg. v. Elis, dessen riesige Ställe *(A.stall)* Herakles an einem Tag reinigt.

**Augsburg,** Hptst. des bayr. Reg.-Bez. Schwaben, 259 000 E; Univ., Konservatorium, PH, Verw.-Akad., LG; IHK; Verkehrsknotenpunkt, Ind.-St.: Textil-, Masch.-, Papierind.; Dom (1047 ff.) u.a. bed. Kirchen, Zeughaus (1602 ff.), Rathaus (1615 ff.), Fuggerei (1516 ff.). – Römergründung *(Augusta Vindelicum),* seit 5./6. Jh. Bischofssitz; R.-St.; bed. Reichstage.

**Augsburger Bekenntnis,** lat. **Confessio Augustana,** von ↑Melanchthon für den R.-Tag von Augsburg 1530 verf. Glaubensbekenntnis mit 28 Artikeln; heikle Fragen (Papsttum u.a.) unerwähnt. Zus. mit der Apologie Melanchthons Bekenntnisschrift der reformator. Lehre.

**Augsburger Interim,** 1548 erlassenes R.-Ges.: vorläuf. Zugeständnisse an die ev. Stände.

**Augsburger Religionsfriede,** den Anhängern des Augsburger Bekenntnisses (nicht Kalvinisten u. Zwinglianern) Besitz u. Frieden zusicherndes Grundgesetz des Hl. Röm. Reiches (1555).

**Augst,** schweizer. Ort im Kt. Basel-Ldsch., 840 E; nahebei die um 44 v. Chr. gegr., z.T. ausgegrabene röm. Stadt *Augusta Raurica.*

**Augstein,** Rudolf, dt. Publizist, *1923; Hg. des Nachrichtenmagazins „Der Spiegel".

**Auguren** [lat.], altröm. Priester, die nach best. Zeichen (Vogelflug u. a.) weissagten.

**August** [lat.], 8. Monat d. Jahres.

**Augusta,** Ehrenname röm. Ksn.; auch Bez. vieler nach röm. Ksn. ben. Kolonien, z. B. *A. Vindelicum* (Augsburg).

**Augusta** [ɔːˈgʌstə], **1)** St. im östlichen Georgia, USA, 48 000 E; Textil- u.a. Ind.; ⚒. **2)** Hptst. v. Maine, USA, 21 000 E; Textil-, Papier-, Schuhind.; Verkehrsknotenpt.; ⚒.

**August II.,** der Starke, *1670, †1733, als Friedrich August I. Kurfürst von Sachsen; 1697 nach Übertritt zur kath. Kirche Kg. von Polen; schloss sich dem Bündnis gg. Karl XII. von Schweden an, wurde besiegt u. verlor 1706 Polen, das er aber nach Karls XII. Niederlage wiedererlangen konnte (1709); prunkvoller Ausbau Dresdens und Warschaus.

**Augustiner,** männl. u. weibl. Ordensgenossenschaften nach der Augustinerregel: 1. *A.-Chorherren,* Zusammenschluss der Kanoniker eines Chorherrenstifts (entspr. *A.-Chorfrauen); 2. A.-Eremiten,* Bettelorden.

**Augustinus,** Aurelius, hl., Kirchenlehrer, Bischof von Hippo, *354, †430; prägte maßgeblich, bes. durch die Lehre von Sünde und Gnade, die abendländ. Theologie und Philos.; „Confessiones", „De civitate Dei".

**Augustus,** urspr. Gaius **Octavius,** nach seiner Adoption **Octavianus,** röm. Kaiser, *23. 9. 63 v. Chr., †19. 8. 14 n. Chr.; errang nach dem Tod seines Adoptivvaters Caesar durch Siege bei Philippi (42) und Aktium (31) die Alleinherrschaft (inoffizieller Titel: Princeps „der Erste"); erhielt 27 vom Senat den Ehrennamen A., der zum Titel der röm. Kaiser wurde. Er ordnete das Reich im Innern, förderte Kunst u. Wiss. („goldenes" Augusteisches Zeitalter).

**Auktion,** svw. ↑Versteigerung.

**Aula** [lat.], **1)** freier, hofähnl. Platz in griech. u. röm. Häusern. **2)** Palast in der röm. Kaiserzeit. **3)** Festsaal in Schulen u. Universitäten.

**Aung San Suu Kyi** [- dʒi], birman. Politikerin, *1945; führend in der demokrat. Opposition gg. das birman. Militärregime, Friedensnobelpreis 1991.

**au pair** [oˈpɛːr; frz.], Arbeitsleistung gg. Unterkunft u. Verpflegung, ggf. Taschengeld.

**Aurelian[us],** Lucius Domitius röm. Ks. s. 270, *214, †275; Kampf gg. Goten u. Wandalen, Sicherung der Donaugrenze; Bau d. *Aurelianischen Mauer* in Rom.

**Aureole** [lat.], **1)** atmosphär. Optik: atmosphär. Leuchterscheinung, Hof um Sonne od. Mond. **2)** ♧ Lichtkreis um die Gestalt Christi.

**Aureus** [lat.], röm. Goldmünze, seit dem 1. Jh. v. Chr.

**Aurich (Ostfriesland),** St. am Ems-Jade-Kanal, in Nds., 39 500 E; LG; Sitz zahlr. Behörden; Staatsarchiv; Marktort.

**Aurikel** [lat.], Primelgewächs in den Kalkalpen; Gartenformen.

**Aurora,** lat. Name der ↑Eos.

**Ausbildungsberufe,** nach dem Berufsbildungs-Ges. staatlich anerkannte Berufe, für die Ausbildungsverordnungen (Rechtsverordnungen) erlassen worden sind.

**Ausbildungsförderung,** Geldleistungen des öffentl.-rechtl. Gemeinwesens zur Förderung der allg. u. berufl. Bildung; im B.-Ausbildungsförderungsgesetz (Abk. BAföG) für Studenten und Schüler, im Sozialgesetzbuch III für Maßnahmen d. berufl. Bildung geregelt.

**Ausbürgerung,** Entziehung der Staatsangehörigkeit; in Dtl. gegen den Willen des Betroffenen nur zulässig, wenn dieser nicht staatenlos wird.

**Auschwitz,** poln. **Oświęcim** [ɔɕˈfjɛntɕim], polnische St. sö. von Kattowitz, 46 000 E. – 1940 berüchtigtes KZ, 1941–45 größtes Vernichtungslager, Zentrum u. daher Synonym des Holocaust (vermutl. 0,8 bis 1,6 Mill. Opfer).

**Ausdehnung,** ⚛ Längen- od. Volumenerhöhung eines Körpers bei Temp.erhöhung.

**Auseinandersetzung,** Aufteilung eines Vermögens einer Personengemeinschaft zu od. nach deren Auflösung, z. B. im Erbfall, bei Scheidung.

**Ausfallbürgschaft,** Bürgschaft über den Ausfall, den der Gläubiger aus seiner Forderung an den Hauptschuldner erleidet.

**ausfällen,** ☌ einen gelösten Stoff ganz od. z. T. in Kristalle, Flocken od. Tröpfchen überführen.

**Ausfuhr** ↑Export.

**Ausgabekurs** ↑Emissionskurs.

**Ausgedinge,** svw. ↑Altenteil.

**Ausgleichgetriebe, Differenzial,** Zahnrad-(Planeten-)Getriebe, gleicht versch. schnelle Drehung der Räder in den Kurven aus.

**Ausgleichspflicht, Kollation,** Pflicht der Abkömmlinge als gesetzl. Erben, das vom Erblasser zu Lebzeiten Erhaltene (z. B. für Berufsausbildung) bei der Erbauseinandersetzung auszugleichen.

**Auskragung,** vorspringender Bauteil (z. B. Erker, Balkon, Sims).

**Auskultation** [lat.], das Abhören der im Körper entstehenden Geräusche (Herz, Lunge, Darm) mit Ohr oder ↑Stethoskop.

**Auskunftsverweigerungsrecht,** Recht des Zeugen, auf best. Fragen die Antwort zu verweigern (z. B., wenn die Antwort ihn od. einen Angehörigen im Strafverfahren belasten würde).

**Ausländer,** Person, die eine andere als die Staatsangehörigkeit ihres Aufenthaltslands besitzt. Die Rechtsstellung der A. ist v. a. im A.-Ges. v. 1990 u. im Asylverfahrens-Ges. geregelt.

**ausländische Arbeitnehmer,** Erwerbspersonen, die (vorübergehend) in einem Land arbeiten, dessen Staatsangehörigkeit sie nicht besitzen; i. d. R. kommen a. A. aus Ländern mit unzureichenden Beschäftigungsmöglichkeiten in Ind.-Länder, in denen Arbeitskräftemangel v. a. für arbeitsintensive, häufig geringe Qualifikation erfordernde, schlecht bezahlte Tätigkeiten besteht; früher auch Gastarbeiter genannt.

**Ausleger,** bei Kränen das über die Stützkonstruktion hinausragende Gerüst.

**Auslese, 1)** ❀ die *natürl. A.* (Zuchtwahl) in der Auseinandersetzung des Individuums (Art, Gatt.) mit der Umwelt (Anpassung) durch Ausmerzung z. B. des Schwächeren (↑Selektionstheorie); *künstl. A.* durch ↑Züchtung. **2)** 3. Prädikatsstufe bei Qualitätsweinen.

**Auslieferung,** Übergabe eines Ausländers an seinen Heimat- oder einen dritten Staat wegen eines Verbrechens (Einzelheiten meist in Verträgen festgelegt); keine A. wegen polit. Verbrechen; Deutsche dürfen nicht an das Ausland ausgeliefert werden (Art. 16 GG).

**Auslobung,** ⚖ öff. und bindende Aussetzung einer Belohnung für die Vornahme einer Handlung.

**Ausnahmezustand,** staatl. Notstandssituation; in Dtl. ↑Notstand, ↑Notstandsgesetze.

**Auspizien** [lat.], Vorzeichen, Vorbedeutungen; bei den Römern Orakel aus dem Vogelflug.

**Auspuff, 1)** Abdampf od. Abgas von Dampf- und Verbrennungsmasch. **2)** Ableitungsrohr für 1).

**Aussatz,** svw. ↑Lepra.

**Auskragung** *zweier Geschosse an einem Fachwerkhaus*

**Ausschabung** ↑Kürettage.

**Ausschlag,** svw. ↑Exanthem.

**Außenhandel,** grenzüberschreitender Warenverkehr, wichtigster Teil der ↑Außenwirtschaft; Ggs.: Binnenhandel; *A.monopol,* ausschließl. Berechtigung einer staatl. Zentralstelle zum Betreiben des A., v. a. in Ländern mit Planwirtschaft; *A.statistik,* statist. Erfassung u. Darstellung des A. nach Menge, Wert, Volumen, Bezugs- u. Absatzgebieten sowie Zollsollerträgen. – ↑Zahlungsbilanz.

**Außenprüfung,** Maßnahme des Finanzamtes, um anhand schriftl. Unterlagen Steuerpflichtige mit Einkünften aus Gewerbebetrieb, Land- u. Forstwirtschaft od. freier Berufstätigkeit zu überprüfen.

**Außenstände,** Forderungen im Geschäftsverkehr.

**Außenwirtschaft,** Gesamtheit d. Wirtschaftsbeziehungen zw. Staatsräumen. Zur A. gehören Waren-, Dienstleistungs-, Kapital-, Zahlungs- u. sonstiger Wirtschaftsverkehr des Inlands mit dem Ausland.

**außergewöhnliche Belastungen,** bei der Einkommensteuer unter best. Voraussetzungen abzugsfähige Aufwendungen (z. B. Unfall- od. Beerdigungskosten).

**Aussetzung, 1)** ↑bedingte Strafaussetzung zur Bewährung; **2)** vorläufiger Stillstand eines Gerichtsverfahrens durch Gerichtsbeschluss. **3)** vorsätzl. Verlassen einer hilflosen Person.

**Aussiedler,** dt. Staatsangehörige od. Volkszugehörige, die vor dem 8. 5. 1945 ihren Wohnsitz in den dt. Gebieten östl. d. Oder-Neiße-Grenze, in Polen, Rumänien, der Sowjetunion, Ungarn u. der Tschechoslowakei hatten u. diese Länder nach Abschluss d. allg. Vertreibungsmaßnahmen verlassen haben od. verlassen.

**Aussig,** tschech. **Ústí nad Labem** [ˈu:stji: ˈnadlabɛm], tschech. St. an der Elbe, 106 000 E; Braunkohlen-⚒, chem. Ind.; ⚓.

**Aussperrung,** Maßnahme der Arbeitgeber im Arbeitskampf: Ausschließung von Arbeitnehmern.

**Ausstand,** svw. ↑Streik.

**Austen** [ˈɔ:stɪn], Jane, engl. Schriftstellerin, *1775, †1817; schrieb mit feiner Ironie Romane über die gehobenen Stände Englands.

**Austerlitz,** tschech. **Slavkov u Brna** [ˈslafkɔf ˈubrna], tschech. St. östl. von Brünn, 7 000 E. – 1805 Sieg Napoleons I. über Österreicher u. Russen (Dreikaiserschlacht).

**Austern** [niederl.], gesell. Muscheln aller gemäßigten u. warmen Meere; Massenvorkommen auf *A.bänken;* A.zucht in *A.parks;* A. gelten als Delikatesse.

**Austernfischer,** krähengroßer, schwarz-weißer Strandvogel; Hauptnahrung Muscheltiere.

**Austin** [ˈɔ:stɪn], Hptst. v. Texas, USA, 502 000 E; Univ.; Ind.; ✈.

**austral** [lat.], südlich.

**Australien** [lat. „Südland"], der kleinste Erdteil. Er wird länderkundlich mit Tasmanien, Neuguinea, Neuseeland sowie der Inselwelt Ozeaniens zu *A. u. Ozeanien* zusammengefasst: insges. 8,937 Mill. km² mit rd. 32 Mill. E. *Festland-A.* bilden das eigtl. A. u. die Insel Tasmanien. *Oberflächengestalt:* Festland-A. liegt beiderseits des südl. Wendekreises, hat wenig gegliederte Küsten; nur an der SW- u. SO-Küste gute Hafenbuchten. Im W trockenes, z.T. wüstenhaftes Tafelland, im genügend bewässerten O teils Geb. (Austral. Kordillere, bis 2230m hoch), teils Hügelland. Nur ein größeres Stromsystem (Murray-Darling), sonst meist nur zeitweise Wasser führende Flüsse (Creeks) u. im S Seen ohne Abfluss zum Meer (Eyre-, Torrenssee); viele Salzsümpfe. *Klima:* Klimatisch gehört N-A. zu den Tropen, S-A. zur gemäßigten Zone, das Innere zum subtrop. Trockengürtel (Wüste, Buschland). *Pflanzen- u. Tierwelt:* Eukalyptus, Akazien, Flaschen- u. Grasbäume sind bestimmend, im NO Urwald. Höhere Säugetiere fehlen fast ganz. Vorherrschend altertüml. Tierarten: Beuteltiere (Känguru, Koala u.a.), Schnabeltier, Dingo, Emu, Leierschwanz.

**Australien, Australischer Bund,** engl. **Commonwealth of Australia** ['kɔmənwelθ ɔv ɔs'treɪljə], Bundesstaat, umfasst das Festland A.s, Tasmanien u. kleinere Inseln. A. ist parlamentar. Monarchie innerh. des Commonwealth of Nations; Staatsoberhaupt: brit. Königin, vertreten durch einen Gen.-Gouv.; Zweikammernparlament; bundesstaatl. Einteilung in 6 Bundesstaaten, 2 Territorien. – Bev. fast nur in den Randbez., bes. im SO u. O; überw. Weiße, meist brit. Abstammung, daneben rd. 300000 Ureinwohner (Aborigines), davon rd. 270000 Mischlinge. Religion: versch. christl. Kirchen, bes. die kath. u. die anglikanische.

*Wirtschaft:* Im O u. SW Landw. (Weizen), im O u. W u. in weiten Gebieten des Innern Viehzucht, bes. Schafe. In der Welterzeugung von Wolle steht A. an 1. Stelle. ⚒ auf Stein- u. Braunkohle, Bauxit, Uran, Erze. Eisen-, Stahl-, Zement-, Elektro-, chem. u.a. Ind. Ausfuhr: Wolle, Weizen, Bergbauprodukte. Haupthandelspartner: Japan, EU-Länder (v.a. Großbrit. u. Dtl.). Wichtigste Verkehrsmittel: Auto u. Flugzeug. Haupthäfen: Sydney, Melbourne, Fremantle, Newcastle, Geelong.

*Gesch.:* Im 16. Jh. Entdeckung durch Handelsschiffe der Niederländer, Spanier u. Portugiesen; seit 1616 Erkundungen an der W-Küste, Name „Neuholland"; 1770 erreichte J. Cook die O-Küste; um 1800 waren die Küsten bekannt; s. 1814 Name „Australien" (= Südland). – 1788 mit der Gründung einer brit. Strafkolonie nahe der jetzigen St. Sydney Beginn der europ. Besiedlung; Verdrängung u. Dezimierung der Ureinwohner (Aborigines). Im

**Australien**

*Fläche:* 7692000 km²

*Einwohner:* 19,39 Mill.

*Hauptstadt:* Canberra

*Amtssprache:* Englisch

*Zeitzone:* MEZ + 7, 8½ und 9 Stunden (von W nach O)

19. Jh. Gründung der Kolonien Neusüdwales, West-A., Süd-A., Victoria, Queensland u. Tasmanien, die sich 1901 zum *Austral. Bund* zusammenschlossen; v.a. seit dem 2. Weltkrieg Entw. zum Industriestaat.

**Australi|er, Aborigines,** Eingeborenenbev. Australiens, noch etwa 300000 Ureinwohner (einschl. Mischlinge), z.T. in Reservaten; Wildbeuter; Narbentatauierung; Totemismus (↑Totem).

**Austrasi|en** ↑Austrien.

**Austria,** nlat. Name für Österreich.

**Austrian Airlines** ['ɔ:strɪən 'ɛəlaɪnz; engl.], Abk. **AUA**, östr. Luftverkehrsgesellschaft.

**Austri|en, Austrasien,** der östl. Teil des Merowingerreiches, mit Königssitz in Reims, später Metz.

**Austrofaschismus,** Bez. für eine polit. Bewegung in Östr. nach 1918, die sich auf den rechten Flügel der Heimwehren stützte; vertrat ständestaatl. Ziele.

**Austromarxismus,** östr. Sonderform des Marxismus Anf. des 20. Jh.s (O. Bauer, K. Renner u.a.).

**Auswärtiges Amt,** Abk. **AA**, das für die auswärtigen Beziehungen zuständige Ministerium in der BRD.

**Ausweispflicht,** Pflicht aller in der BRD lebenden Personen über 16 J., einen Personalausweis od. Pass zu besitzen.

**Ausweisung,** Aufforderung zum Verlassen des Staatsgebietes; in der BRD nur gg. Ausländer.

**Auswuchten,** Beseitigung v. Unwuchten an Rotationskörpern (z.B. Kfz-Reifen bzw. -Felgen), damit die Drehachse durch den Schwerpunkt geht.

**Auswurf,** svw. ↑Sputum.

**Auszehrung, Kachexie,** Kräfteabnahme mit starker Abmagerung, u.a. bei ↑Krebs und bei ↑Tuberkulose.

**Auszubildender,** Bez. des Berufsbildungs-Ges. für eine Person, die einen Ausbildungsberuf v.a. in der Wirtschaft od. im öff. Dienst erlernt; frühere Bez. Lehrling; der A. erlernt unter Anleitung des Ausbildenden durch Mitarbeit einen gewerbl., kaufmänn. od. anderen Beruf. Der Ausbildungsvertrag ist vor Beginn der Ausbildung schriftl. abzuschließen u. sein Abschluss in das Ausbildungsverzeichnis einzutragen. Die Ausbildungszeit dauert meist 3 Jahre. Nach Beendigung der Ausbildungszeit ist eine Prüfung abzulegen u. ein schriftl. Ausbildungszeugnis auszustellen (Abschluss im Handwerk Gesellenbrief, bei kaufmänn./verwaltenden Berufen z.T. Kaufmannsgehilfenbrief).

**Autarkie** [gr.], wirtsch. Unabhängigkeit eines Landes.

**authentisch** [gr.], echt, zuverlässig, verbürgt, glaubwürdig.

**auto..., Auto...** [gr.], Bestimmungswort; Bed.: „selbst".

**Autobahnen,** mehrbahn., kreuzungsfreie Straßen für Kfz-Schnellverkehr. In Dtl. ab 1928; *Bundes-A.:* nur für Fahrzeuge mit Geschwindigkeit über 60km/h; Halten nur auf Parkplätzen; Zu- u. Abfahrt auf *Zubringerstraßen.*

**Autobiografie** [gr.], [literar.] Darstellung des eigenen Lebens.

**autochthon** [gr.], **1)** alteingesessen, eingeboren. **2)** Geol.: am Fundort entstanden.

**Autodafé** [portug.], **1)** Bekanntgabe u. Vollstreckung des Ketzergerichtsurteils. **2)** öff. Verbrennung verbotener Bücher.

**Autodidakt,** Person, die sich durch Selbstunterricht Kenntnisse erworben hat.

**Autogamie** [gr.], Selbstbefruchtung bei [zwittr.] Lebewesen.

**autogen** [gr.], **1)** urspr.; selbsttätig. **2)** ⚕ aus dem Körper selbst entstanden.

**autogene Metallbearbeitung,** [Gas]schweißen u. Schneiden mit Brenngas-Sauerstoff-Gebläse (hohe Flammentemperatur).

**autogenes Training** [-'trɛ-], psychotherapeut. Methode zur „konzentrativen Selbstentspannung".

**Autogramm** [gr.], eigenhänd. Namenszug [einer bekannten Persönlichkeit].

**Autograph** [gr.], vom Verf. eigenhänd. (auch masch.-schriftl.) geschriebenes Schriftstück.

**autokephal** ↑orientalische Kirchen.

**Autoklav** [frz.], ⚗ Behälter zum Erhitzen von Stoffen bei hohem Druck.

**Autokratie** [gr.], unumschränkte Staatsgewalt in der Hand eines Machthabers *(Autokrat).*

**Automat** [gr.], mechan. od. elektron. System, in dem nach dem Start ein programmierter Prozess weitgehend selbsttätig abläuft; bes. Bed. als Werkzeug-A. (z. B. Dreh-, Fräs-, Bohr-A.).

**Auto[mobil]** ↑Kraftwagen.

**Autonomie** [gr.], Befugnis zur selbstständigen Regelung der eigenen [Rechts]verhältnisse.

**Autonomstaaten,** amtl. Bez. für die ehem. Bantuheimatländer (Homelands); Gebiete in der Rep. Südafrika, die im Rahmen d. Apartheidpol. best. Stammesgruppen d. Bantubev. zugewiesen wurden; 1994 aufgelöst u. in d. Rep. Südafrika integriert.

**Autopsie** ↑Sektion.

**Autor** [lat.], Urheber, Verf. eines Werkes der Lit., Kunst, Fotografie, Musik (↑Urheberrecht).

**autorisieren** [lat.], bevollmächtigen, ermächtigen.

**autoritäre Persönlichkeit,** von T. Adorno geprägte Bez. für einen Persönlichkeitstyp, der zu unkrit. Unterordnung unter Autoritäten, Konformismus, Vorurteilen u. Intoleranz neigt.

**autoritärer Staat,** Staat, der ohne tatsächl. Kontrolle durch ein Parlament oder eine sonst. Volksvertretung regiert wird.

**Autorität** [lat.], **1)** Einfluss und Ansehen einer Person od. Einrichtung. **2)** maßgebende Person, meist auf best. Fachgebiet.

**Autosuggestion,** Selbstbeeinflussung (↑Suggestion).

**autotroph** [gr.], ❀ anorganische Stoffe in körpereigene Stoffe umsetzend.

**Autun** [o'tœ̃], frz. St. sw. von Dijon; 26 000 E; bed. antike Ruinen; Kathedr. (12. Jh.).

**Auvergne** [o'vɛrɲ], Hochflächenldsch. im frz. Zentralmassiv; großartiges, heute erloschenes Vulkangeb.; *Puy de Sancy* 1886 m. Thermalquellen; Weidewirtsch., Weinbau; ⚒ auf Steinkohle.

**Avantgarde** [avã'gard; frz.], Vorhut; *Avantgardisten,* Vorkämpfer (einer Idee oder Richtung).

**AvD,** Abk. für: **A**utomobilclub **v**on **D**eutschland e. V.; 1899 in Berlin als Deutscher Automobilclub gegr.; ältester Kraftfahrzeugklub Deutschlands, Sitz: Frankfurt am Main.

**Avedon** ['ævədən], Richard, amer. Fotograf, * 1923; sachl. dokumentar. Porträtaufnahmen amer. Stars, Literaten u. Politiker.

**Ave Maria** [lat.; = Gegrüßet seist du, Maria], Anf. u. Bez. des volkstümlichsten kath. Mariengebetes; Gruß des Engels bei der Verkündigung *(Engl. Gruß).*

**Aventin,** einer der 7 Hügel Roms.

**Aventurin** [roman.], gelber, grüner od. brauner Quarz mit metall. glänz. Einlagerungen; Schmuckstein.

**Avenue** [frz. avə'ny, engl. 'ævənju:], Zufahrt; städt. Prachtstraße.

**Averroes,** arab. **Ibn Ruschd,** arab. Philosoph, Jurist u. Mediziner in Spanien, * 1126, † 1198; Kommentator des ↑Aristoteles; wirkte im MA schulbildend *(Averroismus);* wegen seiner Religionsdeutung (Ewigkeit der Welt, eine allen Menschen gemeinsame Vernunft) verbannt.

**Avers** [frz.], Münzvorderseite.

**Avesta** ↑Awesta.

**Avicenna,** arab. **Ibn Sina,** pers. Philosoph u. Arzt, * um 980, † 1037; sein medizin. Handbuch war 700 Jahre lang unbestrittene Autorität.

**Avignon** [avi'ɲɔ̃], Hptst. des südfrz. Dép. Vaucluse, an der Rhone, 89 000 E; Handelsplatz, Ind. – Von Römern gegr. *(Avenio),* 1309–76 Sitz der Päpste; Papstpalast; Dom (12. Jh.).

**Ávila,** span. Prov.-Hptst. in Altkastilien, 44 000 E; Nahrungsmittelind.; Stadtmauer (11. Jh.).

**Avogadro,** Amedeo, Graf von Quaregna und Ceretto, ital. Physiker u. Chemiker, * 1776, † 1856; nach ihm ben.: *A.-Gesetz:* gleiche Volumina idealer Gase enthalten bei gleicher Temp. u. gleichem Druck gleich viele Atome od. Moleküle (1811); *A.-Konstante:* $N_A \approx 6{,}022 \cdot 10^{23}$ Atome bzw. Moleküle in einem Mol eines Stoffes; der Zahlenwert dieser Größe heißt auch *A.-Zahl.* – Die A.-Konstante wurde in der dt.-sprach. Fachlit. auch Loschmidt-Zahl gen.

**Avus,** Abk. für: **A**utomobil-**V**erkehrs- und **Ü**bungs**s**traße, fr. Rennstrecke in Berlin; heute Teil der Stadtautobahn.

**AWACS** ['eɪwæks; Abk. für **A**irborne early **W**arning **a**nd **C**ontrol **S**ystem], luftgestütztes, in den USA entwickeltes militär. Frühwarn- u. Einsatzführungssystem v. a. der NATO.

**Awaren,** türk.-mongol. Steppennomaden, v. Karl d. Gr. besiegt, seit 822 nicht mehr genannt.

**Awesta** [pers.], **Avesta,** hl. Buch des ↑Parsismus mit Lehren u. Vorschriften; in altiran. Sprache.

**Axenberg,** Felssporn am Vierwaldstätter See, 1022 m, am Fuß die Tellsplatte und -kapelle. Am Seeufer *Axenstraße* m. Tunneln u. Galerien.

**Ávila:** *die etwa 13 m hohe mittelalterliche Stadtmauer*

**Avis** [a'vi; auch: a'vis; frz.], **1)** Nachricht, Anzeige (im Handel). **2)** Mitteilung des Ausstellers über den Grund der Wechselziehung an den Bezogenen. **3)** Strafanzeige bei Behörden.

**Avocado,** bis 20 m hoher immergrüner Baum in M- u. S-Amerika, S-Afrika, Israel; Früchte birnenförmig, Fruchtfleisch zucker- u. ölhaltig.

**Axiom** [gr.], unmittelbar einleuchtender Grundsatz, seinerseits nicht mehr begründbar.

**Axolotl** [aztek.], nord- u. mittelamer. Molch, der sich als ausgewachsene Larve fortpflanzt (Neotenie) u. sich erst bei Wassermangel in ein Landtier umwandelt.

**Ayacucho** [aja'kutʃo], Hptst. des peruan. Dep. A., 119 000 E; Univ.; Handelszentrum.

**Ayatollah, Ajatollah,** im schiit. Islam Ehrentitel herausragender Geistlicher.

**Aymé** [ɛ'me], Marcel, frz. Schriftsteller, * 1902, † 1967; z. T. vom ↑Surrealismus beeinflusst.

**Azaleen** [gr.], Heidekrautgewächse, Verwandte der Alpenrose; Garten- und Topfpfl. aus Asien; kalkfeindlich.

**Azidose** [lat.], **Blutübersäuerung,** krankhafter Zustand mit Säureüberschuss (pH > 7,38) in Blut u. Geweben.

**Azimut,** ☼ Winkel zw. Südpunkt u. dem Schnittpunkt des Vertikalkreises eines Gestirns mit dem Horizont.

**Aznar Lopéz** [að'nar 'lopɛθ], José Maria, span. Politiker, * 1953, s. 1996 Min.-Präs. einer konservativen Regierung.

**Azofarbstoffe,** wicht. Gruppe von Textilfarbstoffen v. a. im gelben bis roten Bereich; enthalten die *Azogruppe* (–N=N–).

**Azoren,** portug. Inselgruppe im Atlantik, 9 Inseln mit zus. 2 247 km², 236 500 E; vulkan. Ursprungs (Alto de Pico 2 355 m); Klima u. Vegetation mediterran; Anbau von Orangen, Bananen, Ananas, Mais u. Weizen. Fremdenverkehr. – Im Altertum Karthagern und Arabern bek.; 1427 von Portugiesen wieder entdeckt; 1895 Autonomie.

**Azorenhoch,** das in der Umgebung der Azoren durch Aufstau subtrop. Warmluft fast immer anzutreffende Hochdruckgebiet, v. großer Bed. für den Wetterablauf in Europa.

**Azteken,** bedeutendster Indianerstamm in Mexiko (↑altamer. Kulturen).

**Azur** [frz.], das Himmelsblau.

# B

**B,** 2. Buchstabe des Alphabets.

**B, Br,** Abk. für ↑Brief.

**B,** Kurzzeichen für ↑Bel.

**B,** ⚗ Symb. für ↑Bor.

**Ba,** ⚗ Symb. für ↑Barium.

**Baader-Meinhof-Prozesse,** 1975–77 durchgeführte Strafverfahren gegen Mitgl. der terrorist. „Rote-Armee-Fraktion" (RAF; Baader-Meinhof-Gruppe nach ihren Anführern A. Baader [* 1944, † 1977] und U. Meinhof [* 1934, † 1976; Selbstmord]); Verurteilung zu lebenslangen bzw. zu langjährigen Freiheitsstrafen. Nach dem Scheitern des Versuchs ihrer Freipressung verübten A. Baader, G. Ensslin und J.-C. Raspe in der Vollzugsanstalt Stuttgart-Stammheim Selbstmord (18. 10. 1977).

**Baalbek:** *die Reste des Jupitertempels von Baalbek (2. Jh. )*

**Baal,** semit. Himmelsgott.

**Baalbek,** libanes. St., 20 000 E; in hellenist. Zeit *Heliopolis*, Ruinen einer bed. Tempelanlage des 1./2. Jh. (UNESCO-Welterbe).

**Baar,** klimat. raue Schichtstufenldsch. zw. dem südl. Schwarzwald und der Schwäb. Alb; vorwiegend Hochflächen in 700 m ü. d. M.

**Baas** [niederl.], Herr, Meister, Aufseher.

**BAB,** Abk. für: **B**undes**a**uto**b**ahn.

**Babel,** hebr. Name für ↑Babylon.

**Bab el-Mandeb,** Meerenge, die das Rote Meer mit dem Golf v. Aden verbindet.

**Babenberger,** fränk. Grafengeschlecht, 976–1246 Markgrafen bzw. Herzöge von Österreich.

**Babeuf** [ba'boef], François Noël, frz. Jakobiner, * 1760, † 1797 (hingerichtet).

**Babi Jar,** Schlucht bei Kiew (Ukraine), in der im Sept. 1941 rd. 33 000 Juden v. einem dt. Sonderkommando ermordet wurden.

**Babybonds** ['beıbı-; engl.], Schuldverschreibungen mit sehr geringen Nennbeträgen.

**Babylon,** St. am Euphrat, seit dem 2. Jt. Hptst. des Babylon. Reiches, Mittelpt. der altorient. Kultur; Blütezeit unter Nebukadnezar II., 539 v. Chr. von Kyros II., 331 von Alexander d. Gr. erobert; heute Ruinenfeld.

**Babyloni|en,** im Altertum das wegen seiner Fruchtbarkeit begehrte Tiefland am unteren Euphrat und Tigris, Ausgangspunkt großer Reiche. Im S herrschten seit dem späten 4. Jt. v. Chr. die ↑Sumerer, im N ein Jt. später die semit. Akkader, die unter Sargon I. um 2230 das erste Großreich schufen. Ihr Vermächtnis nahmen um 2000 die Könige von Ur, um 1700 ↑Hammurapi von Babylon auf. In der Folge beherrschten erst die aus dem Zagrosgebirge stammenden Kassiten B., dann geriet es in Abhängigkeit von Assyrien. Das *Neubabylon. Reich* wurde unter Nebukadnezar II. (605–562) noch einmal Großmacht; 539 v. Chr. wurde es vom Perserkönig Kyros II. erobert.

**Babylonisch** ↑Akkadisch.

**babylonisch-assyrische Kultur,** Urheber ↑Sumerer, die u. a. die Keilschrift schufen, u. eingewanderte Semiten; hoch entwickelt waren Landw., Handwerk, Handel, Wiss. (Math., Astronomie, Med.), Recht (Gesetzesstele des Hammurapi).

**babylonisch-assyrische Literatur,** zunächst in sumer., dann in akkad. Spr. verfasste Hymnen, Gebete u. Epen (v. a. ↑Gilgamesch-Epos).

**babylonisch-assyrische Religion,** altoriental. Religion sumer. Ursprungs, v. a. Verehrung von Stadtgöttern; mit der Erhebung Babylons zur Hpst. des Reiches wurde deren Stadtgott Marduk der höchste der Götter (um 1700 v. Chr.). Wichtigste Göttin war Ischtar. Träger des Kultes war der König.

**Babylonische Gefangenschaft,** **1)** Wegführung des größten Teils der Juden nach Babylon 597 u. 587, ab 538 v. Chr. unter Kyros II. schubweise Rückkehr. **2)** Aufenthalt der Päpste in Avignon (1309–77).

**babylonische Kunst.** In der Frühphase, v. a. Zeit des ↑Hammurapi: Hochtempel auf Stufenbasis *(Zikkurat),* lebensgr. plast. Figuren, Stelen (erh.: Stele des Hammurapi mit eingemeißeltem Gesetz). Spätphase: Höhepunkt unter Nebukadnezar II. mit bed., repräsentativer Kunst, z. B. Bauten, (Prozessionsstraße, Ischtartor), die mit farbigen Schmelzfliesen (u. a. reliefiert zu Darstellungen schreitender Tiere angeordnet) verziert waren; nach Ausgrabungen Rekonstruktion des Marduk-Tempels Nebukadnezars II. (Turmbau zu Babel).

**Babylonischer Turm,** in 1. Mos. 11 *(Turmbau zu Babel)* gen. Turm, der den Himmel erreichen sollte; Gott bestrafte diese Hybris mit der *Babylon. Sprachverwirrung.*

**Bacchanalilen** [gr.], ausschweifende Bacchusfeste der Antike.

**Bacchantinnen,** svw. ↑Mänaden.

**Bacchus** ↑Dionysos.

**Bach, 1)** Carl Philipp Emanuel, dt. Komponist, *1714, †1788, Sohn von 3); Hofcembalist Friedrichs d. Gr., dann Kirchenmusikdir. in Hamburg; Klaviersonaten, Sinfonien, Kammermusik, Lieder, Kantaten. **2)** Johann Christian, dt. Komponist, *1735, †1782, Sohn von 3); Domorganist in Mailand, seit 1762 in London Musikmeister der Kgn.; Opern, Oratorien, Sinfonien, Klaviersonaten, Kammermusik. **3)** Johann Sebastian, dt. Komponist, *21. 3. 1685, †28. 7. 1750; der bedeutendste prot. Kirchenmusiker, Thomaskantor in Leipzig; als Meister der Barockmusik verband er die kontrapunkt. Mehrstimmigkeit mit dem jungen, harmonisch best. Konzertstil; geistl. u. weltl. Kantaten, Johannespassion, Matthäuspassion, Weihnachtsoratorium, h-Moll-Messe, Orchester-, Kammer- und Klaviermusik, Fugen, Präludien, Partiten, Toccaten. **4)** Wilhelm Friedemann, dt. Komponist, *1710, †1784, Sohn von 3); v. a. Organist; Klaviersonaten u. -konzerte, Fugen, Sinfonien, geistl. u. weltl. Vokalwerke.

C. P. E. Bach

J. S. Bach

**Bacharach,** St. am Mittelrhein, RP, 2 300 E; Weinbauschule.

**Bachmann,** Ingeborg, östr. Dichterin, *1926, †1973; Lyrik, Hörspiele, Erzählungen, Essays.

**Bachstelze,** schwarzweißer Singvogel mit langem Wippschwanz; Wasser liebend.

**Bachtaran,** fr. **Kermanschah,** iran. Prov.-Hptst., 624 000 E; Erdölraffinerie, Textilindustrie.

**Backbord,** linke Schiffseite (vom Heck aus gesehen).

**Backnang,** Stadt in Ba.-Wü., 31 500 E; Leder- u. a. Industrie.

**Backoffen, Backofen, Backoff,** Hans, bed. Bildhauer in Mainz, *zw. 1470 u. 1475, †1519.

**Backpulver,** Gemischzusatz, der während der Teigzubereitung bzw. während des Backens $CO_2$ freisetzt.

**Backsteinbau,** Bau aus unverputzten gebrannten Ziegeln; schon s. Ende des 4. Jt. v. Chr. in Mesopotamien; Entw. einer Backsteinornamentik v. a. in der islam. Baukunst und im MA in Oberitalien, Norddtl. und den Niederlanden (*Backsteingotik* ↑Gotik).

**Bacon** ['beıkən; engl.], leicht gesalzener u. angeräucherter Speck.

**Bacon** ['beıkən], **1)** Francis, Baron v. **Verulam,** engl. Staatsmann u. Philosoph, *1561, †1626; wiss. Begr. des ↑Empirismus, forderte Naturerkenntnis mit dem Ziel der Naturbeherrschung („Novum Organum", 1620; bed. Essays). **2)** Francis, engl. Maler, *1909, †1992.

**Bad,** im Allg. jedes Eintauchen eines Körpers in eine Flüssigkeit, auch chem. u. techn. Begriff; Bäder als kult. Akte, zur Erholung, zur Körperpflege od. -heilung. *Badekuren* mit natürl. Quellen, die durch ihre Temp. od. ihre Stoffe (Schwefel, Kohlensäure u. a.) wirken.

**Bad Arolsen,** hess. St. im Kr. Waldeck-Frankenberg, 16 800 E; Luftkurort, Barockschloss. – Sitz des Internat. Suchdienstes des Roten Kreuzes.

**Bad Aussee,** östr. Solbad in der Steiermark, 5 000 E.

**Bad Bentheim,** St. im Emsland, Nds., 14 500 E; Thermal-, Schwefel-, Solquelle.

**Bad Bergzabern,** St. in RP, 8 000 E; Kneippbad.

**Bad Berka,** St. südl. v. Weimar, 4 600 E; schwefel-, eisenhalt. Quellen.

**Bad Berleburg,** St. am S-Rand des Rothaargeb., NRW, 21 500 E; Holz- u. Papierind.; Kneippkurort.

**Bad Berneck i. Fichtelgebirge,** bayr. Kneippbad u. Luftkurort, 4 800 E.

**Bad Bevensen,** St. in Nds., 8 900 E; Thermal-Jod-Solquelle.

**Bad Blankenburg,** Luftkurort in Thüringen, 11 000 E.

**Bad Bleiberg,** östr. Marktgem. bei Villach, Kärnten, 3 000 E; Thermalbad; bis 1993 Blei- u. Zinkerzabbau.

**Bad Boll** ↑Boll.

**Bad Breisig,** Heilbad in RP, am Rhein, 8 500 E; Thermalquellen.

**Bad Brückenau,** bayr. St. in der Rhön, 6 100 E; Stahl-, Schwefelquelle, Moorbad.

**Bad Buchau,** St. am Federsee, Ba.-Wü., 3 700 E; Moorbad; Federseemuseum; ehem. R.-Stadt.

**Bad Cannstatt** ↑Stuttgart.

**Bad Deutsch-Altenburg,** östr. Kurort, 1 400 E; Jodschwefelbad.

**Bad Doberan,** Krst. und Moorbad in Mckbg.-Vp., 11 500 E. Zu Bad Doberan gehört das Ostseebad Heiligendamm.

**Bad Driburg,** Stadt in NRW, 19 500 E; Schwefelmoor, Stahlquelle.

**Bad Dürkheim,** Krst. am Haardtrand, RP, 18 500 E; Kneippbad, arsen- und jodhaltige Solquellen; Weinbau.

**Bad Dürrenberg,** St. u. Solbad in

Sa.-Anh., 12200 E; Museum; Gradierwerke (886 m lang).

**Bad Eilsen,** Kurort im Weserbergland, Nds., 2300 E; Schlamm- u. Schwefelbad.

**Bad Ems,** Krst. an der Lahn, RP, 10000 E; alkal. Thermen (bis 50 °C); *Emser Salz* zum Gurgeln.

**Baden, 1)** westl. Teil v. Ba.-Wü. mit den Reg.-Bezirken Karlsruhe u. Freiburg. – *Gesch.:* Aus der Vereinigung einzelner Territorien der Zähringer im Hzgt. Schwaben entstand im 12. Jh. die Markgft. Baden, bed. Gebietszuwachs in der napoleon. Zeit, 1806 Großhzgt., 1818 Verf.; 1848/49 revolutionäre Unruhen, 1918 Freistaat; 1945 z.T. frz., z.T. amer. Zone; 1951 zu Ba.-Wü. **2)** schweizer. Kur- und Ind.-St. im Aargau, 14000 E; Schwefelthermalquellen; Elektroind. **3)** östr. Kurort südl. von Wien, 28000 E; Schwefelthermalquellen.

**Baden-Baden,** St. am nw. Schwarzwald, Ba.-Wü., 52000 E; internat. Badeort, radioaktive Kochsalzthermen; über der Stadt Altes Schloss Hohenbaden; LG; IHK; älteste Spielbank Dtl.; alljährl. internat. Rennwoche in Iffezheim.

**Baden-Powell** [ˈbeɪdnˈpəʊel], Robert Stephenson Smyth Baron, brit. General, * 1857, † 1941; Begr. u. Leiter der brit. Pfadfinderbewegung (1907) u. der internat. Pfadfinderorganisation.

**Badenweiler,** Kurort im südl. Schwarzwald, Ba.-Wü., 3400 E; radioakt. Thermalquellen (rd. 26 °C).

**Baden-Württemberg,** Land der BRD, 35751 km², 10,476 Mill. E, Hptst. Stuttgart. B.-W. umfasst einen Teil des Oberrhein. Tieflandes, den Schwarzwald, den Kraichgau und Teile des Odenwaldes, Teile des dt. Alpenvorlandes, das Schwäb. Schichtstufenland mit der Schwäb. Alb. *Wirtsch.:* fruchtb., landw. genutzte Gebiete, Forstwirtsch. u. starke verarbeitende Ind., v.a. Stahl-, Maschinen- und Fahrzeugbau, Elektro-, Textil-, chem., Spiel-, Schmuckwaren-, feinmechan., opt., Uhrenindustrie; Viehzucht; Getreide-, Obst-, Weinbau, Forstwirtschaft; Wasserkraftwerke, Erdölraffinerien; Zentren sind Stuttgart, Karlsruhe und Mannheim; Fremdenverkehr. – *Gesch.:* 1945–47 Errichtung der Länder Württemberg-Baden (US-Zone), Württemberg-Hohenzollern und (S-)Baden (frz. Zone) durch die Besatzungsmächte. Nach Volksabstimmungen 1951 Errichtung v. B.-W.; Verfassung v. 11. 11. 1953.

**Bad Frankenhausen/Kyffhäuser,** St. in Thüringen, 9500 E; Solquellen; Bauernkriegsgedenkstätte.

**Bad Freienwalde/Oder,** St. in Brandenburg, 10400 E; Eisen- u. Moorheilbad.

**Bad Friedrichshall,** St. an d. Kochermdg., Ba.-Wü., 12000 E; Salzbergwerke.

**Bad Füssing,** Gem. am Inn, Bay., 5400 E, schwefelhaltige Thermalquelle.

**Bad Gandersheim,** St. im Leinebergland, Nds., 11400 E; Solbad; Domfestspiele; Glas-, Konservenind.; Zollschule.

**Badgastein,** östr. Kurort in Salzburg, 5600 E; radonhaltige Thermalquellen.

**Bad Godesberg,** heute zu Bonn, NRW, kohlensäurehaltige Mineralquellen; Sitz diplomat. Vertretungen.

**Bad Grund (Harz),** St. im Harz, Nds., 3100 E; ⚒; Moorbäder.

**Bad Hall,** Heilbad in Oberösterreich, 4800 E; jod- u. bromhaltige Kochsalzquellen.

**Bad Harzburg,** St. im N-Harz, Nds., 23700 E; Solbad, Arsen-Schwefel-Quelle. Nahebei die *Harzburg* (1065–68).

**Bad Herrenalb,** St. im Schwarzwald, Ba.-Wü., 6100 E; ev. Akad.; heilklimat. Kurort; Therme.

**Bad Hersfeld,** hess. Krst. an der Fulda, 31000 E; Textilind.; Eisenquelle; Ruine der Abteikirche (8.–16. Jh.; Festspiele).

**Bad Homburg v.d. Höhe,** hess. Krst., 51500 E; Schloss (17. Jh.); Kochsalz-, Stahlquellen, Spielbank.

**Bad Honnef,** St. am Mittelrhein, NRW, 24500 E; Säuerling.

**Bad Iburg,** Stadt im Teutoburger Wald, Nds., 10100 E; ehem. bischöfl. Schloss u. Benediktinerkloster; Kneippkurort.

**Bad Ischl,** östr. Kurort im Salzkammergut, 13000 E; Sol-, Schwefelbäder.

**Bad Karlshafen,** hess. St. an d. Weser, 4600 E; Solbad.

**Bad Kissingen,** bayr. Krst. an der Fränk. Saale, 22000 E; kohlensaure u. eisenhaltige Kochsalzquellen.

**Bad Kösen,** St. in Sa.-Anh., 6000 E; Solbad mit Gradierwerk, Plüschtierherst.

**Bad Kreuznach,** Krst. an der unteren Nahe, RP, 43000 E; LG; histor. Brückenhäuser; Tabak-, Leder-, opt. Industrie; Radiumsolbad; Weinbau.

**Bad Krozingen,** Thermalbad sw. von Freiburg im Breisgau, Ba.-Wü., 12500 E.

**Bad Langensalza,** St. in Thür., 20000 E; Travertinwerke, Schwefelquelle.

**Bad Lauterberg im Harz,** Kneippkurort am Südharz, Nds., 13700 E.

**Bad Liebenstein,** Kurort in Thür., 8400 E; kohlensäure- und arsenhalt. Eisenquelle.

**Bad Liebenwerda,** St. in Brandenburg, 11300 E; Eisenmoorbad; Möbelindustrie.

**Bad Liebenzell,** St. im nördl. Schwarzwald, Ba.-Wü., 6600 E; Thermalquellen.

**Bad Meinberg** ↑Horn-Bad Meinberg.

**Bad Mergentheim,** St. an der Tauber, Ba.-Wü., 20000 E; Schloss; Glauber-, Bitterquellen. – 1527 bis 1809 Sitz des Hochmeisters des Dt. Ordens.

**Badminton** [ˈbædmɪntən; engl.], Rückschlagspiel (Einzel od. Doppel); der Federball (4,7 bis 5,5 g schwer), ein Korken, in den 14–16 Federn eingelassen sind, ist über das Netz (1,55 m) zu schlagen.

**Bad Münster am Stein-Ebernburg,** Kurort, RP, 3600 E; radioakt. Kochsalzthermen.

**Bad Muskau,** St. an der Lausitzer Neiße, Sachsen, 5000 E; Eisenvitriolquelle.

**Bad Nauheim,** hess. St. im Taunus, 29000 E; kohlensäurereiche Kochsalzthermen, Max-Planck-Inst. (Herzforschung).

**Bad Nenndorf,** Badeort am Nordrand des Deisters, Nds., 8600 E; Schwefelquellen, Schlamm-, Solbad.

**Bad Neuenahr-Ahrweiler,** Krst. an der Ahr, RP, 24800 E; alkal. Thermen (rd. 36 °C); Spielbank; Weinbau.

**Bad Neustadt a.d. Saale,** bayr. Krst. am SO-Fuß der Rhön, 16000 E; Kochsalzquellen.

**Bad Oeynhausen** [ˈøː-], St. sw. der Porta Westfalica, NRW, 49000 E; kohlensaure Kochsalzthermen, Chlor-Calcium-Quelle.

**Bad Oldesloe** [-loː], Krst. an der Trave, Schl.-Ho., 23000 E; Eisen-, Möbel-, chem. Industrie. – 1813–30 Heilbad.

**Bad Orb,** hess. St. im Spessart, 10000 E; kohlensäurehaltige Solquellen.

**Bad Pyrmont** [auch -ˈpyr-], St. im Weserbergland, Nds., 21400 E; kohlensäurehaltige Eisenquellen, Solquellen, Moorbäder.

**Bad Radkersburg,** östr. Bez.-Hptst. in der Steiermark, 1600 E; Magnesium-Calcium-Hydrogencarbonat-Säuerling.

**Bad Ragaz,** schweizer. Kurort im Kt. St. Gallen, 4800 E; radioaktive Mineraltherme (37 °C).

**Bad Reichenhall,** oberbayr.

Krst., 16 500 E; Solquellen, Moorbäder; Münsterkirche St. Zeno (1136 ff.).

**Bad Rippoldsau-Schapbach,** Gem. im N-Schwarzwald, Ba.-Wü., 2 500 E; Mineral- u. Moorheilbad.

**Bad Sachsa,** St., heilklimat. Kurort u. Wintersportplatz am S-Rand des Harzes, Nds., 8 500 E.

**Bad Säckingen,** St. am Hochrhein, Ba.-Wü., 15 000 E; Fridolinsmünster; Holz-, Masch.-, Textilind.; Solbad.

**Bad Salzuflen,** St. im Lipper Bergld., NRW, 55 000 E; Solquellen, Kochsalzthermen.

**Bad Salzungen,** Krst. in Thüringen, 17 500 E; Solquellen; Gradierwerk, Pressenwerk.

**Bad Schussenried,** St. in Oberschwaben, Ba.-Wü., 7 600 E; ehem. Prämonstratenserabtei (1183 bis 1803); Moorheilbad.

**Bad Schwalbach,** hess. Krst. am Taunus, 11 000 E; kohlensäurehalt. Eisenquellen, Eisenmoorbäder.

**Bad Schwartau,** St. nördl. von Lübeck, Schl.-Ho., 20 000 E; Nahrungsmittelind.; Solbad.

**Bad Segeberg,** Krst. in Schl.-Ho., 15 500 E; Sol- u. Moorbad.

**Bad Soden am Taunus,** hess. St., 20 000 E; kohlensäurehaltige Kochsalztherme; Glashütte.

**Bad Sooden-Allendorf,** hess. St. an der Werra, 9 500 E; Solbad.

**Bad Tölz,** oberbayr. Krst. an der Isar, 16 500 E; Jodquellen.

**Bad Urach,** St. in Ba.-Wü., 11 500 E; Thermalquelle; Schloss (15. Jh.), Fachwerkrathaus (1562), spätgot. Stadtkirche, Ruine *Hohenurach.*

**Bad Vilbel** [f-], hess. St. in der Wetterau, 26 000 E; kohlensäurehalt. Quellen; Mineralwasserversand.

**Bad Waldliesborn** ↑Lippstadt.

**Bad Warmbrunn,** poln. **Cieplice Śląskie Zdrój,** Teil v. Hirschberg i. Rsgb., Polen; schwefelhalt., radioaktive Thermalquellen.

**Bad Wiessee,** bayr. Gem. am Tegernsee, 4 500 E; Jod-Schwefel-Heilquelle.

**Bad Wildungen,** hess. St. am Kellerwald, 18 000 E; ev. Stadtkirche St. Nikolaus (1. H. d. 14. Jh.s) mit dem „Wildunger Altar" des Konrad von Soest; Fahrzeugbau; kohlensäurereiche Mineralquellen.

**Bad Wimpfen,** St. am Neckar, Ba.-Wü., 6 000 E; Reste der stauf. Kaiserpfalz u. der Stadtmauer; Solbad.

**Bad Windsheim,** bayr. St. nördl. d. Frankenhöhe, 12 000 E; Rathaus (1713–17); Solbad.

**Bad Wörishofen,** bayr. St. im Kr. Mindelheim, 13 500 E; ältestes Kneippkurbad; Wirkungsstätte S. ↑Kneipps.

**Bad Zwischenahn,** Großgem. am Zwischenahner Meer, Nds., 23 400 E; Ind.; Moorbad.

**Baeck** [bɛk], Leo, dt. Rabbiner, * 1873, † 1956; führender Gelehrter des (liberalen) Judentums seiner Zeit; nach ihm ben.: *Leo-B.-Institute; Leo-B.-Preis.*

**Baez** ['baɪəz], Joan, amer. Sängerin u. Gitarristin, * 1941; bed. Interpretin der Folkmusic.

**BAföG** ↑Ausbildungsförderung.

**BAG,** Abk. für: **B**undes**a**rbeits**g**ericht (↑Gerichte).

**Bagatelle** [frz.], **1)** Geringfügigkeit. **2)** kurzes Instrumentalstück.

**Bagdad,** arab. **Baghdad,** Hauptstadt von Irak, am Tigris, 4,9 Mill. E; 4 Univ., Wirtschaftszentrum; ✈. 763 Hptst. der Abbasiden, Blüte unter Harun ar-Raschid.

**Bagdadbahn,** rund 2 450 km lange Eisenbahnstrecke v. Konya, Türkei, über Bagdad nach Basra u. Umm Kasr (am Pers. Golf), Irak.

**Bagger** [niederl.], Gerät zur Gewinnung u. Förderung v. Erd- u. Geröllmassen, meist fahrbar; Arbeitsweise stetig od. absetzend (Löffel-, Saug-, Schaufelrad-B.).

**Bahamas,** Staat (Inselgruppe) im Bereich der Westind. Inseln, zw. Florida u. Haiti; Fremdenverkehr; Tropenklima. 1492 Landung v. Kolumbus auf San Salvador, 1718 brit. Kronkolonie, s. 1973 selbst. innerhalb des Commonwealth.

**Bahamas**

*Fläche:* 13 939 km²
*Einwohner:* 295 000
*Hauptstadt:* Nassau
*Amtssprache:* Englisch
*Zeitzone:* MEZ – 6 Stunden

**Bahasa Indonesia,** amtl. Bez. der Staatsspr. Indonesiens (seit 1945); gehört zur indones.-polynes. Sprachgruppe.

**Bahia,** brasil. B.-Staat am Atlantik, 567 295 km², 12,5 Mill. E; Hptst. Salvador; Kakao-, Baumwollanbau.

**Bahnelemente,** ☼ voneinander unabh. Angaben zur Bahnbestimmung eines Himmelskörpers, die sich aus Positionsbeobachtungen berechnen lassen.

**Bahnhof,** Verkehrs- und Betriebsanlage der Eisenbahn (auch anderer öff. Verkehrsmittel), planmäß. Haltestelle (dagegen: *Haltept.;* ohne Weichen) der Züge [u. Busse] des öff. Verkehrs; ↑auch Eisenbahn.

**Bahnhofsmission,** auf größeren Bahnhöfen Fürsorgeeinrichtungen konfessioneller Verbände zur unentgeltl. Betreuung hilfsbedürftiger Reisender.

**Bähr,** George, dt. Barockbaumeister, * 1666, † 1738; Frauenkirche in Dresden (1945 zerstört, derzeit Wiederaufbau).

**Bahrain**

*Fläche:* 707 km²
*Einwohner:* 634 000
*Hauptstadt:* Menama
*Amtssprache:* Arabisch
*Zeitzone:* MEZ + 2 Stunden

**Bahrain,** Emirat (Inselgruppe) im Pers. Golf; Erdölförderung u. -raffinerie, Aluminiumwerk, Handelszentrum; ✈. S. 1971 souverän.

**Bai** [niederl.], Meeresbucht.

**Baikal-Amur-Magistrale,** Abk. **BAM,** Eisenbahnlinie in Ostsibirien, 3 145 km lang, von Ust-Kut an der Lena nach Komsomolsk am Amur, verläuft 400–600 km nördl. der Transsibir. Eisenbahn.

**Baikalsee,** Geb.-See in S-Sibirien, 31 500 km², 456 m ü. M., bis 1 637 m tief (tiefster See der Erde).

**Baikonur,** Raumfahrtzentrum (Kosmodrom) in Kasachstan.

**Bairiki,** Hptst. v. Kiribati, 2 200 E.

**Baisse** ['bɛ:s], starker Rückgang od. Tiefstand der Börsenkurse; Ggs. ↑Hausse.

**Bajadere** [portug.], ind. Tempeltänzerin.

**Bajazzo** [ital.], Possenreißer.

**Bajonett** [frz.], Stichwaffe mit Stahlklinge, am Gewehr befestigt.

**Bajonettverschluss,** leicht lösbare (Steck-)Verbdg. v. Rohren, Stangen u. a.
**Bajuwaren,** älterer Name der Bayern.
**Bake,** festes Orientierungszeichen für See-, Luftfahrt, Straßenverkehr und Vermessungen.
**Baker** ['beɪkə], Josephine, amer. Tänzerin, Sängerin, *1906, †1975.
**Bakony** ['bɔkonj], Teil des ungar. Transdanub. Mittelgeb., nördl. des Plattensees.
trum der Erdgas- und Erdölind., Maschinenbau; ⚓, ⛏.
**Bakunin,** Michail Alexandrowitsch, russ. radikalsozialist. revolutionärer Anarchist und Schriftsteller, *1814, †1876.
**Balakirew,** Mili Alexejewitsch, russ. Komponist, *1837, †1910.
**Balalaika** [russ.], 3-sait. russ. Volksmusikinstrument mit langem Hals u. dreieck. Resonanzkörper; wird gezupft oder gerissen.
**Balance** [ba'lãs; frz.], Gleichgewicht.

**Bali:** *Reisanbau auf kunstvoll angelegten Terrassen*

**Bakschisch** [pers.], Almosen, Trinkgeld, Bestechungsgeld.
**Bakteri|en** [gr.], einzell., meist $^1/_{1000}$ mm (bis über $^1/_{10}$ mm) gr. Mikroorganismen ohne abgegrenzten Zellkern (werden mit den Blaualgen und Archaebakterien als Prokaryonten den Pfl. u. Tieren gegenübergestellt); sehr viele Arten; Vermehrung durch Querteilung; Dauersporen äußerst widerstandsfähig; auf bzw. in Nährmedien züchtbar als Aerobier oder Anaerobier; wirtsch. wicht. zur Alkohol-, Essig-, Antibiotikagewinnung, Käsebereitung, Konservierung u. a.; Gruppen: Kokken (u. a. Streptokokken), Rickettsien, Sporenbildner (z. B. Bacillus), Spirillen, Spirochäten, Vibrionen.
**Bakteri|enwelke** ↑Pflanzenkrankheiten (Übers.).
**Bakteriologie** [gr.], Lehre von den Bakterien, ihrer systemat. Einteilung, ihren Lebensbedingungen, ihrer Züchtung bzw. Bekämpfung.
**Bakteriophagen** [gr.], ↑Viren, befallen Bakterien, die sich dann meist auflösen.
**Baku,** Hptst. Aserbaidschans, am Kasp. Meer, 1,7 Mill. E; Univ.; Zen-
**Balanchine** [balã'ʃi:n], George, eigtl. Georgi **Balantschiwadse,** russ.-amer. Choreograf, *1904, †1983; neoklass. Stil.
**Balaton** ['bɔlɔton], ↑Plattensee.
**Balchaschsee,** abflussloser Steppensee in Kasachstan, 17 500 bis 22 000 km², mittl. Tiefe 6 m.
**Baldachin** [ital.], **1)** urspr. kostb. Stoff aus Bagdad; dann Prunkbedachung v. Altar, Thron, Kanzel; auch Traghimmel. **2)** Zierdach aus Stein über Statuen oder Altären.
**Baldr, Baldur,** german. Gott des Lichtes, Odins Sohn.
**Baldrian** [mlat.], Gattung der B.gewächse; der *Gemeine B.* an feuchten Orten, auch angebaut; Wurzel liefert Beruhigungsmittel.
**Balduin, B. I.,** Graf von Boulogne, *1058, †1118; Teilnahme am 1. Kreuzzug, seit 1100 Kg. von Jerusalem.
**Baldung,** Hans, gen. **Grien,** dt. Maler und Kupferstecher, *1484 od. 1485, †1545; in Nürnberg, Freiburg i. Br. u. Straßburg tätig (Altäre, Bildnisse, Grafik), in seinen Spätwerken dem ↑Manierismus zugewandt.
**Baldwin** ['bɔ:ldwɪn], **1)** James, amer. Schriftsteller, *1924, †1987; **2)** Stanley, Earl B. of Bewdley, brit. konservat. Politiker, *1867, †1947; 1923–29 u. 1935–37 Premierminister.
**Balearen,** span. Inselgruppe im Mittelmeer, mit *Formentera, Ibiza, Mallorca* und *Menorca;* 5 014 km², 673 000 E; Fremdenverkehr. 1983 Autonomiestatut.
**Balfour** ['bælfə], Arthur James Earl of, brit. konservativer Politiker, *1848, †1930; 1902–07 Min.-Präs., 1916–19 Außenmin.; versprach 1917 durch die *B.-Deklaration* „eine nat. Heimstätte für das jüd. Volk in Palästina".
**Balgfrucht,** Frucht, die aus einem Fruchtblatt hervorgeht und sich an dessen Verwachsungs-(Bauch-)Naht öffnet.
**Bali,** Sundainsel östl. von Java, Indonesien, 5 561 km², 2,92 Mill. E; Vulkane; Fremdenverkehr.
**Balkan,** von W nach O streichendes Faltengeb. in Bulgarien, Forts. des Karpatenbogens; bis 2 376 m hoch.
**Balkanhalbinsel,** das gebirgige SO-Europa südl. v. Save u. Donau; Faltengeb., bes. im S in viele Becken und Horste zerstückelt, Küste stark gegliedert; Anteil an der B. haben: Bosnien und Herzegowina, Montenegro, Makedonien, Serbien, Teile von Kroatien und Slowenien, Albanien, Griechenland, Bulgarien, europ. Teil d. Türkei.
**Balkankrieg, 1)** 1. B. 1912/13 zw. Bulgarien, Griechenland, Serbien, Montenegro u. dem zerfallenden Osman. Reich: Albanien u. Makedonien von der türk. Herrschaft befreit. **2)** 2. B. 1913: Bulgarien vernichtend geschlagen; Friede zu Bukarest.
**Ball,** Hugo, dt. Dichter, *1886, †1927; Mitbegr. des Dadaismus.
**Ballade** [frz. u. engl.], knappes ep.-dramat., meist gereimtes Strophengedicht über ein schicksalvolles Geschehen.
**Ballen,** schwielige Sohlenpartie unter den Zehen.
**Ballett** [ital.], europ. Kunsttanz seit dem 15./16. Jh.; wesentl. Bestandteil der Oper, seit dem 18. Jh. auch selbstständig.
**Ballistik** [gr.], Lehre von der Bewegung von Geschossen.
**Ballon** [auch: ba'lõ; frz.], **1)** mit Wasserstoff od. Helium *(Gas-B.)* od. mit erhitzter Luft *(Heißluft-B.)* gefüllter Hohlkörper aus beschichtetem Gewebe od. Kunststofffolien; als *Frei-B.* (mit Korb f. B.fahrer) zum sportl. B.fahren, unbemannt z. meteorolog. Forschung *(Wetter-B.),* als *Fessel-B.* (mit [Stahl]seilen am Boden ver-

ankert). **2)** bauch. Glasbehälter mit kurzem Hals.

**Balmer,** Johann Jakob, schweizer. Mathematiker, * 1825, † 1898; stellte die nach ihm ben. Formel zur Berechnung der Wellenlängen best. Linien *(B.-Linien, B.-Serie)* des Wasserstoffspektrums auf.

**Balsa** [span.], **1)** indian. Binsen- od. Holzfloß. **2)** leichtes trop. Nutzholz.

**Balsam** [hebr.], dickflüss. Gemisch aus Harzen u. äther. Ölen.

**Balten,** idgm. Völkergruppe: Altpreußen, Letten u. Litauer.

**Baltikum,** seit Ende des 19. Jh. Bez. für die histor. Landschaften Livland, Estland u. Kurland als Provinzen des Russ. Reiches, später Bez. für das Gebiet der balt. Staaten Lettland u. Estland, vielfach auch unter Einbeziehung Litauens.

**Baltimore** [ˈbɔːltɪmɔː], Hafenst. in Maryland, USA, 736 000 E; Univ.; Handelsplatz, Ind.; ✈.

**Baltischer Höhenrücken,** End- u. Grundmoränenldsch., von Ostpreußen bis Holstein.

**Baltrum,** kleinste der ostfries. Inseln zw. Norderney u. Langeoog, Nds., 9 km², 530 E; Fremdenverkehr. Fähre v. Norddeich u. Neßmersiel.

**Balustrade** [frz.], Brüstung mit kl. Säulchen.

**Balz,** Liebesspiele der Vögel und Fische in d. Paarungszeit.

**Balzac** [balˈzak], Honoré de, frz. Schriftsteller, * 1799, † 1850; Romane mit scharf analysierten Charakteren, zusammengefasst unter dem Titel „Die menschl. Komödie".

**Bamako,** Hptst. von Mali, am Niger, 894 000 E; Erzb.-Sitz; Ind.standort; ✈.

**Bamberg,** bayr. Krst. in Ofr., 70 000 E; Altstadt mit vielen Barockhäusern, Dom (Weihe 1237) u. a. bed. Kirchen, Alte u. Neue Residenz; Sternwarte, Museen, PH, Univ., OLG, LG; Hopfenhandel, vielseitige Ind.; Mainhafen. – 1007 Bistum, seit 1817 Erzbistum.

**Bamberger Reiter,** Reiterstandbild am nördl. Chorpfeiler im Bamberger Dom (vor 1237).

**Bambus** [malai.], meist trop. u. subtrop., verholzende Gräser; oft baumhoch, schnellwüchsig.

**Bambusbär, Großer Panda,** seltener, scheuer Kleinbär, 150 cm lang, Bambusfresser; Tibet, China.

**Bamian,** afghan. Ort im Hindukusch, 7 700 E; berühmt durch zwei Buddhastatuen aus dem 5./6. Jh. (2001 auf Anweisung der Taliban-Führung zerstört).

**Ban** [serb., kroat.], Titel kroat. und ungar. [Stammes]fürsten.

**Banane,** baumähnliche Staude; wicht. trop. Nutzpfl.; liefert Obst-B.n, Stärkemehl, ↑Manilafaser.

**Bangkok:** *Goldene Pagode des Tempels Wat Phra Keo (1785)*

**Banat,** histor. Ldsch. zw. Theiß, Donau, Maros u. den Südkarpaten; in der Ebene fruchtbare Felder, im Bergland Wälder, Erz- u. Kohlenlagerstätten; im 18. Jh. wurden dt. Kolonisten, *B.er Schwaben,* angesiedelt; 1920 zw. Ungarn, Jugoslawien und Rumänien aufgeteilt.

**Band** [bænd; engl.], kleinere Gruppe von Musikern (Jazz-, Tanz- und Rock-B.).

**Band, 1)** ⚕ **Ligament,** strang- oder plattenförm. Gebilde aus bindegeweb. od. elast. Fasern zur Befestigung bewegl. Teile des Körpers. **2)** ⚛ Kurzbez. für *Frequenz-B.,* schmaler Bereich von Frequenzen. – *B.breite:* Breite eines B. zw. 2 Grenzfrequenzen. *B.filter* bzw. *B.sperren* unterdrücken Schwingungen innerh. eines gewünschten B. u. lassen andere andere durch.

**Bandage** [-daʒə; frz.], ⚕ elast. Stützbinde.

**Bandainseln,** Inselgruppe der Molukken, Indonesien, 180 km², rd. 60 000 E; Gewürzanbau.

**Bandar Seri Begawan,** bis 1970 **Brunei,** Hptst. v. Brunei, 46 000 E; ⚓, ✈.

**Bande** [frz.], Einfassung der Reit- u. Kegelbahn, der Billardspielfläche, des Eishockeyspielfeldes u. Ä.

**Banderilla** [-rilja; span.], geschmückter Wurfspieß des *Banderilleros* im Stierkampf.

**Bändermodell,** theoret. Modell zur Beschreibung der Energiezustände von Elektronen in Festkörpern.

**Banderole** [frz.], Steuerzeichen (Papierband), z. B. bei Tabakwaren.

**Bandgenerator,** von R. J. van de Graaff entwickelter Hochspannungserzeuger (mehr. Mill. Volt) durch Ladungstrennung an einem umlaufenden ladungssammelnden Kunststoffband; dient als Teilchenbeschleuniger.

**Bandkeramik,** mit Bandornamenten verzierte Gefäße der Jungsteinzeit im Donauraum.

**Bandoneon, Bandonion** [nach dem Erfinder H. Band], ziehharmonikaart. Volksinstrument.

**Bandscheibe,** knorpel., zw. je 2 Wirbelkörpern der Wirbelsäule liegende Scheibe mit weichem, gallertart. Kern; *B.nvorfall,* Heraustreten einer B. mit schmerzhaftem Druck auf Nervenwurzeln.

**Bandung,** Hptst. der indones. Prov. Westjava, 2,03 Mill. E; Univ.; ✈.

**Bandungstaaten,** asiat. u. afrik. Staaten, die auf der *Bandungkonferenz* (1955) kulturelle u. wirtsch. Zusammenarbeit vereinbarten.

**Bandwürmer,** vielgliedr. Darmparasiten, meist in Wirbeltieren; bis 15 m lang; für d. Menschen gefährl.: Rinder-, Fisch-, Schweinebandwurm; meist nach dem Genuss von rohem Fleisch.

**Bangali,** Staatsbürger v. Bangladesh.

**Bangalore** [ˈbæŋgəlɔː], Hptst. d. südind. B.-Staates Karnataka, 5,0 Mill. E; Univ.; Handels- u. Wirtschaftszentrum; ✈.

**Bangkok,** Hptst. Thailands, am unteren Menam Chao Phraya, städt. Agglomeration 5,9 Mill. E; kultureller u. wirtsch. Mittelpt.; Univ., Königspalast; ⚓, ✈.

**Bangladesh,** Staat im Ganges-Brahmaputra-Delta, bis 1971 als Ost-Pakistan östl. Landesteil Pa-

**Bangladesh**

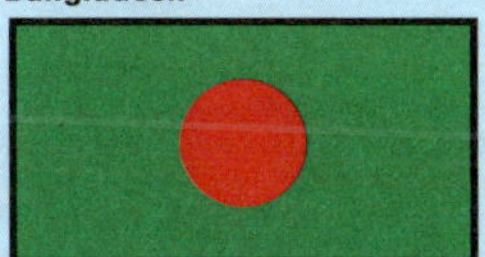

*Fläche:* 147 570 km²

*Einwohner:* 128,3 Mill.

*Hauptstadt:* Dhaka

*Amtssprache:* Bengali

*Zeitzone:* MEZ + 5 Stunden

kistans; hohe Bev.-Dichte, vorw. Muslime, Amtsspr. Bengali; fruchtbare Schwemmlandebenen, reichl. Niederschläge (Monsun); Anbau v. Reis, Zuckerrohr, Jute, Tabak, Tee; Ind. im Aufbau. 1971 Verkündung der unabhängigen VR B. durch Scheich Mujibur Rahman (1975 von putschenden Truppen ermordet); nach Bürgerkriegswirren u. Militärdiktatur 1991 Rückkehr zu demokrat. Verfassung.

**Bangui** [-'gi], Hptst. der Zentralafrik. Rep., am Ubangi, 600 000 E; Univ., Forschungsinstitute; Wirtschaftszentrum; ⚓, ✈.

**Banihalpass,** einziger für den Verkehr bed. Pass zw. Indien und Kaschmir, 2840 m ü. d. M.; Straßentunnel.

**Banja Luka,** St. in Bosnien u. Herzegowina, 143 00 E; Univ., Holz-, Elektro-, Nahrungsmittelind.

**Banjarmasin** [-dʒ-], **Bandjarmasin,** indones. Prov.-Hptst. auf Borneo, 444 000 E; Univ.; ⚓, ✈.

**Banjo** [amer.], 4- bis 7-sait. Schlaggitarre mit langem Hals.

**Banjul** ['bandʒul], bis 1973 **Bathurst** ['bæθə:st], Hptst. von Gambia, 45 000 E; Wirtschaftszentrum; ⚓, ✈.

**Bank deutscher Länder,** Abk. **BdL,** Vorläufer der ↑Deutschen Bundesbank (1948–57).

**Bänkelsang,** Vortrag (↑Moritat) fahrender Sänger auf Märkten, Messen u. a.; s. dem 17. Jh.; häufig parodiert.

**Banken,** Kreditinstitute, die Bankgeschäfte betreiben, deren Umfang einen in kaufmänn. Weise eingerichteten Geschäftsetrieb erfordert. Haupttätigkeit: *Aktivgeschäfte* (u. a. Gewährung v. Kontokorrent-, Diskont-, Lombard-, Aval- u. Akzeptkrediten), *Passivgeschäfte* (u. a. Entgegennahme v. Sicht-, Termin- u. Spareinlagen, Ausgabe v. Pfandbriefen, Kommunalobligationen), *Dienstleistungsgeschäfte* (u. a. Zahlungsverkehrs-, Inkasso-, Wertpapier-, Depot-, Emissions-, Geldwechselgeschäfte, Vermögens-Verw.). Arten nach Stellung im B.system: Noten-B. u. Geschäfts-B.; die Dt. Bundesbank unterscheidet: Kredit-B., Landes-B., Sparkassen, genossenschaftl. Zentral-B., Kreditgenossenschaften, Realkreditinstitute, B. mit Sonderaufgaben u. Bausparkassen. – In Dtl. unterliegen Kredit- u. Finanzdienstleistungsinstitute der *B.-Aufsicht* durch die Bundesanstalt für Finanzdienstleistungsaufsicht (s. 2002).

**Bankett** [ital.], Festmahl.

**Bankett** [frz.], **1)** Straßenbau: [befestigter] Seitenstreifen; **2)** unterster Teil des [Gebäude]fundamentes.

**Bank für Internationalen Zahlungsausgleich,** Abk. **BIZ,** gegr. 1930 zur Förderung der Zusammenarbeit der Zentralbanken u. Erleichterung internat. Finanztransaktionen, Sitz Basel.

**Bankgeheimnis,** Mitteilungsbeschränkung der Bank über Vermögensverhältnisse von Kunden.

**Bankleitzahl,** Abk. **BLZ,** achtstellige Schlüsselzahl zur numer. Kennzeichnung der Bankstellen im bargeldlosen Zahlungsverkehr, 1970 eingeführt.

**Barbados**

*Fläche:* 430 km²
*Einwohner:* 269 000
*Hauptstadt:* Bridgetown
*Amtssprache:* Englisch
*Zeitzone:* MEZ – 5 Stunden

**Banknote,** von Notenbanken ausgegebener Geldschein; einziges unbeschränktes gesetzl. Zahlungsmittel.

**Bankrott** [ital.], Zahlungsunfähigkeit eines Schuldners.

**Bank von England,** brit. Zentralnotenbank, gegr. 1694, Sitz: London.

**Bank von Frankreich,** frz. Zentralnotenbank, gegr. 1800, Sitz: Paris.

**Bann, 1)** Friedensgebot bei Eröffnung des german. Things; im MA Ausschluss aus der Rechtsgemeinschaft (meist svw. ↑Acht). **2)** Ausschluss aus der kirchl. Gemeinschaft (↑Exkommunikation).

**Banner** [frz.], an einer Querstange befestigte Fahne.

**Bannmeile,** geschützter Bereich um Parlaments- u. Reg.-Gebäude; in Dtl. *befriedeter Bezirk.*

**Bantamgewicht** ↑Gewichtsklassen (Übers.).

**Banting** ['bæntɪŋ], Sir Frederick Grant, kanad. Arzt, * 1891, † 1941; mit Ch. H. Best (* 1899, † 1978) Entdecker des Insulins (1921); Nobelpreis 1923.

**Bantu** [= Menschen], versch. Stämme u. Völker in Mittel- u. Südafrika.

**Banz,** ehem. Benediktinerabtei in Ofr., gegr. um 1070; bed. Kirche (1709–19) von J. Dientzenhofer.

**Baptisten** [gr.; = Täufer], in England Anf. des 17. Jh. entstandene christl. Freikirche mit Erwachsenentaufe.

**Baptisterium** [gr.], s. dem 4. Jh. Bez. für das christl. Taufbecken, später für die Taufkirche.

**Bar** [gr.], Einheitenzeichen **bar,** Einheit des Drucks; 1 bar = $10^5$ Pa; 1 Millibar (mbar) = $^1/_{1000}$ bar = 1 Hektopascal (hPa).

**Barbados,** Staat u. östlichste Insel der Kl. Antillen; Fremdenverkehr, Zuckerrohranbau; s. 1652 brit., s. 1966 unabhängig innerhalb des brit. Commonwealth.

**Barbar** [gr.], roher, ungesitteter Mensch; urspr. im antiken Griechenland: Nichtgrieche.

**Barbara,** hl., nach der Legende Märtyrerin des 3. oder 4. Jh.s, gehört zu den 14 Nothelfern.

**Barbarossa** [ital.; = Rotbart], Beiname des Hohenstaufenkaisers ↑Friedrich I.

**Barbarossahöhle,** Höhle bei Bad Frankenhausen/Kyffhäuser, 1 300 m lang.

**Barbecue** ['bɑ:bɪkju:; engl.], beliebtes Gartenfest mit Spießbraten, urspr. in Amerika.

**Barber** ['bɑ:bə], Samuel, amer. Komponist, * 1910, † 1981; meist instrumentale Kompositionen; Oper „Vanessa".

**Barbitursäure** [Kw.], Malonylharnstoff; wichtig sind v. a. die Barbiturate (Derivate der B. mit organ. Resten), die bes. als Narkosemittel verwendet werden.

**Barbizon, Schule von** [barbi'zõ], frz. Malerkolonie um 1840–70 im Wald v. Fontainebleau, der die gr. Landschaftsmaler des Vorimpressionismus angehörten.

**Barbusse** [bar'bys], Henri, frz. Schriftsteller, * 1873, † 1935; Welterfolg mit dem Antikriegsroman „Das Feuer" (1916).

**Barcelona** [barθe'lona], span. Ind.- u. Hafenstadt.; Hptst. von Katalonien, 1,63 Mill. E; got. Kathedr., Rathaus (1369–78), zahlr. Museen; 2 Univ., TH, Metall- u. chem. Ind.; internat. Messe; ✈.

**Barde** [kelt.], (altkelt.) Dichter und Sänger.

**Bardeen** ['bɑ:di:n], John, amer. Physiker, * 1908, † 1991; Forschungsarbeiten zur Theorie der Supraleitung u. zur Entw. des Transistors; Nobelpreis 1956 und 1972.

**Bardendichtung,** dt. Dichtart um 1770; als Vorbild diente die altgerman. Dichtung.

**Barcelona:** *Templo de la Sagrada Familia (1883 ff., unvollendet)*

**Bardot** [barˈdo], Brigitte, frz. Filmschauspielerin, *1934; spielte v.a. in Filmen der 1950er- u. 1960er-Jahre („Und immer lockt das Weib"); heute Engagement für den Tierschutz.

**Bardowick,** Gem. nördl. von Lüneburg, Nds., 4800 E; got. Dom; im frühen MA bed. Handelsplatz.

**Bareilly** [bəˈreılı], ind. St., B.-Staat Uttar Pradesh, 591500 E; Univ., Moscheen (17. Jh.); Ind.

**Bären, 1)** Raubtierfam.; rd. 1–3 m gr. Allesfresser, Sohlengänger; u.a. Lippen-, Kragen-, Malaien-, Brillen-, Braunbär (seit rd. 140 J. nicht mehr in Dtl.), Eisbär. **2) Bärenspinner,** stattl. Spinner (Nachtfalter), auffallend bunt (Warnfarben); Raupen behaart.

**Barenboim,** Daniel, israel. Pianist u. Dirigent, *1942; künstler. Leiter der Dt. Staatsoper Berlin.

**Bäreninsel,** norweg. Insel südl. v. Spitzbergen; 178 km²; meteorolog. Station.

**Bärenklau,** Gatt. der Doldengewächse, kräft. Stauden bildend.

**Bärenspinner,** svw. ↑Bären.

**Bärentraube,** Heidekrautgewächs mit glänzend roten beerenart. Früchten.

**Barentsz,** Willem, niederl. Seefahrer, *um 1550, †1597; suchte die ↑Nordostpassage; entdeckte 1596 Bäreninsel u. Spitzbergen; nach ihm ben.: *Barentssee* (östl. von Spitzbergen).

**Barfüßer,** Ordensleute, die entsprechend ihrer Regel barfüßig in Sandalen gehen.

**bargeldloser Zahlungsverkehr,** Zahlung v. Geldschulden v. Konto zu Konto ohne Verwendung von Bargeld.

**Bari,** ital. Prov.-Hptst. u. Hptst. der Region Apulien, am Adriat. Meer, 331600 E; Univ.; Kathedr. (12. Jh.), San Nicola (11. Jh.), Kastell Friedrichs II. (13. Jh.); bed. Ind.- und Handelsst.; ⚓, ✈.

**Bariton** ↑Stimmlagen.

**Barium** [gr.], Symb. **Ba,** chem. El., OZ 56, rel. A.-Masse 137,33, Erdalkalimetall; silberglänzendes Leichtmetall, Dichte 3,62 g/cm³, Fp. 727 °C, Sp. 1897 °C; im Schwerspat; *B.sulfat,* unlösl. Kontrastmittel (Röntgendiagnostik).

**Bark** [niederl.], dreimast. Segelschiff.

**Barkarole** [ital.], [urspr. venezian.] Gondellied; meist $^6/_8$-Takt.

**Barke** [niederl.], kleines Küstenboot.

**Barlach,** Ernst, dt. Bildhauer, Grafiker u. Dichter, *1870, †1938; einfache Formen, starker Ausdruck; das dichter. Werk vom Mystizismus bestimmt, expressionist., visionär u. gleichnishaft die hintergründ. Dramen.

**Bärlappgewächse,** Farnpfl., meist in trop. Regenwäldern; heim. u.a. Kolbenbärlapp, Tannenbärlapp.

**Barmen,** Teil von ↑Wuppertal.

**Barmherzige Brüder, Barmherzige Schwestern,** Angehörige versch. kath. Krankenpflegeorden.

**Bar-Mizwa** [hebr.], der mit 13 J. relig. mündige männl. Jude sowie der Akt der Einführung des B.-M. in die jüd. Glaubensgemeinschaft.

**Barn** [engl.], Flächeneinheit in d. Kernphysik, 1 B. = $10^{-28}$ m².

**Barnard** [ˈbɑːnəd], Christiaan, südafr. Herzchirurg, *1922, †2001; erste Herztransplantation am Menschen (1967).

**Barnim,** Ldsch. nördl. u. nö. v. Berlin.

**Ernst Barlach:** *Singender Mann (1930)*

**Barnsley** [ˈbɑːnzlı], mittelengl. Ind.-St., Hptst. der Metropolitan County South Yorkshire, 73600 E.

**Barock** [portug.], Stil- u. Epochenbegriff für die Kunst hpts. des 17. u. des beginnenden 18. Jh., der auch Literatur und Musik dieser Zeit umfasst; *Kunst:* etwa 1580–1760 (Übergang zum Rokoko etwa um 1720). Die Wurzeln des B.stils liegen in Rom, die geschichtl. Wurzeln in der Gegenreformation u. im Absolutismus. Die Säulenordnungen der Renaissance wurden beibehalten, jedoch wich die Ruhe der Bewegung, die klass. Schönheit dem Ausdruck von Kraft, Pathos, Ekstase. Die einzelnen Kunstgattungen vereinigen sich, um einen illusionist. Raum zu schaffen. Die Baukunst – außen die Fassade durch Hervorhebung der Mitte gegliedert – ist innen nur Schale für die dekorat. Ausschmückung durch Malerei u. Plastik. Höhept. der illusionist. Deckenmalerei; daneben bed. Porträtmalerei u. -plastik. Führende Länder u. Meister: Italien (Bernini, Borromini, Pietro da Cortona, Guarini, Iuvara, Caravaggio, Carracci), Östr. u. Dtl. (Fischer von Erlach, Schlüter, Hildebrandt, Pöppelmann, Neumann, Asam, Permoser, Donner, Elsheimer), Niederlande (Rubens, Rembrandt), Frkr. (Hardouin-Mansart, Poussin, Claude Lorrain, Watteau), Spanien (Velázquez), England (Wren, Gainsborough). *Literatur:* Die typ. B.-Dichtung ist geprägt von Pessimismus u. Jenseitshoffnung, aber auch

**Barock:** *Gian Lorenzo Bernini, Vier-Ströme-Brunnen auf der Piazza Navona in Rom (begonnen 1648)*

**Barock:** *Peter Paul Rubens, „Raub der Töchter des Leukippos" (um 1616/17)*

von Diesseitsfreude u. Weltgenuss. Stilmittel waren übersteigerte, kühne Bilder, gewollt dunkle Ausdrucksweise (in Spanien Góngora y Argóte, in Italien Marino). Im Theater, das Malerei, Musik, Tanz einbezog, erreichte die B.-Lit. höchste Vollendung (Spanien: Lope de Vega, Calderón, Niederlande: van den Vondel). In Dtl. gingen wichtige Anregungen für den Gebrauch der dt. Sprache in der Lit. von den Sprachgesellschaften aus (Opitz), Grimmelshausen schrieb den ersten bed. dt. Roman, Gryphius war der wichtigste Dramatiker u. Lyriker; weitere Vertreter F. Spee, Lohenstein, Hofmann von Hofmannswaldau, Fleming, S. Dach, Angelus Silesius. *Musik:* Als neue Gattungen entstanden geistl. Konzert, Kantate, Oper (C. Monteverdi), Oratorium, ferner Sinfonia u. Sonate, aus denen sich Concerto grosso, Solokonzert u. -sonate entwickelten. Mit dem Schaffen A. Vivaldis u. D. Scarlattis in Italien, F. Couperins u. J.-P. Rameaus in Frankreich, H. Purcells u. G. F. Händels in England, J. S. Bachs u. G. P. Telemanns in Dtl. erreichte die B.-Musik ihre Spätphase. Bachs kontrapunkt. Meisterwerk „Die Kunst der Fuge" schloss 1750 diese ab.

**Barometer** [gr.], Gerät zum Messen des Luftdrucks; *Quecksilber-B.* messen die luftdruckabhäng. Verschiebung einer Quecksilbersäule (Torricelli, 1643); *Aneroid-B.(Dosen-B.)* die entspr. Verformung einer evakuierten Blechdose. – *Hypsometer* (Siede-B.) bestimmen den Luftdruck aus der Siedetemp. des Wassers.

**Baron** [frz.], Freiherr.

**Baronet** [ˈbærənɪt; engl.], erbl. Titel im niederen engl. Adel.

**Barranquilla** [-ˈkija], kolumbian. St. an der Mdg. des Magdalenenstroms, 1,16 Mill. E; Univ.; Ind.; ⚓, ✈.

**Barras,** François Paul Vicomte de, frz. Politiker, *1755, †1829; stürzte 1794 Robespierre, Präs. des Konvents, 1795–99 Mitgl. des Direktoriums.

**Barrault** [baˈro], Jean-Louis, frz. Schauspieler und Regisseur, *1910, †1994.

**Barrel** [ˈbærəl], engl. Raummaß; 1 B. = 163,56 dm$^3$; in den USA 1 *Dry-B.* = 115,63 dm$^3$, 1 *Petroleum-B.* = 158,98 dm$^3$.

**Barren** [frz.], **1)** in Blöcke best. Abmessungen gegossenes Metall, meist Gold und Silber. **2)** Turngerät; 2 parallele Holme, die auch auf unterschiedl. Höhe eingestellt werden können *(Stufen-B.)*.

**Barriere** [frz.], Schranke.

**Barrikade** [frz.], Straßensperre.

**Barsche,** Fischfam.; räuber. in Süßgewässern; *Flussbarsch,* bis 40 cm lang.

**Barschel,** Uwe, dt. Politiker (CDU), *1944, †1987; 1982–87 Min.-Präs. in Schl.-Ho.; nach Vorwürfen wegen rechtswidrigen Verhaltens beim Wahlkampf 1987 zurückgetreten *(B.-Affäre);* Freitod (nach staatsanwaltl. Ermittlungen).

**Barsoi** [russ.], russ. Windhund.

**Barsortiment,** Buchgroßhandelsbetrieb.

**Barteln,** Bartfäden bei Fischen, meist mit Tast- u. chem. Sinnesorganen.

**Barten,** fein gefaserte Hornplatten im Maul der Bartenwale.

**Bartenwale,** bis üb. 30 m lange Meeressäugetiere, die statt eines Gebisses am Gaumen 2 Reihen Barten als Filter für die Planktonnahrung tragen.

**Bartgeier, Lämmergeier,** Greifvogel, Spannweite bis 3 m; Aasfresser; u. a. in S-Europa.

**Barth,** Karl, schweizer. ref. Theologe, *1886, †1968; Mitbegr. der dialekt. Theologie.

**Bartholin-Drüsen,** Schleimdrüsen am Scheideneingang.

**Bartholomaios I.,** eigtl. Dimitrios **Archondonis,** griech. orth. Theologe, *1940, s. 1991 Ökumen. Patriarch.

**Bartholomäus,** hl., Apostel.

**Bartholomäusnacht,** Nacht zum 24. 8. 1572, in der nach der Hochzeit Heinrichs v. Navarra mit Margarete von Valois auf Befehl Katharinas v. Medici Tausende von ↑Hugenotten ermordet wurden.

**Bartók,** Béla, ungar. Komponist, *1881, †1945; erforschte und verwertete die Lieder Ungarns u. seiner Nachbarvölker (v. a. Rumänen und Slowaken); Orchesterwerke, Kammermusik.

**Bartoszewski** [-ˈʃɛfski], Władysław, poln. Publizist und Historiker, *1922; 1995 und 2000/01 Außenmin. 1986 Friedenspreis des Dt. Buchhandels.

**bary..., Bary...** [gr.], Bestimmungswort; Bed.: „schwer".

**Baryonen** [gr.], Familie schwerer Elementarteilchen mit halbzahligem Spin (Fermionen). Zu den B. gehören die Nukleonen, Hyperonen u. ihre Antiteilchen sowie B.resonanzen.

**Basalt** [gr.], Gruppe von dunklen, dichten, bas. Ergussgesteinen; häufig in Säulenform erstarrt.

**Basaltemperatur,** morgens vor dem Aufstehen gemessene Körpertemp. der Frau (zur Feststellung des Eisprungs).

**Basar** [pers.], **1)** Händlerviertel in orient. Städten. **2)** fr. Warenhaus, heute Warenverkauf zu Wohltätigkeitszwecken.

**Baschkiren** ↑Finnougrier.

**Baseball** [ˈbeɪsˈbɔːl; engl.], ein urspr. nordamer. Schlagball- und Abwurfspiel, 2 Mannschaften zu je 9 Spielern.

**Basedow** [-do], Johannes Bernhard, dt. Pädagoge, *1724, †1790; Gründer der Erziehungsanstalt „Philanthropin", Dessau; betonte die Realfächer, mod. Sprachen u. Körpererziehung.

**Basedow-Krankheit** [-do-, nach dem dt. Arzt K. v. Basedow, *1799, †1854], Allgemeinerkrankung, Ursache: Schilddrüsenüberfunktion; Symptome u. a. Glanz- oder Glotzauge, Kropf (Struma), Pulsbeschleunigung.

**Basel,** Hptst. des schweizer. Halbkantons *B.-Stadt* (37 km², 188 500 E) beiderseits des Hochrheins, 168 700 E; Univ., Münster (11.–14. Jh.), Museen; bed. Handelsplatz, chem. und Textilind.; ⚓, ✈. – 374 erste Erwähnung; 1006 zum Dt. Reich, 1501 als 9. Ort zur Eidgenossenschaft; 15./16. Jh. Blütezeit des Handels. – Kt. *B.-Landschaft* mit Hptst. *Liestal,* hpts. im Jura; 517 km², 258 500 E; Obstbaumkulturen, bed. Industrie.

**Basen** [gr.], chem. Verbindungen, die mit Säuren unter Wasseraustritt Salze bilden; reagieren *bas.* (= alkal.; Blaufärbung v. rotem Lackmuspapier), weil in wässr. Lösung OH-Ionen auftreten.

**BASIC** [ˈbeɪsɪk; Kw. für engl. **B**eginner's **A**ll purpose **S**ymbolic **I**nstruction **C**ode, „symbol. Universalbefehlscode für Anfänger"], imperative Programmiersprache, die in den 1970er- u. 80er-Jahren auf Kleinrechnern sehr verbreitet war.

**Basie** [ˈbeɪsɪ], William „Count", amer. Jazzpianist u. Bandleader, *1904, †1984.

**Basilika** [gr.; = Königshalle], in der griech. und röm. Baukunst Markt- u. Gerichtsgebäude, aus dem sich die Hauptform des christl. Gotteshauses entwickelte; 3 od. 5 Schiffe, das mittl. höher als die seitlichen.

**Basilisk** [gr.], ma. Fabelwesen mit todbringendem *B.enblick.*

**Basilisken** [gr.], bis 80 cm lange Echsen mit Hautkämmen über Schwanz u. Rücken, Hautlappen am Kopf; trop. Amerika.

**Basilius d. Gr.,** hl., gr. Kirchenlehrer, *329, †379; begr. das Klosterwesen der Ostkirche.

**Basis** [gr.], **1)** Grundlage. **2)** √ Grundlinie eines Dreiecks, Grundfläche eines Prismas, Grundzahl einer Potenz; **3)** ⚡ Halbleiterbereich eines Bipolartransistors, Steuerelektrode eines Transistors. **4)** Säulen- od. Pfeilersockel. **5)** Pflanzenteil nahe der Wurzel.

**Basiseinheiten,** fr. **Grundeinheiten,** die zu den Basisgrößen gehörenden Einheiten.

**Basisgrößen,** fr. **Grundgrößen,** voneinander unabhängige physikal. Größen, die nicht aus anderen Größen abgeleitet werden. Sie bilden die Grundlage eines Größensystems.

**Basken,** span. **Vascos** [ˈbas-], voridgm. Volksstamm in den W-Pyrenäen; eigene Sprache. Die span. Region *B.land* (Euzkadi) hat s. 1979 Autonomie (Baskisch als offiz. Unterrichtssprache zugelassen).

**Basketball** [engl.], Korbspiel (2 Mannschaften, je 5 Spieler u. bis 7 Auswechselspieler).

**Basküle** [frz.], Treibriegelverschluss f. Fenster u. Türen, schließt zugleich seitl., oben und unten.

**Basra,** wichtigste irak. Hafenst., am Schatt el-Arab, 895 000 E (städt. Agglomeration); Univ; ✈; 1991 im 2. Golfkrieg stark zerstört.

**Basrelief** [baraˈljɛf; frz.], svw. Flachrelief (↑Relief).

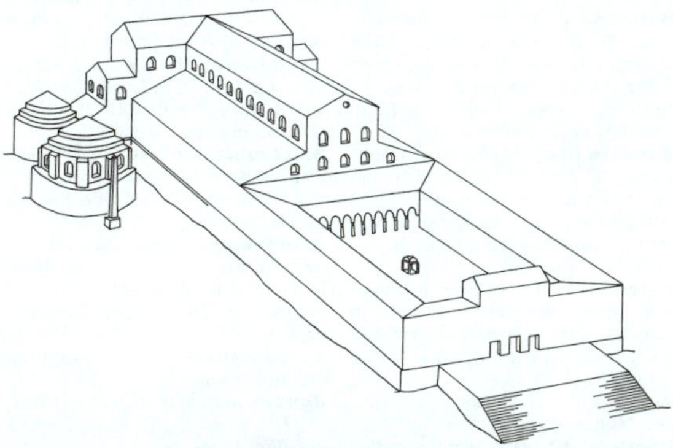

**Basilika:** *Schema der Basilika Alt-Sankt Peter (erbaut ab 324), Vorläufer der heutigen Peterskirche in Rom*

**Bass** [ital.], **1)** tiefstes Instrument einer Instrumentenfamilie. **2)** ↑Stimmlagen.

**Basses-Alpes** [basəˈzalp], südostfrz. Dép., Hptst. Digne.

**Basseterre** [basˈtɛːr], Hptst. v. Saint Kitts und Nevis, 18 000 E; Batikfabrik, Zuckerfabriken; ⚓.

**Bassgeige,** svw. ↑Kontrabass.

**Bassin** [baˈsɛ̃; frz.], Wasserbecken.

**Basso continuo** ↑Generalbass.

**Bassschlüssel** ↑Schlüssel.

**Basstölpel,** gänsegr. weißer Seevogel; Westküsten Europas.

**Bast, 1)** sekundäre Rinde von Stämmen oder Stängeln, zugfeste Faserstränge. **2)** behaarte, filz. Haut auf neu gebildetem Geweih (wird durch Reiben an Zweigen *abgefegt*).

**Bastard,** Genetik: aus Kreuzung v. Eltern mit versch. Erbgut hervorgegang. heterozygotes Tochterindividuum.

**Bastardierung** eine Form der ↑Kreuzung.

**Bastei,** svw. ↑Bastion.

**Bastille** [basˈtiːj; frz.], **1)** urspr. Bez. für befestigtes Schloss. **2)** ehem. frz. Staatsgefängnis in Paris; am 14. 7. 1789 v. Revolutionären eingenommen (daher Datum des frz. Nationalfeiertages), später zerstört. – Abb. S. 74.

**Bastion** [ital.], **Bastei,** vorspringender Teil an Festungsbauten.

**Bastonade** [frz.], orient. Prügelstrafe auf die Fußsohlen.

**Basuto** ↑Sotho.

**Basutoland** ↑Lesotho.

**BAT,** Abk. für: ↑**B**undes-**A**ngestellten-**T**arifvertrag.

**Bataillon** [bataˈjɔ̃; frz.], Truppenteil eines Regiments oder einer Brigade, auch selbst. Einheit einer Division.

**Bataver,** german. Stamm im Rheindelta; v. Caesar unterworfen, 69/70 vergebl. Aufstand; ihr Gebiet 288 v. salischen Franken besetzt.

**Batavia** ↑Jakarta.

**Bath** [bɑːθ], St. in SW-England, 80 000 E; heiße Quellen, röm. Badeanlagen; Universität.

**Batho..., batho...** [gr.], Bestimmungswort; Bed.: „Tiefen..., Höhen...".

**Bastille:** *Gemälde „Sturm auf die Bastille" (um 1790)*

**Bathurst** [bæθə:st] ↑Banjul.

**Batik** [malai.], [urspr. indones.] Verfahren z. Herst. v. Musterungen auf Stoffen; der Stoff wird entspr. d. Musterung mit Wachs überzogen, die abgedeckten Stellen bleiben beim Färben ungefärbt.

**Batist** [frz.], feines [Baumwoll]gewebe.

**Battenberg,** bis 1314 Name eines hess. Grafengeschlechts; s. 1858 Titel der morganat. Nachkommen Prinz Alexanders v. Hessen (†1888); engl. Linie 1917 in ↑Mountbatten umbenannt.

**Batterie** [frz.], 1) ein galvan. Element; B. sind *Primärel.,* d.h. die chem. Reaktionen verlaufen nicht umkehrbar; 2) zusammengeschaltete elektr. Stromquellen (z.B. Akkumulatoren).

**Batumi,** Hptst. der Rep. Adscharien (zu Georgien), Kurort an der kaukas. Schwarzmeerküste, 137 500 E; Erdölraffinerie und -ausfuhr; ⚓.

**Batzen,** ehem. süddt. u. schweizer. Münze zu 4 Kreuzer.

**Bauaufsicht,** Überwachung der Einhaltung gesetzl. Vorschriften f. Bauten durch Behörden.

**Bauch,** unterer Rumpfabschnitt mit *B.höhle* u. darin liegenden Verdauungs-, Harn- u. inneren Geschlechtsorganen, mit dem *B.fell* (dünne, seröse Haut) bedeckt.

**Bauchhöhlenschwangerschaft,** Schwangerschaft außerhalb der Gebärmutter bei der die Frucht abstirbt.

**Bauchpilze,** Pilze mit meist rundl., oberird. Fruchtkörper, Fruchtschicht im Innern; Stinkmorchel, Boviste u.a.

**Bauchspeicheldrüse, Pankreas,** hinter dem Magen liegendes drüsiges Organ; sondert Verdauungsfermente u. Insulin, Glucagon ab (↑Langerhans-Inseln).

**Baucis,** Gattin des ↑Philemon.

**Baud** [auch bo:t; nach J. M. É. Baudot, *1845, †1903], Zeichen **Bd,** Einheit der Schrittgeschwindigkeit in der Datenübertragungstechnik; 1 Bd = 1 Schritt/Sek.

**Baudelaire** [boˈdlɛ:r], Charles, frz. Dichter, *1821, †1867; Vorläufer des Symbolismus; Lyrik: „Die Blumen des Bösen".

**Baudouin I.** [boˈdwɛ̃; frz.], *1930, †1993, Kg. der Belgier seit 1951; seit 1960 verh. mit Doña Fabiola de Mora y Aragón.

**Bauelement,** Einzelteil elektron. Schaltkreise od. Systeme. *Aktive B.* (z.B. Transistoren) liefern od. verstärken Ströme od. Spannungen, *passive B.* (z.B. Widerstände, Kondensatoren) verbrauchen elektr. Energie.

**Bauer,** Gustav, dt. Politiker (SPD), *1870, †1944; 1919/20 Reichskanzler.

**Bauernbefreiung,** Lösung der Bauern aus den Bindungen des Feudalstaates durch lib. Reformen im 18./19. Jh.; Hauptziele: Aufhebung der Leibeigenschaft u. Grundherrschaft.

**Bauernkrieg,** Aufstand der süd- u. mitteldt. Bauern 1524/25; Vorläufer waren „Armer Konrad" (in Württ. 1514) und ↑Bundschuh; soz. Forderungen in *12 Artikeln* unter Berufung auf d. Bibel; endete mit der vernichtenden Niederlage der Bauern.

**Bauhaus,** Lehr- u. Forschungsinst. für Architektur, bildende Künste u. Handwerk, 1919 von W. Gropius in Weimar gegr., 1925 nach Dessau verlegt, 1932 nach Berlin, 1933 aufgelöst, seit 1999 wieder Lehrbetrieb in Dessau; 1937 *New B.* in Chicago gegr. (heute „Institute of Design"), *B.-Archiv* seit 1971 in Berlin. Ziel: Einheit von Künsten, Wiss. u. Technik. Mitgl.: Feininger, Klee, Kandinsky, Schlemmer, Mies van der Rohe u.a.

**Bauherrenmodell,** Modell zur Kapitalanlage im privaten Wohnungsbau zum Zweck der Steuerersparnis. Aufwendungen mindern dabei als Werbungskosten das steuerpflichtige Einkommen bzw. die Umsatzsteuer.

**Bauhütte,** Verbdg. v. Bauleuten u. Bildhauern b. ma. Kirchenbau.

**Baukunst, Architektur,** Bauen nach künstler. Gesichtspunkten. Nach der Zweckbestimmung unterscheidet man kirchl. und weltl. B., nach dem Material Holz-, Stein-, Eisen-, Glas- und Betonbau. Die Ästhetik der B. untersucht Form, Maß, Proportion u. Kompositionsweise u. versteht unter B. Raumgestaltung.

**Baum,** Vicki, östr. Schriftstellerin, *1888, †1960; Romane, u.a. „Menschen im Hotel".

**Baum, 1)** meist mehr als 5 m Höhe erreichendes Holzgewächs mit Wurzelwerk, Stamm u. Krone; *Laub werfende* und *immergrüne Bäume;* **2)** Rundholz, z.B. für die Takelage. **3)** Webstuhlwalze.

**Bäumer,** Gertrud, dt. Schriftstellerin u. Frauenrechtlerin, *1873, †1954; Romane.

**Baumgarten,** Alexander Gottlieb, dt. Philosoph, *1714, †1762; Begr. der Ästhetik in Dtl.

**Baumgrenze,** klimabedingte Grenzzone, bis zu der normaler Baumwuchs noch möglich ist.

**Baumhörnchen,** mittelgr. Nagetiere, Baum- u. Tagtiere; bauen kugelförm. Nester; *Eichhörnchen,* Europa bis Japan, rot, braun, schwarz; *Grauhörnchen,* Nordamerika; *Rothörnchen,* Kanada.

**Baumschule,** garten- od. forstwirtsch. Anlage, i. d. Junggehölze u. Sträucher, oft auch Stauden im Freiland gezogen werden.

**Baumwolle,** Malvengewächs, in vielen heißen, teils gemäßigten Gegenden in Strauchform gezogen; die etwa 5 cm langen Samenhaare werden zu Garn versponnen.

**Baurecht,** Vorschriften über das Bauwesen, v.a. das landesrechtl. Bauordnungsrecht u. das im Baugesetzbuch normierte Bauplanungsrecht.

**Bausparkasse,** Spezialkreditinstitut, das aufgrund von Bausparverträgen Darlehen zur Baufinanzierung gewährt.
**Bautzen,** Krst. in Sachsen, 49 000 E; Fahrzeugbau; Zentrum des Sorbentums.
**Bauxit,** erd., braunes od. gelbes, durch Verwitterung entstandenes Mineral, $Al_2O_3 \cdot H_2O$; wichtigster Rohstoff zur Aluminiumgewinnung.
**Bavaria,** lat. Name für Bayern; auch die Personifikation Bayerns.
**Bayerische Alpen,** Teil der dt. Alpen zw. Lech u. Inn (Zugspitze 2 962 m); Fremdenverkehr.
**Bayerischer Wald,** dt. Mittelgeb. zw. der Cham-Further Senke, dem unteren Regen, der Donau u. der Grenze gg. Östr. u. die ČR; gegliedert in: *Hinterer B. W.* mit Gr. Arber (1 457 m) u. *Vorderer B. W.* mit Einödriegel (1 121 m); waldreich; Fremdenverkehr, Waldwirtsch., Glasindustrie.
**Bayerische Volkspartei,** Abk. BVP, 1918 vom ↑Zentrum abgespaltene, föderalist. Partei; 1922 bis 1932 Reg.partei, 1933 aufgelöst.
**Bayern, Freistaat B.,** Land der BRD, 70 548 km², 12,2 Mill. E, Hptst. München. Großlandschaften: Bayer. Alpen, Alpenvorland, Fränk. Alb u. Fränk. Stufenland. Im NO Begrenzung durch Fichtelgeb., Oberpfälzer u. Bayer. Wald. Im Alpengebiet bes. Alm- u. Molkereiwirtsch., hoch entwickelte Rinderzucht; im Alpenvorland zahlr. Wasserkraftwerke; Weizen-, Zuckerrüben-, Hopfenanbau, Viehzucht; in den ostbayer. Grenzgeb. Forstwirtsch., Glasind., in der Oberpfalz Abbau von Kaolin u. Baustoffen; im Fichtelgeb. bes. Glas- u. Porzellanind.; im Stufenland sehr unterschiedl. Bodenfruchtbarkeit und -bewirtschaftung. Die Ind. hat sich seit dem Zweiten Weltkrieg stark entwickelt: Wälzlager, Kugellager, Maschinenbau, Elektrotechnik, Luft- und Raumfahrt-, Fahrzeug-, Textil-, feinkeram., feinmechan., chem., Glas-, Bleistift-, Spielwaren- u. a. Ind.; Brauereien; Wasser-, Wärme-, Kernkraftwerke, Erdölraffinerien. Fremdenverkehr. – *Gesch.:* Alt-B. (zw. Alpen, Donau, Lech u. Salzach, dazu Oberpfalz) ab Mitte des 6. Jh. Stammeshzgt. unter den Agilolfingern, ab 788 fränk. Prov., s. Anf. des 10. Jh. wieder Stammeshzgt., von 1070–1180 unter welf., 1180–1918 unter wittelsbach. Herrschaft; 1214 mit der rhein. Pfalzgft. verbunden, ab 1329 Teilung in die rhein. Pfalz u. Oberpfalz sowie das restl. B.; erst 1777 Wiedervereinigung nach Aussterben der bayr. Linien. 1623 Kurft., 1806 Kgr., 1818 Verf., 1918 Freistaat. Erwerb der meisten (v. a. fränk.) geistl. Stifte 1803, dazu 1806 Nürnberg u. Ansbach, 1810 Bayreuth.
**Bayernpartei,** Abk. **BP,** 1947 gegr., extrem föderalist. dt. Partei.
**Bayeux** [ba'jø], frz. St. i. d. Normandie, 15 000 E; got. Kathedrale (13. Jh.).
**Bayeux-Teppich,** bed. Bildteppich des 11. Jh., Darst. der normann. Eroberung Englands (Bayeux, Museum).
**Bayreuth,** Hpst. v. Oberfranken, Bay., 73 000 E; Wagner-Festspielhaus (1872–76 erb.), got. Kirche, Altes u. Neues Schloss, ehem. Markgräfl. Opernhaus (1744–48); LG; IHK; Univ.; PH; Sternwarte; Textil-, Maschinenindustrie.
**Bazillen** [lat.], **1)** ugs. für Bakterien. **2) Bacillus,** Gatt. aerober, Sporen bildender, stäbchenförm. Bakterien.
**BBC** [bi:bi:'si:], Abk. für: ↑**B**ritish **B**roadcasting **C**orporation.
**BBU,** Abk. für: ↑**B**undesverband **B**ürgerinitiativen **U**mweltschutz e. V.
**BDA,** Abk. für: **1) B**und **D**t. **A**rchitekten. **2) B**undesvereinigung der **D**t. **A**rbeitgeberverbände e. V.
**BDI,** Abk. für: ↑**B**undesverband der **D**eutschen **I**ndustrie e. V.
**BdV,** Abk. für: ↑**B**und **d**er **V**ertriebenen, Vereinigte Landsmannschaften u. Landesverbände.
**Be,** Symb. für ↑Beryllium.
**Beachvolleyball** ['bi:tʃ-], im Freien auf Sandbelag ausgeübtes Rückschlagspiel (Netz in d. Spielfeldmitte) mit je 2 Spielern.
**Beamte,** Personen im öff. Dienst (vorw. hoheitl. Aufgaben) in bes. Treueverhältnis zur BRD, zu einem B.-Land od. zu einer Gem.; das *B.nverhältnis* wird begr. durch Ernennung („auf Lebenszeit", „auf Probe", „auf Widerruf", „auf Zeit"); nur Deutsche zugelassen; bes. Pflichten: Amtsverschwiegenheit, Annahmeverweigerung von Geschenken; unterstehen dem Disziplinarrecht.
**Beardsley** ['bɪədslɪ], Aubrey Vincent, engl. Zeichner, * 1872, † 1898; Einfluss auf den Jugendstil, Buchillustrationen.
**Beat** [bi:t; engl.], Schlag[rhythmus]; *B.-Musik,* Musik mit charakt. Beat.
**Beatles, The** [ðə 'bi:tlz], erfolgreiche Popgruppe aus Liverpool (1959/60–70): *Paul McCartney* (* 1942), Bassgitarrist; *Ringo Starr* (eigtl. Richard Starkey, * 1940), Schlagzeuger; *John Lennon* (* 1940, † 1980), Rhythmusgitarrist; *George Harrison* (* 1943, † 2001), Melodiegitarrist.
**Beatrix,** seit 1980 niederl. Kgn., * 1938, s. 1966 verh. mit Claus v. Amsberg.

**The Beatles:** *Paul McCartney, George Harrison, John Lennon u. Ringo Starr (von links) nach einer Ordensverleihung durch Königin Elisabeth II. (1965)*

**Beatty** [ˈbiːtɪ], Warren, amer. Filmproduzent, Schauspieler u. Regisseur, *1937.

**Beaufortskala** [ˈbəʊfət-; nach dem engl. Admiral *F. Beaufort,* *1774, †1857], Skala der ↑Windstärke.

**Beauharnais** [boarˈnɛ], **1)** Alexandre Vicomte de, frz. General, *1760, †1794, verh. mit 4); **2)** Eugéne de ↑Leuchtenberg; **3)** Hortense, Kgn. v. Holland, *1783, †1837, Tochter von 1), Mutter Napoleons III.; **4)** Joséphine de, Ksn. der Franzosen (s. 1804), *1763, †1814, in 2. Ehe verheiratet mit Napoleon I. (1809 geschieden).

**Beaujolais** [boʒɔˈlə], bek. frz. Weinbaugebiet in Burgund.

**Beaumarchais** [bomarˈʃɛ], Pierre Augustin Caron de, frz. Dramatiker, *1732, †1799; Lustspiele: „Der Barbier von Sevilla" u. „Figaros Hochzeit".

**Beauté** [boˈteː; frz.], Schönheit, schöne Frau.

**Beauvais** [boˈvɛ], Hptst. des frz. Dép. Oise, nördl. v. Paris, 54 000 E; got. Kathedr.; Tapisseriemuseum; Maschinen-, Flugzeugbau; ✈.

**Beauvoir** [boˈvwar], Simone de, frz. Schriftstellerin, 1908, †1986; aus dem Kreis um ↑Sartre.

**Bebel,** August, dt. Politiker, *1840, †1986; 1867 Vors. des Verbandes Dt. Arbeitervereine, Mitgründer u. Vors. der Sozialdemokrat. Arbeiterpartei, MdR.

**Bebop** [ˈbiːbɔp], Anfang der 1940er-Jahre ausgeprägter Jazzstil, gekennzeichnet durch hekt.-nervöse Rhythmik u. sprunghafte Melodik.

**Becher,** Johannes R[obert], dt. Schriftsteller, *1891, †1958; expressionist. Lyrik, später polit. Zweckdichtung im Sinne der DDR-Kulturpolitik.

**Becherwerk, Elevator,** Stetigförderer mit Metallbechern für den Transport von Schüttgütern.

**Bechstein,** Ludwig, dt. Dichter, *1801, †1860; sammelte u. bearbeitete Märchen u. Sagen.

**Bechterew,** Wladimir Michailowitsch, russ. Neurologe, *1857, †1927; nach ihm ben. die *B.-Krankheit,* chron.-entzündl. Erkrankung der Wirbelsäule mit Versteifung.

**Beck, 1)** Kurt, dt. Politiker (SPD), *1949, s. Okt. 1994 Min.-Präs. von RP. **2)** Ludwig, dt. General, *1880, †1994; 1935–38 Gen.-Stabschef des Heeres; führend in der dt. Widerstandsbewegung; nach dem 20. 7. 1944 nach gescheitertem Selbstmordversuch erschossen.

**Becken, 1)** 𝄞 tellerförm. Metallscheiben (Bronze od. Messing), die gegeneinander geschlagen werden; urspr. asiat. **2)** Anatomie: aus unpaar. Kreuzbein mit Steißbein und den paar. Darm-, Sitz- und Schambeinen gebildeter Knochengürtel, Verbdg. zw. Beinen u. Lendenwirbelsäule; ↑Skelett. **3)** Geomorphol.: Mulde. **4)** Geol.: schüsselförm. geschlossener Sedimentationsraum.

**Beckenbauer,** Franz, dt. Fußballspieler und -funktionär, *1945; 103 Länderspieleinsätze (1965 bis 1977), 1972 Europa-, 1974 Weltmeister, Europas Fußballer des Jahres 1972 und 1976; 1984–90 „Teamchef" der dt. Nationalmannschaft (1990 Weltmeister). Seit 1994 Präs. des FC Bayern München.

**Becker, 1)** Boris, dt. Tennisspieler, *1967; u.a. Wimbledon-Sieger 1985, 1986 und 1989, ATP-Weltmeister 1992 u. 1995; Olympiasieger 1992 (Doppel); 1998/99 Daviscup-Teamchef. **2)** Jurek, dt. Schriftsteller, *1937, †1997, trag.-iron. Romane („Jakob der Lügner", 1969).

**J. G. Bednorz**

**Becket,** Thomas, hl., Erzb. von Canterbury, *1118, †1170; vertrat die kirchl. Unabhängigkeit gegenüber Kg. Heinrich II.; von königstreuen Rittern in seiner Kathedrale ermordet.

**Beckett,** Samuel, ir. Schriftsteller, *1906, †1989; schrieb auch in frz. Sprache; Romane und Dramen; Nobelpreis 1969.

**Beckmann,** Max, dt. Maler und Grafiker, *1884, †1950; vielfigurige, expressionist. Kompositionen von zeitkrit. od. symbol. Charakter; 1937 emigriert.

**Beckmesser,** Sixtus, Nürnberger Meistersinger des 16. Jh.

**Beckum,** St. nö. von Hamm, NRW, 38 500 E; Baustoff-, Maschinen-, Holzindustrie.

**Becquerel** [-k-], Einheitenzeichen **Bq,** Einheit der Aktivität einer radioaktiven Substanz; 1 Bq = $^1/_s$ (= 1 Zerfall pro Sekunde).

**Becquerel** [bɛˈkrɛl], **1)** Alexandre Edmond, frz. Physiker, *1820, †1891; Entdecker photoelektr. Erscheinungen in Elektrolyten *(B.-Effekt);* **2)** Antoine Henri, frz. Physiker, *1852, †1908, Sohn von 1); Entdecker der Radioaktivität *(B.-Strahlen);* Nobelpreis (mit M. u. P. Curie) 1903.

**Beda,** gen. **B. Venerabilis,** engl. Benediktiner und Kirchenlehrer, *um 672, †735, begründete die engl. Geschichtsschreibung.

**Bedecktsamer,** höchstentwickelte Pfl., bilden mit den Nacktsamern die Abt. der Samen- od. Blütenpfl.; 2 Klassen: zweikeimblättrige und einkeimblättrige Pflanzen.

**Bedeckungsveränderliche,** Doppelsterne, deren Komponenten sich, von der Erde aus gesehen, regelmäßig überdecken; erkennbar am period. Helligkeitswechsel.

**Bedford** [ˈbedfəd], engl. St. nw. v. London, Hptst. der Gft. B., 74 000 E; Fahrzeugindustrie.

**bedingte Strafaussetzung,** zur Bewährung ausgesetzte Gefängnisstrafe zur Erlangung von Straferlass wegen guter Führung während der Bewährungsfrist; *bedingte Verurteilung* (v.a. im Jugendstrafrecht u. in angloamer. Ländern): Straffestsetzung unterbleibt, wenn der Betroffene sich während einer best. Zeit gut führt.

**Bednorz,** Johannes Georg, dt. Physiker, *1950; erhielt mit dem schweizer. Physiker Karl Alex Müller (*1927) 1987 für die Entdeckung einer neuen Klasse von Supraleitern den Nobelpreis für Physik.

**Beduinen,** die in den Steppen und Wüsten Vorderasiens und N-Afrikas lebenden, zu den Arabern zählenden Hirtennomaden.

**Beecham** [ˈbiːtʃəm], Sir Thomas, engl. Dirigent, *1879, †1961; gründete 1946 das „Royal Philharmonic Orchestra".

**Beecher-Stowe** [ˈbiːtʃəˈstoʊ], Harriet [Elizabeth], amer. Schriftstellerin, *1811, †1896; „Onkel Toms Hütte".

**Beelzebub,** Dämonenfürst im N.T.

**Beer Sheva,** St. im nördl. Negev, S-Israel, 156 500 E; Zentrum der Erschließung des Negev, Univ., Forschungsinstitute; Industrie.

**Beethoven,** Ludwig van, dt. Komponist, *17. 12. 1770, †26. 3. 1827; Studium bei Haydn, Salieri u.a.; 1795 erstes öff. Auftreten als Pianist; beginnendes Gehörleiden; erschütterndes Dokument das „Heiligenstädter Testament"; 1805 Erstaufführung der einzigen

**L. van Beethoven**

Oper „Fidelio“; 1818 völlige Taubheit; Ausweitung der musikal. Mittel zu gr. persönl. Aussagekraft, Reichtum der Erfindung bei formaler Geschlossenheit; 9 Sinfonien, 16 Streichquartette, 5 Streichtrios u. andere Kammermusikwerke, 32 Klaviersonaten, 5 Klavierkonzerte, 1 Violinkonzert, Lieder, Chorwerke (u.a. die „Missa Solemnis“), Schauspielmusik (zu „Egmont“, „Coriolan“ u.a.).

**Befangenheit,** Parteilichkeit eines Beamten od. Richters hinsichtlich einer von ihm zu treffenden Entscheidung, ein Ablehnungsgrund.

**Befehl,** 💻 eine Anweisung innerh. einer Programmiersprache, die sich nicht weiter zerlegen lässt.

**Befreiungskriege, Freiheitskriege,** die Kämpfe 1813–15, die Europa von der Herrschaft Napoleons I. befreiten. Nach der Vernichtung der Gr. Armee in Russland Konvention v. Tauroggen 1812; 1813 Bündnis zw. Russland u. Preußen, Beitritt Englands, Östr. u. Schwedens. Herbstfeldzug; 3 Armeen gg. Napoleon, wechselnde Erfolge, Entscheidung in der Völkerschlacht bei Leipzig, Rückzug Napoleons über den Rhein, Auflösung des Rheinbundes; 1814 Einzug der Verbündeten in Paris, Napoleon nach Elba verbannt, 1. Pariser Friede (Frkr. auf die Grenzen von 1792 beschränkt); 1815 Napoleons Herrschaft der Hundert Tage u. entscheidende Niederlage b. ↑Waterloo (Belle-Alliance); 2. Pariser Friede (Grenzen v. 1790); Neuordnung Europas auf dem ↑Wiener Kongress.

**Befreiungstheologie,** in der kath. Kirche Lateinamerikas entstandene vielschichtige theolog. Richtung (L. Boff u.a.); tritt für die Schaffung sozial gerechter Verhältnisse ein; vom kirchl. Lehramt mehrfach kritisiert, heute in ihren Anliegen weithin akzeptiert.

**befristeter Arbeitsvertrag,** ein auf best. Zeit geschlossener Arbeitsvertrag; Zulässigkeit geregelt im Teilzeit- u. Befristungs-Ges. v. 2000.

**Befruchtung,** Vereinigung verschiedengeschlechtl. Keimzellen zu einer Zygote mit väterl. u. mütterl. Chromosomensatz (↑Chromosomen); bei Blütenpfl. wächst der Pollen nach der Bestäubung durch die Narbe zu einem Pollenschlauch aus, der bis zur Eizelle vordringt u. die B. ermöglicht; bei Tieren *äußere und innere B.,* je nachdem, ob die Vereinigung v. Samen- u. Eizelle außerh. (Fisch, Seeigel) oder innerh. (Insekten, Vögel, Säugetiere) des weibl. Organismus vollzogen wird; *künstl. B.* in der Haustier- u. Pflanzenzucht.

**Begattung,** Übertragung des ♂ Samens in den ♀ Organismus durch körperl. Vereinigung.

**Bẹgin,** Menachem, isr. Politiker, *1913, †1992; 1948 Gründer u. bis 1983 Vors. der rechtsgerichteten Cherut-Partei, Gründer u. Führer (1973–83) des Likud-Blocks; 1977–83 Min.-Präs.; 1978 (mit A. As ↑Sadat) Friedensnobelpreis.

**Beglaubigung,** amtl. Zeugnis für Echtheit einer Unterschrift od. Richtigkeit einer Abschrift; *B.sschreiben* ↑akkreditieren.

**Begnadigung,** gänzl. od. teilw. Verzicht auf Strafvollstreckung durch hoheitl. Gnadenakt.

**Begọniengewächse,** kraut. u. strauch. trop. Pfl. mit unsymmetrischen („schiefen“) Blättern; Topf- und Gartenpflanzen.

**Begriff,** abstrakte, gedankl. Darst. der wesentl. Merkmale von konkret Gegebenem. Geklärt u. gegeneinander abgegrenzt werden B. durch *B.sbestimmung* u. Einordnung in *B.ssysteme* (*disparate B.e* gehören zu versch. B.ssystemen); *kontradiktor. B.e* schließen einander aus, *konträre* stehen einander polartig gegenüber, *disjunktive* berühren einander nicht; ↑Universalienstreit.

**Begünstigung,** ⚖ strafbarer Beistand zu einem Vergehen od. Verbrechen nach der Tat.

**Behaviorịsmus** [bihevjə-; engl.], amer. Richtung der Psychol.; suchte nur durch Verhaltensbeobachtung psychol. Erkenntnisse zu erzielen; Einfl. auf Verhaltensforschung, Lernpsychol., Verhaltenstherapie.

**Behörde,** Organ jurist. Personen des öff. Rechts (Staat, Gemeinde, Kirche), keine Rechtsfähigkeit.

**Bẹhring,** Emil von, dt. Bakteriologe, *1854, †1917; Mitbegr. der Immunitätslehre, entwickelte Seren gg. Diphtherie und Tetanus; Nobelpreis 1901.

**Bei, Bẹg, Bẹj, Bey** [türk.], türk. Ehrentitel; heute svw. Herr (Anrede).

**Beichte,** persönl. Schuldbekenntnis; *kath. Kirche:* Teil des Sakraments der ↑Buße; B. persönl. u. geheim (an den Priester); *ev. Kirche:* im Allg. gemeinsame, öff. B. – *Beichtgeheimnis,* die absolute Schweigepflicht des *Beichtvaters.*

**Beifügung,** svw. ↑Attribut.

**Beifuß,** svw. ↑Artemisia.

**beige** [bɛʒə; frz.], sandfarben.

**Beigeordneter,** auf Zeit gewählter, haupt- oder ehrenamtlich tätiger, für bestimmte Verw.bereiche zuständiger Gemeindebeamter.

**Beihilfe,** ⚖ vorsätzl. Unterstützung einer Straftat; wird im Allg. milder bestraft als die Haupttat.

**Beilegung, gütliche,** Vergleich zw. den Parteien eines Rechtsstreits; ↑Sühneversuch.

**Beirụt,** Hptst. von Libanon mit bed. ⚓, rd. 1,9 Mill. E; 5 Univ.; bis zum Bürgerkrieg wichtiges Handelszentrum; ✈.

**Beischlaf,** svw. ↑Geschlechtsverkehr.

**Beischlaf zwischen Verwandten,** jurist. Bez. für den veralteten Begriff Blutschande.

**Beiträge, 1)** im öff. Recht Abgaben zur Vorteilsausgleichung. **2)** regelmäßige Zahlungen aufgrund von Mitgliedschaft, z.B. bei Vereinen, Parteien, Versicherungen. **3)** im Gesellschaftsvertrag vereinbarte Leistungen der Gesellschafter, nicht Einlagen.

**Beitragsbemessungsgrenze,** die Grenze, bis zu der Löhne u. Gehälter der in der gesetzl. Sozialversicherung Versicherten zur Beitragsberechnung herangezogen werden; für die Rentenversicherung jährl. neu festgesetzt.

**Beitreibung,** zwangsmäß. Einziehung.

**Beize, 1)** Falknerei, Jagd mit *Beizvögeln* auf kl. Vögel u. Säugetiere. **2)** Lösung von Säuren, Laugen, Salzen, Farbstoffen, u.a. zum Reinigen von Metallen und Desinfizieren.

**Beizen, 1)** Färbung von Holz, lässt die Struktur des Holzes stärker hervortreten. **2)** Oberflächenbehandlung von Metallen mit geeigneten Lösungen (Herst. v. Schutzschichten). **3)** Behandlung des Saatgutes mit chem. Mitteln gg. Pflanzenkrankheiten.

**Béjart** [beˈʒaːr], Maurice, frz.

Tänzer u. Choreograf, * 1927; freie Tanzkompositionen.

**Bekassine** [frz.], **Himmelsziege,** Schnepfenvogelart, einheimische Sumpfbewohner.

**Bekennende Kirche,** Bewegung innerhalb der dt. ev. Kirchen s. 1934 gg. die Eingriffe des Nat.-Soz. u. der ↑Deutschen Christen.

**Bekenntnis,** formelhaft zusammengefasster Inhalt der Glaubensüberzeugung einer Religionsgemeinschaft; *B.schriften,* Slg. kirchlicher normat. Glaubensbekenntnisse u. theol. Lehrschriften; *B.schule,* Schule mit Lehrern u. Schülern desselben Bekenntnisses im Unterschied zur *Gemeinschaftsschule.*

**Bel** [nach dem schott.-amer. Physiologen A. G. Bell, * 1847, † 1922], Kurzzeichen **B,** Hinweiswort bei dimensionslosen Größen, die als dekad. Logarithmus des Verhältnisses einer Größe (z. B. Schalldruck) zu einer Bezugsgröße (z. B. Bezugsschalldruck) definiert sind; in der Praxis meist Angaben in *Dezibel (dB),* 1 dB = 0,1 Bel.

**Belchen,** Name v. Bergen: **1)** im S-Schwarzwald, 1 414 m. **2)** *Gr. B. (Sulzer B., Gebweiler B., Grand Ballon),* 1 423 m, Südvogesen. **3)** *Elsässer* od. *Welscher B., Ballon d'Alsace,* 1 248 m, Südvogesen.

**Beleidigung,** Kundgabe der Missachtung der Ehre eines andern; als Antragsdelikt strafrechtlich verfolgbar.

**Belém** [be'lẽj], **1)** Stadtteil von Lissabon; bed. histor. Bauten. **2)** Hptst. des brasil. Staates Pará, 1,44 Mill. E; Univ.; ⚓, ✈.

**Belemniten** [gr.], fossile, tintenfischähnl. Kopffüßer (Trias bis Kreide).

**Beleuchtungsstärke,** Verhältnis des auf eine Fläche auftreffenden Lichtstroms zu ihrer Größe; SI-Einheit ↑Lux.

**Belfast,** Hptst. v. N-Irland u. des Distr. B., Newtonabbey u. Castlereagh, 283 000 E; Univ.; Schiffbau, Textilind.; ⚓, ✈.

**Belfort** [bɛl'fɔ:r], **1) Territoire de B.,** ostfrz. Dép. **2)** Hptst. v. 1), 51 000 E; Elektro-, Textilind.; histor. Festung.

**Belfried,** Turm, bes. der Glockenturm der flandr. Städte des MA.; auch Bergfried.

**Belgien, Kgr. B.,** Staat in W-Europa. Amtssprachen: Frz., Niederl. u. Dt.; Bev.: im S Wallonen, im N Flamen, dt. Minderheiten um Eupen u. St. Vieth; Agglomeration Brüssel zweisprachig. – Wichtigster Wirtschaftszweig ist die Ind.: Maschinen-, Fahrzeugbau, Elektro- u. Elektronikind., Metallurgie u. Metallverarbeitung, chem., Nahrungsmittelind. Hoch entwickelte Landwirtschaft: Getreide, Flachs, Zuckerrüben, Kartoffeln, Gemüse (v. a. Glashauskulturen) u. Obst; Viehwirtschaft. – *Gesch.:* Das Kgr. B. (s. 1831) entstand, als das 1815 geschaffene Kgr. der Vereinigten ↑Niederlande infolge des Ggs. zw. N u. S 1830 zerbrach. Im 19. Jh. starke Industrialisierung; 1908 Übernahme der Privatkolonie Kg. Leopolds II. (Kongostaat) durch den belg. Staat als Belgisch-Kongo (1960 Entlassung in die Unabhängigkeit). B. war in beiden Weltkriegen von dt. Truppen besetzt. 1948 belg.-niederl.-luxemburg. Zollunion (Benelux). Seit den 60er-Jahren Verschärfung des Sprachenkampfes, 1970 Einteilung in 3 Regionen (Flandern, Wallonien u. Brüssel), 1980 in 4 Sprachgebiete (niederl., frz., zweisprachig, dt.); 1988 Verf.-Reform zur Umwandlung in einen Bundesstaat (1993 abgeschlossen); zahlr. innenpolit. und Reg.-Krisen. Nachfolger von Kg. Baudouin (ab 1951) wurde 1993 Albert II. *Belg. Lit.* in frz. Spr.: Blüte im Symbolismus, bes. Lyrik u. Drama (M. Maeterlinck, E. Verhaeren); in niederl.

**Belgien**

*Fläche:* 30 528 km²

*Einwohner:* 10,24 Mill.

*Hauptstadt:* Brüssel

*Amtssprachen:* Französisch, Niederländisch und Deutsch

*Zeitzone:* MEZ

Spr.: bed. seit etwa 1840, besonders Erzähllit. (H. Conscience, St. Streuvels, E. Claes, F. Timmermans). Expressionist. Drama: A. van de Velde; Erneuerung des Romans durch G. Walschap, P. van Aken. *Belg. Kunst:* seit 1830. Architektur: H. van de Velde u. a.; Plastik: C. Meunier, G. Minne. Malerei: J. Ensor, F. Masereel, R. Magritte, P. Delvaux.

**Belgrad,** serbisch **Beograd,** Hptst. Jugoslawiens und Serbiens, an der Mdg. der Save in die Donau, 1,16 Mill. E; 2 Univ., Hochschulen; mod. Stadtbild, histor. Festung; Theater, Museen. Ind.-, Handels- u. Messezentrum; ⚓, ✈.

**Belize**

*Fläche:* 22 965 km²

*Einwohner:* 240 000

*Hauptstadt:* Belmopan

*Amtssprache:* Englisch

*Zeitzone:* MEZ – 7 Stunden

**Belize** [bə'li:z], **1)** Staat an der O-Küste Zentralamerikas; Anbau von Bananen; Kerngebiet der Maya; s. dem 17. Jh. brit. besiedelt; 1862 Kolonie *Britisch-Honduras;* 1964 innere Autonomie; 1973 Umbenennung in B.; s. 1981 unabhängiger Staat im Commonwealth. **2)** ehem. Hptst. von 1), 53 900 E; ⚓, ✈.

**Belladonna,** svw. ↑Tollkirsche.

**Belle-Alliance** [bɛla'ljãs], Gehöft südl. von Brüssel; danach preuß. Bez. der Schlacht bei ↑Waterloo 1815.

**Belletristik** [frz.], die schöngeistige, unterhaltende Lit., im Ggs. zur wiss. Lit.

**Bellevue** [bɛl'vy:; frz.], **1)** ein Punkt mit schöner Aussicht. **2)** Schloss in Berlin (Amtssitz des B.-Präs.), erb. 1785.

**Bellini,** Vincenzo, ital. Komponist, * 1801, † 1835; v. a. Opern, u. a. „Norma".

**Bellinzona,** Hptst. des schweizer. Kt. Tessin, 17 500 E; histor. Stadtbild; Burgen, Kirchen.

**Bellman,** Carl Michael, schwed. Dichter, * 1740, † 1795; Lyrik aus der Welt der Vagabunden.

**Bellow** ['beləʊ], Saul, amer. Schriftsteller, * 1915; Nobelpreis für Literatur 1976.

**Belmondo,** Jean-Paul, frz. Filmschauspieler, * 1933.

**Belo Horizonte** [belori'zonti], Hptst. des brasil. B.-Staates Minas Gerais, 2,09 Mill. E; Univ.; Ind.; ✈.

**Belorussland** ↑Weißrussland.

**Belsazar,** Sohn des letzten Kg. von Babylon, † 539 v. Chr.; 539 von den Persern besiegt.

**Belt, 1)** ↑Gr. Belt. **2)** ↑Kl. Belt.

**Belutschistan,** Hochland in SO-

Iran, SW-Pakistan u. Afghanistan; Bev. muslim. Belutschen; Weidewirtsch., Kohlevorkommen.

**Benacerraf** [benə'serɑ:f], Baruj, amer. Mediziner, * 1920; 1980 Nobelpreis für grundlegende Forschungsarbeiten für das Gebiet der Transplantationsimmunologie.

**Benchmark** ['bentʃmɑ:k; engl.], Maßstab für den Vergleich v. Leistungen.

**Benchmarking** ['bentʃmɑ:kıŋ; engl.], **1)** Vergleich v. Wertschöpfungsprozessen, Managementpraktiken, Produkten od. Dienstleistungen, um Leistungsdefizite gegenüber dem Marktführer aufzudecken. **2)** Programm zur Leistungsbewertung von Rechnersystemen, das eine typ. Arbeitslast für das System darstellt.

D. Ben Gurion

**Benediktbeuern,** bayr. Gemeinde in den Voralpen, 2600 E; bed. Benediktinerabtei (um 740 bis 1803), barocke Bauten.

**Benediktenwand,** Gebirgszug (1801 m) in den Bayer. Alpen.

**Benediktiner,** Mönche, die nach der Regel ↑Benedikts v. Nursias leben; Einheit von Gebet, Arbeit, Wiss., Kunst; ↑ora et labora.

**Benedikt von Nursia,** hl., * um 480, † 547 (?); gründete um 529 Montecassino, das Stammkloster des Benediktinerordens; wurde durch die *Benediktregel* der Begr. des abendländ. Mönchtums.

**Benedikt XV.,** vorher **Giacomo della Chiesa** ['kiɛ:za], * 1851, † 1922, Papst seit 1914; aktive Friedenspolitik; Einführung eines neuen kirchl. Gesetzbuches (Codex Juris Canonici [bis 1983 in Kraft]).

**Benelux,** 1948 in Kraft getretene Zoll-, s. 1960 Wirtsch.-Union zw. **Be**lgien, den Niederlanden (**Ne**derland) und **Lux**emburg.

**Beneš** [-ʃ], Edvard, tschechoslowak. Politiker, * 1884, † 1948; 1918–35 Außenmin.; Staatspräs. 1935–38 u. 1945–48. Mitverantwortl. für die Vertreibung d. Sudetendeutschen *(B.-Dekrete).*

**Benevent,** ital. **Benevento,** ital. Prov.-Hptst. nö. von Neapel, 63 000 E; Reste antiker Bauwerke.

**Bengalen,** Ldsch. des Ganges- u. Brahmaputradeltas, dicht besiedelt, feuchtheiß, fruchtb.; seit 1947 in W-B. (Indien) u. O-B. (heute Bangladesh) geteilt.

**Bengasi,** libysche Hafenst. an der Gr. Syrte, 700 000 E; Univ., ✈.

**Benguela,** Prov.-Hptst. an der Atlantikküste Angolas, 155 000 E; Ind.-Standort; ⚓, ✈.

**Benguelastrom,** kühler, nordwärts fließender Meeresstrom vor der SW-Küste Afrikas.

**Ben Gurion,** David, isr. Politiker poln. Herkunft, * 1886, † 1973; Mitbegr. der Mapaipartei (1965 ausgeschlossen); danach Mitbegr. der neuen Arbeiterpartei Rafi; 1948–53, 1955–63 Min.-Präsident.

**Benigni** [-'niɲi], Roberto, ital. Filmschaupieler u. -regisseur, * 1952; „Das Leben ist schön".

**Benin,** ehem. Krg. (bis ins 19. Jh.) im heutigen Nigeria (um *B. City*), mit hoch entwickelter, seit dem 12. Jh. nachgewiesener Kultur, Höhept. 16. u. 17. Jh. (Bronzeguss, Elfenbeinschnitzerei).

**Benin,** bis 1975 **Dahomey** [daɔ'mɛ], Rep. in W-Afrika, trop. Klima, Feuchtsavanne; Ackerbau, Export v. Kakao, Baumwolle, Ölpalmprodukten; Hafen (auch f. Niger u. Nigeria) und internat. Flughafen: Cotonou. – *Gesch.:* Das Gebiet wurde 1894 von frz. Truppen besetzt, war 1904–58 Teil von Frz.-Westafrika, danach autonome Rep. und wurde 1960 unabhängig; unter Staatspräs. M. Kérékou (1972–91, erneut ab 1996) bis 1990 diktatorische Einparteienherrschaft, seitdem demokrat. Tendenzen.

**Benin**

*Fläche:* 112 622 km²

*Einwohner:* 6,4 Mill.

*Hauptstadt:* Porto Novo

*Amtssprache:* Französisch

*Zeitzone:* MEZ

G. Benn

**Benjamin,** Walter, dt. Schriftst., * 1892, † (Freitod) 1940; vom Marxismus beeinflusste Essays, Literatur- u. Zeitkritiken.

**Benn,** Gottfried, dt. Dichter, * 1886, † 1956; expressionist. Lyrik, Essays.

**Bennigsen,** Rudolf von, dt. Politiker, * 1824, † 1902; Mitbegr. der Nat.-lib. Partei, MdR.

**Bensheim,** hess. St. an der Bergstraße, 35 000 E; Metallverarb. u. a. Ind., Weinbau.

**Bentham** ['bentəm], Jeremy, engl. Philosoph, * 1748, † 1832; ein Hauptvertreter des ↑Utilitarismus.

**Bentonit,** Ton mit sehr starkem Quellungs- u. Adsorptionsvermögen; Verdickungsmittel für Farben, Substrat für Hydrokultur.

**Benz,** Carl, dt. Ingenieur, * 1844, † 1929; baute den 1. Kraftwagen u. gründete 1883 die Firma B. & Cie., heute *DaimlerChrysler AG.*

**Benzin** [arab.], Gemisch aus gesättigten Kohlenwasserstoffen, Sp. 40 bis 200 °C, verw. als Kraftstoff od. Lösungsmittel; hergest. u. a. durch Destillation des Erdöls, Kohlehydrierung u. nach dem ↑Fischer-Tropsch-Verfahren.

**Benzoeharz,** vanilleartig duftendes Harz best. *Benzoebäume,* für Parfüme.

**Benzoesäure,** $C_7H_6O_2$, einfachste aromat. Carbonsäure; Konservierungsmittel.

**Benzol,** einfachster aromat. Kohlenwasserstoff ($C_6H_6$-Benzolring), ☠; Lösungsmittel, Kraftstoffzusatz, Ausgangsprodukt vieler Kunst- u. Farbstoffe; hergest. vielfach aus Erdöl. – B. zählt zu den Krebs erregenden Stoffen.

**Benzpyren,** Krebs erregender Bestandteil des Steinkohlenteers.

**Ben Zwi,** Isaac, isr. Politiker russ. Herkunft, *1884, †1963; Präs. des Nat.-Rates der Juden Palästinas 1931–48, ab 1953 Staatspräs.

**Beograd** ↑Belgrad.

**Berben,** Iris, dt. Schauspielerin, *1950; Film- u. Fernsehrollen („Sketchup", „Rosa Roth").

**Berber,** europide Stämme in NW-Afrika (u. a. Kabylen, Tuareg); Hirtennomaden und Ackerbauern; heute etwa 10 Mill. Berber.

**Berbera,** Hafenst. in NW-Somalia, 70 000 E; ⚓, ✈.

**Berberitzengewächse, Sauerdorngewächse,** kraut. u. holz. Pfl.; Früchte meist Beeren; N-Halbkugel, Südamerika.

**Berchtesgaden,** heilklimat. Kurort im *B.er Land,* Obb., 8 000 E; starker Fremdenverkehr; Schloss (ehem. Klostergebäude; 12. Jh.), Stiftskirche (12.–15. Jh.). In der Nähe der Königssee u. Nationalpark B.; Umgebung: *B.er Alpen* mit *Watzmann* (2 713 m).

**Berengar I.,** Markgf. von Friaul, †924; 888 Kg. von Italien, 915 zum Ks. gekrönt; ermordet.

**Berenike II.,** Gem. des Ptolemäus III. Euergetes, †221 v. Chr.; nach der Legende wurde ihr der Aphrodite geopfertes Haar in ein Sternbild (Coma Berenices) verwandelt.

**Beresina,** r. schiffb. Nbfl. des Dnjepr, 613 km.

**Berg,** ehem. dt. Hzgt. (s. 1380) östl. des Niederrheins. Hptst. Düsseldorf; 1614 an Pfalz-Neuburg, 1777 bayr., 1806 napoleon. Großhzgt., 1815 preuß.; jetzt zu NRW.

**Berg,** über die Umgebung deutlich herausragende Geländeerhebung, einzeln (*Inselb.*) oder als Teil eines Geb.

**Berg, 1)** Alban, östr. Komponist, *1885, †1935; Schüler von Schönberg; Opern: „Wozzeck", „Lulu"; Lieder, Kammermusik; freie Atonalität. **2)** Bengt, schwed. Zoologe und Schriftsteller, *1885, †1967; Tierbücher. **3)** Claus, Lübecker Bildschnitzer der Spätgotik, *um 1475, †um 1532.

**Bergamasker Alpen,** Teil der Südl. Kalkalpen in N-Italien, bis 3 052 m.

**Bergamo,** nordital. Prov.-Hptst. am Alpensüdrand, 117 200 E; Dom (15. Jh. beg.); chem., Fahrzeug-, Maschinenind.

**Bergamotte** [türk.], Zitrusfrucht; liefert *Bergamottöl* (für Parfüms, Liköre u. a.).

**Bergbau,** Lagerstättenwirtsch., umfasst Aufsuchen, Erschließen, Gewinnen, Fördern, Aufbereiten von Bodenschätzen, Wiedernutzbarmachung u. Verwahrung stillgelegter B.-Anlagen u. den Entsorgungs-B. Zugehörige Betriebe sind Bergwerke, Gruben od. Tagebaue u. Deponien od. Endlager. B. erstreckt sich auf Steinkohle, Braunkohle, Torf, Erdöl, Erdgas, Ölschiefer, Ölsande, Erze, Schwefel, Steinsalz, Kalisalze, Phosphate und Stickstoffminerale sowie auf Edelsteine u. auf Steine u. Erden.; bes. Bed. für Energiewirtsch. u. Ind.

**Bergen, 1)** St. in der Lüneburger Heide, Nds., 13 800 E; sw. von B. liegt das ehem. KZ *B.-Belsen.* **2)** zweitgrößte St. Norwegens, Hptst. von Hordaland, 218 000 E; Univ.; Marienkirche (12./13. Jh.); Fischkonservenherst., Maschinenind., Schiffbau; ⚓, ✈.

**Bergen op Zoom** [ˈbɛrxə ɔp zo:m], niederl. St. an der Oosterschelde, 47 000 E; Metall- u. chem. Industrie.

**Berghaus,** Ruth, dt. Regisseurin (v. a. Opern), *1927, †1996; z. T. provokator. Inszenierungen.

**Bergisches Land,** Teil des rechtsrhein. Schiefergebirges, reicht von der Ruhr bis zur Sieg; 506 m hoch.

**Bergisch Gladbach,** Krst. d. Rheinisch-Berg. Kreises, NRW, 105 500 E; chem., Papierind., Verlagswesen.

**Bergius,** Friedrich, dt. Chemiker, *1884, †1949; erfand u. a. mit M. Pier das *B.-[Pier-]Verfahren* der Kohlenhydrierung, wobei flüss. Kohlenwasserstoffe (Benzine, Öle) gewonnen werden; Nobelpreis für Chemie 1931.

**Bergkarabach,** russ. **Nagorny Karabach,** Gebiet (bis 1991 Autonomiestatus) in Aserbaidschan; an den O-Abhang des Kleinen Kaukasus, 4 400 km², etwa 193 300 E (davon etwa 75 % Armenier); Hptst. Stepanakert. Das Bestreben der dort lebenden Armenier, sich der Rep. Armenien anzuschließen, führte ab 1988 wiederholt zu nationalistisch geprägten blutigen Auseinandersetzungen mit den Aserbaidschanern (Aseri), bes. nach der Unabhängigkeitserklärung 1991; 1994 Beendigung der Kämpfe durch einen von Russland vermittelten Waffenstillstand.

**Bergkiefer,** meist strauch. Gebirgskiefer mit schwärzl. Rinde; Unterart u. a. Latsche.

**Bergkrankheit, Höhenkrankheit, Ballonfahrerkrankheit,** mit Kopfschmerz, Schwindel, Erbrechen u. a. verbundene Erkrankung bei schnellem Übergang in gr. Höhen (Bergsteigen, Fliegen). Erste Hilfe: Sauerstoffzufuhr.

**Bergkristall,** bes. reiner ↑Quarz.

**Bergman** [ˈbærj-], **1)** Hjalmar, schwed. Schriftsteller, *1883, †1931; Romane u. Schauspiele. **2)** Ingmar, schwed. Film- und Theaterregisseur, *1918. **3)** Ingrid, schwed. Filmschauspielerin, *1915, †1982; verh. mit R. Rossellini.

**Bergner,** Elisabeth, östr. Schauspielerin, *1897, †1986; 1933–49 in der Emigration.

**Bergpredigt,** von den Evangelisten zusammengefasste Worte Jesu (v. a. Seligpreisungen und Vaterunser; Matth. 5–7); auf einem Berg Galiläas gesprochen.

**bergrechtliche Gewerkschaft,** früher Ges., die Bergwerke betreiben konnte.

**Bergson,** Henri, frz. Philosoph, *1859, †1941; seine spiritualist. Lebensphilos. ging v. einem zweckgerichteten „Lebenstrieb" (élan vital) aus.

**Bergstraße,** von Wiesloch bis Darmstadt reichende Landschaftseinheit zw. Odenwald u. Rheinebene; mildes Klima, Obst- und Weinbau; beliebtes Wohngebiet.

**Bergversatz** ↑Bergwerk.

**Bergwacht,** Organisation freiwill. Helfer, leistet Hilfe in Bergnot.

**Bergwerk,** Bergbaubetrieb; bei oberflächennaher Lagerstätte im *Tage-,* sonst *Untertagebau;* Richtschächte bis in die Tiefe der Lagerung, Querschläge bis zum Vorkommen, *Blindschächte* u. *Gesenke* als Stapel- od. Transportschächte; wichtigste *Abbauverfahren:* 1. ohne Benutzung (od. mit Absenken) des Hangenden zur Neuauflagerung: *Strebbau* mit langen Abbaufronten, *Schrägbau* mit schrägem Abbaustoß (Arbeitsort) u. a., alle mit *Bergversatz,* d. h. Einbringen des tauben Gesteins in abgebaute Grubenteile; 2. unter Zu-Bruch-Werfen des Hangenden in ausgeräumte Kammern; 3. Magazin-, Etagen-, Firstenkammerbau, bleiben nach Abbau bestehen. Techn. Gewinnung u. a. durch Drucklufthämmer, Schrämmasch. und Sprengen; *Förderung* z. B. über Schrämlader, Doppelkettenförderer, „Hunde" zum Füllort, weiter allg. mit Förderkorb zutage; *Hydroabbau* durch biolog. u. bakterielle Laugung.

**Beriberi,** Vitamin-$B_1$-Mangel-Krankheit mit Nervenlähmungen, Wassersucht, allg. Verfall.

**Bering,** Vitus Jonassen, russ. Asienforscher dän. Herkunft,

**Berlin:** *Rotes Rathaus (1861–69), im Vordergrund der Neptunbrunnen (1886–91) von Reinhold Begas*

*1680, †1741; nach ihm ben. das *B.meer,* nördlichster Teil des Pazifiks, 2,27 Mill. km², bis 4 097 m tief, sowie die *B.straße,* 92 km breite Meeresstraße zw. Amerika u. Asien.

**Berkeley** ['bə:klɪ], St. in Kalifornien, USA, 108 000 E; Univ.; Nahrungsmittel-, chem., pharmazeut. Ind., Motorenbau.

**Berkelium** [nlat.], Symb. **Bk,** OZ 97, künstl., radioakt. El. aus der Gruppe der ↑Transurane.

**Berlepsch,** Hans Hermann Frhr. von, preuß. Politiker, *1843, †1926; Mitbegr. der „Internat. Vereinigung für gesetzl. Arbeiterschutz".

**Berlichingen,** Götz (Gottfried) von, „der Ritter mit der eisernen Hand", *1480, †1562; Anführer eines Bauernheeres 1525.

**Berlin** ['bə:lɪn], Irving, eigtl. Israel **Baline,** amer. Komponist russ. Herkunft, *1888, †1989; Operetten-, Tonfilm- und Schlagermusik.

**Berlin,** Hptst. Dtl.s und zugleich Bundesland (s. 3. 10. 1990), 891 km², 3,39 Mill. E. St. am Zusammenfl. von Spree u. Havel, s. 1990 Hptst. der BRD, s. 1994 1. Amtssitz des Bundespräs. (Schloss Bellevue), s. 1999 Sitz von Bundestag u. Bundesreg., s. 2000 auch des Bundesrats; Sitz vieler Bundesbehörden, 2 Univ., TU, zahlr. Fachhochsch., Bauakad., kirchl. Hochsch., Forschungsinstitute (Max-Planck-Ges.); zool. Gärten, Rundfunkanstalten; Theater, Bibliotheken, Museen u. a. Viele der bed. Bauten im 2. Weltkrieg zerstört, z. gr. Teil wieder hergest., u. a. Marienkirche (13./15. Jh.), Dt. Staatsoper (1741–43), Univ. (1748 ff.; heute Humboldt-Univ.), ehem. Zeughaus (1695–1706), Reichstag (urspr. 1884–94; nach Umbau 1999 Sitz des Dt. Bundestages). Neue Bauten: Freie Univ. (1951 ff.), Kongresshalle (1957 u. 1986), Hansaviertel (1955–60), Philharmonie (1963), Neue Nat.galerie (1965 bis 1968), Staatsbibliothek (1967–78), Internat. Congress-Centrum (1976 bis 1979), Fernsehturm (1965–69) am Alexanderplatz; Neugestaltung u. a. Spreebogen u. Potsdamer Platz. – *Wirtsch.:* Elektro-, Masch.-, Nahrungsmittel-, graf., pharmazeut. Ind., Motorradwerk, Verkehrsknotenpkt., mehrere ✈ (Tegel, Tempelhof u. Schönefeld) u. Kanalverbdg. zur Elbe, zum Mittellandkanal, zur Oder u. nach Mckbg.-Vorp. – *Gesch.:* B. entstand aus den Siedlungen B. u. Cölln, die um 1235 Stadtrechte erhielten. 1486 landesherrl. Residenz, wesentl. Anteil am Aufstieg des preuß. Staates. Nach 1685 Anwachsen der Bev. durch Zuzug der ↑Hugenotten, Entw. zum wirtsch. u. kultur. Mittelpt. Preußens; 1848 Straßenkämpfe; 1871 bis 1945 Hptst. des Dt. Reiches, schnelle Entw. zur Weltst.; 1918/19 revolutionäre Unruhen. Nach starker Zerstörung im 2. Weltkrieg u. sowjet. Eroberung wurde B. 1945 in vier Besatzungssektoren geteilt u. stand bis 1990 unter Viermächtekontrolle (UdSSR, USA, Großbrit., Frkr.); 1948 sowjet. Blockade der Westsektoren (↑Luftbrücke). Garantien der westl. Alliierten für die Westsektoren führten zur Bildung von B. (West) (480 km², 1,85 Mill. E) u. B. (Ost) (403 km², 1,19 Mill. E). B. (West) war nach dem GG Land der BRD, dessen Bindung aber aufgrund alliierter Vorbehalte eingeschränkt war (u. a. nur beratendes Stimmrecht in Bundestag u. Bundesrat). B. (Ost) wurde zum Sitz der Verw.-Organe der DDR ausgebaut. Abriegelung der Grenzen zw. B. (West) u. B. (Ost) (13. 8. 1961) u. Errichtung eines innerstädt. Sperrgürtels (Berliner Mauer) entlang d. Grenzen. 1971 B.-Abkommen der Vier Mächte, schuf Voraussetzungen für prakt., zw. B. (West), d. DDR u. d. BRD auszuhandelnde Regelungen (u. a. Transitverkehr). Okt./Nov. 1989 Massenproteste in B. (Ost), am 9. 11. 1989 Öffnung der Berliner Mauer. 1990 Wiedervereinigung B.s; 1994–2000 Verlagerung der Hptst.-Funktionen nach dem *B.-Bonn-Gesetz.*

**Berlin:** *Potsdamer Platz mit dem Sony-Center und dem Büro- und Geschäftshaus des DaimlerChrysler-Areals (rechts), im Hintergrund der kugelförmige Turmkopf des 365 m hohen Fernsehturms am Alexanderplatz*

**Berlioz** [bɛrˈljɔs], Hector, frz. Komponist, *1803, †1869; Romantiker; erster Programmmusiker; Opern, Sinfonien, Chorwerke u. a.

**Berlitzschulen** [nach dem dt.-amer. Pädagogen *M. Berlitz*, *1852, †1921], Fremdsprachenschulen (betont praxisbezogen).

**Berlusconi,** Silvio, ital. Unternehmer u. Politiker, *1936; Gründer der rechtsgerichteten „Forza Italia", 1994/95 u. seit 2001 Min.-Präs.; sein Medienkonzern „Fininvest" dominiert u. a. das ital. Privatfernsehen.

**Bermudadreieck,** Teil des Atlantiks, etwa zw. den Bermudainseln, Puerto Rico u. Florida, in dem sich angeblich auf nicht befriedigend erklärte Weise Schiffs- u. Flugzeugunglücke häufen.

**Bermudainseln,** 360 Inseln im nw. Antlantik, davon 20 bewohnt, 53 km$^2$, 62 000 E; Hauptort Hamilton; Anbau von Südfrüchten, Gemüse, Blumen. Seit 1684 brit. Kolonie; s. 1968 mit Selbstverwaltung.

**Bern,** Hptst. der Schweiz, an der Aare, 123 300 E; maler. Altst., Münster u. Rathaus 15. Jh., repräsentatives B.-Haus, Univ., Museen; Textil-, Metall-, Schokoladenind.; ✈. Zugleich Hptst. des *Kantons B.*, (5 959 km$^2$, 943 000 E), umfasst v. a. Seeland (Getreide-, Obstbau), Berner Voralpen (Viehzucht) und die nördl. ↑Berner Alpen (Viehzucht, Fremdenverkehr).

**Bernadette** [-dɛt], hl., eigtl. Maria Bernarda **Soubirous** [subiˈru], frz. Hirtenmädchen, das in einer Grotte bei Lourdes mehrere Marienerscheinungen erlebte, *1844, †1879.

**Bernadotte** [bɛrnaˈdɔt], Jean-Baptiste, frz. Marschall Napoleons I., *1763, †1844; seit 1818 als Karl XIV. Johann Kg. von Schweden und Norwegen.

**Bernanos,** Georges, frz. Schriftsteller, *1888, †1948; Romane: „Tagebuch eines Landpfarrers", „Die Sonne Satans".

**Bernauer,** Agnes, Badertochter, †1435; vermutlich heiml. Ehefrau Hzg. Albrechts III. von Bayern, dessen Vater sie als Hexe ertränken ließ.

**Berner Alpen,** Teil der nördl. Schweizer Alpen vom Rhonequertal bis zum oberen Aaretal (Haslital), z. T. vergletschert. *Finsteraarhorn* 4 274 m, *Jungfrau* 4 158 m.

**Berner Konvention, 1)** ↑Urheberrecht. **2)** Berner Vertrag vom 9. 10. 1874 (↑Weltpostverein).

**Bernhard,** Prinz der Niederlande, Prinz zu Lippe-Biesterfeld, *1911; verh. mit Kgn. Juliana.

**Bernhard,** Thomas, östr. Schriftsteller, *1931, †1989; Lyrik, Prosa, provokante gesellschaftskrit. Dramen.

**Bernhardiner,** Haushunde mit mächt. Körper, kurzer Schnauze; gute Wach- u. Spürhunde.

Bernhardiner

**Bernhardt** [bɛrˈnaːr], Sarah, eigtl. Henriette Rosine Bernard, frz. Schauspielerin, *1844, †1923.

**Bernhard von Clairvaux** [-klɛrˈvo], hl., *um 1090, †1153; gründete 1115 die Abtei Clairvaux (Dép. Aube), die für die Ausbreitung des Zisterzienserordens bed. wurde; Begr. der ma. Mystik.

**Berninagruppe,** Teil der Rät. Alpen südl. von Sankt Moritz; *Piz Bernina* 4 049 m; *Berninabahn* (61 km) St. Moritz-Tirano (Italien) über den *Berninapass,* 2 328 m.

**Bernini,** Gian Lorenzo, ital. Baumeister u. Bildhauer, *1598, †1680; führender Meister des röm. Hochbarock; Hauptwerk: Kolonnaden auf d. Petersplatz, Rom.

**Bernkastel-Kues** [kuːs], St. an der Mosel, RP, 7 500 E; Weinbau.

**Bernoulli** [bɛrˈʊli], schweizer. Mathematikerfam.; bed.: **1)** Daniel, *1700, †1782. **2)** Jakob, *1655, †1705; förderte die Wahrscheinlichkeitsrechnung. **3)** Johann, *1667, †1748, Bruder von 2).

**Bernstein** [ˈbəːnstaɪn], Leonard, amer. Komponist u. Dirigent, *1918, †1990; u. a. Sinfonien, Opern; Musical „Westside story" (1957); Bühnen- u. Filmmusiken.

**Bernstein,** fossiles Harz von Nadelbäumen, Härte 2–2,5, meist durchsichtig, gelb, gelbbraun u. rötl. gelb; hpts. in Samland *(B.küste);* beliebter Schmuckstein.

**Bernsteinsäure,** organ. Säure, weiß, geruchlos, in Wasser lösl., sublimiert bei 120 °C; in Bernstein, Braunkohlen und Harzen.

**Bernsteinzimmer,** Anf. des 18. Jh. für den preuß. Kg. Friedrich I. in Berlin geschaffenes Bernsteinkabinett, das 1716 dem russ. Kaiser Peter d. Gr. geschenkt u. 1755 im Katharinenpalais v. Zarskoje Selo (heute Puschkin) eingebaut wurde. 1941 v. dt. Einheiten nach Königsberg (Pr) verbracht, ist es s. 1945 verschollen (Rekonstruktion b. 2003).

**Bernward,** hl., Bischof von Hildesheim, *960, †1022; Erzieher Ottos III., polit. einflussreich.

**Beromünster,** schweizer. Gem., Kt. Luzern, 2 200 E; Landessender.

**Berry** [bɛˈri], frz. Ldsch. westl. der Loire; ehem. Herzogtum.

**Berserker** [altnord.; „Krieger im Bärenfell"], kampfwütiger Mann (in der nord. Mythol.).

**Bertelsmann AG,** dt. Medienkonzern, Sitz: Gütersloh; 1835 von C. Bertelsmann (*1791, †1850) in Gütersloh gegr., nach dem 2. Weltkrieg von R. Mohn (*1921) neu organisiert, AG seit 1971; Bücher, Zeitschriften, Film, Fernsehen, elektron. Medien, Musik; international tätig.

**Berthold von Henneberg,** Erzb. u. Kurfürst von Mainz, *1442, †1504; Führer d. ständ. Reformpartei im Reichstag.

**Bertolucci** [bertoˈluttʃi], Bernardo, ital. Filmregisseur, *1940; „Der letzte Tango in Paris", „Der letzte Kaiser", „Little Buddha".

**Bertram,** Meister, dt. Maler u. Bildschnitzer, *um 1340, †1414 od. 1415; Hauptmeister in der Zeit der Spätgotik.

**Beruf,** die [Erwerbs]tätigkeit d. Einzelnen, die auf dem Zusammenwirken v. Kenntnissen, Erfahrungen u. Fertigkeiten beruht u. durch die er sich in d. Volkswirtschaft eingliedert.

**Berufsaufbauschule,** eine als Einrichtung des ↑zweiten Bildungsweges zur Fachschul- bzw. Fachoberschulreife führende Schule (nach od. neben einer Berufsausbildung).

**Berufsberatung,** Beratung über Ausbildungsmöglichkeiten bei Berufswahl und -wechsel durch die Arbeitsämter u. private Berufsberater.

**Berufsfachschule,** Schule, die Berufssch. u. prakt. Lehre in sich vereint.

**Berufsgeheimnis,** Schweigepflicht über die bei amtl. od. best. berufl. Tätigkeit erfahrenen Tatsachen.

**Berufsgenossenschaften,** öff.-rechtl. Unternehmerorganisationen, die Träger der Unfallversicherung sind.

**Berufskrankheiten,** hinsichtl. des Versicherungsschutzes den Arbeitsunfällen gleichgestellte Krankheiten durch in best. Berufsgruppen auftretende Schädigungen; anzeigepflichtig.

**Berufsschule,** Pflichtsch. für alle in einem Ausb.- oder Arbeitsverhältnis stehenden od. auch erwerbslosen Jugendlichen, sofern sie nicht eine andere öff. Fachsch. besuchen; Besuch bis zum 18. Lebensj. bzw. bis zur Beendigung der prakt. Berufsausbildung.

**Berufung,** ⚖ durch Antrag an die *B.sinstanz* innerh. einer best. *B.sfrist* einzulegendes Rechtsmittel zur Anfechtung u. Nachprüfung eines Urteils.

**Beryll,** beryllliumhalt., verschiedenfarb. Mineral, Härte 8–7,5; oft schöne, klare Kristalle, u. a. ↑Aquamarin, ↑Smaragd.

**Beryllium** [gr.], Symb. **Be**, chem. El., OZ 4, rel. A.-Masse 9,01218, stahlgraues, sehr hartes, sprödes Leichtmetall, Dichte 1,848 g/cm³, Fp. 1 287 °C, Sp. 2 471 °C; leicht oxidierbar, toxisch; Verhalten ähnl. dem des Aluminiums; v. a. als ↑Beryll vorkommend; Legierungsbestandteil.

**Besamung,** Eindringen des Samens in die Eizelle (i. w. S. Einbringen des Samens in die weibl. Geschlechtsorgane); *künstl. B. (Insemination)* in der Tierzüchtung ↑Befruchtung; *extrakorporale B.* ↑Retortenbaby.

**Besan** [niederl.], seemänn.: Gaffelsegel des Kreuz- u. des *B.mastes* (hinterster Mast auf Barken).

**Besançon** [bəzãˈsõ], Hptst. des ostfrz. Dép. Doubs u. der Region Franche-Comté, 114 000 E; Univ., röm. Bauten, Kathedr. (11.–13. Jh); Uhrenindustrie.

**Besatzungsstatut,** von den 3 Westmächten (Großbr., Frkr., USA) 1949 einseitig erlassene Regelung des Verhältnisses ihrer Hoheitsgewalt zu jener der BRD; mit In-Kraft-Treten der ↑Pariser Vertr. v. 5. 5. 1955 aufgehoben.

**Beschädigte,** fr. **Versehrte,** Personen, die im Wehrdienst eine erhebl. Körperbeschäd. erlitten haben; erhalten Leistungen aus d. Kriegsopferversorgung.

**Beschäftigung,** Tätigkeit, Erwerbstätigkeit; in der Volkswirtschaftslehre die tatsächl. Auslastung der Produktionskapazität durch die Faktoren Kapital u. Arbeit. Das Verhältnis v. tatsächl. u. mögl. B. wird als *B.grad* bezeichnet. – *B.politik,* Gesamtheit der staatl. Maßnahmen, die darauf abzielen, Voll-B. zu erreichen.

**Beschäftigungstherapie,** Heilbehandlung durch Beschäftigung mit Übungscharakter.

**Beschlagnahme,** zwangsweise Sicherstellung v. Gegenständen; im *Strafprozess* zur Sicherung v. Beweismitteln; in *Steuersachen* bei Beitreibung öff. Abgaben; *B. von Druckerzeugnissen* durch richterl. Anordnung.

**Beschleuniger,** svw. ↑Teilchenbeschleuniger.

**Beschleunigung,** zeitl. Änderung der Geschwindigkeit ($v$) nach Betrag und/oder Richtung: $\boldsymbol{a} = \mathrm{d}\boldsymbol{v}/\mathrm{d}t = \mathrm{d}^2\boldsymbol{s}/\mathrm{d}t^2$ ($s$ Weg, $t$ Zeit); SI-Einheit: m/s².

**Beschneidung,** die an Knaben vorgenommene rituelle Vorhauteinschneidung bzw. -kürzung; bei einigen Völkern auch das Entfernen der Klitoris oder der kleinen Schamlippen bei Mädchen.

**Beschwerde,** Rechtsmittel gegen Gerichtsentscheidungen (z. B. Beschluss; als *einfache* [unbefristete] od. *sofort. B.*) u. Behördenakte.

**Beschwörung** ↑Exorzismus.

**Besenginster,** hohe gelb blühende Ginsterart, Schmetterlingsblütler, an Waldrändern, auf Sandböden.

**Besetzung, 1)** Völkerrecht: Okkupation fremden Staatsgebietes. **2)** Theater, Musik: Ensemblezusammenstellung.

**Besitz,** ⚖ tatsächl. Verfügungsgewalt über eine Sache im Unterschied zum ↑Eigentum.

**Besitzsteuern,** an Einkommen, Vermögen u. Ertrag anknüpfende Steuern (Einkommen-, Körperschaft-, Gewerbe-, Erbschaftsteuer).

**Beskiden,** nw. Verzweigungen der Karpaten in Polen u. der Slowak. Rep. (in der *Babia Góra* 1 726 m hoch).

**Besoldung,** Dienstbezüge der Beamten, Richter u. Soldaten.

**Besprechen,** mag.-suggestives Volksheilverfahren zur Behandlung v. Krankheiten durch Sprechen von [alten] Heilsprüchen.

**Bessarabien,** hügel., fruchtb. Ldsch. zw. Pruth, Dnjestr u. der unteren Donau; s. 1940 zur UdSSR, heute südl. Teil zur Ukraine, Hauptteil zu Moldawien, Hauptort Chisinau; Bev.: Rumänen, Ukrainer; bis zur Umsiedlung 1940 auch Deutsche.

**Bessemer-Verfahren** [nach dem brit. Ing. H. Bessemer, *1813, †1898], Verfahren zur großtechn. Stahlerzeugung im Bessemer-Konverter.

**Bestallung,** veraltet für Anstellung als Beamter u. für ↑Approbation.

**Bestäubung,** Übertragung von Blütenstaub auf Blütennarben durch Wind, Wasser, Tiere (v. a. Insekten).

**Bestechung,** ⚖ Anbieten, Versprechen, Gewähren *(aktive B.)* sowie Annehmen, Fordern oder Sichversprechenlassen *(passive B.)* von Geschenken od. anderen Vorteilen bei Beamten u. Richtern od. im geschäftl. Verkehr; strafbar.

**Besteck,** durch geogr. Länge u. Breite festgelegter Ort eines Schiffes auf See.

**Bestie,** wildes Tier.

**Bestseller** [engl.], Buch, das [für einige Zeit] sehr gut verkauft wird.

**Beta** [gr.], 2. Buchstabe des griech. Alphabets (*Β, β*).

**Betablocker, β-Blocker, Betarezeptorenblocker** ↑Sympatholytika.

**Betastrahlen, β-Strahlen,** bei radioakt. β-Zerfall ausgesandte energiereiche Elektronenstrahlen (bis 99 % der Lichtgeschwindigkeit).

**Betateilchen,** beim ↑Betazerfall ausgesandte Elektronen.

**Betatron,** [Kurzw. aus **Beta**strahlen u. Elek**tron**], Anlage zur Beschleunigung von Elektronen, bei der magnet. Führungs- u. Fokussierungsfelder die Teilchen auf Kreisbahnen halten. (↑Teilchenbeschleuniger)

**Betäubung** ↑Anästhesie, ↑Narkose.

**Betäubungsmittelgesetz** ↑Rauschgifte.

**Betazerfall,** radioakt. Zerfall, bei dem ein Kern seine Kernladungs-, nicht die Massenzahl ändert u. Betastrahlen entstehen.

**Beteiligung,** [dauernde] Kapitalbindung an ein Unternehmen; *B.sfinanzierung* ↑Finanzierung.

**Betelnusspalme,** indomalaiische Palmenart; Samen (Betelnüsse) werden für anregende Mittel *(Betelbissen)* verwendet.

**Bethe,** Hans Albrecht, amer. Physiker dt. Herkunft, *1906; Arbeiten auf quantentheoret. u. kernphysikal. Gebiet; Nobelpreis 1967.

**Bethel,** ehem. St. 17 km nördl. von Jerusalem, heute das Dorf Baitin; eine der ältesten kanaanit.-israelit. Kultstätten.

**Bethel,** Ortsteil von Bielefeld; Hauptstandort der *Bodelschwingh. Anstalten,* eines Verbundes diakon. Einrichtungen für behinderte, psychisch kranke und in sozialen Schwierigkeiten lebende Menschen (begr. 1872 v. F. v. Bodelschwingh); angeschlossen die ev. kirchl. Hochsch. B. (gegr. 1905).

**Bethesda,** Teich im antiken Jerusalem mit heilkräft. Wasser.

**Bethe-Weizsäcker-Zyklus,** thermonukleare Reaktion; über Kernreaktionen mit Kohlenstoff, Stickstoff u. Sauerstoff wird Wasserstoff unter Energieabgabe in Helium umgewandelt (nach etwa 320 Mill. Jahren); eine der Energiequellen im Innern massereicher Sterne.

**Bethlehem,** St. im Westjordanland, südl. von Jerusalem, 30 000 E; im N. T. Geburtsort Jesu; Geburtskirche um 330 erbaut, umgebaut im fr. 6. Jh.

**Bethmann Hollweg,** Theobald von, dt. Politiker, *1856, †1921; 1909 Reichskanzler; erstrebte Verständigung mit Großbrit.; 1917 zum Rücktritt gezwungen.

**Beton** [beˈtɔŋ; frz.], Baustoff aus Bindemitteln (u. a. Zement) u. Zuschlagstoffen (u. a. Sand, Kies), meist in *B.mischmaschinen* mit Wasser angemacht; Raumgew. von gewöhnl. B. *(Schwer-B.):* 1 900 bis 3 500 kg/m³, von *Leicht-B.:* 200 bis 1 900 kg/m³; ↑Stahlbeton.

**Betreuung,** Rechtsverhältnis zw. einem Betreuer u. einem Volljährigen (Betreuter), der wegen psych. Krankheit od. körperl., geistiger od. seel. Behinderung Hilfe bei d. Erledigung seiner rechtl. Angelegenheiten bedarf (§§ 1896 ff. BGB). Rechtl. B. ersetzte 1992 d. Erwachsenenvormundschaft u. d. Gebrechlichkeitspflegschaft; Entmündigung abgeschafft.

**Betrieb,** organisierte Wirtschaftseinheit, die Sachgüter produziert od. Dienstleistungen bereitstellt; *B.buchhaltung* ↑Finanzbuchhaltung; *B.geheimnis,* svw. ↑Geschäftsgeheimnis; *B.kapital,* svw. ↑Umlaufvermögen; *B.klima,* Gesamtheit sozialer, psychol., organisator. u. a. Faktoren, die die Arbeitsbedingungen beeinflussen; *B.krankenkassen* ↑Krankenkassen; *B.prüfung,* veraltet für ↑Außenprüfung; *B.rat,* Organ der betriebl. Mitbestimmung u. Interessenvertretung der Arbeitnehmer eines Betriebes; Mitbestimmung in soz., personellen u. teilw. auch wirtsch. Angelegenheiten; geregelt durch *B.verfassungsges.* (2001 reformiert); gilt nicht im öff. Dienst, in karitativen u. religiösen Einrichtungen u. selbst. Auslandsbetrieben; *B.verfassung,* Gesamtheit der Normen, die das Verhältnis zw. Arbeitgeber u. Arbeitnehmer im Betrieb regeln; *B.versammlung,* Vers. der Arbeitnehmer eines Betriebs unter Vorsitz d. Betriebsratsvors.; Entgegennahme v. Tätigkeitsberichten und Anträgen; *B.wirt,* Berufs-Bez. für einen Wirtschaftswissenschaftler mit abgeschlossenem betriebswirtsch. Studium an einer Hoch- od. Fachschule; *B.wirtschaftslehre,* Teilgebiet der Wirtschaftswiss., das die wiss. Beschreibung u. Erklärung des wirtsch. Handelns in Betrieben u. Unternehmungen sowie im Verkehr der Betriebe mit anderen Wirtschaftseinheiten zum Gegenstand hat.

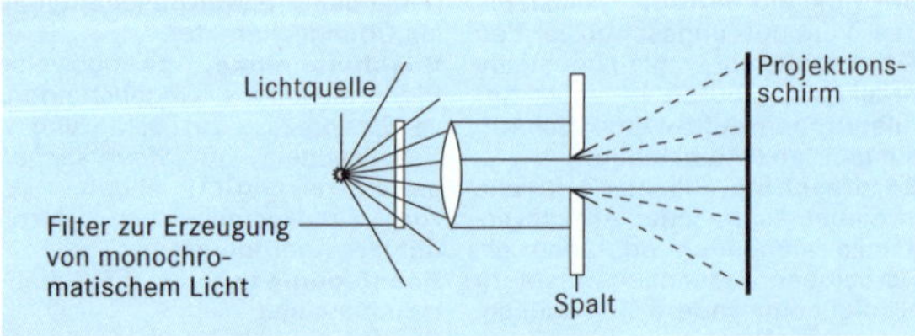


**Beugung 1):** *Versuchsanordnung zur Beugung von monochromatischem Licht an einem Spalt*

**betriebliche Altersversorgung,** Versorgungsleistung, die der Arbeitgeber i. d. R. ergänzend zur gesetzl. Rentenversicherung bei Ruhestand, Invalidität od. Tod des Arbeitnehmers selbst erbringt od. über eine Versorgungseinrichtung erbringen lässt. Arbeitnehmeransprüche sind durch so gen. Betriebsrenten-Ges. geschützt.

**Betrug,** ⚖ Schädigung des Vermögens eines anderen durch Vorspiegelung falscher od. Entstellung wahrer Tatsachen zur Erlangung eines rechtswidr. Vermögensvorteils.

**Betschuanaland** ↑Botswana.

**Bettelorden,** im 13. Jh. gegr. Mönchsorden, die auf Ordensbesitz verzichten und sich durch Arbeit und Almosen erhalten, deshalb auch *Bettelmönche* gen.; v. a. ↑Franziskaner.

**Beugung, 1)** ❀ **Diffraktion,** bes. an Rändern v. Öffnungen u. an Blenden auftretende Abweichung v. der Geradlinigkeit der Ausbreitung v. Wellen. Bei der B. von Licht entstehen durch dunkle Streifen voneinander abgesetzte, je nach Wellenlänge des Lichts versch. stark abgelenkte B.bilder; so kann man durch opt. Gitter *(B.gitter) B.spektren* erzeugen. **2)** Oberbegriff für Deklination u. Konjugation.

**Beuron,** Ort an der Donau, Ba.-Wü., 900 E; Benediktinererzabtei seit 1884, Zentrum wiss. Forschung und liturg. Erneuerung.

**Beust,** Ole von, dt. Politiker (CDU), *1955; wurde 1993 Vors. der CDU-Bürgerschaftsfraktion, 2001 Erster Bürgermeister von Hamburg.

**Beuteltiere,** altertüml. Säugetiere, gebären Embryonen (bis 16 Stück), die, fest mit den mütterl. Zitzen verbunden, meist in äußeren Brutbeuteln ausreifen; größte Verbreitung im Alttertiär; durch höhere Säuger verdrängt; Weiterentw. nur in Australien, SO-Indonesien, Neuguinea, Südamerika. Z. B. Opossums, Kängurus.

**Beuthen,** poln. **Bytom** [ˈbitɔm], St. im oberschles. Ind.-Gebiet, Polen, 225 800 E; Steinkohle-, Blei-, Zink-⚒, chem., Elektroind.

**Beuys** [bɔɪs], Joseph, dt. Plastiker, Zeichner u. Aktionskünstler, *1921, †1986; Aktionen, mit denen er seine Theorien künstler. Kreativität auf alle Lebensbereiche auszudehnen versuchte.

**Bevölkerung, Population,** Gesamtheit der E eines best. Gebietes; *B.sdichte,* Quotient aus E-Zahl u. Fläche; die *B.spolitik* beeinflusst mit staatl. Maßnahmen Quantität (v. a. bei Missverhältnis zw. *B.swachstum* u. Nahrungsmittelspielraum) und Qualität der B. (z. B. durch Ehe- u. Steuergesetzgebung, Geburtenregelung, Schulpolitik); Schätzung des B.swachstums der Erde (1981: 4,5 Mrd.) für das Jahr 2000: 6,3 Mrd., schwerpunktmäßig in Afrika, Asien und Südamerika.

**Bewährungsfrist,** svw. ↑bedingte Strafaussetzung.

**Bewährungshelfer,** zur Beratung, Betreuung u. Überwachung eines auf Bewährung Verurteilten bestellte Person.

**Bewehrung,** in Baustoffe (Beton) eingelegte Stahlstäbe und -gitter zur Verstärkung.

**Beweis, 1)** Logik: schlüss. Begründung der [Un]richtigkeit einer Aussage. **2)** im Zivilprozess Aufgabe der Prozessparteien zur Überzeugung des Gerichts von der [Un]wahrheit vorgebrachter Tatsachen *(B.last);* im Strafprozess freie B.würdigung des Gerichts für die v. Staatsanwalt u. Angeklagten beigebrachten *B.mittel:* richterl. Augenschein, Zeugen, Sachverständige, Urkunden; *B.einrede,* Behauptungen zur Erschütterung der gegner. Beweiskraft.

**Bewusstlosigkeit,** Fehlen bzw. Ausschaltung des Bewusstseins; versch. Grade u.a. bei Rausch, Narkose, Gehirnerschütterung.

**Bewusstsein, 1)** Ⓟ geistiger Prozess der Vergegenwärtigung der Außenwelt u. inneren Erlebens *(B.sinhalte)* u. Erfahrung ihrer Zugehörigkeit zum Ich. **2)** Erkenntnistheorie: das von sich und anderen (anderem) wissende Subjekt.

**Beyle** [bɛl], Henri ↑Stendhal.

**Bezogener,** derjenige, auf den ein ↑Wechsel od. ↑Scheck gezogen ist, d.h., der bezahlen soll.

**Bezugsrecht,** Recht eines Aktionärs, bei Aktienkapitalerhöhung „junge" Aktien zu beziehen.

**BfA,** Abk. für: ↑**B**undesversicherungsanstalt **f**ür **A**ngestellte.

**BGB,** Abk. für: ↑**B**ürgerliches **G**esetz**b**uch.

**BGB-Gesellschaft** ↑Gesellschaft des bürgerlichen Rechts.

**BGH,** Abk. für: **B**undes**g**erichts**h**of.

**Bh,** ⚗ Symb. für ↑Bohrium.

**Bhạgwan,** hinduist. Ehrentitel; bes. bekannt der ind. Guru Rajneesh Chandra Mohan (gen. Sri B. Rajneesh, *1931, †1990), Gründer der *B.-Bewegung* (seit 1989 Osho-Bewegung).

**BHE,** Abk. für: **B**und der **H**eimatvertriebenen u. **E**ntrechteten.

**Bhụmibol Adụlyadej** ↑Rama IX.

**Bhutan**

| | |
|---|---|
| *Fläche:* | 47 000 km$^2$ |
| *Einwohner:* | 2,0 Mill. |
| *Hauptstadt:* | Thimphu |
| *Amtssprache:* | Dzongkha |
| *Zeitzone:* | MEZ + 5 Stunden |

**Bhutan,** Kgr. im östl. Himalaja, Landwirtschaft (Reis-, Weizenanbau, Obstbau, Viehzucht). Außenpol. durch Indien vertreten.

**Bi,** ⚗ Symb. für ↑Wismut (fachsprachl. **Bi**smut).

**Biafra** ↑Nigeria.

**Bịalas,** Günter, dt. Komponist, *1907, †1995; Bühnen-, Orchester-, Vokalwerke.

**Biarrịtz,** frz. See- u. Heilbad am Atlantik, 26 600 E; ✈.

**Bịathlon** [lat.; gr.], Skilanglauf für Männer (über 20 km, 10 km u. 4×7,5 km), für Frauen (über 7,5 km, 15 km u. 4×7,5 km), mit eingeschobenen (je nach Wettbewerb 2 oder 4) Schießübungen.

**Bịbel** [gr.], nach christl. Lehre d. *Hl. Schrift,* d.h. die Slg. der Schriften, die den christl. Kirchen als Urkunden der Offenbarung Gottes (Wort Gottes) gelten und von den Christen als verbindl. Richtschnur für ihren Glauben und ihr Leben angesehen werden, bestehend aus *Altem* (hebr. u. griech.; geschichtl., Gesetzes-, prophet. Bücher, Spruchweisheit, Psalmen u.a., zus. 45 bzw. 38 Bücher) u. *Neuem Testament* (griech.; Evangelien, Apostelgesch., -briefe u. Apokalypse; zus. 27 Bücher); bed. *B.übersetzungen:* ↑Septuaginta, ↑Vulgata und die von ↑Luther; Voll- und Teilübers. in 2 287 Spr. (2001).

**Bibelforscher, Ernste** ↑Zeugen Jehovas.

**Bibelgesellschaften,** ev. Gemeinschaften zur Herst. u. Verbreitung der Bibel.

**Biber,** Nagetiere der nördl. Erdhälfte; bis 1 m lang; mit Schwimmhäuten (an Hinterfüßen); errichtet Dammsysteme zur Konstanthaltung des Wasserspiegels im Bereich seiner Wohnbauten; in Dtl. unter Naturschutz.

**Biber,** angeraute Gewebe aus Baumwolle oder Wolle.

**Bịberach an der Rịss,** Krst. sw. von Ulm, Ba.-Wü., 30 500 E; Wieland-Archiv; Metall-, pharmazeut. Ind. – Ehem. Reichsstadt.

**Bibernẹlle, Pimpinẹlla,** Gatt. der Doldengewächse; in Dtl. angebaut: *Gr.* und *Kl. B.* (Heilpfl.) sowie ↑Anis.

**Biberratte, Nụtria, Sumpfbiber,** Wassertier des gemäßigten Südamerika, wegen seines Pelzes gezüchtet.

**bi..., Bi...** [lat.], Bestimmungswort; Bed.: „zwei, doppel[t]".

**Bibi|ẹna, Gạlli da,** ital. Baumeister- u. Malerfam.: **1)** Alessandro, *1687, †1748, Sohn v. 3), Jesuitenkirche u. Pläne für das Schloss in Mannheim. **2)** Antonio, *1697 oder 1698, †1774, Sohn von 3), Theaterdekorationen. **3)** Ferdinando, *1657, †1743, Theater in Mantua, Theaterdekorationen. **4)** Giuseppe, *1696, †1757, Sohn v. 3), Innenausstattung des Theaters in Bayreuth.

**Bịblia pauperum** [lat.; = Armenbibel], volkstüml. Bilderbibel des Spät-MA.

**Bibliographie** [gr.], Literaturverzeichnis mit Angabe von Verf., Titel, Seiten- u. Bandzahl, Illustrationen, Erscheinungsjahr u. -ort.

**Bibliographisches Institut & F. A. Brockhaus AG,** dt. Verlagsunternehmen mit Sitz in Mannheim; entstanden 1984 durch Vereinigung des *Bibliographischen Instituts,* gegr. 1826 von J. ↑Meyer in Gotha, 1828 nach Hildburghausen, 1874 nach Leipzig verlegt, seit 1953 in Mannheim (heute v.a. Duden-Wörterbücher, Meyers Lexika, Atlanten), mit dem Verlag *F. A. Brockhaus,* gegr. 1805 durch F. A. ↑Brockhaus in Amsterdam, 1811 nach Altenburg, 1817 nach Leipzig verlegt, ab 1945 in Wiesbaden, seit 1985 in Mannheim (heute v.a. Lexika). 1946–90 bestand mit Sitz in Leipzig der VEB Bibliograph. Inst., ab 1990 als GmbH, s. 1991 Tochterunternehmen von B.I. & F. A. B. AG. – Mehrheitsaktionär s. 1988 Langenscheidt.

**Bibliophilie** [gr.], die Liebe zum Buch.

**Bibliothek** [gr.], **1)** für die Aufbewahrung von Büchern best. Raum oder Bau. **2)** planmäß. Bücherslg., als *wiss., öff.* und *private Büchereien; Präsenz-B.* ohne Ausleihe außer Haus; von *Bibliothekaren* verwaltet; *Zentralkataloge* verzeichnen den Bestand mehr. B.en u. sind für den [internat.] Leihverkehr v. gr. Bed.

**Bịblis,** Gem. im Hess. Ried, 8 700 E; Kernkraftwerk mit 2 Kraftwerksblöcken.

**Bịchsel,** Peter, schweiz. Schriftst., *1935; Erz. aus dem kleinbürgerl. Alltagsmilieu.

**Biedenkopf,** Kurt, dt. Jurist u. Politiker, *1930. – 1964–70 Prof. in Bochum, 1973–77 Gen.-Sekr. der CDU, 1976–80 MdB; 1990–2002 Min.-Präs. von Sachsen.

**Biedenkopf,** hess. St. an der oberen Lahn, 14 500 E; Schloss (13. Jh.), Eisen-, Textil-, Holz verarbeitende Industrie.

**Biedermeier,** die nachklassizist. Epoche (heute meist Bez. für die J. 1815–48); zeittyp.: Treuherzigkeit, Geruhsamkeit, bürgerl. Lebenshaltung (Wohnkultur, Mode, Kunstsinn); am ausgeprägtesten in der Möbelkunst (betont schlicht). In der Malerei v.a. Schilderung des intimen bürgerl. Lebens (Spitzweg, Waldmüller u.a.); auch in der Literatur. – Abb. S. 86.

**Biel (BE),** frz. **Bienne** [bjɛn], schweizer. St. im Kt. Bern, 49 800 E; Uhren- u. Masch.-Ind.; am *Bieler See.*

**Bielefeld,** krsfr. St. am Teutoburger Wald, NRW, 309 000 E; Univ., Fachhochschulen, LG; IHK; Leinen- u.a. Industrie.

**Biedermeier:** *Schreibschrank mit Intarsien von J. F. Wunderlich (1826)*

**Bieler,** Manfred, dt. Schriftsteller, *1934; Romane („Der Mädchenkrieg", 1975) und Erz., Drehbücher.

**Bienek,** Horst, dt. Schriftsteller, *1930, †1990; Lyrik u. Romane („Die erste Polka").

**Bienen, Immen,** Hautflüglerüberfam. mit Sammelapparaten zum Eintragen von Pollen u. Nektar (Ausnahme Schmarotzer-B.); die meisten Arten leben ungesell.; Staaten bildend u. z. T. hoch organisiert die Stachellosen B., die ↑Hummeln u. die *Honig-B.;* Letztere als Haustiere in *B.körben* oder *-stöcken* gehalten; ein *B.volk* besteht aus der Königin (♀), 20 000–70 000 Arbeiterinnen (sterile Weibchen, ♀♀) u. rd. 1 000 Drohnen (♂♂); das von der Königin beim Hochzeitsflug aufgenommene Sperma reicht 2–4 J.; die Arbeit u. Brutpflege verrichten die Arbeiterinnen in Arbeitsteilung; Kopfspeicheldrüsen sezernieren Futtersaft, Hautdrüsen des Hinterleibes Wachs zum Bau der Waben, in denen die Nahrung gespeichert u. die Brut untergebracht wird; durch „Tänze" teilen die B. die Lage einer Trachtquelle mit („B.sprache"); wirtschaftlich wichtig als Honig- und Wachslieferanten und als Blütenbestäuber.

**Bier,** alkohol. Getränk, aus stärkehalt. Rohstoffen (Gerstenmalz), Hopfen u. Wasser sowie gärungserzeugender Hefe hergestellt.

**Biermann,** Wolf, dt. Schriftsteller u. Liedersänger, *1936; zeit- u. gesellschaftskrit., polem. u. pazifist. Lieder und Balladen; zog 1953 in die DDR, dort 1976 ausgebürgert.

**Bietigheim-Bissingen,** St. nördl. von Ludwigsburg, Ba.-Wü., 37 500 E; spätgot. Pfarrkirche, Rathaus (1507); Linoleumwerke, Glas- u. Werkzeugindustrie.

**Bifokalgläser,** Brillengläser mit 2 Brennpunkten; oberer Teil für Fern-, unterer für Nahsicht.

**Bigamie** [gr.], Doppelehe; strafbares Eingehen einer zweiten Ehe vor Auflösung der bestehenden.

**Bigband** [-bænd; engl.], großes Jazz- oder Tanzorchester.

**Big Ben** [engl.], Name d. Stundenglocke der Uhr im Turm des Londoner Parlamentsgebäudes sowie des Turmes selbst.

**Bihargebirge** ↑Westsiebenbürgisches Gebirge.

**Bijou** [biˈʒu; frz.], Kleinod; *B.terie,* [billiger, mod.] Schmuck.

**Bikaner,** ind. Oasenst. in der Wüste Thar, 416 000 E; berühmte Teppichwebereien, Lederindustrie.

**Bike** [baɪk; engl.], ⚐ 1) Geländesportrad; 2) [Motorrad]rennmaschine („Superbike"); 3) [Sport]-fahrrad.

**Bikini, 1)** Atoll in der Ralikgruppe der Marshallinseln; dort amer. H-Bombenversuche. **2)** zweiteil. Badeanzug.

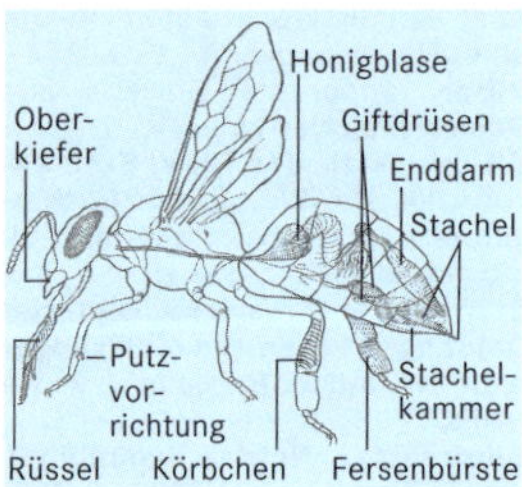


**Bienen:** *Körperbau der Honigbiene*

**bikonkav** [lat.], beiderseitig konkav (hohl, nach innen gewölbt).

**bikonvex** [lat.], beiderseitig konvex (erhaben, nach außen gewölbt).

**Bilanz** [ital.], kontenmäßige Gegenüberstellung der Aktiva (Vermögen: Mittelverwendung) u. Passiva (Kapital: Mittelherkunft) eines Unternehmens zu einem bestimmten Zeitpunkt *(B.-Stichtag);* Teil des Jahresabschlusses.

**bilateral** [lat.], zweiseitig.

**Bilbao,** nordspan. Hafen-, Ind.- u. Prov.-Hptst., 358 900 E; Univ., Guggenheim-Museum v. F. O. Gehry (1997); got. Kathedr.; Schwerind.; ⚓.

**bildende Kunst,** zusammenfassende Bez. für Malerei, Grafik, Plastik, Baukunst.

**Bilderschrift,** vor der Wort- und Buchstabenschrift liegende Entwicklungsstufe; graf. Darstellung von Sachverhalten oder Begriffen durch Bilder oder Symbole; u. a. Altägypten, Kreta, Maya.

**Bilderstreit** ↑Bilderverehrung.

**Bildersturm,** Zerstörung v. Heiligen- und Christusbildern durch Zwinglianer u. Kalvinisten während der Reformation.

**Bilderverehrung,** Kult von Bildern, die höhere Wesen darstellen; urspr. heidn. (im Judentum verboten); s. dem 4. Jh. Darst. Christi u. der Heiligen (nicht als „Repräsentation" des Dargestellten gedacht); *Bilderstreit* durch einschneidende bilderfeindl. Verordnungen Ks. Leos III. (726 u. 730), endete mit dem Sieg der *Bilderfreunde* (Konzil v. Nizäa, 787).

**Bildleitkabel,** Lichtleitkabel (Lichtleiter) zur opt. Bildübertragung (↑Glasfaseroptik).

**Bildplatte, Videoplatte,** Speichervorrichtung für Fernsehsendungen bzw. über Fernsehgeräte wiedergebbare Darbietungen; System CED und VHD mit kapazitiver Abtastung (zur Wiedergabe), System LV (auch VLP) mit Abtastung durch Laserstrahl.

**Bildrauschen,** grauer Hintergrund beim Fernsehbild („Schneegestöber"), durch zu geringe Eingangs- bzw. Antennenspannung verursacht.

**Bildröhre,** Wiedergabesystem (↑Elektronenstrahlröhre) herkömml. Monitore bzw. Fernsehgeräte zur Umsetzung elektr. Bildsignale in Schwarz-Weiß- od. Farbbilder auf einem Leuchtschirm.

**Bildschirm, Monitor,** 🖳 Ausgabegerät zur Darstellung einer Computeranwendung (Texte, Grafiken, Bilder).

**Bildschirmspiele, Telespiele, Videospiele,** Unterhaltungsspiele, die auf dem Bildschirm eines Fernsehgeräts ausgetragen werden; Spielaufbau u. -ablauf werden v. einer Programmkassette gesteuert, können aber vom Spieler bzw. von den Mitspielern beeinflusst werden.

**Bildschirmtext,** Abk. **Btx,** interaktives Daten- u. Textübertragungssystem, bei dem Informationen (z. B. aus Sport, Wirtsch.) über eine Fernmeldeverbdg. auf einen Bildschirm übertragen werden; seit 1995 Bestandteil v. T-Online. Bei analogen Farbfernsehgeräten kann Btx über Modem

u. Zusatzdecoder empfangen werden; auch Telebanking u. -shopping möglich.
**Bildspeicher,** Magnetbandvorrichtung od. Bildplatte, die die Videofrequenzen eines elektron. erfassten opt. Bildes speichert.
**Bildtelefon,** Endgerät zur gleichzeitigen Übertragung v. Sprache u. Bewegtbild, bestehend aus Bildschirm, Videokamera, Lautsprecher, Mikrofon; die Gesprächsteilnehmer können sich gegenseitig auf dem Bildschirm sehen.
**Bildtelegrafie,** fr. **Bildfunk** ↑Telegrafie.
**Bildung,** die bewusste Entw. der natürl. Anlagen des Menschen durch Erziehung u. eigenes Streben sowie deren Ziel, die sittl. Reife u. geist. Fähigkeit, Wissensgehalte u. eth. Werte zu integrieren.
**Bildungsroman,** bes. Form des Romans, schildert die innere Entw. eines Menschen auf ein best. Bildungsziel hin; basiert auf Vorstellungen der ↑Aufklärung.
**Bildungsurlaub,** Freistellung der Arbeitnehmer zur Weiterbildung (Fortzahlung des Entgelts); in B.-Ländern z.T. gesetzl., bundeseinheitl. bisher nur für Betriebsratsmitgl. geregelt.
**Bildwandler,** elektronenopt. Vorrichtung zur Umwandlung lichtschwacher (Nachtsichtgeräte) od. mit unsichtb. Licht entworfener Bilder in lichtstarke Bilder, u.a. *Röntgen-B.* (gestatten geringe Bestrahlungsdosis).
**bilingual** [lat.], zweisprachig.
**Bill** [engl.], vorgelegter Gesetzentwurf in angloamer. Parlamenten; *B. of rights,* engl. Staatsgrundgesetz (1689).
**Bill,** Max, schweizer. Bildhauer, Architekt, Designer, *1908, †1994; knüpfte an die Ideen des Bauhauses an.
**Billard** ['bıljard; frz.], Kugelspiel auf einem mit Tuch bezogenen Tisch; massive Kugeln (früher Elfenbein, heute meist Kunststoff) werden mit einem Stab *(Queuve)* gestoßen.
**Billiarde** [frz.], 1 000 Billionen = $10^{15}$.
**Billion** [frz.], 1 000 Mrd. = $10^{12}$; in den USA 1 000 Mill. = $10^9$.
**Bilsenkraut,** Nachtschattengewächs, ☠; Arzneipflanze (enthält Hyoscyamin).
**Biluxlampe,** Glühlampe mit 2 getrennt schaltb. Glühfäden (v.a. Kfz-Lampe, für Fern- u. Abblendlicht).
**Bimetallstreifen,** geschweißte od. geklebte Verbdg. v. 2 Metallstreifen versch. gr. Wärmeausdehnung; bei Temp.-Änderung krümmt sich der B. (u.a. verw. im Thermostat).
**Bimsstein,** helles, schaumig poröses, vulkan. Gestein, v.a. als Schleifmittel u. Baustoff.
**binär** [lat.], **1)** aus 2 Einheiten od. Zeichen bestehend, z.B. b. Zahlen. **2) binäre quadrat. Form,** math. Ausdruck v. Typ $ax^2 + bxy + cy^2$.
**Binärcode,** aus nur 2 (Binär-)Zeichen aufgebauter Code, bes. zur Darstellung von digital zu übertragenden Daten.
**Binärsystem,** das ↑Dualsystem.
**Bindegewebe,** die Organe umhüllendes u. verbindendes, sehr wandlungsfäh. Gewebe; verbindet einzelne Körperbestandteile, füllt Zwischenräume aus, stützt u. festigt.
von Nukleonen im Atomkern *(Kern-B.).*
**Bingen am Rhein,** St. in RP, an der Nahemdg., 24 500 E; Hafen, Weinbau u. -handel; im Rhein die Stromenge *Binger Loch,* dort der ↑Mäuseturm.
**Binghöhle,** Tropfsteinhöhle bei Streitberg (Ofr.), 300 m lang.
**Bin Laden,** Osama, auch Usama **Bin Ladin,** *1957 (1955?); Saudi-Araber; Führer des 1988 gegr. islamist. Terrornetzwerkes „al-Qaida" („Die Basis"), gegen das sich nach d. Anschlägen auf die USA 2001 eine amer. Militäraktion in Afghanistan richtete.
**Binnenmarkt,** Güterangebot u. -nachfrage innerhalb eines räumlich abgegrenzten Wirtschaftsgebiets.

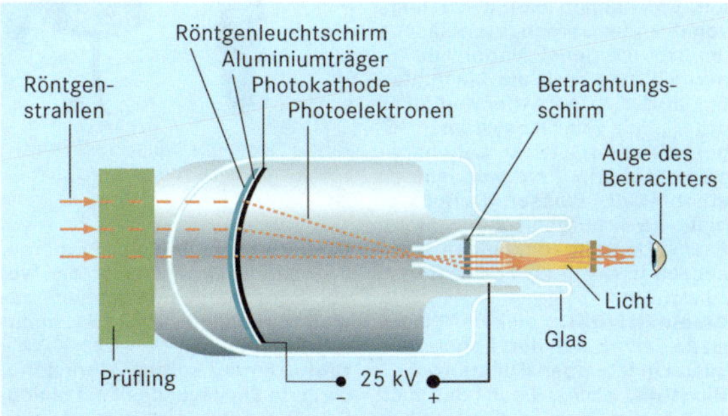


**Bildwandler:** *Röntgenbildwandler*

**Bindegewebemassage,** eine Streichmassage zur Erhöhung der Bindegewebespannung.
**Bindehaut, Konjunktiva,** Augenschleimhaut, die Lidinnenfläche u. Vorderteil der Lederhaut überzieht und innen an die Hornhaut anschließt; *B.entzündung,* Rötung u. Schwellung der B., auch Brennen, Absonderungen, Lichtscheu; meist infektiös.
**Binder, 1)** Tragwerk des Dachstuhls. **2)** Bautechnik: mit seiner Längsseite in die Mauer hineinragender Stein. **3)** Werkzeug zum Bündeln der Moniereisendrähte. **4)** nicht pigmentierter Anstreichstoff; mit Wasser verdünnbar; trocken prakt. wasserunlöslich.
**Bindewort,** svw. ↑Konjunktion.
**Bindung, 1)** Textiltechnik: Fadenverbund, als *Leinwand-* (2-bind., beidseit. Schachbrettmusterung), *Körper-* (quer über das Gewebe verlaufende Köpergratlinien) u. *Atlas-B.* (dichte, glatte Gewebe). **2)** Teil des Skis. **3)** ⚛, ❀ Zusammenhalt v. Atomen in Molekülen u. Kristallgittern *(chem. B.)* sowie
**Binnenmeer** ↑Meer.
**Binnenreim,** Reim innerh. einer Verszeile: „eine starke, schwarze Barke" (Heine).
**Binnenschifffahrt,** gewerbsmäß. Beförderung v. Personen u. Gütern auf natürl. und künstl. Binnenwasserstraßen; Binnenschiffe sind billige Transportmittel; bevorzugt für nicht verderbl. Massengüter; größter Umschlag in Dtl. in Duisburg, Köln und Hamburg (nur Binnenverkehr).
**Binnenwanderung,** Wanderungsbewegung der Bev. innerh. eines Staates.
**Binnig,** Gerd, dt. Physiker, *1947; entwickelte mit H. Rohrer das Rastertunnelmikroskop; erhielt 1986 (mit E. Ruska u. H. Rohrer) den Nobelpreis.
**binokular,** für das Sehen mit beiden Augen eingerichtet; *b.es Sehen* ermöglicht Tiefenwahrnehmung und räuml. Sehen.
**Binom,** zweigliedriger mathematischer Ausdruck der Form $a \pm b$. – *binom. Lehrsatz,* Regel zur Entwicklung einer beliebigen Potenz

eines B. in eine Reihe, z.B. $(a+b)^2 = a^2+2ab+b^2$.

**Binsen,** windblüt. grasartige Pfl. feuchter Standorte, teilw. für Flechtwerk verwendet.

**Binz,** Seebad auf Rügen, Mckbg.-Vorp., 6000 E.

**bio..., Bio...** [gr.], Bestimmungswort; Bed.: „Leben".

**Biochemie,** Wiss.gebiet zw. Biol. u. Chemie; untersucht den chem. Aufbau u. die Stoffwechselvorgänge der Organismen.

**biochemischer Sauerstoffbedarf,** Abk. **BSB,** diejenige Sauerstoffmenge, die im Wasser (gelöst) vorhanden sein muss, damit in ihm enthaltene organ. Substanzen (bei der biolog. Abwasserreinigung) durch Mikroorganismen abgebaut werden können.

**Biodiversität, biologische Vielfalt,** Eigenschaft biolog. Systeme voneinander versch. zu sein. Sie umfasst die genet. Variabilität innerhalb einer Art, die Mannigfaltigkeit der Arten *(Artenvielfalt)* u. die Vielfalt von Ökosystemen. B. gestattet den Arten u. Lebensgemeinschaften, sich wandelnden abiot. (Luft, Wasser, Boden) u. biot. (Mikroorganismen, Flora, Fauna) Umweltbedingungen anzupassen u. damit ihr Fortbestehen zu sichern.

**Bioelektrizität,** elektr. Phänomene im Ablauf der Lebensvorgänge in lebenden Substanzen.

**Bioethik,** philos. Fach, das sich mit sittl. Fragen zu Geburt, Leben u. Tod befasst, v.a. im Hinblick auf neue Entwicklungen u. Möglichkeiten der biolog.-medizin. Forschung u. Therapie.

**Biogas, Dunggas,** bei der bakteriellen Zersetzung organ. Stoffe (Stalldung, Faulschlamm) entstehendes Gas, das 54–70% Methan enthält; verw. für Heizzwecke.

**Biogemüse,** Gemüse aus Anbaumethoden, bei denen u.a. statt mineral. Stickstoff organ. gebundener (z.B. Kompost, Mist) verwendet wird.

**biogen,** durch Tätigkeit von Lebewesen entstanden, durch abgestorbene Lebewesen gebildet (z.B. Kohle, Erdöl).

**biogenetisches Grundgesetz,** Theorie, wonach die frühe Individualentwicklung der Lebewesen mit der Stammesentwicklung übereinstimmt (F. Müller und E. Haeckel).

**Biogeographie,** Teilgebiet der Geographie, untersucht die Beziehungen der Tier- und Pflanzenwelt zum geograph. Raum.

**Biografie** [gr.], Darst. der Lebensgesch. einer Person; als literar. Gatt. s. dem 4. Jh. v. Chr.

**Birke:** *Zweig der Hängebirke mit stäubendem Kätzchen (links); Fruchtstand (rechts)*

**Bioindikator,** biolog. Präparate u. lebende Organismen, die typ. auf Schadstoffeinwirkungen reagieren, können als Immissionsnachweis dienen.

**Biokeramik,** keram. Werkstoffe, die gute Verträglichkeit mit biolog. Gewebe aufweisen; v.a. als Gelenk-, Knochen- od. Zahnwurzelersatz.

**Bioklimatologie,** Lehre v. d. Klimaeinwirkungen auf Lebewesen (bes. den Menschen).

**Biokybernetik,** Teilgebiet der Kybernetik, das durch Analyse der Steuerungs- und Regelungsprozesse in biolog. Systemen und durch Aufstellen von Modellen und Systemtheorien eine Klärung des Ablaufs biolog. Vorgänge zu geben versucht.

**Biologie** [gr.], Wiss. vom Lebendigen, gegliedert in ↑Botanik, ↑Zoologie, ↑Mikrobiologie. Die *allg. B.* beschäftigt sich u.a. mit Morphologie, Zytologie, Physiologie, Biochemie, Verhaltensforschung, Abstammungslehre, Ökologie, Genetik. Gentechn. Bereiche gewinnen zunehmend an Bedeutung.

**biologisch,** naturbedingt; die Biol. betreffend.

**biologischer Landbau,** svw. ↑ökologischer Landbau.

**biologische Schädlingsbekämpfung,** land- u. forstwirtsch. Bekämpfung von Schädlingen durch deren natürl. Feinde.

**biologische Uhr,** svw. ↑physiologische Uhr.

**biologische Vielfalt,** svw. ↑Biodiversität.

**biologische Waffen,** für d. Militäreinsatz vorgesehene Mikroorganismen (z.B. Erreger von Milzbrand, Pest); sind durch UN-Abkommen (1972) verboten.

**Biomasse,** die Gesamtheit aller lebenden, toten und zersetzten Organismen und der von ihnen stammenden Substanz (hpts. innerhalb eines bestimmten Lebensraums).

**Biometrie, Biometrik,** die Anwendung der math. Statistik auf die Erfassung u. Bearbeitung v. Daten in Biologie, Med. u.a.; insbes. die Verarb. bioelektr. Körpersignale für Erkennungsverfahren.

**Bionik** [Kurzw. aus *Biologie* u. *Technik*], Bereich der Technik, der Organe bei Lebewesen auf ihre Eignung als techn. Modelle untersucht u. entspr. verwendet.

**Biophysik,** interdisziplinäre Naturwiss.; Untersuchung biol. Objekte u. Vorgänge mit physikal. Methoden.

**Biopsie** [gr.], histol. Untersuchung von entnommenen Gewebeproben.

**Biorhythmus,** svw. ↑Rhythmus.

**Bio-Siegel** ↑ökologischer Landbau.

**Biosphäre,** Gesamtlebensraum der Erde.

**Biosynthese,** Aufbau von chem. Verbdg. in der lebenden Zelle.

**Biot** [bjo], Jean-Baptiste, frz. Physiker, * 1774, † 1862; ↑Biot-Savart-Gesetz.

**Biotechnologie,** Wiss. von den Methoden und Verfahren zur techn. Nutzbarmachung biolog. Prozesse. Die B. erarbeitet in erster Linie die Grundlagen für die Verwendung von lebenden Organismen, v.a. Mikroorganismen, in techn. Prozessen (z.B. bei der biolog. Abwasserreinigung, bei Gärungsprozessen, bei der Herst. v. Enzymen, Antibiotika); auch gentechn. Methoden.

**Biotop** [gr.], Lebensraum einer best. Pflanzen- u. Tiergesellschaft oder einer einzelnen Art.

**Biotropie** [gr.], wetterbedingte Empfindlichkeit des Organismus.

**Biot-Savar-Gesetz** ['bjo sa'va:r-; nach J.-B. Biot u. F. Savart], elektrodynam. Ges., ermöglicht die Berechnung des von einem elektr. Strom erzeugten Magnetfeldes.

**Biozönose** [gr.], Lebensgemeinschaft von Pfl. u. Tieren in einem ↑Biotop.

**BIP,** Abk. für ↑Bruttoinlandsprodukt.

**bipolar,** zweipolig.

**Bipolartechnik,** Verfahren zum Aufbau integrierter Schaltungen aus bipolaren Bauelementen (wie Bipolartransistoren).
**Biquadrat,** 4. Potenz einer Zahl.
**Bircher-Benner,** Maximilian, schweizer. Arzt, *1867, †1939; Vorkämpfer der vegetar. Ernährung und reinen Rohkost.
**Birgel,** Willy, dt. Schauspieler, *1891, †1973.
**Birgitta,** hl., schwed. Mystikerin u. Ordensstifterin, *1303, †1373, berühmt durch ihre Visionen (Revelationes).
**Birke,** Gatt. der Birkengewächse; Arten: *Weiß-B.* (liefert u.a. Werkholz, B.nsaft), *Moor-B.*, beide bilden in N- und O-Europa zus. mit Erlen, Espen, Kiefern auch Wald.
**Birkenfeld,** Krst. nördl. des Naheoberlaufes, RP, 6 500 E.
**Birkhuhn,** euras. Raufußhuhn; glänzend schwarzes Gefieder, leierförm. Schwanz; bevorzugt Heide, Moore, Gehölze; gefährdet.

**Birma**

*Fläche:* 676 577 km²
*Einwohner:* 49,3 Mill.
*Hauptstadt:* Rangun (Yangon)
*Amtssprache:* Birmanisch
*Zeitzone:* MEZ + 5½ Stunden

**Birma,** amtl. **Myanmar,** engl. **Burma** [ˈbəːmə], B.-Staat in Hinterindien; zw. den westl. Randgebirgen u. dem Schanhochland im O d. Kernland, das trockene Irawadibecken. In den Geb.-Gegenden reichl. Niederschläge; ertragreichstes Reisgebiet Hinterindiens, Viehzucht (Wasserbüffel), Gewinnung von Teakholz, Erdöl, Wolfram u. Zinn; Ausbau der Ind. Im 19. Jh. Kriege gg. Großbrit., 1886 Brit.-Indien angegliedert, s. 1948 selbst., 1974 sozialist. Verf.; s. 1988 Militärregierung, s. 1997 Mitgl. der ASEAN.
**Birmingham** [ˈbəːmɪŋəm], **1)** mittelengl. St., 994 000 E; 2 Univ.; Auto-, Eisenwaren-, Masch.-, chem. Ind.; ✈. **2)** St. in Alabama, USA; 266 000 E; Ind.-Zentrum.
**Birnau,** Wallfahrtskirche am Bodensee (1747–50).
**Birne** [lat.], Kernobst (Rosengewächs); die Kultur-B. wurde u.a. aus der dorn. Wild-B. (Misch-, Auwälder) gezüchtet; viele Sorten, bes. bekannt: Williams Christ, Alexander Lucas, Gute Luise.
**Biron,** Ernst Johann Reichsgraf von, Hzg. v. Kurland, *1690, †1772; Günstling der Zarin Anna.
**Bisamratte** [hebr.], nordamer. Nagetier, Lebensweise ähnl. der des Bibers, unterwühlt Dämme; 1906 in Europa eingeführt; Fell zu Pelzwerk verarbeitet.
**Bischkek,** 1926-91 **Frunse,** Hptst. Kirgistans, am Fuß des Tienschan, 641 000 E; Univ.; vielseitige Ind.; ✈.
**Bischof** [gr.], höherer Geistlicher; nach *kath. Lehre* Träger der höchsten Weihe u. der nur dem Papst unterstellten Lehr- und Jurisdiktionsgewalt, Nachf. der Apostel, Ortsordinarius einer Diözese; in der *orth. Kirche* Inhaber der höchsten Leitungs- und Weihegewalt; in den *reformator. Kirchen* überdauerte nur das *anglikan.* und *schwed.-luth.* B.samt; in den *dt. ev. Landeskirchen* zunächst Übergang des Amtes auf den Landesherrn; s. 1918 Amtsbez. der Leiter versch. Landeskirchen.
**Bischofskonferenz,** in der kath. Kirche der institutionelle Zusammenschluss der Bischöfe eines Landes od. einer Region.
**Bischofsstab,** langer litur. Stab des Bischofs, Symbol des Hirtenamtes; auch *Krummstab.*
**Bischofswerda,** Krst. in Sa., 12 600 E; Granitsteinbrüche, Glas-, Keramik-, Landmasch.-, Textilind.
**Biserta,** nordtunes. Hafen- und Prov.-Hptst., 98 900 E, Erdölraffinerie.
**Bisexualität** [lat.], Doppelgeschlechtigkeit.
**Biskaya, Golf von,** Teil des Antlantiks zw. der frz. W- und der span. N-Küste.
**Biskra,** alger. Oasenst. südl. des Saharaatlas, 130 000 E; Dattelpalmen; Kurort; ✈.
**Biskuit** [bisˈkviːt; frz.], lockeres Feingebäck aus Eiern, Zucker, Weizenmehl.
**Bismarck** [ˈbɪzmaːk], Hptst. von North Dakota, USA, 49 530 E; Handelszentrum, Nahrungsmittelindustrie; ✈.
**Bismarck,** **1)** Herbert Fürst v., *1849, †1904, Sohn von 2), seit 1874 im auswärt. Dienst. **2)** Otto Fürst von B.-Schönhausen, Hzg. von Lauenburg, preuß.-dt. Staatsmann, *Schönhausen 1. 4. 1815, †Friedrichsruh 30. 7. 1898; als preuß. Gesandter am Bundestag in Frankfurt am Main (1851–59) Kämpfer für Preußens Vorherrschaft; 1862 Min.-Präs., Heereskonflikt. Vorbereitung der mil. Entscheidung der Dt. Frage, 1866 Krieg mit Östr. u. maßvoller Friede

**O. von Bismarck**

(Prag). Kanzler des ↑Norddt. Bundes, 1871 des nach dem Dt.-Frz. Krieg 1870/71 von ihm geschaffenen Dt. Reiches; zurückhaltende u. auf Ausgleich bedachte Außenpol.; Ziel: Sicherung des Friedens. Weg: Isolierung Frkr. u. Annäherung an Östr.-Ungarn, Pflege guter Beziehungen zu Russland. B. schuf Bündnisse (1873 Dreikaiserbündnis, 1879 Zweibund mit Östr., 1882 durch Italien zum Dreibund erweitert, 1887 Rückversicherungsvertr. mit Russland), um Dtl. vor feindl. Koalitionen zu schützen. Innenpol.: B. suchte den preuß. Staatsgedanken mit der Nat.-Bewegung des 19. Jh. zu verbinden; von obrigkeitsstaatl. Denken geprägte Innenpolitik (u.a. Kulturkampf, Sozialistengesetze). 1890 Entlassung durch Wilhelm II.
**Bismarckarchipel,** vulkan. Inselgruppe östl. u. nö. v. Neuguinea, Papua-Neuguinea, rd. 48 000 km², Hptst. Rabaul; trop. Vegetation; ehem. dt. Schutzgebiet.
**Bismarckheringe,** marinierte Heringe ohne Kopf u. Gräten.
**Bismut,** fachsprachl. für ↑Wismut.
**Bison** [german.], Rinderart Nordamerikas, dem europ. Wisent nahe verwandt; 1870–84 nahezu ausgerottet, heute in Schutzgeb. wieder etwa 50 000 Tiere.
**Bissau,** Hptst. v. Guinea-Bissau, an der Mdg. des Geba, 197 600 E; ⚓, ✈.

**Bistum** [gr.], Diözese, Sprengel eines Bischofs.
**Bit,** Abk. für engl.: **b**inary dig**it** (Zwei[er]schritt), Informationselement (Nachrichteneinheit), repräsentiert in Stromstoß u. -pause die alternativen Aussagen „Ja" und „Nein".
**Bitburg,** Krst. in der Eifel, RP, 12500 E; Ind.; Militärflugplatz.
**Bithynien,** histor. Ldsch. am Schwarzen Meer u. Marmarameer.
**Bitola,** serb. **Bitolj,** türk. **Monastir,** zweitgrößte Stadt in Makedonien, 77500 E; Univ., Textilind., Handelsplatz.
**Bitterfäule** ↑Pflanzenkrankheiten (Übers.).
**Bitterfeld,** Ind.- u. Krst. in Sa.-Anh., 16800 E; Braunkohlentagebau, Wärmekraftwerk, elektrochem. Industrie.
**Bitterklee,** svw. ↑Fieberklee.
**Bitterling,** kl. Süßwasserfisch (Europa bis Kleinasien); legt Eier zw. die Kiemen von Muscheln; Kaltwasseraquarienfisch.
**Bittermandelöl,** Samenöl (bittere Mandeln, Pflaumen), auch künstl. *(Benzaldehyd).*
**Bittersalz,** $MgSO_4 \cdot 7H_2O$, Magnesiumsulfat; Abführmittel; in vielen als *Bitterwässer* bez. Mineralwässern enthalten.
**Bittersüß,** Nachtschattengewächs m. roten Beeren; ☠.
**Bitterwässer** ↑Bittersalz.
**Bitumen** [lat.], natürl. (Naturasphalte) od. bei der Aufarbeitung v. Erdöl gewonnene zähflüss. od. feste Kohlenwasserstoffgemische.
**Bizeps** [lat.], Vorderarmbeugemuskel des Oberarms.
**Bizet** [biˈze], Georges, frz. Komponist, *1838, †1875; Oper: „Carmen".
**Bjørnson** [ˈbjøːrnsɔn], Bjørnstjerne, norweg. Dichter des Realismus, *1832, †1910; Prosa, Dramen, norweg. Nationalhymne, Nobelpreis 1903.
**Bk,** ☢ Symb. für ↑Berkelium.
**BKA** ↑**B**undes**k**riminal**a**mt.
**Blacher,** Boris, dt. Komponist balt. Herkunft, * 1903, †1975; Orchester-, Chorwerke, Opern, Ballette.
**Blackbox** [ˈblækˈbɔks; engl.], Bez. für ein kybernet. System in Wiss. od. Technik, dessen innerer Aufbau unbekannt ist oder vernachlässigt werden kann.
**Blackburn** [ˈblækbəːn], Ind.-St. in NW-England, 88000 E; Textil-, Masch.-Industrie.
**Black Muslims** [ˈblæk mʊslɪmz], **Nation of Islam** [ˈneɪʃn ɔv ɪsˈlɑːm], straff organisierte relig. Bewegung v. Schwarzen in den USA (gegr. 1930).

**Blackpool** [ˈblækpuːl], St. in NW-England, 146000 E; Seebad; ✫.
**Blackpower** [ˈblækˈpaʊə; engl. „schwarze Macht"], seit 1966 Schlagwort des radikaleren Teils der amer. Bürgerrechtsbewegung der Schwarzen, der eine polit., wirtsch. u. soziokulturelle Selbstbestimmung der Afroamerikaner in den USA forderte.
**Blähungen,** Gasbildung im Magen u. Darm durch Gärung, auch durch verschluckte Luft.

**T. Blair**

**Blair** [bleə], Anthony (Tony), brit. Politiker, *1953; s. 1994 Führer der Labour Party, s. 1997 Premierminister.
**Blake** [ˈbleɪk], **1)** Robert, engl. Admiral, *1599, †1657; Mitbegr. der engl. Seeherrschaft. **2)** William, engl. Maler, Kupferstecher und Dichter, *1757, †1827; romant.-visionäre Illustrationen.
**Blanc** [blã], [Jean Joseph] Louis, frz. Politiker, Historiker u. Theoretiker des Sozialismus, *1811, †1882.
**Blanchard** [blãˈʃaːr], Jean-Pierre frz. Ballonfahrer, *1753, †1809; überquerte 1785 mit dem Amerikaner J. Jeffries als Erster von Dover aus den Ärmelkanal in einem Ballon.
**Blankenburg/Harz,** St. in Sa.-Anh., 9800 E; Metallverarbeitung.
**Blankenese,** Stadtteil v. Hamburg (s. 1937).
**blanko** [ital.], leer; noch nicht vollst. ausgefüllt.
**Blankvers** [engl.], fünfhebiger, reimloser ↑Jambus; zuerst in der engl. Lit.; der Vers des klass. dt. Dramas.
**Blantyre** [ˈblæntaɪə], Wirtsch.-Zentrum u. größte St. Malawis, 446800 E; oberster Gerichtshof, ✫.
**Blase, 1)** Hohlorgan (↑Harn-, ↑Gallen-, ↑Schwimm-B.). **2)** Haut-B. mit Blut, Serum od. Eiter.

**Blasenkammer,** Gerät der Elementarteilchenphysik zum Nachweis u. zur Sichtbarmachung der Bahnen ionisierender Teilchen.
**Blasenkeim,** svw. ↑Blastula.
**Blasensprung,** Reißen der Eihäute unter Entleerung des Fruchtwassers vor oder bei der Geburt.
**Blasensteine,** steinartige Gebilde in der Harnblase.
**Blasentang,** häufigste Braunalge der Nord- u. Ostseeküste; Heil- u. Nutzpfl. (Jodgehalt).
**Blasinstrumente,** Musikinstrumente aus festem Material (Holz, Metall, Horn, Bein, Rohr, Ton u. a.); die Luftsäule in B.n wird durch Anblasen in Schwingungen versetzt, Luftzufuhr mit dem Mund oder künstl. über einen Blasebalg (Dudelsack, Orgel); ohne u. mit Mundstück (bei Blechinstrumenten); Erzeugung der Schwingungen: 1. durch die Lippen, 2. durch einf., 3. durch doppeltes Rohrblatt, 4. durch Metallzungen.
**Blasius,** hl., Bischof, Märtyrer des frühen 4. Jh.; einer der 14 ↑Nothelfer. – *B.-Segen* (gegen Halsübel).
**Blasphemie** [gr.], Gotteslästerung.
**Blasrohr,** Jagd- u. Kriegswaffe bei Naturvölkern; Hohlrohr, aus dem (meist vergiftete) Pfeile geblasen werden.
**Blastem** [gr.], embryonaler, undifferenzierter Gewebeverband.
**Blastogenese** [gr.], ungeschlechtliche Vermehrung durch Knospung oder Sprossung.
**Blastula** [gr.], (Blasenkeim), frühes Entwicklungsstadium des Embryos.
**Blatt, 1)** fläch. *(Laubblatt)* oder nadelförm. *(Nadelblatt)* Anhangsorgan des Sprosses zur Assimilation, Atmung u. Verdunstung. **2)** Schulterteil des Wildes, auch des Schlachtviehs; *B.schuss* ist tödlich.
**Blattbräune** ↑Pflanzenkrankheiten (Übers.).
**Blattdüngung,** Düngung durch Besprühen der Blattflächen mit Nährstoffen.
**Blattern,** svw. ↑Pocken.
**Blätterpilze,** Ständerpilze; Hutunterseite trägt senkr. gestellte Lamellen (Blätter); viele Speise- und Giftpilze.
**Blattfallkrankheit** ↑Pflanzenkrankheiten (Übers.).
**Blattflöhe,** an Pfl. saugende schädl. Insekten, z. B. Apfelblattsauger.
**Blattgold,** zu dünnen Folien ausgeschlagenes Gold, Schichtdicke etwa 0,0001 mm.
**Blattgrün,** svw. ↑Chlorophyll.

**Blattläuse,** Pflanzenläuse, Weibchen meist ungeflügelt; oft Überträger von Viruskrankheiten der Pflanzen.

**Blattrandkäfer** ↑Pflanzenkrankheiten (Übers.).

**Blaubart,** frz. Märchenheld, der seine sechs Frauen tötet.

**Blaubeere,** svw. ↑Heidelbeere.

**Blaubeuren,** St. westl. v. Ulm, Ba.-Wü., 11 600 E; ev.-theol. Seminar; spätgot. Klosterkirche; nahebei Karstquelle der *Blau* (Blautopf).

**Blaue Berge** ↑Blue Mountains.

**blaue Blume,** Symbol für die romant. Dichtung bzw. für die Sehnsucht nach dem Unendlichen (nach Novalis).

**Blaue Grotte,** Höhle an der N-Küste der Insel Capri, Italien, bei der lasurblaues Licht durch den teilw. u. d. M. liegenden Eingang fällt.

**Blauer Nil,** r. Quellfl. d. Nil, durchfließt den Tanasee, vereinigt sich mit dem Weißen Nil bei Khartoum.

**Blauer Reiter,** Künstlergemeinschaft, 1911 in München v. Kandinsky und Marc gegr. (Ausstellungen, Almanach); zugehörig: Klee, Macke, Kubin, Jawlensky u. a.

**Blaues Band,** schnellstes Schiff auf der N-Atlantikroute (1952, „United States").

**Blaufelchen, Maräne,** etwa 40 cm langer forellenart. Speisefisch; in den Seen des Alpengebiets u. Nordeuropas.

**Blaufuchs,** blaugrauer Polarfuchs; Sibirien; Fell sehr wertvoll.

**Blauhelme,** ugs. für Angehörige der UN-Friedenstruppen, nach den von ihnen getragenen blauen Schutzhelmen.

**Blaukraut,** svw. ↑Rotkohl.

**Blausäure, Cyanwasserstoff,** HCN, in geringen Mengen in bitteren Mandeln u. Obstkernen, ☠; ihre Salze sind die Cyanide, stark giftig.

**Blaustrumpf,** veraltete spött. Bez. für eine Frau, die zugunsten der geistigen Arbeit die angebl. typ. weibl. Eigenschaften zurückgedrängt hat.

**Blausucht, Zyanose,** blaurote Verfärbung des Körpers, bes. bei angeborenen Herzfehlern.

**Blauwal,** bis 33 m langer Furchenwal, in allen Weltmeeren, bedroht.

**Blazer** [ˈbleɪzə; engl.], Klubjacke.

**Bleche,** aus Stahl u. a. Metallen (Kupfer, Zink, Zinn, Blei u. a.) durch Walzen hergest. Platten, Bänder u. Streifen; *Grob-* (über 4,76 mm), *Mittel-* (3–4,76 mm), *Fein-B.* (unter 3 mm).

**Blechen,** Karl, dt. Maler, * 1798, † 1840; fand, von der Romantik ausgehend, den Weg zu einer realist. Freilichtmalerei.

**Bled,** dt. **Veldes,** slowen. Kurort in den Julischen Alpen, 5 600 E; Thermalquellen, Wintersport, Wallfahrtskirche auf einer Insel im *Bleder See;* Burg.

**Blei,** Symb. **Pb** [von lat. **Plumbum**], chem. El., OZ 82, rel. A.-Masse 207,2, blaugraues, weiches Schwermetall, tox., Dichte 11,3 $g/cm^3$, Fp. 327,5 °C, Sp. 1 749 °C, leicht oxidierb.; *Vorkommen:* als B.erz meist ↑B.glanz; *Darst.:* meist durch Röstreduktionsverfahren mit B.glanz als Ausgangsmaterial; *Verwendung:* für Kabelmäntel (biegsam, korrosionsfest), Strahlenschutz, Gefäßmaterial für aggressive Flüssigkeiten in der chem. Ind., Akkumulatorenplatten, zur Herst. v. ↑B.legierungen u. ↑B.verbindungen.

**Blei,** svw. ↑Brachse.

**bleichen,** die Farbe aufhellen, chem. od. physikal. durch Peroxide, Chlorite u. a. sowie *Bleicherden,* ↑optische Aufheller u. a.

**Bleiglanz, Bleisulfid, Galenit,** PbS, wichtiges Bleierz, Härte 2,5, enthält oft bis 1 % Silber.

**Bleikammern,** fr. berüchtigtes Staatsgefängnis unter dem Bleidach des Dogenpalastes in Venedig (1797 zerstört), hier wurde Casanova 1755/56 gefangen gehalten.

**Bleikristall,** Kristallglas mit über 24 % Bleioxidgehalt, hohe Brechzahl.

**Bleilegierungen,** Legierungen v. Blei mit anderen El.; am wichtigsten *Bleilagermetalle* aus Pb mit Sb, Sn, Cu, Cd u. a., *Letternmetall* (Pb mit 30 % Sb, 5 % Sn), *Schnelllot* (Pb mit Sn, Bi, Cd) u. *Hartblei* (Pb mit 5 bis 25 %, meist 13 % Sb).

**Bleisulfid,** svw. ↑Bleiglanz.

**Bleiverbindungen,** wichtig als Pigmente für Farben, als Chemikalien in der Färberei, früher *Bleitetraäthyl* als Antiklopfmittel im Benzin. Alle lös., leicht aufschließbaren oder flücht. B. sind stark giftig.

**Bleivergiftung,** Berufskrankheit; *akute B.:* Magenkrämpfe, Erbrechen, Darmkoliken u. a.; *chron. B.:* Kopfschmerzen, Schwäche, Koliken, fahle Hautfarbe, Bleisaum am Zahnfleisch, Lähmungen.

**Bleiweiß,** wetterfeste, weiße Bleifarbe aus bas. Bleichcarbonat.

**Blende, 1)** Vorrichtung zur Begrenzung des Querschnitts v. Strahlenbündeln in der Opt.; in der Fotogr. v. a. als veränderl. Iris-B.; selbstregelnde B. des Auges ist die *Pupille* (bei Dunkelheit Erweiterung, bei Licht Verengung). **2)** in d. Baukunst flache Wandvertiefung od. d. glatten Wand vorgesetztes Schmuck- u. Gliederungsmotiv (z. B. *Blendarkaden, Blendfassaden, Blendfenster*). **3)** durchscheinende Metall-Schwefel-Verbdg., u. a. Manganblenden, Zinkblende, Pechblende (↑Uranpecherz).

**Blériot** [bleˈrjo], Louis, frz. Flugpionier, * 1872, † 1936; überquerte am 25. 7. 1909 als Erster den Kanal zw. Calais u. Dover mit einem Flugzeug.

**Blesshuhn, Blessralle,** schwarzer Wasservogel mit weißem Stirnschild (Blesse) und weißem Schnabel.

**Bleuler,** Eugen, Psychiater, * 1857, † 1939, prägte den Ausdruck Schizophrenie.

**Blies,** rechter Nebenfluss der Saar, 96 km lang, im Unterlauf Grenzfluss zw. Dtl. u. Frankreich.

**Blinddarm,** blindgeschlossenes Anfangsteil des Dickdarms mit Anhangsgebilde (Wurmfortsatz [Appendix]). – *Blinddarmentzündung,* unricht. Bez. für *Appendizitis,* da nicht der Blinddarm, sondern der Wurmfortsatz erkrankt. Zeichen: Schmerzen im Unterbauch (meist rechts), Erbrechen, Stuhlverstopfung. Fieber, anfangs nicht hoch; lebensgefährliche Komplikation: *Durchbruch* u. Vereiterung der Bauchhöhle (eitr. Peritonitis).

**Blindenschrift,** Reliefpunktschrift, von Louis ↑Braille für den prakt. Gebrauch eingerichtet (auch Kurz- und Notenschrift). – Abb. S. 92.

**blinder Fleck** ↑Auge.

**Blindflug,** ältere Bez. für: ↑Instrumentenflug.

**Blindleistung,** ⚡ Anteil der elektr. Leistung, der nicht zur Arbeitsleistung in einem Wechselstromkeis beiträgt.

**Blindschleiche,** schlangenähnliche harmlose Echsenart, lebend gebärend; geschützt.

**Blitz,** Funkenentladung zw. versch. aufgeladenen Wolken od. zw. Wolken u. Erde; Spannung einige $10^8$ Volt, Stromstärke etwa $10^5$ Amp., Ladung 10–20 C, Dauer etwa $10^{-5}$ s, Energie etwa 40 kWh; als Linien-, Kugel- u. Perlschnurblitz.

**Blitzableiter,** von B. ↑Franklin erfundene Blitzfang- u. -ableitungsanlage; Metallstange mit direkter Leitung zum Grundwasser; bes. zum Gebäudeschutz.

**Blitzlicht,** in der Fotografie künstl., intens. Licht sehr kurzer Dauer, erzeugt in ↑Blitzröhre, wird in *B.synchronisation* mit der Verschlussöffnungszeit abgestimmt.

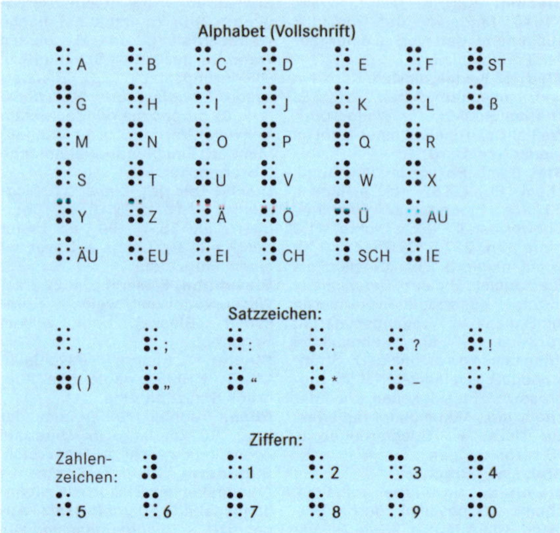


**Blindenschrift** *(Brailleschrift)*

**Blitzröhre,** Gasentladungsröhre, die durch Kondensatorentladungen Lichtblitze im Milli- bis Mikrosekundenbereich erzeugt; in Elektronenblitzgeräten u. Stroboskoplampen.

**Blitzzard** [ˈblɪzəd; engl.], nordamer. NW-Schneesturm, durch arkt. Kaltlufteinbrüche verursacht.

**Blobel,** Günter, amerikan. Zell- und Molekularbiologe dt. Herkunft, *1936; entdeckte, dass Proteine ein eingebautes Signal besitzen, das ihren Transport und ihre Verteilung innerhalb von Körperzellen steuert; erhielt dafür 1999 den Nobelpreis.

**Bloch,** Ernst, dt. Philosoph, *1885, †1977; von Marx und älteren Sozialutopien ausgehend, kommt er zu einem teleol. Weltprinzip; Hauptwerk „Das Prinzip Hoffnung“.

**Block, 1)** ⚕ Unterbrechung des Herzerregungsleitungssystems. **2)** polit. Bündnis mehr. Parteien oder Länder.

**Blockflöte,** Längsflöte aus Holz, mit schnabelförm. Mundstück; beliebt in Renaissance u. Barock; heute bes. als Haus- u. Schulmusikinstrument.

**blockfreie Staaten,** lockere Organisation von nicht paktgebundenen Staaten und Palästina; gegr. 1961; umfasst (2002) 114 Mitgl. Vorläufer der Bewegung: Bandungkonferenz 1955 (↑Bandungstaaten).

**Blockheizkraftwerk,** Kw. **BHKW,** mit Gas- od. Dieselmotor ausgerüstetes kleines Kraftwerk zur Versorgung weniger Abnehmer mit Strom u. Wärme (Kraft-Wärme-Kopplungs-Anlage).

**Blocksberg,** in der Volkssage der Brocken im Harz als Versammlungsort der Hexen.

**Bloemfontein** [blu:mfɔˈteɪn], Prov.-Hptst. in der Rep. Südafrika, 300 100 E, Sitz des obersten Gerichtshofes, Univ.; vielseit. Ind.; ✈.

**Blois** [blwa], Hptst. des mittelfrz. Dép. Loir-et-Cher, 49 200 E; Kirche (12. Jh.), Renaissanceschloss, Kathedr. (Krypta 10. u. 11. Jh.).

**Blücher,** Gebhard Leberecht Fürst **B. von Wahlstatt,** preuß. Feldmarschall, volkstümlichster Feldherr der Befreiungskriege („Marschall Vorwärts“), *1742, †1819; entschied 1815 den Sieg über Napoleon I. (Waterloo).

**Bludenz,** östr. Bez.-Hptst. in Vorarlberg, 13 700 E; Textilindustrie.

**Blueboxverfahren** [ˈblu:bɔks-], fernsehtechn. Bildmischverfahren, bei dem die Farbe Blau als Schlüsselsignal dient: überall dort, wo im Bild Blau vorkommt, wird vom Farbsignalformer (Bluebox) und dem Trickmischer ein zweites Bild hinzugemischt, z. B. als Hintergrund hinter Nachrichtensprechern od. zur Realisation utop. Darstellungen.

**Bluechips** [ˈblu:tʃɪps], Spitzenwerte des Aktienmarktes, d. h. Aktien substanz- u. ertragsstarker Unternehmen.

**Bluejeans** [ˈblu:ˈdʒi:nz], strapazierfähige, enge Hose aus blauem Baumwollköper, urspr. Arbeitshose (um 1850 in den USA hergestellt; nach 1945 auch in Europa).

**Blue Mountains** [ˈblu: ˈmaʊntɪnz], **1)** höchster Geb.-Zug Jamaikas, im O, im Blue Mountain Peak 2 292 m. **2)** Geb.-Zug im östl. Oregon, USA. **3)** Sandsteinplateau im S der Ostaustral. Kordilleren.

**Blues** [blu:z; engl.], **1)** langsamer, traur. Gesang der amer. Schwarzen mit meist 12-takt. Formschema und stets wiederkehrender Harmonik. **2)** langsamer Gesellschaftstanz im $^4/_4$-Takt.

**Blum, 1)** Léon, frz. sozialist. Politiker, *1872, †1950; mehrf. Min.-Präs. **2)** Robert, dt. Schriftsteller u. Politiker, *1807, †1848; 1848 Mitgl. der Frankfurter Nat.-Vers., wegen Teilnahme am Aufstand in Wien standrechtl. erschossen.

**Blüm,** Norbert, dt. Politiker, *1935; 1982–98 B.-Min. für Arbeit u. Sozialordnung, 1987–99 CDU-Vors. in NRW, 1998–2000 einer der stellvertr. Vors. der CDU.

**Blumenau,** südbrasil. Stadt im B.-Staat Santa Catarina, 150 000 E; Univ.; 1850 von v. a. dt. Siedlern gegründet.

**Blumenfliegen,** weltweit verbreitete kleinere, unscheinbare Fliegen; Larven in faulenden Pflanzenabfällen oder minierend in (Kultur)pflanzenteilen.

**Blumenkohl,** Kulturform des Gemüsekohls mit kompaktem Blütenstand.

**Blumenrohr** ↑Kanna.

**Blumentiere** ↑Korallentiere.

**Blumhardt,** Christoph, dt. ev. Theologe u. Politiker, *1842, †1919; Begr. des religiösen Sozialismus.

**G. L. Fürst Blücher von Wahlstatt**

**Blut,** im B.kreislauf umlaufende Flüssigkeit, die dem Stofftransport (Sauerstoff, Nähr-, Immunstoffe, Hormone u. a.) zu den Geweben u. der Abfuhr von Schlacken zu den Ausscheidungsorganen dient; Zusammensetzung: flüss. Bestandteil *(B.plasma)* mit Eiweißkörpern, Wasser, anorgan. Salzen, Transportstoffen; feste Bestandteile: rote (*Erythrozyten,* 4–5 Mill. pro $mm^3$) und weiße (*Leukozyten,* 4 000–10 000 pro $mm^3$; bed. für Eiterbildung) *B.körperchen (B.zellen)* und *B.plättchen* (Thrombozyten, bis 300 000 pro $mm^3$ beim Menschen). Roter *B.farbstoff* ↑Hämoglobin; *B.serum,* von B.körperchen und ↑Fibrin befreiter wässr. Teil des B.es mit ↑Globulinen, ↑Albuminen, Immunstoffen; Sauerstoff- u. Kohlendioxidtransport durch rote B.körperchen; *B.bildung:* Eiweißkörper werden in Leber u. Knochenmark, feste Teile in Knochenmark, Milz u. Lymphgeweben gebildet; *B.menge* des erwachsenen Menschen etwa 5–6 Liter. (↑ Blutgerinnung)

**Blutarmut,** svw. ↑Anämie.

**Blutauffrischung,** Einkreuzung eines nicht verwandten, gleichrass. Tieres.

**Blutbank** ↑Blutkonserve.

**Blutbann** ↑hohe Gerichtsbarkeit.

**Blutbild,** Ergebnisse versch. Untersuchungen des menschl. Blutes: Zahl der roten und weißen Blutkörperchen, Bestimmung der Hämoglobinkonzentration im Blut, Färbeindex, Verhältnis der versch. weißen Blutkörperchen zueinander.

**Blutdoping,** Verabreichen v. Vollblut od. Zubereitungen mit roten Blutkörperchen zur unerlaubten Leistungssteigerung im Sport.

**Blutdruck,** Druck in den Blutgefäßen, angegeben in mm Quecksilber oder kPa; B.höhe best. durch Herzkraft, Blutmenge und Gefäßwiderstand; sie steigt im Laufe des Lebens normalerweise etwas an; *B.messung* mit Armmanschette ergibt während ↑Systole und ↑Diastole etwa folgende Werte (in mm Hg): 80–100/60 (bis zu 10 Jahre), 125/85–130/90 (zw. 30 u. 50 Jahren), 140–150/90 (über 60 Jahre).

**Blüte, 1)** bei Pfl. gestauchter Spross begrenzten Wachstums, der die zur geschlechtl. Fortpflanzung dienenden u. entspr. umgestalteten Blätter trägt; besteht aus grünem Kelch *(Calyx),* farb. Blumenkrone *(Korolle),* ♂ Staubblättern *(Stamina)* und ♀ Fruchtblättern *(Karpelle);* die Staubblätter tragen die *Pollensäcke* (Erzeugung des *B.nstaubs*); die *Fruchtknoten* enthalten die Samenanlagen. **2)** Gaunerspr.: Falschgeld.

**Blutegel, Egel,** wasserbewohnende Ringelwürmer mit Saugnäpfen; fr. zum Schröpfen verwendet.

**blütenlose Pflanzen,** svw. ↑Kryptogamen.

**Blütenpflanzen,** svw. ↑Samenpflanzen.

**Blütenstand,** Blüten tragender Abschnitt der Pfl., ↑Blüte.

**Blütenstaub** ↑Blüte.

**Bluterguss, Hämatom,** Austritt von Blut in Bindegewebe, Muskeln oder Gelenke.

**Bluterkrankheit, Hämophilie,** geschlechtsgebundene rezessiv vererbb. Erkrankung mit schwer stillb. Blutungen. *Bluter* sind immer männl. Geschlechts; Weitervererbung durch phänotyp. gesunde Frauen.

**Blutersatz,** Ersatz von Blut durch ↑Bluttransfusion, Kochsalzinfusion o. Ä.

**Blutgefäße,** svw. Adern (↑Arterien, ↑Arteriolen, ↑Haargefäße, ↑Venen).

**Blutgerinnsel,** feste Masse (Filerinnetz mit eingelagerten roten Blutkörperchen), die sich bei Blutaustritt aus den Gefäßen bildet.

**Blutgerinnung,** kurze Zeit nach Austritt aus einem Blutgefäß eintretende Erstarrung des Blutes; das gerinnungsfördernde Ferment *Thrombokinase* der Blutplättchen, das im Blut enthaltene Calcium u. das Ferment *Thrombin* wirken bei der B. zus. u. wandeln das lösl. Fibrinogen in unlösl. ↑Fibrin, durch Fibrinzusammenziehung wird Blutserum ausgepresst, sodass *Blutgerinnsel* entstehen.

**Blutgruppen,** zeitlebens unveränderl. u. erbl. Merkmal des Blutes, best. durch 2 in den Blutkörperchen vorhandene od. fehlende Substanzen A bzw. B u. 2 im Serum vorhandene Ballungsstoffe Anti-A (α) bzw. Anti-B (β); 4 B.: A, B, AB, 0; zur ↑Bluttransfusion ist gruppengleiches Blut notwendig; nur im Notfall darf 0-Blut als Universalspenderblut verw. werden. (↑Rhesusfaktor)

**Blutjaspis,** svw. ↑Heliotrop.

**Blutkonserve,** bes. behandeltes Blut od. Blutplasma *(Plasmakonserve)* für ↑Bluttransfusionen; zentrale Vorratshaltung bei der *Blutbank.*

**Blutkörperchen** ↑Blut.

**Blutkreislauf,** durch die Herztätigkeit bewirkte Bewegung des Blutes in den Adern. Der Weg des

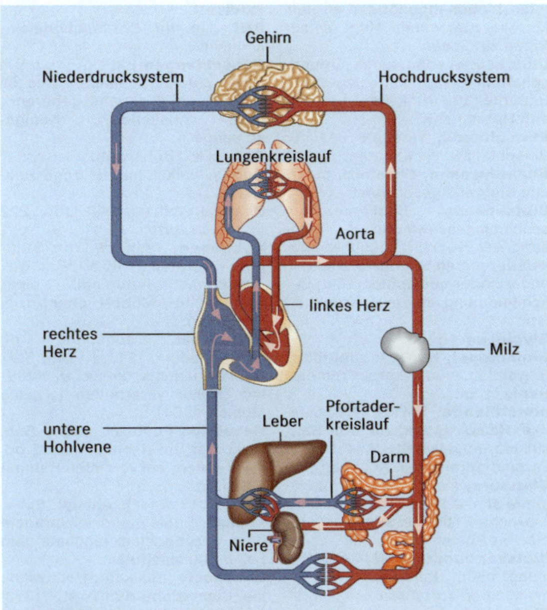


**Blutkreislauf** *des Menschen (arterielles Blut rot, venöses Blut blau)*

Blutes geht v. der l. Herzkammer durch die Hauptschlagader in die Körper- u. kleinen Schlagadern, von da in die Kapillaren der Gewebe (hier Austausch von Sauerstoff u. Nährstoffen gg. Kohlendioxid und Schlacken); Rückfluss des Blutes über Blutadern u. Hohlvenen zum r. Vorhof; von da über die r. Kammer zur Lunge (hier Abgabe des Kohlendioxids, Aufnahme neuen Sauerstoffs) u. wieder zum l. Vorhof u. zur l. Kammer; B. durch die Lunge *„kl."*, der durch den Körper *„gr. Kreislauf"*. Die Anteile des Hochdrucksystems (Arterien) beginnen an der l. Herzkammer und enden mit den Arteriolen, in denen der Druck abfällt. Die Kapillaren und Venen gehören zum Niederdrucksystem des Kreislaufs.

**Blutlaus,** auf Apfelbäumen parasitierende Blattlaus mit braunroter Körperflüssigkeit.

**Blutplasma** ↑Blut.

**Blutplättchen** ↑Blut.

**Blutprobe, 1)** Bluntuntersuchung durch Blutentnahme, z. B. mittels Venenpunktion. **2) Alkohol-B.,** Blutentnahme zum Nachweis von Alkohol im Blut bei Verkehrsunfällen od. Verkehrsgefährdung bei Trunkenheitsverdacht.

**Blutrache,** urtüml. Form der Rechtspflege; Pflicht, einen getöteten Sippenangehörigen an dem Mörder oder einem Mitgl. seiner Sippe zu rächen.

**Blutsbrüderschaft,** Freundschaftsbindung mit gegenseit. Blutopfer u. -trunk (übl. u. a. bei den Germanen).

**Blutschande,** veraltete Bez. für Beischlaf zw. Verwandten.

**Blutschwamm, Feuermal,** gutartige Blutgefäßgeschwulst.

**Blutsenkung, Blutkörperchensenkungsgeschwindigkeit,** Messung der Senkungsgeschwindigkeit der festen Blutbestandteile in ungerinnbar gemachtem Blut; Beschleunigung bei best. Krankheiten.

**Blutserum** ↑Blut.

**Blutspiegel,** Konzentration best. (physiolog. od. körperfremder) Stoffe im Blut.

**blutstillende Mittel, Hämostatika, Hämostyptika,** zur örtl. Blutstillung angewandte Mittel, u. a. Thrombinpräparate, Kollagen.

**Blutsturz,** meist plötzlich auftretende starke Blutungen, z. B. Bluterbrechen bei erweiterter geplatzter Speiseröhrenvene.

**Blutsverwandtschaft,** Abstammung mehr. Personen von gemeinsamen Vorfahren.

**Bluttransfusion,** Übertragung von Blut oder Blutbestandteilen eines Menschen in den Blutkreislauf eines anderen; Voraussetzung für eine B. ist die Gleichheit von Blutgruppe und Rhesusfaktor zw. Spender und Empfänger und die nachgewiesene serolog. Verträglichkeit.

**Blutung, Hämorrhagie,** Austritt von Blut aus der Blutbahn. Bei *äußeren B.* ergießt sich das Blut aus einer Wunde unmittelbar an die Körperoberfläche, während bei *inneren B.* die Blutungsquelle in einer Körperhöhle liegt und das Blut meist nicht nach außen entleert wird. Bei arterieller B. hellrot spritzend, bei kapillarer B. flächenhaft sickernd, bei venöser B. dunkel, im Schwall.

**Blutvergiftung,** svw. ↑Sepsis.

**Blutzucker,** Traubenzuckergehalt des Blutserums, normal 80 bis 120 mg in 100 $cm^3$ Blutserum; Erhöhung der B.menge nach Kohlenhydratmahlzeiten und bei Diabetes mellitus (↑Diabetes); Senkung der B.menge bei Hunger und nach Insuluninjektion. Steigt der B. über 180 mg an, tritt Zucker in den Harn über.

**Blyton** [blaɪtn], Enid, engl. Schriftstellerin, * 1896, † 1968; schrieb Kinder- u. Jugendbücher („Hanni u. Nanni").

**BLZ,** Abk. für ↑**B**ank**l**eit**z**ahl.

**BND,** Abk. für: ↑**B**undes**n**achrichten**d**ienst.

**BNE,** Abk. für ↑**B**rutto**n**ational**e**inkommen.

**Boaschlangen** [lat.; dt.], bis 9 m lange, giftlose Schlangen, bes. im trop. Amerika; lebend gebärend; u. a. ↑Anakonda, ↑Königsschlange.

**Bob,** svw. ↑Bobsleigh.

**Bobby,** volkstüml. für engl. Polizisten.

**Bober,** l. Nbfl. der mittl. Oder, 272 km; *B.talsperre.*

**Böblingen,** Krst. sw. von Stuttgart, Ba.-Wü., 46 800 E; got. Pfarrkirche, Automobil-, elektron., Textil-, Möbel-, chem. u. a. Industrien.

**Bobrowski,** Johannes, dt. Schriftsteller, * 1917, † 1965; Erz., Romane u. Lyrik, die jüd. u. osteurop. Kultur verarbeiten („Levins Mühle", 1964).

**Bobsleigh** [ˈbɔbsleɪ; engl.], **Bob,** lenkbarer Sportschlitten für 2 od. 4 Personen; auf vereisten Bahnen gefahren.

**Bobtail** [ˈbɔbteɪl], **Altengl. Schäferhund,** Begleithund mit grauem oder geschecktem langhaarigem Fell u. Stummelrute.

**Boccaccio** [bokˈkattʃo], Giovanni, ital. Dichter und Humanist, * 1313, † 1375; mit dem Hauptwerk, dem „Decamerone", schuf er die europ. Novelle; auch lat. Werke, Kommentare zu Dante u. Biografie des Dichters.

**Boccerini** [bokke-], Luigi, ital. Komponist, * 1743, † 1805; Cellovirtuose; Kammermusik, Cellokonzert, Sinfonien.

**Boccia** [ˈbottʃa; ital.], Kugelspiel, bei dem die Spielkugeln möglichst nahe an die Setzkugel geworfen werden sollen.

**Bocholt,** St. in NRW, an der niederl. Grenze, 70 500 E; got. Kirche, Renaissancerathaus; Textil-, Eisen-, Elektroindustrie.

**Bochum,** krsfr. St. im Ruhrgebiet, NRW, 400 000 E; Univ., Verw.- u. Wirtsch.-Akad., LG, IHK; Museen, Sternwarte; bed. Stahl-, Masch.-, Auto-, Elektro-, chem. Industrie.

**Bockbier,** Starkbier mit hohem Stammwürzegehalt.

**Bockkäfer,** Käfer mit kräft., langen Fühlern: Larven bohren im Holz Gänge; bes. schädl. der *Hausbock.*

**Böckler,** Hans, dt. Gewerkschaftsführer, * 1875, † 1951; 1949–51 Vors. der DGB.

**Böcklin,** Arnold, schweizer. Maler, * 1827, † 1901; Werke voll Fantasie und Farbenpracht („Toteninsel", 5 Fassungen; Selbstbildnis; „Triton u. Nereide").

**Bocksbart,** Wiesenblume mit gr., gelben Blüten (Korbblütler).

**Bocksbeutel,** flache, bauchige Weinflasche für Frankenweine.

**Bodden** [niederdt.], flachgründige Meeresbucht der mecklenburg.-pommerschen Ostseeküste.

**Bode,** l. Nbfl. der Saale, 169 km, mehrere Talsperren (u. a. Rappbodetalsperre).

**Bodega** [span.], Weinschenke.

**Bodelschwingh, 1)** Friedrich von, dt. ev. Theologe, * 1831, † 1910; begr. den später nach ihm ben. Heilstättenverbund in ↑Bethel. **2)** Friedrich von, Sohn und Nachf. v. 1), * 1877, † 1946, baute d. Werk seines Vaters aus; rettete seine Kranken vor dem nat.-soz. Euthanasieprogramm.

**Boden,** die belebte oberste Verwitterungsschicht der Erdkruste; versch. *B.arten,* u. a. Sand-, Kalk-, Lehmböden; Klima, B.art und Vegetation bestimmen die Ausbildung der versch. *B.typen.*

**Bodenkunde, Pedologie,** Wiss., die sich mit dem Zustand u. der Verbesserung des Bodens für land- u. forstwirtsch. Zwecke befasst.

**Bodenmechanik,** Lehre von v. a. den bauphysikl. Eigenschaften des Erdbodens.

**Bodenorganismen,** *Bodenbakterien* u. *Pilze,* bed. für Entstehung u.

Erhaltung der Bodenfruchtbarkeit; sie zersetzen, mineralisieren und humifizieren tote organ. Substanzen zu Kohlensäure, Wasser und Ammoniak; *Bodentiere* schaffen für Gas- und Wasseraustausch des Bodens wichtige Hohlraumsysteme.

**Bodenreform,** Bestrebungen zur Reformierung des Bodenbesitzrechtes; Ziel meistens die Aufteilung des Großgrundbesitzes in [rentable] Bauernstellen; landw. B. nach 1945 in der SBZ (entschädigungslose Enteignung des Besitzes über 100 ha).

**Bodenrente,** svw. ↑Grundrente.

**Bodenschutz,** der Schutz des Erdbodens vor zunehmender Belastung durch Schadstoffe, zunehmendem Landverbrauch, Verlust heim. Tier- und Pflanzenarten u. a. Gefährdungen. Das Bundes-B.-Ges. vom 17. 3. 1998 bezweckt die Sicherung und Wiederherstellung der Funktionen des Bodens.

**Bodensee,** Alpenvorlandsee, 538,5 km² (einschl. Inseln), bis 252 m tief, mit dt., schweizer. und östr. Anteil. Vom Rhein durchflossen; *Obersee* mit *Überlinger See* u. *Untersee;* 3 Inseln: Mainau, Reichenau, Lindau; mildes Klima.

**Bodenturnen,** Disziplin des ↑Kunstturnens auf einer 12 m × 12 m großen Bodenfläche.

**Bodenwelle,** an die Erdoberfläche gebundene elektromagnet. Welle (z. B. Langwellen) zw. Sender u. Empfänger. (↑Raumwelle)

**Bodhisattwa** [sanskr.], erleuchteter, hl. Mensch; künft. Buddha.

**Bodin** [bo'dɛ̃], Jean, frz. Humanist u. Rechtslehrer, * 1530, † 1596; Verfechter relig. Duldsamkeit; entw. den Begriff der Souveränität.

**Bodmer,** Johann Jakob, schweizer. Schriftsteller und Kritiker, * 1698, † 1783; „Crit. Abhandlung von dem Wunderbaren in der Poesie ..."; Hg. ma. Dichtung; Gegner Gottscheds.

**Bodø** ['bu:dø], Hafenst. in N-Norwegen, 38 000 E. Hptst. des Verw.-Gebietes Nordland; mil. Zentrum; Reedereien, Fisch-, Holzverarb.; Endpt. der Nordlandbahn, ✈.

**Bodybuilding** ['bɔdɪbɪldɪŋ; engl.], Muskelausbildung durch Kraftübungen.

**Bodycheck** ['bɔdɪtʃek], Eishockey: erlaubtes Rempeln (Stoß mit Schulter oder Hüfte) des Gegners.

**Boethius,** Anicius Manlius Severinus, röm. Staatsmann u. Philosoph, * um 480, † um 524; schrieb im Kerker „Trost der Philosophie"; unter Theoderich hingerichtet.

**Boff,** Leonardo, brasilian. kath. Theologe, * 1938; Franziskaner (1958–92), führender Vertreter der Befreiungstheologie.

**Bogarde** ['bəʊgɑ:d], Sir Dirk, eigtl. Derek Niven van den Bogaerde, brit. Schauspieler, * 1921, † 1999; („Tod in Venedig").

**Bogart** ['bəʊgɑ:t], Humphrey, eigtl. H. **de Forest B.,** amer. Filmschauspieler, * 1899, † 1957; Charakterdarsteller in Abenteuer- und Kriminalfilmen.

**Boğazkale** [bɔ:'azkalə], Dorf östl. v. ↑Ankara, mit ausgegrabenen Ruinen der hethit. (↑Hethiter) Hptst. Hattusa; Funde versch. Schriftzeugnisse.

**Bogdanovich** [bɔg'dɑ:nəvɪtʃ], Peter, amer. Filmregisseur, * 1937.

**Bogen, 1)** Teilstück einer gekrümmten Linie. **2)** Tragwerk mit Vertikal- und Horizontalkräften im Auflager (Statik). **3)** Schusswaffe aus Stab u. Sehne, vorw. für Pfeile. **4)** 𝄞 elast., mit Rosshaaren bespannter Holzstab zur Tonerzeugung bei Streichinstrumenten. **5)** graf. Technik: rechteckig geschnittenes Papier; der *Druck-B.* wird im Allg. zu 16 oder 32 Seiten ausgeschossen. **6)** Börse: ↑Mantel.

**Bogen,** niederbayr. St. an der Donau, 10 000 E; über B. der *B.berg* mit spätgot. Wallfahrtskirche.

**Bogengänge,** Gleichgewichtsorgan im Innenohr; Teil des Labyrinths. – ↑Ohr.

**Bogenlampe,** Lichtquelle mit elektr. Lichtbogen zw. 2 Elektroden (Kohle, Wolfram).

**Bogenmaß,** Maß für die Größe eines ebenen Winkels $\alpha$; Quotient aus der Länge des im Innern des Winkels gelegenen Bogens eines Kreises um den Scheitelpunkt u. der Länge des Kreisradius, bezeichnet mit arc $\alpha$ („Arkus $\alpha$"). Es gilt $\text{arc}\,\alpha : 2\pi = \alpha : 360°$.

**Bogenminute,** Bez. für die Winkeleinheit ↑Minute.

**Bogenschießen,** Sportart, bei der Pfeile mit einem Bogen aus einer Entfernung v. 30–90 m auf eine Scheibe v. 80 bzw.122 cm Durchmesser geschossen werden.

**Bogensekunde,** Bez. für die Winkeleinheit ↑Sekunde.

**Bodensee:** *Blick über den Bodensee auf den Säntis in den Appenzeller Alpen (Schweiz)*

**Bogotá,** Hptst. v. Kolumbien, 6,0 Mill. E; 2650 m ü. d. M.; mehrere Univ., Kathedr.; Handelszentrum; Ind.; ✈.

**Boheme** [bɔ'ɛ:m; frz.], unkonventionelles Künstlermilieu.

**Böhm,** Karl, östr. Dirigent, * 1894, † 1981.

**Böhme,** Jakob, dt. Philosoph, * 1575, † 1624; verband naturmyst. und christl.-prot. Motive.

**Böhmen,** hist. Gebiet im nördl. u. westl. Teil der Tschech. Rep., umsäumt v. Böhmerwald, Fichtel- und Erzgeb., Sudeten u. Böhm.-Mähr. Höhe; entwickelte Landw. (Getreide, Obst, Gemüse, Hopfen, Zuckerrüben); Wald; Erzbergbau; Braun- und Steinkohlenreviere, Glas- u. Edelsteinind., Brauereien; berühmte Heilbäder (Karlsbad, Marienbad, Franzensbad, Teplitz u. a.). – *Gesch.:* Nach den kelt. Bojern „Bojohaemum" gen.; um Christi Geburt v. Markomannen, s. dem 6. Jh. von slaw. Tschechen besiedelt; im MA wechselnde Abhängigkeit vom Hl. Röm. Reich, 1198 erbl. Kgr. (Przemysliden), 1310–1437 Herrschaft der Luxemburger, durch Karl IV. polit. und kultureller Mittelpunkt des Hl. Röm. Reiches, 1. Univ. des Reiches in Prag (1348); 1419–36

Hussitenkriege; 1526 an die Habsburger; in den Randzonen dt. Kultur (↑Sudetendeutsche); im 19. Jh. Erstarken des tschech. Nationalbewusstseins; 1918 (Kern-)Teil der ↑Tschechoslowakei.

**Böhmer,** Wolfgang, dt. Politiker (CDU), *1936; s. 2002 Min.-Präs. von Sa.-Anhalt.

**Böhmerwald,** Grenzgeb. zw. Dtl., der Tschech. Rep. und Östr., mit Gr. Arber (1 456 m); dt. Anteil: *Oberpfälzer* bzw. *Vorderer Bayer. Wald;* waldreich; Holz-, Glasind.

**Böhmische Brüder, Mährische Brüder,** aus den Hussiten im 15. Jh. hervorgegangene religiöse Gemeinschaft in Böhmen; heute eine ev. Minderheitskirche in der Tschech. Rep.

**Böhmische Malerschule,** Malerei v. a. zurzeit Karls IV.; Buchmalerei (Liber viaticus), Tafelmalerei (Hohenfurther Altar), Wandmalerei (auf Burg Karlstein); u. a. Theoderich v. Prag (Heiligkreuzkapelle), Meister v. Wittingau (Passionsaltar).

**Böhmisches Mittelgebirge,** Gebirge in N-Böhmen, im *Milleschauer* 837 m ü. d. M.

**Bohne,** Schmetterlingsblütler; wertvolle Gemüsepfl.

**Bohnenrost** ↑Pflanzenkrankheiten (Übers.).

**Bohr, 1)** Aage Niels, dän. Physiker, *1922, Sohn von 2); entdeckte einen Zusammenhang zw. kollektiv. Bewegungen der Nukleonen u. Partikelbewegungen in Atomkernen; Nobelpreis (mit B. Mottelson u. J. Rainwater) für Physik 1975. **2)** Niels, dän. Physiker, *1885, †1962; grundlegende Arbeiten zur Atomphysik (*B.-Atommodell*, 1913), Entdecker des Korrespondenzprinzips zw. klass. und Quantenphysik; Nobelpreis 1922.

**Bohrinsel,** künstl. Plattform im Meer mit Einrichungen für Bohrungen nach Erdöl u. Erdgas; meist auf ausfahrbaren Stützen.

**Bohrium** [nach N. Bohr], Symb. **Bh,** künstl. hergest. chem. El., OZ 107. Das langlebigste Isotop ist $^{262}$Bh, ein $\alpha$-Strahler (Halbwertszeit 102 ms).

**Bohrkäfer,** versch. Käfer, deren Larven v. a. in Balken, Möbeln u. Holzdielen leben (Klopftöne).

**bohrscher Radius** [nach N. Bohr], Radius der innersten Elektronenbahn im Bohr-Sommerfeld-↑Atommodell.

**bohrsches Magneton** [nach N. Bohr], ↑Magneton.

**Boieldieu** [bwalˈdjø], François Adrien, frz. Opernkomponist („Die weiße Dame"), *1775, †1834.

**Boise** [ˈbɔɪsɪ], Hptst. von Idaho, USA; 152 700 E; ✈.

**Bojar** [russ.], fr. Adelsbez. in Russland, Litauen u. den Donaufürstentümern.

**Boje,** verankertes schwimmendes Seezeichen.

**Bolero** [span.], **1)** span. Volkstanz im $^3/_4$-Takt; in der Kunstmus. u. a. bei Ravel. **2)** kurzes Jäckchen, offen getragen.

**Bolesławiec** ↑Bunzlau.

**Boleyn** [ˈbʊlɪn], Anna, engl. Kgn., ↑Anna.

**Bolide** [gr.], **1)** svw. Feuerkugeln (↑Meteore). **2)** Rennwagen.

**Bolívar** [span. boˈliβar], Simón, Befreier Südamerikas von der span. Herrschaft, *1783, †1830; Schöpfer der Staaten Kolumbien (1819–30 Präs. von Groß-Kolumbien) und Bolivien.

**Bolivien**

*Fläche:* 1 098 581 $km^2$

*Einwohner:* 8,3 Mill.

*Hauptstadt:* Sucre

*Regierungssitz:* La Paz

*Amtssprachen:* Spanisch, Ketschua, Aimara

*Zeitzone:* MEZ – 5 Stunden

**Bolivi|en,** südamerikan. Republik; d. Anden erreichen hier ihre größte Breite; zw. der W- u. NO-Kordillere liegt das boliv. Hochland, im O Savannen mit feuchtheißem Klima. *Bev.:* rd. 50 % Indianer, 30 % Mestizen, 15 % Weiße, 3 % Schwarze, Asiaten u. a. Etwa $^2/_3$ der Bev. leben v. Landw.; Anbau v. Weizen, Reis, Tabak und Baumwolle; Viehzucht; reiche Bodenschätze, bes. Zinn, Silber und Erdöl; wenig Ind. – *Gesch.:* Teil des Inkareichs, 1538 von Spanien erobert, 1825 unabh. Rep. (Name nach S. ↑Bolívar), nach dem „Salpeterkrieg" gg. Chile 1879–84 Abtretung des Küstengebiets an Chile; unterlag 1935 im ↑Chacokrieg gg. Paraguay; zahlr. Unruhen, Staatsstreiche, Putsche; 1964–80 wechselnde Militärdiktaturen; 1982 Rückkehr zur Demokratie.

**Boll,** Ort sw. v. Göppingen, Ba.-Wü., 5 000 E; Schwefelbad, im Ortsteil *Bad B.* Ev. Akademie.

**Böll,** Heinrich, dt. Schriftsteller, *1917, †1985; zeitkrit. Romane, Satiren, Kurzgeschichten, Essays, Hörspiele: „Wo warst du, Adam?", „Und sagte kein einziges Wort", „Ansichten eines Clowns", „Billard um halb zehn", „Die verlorene Ehre der Katharina Blum"; Nobelpreis 1972; 1971–74 Präs. des internat. PEN-Clubs.

**Böller,** im 16. Jh. Mörser für gr. Steinkugeln, heute kl. Salutgeschütz.

**Bologna** [boˈloɲa], Hptst. der ital. Region Emilia-Romagna u. der Provinz B., 382 000 E; Univ.; bed. Kirchen; Ind., v. a. Lebensmittel.

**Bolometer** [gr.], Widerstandsthermometer zur Messung der Strahlungsenergie v. Licht- u. Wärmestrahlungen.

**Bolschewiki** [russ. „Mehrheitler", zu bolsche „mehr"], der seit der Spaltung der Sozialdemokrat. Arbeiterpartei Russlands (1903) von Lenin geführte größere, radikale Parteiflügel (im Ggs. zum kleineren, den ↑Menschewiki); entwickelte sich seit 1912 zur selbst. Partei, der späteren ↑KPdSU. (↑Bolschewismus, ↑Kommunismus)

**Bolschewismus** [russ.], im kommunist. Sprachgebrauch bis zu Stalins Tod (1953) übl. Sammelname für Theorie u. Praxis des Sowjetkommunismus u. der v. ihm beeinflussten kommunist. Parteien u. Organisationen.

**Bolschoi-Ballett,** das dem *Bolschoi-Theater* in Moskau angeschlossene Ballettensemble; gilt als eines der besten der Welt.

**Boltzmann,** Ludwig, östr. Physiker, *1844, †1906; einer der Begr. der kinet. Gastheorie; *B.-Konstante:* Naturkonstante zur Umrechnung v. absoluten Temp. auf therm. Energien der Teilchen, $k \approx 1{,}381 \cdot 10^{-23}$ J/K.

**Bolzano,** Bernhard, Philosoph und Mathematiker ital. Herkunft, *1781, †1848; Arbeiten zu den Grundlagen der Analysis u. der Mengenlehre.

**Bolzano** ↑Bozen.

**Bombay** [ˈbɔmbeɪ], Marathi **Mumbai,** Hptst. von Maharashtra, nach Kalkutta zweitgrößte St. Indiens, an der W-Küste Vorderindiens; 9,9 Mill. E (städt. Agglomeration); Univ.; Kernenergiezentrum; wichtigstes Handels-, Ind.- u. Finanzzentrum; ⚓, ✈.

**Bombe** [gr.], mit Sprengstoff oder Brandsätzen gefüllter Hohlkörper mit einer Zündvorrichtung, z. B. für den Abwurf vom Flugzeug aus (Spreng-B., Brand-B., Atom-B.) oder zur Bekämpfung von getauchten U-Booten (Wasser-B.).

B

H. Böll

**bona fide** [lat.], guten Glaubens, auf Treu und Glauben.

**Bonaparte,** **1)** Jérôme, Kg. von Westfalen 1807–13, 1850 Marschall von Frkr., *1784, †1860, Bruder Napoleons I. **2)** Joseph, 1806 Kg. von Neapel, 1808–13 Kg. von Spanien, *1768, †1844, Bruder Napoleons I. **3)** Letizia (Laeticia), seit 1804 Titel „Madame Mère", *1750, †1836, Mutter Napoleons I. **4)** Louis, 1806–10 Kg. von Holland, *1778, †1846, Bruder Napoleons I., Vater Napoleons III. **5)** Lucien, *1775, †1840, Bruder Napoelons I., dessen Staatsstreich er unterstützte. **6)** Maria Anna, gen. **Elisa,** Großherzogin von Toskana, *1777, †1839, Schwester Napoleons I. **7)** Marie-Annonciada, gen. **Caroline,** Kgn. von Neapel, *1782, †1839, Schwester Napoleons I. **8)** Marie Paulette, gen. **Pauline,** Hzgn. von Guastalla, *1780, †1825, Schwester Napoleons I. **9)** Napoléon ↑Napoléon I.

**Bonaventura,** eigtl. Johannes Fidanza, hl., ital. Theologe und Philosoph, Kirchenlehrer, *1221, †1274; bed. Vertr. der Scholastik.

**Bond** [engl.], angelsächs. Bez. für ein festverzinsl. Wertpapier.

**Bonden,** Verfahren zum Kontaktieren von Halbleiterbauelementen durch Schweißen und Löten.

**Bône** [bo:n; frz.] ↑Annaba.

**Bongo,** lateinamer. einfellige Trommel, paarweise verwendet.

**Bonhoeffer,** Dietrich, dt. ev. Theologe, *1906, †1945; Mitgl. der ↑Bekennenden Kirche, als Widerstandskämpfer hingerichtet; dogmat. Schriften, Gedichte.

**Bonifacio** [-fa'sjo, auch -'fatʃo], St. an der S-Spitze von Korsika, 2700 E; an der *Straße v. B.,* zw. Korsika und Sardinien (120 km lang, 12 km breit, bis 70 m tief).

**Bonifatius, Winfrid,** hl., ags. Benediktiner, *um 672/73, †754; von Papst Gregor II. beauftragt mit der Germanenmission; „Apostel der Deutschen".

**Bonifatius, Bonifaz,** Name von 9 Päpsten, davon bed.: **B. VIII.,** vorher **Benedetto Caetani,** Papst seit 1294, *um 1235, †1303; verfocht in der Bulle „Unam sanctam" (1302) Überordnung der geistl. Gewalt über die weltliche.

**Bonifatiuswerk der deutschen Katholiken,** kath. Hilfswerk zur Unterstützung der kath. Kirche in der Diaspora; Sitz: Paderborn.

**Bonifikation** [lat.], Entschädigung für fehlerhafte Teile einer Ware; Vergütung (Provision) für die Unterbringung neuer Wertpapiere.

**Bonität,** Kreditwürdigkeit.

**Bonmot** [bõ'mo:; frz.], treffende, geistreiche Wendung.

**Bonn,** kreisfreie St. (Bundes-St.), am Rhein, NRW, 301 000 E; Sitz von B.-Behörden; Univ., FH, Sternwarte, wiss. Institute; roman. Münster, Stadtschloss (Univ.), Geburtshaus Beethovens, Rhein. Landesmuseum; Rheinhafen, ✈ Köln-Bonn; vielseitige Ind. – Ehem. röm. Kastell *Castra Bonnensia.*

**Boom** [bu:m; engl.], ↑Konjunktur.

**Booster** ['bu:stəʒ], ◌ allg. svw. Verstärker; z. B. als elektron. Bauelement, bei Teilchenbeschleunigern, als Hilfstriebwerk bei Flugzeugen u. Raketen.

**Böotilen,** alte griech. Ldsch. zw. Attika und Phokis.

**Bootsmann,** dem Wachoffizier zugeordneter Matrose; bei der B.-Marine Unteroffizer im Rang eines Feldwebels.

**BophuthaTswana,** 1977–94 internat. nicht anerkannte Rep. in S-Afrika, hervorgegangen aus dem Homeland der Tswana, nach der Errichtung der neuen südafrikan. Prov. in die Prov. Nord-West, Freistaat, Gauteng und Mpumalanga aufgeteilt.

**Boppard,** St. südl. v. Koblenz, RP, 16 000 E; Weinbau; Elektro-, chem. Industrie.

**Bor** [pers.], Symbol **B,** chem. El., OZ 5, rel. A.-Masse 10,81; reines kristallisiertes B. schwärzlich grau, neben Diamant härtestes El., Dichte 2,46 g/cm$^3$, Fp. 2100 °C, Sp. 2550 °C; nicht reaktionsfreudig, starkes Reduktionsmittel; in der Natur meist als B.säure u. deren Salze.

**Bonn:** *Blick über das Stadtzentrum und den Rhein*

**Bonsels,** Waldemar, dt. Schriftsteller, *1880, †1952; Natur- und Reise-Erz.; „Die Biene Maja".

**Bonus** [engl.], Sondervergütung, z. B. an Aktionäre neben der Dividende; Versicherungsrabatt.

**Bonvivant** [bõvi'vã; frz.], Lebemann.

**Boogie-Woogie** ['bugi'vugi; engl.], ursprünglich Art der Klavierbegleitung des ↑Blues mit ostinaten Bassfiguren, dann Gesellschaftstanz.

**Bora,** Katharina von, Zisterzienserin, *1499, †1552; seit 1525 verheiratet mit Martin Luther.

**Borate,** Salze u. Ester der Borsäure.

**Borax,** Alkaliborat; in der analyt. Chemie zum Nachweis von Metallen; zur Glasur von Porzellan u. a.; wasserenthärtend.

**Borchert,** Wolfgang, dt. Dichter, *1921, †1947; Hauptwerk das hörspielart. Drama „Draußen vor der Tür“; Erzählungen, Lyrik.

**Börde,** flacher, fruchtb. Landstrich, z. B. Magdeburger Börde.

**Bordeaux** [bɔr'do], Hpst. des frz. Dép. Gironde u. der Region Aquitanien, an der Garonne, 210 500 E; alte Univ., Kathedr. (13. Jh.), mehrere Kirchen des späten MA; Place de la Bourse (18. Jh.); wichtiger frz. Seehafen am Atlantik, für Seeschiffe bis 8,5 m Tiefgang. Weinbauzentrum, Schiffswerften, Zuckerfabriken, Zementwerke, Erdölraffinieren; internat. Messe, ✤.

**Bordeauxweine** [bɔr'do-], rote u. weiße, ungewöhnl. blumige Weinsorten aus dem frz. Weinbaugebiet Beaujolais (um Bordeaux).

**bördeln,** Blech an den Rändern umbiegen.

**Bordighera** [-ge:ra], Kurort an der ital. Riviera, 12 000 E.

**Borges** ['bɔrxes], Jorge Luis, argent. Schriftsteller, * 1899, † 1986; fantast. Erz., Gedichte, Essays.

**Borghese,** röm. Adelsfamilie. In der von *Scipione B.* († 1633) erbauten *Villa B.* bed. Gemäldeslg., antike Skulpturen.

**Borgia** ['bɔrdʒa], **1)** Cesare, skrupelloser Renaissancepolitiker, * um 1475, † 1507, Sohn v. Papst Alexander VI. **2)** Lucrezia, typ. Renaissancefürstin, * 1480, † 1519, Tochter von Papst Alexander VI. **3)** Rodrigo ↑Alexander VI., Papst.

**Boris,** *Bulgarien:* **1) B. I.,** hl., Fürst der Bulgaren 852–89, † 907; wurde 864 Christ (Michael); ab 889 Mönch. – *Russland:* **2) B. Godunow** ↑Godunow, Boris.

**Boris und Gleb,** Märtyrer der russ. Kirche, von ihrem Halbbruder 1015 erschlagen.

**Borke,** abgestorbene, verkorkte Rinde bei Holzgewächsen.

**Borken,** Krst. im westl. Münsterland, NRW, 38 500 E; spätgot. Pfarrkirche, Wasserburgen; Textilindustrie.

**Borkenkäfer,** etwa 5 mm lange Käfer, in Holzgewächsen.

**Borkum,** größte u. westlichste der Ostfries. Inseln, Nds., 30,7 $km^2$, mit St. *B.,* Nordseebad, 5 900 E. Fährverbdg. v. Emden u. Eemshaven; ✤.

**Born,** Max, dt. Physiker, * 1882, † 1970; entwickelte die Gittertheorie der Kristalle u. (mit W. Heisenberg u. P. Jordan) die Matrizenmech., eine Form der ↑Quantenmechanik; 1954 Nobelpreis (mit W. Bothe).

**Börne,** Ludwig, eigtl. **Löb Baruch,** dt. Schriftsteller, * 1786, † 1837. Schriftsteller des Jungen Deutschland, leidenschaftl. Einsatz für die Demokratie als Voraussetzung für soziale und geistige Freiheit.

**Hieronymus Bosch:** *Teufelsbote; Detail aus dem Triptychon „Die Versuchung des heiligen Antonius“ (zwischen 1490 und 1505)*

**Borneo, Kalimantan,** drittgrößte Insel der Erde, 754 770 $km^2$; meist gebirgig, von Niederungen umgeben; trop. Vegetation. Bev.: Dajak, Malaien u. Chinesen; Gewinnung von Sago, Kopra, Kautschuk, Kohle u. Erdöl; gehört größtenteils zu Indonesien, im NW Teil von ↑Malaysia und ↑Brunei.

**Bornholm,** dän. Ostseeinsel, 588 $km^2$, bis 162 m ü. d. M., 45 000 E, Hauptort Rønne; Landw., Fischerei. Alte befestigte Rundkirchen.

**Borodin,** Alexander Porfirjewitsch, russ. Komponist, * 1833, † 1887; Sinfonien, Kammermusik; Oper „Fürst Igor“.

**Borretschgewächse** [mlat.], **Raublattgewächse,** vorw. kraut., borst., behaarte Pfl.; *Borretsch,* Heil- und Gewürzpfl., blaue bis blauviolette Blüten.

**Borromäische Inseln,** ital. **Isole Borromee,** Inselgruppe im Lago Maggiore mit gr. Gartenanlagen.

**Borromini,** Francesco, ital. Baumeister, * 1599, † 1667; Hauptvertr. des röm. Hochbarock neben Bernini.

**Borsäure,** $H_3BO_3$, hemmt in 1- bis 3 %iger Lösung das Wachstum von Bakterien; fr. als mildes Antiseptikum verw.; techn. bedeutend.

**Börse** [niederl.], regelmäß. Markt für vertretb. Güter: Wertpapiere *(Wertpapier-B.),* Geld *(Devisen-B.)* od. Waren *(Produkten-B.);* in Dtl. durch B.ges., Wertpapierhandels-Ges. u. B.ordnung geregelt. Der *B.kurs* ergibt sich aus Angebot u. Nachfrage; an der B. gehandelte Wertpapiere bedürfen der *B.zulassung.* Der B.handel kann an einem best. Ort *(Präsenz-B.)* od. über elektron. Handelssysteme *(Computer-B.)* erfolgen.

**Börsenverein des Deutschen Buchhandels,** Standesorganisation der Verleger u. Buchhändler; gegr. 1825 in Leipzig, nach 1945 getrennte Organisationen in d. DDR (Leipzig) u. d. BRD (Frankfurt am Main), beide gaben ein *Börsenblatt für den Dt. Buchhandel* heraus; nach der Wiedervereinigung Zusammenlegung. Veranstalter der *Frankfurter* und der *Leipziger Buchmesse.*

**Borussia** [nlat.], Frauengestalt als Sinnbild Preußens.

**Bosch, 1)** Carl, dt. Chemiker, * 1874, † 1940, Neffe von 3); großtechn. Entw. der Ammoniaksynthese (*Haber-B.-Verfahren;* ↑Ammoniak) u. der Kohlehydrierung; Nobelpreis (mit F. Berius) 1931. **2)** Hieronymus (Jeronimus B. van Aken, gen. Jeroen), niederl. Maler, * um 1450, † 1516; schuf Darstellungen des Jüngsten Gerichts und der Höllenstrafen von fantast., lehrhaft-drast. Charakter. **3)** Robert, dt. Industrieller, * 1861, † 1942; Gründer der *Robert B. GmbH,* Stuttgart (Elektrokonzern).

**Bosnien und Herzegowina**

*Fläche:* 51 129 $km^2$
*Einwohner:* 3,84 Mill.
*Hauptstadt:* Sarajevo
*Amtssprache:* Serbokroatisch
*Zeitzone:* MEZ

**Bosnien und Herzegowina,** Staat in SO-Europa, gliedert sich in den nördl. Landesteil Bosnien u. den südl. Herzegowina; bis auf die Saveniederung im N ein Gebirgsland mit Gebirgsstöcken über 2 000 m und großen Hochflächen, in die große Becken eingelassen sind. Zugang zum Adriat. Meer nur durch einen schmalen Küstenstreifen von 20 km ohne Hafen. Bev.: mehrheitlich Muslime (Bosniaken), orthodoxe Serben u.

röm-kath. Kroaten, daneben nat. Minderheiten. – Industriestaat (Eisen- u. Stahlind.) mit starker agrar. Prägung. – *Gesch.:* Von Illyrern bewohnt, 9 n. Chr. von Römern unterworfen u. der Prov. Dalmatia eingegliedert; s. 600 von Slawen besetzt, 1463 türk.; 1908 formlose Annexion durch Östr.-Ungarn, 1918 zu Jugoslawien; s. 1989/90 Unabhängigkeitsbestrebungen, 1991 Ausrufung der Unabhängigkeit, in blutigem Bürgerkrieg zw. v. a. bosn. Serben und Muslimen umkämpft; nach militär. Eingreifen der NATO und UN 1995 Abschluss des Friedensvertrags von Dayton; seitdem Föderation zweier Gebietseinheiten (Bosniakisch-Kroat. Föderation, BKF, u. Republika Srpska, RS).

**Boson,** Elementarteilchen mit ganzzahligem Spin.

**Bosporus,** Meerenge zw. Europa u. Kleinasien, Türkei, 31,7 km lang, 0,7–3,3 km breit; verbindet das Schwarze Meer mit dem Marmarameer; seit 1973 und 1988 zwei Hängebrücken (1 560 m und 1 480 m lang) in Istanbul.

**Bossenwerk** [frz.], Bautechnik: Quadermauerwerk mit roh behauenen Steinaußenseiten u. kräft. Fugen.

**Boston** ['bɔstən], Hptst. von Mass., USA, 574 300 E; Ind., bes. Textilien, Schuhe, Masch.; ⚓, ✈; Vorort ↑Cambridge. – 1630 gegr.; in B. 1773 Beginn des Nordamer. Unabhängigkeitskrieges.

**Botanik** [gr.], Pfl.-Kunde; altes naturwiss. Forschungsgebiet, heute in zahlr. Teilgebiete aufgeteilt; die *Pflanzenmorphol.* beschäftigt sich mit dem makro- und mikroskop. Aufbau der Pflanze, die *Pflanzenphysiol.* erforscht ihre Lebensvorgänge, die Pflanzensystematik ordnet die Pflanzen in ein System, die *Pflanzenökol.* untersucht die Beziehungen der Pfl. zu ihrer Umwelt; *angewandte Botanik,* Arzneipflanzenforschung, Forstbotanik u. a.

**Botha, 1)** Louis, südafrik. Gen. und Politiker, * 1862, † 1919; Oberbefehlshaber im ↑Burenkrieg; 1. Min.präs. der brit. Kolonie Transvaal (1907) u. der Südafrik. Union (1910). **2)** Pieter Willem, südafrik. Politiker, * 1916; 1966–80 Verteidigungsmin., 1978–84 Premiermin. und Min. für nat. Sicherheit, 1984 bis 1989 Staatspräsident.

**Bothwell** ['bɔθwəl], James Hepburn, Earl of * 1536, † 1578, dritter Gemahl Maria Stuarts, Mörder ihres zweiten Gatten, Lord Darnley.

**Botschafter,** höchster Staatsvertreter im Ausland; im Ggs. zum Gesandten zugleich persönl. Vertr. des Staatsoberhauptes.

**Botswana,** Rep. in S-Afrika, abflussloses Halbwüstenhochland (Kalahari, Okawangobecken); Bev. vorw. Bantuvölker; Rinderzucht, Diamantengewinnung. – *Gesch.:* Ab 1884 brit. Protektorat *(Betschuanaland),* 1966 unabhängig.

**Botswana**

*Fläche:* 581 730 $km^2$

*Einwohner:* 1,6 Mill.

*Hauptstadt:* Gaborone

*Amtssprache:* Tswana und Englisch

*Zeitzone:* MEZ + 1 Stunde

**Botta,** Mario, schweizer. Architekt, * 1943; betont klare Geometrie der Bauten (u. a. Stadt- u. Landesbibliothek in Dortmund).

**Böttger, Böttiger,** Johann Friedrich, dt. Keramiker, * 1682, † 1719; stellte unter Anleitung des Naturwissenschaftlers E. W. Gf. v. Tschirnhaus (* 1651, † 1708) das erste europ. ↑Porzellan fabrikmäßig her.

**Botticelli** [-'tʃelli], Sandro, eigtl. Alessandro di Mariano Filipepi, ital. Maler, * 1445, † 1510; allegor.-mythol. und relig. Bilder („Frühling", „Geburt der Venus").

**Bottnischer Meerbusen,** lang gestreckter nördl. Teil der Ostsee zw. Schweden und Finnland.

**Bottrop,** krsfr. Ind.-St. in NRW, nw. v. Essen, 120 500 E; Steinkohlen-⚒, chem. Ind. – Stadtrecht 1919.

**Boucher** [bu'ʃe], François, frz. Maler, * 1703, † 1770; Meister d. Rokokomalerei, mytholog. Themen u. galante Szenen.

**Bougainville** [bugɛ̃'vil], größte der Salomoninseln, 10 049 $km^2$; Kupfererz-⚒.

**Bougainville** [bugɛ̃'vil], Louis-Antoine Comte de, erster frz. Weltumsegler (1766 bis 1769), * 1729, † 1811; nach ihm ben. die *Bougainvillea,* brasil. Kletterpfl., in Dtl. Topfpflanze.

**Bouillon** [bu'jɔ̃], Gottfried v., ↑Gottfried IV. v. Bouillon.

**Boulanger** [bulã'ʒe], frz. Gen., * 1837, † 1891; 1886/87 Kriegsmin., Chauvinist u. Wortführer der Revancheforderungen gg. das Dt. Reich.

**Boule** [bu:l; frz.], dem ↑Boccia ähnl. frz. Kugelspiel.

**Boulevard** [bulə'va:r; frz.], breite Prachtstraße; *B.presse,* marktschreierisch aufgemachte, billige Zeitungen (auf B. angeboten).

**Boulez** [bu'lɛz], Pierre, frz. Komponist und Dirigent, * 1925; serielle Satztechnik.

**Boulogne-Billancourt** [bu'lɔɲ bɪläku:r], frz. St. im Vorortbereich von Paris, 102 500 E; Renaultwerke.

**Boulogne-sur-Mer** [bu'lɔɲsyr'mɛ:r], nordfrz. Hafenst. an der Straße v. Dover, 48 000 E; bed. Hochseefischerei; Fährverkehr nach Dover.

**Boumedienne** [bumə'djɛn], Houari, alger. Politiker, * 1927, † 1978; ab 1962 Verteidigungsmin.; 1965–78 Staatspräsident.

**Bourbon** [bur'bɔ̃], frz. Dyn., Zweig des kapeting. Königsgeschlechts aus der Ehe Roberts, des Sohnes Ludwigs IX, mit der Erbin der Gft. B. (1278); Stammburg *B.-l'Archambault;* ältere Linie 1527 erloschen; jüngere Linie (*Vendôme;* erloschen 1883) s. 1555 in Navarra; 1589–1792 u. 1814–30 Könige von Frkr., s. 1700 Kg. v. Spanien (1808–14, 1868–75, 1931–75 des Throns entsetzt), 1735–1860 von Neapel, 1748–1802, 1847–59/60 Herzöge von Parma.

**Bourbonnais** [burbɔ'nɛ], histor. mittelfrz. Prov., Stammland des Hauses Bourbon, Hptst. Moulins. Viele Heilquellen (z. B. Vichy). – 1327–1527/32 Hzgt., 1651–1789 Nebenlinie Bourbon-Condé.

**Bourdieu** [bur'djø], Pierre Félix, frz. Soziologe, * 1930, † 2002; Arbeiten zu kulturellen Handlungsmustern u. zur sozioökonom. Chancenverteilung.

**Bourgeoisie** [burʒwa'zi:], urspr. im Frz. Bez. der soz. Schicht zw. Adel und Bauernschaft. In der *marxist. Terminologie* Bez. für die herrschende Klasse der kapitalist. Ges., die im Besitz der Produktionsmittel ist.

**Bourges** [burʒ], Hptst. des frz. Dép. Cher, 76 500 E; got. Kathedrale; Waffen-, Textil-, Lederindustrie.

**Bournemouth** ['bɔ:nməθ], Hafenst. u. Seebad in S-England, 145 000 E; ✈.

**Bourrée** [bu're; frz.], alter frz. Volkstanz in geradem Takt, später Hoftanz, s. 1650 auch Teil der Orchestersuite.

**Boutique** [buˈtik; frz.], kl. Laden für [exklus.] modische Neuheiten.
**Bouton** [buˈtõ; frz.], Schmuckknopf, Brillantanhänger.
**Boutros-Ghali** [ˈbu-], Boutros, ägypt. Diplomat. *1922, 1992–97 Gen.-Sekr. der UN.
**Bouts** [bɔts], Dirk, niederl. Maler in der Nachfolge der Gebrüder van Eyck, *zw. 1410 u. 1420, †1475.
**Boviste,** versch. ↑Bauchpilze.
**Bowdenzug** [baʊdən-; engl.], Draht, mit dem Bewegungen und Kräfte übertragen werden.
**Bowiemesser** [engl. ˈbəʊɪ-], langes Jagdmesser.
**Bowle** [ˈbo:lə; engl.], kaltes Getränk aus Wein, Sekt, Zucker und Früchten od. Kräutern; auch das Gefäß zum Servieren.
**Bowling** [bəʊlɪŋ], Art des ↑Kegelns, aber u. a. auf 10 Kegel; gespielt wird mit einem Vollball (3 Haltelöcher).
**Boxen** [engl.], Faustkampf nach festgelegten Regeln mit Boxhandschuhen; Kampf wird im Ring ausgetragen; für Amateure 4 Runden zu je 2 min, für Profis bis 15 Runden zu je 3 min; Sieg: wenn ein Boxer mind. 10 s durch Niederschlag kampfunfähig ist, Aufgabe od. Abbruch des Kampfes od. durch Punktwertung; Einteilung in Gewichtsklassen; Schläge: *Gerade, Haken* u. *Schwinger.*
**Boxer** [engl.], Hunderasse; stämmige intelligente Schutz- und Wachhunde.
**Boxer** [engl.], christen- u. fremdenfeindlicher chin. Geheimbund (18./19. Jh.); *B.-Aufstand* gg. die „Fremden" (1900); Ermordung des dt. Gesandten in Peking; bewaffnetes Eingreifen der Großmächte.
**Boxermotor,** Verbrennungsmotor mit 2 gegenüberliegenden Zylinder[reihe]n.
**Boxkalf** [engl.], Kalbsoberleder, fein genarbt, chromsalzgegerbt.
**Boyen,** Hermann von, preuß. General, *1771, †1848; Mitarb. Scharnhorsts; 1814–19 u. erneut 1841–47 preuß. Kriegsmin., setzte 1814 die allg. Wehrpflicht durch.
**Boykott** [nach dem engl. Güterverwalter *C. Boycott,* *1832, †1897], planmäß. Ächtung als polit., wirtsch. od. soziales Kampfmittel.
**Boyle** [bɔɪl], Robert, engl. Physiker u. Chemiker, *1627, †1691; bereitete den Begriff des chem. El. vor; entdeckte den bei konst. Temp. zw. Druck (*p*) u. Volumen (*V*) idealer Gase geltenden Zusammenhang $p \cdot V = \text{const.}$ *(B.-Mariotte-Gesetz).*
**Boyscout** [ˈbɔɪskaʊt; engl.], Pfadfinder.
**Bozen,** ital. **Bolzano,** Hptst. der Prov. B., Südtirol, Italien, 97 000 E; Wein-, Obstbau; internat. Messe; Pfarrkirche u. Franziskanerkloster (14. Jh.); bed. Fremdenverkehr.
**BP,** Abk. für ↑**B**ayern**p**artei.
**Bq,** Einheitenzeich. für ↑Becquerel.
**Br,** ☡ Symbol für ↑Brom.
**Brabant,** hist. Gebiet in Belgien u. den Niederlanden, gliedert sich in die niederl. Prov. N-B. (4 957 km², 2,2 Mill. E, Hptst. Herzogenbusch), d. belg. Prov. Antwerpen (2 867 km², 1,63 Mill. E, Hptst. Antwerpen), Flämisch-B. (2 106 km², 1,95 Mill. E, Hauptort Löwen) u. Wallonisch-B. (1 090 km², 303 000 E, Hauptort Nivelles). – Ehem. selbst. Hzgt.; 1430 burgund.; das nördl. B. ist s. 1648 niederl., das südl. B. Teil der span. bzw. östr. Niederlande, seit 1830 belgisch.
**Brač** [bra:tʃ], Insel in der Adria, gehört zu Kroatien, gegenüber von Split, 395 km², Hauptort Supetar.
**Brache,** gepflügtes, nicht bestelltes Ackerland; zur Nährstoffanreicherung.
**Bracher,** Karl Dietrich, dt. Historiker u. Politikwissenschaftler, *1922; Werke zur Zeitgesch. („Die dt. Diktatur", 1969; „Zeit der Ideologien", 1982).
**Brachialgewalt,** Faustgewalt, rohe Gewalt.
**Brachse, Blei, Brasse,** Karpfenfisch, in Seen, Bächen u. Flüssen O-, M- u. Nordeuropas; bis 6,5 kg schwerer Speisefisch.
**Brachvögel,** Schnepfenvögel; sehr langschnäbelige Watvögel, nisten bes. in Sumpfgegenden; Europa, Asien, N-Amerika.
**brachy..., Brachy...** [gr.], Bestimmungswort; Bed.: „kurz".
**Bracken,** derbhaarige, laut jagende Jagdhunde.
**Brackwasser,** Gemisch aus Salz- und Süßwasser, bes. an Flussmündungen.
**Bradbury** [ˈbrædbərɪ], Ray Douglas, amer. Schriftsteller, *1920; gesellschaftskrit. Science-Fiction-Romane u. pessimist. Kurzgeschichten („Fahrenheit 451").
**Bradford** [ˈbrædfəd], Ind.-St. in NO-England, 281 000 E; Kathedr. (15. Jh.), Univ.; Masch.-, Stahl-, Textilind., Wollhandel.
**brady..., Brady...** [gr.], Bestimmungswort; Bed.: „langsam".
**Bradykardie,** langsame Herztätigkeit; Ggs. ↑Tachykardie.
**Braga,** Distrikthptst. in NW-Portugal, 90 000 E; roman. Kathedrale (12. Jh.).
**Bragança** [bfaˈɣãsa], von Alfons I., Hzg. v. B. (†1461), begr. Dyn.; reg. in Portugal 1640–1853, 1822–89 auch in Brasilien.
**Brahe,** Tycho, dän. Astronom, *1546, †1601; bedeutendster beobachtender Astronom vor Erfindung des Fernrohrs; seine Messungen v. Planetenörtern ermöglichten ↑Keplers Arbeiten über die Planetenbahnen.
**Brahm,** Otto, eigtl. Otto Abraham, dt. Kritiker, *1856, †1912; Theaterleiter in Berlin; Wegbereiter des naturalist. Dramas u. des naturalist. Aufführungsstils.
**Brahman** [sanskr.], in der ind. Religion das Absolute, personifiziert als Gott der Schöpfung.
**Brahmanen,** Angehörige der obersten Kaste des Hinduismus, urspr. ausschließl. Priester.
**Brahmanismus,** Vorform des Hinduismus; inhalt. charakterisiert durch eine ausschließl. am Opferwesen orientierte „Wiss.", durch Kastensystem u. Wiedergeburtslehre.
**Brahmaputra,** südasiat. Fluss, rd. 3 000 km, 670 000 km² Einzugsbereich; entspringt nördl. des Himalaja, Oberlauf: *Tsangpo,* durchbricht als *Dihang* in Assam die Himalajaketten; mit dem Ganges gemeinsames Delta am Golf von Bengalen; 1 300 km schiffbar.

**J. Brahms**

**Brahms,** Johannes, dt. Komponist u. Pianist, *1833, †1897; befreundet mit Schumann; 4 Sinfonien, 1 Violin-, 2 Klavierkonzerte, Kammermusik, Lieder, Chorwerke („Ein Dt. Requiem"), Klavierwerke; betont das klass. Erbteil stärker als das romant. Element.
**Brăila** [brəˈila], wichtigste rum. Hafenstadt am Unterlauf der Donau, 234 000 E; Getreideausfuhr, Holzhandel, vielseit. Industrie.

**Braille** [braːj], Louis, frz. Blindenlehrer, * 1809, † 1852; entwickelte 1825 die Blindenschrift *(B.-Schrift)* mit 6 Punkten.
**Braindrain** [ˈbreɪndreɪn; engl.-amer.], Abwanderung hoch qualifizierter Arbeitskräfte ins Ausland.
**Brainstorming** [ˈbreɪnstoːmɪŋ; engl.-amer.], das Sammeln spontaner Einfälle in Gruppendiskussionen, um optimale Lösungen für ein Problem zu finden.
**Braintrust** [ˈbreɪntrʌst; engl.-amer.], urspr. die Berater des Präsidenten F. D. Roosevelt beim ↑New Deal; heute allg. Gremium qualifizierter Fachberater.
**Bräker,** Ulrich, schweizer. Schriftsteller, * 1735, † 1798; u. a. Autobiografie: „Lebensgeschichte u. natürl. Ebentheuer des Armen Mannes im Tockenburg".
**Brakteaten** [lat.], einseitig hohlgeprägte ma. Münzen (Pfennige).
**Bramante,** eigtl. **Donato d'Angelo** [-ˈdandʒelo], ital. Baumeister u. Maler, * 1444, † 1514; begr. die ital. Architektur der Hochrenaissance (Hauptwerke in Mailand und Rom).
**Bramme,** Roheisenstück mit rechteck. Querschnitt; wird zu Blech oder Stabeisen ausgewalzt.
**Branche** [ˈbrãʃə], Wirtschafts-, Geschäftszweig.
**Branco, Rio** [riu ˈbraŋku], l. Nebenfluss des Rio Negro, Brasilien, rd. 780 km.
**Brancuşi** [brɪŋˈkuʃj], Constantin, rumän.-frz. Bildhauer, * 1876, † 1957; bed. Vertreter der abstrakten Richtung.
**Brand, 1) Gangrän,** Gewebeveränderungen als Folge eines örtl. Absterbens von Körperteilen oder Organen bei Durchblutungsstörungen; *trockener B. (Mumifikation):* blaurote bis schwarze Hautverfärbung, Kühle, Gefühllosigkeit, *feuchter B.:* rötl. bis blaue Verfärbung, Blasenbildung, Fäulnisgeruch, Eiter. **2)** durch ↑Brandpilze und Bakterien verursachte Pflanzenkrankheiten.
**Brandauer,** Klaus Maria, dt.-östr. Schauspieler, * 1944; spielt in Theaterstücken und Filmen („Mephisto").
**Brandenburg,** Land im NO von Dtl., 29 477 km², 2,6 Mill. E, Hptst. Potsdam; waldreiche Ldsch., karger, sandiger Boden; nur die trockengelegten Brüche ergeben bessere Ackerbaugebiete; Seen, viele Flussarme, dichtes Kanalnetz. Acker-, Gemüse- (Spreewald), Obstbau (um Werder/Havel); in Flussniederungen Grünlandnutzung. Braunkohlenabbau und -verstromung in der Niederlausitz, vielseitige Ind., bes. im

W. Brandt

Umland von Berlin. – *Gesch.:* Nach der Völkerwanderung von Slawen besiedelt, vorübergehend Eingliederung ins Hl. Röm. Reich (10. Jh.; Gründung der Bistümer Havelberg und B.), seit 1134 Wiedereroberung durch die Askanier; intensivere dt. Besiedlung, Erwerbung neuer Gebiete, 1323 an die Wittelsbacher (1356 Kurft.), 1373 an d. Luxemburger, 1415 an Burggf. Friedrich VI. v. Nürnberg (Hohenzollern), 1539 Einführung der Reformation, 1614 Erwerb v. Kleve, Mark u. Ravensberg, 1618 endgült. Erwerb des Hzgt. Preußen; eigtl. Begr. des brandenburg.-preuß. Staates war Friedrich Wilhelm der Gr. Krfst. (Weiteres ↑Preußen); 1952 um die Gebiete östl. der Oder verkleinert, 1952 in Bez. Potsdam, Frankfurt/Oder u. Cottbus aufgeteilt; 1990 wieder errichtet.
**Brandenburger Tor,** Eingangstor zur Straße Unter den Linden in Berlin, als Wach- und Zolltor von C. G. Langhans 1788–91 errichtet; bekanntestes Symbol der Teilung Dtl.s (1945/61–89/90).
**Brandenburg/Havel,** kreisfreie St. in Bbg., 77 000 E; FH; Stahlwerk, Hafen am Elbe-Havel-Kanal; Dom (1165 ff.).
**Brando** [ˈbrændəʊ], Marlon amer. Filmschauspieler, * 1924 („Der letzte Tango in Paris").
**Brandopfer,** in versch. Religionen übl. Opfer zur Verehrung oder Versöhnung der Gottheit.
**Brandpilze,** parasit. höhere Pilze, infizieren andere Pfl. durch Brandsporen (Generations- u. Wirtswechsel).
**Brandrodung,** Abbrennen v. Wald für den Ackerbau, wobei die Asche als Dünger dient.
**Brändström,** Elsa, gen. **Engel von Sibirien,** * 1888, † 1948, sorgte als schwed. Abgeordnete des Roten Kreuzes 1914–20 für die dt. Gefangenen in Russland.
**Brandt,** Willy, dt. Politiker (SPD); * 1913, † 1992; 1933 Emigration, 1957–66 Regierender Bürgermeister von Berlin; 1964–87 Vors. der SPD; 1966–69 Außenmin., 1969–74 (Rücktritt) Bundeskanzler; Friedensnobelpreis 1971; Vors. d. Sozialist. Internationale (1979–92) u. der „Nord-Süd-Kommission"; 1979–83 Mitgl. des Europ. Parlaments.
**Brandung,** auf die Küste aufprallende, sich überstürzende Wellen.
**Brandy** [ˈbrændɪ; engl.], Bez. für Weinbrand.
**Branntwein,** aus gegorenen Flüssigkeiten durch Destillation („Brennen") gewonnenes alkohol. Getränk; auch trinkbares Gemisch von Alkohol u. Wasser mit Aromastoffen. Aus vergorenen Weintrauben gewinnt man den *Weinbrand*, aus Saft von Kirschen und Zwetschen das *Kirsch-* bzw. *Zwetschenwasser.* Melasse vom Zuckerrohr gibt den echten *Rum,* eine mit Palmsäften versetzte Maische aus Reis den *Arrak.* Die meisten B. Europas werden aus Getreide (Roggen-, Weizen-, Gerstenmalz) gewonnen, z. B. der *Korn-B.* und der *Whisky.* Der Alkoholgehalt des B. beträgt im dt. Handel etwa 38 Vol.-%, bei Arrak, Rum, Obst-B. auch mehr. – *B.monopol,* in Dtl. seit 1919 Staatsmonopol zur Übernahme des erzeugten B.; auch zur Herst., Einfuhr u. Verwertung.
**Brant,** Sebastian, dt. Satiriker, * 1882, † 1521; „Das Narrenschiff".
**Braque** [brak], Georges, frz. Maler u. Grafiker, * 1882, † 1963; v. a. Stillleben u. Interieurs, entwickelte gleichzeitig mit ↑Picasso den Kubismus.
**Brasch,** Thomas, dt. Schriftsteller, * 1945; † 2001, subjektivist. Geschichten, Theaterstücke, Szenarien, Essays.
**Brasília,** seit 1960 Hptst. Brasiliens, im Innern des Landes, 940 km nw. von Rio de Janeiro, 1,8 Mill. E; Univ.; moderne Architektur, weiträumige Anlage; ✈.
**Brasilien,** südamer. Bundesrepublik; Dreiteilung: Bergland von Guayana, Amazonastiefland, Brasil. Bergland; im Amazonasgebiet trop. Regenwald, im Brasil. Bergland Campos (Trockenwald u. offene Grasfluren) u. Caatinga (Dornsträucher und Sukkulenten). – *Wirtsch.:* etwa 30 % der Welt-Kaffee-Ernte, daneben Anbau von Baumwolle, Kakao, Ta-

**Brasilien**

*Fläche:* 8 547 404 km²
*Einwohner:* 169,2 Mill.
*Hauptstadt:* Brasília
*Amtssprache:* Portugiesisch
*Zeitzonen:* MEZ – 4 bis – 6 Stunden (von W nach O)

bak, Zuckerrohr, Orangen und Bananen; bed. Rinderzucht; außerdem: Fichtenholz, Rohgummi, Karnaubawachs, Paranüsse; wenig erschlossene Bodenschätze: Kohle, Eisen- und Manganerze, Bauxit, Gold; Aufbau der Ind.; gut ausgebautes Luftverkehrsnetz (etwa 1 100 Flugplätze). – *Gesch.:* 1500 Landung des Portugiesen P. A. Cabral an d. Küste B.s; bis 1821 portug. Kolonie, 1822 unabh. Kaiserreich (Peter I.; Peter II.), 1889 Rep., 1930–45 und 1950–54 unter Präs. Vargas diktator. Reg.; 1964–85 Militärherrschaft, seitdem zivile Regierungen. – *Sprache:* Portug. mit brasil. El. – *Lit.:* Anfänge im 17. Jh., Gesellschaftssatiren des G. de Matos Guerra; seit der Romantik Nationallit., Verherrlichung des Indianertums; Vorläufer u. a. Frei José de Santa Rita Durão; Höhepunkt: Romane von J. M. de Alencar; Lyrik von A. de Castro Alves. Spätere bed. Erzähler: J. M. Machado de Assis u. J. Lins do Rêgo Cavalcanti. Zeitgenöss. Lyrik u. a. von dem Modernisten C. Drummond de Andrade.

**Brassica** [lat.], Gatt. der Kreuzblütler; Gemüse- und Futterpfl. z. B. Kohl; Öl- und Gewürzpfl., z. B. Raps.

**Bratislava,** dt. **Preßburg,** ungar. **Pozsony** ['pozonj], Hptst. der Slowak. Republik u. Verw.-Sitz des Westslowak. Bez., an der Donau, 446 700 E; Univ., TH, Akad. der Wiss.; got. Martinsdom, Altes Rathaus (15. Jh.), Burgruine; Textil-, Metall-, Nahrungsmittel-, chem. Ind.; Messe; Flusshafen, ✈.

**Brätling,** orangebrauner Blätterpilz (Milchling); guter Speisepilz.

**Bratsche** [ital. viola da braccio = Armgeige], **Viola,** Streichinstrument der Violinfam., Stimmung 1 Quinte tiefer als die kleinere Violine; Notierung im Altschlüssel.

**Brauchitsch,** Walter von, dt. Generalfeldmarschall, * 1881, † 1948; ab 1938 Oberbefehlshaber des Heeres, 1941 nach Differenzen mit Hitler verabschiedet.

**Brauerei,** Gewerbebetrieb zur Bierherst.; Sudhaus mit Maisch- u. Läuterbottichen, Kühlanlagen, Gär- und Lagerkeller, Mälzerei, vollautomat. Flaschenabfüllanlage.

**Braun, 1)** Lily, geb. v. Kretschmann, dt. Frauenrechtlerin und Schriftstellerin, * 1865, † 1916. **2)** Otto, dt. Politiker (SPD), * 1872, † 1955; 1920–23 mit kurzen Unterbrechungen preuß. Min.-Präs., emigrierte in die Schweiz. **3)** Volker, dt. Schriftsteller, * 1939; zeitkrit., philosoph. geprägte Lyrik, Prosa u. Dramatik. **4)** Wernher Frhr. v., amer. Physiker u. Raketeningenieur dt. Herkunft, * 1912, † 1977; an der Entwicklung der V-2-Raketen maßgebl. beteiligt; seit 1945 in den USA, 1952–72 Mitarbeiter der NASA, Entw. v. antriebsstarken Weltraumraketen.

**Braunalgen,** oft gr., meist marine, oft braune Algen; fädig od. blattartig.

**Braunau am Inn,** Bez.-Hptst. in Oberöstr., 16 600 E; spätgot. Kirche; Holzind., Aluminiumhütte.

**Braunbär** ↑Bären.

**Braunfäule,** Bez. für versch. durch Pilze hervorgerufene Pflanzenkrankheiten, z. B. Fruchtfäule der Tomaten, Knollenfäule der Kartoffeln u. a.

**Braunkohle,** aus untergegangenen Wäldern hpts. im Tertiär entstandene erd. bis faser. ↑Kohle, braun- bis schwarzfarbig, mit hohem Wasser-, Asche- und Bitumengehalt; Abbau meist im Tagebau.

**Braunlage,** heilklimat. Kurort im Harz, 5 800 E; Wintersportplatz.

**Braunsberg (Ostpr.),** poln. **Braniewo** [bran'jɛvɔ], St. im Ermland, Polen, 17 000 E; Ordensschloss von 1240.

**braunsche Röhre,** die v. K. F. Braun (* 1850, † 1918) 1897 entwickelte ↑Elektronenstrahlröhre.

**Braunschweig, 1)** Reg.-Bez. in Nds., 8 096 km², 1,67 Mill. E; umfasst Teile des Harzes und des niedersächs. Gebirgsvorlandes. – *Gesch.:* B. u. sein Umland waren welf. Allodialbesitz; seit 1235 Hgt., aus dem Ende des 17. Jh. neben dem Kurft. Hannover das Hzgt. B. entstand; 1918–22 sozialist. Rep.; 1922–33 Freistaat; 1946–77 Verw.-Bez.; **2)** Hptst. v. 1), krsfr. St., 252 500 E; TU; Akademien, Fach[hoch]sch., Physikal-Techn. u. Biol. B.-Anstalt; OLG, LG, IHK; im Dom Grabmal Heinrichs des Löwen, vor der Burg *Dankwarderode* ein bek. Löwenstandbild.

**Braut,** Verlobte; *B.geschenke,* Geschenke unter Verlobten; ⚖ Rückforderung mögl., wenn die Ehe nicht zustande kommt; *B.kauf,* Heiratsform bei Naturvölkern; Kaufpreis an die Sippe der Braut.

**Bravour** [bra'vu:r; frz.], Tapferkeit, Schneid.

**Brazzaville** [braza'vil], Hptst. der Rep. Kongo, 937 000 E; Univ.; vielseit. Ind., Flusshafen am Kongo, ✈.

**BRD,** nicht amtl. Abk. für: **B**undes**r**epublik **D**eutschland.

**Break** [breɪk; engl.], 🏃: 1. Durchbruch aus der Verteidigung heraus (v. a. Eishockey u. Basketball); 2) Durchbrechen des gegner. Aufschlags (Tennis); 3) Trennkommando des Ringrichters (Boxen).

**Breakdance** ['breɪkdæns], Sammelbez. für Tanzformen meist jugendl. Rockfans; s. Anf. der 1980er-Jahre in amer. Großstadtgettos; die Elemente reichen v. roboterhaften rhythm. Bewegungen bis zu akrobat. Sprüngen, Wirbeln, Pirouetten auf Schultern, Kopf, Rücken.

**Brechmittel** ↑Emetika.

**B. Brecht**

**Brecht,** Bertold, eigtl. **Eugen Berthold Friedrich B.,** dt. Schriftsteller, * 1898, † 1956; Neuerer des Theaters; „Dreigroschenoper“ mit Bänkelliedern (Songs), „Mutter Courage und ihre Kinder“, Theorie des ep. Theaters: „Kleines Organon für das Theater“; „Kalendergeschichten“ u. a.

**Brechung, Refraktion,** Änderung der Fortpflanzungsrichtung v. Wellen an der Grenzfläche zweier

**A. Brehm**

Substanzen, in denen die Welle versch. Ausbreitungsgeschwindigkeiten hat. *Snelliussche B.gesetz:* Bei der B. (v. Lichtstrahlen) an der Grenzfläche zw. 2 versch. Medien stehen der Sinus des Einfalls- u. der Sinus des B.winkels im gleichen Verhältnis zueinander. – *Brechzahl* (früher B.index), B.verhältnis eines Stoffes gegenüber dem Vakuum.

**Breda,** niederl. St. in N-Brabant, 127 000 E; Textil-, Maschinenind.

**Bredouille** [breˈdʊljə; frz.], Verlegenheit, Bedrängnis.

**Breeches** [ˈbritʃız; engl.], Reithose; oben weit, an Knien und Unterschenkeln eng.

**Breg,** rechter Quellfluss der Donau, Schwarzwald.

**Bregenz,** Hptst. v. Vorarlberg, Öster., am Bodensee, 26 600 E; Ind., Fremdenverkehr.

**Bregenzerwald,** Teil der Nördl. Kalkalpen in Vorarlberg, Östr., Teile: *Vorderwald, Hinterwald;* durchflossen v. der *Bregenzerach;* in der *Braunarlspitze* 2649 m; Fremdenverkehr.

**Brehm,** Alfred, dt. Zoologe, *1829, †1884; Zoodirektor in Hamburg und Gründer des Berliner Aquariums; „Illustriertes Tierleben" (später „Brehms Tierleben").

**Breisach am Rhein,** St. westl. von Freiburg i. Br., Ba.-Wü., 12 000 E; Weinhandel; roman.-got. Münster („Jüngstes Gericht" von ↑Schongauer, Hochaltar des Meisters H. L.).

**Breisgau,** fruchtb. Ackerbaulandsch. westl. des südl. Schwarzwaldes.

**Breitband|antibiotika,** Antibiotika mit gr. Wirkungsspektrum.

**Breitbandkommunikation,** drahtlose oder kabelgebundene Form der Telekommunikation, die wegen der Menge der zu übertragenden Informationseinheiten (Daten) einen Frequenzbereich v. mehr. MHz benötigt, z. B. Kabelfernsehen, Bildtelefonie u. a.

**Breitbildverfahren, Breitwandverfahren,** Filmaufnahme- u. -projektionsverfahren, die mithilfe von Spezialoptiken Filmszenen großer Breitenausdehnung aufzunehmen u. auf einer breiten Bildwand wiederzugeben erlauben, z. B. Cinemascope®, Todd-AO®, Cinerama®.

**Breitinger,** Johann Jakob, schweizer. Gelehrter, *1701, †1776; Mitarb. J. J. ↑Bodmers.

**Breitscheid,** Rudolf, dt. Politiker (SPD), *1874, †1944 im KZ Buchenwald; preuß. Innenmin. 1918/19.

**Breitwandverfahren,** svw. ↑Breitbildverfahren.

**Bremen, 1)** Land Freie Hansestadt B.; 404 $km^2$ (kleinstes Land der BRD) mit den Städten Bremen (Hpst.) und Bremerhaven 663 000 E; Seeklima; liegt in fruchtb. Marschldsch. **2)** Hafenst. an der Weser, Hptst. v. 1), 542 000 E; Staatsgerichtshof, OLG, LG; Univ., Fachhochschulen; Handelskammer, Börse; berühmter Marktplatz (Dom, Rathaus, Rolandsäule); Seehafen, Sitz gr. Reedereien; Umschlag von Wolle, Baumwolle, Tabak, Petroleum, Holz; Werften; Erdölraffinerie, Maschinenbau, Stahlwerke; ✈. – *Gesch.:* Bistum B. noch unter Karl d. Gr. entstanden, 965 Marktrecht; 1303 Aufzeichnung des Stadtrechts; 1358 Mitgl. der Hanse; 1522 Reformation; 1666 Reichsstandschaft; 1806 Freie Hansestadt; 1827 Anlage ↑Bremerhavens.

**Bremerhaven,** Hafenst. an der Wesermdg., 130 000 E; Fischereigroßhafen, Vorhafen von Bremen, bed. Container- und Stückgut-⚓; IHK, Fachhochschule, Inst. für Meeresforschung, Schifffahrtsmuseum, Nordseeaquarium.

**Bremervörde,** St. an der Oste, Nds., 19 000 E; Textil-, Möbel-, Kunststoffindustrie.

**Bremgarten (AG),** Bez.-Hptst. im schweizer. Kt. Aargau, 4 800 E; Kapuzinerkloster (1618–21).

**Bremse,** mech. oder elektr. Vorrichtung, die die Bewegung eines umlaufenden (Rad, Welle) oder sich geradlinig bewegenden Körpers (z. B. Fahrzeug) verzögert, aufhebt oder arretiert.

**Bremsen,** Fliegen, deren Weibchen sich vom Blut der Warmblüter ernähren; in Dtl. v. a. *Rinderbremse.*

**Bremsschlupfregler** ↑Antiblockiersystem.

**Bremsweg,** 🚗 Weg, der zw. Beginn des Bremsvorganges u. Stillstand des abgebremsten Körpers zurückgelegt wird; *Anhaltestrecke* Reaktions- + Bremsweg.

**Brennelement,** kleinste Brennstoffeinheit aus mehr. gasdicht abgeschlossenen Brennstäben in Leichtwasserreaktoren. In Kugelhaufenreaktoren werden B.-Kugeln verwendet.

**Brenner,** ital. **Brennero,** wichtigster Pass (1 371 m) in den Ostalpen; Autobahn, Bahn; s. 1919 Grenze zw. Östr. und Italien.

**Brennerei,** Herst. von ↑Branntwein aus gegorenen, alkoholhalt. Flüssigkeiten.

**Brenner, Roter** ↑Pflanzenkrankheiten (Übers.).

**Brennfleckigkeit** ↑Pflanzenkrankheiten (Übers.).

**Brennkammer,** Verbrennungsraum von Strahltriebwerken u. Raketenantrieben.

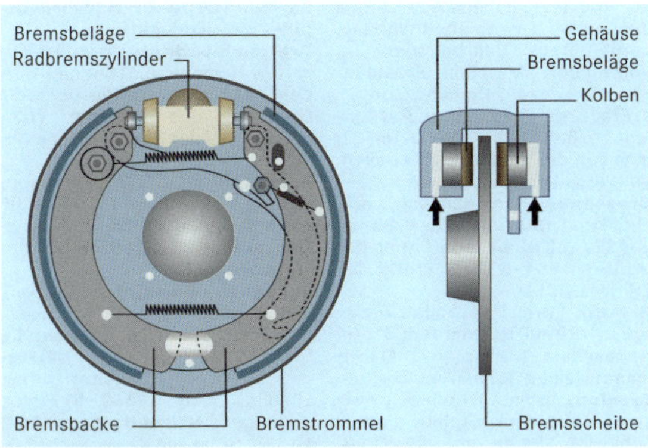


**Bremse:** *Trommelbremse (links), Scheibenbremse (rechts)*

**Brennnessel,** Nesselgewächs; in Dtl.: *Große B.* an Schuttplätzen, Heilpfl., auch Wildgemüse; *Kleine B.,* einjähr. Unkraut.
**Brennpunkt, Fokus,** Sammelpt. achsenparalleler Strahlen, die eine Sammellinse passierten od. von einem Hohlspiegel reflektiert werden.
**Brennspiegel,** Hohlspiegel zur Konzentration einfallender Sonnenstrahlen im Brennpunkt.
**Brennspiritus,** vergällter (durch Zusatz von z. B. Methanol ungenießbar gemachter) Äthylalkohol.
**Brennstoffe,** 1. *natürl. B.* (u. a. Kohle, Erdgas), 2. *künstl. (veredelte) B.* (u. a. Benzin, Hüttenkoks), 3. *nukleare B.* (Kern-B., spaltb. Isotope v. Uran, Plutonium u. a.).
**Brennstoffelement, 1)** Stromquelle, bei der durch Direktumwandlung elektr. Energie aus chem. Energie (kalte Verbrennung) gewonnen wird. Als Reaktionsstoffe werden Sauerstoff und Wasserstoff bzw. Methanol verwendet. – Der *B.-Antrieb* durch On-Board-Erzeugung der elektr. Antriebsenergie wird für Kfz in Prototypen bereits erprobt. **2)** svw. ↑Brennelement.
**Brennstoffkreislauf,** Verfahren zur Ver- u. Entsorgung v. Kernkraftwerken, v. der Uranerzgewinnung bis zur Wiederaufbereitung od. Endlagerung.
**Brennweite,** Abstand zw. Linsen-(Spiegel-)Mitte u. reellem od. imaginärem Schnittpt. von parallel einfallenden Strahlen.
**Brennwert,** die bei vollst. Verbrennung von 1 kg einer Substanz (bei Gasen 1 m$^3$) frei werdende Reaktionswärme.
**Brentano, 1)** Clemens, dt. Dichter, * 1778, † 1842, Bruder der Bettina von Arnim; führender Vertr. der Romantik, gab mit A. v. ↑Arnim die Samml. „Des Knaben Wunderhorn" heraus (Bearbeitungen dt. Volkslieder); Märchen, Erzählungen, Romanzen; Roman „Godwi". **2)** Franz, dt. Philosoph u. Psychologe, * 1838, † 1917, Neffe von 1); ging von der Intentionalität psych. Vorgänge aus (Aktpsychol.).
**Breschnew,** Leonid Iljitsch, sowj. Politiker, * 1906, † 1982; 1960–64 u. 1977–82 Staatsoberhaupt der UdSSR; 1964–82 1. Sekretär des ZK der KPdSU.
**Brescia** [ˈbrɛʃʃa], nordital. Prov.-Hptst. 190 900 E; Dom (um 1100), Hochschule, Biblioteca Queriniana; vielseit. Industrie.
**Breslau,** poln. **Wrocław** [ˈvrɔtsu̯af], Hptst. der Wwschaft Niederschlesien, Polen, an der Oder, 639 400 E; Univ. (gegr. 1702), TH,

**Bretagne:** *Festung in Fougères (11.-15. Jh.) im Osten der Bretagne*

Kunstakad., Stadttheater; got. Rathaus, Dom 13./14. Jh.; u. a. Masch.- u. Textilind., Schiffswerft; Oderhafen, ✈. – Um 1000 Bischofssitz, 1241 Zerstörung durch die Mongolen; 1261 Magdeburger Stadtrecht; Mitgl. der Hanse; 1335 an Böhmen, 1526 habsburg., 1742 preußisch, 1945 unter poln. Verw. gestellt (Vertreibung der dt. Bev.); s. 1990 völkerrechtlich zu Polen.
**Brest, 1)** westfrz. Hafenst. in der Bretagne, 148 000 E. **2)** fr. **B.-Litowsk,** Gebietshptst. in Weißrussland, 297 200 E; ⚓; *Frieden von B.-Litowsk* zw. Russland u. den Mittelmächten (1918).
**Bretagne** [brəˈtaɲ], größte u. westlichste Halbinsel Frkr., zugleich Region, 27 208 km$^2$, Hptst. Rennes. – Bis 1532 selbst. Hzgt.
**Breton** [brəˈtõ], André, frz. Dichter, * 1896, † 1966; führender Vertreter des Surrealismus.
**Bretten,** St. im Kraichgau, Ba.-Wü., 26 000 E; Haushaltsgeräte-, Metallindustrie.
**Bretton Woods** [ˈbretn wʊdz], Ort in New Hampshire, USA; hier wurden 1944 die Verträge über die Gründung des ↑Internat. Währungsfonds und der Weltbank geschlossen.
**Breuel,** Birgit, dt. Wirtschaftspolitikerin (CDU), * 1937; 1978–86 Wirtschaftsmin., 1986–90 Finanzmin. in Nds., 1991–95 Präs. der Treuhandanstalt.
**Breughel, Brueg[h]el** [ˈbrø:xəl], niederl. Malerfamilie, u. a.: **1)** Jan, d. Ä., gen. **Samt-** oder **Blumen-B.,** * 1568, † 1625, Sohn von 2). **2)** Pieter, d. Ä., gen. **Bauern-B.,** * zw. 1525 u. 1530, † 1569. **3)** Pieter, d. J., gen. **Höllen-B.,** * um 1564, † 1638, Sohn von 2).
**Brevier,** Slg. des tägl. Stundengebetes der Geistlichen u. Ordensleute der kath. Kirche.
**Breytenbach,** Breyten, südafrik. Schriftsteller, Maler u. Grafiker, * 1939; „Wahre Bekenntnisse eines Albino-Terroristen".
**Briand** [briˈã], Aristide, frz. Politiker, * 1862, † 1932; wiederholt Min.-Präs.; erstrebte als Außenmin. (zuletzt 1925–32) die Verständigung mit Dtl. u. leitete mit Stresemann 1925 die Locarnopol. ein; Friedensnobelpreis (mit G. Stresemann) 1926.
**Bridgeman-Verfahren** [ˈbrɪdʒmən-; engl.], Kristallzüchtungsverfahren, bei dem sich die Schmelze in einem absenkbaren Tiegel befindet.
**Bridgetown** [ˈbrɪdʒtaʊn], Hptst. von Barbados, 6 700 E; ✈.
**Brie** [bri:], frz. Ldsch. östl. von Paris; bek. der *Fromage de B.* (weicher Rahmkäse).
**Brief** [lat.], **1)** schriftl. Mitteilung. **2)** Abk. **B, Br,** Kurszusatz: zum angegebenen Preis war Angebot, aber keine Nachfrage.
**Briefgeheimnis,** der Schutz jeder schriftl. Mitteilung, mit Post- u. Fernmeldegeheimnis in Art. 10 GG gewährleistet.
**Briefmarke,** aufklebb. Postwertzeichen, s. 1840 in England, in Dtl. seit 1849 (Bayern).
**Brieftaube, Reisetaube,** aus Haustaubenrassen gezüchtete Taube, die bes. gut heimfindet.
**Briefwahl,** Stimmabgabe durch postal. Zusendung an Wahlleiter.
**Brienz (BE),** Gem. u. Kurort im schweizer. Kt. Bern, 38000 E; am *Brienzer Rothorn* (2 350 m; Zahnradbahn) und am *Brienzer See* (261 m tief, 29,8 km$^2$).
**Bries, Kalbsmilch,** Thymusdrüse des Kalbes.

**Brigach,** linker Quellfl. der Donau.
**Brigade** [ital.-frz.], **1)** kleinster Großverband aller Truppengattungen, der selbst. Kampfaufträge durchführen kann. **2)** in kommunist. Staaten unter produktionstechn. Gesichtspunkten gebildetes kleinstes Kollektiv v. Ind.- bzw. Landarbeitern.
**Brigg** [engl.], kleineres Schiff mit 2 voll getakelten Masten, *B.schoner* mit Rahsegeln am Fockmast.
**Brig-Glis,** St. im schweizer. Kt. Wallis, 11 600 E; maler. St.bild, Fremdenverkehr.
**Brighton** ['braɪtn], engl. Seebad an der Kanalküste, 146 000 E; Univ., TH.
**Brikett** [frz.], aus feinkörnigem Material durch Pressen gewonnenes festes Produkt (z. B. Braunkohlen-B.).
**Brillant** [brɪ'ljant; frz.] ↑Diamant.
**Brille** [gr.], Augengläser zur Korrektur von Brechungsfehlern des Auges od. zum Schutz; mit Sammellinsen für Weit- od. Alterssichtige, mit Zerstreuungslinsen für Kurzsichtige; zylindr. geschliffene Linsen für astigmat. Augen. B.nstärke nach ↑Dioptrien.
**Brillenschlangen, Hutschlangen,** Giftnattern, in warmen Ländern Asiens und Afrikas; ihr Gift meist tödl.; *Königskobra,* bis 450 cm lang; *Brillenschlange* (Schlange der ind. Schlangenbeschwörer), bis 175 cm.
**Brilon,** St. im östl. Sauerland, NRW, 27 500 E; Fremdenverkehr, Holzind., Glockengießerei.
**Brindisi,** südostital. Hafenst. in Apulien, 93 000 E; Erdölind.; ✈. – Im Altertum Brundisium.
**Brinellhärte** [nach dem schwed. Metallurgen *J. A. Brinell* (* 1849, † 1925)], Zeich. *HB,* Härtemaß.
**Brio** [ital.], 𝄞 Lebhaftigkeit.
**Brion,** Friederike, Pfarrerstochter aus Sesenheim, * 1752, † 1813; Goethes Liebe aus seiner Straßburger Zeit.
**Brionische Inseln,** kroatische Inselgruppe an der Küste des Adriat. Meeres.
**Brisanz** [frz.], zertrümmernde Kraft eines Sprengstoffs durch plötzl. Freisetzung gr. Energien.
**Brisbane** [brɪzbən], ostaustral. Hafenst., Hptst. v. Queensland, 1,3 Mill. E (städt. Agglomeration); Univ.; ✈.
**Brise** [roman.], günst. Segelwind; ↑Windstärke.
**Bristol** [brɪstl], bed. Hafenst. in SW-England, am Avon, 420 000 E, Hptst. der Gft. Avon; Univ., Kathedr. (12./14. Jh.), vielseitige Industrie; ✈.
**Bristolkanal,** tiefe Bucht des Atlant. Ozeans im SW Englands, an der Severnmündung.
**Britannilen,** s. Caesars Unternehmungen gg. B. (55/54 v. Chr.) Name für England u. Schottland.
**Briten,** urspr. die kelt. Bev. Britanniens vor der german. Einwanderung (um 470 n. Chr.); heute die Bewohner Großbritanniens und Nordirlands.
**Britische Inseln,** zusammenfassender Name für ↑Großbritannien u. Nordirland, ↑Man, ↑Irland.
**Britisches Museum,** Museum in London, gegr. 1753, eine der größten Slg. der Erde; Bibliotheksabteilungen gehören s. 1973 zur neu gegr. British Library.
**Britisches Reich** ↑Commonwealth of Nations.
**Britisch-Guayana** ↑Guyana.
**Britisch-Honduras** ↑Belize.
**British Antarctic Territory** ['brɪtɪʃ ænt'ɑːktɪk 'terɪtərɪ], brit. Kronkolonie in der Antarktis, 5,4 Mill. km², davon 1,7 Mill. km² Land, Verw.-Sitz: London (s. 1989).
**British Broadcasting Corporation** ['brɪtɪʃ 'brɔːdkaːstɪŋ kɔːpə'reɪʃn], **BBC,** staatl. brit. Rundfunkgesellschaft; gegr. 1922.
**British Columbia** ['brɪtɪʃ kə'lʌmbɪə], **Britisch-Kolumbilen,** südwestl. Prov. Kanadas, 948 596 km², 4,0 Mill. E; Hptst. Victoria, größte Stadt: Vancouver; Holzind., Fischerei (Lachs), ⚒ auf Erze, Erdöl, Erdgas.
**British Commonwealth of Nations** ['brɪtɪʃ 'kɔmənwelθ ɔv 'neɪʃnz], bis 1948 Bez. für Commonwealth of Nations.
**Britten,** Benjamin, brit. Komponist, * 1913, † 1976; gemäßigt mod. Orchester- u. Chorwerke.
**Brixen,** ital. **Bressanone,** St. im Eisacktal, Südtirol, Italien, 17 800 E; Dom (18. Jh.); Weinbau.
**Brjansk,** Gebietshptst. an der Desna, Russland, 461 000 E; Masch.-Bau, Stahlwerk, Textil- u. a. Ind., ⚓.
**Broadway** ['brɔːdweɪ], Hauptstraße in New York, über 20 km lang.
**Broch,** Hermann, östr. Schriftsteller, * 1886, † 1951; Romane: „Die Schlafwandler" (Trilogie), „Der Versucher", „Der Tod des Vergil".
**Brockdorff-Rantzau,** Ulrich Gf. von, dt. Diplomat und Politiker, * 1869, † 1928; 1918/19 Staatssekr. bzw. Reichsmin. des Äußeren und 1919 Leiter der dt. Friedensdelegation, aus Protest gegen Versailler Vertrag 1919 zurückgetreten; 1922–28 Botschafter in Moskau.
**Brocken,** höchster Berg (1 142 m) im Harz.
**Brockhaus,** Friedrich Arnold, dt. Verleger, * 1772, † 1823. – ↑Bibliographisches Institut & F. A. Brockhaus AG.
**Brod,** Max, östr.-isr. Schriftsteller, * 1884, † 1968; Biograf und Nachlassverwalter Kafkas; Romane, Lyrik.
**Brodski,** Iossif Alexandrowitsch, russ. Lyriker, * 1940, † 1996; lebte nach Ausweisung aus der UdSSR (1972) in den USA; auch Übersetzungen u. Essays; Nobelpreis 1987.
**Brokat** [ital.], schwerer, gemusterter [Seiden]stoff mit schillernden Metallfäden.
**Brokdorf,** Gem. am r. Elbufer, 15 km sw. v. Itzehoe, Schl.-Ho., 830 E; Kernkraftwerk.
**Broker** [brəʊkə], Börsenmakler.
**Brom** [gr.], Symbol **Br,** chem. El., OZ 35, rel. A.-Masse 79,904; Halogen; bei gewöhnl. Temp. dunkelbraune Flüssigkeit, lösl. in Wasser; Dichte 3,12 g/cm³, Fp. −7,2 °C, Sp. 58,78 °C; Verhalten analog ↑Chlor, Reaktionen weniger energ.; *Vorkommen:* nur in Verbdg. (v. a. $MgBr_2$ im Meerwasser).
**Brombeeren,** Sammelart der Rosengewächse, viele Sorten, z. T. auch dornenlos.
**Bromberg,** poln. **Bydgoszcz** ['bidgɔʃtʃ], Hptst. der Wwschaft Kujawien-Pommern, Polen, nahe der unteren Weichsel, 386 300 E; Hochschulen, wichtige Ind.- u. Handelsstadt.
**Bronchialasthma** ↑Asthma.
**Bronchialkatarrh, Bronchitis,** Entzündung der Schleimhäute der Luftröhrenäste (Bronchien); akut oder chronisch; auch Symptom von Keuchhusten, Masern, Herzkrankheiten, Lungenkrebs u. a.
**Bronchialkrebs, Bronchialkarzinom** ↑Lungenkrebs.
**Bronchien,** die stärkeren, mit einer Schleimhaut ausgekleideten Äste der Luftröhre.
**Bronchiolen,** die feineren Verzweigungen der Bronchien.
**Bronchitis,** svw. ↑Bronchialkatarrh.
**Bronchopneumonie** ↑Lungenentzündung.
**Bronchus,** Hauptast der Luftröhre.
**Brontë** [brɔnti], drei Schwestern, engl. Romanschriftstellerinnen: **1)** Anne, * 1820, † 1849; „Agnes Grey". **2)** Charlotte, * 1816, † 1855; „Jane Eyre". **3)** Emily Jane, * 1816, † 1848; „Sturmhöhe".
**Brontosaurier** [gr.], etwa 20 m langer ↑Dinosaurier; Pflanzenfresser.
**Bronx,** nördl. Stadtteil von New York.

**Bronze** [brɔ̃sə; roman.], Kupfer-Zinn-Legierung mit versch. Zusätzen; seit etwa 2500 v. Chr.
**Bronzekunst,** Bildnerei und Kleinkunst aus Bronze in Voll- od. Hohlguss; viertausendjähr. Geschichte: u. a. Wagenlenker von Delphi, Reiterstatue des Mark Aurel, Bernwardstür in Hildesheim, Statuen von Donatello und Verrocchio, Sebaldusgrab in Nürnberg, Perseus v. Cellini, Statuen u. Brunnen von Giovanni da Bologna u. seiner Schule, Schlüters Standbild des Gr. Krfst., Schadows Quadriga in Berlin.
**Bronzezeit** [ˈbrɔ̃:sə-], das auf die Jungsteinzeit folgende vorgeschichtl. Zeitalter, dessen techn. u. kulturelles Gepräge durch die Erfindung der Zinnbronze best. ist (Übers. ↑Vorgeschichte).
**Brook** [brʊk], Peter, engl. Theater- u. Filmregisseur, *1925; inszenierte Stücke von Shakespeare.
**Brooklyn** [ˈbrʊklɪn], Stadtteil v. New York.
**Broschur** ↑Buch.
**Brot,** Gebäck aus Getreidemehl oder -schrot, Wasser, Salz u. a.; Teiglockerung durch Kohlensäureentwickler, v. a. Hefe oder Sauerteig; Backtemp. 200–250 °C; *Vollkorn-B.* stärkster Vitamin-B-Träger, *Weizenkeim-B.* reich an Vitamin E.
**Broteinheit, BE,** Einheit zur Berechnung der Kohlenhydratmenge; für die Diät bei Zuckerkrankheit; 1 BE entspr. 12 g Kohlenhydraten bzw. 20 g Weißbrot.
**Brotfruchtbaum,** Maulbeergewächse aus Südostasien; mehl. Früchte (Nahrungsmittel).
**Brot für die Welt,** jährl. Sammelaktion der ev. Kirchen in Dtl. gegen Not in der Welt; erstmals 1959.
**Brouwer** [ˈbrɔʊwər], Adriaen, fläm. Maler, *1605 oder 1606, †1638; derbe Wirtshaus- u. Prügelszenen.
**Browning** [ˈbraʊnɪŋ; engl.], Handfeuerwaffe mit Selbstladeeinrichtung.
**Browning** [ˈbraʊnɪŋ], **1)** Elizabeth Barrett, engl. Dichterin, *1806, †1861; „Sonette aus dem Portugiesischen". **2)** Robert, engl. Dichter, *1812, †1889, Gatte von 1); Viktorianer; Epen u. Dramen.
**brownsche Molekularbewegung** [ˈbraʊn-; nach dem brit. Botaniker Robert Brown, *1773, †1858], durch Molekülstöße verursachte unregelmäß. Bewegung kleinster, in Flüssigkeiten od. Gasen schwebender Teilchen.
**Browser** [ˈbraʊzə], ▣ Programm, um Dokumente im WWW zu suchen u. auf einem Computerbildschirm anzuzeigen.
**Bruch, 1)** ⚕ **Eingeweide-B.,** Heraustreten von Baucheingeweiden durch eine Bauchwandlücke *(B.pforte)* in eine Ausstülpung des Bauchfells *(B.sack),* die von Haut überdeckt ist; auch *Narben-B.* nach Verletzung oder Operation; wichtigste Formen: *Leisten-, Schenkel-, Nabel-, Hoden-B.* **2)** ⚕ svw. ↑Knochenbruch. **3)** √ Quotient zweier Zahlen:

$$\frac{\text{Zähler}}{\text{Nenner}}, \text{ z. B. } \frac{3}{4} = {}^3/_4 = 3:4;$$

der Nenner muss immer von 0 versch. sein. Einen B., dessen Nenner eine Potenz von 10 ist, schreibt man als *Dezimal-B.:* $^1/_{10}$ = 0,1. **4)** svw. Sumpfland.
**Bruch,** Max, dt. Dirigent und Komponist; *1838, †1920; weltl. Oratorium, Violinkonzerte.
**Bruchsal,** St. in Nordbaden, Ba.-Wü., 40 000 E; barockes Schloss; vielseit. Industrie.
**Bruck an der Leitha,** östr. Bez.-Hptst. sö. von Wien, 7 500 E.
**Bruck an der Mur,** östr. Bez.-Hptst. in der Steiermark, 13 800 E. Vielseit. Ind.; Verkehrsknotenpt.
**Brücke,** Bauwerk zur Überführung v. Verkehrswegen (Straße, Eisenbahn, Kanal) über Hindernisse (Gewässer, Verkehrswege, Täler); aus *Überbau* (Haupttragwerk, Lager u. a.), *Fahrbahn* u. *Unterbau* (Widerlager, Pfeiler u. a.) bestehend; Einteilung der festen B.n: 1. nach Hauptträgerausbildung (z. B. Vollwandträger-, Fachwerkträger-B.n) u. Stützungsart, z. B. *Balken-B.n* (Hauptträger als Balken auf 2 od. mehr. Stützen), *Bogen-B.n, Hänge-B.n* (bei gr. Spannweiten; Hauptträger hängen an Kabeln, Ketten oder Schrägseilen *(Schrägseil-B.n),* die über Pylonen [Stützpfeiler] laufen, 2. nach Lage (Deck-, Trag-B.n) u. Anzahl der Fahrbahnen (ein- oder mehrgeschoss. B.n) u. a.
**Brücke, Die** 1905 in Dresden gegr. Künstlervereinigung des dt. Expressionismus (Kirchner, Schmidt-Rottluff, Heckel, Pechstein, Nolde u. Otto Mueller); bestand bis 1913; B.-Museum in Berlin.
**Bruckner, 1)** Anton, östr. Komponist, *1824, †1896; 1856 Organist im Stift St. Florian; 11 Sinfonien, Streichquintett, 4 Messen, Tedeum, 150. Psalm, Männerchöre. **2)** Ferdinand, eigtl. Theodor Tagger, dt. Dramatiker östr. Herkunft, *1891, †1958; Essays, Übers., Dramen: „Die Verbrecher", „Kampf der Engel".
**Brückner,** Christine, dt. Schriftstellerin, *1921, †1996; Novellen, Dramen, Hörspiele, Romane („Nirgendwo ist Poenichen").
**Brüdergemeine,** stark pietistisch geprägte ev. Freikirche, zurückgehend auf das v. N. L. Gf. v. Zinzendorf in ↑Herrnhut begr. kirchl. Gemeinwesen, heute weltweit verbreitet; Sitze der Kirchenleitung (Unitätsdirektion) Bad Boll (Landkr. Göppingen) und Herrnhut.
**Brüder vom gemeinsamen Leben, Fraterherren,** im 14. Jh. aus der religiösen Erneuerungsbewegung der Devotio moderna (lat. „neue Frömmigkeit") hervorgegangene christl. Bruderschaften; in klosterähnl. Gemeinschaft ohne bind. Gelübde lebend.
**Brügge,** fläm. **Brugge** [ˈbryxə], frz. **Bruges** [bry:ʒ], Hptst. von Westflandern, Belgien, 116 000 E, mit Vorhafen Zeebrugge; Europa-Kolleg; bed. Bauten aus der Blütezeit B.s Ende d. MA u. Anf. d. Neuzeit; Werften, Getreide-, Vieh-, Leinen-, Holzhandel.
**Brüggemann,** Hans, dt. Bildschnitzer der Spätgotik, *um 1480, †nach 1523.
**Brühl,** St. südl. v. Köln, NRW, 44 000 E; Barockschloss mit Treppenhaus von B. ↑Neumann; Gemüsebau, vielseit. Industrie.
**Brüllaffen,** Neuweltaffen (Südamerika) mit stark entwickeltem Kehlkopf; Blätterfresser.
**Brundtland** [-lan], Gro Harlem, norweg. Politikerin, *1939; 1974 bis 1979 Min. für Umwelt, 1986 bis 1989, 1990–96 Min.-Präsidentin.
**Bruneck,** ital. **Brunico,** Kurort im Pustertal, Italien, 13 100 E.
**Brunei,** Sultanat in N-Borneo; trop. Klima, Gewinnung v. Kautschuk u. Sago, Anbau v. Reis, Pfeffer; Erdöl. 1888 brit. Protektorat; 1959 innere Autonomie; 1984 unabhängig.

**Brunei**

*Fläche:* 5 765 km²
*Einwohner:* 326 000
*Hauptstadt:* Bandar Seri Begawan
*Amtssprache:* Malaiisch
*Zeitzone:* MEZ + 7 Stunden

**Brunelleschi** [-ˈleski], **Brunellesco,** Filippo, ital. Baumeister u. Bildhauer der Renaissance in Florenz, * 1377, † 1446.

**Brunft,** wm. für ↑Brunst.

**Brunhilde,** westgot. Königstochter, * um 550, † 613; Regentin seit 575; ermordet.

**Brünig,** auch **Brünigpass,** schweizer. Pass (1 007 m ü. d. M.) zw. Aaretal u. Sarnen; Luftkurort *B.* auf der Passhöhe.

**Brüning,** Heinrich, dt. Politiker (Zentrum), * 1885, † 1970; 1930–32 R.-Kanzler und Außenmin. (ab 1931), Notverordnungen, von Hindenburg entlassen.

**Brünn,** tschech. **Brno** [ˈbrnɔ], südmähr. Bez.-Hptst., Tschech. Rep., 385 000 E; Univ., TH; Dom (15. Jh.); Textil-, Masch.-Ind.; Internat. Messe; ✈.

**Brunnen,** zur Trink- oder Nutzwasserentnahme bzw. -sammlung dienende Anlage; *Schacht-B.:* für langsam sickerndes Grundwasser, *Rohr-B.:* für größere Tiefen, *Tief-B.:* bis zu 280 m Tiefe; ↑artesischer Brunnen.

**Brunnenkresse, Echte,** kleine, grüne Pfl. in Bächen u. Quellen (Kreuzblütler); als Salat.

**Brunnenpest** ↑Eisenbakterien.

**Brunner,** Emil, schweizer. ref. Theologe, * 1889, † 1966; Mitbegr. der dialekt. Theologie.

**Bruno,** Giordano, ital. Renaissancephilosoph, * 1548, † 17. 2. 1600 (als Ketzer verbrannt); erster neuzeitl. systemat. Pantheismus (Unendlichkeit u. Einheit des beseelten Universums).

**Bruno I.,** hl., Bruder Ks. Ottos I., Erzb. von Köln, * um 925, † 965, seit 951 Erzkanzler.

**Brunsbüttel,** St. am W-Ausgang des Nord-Ostsee-Kanals, Schl.-Ho., 14 000 E; ⚓, chem. Ind., Kernkraftwerk.

**Brunst, Brunft,** period. auftret. Paarungsbereitschaft bei Tieren.

**Brüssel,** fläm. **Brussel** [ˈbrysəl], frz. **Bruxelles** [brysˈsɛl], Haupt- u. Residenzst. d. Kgr. Belgien, 135 000 E, Hauptort d. zweispr. Region B. 951 000 E; Sitz vieler übernat. europ. Behörden und Institutionen sowie der NATO; 2 Univ., Akad., Museen, Konservatorium; got. Rathaus, Maler. Altstadt; Handels- u. Verkehrszentrum, ✈, am *B.-Rupel-Kanal* (32 km, für Schiffe bis 6 000 BRT), der B. mit Antwerpen verbindet; Textil-, Metall-, Auto-, chem. Ind.

**Brüsseler Pakt** ↑Westeuropäische Union.

**Brussilow,** Alexei Alexejewitsch, russ. General, * 1858, † 1926; leitete 1916 die erfolgreiche russ. Offensive in Galizien u. Wolynien.

**Brüssel:** *das 110 m hohe Atomium, Symbol der Brüsseler Weltausstellung von 1958*

**Brustbein** ↑Brustkorb.

**Brustdrüsen, Mammae,** Milchdrüsen des Menschen u. mancher Säugetiere.

**Brustfell** ↑Brustkorb.

**Brustfellentzündung,** svw. ↑Rippenfellentzündung.

**Brustkorb, Thorax,** oberer Teil des menschl. Rumpfes; nach unten durch das Zwerchfell abgeschlossen, umgibt die mit dem *Brustfell* ausgekleidete *Brusthöhle* mit Herz, Lunge, Hauptschlagader u. Speiseröhre; Halt u. Form wird durch die Rippen u. das vorn liegende *Brustbein* gegeben.

**Brustkrebs, Mammakarzinom,** fast ausschließl. bei Frauen auftretende, bösartige Geschwulst der Brustdrüse. I. d. R. beginnt der B. unmerkl. im Innern der Brust mit schmerzlosen kleinen harten Knoten; bei weiterem Wachstum wird schließlich die Haut durchbrochen, und es entsteht durch Gewebezerfall und Infektion ein Krebsgeschwür. *Behandlung:* operative Entfernung der erkrankten Brustdrüse.

**Brutalismus,** mod. Architekturauffassung, die den Baustoff in seiner Ursprünglichkeit u. Rohheit betont, eine hohe Plastizität der Gebäudeform wie des Baudetails anstrebt u. Installationen sichtbar lässt.

**Brüten,** Übertragung d. Körperwärme d. Elternvogels auf das Eigelege zur Entwicklung der Keime zu schlüpfreifen Jungtieren.

**Brüter,** svw. ↑Brutreaktor.

**Brutkasten, Inkubator,** geschlossenes Wärmebett für Frühgeburten.

**Brutreaktor, Brüter,** Kernreaktor, der durch Umwandlung v. Uran 238 in Plutonium 239 bzw. v. Thorium 232 in Uran 233 neuen Reaktorbrennstoff produziert *(Brüten),* u. U. mehr, als er selbst verbraucht; in *schnellen Brütern* durch Neutronen hoher Energie (10–1 000 keV).

**brutto** [ital.], Abk. btto., ohne Abzug.

**Bruttoformel,** svw. Summenformel (↑chem. Formel).

**Bruttogewicht,** Gewicht einschließl. Verpackung.

**Bruttoinlandsprodukt,** Abk. **BIP,** Wert aller Waren u. Dienstleistungen, die in einem Jahr innerhalb der Landesgrenzen einer Volkswirtschaft durch In- u. Ausländer produziert wurden.

**Bruttonationaleinkommen,** Abk. **BNE,** Wert aller Waren u. Dienstleistungen, die in einem Jahr in einer Volkswirtschaft erstellt wurden. Im Ggs. zum Bruttoinlandsprodukt wird die Wirtschaftsleistung der Inländer erfasst, unabhängig davon, ob sie im In- od. Ausland erfolgte. Das B. wurde bis 1999 als *Bruttosozialprodukt (BSP)* bezeichnet.

**Bruttoregistertonne** ↑Registertonne.

**Brutus, 1)** Lucius Iunius; sagenhafter Gründer der röm. Rep.; **2)** Marcus Iunius, einer der Mörder Caesars, * 85, † 42 v. Chr.; 42 v. Chr. in der Schlacht bei Philippi von M. Antonius u. Octavianus (↑Augustus) geschlagen, beging Selbstmord.

**Brüx,** tschech. **Most,** Stadt in N-Böhmen, Tschech. Rep., 70 700 E; Zentrum d. tschech. Braunkohlengebietes; Stahlwerke, chem. Ind.

**Bruxelles** [bryˈsɛl] ↑Brüssel.

**Bruyèreholz** [bry'jɛːr-; frz.; dt.], Wurzelholz d. mittelmeer. Baumheide, bes. für Tabakspfeifen.
**Bruyn** [brœjn], Günter de, dt. Schriftsteller, * 1926; Romane („Buridans Esel", 1968), Autobiografisches.
**BRZ,** Abk. für: **B**rutto**r**aum**z**ahl (↑Raumzahl).
**BSE, bovine spongiforme Enzephalopathie,** stets tödl. verlaufende Infektionskrankheit der Rinder (Rinderwahnsinn) mit charakterist. Veränderungen des Gehirns, Verhaltens- u. Bewegungsstörungen; Übertragung auf Menschen erfolgt durch infizierte Rinderprodukte (↑Prionen) und manifestiert sich als neue, aber ebenfalls tödl. Variante der ↑Creutzfeldt-Jakob-Krankheit.
**BSP,** Abk. für **B**rutto**s**ozial**p**rodukt (↑Bruttonationaleinkommen).
**Btx,** Abk. für ↑**B**ildschirm**t**e**x**t.
**Buber,** Martin, jüd. Religionsphilosoph, * 1878, † 1965; Interpret des ↑Chassidismus; Übers. der hebr. Bibel (mit F. Rosenzweig).
**Bubis,** Ignatz, dt. Unternehmer, * 1927, † 1999, ab 1992 Vors. des Z.-Rats der Juden in Deutschland.
**Bucer,** Martin, eigtl. **Butzer,** dt. Reformator u. Humanist, * 1491, † 1551; um Ordnung der reformator. Gem. u. Einheit der reformator. Bewegung bemüht.
**Buch,** mehr. zu einem Ganzen verbundene bedruckte Blätter; aus mehr. gefalzten Bogen Papier, die als Block in einen Umschlag geheftet werden *(Broschur)* od. in einen festen Deckel gebunden od. geklebt sind *(Band)*.
**Buchara,** Gebietshptst. in Usbekistan, 238 000 E; Textilind. u. Pelzverarb.; bek. alte Teppichknüpferei. Im MA islam. Kulturzentrum und wicht. Handelsort.
**Bucharin,** Nikolai Iwanowitsch, sowj. Politiker u. Wirtschaftstheoretiker, * 1888, † 1938 (hingerichtet); wesentl. Rolle in der Oktoberrevolution; zunächst Anhänger Stalins, wandte er sich später v. dessen Plänen ab.
**Buchbinderei,** Zusammenfügen von gefalzten Druckbogen durch Draht- od. Fadenheftung od. von Einzelblättern durch Leimung zu Broschüren od. Bänden.
**Buchdruck,** Form des ↑Hochdrucks.
**Buche,** Gatt. d. ↑Buchengewächse, hohe, sommergrüne Bäume; *Rot-B.,* M-Europa, bis 40 m hoch, Früchte *(Bucheckern)* liefern u. a. Speiseöl, ihr Holz dient als Brenn-, Faser-, Möbelholz; Spielarten der Rot-B.: Blut-, Gold-, Trauer-, Pyramidenbuche.
**Buchengewächse,** Holzpfl. mit einhäus. Blüten und einsam., von einem Fruchtbecher umgebenen Früchten; u. a. Buche, Eiche.
**Buchenwald,** 1937–45 nat.-soz. KZ bei Weimar. 1945–50 sowjet. Internierungslager.
**Bücherskorpion,** etwa 5 mm gr. Afterskorpion v. a. in Büchern.
**Buchfink,** Fink mit doppelter weißer Flügelbinde u. weißen äußeren Steuerfedern.
**Buchführung, Buchhaltung,** zeitl. u. sachl. geordnete, lückenlose Aufzeichnung aller erfolgs- und vermögenswirksamen Geschäftsvorfälle. B.systeme: *kameralist. B.* bei öff. Verw.; *einfache B.,* reine Bestandsverrechnung; *doppelte B.,* Erfolgsermittlung durch Bestandsvergleich (↑Bilanz ) u. über Erfolgskonten. Verfahren: *Übertragungs-* (Belege werden im Grundbuch festgehalten, ins Hauptbuch übertragen), *Durchschreibe-* (Grund- u. Hauptbuch im Durchschreibeverfahren gleichzeitig geführt) u. *EDV-B.* (elektronische vollautomat. B.); *B.pflicht* für jeden Kaufmann.
**Buchgeld,** jederzeit verfügbare Guthaben (Sichteinlagen) bei Kreditinstituten.
**Buchgemeinschaft,** gewerbl. Unternehmen, das Bücher in Lizenzausgaben herstellen lässt u. an einen festen Abonnentenstamm vertreibt.
**Buchhandel,** Herst. u. Verbreitung von vervielfältigten Werken der Lit., Tonkunst, Kunst und Fotogr., wie Bücher, Zeitschriften, Musikalien, Kunstblätter, Atlanten, Globen, Lehrmittel. – *Fachgruppen:* 1. Verleger, 2. verbreitender B. (Sortiment, Antiquariate, Versand-, Bahnhofs-B.), 3. Zwischen-B. (Kommissionäre, Barsortimenter, Grossisten).
**Buchholz,** Horst, dt. Filmschauspieler, * 1933; „Die Bekenntnisse des Hochstaplers Felix Krull".
**Buchmacher,** gewerbsmäßiger Vermittler von Wetten, z. B. für Pferderennen.
**Buchmalerei,** im MA Ausstattung v. a. handgeschriebener Bücher mit gemalten oder gezeichneten Darstellungen figürl. oder ornamentaler Art, ausgeführt in Deckfarben und Gold.
**Büchner,** Georg, dt. Schriftsteller, * 1813, † 1837; verfolgt wegen seines Eintretens für Menschenrechte (Flugschrift „Der hess. Landbote"); in seinen Dramen („Dantons Tod", „Woyzeck") nahm er Naturalismus u. Expressionismus vorweg.
**Buchse** [lat.], in Lagerbohrungen oder Zylinder eingesetzter Hohlzylinder aus Metall od. Kunststoff zur Verbesserung des Laufs und zur Verminderung von Verschleiß.
**Büchse,** [Jagd]gewehr mit gezogenem Lauf für Langgeschosse.
**Buchsgewächse** [lat.], vorw. Holzgewächse, meist immergrün; Mittelmeergebiet, W-Asien, Mittelamerika; *Buchsbaum* in Dtl. als Zierstrauch.
**Buchung,** Eintragung eines Geschäftsvorfalls nach Beleg (↑Buchführung); *B.fehler* durch Storno zu berichtigen.
**Buchweizen,** Knöterichgewächs, aus Mittelasien stammende Körnerfrucht; bes. auf sandigen u. moorigen Böden.
**Buchwert,** Ansatz, mit dem Anlage- u. Umlaufvermögen in Büchern und Bilanzen verzeichnet sind.
**Buck** [bʌk], Pearl S[ydenstricker], amer. Schriftstellerin, * 1892, † 1973; Erzählungen und Romane, u. a. „Die gute Erde"; Novellen; Nobelpreis 1938.
**Bückeberge,** Höhenzug des Weserberglandes (367 m), östl. der St. Bückeburg.
**Bückeburg,** St. in Nds., zw. Wesergebirge u. den Bückebergen, 21 000 E; Renaissanceschloss u. -kirche; Staatsgerichtshof, LG. – Bis 1946 Hptst. von ↑Schaumburg-Lippe.
**Buckel,** Wirbelsäulenverkrümmung oder -knickung, z. B. nach Rachitis od. Wirbelbrüchen *(Kyphoskoliose)* sowie Wirbeltuberkulose *(Gibbus)*.
**Buckelpiste** ↑Freestyle.
**Buckingham Palace** ['bʌkɪŋəm 'pælɪs], Residenz der brit. Könige in London (1705 ff. erbaut).
**Bückling,** geräucherter Hering.
**Buckram** [engl.], sehr fester, geglätteter Einbandstoff aus Leinen.
**Budapest,** Hptst. Ungarns, 1,9 Mill. E; besteht aus Pest (l.) und Buda (r. Donauufer); 6 Univ., zahlr. andere Hochschulen, viele Theater u. Museen, Akad. der Künste u. d. Wiss.; Donaukai mit Prachtgebäuden; zahlr. bed. Thermen. Messe; vielseit. Ind.; ⚓, ✈. – Ehem. röm. Militärkolonie; 1526 (bzw. 1541) bis 1686 türkisch; Vereinigung der ehem. selbst. Städte 1872.
**Buddha,** eigtl. **Siddhartha Gautama,** Begr. des Buddhismus, * um 560 v. Chr., † um 480 v. Chr; zog sich mit 29 J. aus dem weltl. Leben zurück, Wanderleben als Asket, erlangte nach langen Meditationen die Erleuchtung u. begann die erfolgr. Predigt seiner [Selbsterlösungs]lehre v. d. Überwindung des Leides in der Welt durch Versenkung u. Läuterung; 40-jähr. Lehrtätigkeit im nordöstl. Indien.

**Buddhismus:** *der „Große Buddha" (1252) im Kotokuin-Tempel von Kamakura (Japan)*

**Buddhismus,** aus der Lehre ↑Buddhas hervorgegangene Religion; Grundlage: Seelenwanderungslehre (Kreis der Wiedergeburten bis zum Aufgehen im ↑Nirwana); Erlösung durch stufenweise Abtötung der Begierde, der Quelle des Leidens; zunächst strenge Mönchsbewegung; Richtungen: *Hinajana* (strenger B., Erlösung nur in strengster Mönchsaskese), heute noch in Sri Lanka, Birma, Thailand, Laos, Kambodscha; *Mahajana* (jüngerer u. freierer Laien-B.), heute in Vietnam, China, Korea, Japan (hier als *Zen-B.*); *Vadjrajana* (esoter., mag.-rituelle buddhist. Spätform), v. a. als *Lamaismus* (Verschmelzung mit dem tibet. Dämonen- u. Zauberglauben; Oberhaupt: ↑Dalai-Lama) in Tibet, Bhutan, Nepal, Indien (bes. in Sikkim), Russland (bes. in Burjatien) und der Mongolei.

**Budget** [by'dʒe] ↑Haushaltsplan.

**Büdingen,** hess. St. südl. vom Vogelsberg, 20 500 E; altes Schloss, Rathaus (15. Jh.).

**Budjonny,** Semjon Michailowitsch, sowj. Marschall (1935), * 1883, † 1973; 1919–21 „roter" Reiterführer im Bürgerkrieg.

**Budweis,** tschech. **České Budějovice** ['tʃɛskɛː 'budjɛjɔvitsɛ], Bez.-Hptst. an der Moldau, Tschech. Republik, 99 300 E; Dom (17. Jh.), Barockrathaus; vielseit. Industrie.

**Buenaventura,** Haupthafen Kolumbiens an der Pazifikküste, 267 000 E.

**Buenos Aires,** Hptst. Argentiniens, am Rio de la Plata, 3,0 Mill. E; polit., kultureller u. wirtsch. Mittelpt. des Landes mit acht Univ., Ind.; ⚓, ✈.

**Buff,** Charlotte, Goethes Freundin in Wetzlar, * 1753, † 1828; Vorbild für die Lotte im „Werther".

**Buffalo** ['bʌfələʊ], St. im Staat New York, USA, am O-Ufer des Eriesees, 328 000 E; Univ.; Ind.; ⚓, ✈.

**Büffel** [gr.], kurzhaarige Horntiere mit weit ausladenden, gebogenen Hörnern u. tonnenförmigem Rumpf; asiat. *Wasser-B.,* afrik. *Kaffern-B.*

**Buffet** [by'fɛ], Bernard, frz. Maler, Grafiker u. Bildhauer, * 1928, † 1999; gestaltete streng geometrisch komponierte Bilder.

**Buffo** [ital.], Sänger kom. Rollen (Tenor-, Bassbuffo).

**Bug, 1)** Westl. Bug, l. Nbfl. des Narew, 772 km. **2)** Südl. B., Fl. in der Ukraine, 806 km.

**Bug, 1)** Vorderteil eines Schiffes, eines Flugzeugs u. a. **2)** Schulterstück, bes. bei Pferd u. Rind.

**Bugatti** [ital. bu'gatti; frz. by'gati], Ettore, frz. Automobilkonstrukteur u. Industrieller ital. Herkunft, * 1882, † 1947.

**Buggy** ['bʌgɪ; engl.], **1)** leichter, ungedeckter, einspänn. Wagen, bei Trabrennen benützt. **2)** geländegäng. Freizeitauto m. offener Karosserie. **3)** zusammenklappbarer Kindersportwagen.

**Bühler, 1)** Charlotte, Gattin v. 2), Kinder- u. Jugendpsychologin, * 1893, † 1974. **2)** Karl, dt.-amer. [Jugend]psychologe, * 1879, † 1963; Arbeiten zur Kinder- u. Wahrnehmungspsychologie.

**Buhne** [niederdt.], **Abweiser,** ins Flussbett od. Meer ragender Dammkörper (Strömungsregulierung, Uferschutz).

**Bühne,** meist erhöhte Spielfläche für szen. Darst.

**Bühnenaussprache,** fr. die für alle deutschsprachigen Bühnen verbindl. Ausspr.; festgelegt 1898 (Th. Siebs).

**Bujumbura,** fr. **Usumbura,** Hptst. v. Burundi, 300 000 E; Univ., Ind.-Zentrum; ⚓ am N-Ufer des Tanganjikasees, ✈.

**Bukarest,** rumän. **București** [-'rɛʃti], Hptst. v. Rumänien, im Walach. Tiefland, 2,02 Mill. E; Univ., TH, Hochschulen, Museen; ausgedehnte Parkanlagen; wichtigster Ind.-Standort des Landes, 2 ✈. – 1459 erstmals gen., Entw. zur Stadtanlage erst im 19. Jh.; Zerstörungen im 2. Weltkrieg, durch Erdbeben 1977; 1989 blutiger Volksaufstand zum Sturz des Ceaușescu-Regimes.

**Buke** [jap.], altjap. Militäradel.

**bukolische Dichtung** ↑Schäferdichtung.

**Bukowina, Buchenland,** Ldsch. der Ostkarpaten (N zur Ukraine, S zu Rumänien); *B.-Deutsche* 1940 nach Dtl. umgesiedelt.

**Bulawayo,** zweitgrößte St. in Simbabwe, 620 900 E, Handel, Goldbergbau; ✈.

**Bule** [gr.], Ratsvers. altgriech. Städte.

**Bulgakow,** Michail Afanasjewitsch, russ. Schriftsteller, * 1891, † 1940; satir. Erz., Dramen, Romane; z. gr. T. erst posthum veröff.

**Bulgarien**

*Fläche:* 110 971 km²
*Einwohner:* 8,19 Mill.
*Hauptstadt:* Sofia
*Amtssprache:* Bulgarisch
*Zeitzone:* MEZ + 1 Stunde

**Bulgarien,** Rep. in SO-Europa, auf d. Balkanhalbinsel; von W nach O wird B. vom Balkangeb. (Botew, 2 376 m) durchzogen, im N Vorbalkan u. Donauhügelland, im S d. Maritzaebene, im W d. Thrak. Masse mit Rila-, Pirin- und Rhodopegeb.; steile, wenig gegliederte Küste im O; Hpt.-fl. Donau, Maritza, Struma u. Isker; Mittelmeer- bzw. Kontinentalklima; Bev. vorw. Bulgaren; Anbau v. Sonnenblumen, Baumwolle, Tomaten, Paprika, Reis, Wein, Tabak, Lavendel, Rosen (Gewinnung v. Rosenöl); ⚒ auf Eisenerz, Blei, Braunkohle; Masch-, Metall-, Leicht- u. a. Ind.; bed. Fremdenverkehr (Schwarzmeerküste, Geb.). – *Gesch.:* Um 680 erste R.-Gründung im Gebiet des heutigen B.; unter Boris I. (852–89) Christianisierung; 1018 B. v. dem byzantin. Ks. Basileios II. („Bulgarentöter") unterworfen, bis 1186 byzantin.; selbst. Reich (Dyn. Asen bis 1258); 1396–1878 türk. Prov. Der Berliner Kongress schuf das Ft. B. unter ↑Alexander I. (1879–86); Ostrumelien wurde autonome Prov., 1885 bulgar.; Ferdinand v. Sachsen-Coburg 1887 Fürst, 1908 Zar im Kgr. B.; 1912 im Balkanbund, 1915 Anschluss an die Mittelmächte; im 2. Weltkrieg aufseiten der Achsenmächte, 1944 Kapitulation, 1946

VR unter G. Dimitrow, 1947 Friedensvertr. zu Paris; 1989/90 erzwang Reformbewegung demokrat. Umgestaltung, dennoch Instabilität u. viele polit. Wechsel (u.a. 2001 Wahlsieg der Partei „Nationale Bewegung" des früheren Zaren Simeon II.). – *Kunst:* Blütezeit der Kunst B.s im 9.–14. Jh., unter byzantin. Einfluss. Kirchentypen: Rundkirche (Palastkirche Simeons I., d. Gr.), Basilika, Kreuzkuppelkirche. Bed. Zeugnisse d. Buch- u. Wandmalerei (Fresken v. Bojana).

**bulgarische Literatur,** Anfänge in einem altbulgar.-makedon. Dialekt; vorw. geistl. Texte; im 10. Jh. mittelbulgar. volkstüml. Lit.; nach der Befreiung von der Türkenherrschaft im 19. Jh. Herausbildung einer neubulgar. Lit., zunächst v.a. patriot. Inhalts; um 1900 westeurop. Einfluss, Hinwendung zu Satire, Symbolismus u. Realismus; nach dem 2. Weltkrieg v.a. sozialist. Realismus; seit den 1990er-Jahren Werke kleinerer Formen (Kurzprosa, Lyrik, Aphorismen).

**Bulimie,** bes. bei Frauen zw. dem 15. u. 30. Lebensjahr auftretende Störung des Essverhaltens; Heißhunger u. anschließend selbst herbeigeführtes Erbrechen.

**Bullauge,** dick verglastes, rundes Schiffsfenster.

**Bulldogge,** engl. ↑Dogge.

**Bulldozer** [-do:zər; amer.], **Planierraupe,** schweres Raupenfahrzeug zur Geländeeinebnung od. für Erdbewegungen.

**Bulle,** männliches Tier u.a. bei Giraffen, Antilopen, Elefanten, bei Hausrindern Stier genannt; ♂ Zuchtrind.

**Bulle** [lat.], **1)** Schutzkapsel für ein metallenes, an einer Schnur befestigtes Urkundensiegel. **2)** beiderseits geprägtes Urkundensiegel aus Metall (Gold, Silber, Blei). **3)** Urkunde mit Metallsiegel, bes. *päpstl. B.* mit Bleisiegel.

**Bulletin** [byl'tɛ̃; frz.], amtl. Bekanntmachung, Tagesbericht.

**Bullterrier,** aus Bulldoggen und Terriern gezüchteter engl. Rassehund, sehr wachsam u. angriffsfreudig.

**Bully** [engl.], Anspiel durch je einen Spieler beider Mannschaften beim Hockey, Eis- und Rollhockey.

**Bülow** [...lo], **1)** Bernhard Heinrich Martin Fürst von, dt. Politiker, *1849, †1929; 1900–09 R.-Kanzler und preuß. Min.-Präs. **2)** Hans Guido Frhr. v., dt. Dirigent, *1830, †1894, Hofkapellmeister in München, Hannover u. Meiningen.

**Bultmann,** Rudolf, dt. ev. Theologe, *1884, †1976; bed. Exeget; Versuch einer „Entmythologisierung" des N.T.

**Bulwer-Lytton** ['bʊlwəlɪtn], Edward George, engl. Romanschriftsteller, *1803, †1873; „Die letzten Tage von Pompeji".

**Bumbry** ['bʌmbrɪ], Grace, amer. Sängerin (Mezzosopran), *1937.

**Bumerang** [austral.], urspr. Wurfwaffe der austral. Urbev., sichelförmig, kehrt beim Wurf zum Werfenden zurück, auch Sportgerät.

**Buna**® [Kurzw.], synthet. Kautschuk, auf Butadiengrundlage.

**Bund, 1)** von Gott zw. ihm u. den Menschen gestiftete Gemeinschaft: *Alter B.* (mit dem Volke Israel; A.T.), *Neuer B.* (durch Jesus Christus begr.; N.T.). **2)** Soziologie: Grundform der soz. Gruppe; z.B. Zusammenschlüsse wie *Männerbünde* oder *Geheimbünde;* **3)** staatsrechtlich: ↑Bundesstaat, ↑Staatenbund.

**BUND,** Abk. für ↑**B**und für **U**mwelt u. **N**aturschutz **D**eutschland e.V.

**Bund der Vertriebenen, Vereinigte Landsmannschaften und Landesverbände,** Abk. **BdV,** s. 1957 Spitzenorganisation der Heimatvertriebenen; Sitz Bonn.

**Bundes-Angestellten-Tarifvertrag,** Abk. **BAT,** Tarifvertr. für Angestellte des öff. Dienstes.

**Bundesanstalt für Arbeit,** Nürnberg, 1952 gegr. Körperschaft des öff. Rechts mit Selbstverwaltung zur Durchführung der Arbeitslosenversicherung, Arbeitsvermittlung, Berufsberatung und Ausbildungsförderung durch die Arbeitsämter.

**Bundesanwaltschaft** ↑Staatsanwaltschaft beim BGH.

**Bundesanzeiger,** v. B.-Min. der Justiz hg. Publikationsorgan; im amtl. Teil v.a. Bekanntmachungen v. Behörden, staatl. Ausschreibungen, im nicht amtl. Teil v.a. Parlamentsberichterstattung, Jahresabschlüsse.

**Bundesarbeitsgericht** ↑Gerichte (Übers.).

**Bundesarchiv,** Archiv der BRD, 1952 eingerichtet, enthält Urkunden u. Akten der Bundesreg., Bestände der DDR sowie des R.-Archivs; Sitz Koblenz und Potsdam, mehrere Außenstellen.

**Bundesausbildungsförderungsgesetz,** Abk. **BAföG,** ↑Ausbildungsförderung.

**Bundesbahn** ↑Dt. Bundesbahn.

**Bundesbank** ↑Dt. Bundesbank.

**Bundesfinanzhof** ↑Gerichte (Übers.).

**Bundesfürsten,** die Landesherren der deutschen Einzelstaaten (1871–1918).

**Bundesgartenschau,** Abk. **BUGA,** alle 2 Jahre (zuerst 1951 in Hannover) veranstaltete dt. Gartenbauausstellung.

**Bundesgerichtshof** ↑Gerichte (Übers.).

**Bundesgesetzblatt,** amtl. Organ für Gesetze und Rechtsverordnungen der BRD.

**Bundesgrenzschutz,** Abk. **BGS,** 1951 errichtete, dem B.-Min. des Innern unterstellte Sonderpolizei des Bundes zur Überwachung der Grenzen u. der Luftsicherheit, Gefahrenabwehr auf Bahnanlagen, Schutz der B.-Organe u.a., Zusammensetzung: Grenzschutzpräsidien, -direktion, -schule, Grenzschutz- u. Bahnpolizeiämter; Spezialeinheit: Grenzschutzgruppe 9 *(GSG 9)* zur Bekämpfung des Terrorismus.

**Bundesjugendring, Deutscher,** Spitzenorgan der Jugendverbände der BRD, gegr. 1949, Sitz Bonn.

**Bundesjugendspiele,** s. 1951 in der BRD Leistungswettkämpfe für Jugendliche (8. Lebensjahr) im Geräteturnen, Schwimmen u. in der Leichtathletik.

**Bundeskanzler, 1)** im Norddt. Bund (1867–71) der durch das B.-Präsidium ernannte Vors. des B.-Rats u. Leiter der B.-Exekutive. **2)** in der BRD auf Vorschlag des B.-Präs. vom B.-Tag gewählter Leiter der B.-Reg.; bestimmt die Richtlinien der Pol.; im Verteidigungsfall Befehlshaber der B.-Wehr; kann durch ↑konstruktives Misstrauensvotum gestürzt werden. **3)** in Östr. der Vors. der B.-Reg., die als Kollegialorgan die Staatsgeschäfte leitet; v. B.-Präs. ernannt. **4)** in der Schweiz Vorsteher der B.-Kanzlei, von der B.-Vers. für 4 J. gewählt.

**Bundeskartellamt** ↑Kartell.

**Bundeskriminalamt,** Abk. **BKA,** Zentralstelle der Kriminalpolizei der BRD, Sitz Wiesbaden.

**Bundeslade,** altisraelit. Heiligtum, Kasten aus Akazienholz mit den zwei Gesetzestafeln.

**Bundesliga** ↑Liga.

**Bundesminister,** Mitgl. der ↑Bundesregierung; ernannt u. entlassen v. B.-Präs. auf Vorschlag des B.-Kanzlers; jeder B. leitet innerh. der v. B.-Kanzler best. Richtlinien seinen Geschäftsbereich selbst. u. eigenverantwortlich.

**Bundesnachrichtendienst,** Abk. **BND,** aus der „Organisation Gehlen" hervorgegangener, unmittelbar dem B.-Kanzleramt unterstehender Geheimdienst zur Beschaffung v. Nachrichten aus dem Ausland.

**Bundespräsident, 1)** Staatsoberhaupt u. völkerrechtl. Repräsentant der BRD, gewählt durch die B.-Vers. für 5 J., Wiederwahl einmal mögl. **2)** in *Östr.* auf 6 J. vom Volk gewähltes Staatsoberhaupt. **3)** in der *Schweiz* der Vors. des B.-Rates, von der B.-Vers. für ein Jahr gewählt.

**Bundesrat,** föderatives Verf.-Organ eines B.-Staates, durch das die Gliedstaaten bei der Gesetzgebung u. Verwaltung des Bundes mitwirken. **1)** Dt. Reich 1871 bis 1918: Vertretung der Reg. der 22 B.-Staaten im Reich unter Vorsitz des R.-Kanzlers. **2)** BRD: Vertretung der Länderreg.; wirkt bei Gesetzgebung u. Verw. des Bundes mit; sein Präs. ist stellvertr. B.-Präs. **3)** Östr.: Vertretung der B.-Länder. **4)** Schweiz: oberste Exekutive der Eidgenossenschaft, 7 Mitglieder.

**Bundesrechnungshof,** nur dem Gesetz unterworfene oberste B.-Behörde (gegr. 1950); prüft die Haushalts- u. Wirtschaftsführung der BRD; Sitz Bonn.

**Bundesregierung,** oberstes, kollegial gebildetes Organ der Exekutive eines B.-Staates. In der BRD bestehend aus B.-Kanzler u. B.-Min.; entscheidet über alle Angelegenheiten v. allg. innen- od. außenpolit., wirtsch., soz., finanzieller od. kultureller Bed.; vom Vertrauen des B.-Tages abhängig.

**Bundesrepublik Deutschland** ↑Deutschland.

**Bundessicherheitsrat,** Ausschuss der B.-Reg. zur Koordinierung der Landesverteidigung u. zur Beratung v. Fragen der Abrüstung u. Rüstungskontrolle.

**Bundessozialgericht** ↑Gerichte (Übers.).

**Bundesstaat,** Staatsform, bei der mehr. Gliedstaaten (in der BRD Länder) einen Zentralstaat *(Bund)* bilden, dem sie einen best. Teil ihrer Staatsgewalt übertragen.

**Bundestag, 1)** im Dt. Bund (1815–66) Bez. für die B.-Versammlung. **2)** in der BRD auf 4 J. v. Volk gewählte Vertretung; Hauptaufgaben u. Rechte: Beschlussfassung über B.-Gesetze, Budgetrecht, Zustimmung zu Verträgen, Wahl des B.-Kanzlers, Mitwirkung bei der Besetzung der obersten u. oberen B.-Ger. u. des B.-Verf.-Ger., Festlegung der Geschäftsordnung des B.s, Einsetzung von Untersuchungsausschüssen, Behandlung von Petitionen, Präs.-Anklage.

**Bundesverband Bürgerinitiativen Umweltschutz e.V.,** Abk. **BBU**, s. 1972 bestehender Dachverband der im Umweltschutz tätigen Bürgerinitiativen.

**Bundesverband der Deutschen Industrie e.V.,** Abk. **BDI**, Spitzenorganisation der Industriefachverbände, Sitz Köln.

**Bundesverfassungsgericht** ↑Gerichte (Übers.).

**Bundesversammlung, 1)** im Dt. Bund (1815–66) Vertretung aller Gliedstaaten, die die auswärtigen, mil. u. inneren Angelegenheiten des Bundes unter dem B.-Präsidium Östr. besorgte. **2)** in der BRD zur Wahl des B.-Präs. zusammentretende Vers. aus den Abg. des B.-Tages u. einer gleichen Zahl v. Delegierten der Landtage. **3)** in Östr. Vers. aus allen Mitgl. des B.- u. des Nationalrats. **4)** in der Schweiz oberstes Organ des Bundes, aus National- und Ständerat.

**Bundesversicherungsanstalt für Angestellte,** Abk. **BfA**, 1953 gegr. Träger der gesetzl. Rentenversicherung der Angestellten; Sitz Berlin.

**Bundesverwaltungsgericht** ↑Gerichte (Übers.).

**Bundeswehr,** Streitkräfte der BRD; zunächst ab 1955 nur für Freiwillige, ab 1956 allg. Wehrpflicht (seit 2002 9 Monate); Angehörige der B. sind Wehrpflichtige, Soldaten auf Zeit od. Berufssoldaten; wehrpflichtig sind alle Männer vom 18. bis zum 45., im Verteidigungsfall bis zum 60. Lebensjahr, Offiziere u. Unteroffiziere bis zum 60. Lebensjahr, Berufssoldaten bis zum 65. Lebensjahr. Seit 2001 ist auch Frauen der Dienst mit der Waffe möglich. Die B. besteht aus Heer, Luftwaffe u. Marine, dem Sanitäts- u. Gesundheitswesen sowie den Zentralen Militär. Dienststellen. Befehls- u. Kommandogewalt hat der B.-Min. der Verteidigung, im Verteidigungsfall der B.-Kanzler. Friedenspersonalstärke rd. 337 000 Mann.

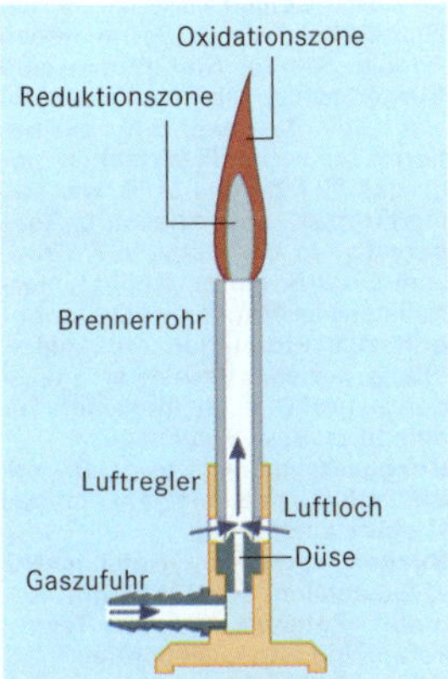


**Bunsen:** *Bunsenbrenner*

**Bundeszentrale für politische Bildung,** 1952 gegr. Institution für überparteil. polit. Bildungsarbeit; dem B.-Min. des Innern unterstellt; Sitz Bonn.

**Bundeszentralregister,** zentrales Register für Dtl., das in Bonn v. Generalbundesanwalt beim Bundesgerichtshof geführt wird; eingetragen werden u.a. strafgerichtl. Verurteilungen. In das *Erziehungsregister* werden Entscheidungen der Jugend-, Familien- und Vormundschaftsger., die keinen Strafcharakter haben, eingetragen.

**Bundeszwang,** Maßnahmen zur Erzwingung der B.-Pflichten gg. ein B.-Land (Art. 37 GG).

**Bund für Umwelt und Naturschutz Deutschland e.V.,** Abk. **BUND**, 1975 gegr., unabhängige private Umweltorganisation, Sitz Bonn.

**bündische Jugend** ↑Jugendbewegung.

**Bundling** [ˈbʌndlɪŋ; engl.], Paketverkauf mehr. separater Produkte zu einem günstigeren Gesamtpreis.

**Bündnis 90/Die Grünen,** polit. Partei, gegr. 1993, entst. durch Zus.schluss v. Bündnis 90 (1990 gebildetes Wahlbündnis in der DDR) u. der Partei Die ↑Grünen; s. 1994 im Bundestag, s. 1998 Reg.-Koalition mit der SPD.

**Bundschuh, 1)** Schuh des Bauern im MA. **2)** Name u. Feldzeichen aufständ. Bauernverbände, hpts. Anfang des 16. Jh.

**Bungeejumping** [ˈbʌndʒɪdʒʌmpɪŋ; engl.], durch ein Gummiseil gesicherter Sturz kopfüber aus großer Höhe (ab 50 m aufwärts).

**Bunin,** Iwan Alexejewitsch, russ. Dichter, *1870, †1953; „Das Dorf" u.a. Romane; Nobelpreis 1933.

**Bunker** [engl.], **1)** [unterird.] meist mil. [Stahlbeton]schutzanlage. **2)** gr. Lagerbehälter (Technik).

**Bunsen,** Robert Wilhelm, dt. Chemiker, *1811, †1899, entwickelte mit G. R. Kirchhoff die Spektralanalyse; Erfindung des *B.brenners* (Gasbrenner, zugeführtes Gas saugt Verbrennungsluft durch verstellb. Öffnung an) u. des galvan. *B.elements* (↑Element).

**Buntkäfer,** Fam. bunt gefärbter metall. glänzender, kosmopolit., bis 25 mm gr. Käfer; in M-Europa u.a. Ameisenbuntkäfer.

**Buntmetalle,** Gruppe häufig vorkommender Nichteisenmetalle, z.B. Kupfer, Blei, Zink.

**Buntnessel, Coleus,** Lippenblütler mit bunten taubnesselartigen Blättern; aus den Tropen.

**Buntsandstein** ↑Geologie (Übers.).

**Buntspecht, Großer,** etwa 23 cm gr. Specht; schwarzer Rücken mit weißen Schulterflecken, Männchen mit rotem Nacken.

**Buñuel** [buɲuɛl], Luis, span. Filmregisseur, *1900, †1983, zunächst surrealist., später kultur- u. gesellschaftskrit. Filme („Ein andalus. Hund", „Belle de jour").

**Bunzlau,** poln. **Bolesławiec** [bɔlɛˈsłavjɛts], St. am Bober, Polen, 44 100 E; Kupfererz-⚒, Töpfereien; *B.er Gut,* s. dem 16. Jh. hergest. Steingutgeschirr, teilw. mit Reliefdekor.

**Burckhardt,** **1)** Carl Jakob, schweizer. Historiker u. Diplomat, *1891, †1974; 1937–39 Hoher Kommissar des Völkerbundes in Danzig; histor. u. biograf. Werke, 1954 Friedenspreis des Dt. Buchhandels. **2)** Jacob [Christoph], schweizer. Kultur- und Kunsthistoriker, *1818, †1897; eigtl. Begr. einer systemat. Kunstwiss.

**Buren, Afrikaander,** Nachkommen der s. 1652 in Südafrika eingewanderten niederl. u. dt. Siedler, Sprache Afrikaans; 1835 „Großer Treck" nach N, Gründung v. Natal, Transvaal u. dem Oranjefreistaat (heute zur Rep. Südafrika).

**Burenkrieg,** 1899–1902 zw. Großbrit. u. den Burenstaaten Transvaal u. Oranjefreistaat; im Frieden von Pretoria wurden die Burenrep. brit. Kolonien.

**Burg,** allg. Wehrbau, i. e. S. befestigte Wohn- u. Schutzanlage des MA; Vorformen: Flieh-B.en, ↑Kastell u. Burgus; s. der Karolingerzeit wehrhafter Sitz des Adels; in der Ebene oft als Wasserburg.

**Burgas,** Gebietshptst. in Bulgarien, am Schwarzen Meer, 199 900 E; Erdölraffinerie; Schiff-, Waggonbau; ⚓, ✈.

**Burg auf Fehmarn,** St. auf Fehmarn, 6 000 E; Seebad.

**Burgenland,** B.-Land im O Österreichs, 3 966 km², 279 800 E, Hptst. Eisenstadt; hpts. Hügelland, im O am Neusiedler See Steppenldsch.; Viehzucht, Obst-, Wein- u. Ackerbau; Zuckerfabriken. Bis zum Ende des 1. Weltkrieges Teil der ungar. Reichshälfte der Donaumonarchie.

**Bürgenstock,** schweizer. Geb.-Rücken (mit Luftkurort *B.*), am Südufer des Vierwaldstätter Sees; 1 128 m ü. d. M.

**Bürger,** Gottfried August, dt. Dichter, *1747, †1794; Anreger des ↑Sturm und Drang, Schöpfer der dt. Kunstballade („Lenore", 1773).

**Bürgerinitiative,** Zusammenschluss gleich gesinnter Bürger, die ihre speziellen Anliegen u. Interessen durch Parteien u. Parlamente nicht ausreichend berücksichtigt sehen.

**Bürgerkönig,** Beiname des frz. Kg. ↑Louis Philippe.

**Bürgerkrieg,** mit Waffen ausgetragener Machtkampf zw. Aufständischen u. der Reg. oder zw. organisierten polit., nat., relig. oder soz. Gruppen um die Herrschaft im Staat.

**bürgerliche Ehe,** vor dem Standesbeamten geschlossene Ehe.

**Bürgerliches Gesetzbuch,** Abk. **BGB,** von 1896, in Kraft seit 1. 1. 1900; vielf. geänderte Zusammenfassung des dt. Zivilrechts in 5 Büchern: allg. Teil, Recht der Schuldverhältnisse, Sachen-, Familien-, Erbrecht.

**bürgerliches Recht, Privatrecht,** alle Normen, die die Rechtsbeziehungen der Individuen untereinander regeln (Ggs. ↑öffentliches Recht).

**Bürgermeister,** i. d. R. von den Bürgern gewähltes leitendes Organ einer Gemeinde.

**Bürgerrechtsbewegung,** organisierte Bemühungen um die Durchsetzung v. Menschen- u. Bürgerrechten; v. a. B. für die Rechtsgleichheit der Schwarzen (u. a. in den USA, Südafrika), für die polit.-soz. Gleichstellung der Minderheit der Katholiken in N-Irland; wichtig als oppositionelle Gruppen zur Durchsetzung von Bürger- und Menschenrechten in den europ. kommunist. Ländern.

**Bürgertum,** Stand der Bürger, im Altertum der Stadtbürger, als Glieder des Gemeinwesens. Im MA Gemeinfreie als 3. Stand neben Adel u. Klerus. Stadtrechte sind Bürgerrechte; die Frz. Revolution war eine Tat des B.s; es beherrschte kulturell, wirtsch. u. polit. das 19. Jh.; das dt. B. war lib., monarchist., antisozialist. u. konservativ; in der Folge z. T. Entw. zum *Groß-B.* mit gr. Kapitalunternehmen; im Marxismus Gegenbegriff zum Proletariat; die Angleichung der soz. Verhältnisse lässt den Begriff B. heute nicht mehr für eine best. Bev.-Schicht zu.

**Burggraf,** ma. Amt in gr. R.- od. Bischofsburgen, aus dem Amt des ↑Vogtes entstanden.

**Burgos,** span. Prov.-Hptst. im NO v. Altkastilien, 163 000 E; got. Kathedr., Rathaus (14. Jh.); Textil-, keram. Industrie, Gießereien.

**Bürgschaft,** Verpflichtung des Bürgen dem Gläubiger des Hauptschuldners gegenüber, für die Erfüllung der Verpflichtungen des Hauptschuldners einzustehen.

**Burgund,** frz. **Bourgogne** [burˈgɔɲ], **1)** ostfrz. histor. Ldsch. u. Region; Weinbaugebiet, Durchgangsland (↑Burgundische Pforte); Kanalverbdg. zw. den Flusssystemen Rhone–Seine: *Kanal v. B. Gesch.:* um 420 german. Burgunder am Rhein, Zentrum Speyer od. Worms, 437 v. d. Hunnen besiegt; unter röm. Oberhoheit Ansiedlung der Burgunder in der Gegend von Genf (Sapaudia). Um 500 Aufzeichnung des burgund. Rechts. 532–34 Krieg mit den Franken. Zerstörung d. burgund. Reiches. B. fränk.; im Vertrag von Verdun (843) Teilung, Saône wurde Grenze. Um 880 bestanden Hoch-B. (Westschweiz u. spätere Freigft.) unter dem Welfen Rudolf I. u. Nieder-B. (Arelat) unter Boso von Vienne. Daneben entstand allm. das frz. Hzgt. (↑B. 2). Um 934 vereinigte Rudolf II. Hoch- u. Nieder-B. unter dt. Lehenshoheit. 1033 mit d. Hl. Röm. Reich vereinigt. Heirat Friedrich Barbarossas mit Beatrix von B.; seit 1378 nach u. nach an Frkr. gefallen mit Ausnahme der Freigft. B. **2)** das frz. Hzgt. B., westl. d. Saône, wurde von Richard le Justicier (†921) begr., Hzgt. s. 1032, unter einer kapeting. Nebenlinie bis 1361. 1363 gab Johann II. v. Frkr. B. an seinen Sohn Philipp d. Kühnen (†1404); Heirat mit d. Erbin v. Flandern u. der Freigft. B. Umfangr. Gebietserwerbungen unter seinen Nachf.; Höhepunkt der burgund. Macht: Karl der Kühne (1467–77); Gebietsabrundungen, Versuch, Lothringen zu gewinnen. Das Hzgt. B. zog Frkr. als erledigtes Lehen ein; die übrigen Länder kamen durch die Heirat Marias v. B. mit Maximilian an Habsburg, die nördl. Länder an die habsburg. Niederlande; die Freigft. (Franche-Comté) fiel im Frieden v. Nimwegen (1678/79) an Frankreich.

**Burgundische Pforte,** relativ niedriges, hügeliges Gelände zw. Vogesen u. Jura, in O-Frkr., das eine gute Verbdg. zw. Rheintal und Saône-Rhone-Tal erlaubt.

**Burkina Faso,** bis 1984 **Obervolta,** westafrik. Rep. inmitten des ↑Sudan, der N ragt in die Sahelzone; Bev. vorw. Mosi (48%), Fulbe, Tuareg; Anbau v. Hirse, Mais, Reis, Baumwolle, Erdnüsse; Viehzucht; Gewinnung v. Sheabutter (Speisefett); Flussfischerei; Export: Baumw., Ölfrüchte. – 1896 frz. Eroberung, als Obervolta 1919–32 Kolonie, 1947 Ter-

**Burkina Faso**

| | |
|---|---|
| *Fläche:* 274 200 km$^2$ | |
| *Einwohner:* 11,9 Mill. | |
| *Hauptstadt:* Ouagadougou | |
| *Amtssprache:* Französisch | |
| *Zeitzone:* MEZ – 1 Stunde | |

ritorium innerh. der Frz. Union, 1958 autonome Rep., 1960 unabh., s. 1965 wiederholt Militärputsche (zuletzt 1983); 1984 in B. F. umbenannt; Demokratisierungsprozess s. 1987.

**Burleske** [frz.], ausgelassen heiteres Tonstück; Schwank, Posse.

**Burma** ↑Birma.

**Burns** [bə:nz], Robert, schott. Dichter, * 1759, † 1796, Wegbereiter d. engl. Romantik.

**Bürokratie, 1)** Bez. für das System der Verw. durch Beamte; *Ministerial-B.,* d. führende Schicht der Verwaltungsbeamten. **2)** engstirnige Beamtenherrschaft.

**Bursa,** fr. **Brussa,** türk. Prov.-Hptst. in NW-Anatolien, 1,02 Mill. E; schwefel- u. eisenhalt. Quellen; Seidenwarenherst. u. a. Ind.; ⚒.

**Burschenschaft,** studentische Verbdg., 1815 in Jena begr. zur Stärkung des Vaterlandsgefühls u. zur Läuterung des student. Lebens, 1817 Wartburgfest, 1819–48 unterdrückt, danach versch. Organisationen, 1935 aufgelöst; nach 1945 Neugründ. *(Dt. B.).*

**Burton** [bə:tn], Richard, eigtl. R. **Jenkins** [ˈdʒeŋkɪnz], brit. Schauspieler, * 1925, † 1984.

**Burundi,** Rep. in Z-Afrika; Bergland nö. des Tanganjikasees; Bev. vorw. Bantustämme; Anbau v. Mais, Bananen, Maniok, Kaffee; Viehzucht. – Wahrsch. im 17. Jh. v. Tutsi gegr., ab 1890 Teil Dt.-Ostafrikas; ab 1919 mit Ruanda Völkerbundsmandat, ab 1946 UN-Treuhandgebiet unter belg. Verw.; 1962 unabh. Kgr., 1966 Rep., 1976 u. 1987 Putsch, 1993 erneuter Umsturz; seither Bürgerkrieg zw. Hutu u. Tutsi.

**Burzenland,** fruchtb. Gebiet im sö. Siebenbürgen, Rumänien; Zentrum ist Kronstadt.

**Busch,** Wilhelm, dt. Dichter, Maler, Zeichner, * 1832, † 1908; satir. Bildergeschichten: „Max u. Moritz", „Die fromme Helene" u. a.; „Kritik des Herzens" (Ged.).

**Buschmänner,** khoisanides Volk in SW-Afrika, durchschn. 1,50 m groß, gelbl. braune Hautfarbe; Wildbeuter u. Sammler; in Rückzugsgebieten (vorw. in der Kalahari) noch rd. 50 000.

**Buschwindröschen** ↑Anemone.

**Bush** [bʊʃ], **1)** George Herbert Walker, amer. Politiker (Republikan. Partei), * 1925; war 1976/77 CIA-Chef, 1981–89 unter R. Reagan Vizepräs., 1989–93 41. Präs. der USA; 1991 amer. Führungsrolle im 2. Golfkrieg. **2)** George Walker, amer. Politiker (Republikan. Partei), * 1946; Sohn von 1); 1995–2000 Gouv. von Texas, s. 2001 43. Präs. der USA; unter ihm Steuersenkungsprogramme u. Forcierung des Aufbaus eines Raketenabwehrsystems (↑NMD); nach Terroranschlägen auf die USA 2001 Bildung einer internat. Antiterrorkoalition u. Mil.-Aktion in Afghanistan.

**Busoni,** Ferruccio, ital.-dt. Pianist u. Komponist, * 1866, † 1924; Opern: „Turandot" u. a.

**Bussarde** [frz.], Gruppe zieml. plumper Greifvögel; u. a. ↑Mäusebussard, Raufußbussard.

**Buße, 1)** allg.: Sühne für Schuld. **2)** kath. Kirche: Sakrament der B.; nach ↑Beichte u. Reue wird die ↑Absolution erteilt.

**Bußgeld,** Geldbuße zur Ahndung v. Ordnungswidrigkeiten, u. a. gegen die Straßenverkehrsordnung; *B.verfahren:* durch die Verwaltungsbehörde; *B.bescheid:* Einspruchsfrist 2 Wochen.

**Büste** [frz.], plast. Darstellung eines Menschen in Halbfigur oder bis zur Schulter.

**Burundi**

| | |
|---|---|
| *Fläche:* 27 834 km$^2$ | |
| *Einwohner:* 6,1 Mill. | |
| *Hauptstadt:* Bujumbura | |
| *Amtssprachen:* Rundi und Französisch | |
| *Zeitzone:* MEZ + 1 Stunde | |

**Busuki,** griech. Lauteninstrument, in der Volksmusik verwendet.

**Büsum,** Nordseebad u. Fischereihafen in Schl.-Ho., 4 900 E.

**Butadien** [Kw.], $C_4H_6$, ungesättigter, gasförmiger Kohlenwasserstoff, wicht. Ausgangsprodukt zur Herst. v. ↑Synthesekautschuk.

**Butane** [gr.], zwei strukturisomere Kohlenwasserstoffe (Alkane), $C_4H_{10}$, brennb. Gase; Heiz- u. Treibgase; Ausgangsprodukt für ↑Butadien.

G. W. Bush

**Butenandt,** Adolf, dt. Chemiker, * 1903, † 1995, bed. Arbeiten über Sexualhormone; Nobelpreis f. Chemie 1939.

**Butjadingen,** Marschlandsch. zw. Jadebusen u. Wesermündung.

**Butler** [ˈbʌtlə], **1)** Reg(inald), brit. Bildhauer, * 1913, † 1981. **2)** Richard Austen, brit. konservativer Politiker, * 1902, † 1982; wiederholt Min. **3)** Samuel, engl. Schriftsteller, * 1612, † 1680, Satire „Hudibras". **4)** Samuel, engl. Schriftsteller, * 1835, † 1902; Romane, Essays, Satiren. **5)** Walter Gf. von, kaiserl. Oberst, * um 1600, † 1634; Ire; an der Ermordung Wallensteins beteiligt.

**Büttenpapier,** [aus der Bütte] handgeschöpftes Papier mit gefransten Rändern; heute auch maschinell nachgeahmt.

**Butter,** aus Milch gewonnenes Speisefett; Herst.: Ausrahmen der Milch in Zentrifugen, Verarb. des Rahms in *B.fässern* (B.masch.), bis sich B.klümpchen abscheiden; aus 25 kg Milch etwa 1 kg Butter.

**Butterfly** [ˈbʌtəflaɪ; engl.], svw. ↑Schmetterlingsschwimmen.

**Butzenscheiben,** runde Fensterglasscheiben mit Verdickung in der Mitte, in Blei gefasst; bes. im

16. Jh.; *B.lyrik,* herabsetzende Bez. für altertümelnde, klischeehafte, sentimentale ep. und lyr. Dichtung Ende des 19. Jh.

**Buxtehude,** Dietrich, dt. Organist u. Komponist, *1637 (?), †1707; Einfluss auf J. S. Bach.

**Buxtehude,** St. westl. von Hamburg, Nds., 32 500 E; Fachhochschule; got. Kirche.

**BVerfG,** Abk. für: **B**undes**verf**assungs**g**ericht.

**BVerwG,** Abk. für: **B**undes**verw**altungs**g**ericht.

**BVG,** Abk. für **B**undes**v**ersorgungs**g**esetz.

**Bydgoszcz** [ˈbidgɔʃtʃ], ↑Bromberg.

**Bypass** [ˈbaɪpas; engl.], **1)** Überbrückung eines Gefäßverschlusses mithilfe einer (körpereigenen) Gefäß- bzw. Kunststoffprothese. **2)** Umgehungsleitung in der Technik, in der Fluide vom Primärstrom abgezweigt werden.

**Byron** [ˈbaɪrən], George Gordon Noel, **Lord B.**, engl. Dichter der Romantik, *1788, †1824, starb im griech. Freiheitskrieg; u. a. „Ritter Harold's Pilgerfahrt", „Don Juan".

**Byronismus** [baɪ-], nach Lord Byron ben. pessimist. Lebens- u. Stilhaltung in der Lit. Anf. d. 19. Jh. (v. a. Weltschmerz).

**Byssus** [gr.], **1)** Haftfäden von Muscheln, zur Befestigung am Meeresgrund. **2)** feines Leinen- od. Seidengewebe des Altertums (z. B. ägypt. Mumienbinden); auch Bez. für feines Baumwollgewebe.

**Byte** [baɪt; engl.], 💻 kleinste adressierbare Informationseinheit; zusammengehörige Folge von 8 ↑Bits zur Darstellung je eines Zeichens, meist ist noch 1 Prüfbit angehängt.

**Bytom** [ˈbitɔm], ↑Beuthen.

**byzantinische Kunst,** Kunst des Byzantin. Reiches, beginnend mit der Erhebung v. Byzanz zur Hptst. des Röm. Reiches (330 n. Chr.); für die abendländ. Kunst Mittlerin der Antike u. Vorbild für Form u. Ikonographie. In der Frühzeit v. a. bed. Baukunst: Kuppelbasilika, Durchdringung von Longitudinal- u. Zentralbau (Hagia Sophia, 532–537). In der Buchmalerei spätantikes Erbe. Das Bild (Ikone) wird Gegenstand der Verehrung (↑Bilderverehrung). In der Baukunst des MA v. a. Kreuzkuppelkirchen. Darst. an Wänden u. Gewölben der Kirchen (Malerei u. Mosaik), theol. durchdacht u. an feste Regeln gebunden (Hosios Lukas, Anf. 11. Jh.). Großreliefs, u. a. auch Elfenbeinreliefs; Seidenweberei; Ikonen; bed. Goldschmiedearbeiten mit Zellenschmelz.

**byzantinische Musik,** die weltl. höf. Musik (nur wenig überliefert) u. die Kirchenmusik im Byzantin. Reich. Ausschließlich vokale, aus der altchristl. Musik hervorgegangene Kirchenmusik (v. a. Psalmengesänge u. Hymnen), im 9./10. Jh. von Russen u. Südslawen übernommen. In Byzanz wurden die Choralnotation u. die Kirchentonarten entwickelt.

**Byzantinisches Reich,** abendländ. Bez. für das Oström. Reich; entstanden 395 durch Teilung des Röm. Reiches (östl. Teil mit Byzanz). Unter Justinian I. Eroberungen in N-Afrika und Italien, kulturelle Blüte; dann Verfall: Verlust des größten Teils von Italien an die Langobarden, Bedrohung durch Slawen (Ansiedlung auf d. Balkan) u. Perser, Verlust v. Syrien u. Ägypten an die Araber; im 8. Jh. Streit um ↑Bilderverehrung, s. dem 9. Jh. wieder kulturelle u. polit. Machtentfaltung, erfolgreiche Kämpfe gg. Araber u. Bulgaren. Im 11. Jh. Verlust Unteritaliens an die Normannen, Kleinasiens an die Seldschuken. 1204–60 Lat. Kaiserreich; 1261 Wiederherst. des Reiches, Verfall durch Kriege und Unruhen, erlag 1453 den Türken.

**Byzanz,** antike Handelsst. am Bosporus, um 660 v. Chr. gegr., 330 als *Konstantinopel* Hptst. des Röm., s. 395 Byzantin. Reiches, 1453 türkisch; heute ↑Istanbul.

**byzantinische Kunst:** *Mosaik im Vestibül der Hagia Sophia (6. Jh.)*

# C

**C, 1)** 3. Buchstabe des Alphabets. **2)** 𝄞 Anfangston der Grundtonleiter (C-Dur).

**C,** Abk. für Celsius.

**C,** ⚗ Symb. für ↑Kohlenstoff.

**C,** röm. Zahlzeichen für 100.

**C,** Einheitenzeichen für: ↑Coulomb.

**c,** Formelzeichen für ↑Lichtgeschwindigkeit.

**c,** Abk. für: Zenti... ($^1/_{100}$).

**Ca,** ⚗ Symb. für ↑Calcium.

**Cabinda,** Exklave u. Prov. von Angola, nördl. der Kongomündung, 7 270 km², 199 000 E, Hauptort: C.

**Cabochon** [kabɔˈʃɔ̃; frz.], gewölbt geschliffener Edelstein.

**Cabora-Bassa-Staudamm,** 164 m hoher Staudamm (erbaut 1969–75) im unteren Sambesi, Moçambique, zur Elektrizitätsgewinnung; 200 km langer Stausee von 2 800 km².

**Caboto,** Giovanni, engl. John **Cabot** [ˈkæbət], ital. Seefahrer, *um 1450, †1498; entdeckte in engl. Diensten 1497 das nordamer. Festland.

**Cabral** [kaˈβral], Pedro Álvarez, portug. Seefahrer, *um 1467, †um 1520; entdeckte 1500 die O-Küste Südamerikas (Brasilien).

**Cachucha** [katˈʃutʃa; span.], andalus. Solotanz mit Kastagnetten- u. Gitarrenbegleitung.

**Cäcilia,** hl., röm. Märtyrerin des 3. Jh. (?), Schutzheilige d. Musik.

**CAD** [Abk. für engl.: **c**omputer **a**ided **d**esign = rechnerunterstützter Entwurf], techn. Konstruktion mithilfe geeigneter Computer u. Computerprogramme am Bildschirm.

**Caddie** [ˈkædɪ; engl.], Helfer und Berater eines Golfspielers; auch

Bez. für den Wagen, der die Golfschläger transportiert.

**Cádiz** ['kaðiθ], südwestspan. Prov.-Hptst., 156 000 E; Hafen u. Festung an der Bucht v. C.; Kathedralen; Schiffbau, Fischerei; ✈.

**Cadmium** [gr.], **Kadmium,** Symb. **Cd,** chem. El., OZ 48, rel. A.-Masse 112,41, Dichte 8,69 g/cm³, Fp. 321 °C, Sp. 767 °C; silberweißes, weiches Metall; *Vorkommen* als C.blende u. C.carbonat zus. mit Zinkblende u. a.; *verw.* als Elektrodenmaterial für galvan. El., als Legierungszusatz bei Lagermetallen. C.sulfid (CdS) u. C.selenid (CdSe) werden als gelbes bzw. rotes Farbpigment verw., CdS ist ein wicht. Halbleiter, u. a. zur Herst. v. Photowiderständen.

**CAE** [Abk. für engl.: **c**omputer **a**ided **e**ngineering = rechnerunterstützte Technik], der Einsatz von Computern in allen Bereichen des Ingenieurwesens.

**Caen** [kã], Hptst. des frz. Dép. Calvados u. der Region Basse-Normandie, an der Orne, 113 000 E; Univ.; roman. und got. Kirchen; Eisen- u. Stahlind.; ✈.

**Caesar,** Gaius Iulius, dt. Schreibung Gajus Julius **Cäsar,** röm. Staatsmann und Feldherr, * 100, † 44 v. Chr. (ermordet); schloss 60 das 1. Triumvirat mit Pompeius u. Crassus u. wurde 59 Konsul; 58–51 unterwarf er Gallien. Sein Ggs. zu Pompeius führte zum Bürgerkrieg. C. überschritt 49 den Rubikon u. zog nach Italien, vertrieb Pompeius u. schlug ihn 48 bei Pharsalos. 44 Diktator auf Lebenszeit, fiel am 15. 3. (Iden des März) 44 der republikan. Verschwörung unter Brutus u. Cassius zum Opfer. – Führte 46 den Julian. Kalender ein. Schriften: „Gall. Krieg", „Bürgerkrieg".

**Caesar** [lat.], Beiname im röm. Geschlecht der Julier (Iulii); s. Augustus Kaiser-, s. Hadrian auch Thronfolgertitel, s. Diokletian Titel der Unterkaiser.

**Cagliari** ['kaʎari], Hptst. der auton. Region Sardinien, Italien, 167 500 E; Univ., Erzb.-Sitz; Dom (13. Jh.); viels. Ind.; ⚓, ✈.

**Caissonkrankheit** [kɛ'sõ-; frz.], svw. ↑Druckfallkrankheit.

**cal,** Einheitenzeichen für ↑Kalorie.

**Calais** [ka'lɛ], nordfrz. Hafenst. an d. Straße v. Dover, 75 500 E; Fährverkehr nach England; ✈; Ind.

**Calatrava,** Santiago, span. Architekt, * 1951; meisterhafte Ingenieurbauten (v. a. Brücken) aus Stahl u. Beton.

**Calcit** [lat.], svw. ↑Kalkspat.

**Calcium** [lat.], **Kalzium,** Symb. **Ca,** chem. El., OZ 20, rel. A.-Masse 40,08, Dichte 1,53 g/cm³, Fp. 842 °C, Sp. 1 484 °C; silberweißes, weiches, reaktionsfreud. Metall; häufig, jedoch nur in Verbdg.: als Sulfat (Gips), Carbonat (Marmor, Kalkstein, Kreide), Silicat, Phosphat, Fluorid.

**Calciumsulfat,** das Calciumsalz der Schwefelsäure; in der Natur als ↑Anhydrit und ↑Gips.

**Calcutta** [kæl'kʌtə], engl. für ↑Kalkutta.

**Calderón de la Barca,** Pedro, bed. span. Dramatiker des Barock, * 1600, † 1681; Geistlicher; „Das gr. Welttheater", „Der Richter von Zalamea", „Das Leben ein Traum", „Der standhafte Prinz", „Dame Kobold".

**Caldwell** ['kɔ:ldwəl], Erskine, amer. Schriftsteller, * 1903, † 1987; schrieb Romane („Gottes kl. Acker").

**Calendae** ↑Kalenden.

**Calgary** ['kælgərɪ], Ind.-St. in der kanad. Prov. Alberta, 710 000 E; Mittelpt. eines Erdölgebiets; ✈.

**Cali,** Hptst. des kolumb. Dep. Valle del Cauca, 1,99 Mill. E; Univ.; Ind.- u. Handelsst.; ✈.

**Californium,** Symb. **Cf,** chem. El., OZ 98, Transuran, stabilstes Isotop Cf 251 (Halbwertszeit 900 Jahre); hergest. aus Curium durch α-Teilchen-Beschuss 1950 v. Seaborg u. a. in Kalifornien.

**Caligula** [lat. = Soldatenstiefelchen], eigtl. **Gaius Iulius Caesar Germanicus,** röm. Ks. s. 37, * 12 n. Chr., † 41 (ermordet); despot. Gewaltherrscher, fiel einer Verschwörung der Prätorianer zum Opfer.

**Callao** [ka'ʎao], Haupthafen Perus, 648 000 E; Fischerei-⚓; Ind.

**Callas,** Maria, eigtl. M. **Kalojeropulos,** griech.-amer. Sängerin, * 1923, † 1977; die führende Sopranistin ihrer Zeit.

**Call-by-Call** ['kɔ:lbaɪ'kɔ:l, engl.], Auswahl eines best. Telefonanbieters durch Vorwählen einer entspr. Nummer vor der eigentl. Telefonnummer.

**Callcenter** ['kɔ:lsɛntə], auf die Entgegennahme, Bearbeitung od. Weiterleitung v. Kundenanrufen spezialisierte Organisationseinheit.

**Calvados, 1)** frz. Dép. in der Normandie, Hptst. Caen. **2)** normann. Apfelbranntwein (aus Cidre destilliert, im Eichenfass gelagert).

**Calvin,** Johannes, eigtl. Jean **Cauvin** [ko'vɛ̃], frz.-schweizer. Reformator, * 10. 7. 1509, † 27. 5. 1564; 1536 entstand in Basel seine „Christianae religionis institutio", Grundlage der Entw. der ref. Konfession; seit 1541 in Genf; Kirchenordnung, harte Gerichtsverfahren gegen Andersgläubige; wichtige Punkte der Lehre C.s (Prädestination und Abendmahlslehre) weichen von der Lehre Luthers ab.

**Calvino,** Italo, ital. Schriftsteller, * 1923, † 1985; neorealist., später märchenhaft-fantast. Erz. u. Romane.

**Calw,** Krst. im nördl. Schwarzwald, Ba.-Wü., 24 000 E; Holz-, elektrotechn. u. Textilind.; im Ortsteil *Hirsau* ehem. Klosterkirche.

**CAM** [Abk. für engl.: **c**omputer **a**ided **m**anufacturing = rechnerunterstützte Fertigung], der Einsatz von Computern zur Steuerung u. Überwachung von Produktionsabläufen, z. B. mithilfe numer. gesteuerter Maschinen u. Industrieroboter.

**M. Callas**

**Camargue** ['kamərg], südfrz. Ldsch. des Rhonedeltas; versumpfte Strandseen; extensive Viehwirtsch.; Reisfelder.

**Cambrai** [kã'brɛ], nordfrz. St. an der oberen Schelde, 35 000 E; Kathedr. (18. Jh.); Textilind. – *Liga v. C.* (1508), Bündnis zw. Papst, Ks. u. den Kg. v. Frkr. u. Spanien gg. Venedig. *Damenfriede v. C.* (1529) zw. Ks. Karl V. u. Franz I. von Frkr., vermittelt durch die Tante des Ks. und die Mutter des frz. Kg.; u. a. frz. Verzicht auf Italien.

**Cambridge** ['keɪmbrɪdʒ], **1)** ostengl. St., 92 000 E; berühmte Univ. (gegr. 13. Jh.), got. King's College Chapel; Fitzwilliam-Museum; Elektroind. **2)** St. im Vorortbereich von Boston, USA, 95 800 E; Sitz der Harvard Univ. (gegr. 1636); vielseit. Industrie.

**Camcorder** ['kæmkɔ:də; engl.], Kamera mit integriertem ↑Videorekorder, der auch getrennt verwendet werden kann.

**Camembert** [kamã'bɛr; frz.], fetter Weichkäse (nach dem Ort C. in der Normandie).

**Camera obscura** [lat.], ↑Lochkamera.

**Cammin i. Pom.,** poln. **Kamień Pomorski** ['kamjɛn-], St. in Hinterpommern, Polen, 9 200 E; am *Camminer Bodden*; Sol- und Moorbad; Bistum (um 1180–1648).

**Camões** [ka'mõiʃ], Luis Vaz de, portug. Dichter, *um 1525, †1580 (?); abenteuerl. Leben; sein Hauptwerk, „Die Lusiaden", ist das portug. Nationalepos.

**Camorra** [ital.], ein terrorist. Geheimbund in Neapel sowie Süditalien (19./20. Jh.).

**Campagna** [-'paɲa], hügel. Steppenland um Rom; in d. Antike fruchtb., dann verödet; rekultiviert (seit 19. Jh.).

**Campanile** ↑Kampanile.

**Camping** ['kæmpɪŋ; engl.], zeitweil. Leben auf *C.plätzen* (Zeltplätzen) in Zelten oder Wohnwagen.

**Campoformio,** Gem. in der oberital. Prov. Udine, 6 200 E. – *Friede v. Campoformio* (1797) zw. Frkr. u. Östr., das seine niederl. (das spätere Belgien) sowie oberital. Besitzungen abtrat, in einem Geheimartikel der Abtretung des l. Rheinufers von Basel bis Andernach zustimmte u. dafür Venetien, Istrien u. Dalmatien erhielt.

**Camposanto** [ital.], ital. für Friedhof.

**Camposanto Teutonico,** an der Südseite der Peterskirche zu Rom gelegener dt. Friedhof mit Kirche (1475–1501).

**Campus** [engl.], Gesamtanlage einer Hochsch., Univ. (v. a. USA).

**Camus** [ka'my], Albert, frz. Schriftsteller, *1913, †1960; Résistancemitgl.; beeinflusst vom frz. Existenzialismus; philos. Essays: „Der Mythos von Sisyphos", „Der Mensch in der Revolte"; Romane: „Die Pest", „Der Fremde"; Dramen: „Caligula", „Die Gerechten"; Nobelpreis 1957.

**Canaletto, 1) C.,** eigtl. Giovanni Antonio **Canal,** ital. Maler u. Radierer, *1697, †1768; Städtebilder von gr. Genauigkeit, v. a. von Venedig, Rom u. London. **2) C.,** eigtl. Bernardo **Bellotto,** Neffe u. Schüler von 1), ital. Maler, *1721, †1780; Stadtansichten, v. a. von Dresden und Wien.

**Canaris,** Wilhelm, dt. Admiral, *1887, †1945; Leiter des dt. Abwehrdienstes s. 1935; Gegner Hitlers; nach dem 20. 7. 1944 abgesetzt, hingerichtet.

**Canasta** [span.], südamer. Kartenspiel: 2–6 Spieler, 2×52 Karten und 4 Joker.

**Canaveral, Kap** ['keɪp kə'nævərəl], 1963–73 **Kap Kennedy,** Kap an der O-Küste Floridas, USA, 28° 28' n. Br., 80° 33' w. L.; Raketenstartplatz d. amer. Weltraumforschung.

**Canberra** ['kænbərə], Hptst. des Austral. Bundes, 286 000 E; Univ.; ✈. 1913 gegr.

**Cancan** [kãkã; frz.], Schau- u. Schnelltanz, 1830 in Paris eingeführt.

**Cancer** [lat.], das Sternbild ↑Krebs.

**cand.,** Abk. für: ↑Kandidat.

**Candela** [lat.], Einheitenzeichen **cd,** SI-Einheit der Lichtstärke; die C. ist die Lichtstärke einer Strahlungsquelle, die monochromat. Strahlung der Frequenz 540 · $10^{12}$ Hertz in eine best. Richtung aussendet, in der die Strahlstärke $^1/_{683}$ Watt pro Steradiant beträgt.

**Canetti,** Elias, Schriftsteller, *1905, †1994; span.-jüd. Herkunft, lebte in versch. europ. Ländern (auch in der Emigration), schrieb in dt. Sprache; Hauptwerke: Essay „Masse u. Macht", Roman „Die Blendung", Dramen, autobiograf. Werke; Nobelpreis 1981.

**Canisius,** Petrus, hl., eigtl. Pieter **Kanijs,** Jesuit, *1521, †1597; bed. Vertr. der Gegenreformation.

**Canis Maior** [lat.], das Sternbild ↑Großer Hund.

**Canis Minor** [lat.], das Sternbild ↑Kleiner Hund.

**Cannae,** Ort in Apulien, bek. durch Hannibals Sieg über die Römer in einer Umfassungsschlacht (216 v. Chr.).

**Cannes** [kan], frz. St. an der Côte d'Azur, 72 000 E; Seebad; Filmfestspiele.

**Cañon** [ka'ɲon; span.], enges, tief eingeschnittenes Tal; bek. der ↑Grand Canyon.

**Canopus,** hellster Stern (α) im Sternbild Kiel des Schiffes (lat. Carina) des südl. Himmels, zweithellster Stern des Himmels.

**Canossa,** Burg im N-Apennin; im 11. Jh. Besitz der Markgf. v. Tuszien; hier löste 1077 Papst Gregor VII. Kg. Heinrich IV. vom Bann (↑Investiturstreit); der Kg. errang mit der persönl. Demütigung *(Canossagang)* die polit. Handlungsfreiheit zurück.

**cantabile** [ital.], 𝄞 sangbar, gesangsartig.

**Canterbury** ['kæntəbərɪ], St. sö. von London, 34 000 E; kirchl. Mittelpt. (seit 597 Erzbistum); Univ.; got. Kathedrale.

**Cantor,** Georg, dt. Mathematiker dän. Herkunft, *1845, †1918; begr. die Mengenlehre.

**Cantus** [lat.], Gesang, Melodie; auch melodieführende Stimme; *C. firmus,* in der Notenfolge unveränderl. Melodie; Tenor einer mehrstimm. Komposition.

**Canyoning** ['kænjənɪŋ; engl.], das Begehen unwegsamer, ohne Spezialausrüstung nicht zugängl. Schluchten (Cañons).

**Capa** ['kæpə], Robert, eigtl. Andrei Friedmann, amer. Fotograf ungar. Herkunft, *1913, †1954; wurde 1936 durch seine Bilder des Span. Bürgerkriegs weltberühmt.

**Cap Anamur** ↑Komitee Cap Anamur.

**Čapek** ['tʃapɛk], Karel, tschech. Schriftsteller, *1890, †1938; philosoph. Erz., Dramen, utop. Romane.

**Capone** [ital. ka'ponə, engl. kə'pəʊn], Al[phonse] od. Alfonso, gen. **Scarface** ['skɑ:feɪs], berüchtigter amer. Bandenchef, *1899, †1947.

**Capote** [kə'pəʊtɪ], Truman, amer. Schriftsteller, *1924, †1984; „Die Grasharfe", „Frühstück bei Tiffany".

**Capra** ['kæprə], Frank, amer. Filmregisseur ital. Herkunft, *1897, †1991; („Arsen u. Spitzenhäubchen").

**Capri,** Kalkfelseninsel im Golf v. Neapel, 10,4 $km^2$, bis 589 m ü. d. M., Höhlen (Blaue Grotte); Städte: *C.,* 7 200 E, *Anacapri,* 5 500 E; Fremdenverkehr; ✈.

**Capriccio** [ka'prɪttʃo; ital.], 𝄞 laun. Einfall; formal ungebundene Komposition.

**Capricornus** [lat.], das Sternbild ↑Steinbock.

**Caprivi,** Georg Leo Graf von C. de Caprera de Montecuccoli, dt. General und Politiker, *1831, †1899; 1890–94 R.-Kanzler, 1890 bis 1892 preuß. Min.-Präsident.

**Capstan** ['kæpstən; engl.], Stahlwelle, die mithilfe einer Gummiandruckrolle das Tonband an den Magnetköpfen vorbeiführt.

**Captatio Benevolentiae** [lat.], Werben um Gunst; rhetor. Formel.

**Capua,** ital. St. nördl. v. Neapel, 19 500 E; 4 km sö. Reste des antiken Capua.

**Caput mortuum** [lat.], **Englischrot, Polierrot,** bes. feinpulvr. rotes Eisen(III)-oxid; zum Polieren von Glas, Metallen und Edelsteinen und bes. als Malerfarbe.

**Carabinieri** [ital.], s. 1814 ital. Polizeitruppe, Teil des Heeres.

**Caracalla,** urspr. Lucius **Septimius Bassianus,** röm. Ks. seit 211, *186, †217 (ermordet); gab 212 allen freien Reichsangehörigen das röm. Bürgerrecht.

**Caracas,** Hptst. Venezuelas, 1,96 Mill. E; Univ.; mod. Ind.- u. Handelsstadt; ✈, ⚓: La Guaira.

**Caragiale** [kəra'ddʒalə], Ion

Luca, herausragender rumän. Dramatiker, * 1852, † 1912.
**Caravaggio** [kara'vaddʒo], eigtl. Michelangelo **Merisi,** ital. Maler, * 1571, † 1610; Hauptmeister des frühen Barock.
**Carbide** [lat.], binäre Kohlenstoffverbdg.; i. e. S. Verbdg. des Kohlenstoffs mit Metallen, Bor od. Silicium.
**carb[o]..., Carb[o]...,** Bestimmungswort; Bed.: „Kohle".
**Carbonate, Karbonate** [lat.], Salze der ↑Kohlensäure, charakterisiert durch das Anion $-CO_3$.
**Carbonsäuren,** organ. Verbdg. mit der chem. Gruppe –COOH *(Carboxylgruppe).*
**Carcassonne** [karka'sɔn], Hptst. des südfrz. Dép. Aude, 43 500 E; hoch gelegene ma. Festung; Textilind., Weinhandel.
**Cardenal,** Ernesto, nicaraguan. Lyriker u. Politiker, * 1925; 1979 bis 1990 Kultusmin.; 1980 Friedenspreis des Dt. Buchhandels.
**Cardiff,** Hptst. von Wales, 285 000 E; Univ.; Kathedr. (12. Jh.); bed. Kohleausfuhrhafen, Werften, Schwerind.; ⚔.
**Cardinale,** Claudia, ital. Filmschauspielerin, * 1939; „Der Leopard".
**CARE** ['kɛə], Kurzw. für engl. **Co**operative for **A**ssistance and **Re**lief **E**verywhere, 1946 in den USA gegr. Hilfsorganisation; Hilfssendungen *(C.-Pakete)* nach Europa, später in alle Welt.
**Carillon** ↑Glockenspiel.
**Caritasverband,** kath. Wohlfahrtsorganisation, *Dt. Caritasverband e. V.* (gegr. 1897).
**Carlos, 1)** Don C., * 1545, † 1568, Sohn Philipps II., Infant von Spanien; kränkl., schwachsinnig, von der Thronfolge ausgeschlossen. **2)** Don C. Maria Isidro de Borbón, * 1788, † 1855, Sohn Karls IV., Bruder Ferdinands VII. v. Spanien; erkannte 1830 die weibl. Thronfolge nicht an, nahm 1833 als Karl V. den Königstitel an, verursachte dadurch die Karlistenkriege.
**Carl XVI. Gustav,** König v. Schweden ↑Karl XVI.
**Carl-Zeiss-Stiftung** ↑Abbe, E.
**Carmina Burana** [mlat.], 1803 gefundene Slg. lat. u. dt. ma. Vagantenlieder aus dem Kloster Benediktbeuren; von C. Orff in Auswahl vertont.
**Carnap,** Rudolf, dt.-amer. Philosoph, * 1891, † 1970; Hauptvertr. des log. Positivismus.
**carnotscher Kreisprozess** [kar'no-], von N. L. S. Carnot (* 1796, † 1832) entwickelter reversibler Kreisprozess, liefert das Optimum für den Wirkungsgrad period. arbeitender Wärmekraftmaschinen.
**Caro,** Heinrich, dt. Chemiker, * 1834, † 1910; Verfahren zur Synthese von Anilinfarben.
**Carolina, Constitutio Criminalis C.** [lat.], Abk. **C. C. C.,** „Peinl. Gerichtsordnung" Ks. Karls V. (1532); erstes allg. dt. Strafgesetzbuch, gültig bis zum Ende des 18. Jh.
**Caron** [ka'rɔ̃], Leslie, frz. Schauspielerin, * 1931; „Gigi".
**Carossa,** Hans, dt. Dichter, * 1878, † 1956; Werke z. T. autobiograf.; Romane, Erzählungen, Lyrik, Essays.
**Carow** [ka:ro], Heiner, dt. Filmregisseur, * 1929, † 1997.
**Carrara,** mittelital. St., 66 000 E; berühmte Marmorbrüche; Ausfuhrhafen u. Seebad: *Marina di C.* (10 km westl. v. C.).
**Carreras,** José, span. Sänger (Tenor), * 1946.
**Carrington** ['kærɪŋtən], Peter Alexander, Baron of C., brit. Politiker (Konservativer), * 1919; 1970 bis 1974 Verteidigungsmin., 1974 bis 1979 Oppositionsführer, 1979 bis 1982 Außenmin., 1984–88 Gen.-Sekr. der NATO.
**Carroll** ['kærəl], Lewis, eigtl. Charles Lutwidge **Dodgson** ['dɔdʒsən], engl. Schriftsteller, * 1832, † 1898; Kinderbücher, u. a. „Alice im Wunderland"; Nonsens-Erz.en.
**Carson City** ['kɑ:sn 'sɪtɪ], Hptst. v. Nevada, USA, 51 900 E; Fremdenverkehr; Silber-⚒.
**Carstens,** Karl, dt. Politiker (CDU), * 1914, † 1992; 1979–84 B.-Präs.
**Cartagena** [-xena], **1)** span. Hafenst. am Mittelmeer, 176 000 E; Hütten- u. chem. Ind. – Als *Carthago nova* von Karthagern gegr.; röm. Prov.-Hptst., westgot., arab., seit 1276 aragon. **2)** Hafenst. in N-Kolumbien, 812 600 E; Univ.; Kanal zum Rio Magdalena, Ölleitung; ⚓, ⚔.
**Carter** ['kɑ:tə], **1)** Howard, brit. Archäologe, * 1873, † 1939; entdeckte u. a. das Grab des Tutanchamun. **2)** James Earl (gen. Jimmy), 39. Präs. d. USA 1977–81, * 1924; Demokrat. Partei.
**Cartier-Bresson** [kar'tje brɛ'sɔ̃], Henri, frz. Fotoreporter u. Porträtfotograf, * 1908; 1947 Mitbegr. der Fotoagentur „Magnum".
**Cartoon** [kɑ:'tu:n, engl.], graf. Form pointierter satir. Darst. einer sozialen od. polit. Situation.
**Caruso,** Enrico, ital. Sänger (Tenor), * 1873, † 1921.
**Carving** ['ka:vɪŋ; engl.], Wintersport: das „Gleiten auf der Kante" beim Snowboarding bzw. mit dem *C.ski* (kurz, extrem tailliert).
**Casa,** Lisa della, schweizer. Sängerin (Sopran), * 1919.
**Casablanca,** größte St. u. Wirtschaftszentrum Marokkos, 2,9 Mill. E; Univ., gr. Moschee Hassan II.; ⚓, ⚔. – Jan. 1943 *Konferenz v. C.* zw. Churchill und Roosevelt: Forderung nach bedingungsloser Kapitulation der Achsenmächte.
**Casals,** Pablo, span. Cellist, * 1876, † 1973; auch Komponist.
**Casanova,** Giacomo Girolamo, nannte sich G. G. C., Chevalier de Seingalt, ital. Abenteurer, * 1725, † 1798; kulturgeschichtl. wertvolle „Memoiren".
**Cäsar** ↑Caesar.
**Cäsaropapismus,** Staatsform, in der der weltl. Herrscher auch geistl. Oberhaupt ist; zeitw. im Byzant. Reich u. zarist. Russland.
**Cascade Range** [kæs'keɪd 'reɪndʒ], Kaskadengebirge, etwa 1 100 km lange nördl. Forts. der Sierra Nevada, im W der USA; bis 4 392 m; aktive Vulkane; bed. Holzwirtschaft.
**Cash** [kæʃ], Johnny, amer. Sänger (hpts. Countrymusic), * 1932.
**Cash** [kæʃ], Barzahlung, Bargeld. – *C.-and-carry-Prinzip:* Verkauf zu niedr. Preisen, ohne Kundendienst.
**Cashewnuss** ['kæʃu-], **Akajounuss** [aka'ʒu-], nierenförm., einsam. Frucht des Nierenbaumes, essbar.
**Cashflow** ['kæʃfləʊ], Indikator für die Ertrags- und Finanzkraft eines Unternehmens; ermittelt aus dem Jahresabschluss als Differenz zw. finanzwirksamen Aufwendungen u. Erträgen.
**Cäsium,** Symb. **Cs,** fachsprachl. **Caesium,** chem. El., OZ 55, rel. A.-Masse 132,91, seltenes Alkalimetall; Dichte 1,87 g/cm³, Fp. 28,5 °C, Sp. 671 °C; reagiert analog dem ↑Kalium, ist aber reaktionsfähiger; verwendet in Photozellen, Atomuhren, radioaktives Isotop Cs 137 zur Strahlentherapie.
**Cassino,** mittelital. St. am S-Fuß des Abruzz. Apennins, 33 000 E; im 2. Weltkrieg zerstört; über der St. Kloster ↑Montecassino.
**Cassiopeia** ↑Kassiopeia.
**Cassirer,** Ernst, dt. Philosoph, * 1874, † 1945; emigrierte 1933; Vertr. des Neukantianismus (Erkenntnistheorie).
**Cassius,** Gaius C. Longinus, röm. Feldherr u. Politiker, † 42 v. Chr.; 44 Verschwörer gegen Caesar; beging, bei Philippi geschlagen, Selbstmord.
**Casteau** [kas'to], Ortsteil der belg. St. Soignies nö. von Mons; Hauptquartier der NATO.
**Castel del Monte,** um 1240–50 erb. achteckiges Schloss Ks.

**Castel del Monte** *in Apulien (um 1240–50)*

Friedrichs II. in Apulien, westl. von Bari.

**Castel Gandolfo,** ital. St. am Albaner See, 7700 E; päpstl. Sommerresidenz.

**Castellammare,** Name ital. Hafenstädte; *C. di Stabia,* Heil- u. Seebad im Golf v. Neapel, 68000 E; das alte *Stabiae.*

**Castries** [ˈkɑstrɪs], Hptst. von Saint Lucia, 59800 E; ⚓.

**Castrop-Rauxel,** St. in NRW, 78300 E; Steinkohlen-⚒, chem. Ind.; ⚓ am Rhein-Herne-Kanal.

**Castro Ruz** [- rus], Fidel, kuban. Politiker, *1927; s. 1959 Min.-Präs., s. 1976 auch Vors. des Staatsrats (Staatsoberhaupt); sozialist. Umgestaltung in Wirtsch. u. Gesellschaft.

**Casus** ↑Kasus; *C. belli,* Kriegsfall, Kriegsgrund.

**Çatal Hüyük** [tʃaˈtal hyˈjyk], sö. der türk. St. Konya gelegene Ausgrabungsstätte (St. aus dem 7. Jt. v. Chr. mit bed. Kulturdenkmälern).

**Catania,** Prov.-Hptst. an der O-Küste Siziliens, am S-Fuß des Ätna, 338000 E; alte Univ.; Dom (18. Jh.); ⚓, ✈.

**Catch-as-catch-can** [ˈkætʃ æz ˈkætʃ ˈkæn; engl.], **Catchen,** Freistilringen der Profis *(Catcher).*

**Catilina,** Lucius Sergius, röm. Patrizier, *um 108, ⚔ 62 v. Chr.; seine Verschwörung gegen den Senat wurde durch Cicero entdeckt.

**Cato, 1)** Marcus Porcius C. Censorius, später **C. d. Ä.,** röm. Feldherr, Staatsmann u. Historiker, *234, †149 v. Chr.; Feind Karthagos, Vertr. altröm. Sittenstrenge. **2)** Marcus Porcius C. Uticensis, später **Cato d. J.,** röm. Staatsmann, *95, †46 v. Chr., Urenkel von 1); als Vertreter republikan. Freiheit u. altröm. Gesinnung Gegner Caesars, gab sich nach dessen Sieg den Tod; Idealgestalt der Rep. in der Kaiserzeit.

**Cattleya,** Gatt. der Orchideen im trop. Amerika, farbenprächt. Gewächshauspflanzen, als Schnittblumen beliebt.

**Catull, Gaius Valerius Catullus,** röm. Lyriker, *um 84, †um 54 v. Chr.

**Caudillo** [kauˈðiʎo; span.], im MA Heerführer in Spanien; im span. Amerika polit. Machthaber; Titel Francos.

**Causa** [lat.], **1)** (Ph) Grund, Ursache. **2)** Rechtsgrund, z. B. für eine Leistung.

**Cavour** [kaˈvur], Camillo Benso, Graf von, ital. Staatsmann, *1810, †1861; s. 1852 Min.-Präs. von Piemont-Sardinien; 1858 Bund mit Napoleon III., siegreicher Kampf gg. Östr. um die Lombardei (1859); 1860/61 gelang C. die Einigung Italiens.

**Cayenne** [kaˈjɛn], Hptst. von Frz.-Guayana, 41600 E; ⚓, ✈.

**Cayman Islands** [ˈkeɪmən ˈaɪləndz], flache Koralleninseln im Karib. Meer, 259 km², 41000 E, Hptst. Georgetown; Viehzucht; brit. Kronkolonie.

**CB-Funk** [Abk. für engl. **c**itizen **b**and, „Bürgerfunk"], Sprechfunk geringer Reichweite im 27-MHz-Frequenzbereich, kann nicht öff. ohne bes. Funklizenz betrieben werden.

**C.C.C.,** Abk. für: **C**onstitutio **C**riminalis **C**arolina (↑Carolina).

**CCD** [Abk. für engl.: **c**harge-**c**oupled **d**evice = ladungsgekoppeltes Bauelement], Halbleiterbauelement, das u. a. als bildauflösender Strahlungsempfänger (Festkörperbildwandler) in CCD-Videokameras verw. wird.

**cd,** Einheitenzeichen für ↑**Can**dela.

**Cd,** ⚗ Symb. für ↑Cadmium.

**CD,** Abk. für engl. **c**ompact **d**isc, digitale, opt. lesb. Speicherplatte in Form einer metallisierten Kunststoffscheibe; enthält die digitalisierten Tonsignale in Form v. mikroskop. kleinen Vertiefungen („Pits"), die v. einem Laserstrahl abgetastet werden.

**C. D., CD,** Abk. für: **C**orps **di**plomatique („diplomatisches Korps").

**CD-ROM,** Abk. für engl. **c**ompact **d**isc **r**ead **o**nly **m**emory („Nurlesespeicher"), opt. Speicherplatte für Computer, die nach dem Prinzip der CD arbeitet. Der Unterschied liegt im größeren Informationsgehalt der CD-ROM u. der codierten Anordnung in Sektoren; Speicherkapazität >650 Megabyte.

**CDU,** Abk. für: ↑**C**hristlich-**D**emokratische **U**nion.

**Ce,** ⚗ Symb. für ↑Cer.

**Ceaușescu** [tʃɛauˈʃesku], Nicolae, rumän. Politiker, *1918, †(hingerichtet) 1989; Vors. der rumän. KP, 1967–74 Vors. des Staatsrates, Präs. s. 1974, 1989 gestürzt u. zum Tod verurteilt.

**Cedille** [seˈdiːj(ə); frz.], diakrit. Zeichen (Aussprachezeichen) unter einem Buchstaben, meist unter dem c (ç).

**Celan,** Paul, dt.sprachiger Lyriker, *1920, †1970; 1942 deportiert; von der jüd. Kulturtradition und vom Surrealismus beeinflusste Gedichte („Todesfuge", „Sprachgitter").

**Celebes** [tse-], **Sulawesi,** drittgrößte der Gr. Sundainseln, Indonesien, 189216 km²; wichtigste Städte Ujung Pandang u. Manado; vulkan. Gebirgsland, bis 3458 m ü. M., trop. Urwald; Bodenschätze: Silber, Nickel, Kupfer, Eisen, Gold.

**Celebessee** [tse-], Teil des Australasiat. Mittelmeeres zw. Borneo, Celebes u. Mindanao, bis 6220 m tief.

**Celibidache** [tʃelibiˈdake], Sergiu, rumän. Dirigent, *1912, †1996.

**Cella** [lat.], **1)** Hauptraum im antiken Tempel. **2)** fr. Mönchszelle, auch kl. Kloster.

**Celle,** Krst. in Nds., am S-Rand der Lüneburger Heide, 74000 E; ehem. herzogl. Schloss; OLG; Museum; Landesgestüt; Industrie.

**Cello** [(t)ʃ-; ital.], Kurzform für ↑Violoncello.

**Cellophan**®**,** glasklare, dünne Folie; für Verpackungs- u. Verschlusszwecke.

**Celluloid** ↑Zelluloid.

**Celsius,** Anders, schwed. Astronom, *1710, †1744; führte die heute gebräuchl. Temp.-Skale in °C ein (Abstand zw. Gefrier- u. Siedept. des Wassers in 100 gleiche Teile unterteilt).

**Celsus, 1)** Aulus Cornelius, röm. Enzyklopädist, † 1. Jh. n. Chr; nur 8 Bücher über die Medizin erhalten. **2)** griech. Philosoph des 2. Jh. n. Chr.; vom Stoizismus beeinflusster Platoniker; Gegner des Christentums.

**Cembalo** [ˈtʃɛm-; ital.], Kurzform von **Clavicembalo,** dt. **Klavizimbel,** Tasteninstrument, dessen Saiten mit Federkielen od. Lederzungen angerissen werden.

**Ceneri, Monte** [- ˈtsɛːneri], schweizer. Pass im S des Kt. Tessin, an der Straße Bellinzona–Lugano, 554 m ü. d. M.

**Centaurus** [lat.], das Sternbild ↑Kentaur.

**Central Intelligence Agency** [ˈsentrəl ɪnˈtelɪdʒəns ˈeɪdʒənsɪ], Abk. **CIA,** oberste Geheimdienstbehörde der USA, gegr. 1947.

**Centurio** ↑Zenturie.

**Cer,** Symb. **Ce,** chem. El., OZ 58, rel. A.-Masse 140,11, Dichte 6,77 g/cm³, Fp. 799 °C, Sp. 3424 °C, graues, weiches Metall, kommt in Zerit u. Monazit vor.

**Ceram,** C. W., eigtl. Kurt W. **Marek,** dt. Schriftsteller, * 1915, † 1972; „Götter, Gräber u. Gelehrte".

**Ceres,** italische Göttin der Feldfrucht u. des Wachstums, entspr. der griech. Demeter.

**Cermets,** Abk. für engl. **cer**amics und **met**al, Kompositwerkstoffe aus keram. u. metall. Komponenten.

**CERN,** Abk. für frz. Organisation (fr. **C**onseil) **E**uropéenne pour la **R**echerche **N**ucléaire, **Europ. Organisation für Kernforschung,** 1954 gegr., Sitz Genf; bed. Teilchenbeschleuniger.

**Certosa** [tʃ-; ital.], svw. Kartause (z. B. die C. di ↑Pavia).

**Cervantes Saavedra** [θɛrˈβantes saaˈβeðra], Miguel de, span. Dichter, * 1547, † 1616; abenteuerl. Leben; sein satir.-realist. Roman „Der sinnreiche Junker Don Quijote von der Mancha", Parodie auf die zeitgenöss. Ritterromane, ist bis in die Gegenwart der wichtigste span. Beitag zur Weltlit.; bed. auch die „Exemplar. Novellen".

**Cervi** [ˈtʃɛrvi], Gino, ital. Filmschauspieler, * 1901, † 1974; v. a. bekannt als Peppone in den „Don-Camillo"-Filmen (ab 1951).

**Césaire** [seˈzɛːr], Aimé, karib. Dichter frz. Sprache, * 1913; bilderreiche Lyrik, auch Dramatiker.

**Cestiuspyramide,** in die aurelian. Stadtmauer in Rom einbezogene Grabpyramide des Gaius Cestius Epulo († 12 v. Chr.).

**Cetan,** $C_{16}H_{34}$, Kohlenwasserstoff, optimal klopffester und zündfreud. Dieselkraftstoff, im Gemisch mit α-Methylnaphthalin als Eichkraftstoff für die *C.zahl* (Maß für die Zündfreudigkeit von Dieselkraftstoffen).

**Ceuta** [ˈθeuta], span. Hafenst. an der marokkan. Mittelmeerküste, span. Exklave, 20 km², 72 100 E; befestigt.

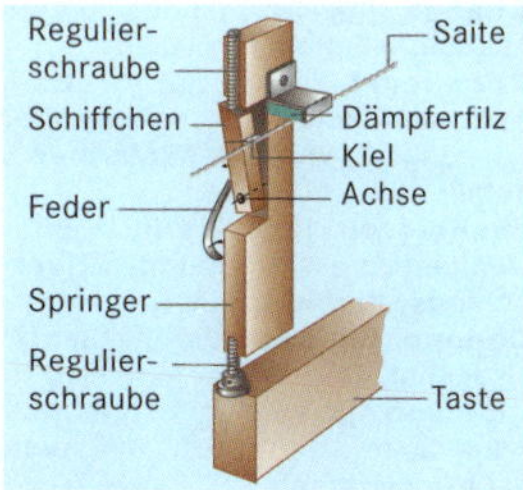


**Cembalo:** *Tonerzeugung*

**Cevennen,** sö. Teil d. frz. Zentralmassivs; hohe Bruchstufe zum Rhonetal; bis 1702 m.

**Cevennenkrieg** ↑Kamisarden.

**Ceylon** [tsailɔn], Insel sö. von Indien, bildet den Staat ↑Sri Lanka.

**Cézanne** [seˈzan], Paul, frz. Maler, * 1839, † 1906; vom Impressionismus ausgehend, dann eigener Stil, der entscheidend für die mod. Kunst (Kubismus, Fauvismus, Expressionismus) wurde; Landschaften, Stillleben, Figurenbilder.

**Cf,** ♌ Symb. für ↑Californium.

**CFK, KFK,** Abk. für: **c**arbon**f**aserverstärkte **K**unststoffe (d. h. kohlefaserverstärkte Kunststoffe), v. a. im modernen Flugzeugbau eingesetzte hochfeste Werkstoffe.

**CGS-System,** Maßsystem mit den Einheiten **c**m, **g**, **s**.

**Chablis** [ʃaˈbli; frz.], berühmter weißer Burgunder aus der Umgebung der frz. Stadt Chablis.

**Chabrol** [ʃaˈbrɔl], Claude, frz. Filmregisseur u. -kritiker, * 1930; „Die Enttäuschten".

**Cha-Cha-Cha** [ˈtʃa-], geradtakt. Modetanz (aus Mexiko).

**Chacokrieg** [ˈtʃako-], Krieg (1932–35) zw. Bolivien u. Paraguay um Zugang zum Meer über den Paraguay u. um das Chacogebiet; 1938 erhielt das siegr. Paraguay den größten Teil des umstrittenen Gebiets, Bolivien einen Korridor zum Paraguay.

**Chaconne** [ʃaˈkɔn; frz.], **1)** im 16. Jh. mäßig bewegter Tanz im $^3/_4$-Takt in Spanien; später in Frankreich Gesellschafts- u. Balletttanz. **2)** Instrumentalmusik mit Variationen über einer ständig wiederholten Bassfigur.

**Chadwick** [ˈtʃædwɪk], Sir James, brit. Physiker, * 1891, † 1974; Entdecker des Neutrons; Nobelpreis 1935.

**C**

**Chagall** [ʃaˈgal], Marc, russ.-frz. Maler u. Grafiker, * 1887, † 1985; traum- u. legendenhafte Motive aus der Welt des russ.-jüd. Volkslebens u. des Chassidismus; auch bed. Buchillustrationen.

**Chagrin** [ʃaˈgrɛ̃; frz.], **1)** Leder mit eigentüml. Erhöhungen auf der Narbenseite; mit ähnl. Musterung auch *C.papier, C.leinwand* (für Bucheinbände). **2)** frz. Seidengewebe.

**Chairman** [ˈtʃɛəmən; engl.], engl. Bez. für den Vors. eines polit. oder wirtsch. Gremiums.

**Chalaza** [gr.], **1)** Basis einer Samenanlage bei Samenpfl. **2) Hagelschnur,** 2-spiralig gedrehte Eiweißstränge im Ei der Vögel.

**Chaldäer** [k-], aram. Volksstamm im SW-Teil Babyloniens *(Chaldäa),* über das sie 626 v. Chr. die Herrschaft erlangten. Sie pflegten bes. Astronomie und Astrologie.

**chaldäische Kirche** [k-] ↑orientalische Kirchen.

**Chalet** [ʃaˈlɛ; frz.], Sennhütte, Schweizerhaus; auch Landhaus in diesem Stil.

**Chalid** [x-], **Khalid,** Ibn Abd al-Asis Ibn Saud, ab 1975 Kg. von Saudi-Arabien, * 1913, † 1982.

**Chalkedon, Chalzedon,** antike St. am Bosporus; megar. Kolonie, seit 74 v. Chr. röm.; Bischofssitz s. Ende des 2. Jh.; 451 Konzil; heute Istanbuler Stadtteil Kadıköy.

**Chalkidike,** griech. Halbinsel in Makedonien; waldreich; springt mit den 3 gebirg. Landzungen Ajion Oros mit ↑Athos, Sithonia und Kassandra weit ins Ägäische Meer vor; Fremdenverkehr.

**Chalkis,** Hptst. der griech. Insel Euböa, 45 000 E; durch Brücke mit dem Festland verbunden; ⚓.

**Chalkopyrit,** svw. ↑Kupferkies.

**Challenger** [ˈtʃælɪndʒə; engl.], Name eines Raumtransporters der NASA; bei seinem 10. Start (28. Jan. 1986) explodiert; die 7 Astronauten fanden den Tod.

**Châlons-sur-Marne** [ʃalɔ̃syrˈmarn], Hptst. des frz. Dép. Marne, an der Marne, got. Kathedr., 55 000 E; Ind., Sektkellereien.

**Chalon-sur-Saône** [ʃalɔ̃syrˈsoːn], frz. Ind.-St. im Dép. Saône-et-Loire, 58 000 E; Schwerind.; Weinhandel.

**Chalzedon** [k-; griech.], durchscheinende, matt glänzende Abarten des Quarzes, Härte 7; je nach Farbe u. a. als Chrysopras, Jaspis, Karneol, Onyx.

**Chamäleon** [k-], Echsenfam., bis 75 cm lang; vorschnellb., klebr. Zunge (Insektenfang); hat Farbwechselfähigkeit; meist baumbewohnend; [trop.] Afrika, Vorderindien.

**Chamberlain** [ˈtʃeɪmbəlɪn], **1)** Arthur Neville, Sohn von 2), * 1869, † 1940, 1937 brit. Premiermin.; suchte Verständigung mit Hitler. **2)** Joseph (Joe), brit. Politiker, * 1836, † 1914; Vorkämpfer des brit. Imperialismus. **3)** Sir Joseph Austen, Sohn von 2), brit. Politiker, * 1863, † 1937; beteiligt am Locarnopakt 1925; Friedensnobelpreis 1925.

**Chambord** [ʃãˈbɔːr; frz.], berühmtes Renaissanceschloss (erb. 1519 ff.) an der Loire.

**Chambre** [ʃãbr; frz.], Zimmer; Kammer, Volksvertretung, Gerichtshof; *C. des Députés* [- dedepyˈte; frz.], frz. Abgeordnetenkammer 1814–48 u. 1875–1940; *C. séparée* [- sepaˈre; frz.], abgesondertes Zimmer.

**Chamisso** [ʃaˈmiso], Adelbert von, eigtl. Louis Charles Adélaide **de C. de Boncourt** [- dəbõˈkuːr], dt. Dichter u. Naturforscher, * 1781, † 1838; aus lothr. Adel; floh 1789 nach Dtl.; spätromant. Werke: „Peter Schlemihls wundersame Geschichte"; Balladen, Lyrik.

**Chamois** [ʃamˈwa; frz.], weiches Gämsen-, Ziegen-, Schafleder; Fotografie: *C.papier,* hellgelbes (gämsfarbenes) Kopierpapier.

**Champagne** [ʃãˈpaŋ], weiträumige Schichtstufenldsch. im östl. Pariser Becken; *trockene C.* im W. (Weizenanbau), u. *feuchte C.* im O. (Ackerbau, Viehzucht), Weinbau mit bekannten Spitzensorten.

**Champagner** [ʃamˈpanjər; frz.], frz. Schaumwein, aus Weinen der Champagne durch eine 2. Gärung (in der Flasche) hergestellt.

**Champignon** [ˈʃampiɲoŋ], Gatt. der Blätterpilze; Speisepilze mit hellem Hut, rosafarbenen bis dunkelbraunen Lamellen.

**Champion** [ˈtʃæmpjən], der jeweilige Meister in einer best. Sportart, auch in übertragenem Sinne gebraucht.

**Champollion** [ʃãpɔlˈjõ], Jean-François, frz. Ägyptologe, * 1790, † 1832; entzifferte als Erster ägypt. Hieroglyphen.

**Champs-Élysées** [ʃãzeliˈze; frz.], eigtl. **Avenue des C.-É.,** Prachtallee in Paris zw. Place de la Concorde u. Place Charles de Gaulle (fr. Place de l'Étoile).

**Chancellor** [ˈtʃɑːnsələ; engl.], Kanzler; *C. of the Exchequer* [- ɔv ðɪ ɪkstˈʃekə; engl.], Schatzkanzler, brit. Finanzmin.

**Chandler** [ˈtʃɑːndlə], Raymond Thornton, amer. Schriftsteller, * 1888, † 1959; Kriminalgeschichten um den Privatdetektiv Philip Marlowe.

**Chanel** [ʃaˈnɛl], Coco, eigtl. Gabrielle Chasnel [ʃaˈnɛl], frz. Modeschöpferin, * 1883, † 1971; Wegbereiterin einer funktionellen Damenmode; kreierte das „kleine Schwarze" sowie das C.-Kostüm.

**Change** [ʃãʒ; frz.; tʃeɪndʒ; engl.], Tausch, Wechsel (v. Geld).

**Changeant** [ʃaˈʒã; frz.], **1)** Schmuckstein mit schillernder Färbung. **2)** verschiedenfarbiges, schillerndes Gewebe.

**changieren** [ʃã-], **1)** die Fährte wechseln (vom Jagdhund). **2)** [verschieden]farbig schillern.

**Channel Islands** [ˈtʃænl ˈaɪləndʒ] ↑Kanalinseln.

**Chanson** [ʃãˈsõ; frz.], (Liebes-, Trink-)Lied, heute oft mit politisch-satir. Inhalt.

**Chansonnette** [ʃãsɔˈnɛt], Varietee- oder Kabarettsängerin.

**Chantilly** [ʃãtiˈji], frz. St. nördl. v. Paris, 10 000 E; Renaissanceschloss; Pferderennen, fr. Herst. der *C.spitzen.*

**Chanukka** [x-; hebr.; = Weihe], 8-täg. jüd. Fest (im Nov./Dez.) zur Erinnerung an die Wiedereinweihung des Tempels in Jerusalem (165 v. Chr.).

**Chaos** [kaos; gr.], **1)** ungeordneter Urzustand der Welt; formloser Urstoff der Welt; im griech. Denken Ggs. zu ↑Kosmos. **2)** Wirrwarr, ungeordnete Masse.

**Chapeau** [ʃapo; frz.], Hut; *C. claque* [- ˈklak], *Klappzylinder.*

**Chaplin** [ˈtʃæplɪn], Sir Charles (Charlie), brit. Filmschauspieler, Drehbuchautor u. Produzent, * 1889, † 1977; „Goldrausch"; „Der große Diktator".

**Charakter** [k-; gr.], typ., gleich bleibende Eigenart einer Person, Sache oder Erscheinung; in der Psychol. Gegenstand der Persönlichkeitsforschung.

**Charakteristik** [k-; gr.], **1)** Kennzeichnung, treffende Schilderung einer Person od. Sache. **2)** bei der graf. Darst. der gegenseitigen Abhängigkeit physikal. Größen gewonnene Kurve; v. a. in der Elektronik als *Kennlinie* bez. **3)** svw. ↑Kennziffer. **4)** einen best. math. Sachverhalt kennzeichnende Kurve oder Fläche.

**Charakteristikum** [k-], bezeichnende Eigenschaft.

**Charente** [ʃaˈrãt], **1)** Fl. in W-Frkr., 360 km. **2)** frz. Dép. an 1), Hptst. Angoulême. – An der C.-Mdg. das Dép. *C.-Maritime,* Hptst. La Rochelle.

**Charge** [ʃarʒə; frz.], **1)** Bez. für Dienstgrad. **2)** Hochofenbeschickung. **3)** Theater: Nebenrolle mit meist einseitig gezeichnetem Charakter. **4)** in einem best. Arbeitsabschnitt hergestellte Menge eines Stoffes.

**Charisma** [ç-; gr.], **1)** göttl. [außerordentl.] Gnadengabe. **2)** soziol.: die besondere Befähigung („Ausstrahlung") eines Menschen, die ihm Autorität, bes. zur Übernahme einer Führerrolle, verleiht.

**charismatische Bewegung** [k-], im Protestantismus entstandene, heute auch in der kath. Kirche vertretene Glaubensbewegung *(charismat. Erneuerung),* die die urchristl. Gnadengaben (Charismen) wie Zungenreden, Prophetie u. Krankenheilung in den Kirchen wieder zur Geltung bringen will.

**Charité** [ʃariˈte; frz.], fr. Bez. für Kranken-, Pflegeanstalten; die Univ.-Kliniken in Berlin und Paris führen noch diesen Namen.

**Chariten** [gr.], in der griech. Mythol. Göttinnen der Anmut; *Aglaia* (Glanz), *Euphrosyne* (Frohsinn) u. *Thalia* (Blüte); Töchter des Zeus.

**Charles** [ˈtʃɑːlz], Prince of Wales, brit. Thronerbe, * 1948; verh. 1981 bis 1996 mit Lady Diana Frances Spencer (* 1961, † 1997).

**Charles** [ʃarl], Jacques Alexandre César, frz. Physiker, * 1746, † 1823; baute 1783 den ersten Ballon mit Wasserstoff als Füllgas *(Charlière),* erster bemannter Flug am 1. 12. 1783.

**Charleston** [ˈtʃɑːlstən], afroamer. Foxtrott (nach d. Hafenst. ↑C.) im $^2/_2$-Takt; Modetanz d. 20er-J.

**Charleston** [ˈtʃɑːlstən], **1)** Hafenst. in South Carolina, USA, 76 900 E; vielseitige Ind.; ✈. **2)** Hptst. von West Virginia, USA, 57 300 E; bed. chem. Ind.; ✈.

**Charlotte, 1) C. (Marie C.),** * 1840, † 1927, Tochter Leopolds I. von Belgien; seit 1857 mit Maximilian von Östr. verh. (seit 1864 Ksn. von Mexiko). **2) C.,** * 1896, † 1985, 1919–65 Großhzgn. v. Luxemburg; 1940 im Exil.

**Charon,** in der griech. Mythol. Fährmann der Unterwelt; fährt die Schatten der Toten über die Unterweltsgewässer.

**Charta** [k-; lat.], Pergament, Urkunde; im MA Recht setzende Urkunde; im heut. Staats- u. Völkerrecht grundlegende Urkunde (z. B. *C. der Vereinten Nationen*).

**Charta 77** [k-], 1976/77 bis (formell) Nov. 1992 Bürgerrechtsgruppe in der ČSSR; kämpfte für die Anerkennung der Bürger- u. Menschenrechte; V. Havel u. a.

Mitbegründer des „Bürgerforums".

**Chartres** [ʃartr], Hptst. des frz. Dép. Eure-et-Loir, 40 000 E; berühmte got. Kathedrale (1194 bis 1225).

**Chartreuse** [ʃarˈtrøːz], **La Grande C.** [laˈgrãd-], Mutterkloster des Kartäuserordens, nördl. von Grenoble, gegr. 1084; 1792 aufgehoben, seit 1940 wieder von Kartäusermönchen bewohnt.

**Charts** [tʃarts; engl.], **1)** graf. Darstellung des bisherigen Kursverlaufs einzelner Aktien od. -indizes. **2)** Hitliste, Verzeichnis d. in einem best. Zeitraum beliebtesten od. meistverkauften Songs, CD o. Ä.

**Charybdis** ↑Szylla.

**Chassidismus** [xa-; hebr.], eine Richtung des Judentums, die die Liebe Gottes betont und eine Verinnerlichung des religiösen Lebens erstrebt, begr. im 18. Jh. in Galizien. Wesentl. an der Frömmigkeit des C. ist, dass der Fromme (der Chassid, Mrz. Chassidim) die Allgegenwart Gottes erkennt und sich mit ihr auf myst. Weise vereinigen kann, indem er seine Seele an Gott „anschmiegt". Der Leiter der Gemeinden des C. ist der Zaddik (der „Gerechte").

**Chassis** [ʃaˈsi; frz.], Fahrgestell von Wagen, bes. Kfz; Rahmen (z. B. eines Rundfunkgerätes).

**Chat** [tʃæt; engl.; = Plauderei], im Internet angebotenes Medium, mit dem online in so gen. *C.-Rooms* Informationen ausgetauscht werden können („Chatten").

**Château** [ʃaˈto; frz.], Schloss.

**Chateaubriand** [ʃatobriˈã], François René Vicomte de, frz. Politiker u. Schriftsteller, * 1768, † 1848; 1822–24 Außenmin.; wichtiger Vertreter der Frühromantik: Essay „Der Geist des Christentums", Novellen, „Denkwürdigkeiten von jenseits des Grabes" (Memoiren).

**Chatschaturjan** [xa-], Aram Iljitsch, armen. Komponist, * 1903, † 1978; Sinfonien, Konzerte, auch Ballette.

**Chaucer** [ˈtʃɔːsə], Geoffrey, engl. Dichter, * 1340, † 1400; „Canterbury tales".

**Chaudeau** [ʃoˈdo; frz.], warme, schaumige Eierweinsauce.

**Chauvinismus** [ʃo-; frz.], übertriebener Nationalismus (nach dem überpatriot. Rekruten *Chauvin* in einem frz. Lustspiel).

**Checkpoint** [ˈtʃekpɔɪnt; engl.], svw. [Grenz]kontrollpunkt.

**Chef d'Œuvre** [ʃefˈdøvrə; frz.], Hauptwerk, Meisterwerk.

**Chemie** [arab.], Naturwissenschaft, beschäftigt sich mit Zusammensetzung u. Eigensch., Reaktionen, Umsetzungen, Umwandlungen von Stoffen, gegliedert in *organ. C.* u. *anorgan. C.*, nach den Methoden in *theoret. C.* u. *physikal. C.*, nach der Aufgabenstellung in *analyt. C.* und *synthet. C.; angewandte C.* zur Lösung best. Probleme, u. a. Nahrungsmittel-C., pharmazeut. C., gerichtl. C.

**Chemiefasern, Synthesefasern,** Bez. für halbsynthet. (Viskose) und vollsynthet. Fasern; bekannte Handelsnamen: Perlon, Orlon, Nylon u. a.

**Chemigraphie,** Metallätzverfahren, nach dem Originaldruckplatten für den Buchdruck hergest. werden.

**Chemikalien,** industriell hergest. chem. Stoffe.

**chemische Analyse,** svw. ↑Analyse.

**chemische Bindung** ↑Bindung.

**chemische Elemente,** Grundstoffe, die sich chem. nicht weiter zerlegen lassen; zz. sind 113 c. E. bekannt (↑Periodensystem der c. E.). Die El. ab den OZ 95 sowie das El. Technetium (OZ 43) sind nur künstl. mithilfe von Kernreaktionen darstellbar; 20 El. sind *Reinel.*, die in der Natur nur in einem Isotop auftreten, die übrigen sind *Mischel.*, die aus 2 oder mehr. ↑Isotopen bestehen.

**chemische Formel,** Schreibweise, die mithilfe der ↑chem. Zeichen Art und Zusammensetzung [der Moleküle] einer chem. Verbdg. wiedergibt; in *Summenformeln* Aneinanderreihung der chem. Zeichen der enthaltenen El., z. B. $H_2O$ (Wasser); in *Strukturformeln* Verbindung der chem. Zeichen durch *Valenzstriche,* z. B. H–O–H bei Wasser.

**chemische Kampfstoffe** ↑chemische Waffen.

**chemische Keule,** Bez. für ein Gerät zum Versprühen v. tränengasähnl. Reizstoffen.

**chemische Reaktionen,** Vorgänge, die v. stoffl. Veränderungen begleitet sind; durch *chem. Gleichungen* versinnbildlicht.

**chemische Reinigung,** Reinigung v. a. von nicht waschbaren Textilien mit chem. Lösungsmitteln (meist Perchloräthylen).

**chemische Verbindungen,** Stoffe, die in best. gesetzmäß. Mengenverhältnissen aus chem. El. aufgebaut sind (↑chem. Formel).

**chemische Waffen,** Waffen, deren Wirkung auf den in ihnen enthaltenen *chem. Kampfstoffen* beruht, chem. Verbdg., die den Feind durch Einwirkung auf die Atmungsorgane (Nasen-Rachen-Reizstoffe, Blaukreuzkampfstoffe), die Augen (Augenreizstoffe), die Haut (Hautgifte, Gelbkreuzkampfstoffe) oder das Zentralnervensystem (Nervengifte u. Psychogifte) kampfunfähig machen oder auch tödl. wirken; i. w. S. werden auch Entlaubungsmittel zu den chem. Kampfstoffen gerechnet.

**chemische Zeichensprache,** internat. System, Kurzzeichen für die chem. El. (Anfangsbuchstaben u. meist noch einem zweiten Buchstaben des wiss. Namens d. Elemente) u. aus diesen zusammengesetzte Formeln, Symbole u. Gleichungen.

**Chemismus,** Gesamtheit der chem. Vorgänge, bes. im Tier- u. Pflanzenkörper.

**Chemnitz** [k-], kreisfreie St. in Sa. am Fuße des Erzgebirges, 261 500 E. TU, Museen, Oper und Theater. U. a. Textil- und Werkzeugmaschinenbau. Erhalten bzw. wieder aufgebaut u. a. die Schlosskirche (15./16. Jh.), das Alte Rathaus (15.–17. Jh.), der Rote Turm (12. Jh.). Modernes Stadtzentrum. – Vermutlich 1170 bei einer Benediktinerabtei (1136) gegr.; ab 1770 Textilind., später Maschinen- und Automobilfabrikation; hieß 1953–90 *Karl-Marx-Stadt.*

**Chemoresistenz,** Unempfindlichkeit von Bakterien gg. anfängl. wirksame Chemotherapeutika.

**Chemotaxis** [gr.], durch chem. Reize bewirkte Orientierungsbewegung frei bewegl. pflanzl. u. tier. Organismen sowie von ↑Gameten.

**Chemotherapie,** Behandlung v. Infektions- und Krebskrankheiten mit chem. Mitteln *(Chemotherapeutika).*

**Cheney** [ˈtʃeɪnɪ], Richard (Dick) Bruce, amer. Politiker (Republikan. Partei), * 1941; 1989–93 Verteidigungsmin., s. 2001 Vizepräs. der USA.

**Chenille** [ʃniːl; frz.; eingedeutscht ʃəˈniljə], raupenartig gedrehtes Garn, u. a. für Stickereien.

**Cheops,** ägypt. **Chufu** [x-], ägypt. Herrscher der 4. Dynastie (etwa 2551–2528 v. Chr.); für ihn wurde die *C.-Pyramide* bei Giseh errichtet.

**Chephren,** ägypt. Kg. der 4. Dyn. (etwa 2520–2494 v. Chr.); Sohn des Cheops; Erbauer der *C.-Pyramide* bei Giseh.

**Cherbourg** [ʃɛrˈbuːr], frz. Hafenst. auf der Halbinsel ↑Cotentin, Normandie, 47 000 E; Schiffbau.

**cherchez la femme!** [ʃɛrʃelaˈfam; frz. = sucht nach der Frau!], sprichwörtl. für: dahinter steckt sicher eine Frau.

**Chicago:** *Blick auf Chicagos Wolkenkratzer mit den Rundtürmen der Marina City (links) und dem Gebäude der IBM, im Vordergrund der Chicago River*

**Chéreau** [ʃe'ro], Patrice, frz. Regisseur, * 1944; Avantgardist („Der Ring des Nibelungen" in Bayreuth, 1976).

**Cherokee** ['tʃerəkɪ; engl.], zur irokes. Sprachgruppe gehörender nordamer. Indianerstamm; heute in Oklahoma.

**Chersones,** antiker Name mehrerer Halbinseln, **1)** Thrak. C. (heute Gelibolu), mit der türk. Hafenst. *Gelibolu* (fr. Gallipoli). **2)** Taur. C. (die heutige ↑Krim).

**Cherub** [hebr.], AT: Engel, himml. Wächter.

**Cherubini** [ke-], Luigi, ital. Komponist, * 1760, † 1842; Opern („Der Wasserträger"), Messen.

**Cherusker,** german. Volk an der mittl. Weser; kämpfte unter Arminius gg. die Römer.

**Chessex** [ʃɛ'sɛ], Jacques, schweizer. Schriftsteller frz. Sprache, * 1934; Romane („Leben u. Sterben im Waadtland"), Lyrik.

**Chester** ['tʃestə], Hptst. der engl. Gft. Cheshire, 58 000 E; Kathedrale (13.–15. Jh.); Metallind., Maschinenbau.

**Chesterton** ['tʃestətn], Gilbert Keith, engl. Schriftsteller, * 1874, † 1936; Kriminalerzählungen um Pater Brown; fantast. Erzählungen.

**Chevalier** [ʃəval'je], Maurice, frz. Chansonsänger u. Filmschauspieler („Gigi"), * 1888, † 1972.

**Chevalier** [ʃəval'je; frz.], Ritter; frz. Adelsbezeichnung.

**Chevreau** [ʃe'vro; frz.], feines Ziegenleder.

**Cheyenne** [ʃaɪ'en], Hptst. von Wyoming, USA, 50 000 E; Nahrungsmittelind.; ✈.

**Cheyenne** [ʃaɪ'en; engl.], nordamer. Indianerstamm der Algonkingruppe, heute in SO-Montana u. Oklahoma.

**Chiang Kai-shek** [tʃiaŋkaɪʃɛk], eigtl. Chiang **Chung-cheng,** chin. Marschall u. Politiker, * 1887, † 1975; führend in der ↑Kuomintang; 1927 Bruch mit der UdSSR u. den chin. Kommunisten, vereinigte gr. Teile Chinas unter seiner Kontrolle (bis 1949 mehrf. Präs. in Kanton, Nanking u. Peking); v. d. Kommunisten zum Rückzug nach Taiwan gezwungen, dort ab 1950 Staatspräsident.

**Chianti** ['kjanti], fruchtb. mittelital. Hügelland in der Toskana; Wein- und Olivenanbau.

**Chiasmus** [gr.; nach der Gestalt des griech. Buchstabens Chi = X], rhetor. Figur; spiegelbildl. Gegenüberstellung meist antithet. Wortpaare.

**Chiasso** ['kjasso], schweizer. Grenzort im Kt. Tessin, 8 100 E.

**Chiavenna** [kja-], nordital. St., 7 400 E; südl. Ausgangspt. der Straßen über den Splügen- u. den Malojapass.

**Chibcha** ['tʃibtʃa; span.], indian. Sprachfam. im NW Südamerikas u. im S Zentralamerikas.

**Chicago** [ʃ-], nach New York und Los Angeles drittgrößte St. der USA am SW-Ufer des Michigansees, Illinois, 2,7 Mill. E; Univ.en, TH; bed. Handelszentrum; Nahrungsmittel-, Elektro-, Elektronikind.; bed. Bahnknotenpunkt u. einer der größten Binnenhäfen (Seehafen) der Erde; ✈.

**Chichén Itzá** [tʃɪtʃen it'sa; span.], Ruinenst. auf Yucatán, Mexiko, gegr. Anf. des 6. Jh., vor der span. Eroberung zerstört; Maya- und Toltekenstadt.

**Chicorée** [ʃiko're; frz.], die unentfalteten, bleichen Blattrosetten der Zichorie (↑Cichorium).

**Chiemsee** ['ki:m-], mit 80 km$^2$ größter See Bayerns, im Alpenvorland, 3 Inseln: auf der *Herreninsel* Prunkschloss Ludwigs II. *(Herrenchiemsee);* auf der *Fraueninsel* Benediktinerinnenabtei, *Krautinsel* (unbewohnt).

**Chiffon** [ʃi'fõ; frz.], feinfäd. Baumwoll- oder Seidengewebe.

**Chiffre** ['ʃifrə; frz.], **1)** Ziffer. **2)** Geheimzeichen, Geheimschrift *(chiffrieren).* **3)** bei Annoncen Kennziffer.

**Chihuahua** [tʃi'wawa], **1)** größter Staat Mexikos im N des Landes, 245 945 km$^2$, 2,9 Mill. E; Bergbau auf Silber, Gold, Kupfer, Blei; fruchtb. Täler. **2)** Hptst. von 1), 531 000 E; Univ., vielseitige Ind.; ✈. **3)** Zwerghunderasse.

**Chile** ['tʃile], Rep. im W Südamerikas; von N nach S 4 300 km lang; im W Küstenkordillere, im O Hochkordillere (zahlr. Vulkane um 6 000 m), in Mittel-C. Großes Längstal (Hauptwirtschafts- und Siedlungsgebiet); subtrop. bis warmgemäßigtes Klima (im N Kakteen, im S reiche Waldbestände); Weiden; Weizen, Hafer, Gerste; Schaf- u. Rinderzucht; Fischerei; Bodenschätze: Kupfer, Eisenerze, Kohle, Erdöl, Salpeter; Bergbau u. zunehmende Ind.; Transandenbahnen. – S. 1539 span. Eroberung; 1818 Proklamation der Unabhängigkeit; 1879–83 siegreicher „Salpeterkrieg" gg. Peru u. Bolivien; nach dem 1. und 2. Welt-

**Chile**

*Fläche:* 756 626 km$^2$

*Einwohner:* 15,2 Mill.

*Hauptstadt:* Santiago

*Amtssprache:* Spanisch

*Zeitzone:* MEZ – 5 Stunden

krieg jeweils schwere wirtsch. u. soz. Krisen; ab 1964 Reformprogramm; s. 1970 S. Allende Gossens Präs.; nach Putsch 1973 Militärjunta unter Gen. A. Pinochet; 1980 neue Verf. (Präsidialsystem), s. 1990 Zivilreg. unter gewähltem Präsidenten.

**Chiliasmus** [gr.], Lehre von der Erwartung eines 1 000-jähr. Reiches (Millennium) am Ende der geschichtl. Zeit.

**Chimära** [gr.], Ungetüm der griech. Sage , vorne Löwe, in der Mitte Ziege, hinten Schlange.

**China**

*Fläche:* 9 600 000 km²

*Einwohner:* 1 265,8 Mill.

*Hauptstadt:* Peking

*Amtssprache:* Chinesisch

*Zeitzone:* MEZ + 7 Stunden

**China, VR C.,** Staat in Ostasien. – *Oberflächenform:* vorwiegend gebirgig; innerasiat. Hochfläche nach O stufenförmig zum Meer abfallend; im SW Hochland von Tibet mit Randgebirgen über 7 000 m; im N weite, mit Löss bedeckte Tafelländer, im S stärker gegliederte Berglandschaften; wird von zwei Strömen (Hwangho, Jangtsekiang) durchquert. *Klima:* in N-C. gemäßigtes Kontinentalklima, in S-C. subtrop. Klima. *Vegetation:* in den randl. Geb. gr. Wälder; weite Ackerbaugebiete im O; Fächerpalmen, Kampfer- u. Ginkgobaum, im S Bambusarten. *Wirtsch.:* v. a. Landw. (bes. Reis u. Weizen, Zuckerrohr, Baumwolle, Tee u. Sojabohnen); Viehzucht. *Bodenschätze:* reiche Kohlevorkommen, bes. in N-C., außerdem Eisen-, Zinn-, Wolfram-, Molybdän-, Kupfererze; Erdöl. *Ind.:* zunehmende Industrialisierung, Entwicklung der Energiewirtsch., chem. und Masch.-Ind., Produktionsmittel- u. a. Schlüsselind. – *Gesch.:* in der Frühzeit bäuerl. Feudalstaaten; erste bek. Dyn.: Hsia (23.–18. Jh.) und Shang (18.–12. Jh.); Begr. der Zhoudyn. (12. Jh. bis 249 v. Chr.) Wu Wang („Ordner des Staates"); ritterl. Feudalstaat, höf. Kultur; 6. Jh. Blüte der Philos.: Laozi, Konfuzius (Kungtse). Seit dem 5. Jh. Zerfall in absolutist. Einzelstaaten. 221 v. Chr. Einigung unter Qin Shi Huangdi (Qindyn.): Bau der ↑Chin. Mauer gg. die Hunnen. 206 v. Chr. bis 220 n. Chr. Hochblüte unter den beiden Dynastien Han: theokrat.-zentralist. Beamtenstaat. Unter Kaiser Ming Ti (58–76) Eindringen des Buddhismus. – Zerfall des alten Reiches, Spaltung in drei Reiche. Wiedererstarken unter der Tangdyn. (618–907). Weltreich, das sich bis zum Kasp. Meer, nach Korea u. Tibet erstreckte. Beginn der polit. Auflösung. 960–1280 Songdyn. Polit. Schwäche, kulturelle Glanzzeit. 1280 begr. Khubilai (Kublai Khan) die mongol. Yuandyn. Unter der Mingdyn. (1368 bis 1644) Abschirmung gg. Innerasien, Ausbau der Mauer. Beginn der europ. Einwirkung: 1567 Portugiesen in Macau, 1583 Jesuitenmissionare. 1644–1911 Mandschu- oder Qingdyn. Erstarren der Formen des polit. u. geistigen Lebens. Eroberung v. Taiwan u. Tibet. Mitte des 19. Jh. gewaltsam dem europ. Handel erschlossen (Opiumkrieg, Vertrag v. Tientsin). Errichtung v. Kolonien durch Großbrit., Dtl., Frkr., Japan u. Russland; 1900 Boxeraufstand (↑Boxer), durch ausländ. Truppen niedergeworfen. 1911 Revolution: Sturz der Mandschu, Proklamation der Chin. Rep. unter Sun Yat-sen. Abfall Tibets u. der Mongolei. Ständige Wirren u. Bürgerkriege. Bedrohung vonseiten Japans. 1928 Nat.-Reg. unter Chiang Kai-shek. Kommunist. Opposition unter Mao Zedong. 1931 Verlust der Mandschurei (als Mandschukuo unter jap. Protektorat). 1937–45 Krieg mit Japan; Kriegsbündnis mit den Alliierten. 1945 Mandschurei und Taiwan wieder chin. Im Bürgerkrieg (1946–49) eroberten die Kommunisten Festlandchina; Chiang Kai-shek musste nach Taiwan fliehen. 1949 Proklamation der VR China durch Mao Zedong: umfassende Bodenreform; 1953 bis 1957 Kollektivierungspol.; 1958 Verkündung des *Großen Sprungs nach vorn,* Bildung von *Volkskommunen;* Bruch des Bündnisses mit der UdSSR. 1960–62 die *Drei Bitteren Jahre;* (Hungersnot mit Mill. Toten). 1966–69 (i. w. S. bis 1976) Kulturrevolution, die auf Anregung Maos die Ordnung v. Partei u. Staat aufbrach und das Land wirtsch. zurückwarf; Anfang der 1970er-Jahre Aufnahme v. polit. Beziehungen zum W, die in der Folgezeit wirtsch. u. kulturell ausgebaut wurden. Nach Maos Tod 1976 übernahm Hua Guofeng mithilfe der Armee die Macht; Ausschaltung der radikalen Fraktion um Maos Witwe Jiang Qing (↑Viererbande); 1977 Rehabilitierung u. seitdem wachsender Einfluss von Deng Xiaoping, unter ihm Einleitung eines wirtsch. Reformpr. 1978 Friedensvertrag mit Japan, 1979 diplomat. Anerkennung durch die USA. Im Innern Spannungen zw. wirtsch. u. techn. Öffnung u. polit. Abkapselung; Demonstrationen für größere Freiheiten wurden Juni 1989 blutig unterdrückt. 1993 Amtsübernahme Jiang Zemins als Staatspräs. (seit 1989 auch KP-Chef), „Kurs auf sozialist. Marktwirtsch." 1997 kam Hongkong, 1999 Macau wieder unter chin. Hoheit. 2001 WTO-Aufnahme.

**Chinarinde, Fieberrinde,** Rinde versch. Bäume aus d. Gatt. Cinchona u. deren Varietäten; enthält etwa 30 Alkaloide, v. a. ↑Chinin.

**Chinchillas** [tʃ-], südamer. Nagetiere; wertvolles Fell.

**chinesische Kunst:** *Porzellanvase der Mingzeit mit blau-weißem Dekor aus Drachen- und Blumenmotiven (15. Jh.)*

**chinesische Kunst,** kontinuierl. Entw. s. ca. 1500 v. Chr.; Bronzegefäße mit Tierornamentik. Mit dem allm. Eindringen des Buddhismus (etwa vom 1. Jh. n. Chr. an) entstanden gr. Tempelanlagen, Klöster, Pagoden, Höhlentempel mit Skulpturen, Plastiken (älteste Buddhastatue 338 n. Chr.); fr. Malerei nur in Kopien erh. (Buddhistenverfolgungen des 9. Jh.). Während der Songdyn. (960–1280) Malerakademien, Höhepunkt der Landschaftsmalerei, Blüte der Tuschmalerei, Erfindung

d. Porzellans; in der Yuanzeit bed. Keramik (Blauweißporzellan) u. Lackkunst (Rotlackarbeiten), Malerei blieb führend. In der Mingzeit (1368–1644) v.a. bed. Bauten (Palastanlagen und Tempel in Peking), Blüte der Malerei. Im 17. Jh. Literatenschule (Literatenmaler), Blüte des Farbholzschnitts. Nach der Revolution (1911) neben Malerei traditioneller Form mit neuen sozialist. Inhalten Einflüsse westl. Kunst.

**chinesische Kunst:** *Detail einer Hängerolle aus der Songzeit*

**chinesische Literatur,** sehr altes u. reiches Schrifttum (chin. Schrift seit dem 2. Jt. v. Chr., frühe Kenntnis der Buchdruckerkunst); seit etwa 1000 v. Chr. lit. Texte (die 5 Kanon. Bücher des Konfuzianismus); in der Zeit v. Chr. bed. Geschichtsschreibung; als „goldene" Zeit gilt die Tangzeit (618–907; Gedichte von ↑Li Taibai); Höhepunkt d. Dramas in der Yuanzeit (1280–1368); Blüte des Romans in der Mingzeit (1368–1644); ab 1911/12 Lit. in Umgangsspr.; seit 1949 Richtlinien für eine sozialist.-realist. Lit.; in jüngster Zeit Hinwendung zur Unterhaltungslit.

**Chinesische Mauer, Große Mauer,** Ende des 3. Jh. v. Chr. in N-China errichtete Schutzmauer vom Golf von Liaodong bis Gansu (Hauptlinie: 3500 km); vorw. aus gestampftem Lehm, nördl. v. Peking aus Steinen gebaut, mit Türmen u. befestigten Toren, 4–16 m hoch, 5–8 m dick.

**chinesische Schrift,** eine Wortschrift in Zeichen, v. a. Sinngeber, daneben Lautgeber, insges. etwa 50000 Zeichen (3000–4000 im allg. Gebrauch); Zeilenlauf von oben nach unten und von r. nach l.; s. 1958 Vereinfachung der Zeichen, Zeilenlauf von l. nach r. u. horizontal.

**chinesische Sprache,** meistgesprochene Spr. der Welt; gehört zur indochin. Sprachfam., 8 Dialektgruppen u. eine von der Umgangsspr. stark abweichende Lit.-Spr.; urspr. monosyllab., keine Ableitungs- und Beugungsaffixe, die Wortstellung spielt eine grammatikal. wicht. Rolle. Jede durch ein Schriftzeichen dargest. Silbe besitzt eine best. Tonhöhe; ändert sich diese, entsteht ein neues Wort mit anderem Sinn.

**Chinin** [indian.], bitteres Hauptalkaloid der Chinarinde; Arzneimittel gg. Malaria (tropica); das Derivat *Chinidin* wird bei best. Herzrhythmusstörungen eingesetzt.

**Chinoiserie** [ʃinwazˈri; frz.], Dekorationsstil des 18. Jh., angelehnt an chin. Motive.

**Chinone** [indian.], cyclische Verbdg. mit 2 Carbonylgruppen, die sich vom Benzol *(Benzo-C.)* od. anderen aromat. KW-Stoffen ableiten; C. sind Grundstrukturen vieler Farbstoffe.

**Chios, 1)** gebirg. griech. Insel im östl. Ägäischen Meer, 806 km². **2)** Hptst. von 1), an der Ostküste, 24000 E; ⚓.

**Chip** [tʃip; engl.], **Halbleiter-C.,** dünnes Halbleiterplättchen, meist aus einer Siliciumeinkristallscheibe (↑Wafer), wenige mm² groß, auf dem sich eine integrierte Schaltung bzw. ein System integrierter Schaltkreise mit mikroelektron. Bau- u. Schaltelementen befindet.

**Chipkarte** [tʃip-], Plastikkarte mit integriertem Mikroprozessor u. mehrfach beschreibbarem Speicher, Verwendung z. B. als Kredit-, Telefon- od. Krankenversicherungskarte.

**Chippendalestil** [ˈtʃipəndeɪl; engl.], von Thomas Chippendale (* 1718, † 1779) entwickelter engl. Möbelstil mit Elementen des frz. Rokokos.

**Chirac** [ʃiˈrak], Jacques René, frz. Politiker (UdR bzw. RPR), * 1932; 1974–76 u. 1986–88 Premiermin.; 1977–95 Bürgermeister v. Paris; s. 1995 Staatspräsident.

**Chirico** [k-], Giorgio De, ↑De Chirico, Giorgio.

**Chirologie** [gr.], **1)** wiss. nicht anerkannte Lehre von der Charakter- u. Konstitutionsdeutung aus Formen u. Linien der Hände; *Chiromantie,* Wahrsagen aus Formen u. Linien der Hände. **2)** svw. ↑Daktylologie.

**Chiropraktik,** Heilmethode, Wirbelverschiebungen mit best. Einrenkungshandgriffen zu behandeln.

**Chirurg** [gr.], Facharzt für Chirurgie.

**Chirurgie** [gr.], medizin. Fachgebiet, das sich mit der Heilung von Krankheiten, Unfallfolgen oder Körperfehlern durch Eingriffe am lebenden Körper befasst.

**Chișinău** [rumän.], russ. **Kischinjow,** Hptst. Moldawiens, 750000 E; Univ.; vielseitige Ind.; ✈.

**Chitin** [gr.], stickstoffhalt. Polysaccharid, Hauptbestandteil des Außenskeletts der Gliederfüßer, der Zellmembran best. Pilze.

**Chittagong** [tʃ-], Hafenst. in Bangladesh, am Golf v. Bengalen, 1,56 Mill. E; Handelszentrum, Stahlwerke u. a. Ind.; ✈.

**Chiusi** [ˈkjuːzi], mittelital. St. (Toskana), 9300 E; das antike *Clusium.*

**Chlodwig I.,** * um 465, † 511, seit 482 fränk. Kg. (Merowinger); Gründer des Frankenreiches, 498 getauft.

**Chlor** [gr.], Symb. **Cl,** chem. El., OZ 17, rel. A.-Masse 35,453, Dichte $3{,}214 \cdot 10^{-3}$ g/cm³, Fp. −100,98 °C, Sp. −34,06 °C, Halogen, gift. Gas, in Wasser gut lösl., verbindet sich mit fast allen Elementen.

**Chlorargyrit** ↑Hornsilber.

**Chloride,** Verbdg. d. Chlors mit Metallen u. Nichtmetallen, v. a. Salze d. Salzsäure.

**Chlorkalk,** CaCl(OCl), Bleich- u. Desinfektionsmittel.

**Chloroform, Trichlormethan,** $CHCl_3$, süßl. riechende, nicht brennb. Flüssigkeit; dient als Lösungsmittel; fr. Narkosemittel.

**Chlorophyll, Blattgrün,** grüner Farbstoff in Blättern u. grünen Teilen der Pfl., in Chloroplasten enthalten; dient der Assimilation.

**Chloroplasten** ↑Chromatophoren.

**Chloropren, 2-Chlor-1,3-butadien,** farblose Flüssigkeit, wird u. a. ausgehend v. ↑Butadien hergestellt, verw. zur Herst. v. Synthesekautschuk.

**Chlorose** [gr.], bei Pfl. mangelnde Ausbildung des Chlorophylls.

**Choderlos de Laclos** [ʃɔdɛrlodlaˈklo], Pierre, frz. Schriftsteller, * 1741, † 1803; Briefroman „Gefährliche Liebschaften".

**Chodowiecki** [xodoˈvjɛtski], Daniel, dt. Kupferstecher, Zeichner u. Maler, * 1726, † 1801.

**Choke** [tʃoʊk; engl.], im Lufteintrittsrohr des Vergasers von Ottomotoren eingebaute Klappe, mit der d. Luftzutritt stark gedrosselt werden kann, sodass der kalte Motor leichter anspringt.

C

Chinesische Mauer

**Cholera** [k-; gr.], meldepflichtige, durch Vibrio cholerae (od. inzw. meist Biovar eltor) hervorgerufene Infektionskrankheit; gekennzeichnet durch starke Durchfälle, Erbrechen und Austrocknung mit hoher Sterblichkeitsrate (bis 70 %).

**Choleriker** [k-], reizbarer, jähzorn. Mensch.

**Cholesterin** [ç-, auch k-; gr.], wichtigstes tier. ↑Sterin; in fast allen Geweben, bes. in der Nebenniere, im Nervengewebe u. im Gehirn; ein *C.spiegel* über 250 mg pro ml Blut fördert vermutlich d. Arterienverkalkung.

**Chomeini** [xɔˈmeɪni], Ruhollah ↑Khomeini.

**Chongqing** [ˈtʃuŋtʃin], chin. regierungsunmittelbares St.gebiet am Jangtsekiang, 82 000 km², 30,6 Mill. E; Univ.; Hütten-, Masch.-, Fahrzeug- u. a. Ind.; Fluss-⚓, ✈. – Vor 1945 vorübergehend Sitz der Kuomintangregierung.

**Chopin** [ʃɔˈpɛ̃], Fryderyk (poln. Frédéric), poln.-frz. Klavierkomponist u. -virtuose, * 1810, † 1849; Schöpfer eines romant.-poet. Klaviermusikstils mit Anklängen an die poln. Nationalmusik.

**Chor, 1)** in der griech. Kultur Gemeinschaftstanz mit Gesang, an Götterfesten vorgetragen; Teil der griech. Tragödie. **2)** in der kirchl. Baukunst im MA der für den Mönchsklerus od. d. Domkapitel abgesonderte Raum, durch *C.schranken* od. *Lettner* vom Langhaus abgetrennt; später meist mit dem Sanktuarium (Raum für den Hochaltar) zu einem Raum vereint; Ausstattung mit *C.gestühl.* **3)** Gruppe von Sängern.

**Choral** [gr.], **1)** in der kath. Kirche svw. ↑gregorian. Gesang. **2)** seit dem Ende des 16. Jh. verwendete Bez. für das volkssprachige ev. Kirchenlied.

**Chorda dorsalis** [gr.; lat.], knorpelähnl. Achsenstab als Vorstufe der Wirbelsäule bei *Chordatieren* (Schädellose, Mantel- und Wirbeltiere).

**Choreografie** [gr.], schriftl. Fixierung u. Einstudierung eines Tanzes od. Balletts.

**Chorherren,** Mitgl. einer Klerikergemeinschaft mit gemeinsamem Chordienst. Die Niederlassung der C. heißt Stift, der Vorsteher Abt od. Propst.

**Chow-Chow** [ˈtʃaʊ-; chin.], 55 cm gr. chin. brauner od. schwarzer Spitz, blau(schwarze) Zunge.

**Chrétien, C. de Troyes** [kretˈjɛ̃ dəˈtrwa], altfrz. Epiker, * vor 1150, † vor 1190; bed. Vertr. des ma. höf. Romans; u. a. „Yvain", „Perceval".

**Christentum,** die sich auf ↑Jesus [v. Nazareth] (als Stifter und ↑Christus) berufende Offenbarungs- und Weltreligion, gegr. auf die nt. Schriften, die Lehre der ↑Apostel, den Glauben an die ↑Trinität und die heilswirksame ↑Passion u. ↑Auferstehung Christi sowie seine eschatol. Wiederkehr (Jüngstes Gericht); fordert tätige Gottes- und Nächstenliebe. Um 100 gab es bereits kl. Gemeinden in allen Teilen des Röm. Reiches; die Institutionalisierung der Kirche und die Theologisierung der Lehre verursachten bed. Spaltungen (↑Schisma, ↑Reformation).

**Christenverfolgung,** Versuch, das Christentum durch Verfolgung seiner Anhänger auszurotten; erste C.en örtl. begrenzt, zuerst in Jerusalem, dann 64 durch Nero in Rom, 96 durch Domitian; systemat. erst im 3. Jh. unter Decius (249), Valerian (257) und Diokletian (303 ff.).

**Christian,** *Dänemark:* **1) C. I.,** * 1426, † 1481, s. 1448 Kg. v. Dänemark, s. 1450 v. Norwegen u. s. 1457 v. Schweden, Hzg. v. Schleswig u. Graf v. Holstein s. 1460. **2) C. IV.,** * 1577, † 1648, Kg. von Dänemark u. Norwegen, Hzg. v. Schleswig u. Holstein s. 1588, im Dreißigjähr. Krieg 1626 v. Tilly geschlagen. **3) C. IX.,** * 1818, † 1906, Kg. seit 1863, musste nach dem Dt.-Dän. Krieg Schleswig, Holstein u. Lauenburg abtreten. **4) C. X.,** * 1870, † 1947, Kg. v. Dänemark s. 1912 u. Island (1918); im 1. Weltkrieg neutral, übergab 1940 nach erfolglosem Widerstand das Land den dt. Truppen.

**Christian Coalition** [ˈkrɪstʃən kəʊəˈlɪʃn; engl.], konservat. christl. Sammlungsbewegung in den USA, gegr. 1989.

**Christian Science** [ˈkrɪstjən ˈsaɪəns; engl.; = Christl. Wiss.], **C. S.,** Glaubensgemeinschaft, gegr. v. *Mary [Baker-]Eddy* 1879 in Boston (Mass.); versteht sich als christl.

Kirche im Sinne des Urchristentums.

**Christie** ['krıstı], Dame Agatha, engl. Schriftstellerin, *1890, †1976; Kriminalromane, meist um Miss Marple u. den belg. Detektiv Hercule Poirot.

**Christine,** *1626, †1689, 1632 bis 1654 Kgn. v. Schweden, Tochter Gustavs II. Adolf, wurde kath., lebte in Rom.

**Christkatholische Kirche,** die altkath. Kirche der Schweiz.

**Christlich-Demokratische Union,** Abk. **CDU,** 1945 in den dt. Ländern (außer Bayern) gegr. polit. Partei, nach Progr. u. Anhängerschaft überkonfessionell; enge Bindung an die ↑Christl.-Soz. Union: CDU/CSU-Fraktion im B.-Tag; in der BRD 1949–69 und erneut 1982–98 führende Reg.-Partei; in der DDR bis Ende 1989 von der SED abhängig.

**Christlichdemokratische Volkspartei der Schweiz,** Abk. **CVP,** s. 1970 Name der 1912 gegr. Schweizer. konservativen Volkspartei, 1957–70 Konservativ-christlichsoziale Volkspartei der Schweiz.

**Christlicher Verein Junger Menschen,** Abk. **CVJM,** freie prot. Vereinigung junger Menschen mit ökumen., soz. u. erzieher. Zielen (Sitz: Kassel), entstanden als dt. Zweig der *Young Men's Christian Association* (YMCA; gegr. 1844, Sitz: Genf); urspr. nur junge Männer, heute junge Männer u. Frauen umfassend.

**Christlich-Soziale Union,** Abk. **CSU,** 1945 gegr., auf Bayern beschränkte, der ↑Christl.-Demokrat. Union in den anderen Bundesländern entsprechende Partei; gemeinsame Fraktion mit der CDU im Bundestag; in der BRD mit der CDU 1949–69 und 1982–98 Reg.-Partei.

**Christmette** ↑Mette.

**Christologie** [gr.], christl. Lehre über die [gottmenschl.] Person Jesu Christi.

**Christophorous,** hl., legendärer, unhistor. Märtyrer aus der Ostkirche, nach der Legende Träger des Christuskindes; u.a. Patron der Kraftfahrer *(C.-Plaketten).*

**Christo und Jeanne-Claude** [-- ʒan'klo:d], eigtl. **C. Jawatschew** u. **J.-C. de Guillebon** [gije'bɔ], amer. Künstlerpaar bulgar. bzw. frz. Herkunft, *1935. Sie verhüllen z.B. Gegenstände, Gebäude (1995 Reichstag in Berlin) u. Teile der Ldsch. mit Stoffen od. Kunststoffgeweben.

**Christrose** ↑Nieswurz.

**Christus** [gr.; = der Gesalbte], Übers. des hebr. „Messias", in der christl. Verkündung Würdename ↑Jesus' [von Nazareth].

**Christusdorn** ↑Wolfsmilchgewächse.

**Christusmonogramm,** Symbol für den Namen Christus, aus den griech. Anfangsbuchstaben (XP [Chi, Rho]), s. dem 15. Jh. auch IHS (latein. Jesusmonogramm).

**Chrom** [gr.], Symb. **Cr,** chem. Element, OZ 24, rel. A.-Masse 51,996, silberglänzendes, zähes Metall, Dichte 7,18 g/cm$^3$, Fp. 1 907 °C, Sp. 2 671 °C; oxidiert bei normalen Temp. nicht in Luft und Wasser; *Vorkommen:* hpts. als *C.eisenstein;* verw. als Oberflächenschutz u. Legierungsmaterial für Hartstähle.

**Chromatik** [gr.], Erhöhung oder Erniedrigung von Tönen durch Versetzungszeichen um einen halben Ton nach oben od. unten.

**Chromatin** [gr.], anfärbbare Chromosomenabschnitte zw. zwei Zellteilungen.

**Chromatographie** [gr.], zur chem. Analyse von Stoffgemischen verwendetes physikal.-chem. Trenn- u. Nachweisverfahren; beruht auf der unterschiedl. Verteilung der Stoffkomponenten zw. einer bewegl. (z.B. Flüssigkeit) u. einer stationären Phase.

**Chromatophoren** [gr.], Farbstoffträger, bei Pfl. farb. Zellbestandteile: *Chloroplasten* (grün, Träger des ↑Chlorophylls), *Chromoplasten* (gelb bis rot); bei Tieren Pigmente führende Zellen der Körperdecke; Größe od. Pigmentverteilung oft veränderlich.

**Chromdioxid,** Sauerstoffverbdg. des Chroms; braune bis schwarze pulverige Substanz mit stark ferromagnet. Eigenschaften; zur Beschichtung v. Ton- u. Videobändern *(C.bänder).*

**Chromomeren** ↑Chromosomen.

**Chromonema** ↑Chromosomen.

**Chromoplasten** ↑Chromatophoren.

**Chromosomen** [gr.], stark färbbare Strukturen im Kern aller Zellen (Geschlechtszellen mit einf., Körperzellen mit doppeltem Satz paarweise gleicher C.); ihre Anzahl ist arttyp. (Mensch 46, Taufliege 8, Kartoffel 48, Hartweizen 28); C. gehen ausnahmslos durch Längsteilung aus bereits vorhandenen C. hervor; sie bestehen aus einer Matrix, die ein zweif. spiralisiertes Fadenelement *(Chromonema)* umschließt, das viele knot. Verdickungen *(Chromomeren)* aufweist, die aus Nukleoproteiden bestehen. C. sind die wesentl. Träger der Erbinformation eines Lebewesens in Form der DNS.

**Chromosphäre,** eine Schicht der Sonnenatmosphäre zw. Photosphäre u. Korona der Sonne; nur bei totaler Sonnenfinsternis sichtbar.

**Chronik** [gr.], **1)** Aufzeichnung geschichtl. Ereignisse nach ihrer Zeitfolge. **2)** 2 at. *Bücher der Ch.,* 2. Hälfte d. 4. Jh. v. Chr.

**chronisch** [gr.], langsam sich entwickelnd, langsam verlaufend; Ggs. ↑akut.

**Chrono...** [gr.], Bestimmungswort; Bed.: „Zeit..."

**Chronologie** [gr.], [Wiss. v. der] Zeitrechnung.

**Chronometer,** Präzisionsuhr, die in Bezug auf Ganggenauigkeit amtl. Prüfbedingungen erfüllt.

**N. S. Chruschtschow**

**Chruschtschow,** Nikita Sergejewitsch, sowj. Politiker, *1894, †1971; s. 1939 Mitgl. des Politbüros, s. 1953 1. Sekretär des ZK der KPdSU, s. 1958 Min.-Präs.; Entstalinisierung u. damit eine gewisse Lockerung im wirtsch. u. polit. Bereich (auch außenpolit.); wurde 1964 aller Ämter enthoben.

**Chrysanthemen** [gr.], allg. Bez. für die als Zierpflanzen kultivierten Arten der aus China stammenden Gatt. Dendranthema; großblütige Formen in Gewächshäusern.

**Chryso...** [çry-; gr.], Bestimmungswort; Bed.: „Gold...".

**Chrysoberyll** [gr.], seltenes Berylliummineral, Schmuckstein, Härte 8,5; grün; 3 Arten: C. i. e. S. (gelb), ↑Alexandrit, Cymophan.

**Chrysolith** [gr.], Schmuckstein, blassgrüne Abart des Olivins.

**Chrysopras** [gr.], Schmuckstein, Abart des Chalzedons, Härte 7; [blau]grün.

**Chrysostomus, Johannes C.,** hl., griech. Kirchenlehrer, *um 354, †407; Patriarch von Konstantinopel; bed. Prediger.

**Chur** [ku:r], Hptst. des schweizer. Kt. Graubünden, 30 200 E; theol. Hochschule; got. Kathedr.; Fremdenverkehr. – Das Bistum C. wurde im 4./5. Jh. gegründet.
**Churchill** [ˈtʃə:tʃıl], Sir Winston Spencer, brit. konservativer Staatsmann, * 1874, † 1965; 1908 erstmals Minister; 1924–29 Schatzkanzler, 1940–45 Premiermin. u. Verteidigungsmin., rettete Großbr. aus der gefährl. Lage u. Isolierung; 1951–55 erneut Premiermin.; schrieb „Die Weltkrise 1911 bis 1918", „Der Zweite Weltkrieg" u. a.; erhielt dafür Nobelpreis für Literatur 1953.
**Churfirsten** [ˈku:r-], ostschweizer. Berggruppe, bis 2306 m.
**Ci, 1)** Einheitenzeichen für: ↑**Cu**rie. **2)** Abk. für: **C**irrus (svw. ↑Zirruswolken).
**CIA** [si:aıˈeı], Abk. für: ↑**C**entral **I**ntelligence **A**gency.
**Ciampi** [ˈtʃampi], Carlo Azeglio, ital. Politiker, * 1920, parteilos, Bankier, 1993–94 Min.-Präs., s. 1999 Staatspräsident.
**CIC,** Abk. für: ↑**C**odex **I**uris **C**anonici.
**Cicero,** Marcus Tullius, röm. Staatsmann, Redner u. Schriftsteller, * 106, † 43 v. Chr. (ermordet); vereitelte 63 als Konsul die Verschwörung des Catilina; Schöpfer des klass. Lateins, Vermittler griech. Denkens.
**Cicerone** [tʃitʃeˈro:ne; ital.], Bez. für einen [redsel.] Fremdenführer.
**Cichorium** [gr.], Gatt. der Korbblütler; u. a. Wegwarte (Zichorie; ↑Chicorée) und Endivie.
**Cid, El** [θið], eigtl. Rodrigo (Ruy) **Díaz de Vivar** [ˈdiað ðə βiˈβar], span. Nationalheld, * 1043, † 1099; eroberte 1094 Valencia; in Legenden und Romanzen (14.–16. Jh.) besungen; Tragikomödie v. P. Corneille (1636).
**Cie.** [frz.], veraltete Abk. für frz.: **Compagnie;** ↑Co.
**cif** [sıf; auch: tsif], ↑Handelsklauseln.
**Cincinnati** [sınsıˈnætı], St. in Ohio, USA, 358 000 E; Univ.; Masch.-Bau, Textil- und chem. Ind.; ✈.
**Cinemascope**® [sinı-; engl.], ein ↑Breitbildverfahren.
**Cinerama**®, ein ↑Breitbildverfahren.
**Circe,** in der „Odyssee" Zauberin, verwandelt die Gefährten des Odysseus in Schweine; übertr. für: verführer. Frau.
**Circuittraining** [ˈsə:kıtˈtreınıŋ; engl.], mod. Methode sportl. Trainings; besteht aus einer pausenlosen Aufeinanderfolge von Kraftübungen an versch. Geräten.
**Circulus vitiosus,** Zirkelschluss, bei dem das zu Beweisende in der Voraussetzung enthalten ist; in der Medizin gleichzeitig bestehende Krankheitsprozesse, die sich gegenseitig ungünstig beeinflussen.

W. Churchill

**Circus maximus** [lat.], größte und älteste Anlage in Rom für Wagenrennen, 600 m lang, 150 m breit.
**Cisjordanien,** das ↑Westjordanland.
**Ciskei,** ehem. Homeland in der Rep. Südafrika, westlich des Great Kei River, in der früheren Kapprovinz; 1961 errichtet, hatte seit 1972 „innere Autonomie", seit 1981 „staatl. Unabhängigkeit"; seit 1994 ist es Teil der Prov. Ost-Kap.
**Cîteaux** [siˈto; frz.], im frz. Dép. Côte-d'Or gelegenes Stammkloster der ↑Zisterzienser, gegr. 1098.
**Citlaltépetl** [s-], **Pico de Orizaba,** höchster Berg Mexikos, 5700 m.
**City** [ˈsıtı; engl.], Geschäftsviertel in Großstädten, Innenstadt.
**Civil Religion** [ˈsıvıl rıˈlıdʒən; engl.; = bürgerl. Religion], der von der Bev.mehrheit in den säkular verfassten Gesellschaften N-Amerikas und W-Europas getragene Konsens über die gesellschaftl. „Grundwerte".
**Civitas** [lat.], **1)** im röm. Recht Inbegriff der Rechte eines freien Bürgers *(civis).* **2)** geschlossene, polit. selbst. german. Volksgemeinde. **3)** im dt. MA allg. für St.
**Civitavecchia** [tʃivitaˈvɛkkia], mittelital. Hafenst. an der tyrrhen. Küste, 52 000 E; Seebad.
**cl,** Einheitenzeichen für: Zentiliter ($^{1}/_{100}$).
**Cl,** ☈ Symb. f. ↑Chlor.
**Clair** [klɛ:r], René, eigtl. R. **Chomette** [ʃoˈmɛt], frz. Filmregisseur, * 1898, † 1981.
**Clair-obscur** [klɛrɔbsˈkyr; frz.] ↑Helldunkelmalerei.
**Clairvaux** [klɛrˈvo], im Dép. Aube gelegene ehem. Zisterzienserabtei, gegr. 1115 von ↑Bernhard v. Clairvaux, 1792 aufgehoben.
**Clan** [klæn; engl.], allg. Bez. für Sippen- od. Stammesverband.
**Clapton** [ˈklæptən], Eric, brit. Rockgitarrist u. Sänger, * 1945; einer der einflussreichsten Rockmusiker.
**Claudel** [kloˈdɛl], Paul, frz. Diplomat u. Dichter, * 1868, † 1955; von kath. Geist geprägte Werke, v. a. Schauspiele.
**Claudius,** Tiberius C. Nero Germanicus, röm. Ks. s. 41, * 10 v. Chr., † 54 n. Chr.; unternahm erfolgreiche Feldzüge gg. Germanen und Britannier; von seiner 4. Gem. Agrippina vergiftet.
**Claudius,** Matthias, dt. Dichter, * 1740, † 1815; Hg. der Zeitschrift „Der Wandsbecker Bote", Lyrik.
**Claus,** Prinz der Niederlande, urspr. C. v. **Amsberg,** Diplomat (1957–65), * 1926; s. 1966 verh. mit Prinzessin (s. 1980 Kgn.) Beatrix der Niederlande.
**Clausewitz,** Karl von, preuß. Offizier, * 1780, † 1831; zählte zum Kreis der preuß. Reformer, mit „Vom Kriege" begr. er die moderne Kriegslehre.
**Clausius,** Rudolf Julius Emanuel, dt. Physiker, * 1822, † 1888; begr. die kinet. Gastheorie, formulierte den 2. Hauptsatz der Wärmelehre.
**Clausthal-Zellerfeld,** Bergst. im W-Harz, Nds., 16 900 E; etwas Blei- u. Kupfer-⚒ (im MA bis ins 18. Jh. Silber-⚒); TU; Bergwerksmuseum, Oberbergamt; Holzind.
**Clay** [kleı], Lucius Dubignon, amer. General, * 1897, † 1978; 1947 Militärgouv. in Dtl.; organisierte die Luftbrücke für Berlin, 1961/62 Sonderbeauftragter des amer. Präs. für Berlinfragen.
**Clearing** [ˈklıərıŋ], Verrechnung gegenseitiger Forderungen u. Verbindlichkeiten.
**Clemenceau** [klemãˈso], Georges, frz. Politiker, * 1841, † 1929; 1906–09 u. 1917 Min.-Präs. (auch Kriegsmin.), Vors. der Versailler Friedenskonferenz.
**Clemens,** Päpste, ↑Klemens.
**Clement,** Wolfgang, dt. Politiker (SPD), * 1940; seit 1998 Min.-Präs. in NRW.
**Clementi,** Muzio, ital. Klaviervirtuose und -pädagoge, * 1752, † 1832; schrieb 106 Klaviersonaten, -sonatinen u. Etüdenwerk.
**Clermont-Ferrand** [klɛrmɔ̃fɛˈrã], Hptst. d. frz. Dép. Puy-de-Dôme u. der Region Auvergne, 136 000 E; Univ., got. Kathedr.; Gummiind., Maschinenbau; ✈.

**Cleveland** [ˈklɪ:vlənd], größte St. in Ohio, USA, 503000 E; Univ., TH; Metall- u. Farbenind.; Verkehrs- und Handelszentrum; ⛯.

**Clinch** [klɪntʃ; engl.], Umklammern des Gegners im Boxkampf.

**Clinton** [ˈklɪntən], Bill, *1946; amer. Politiker (Demokrat. Partei), Jurist; 1979–81 u. 1983–93 Gouv. von Arkansas, 1993–2001 42. Präs. der USA; 1999 Freispruch in einem Amtsenthebungsprozess.

**Clive** [klaɪv], Robert, Baron C. of Plassey, brit. General u. Staatsmann, *1725, †1774; Begr. der brit. Macht in Indien.

**Cloisonné** [klwasɔˈne; frz.], Zellenschmelztechnik in der ↑Emailkunst.

**Cloppenburg,** Krst. im Oldenburg. Münsterland, Nds., 28000 E; Museumsdorf; Nahrungsmittel-, Textilindustrie.

**Clouzot** [kluˈzo], Henri-Georges, frz. Filmregisseur, *1907, †1977; „Lohn der Angst", „Picasso".

**Clown** [klaʊn; engl.], der ↑Hanswurst der altengl. Bühne; im Zirkus und Varietee als Spaßmacher.

**Club of Rome** [klʌb ɔv ˈrəʊm; engl.], lockere Verbindung v. Wissenschaftlern u. Industriellen, initiiert 1968 v. dem ital. FIAT-Manager A. Peccei (*1908, †1984). Ziele: Erforschung d. wirtsch., polit., ökolog., sozialen u. demograph. Lage d. Menschheit.

**Cluny** [klyˈni], frz. St. im Dép. Saône-et-Loire, 4400 E. Ehem. Benediktinerabtei, gegr. 910. Im 10. u. 11. Jh. wichtiges Zentrum der Reform des Mönchtums und der ganzen Kirche *(kluniazens. Reform).* Ruine der Abteikirche.

**Clyde** [klaɪd], Fl. in SW-Schottland, 171 km; durch den *Forth and C. Canal* Verbdg. zum Firth of Forth.

**cm,** Einheitenzeichen für: ↑Zentimeter.

**Cm,** ☌ Symb. für ↑Curium.

**cm²,** Einheitenzeichen für: Quadratzentimeter.

**cm³,** Einheitenzeichen für: Kubikzentimeter.

**Co,** ☌ Symb. für ↑Kobalt.

**Co.,** Abk. für frz. **Co**mpagnie bzw. engl. **Co**mpany.

**Coach** [ko:tʃ; engl.], Trainer.

**Coase** [koʊs], Ronald, brit. Volkswirtschaftler, *1940; Begr. der modernen Institutionenökonomik, Nobelpreis 1991.

**COBOL,** Abk. für **Co**mmon **B**usiness **O**riented **L**anguage, eine Programmiersprache für kommerzielle Anwendungen.

**Coburg,** bayr. Krst. in Ofr., 44300 E; LG; IHK; Holz-, Textil-, Spielwarenind. (Puppen). – Zeitw. wettin. Residenz; 1920 an Bayern. Oberhalb der St. *Veste C.* (um 1300 ff.), heute Museum.

**Cocain** ↑Kokain.

**Cochem,** Krst. an der Mosel, RP, 5800 E; Burg (11. Jh.); Weinbau.

**Cochläus,** Johannes, dt. Humanist, *1479, †1552; kath. Theologe; Gegner Luthers.

**Cocker** [ˈkɔkɛ], Joe, brit. Rockmusiker und -sänger, *1944.

**Cockerspaniel** [engl.], engl. Jagdhundrasse; auch Haushund.

**Cockney** [ˈkɔknɪ; engl.], **1)** volkstüml. Londoner Mundart. **2)** Londoner, der C. spricht.

**Cockpit** [engl.], **1)** Führerkabine eines Flugzeugs. **2)** Fahrerplatz in Sport- u. Rennwagen. **3)** vertiefter Sitzraum auf Segel- und Motorbooten.

**Cocktail** [ˈkɔkteɪl; engl.], [alkohol.] Mixgetränk.

**Cocteau** [kɔkˈto], Jean, frz. Dichter, Maler, Komponist u. Filmregisseur, *1889, †1963; Romane: „Kinder der Nacht" u. a.; „Orpheus" u. a. Dramen, Gedichte, Ballette, Filme.

**Code** [ko:t; frz.], **1)** 🖳 Verschlüsselungsvorschrift; die eindeutige Zuordnung *(Codierung)* v. Zeichen zweier versch. Zeichenvorräte, z. B. ↑Binärcode. **2)** Gesetzbuch (↑Gesetz).

**Code civil** [- siˈvil; frz.], **Code Napoléon,** das 1804 in Kraft getretene frz. Zivilgesetzbuch; gr. Einfl. auf den europ. Rechtskreis.

**Codein** [gr.], **Kodein, Methylmorphin,** Alkaloid des Opiums; Hustenreiz unterdrückend u. schmerzstillend.

**Codex** ↑Kodex.

**Codex Iuris Canonici** [lat.], Abk. **CIC,** Gesetzbuch der kath. Kirche, seit 1918; seit 1983 in Neufassung in Kraft.

**Coesfeld** [ˈko:s-], Krst. im Münsterland, NRW, 31500 E; Masch.- u. a. Industrie.

**Coffein** ↑Koffein.

**cogito, ergo sum** [lat.; = ich denke, also bin ich], Grundsatz der Philos. des ↑Descartes.

**Cognac** [kɔˈɲak], St. im frz. Dép. Charente, 21000 E; Zentrum eines Weinbaugebietes und der Weinbrandherstellung.

**Cognac** [kɔˈɲak], Trinkbranntwein aus Weinen der Charente; Name gesetzl. geschützt.

**Coimbra** [ku-], mittelportug. St., 75000 E; älteste Univ. Portugals (1290 gegr.).

**Coitus,** fachsprachl. für Koitus, ↑Geschlechtsverkehr.

**Coitus interruptus,** kurz vor dem Samenerguss [zur Empfängnisverhütung] unterbrochener Geschlechtsverkehr; Zuverlässigkeit gering.

**Col** [frz.], ital. **Colle,** Bez. für Pässe in den frz. (u. ital.) Alpen.

**Colbert** [kɔlˈbɛr], Jean-Baptiste, Marquis de Seignelay, frz. Staatsmann, *1619, †1683; Finanzmin. Ludwigs XIV. seit 1661; grundlegende Reformen; bedeutendster Vertr. des Merkantilismus.

**Coleridge** [ˈkoʊlərɪdʒ], Samuel Taylor, engl. Dichter u. Literaturkritiker der Romantik, *1772, †1834; meisterhafte Balladen.

**Colette** [kɔˈlɛt], eigtl. Sidonie Gabrielle **C.,** frz. Schriftstellerin, *1873, †1954; „Claudine"-Romane.

**Colhuacán** [kolʊ-; span.], toltek. Stadtstaat des 12.–14. Jh., heute zu Mexiko.

**Colibakterien** ↑Kolibakterien.

**Coligny** [kɔliˈɲi], Gaspard de, Seigneur de Châtillon, Führer der Hugenotten, *1519, †1572.

**Collage** [kɔˈla:ʒə; frz.], Bild aus aufgeklebten Stücken v. Papier (auch mit Text) u. a. Material.

**College** [ˈkɔlɪdʒ; engl.], **1)** in England höhere Schule mit Internat, die auf das Univ.-Studium vorbereitet (z. B. Eton C.); als Teil einer Univ. ist C. eine Gemeinschaft v. Dozenten u. Studenten sowie das Gebäude, in dem sie zus. wohnen (z. B. Oxford, London). **2)** in den USA versch. auf der Highschool aufbauende Hochschuleinrichtungen.

**Collège** [kɔˈlɛ:ʒ; frz.], in Frkr. 1. vierjährige weiterführende Schule, 2. ein- bis dreijährige techn. Schule, 3. Lehrerbildungsanstalt.

**Collie** [engl.], schott. Schäferhund.

**Collodi,** Carlo, ital. Schriftsteller, *1826, †1890; weltweit übersetztes Kinderbuch „Pinocchio".

**Colloquium** ↑Kolloquium.

**Colmar,** Hptst. des ostfrz. Dep. Haut-Rhin, im Oberelsass, 64000 E; Museum Unterlinden mit Isenheimer Altar des Matthias Grünewald; Textilind., Weinhandel.

**Colombo,** Hptst. von Sri Lanka, 615000 E; 2 Univ.; bed. Hafen- u. Handelsst.; ⛯; *C.-Plan,* Hilfs- u. Entwicklungsplan zur Hebung des Lebensstandards u. zur Ausdehnung des Handels in den süd- u. südostasiat. Staaten; beschlossen 1950 in C. von den Außenmin. des brit. Commonwealth.

**Colonia** [lat.], Ansiedlung röm. Bürger in unterworfenem Gebiet u. mil. Stützpt. Häufig Bestandteil röm. Städtenamen (z. B. C. Agrippinensis = Köln).

**Colorado** [kɔləˈrɑ:dou], **1)** Fl. im SW der USA, 2334 km, im *C. Pla-*

*teau* eingeschnitten (↑Grand Canyon). **2)** Abk. Col., auch Colo., B.-Staat der USA, 269618 km², 3,97 Mill. E, Hptst. Denver; reiche landw. Produktion mit verarb. Ind.; Fremdenverkehr; Bodenschätze: Gold, Uran, Eisenerze, Molybdän, Kohle, Erdöl, Erdgas.

**Coloradokäfer, Kartoffelkäfer** ↑Pflanzenkrankheiten (Übers.).

**Colorado River** [kɔlaˈrɑ:dou rɪvə], Fl. in Texas, 1352 km; mündet in den Golf von Mexiko.

**Colorado Springs** [kɔləˈrɑ:dou ˈsprɪŋz], St. in Colorado, USA, 338000 E; Fremdenverkehr; Goldbergbau; ✧.

**Colosseum** ↑Kolosseum.

**Columbia** [kəˈlʌmbɪə], **1)** ↑District of Columbia. **2)** Hptst. von South Carolina, USA, 112800 E; Univ.; Baumwollind. ✧.

**Columbia River** [kəˈlʌmbɪə ˈrɪvə], Fl. im W Nordamerikas, 2000 km, mündet in den Pazifik.

**Columbia University** [kəˈlʌmbɪə ju:nɪˈvə:sɪtɪ], Univ. in New York, 1754 als King's College gegr.

**Columbus** ↑Kolumbus.

**Columbus** [kəˈlʌmbəs], **1)** Hptst. v. Ohio, USA, 633000 E; 3 Univ.; Metall- u. a. Ind.; ✧. **2)** Stadt in Georgia, USA, 186000 E; Textil- u. a. Ind.; ✧.

**Combo** [amer.], kl. Jazzband (etwa 3–6 Musiker).

**Come-back** [kʌmˈbæk; engl.], Wiederauftreten nach längerer Pause, bes. von Künstlern, Sportlern, Politikern.

**COMECON,** Abk. für: **Co**uncil for **M**utual **Econ**omic Aid, ↑Rat für gegenseit. Wirtschaftshilfe.

**Comédie-Française** [komeˈdi frɑ̃ˈsɛ:z; frz.], frz. Nationaltheater, gegr. 1680.

**Comenius,** Johann Amos, eigtl. Jan Amos **Komenský,** Bischof der Böhm. Brüder, *1592, †1670; bed. Pädagoge.

**Comer See,** ital. **Lago di Como,** nordital. Alpenrandsee, 146 km².

**Comic** [ˈkɔmɪk; engl.], **Comicstrip,** Bildgeschichte (mit Text, meist in Sprechblasen).

**Commedia dell'Arte** [ital.], ital. Stegreifkomödie des 16.–18. Jh. mit typ. Figuren.

**Common Law** [ˈkɔmən lɔ:; engl.], engl. gemeines Recht s. dem MA (Gewohnheitsrecht) im Ggs. zum *Civil Law,* dem auf röm. Recht basierenden kontinentaleurop. Recht.

**Common Prayer Book** [ˈkɔmən ˈpreɪə ˈbuk; engl.], 1549 eingeführtes amtl. Gebetbuch u. Bekenntnisschrift der anglikan. Kirche.

**Commons** [ˈkɔmənz; engl.], Mitglieder des engl. Unterhauses.

**Commonsense** [ˈkɔmənˈsens; engl.], gesunder Menschenverstand.

**Commonwealth** [ˈkɔmənwelθ; engl.; Gemeinwohl], Staatenbund.

**Commonwealth of Nations** [ˈkɔmənwelθ ɔv ˈneɪʃnz], Verband der souveränen, unabh. Staaten, die die formale Oberhoheit der brit. Krone anerkennen. Mitgl.: Vereinigtes Kgr. Großbrit. u. Nordirland, Antigua u. Barbuda, Austral. Bund, Bahamas, Bangladesh, Barbados, Belize, Botswana, Brunei, Dominica, Fidschi, Gambia, Ghana, Grenada, Guyana, Indien, Jamaika, Kamerun, Kanada, Kenia, Kiribati, Lesotho, Malawi, Malaysia, Malediven, Malta, Mauritius, Moçambique (s. 1995; ohne je brit. Kolonie gewesen zu sein), Namibia, Nauru, Neuseeland, Nigeria, Pakistan (Mitgliedschaft 1999 suspendiert), Papua-Neuguinea, Saint Kitts and Nevis, Saint Lucia, Saint Vincent and the Grenadines, Salomoninseln, Sambia, Samoa, Seychellen, Sierra Leone, Simbabwe (Mitgliedschaft 2002 suspendiert), Singapur, Sri Lanka, Südafrika, Swasiland, Tansania, Tonga, Trinidad und Tobago, Tuvalu, Uganda, Vanuatu, Zypern. Innerhalb des C. of N. tragen Großbrit., Australien und Neuseeland Verantwortung für abhäng. Gebiete. – *Gesch.:* Entstand aus dem *Brit. Reich (British Empire),* das sich etwa s. dem 17. Jh. durch Erwerbung v. Kolonien bildete; nach u. nach Gewährung der Selbstreg., Bildung v. ↑Dominions (1867 Kanada, 1901 Australien, 1907 Neuseeland, 1910 Südafrika). 1931 *Westminsterstatut:* Umwandlung des Empire zur Verbdg. des *„British C. of N.".*

**Communauté française** [kɔmynoˈte frɑ̃ˈse:z], svw. Französische Gemeinschaft (↑Frankreich, Geschichte).

**Como,** Prov.-Hptst. in Italien, am Comer See, 83900 E; Sant' Abbondio (11. Jh.), Dom (14.–16. Jh.); Seidenind., Fremdenverkehr.

**Compactdisc** [kəmˈpæktdɪsk; engl.], die ↑CD.

**Company** [ˈkʌmpənɪ; engl.], Handelsgesellschaft.

**Compiègne** [kɔ̃ˈpjɛɲ], nordfrz. St. an der Oise, 40000 E; Schloss (18. Jh.). Im Wald von C. Waffenstillstandsverträge von 1918 zw. dem Dt. Reich u. den Alliierten und 1940 zw. dem Dt. Reich u. Frankreich.

**Compiler** [kəmˈpaɪlə], Übersetzungsprogramm für eine Programmiersprache.

**Compliance** [kəmˈplaɪəns; engl.], von Banken- bzw. Wertpapieraufsicht zum Anlegerschutz aufgestellte Wohlverhaltensrichtlinien.

**Compton** [kɔmptən], Arthur Holly, amer. Physiker, *1892, †1962; 1927 Nobelpreis (mit C. T. R. Wilson); entdeckte den *C.-Effekt,* Wellenlängenänderung elektromagnet. Strahlung infolge *C.-Streuung* v. Photonen an Elektronen.

**Computer** [kɔmˈpju:tər; engl.], **Rechner, Rechenanlage,** programmgesteuerte elektron. Anlage zur Verarbeitung u. Speicherung v. Information (Daten) sowie zur Steuerung v. Geräten, Anlagen u. Prozessen. Unter C. versteht man heute fast ausschl. ↑Digitalrechner. Die zu lösenden Aufgaben müssen in Programme umgesetzt werden, dazu dienen Programmiersprachen. Bezüglich der Leistungsfähigkeit unterscheidet man z. B. Spiel- u. Lern-C., Personal-C. (wie auch Laptop, Notebook, Notepad), Arbeitsplatz-C. (Workstation), Großrechner u. Super-C. Neue Kommunikationsformen ergeben sich u. a. durch den Anschluss von C. an Rechnernetze (z. B. Internet) u. aus der Vernetzung v. Informationstechnologie u. Telekommunikation (Multimedia).

**Computerbörse** [kɔmˈpju:tər-] ↑Börse.

**Computerkriminalität** [kɔmˈpju:tər-], v. a. Straftaten der Wirtschaftskriminalität, die unter Zuhilfenahme v. Computern begangen werden (Computerbetrug, -sabotage u. a.).

**Computertomographie,** [kɔmˈpju:tər-] Abk. **CT,** spezielles Röntgenverfahren, bei dem ein dünnes Röntgenstrahlenbündel die zu untersuchenden Körperregionen in Einzelschritten und -schichten aus versch. Winkeln abtastet und ein Computer aus den Messwerten ein Bild von den Gewebeschichten aufbaut.

**Computerviren** [kɔmˈpju:tər-], in Rechner eingeschleuste Computerprogramme, die sich z. B. durch ein Codewort oder mit einem best. Datum vervielfältigen; können Software manipulieren, schädigen od. vernichten.

**Comte** [kɔ̃t], Auguste, frz. Philosoph, *1798, †1857; begr. den Positivismus, prägte den Begriff Soziologie; vertrat ein *Dreistadienges.* der Menschheitsentw. (theol., metaphys., positives Stadium).

**Comte** [kɔ̃t; frz.], frz. Bez. für Graf.

**Comtesse** [kɔ̃ˈtɛs; frz.], frz. Bez. für Gräfin.

**Conakry,** Hptst. von Guinea, 1,5

**Concorde:** *Überschallverkehrsflugzeug Concorde der British Airways*

Mill. E; Univ., Erzb.-Sitz; Wirtschafts- und Verwaltungszentrum; ⚓, ✈.
**Concerto grọsso** [kɔnˈtʃɛrto -], wichtige Gatt. der barocken Orchestermusik, mehrsätz. Instrumentalwerk; die Besetzung aufgeteilt in *Concertino* (meist 3 Solisten) u. *Tutti* (die Ripienisten).
**Concord** [ˈkɔŋkɔ:d], Hptst. von New Hampshire, USA, 37 900 E; Holz-, Metall- u. a. Industrie; ✈.
**Concorde** [kɔ̃ˈkɔ:d; frz.], 4-strahl. brit.-frz. Überschallverkehrsflugzeug (Reisegeschwindigkeit 2 200 km/h); 1976–2000 im Liniendienst, nach Absturz einer C. vorübergehender Entzug d. Fluguntauglichkeitsbescheinigung; im Nov. 2001 Wiederaufnahme des Liniendienstes.
**Concọrdia** ↑Konkordia.
**Condẹ** [kɔ̃ˈde], Seitenlinie des Hauses Bourbon; Prinz Louis II., gen. le Grand C., *1621, †1686, kämpfte zur Zeit der ↑Fronde gg. die Krone; später bed. Feldherr Ludwigs XIV.
**Condịtio sịne quạ nọn** [lat.], notwend. Bedingung.
**Condorcet** [kɔ̃dɔrˈsɛ], Antoine Marquis de, frz. Geschichtsphilosoph u. Mathematiker, *1743, †1794.
**Coney Island** [ˈkounı ˈaılænd], Halbinsel im S des New Yorker Stadtteils Brooklyn; Bade- und Vergnügungszentrum.
**Conférencier** [kɔ̃ferãˈsje; frz.], Sprecher, Ansager bei öffentl. oder privaten Veranstaltungen.
**Confẹssio** [lat.], **1)** Bekenntnis; Sünden-, Glaubensbekenntnis. **2)** Vorraum eines altchristl. Märtyrergrabes.
**Confẹssio Augustạna,** svw. ↑Augsburger Bekenntnis.
**Confẹssio Helvẹtica,** **Helvet. Konfessiọnen,** Bekenntnisschriften der schweizer.-ref. Kirche: 1. *C. H. Prior* (Basel 1536), 2. *C. H. Posterior* (verf. v. Bullinger, veröff. 1566, neben dem ↑Heidelberger Katechismus wichtigste Bekenntnisschrift der ref. Kirche).
**Confịteor** [lat.; = ich bekenne], allg. Sündenbekenntnis in der kath. Messe.
**Congreve** [ˈkɔngrı:v], William, engl. Dichter, *1670, †1729.
**Connacht, Connaught** [ˈkɔnət], histor. Prov. im NW d. Rep. Irland, 17 122 km², 424 000 E.
**Connecticut** [kəˈnektıkət], Abk. Conn., NO-Staat der USA, 14 358 km², 3,3 Mill. E, Hptst. Hartford; Waffen-, elektron., Masch.-Ind.
**Cọnnery,** Sean, brit. Schauspieler, *1930; v. a. bekannt durch „James-Bond"-Filme.
**Conrad** [ˈkɔnræd], Joseph, eigtl. Józef Teodor Konrad **Korzeniọwski** [-ʒɛ-], engl. Schriftsteller poln. Herkunft, *1857, †1924; Novellen, Romane: „Lord Jim".
**Cọnrad von Họ̈tzendorf,** Franz Graf, östr.-ungar. Feldmarschall, *1852, †1925; im 1. Weltkrieg Oberbefehlshaber des Heeres.
**Conseil** [kɔ̃ˈsɛj; frz.], Rat, Ratsvers., bes. in Frankreich.
**Consẹnsus** [lat.], Übereinstimmung, Zustimmung.
**Conservative and Unionist Party** [kənˈsə:vətıv ənd ˈju:njənıst ˈpɑ:tı; engl.], um 1832 aus den Tories hervorgegangene engl. Partei, lib.-konservat. Programm (älteste polit. Partei der Welt).
**Constable** [ˈkʌnstəbl], John, engl. Maler, *1776, †1837; neben Turner Hauptvertreter der engl. Landschaftsmalerei; nahezu impression. Gemälde.
**Constạnța** [-tsa], dt. **Konstạnza,** Bez.-Hptst. in Rumänien, am Schwarzen Meer, 344 600 E; Donau-Schwarzmeer-Kanal zur Donau; Univ.; vielseitige Ind.; Kurort Eforie; ⚓, ✈. – Das antike Tomis.
**Constantine** [kɔ̃stãˈtin], Eddy, frz. Filmschauspieler amer. Herkunft, *1917, †1993; v. a. bekannt durch „Lemmy-Caution"-Filme.
**Constantine** [kɔ̃stãˈtin], St. in N-Algerien, 449 600 E; Univ.; Textilind., Motorenbau; ✈.
**Consulting** [kənˈsʌltıŋ; engl.], Unternehmensberatung.
**Container** [kɔnˈte:nə(r); engl.], intern. genormter Großbehälter.
**Containerschiff** [kɔnˈte:nər-], Spezialfrachtschiff mit bes. großen Ladeluken zum Transport genormter Container; z. T. mit schiffseigener Verladeeinrichtung.
**Cọnte** [ital.], Graf; *Contessa,* Gräfin (in Italien).
**Contergạn,** ehem. Handelsname für das Schlaf- und Beruhigungsmittel Thalidomid; verursachte embryonale Fehlbildungen.
**contra.., Contra...** ↑kontra..., Kontra...
**Contrat social** [kɔ̃ntˈrɑ sosˈjal; frz.; = Gesellschaftsvertr.], Titel eines Werkes v. J.-J. Rousseau; Darst. einer Vertragstheorie, nach der die Individuen im Staat ihre Freiheit einem Gesamtwillen *(Volonté générale)* unterordnen.
**Controlling** [kɔnˈtrəʊ:lıŋ; engl.], Planungs-, Kontroll-, Steuerungs- u. Koordinationsfunktionen d. Unternehmensführung.
**Cook** [kʊk], James, brit. Entdecker, *1728, †1779; unternahm drei bed. Forschungsreisen im Pazifik (1769–71, 1772–75, 1776–79), entdeckte u. a. die O-Küste Australiens.
**Cookstraße,** Meerenge zw. d. Nord- u. Südinsel von Neuseeland.
**Coolidge** [ˈku:lıdʒ], Calvin, 30. Präs. der USA (1923), *1872, †1933.
**Cooljazz** [ˈku:lˈdʒæz; engl.], den Bebop ablösende „kühle" Jazzrichtung.
**Cooper** [ˈku:pə], **1)** Gary, eigtl. Frank James **C.**, amer. Filmschauspieler, *1901, †1961; „12 Uhr mittags". **2)** James Fenimore, amer. Schriftsteller, *1789, †1851; Lederstrumpfgeschichten.
**Copacabạna,** Stadtteil v. Rio de Janeiro; bek. Badestrand.
**Copán,** Ruinenstätte der Mayakultur in Honduras (u. a. Tempelpyramiden).
**Copẹrnicus** ↑Kopernikus.
**Copperbelt** [ˈkɔpəbelt; engl.], der „Kupfergürtel" v. Sambia, 200 km

lang, etwa 60 km breit, setzt sich in der Demokrat. Rep. Kongo fort; 25–30% der bekannten Kupfervorräte der Erde.

**Coppola** ['kɔpələ], Francis Ford, amer. Filmregisseur, *1939; „Der Pate", „Apocalypse now".

**Copyright** ['kɔpıraıt; engl.], **1)** ↑Urheberrecht in den USA. **2)** Urheberrechtsschutz in allen Ländern, die dem *Welturheberrechtsabkommen* (WUA) vom 6. 9. 1952 angeschlossen sind, wenn das Impressum © den Inhaber des Urheber- oder Verlagsrechts und das J. des 1. Erscheinens aufweist.

**coram publico** [lat.], öffentl., in aller Öffentlichkeit.

**Corbie** [kɔr'bi], nordfrz. St. an der Somme, 6200 E; ehem. bed. Benediktinerkloster (um 660–1790).

**Corbusier** [kɔrby'zje] ↑Le Corbusier.

**Cord, Kord** [engl.], **1)** stark geripptes, dichtes Gewebe aus Kammgarn, Streichgarn u. a., meist mit samtartiger Oberfläche *(C.samt)*. **2)** loses Gewebe aus scharf gezwirnten Garnen als Zwischenlage in Reifen *(Reifen-C.)*.

**Corday d'Armont** [kɔr'dɛ dar'mɔ̃], Charlotte de, frz. Republikanerin, *1768, †1793; erstach ↑Marat; hingerichtet.

**Córdoba, 1)** südspan. Prov.-Hptst., 307 000 E; maur. Stadtanlage, Kathedr. (ehem. Moschee); Univ.; Gold-, Silberverarb., Metall- u. a. Ind.; ⛭. – 152 v. Chr. gegr.; seit 50 v. Chr. Hptst. der röm. Prov. Baetica; s. dem 3. Jh. Bischofssitz, 756–1031 Residenz der maur. Kalifen; 1236 kastil. **2)** zentralargentin. Prov.-Hptst., 1,18 Mill. E; 2 Univ.; Handels-, Verkehrs- und Ind.-Zentrum; ⛭; gegr. 1573, UNESCO-Welterbe.

**Cordon bleu** [kɔrdɔ̃'blø; frz.], mit Käsescheibe und gekochtem Schinken gefülltes Steak v. Kalb, Schwein od. Huhn.

**Core** [kɔ:; engl. „Kern"], innerster Bereich eines Kernreaktors (Reaktorkern), der das spaltbare Material enthält.

**Corelli,** Arcangelo, ital. Geiger u. Komponist, *1653, †1713; u. a. Concerti grossi, Trio- und Kammersonaten.

**Corinth,** Lovis, dt. impressionist. Maler, *1858, †1925; relig. Bilder, Landschaften, [Selbst]bildnisse, Radierungen.

**Coriolis,** Gaspard Gustave, frz. Physiker, *1792, †1843; entdeckte die nach ihm ben. *C.-Kraft,* eine Trägheitskraft, die eine Rechtsabweichung jeder Bewegung auf der N-Halbkugel der rotierenden Erde bewirkt *(C.-Effekt)*.

**Cork,** irisch **Corcaigh** [kɔr'ki:], Hptst. der ir. Gft. C., 133 000 E; Univ., Seehafen: *C. Harbour;* ⛭.

**Cormack** ['kɔ:mæk], Allan McLeod, amer. Physiker, *1924, †1998; erhielt für d. Entw. der Computertomographie 1979 den Nobelpreis für Medizin oder Physiologie.

**Cornedbeef** ['kɔ:ndbi:f; engl.], gepökeltes, zerkleinertes Büchsenrindfleisch.

**Corneille** [kɔ:r'nɛj], Pierre, frz. Dramatiker, *1606, †1684; Begr. des klass. frz. Dramas; „Le Cid", „Horace", „Cinna", „Le menteur".

**Cornelia,** altröm. Patrizierin, †nach 121 v. Chr.; eine der bedeutendsten röm. Frauen, Mutter v. Tiberius u. Gaius ↑Gracchus.

**Cornelisz,** Cornelis, gen. **C. van Haarlem,** niederl. Maler, *1562, †1638; Meister des niederl. Manierismus.

**Corpus Delicti** [lat.], Gegenstand der Straftat, Beweisstück.

**Corpus Iuris Civilis** [lat.], Gesetzeswerk Ks. Justinians I., bestehend aus Institutionen (4 Bücher), Digesten oder Pandekten (50 Bücher), Codex Justinianus (12 Bücher) und Novellen.

**Correggio** [kɔr'reddʒo], eigtl. Antonio **Allegri,** ital. Maler, *1489, †1534; starker Einfluss auf die Malerei des Barock; Fresken, Altar-, mythol. Bilder.

**Cortes,** v. a. auf der Iber. Halbinsel bis Anf. 19. Jh. Vers. der Landstände, danach in Spanien (bis 1936/39 u. s. 1977/78) u. in Portugal (1822–1911) Volksvertretung.

**Cortéz** ['kɔrtɛs], Hernando (Fernando), span. Konquistador, *1485, †1547; 1519–21 Eroberung des Aztekenreiches; Generalkapitän v. „Neuspanien".

**Lovis Corinth:** *Walchensee, Serpentine (1920)*

**Cornelius,** Peter, dt. Komponist und Dichter, *1824, †1874; Opern: „Der Barbier von Bagdad" u. a.; Lieder.

**Cornwall** ['kɔ:nwəl], südwestengl. Gft. (C. and isles of Scilly, 477 000 E), Hptst. Truro; Halbinsel mit zerklüfteter Steilküste u. vermoorten Hochflächen im Innern; Kupfer-, Zinn-, Kaolinvorkommen.

**Corona Australis** [lat.], das Sternbild Südl. ↑Krone.

**Corona Borealis** [lat.], das Sternbild Nördl. ↑Krone.

**Corot** [kɔ'ro], Camille, frz. Maler, Grafiker, Zeichner, *1796, †1875; dem Impressionismus nahe stehend; Landschaften.

**Corps diplomatique** [kɔ:rdiplɔma'tik; frz.], Abk. **CD** ↑diplomatisches Korps.

**Corpus** ↑Korpus.

**Cortina d'Ampezzo,** ital. Höhenkurort und Wintersportplatz in den Dolomiten, 6700 E.

**Cortona,** mittelital. St., 22 000 E; v. Etruskern gegr. (Stadtmauer); Dom (v. a. 15. Jh.); Museum.

**Corvey** [-vai], ehem. Benediktinerabtei (822–1803, von ↑Corbie aus gegr.) in Höxter, NRW; Westwerk der karoling. Kirche erhalten.

**cos,** Abk. für Kosinus (↑Winkelfunktionen).

**cosec,** Abk. für Kosekans (↑Winkelfunktionen).

**Cosenza,** Prov.-Hptst. in Italien, 77 200 E; frühgot. Dom; Univ.; Möbel-, Papier-, Textilind.

**Costa Brava,** span. Küstenstreifen am Mittelmeer nördl. v. Barcelona; felsig, buchtenreich.

**Costa del Sol,** span. Küstenstreifen an der andalus. S-Küste (Mittelmeer).

**Cọsta Rịca,** Rep. in Zentralamerika; nördl. Teil fruchtb. Hochland mit noch tätigen Vulkanen (hier über 75% der Bev.); wenig Ind.; Anbau von Zucker, Kaffee, Reis, Bananen. – 1502 entdeckte Kolumbus die Küste v. C. R., span. Eroberung erst in den 1560er-Jahren; 1821 Loslösung v. Spanien im Verband des Gen.-Kapitanats Guatemala; 1848 Gründung der Rep. C. R., Revolutionen, [Bürger]kriege; ab 1948 Präsidialdemokratie.

**Costa Rica**

*Fläche:* 51 100 km²

*Einwohner:* 3,71 Mill.

*Hauptstadt:* San José

*Amtssprache:* Spanisch

*Zeitzone:* MEZ – 7 Stunden

**Costner** [kɔstnər], Kevin, amer. Filmschauspieler und -regisseur, *1955; „Der mit dem Wolf tanzt" (auch Regie), „J. F. K.", „Waterworld".

**cot,** Abk. für Kotangens (↑Winkelfunktionen).

**Côte d'Azur** [ko:tda'zy:r], Bez. für die frz. u. monegass. Riviera.

**Côte d'Ivoire** [ko:tdiv'wa:r], frz. Name der Rep. ↑Elfenbeinküste.

**Côte d'Or** [ko:t'dɔ:r], bergige ostfrz. Ldsch. südl. von Dijon.

**Cotentin** [kɔtã'tɛ̃], frz. Halbinsel im W der Normandie, mit dem bed. Hafen Cherbourg. – Im 2. Weltkrieg 1944 Landeplatz amer. Truppen und Ausgangspunkt ihres Vormarsches.

**Cọttbus,** kreisfreie St. an der Spree, Bbg., 107 000 E; TU, FH; Staatstheater; u.a. Textilindustrie. Wend. Museum, Stadttheater; frühgot. Klosterkirche (14. Jh.); nahebei Schloss Branitz (1772) mit berühmtem Landschaftspark.

**Cọtti,** Flavio, schweizer. Politiker, *1939; 1984–86 Präs. der Christlichdemokrat. Volkspartei (CVP); seit 1986 Bundesrat (bis 1993 Innendepartement, seither Außendepartement); 1991 Bundespräsident.

**Cotton** [kɔtn; engl.], engl. Bez. für Baumwolle.

**Coubertin** [kubɛr'tɛ̃], Pierre Baron de, frz. Pädagoge, *1863, †1937; Begr. der mod. Olymp. Spiele.

**Coudenhọve-Kalẹrgi** [ku-], Richard Nicolas Graf, pazifist. Politiker, *1894, †1972; Begr. der Paneuropa-Bewegung.

**Couleur** [ku'lœ:r; frz.], **1)** Farbe, auch studentische Verbindungsfarben. **2)** Trumpf (im Kartenspiel).

**Coulomb** [ku'lɔ̃], Charles Augustin de, frz. Physiker, *1736, †1806; ↑coulombsches Gesetz.

**Coulomb** [nach Ch. A. de Coulomb], Einheitenzeichen **C**, Einheit der elektr. Ladung; 1 C = 1 Amperesekunde (A·s).

**coulombsches Gesetz,** Gesetz v. C. A. de Coulomb über die Kraft zw. 2 elektr. Ladungen; diese *Coulomb-Kraft* ist dem Produkt der Ladungen direkt, dem Quadrat ihres Abstandes umgekehrt proportional.

**Count-down** [kaʊnt'daʊn], rückschreitende Ansage der Zeiteinheiten (bis null), z. B. vor dem Start gr. Raketen.

**Countrydance** ['kʌntrɪdɑ:ns], engl. Gesellschaftstanz des 16. bis 18. Jh.

**Countrymusic** [kʌntrɪ'mju:zɪk; amer.], die Volksmusik im S und Mittel-W der USA.

**County** [kaʊntɪ; engl.], Grafschaft; in Großbrit. u. USA Verw.- u. Ger.-Bezirk.

**Coup** [ku; frz.], Schlag; Streich, Kunstgriff; *C. d'État* [- de'ta], Staatsstreich.

**Coupé** [ku'pe; frz.], veraltet für Wagenabteil; heute: geschlossenes Auto mit 2 Sitzen [u. 2 Notsitzen].

**Couperin** [kupə'rɛ̃], François, gen. **C. le Grand** [- ləgrã], frz. Komponist, *1668, †1733; Kammermusik, 4 Bücher „Pièces de clavecin"; Vokalkompositionen.

**Couplet** [ku'ple; frz.], scherzhaft-satir. Strophenlied mit Kehrreim.

**Coupon** [ku'pɔ̃] ↑Kupon.

**Cour** [ku:r; frz.], **1)** Hof, Hofhaltung. **2)** frz. Bez. für Gerichtshof.

**Courage** [ku'ra:ʒə; frz.], Mut, Tapferkeit, Schneid.

**Courante** [ku'rãt; frz.], Gesellschaftstanz des 16. u. 17. Jh.; auch Bestandteil der Suite.

**Courbet** [kur'bɛ], Gustave, frz. Maler, *1819, †1877; realist. und naturalist. Bilder.

**Courtage** [kur'ta:ʒ(ə); frz.], Maklergebühr, Vermittlungsgebühr.

**Courths-Mahler** [ku-], Hedwig, dt. Schriftstellerin, *1867, †1950; üb. 200 Unterhaltungsromane.

**Lucas Cranach d. Ä.:** *Venus (1532)*

**Courtrai** [kur'trɛ] ↑Kortrijk.

**Cousteau** [kus'to], Jacques-Yves, frz. Marineoffizier u. Meeresforscher, *1910, †1997; ozeanograph. Expeditionen.

**Coventry** [kɔvəntrɪ], mittelengl. Ind.-St., 314 000 E; Kathedr.; Univ.; 1940 durch dt. Luftangriffe stark zerstört.

**Cowboy** ['kaʊbɔɪ; engl.], berittener nordamer. Rinderhirt.

**Cowper** ['kaʊpə], William, engl. Anatom, *1666, †1709; nach ihm ben. die *C.-Drüsen,* paarige, in die Harnröhre der meisten Säugetiere (auch des Menschen) mündende Anhangsdrüsen des männl. Geschlechtsapparates.

**Cọx,** Patrick (Pat), ir. Politiker, *1952; wurde 1998 Präs. der ELDR (Europ. Liberale, Demokraten u. Reformer), s. 2002 Präs. des Europ. Parlaments.

**Cr,** Symb. für ↑Chrom.

**ČR** [tʃe:-], Abk. für tschech. **Česká** republica, ↑Tschech. Republik.

**Crack** [kræk], bed. Sportsmann.

**Cracker** ['krækə], **1)** ↑Hacker. **2)** ungesüßtes, keksartiges Kleingebäck.

**Crailsheim,** St. an der Jagst, Ba.-Wü., 30 500 E; spätgot. Stadtkirche; Bekleidungs-, Lebensmittelind., Zementwerke.

**Craiọva,** Bez.-Hptst. in S-Rumänien, Mittelpt. der Kl. Walachei, 314 400 E; Univ., Masch.- u. Fahrzeugbau, chem.- u. a. Ind.; ⚒.

**Crạnach, 1)** Lucas, d. Ä., dt. Maler, Kupferstecher u. Zeichner, *1472, †1553; Frühwerke der ↑Donauschule nahe stehend; von

1505 an in Wittenberg; Bildnis M. Luthers, Bibelillustrationen. **2)** Lucas, d. J., dt. Maler, *1515, †1586; Sohn, Schüler u. Mitarb. von 1), bed. v. a. seine Porträts.

**Crane** [kreɪn], Stephen, amer. Schriftsteller, *1871, †1900; meisterhafte Kurzgeschichten.

**Cranko** [ˈkræŋkoʊ], John, brit. Choreograf, *1927, †1973; förderte experimentelles Ballett.

**Cranmer** [ˈkrænmə], Thomas, engl. Reformator, *1489, †1556; Erzb. von Canterbury; Hauptverf. des ↑Common Prayer Book.

**Crassus,** Marcus Licinius, gen. Dives (= der Reiche), röm. Politiker u. Feldherr, *um 115, ⚔ 53 v. Chr.; schlug 71 den Aufstand des Spartakus nieder, 60/59 1. Triumvirat mit Caesar und Pompeius.

**Creangă** [kreˈangə], Ion, rumän. Schriftsteller, *1839, †1889; Kunstmärchen (u. a. „Der weiße Mohr"), „Kindheitserinnerungen".

**Crébillon** [krebiˈjõ], Claude Prosper Jolyot de, frz. Schriftsteller, *1707, †1777; erot.-psychol. Romane.

**Credo** [lat.; = ich glaube] Glaubensbekenntnis, v. a. als Teil der kath. Messe.

**Creek** [kriːk; engl.], **1)** in Amerika kl. Flusslauf. **2)** in Australien period. fließender Fluss. **3)** Indianervolk in Nordamerika, bildete im 17./18. Jh. die C.-Konföderation (etwa 50 Dörfer umfassend).

**Creglingen,** St. an der Tauber, Ba.-Wü., 4900 E; bei C. die Herrgottskirche mit berühmtem Marienaltar Riemenschneiders.

**Creme** [krɛm, auch kreːm], **1)** salbenart. Hautpflegemittel. **2)** Sahne. **3)** schaum. Süßspeise. **4)** dickflüss. Likör.

**Cremona,** Prov.-Hptst. in N-Italien, im S der Lombardei, 72300 E; Dom (12./13. Jh.); Erdölind.; im 16.–18. Jh. Geigenbau (Amati, Stradivari).

**Crêpe** [krɛp; frz.], **1)** svw. ↑Krepp. **2)** dünner Eierpfannkuchen, oft mit Likör getränkt.

**crescendo** [krɛʃˈʃɛndo; ital.], Abk. **cresc.** 𝄞 allmählich u. gleichmäßig lauter werdend; Zeichen: <.

**Creusot, Le** [lə krøˈzo], frz. Ind.-St., Dép. Saône-et-Loire, 32000 E; Zentrum d. frz. Schwerind.; Steinkohlenbergbau.

**Creutzfeldt-Jakob-Krankheit,** seltene, durch Prionen verursachte, s. 1994 meldepflichtige tödl. Erkrankung mit schwammartig durchlöchertem Hirngewebe; bei der neuen Variante der C.-J.-K. kommt es zu einem atyp. Verlauf, die Übertragung erfolgt durch Produkte von BSE-infizierten Rindern.

**Crew** [kruː; engl.], Schiffsmannschaft; Flugzeugbesatzung; Kadettenjahrgang der Marine.

**Crispi,** Francesco, ital. Politiker, *1819, †1901; führend an Garibaldis Expedition nach Sizilien beteiligt; 1887–91 u. 1893–96 Min.-Präs.

**Croce** [ˈkroːtʃe], Benedetto, ital. Philosoph, Historiker u. Politiker, *1866, †1952; Begr. des ital. Neuidealismus, Hegelianer.

**Cro-Magnon** [kromaˈɲõ-; frz.], Höhle im Vézère-Tal, in S-Frankreich; Fundort menschl. Schädelreste aus der jüngeren Altsteinzeit *(Cromagnontypus).*

**Cromwell, 1)** Oliver, engl. Staatsmann u. Heerführer, *25. 4. 1599, †3. 9. 1658; strenger Puritaner; Haupt der ↑Independenten im Bürgerkrieg gg. Karl I., den er hinrichten ließ; 1653 Lordprotektor mit diktator. Vollmachten; stärkte die engl. Seemacht. **2)** Thomas, Earl of Essex, engl. Staatsmann, *um 1485, †1540; Staatssekr. Heinrichs VIII.; hingerichtet wegen Hochverrats.

**Cronin** [ˈkrəʊnɪn], Archibald Joseph, brit. Schriftsteller, *1896, †1981; oft sozialkrit. Romane („Die Zitadelle").

**Croquet,** svw. ↑Krocket.

**Croquetten,** svw. ↑Kroketten.

**Crosscountry** [krɔsˈkʌntrɪ; engl.], ⛷ Bez. für Querfeldeinwettbewerbe.

**Croupier** [kruːˈpje; frz.], in Spielbanken Angestellter für die Durchführung des Glücksspiels.

**Crüger,** Johann, dt. Komponist, *1598, †1662; vertonte P. Gerhardts Kirchenliedertexte.

**Cruisemissile** [ˈkruːzmɪsaɪl; engl.], **Marschflugkörper,** unbemannter militär. Flugkörper, der seinen vorprogrammierten Flugweg mithilfe eines kombinierten Radar-, Computer- u. Trägheitsnavigationssystems auch in geringen Höhen einhalten u. seinen [nuklearen] Sprengsatz mit hoher Treffgenauigkeit ins Ziel bringen kann. Reichweite bis 2500 km.

**Crux** [lat.], das Sternbild ↑Kreuz des Südens.

**Crux** [lat.; = Kreuz], Leid.

**Cs,** ☾ Symb. für ↑Cäsium.

**Csardas** [ˈtʃaːrdaːʃ], ungar. Nationaltanz.

**ČSFR** [tʃeː-], Abk. für tschech. **Č**eská a **S**lovenská **F**ederátivni **R**epublika u. für slowak. **Č**eská a **S**lovenská **F**ederátivna **R**epublika, ↑Tschechoslowakei.

**ČSSR** [tʃeː-], Abk. für: **Č**eskoslovenská **S**ocialistická **R**epublika, ↑Tschechoslowakei.

**CSU,** Abk. für: ↑**C**hristlich-**S**oziale **U**nion.

**c.t.** ↑akademisches Viertel.

**ctg,** veraltete Abk. für Kotangens (↑Winkelfunktionen).

**Cu,** ☾ Symb. für ↑Kupfer.

**Cuenca,** span. Prov.-Hptst. in Neukastilien, 43000 E; got. Kathedr.; Möbel-, Leder-, Nahrungsmittelind.

**cui bono?** [lat.], wem nützt es?

**cuius regio, ius religio** [lat.; = wessen das Land, dessen die Religion], Grundsatz des ↑Augsburger Religionsfriedens, nach dem der Landesherr die Konfession der Untertanen bestimmte.

**Cul de Paris** [kydpaˈri; frz.], Polster od. Halbreifengestell, Ende des 17. Jh. (unter der Bez. *Bouffanten*) u. in den 1880er-Jahren über dem Gesäß unter dem Frauenkleid getragen.

**Cullinan** [ˈkʌlɪnən; engl.], größter bek. Diamant (1905 gefunden, 3106 Karat); ben. nach seinem Fundort in Südafrika.

**Culm, Kulm,** poln. **Chełmno** [x-], poln. Krst. am r. Ufer der Weichsel, 21000 E; got. Kirchen; Eisenind. Das C.er Stadtrecht wurde Vorbild für das dt. Stadtrecht im Gebiet des Dt. Ordens.

**Cumae,** gr. **Kyme,** älteste griech. Kolonie in Italien, bei Neapel, gegr. um 750 v. Chr.

**Cumberland** [ˈkʌmbələnd], engl. Herzogstitel, verliehen an Ruprecht von der Pfalz (1644), Georg von Dänemark (1689) u. mehrere Prinzen des Hauses Hannover; seit 1799 erbl. im Hause Hannover.

**cum grano salis** [lat.; = mit einem Körnchen Salz], mit Einschränkung, nicht wörtlich.

**cum laude** [lat.; = mit Lob], gut; drittbeste Note bei der Promotion.

**cum tempore** ↑akadem. Viertel.

**Cuno,** Wilhelm, dt. Politiker, *1876, †1933; 1922/23 R.-Kanzler; Politik des „passiven Widerstandes" gg. die frz. Repressalien und die Ruhrbesetzung.

**Cup** [kʌp; engl.], ⛷ a) Pokal, Ehrenpreis; b) Wettbewerb.

**Cuprum** [lat.], das ↑Kupfer.

**Curaçao** [kuraˈsao], niederl. Insel der Kl. Antillen vor der venezol. Küste, 444 km², 153000 E, Hptst. Willemstad; Erdölraffinerien, Handel, Fremdenverkehr.

**Curaçao®,** nach der Insel C. ben. Likör aus den Schalen der Curaçaopomeranze.

**Curie** [kyˈri], Einheitenzeichen **Ci,** nicht gesetzl. Einheit der Aktivität eines radioakt. Strahlers ($3{,}7 \cdot 10^{10}$ Zerfallsakte je Sekunde).

**Curie** [kyˈri], **1)** Irène, ↑Joliot-Curie, Irène. **2)** Marie, geb. **Sklodowska,** Gattin von 3), frz. Chemikerin u. Physikerin poln. Herkunft,

*1867, †1934; Begr. der Radiochemie; Nobelpreis für Physik 1903 (mit Pierre C. u. H. Becquerel), Nobelpreis für Chemie 1911. **3)** Pierre, frz. Physiker, *1859, †1906; entdeckte die ↑Piezoelektrizität u. mit 2) Radium u. Polonium; 1903 Nobelpreis für Physik (mit Marie C. und H. Becquerel).

**Curium** [nlat.], Symb. **Cm,** chem. El., OZ 96, stark radioaktives Transuran.

**Curling** [ˈkəːlɪŋ; engl.], Mannschaftsspiel ähnl. dem ↑Eisstockschießen, gespielt mit einem abgeflachten Granitstein (mit Metallgriff); olympisch.

**Curry** [ˈkœri; auch: kʌri; engl.], milde bis scharfe ind. Gewürzmischung; v. a. für Reisgerichte.

**Cursor** [ˈkəːsə; engl.], Positionsanzeiger auf dem Bildschirm eines Computers.

**Curtiz** [ˈkəːtis], Michael, eigtl. M. **Kertész,** amer. Filmregisseur ungar. Herkunft, *1888, †1962; „Casablanca".

**Curzon** [ˈkəːzn], George Nathaniel, Marquess C. of Kedleston, brit. konservativer Politiker, *1859, †1925; 1919–24 Außenmin.; schlug 1919 die *C.-Linie* als O-Grenze Polens vor (1945 nahezu verwirklicht).

**Custoza,** Teil der ital. Gem. Sommacampagna (Prov. Verona); 1848 östr. Sieg über Kg. Karl Albert v. Sardinien, 1866 über die Italiener.

**Cut[away]** [ˈkʌt(əweɪ); engl.], offiz. Herrenanzug, Rock mit abgerundeten Vorderschößen.

**Cutter** [ˈkʌtə; engl.], Schnittmeister b. Film, Hörfunk, Fernsehen.

**Cuvée** [kyˈve; frz.], Verschnitt mehrerer Weinsorten zur Herstellung von Schaumwein.

**Cuvilliés** [kyviˈje], François de, d. Ä., frz.-dt. Baumeister und Stuckator des Rokoko, *1695, †1768; Amalienburg in Nymphenburg, Residenz-(C.-)Theater, München.

**Cuxhaven,** St. in Nds., an der Elbmündung, 55 400 E; Vor-⚓ Hamburgs; Hochseefischerei-⚓.

**Cuzco** [ˈkusko], Hptst. des südperuan. Dep. C. in den Anden, 278 000 E; Univ.; ✠. Bis 1533 Hptst. des Inkareiches (Ruinen).

**CVJM,** Abk. für: ↑**C**hristlicher **V**erein **J**unger **M**enschen.

**CVP,** Abk. für ↑**C**hristlichdemokrat. **V**olks**p**artei der Schweiz.

**Cyanide** [gr.], Salze der Blausäure, meist ☠; z. B. Zyankali.

**Cyanwasserstoff,** svw. ↑Blausäure.

**Cyberspace** [ˈsaɪbəspeɪs], eine v. Computern erzeugte, vernetzte Welt; auch Oberbegriff für weltumspannende Kommunikationsnetze; als *virtuelle Realität* die v. Computern simulierten dreidimensionalen Räume, in denen sich der Benutzer mithilfe elektron. Hilfsmittel bewegen kann.

**cyclische Verbindungen,** gr. Gruppe organ. Verbdg., in denen 3 od. mehr Atome zu einem Ring zusammengeschlossen sind; der Ring enthält entweder nur Kohlenstoffatome (bei den ↑alicycl. Verbdg. u. den ↑aromat. Verbdg.) oder auch andere Atome, z. B. N, S, O (bei d. heterocycl. Verbdg.).

**Cygnus** [lat.], das Sternbild ↑Schwan.

**Cyprianus,** Thasicus Caecilius, hl., Märtyrer, *um 200, †258; Bischof von Karthago; Kirchenschriftsteller.

**Cyrano de Bergerac** [siraˈno də bɛrʒəˈrak], Savinien de, eigtl. Hector Savinien **Cyrano,** frz. Schriftsteller, *1619, †1655; Gedichte, Dramen, Romane; Held eines Versdramas von E. Rostand.

**Cyrenaika,** arab. **Al-Barka,** histor. Ldsch. im O Libyens, von der Großen Syrte bis nach Ägypten; Bev. meist Hirtennomaden, an der Mittelmeerküste ⚓ (Bengasi u. Tobruk). – Seit dem 7. Jh. v. Chr. griech. Kolonialgebiet, 321 v. Chr. an Ägypten, 74 v. Chr. röm. Prov., 643 arab., 1517 türk., 1911 ital., 1951 zu Libyen.

**Czibulka** [tʃ-], Alfons Frhr. von, östr. Schriftsteller, *1888, †1969.

# D

**D, 1)** 4. Buchstabe des Alphabets. **2)** 𝄞 2. Stufe der C-Dur-Tonleiter. **3)** röm. Zahlzeichen für 500.

**D,** ⚛ Symb. f. ↑Deuterium.

**d,** Vorsatzzeichen für ↑Dezi...

**D.,** Abk. für: **1)** **D**octor Theologiae (↑Doktor). **2)** span. **D**on (Herr).

**da,** Vorsatzzeichen für: ↑**Deka**...

**d. Ä.,** Abk. für: **d**er **Ä**ltere.

**Dacca** ↑Dhaka.

**Dach,** Überdeckung eines Bauwerkes, aus *D.stuhl* u. *D.deckung* (Ziegel, Schiefer, Holz, Stroh u. a.).

**Dachau,** oberbayr. Krst. an der Amper, 35 000 E; Papier-, Elektro-, Möbelind.; am Ortsrand 1933–45 KZ; im S u. O das *D.er Moos,* kultiviertes ehem. Moorgebiet.

**Dach der Welt,** Bez. für das Hochland des Pamir.

**Dachfonds,** Investmentfonds, die das bei ihnen eingelegte Geld überwiegend in Anteile anderer Fonds investieren.

**Dachgaube, Dachgaupe,** Dachaufbau für ein stehendes Dachfenster.

**Dachreiter,** Türmchen aus Holz oder Stein auf dem ↑First.

**Dachs,** Marderart, Länge bis 70 cm, Höhe 30 cm; Haarkleid grau, Grabkrallen; Europa, N-Asien.

**Dachstein,** östr. Gebirgsstock in den Alpen, 2 995 m; mit Rieseneishöhle und Mammuthöhle.

**Dackel, Dachshund, Teckel,** Haus- u. Jagdhund mit lang gestrecktem Körper u. kurzen, stämmigen Beinen.

**Dadaismus** [frz.], internat. Kunst- und Lit.-Richtung, begr. 1916 von H. Ball, R. Huelsenbeck, H. Arp, T. Tzara u. a.; Ablehnung aller konventionellen, bürgerl. und idealist. Kunstauffassungen bzw. des Bildungsbürgertums; Prinzip: „Simultaneität", d. h. gleichzeit. Wiedergabe aller inneren u. äußeren Wahrnehmungen ohne kausalen u. log. Zusammenhang unter Einbeziehung des Unbewussten; Vorbereitung des Surrealismus.

**Dädalus,** griech. Mythol.: Erbauer des Labyrinths auf Kreta; von König Minos gefangen gehalten, entflieht er mit seinem Sohn ↑Ikarus mithilfe künstl. Flügel.

**DAF,** Abk. für ↑**D**t. **A**rbeits**f**ront.

**Dagestan,** Teilrep. der Russ. Föderation, am NO-Hang des Kaukasus, am Schwarzen Meer, 50 300 km², 2,12 Mill. E; Hptst. ist Machatschkala.

**Dagobert,** Name mehrerer fränk. Könige aus dem Hause der Merowinger.

**Dagover,** Lil, dt. Schauspielerin, *1887, †1980.

**Dahl,** Roald, brit. Schriftsteller norweg. Abkunft, *1916, †1990; Vertreter d. schwarzen Humors.

**Dahli|e,** beliebte Zierpfl. (Korbblütler), viele Zuchtformen.

**Dahlke,** Paul, dt. Schauspieler, *1904, †1984.

**Dahme, 1)** schiffb. l. Nbfl. der Spree; 95 km. **2)** Ostseeheilbad in Schl.-Ho., an der Lübecker Bucht, 1 200 E.

**Dahn,** Felix, dt. Schriftsteller u. Historiker, *1834, †1912; u. a. „Ein Kampf um Rom".

**Dahomey** [-ˈmɛ], ↑Benin.

**Dahrendorf,** Ralf Lord (seit 1993), dt.-brit. Soziologe u. Politiker, *1929; sozialwiss. Arbeiten; bed. Vertreter der liberalen Gesellschafts- u. Staatsidee.

**Daimler,** Gottlieb Wilhelm, dt. Erfinder, *1834, †1900; konstruierte neben C. Benz die ersten Kfz; 1890 Gründung der *D.-Motoren-Ges.* (Mercedes); 1926 Fusion mit *Benz & Cie.* zur heutigen *D.-Chrysler AG,* Stuttgart-Untertürkheim.

**DAK,** Abk. für: **D**eutsche **A**ngestellten-**K**rankenkasse.

**Dakar,** Hptst. u. wichtigster ⚓ der Rep. Senegal, W-Afrika, 1,73 Mill. E; Univ.; Erdölraffinerie; ✈.

**Daki|en,** im Altertum Land zw. Donau, Theiß u. Karpatenbogen; Sitz der indogerman. *Daker;* 106–271 röm. Prov. *(Dacia).*

**Dakota,** nordamer. Indianerstämme der Siouxfam., westl. des Missouri.

**Daktylologie, Chirologie** [gr.], Fingersprache, z. B. der Gehörlosen.

**Daktyloskopie,** Fingerabdruckverfahren, polizeil. Hilfsmittel.

**Daktylus** [gr.], antiker Versfuß, eine Länge und 2 Kürzen (–◡◡).

**Daladier** [dala'dje], Édouard, frz. radikal sozialist. Politiker, *1884, †1970; 1933/34, 1938 Min.-Präs.; Mitunterzeichner des Münchner Abkommens.

**Dalai-Lama** [tibet.], Titel des geistl. Oberhauptes des tibet. ↑Buddhismus (Lamaismus), der bis 1959 zugleich das polit. Oberhaupt ↑Tibets war (Residenz: Lhasa); 14. D.-L. (Tenzin Gyatso, *1935) Friedensnobelpreisträger 1989.

**Dalberg,** dt. Adelsgeschlecht: **1)** Karl Theodor Reichsfrhr. von, *1744, †1817, 1802–13 Krfst. von Mainz. **2)** Wolfgang Heribert Reichsfrhr. von, Bruder v. 1), Intendant des Mannheimer Nationaltheaters (Uraufführung v. Schillers „Die Räuber"), *1750, †1806.

**Dalí,** Salvador, span. Maler, *1904, †1989; exzentr. Surrealist mit fantast. Bildvorstellungen.

**Dalian,** fr. **Lüta,** Zusammenschluss der chin. Städte Lüshun (fr. Port Arthur) u. Talien (jap. Dairen, chin. Dalian), 2,33 Mill. E, TU, See-⚓, Schiffbau, Erdölraffinerie; s. 1984 chines. Sonderwirtschaftszone.

**Dallas** ['dæləs], St. im nördl. Texas, USA, 1 Mill. E, städt. Agglomeration 3,88 Mill. E; 2 Univ.; Zentrum eines Baumwollanbau- u. Erdölgebietes; vielseitige Ind.; bed. Handels- u. Finanzzentrum; Verkehrsknotenpt.; ✈.

**Dalmati|en,** serbokroat. **Dalmacija,** Küstenldsch. am Adriat. Meer; vorw. in Kroatien, reich gegliedert, mit etwa 800 vorgelagerten Inseln *(Dalmatin. Inseln);* mediterrane Vegetation; Fischfang, Fremdenverkehr, Handel. Städte vom Einfluss Venedigs geprägt; starke Befestigungen. – *Gesch.:* v. Illyrern bewohnt, 9 n. Chr. röm. Prov., im 7. Jh. von Slawen besetzt, wurde nacheinander byzantin., kroat., venezian., türk., venezian., 1797/1815 östr., 1920 (bis 1992) zum späteren Jugoslawien.

**Dalmatiner,** alte Jagd- u. Haushunderasse; weiß mit dunklen Flecken.

**Dalton** ['dɔːltən], John, brit. Physiker u. Chemiker, *1766, †1844; Begr. der chem. Atomtheorie; *daltonsches Gesetz der Partialdrücke* (über den Gesamtdruck eines Gasgemisches).

**Daman** ↑Goa.

**Damaskus,** Hauptstadt Syriens, 1,5 Mill. E; Univ.; neben der engen Altst. mod. europ. Viertel mit Hochhäusern, zahlr. Moscheen; Baumwoll-, Schuh-, Zementind., Getreidemühlen; bed. Handelsplatz; ✈. – Erstmals erwähnt im 15. Jh. v. Chr., 64 v. Chr. röm., 635/636 arab., 1516 osmanisch.

**Damast,** vorw. einfarb., feinfäd. Jacquardgewebe aus Baumwolle, Leinen u. a.; urspr. aus Seide.

**Damaszener Stahl, Damaststahl,** Stahl aus verschweißten u. verdrillten Stahlstäben u. Drähten, fest u. elast.; durch Ätzung mosaikart. Musterung.

**Dame** [frz.], **1)** [deɪm] brit. Adelstitel (Lady) vor dem Vornamen, entspricht dem Sir. **2)** wirkungsvollste Figur im Schachspiel. **3)** dritthöchste Karte des frz. Kartenspiels. **4) D.-Spiel,** Brettspiel zw. 2 Personen.

**Damenfriede** ↑Cambrai.

**Damhirsch,** Hirschart; Fell i. A. rotbraun, weiße Flecken, Schaufelgeweih, kleiner als Rothirsch; M-Europa.

**Damiani,** Petrus, hl., ital. Frühscholastiker, Kirchenlehrer, *1007, †1072; bed. für die kirchl. Reformbewegung.

**Damm, 1)** Erdaufschüttung (Bahn-, Deich-, Grubenbau). **2)** (Perineum) Gegend zw. After u. Geschlechtsteilen.

**Dämmerung,** Übergang zw. Tag u. Nacht; D. entsteht durch Streuung des Sonnenlichts in der oberen Atm., Dauer nimmt mit der geograph. Breite zu.

**Damnum** [lat.], Differenz zw. Nennbetrag u. ausgezahltem Betrag eines Darlehens.

**Damokles,** Höfling Dionysios' I. od. Dionysos' II. von Syrakus, der D. unter einem Schwert, das an einem Haar hing, speisen ließ; daher sprichwörtlich *„D.schwert"* für eine stets drohende Gefahr.

**Dämon** [gr.], Geist, Mittelwesen zw. Gott u. Mensch; auch Bez. für das Böse im Menschen.

**Dampf,** gasförm. Aggregatzustand eines Stoffes, der mit der flüss. od. festen Phase des gleichen Stoffes im thermodynam. ↑Gleichgewicht steht *(gesättigter D.)* od. nicht *(ungesättigter D.),* i. e. S. der Wasser-D.; D. ist als Gas unsichtbar, sichtb. Wasser-D. enthält fein verteiltes, tröpfchenförm. Wasser (Kondensat).

**Dampfbad,** Schwitzbad in wasserdampfhalt. Luft von 40 bis 60 °C; ↑Sauna.

**Dampfkessel,** Dampferzeugungsanlage für Masch., Koch- u. Heizzwecke durch Brennstofffeuerung, Abhitze od. elektr. Beheizung. Nach Bauart u. Wirkungsweise: *Röhren-, Flammrohr-, Wasserrohrkessel* u. a.

**Dampfkochtopf,** mit Dampfüberdruck arbeitender Schnellkochtopf.

**Dampflokomotive,** Triebfahrzeug der Eisenbahn, mit einer ↑Dampfmaschine als Antrieb.

**Dampfmaschine,** mit Wasserdampf betriebene Wärmekraftmasch.; der unter Überdruck stehende Dampf wirkt auf bewegl. Teile ein und setzt Druckenergie in mech. Energie um; dies geschieht in der *Kolben-D.* durch wechselseit. Einwirkung auf einen Kolben, der sich im Dampfzylinder hin und her bewegt; über Kreuzkopf und ↑Pleuelstange wird diese Bewegung durch eine Kurbel auf ein Schwungrad übertragen u. damit in eine rotierende Bewegung umgesetzt. – Die erste doppelt wirkende Kolben-D. geht auf J. ↑Watt zurück.

**Dampfturbine** ↑Turbinen.

**Dämpfung,** durch Energieverlust (z. B. Reibung, Wirbelströme) verursachte Abnahme der ↑Amplitude einer Schwingung.

**Danaë,** griech. Mythol.: von Zeus, der zu ihr als goldener Regen kommt, Mutter des Perseus.

**Dandolo,** Enrico, Doge v. Venedig s. 1192, *um 1110, †1205; Begr. der Macht Venedigs in der Levante; erreichte im Verlauf des 4. Kreuzzugs die Eroberung Dalmatiens u. Konstantinopels.

**Danebrog,** dän. Flagge: rot mit weißem Kreuz.

**Dänemark,** Kgr. zw. Nord- und Ostsee, Halbinsel u. Inselbrücke zw. Mittel- u. N-Europa; Bev. rd. 97 % Dänen, 2 % Deutsche; 90 % Protestanten. Halbinsel Jütland (fast 70 % der Landfläche), der Rest die Inseln Seeland, Fünen, Lolland, Falster, Bornholm u. über 400 z. T. unbewohnte kl. Inseln. Zum Kgr. D. gehören ↑Grönland u.

**Dänemark**

*Fläche:* 43 094 km2
*Einwohner:* 5,295 Mill.
*Hauptstadt:* Kopenhagen
*Amtssprache:* Dänisch
*Zeitzone:* MEZ

die ↑Färöer. Trotz der starken Zergliederung landschaftl. Einheit; eiszeitl. Ablagerungen über mesozoischem (Kreidefelsen) und tertiärem Gestein. O-Jütland u. die Inseln fruchtb. Moränenland (intensiver Ackerbau); W-Jütland vorw. Sandboden mit Heideland und Mooren und Dünenküste. Keine Bodenschätze. *Wirtsch.:* v. a. Landw. (musterhafte Viehzucht), Konservenind., Brauereien, Eisen schaffende u. verarbeitende Ind.; Fischfang. *Verkehr:* Fährbetrieb zu den Inseln u. nach Skandinavien (↑Vogelfluglinie). – *Gesch.:* Kimbern, Teutonen, dann Angeln, Sachsen u. Jüten verließen das Land; Ende des 5. Jh. Einwanderung der Dänen; erste Einigung unter Gorm d. Alten. Ausdehnung D.s unter Knut d. Gr., d. 1028 Norwegen eroberte; 1042 wurde Magnus v. Norwegen durch Erbvertrag Kg. von D. Unter Waldemar I., d. Gr., Wiederherst. u. Festigung der R.-Einheit; er u. seine Söhne eroberten Rügen, die südl. Ostseeküste u. Estland. 1227 Verlust der Ostseeküste bis zur Eider. 1397 *Kalmarer Union:* Vereinigung der drei Reiche D., Schweden u. Norwegen unter Kgn. Margarete I. Mitte des 15. Jh. Loslösung Schwedens. 1536 Einführung der Reformation. Erfolgloses Eingreifen in den ↑Dreißigjähr. Krieg. Seit 1660 volle erbl. Souveränität des Königs. Ende des 18. Jh. aufgeklärter Absolutismus: Bauernbefreiung, Reformen. Wegen brit. Angriffe Verbündeter Napoleons I.; D. verlor im Kieler Frieden 1814 Norwegen an Schweden, Helgoland an Großbrit., erhielt im Wiener Kongress Schwed.-Pommern (gg. Lauenburg vertauscht). Bestrebungen auf Eingliederung Schleswigs führten im 19. Jh. zu dt.-dän. Kriegen (1848–50 u. 1864). D. musste Schleswig, Holstein und Lauenburg an Östr. u. Preußen abtreten. 1849 wurde die absolute durch die konstit. Monarchie abgelöst. Im 1. Weltkrieg neutral; 1918 wurde ↑Island selbst. Kgr. (Personalunion mit D. bis 1944); D. erhielt durch den Versailler Vertrag Nordschleswig. 1940 bis Kriegsende von dt. Truppen besetzt. Seit 1949 Mitgl. der NATO. 1953 Verf.-Reform: Grönland gleichberechtigt (1979 innere Autonomie), Einkammersystem, weibl. Thronfolge zugelassen (s. 1972 Kgn. Margarete II.). Mitgl. der EU.

**Danewerk,** s. dem 9. Jh. dän. Grenzwall in Schleswig.

**Daniel,** Prophet des A. T. (vermutl. im 6. Jh. v. Chr.).

**dänische Kunst,** bis in die Neuzeit norddt., niederl. u. frz. Einflüsse bestimmend; Backsteinbau seit dem 12. Jh. (Roskilde, Odense, Århus). Hauptwerke der Lübecker Bildschnitzer der Spätgotik in Århus (Bernt Notke) u. Odense (Claus Berg); Renaissance- u. Barockschlösser; Blütezeit im Klassizismus: C. F. Hansen, B. Thorvaldsen.

**dänische Literatur,** im 13. Jh. „Gesta Danorum" des Saxo Grammaticus in lat. Spr.; im 15. Jh. Chroniken in dän. Spr.; in der Reformationszeit theol. Werke u. geistl. Dichtung; nat.-dän. Lit. im 18. Jh. mit den Dramen L. ↑Holbergs; Ewald knüpfte an die ↑altnord. Lit. an; Einfluss F. G. Klopstocks; Auseinandersetzung Klassik–Romantik in J. Baggesens Polemik gg. A. G. Oehlenschläger; in der 1. H. d. 19. Jh. nat., realist. Lit. (H. C. Andersen); G. Brandes öffnete die dän. Lit. wieder für dt. u. frz. Einflüsse (J. P. Jacobsen, H. Drachmann, H. Bang). Im 20. Jh. Romane u. a. von M. Andersen-Nexø, T. Blixen, H. C. Branner, V. Sørensen, K. Rifbjerg; Dramen v. K. Munk, C. Soya u. a., Lyrik von J. G. Brandt.

**dänische Musik,** im MA eigenständ. balladenhafte Volkslieder; s. dem 16. Jh. Teil der europ. Musikkultur mit dem Zentrum Kopenhagen, s. Mitte des 17. Jh. Opernaufführungen, v. a. dt. u. ital. Musiker; seit etwa 1830 Blüte der d. M.: F. Kuhlau (Wegbereiter der dän. Nationaloper), N. W. Gade (Repräsentant der Romantik), daneben J. P. E. Hartmann u. P. A. Heise; der bedeutendste neuere dän. Komponist war C. A. Nielsen (Hauptwirkungszeit frühes 20. Jh.). In neuester Zeit u. a. P. Nørgård u. B. Lorentzen.

**D'Annunzio** ↑Annunzio.

**Dante Alighieri,** ital. Dichter, * 1265, † 14. 9. 1321; in Parteienkämpfe der Guelfen und Ghibellinen verwickelt (1302 aus Florenz verbannt); sein Hauptwerk ist das in toskan. Sprache geschriebene Epos „Die göttl. Komödie", eine enzyklopäd. Schau der ma. Kultur, das die nachfolgende ital., seit der Romantik die gesamte europ. Lit. nachhaltig beeinflusste.

**Danton** [dã'tõ], Georges, frz. Revolutionär, * 1759, † 1794; 1792 Justizmin. (Septembermorde); aufgrund einer gemäßigteren Politik sowie als Gegner Robespierres guillotiniert.

**Danzig,** poln. **Gdańsk** [gdaĩsk], Hptst. der Wwschaft Pommern, Polen, an der *D.er Bucht,* 461 400 E; bildet mit Sopot u. Gdynia eine Städteballung; Univ., TU; im 2. Weltkrieg zum größten Teil zerstört; got. Marienkirche, Rathaus, Artushof, Krantor und zahlr. Backsteinhäuser wieder aufgebaut; Werften, Maschinen-, Lebensmittel- u. chem. Ind.; ✈; ⚓. – 1309 vom Dt. Orden erworben; 1361 Mitgl. der Hanse. Mitte des 15. Jh. unter poln. Lehnshoheit; 1793 an Preußen (1807–14 v. Napoleon zum Freistaat erklärt); durch d. Versailler Vertrag selbst. Staat als „Freie Stadt D."; Polen erhielt außenpolit. Vertretung, Handels- u. Zollprivilegien. Am 1. 9. 1939 dem Dt. Reich eingegliedert. Seit 1945 unter poln. Verw., s. 1991 zu Polen.

**Daphne,** Nymphe der griech. Mythol., die, von Apoll verfolgt, auf ihr Gebet hin in einen Lorbeerbaum verwandelt wird.

**Daphnia** [gr.], Wasserflohgatt. (Kleinkrebse), 4 heim. Arten in Tümpeln; Fischnahrung.

**Daphnis,** in der griech. Mythol. sagenhafter Hirt von jugendl. Schönheit, Liebling der Nymphen.

**Da Ponte,** Lorenzo, eigtl. Emanuele **Conegliano,** ital. Librettist, * 1749, † 1838; u. a. Libretti zu Mozarts „Figaros Hochzeit", „Don Giovanni" und „Così fan tutte".

**Dardanellen,** Meerenge zw. Ägäis und Marmarameer, engste Stelle etwa 1 km, rd. 65 km lang; bereits im Altertum *(Hellespont)* Übergang nach Europa. Machtstreben Russlands veranlasste die *D.frage* im 19. Jh.; 1841 *D.vertrag,* nicht türk. Kriegsschiffen Durchfahrt ohne türk. Genehmigung verboten. Im 1. Weltkrieg heftig umkämpft; 1923 (Friede v. Lausanne) Meerengenstatut: freie Durchfahrt, Entmilitarisierung.

Seit 1936 wieder unter türk. Souveränität, erneut befestigt.

**Dareios** [gr.], lat. **Darius,** pers. Könige: **1) D. I.,** d. Große, †486 v. Chr., Großkg. s. 522; schuf die Einheit des Pers. Reiches; unterlag den Griechen bei Marathon 490. **2) D. III. Codomannus,** *um 380 v. Chr., †330 v. Chr., Großkg. s. 336, v. Alexander d. Gr. bei Issos 333 u. bei Gaugamela 331 besiegt.

**Daressalam,** größte Stadt u. Haupt-⚓ von Tansania, 1,4 Mill. E; Univ.; Textil-, Metall-, chem., Schuh-, Zigarettenind.; ✈; auch ⚓ für Sambia. – 1964–73 Hptst. Tansanias.

**Darío,** Rubén, eigtl. Félix Rubén **García y Sarmiento** [gar'sia i -], nicaraguan. Dichter und Diplomat, *1867, †1916; Hauptvertr. des ↑Modernismo.

**Darjeeling** [da:'dʒi:lıŋ], St. in West Bengal, im Vorderhimalaja, NO-Indien, 57 000 E; Kurort, Teehandel.

**Darlehen,** Hingabe von Geld od. anderen vertretb. Sachen (allg. gg. Zinsen) mit der Verpflichtung der Rückerstattung in Sachen von gleicher Art und Güte. Grundlage aller Kreditgeschäfte.

**Darmflora,** Sammelbez. für die im unteren Dünndarm u. im ges. Dickdarm vorhandenen Mikroorganismen (v. a. Darmbakterien); bed. für die Aufbereitung des Nahrungsbreis.

**Darmkrankheiten.** *Darmblutung,* eine blutige Stuhlentleerung bei Hämorrhoiden, Darmentzündung, Darmgeschwüren, Typhus, Ruhr, Darmkrebs, Darmtuberkulose; *Darmentzündung (Darmkatarrh, Enteritis, Colitis),* durch Erreger hervorgerufene Erkrankung der Darmschleimhaut. *Darmgeschwüre,* bei Darmentzündung, Typhus, Ruhr, können in die Bauchhöhle durchbrechen; *Darmverschlingung (Volvulus),* entsteht bei Überdrehung des Gekröses, Abdrosselung der Blutzufuhr führt zu Darmbrand und *Darmverschluss (Ileus),* der auch durch Darmverengung von innen her (Darmgeschwülste, Fremdkörper, Kotballen) oder durch Abknickung, Einstülpung, Einklemmung (Leistenbruch) von außen her verursacht wird. *Darmvorfall,* Heraustreten des Mastdarms aus dem After infolge Bindegewebe- und Schließmuskelschwäche.

**Darmspülung,** svw. ↑Einlauf.

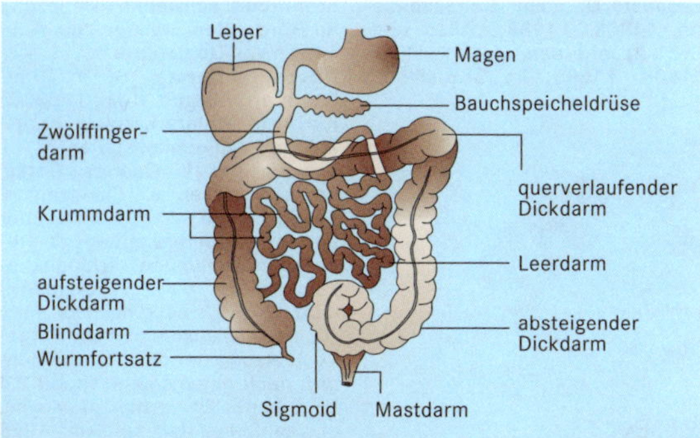


**Darm:** *Schema des menschlichen Darms*

**Darlington** [da:lıŋtən], nordengl. Ind.-St., 85 000 E; Masch.-, Stahlind.; 1825 1. öff. Dampfeisenbahn zw. D. und Stockton-on-Tees.

**Darm,** schlauchförm. Abschnitt des Verdauungskanals zw. Magenausgang u. After; besteht beim Menschen aus dem *Dünn-D.* (Zwölffinger-, Leer- u. Krumm-D.) u. dem kürzeren *Dick-D.* (beginnt mit dem Blind-D. mit Wurmfortsatz, endet mit dem ↑Mast-D.). Der D. verdaut u. befördert die Nahrung; die *D.zotten* der *D.schleimhaut* nehmen die gelösten Nährstoffe auf.

**Darmstadt,** Hptst. des hess. Reg.-Bez. D., 139 000 E, krsfr. St. u. Krst.; TH, Dt. Akad. für Spr. u. Dichtung, PEN-Zentrum der BRD, Dt. Rechenzentrum; LG, Fernmeldetechn. und Posttechn. Zentralamt, IHK; Landestheater, Landesmuseum; Sitz der ESOC (europ. Raumfahrtkontrollzentrum); Renaissanceschloss, Rathaus des 16. Jh.; chem., Metall-, Papier-, Glasindustrie, Verlage, graf. Betriebe. – Ehem. Hptst. des Großhzgt. Hessen-Darmstadt.

**Darre,** Trocknungsanlage f. Malz, Kartoffeln, Rüben, Obst u. a.

**Darrieux** [dar'jø:], Danielle, frz. Filmschauspielerin, *1917.

**Darß,** Halbinsel an der dt. Ostseeküste, mit Naturschutzgebiet im Mittelteil (der D. i. e. S.), Seebädern im S (Wustrow, Ahrenshoop) und O (Prerow, Zingst). Nordspitze: *D.er Ort* mit Leuchtturm.

**darstellende Geometrie** ↑Geometrie.

**Dartmoor** ['datmʊə], Ldsch. in SW-England; vorw. Moor und Heide; Nationalpark.

**Darwin** ['da:wın], Charles Robert, brit. Naturforscher, *1809, †1882; verschaffte der ↑Deszendenztheorie allg. Anerkennung u. begr. die ↑Selektionstheorie.

**Darwin** ['da:wın], Hptst. des austral. Nordterritoriums, 73 000 E; ⚓, Endpt. des transaustral. Highways, bed. ✈.

**Darwinismus** ↑Selektionstheorie.

**Dassin** [da'sɛ̃], Jules, amer.-frz. Filmregisseur, *1912; „Rififi".

**DAT,** Abk. für ↑**D**igital **A**udio **T**ape.

**Datei,** geordnete Datenmenge gleichartiger Datensätze.

**Datenbank,** zentral verwaltetes System zur Speicherung gr. Datenmengen eines Informationsgebietes, auf die nach versch. Anwendungskriterien zugegriffen werden kann.

**Datenschutz,** alle Maßnahmen zum Schutz des Individuums vor missbräuchl. Verwendung (Speicherung, Weitergabe) der bei Behörden, Versicherungen, Banken u. a. über seine Person gespeicherten Informationen (v. a. geregelt im B.-Datenschutzgesetz von 1990); Kontrollinstanzen sind die *D.-Beauftragten* bei Bund, Ländern u. in Betrieben.

**Datenverarbeitung, Informationsverarbeitung,** allg. jeder Prozess, bei dem analoge od. digitale Eingangsdaten durch automatisierte Verarbeitung, wie Erfassung, Speicherung u. Bearbeitung, in Ausgangsdaten umgewandelt werden; i. e. S. die in einem Computer aufgrund log. bzw. math. Verknüpfungen ablaufenden Informationsverarbeitungsprozesse (fr. auch *elektron. D.,* Abk. *EDV*).

**Datex** [Kw. aus engl. **data exchange,** „Datenaustausch"], speziell konzipiertes Netz der Dt. Telekom AG zur Übertragung digitaler Daten (Geschwindigkeiten 300 Bit/s–34 MBit/s); Dienste sind z. B. *Datex-P* (**Pa**ketvermittlung), *Datex-M* (**M**ultimegabit), *T-Online.*

**Dativ** [lat.], **Wemfall, 3. Fall,** Kasus der Zuwendung, antwortet auf die Frage: wem?

**Datscha** [russ.], russ. Landhaus, Sommerwohnung.

**Datteln,** St. in NRW, 37 700 E; Steinkohlenbergbau, Baustoffind.; Knotenpunkt von Kanälen: Wesel-D.-, D.-Hamm-, Dortmund-Ems-, Rhein-Herne-Kanal.

**Dattelpalme, Phoenix,** bis 20 m hohe Palme; Charakterpflanze der Oasen; wichtige Nutzpflanze (pro Baum 50–150 kg Früchte).

**Datumsgrenze,** ungefähr dem 180. Längengrad östl. bzw. westl. von Greenwich folgende Linie, bei deren Überschreitung man einen Kalendertag überspringen (Richtung W) od. doppelt zählen muss (Richtung O).

**Dau, Dhau, Dhaw** [daʊ; arab.], Küstensegelschiff mit Dreiecksegel, u. a. in Arabien, Ostafrika.

**Dauben,** die gebogenen Holzbretter des Fasskörpers.

**Daudet** [do'dɛ], Alphonse, frz. Schriftsteller, * 1840, † 1897; Romane u. Erzählungen aus S-Frankreich: „Tartarin von Tarascon", „Briefe aus meiner Mühle".

**Dauerfrostboden,** ständig gefrorener Boden (bis zu 300 m Tiefe), im Polargebiet.

**Dauha, Ad,** Hptst. des Scheichtums Katar, 217 000 E; bed. Handelsplatz; ✈.

**Daumier** [dom'je], Honoré, frz. Grafiker, Maler und Plastiker, * 1808, † 1879; Illustrationen und Karikaturen.

**Daun,** Krst. in der Vulkaneifel, RP, 8 500 E; Kneipp-, Mineralbad.

**Dauphin** [do'fɛ̃; frz.], s. 1349 Titel des frz. Thronfolgers (bis 1830).

**Dauphiné** [dofi'ne], südostfrz. Ldsch. zw. mittl. Rhone u. der ital. Grenze, Zentrum Grenoble; Fremdenverkehr.

**Dauthendey,** Max[imilian], dt. Dichter, * 1867, † 1918; impressionist. Lyrik, Dramen, Erzählungen.

**David,** israelit. Kg. (1. Hälfte des 10. Jh. v. Chr.); vereinigte Juda u. Israel; gilt als Dichter zahlr. Psalmen.

**David, 1)** ['da:vit], Gerard, niederl. Maler in d. Nachfolge Memlings, * um 1460, † 1523. **2)** Jacques-Louis, frz. Maler des Klassizismus, * 1748, † 1825; Hofmaler Napoleons I. **3)** ['da:fit], Johann Nepomuk, östr. Komponist, * 1895, † 1977; Orgelwerke, Motetten, Kammermusik, Sinfonien.

**Davidstern,** Symbol in der Form eines *Hexagramms* (Sechsstern), das aus zwei gleichseit., ineinander geschobenen Dreiecken besteht; seit dem MA eines der Symbole des Judentums; im Dritten Reich diskriminierendes [meist gelbes] Erkennungszeichen mit der Aufschrift „Jude", musste von den Juden s. 1941 getragen werden; Emblem des Staates Israel.

**Davis** ['deɪvɪs], **1)** Bette, eigtl. Ruth Elizabeth **D.**, amer. Schauspielerin, * 1908, † 1989; „Alles über Eva". **2)** Jefferson, amer. Politiker, * 1808, † 1889; im Sezessionskrieg Präs. der konföderierten Südstaaten. **3)** John, engl. Seefahrer, * 1550, † 1605; entdeckte die *D.straße* zw. Grönland u. Baffinland. **4)** Miles, amer. Jazzmusiker (Trompete), * 1926, † 1991; neben D. Gillespie stilbildend für den Modern Jazz.

**Daviscup** ['deɪvɪs'kʌp], Tennis: seit 1900 jährlich nach dem Pokalsystem durchgeführter internat. Mannschaftswettbewerb für Männer; Gegenstück zum ↑Fedcup.

**Davit** ['de:vɪt; engl.], kranähnl., dreh- und schwenkb. Hebezeug an Bord eines Schiffes zum Aussetzen von Booten u. a.

**Davos,** schweizer. St. in Graubünden, 1 556 m ü. d. M., 11 500 E; Kurort u. Wintersportplatz, Sportanlagen, Lungenheilstätten.

**Dawes** [dɔ:z], Charles Gates, amer. Politiker u. Finanzmann, * 1865, † 1951; 1924 Vors. der Londoner Konferenz über dt. Reparationszahlungen, Friedensnobelpreis (mit Sir J. A. Chamberlain) 1925. Das *D.gutachten* hatte *D.plan* u. *D.abkommen* zur Folge; Festsetzung der dt. Jahreszahlungen nach einer Anlaufzeit auf 2,4 Mrd. Mark. Dtl. erhielt *D.anleihe*, um zahlungsfähig zu sein (1928 durch d. Youngplan ersetzt).

**DAX®**, Abk. für **Deutscher Aktienindex,** Aktienindex, der 30 (daher auch *DAX 30*) dt. Standardwerte umfasst u. an der Frankfurter Wertpapierbörse berechnet wird.

**Day** [deɪ], Doris, eigentlich D. **Kappelhoff,** amer. Filmschauspielerin, * 1924; „Bettgeflüster".

**Dayan,** Moshe, isr. Gen. u. Politiker, * 1915, † 1981; 1956 Oberbefehlshaber d. Sinaifeldzugs, 1967–74 Verteidigungs-, 1977–79 Außenminister.

**db,** Zeichen für: Dezibel (↑Bel).

**Db,** Symb. für: ↑Dubnium.

**DB,** Abk. für: **D**t. **B**ahn AG.

**DBB,** Abk. für: ↑**D**t. **B**eamten**b**und.

**Davidstern**

**Datumsgrenze**

**DBV,** Abk. für: **D**eutscher **B**auern**v**erband e.V.
**DC,** Abk. für: ↑**D**emocrazia **C**ristiana.
**ddp** ↑Nachrichtenagenturen (Übers.).
**DDP,** Abk. für: ↑**D**eutsche **D**emokratische **P**artei.
**DDR,** Abk. für: ↑**D**eutsche **D**emokratische **R**epublik.
**DDT,** Abk. für: **D**ichlor**d**iphenyl**t**richloräthan, wicht. Insektizid; ist wegen Speicherung im tier. u. menschl. Organismus in Dtl. verboten.
**Deadweight** [ˈdedweɪt; engl.], Gesamttragfähigkeit eines Schiffes (↑tdw).
**Dealer** [ˈdi:lə], jemand, der mit illegalen Waren (v.a. mit Rauschgift) handelt.
**Dean** [di:n], James, eigtl. James Byron **D.**, amer. Schauspieler, *1931, †1955; weltberühmtes Jugendidol („Jenseits von Eden").
**Death Valley** [ˈdeθ ˈvælɪ], arides Becken in O-Kalifornien, USA, bis 86 m u.d.M.; Sommertemp. bis 57 °C; Salzwüste.
**Deauville** [doˈvil], nordfrz. Seebad an d. Seinebucht, 4700 E; Pferderennen; ✡.
**Debakel** [frz.], Zusammenbruch.
**Debatte** [frz.], Diskussion, Erörterung, bes. in Parlamenten; *D.nschrift,* Kurzschrift mit stark abkürzenden Zeichen, bes. für Verhandlungen.
**Debet** [lat.], die Sollseite eines Kontos, seine Belastungen.
**Debilität** [lat.], veraltete Bez. für eine leichte geistige Behinderung.
**Debitor** [lat.], Schuldner, der Waren auf Kredit bezogen hat; *D.konto,* Konto für die Forderungen aus Leistungen u. Lieferungen.
**Debrecen** [ˈdɛbrɛtsɛn], **Debreczin** [-tsi:n], Bez.-Hptst. in Ungarn, 210100 E; 3 Univ.; Thermalbad; ✡; umgeben v. der *D.er Heide,* einer typ. Pusztalandschaft.
**Debussy** [dəbyˈsi], Claude, frz. Komponist, *1862, †1918; neue Klangwirkungen durch neue Klangstrukturen und Instrumentation; „Prélude à l'après-midi d'un faune", Oper „Pelléas et Mélisande", Ballette, Lieder.
**Debüt** [deˈby; frz.], erstes öffentl. Auftreten.
**Debye** [dəˈbɛjə], Peter, niederl. Physiker u. Chemiker, *1884, †1966; seit 1940 in den USA; Arbeiten u.a. über Kristallphysik u. Molekülstruktur; Nobelpreis f. Chemie 1936.
**Decca-Navigation,** Funkortungsverfahren, entwickelt v. der Decca Navigator Co. Ltd., London; arbeitet mit Hyperbeln als Standlinien, die an Bord des Schiffes durch Phasenvergleich zweier Senderfelder gewonnen werden.
**Dechant,** svw. ↑Dekan.
**dechiffrieren** [-ʃ-; frz.], entziffern, bes. v. Geheimschriften.
**De Chirico** [- ˈki:riko], Giorgio, ital. Maler, *1888, †1978; entwickelte die dem Surrealismus nahe stehende metaphys. Malerei.
**Decius,** Gaius Messius Quintus Traianus, röm. Ks. s. 249, *um 200, ⚔251 im Kampf gg. die Goten; Illyrer; löste die erste allg. Christenverfolgung im Röm. Reich aus.
**Deck** [niederdt.], [Zwischen]boden auf Schiffen: u.a. *Haupt-D.,* oberster horizontaler Abschluss des Rumpfes, darunter *Zwischen-D.,* darüber *Aufbau-D.*
**Decken, 1)** ⚒ Abschlüsse von Räumen nach oben. **2)** bei der Geb.-Bildung auf eine fremdartige Unterlage geschobene Gesteinsmasse *(tekton. Überschiebungs-D.); vulkan. D.* aus Lavaergüssen u. durch Anhäufung vulkan. Tuffe.
**Deckgewebe,** svw. ↑Epithel.
**Deckung, 1)** Absicherung v. Verbindlichkeiten (z.B. Krediten) durch Geld od. Vermögenswerte. **2)** Gold- u./oder Devisenbestand einer Notenbank zur Sicherung des Banknotenumlaufs.
**Deckungsrücklage,** bei Versicherungen vorgeschriebene Rücklage zur Abdeckung von Risiken.
**Declaration of Independence** [dekləˈreɪʃn ɔv ɪndɪˈpendəns; engl.], Unabhängigkeitserklärung der 13 brit. Kolonien in Amerika v. 4.7.1776.
**Declaration of Rights** [dekləˈreɪʃn ɔv ˈraɪts; engl.], Erklärung des engl. Parlaments zur Wahrung der Grundrechte (1689), später zur *Bill of Rights* erweitert.
**Decoder** [engl.], Funktionseinheit bzw. Schaltung zur Wiederherstellung (Decodierung) der urspr. Form eines zu Übertragungszwecken codierten Signals.
**Decollage** [dekɔˈla:ʒə; frz.], Bildform, die durch destruktive Veränderung (Abreißen, Zerschneiden, Übermalen, Ausbrennen) vorgefundener Materialien entsteht.
**Decorated Style** [ˈdekəreɪtɪd ˈstaɪl; engl.], Stilphase der engl. Gotik, um 1250–1350; dekorative Bereicherung der Formen (z.B. in der Kirche von Westminster Abbey).
**De Coster,** Charles, belg. Schriftsteller frz. Sprache, *1827, †1879; Roman „Tyll Ulenspiegel und Lamme Goedzak".
**Deduktion** [lat.], log. Verfahren, Herleitung des Besonderen aus dem Allgemeinen.
**de facto** [lat.], tatsächl. [bestehend].
**De-facto-Anerkennung,** prakt. vollzogene völkerrechtl. Anerkennung.
**Defätismus** [frz.], Neigung zum Aufgeben des [mil.] Widerstandes.
**Defektelektron,** unbesetzter Zustand (Loch) im Valenzband eines Halbleiters.
**Defensive** [frz.], Verteidigung, Abwehr.
**definieren** [lat.], den Inhalt eines Begriffes genau bestimmen.
**Defizit** [lat.], Fehlbetrag.
**Deflagration** [lat.], langsamer Vebrennungsvorgang b. Explosivstoffen; Ggs. ↑Detonation.
**Deflation** [lat.], **1)** Absinken des Preisniveaus u. Erhöhung des Geldwertes. **2)** Ausblasen u. Transport lockeren Gesteins durch Wind.
**Defloration** [lat.], Entjungferung; Einreißen des ↑Jungfernhäutchens.
**Defoe** [dəˈfo:], Daniel, eigentl. **[De] Foe,** engl. Schriftsteller, *1660(?), †1731; Abenteuerromane („Robinson Crusoe"), polit. und soz. Schriften, Satiren.
**Deformation** [lat.], Verunstaltung, Missbildung; in der *Physik* Formänderung eines Körpers durch angreifende Kräfte.
**Degas** [dəˈga], Edgar, frz. Maler, *1834, †1917; Bewegungsstudien, v.a. Ballettszenen, weibl. Akte u. Pferderennen; Pastellzeichnungen, Radierungen, Lithographien; Statuetten.
**De Gasperi,** Alcide, ital. Politiker, *1881, †1954; Mitbegründer der Democrazia Cristiana, 1944–53 mehrfach Min.-Präs. und Außenminister.
**Degen,** Hieb- u. Stoßwaffe mit gerader, schmaler Klinge.
**Degeneration** [lat.], Umänderung (Entartung) von zellulären Strukturen u. Organen durch Schädigung der Zellen.
**Degradation** [mlat.], svw. ↑Degradierung.
**Degradierung** [frz.], **1)** Entziehung eines Ranges. **2)** Verschlechterung eines Bodens durch Auswaschung u.Ä. (Landw.).
**Degustation** [lat.], Prüfung von Lebensmitteln in Bezug auf Geruch u. Geschmack, bes. bei Wein.
**Dehio,** Georg, dt. Kunsthistoriker, *1850, †1932; „Handbuch der dt. Kunstdenkmäler".
**Dehler,** Thomas, dt. Politiker,

*1897, †1967; aktiver Gegner des Nat.-Soz., 1949–53 B.-Justizmin., 1954–57 Vors. der FDP, 1960–67 Vizepräs. des Bundestages.

**Dehmel,** Richard, dt. Dichter, *1863, †1920; Vorläufer des Expressionismus; Gedichte, Dramen, Prosa.

**Dehmelt,** Hans-Georg, amer. Physiker dt. Herkunft, *1922; Entwicklung v. Elektronen- u. Ionenfallen; 1989 Nobelpreis.

**Dehydrierung** [lat.; gr.], Abspaltung v. Wasserstoff aus best. chem. Verbindungen.

**Dehydrogenasen** [lat.; gr.], Wasserstoff abspaltende Enzyme.

**Deianira,** griech. Mythol.: ird. Gemahlin d. ↑Herakles.

**Deich,** künstl. Damm an der Küste od. längs eines Flusses zum Schutz gg. Überschwemmungen; *D.verbände,* [regionale] öff. Körperschaften zur Anlage und Unterhaltung von Deichen.

**Dei gratia** [lat.], von Gottes Gnaden.

**Deisenhofer,** Johannes, dt. Biophysiker,*1943; Arbeiten zur Photosynthese, Nobelpreis f. Chemie 1988.

**Deismus** [lat.], Gottesauffassung der ↑Aufklärung, die Gott als den Weltschöpfer, nicht aber als in das Weltgeschehen eingreifend ansieht; wichtige Vertreter *(Deisten):* J. Locke, John Toland (*1670, †1722), Voltaire.

**Deister,** Teil des Weserberglandes, sw. von Hannover.

**de jure** [lat.], rechtl., oft im Widerspruch zu tatsächl. (↑de facto).

**Deka...** [gr.; = zehn], Vorsatzzeichen **da,** Vorsatz vor Einheiten im Messwesen, bez. das 10fache der betr. Einheit, z.B. 1 dag (Dekagramm) = 10 g.

**Dekabristen** [russ.], Teilnehmer eines antizarist. Aufstands in Russland (Dez. 1825).

**Dekade** [gr.], Zeit- oder Zahleinheit aus 10 Gliedern.

**Dekadenz** [frz.], Verfall, Niedergang, Entartung.

**Dekalog** [gr.; = Zehnwort], die „Zehn Gebote", die Moses nach dem Bericht des A.T. auf dem Sinai empfing.

**Dekan** [lat.], **1)** Vorsteher einer ↑Fakultät. **2)** in der kath. Kirche der Vors. des Kardinalskollegiums *(Kardinal-D.);* Würdenträger eines Dom- oder Stiftkapitels *(Dom-D.; Stifts-D.);* Vorsteher eines Kirchenkreises *(Dechant).* **3)** in einigen ev. Landeskirchen svw. ↑Superintendent.

**Deklamation** [lat.], kunstgerechter Vortrag.

**Deklaration** [lat.], grundsätzl. Erklärung (Politik, Zoll usw.).

**De Klerk,** Frederik Willem, südafrikan. Politiker, *1936; Vors. der „National Party", 1989–94 Präs., beendete die Apartheidspolitik u. leitete erste allgemeine Wahlen ein, Friedensnobelpreis (mit N. Mandela) 1993.

**Deklination** [lat.], **1)** (Flexion) Formenabwandlung der Haupt-, Eigenschafts-, Für- u. Zahlwörter und Artikel. **2)** Winkelabstand eines Gestirns vom Himmelsäquator. **3)** Abweichung der Richtung einer Magnetnadel *(magnet. Missweisung)* von der geograph. Nordrichtung.

**Deklinationskreis** ↑Wendekreis.

**Dekolleté** [-kɔlˈte; frz.], [tiefer] Ausschnitt an Damenkleidern.

**Dekompensation** [lat.], versagende ↑Kompensation von Organfehlfunktionen.

**Dekonstruktivismus,** Architekturrichtung, in deren Entwürfen das Verhältnis v. Tragen u. Lasten sowie tradit. stat. Verhältnisse aufgelöst werden. Das unvermittelte Aufeinandertreffen unterschiedl. Materialien, Räume u. Richtungen wirkt konventionellen Sehgewohnheiten entgegen (z.B. Jüd. Museum in Berlin von Libeskind).

**Dekontamination, Entseuchung,** Maßnahmen, durch die ein von ABC-Kampfstoffen verseuchtes Gebiet oder Objekt entgiftet wird; Beseitigung radioaktiver Verunreinigungen.

**De Kooning** [engl. dəˈkəʊnɪŋ], Willem, amer. Maler niederl. Herkunft, *1904, †1997; Hauptvertreter des abstrakten Expressionismus.

**Dekor** [frz.], Verzierung.

**Dekret** [lat.], Verfügung, behördl. richterl. Erlass.

**Dekubitus** [lat.], ↑Aufliegen.

**Dekumatland,** [lat./dt.], lat. **decumates agri,** bei Tacitus vorkommende Bez. für das zw. Rhein, Neckar u. Main liegende, seit Ende des 1. Jh. n. Chr. durch den Limes eingegrenzte Gebiet; gehörte zur röm. Prov. Germania superior.

**del.,** Abk. für lat.: **1) del**eatur (auf Korrekturbogen): soll getilgt werden; Zeichen ₰. **2) del**ineavit; auf Kupferstichen: hat gezeichnet.

**Delacroix** [dəlaˈkrwa], Eugène, frz. Maler u. Grafiker der Romantik, *1798, †1863; bed. Vertr. der romant. Malerei in Frkr., v.a. Historienbilder, oft orient. Motive.

**Delamuraz** [dəlamyˈra], Jean-Pascal, schweizer. Politiker, *1936; †1998; s. 1975 Nat.rat, s. 1981 Staatsrat, 1984–98 Bundesrat (Militär, s. 1986 Wirtschaft), 1989 u. 1996 Bundespräsident.

**Delaware** [ˈdelawɛə], Abk. Del., zweitkleinster Staat der USA, 5295 km², 670000 E, Hptst. Dover; Flachland auf der *Delmarva Peninsula,* 60% d. Landes Farmland; chem. u. Stahlindustrie.

**Delaware** [ˈdeləwɛə], **Lenape,** nordamer. indian. Stammesverband der Küsten-Algonkin, von weißen Siedlern aus dem Gebiet v. New Jersey u. New York vertrieben.

**Delbrück,** Max, amer. Biologe, *1906, †1981; u.a. Arbeiten zur Bakteriengenetik, 1969 Nobelpreis für Physiologie oder Medizin.

**Delcassé** [dɛlkaˈse], Théophile, frz. Politiker, *1852, †1923; 1898–1905 u. 1914/15 Außenmin.; begr. die Entente cordiale (1904).

**deleatur** ↑del.

**Delegation** [lat.], **1)** Abordnung. **2)** Übertragung von Befugnissen und Zuständigkeiten.

**Delegierter,** Abgeordneter.

**Delémont** [dələˈmɔ̃], **Delsberg,** Hptst. (seit 1978) des schweizer. Kt. Jura, 11800 E; Uhren-, Textil-, Metallindustrie.

**Delft,** niederl. St., 90000 E; TH; maler. Stadtbild; Museen; Fayencemanufaktur.

**Delfter Fayencen** [- faˈjãsən], Tonwaren mit bemalter Zinnglasur aus Delft (v.a. Blauweißdekor).

**Delhi** [ˈde:li], ind. Unionsterritorium u. Hptst. der Ind. Union, besteht aus *Alt-D., Neu-D.,* dem Sitz der Reg., und *D.-Cantonment,* 1485 km², 7,2 Mill. E; Univ.; größtes Handelszentrum N-Indiens u. wichtige Ind.-St. (Textilien); ✈. – Im 11. Jh. gegr., Hptst. eines islam. Reiches, dann der Großmogulen, s. 1803 brit., s. 1911 Hptst. von Indien.

**Delibes** [dəˈli:b], Léo, frz. Opernkomponist, *1836, †1891; Ballette „Coppélia", „Sylvia".

**Delikatesse** [frz.], Leckerbissen, Feinkost; Zartgefühl.

**Delikt** [lat.], Vergehen, Straftat, unerlaubte Handlung; *D.fähigkeit,* Bez. für die volle zivil- (ab dem 18.) bzw. strafrechtl. (ab dem 14. Lebensj.) Verantwortlichkeit.

**Delila, Dalila,** A.T.: Philisterin, Geliebte des ↑Simson.

**delineavit** ↑del.

**Delinquent** [lat.], Missetäter, Verbrecher.

**Delirium** [lat.], **Delir,** Bewusstseinstrübung und Sinnestäuschungen bei versch. Krankheiten; *D. tremens,* chron. Vergiftungen v.a. mit Alkohol nach Missbrauch.

**Delmenhorst,** krsfr. St. in Nds., 78500 E; ma. Wasserburg; Linoleumherstellung, Textilindustrie.

**Delon** [də'lɔ̃], Alan, frz. Filmschauspieler, *1935; „Der eiskalte Engel".
**Delos,** heute **Mikra Dilos,** kl. griech. Kykladeninsel, 4 km²; im Altertum Zentrum des Apollkultes und der ion. Griechen.
**Delphi,** altgriech. Kultstätte des Apoll u. Orakelstätte der Griechen, denen hier die ↑Pythia ihre Ratschläge gab.

**Delphi:** *Teilansicht der Ostseite des Apollontempels (369–323 v. Chr.)*

**Delphine,** Zahnwale, Meeressäugetiere, Kosmopoliten, bis 6 m lang.
**Delphinschwimmen** ↑Schmetterlingsschwimmen.
**Delsberg** ↑Delémont.
**Delta** [gr.], **1)** der 4. Buchstabe des griech. Alphabets (δ, Δ), entspricht dem lat. D. **2)** von einem Fl. seiner Mdg. vorgeschobenes, von Flussarmen durchzogenes Gebiet.
**Deltaplan,** Wasserbauprojekt in den Niederlanden: Abriegelung der Meeresarme im Küstenbereich des Rhein-Maas-Deltas und der Oosterschelde zur Küstenbegradigung u. Sturmflutabwehr; von 1957 bis 1986 verwirklicht.
**Delvaux** [dɛl'vo], Paul, belg. Maler, *1897, †1994; Surrealist, meist isolierte Figuren (Akte) in kulissenhafter Architektur.
**Demagoge** [gr.; = Volksführer], Aufwiegler, gewissenloser Politiker.
**Demarkationslinie,** durch *D.svertrag* vereinbarte Linie zur Abgrenzung der Hoheitsbefugnisse bei Waffenstillstand, Besatzungszonen oder Interessenaufteilung.
**Demawend,** nordiran. Berg, höchster Berg des Elbursgebirges, 5601 m; ständig schneebedeckt.
**Dementi** [frz.], amtl. Richtigstellung; Widerruf.
**Demenz** [lat.], über Jahre erworbene, meist irreversible Minderung geistiger Fähigkeiten (v. a. Gedächtnis, Intelligenz, Orientierung) durch Hirnschädigung, Gefäßschädigung (arteriosklerot. D.), chron. Vergiftung (z. B. durch Alkoholmissbrauch), Infektionen u. a.
**Demeter,** griech. Göttin des Ackerbaus und der Fruchtbarkeit (röm. *Ceres*).
**Demetrios I. Poliorketes** [gr.; = der Städtebelagerer], von 294 bis 287 Kg. von Makedonien, *336, †um 282 v. Chr; bekannt durch Anwendung riesiger Belagerungsmaschinen vor Rhodos während der Diadochenkämpfe.
**Demetrius,** russ. Großfürst u. Herrscher ↑Dmitri Iwanowitsch.
**Demission** [frz.], freiwill. oder erzwungener Rücktritt einer Reg. oder eines anderen hohen [Staats]funktionärs.
**Demiurg** [gr], bei Platon der göttl. Weltschöpfer.
**Democrazia Cristiana,** Abk. **DC,** christl.-demokrat. Partei Italiens; ging 1942/43 aus dem antifaschist. Widerstand hervor; bis 1992 in allen Nachkriegsreg. vertreten; löste sich unter dem Vorwurf parteipolit. Verflechtungen mit der organisierten Kriminalität und der Korruption gegen führende Politiker im Jan. 1994 auf; Nachfolgeparteien u. a.: *Partito Popolare Italiano (PPI)* und *Centro Democratico Cristiano (CDC).*
**Demodulation** [lat.], die möglichst originalgetreue Rückgewinnung der einem Trägersignal senderseitig durch ↑Modulation aufgeprägten Signale (z. B. Sprache, Musik).
**Demographie** [gr.], Beschreibung des Bev.-Bestandes u. der Bev.-Bewegung.
**Demokratie** [gr.; = Volksherrschaft], Herrschaftsform, bei der das Volk Inhaber der Staatsgewalt ist (Volkssouveränität). Weitere wesentl. *Elemente* der D. als Staatsform: Gewaltenteilung (mit Unabhängigkeit der Rechtsprechung), gleichberechtigte u. freie Teilnahme aller Erwachsenen am polit. Willensbildungsprozess, Informations- u. Meinungsfreiheit, Möglichkeit zu polit. Gruppenbildung u. Opposition, Entscheidung nach Mehrheitsprinzip, Schutz der Minderheit, Reg. gemäß Verf. u. Gesetzen (Rechtsstaatlichkeit). *Grundtypen:* 1. *unmittelbare (direkte, plebiszitäre) D.,* im antiken Athen, heute noch in Schweizer Kantonen (Volksvers.); 2. (heute vorherrschend) *mittelbare (repräsentative) D.,* die Ausübung der Staatsgewalt wird bestimmten vom Volk bestellten Organen (bes. dem Parlament) auf Zeit übertragen. Mod. demokrat. Reg.-Systeme: 1. *parlamentar. D.* (hpts. in W-Europa; meist Rep., aber auch *demokrat.-parlamentar. Monarchie,* z. B. Großbrit.), 2. *Präsidial-D.* (USA), 3. *Direktorial-D.* (Schweiz). Das sowjet. ↑Rätesystem war e. diktator. Reg.-Form mit Elementen direkter D.; versch. kommunist. regierte Staaten hießen ↑Volksdemokratie. Versuche zur Demokratisierung anderer gesellschaftl. Bereiche *(Basis-D.),* z. B. der Wirtschaft (↑Mitbestimmung) u. des Bildungswesens, sind bisher nur in Ansätzen gelungen.
**Demokratische Partei,** engl. **Democratic Party** [demə'krætɪk 'pɑ:tɪ], polit. Partei in den USA; gegr. 1828; kaum ideolog. Unterschiede zu den Republikanern; Präs. der D. P. u. a. F. D. Roosevelt, H. S. Truman, J. F. Kennedy, J. Carter, B. Clinton.
**Demokrit,** griech. Philosoph, *um 460, †um 380 v. Chr.; begr. mit seinem Lehrer Leukipp den Atomismus; bed. Einfluss auf spätere griech. Philosophen.
**Demonstration** [lat.], **1)** anschaul. Beweisführung. **2)** Massen-, Protestkundgebung.
**Demontage** [-ta:ʒə; frz.], Abbau, bes. von Masch. und Ind.-Anlagen.
**Demoralisation** [frz.], Auflösung von Sitte u. Ordnung, bes. der mil. Disziplin.
**Demos** [gr.], **1)** Volksgemeinde u. Gebiet einer griech. ↑Polis. **2)** Bez.

für den kleinsten staatl. Verw.-Bezirk im mod. Griechenland.

**Demoskopie** [gr.], svw. ↑Meinungsforschung.

**Demosthenes,** griech. Redner u. Staatsmann, *384, †322 v. Chr.; rief mit seinen Reden gg. Kg. Philipp II. von Makedonien zur Verteidigung der athen. Freiheit auf.

**demotische Schrift,** altägypt. (etwa zw. 600 v. Chr. u. 400 n. Chr.) volkstüml. Schrägschrift.

**Denar** [lat.], röm. u. ma. Silbermünze.

**denaturieren, vergällen,** Alkohol, Kochsalz u. a. für Genusszwecke unbrauchbar machen.

**Dendera,** Ort in Oberägypten, in der Nähe Haupttempel der Göttin Hathor (1. Jh. v. Chr.).

**Dendriten** [gr.], **1)** ⚕ fein verästelte Fortsätze der Nervenzellen. **2)** verästelte Kristallbildungen *(dendrit. Wachstum).*

**Deneuve** [də'nœv], Cathérine, eigtl. C. **Dorléac** [dɔrle'ak], frz. Filmschauspielerin, *1943.

**Deng Xiaoping,** chin. kommunist. Politiker, *1904, †1997, seit den 50er-Jahren hohe Partei- u. Staatsämter; 1966 u. 1976 wegen „Abweichungen" gestürzt, jedoch wieder rehabilitiert; leitete 1978–87 die VR China, vollzog die wirtschaftl. Liberalisierung, unterdrückte Demokratisierungsbestrebungen, blieb auch ohne offizielle Ämter einflussreich.

**Den Haag** ↑Haag, Den.

**Denim** [von frz. de Nîmes = aus Nîmes], kräftiges, im Garn gefärbtes Baumwollgewebe in Köperbindung; verw. f. Bluejeans, Monteuranzüge u. Ä.

**Denkmalpflege, Denkmalschutz,** die kulturell begr. u. im Denkmalschutz auch gesetzlich geregelte Bewahrung u. Pflege v. Gegenständen, deren Erhaltung wegen ihrer histor., künstler., städtebaul. oder wiss. Bed. im öff. Interesse liegt.

**Denktas** [-taʃ], Rauf Rașit, zypr. Politiker, *1924; 1973 Vizepräs. Zyperns, s. 1975 Präs. der „Türk. Rep. N-Zypern", deren Unabhängigkeit er 1983 proklamierte.

**Dentallaut,** svw. ↑Zahnlaut.

**Denudation** [lat.], flächenhafte Abtragung der Erdoberfläche durch Schwerkraft, Wind, Wasser u. Eis.

**Denunziation** [lat.], Namhaftmachung [polit.] Missliebiger aus unehrenhaften Beweggründen.

**Denver,** Hptst. von Colorado, USA, 468 000 E; Univ.; Handels- u. Industriezentrum; ✣.

**Deodorant** [engl.], **Desodorant,** Mittel gg. Körpergeruch (hemmt u. a. die Vermehrung schweißzersetzender Bakterien).

**Deo gratias** [lat.], Dank sei Gott.

**Depardieu** [dəpar'djø], Gérard, frz. Filmschauspieler, *1948; „Danton", „Cyrano de Bergerac".

**Département** [departə'mã; frz.], **1)** Verw.-Bez. in Frkr. u. a. Staaten. **2)** Verw.-Instanz in der Schweiz (entspricht den Ministerien).

**Department** [dɪ'pɑ:tmənt; engl.], in den USA u. in Großbrit. svw. Ministerium.

**Dépendance** [depã'dã:s; frz.], Nebengebäude; Zweigstelle.

**Dependenz** [lat.], Ⓟⓗ Ⓢ Abhängigkeit.

**Depesche** [frz.], veraltet für Telegramm.

**Deplacement** [deplas'mã; frz.], Wasserverdrängung eines Schiffes.

**Deponens** [lat.], in einigen idgm. Sprachen Zeitwort mit pass. Form und akt. Bedeutung.

**Deponie,** zentraler Ablagerungsort v. Abfällen *(Abfall-, Müll-D.),* v. a. zur Beseitigung v. Hausmüll.

**Deportation** [lat.], zwangsweise Verschickung, Verbannung.

**Depositen** [lat.], hinterlegte Wertsachen, i. e. S.: die bei Kreditinst. unbefristet *(Sichteinlagen)* od. befristet *(Termineinlagen)* gegen Zinsen eingelegten Gelder.

**Deposition,** im Umweltschutz Bez. für die Ablagerung v. Schadstoffen (z. B. Schwefeldioxid) aus der Luft in Boden, Wasser u. Vegetation.

**Depot** [de'po], **1)** Aufbewahrungsort von Sachen. **2)** Ablagerung (Med.). **3)** bei einem Kreditinst. zur Verwahrung u. Verw. hinterlegte Wertgegenstände od. -papiere; Grundformen: *Streifband-D.* (Sonderverwahrung) u. *Sammel-D.* (Sammelverwahrung).

**Depotdünger** [de'po-], **Langzeitdünger,** spezielle Düngemittel, die die Pflanzennährstoffe verzögert an den Boden abgeben und daher für eine länger anhaltende Düngung geeignet sind.

**Depotfund** [de'po-], archäol. Sammelfund von Stein- od. Metallgeräten, die von ihren Besitzern vergraben wurden.

**Depotpräparate** [de'po-], **Retardpräparate,** Arzneiformen mit Langzeitwirkung (durch resorptionsverzögernde Zusätze).

**Depotstimmrecht** [de'po-], das d. Bank übertragene Recht zur Ausübung des Stimmrechts für die für Kunden verwahrten Aktien.

**Depression** [lat.], **1)** Psychiatrie: gedrückte Gemütsstimmung, die krankhafte Züge annehmen kann. **2)** Festlandsgebiet, dessen Oberfläche u. d. M. liegt, z. B. Totes Meer −396 m, Eyresee −12 m. **3)** Meteorol.: svw. ↑Tiefdruckgebiet. **4)** ↑Konjunktur.

**deprimiert** [lat.], entmutigt, niedergeschlagen.

**Deputat** [lat.], Arbeitsentgelt in Form von Sachleistungen (Naturallohn).

**Deputation** [lat.], Abordnung, Vertretung einer Körperschaft.

**Derby** ['dɑ:bɪ], Hptst. der mittelengl. Gft. *D.shire,* 219 000 E; Textil-, Eisen-, Flugzeugind., Porzellanmanufaktur; ✣.

**Derby** ['də:bɪ; engl.], seit 1780 in Epsom jährl. stattfindendes Pferderennen für dreijährige Vollblüter; seit 1836 werden auch in anderen Ländern D. veranstaltet

**Derivat** [lat.], **1)** Ⓢ abgeleitetes Wort. **2)** Abkömmling einer chem. Verbindung.

**Dermatologie** [gr.], Fachgebiet der Medizin, das sich mit den Erkrankungen von Haut, Schleimhäuten und deren Anhangsgebilden sowie mit der Behandlung befasst.

**Dermoplastik** [gr.], Präparationstechnik zur möglichst naturgetreuen Darst. von Wirbeltieren.

**Dernier Cri** [dɛrnje'kri; frz.; = letzter Schrei], letzte Neuheit (z. B. in der Mode).

**Derrida,** Jacques, frz. Sprach- u. Kulturphilosoph, *1930; Vertr. des Strukturalismus.

**Derwisch** [pers.; = Bettler], arab. **Fakir,** Mitgl. eines relig. Ordens des Islam (v. a. 12.–16. Jh.); lebt von frommen Stiftungen.

**Déry,** Tibor, ungar. Schriftsteller, *1894, †1977; naturalist., später surrealist. Romane.

**des.,** Abk. für ↑**des**ignatus.

**Desaster** [frz.; = Unstern], Missgeschick, Zusammenbruch.

**des|avouieren** [dezavu-; frz.], verleugnen, bloßstellen.

**Descartes** [de'kart], René, latin. Renatus **Cartesius,** frz. Philosoph, *1596, †1650; von gr. Wirkung auf die ges. Philos. der Neuzeit; unterwirft den ganzen Bereich des philos. Wissens einer method., an der Mathematik orientierten Zweifelsbetrachtung und findet allein im Selbstbewusstsein die eine, unumstößl. Gewissheit: „cogito, ergo sum" (= ich denke, also bin ich); Lehre von den beiden Grundsubstanzen der Welt, des „res cogitans" (der menschl. Geist) u. der „res extensa" (die nach mech. Ges. geordnete Außenwelt); Grundlegung der analyt. Geometrie.

**Desensibilisierung,** svw. ↑Hyposensibilisierung.

**Deserteur** [dezɛr'tø:r; frz.], Fahnenflüchtiger, Überläufer.

**De Sica,** Vittorio, ital. Schauspie-

ler u. Regisseur, *1902, †1974; Vertr. des ital. Neorealismus.
**Desiderat** [lat.; = Gewünschtes], Vermisstes, Gesuchtes.
**Design** [dɪˈzaɪn; engl.], ästhet. Gestaltung v. Produktionsmustern u. ihr Ergebnis, im Ggs. zur Formgebung aus rein funktioneller Sicht *(Grafik-D., Industrie-D.).*
**designatus** [lat.], Abk. **des.,** designiert, für ein Amt, eine Würde vorgesehen, bestimmt.
**Designerdrogen** [dɪˈzaɪnə-], synthet. hergestellte neuartige Abwandlungsprodukte von bekannten Suchtstoffen, Schmerz- oder Betäubungsmitteln mit z. T. stärkerer, oft unberechenbarer, häufig schon in geringster Menge tödl. Wirkung.
**Designerfood** [dɪˈzaɪnəfu:d; engl.], svw. ↑Novelfood.
**Desinfektion** [lat.], Abtöten bzw. Inaktivieren von Krankheitserregern.
**Desintegration** [frz.], Auflösung, Auseinanderfallen einer Einheit.
**Desinteresse,** Unbeteiligtheit, Gleichgültigkeit.
**Désirée** [deziˈre], Eugénie Bernardine, geb. Clary, Kgn. von Schweden, *1777, †1860; von Napoleon I. verehrt, seit 1798 vermählt mit Gen. Bernadotte, dem späteren Karl XIV. Johann von Schweden.
**Deskription** [lat.], Beschreibung.
**Des Moines** [dɪˈmɔɪn], Hptst. von Iowa, USA, 193 000 E; Univ.; bed., vielseit. Ind.; ✈.
**Desna,** l. Nebenfl. des Dnjepr, 1130 km; Mdg. bei Kiew.
**Desodorant,** svw. ↑Deodorant.
**desorientiert** [frz.], nicht unterrichtet, nicht im Bilde.
**Desoxyribonukleinsäure,** Abk. **DNS,** engl. **DNA,** ↑Nukleinsäuren, wesentl. Bestandteil des Zellkerns, Träger der Erbinformationen (genet. Information). Ein DNS-Molekül besteht i. d. R. aus zwei Polynukleotidsträngen, die schraubig umeinander gewunden (Doppelhelix) und durch Wasserstoffbrücken zw. den Basen miteinander verbunden sind.
**despektierlich** [lat.], geringschätzig, verächtlich.
**Desperado** [span.; = Verzweifelter], [polit.] Abenteurer.
**desperat** [lat.], hoffnungslos.
**Despot** [gr.], Tyrann, Gewaltherrscher.
**Dessau,** kreisfreie St. in Sa.-Anh., 82 400 E; FH; Impfstoffwerk, Masch.-, chem. Ind., Waggonbau. – 1603–1918 Residenz, bis 1945 Landeshptst. v. Anhalt; Sitz des ↑Bauhauses.
**Dessauer,** Friedrich, dt. Biophysiker u. Philosoph, *1881, †1963; Untersuchungen über den Einfluss der Röntgenstrahlen auf biol. Vorgänge.
**Dessert** [dɛˈsɛ:r; frz.], Nachtisch.
**Dessertwein,** Wein mit hohem Alkohol- und Restzuckergehalt, heute als *Likörwein* bez.
**Dessin** [dɛˈsɛ̃; frz.], Entwurf, Muster (Textilien).
**Dessous** [dɛˈsu:s; frz.], (elegante) Damenunterwäsche.
**Destillation** [lat.], chem. Trennungs- u. Reinigungsverfahren bei Flüssigkeitsgemischen unter Ausnutzung d. versch. Siedebereiche. Der eine Flüssigkeitsanteil verdampft u. kondensiert b. Abkühlung zum *Destillat,* d. andere Teil bleibt zurück. Die *einfache D.* bezweckt d. Trennung unzersetzt verdampfbarer Flüssigkeiten v. ihren nicht flüchtigen Bestandteilen. Die *fraktionierte D.* zerlegt ein Gemisch flüchtiger Bestandteile von versch. Sp. in die einzelnen Bestandteile.
**Destination** [lat.], Bestimmung. Endzweck.
**DESY,** Abk. für ↑**D**eutsches **E**lektronen-**Sy**nchroton.
**Deszendenztheorie, Abstammungslehre, Evolutionstheorie,** Wiss.-Zweig der Biol., der die Entstehung der Mannigfaltigkeit der Organismen u. ihre Höherentw. zum Menschen untersucht (mithilfe v. anat., genet., physiol. u. a. Erkenntnissen); geht davon aus, dass 1. alle Pfl. u. Tiere ↑Mutationen unterliegen, die zus. mit Sexualität u. ↑Auslese den Evolutionsmechanismus darstellen u. zu neuen Arten, Gatt. usw. führen (Stammbaumsystem); 2. dass Pfl. u. Tiere gemeinsame Ahnen haben u. 3. der Mensch ein Glied des tier. Stammbaums ist.
**Detail** [deˈtaj; frz.], Einzelheit, Einzelteil; *D.handel,* Einzelhandel.
**Detektiv** [engl.], in Großbrit. u. den USA Kriminalpolizist; in Dtl. gewerbl. Ermittler von Beweismaterial in privatem Auftrag.
**Detektor** [lat.], Anzeige- bzw. Nachweisgerät elektromagnet. od. korpuskularer Strahlung (z. B. Zählrohr).
**Detergenzi|en** ↑Tenside.
**Determinante** [lat.], einer quadrat. ↑Matrix zugeordneter math. Ausdruck mit best. Zahlenwert, tritt v. a. (als Koeffizienten-D.) bei Auflösung linearer Gleichungssysteme auf.
**Determination** [lat.], Begriffsbestimmung; zwangsläufige Bestimmung.
**Determinismus,** philos. Lehre v. d. grundsätzl. Unfreiheit des Menschen u. der notwend. Bestimmtheit *(Determiniertheit)* allen Geschehens.
**Detmold,** Hptst. des Reg.-Bez. D. in NRW u. Krst. des Kreises Lippe, 73 500 E; Verw.-Akad., LG, IHK, Staatl. Hochschule f. Musik; Renaissanceschloss.
**Detonation** [lat.], stoßartig und extrem schnell verlaufender Verbrennungsvorgang bei Sprengstoffen; Ggs. ↑Deflagration.
**Detroit** [dɪˈtrɔɪt], Hafen- u. Ind.-St. in Michigan, USA, 1,01 Mill. E; 2 Univ.; Mittelpt. der Autoind. d. USA; Autozubehör-, Flugzeug-, chem., Elektroind.; Werften; ✈.
**Deus ex Machina** [lat.; = der Gott aus der Masch.], im griech. Theater eine mit mech. Hilfe auf die Bühne gebrachte Göttergestalt zur Konfliktlösung; heute svw. unerwartete Hilfe.
**Deut, Duit** [dœjt], kleine altniederl. Münze.
**Deuterium** [gr.], **schwerer Wasserstoff,** Symb. **D** od. $^2$**H,** Wasserstoffisotop mit rel. A.-Masse 2,0140; sein positiv geladener Kern *(Deuteron)* besteht aus einem Proton und einem Neutron.
**Deuteronomium** [gr.], in der Vulgata Bez. für das 5. Buch Mose.
**Deutsch,** bez. urspr. die Sprache des Volkes im Ggs. zur lat. Amts- u. Kirchenspr.; entstanden um 700 (ahd. diutisc, lat. theodiscus; wahrsch. aus ahd. diot = Volk); wurde zum Namen des Volkes und Landes.
**Deutsch, 1)** Ernst, dt. Schauspieler, *1890, †1969; Charakterdarsteller. **2)** Julius, östr. sozialdemokrat. Politiker, *1884, †1968; Führer des Aufstands gg. Dollfuß.
**Deutsch-Dänischer Krieg, 1)** 1848–50: dän. Versuch, das mit Holstein verbundene, nicht zum Dt. Bund gehörige Schleswig zu annektieren. **2)** 1864: nach preuß.-östr. Sieg über Dänemark Errichtung eines Kondominiums über Schl.-Ho. (bis 1866).
**Deutsche Arbeitsfront,** Abk. **DAF,** nat.-soz. Pflichtorganisation für Arbeitnehmer u. -geber 1933–45 anstelle der aufgelösten Gewerkschaften, Sonderdienststelle „Kraft durch Freude"; Reichsorganisationsleiter R. Ley.
**Deutsche Bahn AG,** Abk. **DB AG,** im Zug der Reformen der dt. Bahnen (Dt. Bundesbahn u. Dt. Reichsbahn) zum 1. 1. 1994 entstandenes privates Eisenbahnverkehrsunternehmen (↑Eisenbahn).
**Deutsche Bibliothek,** seit 1990 gemeinsamer Name der Archivbibliotheken u. bibliograph. Zentren für Dtl.; Gliederungseinheiten die ehem. *Deutsche Bibliothek,* Frankfurt am Main (gegr. 1947), die

ehem. *Deutsche Bücherei,* Leipzig (gegr. 1912) sowie das *Deutsche Musikarchiv,* Berlin (gegr. 1970); sammelt u. verzeichnet dt.-sprachige Lit. des In- und Auslands, fremdsprachig in Dtl. erscheinende Lit., Musiknoten u. Tonträger; Hg. der Dt. Nationalbibliographie.

**Deutsche Börse AG,** 1993 durch Umfirmierung der Frankfurter Wertpapierbörse AG gegr. Gesellschaft; Sitz Frankfurt am Main.

**Deutsche Bücherei** ↑Deutsche Bibliothek.

**Deutsche Bucht,** sö. Teil der Nordsee zw. d. W-Küste Jütlands bis Esbjerg u. d. dt.-niederl. Küste bis Terschelling; in ihrem Zentrum liegt Helgoland.

**Deutsche Bundesbahn,** Abk. **DB,** bis 1994 im Bundesbesitz befindl. dt. Verkehrsunternehmen, gegr. 1949. (↑Deutsche Bahn AG)

**Deutsche Bundesbank,** dt. Zentralbank, 1957 hervorgegangen aus der Bank dt. Länder; seit 1. 1. 1999 integraler Bestandteil des Europ. Systems der Zentralbanken (↑Europäische Zentralbank).

**Deutsche Bundespost,** Abk. **DBP,** 1950 gegr. öffentl. Unternehmen des Post- und Fernmeldewesens; im Zuge der „Postreform" (seit 1989) 1995 aufgespalten in die eigenständigen Bereiche *Dt. Post AG, Dt. Postbank AG* u. *Dt. Telekom AG.*

**Deutsche Christen,** unter Einfluss des Nat.-Soz. entstandene kirchl. Bewegung, erstrebte die Machtübernahme innerhalb der dt. ev. Kirchen; in Abwehr gegen diese Formierung der ↑Bekennenden Kirche.

**Deutsche Demokratische Partei,** Abk. **DDP,** 1918 von F. Naumann gegr. linksliberale Partei; 1930 nach Fusion mit liberalen Splittergruppen in *Dt. Staatspartei* umbenannt, 1933 aufgelöst.

**Deutsche Demokratische Republik, DDR,** 1949–90 Republik in M-Europa, zw. Ostsee u. Erzgeb., Elbe/Harz und Oder/Neiße, 108 333 km², 16,66 Mill. E; volksdemokrat. Reg.-System unter Führung d. SED mit Staatsrat (Vors.: 1960–73 W. Ulbricht, 1973–76 W. Stoph, 1976–89 E. Honecker, danach kurz E. Krenz), Ministerrat und Volkskammer; Reg.-Sitz Berlin (Ost). – *Gesch.:* In der SBZ 1945 Boden-, Schul-, Justizreform, Enteignung u. Verstaatlichung großer Teile der Industrie. 1946 Vereinigung v. SPD u. KPD zur SED. 1947 Schaffung der Dt. Wirtschaftskommission, 1949 des 2. Dt. Volksrates als Vorläufer einer Reg. u. eines Parlaments. Juni 1948 Währungsreform. 1949 Aufstellung der Volkspolizei. 7. 10. 1949 Verfassung. Sozialist. Aufbau: 1950 Einführung der Einheitsliste der Nat. Front für die Volkskammerwahlen, 1952 Aufstellung nat. Streitkräfte (zunächst kasernierte Volkspolizei, ab 1956 NVA), Bildung von landw. Produktionsgenossenschaften, vorrangige Entwicklung der Schwerindustrie. 1950 Mitglied des ↑Rats für gegenseitige Wirtsch.hilfe. 1952 Verwaltungsreform (14 Bezirke). 1953 Aufstand des ↑Siebzehnten Juni. 1955 Gründungsmitgl. des ↑Warschauer Pakts. 1957/58 Aktionen gg. „revisionist. Abweichler". 1960 Abschluss der „Vollkollektivierung" der Landwirtschaft. 1961 Abriegelung Ost-Berlins u. der DDR von der BRD (Mauerbau, Sperrgürtel). 1962 Einführung der Wehrpflicht. 1968 neue Verf. (sozialist. Rechtsform). Seit dem ↑Grundvertrag mit der BRD (1972) diplomat. Anerkennung durch fast alle Staaten. 1973 Mitgl. der UN. Ab Okt. 1989 erstarkende Oppositions- u. Reformbewegung (Massendemonstrationen); erzwungener Rücktritt v. E. Honecker aus allen Ämtern (18. 10.) sowie d. Politbüros (8. 11.); E. Krenz (Okt.–Dez.) hilfloser SED-Chef; nach Öffnung der Grenze zur BRD u. Berlin (West) am 9. 11. 1989 bis 3. 10. 1990 Entwicklung zur dt. Einheit (↑deutsche Geschichte).

**Deutsche Einheitskurzschrift,** Abk. **DEK,** in Dtl. übl. ↑Kurzschrift; 1922 entworfen, 1924 für verbindl. erklärt, 1936 vereinfacht, 1968 erneut normiert.

**Deutsche Forschungsgemeinschaft,** Abk. **DFG,** zentrale Organisation zur Förderung der Forschung an Hochschulen und öffentlich finanzierten Forschungsinstituten in Dtl., gegr. 1951; Sitz: Bonn.

## DEUTSCHE GESCHICHTE

Das Hl. Röm. Reich erwuchs aus dem Frankenreich Karls d. Gr.: Das Machtstreben der Söhne Ludwigs des Frommen führte zur Auflösung des Fränk. Reiches; Vertr. von Verdun 843: Der Ostteil kam an Ludwig den Dt., der Westteil an Karl den Kahlen. Der nördl. Teil des Lotharing. Zwischenreiches fiel (Vertr. von Meerssen 870, Ribemont 880) an das Ostfränk. Reich (843–911), aus dem das Hl. Röm. Reich entstand. In Kämpfen gg. Slawen u. Ungarn bildeten sich starke erbl. Stammeshzgt.; Sinken des kgl. Ansehens. Tragende Stämme: Sachsen, Franken, Bayern, Schwaben. Nach vergebl. Versuchen Konrads I. gelang Heinrich I. die Wiederherstellung der Königsmacht (Sieg über die Ungarn 933, Zurückgewinnung Lothr.). Unter seinem Sohn Otto I., d. Gr., weitere Festigung; 955 Sieg auf dem Lechfeld gg. die Ungarn; Gründung von Grenzmarken gg. die Slawen; Errichtung des Erzbistums Magdeburg (Mission). Der R.-Episkopat wurde tragendes Element des Reiches; Bischöfe u. Äbte wurden geistl. R.-Beamte mit Rechten (Immunitäten) u. Pflichten (Hof- u. Heerfahrt). 951 Gewinn des Kgr. Italien. Die Ks.-Krönung Ottos I. in Rom (962) brachte die damal. Hegemonie im Abendland zum Ausdruck. Otto II. suchte vergebl. ganz Italien zu erobern; Aufstand der Slawen 983 führte zum Zusammenbruch der Kolonisation u. der Mission östl. der Elbe. Auch Ks. Ottos III. Plan einer auch die Kirche beherrschenden Universalmonarchie (Renovatio Imperii Romanorum) scheiterte. Heinrich II. u. Konrad II. begr. die äußere Macht neu; Wiedergewinnung Böhmens u. der Lausitz, endgült. Erwerbung Burgunds 1033.

Unter dem Salier Heinrich III. Förderung der kluniazens. Klosterreform; Übertragung der Reform auf die Weltgeistlichkeit (Verbot der Simonie u. der Laieninvestitur), die die polit. Befreiung des Papsttums einleitete. Der Ggs. zw. Königtum u. Fürsten, die während Heinrichs IV. Unmündigkeit ihre Sonderinteressen verfolgten, verknüpfte sich mit dem Kampf des Kg. gg. Papst Gregor VII., der ihm das Recht zur Einsetzung von Bischöfen absprach (Investiturstreit). Heinrich IV. löste sich in Canossa 1077 vom Bann u. unterwarf die aufständ. Fürsten. Heinrich V. schloss 1122 das Wormser Konkordat. Nach dem Tod des letzten Saliers Wahl Lothars von Sachsen-Supplinburg zum Kg. u. 1127 Erhebung des Staufers Konrad III. zum Gegenkg., der 1138 die Nachfolge antrat. Friedrich I. Barbarossa dämpfte den stauf.-welf. Ggs. (Privilegium minus 1156); Stärkung der kgl. Macht u. Erneuerung des Imperiums (1155 Ks.-Krönung; Kämpfe mit den oberital. Städten). Die

**DEUTSCHE GESCHICHTE** (Fortsetzung)

Hilfeverweigerung Heinrichs des Löwen führte zu dessen Sturz. Heinrich VI. wurde durch Heirat mit Konstanze zugleich Kg. v. Sizilien. Sein Erbreichsplan scheiterte; sein früher Tod bedeutete das Ende der Hegemonie über das Abendland u. führte zu Thronwirren. Doppelkönigtum Philipps v. Schwaben u. Ottos IV., dessen Pol. sich Papst Innozenz III. mit der Erhebung Friedrichs II. entgegenstellte. Dieser schuf sich in seinem sizilian. Erbreich ein straff organisiertes Staatswesen u. suchte in Dtl. das Imperium wieder aufzurichten; Erneuerung u. Ausbau des stauf. R.-Territoriums, zugleich zunehmender Ggs. zum Papsttum. Gr. Zugeständnisse an die Fürsten (Privilegium in favorem principum ecclesiasticorum 1220, Statutum in favorem principum 1231). Friedrich II. starb 1250 vor der Entscheidung des Kampfs mit dem Papst; Nachf. 1254 sein Sohn Konrad IV. Nach dem Zerfall der Zentralgewalt war die Entw. zum Territorialstaat besiegelt, der Ausbau der Landesherrschaften begann. Der Grundsatz der freien Kg.-Wahl wurde allg. anerkannt. Die Hausmachtpol. der Herrscher aus versch. Häusern (Tabelle S. 146/147) war der einzig mögl., aber auch vergebl. Versuch, den Fürsten Macht u. Einfluss zu entwinden. Im Spät-MA Aufblühen d. dt. Städtewesens, Aufstieg u. Zusammenbruch d. Dt. Ordens u. Ausdehnung des dt. Ostseehandels (Hanse). Beendigung des Interregnums durch Wahl Rudolfs von Habsburg, der in Kämpfen gg. Kg. Ottokar v. Böhmen die habsburg. Hausmacht begründete. Hausmachtpol. gr. Stils betrieb der Luxemburger Heinrich VII., der seinem Sohn Böhmen u. Mähren übertrug; sein Enkel Karl IV. konnte, da die von Ludwig dem Bayern geschaffene wittelsbach. Hausmacht durch Erbteilungen schnell wieder zerfiel, ↑Brandenburg u. die Lausitz gewinnen; sein Sohn Sigismund gab Brandenburg an die Hohenzollern (1415), gewann aber durch Heirat Ungarn. Albrecht II. verband die luxemburg. mit seinen habsburg. Besitzungen. Diese Hausmacht war so stark, dass das Kaisertum bis 1806 bei den Habsburgern verblieb. Karl IV., der bedeutendste Herrscher des Spät-MA, machte Böhmen zum territorialen Musterstaat. Nachdem der Kurverein von Rhense 1338 die Lösung des Kaisertums vom Papsttum festgelegt hatte, regelte Karl IV. durch die Goldene Bulle das Königswahlrecht. Die R.-Gewalt wurde damit an die Krfst. übertragen. Unter Wenzel u. Ruprecht v. d. Pfalz weitere Schwächung der kgl. Macht. Das Konstanzer Konzil (1414–18) unter Vorsitz Ks. Sigismunds rettete die Kircheneinheit, löste aber die Hussitenkriege aus, die erst nach einem Vergleich (Prager Kompaktaten 1433) beendet werden konnten. Nach den Erfolgen der Hausmachtpol. Friedrichs III. brachte die Heirat Maximilians I. 1477 den Gewinn v. Burgund u. den Niederlanden. Unter Maximilian I. ständische R.-Reform; die Ehe zw. Philipp, Sohn Maximilians, u. Johanna, Erbin v. Kastilien u. Aragonien, brachte die Vereinigung Spaniens mit den Niederlanden u. den östr. Erblanden. 1517 Thesenveröffentlichung Luthers; 1521 verhängte das Wormser Edikt über ihn u. seine Anhänger die R.-Acht. Die Kämpfe Karls V. mit Franz I. v. Frkr. u. die Türkengefahr kamen der luth. Bewegung zugute; 1524/25 erschütterten die Erhebung der Ritter u. der Bauernkrieg das Land. Doch wurde gleichzeitig der innere Ausbau der luth. Landeskirche vorangetrieben. 1529 Protestaktion der ev. R.-Stände gg. den Reichstagsabschied v. Speyer, der das Wormser Edikt erneuert hatte; Zusammenschluss der prot. R.-Stände im Schmalkald. Bund. 1546/47 Schmalkald. Krieg, der die Selbstständigkeit des dt. Territorialft. zugunsten des Kaisertums brechen u. die konfessionelle Einheit des Reiches wieder herstellen sollte; Niederlage der Protestanten in der Schlacht bei Mühlberg/Elbe. 1548 Augsburger Interim. Krfst. Moritz v. Sachsen wandte sich zum Schutz der „Libertät" der dt. Fürsten im Bündnis mit Heinrich II. v. Frkr., der dafür Metz, Toul u. Verdun besetzte, gg. den Ks.; Ende der Auseinandersetzungen im Augsburger Religionsfrieden 1555.

Nach der Abdankung Karls V. 1556 Teilung der habsburg. Besitzungen unter die östr. (Ferdinand I.) u. die span. Linie (Philipp II.); Letztere erhielt auch die dt. R.-Lehen Mailand, Franche-Comté, Luxemburg u. die Niederlande. Später als im W u. NO Europas setzte die Gegenreformation im Reich ein. Hervorragender Vertr.: Hzg. Albrecht V. v. Bayern; auch in den habsburg. Ländern unter Rudolf II. gegenreformator. Maßnahmen. Furcht vor einem Angriff der kath. Mächte führte 1608 zur Gründung der prot. Union unter Führung Friedrichs V. v. d. Pfalz; 1609 unter bayr. Führung Gegengründung der kath. Liga. Der Aufstand der prot. Stände Böhmens unter Gf. Thurn u. die Wahl des pfälz. Krfst. zum böhm. Kg. führten 1618 zum Dreißigjähr. Krieg, der 1648 durch den Westfäl. Frieden beendet wurde.

Im Zeitalter des Absolutismus Auseinandersetzung zw. den Habsburgern u. Frkr. (Ludwig XIV.), das bei wechselnden Bündnissen in seinem Kampf um die Vorherrschaft in Europa sein Herrschaftsgebiet erweitern konnte; die Kräfte des Ks. waren durch Kämpfe gg. die Türken gebunden. 1683 Belagerung Wiens, Befreiung durch ein R.-Heer u. poln. Hilfstruppen unter Kg. Johann III. Sobieski. In den Türkenkriegen Gewinn v. Ungarn u. Siebenbürgen, vorübergehend auch der Kl. Walachei u. v. Teilen Serbiens mit Belgrad. Der ungar. R.-Tag übertrug an Habsburg die erbl. Thronfolge: Personalunion Östr.-Ungarn. Entscheidung des Kampfes im Span. Erbfolgekrieg; Karl VI. erkannte den Utrechter Frieden an u. erhielt die span. Niederlande sowie die bisher span. Nebenländer Mailand, Sardinien, Neapel. Östr. wurde damit zur führenden Macht in Italien. Tausch mit Savoyen, das Sizilien abtrat u. Sardinien erhielt. Die Pragmat. Sanktion (1713) sicherte die weibl. Nachf. u. die Unteilbarkeit der östr. Monarchie. In Dtl. wicht. Veränderungen: Ausdehnung gr. Territorien über die R.-Grenzen; 1697 gelangte Friedrich August I. v. Sachsen als August II. auf den poln. Thron; Personalunion bis 1763; 1714 wurde der Krfst. v. Hannover Kg. v. Großbrit. (Personalunion Großbrit.-Hannover bis 1837). – Beginn des Aufstiegs v. Brandenburg-Preußen; 1675 Sieg des Gr. Krfst. über die Schweden bei Fehrbellin. Unter Friedrich Wilhelm I. Aufbau einer straffen Staatsverw. (Beamtenschaft, stehendes Heer). Im Nord. Krieg Gewinn von Stettin u. Vorpommern bis zur Peene. Friedrich II., d. Gr., setzte den Ausbau des Staates im Sinne des aufgeklärten Absolutismus fort. – Nachf. Karls VI. wurde seine Tochter Maria Theresia; trotz Anerkennung der Pragmat. Sanktion erhoben die Krfst. v. Sachsen u. Bayern Ansprüche auf das habsburg. Erbe. Ausbruch des Östr. Erbfolgekrieges, ausgelöst durch den Einfall

D

**DEUTSCHE GESCHICHTE** (Fortsetzung)

FriedrichsII. in Schlesien, das er aufgrund sehr umstrittener Rechtstitel für sich beanspruchte; 1. (1740) u. 2. (1744) Schles. Krieg; Ergebnis: Abtretung Schlesiens u. der Gft. Glatz an Preußen; Anerkennung Franz' I., Gemahls Maria Theresias, als Ks. Der Östr. Erbfolgekrieg wurde 1748 im Frieden zu Aachen beendet: Östr. trat Teile von Mailand an Sardinien, Parma u. Piacenza an Spanien ab. Beginn des Kampfes zw. Preußen u. Östr. um die Vorherrschaft in Dtl. Im Siebenjähr. Krieg konnte FriedrichII. gg. eine gr. Koalition (Östr., Frkr., Russland, Sachsen u. die meisten R.-Fürsten) Schlesien behaupten. Damit war die Stellung Preußens als Großmacht bestätigt. In Östr. brachte der aufgeklärte Absolutismus unter JosephI. (Josephinismus) den Aufbau einer zentralisierten Verw., den Erlass eines Toleranzedikts für Protestanten u. die Einziehung der Kirchengüter. Die Solidarität der Throne gg. die Frz. Revolution führte 1792 zur frz. Kriegserklärung an Östr. u. Preußen (1. Koalitionskrieg); 1795 frz.-preuß. Basler Frieden. Gleichzeitig 3. Teilung Polens. 1797 Sieg Napoleons über Östr., das im Frieden v. Campoformio die östr. Niederlande, Mailand, Modena u. Mantua an Frkr. abtreten musste u. die Rheingrenze anerkannte. Bestätigung dieser Bedingungen im Frieden v. Lunéville 1801. Der R.-Deputationshauptschluss (1803) brachte eine Neuordnung des Reiches: Säkularisierung der geistl. Territorien, alle R.-Städte (bis auf Lübeck, Hamburg, Bremen, Augsburg, Nürnberg u. Frankfurt am Main) verloren ihre Selbstständigkeit. Außer Preußen wurden bes. Baden u. die neuen Kgr. (s. 1806) Bayern u. Württemberg vergrößert. 1806 Rheinbund der Mittelstaaten mit NapoleonI.; Habsburgs Vormacht

**deutsche Geschichte: Könige und Kaiser**

| Dynastie | | | bestattet in |
|---|---|---|---|
| Karolinger | *Ludwig II., der Deutsche | 843–876 | Lorsch |
| | *Karlmann (von Bayern) | 876–880 | Altötting |
| | *Ludwig III., der Jüngere | 876–882 | Lorsch |
| | Karl III., der Dicke | 876/881–887 | Reichenau |
| | Arnulf von Kärnten | 887/896–899 | Regensburg |
| | *Ludwig IV., das Kind | 900–911 | Regensburg |
| Konradiner | *Konrad I. | 911–918 | Fulda |
| Liudolfinger | *Heinrich I. | 919–936 | Quedlinburg |
| | Otto I., der Große | 936/962–973 | Magdeburg |
| | Otto II., der Rote | (961) 973/967–983 | Rom |
| | Otto III. | 983/996–1002 | Aachen |
| | Heinrich II., der Heilige | 1002/1014–1024 | Bamberg |
| Salier | Konrad II. | 1024/1027–1039 | Speyer |
| | Heinrich III. | 1039/1046–1056 | Speyer |
| | Heinrich IV. | 1056/1084–1106 | Speyer |
| Rheinfeldener | (Rudolf von Rheinfelden, Gegenkönig | 1077–1080) | Merseburg |
| Lützelburger | (Hermann von Salm, Gegenkönig | 1081–1088) | Metz |
| Salier | (Konrad, Sohn Heinrichs IV., Gegenkönig ab 1093 | 1087–1098) | Florenz |
| | Heinrich V. | 1106/1111–1125 | Speyer |
| Supplinburger | Lothar III. (von Supplinburg) | 1125/1133–1137 | Königslutter |
| Staufer | *Konrad III. | 1138–1152 | Bamberg |
| | Friedrich I. Barbarossa | 1152/1155–1190 | Tyrus |
| | Heinrich VI. | 1190/1191–1197 | Palermo |
| | *Philipp von Schwaben | 1198–1208 | Speyer |
| Welfen | Otto IV. von Braunschweig | 1198/1209–1218 | Braunschweig |
| Staufer | Friedrich II. | 1212/1220–1250 | Palermo |
| | (Heinrich [VII.] | 1220–1235) | Cosenza |
| Ludowinger | (Heinrich Raspe von Thüringen, Gegenkönig | 1246–1247) | Eisenach |
| Staufer | *Konrad IV. | 1250–1254 | Messina |
| Holland | *Wilhelm | 1247–1256 | Middelburg (Prov. Seeland) |
| Plantagenets | *Richard von Cornwall | 1257–1272 | Hailes Abtei (Gloucestershire) |
| Burgunder | *Alfons X. von Kastilien und León | 1257–1273 | Sevilla |
| Habsburger | *Rudolf I. | 1273–1291 | Speyer |
| Nassauer | *Adolf | 1292–1298 | Speyer |
| Habsburger | *Albrecht I. | 1298–1308 | Speyer |
| Luxemburger | Heinrich VII. | 1308/1312–1313 | Pisa |
| Habsburger | *Friedrich der Schöne | 1314–1330 | Wien |
| Wittelsbacher | Ludwig IV., der Bayer | 1314/1328–1347 | München |
| Luxemburger | Karl IV. | 1346/1355–1378 | Prag |
| Schwarzburger | (Günther, Gegenkönig | 1349) | Frankfurt am Main |

**DEUTSCHE GESCHICHTE** (Fortsetzung)

in Europa gebrochen; am 6. 8.1806 legte Franz II. die Ks.-Krone nieder, Ende des Hl. Röm. Reiches Dt. Nation.
1806/07 völl. Niederlage Preußens gg. Napoleon I. (Schlachten v. Jena u. Auerstedt), Abschluss des Friedens v. Tilsit. Reformen Steins u. Hardenbergs. Die Niederlage Napoleons I. im russ. Feldzug löste die ↑Befreiungskriege aus; Okt. 1813 Völkerschlacht bei Leipzig, Sieg der verbündeten preuß.-russ.-östr. Truppen. – Der Wiener Kongress brachte für Dtl. u. a. die Schaffung des Dt. Bundes, eines losen Staatenbundes v. 35 souveränen Fürsten u. 4 R.-Städten unter östr. Vorsitz. Unter Metternich Unterdrückung der nat. u. lib. Tendenzen in Dtl. Der Kampf zw. Metternich u. den revolutionären Kräften führte zu den Karlsbader Beschlüssen. Freiheitl.-nat. Regungen u. die Februarrevolution in Frkr. lösten die Revolution v. 1848 aus: Sturz Metternichs in Wien. Nach dem Zusammentritt eines Vorparlaments am 18. 5. Eröffnung der Frankfurter Nationalversammlung. Erzhzg. Johann v. Östr. zum R.-Verweser gewählt; damit Bildung einer vorläuf. Zentralreg.; Friedrich Wilhelm IV. v. Preußen zum dt. Erbks. gewählt, lehnte die Wahl ab. Sein Versuch, die R.-Einheit durch eine Einigung der Fürsten zu erreichen, scheiterte (Vertr. v. Olmütz). Verf.-Konflikt in Preußen führte zur Berufung Bismarcks. Der Bruch der dän. Verpflichtungen gg. Schl.-Ho. hatte den preuß.-östr. Feldzug u. die gemeinsame Annexion zur Folge: Östr. erhielt Holstein, Preußen Schleswig. Die von Bismarck angestrebte „kleindt." Lösung führte zum Krieg gg. Östr. 1866. Entscheidungsschlacht bei Königgrätz; das diplomat. Geschick Bismarcks vereitelte die drohende frz. Einmischung. Maßvoller Friede v. Prag; Schonung Östr., das Venetien an Italien abtrat. Gründung des ↑Norddt. Bundes unter Führung Preußens, das Schl.-Ho., Nassau, Kurhessen, Hannover u. Frankfurt annektierte. 1870/71 Dt.-Frz. Krieg; am 18. 1. 1871 Kaiserproklamation im Spiegelsaal v. Versailles; Kg. Wilhelm I. v. Preußen erbl. dt. Kaiser. Gründung des Dt. Reiches mit einer Verf. nach dem Modell des Norddt. Bundes (B.-Rat, R.-Tag, R.-Kanzler). Im Dt. Reich verfolgte Bismarck mit wechselnden parlament. Mehrheiten eine Innenpol., die zu Spannungen mit den Katholiken (Kölner Kirchenstreit, Kulturkampf) u. Kämpfen mit den Sozialdemokraten (Sozialistengesetz) führte. Bismarcks außenpolit. Ziel war die Wahrung des europ. Friedens u. die Neutralisierung gegner. Koalitionen durch ein bündnispolit. System; 1879 dt.-östr. Zweibund, 1882 Dt. Reich–Östr.–Italien: Dreibund; 1881

**deutsche Geschichte: Könige und Kaiser** (Fortsetzung)

| Dynastie | | | bestattet in |
|---|---|---|---|
| Luxemburger | *Wenzel | 1378–1400 | Prag |
| Wittelsbacher | *Ruprecht von der Pfalz | 1400–1410 | Heidelberg |
| Luxemburger | *Jobst von Mähren | {1410–1411 | Brünn |
| | Sigismund | {1410/1433–1437 | Oradea (Großwardein) |
| Habsburger | *Albrecht II. | 1438–1439 | Székesfehérvar (Stuhlweißenburg) |
| | Friedrich III. | 1440/1452–1493 | Wien |
| | Maximilian I. | 1493/1508–1519 | Wiener Neustadt |
| | Karl V. | 1519/1530–1556 | Escorial |
| | Ferdinand I. | 1531/1556–1564 | Prag |
| | Maximilian II. | 1564–1576 | Prag |
| | Rudolf II. | 1576–1612 | Prag |
| | Matthias | 1612–1619 | Wien |
| | Ferdinand II. | 1619–1637 | Graz |
| | Ferdinand III. | 1637–1657 | Wien |
| | Leopold I. | 1658–1705 | Wien |
| | Joseph I. | 1705–1711 | Wien |
| | Karl VI. | 1711–1740 | Wien |
| Wittelsbacher | Karl VII. Albrecht | 1742–1745 | München |
| Habsburg-Lothringer | Franz I. Stephan | 1745–1745 | Wien |
| | Joseph II. | 1765–1790 | Wien |
| | Leopold II. | 1790–1792 | Wien |
| | Franz II. | 1792–1806 | Wien |
| Hohenzollern | Wilhelm I. | 1871–1888 | Berlin[-Charlottenburg] |
| | Friedrich (III.) | 1888 | Potsdam |
| | Wilhelm II. | 1888–1918 | Doorn (Prov. Utrecht) |

Zeichenerklärung: { = Doppelwahl, * = nur König, () = Gegenkönig/König nur zu Lebzeiten des Vaters. Bei Doppelzahlen (z. B. 876/881) bezeichnet die erstgenannte das Jahr der Königswahl beziehungsweise des Regierungsantritts, die zweite das der Kaiserkrönung.

Die Herrschertitel lauten: 1. **König der Franken (Rex Francorum),** hier des Ostfränk. Reiches seit 843. – 2. **König der Römer (Rex Romanorum),** seit dem 11. Jh. zunehmend gebräuchl. für den noch nicht zum Kaiser gekrönten Herrscher. – 3. **Röm. Kaiser (Imperator Romanorum)** für das Deutschland, Italien und ab 1032/33 Burgund (von Letzterem später nur noch Teile) umfassende Hl. Röm. Reich. – 4. **Erwählter Röm. Kaiser (Imperator Romanorum electus),** seit 1508 für den regierenden Kaiser (nur in Verbindung mit diesem Herrschertitel seit 1508 auch Rex Germaniae). – 5. **Dt. Kaiser,** 1871–1918.

**DEUTSCHE GESCHICHTE** (Fortsetzung)

Dreikaiservertrag Dt. Reich–Östr.–Russland; 1887 Rückversicherungsvertr. mit Russland. Erwerb v. Kolonien (SW-Afrika, Kamerun, Togo, O-Afrika). 1888 Reg.-Antritt Wilhelms II., Konflikt zw. Ks. u. Kanzler, Entlassung Bismarcks. Der „Neue Kurs" brachte die Auflösung des bismarckschen Bündnissystems. 1890 wurde der Rückversicherungsvertr. mit Russland nicht erneuert, das daraufhin 1892 ein Bündnis mit Frkr. schloss. Großbrit. wurde u. a. durch die Flottenpol. (Tirpitz) u. die dt. Einflussnahme in brit. Interessensphären auf die gegner. Seite getrieben. Die Marokkokrisen 1905/06 u. 1911 (Panthersprung) zeigten deutl. die dt. Isolierung. Die Annexion Bosniens 1908/09 durch Östr. u. die Balkankrisen 1912/13 brachten neue Spannungen. Letzter Verständigungsversuch mit Großbrit. scheiterte 1912. Die Ermordung des östr. Thronfolgers Franz Ferdinand in Sarajevo löste den 1. Weltkrieg aus. Die geplante Umwandlung Dtl.s in eine parlamentar. Monarchie kam zu spät; Nov. 1918 Waffenstillstand u. Revolution. Erhebung der Matrosen; Wilhelm II. dankte ab u. ging ins Exil.

**Deutsches Reich – Reichspräsidenten**

| | |
|---|---|
| Friedrich Ebert | 1919–1925 |
| Paul von Hindenburg | 1925–1934 |
| Adolf Hitler (»Führer und Reichskanzler«) | 1934 bis April 1945 |
| Karl Dönitz | Mai 1945 |

Der Rat der Volksbeauftragten übernahm die Reg.; eine Nationalvers., aus allg. u. gleichen Wahlen hervorgegangen, trat in Weimar zusammen u. schuf die Weimarer Verf.; Ebert 1. R.-Präs.; Reg.-Basis war die Weimarer Koalition (SPD, Zentrum, Demokraten). In Dtl. hatte man die harten Bedingungen des Friedens von Versailles nicht erwartet, der Vertr. stieß auf leidenschaftl. Widerstand, seine Erfüllung blieb Gegenstand dauernder Parteikämpfe u. belastete die Weimarer Rep. Verwilderung des pol. Lebens (Ermordung Erzbergers, Rathenaus); Rechtsputsch unter Kapp zusammengebrochen. Die Reparationsfrage führte 1923 zur Ruhrbesetzung durch Frkr. u. Belgien u. zur Inflation. Die Erfüllungspol. Stresemanns beendete den „pass. Widerstand" u. überwand die R.-Krise (Separatisten im Rhld., Putsch Hitlers in München).
1923 Stabilisierung der Währung durch das „Wunder der Rentenmark" (Helfferich, Luther, Schacht); 1924 Dawesplan, 1925 Räumung des Ruhrgebiets. Die Politik ↑Stresemanns u. Briands leitete die dt.-frz. Verständigung ein, der Locarnopakt garantierte die dt.-frz. Grenze u. führte zum Eintritt Dtl.s in den Völkerbund. 1925 Wahl Hindenburgs zum R.-Präs.; Kampf um Annahme des Youngplans. Der Tod Stresemanns u. der Beginn der Weltwirtschaftskrise förderten den Radikalismus der Parteien, heft. Wahlkämpfe, Notverordnungen. Unter R.-Kanzler Brüning „autoritäre Rep.". Nach dem Sturz Brünings Reg. Papen ohne Mehrheit. Reichstagswahlen im Juli 1932 brachten der NSDAP 230 Sitze (Harzburger Front); Ende der Reparationszahlungen (Lausanner Konferenz); nach dem Sturz v. Papens u. General v. Schleichers am 30. 1. 1933 Berufung Hitlers zum R.-Kanzler.

Innenpol. Ziel Hitlers: Ausschaltung der demokrat. Ordnung u. Errichtung eines totalitären Regimes; Göring errichtete die Geheime Staatspolizei (Gestapo). Der Reichstagsbrand bot den Vorwand zum Verbot der KPD. Zustimmung aller Fraktionen (mit Ausnahme der SPD) zum Ermächtigungsges. (24. 3. 1933). Folgen: Auflösung der Parteien; NSDAP einz. Partei. Das Ges. „über den Neuaufbau des Reiches" (1934) beseitigte das staatl. Eigenleben der Länder; 1934 Röhm-Putsch. Nach dem Tod Hindenburgs (1934) Vereinigung der Ämter des R.-Präs. u. R.-Kanzlers in Hitlers Hand. Aufbau der Wehrmacht, Übernahme des OKW durch Hitler. 1933 Austritt aus dem Völkerbund; 1935 Einführung der allg. Wehrpflicht, Flottenabkommen mit England, Rückgliederung des Saargebiets; 1936 Kündigung des Locarnopaktes, Rhld.-Besetzung u. Anfang der Bündnispol.: Antikominternpakt mit Japan; Beginn der dt.-ital. Annäherung. Erweiterung des dt. „Lebensraumes" auf dem Weg der Gewalt (Hoßbachprotokoll 1937); 1938 Anschluss Östr.; das Münchner Abkommen führte zur Angliederung der sudetendt. Teile der ČSR u. zur Garantie des Restbestandes; die Besetzung der ČSR 1939 zeigte den imperialist. Charakter v. Hitlers Pol., die auf harten Widerstand der Westmächte stieß. Abschluss des dt.-russ. Wirtsch.- u. Nichtangriffspaktes unter Abgrenzung der Interessensphären. Der dt. Einmarsch in Polen eröffnete den 2. Weltkrieg, der mit der dt. Kapitulation am 7./8. Mai 1945 endete (Potsdamer Abkommen). Zunächst Ende des dt. Staates; Teilung in 4 Besatzungszonen, gemeinsame Besetzung Berlins; der Alliierte Kontrollrat bildete die oberste staatl. Autorität. Dezentralisation der Wirtsch., Demontage, Reparationen; Entnazifizierung; Nürnberger Prozesse. Die Gebiete östl. der Oder-Neiße-Linie wurden unter poln. u. russ. Verw. gestellt. 1990 Anerkennung der Grenzziehung. Die staatl. Neugestaltung Dtl. begann mit der Bildung der Länder u. Parteien:
Im W wurden die amerikan. u. die brit. Zone zum „Vereinigten Wirtschaftsgebiet" (Bizone) zusammengefasst, bald erweitert zur Trizone; am 1. 7. 1948 wurden die 11 Min.-Präs. der entstandenen W-Länder beauftragt, eine verfassunggebende Versammlung (Ausarbeitung des GG) für die Errichtung eines westdt. Bundesstaates einzuberufen. – In der sowjet. Besatzungszone (SBZ) schuf die sowjet. Militäradministration in Dtl. (SMAD) 1945 dt. Zentralverwaltungen u. fasste sie 1947 in der Dt. Wirtschaftskommission zusammen, 1949 folgte die Gründung der DDR. – In der BRD begann (nach der Währungsreform vom Juni 1948) der wirtsch. Neuaufbau (Marshallplan); 1949 ↑Besatzungsstatut. 1948/49 Berliner Blockade durch die UdSSR (↑Luftbrücke); 23. 5. 1949 Verkündung des GG; am 14. 8. 1949 Wahl des 1. Dt. Bundestages, Konstituierung der BRD u. am 7. 10. 1949 der ↑Deutschen Demokratischen Republik. Außenpolit. Integration in das westl. Bündnissystem unter B.-Kanzler K. Adenauer (CDU; 1949–62): 1951/52 Beitritt zur Europ. Gemeinschaft für Kohle u. Stahl, Revision des Besatzungsstatus; 1952 ↑Deutschlandvertrag; 1955 ↑Pariser Verträge (u. a. Aufnahme in die Westeurop. Union u. die NATO), BRD souverän. 1955–69/70 ↑EWG und ↑EURATOM. 1958–61 2. Berlinkrise („Mauerbau"); 1968 Notstandsgesetzgebung. Entspannungspolitik einer sozialliberalen Koalition unter B.-Kanzler W. Brandt (SPD; 1969–74) gegenüber

**DEUTSCHE GESCHICHTE** (Fortsetzung)

dem O: 1970 Dt.-Sowj. Vertr. u. Dt.-Poln. Vertr., 1971 Viermächteabkommen über ↑Berlin; 1973 ↑Grundvertrag mit der DDR. Aufnahme in die UN. Gestärkt durch die Reformbestrebungen in einigen osteurop. Staaten, bes. aber durch die Umorientierung der sowj. Außenpolitik unter M. Gorbatschow, brach sich in der DDR eine marginal bereits länger bestehende Protestbewegung Bahn (Bürgerbewegung). Eine ständig anwachsende Fluchtbewegung v. a. über Ungarn, die Tschechoslowakei u. Polen in die BRD, bes. aber regelmäßige Massendemonstrationen in allen größeren Städten der DDR führten am 18. 10. zum Rücktritt v. Staats- u. Parteichef

**deutsche Geschichte:** *Inbesitznahme der Berliner Mauer am 10. 11. 1989*

E. Honecker u. weiterer Politbüromitgl. Das v. Honecker-Nachfolger E. Krenz versuchte Krisenmanagement zur Rettung der Macht der SED (Stichwort „Wende") versagte angesichts der Dynamik der Entwicklung, an deren Spitze sich die nun immer breiteren Zuspruch findende Bürgerbewegung gestellt sah. In der Nacht vom 9. zum 10. 11. erzwangen die Menschen die Öffnung der Grenzen zw. beiden dt. Staaten. Die seither in den Vordergrund tretende Frage nach einer Überwindung der Teilung Dtl.s wurde zunächst in beiden Staaten unterschiedlich angegangen. Während der seit 13. 11. amtierende DDR-Min.-Präs. H. Modrow (SED; nach dem endgültigen Rücktritt des Politbüros am 3. 12. und v. E. Krenz am 6. 12. alleiniges Machtzentrum neben dem am 7. 12. etablierten „runden Tisch", einem Zusammenschluss aller polit. Kräfte) ein Zusammenwachsen über eine Vertragsgemeinschaft befürwortete, legte B.-Kanzler H. Kohl (CDU; 1982–98) am 28. 11. 1989 einen Zehnpunkteplan vor, wonach eine Konföderation zur dt. Einheit führen sollte. Die aus der ersten freien Wahl in der DDR am 18. 3. 1990 hervorgegangene Reg. einer großen Koalition unter Min.-Präs. L. de Maizière (CDU) strebte eine zügige Vereinigung nach Art. 23 GG an. In einem Staatsvertrag, in Kraft getreten 1. 7. 1990, zw. BRD u. DDR wurden die Grundzüge der Vereinigung durch die Wirtschafts-, Währungs- u. Sozialunion zw. beiden Staaten festgelegt. Dem Einigungsvertrag (30. 8.) stimmten sowohl Bundestag als auch Volkskammer zu, sodass der Beitritt der DDR zur BRD am 3. 10. 1990 vollzogen werden konnte.
Zum 3. 10. 1990 wurden die 5 Länder Brandenburg, Mecklenburg-Vorpommern, Sachsen, Sachsen-Anhalt u. Thüringen wieder hergestellt. Der dt.-dt. Einigungsprozess wurde begleitet v. Verhandlungen der 4 Siegermächte mit den beiden dt. Staaten (Zwei-plus-vier-Verhandlungen), um seine Einbettung in das europ. Sicherheitskonzept zu erreichen. In ausdrückl. Erklärungen betonten sowohl der Dt. Bundestag als auch die Volkskammer die Endgültigkeit u. Unverletzlichkeit der bestehenden O-Grenze Dtl.s.
Nach 1990 standen zunächst die Probleme in den neuen Bundesländern (Wirtschafts- u. Arbeitsmarkt), der zunehmende Rechtsradikalismus sowie Asylrechtsfragen im Vordergrund, danach bestimmten v. a. Finanzprobleme die polit. Diskussion, ab 1994 (Bestätigung der christlich-liberalen Koalition) zusätzl. Fragen der anhaltenden Zuwanderung sowie notwendiger Reformen. Außenpolit. sah sich Dtl. mit Fragen der europ. Einigung sowie einer veränderten Erwartungshaltung (dt. Teilnahme an militär. Einsätzen der NATO u. UNO) konfrontiert. Die im Okt. 1998 gebildete Reg. aus SPD u. Bündnis 90/Die Grünen unter B.-Kanzler G. Schröder (SPD) suchte dieser neuen Erwartungshaltung an Dtl. zu entsprechen (Kosovokonflikt 1999, Militäraktion gegen Afghanistan 2001). Innenpolit. war sie bestrebt, dem Reformstau (Steuer-, Gesundheits- u. Rentenreform) sowie der anhaltenden Arbeitslosigkeit zu begegnen; im Zentrum außerdem: Kompromiss zum Atomausstieg, Bekämpfung des Rechtsextremismus u. Probleme der Parteienfinanzierung, ab 2001 auch eine veränderte Sicherheitspolitik. – 1999 Umzug von B.-Reg. u. Bundestag v. Bonn nach Berlin; nach Beitritt zur Euro-Zone (1999) 2002 Einführung des Euro als gesetzl. Zahlungsmittel.

**Bundespräsidenten**

| | |
|---|---|
| Theodor Heuss | 1949–1959 |
| Heinrich Lübke | 1959–1969 |
| Gustav W. Heinemann | 1969–1974 |
| Walter Scheel | 1974–1979 |
| Karl Carstens | 1979–1984 |
| Richard Freiherr von Weizsäcker | 1984–1994 |
| Roman Herzog | 1994–1999 |
| Johannes Rau | seit 1999 |

**Bundesregierung:** Die B.-Reg. der BRD besteht aus dem B.-Kanzler u. den B.-Ministern. Der B.-Kanzler wird vom Bundestag gewählt. Er führt die Reg. u. bestimmt die Richtlinien der Politik. Im Verteidigungsfall geht die Befehls- u. Kommandogewalt über die B.-Wehr auf ihn über. Die B.-Minister leiten ihre Geschäftsbereiche in eigener Verantwortung u. eigenständig. Das XVIII. Kabinett v. 27. 10. 1998: B.-Kanzler: *Schröder* (SPD), Min. des Äußeren: *Fischer* (Bündnis 90/Die Grünen), Min. des Innern: *Schily* (SPD), Min. der Finanzen: *Eichel* (SPD; s. 1999), Min. für Wirtschaft u. Technologie: *Müller* (parteilos), Min. für Verbraucherschutz, Ernährung u. Landwirtschaft: *Künast* (Bündnis 90/Die Grünen; s. 2001), Min. für Arbeit u. Sozialordnung: *Riester* (SPD), Min. der Verteidigung: *Struck* (SPD; s. 2002),

## DEUTSCHE GESCHICHTE (Fortsetzung)

Min. für Familie, Frauen, Senioren u. Jugend: *Bergmann* (SPD), Min. für Gesundheit: *Schmidt* (SPD; s. 2001), Min. für Verkehr, Bau u. Wohnungswesen: *Bodewig* (SPD; s. 2000), Min. für Umwelt, Naturschutz u. Reaktorsicherheit: *Trittin* (Bündnis 90/Die Grünen), Min. für wirtsch. Zusammenarbeit u. Entwicklung: *Wieczorek-Zeul* (SPD), Staats-Min. beim B.-Kanzler: *Bury* (SPD; s. 1999), Staats-Min. für die Angelegenheiten der Kultur u. der Medien: *Nida-Rümelin* (SPD; s. 2001), Staats-Min. für die Angelegenheiten der neuen Länder: *Schwanitz* (SPD).
**Bundestagswahlen:** 14. 8. 1949: Mandate: 139 CDU/CSU, 131 SPD, 52 FDP, 17 DP, 17 Bayernpartei, 15 KPD, 10 Zentrum, 5 DRP, 16 sonstige; B.-Kanzler: K. Adenauer
6. 9. 1953: Mandate: 243 CDU/CSU, 151 SPD, 48 FDP, 27 GB/BHE, 15 DP, 3 Zentrum; B.-Kanzler: K. Adenauer
15. 9. 1957: Mandate: 270 CDU/CSU, 169 SPD, 41 FDP, 17 DP; B.-Kanzler: K. Adenauer
17. 9. 1961: Mandate: 242 CDU/CSU, 190 SPD, 67 FDP; B.-Kanzler: K. Adenauer, (ab 1963) L. Ehrhard
19. 9. 1965: Mandate: 245 CDU/CSU, 202 SPD, 49 FDP; B.-Kanzler: L. Ehrhard, (ab 1966) K. G. Kiesinger
28. 9. 1969: Mandate: 242 CDU/CSU, 224 SPD, 30 FDP; B.-Kanzler: W. Brandt
19. 11. 1972: Mandate: 230 SPD, 225 CDU/CSU, 41 FDP; B.-Kanzler: W. Brandt, (ab 1974) H. Schmidt
3. 10. 1976: Mandate: 243 CDU/CSU, 214 SPD, 39 FDP; B.-Kanzler: H. Schmidt
5. 10. 1980: Mandate: 226 CDU/CSU, 218 SPD, 53 FDP; B.-Kanzler: H. Schmidt, (ab Okt. 1982) H. Kohl
6. 3. 1983: Mandate: 255 CDU/CSU, 202 SPD, 35 FDP, 28 Grüne/AL; B.-Kanzler: H. Kohl
25. 1. 1987: Mandate: 234 CDU/CSU, 194 SPD, 48 FDP, 44 Grüne/AL; B.-Kanzler: H. Kohl
2. 12. 1990: Mandate: 319 CDU/CSU, 239 SPD, 79 FDP, 17 PDS, 8 Bündnis 90/Die Grünen; B.-Kanzler: H. Kohl
16. 10. 1994: Mandate: 294 CDU/CSU, 252 SPD, 49 Bündnis 90/Die Grünen, 47 FDP, 30 PDS; B.-Kanzler: H. Kohl
27. 9. 1998: Mandate: 285 SPD, 245 CDU/CSU, 47 Bündnis 90/Die Grünen, 43 FDP, 36 PDS; B.-Kanzler: G. Schröder
Weiteres: ↑Deutsche Demokratische Republik

## DEUTSCHE KUNST

*Karoling. Kunst (8.–10. Jh.):* nur wenige Denkmäler auf dt. Boden erh.: Aachen, Pfalzkapelle; Reichsklöster in Fulda, Hersfeld, Seligenstadt. Charakterist. Sonderform: Westwerk (Corvey, Essen-Werden). Torhalle in Lorsch (wohl vor 875 vollendet). Wandmalerei: St. Johann in Münster/Graubünden u. St. Maximin, Trier, 9. Jh. Bed. Buchmalerei u. bed. Kunsthandwerk (u. a. Tassilokelch).
*Otton. Kunst (10.–11. Jh.):* Beginn einer eigtl. dt. Kunst. Zentrum: Sachsen (Niedersachsen, Harzgegend). Erh. Bauten: Nonnenstiftskirche in Gernrode, 961 begonnen; St. Michael, Hildesheim; St. Pantaleon, Köln. Gründung der Bischofsdome in Magdeburg, Mainz, Worms, Bamberg, Augsburg, Straßburg. Plastik: Bronzetüren in Hildesheim; Goldene Madonna im Münster Essen; Gerokreuz, Köln, Dom. Buchmalerei: Reichenauer, Echternacher, Kölner u. Regensburger Schule. Goldschmiedekunst: Mathildenkreuze in Essen; Basler Antependium (Paris); Reichskreuz u. Kaiserkrone (Wien); Wandmalerei: Reichenau-Oberzell, Wundertaten Christi, gegen 1000.
*Romanik (11.–13. Jh.); Salierzeit (1024–1125):* v. a. Baukunst; Limburg a. d. Haardt, Abteikirche; Speyer, Kaiserdom, Grabkirche der Salier (neuer, rein abendländ.-roman. Kirchentyp: kreuzförm. Basilika mit ausgeschiedener Vierung, ganz gewölbt). – Reformrichtung (auf den altchristl. Typus der ungewölbten Säulenbasilika zurückgreifend), Hirsauer Schema: Hirsau, St. Peter u. Paul (nicht erh.), Alpirsbach, Paulinzella u. a. – *Stauferzeit (1125–1250):* eine kaum übersehbare Fülle von Denkmälern, v. a. die Neubauten der gr. otton. Dome: Mainz, Worms, Bamberg (frz.-frühgot. Einfluss), Straßburg, Abtei- u. Stiftskirchen in Maria Laach, Köln (St. Aposteln, St. Maria im Kapitol, St. Gereon), Soest (St. Patroklus). Eine eigene Gruppe die Zisterzienserkirchen (Verzicht auf Schmuck, Verbot der Türme): Maulbronn, Eberbach; Übergang zur Frühgotik in Heisterbach, Ebrach u. a., Pfalzen u. Burgen in Goslar, Wimpfen, Gelnhausen, Seligenstadt, Münzenberg. Plastik: Herausbildung echter Monumentalität: Braunschweiger Löwe, Lesepult aus Alpirsbach (in Freudenstadt), Chorschranken in Hildesheim u. Halberstadt. Zur Frühgotik überleitend: Goldene Pforte in Freiberg/Sachsen, Wechselburger Triumphkreuz. Höhepunkt: Straßburg, Bamberg, Naumburg (Saale). Goldschmiedekunst: Reliquiare, Tragaltäre, Schreine; Maasschule (Taufbecken des Reiner v. Huy, Lüttich; Servatiusschrein, Maastricht), Nikolaus v. Verdun (Klosterneuburger Altar, Dreikönigenschrein, Köln). Malerei: Wandgemälde in Prüfening bei Regensburg; Soest, „Hohnekirche“. Anfänge der Glasmalerei: Augsburg, Straßburg. Buchmalerei: Salzburger, Regensburg-Prüfeninger (Federzeichnungen), sächs.-thüring. Schule (Zackenstil).
*Früh- u. Hochgotik (etwa 1220 bis Mitte des 14. Jh.):* Baukunst: Formen der frz. Gotik erst ab 1200, vermittelt v. a. durch die Zisterzienser. Frühgot. Bauten: Kloster Maulbronn, Stiftskirche in Limburg a. d. Lahn, Dom in Magdeburg (Chor). Hochgotik: Trier (Liebfrauen), Marburg a. d. Lahn (St. Elisabeth), Straßburg (Münster, Langhaus u. Fassade), Köln (Dom). Eine Gruppe für sich die Bettelordenskirchen (Regensburg, Dominikaner; Erfurt, Prediger). Hallenkirchen in Westfalen (Minden; Herford; Soest, St. Maria zur Wiese), Hessen (Haina; Friedberg) u. Österreich (Zwettl; Wien, St. Stephan). Plastik: Skulpturenzyklen in Straßburg, Bamberg, Magdeburg, Mainz, Naumburg/Saale. In der Hochgotik got. S-Linie, zunehmende Idealisierung (Straßburg, Westfassade; Köln, Pfeilerfiguren im Domchor). Für die Mystik typ. das Andachtsbild: Christus-Johannes-Gruppen, Vesperbild (Pietà), Schmerzensmann, Gabel- oder Pestkruzifix. Entste-

*Caspar David Friedrich, „Die Lebensstufen" (um 1834; oben); Liebfrauenkirche in Trier (13. Jh.; unten links); Tilman Riemenschneider, „Abendmahl", Mittelschrein des Heiligblutaltars (1501–05; Mitte rechts); Karl Schmidt-Rottluff, Selbstbildnis (1910; unten rechts)*

**DEUTSCHE KUNST** (Fortsetzung)

hung des got. Altarretabels mit Flügeln. Malerei: Tafelmalerei, bes. wichtig die Böhm. Malerschule. Bed. Werke der Glas- u. Buchmalerei (Maness. Handschrift in Heidelberg).
*Spätgotik (etwa 1350–1500):* Baukunst: Eigenständige Entwicklung in Dtl. (Sondergotik), Städte u. Bürgertum als Auftraggeber (Nürnberg, Ulm, Straßburg, Lübeck), zahlr. schöpfer. Kräfte, v. a. die Künstlerfam. der Parler (Hüttenmeister); von Heinrich Parler die Heiligkreuzkirche in Schwäb. Gmünd, von Peter Parler der Chor des Veitsdoms sowie die Karlsbrücke mit Turm in Prag. Weitere spätgot. Baumeister: Hans Stethaimer (Landshut, St. Martin), Ulrich von Ensingen (Ulm, Straßburg), Madern Gerthener (Dombaumeister in Frankfurt am Main), Jörg Ganghofer (München, Frauenkirche), Arnold v. Westfalen (Meißen, Albrechtsburg). Gruppe der sächs. Hallenkirchen: Annaberg; Halle/Saale, Marienkirche. Bauten des Bürgerstolzes auch die gr. Backsteindome: Marienkirchen in Lübeck, Stralsund, Wismar, Danzig, Prenzlau u. Greifswald, St. Katharinen in Brandenburg/Havel; bed. Rathäuser (Lübeck, Stralsund, Thorn, Münster [Westf.], Braunschweig). Plastik: neue Wirklichkeitsnähe bei Peter Parler (Porträtbüsten u. Grabmäler im Prager Domchor). Weicher Stil, um 1400–1430: bezeichnend die „schönen Madonnen". Wegbereiter u. Hauptvertr. eines neuen Stils (1430–1520; Knitterfalten, neuer Realismus niederl. Ursprungs; Hauptgattung: geschnitzter u. gemalter Flügelaltar): Hans Multscher (Sterzing, Hochaltar), Nikolaus Gerhaert v. Leyden (tätig in Trier, Straßburg, Konstanz, Wien), Michael Pacher (St.-Wolfgangs-Altar), B. Notke (Lübeck; hl. Georg, Stockholm), E. Grasser (München, Moriskentänzer), G. Erhart (Blaubeuren), A. Pilgram (Wien), H. Backoffen in Mainz, H. Leinberger in Landshut, T. Riemenschneider in Würzburg; in Nürnberg: Veit Stoß, A. Krafft u. Peter Vischer d. Ä. (Sebaldusgrab). Malerei: Fülle von Werken u. Meistern; auch hier neuer Wirklichkeitssinn. Böhm. Malerschule (Wittingauer Altar). Meister Bertram (Grabower Altar). Weicher Stil: Konrad v. Soest, Meister Francke, Frankfurter Paradiesgärtlein (Oberrhein 1410), Kölner Malerschule. – Periode 1430–1500: niederl.-burgund. Einflüsse, Entdeckung der Landschaft bei L. Moser u. K. Witz. Es folgen H. Multscher (Ulm), St. Lochner (Köln), M. Pacher (Tirol), M. Schongauer (Oberrhein), H. Pleydenwurff u. M. Wolgemut (Nürnberg), H. Holbein d. Ä. (Augsburg).
*Renaissance u. Manierismus (etwa 1500–80):* höchste Blüte der dt. Malerei in der Dürerzeit: A. Dürer in Nürnberg, v. a. bed. als Zeichner u. Grafiker; M. Grünewald (Mathis Gothart Nithart) am Mittelrhein (Isenheimer Altar in Colmar); A. Altdorfer in Regensburg, Haupt der Donauschule (Landschaften); L. Cranach d. Ä. in Wittenberg; H. Baldung Grien am Oberrhein (Freiburger Hochaltar); H. Holbein d. J. in Basel, später in London, berühmt v. a. als Bildnismaler. In der Baukunst dominiert der Schlossbau, beherrscht von den ital. Säulenordnungen: Dresden, Torgau, Wismar, Brieg, Antiquarium der Münchener Residenz, Ottheinrichsbau in Heidelberg, Rathäuser in Rothenburg ob der Tauber, Köln, Straßburg. Plastik: Hauptwerk Maximiliansgrab in Innsbruck. Bildhauer: H. Daucher in Augsburg, P. Flötner in Nürnberg, K. Meit in Burgund. Blüte des Kunsthandwerks in Nürnberg u. Augsburg.
*Frühbarock (etwa 1580–1630):* neue Epoche in Süddtl., getragen von der Gegenreformation. Baumeister: F. Sustris (München, St. Michael), E. Holl in Augsburg, G. Ridinger in Aschaffenburg. Plastik: Schüler Giovanni da Bolognas in Augsburg (H. Gerhard, A. de Vries, H. Reichle), ebenfalls in Augsburg: J. Petel; H. Krumpper in München, J. Zürn in Überlingen, L. Münstermann u. E. Wolff in Norddtl. Maler: A. Elsheimer, J. Liss, H. Rottenhammer, P. Candid.
*Spätbarock u. Rokoko (etwa 1680–1770):* in der Spätzeit des Barocks noch einmal überragende Größe der dt. Kunst (Schlösser, Abteien u. Wallfahrtskirchen). Baumeister: J. B. Fischer v. Erlach u. J. L. v. Hildebrandt in Wien; J. Prandtauer in Melk; die Vorarlberger Bauschule mit C. A. Moosbrugger, F. Beer von Bleichten u. P. Thumb; J. Effner, die Brüder Asam, J. M. Fischer u. D. Zimmermann in Bayern; die Dientzenhofer in Franken u. Böhmen; M. v. Welsch u. B. Neumann in Franken; A. Schlüter in Berlin; M. D. Pöppelmann u. G. Bähr in Dresden; J. C. Schlaun in Münster (Westf.); G. W. v. Knobelsdorff in Potsdam. Bildhauer: G. R. Donner in Wien. E. Q. Asam in München, A. Schlüter in Berlin, B. Permoser in Dresden, P. Egell in Mannheim, I. Günther in Bayern, J. A. Feuchtmayer im Bodenseegebiet. Malerei: gr. süddt. Freskomaler: J. M. Rottmayr, D. Gran, P. Troger in Österreich; C. D. Asam, Johannes Zick, J. E. Holzer, M. Günther in Bayern u. Schwaben. Kunsthandwerk: Weltruf genießen Porzellane aus Meißen (J. J. Kaendler) u. Nymphenburg (F. Bustelli), Möbel aus Neuwied (D. Roentgen).
*Klassizismus u. Romantik (etwa 1770–1830):* Baukunst: Frühklassizismus seit 1770 in Norddtl.: F. W. v. Erdmannsdorff in Wörlitz b. Dessau, C. G. Langhans u. K. v. Gontard in Berlin. Hauptvertr.: F. Gilly, H. Gentz u. K. F. Schinkel in Berlin, F. Weinbrenner in Karlsruhe, L. v. Klenze u. F. v. Gärtner in München. Plastik: v. a. Werke der Bildniskunst; J. G. Schadow u. Ch. D. Rauch in Berlin, J. H. v. Dannecker in Schwaben. Malerei: versch. Strömungen: Klassizismus: A. R. Mengs, D. Chodowiecki, A. Graff, J. H. Füßli. Romantik (Landschaft): J. A. Koch, Ph. O. Runge, C. D. Friedrich, W. v. Kobell. Nazarener (relig. Malerei): P. Cornelius, J. Schnorr v. Carolsfeld, F. Overbeck, F. Pforr, die Gebrüder v. Olivier. Heidelberger Romantiker: C. Ph. Fohr, F. Horny, C. Rottmann.
*19. Jahrhundert:* Malerei: Wendung zum Realismus bei den Berlinern K. Blechen, F. Krüger u. A. v. Menzel. Konservativ-bürgerl. Richtung (Märchen, Historie, Genre); M. v. Schwind, A. L. Richter, A. Rethel, C. Spitzweg, G. F. Waldmüller. Neue Wege suchten A. Feuerbach, H. v. Marées, die Schweizer A. Böcklin u. F. Hodler; H. Thoma, W. Leibl, W. Trübner. Baukunst: G. Semper in Dresden u. Wien, Th. E. v. Hansen in Wien, F. A. Stüler in Berlin.
*20. Jahrhundert:* Abkehr vom Eklektizismus des Fin de Siècle u. Hinwendung zu elementaren Formen der künstler. Mittel u. des Ausdrucks. Baukunst: Jugendstil: O. Wagner, H. van de Velde, J. Olbricht, J. Hoffmann, A. Endell; Zweckbauten für Ind. u. Verw.: P. Behrens, H. Poelzig, A. Loos, P. Bonatz, O. Bartning, L. Mies van der Rohe, E. Mendelsohn; von überragender Bed. das 1919 v. W. Gropius in Weimar gegr. Bauhaus. Nach dem 2. Weltkrieg v. a. städtebaul. Aufgaben; bed. Vertr. u. a. E. May, H. B. Scharoun, E. Eiermann, später bed. u. a. G. Böhm,

D

## DEUTSCHE KUNST (Fortsetzung)

G. Behnisch, O. M. Ungers, J. P. Kleihues, A. Schultes, S. Braunfels. Malerei: Impressionismus u. Freilichtmalerei fortgeführt u. a. durch M. Liebermann, L. Corinth, M. Slevogt. Durchbruch zum Expressionismus: Ch. Rohlfs, E. Nolde, Paula Modersohn-Becker. 1905–13 Künstlervereinigung „Brücke" in Dresden (O. Mueller, E. L. Kirchner, M. Pechstein, E. Heckel, K. Schmidt-Rottluff, zeitweilig E. Nolde); bed. Grafik (Holzschnitt). 1911 bis etwa 1914 Künstlergemeinschaft „Der Blaue Reiter" in München (W. Kandinsky [Russe], F. Marc, A. Macke, zeitweilig A. v. Jawlensky [Russe], A. Kubin [Östr.], P. Klee). Um 1910 Entstehung der abstrakten Malerei (u. a. W. Kandinsky, P. Klee, H. Arp). Nach dem Krieg in Berlin, Köln u. Hannover (K. Schwitters) Dada-Aktivitäten. Krieg u. Nachkriegszeit bestimmten themat. die in einem z. T. überscharfen Realismus gehaltenen Gemälde u. Grafiken von K. Kollwitz, M. Beckmann, O. Dix, G. Grosz, A. Kanoldt, G. Schrimpf. Expressionist. Landschaften u. Porträts v. G. Münter, C. Hofer, H. Purrmann, O. Kokoschka (Östr.). Zentrum der abstrakten Malerei nach dem 1. Weltkrieg war das „Bauhaus" (W. Kandinsky, L. Feininger [USA], P. Klee, O. Schlemmer). Während der Zeit des Nat.-Soz. Unterdrückung der mod. Kunst als „entartet". Nach dem 2. Weltkrieg starker Einfluss des Exilschaffens dt. Maler; überw. abstrakte u. surrealist. Tendenzen: W. Baumeister, M. Ernst, E. W. Nay, F. Winter; in Paris: H. Hartung, Wols; dem Tachismus folgte eine figurative, plakative u. neokonstruktivist. Malerei (H. Antes, G. K. Pfahler, G. Fruhtrunk). Arbeiten im Grenzbereich zur Objektkunst (O. Graubner) u. von amer. Pop-Art u. Fotorealismus beeinflusster Neuer Realismus (Berliner krit. Realisten, u. a. J. Grützke, W. Patrick, K. Vogelgesang) entwickelten sich neben- u. nacheinander, in den 1980er-Jahren traten die Neuen Wilden (Salomé, M. Kippenberger, H. Middendorf) daneben, M. Lüpertz, H. Baselitz, A. Kiefer, A. R. Penck wurden bekannt. Plastik: allmähl. Aufgabe des klass.-impressionist. Kanons (Rodin) u. Formgebung im Sinne des Expressionismus u. Surrealismus bis zur Aufhebung des Gegenstandes in der abstrakten Komposition: Nach der Generation von E. Barlach, G. Kolbe, R. Scheibe, W. Lehmbruck, E. Scharff, E. Mataré, T. Stadler, Renée Sintenis, G. Marcks, H. Blumenthal, R. Belling, H. Arp traten nach 1945 K. Hartung, O. H. Hajek, E. Hauser, H. E. Kalinowski, N. Kricke, O. Piene, H. Mack, U. Rückriem, R. Ruthenbeck, H. G. Prager, K. Rinke u. a. hervor. In die 1960er-Jahre reichen auch Konzept- u. Aktionskunst zurück (J. Beuys, J. Gerz, F. E. Walther, T. Ulrichs, S. Polke). – In der DDR stand die Kunst nach 1945 v. a. im Zeichen des sozialist. Realismus (Repräsentanten v. a. W. Sitte, B. Heisig, W. Mattheuer, W. Tübke); eigenständige Leistungen auf dem Gebiet der Illustration (u. a. J. Hegenbarth). Lockerung der Doktrin des sozialist. Realismus in Richtung eines vorsichtigen Stilpluralismus s. Ende der 70er-Jahre (u. a. V. Stelzmann, A. Rink, S. Gille, W. Peuker, A. Hampel sowie C. Claus, G. Kettner). – Die dt. Gegenwartskunst ist geprägt von radikaler Individualisierung u. paralleler Existenz von informellen, realist. sowie konzeptuellen Formsprachen (u. a. I. Knoebel, R. Mucha, R. Trockel, M. Götze, N. Rauch).

## DEUTSCHE LITERATUR

die Lit. in dt. Sprache, unter Einschluss der östr. u. der schweizer. Lit.
**Mittelalter:** *ahd. Zeit (8.–9. Jh.):* Vorherrschend war das lat. Schrifttum christl. Inhalts. Älteste erhaltene vorchristl. Zeugnisse in ahd. Sprache sind die Merseburger Zaubersprüche u. das Hildebrandslied, christl. ahd. Werke das Wessobrunner Gebet, die Evangelienharmonie des Otfrid von Weißenburg, der Heliand (altsächs.), das Endzeitged. Muspilli (bair.-fränk.), Mariendichtungen. *Mhd. Zeit (11.–13. Jh.):* Nicht lat. literar. Denkmäler (christl. Inhalts) tauchen erst Mitte des 11. Jh. wieder auf (Ezzolied, Wiener Genesis, Annolied), etwa gleichzeitig erste ep. Chroniken, z. T. nach frz. Vorbildern (Kaiserchronik, Alexanderlied, Rolandslied). 1150–1250 Blüte der ritterl.-höf. mhd. Dichtung mit den beherrschenden Themen Vervollkommnung durch hohe Minne u. ritterl. Bewährung; höf. Epen (nach frz. Quellen) dichteten Heinrich von Veldeke, Hartmann von Aue, Wolfram von Eschenbach u. Gottfried von Straßburg; anonym überliefert sind die Heldenepen Nibelungenlied u. Kudrun; bed. Lyrik (Minnesang) von Heinrich von Morungen, Reinmar von Hagenau, Höhepunkt Walther von der Vogelweide; daneben auch satir. u. didakt. Dichtungen (Freidank, Hugo von Trimberg). *Spät-MA (14.–1. Hälfte 15. Jh.):* Gleichzeitiger Zerfall der höf. Kultur (letzter Vertr. Oswald von Wolkenstein, Parodie bei Neidhart von Reuenthal, erste Alltagsdarstellungen bei Wernher der Gartenaere) u. Aufstieg des städt. Bürgertums (Meistersang: Hans Folz), erste dichter. Prosa von den Mystikern (Meister Eckhart, J. Tauler); erste dramat. Formen (geistl. u. Fastnachtsspiele).
**Renaissance, Humanismus, Reformation (2. Hälfte 15.–16. Jh.):** Mit der Auflösung des ma. Weltbildes weiterer Aufstieg der stadtbürgerl. Kultur, Auseinandersetzung der Humanisten mit der Scholastik in lat. Sprache (Dunkelmännerbriefe, Schriften des Erasmus von Rotterdam, J. Reuchlin); Entstehung der nhd. Schriftsprache durch die Bibelübers. Luthers, dessen Gemeindelieder auch Höhepunkt der dt. Lyrik dieser Epoche sind. Weitere herausragende Werke: Brants Satire „Das Narrenschiff", J. Wickrams „Rollwagenbüchlein", die Fastnachtsspiele des H. Sachs; Entstehung der Volksbücher (Johann Faust, Lalebuch, Eulenspiegel).
**Barock (17. Jh.):** Die Volkssprache löste endgültig das Lat. in der Lit. ab, bewusste Sprachpflege betrieben die Sprachgesellschaften (u. a. in Nürnberg, Weimar, Königsberg, erste dt. Poetik durch Opitz). Gryphius u. Lohenstein schrieben Dramen aus prot. Weltsicht, mit P. Gerhardts Kirchenliedern erreichte die prot. barocke Lyrik ihren Gipfel; als Vertr. der Gegenreformation dichteten F. Spee v. Langenfeld, Angelus Silesius, im Jesuitendrama war die kath. Dramatik verkörpert. Beginn der Romanlit.: Wichtigstes Werk ist der Schelmenroman „Der Abenteuerl. Simplicissimus Teutsch" von Grimmelshausen,

**DEUTSCHE LITERATUR** (Fortsetzung)

die heroisch-galante Mode der Zeit prägte die Romane P. v. Zesens, Anton Ulrichs von Braunschweig sowie die Lyrik Hofmanns von Hofmannswaldau u. G. P. Harsdörffers, scharfe satir. Gesellschaftskritik die Epigramme Logaus.
**18. Jh.:** Die vernunftbetonte Lit. der dt. *Frühaufklärung*, v. a. die Dramatik, wurde beherrscht durch Gottsched, seine am frz. Klassizismus orientierte Poetik wurde von den Schweizern Bodmer u. Breitinger stark angegriffen u. nach 1750 von Lessing aufgebrochen (Berufung auf Shakespeare); einflussreichste Lyriker waren Klopstock (in seiner Nachfolge u. a. Hölty) u. der Schweizer Haller. Die unter dem Eindruck der engl. Lit. u. Rousseaus gefühlsbetonte Lit. der *Spätaufklärung* (Romane von Gellert, des jungen Wieland) leitete zur Erneuerung der d. L. im *Sturm und Drang* über: wichtigster Anreger Herder; Blütezeit des dt. Dramas (Vorbild Shakespeare) mit dem jungen Goethe, dem jungen Schiller, J. M. R. Lenz, F. M. Klinger, H. L. Wagner; völlig neue Wege wiesen die Lyrik des jungen Goethe u. sein Welterfolg, der Roman „Die Leiden des jungen Werthers". G. A. Bürger schuf die dt. Kunstballade.
**19. Jh.:** Mit dem Zusammenwirken von Goethe u. Schiller in Weimar (*Weimarer Klassik,* 1794–1805) erreichte die d. L. in allen Gattungen einen Gipfelpunkt. Menschenbild u. Kunst wurden an einer idealisierten Antike (vermittelt v. a. durch Winckelmann) gemessen, Schönheit u. Kunst sollten der sittl. Freiheit des Menschen den Weg bereiten. Die etwa zeitgleichen Werke von Kleist, Jean Paul u. Hölderlin spiegeln dagegen in jeweils eigener künstler. Originalität die Widersprüche der Epoche. *Romantik:* Entstanden als (europ.) Gegenbewegung zur Ästhetik von Aufklärung u. Klassik um 1800 mit antirationalist. Grundpositionen, die Dichtung erhielt metaphys. Züge, Unheimliches wurde thematisiert, das Fragment zur Kunstform erhoben; das MA, die Volksdichtung u. außereurop. Lit. fanden großes Interesse (bed. Übersetzungstätigkeit, u. a. Shakespeare, Calderón); Lit. war eng mit Phil. (Schelling) u. der neu entstehenden Sprachwiss. verbunden. Wichtige Vertr.: für die u. a. in Jena beheimatete Frühromantik Novalis, Tieck, die Brüder Schlegel, für die Heidelberger Hochromantik v. a. A. v. Arnim, Brentano, Görres; Zentrum der Spätromantik war der Schwäb. Dichterkreis mit Uhland, Hauff, Mörike u. Lenau; weiterer wichtiger Mittelpunkt war Berlin, wo Schleiermacher, später E. T. A. Hoffmann, de La Motte-Fouqué u. Chamisso wirkten. Romant. geprägt auch das Lebenswerk der Brüder Grimm (Samml. der dt. Volksmärchen, Begr. der Germanistik) u. die Lyrik Eichendorffs. Nach 1830 setzten die polit. zeitkrit. Werke des *Jungen Deutschland* (Gutzkow, Börne), daran anschließend der *Vormärz* (Hoffmann von Fallersleben, Herwegh, Freiligrath) neue Akzente; überragend in dieser Epoche das vielseitige Werk Heines (Lyrik, polit. Satire, feuilletonist. Prosa), Entwicklungen des 20. Jh. nehmen die Dramen Büchners vorweg, in Österreich ging die Dramatik mit dem Wiener Volkstheater (Raimund, Nestroy) eigene Wege. Bei Droste-Hülshoff beginnt die Erzählkunst des *Realismus,* die nach 1850 in den Romanen u. Nov. von Raabe, Storm, Fontane, den Österreichern Stifter u. Ebner-Eschenbach sowie den Schweizern Keller u. C. F. Meyer ihren Höhepunkt erreichte, bed. auch die Dramen Hebbels u. die des Österreichers Grillparzer. Gegen 1880 bemühte sich der *Naturalismus* mit äußerster Detailtreue um die direkte Wiedergabe der Wirklichkeit (der junge G. Hauptmann).
**20. Jh. (bis 1990):** Die Vielzahl der neuen Strömungen um die Jh.wende werden als *Moderne* zusammengefasst: u. a. Symbolismus, Neuromantik, Neuklassizismus, Jugendstil (S. George, Rilke, die Österreicher Schnitzler u. Hofmannsthal); T. Mann verband die Moderne mit realist. Traditionen zu neuer Qualität des Erzählens. Das Krisenbewusstsein der bürgerl. Welt spiegelt sich im *Expressionismus* wider (so bei Wedekind, Toller, Sternheim, G. Heym, Döblin, dem Österreicher Trakl). Nach dem 1. Weltkrieg bildeten sich in der erzählenden Prosa stärker individuelle Schreibweisen heraus: repräsentativ v. a. T. Mann, großen Einfluss auf die weltliterar. Entwicklung nahmen der Österreicher Musil u. der aus dem Prager Kreis kommende Kafka; weitere wichtige Prosaautoren: H. Mann, Hesse, Döblin, H. H. Jahnn, die Österreicher Werfel u. S. Zweig; die Romane u. a. von Feuchtwanger u. Fallada werden als *Neue Sachlichkeit* charakterisiert, die auch zu einer Blüte der Gebrauchslyrik führte (Brecht, Erich Kästner, Ringelnatz, Tucholsky), dokumentar. Züge trägt die Antikriegslit. (Remarque, A. Zweig); Brecht erneuerte (internat.) nachhaltig die Dramatik, auch die Volksstücke des Österreichers Horváth wirkten stark weiter. Mit dem Machtantritt des Nat.-Soz. kam es zum Bruch der Kontinuität der d. L., die wichtigsten Werke entstanden nun im Exil (so von T. u. H. Mann, Brecht, Seghers); nach 1945 bildeten sich in den beiden dt. Staaten unterschiedl. geprägte Lit. heraus. In der *BRD* (scharfe Abgrenzung zur östr. Lit. kaum noch möglich) bemühten sich die Schriftsteller um Anknüpfung an die Traditionen vor 1933 (H. E. Nossack, Wiechert, Langgässer), der Auseinandersetzung mit Nat.-Soz., Krieg u. Heimkehrerproblematik sind Werke von Borchert, Böll, Eich u. Celan gewidmet, auch ästhetisch neue Wege suchten schon früh A. Schmidt, Aichinger, Bachmann, singulär das lyr. Spätwerk von G. Benn. Wichtig für das literar. Leben war die Gruppe 47 um H. W. Richter. Krit. Sicht auf bundesdt. Wirklichkeit u. Versuch der Vergangenheitsbewältigung beherrschen die Lit. bis in die 1970er-Jahre (Koeppen, Grass, S. Lenz, M. Walser). Subjektive Sicht auf die Zeitgeschichte bestimmt die Prosawerke Canettis, Kempowskis, Johnsons, E. Jüngers, auch die literar. Biografien Hildesheimers, Bekenntnisprosa kommt v. a. von Frauen (Struck, C. Reinig, Wohmann). Die Dramatik wurde jahrzehntelang von den Schweizern Dürrenmatt u. Frisch dominiert, auch das Hörspiel nahm einen wichtigen Platz ein (Eich, Bachmann), dokumentar. Stücke schufen P. Weiss, Hochhuth u. Kipphardt, auf Provokation zielten die Stücke T. Bernhardts. Die Lyrik reicht von der experimentellen konkreten Poesie (H. C. Artmann, Heißenbüttel, Jandl, der Schweizer E. Gomringer) über Naturdichtung (Krolow) bis zur polit. Thematik (Enzensberger, Rühmkorf, Fried). Von der jüngeren Schriftstellergeneration, die in den 1980er-Jahren verstärkt an die Öffentlichkeit trat, sind zu nennen: B. Strauß, P. Handke, G. Hofmann, S. Nadolny, G. Elsner, B. Kronauer, Süßkind, T. Strittmatter, C. Ransmayr, A. Stadler, E. Jelinek. In der Lit. der *DDR* herrschten bis in die 1960er-Jahre die Themen Krieg u. Nat.-

**DEUTSCHE LITERATUR** (Fortsetzung)

Soz. vor, meist mit konventionellen ästhet. Mitteln (nach den Vorgaben des sozialist. Realismus) verarbeitet (Becher, W. Bredel, Seghers, F. Wolf), z. T. auch stark didaktisch (Brecht). Eine gewisse krit. Sicht auf den Alltag begann seit Ende der 1960er-Jahre bei C. Wolf, B. Reimann, G. de Bruyn, E. Strittmatter, I. Morgner, Plenzdorf. Außerhalb des ideolog. Rasters steht das Werk Bobrowskis, Huchels u. Fühmanns. Wichtige Dramatiker waren H. Müller u. V. Braun. Nach der Ausbürgerung W. Biermanns 1976 verließen viele namhafte Autoren die DDR (so J. Becker, S. Kirsch, R. Kunze). In den 1980er-Jahren wurden die Mittel der Lit. immer stärker genutzt, um indirekt Kritik an der SED-Herrschaft zu formulieren (so von S. Heym, C. Wolf, Strittmatter, Braun, C. Hein). *Seit 1990:* Nach Wiederherstellung der dt. Einheit Neubesinnung, begleitet von z. T. heftigen Auseinandersetzungen um das Verhältnis einiger Autoren zur Staatssicherheit der DDR; parallel dazu Aufarbeitung der persönl. Erfahrung der Wende (u. a. bei Hein, Loest, Maron, Rosenlöcher, Grass). Die d. L. der Gegenwart kennt eine Vielzahl von Schreibweisen, inhaltl. Gemeinsamkeiten reichen von zivilisationskrit. Grundhaltung, Auseinandersetzung mit dem Nat.-Soz. aus Enkelperspektive bis zu Orientierungslosigkeit u. Beliebigkeit; Publikumserfolge auch für junge Autoren (T. Brussig, J. Hermann, J. Erpenbeck); kurz vor der Wende zum 21. Jh. Entdeckung der Möglichkeiten des Internets für Entstehung u. Verbreitung von Lit., dabei Vermischung mit anderen Medien (u. a. bei R. Goetz, M. Politicky, C. Kracht).



## DEUTSCHE MUSIK

Die dt. Musik entstand in der Auseinandersetzung v. heidn.-german. Musik mit dem Tonsystem der christl. Mittelmeerkultur. *8. bis 16. Jh.:* Im 8. Jh. fand über die geistigen Zentren der Kloster- u. Domschulen der gregorian. Gesang Eingang, der sich zu einer eigenen, auch Elemente der Volksmusik einschließenden Stilform entwickelte. Seit dem 12. Jh. entstand der einstimm., v. Instrumenten begleitete höf. Kunstgesang der Minnesänger (↑Minnesang; u. a. Heinrich v. Morungen, Walther v. d. Vogelweide, Neidhart v. Reuental, Heinrich v. Meißen, gen. Frauenlob), den später die ↑Meistersinger als lehrbare Techniken in feste Regeln fassten, z. B. Hans Sachs in Nürnberg. Neben kunstvollen polyphonen Vokalwerken entstanden seit der 2. Hälfte des 14. Jh. ausdrucksvolle Liedsätze v. schlichter Stimmführung. Spielleute u. Vaganten musizierten im derb-volkstüml. Ton. Die bedeutendsten Sammlungen der frühen Volkslieder u. der mehrstimm. Gesänge sind das Lochamer Liederbuch (zw. 1450 u. 1460) u. das Glogauer Liederbuch (um 1480). Das Volkslied wird mit Cantus firmus im Tenor bearbeitet („Dt. Tenorlied"), so v. H. Finck, H. Isaac aus Flandern u. L. Senfl, die alle am Kaiserhof wirkten. Im 15. Jh. bildete sich eine eigenständ. Orgelmusik (C. Paumann). Der im 16. Jh. (Reformationszeit) v. M. Luther u. J. Walther geschaffene dt. Choral wurde zum Mittelpunkt der prot. Kirchenmusik.

Den *Barock* leitete M. Praetorius ein, der mehrchör. polyphone Motetten schrieb, dann aber den neuen ital. (monod.) Konzertstil mit Generalbass aufnahm u. das prot. Kirchenlied pflegte. H. Schütz verschmolz die ital. Barockform mit polyphoner Satzweise. Neben u. nach ihm wirkten u. a. J. H. Schein, S. Scheidt, D. Buxtehude, N. Bruhns, J. J. Froberger, J. Pachelbel. Die erste dt. Oper („Dafne", 1627, nicht erh.) schuf H. Schütz. Im 18. Jh. erreichte die ältere, streng gebaute Polyphonie bei J. S. Bach, Thomaskantor in Leipzig, einen Höhepunkt; zugleich ist bei ihm der neue harmon. best. Konzertstil ausgebildet. G. F. Händel schuf ital. Opern u. Oratorien. Ein weiterer Meister dieser Zeit war G. P. Telemann. Ausgehend v. der ital. Opera buffa wandte sich das Singspiel vom Pathos der Barockoper ab. C. W. Glucks Reform der Oper zielte auf eine dem Sinngehalt angemessene „wahre" dichter.-musikal. Aussage ab. Der musikal. Satz der Mannheimer Schule (mit J. Stamitz als ihrem Gründer, F. X. Richter, I. Holzbauer, C. Stamitz, F. Danzi) bildete eine der Voraussetzungen für die Entstehung der Wiener klass. Musik.

*Wiener Klassik bis Romantik:* Um 1780 wurde Wien zum musikal. Zentrum (Wiener Klassik). Die Instrumentalmusik erlangte durch die Ausbildung des Sonatensatzes in Sinfonie, Sonate u. Streichquartett klass. Gestalt. J. Haydn schuf das volkstüml. Oratorium („Die Schöpfung", „Die Jahreszeiten"), W. A. Mozart führte in seinen Bühnenwerken die Gatt. v. Opera seria („Don Giovanni"), Opera buffa („Die Hochzeit des Figaro") u. Singspiel („Die Entführung aus dem Serail", „Die Zauberflöte") auf den Höhepunkt, u. L. van Beethoven erreichte in seinen Werken eine neue Individualität des Ausdrucks. Der bedeutendste Vertreter der Frühromantik, F. Schubert, war ein Meister des Liedes, das R. Schumann, J. Brahms u. H. Wolf weiterentwickelten. In der Musik der Romantik trat die musikal. Darstellung v. Stimmungen in den Vordergrund. C. M. v. Weber schuf die erste romant. Oper („Der Freischütz"). A. Lortzing widmete sich bes. der Spieloper („Zar u. Zimmermann"), einem Typus der dt.-sprachigen kom. Oper mit singspielartigen Sujets u. gesprochenen Dialogen. In der Klaviermusik bildeten Schubert, Schumann u. F. Mendelssohn Bartholdy das Stimmungs- u. Charakterstück aus. Brahms u. A. Bruckner führten die Tradition der Sinfonie fort. An seinem Lehrer Bruckner orientiert ist das sinfon. Werk G. Mahlers. M. Reger griff auf die Kunst J. S. Bachs zurück. Veränderungen in der Orchestermusik brachten F. Liszt u. R. Wagner durch die Verbindung v. Musik u. Poesie. Wagner schuf eine neue Opernform des musikalisch-dramat. Gesamtkunstwerks, Liszt entwickelte die Programmmusik, die bis zu R. Strauss u. a. weiterwirkte. Strauss führte auch das Musikdrama fort.

*20. Jh.:* Um 1900 begann A. Schönberg, die übernommenen harmon. Schemata aufzulösen. Durch Atonalität (↑atonale Musik) u. Zwölftontechnik (↑Zwölftonmusik) wies er der Musikentwicklung neue Wege. Zu seinen Schülern zählen u. a. A. Webern, A. Berg u. H. Eisler. Ein Repräsentant des an älteren Vorbildern orientierten Neoklassizismus war

**DEUTSCHE MUSIK** (Fortsetzung)

P. Hindemith. C. Orff, dessen Werk ebenfalls entscheidende Anregungen v. der älteren Musik erhielt („Carmina Burana"), wurde durch sein Schulwerk u. sein neuartiges Instrumentarium bekannt. Weitere Vertreter dieser Generation sind u. a. E. Křenek, W. Egk, B. Blacher u. W. Fortner. Während eine Reihe v. jüngeren Komponisten nach 1945, wie H. W. Henze, trotz aller Neuerungen an trad. Satztypen festhielt, verzichteten die Komponisten der seit 1950 entwickelten ↑seriellen Musik u. der ↑elektron. Musik auf wesentl. Elemente des überkommenen Tonsatzes wie Thematik u. Durchführung, schließl. auch auf geschlossene Form. Zunehmend wurde bei der Suche nach neuen Tonmaterialien u. kompositor. Verfahrensweisen auch empirisch-experimentell vorgegangen, z. B. in der aleator. Musik („Aleatorik"), die die Ausführung weitgehend dem Interpreten u. damit zufälliger, improvisator. Gestaltungsweise überlässt. Mitunter wird der Umgang mit vorgegebenen Elementen auch dem Computer („Computermusik") übertragen. Vertreter der Neuen Musik nach dem 2. Weltkrieg sind u. a. B. A. Zimmermann, G. Ligeti (ungar. Herkunft), K. Stockhausen, D. Schnebel, M. Kagel (argentin. Herkunft), H. Lachenmann, A. Reimann, N. A. Huber.
In den 70er-Jahren widmeten sich avantgardist. Kreise bes. der experimentellen Musik, etwa als Multimediakunst; andererseits sind auch Bemühungen v. Komponisten um eine neue Ausdrucksmusik anzutreffen. Neben der reichen Instrumentalmusik wurde, bes. durch K. Stockhausen, die szen. Musik („instrumentales Theater": Darbietung v. Instrumentalisten oder elektron. Musik in Verbdg. mit schauspieler. Aktionen) weiterentwickelt. Seit etwa 1975 ist die Richtung der Neuen Einfachheit durch ein Streben nach unmittelbarer Expressivität und z. T. einen Rückgriff auf trad. (z. B. spätromant.) Stilelemente gekennzeichnet (P. M. Hamel, M. Trojahn, W. Rihm, H.-J. v. Bose u. a.). Bei manchen Komponisten macht sich eine neue Religiosität bemerkbar, z. B. bei A. Pärt (estn. Herkunft) u. K. Stockhausen (mit seinem Zyklus „Licht"). Weitere Vertreter heutiger d. M. sind u. a. U. Zimmermann, Y. Höller, Annette Schlünz.

---

**Deutsche Kommunistische Partei,** Abk. **DKP,** 1968 in der BRD neu gegr. kommunist. Partei.

**deutsche Kunst,** siehe Übers. S. 150.

**Deutsche Landwirtschafts-Gesellschaft e. V.,** Abk. **DLG,** Vereinigung von Landwirten u. Wissenschaftlern zur Förderung der Entwicklung der dt. Landw., gegr. 1885; vergibt Gütezeichen.

**Deutsche Lebens-Rettungs-Gesellschaft e. V.,** Abk. **DLRG,** 1913 gegr. Organisation, die v. a. Kenntnisse und Fertigkeiten im Retten und Wiederbeleben Ertrinkender verbreitet.

**deutsche Literatur,** siehe Übers. S. 153.

**Deutsche Lufthansa AG,** Abk. **DLH,** dt. Luftverkehrsunternehmen, Sitz Köln; gegr. 1953 als Nachfolgerin der 1926 gegr. Dt. Luft Hansa A. G., seit 1954 heutiger Name; internat. Flugnetz; Tochtergesellschaften und Beteiligungen: Lufthansa Cityline GmbH, Lufthansa Cargo AG, Lufthansa Technik AG, Lufthansa Systems GmbH, LSG Lufthansa Service Holding AG u. a.

**Deutsche Mark** ↑DM.

**deutsche Mundarten,** von der Hoch- u. Schriftspr. abweichende, regional unterschiedl. Sprachformen. Durch d. zweite od. hochdt. Lautverschiebung entstanden zwei Gruppen: 1. *niederdt. Mundarten* (Niederfränk., Niedersächs.), von der Lautverschiebung nicht betroffen; 2. *hochdt. Mundarten:* a. Oberdeutsch (Bayr., Alemann., Schwäb., Süd- und Ostfränk.), Lautverschiebung durchgreifend, b. Mitteldt. (Mittelfränk., Rheinfränk., Thüring., Obersächs., Schles.), Lautverschiebung nicht durchgängig.

**deutsche Musik,** siehe Übers. S. 155.

**deutsche Ostsiedlung,** die v. a. im MA erfolgte Besiedlung, Erschließung u. Christianisierung des Landes jenseits der Elbe u. Saale, Oder u. Weichsel durch dt. Siedler; Ansätze unter den Karolingern u. im 10. Jh. (Errichtung des Erzbistums Magdeburg als Mittelpt. der Slawenmission). Bei der im 12. Jh. neu einsetzenden Einwanderung Beteiligung fast aller nordwest- u. mitteldt. Stämme. Erschließung Holsteins durch die Gf. von Schaumburg, Meißens durch die Wettiner, Brandenburgs durch die Askanier. Heinrich der Löwe unterwarf Wagrien, Lauenburg, die Gft. Schwerin u. errang die Lehnshoheit über das restl. Mecklenburg u. Pommern. Im 12. bis 14. Jh. auch dt. Einwanderung nach Schlesien u. in die Randgebiete Böhmens. Vorstoß bis ins altpreuß. Gebiet durch den ↑Dt. Orden. Im SO Ansiedlung bis Galizien, Ungarn u. Siebenbürgen.

**Deutsche Partei,** Abk. **DP,** 1945/47 gegr. konservat., betont nat. Partei; 1961 mit dem Gesamtdt. Block/BHE zur Gesamtdt. Partei vereinigt.

**Deutscher Aktienindex** ↑DAX®.

**Deutscher Bauernverband e. V.** ↑landw. Organisationen.

**Deutscher Beamtenbund,** Abk. **DBB,** Gewerkschaftsbund der Beamten.

**Deutscher Bund,** der durch die *Dt. Bundesakte* 1815 gegr. dt. Staatenbund unter Vorsitz von Östr.; 1866 aufgelöst.

**Deutsche Reichsbahn,** Abk. **DR,** **1)** alle Ländereisenbahnen umfassendes Verkehrsunternehmen im Dt. Reich, entstanden 1920. **2)** staatl. Unternehmen des öffentl. Eisenbahnverkehrs in der DDR, blieb nach der Wiedervereinigung bis 1993 bestehen. (↑Eisenbahn)

**Deutscher Entwicklungsdienst,** Abk. **DED,** Fachdienst für Entwicklungszusammenarbeit, v. a. zur Entsendung freiwilliger Fachkräfte, gegr. 1963.

**Deutscher Evangelischer Kirchentag** ↑Kirchentag.

**Deutscher Fußball-Bund,** Abk. **DFB,** Dachorganisation des dt. Fußballs; gegr. 1900, Sitz: Frankfurt am Main.

**Deutscher Genossenschafts- und Raiffeisenverband e. V.,** Dachverband des gewerbl. u. ländl. Genossenschaftswesens.

**Deutscher Gewerkschaftsbund,** Abk. **DGB,** ↑Gewerkschaften (Übers.).

**Deutscher Industrie- und Handelskammertag,** Abk. **DIHK,** ↑Industrie- und Handelskammern.

**Deutscher Katholikentag** ↑Katholikentag.

**Deutscher Orden, Deutscher Ritterorden, Deutschherren,** 1198 gegr. christl. Orden: Ritter, Priester, dienende Brüder. Aufgaben: v. a. Kampf gg. die „Heiden" und Krankenpflege. Tracht: weißer Mantel mit schwarzem Kreuz. 1211 im Burzenland, unter Hermann v. Salza nach Preußen berufen. 1237 Vereinigung mit dem Schwertbrüderorden in Livland. Sitz des Hochmeisters Venedig, ab 1309 Marienburg. Höchste Blüte unter Winrich v. Kniprode, 1410 Niederlage gg. Polen bei Tannenberg. Im 2. Thorner Frieden 1466 Verlust v. Westpreußen u. Ermland, Ostpreußen wurde poln. Lehen. 1525 Umwandlung in ein weltl. prot. Hzgt. Sitz des Hochmeisters der kath. gebliebenen Brüder wurde Mergentheim. 1809 im Bereich des Rheinbundes aufgehoben; s. 1929 nur noch geistl. Orden.

**Deutscher Ritterorden,** svw. ↑Deutscher Orden.

**Deutscher Sportbund,** Abk. **DSB,** Dachorganisation aller dt. Sportfachverbände und Landessportbünde; gegr. 1950, Sitz: Berlin.

**Deutscher Sprachverein** ↑Gesellschaft für dt. Sprache.

**Deutscher Städtetag,** Zusammenschluss der dt. Städte zur Förderung d. öff. Rechts u. d. kommunalen Selbstverw.; Hauptgeschäftsstellen Köln u. Berlin.

**Deutscher Zollverein,** 1833/34 gegr. zollpolit. Zusammenschluss der meisten dt. Länder unter Führung Preußens u. mit Ausschluss Östr. mit dem Ziel einer wirtsch. Einigung.

**Deutsches Eck,** Landspitze zw. Rhein u. Mosel in Koblenz, RP.

**Deutsches Elektronen-Synchrotron,** Abk. **DESY,** Forschungszentrum für Elementarteilchenphysik in Hamburg (gegr. 1959) u. Zeuthen; entwickelt u. betreibt Teilchenbeschleuniger, z.B. DORIS, PETRA, HERA (geplant TESLA).

**Deutsches Museum von Meisterwerken der Naturwissenschaft und Technik, Deutsches Museum,** 1903 in München von O. von Miller (* 1855, † 1934) gegründet; zeigt die Entw. der naturwiss. Forschung, der Technik und Industrie.

**Deutschland**

| | |
|---|---|
| *Fläche:* | 357 020 km2 |
| *Einwohner:* | 82,16 Mill. |
| *Hauptstadt:* | Berlin |
| *Amtssprache:* | Deutsch |
| *Zeitzone:* | MEZ |

**deutsche Sprache,** i.e.S. die nhd. Hoch- u. Schriftspr.; gehört zum idgm. Sprachstamm; 3 Entwicklungsperioden: 1. Althochdeutsch, 2. Mittelhochdeutsch, 3. Neuhochdeutsch.

**deutsches Recht,** das aus westgerman. Wurzeln erwachsene Recht; beruhte in älterer Zeit auf ungeschriebenem Gewohnheitsrecht; wurde in der Zeit vom 5. bis 9. Jh. durch Aufzeichnungen regional fortgebildet (Volks- und Stammesrechte). Daneben bestanden noch Sonderrechte. Infolge d. Zersplitterung des d. R.s vollzog sich in Dtl. Ende des MA allg. die Rezeption des röm. Rechts, d. h. die Aufnahme des im ↑Corpus Juris Civilis vorliegenden Rechtsstoffes als gemeines d. R.; im 18. Jh. durch Hinwendung zum Naturrecht wieder zurückgedrängt. Das heute geltende Bürgerliche Gesetzbuch hat v. a. röm. und dt. Bestandteile.

**Deutsches Reich,** amtl. Bez. für den dt. Staat 1871–1945; auch fälschl. für das Kaiserreich bis 1806 *(Hl. Röm. Reich).*

**Deutsches Rotes Kreuz** ↑Rotes Kreuz.

**Deutsche Volkspartei,** Abk. **DVP,** unter Führung Stresemanns 1918 gegr. lib. Partei, 1933 aufgelöst.

**Deutsch Eylau,** poln. **Iława,** Krst. in Polen, am S-Ufer des Geserichsees, 30 000 E; Holzind., Fremdenverkehr.

**Deutsch-Französischer Krieg 1870/71,** unmittelbarer Anlass: frz. Protest gg. die span. Thronkandidatur eines Hohenzollernprinzen u. Bismarcks ↑Emser Depesche. 19. 7. 1870 frz. Kriegserklärung; am 2. 9. 1870 Kapitulation Napoleons III. nach der Niederlage bei Sedan. Die neue frz. Rep. führte den Kampf weiter. Nach dem Fall von Paris Vorfriede von Versailles u. Friede von Frankfurt am Main (10. 5. 1871). Frkr. trat das Elsass u. Teile von Lothringen ab u. zahlte 5 Mrd. Franc Kriegsentschädigung.

**Deutsch-Französischer Vertrag,** 1963 v. K. Adenauer u. C. de Gaulle unterzeichneter Freundschaftsvertr. (u. a. regelmäßige Konferenzen der Außenmin., wirtschaftl., polit. u. militär. Zusammenarbeit).

**Deutschlandlied,** „Deutschland, Deutschland über alles ...", Gedicht von A. H. Hoffmann v. Fallers-

## DEUTSCHLAND

**Bundesrepublik D.,** Rep. in Mitteleuropa, 357 020 km$^2$, 82,16 Mill. E; Hptst. Berlin, Bundesstadt: Bonn. D. reicht v. Nord- u. Ostsee bis zu den Alpen, ist im W u. O ohne natürl. Begrenzung; seine Anliegerstaaten sind im N Dänemark, im W die Niederlande, Belgien, Luxemburg, Frankreich, im S die Schweiz, Österreich, im SO u. O die Tschech. Rep., Polen.

*Verfassung:* Die staatl. Ordnung ist durch das Grundges. (GG) vom 23. 5. 1949 (mit Änderungen) bestimmt. Die Bundesrep. D. hat seit dem 5. 5. 1955 die Stellung eines souveränen Staates (In-Kraft-Treten des ↑Deutschlandvertrags in der Pariser Fassung v. 23. 10. 1954); die damals aufrechterhaltenen Vorbehalte der 4 alliierten Siegermächte entfielen zum 3. 10. 1990. D. ist ein demokrat., sozialer u. föderativer Bundesstaat, dem die Länder Baden-Württemberg, Bayern, Berlin, Brandenburg, Bremen, Hamburg, Hessen, Mecklenburg-Vorpommern, Niedersachsen, Nordrhein-Westfalen, Rheinland-Pfalz, Saarland, Sachsen, Sachsen-Anhalt, Schleswig-Holstein u. Thüringen angehören. Die Länder üben die staatl. Befugnisse aus, soweit das GG nichts anderes bestimmt od. zulässt. Die höchste Gewalt (Souveränität) liegt beim Bund: Bundesrecht bricht Landesrecht. Das GG beschränkt die Verf.autonomie der Länder; der Bund kann die Länder durch Ges. neu gliedern u. hat ihnen gegenüber weitere Rechte (Bundesaufsicht, ↑Bundeszwang).

Die Staatsgewalt geht vom Volke aus. Es übt sie unmittelbar durch Wahlen u. Abstimmungen aus. Die Parteien wirken an der polit. Willensbildung mit. – In der Wirtschaftsordnung gilt Freiheit der Betätigung des Einzelnen; das Privateigentum ist gesichert, die Sozialordnung wird weiter ausgebaut.

Von wesentl. Bed. sind die Grundsätze der Gewaltenteilung u. der Gesetzmäßigkeit der Verw. Die Ges.gebung ist an die verfassungsmäßige Ordn., die vollziehende Gewalt u. die Rechtsprechung sind an Recht u. Ges. gebunden; die Rechtsprechung ist unabhängigen Richtern anvertraut. Die ↑Grundrechte sind gewährleistet.

**DEUTSCHLAND** (Fortsetzung)

Staatsoberhaupt ist der v. der Bundesvers. auf 5 Jahre gewählte Bundespräs. Der vom Bundestag gewählte Bundeskanzler führt die Bundesreg. Durch den Bundesrat haben die einzelnen Länder Anteil an Ges.gebung u. Verw. des Bundes.
*Gesetzgebung:* Der Bund hat die ausschließl. Ges.gebung auf den Gebieten, die nur einheitl. geregelt werden können, so für auswärtige Angelegenheiten, Verteidigung, Währung, Zölle, Grenzschutz, Luftverkehr, Post u. Telekommunikation, Bundesbeamtenrecht. Er hat neben den Ländern die konkurrierende Ges.gebung z. B. für bürgerl. Recht, Straf-, Prozessrecht, Straßenverkehr, soweit ein Bedürfnis für eine einheitl. Regelung besteht. Er kann Rahmenvorschriften erlassen, so über Presse, Film, Jagd, Naturschutz. Zur Änderung od. Ergänzung des GG ist ein übereinstimmender Beschluss v. Bundestag u. Bundesrat notwendig (jeweils $^2/_3$-Mehrheit). – Die 1968 erlassene Notstandsgesetzgebung sieht Maßnahmen für den Katastrophenfall u. für Fälle des inneren u. äußeren Notstandes vor.
*Verwaltung:* Bund u. Länder haben getrennte Verw. Zur Zuständigkeit der Länder gehören u. a. allg. Verw., Justiz, Polizei, Kultus, Unterricht, Gesundheitswesen, Versorgung; z. T. Wirtsch. u. Steuern. Den Gem. u. Gem.verbänden ist Selbstverw. gewährleistet.
*Währung:* Die am 20. 6. 1948 (Währungsreform) eingeführte nat. Währungseinheit Deutsche Mark (DM) wurde am 1. 1. 1999 durch den Euro als Buchgeld, am 1. 1. 2002 als gesetzl. Zahlungsmittel ersetzt.
*Verteidigung:* Seit 1954 gehört die Bundesrep. D. dem Verteidigungsbündnis der ↑NATO an. 1955 wurde die ↑Bundeswehr aufgestellt.
*Landesnatur:* D. hat Anteil an 4 Naturräumen: Norddt. Tiefland, Mittelgebirgsschwelle, Alpenvorland u. Alpen. Das Norddt. Tiefland umfasst Marschen u. die Geest sowie die Jungmoränengebiete des Balt. Höhenrückens mit der Mecklenburg. Seenplatte, an die sich das Altmoränenland mit Niederungen, Urstromtälern u. Hochflächen anschließt. Mit weiten Buchten (Niederrhein. Tiefland, Münsterland, Leipziger Tieflandsbucht) greift es in den Niederungen v. Rhein, Ems u. Weser sowie Saale u. Elbe tief in die Mittelgebirgsschwelle ein, deren Nordfuß mächtige Lössaufwehungen (Bördenzone) besitzt. Die Mittelgeb. zerfallen in eine Vielzahl kleiner Landschaftseinheiten. Einen zusammenhängenden Gebirgskörper bildet das beiderseits des Mittelrheins gelegene Rhein. Schiefergeb. Ihm gliedern sich im O das Hess., das Weser- u. das Leinebergland sowie der Harz, der Thüringer Wald u. das Fichtelgeb. an. Die östl. Gebirgsumrandung v. D. reicht vom Elstergeb. über das Erzgeb. mit dem Fichtelberg (1 214 m) bis zum Elbsandsteingeb. mit dem Durchbruchstal der Elbe u. östlich davon bis zum Lausitzer Bergland u. Lausitzer (Zittauer) Geb., im S bis zum Böhmerwald mit dem Oberpfälzer u. Bayer. Wald. Von den östl. Randhöhen des Oberrheingrabens (Spessart, Odenwald, Schwarzwald) erstreckt sich eine Schichtstufenldsch. bis hin zur Donau u. zum Bayer. Wald im O. Jenseits des Rheins findet sie ihre Forts. im Pfälzer Wald. Zw. der Schwäb. Alb, dem Bayer. Wald u. den Nördl. Kalkalpen, mit der Zugspitze (2 962 m) als höchstem Berg v. D., erstreckt sich der westl. Teil des Alpenvorlandes. Donau, Rhein, Weser u. Elbe mit ihren Nebenflüssen entwässern D. Das Klima ist feuchtgemäßigt, wobei der W des Landes stärkeren ozean. Einflüssen unterliegt, der ostdt. Raum hingegen bereits kontinentale Züge aufweist. Niederschläge fallen zu allen Jahreszeiten. Das Temperaturmaximum liegt im Juli, das Minimum im Januar. D. liegt in der Zone der sommergrünen Laubwälder. Im N herrschen Eichen- u. Birkenwälder vor. Manche ehem. bewaldeten Gebiete werden heute v. Heidegebieten eingenommen (Lüneburger Heide). Die Waldgebiete der Mittelgeb. umfassen Laub-, Nadel- u. Mischwälder, in den Nördl. Kalkalpen bes. mit Buche, Bergahorn u. Fichte, die bis zur natürl. Waldgrenze bei etwa 1 800 m immer stärker in den Vordergrund tritt. Über 1 800 m folgen Krummholzgürtel, Zwergstrauchstufe u. alpine Matten.
*Bevölkerung:* Nach dem 2. Weltkrieg änderte sich die Bev.struktur in der damaligen Bundesrep. D. grundlegend durch die Aufnahme v. 9,7 Mill. Menschen v. a. aus den ehem. dt. Ostgebieten, durch

**Länder der Bundesrepublik Deutschland**

| **Bundesland** | **Fläche in km²** | **Ew. in 1000** | **Hauptstadt** |
|---|---|---|---|
| Baden-Württemberg | 35 751 | 10 476 | Stuttgart |
| Bayern | 70 548 | 12 155 | München |
| Berlin | 891 | 3 387 | – |
| Brandenburg | 29 477 | 2 601 | Potsdam |
| Bremen | 404 | 663 | – |
| Hamburg | 755 | 1 705 | – |
| Hessen | 21 114 | 6 052 | Wiesbaden |
| Mecklenburg-Vorpommern | 23 171 | 1 789 | Schwerin |
| Niedersachsen | 47 614 | 7 899 | Hannover |
| Nordrhein-Westfalen | 34 080 | 18 000 | Düsseldorf |
| Rheinland-Pfalz | 19 847 | 4 031 | Mainz |
| Saarland | 2 570 | 1 072 | Saarbrücken |
| Sachsen | 18 413 | 4 460 | Dresden |
| Sachsen-Anhalt | 20 447 | 2 649 | Magdeburg |
| Schleswig-Holstein | 15 764 | 2 777 | Kiel |
| Thüringen | 16 172 | 2 449 | Erfurt |
| **Deutschland** | 357 020*) | 82 164*) | Berlin |

*) Abweichungen durch Rundung

**DEUTSCHLAND** (Fortsetzung)

Zuwanderung v. über 3 Mill. Menschen aus dem Gebiet der DDR (bis zum Bau der Mauer, 13. 8. 1961) sowie durch Zuzüge ausländ. Arbeitnehmer seit den 1960er-Jahren. Allein 1988–97 kamen etwa 1,7 Mill. Russlanddeutsche nach D. Ende 1999 lebten 7,32 Mill. Ausländer in D., das sind 8,9 % der Gesamt-Bev. Die Bev.-Verteilung ist sehr unterschiedlich. Wirtsch. u. städt. Ballungsräume sind das Rhein-Ruhr-Gebiet, das Rhein-Main-Gebiet, das Rhein-Neckar-Gebiet, das Saarland, die Räume Halle–Leipzig, Chemnitz–Zwickau sowie die Städte Berlin, Dresden, München, Stuttgart, Nürnberg-Erlangen, Hannover, Bremen u. Hamburg mit ihren Einzugsgebieten. Relativ schwach besiedelt sind v. a. die landwirtsch. genutzten Gebiete in Schlesw.-Holst. u. Mecklenburg-Vorpommern.

*Religion:* Das GG verpflichtet den Staat zu Toleranz, Neutralität u. Parität gegenüber allen Religionen u. Religionsgesellschaften u. garantiert unter dem Vorbehalt der allg. Staatsges. die Religionsfreiheit. 2000 zählten die kath. Kirche rd. 27 Mill., die ev. Landeskirchen rd. 26,9 Mill., die ev. Freikirchen rd. 370 000, die orth. u. a. Ostkirchen über 1,1 Mill., Mitgl. Es leben rd. 3 Mill. Muslime in D. Die jüd. Kultusgemeinden haben rd. 83 000 Mitgl.

*Wirtschaft, Verkehr:* D. ist eine der führenden Ind.nationen der Erde. Gemessen am BIP zählt es zu den Ländern mit hohem Lebensstandard. In den westl. Bundesländern weist die regionale wie auch die sektorale Entw. erhebl. Wachstumsunterschiede auf. Zunächst waren die traditionellen Zentren des Bergbaus u. der Schwerind., das Ruhrgebiet u. der Raum Hannover–Braunschweig–Salzgitter–Peine, sowie die Handelszentren Hamburg u. Bremen begünstigt. Seit den 60er-Jahren entwickelten sich dagegen die Verdichtungsräume Rhein-Main, Rhein-Neckar, München, Nürnberg-Erlangen u. Stuttgart als Standorte zumeist wachstumsstarker Ind.zweige (Chemie, Elektrotechnik/Elektronik, Maschinen-, Kfz-Bau) deutlich schneller als die übrigen Teilräume, die norddt. Küstenländer Schlesw.-Holst. u. Ndsachs., ausgenommen Agglomerationsräume um Hannover, Hamburg, Bremen, ebenso wie NRW nur noch unterdurchschnittlich. Die Wirtsch. beitende Ind. u. Baugewerbe erbrachten 2000 30,1 % des BIP, Dienstleistungen 68,7 %. Abgebaut werden Stein- u. Braunkohle, Schwerspat, Stein- u. Kalisalze. Der Bedarf an angereichertem Uran der östl. Bundesländer beruhte bis 1989 vorwie gend auf staatl. u. genossenschaftl. Eigentum u. einem weitgehend zentralist. gelenkten Mechanismus der Planung u. Leitung. Die Planwirtsch. mit ihrer ungenügenden Effektivität führte zunehmend seit Anfang der 80er-Jahre zu erhebl. wirtschaftl. Krisenerscheinungen. Nach der Wende gingen hier im Verlauf des Übergangs zur soz. Marktwirtsch. zahlr. Ind.betriebe u. Arbeitsplätze verloren, vielerorts entstanden auf bereinigten Ind.brachen u. neuen Gewerbegebieten leistungsstarke Unternehmen (z. B. in Leuna, Schkopau, Eisenach, Zwickau-Mosel, Dresden, Leipzig u. a.). 2000 erreichte das in Ost-D. erzielte BIP je Ew. etwa 60 % des vergleichbaren Westniveaus.

Zur Entstehung des BIP 2000 trugen Land- u. Forstwirtsch. sowie Fischerei nur noch zu 1,2 % bei. Etwa 89 % des Nahrungsmittelbedarfs konnten 1999 in D. aus heim. Produktion gedeckt werden (bei Getreide 122 %). Hauptanbauprodukte sind: Getreide (Weizen, Gerste, Hafer, Roggen), Zucker-, Futterrüben, Kartoffeln, Hopfen, diverse Gemüsesorten, Obst u. Wein. Unter den EU-Staaten steht D. bei der Fleischerzeugung u. Milchproduktion an 2. bzw. 1. Stelle. Bergbau, Energiewirtsch., verarwird aus den USA, Russland u. Frankreich gedeckt. Die Erdöl- u. Erdgasförderung ist unbedeutend. Am ind. Gesamtumsatz gemessen ergibt sich folgende Reihenfolge: Maschinenbau (mit Fahrzeugbau), Nahrungs- u. Genussmittelind., chem., elektrotechn. Ind., Mineralölverarbeitung sowie Textil- u. Bekleidungsind. An der Energieerzeugung ist die Kernenergie mit (2000) 30,2 % beteiligt. Wichtigste Exportprodukte sind Fahrzeuge, chem. Erzeugnisse, elektr. Maschinen, nicht elektr. Maschinen, Apparate u. Geräte, Eisen u. Stahl, Garne, Gewebe, Textilwaren, Bekleidung, Kunststoffe u. Kunstharze. Das Eisenbahnnetz betrug (1998) 45 150 km (davon ca. 19 000 km elektrifiziert; seit 1998 zunehmend Stilllegung unrentabler Strecken), das Straßennetz des überörtl. Verkehrs hatte (1999) 230 665 km (11 427 km Autobahnen). Wichtigste Binnenwasserstraße ist der Rhein. Die wichtigsten Binnenhäfen sind Duisburg, Köln, Hamburg, Mannheim, Ludwigshafen. Größte Überseehäfen sind Hamburg, Wilhelmshaven, Bremen/Bremerhaven, Lübeck, Rostock. Größte ✈ sind Frankfurt am Main, München, Düsseldorf, Berlin-Tegel, Hamburg, Stuttgart.

*Geschichte:* ↑deutsche Geschichte.

leben (1841), Melodie der östr. Kaiserhymne von J. Haydn (1797), 1922 dt. Nationalhymne; seit 1952 ist das D., mit dem Text der 3. Strophe („Einigkeit und Recht und Freiheit ..."), Nationalhymne der BRD.

**Deutschlandvertrag,** Vertr. über die Beziehungen zw. d. BRD u. den 3 Besatzungsmächten USA, Großbrit., Frkr. vom 26. 5. 1952; trat am 5. 5. 1955 in Kraft. Die BRD erhielt unter Vorbehalt einzelner Rechte u. Pflichten für die Westmächte die volle Souveränität (Aufhebung des Besatzungsstatuts).

**Deutschnationale Volkspartei,** Abk. **DNVP,** 1918 konservat. Partei in Dtl., s. 1928 unter A. Hugenbergs Führung.

**Deutsch-Polnischer Grenzvertrag,** im Rahmen der dt. Einigungsbestrebungen Nov. 1990 zw. der BRD und der Rep. Polen geschlossener Vertrag über die Oder-Neiße-Linie als künftige dt. Ostgrenze sowie den gegenseitigen Verzicht auf Gebietsansprüche; in Kraft s. 1991.

**Deutsch-Polnischer Vertrag, Warschauer Vertr.,** 1970 unterzeichneter Vertr. über die Normalisierung der Beziehungen zw. der BRD u. Polen; u. a. Anerkennung der Oder-Neiße-Linie als westl. poln. Staatsgrenze, keine gegenseitigen Gebietsansprüche, Gewaltsverzichtsklausel; in Kraft s. 3. 6. 1972.

**Deutsch-Sowjetischer Nichtangriffspakt,** am 23. Aug. 1939 in Moskau für 10 Jahre abgeschlossener u. sofort in Kraft gesetzter Vertrag mit geheimem Zusatzprotokoll. Es beinhaltete die Möglichkeit der Teilung Polens, der Einbeziehung Finnlands, Estlands, Lettlands und Bessarabiens in die sowjet., Litauens mit Wilna in die dt. Macht- und Interessensphäre. Erleichterte Hitler die Entfesselung des 2. Weltkrieges und öffnete der UdSSR den Weg nach M-Europa.

**Deutsch-Sowjetischer Vertrag,** 1970 abgeschlossener Vertr. zw. der BRD u. der UdSSR im Zuge der Entspannungspolitik: Verzicht auf Gewaltanwendung u. -androhung, Achtung der territorialen Integrität aller europ. Staaten; in Kraft s. 1972.

**Deventer,** niederl. St. an der Ijssel, 68 000 E; spätgot. Sankt-Lebuinus-Kirche (15. u. 16. Jh.); kgl. Teppichfabrik, chem., Masch.-Industrie.

**Devise** [frz.], Wahlspruch, Motto.

**Devisen** [lat.], ausländ. Zahlungsmittel im Besitz von Inländern; bankwirtsch.: Ansprüche auf Zahlungen in fremder Währung an einem ausländ. Platz. Der *D.handel* (An- u. Verkauf) findet am freien u. am organisierten *D.markt* (D.börsen) statt.

**Devon** ↑Geologie (Übers.).

**devot** [lat.], unterwürfig.

**Devotionali|en** [lat.], der persönl. Andacht dienende Gegenstände, z. B. Heiligenbildchen.

**Dewargefäß** [ˈdjuːə-], v. dem brit. Chemiker Sir J. Dewar (* 1842, † 1923) entwickeltes Vakuummantelgefäß zur Aufbewahrung tiefgekühlter Stoffe.

**Dewey** [ˈdjuːɪ], John, amer. Pädagoge u. Philosoph, * 1859, † 1952; bedeutendster Vertr. des amer. Pragmatismus; „Demokratie u. Erziehung".

**Dextrine** [lat.], Abbauprodukte der Stärke; hpts. aus Kartoffelstärke gewonnen; für Klebstoffe, Bindemittel.

**Dextrose** [Kw.], svw. ↑Traubenzucker.

**Dezember** [lat.], bei den Römern urspr. der 10., dann der 12. Monat des Jahres.

**Dezennium** [lat.], Jahrzehnt.

**dezent** [lat.], zurückhaltend; unaufdringlich, nicht auffallend.

**Dezentralisation** [lat.], Auseinanderlegung von Kompetenzen; in der Verw. Verlegung des Schwergewichts auf die örtl. und provinziellen Behörden.

**Dezernat** [lat.], Amtsbereich bei Behörden, Verw. mit best. Aufgaben.

**Dezernent,** Leiter eines Dezernats.

**Dezi...** [lat.], Bestimmungswort; Bed.: „Zehntel"; als Vorsatz v. Einheiten im Messwesen (Zeichen d) z. B. *Dezimeter* (1 dm = 0,1 m), *Deziliter* (1 dl = 0,1 Liter).

**Dezimalbruch** √ ↑Bruch.

**Dezimalklassifikation,** Abk. **DK,** systemat. Einteilung der Wiss. in Zehnergruppen, die mit 0 bis 9 beziffert u. dann in weitere Zehnergruppen unterteilt werden. Für das *Bibliothekswesen* s. 1876 ent-

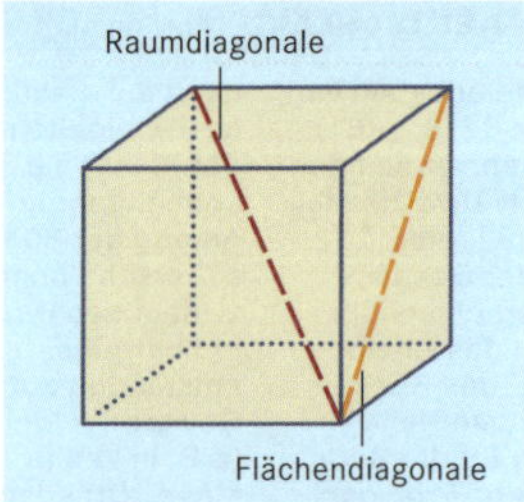


**Diagonale:** *Flächen- und Raumdiagonale eines Würfels*

wickelt, z. B. 6: exakte Wiss., 62: Ingenieurwesen, 621: Maschinenbau usw.

**Dezimalsystem** ↑Zahlensystem.

**Dezime** [mlat.], Intervall von 10 diaton. Stufen.

**Dezimeterwellen,** Abk. **UHF** [für engl. **u**ltra **h**igh **f**requency „Ultrahochfrequenz"], elektromagnet. Wellen für Amateur-, Richt- u. Satellitenfunk, Fernsehen, Radar; Wellenlängen zw. 1 m u. 10 cm.

**DFB,** Abk. für: ↑**D**eutscher **F**uß**b**all-**B**und.

**DFG,** Abk. für: ↑**D**eutsche **F**orschungs**g**emeinschaft.

**dg,** Einheitenzeichen für: **D**ezi**g**ramm ($^{1}/_{10}$).

**DGB,** Abk. für: **D**eutscher **G**ewerkschafts**b**und; ↑Gewerkschaften (Übers.).

**Dhaka, Dacca,** Hptst. von Bangladesh, 3,64 Mill. E; 2 Univ.; Handelszentrum; Binnenhafen, ✈.

**di..., Di...** [gr.], Vorsilbe; Bed.: „zweifach, doppelt".

**Dia,** Kurzform v. ↑Diapositiv.

**dia..., Dia...** [gr], vor Selbstlauten di..., Di..., Vorsilbe; Bed.: „durch, hindurch, auseinander".

**Diabetes** [gr.], **Harnruhr,** *D. insipidus* (Wasserharnruhr), mit Ausscheidung sehr gr. Harnmengen (ohne Eiweiß- u. Zuckergehalt); Ursache ist eine Zwischenhirn-Hypophysen-Fehlregulation. *D. mellitus* (Zuckerharnruhr, Zuckerkrankheit), mit Ausscheidung v. a. von Zucker im Harn, meist eine Folge der Erkrankung der Langerhans-Inseln der Bauchspeicheldrüse; Folge: mangelhafte Kohlenhydratverwertung u. Ketonkörpervermehrung; Anzeichen: Durst, reichl. Harnabsonderung, Heißhunger und dauernde Mattigkeit.

**Diadem** [gr.], urspr. einfache Stirnbinde aus Stoff od. Metall, später Hoheitszeichen aus Metall für fürstl. Personen, heute bes. Kopfschmuck für Frauen.

**Diadochen** [gr.; = Nachfolger], die Feldherren Alexanders d. Gr., die sich nach dessen Tod (323 v. Chr.) das Reich teilten *(D.reiche)*.

**Diaghilew,** Sergej, russ. Ballettimpresario, * 1872, † 1929; berühmt durch die „Ballets Russes".

**Diagnose** [gr.], Erkennen, Feststellen einer Krankheit.

**Diagonale** [gr.], Verbindungslinie zweier nicht benachbarter Ecken eines Vielecks.

**Diagramm** [gr.], Schaubild; graf. Darst. v. Zahlen, Daten, Größenverhältnissen; z. B. als Stab-, Kreis- od. Torten-D., spezielle D. sind Zeiger- od. Blüten-D.

**Diakon** [gr.; = Diener], 1. *kath., orth.:* unterste Stufe des Weihesakramentes (Ordination); nach 2. Vatikan. Konzil auch verheiratete kath. Diakone; 2. *ev.:* Hilfsgeistlicher, auch Gemeindehelfer, Krankenpfleger.

**Diakonisches Werk – Innere Mission und Hilfswerk der Evangelischen Kirche in Deutschland,** Dachverband von Organisationen und Initiativen, die innerhalb der ev. Landes- und Freikirchen in Dtl. soziale Dienstleistungen und Hilfen anbieten.

**Diakonissen,** ev. Gem.- u. Pflegeschwestern, ausgebildet in *D.mutterhäusern.*

**Dialekt** [gr.], svw. ↑Mundart.

**Dialektik** [gr.], philos. Arbeitsmethode, die ihre Ausgangsposition (These) durch gegensätzl. Behauptung (Antithese) infrage stellt und in der Synthese eine Erkenntnis zu gewinnen sucht; v. a. bei G. W. F. Hegel von Bedeutung.

**dialektischer Materialismus, DIAMAT,** von K. Marx und F. Engels unter Einfluss G. W. F. Hegels u. L. Feuerbachs entwickeltes [natur]philos. System, das die Welt als materielle Einheit (↑Materialismus) unter dem Prinzip d. Dialektik versteht, in der die prakt.-ökonom. Verhältnisse dominieren; Antriebskraft des geschichtl. Fortschritts (↑historischer Materialismus) seien dialekt. Entwicklungssprünge innerhalb der Materie u. die Spannungen Mensch–Natur, Mensch–Mensch sowie zw. den Gesellschaftsklassen; Grundlage des ↑Marxismus.

**Dialog** [gr.], Zwiegespräch, Wechselrede von zwei oder mehreren Personen.

**Dialyse** [gr.], **1)** Trennung kolloider Stoffe von echten Lösungen durch Membranen, die die kolloiden Teilchen nicht durchlassen. **2)** Blut-D. mit ↑künstl. Niere.

**Diamant** [frz.], härtestes Mineral (Härte 10), chem. reiner Kohlenstoff; spröde, stark lichtbrechende, [in reinstem Zustand] wasserklare kub. Kristalle; u. a. am Kongo u. in Südafrika; geschliffen als *Brillant* Schmuckstein; auch künstl. Gewinnung (zu techn. Zwecken).

**DIAMAT,** Abk. für: ↑**dia**lektischer **Mat**erialismus.

**diametral** [gr.], entgegengesetzt.

**Diana,** röm. Göttin der Jagd; der griech. Göttin Artemis entsprechend.

**Diana** [daɪˈænə], Princess of Wales, *1961, †1997, verh. 1981–96 mit dem brit. Thronfolger Prinz Charles.

**diaphan** [gr.], durchscheinend.

**Diaphorese** [gr.], Schweißsekretion.

**Diaphragma** [gr.], **1)** Scheidewand in hohlen Pflanzenteilen. **2)** Zwerchfell. **3)** poröse Wand, die Stoffe trennt, aber Stromdurchgang gestattet.

**Diapositiv** [gr.; lat.], Kurzform **Dia,** durchsicht. fotograf. Bild.

**Diarium** [lat.], veraltet: Tagebuch.

**Diarrhö** [gr.], svw. ↑Durchfall.

**Diaspora** [gr.], relig. (auch nat.) Minderheit sowie deren Situation.

**Diastase** [gr.], svw. ↑Amylase.

**Diastole** [gr.], Erschlaffung des Herzmuskels in der Phase der Blutauffüllung.

**Diät** [gr.], Krankenkost; bei Patienten unter Berücksichtigung auf die jeweil. Erfordernisse abgestimmte Ernährung, z. B. kohlenhydratreduzierte Kost bei Diabetes mellitus.

**Diäten** [mlat.], Tagegelder, bes. der Abgeordneten.

**Diathermie** [gr.], **Kurzwellenbehandlung, Hochfrequenzbehandlung,** Heilverfahren, bei dem hochfrequente Wechselströme den Körper durchwärmen.

**Diathese** [gr.], Veranlagung für best. Krankheiten.

**diatonische Tonleiter,** siebenstuf. Tonleiter, die im Ggs. zur zwölfstuf. chromat. Tonleiter alle nicht zur jeweil. Grundskala gehörenden Halbtöne auslässt.

**Diaz, Dias** [ˈdiaʃ], Bartolomeu, portug. Seefahrer, *um 1450, †1500; umfuhr 1487/88 d. Kap der Guten Hoffnung.

**Diaz** [ˈdias], Porfirio, mex. Politiker, *1830, †1915; Gegner Ks. Maximilians; 1877–80 und 1884 bis 1911 Präs. mit diktator. Macht; begünstigte Großgrundbesitzer u. amer. Großkapital.

**Dibbuk** [hebr.], spätjüd. Bez. für den Geist eines Toten, der sich an den Leib eines Lebenden heftet u. unter besonderen Exorzismen ausgetrieben wird.

**Dibelius,** Otto, dt. ev. Theologe, *1880, †1967; 1945–66 Bischof von Berlin-Bbg.; 1949–61 Vors. des Rates der EKD.

**Di|chromasie** ↑Farbenblindheit.

**Dichte,** der Quotient aus Masse *m* u. Volumen *V* eines Stoffs *(Massen-D.)*: $\varrho = m/V$, SI-Einheit: $kg/m^3$; allg. das Verhältnis einer physikal. Größe zu Raum, Fläche od. Länge.

**Dichtung, 1)** Sprachkunstwerk; Gattungen: Lyrik, Epik, Dramatik. **2)** Vorrichtung, die einen Stoffaustritt an Verbindungsstellen (z. B. v. Rohren) verhindert.

**Dickblattgewächse,** Trockenlandpflanzen mit einfachen, fleisch. Blättern; heim.: Fetthenne, Hauswurz.

**Dickdarm** ↑Darm.

**Dickens,** Charles, engl. Schriftsteller, *1812, †1870; schrieb realist. soz. Romane mit groteskem Humor; „Oliver Twist", „David Copperfield".

**Dickfußröhrling,** gr. Röhrenpilz in Laub- u. Nadelwald; ungenießbar.

**Didache** [gr.], älteste erhaltene christl. Kirchenordnung (2. Jh.).

**Didaktik** [gr.], Unterrichslehre.

**Diderot** [di:ˈdro], Denis, frz. Schriftsteller u. Philosoph, *1713, †1784; vielseitigster Vertr. der Aufklärung: philos. Essays, Romane, Dramen, Hg. u. Mitarb. der „Encyclopédie".

**Dido,** im röm. Mythos Königin von Karthago, Geliebte des Äneas.

**Didot** [diˈdo], frz. Drucker- u. Verlegerfamilie, im 18. und 19. Jh. berühmt durch ihre Klassikerausgaben; nach ihr ben. die *D.antiqua*.

**Diebskäfer,** Fam. etwa 5 mm langer Käfer; [Lebensmittel]schädlinge.

**Diebstahl,** rechtswidr. Wegnahme einer fremden bewegl. Sache zwecks Aneignung.

**Dieburg,** hess. St. östl. von Darmstadt, 14 500 E; Wallfahrtskapelle (13., 17. u. 18. Jh.), Textil-, Lederwarenindustrie.

**Di|elektrikum** [gr.-nlat.], elektr. nicht leitender Stoff (Isolator; auch Vakuum).

**Di|elektrizitätskonstante,** Zeichen $\varepsilon$, 1) im Vakuum: $\varepsilon_0 \approx 8{,}854 \cdot 10^{-12}$ F/m *(absolute D.)*; 2) Maß für die dielektr. Polarisation eines Stoffes.

**Diem,** Carl, dt. Sportwissenschaftler, *1882, †1962; Organisator der Olymp. Spiele 1936 in Berlin, 1947 Gründer d. Dt. Sporthochschule Köln.

**Diemel,** l. Nbfl. d. Weser; 105 km; im Oberlauf *D.talsperre* (D.see) sö. von Brilon.

**Diên Biên Phu** [djɛnbjɛnˈfu], Ort im N Vietnams, in W-Tonkin; im Indochinakrieg 1954 entscheidender Sieg der Vietminh über die Franzosen.

**Dienst,** langes, dünnes Säulchen am got. Bündelpfeiler, das d. Rippen u. Gurte der Gewölbe aufnimmt.

**Dienstaufsicht,** Überwachung d. Tätigkeit v. Beamten durch eine höhere Behörde.

**Dienstaufsichtsbeschwerde,** formlose Beschwerde gg. einen Verw.-Akt bei der übergeordneten Behörde.

**Dienstbarkeit, Servitut,** ↑dingl. Recht an einer Sache, das den Berechtigten eine best. Einzelnutzung gewährt; Berechtigter ist entw. der jeweil. Eigentümer eines best. „herrschenden" Grundstücks (Grund-D.) od. eine best. Person (beschränkte, persönl. D.).

**Dienst|eid,** Amts-, Beamteneid.

**Dienstvertrag,** Vertr., durch den sich jemand verpflichtet, einem anderen Dienste gegen Entgelt zu leisten, ohne einen best. Arbeitserfolg zu versprechen (§§ 611 ff. BGB); zu unterscheiden vom ↑Werkvertrag; eine Art des D. ist der Arbeitsvertrag.

**Dientzenhofer, 1)** Christoph, dt. Baumeister, *1655, †1722; bed. Vertr. der spätbarocken, von Oberitalien beeinflussten Architektur; St. Nikolaus auf der Kleinseite in Prag. **2)** Johann, Bruder v. 1), dt. Baumeister, *1665, †1726; Vertr. d. hochbarocken Baukunst v. a. in Bamberg, Banz, Fulda. **3)** Johann Leonhard, Bruder von 1), dt. Baumeister, *1660, †1707; Residenz u. St. Michael in Bamberg. **4)** Kilian Ignaz von, Sohn von 1), dt. Baumeister, *1689, †1751; Vertr. des böhm. Spätbarocks; Kirchen in Prag.

**Dieppe** [djɛp], nordfrz. Hafenst. am Kanal, 36 500 E; Seebad, Schiffbau; Fährverkehr nach England.

**Diesel,** Rudolf, dt. Ingenieur, *1858, †1913; erfand den *D.motor,* Verbrennungskraftmasch., die mit *D.kraftstoff* (*D.öl;* ein dem Heizöl ähnl. Kohlenwasserstoffgemisch) betrieben wird; hohe Verdichtung der Luft im Zylinder (30 bis 55 bar), führt zu Temp. v. 700 bis 900 °C. In die erhitzte Luft wird zerstäubtes D.öl eingespritzt, das sich hoch verdichtet etwas zeitverzögert entzündet und den Kolben abwärts treibt.

**Diesterweg,** Adolph, dt. Pädagoge und Schulpolitiker, *1790, †1866.

**Dietrich** von Bern (Bern = Verona), Idealgestalt eines urspr. got. Sagenkreises; Vorbild: Theoderich d. Große.

D

**Dietrich,** Marlene, eigtl. Maria Magdalena von **Losch,** dt.-amer. Filmschauspielerin u. Sängerin, *1901, †1992; „Der blaue Engel".

**Diez,** St. an der Lahn, RP, 10500E; frühgot. Hallenkirche; Schloss Diez; Steinbrüche.

**diffamieren,** verleumden, in Verruf bringen.

**Differenz, 1)** Unterschied, Fehlbetrag. **2)** Meinungsverschiedenheit. **3)** √ ↑Subtraktion.

**Differenzenquotient,** Bez. für den Quotienten aus der Differenz $\Delta y = \Delta f = f(x) - f(x_0)$ zweier Funktionswerte u. der Differenz $\Delta x = (x - x_0)$ ihrer Argumente.

**Differenzial** [lat.], **1)** ↑Ausgleichgetriebe. **2)** √ der Ausdruck $dy = f'(x_0)dx$; dabei ist $f'(x_0$ der Differenzialquotient der Funktion $y = f(x)$ an der Stelle $x_0$ u. $dx$ eine kleine Änderung des Argumentwerts.

**Differenzialgeometrie,** Teilgebiet der Math., das v. a. mithilfe der Differenzialrechnung die Eigensch. geometr. Kurven, Flächen u. Räume untersucht.

**Differenzialgleichung,** Gleichung für eine gesuchte Funktion, in der neben dieser wenigstens einer ihrer Differenzialquotienten vorkommt.

**Differenzialquotient, Ableitung,** Grenzwert des ↑Differenzenquotienten $\Delta y / \Delta x$ einer Funktion $y = f(x)$ der unabh. Variablen $x$:

$$y' = \frac{df}{dx} = \lim_{\Delta x \to 0} \frac{\Delta f}{\Delta x} = \lim_{x \to x_0} \frac{f(x) - f(x_0)}{x - x_0}.$$

Existiert dieser Grenzwert (der D.), nennt man die Funktion im Punkt $x_0$ *differenzierbar.* Der D. liefert geometr. die *Steigung* (den *Anstieg*) der Tangenten in den versch. Punkten der durch $f(x)$ best. Kurve.

**Differenzialrechnung,** Gebiet der Analysis, in dem auf der Grundlage des Grenzwertbegriffs die Eigenschaften v. Funktionen untersucht werden, wichtigster Begriff ist der ↑Differenzialquotient. Die Grundlagen der D. gehen auf I. Newton und G. W. Leibniz zurück.

**differenzieren, 1)** unterscheiden, trennen. **2)** √ Bildung des Differenzialquotienten.

**differieren,** verschieden sein, voneinander abweichen.

**diffizil** [lat.], schwierig; überaus korrekt.

**diffus** [lat.], zerstreut, ungeordnet, z. B. *d. Licht.*

**Diffusion** [lat.], die von selbst erfolgende allm. Vermischung (Ausgleich von Konzentrationsunterschieden) versch., aneinander grenzender Stoffe; verursacht durch die Eigenbewegung der Moleküle.

M. Dietrich

**Digest** ['daɪdʒɛst; engl.], Zeitschrift mit Auszügen aus Büchern, Berichten.

**Digitalanzeige,** Anzeigeart, bei der Werte digital, d. h. ziffernmäßig od. durch Buchstaben, dargest. werden (z. B. bei Digitaluhren); erfolgt heute meist mithilfe v. Lumineszenzdioden *(LED-Anzeige)* od. Flüssigkristallzellen *(LCD-Anzeige).*

**Digital Audio Tape** ['dɪgɪtəl ɔ'dɪəteɪp], Abk. **DAT,** Tonträger mit digitaler Tonaufzeichnung. Magnetbandkassetten in DAT-Technik verfügen über höhere Aufnahme- und Wiedergabequalität als herkömmliche.

**Digitalis,** Pflanzengatt. Fingerhut, heim. 3 Arten, 2 davon geschützt, ☠; Arznei-, z. T. Zierpflanzen; *D.glykoside,* stark wirkende Giftstoffe in den Blättern (Herzmittel).

**Digitalrechner,** eine Rechenanlage, die im Ggs. zum Analogrechner mit digitaler (ziffernmäßiger) Darstellung der Rechengrößen arbeitet.

**DIHK,** Abk. für **D**eutscher **I**ndustrie- und **H**andels**k**ammertag.

**Dijon** [di'ʒõ], Hptst. des ostfrz. Dép. Côte-d'Or u. der Region Burgund, 148000E; Univ., Akademie; Abtei St-Bénigne (525–1792), Kathedr. (13. Jh.) u. a. bed. Kirchen, ehem. Palast der burgund. Hzg. mit Museum; Zentrum des Burgunderweinhandels; Masch.-, Nahrungsmittelind.; ✈.

**Diktat** [lat.], Niederschrift nach Vorgesprochenem; aufgezwungene, harte Verpflichtung.

**Diktatur** [lat.], Konzentration der öffentl. Gewalt in der Hand eines Einzelnen *(Diktator)* od. einer Gruppe (z. B. *Militär-D.*), entw. verfassungsmäßig verankert zur Überwindung einer Krise od. als unbeschränkte Herrschaft ohne zeitl. Grenzen; *D. des Proletariats,* nach marxist. Lehre Übergangsstadium zw. kapitalist. u. sozialist. Gesellschaftsform.

**Diktiergerät,** [Tonband]gerät zur Aufnahme u. Wiedergabe von Gesprochenem.

**Dilatation** [lat.], [Aus]dehnung, Erweiterung.

**Dill,** Doldengewächs aus dem Mittelmeergebiet; Würzkraut.

**Dillenburg,** Stadt in Hessen, 25100E; IHK; spätgot. Pfarrkirche (nassau-oran. Grablege); Landgestüt; Eisenverarbeitung.

**Dillingen a. d. Donau,** bayr. Krst. in Schwaben, 17500E; Akad. für Lehrerfortbildung; Schloss (13., 15.–18. Jh.), Studienkirche (1610 bis 1617), Peterskirche (17. Jh.); Textil-, Möbel-, Leder-, Glasindustrie.

**Dillingen/Saar,** Ind.-Stadt im Saarland, 22500E.

**Dilthey,** Wilhelm, dt. Philosoph, *1833, †1911; begr. die Erkenntnistheorie der Geisteswiss.; Historiker (skept. Historismus) der Geistesgeschichte.

**Dimension** [lat.], **1)** allg.: Ausdehnung, Ausmaß; Bereich. **2)** Ausdehnung geometr. Gebilde nach Länge, Breite, Höhe (jeweils eine D.); Punkte haben 0, Geraden 1, Ebenen 2 D., der Raum hat 3 D. **3)** das bei Zurückführung einer (abgeleiteten) physikal. Größe auf die verw. Basisgrößen erhaltene Potenzprodukt dieser Basisgrößen; z. B. haben Breite, Höhe u. Radius alle die D. einer Länge.

**diminuendo** [ital.], Abk. **dim.,** 𝄞 allmählich leiser werdend; Zeichen: >.

**Diminutiv[um]** [lat.], Verkleinerungsform eines Substantivs, z. B. Schätzchen.

**Dimitrow,** Georgi Michailow, bulgar. kommunist. Politiker, *1882, †1949; 1933 im Berliner Reichstagsbrand-Prozess freigesprochen; 1946 Min.-Präsident.

**Dimmer** [engl.], Gerät zur stufenlosen Steuerung der Leistung u. damit der Helligkeit, v. a. v. Glühlampen.

**Dimorphismus** [gr.], Zweigestaltigkeit, z. B. von einer Tier- oder Pflanzenart.

**Dinariden, Dinar. Geb., Dinar. Alpen,** Geb. zw. Laibach und Drin, bis rd. 2700 m z. T. verkarstet; dünn besiedelt.

**DIN Deutsches Institut für Normung e. V.,** nat. Normenorganisation für die BRD, Sitz Berlin. Erarbeitet Normen, die der Rationalisierung, der Sicherheit u. der

Qualitätssicherung in Technik u. Wiss. dienen. Die Arbeitsergebnisse werden als *DIN-Normen* in das Dt. Normenwerk aufgenommen.

**Dinescu,** Mircea, rumän. Lyriker, *1950; Exponent der rumän. Bürgerrechtsbewegung.

**Dingelstedt,** Franz Frhr. von, dt. Theaterleiter und vielseit. Schriftsteller, *1814, †1881.

**Dingi** [Hindi], kl. Beiboot; kl. Sportsegelboot.

**dingliches Recht,** Recht an einer Sache (z. B. Eigentum), wirkt gg. jedermann; Ggs. Forderung, richtet sich gg. Schuldner.

**Dingo** [austral.], austral. Wildhund.

**Dingolfing,** niederbayr. Krst. an der Isar, 17 500 E; altes Stadtbild, spätgot. Pfarrkirche; Textil- u. Autoindustrie.

**Dinkel, Spelz,** anspruchslose Weizenart, meist unreif geerntet u. getrocknet *(Grünkern),* für Suppenmehl und Schrot.

**Dinkelsbühl,** bayr. St. an der Wörnitz, 11 500 E; ma. Gepräge, Stadtmauer, spätgotische Kirche; Holz-, Leder-, Strumpfindustrie.

**Dinner** [engl.], Hauptmahlzeit in Großbrit. (vorw. abends).

**Dinosaurier** [gr.], fossile Reptilien, bes. des Erdmittelalters, darunter die größten Landtiere überhaupt (bis etwa 40 m Länge, Gewicht bis 80 t); die räuber. Fleischfresser bewegten sich meist auf den Hinterbeinen fort, die Pflanzenfresser auf 4 Beinen. Ihr Aussterben wird kontrovers diskutiert.

**Dinslaken,** St. in NRW, 69 500 E; spätgot. Pfarrkirche; Steinkohlenbergbau, Stahlverarbeitung.

**Diode** [gr.], Halbleiterbauel. mit 2 Elektroden u. einer ausgeprägten Stromrichtungsabhängigkeit, bedingt durch den p-n-Übergang: In Durchlassrichtung betrieben, fließt bei zunehmender Spannung ein stark ansteigender Durchlassstrom, in Sperrrichtung nur ein sehr geringer Sperrstrom. D. dienen z. B. als elektr. Ventile (zur Gleichrichtung v. Wechselströmen).

**Diogenes von Sinope,** griech. Philosoph, *um 400, †um 323 v. Chr.; sprichwörtl. durch Bedürfnislosigkeit u. schlagfertigen Witz.

**Diokletian,** eigtl. **Gaius Aurelius Valerius Diocletianus,** röm. Ks. 284–305, *um 245, †313 (?); ordnete Heer und Verwaltung neu; initiierte 303 eine Christenverfolgung.

**Diolen**® ↑Polyester.

**Dionysios Areopagites,** angebl. 1. Bischof von Athen; auch *Pseudo-D. A.,* christl. Schriftsteller d. 5/6. Jh.; einflussreichster christl. Neuplatoniker.

**Dionysios I.,** d. Ä., *um 430, †367 v. Chr., seit 405 Tyrann von Syrakus; kämpfte gg. Karthager, Etrusker u. Griechen, erstrebte d. Herrschaft über alle Westgriechen.

**Dionysos,** lat. **Bacchus,** griech. Gott des Weines u. der Fruchtbarkeit.

**Dioptrie** [gr.], Einheitenzeichen **dpt,** Maß für das opt. Brechungsvermögen v. Linsen (dpt = 1/Brennweite in m).

**Dior,** Christian, frz. Modeschöpfer, *1905, †1957.

**Dioskuren,** Heroen der griech. Mythologie, Zwillinge: Kastor (lat. Castor) u. Polydeukes (lat. Pollux).

**Dioxid** ↑Oxide.

**Dioxine,** chem. Verbdg., die sich von einer [hypothet.] sechsgliedrigen heterocycl. Verbdg. Dioxin herleiten, insbes. die chlorierten Derivate des Dibenzodioxins, reichern sich in Lebewesen v. a. in Fett-, Leber- u. Hautgewebe an; als „Dioxin" („Seveso-Gift") bekannt wurde das 2, 3, 7, 8-Tetrachlordibenzodioxin (TCDD), das zu den giftigsten organ. Verbdg. gehört (v. d. WHO 1997 als humankanzerogen eingestuft). Der Mensch nimmt D. über d. Nahrung auf, zw. 1990 u. 2000 hat sich d. D.-Belastung in Dtl. halbiert auf weniger als 1 pg je kg Körpergewicht. Auch d. Umweltbelastung ist durch techn. u. rechtl. Maßnahmen deutlich reduziert worden.

**Diözese** [gr.], **1)** im Röm. Reich Verw.-Bez. innerhalb einer Prov. **2)** in der kath. Kirche der Amtsbereich eines Bischofs (Bistum).

**Diözie** [gr.], Zweihäusigkeit, Getrenntgeschlechtigkeit, Verteilung der ♂ u. ♀ Geschlechtsorgane auf zwei versch. Individuen.

**Diphtherie** [gr.], meldepflichtige bakterielle Infektionskrankheit (bes. bei Kindern) der oberen Atemwege; Herz u. andere Organe können durch das im Blut befindl. Bakterientoxin geschädigt werden; erste Kennzeichen sind u. a. Schluckbeschwerden, Fieber u. Mattigkeit; durch aktive Schutzimpfung in Ind.ländern selten.

**Diphthong** [gr.], Doppellaut, z. B. au, ei.

**Dipl.-,** Abk. für: **Diplom...**

**Diplom** [gr.], amtl. Schriftstück, Urkunde, v. a. nach bestandener Schlussprüfung an einer Univ., TH oder TU verliehen.

**Diplomat** [frz.], höherer Beamter im auswärt. Dienst.

**Diplomatie, 1)** Kunst der Verhandlung in Staatsgeschäften mit den Mitteln des diplomat. Verkehrs (Audienzen, Konferenzen, Notenwechsel u. a.). **2)** die im auswärt. Dienst tät. Organe.

**Diplomatik,** Urkundenlehre.

**diplomatisches Korps** [- koːr], frz. **Corps diplomatique** [- diplɔmaˈtik], Abk. **C. D., CD,** die Gesamtheit der bei der Reg. eines Landes beglaubigten Vertr. fremder Staaten.

**Dipol** [gr.], Anordnung zweier entgegengesetzt gleich großer elektr. Ladungen in best. Abstand; schwingen die Ladungen gegeneinander, so liegt ein *hertzscher D.* vor, v. dem elektromagnet. Wellen ausgehen. – *D.antenne* ↑Antenne.

**Diptam** [mlat.], Rautengewächs, reich an äther. Ölen; S-Europa bis N-China.

**Diptychon** [gr.], zusammenklappb. zweiteil. Schreibtafel im Altertum; zweiflügel. ma. Altarbild.

**Dirac** [dɪˈræk], Paul Adrien Maurice, brit. Physiker, *1902, †1984; grundlegende Arbeiten zur Quantentheorie; Nobelpreis 1933.

**Direktive** [frz.], Weisung, Verhaltensregel.

**Direktmandat,** nach dt. Wahlrecht das durch Erststimmen erlangte Bundestagsmandat.

**Direktor** [lat.], Leiter, Vorsteher.

**Direktorium** [lat.], Vorstand, leitende Behörde; 1795–99 in Frkr. die oberste Reg.-Behörde (aus 5 Mitgl. bestehend).

**Dirigent** [lat.], Leiter eines Chors und/oder Orchesters.

**Dirigismus** [lat.], übermäßige staatl. Eingriffe in marktwirtsch. Systeme.

**Dirne,** urspr. Jungfrau, Mädchen; im 16. Jh. Bed.wandel im Sinne von Prostituierte.

**dis..., Dis...** [lat.], Vorsilbe; Bed.: „zwischen, auseinander, weg".

**Di|saccharide** [gr.], Kohlenhydrate, aus 2 Monosacchariden gebildet, z. B. Rohrzucker.

**Disagio** [disˈɑːdʒo; ital.], **1)** Abzug vom Nennwert eines Wertpapiers; Ggs. ↑Agio. **2)** Differenz zw. Darlehens- und Auszahlungsbetrag bei Kreditgeschäften.

**Discjockey** [ˈdɪskʒɔkeɪ], ↑Diskjockey.

**Discosound** [ˈdɪskəʊsaʊnd; engl.], kurz **Disco,** eine bes. für Diskotheken best. Form der Popmusik (↑Rockmusik).

**Discounter** [dɪsˈkaʊntə], Einzelhandelsgeschäft, das Waren unter Verzicht auf Aufmachung u. Kundendienst unter dem übl. Preis verkauft.

**Disengagement** [dɪsɪnˈgeɪdʒmənt; engl.], das mil. Auseinanderrücken [der Machtblöcke in Europa].

**Disentis,** rätoroman. **Mustér** [muʃ'ter], schweizer. Luftkurort im Vorderrheintal, Graubünden, 2200 E; alte Benediktinerabtei (im 7. Jh. gegr.).

**Disharmonie** [gr.], Missklang; Uneinigkeit.

**Diskette, Floppydisk,** als externer Datenspeicher verwendete, in einer festen Hülle befindl. flexible Kunststoffscheibe, die meist auf beiden Seiten mit einer magnetisierbaren Schicht überzogen ist; heute v. a. als $3^1/_2$-Zoll-D.

**Diskjockey** ['dɪskʒɔkeɪ], **Discjockey,** Abk. **DJ** [di:dʒeɪ], Programmgestalter und Moderator in Diskotheken.

**Diskont** [ital.], Zinsabzug beim Ankauf noch nicht fälliger Forderungen (v. a. Wechsel). Der Weiterverkauf v. Wechseln durch Banken an eine Zentralbank heißt *Rediskontierung* (in Dtl. bis Ende 1998 möglich).

**Diskontinuität** [lat.], Mangel an Zusammenhang.

**Diskordanz** [lat.], **1)** allg.: Uneinigkeit, Missklang. **2)** Geol.: Richtungsverschiedenheit bei der Gesteinsschichtung, z. B. obere Schicht waagerecht, untere gefaltet.

**Diskothek** [gr.], **1)** Schallplattensammlung. **2)** kurz **Disko,** Tanzlokal mit Schallplatten- bzw. Tonbandmusik.

**diskreditieren** [lat.], in Verruf bringen, verdächtigen.

**Diskrepanz** [lat.], Zwiespalt, Widerspruch.

**diskret** [lat.], verschwiegen; rücksichtsvoll, taktvoll.

**Diskriminierung,** Herabwürdigung, Verdächtigung; unterschiedl. Behandlung Gleichberechtigter.

**Diskriminierungsverbot,** Verbot der ohne sachl. Grund vorgenommenen Ungleichbehandlung, bes. im polit. u. im Grundrechtsbereich, im Völker- u. Europarecht.

**Diskurs** [lat.], Gespräch; Abhandlung, Erörterung.

**Diskus,** Sportgerät der Leichtathletik *(D.werfen)* aus Holz mit Metallrand u. -kern.

**Diskussion** [lat.], Erörterung, Meinungsaustausch, Aussprache.

**Disney** ['dɪznɪ], Walt, eigtl. Walter Elias **D.,** amer. Trickfilmzeichner u. Filmproduzent, * 1901, † 1966; u. a. „Mickymaus"; *D.land* und *W. D. World* sind nach seinen Plänen errichtete Vergnügungsparks in Kalifornien, Florida und bei Paris.

**disparat** [lat.], verschieden, unvereinbar, widersprechend.

**Dispatcher** [dɪs'pætʃər], Betriebs- od. Abt.-Leiter im Ind.-Betrieb, verantwortl. für den Ablauf des Produktionsprozesses.

**Dispens** [lat.], **Dispensation,** Ausnahmebewilligung, -befreiung; im Kirchenrecht z. B. Entbindung v. Ehehindernissen.

**Dispersion** [lat.], **1)** Zerlegung weißen Lichts bei Brechung, z. B. durch ein Prisma, in ein ↑Spektrum. **2)** Verteilung eines fein zerteilten Stoffes *(Dispersum)* in einem D.smittel *(Dipergens).*

**Displaced Persons** [dɪs'pleɪst 'pə:snz; engl.; „verschleppte Personen"], Abk. **DP (D. P.),** Personen fremder Staats- oder Volkszugehörigkeit, die während des 2. Weltkriegs von den Deutschen oder deren Verbündeten aus ihrer Heimat verschleppt wurden oder die Flüchtlinge waren und sich bei Kriegsende im ehem. dt. Reichsgebiet aufhielten (etwa 8,5 Mill.). Sie wurden von Hilfsorganisationen der UN betreut und zum größten Teil repatriiert oder in andere Staaten umgesiedelt. Als DP werden auch Personen bez., die aufgrund von Kriegsereignissen oder Katastrophen ihr Heimatland verlassen.

**Display** [dɪs'pleɪ; engl.], **1)** Gerät (Bildschirm) zur opt. Darstellung v. Ziffern, Buchstaben od. graf. El. **2)** Werbemittel zur Verkaufsförderung (z. B. Plakate, Produktständer).

**W. Disney**

**Disponent** [lat.], kaufm. Angestellter mit bes. Vollmacht.

**Disposition** [lat.], **1)** allg. Anordnung, Gliederung, Verfügung; Neigung, Anlage. **2)** angeborene oder erworbene Ansprechbarkeit des Körpers für Krankheiten.

**Disproportion** [lat.], Missverhältnis.

**Disput** [lat.], Wortwechsel.

**Disputation** [lat.], gelehrtes (öffentl.) Streitgespräch.

**Disqualifikation** [lat.], Ausschluss (bes. b. [grober] Verletzung sportl. Regeln).

**Disraeli** [dɪs'reɪlɪ], Benjamin, Earl of Beaconsfield, brit. konservativer Politiker, * 1804, † 1881; 1868 und 1874–80 Premiermin.; Wahlrechtsreform v. 1867; erreichte die Kontrolle Großbrit. über den Suezkanal, Erhebung Kgn. Viktorias zur Ksn. von Indien u. auf dem Berliner Kongress die Abtretung Zyperns.

**Dissertation** [lat.], **Inauguraldissertation,** schriftl. wiss. Arbeit zur Erlangung des Doktorgrades.

**Dissidenten** [lat.], außerhalb einer Religionsgemeinschaft Stehende; Konfessionslose; auch Bürgerrechtler in kommunist. Staaten.

**Dissimilation** [lat.; = Entähnlichung], **1)** Ausstoßung od. Veränderung eines von zwei gleichen od. ähnl. Lauten. **2)** Abbau v. Nahrungsstoffen beim Stoffwechsel.

**Dissonanz** [lat.], **1)** Missklang. **2)** 𝄞 Klang, der nach Auflösung verlangt.

**Dissoziation** [lat.], Zerfall von Molekülen in kleinere Bestandteile, z. B. durch Wärmeeinwirkung *(therm. D.).* In Lösung befindl. Moleküle von Salzen zerfallen teilw. in 2 elektr. geladene Bestandteile (Ionen) entgegengesetzten Vorzeichens *(elektrochem. D.).*

**Distanz** [lat.], Abstand; Entfernung.

**Distel,** versch. stachlige Pflanzen, meist Korbblütler, z. T. Unkraut.

**Distelfink,** svw. ↑Stieglitz.

**Distichon** [gr.], Strophe aus 2 Zeilen eines versch. Versmaßes, meist Hexameter u. Pentameter.

**distinguiert** [lat.], ausgezeichnet; vornehm.

**Distinktion** [lat.], Auszeichnung; Ansehen; [hoher] Rang.

**Distler,** Hugo, dt. Komponist u. Organist, * 1908, † 1942; mod. ev. Kirchenmusik.

**Distorsion** [lat.], svw. ↑Verstauchung.

**Distribution** [lat.], Verteilung, Aufteilung.

**District of Columbia** ['dɪstrɪkt ɔv kə'lʌmbɪə], Abk. **D. C.,** dem Kongress unmittelbar unterstellter Bundesdistrikt der USA, ident. mit der Hptst. Washington, 178 km².

**Distrikt** [lat.], Bezirk, Abteilung; abgeschlossener Bereich.

**Disziplin** [lat.], **1)** Zucht, Ordnung. **2)** Wissens-, Fachzweig.

**Disziplinarverfahren,** bei

Dienstvergehen von Beamten u. Soldaten vom Vorgesetzten einzuleitende Verfahren.

**Dithmarschen,** Ldsch. an der Nordsee zw. Elbe u. Eider, Schl.-Ho.; Hauptorte Meldorf u. Heide.

**dito** [lat.-ital.], Abk. **do., dto.,** gleichfalls, dasselbe.

**Ditters von Dittersdorf,** Karl, östr. Komponist, *1739, †1799; Sinfonien, Konzerte, Opern.

**Diu** ↑Goa.

**Diuretika,** harntreibende Mittel.

**Diva** [lat.; = die Göttliche], gefeierte Sängerin od. Schauspielerin.

**Divergenz** [lat.], **1)** Abweichung; Meinungsverschiedenheit. **2)** √ das Nichtvorhandensein von Grenzwerten bei Reihen od. best. Integralen.

**Diverses,** Verschiedenes, Allerlei.

**Diversifikation** [lat.], Erweiterung des Fertigungs- u./od. Absatzprogramms eines Unternehmens um bisher nicht angebotene Produkte.

**Divertimento** [ital.], unterhaltendes Instrumentalstück in der Art der Suite.

**Dividend** ↑dividieren.

**Dividende** [lat.], Anteil eines Gesellschafters am Reingewinn einer AG, ausgedrückt in Prozenten des Nennwerts der Aktie (auch bei GmbH).

**dividieren** [lat.], √ teilen; eine Zahl suchen, die angibt, wie oft in einer gegebenen Zahl *(Dividend)* eine andere *(Divisor)* enthalten ist.

**Division** [lat.], **1)** mil. Großverband. **2)** √ Umkehrung der Multiplikation (↑dividieren).

**Divisor** ↑dividieren.

**Diwan** [pers.], **1)** niedr. Liegesofa. **2)** fr. Bez. für oberste Verw.-Behörden in islam. Ländern; urspr. „Verwaltungsurkunde". **3)** Slg. von oriental. Gedichten.

**Dix,** Otto, dt. Maler, *1891, †1969; in den 20er-Jahren extremer, krit. Realismus *(Verismus;* Kriegsbilder u. Bilder zu polit. u. sozialen Missständen).

**Dixieland** [ˈdɪksilænd], in Nordamerika Bez. für die Südstaaten. – *D.jazz,* Stil der tradit. Jazzbands weißer Musik (etwa s. 1917).

**Diyarbakır,** Hauptst. des türk. Verw.-Gebietes D. am Tigris, 376 000 E; Textil-, Nahrungsmittel-, Papierind.; ✈.

**d. J.,** Abk. für: **1) d**er **J**üngere. **2) d**ieses **J**ahres.

**Djakarta** ↑Jakarta.

**Djerba** [dʒ-], flache Insel in d. Kl. ↑Syrte, Tunesien, 514 km², 114 100 E, Hauptort Houmt-Souk; Ghriba-Synagoge (1920 erbaut); bed. Fremdenverkehr; ⚓, ✈.

**DJH,** Abk. für: **D**eutsches **J**ugend**h**erbergswerk e. V. (↑Jugendherbergen).

**Djibouti**

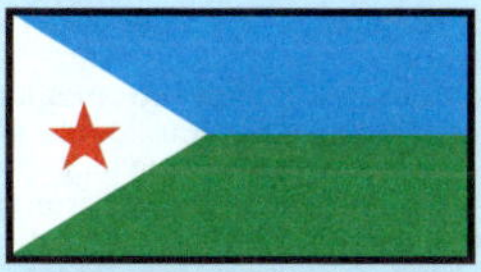

| | |
|---|---|
| *Fläche:* | 23 200 km² |
| *Einwohner:* | 687 000 |
| *Hauptstadt:* | Djibouti |
| *Amtssprachen:* | Arabisch und Französisch |
| *Zeitzone:* | MEZ + 2 Stunden |

**Djibouti** [dʒiˈbuti], **Dschibuti, 1)** Rep. in NO-Afrika; trockenes Halbwüstengebiet, im N Vulkanberge (bis 1 775 m); Bev. vorw. Somalvölker; Meersalzgewinnung, Viehzucht, Fischfang. – *Gesch.:* Seit dem 7. Jh. arab., s. dem 16. Jh. türk. Herrschaft, wurde 1896 Kolonie Frz.-Somaliland, 1967 als Afar-und-Issa-Territorium autonom, 1977 unabhängig; 1981–1992 Einparteienstaat. **2)** Hptst. der Rep. D., am Golf von Aden, 383 000 E; bed. Dienstleistungs- u. Transitzentrum (Banken, Eisenbahn nach Addis Abeba); Hochseehafen, ✈.

**Djidda** [dʒ-], Hafenst. am Roten Meer, Saudi-Arabien, 1,5 Mill. E; Univ.; Wirtschaftszentrum; histor. Altstadt mit moderner Architektur; Sammelplatz d. Mekkapilger; ✈.

**Djihad** [dʒ-], Islam: der allumfassende Einsatz für die Sache Gottes (Allahs); auch der militär. Kampf („hl. Krieg") gegen erklärte Feinde des Islam.

**Djinn** [dʒ-], Geist, Dämon im islam. Volksglauben.

**DK,** Abk. für: ↑**D**ezimal**k**lassifikation.

**DKP,** Abk. für: ↑**D**eutsche **K**ommunistische **P**artei.

**dl,** Einheitenzeichen für: Deziliter ($^{1}/_{10}$ l).

**DLG,** Abk. für: **D**eutsche **L**andwirtschafts-**G**esellschaft.

**DLPF** [Abk. für engl. **d**ynamic **l**ow **p**ass **f**ilter = dynam. Tiefpassfilter], Zusatzeinrichtung bei Kassettenrekordern zur Unterdrückung des Bandrauschens.

**DLRG,** Abk. für: ↑**D**eutsche **L**ebens-**R**ettungs-**G**esellschaft e. V.

**DLV,** Abk. für: **D**eutscher **L**eichtathletik-**V**erband.

**dm,** Einheitenzeichen für: **D**ezi**m**eter (10 cm).

**DM,** Abk. für: **D**eutsche **M**ark, v. 1948 bis zur Einführung des Euro Währungseinheit der BRD.

**d. M.,** Abk. für: **d**ieses **M**onats.

**Dmitri Iwanowitsch, Demetrius,** *1583, †1591, Sohn Zar Iwans des Schrecklichen, angebl. auf Anstiften B. ↑Godunows ermordet.

**DNA,** Abk. für engl. **D**eoxyribo**n**ucleic**a**cid, ↑**D**esoxyribo**n**uklein**s**äure.

**Dnjepr,** drittlängster Fl. Europas, in Russl., Weißrussl. und der Ukraine, 2 200 km, mündet ins Schwarze Meer.

**Dnjepropetrowsk,** Gebietshptst. am Dnjepr, Ukraine, 1,11 Mill. E; Univ., Hochschulen, Hüttenind., Masch.-Bau; ⚓, ✈.

**Dnjestr,** Fl. in der Ukraine u. in Moldawien, 1 352 km; mündet ins Schwarze Meer.

**DNS,** Abk. für: ↑**D**esoxyribo**n**uklein**s**äure.

**DNVP,** Abk. für: ↑**D**eutsch**n**ationale **V**olks**p**artei.

**Döbel, Aitel,** Karpfenfisch, Laichräuber in Forellengewässern, bis 60 cm lang und bis 3 kg schwer.

**Dobermann,** Hunderasse, Schulterhöhe bis 70 cm; Wachhund.

**Döblin,** Alfred, dt. Arzt u. Schriftsteller, *1878, †1957; Wegbereiter des Expressionismus, später Realist; „Wallenstein", „Berlin Alexanderplatz".

**Dobrudscha,** rumän. **Dobrogea** [-dʒea], bulgar. **Dobrudža** [-dʒa], Ldsch. zw. Schwarzem Meer, Unterlauf der Donau u. ihrem Delta; hpts. rumän., im S ein kl. Teil (Cadrilater) bulgarisch.

**Dock** [engl.], **1)** *Trocken-D.,* Anlage zum Trockensetzen von Schiffen, meist als Reparatur-D. (ausgemauertes Becken, das ausgepumpt werden kann). **2)** *Schwimm-D.,* hohlwand. Schwimmkörper aus Stahl, der leer gepumpt ein eingefahrenes Schiff anhebt.

**documenta,** internat. Ausstellung aktueller Kunst, s. 1955 in Abständen v. 4 bis 5 Jahren in Kassel.

**Dodekaeder** [gr.], v. 12 Flächen begrenztes Polyeder; *Pentagon-D.,* v. 12 regelmäß. Fünfecken begrenzt.

**Dodekanes** [gr.; = Zwölfinseln], **Südl. Sporaden,** griech. Inselgruppe im sö. Ägäischen Meer; 12 große u. rd. 40 kl. Inseln mit hpts. griech. Bev.; Hauptinsel u. -ort: Rhodos; Öl-, Weinbau.

**Doderer,** Heimito von, östr. Schriftsteller, *1896, †1966; Lyrik, Novellen, Romane: „Die

Strudlhofstiege", „Die Dämonen" u. a.

**Dodoma,** Hptst. v. Tansania, 203 800 E; Handelszentrum; Weinanbau; ⚒. – Seit 1973 Hptst.

**Doge** [ˈdoːʒə; ital. ˈdɔːdʒɛ], fr. Titel des Staatsoberhauptes von Venedig und von Genua.

**Doggen,** kräft., kurz- u. glatthaar. Hunde, z. B. Dt. Dogge, Boxer, Mops, Neufundländer.

**Dogger** ↑Geologie (Übers.).

**Doggerbank,** Sandbank in der Nordsee, zw. England u. Dänemark, 300 km lang, 100 km breit, die bis 13 m u. d. M. aufsteigt.

**Dogma** [gr.], theol. od. philos. Lehrsatz; christl. Glaubenssatz.

**Dogmatik,** wiss. Darstellung der [christl.] Glaubenslehre.

**Dogmatismus,** unkrit. Bestehen auf Sachverhalten oder lehrhaften Sätzen.

**Dohle,** etwa 33 cm gr., schwarzer Rabenvogel mit grauem Nacken.

**Dohnanyi,** Klaus von, dt. Politiker (SPD), * 1928; Bruder von Ch. v. Dohnányi; 1976–81 Staatsmin. im AA, 1981–88 Erster Bürgermeister v. Hamburg.

**Dohnányi** [ˈdoxnaːnji], **1)** Christoph von, dt. Dirigent, * 1929, Bruder K. v. Dohnanyis, Enkel von 2); 1977–84 Intendant der Hamburg. Staatsoper, danach Leiter des Cleveland Orchestra. **2)** Ernő (Ernst) v., ungar. Komponist, Pianist u. Dirigent, * 1877, † 1960; Bühnen- und Konzertwerke.

**Dokkum,** niederl. Gemeinde in Friesland, 12 300 E; 754 wurde bei D. Bonifatius ermordet. Wallfahrtskapelle.

**Doktor** [lat.], Abk. *Dr.* (Ehrenwürde bei Theologen: *D.*), akad. Grad, von Hochsch. bei Promotion oder ehrenhalber verliehen *(Dr. h. c.* od. *Dr. e. h.).*

**Doktrin** [lat.], Lehre, Theorie; Standpunkt; *doktrinär,* einseitig auf best. (engen) Standpt. festgelegt.

**Dokument** [lat.], Urkunde, Schriftstück, Beweismittel.

**Dokumentation,** Slg. u. Ordnung von Dokumenten und Informationsmaterialien jeder Art.

**Dolby-Verfahren**®, von dem Amerikaner R. M. Dolby 1965 entwickeltes elektron. Verfahren zur Unterdrückung des Bandrauschens bei magnet. Tonaufzeichnungen.

**dolce** [ˈdɔltʃe; ital.], 𝄞 süß, lieblich.

**Dolce Vita** [ital.; = süßes Leben], Inbegriff des ausschweifenden Müßiggängertums.

**Dolchstoßlegende,** die v. Ludendorff aufgebrachte u. v. dt.-nat. Kreisen nach 1918 aufgegriffene Behauptung, Dtl. habe den Krieg nicht mil.-wirtsch., sondern durch Sabotage in der Heimat verloren.

**Dolde,** schirmähnl. Blütenstand.

**Doldengewächse, Umbelliferen,** Kräuter und Stauden der nördl. Erdhälfte, führen äther. Öle und Gummiharze; z. B. Echter Sellerie, Karotte.

**Doline** [slaw.], napf- od. trichterförm. Eintiefung in Karstgebieten.

**Dollart,** Nordseebucht im Bereich der Emsmdg.; durch Sturmfluten im 14.–16. Jh. entstanden.

**Dollfuß,** Engelbert, östr. Politiker, * 1892, † 1934; 1932 Bundeskanzler; errichtete ein autoritäres Regierungssystem; bei einem nat.-soz. Putschversuch ermordet.

**Döllinger,** Johann Joseph Ignaz von, dt. kath. Theologe und Kirchenhistoriker, * 1799, † 1890; gab der altkath. Kirche ihre theol. Grundlage.

**Dolmen** [kelt.; = Steintische] der, vorgeschichtl. Grabkammer aus Steinblöcken, aus 4–6 senkrecht gestellten Trag- u. 1–2 Decksteinen errichtet.

**Dolmetscher** [ungar.], (berufsmäß.) Übersetzer, bes. mündlich.

**Dolomit, 1)** calcium- und magnesiumhaltiges Mineral, dem Kalkspat ähnlich. **2)** aus D. bestehendes marmorähnl. Gestein.

**Dolomiten,** Teil der Südl. Kalkalpen, Italien, mit bizarren Felstürmen, etwa 150 km lang, 80 km breit; in der Marmorladagruppe bis 3 342 m.

**Dom** [lat.], Bischofskirche, Kathedrale, auch andere gr. Kirche.

**Domagk,** Gerhard, dt. Mediziner u. Chemiker, * 1895, † 1964; Mitbegr. der Chemotherapie, führte Sulfonamide als Arzneimittel ein.

**Domain** [dəˈmeɪn], Gruppe miteinander verbundener Rechner, die im Internet durch einen gemeinsamen Namen *(D.-Namen)* identifiziert werden; bei http://www.brockhaus.de bezeichnet „brockhaus" die Institution *(Sub-D.),* „de" das Land *(Haupt-D.).*

**Domäne** [frz.], **1)** land- oder forstwirtsch. Grundbesitz des Staates; oft Lehr- od. Mustergut. **2)** bes. Arbeits-, Wissensgebiet.

**Domestikation** [lat.], Umwandlung wilder Tiere u. Pfl. in Haustiere bzw. Kulturpflanzen durch den Menschen.

**Domin,** Hilde, dt. Schriftstellerin, * 1909, Lyrik, Essays, Romane.

**Dominanz,** ❀ Übergewicht eines als dominant bezeichneten allelen Gens (Allels) gegenüber d. Wirkung des anderen (rezessiven) Allels im Erbgang.

**Domingo,** Plácido, span. Sänger (Tenor), * 1941.

**Dominica**

*Fläche:* 751 km²
*Einwohner:* 72 000 Mill.
*Hauptstadt:* Roseau
*Amtssprache:* Englisch
*Zeitzone:* MEZ – 5 Stunden

**Dominica,** Rep. u. Insel im Bereich der Westind. Inseln; Ausfuhr von Bananen, Kopra und Kakao; von Kolumbus 1493 entdeckt, seit 1783 brit., seit 1978 unabhängig.

**dominieren** [lat.], vorherrschen, beherrschen.

**Dominikaner, Predigerorden, OP,** kath. Orden, gegr. 1215 v. Dominikus; im MA Leitung der Inquisition; wiss. Bed. (v. a. Thomas von Aquin).

**Dominikanische Republik**

*Fläche:* 48 511 km²
*Einwohner:* 8,44 Mill.
*Hauptstadt:* Santo Domingo
*Amtssprache:* Spanisch
*Zeitzone:* MEZ – 5 Stunden

**Dominikanische Republik,** Rep. im östlichen Teil der Insel Hispaniola; fruchtb. Küstenland, waldreiche Geb. im Innern mit dicht besiedelten Tälern; Anbau von Kakao, Kaffee, Bananen, Zuckerrohr, Gewürzen u. Kokosnüssen; Hauptexport: Zucker. – 1492 von Kolumbus entdeckt, bis 1795 span., bis 1808 frz., dann wieder span., 1822 v. hait. Truppen besetzt, 1844 Lösung v. Haiti und Gründung der D. R., 1861–65 erneut span., dann selbst., stete

Präs.-Krisen, 1930–61 Terrorregime der Fam. Trujillo; Unruhen, 1965 Bürgerkrieg, militär. Eingreifen der USA und OAS; danach gewählte Regierungen.

**Dominikus,** hl. Spanier, *um 1170, †1221; Begründer des Dominikanerordens.

**Dominion** [də'mɪnjən; engl.], ehem. Bez. für bes. staatsrechtl. Verhältnis brit. Kronländer zum Mutterland.

**Dominus** [lat.], Herr, insbes. für Gott; Gebieter; *D. vobiscum* [lat.; = der Herr sei mit euch], liturg. Gruß.

**Domitian,** eigtl. **Titus Flavius Domitianus,** röm. Ks. s. 81, *51, †96 (ermordet); Gewaltherrscher, begann den Bau des Limes und errichtete die german. Provinzen.

**Domkapitel,** geistl. Kollegium mit den Aufgaben: feierl. Gestaltung des Gottesdienstes in einem Dom u. Mitwirkung an der bischöfl. Verwaltung.

**Domleschg,** rätoroman. **Tumliasca** [tum'lijaʃka], unteres Hinterrheintal im schweizer. Kt. Graubünden.

**Dommeln,** Unterfam. der ↑Reiher, v. a. ↑Rohrdommel.

**Dompfaff, Gimpel,** euras. Finkenvogel mit schwarzer Kopfplatte, rotem Bauch.

**Dompteur** [-'tø:r; frz.], **Dompteuse** [-'tø:zə], Tierbändiger[in].

**Don,** Fl. in Russland, 1870 km, zum Asowschen Meer.

**Don** [span.; ital.], Herr; weibl. Form span.: *Doña,* ital.: *Donna.*

**Donar,** altgerman. Gott des Donners, altnord. Name Thor.

**Donatello,** eigtl. Donato **di Niccolò di Betto Bardi,** ital. Bildhauer, *1386, †1466; Hauptmeister der Frührenaissance; erste Freifiguren seit der Antike; Rundfiguren u. Reliefs in Marmor u. Bronze.

**Donatoren** [lat.; = Geber, Stifter], **1)** Atome od. Moleküle, die bei chem. Reaktionen Elektronen abgeben (Ggs. Akzeptoren). **2)** Fremdatome im Kristallgitter, aus denen bereits mit geringer Energie Elektronen freisetzbar sind u. die elektr. Leitfähigkeit erhöhen.

**Donau,** europ. Fluss, gebildet aus Breg und Brigach bei Donaueschingen; Mdg. in Rumänien ins Schwarze Meer in Form eines sumpfigen Deltas; 2858 km lang; schiffb. ab Kelheim, zunehmende Bed. als Großschifffahrtsweg. *D.versickerung* zw. Immendingen u. Fridingen (D.wasser erscheint im Aachtopf wieder).

**Donaueschingen,** St. in Ba.-Wü. (↑Donau), 20500 E; Fürstenberg. Schloss mit bed. Bibliothek; alljährl. Konzertveranstaltungen zur Pflege zeitgenöss. Musik.

**Donaumonarchie,** Bez. für das Kaisertum Östr. u. Östr.-Ungarn.

**Donaumoos,** ehem. moor., jetzt trockengelegte Niederung sw. v. Ingolstadt, Bayern.

**Donauried,** v. der Donau durchflossene Landschaft zw. Ulm u. Donauwörth.

**Donauschule,** eine Gruppe bayr.-donauländ. Maler eigener stilist. Prägung des frühen 16. Jh.; u. a. A. Altdorfer, L. Cranach d. Ä. und Wolf Huber.

**Donauschwaben,** s. 1922 Begriff für die Deutschen beiderseits der mittl. Donau im heutigen Ungarn, Jugoslawien und Rumänien; 1944/45 zumeist Vertreibung.

**Donau-Schwarzmeer-Kanal,** Schifffahrtskanal in Rumänien, verkürzt den Schifffahrtsweg zw. Cernavoda (Donau) u. dem Schwarzmeerhafen Constanța um rd. 400 km; 64 km lang, 70 m breit, 2 Schleusen.

**Donauwörth,** bayr. Krst. (des Landkreises Donau-Ries) an der Mdg. der Wörnitz in die Donau, 18500 E; spätgot. und barocke Kirchen; Brauerei. Puppenherstellung, Waggonbau.

**Donbass, Donez-Steinkohlenbecken,** bed. Kohlenlagerstätte u. Ind.-Gebiet in Russland u. der Ukraine, rd. 60000 km², außerd. Quecksilber, Steinsalz, Erdgas.

**Donez,** r. Nbfl. des Don, 1053 km, umfließt im Unterlauf die *D.platte* mit dem ↑Donbass.

**Donezk,** 1924–1961 **Stalino,** Gebietshptst. in der Ukraine, im W des Donbass, 1,08 Mill. E; Univ.; Steinkohlenbergbau, Hüttenwerke, Maschinenbau, chem. Ind.; ✈.

**Dönhoff,** Marion Gräfin, dt. Publizistin, *1909, †2002; Hg. der Wochenzeitung „Die Zeit".

**Dönitz,** Karl, dt. Großadmiral, *1891, †1980; ab 1943 Oberbefehlshaber der Kriegsmarine, vollzog als Nachf. Hitlers 1945 die dt. Kapitulation.

**Donizetti,** Gaetano, ital. Opernkomponist, *1797, †1848; „Lucia di Lammermoor".

**Don Juan** [- xu'an], literar. Gestalt span. Herkunft, Typus des stolzen, gottlosen Verführers.

**Donna** ↑Don.

**Donner,** krachendes u. rollendes Geräusch, verursacht durch Druckwelle, die infolge der starken, plötzl. Erhitzung der Luft in der Blitzbahn entsteht und sich als Schall fortpflanzt.

**Donnersberg,** bewaldeter Porphyrgebirgsstock im Nordpfälzer Bergland, RP, 686 m; Fernsehsender; vorgeschichtl. Ringwallanlage.

**Donnerstag** [Tag des Donar], 4. Tag der Woche.

**Don Quijote** [dɔŋ ki'xote], auch **Don Quixote, Don Quichotte,** Titelheld eines Romans v. M. de Cervantes Saavedra, „Ritter von der traurigen Gestalt", Typ des weltfremden Idealisten.

**Döpfner,** Julius, dt. Kardinal (seit 1958), *1913, †1976; seit 1961 Erzb. v. München und Freising; seit 1965 Vors. der Dt. Bischofskonferenz.

**Doping** [engl.], Zuführen von verbotenen Wirkstoffgruppen, z. B. Anabolika, Narkotika u. Anregungsmitteln, zur Steigerung der Leistungsfähigkeit eines Sportlers; Nachweis erfolgt durch Harnanalyse.

**Doppelbesteuerungsabkommen,** zwischenstaatl. Abkommen, die zweifache Steuerbelastung verhindern sollen.

**Doppelbindung,** chem. Bindung v. Atomen durch 2 Elektronenpaare.

**Doppelbrechung,** Aufspaltung v. Lichtstrahlen in 2 senkrecht zueinander polarisierte Teilstrahlen beim Durchgang durch nicht reguläre Kristalle.

**Doppelkopf,** Kartenspiel für 4 oder 5 Teilnehmer mit 2 Spielen zu 24 Karten (dem Schafkopf ähnl.).

**Doppelsterne,** scheinbar od. wirklich nahe beieinander stehende Sterne; 1. *opt. D.,* stehen nur zufällig in fast gleicher Beobachtungsrichtung, 2. *phys. D.,* bewegen sich durch gegenseit. Massenanziehung um einen gemeinsamen Schwerpt.

**Doppler,** Christian, östr. Physiker, *1803, †1853; entdeckte den nach ihm ben. *D.-Effekt,* die Frequenzänderung einer Schwingung (Schall, Licht) in Abhängigkeit von der relat. Bewegung v. Sender (Quelle) u. Empfänger (Beobachter).

**Dorado,** svw. ↑Eldorado.

**Dorchester** ['dɔ:tʃɪstə], südengl. St., 14000 E; Verw.sitz der Gft. Dorset; Bierbrauereien; Baureste aus der Römerzeit.

**Dordogne** [dɔr'dɔŋ; frz.], r. Nbfl. der Garonne, rd. 490 km; im *D.gebiet* Felshöhlen mit prähist. Funden u. Felsbildern.

**Dordrecht,** niederl. Hafenst. in Südholland, 112000 E; altes Stadtbild, got. Kirche; Masch.-, Schiffbau, Holz-, Erzumschlag; *D.er Synode,* entscheidende allg. ref. Bekenntnissynode (1618/19); Festlegung der orth. kalvinist. Lehre, Ausschluss der Arminianer, neue Kirchenordnung.

**Doré,** Gustave, frz. Grafiker, Maler u. Bildhauer, *1832, †1883; Buchillustrationen zur Bibel, zu „Don Quijote", Rabelais, Balzac.
**Dorer, Dorier,** altgriech. Hauptstamm, zog in der *dor. Wanderung* (neurdings umstritten; etwa 1100–900 v. Chr.) zur Peloponnes.
**Dorf,** ländl. Siedlung vorw. bäuerl. Charakters, bildete urspr. zus. mit umliegender Flur eine wirtsch. Einheit; Hauptformen. *Haufen-D.* (unregelmäßig, dicht bebaut); *Waldhufen-D.* und *Marschhufen-D.* (Bebauung entlang einer Straße, Flurstücke hinter den Gehöften); *Straßen-D.* (entlang einer Straße).
**Dorfprosa,** Richtung der mod. russ. Lit., die ab den 1950er-Jahren kritisch den Zerfall dörfl. Lebensformen sowie die Zerstörung der Umwelt durch Industrialisierung u. Urbanisierung darstellte.
**Doria,** Andrea, ital. Seeheld, *1466, †1560; s. 1528 Doge v. Genua.
**Dormagen,** St. in NRW, 61 500 E; chem. Großind., Metall-, Bauind.
**Dornen,** zu spitzen, starren Gebilden umgewandelte Blätter[teile], Sprossachsen od. Wurzeln.
**Dornfortsatz,** der nach hinten gerichtete unpaare Fortsatz eines Wirbels.
**Dorpat,** estn. u. russ. **Tartu,** St. in Estland, 101 000 E; Univ., Landw.-Akad.; Landmasch.-Bau, Lederindustrie.
**Dörrie,** Doris, dt. Filmregisseurin u. Autorin, *1955; „Männer".
**Dorschfische,** Knochenfische in nord. Meeren, im Atlantik u. Mittelmeer; Speisefische, u. a. Kabeljau.
**Dorst,** Tankred, dt. Schriftsteller, *1925, Dramen, Romane.
**Dorsten,** St. im N des Ruhrgebietes, NRW, 80 900 E; Steinkohlenzechen, vielseit. Industrie; ⚓.
**Dortmund,** krsfr. St. in NRW, Ruhrgebiet, mit 590 200 E größte St. Westfalens u. bed. Verkehrsknotenpt.; Univ., FH, wiss. Institute, LG, Materialprüfungsamt, IHK, Getreide- u. Produktenbörse, Sozialakad.; Theater, Museen, bed. ma. u. mod. Kirchen, Fernsehturm, Westfalenhalle; elektrotechn. Ind., Druckereien, bed. Brauereien, Maschinenbau; Hafen am *D.-Ems-Kanal* (Kanal zw. dem östl. Ruhrgebiet und Emden, 269 km).
**Dosis** [gr.], **1)** best. Menge, v. a. von verabreichten Arzneimitteln. **2)** Maß für die einem System zugeführte Strahlungsmenge *(Strahlen-D.).* Die *Äquivalent-D.* kennzeichnet die biolog. Wirkung ionisierender Strahlung; sie ist v. der Strahlungsart abhäng., SI-Einheit: ↑Sievert (fr. Rem).
**Dos Passos** [dɔs ˈpæsɔs], John, amer. Schriftsteller, *1896, †1970; „Manhattan Transfer", „U.S.A.".
**Dossier** [dɔˈsje; frz.], Aktenbündel, das alle eine Angelegenheit betr. Schriftstücke enthält.
**Dost,** Lippenblütler, auf Trockenrasen und in lichtem Gebüsch; etwa 10 Arten, v. a. im Mittelmeergebiet; z. B. Majoran.
**Dostal,** Nico, östr. Operetten- und Filmkomponist, *1895, †1981; „Clivia", „Die ungar. Hochzeit".

**F. Dostojewski** *(Gemälde von W. Perow, 1872)*

**Dostojewski,** Fjodor Michailowitsch, russ. Schriftsteller, *1821, †1881; Novellen, autobiograf. Schriften u. Romane: „Schuld u. Sühne", „Der Idiot", „Die Brüder Karamasow"; Schöpfer des psychol. Romans; beeinflusste Naturalismus, Expressionismus u. Existenzialismus.
**dotieren** [lat.], **1)** ausstatten, bezahlen (v. Gehalt). **2)** Fremdatome zur gezielten Veränderung der elektr. Leitfähigkeit in Halbleitermaterial einbringen, z. B. durch Diffusion od. Ionenimplantation.
**Dotter,** Eigelb der tier. Eizelle, enthält die zur Bildung u. Ernährung des Embryos notwend. Nährstoffe.
**Dotterblume,** Hahnenfußgewächs; blüht gelb auf sumpf. Wiesen; u. a. Sumpfdotterblume.
**Douala, Duala,** Prov.-Hptst. u. wichtigste Ind.-St. Kameruns, 1,21 Mill. E; wichtigster ⚓, ✈.
**Douane** [dwan; frz.], frz. Bez. für Zoll. *Douanier* [dwanˈje], Zöllner.
**Douaumont** [dwoˈmõ], frz. Fort nö. von Verdun; 1916 stark umkämpft.
**Double** [du:bl; frz.; = doppel], Film: Ersatzdarsteller, v. a. für gefährl. Szenen (↑Stuntman).
**Doublé** [duˈble] ↑Dublee.
**Doubs** [du], l. Nbfl. der Saône, 430 km.
**Douglas** [ˈdʌgləs], Seebad, ⚓ und Hptst. d. engl. Insel Man, 19 900 E.
**Douglas** [ˈdʌgləs], **1)** James, Earl of Morton, *um 1516(?), †1581, 1572–78 Regent von Schottland; Führer der schott. Protestanten, Gegner Maria Stuarts, hingerichtet. **2)** Kirk, eigtl. Issur Danielowitsch **Demski,** amer. Filmschauspieler, *1916. **3)** Michael, Sohn von 2), amer. Filmschauspieler, -regisseur u. -produzent, *1945.
**Douglastanne** [ˈdu-], nordamer. Nadelbaum; wertvolles Holz.
**Dover** [ˈdəʊvə], **1)** engl. Hafenst. u. Seebad an der *Straße von D.,* 32 800 E; Fährverkehr nach Calais, Boulogne-sur-Mer, Ostende, Seebrügge und Dünkirchen. **2)** Hptst. v. Delaware, USA, 27 500 E; landw. Handelszentrum, Nahrungsmittelind.; ✈.
**Dovifat,** Emil, dt. Publizistikwissenschaftler, *1890, †1969; Mitbegr. der Freien Univ. Berlin.
**Dow-Jones-Index** [ˈdaʊ ˈdʒoʊnz-], Durchschnitt aus den Schlusskursen von an der New Yorker Börse gehandelten Aktien ausgewählter, umsatzstarker Unternehmen.
**Downing Street** [ˈdaʊniŋ ˈstri:t], Straße in London mit Amtssitz des Premiermin. (10 D. S.), Schatzamt u. Foreign Office.
**Down-Syndrom** [ˈdaʊn-; nach J. L. H. Down, *1828, †1896], **Langdon-Down-Krankheit** [ˈlæŋdən-ˈdaʊn-, engl.], **Trisomie 21,** früher **Mongolismus,** angeborene komplexe Entwicklungsstörung, die zumeist auf das dreifache Vorhandensein des Chromosoms 21 (Trisomie) zurückzuführen ist. Symptome der Erkrankung sind u. a. geistige Behinderung.

**Dotterblume:** *Sumpfdotterblume*

M. Douglas

**Doxologie** [gr.], Lobpreisung Gottes; hymn. Lobspruch.
**Doyle** [dɔıl], Sir Arthur Conan, brit. Schriftsteller, *1859, †1930; Kriminalromane um Meisterdetektiv „Sherlock Holmes".
**Dozent** [lat.], Abk. Doz., Lehrer an Hochsch., Fachhochsch. u. Volkshochschulen; i. e. S. Hochschullehrer, der nicht Prof. ist.
**dpa** ↑Nachrichtenagenturen (Übers.).
**dpt,** Abk. für ↑**Di**o**pt**rie.
**Dr.,** Abk. für: ↑**D**okto**r**.
**Drache,** Fabelwesen, das in Mythen u. Märchen vieler Völker vorkommt. Der Sieg über den D.n bedeutet meist Sieg über Chaos, Finsternis; in Ostasien gilt er als Glückssymbol.
**Drachen,** Fluggerät aus einem leichten Stabgerüst mit Stoff- od. Papierbespannung; als Spiel- u. Sportgerät.
**Drachenbäume,** Liliengewächse in wärmeren Gebieten der Alten Welt; liefern z. T. *Drachenblut,* rotes Farbharz.
**Drachenfels, 1)** 324 m hohe Erhebung im Siebengeb., am Rhein, mit Burgruine (12. Jh.). **2)** Erhebung im Pfälzer Wald, RP, 571 m.
**Drachenfliegen, Deltafliegen,** Flugsportart mit Hängegleitern (Flugdrachen, Deltagleitern), deltaförmigen, von einem Aluminiumgerüst gehaltenen Tragsegeln.
**Drachenköpfe,** Fam. der Fische, Köpfe vielf. mit Dornen, Flossenstacheln mit Giftdrüsen; u. a. Rotfeuerfisch.
**Dracula,** Titelheld eines Romans von B. Stoker, der Berichte aus Siebenbürgen über Grausamkeiten des walach. Fürsten Vlad Țepeș (†1476/77) mit Vampirlegenden verknüpfte; diente als Vorlage für den Film „Nosferatu" (1922) u. a.
**Dragee** [dra'ʒe; frz.], Arzneiform mit zusätzl. Überzugsstoffen (Zuckermasse, Glasur).
**Dragoner** [frz.], urspr. berittene Infanterie, später leichte Reiterei.
**Draht,** metall. Erzeugnis von kl., meist kreisförm. Querschnitt und gr. Länge; aus Metallblöcken gewalzt u. durch Zieheisen gezogen.
**Drahtglas,** Sicherheitsglas mit eingewalztem Drahtnetz (vermindert Splitter- und Bruchgefahr).
**Drahtwürmer** ↑Pflanzenkrankheiten (Übers.).
**Drainage** [drɛ'na:ʒə; frz.], **1)** Ableitung von Wundabsonderungen. **2)** svw. ↑Dränung.
**Drais,** Karl Frhr. D. von Sauerbronn, dt. Forstmann, *1785, †1851; Erfinder der Draisine, Vorläufer des Fahrrads (Laufrad).
**Drake** [dreık], Sir Francis, engl. Admiral u. Seeheld, *zw. 1539 u. 1545, †1596; 1577–80 Weltumseglung, Kämpfe gegen die span. Armada.
**Drakensberge,** Gebirge in Südafrika, bis 3 482 m hoch.
**Drakon,** athen. Gesetzgeber; zeichnete um 621 v. Chr. das geltende Strafrecht auf, das durch seine Härte u. Strenge sprichwörtl. wurde *(drakon. Strafen).*
**Drall, 1)** der ↑Drehimpuls. **2)** das Rotieren eines Körpers um eine Achse durch seinen Schwerpunkt, z. B. v. Geschossen um ihre Längsachse. **3)** Windung der Züge im Lauf von Feuerwaffen.
**Drama** [gr.; = Handlung], literar. Großform, die eine Inszenierung auf dem Theater ermöglicht, wobei die Handlung durch Personen auf einer Bühne szenisch dargestellt wird (Ausnahme: Lese-D.). Typ. sprachl. Form ist der Dialog; je nach D.form finden sich auch Monologe, chor. od. lyr. Einlagen, ep. Einschübe u. a. Der Spannungsbogen der klass. Dramenhandlung umfasst Ausgangssit., Konfliktauslösung, Höhepunkt u. Katastrophe bzw. Auflösung des Konflikts. Hauptformen des D.s sind: Tragödie (Trauerspiel), Komödie (Lustspiel), Schauspiel (ernste Simmung, positiver Ausgang).
**Dramatik, 1)** die dramat. Dichtkunst. **2)** einem Geschehen innewohnende Spannung.
**Dramaturg,** urspr. Verf. u. Aufführungsleiter v. Dramen, jetzt literar. u. theaterwiss. Berater bei Theater und Rundfunk.
**Dränung** [engl.-frz.], **Drainage,** Entwässerung von Böden durch Röhren- oder Grabensysteme.
**Drau,** r. Nbfl. der mittleren Donau, 749 km.
**Drawert,** Kurt, dt. Schriftsteller, *1956; zeitkrit. Lyrik u. Prosa.
**Drehbank** ↑Drehmaschine.
**Drehbuch,** Manuskript für Filme.
**Dreh|impuls, Drall,** in der Mech. durch das Vektorprodukt $\boldsymbol{L} = \boldsymbol{r} \times \boldsymbol{p}$ aus ↑Impuls $\boldsymbol{p}$ u. Ortsvektor $\boldsymbol{r}$ eines Massenpunktes bestimmte physikal. Größe. – *D.satz* ↑Erhaltungssätze.
**Drehkolbenmotor** ↑Kreiskolbenmotor.
**Drehkondensator,** Kondensator mit stetig änderbarer Kapazität (feste u. drehb. Kondensatorplatten).
**Drehkrankheit,** tödl. Gehirnkrankheit bei Wiederkäuern, bes. bei Schafen (durch Hundebandwurmfinnen).
**Drehmaschine,** fr. **Drehbank,** Werkzeugmaschine zur rotationssymmetr. spanenden Bearbeitung, auch zum Ausbohren u. Gewindeschneiden.
**Drehmoment,** durch das Vektorprodukt $\boldsymbol{M} = \boldsymbol{r} \times \boldsymbol{F}$ aus Ortsvektor $\boldsymbol{r}$ eines Massenpunktes u. der an ihm angreifenden Kraft $\boldsymbol{F}$ bestimmte physikal. Größe.
**Drehstrom, Dreiphasenstrom,** Verkettung dreier um 120° phasenverschobener Wechselströme.
**Drehzahl, Drehfrequenz,** Anzahl der Umdrehungen eines gleichförm. rotierenden Körpers pro Zeiteinheit; SI-Einheit: $s^{-1}$.
**Dreibund,** Verteidigungsbündnis zw. Dt. Reich, Östr.-Ungarn und Italien (1882) gg. Frkr. u. (unausgesprochen) gg. Russland; zerbrach 1914 mit ital. Neutralitätserklärung.
**Dreieck,** von 3 Geraden (Seiten) begrenzte geometr. Figur; Winkelsumme 180°; *stumpfwinkl. D.* (1 stumpfer ↑Winkel), *rechtwinkl. D.* (1 rechter Winkel), *spitzwinkl. D.* (3 spitze Winkel), *gleichseit. D.* (3 gleich lange Seiten), *gleichschenkl. D.* (2 gleich lange Seiten); *sphär. D.* (von 3 Großkreisbogen begrenztes D. auf der Kugeloberfläche, Winkelsumme ≠ 180°) – Abb. S. 170.
**Dreieich,** hess. St. im Kr. Offenbach, 39 500 E; Maschinenbau.
**Dreifaltigkeit,** svw. ↑Trinität.
**Dreifelderwirtschaft,** im fr. Ackerbau die regelmäßige Fruchtfolge von Winter- (Herbstsaat), Sommergetreide (Frühjahrssaat) und Brache.
**Dreifuß,** im antiken Sprachgebrauch jedes dreibeinige Gerät zum Tragen eines Gefäßes.
**Dreikaiserbund,** informelles Bündnisverhältnis zw. Dtl., Östr.-Ungarn u. Russland (1872/73).
**Dreikaiserjahr,** im Dt. Reich das Jahr 1888, als Wilhelm I., Friedrich III. u. Wilhelm II. nacheinander regierten.

**Dreikaiserschlacht** ↑Austerlitz.

**Dreiklang,** Akkord aus 3 Tönen; *Dur-D.:* Grundton, große Terz, Quinte; *Moll-D.:* Grundton, kleine Terz, Quinte.

**Dreiklassenwahlrecht,** preuß. Parlamentswahlrecht (1849 bis 1918); Einteilung d. Wähler nach Steuerzahlung in 3 Klassen, von denen jede $^1/_3$ d. Wahlmänner, die d. Abg. wählten, wählte; 1. Klasse umfasste rd. 4 %, 2. Klasse 14 % u. 3. Klasse 82 % d. Wähler; gewährte keine Gleichheit.

**Drei Könige, Heilige Drei Könige,** die nt. „Magier aus dem Morgenland“, nach der Legende *Kaspar (Mohr), Melchior, Balthasar;* Feiertag: 6. Januar.

**Dreimächtepakt,** Vertr. zw. Dtl., Italien und Japan (1940).

**Dreimeilenzone,** nat. Hoheitsgebiet in den Küstengewässern (5,556 km); neuerdings ist eine *Zwölfmeilenzone* weitgehend anerkannt.

**Dreiphasenstrom** ↑Drehstrom.

**Dreisatz,** Rechenverfahren, bei dem man aus 3 bekannten Größen eine vierte (unbekannte) Größe bestimmt. Beispiel: 5 kg Kartoffeln kosten 3 €. Wie viel kosten 3 kg? Schlussweise: 1 kg kostet $^3/_5$ €, 3 kg kosten 3 · $^3/_5$ € = 1,80 €.

**Dreispitz,** Hut mit dreiseit. hochgeklapptem Rand (18. Jh.).

**Dreisprung,** leichtathlet. Disziplin, in der 3 Sprünge (engl. Hop, Step, Jump) aufeinander folgen (links-links-rechts od. rechts-rechts-links).

**Dreißigjähriger Krieg,** europ. Religions- u. Staatenkonflikt, 1618 bis 1648; *Ursachen:* Konfessionsggs. (↑Union, ↑Liga), Machtstreben der R.-Stände; *Anlass:* Aufstand des vorw. prot. böhm. Adels gg. das kath. Landesft. – *1. Böhm.-Pfälz. Krieg,* 1618–23: 1618 Prager Fenstersturz, Friedrich V. v. d. Pfalz zum Kg. gewählt; 1620 bei Prag (am Weißen Berge) besiegt. *2. Niedersächs.-Dän. Krieg,* 1625–29: Eingreifen Christians IV. v. Dänemark in Dtl.; 1626 von ↑Tilly geschlagen, der zus. mit ↑Wallenstein Norddtl. unterwarf; das Restitutionsedikt von 1629 verlangte Rückgabe aller seit 1552 durch die Protestanten eingezogenen geistl. Güter. *3. Schwed. Krieg,* 1630–35: Gustav II. Adolf von Schweden landete in Pommern, besiegte Tilly bei Breitenfeld u. zog bis Augsburg und München; fiel 1632 bei Lützen; 1634 Wallenstein ermordet, 1635 Separatfriede zw. Sachsen u. Ferdinand II. *4. Schwed.-Frz. Krieg,* 1635–48: Eingreifen Frkr.s; unentschiedener Kampf und Kriegsmüdigkeit führten zum ↑Westfälischen Frieden.

**Dresden:** *Dresdner Zwinger von M. D. Pöppelmann (1711–28)*

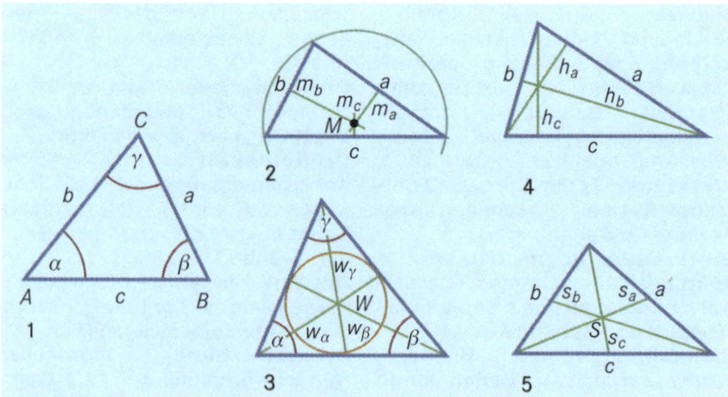


**Dreieck:** *1 Bezeichnung der Ecken, Seiten und Winkel; 2 Mittellote ($m_a$, $m_b$, $m_c$) und Mittelpunkt des Umkreises (M); 3 Winkelhalbierende ($w_\alpha$, $w_\beta$, $w_\gamma$) und Mittelpunkt des Inkreises (W); 4 Höhenlinien ($h_a$, $h_b$, $h_c$); 5 Seitenhalbierende ($s_a$, $s_b$, $s_c$) und Schwerpunkt des Dreiecks (S)*

**Dresden,** Hptst. von Sa., 478 000 E; in landschaftl. schöner Lage am Rand der *D.er Heide;* 1945 sehr stark zerstört. Bed. Bauten aus dem 18. Jh., z. gr. T. zerstört, wieder hergest. bzw. wieder aufgebaut wurden u. a. Zwinger, Semperoper, Brühlsche Terrasse, Hofkirche, Kreuzkirche; Synagoge; TU, Forschungsinstitute, Militärakademie, Fachhochschulen; Theater, Museen; Zoo; Mikroelektronik, Informationstechnik, Elektro-, feinmechn., opt., pharmazeut. Ind., Masch.-, Fahrzeugbau; Forschungszentrum Rossendorf, Elbhafen, ✈. – Zw. 1206 u. 1216 gegr., 1485–1918 Residenz der Wettiner (Albertin. Linie; „Elbflorenz“). – Am 13./14. 2. 1945 Opfer brit.-amerikan. Bombenangriffe.

**Dress** [engl.], bes. Kleidung, z. B. der Sportler *(Sportdress).*

**Dressurreiten,** Grundlage der Pferdeausbildung u. der Reiterei, von den Anfängen bis zur ↑hohen Schule.

**Drewitz,** Ingeborg, dt. Schriftstellerin, * 1923, † 1986; zeitkrit. Stücke, Hörspiele, Romane über die Situation u. Empfindungsweise der Frau.

**Dreyfus** [drɛˈfys], Alfred, frz. Offizier, * 1859, † 1935; seine Verurteilung zu lebensängl. Deportation wegen angebl. Landesverrats löste die *D.affäre* aus (1894 bis 1906), polit. Machtkampf um seine Rehabilitierung.

**Dr. h. c.** ↑Doktor.

**Drift, Trift,** durch Wind erzeugte Strömung an der Meeresoberfläche.

**Drilling,** Jagdgewehr mit zwei Schrotläufen u. einem Kugellauf.

**Drin,** alban. Fluss zur Adria, rd. 300 km; 2 Quellfl.: *Weißer D., Schwarzer D.;* mündet in d. *Drin-golf.*

**Drina,** r. Nbfl. der Save, Bosnien u. Herzegowina, 346 km.

**Dritter Orden, Terziaren, Tertiarier,** ↑Orden.

**dritter Stand,** in Frkr. bis 1789 Bez. für die gegenüber Adel u. Geistlichkeit nicht privilegierte Schicht der Bürger, Handwerker u. Bauern.

**Drittes Reich, 1)** Reich des Hl. Geistes (im ma. Chiliasmus). **2)** polit. Schlagwort, Bez. der Jahre der nat.-soz. Herrschaft in Dtl. (1933–45).

**Drittes Rom,** zentraler Begriff der russ. Reichsideologie: Moskau (nach Konstantinopel u. Rom) die Erbin u. endgültige Trägerin der christl. Reichsidee.

**Dritte Welt,** Bez. für Staaten Afrikas, Asiens u. Lateinamerikas, die wirtsch. u. soz. gegenüber Ind.ländern unterentwickelt sind.

**Drive** [draɪv; engl.], **1)** Treibschlag im Tennis- und Golfspiel. **2)** treibender Rhythmus (Jazz).

**DRK,** Abk. für: **D**eutsches **R**otes **K**reuz (↑Rotes Kreuz).

**Drobeta-Turnu Severin,** Bez.-Hptst. in Rumänien, an der Donau, unterhalb des Eisernen Tores, 118 700 E; Schiffswerft, Waggonbau, Nahrungs- u. Genussmittelind.; ⚓.

**Drogen** [frz.], urspr. Erzeugnis aus dem Pflanzen- und Tierreich, das arzneil. oder techn. verwendet wird. Inzwischen versteht man unter D. auch Rauschgifte.

**Drohne, 1)** männl. ↑Biene. **2)** unbemannter mil. Flugkörper, z. B. zur Aufklärung *(Aufklärungs-D.).*

**Drohung,** Androhung eines Übels; im *Zivilrecht* Anfechtungsgrund einer Willenserklärung; *strafrechtl.* Tatbestandsmerkmal u. a. bei Erpressung, Raub.

**Dromedar,** einhöcker. Kamel; Reit- u. Lasttier (N-Afrika, Vorderasien).

**Drontheim,** die norweg. Stadt ↑Trondheim.

**Droschke** [russ.], Mietwagen.

**Drosselklappe,** verstellb. Regelvorrichtung in Rohrleitungen (u. a. in Vergasern).

**Drosseln,** Vogelfam., meist Zugvögel, gute Sänger; u. a. Amsel, Singdrossel, Nachtigall.

**Drosselspule,** elektr. Spule mit hohem induktivem Widerstand zur Begrenzung v. Wechselströmen.

**Droste-Hülshoff,** Annette Freiin von, eigtl. Anna Elisabeth Freiin von **D. zu H.,** dt. Dichterin, *1797, †1848; Lyrik, Balladen; Erz.: „Die Judenbuche".

**Drottningholm,** schwed. kgl. Sommerresidenz (17. Jh.) auf d. Insel Lovö im Mälarsee, westl. v. Stockholm.

**DRP,** Abk. für: **D**eutsche **R**eichspartei.

**Druck, 1)** Quotient aus der senkr. auf eine Fläche wirkenden Kraft u. der Größe dieser Fläche: $p = F/A$; SI-Einheit: ↑Pascal, weitere gült. Einheit: ↑Bar, fr. ↑Atmosphäre u. ↑Millimeter Quecksilbersäule. (↑Luftdruck) **2)** ↑Druckverfahren.

**Drucker,** Ausgabegerät von Computern, das die Daten mit hoher Geschwindigkeit auf Papier ausdruckt; z. B. ↑Tintenstrahldrucker, ↑Laserdrucker.

**Druckfallkrankheit, Taucher-, Caissonkrankheit** [kɛˈsõ-], durch zu schnelle Druckminderung (Freiwerden v. Stickstoff im Blut) hervorgerufene Kranheitserscheinungen (u. a. Muskel- u. Gelenkschmerzen, Nasenbluten).

**Druckkabine,** hermet. abgeschlossener Raum in Luft- u. Raumfahrzeugen, erhält (unabhängig v. Außendruck) einen normalen Luftdruck aufrecht.

**Druckluft,** fr. **Pressluft,** in Kompressoren verdichtete Luft für *D.werkzeuge* (D.hämmer u. a.) u. *D.geräte* (Sandstrahlgebläse u. a.).

**Druckmaschinen,** 1. *Hand-,* 2. *Tiegeldruck-* (für kl. Formate), 3. *Schnellpressen* (Buch-, Stein-, Lichtdruck), 4. *Offset-* (indirekter Druck), *5. Rotationsmaschinen* (Buch-, Offset-, Tiefdruck; v. a. für Werke mit hohen Auflagen).

**Druckverband,** Wundverband zur Unterdrückung v. Blutungen durch Zusammenpressen der Gefäße (Kompressionsverband).

**Druckverfahren,** graf. Verfahren der Vervielfältigung, wobei von einem Druckträger Farbe auf eine Druckfläche (Papier, Stoff usw.) übertragen wird. ↑Hochdruck, ↑Flachdruck, ↑Tiefdruck, ↑Siebdruck, *nicht mech. D.,* auf elektrostat. (u. a. Xerographie), elektrofotograf. od. elektromagnet. Basis; bei elektrochem. Verfahren bewirkt Veränderung des pH-Wertes von Papier Farbreaktionen. D. können ein- oder mehrfarbig ausgeführt werden.

**Druckwelle,** Ausbreitung einer Druck- od. Dichteänderung in Gasen.

**Drude,** svw. ↑Alb.

**Drudenfuß, Pentagramm,** fünfstrahliger Stern, mystisch-mag. Zeichen als Schutz gg. Geister u. Gespenster.

**Drugstore** [ˈdrʌgstɔː], in den USA Gemischtwarenladen mit Imbissecke.

**Druiden,** heidn. kelt. Priester, zugleich Richter u. Heilkundige.

**Drusen** [arab.], aus dem schiit. Islam hervorgegangene Religionsgemeinschaft; betrachtet sich dem Islam zugehörig; verbreitet in Libanon, Syrien u. Israel.

**Drüsen,** sezernierende Organe; endokrine D. (Hormondrüsen) geben ↑Hormone an die Blut- bzw. Lymphbahn (z. B. die Schilddrüse), andere scheiden direkt nach außen od. zum Magen-Darm-Kanal ab.

**Drusus,** Nero Claudius D. Germanicus, Stiefsohn des Ks. Augustus, *38, †9 v. Chr; zus. mit Tiberius erfolgreicher Feldherr (Vordringen bis zur Elbe).

**dry** [draɪ; engl.], trocken (für alkohol. Getränke).

**Dryden** [ˈdraɪdn], John, engl. Dichter, *1631, †1700; Poet laureate; Vertr. des engl. Klassizismus; schrieb Werke aller Gattungen; Wegbereiter der „heroischen Tragödie" und der Sittenkomödie (Comedy of Manners).

**Drygalsky,** Erich von, dt. Geograph, *1865, †1949; leitete 1901–03 die 1. dt. Antarktisexpedition, die das Kaiser-Wilhelm-Land entdeckte.

**DSB,** Abk. für: **D**t. **S**port**b**und.

**Dschingis Khan,** eigtl. **Temüdschin,** mongol. Herrscher, *1155, †1227; Begr. eines Weltreichs; unterwarf südsibir. Stämme, China, das Reich von Khorasan, Nordpersien, Armenien, Georgien und Südrussland.

**Dschungel** [ind.], ugs. für subtrop. u. trop. Wälder u. Sumpfdickichte.

**Dschunke** [malai.], chin. Segelschiff; Segel durch Latten versteift. – Abb. S. 172.

**DSL** [Abk. für engl. **d**igital **s**ubscriber **l**ine, = digitale Anschlussleitung], **xDSL,** Sammelbegriff für Zugangstechnologien, mit denen Daten per Telefonleitung in einer hohen Bandbreite digital übertragen werden können.

**dto.,** svw. ↑dito.

**Dualismus, 1)** Zweiheit; Gegensätzlichkeit. **2)** Ⓟ Lehre von zwei versch. [u. U. ggs.] Prinzipien des Weltgeschehens (u. a. *metaphys., kosmol., eth. D.*). **3)** ⚛ **Welle-Teilchen-D.,** die experimentell an mikrophysikal. Objekten vielfach nachgewiesene Tatsache, dass sich sowohl elektromagnet. Wel-

**Dschunke** *vor der Skyline von Hongkong*

len (wie Licht) als auch Teilchen je nach den Versuchsbedingungen wie Wellen od. Teilchen verhalten.

**Dualsystem, Binärsystem,** auf der 2 u. deren Potenzen aufbauendes, 2 Ziffern (meist 0 u. 1) verwendendes Zahlensystem; Basis digitaler Rechenanlagen.

**Duathlon** [gr.], 🏃 ↑Triathlon.

**Dubai,** eines der ↑Vereinigten Arab. Emirate, 3 750 km², 501 000 E, Hptst. D. (266 000 E); Erdölförderung; ⚓, ✈.

**Dubarry, du Barry** [dybaˈri], Marie Jeanne Gräfin geb. Bécu, Mätresse Ludwigs XV. von Frkr., * 1743, † 1793; hingerichtet.

**Dubček** [-tʃɛk], Alexander, tschechosl. Politiker, * 1921, † 1992; 1968/69 Erster Sekr. des ZK der KP der ČSSR; geriet mit seiner Reformpol. in Ggs. zur KPdSU; 1970 aus der KP ausgeschlossen, 1989 rehabilitiert u. Parlamentspräsident der ČSFR.

**Dübel,** Verbindungsstück zur Sicherung der vorgesehenen Lage zweier Bauteile, z. B. zylindr. Hartholz-D. f. Schreinerarbeiten; in ein Loch eingelassene Vorrichtung zur Befestigung von Haken u. dgl.

**Dubiosen** [lat.], zweifelhafte Forderungen.

**Dublee, Doublé** [frz.], **1)** mit Feingold überzogene Kupferlegierungen für Schmuckwaren. **2)** Stoß beim Billardspiel.

**Dublin** [ˈdʌblɪn], ir. **Baile Átha Cliath** [blɑːˈkliə], Hptst. der Rep. Irland, an der Ir. See, 502 000 E; 2 Univ.; schönes Stadtbild, ma. Kirchen, Justizpalast (ehemaliges Schloss, 13. u. 18. Jh.); bed. Kunstsammlungen; Schiff-, Masch.-Bau, Textilind., Brauereien; ✈. – 1172–1921 Sitz des engl. Vizekg.; seit 1922 Hptst. d. Rep. Irland.

**Dublone** [span.], span. Goldmünze (16.–19. Jh.).

**Dubna,** Stadt nördl. von Moskau, 70 000 E; s. 1956 Kernforschungszentrum.

**Dubnium** [nach dem russ. Forschungszentrum in Dubna], Symb. **Db,** künstl. chem. El., radioakt., OZ 105 (Transuran).

**Dubrovnik,** ital. **Ragusa,** Hafenst. an der süddalmatin. Küste Kroatiens, 49 700 E; got. u. barocke Bauten, Seebad, bed. Fremdenverkehr; ✈. – 1991/92 im jugoslaw. Bürgerkrieg histor. Altstadt (Weltkulturerbe) stark zerstört; Wiederaufbau mit UNESCO-Hilfe.

**Dubuffet** [dybyˈfɛ], Jean, frz. Maler u. Grafiker, * 1901, † 1985; orientierte sich bei seinen in plast. Malgründe aus Sand, Erde, Kalk u. a. gemalten od. geritzten Bildern an der Kunst v. Kindern u. Geisteskranken.

**Duc** [dyk], höchster frz. Adelstitel, Herzog; *Duca,* ital. Adelstitel, Herzog.

**Duce** [ˈduːtʃe; ital.], Führer, Titel Mussolinis s. 1922.

**Duchamp** [dyˈʃɑ̃], Marcel, frz.-amer. Künstler, * 1887, † 1968; Vertreter des Dadaismus.

**Duchesse** [dyˈʃɛs; frz.], **1)** Herzogin. **2)** glänzendes Atlasgewebe; *D.spitze,* Spitze mit Klöppel- u. Nadelarbeit.

**Dudelsack,** schott.-ir.-breton. Volksinstrument (Windsack mit Schalmei und 3 Stimmen).

**Duden,** Konrad, dt. Philologe, * 1829, † 1911; 1869–1905 Gymnasialdir.; „Orthograph. Wörterbuch der dt. Sprache" (1880).

**Duecento** [dueˈtʃɛnto], das 13. Jh. (ital. Kunstgeschichte).

**Duero,** portug. **Douro** [ˈdoru], Fl. in Spanien und Portugal, 895 km; bildet auf rd. 100 km die span.-portug. Grenze; mündet in den Atlantik; am portug. Oberlauf Weinbau.

**Dufay** [dyˈfɛ], Guillaume, frankoflām. Komponist, * um 1400, † 1474; Chansons in frz. u. ital. Sprache, Motetten, Messen.

**Dufflecoat** [ˈdafəlkoːt; engl.], dreiviertellanger Sportmantel.

**Dufourspitze** [dyˈfuːr], Berg in den Walliser Alpen (Monte-Rosa-Massiv), Schweiz, 4 634 m.

**Duisburg** [ˈdyːs-], krsfr. St. an der Mdg. der Ruhr in den Rhein, NRW, 555 200 E; größter Binnenhafen Europas; IHK; LG; Gesamthochschule; Eisenhütten, Walzwerke, Kupfer- und Zinkverarb., Erdöl-, Mühlenind., Schiffbau.

**Duisenberg** [ˈdœjzənbɛrx], Willem (Wim), niederl. Finanzpolitiker, * 1935, seit 1998 Präs. der Europ. Zentralbank.

**Dukaten** [ital.], urspr. venezian.

Goldmünze, später in ganz Europa (in Dtl. letzte Prägung 1872).
**Dukatengold,** Gold mit einem Feingehalt von 986/1000.
**Dulles** ['dʌlɪs], John Foster, amer. Politiker (Republikaner), *1888, †1959; 1953–59 Außenminister.
**Dülmen,** St. in NRW, 44 300 E; Textil-, Holz-, Eisenind.; Gestüt, Wildpferdgehege.
**Dulong** [dy'lɔ̃], Pierre Louis, frz. Physiker u. Chemiker, *1785, †1838; entdeckte den Chlorstickstoff u. formulierte mit Petit die *D.-Petit-Regel,* nach der die molare Wärmekapazität für alle festen El. unabhäng. v. der absoluten Temperatur ist u. ≈25 J/(K · mol).
**Duma** [russ.; = Gedanke], russ. Parlament; zunächst Bojarenrat des Zaren, 1905/06–17 *Reichs-D.;* s. Dez. 1993 Abg.-Haus *(Staats-D.)* des russ. Zweikammerparlaments.
**Dumas** [dy'ma], **1)** Alexandre, d. Ä., frz. Roman- und Theaterschriftsteller, *1802, †1870; Abenteuerromane, u. a. „Die drei Musketiere", „Der Graf von Monte Christo". **2)** Alexandre, d. J., Sohn v. 1), frz. Theaterschriftsteller, *1824, †1895; „Die Kameliendame".
**du Maurier** [dju:'mɔ:rɪeɪ], Daphne, engl. Schriftstellerin, *1907, †1989; „Rebecca".
**Dumdumgeschoss,** Halbmantelgeschoss mit frei liegendem Bleikern; sprenggeschossart. Wirkung; völkerrechtl. verboten.
**Dummy** ['dʌmɪ], Attrappe; menschenähnl. Testpuppe, v. a. in der Kfz-Unfallforschung verwendet.
**Dumping** ['dʌmpɪŋ], Export einer Ware unter Inlandpreis.
**Düna, Westl. Dwina,** russ.-lett. Fl. zur Ostsee, 1 020 km.
**Dunant** [dy'nã], Henri, schweizer. Schriftsteller und Philanthrop, *1828, †1910; gründete das Rote Kreuz u. veranlasste die Genfer Konvention (1864); Friedensnobelpreis (mit F. Passy) 1901.
**Duncan** ['dʌŋkən], Isadora, amer. Tänzerin, *1878, †1927; Wendung gg. das klass. Ballett.
**Dundee** [dʌn'di:], schott. Hafenst. am Firth of Tay, 177 700 E; Univ.; Juteverarb., Schiffbau, Fischerei.
**Dünen,** vom Wind aufgeschüttete Sandablagerungen am Meer u. in Wüsten, als halbmondförm. *Sichel-, Strich-* (parallel zur Windrichtung) od. *Querdünen.*
**Düngemittel,** Substanzen, die dem Boden zugeführt werden, um den Gehalt an Pflanzennährstoffen zu erhöhen; fr. nur *Natur-D.* (Mist, Kompost usw.), später auch Guano, Knochenmehl, Natursalpeter u. a.; heute wird d. überw. Teil der D. synthet. hergestellt; derart. *Kunstdünger* enthalten v. a. Verbindungen des Stickstoffs (Ammoniumsalze, Harnstoff, Nitrate), des Phosphors (Phosphate), Kalium- und Calciumsalze, häufig auch Zusätze von Spurenelementen.
**Dunhuang,** chin. Stadt im nw. Gansu; bei D. mehr als 400 buddhist. Höhlentempel mit Wandmalereien, Handschriften.
**Dunkelkammer,** von fotogr. wirksamem Licht abgeschirmter Raum.
**Dunkelmännerbriefe, Epistolae obscurorum Virorum,** fingierte, von Humanisten zur Unterstützung Reuchlins in barbar. Latein 1515 bis 1517 verf. Satiren auf die Scholastik.
**Dunkelziffer,** statist. nicht erfassbare Zahl [von Delikten].
**Dünkirchen,** frz. **Dunkerque** [dœ̃'kɛrk], frz. Hafenst. an der Nordsee, 73 100 E; Fischerei, Schiffbau, Eisen- u. Stahlind.; Fährverkehr nach Dover. – Von D. aus 1940 Rückzug der brit. u. frz. Truppen nach Großbr.; *Vertr. von D.,* 1947, frz.-brit. Bündnisvertr. auf 50 Jahre.
**dunkle Materi|e,** unsichtb. kosm. Materie, auf deren Existenz durch ihre Gravitationswirkung geschlossen wird u. die einen bed. Beitrag zur Gesamtmasse im Weltall leistet.
**Dunlop** ['dʌnlɔp], John Boyd, schott. Erfinder, *1840, †1921; erfand den pneumat. Gummireifen f. d. Fahrrad.
**Dünndarm** ↑Darm.
**Dünndruckpapier,** Druckpapier mit einem Flächengewicht von 25 bis 45 g/m².
**Dünnsäure,** bei chem.-techn. Prozessen (v. a. bei der Gewinnung von Titandioxid) anfallende, meist stark verunreinigte Säuren niederer Konzentration.
**Duns Scotus,** Johannes, Franziskaner, Scholastiker, *um 1266, †1308; der *Scotismus* stellte sich im Anschluss an Augustinus gg. Thomas von Aquin; Primat des Willens vor dem Intellekt.
**Dunst,** Trübung der Atm. durch schwebende Teilchen (Staub, Rauch, feinste Wassertröpfchen).
**Dunstable** ['dʌnstəbl], John, engl. Komponist, *um 1380, †1453; Motetten, Messen.
**Dünung,** weit schwingende Wellenbewegung der Meeresoberfläche.
**Duo** [lat.], Musikstück für 2 Instrumente.
**Duodez** [lat.], **1)** Buchformat, bei dem der Bogen in 12 Blätter (12°) gefalzt wird. **2)** in Zusammensetzungen für: sehr kl., lächerl. kl.: *D.fürst* (Kleinfürst).
**Duodezimalsystem,** Zahlensystem mit der Grundzahl 12.
**Duodezime** [lat.], 12. Ton der diaton. Tonleiter.
**Duplex...** [lat.], Doppel...
**Duplikat,** Zweitausfertigung; Abschrift.
**Dur** [lat. durus = hart], im Bereich der tonalen Musik das „harte" oder „männl." Tongeschlecht; *D.-Dreiklang* ↑Dreiklang.
**Dura-Europos,** antike Ruinenst. in SO-Syrien, am mittl. Euphrat; Überreste aus hellenist. u. röm. Zeit (Tempel, Synagoge, frühchristl. Hauskirche).
**Durakkord** ↑Akkord.
**Durango, 1)** B.-Staat in N-Mexiko; 123 181 km², 1,35 Mill. E; W gebirgig (Sierra Madre Occidental), Bergbau: Silber, Blei, Kupfer, Eisen; Hochland im O: Baumwollanbau, Viehzucht. **2)** Hptst. v. 1), 348 000 E; Textil- u. Metallind; ✈.
**Duras** [dy'ra], Marguerite, frz. Schriftstellerin, *1914, †1996; psychol. vertiefte Romane, Drehbuch: „Hiroshima mon amour".
**Durazzo** ↑Durrës.
**Durban** ['də:bən], bed. Hafenst. der Rep. Südafrika, am Ind. Ozean, 716 000 E; 2 TH, 2 Univ.; Erdölraffinerie; Werften, Walfangstation; ✈.
**Durchbrucharbeit,** Handarbeit mit Ausziehen, Ausschneiden u. Umsticken von Fäden eines Gewebes.
**Durchfall, Diarrhö,** häuf. Entleerung dünnflüss., reichl. Stühle (mehr als drei); meist Symptom einer Entzündung im Magen-Darm-Kanal.
**Durchführung,** Teil d. ↑Fuge.
**Durchgang,** das scheinb. tägl. Durchlaufen des Meridians durch ein Gestirn (zur Feststellung der *D.zeit* dient das *D.instrument*); auch der Vorübergang von Merkur (8-jährl.) u. Venus (nur selten) vor der Sonne.
**Durchlauferhitzer,** Warmwassergerät (gas- oder elektr. betrieben), bei dem das Wasser während der Entnahme aufgeheizt wird.
**Durchmesser,** 1) jede Sehne ebener od. räuml. Figuren, die durch den Mittelpt. geht; 2) *scheinb. D.,* Winkel, unter dem der *wahre D.* eines Gestirns erscheint.
**Durchschuss,** 📖 graf. Technik: Zeilenzwischenraum.
**Durchsuchung,** ⚖ Haus[durch]suchung nach Personen u. Sachen, auch D. von Personen *(Leibesvisitation),* nach StPO nur auf richterl. Anordnung (nachts

nur bei Verfolgung auf frischer Tat), nach ZPO durch Gerichtsvollzieher (bei Zwangsvollstreckung).

**Düren,** Krst. in NRW, an der Rur, 90400 E; Papier-, Textil-, Glas-, Metallindustrie.

**A. Dürer:** *Selbstporträt (1498)*

**Dürer,** Albrecht, dt. Maler u. Grafiker, *21. 5. 1471, †6. 4. 1528; Schüler seines Vaters und M. Wolgemuts in Nürnberg; 1490–94 am Oberrhein, 1494/95 und 1505/07 in Italien, 1520/21 niederl. Reise; steht zw. Spätgotik und Renaissance; Gemälde (Altartafeln, Bildnisse), Zeichnungen, Aquarelle (Landschaften), Holzschnitte (Apokalypse, Kl. u. Gr. Passion, Marienleben), Kupferstiche.

**Durham** [ˈdʌrəm], nordengl. St., 26000 E; Univ.; Kathedrale (11.–15. Jh.), Schloss (11. Jh.); Süßwaren-, Teppich-, Eisenind.

**Durieux** [dyˈrjø], Tilla, eigtl. Ottilie **Godefroy** [godəˈfrwa], dt. Schauspielerin, *1880, †1971.

**Durrell** [ˈdʌrəl], Lawrence, angloir. Schriftsteller, *1912, †1990; „Alexandria Quartett"; Lyrik; Reiseschilderungen.

**Dürrenmatt,** Friedrich, schweizer. Schriftsteller, *1921, †1990; bühnenwirksame, groteske Komödien, u. a. „Die Ehe des Herrn Mississippi", „Der Besuch der alten Dame", „Die Physiker"; Kriminalromane, u. a. „Der Richter und sein Henker".

**Durrës,** ital. **Durazzo,** bedeutendste Hafenst. Albaniens, 72400 E; das antike *Epidamnos,* röm. *Dyrrhachium;* byzantin., 1392 zu Venedig, 1501 türk.; 1913 alban. Hptst.

**Dürrfleckigkeit** ↑Pflanzenkrankheiten (Übers.).

**Duschanbe,** 1929–61 **Stalinabad,** Hptst. von Tadschikistan, 610000 E; Univ., Hochschulen; vielseitige Ind.; ✈.

**Duse,** Eleonora, ital. Schauspielerin, *1858, †1924; neben S. Bernhardt bedeutendste Tragödin der Jahrhundertwende.

**Düse,** Verringerung eines Strömungsquerschnitts zur Umwandlung von Druck- in Geschwindigkeitsenergie.

**Düsentriebwerke,** ugs. für Strahltriebwerke (↑Flugzeug).

**Düsseldorf,** Hptst. v. NRW, am Rhein, 571000 E; Handels- und Ind.-Zentrum; Univ., OLG, LG; IHK; Akad. für Staatsmed., Verw.- und Wirtsch.-Akad., Kunstakad.; Forschungsinst., Theater; Eisenind., Glashütte, Papier-, chem. Ind., Braugewerbe, Sitz des DGB u. vieler Konzernverw.; Rheinhafen, ✈. – 1288 Stadtrecht; Ende 15. Jh. ständige Residenz des Hzgt. Berg; 1638 Haupt- und Residenzstadt d. pfälz. Kurfürsten (bis 1716).

**Dutschke,** Rudi, dt. Studentenführer (SDS), *1940, †1979; Wortführer der ↑APO; starb an Spätfolgen des Attentats 1968.

**DVD,** Abk. für engl. **d**igital **v**ersatile [= vielseitig] **d**isc, nach der CD die nächste Generation der opt. Datenträgertechnologie, die ein höheres Datenvolumen als konventionelle CDs speichern kann.

**Dvořák** [ˈdvɔrʒa:k], Anton, tschech. Komponist, *1841, †1904; 9 Sinfonien (Nr. 9 „Aus der Neuen Welt"), slaw. Tänze, Konzerte, 10 Opern („Rusalka"), Kammermusik, Lieder; Repräsentant der nat. tschech. Musik.

**DVP,** Abk. für: ↑Deutsche Volkspartei.

**F. Dürrenmatt**

**DX** [Abk. für engl.: **d**istance **X** = unbekannte Entfernung], im Amateur- u. Kurzwellenhörfunk große Sende- od. Empfangsreichweiten.

**Dy,** ⚗ Symb. für ↑Dysprosium.

**Dyck** [dɛjk], Anthonis van, fläm. Maler, *1599, †1641; der bedeutendste fläm. Maler des 17. Jh. neben Rubens, dessen Schüler er war; in Italien von Tizian beeinflusst, seit 1632 in London; repräsentative höf. Bildnisse, Landschaftsaquarelle, auch relig. Bilder.

**Dylan** [ˈdɪlən], Bob, eigtl. Robert **Zimmermann,** amer. Sänger u. Komponist, *1941; begründete 1964 den Folkrock.

**Dynamik,** **1)** ↑Mechanik. **2)** Stärkegrade bei der musikal. Wiedergabe (u. a. „piano"); allg. das Verhältnis zw. der größten u. der kleinsten vorkommenden Schallstärke.

**dynamische Rente,** mit der Entwicklung des Sozialprodukts steigende Rente.

**Dynamit,** Sprengstoff (hpts. Nitroglyzerin), 1867 von Nobel erfunden.

**Dynamo,** kl. Generator.

**dynamoelektrisches Prinzip,** ⚡ Prinzip der Selbsterregung v. Gleichstromgeneratoren: Der remanente Magnetismus im Eisenkreis erzeugt einen schwachen Induktionsstrom in den Wicklungen, der das Magnetfeld verstärkt, sodass sich der Generator selbst zu voller Leistung „aufschaukelt".

**Dynamometer,** **1) Kraftmesser,** Apparat zum Messen mechan. od. elektromechan. Kräfte u. Drehmomente. **2) elektr. D.,** Gerät zur Messung v. Gleich- u. Wechselströmen.

**Dynastie** [gr.], Herrschergeschlecht.

**dys..., Dys...** [gr.], Vorsilbe mit der Bed. „abweichend von der Norm, miss..., krankhaft".

**Dysenterie** [gr.], svw. ↑Ruhr.

**Dysfunktion,** svw. ↑Fehlfunktion.

**Dysmenorrhö** [gr.], schmerzhafte Monatsblutung.

**Dyspepsie** [gr.], ↑Reizmagen.

**Dysphasie** [gr.], Sprachstörung bzw. verzögerte Sprachentwicklung.

**Dysprosium** [nlat.], Symb. **Dy,** chem. El., OZ 66, rel. A.-Masse 162,50; Metall der ↑Lanthanoide.

**Dystonie** [gr.], Störung des Spannungszustandes der Muskeln und Gefäße; *neurovegetat. D.:* Störung im Gleichgewicht des vegetat. Nervensystems.

**Dystrophie** [gr.], Ernährungsstörung, allg. Schwäche infolge Eiweiß-, Fett- u. Vitaminmangels oder nach längerer Unterernährung (Hunger-D.).

**dz,** Einheitenzeichen für: **D**oppel**z**entner (100 kg).

**Dzibilchaltún** [-tʃal-], bed. Ruinenstätte der Maya im N der Halbinsel Yucatán, Mexiko, 10 km nördl. von Mérida. 1942 entdeckt. 1956–65 ausgegraben; seit 1000 v. Chr. besiedelt.

**D-Zug,** Reisezug mit Durchgangswagen, durch Interregio-, Intercity- bzw. Eurocity-Züge ersetzt.

# E

**E, 1)** 5. Buchstabe des Alphabets, entspricht dem griech. Epsilon. **2)** 𝄞 3. Stufe der C-Dur-Tonleiter.

**e,** Zeichen für: **1)** ↑Elektron u. Elementarladung. **2)** √ die **eulersche Zahl,** Basis der natürl. Logarithmen, die Zahl 2,71828...

**E 605®, Parathion,** system. Insektizid, Phosphorsäureester; ☠; wirkt als Berührungs-, Fraß- u. Atemgift.

**Eanes** [ɪ'anɪʃ], António dos Santos Ramalho, ↑Ramalho Eanes, António dos Santos.

**EAN-System,** Abk. für **E**urop. **A**rtikel-**N**ummerierung, mit *EAN-Nummer* (13-stellige Zahl) u. Strichcode arbeitendes Nummerierungssystem der Konsumgüterind.; maschinell lesbar.

**Earl** [ə:l; engl.], dritthöchster engl. Adelstitel, svw. Graf.

**Eastwood** ['i:stwʊd], Clint, amer. Filmschauspieler, * 1930; „Für eine Handvoll Dollar"; „Die Brücken am Fluss" (auch Regie).

**Ebbe** ↑Gezeiten.

**Ebenbürtigkeit,** in geburtsständ. gegliederten Ges. Gleichheit der Rechtsstellung wegen Gleichheit des Geburtsstandes. In Dtl. v. rechtl. Bed. bis zur Abschaffung adl. Standesvorrechte (1919).

**Ebene, 1)** durch 3 nicht auf einer Geraden liegende Punkte eindeutig festgelegte Fläche. **2)** Ldsch. mit geringem Höhenunterschied; *Tief-E.* (unter 200 m ü. d. M.) und *Hochebene.*

**Ebenholz,** hartes, dauerhaftes, dunkles Holz, meist v. Diospyrosarten; v. a. für Kunsttischlerei.

**Eberbach, 1)** St. am Neckar, im Odenwald, Ba.-Wü., 15 400 E; ma. Bauten, Burg Stolzeneck; Fremdenverkehr, Elektromotorenbau. **2)** ehem. Zisterzienserkloster im Rheingau, Hessen; 1135 gegr., die Kirche zählt zu den schönsten Zisterzienserbauten in Dtl.

**Eberesche,** Gatt. der Rosengewächse, Bäume und Sträucher; u. a. *Vogelbeerbaum* mit Fiederblättern, roten Beeren.

**Ebernburg,** Burgruine an der Nahe, obh. der Gem. Bad Münster am Stein-E., RP; ehem. Hauptburg Franz von Sickingens.

**Eberswalde,** 1970–93 **Eberswalde-Finow** [-'fi:no], Krst. in Bbg., 49 000 E; Institute für Forstwirtschaft u. Landnutzungsforschung, Kran-, Rohrleitungs- u. Apparatebau.

**Ebert,** Friedrich, dt. Politiker, * 1871, † 1925; seit 1913 Vors. der SPD; wurde am 9. 11. 1918 R.-Kanzler (antirevolutionäre Ordnungspol.), am 10. 11. 1918 Vors. im Rat der Volksbeauftragten, seit 1919 R.-Präs. (Stabilisierung der parlamentar. Demokratie, Verzicht auf weitgehende Republikanisierung v. Heer u. Verwaltung).

F. Ebert

**Eberwurz,** Gatt. der Korbblütler; in Dtl. (geschützt) *Gemeine E.* und *Stängellose E.* (Silberdistel).

**Ebner-Eschenbach,** Marie Freifrau von, östr. Schriftstellerin, * 1830, † 1916, von sozialer Verantwortung geprägte Erzählungen („Das Gemeindekind"), Aphorismen, Autobiografisches.

**Ebolaviruskrankheit** [nach dem Fluss Ebola in Afrika], durch das Ebolavirus verursachte Infektionskrankheit in Zentralafrika; Sterblichkeit: 50–90 %.

**Ebro,** Fl. in NO-Spanien, 910 km; durchfließt das *E.becken,* trockene Steppenldsch., z. T. durch künstl. Bewässerung fruchtbar.

**Eça de Queirós** ['ɛsa ðə kai'rɔʃ], José Maria, portug. Schriftsteller, * 1845, † 1900; realist., gesellschaftskrit. Romane („Vetter Basilio").

**Ecce Homo** ['ɛktsə -; lat.; = Sehet, welch ein Mensch!], **1)** Ausspruch des Pilatus über Jesus nach der Geißelung. **2)** ✎ Darst. des dornengekrönten, gegeißelten Jesus.

**Ecclesia** [gr.], religiöse Vers., Gemeinschaft der Christen, svw. Gemeinde, Kirche.

**Echnaton** ↑Amenophis IV.

**Echolot,** Gerät zur Messung von Wassertiefen durch Registrierung der Zeit für Hin- u. Rückweg des am Meeres- bzw. Erdboden reflektierten Schalles.

**ECHO-Viren** [Abk. für engl.: **e**nteric **c**ytopathogenic **h**uman **o**rphan], Gruppe von Viren, die u. a. Erkältungskrankheiten beim Menschen hervorrufen.

**Echsen,** Unterordn. der Kriechtiere, Schuppen oder Schilder tragend, meist vierfüßig, wechselwarm; Fam.: Agamen, Geckos, Leguane, Eidechsen, Skinke u. a.

**Echternach,** Grenzst. in Luxemburg, 4 200 E; ehem. Benediktinerabtei (gegr. 698), frühroman. Basilika St. Willibrord (11. Jh.); *E.er Springprozession,* berühmte Tanzprozession, alljährl. am Pfingstdienstag.

**Eck,** Johannes, eigtl. **May[e]r** oder **Mai[e]r aus Eck (Egg),** dt. kath. Theologe, * 1486, † 1543; Hauptgegner Luthers; u. a. *Leipziger Disputation* (1519).

**Eckener,** Hugo, dt. Luftfahrtpionier, * 1868, † 1954; Mitarb. von Gf. Zeppelin; 1. Luftschiff-Atlantiküberquerung 1924.

**Eckermann,** Johann Peter, dt. Schriftsteller, * 1792, † 1854; seit 1823 Vertrauter u. literar. Helfer Goethes; u. a. „Gespräche mit Goethe ...".

**Eckernförde,** St. in Schl.-Ho., an der *E.r Bucht,* 23 000 E; Seebad; FH; Fischerei-⚓, Bootswerften, Jagdwaffenfabrik, Apparatebau.

**Eckhart, Meister E.,** dt. Philosoph u. Theologe, * um 1260, † 1328; Dominikaner; lehrte in Paris u. Köln; bed. Prediger; hatte durch seine Predigten und Schriften (bes. „Buch d. göttl. Tröstung") großen Einfluss auf die dt. Mystik.

**Ecklohn,** Tarifstundenlohn einer repräsentativen Lohngruppe, nach dem die Tariflöhne anderer Gruppen durch Zu- od. Abschlag festgesetzt werden.

**Eckstoß,** in versch. Ballspielen von der angreifenden Mannschaft aus der Spielfeldecke ausgeführter Freistoß, wenn die verteidigende Mannschaft den Ball ins eigene Toraus gespielt hat; im Handball: *Eckwurf.*

**Eco,** Umberto, ital. Philosoph u. Schriftsteller, * 1932, sehr erfolgreich mit vielschichtigen histor. Romanen („Der Name der Rose").

**ECOSOC** ['i:kɔsɔk], Abk. für: **Eco-**

nomic and **So**cial **C**ouncil, Wirtschafts- und Sozialrat der UN.

**Ecstasy** [ˈɛkstəsɪ], dem Betäubungsmittelgesetz unterstellte Gruppe von synthet. hergestellten Drogen (Abkömmlinge der Amphetamine); führen zu euphor. Stimmung, verursachen aber u.a. auch Herzrasen, einen gefährl. Wasserverlust des Körpers u. Leberschäden.

**ECU** [eˈky], Abk. für engl. **E**uropean **C**urrency **U**nit; seit 1979 Rechnungseinheit im ↑Europäischen Währungssystem; am 1. 1. 1999 im Verhältnis 1:1 auf den Euro umgestellt.

**Écu** [eˈky; frz.], Name alter frz. Gold- u. Silbermünzen. Ein Silber-E. war auch in Dtl. bis ins frühe 19. Jh. gebräuchlich.

**Ecuador**

| | |
|---|---|
| *Fläche:* | 272 045 km² (nach anderen Angaben: 283 561 km² |
| *Einwohner:* | 12,65 Mill. |
| *Hauptstadt:* | Quito |
| *Amtssprache:* | Spanisch |
| *Zeitzone:* | MEZ – 6 Stunden |

**Ecuadọr, Ekuadọr,** Rep. im nw. Südamerika; Bev.: Weiße 5%, [Indianer]mischlinge 40%, Indianer 50%; Rest Mulatten, Schwarze u.a.; größte St. u. Haupthafen Guayaquil; Landesspr. Span.; *landschaftl. Gliederung* in Andenhochland (Sierra), Küstenebene (Costa) und oberes Amazonasbecken (Oriente). In der Sierra etwa 60% der Bev.; Ackerbau u. Viehzucht; nur 4,5% des Landes landw. genutzt; in der Costa Anbau v. Kaffee, Kakao, Bananen u. Zuckerrohr; rd. 52% von Regenwald bedeckt (Balsaholz, Kautschuk), der Rest Hochgeb. (Chimborasso 6272 m, Cotopaxi 5896 m u.a.). *Bodenschätze:* Erdöl, Gold, Silber, etwas Kupfer, Eisen, Kohle. Verkehrstechn. nur z.T. erschlossen. – *Geschichte:* Das damalige Inkareich wurde 1531 durch die Spanier erobert; 1822 Teil des unabh. Gr.-Kolumbien, seit 1830 selbst. Republik; zahlr. Putsche; 1972–79 Militärherrschaft; seitdem demokrat. Verf. mit Präsidialsystem.

**Ẹdam-Volendam,** nordholl. Gem., 24 800 E; Butter-, Käseherst.; *E.er Käse,* harter Fettkäse, meist in Form von Kugeln mit roter Rinde im Handel.

**Ẹdda,** Name zweier Werke der altisl. Lit.: **1) Lieder-E.,** im 8. bis 11. Jh. entstandene Götter- u. Heldenlieder (älteste Handschrift aus dem 13. Jh.). **2) Snorra-E.,** in der 1. H. d. 13. Jh. entstandenes Lehrbuch der Dichtung der ↑Skalden, überliefert unter dem Namen Snorri Sturlusons, enthält eine Zusammenfassung der altnord. Mythen.

**Edelfäule** ↑Pflanzenkrankheiten (Übers.).

**Edelgase,** die Elemente Helium, Neon, Argon, Krypton, Xenon, Radon; einatom., farb- u. geruchlose Gase; chem. fast völlig inaktiv.

**Ẹdelhagen,** Kurt, dt. Jazzmusiker u. Orchesterleiter, *1920, †1982.

**Edelkastanie,** Buchengewächs wärmerer Gebiete; Früchte („essbare Kastanien", Maronen) stärkereiches Nahrungsmittel.

**Edelmarder, Baummarder,** etwa 50 cm lange dunkelbraune Marderart m. gelbem Kehlfleck.

**Edelmetalle,** Gold, Silber, Quecksilber u. die Platinmetalle; chem. sehr beständig.

**Edelreizker,** rötlich gelber Speisepilz (Milchling).

**Edelstähle,** Qualitätsstähle, d. sich durch bes. Eigenschaften (Härte, Zugfestigkeit, Rostfreiheit usw.) auszeichnen; enthalten wertverbessernde Legierungsbestandteile (z.B. Cr, Ni, Mo, V, W).

**Edelsteine** ↑Schmucksteine.

**Edelweiß,** weißl., dicht behaarte Korbblütler, in den Geb. Europas und Asiens; z.T. Zierpflanzen.

**Eden** [iːdn], Sir Robert Anthony, Earl of Avon, brit. konservativer Politiker, *1897, †1977; 1935–38, 1940–45, 1951–55 Außenmin.; 1955/57 Premierminister.

**Ẹden** [hebr.], A.T.: das Paradies *(Garten E.).*

**Ẹder,** l. Nbfl. der Fulda, 177 km; entspringt am *E.kopf* (im südl. Rothaargeb., 676 m); im Unterlauf gestaut: *E.see,* 202 Mill. m³.

**Edẹssa** ↑Şanlıurfa.

**Edịkt** [lat.], amtl. Erlass.

**Edinburgh** [ˈedɪnbərə], Hptst. v. Schottland, am Firth of Forth (Hafen Leith); 419 000 E; Festspiele; 2 Univ., Akad., Fachhochschulen, bed. Bibliotheken, Museen, kgl. Observatorium; Kathedr. (14./15. Jh.), ma. Burg, Parlamentsgebäude (17. Jh.), Holyroodpalast (17. Jh.). Bed. Papierind., nach London größter Platz für Buchdruck u. -handel in Großbrit., chem. Ind.; ⚒. – Ehem. Residenz der schott. Könige.

**Edịrne,** fr. auch **Adrianọpel,** türk. St. an der Maritza, 102 000 E; Rosenöl-, Obstkonserven-, Webwaren-, Teppichherst., Lederind.

**Edison** [ˈedɪsn], Thomas Alva, amer. Erfinder, *1847, †1931; über 1 000 Patente; u.a. ↑Phonograph, Kohlefadenglühlampe, verbesserte das Telefon, entdeckte den *glühelektr. Effekt (E.-Effekt)* als Grundlage für die Entwicklung der Elektronenröhre (Emission v. Elektronen aus einer erhitzten Kathode).

**Editịon** [lat.], Abk. Ed., Ausgabe, Herausgabe von Druckwerken.

**Editor** [ˈedɪtə; engl.], Programm zur Erstellung u. Bearbeitung v. Texten.

**Edmonton** [ˈedməntən], kanad. Prov.-Hptst. am North Saskatchewan River, 618 000 E; Univ.; Getreide-, Holz- u. Pelzhandel, vielseitige Ind.; Kohlenbergbau, Erdöl- u. Erdgasverarb.; ⚒.

**Ẹduard,** Fürst von Wales, engl. Heerführer im Hundertjährigen Krieg, *1330, †1376; nach der Rüstung gen. „Der schwarze Prinz".

**Ẹduard,** *ags. Könige:* **1) E. der Bekenner,** hl., *um 1003, †1066, Kg. seit 1042. – *England/Großbritannien:* **2) E. I.,** *1239, †1307, Kg. seit 1272; eroberte 1277–84 Wales. **3) E. II.,** *1284, †1327, Kg. seit 1307, Sohn von 2); gestürzt, im Gefängnis ermordet. **4) E. III.,** *1312, †1377, Kg. seit 1327, Sohn v. 3); löste den Hundertjähr. Krieg aus. **5) E. IV.,** *1442, †1483, Kg. seit 1461; besiegte das Haus Lancaster (↑Rosenkriege). **6) E. VI.,** *1537, †1553, Sohn Heinrichs VIII., Kg. seit 1547 (letzter Tudor); unter ihm Reformation der engl. Kirche. **7) E. VII.,** *1841, †1910, Kg. von Großbritannien u. Irland u. Ks. v. Indien seit 1901; begünstigte die Entstehung der Entente cordiale (↑Entente). **8) E. VIII.,** Enkel. v. 7), Kg. von Jan. bis Dez. 1936, *1894, †1972; heiratete Mrs. Wallis W. Simpson; lebte als Hzg. von Windsor im Ausland.

**Edutainment** [edjuˈteɪnmənt, Kw. aus engl. **edu**cation u. enter**tainment**], die Vermittlung von Wissen auf unterhaltsame u. spieler. Weise (u.a. Computerlernprogramme).

**EDV,** Abk. für **e**lektron. **D**aten**v**erarbeitung.

**EEG,** Abk. für: ↑**E**lektro**e**nzephalo**g**ramm.

**EEX® AG** [Abk. für engl. **E**uropean **E**nergy **Ex**change], Spot- u. Terminmarkt für Strom u.a. Energieprodukte in Z-Europa *(Europ. Energiebörse),* gegr. 2000; seit Fusion mit der LPX (Leipzig Power Exchange GmbH) 2002 Sitz: Leipzig.

**Efeu,** Herbstblüher, dessen schwarze Beeren im Frühj. reifen, Wurzelkletterer, Heilpflanze.

**Effekten** [lat.], zur Kapitalanlage geeignete Wertpapiere (z.B. Aktien, Investmentzertifikate).

**Effektivlohn,** tatsächlich gezahlter (Brutto-)Lohn, bestehend aus Tariflohn, Überstundenvergütung u. übertarifl. Zuschlägen.

**Effektivwert,** tatsächl. Wert eines Wertpapiers zu einem best. Zeitpunkt (i.d.R. Börsenkurs abzüglich Spesen u. Steuern).

**Effloreszenz** [lat.], **1)** (Hautblüten); unterschiedl. Formen krankhafter Hautveränderungen (Pusteln, Flecken). **2)** Bildung von Mineralüberzügen (Ausblühungen) auf Gesteinen.

**Effusivgesteine,** svw. ↑Ergussgesteine.

**EFTA** [Abk. für engl. **E**uropean **F**ree **T**rade **A**ssociation; = Europ. Freihandelsassoziation], 1960 gegr. Freihandelszone europ. Staaten; nach dem Beitritt Dänemarks, Finnlands, Großbrit.s, Österreichs, Portugals u. Schwedens zur EG gehören ihr derzeit noch Island, Norwegen, Liechtenstein u. die Schweiz an. Seit 1. 1. 1994 bilden die EFTA- (mit Ausnahme der Schweiz) u. die EU-Staaten den Europ. Wirtschaftsraum.

**eG,** Abk. für: **e**ingetragene ↑**G**enossenschaft.

**EG,** Abk. für: ↑Europäische Gemeinschaften u. ↑Europäische Gemeinschaft.

**Egbert,** *775, †839, seit 802 Kg. v. Wessex; vereinigte erstmals alle ags. Teilreiche.

**Eger, 1)** tschech. **Ohře,** l. Nebenfluss der Elbe in N-Böhmen, 291 km. **2)** tschech. **Cheb,** St. an 1), 31 400 E; Ruine der alten Kaiserpfalz (12. Jh.), Kirchen (13. Jh.); Textil-, Uhren-, Masch.-Ind. **3)** dt. **Erlau,** Bez.-Hptst. in N-Ungarn, 59 000 E; Bischofspalast; bed. Weinbau.

**Egge, Eggegebirge,** waldreicher Teil des Weserberglandes zw. dem Teutoburger Wald und der Diemel, bis 468 m.

**Egge,** landw. Gerät zur Bodenbearbeitung u. Unkrautbekämpfung (hpts. Zerkrümelung).

**Egk,** Werner, dt. Komponist, *1901, †1983; „Zaubergeige", „Peer Gynt" u.a. Opern, Ballette.

**EGKS,** Abk. für: ↑**E**uropäische **G**emeinschaft für **K**ohle u. **S**tahl.

**egozentrisch** [lat.], ichbezogen.

**Ehe,** Lebensgemeinschaft zw. Mann und Frau, als Grundform menschl. Zusammenlebens festen soz. u. rechtl. Bindungen unterworfen, häufig relig. legitimiert. Neben *Monogamie* (Ein-E.), vorherrschende Form d. E., *Polygamie* (Mehr-E.): *Polygynie* (ein Mann, mehrere Ehefrauen), *Polyandrie* (eine Frau, mehrere Ehemänner) u. Gruppen-E. (Gemeinschaft mehr. Männer und mehr. Frauen).

**eheähnliche Gemeinschaft, freie Ehe,** auf Dauer angelegtes Zusammenleben einer Frau und eines Mannes ohne förml. Eheschließung; keine Erb-, Unterhalts-, Versorgungsausgleichsansprüche.

**Eheaufhebung,** Auflösung einer rechtsfehlerhaft geschlossenen Ehe durch gerichtl. Urteil für die Zukunft (§§ 1313 ff. BGB). Aufhebungsgründe (müssen bereits bei der Eheschließung vorgelegen haben): u.a. Geschäftsunfähigkeit, Doppelehe, arglistige Täuschung. Ehenichtigkeit u. -anfechtung 1998 abgeschafft.

**Eheberatung,** versch. Institutionen, die ehel. u. vorehel. Schwierigkeiten durch Beratung zu beheben versuchen.

**Ehejubiläen** ↑Hochzeit.

**Ehenichtigkeit,** bis 1998 die Möglichkeit, eine Ehe wegen schwerer, schon bei der Eheschließung vorhandener Mängel von Anfang an für ungültig zu erklären.

**Eherecht,** im Wesentl. der Teil des Familienrechts, der von der ↑Ehe handelt, geregelt in §§ 1297–1588 BGB; das EheG von 1946 wurde 1998 aufgehoben. Die Ehe genießt verfassungsrechtl. Schutz (Art. 6 Absatz 1 GG). 1. Das der Eheschließung oft vorausgehende, formlos gültige *Verlöbnis* hat allg. rechtl. Wirkungen; u.a. haben Verlobte vor Gericht ein Zeugnisverweigerungsrecht. 2. Ein Paar kann die Ehe schließen, wenn beide Partner geschäftsfähig u. volljährig sind. Ist nur einer volljährig u. der andere mindestens 16 Jahre alt, können beide die Ehe schließen, wenn das Familiengericht dies genehmigt (Befreiung). Die Ehe kann nur vor dem Standesbeamten geschlossen werden (obligator. Zivilehe); dies schließt eine spätere kirchl. Eheschließung nicht aus. 3. Eheleute sind einander zur ehel. Lebensgemeinschaft und zum Unterhalt verpflichtet. Sie sollen einen gemeinsamen Familiennamen (Ehenamen) führen. Dies kann der bisherige Name des Mannes oder der Frau sein. Der Ehegatte, dessen Name nicht Ehename wird, kann den Ehenamen in Verbindung mit seinem alten Namen führen, wenn er dies gegenüber dem Standesbeamten erklärt. Die Ehegatten können untereinander frei vereinbaren, wer von ihnen in welchem Umfang erwerbstätig sein bzw. den Haushalt führen soll. Schließt einer der Ehegatten allein Geschäfte ab, die den Lebensbedarf der Familie decken sollen, so ist in aller Regel neben ihm auch der andere Ehegatte Geschäftspartner; Rechte und Pflichten aus dem Vertrag treffen auch ihn. 4. Treffen die Ehegatten keine Vereinbarung über ihre vermögensrechtl. Beziehungen (Regelfall), so leben sie im gesetzl. Güterstand der Zugewinngemeinschaft. Die Vermögen der Eheleute bleiben jedoch voneinander getrennt. Erst im Falle der Scheidung oder bei Vereinbarung von Gütertrennung oder -gemeinschaft wird berechnet, um wie viel das Vermögen beider Partner während der Ehezeit gewachsen ist. Wer den geringeren Zuwachs erzielte, hat Anspruch auf Ausgleich in Höhe der Hälfte des vorhandenen Überschusses des anderen Ehegatten (Zugewinnausgleich). Über sein jeweiliges Vermögen im Ganzen u. über den Hausrat kann ein Ehegatte nur verfügen, sofern der andere zustimmt. Die Eheleute können beim Notar auch die vertragl. Güterstände der Gütergemeinschaft od. der Gütertrennung vereinbaren. 5. Die Ehe kann nur durch Urteil (des Familiengerichts) geschieden werden u. nur, wenn sie unheilbar zerrüttet ist (Zerrüttungsprinzip). Hiervon geht das Gericht immer aus, wenn die Ehegatten wenigstens 1 Jahr getrennt gelebt haben u. beide die Scheidung wollen. Will nur ein Ehepartner die Scheidung, so kann die Ehe grundsätzl. nach drei Jahren Trennungszeit geschieden werden, auch während des Getrenntlebens besteht die gegenseitige Unterhaltspflicht. Das Scheidungsverfahren soll vom Gericht zusammen mit den Scheidungsfolgesachen (Unterhaltsregelung, Zugewinnausgleich, Versorgungsausgleich, Hausratsverteilung) entschieden werden (Entscheidungsverbund). Der Versorgungsausgleich geschieht im Grundsatz in der Weise, dass vom Rentenkonto desjenigen, der die größeren Rentenanwartschaften hat, die Hälfte des Wertunterschiedes abgezogen u. dem Rentenkonto des anderen zugeschlagen wird.

**Ehescheidung** ↑Eherecht.
**Eheschließung** ↑Eherecht.
**Ehre,** Ida, dt. Schauspielerin, Regisseurin u. Theaterleiterin, *1900, †1989; gründete 1945 die Hamburger Kammerspiele.
**Ehre,** im subjekt. Sinn die sittl. Würde einer Person; im objekt. Sinn die dieser Würde entspr. äußere Achtung für eine Person.
**ehrenamtlicher Richter,** neben den Berufsrichtern gleichberechtigt an der Rechtsprechung ehrenamtl. mitwirkende Personen, die keiner jurist. Vorbildung bedürfen *(Laienrichter);* bei Strafgerichten *Schöffen* genannt.
**Ehrenburg,** Ilja, russ. Schriftsteller, *1891, †1967; „Tauwetter", war namengebend f. Liberalisierungsperiode nach Stalins Tod.
**Ehrenbürgerrecht,** von Städten u. Gemeinden (auch Hochsch.) verliehene Auszeichnung.
**Ehrenpreis, Veronica,** ein- od. mehrjähr. blau blühender Rachenblütler; auch Ackerunkraut.
**Ehrenrechte,** Rechte u. Befugnisse, die sich aus der Staatsangehörigkeit ergeben *(staatsbürgerl. Rechte),* z.B. akt. u. pass. Wahlrecht. Automat. Verlust der Amtsfähigkeit u. des pass. Wahlrechts bei Verurteilung zu Freiheitsstrafe v. mind. 1 Jahr wegen Verbrechens.
**Ehrlich,** Paul, dt. Mediziner u. Chemiker, *1854, †1915; entdeckte mit S. Hata das Salvarsan zur Syphilisbehandlung; Nobelpreis (mit Metschnikow) 1908.
**Ei, Eizelle, Ovum,** ♀ Geschlechtszelle bei Mensch, Tier und Pflanze; Bildung der Eier bei allen höheren Lebewesen in bes. Geschlechtsorganen: ↑Samenanlagen (bei Pflanzen), ↑Eierstock (bei Mensch u. Tier); das Ei (außer bei Pfl.) besteht aus *Eikern* (Keimbläschen), *Eiplasma* (mit Dotter) und *Eimembran;* i.e.S. Bez. für das Hühnerei als Nahrungsmittel.
**Eibe, Taxus,** zweihäusiges Nadelholz der Nordhalbkugel (geschützt und giftig); Holz harzlos, hart, elastisch; Samenmantel rot, fleischig.
**Eibsee,** Bergsee am NW-Fuß der Zugspitze, 1,8 km².
**Eich,** Günter, dt. Dichter, *1907, †1972; Erzählungen; bed. Hörspiele u. Lyrik.
**Eichel,** Hans, dt. Politiker (SPD), *1941; 1991–99 Min.-Präs. von Hessen, seit 1999 B.-Min. der Finanzen.
**Eichel, 1)** rundl. Nussfrucht der Eichen. **2) Glans,** vorderstes Ende des Penis bzw. des Kitzlers.
**Eichelhäher** ↑Häher.
**eichen,** Maße u. Messgeräte mit den Normalgeräten der *Eichbehörden* (Physikal.-Techn. Bundesanstalt, Eichämter) abstimmen.
**Eichen,** Buchengewächse, vielf. Nutzbäume, bis zu 60 m hoch; werden 500–1 000 J. alt; dt. Arten: *Stiel-* od. *Sommereiche,* Früchte lang gestielt, *Trauben-, Stein-* od. *Wintereiche,* Früchte kurz gestielt; beide Arten liefern dauerhaftes Nutzholz, die Rinde Gerbstoff.
**Eichendorff,** Joseph Frhr. v., dt. Schriftsteller, *1788, †1857; bed. Vertr. der Spätromantik: Lyrik; Novelle „Aus dem Leben eines Taugenichts".
**Eichhörnchen** ↑Baumhörnchen.
**Eichmann,** Adolf, dt. SS-Obersturmbannführer, *1906, †1962; 1941 bis 1945 einer der Hauptverantwortl. für die Vernichtung der im dt. Machtbereich lebenden Juden; von einem isr. Gericht verurteilt u. hingerichtet.
**Eichsfeld,** Hochfläche zw. Harz und unterer Werra.
**Eichstätt,** bayr. Krst. an der Altmühl, 12 300 E; kirchl. Gesamthochschule; Dom (11.–14. Jh.).
**Eid,** feierl. Wahrheitsversicherung v.a. vor Gericht; strafbar: ↑Meineid u. fahrläss. ↑Falscheid.
**Eidechse,** lat. **Lacerta,** Sternbild des nördl. Himmels.
**Eidechsen,** Fam. der ↑Echsen in Europa, Asien, Afrika; bis 60 cm lange, lebh. Tagtiere; leben v.a. von Insekten.
**Eiderdänen,** nationalist. dän. Partei, propagierte, Schleswig bis zur Eider Dänemark anzugliedern (1848–69).
**Eiderente,** gr. Meerente an den Küsten der nördl. Meere; liefert Daunenfedern.
**Ei des Kolumbus,** sprichwörtl. für eine verblüffend einf. Lösung (nach Kolumbus, der das Problem, ein Ei aufrecht hinzustellen, gelöst haben soll, indem er die Eispitze eindrückte).
**eidesstattliche Versicherung,** Mittel zur Glaubhaftmachung einer Tatsache (schriftl., mündl.), z.B. bei der Zwangsvollstreckung (fr.: *Offenbarungseid*).
**Eidgenossenschaft, Schweizerische E.,** amtl. Name der ↑Schweiz.
**Eidophorverfahren,** Verfahren zur Wiedergabe von Fernsehbildern auf großen Flächen, z.B. Kinoleinwand.
**Eierstock, Ovarium,** ♀ Geschlechtsorgan (paarig) bei Mensch u. Tieren, in dem die Eizellen (↑Ei) sowie Geschlechtshormone gebildet werden. Reife Eizellen liegen rindennah im E. in flüssigkeitsgefüllten Bläschen (die Graaf-Follikel); beim Menschen platzt etwa alle 28 Tage ein Follikel *(Follikelsprung),* wonach das Ei in die Gebärmutter gelangt.
**Eifel,** Teil des westl. Rhein. Schiefergeb. nördl. der Mosel, zw. Rhein u. Ardennen; raue Hochfläche mit tief eingeschnittenen Tälern; höchster Berg: Hohe Acht, 747 m; *Vulkan-E.* mit Vulkankuppen, alten Lavaströmen, Aschen- und Bimssteinfeldern u. reizvollen Maaren.
**Eiffel** [ɛˈfɛl], Alexandre Gustave, frz. Ingenieur, *1823, †1923; erbaute für die Pariser Weltausstellung von 1889 den *E.turm* (heute mit Antenne 320,8 m hoch).
**Eigen,** Manfred, dt. Physiker u. Chemiker, *1927; Untersuchungen v.a. über den Verlauf schneller Reaktionen in Lösungen; Nobelpreis für Chemie 1967.
**Eigenkapital,** auf den od. die Eigentümer eines Unternehmens entfallender Teil des zu einem best. Zeitpunkt investierten Kapitals; ergibt sich als Differenz zw. Aktiva u. ↑Fremdkapital.
**Eigenschaftswort,** svw. ↑Adjektiv.
**Eigentum,** bürgerl.-rechtl. absolute Herrschaftsmacht über eine Sache; nicht gleich ↑Besitz.
**Eigentumsvorbehalt,** die vorl. Nichtübertragung des Eigentums beim Verkauf einer bewegl. Sache bis zur vollen Bezahlung.
**Eigentumswohnung** ↑Wohnungseigentum.
**Eiger,** Gipfel der Finsteraarhorngruppe in den Berner Alpen (Schweiz), 3 970 m, durch das *E.joch* (3 619 m) mit dem ↑Mönch verbunden.
**Ei|leiter, Tube, Tuba,** paar. Schlauch, leitet die reife Eizelle v. ↑Eierstock in d. Gebärmutter.
**Ei|leiterschwangerschaft, Tubargravidität,** Schwangerschaft mit Einnisten des Embryos im Eileiter; führt zum Absterben der Frucht bzw. zum Abort.
**einbalsamieren,** Leichname konservierend behandeln, um sie zu mumifizieren; v.a. im alten Ägypten; heute Einspritzung v. fäulnishemmenden Flüssigkeiten in die Blutgefäße.
**Einbruchdiebstahl,** Entwendung einer Sache nach gewalts. Öffnung der den Zutritt verwehrenden Umschließung; Form des schweren Diebstahls.
**Einbürgerung, Naturalisation,** Erwerb der ↑Staatsangehörigkeit durch einen Ausländer oder Staatenlosen.
**Eindhoven,** Ind.-St. in der niederl. Prov. N-Brabant, 194 000 E; Elektroind.; ⚒.
**Einem,** Gottfried v., östr. Komponist, *1918, †1996; tonal gebun-

**Einsiedeln:** *Kloster (1704–18) und Klosterkirche (1719–35), nach Plänen von Kaspar Moosbrugger erbaut*



dener, mod. Stil; Opern, Orchesterwerke.

**Einfallswinkel,** ✻ Winkel, den ein auf eine reflektierende od. brechende Fläche fallender Lichtstrahl mit dem Lot bildet.

**Eingemeindung,** Einbeziehung angrenzender Gebiete in den Verw.-Raum einer Gemeinde.

**eingeschlechtig, diklin,** nur Staub- oder nur Fruchtblätter tragende Blüten.

**eingetragen,** in einem öff. Register vermerkt (u. a. *e.er Verein*).

**Eingetragene Lebenspartnerschaft** ↑gleichgeschlechtliche Lebensgemeinschaft.

**Eingeweide,** v. a. die in Brust- und Bauchhöhle eingeschlossenen inneren Organe; *E.senkung* bei Erschlaffung der Haltebänder.

**einhäusig, monözisch,** ♂ u. ♀ Blüten tragend (von Pflanzen).

**Einheit,** zur quantitat. Festlegung physikal. Größen vereinbarte Vergleichsgröße (z. B. Meter als E. der Länge); *gesetzl. E.en* [f. d. geschäftl. u. amtl. Verkehr] sind in Dtl. seit 1978 die SI-Einheiten, ↑Internationales Einheitensystem.

**Einheitskurzschrift** ↑Deutsche Einheitskurzschrift.

**Einheitswert,** der nach dem Bewertungs-Ges. einheitl. festgesetzte steuerl. Wert des land- u. forstwirtsch. sowie sonstigen Grund- und Betriebsvermögens; wird v. a. für die Bemessung der Grund-, Gewerbe- und Erbschaftsteuer zugrunde gelegt.

**Einhorn,** lat. **Monoceros,** Sternbild der Äquatorzone.

**Einhorn,** ziegen- oder pferdeähnl. Fabeltier mit gr. Horn auf der Stirn.

**Einhufer,** Huftiere, die nur auf der Mittelzehe laufen (alle anderen Zehen rückgebildet); Zebra, [Halb]esel, Pferd.

**Einigungsvertrag,** umfangr. Vertrag zw. der BRD u. der DDR über die Herst. der Einheit Dtl.s vom 31. 8. 1990, nach dem die DDR gemäß Art. 23 GG der BRD beigetreten ist.

**einjährig,** nur eine Vegetationsperiode überdauernd (von Pfl.).

**Einkammersystem,** Staatsform, in der die gesetzgebende Körperschaft aus einer Kammer besteht.

**Einkeimblättrige, einkeimblättrige Pfl., Monokotyledonen,** Pfl., die nur ein endständig angelegtes Keimblatt und parallelnervige Blätter besitzen; meist Stauden, selten Bäume (z. B. Palmen).

**Einkommen,** alle Geldbeträge od. Sachgüter, die einem Wirtschaftssubjekt (Person, Haushalt, Unternehmen) in einem best. Zeitraum zufließen; v. a. *Arbeits-E.* (Lohn, Gehalt), *Unternehmens- u. Vermögens-E.* (Gewinne, Zinsen, Dividenden), *Transfer-E.* (Sozialrenten, Pensionen, Kindergeld); *Nominal-E.* (in Geld angegebener Wert des E.), *Real-E.* (E. nach Berücksichtigung der Inflationsrate).

**Einkommensteuer,** Steuer auf das Einkommen natürl. Personen. Unbeschränkt steuerpflichtig mit in- u. ausländ. Einkünften sind Personen, die ihren Wohnsitz im Inland haben, gebietsfremde Personen sind mit ihren inländ. Einkünften nur beschränkt steuerpflichtig. Kapitalgesellschaften unterliegen der ↑Körperschaftsteuer. Die E. bemisst sich nach dem Einkommen im Kalenderjahr, berücksichtigt allerdings die persönl. Leistungsfähigkeit des Steuerpflichtigen. Erhebungsformen: veranlagte E., Lohnsteuer, Kapitalertragsteuer.

**Einkristall,** aus einem einheitl. Kristallgitter aufgebauter, bes. regelmäßig gewachsener Kristall.

**Einlagefazilität,** geldpolit. Instrument der EZB, das Geschäftsbanken die Möglichkeit gibt, Liquiditätsüberschüsse kurzfristig zu einem vorgegebenen Zinssatz (Einlagesatz) bei nat. Zentralbanken anzulegen.

**Einlagen, 1)** Guthaben bei Banken. **2)** Beteiligungen an Unternehmen.

**Einlassung,** jede Stellungnahme des Beklagten zu den Vorbringungen des Klägers (ZPO).

**Einlauf, Darmspülung, Klistier, Klysma,** Einführung körperwarmer Flüssigkeiten in den Mastdarm mit Irrigator od. Spritze; zur Anregung der Darmentleerung.

**Einrede,** gg. einen Anspruch bestehendes Leistungsverweigerungsrecht, z. B. bei Verjährung.

**Einschlüsse,** fremde Bestandteile in Mineralien, Gesteinen und Werkstoffen.

**Einschreiben,** Postsendungen (Briefe, Postkarten, Päckchen u. a.), die gegen bes. Gebühr zugestellt werden; dabei unterscheidet man zw. *Einwurf-* und *Übergabe-E.,* wobei Letzteres nur gegen Unterschrift ausgehändigt wird.

**Einsiedeln,** schweizer. Ort im Kt. Schwyz, 10 000 E; Stift *Maria E.,* berühmter Wallfahrtsort der Schweiz („Schwarze Madonna"); bed. Barockkirche (1719 ff.); Klosterbibliothek mit zahlr. Handschriften.

**Einsiedler, Eremit,** Mönch, der nicht in einer Klostergemeinschaft, sondern in der Einsamkeit lebt; im frühen Christentum *Anachoret.*

**Einsiedlerkrebse,** bes. im Mittelmeer u. Atlantik beheimatete Zehnfußkrebse, nisten sich in leere Schneckengehäuse ein; oft in Symbiose mit auf dem Gehäuse sitzenden Seeanemonen.

**Einspritzpumpe,** Pumpe zum Einspritzen des Treibstoffs über *Einspritzdüsen* in die Zylinder von Verbrennungsmotoren.

**Einspruch,** Rechtsmittel gg. Mahnbescheid (↑Mahnverfahren), ↑Versäumnisurteil, ↑Strafbefehl, ↑Steuerbescheid u. a.

**A. Einstein**

**Einstein, 1)** Albert, dt.-amer. Physiker, * 14. 3. 1879, † 18. 4. 1955; Begr. der speziellen (1905) u. der allg. (1916) ↑Relativitätstheorie; Erklärung des äußeren Photoeffekts mithilfe der Lichtquantenhypothese, ↑Energie-Masse-Relation u. a., 1921 Nobelpreis für Physik. **2)** Alfred, dt.-amer. Musikwissenschaftler, * 1880, † 1952; verf. u. a. die Biografie „Mozart".

**Einsteinium** [nlat.], Symb. **Es**, chem. El., OZ 99, künstl. hergest. radioakt. Metall (Transuran).

**einstweilige Anordnung,** gerichtl. Maßnahme (Entscheidung), mit der vor Abschluss des Verfahrens vorläufiger Rechtsschutz gewährt wird; soll verhindern, dass vor Rechtskraft einer gerichtl. Entscheidung ein endgültiger Zustand herbeigeführt wird.

**einstweilige Verfügung,** die in einem abgekürzten (summar.) Zivilprozess oder Arbeitsgerichtsverfahren ergehende vorläufige, allerdings sofort vollstreckbare gerichtl. Anordnung zur Sicherung eines Individualanspruchs oder des Rechtsfriedens. Voraussetzung ist ein Verfügungsanspruch.

**Eintagsfliegen,** Ordn. der Insekten, deren Larven im Süßwasser leben; Lebensdauer der geschlechtsreifen Tiere (Imagines) oft nur wenige Stunden.

**Einwanderung, Immigration,** Zuzug in ein anderes Staatsgebiet zwecks ständiger Niederlassung, meist mit Einbürgerungsabsicht; soll in Dtl. gesetzl. geregelt werden.

**Einzahl,** svw. ↑Singular.

**Einzeller, Protisten,** Lebewesen aus nur einer Zelle; Bakterien, versch. Algen, Urtierchen.

**Eirene,** griech. Göttin des Friedens, entspricht der röm. Pax.

**Eis,** Wasser in festem Aggregatzustand, kristallin erstarrt; Dichte 0,9167 g/cm$^3$ (schwimmt auf Wasser), Fp. 0 °C. Herst. v. *künstl. E.* in Kältemaschinen.

**Eisack,** ital. **Isarco,** l. Nbfl. der Etsch, Italien, 95 km.

**Eisbär,** in der Arktis lebender Bär, bis 2,5 m lang, weißgelb; vorw. Fleischfresser.

**Eisberg,** im Meer schwimmende Eismasse, nur $^1/_5$ bis $^1/_8$ über die Meeresoberfläche herausragend; entsteht durch Abbrechen („Kalben") von Gletschern.

**Eisbrecher,** Schiffe mit starker Antriebsleistung u. bes. Bugkonstruktion; brechen Fahrrinnen im Eis auf.

**Eisen,** Symb. **Fe** [von lat. **Fe**rrum], chem. El., OZ 26, rel. A.-Masse 55,847, Dichte 7,874 g/cm$^3$, Fp. 1 538 °C, Sp. 2 861 °C; silberweißes, verhältnismäß. weiches Metall, beständ. in trockener Luft u. kohlendioxidfreiem Wasser, kommt nur selten in gediegenem Zustand (Meteore), hpts. in oxid. u. sulfid. Erzen vor; wichtigstes Gebrauchsmaterial, in Form v. Legierungen (↑Gusseisen, ↑Ferrolegierungen, ↑Stahl); Gewinnung von Roheisen im ↑Hochofen.

**Eisenach,** Krst. am NW-Fuß des Thüringer Waldes, Thür., überragt von der ↑Wartburg, 42 000 E; Nikolaikirche (12. Jh.), Lutherhaus, Reuterhaus, Geburtshaus Bachs; Masch.-, Fahrzeugbau.

**Eisenbahn,** schienengebundenes Verkehrsmittel, dessen Fahrzeuge durch Maschinenkraft (Verbrennungsmotoren, Dampfmaschinen, Elektromotoren) fortbewegt werden; entweder als Triebwagen oder als ↑Lokomotiven mit angehängten E.-Wagen; sie verkehren auf einem Gleisstreckennetz. – Die *Schienen* der Gleisanlage sind im lichten Abstand der Spurweite auf den Schwellen (meist aus Stahl od. vorgespanntem Stahlbeton) befestigt. *Weichen* ermöglichen den Übergang der Schienenfahrzeuge von einem Gleis zum anderen. Man unterscheidet nach der Art der Fortbewegung u. a. *Reibungs-, Zahnrad-, Standseilbahnen;* nach der Spurweite *Breit-, Regel- (Normal-)* und *Schmalspurbahnen.* Bei *Personenzügen* unterscheidet man in Dtl. zw. S-Bahnen (S) im Bereich von Großstädten u. Ballungsgebieten, Nahverkehrszügen in den Regionen mit StadtExpress (SE), RegionalExpress (RE) und RegionalBahn (RB) u. Fernzügen mit InterCityExpress (ICE), InterCity (IC) und InterRegio (IR) sowie nachts InterCityNight (ICN). In Europa verkehren EuroCity (EC), für den Nachtreiseverkehr ergänzt durch EuroNight (EN) und CityNightLine. Höchstgeschwindigkeit bei S-Bahnen bis 100 km/h, im Regionalverkehr bis 140 km/h, bei IR- und IC-Zügen 200 km/h. Der ICE wurde 1991 eingeführt (Höchstgeschwindigkeit: 280 km/h). – *Signale* (Form- u. Lichtsignale) geben dem Lokomotivpersonal Fahranweisung. *Stellwerke* dienen zum fern wirkenden Stellen der Weichen u. Signale. Die induktive

**Eisenbahn:** *elektrische Hochleistungslokomotive (Baureihe 152) von Krauss-Maffei und Siemens für die Deutsche Bahn AG*

Zugbeeinflussung *(Indusi),* mit der die Schnellfahrstrecken der Dt. Bahn AG ausgerüstet sind, verhindert das Überfahren eines auf Halt stehenden Signals. Sie löst automat. die Notbremsung aus. Eine weitere Sicherheitseinrichtung ist die ↑Linienzugbeeinflussung. Neuerdings kommen im Nahschnell- und im Regionalverkehr Züge mit selbstneigendem Wagenkasten zum Einsatz. *Gesch.:* Die erste Dampflokomotive erbaute 1804 der Engländer Trevithick. 1825 wurde die von G. Stephenson geschaffene Bahnlinie Stockton-on-Tees–Darlington in Betrieb genommen, die erste E. mit Dampflokomotive; am 7. 12. 1835 Eröffnung der „Ludwigsbahn" von Nürnberg nach Fürth (1. dt. Bahnlinie). 1921 wurden die dt. Bahnlinien zur Dt. Reichsbahn zusammengefasst. Mit Gründung der BRD ging die E. in den Besitz des Bundes über (Dt. Bundesbahn); in der DDR bestand weiterhin die Dt. Reichsbahn, die 1990 zunächst erhalten blieb; 1994 mit der Dt. Bundesbahn zur Dt. Bahn AG vereinigt.

**Eisenbakteri|en,** Bakterien, die in Wasser gelöste zweiwert. Eisenverbdg. zu dreiwert. oxidieren; bilden in Wasserleitungen gallert. Fäden *(Brunnenfäden),* d. Röhren verstopfen können *(Brunnenpest).*

**Eisenbarth, Eysenbarth,** Johann Andreas, gen. **Doktor Eisenbart[h],** Wanderarzt u. Chirurg, *1663, †1727; wegen seines marktschreier. Auftretens zu Unrecht als Kurpfuscher hingestellt.

**Eisenberg,** Kreisstadt nw. von Gera, Thür., 12 000 E; Barockschloss Christianenburg (1677), Renaissancerathaus (1579–95).

**Eisenerz,** Bergbaust. in den *E.er Alpen* (Steiermark), 10 000 E; Abbau der Erze des nahen Erzbergs.

**Eisenerze,** mind. 20 %, hochwertige bis 70 % Fe enthaltende, verhüttb. Gesteine od. Minerale, v. a. Magnetit, Hämatit, Brauneisenstein, Eisenspat, Pyrit.

**Eisenhower** [ˈaɪzənhauə], Dwight D[avid] („Ike"), amer. General, 34. Präs. der USA (1953–61), *1890, †1969; 1943 Chef der alliierten Invasionstruppen.

**Eisenhut,** giftiges Hahnenfußgewächs, ↑Aconitum.

**Eisenhüttenstadt,** St. in Bbg., südlich von Frankfurt/Oder, 43 700 E; Stahl-, Walzwerk; Schiffswerft; ⚓. Von 1950 (gegr.) bis 1953: Wohnstadt des Eisenhüttenkombinats Ost; 1953–61 Stalinstadt, 1961 mit Fürstenberg/Oder vereinigt und in E. umbenannt.

**Eisenkern,** magnetisierbarer Massivkörper aus Weicheisen in Elektromagneten, Transformatoren u. a.; zur Verstärkung u. Führung des magnet. Feldes.

**Eisenkraut, Verbena,** heim. Staude mit blasslilafarbenen kl. Blüten; an Wegen u. Ackerrändern.

**Eisenlegierungen,** Legierungen des Eisens mit Übergangsmetallen (v. a. Chrom, Mangan, Molybdän, Titan, Vanadium), Kohlenstoff u. Silicium; wicht. Gebrauchslegierungen für Werkzeuge.

**Eisenman** [ˈaɪzənmən], Peter, amer. Architekt, *1932; Vertr. einer streng geometr. Architektur (Entwurf für das zentrale Holocaust-Mahnmal in Berlin).

**Eisenmangelanämie,** häufigste ↑Anämie bei gestörter Eisenresorption od. Eisenverlusten (durch Blutungen).

**Eisenspat, Siderit, Spateisenstein,** ein gelbl. braunes Mineral, $FeCO_3$, Härte 4–4,5; wicht. Eisenerz.

**Eisenstadt,** Hptst. des Burgenlandes, Östr., 11 000 E; Landesarchiv u. -museum, Barockschloss, Haydn-Museum; Weinbau.

D. D. Eisenhower

**Eisenstaedt,** Alfred, amer. Fotograf dt. Herkunft, *1898, †1995; Wegbereiter des mod. Bildjournalismus.

**Eisenstein,** Sergei Michailowitsch, sowjet. Filmregisseur, *1898, †1948; bed. Einfluss auf den internat. Film („Panzerkreuzer Potemkin").

**Eisenzeit,** das auf die Bronzezeit folgende vorgeschichtl. Zeitalter, in dem Eisen der wichtigste Werkstoff wurde. ↑Vorgeschichte (Übers.).

**eiserne Hochzeit** ↑Hochzeit.

**eiserne Lunge,** histor. Gerät zur künstl. Beatmung bei drohender Atemlähmung; inzw. durch maschinelle Beatmung abgelöst.

**eiserner Vorhang,** von Churchill 1946 geprägtes polit. Schlagwort zur Kennzeichnung der weltanschaul. Trennungslinie zw. Ost und West.

**Eisernes Tor, 1)** 130 km langes Durchbruchstal der Donau zw. den Südkarpaten (Rumänien) u. dem serb. Erzgeb.; Staudamm mit 3 Kraftwerken in rumän.-jugoslaw. Gemeinschaftsarbeit erbaut u. 1971 bzw. 1985 fertig gestellt. **2)** Pass in den Südkarpaten, 699 m ü. d. M., verbindet das Banat mit Siebenbürgen.

**Eisheilige,** volkstüml. Bez. für die Tage vom 11. bis 13. Mai (mit den Tages-Hl. Mamertus, Pankratius, Servatius), in Süddtl. vom 12. bis 15. Mai (Pankratius, Servatius, Bonifatius, „Kalte Sophie"); oft Kaltlufteinbrüche mit Frost.

**Eishockey** [-hɔkɪ; engl.], Hockeyspiel auf spez. Schlittschuhen; auf einer 56–61×26–30 m gr. Eisfläche von 2 Mannschaften mit je 6 Spielern (bis zu 18 ständige Auswechselspieler) gespielt. Der *Puck* (Hartgummischeibe von 7,62 cm ⌀) muss ins gegner. Tor geschlagen werden; 3 × 20 Min. effektive Spielzeit.

**Eisklettern,** Sonderform des Bergsteigens, durchgeführt mit Eispickel, Hammer, Steigeisen, Eisschrauben u. Sicherungsseil.

**Eislauf,** Laufen auf Schlittschuhen: 1. *Eiskunstlauf* (Einzel- und Paarlauf mit Kurzprogramm u. Kür, Eistanz mit 2 Pflichttänzen, Originaltanz, Kürtanz. 2. *Eisschnelllauf* über Strecken zw. 500 und 10 000 m für Männer u. 500 u. 5 000 m für Frauen.

**Eisleben, Lutherstadt E.,** Krst. in Sa.-Anh., 23 600 E; Fachschule, Gedenkstätten für Luther (Geburts- u. Sterbeort).

**Eisler,** Hanns, dt. Komponist, *1898, †1962; Schüler v. A. Schönberg; als Mitgestalter der sozialist. Musikbewegung komponierte er zahlr. Vokal- u. Instrumentalwerke sowie Bühnen- u. Filmmusiken.

**Eisner,** Kurt, dt. Politiker (USPD), *1867, †1919 (ermordet); proklamierte 1918 den republikan. „Freistaat Bayern", wurde dort Min.-Präsident.

**Eispickel,** Gerät für den Hochalpinisten in der Gletscherregion; v. a. zum Stufenschlagen in Eis und Schnee.

**Eisprung, Ovulation,** Freiwerden der reifen, befruchtungsfähigen Eizelle aus dem Graaf-Follikel des Eierstocks.

**Eispunkt,** Gefrierpunkt des Wassers unter Normdruck; Fundamentalpunkt der Celsius-Skala (0 °C = 273,15 K).

**Eisstockschießen, Eisschießen,** Ziel- u. Treibspiel, bei dem ein „Stock“ (eisenbeschlagene Holzscheibe mit Griff) auf einer 42 m langen, 4 m breiten Bahn möglichst nahe an ein Ziel (*Daube,* ein Holzwürfel) geschoben wird.

**Eisvögel,** meist sehr bunte, mittelgr. Vögel mit langem, kräftigem Schnabel; weltweit (Ausnahme: Polargebiete); Nahrung meist Fische und Wasserinsekten.

**Eiszeit, Glazial,** Vergletscherung riesigen Ausmaßes in versch. geol. Zeiten; einwandfrei nachgewiesen für: Präkambrium, Karbon/Perm, Quartär (Pleistozän); entstanden durch weltweiten Temp.-Rückgang, verbunden mit allg. Klimaverschlechterung. – E. i. e. S. ist das jüngste *E.alter,* die pleistozäne (diluviale) Vereisung der N-Hemisphäre sowie der hoch gelegenen Gebiete der Erde. Vorstöße u. Rückzüge des Eises (Abschmelzen) mit versch. Schwankungen; 4 (od. mehr) Hauptvereisungen, dazw. 3 Warmzeiten mit wesentl. Erwärmung *(Zwischen-E.en* od. *Interglazialzeiten);* von Skandinavien schob sich das Inlandeis bis Norddtl. vor, von den Alpen flossen die Gletscher ins Vorland (Verzahnungen); Tätigkeit des Eises erodierend und akkumulierend.

**Eiter,** abgesonderte Flüssigkeit bei eitriger Entzündung aus Leukozyten, zerfallenem Gewebe und Serum.

**Eiweiße, Eiweißkörper,** Träger der lebenden Substanz, Bausteine aller Organismen; organ. Naturstoffe aus Kohlenstoff, Wasserstoff, Sauerstoff u. Stickstoff (auch Schwefel und Phosphor) mit hohem Molekulargew.; z. T. kolloidale Systeme; ↑Aminosäuren als konstituierende Molekülverbände. Einteilung: 1. einf. E. *(Proteine):* a) eigtl. E. u. b) Gerüst-E. *(Skleroproteine),* 2. zusammengesetzte E. *(Proteide).*

**Eizelle,** svw. ↑Ei.

**Ejakulation** [lat.], Samenerguss.

**Ekbatana,** Hptst. des Mederreichs, heute Hamadan.

**EKD,** Abk. für: ↑**E**vangelische **K**irche in **D**eutschland.

**EKG, Ekg,** Abk. für: ↑**E**lektro**k**ardio**g**ramm.

**Eklat** [eˈkla; frz.], Aufsehen erregendes Ereignis, Skandal.

**Eklipse** [gr.], Sonnen- od. Mondfinsternis.

**Ekliptik** [gr.], Großkreis am Himmel, in dem die scheinb. jährl. Bewegung der Sonne vor sich geht. Die Zone der Sternbilder, durch die die E. verläuft, definiert den Tierkreisgürtel. *Schiefe der E.:* Winkel zw. E. u. Himmelsäquator (23° 27').

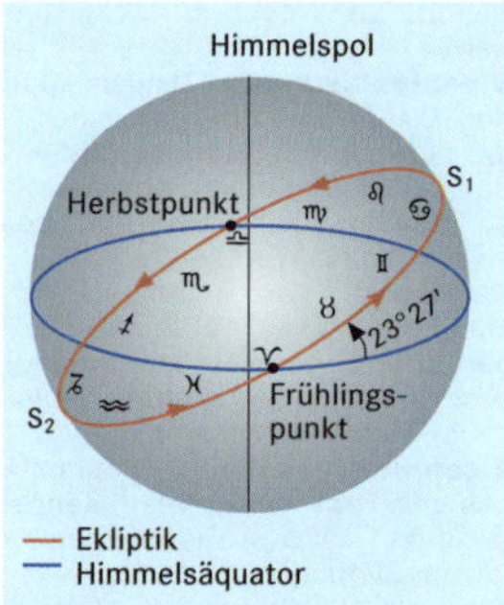


**Ekliptik:** *Tierkreiszeichen auf der Ekliptik; $S_1$ Sommersonnenwende, $S_2$ Wintersonnenwende (alles bezogen auf die Nordhalbkugel)*

**Ekloge** [gr.], altröm. Hirtengedicht.

**Ekstase** [gr.], [relig.] Verzückung, Begeisterung.

**Ektoderm** [gr.], äußeres Keimblatt.

**Ektohormone** ↑Pheromone.

**EKU,** Abk. für: **E**vangelische **K**irche der **U**nion.

**Ekuador** ↑Ecuador.

**Ekzem** [gr.], juckende Entzündungsreaktion der Haut; verbunden mit Rötung u. Nässen, auch Schuppung.

**El** [hebr.], semit. Bez. für Gott.

**Elaborat** [lat.], [schlechte] schriftl. Ausarbeitung; Machwerk.

**Elam,** alter Name des Landes östl. der Euphrat- u. Tigrismdg., Hptst. Susa; Blütezeit des *Reiches von E.* im 13./12. Jh. v. Chr.; später in Persien aufgegangen.

**Elan** [frz.], Schwung, Begeisterung.

**Elastizität** [gr.], Fähigkeit eines Stoffes, nach erfolgter Dehnung, Kompression o. a. wieder in die alte Form zurückzukehren.

**Elat, Eilath,** südisr. Hafenst. am Golf von Akaba, 29 700 E; wicht. Exporthafen, ✈.

**Elba,** ital. Insel im Tyrrhen. Meer, 223,5 km², 29 100 E; Hauptort Portoferraio; Eisenerz-⚒, Fischerei, Obst-, Weinbau. – 1814/15 Verbannungsort Napoleons I.

**Elbe,** zweitlängster dt. Fluss, 1 165 km, 940 km schiffb.; entspr. auf dem böhm. Riesengebirgskamm, durchbricht das Böhm. Mittelgeb. u. das Elbsandsteingeb., durchfließt die Elbtalwanne (Pirna–Meißen) u. das Norddt. Tiefland, mündet bei Cuxhaven in die Nordsee; Kanalverbdg. zu Oder, Weser/Rhein und Ostsee.

**Elberfeld,** Stadtteil v. ↑Wuppertal.

**Elbeseitenkanal,** zw. der Elbe b. Artlenburg und dem Mittellandkanal b. Edesbüttel, 115 km lang, mit dem größten Schiffshebewerk Europas (38 m Höhenunterschied) bei Lüneburg.

**Elbing,** poln. **Elbląg** [ˈɛlblɔŋk], Krst. in Polen, zw. Drausensee und Frischem Haff, 129 400 E; Schiffbau, Masch.-Ind.; ⚓. – Im 13. Jh. im Schutz einer Burg des Dt. Ordens gegr. u. Hauptort des Ordenslandes, Mitgl. der Hanse, 1457 Freie St. unter poln. Oberhoheit, 1772 preuß.

**Elbrus,** höchster Berg des Kaukasus, in Russland, 5 642 m.

**Elbsandsteingebirge,** waldreiches Bergland aus Kreidesandstein, beiderseits der Elbe, zw. Erzgeb. u. Lausitzer Bergland; im Hohen Schneeberg bis 721 m.

**Elbursgebirge,** Geb. südl. des Kasp. Meeres, Iran; höchste Erhebung: Demawend (5 601 m).

**Elche,** Gatt. der Paarzeher; größte Hirscharten (bis über 3 m lang u. über 2 m hoch) in Nordamerika, Asien, O- u. Nordeuropa.

**Eldorado** [span.], sagenhaftes Goldland im nördl. Südamerika; übertr. für Traumland, Paradies.

**Electronic Banking** [ɪlɛkˈtrɔnɪk ˈbæŋkɪŋ], computergestützte, kundenbezogene Bankdienstleistungen.

**Electronic Cash** [ɪlɛkˈtrɔnɪk ˈkæʃ], bargeld- u. scheckloses Zahlungsverfahren mittels ec-, Kredit- od. Bankkarte.

**Electronic Commerce** [ɪlɛkˈtrɔnɪk kɔˈməːs], Abk. **E-Commerce,** Handel mit Waren u. Dienstleistungen über das Internet.

**Elefanten,** gr. Rüsseltiere, leben als Pflanzenfresser in Herden; Rüssel aus Oberlippe und Nase gebildet (Greiforgan); Stoßzähne (bis 2 Ztr.) liefern Elfenbein, seinetwegen wurden die E. örtl. ausgerottet; *Afrik. E.* großohrig, *Indische E.* mit kleineren Ohren; werden oft als Arbeitstiere abgerichtet.

**Elefantenschildkröten, Riesenschildkröten,** 2 Arten bis 150 cm langer Landschildkröten (u. a. Galápagosinseln, Seychellen).

**Elegie** [gr.], in der Antike Gedicht in Distichen, später wehmütiges Gedicht, Klagelied.

**Elektra,** griech. Mythol.: Tochter des Agamemnon u. der Klytämnestra; treibt ihren Bruder Ores-

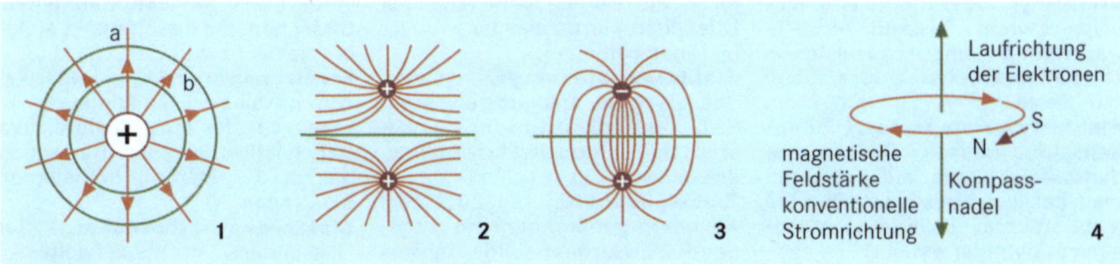


**Elektrizität:** *1 elektrisches Feld einer geladenen Kugel, a Kraftlinien, b Äquipotenzialflächen; 2 Feldverlauf bei zwei gleichnamigen, 3 bei zwei ungleichnamigen Ladungen; 4 Magnetfeld eines Stromes*

tes an, den ermordeten Vater an Klytämnestra und Ägisth zu rächen.

**elektrische Bahnen,** mit elektr. Strom betriebene Bahnen; Betriebsspannung in Dtl. bei Wechselstrom 15 000 V, Frequenz 16 $^{2}/_{3}$ Hz; für elektr. Straßenbahnen Gleichspannung von 500 bis 750 V. Stromzuführung meist durch Oberleitung über Bügelabnehmer; Rückleitung durch die Schiene. U-Bahnen fahren mit 600–1 000 V Gleichspannung von seitl. Stromschienen, ebenso die S-Bahnen in Berlin (800 V) und Hamburg (1 200 V).

**elektrische Ladung** ↑Ladung.

**elektrische Maschinen,** Geräte, die nach dem Gesetz der elektromagnet. Induktion mech. Energie in elektr. umwandeln (↑Generator) od. umgekehrt (↑Elektromotor) od. versch. Arten elektr. Energie ineinander umformen (↑Transformator, Umformer, Stromrichter u. a.).

**elektrische Organe,** bestehen aus umgewandelter Muskulatur, erzeugen elektr. Felder; z. B. Zitteraal 600 V bei 0,7 A.

**elektrischer Strom,** durch ein elektr. Feld bewirkter Transport elektr. Ladungen.

**elektrischer Stuhl,** [sesselähnl.] Vorrichtung zur Vollstreckung der Todesstrafe durch Stromstöße (bis zu 10 000 Volt).

**elektrischer Widerstand** ↑Widerstand.

**elektrisches Feld** ↑Feld.

**elektrische Spannung,** Formelzeichen *U*, elektr. Potenzialdifferenz (↑Potenzial), Quotient aus der zur Verschiebung der Ladung erforderl. Arbeit u. dieser Ladung; SI-Einheit: ↑Volt.

**elektrische Stromstärke,** die in der Zeiteinheit durch einen Leiterquerschnitt fließende elektr. Ladung: $I = Q/t$; SI-Einheit: ↑Ampere.

**elektrische Wellen,** elektromagnet. Wellen, die mittels elektr. Anordnungen (z. B. Schwingkreise) erzeugt werden; histor. *hertzsche Wellen.*

**elektrische Zündung** ↑Zündung.

**elektrisieren,** elektr. Ladungen erzeugen, übertragen.

**Elektrisiermaschine,** Apparatur zur Erzeugung v. Elektrizität durch Reibung od. Influenz.

**Elektrizität** [gr.], Gesamtheit der Erscheinungen, die auf elektr. Ladungen u. den von ihnen ausgehenden bzw. verursachten elektr. u. magnet. Feldern beruhen (Erscheinungsformen z. B. atmosphär., galvan., Reibungs-, Piezo- u. Thermo-E.). In der Natur finden sich 2 Arten elektr. Ladungen, *posit,* u. *negat. Ladungen* bzw. *E.* gen. – Die *E.lehre* umfasst u. a. ↑Elektrostatik u. ↑Elektrodynamik; Grundgrößen sind v. a. der elektr. Strom (bzw. die elektr. Spannung) u. die zugehör. elektr. Energie.

**Elektrizitätsmenge,** die elektr. ↑Ladung.

**Elektrizitätszähler,** Zählgerät zur Messung der elektr. Arbeit.

**Elektroakustik,** der ges. Erscheinungskomplex der Umformung akust. in elektr. Impulse u. umgekehrt sowie die damit zusammenhängenden Übertragungs- und Aufzeichnungsprobleme.

**Elektrochemie,** Lehre v. Zusammenhang chem. u. elektr. Vorgänge, z. B. in *elektrochem. El.* (↑Elemente).

**Elektrochirurgie,** Sammelbez. für chirurg. Eingriffe mit hochfrequenten Wechselströmen; z. B. Zerstörung *(Elektrokoagulation, Kaltkaustik)* u. Entfernung v. Geweben *(Elektroresektion).*

**Elektrode** [gr.], meist metall. Kontakt, der den Übergang v. elektr. Ladungsträgern in ein anderes Leitermaterial (im Allg. gasförm. od. flüss.) vermittelt: *Kathode* (negat. E.), *Anode* (posit. E.).

**Elektrodynamik,** ❀ Lehre v. den zeitl. veränderl. elektromagnet. Feldern u. ihren Wechselwirkungen mit ruhenden u. bewegten elektr. Ladungen (im Ggs. zur ↑Elektrostatik); i. w. S. die Theorie der Elektrizität sowie sämtl. elektromagnet. Erscheinungen, diese können aus den 4 *maxwellschen Gleichungen* (nach J. C. ↑Maxwell) abgeleitet werden.

**Elektroenzephalogramm,** Abk. **EEG,** elektr. Aufzeichnung der Gehirnaktionsströme; Verfahren der *Elektroenzephalographie,* wichtig zur Diagnose bei Gehirnerkrankungen u. -verletzungsfolgen.

**Elektrofahrzeuge,** durch Elektromotor angetriebene, nicht schienengebundene Fahrzeuge; beziehen elektr. Energie aus mitgeführten, aufladbaren Batterien (z. B. Elektroauto, Elektrokarren), aus Oberleitung (z. B. Obus), aus Oberleitung und Batterie oder Generator mit Dieselantrieb (Hybridfahrzeug); neuerdings auch durch direkte Umwandlung von chem. Energie in einer Brennstoffzelle (Brennstoffzellenfahrzeug) oder von Sonnenenergie in Solarzellen (Solarmobil).

**Elektrogitarre, E-Gitarre,** Gitarre mit fest angebrachten Tonabnehmern, die die Schwingungen der (Stahl-)Saiten „abgreifen“; Wiedergabe elektr. verstärkt über Lautsprecher; v. a. in der Pop- u. Rockmusik.

**Elektrokardiogramm,** Abk. **EKG,** die Kurve der Aktionsströme des Herzens; Ableitung der Ströme erfolgt v. der Körperoberfläche oder über eine in der Speiseröhre liegende Elektrode; das EKG erlaubt Rückschlüsse auf die Funktionsweise des Herzens und damit auch auf seine krankhaften Veränderungen.

**Elektrolumineszenz** ↑Lumineszenz.

**Elektrolyse** [gr.], stoffl. Umsetzungen in einem Elektrolyten, verursacht durch Anlegen einer elektr. Spannung an die in ihn eintauchenden Elektroden; dabei wandern die negat. Ionen *(Anionen)* zur Anode, die posit. *(Kationen)* zur Kathode, es fließt ein elektr. Strom; die Ionen werden an den Elektroden abgeschieden od. gehen mit dem Elektrodenmaterial od. dem Elektrolyten eine neue Verbdg. ein.

**Elektrolyt,** jeder Stoff, der im geschmolzenen Zustand od. in wässriger Lösung in seine Ionen zerfällt *(elektrolyt. Dissoziation),* z. B. Salze.
**Elektrolytkondensator,** Kondensator, dessen Dielektrikum durch eine dünne, elektrolyt. auf die Oberfläche best. Metallbleche aufgebrachte isolierende Oxidschicht gebildet wird.
**Elektromagnet,** im Allg. einen Weicheisenkern enthaltende Spule aus elektrisch leitendem Material; wirkt bei Stromfluss als Magnet.
**elektromagnetische Induktion** ↑Induktion.
**elektromagnetische Schwingung** ↑Schwingung.
**elektromagnetisches Feld** ↑Feld.
**elektromagnetische Wellen,** räumlich u. zeitlich period. elektromagnet. Felder, die sich mit Lichtgeschwindigkeit ausbreiten; entstehen, wenn elektr. Ladungsträger beschleunigt werden. Ihre Frequenzen bzw. Wellenlängen bilden das *elektromagnet. Spektrum.*
**Elektromagnetismus,** die Gesamtheit der elektr. u. magnet. Erscheinungen u. ihre wechselseit. Verknüpfungen.
**Elektromechanik,** Gebiet der Elektro- u. Feinwerktechnik, das die Hervorbringung mech. Vorgänge durch Elektrizität beinhaltet.
**Elektrometer,** elektrostat. Messinstrument zum Messen elektr. Ladungen u. Spannungen.
**Elektrometrie,** elektrometr. Maßanalyse; Bestimmung eines chem. Reaktionsablaufes, z. B. durch Messung der Leitfähigkeit.
**Elektromotor,** elektr. Energie in mech. Arbeit umwandelnde elektr. Maschine: Ein drehbarer, mit Wicklungen versehener Teil (Läufer, Rotor od. Anker gen.) mit Antriebswelle wird bei Stromfluss in seinen Ankerwicklungen durch das in den Erreger- oder Feldwicklungen eines ruhenden Teiles (Ständer, Stator) elektr. erregte Magnetfeld in Drehung versetzt.
**Elektron** [gr.], Zeichen **e**, negat. geladenes Elementarteilchen mit der Ladung $e \approx 1{,}602 \cdot 10^{-19}$ C *(Elementarladung)* u. der Ruhemasse $m_e = 9{,}109\,389\,7 \cdot 10^{-31}$ kg. E. bilden die Hülle des ↑Atoms, sie sind die Ladungs- u. Stromträger v. a. in metall. Leitern.
**Elektronenbeugung,** durch ↑Beugung von Elektronenstrahlen an Kristallgittern hervorgerufene Interferenz- u. Beugungserscheinungen; Beweis für die Wellennatur v. Elektronen; verw. z. B. zur Kristallstrukturbestimmung u. für Materialprüfungen.
**Elektronenblitzgerät,** Gerät, das elektron. ausgelösten, kurzzeit., sehr hellen Gasentladungsstoß als Lichtquelle für fotograf. Zwecke erzeugt.
**Elektronenhülle,** die zu einem Atomkern gehörenden, ihn umgebenden Elektronen; bilden mit ihm zus. das elektr. neutrale ↑Atom.
**Elektronenkanone,** Vorrichtung zur Erzeugung scharf fokussierter Elektronenstrahlen, die aus einer Glühkathode austreten u. elektronenopt. gebündelt werden, u. a. beim Elektronenmikroskop.
**Elektronenmikroskop,** Mikroskop, das anstelle von Licht- mit Elektronenstrahlen arbeitet, die vom Objekt ausgehen *(Emissions-E.)* od. die das Objekt durchstrahlen *(Transmissions-, Durchstrahlungs-E.)* u. in elektr. u. magnet. Feldern abgelenkt werden; bis etwa 1000fache Steigerung des Auflösungsvermögens gegenüber Lichtmikroskopen.
**Elektronenoptik,** Teilgebiet d. Physik, das sich mit dem Verhalten von Elektronenstrahlen in ablenkenden elektr. u. magnet. Feldern befasst, insbes. mit ihren der Lichtoptik analogen abbildenden Eigenschaften (z. B. Elektronenmikroskop).
**Elektronenorgel,** Orgel, deren Töne nicht pneumat., sondern durch elektron. angeregte Schwingungen erzeugt werden.
**Elektronenröhre,** Anordnung von mind. 2 metall. Elektroden in einem hochevakuierten Glas- od. Metallgefäß, von denen eine, die *Glühkathode,* elektr. aufgeheizt wird u. Elektronen emittiert; diese werden durch ein elektr. Feld zur *Anode* gezogen. *Dioden* (Zweipolröhren) enthalten nur Glühkathode u. Anode (v. a. zur Gleichrichtung v. Wechselströmen); *Trioden* (Dreipolröhren) mit gitterförm. Steuerelektrode dienen zur Verstärkung u. Erzeugung v. Wechselströmen bzw. -spannungen; *Tetroden* (Vierpolröhren) enthalten zw. Anode u. Steuergitter ein Abschirmgitter *(Schirmgitterröhre);* weitere Zusatzgitter in *Pentoden* (Fünf-), *Hexoden* (Sechs-), *Heptoden* (Sieben-) u. *Oktoden* (Achtpolröhren). In modernen elektron. Geräten sind E. weitgehend durch Transistoren verdrängt, in der Leistungselektronik (z. B. für Sender) noch von gr. Bedeutung.
**Elektronenstrahlröhre, braunsche Röhre,** eine Elektronenröhre, bei der ein Elektronenstrahl gesteuert bzw. gelenkt u. auf einem Bildschirm als Leuchtpunkt sichtbar gemacht wird.
**Elektronentheorie,** Erklärung von physikal. Erscheinungen u. Eigensch. der Materie durch die (Wechsel)wirkung u. Bewegung der in der Materie enthaltenen Elektronen.
**Elektronenvervielfacher,** der ↑Sekundärelektronenvervielfacher.
**Elektronenvolt,** svw. ↑Elektronvolt.
**Elektronik,** die techn. Ausnutzung der durch elektr. u. magnet. Felder, durch Wärme, Licht u. a. gesteuerten Elektrizitätsleitung, urspr. Gebiet der Elektrotechnik. Insbes. durch die Grundlagen der Festkörper- bzw. Halbleiterphysik hat sich die E. zu einem eigenständigen Gebiet entwickelt, das grob in *analoge* u. *digitale E.* unterteilt wird. Spezialgebiete sind u. a. ↑Mikro-E. u. ↑Opto-E.
**elektronische Bauelemente,** Komponenten mit eng tolerierten Kennwerten zum Aufbau elektr. Netzwerke, Schaltungen u. Geräte, z. B. Kondensator, Spule, Relais, Diode, Transistor, integrierter Schaltkreis.
**elektronische Datenverarbeitung** ↑Datenverarbeitung.
**elektronische Musik,** Herst. von Tonmaterial auf elektroakust. Weg, auf Tonband festgehalten, dann mithilfe komplizierter Bandmanipulationen verarbeitet; Aufführung durch Lautsprecherübertragung. Komponisten: M. Kagel, L. Nono, K. Stockhausen.
**elektronische Musikinstrumente,** Instrumente mit elektron. Schwingungserzeugung, enthalten außer dem Tasten- und Schaltermechanismus keinerlei mechan.-schwingenden Teile, außer der Lautsprechermembran. S. den 1930er-Jahren wurden e. M. entwickelt, u. a. Hammondorgel. Heute dominieren Elektronenorgel und Synthesizer.
**elektronische Post,** svw. ↑E-Mail.
**elektronischer Geschäftsverkehr,** Verträge über Lieferung v. Waren/Dienstleistungen, die mittels Fernkommunikationstechniken, bes. Internet, (wirksam) zustande kommen *(Fernabsatzverträge);* zweiwöchiges Widerrufsrecht, Informationspflichten (§§ 312 b ff. BGB).
**Elektronvolt, Elektronenvolt,** Einheitenzeichen **eV,** die Energie eines Elektrons nach Durchlaufen der Spannung 1 V; 1 eV = $1{,}602 \cdot 10^{-19}$ Joule.
**Elektrooptik,** beinhaltet v. a. die

Beeinflussung v. opt. Materialeigenschaften durch elektr. Felder u. deren Anwendung zur Steuerung v. Licht.
**Elektroresektion** ↑Elektrochirurgie.
**Elektroskop,** Nachweisgerät für geringe elektr. Ladungen.
**Elektrostahl,** im Induktions- oder Lichtbogenofen erschmolzener Stahl.
**Elektrostatik,** Lehre v. den ruhenden elektr. Ladungen u. den von ihnen erzeugten stat. elektr. Feldern u. Wirkungen.
**Elektrostriktion,** elast. Verformung eines Dielektrikums im elektr. Feld, verursacht durch die gegenseit. Anziehung der durch das Feld polarisierten Moleküle.
**Elektrotechnik,** Ingenieurwiss.; wichtige Teilgebiete sind Energietechnik, Nachrichtentechnik, elektr. Mess-, Regel- u. Steuerungstechnik, i. w. S. auch die Elektronik.
**Elektrotherapie** [gr.], therapeut. Anwendung von Elektrizität (Wechsel-, Gleichstrom) u. a. zur Behandlung von Muskel- und Nervenkrankheiten od. Durchblutungsstörungen.
**Elektrozaun,** für Mensch u. Tier ungefährl., durch leichte elektr. Schläge (hohe Spannungen, geringe Stromstärken) der Abschreckung dienender Weidezaun.
**Element** [lat.], **1)** allgemein Grundstoff, Grundbestandteil [eines Ganzen]; Grundlage; Grundsatz. **2)** Grund- bzw. Urstoff aller Dinge, z. B. die 4 E.e der griech. Naturphilos.: Erde, Wasser, Feuer, Luft. **3)** ☼ ↑Bahnelement. **4)** ↑chem. Elemente. **5) elektrochem. E.,** Kombination zweier ↑Elektroden, die in einen od. zwei ↑Elektrolyten eintauchen und chem. Energie direkt in elektr. umwandeln. Durch die chem. Reaktion entsteht eine Spannung zw. den Elektroden, elektr. Strom fließt bei Schließung des äußeren Kreises; histor. u. a. *Volta-E.* (Zink u. Kupfer in Schwefelsäure), *Bunsen-E.* (Zink in Schwefelsäure, Kohle in Salpetersäure), *Daniell-E.* (Kupfer in Kupfersulfat, Zink in Zinksulfat), *Leclanché-E.* (Kohle mit Braunstein u. Zink in Salmiaklösung), *Trocken-E.* (Elektrolyt pastenartig). – Wieder aufladbare E. bez. man als *Sekundär-E.* (Akkumulatoren), nur für eine einmalige Entladung verwendb. E. als *Primär-E.* (Batterien); eine weitere Gruppe sind die ↑Brennstoffelemente. **6)** √ Grundbegriff der Mengenlehre (↑Menge).
**Elementarladung** ↑Elektron.
**Elementarteilchen,** subatomare Existenzformen der Materie, die sich unter Berücksichtigung der Erhaltungssätze für Energie, Impuls u. best. Quantenzahlen ineinander umwandeln können u. die in der *E.physik* erforscht werden; nicht weiter zerlegb. kleinste materielle Teilchen (z. T. ohne Ruhemasse). Nach ihrer Masse und der Art ihrer Wechselwirkung unterscheidet man ↑Leptonen u. ↑Hadronen sowie Feldquanten (wie die ↑Photonen), die elementare Wechselwirkungen vermitteln. Neben den *langlebigen E.,* von denen die Elektronen u. Protonen sowie die in Atomkernen stabilen Neutronen die Atome u. damit die ges. Materie aufbauen, gibt es extrem *kurzlebige E. (Resonanzen)* mit Lebensdauern $< 10^{-20}$ s.
**Elen** [litau.], svw. ↑Elch.
**Elenantilope,** rinderartige Antilope (schwerste Art); O- bis S-Afrika; bis 3,20 m lang u. 1,80 m hoch.
**Elephantiasis** [gr.-lat.], unförm. Verdickung von Körperteilen (bes. Gliedmaßen) infolge Lymphstauung.
**Eleusinische Mysteri|en,** antiker Mysterienkult der Demeter; in Eleusis.
**Eleusis,** griech. St. am Saron. Golf, mit Athen durch die Hl. Straße verbunden, 20300 E; im Altertum bed. Tempelanlagen (Ausgrabungen). Heute Ind.-Ort, u. a. Erdölraffinerie.
**Elevator** ↑Becherwerk.
**Elfen,** in der german. Mythol. hilfreiche od. bösart. kl. Geister.
**Elfenbein,** Zahnbein aus den Stoßzähnen v. Elefant und ausgestorbenem Mammut; Ersatzstoffe aus Zähnen v. Flusspferd, Walross.
**Elfenbeinküste,** frz. **Côte d'Ivoire,** Rep. in W-Afrika, Reg.-Sitz u. wichtigster Hafen Abidjan. Lagunenreiche Flachküste, im Innern Regenwald, dann Savanne; trop. Klima; Bev. vorw. sudanide Stämme; Ölpalmen-, Kaffee-, Kakao-, Bananenpflanzungen; trop. Hölzer; Nahrungsmittel-, Textil- u. a. Ind. – *Gesch.:* Seit Anf. d. 19. Jh. frz. Kolonisation an der E., 1895 Kolonie, 1958 autonome Rep. in der Frz. Gemeinschaft; s. 1960 unabhängig; bis 1990 Einparteienherrschaft.

**Elfenbeinküste**

*Fläche:* 322 463 km²
*Einwohner:* 16,0 Mill.
*Hauptstadt:* Yamoussoukro
*Amtssprache:* Französisch
*Zeitzone:* MEZ – 1 Stunde

**Elfenbeinschnitzerei,** in Europa s. dem Jungpaläolithikum, in Vorderasien u. Ägypten s. dem 3. Jt. betriebenes Kunsthandwerk; v. a. bed. in der griech. (Goldelfenbeinbilder des Phidias), altchristl.-byzantin. (Diptychen), karoling.-otton. Kunst (Buchdeckel, Reliquiare); Wiederaufleben im Barock (Intarsien u. a. an Möbeln); auch in Asien u. Afrika; nach Handelsbeschränkungen für Elfenbein Suche nach Ersatzstoffen, bes. geeignet: Mammutzahn.
**Elfmeter,** Fußball: ugs. für ↑Strafstoß.
**Elia,** Prophet im A. T. (9. Jh. v. Chr.).
**Eliot** ['eljət], T[homas] S[tearns], engl. Dichter amer. Herkunft, * 1888, † 1965; bed. für die Entwicklung der mod. angelsächs. Lit.; schrieb Lyrik (christl.-humanist.) und Dramen: „Die Cocktailparty"; „Ein verdienter Staatsmann"; Nobelpreis 1948.
**Elis,** Küstenldsch. im W der Peloponnes; fruchtb. Tief- und Hügelland; Weinbau.
**Elisa,** Prophet im A. T. (9. Jh. v. Chr.).
**Elisabeth,** Name von Heiligen, **1)** bibl. Gestalt, Frau des Priesters Zacharias u. Mutter Johannes' des Täufers. **2) E.,** * 1207, † 1231, Gemahlin des Ldgf. Ludwig von Thüringen; wegen ihrer Mildtätigkeit und ihres entsagungsreichen Lebens verehrt.
**Elisabeth,** *England/Großbrit.:* **1) E. I.,** * 1533, † 1603, Kgn. seit 1558, Tochter Heinrichs VIII. u. der Anna Boleyn; Wiederherst. der anglikan. Staatskirche; Hinrichtung Maria Stuarts; Begr. der engl. Großmachtstellung. **2) E. II.,** * 1926, Kgn. v. Großbrit. u. Nordirland s. 1952; Haupt des Commonwealth. – *Orléans:* **3) E. Charlotte (Liselotte von der Pfalz),** * 1652, † 1722, kurpfälz. Prinzessin, Gattin Hzg. Philipps I. von Orléans; bek. durch ihre Briefe. – *Österreich-Ungarn:* **4) E.,** genannt **Sisi,** * 1837, † 1898 (ermordet), bayr. Prinzessin, verh. mit Ks. Franz Joseph I. – *Russland:* **5) E. Petrowna,** * 1709, † 1762, Ksn. seit 1741; im

**Elisabeth II.**

Östr. Erbfolgekrieg u. im Siebenjähr. Krieg mit Maria Theresia verbündet.

**Elite** [frz.], politisch oder sozial führende Minderheit.

**Elitis, Elytis,** Odisseas, neugriech. Dichter, *1911, †1996; Nobelpreis für Literatur 1979.

**Elixier** [arab.], Stein der Weisen; Lebenssaft.

**Elizabeth** [ɪˈlɪzəbəθ], Ind.- und Hafenst. in New Jersey, USA, 106 000 E; Schiff-, Masch.-Bau, petrolchem. Industrie; ⛯.

**El Kaida** [- ˈkaɪda], ↑al-Qaida.

**Elle, 1)** (Ulna) Unterarmknochen der Kleinfingerseite. **2)** von 1) abgeleit. alte Längeneinheit zw. 50 u. 80 cm.

**Ellington** [ˈelɪŋtən], Edward Kennedy, gen. Duke E., amer. Jazzpianist, -komponist und Bandleader, *1899, †1974.

**Ellipse** [gr.], **1)** Kegelschnitt; der geometr. Ort aller Punkte, für die die Summe der Entfernungen von 2 festen Punkten $F_1$ u. $F_2$ (Brennpunkte) konstant ist. **2)** Grammatik; Weglassung eines aus dem Zusammenhang leicht zu ergänzenden Wortes.

**Ellipsoid** [gr.], geschlossene, gekrümmte Fläche, deren ebene Schnitte ↑Ellipsen, in best. Fällen Kreise sind. Ein *Rotations-E.* ergibt sich durch Rotation einer Ellipse um eine ihrer Achsen.

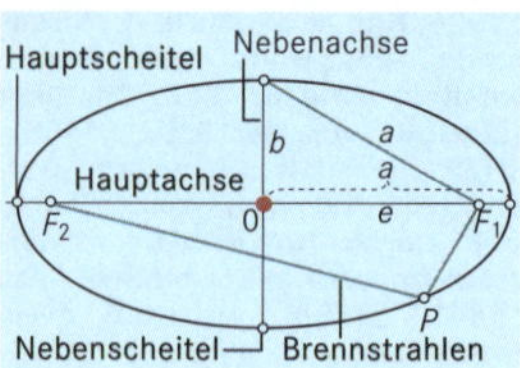


**Ellipse**

**Elm,** Höhenzug (bis 327 m) sö. v. Braunschweig; Kalksteinbrüche.

**Elmshorn,** Ind.-St. in Schl.-Ho., nw. v. Hamburg, 47 000 E; Masch.-, Leder-, Textilindustrie.

**Eloge** [eˈloːʒə; frz.], Lobrede.

**E-Lok,** Abk. für: **e**lektrische **Lok**omotive.

**Elongation** [lat.], ☼ der Winkelabstand eines Planeten v. der Sonne, gemessen in ekliptikaler ↑Länge.

**Eloquenz** [lat.], Beredsamkeit.

**Eloxieren,** elektrolyt. Verfahren, bei dem auf Metalloberflächen (v. a. von Aluminium und -legierungen) durch anod. Oxidation die Oxidschicht verstärkt und damit ein verbesserter Oberflächenschutz erzielt wird.

**El Paso** [- ˈpæːsəʊ], St. in Texas, USA, an der mex. Grenze, 515 500 E; Erdölraffinerien, Nahrungsmittel- u. Textilindustrie; ⛯.

**Elritze,** bis knapp 15 cm langer, schlanker Karpfenfisch in klaren euras. Gewässern.

**El Salvador,** zentralamer. Rep. am Pazifik; grenzt im W an Guatemala, im N u. O an Honduras; schmaler Küstenstreifen; gebirg., fruchtb. Inneres; hpts. Landw. (80 % des Landes kultiviert); Hauptanbauprodukt Kaffee. Geringe Bodenschätze (Gold, Silber). – 1524/25 von Spaniern erobert, bis 1821 span., dann Teil der Zentralamer. Konföderation; 1841/59 Rep.; ab 1931 wechselnde Militärdiktaturen; s. 1978 verstärkte Unruhen; nach Machtübernahme durch Militärjunta 1979 Guerillakrieg zw. (von den USA unterstützten) Regierungstruppen u. linksgerichteten Einheiten der Farabundo Martí para la Liberación Nacional (FMLN); nach neuer Verf. und Präsidentschaftswahlen 1984 Friedensgespräche; Beendigung des Bürgerkriegs 1992.

**Elsass,** frz. **Alsace** [alˈzas], ostfrz. Ldsch. u. Region zw. Vogesenkamm u. Oberrhein, Jura u. Pfälzer Wald, mit den Dep. Haut-Rhin u. Bas-Rhin, 8 280 km², 1,62 Mill. E, Regionshptst. Straßburg. Im Oberrhein. Tiefland Obst-, Gemüse-, Weizen-, Zuckerrübenanbau; b. Mülhausen Kali-⚒; an den Hängen der Vogesen Weinbau; in den Vogesen Milchwirtsch.; Textil-, chem., Metallind. – *Gesch.:* im Altertum von Kelten bewohnt, 58 v. Chr. röm., im 4. Jh. alemann., 496 fränk., s. 925 Teil des Hzgt. Schwaben, das s. dem 13. Jh. in viele selbst. Territorien zerfiel; im 17. Jh. weitgehende Eroberung durch Frkr. (1681 Straßburg frz.), während der Frz. Revolution Frkr. völlig eingegliedert. 1871–1918 mit einem Teil Lothringens als *„Reichsland E.-Lothringen“* beim Dt. Reich, 1940–44/45 dt. Besetzung.

**Elsheimer,** Adam, dt. Maler u. Radierer, *1578, †1610; bed. Landschaftsmaler am Übergang zum Barock.

**Elster** ↑Kleine Elster, ↑Schwarze Elster, ↑Weiße Elster.

**Elster,** Rabenvogel; sehr langer Schwanz, schwarz-weißes Gefieder; Allesfresser, Nesträuber; in Europa, Asien, Nordamerika.

**Elstergebirge,** Bergland zw. Erz- und Fichtelgeb., im Kapellenberg 759 m.

**elterliche Sorge,** Recht und Pflicht der Eltern, f. Person u. Vermögen des minderjährigen Kindes zu sorgen (auch rechtl. Vertretung). Die e. S. steht den Eltern gemeinsam zu; sind sie nicht miteinander verh., haben sie die gemeinsame e. S., wenn sie erklären, sie gemeinsam auszuüben, sonst hat die Mutter die e. S.

**El Salvador**

| | |
|---|---|
| *Fläche:* | 21 041 km² |
| *Einwohner:* | 6,12 Mill. |
| *Hauptstadt:* | San Salvador |
| *Amtssprache:* | Spanisch |
| *Zeitzone:* | MEZ – 7 Stunden |

**Elternzeit** ↑Mutterschutz.

**Eltville am Rhein** [auch -ˈvɪlə], hess. St. im Rheingau, 16 800 E; kurfürstl. Burg; Weinbau und Weinhandel, Sektkellerei.

**Éluard** [elyˈaːr], Paul, eigtl. Eugène **Grindel** [grɛ̃ˈdɛl], frz. Dichter des Surrealismus, *1895, †1952.

**Ely** [ˈiːlɪ], engl. St. nö. v. Cambridge, 10 300 E; bed. normann.-roman. Kathedr. (1083 ff.).

**Élysée-Palast** [eliˈze-], s. 1873 Amtssitz der Präs. der Frz. Rep.; 1718 von C. Mollet erbaut.

**Elysium** [gr.], in der griech. Mythol. das Gefilde der Seligen.

**Elytis,** Odysseas, ↑Elitis.

**Email, Emaille** [eˈmaj; frz.], durch

Metalloxid gefärbter Glasfluss zum Überziehen von Metall- u. Tonwaren.

**E-Mail** [iːˈmeɪl], Abk. für engl. **e**lectronic **mail, elektron. Post,** die Übermittlung v. Dokumenten auf elektron. Weg durch Datenübertragung. Dadurch ist ein Informationsaustausch zw. 2 Computern in einem Datennetz über gr. Entfernungen in wenig. Sekunden möglich.

**Emailkunst** [eˈmaj], Schmelzarbeit mit farb. Glasfluss auf Metall; als Furchen- u. Grubenemail seit d. Antike; Blüte der *Zellenschmelztechnik* (*Cloisonné;* aufgelötete Goldbänder bilden Zellen für das Email) in Byzanz; *Grubenschmelz* (Vertiefungen in der Metallplatte) im Maas- und Rheingebiet (12./13. Jh.), u. a. Nikolaus v. Verdun (Klosterneuburger Altar). In Limoges bestand eine Werkstatt s. d. 12. Jh.; seit Ende des 15. Jh. das *Maleremail* (Schmelzfarbenmalerei auf Kupfer ohne Zellen od. Gruben).

**Emanation** [lat.], das Hervorgehen aller Dinge aus dem unveränderl., vollkommenen, göttl. Einen; bes. in der neuplaton. Lehre.

**Emanuel I., Manuel I.,** gen. **der Glückliche,** *1469, †1521, Kg. v. Portugal seit 1495; unter ihm Blütezeit Portugals.

**Emanzipation** [lat.], Befreiung aus einem rechtl., polit. od. soz. Abhängigkeitsverhältnis (E. der Frau ↑Frauenbewegung).

**Embargo** [span.], **1)** Zurückhalten od. Beschlagnahme v. [Handels]schiffen u. deren Ladung. **2)** staatl. Waren- u. Kapitalausfuhrverbot.

**Emblem** [ãˈbleːm; frz.], Kennzeichen, Sinnbild; Hoheitszeichen.

**Embolie** [gr.], plötzl. Blutgefäßverschluss durch ein in die Blutbahn gelangtes Gebilde *(Embolus),* meist Blutgerinnsel (↑Thrombose); u. a. auch Fett- o. Luftembolie.

**Embryo** [gr.], Keim, ungeborene Frucht, **1)** der in der Entwicklung begriffene, im Ei od. im mütterl. Organismus befindl. Keim, beim Menschen nach dem 3. Monat ↑Fetus gen. **2)** bei Pflanzen der im reifen Samen enthaltene Keimling.

**Embryonentransfer,** Einbringen einer aus künstl. Besamung entstandenen Frucht (4- bis 8-Zellenstadium) in die Gebärmutter.

**Emden,** Hafenstadt in Ostfriesland, Nds., krsfr. St., 51 500 E; Fachhochschule Ostfriesland, Kunsthalle; günstige Binnenwasserstraßenverbdg. (Ems, Ems-Jade-Kanal, Dortmund-Ems-Kanal), Umschlaghafen für das Ruhrgebiet; Fährverkehr nach Borkum; IHK; Schiffbau; Erdgasterminal, Erdölraffinerie. – Um 800 entstanden, Blütezeit in der 2. H. des 16. Jh. während des niederl. Freiheitskampfes; Sonderstellung innerhalb Ostfrieslands bis ins späte 18. Jh.

**Emeritierung,** Versetzung in den Ruhestand (v. a. Hochschullehrer).

**Emerson** [ˈeməsn], Ralph Waldo, amer. Philosoph u. Dichter, *1803, †1882.

**Emetika, Brechmittel,** Erbrechen hervorrufende Arzneimittel; Anw. nur im Notfall bei Vergiftung.

**Emigrant** [lat.], Auswanderer (aus polit., relig. od. rass. Gründen).

**Emilia-Romagna** [- roˈmaɲa], oberital. Region zw. Apenninkamm, Po u. Adria, 22 124 km², 3,96 Mill. E; Hptst. Bologna.

**Eminenz** [lat.], Ehrentitel u. Anrede f. Kardinäle.

**Eminescu,** Mihai, eigtl. Mihail **Eminovici,** rumän. Dichter, *1850, †1889; Romantiker; Schöpfer der rumän. Literatursprache.

**Emin Pascha,** Mehmed, eigtl. Eduard **Schnitzer,** dt. Afrikaforscher, *1840, †1892 (ermordet); errichtete Handelsstationen in Ostafrika (Victoriasee).

**Ely:** *Kathedrale (1083 begonnen)*

**Emir** [arab.], arab. Fürstentitel.

**Emissär** [frz.], Abgesandter mit geheimem Auftrag.

**Emission** [lat.], **1)** Ausgabe neuer Wertpapiere u. Unterbringung auf dem Kapitalmarkt. **2)** Aussendung einer Wellen- od. Teilchenstrahlung. **3)** Ausströmen luftverunreinigender Stoffe.

**Emissionskurs,** Ausgabekurs eines Wertpapiers.

**Emitter,** eine der drei Elektroden des bipolaren Transistors.

**Emme, 1) Gr. E.,** r. Nbfl. der Aare, 80 km. **2) Kl. E.,** l. Nbfl. der Reuss, 60 km lang.

**Emmendingen,** Krst. an der Elz, Ba.-Wü., 24 500 E; Altes (16. Jh.) u. Neues (18. Jh.) Schloss; Masch.-Ind. und Apparatebau. – 1418 Markt-, 1590 Stadtrecht.

**Emmental,** Talschaft im Schweizer Mittelland, Kt. Bern. Viehzucht; Herst. von *E.er Käse.*

**Emmeram,** hl., fränk. Missionsbischof des 7. (8.) Jh.; wirkte in Regensburg (dort auch beigesetzt).

**Emmerich,** St. am Niederrhein, NRW, 29 500 E; Metallind., Spirituosenfabrik; ⚓.

**Emotion** [lat.], Gemütsbewegung, seel. Erregung.

**EMP,** Abk. für **e**lektro**m**agnet. Im**p**uls, v. Kernwaffenexplosionen in der Exosphäre ausgelöster Induktionsstoß, der elektron. Geräte noch in etwa 100 km Entfernung zerstören kann.

**Empedokles,** griech. Philosoph, *um 483, †zw. 430 u. 420 v. Chr.; Vorsokratiker; sah in den vier Elementen den Urgrund aller Dinge.

**Empfängnis, Konzeption,** ↑Befruchtung der Eizelle durch die Samenzelle.

**Empfängnisverhütung, Schwangerschaftsverhütung, Konzeptionsverhütung, Kontrazeption,** versch. Maßnahmen zur Verhütung der Befruchtung einer Eizelle oder zur Verhinderung der Einnistung einer befruchteten Eizelle in der Gebärmutterschleimhaut. Sie ist am sichersten mit Hormonpräparaten („Antibabypille", Ein- und Dreimonatsspritze), die den Eisprung verhindern. Geringere Sicherheit bietet die Ausnutzung der natürl. period. Unfruchtbarkeit der Frau (durch Messung der Basaltemperatur) oder die Anwendung von Intrauterinpessaren. Diese verhindern die Einnistung eines schon befruchteten Eies in die Gebärmutterschleimhaut. Schutz durch ein Kondom (Auffangen des männl. Samens durch eine Gummi- oder Kunststoffhülle) oder durch ein über den Muttermund gestülptes Kappenpessar ist geringer, jedoch besser als der Coitus interruptus (Unterbrechen des Beischlafs vor dem Samenerguss) oder ein in die Scheide eingeführter elast. Gummiring (Scheidendiaphragma). Die eingeschränkte Zuverlässigkeit chem. Mittel (u. a. als Salbe, Zäpfchen) lässt sich durch Kombination mit mechan. Methoden steigern. Die Einnahme hoher Östrogendosen innerhalb von 36 Stunden nach einem Geschlechtsverkehr („Pille danach") verhindert die Einnistung des befruchteten Eies in die Gebärmutter. Möglich ist auch die Anwendung des Antigestagens ↑Mifepriston. – Eine meist nicht mehr rückgängig zu machende Methode der E. ist die Sterilisation von Mann oder Frau.

**empfindsame Dichtung,** Literaturströmung des 18. Jh.; pflegte psychol. Selbstbeobachtung, subjekt. Naturgefühl, schwärmer. Freundschaftskult.

**Emphase** [gr.], Nachdruck, den man auf einen Ausdruck legt, um seine Bed. hervorzuheben.

**Emphysem** [gr.], Aufblähung; Ansammlung von Luft od. Gasen in Geweben u. Organen, v. a. *Lungen-E.* (Lungenblähung), übermäß. Erweiterung der Lungenbläschen.

**Empire, 1)** [ã'pi:r; frz.], das frz. Kaiserreich Napoleons I. u. III. **2)** [ã'pi:r; frz.], klassizist. Stil d. Zeit Napoleons I. bis etwa 1830 in Europa; röm.-klass. u. ägypt. Formelemente, strenge Kühle; v. a. bed. Innenarchitektur, Möbel, Mode. **3)** ['empaıə; engl.], ↑Commonwealth of Nations.

**empirisch,** erfahrungsgemäß.

**Empirismus** [gr.], philos. Richtung, die als einzige Erkenntnisquelle die Erfahrung (bes. Beobachtung, Experiment) gelten lässt.

**Empore,** galerieart. Raumteil, bes. in Kirchen.

**Empyem** [gr.], Eiteransammlung in Körperhöhlen.

**Ems,** Fl. in NW-Dtl., 371 km, von der Senne zum Dollart bei Emden; 238 km schiffbar, z. T. kanalisiert; wicht. Wasserweg (Dortmund-Ems-Kanal); der *E.-Jade-Kanal* verbindet Dollart u. Jadebusen; d. *E.-Weser-Kanal* ist ein Teil des Mittellandkanals.

**Emser Depesche,** von Bismarck durch Kürzungen u. Umformulierungen verschärfte Fassung eines Telegramms aus Bad Ems (13. 7. 1870) über Unterredungen Kg. Wilhelms I. mit dem frz. Botschafter. Inhalt: Ablehnung der frz. Forderungen in der Frage der span. Thronkandidatur. Führte zur frz. Kriegserklärung.

**Emsland,** Gebiet beiderseits der mittl. Ems; bedeutendstes dt. Erdölgebiet; Landkreis mit Krst. Meppen, Niedersachsen.

**Emu** [portug.], Laufvogel Australiens, dem Strauß ähnlich.

**Emulsion** [lat.], **1)** ↑Kolloide. **2)** lichtempfindl. Schicht fotogr. Platten, Filme und Papiere.

**Encke,** Johann Franz, dt. Astronom, * 1791, † 1865; nach ihm ben. ein Komet u. eine Lücke im A-Ring des Saturns.

**Ende,** Michael, dt. Schriftsteller, * 1929, † 1995; erfolgreiche poet. Romane für Kinder („Momo", „Die unendl. Geschichte").

**Endemie** [gr.], ständiges Vorkommen einer Erkrankung in best. Gebieten; ↑Epidemie.

**Enders,** John Franklin, amer. Bakteriologe, * 1897, † 1985; Untersuchungen über Viruserkrankungen; Nobelpreis 1954.

**en détail** [ãde'taj; frz.], im Kleinen, im Einzelnen; Ggs. ↑en gros.

**Endlagerung,** die sichere Verwahrung schädl. Abfallstoffe durch lang dauernde Isolierung vom (menschl.) Lebensbereich.

**Endlösung der Judenfrage,** nat.-soz. Umschreibung für die Anf. 1941 beschlossene Vernichtung der im dt. Herrschaftsbereich ansässigen jüd. Bev.; durchgeführt in best. Konzentrationslagern (↑Holocaust).

**endo..., Endo...** [gr.], Vorsilbe; Bed.: „innen, innerhalb".

**endogen** [gr.], **1)** von innen kommend (Krankheiten). **2)** ⚘ von innen, aus tieferen Gewebeschichten der Pflanzen entstehend. **3)** innen sich entwickelnd od. lebend (z. B. Parasiten). **4)** innenbürtig (Ursprung im Erdinnern).

**Endogamie** [gr.], Heiratsordn., nach der nur innerh. einer soz. Gruppe geheiratet werden darf.

**Endokard** [gr.], Herzinnenhaut.

**endokrine Drüsen** ↑Drüsen.

**Endokrinologie** [gr.], Lehre von der Funktion endokriner ↑Drüsen u. von den Hormonen.

**Endometriose** [gr.], Vorkommen von Gebärmutterschleimhaut außerhalb der Gebärmutter.

**Endorphine** [Kw.], Sammelbez. für körpereigene, den Schmerz blockierende Peptide mit opiatähnl. Wirkung.

**Endoskop** [gr.], starres od. flexibles Instrument zur unmittelb. Untersuchung von Hohlorganen od. Körperhöhlen, mit opt. System, elektr. Lichtquelle u. a.; Beispiele: zur Spiegelung der Harnblase *Zystoskop,* des Mastdarms *Rektoskop,* der Bronchien *Bronchoskop,* der Bauchhöhle *Laparoskop.*

**Endymion,** in d. griech. Mythologie schöner Hirt, v. Zeus mit ewigem Schlaf und ewiger Jugend beschenkt, allnächtl. von Selene besucht.

**Energie** [gr.], **1)** Antriebskraft im Wollen, Denken, Handeln. **2)** Fähigkeit eines physikal. Systems, ↑Arbeit zu verrichten; *potenzielle E. (Lage-E.):* z. B. die eines um die Höhe $h$ gehobenen Körpers, $E_{pot} = m \cdot g \cdot h$ ($m$ Masse, $g$ Fallbeschleunigung), *kinet. E. (Bewegungs-E.):* $E_{kin} = \frac{1}{2} m \cdot v^2$ ($v$ Geschwindigkeit). Neben der mech. E. gibt es u. a. auch Wärme-, elektr., chem., Kern-E. SI- Einheit: ↑Joule, weitere gesetzl. Einheit u. a. ↑Kilowattstunde. – *E.wirtschaft,* Bez. für Aktivitäten unterschiedl. Wirtschaftsbereiche zur Bereitstellung v. E.dienstleistungen, d. h. Erzeugung, Import, Umwandlung, Lagerung,Transport u. Verteilung v. E. sowie Umwandlung der End-E. bei Verbrauchern in Nutz-E. (z. B. Wärme, Licht). Wichtigste Primärenergieträger: Erdöl u. -gas, Kohle, Kernbrennstoffe, Wasser- u. Windkraft, Solar-E., Biomasse.

**Energie-Masse-Relation, Masse-Energie-Äquivalenz, Einstein-Gleichung,** der zw. Energie $E$ u. Masse $m$ eines Teilchens bestehende Zusammenhang $E = mc^2$ ($c$ Lichtgeschwindigkeit). Danach ist Masse nur eine Erscheinungsform der Energie.

**Energiesatz, Energieerhaltungssatz,** allg. gült. Naturgesetz, nach dem Energie weder erzeugt noch vernichtet, sondern nur von einer Form in eine andere (oder in mehr.) umgewandelt werden kann.

**Energiesteuern,** Steuern u. steuerähnl. Abgaben auf Energieerzeugung u. -verbrauch (Erdölsonder-, Erdölbevorratungs-, Förder- u. Konzessionsabgabe, Mineralöl- u. Stromsteuer).

**Energietechnik,** Gesamtheit der Verfahren u. Anlagen zur Gewinnung jeder Art v. ↑Primärenergie u. deren Umwandlung in eine der nutzb. Sekundärenergieformen.

**en face** [ã'fas; frz.], von vorn, gegenüber.

**en famille** [ãfa'mij; frz.], in der Fam.; im engeren Kreis.

**Enfant terrible** [ãfã tɛ'rıbl; frz.; = schreckliches Kind], jemand, der durch ständiges Verletzen gesellschaftl. Normen seine Umgebung in Verlegenheit bringt.

**Engadin,** 95 km lange Talschaft des Inns im schweizer. Kt. Graubünden; in der Bev. hat sich die rätoroman. Spr. erhalten. Im *Ober-E.,* vom Malojapass bis Zernez (bis 1 800 m ü. d. M.), die Kurorte St. Moritz u. Pontresina; *Unter-E.,* v. Zernez bis zum Pass Finstermünz (bis 1 023 m ü. d. M.).

**Engagement** [ãgaʒə'mã; frz.], **1)** persönl. Einsatz, Gefühl des Verpflichtetseins. **2)** [An]stellung [eines Künstlers].

**Engel** [gr.; = Bote], Bote Gottes, überird. Wesen, reines Geistwesen ohne Körper.

**Engelberg,** schweizer. Ort südl. des Vierwaldstätter Sees, 3200 E; Höhenluftkurort, Wintersport.

**Engelke,** Gerrit, dt. Dichter, *1890, †1918, expressionist. Lyrik.

**Engels,** Friedrich, dt. Theoretiker des Sozialismus, *1820, †1895; lernte in Großbrit. die Lage des Proletariats kennen; nahm 1849 am Pfälzer Aufstand teil; seit 1844 Zusammenarbeit mit K. Marx, aus der 1847/48 das Kommunist. Manifest entstand; wiss. Arbeiten zur Theorie d. Sozialismus.

**Engelsburg,** Mausoleum Ks. Hadrians am Tiber in Rom; im 13. Jh. wieder hergestellt, v. den Päpsten zur Festung ausgebaut; heute Museum.

**Engelsüß** ↑Tüpfelfarn.

**Engelwurz,** Doldenblütlergatt. in gemäßigten Zonen; u. a. *Angelica archangelica,* weiß blühende Heil- u. Gewürzpflanze.

**Engerling,** Larve der Blatthornkäfer (bes. des Maikäfers).

**England,** Teil von Großbritannien, Kernland des Vereinigten Kgr. von Großbritannien und Nordirland, 130 363 km², 47,05 Mill. E, davon über 90% prot.; Hptst. London. 2 Großlandschaften: 1. im N die seenreichen Cumbrian Mountains und die Pennines, mit Kohlelagerstätten an ihren Flanken und weiten, abgeholzten Hochflächen, 2. im S Niederbritannien, eine Schichtstufenldsch. mit zwei markanten Stufen (Jura, Kreide) u. mehreren Einzellandschaften, z. B. Londoner Becken, Weald-Aufwölbung, Fen-Distrikt, im äußersten SW d. Halbinsel Cornwall.

**englische Kunst:** *Kathedrale von Salisbury (1220 ff.)*

**Engländer,** Schraubenschlüssel mit verstellbarer Maulweite.

**englische Krankheit,** svw. ↑Rachitis.

**englische Kunst,** die Kunst der Brit. Inseln, die von d. Insellage geprägt ist und mit der kontinentalen Kunst wechselseit. Einwirkung unterliegt. *Ags. Frühzeit:* einf. Saalkirchen; bed. ir.-ags. Buchmalerei. *Normann. Kunst* (1066 bis 1175): Roman. Kathedralen mit geradem Chorschluss u. Vierungsturm (Vorbild Cluny): Winchester, Ely, Durham, Peterborough. Bildteppich v. Bayeux. *Gotik* in 3 Perioden: 1. *Early English* (1175–1250), Eindringen u. Umbildung der frz. Hochgotik: Kathedr. in Canterbury, Lincoln, Salisbury; 2. *Decorated Style* (1250–1350), Vorbereitung der Spätgotik (rd. 100 Jahre früher als auf dem Kontinent); dekorat. Netz- u. Sterngewölbe, Flammenmaßwerk: Westminster Abbey, Kathedr. in Lincoln (Engelschor), Wells, York, Exeter, Gloucester; 3. *Perpendicular Style* (1350–1520), Spätgotik, Vorherrschen senkrechter Gliederung, Vergitterung der Wände, Fenster, Gewölbe: Kreuzgang in Gloucester (Fächergewölbe), Langhaus in Winchester u. Canterbury, Kapelle Heinrichs VII. in Westminster. Grabmäler, Wandmalereien, Buchminiaturen. *Renaissance* (Tudorzeit, 16. Jh.): aus dem Perpendicular Style entwickelt; Schloss Hampton Court u. a. Schlösser (Elisabethan. Stil). H. Holbein d. J. s. 1526 in England (Porträts). *Ba-*

**englische Kunst:** *Sir Joshua Reynolds, „Lady Cockburn und ihre drei ältesten Söhne" (1773)*

rock u. *Klassizismus* (17./18. Jh.): Inigo Jones Schöpfer eines neuen, klassizist. Stils (Anknüpfen an Palladio); frz. Einfluss bei Ch. Wren (Wiederaufbau Londons nach d. Brand v. 1666, u.a. St. Paul's Cathedral). Baumeister des 18. Jh.: N. Hawksmoor, J. Vanbrugh, J. Gibbs, W. Kent (Schöpfer des engl. Landschaftsgartens), die Brüder Adam (Ausgangspt. des europ. Klassizismus); Neugotiker: H. Walpole u. J. Wyatt. In der Malerei klass. Zeit der engl. Kunst: Bildnis (Reynolds, Gainsborough), Ldsch. (Wilson, Gainsborough, Turner, Constable), Illustration u. Satire (Hogarth, W. Blake); Möbel v. Chippendale. *19./20. Jh.:* Erneuerung v. Innenraumkunst u. Kunstgewerbe: J. Ruskin, W. Morris (Einfl. auf den Jugendstil). Malerei: die Präraffaeliten Rossetti, Burne-Jones; der Zeichner Beardsley. Architektur des 20. Jh.: P. u. A. Smithson, die Gruppe Archigram, Rogers, Foster, Grimshaw, Stirling, Wilford. Mod. Malerei: Nicholson, Sutherland, Pasmore, Bacon, Op-Art (B. Riley), Pop-Art (Hamilton, Blake, Hockney), Performances, Video- und Fotokunst, Malerei (Gilbert & George), Plastik: Moore, B. Hepworth, Caro, Paolozzi, Long (Land-Art), McLean (Installationen, auch heftige Malerei), Flanagan, Cragg, R. Whiteread.

**englische Literatur,** die Lit. der Brit. Inseln in engl. Sprache. *Altengl. Periode (7.–11. Jh.):* relig. Dichtung, lat. Chroniken (Beda); im 8. Jh. Heldenepos „Beowulf". *Mittelengl. Periode (12.–15. Jh.):* zunächst roman. Einflüsse, dann wachsendes nat. Selbstbewusstsein auch in der Lit., so bei Chaucer: „Canterbury Tales"; Artus- u. Gralssagen; um 1380 Bibelübers. von Wyclif. *Neuengl. Periode: Renaissance, Puritanismus, Restauration (16.–17. Jh.):* Anregungen aus der antiken u. der ital. Lit.; relig. „metaphys. Dichtung" (J. Donne), humanist. Schriften; „Utopia" von T. More; Blüte der Bühnendichtung („elisabethan. Drama") u.a. durch Marlowe vorbereitet, von Shakespeare zur künstler. Vollendung gebracht u. durch Jonson zur neuen satir. Typenkomödie weiterentwickelt. Während des Puritanismus Schließung der Theater, stattdessen relig. u. erbaul. Lit. (Milton). In der Restauration frz. Gedankengut u. neue Theaterkultur (Dryden). *Klassizismus, Aufklärung (18. Jh.):* Roman (Swift, Defoe, Sterne, Fielding), Begründung des Schauerromans (Gothic Novel). *Romantik, Viktorianismus (19. Jh.):* von Individualismus, Volkstum, Mystik, Pantheismus, Gegenwartsflucht geprägt; v.a. lyr. u. lyr.-ep. Versdichtungen (Wordsworth, Byron, Keats); Blütezeit des Romans: histor. Roman (Scott), Gesellschaftsroman (J. Austen, die Schwestern Brontë), realist.-sozialkrit. Roman (Dickens, Thakeray), Abenteuerroman (Stevenson), Beginn des mod. Detektivromans (Doyle), Kinderroman (Carroll); Ausdruck der Fin-de-Siècle-Stimmung bei Wilde; *1. Hälfte 20. Jh.:* neue Formen des Romans (Joyce, Woolf; Technik des Bewusstseinsstroms), Weiterführung des Gesellschaftsromans (Galsworthy, D. du Maurier), radikaler kultur- u. gesellschaftskrit. Roman (Huxley, Orwell), bed. Beitrag der engl. Lit. zur Kriminallit. (Sayers, Wallace, Christie); Neuerer der Lyrik: Pound, T. S. Eliot, D. Thomas; neue Ausdrucksformen auch in der Bühnendichtung (Shaw, Fry, Ustinov). *2. Hälfte 20. Jh.:* v.a. Romane (Sillitoe, Burgess, D. Lessing, W. Golding, G. Greene, McEwan), Fantasyroman (Tolkien), Kinderroman (Rowling) u. neue Impulse für das Drama (Beckett, Osborne, Stoppard, S. Kane); experimentelle Lyrik (T. Hughes, D. J. Enright).

**englische Musik,** die Musik der Brit. Inseln, bis ins 17. Jh. von gr. Einfluss auf die Musik des Kontinents. *MA:* Seit der Christianisierung wurde der Kirchengesang gepflegt, der an der Entwicklung der frühen Mehrstimmigkeit seit etwa 1000 entscheidend beteiligt war. *1400–1600:* Erster Meister der kunstvollen mehrstimm. Gesangsmusik ist J. Dunstable (15. Jh.); seit H. Ashton (16. Jh.) erlangte die Virginalmusik (Musik für Cembalo) große Bedeutung. Den Höhepunkt des Elisabethan. Zeitalters bildeten die kunstvollen Madrigale von W. Byrd, O. Gibbons, T. Morley u. J. Dowland, J. Bull. Daneben blühte die kirchl. Gesangsmusik der Anthems (T. Tallis, Gibbons, Byrd). Musikpflege am Hofe, Sängerkapelle der Chapel Royal und ähnl. Chöre an Kathedralen und Colleges, die bis heute fortleben. *1600–1800:* Im 17. Jh. hielt die ital. Oper ihren Einzug. H. Purcell, der bedeutendste Komponist in der 2. Hälfte des 17. Jh., führte die Tradition des Anthems zu einem Höhepunkt und bereicherte die e. M. auf den Gebieten der Oper, der Instrumental- und der Vokalmusik. Neben der heroischen Oper gab es die singspielart. Ballad-Opera, auch kom. Inhalts (Vorbild: „The beggar's opera" von J. Gay u. J. C. Pepusch, 1728). Seit 1712 lebte G. F. Händel in England; mit ihm begann der große Einfluss des Auslands auf das engl. Musikleben. *19. Jh.:* Bekannt waren der Ire J. Field (Klaviermusik) sowie die Operettenkomponisten A. Sullivan u. S. Jones. Um 1000 kam es unter dem Einfl. der dt. Musik zum Wiederaufleben eines nat. Stils mit repräsentat. Instrumentalwerken von E. Elgar u. z.T. impressionist. gefärbten Orchesterstücken u. Opern von G. Holst; R. Vaughan Williams, ein bed. Sinfoniker u. Opernkomponist, hat bes. Verdienste um die Förderung der Musikfolklore. Im *20. Jh.* Anschluss an die kontinentalen Vertr. der Moderne. Es haben sich durchgesetzt: neben Vaughan Williams u.a. W. Walton, M. Tippett, A. Lloyd Webber (Musicals). Um die Mitte des Jh. waren B. Britten als Opernkomponist, P. R. Fricker als Sinfoniker u. H. Searle mit neuer Musik führend. Zur internat. Avantgarde zählen A. Goehr, H. Birtwithle, P. M. Davies, B. Ferneyhough, R. Smalley, J. Tavener u. T. Souster.

**Englischer Gruß,** svw. ↑Ave Maria.

**englische Sprache,** aus dem Altengl. hervorgegangene westgerman. Spr., mit griech., lat., kelt. u. frz. Elementen; dieAusspr. hat sich von der „großen Vokalverschiebung" um 1500 bis heute laufend verändert; ↑Slang, ↑Pidgin-English.

**Englischhorn** ↑Oboe.

**Englishwaltz** [ˈɪŋlɪʃwɔ:lts; engl.], langsamer Walzer.

**en gros** [ãˈgro; frz.], im Großen; Ggs. ↑en détail.

**Enharmonik** [gr.], versch. Notierung u. Benennung von Tönen u. Akkorden bei gleichem Klang, z.B. durch Auswechseln von ♯ und ♭.

**Enigma** [von gr. ainigma „Rätsel"], Name eines Verschlüsselungssystems, das das Dt. Reich im 2. Weltkrieg zur Chiffrierung geheimer Nachrichten nutzte.

**Enkaustik** [gr.], **Wachsmalerei,** Maltechnik, Farben durch Wachs gebunden (ägypt. Mumienbildnisse).

**Enklave** [frz.], fremdes Staatsgebiet innerh. der eigenen Staatsgrenzen ohne Verbdg. mit dem Mutterland; für den besitzenden Staat: *Exklave.*

**en masse** [ãˈmas; frz.], in Massen; gehäuft.

**en miniature** [ãminja'ty:r; frz.], in kl. Maßstab, im Kleinen.
**Ennepe,** l. Nbfl. der zur Ruhr fließenden Volme, NRW, mit der *E.-Talsperre* (12,6 Mill. m²).
**Ennepetal,** St. an der Ennepe, NRW, 34 000 E; bed. Metallind.
**Enns,** r. Nbfl. d. Donau, 254 km, Mdg. unterh. der St. E. (9 700 E), Oberösterreich.
**Ennstaler Alpen,** Teil d. Nördl. Kalkalpen, Österreich.
**en passant** [ãpa'sã; frz.; = im Vorübergehen], beiläufig.
**Enquete** [ã'kɛ:t; frz.], Umfrage, Untersuchung, Erhebung.
**Enschede** ['ɛnsxəde:], Stadt in der niederl. Prov. Overijssel, 147 500 E; TH; Textil- und Masch.-Ind.; ⛯.
**Ensemble** [ã'sã:bəl; frz.], **1)** ges. künstler. Theaterpersonal. **2)** in der Oper Musiknummer mit mehr. Solisten. **3)** kl. Besetzung in der Instrumental- u. Unterhaltungsmusik.
**Ensingen,** Ulrich v. (U. Ensinger), dt. Baumeister, * um 1350, † 1419; Münsterbaumeister in Ulm (1392–1417) u. (s. 1399) in Straßburg (Oktogongeschoss des N-Turmes).
**Ensor,** James, belg. Maler, * 1860, † 1949; Symbolist; visionäre Bilder d. mod. Großstadtlebens in grellen Farben.
**en suite** [ã'sɥit; frz.], im Folgenden, demzufolge.
**entartete Kunst,** während der nat.-soz. Diktatur in Dtl. offiz., auf der Rassentheorie beruhende Bez., mit der nahezu das ges. mod. Kunstschaffen diffamiert werden sollte. Werke der „Verfallskunst" wurden in dt. Museen beschlagnahmt; demütigende Ausstellung „Entartete Kunst" 1937 in München, später auch in anderen Städten.
**Entbindung** ↑Geburt.
**Enteignung,** staatl. Entzug oder Belastung v. Grundstücken, Mobilien, vermögenswerten Rechten.
**Entelechie** [gr.], Prinzip d. Zielstrebigkeit in der Materie (Aristoteles).
**Entenbühl,** höchster Berg des Oberpfälzer Waldes, 901 m.
**Entente** [ã'tãt; frz.], Bündnis; *E. cordiale* [- kɔr'djal; frz.], brit.-frz. Abkommen v. 1904 über koloniale Fragen, 1907 durch Beitritt Russlands zur sog. *Tripel-E.* erweitert; 1920/21 *Kl. E.* zw. ČSR, Jugoslawien und Rumänien gg. Östr. u. Ungarn (1938/39 zerfallen).
**Entenvögel,** weltweit verbreitete Wasservögel (Säger, Schwäne, Gänse, Enten); fressen Pfl., Insekten u. a.; *Schwimmenten* „gründeln", *Tauchenten* tauchen nach Nahrung; Stammform der Hausente: Wild- oder Stockente.
**Enterbung,** Ausschluss von der gesetzl. Erbfolge durch Testament; ↑Erbrecht.
**Entführung,** allg. Verschleppung in räuber. Absicht.
**Entkolonisation, Dekolonisation,** Aufhebung einer Kolonialherrschaft u. Rückgängigmachung der Folgen des Kolonialismus; heute v. a. Bez. für den nach 1945 einsetzenden Verfall der europ. Kolonialreiche in Afrika u. Asien.
**Entladung,** Ladungs- bzw. Spannungsausgleich zw. entgegengesetzt aufgeladenen Körpern, in Gasen meist mit Leuchterscheinungen (Blitz, Funke; ↑Gas-E.).
**Entmündigung,** gerichtl. Aufhebung od. Beschränkung d. ↑Geschäftsfähigkeit; in Dtl. 1992 abgeschafft (↑Betreuung).
**Entnazifizierung,** nach dem 2. Weltkrieg von den Besatzungsbehörden eingeleitete Verfahren „zur Befreiung des dt. Volkes vom Nat.-Soz. u. Militarismus"; 5 Klassen: Hauptschuldige, Belastete, Minderbelastete, Mitläufer und nicht Betroffene; 1953 im Wesentl. abgeschlossen.
**ento..., Ento...** [gr.], Vorsilbe; Bed.: „innen, innerhalb".
**Entoderm** [gr.], inneres Keimblatt.
**Entomologie** [gr.], die Insektenkunde.
**Entrecôte** [ãtr'ko:t; frz.], Zwischenrippenstück vom Rind; in Scheiben geschnitten, gegrillt od. gebraten.
**Entree** [ã'tre; frz.], **1)** Eintritt, Eingang. **2)** Vorspeise od. Zwischengericht. **3)** 𝄞 Vorspiel.
**Entre Ríos,** Prov. in NO-Argentinien, 78 781 km, 1,02 Mill. E, Hptst. Paraná.
**Entropie** [gr.], Zustandsgröße eines makroskop. Systems; in abgeschlossenen Systemen (ohne Energie- u. Massenaustausch) kann die Gesamt-E. nie abnehmen, bei reversiblen Vorgängen bleibt sie konstant.
**Entropiesatz,** der 2. Hauptsatz der ↑Thermodynamik.
**Entseuchung,** svw. ↑Dekontamination.
**Entsorgung,** Abtransport u. geordnete Beseitigung v. Abfällen, insbes. v. radioakt. Abfällen aus Kernkraftwerken; ausgediente Brennelemente werden in *Abklingbecken* unter Wasser rd. 1 Jahr zwischengelagert, bis ihre Radioaktivität auf 1 % abgeklungen ist; in *Wiederaufarbeitungsanlagen* werden die Kernbrennstoffe v. den Spaltprodukten (etwa 3 %) befreit, die in Fässern einzementiert („verglast") der Endlagerung (z. B. in Salzstöcken) zugeführt werden.
**Entstickung,** Beseitigung von Stickoxiden ($NO_x$) aus Autoabgasen und Rauchgasen von Verbrennungsanlagen.
**Entweichgeschwindigkeit, Fluchtgeschwindigkeit,** zur Überwindung eines Schwerefeldes erforderl. Geschwindigkeit, für das der Erde 11,2 km/s.
**Entwickler,** Fotografie: wässrige Lösung von schwach reduzierenden aromat. Verbdg. (Hydrochinon, Aminophenol u. a.), die ein latentes Bild sichtbar machen.
**Entwicklung, 1) Evolution,** Entfaltung der einf. zu höheren Formen im Lauf der Erdgesch. **2)** Werdegang der Einzellebewesen v. der Eizelle bis zum Tod; 4 Abschnitte: 1. *Keimes-E.* (E. der befruchteten Eizelle bis zur Geburt [b. höheren Säugetieren]), 2. *Jugendstadium* (Geburt bis Geschlechtsreife, u. a. über Larvenstadien u. Metamorphosen), 3. *Reifezustand* (Zeit der Zeugungsfähigkeit), 4. *Seneszenz* (Zeit des Alterns bis zum Zerfall bzw. Tod).
**Entwicklungshilfe,** Unterstützung v. Ländern mit vergleichsweise niedrigem wirtsch. Entwicklungsstand durch private, öffentl. u. internat. Organisationen sowie Staaten in Form v. *techn. Hilfe* (Bildungs-, Beratungshilfe), *Kapitalhilfe* (Kredite, Bürgschaften), *Güterhilfe* (Nahrungsmittel, Medikamente, Investitionsgüter) u. *handelspolit. Maßnahmen* (Abbau v. Zöllen u. Kontingenten).
**Entwicklungspsychologie,** Wiss., die die Entw. des Verhaltens von Individuen u. Gruppen untersucht (u. a. Kinder- u. Jugendpsychol., Alters- oder Gerontopsychol.).
**Entzündung,** örtl. Abwehrreaktion des Gewebes (mit Rötung, Schwellung, Wärme, Schmerzen) auf infektiöse, chem., physikal. Reize; u. a. Austreten v. weißen Blutkörperchen u. Blutplasma, Einschmelzen v. Gewebe, Bildung von Granulationsgewebe.
**Enveloppe** [ãvə'lɔp; frz.], √ eine Kurve, die alle Kurven einer gegeb. Kurvenschar berührt.
**Environment** [ɪn'vaɪərənmənt, engl.], künstler. Gestaltung eines Raums mit räuml. definierter Anordnung versch. Materialien und/oder (Gebrauchs-)Gegenständen, bezieht den Betrachter mit ein.
**en vogue** [ã'vɔg; frz.], in Mode.
**Enz,** l. Nbfl. des Neckars, 103 km.
**Enzensberger,** Hans Magnus, dt. Schriftsteller, * 1929; Lyrik, Hörspiele, kulturkrit. Essays, Hg.

H. M. Enzensberger

(„Kursbuch“, „Die andere Bibliothek“).

**Enzephalitis** [gr.], svw. Gehirnentzündung (↑Gehirn).

**Enziangewächse,** meist kraut. Pfl., bes. in Geb. der gemäßigten Zone; Hauptgatt. der meist blau blühende *Enzian* (viele Arten geschützt); in Dtl. in moor. Wiesen der *Gemeine Enzian;* Heilpfl. u.a. der *Gelbe Enzian* (Magenmittel) u. das *Tausendgüldenkraut* auf trockenen Wiesen.

**Enzyklika** [gr.], an die Gläubigen gerichtetes päpstl. Rundschreiben (z. B. über eth. Fragen).

**Enzyklopädie** [gr.], übersichtl., umfassende Darst. des Wissensstoffs aller Disziplinen *(Universal-E.)* od. eines Fachgebietes *(Spezial-E.)* in alphabet. od. systemat. Anordnung; z.B. die frz. *Encyclopédie,* hg. von Diderot u. d'Alembert (35 Bände, 1751–80), die engl. *Encyclopaedia Britannica* (s. 1768); in Dtl. Zedlers „Gr. vollständ. Universal-Lexikon aller Wiss. u. Künste“ (64 Bde., 1732–54), seit dem 19. Jh. meist populärwiss. Konversationslexika (Meyers „Großes Konversationslexikon“, zuerst 1840–55).

**Enzyme** [gr.], **Fermente,** Sammelbez. für die Katalysatoren der lebenden Zelle; zusammengesetzt aus einer einfacheren Wirkungsgruppe *(Ko-E., Koferment)* und hochkompliziertem Eiweißkörper *(Apo-E., Apoferment);* durch die E. wird der Stoffwechsel ermöglicht; z. B. bed. für das Aufschließen der Nährstoffe (↑Pepsin, ↑Amylase, ↑Lipase u.a.) u. für die Atmungs- u. Gärungsvorgänge.

**Eos,** griech. Göttin der Morgenröte, röm. Aurora.

**Eosander,** Johann Friedrich Nilsson, Frhr. Göthe, dt. Baumeister livländ. Herkunft, *um 1669, †1728; hpts. in Berlin tätig, röm.-klassizist. Stil.

**Eosin** [gr.], roter Xanthenfarbstoff (verw. u.a. zur Herst. von roten Tinten, Lacken, Zuckerwaren).

**Eozän** ↑Geologie (Übers.).

**ep..., Ep...** ↑ep[i]..., Ep[i]...

**Epaminondas,** theban. Feldherr, *um 420, ⚔362 v. Chr.; besiegte 371 die Spartaner bei Leuktra (in Böotien).

**Eparch** [gr.], höherer Beamter u. Offizier, bes. der Statthalter einer byzantin. Prov. *(Eparchie).*

**Epaulette** [epo'lɛt; frz.], Schulterstück auf Uniformen.

**epd** ↑Nachrichtenagenturen (Übers.).

**Épernay** [epɛr'nɛ], frz. Weinbaust. in der Champagne, 28 000 E; Sektkellereien.

**Epheben** [gr.], im alten Griechenland die Jünglinge zw. 18 u. 20 Jahren.

**Ephesos,** altgriech. St. an der W-Küste Kleinasiens, heute Türkei; im Altertum bed. Handelsplatz mit berühmtem Artemistempel; römerzeitl. Reste (u. a. Celsusbibliothek).

**ep[i]..., Ep[i]...** [gr.], Vorsilbe; Bed.: „darauf, daneben, bei, darüber“.

**Epidauros,** altgriech. Kurort in der ↑Argolis, Kultstätte des ↑Äskulap; das besterhaltene griech. Theater u.a. Ruinen.

**Epidemie** [gr.], gehäuftes, zeitl. und örtl. begrenztes Auftreten einer Infektionskrankheit.

**Epidermis** [gr.], äußere Zellschicht der Haut, mehrschichtig.

**Epidiaskop** ↑Projektionsapparat.

**Epigonen** [gr.], **1)** in der griech. Sage die Helden, die den Kampf der ↑Sieben gegen Theben wieder aufnahmen u. die Stadt zerstörten. **2)** schwächere Nachkommen, Nachahmer ohne eigene Schöpferkraft.

**Epigramm** [gr.], urspr. „Aufschrift“ auf Grabmal u. a.; schon in der Antike Kunstgattung; zugespitzt formulierter geistreicher Gedanke, meist in Form des Distichons.

**Epigraphik,** Inschriftenkunde, Teil der Altertumswissenschaft.

**Epik** [gr.], die erzählende Dichtkunst in Vers od. Prosa; epische Großformen: Epos, Saga, Roman; Klein- od. Kurz-E.: Ballade, Kurzgeschichte, Fabel, Märchen, Sage, Legende und Novelle.

**Epiktet,** griech. Philosoph, *um 50, †um 140; Stoiker, dem Kynismus nahe stehend.

**Epikur,** griech. Philosoph, *341, †271 v. Chr.; Gründer der nach ihm ben. Philosophenschule; Mittelpt. seiner Ethik ist das Problem der Eudämonie (↑Eudämonismus).

**Epikureer,** Anhänger der Lehre Epikurs; galten schon in röm. Zeit als Genussmenschen; daher *epikureisch,* [fälschl.] für genusssüchtig.

**Epilepsie** [gr.], **Fallsucht,** plötzlich einsetzende Funktionsstörung des Gehirns, die meist mit Bewusstseinsstörungen verbunden und von abnormen Bewegungsabläufen begleitet ist. *Grand Mal,* gr. Krampfanfall; *Petit Mal,* kl. Anfall; erbl. *(genuine E.)* oder nach Verletzungen *(traumat. E.);* auch bei organ. Hirnerkrankungen.

**Epilog** [gr.], Nachspiel, Schlussrede im Drama; Nachwort.

**Epiphanie** [gr.], in der Antike die Erscheinung einer Gottheit, dann der feierl. Einzug des göttl. ver-

**Epidauros:** *griechisches Theater (3. Jh. v. Chr.)*

ehrten Herrschers; im Christentum das Erscheinen Gottes in der Welt in Christus, gefeiert im Fest der *„Erscheinung des Herrn“* (6. Jan.; im kath. Volksglauben „Fest der Hl. Drei Könige“).

**Epiphyse** [gr.], **1)** gelenknaher Abschnitt der Röhrenknochen; *E.nfuge,* knorpel. Wachstumszone der Knochen mit deren Verknöcherung das Längenwachstum aufhört. **2)** svw. ↑Zirbeldrüse.

**Epiphyten** [gr.], **Überpflanzen,** Pflanzen, die auf anderen Gewächsen, meist Bäumen, leben; gewöhnlich selbst. Ernährung; mitunter halbparasitäre Formen (Mistel).

**Epirus,** Geb.-Ldsch. in Albanien u. Griechenland, am Ion. Meer, im Smolikas bis 2637 m.

**episches Theater,** eine von B. Brecht entwickelte Form des mod. Theaters u. Dramas. Die dramat. Handlung wird verfremdet (z. B. durch ihre Kommentierung [durch einen Erzähler]); die daraus folgende Distanz des Zuschauers zum Geschehen soll zur krit. Betrachtung [der gesellschaftl. Verhältnisse] anregen.

**Episkop** ↑Projektionsapparat.

**Episkopat** [gr.], Amt u. Würde eines Bischofs *(Episkopus);* auch Gesamtheit der Bischöfe [eines Landes].

**Episode** [gr.], vorübergehendes Ereignis; in dramat. od. ep. Werken kurze Nebenhandlung.

**Epistel** [gr.], **1)** Brief; Sendschreiben (z. B. der Apostel im N. T. sowie deren Lesung in der Liturgie). **2)** didakt. od. eleg. Briefgedicht nach dem Vorbild von Horaz u. Ovid.

**Epistyl** [gr.], svw. ↑Architrav.

**Epitaph** [gr.], Gedenktafel [mit Inschrift] für einen Verstorbenen; im MA. auch Grabinschrift.

**Epitaxie,** das Aufwachsen dünner Schichten auf einem Substrat durch Flüssigphasen-, Gasphasen-, Molekularstrahl-E.; Verfahren der Halbleitertechnik.

**Epithel** [gr.], **Deckgewebe,** oberste Zellschicht der tier. u. menschl. Haut sowie der inneren Hohlorgane.

**Epizentrum** ↑Erdbeben.

**Epoche** [gr.], **1)** [geschichtl.] Zeitabschnitt. **2)** zeitl. Bezugspt. astronom. Größen od. Beobachtungen.

**Epos** [gr.], Großform der erzählenden Dichtung in gehobener Spr. u. stilist. auf Monumentalität u. Gleichmaß gestellter metr. Gestaltung mit idealtyp. Stilisierung der Personen u. Ereignisse, heroischen od. myth.-geschichtl. Inhalten. Älteste Beispiele: „Gilgamesch“, „Mahabharata“, „Ilias“ u. „Odyssee“ von Homer, aus ma. Zeit das „Nibelungenlied“, die höf. Epen von Chrétien de Troyes, Hartmann von Aue, Wolfram von Eschenbach u. Gottfried von Straßburg; religiöse Thematik bei Dante, Milton u. Klopstock; Höhepunkt der dt. neueren Epik: Goethes „Hermann und Dorothea“.

**Erasmus von Rotterdam** *(Gemälde von H. Holbein d. J., 1523)*

**Epoxidharze** [gr.], Kondensationsprodukte aus mehrwert. Phenolen u. Epichlorhydrin; Rohstoffe für Lacke, Klebstoffe, Pressmassen.

**Eppelmann,** Rainer, dt. Politiker (CDU). Pfarrer, * 1943; Mitbegründer des „Demokrat. Aufbruchs“; April–Okt. 1990 Min. für Abrüstung und Verteidigung der DDR; s. 1990 MdB; 1994–2001 Vors. der Sozialausschüsse der Christl.-Demokrat. Arbeitnehmerschaft.

**Epstein** ['epstaın], Sir Jacob, amer.-engl. Bildhauer, * 1880, † 1959; z. T. monumentale Werke (Grabmal v. O. Wilde).

**Epstein-Barr-Virus** ['epstaın bɑː-; nach den brit. Medizinern M. A. Epstein u. M. L. Barr], ein Herpesvirus sehr weiter Verbreitung; Erreger des Pfeiffer-Drüsenfiebers; es besteht zudem eine enge Beziehung zu zwei Krebserkrankungen beim Menschen (z. B. Burkitt-Tumor).

**Equalizer** ['iːkwəlaızə; engl.], Einrichtung an Verstärkern von Hi-Fi-Anlagen, mit der einzelne Frequenzbereiche unabhängig voneinander geregelt werden können.

**Equipe** [e'kip; frz.], Sportmannschaft, bes. im Reitsport.

**Er,** ♂ Symb. für ↑Erbium.

**Erasmus von Rotterdam,** nannte sich **Desiderius E.,** niederl. Theologe u. Philologe, * 1469 (1466?), † 1536; Humanist, Gegner Luthers im Streit um das Problem der Willensfreiheit („De libero arbitrio“); Kosmopolit; bemüht um die Synthese von Antike u. Christentum.

**Erato,** Muse der Lyrik.

**Eratosthenes von Kyrene,** hellenist. Gelehrter, * um 284, † um 202 v. Chr.; Leiter der Bibliothek von Alexandria; entwarf eine Gradnetzkarte der bekannten Welt.

**Erbbaurecht,** veräußerl. u. vererbl. Recht, auf od. unter der Oberfläche eines fremden Grundstücks ein Bauwerk zu errichten.

**Erbe** ↑Erbrecht.

**Erbeskopf,** höchster Berg des Hunsrücks, 816 m.

**Erbfaktor,** theoret. Begriff für ein deutl. in Erscheinung tretendes erbl. Merkmal.

**Erbfolge** ↑Erbrecht.

**Erbium,** Symb. **Er,** chem. El., OZ 68, rel. A.-Masse 16t,26; zur Gruppe der ↑Lanthanoide.

**Erbkrankheiten, genet. Krankheiten,** erbl. Krankheiten (Entwicklungsstörungen), die familiär gehäuft auftreten, z. B. Bluterkrankheit.

**Erblastentilgungsfonds,** Sondervermögen des Bundes, in dem seit 1995 wesentl. Elemente der finanziellen Erblast der DDR zusammengefasst, verzinst u. getilgt werden; Schuldendienst seit 1999 in den Bundeshaushalt integriert.

**Erbpachtrecht,** fr. erbl., veräußerl., dingl. Nutzungsrecht an einem Grundstück (bes. Bauerngut).

**Erbrecht,** *objektiv* die Gesamtheit aller Vorschriften über das Vermögen eines Verstorbenen; *subjektiv* das mit dem Tode des Erblassers entstehende Recht auf den Nachlass. Mit dem Tode einer Person *(Erbfall)* geht deren Vermögen *(Erbschaft)* als Ganzes unmittelbar (ohne ausdrückl. Annahme) auf den Inhaber des E.s, den od. die Erben, über; Erben treten auch in die Verpflichtungen des Erblassers ein. *Erbfolge:* 1. *gesetzl.,* wenn eine Verfügung des Erblassers fehlt, nach dem Grad der Verwandtschaft; ist kein solcher Erbe vorhanden, so erbt der Fiskus; 2. *willkürl.* durch Testament od. Erbvertr. (↑Pflichtteil); testierfähig ist jede Person über 16 J., die die Bed. der Willenserklärung erfassen kann; das *Testament* muss eigenhändig ge- und unterschrieben sein *(Privattestament),* es kann in amtl. Verwahrung gegeben werden; das *öff. Testament* wird durch Erklärung des *letzten Willens* od.

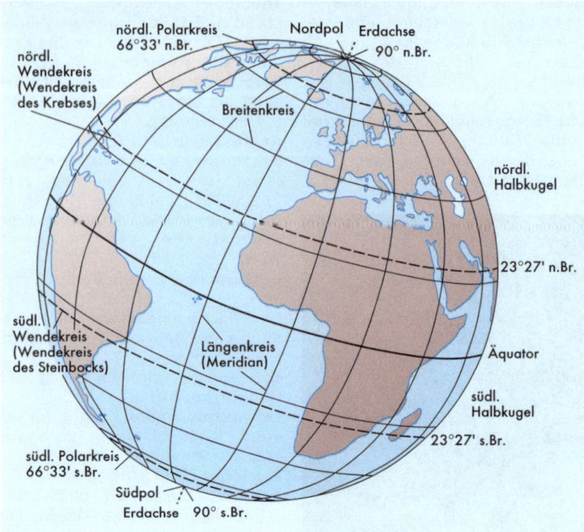


**Erde**

Übergabe einer schriftl. Erklärung vor einem Notar errichtet; in Notfällen *Nottestamente;* das Testament ist grundsätzl. durch den Erblasser frei widerrufl.; *Erbvertr.* ist bei gleichzeit. Anwesenheit beider Teile vor einem Notar zu schließen; Auflagen versch. Art mögl.; im Testament kann der Erblasser einen *Testamentsvollstrecker* zur Ausführung der Verfügungen ernennen; hinterlässt der Erblasser mehrere Erben, wird der Nachlass gemeinschaftl. Vermögen der Erbengemeinschaft; die *Miterben* können jederzeit *Auseinandersetzung* verlangen (↑Ausgleichspflicht); eine Erbschaft kann einem *Vorerben* spätestens bis zu seinem Tod, dann dem *Nacherben* zufallen; *Ausschlagung:* Jeder Erbe hat das vererbl. Recht, die Erbschaft auszuschlagen, Frist 6 Wochen; *Erbschein:* Das Nachlassgericht hat dem Erben auf Antrag ein Zeugnis über sein Erbe u. die Größe des Erbteils auszustellen.

**Erbschaftsteuer,** Steuer auf den Vermögensübergang durch Tod; es gibt unterschiedl. Steuerklassen u. -sätze sowie Freibeträge (z.B. Ehegatten 307 000 €, Kinder 205 000 €).

**Erbschleicherei,** unredl. Einflussnahme auf einen vermutl. Erblasser.

**Erbse,** Schmetterlingsblütler, bereits zur Steinzeit kultivierte Hülsenfrucht (Nahrungsmittel).

**Erbsenrost** ↑Pflanzenkrankheiten (Übers.).

**Erbsenwickler** ↑Pflanzenkrankheiten (Übers.).

**Erbsünde,** nach christl. Lehre die durch den Sündenfall von ↑Adam und Eva verschuldete Sündhaftigkeit des Menschengeschlechts.

**Erciyas Daği** [ˈɛrdʒijas dɑːˈə; türk.], höchster Berg Inneranatoliens, 3 916 m; erloschener Vulkan.

**Erdalkalimetalle,** Sammelbez. für die El. der 2. Hauptgruppe des ↑Periodensystems der chem. El.: Beryllium, Magnesium, Calcium, Strontium, Barium, Radium.

**Erdaltertum** ↑Geologie (Übers.).

**Erdapfel, 1)** svw. ↑Kartoffel. **2)** svw. ↑Topinambur.

**Erdbeben,** natürl. Erschütterung v. Teilen der Erdkruste; als *vulkan. E., Einsturzbeben* (beide relativ schwach u. selten) u. *tektonische E.* (über 90 % aller E.; entstehen durch Ausgleich von Spannungen in der Erdkruste). Vom *E.herd* (od. *Hypozentrum*) pflanzen sich die elast. *E.wellen* als Verdichtungs- (longitudinal) u. Scherungswellen (transversal) fort u. breiten sich an der Erdoberfläche aus. Über dem E.herd an der Erdoberfläche das *Epizentrum,* umgeben vom Schüttergebiet; Stärke in den 12 Graden der *Mercalli-Skala* ausgedrückt (von „unmerkl." bis „gr. Katastrophe") oder in der nach oben offenen *Richter-Skala* (z.B. 8,6 für extrem starke E.). Registrierung durch rd. 500 *E.warten* (↑Seismograph).

**Erdbeeren,** Gatt. der Rosengewächse; Ausläufer treibende Stauden m. 3-zählig gefiederten Blättern; rote (Sammelnuss-)Früchte vom Blütenboden gebildet.

**Erdbeschleunigung,** die ↑Fallbeschleunigung der Erde.

**Erde,** der die Sonne als drittnächster umkreisende Planet; bewegt sich infolge der Gravitationskraft der Sonne auf einer ellipt. Bahn, in deren einem Brennpt. die Sonne steht (↑Ekliptik); der Umlauf um die Sonne erfolgt – vom Nordpol aus gesehen – gg. den Uhrzeigersinn (Umlaufszeit etwas mehr als 365 Tage = 1 J.); numer. Exzentrizität der Erdbahn: 0,0167 (Bahn weicht also nur wenig von einem Kreis ab); mittl. Abstand Erde–Sonne = 149,6 Mill. km = 1 astronom. Einheit (AE); im Perihel im Jan., im Aphel Anfang Juli. Bahngeschwindigkeit durchschnittl. 29,8 km/s; dabei gleichzeitig Drehung (Rotation) um die Erdachse, von W nach O, im gleichen Drehsinn wie die Erdbahn; Rotationsdauer ein Tag (Einheit der Zeitmessung). Mit der Sonne nimmt die E. an der Rotation um das Zentrum des Milchstraßensystems teil (Umlauf in 234 Mill. J., Geschwindigkeit 217 km/s); *Gliederung u. Größenzahlen der Erdoberfläche:* Die E. ist ein *Geoid* (an den Polen abgeplattet), Polarradius 6 357 km, Äqua-

**Erdnuss:** *Erdnusspflanze*

## ERDÖL

*Erdöl* ist ein hpts. aus Kohlenwasserstoffen bestehendes flüssiges Gemenge, das als Rohstoff in natürl. Lagerung vorkommt. Hauptbestandteile: 80,4–87 % Kohlenstoff, 9,6–13,8 % Wasserstoff, 0–3 % Sauerstoff, 0–5 % Schwefel, 0–2 % Stickstoff. Der Charakter wird hpts. durch die vorherrschende Kohlenwasserstoffgruppe bestimmt (Paraffine, Naphthene, aromat. Verbindungen); E. ist wahrsch. aus organ. Stoffen im Kambrium bis Silur entstanden; horizontale u. vertikale Bewegungen des E.s *(Migrationen)* können zur Bildung abbauwürdiger E.lagerstätten führen. Der Inhalt von Auffangstrukturen *(E.fallen)* trennt sich nach der unterschiedl. Dichte in Lagerstättenwasser, Öl u. Erdgas. Man unterscheidet untersättigte, gesättigte u. übersättigte E.lagerstätten, je nach dem Anteil des im Öl gelösten Gases.
*Exploration:* Dem E.bergbau geht das Aufsuchen u. Erforschen neuer Lagerstätten (Exploration) voraus. Unbekannte Gebiete werden fotogeol. gedeutet. Günstig beurteilte Geländeteile werden von Feldgeologen *(Prospektoren)* eingehend untersucht. Durch geophysikal. Verfahren (Reflexions- bzw. Refraktionsseismik) verschafft man sich weiteren Einblick in den geol. Aufbau. Die kartograph. erfassten Ergebnisse ermöglichen die günstigsten Aufschlussbohrungen, von denen im statist. Durchschnitt etwa jede achte erfolgreich ist.
*Gewinnung:* Stellenweise wird die Ausbeutung von E.lagerstätten durch untertägig aufgefahrene Sickerstrecken od. Untertagebohrungen vorgenommen *(E.bergbau).* Weitaus billiger, bei allerdings geringerem Entölungsgrad, ist die E.gewinnung durch Bohrlöcher über Tage im Rotary-Verfahren. Die rasche Entwicklung der Tiefbohrtechnik gestattet die Erbohrung von E. auch in küstennahen, flachen Meeresbecken, z. T. von künstl. Bohrinseln aus. Um das selbsttät. Aufsteigen des Öls zu bewirken, expandiert man das im Öl gelöste Gas. Lässt der Lagerstättendruck nach, wird gepumpt. Abb. S. 196.
*Aufbereitung:* Das geförderte Rohöl ist meist ein Gemisch aus E., Erdgas, Salzwasser u. Schlamm (Nassöl). Durch Analyse wird der Rohstoff auf seinen Gebrauchswert untersucht. Durch therm., mech., physikal., chem. u. elektr. Behandlung erhält man ein von Salz, Wasser, Gas u. Feststoffen gereinigtes, verkaufsfähiges Reinöl. In mod. Anlagen wird der Aufbereitungsprozess ganz od. teilw. schon beim Transport des Rohöls in die Raffinerie durchgeführt.
*Verarbeitung:* Die Verarbeitungsverfahren richten sich nach den erforderl. Eigenschaften der gewünschten E.produkte. In erster Linie ist die fraktionierte Destillation zu nennen, bei der man das Rohöl zunächst nach Siedebereichen in Raffineriegase (Methan, Äthan), Flüssiggase (Propan, Butan), Benzine (Leicht-, Mittel-, Schwerbenzin), Petroleum (Leuchtöl, Kerosin), Gasöle, Schweröle, Bitumen usw. zerlegt; aus diesen Primärprodukten werden dann u. a. durch weitere Verfahren wie Destillation, zusätzl. Reinigungsoperationen, chem. Veränderungen (Cracken, Reformieren, Isomerisieren, Dehydrieren usw.) die zahlr. E.endprodukte (wie Kfz-Benzin, Flugbenzin, Turbinenkraftstoffe, Heizöle, industrielle Synthesegase usw.) hergestellt.

---

torradius 6 378 km, Äquatorumfang 40 077 km; Erdoberfläche 510,1 Mill. km², davon entfallen 148,1 Mill. km² (29 %) auf Land, 362 Mill. km² (71 %) auf Meer.

**Erdferkel,** nachtaktives, Termiten fressendes, bis 1 m langes Urhuftier Afrikas mit langen Ohren u. schweineähnl. Schnauze, lange, klebrige Zunge.

**Erdflöhe,** Käfer, die sich hpts. von Blättern ernähren; Kohl- u. Rapsschädlinge.

**Erdgas,** i. w. S. alle natürl. in der Erde vorkommenden Gase; i. e. S. die vielfach zus. mit Erdöllagerstätten, auch allein (in porösen Sanden) auftretenden brennb. Kohlenwasserstoff-Gasgemische; bestehen zu 80–95 % aus Methan. E. wird als Brenn- u. Treibstoff u. in der chem. Ind. verwendet. Im Vergleich zu Öl u. Kohle umweltfreundl. u. bequemer verwertbar, hat es sich zu einem der wichtigsten Brennstoffe entwickelt. E. deckt rd. 20 % des Weltenergiebedarfs u. steht auch in Dtl. bei der Deckung des industriellen Energiebedarfs sowie bei der Wohnungsheizung an 1. Stelle.

**Erdgeschichte,** Entwicklungsgesch. der Erde v. der Bildung der ersten festen Erdkruste bis zur Gegenwart; Arbeitsgebiet der ↑Geologie; Entw. des Lebens auf der Erde ↑Paläontologie.

**Erdhunde,** zum Aufstöbern von Fuchs u. Dachs in d. Erdbauten verwendete Hunderassen, z. B. Dackel, Foxterrier.

**Erding,** bayr. Krst. nö. von München, 27 700 E; ma. Kirchen; feinmechan. Industrie.

**Erdinger Moos,** Niedermoorgebiet im nö. Teil der Münchner Ebene, Bay.; im E. M. der Flughafen München.

**Erdkunde,** svw. ↑Geographie.

**Erdmagnetismus,** Wirksamkeit des Magnetfeldes der Erde; eine frei drehb. Magnetnadel stellt sich in eine vom geograph. Meridian um die magnet. Deklination abweichende Richtung zum magnet. Pol ein; nördl. Magnetpol (magnet. S-Pol) 77,3° n. Br., 101,8° w. L. (1980), südl. Magnetpol (magnet. N-Pol) 65,8° s. Br., 139,4° ö. L. (1975); Lage der Pole u. magnet. Feldstärke kurzperiod. u. langsamen *(Säkularvariation)* Schwankungen unterworfen, zusätzl. starke Schwankungen durch erhöhte Sonnenaktivität.

**Erdmannsdorff,** Friedrich Wilhelm Freiherr v., dt. Baumeister, *1736, †1800; Vertr. des Frühklassizismus (Schloss u. Park Wörlitz bei Dessau).

**Erdmittelalter** ↑Geologie (Übers.).

**Erdneuzeit** ↑Geologie (Übers.).

**Erdnuss,** südamer. Schmetterlingsblütler m. Fiederblättern, gelben Blüten, geokarpen Früchten; trop. u. subtrop. Kulturpfl.; *E.öl:* Speiseöl u. zur Margarinebereitung; *E.kuchen:* Rückstand nach Auspressen des Öles, eiweißreiches Kraftfutter.

**Erdsatellit,** natürl. (↑Mond) oder künstl. die Erde umkreisender Himmelskörper. *Künstl. E.* umkreisen die Erde ohne weiteren Antrieb, der Gravitation unterworfen; Start mithilfe v. Raketen; die Umlaufbahnen sind gestreckte Ellipsen, in deren einem Brennpt. die Erde steht; auch Kreisbahn mögl.; die Bahnhöhe wird durch die Gleichheit v. Gravitation u. Fliehkraft bestimmt. Bei *geostationären Satelliten* (rd. 36 000 km Höhe) Umlaufgeschwindigkeit = Umdrehungsgeschwindigkeit der Erde, scheinen über einem Pt. der Erde fest zu stehen.

**Erdströme,** elektr. Ströme in der Erdrinde, durch Schwankungen des Erdmagnetfeldes induziert od. beim Ausgleich von Spannungen entstehend, durch luftelektr. od. chem. Vorgänge erzeugt od. von elektr. Anlagen ausgehend.

**Erdung,** das Herstellen einer leitenden Verbdg. zw. elektr. Geräten sowie Leitungen u. der Erde (Erdleitung), bes. zum Schutz gegen Gefährdung durch zu hohe Berührungsspannungen od. Blitzschlag.

**Erdwärme,** Wärme des Erdkörpers, nur in der obersten Schicht d. Erdkruste durch Sonneneinstrahlung, sonst nur Innenwärme; nimmt mit der Tiefe zu; teils Restwärme aus dem Frühstadium der Erde, teils durch Zerfall radioaktiver Substanzen verursacht; Erdkerntemperatur schätzungsweise 2 000 bis 10 000 °C.

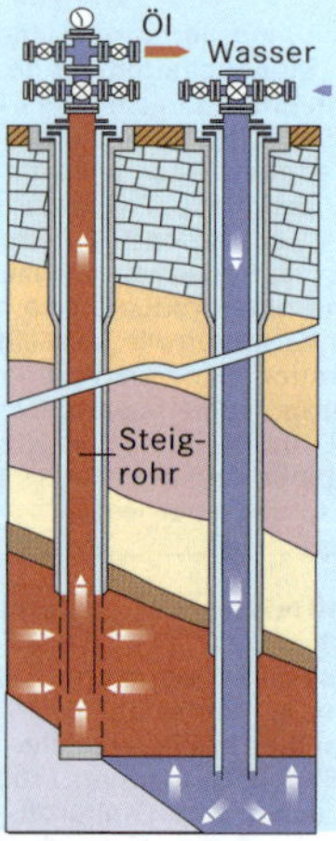


**Erdöl:** *Schema der Erdölförderung durch „Wasserfluten" (Sekundärverfahren); der Entölungsgrad erhöht sich auf 30–40 %.*

**Erechtheion,** Tempel ion. Ordnung auf der Akropolis v. Athen (zw. 421 u. 406 v. Chr.).

**Erektion** [lat.], Festwerden u. Sichaufrichten infolge Blutstauung in Schwellkörpern, z. B. des Penis.

**Eremit** [gr.], svw. ↑Einsiedler.

**Eremitage, Ermitage** [-'taːʒə; frz.], **1)** Nachahmung einer Einsiedlerklause in Gärten des 18. Jh. **2)** Museum in St. Petersburg (bed. Gemäldeslg.).

**Erft,** l. Nbfl. des Niederrheins, NRW, 113 km.

**Erftstadt,** St. am W-Rand der Ville, NRW, 48 700 E; Masch.-, Textil-, Nahrungsmittelindustrie.

**Erfurt,** Hptst. Thüringens u. kreisfreie Stadt an der Gera, 200 500 E; Univ., PH, Theol. Fakultät, FH, Bundesarbeitsgericht; Dom mit hochgotischem Chor (Mitte 12.–15. Jh.), Severikirche (1278–1400). – Masch.-Bau, Elektroind.; berühmte Blumen- u. Samenzucht; ✈. – *Gesch.:* Das v. ↑Bonifatius 741 gegr. Bistum bestand nur kurze Zeit; E. kurmainz. bis 1803; im frühen MA wichtiger Umschlagplatz für den dt.-slaw. Handel; im 14./15. Jh. eine der bedeutendsten dt. Städte; Univ. 1392–1806.

**Erfurter Programm,** das 1891 in Erfurt umgestaltete ↑Gothaer Programm der SPD.

**Erfurth,** Hugo, dt. Fotograf, * 1874, † 1948; wurde v. a. mit Bildnissen v. Künstlern u. Schriftstellern bekannt.

**Erg** [gr.], Einheitenzeichen **erg,** nicht gesetzl. Einheit der Energie (Arbeit); 1 erg = 1 dyn · cm = $10^{-7}$ Joule.

**Ergonomie** [gr.], Wiss., die sich mit der Anpassung der Arbeit(sbedingungen) an die Eigenschaften des menschl. Organismus beschäftigt.

**Ergotherapie,** zusammenfassende Bez. für Beschäftigungs- u. Arbeitstherapie.

**Ergussgesteine, Vulkanite, Effusivgesteine,** Gesteine, entstanden aus Schmelzflüssen von ↑Magma, das an der Erdoberfläche erstarrte; z. B. Basalt, Porphyr.

**Erhaltungssätze,** die in abgeschlossenen physikal. Systemen gült. Sätze v. der Erhaltung der Energie *(Energiesatz),* des Impulses *(Impulssatz),* des Drehimpulses *(Drehimpulssatz)* u. der Schwerpunktsbewegung *(Schwerpunktsatz)* sowie der Masse u. der Ladung.

**Erhard,** Ludwig, dt. Politiker, * 1897, † 1977; 1949–63 B.-Wirtschaftsmin., 1957–1963 Vizekanzler, 1963–66 Bundeskanzler, 1966/67 Vors. der CDU; Mitbegr. der „soz. Marktwirtschaft".

**Erich,** *Dänemark, Norwegen, Schweden:* **1) E. VII., E. der Pommer,** * 1382, † 1459, Kg. von Norwegen 1389–1442, Unionskg. 1397–1439. – *Schweden:* **2) E. IX.,** der Hl., Teilherrscher s. 1158, † 1159 od. 1160; Bekehrer SW-Finnlands, schwed. Nationalheiliger. **3) E. XIV.,** * 1533, † 1577, Kg. 1560–1568; eroberte Reval u. Estland.

**Erich der Rote,** norweg. Wikinger, † um 1007; besiedelte 986 Grönland.

**Eriesee** ['ɪərɪ-], südlichster der 5 Großen Seen Nordamerikas, 25 745 $km^2$, größte Tiefe 64 m.

**Erikagewächse,** svw. ↑Heidekrautgewächse.

**Erinnyen** [gr.], griech. Göttinnen der Rache; steigen aus der Unterwelt herauf, verfolgen Frevler, v. a. Mörder; 3 meist namentl. gen.: *Alekto, Teisiphone* u. *Megaira.*

**Eritrea**

| | |
|---|---|
| *Fläche:* 121 143 $km^2$ | |
| *Einwohner:* 4,14 Mill. | |
| *Hauptstadt:* Asmara | |
| *Amtssprachen:* Tigrinja und Arabisch | |
| *Zeitzone:* MEZ + 2 Stunden | |

**Eritrea,** Staat in NO-Afrika, am Roten Meer; niederschlagsarme Küstenebene, NW zum äthiop. Hochland aufsteigend, SO halbwüstenhaft; Hauptsiedlungsgebiet ist das Hochland; überwiegend Landwirtschaft, Goldminen. *Gesch.:* Seit ältesten Zeiten mit Äthiopien verbunden, wurde 1890 ital. Kolonie, 1936–41 Teil von Ital.-Ostafrika, 1941–52 unter brit. Verw.; danach zu Äthiopien (1952–62 Föderation, dann Prov.); s. Anfang der 1960er-Jahre militante Unabhängigkeitsbewegungen, die 1987 E. zur autonomen Region erklärten; 1991 provisor. Reg.; nach Referendum 1993 unabhängige Republik.

**Eriwan** ↑Jerewan.

**Erkelenz,** St. sw. v. Rheydt, NRW, 37 500 E; Masch.-, Möbel-, Textil-, Kunststoffindustrie.

**Erkrath,** St. am W-Rand d. Berg. Landes, NRW, 42 500 E; Masch.-, Papier-, Edelstahlindustrie.

**Erlangen,** bayr. Univ.-St. in Mittelfranken, 101 700 E; barockes St.-Bild in d. Ende des 17. Jh. planmäßig angelegten Hugenottensiedl.; elektrotechn., Textilind.

**Erlass, 1)** Vertr. zw. Gläubiger u. Schuldner, durch den der Gläubiger auf seine Forderung verzichtet. **2)** behördl. Anordnung.

**Erlen,** Birkengewächse; Laubhölzer; einheim.: *Schwarzerle* (Rinde dunkelbraun), *Grauerle* (Rinde hellgrau), *Grünerle* (im Geb., strauchartig).

**Ermächtigungsgesetz,** Ges., d. im Notstand die Staatsreg. ermächtigt, Rechtsverordnungen mit Gesetzeskraft ohne Mitwirkung des Parlaments zu erlassen; z. B. Notgesetze der Inflationszeit (1923) u. bes. das „Gesetz zur Behebung der Not v. Volk u. Reich“ vom 24. 3. 1933, das den Machthabern des Nat.-Soz. Scheinlegalität verschaffte.

**Erman[a]rich, Ermanerich,** Ostgotenkg., von den Hunnen besiegt, †nach 370; in der dt. Heldensage Gegner Dietrichs von Bern.

**Ermittlungsverfahren,** im Strafprozess vom Staatsanwalt geleitetes Verfahren, klärt Berechtigung einer öff. Anklage.

**Ermland,** fruchtb. ostpreuß. Gebiet zw. Frischem Haff u. Allenstein; wurde vom Dt. Orden besiedelt; 1243 Bistum, 1466 poln., 1772 preußisch. Seit 1945 zu Polen.

**Ernährung,** Zufuhr der zur Lebenserhaltung, zur Arbeitsleistung und zum Wachstum notwend. pflanzl. u. tier. Stoffe in fester u. flüssiger Form; durchschnittl. Nahrungsbedarf eines Menschen rd. 2 500 kcal (= 10 500 J) pro Tag.

**erneuerbare Energie, regenerative Energie, Alternativenergie,** jede zur Energieversorgung nutzbare, sich erneuernde Energie, z. B. Wind-, Gezeiten-, Sonnen-,

**Erlen:** *Zweige der Schwarzerle mit männlichen (gelblichen) und weiblichen (rötlichen) Kätzchen sowie vorjährigen Fruchtständen (oben) und diesjährigen Fruchtständen (unten)*

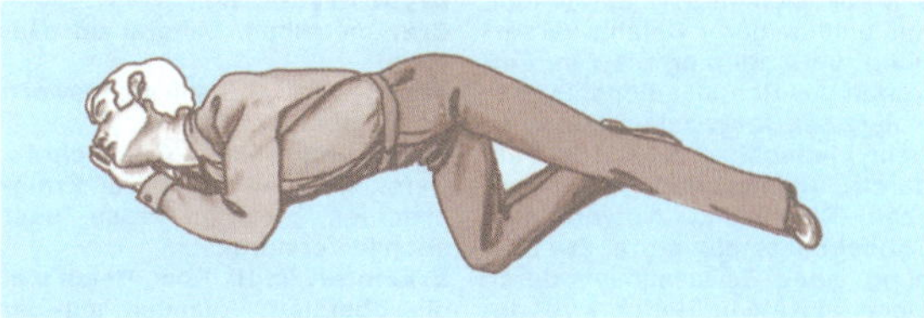

**erste Hilfe:** *stabile Seitenlage*

geotherm. Energie. Ggs.: Kernenergie, Energie aus fossilen Brennstoffen. Für die e. E. ergeben sich zahlr. techn. Nutzungsmöglichkeiten. Ihre Bed. wird infolge weltweiter Bemühungen um den Klimaschutz künftig steigen.

**Ernst,** *Hannover:* **1) E. August I.,** *1629, †1698, Hzg. v. Braunschweig u. Lüneburg, 1. Krfst. von Hannover s. 1692; führte das Erstgeburtsrecht ein. **2) E. August II.,** *1771, †1851, Hzg. v. Braunschweig-Lüneburg, Hzg. von Cumberland (s. 1799), Kg. seit 1837; hob d. Verf. v. 1833 auf. – *Hessen-Darmstadt:* **3) E. Ludwig,** *1868, †1937, Großhzg. 1892 bis 1918; Gründer der Darmstädter Künstlerkolonie. – *Sachsen:* **4) E.,** *1441, †1486, Krfst. seit 1464; durch Teilung der Wettin. Lande (1485) Begr. der Ernestin. Linie. – *Sachsen-Gotha-Altenburg:* **5) E. I.,** der Fromme, *1601, †1675, Hzg. s. 1641; Anhänger Gustavs II. Adolf; beispielhafte Verw. – *Schwaben:* **6) E. II.,** *um 1010, ⚔1030, Hzg. s. 1015; empörte sich mehrf. gg. seinen Stiefvater, Ks. Konrad II., fiel als Geächteter.

**Ernst, 1)** Max, dt.-frz. Maler u. Bildhauer, *1891, †1976; dadaist. Anfänge, Vertr. des Surrealismus mit traumh.-irration. Bildern; Plastiken. **2)** Richard, schweiz. Chemiker, *1933; entwickelte das Verfahren der kernmagnet. Resonanzspektroskopie, Nobelpreis f. Chemie 1991.

**erogen** [gr.], geschlechtlich reizbar.

**Eros,** griech. Liebesgott, entspr. dem röm. Amor (auch Cupido).

**Eros,** Planetoid mit einer außergewöhnl. Bahn (mittl. Entfernung von der Sonne nur 1,46 AE); wurde v. einer Raumsonde erforscht.

**Erosion** [lat.], ausfurchende Abtragung, bes. die des fließenden Wassers *(fluviatile E.;* daneben *Glazial-, Wind-* u. *marine E.),* abhängig von Wasserführung, Flussgefälle, Gesteinshärte u. der vom Wasser mitgeführten Schuttmenge; *Tiefen-E.* schreitet flussaufwärts fort *(rückschreitende E.), Seiten-E.* wirkt durch Uferunterspülung; allg. E.sbasis ist der Meeresspiegel.

**Erotik** [gr.], Inbegriff dessen, was sich auf die sinnl. Liebe bezieht, sowohl auf rein körperl. als auch auf geist.-seel. Beziehungen.

**Erpressung,** mit Bereicherungsabsicht verbundene rechtswidrige ↑Nötigung zu einer Handlung, Duldung od. Unterlassung mit der Folge einer Vermögensschädigung.

**errare humanum est** [lat.], „Irren ist menschlich“.

**erratische Blöcke, Findlinge,** vom Eis verschleppte Gesteinsblöcke in ehem. vergletscherten Gebieten.

**Error** [lat.], Irrtum, Fehler.

**Ersatzdienst** ↑Zivildienst.

**Ersatzkassen** ↑Krankenkassen.

**Ersitzung,** Eigentumserwerb an bewegl. Sachen nach 10-jähr. gutgläub. Besitz.

**Erskine** ['ə:skɪn], John, amer. Schriftsteller, *1879, †1951.

**Erstarrungsgesteine,** svw. ↑magmatische Gesteine.

**erste Hilfe,** Erstmaßnahmen bei Unglücksfällen oder plötzl. Erkrankungen. Grundsätzlich be-

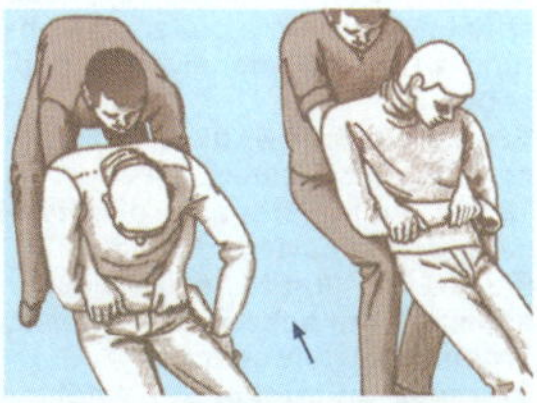

**erste Hilfe:** *Rautek-Griff; der Helfer legt einen Arm des Verletzten abgewinkelt vor dessen Brust, schiebt seine Arme von hinten quer unter den Achselhöhlen des Bewusstlosen hindurch und greift den quer liegenden Unterarm mit beiden Händen, wobei die Daumen parallel zu den Fingern liegen; er zieht den Körper des Verunglückten auf seine leicht angewinkelten Oberschenkel und kann so den Verletzten langsam rückwärts gehend transportieren.*

schränkt sich die e. H. auf Rettung aus unmittelbarer Gefahr, Versorgung und Lagerung bis zum Eintreffen des Rettungsdienstes oder Notarztes, Überwachung und Abwehr lebensbedrohl. Zustände durch Atemspende, Herzmassage, Blutstillung, Notverbände, Schockbekämpfung u. a. Zur Bergung eines Bewusstlosen durch einen einzelnen Helfer wird der Rautek-Griff angewendet. Anschließend wird der Betroffene in stabile Seitenlage gebracht, die ein Ersticken durch Verlegen der Atemwege mit Blut, Schleim oder Erbrochenem verhindert.

**Erstes Deutsches Fernsehen,** bis 1. Okt. 1984: **Deutsches Fernsehen,** das von den in der ↑ARD zusammengeschlossenen Rundfunkanstalten gemeinsam betriebene Fernsehprogramm.

**Erstgeburtsrecht** ↑Primogenitur.

**Ersticken,** Tod infolge Sauerstoffmangels durch Behinderung der Atmung.

**Ertragsteuern, Objektsteuern, Realsteuern,** Steuern auf Ertrag bringende Objekte, gleichgültig, wem die Erträge zufließen, u. ohne Rücksicht auf die Leistungsfähigkeit des Steuerpflichtigen (Grund- u. Gewerbesteuer).

**Ertrinken,** Tod infolge Eindringens von Flüssigkeit durch die Luftwege bis in die Lungenbläschen, meist bei Unfällen im Wasser.

**Eruption** [lat.], vulkan. Ausbruch.

**Eruptivgesteine,** svw. ↑magmatische Gesteine.

**Erwachsenenbildung,** Weiterbildung Erwachsener an Volkshochschulen, Bildungswerken gewerkschaftl., kirchl. oder berufsständ. Verbände.

**Erweckung,** Christentum: das spontane Erlebnis plötzl. Bekehrung zu einem intensiven christl. Leben.

**Erweckungsbewegungen,** innerhalb des Protestantismus im 18./19. Jh. in Europa (Großbritannien, Skandinavien, Schweiz, Dtl., Frankreich) und N-Amerika (Neuengland) aufgebrochene geistl. Erneuerungsbewegungen.

**Erwerbsunfähigkeit,** Unfähigkeit (wegen Krankheit), sich durch Arbeit den Lebensunterhalt zu verdienen. E.-Rente der gesetzl. Rentenversicherung (bei Rentenbeginn ab 2001) durch eine zweistufige Rente wegen *Erwerbsminderung* ersetzt.

**Erythrämie,** fr. **Erythroblastose,** bösartige Wucherung der roten Blutkörperchen, die zur Entstehung unreifer u. entarteter Erythroblasten, zu Blutplättchenmangel u. zu Anämie führt.

**Erythrozyten** ↑Blut.

**Erz,** metallhalt. Mineral od. Gestein.

**erz..., Erz...,** Bestimmungswort; Bed.: „ober, ur...".

**Erzählung,** mündl. wie schriftl. Darst. v. realen od. fiktiven Ereignisfolgen, meist in Prosa, aber auch in Versform.

**Erzämter,** im Hl. Röm. Reich v. a. die obersten Hofämter, mit der Kurwürde fest verknüpft: *Erztruchsess* (Pfalzgf. b. Rhein), *Erzmarschall* (Sachsen), *Erzkämmerer* (Bbg.), *Erzschenk* (Böhmen), *Erzkanzler* (die 3 Erzb. v. Mainz, Köln, Trier).

**Erzberger,** Matthias, dt. Politiker (Zentrum), * 1875, † 1921 (ermordet); 1919/20 Finanzmin. u. Vizekanzler; unterzeichnete am 11. 11. 1918 den Waffenstillstandsvertr. von Compiègne; initiierte eine Finanzreform (das Dt. Reich erhielt eine eigene Finanzverwaltung u. eigene Einnahmen aus direkten Steuern).

**Erzbischof,** kath. Kirche: der eine Kirchenprovinz *(Erzdiözese)* leitende Bischof; auch Ehrentitel v. Bischöfen.

**Erzengel,** in der Bibel die bedeutendsten Engel: Michael, Gabriel, Raphael. – Fest: 29. 9. (Michaelistag).

**Erzgebirge,** sächs.-böhmisches Grenzgeb. zw. Elstergeb. u. Elbsandsteingeb., in Dtl. u. d. ČR; im Fichtelberg 1 214 m, im Keilberg 1 244 m; im MA reger Bergbau, bes. Silber; wirtsch. bed. heute Holz- u. Spielzeugind.; Fremdenverkehr.

**Erzherzog,** Titel der Glieder des östr. Herrscherhauses; 1453 bis 1918.

**Erziehung,** Bez. für alle pädag. Maßnahmen, durch die ein heranwachsender Mensch im Verlauf seiner geistigen und charakterl. Entwicklung befähigt werden soll, sich sozial zu verhalten und als selbstständiger Mensch eigenverantwortlich zu handeln; *E.swiss.* ↑Pädagogik; *E.sberechtigte* sind v. a. die Eltern; *E.sbeistandschaft* wird bei Gefährdung der E. eines Jugendlichen von Jugendämtern geleistet; *E.smaßregeln* (jugendgerichtl. Handhaben gg. straffäll. Jugendliche) erfolgen im Rahmen des Jugendstrafrechts.

**Erziehungsgeld** ↑Mutterschutz.

**Erziehungsurlaub** ↑Mutterschutz.

**Erzkanzler,** im 10.–15./16. Jh. Titel des Leiters der kgl. Hofkanzlei, eins der ↑Erzämter.

**Erzurum,** Hptst. d. osttürk. Verw.-Geb. E., 1 950 m ü. d. M., 241 300 E; Univ.; Nahrungsmittelind., Zementfabr.; ⚒.

**Erzväter,** von M. Luther geprägte Bez. für die Stammväter Israels; ↑Patriarch.

**Es,** ☊ Symb. für ↑Einsteinium.

**Es,** das Unbewusste, die psych. Tiefenschicht.

**ESA,** Abk. für engl.: **E**uropean **S**pace **A**gency, 1975 gegr. europ. Weltraumorganisation mit Sitz in Paris. Entwickelte u. a. den Wettersatelliten Meteosat, die Trägerrakete Ariane u. das Weltraumlabor Spacelab.

**Esau,** im A. T. Zwillingsbruder Jakobs, von diesem um das Erstgeburtsrecht gebracht.

**Esbjerg** [ˈɛsbjɛr], dän. Hafenst. an der Nordsee, W-Jütland, 82 000 E; Fischerei, Schiffbau; Ausfuhr landw. Produkte.

**Es|chatologie** [gr.], relig. Vorstellungen u. theol. Lehre v. den *Eschata,* den letzten Dingen (im Christentum: Tod, Auferstehung der Toten, Jüngstes Gericht), dem Endschicksal v. Welt u. Mensch.

**Eschen,** Ölbaumgewächse; in Dtl. bes. die *Gemeine Esche,* schöner Laubbaum, bis 30 m hoch, liefert wertvolles Holz.

**Eschenbach,** Christoph, dt. Pianist u. Dirigent, * 1940.

**Eschwege,** hess. Krst. an der Werra, 22 500 E; Schloss (14. bis 16. Jh.); Textil-, Leder-, chem. Industrie.

**Eschweiler,** Ind.-St. nö. von Aachen, NRW, 56 500 E; Braunkohlentagebau.

**Escorial, El,** Schloss u. Kloster bei Madrid, erbaut 1563–84 für Philipp II.; bed. Gemäldeslg. u. Bibliothek; Grabstätte der span. Könige.

**Esel,** Art der Fam. Pferde, mit langen Ohren, Quastenschwanz; genügsames Herdentier; *Wild-E.* (Afrika), wahrsch. Stammform des Haus-E.s (v. a. Lastentier); Kreuzung zw. Haus-E. (♀) u. Pferd (♂) ergibt *Maul-E.,* im umgekehrten Fall *Maultier,* beide untereinander meist nicht fortpflanzungsfähig; *Halb-* od. *Pferde-E.* in Steppen und Wüsten Asiens.

**Eselsbrücke,** Gedächtnisstütze, z. B. Merkvers; ↑Mnemotechnik.

**Eskadron,** vom 18. Jh. bis 1935 svw. ↑Schwadron.

**Eskalation** [lat.], [schnelle] stufenweise Steigerung der eingesetzten Mittel (in einem polit. Konflikt).

**Eskapade** [frz.], **1)** seitl. Ausbrechen eines Pferdes. **2)** Seitensprung, mutwill. Streich.

**Eskilstuna** [-stuːna], schwed. St. südl. des Mälarsees, 89 000 E; Metallindustrie.

**Eskimo,** mongolide Volksgruppe in der Arktis, Selbstbez. *Inuit* („Menschen"); etwa 135 000 Angehörige, eigene einh. Sprache u. Kultur; Jäger u. Fischer.

**Eskişehir** [ɛsˈkiʃɛhir], türk. St. in NW-Anatolien, 413 500 E; vielseitige Ind.; nahebei d. einzige Meerschaumvorkommen d. Erde.

**Eskorte** [frz.], mil. Geleit.

**Esmarch,** Johann Friedrich August v., dt. Chirurg, * 1823, † 1908; führte die *E.-Blutleere* ein: Abbinden von Oberarm od. -schenkel bei Blutungen od. Operationen.

**esoterisch** [gr.], geheim, nur für einen Kreis von Eingeweihten bestimmt. – *Esoterik:* Sammelbegriff für Praktiken und Lehren, die Elemente der Astrologie, des Okkultismus u. Ä. einbeziehen.

**ESP** [Abk. für **E**lektronisches **St**abilitäts**p**rogramm], elektron. Fahrdynamikregelung f. Kfz, stabilisiert das Fahrzeug bei plötzlich notwendig werdenden Lenkbewegungen u. beim Bremsen in der Kurve, erhöht die Fahrzeugsicherheit.

**Esparsette** [frz.], Schmetterlingsblütler, rosa Blüten, Futterpfl. u. Bienenweide, auf Kalkböden.

**Espe, Zitterpappel,** Nutz- u. Zierbaum, Blätter zittern schon beim leichtesten Windhauch.

**Esperanto,** v. Ludwik Zamenhof († 1917) entwickelte Welthilfsspr., hpts. auf roman. Spr. und Engl. aufbauend.

**Espiritu Santo,** größte Insel der Neuen Hebriden (↑Vanuatu), 38 km², bis 1 811 m ü. d. M., Hauptort Luganville.

**Espresso** [ital.], in einer Spezialmasch. sehr rasch zubereiteter, starker Kaffee.

**Esprit** [ɛsˈpriː; frz.], Geist, Witz, Scharfsinn.

**Esquilin,** einer der sieben Hügel Roms.

**Esquire** [ɪsˈkwaɪə; engl.], Knappe; s. dem 16. Jh. Titel des niederen engl. Adels u. wappenführender Bürger, dann für Inhaber höherer Staatsämter; s. dem 19. Jh. allg. engl. Briefanschrift, abgekürzt *(Esq.),* dem Namen (ohne Mr.) nachgestellt.

**Esra,** gr. **Esdras,** Priester aus der babylon. Judenschaft, führte im 4. Jh. (?) v. Chr. jüd. Rückwanderer nach Jerusalem, relig.-polit. Reformer.

**Essaouira** [ɛsaˈwira; frz.], fr. **Mogador,** marokkan. Prov.-Hptst., Fischereihafen u. Badeort, 55 900 E.

**Essay** [ˈeseɪ; engl.; = Versuch], im Ggs. zur wiss. Untersuchung die subjektiv geprägte Prosaabhandlung in eleganter Form.

**Essen,** kreisfreie Stadt in NRW, 615 000 E; Sitz zahlreicher Wirtschaftsverbände, Forschungsstellen u. a.; Münster; IHK, LG; Universität, Landespolizeischule, Verw.- u. Wirtschaftsakad., Folkwang-Hochschule; Museum Folkwang, Villa Hügel (Kunstausstellungen); Hüttenwerke; Handel, Dienstleistungsbetriebe.

**Essener,** jüd. ordensähnl. Gemeinschaft (um 150 v. Chr. bis 70 n. Chr.); ↑Qumran.

**Essenz** [lat.], **1)** das Wesentliche. **2)** konzentrierte, meist alkohol. Lösungen von äther. Ölen od. anderen, meist pflanzl. Stoffen (zur Geschmacks- u. Geruchsverbesser. v. Nahrungsmitteln u. Ä.).

**essenziell** [lat.], ohne erkennb. Ursache (von Krankheiten).

**Essex** [ˈesɪks], Robert Devereux, Earl of, Günstling Elisabeths I. von England, * 1567, † 1601; nach Aufstandsversuch hingerichtet.

**Essex** [ˈesɪks], engl. Gft. nö. von London, 1,5 Mill. E, Hptst. Chelmsford; eines der 7 ags. Kg.-Reiche.

**Essig,** sauer schmeckendes, flüssiges Würz- und Konservierungsmittel, eine verdünnte wässr. Lösung von Essigsäure [u. Aromastoffen]; wird durch Essigsäuregärung (↑Gärung) aus alkoholhalt. Flüssigkeiten (z. B. Wein; *Weinessig*) gewonnen.

**Essigsäure, Äthansäure,** wicht. organ. Säure, kommt z. B. im ↑Essig vor; wird synthet. in großen Mengen hergestellt.

**essigsaure Tonerde,** Lösung von Aluminiumacetat; wirkt zusammenziehend u. keimtötend.

**Esslingen am Neckar,** Krst. bei Stuttgart, Ba.-Wü., 91 200 E; ma. St.-Bild; IHK; vielseit. Industrie.

**Este,** nordital. St. in Venetien, 18 000 E; Palazzo del Castello (16. Jh.), bed. Antikensammlung.

**Este,** ital. Adelsfam., seit dem 10. Jh. nachweisbar; 1097 Teilung in dt. (Begründung der jüngeren Linie der ↑Welfen) u. ital. Linie (s. 1471 Herzöge), **1)** Alfonso I. d'E., Hzg. von Ferrara, * 1476, † 1534, Gem. der Lucrezia Borgia; bed. Renaissancefürst. **2)** Ippolito d'E., Kardinal, * 1509, † 1572; Erbauer der *Villa d'E.,* eines Schlosses mit großart. Park im W von Tivoli (bei Rom).

**Ester** [Kw. aus Essigäther], wicht. Gruppe organ. Verbdg., die aus organ. Säuren u. Alkoholen unter Wasserabspaltung entstehen, v. a. als Lösungsmittel (bes. f. Lacke), als Riech- u. Geschmacksstoffe.

**Esterházy von Galántha,** ungar. Adelsgeschlecht, bes. seit dem 17. Jh. bed. Stellungen in habsburg. Diensten; Kunst- u. Musikmäzene.

**Esther,** jüd. Frau des Perserkönigs Xerxes; Titelheldin des nach ihr ben. Buches des A. T.

**Estland**

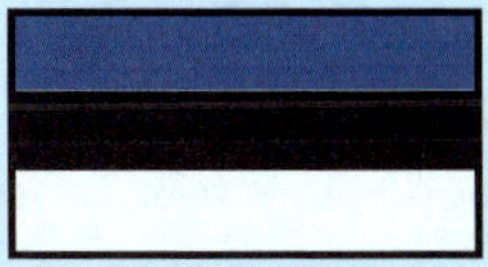

*Fläche:* 45 227 km²
*Einwohner:* 1,37 Mill.
*Hauptstadt:* Tallinn (Reval)
*Amtssprache:* Estnisch
*Zeitzone:* MEZ + 1 Stunde

**Estland,** Rep. im nördl. Baltikum, zw. Finn. u. Rigaischem Meerbusen u. Peipussee; wald-, moor- u. seenreiches Hügelland mit zahlr. Inseln; Bev. über 65 % Esten, rd. 28 % Russen; vielseitige Landwirtschaft u. Ind. – *Gesch.:* Anf. des 13. Jh. Unterwerfung u. Christianisierung der Esten durch Deutsche u. Dänen; 1346 wurde das Land vom Dt. Orden erworben; 1561 schwed.; 1584 wurde der N des alten ↑Livland zum Hzgt. „Esten" erhoben. Es wurde 1721 russ., 1918 (um Gebiete im S erweitert) selbst. Republik. 1940 wurde Estland von der UdSSR annektiert, 1941–44 dt. Besetzung; 1945 Sowjetrepublik, 1989/90 Unabhängigkeitsbestrebungen, Aug. 1991 Ausrufung der „Rep. Estland", vom Staatsrat der UdSSR Sept. 1991 anerkannt.

**Estragon,** Gewürzpfl.; Heimat O-Europa u. W-Asien.

**Estremadura,** histor. span. Prov. (Region), an der portug. Grenze, zw. der Sierra de Gata u. der Sierra Morena; 1983 Autonomiestatut.

**Estrich,** fugenloser Fußboden.

**ESVP,** Abk. für ↑Europäische Sicherheits- und Verteidigungspolitik.

**Eta,** griech. Buchstabe; Zeichen H, h.

**ETA,** Abk. für: **E**uzkadi **t**a **A**zkatasuna [bask. „Baskenland u. Freiheit"], s. 1959 terrorist. bask. Untergrundorganisation; fordert einen selbst. bask. Staat; zahlr. Mordanschläge u. Entführungen.

**Etappe** [frz.], **1)** Versorgungsge-

biet hinter der Front. **2)** Teilstrecke, Abschnitt, Stufe.
**Etat** [e'ta; frz.], ↑Haushaltsplan.
**et cetera** [lat.; = und das Übrige], Abk. etc., und so weiter.
**Eternit**® [Kw.], Warenzeichen für Produkte aus ↑Faserzement.
**Ether,** neue chem. fachsprachl. Schreibweise für Äther.
**Ethik** [gr.], **Moralphilosophie,** Sittenlehre; betrachtet das menschl. Handeln, die ihm zugrunde liegende Gesinnung *(Gesinnungs-E.),* seine Wirkungen *(Erfolgs-E.)* sowie die eth. Werte u. Normen selbst *(Wert-E.).*
**Ethnologie** [gr.] ↑Völkerkunde.
**Ethos** [gr.], moral. Gesinnung, geistig-sittl. Lebensgrundlage.
**Eton** ['i:tn], engl. St. westl. von London, 5 000 E; mit *E. College,* einer der berühmtesten Schulen Englands (gegr. 1440).
**Etoschapfanne,** Salztonebene in N-Namibia, etwa 4 600 km², völlig eben, meist Kalkschlammkruste; Teil des Etoscha-Nationalparks (bed. Wildschutzgebiet).
**Etruri|en,** in der Antike das von den ↑Etruskern beherrschte Gebiet, reichte vom Arno bis zum Tiber im S u. O.
**Etrusker,** im Altertum eine nicht idgm. Bev. Italiens, die als Kernland Etrurien, aber zeitweilig darüber hinaus auch die Poebene und Kampanien beherrschte und vom 7. bis 4. Jh. v. Chr. ihre kulturelle und polit. Blüte erreichte. Ihre Herkunft war lange umstritten. Heute nimmt man an, dass sich das Volk der E. erst in Italien aus einheim. Elementen, die auch die Träger der eisenzeitl. Villanovakultur waren, u. Zuwanderergruppen gebildet hat. Im 6. Jh. stand Rom unter der Herrschaft etrusk. Könige aus dem Geschlecht der ↑Tarquinier (↑röm. Gesch.). Einfl. des Adels in zahlr. Stadtstaaten, die sich zu einem lockeren Zwölfstädtebund aus Caere (heute Cerveteri), Tarquinii (Tarquinia), Populonia, Rusellae (Roselle), Vetulonia, Volaterrae (Volterra), Arretium (Arezzo), Cortona, Perusia (Perugia), Clusium (Chiusi), Volsinii (Orvieto) u. Veii (Veji) zusammenschlossen. Nachwirkung auf die altröm. Kultur; Städte u. Straßenanlagen, Nekropolen, Ahnenverehrung, Mantik, Gladiatorenkämpfe. Seit 350 v. Chr. gerieten immer größere Teile Etruriens unter röm. Einfl.; im 3. Jh. endgültige Unterwerfung.
**etruskische Kunst,** eigenständ. u. bed. Kunst des etrusk. Raumes; Datierungen schwankend; Blüte im 6. u. 5. Jh. v. Chr.; Rekonstruktionen der Tempel nach Angaben des Vitruv u. Ausgrabungen: gr. Säulenvorhallen, hölzerne Architektur mit tönernen Schmuckplatten; zahlr. Urnen (Kanopen); charakt. Sarkophage mit Deckelfiguren; bed. Porträtplastik, Grabmalereien in Freskotechnik; Vasenmalerei: rotfigurige Keramik (Pont. Vasen, Caeretaner Hydrien); Goldschmuck (Granulationstechnik).

**etruskische Kunst:** *einhenkelige bemalte Kanne (um 500 v. Chr.)*

**Etsch,** ital. **Adige** ['a:didʒə], Hpt.-Fl. Südtirols, Italien, 410 km, v. Reschenpass z. Adriat. Meer. Das E.tal ist als Verkehrsweg von gr. Bedeutung.
**Ettal,** oberbayr. Gem. nördl. von Garmisch-Partenkirchen, 1 000 E; ma. Klosterkirche (hochgot. Zentralbau, im 18. Jh. umgebaut).
**Ettlingen,** St. südl. von Karlsruhe, Ba.-Wü., 38 500 E; Schloss und Rathaus (18. Jh.); Textil-, Papier-, Metallindustrie.
**Etüde** [frz.], musikal. Übungsstück in freier Form; auch künstler. gestaltete *Konzert-E.n* (Liszt, Chopin, Debussy u. a.).
**Etui** [etɥ'i; frz.], Futteral, Hülle, Behälter; ärztl. Besteck.
**Etymologie** [gr.], Forschungsrichtung der histor.-vergleichenden Sprachwiss., die sich mit Ursprung u. Gesch. der Wörter u. Wortfam. befasst.
**Etzel,** in der dt. Heldensage Name für den Hunnenkg. Attila.
**Eu,** ☌ Symb. für ↑Europium.
**EU,** Abk. für ↑Europäische Union.
**eu..., Eu...** [gr.], Vorsilbe; Bed.: „gut, schön, reich".
**Euböa,** neugr. **Evia,** gebirg. griech. Insel am W-Rand des Ägäischen Meeres, 3 654 km²; waldreich, fruchtbar.
**Eucharistie** [gr.-lat.], seit Ausgang des 1. Jh. sich durchsetzender Begriff für das ↑Abendmahl der Kirche, der im Bereich der orth. und röm.-kath. Theologie bis heute bestimmend ist. Die E. gilt seit etwa Anf. des 2. Jh. als Sakrament. Liturg. Feier der E. ist die Messe.
**Eudämonismus,** philos. Morallehre ↑Epikurs: Ziel menschl. Lebens ist vollkommene Glückseligkeit *(Eudämonie),* verstanden als Lust im Sinne von Schmerzlosigkeit u. Seelenruhe (↑Epikureer).
**EU-Erweiterung,** polit. Schlagwort für die Aufnahme u. Integration neuer Mitgl. (v. a. mittel- u. osteurop. Staaten) in die Europ. Union (EU); 1998 Beginn v. Beitrittsverhandlungen mit Estland, Polen, Slowenien, der Tschech. Rep., Ungarn u. Zypern, 2000 mit Bulgarien, Lettland, Litauen, Malta, Rumänien u. der Slowak. Rep.; s. 1999 Kandidatenstatus für die Türkei.
**Eugen,** Prinz von Savoyen-Carignan, bekannt als **„Prinz Eugen",** östr. Feldmarschall u. Staatsmann, *1663, †1736; kämpfte mehrf. erfolgr. gg. die Türken (Zenta 1697, Belgrad 1717) u. Ludwig XIV. (Span. Erbfolgekrieg); bed. Mäzen.
**Eugénie** [øʒe'ni:], frz. Kaiserin, *1826, †1920; Tochter des span. Grafen de Montijo; seit 1853 Gemahlin Napoleons III., lebte nach 1870 im Exil.
**Eugenik** [gr.], Wiss. v. der Verhütung v. Erbschädigungen, Bekämpfung von Erbkrankheiten; vom Nat.-Soz. im Sinne seiner Rassenpol. missbraucht.
**Eukalyptus** [gr.], Gatt. der Myrtengewächse; bis zu 150 m hohe Bäume mit oft wertvollem Holz; meist Australien; heute Forstbaum d. Subtropen; *E.öl,* äther. Öl best. E.arten; Mittel gg. Erkrankungen der Atmungsorgane.
**Euklid,** griech. Mathematiker; lehrte um 300 v. Chr. in Alexandria; Werk: „Die Elemente" mit fast 500 Sätzen u. Beweisen.
**euklidische Geometrie,** zuerst v. Euklid dargest., auf Definitionen, Axiomen u. Postulaten begr. klass. Geometrie, für die das *euklid. Parallelenaxiom* wesentl. ist: Zu einer Geraden gibt es durch einen nicht auf ihr gelegenen Pt. genau eine Parallele.
**euklidischer Lehrsatz, Kathetensatz,** Satz über das rechtwinklige Dreieck: Das Quadrat über einer Kathete ist flächengleich dem Rechteck aus der Hypotenuse u.

Eulen: *Uhu*

der Projektion der Kathete auf die Hypotenuse.

**Eulen, 1)** kleinere Tiere jagende Vögel mit gr. Kopf, unbewegl., nach vorne gerichteten Augen (Dämmerungssehen); sehr feines Gehör; meist im Wald lebende, weltweit verbreitete Nachttiere, z.B. Schleiereulen, Uhus. **2)** Nachtfalter mit unscheinbarer dunkler Färbung, am Körper dicht behaart.

**Eulenburg,** Philipp Fürst zu E. u. Hertefeld, Graf v. Sandels, Vertrauter Ks. Wilhelms I., *1847, †1921.

**Eulengebirge,** poln. **Góry Sowie,** Teil der M-Sudeten zw. der Weistritz u. der Glatzer Neiße, Polen; in der *Hohen Eule* bis 1015 m hoch.

**Eulenspiegel,** Till, bäuerl. Schalknarr; Titelgestalt eines dt. Volksbuches (angeblich *um 1300, †1350); seine Narrenstreiche wurden 1515 in hochdt. Sprache aufgezeichnet; frühe niederdt. Fassung verloren.

**Euler,** Leonhard, schweizer. Mathematiker u. Physiker, *1707, †1783; arbeitete an der Entw. der Integral-, Differenzial- u. Variationsrechnung, der Algebra, Zahlentheorie, Elementar- u. Differenzialgeometrie u. der Mechanik.

**Euler-Chelpin** [-ˈkɛlpi:n], Ulf Swante von, schwed. Physiologe, *1905, †1983; für Arbeiten zur Erregungsübertragung im Nervensystem Nobelpreis 1970.

**Eunuch** [gr.], Kastrat; Haremswächter.

**Eupen,** ostbelg. Gem., 17000 E; Sommerfrische am N-Rand des Hohen Venns, zentraler Ort im deutschsprach. Belgien; Textilind., Brauerei. – Bis 1920 dt., dann mit Malmedy u. einem 70 km langen, 5–30 km breiten, als *E.-Malmedy* bez. Gebietsstreifen an Belgien.

**Euphorie** [gr.], Gefühl gesteigerten Wohlbefindens, z.B. unter dem Einfluss von Genussmitteln.

**Euphrat,** türk. **Fırat** [fə-], arab. **Al-Furat,** Fl. in Vorderasien, 2700 km, vom Inneren Osttaurus (2 Quellflüsse) zum Pers. Golf (nach Vereinigung mit dem Tigris); Atatürk-Damm, 1989 fertig gestellt.

**Eurasien,** Kurzw. für die Erdteile **Europa** und **Asien.**

**EURATOM,** Abk. für **Eur**opäische **Atom**gemeinschaft; Sitz Brüssel; eine der Europ. Gemeinschaften, gegr. 1957 zur friedl. Nutzung der Kernenergie. Aufgaben: Förderung, Koordinierung u. Kontrolle der Forschung, Nutzung u. Entsorgung der Kerntechnik.

**EURIBOR,** Abk. für **Eur**o **I**nterbank **O**ffered **R**ate, s. 1999 bestehende Familie v. Euro-Referenzzinssätzen für den Interbankenhandel; Bezugsgröße für variabel verzinsl. Anleihen u. Kreditverträge.

**Euripides,** jüngster der drei gr. griech. Tragiker, *um 480, †um 406 v. Chr.; 17 Dramen erh., u.a. „Medea", „Iphigenie in Aulis", „Alkestis", „Herakles".

L. Euler

**Euro,** Abk. **EUR, €,** europ. Einheitswährung, 1 E. = 100 Cent; zum 1. 1. 1999 in den Mitgl.-Ländern der ↑Euro-Zone im bargeldlosen Verkehr eingeführt; seit 1. 1. 2002 gesetzl. Zahlungsmittel. Der E. gilt auch in Andorra, Monaco, San Marino, Vatikanstadt, einigen frz. Überseegebieten, Kosovo u. Montenegro.

**Eurocard,** ↑Kreditkarte des dt. Kreditgewerbes.

**eurocheque** [-ˈʃæk], Scheck, der in Verbindung mit einer Ausweiskarte *(ec-Karte)* bis zu einem best. Höchstbetrag eingelöst wird; am 1. 1. 2002 entfiel die Zahlungsgarantie der Kreditinst. u. damit die Akzeptanz.

**Eurocityzüge,** Abk. **EC,** Schnellverkehrszüge im europ. grenzüberschreitenden Verkehr.

**Eurofighter 2000** [-faɪtə -], seit 1988 in der Entwicklung befindl. Kampfflugzeug, an dem die NATO-Partner Dtl., Großbritannien, Italien u. Spanien beteiligt sind, in Dtl. auch als Jäger 90 bekannt; Erstflug 1994.

**Eurokorps** [-ko:r], 1993 in Dienst gestellter multinat. militär. Verband, dem Einheiten aus Dtl., Frkr., Belgien, Luxemburg u. Spanien angehören; Aufgaben: Verteidigung der Mitgl. der WEU u. NATO, Frieden schaffende sowie humanitäre Einsätze.

**Europa,** in der griech. Mythol. Tochter des Kg. von Phönizien, die von Zeus (als Stier) über das Meer nach Kreta entführt wird.

**Europa,** tief gegliederte Halbinsel (Erdteil), in breiter Landfront mit nur schwachen natürl. Grenzen (Ural [Geb. u. Fl.], Kasp. und Schwarzes Meer) mit Asien verbunden, aufgrund seiner histor. Rolle als selbst. Erdteil bez.; rd. 10 Mill. km². *Bev.:* rd. 700 Mill. E; hpts. Romanen, Germanen u. Slawen. *Religion:* überw. Christen. *Gliederung u. Aufbau:* starke Küstengliederung mit Randmeeren, großen Halbinseln u. Inseln, Schwärme v. kl. Inseln. Im O gr. Tiefland, das, immer schmaler werdend, bis zur W-Küste reicht; trennt das gebirg. Skandinavien v. d. mitteleurop. Gebiet der Rumpfschollengeb.; höchste Erhebungen in den Alpen (Montblanc 4810 m). *Bodenschätze:* Braun- u. Steinkohle, Eisenerze, Bauxit, Blei, Antimon, Kupfer, Stein- u. Kalisalze, Quecksilber, Platin, Erdöl u. Erdgas. *Klima:* mildes ozean. Klima, das im O in Kontinentalklima übergeht. Nur im äußersten N polares Klima. Mittelmeerländer mit trockenen Sommern u. Winterregen.

**Pflanzen- und Tierwelt.** Der nördlichste Teil E.s mit dem skandinav. Hochgebirge und Island ist baumlose Moos- und Flechtentundra mit Polartieren (Ren, Vielfraß, Lemming u.a.). Südwärts schließt sich von Finnland und Nordrussland bis zu den Gebirgen Süd-E.s ein breiter Waldgürtel an: im N vorwiegend Nadelwälder, in Mittel- und West-E. Laub- oder Mischwälder, die durch Kulturland auf die Gebirge und auf unfruchtbare Böden zurückgedrängt sind.

Hier hat sich deren Tierwelt (Wolf, Fuchs, Dachs, Marder, Hirsch, Reh, Nagetiere) nur teilweise erhalten. Die Hochgebirge tragen über der Waldgrenze (1000 bis 2500 m) alpine Gehölze und Matten mit eigenen Tierarten (Gämse, Murmeltier). Die Mittelmeerländer haben immergrüne Hartlaubgewächse und Sträucher (Korkeiche, Lorbeer, Ölbaum), in den Gebirgen mitteleurop. Wälder, stark durch Weideland verdrängt, mit subtrop. Tierformen (Schlangen, Eidechsen). Der S Ost-E.s von der unteren Donau bis zur unteren Wolga ist Wiesensteppe, die gegen das Kasp. Meer zu in Salz- und schüttere Wüstensteppe mit asiat. Steppentieren (Saigaantilope) übergeht.

**Wirtschaft.** E. hat einen beachtl. Anteil an der landwirtschaftl. Welterzeugung, so bei Getreide, Kartoffeln, Wein, Milch, Eiern. Nordrussland, Finnland und Schweden liefern Holz. Das Klima Süd-E.s gestattet den Anbau subtrop. Kulturpflanzen. Der Anteil der landwirtschaftl. Nutzfläche an der Landfläche E.s (außer Türkei und Russland) beträgt über 50 %. Lebhafte Fischerei an fast allen Küsten. E. ist reich an Bodenschätzen, wie Steinkohle, Braunkohle, Eisenerz, Kalisalze, Quecksilber, Bauxit, Schwefelkies, Blei, Zink, Nickel u. a. NE-Metalle, Erdöl (in der Nordsee), Erdgas. Die Kohle- und Eisenerzförderung wird aus Rentabilitätsgründen eingeschränkt. E. ist neben den USA das wichtigste Ind.zentrum der Erde; alle Ind.zweige sind hoch entwickelt. Industrielle Fertigwaren werden ausgeführt und Rohstoffe, Nahrungsmittel, Fertigwaren eingeführt. West-E. verfügt über das dichteste Schienennetz der Erde. Der Straßenverkehr ist der überragende Verkehrsträger, bes. in West-E. Die Flüsse (Rhein, Weser, Elbe, Oder u. a.) bilden mit den verbindenden Kanälen (z. B. Mittellandkanal, Elbeseitenkanal) das dichte mitteleurop. Binnenwassernetz. Der Rhein-Main-Donau-Kanal bringt den Anschluss an das südosteurop. Wasserstraßensystem. Hauptflughäfen: London, Paris, Frankfurt am Main, Amsterdam. Der Fremdenverkehr ist von großer volkswirtschaftl. Bedeutung, bes. für Spanien, Portugal, Österreich, Italien, Frankreich, Griechenland und die Schweiz.

**Europaflagge,** Flagge des Europarats, der EG u. der EU; auf blauem Grund ein Kreis von 12 goldenen (gelben) Sternen, die

**Europaflagge**

Vollkommenheit versinnbildlichen.

**Europäische Atomgemeinschaft** ↑EURATOM.

**Europäische Bank für Wiederaufbau und Entwicklung,** Abk. **EBWE,** ↑Osteuropabank.

**Europäische Freihandelsassoziation** ↑EFTA.

**Europäische Gemeinschaft,** Abk. **EG,** s. 1993 Bez. für die Europ. Wirtschaftsgemeinschaft (↑EWG).

**Europäische Gemeinschaften,** Abk. **EG,** Bez. für die Europ. Gemeinschaft (bis 1. 11. 1993 Europ. Wirtschaftsgemeinschaft), die Europ. Gemeinschaft f. Kohle u. Stahl u. die Europ. Atomgemeinschaft. Die 3 Gemeinschaften bestehen formalrechtl. nebeneinander mit eigener Rechtspersönlichkeit u. Zuständigkeit, sind jedoch (seit 1967) zu einer Einheit zus.gewachsen u. bilden s. 1993 eine der wesentl. Säulen der EU; derzeit 15 Mitgl.: Belgien, Dänemark, Dtl., Finnland, Frkr., Griechenland, Großbritannien, Irland, Italien, Luxemburg, die Niederlande, Österreich, Portugal, Schweden u. Spanien; Organe: Europ. Parlament, Rat der Europ. Union (Min.-Rat), Europ. Kommission, Europ. Gerichtshof u. Europ. Rechnungshof.

**Europäische Gemeinschaft für Kohle und Stahl, Montanunion,** Abk. **EGKS,** Organisation zur Schaffung eines gemeinsamen Marktes für Kohle und Stahl; gegr. 1951; 2002 gehen ihre Befugnisse u. ihr Vermögen auf die EG über.

**Europäische Grundrechte-Charta,** durch ein Konvent (Vorsitz: R. Herzog) erarbeitete, 2000 verkündete Kodifikation der Grundrechte der EU; geht über die in nat. Verf. enthaltenen Grundrechte hinaus; bedarf zur Aufnahme in die Gemeinschaftsverträge der Ratifizierung durch die Mitgl.staaten.

**Europäische Investitionsbank,** Abk. **EIB,** 1958 gegr. Kreditinstitut der EG; Sitz Luxemburg; Aufgaben: Gewährung v. Krediten u. Bürgschaften, v. a. für Regional- u. Infrastrukturentwicklung.

**Europäische Kommission,** gemeinsames Organ der EG in Brüssel; 20 von den Reg. der EU-Staaten f. 5 Jahre ernannte Mitgl. *(Kommissare).* Die E. K. verfügt über Initiativrecht beim Rechtssetzungsverfahren u. exekutive Befugnisse, achtet auf Einhaltung des Gemeinschaftsrechts u. handelt Abkommen mit Drittstaaten u. internat. Organisationen aus.

**Europäische Organisation für Kernforschung** ↑CERN.

**Europäischer Gerichtshof,** Abk. **EuGH,** 1957 errichtetes Gericht der drei Europ. Gemeinschaften, Sitz Luxemburg; zuständig für die einheitl. Anwendung u. Auslegung des Gemeinschaftsrechts (↑Europarecht).

**Europäischer Gerichtshof für Menschenrechte,** Kontrollorgan der Menschenrechtskonvention des Europarats (seit 1959), Sitz Straßburg; bis 1998 nichtständiges Organ, tagt seitdem als Ständiger E. G. f. M.; zuständig f. Beschwerden v. Staaten u. Einzelpersonen; Urteile sind verbindlich.

**Europäischer Rat,** Tagungen (zweimal jährlich) der Staats- u. Reg.-Chefs der EU-Staaten u. des Präs. der Europ. Kommission; oberste Institution der EU; bestimmt Grundsätze u. Leitlinien der Gemeinschaft, kann rechtsverbindl. Beschlüsse fassen.

**Europäischer Wirtschaftsraum,** Abk. **EWR,** 1994 in Kraft getretener gemeinsamer Markt der 15 EU- u. 3 EFTA-Staaten (↑EFTA).

**europäisches Gleichgewicht,** polit. These, unter den europ. Mächten die Hegemonie eines Staates zu verhindern; bes. in der engl. Bündnispol. des 18./19. Jh.

**Europäische Sicherheitskonferenz** ↑KSZE.

**Europäische Sicherheits- und Verteidigungspolitik,** Abk. **ESVP,** die 1999 verabredete Entwicklung der Fähigkeit der Staaten der Europ. Union zur gemeinsamen militär. u. zivilen Krisenbewältigung u. Konfliktprävention im Einklang mit der UN-Charta. Zur Koordinierung der Aktivitäten wurden entsprechende Gremien geschaffen; außerdem soll eine schnelle Eingreiftruppe aufgestellt werden.

**Europäisches Parlament,** gemeinsames parlamentar. Organ der Europ. Gemeinschaften, Sitz bzw. Tagungsort: Straßburg, Brüssel u. Luxemburg; Direktwahl der (seit 1995: 626) Abg.

**Europäisches Währungssystem,** Abk. **EWS,** 1979 errichtetes Wechselkurssystem der EG-Länder; ihm gehörten die Zentralbanken der EU-Länder an (Griechenland, Großbritannien, Italien u. Schweden nahmen nicht od. nur zeitweilig am Wechselkurs- bzw. Interventionssystem teil); Kernstück war der ECU. Am 1. 1. 1999 hörte das EWS auf zu existieren. Das *EWS II* ist ein neuer Wechselkursmechanismus zw. Euro u. nat. Währungen für die nicht zur Euro-Zone gehörenden EU-Staaten.

**Europäisches Wiederaufbauprogramm,** Abk. **ERP, Marshallplan** [-ʃ-], auf Anregung G. C. Marshalls 1947 begr. Programm amerikan. Wirtschaftshilfe an westeurop. Staaten (1948 in Kraft). Die *Marshallplanhilfe* umfasste Sachlieferungen u. Kredite; Gesamtwert der Leistungen bis 1952 rd. 13 Mrd. US-$ (BRD: bis 1957 1,7 Mrd. US-$).

**Europäische Union,** Abk. **EU,** durch den am 1. 11. 1993 in Kraft getretenen Vertrag v. Maastricht gegr. wirtsch. u. polit. Zus.schluss der EG-Staaten. Grundlagen: die um die Europ. Wirtschafts- u. Währungsunion ergänzten EG (1. Säule), die gemeinsame Außen- u. Sicherheitspolitik (2. Säule) u. die Zus.arbeit in Innen- u. Justizpolitik (3. Säule). Die EU ist ein Staatenbund, in dessen Rahmen sowohl die EG als auch die Mitgl.staaten (↑Europäische Gemeinschaften) ihre Rechtspersönlichkeit bewahren.

**Europäische Weltraumorganisation** ↑ESA.

**Europäische Wirtschaftsgemeinschaft** ↑EWG.

**Europäische Wirtschafts- und Währungsunion,** Abk. **EWWU,** in 3 Stufen realisierte engste Form der wirtsch. Integration der EU-Staaten. Am 1. 1. 1999 wurde in 11 (2001: 12) EU-Ländern der Euro als Währung eingeführt; Verantwortung f. die gemeinsame Geldpolitik trägt das Europ. System der Zentralbanken (Europ. Zentralbank u. nat. Notenbanken).

**Europäische Zentralbank,** Abk. **EZB,** 1998 gegr. Institution, die mit den Notenbanken der EU-Länder das *Europ. System der Zentralbanken (ESZB)* bildet u. f. Geldpolitik u. Sicherung der Preisniveaustabilität zuständig ist, Sitz Frankfurt am Main; Organe: EZB-Rat u. Direktorium; erster Präs. W. Duisenberg.

**Europarat,** 1949 gegr. internat. Organisation europ. Staaten (derzeit 44 Mitgl.) zum Schutze u. zur Förderung ihrer Ideale u. Grundsätze sowie ihres wirtsch. u. soz. Fortschritts; Sitz Straßburg; Parlamentar. Vers.; Ministerkomitee (Außenmin. aller Mitgl.staaten), Gen.-Sekretariat u. Kongress der Gem. u. Regionen Europas.

**Europarecht, EG-Recht,** Recht der Europ. Gemeinschaften, unterteilt in primäres (Gründungs-, Beitrittsverträge u. a.) u. sekundäres Gemeinschaftsrecht (VO, Richtlinien, Entscheidungen).

**Europastraßen,** Fernstraßen des internat. Verkehrs, die durch Verkehrsschilder (weißes E auf grünem Grund) gekennzeichnet sind.

**Europide,** typolog. Kategorie für die Gesamtheit der in Europa, Nordafrika und dem Westteil Asiens einheim. Menschen, deren auffälligstes Kennzeichen die Pigmentarmut von Haut, Haar und Augen ist.

**Europium,** Symb. **Eu,** chem. El., OZ 63, rel. A.-Masse 151,96, seltenstes El. der ↑Lanthanoide; u. a. für Spezialleuchtmassen.

**Europol,** nach dem EU-Vertrag errichtetes Europ. Polizeiamt, Sitz Den Haag.

**Eurovision,** europ. Organisation zum Austausch v. Fernsehsendungen, gegr. 1954.

**Euro-Zone,** Gebiet der 12 EU-Staaten (Belgien, Dtl., Finnland, Frkr., Griechenland, Irland, Italien, Luxemburg, Niederlande, Österreich, Portugal, Spanien), die den Euro als Einheitswährung eingeführt haben.

**Eurydike,** in der griech. Sage Gemahlin des Sängers Orpheus.

**Eusebios von Caesarea,** Bischof von Caesarea, *um 263, †339; Verf. der ersten Kirchengesch.

**Euskirchen,** Krst. an der Erft, NRW, 52 500 E; Berufsfachschulen; Textil-, Glasindustrie.

**E|ustachi** [-ˈstakki], Bartolomeo, ital. Anatom, *1520, †1574; nach ihm ben. die *Eustachi-Röhre* (Ohrtrompete), Verbdg. zw. Nasen-Rachen-Raum u. Paukenhöhle des Ohrs.

**Euthanasie** [gr.], Sterbehilfe, Erleichterung des Sterbens; absichtl. u. aktive Lebensverkürzung ist strafbar; der Nat.-Soz. tarnte als E. die Ermordung von Geisteskranken.

**Eutin,** Krst. des Kr. Ostholstein, Schl.-Ho., 17 500 E; Schloss (17./18. Jh.); Fremdenverkehr.

**Eutrophierung,** Überangebot an Pflanzennährstoffen v. a. in stehenden Gewässern. Die Biomasse verbraucht den Sauerstoff im Wasser, dadurch ‚Umkippen' des Gewässers (Fischsterben, Fäulnis).

**eV,** Einheitenzeich. für: ↑Elektronvolt.

**e. V.,** Abk. für: eingetragener Verein.

**Eva** ↑Adam und Eva.

**evakuieren** [lat.], **1)** ein Vakuum herstellen. **2)** ein Gebiet, eine St. usw. räumen.

**Evangeliar,** liturg. Buch mit dem Text aller 4 Evangelien; im MA mit bed. Buchmalereien.

**evangelikal,** auf die unbedingte Autorität des N. T. (des Evangeliums) vertrauend, interpretiert als von Gott unmittelbar und wortwörtlich gegebene Handlungsanweisung zur Gestaltung des christl. Lebens.

**evangelisch,** allg. Bez. für die aus der Reformation hervorgegangenen Kirchen; als Konfessions-Bez. bes. *ev.-luth.* und *ev.-ref.*

**evangelische Akademien,** Tagungszentren der dt. ev. Landeskirchen; entstanden seit 1945.

**Evangelische Allianz,** internat. Zusammenschluss evangelikal orientierter Christen, christl. Gruppen u. Verbände; gegr. 1846 unter dem Einfluss der Erweckungsbewegung von ev. Christen.

**Evangelische Kirche in Deutschland,** der rechtl. Überbau, zu dem sich 24 luther., ref. u. unierte Kirchen in Dtl. zus.geschlossen haben, als 25. Gliedkirche die Ev. Kirche der Union (EKD); angeschlossen sind die Brüdergemeine u. der „Bund ev.-ref. Kirchen Dtl.s". Die EKD ist ein Kirchenbund, dessen rechtl. Grundlage die am 3. 12. 1948 in Kraft gesetzte Grundordnung bildet. Mit (2001) rd. 26,6 Mill. Mitgl. der Gliedkirchen umfasst sie den größten Teil der ev. Christen in Dtl. – Organe: Synode, Rat u. Kirchenkonferenz.

**Evangelisten,** die Verf. der 4 Evangelien; nach kirchl. Tradition: Matthäus, Markus, Lukas, Johannes.

**Evangelium** [gr.], in der Antike die Siegesbotschaft oder der Gottesspruch eines Orakels. Im speziellen Sinn (in den christl. Kirchen) Bez. für die „frohe Botschaft" Jesu vom Kommen des Reiches Gottes sowie für die Überlieferung seiner Worte und Taten, wie sie in den 4 nt. Schriften über sein Leben und Wirken, den *Evangelien* (Markus-, Matthäus-, Lukas-, Johannes-E.; verf. zw. 70 u. 150), niedergelegt sind.

**Everding,** August, dt. Regisseur u. Intendant, *1928, †1999.

**Everest, Mount** [maʊntˈevərɪst], tibet. **Chomolungma,** höchster Berg der Erde, im Himalaja, nach der 1992 durchgeführten Neuvermessung 8 846 m, nach der Neuvermessung 1999: 8 850 m, bisherige Höhenangabe seit 1954:

8848 m; Erstbesteigung 1953 durch Hillary u. Tenzing Norgay.
**Évian-les-Bains** [evjãle'bɛ̃], frz. Badeort am S-Ufer des Genfer Sees, 6000 E; Rathaus (12. Jh.), got. Kirche; Spielbank; alkal. Mineralquellen.
**evident** [lat.], offenkundig, unmittelbar überzeugend.
**Evolution** [lat.], **1)** svw. ↑Entwicklung. **2)** gleichmäß., friedl. Entw. der menschl. Gesellschaft.
**Evolutionstheorie,** svw. ↑Deszendenztheorie.

**Mount Everest**

**Évora** ['ɛvurə], portug. St. sö. v. Lissabon, 34100 E; maur. Altstadt, Reste aus der Römerzeit, Kathedr. (12./13. Jh.).
**Evren,** Kennan, türk. Gen. u. Politiker, *1918; s. 1978 Gen.-Stabschef der Armee, nach seinem Putsch 1980–89 Staatspräsident.
**Évry** [e'vri:], frz. St. bei Paris, Hptst. des Dep. Essonne, 45500 E; Pferderennbahn.
**EWG,** Abk. für **E**urop. **W**irtschafts**g**emeinschaft, überstaatl. Gemeinschaft zur wirtsch. Integration; Sitz: Brüssel u. Luxemburg; gegr. 1957 in Rom durch zeitl. unbegrenzten Vertr. (in Kraft s. 1958); 1993 in *Europ. Gemeinschaft (EG)* umben.; Kernstück ist der gemeinsame Binnenmarkt u. die Zollunion; Sonderregelungen gelten u. a. f. die Landwirtsch. sowie die handelspolit. Angliederung überseeischer Gebiete. Seit 1967 ist die EWG/EG durch Fusionsvertrag Bestandteil der Europ. Gemeinschaften.
**Ewiger Jude** ↑Ahasver[us].
**EWS,** Abk. für: ↑Europäisches Währungssystem.
**EWWU,** Abk. für: ↑Europäische Wirtschafts- und Währungsunion.

**ex..., Ex...** [lat.], Vorsilbe; Bed.: „aus, aus – heraus, weg, ent...".
**Exa...,** Zeich. **E,** Vorsatz vor Einheiten im Messwesen; bez. das $10^{18}$fache der betr. Einheit.
**exakt** [lat.], genau, sorgfältig.
**exakte Wissenschaften,** Wiss., deren Ergebnisse auf log. oder math. Beweisen oder auf genauen Messungen beruhen, z. B. Mathematik, Physik.
**Exaltation** [lat.], Überspanntheit, leidenschaftl. Erregung.
**Examen** [lat.], Prüfung.

**Exanthem** [gr.], ausgedehnter Hautausschlag mit einem bestimmten zeitl. Verlauf, z. B. bei Masern, Scharlach u. Röteln.
**Exarch** [gr.], urspr. Titel für Statthalter d. byzantin. Ks., dann in der Ostkirche Vertr. des Patriarchen.
**Exarchat,** Bez. für eine byzantin. Prov., bes. für das *E. v. Ravenna* (553–751; zunächst ganz Italien, später das Gebiet um Ravenna).
**ex cathedra** ↑Unfehlbarkeit.
**Exchange** [ɪks'tʃeɪndʒ; engl.], Tausch, Börse[nkurs].
**Exchequer** [ɪks'tʃekə; engl.], das brit. Finanzministerium; *Chancellor of the E.,* Titel des brit. Finanzministers.
**Exegese** [gr.], Erklärung, Auslegung eines Textes, bes. d. Bibel.
**Exekution** [lat.], bes. in Östr. Bez. für ↑Zwangsvollstreckung; i. e. S. für Hinrichtung.
**Exekutive,** dritte, vollziehende Gewalt (Reg. u. Verw.), neben ↑Legislative u. ↑Judikative; ↑Gewaltenteilung.
**Exemtion** [lat.], Befreiung v. best. allg. Lasten od. gesetzl. Pflichten.
**Exerziti|en** [lat.], in der kath. Kirche geistl. Übungen.
**Exeter** ['eksɪtə], Stadt in SW-England, 98100 E; Hptst. der Gft. Devon; Univ.; Kathedr. (13./14. Jh.); Masch.-Bau.
**Exhibition** [lat.], **1)** Ausstellung. **2)** Darlegung. **3)** Zurschaustellung.
**Exhibitionismus,** Trieb, vor anderen die Geschlechtsteile zu entblößen; strafbar.
**exhumieren** [lat.], [einen Leichnam] ausgraben.
**Exil** [lat.], Aufenthalt im Ausland nach Flucht od. Verbannung; *E.regierung,* Reg. mit Sitz außerh. ihres Staates.
**Existenzialismus,** Form der ↑Existenzphilosophie.
**existenziell,** auf das unmittelb., wesenhafte Dasein bezogen.
**Existenzminimum,** Mindestmaß der zur Lebensführung nöt. Einnahmen (steuerl. d. Freibetrag, bis zu dem Steuerfreiheit besteht).
**Existenzphilosophie, Existenzialphilosophie,** versch. philos. Richtungen (v. a. in Dtl., Frkr., Italien), die im Wesentl. auf einen subjektivist., individualist. Begriff der Existenz (hier = Seinsweise des Menschen) aufbauen. Die frz. E. wird meist als *Existenzialismus* bezeichnet.
**Exitus** [lat.], Ausgang; Tod.
**Exklave** ↑Enklave.
**exklusiv** [lat.], ausschließend; sich absondernd; unnahbar.
**Exkommunikation,** Kirchenstrafe gg. natürl. Personen: Ausschluss aus d. Gemeinschaft der Gläubigen (nicht aus der Mitgliedschaft der Kirche).
**Exkremente** [lat.], **Fäzes, Kot, Stuhl,** ⚕ Ausscheidungen, bes. feste Stoffwechselendprodukte.
**Exkrete** [lat.], Ausscheidungen bei Pfl., Tier u. Mensch (z. B. Schweiß).
**Exkurs** [lat.], Abschweifung; Anhang.
**Exkursion,** wiss. Ausflug, Lehrfahrt.
**Exlibris** [lat.], [künstler.] Bucheignerzeichen, versehen mit Namen, Monogramm [u. Wappen] des Eigentümers.
**Exmatrikulation** [lat.], Streichung eines Studenten aus der *Matrikel* (Liste der Studierenden) einer Hochschule.
**exo..., Exo...** [gr.], Vorsilbe; Bed.: „aus, aus – heraus, außen, außerhalb".
**Exodus** [gr.], in der Vulgata Bez. für das 2. Buch Mose.
**exogen,** außerhalb des Organismus entstehend, von außen in ihn eindringend.
**Exorzismus** [gr.; = Beschwörung], in Religionen, in denen Besessenheit von Menschen oder Sachen für mögl. gehalten wird, das Verfahren, Dämonen auszutreiben („Teufelsaustreibung"); in

der kath. Kirche durch ein *E.-Ritual* (1998 Neufassung) geregelt.

**Exoten,** Wertpapiere überseeischer Staaten ohne funktionsfähigen Kapitalmarkt; spekulative, nicht amtlich notierte Werte.

**exotherm** [gr.], Wärme liefernd.

**Expander** [lat.], Sportgerät zur Kräftigung der Muskeln, besteht aus Metallspiralen od. Gummizügen mit Handgriffen.

**Expansion** [lat.], **1)** die Ausdehnung, z.B. v. Gasen. – Als E. des ↑Weltalls wird die aufgrund der beobachteten Rotverschiebung des Lichts ferner Galaxien angenommene zeitl. fortschreitende Vergrößerung des Alls bez. **2)** Ausdehnung eines Staatsgebietes. **3)** ↑Konjunktur.

**Expektoranzilen** [lat.], husten- bzw. schleimlösende Mittel.

**Experiment** [lat.], **Versuch,** (gewagtes) Unternehmen; planmäß. Auslösung best. Vorgänge, deren Ablauf wiss. beobachtet u. beschrieben wird.

**Expertensystem,** Computersystem aus dem Bereich der ↑künstl. Intelligenz, das Faktenwissen zu einem best. Gebiet speichert u. eigenständ. Problemlösungen anbieten kann.

**Expertise** [frz.], Untersuchung, Gutachten eines *Experten* (Sachverständigen).

**Explantation** [lat.], Entnahme von Körpergeweben oder Organen zur Gewebekultur od. Transplantation.

**Exploration** [lat.], Aufsuchen u. Erforschen v. Lagerstätten.

**Explosion** [lat.], plötzl. Volumenvergrößerung bei Gasen u. Dämpfen unter Knall u. zerstörenden Wirkungen, verursacht durch Kettenreaktion.

**Explosivstoffe, Sprengstoffe,** chem. Verbdg. od. Gemenge zur Herbeiführung einer ↑Explosion.

**Exponent** [lat.], **1)** herausgehobener Vertr. [einer Partei]. **2)** $\sqrt{\ }$ ↑Potenz, ↑Wurzel.

**Exponentialfunktion,** jede Funktion der Form $y = a^x$ mit posit. reeller Basis $a \neq 0$; insbes. die E. für $a = e$ (e Basis der natürl. Logarithmen): $y = e^x = \exp x$.

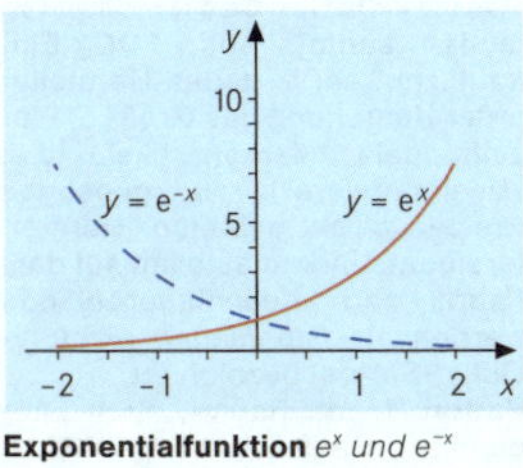


**Exponentialfunktion** $e^x$ *und* $e^{-x}$

**Expressionismus:** *Max Beckmann, „Die Nacht“ (1918/19)*

**Exponentialgleichung,** Gleichung, bei der die Unbekannte im Exponenten einer Potenz vorkommt.

**exponieren,** hervorheben; bloßstellen.

**Export, Ausfuhr,** Warenlieferungen ins Ausland u. Dienstleistungen für Ausländer.

**Exposé** [frz.], Entwurf; Bericht, Denkschrift.

**Exposition** [lat.], **1)** erster Teil einer dramat. Handlung; stellt Hintergründe des dramat. Konflikts dar; Dramenhandlung. **2)** 𝄞 erster Teil des Sonatensatzes; bei der Fuge Themenstellung u. erste Durchführung. **3)** die Belichtung in der Fotografie.

**Expressionismus** [lat.], revolutionierende Kunstrichtung nach 1900: 1. in der *bildenden Kunst* im Ggs. zum Impressionismus Ausdruck geistiger Anschauung und seel. Erlebnisse; Verfestigung der Linie, kraftvolle Farben, Verzerrung der Naturformen bis zur Abstraktion; Wegbereiter: Cézanne, van Gogh, Munch und Gauguin; Künstlervereinigungen: Brücke, Blauer Reiter (bedingt Fauves); Einzelgänger: Rouault, Rohlfs, Kokoschka, Beckmann und Nolde; Plastik: Lehmbruck, Archipenko, Barlach; Architektur: Höger, Poelzig, Mendelsohn, Taut. 2. in d. *Lit.:* nur in der dt. Lit. ausgebildet (etwa 1910–25); Anreger u.a. Strindberg, Dostojewski, Whitman, frz. Symbolismus; gg. George u. Rilke, Ggs. zum ↑Naturalismus, ausdrucksstarke, pathet.-ekstat. Spr.; Erlebnis des „neuen Menschen“ (u.a. bei Kaiser); bed. Dramen u.a. von Toller und Kaiser; bildstarke Lyrik u.a. von Trakl, Stadler, Heym, Benn, Stramm. 3. in der *Musik* vorwiegend in den 20er-Jahren; charakteristisch: extrem rascher Wechsel der Dynamik, extreme Tonhöhen, schroffe Dissonanzen, Tendenz zur Vereinzelung d. Akkords u. zum Bauen ohne Thema; Jazzeinflüsse; Vertreter: Höhepunkte bei Berg („Wozzeck“), in Schönbergs ersten Zwölftonwerken und im Frühwerk Bartóks; Wirkung bis Henze, Stockhausen u.a.

**expressis verbis** [lat.], mit ausdrückl. Worten, deutlich.

**extemporieren** [lat.], aus dem Stegreif *(ex tempore)* übersetzen, schreiben, reden; einflechten.

**Extensionsverband, Streckverband,** Spezialverband zur ständ. Dehnungsbehandlung v.a. bei Knochenbrüchen.

**Extensität** [lat.], Ausdehnung.

**extensiv** [lat.], ausgedehnt, umfassend; Ggs. ↑intensiv; *e.e Wirtschaft,* Bewirtschaftung des Bodens mit relat. geringem Einsatz v. Arbeit u. Kapital.

**extern** [lat.], außen, auswärtig.

**Externsteine,** Felsgruppe im Teutoburger Wald südl. von Detmold; ehem. german. Heiligtum (umstritten); benediktin. Felsenkapelle (Anf. 12. Jh.), gr. Relief der Kreuzabnahme.

**Exterritorialität** [lat.], völkerrechtl. geregelter Status v. Staaten u. Staatsorganen auf dem Gebiet eines anderen Staates; Befreiung von der Rechtsordnung u. Staatsgewalt des Gastlandes; 1. *absolute E.* für Staaten u. Staatsoberhäupter; für Kriegsschiffe, Mil.-Flugzeuge und Truppenkontingente in Kriegszeiten (in Friedenszeiten evtl. eingeschränkt), 2. *beschränkte E.,* z. B. bei Truppen auf dem Sektor der Strafgerichtsbarkeit, 3. *diplomat. E.* f. diplomat. Vertreter.

**extra** [lat.], bes.; außerdem, eigens; in Zusammensetzungen Bestimmungswort mit der Bed.: „außer, außerhalb, besonders".

**Extrakt** [lat.], **1)** eingedickter Auszug aus tier., pflanzl. u. techn. Stoffen. **2)** konzentrierte Zusammenfassung eines Buches. **3)** Hauptinhalt, Kern.

**Extraktion, 1)** Auszug. **2)** ⚗ Herauslösen einzelner Bestandteile aus einem Stoffgemisch mit geeignetem Lösungsmittel. **3)** Herausziehen, z. B. eines Zahnes od. des Kindes bei der Geburt.

**extra|uterin** [lat.], außerh. der Gebärmutter; z. B. *Extrauteringravidität,* Schwangerschaft mit Einnistung des Embryos außerh. der Gebärmutterhöhle.

**extravagant** [frz.], überspannt, übertrieben, ausgefallen. *Extravaganz,* Überspanntheit.

**Extrem** [lat.], das Äußerste; höchster Grad; Übertreibung.

**Extremismus** [lat.], Unbedingtheit der polit. Zielsetzungen (↑Radikalismus) bei Ablehnung v. Pluralismus u. Rechtsstaat u. Bejahung v. Gewalt als Mittel der Politik. Der *Rechts-E.* ist autoritär, nationalist. od. rassist. orientiert, ihm steht der *religiös-fundamentalist. E.* nahe; der *Links-E.* hat sozialrevolutionäre Ziele.

**Extremistenbeschluss, Radikalenerlass,** der 1972 vom B.-Kanzler u. den Reg.-Chefs der Länder der BRD gefasste Beschluss in der Frage der Überprüfung von Bewerbern für den öffentl. Dienst u. zur Mitgliedschaft von Beamten in extremist. Organisationen.

**Extremitäten,** Gliedmaßen.

**Extremsportarten,** Bez. f. außergewöhnl., z. Teil risikoreiche (dann auch *Risikosportarten* gen.) sportl. Disziplinen, bei denen der Ausübende höchsten phys. u. psych. Belastungen ausgesetzt ist, z. B. Bungeejumping.

**Extruder,** Maschine zum Strangpressen thermoplast. Kunststoffe.

**Exulanten** [lat.], Verbannte, Vertriebene; insbes. die um ihres protestant. Glaubens willen vertriebenen Böhmen u. Salzburger (17./18. Jh.).

**exzellent** [lat.], hervorragend.

**Exzellenz,** v. a. Botschaftern u. Gesandten zustehender Titel.

**exzentrisch,** √ außerh. des Mittelpt. liegend.

**Exzentrizität, 1)** Abweichen, Abstand vom Mittelpt.; übertr. svw. Überspanntheit. **2)** bei Kegelschnitten ist die *lineare E.* der Abstand eines Brennpt. v. Mittelpt., die *numer. E.* das Verhältnis der linearen E. zur gr. Halbachse.

**Exzerpt** [lat.], knappe Zusammenstellung der wichtigsten Gedanken eines Textes [mit wörtlichen Auszügen].

**Exzess** [lat.], Ausschreitung; Unmäßigkeit.

**Eyck** [ɛjk], Hubert van, *um 1370, †1426 (?), u. Jan van, *um 1390, †1441, Brüder, niederl. Maler; Begr. der altniederl. Schule, Hofmaler der burgund. Hzg., v. a. in Brügge tätig; Turin-Mailänder Stundenbuch, Genter Altar.

**Eyresee** ['ɛə-], rund 8 000 bis 15 000 $km^2$ gr., seichter Salzsee in S-Australien, 12 m u. d. M.

**Eyth,** Max von, dt. Ingenieur u. Schriftsteller, *1836, †1906; konstruierte mit J. Fowler einen Dampfpflug; Begr. der Dt. Landwirtschaftsgesellschaft.

**EZB,** Abk. für: ↑Europäische Zentralbank.

**Ezechi|el, Hesekiel,** Prophet des A. T. (6. Jh. v. Chr.).

**Ezzolied,** von Ezzo, einem Bamberger Chorherrn, um 1060 verfasstes, ältestes frühmittelhochdt. Gedicht. Thema ist die Heilsgeschichte nach dem Johannesevangelium. – Ein Scholastikus Ezzo ist auch als Teilnehmer am Pilgerzug des Bischofs Gunther von Bamberg nach Jerusalem (1064/65) bezeugt.

# F

**F, 1)** 6. Buchstabe des Alphabets. **2)** 𝄞 4. Ton der C-Dur-Tonleiter.

**F,** Einheitenzeich. für: **1)** ↑Fahrenheit. **2)** ↑Farad.

**F,** ⚗ Symb. für ↑Fluor.

**f,** 𝄞 Abk. für: **f**orte.

**f,** Vorsatzzeich. für: ↑**F**emto...

**f.,** Abk. für: ↑**F**emininum.

**Fa.,** Abk. für: ↑**F**irm**a**.

**Fabel** [lat.], **1)** knappe Zusammenfassung des einer Erz. od. einem Drama zugrunde liegenden Handlungsverlaufs. **2)** kurze, bildh., belehrende Erz., gibt Natur u. Tier Vernunft u. Spr. (in Antike, MA u. Aufklärung).

**Fabeltiere,** Fantasiegeschöpfe in Mythen u. Märchen (u. a. Drache, Einhorn).

**Fabian Society** ['feɪbjən sə'saɪətɪ; engl.], 1883 gegr. Vereinigung brit. Sozialisten, erstrebten eine allm., gesetzl. Sozialisierung; Grundlage für die Labour Party.

**Fabiola,** geb. de **Mora y Aragón,** *1928; s. 1960 verh. mit Kg. Baudouin I. v. Belgien (†1993).

**Fabrikmarke,** Marke für eine Ware, die auf den Hersteller hindeutet.

**fabulieren** [lat.], [fantast.] Geschichten erfinden u. erzählen; einen Bericht ausschmücken.

**Facelifting** ['feɪslɪftɪŋ; engl.], kosmet. Gesichtsoperation (Hautstraffung).

**Facette** [fa'sɛtə; frz.], eckig geschliffene Zierfläche v. Schmucksteinen u. Glaswaren.

**Facettenauge** [fa'sɛtən-], **Netzauge,** Sehorgan der Insekten u. a. Gliederfüßer (aus zahlreichen Ommatidien [Sehkeilen]) zusammengesetzt.

**Facharbeiter,** Arbeiter mit abgeschlossener Ausbildung (auch nach mehrjähr. Tätigkeit) in einem Beruf der Industrie.

**Facharzt,** Arzt für ein med. Spezialgebiet (z. B. Chirurgie).

**Fachbereiche** ↑Fakultät.

**Fachhochschule** ↑Hochschulen.

**Fachoberschulen, Berufsoberschulen,** Klasse 11 u. 12 umfassende Schulen, die zur Fachhochschulreife führen. Realschulabschluss od. Besuch der Berufsaufbauschule od. einer Vorklasse der F. ist Voraussetzung.

**Fachschulen,** berufsbildende Tages- od. Abendschulen, zur Vermittlung vertieften Berufswissens für qualifizierte Berufe; Voraussetzung: Gesellen- oder Facharbeiterprüfung, Praxis.

**Fachwerk,** Wandgerüstbauweise (Holz, Eisen, Stahlbeton), später mit Lehm, Mauerwerk u. a. ausgefüllt.

**Fackel,** brennendes, mit teergetränktem Werg umwickeltes Holzscheit (zur Beleuchtung).

**Factory-Outlet-Center** ['fæktərɪ 'aʊtlet 'sentə], Abk. **FOC,** Einkaufszentren, in denen Hersteller unter Umgehung des Groß- u. Einzelhandels Markenartikel (v. a. „Designerware") zu günstigen Preisen direkt anbieten. Herstellereigene Verkaufsstellen auf dem Fabrik- od. Außenlagergelände werden als *Fabrikläden (Factory-Outlet-Stores)* bezeichnet.

**Faden,** fr. dt. Raum-, auch Längenmaß; Seefahrt: 1 F. = 1,829 m.

**Fadenglas,** [venezian.] Kunstglas mit eingeschmolzenen weißen Fäden, häufig fälschlicherweise als *Filigranglas* bezeichnet.

**Fadenkreuz,** Kreuz aus sehr dünnen Fäden in opt. Instrumenten; Hilfsmittel zum Visieren.

**Fadenwürmer, Nematoden,** Kl. der Rundwürmer; frei lebende u. parasitierende Formen; u.a. Pferdespulwurm, Trichinen.

**Fading** ['feɪdɪŋ; engl.], Schwunderscheinung, z.B. beim Hörfunkempfang *(Schwund)* u. bei der Kfz-Bremse.

**Faenza,** ital. St. sö. von Bologna, 53 500 E; Dom, Palazzo del Podestà (12. Jh.); berühmte keram. Ind. (↑Fayence).

**Fafner, Fafnir,** Riese d. german. Sage, der in Drachengestalt einen gr. Goldschatz hütet; v. Sigurd getötet.

**Fagott** [ital.], Holzblasinstrument (Bass) mit doppelter Röhre; Umfang 1B bis es²; Ton schnarrend bis näselnd. *Fagottino,* kl. F., bes. Quintfagott.

**Fahd** [faxd], Ibn Abd al-Asis, *1920, Kg. v. Saudi-Arabien (s. 1982); jüngerer Bruder Kg. Faisals, übte bereits s. 1975 als Kronprinz u. 1. stellvertr. Min.-Präs. die eigtl. Macht aus.

**Fähe,** ♈ Füchsin, Wölfin, weibl. Dachs, weibl. Marder.

**Fahne, 1)** ein Stück Tuch (best. Farben, teils mit Emblem) an einer Stange; Bed. als staatl. und militär. Abzeichen. **2)** 🕮 auf losen Blättern hergestellter Abzug eines Textes, der noch nicht auf Seitenformat gebracht wurde und korrigiert werden soll.

**Fahneneid,** Treueid des Soldaten.

**Fahnenjunker,** in der Bundeswehr Offiziersanwärter im Range eines Unteroffiziers.

**Fahnenkunde, Vexillologie** [lat.], Wiss. von Bedeutung, Symbolgehalt, Gebrauch u. Funktion der Banner, Fahnen, Flaggen, Standarten u. Wimpel; eine histor. Hilfswissenschaft.

**Fähnlein,** Truppeneinheit im 16./17. Jh. (etwa 300 Mann).

**Fähnrich,** Fahnenträger im Landsknechtsheer; heute in der Bundeswehr Offiziersanwärter im Range eines Feldwebels.

**Fahrende,** umherziehende ma. Schausteller, Spielleute, Gaukler u.a. (bis ins 15. Jh. ehr- u. nahezu rechtlos).

**Fahrenheit,** Daniel Gabriel, dt. Physiker, *1686, †1736; führte die nach ihm ben. Temp.-Skale ein: $n\,°F = \frac{5}{9}(n - 32)\,°C$; d.h. $0\,°F \approx -17{,}78\,°C$; Gefrierpt. des Wassers: $32\,°F = 0\,°C$; Sp. des Wassers: $212\,°F = 100\,°C$.

**Fadenglas:** *Flakon aus farblosem Glas mit weißen Fadeneinlagen, venezianische Arbeit (um 1600)*

**Fahrerflucht,** ↑Unfallflucht eines Kfz-Führers.

**Fahrerlaubnis,** behördl. Erlaubnis, auf öff. Straßen ein Kfz zu führen; je nach Fahrzeugart in mehr. Klassen eingeteilt. Die F. ist durch amtl. Bescheinigung *(Führerschein,* s. 1999 EU-Führerschein) nachzuweisen. S. 1986 wird die erstmalig erworbene F. auf Probe (2 Jahre) erteilt. Dauernder oder befristeter Entzug der F. *(Führerscheinentzug)* kann durch strafgerichtl. Entscheidung oder durch behördl. Verwaltungsakt erfolgen (↑Fahrverbot).

**Fahrlässigkeit,** Außerachtlassung der im [Rechts]verkehr erforderl. Sorgfalt; zivilrechtl.: *einfache, grobe F.;* strafrechtl.: Schuldelement bei best. Delikten (u.a. fahrlässige Tötung, Körperverletzung), als *bewusste* od. *unbewusste Fahrlässigkeit.*

**Fährte,** hintereinander stehende Trittspuren von Schalenwild, Bär, Wolf u.a., ebenso Auerhahn, im Boden oder Schnee.

**Fahrtschreiber, Tachograph,** Registriergerät zur Überwachung des ges. Fahrtverlaufs (Geschwindigkeit, Wegstrecke) sowie zusätzl. Fahrt-, Halte- u. Ruhezeiten; v.a. bei schweren Kfz u. Omnibussen gesetzl. vorgeschrieben.

**Fahrverbot,** Untersagung des Führens eines Kfz im Verkehr (1–3 Monate) wegen einer Verkehrsstraftat od. -ordnungswidrigkeit.

**Faible** ['fɛ:bl; frz.], Schwäche, Vorliebe, Neigung.

**fair** ['fɛə; engl.], anständig, ehrenhaft, einwandfrei.

**Fairness** ['fɛənes], ehrenhaftes [sportl.] Verhalten.

**Fairplay** ['fɛə'pleɪ], anständiges Spiel (bes. im Sport).

**Faisal,** Ibn Abd al-Asis Ibn Saud, *1906, †1975 (ermordet), Kg. v. Saudi-Arabien seit 1964.

**Fäkalien** [lat.], Kot, Exkremente.

**Fakir** [arab.; = Armer], urspr. islam. Bettler (↑Derwisch), dann islam. u. hinduist. Asket (Sadhu, Yogi), Bettler und Gaukler.

**Faksimile** [lat.; = mach ähnlich!], originalgetreue Wiedergabe einer Vorlage (z.B. Handschrift).

**faktisch,** tatsächl., wirkl., auf Tatsachen gegründet.

**Faktor** [lat.; = Macher], **1)** allg. Umstand, mitbestimmende Ursache. **2)** √ Zahl od. Größe, die mit einer anderen multipliziert wird.

**Faktotum** [lat.; = mach alles!], bewährter Diener für alles.

**Faktum** [lat.], unabänderliche Tatsache.

**Fakultät** [lat.], **1)** Teil der fachl. gegliederten Hochschulkörperschaft (5–9 F.en) unter der geschäftsführenden Leitung des *Dekans;* zunehmend ersetzt durch die kleineren *Fachbereiche.* **2)** endl. Produkt natürl. Zahlen: $n!$ (gesprochen: $n$-Fakultät) $= 1 \cdot 2 \cdot 3 \cdot \ldots (n-1) \cdot n$.

**Falange [Española Tradicionalista]** [fa'laŋxe espa'ɲola tradiθjona'lista], 1934 gegr., ab 1937 von F. Franco Bahamonde geleitete faschist. span. Staatspartei, 1976/77 aufgelöst.

**Falerner,** Wein aus Kampanien.

**Falken,** weltweit verbreitete Greifvögel, gewandte Flieger, schlagen ihre Beute vielf. im Flug; in Dtl. brüten der *Wander-,* der *Turm-* u. der *Baumfalke.*

**Falkenhayn,** Erich von, dt. General, *1861, †1922; 1913–15 preuß. Kriegsmin., 1914–16 Generalstabschef (Nachf. Moltkes).

**Falklandinseln,** engl. **Falkland Islands** ['fɔ:klənd 'aɪləndz], **Malvinen,** brit. Inselgruppe im S-Atlantik, 11 961 km², 1 900 E; Hauptort Stanley; von Argentinien beansprucht. Zur brit. Kolonie F. gehören außerdem noch Südgeorgien u. die Süd-Sandwich-Inseln. – 1592 entdeckt, ab 1820 argentin., s. 1833 brit.; April–Juni 1982 von Argentinien besetzt und von Großbrit. zurückerobert. – Abb. S. 208.

**Fall,** Leo, östr. Operettenkomponist, *1873, †1925; „Der fidele Bauer", „Die Rose von Stambul", „Madame Pompadour".

**Fall, 1)** svw. ↑Kasus. **2)** gleichförm. beschleunigte Bewegung eines Körpers unter dem Einfluss der Schwerkraft, speziell im Schwerefeld der Erde (zum Erdmittelpt. ge-

F

**Falklandinseln:** *Hauptort Stanley an der Ostküste der Insel Ostfalkland*

richtet); *F.gesetze* (hergeleitet v. Galilei): z. B. $s = \frac{1}{2}gt^2$ (*s* F.weg, *g* F.beschleunigung, *t* Zeit), *freier F.:* F. ohne Luftwiderstand.

**Falla** ['faʎa], Manuel de, eigtl. F. y **Matheu** [-i-], span. Komponist, * 1876, † 1946; verband span. Nationalkolorit mit Elementen d. frz. Impressionismus. Opern, Ballette, Lieder.

**Fallada,** Hans, eigtl. Rudolf **Ditzen,** dt. Schriftsteller, * 1893, † 1947; sozialkrit. Romane; „Kleiner Mann – was nun?", „Wer einmal aus dem Blechnapf frisst".

**Fallbeschleunigung,** Beschleunigung, die ein frei fallender Körper im Gravitationsfeld eines Himmelskörpers, speziell der Erde *(Erdbeschleunigung)* erfährt. Die F. ist ortsabhän., $g \approx 9{,}81\ m/s^2$.

**Fallingbostel,** Krst. in der Lüneburger Heide, Nds., 11 000 E; Kneippkurort, Fremdenverkehr.

**Fall-out** ['fɔ:laut], engl. für ↑radioaktiver Niederschlag.

**Fallreep,** an der Bordwand anbringbare Strickleiter od. Treppe.

**Fallschirm,** Schirm zur Abbremsung des freien Falles; in Form einer Halbkugel *(Rundkappen-F., Kugelkappen-F.)* oder mit tragflächenartiger Schirmkappe *(Gleit-F.),* für F.springer, aus Flugzeugen abgeworfene Lasten *(Lasten-F.)* u. für die Landung von Raumkapseln verw., als *Brems-F. (Bremsschirm)* auch zur Verringerung der Landestrecke v. Flugzeugen.

**Fallsucht,** svw. ↑Epilepsie.

**Fallwind,** abwärts gerichtete Luftströmung an der Leeseite von Gebirgen (u. a. Föhn, Bora).

**Falsch|eid,** im Ggs. zum ↑Meineid die vom Schwörenden für wahr gehaltene, aber objekt. falsche Aussage unter Eid.

**Falschmünzerei** ↑Geld- und Wertzeichenfälschung.

**Falsifikat** [lat.], gefälschtes Stück.

**Falstaff,** Sir John, prahler., aber geistvoller Lügner in Shakespeares „Heinrich V." u. den „Lustigen Weibern von Windsor".

**Falun Gong** [- 'gʊŋ], chines. spirituelle Bewegung, versch. Traditionen verschmelzend: Buddhismus, Taoismus, die altchines. Meditationstechnik *Qigong.*

**Falzen, 1)** Zusammenfalten der Druckbogen zum gewünschten Buchformat. **2)** Bleche einf. oder mehrf. umbördeln.

**Fama,** röm. Mythol.: Personifikation des Gerüchts.

**Famagusta,** Hafenst. an der O-Küste Zyperns, 39 500 E.

**Famili|e, 1)** menschl. Lebensgemeinschaft, durch Verwandtschaft begr., i. e. S. die Eltern mit den unselbst. Kindern; wicht. soz. Funktion der F.; rechtl. bes. geschützt (↑Eherecht). **2)** Einheit der biol. Systematik, Zusammenfassung verwandter Gattungen.

**Famili|enbuch,** vom Standesamt für jede Fam. geführtes Personenstandsbuch u. a. mit Angaben zur Person der Ehegatten u. der Eltern, Staatsangehörigkeit der Ehegatten.

**Famili|engericht,** eine ausschließl. für ehebezogene Streitigkeiten, Regelung der elterl. Sorge, des Unterhalts u. a. zuständige Abt. beim Amtsgericht.

**Famili|enname** ↑Namensrecht.

**Famili|enstand** ↑Personenstand.

**Famili|enversicherung,** in der gesetzl. Kranken- u. Pflegeversicherung die beitragsfreie Versicherung der unterhaltsberechtigten Ehegatten und Kinder von Versicherten.

**Famulatur** [lat.], von Medizinstudenten abzuleistende viermonatige Ausbildung im Krankenhaus oder bei einem frei praktizierenden Arzt.

**Fan** [fæn; engl.], Kurzwort aus *fanatic,* bes. für Sport, Jazz od. Filmhelden Begeisterter.

**Fanal** [frz.], Flammenzeichen; allg. weithin wirkendes Signal.

**Fandango** [span.], Tanz im ³/₄- oder ³/₈-Takt, zu dem lyr., relig. u. a. Texte gesungen werden.

**Fanfare,** [frz.], **1)** Trompetensignal. **2)** 𝄞 kurzes, freud. Motiv. **3)** ventillose Trompete.

**Fangarme, Tentakel,** Körperanhänge in Mundnähe bei Wirbellosen, zum Aufspüren u. Ergreifen der Beute; mit Sinnesorganen.

**Fangio** [faŋxio], Juan Manuel, argentin. Automobilrennfahrer, * 1911, † 1995; 1951 und 1954–57 Formel-1-Weltmeister.

**Fango** [ital.], Mineralschlamm vulkan. Ursprungs, am Boden best. heißer Quellen abgelagert; *F.packungen* bei rheumat. Erkrankungen.

**Fano,** ital. Hafenst. an der Adria, 54 600 E; in der Altstadt röm. Augustusbogen, roman.-got. Dom (1113–40); Seebad, Fischerei, Seidenindustrie. – F. ist das antike *Fanum Fortunae.*

**Fanø,** dän. Insel vor Esbjerg, Jütland, 56 km², 2 700 E; Nordseebad; Fischerei.

**Fan Si Pan,** mit 3 142 m die höchste Erhebung Vietnams.

**Fantasie** [gr.], **1)** Fähigkeit, aus Sinneseindrücken, Bewusst-

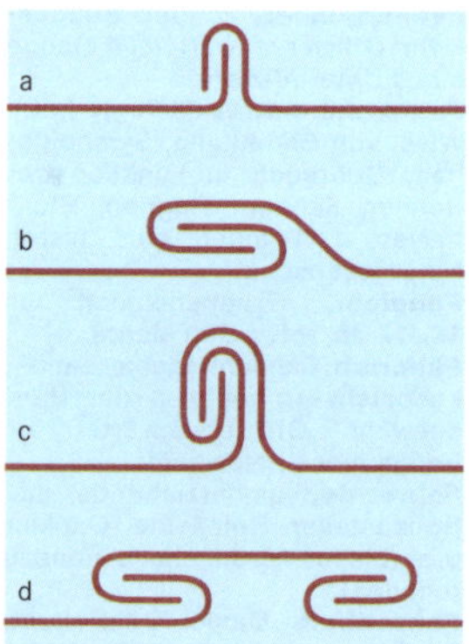


**Falzen 2):** *a stehender einfacher Falz; b liegender einfacher Falz; c stehender doppelter Falz; d Deckfalz (Falzung mit besonderem Falzstreifen)*

seins- u. Erlebnisinhalten neuart. Vorstellungsbilder zu gewinnen. **2)** 𝄞 freies Instrumentalstück.

**Fantast,** Träumer, Mensch mit wirklichkeitsfremden Ideen.

**Fantasyliteratur** ['fæntəsɪ-], literar. Gattung, die märchen- u. mythenhafte, archaische u. fantastische Traumwelten darstellt; der Science-Fiction verwandt.

**FAO,** Abk. für: **F**ood and **A**griculture **O**rganization of the United Nations; Sonderorganisation der UN für Ernährung und Landw.; Sitz Rom.

**FAQ** [Abk. für engl. **f**requently **a**sked **q**uestions = häufig gestellte Fragen], ein Dokument (Datei) im Internet, das häufig gestellte Fragen zu einem best. Themengebiet beinhaltet.

**Farad** [nach dem Physiker M. ↑Faraday], Einheitenzeich. **F,** Einheit der ↑Kapazität; ein Kondensator hat die Kapazität 1 F, wenn eine Ladung von 1 Coulomb eine Spannung v. 1 Volt erzeugt: 1 F = 1 C/V.

**Faraday** ['færədɪ], Michael, brit. Physiker u. Chemiker, *1791, †1867; Entdeckung der Grundges. der Elektrolyse *(F.gesetze),* des Benzols 1825, der elektromagnet. Induktion (Aufstellung der allg. Induktionsgesetze) 1831; fand die Drehung der Polarisationsebene des Lichtes im Magnetfeld *(F.effekt);* beobachtete die Abschirmung äußerer Felder durch metall. Gitter od. Umhüllungen *(F.käfig).* – *F.-Konstante:* Produkt aus Avogadro-Konstante u. Elementarladung, $F = N_A \cdot e$ = 96 485,309 C/mol.

**Farbauszug,** fotogr. mithilfe v. Farbfiltern od. lichtelektr. (mit ↑Scanner) hergestelltes Transparentbild in einer best. Teilfarbe als Kopiervorlage im Farbdruck.

**Farbbücher,** amtl. Veröffentlichungen zur Reg.-Politik, v. a. Außenpolitik, u. a. als *Weiß-* (Dtl., erstmals 1876), *Rot-* (Östr., USA), *Blau-* (Großbrit.), *Gelb-* (Frkr.), *Grünbuch* (Italien).

**Farbdruck,** der mehrfarb. Druck od. die Reproduktion mehrfarb. Vorlagen (3 od. mehr Farben). Grundprinzip ist das „Zusammensehen" (Punkte nebeneinander in zwei Farben werden aus genügender Entfernung als Mischfarbe wahrgenommen). Nach Farbauszügen der Vorlagen (zusätzl. eine Schwarzaufnahme) werden nach versch. Methoden die Druckformen hergestellt, die beim Neben- und Übereinanderdrucken (Grundfarben u. Mischfarben) das farb. Wiedergabebild entstehen lassen.

**Farbe, 1)** ↑Farbenlehre. **2)** allg. Bez. für ↑Farbstoffe u. ↑Pigmente.

**Farbechtheit,** Widerstandsfähigkeit v. Färbungen v. a. bei Textilien gg. Einwirkungen, denen sie bei der Fabrikation (z. B. Säuren, Alkalien) und im Gebrauch (z. B. Licht, Wasser) ausgesetzt sind.

**Färben,** das Einfärben von Textilien; entw. durch intens. Einwirkung der heißen *Farbflotte* (wässr. Farbstofflösung) auf das Färbgut od. durch Erzeugung der Farbstoffe auf der Faser.

**Farbenblindheit,** Unfähigkeit, Farben wahrzunehmen *(Achromatopsie)* od. best. Komplementärfarben zu unterscheiden *(Dichromasie, Rotgrün-, Blaugelbblindheit).*

physikal. Kennzeichnung der Farben als Licht best. Wellenlänge ist für sich allein unzureichend. Als 2. Faktor muss die Art der *Farbwahrnehmung* durch das Auge berücksichtigt werden. Das menschl. Auge verfügt in der Netzhaut über 2 verschiedenart. Sinneszellen, die Stäbchen u. die Zapfen. Bei sehr schwacher Beleuchtung treten nur die Stäbchen in Funktion *(Nachtsehen),* sie vermitteln nur die Wahrnehmung v. Helligkeitsunterschieden. Bei stärkerer Beleuchtung wirken nur die Zapfen *(Tagessehen).* Sie vermitteln das Farbensehen. Dazw. gibt es ein Übergangsgebiet, in dem Stäbchen u. Zapfen gemeinsam ange-



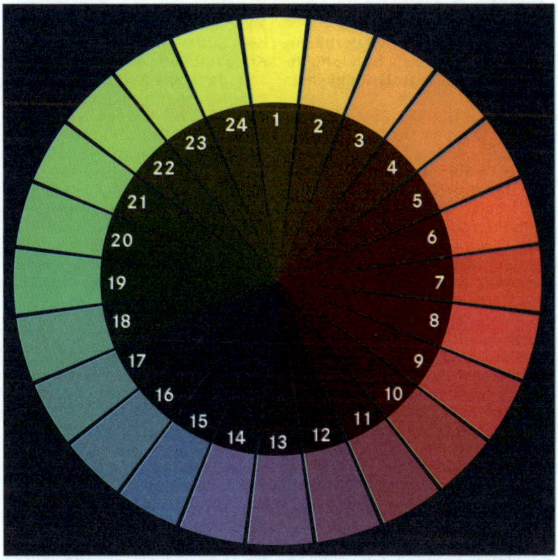


**Farbenlehre:** *Der 24-teilige ostwaldsche Farbtonkreis entsteht durch Zusammenbiegen des Spektrums von weißem Licht unter der Einschaltung von Purpur zwischen Violett und Rot.*

**Farbenlehre,** Wiss. v. der Farbe als opt. Erscheinung, als farbgebende Substanz (Anstrichfarbe, Farbstoff, Pigment), als Buntheit (im Ggs. zu unbunt = weiß, grau, schwarz) sowie als elektromagnet. Strahlungsart (z. B. blaues Licht). Man unterscheidet Licht- u. Körperfarben. *Lichtfarbe* ist die Farbe eines Selbstleuchters, z. B. der Sonne od. einer Glühlampe. *Körperfarbe* ist die Farbe eines nicht selbstleuchtenden Körpers, z. B. eines Gewebes od. eines Glases; sie bedarf zur Sichtbarkeit einer beleuchtenden Strahlung. Die sprochen werden *(Dämmerungssehen).* – 1931 wurde das erste einheitl. Farbensystem v. der Internat. Beleuchtungskommission aufgestellt: das *CIE-System;* es ist internat. Norm. In diesem System wird jede Farbe durch 3 Bestimmungsgrößen eindeutig gekennzeichnet, demgemäß ist eine dreidimensionale Darstellung notwendig *(Farbenraum).* Weitere Farbsysteme sind das fr. sehr verbreitete *Ostwald-System,* das in den USA entwickelte *Munsell-System* u. das von M. Richter aufgestellte System der *DIN-Farbenkarte.*

**Farbensehen,** Fähigkeit, versch. Wellenlängen des Lichtes zu unterscheiden, beim menschl. Auge rd. 160 *Farbtöne* von 380 nm (Violett) bis 750 nm (Rot).
**Farbfernsehen** ↑Fernsehen.
**Farbflechten,** strauch. Flechten, bes. südl. Länder, die Farbstoffe, z. B. Lackmus, liefern.
**Farbfotografie** ↑Fotografie.
**Farbkörper,** svw. ↑Pigmente.
**Farbstoffe,** chem. Verbdg., die ein Trägermaterial einzufärben vermögen; fr. verwendete man natürl. F., heute benutzt man v. a. synthet. F. (Azo-, Chinon-F. usw.).
**Farbstoffträger,** svw. ↑Chromatophoren.
**Farbwechsel,** rasche Veränderung der Körperfarbe, bes. bei Fischen, Lurchen, Krebsen; zur Anpassung an die Umgebung.
**Farce** ['fars(ə); frz.], **1)** derbkom. Einlage im ma. geistl. Spiel; heute derbkom. Lustspiel. **2)** Kochkunst: Fleischfüllung.
**Farm** [engl.], landw. Betrieb (angloamer. Länder); in Dtl. Hof mit Geflügel- od. Pelztierzucht.
**Farne,** kraut., seltener baumart. Pfl.; Hauptverbreitung in den Tropen; meist gr., reich gefiederte Blätter (Wedel), tragen Sporangien; Fortpflanzung mit ausgeprägtem Generationswechsel.
**Farnese,** ital. Fürstengeschlecht, das 1545–1731 im Hzgt. Parma und Piacenza herrschte. – Im *Palazzo F.,* Rom (1541 ff.), bed. Kunstslg. (1731 nach Neapel). – Villa Farnesina, Rom, 1508–11 erbaut, prachtvoller Renaissancebau mit Fresken von ↑Raffael.
**Faro** ['faru], südportug. Hafenst., 32 000 E; Hptst. der Algarve; Fremdenverkehr; ✈.
**Färöer** [dän.; = Schafinseln], dän. Inselgruppe zw. Island und Norwegen, 1 399 km², 47 800 E, Hptst. Tórshavn; bes. Schafzucht, Fischfang; s. 1948 innere Selbstverw. mit eigenem Parlament.
**Farsala,** griech. St. in Thessalien, 6 400 E, mit Resten einer Burg (z. T. myken.); das alte ↑Pharsalos.
**Färse, Sterke,** geschlechtsreifes ♀ Rind vor dem ersten Kalben.
**Faruk I.,** * 1920, † 1965, 1937–52 Kg. v. Ägypten; 1951 Kündigung des brit.-ägypt. Militärvertr.; zur Abdankung gezwungen.
**Fasanen** [gr.], weltweit verbreitete Unterfam. der Hühnervögel; meist Stand- od. Strichvögel; der heim. *Jagdfasan* stammt aus Asien; *Silber-* u. *Goldfasan* aus China (Ziergeflügel).
**Fasanerie** [frz.], Fasanengehege.
**Fasching,** bayr.-östr. svw. ↑Fastnacht.
**Faschismus** [ital.], **1)** i. e. S. die unter dem Symbol der Faszes (im antiken Rom Symbol der Strafgewalt) von Mussolini geführte ital. rechtsradikale Bewegung; 1919 Kampfbund, 1921 Partei, 1922 Marsch auf Rom (Mussolini Min.-Präs.), 1925/26 Übergang zur Einparteidiktatur Mussolinis (als „Duce"); ab 1935 expansionist. Politik, ab 1936 Bündnis mit Hitler; 1943 Ende durch Staatsstreich Badoglios. **2)** i. w. S. Begriff zur Kennzeichnung rechtsextremist.-nationalist., nach dem Führerprinzip organisierter Bewegungen seit dem 1. Weltkrieg mit dem Ziel eines autoritären Einparteienstaats, u. a. Nat.-Soz., Spanien unter Franco, Portugal unter Salazar. (↑Neofaschismus)
**Faschodakrise,** brit.-frz. Kolonialkonflikt um die Herrschaft über den Sudan 1898/99; durch brit. Kriegsdrohung wurde Frkr. bei Faschoda (heute Kodok) zum bedingungslosen Abzug gezwungen.
**Fasern,** zu Garnen verspinnb. kurze, feine Gebilde: *pflanzl.* (u. a. Baumwolle, Sisal), *tier.* (u. a. Wolle, Seide), *Mineral-* (u. a. Glas-F.) u. *Chemie-F.* (aus Zellstoff, Eiweiß od. vollsynthetisch).
**Faseroptik** ↑Glasfaseroptik.
**Faserzement,** Gemisch aus organ. textilen Fasern u. Zement einschl. Zuschlagstoffen u. unter Zugabe von Wasser; v. a. für Bauplatten.
**Fashion** ['fæʃn; engl.], Mode.
**Fasnacht,** svw. ↑Fastnacht.
**Fassade** [frz.], Vorder-, Schau-, Stirnseite (v. a. von Gebäuden).
**Fassbaender,** Brigitte, dt. Sängerin (Mezzosopran), * 1939.
**Fassbinder,** Rainer Werner, dt. Regisseur, * 1945, † 1982; „Berlin Alexanderplatz".
**Fasson** [fa'sõ; frz.], Art; Muster, Form (v. Kleidern, Hüten u. Ä.); Haltung (d. F. bewahren).
**Fasten,** in fast allen Religionen die rituelle zeitw., teilw. od. völl. Enthaltung v. Nahrung od. best. Speisen *(Abstinenz)* als Opfer, Sühne, Reinigung.
**Fastenzeit,** Periode des ↑Fastens; im Islam ↑Ramadan; in der kath. Kirche v. Aschermittwoch bis Ostern u. in d. Adventszeit.
**Fastnacht,** die Zeit vom Dreikönigstag bis zum Aschermittwoch. In Bez. u. Brauchtum zahlr. regionale Unterschiede.
**Faszikel** [lat.], [Akten]bündel.
**Faszination** [lat.], Bezauberung, Gebanntsein; fesselnde Wirkung, d. v. Person od. Sache ausgeht.
**Fatah** [fa'tax], **Al-F., El-F.,** militante palästinens. Kampforganisation unter J. Arafat; 1958 gegr.; Kern der PLO.
**Fatalismus** [lat.], pessimist. Glaube an die Unabänderlichkeit des blinden Schicksals.
**Fata Morgana** [lat.], eine ↑Luftspiegelung, gaukelt in Wüstengebieten Wasserflächen vor u. rückt ferne Teile der Landschaft näher.
**Fatima,** jüngste Tochter Mohammeds, * um 606, † 632; Urahnin der *Fatimiden* (schiit. Dyn. in Ägypten 909–1171).
**Fátima,** portug. Wallfahrtsort (1917 Marienerscheinungen), sö. von Leiria, 6 400 E.
**Fatum** [lat.], Schicksal.
**Fatwa** ↑Fetwa.
**Faulbaum, Pulverholz,** Strauch, meist in feuchten Laubwäldern Europas; Rinde liefert Abführmittel.
**Faulhaber,** Michael v., dt. Kardinal (s. 1921), * 1869, † 1952; seit 1917 Erzb. v. München u. Freising; Gegner des Nat.-Soz.

**W. Faulkner**

**Faulkner** ['fɔːknə], William, amer. Schriftsteller, * 1897, † 1962; Romane aus der zerfallenden Welt der Pflanzeraristokratie der S-Staaten; „Die Freistatt"; Nobelpreis 1949.
**Fäulnis,** Zersetzung stickstoffhaltiger organ. Stoffe durch Bakterien bei Sauerstoffmangel; unter extremen Bedingungen (Meeresgrund) Übergang in *Faulschlamm* (Sapropel), der v. a. mikroskop. kl. Algen, Öl- u. fetthalt. Tier- u. Pflanzenreste enthält.
**Faultiere,** träge, an Baumleben u. Blätternahrung angepasste südamer. Säugetiere (Zahnarme).
**Faun,** altröm. Naturgott, Schirmherr der Herden.
**Fauna,** röm. Waldgöttin, Beschützerin der Tiere.
**Fauna** [lat.], **1)** Tierwelt eines

best. Gebietes. **2)** Tierbestimmungsbuch.

**Faunus,** röm. Fruchtbarkeits-, Feld- u. Waldgott; dem griech. Pan angeglichen.

**Faure** [fɔ:r], Edgar, frz. Politiker, *1908, †1988; 1945/46 einer der Anklagevertr. bei den Nürnberger Prozessen; s. 1950 mehrfach Min., 1952 u. 1955–56 Min.-Präs.; 1973–78 Präs. der Nat.-Vers., s. 1978 Mitgl. der Académie française, 1979–81 des Europ. Parlaments.

**Fauré** [fɔ're], Gabriel, frz. Komponist, *1845, †1924; Orchestersuite „Pelléas et Mélisande".

**Faust,** Johannes, wahrsch. Georg **F.**, dt. vagabundierender Arzt und Schwarzkünstler, *um 1480, †1536 od. 1540; aus mehreren St. ausgewiesen; schon zu Lebzeiten zur Sagengestalt geworden; die *F.sage* erfuhr viele dichter. Darst.: im Volksbuch, durch Marlowe, Lessing, Goethe, Grabbe, Lenau, Th. Mann.

**Faustball,** Ballspiel mit 2 Mannschaften (je 5 Spieler), Ball muss mit Faust od. Unterarm über die 2 m hohe Mittelschnur geschlagen werden.

**Faustkeil,** vorgeschichtl. Steinwerkzeug.

**Faustpfand,** bewegl. Sache des Schuldners im Besitz des Gläubigers (Pfandrecht).

**Faustrecht,** in der älteren Rechtssprache Bez. für tätl. Streitigkeiten u. die darauf gesetzte Strafe; heute ugs. für (unzulässige) Selbsthilfe.

**Fauves** [fo:v; frz.; = Wilde], Gruppe frz. Maler; erste Ausstellung 1905 in Paris; v. Cézanne u. d. Impressionismus herkommend, suchten sie (den dt. Expressionisten verwandt), den Ausdruck durch starke, kaum abschattierte Farben zu steigern (Matisse, Derain, Dufy, Friesz, de Vlaminck, Braque).

**Fauxpas** [fo:'pa; frz.; = Fehltritt], Versehen, Taktlosigkeit.

**Favorit** [frz.], Günstling; Liebling; als Sieger zu erwartender Teilnehmer, bes. Sportler.

**Fawkes** [fɔ:ks], Guy, engl. Verschwörer, *1570, †1606; als Haupt der ↑Pulververschwörung in London hingerichtet.

**Fax** [zu Faksimile], Telekommunikationsdienst, mit dem sich schriftl. Vorlagen über Telefonleitung kopieren lassen (fr. *Fernkopieren*); auch Bez. für das Gerät *(F.gerät),* mit dessen Hilfe die Dokumente übertragen werden. Die Vorlage wird dabei zeilen- u. punktweise opt. abgetastet, die Schwarz-Weiß-Werte über das Netz übertragen u. in einem Empfangsgerät Pt. für Pt. wieder aufgezeichnet. Der entspr. Dienst der Dt. Telekom heißt *Telefax.*

**Fayence** [fa'jãs; frz.], **Majolika,** Tonwaren mit ornamental od. figural bemalter Zinnglasur; ben. nach Faenza; Blüte in der Renaissance (Faenza, Urbino, Deruta); blauweiße Delfter F. (17. Jh.); Nachahmung in Frkr. u. Dtl. (Berlin, Ansbach, Bayreuth).

**Fayence:** *Teller mit floralem Dekor aus İznik (Nordwestanatolien), 16. Jh.*

**Fäzes,** svw. ↑Exkremente.

**Fazit** [lat.; = es macht], Ergebnis, Endsumme, Schlussfolgerung.

**FBI** ['ɛf bi: 'aɪ], Abk. für: ↑**F**ederal **B**ureau of **I**nvestigation.

**FCKW,** Abk. für: ↑**F**luor**c**hlor**k**ohlen**w**asserstoffe.

**FDJ,** Abk. für: ↑**F**reie **D**eutsche **J**ugend.

**FDP, 1)** Abk. für: ↑**F**reie **D**emokratische **P**artei. **2)** übl., jedoch nicht parteioffiz. Abk. für: ↑**F**reisinnig-**d**emokrat. **P**artei der Schweiz.

**Fe,** ♂ Symb. für ↑Eisen.

**Feature** ['fi:tʃə; engl.], Hörfunk-, Film- od. Fernsehgestaltung an sich undramat. aktueller Themen, aus Reportage u. Kommentar gemischt.

**Februar** [lat.], nach dem altröm. Sühnefest *(februa)* ben. 2. Monat des Jahres (28, in Schaltj. 29 Tage).

**Februarrevolution, 1)** Pariser Revolution v. 24. 2. 1848, Sturz Kg. Louis Philippes. **2)** russ. Revolution v. 17. 3. 1917 (nach damaliger russ. Zeitrechnung 27. 2.), Absetzung des Zaren u. Bildung einer provisor. bürgerl. Regierung.

**fec.,** Abk. für: **fec**it [lat.; = hat es gemacht], häufig hinter dem Künstlernamen auf Bildwerken.

**Fécamp** [fe'kã], nordfrz. Hafenst. nö. v. Le Havre, 21 400 E.

**Fechten,** Zweikampf mit Hieb- u. Stoßwaffen; *Sport-F.:* der Gegner muss durch Hieb od. Stoß getroffen werden, beim Florett auf den Oberkörper ohne, bei Säbel mit Kopf u. Armen, beim Degen auf den gesamten Körper; Treffer werden mit der Waffe od. durch Ausweichen *pariert* („Parade").

**Fedajin** [arab.; Einz. Fidai], urspr. Mitgl. der Sekte der Assassinen, die mit Mordaufträgen ausgeschickt wurden; heute Selbstbez. arab. u. iran. Freischärler.

**Fedcup** ['fedkʌp, engl.], Tennis: seit 1963 jährlich nach dem Pokalsystem durchgeführter internat. Mannschaftswettbewerb für Frauen; Gegenstück zum ↑Daviscup.

**Feder, 1)** kompliziertes Horngebilde der Vogelhaut für Flug und Wärmeschutz; im *F.balg* sitzt der *F.kiel* (aus *F.spule* u. *-schaft*) mit der *F.fahne* (aus *F.ästen* u. *-strahlen*); v. a. als Deck-, Daunen-, Schwung- u. Steuer-F.n. **2)** spiral- od. blattförm. Gebilde aus Stahl u. a. elast. Material zum Auffangen od. Ausüben v. Druck, Zug, Biegung, Dehnung; dient zus. mit anderen Bauel. in *Federungen* zur Dämpfung von Erschütterungen u. a.; als *Trieb-F.* zur Erzeugung von Bewegungen verw. (Uhrwerk).

**Federal Bureau of Investigation** ['fedərəl bju:'roʊ ɔf ɪnvestɪ'geɪʃn], Abk. **FBI,** B.-Kriminalpolizei der USA, gegr. 1908.

**Federball,** als Freizeitsport betriebenes ↑Badminton.

**Federgewicht** ↑Gewichtsklassen (Übers.).

**Federsee,** See in Oberschwaben, 1,4 km², z. T. verlandet *(Federmoor);* vorgeschichtl. Funde; Naturschutzgebiet.

**Federung** ↑Feder.

**Federwaage** ↑Waage.

**Federweißer,** gärender, flockiger Weinmost; u. a. auch als Bitzler u. Sauser bezeichnet.

**Fee** [frz.], [meist] freundl. Märchenfrau (Geist); in orient., altfrz., mhd. Dichtung, bei Wieland, Grimm, Shakespeare.

**Feedback** ['fi:dbæk], engl. für ↑Rückkopplung.

**Fegefeuer,** kath. Lehre vom Reinigungszustand für die Seelen Verstorbener, die noch lässl. Sünden u. zeitl. Sündenstrafen abbüßen.

**Fehde,** im MA Privatkrieg zur Durchsetzung von Rechtsansprüchen; geordnet im F.recht; im Ewigen Landfrieden 1495 verboten.

**Fehlbildungen, Missbildungen,** krankhafte Veränderungen v. Form u. Größe eines od. mehrerer Organe od. Organsysteme als Folge einer Störung der frühkindl. Entwicklung im Mutterleib.

**Fehlfunktion, Dysfunktion,** Funktionsstörung im Organismus.
**Fehlgeburt,** svw. ↑Abort.
**Fehling,** Hermann von, dt. Chemiker, * 1812, † 1885; entwickelte die *f.sche Lösung,* eine Kupfersulfat- u. -tartratlösung zum Nachweis u. zur quantitat. Bestimmung v. Traubenzucker u. a. Aldehyden bzw. reduzierend wirkenden Substanzen.
**Fehmarn,** dt. Ostseeinsel zw. Kieler u. Mecklenburger Bucht, 185,1 $km^2$, Getreideanbau; Fremdenverkehr; Hauptort Burg auf F. Von Puttgarden aus Fährverkehr über den *F.belt* im Verlauf der ↑Vogelfluglinie.
**Fehn, Fenn, Venn,** sumpf.-moor. Gelände (Niederlande, NW-Dtl.).
**Fehrbellin,** St. in Bbg., 3500 E; Ind. – 1675 Sieg des Gr. Krfst. über die Schweden.
**Feiertag,** weltl. od. kirchl. Festtag mit Arbeitsruhe; gesetzl. F.e mit F.sschutz u. Vergütung des Arbeitsverdienstausfalls.
**Feigenbaum,** einer der wichtigsten Obstbäume der Mittelmeerländer (Maulbeergewächs).
**Feile,** gezahntes oder gerieftes Werkzeug aus gehärtetem Stahl zum Abnehmen v. Spänen.
**Feingehalt, Feinheit,** der Anteil eines Edelmetalls in einer Legierung [angegeben in Promille, fr. in ↑Karat].
**Feininger,** Lyonel, dt.-amer. Maler u. Grafiker, * 1871, † 1956; lehrte 1919–33 am Bauhaus, Kompositionen aus prismatisch gebrochenen, sich in zarten Tönen überblendenden Formen (Städtebilder, Schiffe).
**Felchen, Renken,** forellenart. Speisefische; *Blau-F.* bes. in den Alpenseen.
**Feld,** jede physikal. Erscheinung, bei der die sie charakterisierende physikal. Größe *(F.größe),* z. B. eine F.stärke, eine Funktion der Ortskoordinaten u. i. Allg. auch der Zeit ist; auch die Gesamtheit dieser den Raumpunkten zugeordneten Funktionswerte. Beispiele sind *Kraft-F.,* z. B. die Schwerkraftwirkung in einem *Gravitations-F.,* od. der Raum um elektr. od. magnet. geladene Körper *(elektr., magnet., elektromagnet. F.).*
**Feldberg,** höchster Berg des Schwarzwaldes, 1493 m; Wetterstation.
**Feldberg, Großer** ↑Großer Feldberg.
**Feldeffekt,** durch ein elektr. Feld hervorgerufene Änderung der elektr. Stromdichte bzw. des Widerstands in einem Halbleiter; zur Steuerung im *F.transistor* (Abk. *FET*) genutzt.
**Feldhühner,** Unterfam. der Hühnervögel; u. a. Rebhuhn, Rothuhn, Steinhuhn, Wachtel.
**Feldjäger, 1)** in Preußen 1740 bis 1919 berittene Truppe, u. a. für Kurierdienst. **2)** Mitgl. der *F.truppe* der B.-Wehr, Militärpolizei.
**Feldlini|en, Kraftlinien,** ❀ Hilfslinien zur Veranschaulichung eines vektoriellen Feldes, geben an jedem Pt. die Richtung der Kraftwirkung des Feldes an.
**Feldmarschall,** fr. hoher mil. Rang (*Gen.-F.* höchster Rang).
**Feldsalat, Rapunzel,** heim. Baldriangewächs, Winter- und Frühjahrssalat.

**Felsbilder:** *Bogenschützen auf einem Felsbild in der Libyschen Wüste*

**Feldschlange,** spätma. Geschütz mit relativ langem Rohr.
**Feldspäte,** weit verbreitete Gruppe gesteinsbildender Minerale; Härte 6–6,5. *Alkali-F.* od. *Orthoklase* sind Gemische zw. den Grenzzusammensetzungen $Na[AlSi_3O_8]$ (Albit) u. $K[AlSi_3O_8]$ (monokliner Orthoklas; trikliner Mikroklin); *Kalknatron-F.* od. *Plagioklase* zw. $Na[AlSi_3O_8]$ (Albit) u. $Ca[Al_2Si_2O_8]$ (Anorthit).
**Feldstärke,** vektorielle Größe zur Kennzeichnung (der lokalen Kraftwirkung) eines ↑Feldes.
**Feldstecher,** histor. (monokulares) Prismenfernrohr; heute synonym zu *Fernglas* verw., ein binokulares galileisches Fernrohr.
**Feldwebel,** mil. Dienstgrad.
**Feldzeugmeister,** fr. Titel des Oberbefehlshabers der Artillerie.
**Felge, 1)** Verbindungsglied zw. Reifen u. Radkranz. **2)** Übung (Reck, Ringe, Barren), bei der der Turner eine ganze Drehung aus dem Stand od. Hang zum Stütz ausführt.
**Felix (V.),** * 1383, † 1451, seit 1416 Herzog Amadeus VIII. von Savoyen; 1439–49 [letzter] Gegenpapst.
**Fellachen,** Ackerbau treibende Landbev. in arab. Ländern.
**Fellbach,** St. im nö. Vorortbereich von Stuttgart, Ba.-Wü., 42500 E; vielseit. Ind., Weinbau.
**Fellini,** Federico, ital. Filmregisseur u. Drehbuchautor, * 1920, † 1993; „La Strada".
**Felsbilder,** in allen Erdteilen vorkommende, in Höhlen, Nischen od. an frei liegenden Felsflächen u. Blöcken (v. a. mit mineral. Stoffen) gemalte oder gravierte bildhafte Darst., äußerst vielgestalt. (teilw. im *Röntgenstil,* Kennzeichnung äußerl. unsichtbarer Organe) bis zu abstrakten Gebilden, v. a. an vorgeschichtl. schriftlose Kulturen u. heutige Naturvölker gebunden.
**Felsenstein,** Walter, östr. Regisseur, * 1901, † 1975; war seit 1947 Intendant der Kom. Oper in Berlin (Ost).
**Felsentempel,** Tempel in natürl. oder künstl. Felshöhlen, u. a. buddhist., ägypt. (Abu Simbel) u. hethit. F. (Yazılıkaya).
**Feme** ↑Femgerichte.
**Femel[schlag]betrieb, Plenterbetrieb,** Waldbewirtschaftung mit dem Ziel, zu einem ungleichaltr. Mischbestand zu kommen.
**Fememorde,** von Geheimges. durchgeführte polit. Morde, in Dtl. bes. an Politikern der Mitte- u. Linksparteien nach 1919 durch rechtsradikale Verbände verübt.
**Femgerichte** [wohl ident. mit niederl. veem = Genossenschaft], s. dem 13. Jh. vereinzelt in Westfalen nachweisbare öff. Gerichte (Freiding; Vors.: Freigraf, mind. 7 Freischöffen) zur Aburteilung schwerer Rechtsbrüche; allm. Übergang zu heiml. Verhandlung; Verfall s. dem 15. Jh., vereinzelt bis Ende des 18. Jh.
**feminin** [lat.], **1)** weiblich. **2)** charakteristisch für die Frau.
**Femininum,** weibl. Hauptwort (z. B. *die* Uhr); ↑Genus.
**Feminismus,** Teil der ↑Frauenbewegung, strebt durch Veränderung gesellschaftl. Normen Befreiung d. Frau von Diskriminierung u. Unterdrückung an.
**Femto...** [skand. = fünfzehn], Zeich. **f,** Vorsatz vor Einheiten im Messwesen, bez. den $10^{15}$ten Teil der betr. Einheit.
**Fenchel,** Doldengewächs, im Mittelmeergebiet heim.; auch bei uns angebaute Gewürzpfl.; Kulturformen auch als Gemüse.

Fenek

**Fendant** [fã'dã; frz.] ↑Gutedel.
**Fenek, Fennek,** kl., sandgelber Wüstenfuchs N-Afrikas mit sehr gr. Ohren.
**Fénelon** [fen'lõ], eigtl. François de **Salignac de La Mothe-F.,** frz. Schriftsteller, *1651, †1715; Erzb. v. Cambrai, Erzieher am Hofe Ludwigs XIV.; frühaufklärer. Erziehungsroman „Die Erlebnisse des Telemach".
**Feng-Shui** [-'ʃui], chin. Kunst der harmon. Lebens- u. Wohnraumgestaltung.
**Fenn,** svw. ↑Fehn.
**Fenrir, Fenriswolf,** Dämon der nord. Mythol., Sohn des Loki.
**Fensterblatt,** Art der Aronstabgewächse aus Mexiko; Klettenstrauch mit zahlr. Luftwurzeln u. bis 100 cm langen, etwa 70 cm breiten, fensterartig durchlöcherten Altersblättern.
**Fensterrose,** Rundfenster mit Maßwerk in Form einer Rose, v. a. in der Gotik.
**Feofan Grek, Theophanes der Grieche,** griech. Maler, *um 1340, †1411; ab etwa 1370 in Russland tätig, wahrsch. Lehrer v. Rubljow; Fresken; Ikonostase der Verkündigungskathedrale im Moskauer Kreml (1405).
**Ferdinand,** *Hl. Röm. Reich:* **1) F. I.,** *1503, †1564, Enkel Maximilians I., Bruder u. Stellvertr. Karls V. in Dtl. (seit 1521); 1526 Kg. v. Böhmen und Ungarn, 1531 dt. König, 1556 Nachf. Karls V. als Ks.; Abwehr der Türken, Augsburger Religionsfriede 1555. **2) F. II.,** *1578, †1637, Enkel von 1), 1619 Ks.; bekämpfte den Protestantismus in den habsburg. Erblanden, führte den 30-jähr. Krieg für eine kath. Reorganisation des Reiches. **3) F. III.,** *1608, †1657, Sohn von 2), 1637 Ks.; schloss 1648 den Westfäl. Frieden. – *Aragonien:* **4) F. II.,** der Kath., *1452, †1516, Kg. seit 1479; vereinigte durch seine Heirat mit Isabella v. Kastilien Aragonien u. Kastilien, eroberte 1492 Granada, den letzten Stützpunkt der Mauren; Zusammenschluss v. ganz Spanien nach der Eroberung v. Navarra (1512). – *Bulgarien:* **5) F. I.,** *1861, †1948, aus dem Hause Sachsen-Coburg-Koháry, 1887 von den Bulgaren zum Fürsten gewählt, 1908 Zar des Kgr. Bulgarien; dankte 1918 ab. – *Kastilien:* **6) F. I.,** d. Gr., *um 1017, †1065, reg. s. 1035; Kg. von León seit 1037; s. 1054 als „Ks." Oberherr des christl. Spaniens. – *Östr.:* **7) F. I.,** *1793, †1875, Ks. s. 1838, dankte 1848 zugunsten seines Neffen Franz Joseph (I.) ab. – *Rumänien:* **8) F. I.,** *1865, †1927, aus dem Hause Hohenzollern-Sigmaringen, Kg. s. 1914. – *Spanien:* **9) F. VII.,** *1784, †1833, 1808 Kg.; v. Napoleon I. abgesetzt, 1814 wieder eingesetzt, reg. absolutist.-reaktionär; 1823 mit frz. Hilfe Sieg über die Revolutionäre.
**Fergana,** Gebietshptst. in Usbekistan, im F.becken, 193 000 E; TH; Textil-, Nahrungsmittel-, Erdöl verarbeitende Ind.; ✈.
**Ferganabecken,** weite Beckenldsch., überw. in Usbekistan; Baumwoll- u. Seidenind.; Erdöl, Erdgas, Kohle.
**Fermat** [fɛr'ma], Pierre de, frz. Mathematiker, *1601, †1665; bed. Sätze auf dem Gebiet der Zahlentheorie, Infinitesimalrechnung u. Optik.
**Fermate** [ital.], Zeichen: 𝄐 (über der Note), das Aushalten einer Note od. Pause über den angegebenen Zeitwert hinaus.
**Fermentation** [lat.], unter dem Einfluss von Enzymen ablaufende chem. Reaktion; tritt u. a. bei der Gärung auf, bei der Warmlagerung v. Tabak, Tee u. a.
**Fermi,** Enrico, ital.-amer. Physiker, *1901, †1954; entdeckte 1934 die Kernumwandlung durch Neutronenbeschuss; setzte 1942 den 1. Kernreaktor in Chicago in Betrieb; Nobelpreis 1938.
**Fermionen** [nach E. Fermi], Elementarteilchen mit halbzahligem Spin, wie Leptonen, Baryonen u. ihre Antiteilchen.
**Fermium,** Symb. **Fm,** chem. El., OZ 100, Metall, radioakt. ↑Actinoid; 1954 durch Einwirkung v. Neutronen auf Plutonium gewonnen.
**Fern|absatzvertrag** ↑elektronischer Geschäftsverkehr.
**Fernandel** [-nã'dɛl], eigtl. Fernand Joseph Désiré **Contandin** [kõtã'dɛ̃], frz. Filmschauspieler, *1903, †1971; hauptsächl. kom. Rollen, z. B. die Titelrolle in den „Don Camillo u. Peppone"-Filmen der 1950er-Jahre.
**Fernkopierer,** Gerät, das über eine Telefonleitung Dokumente kopieren kann. Der entspr. Dienst der Dt. Telekom heißt *Telefax,* die internat. Bez. ist *Fax;* analog werden heute F. als *Telefax-* bzw. *Faxgeräte* bez.
**Fernlenkung, Fernsteuerung,** Steuerung unbemannter Land-, Luft-, Wasser- u. Raumfahrzeuge durch drahtlos übermittelte elektr. Signale.
**Fernmeldewesen,** die Fernsprech-, Telegrafen-, Funk- u. Fernsehwesen umfassende Nachrichtenübertragung, heute unter der Bez. ↑Telekommunikation.
**Fernpass,** Nordtiroler Pass, 1 209 m.
**Fernrohr, Teleskop,** opt. Instrument, das entfernte Gegenstände durch Vergrößerung des Sehwinkels scheinb. näher rückt; *keplersches (astronom.) F.:* Okular u. Objektiv bestehen aus Sammellinsen (reelles, vergrößertes, umgekehrtes Bild); *galileisches (holländ.) F.:* als Objektiv eine Sammel- u. als Okular eine Zerstreuungslinse (aufrechtes, virtuelles Bild). – Abb. S. 214.
**Fernschreiber,** als Endgerät der Fernschreibtechnik verw. schreibmaschinenähnl. Drucktelegraf (Ein- u. Ausgabe im Klartext), der als Sende- u. Empfangsanlage arbeitet. Der entspr. Dienst des Fernschreibens heißt ↑Telex. F. werden internat. mit *TTY* (für Teletype) abgekürzt. (↑Telegrafie)
**Fernsehen, Television,** Abk. **TV,** die Aufnahme, funktechn. oder kabelgebundene Übertragung u. Wiedergabe sichtbarer, bewegter Vorgänge od. ruhender Vorlagen. Grundprinzip: 1. Umwandlung der Helligkeitswerte (beim Schwarz-Weiß-Fernsehen) der Farbtöne

F

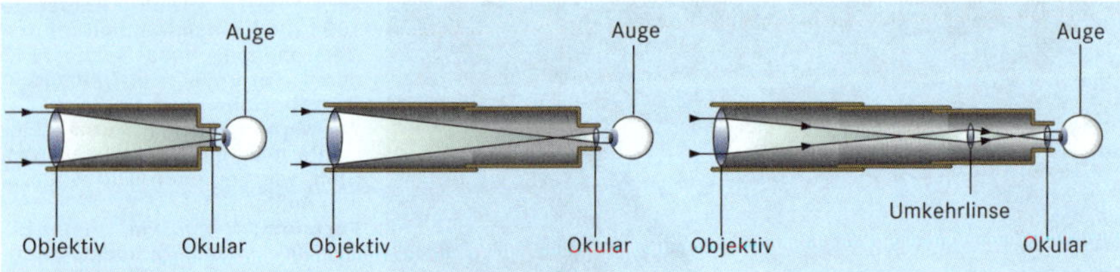


**Fernrohr:** *schematische Darstellung der Strahlengänge im holländischen Fernrohr (links) mit konvexer Objektiv- und konkaver Okularlinse, astronomischen Fernrohr (Mitte) mit konvexer Objektiv- und Okularlinse, keplerschen terrestrischen Fernrohr (rechts) mit einer dritten konvexen Linse zur Umkehrung des Bildes*

und deren Sättigung (beim Farbfernsehen) innerh. eines Bildfeldes in elektr. Signale, 2. Weiterleitung dieser elektr. Signale an best. Stellen (Industrie-F., Verkehrsüberwachung) od. Ausstrahlung über Sendeanlagen zum allg. Empfang, 3. Rückwandlung der elektr. Signale in entsprechende Helligkeits- od. Farbwerte. Bei der *Fernsehübertragung* werden die einzelnen Helligkeitswerte eines Bildfeldes nacheinander übermittelt. Das Bildfeld wird dazu in waagerechte Zeilen zerlegt. In M-Europa ist seit 1952 eine Normzahl von 625 Zeilen auf Beschluss des CCIR (*C*omité *C*onsultatif *I*nternational de *R*adio communications) festgelegt. – Ein *Fernsehsender* besteht aus dem Fernsehbildsender, dem Fernsehtonsender u. der gemeinsamen Antenne. Die Fernsehsendeantennen bestehen aus Gruppen von Doppelstrahlern (Dipolen), die entw. horizontal (waagerechte Stäbe) oder vertikal (senkrechte Stäbe) polarisiert strahlen. Die *Empfangsantennen* bestehen aus Dipolgruppen in senkrechter od. waagerechter Lage. Der *Fernsehempfänger* arbeitet nach dem Überlagerungsprinzip, sowohl im Bild- als auch im Tonteil. Die Frequenzen des gewünschten Bild-/Tonsenderpaares werden mit einem Kanalwähler ausgewählt, auf feste Zwischenfrequenzen (ZF) umgesetzt u. verstärkt. Aus der Bild-ZF wird durch Gleichrichtung das Videosignal wiedergewonnen u. der Steuerelektrode der Bildröhre zugeführt. Das sichtbare Bild entsteht auf dem Fluoreszenzschirm der Bildröhre (Prinzip der braunschen Röhre, ↑Elektronenstrahlröhre).

*Farbfernsehen:* Zur Umwandlung eines farbigen Bildes in übertragbare elektr. Signale werden drei Farbauszüge Rot (R), Grün (G) u. Blau (B) mit drei Fernsehaufnahmeröhren unter Verwendung von Farbfiltern hergestellt. Mittels eines elektr. Übertragungssystems werden die drei Farbsignale drei Elektronenstrahlsystemen in der Bildröhre zugeführt, die durch eine exakt justierte Loch- bzw. Schlitzmaske hindurch die Farbpunkte bzw. -streifen des Bildschirms *(Delta-, Inline-Röhre)* zum Aufleuchten bringen, wobei die Farbauszüge im Auge des Beobachters als farb. Gesamtbild in additiver Farbmischung vereint erscheinen. Zurzeit sind neben dem amer. *NTSC-Verfahren* (NTSC, Abk. für engl. *N*ational *T*elevision *S*ystem *C*ommitée) zwei europäische Systeme in Gebrauch, das *PAL-System* (PAL, Abk. für engl. *P*hase *A*lternating *L*ine) und das *SECAM-System* (SECAM, Abk. für frz. séquentiel à mémoire). Seit 1994 ermöglicht die modifizierte PAL-Norm *PALplus* mit einem Breite-Höhe-Verhältnis von 16:9 eine verbesserte Bildqualität. Die 1991 eingeführte analoge Übertragungsnorm *D2-Mac* (Mac, Abk. für *M*ultiplexed *a*nalogue *c*omponents) wurde 1993 zugunsten einer digitalen Fernsehnorm für das *HDTV* (HDTV, Abk. für *H*igh *D*efinition *TV*) mit einer Auflösung in 1 250 Bildzeilen aufgegeben.

**Fernsprechen, Telefonieren,** die Sprachkommunikation zw. entfernten Endteilnehmern mithilfe eines Fernsprechers (↑Telefon).

**Fernsteuerung,** svw. ↑Fernlenkung.

**Fernuniversität,** Hochschule, die den Studienbetrieb überwiegend als *Fernstudium* (v. a. mittels Studienbriefen) organisiert; in Dtl. Fernuniv.-Gesamthochschule in Hagen.

**Ferrara,** nordital. Prov.-Hptst. in der Poebene, 132 700 E; Univ.; Kathedr. (12. Jh.), Kastell der ↑Este (14.–16. Jh.), Renaissancepaläste; Ind.

**Ferrit** [lat.], **1)** Gefügeart in Eisen-Kohlenstoff-Legierungen, reine, kohlenstofffreie, magnet. Eisenkriställchen („α-Eisen"). **2)** Verbdg. von Eisen(III)oxid mit anderen Metalloxiden (Oxidkeramik); Magnetwerkstoffe.

**Ferrit|antenne,** spulenförm., auf einen Ferritstab gewickelte Antenne, starke Richtwirkung.

**Ferrolegierungen,** Eisenlegierungen, die im Ggs. zum Stahl größere Mengen (bis 95 %) anderer Metalle oder Nichtmetalle enthalten; z. B. Ferromangan, Ferrosilicium.

**Ferromagnetismus,** Eigensch. best. Stoffe *(Ferromagnetika),* v. a. Eisen, Kobalt, Nickel u. best. Legierungen, im Magnetfeld spontan eine sehr starke ↑Magnetisierung zu erfahren, die permanent sein kann. Ferromagnet. Stoffe können nach außen unmagnet. wirken, da sich magnet. abgesättigt. Bereiche (Domänen) innerhalb der Kristallite bilden *(weisssche Bezirke).*

**Fersenbein,** größter Fußwurzelknochen.

**Fertigungsverfahren,** alle Verfahren der *Fertigungstechnik* zur Herstellung od. Veränderung v. Werkstücken; dazu gehören d. Hauptgruppen Urformen, Umformen, Trennen, Fügen, Beschichten u. Stoffeigenschaftsändern mit vielen spezif. Techniken.

**Fertilität** [lat.], Fruchtbarkeit.

**Fes** [türk.], rote Filzkappe der Araber, noch bei Balkantrachten.

**Fès** [fɛs], Prov.-Hptst. in N-Marokko, 546 000 E; Handelszentrum; zwei Univ.; Textil-, Leder-, Metallind.; ⛯.

**Fessel,** beim Menschen Übergang von der Wade zur Knöchelgegend, bei Huftieren Teil des Fußes zw. Fesselgelenk u. Huf.

**Festgelder,** Einlagen bei Kreditinst. mit vereinbarter Laufzeit (mind. 30 Tage); Ggs. täglich fällige Gelder *(Sichteinlagen).*

**Festigkeit,** Widerstandskraft eines Stoffes [in N/mm²] gg. Formänderungen (u. a. Eisen, Stahl; 400–2 000 N/mm²).

**Festival** [festiˈval, frz.; ˈfestɪvəl, engl.], Musikfest; Festspiel.

**Festmeter,** Einheitenzeichen **Fm** od. **fm,** 1 $m^3$ feste Holzmasse; Ggs. ↑Raummeter.

**Festnahme, vorläufige,** Freiheitsentziehung ohne richterl. Haftbefehl; berechtigt: Polizei u. Staatsanwaltschaft, wenn Voraussetzungen für Haftbefehl vorliegen u. Gefahr im Verzug ist; jedermann, der Täter auf frischer Tat ergreift.

**Festplatte, F.speicher,** engl. **Harddisk** [hɑːd-], Magnetplattenspeicher, der fest in einen Computer eingebaut ist.

**Feststellungsklage,** gerichtl. Klage auf die Feststellung des [Nicht]bestehens eines Rechtsverhältnisses.

**Festung,** sehr starke Ortsbefestigung an strateg. wicht. Stelle; Höhept. der europ. F.sbaukunst im 17./18. Jh. durch ↑Vauban.

**festverzinsliche Wertpapiere, Renten,** ↑Schuldverschreibungen, ↑Anleihe.

**FET,** Abk. für: **F**eld**e**ffekt**t**ransistor (↑Feldeffekt).

**fetal** [lat.], zum ↑Fetus gehörend.

**Fetisch** [frz.], Völkerkunde: ein Gegenstand (z. B. Stein; Figur), dem übernatürl. Kräfte zugeschrieben werden.

**Fetischismus** [frz.], **1)** Fetischverehrung. **2)** spezielles Sexualverhalten, Verlagerung d. Begehrens auf Körperpartien (z. B. Haare) od. Gegenstände v. Personen des gleichen od. anderen Geschlechts.

**Fette, fette Öle,** aus pflanzl. u. tier. Gewebe gewonnene Stoffe, Ester des Glycerins mit 1–3 Molekülen Fettsäure. Die Ester der hpts. vorkommenden gesättigten Palmitin- u. Stearinsäure u. der ungesättigten Ölsäure heißen *Palmitin, Stearin, Olein.* Fette Öle enthalten vorwiegend Olein, feste F. Palmitin und Stearin. F. haben v. a. als Nahrungsmittel, aber auch als techn. Rohstoffe Bed.

**Fettfleckigkeit** ↑Pflanzenkrankheiten (Übers.).

**Fettgewebe,** lockeres Bindegewebe mit tropfenförmig verteiltem Fett in den Zellen.

**Fetthenne, Sedum,** Gattung der Dickblattgewächse der nördl. Erdhälfte.

**Fettkraut,** kleinstaudige, fettblättrige, Insekten fangende Pflanze.

**Fettpflanzen,** svw. ↑Sukkulenten.

**Fettsäuren,** einbas. organ. Säuren, z. B. Ameisen-, Essig-, Butter-, Stearinsäure usw.; längerkettige (höhere) F. kommen v. a. in den Fetten vor (wicht. f. d. Ernährung); zahlr. nied. u. höhere F. werden f. techn. Zwecke (Synthese, Kunststoffe, Weichmacher) hergestellt.

**Fettsucht, Adipositas,** krankhaftes Übergewicht, das einen Risikofaktor für Folgekrankheiten (Diabetes mellitus u. a.) darstellt.

**Fetus** [lat.], menschl. Leibesfrucht vom 61. Schwangerschaftstag an.

**Fetwa** [arab.], **Fatwa,** islam. Rechtsgutachten; erstellt vom ↑Mufti.

**Feuchtersleben,** Ernst Frhr. v., östr. Schriftsteller u. Pädagoge, * 1806, † 1849.

**Feuchtmayer, Feichtmayr, 1)** Johann Michael, dt. Stuckator, * 1709 od. 1710, † 1772. **2)** Joseph Anton, bed. dt. Bildhauer u. Stuckator, * 1696, † 1770; Ausstattung der Wallfahrtskirche Birnau.

**Feuchtwanger,** Lion, dt. Schriftsteller, * 1884, † 1958; zeitkrit. u. histor. Romane, „Jud Süß“.

**feudal** [mlat.], **1)** das Lehnswesen betr. **2)** herrschaftlich.

**Fetthenne:** *Felsenfetthenne*

**Feudalismus** [mlat.], im 17. Jh. entstandener Begriff, der zunächst den Gesamtkomplex lehnsrechtl. Normen (↑Lehen) bezeichnete, Ende des 18. Jh. krit. als die dem Staat des Ancien Régime entsprechende Gesellschaft aufgefasst wurde, die durch adligen Grundbesitz und damit verbundene Herrschaftsrechte und Standesprivilegien gekennzeichnet war. Im 19. Jh. wurde F. – als Gegenbegriff zu Kapitalismus – zum Typenbegriff erweitert u. so auch auf außereurop. Gebiete (Asien, Amerika) anwendbar.

**Feuerbach, 1)** Anselm, dt. Maler, * 1829, † 1880; Verbdg. v. klass. u. romant. Elementen; „Iphigenie“, „Das Gastmahl des Plato“. – Abb. S. 216. **2)** Ludwig, dt. Philosoph, * 1804, † 1872; Einfluss auf Marx u. Engels.

**Feuerbestattung,** Art der Totenbestattung; [kult.] in Vorzeit u. Altertum; in Dtl. nur in *Krematorien* (Einäscherungsanstalten) unter behördl. Aufsicht.

**Feuerdorn,** Zierstrauch mit feuerroten Früchten in wärmeren Gegenden Europas.

**Feuerflunder,** Stechrochen, bis 2,5 m lang, mit gift. Schwanzstachel; Kosmopolit.

**Feuerland,** südamer. Insel südl. der Magalhãesstraße, 47 000 $km^2$; mit den umliegenden Inseln bildet sie den *F.-Archipel* (71 000 $km^2$; O zu Argentinien, W zu Chile); Schafzucht; Erdöl- u. Erdgasförderung.

**Feuerlilie,** heim. Lilienart mit feuerroten Blüten; geschützt.

**Feueropal,** Abart des ↑Opals.

**Feuersalamander,** etwa 25 cm langer schwarzer Schwanzlurch mit gelben Flecken auf der Körperoberseite u. Giftdrüsen; M- u. S-Europa; geschützt.

**Feuerschiff,** Schiff mit Leuchtfeuer als Navigationshilfe an Seewasserstraßen; heute unbemannt od. durch Leuchttürme od. Baken ersetzt.

**Feuerschwamm,** Holz zerstörender Pilz an Laubbäumen, zur Familie der Porlinge.

**Feuerstein, Flint,** Abart des ↑Jaspis; vom Steinzeitmenschen zu Steinwerkzeugen u. zum Feuerschlagen benutzt, u. a. auch als *F.schloss* an alten Handfeuerwaffen verwendet.

**Feuerwalzen,** Manteltiere trop. Meere; Leuchtvermögen (Ursache des sog. Meeresleuchtens).

**Feuerwanzen,** Wanzen mit auffallender rot-schwarzer Färbung.

**Feuerwehr,** öffentl. (Berufs-, Pflicht-, freiwillige F.) od. private (Werk-, Betriebs-F.) Einrichtung, deren Hauptaufgaben der abwehrende Brandschutz, techn. Hilfeleistung bei Überschwemmungen, Unfällen, Einsturzgefahren, Explosionen, Umweltkatastrophen, Giftgasalarm u. a. sowie die Mitwirkung im Rahmen des vorbeugenden Brandschutzes sind. Vielfach ist der F. auch der Rettungs- und Krankentransportdienst übertragen. 1. *Berufs-F.* (bei Gemeinden über 100 000 E gesetzl. vorgeschrieben) rückt bei *Feueralarm* von der *Feuerwache* aus an;

**Anselm Feuerbach:** *Medea (1870)*

2. *freiwill. F.* (ebenfalls gesetzl. vorgeschrieben), entweder aus freiwill. Mitgl. oder als Pflicht-F., falls keine freiwillige F. zustande kommt; Aufgaben wie Berufs-F. (jedoch keine feuerpolizeilichen); 3. *Werks-F.* in Großbetrieben od. Betrieben mit erhöhter Brandgefahr.

**Feuerwerker, 1)** Hersteller von ↑Feuerwerkskörpern. **2)** Sprengmeister.

**Feuerwerkskörper,** mit pyrotechn. Mischungen aus Schwarzpulver u. Zusätzen gefüllte Papphülsen u. Ä. als Signal (Leuchtkugeln) od. für Feuerwerk.

**Feuerzangenbowle,** eine Art Glühwein aus Rot- od. Weißwein mit Rum (od. Arrak), der brennend von einem Zuckerhut auf einer *Feuerzange* herabtropft.

**Feuilleton** [fœj(ə)'tõ; frz.], kultureller Teil einer Zeitung.

**ff,** Abk. für: **1)** 𝄞 fortissimo („sehr stark"). **2)** sehr fein (von Waren). **3)** Abk. für: folgende [Seiten].

**Fiaker** [frz.], wienerisch: [zweispännige] Pferdedroschke.

**Fiale** [ital.], schlankes Spitztürmchen (Gotik).

**Fianna Fáil** [-fɔjl; ir.; = Fenischer Wall], v. de ↑Valera 1926 gegr. radikale republikan. ir. Partei.

**Fibel** [lat.], Gewandschließe (Nadel mit Bügel) in Vorzeit und Altertum.

**Fibel** [gr.], **1)** Kinderlesebuch. **2)** Elementarbuch eines Wissensgebietes.

**Fiber** [lat.], künstl. hergestellter Faserstoff.

**Fibrin** [lat.], „Faserstoff" des Blutes, der bei Blutgerinnung aus *Fibrinogen,* seiner gelösten Vorstufe im Blut, entsteht.

**Fibrom** [lat.], gutart. Geschwulst aus gefäßreichem Bindegewebe.

**Fichte, 1)** Hubert, dt. Schriftsteller, * 1935, † 1986; „Das Waisenhaus", „Lazarus u. die Waschmaschine". **2)** Johann Gottlieb, dt. Philosoph, * 1762, † 1814; Vertr. des dt. Idealismus; entwarf ein System der Transzendentalphilosophie u. Wissenschaftslehre.

**Fichtelberg,** höchster Berg im dt. Teil des Erzgeb., 1 214 m.

**Fichtelgebirge,** dt. Mittelgeb. im nö. Bayern, im Schneeberg 1 053 m, großenteils bewaldet; Glas-, Porzellan-, Masch.- u. Textilind.; Fremdenverkehr; Granit-, Basalt-, Marmorbrüche.

**Fichten,** Nadelhölzer der nördl. Halbkugel; *Fichte* oder *Rottanne* wichtigster Waldbaum in Nord- u. M-Europa, bis 50 m hoch und 500 J. alt; wicht. Holzlieferant.

**Fichtenspinner,** dickleib., großer Schmetterling; Larve Kiefernschädling.

**Ficino** [fi'tʃi:no], Marsilio, ital. Humanist, * 1433, † 1499; lat. Platonübersetzung.

**Fide|ikommiss** [lat.], unveräußerl. u. unteilb. Fam.-Vermögen in best. Erbfolge; in Dtl. im 20. Jh. aufgelöst.

**Fidel,** Streichinstrument; meist birnenförm. Korpus, mehr. Saiten.

**Fidschi,** Staat im Pazifik; umfasst die F.inseln u. Rotuma; 1643 entdeckt, s. 1874 brit. Kronkolonie, 1970 unabhängig; UN- u. Commonwealth-Mitglied.

**Fidschi|inseln,** Gruppe von 320 (davon 100 bewohnt) Inseln im Pazifik, 18 272 km², Gewinnung von Kopra, Anbau v. Zuckerrohr, Bananen; Rinderzucht; ↑Fidschi.

**Fieber,** erhöhte Körpertemp. (beim Menschen über 38 °C) bei krankhaft verändertem Allgemeinzustand, Abwehrmaßnahme des Körpers gg. Schädigungen; Temp. über 37 bis 38 °C (subfebrile Temp.).

**Fieberklee, Bitterklee,** Pflanze mit kleeähnl. Blättern u. weißen, am Rand gefransten Blüten; Volksheilmittel gg. Fieber u. a.

**Fiedel, 1)** volkstüml. Bez. für Geige (↑Violine). **2)** ↑Fidel.

**Fielding** ['fi:ldɪŋ], Henry, engl. Schriftsteller, * 1707, † 1754; humorist.-realist. Romane, „Tom Jones oder die Gesch. eines Findelkindes".

**Fieschi** [fi'eski], Giovanni Luigi de, Gf. v. Lavagna, gen. Fiesco, * 1522, † 1547, Haupt der Verschwörung v. 1547 gg. den Dogen von Genua, starb beim Angriff auf dessen Flaggschiff.

**Fieseler,** Gerhard, dt. Flugzeug-

**Fidschi**

*Fläche:* 18 376 km²

*Einwohner:* 814 000 Mill.

*Hauptstadt:* Suva

*Amtssprachen:* Englisch und Fidschianisch

*Zeitzone:* MEZ + 11 Stunden

bauer, * 1896, † 1987; unter seiner Leitung wurde 1937 der *F.-Storch,* das erste Kurzstartflugzeug, konstruiert.

**Fiesole,** ital. St. nö. von Florenz, 14 800 E; Kathedr. (11. bis 13. Jh.), Baureste aus etrusk. u. röm. Zeit; Europ. Univ. (s. 1976).

**FIFA,** Abk. für: **F**édération **I**nternationale de **F**ootball **A**ssociation, Internat. Fußballfachverband; gegr. 1904; Sitz Zürich.

**FIFO,** ↑LIFO.

**Figaro,** Lustspielfigur (listenreicher Diener); scherzhaft für Friseur.

**Figl,** Leopold, östr. Politiker (ÖVP), * 1902, † 1965; Bundeskanzler 1945–53; 1953–59 Außenmin., 1959–62 Präs. des Nationalrates.

**Figur** [lat.], **1)** √ äußere Gestalt, Umriss. **2)** Tanz: geschlossener Bewegungsablauf. **3)** melod. od. rhythm. Notengruppe.

**Fiktion** [lat.], **1)** Erdichtung, Erfindung. **2)** Annahme als wiss. Hilfsmittel. **3)** für eine best. gewünschte Rechtsfolge unterstellter falscher Tatbestand.

**fiktiv** [lat.], angenommen; auf einer Fiktion beruhend.

**Filarilen** [lat.], durch Insekten übertragene Fadenwürmer; können ↑Elefantiasis erzeugen.

**Filchner,** Wilhelm, dt. Forschungsreisender in Z-Asien u. Nepal, * 1877, † 1957; Leiter der 2. dt. Südpolexpedition (1911/12).

**Filder,** fruchtb. Ebene südl. v. Stuttgart; Gemüseanbau.

**Filderstadt,** urspr. **Filderlinden,** St. in Ba.-Wü., auf den Fildern, 41 000 E; elektron. u. Nahrungsmittelind.; 1975 gebildet.

**File** [faıl], engl. für ↑Datei.

**Filet** [fi'le; frz.], **1)** Lenden- (Schlachtvieh, Wild), Brust- (Geflügel), Rückenstück (Fisch). **2)** netzart. Wirkware: *F.häkelei, -spitze, -stickerei.*

**Filiale,** Zweigniederlassung.

**Filialgeneration** [lat.], ❀ Tochtergeneration.

**Filigran** [lat.], Zierwerk aus feinen Gold- od. Silberdrähten.

**Film** [engl.], **1)** dünnes Häutchen (z. B. Öl-F.). **2)** Fotografie: biegsamer, durchsicht. Träger für lichtempfindl. Material, aus best. Kunststoffen. **3)** Folge von Einzelbildern, die mit fotograf. od. elektron. Mitteln erzeugt wird. Durch Projektion auf eine Leinwand od. Sichtbarmachung auf einem Bildschirm erscheinen die schnell aufeinander folgenden Bilder als bewegte Bilder; Gattungen z. B. Dokumentarfilm, Spielfilm, Kurzfilm, Werbefilm. – *Filmtechnik:* Zur Aufzeichnung von Bildern mithilfe einer Filmkamera kommen Filmstreifen versch. Breiten zum Einsatz (8 mm, 16 mm, 35 mm, 70 mm). Amateure u. Fernsehanstalten arbeiten mit sofort nach der Entwicklung vorführbaren Umkehrfilmen; Filmgesellschaften verwenden Negativfilme, von denen zunächst Probepositive gezogen werden, die dann zum Film zusammengefügt werden. Die Aufnahme der Bilder erfolgt mit einer Frequenz von 24 Bildern/s (Fernsehen 25 Bilder/s). Nach jeder Belichtung wird das Filmband automatisch weitergezogen. Für das Drehen von Animationsfilmen (Zeichentrickfilme, Puppentrickfilme u. a.) sind bes. Verfahren nötig. – Historisch verlief die Entwicklung vom Schwarz-Weiß-Film und Stummfilm (ab 1895) zum Tonfilm (ab 1927) und zum Farbfilm (ab 1939).

**Filmothek** ↑Kinemathek.

**Filter** [lat.], **1)** poröser, netzart. Körper (Schicht), der feste, ungelöste Teilchen von Gasen od. Flüssigkeiten abtrennt; Ergebnis: *Filtrat;* v. a. poröses Papier, Aktivkohle, Bimsstein, Sandschichten (F.stein) u. Ä. **2)** Netzwerk mit vorgegebenem frequenzabhäng. Übertragungsverhalten, das best. Frequenzbereiche aus einem Frequenzgemisch unterdrückt *(Sperrbereich)* u. andere durchlässt *(Durchlassbereich). Tiefpässe* übertragen Signale unterhalb, *Hochpässe* oberhalb seiner Grenzfrequenz. **3)** opt. Bauel., das z. B. unerwünschte Strahlungsanteile des Lichtes ausschließt *(Farb-F.)* od. Licht polarisiert *(Polarisations-F.).*

**Filz,** Faserverband aus losen, nicht gesponnenen [Tier]haaren (Haar-F.) oder Wolle (Woll-F.).

**Filzkraut, Fadenkraut,** Gatt. der Korbblütler mit etwa 20 Arten; kleine Kräuter mit filzig behaarten Stängeln u. Blättern und sehr kleinen, wenigblütigen Köpfchen in Knäueln.

**Filzlaus,** Läuseart, befällt vorw. menschl. Schambehaarung.

**Finale** [ital.], **1)** 𝄞 Schlusssatz. **2)** Endkampf, Endrunde.

**Finanzlamt** ↑Finanzverwaltung.

**Finanzlausgleich,** Ausgleich der Einnahmen u. Ausgaben zw. Gebietskörperschaften (Bund, Länder, Gem.).

**Finanzbuchhaltung,** Buchhaltung zur Erfassung des externen Werteverkehrs eines Unternehmens; Ggs. *Betriebsbuchhaltung* (Darst. der internen Vorgänge u. Bestände).

**Finanzgericht,** Gericht zur Entscheidung v. Streitigkeiten über Abgaben-, bes. Steuersachen; oberstes F. in Dtl.: B.-Finanzhof, Sitz München.

**Finanzierung,** Kapitalbeschaffung eines Unternehmens; Arten: *Innen-F.* aus Abschreibungen, Rückstellungen, Einbehaltung v. Gewinnen; *Außen- F.* durch Zuführung v. externem Kapital durch Anteilseigner od. Eigentümer *(Eigen-F.),* neue Gesellschafter *(Beteiligungs-F.)* od. externe Gläubiger *(Fremd-F.).*

**Finanzverwaltung,** Steuer- u. Zollverw. eines Landes; in Dtl. *B.-F.:* B.-Finanzmin., B.-Amt für Finanzen, Oberfinanzdirektionen (gemeins. Behörden v. Bund u. Ländern), Hauptzollämter (örtl. Behörden); *Landes-F.:* Landesfinanzmin., Oberfinanzdirektionen, *Finanzämter* (örtl. Behörden).

**Findelkinder,** von unbekannten Eltern ausgesetzte Kleinkinder, oft Neugeborene.

**Finderlohn** ↑Fund.

**Fin de Siècle** [fɛ̃d'sjɛkl; frz.; = Ende des Jh.], überfeinerte Kunst- u. Geschmacksrichtung im späten 19. Jh.

**Findlinge,** svw. ↑erratische Blöcke.

**Fine Gael** ['fınəgɛ:l], ir. polit. Partei, die sich aus Befürwortern des angloir. Vertr. v. 1922 innerhalb der ↑Sinn Féin bildete.

**Finesse** [frz.], Feinheit, kl. Kniff, Kunstgriff.

**Fingerabdruckverfahren,** svw. ↑Daktyloskopie.

**Fingerhut,** svw. ↑Digitalis.

**Fingerkraut,** Gatt. der Rosengewächse mit meist fingerförm. gefiederten Blättern; u. a. Gänse-F., Blutwurz.

**fingieren** [lat.], erdichten, ersinnen, vortäuschen.

**Finish** ['fınıʃ; engl.], Endkampf, -spurt.

**Finkenvögel,** meist kl. Singvögel; vorw. Körnerfresser mit kurzem Schnabel; z. B. Buchfink.

**Finne, 1)** Larvenform der Bandwürmer, blasenartig, selten bis kindskopfgroß; entwickelt sich im Magen des Zwischenwirtes aus dem Ei, wandert in best. Organe und gelangt durch Genuss rohen Fleisches in den Endwirt. **2)** Rückenflossen der Haie u. Wale.

**Finnen** ↑Finnougrier.

**Finnisch,** Spr. der Finnen; eine der finn.-ugr. Sprachen; Schrift lat.; Amtsspr. seit 1883.

**Finnischer Meerbusen,** östl. Ausbuchtung der Ostsee zw. Estland u. Finnland, rd. 430 km lang, bis 120 km breit, bis 115 m tief; bis 170 Tage im Jahr vereist.

**finnisch-ugrische Sprachen,** Gruppe agglutinierender Spr. in

Osteuropa u. Asien; 3 Gruppen: 1. *Ugrisch:* Ungarisch, Wogulisch, Ostjakisch; 2. *Permisch:* Syrjänisch, Wotjakisch; 3. *Finnisch:* Tscheremissisch, Mordwinisch, Ostseefinnisch (Finnisch, Karelisch, Wepsisch, Wotisch, Estnisch, Livisch), Lappisch.

**Finnland**

*Fläche:* 338 145 km²

*Einwohner: 5,156* Mill.

*Hauptstadt:* Helsinki

*Amtssprachen:* Finnisch und Schwedisch

*Zeitzone:* MEZ + 1 Stunde

**Finnland,** Rep. in Nordeuropa; Bev. 93,6% finn.- und 6% schwed.-sprachig; Religion: ev.-luth. (96%). F. ist reich an Wäldern, Seen u. Mooren; Ackerbau nur in den küstennahen Gebieten; Viehzucht: v.a. Rinder, ferner Schafe, Schweine, Pferde, im N etwa 145 000 Rentiere (nach Reaktorunglück v. Tschernobyl 1986 in wirtschaftl. Bedeutung gesunken). Bed. Holzwirtsch. (waldreichstes europ. Land): Holz, Zellstoff u. Papier rd. 58% des Exports. Bodenschätze: Kupfer und Zink; Energieerzeugung hpts. durch Wasserkraft. Bed. Metallind., Masch.-, Schiffbau. Für den Binnenverkehr wichtig die Wasserstraßen. – *Geschichte:* Vielleicht schon seit dem 2. Jh. v. Chr. v. Finnen besiedelt; im 12./13. Jh. schwed., christianisiert. 1713 u. 1808 russ. besetzt; 1809 autonomer Status im Zarenreich, 1918 unabh.; 1939/40 und 1941–44 Krieg gg. die UdSSR, endete mit Gebietsverlusten (Wyborg, Petsamo); 1948 Freundschafts- u. Beistandspakt mit der Sowjetunion; 1984–94 Mitgl. d. EFTA; 1995 Beitritt zur EU.

**Finnougri|er,** aufgrund sprachl. Gemeinsamkeiten zusammengefasste Völkergruppe; ursprüngl. Heimat (vorgeschichtl.) das mittl. u. östl. Russland; 1. die eigtl. *Finnen* in Finnland, *Waldfinnen* in Schweden u. Norwegen, *Karelier* u. *Wepsen* (Tschuden) hpts. in Karelien, *Esten* u. *Liven* im Baltenland, 2. *Wolgafinnen* mit *Mordwinen* u. *Mari* an der mittl. Wolga (bis oberer Don), 3. *Permier,* westl. des nördl. Ural mit *Komi* (Syrjänen) u. *Udmurten* (Wotjaken), 4. *Ugrier* mit *Ungarn* (Magyaren) an Donau u. Theiß, *Baschkiren* (turkisierte Ugrier) in den Steppen des südl. Ural bis zur unteren Wolga, *Mansen* (Wogulen) zw. mittl. Ural u. Tobolsk u. *Chanten* (Ostjaken) an Ob, Irtysch u. bei Tomsk.

**Finnwale,** Gattung der Furchenwale; *Finnwal,* rd. 25 m lang; ↑Blauwal.

**Finsteraarhorn,** höchster Gipfel der Berner Alpen, Schweiz, 4 274 m, mit *F.gletscher.*

**Finsternis,** zeitweil. Verfinsterung eines Gestirns ganz *(totale F.)* od. teilweise *(partielle F.),* v.a. als ↑Mond-F. u. ↑Sonnen-F.

**Finsterwalde,** St. in Bbg., 20 500 E; got. Kirche (16. Jh.); vielseit. Industrie.

**Finte** [ital.], **1)** Ausflucht, Vorwand. **2)** Scheinhieb (-stoß), u.a. beim Boxen u. Fechten.

**Firdausi, Firdosi,** Abu l-Kasim Mansur, pers. Dichter, * um 940, † 1020 od. 1026; Verf. des pers. Königsbuchs „Schah-Name".

**Firewall** ['faiəwɔ:l, Sicherungssystem, das ein Intranet v. dem Zugriff nicht befugter Nutzer schützt.

**Firma** [ital.], Name, unter dem ein Kaufmann seine Geschäfte betreibt u. der ins Handelsregister einzutragen ist; muss zur Kennzeichnung des Kaufmanns geeignet sein u. Unterscheidungskraft besitzen, die Gesellschafts- und Haftungsverhältnisse wahrheitsgemäß bezeichnen; bei Übergang des Handelsgeschäfts ist Fortführung mögl.; häufig vermögensrechtl. Wert *(Firmenwert* od. *Goodwill).*

**Firmenzeichen** ↑Logo.

**Firmung** [lat.], *kath.:* Sakrament zur Spendung des Hl. Geistes, erteilt im Alter von 7 bis 12 Jahren (Handauflegung u. Salbung der Stirn des *Firmlings*); *orth.:* Salbung nach der Taufe *(Myronsalbung).* – Salböl: *Chrisam.*

**Firmware** ['fə:mwɛə; engl.], zur ↑Hardware zählende Programme, die fest im Rechner installiert sind.

**Firnis** [frz.], rasch trocknender Schutzanstrich (aus Leinöl u.a.).

**First,** Oberkante des Daches.

**Fischart,** Johann, gen. Mentzer, dt. Satiriker, * um 1546, † um 1590; „Geschichtsklitterung", freie Bearb. von Rabelais' „Gargantua".

**Fischauge,** Fotografie: extremes, stark verzeichnendes Weitwinkelobjektiv (Bildwinkel bis 197°).

**Fischbein,** aus den ↑Barten der ↑Bartenwale gewonnene Substanz.

**Fischblase, 1)** Schwimmblase der Fische. **2)** spätgot. Maßwerkform mit fischblasenart. Umriss (in Frkr. mehr flammenartig).

**Fische,** weltweit verbreitete Überkl. der Wirbeltiere mit über 25 000 Arten; wechselwarme, kiemenatmende Wassertiere mit meist spindelförm. Körper, Flossen u. (meist) Schwimmblase; Haut mit Schuppen bedeckt; Skelett knorpelig od. knöchern; meist eierlegend.

**Fische,** lat. **Pisces,** zum ↑Tierkreis gehörendes Sternbild der Äquatorzone.

**Fischer, 1)** Edwin, schweizer. Pianist u. Dirigent, * 1886, † 1960. **2)** Emil, dt. Chemiker, * 1852, † 1919; bed. Arbeiten über Kohlenhydrate (v.a. Zucker), Purine u. Eiweißstoffe; Nobelpreis f. Chemie 1902. **3)** Franz, dt. Chemiker, * 1877, † 1947; an der Entw. des ↑Fischer-Tropsch-Verfahrens hervorragend beteiligt. **4)** Johann Michael, dt. Baumeister, * 1692, † 1766; einer der Hauptmeister des dt. Spätbarock. **5)** Joseph („Joschka"), dt. Politiker (Bündnis 90/Die Grünen), * 1948; 1983–85 u. seit 1994 MdB, 1985–87 u. 1991–94 Min. für Umwelt u. Energie in Hessen; s. 1998 B.-Außenmin. und Vizekanzler. **6)** Kuno, dt. Philosoph, * 1824, † 1907; Hegelianer; „Gesch. der neueren Philos.". **7)** Otto Wilhelm (O. W.), östr. Bühnen- u. Filmschauspieler, * 1915. **8)** Robert (Bobby), amer. Schachspieler, * 1943; 1958 internat. Großmeister; 1972–75 Weltmeister.

**Fischer-Dieskau,** Dietrich, bed. dt. Opern- u. Liedersänger (Bariton), * 1925.

**Fischerei,** Fang [u. Hege] von Fischen u.a. nutzb. Wassertieren. Wirtschaftszweig von großer Bed.; als *Hochsee-, Küsten-* u. *Binnen-F.* betrieben.

**Fischer-Tropsch-Verfahren,** Verfahren zur Kohlenwasserstoffsynthese: Umwandlung von Koks (Braunkohle) durch hohen Druck u. hohe Temp. in Wassergas (CO u. $H_2$), aus dem durch Katalysatoren u. Druck Benzin, Paraffin, Schmieröle u.a. erhalten werden.

**Fischer von Erlach,** Johann Bernhard, östr. Baumeister, * 1656, † 1723; Hauptvertreter des östr. Hochbarock.

**Fischmehl,** eiweißreiches Futtermehl aus Fischabfällen.

**Fischsauri|er** ↑Ichthyosaurier.

**Fischvergiftung,** Erkrankung nach Genuss v. verdorbenem od.

gift. Fisch; v.a. Durchfall u. Krämpfe.

**Fischwanderungen,** Massenwanderungen von Fischen; u.a. zum Aufsuchen der Laichplätze u. als Nahrungswanderungen.

**Fiskus** [lat.], Kasse, Staatskasse; der Staat als Eigentümer des Staatsvermögens; *fiskalisch:* staatlich, steuerlich.

**Fistel** [lat.], anomale, röhrenförm. Verbdg. zw. Hohlorganen od. Körperhöhlen bzw. der äußeren Körperoberfläche; auch künstl. angelegt.

**Fitness** [engl.], gute körperl. Verfassung (durch sportl. Training); gezielt erreichbar z.B. in *F.centern.*

**Fittings** [engl.], Verbindungs- u. Passstücke bei Rohranschlüssen.

**Fitzgerald** [fıts'dʒerəld], **1)** Ella, amer. Jazzsängerin, *1918, †1996. **2)** F[rancis] Scott [Key], amer. Schriftsteller, *1896, †1940; einer der Hauptvertr. der Lostgeneration; Romane.

**Fiume** ↑Rijeka.

**fix** [lat.], **1)** feststehend. **2)** ugs. für: schnell, gewandt, anstellig.

**Fixativ** [lat.], farblose Lösung von Schellack od. anderen filmbildenden Stoffen, mit der man Zeichnungen besprüht, damit sie wischfest werden.

**Fixer,** jmd., der starke Drogen (z.B. Heroin) nimmt.

**fixieren, 1)** festsetzen. **2)** Fotografie: lichtunempfindl. machen. **3)** haltbar machen. **4)** anstarren.

**Fixiersalz,** Fotografie: [meist] Natriumthiosulfat zum Herauslösen des überschüss. Silberbromids nach der Entw.; macht das Bild lichtbeständig.

**Fixing,** amtl. Festsetzung v. Devisenkursen u. Goldpreisen an der Börse.

**Fixkosten,** beschäftigungsunabhängige Kosten (z.B. Mieten).

**Fixpunkt, Festpunkt,** Bezugspt, z.B. in der Thermodynamik.

**Fixsterne,** aus dem Altertum stammende Bez. für die scheinb. „fest stehenden" ↑Sterne im Ggs. zu den „Wandelsternen" (Planeten).

**Fixum,** festes Einkommen.

**Fizz** [fız; engl.], alkohol. Mixgetränk mit Fruchtsaft.

**Fjord** [skand.], überflutetes eiszeitl. Trogtal.

**FKK,** Abk. für: ↑**F**rei**k**örper**k**ultur.

**Fla,** Abk. für: ↑**Fl**ug**a**bwehr.

**Flachbildschirm,** Bildschirm mit geringer Tiefe, der nicht auf dem Prinzip der Elektronenstrahlröhre beruht, z.B. Elektrolumineszenz-, Plasma- u. Flüssigkristall(LCD)-Displays.

**Flachdruck,** Druck von einer geätzten Metallplatte, deren druckende u. nicht druckende Teile in einer Ebene liegen; v.a. ↑Offsetdruck, ↑Lithographie.

**Fläche,** geometr. Begriff; ein sich nach Länge u. Breite erstreckendes Gebiet. Beispiele sind die Ebene u. die Kugeloberfläche.

**Flächentreue,** Eigensch. maßstabgetreuer Abb., z.B. v. kongruenten Abb.

**Flachs,** blau blühendes Leingewächs; Faserpfl., bis 1 m hoch, Heimat W-Asien u. Mittelmeergebiet; Samen liefern Leinöl.

**Flachs|aufbereitung,** Verarb. des Flachses nach der Ernte, um ihn spinnfäh. zu machen; *Riffeln* (Entfernen der Samenkapseln), *Rösten, Trocknen, Brechen* u. *Schwingen* (Trennung der Faser vom Holz der Stängel), *Hecheln* (Zerteilung der Faserbündel).

**Flagellanten** [lat.], **Geißler,** Angehörige schwärmer. Laienbewegungen des MA, die sich zur Buße geißelten (1417 durch das Konstanzer Konzil verboten).

**Flagellaten** [lat.], uneinheitl. Gruppe v. Einzellern; ↑Geißelalgen, ↑Geißeltierchen.

**Flageolett** [flaʒo'lɛt; frz.], **1)** Schnabelflöte mit hoher Tonlage. **2)** hohes Orgelregister.

**Flageoletttöne** [flaʒo'lɛt-], flötenähnl. Töne bei Streichinstrumenten.

**Flaggen,** Hoheitszeichen von Staaten u. Ländern; Erkennungszeichen u. Verständigungsmittel für Schiffe; bes. Arten: Reederei- od. Kontor-F., Post-, Zoll-, Lotsen-, Quarantäneflaggen.

**Flaggoffiziere,** Bez. für höhere Seeoffiziere, denen ein Verband von Kriegsschiffen unterstellt ist und die eine Flagge als Kommandozeichen führen; danach *Flaggschiff* für Kriegsschiff, das die Flagge eines an Bord befindl. F. gehisst hat (Admiralsschiff); auch Bez. für das jeweils größte Schiff einer Flotte oder Reederei.

**Flaherty** ['flɛətı], Robert, amer. Filmregisseur, *1884, †1951; gilt als Schöpfer des künstler. Dokumentarfilms.

**Flak,** Abk. für: **Fl**ug**a**bwehr**k**anone.

**Flakon** [fla'kõ; frz.], Fläschchen, Riechfläschchen.

**Flamboyantstil** [flãbwa'jã-; frz.; lat.], Stilform der Spätgotik in Frkr. u. England (1350–1500): flammenähnl. Maßwerkformen.

**Flamen,** die niederl. Mundarten als Muttersprache sprechenden Belgier.

**Flamingos** [span.], grazile, hohe Stelzvögel (Wasservögel), weiß, rosa od. rot mit schwarzen Partien; Afrika, Asien, Amerika, S-Frkr. (Camargue), S-Spanien.

**Flämische Bewegung,** Bewegung in Belgien zur Erhaltung von fläm. Spr. u. Brauchtum; seit 1830; im 1. u. 2. Weltkrieg z.T. aufseiten der dt. Verw.; neuerdings verstärkte Aktivität.

**Flamme** [lat.], unter Leuchterscheinungen u. Hitzeentwicklung brennendes Gas, oft bei Hitzezersetzung fester Stoffe.

**Flammendes Herz,** svw. ↑Tränendes Herz.

**Flammeri** [engl.], kalte, sturzfähige Süßspeise, meist ↑Pudding genannt.

**Flammpunkt,** Abk. **FP,** Temp., bei der sich die über einer brennbaren Flüssigkeit befindl. Dämpfe entzünden.

**Flandern,** niederl. **Vlaanderen** ['vla:ndərə], histor. Ldsch. an der Nordseeküste, zw. Scheldemdg. u. Calais; im 9. Jh. fränk. Gft., im 11. Jh. teils Reichs-, teils frz. Lehen; Aufstieg der Städte Antwerpen, Gent, Ypern, Brügge zu wicht. Umschlagplätzen, bed. Tuchind.; 1384 burgund., 1477 habsburg. (1556 span.), 1794 frz., 1830 z. gr. T. belgisch.

**Flanell** [frz.], Halbkammgarn-, Baum- od. Zellwollstoff, ein- od. beidseitig geraut.

**Flamingos:** *Rote Flamingos*

**Flansch,** verbreitertes Ende von Rohren zum dichten Verbinden mit Rohren od. ↑Fittings.

**Flaschenbaum,** Bez. für Bäume trockener Gebiete mit flaschenförm., Wasser speichernden Stämmen; bes. in Australien.

**Flaschenbovist,** Art der Bauchpilze; jung essbar.

**Flaschenzug,** Lastenhebegerät, bei dem ein Seil od. eine Kette über Rollengruppen geführt wird; *Differenzial-F.* aus zwei konzentr., festen oberen Rollen mit versch.

Durchmesser, einer bewegl. unteren Rolle u. endlosem Seil (bzw. Kette). Der F. verringert den Kraftaufwand bei verlängertem Weg.

**Flattermakis,** svw. ↑Pelzflatterer.

**Flatulenz** [lat.], Magen- bzw. Darmaufblähung, Abgang von Darmgasen.

**Flaubert** [flo'bɛ:r], Gustave, frz. Romanschriftsteller, *1821, †1880; Begr. des frz. Realismus; „Madame Bovary" (1857, dt. 1892); Briefe, Tagebücher.

**Flavier,** röm. Kaiserhaus (Vespasian, Titus u. Domitian).

**Flavine,** natürl. wasserlösl. Farbstoffe m. 3-gliedr. heterocycl. Ringgerüst; wichtigstes Flavin ist das ↑Riboflavin.

**Flavon** [lat.], chem. Verbdg. (2-Phenylchromon), $C_{15}H_{10}O_2$, eine Muttersubstanz der natürl. Farbstoffe.

**Flechte,** umgangssprachl. Bez. für versch. Hautkrankheiten.

**Flechten,** niedere Pfl., Doppelwesen aus miteinander in Symbiose lebenden Algen u. Pilzfäden, an Felsen, Baumrinden u. Ä.; u. a. Isländ. Moos, Rentierflechte.

**Flechten:** *Rentierflechte*

**Fleckfieber,** auch **Flecktyphus,** schwere, fieberh. Infektionskrankheit mit Kreislaufschwäche, fleckigem Hautausschlag, Fieber; Erreger: Rickettsia prowazekii, Übertragung durch Kleiderläuse; Vorbeugung durch Bekämpfung der Läuse; Schutzimpfung möglich.

**Fleckvieh, Höhen-F.,** rotbraunweiß gescheckte Rinder, Verdrängungskreuzung von schweizer. mit dt. Rassen.

**Flederhunde,** Unterordn. d. Fledertiere m. hundeähnl. Kopf, großen Augen; Früchtefresser in altweltl. Tropen u. Subtropen. Gatt. Flugfüchse *(Fliegende Hunde)* auf Madagaskar, S- u. SO-Asien, N- u. O-Australien.

**Fledermäuse,** Unterordn. der Fledertiere; fliegende, meist Insekten od. fruchtfressende Nachttiere mit Flughaut zw. Rumpf u. Gliedmaßen; orientieren sich durch Ultraschall, in rd. 1 000 Arten auf der ganzen Erde verbreitet.

**Fledertiere,** Ordn. d. Säugetiere, befähigt zu aktivem Flug d. Flügel (umgebildete Vordergliedmaßen); Unterordn. Fledermäuse u. Flederhunde.

**Fleet Street** ['fli:t stri:t], Straße in London, fr. Zentrum des brit. Pressewesens.

**Fleisch,** allg. die Weichteile von Tieren (auch bei Pfl., z. B. Frucht-F.); v. a. das als menschl. Nahrungsmittel verwendete Muskelgewebe der Tiere; es enthält rd. 75% Wasser, 21,5% Eiweiß, 2 bis 5% Bindegewebe, ferner Fett, Mineralstoffe u. a. Durch Trocknen, Erhitzen, Kühlen (Gefrieren) und keimtötende Verfahren (Räuchern, Pökeln) kann F. haltbar gemacht werden.

**Fleischfleckigkeit** ↑Pflanzenkrankheiten (Übers.).

**Fleischfliegen,** etwa 600 Arten umfassende, weltweit verbreitete Familie der Fliegen.

**Fleisch fressende Pflanzen,** Pfl. nährstoffarmer Böden, die zusätzl. zur $CO_2$-Assimilation kl. Tiere (Insekten u. a.) durch auffäll. Färbung u. süße Säfte anlocken, durch Festleimen, Zuschnappen *(Blattfallen)* u. a. fangen u. verdauen; heim.: Fettkraut, Sonnentau, Wasserschlauch; ausländ.: Venusfliegenfalle, Kannenpflanze, Sarrazenie.

**Fleischhygiene,** Maßnahmen, um den Gefahren, die vom Fleisch der Schlachttiere für den Menschen ausgehen, zu begegnen; u. a. gesetzl. Untersuchungspflicht.

**Fleischvergiftung,** Durchfall u. Erbrechen hervorrufende schwere Magen-Darm-Erkrankung durch verdorbenes, bes. bakteriell infiziertes Fleisch.

**Fleißer,** Marieluise, dt. Schriftstellerin, *1901, †1974; sozialkrit. Stücke, u. a. „Pioniere in Ingolstadt".

**flektieren,** beugen (↑Flexion).

**Flémalle** [fle'mal], Meister von, wohl ident. mit Robert Campin (*um 1375, †1444); einer der Begr. der altniederl. Malerei; u. a. Mérode-Altar.

**Fleming, 1)** Sir Alexander, brit. Bakteriologe, *1881, †1955; entdeckte 1928 das Penicillin; Nobelpreis (mit E. B. Chain u. Lord H. W. Florey) 1945. **2)** Paul F. (Flemming), dt. Dichter, *1609, †1640; Liebes- u. relig. Lyrik im Geiste des Barock.

**Flensburg,** Hafenst. (krsfr.) an der *F.er Förde* (etwa 50 km von der Ostsee ins Land reichend), Schl.-Ho., 87 500 E; Nikolai- und Marienkirche (Backsteingotik), Theater; LG; IHK; Kraftfahrt-Bundesamt, PH, Marineschule *(F.-Mürwik),* Schiffsing.- u. Seemaschinistenschule; Reedereien, Werften; Nahrungsmittel-, Papier-, Masch.-Ind.; Spirituosenherstellung.

**Fleury** [flœ'ri; frz.], **Saint-Benoît-sur-Loire,** Benediktinerabtei im Dep. Loiret, gegr. um 640, führend in der kluniazens. Klosterreform; während der Frz. Revolution zerstört; roman. Kirche erhalten.

**Flexenpass, Flexensattel,** östr. Pass in Vorarlberg, 1773 m ü. d. M., verbindet Lech- u. Klostertal; über den Pass führt die *Flexenstraße.*

**Flexion** [lat.], Beugung eines Wortes, ↑Deklination, ↑Konjugation.

**Flexodruck,** fr. **Anilin-, Gummidruck,** Hochdruckverfahren, bei dem die Druckform aus Gummi od. Kunststoff besteht.

**Flick,** Friedrich, dt. Unternehmer, *1883, †1972.

**Flickenschildt,** Elisabeth, dt. Schauspielerin, *1905, †1977; Charakterdarstellerin.

**Flieder, 1)** Gatt. der Ölbaumgewächse, meist in O-Asien, seltener SO-Europa; u. a. Garten-F. **2)** volkstüml. Bez. für Schwarzer Holunder.

**Fliegen,** sehr artenreiche Insektenordn.; mit stechend-saugenden od. leckenden Mundwerkzeugen, oft stark verkürzten Antennen, häut. Vorder- u. zu ↑Halteren umgebildeten Hinterflügeln; fußlose Larven (Maden), z. T. parasit. od. im Wasser lebend.

**Fliegende Fische,** svw. ↑Flugfische.

**Fliegengewicht** ↑Gewichtsklassen (Übers.).

**Fliegenpilz,** bek., meist sehr gift. Blätterpilz; roter Hut mit weißen Flocken, Stiel weiß, beringt; enthält das Rauschgift Muskarin.

**Fliegenschnäpper,** kleine Singvögel, den Würgern nahe stehend.

**Fliehkraft** ↑Zentrifugalkraft.

**Fliesen,** Ton-, Stein-, Kunststoff- u. Glasplatten zum Verblenden von Fußböden u. Wänden.

**Fließpapier, Löschpapier,** ungeleimtes Papier mit hoher Saugfähigkeit.

**Flimmern, Fimbrien, Wimpern, Zilien,** feine, peitschenförm. Anhangsgebilde *(Flimmerepithel)* v. tier. Zellen, die durch ständ. Schwingen der Fortbewegung, dem Herbeistrudeln v. Nahrung od. dem Transport v. Stoffen in Körperhohlräumen dienen.

**Flims,** schweizer. Luftkur- u. Wintersportort am Fuß des *F.ersteins,* in Graubünden, 2 400 E.

**Flint,** svw. ↑Feuerstein.

**Flinte,** [Jagd]gewehr mit glattem Lauf für Schrotmunition.

**Flintglas,** Bleiglas mit hoher Brechzahl.

**Flip** [engl.], alkohol. Mixgetränk mit Ei.

**FLN,** Abk. für: **F**ront de **L**ibération **n**ationale („Nat. Befreiungsfront"); s. 1955 alger. Unabhängigkeitsbewegung, 1963–91 Einheitspartei Algeriens.

**Floating** ['floʊtɪŋ], Wechselkursbildung nach Angebot u. Nachfrage (flexible od. freie Wechselkurse).

**Flockenblume,** Korbblütlergatt., u. a. ↑Kornblume u. Wiesen-F. mit rötl. Blüten.

**Flöhe,** Insektenordn., auf Vögeln u. Säugetieren parasitierend u. blutsaugend; bis 5 mm lang, flügellos; Krankheitsüberträger.

**Flohkraut,** Korbblütler; in M-Europa Kl. F. u. Kragenblume.

**Flohkrebse,** kl. bis mittelgr. höhere Krebse mit seitl. zusammengedrücktem Körper.

**Flom[en], Schmer,** Bauch- u. Nieren[roh]fett von Schwein u. Gans.

**Floppydisk,** die ↑Diskette.

**Flor** [lat.], **1)** feines, zartes Gewebe. **2)** schwarzes Band *(Trauer-F.).* **3)** aufrecht stehende Faserenden bei Samt, Plüsch u. Teppichen.

**Flora, 1)** Pflanzenwelt eines best. Gebietes. **2)** Bakterienwelt eines Körperorgans (z. B. Darmflora).

**Florenreich,** pflanzengeograph. einheitl. Verbreitungsraum mit *Florenprov.* u. *Florengebieten:* 1. *holarkt.* (gemäßigte u. polare Zone der Nordhalbkugel), 2. *paläotrop.* (Tropenländer der Alten Welt), 3. *kapländ.,* 4. *neotrop.* (Mittel- u. Südamerika), 5. *austral.,* 6. *antarkt.* Florenreich.

**Florentiner Hut,** Damenstrohhut mit breitem, schwingendem Rand.

**Florenz,** ital. **Firenze,** Prov.-Hptst. u. Hptst. der ital. Region Toskana, am Arno, 376 800 E; Univ., Kunsthochsch., Accademia della Crusca, Bibliotheken, Staatsarchiv; eine der bedeutendsten Kunststädte: Dom (1296 beg.) mit Kuppel des Brunelleschi, Baptisterium (1059 beg.), Santa Croce (1494/95 ff.), San Lorenzo (1420/1421 ff.) mit Medici-Grabstätte (Michelangelo) u. a.; Palazzo Vecchio (1298 ff.); berühmte Museen: Palazzo Pitti, Uffizien u. a.; zahlreiche Paläste. – Bed. Kunsthandwerk; graf., Masch.-, chem. Ind.; Fremdenverkehr; ✈. – *Gesch.:* F. (das alte *Municipium Florentia*) wurde im 4. Jh. Bischofssitz; im 12. Jh. Konsulatsverf.; Entw. zur mächt. Ind.- u. Handelsst. Im 14. Jh. Ausbildung einer oligarch. Reg. des Adels u. d. reichen Kaufleute. 1406 Pisa unterworfen, Hafen v. Livorno 1421 erworben. Während eines halben Jh. waren die *Medici,* die mit Cosimo de' Medici 1434 die Reg. v. F. übernahmen, das mächtigste Bankhaus Europas. Zw. 1494 und 1512 republikan. Verf., dann Rückkehr der Medici, die bis 1737 (seit 1569 Großherzöge von Toskana) regierten. 1738 mit Toskana lothr. (1765 östr. Sekundogenitur); 1865–71 Hptst. des Kgr. Italien.

**Florett** [frz.], Stoßdegen mit vierkant. Klinge u. Handschutz (↑Fechten).

**Florfliegen,** Netzflügler, zarte, gelblich grüne Insekten; Larven: Blattlauslöwen.

**Florian[us],** hl., Märtyrer, † um 304; in der Enns ertränkt; Patron gg. Feuersgefahr.

**Florida,** Abk. Fla., Halbinsel u. Staat im SO der USA, 151 939 km$^2$, 13 Mill. E, Hptst. Tallahassee; flach, von zahlr. Seen u. Sümpfen durchsetzt, buchtenreiche W-Küste, Lagunen u. Dünen an der O-Küste; vor der S-Küste Koralleninseln *(F. Keys);* subtrop. Klima mit winterl. Kälteeinbrüchen u. Wirbelstürmen; Anbau von Zitrusfrüchten, Tabak, Baumwolle, Reis u. Gemüse; Küstenfischerei; bed. Phosphatgewinnung; bed. Fremdenverkehrsorte an der O-Küste (u. a. Miami). – 1513 entdeckt, bis 1763 span., bis 1783 brit. u. bis 1819 wieder span.; wurde an die USA verkauft; seit 1845 B.-Staat.

**Floridastraße,** Meeresstr. zw. Florida, Kuba u. den Bahamainseln, v. *Floridastrom* durchflossen.

**Floris,** Cornelis, fläm. Baumeister, Bildhauer u. Ornamentzeichner, * 1514, † 1575; baute das Antwerpener Rathaus.

**Flossen,** durch Skelettelemente *(F.strahlen)* gestützte Hautsäume bei Fischen; *Brust-* u. *Bauch-F.* paar., *Rücken-, Schwanz-* u. *After-F.* unpaar.; Bewegungs- u. Steuerorgane.

**Flöte,** wahrsch. ältestes Holzblasinstrument; *Quer-F.* mit Klappensystem, wird durch seitl. Mundloch angeblasen; *Pikkolo-F.* eine Oktave höher; ↑Blockflöte. – Bei der *Orgel* ist F. der gemeinsame Name für alle Labialpfeifen.

**Flötner,** Peter, dt.-schweizer. Holzschneider und Kunsttischler, * zw. 1486 u. 1495, † 1546; bed. als Ornamentstecher.

**Flotte,** Gesamtheit (auch Teil) der Schiffe eines Staates; unterteilt in Handels-, Fischerei- u. Kriegsflotte.

**Flottille** [auch: -'tiljə; span.], Verband gleichart. Kriegsschiffe.

**Flöz,** Schicht nutzbarer Minerale (z. B. Kohlenflöz).

**Fluchtdistanz,** Abstand, von dem ab ein Tier keine weitere Annäherung eines mögl. Feindes mehr duldet: Es flieht oder greift an.

**Flüchtlinge,** im Völkerrecht Personen, die v. a. aus polit., relig. od. rass. Gründen ihren Heimatstaat verlassen haben u. deshalb keinen diplomat. Schutz mehr im Ausland genießen. Nach dem Genfer Abkommen von 1951 haben F. Anspruch auf Ausstellung eines Reise- bzw. Personalausweises durch den Aufenthaltsstaat; eine Ausweisung od. Zurückweisung über die Grenzen eines Staates, in dem ihr Leben od. ihre Freiheit wegen Rasse, Religion, Staatsangehörigkeit, Zugehörigkeit zu einer best. soz. Gruppe od. polit. Überzeugung gefährdet wäre, ist untersagt.

**Fluchtpunkt** ↑Perspektive.

**Flüelapass,** schweizer. Pass zw. Prättigau u. Unterengadin, 2383 m.

**Flüelen,** Dorf im schweizer. Kt. Uri, 1 700 E; bei F. Tellskapelle.

**Flugabwehr,** Abk. **Fla,** vom Boden aus geführte Verteidigung gg. feindl. Flugzeuge mithilfe von F.kanonen (Flak), F.raketen bzw. F.lenkgeschossen (in Verbdg. mit Radar) u. herkömml. Maschinenwaffen.

**Flugbeutler,** kl., baumbewohnende, durch eine zw. Vorder- u. Hinterbeinen ausbreitbare Flughaut zum Gleitflug befähigte Beuteltiere.

**Flugboot** ↑Flugzeug.

**Flugbrand, Staubbrand,** häufigster Brandpilz; gefährl. Getreideschädling.

**Flugdrache,** rd. 20 cm lange Agamenart mit seitl. spreizb. Flughäuten; Südostasien.

**Flügel, 1)** Organe zur Fortbewegung in der Luft (Vögel, Insekten); übertr. u. a. für Tragflächen, Fenster-F. **2)** ↑Klavier.

**Flügelaltar,** [spät]gotische Altarform nördl. d. Alpen, mit fest stehendem Mittelteil (geschnitzt od. gemalt) u. bewegl. Flügeln.

**Flügelschnecken,** Meeresschnecken mit flügelart. erweitertem Mundrand; Vorderkiemer.

**Flugfische,** in warmen Meeren lebende Fische, mit gr. Brustflossen; schnellen aus dem Wasser u. gleiten bis zu 200 m weit.

**Flugfrösche,** zum Gleitflug befähigte Frösche; S-Asien, Madagaskar.

**Flughaut,** Hautfalte zw. einzelnen Gliedern zum Fliegen od. Gleiten bei versch. Wirbeltieren.

**Flughörnchen,** nachtaktive Nager d. nördl. Erdhälfte; Baumtiere mit Flughaut zw. Vorder- u. Hinterbeinen.

**Flughühner,** taubengr. Vögel der Trockengebiete Asiens, Afrikas u. des Mittelmeerraumes.

**Flughunde,** svw. ↑Flederhunde.

**Flugsaurier,** ausgestorbene fledermaus- oder vogelähnl. Reptilien (Jura bis Kreide) mit Flughaut, bis zu 15,5 m Flügelspannweite; Fossilienfunde bei Solnhofen.

**Flugsicherung,** Gesamtheit der Organisation *(F.sdienst)* zur Sicherung des Flugverkehrs, internat. geregelt durch den Weltverband des Luftverkehrs (IATA); in Dtl. seit 1993: *DFS Dt. Flugsicherung GmbH,* Sitz Offenbach am Main, mit den Aufgabenbereichen Flugverkehrskontrolldienst, Verkehrsflussregelung u. Steuerung der Luftraumnutzung, Fluginformationsdienst, Flugalarmdienst u. Flugberatung.

**Flugsimulator,** Flugbedingungen nachbildendes Gerät zur Pilotenschulung.

**Flugwetterdienst,** Anwendung der Meteorol. zur Beratung u. Sicherung des Flugverkehrs.

**Flugzeug,** Luftfahrzeug, das durch den aerodynam. Auftrieb fest stehender Tragflügel (Flächen-F. oder Starrflügel-F.) od. schmaler, rotierender Flügel (Drehflügel-F.) mit geeignetem Profil getragen wird. Die Hauptbauteile eines *Starrflügel-F.s* sind neben den mit Querrudern (zur Drehung des F.s um die Längsachse) u. Landeklappen (zur Auftriebserhöhung) versehenen Tragflächen das Leitwerk (Höhen- u. Seitenleitwerk mit Höhen- u. Seitenruder), der Rumpf u. das Fahrwerk (Hauptfahrwerk nahe dem F.schwerpunkt u. Bugrad od. [heute selten] Spornrad), das meist als Einziehfahrwerk gestaltet ist. *Wasser-F.e* sind mit bootsförm. Schwimmern *(Schwimmer-F.e)* ausgestattet od. als *Flugboote* mit bootsförm. Rumpf u. zusätzl. Stützschwimmern. – Als *Triebwerke* dienen Kolbenmotoren od. Gasturbinen (Turboproptriebwerke), die Propeller antreiben, od. Strahltriebweke (z. B. Turbinenluftstrahltriebwerke, ugs. Düsentriebwerke), deren Rückstoß den erforderl. Vortrieb liefert. – Nach dem *Verwendungszweck* unterscheidet man im zivilen Bereich u. a. Sport-F.e, [Geschäfts]reise-F.e, Verkehrs-F.e (als Passagier-, Fracht- oder Mehrzweck-F.e) für Kurz-, Mittel- oder Langstrecken, im militär. Bereich u. a. Jagd-F.e, Jagdbomber, strateg. Bomber, Erdkampf-F.e, Aufklärungs-F.e u. Transportflugzeuge. – F.e, die aufgrund ihrer bes. Konstruktion mit sehr kurzen Start- u. Landestrecken auskommen, werden als *STOL-F.e* bezeichnet (Abk. für engl. short take-off and landing), F.e, die senkrecht starten u. landen können (z. B. mithilfe schwenkbarer Strahltriebwerke), nennt man *VTOL-F.e* (Abk. für engl. vertical take-off and landing). – *Drehflügel-F.e* werden fast ausschließl. als *Hubschrauber (Helikopter)* gebaut. Der von einem Kolbenmotor oder einer Gasturbine angetriebene Hauptrotor besitzt 2–5 Rotorblätter mit tragflügelartigem Profil, die bei gleichem Anstellwinkel gg. die jeweilige Luftströmung senkr. Start u. Landung, bei gesteuert unterschiedl. Anstellwinkeln Vorwärtsflug ermöglichen. Sofern nicht zwei (gegenläufige) Hauptrotoren vorhanden sind, sorgt ein kleinerer Heckrotor für den erforderl. Drehmomentausgleich u. ermöglicht die Steuerung um die Hochachse.

**Flugzeugtriebwerke** ↑Flugzeug.

**Fluidik** [lat.], Teilgebiet der Strömungslehre; befasst sich mit der Signalerfassung u. -verarbeitung mithilfe flüssiger od. gasförmiger Bauel. (statt elektron.).

**Fluktuation** [lat.], kontinuierl. Schwanken, Arbeitsplatzwechsel.

**Flunder,** Art der Plattfische, geschätzter Speisefisch.

**Fluor** [lat.], Symb. **F**, chem. El., OZ 9, rel. A.-Masse 18,9984; Nichtmetall, ↑Halogen; schwach gelbl. grünes, gift. Gas; Fp. −219,62 °C, Sp. −188,14 °C, Dichte 1,696 g/l; reaktionsfähigstes El., bildet mit Wasserstoff *F.wasserstoff* (Flusssäure), greift fast alle Metalle unter Bildung v. Fluoriden an; Vorkommen u. a. im Flussspat, Kryolith, Apatit; wird aus Salzschmelzen durch Elektrolyse gewonnen; verw. u. a. zur Herst. fluorhalt. organ. Verbdg. (↑Fluorchlorkohlenwasserstoffe), in Raketentreibstoffen, als Brenngas für spezielle Schneidbrenner; geringe Mengen an F.-Verbdg. werden Zahnpasten zur Verhütung der Karies zugesetzt.

**Fluorchlorkohlenwasserstoffe,** Abk. **FCKW**, organ. Vbdg., in denen Wasserstoffatome durch Fluor- u. Chloratome ersetzt sind. Die F. tragen durch freigesetzte Chlorradikale zur Zerstörung d. Ozonschicht d. Atmosphäre bei (Ozonloch). In der EU ist d. Herstellung u. Vermarktung v. FCKW seit 1995 verboten, in den übrigen Ind.staaten seit 1996.

**Fluoreszenz** [lat.], Eigensch. mancher Stoffe nach Bestrahlung mit Licht, UV-, Röntgenstrahlen u. a. zum Eigenleuchten angeregt zu werden, Form der ↑Lumineszenz. – *F.mikroskop,* Gerät zur Beobachtung v. Präparaten, die bei ultravioletter Bestrahlung fluoreszieren. – *F.schirm,* der ↑Leuchtschirm.

**Fluorwasserstoff** ↑Fluor.

**Flurbereinigung,** rationalisierende Zusammenlegung zersplitterter Fluren.

**flüssige Luft,** durch mehrf. Kompression u. Expansion unter ihren Siedept. (−194,5 °C) gebrachte u. dadurch verflüssigte Luft (zur Gewinnung v. Sauerstoff, Stickstoff u. Edelgasen).

**Flüssiggas,** bei best. Drücken u. Temp. verflüssigtes Gas (z. B. Propan, Butan) in Druckflaschen; für Kraftverkehr u. Haushalt.

**Flüssigkristalle,** Flüssigkeit mit kristallähnl. Struktur, die u. a. ihre Lichtdurchlässigkeit bei Anlegen eines elektr. Feldes ändert; verw. z. B. bei *F.anzeigen* (↑LCD).

**Flusskrebse,** Fam. Scheren tragender Zehnfußkrebse; 4 mitteleurop. Arten.

**Flussmuscheln,** weit verbreitete Gatt. im Süßwasser lebender Muscheln; z. B. Teichmuscheln.

**Flusspferde,** Pflanzen fressende Säugetiere, Ordn. Paarzeher; *Fluss-* oder *Nilpferd,* M-Afrika (rd. 2 t schwer, bis 4 m lang), amphib.; *Zwerg-F.,* bis 1,7 m lang, westafrik. Urwälder.

**Flusssäure** ↑Fluor.

**Flussspat, Fluorit,** $CaF_2$, Mineral (meist auf Erzgängen); Härte 4; vielf. farbig.

**Flut** ↑Gezeiten.

**Flutwellen,** durch Seebeben, Wirbelstürme oder untermeer. Vulkanausbrüche entstandene Meereswellen, an den Küsten oft mit verheerender Wirkung.

**fluvial** [lat.], vom fließenden Wasser geschaffen, zum Fluss gehörend.

**Flynn** [flın], Errol, amer. Filmschauspieler, *1909, †1959; Helden- u. Liebhaberrollen.

**fm,** Einheitenzeichen für: ↑**F**est**m**eter.

**Fm,** ☐ Symb. für ↑Fermium.

**FM,** Abk. für: **F**requenz**m**odulation (↑Modulation).

**Fo,** Dario, ital. Dramatiker, Schauspieler, Regisseur u. Theaterleiter, *1926; gesellschaftskrit., satir. Volkstheater; Nobelpreis 1997.

**Foch** [fɔʃ], Ferdinand, frz. Marschall, *1851, †1929; Oberbefehlshaber der alliierten Armeen in Frkr. (1918).

**Fock,** Gorch, eigtl. Hans **Kinau**, dt. Schriftsteller, *1880, ⚔1916;

„Seefahrt ist not!", Erzählungen, z. T. in niederdt. Sprache.

**Fock,** unterstes [Rah]segel am vordersten Mast von Segelschiffen.

**Föderalismus** [lat.], dezentralisierter (Ggs. Zentralstaat) Aufbau des Staates durch in sich geschlossene Gliedstaaten, als ↑Bundesstaat od. ↑Staatenbund.

**Föderation** [lat.], polit. Bündnis zw. Staaten.

**Foggia** [ˈfɔdʒa], Prov.-Hptst. in Apulien, S-Italien, 155 200 E; Agrarzentrum; im 13. Jh. Stauferresidenz (Ks. Friedrich II.).

**Föhn,** durch entspr. Luftdruckverteilung zum Überwehen eines Geb. gezwungene Luftströmungen, die an der Luvseite Feuchtigkeit abgeben u. sich in Lee beim Absteigen erwärmen; *F.mauer,* hoch reichende Staubewölkung an der Luvseite, bis zum Geb.-Kamm reichend; *F.wolken,* linsenförm., mittelhohe Wolken; *F.krankheit,* durch F. bedingte körperl. (Kreislauf, Nervensystem) u. seel. (Depressionen) Beschwerden.

**Fohr,** Carl Philipp, dt. Maler u. Zeichner der Heidelberger Romantik, *1795, †1818.

**Föhr,** nordfries. Insel, 82 km², 9 800 E, Hauptort: Wyk auf Föhr; Badebetrieb, Fischerei.

**Föhre** ↑Kiefer.

**Fokus** [lat.], der ↑Brennpunkt.

**Fokussierung** [lat.], ⚛ Vereinigung divergierender od. paralleler Strahlen in einem Pt.; in der Teilchenphysik die Strahlführung geladener Teilchen durch geeignete elektr. od. magnet. Felder.

**Foli|e** [lat.], sehr dünnes Blatt, u. a. aus Metall od. Kunststoff; z. B. Zinn-F. (Stanniol), Kunststoff-F.

**Folio** [lat.], Abk. **fol., Fol.,** Zeichen 2°, früheres dt. Buchformat in der Größe eines halben Bogens (gewöhnlich mehr als 35 cm).

**Folklore** [engl.], Sammelbez. für Volksüberlieferungen (Lied, Tracht, Tanz u. a.).

**Folkunger,** schwed. Königsgeschlecht; regierte in Schweden 1250–1363, in Norwegen 1319 bis 1387 u. 1375–87 auch in Dänemark.

**Folkwang, Museum F.,** bed. Slg. mod. Kunst in Essen; gegr. 1902.

**Follett** [ˈfɔlɪt], Ken, brit. Romanschriftsteller, *1949.

**Follikel** [lat.], Säckchen, Bläschen, **1)** Haarbalg. **2)** Talgdrüse der Haut. **3)** Teile der Schilddrüse. **4)** ↑Eierstock.

**Follikelhormon,** ältere Bez. für ↑Östrogene.

**Folter,** Erregung phys. od. psych. Qualen, fr. legales Mittel zur Geständniserzwingung im Strafprozess; v. a. im 19. Jh. aus den Rechtsordnungen beseitigt; heute noch häufig in totalitären Staaten u. Militärdiktaturen, bes. gg. polit. Verdächtige.

**Folz, Foltz,** Hans, gen. der Barbierer, dt. Meistersinger, reformierte den Meistersang, *um 1450, †um 1513; relig. Lieder, Sprüche, Schwänke; mit Fastnachtsspielen Einfluss auf H. Sachs.

**Fond** [fõ; frz.], **1)** Rücksitz eines Wagens. **2)** Hintergrund, z. B. eines Gemäldes. **3)** Soßengrundlage (z. B. Bratensaft).

**J. Fonda**

**Fonda** [ˈfɔndə], **1)** Henry, amer. Filmschauspieler; *1905, †1982; v. a. klass. Westernrollen („Spiel mir das Lied vom Tod"). **2)** Jane, amer. Filmschauspielerin, *1937, Tochter von 1); polit. Aktivitäten. **3)** Peter, amer. Filmschauspieler u. -produzent, *1939, Sohn von 1); „Easy Rider".

**Fondant** [fõˈdã; frz.], Zuckermasse mit Farb- u. Aromazusätzen (u. a. als Schokoladenfüllung).

**Fonds** [fõ], für best. Zwecke verwaltete Geldmittel (z. B. Investment-F.).

**Fondue** [fõˈdy; frz.], Gericht aus geschmolzenem Käse u. a. Zutaten, auch am Tisch im F.-Topf ausgebackenes Fleisch mit versch. Soßen.

**Fontainebleau** [fõtɛnˈblo], St. sö. v. Paris, 18 800 E; Schloss (16. Jh.), Innenausstattung durch die Renaissancemaler der *Schule v. F.* u. Florentiner Manieristen.

**Fontane,** Theodor, dt. Schriftsteller, *1819, †1898, bed. realist. Erzähler (Romane „Frau Jenny Treibel", „Effi Briest"), außerdem „Wanderungen durch die Mark Brandenburg", Balladen, Theaterkritiken.

**Fontäne** [frz.], Springbrunnen.

**Fontanellen** [frz.], Knochenlücken im Schädeldach Neugeborener.

**Fonteyn** [fənˈteɪn], Dame Margot, eigtl. Margaret **Hookham** [ˈhʊkəm], brit. Tänzerin, *1919, †1991.

**Foot** [fʊt; engl.], Einheitenzeich. **ft,** Fuß, engl. Längenmaß, 1 ft = 12 inches = 30,48 cm.

**Football** [ˈfʊtbɔːl; engl.], **American Football,** dem ↑Rugby ähnl. Ballspiel zw. 2 Mannschaften mit je 11 Spielern u. bis zu 34 Wechselspielern, 4 × 15 Min. Spieldauer; ein eiförmiger Lederball muss über die gegner. Grundlinie getragen od. mit dem Fuß über die Torlatte befördert werden.

**Foraminiferen, Kammerlinge,** s. dem Kambrium bekannte einzellige Meerestiere mit Gehäuse aus Kalk od. organ. Substanz u. Scheinfüßchen. Ihre Schalen bilden hohe Schichten am Meeresboden; Leitfossilien.

**Ford** [fɔːd], **1)** Gerald Rudolph, 38. Präs. d. USA (1974–76; Republikaner), *1913. **2)** Harrison, amer. Filmschauspieler, *1942; Rollen in Actionfilmen u. Charakterdarsteller. **3)** Henry, amer. Industrieller, *1863, †1947; begr. 1903 die *F. Motor Company* u. 1936 die *F. Foundation* (weltgrößte Stiftung). **4)** John, eigtl. Sean Aloysius **O'Fearna** [əʊˈfərna], amer. Filmregisseur ir. Herkunft, *1895, †1973; „Früchte des Zorns".

**Förde,** tief ins Flachland eindringende Meeresbucht.

**Forderung,** schuldrechtl. Anspruch auf ein Tun od. Unterlassen (z. B. Zahlung des Kaufpreises); übertrag-, pfänd- u. durch Nießbrauch belastbar.

**Forechecking** [ˈfɔːtʃekɪŋ], Eishockey: das Stören des gegner. Angriffs bereits im gegner. Verteidigungsdrittel.

**Forellen,** räuber. Kaltwasserfische, meist im Spätherbst im Süßwasser laichend; Speisefische; u. a. Bach-, See-, Meer-, Regenbogenforellen.

**forensisch** [lat.], gerichtl., gerichtsmedizin. (↑Rechtsmedizin).

**Forester** [ˈfɔrɪstə], Cecil Scott, engl. Schriftsteller, *1899, †1966; Abenteuerromane, v. a. Seegeschichten; „Kapitän Hornblower".

**Form,** äußerer Umriss; Gestaltungsprinzip; Idee.

**Formaldehyd, Methanal,** HCHO, farbloses, stechend riechendes Gas, in Wasser leicht zu *Formalin®* (35–40 % F.) lösl.; u. a. zur Desinfektion u. Konservierung, Herst. v. Kunstharzen. F. wirkt stark reizend auf die Schleimhäute und verursacht Entzündungen der

Atemwege; Verdacht auf mutagene und karzinogene Wirkung.

**Formalismus,** Überbetonung der Form gegenüber dem Inhalt.

**Format** [lat.], **1)** Maß, [genormtes] Größenverhältnis; im Buchdruck ↑Quart, ↑Duodez, frühere F.: ↑Folio, ↑Oktav. **2)** übertr. für: hervorragende Tüchtigkeit.

**Formatieren,** ■ Anordnen u. Zusammenstellen v. Daten nach best. Regeln als *festes Format* od. nach Nutzerwünschen als *freies Format;* z. B. die Einteilung v. Disketten in Sektoren.

**Formation,** **1)** Gliederung einer [mil.] Truppe, für einen bestimmten Zweck gebildet. **2)** ✿ Vegetationseinheit b. Pfl.-Gesellschaften. **3)** Geol.: Gesteinsschichtenfolge in einem größeren erdgeschichtl. Zeitraum sowie der Zeitraum selbst.

**Formel** [lat.], **1)** feststehender Ausdruck. **2)** Logik, √, ✽ Kurzfassung v. Axiomen, Ableitungen u. Gesetzmäßigkeiten durch allg. Ausdrücke u. Symbole. **3)** Kurzform für die Anordn. u. Bindungsverhältnisse der El. einer chem. Verbdg.

**Formenlehre,** **1)** Grammatik: die Lehre von Stammbildung und Flexion der Wörter. **2)** die Lehre vom Aufbau einzelner Musikwerke (z. B. Sonatensatz).

**Formentera,** kleinste Insel der Balearen, Spanien, 115 km², Hauptort San Francisco Javier; Fremdenverkehr.

**Formmassen,** pulver- od. granulatförmige Kunststofferzeugnisse, d. spanlos zu Formteilen od. Halbzeug *(Formstoffe)* geformt werden können; Einteilung: *nicht härtbare, thermoplast. F.* (*Thermoplaste,* Verarb. durch Spritzgießen od. Strangpressen) u. *härtbare, duroplast. F.* (*Thermodure, Duromere,* Verarb. durch Pressen, Spritzpressen u. unter Hitze u. Druck).

**Formosa** ↑Taiwan.

**Formosastraße,** Meeresstraße zw. Taiwan u. dem chin. Festland.

**Formvorschriften,** gesetzl. vorgeschriebene Erklärungsform für ein Rechtsgeschäft; zu beachten u. a. bei Bürgschaft, Testament.

**Forseti,** fries. **Fosite,** in der germ. Mythol. Gerichtsgott.

**Forst,** Willi, eigtl. Wilhelm **Froß,** östr. Schauspieler, * 1903, † 1980.

**Forst,** Wirtschaftswald; Einteilung nach dem *Eigentum:* Staats-, Körperschafts-, Privat-F.; nach der *Bestockung:* Laub-, Nadel-, Mischwald; nach der *Betriebsweise:* Hoch-, Mittel-, Niederwald.

**Forster, 1)** [ˈfɔːstə], Edward Morgan, engl. Schriftsteller, * 1879, † 1970. **2)** Johann Georg Adam, dt. Schriftsteller, * 1754, † 1794; Begleiter Cooks bei dessen 2. Weltumsegelung, polit. engagiert bei den Mainzer Jakobinern; umfangreiches literar.-publizist. Werk im Geiste der Aufklärung.

**Förster, Revierförster,** Forstbetriebsbeamter des gehobenen Dienstes.

**Forst/Lausitz,** Krst. an der Lausitzer Neiße, Bbg., 25 800 E; Textilind.; Stadtteile östl. der Neiße seit 1945 zu Polen (Zasieki).

**Forstrecht,** Normen, die das Eigentum am Wald zu dessen Erhaltung bes. Bindungen unterwerfen u. dessen Schutz dienen (z. B. Bundeswaldgesetz).

**Forstrevier,** Forstbetrieb; u. a. Oberförsterei, [Revier]försterei.

**Forstwirtschaft,** Wirtschaftszweig; Anbau, wirtschaftl. Nutzung und Pflege des Waldes.

**Forsythie,** sehr zeitig im Frühj. leuchtend gelb blühender Zierstrauch aus Ostasien.

**Fort** [fɔːr; frz.], Befestigungsanlage zur Verteidigung strateg. wicht. Geländepunkte, auch Außenwerk in einem ausgedehnten Festungssystem.

**forte** [ital.], Abk. **f,** 𝄞 stark, laut; *f.piano,* Abk. fp, plötzl. Übergang von laut zu leise.

**fortissimo** [ital.], Abk. **ff,** 𝄞 sehr stark, sehr laut.

**Fort Knox** [fɔːt ˈnɔks], Mil.-Lager in Kentucky, USA, sw. v. Louisville; Aufbewahrungsort der amer. Goldreserven.

**Fortner,** Wolfgang, dt. Komponist, * 1907, † 1987; Ballett „Die weiße Rose", Opern, Orchesterwerke.

**Fortpflanzung, Reproduktion,** Erzeugung von Nachkommen; bei Tieren: *ungeschlechtl.* (vegetat.) durch Zellteilung od. Knospung, *geschlechtl.* (sexuelle F.) durch ↑Befruchtung; Geschlechtszellen (Gameten) bilden sich meist in getrennten Geschlechtern (Gonochorismus), seltener im gleichen Individuum (Hermaphroditismus); *Jungfernzeugung* (Parthenogenese), F. durch unbefruchtete Eier; bei Pflanzen sowohl ungeschlechtl. durch Brutkörper, Ableger u. a. als auch geschlechtl. F. durch Blütenstaub (Pollen), der mit Pollenschlauch von der Blütennarbe zur Samenanlage dringt; ↑Generationswechsel.

**FORTRAN** [Kw. aus engl. **for**mula **tran**slator, „Formelübersetzer"], eine Programmiersprache v. a. für wiss. u. techn. Rechenprogramme.

**Fortuna,** röm. Schicksalsgöttin, auch Göttin des Glücks; der griech. Göttin Tyche gleichgestellt.

**Fort Worth** [fɔːt ˈwəːθ], St. in Texas, USA, am oberen Trinity River, 414 600 E; Univ., mit ↑Dallas Zentrum einer bed. Luftfahrtind.; ✈.

**Forum** [lat.], **1)** Marktplatz in röm. Städten. **2)** Gerichtshof. **3)** Öffentlichkeit.

**Forum Romanum,** Marktplatz im alten Rom; Mittelpt. des polit. Lebens der Stadt u. des ges. Röm. Reiches; bed. Tempel, Triumphbögen u. öff. Bauten.

**Fosburyflop** [ˈfɔsbəri ˈflɔp], ⛹ Hochsprungtechnik, bei der der Springer die Latte mit Kopf u. Rücken voraus überquert.

**Fossa** [lat.], Schleichkatze Madagaskars; rd. 60 cm lang.

**fossil** [lat.], aus der erdgeschichtl. Vergangenheit.

**Fossilien,** Tier- u. Pflanzenreste (Versteinerungen) aus erdgeschichtl. Vergangenheit; *Leit-F.* sind für eine best. stratigraph. Schicht od. Stufe charakteristisch (Zeitbestimmung).

**Foster** [ˈfɔstə], **1)** Jodie, amer. Filmschauspielerin, * 1962; „Das Schweigen der Lämmer". **2)** Lord Norman Robert, brit. Architekt, * 1935; Vertr. der Hightecharchitektur (u. a. Umbau des Reichstages in Berlin).

**foto...,** eingedeutschte Form v. *photo...,* licht..., *Foto,* das Lichtbild.

**fotogen,** bildwirksam (von Personen gesagt).

**Fotografie,** das Festhalten der durch opt. Abb. erzeugten Bilder von Gegenständen auf lichtempfindl. Material, neuerdings auch über Festkörperbildsensoren auf Magnetschichten. Grundlage der herkömml. F. ist das Halogensilberverfahren mit hpts. Bromsilber (AgBr) in einer Suspension in Gelatine („Emulsion") als lichtempfindl. Substanz, in der sich durch Belichtung und nachfolgende Entw. metall. Silber bildet. Das restl. AgBr muss durch Fixage entfernt werden. Das entstandene Bild ist ein Negativ, von dem durch Wiederholung des Vorgangs ein Positiv gewonnen wird *(Negativ-Positiv-Prozess).* Es kann auch durch Ausbleichen vor der Fixage entfernt und das restl. AgBr durch erneute Entwicklung zu einem Positiv „umgekehrt" werden (*Umkehrfilm* für Diapositive). – Bei der *Farb-F.* entstehen die Farben durch die Reaktion spezieller Farbkuppler mit Entwicklungsprodukten des AgBr-Prozesses. Bei der *Sofortbild-F.* sind die Entwicklerchemikalien bereits im Fotomaterial enthalten,

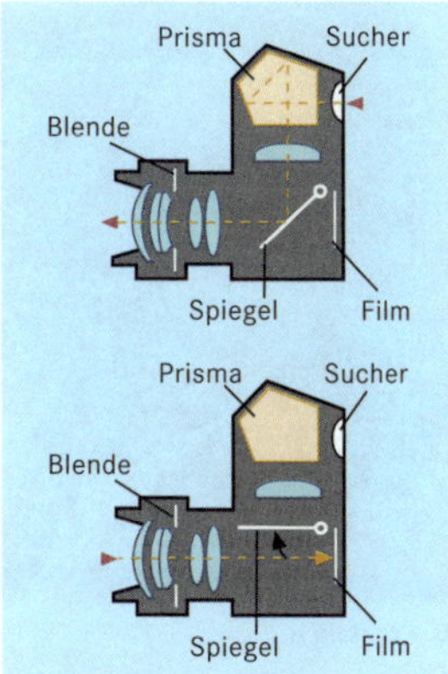


**Fotografie:** *Schnittzeichnung einer einäugigen Spiegelreflexkamera; Strahlengang vor der Aufnahme (oben) und Strahlengang während der Aufnahme*

aus dem sie durch Walzen freigesetzt werden. Es entstehen positive Bilder, sobald die Bildeinheit die Kamera verlassen hat. *Fotograf. Apparate:* Das 1. Jh. der F. bestimmten große Aufnahmeformate mit den entspr. Kameras. 1913 wurden das Kleinbildformat (24×36 mm) u. die erste Kleinbildkamera (Leica) vorgestellt. Mittelformatkameras haben die Aufnahmeformate 4,5×6 cm, 6×6 cm, 6×7 cm u. 6×9 cm, Großbildkameras verwenden Planfilm (od. Platten) in den Formaten 9×12 bis 18×24 cm. Die hpts. für den Amateurmarkt entwickelten Kleinstbild- u. Pocketkameras (Filmformat 13×17 mm) sowie die Diskkamera (Aufnahmematerial auf scheibenförmigem Träger) traten in den letzten Jahren zugunsten automatisierter (Belichtung, Entfernungseinstellung, Filmtransport) Kleinbildkameras zurück. Diese beherrschen heute als Systemkameras (Spiegelreflexkameras mit Wechselobjektiven) sowie als Sucherkameras den Markt. 1996 wurde das ↑APS-System (APS, Abk. für **A**dvanced **P**hoto **S**ystem) mit dem Aufnahmeformat 13×36 mm eingeführt. Neben die traditionellen fotografischen Kameras treten die digitalen Kameras, die die Bilddaten digital speichern u. ihre Weiterleitung an digitale Ausgabe- und/oder Bearbeitungsgeräte ermöglichen.

**Fotokopie,** unmittelbare fotogr. Übertragung von Vorlagen auf lichtempfindl. Papier.

**Fotomontage** [-ta:ʒə], Zusammensetzen von Fotos u. Bildausschnitten zu einem neuen Bild u. nochmalige fotograf. Aufnahme.

**Foucault** [fu'ko], **1)** Léon, frz. Physiker, *1819, †1868, bestimmte die Lichtgeschwindigkeit (mit Drehspiegel); wies 1850/51 mit dem *foucaultschen Pendelversuch* die Erdrotation nach. **2)** Michel, frz. Philosoph, *1926, †1984; „Die Ordnung der Dinge" (1966), „Die Gesch. der Sexualität" (1976–84).

**Fouché** [fu'ʃe], Joseph, Hzg. v. Otranto, frz. Politiker, *1759, †1820; 1794 am Sturz Robespierres führend beteiligt, 1799–1802 u. 1804–10 Polizeimin. (Spitzelsystem); heiml. mit Napoleons Gegnern in Verbdg.; 1816 verbannt.

**Fouqué** [fu'ke], Friedrich Baron de La Motte-F., dt. Dichter der Romantik, *1777, †1843; „Undine".

**Fourier** [fur'je], Joseph Baron de, frz. Physiker u. Mathematiker, *1768, †1830; entwickelte die math. Theorie der Wärmeausbreitung; entdeckte, dass fast jede Funktion durch eine Reihe trigonometr. Funktionen *(F.-Reihe)* dargestellt werden kann *(F.-Entwicklung)*.

**Fowler** ['faʊlə], **1)** Sir John, brit. Ingenieur, *1817, †1898; erbaute die Londoner U-Bahn, konstruierte die Firth-of-Forth-Brücke. **2)** John, brit. Ingenieur, *1826, †1864; erfand mit M. v. Eyth den Dampfpflug.

**Foxterrier** [engl.], kleinerer weißer, schwarz gefleckter engl. Begleit- u. Jagdhund.

**Foxtrott** [engl.], Gesellschaftstanz in mäßig schnellem $^4/_4$-Takt.

**Foyer** [fwa'je; frz.], Wandelhalle [im Theater], Vorhalle.

**FP,** Abk. für: ↑**F**lamm**p**unkt.

**FPÖ,** Abk. für: ↑**F**reiheitliche **P**artei **Ö**sterreichs.

**FPOLISARIO, POLISARIO,** Abk. für span. **F**rente **Po**pular para la **Li**beración de **Sa**guia el Hamra y **Río** de **Oro**, 1973 gegr. Befreiungsbewegung für die span. ↑Westsahara.

**Fr,** ⚗ Symb. für ↑Francium.

**Fra** [ital.], Kurzw. für Frater.

**Fracht, 1)** Transportgut. **2)** Entgelt für den Transport.

**fragil** [lat.], zerbrechlich, gebrechlich, zart.

**Fragment** [lat.], Bruchstück, unvollendetes Werk.

**Fragonard** [fragɔ'na:r], Jean Honoré, frz. Maler des Rokoko, *1732, †1806; galante Szenen, Charakterfiguren.

**frais[e]** [frɛ:s; frz.], erdbeerfarbig.

**Fraktalgeometrie,** Geometrie, die komplexe Gebilde u. Erscheinungen *(Fraktale)* behandelt, die ähnl. auch in d. Natur vorkommen, z. B. Küstenlinien, Gebirgszüge, Polymere.

**Fraktion** [lat.], **1)** Zusammenschluss von Abg. einer Partei in einer parlamentar. Institution. **2)** ⚗ abgetrennter Teil eines Stoffgemisches.

**Fraktionszwang,** Verpflichtung der Abg. zur einheitl. Stimmabgabe entspr. der Festlegung in der Fraktion.

**Fraktur** [lat.], **1)** svw. ↑Knochenbruch. **2)** „gebrochene" dt. Schreib- u. Druckschrift; in Dtl. seit 1942 durch die Antiqua (↑Schrift) verdrängt.

**Françaix** [frã'sɛ], Jean [René], frz. Komponist, *1912, †1997; Ballette, Opern, Oratorien.

**France** [frãs], Anatole, eigtl. Jacques Anatole **Thibault** [ti:bo], frz. Schriftsteller, *1844, †1924; Romane, Dramen; Nobelpreis 1921.

**Francesca** [fran'tʃeska], Piero della, ital. Maler der Frührenaissance, *zw. 1415 u. 1420, †1492; Fresken im Chor von San Francesco in Arezzo.

**Franche-Comté** [frãʃ kõ'te; frz.], **Freigrafschaft Burgund,** histor. Prov., Region in Frankreich, zw. oberer Saône und frz.-schweizer. Grenze, 16 202 km², 1,08 Mill. E, Hauptstadt Besançon. – 1032/34 als Teil des Kgr. Burgund zum Hl. Röm. Reich; 1674/78 an Frankreich.

**Franchise** ['fræntʃaɪz], Kooperation zw. selbstständigen Unternehmen; der F.-Geber überlässt dem F.-Nehmer gegen Entgelt die Nutzung eines Firmen- u. Markennamens.

**Francium,** Symb. **Fr,** chem. El., OZ 87, Alkalimetall; sehr seltenes, stark radioakt. Zerfallsprodukt des natürl. Actiniums; beständigstes Isotop $^{223}$Fr (Halbwertszeit 22 min); Darst. erstmals 1939.

**Franck, 1)** [frãk], César, frz. Komponist belg.-dt. Herkunft, *1822, †1890; Oratorien, Orchester- und Kammermusik, Orgelkompositionen. **2)** Hans, dt. Schriftsteller, *1879, †1964; Dramen, Romane, Novellen. **3)** James, dt.-amer. Physiker, *1882, †1964; Nachweis diskontinuierl. Anregungszustände der Atome mit G. Hertz, erhielt mit diesem 1925 den Nobelpreis.

**Francke, 1)** Meister, dt. Maler, *um 1380, †nach 1430; Altäre in Helsinki u. Hamburg. **2)** August Hermann, dt. ev. Theologe u. Pädagoge, *1663, †1727; Pietist;

Begr. der *F.schen Stiftungen* in Halle (Schulen, Waisenhaus, Druckerei, Bibelanstalt).

**Franco Bahamonde,** Francisco, span. Gen. u. Politiker, *1892, †1975; nach dem Militäraufstand 1936 Befehlshaber in Span.-Marokko u. Chef der nat. span. Reg. u. Generalissimus, weitete den Aufstand zum Bürgerkrieg aus, den er 1939 mithilfe der Achsenmächte siegreich beendete; faschist. Diktatur.

**François-Poncet** [frãswapõ'sɛ], André, frz. Diplomat, *1887, †1978; 1931 Botschafter in Berlin, 1953–55 in Bonn, s. 1952 Mitgl. der Académie française, 1955–67 Präs. des Internat. Roten Kreuzes.

**Frank, 1)** Adolph, dt. Chemiker, *1834, †1916; entwickelte mit H. ↑Caro das F.-Caro-Verfahren z. Herstellung v. Kalkstickstoff.

**Anne Frank**

**2)** Anne, *1929, †im KZ Bergen-Belsen 1945, Tochter eines dt.-jüd. Bankiers, bek. durch erschütternde Tagebuchaufzeichnungen aus dem Versteck ihrer Fam. in Amsterdam während der dt. Besetzung 1942. **3)** Bruno, dt. Schriftsteller, *1887, †1945; Lyrik, Dramen, histor. Novellen, Romane. **4)** Hans, dt. NS-Politiker, *1900, †1946 (hingerichtet); s. 1939 als Gen.-Gouverneur in Polen verantwortl. für brutale Besatzungspolitik.

**Franken,** westgerman. Stamm; im 3. Jh. zuerst erwähnt; drangen im 4.–6. Jh. v. Nieder- u. Mittelrhein aus in linksrhein. Gebiet u. nach Gallien vor; Teilstämme: Salier, Ripuarier u. a.

**Franken,** altes dt. Hzgt., umfasste das Gebiet an Main, Mittelrhein u. Neckar; zerfiel in W- od. Rhein-F. u. O- od. Main-F.; 939 als selbst. polit. Gebilde aufgelöst; Name später nur für Ostfranken.

**Frankenthal (Pfalz),** kreisfreie St. in RP, 46 800 E; LG; Maschinen-, Kunststoffind. – Im 18. Jh. berühmte Porzellanmanufaktur.

**Frankenwald,** bewaldetes Hochland zw. Fichtelgeb. u. Thüringer Wald; Döbraberg 795 m.

**Frankfurt am Main,** kreisfr. St. am unteren Main, Hessen, 646 600 E; eine der wirtsch. bedeutendsten dt. Städte; Sitz der Europ. Zentralbank und mehrerer Bundesbehörden, Univ., versch. Hochschulen, Museen, Theater, Deutsche Bibliothek; IHK; OLG; LG; Dom (13./14. Jh.), Rathaus („Römer") mit Ks.-Saal, Goethehaus, Alte Oper. Vielseitige Ind., Druck- u. Buchgewerbe, Banken, Börse, bed. internat. Messen und Ausstellungen. Verkehrsknotenpunkt; ✈. – Röm. Kastell, karoling. Pfalz u. stauf. Burg, R.-St. seit dem 14. Jh., seit 1356 Ort der dt. Königswahl, 1562–1806 auch der Kaiserkrönung, 1815–66 Sitz der B.-Vers. des Dt. Bundes, 1848/49 Tagungsort der Nat.-Vers. (Paulskirche), seit 1866 preuß., seit 1945 hess.

**Frankfurter Friede,** 10. 5. 1871, bestätigte den Vorfrieden v. ↑Versailles, beendete den Dt.-Frz. Krieg: Das Elsass (ohne Belfort) u. ein Teil Lothringens (mit Metz) fielen an das Dt. Reich.

**Frankfurter Nationalversammlung,** das am 18. 5. 1848 in der Paulskirche in Frankfurt am Main zusammengetretene Parlament; Aufgabe: Schaffung eines demokrat. dt. Nationalstaates; scheiterte am Ggs. zw. ↑Klein- u. ↑Großdeutschen, das nach Stuttgart verlegte Rumpfparlament wurde 1849 aufgelöst.

**Frankfurt/Oder,** kreisfreie St. an der mittl. Oder, Bbg., 71 300 E; Europa-Univ. (1991 neu gegr.); Elektronikind.; Stadtteile r. der Oder seit 1945 zu Polen (poln. Słubice); Oderhafen. – 1368 Hansest.; 1505–1811 Universität.

**Fränkische Alb, Frankenalb,** Hochfläche von der Wörnitz u. der Donau bis zum Main bei Lichtenfels; Poppenberg 657 m.

**Fränkische Saale,** r. Nbfl. des mittl. Mains, 142 km.

**Fränkische Schweiz,** Gebiet im N-Teil der Fränk. Alb; bizarre Felsbildungen, Tropfsteinhöhlen.

**Fränkisches Reich,** begr. von Chlodwig I., der den größten Teil Galliens unterwarf u. Alemannen u. Westgoten besiegte; im 6. Jh. Ausdehnung auf Thüringen, Burgund und die Provence. Seit 751

**B. Franklin**

Herrschaft der Karolinger, größte Macht u. Ausdehnung d. Reiches unter Karl d. Gr. (Langobardenreich, Sachsen, Bayern, Span. Mark). Verfall durch Teilungen (Vertr. v. Verdun 843, Meerssen 870, Ribemont 880), Entstehung des *Ostfränk.* u. des *Westfränk. Reiches* (später Dtl. u. Frkr.); letzte Vereinigung des Fränk. Reichs unter Karl III.

**Franklin** ['fræŋklɪn], **1)** Benjamin, amer. Politiker, Schriftsteller u. Physiker (Erfinder des Blitzableiters), *1706, †1790; wirkte für die amer. Unabhängigkeit; entscheidende Mitarbeit an der amer. Verf. **2)** Sir John, brit. Nordpolforscher, *1786, †1847; auf der Suche nach der ↑Nordwestpassage im Melvillesund gescheitert.

**Frankokanadier,** frz. sprechende Bewohner Kanadas.

**Frankreich,** Rep. in W-Europa; Bev. überwiegend Franzosen, geringe Minderheiten (v. a. Basken, Bretonen); überw. röm.-kath.;

**Frankreich**

*Fläche:* 543 965 km²

*Einwohner:* 58,484 Mill.

*Hauptstadt:* Paris

*Amtssprache:* Französisch

*Zeitzone:* MEZ

Hptst. ↑Paris; polit. Gliederung in 96 Departements; durch Flusssysteme u. Bergländer deutl. gegliedert; im NO Ardennen, Vogesen, westl. anschl. das Pariser Becken, westl. vom Breton. Massiv begrenzt; südl. der Vogesen Anteil am Jura u. d. Alpen, westl. d. Rhone-Saône-Senke das Zentralmassiv, im W das Aquitan. Becken, im S bzw. SW Provence, Languedoc u. Pyrenäen. – *Klima:* mediterran im S, maritim-atlant. im W, mitteleurop. im O. – *Wirtsch.:* Ind. u. Landw. gleich bed.; Weizen, Weinbau, Obst u. Gemüse; Viehzucht: Rinder, Schweine, Schafe, Fleisch- u. Molkereiprodukte (Käse); Bedeutung haben bes. chem., Kunststoff-, elektron. Ind., Automobil-, Flugzeug-, Maschinenbau (bes. Motoren), Nahrungsmittel-, Lederind.; Konfektions-, Galanteriewaren u. Parfümherst. – *Bodenschätze:* neben Kohle u. Eisen v. a. Bauxit, Erdöl u. -gas, Kali, Kaolin, Zinn, Blei, Zink u. Uran. 75% der in Kraftwerken installierten Leistungen entfallen auf Kernkraftwerke, rd. 13% auf Wasserkraftwerke u. rd. 12% auf Wärmekraftwerke. – *Verkehr:* bed. Häfen am Atlantik u. Kanal, am Mittelmeer Marseille; gut ausgebautes Flug-, Straßen-, Eisenbahn-, Kanalnetz. – *Gesch.:* Beginn der frz. Gesch. mit der Teilung des Fränk. Reiches. 843–987 Herrschaft der westfränk. Karolinger; 911 Ansiedlung der Normannen in der Normandie; 987–1328 Kapetinger, neben ihnen mächt. Kronvasallen, 1154–89 Blüte des Angevin. Reiches, zu dem ganz W-F. gehörte. Philipp II. August eroberte den größten Teil der engl. Festlandbesitzungen in F. (1214 Schlacht b. Bouvines), entscheidende Stärkung der frz. Zentralgewalt. Neue Bedrohung durch den ↑Hundertjähr. Krieg gg. England, das nach der durch d. Auftreten v. Jeanne d'Arc eingetretenen Wende des Kriegsverlaufs alle frz. Besitzungen außer Calais verlor; erfolgloser Kampf Franz' I. gg. Karl V. um Italien; 1562–98 Hugenottenkriege (1572 Bartholomäusnacht, 1598 Edikt v. Nantes). 1589–1792 Haus Bourbon; unter Ludwig XIII. durch Richelieus überlegene Staatsleitung F. Großmacht; im Westfäl. Frieden Gewinn des habsburg. Elsass; unter Ludwig XIV. Vollendung des frz. Absolutismus, Eroberungskriege gg. Spanien, die Niederlande u. das Hl. Röm. Reich. 1685 Aufhebung des Edikts v. Nantes; 1763 Verlust der nordamer. Kolonien an England nach Teilnahme am Siebenjähr. Krieg; Folge der Misswirtsch. unter Ludwig XV. u. Ludwig XVI.: Ausbruch der *Frz. Revolution.* 1789 Einberufung der États généraux (↑Generalstände), Erklärung des dritten Standes zur Nat.-Vers. (Verfassunggebende Vers., 1789–91), Sturm auf d. Bastille (14. 7.), 1790 Bildung der gr. Parteien der Girondisten u. der Bergpartei, 1792 gesetzgebende Vers., Abschaffung des Königtums durch den Nat.-Konvent, 1793 Hinrichtung des Kg., 1793/94 Schreckensherrschaft, 1795–99 Direktorium; Siege der frz. Truppen in den Koalitionskriegen; Aufstieg Napoléon Bonapartes: 1799 Erster Konsul, 1804 als Napoleon I. Kaiser der Franzosen; Kriege gg. Preußen, Spanien, Portugal, Östr., erfolgloser Zug der Gr. Armee nach Russland, 1813 ↑Befreiungskriege, 1814 Verbannung Napoleons I. nach Elba, Rückkehr der Bourbonen, nach Napoleons I. Herrschaft der „Hundert Tage" (1815 Niederlage b. Waterloo) Restauration; 1830 Julirevolution, 1848 Februarrevolution und Sturz des „Bürgerkg." Louis Philippe; Zweite Rep.; unter Ks. Napoleon III. 1859 Krieg mit Sardinien gg. Östr., 1870/71 ↑Dt.-Frz. Krieg, Sturz des Kaisertums, Dritte Rep., 1871 Kommuneaufstand in Paris; Kolonialerwerbungen: 1881 Tunis, 1883 Annam, 1885 Madagaskar; Ausdehnung in Äquatorialafrika. Gleichzeitig Besitzerweiterung am Niger, in der Sahara, in Oberguinea, auf Tahiti u. in Siam. 1893 frz.-russ. Mil.-Konvention. 1898 Faschodakrise. 1905/11 Marokkokonflikt mit Dtl., 1912 Marokko größtenteils unter frz. Schutzherrschaft. 1914–18 1. Weltkrieg, 1919 Vertr. von Versailles, 1923 ↑Ruhrbesetzung; 1936 Volksfrontreg. Blum, 1938 Kabinett Daladier, ↑Münchner Abkommen, 1939–45 2. Weltkrieg; 1940 Waffenstillstand, Reg. Pétain in Vichy; 1944 Befreiung F.s durch brit. u. amer. Truppen, Vierte Rep., die mit dem Putsch v. Algier 1958 endete; Fünfte Rep. u. neue Verf., Stärkung der verfassungsrechtl. Stellung des Staatspräs. durch Volksentscheid; Aufbau einer Atomstreitmacht, Betonung der nat. Unabhängigkeit Hauptanliegen der Außenpol.; die bürgerkriegsähnl. Maiunruhen 1968 lösten eine schwere Staatskrise aus. 1981–95 F. Mitterrand Staatspräs., s. 1995 J. Chirac; Mitgl. der NATO, WEU, EU; 1966 Ausscheiden aus d. mil. Integration d. NATO. – Das frz. Kolonialreich löste sich nach dem 2. Weltkrieg zum größten Teil auf; 1946 Gründung der *Frz. Union,* bestehend aus der Rep. F., den Überseeterritorien und den assoziierten Staaten, 1958 abgelöst v. der *Frz. Gemeinschaft,* einem Staatenbund unter Führung der frz. Rep.; Oberhaupt der frz. Staatspräs., gemeinsamer Wirtsch.- u. Sozialrat. Außer F., den frz. Überseedep. u. -territorien gehören dazu die Zentralafrik. Rep., Kongo, Gabun, Madagaskar, Senegal u. Tschad sowie einige assoziierte afrik. Staaten. 1954 Verlust Indochinas, 1956 von Tunesien u. Marokko, zw. 1958 u. 1960 von fast allen afrik. Kolonien, 1962 wurde Algerien unabhängig.

**Frantz,** Justus, dt. Pianist, * 1944; Initiator u. 1986–94 Intendant des alljährl. Schl.-Ho.-Festivals.

**Franz, 1) F. von Assisi,** hl., eigtl. Giovanni **Bernardone,** latin. Franziskus, ital. Ordensstifter, * 1181 od. 82, † 1226; gewann als wandernder Prediger Anhänger *(Franziskaner);* innige Frömmigkeit u. Weltbejahung. **2) F. von Sales,** hl., frz. Bischof v. Genf, * 1567, † 1622; Mitbegr. der ↑Salesianerinnen; Kirchenlehrer.

**Franz,** *Hl. Röm. Reich:* **1) F. I. Stephan,** * 1708, † 1765, Hzg. von Lothringen; seit 1737 Großhzg. v. Toskana, Gem. Maria Theresias, s. 1740 Mitregent in Östr., s. 1745 Ks. **2) F. II.,** * 1768, † 1835, Enkel v. 1), Ks. s. 1792; 1804 als *F. I.* Ks. v. Östr., legte 1806 die Kaiserkrone des Hl. Röm. Reiches nieder. – *Frkr.:* **3) F. I.,** * 1494, † 1547, Kg. s. 1515; Kriege um Italien mit Ks. Karl V., 1525 Niederlage bei Pavia; starker Einfluss auf die frz. Kirche s. 1516 (Konkordat); scharf zentralist. Reg. – *Östr.:* **4) F. I.** ↑2). – *Östr.-Ungarn:* **5) F. Joseph I.,** * 18. 8. 1830, † 21. 11. 1916, Ks. s. 1848; nach absolutist. Anfängen streng konstit. gebundener Monarch. **6) F. Ferdinand,** Erzhzg. v. Östr.-Este, Neffe v. 5), Thronfolger, * 1863, † 1914; mit seiner Gem. in Sarajevo ermordet.

**Franzbranntwein,** aromatisierte alkohol. Lösung als Einreibemittel.

**Franziskaner,** Mitgl. der v. Franz v. Assisi begr. od. seinem geistl. Ideal verpflichteten Orden; Grundlage die Regel v. 1223 (Bettel- u. Barfüßerorden; dem Dienst am Mitmenschen verpflichtet); im 13. Jh. Aufspaltung in 3 Richtungen: Spiritualen (existieren nicht mehr); Konventualen (gegliedert in Observanten, Minoriten u. Kapuziner) u. eine mittlere Richtung, auch als Franziskanerbrüder bezeichnet. Nach deren Regeln leben auch die weibl. Kongregationen.

**Franzose,** Schraubenschlüssel mit verstellbarer Maulweite.

**französische Kunst,** in der *karoling. Epoche* (8.–10. Jh.) noch als Einheit mit der dt. Kunst anzusehen. Abtei Centula u. Germigny-des-Prés; Utrecht-Psalter; Elfenbeinarbeiten; in der *roman. Epoche* (980–1150) gr. Abteikirchen: Cluny II; Tours, Saint-Martin; Dijon, Saint-Bénigne; Tournus, Saint-Philibert. Monumentale Kirchen (meist gewölbt) mit reich figurierten Portalen u. Kapitellplastik. Im 11. Jh. v.a. in Burgund: Cluny III, vorbildl. f. Paray-le-Monial, Autun, Beaune, Vézelay. Provence: Saint-Gilles; in Arles Saint-Trophime. SW-Frkr.: Hallenkirchen im Poitou, Kuppelkirchen in Aquitanien (Périgueux), Emporenkirchen in der Auvergne u. Midi-Pyrénées (Toulouse, Saint-Sernin). Normandie: Vorbereitung der Gotik: Caen, Sainte-Trinité u. Saint-Étienne. Wand- und Buchmalerei. Entstehung der *Gotik* in der Île de France (Schöpfungsbau: Abtei Saint-Denis, 1137 ff.). Frühgotik (1150–1194): Sens; Noyon; Laon; Paris, Notre-Dame; Zisterzienserabtei Pontigny. Figurenportale von Chartres. Hochgotik (1194–1350): Kathedralen v. Chartres, Reims, Amiens, Sainte-Chapelle u. Notre-Dame in Paris (Querschifffassaden). Papstpalast Avignon. Skulpturenzyklen von Chartres, Paris, Amiens, Reims. Blüte der Glas- u. Buchmalerei (Zentrum Paris). Spätgotik (1350–1500; Flamboyantstil): künstler. Führung Burgunds (C. Sluter, Brüder Limburg, van Eyck u.a.). Bed. frz. Tafel- u. Buchmalerei: J. Fouquet, N. Froment. *Renaissance u. Manierismus* (1500–1620): Blütezeit der frz. Schlossbaukunst: Blois, Chambord, Fontainebleau. Baumeister: Lescot, die Du Cerceaus, Ph. Delorme. Bildhauer: J. Goujon, G. Pilon. Malerei: Schule v. Fontainebleau, angeregt durch Florentiner Manieristen, frz. Meister J. u. F. Clouet sowie J. Cousin d. Ä. und J. Cousin d. J. *Barock und Rokoko* (1620–1789), Zeit der frz. Klassik (Style classique); v.a. Schloss- u. Gartenbau. Blüte unter Ludwig XIV. (1643–1715), Baumeister: J. Lemercier, L. Le Vau (Versailles), F. Mansart (Kirche Val de Grâce), C. Perrault (Louvrefassade), J. Hardouin-Mansart (Invalidendom, Versailles). Bildhauer: F. Puget, A. Coysevox u. F. Girardon. Maler: die Brüder Le Nain, N. Poussin, Claude Lorrain, Ph. de Champaigne. Neue Stile: *Régence* (1715–23), *Louis-quinze* (1723–74; *Rokoko*) und *Louis-seize* (1774–92). Bauten: Pariser Stadthäuser (Hôtels); Panthéon (J.-G. Soufflot). Bildhauer: J.-A. Houdon, É.-M. Falconet. Maler: A. Watteau, H. Rigaud, F. Boucher, J.-H. Fragonard, N. Lancret, J.-B. S. Chardin, J. B. Greuze. Blüte der Dekoration und des Kunsthandwerks. *Revolutionszeit und Empire* (1789–1830): Revolutionsarchitektur C. N. v. Ledoux; Umbau des Louvre (C. Percier u. P. F. L. Fontaine). Bildhauer: P. J. David d'Angers, F. Rude, L. Barye. Maler: J. L. David, J. A. D. Ingres. *Romantik u. Naturalismus* (etwa 1800–50): Malerei führend: T. Géricault, E. Delacroix, H. Daumier, G. Courbet, C. Corot mit d. Schule von Barbizon. Vertreter des *Impressionismus* (seit 1860/70): É. Manet, C. Monet, C. Pissarro, E. Degas, A. Sisley, A. Renoir, P. Bonnard, H. de Toulouse-Lautrec, des *Neoimpressionismus:* G. Seurat u. P. Signac. *Kunst des 20. Jh.:* Architektur: Le Corbusier, G. Candilis, der Katalane R. Bofill, J. Nouvel, D. Perrault; Bildhauer: A. Rodin, A. Maillol, G. Richier, *Nouveau Réalisme:* César, Y. Klein, N. de Saint Phalle. Malerei: P. Cézanne, P. Gauguin, V. van Gogh bahnbrechend; mehr. Richtungen: die *Fauves:* H. Matisse, B. Dufy, A. Derain, M. de Vlaminck, G. Rouault; *Kubismus:* P. Picasso, daneben G. Braque, F. Léger; *Orphismus:* R. Delaunay, J. Villon; *Dadaismus* (M. Duchamp) u. *Surrealismus:* M. Ernst, Y. Tanguy, A. Masson; *École de Paris:* M. Chagall, A. Modigliani, C. Soutine, V. Vasarély, A. Manessier, P. Soulages, J.-P. Riopelle, die *Tachisten,* J. Dubuffet; *Kinet. Kunst:* R. Soto, N. Schöffer; *Konzeptkunst u. Spurensicherung:* Boltanski, A. u. P. Poirier.

**französische Kunst:** *Kathedrale von Reims (1211 begonnen)*

**französische Literatur,** *Alt- u. mittelfrz. Lit.:* im 12.–13. Jh. relig. Dichtung, Heldenepen (Rolandslied), höf. Versromane (Chrétien de Troyes), Troubadourlyrik, später Legenden, Novellen, Satiren; im 14. Jh. Mirakel- und Mysterienspiele, Balladen, Vagantendichtung (F. Villon). Einfluss antiker u. ital. Autoren in der *Renaissance;* satir.-utop. Entwurf eines humanist. Weltbildes bei F. Rabelais. Durchsetzung poetolog. Normen in der Zeit der *Klassik,* in deren Mittelpunkt die Dramatik stand (Tragödien von J. B. Racine, P. Corneille); klass. Form der Komödie bei Molière; Erneuerung antiker Fabeln (J. de La Fontaine); in der erzählenden Lit. Märchen, Memoiren- u. Brieflit. Das Jh. der *Aufklärung* prägten die philos. Ro-

**französische Kunst:** *Antoine Watteau, „Die Pilgerfahrt zur Insel Kythera" (1717; links); Paul Cézanne, „Stillleben mit Korb und Äpfeln" (1890; rechts)*

mane u. Dramen C. de Montesquieus, Voltaires, D. Diderots (Begründer des frz.-bürgerl. Trauerspiels). J.-J. Rousseaus neue Dimensionen der Gefühls- u. Naturdarstellungen bereiteten den Übergang zur *Romantik* vor; in der Folge der frz. Revolution Auseinandersetzung mit der Geschichte (V. Hugo); Blüte histor. Romane (P. Mérimée, A. Dumas). *Realismus u. Naturalismus:* Mitte des 19. Jh. psychol. Charakterisierung u. realist. Milieudarst. in der erzählenden Prosa (Stendhal, H. de Balzac, G. Flaubert), Einflüsse von Medizin u. Soziologie bei E. Zola. Vorbereitung des *Symbolismus* durch die Lyrik C. Baudelaires, weitergeführt durch P. Verlaine, A. Rimbaud u. S. Mallarmé. Blüte der frz. Erzählkunst zu Beginn des *20. Jh.*, neue inhaltliche u. stilist. Maßstäbe durch M. Proust („Auf der Suche nach der verlorenen Zeit"). Unter dem Eindruck des 1. Weltkriegs Entw. einer *surrealist. Lit.* als radikaler Bruch mit ästhet. Traditionen (A. Breton); sprachexperimentelle Lyrik; Dramen in traditioneller Form bei J. Anouilh. In den 40er-Jahren Einfluss der Existenzphilos. (J. P. Sartre, A. Camus); Ablehnung linearer Handlungen und klarer Aussagen in der Dramatik des absurden Theaters (S. Beckett, E. Ionesco). In den 50er- u. 60er-Jahren Reflexion über Schreiben und Sprache im Nouveau Roman; nach 1968 verstärkt gesellschaftskrit. Prosa u. Dramatik (G. Le Clézio, B.-M. Koltès); Entw. einer spezif. Frauenlit.; in der Lyrik Ideal des einfachen Stils. Fortführung der realist.-erzählenden Tradition; zunehmender Einfluss von *Strukturalismus* u. Literaturkritik. In den 80er-Jahren wachsende Durchsetzung einer ungekünstelten, knappen Sprache unter dem Einfluss der neuen Medien (P. Djian). Spieler. Erprobung u. Kombination aller ästhet. Stilmittel an der Wende zum *21. Jh.* – vielseitige literar. Landschaft: Fantasie u. Humor (M. Darrieussecq); provokant-aggressiver Ausdruck von Kulturpessimismus, Gewalt u. Sexualität (M. Houellebecq); radikal-experimentelle Lyrik (V. Novarina); Fortführung der Tradition des Konversationstheaters (Y. Reza).

**französische Musik,** im MA v. a. in Klöstern gepflegt. Eigener „Dialekt" des gregorian. Chorals. Weltl. Formen s. d. *11. Jh.* in den Chansons de Geste u. bei den Troubadours. *Um 1200* „Notre-Dame-Schule" in Paris mit Leoninus u. Perotinus (Organum, Conductus, Motetus). Die höf. Musik verbürgerlicht gg. *Ende des 13. Jh.*, etwa bei Adam de la Halle; Guillaume de Machault ist Dichter u. Komponist der Ars nova (ben. nach dem gleichnam. Traktat des Philippe de Vitry um 1320); vorherrschend die meist 4-stimm. isorhythm. Motette. Im *15. Jh.* Gilles Binchois u. Guillaume Dufay mit Messen, Motetten, geistl. u. weltl. Chansons. *16. Jh.:* 4- bis 5-stimm. Chansons u. Psalmen von Clément Janequin; Slg. v.

**französische Literatur:** *„Rolandslied", Miniatur (um 1274)*

Chansons v.a. von Pierre Attaignant. Gg. Ende des Jh. bed. Claude Le Jeune. *17. Jh.:* in der 1. H. d. Jh. Lautenistensch. mit Denys Gaultier. Nach 1650 größere Bed. der Cembalomusik (Übernahme der Suitenform); nach Einführung der ital. Oper in Paris durch Kardinal Mazarin nach 1643 wurde J.-B. Lully zum eigtl. Schöpfer der frz. Oper; um 1715 erste Opéras comiques; neue Musikgattung: Ballettoper. *18. Jh.:* Höhepkt. der Cembalomusik (F. Couperin, J.-P. Rameau). Mit C.W. Glucks „Iphigénie en Aulide" (1774) Sieg der neuen dramat. Oper. *19. Jh.:* Aus Elementen der Revolutionsmusik u. der dt. Musik entwickelte sich die frz. Romantik (v.a. H. Berlioz). Opéra comique u. „große Oper" (F. A. Boieldieu, D. F. E. Auber, A. Adam, G. Meyerbeer, A. Thomas, C. Gounod, C. Saint-Saëns, G. Bizet). *20. Jh.:* v.a. C. Debussy, dessen Oper „Pelléas et Mélisande" (1902) die frz. Moderne einleitete, u. M. Ravel. Bed. die Gruppe der „Six" (D. Milhaud, A. Honegger u.a.), O. Messiaen, P. Schaeffer, J. Francaix; Zeitgenossen sind: P. Boulez, P. Henry, L. Ferrari u. G. Amy.

**Französische Revolution** ↑Frankreich, Geschichte.

**Französischer Jura,** Teil des ↑Juras.

**französische Schweiz,** Bez. für den westl., französischsprach. Teil d. Schweiz.

**französische Sprache,** aus dem Vulgärlatein Galliens unter starkem Einfluss des Fränk. entwickelte roman. Spr.; bis zum 14. Jh. *Altfrz.* (mit Pikard., Norman., Champagn., Wallon.; ↑Provenzal.); Entw. des *Neufrz.* aus der Mundart der Île de France (seit 16. Jh. Schriftspr.).

**Französische Union** ↑Frankreich, Geschichte.

**Französisch-Guayana,** frz. Überseedep. an der NO-Küste Südamerikas, 91 000 km², 115 000 E, Hptst. Cayenne; Raketenstartplatz Kourou.

**Französisch-Polynesien,** frz. Überseeterritorium, besteht aus d. Marquesas-, Tuamotu-, Gesellschafts-, Tubuaiinseln u. Îles Gambier, 201 000 E; Hptst. Papeete auf Tahiti.

**Frascati,** ital. St. am NW-Hang d. Albaner Berge, Latium, 20 900 E; Villenvorort von Rom, bed. Weinbau; im S die Ruinen v. ↑Tusculum; Kernforschungszentrum.

**fräsen** [frz.], Werkstücke auf Fräsmasch. mit rotierender *Fräse* (Werkzeug mit Stahlschneiden) spanend bearbeiten.

**Frater** [lat.], [Ordens]bruder.

**Fraterherren,** svw. ↑Brüder v. gemeinsamen Leben.

**Frauenbewegung,** die organisierte Form des Kampfes um polit., soz. u. kulturelle Gleichstellung der Frau; Beginn z.Z. der Frz. Revolution, v.a. seit 1848; in Dtl. *Allg. Dt. Frauenverein* (1865), in England ↑Suffragetten; Hauptanliegen der fr. F. war das ↑Frauenwahlrecht. Eine neue, radikalere F. (↑Feminismus) entstand s. Ende der 1960er-Jahre (in den USA: ↑Women's Liberation Movement) aufgrund der trotz verfassungsrechtl. Gleichberechtigungsgebots anhaltenden gesellschaftl. Diskriminierung der Frauen.

**Frauenfarn,** Farngatt., 2 mitteleurop. Arten; häufig z.B. *Wald-F.* m. fein zerteilten, hellgrünen Wedeln.

**Frauenfeld,** Hptst. des nordschweizer. Kt. Thurgau, 19 000 E; Schloss (12. Jh.), Museum; Metallwaren-, Textilind., Zuckerfabrik.

**Frauenhaar, 1) Widertonmoos,** häuf. Laubmoos. **2) Adiantum,** eine Zierfarngattung.

**Frauenhaus,** Haus, in dem von ihren Männern misshandelte Frauen vorübergehend Aufnahme finden.

**Frauenheilkunde,** svw. ↑Gynäkologie.

**Frauenlob** ↑Heinrich v. Meißen.

**Frauenschuh,** heim. Orchidee, mit schuhförm. braun-gelben Blüten; geschützt.

**Frauenwahlrecht,** als akt. u. pass. F. erstmals 1789 gefordert; seit der Mitte des 19. Jh. erbittert umkämpft, bes. in England (↑Suffragetten); in Dtl. 1918 eingeführt.

**Fraunhofer,** Joseph v., dt. Physiker, *1787, †1826; Konstrukteur opt. Instrumente, Entdecker der (dunklen) *fraunhoferschen Linien* im Sonnenspektrum.

**Freak** [fri:k], **1)** jemand, der sich nicht ins normale bürgerl. Leben einfügt. **2)** jemand, der sich in übertriebener Weise für etwas begeistert (z.B. Computer-F.).

**Frederiksberg,** dän. St., Enklave in Kopenhagen, 85 800 E; Hochschulen, Unternehmenssitze.

**Frederiksborg,** dän. Renaissanceschloss bei Hillerød (17. Jh.).

**Freeclimbing** ['fri:klaımıŋ; engl.], svw. ↑Freiklettern.

**Freejazz** ['fri:'dʒæz; „freier Jazz"], ein um 1960 entstandener Stilbereich des Jazz, in dem s. 1965 drei Entwicklungen stattfanden: 1. der „Mainstream" des F., der bluesbetont ist; 2. ein an der europ. Neuen Musik orientierter Stil; 3. ein an die außereurop. („exot.") Musik angelehnter Stil.

**Freesie,** Schwertliliengewächs, weiße od. bunte, duftende Zierpfl.

**Freestyle** ['fri:staıl; engl.], Skiwettbewerbe, bei denen Präzision u. techn. sowie akrobat. Können gefordert sind; Disziplinen sind *Acroski* (fr. [Ski]ballett), *Buckelpiste* u. *Kunstspringen.*

**Freetown,** Hptst. von Sierra Leone, 1,3 Mill. E; Univ., Erzb.-Sitz; Ind.-Zentrum, Erdölraffinerie; ⚓, ✈.

**Fregatte** [roman.], **1)** schnell segelndes Kriegsschiff mit 26 Geschützen; im 17. Jh. im Kaperkrieg. **2)** Geleitschiff mit leichterem Geschütz.

**Freiberg,** Krst. am Fuß des Erzgeb., Sachsen, 45 200 E; TU Bergakad., Bergbaumuseum; spätgot. Dom mit roman. Portal („Goldene Pforte"). Im MA bed. Silber-⚒; vielseit. Ind.,; *F.er Mulde,* Fl. in Sachsen, 102 km, vereinigt sich mit der Zwickauer Mulde zur ↑Mulde.

**Freibetrag,** steuerfrei bleibender Teil des Einkommens (z.B. Sparer-F.); *Freigrenze,* Höchstbetrag, bis zu dem keine Besteuerung erfolgt.

**Freiburg, 1)** frz. **Fribourg** [fri'bu:r], auch **F. im Üechtland,** Hptst. von 2), a.d. Saane, 33 900 E; kath. Univ., Museen, alte Kirchen; Masch.-Ind., Schokoladenherst. **2)** frz. **Fribourg,** westschweizer. Kt., umfasst Teile d. Schweizer Mittellandes u. der Voralpen (zw. Genfer u. Thuner See), 1 670 km², 207 700 E (überw. Frz. sprechend); Nahrungs- u. Genussmittelindustrie.

**Freiburg im Breisgau,** Hptst. des Reg.-Bez. Freiburg und krsfr. Stadt, Ba.-Wü., am W-Hang des S-Schwarzwaldes, 189 800 E; got. Münster mit spätroman. Querhaus; Univ., PH, versch. Hoch- u. Fachschulen, Museen, OLG, IHK, Oberbergamt; Textil-, Holz-, Elektroind.; Fremdenverkehr. – Gegr. 1120 von den Zähringern.

**Freidenker,** zuerst Bez. für die engl. Deisten (↑Deismus), dann für Atheisten u. relig. unabh. Denkende.

**Freie,** altgerman. Stand mit allen polit. Rechten (Thingfähigkeit), soz. geschieden v. Adel; im MA viele F. in Abhängigkeit d. Grundherren, wurden *Mittel-, Minder-F., Hörige;* andere wurden adl. *Hochfreie.*

**Freie Demokratische Partei,** Abk. **FDP,** 1948 aus versch. lib. Landesgruppen gegr. dt. Partei;

1949–56 und 1961–66 (Koalitionen mit CDU/CSU), 1969–82 (Koalitionen mit der SPD) sowie 1982–98 (Koalition mit CDU/CSU) an der Bundesreg. beteiligt.

**Freie Deutsche Jugend,** Abk. **FDJ,** dt. kommunist. Jugendorganisation, gegr. 1946, aufgelöst 1990; einziger Jugendverband in der DDR, der SED eng verbunden; Vorstufe: „Junge ↑Pioniere".

**freier Fall** ↑Fall.

**freies Geleit, 1)** im MA dem flücht. Angeklagten zugesichertes Recht auf freie Rückkehr, wenn er sich dem Gericht stellt. **2)** Schutz vor an sich rechtmäßigen Eingriffen in die persönl. Freiheit diplomat. Vertr. eines fremden Staates, insbes. bei Abbruch der diplomat. Beziehungen od. Kriegsausbruch.

**freies Radikal,** Molekülfragment mit einem ungepaarten Elektron; freie Sauerstoffradikale werden für bestimmte Alterungsprozesse lebender Zellen verantwortlich gemacht; Schutzsysteme dagegen sind Antioxidantien.

**freie Städte** ↑Reichsstädte.

**Freie Universität Berlin,** Abk. FU, 1948 in Berlin (West) von Studenten u. Doz. der (Ost-)Berliner Humboldt-Univ. gegr. Universität; in den 1960er-Jahren Zentrum der Studentenbewegung.

**Freihafen,** See- od. Flusshafengebiet, das zwar zum Zollgebiet der EG gehört, in dem aber für Einfuhrabgaben bes. Regeln gelten.

**Freihandel,** die von Zöllen, Kontingenten, Devisenbewirtschaftung u. dgl. unbeeinflussten zwischenstaatl. Austauschbeziehungen; als wirtschaftspolit. Idee zuerst in England (v. a. A. Smith).

**Freihandelszone,** Vereinigung mehrerer Staaten zu einem einheitl. Zollgebiet (z. B. EFTA, NAFTA).

**Freiheit,** grundsätzl. Entscheidungsbefugnis über eigene Angelegenheiten (Art. 2 GG), v. a. als Glaubens-, Gewissens-, Meinungs-, Presse-, Versammlungs-, Koalitionsfreiheit.

**Freiheit der Meere,** völkerrechtl. Grundsatz freier Meeresschifffahrt (Pariser Seerechtsdeklaration 1856).

**Freiheit, Gleichheit, Brüderlichkeit,** frz. **Liberté, Égalité, Fraternité,** Losung der Frz. Revolution von 1789.

**Freiheitliche, Die Freiheitlichen,** s. 1995 Name der ↑Freiheitlichen Partei Österreichs.

**freiheitliche demokratische Grundordnung,** Kernbestand der staatl. Ordnung in Dtl. (Art. 18 GG), die unter Ausschluss jegl. Gewalt- u. Willkürherrschaft eine rechtsstaatl. Herrschaftsordnung auf Grundlage der Selbstbestimmung des Volkes darstellt.

**Freiheitliche Partei Österreichs,** Abk. **FPÖ,** s. 1955 östr. polit., rechtsgerichtete Partei mit nationalist. Zügen, in deren Programm um 1964/65 liberale Gedanken Eingang fanden. 1983–86 Koalitionsreg. mit der SPÖ; unter Vorsitz von J. Haider (1986–2000) rechtspopulistisch erfolgreich; 1995 Umbenennung in „Die Freiheitlichen"; ab 2000 Reg.-Koalition mit der ÖVP.

**Freiheitskriege,** svw. ↑Befreiungskriege.

**Freiheitsstrafe,** einzige Form der Strafe durch Freiheitsentzug nach dem StGB; zeitl. begrenzt od. lebenslang.

**Freiherr,** dt. Adelstitel, im Rang nach dem Grafen; Anrede Baron.

**Freikirche,** eine im Unterschied zur Staats- oder Volkskirche frei konstituierte Kirche, deren Mitgliedschaft eine ausdrückl. Willenserklärung (bewusste individuelle Glaubensentscheidung) voraussetzt.

**Freiklettern, Freeclimbing** [ˈfri:-klaımıŋ], extreme Form des Klettersports, bei dem Felspassagen ohne Steighilfen zu überwinden sind.

**Freikörperkultur,** Abk. **FKK,** gemeinsames Sporttreiben in der Natur ohne Bekleidung und ohne Trennung der Geschlechter.

**Freikorps** [-kɔ:r], [para]mil. Freiwilligentruppe.

**Freilauf,** selbsttätige Trennung von Antrieb u. angetriebener Achse, wenn die Drehzahl der Achse größer als die des Antriebs ist (z. B. beim Fahrrad).

**Freiligrath,** Ferdinand, dt. Dichter, *1810, †1876, polit. Lyrik im Geiste des Vormärz.

**Freimaurerei,** internat., einer humanitären Geisteshaltung (Toleranz, Menschenwürde) verpflichtete Bewegung (Bruderschaft), in ihren Ritualen an ma. Bauhüttenbräuche anknüpfend; organisiert in *Logen,* denen *Großlogen* übergeordnet sind; erste Großloge 1717 in London; erste dt. Loge 1737 in Hamburg.

**Freischaren,** mil. Verbände aus Freiwilligen, die neben regulären Truppen kämpfen.

**Freischärler,** Mitgl. einer Freischar; häufig svw. ↑Guerilla.

**Freising,** oberbayr. Krst. an der Isar, 35 800 E; Dom (Baubeginn 1160), Fakultäten d. TU München.

**Freisinnig-demokratische Partei der Schweiz,** Abk. **FDP,** s. 1894 schweizer. polit., im Wesentl. großbürgerl. Partei, die einen soz. Liberalismus verfolgt.

**Freisinnige Partei,** die 1884 aus der Dt. Fortschrittspartei hervorgegangene linkslib. *Dt. F. P.,* 1893 gespalten in *Freisinn. Vereinigung* u. *Freisinn. Volkspartei;* 1910 Zusammenschluss mit der Dt. Volkspartei zur *Fortschrittl. Volkspartei,* die 1918 in der Dt. Demokrat. Partei aufging.

**Freisler,** Roland, dt. Jurist u. Politiker (NSDAP), *1893, †1945; s. 1942 Präs. des Volksgerichtshofes, Personifikation des nat.-soz. Justizterrors.

**Freispruch,** gerichtl. Entscheidung, dass der Angeklagte unschuldig ist.

**Freistaat,** dt. Bez. für ↑Republik.

**Freistil, 1)** (schnellste) Stilart beim Schwimmen. **2)** ↑Ringen.

**Freistoß,** Fußball: als Strafe bei Regelverstoß ein der Gegenpartei zustehender unbehinderter Stoß des ruhenden Balles.

**Freitag,** 5. Wochentag (Tag der german. Göttin Freyja).

**Freitagsgebet,** im Islam die freitagmittags stattfindende gottesdienstl. Vers. (arab. Djuma) mit Predigt (Chutba) u. gemeinsamem Gebet (Salat).

**freiwillige Gerichtsbarkeit,** Gerichtsbarkeit mit einem bes. Verfahren zur Erledigung gesetzl. zugewiesener Rechtsangelegenheiten (Vormundschafts-, Nachlass-, Registersachen, Beurkundungs- u. Beglaubigungswesen).

**Freizügigkeit,** Grundrecht gem. Art. 11 GG, sichert allen Deutschen freie Wahl des Ortes d. Niederlassung u. des Aufenthalts im Bundesgebiet sowie das Recht zur Auswanderung.

**FRELIMO,** Abk. für: **Fre**nte de **Li**bertação de **Mo**çambique, 1962 gegr. Befreiungsbewegung, wurde 1975 Einheitspartei in Moçambique; gab sich 1977 ein marxist.-leninist. Programm, leitete Mitte der 1980er-Jahre einen gemäßigt prowestl. Kurs ein.

**Fremdbestäubung, Allogamie,** übl. Form d. ↑Bestäubung (Blütenstaub d. einen Blüte wird auf Narbe einer anderen übertragen).

**Fremdenlegion,** frz. **Légion étrangère** [leˈʒjõ etrɑ̃ˈʒɛ:r], zum frz. Heer gehörende Freiwilligentruppe (1831 gebildet), in die Diensttaugliche aus allen Nationen aufgenommen werden, fr. v. a. im Kolonialdienst eingesetzt.

**Fremdenverkehr, Tourismus,** Reiseverkehr u. zeitweiliger Aufenthalt an fremden Orten zu Erholungs-, Heil- und Studienzwecken.

**Fremdfinanzierung** ↑Finanzierung.

F

**Fremdkapital,** Unternehmenskapital, das v. außen (Banken, Lieferanten) zur Verfügung gestellt wird; erscheint in der Bilanz als Verbindlichkeiten.
**Frequenz** [lat.], **1)** [Besucher]zahl, Häufigkeit. **2)** Formelzeichen *f* od. *ν*, Anzahl (*n*) der Schwingungen je Zeiteinheit, $f = n / t$, SI-Einheit: ↑Hertz; *Kreis-F.*: $\omega = 2\pi f$.
**Frequenzband,** ↑Band.
**Frequenzmodulation** ↑Modulation.
**Frescobaldi,** Girolamo, ital. Komponist u. Orgelvirtuose, *1583, †1643.
**Freskomalerei** [ital.; dt.], Wandmalerei auf frisch aufgetragenem, noch feuchtem Kalkputz, mit dem sich die Farben verbinden; bei der „a secco"-Technik werden die Farben auf den trockenen Putz aufgetragen.
**Fresnel** [frɛˈnɛl], Augustin Jean, frz. Physiker, *1788, †1827; verhalf der Wellentheorie des Lichtes zur Anerkennung.
**Fresnel-Linse** [frɛˈnɛl-; nach A. J. Fresnel], **Stufenlinse,** in Ringzonen unterschiedl. Brechung unterteilte flache Sammellinse (gr. Öffnungsverhältnis), v.a. für Beleuchtungs- u. Signalzwecke.
**Fresszellen, Phagozyten,** Zellen od. weiße Blutkörperchen, die abgestorbene Gewebsteile u. Bakterien aufnehmen u. vernichten.
**Frettchen,** domestizierte Form d. Iltisses, zur Kaninchenjagd.

S. Freud

**Freud,** Sigmund, östr. Psychiater und Neurologe, *1856, †1939; Begr. der ↑Psychoanalyse u. der psychol. Traumdeutung.
**Freudenstadt,** Krst. im nö. Schwarzwald, Ba.-Wü., 22500 E; Luftkur- u. Wintersportort.
**Freund** [frøːnd], Gisèle, frz. Fotografin dt. Herkunft, *1908, †2000; Porträts bes. v. Schriftstellern u. Künstlern.
**Freundschaftsinseln** ↑Tonga.
**Freyja, Freia, Freya,** nord. Göttin der Liebe u. Schönheit, vieler Zauberkünste mächtig.
**Freyr,** nord. Gott der Fruchtbarkeit, Bruder der Freyja.
**Friaul,** ital. **Friuli,** Ldsch. beiderseits des mittl. Tagliamento, am Rand d. Venetianer u. Jul. Alpen, der östl. Teil gehört zu Slowenien, der Hauptteil liegt in der ital. Region *Friaul-Julisch-Venetien* (ital. Friuli-Venezia Giulia), Hptst. Triest.
**Frick,** Wilhelm, dt. nat.-soz. Politiker, *1877, †1946 (hingerichtet); 1933 R.-Innenmin., 1943–45 R.-Protektor v. Böhmen u. Mähren.
**Fricsay** [ˈfritʃɔj], Ferenc, ungar. Dirigent, *1914, †1963.
**Fried, 1)** Alfred Hermann, östr. Publizist, *1864, †1921; Mitbegr. der Dt. Friedensges. (1892); Friedensnobelpreis (mit T. M. C. Asser) 1911. **2)** Erich, östr. Schriftsteller, *1921, †1988; s. 1938 in London. Zeitkrit., polit. u. gesellschaftl. stark engagierte Lyrik.
**Friede,** völkerrechtl. der Zustand ungebrochener Rechtsordnung zw. Staaten, bei dem Waffengewalt zur Durchsetzung von Interessen ausgeschaltet ist.
**Friedell,** Egon, eigtl. E. **Friedmann** (bis 1916), östr. Publizist und Schauspieler, *1878, †1938; „Kulturgesch. der Neuzeit".
**Friedensbewegung,** polit. uneinheitl. Bewegung ohne feste Organisationsstruktur, die für Abrüstung u. friedl. Lösung internat. Konflikte eintritt; versucht mit Aktionen in der Öffentlichkeit v.a. die eigene Reg. zu polit. Handeln zu veranlassen. Nach dem Scheitern der F. vor dem 1. und 2. Weltkrieg lebte sie Anfang der 1980er-Jahre in zahlr. westl. Ländern auf breiter Basis u. in Ansätzen in der DDR neu auf, dort Kristallisationskern der Opposition u. der Bürgerrechtsbewegung.
**Friedensforschung, Friedens- und Konfliktforschung,** interdisziplinärer Forschungszweig, der die Bedingungen des Friedens, die Ursachen von Kriegen u. die Möglichkeiten der friedl. Konfliktlösung im nat. u. internat. Rahmen untersucht. Bedingungen äußerer u. innerer Friedenssicherung sind 1. polit. und mil. Stabilität (Balance of Power); 2. Schutz für Einzelne und Gruppen vor individueller und kollektiver Gewalt (staatl., rechtl. geordnetes Gewaltmonopol); 3. Sicherung gegen Not u. Teilhabe am gesellschaftl. Reichtum (Minimal Welfare); 4. Gewährleistung staatsbürgerl. Freiheit (Rechtsstaat).
**Friedensgebete,** in den 1980er-Jahren v. der oppositionellen Friedensbewegung in der DDR organisierte gottesdienstl. Zusammenkünfte (v.a. in Berlin u. Leipzig); heute mit aktuellen [gesellschaftskrit.] Gebetsanliegen fortgeführt.
**Friedenspfeife** ↑Kalumet.
**Friedensrichter,** u.a. in ags. Ländern, in der Schweiz Einzelrichter für Bagatellsachen.
**Friedland,** Gem. im Landkr. Göttingen, Nds., 9500 E; 1945–90 Grenzdurchgangslager.
**Friedrich,** Caspar David, dt. Maler der Romantik, *1774, †1840; v.a. Landschaften.
**Friedrich,** *Hl. Röm. Reich:* **1) F. I. Barbarossa („Rotbart"),** *1122(?), †1190, Sohn v. F. v. Schwaben, 1152 Kg., 1155 Ks.; 1177 Friede v. Venedig mit Papst Alexander III., 1183 Friede zu Konstanz mit den lombard. Städten, 1189 Führer des 3. Kreuzzugs, im Salef ertrunken. **2) F. II.,** Enkel v. 1), Kg. v. Sizilien u. Jerusalem, *1194, †1250; Sohn Ks. Heinrichs VI., aufgewachsen unter der Vormundschaft v. Papst Innozenz III., 1212 Kg., 1220 Ks.; Wiederherst. der stauf. Macht in Dtl. u. Italien sowie Errichtung eines mod., straff organisierten Staates in Sizilien u. S-Italien, in Dtl. gr. Zugeständnisse an die Fürsten; Kreuzzug (1228/1229); sein Hof Mittelpt. des geist. u. künstler. Lebens. **3) F. III.,** *1415, †1493, Kg. s. 1440, 1452 Ks.; schwere Verluste an habsburg. Gebieten (Böhmen, Ungarn, schweizer. Gebiete). – *Dt. Reich:* **4) F.,** dt. Ks. (1888), *1831, †1888; als Kg. v. Preußen F. III., von lib. Haltung; großer Einfluss seiner Gattin ↑Viktoria. – *Brandenburg:* **5) F. I.,** *1371, †1440, Burggf. v. Nürnberg, 1415 (bzw. 1417) mit der Mark Brandenburg belehnt, seitdem Krfst. **6) F. Wilhelm,** der Gr. Krfst., *1620, †1688, reg. s. 1640; erwarb 1648 Hinterpommern, 1660 Loslösung Preußens v. Polen; schlug 1675 die Schweden b. Fehrbellin, schuf die Basis für den späteren Aufstieg Brandenburg-Preußens. – *Dänemark:* **7) F. VI.,** Kg. s. 1808, *1768, †1839; verlor 1814 Norwegen u. Helgoland, gab Vorpommern an Preußen gg. Lauenburg. **8) F. IX.,** *1899, †1972, Kg. s. 1947. – *Hessen-Homburg:* **9) F. II.,** Landgf., *1633, †1708; bek. als „Prinz von Homburg", brandenburg. Gen., kämpfte bei Fehrbellin. – *Pfalz:* **10) F. V.,** Krfst. seit 1610, *1596,

†1632; Haupt der prot. Union, Kg. v. Böhmen („Winterkg.") 1619/20; geächtet. – *Preußen:* **11) F. I.** (als Krfst. **F. III.**), *1657, †1713, reg. s. 1688, 1701 Kg. in Preußen. **12) F. Wilhelm I.**, gen. der Soldatenkönig, Sohn von 11), Kg. s. 1713, *1688, †1740; sparsame, geregelte Finanzverw.; innere Reformen, Ausbau des Beamtenstaates. **13) F. II.**, d. Gr., gen. der „Alte Fritz", Sohn v. 12), Kg. seit 1740, *24. 1. 1712, †17. 8. 1786; streng erzogen, durch Fluchtversuch

**Friedrich II., der Große**

1730 Konflikt mit Vater. 1740 Eroberung Schlesiens, sicherte seinen Besitz durch den zweiten Schles. Krieg, behauptete im Siebenjähr. Krieg gg. Östr., Frkr. und Russland seine Eroberungen, erwarb bei der 1. Teilung Polens (1772) Westpreußen, Ermland u. das Netzegebiet; erhob Preußen zur Großmacht, bekämpfte im Bayer. Erbfolgekrieg u. durch den Dt. Fürstenbund (1785) die habsburg. Bestrebungen zur Stärkung d. kaiserl. Macht; im Sinne des „aufgeklärten Absolutismus" umfassende Reformen in Wirtsch., Rechtswesen, Heer, Verw., Landw. (Kolonisation). **14) F. Wilhelm II.**, Neffe v. 13), Kg. s. 1786, *1744, †1797; gewann Ansbach-Bayreuth u., durch die Teilungen Polens, Posen u. Warschau. **15) F. Wilhelm III.**, Sohn v. 14), Kg. s. 1797, *1770, †1840; schwankende Außenpol., verlor im Frieden von Tilsit die Hälfte des Landes; Reorganisation des Staates durch die Reformen Steins u. Hardenbergs; Bündnis mit Russland u. Befreiungskrieg 1813/14; Gründung der Univ. Berlin. **16) F. Wilhelm IV.**, Sohn v. 15), Kg. seit 1840, *1795, †1861; lehnte 1849 die dt. Kaiserkrone ab; seit 1858 reg. für ihn sein Bruder Wilhelm I. **17) F. III.** ↑4). – *Sachsen:* **18) F. I.**, der Streitbare, Markgf. v. Meißen, *1370, †1428; 1423 nach dem Aussterben der Wittenberger Askanier mit dem Kurkreis belehnt. **19) F. III.**, der Weise, Krfst. seit 1486, *1463, †1525; Gründung der Univ. Wittenberg (1502); lehnte 1519 die Kaiserkandidatur ab, schützte Luther 1521. **20) F. August I. (als Krfst. F. A. III.)**, der Gerechte, Kg. s. 1806, *1750, †1827; Mitgl. des Rheinbundes; erhielt dafür den Königstitel u. 1807 das Hzgt. Warschau; Verlust der Hälfte des Landes an Preußen (1815).

**Friedrichshafen,** Krst. des Bodenseekreises, Ba.-Wü., 53 700 E; Schlosskirche (um 1700); Motoren-, Flugzeugbau, Textilindustrie.

**Fries** [frz.], **1)** ⌂ gliedernder schmückender Wandstreifen. **2)** Textiltechnik: kräft. dicker Wollstoff.

**Friesen,** westgerman. Stamm an der Nordseeküste (Kernraum zw. Vliestroom u. Ems), der um 700 ein Großreich von Brügge bis zur Weser bildete (später Ausdehnung der F. bis ins heutige N-Friesland). Karl d. Gr. unterwarf das F.reich 785. Die seit dem Hoch-MA in einer Art Landfriedensbund (↑Upstalsboom) zusammengeschlossenen Bauernrepubliken zerfielen im Spät-MA mit den Rivalitätskämpfen der örtl. Machthaber (Häuptlinge). Während das Land westl. der Zuidersee schon früh in der Gft. Holland aufging, fiel der Teil zw. Zuidersee und Lauwerszee im 16. Jh. den Habsburgern zu (heutige niederl. Prov. Friesland). ↑Ostfriesland war seit 1464 selbstständiges Territorium.

**Friesische Inseln,** Inselkette längs d. Nordseeküste v. d. Niederlanden bis Jütland. Die *Westfries. Inseln* v. Texel bis Rottumeroog, die *Ostfries.* von Borkum bis Wangerooge, die *Nordfries.* von Nordstrand bis Fanø. Die West- u. die Ostfries. Inseln sind Dünenbildungen, die Nordfries. Inseln meist Geest od. Marsch (Halligen).

**Friesland, 1)** Prov. in den nördl. Niederlanden, Hptst. Leeuwarden. **2)** Landkreis in Nds., Krst. Jever.

**Frigg,** nord. Göttin, Gattin Odins, Mutter Baldrs (mit ↑Freyja verschmolzen).

**frigid** [lat.], kalt, kühl; *Frigidität,* veraltete Bez. für geschlechtl. Kälte [der Frau], inzw. durch Orgasmusstörung ersetzt.

**Frikativlaut** [lat.; dt.], Reibelaut, z. B. f, sch, w.

**Friktion** [lat.], Einreibung; Massagegriff.

**Frings,** Joseph, dt. Kardinal (s. 1946), *1887, †1978; 1942–69 Erzb. v. Köln, 1945–67 Vors. d. Deutschen Bischofskonferenz.

**Frisch,** Max, schweizer. Schriftsteller, *1911, †1991; parabelhafte Dramen („Andorra") u. Romane („Stiller", „Homo Faber"), autobiograf. Schriften.

**Frische Nehrung,** Landzunge zw. der Danziger Bucht u. dem ↑Frischen Haff, Polen u. Russland; 56 km langer Dünenwall, nur rd. 2 km breit.

**Frisches Haff,** flache Meeresbucht der Ostsee im ehem. Ostpreußen, gehört zu Polen und zu Russland (Königsberg), von der Ostsee durch die ↑Frische Nehrung getrennt.

**Frischling,** junges Wildschwein.

**Frischmuth,** Barbara, östr. Schriftstellerin, *1941; Romane, Hörspiele, Kinderbücher, Übersetzungen.

**Frist,** Zeitraum, innerh. dessen eine Handlung vorgenommen, ein Recht ausgeübt od. eine Willenserklärung abgegeben werden soll.

**Fritfliege** ↑Pflanzenkrankheiten (Übers.).

**Fritsch, 1)** Werner Frhr. v., dt. General, *1880, ⚔1939; 1935 Oberbefehlshaber des dt. Heeres, 1938 entlassen. **2)** Willy, dt. Filmschauspieler, *1901, †1973; „Der Kongress tanzt".

**Frittung,** Umschmelzen von Sedimentgesteinen durch Magmahitze.

**Fritzlar,** hess. St. an der unteren Eder, 13 800 E; maler. St.-Bild; ehem. Benediktinerabtei mit Kirche („Dom", 11./14. Jh.); Elektro-, Textilindustrie.

**frivol** [frz.], leichtfertig, schlüpfrig; *Frivolität,* Leichtfertigkeit.

**Fröbe,** Gert, dt. Schauspieler *1913, †1988; „Goldfinger", „Es geschah am hellichten Tag".

**Fröbel,** Friedrich, dt. Pädagoge, *1782, †1852; widmete sich der Erziehung der Kinder im vorschulpflicht. Alter (1837 Gründung des 1. Kindergartens; Spielzeugentwicklung „F.-Bausteine").

**Frobenius,** Leo, dt. Ethnologe u. Afrikaforscher, *1873, †1938; einer der Begr. der Kulturkreislehre.

**Fronde** [ˈfrɔ̃də; frz.], Oppositionspartei u. Aufstand des frz. Hochadels (1648–53) gg. den während der Minderjährigkeit Ludwigs XIV. von Mazarin vertretenen Absolutismus.

**Fronleichnam** [mhd. vrônlîcham; = Leib des Herrn], Fest der kath. Kirche am Donnerstag nach dem Dreifaltigkeitssonntag (Sonntag nach Pfingsten): feierl. u. öff. Verehrung der Eucharistie *(F.-Prozession).*

**Front** [frz.], Vorder-, Stirnseite; die dem Feind zugekehrte Seite kämpfender Truppen; Gebiet zw. warmen u. kalten Luftmassen.

**Frontispiz** [frz.], **1)** ⌂ Giebeldreieck bes. über vorspringenden Gebäudeteilen. **2)** 🕮 dem eigentl. Titelblatt gegenüberliegendes Schmucktitelblatt.

**Frontlader, Hublader,** Fahrlader mit vorn angebrachter Ladeschaufel.

**Frosch, 1)** bei Streichinstrumenten das Griffende des Bogens. **2)** Explosionsstampfer (Straßenbau u. a.).

**Froschbiss,** zierl. Schwimmpfl. mit herzförm. dicken Blättern.

**Frösche** ↑Froschlurche.

**Froschlaichalge,** Rotalgengatt. des Süßwassers.

**Froschlurche,** Ordnung der Amphibien; Hinterbeine sind Sprung- u. Schwimmbeine; Eier (Laich) werden im Wasser abgelegt; Larven *(Kaulquappen)* haben Ruderschwänze u. Kiemen, die bei der Metamorphose verschwinden; heim.: Wasser-, See-, Gras-, Spring- u. Moorfrosch.

**Froschmann,** ugs. Bez. für einen Taucher mit Spezialausrüstung für [mil.] Sonderaufgaben.

**Froschperspektive,** Ansicht eines Gegenstands von einem tief liegenden Blickpt. aus.

**Frost,** Temp. unter d. Gefrierpt. d. Wassers; *F.klima,* Klima mit ewigem Frost.

**Frostschutzmittel, Gefrierschutzmittel,** Zusatzmittel (v. a. Alkohole od. anorgan. Salze) zu wässr. Flüssigkeiten, verhindern das Gefrieren.

**Frostspanner,** Schmetterlinge; der *Gr.* u. *Kl. F.* sind Obstbaumschädlinge.

**Frottee** [frz.], Gewebe aus *F.zwirn* (Grundfaden mit sich kräuselnd darumschlingendem *F.faden*).

**Frucht** [lat.], **1)** aus der ↑Blüte hervorgegangenes Organ, umhüllt den Samen bis zur Reife u. dient seiner Verbreitung; besteht aus den *F.blättern,* die den F.knoten (↑Blüte) bilden, sowie zuweilen aus anderen Teilen der Blüte; ↑Fruchtformen. **2)** bei Mensch u. Tier svw. ↑Embryo.

**Fruchtblase,** den Embryo umschließende, mit Fruchtwasser gefüllte Hülle.

**Fruchtblätter** ↑Blüte.

**Fruchtfäule** ↑Pflanzenkrankheiten (Übers.).

**Fruchtfliegen,** kl. Fliegen, die ihre Eier mit Legeröhren in Teile lebender Pfl. legen; Schädlinge.

**Fruchtformen,** System von Fruchttypen: 1. *Einzelfrüchte,* darunter *Öffnungs- od. Streufrüchte* u. in geschlossenem Zustand von der Pfl. abfallende *Schließfrüchte,* 2. *Sammelfrüchte,* eine Gesamtheit von Einzelfrüchten, u. 3. *Fruchtstände* (z. B. Ananas).

**Fruchtknoten** ↑Blüte.

**Fruchtkörper,** die Sporen erzeugenden Teile der Pilze; bei höheren Pilzen die Hüte.

**Fruchtsäuren,** organ., im Obst vorkommende Säuren, bes. Wein-, Äpfel- u. Zitronensäure.

**Fruchtwasser** ↑Fruchtblase.

**Fruchtzucker, Fructose,** $C_6H_{12}O_6$, Zuckerart (mit Traubenzucker im Saft süßer Früchte u. im Honig).

**Fructose** [lat.], ↑Fruchtzucker.

**frugal** [lat.], mäßig, einfach (in Bezug auf Speisen und Getränke); oft fälschl. im Sinne von „üppig".

**Frühgeburt,** Geburt eines nicht voll ausgetragenen, lebensfäh. Kindes (Geburt vor Beendigung der 37. Schwangerschaftswoche).

**Frühgeschichte,** Übergangsphase zw. der Vor- bzw. Urgesch. u. der durch schriftl. Überl. belegten Gesch. (Übers. ↑Vorgeschichte).

**Frühling,** Jahreszeit, astronom. etwa 21. 3.–22. 6. (Nordhalbkugel) bzw. 23. 9.–22. 12. (Südhalbkugel); meteorol. in mittl. Breiten etwa März–Mai (bzw. Sept.–Nov.); *F.punkt,* Punkt der ↑Ekliptik, den die Sonne zum F.äquinoktium (↑Äquinoktium) erreicht.

**Frühlingskuhschelle,** geschützte Anemonenart: weiße, violettrosa überhauchte Blüten, Pfl. dicht bräunl. gelb behaart.

**Frundsberg,** Georg von, dt. Landsknechtführer, *1473, †1528.

**Frustration** [lat.], Erlebnis der Enttäuschung u. Zurücksetzung durch erzwungenen Verzicht od. Versagung von Befriedigung.

**Fry** [fraɪ], Christopher, engl. Dramatiker, *1907; Versdramen in poet., symbolreicher Sprache.

**ft,** Einheitenzeich. für: ↑**Foot**.

**FTP** [Abk. für engl. **f**ile **t**ransfer **p**rotocol], ein Dienst des Internets; ermöglicht Abruf u. Übertragung v. Dateien.

**Fuad I.,** eigtl. Ahmad **F.**, *1868, †1936, s. 1917 Sultan v. Ägypten; s. 1922 Kg.

**Fuchs,** Ernst, östr. Maler u. Grafiker, *1930; gehört zur ↑Wiener Schule des fantast. Realismus.

**Fuchs, 1)** ↑Füchse. **2)** Tagfalter (Fleckenfalter). **3)** Pferd mit hellem Mähnen- u. Schweifhaar, je nach Körperhaar *Gold-, Brand-, Lehmfüchse* u. a. **4)** lat. **Vulpecula,** **Füchschen,** Sternbild der Milchstraße.

**Füchse,** hundeartige Raubtiere; *Rotfuchs,* nördl. Erdhalbkugel, in vielen Farbschlägen (z. B. *Silberfuchs*); zirkumpolar verbreitet: *Polarfuchs;* in Afrika der *Wüstenfuchs.*

**Fuchsie,** zierliche Laubgehölze Südamerikas mit oft hängenden u. zweifarbigen Blüten, Zierpflanzen.

**Fuchsin, Rosanilin,** intensiv roter Triphenylmethanfarbstoff.

**Fuchsschwanz,** Grasgatt., bes. in Asien, Europa; einheim. bes. Wiesenfuchsschwanz.

**Fuchsschwanz,** eingriff. Holzsäge mit breitem Blatt.

**Fuerteventura,** eine der Kanar. Inseln, Spanien, 1 731 km²; Fremdenverkehr.

**Fuge** [ital., von lat. fuga „Flucht"], im 17. Jh. (bes. v. J. S. Bach) ausgebildete musikal. Kunstform von streng gesetzl. Eigenart; vollendetste Ausbildung des vielstimm. Satzes, bei dem das Thema nacheinander in den versch. Stimmen auftritt u. kunstvoll gegeneinander gesetzt wird. Haben sämtl. Stimmen das Thema vorgetragen, so ist die erste Durchführung beendet; *Doppel-, Tripel-, Quadrupel-F.* sind F.n mit mehreren Themen.

**Fugger,** fürstl. u. gräfl. Geschlecht, urspr. Webermeister in Augsburg, s. Mitte des 15. Jh. Finanzgeschäfte; Begr. der Hausmacht: Jakob F., der Reiche, der u. a. die Kaiserwahl Karls V. finanzierte, *1459, †1525; bed. Kunstmäzene.

**Fuggerei,** von J. Fugger, dem Reichen, 1514 gegr. Siedlung für arme Bürger in Augsburg.

**Fühler** ↑Antenne.

**Fühmann,** Franz, dt. Schriftsteller, *1922, †1984; Erz., Essays, Nachdichtungen.

**Führerschein** ↑Fahrerlaubnis.

**Führungszeugnis,** fr. **polizeil. F.,** Zeugnis über den Inhalt des ↑Bundeszentralregisters.

**Fujijama, Fudschisan,** heiliger und höchster Berg Japans, westl. v. Tokio, 3 776 m; Vulkan.

**Fulbe,** Volksgruppe in W- und Zentralafrika, rd. 17 Mill.; vorw. im Sudan; eigene Sprache (Ful).

**Fulbright** [ˈfʊlbraɪt], James William, amer. Politiker (Demokrat), *1905, †1995; brachte als Kongressabg. 1943 die F.-Resolution ein, eine der Grundlagen für die Schaffung der UN. Auf seine Initiative reichen *F.-Stipendien* (s. 1946) zur Finanzierung eines europ.-amer. akadem. Austauschprog. zurück.

**Fulda, 1)** Quellfl. der Weser,

218 km, 109 km schiffbar. **2)** hess. Krst. an 1), 55 800 E; ma. Stadtkern mit teilw. erh. Mauerring, Michaelskirche, Dom 1704–12, barockes Schloss; Museen, philos.-theol. Hochsch., Konservatorium, LG; IHK; Gummi-, Elektro-, Bekleidungsind. – F. entstand im 8. Jh. neben dem 743 gegr. Kloster.

**Fullerene** [nach dem amer. Architekten R. B. Fuller, *1895, †1983], künstl. hergestellte Modifikationen des Kohlenstoffs; entstehen durch Verdampfen v. Graphit u. anschließende Kondensation. Die zu Sechs- od. Fünfecken gruppierten Kohlenstoffatome (36, 60, 70, 84 od. mehr) ordnen sich „fußballförmig" auf einer Oberfläche an.

**Füllhorn,** in der röm. Mythol. Attribut der Fortuna, Symbol des Überflusses.

**Fulton** [ˈfʊltən], Robert, amer. Mechaniker, *1765, †1815; erbaute 1807 das erste brauchbare Dampfschiff.

**Funchal** [fũˈʃal], Hptst. u. Hafen der portug. Provinz F. (Madeira), 48 600 E; Kurort; ✈.

**Fund,** das An-sich-Nehmen einer einem anderen abhanden gekommenen Sache; verpflichtet bei einem Wert von über 10€ zur Anzeige u. berechtigt zum Finderlohn; *F.unterschlagung* ist Unterschlagung (strafbar).

**Fundament** [lat.], **1)** Grundlage, Basis. **2)** bis auf tragfähigen Untergrund hinabgeführter Unterbau zur Aufnahme der Last.

**Fundamentalismus,** allg. kompromissloses Festhalten an [polit., religiösen] Grundsätzen; als Begriff (entstanden im nordamerikan. Protestantismus) heute bes. für Strömungen in den Weltreligionen stehend, die diese [auch mit polit. Zielsetzungen] zu „religiösen" Ideologien verengen.

**Fundus** [lat.], **1)** Grund und Boden, Grundstück. **2)** Bestand an Kostümen, Requisiten u. a. in Theater u. Film. **3)** Grund, Boden eines Organs; *F. oculi,* Augenhintergrund; *F. uteri,* gewölbter Grund der Gebärmutter.

**Fünen,** dän. Insel zw. Gr. u. Kl. Belt, 2 976 km², Hauptort Odense.

**Funeralien** [lat.], zeremonielles Leichenbegängnis.

**Fünfkampf,** ein aus fünf Disziplinen bestehender sportl. Wettkampf nach dem Muster des griech. ↑Pentathlons; – *Moderner F.,* Vielseitigkeitswettbewerb, an einem Tag in der Reihenfolge Schießen (Luftpistole), Fechten (Degen), Schwimmen, Springreiten u. Geländelauf ausgetragen.

**Fünfkirchen** ↑Pécs.

**Fünfprozentklausel** ↑Wahl.

**fünfte Kolonne,** 1936 im Span. Bürgerkrieg entstandene Bez. für polit. Gruppen, die im Interesse einer fremden Macht polit. Ziele verfolgen.

**Fungizide** [lat.], Pilzbekämpfungsmittel.

**Funk,** drahtlose Nachrichtenübermittlung mithilfe elektromagnet. Wellen, die von einer Sendeantenne abgestrahlt u. mithilfe einer Empfangsantenne empfangen werden. (↑Rundfunk)

**Funkfeuer, Funkbake,** ortsfester Sender als Navigationshilfe in d. Luft- u. Seefahrt.

**Funkie,** Gatt. der Liliengewächse mit vielen ausdauernden Zierstauden; glockige Blüten blau, violett, weiß.

**Funkmessung,** svw. ↑Radar.

**Funknavigation,** Führung v. See-, Luft-, Raumfahrzeugen (im Rahmen eines Verkehrsleitsystems auch v. Landfahrzeugen) mithilfe elektromagnet. Wellen zu einem bestimmten Ziel.

**Funkrufdienst,** Telekommunikationsdienst zur einseitigen funktechn. Übertragung kurzer Nachrichten (Töne, Ziffern, Kurztexte) v. ortsfesten Funkstellen an mobile Empfangsgeräte *(Funkrufempfänger, Pager).* F. sind z. B. Cityruf, Eurosignal, Scall.

**Funksprechgerät,** bewegl. od. tragb. kombinierte Sende- u. Empfangsanlage zur drahtlosen Sprachübertragung; ein kl., handl. F. wird auch *Walkie-Talkie* gen.

**Funkspruch,** durch Funk übermittelte Nachricht.

**Funktelefon,** Sammelbez. für Mobiltelefon u. schnurloses Telefon.

**Funktion** [lat.], **1)** Tätigkeit; Obliegenheit; Dienst. **2)** wechselseit. Abhängigkeit eines Faktors o. Ä. von einem anderen innerh. eines Gefüges. **3)** Zuordnung v. 2 od. mehr Begriffsgruppen zueinander nach begriffl. Regeln u. Ges. (bes. in der Math.). – Methode, alles in bloße Geflechte von F. aufzulösen: *Funktionalismus.* **4)** grammat. Aufgabe od. Leistung v. Wörtern od. Wortbestandteilen. **5)** $\sqrt{\ }$ Abhängigkeit einer Größe $y$ (abhäng. Variable) v. einer $(x)$ od. mehreren $(x_1, \ldots, x_n)$ unabhäng. Variablen; man schreibt $y = f(x)$ bzw. $y = f(x_1, \ldots, x_n)$. Versch. Gruppen v. F. bilden z. B. die *Exponential-, logarithm., trigonometr., transzendenten, rationalen, irrationalen, linearen* u. *quadrat. F.* – F. mit komplexen Variablen behandelt die *F.theorie.* **6)** ❀ Betätigungsweise eines Organs od. Gewebes.

**Funktionalismus** [nlat.], **1)** Ⓟ ↑Funktion. **2)** Gestaltungsprinzip der mod. Architektur u. des Designs: Die Erscheinungsform eines Bauwerks od. eines Gebrauchsgegenstands wird aus seiner Funktion abgeleitet, d. h., alle Teile werden ihrem Zweck entspr. gestaltet.

**Funktionär,** hauptberufl. od. ehrenamtl. Beauftragter in gesellschaftl. Organisationen, z. B. Verbände, Parteien, Gewerkschaften.

**Funsport** [ˈfʌn-; engl.], ↑Trendsportarten.

**Furchung,** erster Abschnitt der Embryonalentw. bei den Tieren; das befruchtete Ei wird durch *F.steilungen* in eine Anzahl von Zellen zerlegt; Ergebnis ↑Blastula.

**Furiant,** böhm. Nat.-Tanz, wechselnder Takt ($^2/_4$ u. $^3/_4$); scharf akzentuiert u. schnell.

**Furie** [lat.], röm. Rachegöttin.

**furioso** [ital.], 𝄞 leidenschaftl., stürmisch.

**Furka, Furkapass,** schweizer. Pass vom Oberwallis (Goms) ins Urserental, 2 431 m ü. d. M.; mit *F.straße,* 1864–66 angelegt, u. *F.-Oberalp-Bahn* (Meterspur); 15,407 km langer *F.basistunnel* (1982 eröffnet). Nahe der F. das *Gr.* (3 217 m) u. *Kl. F.horn* (3 026 m).

**Furnier** [frz.], dünnes Blatt aus Edelholz, das auf minderwertiges Holz aufgeleimt wird.

**Furor teutonicus** [lat.; teuton. Ungestüm], [alles niederwerfendes] Ungestüm; zuerst gebraucht bei Lukan.

**Furrer,** Jonas, schweizer. Politiker, *1805, †1861; befürwortete die Auflösung des Sonderbundes u. die Einführung der neuen B.-Verf., 1. schweizer. B.-Präs. 1848.

**Fürsorgepflicht,** z. T. gesetzl. geregelte Pflichten des Arbeitgebers zum Schutz v. Rechtsgütern des Arbeitnehmers (z. B. Leben, Gesundheit, Eigentum); bei Verletzung Schadensersatz.

**Fürst, 1)** allg. Bez. für die Mitglieder der aristokrat., Herrschaftsfunktionen ausübenden Führungsschicht eines Volkes oder Stammes; auch Bez. für monarch. Staatsoberhaupt. **2)** seit dem MA Bez. für die höchste Adelsschicht; seit dem 12. Jh. Stand von weltl. und geistl. F.en (Hzg., Markgf., Bischöfe, Äbte), darunter die Krfst.

**Fürstabt,** fr. Titel eines Abtes im Reichsfürstenstand.

**Fürstbischof,** Titel einzelner östr. Bischöfe, vor 1806 Titel geistl. Reichsfürsten.

**Fürstenberg,** altes schwäb. Grafen- u. Fürstengeschlecht.

**Fürstenberg,** Gem. südl. von

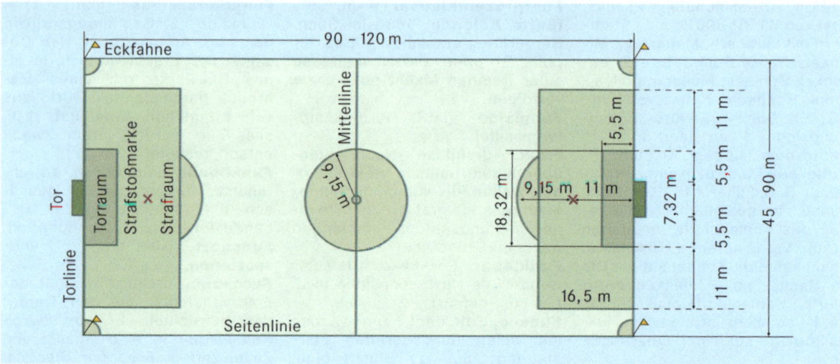


**Fußball:** *Spielfeld*

Höxter, 1300E; ehem. Renaissanceschloss; seit 1763 Porzellanmanufaktur.

**Fürstenfeldbrụck,** oberbayr. Krst. westl. v. München, 30800E; ehem. Zisterzienserkloster (Barockbau) mit bed. Kirche.

**Fürstentage,** Vers. der dt. R.fürsten außerhalb der R.tage.

**Fürstprimas,** Titel, der Karl Theodor, zuvor Kurfürst v. Mainz u. R.-erzkanzler, durch die Rheinbundsakte 1806 verliehen wurde.

**Fụrth,** Krst. u. krsfr. St. in Mittelfranken, Bay., 103000E; got. Michaeliskirche, LG; vielseit. Ind.

**Fụrtwängler, 1)** Adolf, dt. Archäologe, *1854, †1907; Ausgrabungen in Olympia, Ägina u. Orchomenos. **2)** Wilhelm, Sohn v. 1), dt. Dirigent, Komponist u. Musikschriftsteller, *1886, †1954.

**Furụnkel** [lat.], durch Eindringen von Staphylokokken verursachte akut eitr. Entzündung eines Haarfollikels u. seiner Talgdrüse; schmerzhafter Knoten.

**Fürwort** ↑Pronomen.

**Fushun,** chin. Stadt am Hunho, 1,3 Mill. E; Zentrum des Kohlebergbaus der Mandschurei.

**Füsiliere** [frz.], urspr. die mit Steinschlossgewehr bewaffnete frz. Infanterie, später die mit Gewehr bewaffnete [leichte] Infanterie.

**Fusiọn** [lat.], allg. Vereinigung, **1)** Verschmelzung von zwei od. mehr. Unternehmen zu einer wirtsch. u. rechtl. Einheit. In Dtl. wird die *F.kontrolle* v. Bundeskartellamt, innerhalb der EU v. der Europ. Kommission ausgeübt. **2)** Vereinigung der Netzhautbilder beider Augen. **3)** kurz für ↑Kernfusion.

**Fuß,** altes dt. Längenmaß (zw. 25 u. 34 cm); ↑Foot.

**Fuß,** unterster Teil des Beines, durch das *F.gelenk* mit dem Unterschenkel verbunden; beim Menschen 7 *F.wurzelknochen* (Fersen-, Sprung-, Kahn-, Würfelbein u. 3 Keilbeine), 5 *Mittel-F.knochen* (Röhrenknochen) u. 14 Zehenknochen (gr. Zehe mit 2, die anderen Zehen mit je 3 Knochen), die durch straffe Bänder verbunden sind.

**Fußangeln,** eingerammtes Eisen mit langen Spitzen, fr. als mil. Hindernis.

**Fußball,** Ballspiel, gespielt von 2 Mannschaften (je 1 Torhüter u. 10 Feldspieler) unter Aufsicht eines Schieds- u. zweier Schiedsrichterassistenten; ein Ball (rd. 70 cm Umfang) muss möglichst oft nach best. Regeln ins gegner. Tor getrieben werden, wobei er vorw. mit dem Fuß gespielt wird, aber auch mit dem ganzen Körper berührt u. weitergegeben werden darf; nicht erlaubt ist das Berühren mit Hand od. Arm; Spieldauer 2 × 45 min.

**Futter, 1)** Fütterungsmittel; der tier. Ernährung dienende organ. od. mineral. Stoffe, meist pflanzl. Herkunft; *Fütterungsnorm,* aus *F.-nährwert* u. *-bedarf* berechnete tägliche F.menge. **2)** Vorrichtung zum Einspannen v. Werkstücken, bei Bohrmasch., Drehmasch. u. a. **3)** Auskleidung von Schmelzöfen (mit feuerfesten Steinen), von Dampfkesseln u.Ä. **4)** Schutz- u. Stützstoff auf der Innenseite von Textilien u. a.

**Futurịsmus,** 1909 entstandene, durch den Dichter F. T. Marinetti begr., polit., literar. u. künstler. Bewegung in Europa, die eine radikale Erneuerung forderte u. versuchte, Prinzipien mod. Technik u. Energie auf Kunst u. Lit. zu übertragen, bes. ausgeprägt in Russland u. Italien (hier Nähe zum Faschismus).

**Futurologie, Zukunftsforschung,** Wiss., die Szenarien für zukünftige (wirtsch., techn., gesellschaftl. u. a.) Entwicklungen entwirft.

**Futụr[um]** [lat.], Zeitform des Verbs, für ein in der Zukunft ablaufendes Geschehen; *1. Futur,* z. B. er wird gehen, *2. Futur,* z. B. er wird gegangen sein.

**Fụx,** Johann Joseph, östr. Komponist, *1660, †1741; bed. Meister des südd.-östr. Barock. In seinen „Gradus ad Parnassum" (1725) schuf er eine lange Zeit maßgebl. und noch bis heute gebrauchte Kontrapunktlehre. Er komponierte über 500 Werke.

**Fuzhou** [fudʒəʊ], chin. Hafen- u. Hptst. der Prov. Fujian, 1,16 Mill. E; Univ.; chem. Ind.; Teehandel, Fischfang.

**Fuzzylogik** [ˈfʌzɪ-, zu engl. „unscharf"], Erweiterung der klass. Logik. Anstelle der „scharfen"

**Futurismus:** *Umberto Boccioni, „Urformen der Bewegung im Raum" (1914)*

Wahrheitswerte 0 („falsch") u. 1 („wahr") sind belieb. Zahlen des reellen Einheitsintervalls als kontinuierl. („unscharfe") Werte zugelassen. Dadurch ist eine Verarbeitung unpräziser Informationen (wie „stark bewölkt") möglich; Anwendung in *Fuzzyreglern,* z. B. in Waschmaschinen u. Kameras.

**Fylde** [faıld], halbinselartiger Abschnitt der nordwestengl. Küstenebene zw. Ribble und Lune mit zahlr. Seebädern.

**Fyt** [fɛjt], Jan, fläm. Maler u. Radierer, *1611, †1661; Jagd- u. Tierbilder, Stillleben.

# G

**G, 1)** 7. Buchstabe des Alphabets, entspr. dem griech. Gamma. **2)** 𝄞 5. Stufe der C-Dur-Tonleiter.

**G,** Einheitenzeich. für: ↑**G**auß.

**G,** Vorsatzzeich. für: ↑**G**iga...

**G, g,** Abk. für **G**eld, Kurszusatz: zum angegebenen Preis war Nachfrage, aber kein Angebot.

**g,** Einheitenzeich. für: ↑**G**ramm.

**g,** Formelzeichen für die ↑Fallbeschleunigung.

**G 7,** Bez. für die 7 führenden Ind.staaten (Dtl., Frkr., Großbrit., Italien, Japan, Kanada, USA), die jährl. den Weltwirtschaftsgipfel durchführen; seit Einbeziehung Russlands auch *G 8.*

**Ga,** ⚗ Symb. für ↑Gallium.

**Ga.,** Abk. für: **G**eorgi**a**.

**Gau, 1)** bei den Germanen Teil des Stammesgebietes, dann Verw.-Bez., Gerichtssprengel, geograph. Einheit u. Ä. **2)** territoriale Organisationseinheit der NSDAP, mit Hitler bzw. dessen Stellvertr. direkt untergeordneten *Gauleitern.*

**Gäa,** in der griech. Mythol. Mutter des Himmels, des Meeres und der Berge.

**GaAs,** Abk. für Galliumarsenid, Halbleitermaterial.

**Gabardine** [frz.], Kammgarn- od. Baumwollgewebe mit Schrägrippung; für Oberbekleidung.

**Gabel|antilope,** Paarhufer in den nordamer. Prärien mit (bei ♂♂ gegabeltem) Gehörn.

**Gabelbein,** die verwachsenen Schlüsselbeine der Vögel.

**Gabès** [ga'bɛs], tunes. Hafenst. am *Golf v. G.,* 98 900 E; Handels- u. Ind.-Zentrum, ⚓.

**Gabin** [ga'bɛ̃], Jean, eigtl. Jean Alexis **Moncorgé** [mɔ̃kɔr'ʒe], frz. Filmschauspieler, *1904, †1976; u. a. „Kommissar-Maigret"-Filme.

**Gable** [geıbl], Clark, amer. Filmschauspieler, *1901, †1960; „Vom Winde verweht".

**Gabler** ↑Geweih.

**Gaborone** [engl.], Hptst. v. Botswana, 133 500 E; Univ.; Viehzucht; ⚒.

**Gabri|el,** einer der Erzengel.

**Gabri|el,** Sigmar, dt. Politiker (SPD), *1959, seit 1999 Min.-Präs. in Nds.

**Gabrieli, 1)** Andrea, venezian. Komponist, *um 1510, †1586; weltl. u. geistl. Werke; Orgelkompositionen. **2)** Giovanni, Neffe v. 1), venezian. Komponist, *zw. 1554 u. 1557, †1612 od. 1613; Kirchenmusik, Madrigale, Orgelwerke.

**Gabun,** Rep. im westl. Zentralafrika, am Golf v. Guinea; weitgehend trop. Regenwald, im Innern Bergland (im N bis 1 200 m ü. d. M.); größter Fluss: Ogowe; Bev.: Bantuvölker u. Pygmäen. Bodenschätze: Mangan-, Uranerz, Erdöl; Ausfuhr: Erdöl, Holz, Erze, Kakao. *Gesch.:* 1472 durch Portugiesen entdeckt, kam 1839 in frz. Besitz, erhielt 1959 innere Autonomie, wurde 1960 unabhängig.; 1968–91 Einparteienherrschaft; Staatspräs. seit 1967 O. Bongo.

**Gabun**

*Fläche:* 267 667 km²

*Einwohner:* 1,2 Mill.

*Hauptstadt:* Libreville

*Amtssprache:* Französisch

*Zeitzone:* MEZ

**Gadamer,** Hans-Georg, dt. Philosoph, *1900, †2002; entwickelte eine Theorie der Hermeneutik („Wahrheit u. Methode", 1960).

**Gaddhafi, al-G., Kadhafi,** Moamar, libyscher Politiker, *1942; Offizier, 1969 am Sturz der Monarchie beteiligt, seitdem Oberbefehlshaber d. Streitkräfte, 1969–77 Vors. des Revolutionsrates, 1970–72 auch Min.-Präs., 1977–79 Staatspräs., bestimmt als „Führer der Revolution" jedoch weiterhin die Politik seines Landes; gilt als Förderer terrorist. Aktivitäten.

**Gadolinium** [nlat.], Symb. **Gd,** chem. El., OZ 64, rel. A.-Masse 157,25; zur Gruppe der ↑Lanthanoiden gehörend.

**Gaffel,** schräg aufwärts gerichtetes Rundholz am Mast eines Segelschiffes, trägt das *G.-Segel.*

**Gagarin,** Juri Alexejewitsch, sowj. Kosmonaut, *1934, †1968; erster Mensch im Weltraum (1 Erdumrundung mit Wostok 1 am 12. 4. 1961).

**Gagat** [gr.], **Jet,** fr. **Pechkohle,** polierfäh., tiefschwarze, samtartig glänzende Kohle; Schmuckstein.

**Gaillarde** [ga'jardə; frz.], lebhafter Tanz des 15. bis 17. Jh.

**Gainsborough** ['geınzbərə], Thomas, engl. Maler, *1727, †1788; Bildnisse der kgl. Fam. und des Adels, Landschaften.

**galaktisch** [gr.], auf das System der Galaxis, das Milchstraßensystem, bezogen, ihm angehörend.

**galant** [frz.], höflich, artig, ritterlich, rücksichtsvoll.

**Galanterie,** höfl. Benehmen [gegenüber Frauen].

**Galápagos|inseln,** ecuadorian. Inselgruppe im Pazifik, 7 812 km², 9 500 E; bis 1 707 m ü. d. M; Hauptort Puerto Baquerizo; endem. Tierwelt (v. a. Riesenschildkröten, Echsen, Vogelarten).

**Galatea,** eine der ↑Nereiden.

**Galater,** um 278 v. Chr. aus M-Europa über Makedonien nach Kleinasien eingewanderte Keltenstämme. Ihr Gebiet, *Galatien,* wurde 25 v. Chr. röm. Prov.; *G.-Brief,* Sendschreiben des hl. Paulus an die Gemeinden Galatiens.

**Galatz,** rumän. **Galați** [ga'latsj], Bez.-Hptst. in Rumänien, an der Donau, 331 400 E; Univ.; Ind.-Zentrum; ⚓, ⚒.

**Galaxie** [gr.], **extragalaktisches Sternsystem,** eigenständ. ↑Sternsystem außerh. des Milchstraßensystems.

**Galaxis** [gr.], das Milchstraßensystem (↑Milchstraße).

**Galeere** [ital.], v. der Antike bis ins 18. Jh. gebräuchl. Kriegsschiff mit meist 2 Masten; 25–50 Ruderbänke für je 3–5 Mann (meist *G.nsklaven* oder *-sträflinge*).

**Galen,** röm. Arzt gr. Herkunft, *129, †199; fasste das ärztl. Wissen seiner Zeit systemat. zus.; Tierexperimente u. -sektionen; Leibarzt Ks. Mark Aurels; neben Hippokrates der bedeutendste Arzt der Antike, dessen Schriften über Jh.e die Heilkunst beherrschten.

**Galen,** Clemens August Gf. v., dt. Kardinal (s. 1946), *1878, †1946;

seit 1933 Bischof v. Münster; Gegner des Nat.-Sozialismus.

**Galeone** [span.-ital.], span. u. portug. Schiffstyp des 15. bis 18. Jh.; gr. armierte Schiffe mit 3–4 Decks, 3–5 Masten.

**Galerie** [ital.], **1)** lang gestreckter Raum oder einseitig offener Gang. **2)** Kunstslg. **3)** oberster Rang [im Theater]. **4)** Tunnel an einem Berghang mit fensterartigen Öffnungen zur Talseite hin.

**Galici|en,** histor. Prov. in NW-Spanien (umfasst als Region die Provinzen La Coruña, Lugo, Orense, Pontevedra); 1980 Autonomiestatut.

**Galiläa,** Ldsch. in N-Israel, zw. Libanon u. Karmel; vorw. Ackerbau.

**Galilei,** Galileo, ital. Mathematiker, Physiker u. Astronom, *1564, †1642; Begr. der mod. Naturwiss., u. a. durch die systemat. Einführung des Experiments u. der indukt. Methode; trat öff. für das heliozentr. Weltsystem des Kopernikus ein, 1633 v. der Inquisition zum Widerruf gezwungen; fand die Ges. zum Fall, Pendel, konstruierte die hydrostat. Waage u. 1609 das *galileische Fernrohr,* mit dem er u. a. die 4 gr. Jupitermonde *(Galileische Monde),* u. die Sonnenflecken entdeckte.

G. Galilei

**Galileo,** 1989 gestartete Raumsonde der NASA. 1995 erreichte G. Jupiter u. schickte eine Abstiegskapsel in dessen Atmosphäre, es wurden wicht. Daten übermittelt (geplantes Missionsende: 2003).

**Galion** [gr.], Vorbau am Bug älterer Schiffe; *G.sfigur,* aus Holz geschnitzte Verzierung am Galion.

**Gälisch,** kelt. Sprache der Gälen in Irland, im schott. Hochland und auf der Insel Man.

**Galizi|en,** hist. Landsch. nördl. der Karpaten, zw. Weichsel, Lubliner u. Wolyn.-Podol. Platte, Hauptort Lemberg; W-Teil zu Polen, O-Teil zur Ukraine; Landw., bed. Erdgas-, Erdöl- u. Kaligewinnung. – 1772–1919 östr. Kronland, dann wieder poln.; Ost-G. ist seit 1939 ein Teil der Ukraine.

**Galla Placidia,** *um 390, †450, Tochter d. röm. Ks. Theodosius I.; 417 Gem. des späteren Ks. Constantius III., als Witwe Regentin für ihren Sohn Valentinian III. (s. 425); berühmt das von ihr errichtete Mausoleum in Ravenna (nicht dort bestattet).

**Galle, 1)** Absonderung der Leber; gelangt direkt durch den Lebergallenngang in den Zwölffingerdarm od. wird zunächst in der ↑G.nblase eingedickt u. gespeichert; bes. wichtig für die Verdauung aller Fette; *G.nsteine,* Steinbildungen (Kalk, Cholesterol, Bilirubin) in den G.nwegen od. [meist] in der G.nblase, bei *G.nsteinkrankheit* und *G.nblasenentzündung* häufig *G.nkoliken:* krampfart. Schmerzen unter dem r. Rippenbogen, evtl. mit Fieber. **2)** svw. ↑Gallenblase. **3) Hydrops,** Tiermedizin: krankhafte Flüssigkeitsanslg. in Gelenken u. Sehnenscheiden.

**Gallenblase,** birnenförm. Hohlorgan am unteren Leberrand, bei manchen Tieren fehlend.

**Gallerte** [lat.], wasserhaltige, weiche, z.T. zäh-elast. Masse, entsteht durch Berührung von Kolloiden mit einem Lösungsmittel (meist Wasser), z.B. Gelatine, Leim.

**Galli da Bibiena** ↑Bibiena, Galli da.

**Galli|en,** lat. **Gallia,** im Altertum das Land der zu den Kelten gehörenden *Gallier;* umfasste zur Zeit der Röm. Rep. Oberitalien (*Gallia cisalpina;* um 200 v. Chr. v. Rom unterworfen) sowie das heutige Frkr. u. Belgien *(Gallia transalpina);* der südl. Teil dieses Gebiets, die *Gallia Narbonensis,* wurde 120 v. Chr. röm., der übrige Teil 58–51 v. Caesar erobert; nach der german. Völkerwanderung entstand hier das Fränk. Reich.

**Gallium** [lat.], Symb. **Ga,** chem. El., OZ 31, rel. A.-Masse 69,72, Dichte 5,91 g/$cm^3$, Fp. 29,76 °C, Sp. 2204 °C; seltenes Metall, u. a. in Zinkblende; verw. u. a. zur Herst. v. Halbleitern, G.-Arsenid (GaAs).

**Gallone,** engl.-amer. Volumenmaß, in Großbrit. 4,546 l, in den USA 3,785 l.

**Gallup-Institut** [auch: 'gæləp-], privates Meinungs- u. Medienforschungsinst. in den USA; gegr. 1935 v. G. H. Gallup (*1901, †1984).

**Gallus,** hl., ir. Missionar, *um 560, †um 650; aus der v. ihm begr. Mönchssiedlung entstand das Kloster St. Gallen.

**Gallus,** Gaius Cornelius, röm. Dichter, *69, †26 v. Chr; gilt als Schöpfer der röm. Elegie.

**Gallus|säure,** in Galläpfeln, Teeblättern u. a. vorkommende organ. Säure; für *Eisengallustinte* u. pharmazeut. Präparate.

**Galmei** [gr.], zusammenfassende Bez. für versch. carbonat. u. silicat. Zinkerze, v. a. Zinkspat und Hemimorphit.

**Galopp, 1)** schnellste Gangart von Vierbeinern (Pferd, Hund u. a.). **2)** schneller Gesellschaftstanz (Rundtanz) d. 19. Jh. im $^2/_4$-Takt, der Polka verwandt.

**Galsworthy** ['gɔːlzwəːðɪ], John, engl. Schriftsteller, *1867, †1933; Romane, „Die Forsyte Saga", realist. Schilderungen der engl. Ges. mit Sozialkritik; Dramen; Nobelpreis 1932.

**Galt, gelber Galt,** durch Streptokokken verursachte Euterentzündung bei Hausrindern und Ziegen.

**Galvani,** Luigi, ital. Mediziner u. Naturforscher, *1737, †1798; entdeckte an Froschschenkeln die „galvan." Elektrizität.

**galvanische Elemente** [nach L. Galvani], elektrolyt. Zelle (↑Element), die elektr. Energie durch einen elektochem. Vorgang (↑Elektrolyse) erzeugt.

**galvanisieren,** Metalle od. oberflächig leitend gemachte Nichtmetalle elektrolyt. mit Metall überziehen.

**Galvanokaustik,** Methode der Elektrobehandlung; dabei wird konstant fließender Gleichstrom eingesetzt.

**Galvanometer,** empfindl. Gerät zum Messen schwacher elektr. Ströme od. kurzer Stromstöße (z. B. als *ballist. G.*).

**Galvanoplastik,** Herst. oder Nachbildung eines Gegenstandes durch elektrolyt. Abscheidung.

**Galvanotechnik,** Teilgebiet der techn. Elektrochemie, das alle elektrochem. u. chem. Verfahren d. Metallabscheidung u. Umwandlung v. Metalloberflächen einschl. der zugehörigen Prozesse für die Vor- u. Nachbehandlung (z. B. Entfetten) umfasst, auch d. chem. Oxidieren, d. Phosphatieren u. a.

**Galveston** ['gælvɪstən], Hafenst. in SO-Texas, USA, auf *G. Island,* am Golf von Mexiko, 62000 E; petrolchem., chem. Ind.; ⚓.

**Gama,** Dom Vasco da, Gf. v. Vidigueira, portug. Seefahrer, *um

1469, †1524; entdeckte 1497/98 den Seeweg um Afrika nach Indien, 1524 Vizekg. v. Indien.

**Gạmbe,** kurz für **Viọla da Gạmba** [ital.; = Beingeige], **Kniegeige,** Fam. von Streichinstrumenten mit 6 Saiten und 7 Bünden. Hauptinstrument ist die *Tenorgambe.*

**Gambettạ,** Léon, frz. Staatsmann, *1838, †1882; Führer der Republikaner, 1881/82 Min.-Präs.

**Gambia**

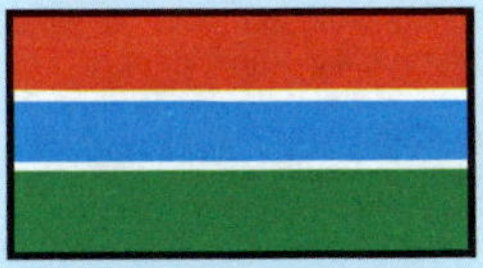

| | |
|---|---|
| *Fläche:* | $11\,295\ km^2$ |
| *Einwohner:* | 1,4 Mill. |
| *Hauptstadt:* | Banjul |
| *Amtssprache:* | Englisch |
| *Zeitzone:* | MEZ – 1 Stunde |

**Gạmbia, 1)** westafrik. Fl., etwa 1 200 km. **2)** Staat an der W-Küste Afrikas, am Unterlauf von 1); Mangrovensümpfe, landeinwärts folgen Regenwald u. Savannen; randtrop. Klima; Bev. vorw. sudanische Stämme; Landw. (v. a. Erdnüsse für den Export), Fischerei. *Gesch.:* Gebiet gehörte vom 13. bis 15. Jh. zum Reich Mali, wurde 1455 von Portugiesen entdeckt, war 1843–1965 in brit. Besitz, seither unabhängig, s. 1970 Rep.; 1982–89 Föderation *Senegambia* mit Senegal; 1994–96 Militärreg., danach Zivilreg. und allmähliche Demokratisierung.

**Gạmelan** [malai.], Orchester auf Bali u. Java, aus einheim. Schlag-, Blas- und Saiteninstrumenten.

**Gamẹten** [gr.], ♂ und ♀ Geschlechts- od. Keimzellen, gleich *(Iso-G.)* od. unterschiedl. gestaltet *(Anisogameten).*

**Gạmma,** dritter Buchstabe des griech. Alphabets (Γ, γ).

**Gạmmaglobuline, γ-Globuline,** frühere Bez. für ↑Immunglobuline.

**Gạmmastrahlen, γ-Strahlen,** die nach Kernumwandlungen v. angeregten Atomkernen emittierte energiereiche elektromagnet. Strahlung; Wellenlänge zw. $4 \cdot 10^{-8}$ u. $8 \cdot 10^{-12}$ cm; i. w. S. auch die Bremsstrahlung sehr energiereicher Elektronen mit z. T. noch kleinerer Wellenlänge.

**Gämse,** brauner ziegenähnl. Paarhufer der europ. Hochgeb.; Rückenhöhe 80 cm.

**Gämswurz,** Korbblütlergatt.; große gelbe Blüten; Zierpflanzen; Europa, Asien.

**Gạnda,** Bantustamm, Hauptvolk in Uganda.

**Gạndhi, 1)** Indira, ind. Politikerin, *1917, †1984 (ermordet); Tochter J. Nehrus; 1966–77 u. ab 1980 Min.-Präs. **2)** Mohandas Karamchand, gen. „Mahatma" (gr. Seele), Führer der ind. Freiheitsbewegung, *1869, †1948; Haupt der Bewegung des gewaltlosen Widerstandes im erfolgr. Kampf um die polit. Autonomie durch Verweigerung der Mitarbeit in Behörden (Noncooperation) u. bürgerl. Ungehorsam (Civil Disobedience); Gefängnisstrafen; Milderung des Kastenwesens; ermordet. **3)** Rajiv, ind. Politiker. Sohn Indira G.s, *1944, †1991; nach deren Ermordung Nachf. als Min.-Präs. (bis 1989); ermordet.

**Gang, 1)** im Schaltgetriebe des Kfz Zahnradübersetzung eines best. Übersetzungsverhältnisses. **2)** ⊕ Spaltenausfüllungen aus Mineralen od. Eruptivgestein, die das vorherrschende [ältere] Gestein durchsetzen. **3)** bei der Uhr die Hemmung der Unruh.

**Gạnges,** ind. Fl., 2700 km; entsteht im Kumaonhimalaja, durchfließt die *G.ebene* nach SO u. bildet mit dem Brahmaputra ein gewaltiges Mündungsdelta zum Golf von Bengalen.

**Ganggesteine,** Bez. für alle als Spaltenfüllungen od. in gangförm. Lagerung auftretenden magmat. Gesteine.

**Gạngli|enblocker,** Arzneimittel, die durch Beeinflussung von Ganglienzellen des vegetat. Nervensystems Erregungsleitungen unterbrechen; inzw. wegen erhebl. Nebenwirkungen nicht mehr angewendet.

**Gạnglion** [gr.], **1)** Nervenknoten; durch eine Ansammlung von Nervenzellen *(Ganglienzellen)* verursachte Verdickung peripherer Nerven. **2) Überbein,** Geschwulst aus schleimig verändertem Bindegewebe im Bereich von Gelenkkapseln oder Sehnenscheiden.

**Gangrän** [gr.], svw. ↑Brand.

**Gạngspill,** Schiffswinde.

**Gạngtok,** Hptst. von Sikkim, 36 800 E; Handelsplatz.

**Gangway** [ˈgæŋweɪ; engl.], bewegl. Laufgang zum Besteigen eines Schiffes oder Flugzeuges.

**Gänse,** gr. Wasservögel der gemäßigten u. kälteren Gebiete Eurasiens u. Amerikas; Hals länger als bei Enten; die (meist weiße) *Hausgans* (Stammform: *Graugans*) liefert Fleisch, Fett, Federn.

**Gänseblümchen,** Korbblütler; kl. Wiesenpfl. mit Blattrosette u. weißen Blüten.

**Gänsefingerkraut,** gelb blühendes Rosengewächs der Gatt. Fingerkraut.

**Gänsekresse,** Kreuzblütlergatt.; z. T. Hochgebirgspflanzen; viele Steingartenzierpflanzen.

**Gänserich, Ganter,** ♂ Gans.

**Ganymẹd, 1)** in der griech. Mythol. von Zeus wegen seiner Schönheit geraubter u. zum Mundschenk der Götter bestimmter Jüngling. **2)** größter Jupitermond.

**Gạnz,** Bruno, schweizer. Schauspieler, *1941; Träger des ↑Ifflandrings.

**Mahatma Gandhi**

**Ganzheit,** Totalität, Vollständigkeit; als Ordnung, Struktur einer Mannigfaltigkeit eine den Teilen übergeordnete Einheit; *G.-Psychologie,* allg. psychol. Richtungen, die das Zusammenspiel aller psych. Vorgänge betonen; *G.-Medizin,* med. Richtung, die Krankheitssymptome als Störungen des körperl.-seel. Gesamtzustands begreift.

**Ganzton,** 𝄞 aus einer gr. Sekunde bestehendes Intervall; *G.leiter,* Aneinanderreihung von G.schritten.

**Garạnt** [frz.], Gewährsmann.

**Garantie,** Bürgschaft, Gewährleistung; *G.versicherung,* Versicherung gg. Veruntreuung durch Arbeitnehmer (zugunsten des Arbeitgebers) u. als Sachmängelhaftung (Masch.-G.-Versicherung); *G.vertrag,* Verpflichtung, einem anderen gegenüber für einen best. Erfolg einzustehen u. einen evtl. Schaden zu übernehmen.

**Garbe,** Bund von Getreidehalmen oder Ölfruchtpflanzen.

**Garbo,** Greta, eigtl. Greta Lovisa **Gustafsson,** schwed. Filmschauspielerin, *1905, †1990; einer der berühmtesten Stars der Filmgeschichte.

**García Lorca** [gar:θia-], Federico, span. Dichter, *1898, †1936; Dramen („Bluthochzeit", „Bernarda Albas Haus") u. an der span. Romanzendichtung geschulte Lyrik; im Span. Bürgerkrieg v. Franco-Anhängern erschossen.

**García Márquez** [gar'sia 'markes], Gabriel, kolumb. Schriftsteller, *1927; fantastisch-realist. Romane („Hundert Jahre Einsamkeit"); Nobelpreis für Lit. 1982.

**Gardasee,** ital. **Lago di Garda,** größter ital. See, am Alpenrand, 370 km$^2$, bis 346 m tief; üpp. Vegetation; Fremdenverkehr.

**Garde** [frz.], Leibwache eines Fürsten; Kern-, Elitetruppe.

**Gardeni|e** [nach dem schott. Naturforscher A. Garden, †1791], Rötegewächs; Zierpfl. mit wohlriechenden weißen Blüten.

**gardez!** [gar'de; frz.], beim Schachspiel höflicher Hinweis: „schützt [die Dame]!".

**Gärfutter, Silage,** in Silos od. Erdgruben eingesäuertes Futter (Grünfutter oder Hackfrüchte).

**Gargantua,** Riese in einem frz. Volksbuch, danach Titelheld eines Romans von F. Rabelais (*„G. u. Pantagruel",* 1532 ff.).

**Garibaldi,** Giuseppe, ital. Freiheitskämpfer, *1807, †1882; 1849 Führer der erfolglosen Verteidigung der Rep. Rom gg. frz. u. bourbon. Truppen u. 1860 des „Zugs der Tausend", der Sizilien eroberte und in Unteritalien die Bourbonen stürzte.

**Garmisch-Partenkirchen,** oberbayr. Marktgemeinde und Verw.-Sitz d. Landkrs. G.-P., am Fuße des Wettersteingeb., rd. 750 m ü. d. M., 26 400 E; viel besuchter Kur- u. Wintersportort.

**Garn, 1)** durch Spinnen von Faserstoffen hergest. Faden versch. Stärke u. Dehnbarkeit; mehrf. gedrehtes G. heißt *Zwirn;* für die Bestimmung der Feinheit *(Nummerierung)* sind Längen- u. Gewichtsmaße übl. (z. B. Tex). **2)** erfundene, fantast. Gesch., *Seemannsgarn.*

**Garnelen,** Unterordn. der Zehnfußkrebse; *Gemeine Garnele* („Krabbe") in der Nordsee.

**Garni|erit** [nlat.; nach dem frz. Geologen J. Garnier, *1839, †1904], **Numeait,** hellgrünes Mineral, Härte 2–4, wasserhalt. Magnesium-Nickel-Silicat; wicht. Nickelerz.

**Garonne** [ga'rɔn], Hauptfl. in SW-Frkr., 575 km, von den span. mittleren Pyrenäen durch das Aquitan. Becken zum Golf v. Biskaya; Mdg. in gr., 70 km langem Trichter, der nach Aufnahme der Dordogne Gironde gen. wird. Durch Canal du Midi Verbdg. zum Mittelmeer.

**Garrotte** [span.], Halseisen, Würgeschraube zur Vollstreckung der Todesstrafe.

**Gärung,** Sammelbez. für den unter Einwirkung von Enzymen (v. a. aus Pilzen, Bakterien) erfolgenden Abbau von organ. Verbindungen; wicht. Beispiele sind: die *alkohol. G.* (↑Alkohole), die *Milchsäure-G.* (Überführung von Zucker in Milchsäure durch Milchsäurebakterien), die *Buttersäure-G.* (hervorgerufen durch anaerob lebende Bakterien, bed. für die Zersetzung von Zellulose, Verrottung des Laubes), die *Essigsäure-G.* (Abbau von Äthylalkohol zu Essigsäure durch Essigbakterien in Gegenwart von Luftsauerstoff); als *Glykolyse* wird der zur Milchsäure führende anaerobe Abbau im Zellplasma bezeichnet (wicht. für die Energiegewinnung der Zellen).

**Gas,** Materie in *gasförm.* Aggregatzustand, bei dem zw. den Materieteilchen *(G.molekülen)* keine Bindungen bestehen u. diese sich frei und ungeordnet bewegen. G.e können daher beliebig gr. Volumina ausfüllen. Zusammenhänge zw. Temp., Druck und Volumen einer G.menge geben die *G.gesetze* bzw. Zustandsgleichungen: in *idealen G.en* (punktförmige Moleküle, die keine Kräfte aufeinander ausüben) boyle-mariottesches Ges. (↑Boyle), gay-lussacsches Ges. (↑Gay-Lussac, J. L.), avogadrosches Ges. (↑Avogadro), in *realen G.en* die van-der-waalssche Zustandsgleichung. *G.verflüssigung* durch Abkühlung auf Temp. unterhalb des Sp. bzw. (unterhalb der krit. Temp.) durch hohen Druck.

**Gasa** ↑Gaza.

**Gasbeton,** Leichtbeton (↑Beton), der durch Gas bildende Stoffe vor dem Erstarren aufgebläht wird.

**Gasbrand, Gas|ödem,** schwere Wundinfektion mit Clostridiumarten; Gewebezerstörung unter Gasbildung; lebensgefährlich.

**Gas|chromatographie,** analyt. Verfahren zur Trennung u. Bestimmung verdampfb. Stoffgemische.

**Gascogne** [gas'kɔɲ], histor. Ldsch. in SW-Frkr., zw. Garonne und Pyrenäen; Hauptort Auch.

**Gasel, Ghasel** [arab.], orient. Gedichtform aus reimenden Langversen; Reimschema: aa ba ca da...; auch bei Rückert, Platen.

**Gas|entladung,** meist mit Leuchterscheinungen verbundener Stromdurchgang durch Gase; bei *unselbst. G.* werden die Ladungsträger (Ionen u. Elektronen) durch äußere Einwirkung (z. B. Ionisierung der Gasmoleküle durch Strahlung) erzeugt, bei *selbst. G.* (Mindestspannungen v. einigen 1 000 Volt nötig) vorw. durch ↑Stoßionisation. – *G.lampen,* Lichtquellen, in denen Gase u./od. Metalldämpfe durch G. zum Leuchten angeregt werden; meist zusätzl. Leuchtstoffe enthaltend.

**Gasmaske,** Gesichtsmaske mit Filter zum Schutz v. Atmungsorganen und Augen gg. Einwirkung von Gas, Rauch u. Ä.

**Gasnebel,** ☼ galakt. Nebel aus interstellarer Materie, deren Gas zum Leuchten angeregt wird.

**Gas|ödem,** svw. ↑Gasbrand.

**Gasperi,** Alcide de ↑De Gasperi, Alcide.

**Gassendi** [gasɛ̃'di], Petrus, eigtl. Pierre **Gassend,** frz. Philosoph u. Mathematiker, *1592, †1655; Gegner von Descartes.

**Gast,** bei der Marine Matrose mit bes. Aufgaben, z. B. Signalgast.

**Gast|arbeiter** ↑ausländische Arbeitnehmer.

**Gastein, Gasteiner Tal,** dicht besiedeltes Hochtal der *G.er Ache* in den Hohen Tauern, 40 km lang; mit *G.er Klamm* u. Badgastein.

**Gastrektomie** [gr.], vollständige operative Entfernung des Magens, v. a. bei Magenkrebs.

**Gastritis,** Magenkatarrh (↑Magen).

**gastr[o]...** [gr.], Bestimmungswort; Bed.: „Magen".

**Gastro|enteritis,** Schleimhautentzündung von Magen u. Darm.

**Gastronomie, 1)** Feinschmeckerei, höhere Kochkunst. **2)** Gaststättengewerbe.

**Gastroskopie** [gr.], Magenspiegelung mit dem flexiblen *Gastroskop;* Form der Endoskopie.

**Gastrula** [gr.], zweischicht. Becherkeim (Entwicklungsstadium vielzell. Tiere), aus ↑Ektoderm und ↑Entoderm bestehend.

**Gasturbine** ↑Turbine.

**Gasvergiftung,** Vergiftung durch Einatmen von Gasen, v. a. Kohlenmonoxidvergiftung; für Frischluft sorgen, Arzt rufen.

**Gates** [geɪts], William Henry („Bill"), amer. Unternehmer, *1955; Mitbegr. u. Vorstandsvors. (1975–2000) der *Microsoft Corp.;* weltweit führendes Softwareun-

**Paul Gauguin:** *Oh, Du bist eifersüchtig? (1892)*

ternehmen (u.a. MS-DOS, Windows).

**Gateway** ['geɪtweɪ, engl.], Einrichtung (Hard- u. Software) zur Kopplung v. Daten- u./od. Rechnernetzen mit versch. Kommunikationsarchitektur.

**Gatt, Gat** [niederdt.], enges Loch; z.B. in der Reling für den Wasserablauf (Spei-G.); auch für eine enge Meeresdurchfahrt (z.B. Kattegat); kleiner Raum eines Schiffes (z.B. Kabelgatt).

**GATT,** Abk. für engl. **G**eneral **A**greement on **T**ariffs and **T**rade, **Allg. Zoll- u. Handelsabkommen,** 1947 von 23 Staaten unterzeichnetes Abkommen zur Erleichterung des Außenhandels auf der Basis der Meistbegünstigung u. Neuordnung der internat. Wirtschaftsbeziehungen; 1994 124 Voll- u. 16 De-facto-Mitgl.; 1996 mit allen vertragl. Regelungen in der ↑Welthandelsorganisation aufgegangen. Die 8 Zollrunden *(GATT-Runden)* führten zum Abbau v. Zöllen u.a. Handelshemmnissen.

**Gattung, 1)** allg. Wesenheit, das mehreren Arten Gemeinsame. **2)** (Genus) Einheit der biol. Systematik, die einander ähnl. (verwandte) Arten zusammenfasst.

**GAU,** Abk. für **g**rößter **a**nzunehmender **U**nfall, bei sicherheitstechn. Überlegungen u. Ausrüstungen zugrunde gelegter schwerster denkb. Störfall *(Auslegungsstörfall)* in einer kerntechn. Anlage. Nicht mehr beherrschb. war der Unfall in ↑Tschernobyl.

**Gaube, Gaupe,** svw. ↑Dachgaube.

**Gaudí,** Antonio, eigtl. **G. y Cornet,** katalan. Architekt, *1852, †1926; Kathedrale Sagrada Familia in Barcelona.

**Gaugamela,** Ort in Assyrien, heute Tell Gomel in Irak; bei G. 331 v.Chr. Sieg Alexanders d. Gr. über den Perserkönig Dareios III.

**Gauguin** [go'gɛ̃], Paul, frz. Maler, *1848, †1903; mit seinen Südseebildern ein Wegbereiter des Expressionismus.

**Gaulle** [go:l], Charles de, frz. General u. Politiker, *1890, †1970; 1940 von London aus Forts. des frz. Widerstandes; nach der Befreiung Staatsoberhaupt u. Reg.-Chef bis 1946; 1958 offiz. Reg.-Auftrag; 1958–69 Präs. der Fünften Republik, führte ein Präsidialsystem mit starker Exekutive und Plebiszit ein; 1963 dt.-frz. Aussöhnung.

**Gaumen,** oberer Abschluss der Mundhöhle gg. die Nasenhöhle; vorn harter (knöcherner) G., hinten weicher, aus Muskulatur u. Bindegewebe bestehender G. *(G.segel),* der in das in der Mitte liegende *G.zäpfchen* u. in die seitl., doppelten *G.bögen* übergeht, zw. denen die *G.mandeln* (lymphat. Organe) liegen.

**Gaumenspalte,** angeborene Spaltbildung des Gaumens; kann auch in Kombination mit Lippen- und Kieferspalte auftreten; Trink- u. Sprechschwierigkeiten; operat. Behandlung.

**Gaunersprache,** Umgangsspr. der Landstreicher und Gauner; die dt. G. wird ↑Rotwelsch genannt.

**Gaurisankar,** Berg im Himalaja, 7145 m.

**Gauß,** Carl Friedrich, dt. Mathematiker, Astronom u. Physiker, *1777, †1855; Begr. der mod. Zahlentheorie; u.a. Arbeiten zur Differenzial- u. nichteuklid. Geometrie, zur Ausgleichs- u. Fehlerrechnung, Himmelsmech.; konstruierte mit W. E. Weber die ersten elektr. Telegrafen.

**Gauß,** Einheitenzeich. **G,** nicht gesetzl. Einheit der magnet. Flussdichte (Induktion): 1 G = $10^{-4}$ Tesla.

**Gautama,** Geschlechtsname des ↑Buddha.

**gautschen, 1)** Papierfabr.: Fasern entwässern u. zusammenpressen. **2)** den Buchdrucker nach Abschluss der Lehre in eine Wasserbütte tauchen (Zunftbrauch).

**Gavial** [Hindi], Fisch fressende Krokodilart Indiens, bis 7 m lang, schmale, lang gestreckte Schnauze.

**Gavotte** [ga'vɔt(ə); frz.], alter frz. Tanz im $^2/_2$-Takt; Teil der Suite.

**Gay-Lussac** [gely'sak], Joseph Louis, frz. Physiker u. Chemiker, *1778, †1850; unternahm wiss. Ballonfahrten, entdeckte u.a. das Bor; verbesserte die techn. Gewinnung v. Schwefelsäure; fand das *G.-L.-Ges.* zum Verhalten idealer Gase: Das Volumen (bzw. der Druck) vergrößert sich bei konstantem Druck (Volumen) linear mit steigender Temperatur (isob. Ausdehnungskoeffizient: $\alpha = 1/273{,}15$).

**C. de Gaulle**

**Gaza** [engl.: -z-], **Gasa,** St. an der SO-Küste des Mittelmeers, zentraler Ort des *G.streifens* (363 km$^2$, rd. 1,02 Mill. E); Univ.; ✈. – Bis 1948 Teil des brit. Mandats Palästina, 1949 unter ägypt. Verw.; 1956 u. Juni 1957 bis Juni 1994 von Israel besetzt, seither palästinens. Selbstverwaltung.

**Gaze** ['ga:zə; frz.], netzart., oft appretiertes Gewebe.

**Gazellen** [arab.], Gatt. der Antilopen, schnelle Herdentiere der Steppen u. Wüsten Asiens, N- und O-Afrikas.

**GBl.,** Abk. für: **G**esetz**bl**att.

**GBO,** Abk. für: **G**rund**b**uch**o**rdnung.

**Gd,** ☌ Symb. für ↑Gadolinium.

**Gdańsk** [gdaĩsk], ↑Danzig.

bar gelagert sind; Drehen gilt als Beten (hpts. im Lamaismus); *G.sriemen* (Tefillin), Riemen mit Lederkapseln (darin Pergamentröllchen mit Thoratexten) im jüd. Kult (um Arm u. Stirn gelegt); *G.steppich,* Wollteppich kleineren Formats, auf dem der Muslim seine G.e verrichtet.

**Gazellen:** *Grantgazelle*

**Gdingen,** poln. **Gdynia** ['gdinja], 1939 bis 1945 **Gotenhafen,** poln. Hafenst. an der Danziger Bucht, 251 600 E; Schiffbau, Fischerei.

**Ge,** ☌ Symb. für ↑Germanium.

**Gebärmutter, Uterus,** zw. Blase und Mastdarm liegendes, birnenförm., muskulöses Hohlorgan der ♀♀ von Säugetier und Mensch; zur Aufnahme des befruchteten Eis, zur Beherbergung während seiner Entwicklung u. zur Austreibung der reifen Frucht b. der Geburt; besteht aus *G.körper, G.hals, Muttermund* mit vorderer und hinterer Muttermundslippe (in die Scheide ragend). – Gutart. (Polypen, Myome, Zysten) und bösart. (Karzinome) *G.geschwülste,* Hauptsymptom: unregelmäßige Blutungen, *G.knickung* aufgrund von schlaffen Bändern, Entzündungen od. Geschwülsten, oft Ursache von Sterilität; *G.senkung,* Verlagerung der G. nach dem Scheideneingang zu, in extremen Fällen zum *G.vorfall* führend (Hervortreten der G. aus den äußeren Geschlechtsorganen).

**Gebet,** die mit Worten u. begleitenden Handlungen verbundene Anrede einer als Person vorgestellten Gottheit durch den Menschen; *G.smühlen,* Gefäße od. Rollen, in denen mit G.en beschriebene Papierstreifen dreh-

**Gebirge,** hoch gelegene Gebiete der Erde, durch Berge, Hochflächen, Täler u. Senken gegliedert; nach der Höhe eingeteilt in *Mittel-G.* mit mäß. Reliefenergie, gerundeten Gipfeln u. gewölbten Rücken u. *Hoch-G.* mit steilen Hängen, spitzen Gipfeln u. schmalen Graten, nach den Gipfelformen in *Kamm-, Ketten-, Kuppen-, Grat-* u. *Plateau-G.* G. entstehen durch endogene (↑Orogenese u. Hebung) u. exogene (Abtragung) Kräfte; außerdem *vulkan. G.* Nach dem tekton. Bau unterteilt man in *Falten-* u. *Decken-G.* (durch Schubwirkung entstanden) u. *Bruch-* u. *Schollen-G.* (Hebung, Senkung, Kippung; Bruchtektonik).

**Gebirgsbildung** ↑Orogenese.

**Gebiss,** Gesamtheit der Zähne bei Wirbeltier u. Mensch; bei den Säugetieren nur einmal. Zahnwechsel; beim Menschen wird das erste G. (*Milch-G.;* in Ober- und Unterkiefer je 4 Schneide-, 2 Eck- u. 4 Backenzähne) vom 6. Lebensjahr an durch das bleibende G. mit 32 Zähnen ersetzt.

**Gebrauchsmuster,** gewerbl. Schutzrecht für kleinere techn. Erfindungen, Schutzfrist 3 bis 10 Jahre, Eintragung in die *G.rolle* beim Patentamt; geregelt durch *G.gesetz.*

**Gebühren,** Entgelt für die Inanspruchnahme öff. Amtshandlungen (*Verw.-G.*) od. Einrichtungen (*Benutzungs-G.*).

**Geburt, Entbindung,** Ausstoßung der Leibesfrucht aus dem Mutterleib; *Stadien der G.:* Eröffnungsperiode mit Erweiterung der G.swege (bes. Muttermund) durch Eröffnungswehen; Austreibungsperiode mit Austreibung der Frucht durch Presswehen nach Platzen der Fruchtblase; Nachgeburtsperiode mit Ausstoßen der Nach-G. (↑Plazenta mit Eihäuten); Zusammenziehung der Gebärmutter durch Nachwehen; normalerweise (rd. 95 % der G.en) wird das Kind mit dem Hinterhaupt voran geboren („Schädellage" des Kindes; Komplikationen bei Steiß-, Quer- u. Schräglagen; Anwendung von Damm-, ↑Kaiserschnitt oder Zangengeburt).

**Geburtenbuch,** standesamtl. Personenstandsbuch zur Eintragung der Geburten.

**Geburtenregelung,** Planung d. Familiengröße u. der zeitl. Aufeinanderfolge der Geburten durch Geburtenkontrolle (↑Empfängnisverhütung).

**Geburtshelferkröte,** Froschlurch; ♂ wickelt sich die Eischnüre um Hinterteil u. Hinterbeine u. trägt sie bis zum Schlüpfen der Jungen.

**Geburtshilfe,** Teilgebiet der Frauenheilkunde; alle ärztl. Maßnahmen bei Schwangerschaft, Geburt u. am Wochenbett.

**Geckos** [malai.], meist nachtakt. [sub]trop. Echsen; können an senkrechten glatten Wänden laufen.

**Gedächtnis,** Fähigkeit, Informationen abrufbar zu speichern. Körperl. Grundlage für das G. ist bei Mensch und Tier die Gesamtheit der Nervenzellen.

**gedackt,** beim [Orgel]pfeifenbau svw. gedeckt (am oberen Ende geschlossen); g.e Pfeifen sind um eine Oktave tiefer als offene Pfeifen.

**Gedicht,** Dichtung in gebundener metr. Form.

**gediegen,** rein, als El. vorliegend, g. kommen in der Natur z. B. Gold u. Silber vor.

**Gedinge,** Akkordlohnvertrag im Bergbau.

**gedruckte Schaltung,** in Miniaturbauweise ausgeführte elektron. Schaltung, bei der einseitig mit Kupferfolie kaschierte Isolierstoffplatten auf der Folienseite mit dem Bild der gewünschten Leiterbahnen bedruckt werden; das unbedruckte Kupfer wird anschließend abgeätzt. Die andere Seite der Platte wird mit elektron. Bauelementen bestückt, deren Anschlussdrähte durch eingestanzte Löcher hindurchführen; weitgehend durch integrierte Schaltungen verdrängt.

**Gedser** ['gesər], dän. Ort an der Südspitze d. Insel Falster, 1 200 E; Eisenbahnfähre nach Rostock-Warnemünde, Autofähre nach Lübeck-Travemünde.

**Geest,** die sich in N- u. NW-Dtl. an die Marsch anschließenden, höher gelegenen, trockeneren u. weniger fruchtbaren sand. Altmoränengebiete.

**Gefährdungshaftung,** Haftung für Schäden, die ohne Verschulden des Haftpflichtigen eingetreten sind.

**Gefahrensymbole,** internat. festgelegte Warnsymbole zur Kennzeichnung v. *Gefahrstoffen.*

**Gefälle,** Höhenunterschied zw. 2 Punkten, bezogen auf die horizontale Entfernung.

**Gefängnis, 1)** ↑Strafvollzug. **2) G.strafe,** bis zur Strafrechtsreform 1969 mittelschwere ↑Freiheitsstrafe; Dauer 1 Tag bis 5 Jahre.

**Gefäße,** röhrenart. Hohlorgane in Organismen zum Flüssigkeitstransport; 1. im tier. Organismus: Blut-G. (↑Adern), Lymph-G.; 2. im pflanzl. Organismus lang gestreckte tote *(Xylem)* bzw. lebende *(Siebteil)* Zellen, die zu Gefäßbündeln verbunden sind.

**Geflügel,** Sammelbez. für Hühner, Enten, Gänse, Truthühner, Tauben u.a. Nutzvögel, die als Haustiere gehalten werden.

**Geflügelkrankheiten,** meist Infektionskrankheiten, u.a. *Geflügelcholera, Geflügelpest* od. *Hühnertyphus, Geflügelpocken, Geflügeldiphtherie, Geflügeltuberkulose, Rote* u. *Weiße Kükenruhr;* für Tiere ansteckend u. vielf. tödlich.

**Gefreiter,** mil. Mannschaftsdienstgrad.

**Gefrieren,** Übergang v. Wasser bzw. wässr. Lösungen vom flüss. in den festen Aggregatzustand (Eisbildung) beim *Gefrierpunkt* (0 °C bei reinem Wasser). – G. heute wicht. Methode zur Konservierung v. Lebensmitteln durch Temperaturabsenkung deutlich unter ihren Gefrierpunkt, wobei Nährstoffe, Vitamine, Farbe, Geruch und Geschmack erhalten bleiben; *Gefrierlagerung (Tiefkühlung)* bei -18 bis -25 °C.

**Gefrierschnitt,** Schnitt an künstl. gefrorenem Gewebe zur Diagnostik.

**Gefrierschutzmittel,** svw. ↑Frostschutzmittel.

**Gefriertrocknung,** qualitätserhaltendes Verfahren zur Konservierung von hochwert. Stoffen (Blutkonserven, Vitaminpräparate) u. Lebensmitteln; das Wasser wird im gefrorenen Zustand im Vakuum entzogen.

**Gefüge,** Aufbau u. [innere] Anordnung, z.B. bei Metallen, Gesteinen.

**Gefühl, 1)** ❀ Grundphänomen seel. Erlebens; bedingt als individuelle seel. Gestimmtheit (Lust-Unlust) Einstellung u. Verhalten des Menschen. **2)** Gefühlssinn: Druck-, Kälte-, Wärme-, oberflächl. Schmerzempfindung, Muskelsinn.

**Gegenreformation,** Ende des 18. Jh. von der prot. dt. Geschichtsschreibung geprägter Begriff für die mithilfe staatl. Machtmittel durchgeführte Rekatholisierung prot. gewordener Gebiete (etwa 1555–1648); sie führte als Teil der allg. polit. Konfessionalisierung in den Dreißigjährigen Krieg u. wurde durch den ↑Westfäl. Frieden beendet (Besitzstandsgarantie des Normaljahrs 1624).

**Gegenstromprinzip,** Methode beim Wärme- od. Stoffaustausch: Zwei Stoffe werden in entgegengesetzter Richtung aneinander vorbeigeführt.

**Geheimbünde,** nach außen streng abgeschlossene religiöse oder polit. [z.T. terrorist.] Vereinigungen, deren Struktur, Absichten und Ziele der sozialen Umwelt gegenüber geheim bleiben sollen; z.B. Rosenkreuzer, Ku-Klux-Klan u.a.

**Geheimdienst** ↑Nachrichtendienste.

**Geheimer Rat, 1)** in absolutist. Zeit (bis 19. Jh.) oberstes Reg.- u. Beratungsorgan des Fürsten. **2)** Mitgl. von 1). **3)** bis 1918 hoher [Beamten]titel.

**Geheime Staatspolizei** ↑Gestapo.

**Geheimschrift,** Schrift zur Weitergabe v. Nachrichten in einer nur Eingeweihten verständl. Form, hergest. mit unsichtb. Schreibstoff *(Geheimtinte)* od. verabredeten Zeichen *(Chiffren).*

**Geheimwissenschaften,** nur einem eingeweihten Personenkreis zugängl. Wissenssysteme; auch Lehren von den dunklen, dem Verstand nicht zugängl. Urgründen der Natur u. des Menschenlebens.

**Gehen,** Disziplin der Leichtathletik; im Ggs. zu den Laufwettbewerben muss jeweils stets ein Fuß Kontakt mit dem Boden haben.

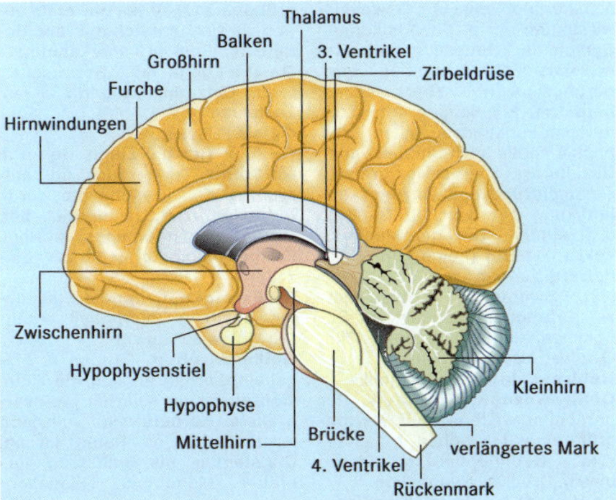


**Gehirn:** *Medianschnitt durch das Gehirn des Menschen*

**Gegenwart** ↑Präsens.

**Gehalt,** im Ggs. zur Form svw. Inhalt, Stoff, Materie; bes. der in sprachl. Form ausgedrückte Gedankeninhalt.

**Gehalt,** i.d.R. monatl. gezahltes Arbeitsentgelt der Beamten (Besoldung) u. Angestellten.

**Gehirn, Hirn, Cerebrum,** bei den Wirbeltieren der in der knöchernen Schädelhöhle liegende Teil des Nervensystems mit allen wicht. Lebenszentren, Empfangsstellen für psych. u. Sinneseindrücke, Steuerungsstellen für willkürl. Bewegungen und bedingte Reflexe; bei Mensch und Säugetieren Großhirn u. Hirnstamm

(Zwischen-, Mittelhirn, verlängertes Mark) mit Kleinhirn; *Großhirn,* besteht aus 2 an der Oberfläche stark gefurchten Hemisphären, Bindung der versch. Funktionen an best. Rindenbezirke der Großhirnrinde; *Zwischenhirn,* regelt Stoffwechsel, Wasser u. Wärmehaushalt, körperl.-seel. Wechselbeziehungen; *Mittelhirn,* wicht. Umschaltstelle für Nervenbahnen, Ursprung versch. Hirnnerven; *Kleinhirn,* Reflexzentrale, Kontrollorgan der normalen Körperlage; *verlängertes Mark,* Atem- und Kreislaufregulation, Ausgangspt. der meisten Hirnnerven. Das G. ist von 3 *G.häuten* (harte Hirnhaut, Spinnwebhaut, weiche Hirnhaut) umgeben, die *G.substanz* besteht aus grauer Hirnrinde (Ganglienzellen) u. weißem Mark (Nervenfasern), *G.abszess,* Abszessbildung im G. durch Infektionserreger od. nach G.verletzungen; *G.blutung* durch Platzen eines geschädigten Hirngefäßes, Ursache des ↑Schlaganfalls; *G.entzündung* (Enzephalitis), meist infektiöse Erkrankung des G.s mit Bewusstseinsstörung, oft Fieber; *epidemische G.entzündung (G.grippe)* mit Schlafsucht, Kopfschmerzen, Lähmungen; *G.erschütterung,* Folge von Gewalteinwirkungen auf d. Schädelkapsel; Symptome: Benommenheit, Bewusstlosigkeit, Erbrechen, Erinnerungslücken; *G.erweichung,* herdförm. Erweichung von G.teilen mit Funktionsausfällen, bes. nach Embolie u. Thrombose; auch Bez. für die progressive Paralyse; *G.hautentzündung,* entzündl. Erkrankung der weichen G.häute; u.a. epidem. (Erreger Meningokokken), eitrig (Folge von Schädelverletzungen u.a.), tuberkulös; Symptome: Kopfschmerzen, Erbrechen, Genickstarre, Benommenheit, Hirnnervenausfälle; *G.schlag* ↑Schlaganfall.

**Gehirnschlag** ↑Schlaganfall.

**Gehirnwäsche,** Zerstörung der persönl. u. weltanschaul. Wertbegriffe eines Menschen u. gesteuerte Neuorientierung durch psych. Druck u. Suggestion.

**Gehlen, 1)** Arnold, dt. Soziologe, *1904, †1976; „Sozialpsychol. Probleme in d. industriellen Ges.". **2)** Reinhard, dt. Gen., *1902, †1979; 1955–68 Präs. des B.-Nachrichtendienstes.

**Gehör, 1)** die Fähigkeit, Schallwellen mit dem G.organ (↑Ohr) wahrzunehmen. **2)** die Fähigkeit, Töne im Zusammenklang zu unterscheiden *(relatives G.);* auch ↑absolutes Gehör.

**Gehörknöchelchen** ↑Ohr.

**Gehörn, 1)** svw. ↑Hörner. **2)** ↑Geweih.

**Gehry** [-rı], Frank Owen, amer. Architekt u. Designer, *1929; führender Vertr. des Dekonstruktivismus (u.a. Guggenheim-Museum in Bilbao).

**Geibel,** Emanuel, dt. Dichter, *1815, †1884; volksliedh. Lyrik, patriot. Lieder u. Dramen.

**Geier,** adlerart., Aas fressende Greifvögel; *Altwelt-G.* v.a. in den Trockengebieten Afrikas u. S-Asiens; *Neuwelt-G.* in den [Sub]tropen Amerikas (u.a. Kondor m. Flügelspannweite von 3 m).

**Geige,** svw. ↑Violine.

**Geiger,** Hans, dt. Physiker, *1882, †1945; Mitarb. von E. Rutherford; wies die Gleichheit v. Kernladungs- u. Ordnungszahl nach; erfand den *Spitzenzähler* u. 1928 zus. mit W. Müller das *G.-Müller-Zählrohr (G.-Zähler),* ein Detektor für ionisierende Strahlen.

**Geisel,** gewaltsam od. widerrechtl. ergriffene Person, die vom G.nehmer festgehalten u. bedroht wird, um Forderungen gegen Dritte durchzusetzen.

**Geiser** ↑Geysir.

**Geiserich,** *um 390, †477, seit 428 Kg. der Wandalen u. Alanen; gründete in N-Afrika das erste unabh. Germanenreich auf röm. Boden, das Rom 442 anerkannte.

**Geisha** ['ge:ʃa; jap.], Gesellschafterin, Tänzerin, Sängerin in jap. Teehäusern.

**Geisir** ↑Geysir.

**Geiß,** ♀ Tier bei Ziege, Reh u.a.

**Geißblatt,** kletterndes od. aufrechtes Holzgewächs der nördl. Halbkugel, z.B. Jelängerjelieber.

**Geißel,** fadenförmiges, bewegl. Fortbewegungsorganell bei Einzellern.

**Geißelalgen,** Gruppe d. Flagellaten; besitzen Chlorophyll, ernähren sich wie Pflanzen.

**Geißeltierchen,** Gruppe d. Flagellaten, ernähren sich wie Tiere.

**Geißelung,** im Altertum weit verbreitete Körperstrafe, vollzogen mit Peitschen od. Ruten; im ma. Christentum als Bußübung verbreitet (Mönchtum; ↑Flagellanten).

**Geißler,** Heinrich, dt. Politiker, *1930; 1977–89 Gen.-Sekr. der CDU, 1982–85 B.-Min. für Jugend, Familie u. Gesundheit.

**Geißler,** svw. ↑Flagellanten.

**Geisteskrankheiten,** veraltete Bez. für eine krankhafte Störung der psych. Funktion, i.e.S. für Psychose.

**Geisteswissenschaften** ↑Wissenschaft.

**geistige Behinderung, Intelligenzminderung, Minderbegabung,** veraltet **Oligophrenie, Schwachsinn,** angeborene od. frühzeitig erworbene Verminderung der intellektuellen Fähigkeiten u. der sprachl. Entw., die mit einer Beeinträchtigung des Anpassungsvermögens verbunden ist.

**geistiges Eigentum,** immaterielles Eigentum des schöpfer. Menschen an seinem Werk; ↑Urheberrecht.

**Geistliche,** Standesbez. der Kleriker, Seelsorger (seit dem 15. Jh.).

**geistliches Spiel,** aus kirchl. Feiern entstandenes Drama des europ. MA; im 14. Jh. Verlegung aus der Kirche auf Marktplätze; z.B. Passionsspiel.

**Gekröse, 1)** (Mesenterium) Bauchfellfalte, befestigt den Darm an der Wandung der Bauchhöhle; gefäß- u. nervenreich. **2)** Magen, Netz u. Darm v.a. von Kalb u. Lamm; beim Rind als *Flecke* od. *Kaldaunen* bezeichnet.

**Gel,** gallertartige Ausflockung eines Kolloids.

**Gelasius I.,** hl., †496, Papst s. 492; Lehre v. den zwei gleichberechtigten Gewalten Kirche u. Staat *(Zweischwerterlehre).*

**Gelatine** [ʒe-; frz.], aus tier. Knochen u. Hautabfällen hergest. Geliermittel, farb-, geschmacklos.

**Gelbbleierz,** svw. ↑Wulfenit.

**Gelber Fluss** ↑Hwangho.

**Gelbe Rübe,** svw. ↑Karotte.

**Gelbes Meer,** Randmeer des Pazifiks zw. Korea u. der NO-Küste Chinas.

**Gelbfieber,** trop., durch das G.virus hervorgerufene akute Infektionskrankheit; Schüttelfrost mit Fieber, Schädigung der Leber u. Niere; von der *G.mücke* übertragen; Impfung bei Fernreisen zur Prophylaxe erforderlich.

**Gelbkörper,** im Eierstock nach der Eiausstoßung (Follikelsprung) gebildete endokrine Drüse; das im G. gebildete *G.hormon* (Progesteron) verhindert nach der Befruchtung weitere Eireifungen.

**Gelbkreuz,** nicht flücht., öl., ätzende chem. Kampfstoffe, z.B. Lost, Lewisit.

**Gelbsucht, Ikterus,** Gelbfärbung von Haut, Schleimhäuten u. Augenbindehaut; Folge des Übertritts von Gallenfarbstoffen ins Blut; Zeichen versch. Leber- u. Gallenkrankheiten.

**Geld,** allg. Tausch- u. Zahlungsmittel, Wertmaßstab aller Güter, Mittel zur Wertaufbewahrung u. -übertragung. Arten: Bei Tauschwirtschaft *Natural-G.,* in höher entwickelter Wirtschaft geprägtes *Münz-G.* od. *Papier-G.* sowie

*Buch-G.* für bargeldlosen Zahlungsverkehr.

**Geldmarkt,** Markt für kurzfrist. Kredite; Ggs. ↑Kapitalmarkt.

**Geldmarktfonds** [-fɔ̃:], Investmentfonds, dessen Vermögen in kurzfristigen Geldmarktpapieren, Bankeinlagen u. festverzinsl. Wertpapieren mit kurzer [Rest]laufzeit angelegt ist.

**Geldpolitik,** Maßnahmen der Zentralbank zur Steuerung v. umlaufender Geldmenge (v.a. Bar- u. Buchgeld) u. Kreditversorgung der Wirtschaft sowie zur Sicherung des Geldwertes (Preisniveaustabilität). Mittel: Mindestreserve- u. Offenmarktpolitik, Einlage- u. Spitzenrefinanzierungsfazilität.

**Geldstrafe,** Ahndung einer strafb. Handlung durch Auferlegung einer Zahlung, bemessen in *Tagessätzen* (entsprechend den persönl. u. wirtsch. Verhältnissen des Täters); bei Ordnungswidrigkeiten *Geldbuße.*

**Geld- und Wertzeichenfälschung,** Herstellung u. Verbreitung falschen Metall- od. Papiergelds (Falschmünzerei) u. von diesen gleichgestellten Wertzeichen u. Wertpapieren (z.B. Aktien), mit Strafe bedroht.

**Geldwäsche,** Finanztransaktionen, durch die Vermögenswerte illegaler Herkunft (v.a. aus Drogen-, Waffen-, Menschenhandel) als legal erworben scheinen u. danach in den legalen wirtschaftl. Kreislauf eingeschleust werden können. Straftat.

**Geldwirtschaft,** Volkswirtschaft, in der Geld als allg. Zahlungsmittel u. Recheneinheit dient; Ggs. ↑Tauschwirtschaft.

**Gelee** [ʒəˈle:; frz.], eingedickter, gallertart. Frucht- od. Fleischsaft; *G. royale* [rɔˈjal], Nährsaft, mit dem die Bienen Königinnenlarven ernähren; vitaminreich.

**Geleit,** im MA Schutz v. Reisenden, v.a. Kaufleuten, vor Überfällen gg. *G.sgeld* (↑freies G.).

**Geleitzug, Konvoi,** Verband aus Handelsschiffen, die von Kriegsschiffen gg. feindl. Unternehmungen abgeschirmt werden.

**Gelenk,** **1)** bewegl. Verbdg. zweier od. mehrerer Knochenenden; besteht aus den mit Knorpel überzogenen *G.flächen* oder gegeneinander bewegten Knochenteilen, der mit *G.schmiere* erfüllten *G.höhle* u. der bindegeweb. *G.kapsel; G.entzündung* (Arthritis), schmerzh. Erkrankung eines G.s, oft mit *G.erguss* (Serum, Blut od. Eiter), Folge v. Trauma od. Infektion; *G.maus,* in die G.höhle abgestoßenes, meist knorpeliges Stück aus den gelenkbildenden Geweben; verursacht oft Bewegungshemmung und Schmerz; G.rheumatismus ↑Rheumatismus. **2)** bewegl. Verbdg. zweier Maschinen- od. Bauteile; *G.kette,* gelenk. Kette zur Kraftübertragung (z.B. Rollen- od. Zahnkette für Kfz u. Fahrrad).

**Gellert,** Christian Fürchtegott, dt. Dichter, *1715, †1769; Vertr. der Aufklärung: „Fabeln u. Erzählungen“, bürgerl. Romane u. Lustspiele.

**Gelon,** Tyrann der sizil. Griechenstädte Gela (s. 491) u. Syrakus (s. 485), *um 540, †478 v.Chr.; bed. Staatsmann.

**Gelsenkirchen,** krsfr. Ind.-St. in NRW, 282000E; FH; Eisen- u. Stahlind., Mineralölverarbeitung, Solarzellenfabrik, Glaswerk; Häfen am Rhein-Herne-Kanal; Arena Auf Schalke.

**Gelübde,** Versprechen, durch das der Mensch sich an Gott bindet; bes. die *Ordens-G.* (Gehorsam, Armut, Ehelosigkeit).

**GEMA,** Abk. für: **Ge**sellschaft für **m**usikal. **A**ufführungs- u. mech. Vervielfältigungsrechte (fr. STAGMA); Sitz Berlin; nimmt ↑Urheberrechte wahr.

**gemäßigte Zonen,** die Gebiete zw. den Polar- u. Wendekreisen, mit *gemäßigtem Klima.*

**Gemeinde,** **1)** Gebietskörperschaft des öff. Rechts mit dem Recht der kommunalen Selbstverw.; unterstes polit. Gemeinwesen im Staat. **2)** ↑Kirchengemeinde.

**Gemeindekirchenrat, Presbyterium,** in den dt. ev. Kirchen Organ der Selbstverw. der Kirchengemeinde.

**Gemeindeordnungen,** Abk. **GO,** in der BRD Länderges., in denen die Einordnung der Gem. in den Staat mit Aufgaben u. Rechten festgelegt ist.

**Gemeinderat** ↑Gemeindeverfassung.

**Gemeindesteuern,** den Gem. aufgrund Ertragshoheit zufließende Steuern, v.a. Grund-, Gewerbe-, Vergnügung-, Getränke-, Hundesteuer.

**Gemeindeverbände,** svw. ↑Kommunalverbände.

**Gemeindeverfassung,** System der Vertretung u. Verw. einer Gem.; wichtigstes Organ der Gem. ist die v. den Bürgern meist auf 4 J. gewählte *Gemeindevertretung* (als Gemeinderat, Stadtverordnetenvers. od. Stadtrat), oberstes Beschlussorgan; daneben besteht i.d.R. der *Gemeindevorstand,* kollegial (Bürgermeister ist Vors. des verwaltenden Magistrats, *Magistratsverf.*) od. monokrat. organisiert (Bürgermeister ist Gemeindevorstand u. leitet die Verw., *Bürgermeisterverf.*).

**Gemeineigentum,** kollektives, durch Sozialisierung (Verstaatlichung) entstehendes, gemeinwirtsch. zu nutzendes Eigentum des Volkes.

**gemeingefährliche Straftaten,** Delikte, die eine allgemeine Gefahr *(Gemeingefahr)* für Menschen u. Sachen herbeiführen, z.B. Brandstiftung.

**Gemeinkosten,** die keiner Bezugsgröße (z.B. Erzeugnis, Kostenstelle) direkt zurechenbaren Kosten.

**gemeinnützige Unternehmen,** private od. öff., nicht auf Gewinnerzielung ausgerichtete Unternehmen, die gemeinnützige, mildtätige u./od. kirchl. Zwecke verfolgen; erhalten steuerl. Vergünstigungen.

**Gemeinsame Außen- und Sicherheitspolitik,** Abk. **GASP,** im Maastrichter Vertrag (1993) begr. Element der Europ. Union; Ziel: Koordinierung der Außen- u. Sicherheitspol. der Mitgl.staaten, Durchführung gemeinsamer Aktionen in Bereichen, in denen kollektive Interessen bestehen. Entscheidungen werden nach dem Konsensprinzip getroffen.

**Gemeinsamer Ausschuss, Notparlament, Notstandsausschuss,** spezielles Verf.-Organ in Dtl. für den Verteidigungsfall, besteht zu $^2/_3$ aus Abg. des B.-Tages u. zu $^1/_3$ aus Abg. des B.-Rates.

**gemeinsamer Markt,** regionale Integrationsform, bei der Volkswirtschaften der Mitgl.staaten zu einem Binnenmarkt verschmelzen (z.B. Europ. Wirtschaftsraum).

**Gemeinschaftsbewegung,** Ende des 19. Jh. innerhalb der ev. Kirchen Dtl.s entstandene und angesiedelte, stark pietistisch geprägte geistl. Erneuerungsbewegung, organisiert im *Ev. Gnadauer Gemeinschaftsverband.*

**Gemeinschaftsschule,** Schule, in der Schüler versch. religiöser Bekenntnisse gemeinsam unterrichtet werden. (Bekenntnisschule, ↑Bekenntnis).

**Gemeinschaftsteuern,** Steuern, die Bund u. Ländern gemeinsam zustehen, z.B. Einkommen-, Körperschaft-, Umsatzsteuer.

**Gemeinschaft Unabhängiger Staaten,** Abk. **GUS,** im Dez. 1991 gegr., aus der Sowjetunion hervorgegangener lockerer Staatenbund; umfasst Armenien, Aserbaidschan (1992–93 Mitgliedschaft ausgesetzt), Georgien (seit 1993), Kasachstan, Kirgistan,

G

Moldawien, Russland, Tadschikistan, Turkmenistan, Ukraine, Usbekistan u. Weißrussland. Die Mitgliedsstaaten verpflichteten sich, die von der UdSSR übernommenen internat. Verpflichtungen (u.a. Abrüstungszusagen) zu erfüllen. Oberstes Gremium: „Rat der Staatschefs", zahlr. weitere ministerielle Komitees u. Institutionen.

**Gemeinschuldner,** nach der Konkursordn. Schuldner, über dessen Vermögen der Konkurs eröffnet ist.

**Gemeinwirtschaft,** auf Bedarfs- u. Kostendeckung ausgerichtete Wirtschaft im Ggs. zum erwerbswirtsch. orient. Wirtsch.-System; u.a. ↑Planwirtschaft.

**Gemenge,** Stoffgemische, die sich im Ggs. zu den chem. Verbdg. durch physikal. Trennmethoden in chem. einheitl. Bestandteile zerlegen lassen.

**Gemination** [lat.], [Konsonanten]verdoppelung.

**Gemini** [lat.], **1)** das Sternbild ↑Zwillinge. **2)** Name von 12 Erdsatelliten (davon 10 bemannt), die 1961–66 von den USA zur Vorbereitung des Apollo-Programms in eine Erdumlaufbahn gebracht wurden.

**gemischtwirtschaftliche Unternehmen,** Unternehmen mit privater u. öff.-rechtl. Beteili gung.

**Gemme,** geschnittener Schmuckstein mit vertiefter *(Intaglio)* od. erhabener Darst. *(Kamee).*

**Genbank, Genbibliothek,** Einrichtung zur Samml., Erhaltung u. Nutzung des Genmaterials von Organismen in Form von klonierten DNA-Fragmenten u. kompletten Organismen, insbes. von Pflanzenarten (v.a. der für die menschl. Ernährung u. sonst. Nutzung wichtigen).

**Gendarm** [ʒã-; frz.], fr. Angehöriger einer bes. für das Land bestimmten Polizeitruppe, *Landgendarmerie.*

**Gender-Studies** [ˈdʒendəstʌdɪz; engl.], ↑Geschlechterforschung.

**Gene** [gr.], Träger der Erbanlagen, sie liegen linear angeordnet auf den Chromosomen (↑Desoxyribonukleinsäure, ↑Genom).

**Genealogie** [gr.], **Ahnenforschung, Geschlechterkunde,** Wiss. von Ursprung, Folge u. Verwandtschaft der Geschlechter; Darstellung genealog. Zusammenhänge auf *geneal. Tafeln.*

**General** [lat.], **1)** höchste Offiziersrangklasse (Heer, Luftwaffe); in der dt. Bundeswehr; *G., G.leutnant, G.major, Brigade-G.* **2)** in kath. Orden od. Kongregationen der oberste Vorsteher. **3)** oberster Vorsteher der Heilsarmee.

**Generalbass,** ital. **Basso continuo,** 𝄞 fortlaufende Instrumentalbassstimme, mit Ziffern über oder unter den einzelnen Noten *(bezifferter Bass),* für Barockmusik charakteristisch.

**Generaldirektorium,** 1723 bis 1808 oberste preuß. Zentralverwaltungsbehörde.

**Generalgouvernement** [-guvɛrnəmã; frz.], Bez. für das Restgebiet Polens nach der dt. u. sowjet. Besetzung 1939 u. der Abtretung großer Gebiete an Dtl. u. die UdSSR.

**Generalinspekteur** [-tøːr; frz.], Dienststellungsbez. für den ranghöchsten Soldaten der dt. Bundeswehr.

**Generalklausel,** allg. Gesetzesvorschrift ohne kasuist. Regelung.

**Generalmusikdirektor,** Abk. **GMD,** erster Dirigent; der Orchester-(Opern-)Chef.

**Generalpause,** 𝄞 für alle Sing- u. Instrumentalstimmen einzuhaltende Pause.

**Generalsekretär,** oberster Geschäftsführer v. Parteien, Verbänden u. internat. Organisationen.

**Generalstaaten,** im 16.–18. Jh. Vers. der Abg. der Stände (niederl. staten) der 7 souveränen niederl. Provinzen (Provinzialstaaten); seit 1814 das niederl. Parlament.

**Generalstaatsanwalt,** erster Beamter der Staatsanwaltschaft beim OLG.

**Generalstab,** Gesamtheit der bes. ausgebildeten Offiziere, die die höheren Führer in der Truppenführung unterstützen.

**Generalstände,** frz. **États généraux** [eˈta ʒeneˈro], in Frkr. die Vers. der Vertr. des Adels, der Geistlichkeit u. seit 1302 auch der Bürgerschaft, jeweils vom Kg. zur Steuerbewilligung einberufen, bis 1614, erneut 1789; am 17. 6. 1789 erklärte sich der 3. Stand *(Tiers État)* allein als Nationalversammlung.

**Generalvikar,** Stellvertreter eines kath. Bischofs bei der Verw. der Diözese.

**Generation** [lat.], **1)** Einzelglieder der Geschlechterfolge. **2)** Menschenalter. **3)** alle innerhalb eines bestimmten Zeitraums geborenen Menschen.

**Generationengerechtigkeit,** sozialwiss. Begriff, der d. Problem der gerechten Lasten- u. Nutzenverteilung zw. den Generationen in der Gesellschaft thematisiert.

**Generationswechsel,** Wechsel d. Fortpflanzungsweise bei Pfl. u. Tieren im Verlauf v. 2 od. mehr Generationen, oft mit Gestaltwechsel verbunden; häufig Wechsel von geschl. und ungeschlechtl. Generation *(Metagenese),* auch v. zweigeschlechtl. u. parthenogenet. Fortpflanzung *(Heterogonie).*

**Generator** [lat.], **1)** Maschine zur Umwandlung mechan. in elektr. Energie. **2)** Schachtofen zur Erzeugung v. *G.gas* durch Vergasung v. Kohle, Koks od. Holz.

**Genese** [gr.], Entstehung, Entwicklung.

**Genesis** [gr.], **1)** Werden, Entstehen. **2)** in der Vulgata Bez. für das 1. Buch Mos. **3) Altsächs. G.,** freie Bearb. des Bibelstoffes in altniederdt. Spr., um 830.

**Genet** [ʒəˈnɛ], Jean, frz. Schriftsteller, *1919, †1986; führte ein Leben außerh. der Gesellschaft, das er in seinen Werken (Romane, Dramen, Autobiografie „Tagebuch eines Diebes") verherrlicht.

**Genetik** [gr.], Vererbungslehre; Wiss. von den Grundlagen der ↑Vererbung.

**genetische Krankheiten** ↑Erbkrankheiten.

**genetischer Fingerabdruck,** alle Methoden der Identifizierung einer Person anhand von persönlichkeitsneutralen Merkmalen der Erbsubstanz (eigentlich: *DNA-Typisierung*); findet sich in einer biolog. Spur (z.B. Blut, Sperma, Haare) derselbe g. F. wie in einer Vergleichsprobe (früher Blut, inzwischen Speichel) einer verdächtigen Person, so können Person und Tatort einander zugeordnet werden.

**Genève** [ʒəˈnɛːv] ↑Genf.

**Genever** [ʒe-; frz.], Getreidebranntwein mit Wacholdergeschmack.

**Genezareth, See von, See von Tiberias,** fischreicher See im N-Teil des Jordangrabens, an der isr.-syr. Grenze; 209 m u.d.M., 21 km lang, bis 13 km breit.

**Genf,** frz. **Genève** [ʒəˈnɛːv], **1)** schweizer. Kt. an der Rhone u. am SW-Ende des G.er Sees, 282 km², 375 900 E. **2)** Hptst. v. 1), 169 600 E; größte St. der frz. Schweiz, bed. Kulturzentrum u. Sitz vieler internat. Institutionen; Univ., Konservatorium, Museen, Theater, Kathedrale (12. Jh.), Palais des Nations (beg. 1930), Île Rousseau. Uhren-, Masch.-, Bekleidungsind.; ⚓, ✈; Fremdenverkehr; Tagungsort; internat. Fachmessen. – Kelt. Gründung, um 400 Bischofssitz; 1526 Bündnis mit Bern (u. Freiburg), seit 1541 Mittelpt. des Kalvinismus; 1798 von Frkr. annektiert, 1815 Mitgl. der Schweizer. Eidgenossenschaft.

**Genfer Konvention,** auf Anregung H. Dunants 1864 in Genf geschlossenes internat. Abkommen „zur Verbesserung des Loses der Verwundeten u. Kranken der im Feld stehenden Heere", 1899 auf d. Seekrieg ausgedehnt; 1906 neu gefasst, 1929 ergänzt, 1949 durch die 4 *Genfer Abkommen* ersetzt u. erweitert (Schutz von Kriegsgefangenen und Zivilpersonen in Kriegszeiten); Einrichtungen durch rotes Kreuz auf weißem Grund gekennzeichnet (↑Rotes Kreuz).

**Genfer See,** frz. **Lac Léman** [lak le'mã], See am S-Rand des Schweizer Mittellandes, von der Rhone durchflossen, 581 km², bis 310 m tief. Durch den See verläuft die frz.-schweizer. Grenze.

**Genie** [ʒe'ni; frz.], **1)** überragende schöpfer. Geisteskraft. **2)** außergewöhnl. begabter, schöpfer. Mensch.

**Geniezeit** [ʒe'ni-], Bez. für die Epoche des ↑Sturm und Drang.

**Genitalien** [lat.], svw. ↑Geschlechtsorgane.

**Genitiv** [lat.], Kasus, antwortet auf die Frage nach Herkunft, Besitzer u. Zugehörigkeit; auch Wesfall od. 2. Fall.

**Genius** [lat.], [Schutz]geist; in der Kunst geflügelt dargestellt.

**Gennes** ['ʒɛn], Pierre-Gilles de, frz. Physiker, * 1932; Arbeiten zur Erforschung v. Ordnungszuständen in komplexen Formen der Materie (bes. Flüssigkristalle u. Polymere); Nobelpreis 1991.

**Genom,** die Gesamtheit der Gene eines Organismus. Im Februar 2001 wurde die fast vollständige Sequenz des menschl. G. veröffentlicht.

**Genossenschaft,** Ges. mit unbegrenzter Mitgl.zahl (mind. 7) zur Förderung des Erwerbs od. der Wirtsch. ihrer Mitgl. *(Genossen)* durch gemeinschaftl. Geschäftsbetrieb (§ 1 *G.ges.* i. d. F. v. 19. 8. 1994); Kapitalaufbringung durch Einlage der Mitgl. (Geschäftsanteil); Organe: General-Vers., Vorstand (mind. 2 Mitgl.), Aufsichtsrat (mind. 3 Mitgl.). Die G. als jurist. Person entsteht durch Eintragung in das *G.register* (vom Amtsgericht geführt), sie muss mit dem Zusatz eingetragene G. (Abk. eG) firmieren. Erste genossenschaftl. Gründungen in Dtl. durch H. Schulze-Delitzsch u. F. W. Raiffeisen. Arten: Bezugs-, Absatz-, Produktions-, Waren-, Dienstleistungs- u. Kredit-G. Zur G.organisation in Dtl. gehören der Dt. G.- u. Raiffeisenverband e. V. als Dachverband sowie 3 Bundesverbände (Dt. Raiffeisenverband e. V., Bundesverband der Volks- u. Raiffeisenbanken e. V., Zentralverband Gewerbl. Verbundgruppen e. V.).

**Genotyp** [gr.], Erbbild, Gesamtheit des Erbgutes, Ggs. ↑Phänotyp.

**Genoveva, Genovefa v. Brabant,** Gestalt der Legende; lebte, des Ehebruchs beschuldigt, mit ihrem Sohn in der Wildnis, bis sich ihre Unschuld herausstellte.

**Genre** ['ʒã:r(ə); frz.], Gattung, Wesen, Art; *G.malerei,* Sittenmalerei, Darst. v. Begebenheiten des alltägl. Lebens.

**Genscher,** Hans-Dietrich, dt. Politiker (FDP), * 1927; 1969–74 B.-Min. des Innern, 1974–92 des Auswärtigen, 1974–85 FDP-Vors.

**Gent,** Hptst. der belg. Prov. Ostflandern, an der Schelde, 230 800 E; maler. Stadtbild; bed. Baudenkmäler u. wertvolle Sammlungen; Univ., Akademien, got. Kathedrale mit *G.er Altar* (Flügelaltar der Brüder van Eyck; 1432 vollendet). Zweitgrößter Hafen Belgiens, Hauptsitz der belg. Baumwollind.; bed. Blumenzucht.

**Gentechnik** (Gentechnologie), Teilgebiet der Molekularbiologie und Biotechnologie, Verfahren zur gezielten Veränderung der Erbanlagen (Gene) v. Mikroorganismen, Pflanzen und Tieren. Nach dem Stand der Technik sind zurzeit gentechn. produzierte Medikamente, Pflanzen und Tiere möglich. Die Kritik der Umweltverbände verweist bes. auf das Risiko der Freisetzung gentechn. veränderter Organismen.

**gentechnisch veränderte Lebensmittel,** svw. ↑Novelfood.

**Gentherapie,** Verfahren zur gezielten Korrektur von Veränderungen der genet. Strukturen bei Menschen mit genet. bedingten Erkrankungen.

**Gentleman** ['dʒentlmən; engl.], allg.: Mann von Lebensart u. ehrenhaftem Charakter; *gentlemanlike,* vornehm, anständig; *G.'s Agreement* (Gentlemen's A.) [-mənz ə'gri:mənt] ↑Agreement.

**Gentry** ['dʒɛntrı], engl. niederer Adel u. reiche, nicht adelige Führungsschicht.

**Genua,** ital. **Genova** ['dʒɛ:-], Hptst. d. ital. Region Ligurien u. der Prov. G., am *Golf v. G.,* 641 400 E; ma. Kirchen u. Paläste; Univ., Erzb.-Sitz; Kunstakad., Kunstsammlungen; Schiff-, Masch.-, Fahrzeugbau, Textil-, Nahrungsmittelind., Erdölraffinerien; ⚓, ✈. – Ehem. mächtige Handelsrep. mit Niederlassungen bis zum Schwarzen Meer.

**Genus** [lat.], **1)** grammat. Geschlecht der Substantive u. Pronomen. **2)** ↑Gattung.

**Genussmittel,** Lebensmittel od. ähnl. Stoffe, die eine anregende Wirkung auf d. Nervensystem haben; z. B. Kaffee, Tee, Tabak, Alkohol, auch Kakao.

**Genussschein,** Wertpapier, das vermögensrechtl. Ansprüche (*Genussrechte,* z. B. Beteiligung am Reingewinn od. Liquidationserlös) gegenüber einem Unternehmen verbrieft.

**geo..., Geo...** [gr.], Bestimmungswort; Bed.: „Erde, Land".

**Geobionten** [gr.], Sammelbegriff für alle im Erdboden lebenden Lebewesen.

**Geodäsie** [gr.], Erdmessung und ihre Lehre *(höhere G.)* sowie Land- u. Feldmessung *(niedere G.).*

**Geodät** [gr.], Landmesser.

**Geographie** [gr.; = Erdbeschreibung], **Erdkunde,** Wiss. von der Erdoberfläche. 1. *allg. G.: phys. G.* (Geomorphol., Klimatol., Hydro-G.), *Bio-G.* (Pflanzen-, Tier- u. phys. Anthropo-G.) u. *Kultur-* od. *Anthropo-G.* (Bevölkerungs-, Siedlungs-, Verkehrs-, Sozial-, Religions-, polit. u. Wirtschafts-G.); 2. *Länderkunde (spezielle G.),* untersucht u. beschreibt einzelne Räume der Erdoberfläche.

**geographische Breite** ↑Gradnetz der Erde.

**geographische Länge** ↑Gradnetz der Erde.

**geokarp** [gr.], unter der Erde reifend (von Pflanzenfrüchten z. B. Erdnuss).

**Geologie** [gr.], Lehre von der Entstehung, der Entw. u. dem Bau der Erde. Disziplinen: *allg.* od. *dynam. G.* (untersucht die auf die Erdkruste einwirkenden geol. Kräfte), *histor. G.* (erforscht u. stellt die Erdgesch. dar; Stratigraphie, Paläogeographie, Paläontologie), *angewandte G.* (nutzt die geol. Forschungsergebnisse und Erfahrungen für die Zwecke der Wirtsch.). – *geolog. System* siehe Übers. S. 248/249.

**Geometer** [gr.], Landvermesser, Feldmesser; heute: Vermessungsingenieur.

**Geometrie** [gr.], Teilgebiet der Math., untersucht Eigensch. u. Gesetzmäßigkeiten der Ebene u. des Raumes, wie Größe, Gestalt, gegenseit. Lage v. Objekten. Während die *synthet. G.* auf Axiomensystemen aufbaut, legt die *analyt. G.* die Punkte der Ebene u. des Raumes durch Koordinaten fest. Die *elementare G.* behandelt Figuren, die sich mit Zirkel u. Lineal konstruieren lassen; die G. der Ebene heißt *Planimetrie,* des Raumes *Stereometrie,* der Kugelflä-

**geologisches System**

| Zeitalter | System | Abteilung | Beginn vor Mill. Jahren | geolog. Ereignisse | Entwicklung des Lebens |
|---|---|---|---|---|---|
| Erdneuzeit (Neozoikum, Känozoikum) | Quartär | Holozän | | Rückgang der Vergletscherung, Herausbildung der heut. Landschaftsformen | Veränderung der Umwelt durch den Menschen; Pflanzen- u. Tierwelt der Gegenwart |
| | | Pleistozän | 2,5 | Ausklingen des tertiären Vulkanismus, mehrere Eiszeiten mit warmen Zwischenzeiten, Abschluss der Heraushebung der dt. Mittelgebirge | den Eiszeiten u. Zwischeneiszeiten angepasste Tier- u. Pflanzenwelt<br>Menschwerdung |
| | Tertiär | Pliozän<br>Miozän | | Höhept. u. Abklingen der alpid. Faltung (Pyrenäen, Alpen, Karpaten, Apennin, Kaukasus, zentralasiat. Hochgebirgsketten, Kordilleren); starker Vulkanismus; Bildung gr. Braunkohlenlager | Entwicklung der Vögel u. Säugetiere, insbesondere der Primaten |
| | | Oligozän<br>Eozän<br>Paläozän | 65 | | Höhept. in der Entwicklung der Schnecken |
| Erdmittelalter (Mesozoikum) | Kreide | Oberkreide<br>Unterkreide | 144 | starke alpid. Faltung (Rocky Mountains, Anden, Kernzone der Alpen); Cenoman-Überflutung | Aussterben der Dinosaurier u. Flugsaurier; zahlreiche Foraminiferen u. Muscheln (z. T. Leitfossilien); Entwicklung der Bedecktsamer |
| | Jura | Malm<br>Dogger<br>Lias | 213 | Meeresüberflutungen; beginnende Auffaltung der Rocky Mountains | reiche marine Fauna mit Ichthyosauriern, Plesiosauriern, Ammoniten (Leitfossilien), Belemniten, riffbildenden Schwämmen; Auftreten des Urvogels Archäopteryx |
| | Trias | Keuper<br>Muschelkalk<br>Buntsandstein | 248 | häuf. Wechsel von Land u. Meer auf dt. Gebiet, Entstehung der alpid. Geosynklinale; starker Vulkanismus auf der S-Halbkugel; Bildung von kleineren Salzlagern | im Keuper Auftreten der ersten Säugetiere, im Muschelkalk reiche marine Fauna (u. a. Seelilien, Muscheln, Brachiopoden, Kopffüßer), im Buntsandstein Fährten v. Chirotherium (ein Saurier) |

| | | | | | |
|---|---|---|---|---|---|
| Erdaltertum (Paläozoikum) | Perm | Zechstein<br>Rotliegendes | 286 | Ausklingen der varisk. Geb.-Bildung, starker Vulkanismus; auf der N-Halbkugel wüstenhaftes Klima und Entstehung mächtiger Salzlager; auf der S-Halbkugel Vereisungen | Entwicklung u. Differenzierung der Reptilien; daneben Großforaminiferen, Bryozoen; Glossopteris-Flora in Gondwanaland |
| | Karbon | Oberkarbon<br>Unterkarbon | 360 | varisk. Geb.-Bildung (Harz, Altaigeb., Appalachen); Bildung gr. Kohlenlager, Eindringen starker, vorw. granit. Schmelzflüsse in die Erdkruste (Erze); Eiszeit (Gondwania) | zahlreiche Amphibien; erste Reptilien; baumförmige Farne, Schachtelhalme, Bärlappgewächse (erhalten in Steinkohlenlagern) |
| | Devon | Oberdevon<br>Mitteldevon<br>Unterdevon | 408 | starke Überflutung des Festlandes; Entstehung der varisk. Geosynklinale; starker Vulkanismus | Leitfossilien sind Brachiopoden, Kopffüßer u. Fische; im Mitteldevon erste Insekten, Farne, Schachtelhalme u. Bärlappgewächse |
| | Silur | | 438 | Höhept. der kaledon. Gebirgsbildung | erstes Auftreten der Fische, im obersten Silur der ersten Gefäßpflanzen (Landbewohner); reiche marine Fauna, u. a. riffbildende Korallen, Graptolithen (Leitfossilien) |
| | Ordovizium | | 505 | fortschreitende Meeresüberflutung, lebhafter Vulkanismus | erstes Auftreten der Graptolithen u. Korallen; daneben Brachiopoden, Echinodermen, Kopffüßer, Trilobiten |
| | Kambrium | | 590 | weiteres Vordringen des Meeres, Entstehung der kaledon. Geosynklinale, Magmatismus | erstes Auftreten der Trilobiten (Leitfossilien), Brachiopoden, Echinodermen, Kopffüßer |
| Erdfrühzeit (Präkambrium) | Proterozoikum | | etwa 2 500 | Vereisungen, Entstehung der ersten Kontinente | Abdrücke von Spiculä, Quallen, Seefedern, Arthropoden Stromatolithen (Kalkausscheidungen v. Cyanobakterien), Algenreste |
| | Archaikum | | etwa 4 000 | Bildung der ältesten Erdkrustenteile | Entstehung des Lebens |

G

H. George

che *sphär. G.* Prakt. wicht. ist z. B. die *darstellende G.,* die geometr. Gebilde durch die ↑Projektion auf Ebenen abbildet. Zu unterscheiden ist die ↑euklid. G. v. der ↑nichteuklid. G.

**geometrischer Ort,** Punktmenge, die best. geometr. Bedingungen genügt. Die Mittelsenkrechte einer Strecke ist z. B. der g. O. aller Punkte, die v. den Endpunkten der Strecke gleiche Entfernung haben.

**geometrisches Mittel,** *n*-te Wurzel aus dem Produkt von *n* Zahlen; das g. M. aus *a, b, c* ist:

$$\sqrt[3]{a \cdot b \cdot c}.$$

**Geomorphologie** [gr.], Lehre von den Oberflächenformen der Erdoberfläche; beschreibt u. erforscht deren Entstehung und Weiterbildung.

**Geophysik** [gr.], Wiss. von den physikal. Erscheinungen in u. auf der Erde u. in der Erdatmosphäre.

**Geopolitik** [gr.], Lehre von der Bed. geograph. Verhältnisse für die Politik.

**Georg,** hl. Märtyrer unter Diokletian, bes. in der Ostkirche gefeiert; einer der 14 Nothelfer.

**Georg,** *Bayern-Landshut:* **1) G. der Reiche,** *1455, †1503, Hzg. s. 1479; vererbte sein Land Ruprecht v. der Pfalz. – *Griechenland:* **2) G. I. (Prinz Wilhelm v. Dänemark),** *1845, †1913, 1863 als Nachf. Ottos I. zum Kg. der Hellenen gewählt; ermordet. **3) G. II.,** *1890, †1947, Enkel v. 2), Kg. s. 1922; 1924 und 1941 in Großbrit. im Exil. – *Großbritannien/Hannover:* **4) G. I. Ludwig,** *1660, †1727, Krfst. s. 1698, brit. Kg. s. 1714; reg. mit den lib. Whigs; konnte die Hzgt. Bremen u. Verden gewinnen. **5) G. II. August,** *1683, †1760, Sohn u. s. 1727 Nachf. v. 4), gründete die Univ. Göttingen u. das Brit. Museum; unterstützte im Östr. Erbfolgekrieg Maria Theresia, im Siebenjähr. Krieg Preußen. **6) G. III. Wilhelm Friedrich,** *1738, †1820, Enkel v. 5), Kg. s. 1760; musste 1783 die Unabhängigkeit der nordamer. Kolonien anerkennen. **7) G. IV. August Friedrich,** *1762, †1830, Sohn und Nachf. v. 6), s. 1811 Prinzregent, s. 1820 Kg. – *Großbritannien:* **8) G. VI.,** *1895, †1952, Kg. s. 1936 nach Abdankung seines Bruders Eduard VIII. – *Hannover:* **9) G. V.,** *1819, †1878, Kg. s. 1851; 1866 als Gegner Preußens entthront.

**George, 1)** Götz, dt. Schauspieler, *1938; Sohn v. 2); „Schimanski" in der Fernsehserie „Tatort". **2)** Heinrich, eigtl. Georg Heinrich **Schulz,** dt. Schauspieler, *1893, †1946; Charakterdarsteller. **3)** Stefan, dt. Dichter, *1868, †1933; harte, formstrenge Spr., Ethos des adl.-geist. Menschen.

**Georgetown** [ˈdʒɔ:dʒtaʊn], Haupt- u. Hafenst. von Guyana, 200 000 E; Univ.; ✈.

**George Town** [ˈdʒɔ:dʒtaʊn], **Penang, Pinang,** Hptst. des malays. Staates Pinang (Penang), 248 000 E; Univ.; Werften; ✈.

**Georgia** [ˈdʒɔ:dʒə], Abk. Ga., Staat der USA, 152 576 km², 6,6 Mill. E, Hptst. Atlanta; Tiefland, im NW gebirgig; Landw.; 75 % der US-Kaolingewinnung.

**Georgi|en,** georg. **Sakartwelo,** russ. **Grusinien,** Rep. im W Transkaukasiens, am Schwarzen Meer; Bev. vorw. Georgier; Tee- u. Tabakanbau, Kohlenbergbau, Maschinen- u. Fahrzeugbau. – *Gesch.:* Im Altertum Existenz versch. Reiche (Kolchis, Iberien), wurde im 4. Jh. christl., 9. bis Anfang 19. Jh. Dyn. der Bagratiden, Blütezeit im 12./13. Jh. 1783 Protektoratsabkommen mit Russland, 1801 v. diesem annektiert. 1918–21 unabhängige Rep.; 1921 v. der Roten Armee besetzt; in der UdSSR 1922–36 Teil der Transkaukas. Föderation, 1936–91 Georg. SSR; 1991 Unabhängigkeit unter dem autoritär regierenden Präs. Swiad Gamsachurdia (1992 gestürzt), danach E. Schewardnadse Staatsoberhaupt. Konflikte mit Abchasien (s. 1989) u. Südossetien (s. 1990) wurden z. T. mil. ausgetragen. Mitgl. der GUS.

**Georgien**

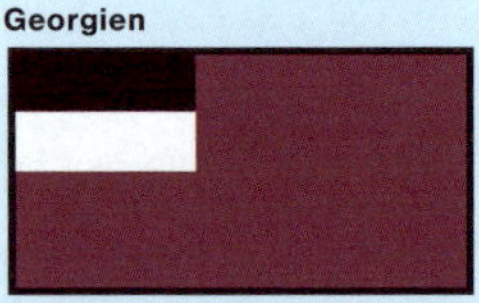

*Fläche:* 69 700 km²

*Einwohner:* 5,4 Mill.

*Hauptstadt:* Tiflis (Tbilissi)

*Amtssprache:* Georgisch

*Zeitzone:* MEZ + 3 Stunden

**Georgi|er, Grusinier,** kaukas. Volk, hpts. in ↑Georgien, in Russland, der Türkei u. im Iran.

**Geotektonik,** Lehre von den Krustenbewegungen, Massenverlagerungen u. magmat. Erscheinungen der äußeren Erdschale.

**Geotropismus** [gr.], **Erdwendigkeit,** Vermögen der Pflanzen, ihr Wachstum nach der Schwerkraft zu orientieren.

**geozentrisch** [gr.], die Erde als Mittelpunkt (des Universums) betrachtend; ein *g. Weltsystem* vertrat z. B. ↑Ptolemäus.

**Gepard** [frz.], gefleckte Großkatze der afrik. u. asiat. Steppe, kl. Kopf, hochbeinig; schneller Läufer; wird über 1,30 m lang.

**Gepiden,** ostgerman. Volk, Teilstamm der Goten, errichteten in Ungarn ein Reich, erlagen 567 den Langobarden u. Awaren.

**Ger,** german. Wurfspieß.

**Gera, 1)** Nbfl. der Unstrut, 80 km. **2)** Krst. in O-Thüringen, an der Weißen Elster, 129 700 E; Rathaus (16. Jh.); Theater, Museen; Bergbauschule; botan. Garten; Textil-, Masch.- und Metallindustrie. Verkehrsknotenpunkt Ostthüringens.

**Gerade,** in der euklid. Geometrie die kürzeste Verbdg. zweier Punkte; nicht gekrümmte, nach beiden Seiten unbegrenzte Kurve (Linie).

**gerade Zahl,** eine durch 2 ohne Rest teilbare Zahl.

**Geradflügler,** zusammenfassende Bez. für die Insektenüberordnung Orthopteroidea (Heuschrecken, Ohrwürmer, Gespenstheuschrecken u. a.).

**Geranie** [gr.] ↑Pelargonie.

**Geranium** ↑Storchschnabelgewächse.

**Geräusch,** Gehörwahrnehmungen, die durch nicht period. Schwingungen entstehen.

**Gerberei,** Herst. von Leder aus tier. Häuten; Behandlung der Rohhäute mit Kalk u. Natriumsulfid zwecks Entfernung der Ober- (mit Haaren) u. Unterhaut; Gerbung durch Anlagerung v. ↑Gerbstoffen an Eiweißstoffe der Fasern.

**Gerbsäure,** svw. ↑Tannin.

**Gerbstoffe,** Verbdg., die Eiweiß d. tier. Häute zu Leder verfestigen: 1. *pflanzl. G.:* Gerbrinden u. -hölzer, 2. *mineral. G.:* Salze des Chroms, Aluminiums u. Eisens, 3. *synthet. G.:* Kondensationsprodukte, v. a. aus Phenolen u. Formaldehyd. Gerbende Eigensch. haben auch einige Trane u. Fette.

**Gerechtsame,** [Vor]recht, v. a. Nutzungsrechte an Grundstücken.

**Geriatrie** [gr.], **Altersheilkunde,** Lehre von den Alterskrankheiten.

**Gerichtsbarkeit,** die Verwirklichung der Rechtsordnung durch Streitentscheidung; Rechtspflege.

**Gerichtskosten,** Abgaben an den Staat für die Gewährung der Rechtspflege, u. a. Prozessgebühr.

**Gerichtsmedizin,** veraltete Bez. für ↑Rechtsmedizin.

**Gerichtsstand,** Gerichtsort, an dem die Klage zu erheben ist (im Zivilprozess i. d. R. Wohnsitz des Beklagten). Im Strafverfahren bestimmt in erster Linie der Begehungsort den Gerichtsstand.

**Gerichtsverfassung,** Rechtsvorschriften über Zusammensetzung und Zuständigkeit der ordentl. Gerichte.

**Gerichtsvollzieher,** staatl. Beamter, der nach Vorlegung eines vollstreckb. Titels im Auftrag des Gläubigers u. a. die ↑Pfändung u. Verwertung bewegl. Sachen besorgt.

**geringfügige Beschäftigung,** Tätigkeit, die regelmäßig weniger als 15 Std. wöchentl. ausgeübt wird u. bei der das Entgelt regelmäßig 325€ im Monat nicht übersteigt od. die auf längstens 2 Monate od. 50 Arbeitstage im Jahr begrenzt ist.

G

## GERICHTE

Die G. sind staatl. Organe, die auf der Grundlage des geltenden Rechts Rechtsverhältnisse regeln, gestalten od. aus rechtswidr. Verhalten die rechtl. vorgesehenen Konsequenzen ziehen. Die G. sind die ausschließl. Träger der Rechtsprechung (Art. 92 GG). Die Rechtsprechung hat einen durch ihre Kontrollfunktion im Rechtsstaat gleichwert. Rang neben Legislative u. Exekutive. Die Bindung der G. an das Recht ist oberster Grundsatz (Art. 20 GG). Die G. müssen mit Richtern, die nur dem Ges. verpflichtet sind u. keinen Weisungen unterliegen, besetzt sein. Ehrenamtl. Richtern steht unter dem Vorsitz von Berufsrichtern eine gleichrangige Mitwirkung zu (Schöffen). Der Weg zum G. steht jedermann offen, der durch die öff. Gewalt in seinen Rechten verletzt wird (Rechtsweggarantie, Art. 19 Abs. 4 GG). Jeder hat Anspruch auf rechtl. Gehör bei ihn betreffenden Entscheidungen (Art. 103 GG). Niemand darf seinem gesetzl. Richter, d. h. dem für ihn zuständ. G. entzogen werden. G.verhandlungen sind grundsätzl. mündl. u. öffentl. – *Organisation des Gerichtswesens* in Dtl. (G.verfassung): Die G. sind grundsätzlich Einrichtungen der Länder. Ausgenommen sind das B.-Verf.-Gericht, der Gemeinsame Senat der obersten Gerichtshöfe des Bundes zur Wahrung der einheitl. Rechtsprechung (Sitz Karlsruhe) sowie die 5 obersten Gerichtshöfe des Bundes: 1. B.-Gerichtshof (BGH) in Karlsruhe, 2. B.-Verw.-Gericht (BVG) in Berlin, ab 2002 in Leipzig, 3. B.-Finanzhof (BFH) in München, 4. B.-Arbeitsgericht (BAG) in Erfurt u. 5. B.-Sozialgericht (BSG) in Kassel.

Die Justizverw. untersteht im Allg. dem Justizmin. des zuständ. Landes bzw. dem zuständ. Min. des Bundes (die Arbeitsgerichtsbarkeit fällt z. B. in das Ressort des Arbeitsmin., die Verw.-Gerichtsbarkeit in das des Innenmin.). In Dtl. gibt es Amts-G. (AG), Land-G. (LG), Oberlandes-G. (OLG), das Bayer. Oberste Landes-G. sowie das Kammer-G. in Berlin. Diesen G. obliegt die Ausübung der Zivil- u. Strafgerichtsbarkeit (geregelt im Gerichtsverfassungsges.; GVG). 1. Die *AG:* In Zivilsachen entscheidet der Einzelrichter. Er ist zuständig für vermögensrechtl. Streitigkeiten bis 5 000€ u. ausschließl. für bes. Streitigkeiten. Eine Abt. der AG ist das *Familien-G.* In Strafsachen wird das AG bei best. Verbrechen u. Vergehen durch den Einzelrichter, bei einer über eine best. Grenze hinausgehenden Straferwartung durch das Schöffen-G. (Amtsrichter u. 2 Schöffen; beim erweiterten Schöffen-G. 2 statt 1 Richter) tätig. 2. Die *LG:* entscheiden in Kammern; in Zivilsachen ist das LG mit 3 Berufsrichtern besetzt. Die Zivilkammer ist zuständig: in erster Instanz für vermögensrechtl. Streitigkeiten über 5 000€, für Ansprüche wegen Amtspflichtverletzung u. gg. den Fiskus sowie als Rechtsmittelinstanz für Berufungen u. Beschwerden gg. AG-Entscheidungen, einschl. Handelssachen; in Strafsachen wird das LG tätig in erster Instanz durch die Gr. Strafkammer, in der Hauptverhandlung besetzt mit 3 Berufsrichtern u. 2 Schöffen, bei schweren Vergehen u. bestimmten Verbrechen, bei Kapitalverbrechen durch das *Schwur-G.,* in gleicher Besetzung. Als Rechtsmittelinstanz entscheidet das LG durch die Kl. Strafkammer (1 Berufsrichter, 2 Schöffen) über Berufungen gg. Urteile des Amtsrichters (als Einzelrichter) u. gg. Schöffengerichtsurteile. 3. Die *OLG* entscheiden in Senaten, regelmäßig besetzt mit 3 Berufsrichtern; in Zivilsachen Rechtsmittel-G. für Berufungen u. Beschwerden der AG in Familiensachen sowie gg. erstinstanzl. Entscheidungen des LG; in Strafsachen erstinstanzl. zuständ. für polit. Verbrechen (Staatsschutzsachen); als Rechtsmittel-G. entscheidet das OLG über die Revision gg. Berufungsurteile des LG u. über die mit der Berufung nicht anfechtbaren Urteile des AG, ausnahmsweise über die Revision gg. erstinstanzl. Urteile des LG, wenn die Revision ausschließl. auf die Verletzung von Landesrecht gestützt wird. 4. Der *BGH* entscheidet in Senaten, besetzt mit 5 Richtern (1 Vors. u. 4 B.-Richter); in Zivilsachen ist der BGH Revisionsinstanz für Berufungsurteile der OLG u. ausnahmsweise für erstinstanzl. LG-Urteile (Sprungrevision); in Strafsachen: Rechtsmittel-G. für Revision gg. erstinstanzl. Urteile des OLG u. des LG, soweit nicht die Zuständigkeit des OLG begründet ist. – Bei beabsichtigter Abweichung eines Senats von der bisher. Rechtsprechung tritt der Gr. Zivilsenat (Präs. des BGH u. je ein Mitgl. der Zivilsenate) od. der Gr. Strafsenat (Präs. des BGH u. je 2 Mitgl. der Strafsenate) zus. Bei beabsichtigter Abweichung eines Zivilsenats von einer Entscheidung eines Strafsenats od. umgekehrt entscheiden die Vereinigten Gr. Senate. – Die *Verwaltungs-G.* sind zuständig für allg. öff.-rechtl. Streitigkeiten, die *Finanz-G.* für Abgabenangelegenheiten, die *Arbeits-G.* für privatrechtl. Streitigkeiten zw. Arbeitnehmern u. -gebern sowie für Streitigkeiten zw. Tarifparteien, die *Sozial-G.* für öff.-rechtl. Streitigkeiten über Sozialversicherung, Arbeitslosenversicherung, Kriegsopferversorgung, Streitigkeiten zw. Ärzten u. Krankenkassen od. kassenärztl. Vereinigungen (↑freiwillige Gerichtsbarkeit).

**Gerinnung,** Vorgang, der durch Ausflockung v. Eiweißstoffen aus einer kolloidalen Lösung gekennzeichnet ist, z.B. ↑Blutgerinnung.

**Gerlach,** Walther, dt. Physiker, *1889, †1979; Arbeiten u.a. über Wärmestrahlung, Atombau u. Magnetismus, über experimentelle Grundlagen der Quantentheorie mit O. Stern *(Stern-G.-Versuch).*

**germanische Kunst:** *Bügelfibel aus Soest (6. Jh.)*

**Germanen,** Teilgruppe der Indogermanen, in ↑Germanien; erste Nachrichten durch Caesar u. Tacitus („Germania"). Gliederung in *Nordsee-G.* (Friesen, Chauken, Sachsen), *Rhein-Weser-G.* (u.a. Cherusker, Chatten), *Elb-G.* (Langobarden, Semnonen, Markomannen, Quaden), *Oder-Warthe-G.* (Lugier, Wandalen), *Weichsel-G.* (Rugier, Burgunder, Goten) u. *Ostsee-G.* (kleinere südskandinav. Stämme); 113 v.Chr. (Noreia) erster Zusammenstoß mit den Römern, die unter Augustus weit in das rechtsrhein. Germanien vordrangen. Nach der Niederlage in der Varusschlacht (9 n.Chr.) Zurücknahme der röm. Reichsgrenze an den Rhein; 166–180 erster german. Großangriff an der Donaugrenze (↑Markomannen), im 3. Jh. Durchbrechung des ↑Limes durch die Alemannen, während der ↑Völkerwanderung Gründung german. Reiche.

**Germanilen,** lat. **Germania,** im Altertum das v. Germanen bewohnte mitteleurop. Gebiet, das sich in die 2 röm. Prov. *Germania inferior* (Köln) u. *Germania superior* (Mainz) u. das nichtröm. freie G. gliederte.

**germanische (altnordische) Religion und Mythologie,** durch archäolog. (bronzezeitl. Felsritzungen, Kultgegenstände) u. wenige schriftl. Quellen (Tacitus, Edda) belegte Kosmologie u. Götterverehrung der nord- u. westgerman. Völker. Man unterschied *Asen* u. die älteren *Vanen*. Wichtigste Götter waren Odin (Wodan), Baldr, Thor (Donar), Loki, oberste Göttin war Frigg; daneben viele Naturgeister u. -dämonen. Der Kult bestand in Tier- u. Menschenopfern.

**germanische Kunst,** das kunsthandwerkl. Schaffen im german. besiedelten Europa von der röm. Kaiserzeit bis (in Nordeuropa) zum Ende der Wikingerzeit. Abgesehen von Keramik mit oft reichem Dekor sind v.a. Arbeiten aus Bronze, Eisen (Fibeln, Beschläge, Verzierungen an Waffen u.a.) und auch Stein überliefert. Kennzeichnend waren Kerbschnittdekor, Bandgeflecht u. bes. die Tierornamentik, die bis um 800 n.Chr. in M-Europa und bis kurz nach 1100 in Skandinavien und auf den Brit. Inseln verbreitet war (3 Tierstile). In der Völkerwanderungszeit Schmuck der Fibeln durch Filigran u. Granulation.

**germanische Sprachen,** Sprachgruppe des idgm. Sprachstammes; charakterisiert v.a. durch den auf die Stammsilbe festgelegten, vorher freien Wortakzent u. durch die erste Lautverschiebung; Fortentw. einer [angenommenen] urgerman. Spr.; herkömml. Gliederung: O-German. (Got., Burgund. u.a. Sprachreste), N-German. (Schwed., Dän., Norweg., Isländ.), W-German. (Engl., Fries., Niederl., Deutsch).

**Germanistik** [lat.], dt. (auch german.) Sprach- u. Literaturwiss.; i.w.S. Wiss. von der Gesamtkultur der Germanen, ihrer Geschichte, Sprache, Sitte usw.

**Germanium,** Symb. **Ge**, chem. El., OZ 32, rel. A.-Masse 72,61, Dichte 5,323 g/cm³, Fp. 938,2 °C, Sp. 2833 °C; sprödes, grauweißes Halbmetall; Verwendung zur Herst. von Transistoren u.a.

**germinal** [lat.], den Keim betreffend.

**Gero,** Markgf. der Ostmark, *um 900, †965; Kämpfe gg. die Slawen.

**Gerolstein,** St. u. Kurort in der Eifel, RP, 7300 E; Mineralquellen.

**Gerona** [xe'rona], nordostspan. Prov.-Hptst., 71000 E; maler. Altst., got. Kathedr.; Textilind.; ✠.

**Geronten** ↑Gerusia.

**Gerontologie** [gr.], Wiss., die sich mit den körperl., psych. u. sozialen Aspekten des Alterns beschäftigt; auch Alternsforschung.

G. Gershwin

**Gershwin** ['gə:ʃwɪn], George, amer. Komponist, *1898, †1937; „Rhapsody in blue", „Ein Amerikaner in Paris", „Porgy and Bess".

**Gerste,** Grasgatt.; *Saat-G.,* eine der ältesten Getreidearten.

**Gerstenfleckigkeit** ↑Pflanzenkrankheiten (Übers.).

**Gerstenkorn, Hagelkorn,** Entzündung und Vereiterung einer Talgdrüse am Augenlid.

**Gerstenmaier,** Eugen, dt. Politiker (CDU), *1906, †1986; Mitgl. des Kreisauer Kreises, nach dem 20. Juli 1944 zu Zuchthaus verurteilt; 1954–69 Präs. des Dt. Bundestages.

**Gerstenstreifigkeit** ↑Pflanzenkrankheiten (Übers.).

**Geruchsorgane, Riechorgane, olfaktor. Organe,** der Wahrnehmung von Geruchsstoffen dienende chem. Sinnesorgane bei tier. Organismen und beim Menschen. Die Geruchssinneszellen (Osmorezeptoren) liegen bei Wirbellosen i.A. über den ganzen Körper verstreut: Spinnen u. Krebse tragen sie an den Extremitäten, Insekten vorwiegend an den Anten-

**Gerste:** *Saatgerste*

nen. Bei den Wirbeltieren sind die Geruchssinneszellen stets in einem als ↑Nase bezeichneten Organ vorn am Kopf vereinigt.

**Geruchssinn, Geruch, Riechsinn,** durch niedrig liegende Reizschwellen ausgezeichneter Fernsinn, der mithilfe bes. Geruchsorgane als chem. Sinn die Wahrnehmung von (gasförmigen) Geruchsstoffen ermöglicht.

**Geruchsverschluss, Siphon** ['zifɔ̃; frz.], u-förm. Rohr oder Bechergefäß in Abwasserleitungen; verhindert durch Wasserabschluss den Rücktritt v. Abgasen.

**Gerusia** [gr.], in antiken griech. Stadtstaaten Rat der Alten, in Sparta 28 Mitgl. *(Geronten),* mind. 60 Jahre alt.

**Gesamtdeutscher Block/Block der Heimatvertriebenen und Entrechteten, GB/BHE,** 1952–61 Bez. des BHE.

**Gesamthandsgemeinschaft,** Gemeinschaft v. Personen, denen ein Recht an einem Vermögen gemeinschaftl. zusteht; jeder Berechtigte hat ideellen Anteil am *Gesamthandseigentum,* über das aber nur gemeinschaftl. verfügt werden kann.

**Gesamthochschule,** Hochschule, in der traditionelle Ausbildungsstätten des tertiären Bildungssektors (Univ., Hochschulen, Fachhochschulen) organisatorisch zusammengefasst sind und innerhalb der einzelnen Fachrichtungen [ausgerichtet an versch. Studienzielen] nach Inhalt, Dauer und Abschluss unterschiedl. Studiengänge angeboten werden.

**Gesamtschule,** eine Schulform, die mehrere Bildungsgänge traditioneller Schularten (Haupt-, Realschule, Gymnasium) zusammenfasst.

**Gesang,** Bez. für die von einem einzelnen (Solo-G.) oder mehreren Sängern zugleich (Chor-G.) ausgeübte Tätigkeit des Singens wie auch für eine abgeschlossene musikal. Einheit (G.sstück).

**Geschäftsfähigkeit,** Fähigkeit, rechtswirksame Handlungen selbst. vorzunehmen; mit Vollendung des 18. Lebensjahres erlangt. Kinder bis 7 J. sind geschäftsunfähig, Jugendliche bis 18 J. beschränkt geschäftsfähig. – Nach *östr. Recht* beginnt d. G. mit 19 J. Im *schweizer. Recht* entspricht der G. d. Handlungsfähigkeit (ab 18 J.).

**Geschäftsgeheimnis, Betriebsgeheimnis,** betriebsinterne Tatsachen, an deren Geheimhaltung der Unternehmer ein berechtigtes Interesse hat.

**Geschäftsjahr,** Zeitabschnitt von höchstens 12 Monaten, für den der Jahresabschluss aufzustellen ist, muss nicht mit dem Kalenderjahr übereinstimmen.

**Geschäftsträger,** Vertr. des Botschafters, Gesandten od. deren rangniedrigerer Vorläufer.

**Geschichte,** Geschehenszusammenhang, in dem die Menschheit als Ganzes *(Welt-, Universal-G.)* oder ein Kulturkreis *(Kultur-G.),* ein Staat, ein Volk, eine Stadt *(Stadt-G.)* erwachsen ist und sich verändert hat, vermittelt durch die *Geschichtswissenschaft,* die v.a. die histor. Quellen untersucht.

**Geschichtsklitterung,** Bez. für eine die Tatsachen entstellende Geschichtsdarst. (nach dem Roman von J. Fischart, 1575).

**Geschichtsphilosophie,** Deutung der Geschichte (Frage nach Sinn, Gesetzmäßigkeiten u. Strukturen histor. Geschehens) sowie Erforschung histor. Erkenntnismöglichkeiten u. der Methodologie der Geschichtsschreibung.

**Geschichtsschreibung,** Darst. histor. Geschehens, der Geschichte; *referierende* („erzählende"), *pragmat.* („lehrreiche") u. *genet. G.,* die jede geschichtl. Erscheinung als Gewordenes auffasst.

**Geschiebe,** von Gletschern, Inlandeis od. Wasser transportierte Gesteinsbrocken, oft kantengerundet u. gekritzt; *G.lehm,* verwitterter, dadurch entkalkter G.mergel, mit vielen Gesteinsblöcken *Blocklehm; G.mergel,* kalk., inhomogenes Mischgestein (Ton, Schluff, Sand, Kies).

**Geschlecht, 1) Sexus,** die besondere Ausprägung von Lebewesen als ♂ Gameten (♂ G.) u. ♀ Gameten (♀ G.) hervorbringende Individuen; zeigt sich im sexuellen ↑Dimorphismus; ↑Zwitter. **2)** die Angehörigen eines Stammes, eines Familienverbands (Blutsverwandtschaft). **3)** svw. ↑Genus. **4)** soziale u. soziokulturelle Kategorie, die die – postulierte – Spezifik u. Differenz von Männlichem u. Weiblichemumschreiben soll.

**Geschlechterforschung, Gender-Studies** ['dʒendəstʌdiz], interdisziplinärer wiss. Forschungsansatz, der d. sozialen Verhältnisse zw. Männern u. Frauen untersucht, wie sie sich histor. herausgebildet haben u. sich in den versch. Kulturen darstellen.

**Geschlechtschromosomen** ↑X-Chromosom, ↑Y-Chromosom.

**Geschlechtsdrüsen, Keimdrüsen, Gonaden,** drüsenähnl. Organe der ♂ (Hoden) u. der ♀ (Eierstock) Tiere u. Menschen, in denen die Keimzellen u. Geschlechtshormone gebildet werden.

**Geschlechtshormone,** svw. ↑Sexualhormone.

**Geschlechtskrankheiten,** meist durch Geschlechtsverkehr übertragene akut od. chron. verlaufende Infektionskrankheiten (↑Tripper, ↑Syphilis, weicher ↑Schanker, ↑Lymphogranuloma venereum); meldepflichtig.

**Geschlechtsmerkmale,** *primäre G.:* ↑Geschlechtsorgane; *sekundäre G.:* Wuchs, Brust, Haarwuchs, Stimme u.a.

**Geschlechtsorgane, Fortpflanzungsorgane, Genitalien,** die der Fortpflanzung dienenden Organe der Lebewesen. Beim *Mann:* Hoden, Nebenhoden, Samenleiter; Anhangsgebilde: Samenblase, Prostata, cowpersche Drüsen; Begattungsorgan: Penis. Bei der *Frau:* Eierstock, Eileiter, Gebärmutter, Scheide, Scham (mit Schamlippen u. Klitoris) – Abb. S. 254.

**Geschlechtsreife,** Periode des Eintretens der Fortpflanzungsfähigkeit; beim Menschen ↑Pubertät.

**Geschlechtsumwandlung,** Bez. für alle chirurg. u. hormonellen Maßnahmen zur Korrektur des Geschlechts bei Transsexualität; rechtl. geregelt im *Transsexuellen-G.* v. 1980 (geändert durch G. v. 1998).

**Geschlechtsverkehr, Beischlaf, Koitus,** genitale Vereinigung beim Menschen durch Einführen des Penis in die Vagina (entspr. der Begattung bei Tieren); biolog. Funktion des G.: Übertragung männl. Keimzellen in den weibl. Organismus mit der mögl. Folge einer Befruchtung und Schwangerschaft; psycholog. Funktion: v.a. Befriedigung des Geschlechtstriebs.

**Geschlechtswort** ↑Artikel.

**Geschlechtszellen** ↑Gameten.

**Geschmacksmuster,** Muster od. Modelle, die ästhet. wirken u. rechtl. schutzfähig sind, wenn sie als neues u. eigentüml. Erzeugnis anzusehen sind.

**Geschmackssinn, Geschmack, Schmecksinn,** chem. Nahsinn zur Wahrnehmung von Nahrungsstoffen u. zum Abweisen ungenießbarer bzw. schädl. Substanzen beim Menschen und bei Tieren. Die *Geschmackssinneszellen (Geschmacksrezeptoren)* sprechen auf gelöste Substanzen *(Geschmacksstoffe)* an.

**Geschwader, 1)** Verband v. Kriegsschiffen (Marine). **2)** fliegender Verband mehrerer Staffeln (Luftwaffe).

**Geschwindigkeit,** Formelzeichen *v*, der in der Zeiteinheit zurückgelegte Weg; spezielle Ausbreitungs-G. sind *Licht-* u. *Schall-G.;* SI-Einheit: m/s; weitere gült. Einheiten: km/h, in der Seefahrt ↑Knoten. – *G.messer:* ↑Tachometer.

**Geschworene,** fr. Laienrichter des Schwurger.; heute ↑Schöffe.

**Geschwulst, 1)** allg. lokalisierte Anschwellung. **2) Tumor,** Gewebeneubildung; *gutart. G.:* langsam wachsend, keine ↑Metastasen bildend (Myom, Fibrom); *bösart. G.:* schneller wachsend, führt durch infiltrierendes Wachstum zum Verlust von Zell- u. Gewebefunktionen (Karzinom, Sarkom).

**Geschwür, Ulkus,** durch Gewebezerfall entstehender örtl. Substanzverlust von Haut oder Schleimhaut.

**Gesellenbrief** ↑Auszubildender.

**Gesellschaft,** die im staatl., wirtsch. u. geist. Leben zusammenwirkende Gesamtheit der Individuen als Träger der soz. Beziehungen; nach den unterschiedl. wirtschaftl. und polit.-staatl. Ordnungen Unterscheidung versch. *G.-Systeme (G.-Ordnungen).*

**Gesellschaft des bürgerlichen Rechts, BGB-Gesellschaft,** §§ 705 ff. BGB, vertragl. Zusammenschluss zweier od. mehrerer Personen zur Erreichung eines gemeinsamen Zieles.

**Gesellschaft für deutsche Sprache,** Wiesbaden, 1947 in Lüneburg gegr. Verein zur Pflege u. Erforschung der dt. Spr.; Nachfolgerin des *Dt. Sprachvereins.*

**Gesellschaft Jesu** ↑Jesuiten.

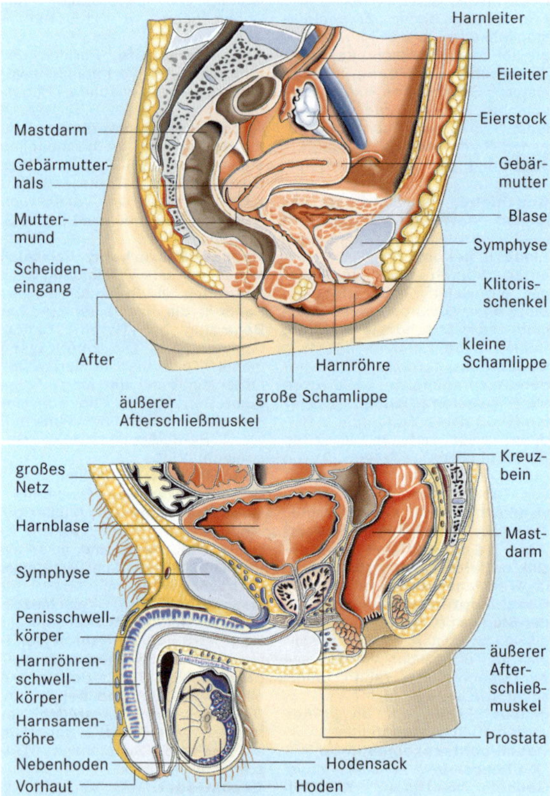


**Geschlechtsorgane** *des Menschen: oben weibliche, unten männliche Beckenorgane (Längsschnitt)*

**Gesellschaft mit beschränkter Haftung** ↑GmbH.

**Gesellschaftsinseln,** zu ↑Französisch-Polynesien gehörende Inselgruppe im Pazifik, 1 647 km²; Koralleninseln u. einige erloschene Vulkane; seit 1840 französisch.

**Gesellschaftsvertrag** ↑Contrat social.

**Gesetz, 1)** immanentes Ordnungsprinzip. **2)** gesetztes, mit öff. Autorität versehenes Recht, kodifiziert im *G.buch* (Kodex, Code) eines Landes.

**Gesetzesvorbehalt,** die v. der Verf. ausdrückl. vorgesehene Möglichkeit, ein Grundrecht durch Ges. einzuschränken.

**Gesetzgebung,** Ausarbeitung, Beratung u. Beschluss v. Gesetzen; in Demokratien durch die gesetzgebenden Körperschaften.

**gesetzliche Erbfolge** ↑Erbrecht.

**gesetzlicher Vertreter,** Stellvertreter, dessen Vertretungsmacht auf Gesetz beruht, z. B. Eltern für minderjähr. Kind.

**ges. gesch.,** Abk. für: **ges**etzlich **gesch**ützt.

**Gesicht, 1)** vorderer Teil des Kopfes. **2)** svw. ↑Vision; *Zweites G.:* übersinnl. Wahrnehmung.

**Gesichtsfeld,** der mit einem od. beiden Augen übersehbare Teil des Raumes.

**Gesichtsneuralgie,** Schmerzen im Bereich eines Gesichtsnervs, v. a. des ↑Trigeminus.

**Gesichtssinn, Gesicht,** die Fähigkeit von Organismen, sich mithilfe der im Gesicht lokalisierten Augen als Lichtsinnesorganen in der Umwelt zu orientieren.

**Gespenst,** Spukgestalt des Volks- u. Aberglaubens.

**Gesprächstherapie, klientenzentrierte Psychotherapie,** v. C. R. Rogers entwickelte psychotherapeut. Methode, die dem Klienten durch Einfühlung (Empathie) u. Akzeptanz vonseiten des Therapeuten ermöglichen soll, seine Probleme selbst zu lösen.

**Geßler, Grybler,** Hermann, gen. **G. v. Bruneck,** der Sage nach tyrann. Landvogt in Uri; angebl. von Tell getötet.

**Gestagene** [lat.; gr.], Steroidhormone; ♀ ↑Sexualhormone, Hauptvertreter ist Progesteron (↑Gelbkörper).

**Gestapo,** Abk. für: **Ge**heime **Sta**ats**po**lizei; s. 1933 polit. Polizei zur Verfolgung aller v. nat.-soz. Regime als polit. Vergehen u. Verbrechen bez. Handlungen; sie konnte Schutzhaft in Gefängnissen u. KZ verhängen, foltern, hinrichten.

**Geste** [lat.], Körperbewegung als

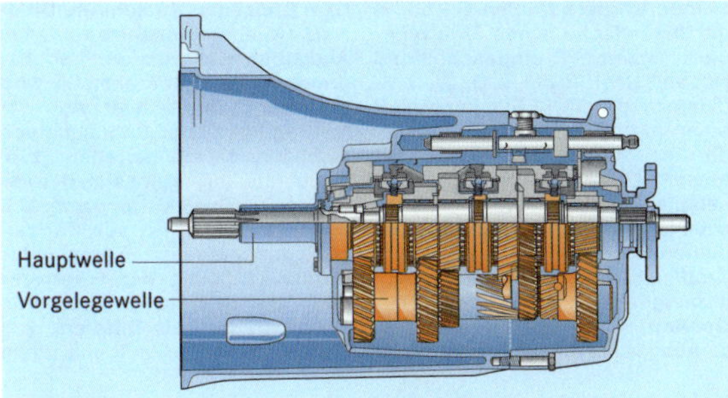


**Getriebe:** *vollsynchronisiertes 5-Gang-Getriebe*

Ausdruck einer bestimmten inneren Haltung.

**Gesteine,** natürl. Bildungen der Erdkruste aus einem Mineralgemenge, einer einzigen Mineralart od. organ. Resten; Kennzeichnung durch gesteinsbildende ↑Minerale als Haupt-, Neben- od. akzessor. Gemengeteile, durch Gefüge u. Lagerung; nach der Entstehung der G. unterscheidet man ↑magmat. G., ↑Sediment-G. u. ↑metamorphe G.; eine Zwischenstellung nehmen die ↑Migmatite ein.

**Gestikulation** [lat.], Gebärde[nsprache].

**Gestüt,** Zuchtstätte für Pferde; *G.szeichen,* eingebrannte Zeichen als Herkunftsnachweis.

**Gesundheitsamt,** Behörde zur Überwachung der öff. Hygiene.

**Gesundheitszeugnis,** amtsärztl. Bescheinigung über den Gesundheitszustand einer Person u. das Nichtvorhandensein von ansteckenden Krankheiten.

**Geszty** ['gɛsti], Sylvia, dt. Sängerin ungar. Abkunft (Koloratursopran), *1934.

**Gethsemane,** Garten am Fuß des ↑Ölbergs; Ort der Gefangennahme Jesu.

**Getränkesteuer,** kommunale Steuer auf die entgeltl. Abgabe bestimmter alkohol. u. nichtalkohol. Getränke; nur z.T. noch in Hessen erhoben; 2000 vom Europ. Gerichtshof für nicht mit EG-Recht vereinbar erklärt.

**Getreide,** aus Grasarten gezüchtete Kulturpfl.: Roggen, Weizen, Gerste, Hafer, Reis, Hirse, Mais; verwendet werden die Körner.

**Getreidehähnchen** ↑Pflanzenkrankheiten (Übers.).

**Getreidelaufkäfer** ↑Pflanzenkrankheiten (Übers.).

**Getreidemehltau** ↑Pflanzenkrankheiten (Übers.).

**Getriebe,** Vorrichtung zur Übertragung u. Umformung von Bewegungen u. Energien, meist zur Übertragung einer Drehbewegung von einer Welle auf eine andere (Drehmomentwandler). Formen (ben. nach dem typ. Glied): Schrauben-G., Kurbel-G., Zugmittel- od. Rollen-G., Sperr-G., Räder-G., Flüssigkeit-G. Bei Kfz *Schalt-G.* zur „Gangschaltung", handbetätigt oder sich automat. den jeweiligen Bedingungen anpassend *(automat. Getriebe).*

**Getter,** Substanz, mit der Restgase in Hochvakuumgefäßen gebunden werden.

**Getto, Ghetto** [ital.], Bez. für ein von Juden zunächst freiw., seit dem MA zwangsweise bewohntes, streng abgesondertes Stadtviertel. Heute auch Bez. für einen Ort, in dem rass. od. relig. Minderheiten in aufgezwungener Segregation leben, auch für Leben in geistiger u. polit. Unterdrückung.

**Gettysburg** ['getɪsbə:g], St. in S-Pennsylvania, USA, 7300E; 1863 Sieg der Unionsarmee über die Konföderierten.

**Geusen** [frz.; = Bettler], urspr. Spott-, dann Ehrenname der im 16. Jh. gg. die Spanier kämpfenden Niederländer.

**Gewächshaus,** [erwärmtes] Glashaus zur [Früh]zucht von Pflanzen; je nach Temp. *Kalt-* od. *Warmhaus (Treibhaus).*

**Gewährleistung** ↑Mängelhaftung.

**Gewaltenteilung,** Trennung v. ↑Judikative, ↑Exekutive u. ↑Legislative; tragendes demokrat. Gestaltungsprinzip seit Montesquieu.

**Gewaltverzicht,** im Völkerrecht Verzicht auf Androhung od. Anwendung v. Gewalt zur Lösung strittiger Fragen (u.a. in der UN-Charta); die BRD erklärte den G. bereits 1954.

**Gewandhaus, Tuchhalle,** im späten MA von den Gilden der Gewandschneider errichtetes Lager-, Verkaufs-, Fest- u. Repräsentationshaus, u.a. in Brügge u. Leipzig (Neubau als Konzerthaus).

**Gewebe, 1)** Verband v. Zellen mit gemeinsamer Aufgabe u. gleichem Bau, als Bauel. pflanzl. u. tier. Organismen. **2)** textiles Flächengebilde aus 2 rechtwinklig sich kreuzenden Fadensystemen (*Kette* [Längs-] u. *Schuss* [Querfäden]).

**Gewebekultur,** Züchten von Zellen höherer Organismen (z.B. menschl. Tumorzellen) auf bzw. in Nährmedien.

**Gewehr,** Handfeuerwaffe mit langem Lauf; für mil. Zwecke (z.B. Schnellfeuer-G., Kaliber meist 7,62 mm), für Jagd (z.B. Flinte), Sport (z.B. Luft-, Kleinkaliber-G.).

**Geweih,** paar. Knochenauswuchs des Stirnbeins bei ♂ Hirschen (auch beim ♀ Ren); G.masse zuerst weich, von ↑Bast umgeben; wird jährl. abgeworfen u. erneuert (zunehmende Gabelung); beim Rehbock auch *Gehörn* gen., bei Damwild u. Elch *Schaufeln;* Rehbock u. Hirsch nach Anzahl der G.enden bez.: *Spießer* mit unverzweigtem G., *Gabler, Sechsender,* beim Hirsch weiter *Acht-, Zehn-, Zwölf-, Zwanzigender (Kapitalhirsch).*

**Gewerbe,** jede planmäß., auf Gewinnerzielung gerichtete, selbst. wirtsch. Tätigkeit mit Ausnahme der Urproduktion (bes. Land- u. Forstwirtsch.) u. der freien [wiss. u. künstler.] Berufe, bes. Handwerk, Handel, Ind., Verkehr. Gesetzl. Regelung in der *G.ordnung* u. den gewerbl. Nebengesetzen. Die *G.aufsicht,* die Überwachung der Einhaltung der Bestimmungen über Arbeitszeit, Betriebssicherheit u. Arbeitsordnung, obliegt bes. den *G.aufsichtsämtern.*

**Gewerbefreiheit,** Prinzip, nach dem jeder zum Gewerbebetrieb zugelassen ist, wenn er die gesetzl. Voraussetzungen erfüllt.

**Gewerbesteuer,** [Gem.-]Steuer auf alle Gewerbebetriebe; Bemessungsgrundlage: Gewerbeertrag *(Gewerbeertragsteuer).*

**gewerblicher Rechtsschutz,** Schutz der geistig-gewerbl. Betätigung durch Vorschriften des Patent-, Gebrauchsmuster-, Geschmacksmuster-, Marken- u. Wettbewerbsrechts.

**Gewerkschaft** ↑Gewerkschaften (Übers.).

**Gewicht,** umgangssprachl. Bez. für die durch Wägung ermittelte Masse eines Körpers. – *G.kraft,* die Kraft, mit der ein Körper v.

Schwerefeld eines Himmelskörpers, z. B. der Erde, angezogen wird (↑Gravitation).

**Gewichtheben,** schwerathlet. Sportart, bei der ein Gewicht durch Reißen od. Stoßen zur Hochstrecke gebracht wird.

**Gewichtsklassen,** verbindl. Klassifikation nach dem Körpergewicht, um notwendige Voraussetzungen für einen objektiven sportl. Leistungsvergleich zu schaffen.

**Gewinde,** in Form einer Schraubenlinie in die Außenfläche eines zylindr. Körpers *(Außen-G.)* od. in die Innenfläche eines Hohlzylinders *(Innen-G.)* eingeschnittene Nut von best. Profil, z. B. *Spitz-G.* (Dreiecksprofil, Flankenwinkel beim *metr. G.* 60°), *Trapez-G.*, die es ermöglicht, zwei mit entspr. Außen- u. Innen-G. versehene Maschinenteile lösbar miteinander zu verbinden. G. dienen zur Befestigung sowie Kraft- und/oder Bewegungsübertragung.

**Gewinn,** Differenz zw. Einnahmen u. Ausgaben, Ertrag u. Aufwand bzw. Erlösen u. Kosten. Die Differenz zw. allen Einnahmen u. allen Ausgaben während der Lebensdauer eines Unternehmens wird als *Total-G.* bezeichnet. Aus der Notwendigkeit der Ermittlung von G.größen für Teilperioden (z. B. Geschäftsjahr) ergibt sich der *Perioden-G. (Buch-G., pagator. G.).* Der *Bilanz-G.* ist der von Kapitalges. ausgewiesene Erfolg unter Berücksichtigung der G.verwendung, der *Betriebs-G. (kalkulator. G.)* ergibt sich als Differenz von Leistung (Erlös) u. aufgewandtem

## GEWERKSCHAFTEN

Die G. sind Organisationen v. Arbeitnehmern zur Durchsetzung ihrer soz. Interessen. Bei Zugehörigkeit zu Dachorganisationen auf nat. od. internat. Ebene sind die G. nach Fachberufen, Tätigkeitsmerkmalen od. Beschäftigungszweigen sowie regional organisiert. Die G. legen f. die Berufs- od. Industriezweige best. Länder od. Bezirke mit dem Tarifpartner, dem entspr. Arbeitgeberverband od. Arbeitgeber, Tarifverträge fest. – Ziele der G.: gerechter Anteil am Sozialprodukt u. arbeitsgerechte Löhne, Verminderung der Arbeitszeit, ausreichender Arbeitsschutz, soz. Sicherheit (dauernde Beschäftigung, Existenzsicherung bei Konjunkturschwankungen), Mitbestimmung im Betrieb, polit. Repräsentation der Arbeitnehmer zur Verstärkung des polit. Gewichts. – Zur Durchsetzung ihrer Interessen steht den G. – obwohl keine jurist. Personen – die Parteifähigkeit im Prozess vor dem Arbeitsgericht zu, das Recht, bindende Verträge mit staatl. anerkannten Mindestbedingungen festzulegen, ggf. den Streik auszurufen. – Der innere Aufbau ist demokrat., hauptamtl. Funktionäre übernehmen Organisation u. Verw. Die G. finanzieren sich durch die Beiträge der Mitglieder.

Die mod. G. sind bewusst Mitträger der staatl. Gesamtordnung u. werden auch als solche betrachtet. Die Kollektivvereinbarungen sind vom Staat als soz. u. rechtl. Institution anerkannt (Tarifautonomie). In den sozialist. Staaten hatten die G., entsprechend der unterschiedl. Wirtschafts- u. Gesellschaftsordnung, andere Aufgaben (Erziehung zu sozialist. Bewusstsein u. Arbeitsdisziplin, Planerfüllung u. a.).

*Geschichte:* G. waren im 19. Jh. Selbsthilfeinstrumente soz. schwacher Gruppen, zunächst als Vereinigung qualifizierter Facharbeiter zu gegenseit. Hilfe (in Großbrit. u. den USA: Friendly Society, Mutual Association). Die ersten Zusammenschlüsse waren durch zeitl. Notstände bedingt u. polit. neutral. Als Fremdkörper der Wirtschaftsordnung wurden die G. dem Koalitionsverbot unterworfen. In Dtl. bildeten sich 1846 Kolpings kath. Gesellenverein, 1848 S. Borns „Allg. dt. Arbeiter-Verbrüderung", 1849 die ersten Genossenschaften v. Schulze-Delitzsch. 1849 wurden die Arbeitervereine v. der dt. Reg. verboten; 1861 Aufhebung des Koalitionsverbots in Sachsen. 1863 gründete Lassalle den „Allg. Dt. Arbeiterverein" (ADAV), aus dem die Sozialdemokrat. Partei hervorging. 1868 Gründung des sozialist. (freien) „Verbandes Dt. Arbeiterschaften" auf dem Allg. Dt. Arbeiterkongress in Berlin sowie der lib. Gewerkvereine v. Hirsch u. Duncker. 1869 Koalitionsfreiheit für gewerbl. Arbeitnehmer. Bismarcks Sozialistengesetz v. 1878 unterbrach die gewerkschaftl. Arbeit bis 1890. Gründung der „Gen.-Kommission der G. Dtl.s" 1890 unter C. Legien, 1901 „Gesamtverband christl. G. Dtl.s" unter A. Stegerwald. Die Weimarer Verf. 1919 brachte uneingeschränkte Koalitionsfreiheit. Zu den Arbeiter-G. traten die Angestellten-G. Die freien G. organisierten sich im „Allg. Dt. Gewerkschaftsbund" (ADGB), im „Allg. freien Angestelltenbund" (Afa-Bund) u. im „Allg. Dt. Beamtenbund" (ADB). Der „Dt. Gewerkschaftsbund" (DGB) war die Dachorganisation der christl. G. Die hirsch-dunckerschen Gewerkvereine bildeten mit anderen Verbänden den „Gewerkschaftsring Dt. Arbeiter-, Angestellten- u. Beamtenverbände". 1933 wurden die G. verboten; an ihre Stelle trat die nat.-soz. „Dt. Arbeitsfront". Nach dem 2. Weltkrieg entstanden in Ostdtl. 1945 der kommunist. „Freie Dt. Gewerkschaftsbund" (FDGB, 1990 aufgelöst), in Westdtl. 1949 der „Dt. Gewerkschaftsbund" (DGB) mit 7,8 Mill. Mitgl. (2000; s. 2001 8 Einzel-G.: IG Bauen – Agrar – Umwelt; IG Bergbau, Chemie, Energie; G. Erziehung u. Wiss.; IG Metall; G. Nahrung – Genuss – Gaststätten; G. der Polizei; Transnet Gewerkschaft GdED; Vereinte Dienstleistungsgewerkschaft [ver.di]) und die „Dt. Angestelltengewerkschaft" (DAG, 2001 in ver.di aufgegangen). 1955 wurde die „Christl. Gewerkschaftsbewegung Dtl.s" gegr., s. 1959 „Christl. Gewerkschaftsbund Dtl.s" (CGB). – In Großbrit. existiert s. 1868 der „Trades Union Congress" (TUC), dessen Mitgl.verbände z. T. der Labour Party angeschlossen sind. – In den USA ist die „American Federation of Labor/Congress of Industrial Organizations" (AFL/CIO) der größte Dachverband. – Die wichtigsten frz. Organisationen sind die links orientierte „Confédération Générale du Travail" (C. G. T.), die christl. „Confédération Française des Travailleurs Chrétiens" (CFTC) u. die „Force Ouvrière" (F. O.), eine Abspaltung der C. G. T. – In Österreich gibt es s. 1945 den überparteil. „Östr. Gewerkschaftsbund" (ÖGB, 13 Fach-G., 1999 1,5 Mill. Mitgl.). – In der Schweiz besteht s. 1880 der konfessionell u. parteipolit. neutrale „Schweizer. Gewerkschaftsbund" (SGB, 15 Einzel-G., 2001 380 000 Mitgl.). – Wichtigste internat. Organisationen: 1945 Gründung des kommunist. „Weltgewerkschaftsbunds" in Paris (heute Prag), nach 1990 bedeutungslos); 1949 wurde der nichtkommunist. „Internat. Bund Freier Gewerkschaften" (IBFG) in Brüssel gegr.; die christl. G. sind im „Weltverband der Arbeitnehmer" (WVA, Sitz Brüssel) zusammengeschlossen.

**Gewichtsklassen** (Auswahl, kg-Grenzen)

| **Bezeichnung**[1] | **Boxen**[2] **Männer** | **Frauen** | **Gewichtheben Männer** | **Frauen** | **Judo Männer** | **Frauen** |
|---|---|---|---|---|---|---|
| Papiergewicht | – | 42 | – | – | – | – |
| Halbfliegengewicht | 48 | 45 | – | – | – | – |
| Fliegengewicht | 51 | 48 | – | – | – | – |
| Bantamgewicht | 54 | 51 | 56 | 48 | – | – |
| Federgewicht | 57 | 54 | 62 | 53 | – | – |
| Extraleichtgewicht | – | – | – | – | 60 | 48 |
| Halbleichtgewicht | – | – | – | – | 66 | 52 |
| Leichtgewicht | 60 | 57 | 69 | 58 | 73 | 57 |
| Halbweltergewicht | 63,5 | 60 | – | – | – | – |
| Weltergewicht | 67 | 63 | – | – | – | – |
| Halbmittelgewicht | 71 | 66 | – | – | 81 | 63 |
| Mittelgewicht | 75 | 69 | 77 | 63 | 90 | 70 |
| Leichtschwergewicht | – | – | 85 | 69 | – | – |
| Halbschwergewicht | 81 | 73 | – | – | 100 | 78 |
| Mittelschwergewicht | – | – | 94 | 75 | – | – |
| Schwergewicht | 91 | 77 | 105 | >75 | >100 | >78 |
| Superschwergewicht | >91 | >77 | >105 | – | – | – |

[1] gilt nur für Boxen. – [2] Amateure

Verbrauch (Kosten), der *Stück-G.* als Differenz von Preis (Erlös) je Produktmengeneinheit u. Stückkosten.

**Gewinnquote,** Anteil der Unternehmens- u. Vermögenseinkommen am Volkseinkommen.

**Gewinn-und-Verlust-Rechnung,** Abk. **GuV, Erfolgsbilanz,** Teil des Jahresabschlusses eines Unternehmens, Erfolgsrechnung im Rahmen der doppelten Buchführung, in der sich der Erfolg (Gewinn od. Verlust) einer Periode als Saldo zw. Aufwendungen u. Erträgen ergibt. Im Ggs. zur ↑Bilanz ist es Aufgabe der GuV, Einblick in das Zustandekommen des Erfolgs zu vermitteln.

**Gewissensfreiheit** ↑Glaubens- und Gewissensfreiheit.

**Gewitter,** Wettererscheinung, die durch die Ausbildung mächtiger Quellwolken (*G.wolken,* Kumulonimbus) gekennzeichnet ist, in denen (bzw. zw. denen u. der Erde) es zu elektr. Entladungen in Form v. (mit Donner verbundenen) Blitzen kommt u. bei der kräftige Niederschläge sowie heftige, böige Winde auftreten. *Wärme-G.* entstehen beim Aufsteigen feuchtwarmer Luftmassen, bei der Abkühlung in d. Höhe kondensiert der Wasserdampf (Wolkenbildung), die starken Aufwinde innerhalb der G.wolke bewirken ein Zerstieben der Wassertröpfchen u. damit eine Trennung elektr. Ladungen (Auftreten von Spannungen bis 300 Mill. Volt). *Front-G.* entstehen bei Abkühlung der oberen Luftschichten infolge einbrechender Kaltluftmassen.

**GewO,** Abk. für: **Gew**erbe**o**rdnung (↑Gewerbe).

**Gewohnheitsrecht,** ungeschriebene, durch andauernde gleichmäß. Übung entwickelte Rechtsgrundsätze.

**Gewölbe,** Überdeckung eines Raumes mit bogenförmigem Querschnitt aus Naturstein, Ziegel od. Beton; *Tonnen-G.* mit halbkreisförm. Bogen, *Kreuz-G. (Kreuzrippen-* und *Kreuzgrat-G.)* als Durchdringung zweier Tonnen-G., *Kloster-, Stern-, Fächergewölbe* u. a.

**Gewürzinseln,** fr. Bez. für die Inselgruppe der ↑Molukken.

**Gewürznelken,** getrocknete, tiefbraune, 12–17 mm lange Blütenknospen des *G.baumes* (Myrtengewächs der Molukken; Haupterzeuger heute: Sansibar, Madagaskar); Gewürz.

**Ghana**

| | |
|---|---|
| *Fläche:* | 238 537 km² |
| *Einwohner:* | 19,5 Mill. |
| *Hauptstadt:* | Accra |
| *Amtssprache:* | Englisch |
| *Zeitzone:* | MEZ – 1 Stunde |

**Geysir, Geiser, Geisir, Springquelle,** period. od. unregelmäßig heißes Wasser ausstoßende Quelle vulkan. Ursprungs.

**Gezeiten, Tiden,** zweimal tägl. Ansteigen *(Flut)* u. Fallen *(Ebbe)* des Meeresspiegels, bes. wahrnehmbar an Küsten, verursacht v. a. durch Anziehungskraft des Mondes; max. Tidenhub bis 15 m, Fundy-Bay; ↑Springflut.

**Gezeitenkraftwerk, Flutkraftwerk,** Kraftwerk, das die Wasserstandsunterschiede zw. Ebbe u. Flut zur Energiegewinnung nutzt.

**GFK,** Abk. für: ↑**g**las**f**aserverstärkte **K**unststoffe.

**GG,** Abk. für: **G**rund**g**esetz.

**Ghana, 1)** Rep. in W-Afrika; schwer zugängl. Lagunenküste; im SW Regenwald; im Inneren Savanne, trop. Klima; Bev.: Twi, Ashanti, Mossi, Ewe, Fanti, Adangme. Kakaoanbau; außerdem Ausfuhr v. Holz, Rohaluminium, Diamanten, Gold, Manganerz. – *Gesch.:* Die seit 1850 brit. Kolonie *Goldküste* wurde 1957 als G. unabhängig, 1960 Republik unter Staatspräs. K. Nkrumah (1960–66); Militärreg. 1966–69 und 1972–79; Zivilreg. durch Militärs 1981/82 gestürzt; seit Anfang der 1990er-Jahre allmähl. Demokratisierung. **2) Gana,** um 300 von Berbern gegr. Reich in W-Afrika; hoch stehende Kultur; Ende des Reiches im 13. Jh.

**Ghasel** ↑Gasel.

**Ghetto** ↑Getto.

**Ghibellinen, Gibellinen,** s. Anf. des 13. Jh. Bez. der Anhänger des Ks. in Italien; Gegner: ↑Guelfen.

**Ghiberti** [gi-], Lorenzo, ital. Bildhauer u. Goldschmied, * 1378,

† 1455; einer der Wegbereiter der Renaissance.

**Ghirlandaio** [gi-], Domenico, ital. Maler der Renaissance, * 1449, † 1494.

**Ghom, Kum, Qum,** St. in Iran, sw. v. Teheran, 681 300 E; bed. schiit. Wallfahrtsort; Teppichherst.; nahebei Erdölförderung.

**Ghostwriter** [ˈgəʊstraɪtə; engl.], anonym bleibender Schriftsteller, der für andere Personen Werke verfasst.

**Giacometti** [dʒa-], Alberto, schweizer. Bildhauer u. Grafiker, * 1901, † 1966; dünne, überlängte Figuren; auch Lithographien.

**Gibbons** [frz.], menschenaffenähnl. Langarmaffen, Baumbewohner SO-Asiens; Bestände bedroht.

**Gibraltar,** brit. Kronkolonie auf einer Halbinsel an der S-Spitze Spaniens, an der Bucht von Algeciras, 5,8 km², 28 800 E (meist Span. sprechend), mit dem bed. Kriegs- u. Handelshafen G., an der strateg. wichtigen *Straße* (Meerenge) *von G.,* die Mittelmeer u. Atlantik verbindet; geringste Breite 14 km, über 300 m tief. – 711 Anlage eines arab. Kastells, 1462 span., 1704 britisch.

**Gicht, 1)** akut od. in Schüben auftretende Gelenkerkrankung infolge Abscheidung v. harnsauren Salzen in den Gelenken mit Ausbildung v. G.knoten. **2)** ↑Hochofen.

**Gide** [ʒid], André, frz. Schriftsteller, * 1869, † 1951; beherrschte lange das frz. Geistesleben; Romane „Die Verliese des Vatikan", „Die Falschmünzer", Tagebücher; Nobelpreis 1947.

**Giebel,** seitl. Abschlusswand eines Sattel- od. Pultdachs.

**Giehse,** Therese, dt. Schauspielerin, * 1898, † 1975; Charakterdarstellerin, 1933–45 Emigration.

**Gießen,** hess. Krst. an der Lahn, 74 000 E; Univ.; landwirtschaftspädag. Inst., Fachhochschule, Museen, Theater, LG; IHK; vielseitige Ind.; Verkehrsknotenpunkt.

**Gießen,** Einbringen flüss. Metalle in vorgefertigte Formen; wicht. maschinelle Gießverfahren: Druckguss, Schleuderguss, Strangguss.

**Gift,** jeder in einer bestimmten Dosis im Körper schädl. Wirkungen hervorrufende [chem.] Stoff; viele in größerer Menge giftig wirkende Stoffe sind in kl. Menge wicht. Heilmittel, z. B. Alkaloide (Opium).

**Giftpflanzen,** Pflanzen, die oft nur in best. Teilen Stoffe führen, die als Gifte wirken; z. T. zugleich Heilpflanzen (z. B. Tollkirsche).

**Giotto di Bondone:** *Beweinung Christi, Fresko aus der Arenakapelle in Padua (zwischen 1304 und 1313)*

**Giftschlangen,** Schlangen, die ihre Beute durch Gift (↑Schlangengift) töten.

**Gig** [engl.], **1)** offener, zweirädr. Einspänner mit Gabeldeichsel. **2)** Ruderboot zum Training und für Wanderfahrten.

**Giga...** [gr.], Zeich. **G,** Vorsatz vor Einheiten im Messwesen, bez. das $10^9$fache der betr. Einheit.

**Giganten,** in der griech. Mythol. Riesen, Söhne der Gäa.

**Gigli** [ˈdʒiʎi], Beniamino, ital. Sänger, * 1890, † 1957; Tenor.

**Gijón** [xiˈxɔn], span. Hafen- u. Ind.-St. am Golf von Biskaya, 265 000 E; TH; Seebad; Eisen-, Stahl- u. a. Industrie.

**Gilbert** [ˈgɪlbət], Walter, amer. Molekularbiologe, * 1932; 1980 Nobelpreis f. Chemie für Forschungen über DNS u. Nukleinsäuren.

**Gilbert Islands** [ˈgɪlbət ˈaɪləndʒ], Atolle im Pazifik, 1 012 km², s. 1979 Teil der Rep. Kiribati.

**Gilde,** fr. genossenschaftl. Vereinigung; später ↑Zünfte; heute ↑Innung.

**Gilgamesch-Epos,** babylon. Epos, besingt *Gilgamesch,* den sagenhaften Herrscher von Uruk (28./27. Jh.), u. seine Abenteuer; fragmentarisch überliefert.

**Gillespie** [giˈlespɪ], Dizzy (eigtl. John Birks), amer. Jazzmusiker, * 1917, † 1993.

**Gimpel,** svw. ↑Dompfaff.

**Gin** [dʒɪn; engl.], Wacholderbranntwein; *G.-Fizz* [-fiss], Mixgetränk aus Gin, Zitronensaft u. Sodawasser.

**Ginsberg** [ˈgɪnzbəːg], Allen, amer. Lyriker, * 1926, † 1997; Dichter der Beatgeneration, Kritiker der amer. Gesellschaft.

**Ginseng** [chin.], ausdauernde ostasiat. Pfl., deren Wurzel bes. in Korea, China u. Japan als Allheilmittel dient.

**Ginster,** gelb blühende, teils dorn. Sträucher (Schmetterlingsblütler) an trockenen Stellen; Bienenweidepflanze.

**Giorgione** [dʒorˈdʒoːne], eigtl. Giorgio da **Castelfranco,** ital. Maler, * 1478, † 1510; Meister der venezian. Hochrenaissance.

**Giotto di Bondone** [ˈdʒotto -], ital. Maler u. Baumeister in Florenz, * 1266 (?), † 1337; leitete durch seine Darst. von seel. Vorgängen eine neue Sicht der Malerei ein (u. a. Fresken in der Arenakapelle in Padua).

**Giovanni da Bologna** [dʒoˈvanni da boˈloɲa], gen. **Giambologna** [dʒamboˈloɲa], fläm.-ital. Bildhauer, * 1529, † 1608; einer der führenden Meister des Manierismus.

**Gips,** gesteinsbildendes, farbloses bis weißes, selten gefärbtes Mineral, $CaSO_4 \cdot 2H_2O$ (Dihydrat des Calciumsulfats), Härte 1,5–2. Techn. verw. wird der gebrannte G. (auf etwa 110 °C erhitzt), bei Erhitzung auf 130 bis 160 °C entsteht Stuck-G., bei 190 °C „totgebrannter" G., der in der Zementind. als Abbindeverzögerer verwendet wird. – G. fällt auch bei der Rauchgasentschwefelung von Verbrennungsgasen in Großverbrennungsanlagen an; *G.verbände* zur Ruhigstellung von Knochenbrüchen.

**Giraffen,** bis 6 m hohe Paarhufer; Fell braun gefleckt; in den Steppen des südl. Afrikas.

**Giraudoux** [ʒiroˈdu], Jean, frz. Schriftsteller u. Diplomat, * 1882, † 1944; vielgespielte Dramen, oft nach antiken Stoffen.

**Girlitz,** zierl., gestreifter, gelbl. europ. Finkenvogel.
**Giro** [ˈʒiːro; ital.], **1)** Überweisung im bargeldlosen Zahlungsverkehr *(G.verkehr);* Träger: Landeszentralbanken u. *G.zentralen.* **2) Indossament,** Vermerk, durch den ein Orderpapier übertragen wird *(girieren).*
**Giro d'Italia** [ˈdʒiːro], Straßenradsport: s. 1909 alljährl. ausgetragenes Etappenrennen durch Italien.
**Gironde** [ʒiˈrɔ̃d], **1)** Mdg.-Trichter von ↑Garonne u. Dordogne. **2)** Dep. in SW-Frkr., Hptst. Bordeaux; Weinbau.
**Girondisten** [ʒirɔ̃-], in der Frz. Revolution gemäßigte Republikaner; gerieten in Ggs. zu der sich immer stärker radikalisierenden jakobin. Bergpartei, 1793/94 großenteils hingerichtet.
**Giseh, Gizeh** [-z-], ägypt. Governorats-Hptst. gegenüber v. Kairo, am Nil, 2,2 Mill. E; Univ.; westl. von G. die bedeutendsten ägypt. Pyramiden (z. B. Cheopspyramide).
**Gisel,** Ernst, schweizer. Architekt, *1922; Pionier der neuen schweizer. Architektur, u. a. Mitarbeit am Märk. Viertel, Berlin (1964–69).
**Gitarre** [span.], Zupfinstrument mit flacher Decke (u. Boden) u. kreisförm. Schallloch; 6 Saiten.
**Gitter, 1)** gitterförm. Elektrode einer ↑Elektronenröhre zur Steuerung des Elektronenstroms. **2)** Optik: **Beugungs-G.,** Vorrichtung zur Erzeugung v. Beugungsspektren. **3)** ↑Kristall.
**Glacé** [glaˈse; frz.], glänzendes od. changierendes Gewebe aus Naturseide od. Reyon; *G.leder,* feines Zickel- od. Lammleder (↑Nappaleder).
**Gladbeck,** Ind.-St. im nw. Ruhrgebiet, NRW, 80 000 E; Eisen-, Textil-, Kunststoffindustrie.
**Gladiator** [lat.], Fechter und Kämpfer in den altröm. Kampfspielen.
**Gladiole** [lat.], **Siegwurz,** ein Schwertliliengewächs; Gartenpfl.
**Gladstone** [ˈglædstən], William Ewart, brit. Staatsmann, *1809, †1898; mehrf. Premiermin., Gegner Disraelis; trat für Wahlreform, Freihandel u. ir. Autonomie ein.
**Glarner Alpen,** Teil der nördl. Schweizer Alpen zw. Vorderrhein u. Reuß, im Tödi 3 614 m hoch.
**Glarus,** schweizer. Ort an der Linth, 5 600 E; Holz-, Tabak-, Textilind.; Hauptort des *Kt. G.,* 685 km², 39 000 E; Masch.-, Holz-, Textilind.
**Glas,** lichtdurchläss., fester, spröder anorgan. Werkstoff, der als eine amorph erstarrte Schmelze anzusehen ist. Die G.-Schmelze enthält als Hauptbestandteil etwa 50 bis 70 % Kieselsäure (Quarzsand) u. wird mit Soda, Pottasche, Glaubersalz u. Flussmitteln versetzt, als Stabilisatoren werden Erdalkalimetalle sowie Blei u. Zink zugegeben. Die Rohstoffe werden gemahlen, vermengt und bei etwa 1400 bis 1600 °C in Häfen od. Wannen geschmolzen u. dann bei etwa 900 bis 1200 °C verarbeitet. – Beim Floatverfahren zur Herstellung von *Float-G.* (Flach-G. mit Spiegelglasqualität) erstarrt die Schmelze auf der Oberfläche einer Zinnschmelze.
**Glasbatist,** merzerisiertes und mit Schwefelsäure behandeltes feines Leinengewebe; geprägt od. bedruckt als *Organdy.*
**Glasfaser,** fadenförm. Glasprodukt zur Herst. wärme- u. schallisolierender *Glaswolle (Glaswatte),* v. *Glasgeweben* (z. B. für glasfaserverstärkte Kunststoffe) od. als *Lichtleitfasern* (↑Glasfaseroptik).
**Glasfaseroptik, Faseroptik, Fiberoptik,** Teilgebiet der Optik, das sich mit der Übertragung v. Licht in opt. leitenden Glasfasern befasst. Flexible ↑Lichtleiter bestehen aus einem Bündel feiner Glasfasersysteme *(Lichtleitfasern),* v. denen jedes für sich einen opt. isolierten Lichtleiter darstellt. Die G. ermöglicht Informations- u. Bildübertragung, z. B. in der Telekommunikation u. Medizin.
**glasfaserverstärkte Kunststoffe,** Abk. **GFK,** mit Glasfasergeweben, -matten u. Ä. durchsetzte Kunststoffe, die sich durch bes. Druck-, Biege-, Zug- u. Schlagfestigkeit auszeichnen; v. a. im Boots-, Flugzeug- u. Karosseriebau verwendet.
**Glasflügler,** Schmetterlingsfam., Flügel meist unbeschuppt u. glasklar; z. B. Himbeer-G., Hornissenschwärmer.
**Glasgow** [ˈglɑːsgəʊ], größte Stadt u. wichtigstes Wirtsch.-Zentrum Schottlands, Verw.-Sitz d. Strathclyde Region, am Clyde, 765 000 E; 2 Univ., TH, Kunstsammlungen, frühgot. Kathedr.; Schiffbau, Eisen-, Metall-, Textil- u. a. Ind.; ✈; See- u. Binnen-⚓ (Kanal zum Firth of Forth).

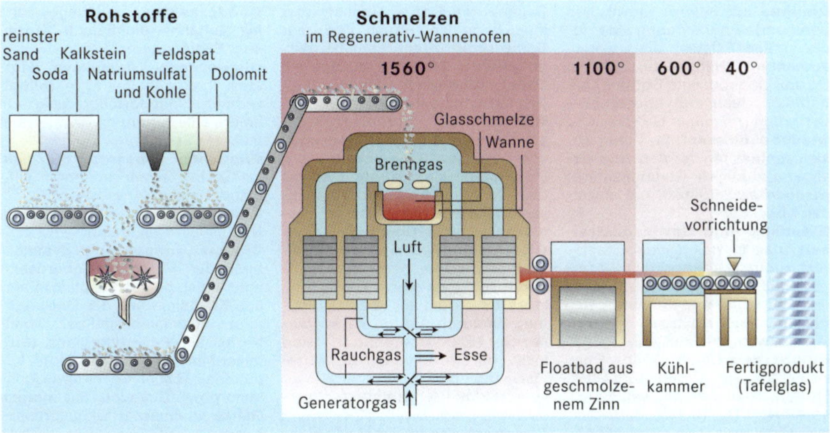


**Glas:** *Schema der Glasherstellung im Floatverfahren*

**Glasharmonika,** Musikinstrument des 18. u. frühen 19. Jh.; Glasglocken auf einer rotierenden Achse, durch angefeuchtete Finger zum Erklingen gebracht.

**Glaskeramik,** keram. Werkstoff, d. durch Wärmebehandlung v. best. Glas entsteht (dadurch Kristallbildung), für Raketenköpfe, elektrotechn. Bauteile, Geschirr.

**Glaskörper,** gallertart. Hauptmasse des Augapfels.

**Glasmalerei,** farb. Gestaltung v. Glasfenstern; fr. Form *musiv. G.:* mosaikart. Zusammensetzung der gefärbten u. geschnittenen Gläser (v. a. frz. Gotik); im 16. Jh. Gemälde auf Glas mit Schmelzfarben, Entwürfe u. a. von Dürer.

**Glasnost** [russ. „Öffentlichkeit"], Schlagwort für eine Politik d. Transparenz; neben Perestroika (russ. „Umbau") Bestandteil der Bestrebungen M. S. ↑Gorbatschows zur Reform des Sowjetsystems.

**Glasur** [nlat.], **1)** Zuckerguss. **2)** glasart. Masse als Überzug auf Tonwaren u. Porzellan.

**Glatz,** poln. **Kłodzko,** Krst. in Niederschlesien, Polen, bds. der Glatzer Neiße, 31 000 E; Masch.-, Holzind. – G. liegt inmitten des 1 500 $km^2$ gr., an Mineralquellen u. Eisenerzen reichen *G.er Kessels,* der umgeben ist vom *G.er Bergland* mit dem Reichensteiner Geb. (O), Eulengeb. (N), Heuscheuer (NW), Habelschwerdter Geb. (SW) u. der höchsten dieser Gebirgsketten, dem *G.er Schneegeb.* (im Gr. Schneeberg bis 1 425 m).

**Glatzer Neiße, Neiße, Schles. Neiße,** linker Nbfl. der Oder, in Schlesien, Polen, 182 km.

**Glaube,** auf innerer Gewissheit beruhende Anerkennung einer für die eigene Existenz als wesentl. erkannten [Heils]lehre *(philos. G.);* auf Gott (od. eine Gottheit) gerichtetes, festes u. überzeugtes Vertrauen *(religiöser G.).*

**Glaubensbekenntnis,** die Zusammenfassung der wesentl. Aussagen der christl. Glaubenslehre; *Glaubensartikel,* im G. die einzelnen Abschnitte.

**Glaubens- und Gewissensfreiheit,** das in vielen mod. Staatsverf. verankerte Recht des Einzelnen, nach seiner relig. Überzeugung zu leben u. bei inneren Gewissensentscheidungen von staatl. Zwang frei zu sein.

**Glaubersalz** [nach dem dt. Chemiker J. R. Glauber, * 1604, † 1670], farbloses od. weißes Mineral, $Na_2SO_4 \cdot 10\,H_2O$, Härte 1,5; in d. Glasfabrikation sowie als Abführmittel u. a. verw.

**Gläubiger,** Inhaber einer Forderung gg. den ↑Schuldner.

**Gläubigerversammlung,** vom Insolvenzgericht berufene u. geleitete Vers. der Insolvenzgläubiger.

**Gläubigerverzug,** svw. ↑Annahmeverzug.

**Glaukom** [gr.], grüner ↑Star.

**Glauser,** Friedrich, schweizer. Schriftsteller, * 1896, † 1938; Kriminalromane um Wachtmeister Studer.

**glazial** [lat.], eiszeitl.; Eis od. Gletscher betreffend.

**Glazial,** ↑Eiszeit.

**Gleichberechtigung,** rechtl. Gleichstellung von Mann u. Frau (Art. 3 GG); *G.sgesetz* v. 1957 u. a. Ges. sichern die G. v. Mann u. Frau im bürgerl. Recht (Änderungen im Ehe-, Erb- u. Prozessrecht) u. a. Rechtsgebieten.

**gleichgeschlechtliche Lebensgemeinschaft,** Zusammenleben v. gleichgeschlechtl. Partnern auf Dauer; können seit 2001 eine *Eingetragene Lebenspartnerschaft* begründen (u. a. gemeinsamer Name mögl., Unterhaltspflichten, gesetzl. Erbrecht).

**Gleichgewicht,** in der Mech. Zustand eines Körpers, bei dem die Summe aller auf ihn wirkenden Kräfte gleich null ist; man unterscheidet *stabiles, labiles* u. *indifferentes G.* – Ein abgeschlossenes physikal. System befindet sich im *thermodynam. G.,* wenn zw. seinen Teilen ein vollständ. Temp.- u. Wärmeausgleich erfolgt ist. Bei einer chem. Reaktion herrscht *chem. G.,* wenn sich in einer best. Zeit genauso viel Moleküle bilden wie zerfallen.

**Gleichgewichtsorgane,** stat. Organe, die Tier u. Mensch über ihre Lage im Raum bzw. zur Schwerkraft orientieren; bei Wirbeltieren u. Mensch Teil des mit Endolymphe ausgefüllten häutigen Labyrinths (Innenohr).

**Gleichheit,** ⚖ durch Art. 3 GG gewährleistete G. aller Menschen vor dem Gesetz; beinhaltet u. a. Diskriminierungsverbote wegen des Geschlechts, der Abstammung, Rasse, Herkunft, der religiösen od. polit. Überzeugung.

**Gleichrichter,** Gerät zur Umwandlung v. Wechsel- in Gleichstrom; wirkt als *elektr. Ventil,* d. h., lässt den Strom nur in einer Richtung hindurch. Früher verw. *Röhren-G.* (Elektronenröhren) sind inzw. durch *Halbleiter-G.* abgelöst, die die Sperrschicht an versch. dotierten Halbleitern ausnutzen (↑Diode).

**Gleichschaltung,** polit. Schlagwort während der nat.-soz. Machtergreifung 1933; bezeichnet die (weitgehende oder vollständige) Aufhebung des polit.-gesellschaftl. Pluralismus zugunsten des Nat.-Soz. (1933/34); auch analog verwendet.

**Gleichstrom,** elektr. Strom gleich bleibender Richtung u. Stärke; wird z. B. von galvan. Elementen u. elektr. Generatoren geliefert.

**Gleichung,** durch Gleichsetzung zweier math. Ausdrücke entstandene Beziehung. *Ident. G.* enthalten nur bek. Größen od. sind für alle Werte einer in ihnen enthaltenen Unbekannten erfüllt, *Bestimmungs-G.* sind nur für einen best. Wert der Unbekannten erfüllt, *Funktions-G.* drücken einen Zusammenhang zw. veränderl. Größen aus.

**Gleitflug,** Sinkflug eines Segelflugzeugs bzw. eines Flugzeugs mit abgestelltem Triebwerk.

**Gleit[schirm]fliegen,** svw. ↑Paragliding.

**Glenchek** [ˈglentʃek; engl.], Gewebe (meist aus Kammgarn) mit großflächiger Karomusterung.

**Gletscher,** Eismassen der Landoberfläche, die sich als Ströme in best. Bahnen bewegen *(Tal-G.)* od. als Eisüberflutung gr. Teile des festen Landes begraben *(Plateau-G.* wie auf Island u. *Inlandeis* wie auf der Antarktis); man unterscheidet: Zuwachs- *(Nähr-)* und Abtragungs- *(Zehr-)*gebiete. (↑Moräne).

**Gletschergarten,** Stellen einer ehem. vergletscherten Ldsch. mit schön ausgebildeten glazialen Erscheinungen.

**Gliederfüßer,** Unterstamm der Gliedertiere: Krebse, Spinnentiere, Tausendfüßer, Insekten.

**Gliederkaktus,** Kaktusgewächs mit blattähnl., dickfleisch. Sprossen; S-Amerika.

**Gliedertiere, Artikulaten,** Tierstamm, aufgeteilt v. a. in Ringelwürmer u. Gliederfüßer; äußere u. innere Gliederung des Körpers in mehrere Segmente.

**Gliedsatz, Nebensatz,** Satzglied in Gestalt eines abhäng., vollständ. Satzes.

**Glima** [isländ.], ringkampfähnl. Nationalsport in Island.

**Glimmer,** Gruppe wicht. gesteinsbildender Minerale; Tonerdesilicate; elast. biegsame, blättrigtafelige Kristalle, nach der Basisrichtung vollkommen spaltbar; Spaltfläche mit Perlmutterglanz (z. B. heller Muskovit; dunkler Biotit; Lepidolith); *G.schiefer,* Gruppe ↑metamorpher Gesteine mit hohem Gehalt an Quarz u. Glimmermineralen.

**Glimmlampe,** Gasentladungsröhre, bei der sich infolge kleinen Elektrodenabstands nur das negat. Glimmlicht an der Kathode ausbildet.

**Glimmlicht,** Leuchterscheinung bei einer selbst. Gasentladung mit kalten Elektroden.

**global** [lat.], auf die ges. Erdoberfläche bezügl.; gesamt; ungefähr.

**Globalisierung,** Bez. für die zunehmende Internationalisierung des Handels, der Finanz-, Waren- u. Dienstleistungsmärkte sowie die internat. Verflechtung der Volkswirtschaften.

**Global Players** ['gləʊbl 'pleɪəz; engl.], ↑multinationale Unternehmen.

**Globigerinen** [lat.], Gatt. der ↑Foraminiferen; *G.schlamm,* kalkreiche, vorw. aus G.schalen bestehende Meeresablagerung in 2000 bis 5000 m Tiefe.

**Globuline** [lat.], weit verbreitete Eiweißstoffe; u.a. in Blutserum (Plasma-G., Immun-G.), Muskeln (Aktin, Myosin), Milch, Eiern, als pflanzl. Reservestoffe.

**Globus** [lat.; = Kugel], verkleinertes, winkel- u. flächentreues Modell der Erde.

**Glocken,** metallene Hohlkörper in Gestalt stumpfer, unten auswärts gebogener Kegel, aufgehängt im *G.stuhl;* heute vorw. elektr. zum Schwingen gebracht. – Größere G. zu kirchl. Gebrauch s. dem 6. Jh. (genietet); s. dem 9. Jh. nur noch gegossen (heute meist aus Gussbronze od. -stahl).

**Glockenbecherkultur,** Kulturkreis der Jungsteinzeit.

**Glockenblumengewächse,** Pflanzenfam., meist Kräuter; Hauptgatt. *Glockenblume,* zahlr. Arten.

**Glockenspiel,** frz. **Carillon** [karɪ'jɔ̃], Musikinstrument, aus versch. gestimmten Metallglocken, -platten oder -röhren, die mit Hammer oder Klöppel angeschlagen werden; auch das *Turm-G.,* das den Uhren von Kirchen- u. Stadttürmen als Vorschlag zum eigtl. Stundenschlag diente.

**Glocknergruppe,** östr. Bergmassiv in den Hohen Tauern, zahlr. über 3000 m hohe Gipfel, u.a. Großglockner (3797 m) u. Kleinglockner (3770 m).

**Glorious Revolution** ['glɔ:rɪəs revə'lu:ʃn], *„glorreiche Revolution“,* Bez. für den unblutigen Thronwechsel v. 1688 in Großbrit., der die Herrschaft des 1660 restaurierten Stuartkönigtums beendete (↑Großbritannien und Nordirland, Geschichte).

**Glossar** [gr.], **1)** Slg. von ↑Glossen, alphabet. od. sachl. geordnet. **2)** Wörterverzeichnis mit Erklärungen.

**Glosse** [gr.], **1)** urspr. erklärungsbedürft. Ausdruck, später dessen Erklärung bzw. Übersetzung. **2)** [spött.] Randbemerkung, auch kurzer polem. Kommentar in der Presse.

**Glottis** [gr.], Stimmapparat [aus den beiden Stimmbändern]; oft nur Bez. für die Stimmritze zw. beiden Stimmbändern; *G.krampf,* krampfhafte Verengung der *Stimmritze; G.ödem,* Schwellung der Kehlkopfschleimhaut, Atemnot.

**Gloxinie** [nach dem elsäss. Arzt *B. P. Gloxin,* 18. Jh.], Zimmerpfl. mit versch.-farbigen, glockenförmigen Blüten; Heimat Brasilien.

**Gluck,** Christoph Willibald Ritter v., dt. Komponist, *1714, †1787; mit der Reformoper „Orpheus und Eurydike“ Wendung zu ausdruckhafter, empfindsam-dramat. Musik; „Iphigenie in Aulis“, „Alceste“, „Iphigenie auf Tauris“; Ballette, Vokalwerke u. Kammermusik.

**Glücksklee,** Sauerklee mit 4-zähl. Blättern.

**Glockenblumengewächse:** *Wiesenglockenblume*

**Glücksspiel,** Spiel, dessen Ausgang im Wesentl. vom Zufall abhängt; gewohnheitsmäßiges, öff. Betreiben v. G. ohne behördl. Erlaubnis ist nicht erlaubt.

**Glucose** [gr.], svw. ↑Traubenzucker.

**Glühkerze,** Starthilfe (glühender Draht) in Dieselmotoren.

**Glühlampe,** elektr. Lichtquelle, deren Strahlung durch Glühen (infolge joulescher Wärme) eines in einem evakuierten Glaskolben befindl. Fadens (aus Wolfram od. anderen Metallen mit hohem Schmelzpt.) erzeugt wird; neben sichtb. Licht wird Wärme erzeugt. Zur Erhöhung der Leuchtdichte wird der Glühdraht gewendelt; zur Verhinderung schnellen Verdampfens des Glühfadens Füllung mit Edelgas. Die erste techn. verwendb. G. konstruierte Edison (1879).

**Glühwürmchen,** Larven u. ♀♀ der Leuchtkäfer, im Hinterleib Leuchtorgane.

**Glutaminsäure** [lat.; gr.; dt.], physiolog. bed. Aminosäure, u.a. reichl. in der Hirnsubstanz.

**Gluteline** [lat.], den Globulinen nahe stehende Eiweiße, wicht. Bestandteile des Getreidemehls.

**Gluten** [lat.], **Kleber[eiweiß],** Hauptanteil des Eiweißes im Weizenmehl (enthält Gliadin u. Glutnin [ein Glutelin]), bewirkt Quellfähigkeit u. plast.-zähe Konsistenz des Teiges.

**Glycerin** [gr.], **Glyzerin,** einfachster dreiwert. Alkohol, hygroskop.; kommt chem. gebunden in Fetten vor; vielseit. verwendbar, u.a. zur Herst. v. Kunststoffen, als Weichmacher für Zellulosehydratfolien, als Feuchthaltemittel für Tabak, Kosmetika usw.

**Glykogen** [gr.], stärkeart. Polysaccharid, ist in der Leber u. in den Muskeln als tierische Stärke gespeichert.

**Glykol, Äthylenglykol,** einfachster zweiwertiger Alkohol, $CH_2OH$–$CH_2OH$, süß, ☠; Frostschutzmittel, Glycerinersatz u. Bremsflüssigkeit.

**Glykolyse** ↑Gärung.

**Glykoside, Glucoside,** Sammelname für eine wicht. Gruppe natürl. od. synthet. Verbdg.; ein Zuckermolekül mit einem anderen, oft kompliziert gebauten Molekül verbunden (pharmakol. Wirkung).

**Glyptik** [gr.], Steinschneidekunst; Schneiden der Gemmen.

**Glyptothek** [gr.], eigtl. Gemmenslg.; bed. Antikenmuseum in München.

**GmbH,** Abk. für: **G**esellschaft **m**it **b**eschränkter **H**aftung; jurist. Person, Kap.-Ges.; Stammkap. mind. 25000 €; Rechtsfähigkeit durch Eintragung ins Handelsregister; Organe: Geschäftsführung, Gesellschaftervers.; nur Gesellschaftsvermögen haftet für Verbindlichkeiten; *GmbH & Co. KG,* Kommanditges. mit einer GmbH als Komplementärin.

**GMT,** Abk. für engl. **G**reenwich **M**ean **T**ime, „mittlere Greenwich-Zeit“, svw. ↑Weltzeit.

**Gmundner See** ↑Traunsee.

**Gnade, 1)** Gewährung v. Milde [gg. einen Besiegten, Verurteilten]; *G.nrecht.* **2)** allg. od. bes. göttl. Hilfe zu Heil u. Erlösung des Menschen (v.a. im Hinduismus, Islam, Christentum); wird in der tradit.-scholast. kath. Lehre u.a. unterschieden in *heilig machende* (Rechtfertigungs-) u. *aktuelle* (helfende) G.; in der reformator.

G.nlehre Ablehnung menschl. Mitwirkung, Rechtfertigung kommt allein aus G. *(sola gratia)* u. aus Glauben *(sola fide).*

**Gnadenhochzeit** ↑Hochzeit.

**Gnadenstuhl,** Darst. der Trinität, bei der Gottvater den Sohn, meist als Kruzifix, im Schoß hält; über dem Haupt Christi schwebt die Taube.

**Gneis,** weit verbreitetes ↑metamorphes Gestein; Hauptgemengteile Quarz, Feldspat u. Glimmer; je nach Ausgangsgestein unterscheidet man *Ortho-G.* (ehem. Magmengesteine, insbes. Granit) u. *Para-G.* (ehem. Sediment).

**Gneisenau,** August Gf. Neidhardt v., preuß. Heerführer, * 1760, † 1831; verteidigte 1806/07 (mit Nettelbeck) Kolberg; Heeresreform (mit ↑Scharnhorst; u. a. Einführung d. allg. Wehrpflicht).

**Gnesen,** poln. **Gniezno** [ˈgnjɛznɔ], Krst. in Polen, östl. v. Posen, 71 000 E; Dom (beg. um 1000); Leder-, Eisen-, Nahrungsmittelind. – Bis um 1320 Krönungsst. der poln. Kg.; 1793 bis 1919 preußisch.

**Gnom,** Kobold, Zwerg, Erdgeist.

**J. W. von Goethe** *(Gemälde von J. K. Stieler, 1828)*

**Gnosis** [gr.; = Erkenntnis], Bez. für ein intellektuelles, spekulat. Erkennen, das dem Menschen ein esoter. Wissen von der übersinnl. Welt u. den heilbringenden Weg zu ihr eröffnen soll. *Gnostizismus,* Bez. für Ideen, Lehren, Gruppen u. Richtungen aus der Grundhaltung der Gnosis.

**Gnu** [hottentott.], Kuhantilope der Steppen u. Savannen Südafrikas.

**Go** [jap.], ostasiat. Brettspiel für 2 Spieler; Strategiespiel.

**Goa,** ind. Bundesstaat, umfasst *Goa* (3 496 km²), *Daman* (545 km²) und *Diu* (Insel, 50 km²), die ehem. portug. Besitzung an der ind. W-Küste, 1,17 Mill. E; Hptst. Panaji, Reisanbau; Eisen-, Manganerz-⚒. – S. 1510 portug., 1951 bis 1961 Hauptteil der portug. Überseeprov. „Estado da India“, 1961 mit Waffengewalt der Ind. Union als Unionsterritorium eingegliedert. Goa ist s. 1987 B.-Staat.

**GOÄ,** Abk. für: **G**ebühren**o**rdnung für **Ä**rzte; nach ihr richtet sich das ärztl. Honorar.

**Gobelin** [gɔbˈlɛ̃; frz.], von Hand gewirkter Wandteppich, nach der frz. Färberfam. des *Jean G.* ben., in deren Haus die erste Manufaktur war (1662).

**Gobert,** Boy, dt. Schauspieler, Regisseur u. Theaterleiter, * 1925, † 1986.

**Gobi,** größtenteils abflussloses, von Gebirgen umgebenes Hochbecken (1 000 m ü. d. M.) Innerasiens (Mongolei, N-China), Wüsten- und Steppenlandschaft.

**Godard** [gɔˈdaːr], Jean-Luc, frz. Filmregisseur, * 1930; führender Vertr. der frz. „Neuen Welle“.

**God save the King** [ˈgɔd ˈseɪv ðə ˈkɪŋ; engl. „Gott schütze den Kg.“], **G. s. the Queen** [engl. -ˈkwiːn; „ ˈdie Kgn.“], brit. Nationalhymne.

**Godunow,** Boris [Fjodorowitsch], russ. Zar s. 1598, * um 1551, † 1605; s. 1584 Regent; ließ angebl. den Zarewitsch Dmitri Iwanowitsch ermorden, löste die russ. Kirche v. Konstantinopel.

**Goebbels,** Joseph, nat.-soz. Politiker, * 1897, † 1945 (Selbstmord); enger Mitarb. Hitlers, s. 1929 R.-Propagandaleiter der NSDAP; s. 1933 R.-Min. für Volksaufklärung u. Propaganda; propagierte den „totalen Krieg“.

**Goeppert-Mayer,** Marie, dt.-amer. Physikerin, * 1906, † 1972; Arbeiten über das Schalenmodell des Atomkerns; Nobelpreis 1963 (mit H. D. Jensen u. E. P. Wigner).

**Goerdeler,** Carl Friedrich, dt. Politiker, * 1884, † 1945; 1930–37 Oberbürgermeister von Leipzig; mit Gen.-Oberst Beck geist. Führer einer bed. Widerstandsgruppe gg. Hitler; nach dem Attentat v. 20. 7. 1944 hingerichtet.

**Goethe,** **1)** August v., * 1789, † 1830, Sohn v. 4). **2)** Christiane v., geb. **Vulpius,** * 1765, † 1816, Gattin v. 4). **3)** Johann Kaspar, * 1710, † 1782, Vater v. 4). **4)** Johann Wolfgang von, dt. Dichter, * Frankfurt am Main 28. 8. 1749, † Weimar 22. 3. 1832; 1765–68 Studium der Rechte in Leipzig, 1768/69 in Frankfurt am Main, 1770 in Straßburg (Beeinflussung durch Herder; Begegnung mit den Sturm-und-Drang-Dichtern J. Lenz, F. M. Klinger); 1771–75 in Frankfurt am Main (1772 in Wetzlar); 1775 auf

**V. van Gogh:** *Caféterrasse am Abend (1888)*

Einladung des Hrz. Karl August Übersiedlung nach Weimar, dort mehrere Reg.-Ämter und Mittelpunkt des Kreises um die Hzgn. Anna Amalia mit Wieland, Herder, Frau v. Stein, Jacobi; 1786–88 1. Italienreise; seit 1794 Zusammenarbeit u. Freundschaft mit Schiller („Xenien“, 1796; „Balladenjahr“, 1797), 1790 2. Italienreise; 1791 bis 1817 Leiter des Weimarer Hoftheaters; 1806 Trauung mit Christiane Vulpius; neben der literar. u. polit. Tätigkeit naturwiss. Arbeiten (geol. u. mineral. Studien; Farbenlehre; Konzeption der Urpflanze; Entdeckung des Zwischenkieferknochens beim Menschen), mit allen geist. Strömungen seiner Zeit vertraut; neben Schiller die überragende Gestalt der dt. Lit. mit einem alle Gattungen umfassenden Werk, das v. Rokokolyrik über den Welterfolgsroman „Die Leiden des jungen Werthers“ bis zur Menschheitsdichtung der „Faust“-Tragödie reicht. *Weitere wichtige Werke:* Dramen: „Götz v. Berlichingen mit der eisernen Hand“, „Iphigenie auf Tauris“, „Egmont“, „Torquato Tasso“; Romane: „Die Wahlverwandtschaften“, „Wilhelm Meisters Lehrjahre“, „Wilhelm Meisters Wanderjahre“; Versepen: „Reineke Fuchs“, „Hermann u. Dorothea“; Lyrik: „Röm. Elegien“, „West-östl. Diwan“, „Marienbader Elegie“; Autobiografisches: „Aus meinem Leben. Dichtung und Wahrheit“, „Ital. Reise“; umfangreicher Briefwechsel (der wichtigste mit Schiller), Gespräche (mit Eckermann u. a.). **5)** Katharina Elisabeth, geb. **Textor,** gen. „Frau Rat“, * 1731, † 1808, Frau v. 3) und Mutter v. 4).

**Goethe-Institut,** 1952 neu gegr. Institut zur Pflege der dt. Spr. im Ausland und zur Förderung der internat. kulturellen Zusammenarbeit; seit 2001 unter dem Namen „G.-I. Inter Nationes e.V." (Sitz München).

**Goetz** [gœts], Curt, dt. Schauspieler u. Schriftsteller, auch Filmregisseur, *1888, †1960; Bühnenstücke u. Filmdrehbücher; u.a. „Dr. med. Hiob Prätorius".

**Gogh** [xɔx], Vincent van, niederl. Maler, *1853, †1890; Hauptwerke aus den letzten Lebensjahren v. ekstat. Ausdruckskraft u. starker Farbigkeit (Landschaften, Selbstbildnisse, Porträts, Stillleben), gab v.a. Fauvismus u. Expressionismus wichtige Impulse.

**Go-go-Girl** ['gəʊ'gəʊ'gəːl], Animiertänzerin im Showgeschäft.

**Gogol,** Nikolai Wassiljewitsch, russ. Schriftsteller, *1809, †1852; groteske Schilderung des Alltags u. Ges.-Kritik im Roman „Die toten Seelen" u. in der Komödie „Der Revisor".

**Golanhöhen,** Basaltplateau östl. des Sees v. Genezareth u. des Jordans, zw. Hermon im N u. unterem Jarmuk im S, Hauptort Kunaitra. – Im Sechstagekrieg 1967 eroberte Israel die den NO seines Staatsgebiets beherrschenden syr. G. u. annektierte sie 1981.

**Gold,** Käthe, östr. Schauspielerin, *1907, †1997; auch Filme.

**Gold,** Symb. **Au** [von lat. **Au**rum], chem. El., OZ 79, rel. A.-Masse 196,9665, Dichte 19,3 $g/cm^3$, Fp. 1064 °C, Sp. 2856 °C, rötlich gelbes, weiches Edelmetall, sehr gut walz- u. dehnbar (bis zu einer Blättchendicke v. 0,0001 mm); beständig gegen Luft u. Säuren, lösl. nur in starken Oxidationsmitteln; G.verbdg. werden bei Erwärmen leicht zersetzt. *Vorkommen:* meist in gediegenem Zustand mit Verunreinigungen an Silber, Kupfer u.a., aber auch in Verbdg. *G0ewinnung:* Goldhalt. Gestein wird mech. zerkleinert, danach wird das G. durch Legieren mit Quecksilber (Amalgamverfahren) od. Extraktion mit Kaliumcyanid (Cyanidlaugung) in Lösung übergeführt, aus der es durch ↑Elektrolyse od. Ausfällen mit Zink abgeschieden wird. Gediegenes G. (Berg-G., Seifen- od. Wasch-G.) wird mit Wasser vom Gestein getrennt (G.wäscherei).

**Goldammer,** Finkenvogel Europas; gelb, oberseits braun gestreift.

**Golddeckung,** Deckung umlaufender Banknoten durch Goldreserven der Notenbank.

**Golden Delicious** ['geʊldən dɪ'lɪʃəs; engl.], Apfelsorte; saftige, säurearme Früchte.

**Goldene Aue,** von der Helme durchflossene Senke im nw. Thüringer Becken, zw. Harz u. Kyffhäuser; fruchtb. Lössboden, Zuckerrüben-, Getreideanbau.

**Goldene Bulle,** 1356 von Karl IV. erlassenes R.-Ges., das v.a. das Recht der 7 Krfst. festlegte, den Kg. zu wählen.

**goldene Hochzeit** ↑Hochzeit.

**Goldene Horde,** urspr. Bez. für das mongol. Heerlager, dann für das russ.-sibir. Mongolenreich (13.–15. Jh.).

**goldener Schnitt, stetige Teilung,** Teilung einer Strecke $\overline{AB}$ durch einen Punkt $E$ in 2 Teile, sodass sich die Länge der ganzen Strecke zu der größeren Strecke $\overline{AE}$ verhält wie diese zur restl. Strecke $\overline{EB}$.

**Goldenes Dreieck,** Dreiländereck zw. Thailand, Birma u. Laos, Hauptanbaugebiet für Mohn zur Gewinnung von Heroin.

**Goldenes Horn, 1)** Hafenbucht von Istanbul. **2)** Hafenbucht von Wladiwostok.

**Goldenes Kalb,** altisraelit. Kultbild, als Götzenbild von Moses bekämpft (2. Mos. 32). – *Tanz um das G. K.:* Sinnbild des Strebens nach Reichtum.

**Goldschmiedekunst:** *Anhänger in Form eines Schwans aus Gold und Email (um 1900)*

**Goldenes Vlies,** in der griech. Mythologie das Fell des goldenen Widders, das die Argonauten erobern.

**Goldenes Zeitalter,** sagenhaftes erstes Zeitalter der Menschheit, paradies. Zustand.

**Golden Gate** ['gəʊldən 'geɪt], Einfahrt in die Bucht v. San Francisco, von der 2,8 km langen *G. G. Bridge* (1,28 km Spannweite) überbrückt.

**Goldfisch,** aus China stammende Zuchtform der Silberkarausche.

**Goldhamster,** aus Syrien (nach 1945) importiertes Nagetier (Heimtier) mit sehr hoher Fortpflanzungsrate.

**Golding** ['gəʊldɪŋ], William Gerald, engl. Schriftsteller, *1911, †1993; pessimist., philosoph.-allegor. Romane über die Natur des Menschen; Nobelpreis 1983.

**Goldküste** ↑Ghana.

**Goldlack,** Kreuzblütlergattung; stark duftende Zierpflanzen.

**Goldmann,** Nahum, *1895, †1982; 1949–78 Präs. des Jüd. Weltkongresses, 1956–68 Präs. der Zionist. Weltorganisation.

**Goldmark,** fr. dt. Rechnungseinheit (= 0,398248 g Feingold).

**Goldoni,** Carlo, ital. Dramatiker, *1707, †1793; Vertr. der Commedia dell'Arte u. deren Überwinder; „Der Diener zweier Herren".

**Goldparität,** Wertverhältnis der Währungen zum Gold mit festgelegtem Feingoldgehalt.

**Goldparmäne,** Apfelsorte, hoher Vitamin-C-Gehalt.

**Goldregen,** in Trauben gelb blühender Zierstrauch; Heimat SO-Europa.

**Goldröhrling,** gelber Röhrenpilz, unter Lärchen; Speisepilz.

**Goldrute,** Korbblütlergattung; goldgelb blühende Gartenstauden.

**Goldschmiedekunst,** seit der Jungsteinzeit nachweisbare künstler. Verarbeitung von Gold u. anderen Edelmetallen zu Schmuck u. Geräten, z.B. durch Treiben, Granulieren, Tauschieren, Prägen, Gießen.

**Goldschnitt,** schmückende Vergoldung des Buchschnitts.

**Goldwährung,** Währung mit fester Wertbeziehung zum Gold; bei *reiner Goldumlaufswährung* sind Goldmünzen einziges gesetzl. Zahlungsmittel; Übereinstimmung von Nenn- u. Materialwert; bei *gemischter Goldumlaufwährung* sind neben Gold- auch Scheidemünzen u. Banknoten im Umlauf; bei *Goldkernwährung* fungiert durch entsprechenden Goldbestand der Notenbank (teilweise) gedecktes Zeichengeld (Papiergeld u. Scheidemünzen) als Zahlungsmittel; bei der *Golddevisenwährung* sind zur Deckung umlaufender Noten neben Gold auch in Gold konvertierbare Devisen zugelassen.

**Golem** [hebr.; = Klumpen], in der jüd. Mystik u. Legende ein auf eine best. Zeit belebter künstl. Mensch aus Lehm (hergest. v. frommen Gelehrten).

**Golf,** größere Meeresbucht.

**Golf** [engl.], urspr. schott. Rasenballspiel, bei dem ein Hartgummiball (45 g) mit möglichst wenigen Schlägen über versch. lange Bahnen (insges. 18) in ein Loch an deren Ende zu treiben ist.

**Golfkrieg,** **1)** Bez. für den 1980–88 dauernden Krieg zw. Irak u. Iran. **2)** Bez. für die 1991 im Auftrag der UN durchgeführte Militäraktion einer internat. Truppe unter amer. Führung zur Befreiung Kuwaits v. der irak. Besetzung.

**Golfstrom,** warme Meeresströmung, ben. nach dem Golf v. Mexiko; entsteht aus der Vereinigung eines Teiles des S-Äquatorial- u. des N-Äquatorialstromes im Karib. Meer, im Golf v. Mexiko u. im westl. Atlantik, zieht vor der O-Küste Nordamerikas nordwärts u. wird südl. v. Neufundland nach Ostnordost abgelenkt, überquert, sich fächerförmig ausbreitend, als Atlant. Strom den nördl. Atlantik, bestreicht die W-Küsten Europas u. schickt seine Ausläufer bis ins Nordpolarmeer.

**Golgatha, Golgotha,** lat. **Calvaria,** Anhöhe außerhalb der Stadtmauer Jerusalems, Ort der Kreuzigung und Bestattung Jesu.

**Goliath,** im A.T. ein Philister von außergewöhnl. Körpergröße („Riese“ gen.); vom jungen David mit der Schleuder getötet.

**Gollancz** [gəˈlænts], Sir Victor, engl. Schriftsteller u. Verleger, * 1893, † 1967; bekämpfte nach 1945 die These v. der dt. Kollektivschuld, organisierte ein Hilfswerk für Dtl.; 1960 Friedenspreis des Dt. Buchhandels.

**Gomera, La,** eine der Kanar. Inseln, westl. v. Teneriffa, 352 km²; Hauptort San Sebastián de la Gomera. Ackerbau auf terrassierten Hängen, Fremdenverkehr.

**Gomulka,** Władysław, poln. Politiker, * 1905, † 1982; 1945–49 stellvertr. Min.-Präs.; 1951–54/55 als „Titoist“ in Haft; 1956–70 Erster Sekr. d. ZK d. Poln. Arbeiterpartei.

**Gon,** Einheitenzeichen **gon,** eine v.a. in der Geodäsie verw. Einheit für ebene Winkel, fr. *Neugrad,* der 100. Teil eines rechten Winkels (90°), 1 gon = 0,9° = (π/200) rad (Radiant).

**Gonaden** [gr.], svw. ↑Geschlechtsdrüsen.

**gonadotrope Hormone** [gr.], **Gonadotropine,** im Hypophysenvorderlappen gebildete, auf die Keimdrüsen wirkende Sexualhormone.

**Goncourt** [gõˈkuːr], Edmond Hout de, * 1822, † 1896, u. sein Bruder Jules Hout de G., frz. Schriftsteller, * 1830, † 1870; realist. Erfassung des Milieus im Roman; Studien zur Sittengesch. des 18. Jh.; „Das Dienstmädchen Germinie“, kulturhistor. bed. das Tagebuch; die *Académie G.,* eine von E. de G. begr. Institution, vergibt jährl. den *Prix Goncourt.*

**Göncz** [gønts], Árpád, ungar. Schriftst. u. Politiker, * 1922; 1958 wg. Teilnahme am Aufstand v. 1956 zu lebenslanger Haft verurteilt, 1963 amnestiert, 1990–2000 Staatspräsident.

M. Gorbatschow

**Gondar,** St. in N-Äthiopien, 69 000 E; Hochschule; Kaffeeanbau; Palastruinen, ☆. – Ehem. äthiop. Hauptstadt (17.–19. Jh.).

**Gondel** [ital.], **1)** schmales venezian. Boot. **2)** Kabine am Luftschiff u. an Seilbahnen.

**Gondwanaland,** **Gondwania,** Großkontinent d. Südhalbkugel, bestand vom Ende des Präkambriums bis ins Mesozoikum, verband d. alten Festlandkerne Südamerikas, Afrikas, Vorderindiens, Australiens u. d. Antarktis; Zerlegung durch d. Kontinentalverschiebung.

**Góngora y Argote,** Luis de, span. Dichter, * 1561, † 1627; Versdichtungen, Sonette, Kanzonen; auf ihn geht der barocke Stil des *Gongorismus* zurück, der gewollt dunkle Bilder in höchste sprachl. Kunst bringt.

**Gonokokkus** [gr.], von dem dt. Dermatologen A. Neisser (* 1855, † 1916) 1879 entdeckter Erreger des Trippers.

**Gonorrhö** [gr.], svw. ↑Tripper.

**González Márquez** [gɔnˈθalɛθ ˈmarkɛθ], Felipe, span. Politiker, * 1942; 1974–92 Gen.-Sekr. der sozialist. PSOE, 1982–96 Min.-Präsident.

**Goodman** [ˈgʊdmən], Benny (Benjamin David), amer. Jazzklarinettist u. Bandleader, * 1909, † 1986; verkörperte die Swingepoche.

**Göppingen,** Krst. östl. v. Stuttgart, Ba.-Wü., 58 000 E; Metall-, Textil-, Kunststoffindustrie.

**Gorbatschow,** Michail Sergejewitsch, russ. Politiker, * 1931; s. 1978 Sekr. des ZK der KPdSU, s. Okt. 1980 Mitgl. des Politbüros, 1985–91 Gen.-Sekr. des ZK der KPdSU; 1988–90 Vors. des Obersten Sowjets (Staatsoberhaupt), März 1990 bis Dez. 1991 Präs. der UdSSR; leitete umfassende Reformen ein (↑Glasnost, ↑Perestroika, außenpolit. „neues Denken“), scheiterte aber mit seiner Politik (Rücktritt als Staatspräs. am 25. 12. 1991 offiz. Ende der Sowjetunion). G. wurde 2000 Vors. der von ihm neu gegr. „Vereinigten Russ. Sozialdemokrat. Partei“. 1990 Friedensnobelpreis.

**Gordimer** [ˈgɔːdɪmə], Nadine, südafrik. Schriftstellerin, * 1923; Kritik an südafrik. Rassenpolitik, Nobelpreis 1991; Romane „Entzauberung“, „Burgers Tochter“, „Die Geschichte meines Sohnes“.

**Gordischer Knoten,** kunstvoll geknüpfter Knoten an einem kgl. Streitwagen in *Gordion* (Phrygien); wer ihn löste, sollte Herrscher über Asien sein; Alexander d. Gr. durchhieb ihn mit seinem Schwert.

**Gorgias von Leontinoi,** griech. Philosoph u. Rhetor, * um 485, † um 380; Vertr. der Sophistik.

**Gorgonen,** drei Ungeheuer der griech. Mythol. mit Schlangenhaaren (Stheno, Euryale, Medusa).

**Gorgonzola,** nach dem ital. Dorf G. ben. Weichkäse, mit Schimmelpilzen durchsetzt.

**Gorilla** [afrik.], größter Menschenaffe, bis 270 kg schwer, aufrecht stehend bis 2 m gr.; lebt in Fam. in Urwäldern Afrikas; Pflanzenfresser.

**Göring,** Hermann, dt. nat.-soz. Politiker, * 1893, † 1946 (Selbstmord); s. 1933 preuß. Innenmin. (bis 1934) u. Min.-Präs. sowie R.-Luftfahrtmin., 1940 R.-Marschall; in Nürnberg zum Tode verurteilt.

**Gorki,** Maxim, eigtl. Alexei Maximowitsch **Peschkow,** russ. Schriftsteller, * 1868, † 1936; Mitbegr. des sozialist. Realismus; „Die Mutter“, „Nachtasyl“.

**Gorleben,** Gem. im Landkr. Lüchow-Dannenberg. Nds., am linken Ufer der Elbe, 645 E. – Zw.lager f. radioaktive Abfälle; Prüfung des Salzstocks im Hinblick auf Endlagerung radioaktiver Stoffe.

**Görlitz,** kreisfreie Stadt in Sa., an der Lausitzer Neiße, östl. Stadt

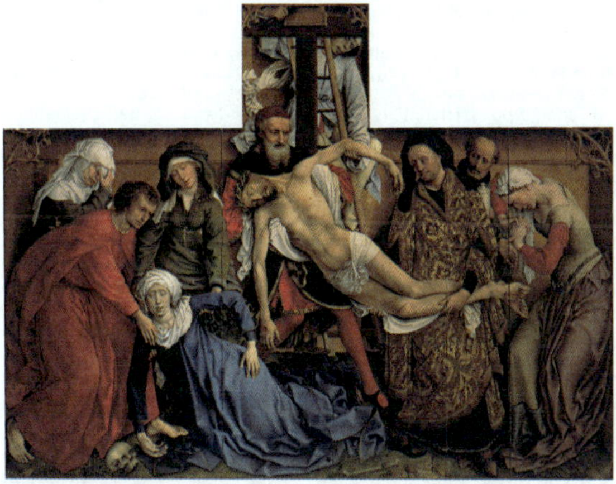

**Gotik:** *Rogier van der Weyden, „Kreuzabnahme", Mittelteil eines Altars aus der Kirche Notre-Dame-hors-les -Murs in Löwen (um 1435)*

Dtl., 61 000 E, FH; vielseitige Ind.; Zentrum der Euroregion Neiße u. Europast. Görlitz/Zgorzelec; ma. Altstadt. – Aus den östl. der Lausitzer Neiße gelegenen Stadtteilen entstand die St. *Zgorzelec* (40 000 E) in der poln. Wwschaft Niederschlesiens.

**Görlitzer Neiße** ↑Lausitzer Neiße.

**Gorm der Alte,** dän. Kg, * um 860, † um 940; eroberte Haithabu; missionierte Dänemark.

**Gornergletscher,** gr. Gletscher in den Walliser Alpen, Schweiz, 13 km, 69 km²; zw. G. u. Findelengletscher der 3 089 m hohe *Gornergrat.*

**Görres,** Joseph v., dt. Gelehrter u. Publizist der Romantik, * 1776, † 1848; Gegner Napoleons I.; „Die teutschen Volksbücher"; *G.-Gesellschaft,* 1876 zur Pflege der Wiss. gegr. Gesellschaft.

**Gortyn,** Ruinenstätte im südl. M-Kreta; minoische Gründung; ehem. röm. Prov.-Hptst.

**Gosau,** Tal im Dachsteingebiet, Oberöstr.; der *G.bach* wird im *Vorderen* u. *Hinteren G.see* für Kraftwerke gestaut; unterh. die Gem. G., 1 800 E; Sommerfrische.

**Göschen,** Georg Joachim, dt. Verleger, * 1752, † 1828; verlegte in seinem 1785 in Leipzig gegr. Verlag die Werke v. Goethe, Schiller, Wieland u. Klopstock.

**Göschenen,** schweizer. Sommerfrische am N-Ausgang des Gotthardtunnel, 650 E; 1 097 m ü. d. M.

**Goslar,** Krst. am N-Rand des Harzes, Nds., 44 600 E; ma. Stadtbild mit roman. Kirchen u. Kaiserpfalz; alter ⚒ (1988 eingestellt); Textil-, chem., Baustoff- u. a. Ind. – Im 13. Jh. R.-Stadt.

**Gospelsong** [engl.], jüngere Form der Negrospirituals.

**Gossaert** [xɔsa:rt], Jan, gen. Mabuse, fläm. Maler, * um 1478, † um 1532; unter dem Einfluss Leonardos u. Michelangelos.

**Gossau (SG),** Bez.-Hauptort im schweizer. Kt. St. Gallen, 16 000 E.

**Götakanal,** Kanal vom Vänersee zum Vättersee u. zur Ostsee sö. v. Norrköping, Schweden, 191 km.

**Göteborg,** schwed. Prov.-Hptst. u. Hafenst. an der Mdg. des Götaälv in das Kattegat; 434 000 E; Univ., Museen; Ind.; Messe; ✈.

**Goten,** ostgerman. Volk, urspr. in S-Skandinavien u. wahrsch. auf Gotland; um 270 Trennung in ↑Ostgoten u. ↑Westgoten.

**Gotha,** Krst. in Thüringen, 52 300 E; Schloss Friedenstein (17. Jh.), Museum, Ind., Verlage. – Ehem. Residenzstadt.

**Gothaer Programm,** auf dem Vereinigungskongress des Allg. dt. Arbeitervereins (Lassalleaner) u. der Soz.-demokrat. Arbeiterpartei (Eisenacher) in Gotha 1875 angenommenes Kompromissprogramm der Sozialist. Arbeiterpartei Dtl.

**Gotik** [lat.], Stilepoche des MA, in Frkr. etwa seit 1140, in England etwa s. 1175, in Dtl. s. 1220; als Baustil frz. Schöpfung; Merkmale: Rippengewölbe, Spitzbogen, Strebewerk; Maßwerk, Triforium, Dienste, Netz- u. Sterngewölbe; durchscheinende Wandstruktur, Vertikalismus. *Früh-G.:* Saint-Denis (Chor; 1137), Sens, Senlis, Noyon, Laon, Paris, Magdeburg, Limburg a. d. Lahn. *Hoch-G.* (1194–1350): Chartres (1194 ff.), Reims, Amiens, Trier (Liebfrauen, 1235 ff.), Marburg (St. Elisabeth, 1235 ff.), Straßburger Münster, Kölner Dom. In Dtl. s. Mitte des 13. Jh. *Backstein-G.* mit starker Vereinfachung der got. Formen (Lübeck, Marienkirche; Marien-

**Gotik:** *Fensterrose der Westfassade des Straßburger Münsters (um 1280)*

burg b. Danzig). *Spät-G.* (1350–1500): Bereicherung der Formen (Maßwerk, Gewölbe), Vordringen der Hallenkirche *(Sonder-G.)* bes. in Böhmen, Schwaben, Franken, Östr.; u.a. P. Parler, U. Ensinger, H. Stethaimer. *Plastik:* got. Gewandfigur mit Bindung an die Architektur, got. S-Schwingung; Rundfiguren, Reliefs an Grabmälern u. Altären; G. Pisano, P. Parler, C. Sluter, H. Multscher, N. Gerhaert, T. Riemenschneider, V. Stoß. *Malerei:* Glas-, Tafel- u. Buchmalerei in höchster Blüte; Giotto, die Brüder van Eyck, Rogier van der Weyden, Konrad von Soest, L. Moser, K. Witz, J. Fouquet, St. Lochner, M. Schongauer.

**Gotisch,** ostgerman. Sprache; Sprachdenkmal u.a. die Bibelübers. des Ulfilas.

**gotische Schrift,** schmale, eck. Schrift des 13.–15. Jh.; danach gestaltete Druckschrift.

**Gotland,** schwed. Insel in der Ostsee, 3001 km$^2$, Hptst. Visby; waldreich, Weizen-, Gerstenanbau, Schafzucht, Fischfang.

**Gott,** in allen Religionen eine persönl., erlebte u. verehrte Wirklichkeit, übermächtig dem Menschen begegnend; *Gottes-Glaube (Götter-Glaube)* ausgeprägt in den Formen des ↑Monotheismus und ↑Polytheismus.

**Götterdämmerung,** in der nord. Mythol. Untergang der Götter u. der Welt. *Götterdämmerung,* Musikdrama v. R. Wagner.

**Gottesanbeterin,** heim. Fangheuschrecke, die in Fangstellung die Vorderbeine wie zum Gebet erhoben hält.

**Gottesbeweise,** Versuche in Philos. u. Theologie, das Dasein Gottes aus Gründen der Vernunft [ohne Rückgriff auf die Offenbarung] zu beweisen; v.a. *kosmol.* (Schluss auf den „ersten Beweger"), *ontol.* (auf das Vollkommenste), *teleol.* (auf das Zweckmäßigste), *moral.* (Gott als Forderung der prakt. Vernunft).

**Gottesdienst** ↑Kult.

**Gottesfriede,** im MA kirchl. Gebot, best. Personen, Orte u. Sachen von der Fehde auszuschließen; erweitert zum Fehdeverbot zu best. Tagen u. Zeiten.

**Gottesgnadentum,** der Anspruch abendländ. Herrscher auf göttl. Legitimation, bes. ausgeprägt im Absolutismus.

**Gottesstaat** ↑Theokratie.

**Gottesurteil,** Verfahren zur Ermittlung eines Täters bei fehlenden od. unzureichenden Beweismitteln, bes. im MA u.a. als Los, Zweikampf, Gift- u. Feuerprobe.

**Gottfried IV., G. von Bouillon** [-bu'jõ], Hzg. v. Nd.-Lothr., *um 1060, †1100; Führer im 1. Kreuzzug; eroberte 1099 Jerusalem.

**Gottfried von Straßburg,** mhd. Dichter des späten 12. u. frühen 13. Jh.s; Epos „Tristan u. Isold" (um 1210, unvollendet).

**Gotthardgruppe,** N-Teil der Tessiner Alpen, Schweiz; Geb.-Massiv, bis 3192 m; mit den Quellen von Rhone, Aare, Reuß, Rhein, Tessin, *Sankt Gotthard* (Pass mit *Gotthardstraße* Andermatt–Airolo, 2108 m ü.d.M.); *Gotthardtunnel* (Göschenen–Airolo) der *Gotthardbahn* in rd. 1100 m ü.d.M., 15 km lang (1882 eröffnet); 1980 Eröffnung des wintersicheren, 16,32 km langen Straßentunnels Göschenen–Airolo.

**Gotthelf,** Jeremias, eigtl. Albert **Bitzius,** schweizer. Schriftsteller, *1797, †1854; bed. realist. Erzähler („Wie Uli der Knecht glücklich wird").

**Göttingen,** Krst. an der Leine, Nds., 126000 E; maler. Stadtbild mit bed. Baudenkmälern; Univ., Akad. der Wiss., mehr. Max-Planck-Institute, PH, Fachhochschule, Verw.- u. Wirtsch.-Akad., Dt. Ostarchiv; Dt. Theater; LG; feinmech. u. opt. Ind., Aluminiumherst., Verlage. – Planmäß. Gründung in der 2. H. d. 12. Jh.

**Gottsched,** Johann Christoph, dt. Schriftsteller, *1700, †1766; maßgebl. Theoretiker der dt. Frühaufklärung (Orientierung am frz. klassizist. Drama).

**Götze** [mhd.], ein als höheres Wesen verehrter Gegenstand oder ein fremder Gott (und sein Bild) im abwertenden Urteil einer monotheist. Religion (bei Luther: G. = „falscher Gott").

**Gouda** [xɔuda:], niederl. Stadt nö. von Rotterdam, 67500 E; Herst. des bek. *G.käses.*

**Gould** [gu:ld], Glenn, kanad. Pianist, *1932, †1982.

**Gounod** [gu'no:], Charles, frz. Komponist, *1818, †1893; Opern, Messen, Oratorien, Kantaten; „Faust" (auch „Margarethe").

**Gourmand** [gur'mã; frz.], Schlemmer.

**Gourmet** [gur'me:; frz.], Feinschmecker, Weinkenner.

**Gouvernement** [guvɛrn'mã; frz.], Reg., auch Prov., in Russland Verw.-Bez. bis 1929.

**Gouverneur** [guvɛr'nø:r; frz.], höchster Exekutivbeamter eines B.-Staates (USA), einer Prov. (Belgien), einer Kolonie.

**Goya y Lucientes** ['goja i lu'θientes], Francisco José de, span. Maler, Radierer, Lithograph, *1746, †1828; stellte zeitkrit. Krieg u. Not, menschl. Leidenschaft u. Torheit dar; Bildnisse, Genre- u. Historienbilder.

**Goyen, Goijen** ['xo:jə], Jan van, niederl. Landschaftsmaler u. Radierer, *1596, †1656.

**Gozzi,** Carlo Gf., ital. Dramatiker, *1720, †1806; „Turandot".

**Gozzoli,** Benozzo, eigtl. B. di **Lese,** florentin. Maler der Frührenaissance, *1420, †1497.

**GPS,** Abk. für **G**lobal **P**ositioning **S**ystem, Satellitennavigationssystem für zivile u. militär. Zwecke, bestehend aus 24 (21 + 3 Reserve) in sechs kreisförmigen Bahnen angeordneten Satelliten (Höhe 20200 km), wobei überall auf der Erde stets mind. 4 Satelliten über dem Horizont stehen u. fortlaufend Positionssignale senden; zur Navigation von Schiffen, Flugzeugen u. Kfz eingesetzt.

**GPU,** Abk. für die russ. Bez. der Staatl. Polit. Verw. (= sowj. Geheimpolizei 1922–34); ↑NKWD.

**Grabbe,** Christian Dietrich, dt. Dramatiker, *1801, †1836; „Scherz, Satire, Ironie u. tiefere Bedeutung"; „Napoleon od. die hundert Tage", „Don Juan u. Faust".

**Grabwespen,** räuber., einzeln lebende Wespen; z.B. Sandwespen, Bienenwolf.

**Gracchus** ['graxus], **1)** Gaius Sempronius, röm. Politiker, *153, †121 v.Chr. (Selbstmord), Bruder von 2); sein Versuch, den italischen Bundesgenossen Bürgerrechte zu geben, führte zu inneren Unruhen. **2)** Tiberius Sempronius, röm. Politiker, *163 od. 162, †133 v.Chr. (ermordet), Bruder v. 1); wollte den Großgrundbesitz beschränken u. das Land an Kleinbauern aufteilen; erschlagen.

**Gracia Patricia,** geb. Grace **Kelly,** Fürstin v. Monaco, *1929, †1982 (Unfall); 1949–56 Schauspielerin, heiratete 1956 Fürst Rainier III.

**Grad** [lat.], **1)** rechtl. Bestimmungsbez. für Verwandtschaftsverhältnisse. **2)** ↑akad. Grade. **3)** ↑Schriftgrad. **4)** höchste Potenz, in der die Unbek. in einer Gleichung auftritt. **5)** Zeichen °, gesetzl. Einheit des ebenen Winkels, fr. *Alt-G.* gen.; 1° ist gleich dem 90. Teil eines rechten Winkels; 1° = 60' (Minuten) = 3600'' (Sek.) = (π/180) rad (Radiant). **6)** Angabe einer Temp.differenz.

**Gradient** [lat.], allg. Gefälle, Anstieg, Änderung einer (physikal.) Größe auf einer bestimmten Strecke (z.B. Temp.- od. Druck-G.).

**Gradierwerk,** Holzgerüst, belegt mit Reisig, über das Sole herabrieselt, dessen Salzgehalt infolge

Verdunstung ansteigt; therapeut. zu Inhalationen genutzt.

**Gradnetz der Erde,** Netz der sich senkrecht schneidenden Längenkreise (↑Meridian) u. Breiten-(Parallel-)Kreise; dient zur Ortsbestimmung u. Orientierung auf der Erde. Die Meridiane, von Pol zu Pol, werden von dem durch ↑Greenwich laufenden Längenkreis (0°) nach O u. W bis 180° gezählt u. geben die *geograph. Länge* an; die Breitenkreise vom Äquator zu den Polen, von 0° bis 90° gezählt, geben die *geograph. Breite* (= Polhöhe) an.

[↑Lithographie]). I. w. S. werden auch Handzeichnungen dazu gezählt.

**grafische Darstellung** ↑Diagramm.

**Grafschaft** ↑Graf, ↑County.

**Grajische Alpen,** stark vergletscherter Teil der Westalpen in Frkr. u. Italien; Gran Paradiso 4061 m.

**Gral** [frz.], in der ma. Dichtung ein geheimnisvoller Gegenstand, der ewiges Glück spendet; von den *G.srittern* auf der G.sburg behütet; meist in Verbdg. mit der Dichtung um Kg. Artus u. Parzival.

Granada: *Alhambra (13./14. Jh.)*

**graduell** [frz.], grad-, stufenweise, allmählich.

**graduieren,** einen akad. Grad erteilen.

**Graf** [gr.-mlat.], urspr. kgl. Kommissar, Vertr. der kgl. Interessen in einem Verw.-Bez. (Gft.) des Königsgutes; Organisation des Heerbannes, Gerichtsbarkeit u. a. Vollmachten; s. dem 9. Jh. allm. erbl. Amt u. Adelstitel.

**Graf, 1)** Oskar Maria, dt. Schriftsteller, *1894, †1967; „Das bayr. Dekameron", „Das Leben meiner Mutter". **2)** Stefanie, dt. Tennisspielerin, *1969; fünfmal WTA-Weltmeisterin (zw. 1987 und 1996, Olympiasiegerin und Gewinnerin des ↑Grand Slams 1988. **3)** Urs G. (Graff), schweizer. Zeichner u. Holzschneider, *um 1485, †1527 od. 1528; derb-drast. Darst. aus dem Landsknechtsleben.

**Grafenwöhr,** St. an der Fränk. Alb, Bayern, 6900 E; Truppenübungsplatz.

**Grafik** [gr.], Teilgebiet der bildenden Kunst. Sie umfasst in erster Linie Druck-G. (Holzschnitt, Kupferstich, Radierkunst, Steindruck

**Gram-Färbung** [nach dem dän. Bakteriologen H. C. J. Gram, *1853, †1938], wichtige Methode zur Charakterisierung v. Bakterien.

**Gramm** [gr.], Einheitenzeich. **g,** Einheit d. Masse; $1\,g = {}^{1}/_{1000}\,kg$ (↑Kilogramm).

**Grammatik** [gr.], Teil der Sprachwiss., der sich mit den sprachl. Formen u. deren syntakt. Funktionen beschäftigt.

**Grammophon®** [gr.], Bez. für ↑Plattenspieler.

**Grampian Mountains** [ˈgræmpjən ˈmaʊntɪnz], mittelschott. Geb., nur in tieferen Lagen Wälder; viel Moor- u. Heideland; Ben Nevis 1343 m; Teil der Highlands.

**Gran,** ungar. **Esztergom,** ungar. St. an der Donau, 33000 E; Schwefelquellen, Weinbau; Maschinenbau, Elektroindustrie.

**Gran** [lat.], fr. dt. Apotheker- u. Edelmetallgewicht.

**Granada, 1)** südspan. Prov.-Hptst. in Andalusien, 269000 E; viele maur. Baudenkmäler, bes. die zinnengekrönte ↑Alhambra; bed. Kirchen; Univ.; Zuckerind.; ⚔. **2)** nach 1) ben. maur. Reich in Südspanien, 1238–1492.

**Granados y Campiña** [graˈnaðɔs i kamˈpiɲa], Enrique, span. Pianist u. Komponist, *1867, †1916; bed. Vertreter der neueren nat.-span. Musik.

**Granat** [lat.], Gruppe häuf., gesteinsbildender Minerale; Härte 6,5–7,5; chem. Zusammensetzung, Dichte u. Farbe sehr unterschiedl.; in metamorphen Gesteinen; Schmucksteine u. a. Almandin, Grossular, Melanit, Pyrop.

**Granatapfelbaum,** Strauch od. kl. Baum, rot blühend, Frucht *Granatapfel;* Fruchtbaum, Zierstrauch, v. a. Mittelmeergebiet, Orient.

**Granate** [lat.], mit Sprengstoff gefülltes Geschoss.

**Gran Canaria,** eine der Kanar. Inseln, 1532 $km^2$; Hptst. u. ⚓ Las Palmas de Gran Canaria.

**Gran Chaco** [-ˈtʃako], **Chaco,** flaches östl. Andenvorland in N-Argentinien, W-Paraguay u. S-Bolivien.

**Grand Canyon** [ˈgrænd ˈkænjən], etwa 350 km langes, bis 1800 m tiefes, schluchtartiges Tal des Colorado im Colorado Plateau in NW-Arizona, USA.

**Grande** [span.], seit 1520 hoher span. Adelstitel.

**Grand Prix** [grãˈpri:; frz.], frz. Bez. für „Gr. Preis".

**Grandseigneur** [grãsɛˈɲœ:r], vornehmer, weltgewandter Herr.

**Grand Slam** [ˈgrændˈslæm; engl.], urspr. das Einheimsen aller Stiche beim Bridge u. a. Kartenspielen; Tennis: Siege bei den internat. Meisterschaften (den *Grand-Slam-Turnieren)* von Australien, Frankreich, England u. den USA innnerhalb eines Jahres.

**Granger** [ˈgreɪndʒə], Stewart, eigtl. James Lablache **Stewart** [ˈstjʊəd], amer. Filmschauspieler brit. Herk., *1913, †1993.

**Granikos,** heute **Kocabaş** [-dʒaˈbaʃ], Fl. in Kleinasien; am G. 334 v. Chr. Sieg Alexanders d. Gr. über die Perser.

**Granit** [ital.], körn. Tiefengestein; Hauptgemengteile: Quarz, Glimmer u. Feldspat, der die Grundfarbe bestimmt, gelegentl. Hornblende.

**Granne,** steife Borste an den Deckspelzen bei Gräsern; *G.nhaare,* borst. Oberhaare im Fell der Säugetiere.

**Gran Paradiso,** ital. Gebirgsgruppe in den Grajischen Alpen, bis 4061 m.

**Gran Sasso d'Italia,** Geb.-Stock im Abruzz. Apennin, Italien, im Corno Grande 2914 m.

**Gransee,** Krst. am Geronsee,

G

Bbg., 5000 E; Konserven- u. Ziegeleiind. – Spätgot. Kirche Sankt Marien (15. Jh.).

**Grant** [grænt], **1)** Cary, eigtl. Archibald Alexander **Leach** [li:tʃ], amer. Filmschauspieler brit. Herkunft, *1904, †1986; **2)** Ulysses Simpson, amerikan. Gen., 18. Präs. der USA (1869–77; Republikaner), *1822, †1885; im Sezessionskrieg Befehlshaber der Unionstruppen.

**Granulat** [lat.], Substanz in Form unregelmäß. Körnchen.

G. Grass

**Granulation** [lat.], **1)** Verzierung von Metallarbeiten durch Auflöten v. goldenen od. silbernen Körnchen. **2)** die auf der nicht gleichmäßig hellen Oberfläche der Sonne sichtb. körn. Struktur aus *Granulen,* d.h. aufsteigenden Gebilden heißen Gases von etwa 1 000 km Durchmesser. **3)** Bildung bindegewebigen, gefäßreichen Gewebes, *G.sgewebe,* das charakteristisch ist bei Heilung von Wunden und Narben.

**Grapefruit** [ˈgreɪpfru:t; engl.], Frucht des G.baums; ↑Pampelmuse.

**Graph** [gr.], √ graf. Darstellung einer math. Relation, insbes. einer Funktion.

**Graphit** [gr.], hexagonal kristallisierende stabile Modifikation des reinen Kohlenstoffs; meist derbe, schuppige od. blättr. Massen, weich, undurchsichtig, schwarz, elektr. u. therm. gut leitend; stark färbend; vielseit. industrielle Verwendung.

**Graphologie** [gr.], (wiss. umstrittene) Kunst der Handschriftendeutung.

**Gräser,** weltweit verbreitete, artenreiche Pflanzenfam. (Monokotyledonen); sehr raschwüchs., meist kraut., oft Rasen bildende, windblüt. Pfl.; wirtsch. bed. die Getreidearten, Zuckerrohr, Bambus.

**Graslilie,** Gatt. der Liliengewächse; grasähnl. Stauden mit weißen Blüten.

**Grasmücken,** kl. lebhafte, Insekten fressende Singvögel.

**Grasnelken,** Gatt. d. Bleiwurzgewächse, ausdauernde Kräuter an trockenen Standorten.

**Grass,** Günter, dt. Schriftsteller, *1927; Romane, u.a. „Die Blechtrommel", „Hundejahre", „Der Butt", „Ein weites Feld"; Novellen, u.a. „Im Krebsgang"; Bühnenstücke, Lyrik; Nobelpreis 1999.

**Gratifikation** [lat.], freiwill. Sonderzuwendung des Arbeitgebers an den Arbeitnehmer aus bes. Anlass (z.B. Dienstjubiläum).

**Graubünden,** größter Kt. der Schweiz, 7106 km², 182000 E (60% sprechen Dt., 25% Rätoroman., die übrigen Ital.), Hauptst. Chur; bed. heilklimat. Kurorte; Wintersportplätze. – *Gesch.:* in röm. Zeit Teil der Prov. Raetia prima, 536 fränk., 843 zum Ostfränk., später zum Hl. Röm. Reich; im 14./15. Jh. polit. Bünde, die sich 1497/98 der Eidgenossenschaft anschlossen. 1803 schweizer. Kt.

**Grauburgunder** ↑Ruländer.

**graue Eminenz,** Bez. für eine „hinter den Kulissen" wirkende einflussreiche Person (v.a. Politiker).

**grauer Markt,** Warenverkauf unter Umgehung der Preis- od. Vertriebsbindung im Handel.

**Graugans** ↑Gänse.

**Graupeln,** Niederschlag; milch. Körner (kleiner als 5 mm ⌀), aus Eiskristallen bestehend.

**Graupen,** enthülste u. entspitzte Gersten- od. Weizenkörner.

**Graves** [greɪvz], Robert [Ranke], gen. Robert v. Ranke G., engl. Schriftsteller, *1895, †1985; u.a. „Ich, Claudius, Kaiser und Gott".

**Gravidität** [lat.], svw. ↑Schwangerschaft.

**gravieren** [frz.], Metallflächen, Stein, Elfenbein, Holz u.a. durch Einritzen mit Zeichnungen od. Schrift versehen.

**Gravimetrie** [lat.; gr.], **1) Gewichtsanalyse,** Verfahren der quantitativen chem. Analyse, bei dem die zu bestimmenden Kationen od. Anionen aus der Lsg. in Form eines schwer lösl. Niederschlags ausgefällt u. mit einer Analysenwaage gewogen werden. **2)** Messung der Schwereunterschiede an der Erdoberfläche.

**Gravis** [lat.], **Accent grave,** Betonungszeichen (`), z.B. frz. è.

**Gravität** [lat.], Würde, [steife] Feierlichkeit.

**Gravitation** [lat.], **Massenanziehung,** Eigensch. v. Massen, sich gegenseitig anzuziehen; in der klass. Mech. beschrieben durch das von Newton aus den keplerschen Gesetzen abgeleitete *newtonsche G.gesetz:* Zwei Massen $m_1$ u. $m_2$ im Abstand $r$ (ihrer Schwerpunkte) ziehen sich mit der längs ihrer Verbindungslinie wirkenden *G.kraft* v. Betrag

$$F = G \cdot \frac{m_1 \cdot m_2}{r^2}$$

an, wobei $G \approx 6{,}6726 \cdot 10^{-11}$ $\mathrm{N\,m^2\,kg^{-2}}$ die *G.konstante* ist. Die G. spielt im atomaren Bereich keine Rolle, ist aber bei allen makroskop. Erscheinungen, bes. in der Himmelsmechanik, dominant. Das G.gesetz legt u.a. die Bewegung der Planeten um die Sonne fest. Die v. der Erde (allg. v. einem Himmelskörper) ausgeübte *Schwerkraft* ist ein Sonderfall der allg. G. – Die Vorstellung, dass der Raum durch Anwesenheit einer Masse in seinen physikal. Eigenschaften verändert wird, führt zum Begriff des *G.feldes.* Einstein deutete in seiner allg. Relativitätstheorie die G. als Änderung der geometr. Struktur (Krümmung) des Raumes (genauer: des vierdimensionalen Raum-Zeit-Kontinuums) durch die Anwesenheit v. Massen.

**Gravüre** [frz.], allg. Bez. für Erzeugnis der Gravierkunst (Kupfer-, Stahlstich), insbes. für die auf photomech. Wege hergest. Tiefdruckform u. den davon hergest. Druck.

**Gray** [greɪ], Einheitenzeich. **Gy,** gesetzliche Einheit der Energiedosis ionisierender Strahlung; 1 Gy = 1 J/kg.

**Graz,** Hptst. der Steiermark, Östr., an d. Mur, 232000 E; Univ., TH, Landesarchiv, Museen, got. Dom, Schloss Eggenberg (17. Jh.); vielseit. Ind.; Fremdenverkehr; ✈; v. der Pyhrnautobahn im 1987 eröffneten Plabutschtunnel (9,7 km) umgangen. – 1281 Stadt, s. dem 14. Jh. zeitw. Residenz der steir. Habsburger.

**Grazien,** röm. Göttinnen der Anmut, den griech. Chariten entsprechend; danach *Grazie,* Anmut.

**Gräzismus** [gr.], altgriech. Spracheigentümlichkeit in einer nichtgriech. Sprache.

**Great Basin** [ˈgreɪt ˈbeɪsn], rund 600000 km² gr. abflussloses Gebiet in N-Nevada, USA; vorw. Wüstensteppe, reiche Erzlager.

**Great Salt Lake** [ˈgreɪt ˈsɔ:lt ˈleɪk], **Großer Salzsee,** abflussloser flacher Salzsee in NW-Utah, USA.

**El Greco:** *Das Begräbnis des Grafen von Orgaz (zwischen 1586 und 1588)*

**Greco, El,** eigtl. Dominikos **Theotokopulos,** griech.-span. Maler, *um 1541, †1614; Hauptmeister des span. Manierismus; gr. Altarbilder, Porträts u. Landschaften.

**Gréco** [greˈko], Juliette, frz. Chansonnette und Schauspielerin, *1927; Vertreterin der frz. Existenzialistengeneration der Nachkriegszeit.

**Green** [grin], Julien, frz. Schriftsteller amerik. Herkunft, *1900, †1998; Romane, Dramen und Tagebücher.

**Greene** [gri:n], Graham, engl. Schriftsteller, *1904, †1991; Romane mit meist relig. Hintergrund, „Die Kraft u. die Herrlichkeit", „Das Herz aller Dinge", „Der dritte Mann".

**Greenpeace** [ˈgri:npi:s], internat. Umweltschutzorganisation, die seit 1971 mit oft unkonventionellen Aktionen in aller Welt gegen Umweltverschmutzung protestiert und sich für den Schutz bedrohter Tiere einsetzt.

**Greenwich** [ˈgrɪnɪdʒ], St.-Bezirk v. London, bek. durch die einstige, 1675 gegr. Sternwarte, deren Durchgangsinstrument den *Nullmeridian* der geograph. Längenzählung definiert. Die auf den Meridian v. G. bezogene mittlere Sonnenzeit *(G. Mean Time, GMT)* wurde 1884 internat. als Grundlage für die Zonenzeiten festgelegt, seit 1925 Weltzeit.

**Greenwich Village** [ˈgrɪnɪdʒ ˈvɪlɪdʒ], Künstlerviertel im St.-Bez. Manhattan, New York.

**Gregor,** Name v. Heiligen, **1) G. v. Nazianz,** hl., griech. Kirchenlehrer, *330, †390. **2) G. v. Nyssa,** hl., Bischof v. Nyssa, *um 335, †um 394; wicht. polem. (gg. Arianismus u.a.) u. dogmat. Schriften. **3) G. v. Tours** [-tu:r], hl., *um 538, †594, s. 573 Bischof v. Tours; Bücher zur fränk. Gesch. („Historia Francorum").

**Gregor,** Päpste: **1) G. I.,** d. Gr., hl., *um 540, †604, Papst s. 590, Kirchenlehrer; Neuordnung der päpstl. Domänenverw., Beginn der Germanenmission (Angelsachsen). **2) G. VII.,** hl., *um 1021, †1085, Papst s. 1073; vorher Mönch Hildebrand; Benediktiner; profilierter Vertr. der kluniazens. Reform; kämpfte für die Vorrangstellung des Papsttums gegenüber dem Kaisertum und innere Reformen (Zölibat); Verbot von Simonie und Laieninvestitur führte zum ↑Investiturstreit. **3) G. IX.,** *um 1170, †1241, Papst s. 1227; Gegner Ks. Friedrichs II.; Förderer der Bettelorden, organisierte die Inquisition neu. **4) G. XIII.,** *1502, †1585, Papst s. 1572; förderte die Gegenreformation, führte 1582 den gregorian. Kalender ein.

**Gregoriana,** päpstl. Univ. in Rom (ben. nach Gregor XIII.), 1551 v. Ignatius v. Loyola als „Collegium Romanum" gegr.

**gregorianischer Gesang,** einstimm. Choral der kath. Liturgie, ben. nach Papst Gregor I.

**gregorianischer Kalender** ↑Kalender.

**Greif,** geflügeltes Fabeltier mit Adlerkopf und Löwenkörper.

**Greifswald,** kreisfreie St. in Vorpommern, nahe dem *G.er Bodden,* Mckbg.-Vorp., 53 900 E; Univ., Oberverwaltunggericht; ma. Bauwerke, Renaissancegiebelhäuser; Elektronik-, Nahrungsmittelind.; Hafen. – G. wurde 1278 Hansestadt; 1648–1815 schwedisch.

**Greifvögel, Tagraubvögel,** kosmopolit. Ordnung tagaktiver, sich tier. ernährender Vögel mit Hakenschnabel u. kräftigen, gekrümmten Krallen; Neuweltgeier, Sekretäre, Habichtartige, Falken.

**Greisenhaupt,** Säulenkaktus mit langen weißen Borstenhaaren.

**Greiz,** Krst. im Vogtland, Thüringen, 30 500 E; Oberes (um 1700) u. Unteres (19. Jh.) Schloss; Ing.-Schule; Papiermuseum; Textil- und Metallindustrie.

**Gremium** [lat.], Ausschuss, Körperschaft.

**Grenada** [grəˈneɪdə], Staat im Bereich der Westind. Inseln, umfasst die Hauptinsel G. u. einen Teil der Grenadine Islands. – 1498 von Ko-

**Grenada**

*Fläche:* 344 km$^2$
*Einwohner:* 99 000 Mill.
*Hauptstadt:* Saint George's
*Amtssprache:* Englisch
*Zeitzone:* MEZ – 5 Stunden

G

lumbus entdeckt, seit 1674 frz., seit 1762/63 brit., unabhängig seit 1974 innerhalb des Commonwealth; nach Sturz der sozialist. Revolutionsreg. (ab 1979) 1983 intervenierten die USA und Nachbarstaaten militärisch; seit 1984 gewählte, westlich orientierte Regierungen.

**Grenadier** [frz.], urspr. mit Handgranaten ausgerüsteter Soldat, später svw. Infanterist.

**Grenadill,** Holz des in Afrika heim. G.baums; Drechselholz, u. a. für Holzblasinstrumente.

**Grenchen,** schweizer. Bez.-Hauptort im Kanton Solothurn, 17 000 E; Uhrenindustrie.

**Grenoble** [grəˈnɔbl], Hptst. des südostfrz. Dep. Isère, 151 000 E; Univ., Kathedr. (12./13. Jh.); Handschuh-, Lebensmittel-, Metall-, Elektro-, Baustoff-, Masch.-Ind.

**Grenzwert** [lat.], **Limes,** Zeichen **lim**, wicht. math. Begriff; der Wert *a*, dem sich die Glieder einer Zahlenfolge ($a_n$) belieb. annähern, wenn die Gliederzahl *n* der Folge unbegrenzt anwächst (d. h. bei genügend gr. *n* unterscheiden sich die $a_n$ belieb. wenig v. *a*); Schreibweise:

$$\lim_{n \to \infty} a_n = a$$

(gesprochen: Limes v. $a_n$ für *n* gegen unendlich ist gleich *a*).

**Gretna Green** [ˈgretnə ˈgriːn], schott. Dorf an der engl. Grenze; bek. als Ort für Eheschließungen Minderjähriger ohne elterl. Zustimmung (bis 1969) vor dem Dorfschmied (Friedensrichter).

**Greven,** St. an der Ems, NRW, 33 200 E; eines der Zentren des münsterländ. Textilbezirks.

**Grevenbroich** [-ˈbroːx], St. an der unteren Erft, NRW, 63 600 E; Konserven-, Textil- u. Metallind.; Braunkohlentagebau, Großkraftwerk, Aluminiumwerke.

**Greyerz,** frz. **Gruyères** [gryˈjɛːr], westschweizer. Gem., Kt. Freiburg, 1 300 E; Herst. v. *G.er Käse.*

**Greyhound** [ˈgreɪhaʊnd; engl.], **1)** bis 76 cm gr., kurzhaariger Windhund. **2)** in den USA ugs. für Überlandbus, benannt nach dem Omnibusunternehmen *G. Corporation.*

**Griechenland,** Rep. im S der Balkanhalbinsel; Bev. rd. 95 % Griechen; nat. Minderheiten wie Makedonier, Türken, Albaner u. a.; Religion 98 % griech.-orthodox. – Zahlr. Inseln; stark gegliederte Küsten; sehr gebirgig, die Beckenzonen bilden den Lebensraum für die Bev.; Klima u. Vegetation mediterran. 27 % der Gesamtbodenfläche land- und forst-

**Griechenland**

| | |
|---|---|
| *Fläche:* | 131 957 km² |
| *Einwohner:* | 10,551 Mill. |
| *Hauptstadt:* | Athen |
| *Amtssprache:* | Neugriechisch |
| *Zeitzone:* | MEZ + 1 Stunde |

wirtsch. genutzt; die wichtigsten Ackerbaugebiete: Thessalien u. Euböa. Export: Tabak (bes. in Thrakien und Makedonien) u. Olivenöl (bes. an der Küste des Peloponnes), ferner Wein, Korinthen, Sultaninen, Zitrusfrüchte und Baumwolle. Wiesen- u. Weideland (extensive Ziegen- u. Schafzucht) nehmen 39 % der Gesamtfläche ein. Außerdem Fischerei, reger Handel (Haupthafen Piräus) u. Fremdenverkehr; Gewinnung von Marmor, Schmirgel, Bauxit, Eisen- u. einigen anderen Erzen sowie chem. Nahrungsmittel- u. Textilind. (Wolle, Baumwolle, Kunstseide, Teppiche). – *Gesch.:* Die Eroberung Konstantinopels durch die Türken (1453) brachte das Ende des Byzantin. Reiches; G. wurde bis 1461 vollst. türk.; Freiheitskrieg 1821 bis 1829; Anerkennung der Unabhängigkeit G.s durch das Londoner Protokoll v. 1830; 1832 Kgr. (Kg. Otto I.). In den Balkankriegen 1912/13 u. a. Erwerbung von Kreta u. Teilen Makedoniens. Im 1. Weltkrieg anfangs neutral, dann aufseiten der Entente; Erwerb von S-Makedonien, S-Thrakien. 1922 Verlust Smyrnas u. O-Thrakiens im Krieg gg. die Türkei. 1924–35 Rep., 1940 Angriff Italiens, 1941–44 dt.-ital.-bulgar. Besetzung, 1942–49 Bürgerkrieg; 1946 Rückkehr Georgs II. auf den Thron; 1967–74 Militärdiktatur; 1973 Abschaffung der Monarchie; seit Juli 1974 Rückkehr zu demokrat. Verhältnissen; Mitgl. der EU, UN, der NATO u. des Balkanpaktes.

**griechische Geschichte,** beginnt mit der Einwanderung idgm. Stämme am Ende des Frühhelladikums (um 1900 v. Chr.). Allm. Mischung mit der mediterranen, voridgm. Bev. Um 1550 v. Chr. Entw. der myken. Kultur unter starkem Einfluss der minoischen Kultur Kretas (Paläste v. Knossos u. Phaistos); Machtzentren: Mykene u. Tiryns. Um 1450 v. Chr. Eroberung Kretas durch die Achaier. – Seit etwa 1100 v. Chr. besiedelten die Dorer u. a. große Teile M-Griechenlands und der Peloponnes (dorische Wanderung, neuerdings angezweifelt); gleichzeitig wurden die Äolier und Ionier z. T. nach Kleinasien abgedrängt (1. griech. Kolonisation). Im 10./9. Jh. Aufsplitterung der Stammesverbände, begünstigt durch die starke Gliederung der griech. Ldsch. Verfall des Königtums. Übergang zur Aristokratie. *Archaische Zeit (etwa 800–500 v. Chr.):* Seit dem 8. Jh. Aufkommen der Polis; wirtsch. Wandlungen u. gesellschaftl. Änderungen brachten eine Krise des Adelsstaates mit sich. Forderungen nach polit. Gleichberechtigung führten zur Tyrannis. Im 8.–6. Jh. Kolonisation in Sizilien, M- u. Unteritalien, an der Rhonemündung, auf Korsika, an den Küsten des Schwarzen Meeres u. in N-Afrika (2. griech. Kolonisation). – *Sparta* wurde nach der Eroberung Messeniens (8. Jh.) u. der Herausbildung des Peloponnes. Bundes im 6. Jh. als konservativ-aristokrat. Mil.-Staat zur griech. Vormacht. – *Athen* entwickelte sich vom Adels- (7. Jh.) zum Rechtsstaat mit Rechtsgleichheit aller Bürger (Reformen Solons) u. unter Kleisthenes zum Volksstaat, zur Demokratie.
*Klassische Zeit (500–336 v. Chr.):* Nach Niederwerfung des ion. Aufstandes (500–494) Versuche der Perser, Griechenland zu unterwerfen. Dareios I. scheiterte 490 bei Marathon, Xerxes 480 bei Salamis, 479 pers. Niederlage bei Plataä. Gleichzeitig Sieg der Griechen Siziliens über die Karthager bei Himera. Rivalität zw. Sparta u. der Seemacht Athen (477 Gründung des Att.-Del. Seebundes), die den Kampf gg. die Perser allein weiterführte u. 448 beendete. Blüte der att. Demokratie unter Perikles; das perikleische Zeitalter brachte Höhepunkte der bildenden Kunst, der Dichtung, der Philos. (Sokrates) und Wiss. (Herodot, Thukydides). Der Peloponnes. Krieg endete mit der völligen Niederlage Athens, doch konnte Sparta seine Hegemonie trotz pers. Unterstützung nicht halten; Königsfriede (387/386), Höhept. der pers. Macht in Griechenland. Auch der Versuch Thebens, die Griechen zu einigen, misslang. Nach der Eroberung Griechen-

**griechische Kunst:** *Apollontempel von Bassai (Ende 5. Jh. v. Chr.; links); Vase in rotfigurigem Stil (um 514 v. Chr.; rechts)*

lands durch Philipp II. von Makedonien (Chaironeia, 338) schuf Alexander d. Gr. ab 336 v. Chr. mit der Eroberung Persiens ein Weltreich. Nach seinem Tod 323 (Beginn des *Hellenismus*) ging Makedonien mit Griechenland aus den Kämpfen der Diadochen als einer der drei Nachfolgestaaten des Alexanderreiches hervor (unter der Dyn. der Antigoniden,

**griechische Kunst:** *Grabstatue des Krösus (um 540 v. Chr.)*

277–168). Nach dem Sieg Roms über Makedonien (bei Kynoskephalai, 197 v. Chr.) wurden die Griechen von den Römern für frei erklärt; 168 v. Chr. Niederlage der Makedonen bei Pydna; Ende der polit. Selbstständigkeit der Griechen; nach letzten Erhebungen Makedoniens u. der Achaier Einrichtung der röm. Provinz Macedonia (148 v. Chr.); ↑röm. Geschichte, ↑Byzantinisches Reich, ↑Griechenland.

**griechische Kunst,** die Kunst der Griechen etwa vom 11. bis 1. Jh. v. Chr. *Geometrische Kunst* (1000–700): erste griech. Kunstäußerung, in der bereits d. Keime der Klassik liegen; bes. Keramik mit geometr. Ornamentik; *Archaik* (700–480): Es entstanden der dor. Tempel (Korfu, Athen, Selinus, Ägina), der ion. Tempel (Heraion v. Samos, Artemision v. Ephesus) und die monumentale Statue (Göttin v. Auxerre). Einfluss des Orients, bes. in der Vasenmalerei (orientalisierende oder dädal. Kunst, 7. Jh. v. Chr.), v. a. korinth. und rhod. Gefäße (protokorinth. Stil, Tierfriese). Kuroi (stehende nackte Jünglinge) und Koren (Mädchenfiguren, z. B. der Akropolis), meist Weih- oder Grabstatuen, auch Grabstelen. Entw. der Bauplastik: Giebel (Korfu, Athen, Ägina), Friese, Metopen. In Athen Blüte der schwarzfigur. (Exekias) u. rotfigur. (etwa s. 530: Andokides-Maler, Epiktet, Euphronios) Vasenmalerei. *Klassik:* In der frühklass. Kunst (strenger Stil: 480–450) Betonung des Einfachen, Schlichten, Organischen. Hauptwerk: Zeustempel v. Olympia (470–456; mit Skulpturen d. Giebel u. Metopen); originale Bronzewerke: Wagenlenker v. Delphi, Gott v. Kap Artemision. Von der Malerei nichts erh. (Nachklang in der Vasenmalerei). Hochklass. Kunst (450–400): höchste Blüte im perikleischen Athen u. damit der g.n K. überhaupt; Harmonie u. Schönheit (Kontrapost); Parthenon, Propyläen, Niketempel, Erechtheion; drei gr. Erzbildner: Myron, Polyklet u. Phidias; Skulpturenzyklen: Parthenon (Metopen, Friese, Giebel), Phigalia, Nikebalustrade; Vasenmalerei: Lekythen; reicher Stil (Meidiasmaler). Spätklassische Kunst (400–330): Verinnerlichung; Bildhauer: Kephisodot, Praxiteles, Leochares, Skopas, Lysipp; Maler: Apelles, Nikias, Philoxenos (Alexanderschlacht). Große Tempel, Theater u. Mausoleen in Ephesus, Epidauros, Didyma, Halikarnassos. *Hellenistische Kunst* (330–1. Jh. v. Chr.): „barockes" Pathos, verbunden mit realist. Zügen; gr. Burg-, Stadt- u. Marktanlagen, Bibliotheken u. Gymnasien in Pergamon, Priene, Alexandria, Ephesus u. Delos. Bed. Plastik: Pergamonaltar mit gr. Fries (zw. 180 u. 160), Nike v. Samothrake (um 190), Venus von Milo (um 130/120), Laokoongruppe (wohl Anf. des 1. Jh. n. Chr.). Übergreifen der hellenist. Kunst auf Rom.

**griechische Literatur,** die Lit. in altgriech. Sprache bis zum 3. Jh. n. Chr.; älteste Überlieferungen sind die mit dem Namen Homer verbundenen Hexameterepen „Ilias" u. „Odyssee" (9./8. Jh. v. Chr.), zugleich der Beginn der europ. Lit. Der Böotier Hesiod verwendete den ep. Hexameter für seine Lehrgedichte, deren Themen das bäuerl. Leben u. die Herkunft der Götter sind. Aus dem 7. Jh. sind Elegien (Tyrtäus, Solon), Jamben (Archilochos) u. erste lyr. Einzellieder (Sappho, Alkäus) überliefert; Neubelebung der alten Chorlyrik (Alkman, Stesichoros) im 6. Jh. durch Bakchylides und v.a. Pindar. Zur selben Zeit erste Prosaschriften durch die frühen Naturphilosophen (Anaximander, Heraklit); Parmenides u. Empedokles bevorzugten wieder den Hexameter. Zentrum der griech. Kultur war im 5. Jh. Athen; hier wirkten die großen Tragiker Äschylus, Sophokles und Euripides, der Komödiendichter Aristophanes, die Geschichtsschreiber Herodot und Thukydides. Nach Athens Zusammenbruch im Peloponnes. Krieg wuchs die Bed. der Prosa: Redner u. Lehrer der Beredsamkeit (Lysias, Isokrates, Demosthenes) beeinflussten griech. Politik u. Lit.; die Sokratesschüler Platon u. Xenophon führten den Dialog als literar. Form ein, Aristoteles u. Theophrast übertrugen den Vorlesungsstil in ihre Abhandlungen. Auch die Schulen Epikurs u. Zenos waren literar. fruchtbar, daneben histor. Schriften (Xenophon). Mit Menander erreichte die Typenkomödie (neue Komödie) eine hohe Blüte. Im 3. Jh. wurde Alexandria kultureller Mittelpunkt. Dort wirkten als Dichter u. Gelehrte Kallimachos, Theokrit u. Aratos sowie der Epiker Apollonios von Rhodos. Die Kleinformen des Epigramms u. des Mimos (Herodas) skizzieren Alltagsszenen, die Fachwiss. (Eratosthenes) zeigen Tiefe u. Weite der alexandrin. Forschung. Die Historiographie des 2. u. 1. Jh. v. Chr. (Polybios, Diodor, Dionysios), die Stoiker Panaitios u. Poseidonios u. der Geograph Strabo standen schon unter dem Einfluss Roms. Im 2. Jh. n. Chr. ist Plutarch als moralisierender Historiker u. Pädagoge neben dem Stoiker Epiktet zu nennen, dazu der Arzt Galen, der Astronom Ptolemäus u. Pausanias mit seiner Beschreibung Griechenlands. Grammatiker sammelten u. kommentierten ältere Schriften, Satire (Lukian) u. Roman wurden beliebte Gattungen. Die Krise Roms im 3. Jh. spiegeln der Historiker Cassius Dio u. der Neuplatoniker Plotin; Nachblüte griech. Rhetorik u. Philosophie in Konstantinopel, wo christl. Einflüsse sich jedoch verstärkten; Mönche waren bis zum Ende des Byzantin. Reiches als Annalisten und Hofdichter tätig; ↑neugriech. Literatur.

**griechische Mythologie und Religion,** Religion der Griechen der Antike; eng an die Mythol. gebunden; undogmat. Glaube, bezeugt v.a. durch die Epen Homers, die homer. Hymnen u. Hesiods „Theogonie". – Vertiefung u. Variierung der Göttervorstellung durch die griech. Dichter, v.a. durch Pindar, Äschylus u. Sophokles (selbst über Zeus als höchstem Gott steht die Schicksalsmacht Moira). Kult als Teil des staatl. Lebens: Befragung der Orakel vor polit. Entscheidungen (Delphi); gr. Opferfeste mit Prozession, singenden u. tanzenden Chören, mus. und sportl. Wettkämpfen; neben dem offiziellen Kultus die Eleusinischen Mysterien u. die Orphik.

**griechische Schrift,** die vom phönik. Alphabet spätestens im 9. Jh. v. Chr. entlehnte Schrift der Griechen; Übernahme phönik. Konsonantenzeichen für fehlende Vokalzeichen. Siehe Übers. griechisches Alphabet.

**griechisches Alphabet**

| Name | Buchstabe | | Umschrift |
|---|---|---|---|
| Alpha | Α | α | a |
| Beta | Β | β | b |
| Gamma | Γ | γ | g |
| Delta | Δ | δ | d |
| Epsilon | Ε | ε | e |
| Zeta | Ζ | ζ | z |
| Eta | Η | η | e |
| Theta | Θ | ϑ | th |
| Jota | Ι | ι | i |
| Kappa | Κ | κ | k |
| Lambda | Λ | λ | l |
| My | Μ | μ | m |
| Ny | Ν | ν | n |
| Xi | Ξ | ξ | x |
| Omikron | Ο | ο | o |
| Pi | Π | π | p |
| Rho | Ρ | ϱ | r (h) |
| Sigma | Σ | σ, ς | s |
| Tau | Τ | τ | t |
| Ypsilon | Υ | υ | y |
| Phi | Φ | φ | ph |
| Chi | Χ | χ | ch |
| Psi | Ψ | ψ | ps |
| Omega | Ω | ω | o |

**griechische Sprache,** Spr. der Griechen in der Antike, selbst. Zweig der idgm. Sprachenfam.; schriftl. Überlieferung seit dem 8.(?) Jh. v. Chr. Drei Hauptdialekte: das Ionisch-Attische, das Äolische, das Dorische; ↑Neugriechisch.

**griechisch-römischer Stil** ↑Ringen.

**Grieg,** Edvard, norweg. Komponist, * 1843, † 1907; Spätromantiker; Bühnenmusik zu Ibsens „Peer Gynt", Kammermusik, Klavierwerke.

**Grien** ↑Baldung, Hans.

**Grieshaber,** HAP (H[elmut] A[ndreas] P[aul]), dt. Maler und Grafiker, * 1909, † 1981; Farbholzschnitte in großflächigen, kräftigen Formen („Totentanz von Basel").

**Grieß,** kleinkörnig gemahlener Weizen, Reis oder Mais.

**Griffel,** stielart. Verlängerung des Fruchtknotens bei Pfl., trägt die Narbe.

**Griffith** [ˈgrɪfɪθ], Arthur, ir. Politiker, * 1871, † 1922; erreichte 1921 die Errichtung des Ir. Freistaates; 1922 1. Premiermin.

**Grillen,** Fam. der Geradflügler; meist in wärmeren Gebieten; einheim.: Heimchen oder Hausgrille und Feldgrille; artspezif. „Gesang" (Zirpen).

**Grillparzer,** Franz, östr. Dichter, * 1791, † 1872; Dramen „Sappho", „Das goldene Vließ" (Tril.), „Kg. Ottokars Glück u. Ende", „Weh dem, der lügt", „Des Meeres u. der Liebe Wellen"; Novelle „Der arme Spielmann"; Autobiografie.

**Grimaldi,** genues. Adelsgeschlecht, s. dem 13. Jh. Herren, dann Fürsten von Monaco.

**Grimm, 1)** Jacob, dt. Sprachwissenschaftler, * 1785, † 1863; Begr. der Germanistik, mit seinem Bruder Wilhelm Hg. der Slg. „Kinder- u. Hausmärchen" u. der „Dt. Sagen"; der „Dt. Grammatik", der „Dt. Mythol." sowie des „Dt. Wörterbuchs". **2)** Wilhelm, dt. Germanist, * 1786, † 1859; Ausgaben mhd. Dichtungen u. Zusammenarbeit mit seinem Bruder Jacob.

**Grimmelshausen,** Johann (Hans) Jakob Christoffel v., dt. Dichter des Barock, * um 1622, † 1676; „Der Abenteuerl. Simplicissimus Teutsch", Darst. eines abenteuerl. Lebens während des Dreißigjähr. Krieges.

**Grimsby,** s. 1979 Great G., ostengl. Hafenst. am Ausgang des Humber, 92 100 E; größter brit. Fischerei-⚓.

**Grimsel, G.pass,** schweizer. Pass v. Haslital ins ob. Rhonetal, 2 165 m.

**Grindelwald,** schweizer. Höhenluftkurort u. Wintersportplatz im Berner Oberland, rd. 1 040 m ü. d. M., 4 000 E.

**grippaler Infekt,** Sammel-Bez. für fieberhafte Allgemeinerkrankungen (Beteiligung der oberen Luftwege); Ursache unterschiedlich.

**Grippe** [frz.], **Influenza,** Virusinfektionskrankheit mit Fieber, Kopf- und Gliederschmerzen,

Schnupfen, Husten; oft epidemisch.

**Gripsholm,** schwed. Schloss am Mälarsee (1537 ff.).

**Gris,** Juan, eigtl. José Victoriano **González Pérez** [gɔnˈθalɛθ ˈperɛθ], span. Maler, * 1887, † 1927; mit Picasso u. Braque Begr. des Kubismus; meisterhafte Stillleben.

**Grislibär** [engl.], Unterart des Braunbären, bis 2,50 m lang; Nordamerika.

**Grock,** eigtl. Adrian **Wettach,** schweizer. Clown, * 1880, † 1959.

**Groden** [niederdt.], deichreifes oder eingedeichtes Marschland. Ein hinter dem Hauptdeich liegender Binnen-G. wird auch *Polder* oder *Koog,* ein vor ihm liegender Außen-G. *Heller* genannt.

**Grödner Tal,** ital. **Val Gardena,** Talldsch. in Südtirol, Italien, mit d. Zentren Sankt Ulrich u. Wolkenstein; Ladin. sprechende Bev., Holzschnitzkunst, Fremdenverkehr; obh. das *Grödner Joch,* Pass in den Dolomiten (2 137 m ü. d. M.).

**Grodno,** Gebietshptst. in Weißrussland, an der Memel, 303 300 E; Univ.; vielseitige Industrie.

**Groener,** Wilhelm, dt. Gen. u. Politiker, * 1867, † 1939; 1928–32 Wehr-, 1931/32 auch Innenminister.

**Grog** [engl.], heißes Getränk aus Rum (od. Arrak, Weinbrand), Zucker u. Wasser.

**Gromyko,** Andrei Andrejewitsch, sowj. Politiker, * 1909, † 1989; 1957–85 Außenmin.; s. 1973 Mitgl. des Politbüros des ZK der KPdSU, 1985–88 Staatsoberhaupt.

**Gronau (Westf.),** St. in NRW, 44 500 E; Urananreicherungsanlage.

**Groningen,** Prov.-Hptst. in den nördl. Niederlanden, 170 000 E; Univ.; chem., Textil-, Masch.-, Elektro-, Papier- u. a. Industrie; ⚒.

**Grönland,** größte Insel der Erde, im N-Atlantik, zum arkt. Nordamerika gerechnet, 2 175 600 $km^2$, 55 500 E; Hptst. Godthåb (Nuuk); stark gegliederte Küste, Inlandeismasse (bis 3 500 m Dicke) bedeckt 1,83 Mill. $km^2$, W-Küste südl. 75° n. Br. eisfrei; an der Diskobucht, im Jameson- u. Pearyland Tundravegetation. *Tierwelt:* Eisbär, Moschusochse, Ren, Polarfuchs, Vögel, Robben; *Bev.:* meist Eskimo u. Mischlinge. *Wirtsch.:* Schafzucht, Fischerei; Kryolith, Steinkohle. – Um 900 von Normannen entdeckt, s. 1261 unter norweg. Oberhoheit, s. 1721 dän. Niederlassungen; s. 1953 gleichberechtigter Teil Dänemarks; s. 1979 innere Autonomie.

**Gropius,** Walter, dt. Architekt, * 1883, † 1969; 1919–28 Dir. des ↑Bauhauses in Dessau; s. 1937 in den USA; Bauten in Berlin, Stuttgart, Cambridge (Mass.).

**Gros** [gro; frz.], Hauptmasse.

**Gros** [niederl.], 12 Dutzend = 144 Stück.

**Groschen,** fr. dt. Silbermünze, heute ugs. für Zehnpfennigstück.

**Großbritanni|en,** i. e. S. die großbritann. Hauptinsel zw. Atlantik, Ir. See, Kanal u. Nordsee, mit 219 805 $km^2$ größte Insel Europas.

**Großbritannien und Nordirland**

*Fläche:* 244 101 $km^2$

*Einwohner:* 59,009 Mill.

*Hauptstadt:* London

*Amtssprache:* Englisch

*Zeitzone:* MEZ – 1 Stunde

**Großbritanni|en und Nordirland, Vereinigtes Kgr. G. u. N.,** parlamentar. Monarchie in NW-Europa (ohne Kanalinseln und Insel Man, die eigene gesetzgebende Einrichtungen haben); Bev.: Engländer, Schotten, Waliser, Iren. *Religion:* hpts. Protestanten (in England anglikan., in Schottland presbyterian.), Freikirchen, daneben rund 5 Mill. Katholiken (bes. in Nordirland); G. u. N. ist polit. gegliedert in England (S u. Mitte), Wales (zw. Bristolkanal und Ir. See), Schottland (N) u. Nordirland. – *Klima:* milde Winter, kühle Sommer, viele Niederschläge. – *Wirtsch.:* Von der Gesamtfläche rd. 30 % ackerbaul. (einschl. Baumkulturen), 47 % durch Viehzucht genutzt, nur 8 % Wälder, Anbauerzeugnisse hpts. Futterpflanzen, Kartoffeln, Zuckerrüben, Rüben, Weizen, Gerste, Hafer; in der Weidewirtsch. v. a. Schafzucht, dann Rinder- und Schweinezucht; berühmt die Pferdezucht; ertragreicher Fischfang. Wichtigster Wirtschaftszweig die Ind., Zweige: Hütteníind., Maschinen-, Fahrzeug-, Schiff-, Flugzeugbau, Rüstungs-, chem., Papier-, Nahrungsmittelind.; v. bes. Bed. Textil- u. Brauind.; an Bodenschätzen nur Steinkohle. – *Verkehr:* zahlr. ausgezeichnete Naturhäfen; ein Zentrum des Weltverkehrs, bes. des Überseeschiffs- u. -luftverkehrs. Straßen u. Eisenbahnnetz bes. in England u. S-Schottland dicht. – *Geschichte:* im Altertum von kelt. Stämmen (darunter die Briten) bewohnt; 55 v. Chr. Landung Caesars in Britannien; 43 n. Chr. der SO-Teil Englands röm. Prov. Im 5./6. Jh. Einwanderung der Angeln, Jüten u. Sachsen in England. Unter Papst Gregor I. Beginn der Christianisierung. Alfred d. Gr. festigte das aus 7 ags. Kgr. gebildete Reich. 1016 bis 1042 dän. Herrschaft in England (Knut d. Gr. u. seine Söhne). Nach dem Sieg Wilhelms d. Eroberers bei Hastings (1066) Beginn der Normannenherrschaft. Heinrich II. beherrschte als bedeutendster Kg. Englands im MA auch gr. Teile von Frkr. als frz. Lehen. Unter Johann ohne Land Verlust des größten Teiles der Besitzungen in Frkr.; 1215 Magna Charta [Libertatum]. Im 13. Jh. Ausbildung des Parlaments. Im Hundertjähr. Krieg Verlust aller Festlandbesitzungen außer Calais. 1455–85 Rosenkriege zwischen den Häusern Lancaster u. York. Heinrich VIII. brach mit Rom u. machte sich zum Oberhaupt der engl. Kirche. Unter Eduard VI. und Elisabeth I. Ausbildung der anglikan. Kirche. Aufblühen von Handel u. Schifffahrt, Erweiterung u. Festigung der engl. Macht (Hinrichtung Maria Stuarts, Vernichtung der span. Armada 1588, Unterwerfung Irlands) u. Entwicklung zur Kolonialmacht (Gründung Virginias, Ostind. Kompanie). 1603–1714 Haus Stuart. Jakob I. vereinigte England, Schottland und Irland in Personalunion als Kg. von Großbrit. u. Irland. 1605 Pulververschwörung, Bürgerkrieg, 1649 Hinrichtung Karls I., 1649–60 England Rep. (O. Cromwell), 1660 Wiederherst. des Königtums, Testakte, Habeaskorpusakte; 1688 Wilhelm von Oranien nach England berufen, Jakob II. abgesetzt („glorreiche" Revolution), 1689 Bill of Rights (Grundlage des parlamentar. Königtums). 1707 Vereinigung von England u. Schottland zum Kgr. Großbrit. 1714 mit Hannover in Personalunion vereinigt. Im Siebenjähr. Krieg Erweiterung des Kolonialbesitzes (1763 Kanada u. Louisiana, östl. des Mississippi, von Frkr., Florida von Spanien an Großbrit.), gleichzeitig Eroberung O-Indiens; damit stärkste Kolonial- u. Wirtsch.-Macht der Erde. Loslösung der nordamer. Kolonien (außer Kanada) im Unabhängigkeitskrieg (1775–83). 1801 „Vereinigtes Kgr. Großbrit. u. Irland“. Im Kampf gg. das revolutionäre Frkr. u. Napoleon I. Gewinn v. Malta, Ceylon, Malakka, Kapland, Mauritius, Trinidad u. Helgoland. Sicherung d. engl. Seeherrschaft durch die Siege von Abukir u. Trafalgar. Im 19. Jh. weitere Liberalisierung u. Demokratisierung (Gleichberechtigung der Katholiken 1829; Abschaffung der Sklaverei; Freihandel). Im Zeitalter der beginnenden industriellen Revolution Übergang zur großkapitalist. Wirtsch.; 1837 Ende der Personalunion mit Hannover. Unter den Premiermin. B. Disraeli u. W. Gladstone innere Reformen (Wahlrechtserweiterung); Bildung von Gewerkschaften, Außenpol. der „Splendid Isolation“ u. Wahrung des Gleichgewichts der Kräfte; Ausbau des Kolonialreiches. Der brit. Imperialismus verschärfte den Ggs. zu Frkr. (Faschoda); 1899–1902 Burenkrieg. Ausgleich mit Dtl. scheitert (Krüger-Depesche, Tirpitz' Flottenpol.). Aufgabe der „Splendid Isolation“: 1902 Bündnis mit Japan, 1904 Entente cordiale mit Frkr., 1907 einschl. Russlands. Der Sieg im 1. Weltkrieg über die Mittelmächte u. der Gewinn von Völkerbundsmandaten ging mit der Auflockerung des Weltreichs einher. Umwandlung des *Empire* in das *Commonwealth.* S-Irland erhielt 1921 Dominionstatus. Zw. den Weltkriegen Ausgleichspol. Großbrit. zw. Frkr. und Dtl. Schwere Wirtschaftsdepression 1929, Abwendung vom Goldstandard. Zunehmende Rüstungsvorbereitungen in Dtl. führten zur Bildung der Stresa-Front (1935) mit Frkr. u. Italien; dennoch Flottenabkommen mit Dtl. Nach Annexion der ČSR durch Hitler Rüstungsverstärkung u. Garantieerklärungen für Polen, Griechenland u. Rumänien; Pol. der Koalitionsbildung gg. Dtl. Nach fehlgeschlagenen Ausgleichsversuchen von A. N. Chamberlain (Pol. des Appeasement, 1938 Münchner Abkommen) 1939 Kriegserklärung an Dtl.; kurz danach folgten die Dominions; Irland neutral. Bildung eines Kriegs-, seit Mai 1940 eines Koalitionskabinetts unter W. Churchill. Im 2. Weltkrieg u. nach 1945 weitere Auflösung des Kolonialreiches (1947 Unabhängigkeit Indiens u. Pakistans). 1949 Gründungsmitgl. der NATO, S-Irland unabhängig. Innenpolit. bed. das groß angelegte Sozialisierungs- und Verstaatlichungsprogramm (bes. unter C. Attlee 1945–51). Nach dem Sieg der Konservativen unter Churchill Beginn der Reprivatisierung der Wirtsch.; 1955 Rücktritt Churchills; Nachf. A. Eden; 1957–63 H. Macmillan, 1963/64 A. Douglas-Home, 1964–70 H. Wilson, 1970–74 E. Heath, 1974–76 erneut Wilson, 1976–79 J. Callaghan Premierminister. Ab 1968/69 bürgerkriegsähnl. Unruhen in N-Irland, 1972 Übernahme der direkten Reg.-Gewalt durch die brit. Reg.; 1973 EG-Beitritt. Unter der konservativen Reg. M. Thatcher (1979–90) Lösung des Rhodesienkonflikts (1979/80) u. Rückeroberung der Falklandinseln (1982); restriktive Wirtschafts- u. Währungspol. zur Überwindung d. Rezession, unter der Reg. J. Major (1990-97) gelockert u. Hinwendung zu Europa, 1991 brit. Beteiligung an der alliierten Streitmacht im 2. Golfkrieg gg. Irak. Die Reg. T. Blair (Labour Party, seit 1997) aktivierte die brit. Rolle in der EU; 1997 Rückgabe der Kronkolonie Hongkong an China, 1999 Oberhausreform (Abschaffung der Erbsitze), nach Einleitung eines Friedensprozesses in N-Irland (1998 Karfreitagsabkommen) 1999 Beendigung der brit. Direktherrschaft (s. 1999/2000 nordir. Regionalreg.). In engem Zusammenwirken mit den USA maßgebl. Beteiligung an den Militäraktionen im Kosovokonflikt (1999) u. in Afganistan (2001/02). Staatsoberhaupt ist s. 1952 Kgn. Elisabeth II. (gekrönt 1953, zugleich Oberhaupt des Commonwealth).

**Großdeutsche,** Mitglieder der Frankfurter Nat.-Vers. (1848/49), die eine Einigung Dtl. unter Einschluss Östr. anstrebten.

**Großdeutsches Reich,** in nat.-soz. Zeit Bez. für das ↑Dt. Reich nach dem Anschluss Österreichs 1938 (bis 1945).

**Größe, physikal. G.,** Eigensch. eines physikal. Objekts, Vorgangs od. Zustands, die sich quantitat. erfassen (messen) lässt. Jede G. ist durch eine geeignete Messvorschrift definiert. Die Messung wird durch Vergleich mit ↑Einheiten durchgeführt.

**Große Mauer,** svw. ↑Chinesische Mauer.

**Größenordnung,** ungefähr angegebener Zahlenbereich (meist als Zehnerpotenz), wenn eine genaue Angabe nicht nötig od. nicht mögl. ist.

**Großer Bär,** lat. **Ursa Maior,** bek. Sternbild des nördl. Himmels; die 7 hellsten Sterne bilden den *Großen Wagen.*

**Großer Belt,** dän. Meeresstr. in der Ostsee, zw. Fünen u. Seeland.

**Großer Feldberg,** höchste Erhebung des Taunus, 878 m.

**Großer Hund,** lat. **Canis Maior,** Sternbild südl. des Himmelsäquators mit ↑Sirius, dem hellsten Stern.

**Großer Kaukasus,** Geb. zw. Schwarzem u. Kasp. Meer, über 1 100 km lang, bis 180 km breit, im Elbrus 5 642 m. Südl. davon der *Kl. Kaukasus,* der zum Hochland von Armenien gehört.

**Großer Kurfürst** ↑Friedrich Wilhelm, Krfst. v. Brandenburg.

**Großer Rat,** parlamentar. Vertretungskörperschaft der schweizer. Kt. (auch *Kantonsrat, Landrat*).

**Großer Salzsee** ↑Great Salt Lake.

**Großer Sankt Bernhard,** Pass in den Westalpen, vom Aostatal (Italien) ins Rhonetal (Schweiz), 2 469 m ü. d. M.; Straßentunnel (5,8 km, 1964 eröffnet).

**Großer Wagen,** ☼ ↑Großer Bär.

**Große Seen,** fünf zusammenhängende Seen im Grenzbereich Kanada–USA: Oberer, Michigan-, Huron-, Erie- u. Ontariosee, zus. 246 500 km²; zw. Erie- u. Ontariosee die Niagarafälle; lebhafter Schiffsverkehr, durch den St.-Lorenz-Seeweg für die Hochseeschifffahrt erschlossen (bis 10 000 t).

**Großes Ungarisches Tiefland, Niederungar. Tiefland; Alföld,** Großldsch. zw. Donau, Unterlauf der Save u. Karpaten; hpts. zu Ungarn, Rumänien, Serbien.

**Großfürst,** Herrschertitel, v. a. Titel der russ. Herrscher bis zur Annahme des Titels Zar, danach der russ. Prinzen.

**Groß-Gerau,** hess. Krst. nw. von Darmstadt, 23 000 E; Industrie.

**Großglockner,** höchste Erhebung der Hohen Tauern, zugleich höchster östr. Berg, 3 797 m; zu Füßen des G.s die *Pasterze* (Gletscher, 10 km lang). Im O die *G.-Hochalpenstraße,* N–S-Verbdg. zw. Salzburg u. Kärnten.

**Großherzog,** Adelsrang zw. Kg. u. Hzg. bzw. Kurfürst.

**Grossist** [frz.], Großhändler; Ggs. Detaillist, Einzelhändler.

**Großkreis, Orthodrome,** die Schnittlinie der Oberfläche einer Kugel mit einer durch den Kugelmittelpt. gelegten Ebene; kürzeste Verbdg. zweier Punkte auf einer Kugel.

**Großkreuz,** höchste Klasse vieler Orden.

**Großmeister,** Titel für die Oberen der geistl. Ritterorden.

**Großmogul,** europ. Bez. für die

mongol. Herrscher islam. Religion in Indien 1526–1837.

**Großstadt,** Stadt mit über 100 000 E.

**Grossular,** Varietät des Granats, gelblich grün, Schmuckstein.

**Großwardein,** St. in Rumänien, ↑Oradea.

**Großwesir,** bis 1922 Titel des obersten Amtsträgers im Osman. Reich.

**Großwetterlagen,** Bez. für die Wetterlagen eines größeren Bereiches, die eine deutl. Erhaltungsneigung besitzen.

**Grosz,** George, dt.-amer. Maler u. Grafiker, *1893, †1959; neben Dix Hauptvertr. der verist. Richtung der ↑Neuen Sachlichkeit; satir. Bilder der kapitalist. Gesellschaft.

**Groteske, 1)** Rankenornament mit eingeflochtenen Tier-, Menschendarst. u. a.; bes. in der Antike u. Renaissance. **2)** verzerrende literar. Darst. von Widersprüchlichem, z. B. etw. Grauenvollem, das zugleich lächerlich erscheint.

**Grotewohl,** Otto, dt. Politiker (SED), *1894, †1964; maßgebl. an der Fusion der SPD u. KPD zur SED beteiligt, s. 1949 Min.-Präs. der DDR.

**Grotius,** Hugo, eigtl. Huig de **Groot** [xro:t], niederl. Gelehrter u. Staatsmann, *1583, †1645; einer der Begr. des Völkerrechts.

**Grottenolm,** Schwanzlurch der Höhlengewässer SO-Europas.

**Ground Zero** [ˈgraʊnd ˈzɪərəʊ; engl.; = Nullgrund], amer. Name f. den Punkt, über dem die erste Atombombe explodierte; s. dem Terroranschlag vom 11. 9. 2001 Bez. f. das Areal des zerstörten World Trade Centers in ↑New York.

**Grubenwurm,** gefährl., im menschl. Darm parasitierender Fadenwurm (↑Hakenwürmer); bewirkt Blutarmut.

**Gruber,** Karl, östr. Politiker (ÖVP), *1909, †1995; 1945-53 Außenmin., 1946 Gruber-De-Gasperi-Abkommen mit Italien zur Regelung der Südtirolfrage.

**Grumbach,** Wilhelm von, fränk. Reichsritter, *1503, †(hingerichtet) 1567; stellte sich krieger. gegen den Bischof v. Würzburg u. den Krfstn. v. Sachsen (G.sche Händel), der ihn 1567 vierteilen ließ.

**Grün, 1)** Anastasius, eigtl. Anton Alexander Gf. v. **Auersperg,** östr. Dichter, *1806, †1876. **2)** Max von der, dt. Schriftsteller, *1926; sozialkrit. geprägte Romane, Arbeiterdichtung, auch Erzählungen.

**Grünberg i. Schlesien,** poln. **Zielona Góra** [zjɛˈlɔna ˈgura], Krst. in Polen, Sitz des Parlaments d. Wwschaft Lebus, am N-Fuß d. *Grünberger Höhen* (bis 203 m), 117 900 E; TH, Textil-, Masch.-Ind., Waggonbau; Obst-, Weinbau; ✈.

**Grundbuch,** öff. Register, Verzeichnis aller im Zuständigkeitsbereich liegenden Grundstücke u. der Rechtsverhältnisse an diesen, geführt v. Amtsger. als dem *G.amt*. Für jedes Grundstück ist i. d. R. ein *G.blatt* angelegt, das über Eigentumsverhältnisse, Lasten u. Beschränkungen, Grundschulden Angaben enthält. Konstitutive Wirkung d. Eintragung bei Rechtsgeschäften.

**Grundeis,** am Grunde v. Binnengewässern gebildetes Eis.

**Gründerjahre,** Zeit von 1871 bis 1873, in der es durch die von Frkr. gezahlte Kriegsentschädigung in Dtl. zu vielen spekulativen Unternehmensgründungen kam.

**Grunderwerbsteuer,** Steuer auf den Erwerb von inländ. Grundstücken; Bemessungsgrundlage: Kaufpreis samt Nebenkosten.

**Gründgens,** Gustaf, dt. Schauspieler, Regisseur u. Intendant, *1899, †1963.

**Grundgesetz, 1)** allg. grundlegende Verfassungsurkunde. **2)** Abk. **GG,** Verf. der BRD vom 23. 5. 1949.

**Grundgrößen,** ältere Bez. für ↑Basisgrößen.

**Grundherrschaft,** Organisationsform des Grundbesitzes im MA, bei der der Grundherr nur einen Teil seines Landbesitzes selbst bewirtschaftete, den größeren Teil zu einer eigentumsähnl. Nutzung an abhäng. Bauern vergab, die dafür Abgaben u. Dienste zu leisten hatten.

**grundieren,** Grundfarbe auftragen.

**Grundkapital,** in Aktien aufgeteiltes Eigenkapital einer AG.

**Grundlasten,** öff. u. a. Lasten auf dem Grundstück, die vom Grundeigentümer zu tragen sind.

**Gründling,** bis zu 15 cm langer Karpfenfisch NW-Afrikas u. Eurasiens.

**Grundlohn,** tariflich festgelegtes Entgelt für die übl. Arbeitsleistung, unabhängig vom tatsächl. Leistungsergebnis.

**Gründonnerstag,** s. dem 12. Jh. in Dtl. übl. Bez. für den Donnerstag der Karwoche.

**Grundpfandrecht,** pfandrechtliche Grundstücksbelastung durch Hypothek, Grund-, Rentenschuld.

**Grundrechenarten,** die vier Rechenarten *Addition* („Zusammenzählen“ [+]), *Subtraktion* („Abziehen“ [−]), *Multiplikation* („Vervielfachen“ [·]), *Division* („Teilen“ [:]).

**Grundrechte,** über den staatl. Ges. stehende unveräußerl. Menschen- u. Bürgerrechte gegenüber dem Staat: Menschenwürde, Gleichheit, Unverletzlichkeit der Person u. a.; in der Regel in den Verf. der Länder garantiert (im GG insbes. in den Art. 1–19).

**Grundrente, 1) Bodenrente,** auf Eigentum an Grund u. Boden beruhendes Einkommen. **2)** im Sozialrecht Bestandteil der Kriegsopferversorgung.

**Grundriss,** senkr. Projektion eines Gegenstandes auf eine waagr. Ebene.

**Grundschuld,** dingl. Recht an einem Grundstück (§ 1191 ff. BGB), meist als Sicherheit für eine Forderung, aber von dieser rechtl. unabh. (im Ggs. zur Hypothek).

**Grundschule,** gemeinsame Pflichtschule für alle Kinder, die ersten 4 Schuljahre umfassend.

**Grundsteuer,** Steuer auf Grundbesitz (bebaute u. unbebaute Grundstücke, Eigentumswohnungen).

**Grundstoffe, 1)** ↑chemische El. **2)** wicht. natürl. Rohstoffe (z. B. Kohle, Erze, Salze) u. die aus ihnen hergestellten Rohmaterialien.

**Grundstück,** abgegrenztes, zusammenhängendes Stück der Erdoberfläche, nach dt. Recht im Grundbuch verzeichnet; *G.smakler,* Vermittler v. Grundstücksgeschäften gg. Gebühr.

**Grundumsatz,** die vom ruhenden menschl. Körper b. nüchternem Magen in 24 Stunden erzeugte Wärmemenge in kJ (normal für Menschen von 70 kg 6 300–7 100 kJ); bei Krankheiten verändert.

**Grundvertrag, Grundlagenvertrag,** Vertr. über die Grundlagen der Beziehungen zw. BRD u. DDR v. 21. 12. 1972; diente der Entw. gutnachbarl. Beziehungen zw. beiden Staaten auf der Grundlage der Gleichberechtigung; umfasste Gewaltverzicht mit Bekräftigung der Unverletzlichkeit der Grenze u. der Achtung der territorialen Integrität. Unterschiedl. Auffassungen, v. a. zur nat. Frage, wurden in zusätzl. Dokumenten niedergelegt; Okt. 1990 mit der Vereinigung beider dt. Staaten hinfällig geworden.

**Grundwasser,** durch Versickern v. a. der Niederschläge in Erd- u. Gesteinsschichten gelangtes Wasser, das unterird. fließt *(G.strom)* oder als Quelle zutage tritt.

**Grundzahl, 1)** bei Potenzen die Basis, z. B. ist 3 die G. u. 2 der Exponent in $3^2 = 9$. **2)** ↑Kardinalzahl.

**Grüne, Die Grünen,** polit. Partei der BRD, s. Anf. 1980 Zusammenschluss versch. regionaler Gruppen; Grundwerte: ökolog., soz., basisdemokratisch, gewaltfrei; 1993 mit dem „Bündnis 90" zur neuen Partei *„Bündnis 90/Die Grünen"* zusammengeschlossen. – Die G. waren ab 1984 im Europ. Parlament u. 1983–90 im Bundestag vertreten.

**grüner Star** ↑Star.

**Grünewald,** Matthias, vielleicht ident. mit Mathis **Gothart,** gen. **Nithart,** dt. Maler, *um 1470/80, †nach 1529?; neben Dürer der bedeutendste dt. Maler der Spätgotik (Isenheimer Altar in Colmar).

**Grünkern** ↑Dinkel.

**Grünkohl, Winterkohl,** winterharte Gemüsepfl.; Kreuzblütler mit gekräuselten Blättern.

**Grünling,** olivgrüner Finkenvogel, u. a. in Europa.

**Grünspan,** Gemenge bas. Kupfer(II)-acetate; giftig.

**Grünspecht,** grüner Specht m. roter Kopfkappe.

**Grünstadt,** St. an der Weinstraße, RP, 13 200 E; barocke Pfarrkirche; Konserven- u. Steingutind.

**Grunzochse** ↑Jak.

**Gruppe, 1)** math. Begriff; Menge von El., in der eine Verknüpfung definiert ist u. in der best. *G.axiome* (z. B. Assoziativgesetz, Existenz eines *Eins-* u. eines *inversen El.*) gelten müssen; mit der Untersuchung v. G. befasst sich die *G.theorie.* **2)** soziol. Begriff; eine v. außen erkennb. soz. Einheit mit gemeins. Wertorientierungen, Interessen u. Zielen.

**Gruppe 47,** 1947 in München von H. W. Richter begr. Vereinigung junger dt. Autoren; Auseinandersetzung mit Zeitproblemen; jährl. *Literaturpreis der Gruppe 47;* 1977 aufgelöst.

**Gruppentheorie,** √ ↑Gruppe.

**Gruppentherapie, Gruppenpsychotherapie,** zur Behandlung von Kontaktschwierigkeiten, sozialen Fehlanpassungen u. a. mit mehreren Personen in einer Gruppe durchgeführte Psychotherapie.

**Grusini|en,** Bez. für ↑Georgien.

**Grütze,** enthülste, grob geschrotete Körner (Gerste, Hafer u. a.).

**Gryphius,** Andreas, eigtl. A. **Greif,** dt. Dichter, *1616, †1664; bed. Vetr. der Barockdichtung (Tragödien, Lustspiele, Lyrik).

**Grzimek** [ˈgʒi:mɛk], Bernhard, dt. Zoologe, *1909, †1987; 1945 bis 1974 Dir. des Zool. Gartens Frankfurt am Main, 1969–73 Beauftragter d. B.-Reg. für Tier- u. Naturschutz.

**G-Schlüssel** ↑Schlüssel.

**GSG 9** ↑Bundesgrenzschutz.

**GSM** [Abk. für engl. **g**lobal **s**ystem for **m**obile communication], internat. Standard für digitale Funknetze, soll europaweit ab 2002 stufenweise v. ↑UMTS abgelöst werden.

**Gstaad,** Kurort u. Wintersportplatz im Berner Oberland, Schweiz, Ortsteil von Saanen.

**Guadalajara** [gʊaðalaˈxara], Hptst. des mexikan. B.-Staates Jalisco, 2,2 Mill. E; Univ.; Bergbauzentrum; vielseit. Ind.; ✈.

**Guadalcanal** [gwɔdlkəˈnæl; engl.], größte der ↑Salomoninseln, Pazifik, 6 475 km², Hptst. Honiara.

**Guadalquivir** [gʊaðalkiˈβir], span. Fl. z. Golf v. Cádiz, 657 km.

**Guadalupe,** span. Gem. am SO-Rand der *Sierra de G.* (W-Spanien), 3 000 E; Wallfahrtsort.

**Guadeloupe** [gwadˈlup], größte Insel der Kl. Antillen, 1 510 km², Hptst. Basse-Terre; zwei Teile, Basse-Terre (bewaldet) u. Grande-Terre (flache, waldlose Koralleninsel); G. ist Hauptinsel des frz. *Überseedep. Guadeloupe,* das auch noch benachbarte Inseln umfasst: 1 780 km², 387 000 E.

**Guadiana,** Fl. in SW-Spanien (Unterlauf portug.), mündet in den Golf von Cádiz, 830 km.

**Guam,** größte u. südlichste Insel d. Marianen im Pazifik, 520 km², Hptst. Agaña; bis 1898 span., dann Besitz der USA; US-Militärstützpt.; ✈.

**Guantánamo,** Hafenst. an der SO-Küste Kubas, 216 000 E; an der *Bahia de Guantánamo* US-Flottenstützpunkt.

**Guardini,** Romano, dt. kath. Theologe u. Philosoph ital. Herkunft, *1885, †1968; Arbeiten zu Grundfragen des christl. Glaubens, Zeit- u. Kulturfragen.

**Guareschi** [guaˈreski], Giovanni, ital. Schriftsteller u. Karikaturist, *1908, †1968; „Don Camillo u. Peppone".

**Guarini,** Guarino, eigtl. Camillo **G.,** bed. ital. Baumeister des Hochbarock, *1624, †1683.

**Guarneri,** berühmte ital. Geigenbauerfam. in Cremona; am bedeutendsten: Andrea G. (*vor 1626, †1698) u. dessen Enkel Giuseppe Antonio G. (*1698, †1744).

**Guatemala, 1)** mittelamer. Rep.; Bev.: über 50 % Indianer, 30–40 % Mestizen, außerdem Schwarze, Mulatten und Weiße; Hochgebirgsland mit zahlr. Vulkanen u. fruchtb. Hochebenen, im N Hügelland; trop. Klima; trop. Regenwald im Tiefland, dann Laub- u. Nadelwald; Gewinnung von Wildkautschuk, Mahagoni, Anbau v. Kaffee, Zuckerrohr, Bananen u. Kakao. – Ab 1524 span. Eroberung; 1821 Loslösung v. Spanien, seit 1838 selbst. Rep.; im 20. Jh. wiederholt diktator. Herrschaft der Militärs; Gewalt, Putschversuche, Guerillabewegungen; Bürgerkrieg (seit Ende 1950er-Jahre) mit Friedensabkommen 1996 beendet. **2)** Hptst. von 1), 1 500 m ü. d. M., 1,3 Mill. E; 5 Univ.; Textilind.; ✈. 1776 gegr.

**Guatemala**

*Fläche:* 108 889 km²

*Einwohner:* 11,39 Mill.

*Hauptstadt:* Guatemala

*Amtssprache:* Spanisch

*Zeitzone:* MEZ – 7 Stunden

**Guayana,** Ldsch. im NO Südamerikas, umfasst ↑Frz.-G., ↑Guyana, ↑Surinam sowie Teile von Brasilien u. Venezuela; gebirgig, flache Küstenebene; trop. Klima, hohe Niederschläge.

**Guayaquil** [-ˈkil], Haupthafen v. Ecuador, 50 km obh. der Mdg. des *Rio Guayas,* 1,5 Mill. E; Univ.; vielseit. Ind.; ✈.

**Guben,** Krst. am l. Ufer der Lausitzer Neiße, Bbg., 30 000 E; Tuchfabrikation, Chemiefaserwerk. Östl. Stadtbereich s. 1945 zu Polen.

**Guelfen,** s. Anf. des 13. Jh. Bez. der Anhänger der päpstl. Partei in Italien im Ggs. zu den ↑Ghibellinen.

**Guericke** [ˈge-], **Gericke,** Otto v., dt. Physiker, *1602, †1686; Bürgermeister von Magdeburg; wies den Luftdruck nach (Versuch mit den *Magdeburger Halbkugeln*), Erfinder der Luftpumpe u. eines Barometers, erkannte den Zusammenhang von Barometerstand u. Wetter, entwickelte eine Elektrisiermasch. u. erklärte den Blitz als elektr. Entladung.

**Guerilla** [geˈriʎa; span.], **1)** Kleinkrieg, den irreguläre Einheiten der einheim. Bev. gg. eine Besatzungsmacht (od. im Rahmen eines Bürgerkriegs) führen. **2)** Angehöriger einer bewaffneten Gruppe, die einen Kleinkrieg führt.

**Guernica** [gɛrˈnika], nordspan. Ort nö. von Bilbao, 17 500 E; im Span. Bürgerkrieg 1937 schweres Bombardement der [offenen] St. durch ein auf faschist. Seite kämpfendes dt. Geschwader (Gemälde von Picasso).

**Guernsey** ['gə:nzi], der brit. Krone unterstehende Kanalinsel (autonomer Amtsbezirk), 63 km², 59 000 E; Steilküste; Hauptort ist Saint Peter Port.

**Guevara Serna** [ge'βara-], Ernesto, gen. **Che Guevara** [tʃe -], kuban. Arzt u. Politiker argentin. Herkunft, * 1928, † 1967; einer d. Anführer d. kuban. Kommunismus. 1961–65 Ind.-Min. Kubas; s. 1966 in Bolivien als Guerillaführer, dort gefangen genommen u. ohne Gerichtsurteil erschossen.

**Gugel** [lat.], separate Kapuze mit langem Zipfel u. Schulterkragen; in der Narrenkleidung bis heute.

**Guide** [frz. gi:d, engl. gaɪd], Begleiter, Führer; Reisehandbuch.

**Guido von Arezzo, G. Aretinus,** ital. Musiktheoretiker, * um 992, † um 1050 (?); fixierte in der Notenschrift erstmalig die Tonabstände.

**Guillaume de Machau[l]t,** [gi:'jo:m də ma'ʃo], frz. Dichter u. Komponist, * um 1300, † 1377; Balladen, Motetten.

**Guilloche** [gi'joʃ; frz.], verschlungene Linienzeichnung, v. a. auf Wertpapieren.

**Guillotine** [gijɔ'ti:nə; frz.], nach J. I. Guillotin (* 1738, † 1814) ben. Hinrichtungsgerät, s. 1792 in der Frz. Revolution verw., später in versch. Ländern.

**Guinea** [gi'nea], Rep. in W-Afrika; feuchte Küstenniederung, im Innern Bergland (Fouta-Djalon, Nimba; bis 1 752 m); wechselfeuchtes, trop. Klima; Bev. vorw. Fulbe, Malinke u. a.; Landw., Eisenerz- und Bauxit-⚒. Ausfuhr von Tonerde, Bauxit, Diamanten, Kaffee. – *Gesch.:* ehem. Reich der Fulbe; s. 1880 frz. Handelsniederlassungen, 1895–58 Teil von Frz.-Westafrika, wurde 1958 selbst. Rep. unter Präs. Sékou Touré (diktator. Herrschaft bis zu seinem Tod 1984); danach Militärs an der Macht, s. 1995 Zivilreg.; Staatspräs. s. 1984 L. Conté.

**Guinea**

*Fläche:* 245 857 km²
*Einwohner:* 7,9 Mill.
*Hauptstadt:* Conakry
*Amtssprache:* Französisch
*Zeitzone:* MEZ – 1 Stunde

**Guinea** ['gɪnɪ], fr. engl. Goldmünze (= 21 Shilling), hielt sich als Recheneinheit bis in die neueste Zeit.

**Guinea-Bissau**

*Fläche:* 36 125 km²
*Einwohner:* 1,3 Mill.
*Hauptstadt:* Bissau
*Amtssprache:* Portugiesisch
*Zeitzone:* MEZ – 1 Stunde

**Guinea-Bissau** ['gi-], Rep. in W-Afrika, Tiefland (v. a. Feuchtsavanne) m. aufgelöster Küste (Watt, Inseln), randtrop. Klima; Bev. aus rd. 25 Volksgruppen (Fulbe, Malinke u. a.); Anbau v. Erdnüssen (Hauptexportgut), Reis, Mais u. a.; Öl- u. Kokospalmbestände. – *Gesch.:* 1446 v. Portugiesen entdeckt, ab 1588 besiedelt, wurde 1879 port. Kolonie, 1951 Überseeprov., erhielt 1955 Autonomie, ist seit 1974 unabh. Rep.; 1980 und 1999 Militärputsch; seit 1991 Mehrparteiensystem, ab 2000 Übergang zu ziviler Herrschaft.

**Guineastrom** ['gi-], warme Meeresströmung vor der SW- u. S-Küste W-Afrikas.

**Guinness** ['gɪnɪs], Sir Alec, bed. brit. Bühnen- u. Filmschauspieler, * 1914, † 2000.

**Guinness-Buch der Rekorde** ['gɪnɪs-], seit 1955 im Auftrag der ir. Brauerei „Guinness" (Sitz: Dublin; gegr. 1759) jährl. hg. Buch, in dem Rekorde u. Superlative aller Art aufgelistet sind.

**Guiscard** [gis'ka:r], ↑Robert.

**Guise** [gi:z], fr. Hzg.-Fam., Nebenzweig des Hauses Lothringen (1527–1675), führend im Kampf gg. die Hugenotten.

**Guitry** [gi'tri], Sacha (Alexandre Pierre Georges), frz. Schriftsteller, Schauspieler u. Regisseur, * 1885, † 1957.

**Gulag,** auch **GULag**, russ. Abk. für **G**lawnoje **U**prawlenije **Lag**erej, Hauptverwaltung des Straflagersystems in der UdSSR 1930–56. In den ihr unterstehenden Lagern waren Mill. v. Menschen unter inhumanen Bedingungen inhaftiert u. mussten schwerste Zwangsarbeit leisten; danach A. Solschenizyns Roman „Archipel G.".

**Gulbransson,** Olaf, norweg. Zeichner u. Maler, * 1873, † 1958; Karikaturist; Mitarb. des „Simplicissimus"; Buchillustrationen.

**Gulda,** Friedrich, östr. Pianist, * 1930, † 2000, Interpret von Klassik u. Jazz.

**Gulden,** urspr. die nach florentin. Vorbild geprägten dt. Goldmünzen; später die silbernen *Reichsguldiner* u. a.; heute niederl. Währungseinheit.

**Guldin,** Paul, schweizer. Mathematiker (Jesuit), * 1577, † 1643; stellte die nach ihm ben. Regeln zur Berechnung des Rauminhalts v. Rotationskörpern auf.

**Gulliver** [auch: 'gʌl-], Titelgestalt des satir. Romans *G.s Reisen* von J. Swift (1726, dt. 1788).

**Gummersbach,** Krst. d. Oberberg. Kreises, Berg. Land, NRW, 53 000 E; Gesamthochsch. Siegen; Eisen-, Papier- u. a. Industrie.

**Gummi** ↑Kautschuk.

**Gummiarabikum,** aus den Rinden versch. Akazienarten gewinnb. Pflanzenprodukt (Klebemittel).

**Gummibaum, 1)** 20–25 m hoch werdendes Maulbeergewächs; O-Indien, Malai. Archipel; Kautschuklieferant; Zimmerpflanze. **2)** svw. ↑Kautschukbaum.

**Gunnarsson,** Gunnar, isl. Schriftsteller, * 1889, † 1975; „Die Leute auf Borg".

**Gunn-Effekt** ['gʌn-; nach J. B. Gunn, * 1928], physikal. Erscheinung in Halbleitern, oberhalb einer krit. Feldstärke werden Mikrowellen abgestrahlt.

**Gunnera** [nach J. E. Gunnerus, † 1773], an eine ries. Rhabarberstaude erinnernde südamer. Pfl.

**Günsel,** Lippenblütlergatt.; kl. blau blühende Kräuter; auch Zierpfl.; der *Kriechende G.* häufig in Wiesen u. Laubwäldern.

**Günther, 1)** Ignaz, führender Bildschnitzer des bayr. Rokoko, * 1725, † 1775. **2)** Johann Christian, dt. Lyriker des Spätbarock, * 1695, † 1723.

**Guppy** ['gupi, engl. 'gʌpɪ], **Millionenfisch,** Art der lebend gebärenden Zahnkarpfen; ♂ mit variabler bunter Zeichnung; beliebter Warmwasseraquarienfisch.

**Gurgel,** Kehle, vorderer Hals mit Schlund u. Kehlkopf.

**Gurke,** vorderind. Kürbisgewächs; einjähr., rankend.
**Gurkenkraut,** svw. Borretsch (↑Borretschgewächse).
**Gurkha,** hinduist. Volk, eroberte 1768/69 Nepal, seither Führungsschicht.
**Gürtelrose, Zoster, Herpes zoster,** durch Reaktivierung des Pockenvirus im Versorgungsgebiet einzelner Hautnerven halbseitig auftretende, Bläschen bildende schmerzhafte Viruskrankheit; meist bei geschwächter Abwehrlage des Organismus.
**Gürteltiere,** Erdwühler (Zahnarme); der oft verknöcherte Hautpanzer setzt sich aus halb gürtelförm. aneinander gefügten Hornplatten zusammen, die das Zusammenrollen der Tiere ermöglichen; Mittel- u. Südamerika; die *Gürtelmaus* (Gürtelmull) wird nur 15 cm, das *Riesengürteltier* 175 cm lang (mit Schwanz).
**Guru** [sanskr.], spiritueller Meister im Hinduismus.
**GUS,** Abk. für ↑**G**emeinschaft **U**nabhängiger **S**taaten.
**Gusseisen,** in Formen vergießbares Eisen mit 2–4 % Kohlenstoff.

Gustav II. Adolf

**Gustav,** *schwed. Könige:* **1) G. I. Eriksson Wasa,** * 1496 od. 1497, † 1560, Kg. seit 1523; befreite Schweden von der dän. Herrschaft, sicherte seiner Dyn. d. Krone, führte 1527 d. Reformation ein. **2) G. II. Adolf,** Enkel v. 1), * 19. 12. 1594, † 16. 11. 1632, Kg. s. 1611; innere Reformen u. Ausbau der schwed. Machtstellung in Europa; kämpfte gg. Russland, Dänemark u. Polen, gewann Karelien, Ingermanland u. Livland; griff in den Dreißigjähr. Krieg ein, weil er das Vordringen der Habsburger in den Ostseeraum u. eine kath. Restauration befürchtete, fiel in der Schlacht bei Lützen. **3) G. III.,** * 1746, † 1792, Kg. seit 1771; schränkte die Rechte d. Adels ein. **4) G. IV. Adolf,** Sohn von 3), * 1778, † 1837, Kg. 1792–1809; Gegner Napoleons I., verlor Finnland an Russland, Vorpommern an Frkr.; abgesetzt. **5) G. V.,** * 1858, † 1950, Kg. s. 1907; wahrte im 1. u. 2. Weltkrieg die Neutralität Schwedens. **6) G. VI. Adolf,** Sohn v. 5), * 1882, † 1973, König ab 1950.
**Gustav-Adolf-Werk der EKD,** ev. Hilfswerk zur Unterstützung ev. Kirchen in der Diaspora; Sitz: Leipzig.
**Güstrow** [-o:], Krst. Mckbg.-Vorp., 33 100 E; FH; Dom (13./14. Jh.), Schloss (16. Jh.), Barlach-Gedenkstätte; Zucker-, Holz-, Masch.-Industrie.
**Gutedel, Chasselas** [ʃasˈla; frz.], **Fendant** [fãˈdã; frz.], Rebsorte; Trauben groß, mit runden, hell- bis gelbgrünen *(Weißer G.)* Beeren; leichte, säurearme Weine.
**Gutenberg,** Johannes, eigtl. Johann **Gensfleisch zur Laden,** gen. **G.,** dt. Buchdrucker, * zw. 1397 u. 1400, † 1468; erfand um 1445 d. Druck mit bewegl., gegossenen Lettern, berühmt die 42-zeil. *G.bibel.*
**Gütergemeinschaft** ↑Eherecht.
**guter Glaube,** im Zivilrecht geschütztes Vertrauen auf eine in Wahrheit nicht bestehende Rechtslage; Schutz in der Regel nur für leicht fahrläss. Vertrauen.
**Güterrechtsregister,** beim Amtsger. geführtes öff. Register, in das auf Antrag güterrechtl., durch bes. Ehevertr. geregelte Verhältnisse eingetragen werden.
**Gütersloh,** Krst. im östl. Münsterland, NRW, 92 800 E; Textil-, Holz-, Nahrungsmittel-, Masch.-Ind.; Verlage u. Druckereien.
**Gütertrennung** ↑Eherecht.
**Güteverfahren,** arbeitsrichterl. Sühneversuch; Hinwirken auf Parteienvergleich.
**Guthaben,** Habensaldo eines Kontos (Gutschriften übersteigen Belastungen).
**Gutschrift,** Buchung auf der Habenseite des Kontos.
**Gutsherrschaft,** v. a. in O-Dtl. seit dem 15. Jh. aus der älteren Grundherrschaft entwickelte Organisationsform des ausgedehnten, arrondierten Großgrundbesitzes; vom Gutsherrn selbst (Obrigkeit) mit erbuntertänigen, auch fronpflicht. Leuten bewirtschaftet.
**GutsMuths,** Johann Christoph Friedrich, Mitbegr. der dt. Turnpädagogik, * 1759, † 1839.
**Guyana,** Staat an der NO-Küste Südamerikas, Mitgl. des Commonwealth; flache Küstenzone, im Innern Hügelland mit trop. Feuchtwald u. Savannenbergland; Reis, Zuckerrohr-, Holz-, Bauxit- u. Goldgewinnung. – 1498 v. Kolumbus erkundet; wurde 1816 brit. Besitz (seit 1831 *Brit.-Guayana* gen.), 1928 Kronkolonie, 1966 als G. unabh. parlamentar. Monarchie, 1970 Rep.; bis Ende der 1980er-Jahre sozialist. Kurs.

**Guyana**

*Fläche:* 214 969 km²
*Einwohner:* 874 000
*Hauptstadt:* Georgetown
*Amtssprache:* Englisch
*Zeitzone:* MEZ – 5 Stunden

**Guyenne** [gɥiˈjɛn], südwestfrz. histor. Ldsch. in der Garonneniederung; Hptst. Bordeaux.
**Gwalior,** ind. St. am Rande des Dekhan zur Gangesebene, Madhya Pradesh, 693 000 E; in der Nähe Hinduburg mit Tempeln u. dem Palast des Man Sing (um 1500); Tabak-, Textil- u. Zement-ind.; ✈.
**Gwynedd** [ˈgwɪneð], Gft. in Wales, Hptst. Caernarvon.
**Gy,** Einheitenzeich. für: ↑Gray.
**Gyges,** † 652 v. Chr., Kg. von Lydien seit 685 (?); seine Gesch. wurde novellist. gestaltet von Herodot, mythol. von Platon; Tragödie von F. Hebbel.
**Gymnasium** [gr.], weiterführende, an die Grundschule anschließende Schule, deren nach dem 12. oder 13. Schuljahr erworbener Abschluss (Abitur) zum Hochschulstudium berechtigt.
**Gymnastik** [gr.], systemat. betriebene körperl. Bewegungsübungen; *reine* od. *rhythm. G.* (Ausdrucks-G.), die Körperschule od. *Zweck-G.* (Leistungssteigerung) u. die *Heil-G.* (med. Heilverfahren); ↑rhythmische Sportgymnastik.
**Gymnospermen** [gr.], svw. ↑Nacktsamer.
**Gynäkologie,** [gr.], Frauenheilkunde.
**Gynander, Mosaikzwitter,** mosaikartig aus Zellbezirken mit ♀ und ♂ Geschlechtsmerkmalen beste-

hendes Individuum; v. a. bei Insekten.

**Gynözeum,** die gesamten ♀ Organe der Blüte bei bedecktsamigen Pflanzen.

**Győr** [djø:r], dt. **Raab,** Bez.-Hptst. in W-Ungarn, an d. Raab, 127 300 E; Franz-Liszt-Akad. f. Musik; Fahrzeug- u. Maschinenbau; ⚓.

**Gyroskop** [gr.], Gerät zum Nachweis oder zur Messung v. Drehbewegungen mithilfe eines Kreisels, heute auch mit Laserstrahlen.

# H

**H, 1)** 8. Buchstabe des Alphabets. **2)** 𝄞 7. Stufe der C-Dur-Tonleiter.

**H,** Abk. für: **1) H**ärte. **2)** ↑**H**enry. **3)** ↑**H**och. **4) H**ydrant.

**H,** ⚗ Symbol für ↑Wasserstoff.

**h, 1)** Abk. für **h**ora [= Stunde]; 8 h = 8 Std., $8^h$ = 8 Uhr. **2)** Vorsatzzeichen für ↑**H**ekto... **3)** Formelzeichen für das plancksche Wirkungsquantum (↑Planck).

**ha,** Einheitenzeich. für: **H**ekt**a**r.

**Haag, Den,** amtl. **'s-Gravenhage,** Reg.-Sitz u. kgl. Residenz der Niederlande, Hptst. der Prov. Südholland, 445 000 E; Sitz des Internat. Gerichtshofes der UN (Friedenspalast), des internat. Ständ. [Haager] Schiedshofs u. a. internat. Verbände u. Institute; Völkerrechtsakad.; Museen; ✈.

**Haager Abkommen** ↑Haager Konventionen.

**Haager Friedenskonferenzen,** Konferenzen auf Anregung Russlands (1899 u. 1907) zur Überwindung polit. Ggs.; Ergebnis ↑Haager Landkriegsordnung u. Internat. Ständ. [Haager] Schiedshof (↑Schiedsgerichte) zur Beilegung zwischenstaatl. Streitigkeiten.

**Haager Gerichtshof,** andere Bez. für: ↑Internationaler Gerichtshof.

**Haager Konventionen, Haager Abkommen,** Abmachungen der internat. Konferenzen in Den Haag: u. a. Haager Landkriegsordnung, Haager Musterabkommen, Haager Kulturgüterschutzabkommen, Haager Kaufrechtsübereinkommen, Haager Luftpiraterieabkommen, Verträge im Rahmen der Haager Konferenz für internat. Privatrecht.

**Haager Landkriegsordnung,** Abkommen auf den ↑Haager Friedenskonferenzen über die Durchführung v. Landkriegen, z. B. Behandlung der Zivilbev., Verbot der Tötung Wehrloser.

**Haager Tribunal,** das „Internat. Strafgericht zur Verfolgung v. Verletzungen des humanitären Völkerrechts im ehem. Jugoslawien", Sitz: Den Haag; 1993 eingerichtet; zuständig f. Verbrechen gegen die Menschlichkeit, Völkermord u. Kriegsverbrechen, die nach dem 1. 1. 1991 im ehem. Jugoslawien verübt wurden.

**Haardt,** Steilabfall des Pfälzer Waldes zum Oberrhein. Tiefland, RP; Kalmit 673 m; am Fuß die Dt. Weinstraße.

**Haare, Pili,** zellige, rein epidermale Bildungen bei Tier u. Pfl.; bei Säugetieren schließen sich absterbende, verhornende Zellen im *Haarbalg* zu einem Faden zus., der langsam aus der Haut geschoben wird; das *Haarkleid* schützt vor Wärmeverlust; *Spür-H.* (z. B. Schnurr-H. der Katze) dienen als Tastorgane; beim Menschen sind Körperbehaarung u. Bartwuchs sekundäres Geschlechtsmerkmal; Ergrauen der H. ist Folge v. Farbstoffschwund; *Pflanzen-H.* sind 1- bis 4-zellig; mannigfalt. Aufgaben: *Wurzel-, Brenn-, Kletter-H.* u. a.

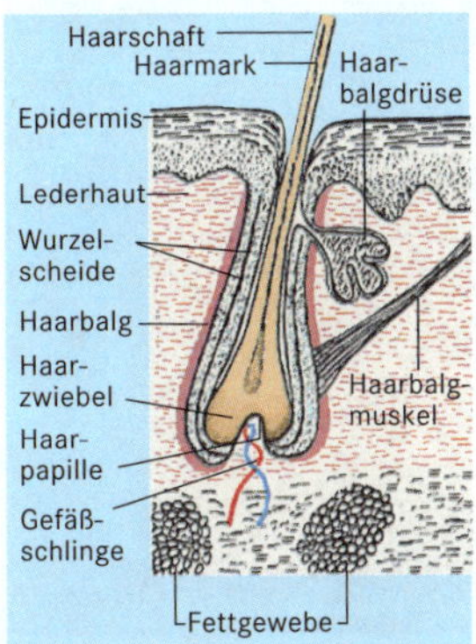


**Haare:** *schematischer Schnitt durch die Haarwurzelbasis des Menschen*

**Haargefäße, Kapillaren,** feinste, meist netzförm. Ausläufer von Blut- u. Lymphgefäßen; für den Stoffaustausch zw. Blut u. Gewebe.

**Haarlem,** Hptst. der niederl. Prov. Nordholland, 149 000 E; Museen, Bibliotheken; Zentrum der niederl. Blumenzwiebelzucht.

**Haarlemmermeer-Polder,** Polder sö. v. Haarlem, Niederlande; 180 km², Zuckerrüben-, Weizenanbau, Blumenzwiebelzucht.

**Haarsterne,** Kl. meerbewohnender Stachelhäuter mit 5 häufig gegabelten Armen; u. a. mit der Gruppe der *Seelilien.*

**Habakuk** ↑Kleine Propheten.

**Habeaskorpusakte** [lat.], engl. Grundges. zum Schutz der persönl. Freiheit (1679): Niemand darf ohne richterl. Haftbefehl verhaftet od. ohne gerichtl. Untersuchung in Haft gehalten werden.

**habemus Papam** [lat.; = wir haben einen Papst], Ruf, mit dem der Erste Kardinaldiakon v. der Außenloggia d. Peterskirche in Rom die vollzogene Papstwahl bekannt gibt.

**Haben,** r. Seite eines Kontos; zeigt bei *Aktivkonten* Vermögensabnahme, bei *Passivkonten* Schuldenzunahme; Ggs. ↑Soll.

**Haber-Bosch-Synthese** ↑Ammoniak.

**Habermas,** Jürgen, dt. Philosoph u. Soziologe, * 1929; Friedenspreis des Dt. Buchhandels 2001; „Erkenntnis u. Interesse", „Theorie des kommunikativen Handelns".

**Habichte,** weltweit verbreitete Unterfam. der Greifvögel, u. a. ↑Hühnerhabicht, ↑Sperber.

**Habichtspilz,** brauner Stachelpilz, häufig in Nadelwäldern; Gewürzpilz.

**Habichtswald,** Teil des nördl. hess. Berglands, westl. v. Kassel; im Hohen Gras 615 m.

**Habilitation** [lat.], Erwerb der Lehrberechtigung an Univ. u. Hochsch. durch *H.sschrift* (wiss. Arbeit), Kolloquium u. Probevorlesung.

**Habitus** [lat.], Aussehen, Erscheinungsbild eines Lebewesens.

**Habsburg, Habichtsburg,** Stammsitz der Habsburger, zw. Aare u. Reuß; erbaut 1020.

**Habsburger,** nach der Habsburg ben. Herrschergeschlecht; urspr. Grafen mit Besitzungen in der Schweiz u. im Elsass; erlangten mit Rudolf v. Habsburg, der 1282 auch Österreich und die Steiermark erwarb, die Königswürde; 1438–1740 und 1745–1806 Röm. Kaiser; 1556 Teilung in eine span. (bis 1700) u. eine östr. Linie (bis 1740, seither *Habsburg-Lothr.*); 1804–1918 Ks. von Österreich.

**Hácha** ['ha:xa], Emil, tschechosl. Politiker, * 1872, † 1945; 1938 Staatspräs. der ČSR, 1939–45 Präs. des Protektorates Böhmen u. Mähren.

**Hackbau,** primit. Ackerbauform; Feldbearbeitung mit Hacke.

**Hackbrett,** zitherart., meist trapezförm. Saiteninstrument.

**Hacker** [ˈhækə], computerbegeisterter, erfahrener Freak, der intens. (auch zwanghaft) am Computer arbeitet. In krimineller Absicht handelnde H. nennt man *Cracker*.

**Hackethal,** [Karl Heinrich] Julius, dt. Mediziner, *1921, †1997; Kritiker der ärztl. Berufsordnung u. -ethik; umstrittenes Eintreten für Sterbehilfe.

**Hackman** [ˈhækmən], Gene, amer. Filmschauspieler, *1931; „Bonnie u. Clyde", „French Connection".

**Hacks,** Peter, dt. Dramatiker u. Essayist, *1928; „Moritz Tassow", „Margarete in Aix" u. a.

**Hadersleben,** dän. **Haderslev,** dän. St. in Nordschleswig, an der *H.er Förde,* 31 000 E; Dom (13. bis 15. Jh.); Textilind., Masch.bau.

**Hades,** griech. Gott der Unterwelt, Gemahl der Persephone; auch allg. Bez. für die Unterwelt (röm. Orkus).

**Hadid,** Zaha M., brit. Architektin irak. Herkunft, *1950; führende Vertr. des Dekonstruktivismus (u. a. Feuerwehrhaus der Fa. Vitra Design in Weil am Rhein).

**Hadramaut,** Ldsch. in Jemen, mit dem fruchtb. *Wadi Hadramaut.*

**Hadrian,** eigtl. **Publius Aelius Hadrianus,** röm. Ks. s. 117, *76, †138; Sicherung des Imperiums, Bau v. Grenzwällen in Germanien (↑Limes) u. Britannien *(H.swall);* innere Reformen (Justiz, Beamtenapparat); Bauten: H.svilla b. Tivoli, Mausoleum in Rom (Engelsburg).

**Hadrian,** Päpste: **1) H. IV.,** *um 1110, †1159, Papst s. 1154; der einzige engl. Papst; krönte 1155 Friedrich I., begann aber später den Kampf gg. das stauf. Kaisertum. **2) H. VI.,** fr. **Adrian v. Utrecht,** *1459, †1523, Papst s. 1522; ab 1507 Erzieher Karls V.

**Hadronen** [gr.], die stark wechselwirkenden Elementarteilchen, also Baryonen, Mesonen u. ihre Resonanzen. Zu den H. zählen auch Proton u. Neutron.

**Haeckel,** Ernst, dt. Zoologe und Naturphilosoph, *1834, †1919; kämpfte für Darwins Abstammungslehre; „Die Welträtsel".

**Haecker,** Theodor, dt. philos. Schriftsteller u. Kulturkritiker, *1879, †1945.

**Hafen,** schützender Anker- u. Anlegeplatz für Schiffe mit Anlagen für Verkehr u. Güterumschlag.

**Hafer,** anspruchsloses kälteresistentes Sommergetreide; Pferdefutter (auch als H.stroh); enthülst u. geschrotet als *H.grütze* u. *H.flocken,* fein gemahlen als *Hafermehl.*

**Haferflugbrand** ↑Pflanzenkrankheiten (Übers.).

**Haferkronenrost** ↑Pflanzenkrankheiten (Übers.).

**Hafermilbe** ↑Pflanzenkrankheiten (Übers.).

**Hafernematode** ↑Pflanzenkrankheiten (Übers.).

**Hafes, Hafis,** pers. Dichter, *um 1320, †1388; besang Liebe, Freundschaft u. Wein, oft myst.-allegor. Naturlyrik, starker Einfluss auf pers. Lyrik.

**Haflinger** [nach dem Südtiroler Ort Hafling], kl., stämmige Gebirgspferderasse; meist dunkle Füchse m. hellem Mähnen- u. Schweifhaar.

**Hafnium,** Symb. **Hf,** chem. El., OZ 72, rel. A.-Masse 178,49, glänzendes, leicht walz- u. ziehbares Metall, Dichte 13,31 g/cm³, Fp. 2 233 °C, Sp. 4 603 °C; überzieht sich in Luft mit Oxidhaut; kommt hpts. in Zirkoniummineralen vor.

**Haft, 1)** fr. leichteste Freiheitsstrafe bei Übertretungen. **2)** Untersuchungshaft. **3)** gerichtl. (Beugehaft) oder Verwaltungszwangsmittel (Ersatzzwangshaft) zur Bewirkung best. rechtl. gebotener Handlungen. **4)** gerichtl. Ordnungsmittel.

**O. Hahn**

**Haftbefehl,** schriftl. richterl. Anordnung zur Festnahme einer Person unter Angabe des Grundes.

**Haftbeschwerde,** Rechtsmittel gg. Erlass des Haftbefehls.

**Haftgläser, Haftlinsen, -schalen, Kontaktlinsen,** anstelle einer Brille verw. dünne durchsicht. Kunststoff- od. Glasschalen mit Linsenschliff; unmittelbar auf der Hornhaut des Auges zu tragen.

**Haftorgane,** Körperteile bei Tieren u. Pfl. zum Festhalten an einer Unterlage, z. B. Saugnäpfe, Haftwurzeln.

**Haftpflicht,** Pflicht zum Ersatz fremden Schadens.

**Haftpflichtversicherung,** Versicherung gg. Schadenersatzansprüche Dritter (für Kfz-Halter Pflicht).

**Haftprüfungsverfahren,** richterl. Nachprüfung der Voraussetzungen für die Fortdauer der Untersuchungshaft.

**Haftung,** Einstehen für eigene od. fremde Schuld (auch mit Gegenständen od. einem Geschäftsanteil); *persönl. H.:* H. mit dem ges. Vermögen.

**Hagana** [hebr.], Selbstschutzorganisation des Jischuw, der jüd. Gemeinschaft in Palästina z. Z. der brit. Mandatsherrschaft, gg. arab. Übergriffe, 1920 aus der älteren Gruppe *Haschomer* entstanden; s. 1948 Armee des Staates Israel.

**Hagebutte,** rote rundl. Sammelfrucht der Rose; reich an Vitamin C.

**Hagel,** Niederschlag harter Eiskörner v. über 5 mm Durchmesser (bis 50 mm).

**Hagelkorn, Chalazion,** harter Knoten an den Augenlidern.

**Hagelschnur,** svw. ↑Chalaza.

**Hagelstange,** Rudolf, dt. Schriftsteller, *1912, †1984; u. a. „Venezian. Credo", „Spielball der Götter", Essays.

**Hagen** von Tronje, Gestalt der Nibelungensage, treuer Vasall Gunthers; Mörder Siegfrieds.

**Hagen,** krsfr. St. am NW-Rand des Sauerlandes, NRW, 212 000 E; PH, Fernuniv., Fachhochschule, Verw.-, Wirtschaftsakad., LG, IHK.

**Hagenbeck,** Carl, dt. Tierhändler, *1844, †1913; Gründer des Tierparks in Hamburg-Stellingen.

**Haggai** ↑Kleine Propheten.

**Hagia Sophia** [gr.], 532–537 von Ks. Justinian I. erb. Krönungskirche der oström. Kaiser in Konstantinopel, seit 1453 Moschee, seit 1934 Museum; bedeutendstes Bauwerk der ↑byzantin. Kunst; hoher Kuppelbau, reiche Marmor- u. Mosaikverkleidung.

**Hagnower, Hagenauer,** Niclas, Bildschnitzer, *um 1445, †vor 1538; schuf die Schreinfiguren des Isenheimer Altars.

**Häher,** Rabenvögel; u. a. *Eichel-H.,* in Nadel- u. Laubwäldern, *Tannen-H.,* in Nadelwäldern der Gebirge.

**Hahn,** Otto, dt. Chemiker, *1879, †1968; 1946–60 Präs. der Max-Planck-Ges.; Pionier der Radiochemie; entdeckte mit F. Straßmann 1938 die Kernspaltung des

Urans durch Bestrahlung mit Neutronen; Nobelpreis 1944.

**Hahnemann,** Samuel Friedrich, dt. Arzt, * 1755, † 1843; Begründer der Homöopathie.

**Hahnenfußgewächse, Ranunculaceae,** Pflanzenfam., meist Kräuter od. Stauden; gemäßigte nördl. Halbkugel; u. a. Gatt. *Hahnenfuß,* oft giftig, meist gelb blühend.

**Hahnenkamm,** Berg bei Kitzbühel (Tirol), 1655 m; Skirennen.

**Hahnenklee-Bockswiese (Oberharz),** heilklimat. Kurort im Harz, Nds.; Teil v. Goslar.

**Haider,** Jörg, östr. Politiker, * 1950, 1989–91 und seit 1999 Landeshauptmann in Kärnten; als Bundesobmann der FPÖ (1986–2000) umstritten wegen seines Rechtspopulismus.

**Haifa,** nordisrael. Hafenstadt, 251 000 E; Univ., TH; Schwerind., Werft, Erdölraffinerie; ⚒.

**Haifische,** Ordn. der Knorpelfische; meist Raubfische; 5–7 Kiemenspalten, Maul ventral; viele Arten lebend gebärend; Meeresbewohner; gefährl. der *Blau-* od. *Menschenhai* in trop. u. gemäßigten Meeren.

**Haile Selassie I.,** * 1892, † 1975; 1928 (durch Staatsstreich) bis 1974 (vom Militär abgesetzt) Ks. v. Äthiopien.

**Hainan,** chin. Insel vor der S-Küste Chinas, durch die *H.straße* vom chin. Festland getrennt, 34 000 km²; wichtigste St. Haikou; in den Küstengebieten Anbau von Erdnüssen, Reis, Kautschuk, Zuckerrohr; im Innern Bergland mit Eisen- und Wolframerzvorkommen. – Sonderwirtschaftszone.

**Hainbuche, Weißbuche,** bis 25 m hoher Baum (Haselnussgewächs), Blätter ellipt., doppelt gesägt, längs d. Seitennerven gefaltet; bes. hartes Holz.

**Haiphong,** Hafenst. im N Vietnams, im Delta des Roten Flusses, 1,45 Mill. E; Metall- u. Baustoffind.; Werften; ⚒.

**Haithabu,** bed. Handelsplatz des fr. MA, am Handelsweg über die Landenge zw. Eider u. Schlei; gegr. wohl um die Mitte des 8. Jh., um 1050 zerstört; Ausgrabungen.

**Haiti,** Rep. im W der Insel Hispaniola, Hauptanbauprodukte: Kaffee, Bananen, Sisal, Baumwolle und Zuckerrohr; wenige Straßen u. Bahnlinien. – 1697 wurde der W-Teil Hispaniolas frz.; 1804 unabh. zunächst als Ks.-Reich, 1820 als Rep., die 1822–44 auch den O-Teil der Insel umfasste; 1849–59 wieder Ks.-Reich, danach Anarchie; 1915–34 v. den USA besetzt; 1957–86 unter der Willkürherrschaft der Fam. Duvalier; anschließend Machtkämpfe, seit 1994 schwieriger Demokratisierungsprozess (Präs. Aristide).

**Haiti**

*Fläche:* 27 750 km²

*Einwohner:* 7,82 Mill.

*Hauptstadt:* Port-au-Prince

*Amtssprachen:* Französisch und Kreolisch

*Zeitzone:* MEZ – 6 Stunden

**Hajek,** Otto Herbert, dt. Bildhauer, * 1927; abstrakte Bronze- u. Betonplastiken, Platzanlagen.

**Hakenkreuz,** sanskr. **Swastika,** uraltes relig. Symbol (Bed. umstritten); Emblem des Nat.-Soz. u. a. faschist. Bewegungen; *H.flagge,* 1935–45 dt. Reichsflagge.

**Hakenwürmer,** hpts. dünndarmbewohnende Parasiten (Fadenwürmer) der Landwirbeltiere; v. a. ↑Grubenwurm.

**Håkon, Haakon** [ˈhoːkɔn], *Norwegen:* **1) H. IV. Håkonsson,** der Alte, * 1204, † 1263, Kg. s. 1217; unterwarf 1261 Grönland u. 1262 Island. **2) H. VI. Magnusson,** * 1340, † 1380, Kg. s. 1345; reg. s. 1355; heiratete 1363 Margarete, Tochter Waldemars IV. v. Dänemark. **3) H. VII.,** * 1872, † 1957, Sohn Kg. Friedrichs VIII. v. Dänemark; 1905 nach Beendigung der Union mit Schweden Kg. v. Norwegen; 1940–45 im Exil in Großbritannien.

**Halbe,** Max, dt. Schriftsteller, * 1865, † 1944; Drama „Jugend“.

**Halbedelsteine,** ältere Bez. für ↑Schmucksteine geringeren Wertes.

**Halberstadt,** Krst. im nördl. Harzvorland, Sa.-Anh., 42 700 E; maler. Stadtbild mit got. Dom, roman. u. got. Kirchen; Masch.-, Konserven-, Gummi-, Zuckerindustrie.

**Halbfliegengewicht** ↑Gewichtsklassen (Übers.).

**Halbkantone,** die jeweils beiden Teile derjenigen drei schweizer. Kantone, deren Gebiete in je zwei Teile geteilt sind, nämlich Unterwalden, Appenzell, Basel.

**Halblederband,** 🕮 Buch mit festem Einband u. Lederrücken.

**Halbleichtgewicht** ↑Gewichtsklassen (Übers.).

**Halbleinenband,** 🕮 Buch mit festem Einband u. Rücken aus Leinen o. Ä.

**Halbleiter,** kristalline Stoffe (v. a. chem. El. wie Ge, Si, Se u. intermetall. Verbdg. wie Galliumarsenid, Indiumantimonid u. a.), die sich bei tiefen Temp. wie Isolatoren verhalten, bei Zimmer- u. höheren Temp. dagegen eine merkl. elektr. Leitfähigkeit zeigen, die jedoch unterhalb der v. Metallen liegt. Charakterist. ist die Zunahme der Leitfähigkeit mit wachsender Temp. bzw. (bei *Photo-H.*) bei Licht- od. Infraroteinstrahlung. Die H. sind von großer techn. Bedeutung: Verwendung für *H.bauelemente,* wie Dioden u. Trioden in thermoelektr. Generatoren u. Kühlelementen, v. a. jedoch für ↑integrierte Schaltungen.

**Halbmetalle,** chem. Elemente, die z. T. metall., z. T. nicht metall. Eigensch. haben (z. B. Arsen, Silicium).

**Halbmittelgewicht** ↑Gewichtsklassen (Übers.).

**Halbschwergewicht** ↑Gewichtsklassen (Übers.).

**Halbseitenlähmung, Hemiplegie,** Lähmung einer Körperhälfte durch Schädigung der Pyramidenbahn im Bereich des Großhirns, Hirnstamms oder Halsrückenmarks infolge Verletzung, Tumors, Gefäßverschlusses oder Blutung (Schlaganfall).

**Halbton,** kleinstes Intervall des diaton. Systems (𝄞).

**Halbweltergewicht** ↑Gewichtsklassen (Übers.).

**Halbwertszeit,** Zeitspanne, nach der eine (physikal.) Größe auf die Hälfte ihres Anfangswertes abgesunken ist.

**Haldane** [ˈhɔːldeɪn], John Scott, brit. Physiologe, * 1860, † 1936; Physiol. der Atmungsorgane.

**Halévy** [aleˈvi], **1)** Jacques Fromental Élie, eigtl. Elias **Lévy,** frz. Opernkomponist, * 1799, † 1862; „Die Jüdin“. **2)** Ludovic, Neffe v. 1), frz. Schriftsteller, * 1834, † 1908; Romane; Libretti.

**Halfpipe** [ˈhaːfpaɪp; engl.], 1) kanalartige Schneekonstruktion beim wettkampfmäßigen ↑Snowboarding; 2) halbrunde Metallrampe mit einer überhöhten Seite zum Steilwandfahren beim ↑Inlineskating bzw. ↑Skateboarding.

**Halifax** [ˈhælɪfæks], Edward Frederick Lindley Wood, Earl of, brit. konservativer Politiker, * 1881, † 1959; 1925–31 Vizekg. in Indien, 1938–40 Außenminister.

**Halifax** ['hælɪfæks], **1)** nordengl. St. sw. v. Bradford, 87 500 E; Kammgarnherst. u. -verarb., Maschinenfabr. **2)** Hptst. der ostkanad. Prov. Nova Scotia, 115 000 E; Univ.; Werften, Textil- u. a. Ind., Erdölraffinerie; eisfreier See-⚓, ✈.

**Halikarnassos,** antike St. an der SW-Küste Kleinasiens, bek. durch das Grabmal Mausolos' II. (352 v. Chr.), eines der sieben ↑Weltwunder; ↑Mausoleum.

**Hall-Effekt** [nach E. H. Hall, *1855, †1938], ein galvanomagnet. Effekt; in elektr. Leitern, die sich in einem homogenen Magnetfeld befinden u. in denen senkr. zum Magnetfeld ein elektr. Strom fließt, wird eine Spannung *(Hall-Spannung)* induziert.

**Hallein,** östr. St. an der Salzach, südl. von Salzburg, 17 300 E; maler. Altstadt; Solbad.

**Haller,** Albrecht v., schweizer. Dichter der Aufklärung, *1708, †1777; „Die Alpen", Ged.; auch Romane, naturwiss. Schriften.

**Halle/Saale,** kreisfreie St. in Sa.-Anh., 245 700 E; Bundeskulturstiftung, Univ. Halle-Wittenberg (gegr. 1694), Hochschule für Kunst und Design, Hochschule für Kirchenmusik, Dt. Akad. der Naturforscher (Leopoldina), Franckesche Stiftungen (↑Francke); Umweltforschungszentrum Halle-Leipzig; got. Dom, Burg Giebichenstein (10. Jh.), Moritzburg (um 1500); Museen, Opernhaus, Händelhaus, Händelfestspiele; vielseit. Ind. – Ehem. Hansest. mit bed. Salzhandel (961 bezeugt).

**Halley** ['hælɪ], Edmond, engl. Astronom, *1656, †1742; nach ihm ben. der *H.sche Komet,* der alle 76 J. (Umlaufzeit um die Sonne) am Himmel erscheint; 1986 durch die Raumsonde „Giotto" erforscht.

**Halligen,** Gruppe der Nordfries. Inseln im Wattenmeer vor der W-Küste von Schl.-Ho.; flache, meist unbedeichte Marschinseln (Viehzucht), flutgefährdet.

**Hallimasch,** Holz zerstörender brauner, gekocht essb. Lamellenpilz mit weißem Stielring.

**Hall in Tirol,** fr. **Solbad H. i. T.,** östr. St. im Unterinntal, 13 000 E; Solbad; Bergbaumuseum (ehem. Salzbergwerk), Metall- u. Holzverarbeitung; Fremdenverkehr.

**Hallstatt,** oberöstr. Gem. (Markt), 1 500 E, am W-Ufer des bis 125 m tiefen *Hallstätter Sees* im Salzkammergut. Salzbergbau seit frühgeschichtl. Zeit; reiche Funde des 8.–5. Jh. auf dem Gräberfeld von H. (Bronze, Eisen), namengebend für die *Hallstattzeit,* eine Epoche der Eisenzeit.

**Hallstein, 1)** Ingeborg, dt. Sängerin (lyr. Koloratursopran), *1937. **2)** Walter, dt. Jurist u. Politiker (CDU), *1901, †1982; 1958–67 Präs. der Kommission der EWG; 1968–74 Präs. der Europ. Bewegung.

**Hamburg:** *Landungsbrücken in St. Pauli*

**Hallsteindoktrin** [n. W. Hallstein], unter Adenauer 1955 formulierter außenpolit. Grundsatz: Abbruch diplomat. Beziehungen zu Ländern, die die DDR völkerrechtl. anerkannten; 1972 aufgegeben.

**Halluzination** [lat.], Trugwahrnehmung, Sinnestäuschung.

**Halma** [gr.], seit dem Altertum bek. Brettspiel, bei dem 2 od. 4 Spieler versuchen, mit ihren Figuren den gegner. Eckhof schnell zu besetzen.

**Halmfliegen** ↑Pflanzenkrankheiten (Übers.).

**Halmstad,** südschwed. Prov.-Hptst. (von Halland) am Kattegat, 81 000 E; Maschinenbau, Textilind.; ⚓, ✈.

**Halo** [gr.], **1) Hof,** durch Spiegelung od. Brechung des Mond- od. Sonnenlichtes hervorgerufene Lichterscheinung; H.formen: z. B. *Ring, Bogen, Gegensonne, Lichtkreuz.* **2) galakt. H.,** angenähert sphär. System aus ↑Kugelhaufen u. ↑RR-Lyrae-Sternen um das Milchstraßensystem u. a. Galaxien.

**Halogene** [gr.], Sammelbez. für Fluor, Chlor, Brom, Jod, Astat; bes. reaktionsfreud. El., bilden mit Metallen Salze, *Halogenide,* in denen die H. negat. einwert. vorliegen.

**Halogenide** ↑Halogene.

**Halogenlampe,** Glühlampe mit hoher Lichtausbeute u. langer Lebensdauer, die eine Edelgasfüllung mit einem best. Halogenanteil (Brom) besitzt. Aus dem Wolframglühfaden verdampfendes Wolfram geht mit dem Halogen eine gasförm. Verbdg. ein (Wolframbromid), die in der Nähe des Glühfadens wieder zerfällt, wobei sich das Wolfram auf dem Glühfaden niederschlägt u. diesen erneuert.

**Halonen,** Tarja Kaarina, finn. Politikerin (Sozialdemokratin), *1943; Juristin, 1995–2000 Außenmin.; s. 2000 Staatspräs.

**Hals,** Frans, niederl. Maler, *zw. 1580 u. 1585, †1666; Bildnisse, Gruppenporträts, Genrebilder in frischer Lebendigkeit.

**Halsbandaffäre,** Skandalaffäre am frz. Hof 1785/86, die das Ansehen des Königtums am Ende des Ancien Régime weiter erschütterte.

**Halsentzündung** ↑Angina.

**Halsfäule** ↑Pflanzenkrankheiten (Übers.).

**Halsgericht,** s. dem 13. Jh. Bez. für ein Ger., das Strafen an Leib u. Leben verhängte.

**Halteren** [gr.], Schwingkölbchen (umgewandelte Hinterflügel der Zweiflügler).

**Haltern,** Ind.-St. im Lippetal, NRW, 35 600 E; röm.-german. Museum; Glas-, Textilindustrie.

**Hamadan,** iran. Prov.-Hptst., sw. v. Teheran, 350 000 E; bed. Handelszentrum (Textil-, Leder-, Kupferwaren); ✈; das antike *Ekbatana.*

**Hamamelis** [gr.], **Zaubernuss,** aus Nordamerika und Ostasien stammende Ziersträucher; Blütenblätter fadenförmig, gelb, rot, braun; Blätterextrakt als Heilmittel.

**Hämangiom** [gr.], gutart. Blutgefäßgeschwulst (Feuermal).

**Hamann,** Johann Georg, dt. philos. Schriftsteller, *1730, †1788; Wegbereiter des Sturm u. Drang.

**hämat[o]..., Hämat[o]...** [gr.], Bestimmungswort; Bed.: „Blut".
**Hämatologie,** Spezialgebiet der inneren Medizin; befasst sich mit Diagnostik u. Behandlung v. Blutkrankheiten.
**Hämatom,** svw. ↑Bluterguss.
**Hambacher Fest,** demokrat. republikan. Massenversammlung (20 000–30 000 Teilnehmer) auf Schloss Hambach an der Weinstraße vom 27. bis 30. 5. 1832; Forderung nach Einigung Deutschlands.
**Hamburg,** amtl. **Freie u. Hansestadt H.,** Großstadt u. zugleich Bundesland der BRD, zu beiden Seiten d. unteren Elbe, 755 km², 1,7 Mill E; wirtsch. Mittelpt. der Hafen, auch für sehr gr. Seeschiffe erreichbar, 2 Elbtunnel; Sitz bed. dt. Schifffahrtslinien, Werften samt Zulieferbetrieben, Eisen- u. Metallgießereien, opt.-naut. Werkstätten; Flugzeugind., Seefischmarkt, Verarbeitungsbetriebe für Kaffee, Tabak, Erdöl, Pflanzenöle, Gummi; Reis- u. Getreidemühlen, Schokoladefabriken, Fisch-, Leder-, Juteverarb., chem. u. a. Ind.; Börsen, Versicherungen, Banken u. Ä.; Sitz mehrerer B.-Behörden (u. a. Wasserwirtsch. u. Fischerei), Internat. Seegerichtshof, OLG, LG, Handelskammer; Univ., TU, Univ. der Bundeswehr; Hamburgisches Weltwirtschaftsarchiv, Institut für Tropenkrankheiten, Hochschulen; Oper, Theater, Museen; bed. Ausstellungen u. Messen, Tierpark; Norddt. Rundfunk, 275 m hoher Fernsehturm, Filmateliers, Fernsehstudios, Verlage; ✈. Wahrzeichen der 132 m hohe Turm der St.-Michaelis-Kirche; Petri-, Katharinen- u. Jakobikirche (14. Jh.), Börse (um 1840), Rathaus (um 1890), Chilehaus (1923). Einkaufszentrum im Bereich der Binnenalster; bek. Vergnügungsviertel in St. Pauli. – H. entstand neben einer um 808 erbauten Burganlage, 831 Bischofssitz, 834–845 Sitz eines Erzb.; Ausgangspt. für die Missionierung des Nordens. Erweiterung durch Anlage einer Neustadt im 12. Jh.; Blüte zur Zeit der Hanse (bis um 1450); s. 1510 R.-Stadt; 1529 Reformation; Aufstieg zum bed. Seehandelsplatz, Behauptung der Unabhängigkeit gg. Dänemark; 1810–14 frz., 1815 zum Dt. Bund, 1867 zum Norddt. Bund, seit 1871 zum Dt. Reich; heute Land der BRD.
**Hameln,** Krst. im Weserbergland, Nds., 58 800 E; alte Hansest. mit Gebäuden im Stil der Weserrenaissance; vielseit. Industrie.
**Hamilkar Barkas,** Vater Hannibals, karthag. Feldherr, * um 290, † um 229; eroberte 236–229 S-Spanien.
**Hamilton** ['hæmıltən], **1)** Alexander, amer. Politiker, * 1755, † 1804; verdient um die Schaffung der amer. Verf. **2)** Lady Emma, geb. **Lyon,** Gattin v. 3), * 1765, † 1815, seit 1798 Geliebte Nelsons. **3)** Sir William, brit. Diplomat u. Archäologe, * 1730, † 1803; förderte die Ausgrabungen in Pompeji u. Herculaneum. **4)** Sir William Rowan, ir. Mathematiker, * 1805, † 1865.
**Hamiten,** Sprachgruppe v. a. in N- u. O-Afrika bei orientaliden u. negroiden Volksstämmen.
**hamitosemitische Sprachen** ↑semitohamitische Sprachen.
**Hamlet,** sagenhafter dän. Prinz, der seinen ermordeten Vater rächt u. dabei selbst den Tod findet; Tragödie von Shakespeare (1603).
**Hamm,** krsfr. St. an der Lippe, NRW, 181 800 E; OLG; Institut f. Heilpädagogik, Maximilianpark; Steinkohlenbergbau, chem., Draht-, Eisenind, Röhrenwerke, Maschinenbau; Hafen am Datteln-Hamm-Kanal.
**Hammamet,** nordtunes. St. am *Golf v. H.,* 49 500 E.; Fremdenverkehr; ⚓.
**Hammarskjöld** [-ʃœld], Dag, schwed. Diplomat, * 1905, † 1961; seit 1953 Generalsekr. der UN, auf einer UN-Mission in Katanga tödl. verunglückt; Friedensnobelpreis posthum 1961.
**Hammel, Schöps** kastrierter Schafbock.
**Hammelburg,** St. an der Fränk. Saale, Bay., 12 300 E; Weinort.
**Hammelsprung,** parlamentar. Abstimmungsverfahren: Auszählung der Abg. beim Eintritt durch eine „Ja"-, eine „Nein"- u. eine Stimmenthaltungstür.
**Hammer, 1)** Werkzeug für alle Arbeiten, die eine Schlagwirkung erfordern. **2)** 🏃 ↑Hammerwerfen. **3)** ↑Ohr.
**Hammerfest,** nördlichste St. Europas, in N-Norwegen, auf der Insel Kvaløy, 7 400 E; Fischfang u. -verarb., kl. Werften; ⚓.
**Hammerwerfen,** sportl. Wettbewerb, bei dem eine Metallkugel an einem Drahtseil *(Hammer)* aus dem Wurfkreis geschleudert wird.

**Hammerfest:** *Blick auf das nach 1945 wieder aufgebaute Stadtzentrum*

**Hammett** ['hæmıt], Dashiell, amer. Schriftsteller, * 1894, † 1961; Kriminalromane („Der Malteser Falke").
**Hammondorgel** ['hæmənd-], nach dem amer. Erfinder L. Hammond (* 1895, † 1973) ben. elektroakust. Orgel.
**Hammurapi,** Kg. von Babylonien 1728–1686; gliederte seinem Reich Assyrien ein, ließ das babylon. Recht kodifizieren.
**hämo..., Hämo...** [gr.], Bestimmungswort; Bed.: „Blut".
**Hämoblastosen,** Sammelbez. für bösart. Bluterkrankungen, v. a. Leukämie.
**Hämodialyse** ↑künstliche Niere.
**Hämoglobin** [gr.], Farbstoff der roten Blutkörperchen, für Sauerstoffbindung, -transport u. -abgabe; *H.ometer,* Gerät zur Bestimmung des H.gehaltes des Blutes; *H.urie,* Ausscheidung v. rotem Blutfarbstoff im Urin infolge plötzl. Blutzerfalls.
**Hämolyse** [gr.], Auflösung der roten Blutkörperchen durch Austritt v. Hämoglobin b. Einwirkung von Blutgiften oder durch osmot. Vorgänge.

H

**Hämophilie** [gr.], svw. ↑Bluterkrankheit.

**Hämorrhoiden** [gr.], krankhafte knotenart. Erweiterungen des Venengeflechts am unteren Mastdarm; außerhalb od. innerhalb des Afters.

**Hämostatika,** svw. ↑blutstillende Mittel.

**Hämozyten** [gr.], svw. Blutkörperchen (↑Blut).

**Hampton** ['hæmptən], Lionel, amer. Jazzmusiker, * 1913.

**Hamster, Feldhamster,** etwa 30 cm gr. Nagetier M-Europas u. Asiens; trägt Körner u. Ä. als Wintervorrat (bis zu 50 kg) zusammen.

G. F. Händel

**Hamsun,** Knut, eigtl. K. **Pedersen,** norweg. Dichter, * 1859, † 1952; bedeutendster norweg. Romancier; „Hunger", „Segen der Erde"; Nobelpreis 1920.

**Hanau,** hess. Krst. (d. Main-Kinzig-Kreises) östl. v. Frankfurt am Main, 89 000 E; LG, IHK, staatl. Zeichenakad.; Dt. Goldschmiedehaus; Edelmetallwerke, Schmuckwaren-, Gummi-, kerntechn. Industrie.

**Hancock** ['hænkɔk], Herbie, amer. Jazzmusiker, * 1940; Keyboarder u. Komponist.

**Hand,** Endabschnitt der Vordergliedmaßen bei Wirbeltieren u. Mensch; Teile: *H.wurzel* mit 8, *Mittel-H.* mit 5 Knochen; *Finger* mit je 3 (Daumen 2) Endgliedknochen; *H.rücken* u. *H.teller;* je nach Funktion stark umgebildet (z. B. Vogelflügel, Huf).

**Handball,** Ballspiel zw. 2 Mannschaften mit einem Hohlball (Leder od. Kunststoff); Spielzeit: 2 × 30 min; Tor 3 m breit, 2 m hoch; *Hallen-H.:* je 7 Spieler (sechs Feldspieler, ein Torhüter) u. 5 Auswechselspieler, Spielfeld 40 m × 20 m; der Ball darf mit allen Körperteilen außer Fuß u. Unterschenkel gespielt, höchstens 3 s gehalten u. bis zu 3 Schritten in der Hand mitgeführt werden.

**Handel, 1)** Austausch von Gütern, v. a. Beschaffung u. Verkauf ohne nennenswerte Veränderung; *Groß-H.* (Absatz an Wiederverkäufer), *Einzel-H.* (Absatz an Verbraucher); weitere Arten: Binnen-, Außen-, Eigen-, Kommissions-, Waren-, Effekten-, Devisen-H. **2)** Gesamtheit der Handelsbetriebe.

**Händel,** Georg Friedrich, dt. Komponist u. Organist, * 23. 2. 1685, † 14. 4. 1759; s. 1712 in London; mehr als 40 Opern, Oratorien („Der Messias"); daneben Kammermusik u. Orchesterwerke.

**Handelsbilanz, 1)** Gegenüberstellung der Warenein- u. -ausfuhr einer Volkswirtsch., Teil der ↑Zahlungsbilanz. **2)** nach handelsrechtl. Vorschriften aufgestellte Bilanz eines Unternehmens.

**Handelsbrauch, Usance,** Gepflogenheiten im Handelsverkehr, b. Rechtsstreitigkeiten beachtet.

**Handelsflotte,** Gesamtheit d. im Seeschiffsregister eines Landes geführten Seeschiffe, in Dtl. 6,6 Mill. BRZ (2000). Größte H.n (2000; in Mill. BRZ): Panama 114,4; Liberia 51,5; Bahamas 31,4; Malta 28,2; Griechenland 26,4; Welt 558,1.

**Handelsgesellschaft,** auf den Abschluss von Handelsgeschäften gerichtete Personenvereinigung unter einer Firma: ↑Kommanditges., ↑Aktienges., ↑GmbH u. a.

**Handelsgesetzbuch,** Abk. **HGB,** Gesetzbuch zur Regelung des dt. *Handelsrechtes,* von 1897.

**Handelsklauseln,** im Handelsverkehr gebräuchl. Abk. für best. Vereinbarungen; sie gelten nur dann, wenn ein entspr. Handelsbrauch besteht od. wenn sie ausdrückl. vereinbart werden, z. B. *cif* (Abk. für engl.: **c**ost, **i**nsurance, **f**reight = [Verlade]kosten, Versicherung, Fracht [trägt der Verkäufer]). Internat. übl. H. ↑Incoterms.

**Handelskrieg** ↑Wirtschaftskrieg.

**Handelsmarke,** Marke, zur Kennzeichnung v. Waren eines Handelsbetriebs.

**Handelsrecht** ↑Handelsgesetzbuch.

**Handelsregister,** vom Amtsger. geführtes öff. Verzeichnis der Kaufleute u. Handelsges. u. ihrer rechtl. Verhältnisse.

**Handelsschulen,** Berufsfachschulen (meist 2 J.) zur Vermittlung kaufmänn.-techn. u. betriebswirtsch. Kenntnisse; *höhere H.* (1 bis 2 J.) setzen den Besuch der 10. Kl. einer Realsch. od. eines Gymnasiums voraus; zusätzl. Unterricht in einer zweiten Fremdspr. u. Volkswirtschaftslehre.

**Handelsvertreter,** selbst. Kaufmann, aufgrund Vertrages ständig beauftragt, für die Auftraggeber gg. Provision Geschäfte zu vermitteln/abzuschließen.

**Handgranate,** Sprengkörper, der mit der Hand geworfen wird, als *Eier-, Kugel-* od. *Stiel-Handgranate.*

**Handikap** ['hændıkæp; engl.], **1)** Behinderung, Benachteiligung. **2)** Reit- od. Laufwettbewerb mit Vorgabe für Leistungsschwächere; beim Golf Vorgabe aufgrund geringerer Spielstärke.

**Handke,** Peter, östr. Schriftsteller, * 1942; Lyrik, Prosa u. Dramen, die Sprachexperimente mit Selbstfindungprozess verbinden (Roman „Mein Jahr in der Niemandsbucht").

**Handlungsbevollmächtigter,** Inhaber einer ↑Handlungsvollmacht.

**Handlungsvollmacht,** Vollmacht (keine Prokura) zum Betrieb eines Handelsgewerbes im Ganzen *(General-H.)* od. zur Vornahme einer best. Art *(Gattungs-H.)* od. einzelner Handelsgeschäfte *(Spezial-H.).*

**Hand- und Spanndienste,** im MA Fronen, die als Handarbeit (z. B. Erntearbeiten) od. als Transportdienste mit zu stellenden Zugtieren zu leisten waren.

**Handwerk,** Berufsstand u. Betriebssystem des Gewerbes: Dem Kunden werden Dienste geleistet od. eigens für ihn hergest. Erzeugnisse verkauft; Berufsweg: Auszubildender – Geselle – Meister; hpts. kl. oder mittl. Betriebe, Produktionsmittel sind Eigentum des Meisters; keine konsequente Arbeitsteilung.

**Handwerkskammer,** Interessenvertretung des Handwerks, Selbstverw.-Körperschaft des öff. Rechts; regelt Berufsausbildung, erlässt Prüfungsordn., führt die Handwerksrolle u. a.

**Handwerksrolle,** Verzeichnis b. den Handwerkskammern, in die jeder Handwerksbetrieb eingetragen werden muss.

**Handy** ['hændı; Kw., im Engl. nicht verw. Bez., engl. „mobile (phone)"], ugs. für ein tragb., handl. ↑Mobiltelefon.

**Hanf,** aus Asien stammende Faserpfl., bis 3 m hoch; bes. geeignet für reißfeste Textilien; Samen zur Ölgewinnung.

**Hänfling,** 13 cm gr., gesellig lebender bräunl. bis grauer Finkenvogel.

**Hannover:** *Neues Rathaus (1903–08 erbaut)*

**hängende Gärten,** Terrassengärten im Altertum; bek. die zu den sieben Weltwundern zählenden Hängenden Gärten der Semiramis.

**Hängewerk,** Tragwerk bei Holz- u. Eisenkonstruktionen zum Überspannen größerer Räume (beim Brücken-, Saalbau u.a.); d. überbrückende Balken wird von oben getragen (an *Hängesäulen* befestigt); einfaches H. in Dreiecks-, doppeltes H. in Trapezform.

**Hangtäter,** fr. Bez.: **Gewohnheitsverbrecher,** Täter, der infolge eines Hanges zu erhebl. Straftaten für die Allgemeinheit gefährl. ist; Sicherungsverwahrung möglich.

**Hangwind,** am Tage als therm. Aufwind, nachts als Abwind (Talwind) an Berghängen auftretende Luftströmung.

**Hangzhou** [-dʒɔʊ], ostchin. Hafenst. an der *H.bucht,* 1,1 Mill. E; Univ.; Seidenind., Masch.-Bau; ✈.

**Hanks** [ˈhænks], Tom, amer. Schauspieler, *1956; Film-, Fernseh- und Theaterrollen mit häufig komödiant. Zügen; u.a. „Forrest Gump", „Apollo 13".

**Hannibal,** karthag. Feldherr, *247, †183; Sohn v. Hamilkar Barkas; eroberte Spanien, zog im 2. Pun. Krieg über die Alpen, besiegte die Römer 217 am Trasimen. See u. 216 bei Cannae; 211 Zug vor Rom; unterlag Scipio b. Zama 202.

**Hannover, 1)** Hptst. v. Nds., des Reg.-Bez. u. d. Landkr. H., krsfr. St., an der Leine, 523 000 E; von mod. Architektur u. Verkehrsführung geprägtes Stadtbild; Wiederaufbau zerstörter bed. Baudenkmäler der Altstadt, Herrenhäuser Park (mit Schloss, 17. Jh., 1943 zerstört), Stadtwald Eilenriede; TU, tierärztl. und medizin. Hochsch., Fachhochsch., Akad. für Raumforschung u. Landesplanung, Leibniz-Akad. (Verw. u. Wirtsch.), B.-Anstalt u. Landesamt für Bodenforschung, mehr. Theater u. Museen; Zoo; LG, Börse, IHK; Spielbank; bed. Messen; vielseit. Ind.; ✈. – 1241 St.-Privilegien; seit 1386 Hansest.; 1636–1866 Residenz. **2)** histor. Territorium, entstanden aus den 1512 vereinigten Ft. Calenberg u. Göttingen u. den Gft. Hoya u. Diepholz; 1692 zum Kurft. H. erhoben, 1705 mit dem Ft. Lüneburg vereinigt, 1714–1837 in Personalunion mit Großbrit.; 1814 Kgr.; 1866 preuß. Provinz; seit 1946 Teil d. Landes Niedersachsen.

**Hanoi,** Hptst. v. Vietnam, am r. Ufer d. Roten Flusses, rd. 3 Mill. E; Univ.; Textil-, Masch.-, chem., Nahrungsmittelind.; ✈.

**Hanse,** im MA Verbdg. dt. Kaufleute im Ausland zum Schutz gemeinsamer Handelsbelange; durch Verbdg. v. Lübeck u. Hamburg Entw. zum größten dt. Städtebund; während der Blütezeit (14. Jh.) Mitgliedschaft fast aller bed. Städte in Nord- u. Ostdtl. (u.a. Bremen, Rostock, Danzig, Riga) u. bis nach West- u. Mitteldtl.; lose Organisation, Beratungen auf *H.tagen;* Grundlagen der wirtsch. Macht: Beherrschung der Ostsee, Handelsmonopol auf den nord. Meeren, Handelsvorrechte in engl. u. niederl. Häfen; Niedergang seit dem 15. Jh., u.a. durch Erstarken Englands u. der Niederlande, zunehmende Macht der Landesfürsten, Verlagerung d. Handelswege.

**Hansen, 1)** Christian, dän. Baumeister u. Archäologe, *1803, †1883; Ausgrabungen auf der Akropolis (Niketempel). **2)** Christian Frederik, Baumeister des dän. Klassizismus, *1756, †1845. **3)** Theophil Edvard Frhr. v., Bruder v. 1), dän. Baumeister, *1813, †1891; Bauten in historisierendem Stil in Wien (v.a. das Parlament).

**Han Shui** [-ʃui], l. Nbfl. des Jangtsekiang, China, 1500 km.

**Hanswurst,** kom. Figur in dt. Bühnenstücken des 17. u. 18. Jh., meist als linkischer Dickwanst.



**haplo..., Haplo...** [gr.], Bestimmungswort; Bed.: „nur aus einem Teil bestehend, einfach".

**haploid** [gr.], mit nur einf. (ausgehend v. diploiden) Chromosomensatz versehen.

**Happening** [ˈhæpənɪŋ; engl.], überraschendes od. alltägl. „Geschehnis" als provokator. Kunstereignis; zuerst in den USA. Bis heute in „Aktionen" weitergeführt.

**Hapteren** [gr.], **1)** Haftorgane gr. Algen in Form v. wurzelähnl. Auswüchsen. **2)** Sporenbänder der Schachtelhalme.

**Harakiri** [jap.], fälschlich für Seppuku.

**Harald, 1)** ↑Harold II. – *Norwegen:* **2) H. I. Hårfagre** [= Schönhaar], *um 850, †933, Kg. s. etwa 863; einte nach 872(?) Norwegen, teilte das Reich unter seine Söhne. **3) H. V.,** *1937, s. 1991 König von Norwegen.

**Harappa,** bed. Ruinenstätte in Pakistan; neben ↑Mohenjo Daro Hauptfundstätte der H.- od. Induskultur; Ausgrab. seit 1920.

**Harare,** bis 1982 **Salisbury,** Hptst. v. Simbabwe, 1,18 Mill. E; Univ.; Verkehrs- u. Handelszentrum; vielseitige Verarbeitungsind.; ✈.

**Hardcopy** [ˈhɑːdkɔpɪ], die Datenausgabe über Drucker od. Plotter.

**Hardcover** [ˈhɑːd ˈkʌvə; engl.], Buch mit festem Einbanddeckel.

**Harddisk** [engl.], svw. ↑Festplatte.

**Hardenberg, 1)** Friedrich Leopold Frhr. v. ↑Novalis. **2)** Karl August Fürst v., preuß. Staatsmann, *1750, †1822; 1804–06 Außenmin., s. 1810 Staatskanzler; führte die Reformen des Frhr. vom Stein weiter (Liberalisierung).

**Harding** [ˈhɑːdɪŋ], Warren Gamaliel, 29. Präs. der USA (s. 1921), *1865, †1923; lehnte den Eintritt der USA in den Völkerbund u. Handelsbeziehungen zur UdSSR ab.

**Hardtop** ['hɑ:dtɔp; engl.], abnehmbares Verdeck (aus Metall od. nicht faltbarem Kunststoff) von Kfz, bes. Sportwagen.
**Hardware** ['hɑ:dwɛə; engl.], die konstruktionsbedingten, maschinentechn. Teile eines Computersystems (Ggs. ↑Software).
**Harem** [arab.], allg. im Islam ein geheiligter, nicht Berechtigten (Nichtmuslimen) oft grundsätzlich verschlossener Bereich; i.e.S. die Frauengemächer des islam. Hauses.
**Häresie** [gr.], v. der kirchl. Lehre abweichende Glaubensüberzeugung; *Häretiker,* Anhänger u. Wortführer einer Häresie.
**Harfe,** Zupfinstrument mit parallel zum Schallkörper verlaufenden Saiten; sehr früh bei allen Kulturvölkern; europ. Typen: *diaton., chromat., Haken-H.; Pedal-H.:* 5 od. 7 Pedale ermöglichen alle Tonarten zw. Es u. E; als *Doppelpedal-H.* mit zweifacher Pedalrückung (7 Pedale können alle Saiten zweimal um einen Halbton erhöhen).
**Harkort,** Friedrich, dt. Industrieller u. Politiker, *1793, †1880; Begr. des Linken Zentrums des preuß. Abg.-Hauses; Interesse für soz. Probleme u. Arbeiterbildung.
**Harlekin, Stachelbeerspanner,** 4 cm spannender Schmetterling; weiße Flügel schwarz gefleckt, gelbe Streifen auf Vorderflügeln.
**Harlekin** [ital.], im 17. Jh. aus dem Arlecchino der ↑Commedia dell'Arte entwickelte kom. Figur im dt. Theater (heute noch im Puppenspiel).
**Harlinger Land,** fruchtb. Seemarsch an der ostfries. Küste, beiderseits der *Harle,* Nds.; zentrale Orte sind Esens u. Wittmund.
**Harmagedon** [gr., wohl aus hebr.], nach der Apokalypse des Johannes der Ort, an dem sich die gottfeindl. Mächte zum endzeitl. letzten großen Kampf versammeln (Apk. 16,16).
**Harmonie** [gr.], **1)** Übereinstimmung, Ebenmaß. **2)** in Akkorden u. Intervallen sich äußernde verwandtsch. Beziehung v. Tönen (𝄞).
**Harmonielehre,** Lehre v. den Gesetzen der ↑Harmonie.
**harmonisches Mittel,** der aus $n$ Zahlen $x_1, x_2, ..., x_n$ gebildete Wert

$$\bar{x}_h = n\bigg/\left(\frac{1}{x_1}+\frac{1}{x_2}+\ldots+\frac{1}{x_n}\right);$$

das h. M. zweier Zahlen $a$ u. $b$ ist also

$$\bar{x}_h = 2\bigg/\left(\frac{1}{a}+\frac{1}{b}\right) = 2ab/(a+b).$$

**harmonische Teilung,** innere (Teilpt. $C$) u. äußere (Teilpt. $D$) Teilung einer Strecke $\overline{AB}$ im gleichen Verhältnis, sodass die Proportion $\overline{AC}:\overline{CB}=\overline{AD}:\overline{BD}$ gilt.
**Harmonium** [gr.], Tasteninstrument in Klavierform mit orgelähnl. Klang; Tonerzeugung durch saug- oder druckluftbewegte Zungen.
**Harn, Urin,** bei Mensch u. Tier Absonderungsprodukt der Nieren, enthält v. a. Reststoffe des Eiweißstoffwechsels; tägl. H.menge beim Menschen: 1–1,5 l.
**Harnack,** Adolf v., dt. ev. Theologe, *1851, †1930; „Lehrbuch der Dogmengesch.", „Das Wesen des Christentums".
**Harnblase,** muskulöses Organ im kl. Becken zur Aufnahme des Harns; Speicherfähigkeit beim Menschen bis etwa 0,5 l.
**Harnisch, 1)** ↑Rüstung. **2)** durch Reibung v. Gesteinsmassen geglättete od. geschrammte Felswand.
**Harnleiter, Ureter,** muskulöser Verbindungsschlauch zw. Niere u. Blase.
**Harnoncourt** [arnõ'ku:r], Nikolaus, öster. Dirigent u. Violoncellist, *1929; Wegbereiter der originalen Klanggestaltung von Renaissance- und Barockmusik.
**Harnröhre, Urethra,** Ausführungsgang der Harnblase; beim Mann 20–25, bei der Frau 3–5 cm.
**Harnsäure,** zweibasige organ. Säure, ein Endprodukt des Eiweißstoffwechsels.
**Harnstoff, Carbamid,** $CO(NH_2)_2$, wichtigste Stickstoffverbdg. im Harn der Säugetiere, Fische u. Amphibien, Endprodukt des Eiweißstoffwechsels; techn. hergest. für Stickstoffdünger, Kunststoffe.
**Harnvergiftung** ↑Urämie.
**Harnverhaltung, Ischurie,** Unfähigkeit, Harn zu lassen; bei Schließmuskelkrampf, Abflussverlegung u. a.
**Harold II.** Godwinson (Harald), letzter ags. Kg. in England (1066), *um 1020, †1066; fiel im Kampf gg. die Normannen b. Hastings.
**Harpune,** Wurfspieß mit Widerhaken u. Leine; bei der Unterwasserjagd auf Fische (von Sporttauchern) auch durch Federkraft od. Luftdruck abgeschossen, beim Walfang durch H.nkanonen.
**Harpyien,** griech. Mythol.: Sturmdämonen, vogelart. weibl. Gestalten.
**Harrisburg** ['hærɪsbə:g], Hptst. v. Pennsylvania, USA, 52 400 E; Ind.; ✈; Kernkraftwerk (Unfall 1979).
**Harrogate** ['hærəgɪt], engl. St. nördl. v. Leeds, 66 500 E; Kurort; chem. Industrie.
**Harsdörffer,** Georg Philipp, dt. Barockdichter, *1607, †1658.
**Hartblei** ↑Bleilegierungen.
**Härte, 1)** Widerstand eines Körpers gg. das Eindringen eines anderen; *H.bestimmung* v. a. durch Kugeldruckprobe nach Brinell (↑Brinellhärte). **2)** Durchdringungsfähigkeit v. Strahlung (z. B. Röntgenstrahlung) durch Materie. **3)** Gehalt des Wassers an gelösten Ca- u. Mg-Verbdg. **4)** H. v. mineral. Stoffen als Maßstab für ihre Bestimmung u. Einordnung nach der *mohsschen H.skala:*

| Härtestufe | Mineral |
|---|---|
| 1 | Talk |
| 2 | Gips |
| 3 | Kalkspat |
| 4 | Flussspat |
| 5 | Apatit |
| 6 | Orthoklas |
| 7 | Quarz |
| 8 | Topas |
| 9 | Korund |
| 10 | Diamant |

**Hartebeests** [afrikaans], Gatt. geselliger Kuhantilopen; Afrika.
**Hartfasern,** steife, harte Fasern versch. Tropenpfl. (Sisal, Kokosfasern, Manila u. a.).
**Hartfaserplatten** ↑Holzfaserplatten.
**Hartford** ['hɑ:tfəd], Hptst. von Connecticut, USA, 139 800 E; Univ.; Handels-, Finanzzentrum; ✈.
**Hartgummi,** aus Natur- od. Kunstkautschuk gewonnenes Produkt mit hohem Gehalt an Schwefel u. a. Zusatzstoffen (30–50 %), durch Heißvulkanisation gehärtet; in der Elektroind. Isolierstoff.
**Hartheugewächse,** Fam. vorw. holz. Pfl. in warmen Gegenden; u. a. ↑Johanniskraut.
**Hartlaubgewächse,** immergrüne Gehölze mit lederigen Blättern.
**Härtling,** Peter, dt. Schriftsteller, *1933; Romane, Gedichte, Essays u. Kinderbücher.
**Hartlot** ↑Löten.
**Hartmann, 1)** Eduard v., dt. Philosoph, *1842, †1906; „Philos. des Unbewußten", „Gesch. der Metaphysik". **2)** Karl Amadeus, dt. Komponist, *1905, †1963; Sinfonien, Konzerte, Kammermusik. **3)** Max, dt. Biologe, *1876, †1962; biochem. Forschungen zur Geschlechtsphysiol. **4)** Nicolai, dt. Philosoph, *1882, †1950; entwarf eine kategoriale Schichtenlehre des Seienden: „Der Aufbau der realen Welt".
**Hartmannbund,** 1900 v. dem dt. Arzt Hermann Hartmann (*1863, †1923) gegr. Verein dt. Ärzte zur Wahrung ihrer Interessen.
**Hartmann von Aue,** mhd. Dichter, *um 1160, †nach 1210; höf.

Epen (u.a. „Erec“), Legenden („Gregorius“, „Der arme Heinrich“), Minne- u. Kreuzzugslieder.

**Hartmetalle,** metall. Werkstoffe mit bes. Härte u. Widerstandsfähigkeit; meist gesintert aus Hartstoffen (Carbide, Nitride) u. Bindemetallen (v.a. Kobalt, Nickel), auch Kobalt-Chrom-Legierungen mit Carbidbildnern (Mo, W u.a.).

**Hạrtog** ['hartɔx], Jan de, niederl. Schriftsteller, * 1914; Romane u. Schauspiele.

**Hartriegel,** meist Sträucher od. kl. Bäume, u.a. der *Rote Hartriegel* mit blauschwarzen Früchten.

**Hartspann, Myogelọse,** Verhärtung in der Muskulatur bei entzündl. Muskelerkrankungen.

**Hạrtung, 1)** Hans, dt.-frz. Maler u. Grafiker, * 1904, † 1989; seit 1935 in Paris; abstrakte, s. 1952 informelle Kunst. **2)** Karl, dt. Bildhauer, * 1908, † 1967; gegenstandsfreie, aber stark naturbezogene Arbeiten.

**Harun ar-Raschid,** Kalif v. Bagdad s. 786, * 766, † 809. Gilt als Idealbild des Kalifen.

**Harvard University** ['hɑːvəd juni'vəːsɪtɪ], älteste u. eine der führenden [privaten] Univ. der USA, gegr. 1636 in Cambridge (Mass.).

**Harvey** ['hɑːvɪ], **1)** Lilian, engl.-dt. Schauspielerin, * 1907, † 1968. **2)** William, engl. Anatom, * 1578, † 1657; entdeckte den gr. u. den kl. Blutkreislauf.

**Haryana,** B.-Staat in NW-Indien, 44 222 km², 16,3 Mill. E, Hptst. Chandigarh.

**Harz,** nördlichstes dt. Mittelgeb. zw. dem Thüringer Becken u. dem Norddt. Tiefland, der Leine u. der Saale; im Brocken bis 1 142 m; *Ober-H.* mit gr. Nadelwäldern, im Durchschnitt 200 m höher als der östl. *Unter-H.;* Flüsse bilden oft tief eingeschnittene Täler, z.T. in gr. Talsperren gestaut (Oker-, Rappbodetalsperre u.a.). Der früher bed. Abbau von Silber-, Blei-, Eisen- u. Kupfererzen ist erloschen; reger Fremdenverkehr.

**Harzburger Front,** Zusammenschluss der Dt.-Nationalen (Hugenberg) mit den Nat.-Sozialisten u. dem Stahlhelm (Seldte) am 11.10.1931 in Bad Harzburg; Ziel: Sturz der Reg. Brüning.

**Harze,** zähflüssige Ausscheidungsstoffe versch. Bäume, bes. der Nadelhölzer; zu Lacken, Firnissen, Kitten, Seifen, Arzneistoffen, Harzölen u. Terpentin verwendet.

**Harzer Roller** ↑Kanarienvogel.

**Hạsan II.,** * 1929, † 1999; Kg. v. Marokko s. 1961.

**Hasạrd** [frz.], Kurzw. für H.spiel: Glücksspiel; *Hasardeur* [-'døːr], Glücksspieler.

**Haschimịden, Haschemịten,** v. Haschim begr. arab. Geschlecht, dem Mohammed u. Ali entstammten; heute: jordan. Königshaus.

**Hạschisch** [arab.], Rauschgift (v.a. Tetrahydrocannabinol), das durch Extraktion aus dem Harz des Ind. Hanfs gewonnen wird (beim *Marihuana* handelt es sich um die getrockneten blühenden Triebspitzen).

**Hạsdrubal,** *karthag. Feldherren.* **1) H.,** * um 270, † 221, gründete in Spanien Neu-Karthago, schloss mit Rom den Vertr. über die Grenze am Ebro. **2) H.,** * 245, † 207, Bruder Hannibals, sicherte Spanien, fiel, als er im 2. Pun. Krieg ein Heer über die Alpen führen wollte, am Metaurus.

**Hašek** ['haʃek], Jaroslav, tschech. Schriftsteller, * 1883, † 1923; satir. Roman „Die Abenteuer d. braven Soldaten Schwejk ...“.

**Hasel,** Gatt. der Haselnussgewächse, hpts. Sträucher, mit essb. Nussfrüchten; Eurasien, N-Amerika.

**Haselmaus,** hausmausgr., gelbbrauner Bilch; geschützt.

**Hasel[nuss]strauch,** wärmeliebende europ. Haselart; Frucht *Haselnuss.*

**Hasel[nuss]strauch:** *blühende Zweige, in der Mitte Fruchtstand (Haselnüsse)*

**Hasen,** fast weltweit verbreitete nagetierähnl. Säuger mit sehr langen Ohren u. verlängerten Hinterbeinen; ↑Kaninchen, *Feldhase.*

**Hạsenclever,** Walter, dt. Dramatiker des Expressionismus, * 1890, † 1940; „Der Sohn“; Lyrik.

**Hasenscharte,** angeborene Lippenspalte; Folge embryonaler Entw.-Hemmung.

**Hạss,** Hans, östr. Zoologe, * 1919; unternahm zahlr. Unterwasserexpeditionen.

**Hạssan** ↑Hasan II.

**Hạßberge,** bis 511 m hohe waldbedeckte Keupersandsteinstufe nw. von Bamberg.

**Hạssell,** Ulrich v., dt. Diplomat, * 1881, † 1944; Widerstandskämpfer gg. Hitler, nach dem 20. Juli 1944 hingerichtet.

**Hạsselt,** Hptst. der nordostbelg. Prov. Limburg, 67 500 E; Tabak- u.a. Ind.; Kathedrale.

**Hassium,** [nach d. Land Hessen], Symb. **Hs,** chem. El., OZ 108, erstmals 1984 künstl. erzeugt, ein Transuran.

**Hạßler, Hạsler,** Hans Leo, dt. Komponist u. Organist, * 1564, † 1612; Schüler Gabrielis; geistl. u. weltl. Lieder; Messen.

**Hastings** ['heɪstɪŋz], südostengl. St. u. Seebad an der Kanalküste, 74 800 E. Bei H. siegte 1066 Wilhelm der Eroberer über Kg. Harold II.

**Hạthor,** ägypt. Göttin, Herrin des Himmels u. der Toten.

**Hatschẹpsut,** ägypt. Königin (1490–68) der 18. Dyn.; Höhepunkt der Machtentfaltung des Neuen Reiches.

**Hạttingen,** St. an der Ruhr, NRW, 58 700 E; Metall-, Masch.-Ind.; Bundesschule des DGB.

**Hattrick** ['hætrɪk; engl.], ⚽ ununterbrochener, dreimaliger Torerfolg des gleichen Spielers innerhalb einer Halbzeit (v.a. im Fußball).

**Haubenlerche,** etwa 17 cm gr. Lerche mit spitzer Haube; gemäßigtes Eurasien, N-Afrika.

**Haubentaucher,** fast 50 cm langer Lappentaucher.

**Haubịtze,** Flach- u. Steilfeuergeschütz.

**Hauer,** Josef Matthias, östr. Komponist, * 1883, † 1959; entwickelte unabh. v. Schönberg die Zwölftonmusik.

**Haufensterne,** Sterne eines Sternhaufens; Ggs.: Feldsterne.

**Haufenwolke,** svw. ↑Kumulus.

**Hauff,** Wilhelm, dt. Dichter, * 1802, † 1827; Märchenzyklen, u.a. „Das Wirtshaus im Spessart“ in seinem „Märchenalmanach“, Novellen, Romane („Lichtenstein“).

**Hauhechel,** dorn. Zwergsträucher, oft an Wegrändern (Schmetterlingsblütler).

**Hauptmann,** Offiziersdienstgrad.

**Hauptmann, 1)** Carl, Bruder v. 2), dt. Schriftsteller, * 1858, † 1921; Romane („Einhart der Lächler“), Dramen. **2)** Gerhart, dt. Dichter, * 1862, † 1946; begründete mit den frühen Werken den dt. Naturalismus (Dramen „Die Weber“, „Der Biberpelz“, Erz. „Bahnwärter Thiel“), später neuromant. („Und Pippa tanzt“), auch klassizist. Werke („Atridentetralogie“); Autobiografie „Das Abenteuer meiner Jugend“, Nobelpreis 1912. – Abb. S. 288.

**Hauptnenner,** das kleinste gemeinsame Vielfache der Nenner

G. Hauptmann

mehrerer ungleichnam. Brüche, z. B. ist 12 der H. v. $^1/_2$, $^1/_3$, $^1/_4$.

**Hauptrefinanzierungsgeschäfte,** geldpolit. Instrument, mit dessen Hilfe die EZB im Rahmen der Offenmarktpolitik in der Euro-Zone v. a. die Zinsen u. die Geldmenge steuert. Über H. können sich Geschäftsbanken gegen Hinterlegung v. Sicherheiten Zentralbankgeld beschaffen; der erhobene Zinssatz hat die Funktion eines Leitzinses der EZB.

**Hauptschule,** auf Grundschule od. Orientierungsstufe aufbauende, weiterführende, organisatorisch selbst. od. mit der Realschule zusammengefasste Schule, das 5.–9./10. bzw. 7.–9./10. Schuljahr umfassend.

**Haupt- und Staatsaktionen,** polem. Bez. (von Gottsched geprägt) für die Stücke der dt. Wanderbühnen um 1700, deren Inhalte v. a. höf. Pracht, Krieg u. Abenteuer waren.

**Hauptverhandlung,** 2. Teil des strafprozessualen Hauptverfahrens; Grundsätze u. a. u. Öffentlichkeit, Mündlichkeit (Richter, Staatsanwalt u. der Angeklagte [mit Verteidiger] müssen ununterbrochen anwesend sein); schließt mit der Urteilsverkündung; ↑Strafprozess.

**Hauptversammlung** ↑Aktiengesellschaft.

**Hauptwort,** svw. ↑Substantiv.

**Hausbock** ↑Bockkäfer.

**Hausen,** bis 9 m langer Stör (Kasp. u. Schwarzes Meer); Rogen liefert Kaviar.

**Hauser,** Kaspar, *angebl. 1812, †1833, dt. Findelkind, tauchte 1828 in Nürnberg auf; von einem Unbekannten erstochen. Sein Schicksal wurde Gegenstand zahlr. literar. Gestaltungen. – Vermutete fürstl. Abkunft 1996 durch Genanalyse widerlegt.

**Hausfriedensbruch,** widerrechtl. Eindringen od. Verweilen in fremden Räumen od. auf fremden Grundstücken; Antragsdelikt.

**Haushaltsplan, Etat, Budget,** Gegenüberstellung der für ein Haushaltsjahr vorgesehenen Ausgaben u. Einnahmen öff. Gebietskörperschaften (Bund, Länder, Gem.) u. der Sozialversicherung; als Soll-Etat v. Parlament im Haushalts-Ges. verabschiedet.

**Haushofer,** Albrecht, dt. Schriftsteller, *1903, †1945 (v. der Gestapo erschossen); Verbindung zur Widerstandsbewegung; die „Moabiter Sonette" entstanden in Gestapo-Haft.

**Haushuhn,** vom südasiat. Bankivahuhn abstammendes, wahrsch. im 3. Jt. v. Chr. in Indien domestiziertes Huhn; viele Zuchtrassen.

**Hausmann,** Manfred, dt. Lyriker u. Erzähler, *1898, †1986; „Salut gen Himmel", „Abel mit der Mundharmonika"; auch Dramen.

**Hausmeier,** urspr. Vorsteher des Haushalts an german. Fürstenhöfen; im 7. Jh. bei den Merowingern im fakt. Besitz der kgl. Gewalt, s. 751 mit Pippin d. J. Inhaber der fränk. Königswürde.

**Haussa,** muslim. äthiopides Volk im mittl. Sudan; meist Händler; bed. Metall- u. Lederbearbeitung.

**Hausschwamm, Echter H., Holzschwamm,** Holz zerstörender Rindenpilz mit oberflächl. flachem braunem Fruchtkörper; bes. in Gebäuden.

**Hausse** [ˈoːs; frz.], Steigen bzw. hohes Niveau der Börsenkurse; Ggs. ↑Baisse.

**Haussmann** [osˈman], Georges Eugène Baron, Präfekt des Seine-Dep. 1853–70, *1809, †1891; Schöpfer des mod. Paris (Anlage v. Avenuen u. Boulevards unter Vernichtung des ma. Stadtbildes).

**Haussuchung** ↑Durchsuchung.

**Hauswurz, Sempervivum,** Zierpfl. (Dickblattgewächs) im Steingarten.

**Haut, 1)** bei Tier u. Mensch den Körper nach außen abschließendes Gewebe aus Ober-, Leder-H. u. Unterhautfettgewebe, zum Stoffaustausch u. -wechsel, zur Sinneswahrnehmung, Wärmeregulierung u. a.; durch Zellenverhornung Haare, Nägel, bei Wirbeltieren auch Hörner, Federn, Schuppen u. Ä. **2)** bei Pfl. aus der meist einschicht. ↑Epidermis gebildete Zellenschicht als Verdunstungsschutz, oft verkorkt (Borke, Bast u. Ä.).

**Hautblüten,** svw. ↑Effloreszenzen.

**Haute Couture** [otkutˈyːr; frz.], das richtungweisende Modeschaffen, bes. der Pariser Modesalons.

**Hautevolee** [oːtvoˈleː; frz.], spött. Bez. für die gesellschaftl. Oberschicht.

**Hautflügler,** weltweit verbreitete Insektenordn., mit 2 häut. Flügelpaaren; ♀♀ mit Lege- od. Wehrsta-

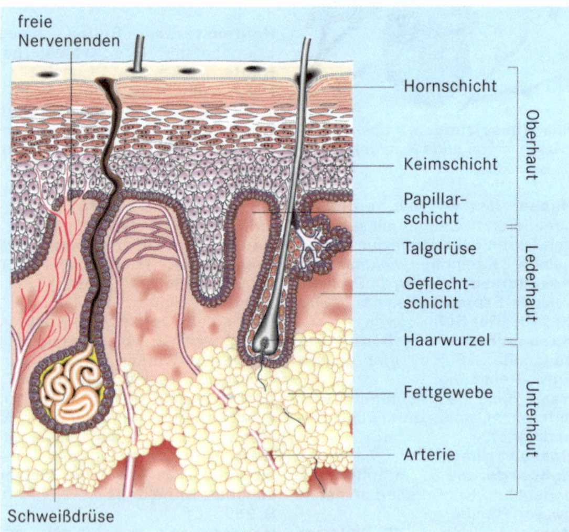


**Haut:** *schematischer Querschnitt durch die Haut des Menschen*

V. Havel

chel; u. a. Schlupf-, Blatt-, Gallwespen, Stechimmen.

**Hautgout** ['ogu:; frz.], Geschmack, den Fleisch v. Wild nach längerem Lagern annimmt.

**Hautkrebs,** v. der Haut ausgehende bösart. Gewebeneubildung.

**Hautpilzerkrankungen, Dermatomykosen,** Erkrankungen durch Pilzinfektionen d. Oberhaut, d. Haare od. Nägel.

**Hautrelief** [orəl'jɛf; frz.], svw. Hochrelief (↑Relief).

**Havanna,** eigtl. **San Cristóbal de la Habana,** Hptst. u. Haupt-⚓ v. Kuba, an d. NW-Küste der Insel Kuba, 2,06 Mill. E (städt. Agglomeration Ciudad de la Habana); Univ.; Ind.-Zentrum, Ausfuhr von Südfrüchten, Tabak u. Zucker; ✈.

**Havarie** [arab.-frz.], Schäden an Schiff u. Ladung auf Fahrt.

**Havel,** Václav, tschech. Schriftsteller u. Politiker, * 1936; 1977 einer der Sprecher der Bürgerrechtsgruppe „Charta 77"; mehrfach inhaftiert; 1989 Mitwirkung am Demokratisierungsprozess; 1989–1992 Präs. der ČSFR; s. 1993 Präs. der Tschech. Republik.

**Havel,** rechter Nbfl. d. mittl. Elbe, 341 km.

**Havelberg,** Krst. an der Havel nahe der Mdg. in die Elbe, Sa.-Anh., 7 100 E; spätgot. Dom.

**Havelock,** Herrenmantel mit hüftlanger Pelerine.

**Havemann,** Robert, dt. Chemiker, * 1910, † 1982; Regimekritiker in der DDR; stand zeitweise unter Hausarrest.

**Havre, Le** [lə'a:vr], frz. Hafenst. an der Seinemdg., Kanalküste, 196 000 E; Güterumschlag- u. Passagier-⚓; Textil-, chem.-, Erdöl-, Fahrzeug-, Masch.-Industrie.

**Hawaii, 1)** Hauptinsel der ↑Hawaiiinseln, 10 398 km²; Hauptort u. Haupt-⚓ Hilo; im Innern Vulkane; an der NO-Küste Zuckerrohr-, an der S-Küste auch Kaffeeanbau. **2)** Staat der USA, ↑Hawaiiinseln.

**Hawaiiinseln,** Inselgruppe im nördl. Pazifik (fr. Sandwich Islands), B.-Staat (Hawaii) der USA, 16 705 km², 1,11 Mill. E, Hptst. Honolulu; 8 größere Vulkaninseln (Hawaii, Maui, Oahu, Kauai, Molokai, Lanai, Kahoolawe, Niihau) u. viele kl. Koralleninseln; Anbau v. a. von Zuckerrohr u. Ananas; Haupthäfen: Honolulu (mit Marinestützpt. Pearl Harbor) u. Hilo. – 1778 v. J. Cook entdeckt, im 19. Jh. Kgr., 1898 Annexion durch die USA, 1959 50. B.-Staat der USA.

**Hawking** [hɔ:kiŋ], Stephen William, brit. Physiker, * 1942; Forschungen zum Ursprung des Universums; schrieb u. a. „Eine kurze Gesch. der Zeit" (1988), „Das Universum in der Nußschale" (2001).

**Haydn,** Joseph, östr. Komponist, * 1732, † 1809; Schöpfer des klass. sinfon. Stils; Oratorien („Die Schöpfung", „Die Jahreszeiten"), mehr als 100 Sinfonien, Kirchenmusik. Opern, 83 Streichquartette, u. a. „Kaiserquartett" mit Kaiserhymne (↑Deutschlandlied).

**Hayek,** Friedrich August von, brit. Volkswirtschaftler östr. Herkunft, * 1899, † 1992; Vertreter des Neoliberalismus; Nobelpreis 1974.

**Hayworth** ['heɪwə:θ], Rita, eigtl. Margarita Carmen **Cansino,** amer. Tänzerin u. Filmschauspielerin, * 1918, † 1987; Sexidol („Es tanzt die Göttin").

**HB** ↑Brinellhärte.

**H-Bombe** ↑Atomwaffen.

**h. c.,** Abk. für: **h**onoris **c**ausa [lat.; = ehrenhalber], z. B. Dr. h. c.

**HDTV,** Abk. für **H**igh **D**efinition **T**elevision (hoch auflösendes Fernsehen), ↑Fernsehen.

J. Haydn

**He,** ⚗ Symb. für ↑Helium.

**Hearing** ['hɪərɪŋ; engl.], Anhörung v. Experten; öff. parlamentar. Untersuchung.

**Heaviside** ['hevɪsaɪd], Oliver, brit. Physiker, * 1850, † 1925; entdeckte die nach ihm ben. *H.-Schicht,* eine elektr. leitende Atmosphärenschicht, an der kurze elektr. Wellen reflektiert werden.

**Hebamme,** staatl. geprüfte u. anerkannte Geburtshelferin; 2-jähr. Ausbildung (Staatsprüfung) in *H.nschulen.*

C. F. Hebbel

**Hebbel,** Christian Friedrich, dt. Dichter, * 1813, † 1863; zw. Idealismus (Hegel) u. Realismus stehend; Dramen: „Judith", „Maria Magdalene", „Herodes u. Mariamne", „Agnes Bernauer", „Gyges u. sein Ring"; Theorie der Tragik: „Mein Wort über das Drama"; Gedichte, Tagebücher.

**Hebei, Hopeh,** chin. Prov. nördl. des Hwangho, 202 700 km², 62,8 Mill. E; Hptst. Shijiazhuang.

**Hebel,** Johann Peter, dt. Dichter, * 1760, † 1826; Gedichte in alemann. Mundart; Slg. „Schatzkästlein des rhein. Hausfreundes".

**Hebel,** um eine feste Achse drehbarer, meist stabförm. Körper zur Kraftübertragung; *H.gesetz:* Kraft × Kraftarm = Last × Lastarm; *einarm. H.:* Alle Kräfte wirken nur auf einer Seite des Drehpt.; *zweiarm. H.:* Die Kräfte greifen beiderseits des Drehpt. an.

**Heber,** Gerät zur Flüssigkeitsentnahme aus offenen Gefäßen mithilfe des Luftdrucks; einschenklig als *Stech-H.,* zweischenklig als *Saug-H.*

**Hebräisch,** dem semit. Sprachstamm zugehör. Spr., in der die meisten Bücher des A.T. verf. sind; als Umgangsspr. nach der Babylon. Gefangenschaft vom

Aram. verdrängt; seit 1948 Amtsspr. in Israel.

**hebräische Bibel,** das hl. Buch des Judentums; im christl. Sprachgebrauch „Altes Testament" gen.

**hebräische Literatur,** lit. Werke in hebr. Spr.; im Altertum hebr. Schriften der Bibel (AT), kanonisiert als Hl. Schrift im 3./4. Jh.; Blütezeiten im MA (religionsphilosoph. Schriften, Klagelieder, myst. Lit.); mit der jüd. Aufklärung (Haskala) im 19. Jh. zahlr. Übers. europ. Lit. ins Hebr.; im Zusammenhang mit dem ↑Zionismus eigenständige realist. Lit. (Achad Haam, C. N. Bialik, S. Agnon); mit der Gründung des Staates Israel Entstehung einer mod. h. L. (isr. Lit.), wichtige Themen: Katastrophe des europ. Judentums in der Hitlerzeit; aktuellpolit. Probleme im Zusammenleben von Juden und Arabern, bed. Vertr.: A. Oz, D. Grossman, A. B. Jehoschua.

**hebräische Schrift,** in der hebr. u. jidd. Lit. gebrauchte Schrift *(Quadratschrift),* aus der aram. Schrift entwickelt; Konsonantenschrift (22 Buchstaben); Vokalisation später durch Punktation.

**Hebriden,** schott. Inselgruppe v. rd. 500 Felseninseln (etwa 100 bewohnt), westl. v. N-Schottland, 7700 km$^2$.

**Hebron,** südl. von Jerusalem gelegene St., 80000 E. – Residenz Davids, nach der Überlieferung Grabstätte Abrahams; hl. Stätte von Judentum, Islam u. Christentum. – 1997 palästinens. Verwaltung unterstellt.

**Hecht,** Raubfisch der Flüsse u. Seen Eurasiens u. Nordamerikas; 40 bis mehr als 100 cm lang; Speisefisch.

**Heckel,** Erich, dt. Maler u. Grafiker, *1883, †1970; Mitbegr. der ↑Brücke; expressionist. Gemälde, Aquarelle, Holzschnitte.

**Hecker,** Friedrich, dt. Revolutionär, *1811, †1881; Vorkämpfer der Rep.; floh 1848 in die USA.

**Hedge-Fonds** ['hedʒ-], Investmentfonds, die eine hochspekulative Anlagepolitik betreiben u. Verlustrisiken u. a. dadurch zu begrenzen suchen, dass Gelder in Hochzinswährungen investiert u. durch Kreditaufnahmen in Niedrigzinswährungen finanziert werden.

**Hedin,** Sven, schwed. Forschungsreisender, *1865, †1952; überquerte den Himalaja u. hielt sich bes. in China u. Tibet auf; erforschte die Quellgebiete des Indus u. Brahmaputra, entdeckte das *H.gebirge* (↑Transhimalaja); zahlr. Reisebeschreibungen u. Expeditionsberichte.

**Hedonismus** [gr.], philosoph. Lehre, nach der das Streben nach (unterschiedl. verstandener) Lust alles menschl. Verhalten entscheidend bestimmt (oder bestimmen sollte: v. a. Epikur).

**Hedschas,** arab. Landschaften, ↑Hidjas.

**Hedschra** ↑Hidjra.

**Hedwig,** *Polen:* **1) H.** (poln. Jadwiga), *um 1374, †1399, Kgn. v. Polen seit 1382; heiratete 1386 Jagello v. Litauen. – *Schlesien:* **2) H.,** hl., *um 1174, †1243, Hzgn. s. 1186 bzw. 1190, Gattin von Hzg. Heinrich I.; Patronin Schlesiens.

**Heerlen** ['hɛːrlə], niederländ. Stadt, 95000 E; Ind.- u. Dienstleistungszentrum.

**Heesters,** Johannes, östr. Sänger u. Schauspieler niederl. Herkunft, *1903.

**Hefei, Hofei,** Hptst. der chin. Prov. Anhui, 733000 E; Univ.; Stahl- u. Aluminiumind., chem., Textilindustrie.

**Hefepilze,** winz. Schlauchpilze, bestehend aus kugel. od. zylindr. Zellen u. zu Sprossketten vereint; aus den „wilden Hefen" wurden die *Kulturhefen* gezüchtet.

**Erich Heckel:** *Selbstbildnis (1919)*

**Hefner-Alteneck,** Friedrich von, dt. Elektrotechniker, *1845, †1904; Mitarb. der Fa. Siemens; Erfinder des Trommelankers für elektr. Generatoren (1872); konstruierte die *Hefnerlampe,* eine Amylacetatlampe als Grundmaß für die *Hefnerkerze* (Abk. *HK*), ältere Einheit der Lichtstärke, ersetzt durch ↑Candela (cd). 1 HK = 0,903 cd.

**Hegau,** bad. Ldsch. nw. des Bodensees; mit steil aufragenden vulkan. Bergkegeln.

**Hegel,** Georg Wilhelm Friedrich, dt. Philosoph, *1770, †1831; Höhepunkt des dt. Idealismus (absoluter Idealismus); der objektive [Welt]geist kommt im Entfaltungsprozess der Weltgesch. in dialekt. Schritten zum Bewusstsein seiner selbst; „Phänomenol. des Geistes", „Wiss. der Logik", „Enzyklopädie der philos. Wissenschaften"; bed. Wirkung.

**Hegemonie** [gr.], Vorherrschaft [eines Staates].

**Hegenbarth,** Josef, dt. Maler u. Grafiker, *1884, †1962; bed. Buchillustrator.

**Hehlerei,** Ansichbringen strafbar erlangter Sachen od. Mitwirken bei deren Absatz um sich od. Dritten zu bereichern.

**Heidegger,** Martin, dt. Philosoph, *1889, †1976; schuf eine Existenzphilos., die Fundamentalontologie.

**Heidekrautgewächse, Erikagewächse,** meist kl. Sträucher mit immergrünen Blättern; u. a. Alpenrose, *Heidekraut* auf Moor- u. Sandböden, Heidel-, Preiselbeere.

**Heidelbeere, Blaubeere, Bickbeere,** Heidekrautgewächs, bes. in lichten Wäldern u. Gebüschen; Europa, N-Asien.

**Heidelberg,** St. am Neckar und an der Bergstraße, Ba.-Wü., 139000 E; Stadtkreis u. Verw.-Sitz des Rhein-Neckar-Kreises; Univ., H.er Akad. d. Wiss., Max-Planck-Institute, Krebsforschungszentrum, PH, Tier-, botan. Garten, Kurpfälz. Museum; über der Stadt die Ruine des Pfalzgrafenschlosses (spätgot. u. Renaissanceteile, nach Zerstörungen 1689 u. 1693 z. T. wieder hergest.), die Altst. nach d. Zerstörung 1689 u. 1693 über ma. Grundriss aufgebaut. Spätgot. Heiliggeistkirche, barocke Jesuitenkirche, Haus zum Ritter (1592), Alte Brücke (18. Jh.).; LG; IHK; vielseit. Ind. – 1239 St., ehem. kurpfälz. Residenz.

**Heidelberger Katechismus,** einflussreichste ref. Bekenntnisschrift, veröff. 1563 in Heidelberg.

**Heidelberger Liederhandschrift, 1)** (Manessische Handschrift) *Große H. L.* (C), größte u. kostbarste Slg. mhd. Lyrik (Werke von 140 Dichtern; 138 Miniaturen; 14. Jh.). **2)** *Kleine H. L.* (A), Slg. mhd. Lyrik (ohne Bilder; 13. Jh.).

**Heidelbergmensch, Homo heidelbergensis,** Bez. für den ältesten in Europa gefundenen Menschen. Nach letzten Untersuchungen (1992) wird der Fund als *Homo erectus heidelbergensis* klassifiziert und ins frühe Mittelpleistozän (zw. 600000 und 750000 Jahre) datiert.

**Heiden,** im christl. Sprachgebrauch urspr. alle Nichtchristen, dann alle Menschen, die nicht dem Christentum, Judentum od. Islam angehören.

**Heidenheim an der Brenz,** Krst. in der östl. Schwäb. Alb, Ba.-Wü., 52600E; Schloss; IHK; Masch.- u. Textilindustrie.

**Heidschnucke,** Rasse kl., sehr genügsamer, v.a. in der Lüneburger Heide gehaltener Schafe.

**Heiland** [ahd., zu lat. salvator], Retter, Erlöser; Beiname Jesu Christi.

**Heilbronn,** Krst. am Neckar, Ba.-Wü., 122300E; Stadtkreis, Sitz d. Regionalverbandes Franken; Kilianskirche (13.–16. Jh.), Rathaus (15./16. Jh.); Fachhochschule; LG; IHK; Steinsalzbergbau, Salinen; Masch.-, Textil-, Nahrungsmittel-, chem. Ind.; mod. gr. Flusshafen.

**Heilbutt,** Plattfischart, bis 2 m lang; N-Atlantik, N-Pazifik.

**Heilige,** in den Religionen Menschen, die in besonderer Weise Vorbilder, Lehrer, Bekenner oder Märtyrer des Glaubens sind; in der kath. Kirche die nach ihrer ↑Heiligsprechung als Fürbitter bei Gott amtlich verehrten Zeugen des Glaubens.

**Heilige Allianz,** Bund [v.a.] zw. Russland, Östr. u. Preußen (1815), dem später alle christl. europ. Mächte außer Großbrit. u. dem Hl. Stuhl beitraten; propagierte christl. Staatsgrundsätze, diente aber v.a. der Unterdrückung freiheitl.-demokrat. Bewegungen.

**Heilige Familie,** das Jesuskind, Maria u. Joseph; in der bildenden Kunst oft dargestellt.

**heilige Kriege,** allg. gebräuchl. Bez. für Kriege im Namen einer religiösen Idee.

**Heiligenkreuz,** Ort im Wienerwald, sw. von Wien; berühmte Zisterzienserabtei (gegr. 1133).

**Heiligenschein, Gloriole,** in der christl. bildenden Kunst Lichtscheibe od. Strahlenkranz um das Haupt Gottes od. eines Heiligen.

**Heiliger Abend,** der Abend vor ↑Weihnachten.

**Heiliger Geist,** nach christl. Glaubenslehre die dritte Person der ↑Trinität.

**Heiliger Stuhl,** Bez. des Oberhaupts der kath. Kirche in seiner Eigenschaft als Völkerrechtssubjekt.

**Heiliger Vater,** Ehrentitel u. Anredeform des Papstes.

**Heiliges Grab,** Grabstätte Jesu in Jerusalem, nahe Golgatha; darüber errichtet die *Grabeskirche* (326–335; UNESCO-Weltkulturerbe).

**Heiliges Jahr** ↑Jubeljahr.

**Heiliges Römisches Reich,** amtl. Bez. für d. Herrschaftsbereich d. abendländ. Röm. Ks. u. die in ihm verbundenen Reichsterritorien vom MA bis 1806; s.d. 15. Jh. *„H. R. R. dt. Nation"* (↑dt. Geschichte).

**Heiligsprechung, Kanonisation,** in der kath. Kirche feierl. Aufnahme eines verstorbenen „Dieners Gottes" in das Verzeichnis *(Kanon)* der ↑Heiligen durch den Papst nach *Seligsprechung[sprozess]* u. *H.sprozess.*

**H. Heine** *(Gemälde von G. Gassen)*

**Heilmagnetismus, Mesmerismus,** von dem dt. Arzt F. A. Mesmer (* 1734, † 1815) entwickelte Lehre von der Heilkraft des „animal. Magnetismus"; inzw. überholt.

**Heilpädagogik** ↑Sonderpädagogik.

**Heilpflanzen, Arzneipflanzen,** Pflanzen, die aufgrund ihres Gehaltes an Wirkstoffen ganz oder teilweise zu Heilzwecken verwendet werden.

**Heilpraktiker,** Berufsbez. für Personen, die entsprechend dem H.-Gesetz v. 17. 2. 1939 i.d.F.v. 2. 3. 1974 die staatl. Genehmigung zur Ausübung der Heilkunde (mit Beschränkungen, z.B. keine Impfungen od. Geburtshilfe) besitzen und beim zuständigen Gesundheitsamt registriert sind. Behandlungskosten werden von den gesetzlichen Krankenversicherungen nicht übernommen.

**Heilquellen,** Quellwässer, die eine heilkräftige Wirkung auf den Organismus ausüben, entweder in Form des Bades, als Trinkkur oder als Inhalation; auch ↑Thermalquellen.

**Heilsarmee,** engl. **Salvation Army** [sælˈveɪʃn ˈɑːmɪ], ev. Freikirche, hervorgegangen aus der von dem Methodistenprediger William Booth (* 1829, † 1912) 1865 gegr. „Ostlondoner Christl. Mission", nach militär. Muster organisiert; verbindet christl. Verkündigung (u.a. Straßenmusik und -predigt) mit einer den sozial schwachen Menschen verpflichteten Sozialarbeit.

**Heilserum,** Blutserum von Tier oder Mensch, das nach natürl. oder künstl. Immunisierung mit Antigenen (z.B. Bakterien) gewonnen wird und eine hohe Konzentration von spezif. ↑Antikörpern enthält; zur pass. Immunisierung, z.B. gegen Diphtherie.

**Heilsgeschichte,** Begriff der christl. Theologie für das geschichtl. Heilshandeln Gottes am Menschen.

**Heimaey** [ˈhɛjmaɛj], Insel vor der SW-Küste Islands, 16 km², 4800E; 1973 Ausbruch des Vulkans Helgafell, der die Siedlung z.T. vernichtete.

**Heimatvertriebene** ↑Vertriebene.

**Heimchen** ↑Grillen.

**Heine,** Heinrich, eigtl. Harry **H.**, dt. Dichter, * 1797, † 1856; zeitkrit. Tendenz, pointierte Zerstörung des romant. Illusionismus; 1835 Verbot seiner Werke in Dtl.; „Buch d. Lieder", „Romanzero", „Dtl. Ein Wintermärchen", „Reisebilder".

**Heinemann,** Gustav W[alther], dt. Politiker (SPD), * 1899, † 1976; 1949/50 B.-Innenmin.; 1966–69 B.-Justizmin., 1969–74 B.-Präsident.

**Heinkel,** Ernst, dt. Flugzeugkonstrukteur, * 1888, † 1958; entwickelte Sport-, Verkehrs- u. Kriegsflugzeuge, 1938/39 das erste Strahlturbinenflugzeug.

**Heinrich,** *Hl. Röm. Reich:* **1) H. I.,** * um 875, † 936, Kg. s. 919; v. Konrad I. zum Nachf. bestimmt, besiegte 933 die Ungarn. **2) H. II.,** der Heilige, * 973, † 1024, Hzg. v. Bayern, Kg. s. 1002, Ks. s. 1014; 1003–18 Kriege gg. Boleslaw I. v. Polen, Rückgewinnung Böhmens; Anhänger der kluniazens. Reformbewegung; 1007 Stiftung des Bistums Bamberg. **3) H. III.,** * 1017, † 1056, Sohn Konrads II., Hzg. v. Bayern, Kg. s. 1038, Ks. s. 1046; Höhept. kaiserl. Machtentfaltung; Lehnshoheit über Böhmen, Polen, Ungarn; beendete 1046 (Synoden in Rom u. Sutri) das Schisma der drei Päpste. **4) H. IV.,** * 1050, † 1106, Sohn v. 3), Kg. s. 1056, Ks. s. 1084; reg. bis 1066 unter d. Vormundschaft seiner Mutter Agnes v. Poitou u. des Erzb. Adalbert v. Hamburg-Bremen; seine

Absetzung Papst Gregors VII. auf der Wormser Synode führte zum Investiturstreit; Lösung v. Bann 1077 in Canossa. **5) H. V.,** *1086, †1125, Sohn v. 4), Kg. s. 1098, Ks. s. 1111; letzter Salier; stärkte die kgl. Macht, beendete 1122 den Investiturstreit durch das Wormser Konkordat. **6) H. VI.,** *1165, †1197, Sohn Friedrichs I. Barbarossa; 1186 Heirat mit Konstanze v. Sizilien, Kg. s. 1169, Ks. s. 1191, Kg. v. Sizilien s. 1194; Höhept. der stauf. Macht; der Plan eines Erbkaisertums scheiterte an d. R.-Fürsten. – *Bayern u. Sachsen:* **7) H. der Löwe,** *1129, †1195, Hzg. v. Sachsen 1142–80, 1156–80 auch v. Bayern; dehnte v. Sachsen aus sein Territorium weit in das slaw. Gebiet östl. der Elbe aus; 1158 Neugründung Lübecks. Förderung des dt. Ostseehandels; wegen Verweigerung der Teilnahme an den Italienfeldzügen geächtet; nach seiner Unterwerfung blieb ihm nur der welf. Familienbesitz um Braunschweig-Lüneburg. – *England:* **8) H. II. Kurzmantel,** *1133, †1189, Hzg. der Normandie (1150), Graf v. Anjou (1151), Kg. s. 1154; aus dem Haus Plantagenet; verh. mit Eleonore v. Aquitanien, begr. das Angevin. Reich. **9) H. V.,** *1387, †1422, Kg. s. 1413; kämpfte erfolgr. im Hundertjähr. Krieg (Sieg bei Azincourt; Vertrag von Troyes). **10) H. VII.,** *1457, †1509, Kg. s. 1485, erster Kg. aus dem Haus Tudor; beendete durch den Sieg über Richard III. die ↑Rosenkriege, stärkte Macht u. Ansehen d. Krone. **11) H. VIII.,** *1491, †1547, Sohn v. 10), Kg. s. 1509 (s. 1541 auch v. Irland). Die vom Papst verweigerte Scheidung v. seiner ersten Gattin Katharina v. Aragonien war Anlass zur Trennung der engl. Kirche v. Rom; machte sich 1534 selbst zum Oberhaupt der ↑anglikan. Kirche (Suprematsakte); Einziehung des Klosterbesitzes zugunsten der Krone; ließ seine zweite Gattin, Anna Boleyn, 1536 hinrichten; ihre Nachfolgerin, Johanna Seymour, starb 1537; 1540 Scheidung v. Anna v. Kleve; seine fünfte Gattin, Katharina Howard, 1542 hingerichtet, seine sechste Gattin, Katharina Parr, überlebte ihn. – *Frkr.:* **12) H. III.,** *1551, †1589, Kg. v. Frkr. s. 1574 u. Kg. v. Polen (1574); erließ unter dem Einfluss der kath. Liga 1585 das Edikt v. Nemours gg. die Hugenotten, wandte sich aber dann gg. die Liga u. ließ ihre Führer, die Herzöge v. Guise, ermorden. **13) H. IV.,** *1553, †1610, Kg. v. Navarra s. 1562 u. Kg. v. Frkr. s. 1589; erster Bourbone; Hugenottenführer, heiratete Margarete von Valois (Schwester H.s III.; ↑Bartholomäusnacht); aus innen- u. außenpolit. Gründen 1593 Übertritt zum Katholizismus; erließ das Edikt v. Nantes 1598; ermordet. – *Portugal:* **14) H. der Seefahrer,** *1394, †1460, Sohn Kg. Johanns I., Infant v. Portugal; schuf die Voraussetzungen für die portug. Seemacht u. das portug. Kolonialreich.

**Heinrich von Meißen,** gen. Frauenlob, mhd. Dichter, *um 1250, †1318; Vorbild der Meistersinger.

**Heinrich von Morungen,** mhd. Lyriker um 1200; z.T. relig.-überhöhte Steigerung d. Minneethik.

**Heinrich von Plauen,** Hochmeister des Dt. Ordens 1410–14, *um 1370, †1429; verteidigte nach der Niederlage bei Tannenberg 1410 die Marienburg gg. Polen.

**Heinrich v. Veldeke,** mhd. Dichter, *um 1145, †vor 1210; Versroman „Eneit“ (erste dt. Bearb. eines antiken Stoffes), Minnelieder

**Heirat,** svw. Eheschließung (↑Eherecht).

**Heinrich VIII.** *König von England und Irland (Gemälde von H. Holbein, d. J., 1536)*

**Heisenberg,** Werner, dt. Physiker, *1901, †1976; bis 1976 Dir. des Max-Planck-Instituts für Physik u. Astrophysik; Prof. in München; begr. mit M. Born u. P. Jordan die Quantenmech. Die von ihm 1927 im Rahmen der Quantenmech. aufgestellte *heisenbergsche Unschärferelation* besagt, dass in atomaren Systemen kanon. konjugierte Größen (z.B. Ort u. Impuls eines Teilchens) niemals gleichzeitig exakt messbar sind. Grundlegende Arbeiten über Kernphysik, Quantenfeldtheorie u. Elementarteilchen; Nobelpreis 1932.

**Heißenbüttel,** Helmut, dt. Schriftsteller, *1921, †1996, experimentelle Lyrik u. Prosa, Essays, Hörspiele.

**Heizöl,** bei der Destillation von Erdöl, Schwelteeren u.a. anfallender, flüssiger Brennstoff.

**Heizung,** Anlage zum Beheizen v. Räumen: 1. als *Einzel-H.* durch Öfen (in Verbdg. mit Luftkanälen *Luft-H.*); 2. als *Sammel-H.* durch *Warmwasser-* od. *Dampfheizungsanlagen* od. durch Kombination dieser Systeme (z.B. bei Fernheizung).

**Heizwert,** Quotient aus d. bei vollständiger u. vollkommener Verbrennung einer Masse (in kg) bzw. Stoffmenge (in mol) eines Brennstoffs frei werdenden Wärmemenge u. seiner Masse bzw. Stoffmenge.

**Hekatombe** [gr.], urspr. Opfer v. 100 Stieren, dann jedes gr. Opfer.

**Hektar** [gr.], Zeichen **ha,** Flächeneinheit (1 ha = 100 a = 10 000 $m^2$).

**hektisch** [gr.], fieberhaft, von krankh. Betriebsamkeit.

**hekt[o]..., Hekt[o]...** [gr.], Bestimmungswort; Bed.: „hundert-, vielfach“; als Vorsatzzeich. vor Einheiten im Messwesen: h (z.B. *Hektoliter,* 1 hl = 100 l; *Hektopascal,* 1 hPa = 100 Pascal = 1 mbar).

**Hektographie** [gr.], Vervielfältigungsverfahren, bei dem ein mit bes. Tinte od. Farbband beschriebenes Original auf einen Gelatinedruckstock übertragen wird.

**Hektor,** griech. Mythos: Sohn Kg. Priamos' v. Troja, Gatte der Andromache; fällt im Zweikampf gegen Achill.

**Hel,** nord. Göttin der Unterwelt; auch Wohnstätte der Toten in der nord. Mythologie.

**Held,** Martin, dt. Schauspieler, *1908, †1992.

**Heldenepos,** ep. Dichtung des MA, die Stoffe des ↑Heldenliedes aufgreift u. erweitert; herber u. realistischer als das höf. Epos (↑höf. Dichtung), meist Strophenform.

**Heldenlied,** ep. Dichtung aus früher Zeit (z.B. das ahd. Hildebrandslied); Stoffe wurden später im Heldenepos aufgenommen.

**Heldensage,** sagenhafte Überlieferung der held. Frühzeit eines Volkes; um gr. Persönlichkeiten od. best. Orte z.T. *Sagenkreise.*

**Helena,** griech. Mythol.: Tochter des Zeus u. der Leda, mit Menelaos verh.; Entführung durch Paris war Anlass zum Trojan. Krieg.

**Helena** ['helɪnə], Hptst. von Montana, USA, 24 600 E; Gold- u. Silber-⚒; Erzaufbereitung.

**Helgoland,** Nordseeinsel in der Dt. Bucht (deren innerer Teil *Hel-*

*goländer Bucht*), Schl.-Ho., 2,09 km² (einschl. der Düne), 1 700 E; Buntsandsteinsockel mit steiler Kliffküste; östl. die bis 1720 mit H. verbundene Düne, H.s Badestrand. Meeresbiol. Anstalt, Vogelwarte; Fremdenverkehr, Fisch- u. Hummerfang. – 1714 dän., 1807 brit., 1890 durch den Helgoland-Sansibar-Vertrag an Dtl.; 1945 bis 1952 brit. Bombenübungsplatz; Wiederaufbau; steht seit 1981 unter Naturschutz; Zollfreiheit.

**Heliand,** altsächs. Evangelienharmonie (um 825).

**Helicobacter pylori,** weltweit verbreitetes Bakterium, das die Magenschleimhaut infiziert; verursacht Magen- u. Zwölffingerdarmgeschwüre.

**Helikon,** neugr. **Elikon,** Geb.-Stock in M-Griechenland, 1 748 m; der Musenberg der alten Griechen.

**Helikopter** [gr.], svw. Hubschrauber (↑Flugzeug).

**helio…, Helio…** [gr.], Bestimmungswort; Bed.: „Sonne“.

**Heliodor** [gr.], Schmuckstein, [grünlich] gelbe Abart des Berylls.

**Heliopolis, 1)** im Altertum Stadt in Unterägypten mit berühmtem Sonnenheiligtum. **2)** ↑Baalbek.

**Helios,** griech. Sonnengott.

**Helioskop** [gr.], Instrument zur Sonnenbeobachtung.

**Heliotherapie** [gr.], **Lichttherapie,** Heilbehandlung mit Sonnenlicht.

**Heliotrop** [gr.], **1) Blutjaspis,** ein Schmuckstein, Abart des Chalzedons, dunkelgrün mit roten Punkten. **2)** Sonnenlicht reflektierender Signalspiegel.

**heliozentrisch** [gr.], auf die Sonne als Mittelpt. bezogen. Das *h. Weltsystem* wurde v. Kopernikus gelehrt. – Ggs.: ↑geozentrisch.

**Heliozoen** [gr.], svw. ↑Sonnentierchen.

**Helium,** Symb. **He,** chem. El., OZ 2, rel. A.-Masse 4,0026; ein Edelgas, Dichte $0{,}1785 \cdot 10^{-3}$ g/cm³, Fp. (bei 26 bar) −272,2 °C, Sp. −268,9 °C, wird v. a. aus Erdgas (enthält zw. wenigen ‰ u. 9 % He) gewonnen.

**Hell,** Rudolf, dt. Elektrotechniker u. Erfinder, *1901, † 2002; entwickelte u. a. die Fernsehbildzerlegerröhre sowie die Vorläufer des heut. Faxgerätes u. des Scanners.

**Hellas,** klass. u. s. 1833 amtl. Name für Griechenland.

**Helldunkelmalerei, Clair-obscur,** Gestaltungsmittel in Malerei u. Grafik, bei dem der Ggs. von Hell u. Dunkel Komposition u. Bildwirkung bestimmt (v. a. Caravaggio u. Rembrandt); auch in d. Grafik.

**Helle,** griech. Sagengestalt, flieht mit ihrem Bruder Phrixos u. stürzt in das Meer, das nach ihr *Hellespont* gen. wird.

**Hellebarde,** ma. Stoß- u. Hiebwaffe mit axtförm. Klinge u. scharfer Spitze an 2–2,5 m langem Schaft.

**Hellenen,** urspr. Bev. der (von Homer gen.) Ldsch. Hellas, später alle Griechen.

**Hellenismus,** Abschnitt der griech. Gesch. u. Kultur vom Tod Alexanders d. Gr. bis Augustus; Entstehung einer griech.-orient. Mischkultur. Mittelpunkte: Alexandria, Pergamon, Antiochia, Rhodos, Athen, Rom.

**hellenistische Kunst** ↑griechische Kunst.

**Heller,** André, östr. Liedermacher, Literat u. Unterhaltungskünstler, *1946; Schaffensbereiche u. a. Zirkus, Varietee, Buch- und Raumgestaltung.

**Heller** [nach dem Prägeort Schwäb. Hall], urspr. Silberpfennig; später auch Kupfermünze.

**Heller,** svw. Außengroden (↑Groden).

**Hellespont** [gr.], antike Bez. für die Dardanellen.

**Helling,** Schiffbauplatz mit geneigten Ablaufbahnen für das Schiff.

**Hellsehen, Clairvoyance** [klɛrvwaˈjäːs; frz.], (behauptete) Fähigkeit, außerhalb der sinnl. Wahrnehmung liegende Dinge od. Vorgänge zu erkennen.

**Helm,** haubenförm. Kopfschutz aus Metall od. Leder.

**Helmholtz,** Hermann Ludwig Ferdinand von, dt. Physiker u. Physiologe, *1821, †1894; erfand den Augenspiegel, gab die exakte Begründung des Ges. v. der Erhaltung der Energie; Arbeiten über Hydrodynamik, Optik, Elektrizität, Akustik, Musiktheorie, Tonphysiol.; begr. die chem. Thermodynamik.

**Helmstedt,** Krst. östl. v. Braunschweig, Nds., 27 000 E; roman. u. got. Kirchen, Juleum (1592–97) Gebäude der ehem. Univ.; Braunkohlengruben, Textil-, Metallind.

**Heloise,** *1101, †1164, Geliebte ↑Abaelards.

**Helsingborg** [hɛlsiŋˈbɔrj], fr. **Hälsingborg,** südschwed. Hafenst. am Sund, 111 000 E; got. Marienkirche. Ind.- u. Handelszentrum, Fähre nach Helsingør.

**Helsingør** [hɛlsiŋˈøːr], dän. Hafenst. am Sund, auf Seeland, 56 800 E; Schloss Kronborg (16. Jh.); Werft, Maschinenbau u. a. Ind.; Fähre nach Helsingborg.

**Helsinki,** schwed. **Helsingfors,** Hptst. Finnlands u. bedeutendste Hafenst. des Landes, auf einer felsigen Halbinsel am Finn. Meerbusen, 490 000 E; Univ., TH; finn. Ind.-Messe; Werften, Metall-, Textil-, Nahrungsmittel- u. a. Ind.; Fremdenverkehr; Olympiastadion; ✈.

**Heluan** ↑Hilwan.

**Helvetia,** lat. Name der Schweiz, nach den *Helvetiern,* einem kelt. Volksstamm der Westschweiz im 1. Jh. v. Chr. (bei ihrem Vorstoß nach Gallien v. Caesar 58 v. Chr. besiegt).

**hemi…, Hemi…** [gr.], Bestimmungswort; Bed.: „halb“.

**E. Hemingway**

**Hemingway** [hemiŋweɪ], Ernest, amer. Schriftsteller, *1889, †1961; sparsamer, nüchterner Prosastil; „In einem anderen Land“, „Wem die Stunde schlägt“, „Der alte Mann u. das Meer“; Nobelpreis 1954.

**Hemiparese** [gr.], unvollständ., rückbildungsfähige Lähmung einer Körperhälfte.

**Hemisphäre** [gr.], **1)** Erd- od. Himmelshalbkugel; in der Geographie *nördl.* u. *südl. H.* (vom Äquator aus) od. *östl.* u. *westl. H.* (svw. Alte und Neue Welt). **2)** r. u. l. Hälfte des ↑Gehirns.

**Hemlocktanne** [engl.], **Schierlingstanne, Tsuga,** Gatt. der Kieferngewächse; *Kanad. H.* in Dtl. als Zierbaum.

**Hemmel,** Peter, gen. **P. von Andlau,** bedeutendster Glasmaler der dt. Spätgotik, *um 1420, †nach 1501; Werke in Straßburg, Ulm, Tübingen, München u. Salzburg.

**Hemmung, 1)** zw. Gangregler (Unruh, Pendel) u. Gehwerk einer mech. Uhr geschaltete Vorrichtung (Anker u. Ankerrad), die die Reglerwirkung auf das Gehwerk u. die Antriebskraft auf den Regler überträgt. **2)** Ⓟ bewusste (z. B. aufgrund emotional od. moral. bedingten psych. Widerstands) od. unbewusste Unterdrückung v. Handlungen u. Reflexen.

**Henan, Honan,** chin. Prov. am Hwangho, 167 000 km², 88,6 Mill. E; Hptst. Zhenzhou; Anbau v. Weizen, Reis, Baumwolle; Kohlen- u. Eisenerz-⚒; bek. die *Honanseide,* Rohseidenstoff in Taftbindung.

**Hendrix** [-ks], Jimi, eigtl. James Marshall **H.,** amer. Rockmusiker, expressiver Starsolist, *1942, †1970; Rockidol.

**Hengst,** ♂ Tier bei versch. Huftieren (u. a. Pferd, Esel, Kamel).

**Henlein,** Peter, dt. Mechaniker, *um 1485, †1542; fertigte als Erster in Nürnberg um 1510 tragbare Taschenuhren in Dosenform an (das „Nürnberger Ei", eine eiförmige Taschenuhr, kam später auf).

**Hennastrauch,** Weiderichgewächs der [Sub]tropen, liefert *Henna* (roter Farbstoff).

**Henneberg,** ehem. Gft. in Franken u. Thüringen; das Geschlecht der *Grafen v. H.* erlosch 1583.

**Hennegau,** histor. Region westl. der Ardennen; Gft. s. spätkaroling. Zeit; südl. Teil s. dem 17. u. 18. Jh. frz., der übrige Teil s. 1830 belgisch.

**Henri** [ã'ri], Großherzog v. Luxemburg (s. 2000), *1955; s. 1981 verh. mit der Exilkubanerin Maria Teresa Mestre (*1956).

**Henry,** Joseph, amer. Physiker, *1797, †1878; trug entscheidend zur Entw. des Morsetelegrafen bei, entdeckte die Selbstinduktion.

**Henry** [nach J. ↑Henry], Einheitenzeich. **H;** Einheit der ↑Induktivität; 1 H = 1 Vs/A.

**Henze,** Hans Werner, dt. Komponist, *1926; Vertr. der Moderne; Opern, Ballette, Sinfonien, Violin- u. Klavierkonzerte, Kammermusik.

**Hepatitis** [gr.], svw. ↑Leberentzündung.

**Hepburn** ['hebən], **1)** Audrey, eigtl. Edda H. van **Heemstra,** amer. Filmschauspielerin niederl.-brit. Herkunft, *1929, †1993; „Frühstück bei Tiffany". **2)** Katharine, amer. Bühnen- und Filmschauspielerin, *1909; „Am goldenen See".

**Hephäst,** griech. Gott des Feuers u. des Schmiedehandwerks, hinkender Sohn des Zeus u. der Hera; Gem. der Aphrodite.

**Hera,** griech. Göttin der Ehe, Schwester u. Gem. des Zeus.

**Herakleia,** im Altertum Name mehr. Städte; bes. bek. H. in Bithynien (am Schwarzen Meer).

**Herakles, Herkules,** bedeutendster Held der griech. Sage; Halbgott, Sohn des Zeus u. der Alkmene; vollbringt 12 Taten; in den Olymp aufgenommen, erhält Hebe zur Gemahlin.

**Heraklion** ↑Iraklion.

**Heraklit von Ephesus,** griech. Philosoph, *um 550, †um 480; lehrte den Wandel aller Dinge als ständ. Aufeinanderfolge u. Ablösung v. Gegensätzen, feste Einheit des Logos; bewegende Kraft das Urfeuer.

**Heraldik** [german.-frz.], svw. ↑Wappenkunde.

**Herat,** pers., meist rotgrundiger Wollteppich, charakt. *Heratimuster* (Sterne, Rosetten, Blüten u. Blätter in geometr. Anordnung).

**Herbarium** [lat.], Slg. gepresster Pflanzen.

**Herberger,** Joseph („Seppl"), dt. Sportlehrer, *1897, †1977; s. 1936 R.-Fußballtrainer, 1949–64 DFB-B.-Trainer; führte die Nationalmannschaft 1954 zur Weltmeisterschaft.

**Herbizide,** chem. Unkrautbekämpfungsmittel.

**Herbst,** Jahreszeit, astronom. etwa 23. 9.–22. 12. (Nordhalbkugel) bzw. 21. 3.–22. 6. (Südhalbkugel); *H.punkt,* der dem Frühlingspunkt gegenüberliegende Schnittpt. v. Ekliptik u. Himmelsäquator.

**Herbstäquinoktium** ↑Äquinoktium.

**Herbstzeitlose,** krokusähnl. Liliengewächs, blüht hell lilafarben im Herbst auf feuchten Wiesen; enthält das giftige Kolchicin.

Herbstzeitlose

**Herculaneum,** antike St. in Kampanien, durch den Vesuvausbruch 79 n. Chr. vernichtet; ab 1709 Ausgrabungen.

**Herd, 1)** häusl. Feuerstätte. **2)** Metallurgie: bei metallurg. Öfen d. Teil, auf den d. Einsatzgut aufgebracht wird. **3) Fokus,** Ausgangspunkt von Krankheitsprozessen im Körper (Fokalinfektion).

**Herdecke,** St. nw. von Hagen, NRW, 26 500 E; private Univ.; karoling. Stiftskirche; 2 Stauseen, Pumpspeicheranlage mit Kraftwerk; Metallverarb., Textil-, chem. Industrie.

J. G. Herder

**Herder,** Johann Gottfried von, dt. Dichter u. Philosoph, *1744, †1803; prägte den Begriff der originalen Poesie, sah die Gesch. als organ. Prozess u. erkannte den Eigenwert der versch. Völker u. Kulturen; einer der gr. Anreger der dt. Geistesgesch.; „Über die neuere dt. Literatur", „Krit. Wälder", „Abhandlung über den Ursprung der Sprache", „Stimmen der Völker in Liedern", „Ideen zur Gesch. der Menschheit".

**Herero,** Bantuvolk im SW Afrikas, etwa 160 000 Angehörige; Hirtennomaden; Schaf- u. Rinderzucht; *H.-Aufstand* von dt. Kolonialmacht 1904 blutig niedergeschlagen.

**Herford,** Krst. an der Werre, NRW, 66 000 E; u. a. Münsterkirche (13. Jh.); Textil-, Möbelindustrie.

**Heringe,** oft in Schwärmen lebende, kleinere bis mittelgr. Knochenfische in den Küstengewässern der meisten Meere; Nahrung vorw. Plankton; wicht. Speisefische, u. a. Hering, Sprotte, Sardine, Sardelle.

**Herkules** ↑Herakles.

**Hermann 1) H. Billung,** †973, Hzg. v. Sachsen s. 961; Ahnherr der Billunger; v. Otto I. 936 als Markgf. an der Niederelbe gg. Dänen u. Obotriten eingesetzt. **2) H. der Cherusker,** fälschl. Name des ↑Arminius. **3) H. von Salza,** Hochmeister des Dt. Ordens seit 1209, †1239; Begr. des Ordensstaates in Preußen.

**Hermannsdenkmal,** Denkmal des ↑Arminius auf der Grotenburg im Teutoburger Wald; Figur rd. 26 m hoch; 1838–75 errichtet von E. v. Bandel.

**Hermannstadt,** rumän. **Sibiu,** Bez.-Hptst. in Rumänien, nördl.

der S-Karpaten, in Siebenbürgen, 169 500 E; Univ.; altes Stadtbild; Eisen- u. Stahl verarb., Holz- u. Textilind.; ⚝. – Im 12. Jh. von dt. Siedlern als *Hermannsdorf* gegr., vom 14. bis 19. Jh. Zentrum Siebenbürgens.

**Hermaphrodit** [gr.], svw. ↑Zwitter; *H.ismus* ↑Fortpflanzung.

**Herme** [gr.], vierseit. Kultpfeiler mit Büste, urspr. des Hermes, u. Phallus (am Pfeiler); auch als *Doppel-H.* ausgebildet.

**Hermelin,** schlankes Wiesel; im Sommer Oberseite rotbraun, im Winter teilw. od. ganz weiß; frisst Vögel, Kleinsäuger u. a.; Pelztier.

**Hermeneutik** [gr.], Kunst der Auslegung u. Erklärung v. Texten od. Kunstwerken.

**Hermes,** griech. Gott, Sohn des Zeus u. der Nymphe Maia; Götterbote, Seelengeleiter; Gott der Wanderer, Kaufleute, Diebe und Redner; Erfinder der Leier; dargestellt mit Flügelschuhen u. Stab.

**hermetisch** [gr.], [luft]dicht verschlossen.

**Hermlin,** Stephan, eigtl. Rudolf **Leder,** dt. Schriftsteller, *1915, †1997; Lyrik, Erzählungen.

**Hermon,** Grenzgeb. zw. Libanon u. Syrien, südl. Forts. des Antilibanon, bis 2 814 m.

**Hermosillo** [ɛrmoˈsijo], Hptst. des nordwestmex. B.-Staates Sonora, 406 000 E; Univ.; landw. Handelszentrum; Erz-⚒; ⚝.

**Herne,** krsfr. St. am Rhein-H.-Kanal im Ruhrgebiet, NRW, 175 700 E; Renaissanceschloss Strünkede; Stahl-, elektrotechn., chem. u. a. Ind.; ⚓.

**Hernie,** 1) Eingeweidebruch (↑Bruch). 2) krankhafte Wucherungen an Kohlpflanzen.

**Hero,** nach einer griech. Sage Priesterin der Aphrodite, heiml. Geliebte des *Leander,* der jede Nacht durch den Hellespont zu ihr schwamm; als er ertrank, stürzte sie sich ins Meer.

**Herodes,** *jüd. Herrscher:* **1) H. I., d. Gr.,** *73, †4 v. Chr., Kg. von Judäa s. 37; vereinigte das jüd. Land, erneuerte den Tempel in Jerusalem. **2) H. Antipas,** *um 20 v. Chr., †39 n. Chr., Sohn v. 1), s. 4 v. Chr. Tetrarch v. Galiläa u. Peräa; ließ Johannes den Täufer enthaupten. **3) H. Agrippa I.,** *10 v. Chr., †44 n. Chr., Enkel v. 1), s. 41 Kg. v. Judäa; vereinigte noch einmal das jüd. Land; ließ Jakobus d. Ä. hinrichten.

**Herodias,** 2. Gattin des Herodes Antipas, Mutter der Salome.

**Herodot,** griech. Geschichtsschreiber, *um 490, †um 425 v. Chr., „Vater der Geschichtsschreibung"; bereiste Asien und Ägypten; schrieb eine Gesch. Griechenlands über die Zeit bis 479 v. Chr., bes. die Perserkriege.

**Heroin** [gr.], **Diacetylmorphin,** Rauschgift; Acetylderivat des Morphins mit dreifacher Wirkungsstärke.

**heroisch-galanter Roman,** Spätform des Barockromans; [pseudo]histor. u. erot. Motive vor dem Hintergrund des Hoflebens.

**Herold** [frz.], v. Fürsten u. Institutionen berufener Wappenkundiger u. Zeremonienmeister im ritterl. Kriegs- u. Turnierwesen.

**Heron von Alexandria,** griech. Mathematiker um 100 n. Chr.; Verf. grundlegender naturwiss. Werke; *H.ball,* nach H. ben. Gefäß, aus dem Flüssigkeit mittels eingeblasener Luft herausgetrieben wird (z. B. bei Spritzflaschen).

**Heros** [gr.], zw. Gott u. Mensch stehender Held, Halbgott.

**Herpes** [gr.], zusammenfassende Bez. für entzündl. Haut-(Schleimhaut-)Erkrankungen mit Bläschenbildung; *H. zoster,* svw. ↑Gürtelrose.

**Herrenchiemsee** ↑Chiemsee.

**Herrnhut,** Stammort der H.er ↑Brüdergemeine, nördl. v. Zittau.

**Herschel, 1)** [ˈhəːʃəl], Sir John Frederick William, Sohn v. 3), brit. Astronom; *1792, †1871, erstmals systemat. Beobachtungen am südl. Sternhimmel. **2)** Lucretia Karoline, Schwester v. 3), dt. Astronomin, *1750, †1848; entdeckte 8 Kometen. **3)** Sir William (Friedrich Wilhelm), brit. Astronom dt. Herkunft, *1738, †1822; entdeckte mit Instrumenten aus eigener Werkstatt den Uranus, zahlr. Sternhaufen, Nebel u. a.; Erkenntnisse über Eigenbewegung des Sonnensystems.

**Herten,** Ind.-St. westl. v. Recklinghausen, NRW, 67 500 E; Wasserschloss (v. a. 18. Jh.); vielseitige Ind.

**Hertz,** Einheitenzeich. **Hz,** Einheit der Frequenz eines period. Vorgangs (1 Schwingung/Sekunde); in der Funktechnik häufig: *Kilo-H.* (1 kHz = 1 000 Hz), *Mega-H.* (1 MHz = 1 000 kHz) u. *Giga-H.* (1 GHz = 1 000 MHz).

**Hertz, 1)** Gustav, dt. Physiker, Neffe v. 2), *1887, †1975; entdeckte zus. mit J. Franck die Anregung v. Atomen durch Elektronenstoß, entwickelte Isotopentrennverfahren durch Diffusion; Nobelpreis (mit J. Franck) 1925. **2)** Heinrich Rudolph, dt. Physiker, *1857, †1894; bestätigte die elektromagnet. Lichttheorie Maxwells experimentell, indem er mithilfe des hertzschen ↑Dipols die ↑elektr. Wellen entdeckte u. damit die Grundlagen der Nachrichtentechnik schuf.

**hertzsche Wellen,** histor. Bez. für einen Teil der elektromagnet. Wellen, die mit techn. Mitteln erzeugt werden (↑elektr. Wellen).

**Hertzsprung** [ˈhɛrdsbrɔŋ], Ejnar, dän. Astronom, *1873, †1967; arbeitete über Sternhaufen u. Veränderliche, stellte mit H. N. Russell das *H.-Russell-Diagramm* auf.

**Hertzsprung-Russell-Diagramm** [ˈhɛrdsbrɔŋ ˈrʌsl-], Zustandsdiagramm u. wicht. Klassifizierungsschema für Sterne, in dem absolute Helligkeit (bzw. Leuchtkraft) u. Spektralklasse (bzw. effektive Oberflächentemp.) eines Sterns in Beziehung gesetzt werden; zeigt die meisten Sterne in diagonaler Reihe *(Hauptreihe)* u. einem *Riesenast.*

**Herz,** zentrales Organ des Blutgefäßsystems; beim Menschen etwa faustgr. Hohlorgan; hält durch Kontraktionen den Blutstrom in Bewegung (↑Diastole, ↑Systole); Schichten: Endokard, Myokard, Epikard, Perikard; Hohlräume: *r.* u. *l. Vorhof* mit *Kammern:* 4 *H.klappen* verhindern den Blutrückfluss; Ernährung über *H.kranzgefäße.* – Abb. S. 296.

**Herzasthma** ↑Asthma.

**Herzautomatismus, Herzautorhythmie,** Fähigkeit d. Herzens, eigenständig rhythm. tätig zu sein; die v. Automatiezentrum (bestehend aus Sinusknoten, Atrioventrikularknoten sowie His-Bündel u. Purkinje-Fasern) ausgehende Erregung breitet sich über das gesamte Erregungsleitungssystem des Herzens aus.

**Herzbeutel, Perikard,** äußerste Umhüllung des Herzens, 2 Schichten (dazw. die flüssigkeitserfüllte *Perikardialhöhle*); *H.entzündung,* svw. ↑Perikarditis; *H.erguss,* Flüssigkeitsansig. im Perikardraum bei entzündl. Herzerkrankungen.

**Herzblatt,** ausdauerndes Steinbrechgewächs nasser Wiesen mit herzförm. Blättern; weiße Blüten.

**Herzblume,** svw. ↑Tränendes Herz.

**Herzegowina,** histor. Ldsch. in SO-Europa, im Altertum zur röm. Prov. Dalmatia, im Hoch- u. Spät-MA wechselnd unter byzantin., serb. u. bosn. Oberhoheit; 1482 osman., 1878 mit Bosnien an Östr., s. 1918 Teil des neu gegr. Jugoslawien, s. 1992 Teil von Bosnien u. Herzegowina.

**Herzen,** Alexander Iwanowitsch, eigtl. A. I. **Jakowlew,** russ. Schrift-

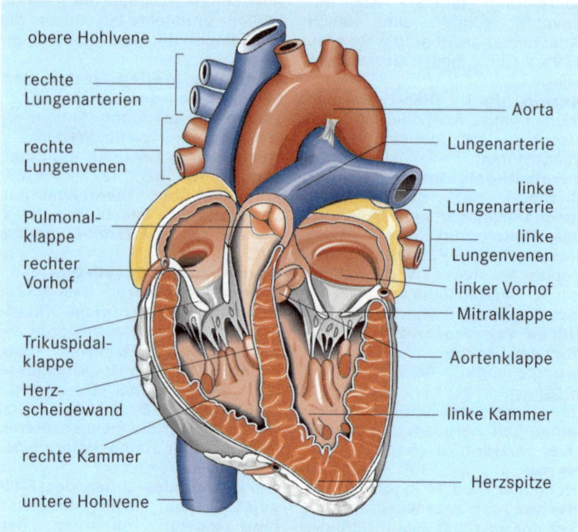


**Herz:** *Längsschnitt durch das Herz des Menschen (Ansicht von vorn)*

steller u. Sozialpolitiker, *1812, †1870; Vorkämpfer sozialist. Ideen.

**Herzerweiterung, Herzdilatation,** Erweiterung einzelner od. aller Herzabschnitte durch Blutstauung.

**Herzfehler,** angeborene Fehlbildungen des Herzens u. der großen herznahen Blutgefäße mit Störungen des Blutkreislaufs.

**Herzflimmern,** Störung der Herztätigkeit, Herzrhythmusstörung; *Vorhofflimmern:* unkoordinierte Vorhoftätigkeit mit 350–600 Schlägen je Minute; *Kammerflimmern* (Herzflimmern): unregelmäßige Tätigkeit der Herzkammern mit völligem Ausfall der Pumpleistung des Herzens und über 350 Kontraktionen je Minute.

**Herzhypertrophie,** Vergrößerung der Herzmuskelfasern und damit des Herzens; verursacht durch Mehrarbeit des Herzens, z. B. gegen erhöhten Widerstand bei ↑Hypertonie oder Herzklappenfehlern sowie bei Zunahme des Blutvolumens.

**Herzinfarkt** ↑Infarkt.

**Herzinsuffizienz,** svw. ↑Herzmuskelschwäche.

**Herzkatheterisierung,** zur Herz-Kreislauf-Diagnostik unter Röntgenkontrolle durchgeführtes Einführen einer elast. Sonde (Katheter) durch ein arterielles oder venöses Gefäß in die herznahen großen Gefäße und in die Herzhöhle.

**Herzklappenfehler,** angeborene oder meist durch Herzinnenhautentzündung erworbene Verengung oder Schlussunfähigkeit der Herzklappen.

**Herzkranzgefäße** ↑Herz.

**Hẹrzl,** Theodor, jüd. östr. Schriftsteller, *1860, †1904; mit s. Buch „Der Judenstaat" Begr. des Zionismus. Berief 1897 den 1. Zionist. Weltkongress in Basel.

**Herz-Lungen-Maschine,** Gerät, das Herz- und Lungenoperationen unter künstl. Herzstillstand bei Aufrechterhaltung der Kreislauf-, Atmungs- und Stoffwechselfunktionen ermöglicht.

**Herzmassage,** bei plötzl. Herzstillstand angewandte Wiederbelebungsmaßnahme als *äußere H.* oder *Herzdruckmassage* (manuelle rhythm. Druckausübung auf das Brustbein) oder *innere H.* (rhythm. Zusammendrücken des Herzens mit der Hand nach operativer Brustkorberöffnung).

**Herzmuscheln,** Muscheln mit herzförm., gerippten Schalen u. geknicktem Fuß (zum Springen).

**Herzmuskelentzündung,** svw. ↑Myokarditis.

**Herzmuskelschwäche, Herzinsuffizienz,** ungenügende Funktion des Herzens mit unzureich. Pumpleistung.

**Herzog,** Heerführer in altgerman. Zeit; später höchster Adelsrang (frz. Duc; engl. Duke).

**Hẹrzog, 1)** Roman, dt. Staatsrechtslehrer u. Politiker (CDU), *1934; 1994–99 B.-Präsident. **2)** Werner, eigtl. W. **Stipetič** [-ts], dt. Filmregisseur, *1942; „Nosferatu – Phantom der Nacht", „Fitzcarraldo".

**Hẹrzog & de Meuron** [-də mœ'rɔ̃], schweizer. Architektenbüro; 1978 in Basel gegr. v. J. Herzog (*1950) u. P. de Meuron (*1950); u. a. Erweiterung Tate Gallery in London.

**Herzogenbụsch,** niederl. **'s-Hertogenbosch,** Hptst. der südniederländ. Prov. Nordbrabant, 94 300 E; Kathedr. (13., 15./16. Jh.); Textil-, Masch.-Ind.; Kanal-⚓.

**Herzogenra̱th,** St. nördl. von Aachen, NRW, 45 900 E; ehem. Burg (Rathaus); Kohlen-⚒; Gießereien, Maschinenbau, Glaswerk.

**Herzschlag, 1)** volkstüml. Bez. für plötzl. Tod infolge versch. Herzkrankheiten. **2)** ↑Systole u. ↑Diastole des Herzmuskels.

**Herzschrittmacher, Schrittmacher,** engl. **Pacemaker** ['peɪsmeɪkə], meist in den Körper implantierter elektron. Impulsgenerator, der elektr. Impulse zur period. Reizung der Herzmuskulatur liefert.

**Hesẹkiel** [-ki'el] ↑Ezechiel.

**Hesio̱d,** griech. Dichter um 700 v. Chr.; Hexameter-Epen „Werke u. Tage" (früheste Alltagsdarst. der europ. Lit.) u. „Theogonie" über Ursprung der griech. Götter.

**Hẹß,** Rudolf, dt. nat.-soz. Politiker, *1894, †1987 (Selbstmord); s. 1933 „Stellvertr. des Führers"; flog 1941 nach Großbrit., um zu vermitteln; dort interniert, 1946 in Nürnberg zu lebensländl. Haft verurteilt.

**Hẹss, 1)** Victor Franz, amer. Physiker östr. Herkunft, *1883, †1964; entdeckte 1911 die Höhenstrahlung; Nobelpreis (mit C. D. Anderson) 1936. **2)** Walter Rudolf, schweizer. Neurophysiologe, *1881, †1973; forschte v. a. über die Funktion des Nervensystems; Nobelpreis 1949.

**Hẹsse,** Hermann, Pseud. Emil **Sinclair,** dt. Erzähler u. Lyriker, *1877, †1962; s. 1923 schweizer. Staatsbürger; in seiner Erzählkunst von Goethe u. G. Keller geprägt; „Demian", „Der Steppenwolf", „Narziß u. Goldmund", „Das Glasperlenspiel"; Nobelpreis 1946.

**Hẹssen,** Land der BRD, 21 114 km², 6,05 Mill. E, Hptst. Wiesbaden; H. umfasst kl. Teile des Weser- u. d. Hess. Berglandes (im N), Westerwalds (im W) u. Spessarts (im SO), im S den Taunus, Rheingau, den rechtsrhein. N-Teil des Oberrhein. Tieflands u. den Hauptteil des Odenwalds. *Wirtsch.:* Von der Gesamtfläche werden 37 % landw. genutzt. Die ergiebigsten Ackerbaugebiete (Weizen, Zuckerrüben) sind Untermainebene, Wetterau, unteres Lahntal, Schwalm u. Kasseler Becken. Rheingau u. Bergstraße sind wichtige Wein-, Obst- u. Gemüseanbaugebiete, im Oberrhein. Tiefland Spargel- u. Tabakanbau. Bodenschätze: Kalisalz, Erdöl u. -gas. Die Untermainebene bis Darmstadt im S gehört zu den größten dt. Ind.- u. Verkehrszentren. Chem., Maschinen-, Fahrzeug-, elektrotechnische u. a. Ind. – *Gesch.:* Im frühen MA Teil des Hzgt.s Franken, 1122 an Thüringen, nach dem Erlöschen des thüring. Landgrafenhauses selbstständiges Land- und Reichsft. (1292); 1567 in Ober-H. (↑H.-Darmstadt) u. Nieder-H. (↑H.-Kassel) geteilt. 1945 wurde das Land H. aus Teilen des ehem. Freistaates Hessen-Darmstadt u. der preuß. Prov. Hessen-Nassau gebildet.

**Hessen-Darmstadt,** ehemals dt. Landgft., 1567 durch Erbteilung entstanden; s. 1806 Großhzgt., s. 1918 Freistaat; r.-rhein. Gebiete 1945 zu Hessen, l.-rhein. zu Rheinland-Pfalz.

**Hessenfliege** ↑Pflanzenkrankheiten (Übers.).

**H. Hesse**

**Hessen-Homburg,** ehem. dt. Landgft., im Besitz einer Seitenlinie v. Hessen-Darmstadt 1622–1866; 1866 preuß.; s. 1945 Teil des Landes ↑Hessen.

**Hessen-Kassel,** ehem. dt. Landgft., 1567 durch Erbteilung entstanden, 1803 Kurfürstentum, s. 1868 Teil der preuß. Prov. Hessen-Nassau; seit 1945 Teil des Landes Hessen.

**Hessen-Nassau,** ehem. preuß. Prov., gebildet 1868 aus Hessen-Kassel, Hessen-Homburg, Nassau, Frankfurt am Main u. a.; s. 1945 Teil des Landes Hessen.

**Hessisches Bergland,** Berg- u. Hügelland zw. Rhein. Schiefergeb. u. Thüringer Wald, mit Vogelsberg, Rhön, Knüll, Meißner, Habichts- u. Kaufunger Wald.

**Hestia,** griech. Göttin des Herdes bzw. Herdfeuers.

**Hetäre** [gr.], Bez. für einen Typ der altgriech. Prostituierten; in den mus. Künsten gebildet u. sozial anerkannt.

**hetero..., Hetero...** [gr.], Bestimmungswort; Bed.: „anders, ungleich".

**heterogen,** ungleichartig, aus Verschiedenartigem zusammengesetzt; Ggs. homogen.

**Heterogonie** [gr.], Form des ↑Generationswechsels.

**Heteromorphie, Heteromorphismus; Polymorphie, Polymorphismus,** d. Auftreten mehrerer unterschiedl. Erscheinungsformen, z. B. in der Biol. unterschiedl. gestalteter Lebewesen innerh. einer Art (z. B. Dimorphismus der Geschlechter od. gewisser Organe), bei Kristallen unterschiedl. Kristallformen eines best. chem. Stoffes (etwa Kohlenstoff als Diamant, Graphit u. Fulleren).

**Heteronomie,** Fremdgesetzlichkeit, v. außen her bezogene Gesetzlichkeit; Ggs. Autonomie.

**Heterosexualität,** dem anderen Geschlecht zugewandtes Geschlechtsempfinden; Ggs. Homosexualität.

**Hethiter,** idgm. Volk, gründete im 2. Jt. v. Chr. in O-Kleinasien ein Großreich (Hptst. Hattusa, ↑Boğazkale), dehnte seine Herrschaft bis Syrien aus, ging um 1200 unter. Durch Ausgrabungen in Boğazkale deutl. gewordene *hethit. Kunst*; Blütezeit etwa 1450 bis 1200. Archäolog. Funde: Stadtanlagen, Tempel, Keramik, Siegel (z. T. mit Hieroglyphen-Inschriften), Bronzeplastiken u. a.

**hethitische Sprache,** Spr. der Hethiter, älteste, zumeist keilschriftlich (Keilschrifthethitisch) überlieferte idgm. Sprache.

**Heuer,** Entgelt der Schiffsmannschaft; *H.vertrag,* Dienstvertr. zw. Reeder bzw. Kapitän u. einem Mitgl. der Schiffsbesatzung.

**Heufieber,** allg. Erkrankung mit Fieber, Bindehautentzündung u. Niesanfällen *(Heuschnupfen)* bei Überempfindlichkeit (Allergie) gg. Pollen.

**Heupferd,** Gatt. der Laubheuschrecken, z. B. Grünes Heupferd.

**heureka!** [gr.; = Ich habs gefunden!], angebl. Ausruf des Archimedes nach Entdeckung des Auftriebsprinzips.

**Heuriger,** junger, noch kein Jahr alter Wein.

**Heuschnupfen** ↑Heufieber.

**Heuschrecken,** Insekten der Überordn. Geradflügler; meist mit sprungkräft. hinterem Beinpaar u. Zirporgan.

**Heuss,** Theodor, dt. Politiker u. Publizist, * 1884, † 1963; 1924–28 u. 1930–33 MdR (DDP); Mitbegr. der FDP nach 1945 u. ihr erster B.-Vors.; 1945/46 Kultusmin. v. Württ.-Baden; als Mitgl. des Parlamentar. Rates maßgebl. Mitarb. an der Schaffung des GG; 1949–59 erster Bundespräs. der BRD.

**Heuwurm** ↑Sauerwurm.

**hexa..., Hexa...** [gr.], Bestimmungswort; Bed.: „sechs".

**Hexachord** [gr.], Folge von 6 Tönen der diaton. Tonleiter; Grundlage der Solmisation.

**Hexaeder,** Sechsflächner, von 6 Vierecken begrenzter Körper; *regelmäß. H.:* Würfel.

**Hexagon,** Sechseck.

**Hexagramm,** sechsstrahliger Stern; ↑Davidstern.

**Hexameter,** sechsfüß., daktyl. Vers (↑Daktylus), dessen letzter Fuß um eine Silbe gekürzt ist; Grundvers im antiken Epos (Homer, Vergil); im MA, Humanismus u. in der dt. Klassik.

**Hexen,** in abergläub. Vorstellung Frauen mit schädigenden Zauberkräften; gg. Ende des MA Steigerung des H.glaubens zum *H.wahn;* kirchl. und staatl. Gesetzgebung führten zu ausgedehnten *H.verfolgungen;* nur vereinzelt Einspruch (so durch Spee, Thomasius); Rückgang u. Aufhören der *H.prozesse* erst im 18. Jh.

**Hexenröhrling, Hexenpilz,** Bez. für zwei bedingt essb. Röhrenpilze.

**Hexenschuss, Lumbago,** plötzl., heft. Schmerz im Kreuz u. in der Lendengegend, z. B. bei Bandscheibenschaden.

**Heydrich,** Reinhard, dt. nat.-soz. Politiker, * 1904, † 1942; s. 1936 Chef der Sicherheitspolizei u. des SD, s. 1939 Leiter des R.-Sicherheitshauptamtes, s. 1941 mit der „Endlösung der Judenfrage" beauftragt, s. Sept. 1941 auch stellv. Reichsprotektor für Böhmen u. Mähren, starb an den Folgen eines Attentats in Prag.

**Heyerdahl,** Thor, norweg. Forscher, * 1914, † 2002; zahlr. Expeditionen, bes. um die Möglichkeit fr. transozean. Kontakte nachzuweisen; u. a. mit dem Balsafloß „Kon-Tiki" (1947) v. Peru nach Polynesien, mit „Ra II" (1970) v. Marokko nach Barbados.

**Heym, 1)** Georg, dt. Lyriker des

Frühexpressionismus, *1887, †1912; auch Erzählungen. **2)** Stefan, eigtl. Helmut **Flieg,** dt. Schriftsteller, *1913, †2001, seit 1952 in die DDR, zeitkrit. u. histor. Romane: „Collin", „Ahasver".

**Heyse,** Paul von, dt. Schriftsteller, *1830, †1914; Theoretiker u. Meister der Novelle; Lyrik, Dramen u. Romane; Nobelpreis 1910.

**Hf,** ☈ Symb. für ↑Hafnium.

**HF,** Abk. für ↑Hochfrequenz.

**Hg,** ☈ Symb. für ↑Quecksilber.

**HGB,** Abk. für: ↑**H**andels**g**esetz**b**uch.

**Hiatus** [lat.], **1) Hiat,** Zusammentreffen eines vokal. schließenden Wortes mit einem vokal. beginnenden. **2)** Spalt, Öffnung (Anatomie). **3)** durch Sedimentationsunterbrechung entstandene Schichtlücke.

**Hickory[nuss]baum** [engl.], bis 30 m hohes Walnussgewächs, wertvolles Holz, essb. Nüsse *(Pekannüsse);* östl. Nordamerika, Ostasien.

**Hiddensee,** Ostseeinsel westl. v. Rügen mit den Orten Kloster, Neuendorf und Vitte, 18,6 km².

**Hidjas** [-dʒ-], **Hedschas,** zu Saudi-Arabien gehörende Landschaften am W-Rand der Arab. Halbinsel zw. Golf v. Akaba u. Hochland v. Asir, mit den Pilgerstätten Mekka u. Medina; Küstengebiet heiß, wüstenhaft u. hafenarm, im Landesinneren Steppenlandschaft.

**Hidjra** [-dʒ-], **Hedschra,** Auswanderung Mohammeds von Mekka nach Medina, Ende Sept. 622; Beginn der islam. Zeitrechnung.

**Hierarchie** [gr.], Gesamtheit des Klerus u. seine Abstufung. In d. kath. Kirche als *hierarchia ordinis,* d.h. H. der Weihe (Bischöfe, Priester, Diakone), u. als *H. der Jurisdiktion* (Papst [Primat], Bischöfe [Episkopat]). Im übertragenen Sinn Bez. für ein Herrschaftssystem von vertikal u. horizontal fest gefügten u. nach Über- u. Unterordnung gegliederten Rängen.

**hieratische Schrift,** vereinfachte Hieroglyphenschrift (Beschreibstoff Papyrus statt Stein).

**hier[o]..., Hier[o]...** [gr.], Bestimmungswort; Bed.: „heilig".

**Hieroglyphen** [gr.], altägypt. Bilderschrift; 1822 v. Champollion auf dem Stein von Rosette entziffert; auch Bez. für kret., hethit. u.a. Bilderschriften.

**Hieronymus,** hl., lat. Kirchenlehrer, *um 347, †420; Revision der ↑Vulgata.

**Hierro, Ferro,** westlichste der Kanar. Inseln, 278 km², Hpt.ort Valverde. – Der Meridian v. Ferro war von 1634 bis Ende des 19. Jh. Nullmeridian.

**Hi-Fi** [haɪˈfaɪ; engl.], Abk. für **Hi**gh**fi**delity, Gütebez. für größte Wiedergabetreue elektroakust. Wiedergabesysteme.

**Highlands** [ˈhaɪləndz], schott. Hochland, durch das Glen More in Grampian Mountains u. North West H. gegliedert; im Ben Nevis 1343 m.

**Highschool** [ˈhaɪsku:l], in den USA die an die *Elementary School* (6- bis 8-jährige Grundschule) anschließende, weiterführende allgemein bildende Schule; führt [i.d.R. nach 6 Jahren] zur Hochschulreife (↑College).

**Highsmith** [ˈhaɪsmɪθ], Patricia, amer. Schriftstellerin, *1921, †1995; psychol. Kriminalromane.

**Hightech** [haɪˈtɛk; engl.; Kw. aus engl. high technology], svw. Spitzen- oder Hochtechnologie; Technologie, in der neueste Forschungsergebnisse angewandt und/oder neu entwickelte Verfahren, Materialien, Bauteile u.a. (insbes. aus den Bereichen Mikroelektronik, Bio- u. Gentechnologie, Raumfahrt, Kommunikationstechnik) eingesetzt werden.

**Hilbert,** David, dt. Mathematiker, *1862, †1943; grundlegende Arbeiten über Invariantentheorie, höhere Zahlentheorie, Algebra u. math. Logik.

**Hildburghausen,** Krst. in Thür., 12200 E; Museen; Holz-, graf. Ind.

**Hildebrandslied, 1)** ahd. Heldenlied vom Zweikampf Hildebrands, des Waffenmeisters Dietrichs v. Bern, mit seinem Sohn Hadubrand; aufgezeichnet um 800 in Fulda. **2)** (Jüngeres H.) Bearb. des Stoffes v. 1) in 2 Fassungen des 16. Jh.; ohne trag. Ausgang.

**Hildebrandt,** Johann Lukas v., bed. östr. Baumeister des Barock, *1668, †1745; Unteres u. Oberes Belvedere in Wien, Schloss Weißenstein in Pommersfelden (Treppenhaus), Residenz in Würzburg (u.a. Gartenfront).

**Hildegard von Bingen,** hl., dt. Mystikerin, *1098, †1179; Benediktinerin; bed. literar. Werk.

**Hilden,** St. im Berg. Land, NRW, 55100 E; Metall-, Textil-, Maschinenind., Röhrenwerke.

**Hildesheim, 1)** Krst. in Nds., an der Innerste, 106100 E; Fachhochschulen; LG, IHK; Altstadt mit Dom (11. Jh.) u.a. bed. Kirchenbauten (11.–16. Jh.), u.a. St. Michael (1010 beg.); Roemer-Pelizaeus-Museum mit bed. ägypt. Slg.; vielseitige Ind. **2)** ehem. geistl. Reichsft. (Bistum); gegr. 815, Blütezeit unter Bischof Bernward um 1000; Gebietsverluste in der *Hildesheimer Stiftsfehde* (1519–23); 1803 an Preußen; 1813 zu Hannover.

**Hildesheimer,** Wolfgang, dt. Schriftsteller, *1916, †1991; Satiren, Schauspiele, Hörspiele, Collagen.

**Hilfsverben, Hilfszeitwörter,** Verben, mit deren Hilfe fehlende Formen eines Verbs gebildet werden.

**Hillebrecht,** Rudolf, dt. Architekt u. Städtebauer, *1910, †1999; Wiederaufbau v. Hannover.

**Hillgruber,** Andreas, dt. Historiker, *1925, †1989; Forschungen zum Dt. Reich s. 1871, v.a. zum Nationalsozialismus.

**Hilversum** [-sym], Stadt in Nordholland, sö. von Amsterdam, 84700 E; Rundfunksender.

**Hilwan, Heluan,** ägypt. St. südl. von Kairo, am Nil, 328000 E; Univ., Observatorium; Thermalquellen; Ind.

**Hima,** äthiopides Volk in O-Afrika, im Zwischenseengebiet; halbnomadische Großviehzüchter; Bantusprache; ehem. Reiche *(H.staaten).*

**Himalaja** [sanskr.; = Schneewohnung], Faltengeb. in Zentralasien, zw. dem Hochland v. Tibet u. der nordind. Tiefebene, 2500 km lang u. durchschnittl. 200 km breit, das höchste Geb. der Erde mit zahlr. Achttausendern; Klimagrenze zw. Zentralasien u. Vorderindien, Niederschläge meist im Sommer. Die Täler zw. 1500 u. 2500 m z.T. dicht besiedelt (im N Tibeter, im S autochthone Stämme); Ackerbau u. Viehzucht (Jak, Schaf, Ziege).

**Himbeere,** Rosengewächs an feuchten Waldstellen; viele gärtner. Formen, mit roten, weißen u. gelben Früchten (Obst).

**Himbeerkäfer, 1)** Käfer, deren Larven in Himbeeren leben. **2)** Rüsselkäfer, der seine Eier in Himbeerblüten legt.

**Himmel, 1)** das scheinbare Gewölbe über dem Horizont; in der Astronomie theoret. zu einer Kugel *(H.kugel)* ergänzt, die sich in jeweils 24 Stunden scheinbar einmal um die Himmelsachse dreht. **2)** in mehr. Religionen Stätte alles Überirdischen.

**Himmelfahrt Christi,** die leibl. Auffahrt Christi in den Himmel (Apg. 1,3 ff.); Fest: 40. Tag nach Ostern.

**Himmelfahrt Mariens,** nach kath. Glaubenslehre die Aufnahme Marias „mit Leib und Seele" unmittelbar nach ihrem Tod in den Himmel.; Fest: 15. 8.

**Himmelsachse,** die ins Unendl. verlängerte Erdachse.

**Himmelsäquator** ↑Äquator.

**Himmelsglobus,** Darst. des Sternhimmels auf einer Kugel.

**Himmelskugel** ↑Himmel.

**Himmelskunde,** svw. ↑Astronomie.

**Himmelsmechanik,** Gebiet der Astronomie; behandelt die Bewegungen v. Himmelskörpern unter Einfluss der ↑Gravitation; umfasst die *Bahnbestimmung* v. Planetoiden, Kometen u. Satelliten unter Beachtung aller Störungen.

**Himmelspol,** svw. ↑Pol.

**Himmler,** Heinrich, dt. nat.-soz. Politiker, *1900, †1945; baute als „Reichsführer SS" (s. 1929) die SS neben Partei u. Wehrmacht zur dritten Macht des nat.-soz. Dtl. aus; Organisator der Gestapo; neben Hitler verantwortl. für die Terrormaßnahmen gg. die Gegner des Regimes (↑Konzentrationslager), für brutale Umsiedlungs- u. Germanisierungspol. in O- u. SO-Europa u. für die Vernichtung der Juden; 1943 R.-Innenmin.; Selbstmord.

**Hinajana** [sanskr.], ↑Buddhismus.

**Hindelang,** Marktgem. u. Luftkurort in den Allgäuer Hochalpen, östl. v. Sonthofen, Bay., 5000E; Schwefelmoorbad, Wintersport.

**Hindemith,** Paul, dt. Komponist, *1895, †1963; Bahnbrecher der Moderne; Opern, Orchesterwerke, Kammermusik; wicht. theoret. Schriften.

**P. von Hindenburg**

**Hindenburg,** Paul v., eigtl. P. v. **Beneckendorff u. H.,** dt. Gen.-Feldmarschall (s. 1914) u. Reichspräs. (1925–34), *1847, †1934; 1914 Armeeoberbefehlshaber, besiegte mit Ludendorff die Russen in Ostpreußen; ernannte 1930 Brüning zum R.-Kanzler (Übergang zum Präsidialregime); nach Präsidialkabinetten unter Papen u. Schleicher berief er am 30. 1. 1933 Hitler zum R.-Kanzler.

**Hindenburgdamm,** Eisenbahndamm zw. dem Festland u. der Insel Sylt, 11 km, erb. 1923–27.

**Hindenburg O. S.,** polnisch **Zabrze,** St. im oberschles. Ind.-Gebiet, Polen, 203500E; Steinkohlengruben, Schwer-, Maschinen-, chem. Industrie.

**Hindernislauf,** leichtathlet. Wettbewerb für Männer über 3000 m (stabile Hürden, Wassergraben).

**Hindernisrennen,** Pferderennen über Hindernisse; *Hürdenrennen* (über Hecken) od. *Jagdrennen* (über zusätzl. schwere, z. T. fest eingebaute Hindernisse).

**Hindi** [pers.], wichtigste Spr. Indiens (idgm.); seit 1965 die offiz. Staatsspr.; *Hindustani:* Hauptverkehrsspr. in N-Indien (von rund 150 Mill. gesprochen).

**Hindu,** urspr. pers. Bez. für den Bewohner Indiens, heute für den Anhänger des Hinduismus.

**Hinduismus,** Religion der Inder, im 1. Jt. v. Chr. aus Brahmanismus, Kastenwesen u. Opferkult entstanden; differenzierte relig. Formen (Zauber-, Dämonenkult, hpts. Polytheismus, auch Monotheismus); entscheidend die Kastenzugehörigkeit im unendl. Kreis der Wiedergeburten; höchste Götter: Shiva, Vishnu, Brahma.

**Hindukusch,** Faltengeb. in Zentralasien, hpts. in Afghanistan, z. T. vergletschert; im Tirich Mir (im O) 7708 m.

**Hindustan,** fr. Name für N-Indien, heute für das Gangesgebiet.

**Hindustani** ↑Hindi.

**Hinnøy** ['hinœj], mit 2198 km² größte norweg. Insel, gehört zu den Vesterålinseln.

**Hintereinanderschaltung,** ⚡ svw. ↑Reihenschaltung.

**Hinterglasmalerei,** Malerei mit starken, lichtundurchlässigen Farben auf der Glasrückseite; Blütezeit um 1500; Wiederbelebung im dt. Expressionismus.

**Hinterindi|en,** Halbinsel SO-Asiens, zw. Golf von Bengalen, Andamanensee u. Malakkastraße im W, Südchin. Meer u. Golf von Thailand im O.

**Hinterlegung,** Mittel zur Befreiung von Verbindlichkeiten durch Übergabe der geschuldeten Sache an eine öff. H.sstelle (meist Amtsger.); bei Rücknahmeverzicht endgültige Befreiung; *H.sobjekte:* Geld, Wertpapiere u. a.

**Hinterrhein,** rechter Quellfluss des Rheins, entspringt in der Adulagruppe, Schweiz.

**Hintersassen,** **1)** vom Grundherrn abhängige Bauern (↑Grundherrschaft). **2)** bis ins 19. Jh. Ortseinwohner geringeren Rechts (v. a. ohne Grundbesitz).

**Hinterzarten,** heilklimat. Kurort im Hochschwarzwald, Ba.-Wü., 2400E; Wintersportplatz.

**Hiob,** Buch des A. T.; Gesch. eines frommen u. gerechten Mannes, der trotz Unglück u. Leid an seinem Glauben festhält.

**Hip-Hop** [engl.], auf dem ↑Rap basierender, bes. zum Tanzen [in Diskotheken] geeigneter Musikstil, gekennzeichnet durch elektron. erzeugte, stark rhythmisierte Musik.

**Hipparchos von Nikaia,** griech. Astronom u. Mathematiker, *um 194, †um 120 v. Chr; gilt als der größte Astronom des Altertums, bestimmte sehr genau die Länge des Sonnenjahres; Schöpfer der Trigonometrie („Sehnenrechnung").

**hipp[o]..., Hipp[o]...** [gr.], Bestimmungswort; Bed.: „Pferd".

**Hippodamos,** griech. Baumeister der 1. Hälfte des 5. Jh. v. Chr. aus Milet; entwickelte die Stadtplanung mit gleichförmigen Baublöcken zw. rechtwinklig sich kreuzenden Straßen in seinen Entwürfen für Piräus, Thurioi u. Rhodos; im *hippodamischen System* u. a. auch Milet.

**Hippodrom** [gr.], im Altertum Pferde- u. Wagenrennbahn; heute Reitbahn.

**Hippokrates,** griech. Arzt, *um 460, †um 370 v. Chr; gilt aufgrund seiner genauen Beschreibung der Krankheitssymptome sowie einer krit. Diagnostik als Begründer der wiss. Medizin der Antike. Der *hippokrat. Eid* ist Vorbild des Ärztegelöbnisses.

**Hippo Regius,** Ruinenstätte bei Annaba, Algerien; phönik. Gründung, später Residenz numid. Könige, röm. Kolonie, Bischofssitz; 697 zerstört.

**Hirn,** svw. ↑Gehirn.

**Hirnanhang[sdrüse],** svw. ↑Hypophyse.

**Hirohito,** *1901, †1989, persönl. Name des 124. Ks. (Tenno) v. Japan; s. 1921 Regent, s. 1926 Tenno; s. 1947 auf Repräsentativfunktionen beschränkt.

**Hiroshima** [-ʃ-], Hptst. der jap. Präfektur H. auf Honshū, ⚓ an der Inlandsee, 1,09 Mill. E; Univ.; Ind.-Zentrum; durch den ersten Atombombenabwurf am 6. 8. 1945 weitgehend zerstört – Abb. S. 300.

**Hirsau,** Gem. an der Nagold, nördl. v. Calw, Ba.-Wü.; seit 1. 1. 1975 Teil der Stadt *Calw-H.;* ehem. Benediktinerabtei, 830 gegr.; Träger der *H.er Reform,* kluniazens. beeinflusste kirchl. Reformbewe-

**Hiroshima:** *das zerstörte Stadtzentrum von Hiroshima nach der ersten Atombombe (Aufnahme vom 6. September 1945)*

gung in Dtl. (11./12. Jh.); von hier aus verbreiteter Bautypus *(H.er Schema):* flach gedeckte Säulenbasilika ohne Krypta.

**Hirschberg,** poln. **Jelenia Góra** [-gura], Krst. in Niederschlesien, Polen, im *Hirschberger Kessel,* einem 20 km langen Becken am N-Rand des Riesengebirges, Polen, 93 600 E; Textil- u. a. Ind.

**Hirsche,** Familie der Paarhufer; ♂♂ (Ausnahme: Moschustier, Wasserreh), beim Ren auch ♀♀, tragen Geweih, das sich alljährl. erneuert; zu den H.n zählen u. a. Elch, Rot- u. Damhirsch.

**Hirschhornsalz,** Mischung aus Ammoniumhydrogencarbonat u. Ammoniumcarbonat; Treibmittel beim Backen.

**Hirschkäfer,** mit 4–8 cm Länge größter europ. Käfer, ♂ mit gewalt., geweihart. Oberkiefern.

**Hirse,** Gräser mehrerer Pflanzengatt. mit kl. rundl. Körnern; u. a. *Echte H.,* seit der Steinzeit in M-Europa angebaut, heute fast ganz verdrängt.

**Hirtenbrief,** in der kath. Kirche ein zur Verlesung in seiner Diözese best. Rundschreiben des Bischofs an die Gläubigen.

**Hirtentäschelkraut, Capsella,** häufiges weiß blühendes Feldunkraut (Kreuzblütler), herzförmige Schotenfrüchte.

**Hispania,** lat. Name für Spanien (bzw. die Pyrenäenhalbinsel).

**Hispaniola, Haiti,** eine der Westind. Inseln, zw. Kuba und Puerto Rico, 76 192 km². Polit. geteilt in die Dominikan. Rep. u. Haiti.

**Histamin** [Kw.], im Körper aus der Aminosäure *Histin* entstehendes Gewebshormon; bewirkt u. a. Gefäßerweiterung, regt Magensaftbildung und Darmperistaltik an.

**Histologie** ↑Anatomie.

**Historienmalerei,** Darst. histor. Ereignisse, bes. im 19. Jh.: Rethel, v. Menzel, Piloty u. a.

**historischer Materialismus,** von Marx u. Engels aus dem dialekt. Materialismus entwickelte geschichtsphilos. Lehre: Vorrang der materiellen Existenz vor dem Bewusstsein; den *Unterbau* (Basis) der histor.-gesellschaftl. Entwicklung bilden die Produktionsverhältnisse, zu denen das geist., polit. u. rechtl. Leben den *Überbau* abgibt; durch sozialist. Revolutionen soll nach der Phase der *Diktatur des Proletariats* das Endziel des histor.-ökonom. Prozesses erreicht werden: die Aufhebung der Klassen u. des Privateigentums sowie die Vergesellschaftung der Arbeit.

**Historismus** [nlat.], Geschichtsbetrachtung (v. a. im 19. Jh.), die alle Erscheinungen aus ihren geschichtl. Bedingungen zu verstehen versucht; in Kunst u. Kunsthandwerk d. 19. Jh. histor. orientierte Stilhaltung (z. B. Neugotik, Neurenaissance, Neubarock).

**Hit** [engl.], Spitzenschlager; *H.parade:* Vorstellung der jeweils beliebtesten Schlager.

**Hitchcock** [ˈhɪtʃkɔk], Sir Alfred, brit.-amer. Filmregisseur u. Autor, *1899, †1980; Meister des psychol. motivierten Kriminalfilms.

**Hitler,** Adolf, dt. nat.-soz. Politiker östr. Herkunft, *1889, †1945; nach missglücktem Putsch 1923 Festungshaft (dort „Mein Kampf"; 1925/26); s. 1924 Neuaufbau der NSDAP, Schaffung halbmil. Verbände (SA, SS); am 30. 1. 1933 v. Hindenburg zum Kanzler berufen; nach dem Reichstagsbrand ↑Ermächtigungsgesetz; nach Hindenburgs Tod 1934 Vereinigung der Ämter des R.-Präs. u. des R.-Kanzlers in H.s Hand („Führer"); s. 1938 auch allein. Befehlshaber der Wehrmacht; Anerkennung durch wirtsch. u. außenpolit. Erfolge (Rheinlandbesetzung, Anschluss Östr. u., durch Münchener Abkommen, des Sudetenlandes, 1938); die Besetzung Böhmens u. Mährens (März 1939) machten H.s aggress. Pol. endgült. deutl.; sein Angriff auf Polen 1939 entfesselte den 2. Weltkrieg. Diktatur u. Terror, insbes. eine rassenideolog. begr. brutale Unterdrückungs- u. Vernichtungspol. in Dtl. u. den besetzten Gebieten nahmen unvorstellb. Ausmaße an; Mill. Menschen fielen dem ↑Holocaust zum Opfer. Ein Attentat auf H. am 20. Juli 1944 misslang. H. versuchte in seinem Durchhaltefanatismus das unvermeidl. Kriegsende hinauszuschieben; Selbstmord.

**A. Hitler** *auf dem Reichsparteitag der NSDAP 1934*

**Hitlerjugend,** Abk. **HJ,** Jugendorganisation der NSDAP, 1926–45; 1936 Staatsjugend unter Führung des „R.-Jugendführers".

**Hitlerputsch,** Versuch Hitlers u. Ludendorffs, am 8./9. 11. 1923 zunächst in Bayern, anschließend im ganzen Dtl. die Macht an sich zu reißen; v. der ähnl. Ziele verfolgenden bayr. Reg. v. Kahr unterdrückt.

**hittorfsche Röhre** [nach J. W. Hittorf, *1824, †1914], Gasentladungsröhre mit kalten Elektroden zur Erzeugung v. Kathodenstrahlen.

**Hitzschlag,** Wärmestau im Körper, verursacht durch körperl. Anstrengungen bei feuchtschwüler, heißer Witterung; der Körper stellt die Schweißbildung ein, dadurch kommt es zur Überhitzung. Erkennen: zunächst hochroter, später blasser Kopf, heiße, trockene Haut, sehr hohe Körpertemperatur (über 40 °C). – Sofortmaßnahmen: Kühlen (auf 38 °C), z.B. durch kalte Umschläge, Sauerstoffinhalation, evtl. Beatmung.

**HJ,** Abk. für: ↑**H**itler**j**ugend.

**HK,** Zeichen für **H**efner**k**erze (↑Hefner-Alteneck).

**hl,** Einheitenzeich. für: **H**ekto**l**iter (= 100 Liter).

**Ho,** ☈ Symb. für ↑Holmium.

**Hoangho** ↑Hwangho.

**Hobbema,** Meindert, niederl. Landschaftsmaler, *1638, †1709; „Allee von Middelharnis".

**Hobbes** [hobs], Thomas, engl. Philosoph, *1588, †1679; vertrat einen naturalist. Materialismus; von großer Wirkung die Staatsphilos. des Absolutismus im „Leviathan".

**Hobel,** Werkzeug zum Glätten von Holz- od. Metallflächen; *H.bank,* Arbeitstisch zum Einspannen u. Festhalten hölzerner Werkstücke; *H.maschinen* arbeiten mit 2 bis 4 rotierenden Messern; bei der *Metallhobelmasch.* wird ein *H.meißel* zur Bearb. verwendet.

**Hoch, Hochdruckgebiet, Antizyklone,** Abk. H, Gebiet hohen Luftdrucks mit absinkender Luftbewegung; in den unteren Schichten fließen die Luftmassen (auf der N-Halbkugel im Uhrzeigersinn) aus dem H. heraus, zum Ausgleich sinkt Luft aus höheren Schichten ab, wobei sich die Wolken auflösen.

**Hochamt,** feierl. Form der kath. Messe (lat. *Missa solemnis*), bes. das unter Leitung des Diözesanbischofs zelebrierte *Pontifikalamt.*

**Hochdeutsch** ↑dt. Sprache.

**Hochdruck, 1)** Drücke meist oberhalb v. 10 MPa (100 bar); über 100 MPa (1 kbar) auch als *Höchstdruck* bez. **2)** Druck von einer Druckform, bei der nur die erhabenen Teile Farbe übertragen, z.B. beim Buch-, Flexo-, Holz- od. Linolschnittdruck.

**Hochdruckgebiet,** svw. ↑Hoch.

**Hochdruckkrankheit** ↑Hypertonie.

**Hochfrequenz,** Abk. **HF,** elektromagnet. Schwingungen mit Frequenzen v. 10 kHz bis 300 MHz (darüber meist als *Höchstfrequenz* bez.). – *H.technik* umfasst d. Erzeugung, Fortleitung u. techn. Anwendung dieser Schwingungen (u.a. Nachrichtentechnik, H.erwärmung, H.trocknung).

**Hochgerichtsbarkeit,** svw. ↑hohe Gerichtsbarkeit.

**Hochhuth,** Rolf, dt. Schriftsteller, *1931; Dramen, u.a. „Der Stellvertreter"; „Eine Liebe in Dtl."; auch zeitkrit. Essays.

**Ho Chi Minh** [-tʃi-], vietnames. kommunist. Politiker, *1890, †1969; 1930 Mitbegr. der KP Indochinas, gründete 1941 die Vietminh u. führte den Kampf um die Unabhängigkeit Indochinas.

**Ho-Chi-Minh-Stadt** [-tʃi-], fr. **Saigon,** vietnamesische Stadt am Mekongdelta, 3,93 Mill. E; 2 Univ.; Ind.-Zentrum, Flusshafen, ✈. – 1954–76 Hptst. S-Vietnams.

**Hochmeister,** Oberhaupt des Deutschen Ordens.

**Hochmoor,** über den Grundwasserspiegel hinausgewachsenes Torfmoor mit gewölbter Oberfläche; hpts. Torfmoos, Binsen, Sonnentau.

**Hochofen,** Schachtofen zur Gewinnung v. Roheisen aus Eisenerzen; Beschickung an d. Schachtöffnung *(Gicht)* schichtweise mit *Koks* u. *Möller* (Erze, Schlacken bildende Zuschläge [v.a. Kalkstein]). Durch aus dem Winderhitzer (Cowper) eingeblasene Heißluft verbrennt der Koks, das kohlenoxidhalt. Verbrennungsgas steigt hoch u. verbindet sich mit dem Sauerstoff der Erze; das frei werdende Eisen verflüssigt sich, nimmt dabei Kohlenstoff auf u. sammelt sich im *Gestell;* aus der Gicht des H.s entweichendes Gas *(Gichtgas)* erwärmt d. Verbrennungsluft.

**Hochrelief** ↑Relief.

**Hochschulen,** Stätten wiss. Forschung und darauf aufbauender Lehre innerhalb des Bildungsbereichs. In Dtl.: *1.* wiss. H.: Univ.; techn. Univ.; alle übr. H. mit Rektoratsverf. und Promotionsrecht, auch wenn an ihnen nur eine Fachrichtung vertreten ist; *2.* Fach-H. für best. Berufsvorbereitung, z.B.: pädag. H., Verw.-H., Sport-H., H. für Musik, für Theater, für bildende Künste; *3.* H. in einer Mittelstellung zw. 1. u. 2., z.B. philos.-theol. H., kirchl. H.u. Bundeswehr-H.; – Voraussetzung für das *Hochschulstudium* ist in Dtl. das Abitur bzw. d. Fachhochschulreife. (↑Gesamthochschule)

**Hochspannung,** elektr. Spannungen über 1 000 V (nicht klar abgegrenzt); zur Übertragung elektr. Energie werden Spannungen bis 750 kV benutzt.

**Hochspannungsgenerator,** Anlage zur Erzeugung hoher elektr. Spannung (Energie), z.B. der ↑Bandgenerator; Spannungen >1 kV (häuf. um 20 kV).

**Hochsprung,** leichtathlet. Disziplin, bei der (meist im ↑Fosburyflop) eine Sprunglatte übersprungen werden muss.

**Höchster Porzellan,** Porzellan der 1746 in Höchst gegr. Porzellanmanufaktur (bed. Werke u.a. von J. P. Melchior).

**Höchstfrequenz** ↑Hochfrequenz.

**Hochverrat,** in Dtl. der Versuch, gewaltsam die verfassungsmäß. Ordn. zu ändern, das B.-Gebiet einem fremden Staat einzuverleiben od. die gebietsmäß. Ordnung der Länder zu ändern; mit hohen Freiheitsstrafen bedroht; ähnl. im östr. und schweizer. Recht.

**Hochvogel,** Berg in den Allgäuer Alpen, an der dt.-östr. Grenze, 2 593 m.

**Hochwald,** Forstbetriebsart: hochstämm. Waldbestand mit wertvollem Nutzholz; Baumbestand bleibt 80–120 Jahre lang stehen; Ggs. ↑Niederwald.

**Hochwild,** wm. Bez. für Elch, Rot- u. Damhirsch, Schwarzwild, Gämse, Steinbock, Mufflon, Auerhuhn.

**Hochwürden,** heute seltene Anrede für kath. Priester.

**Hochzeit,** urspr. jedes hohe Fest; heute Feier der Eheschließung *(grüne H.);* nach 25 Ehej. *silberne H.,* nach 50 *goldene,* nach 60 *diamantene,* nach 65 *eiserne H.,* nach 70 *Gnadenhochzeit.*

**Hockenheim,** St. in Ba.-Wü., südl. v. Mannheim, 18 500 E; nö. der *H.ring* (Motodrom).

**Hockergrab,** Grabstätte mit einem in Hockstellung liegenden Toten; Bestattungsart bei vielen Naturvölkern, in M-Europa v.a. in der Bronzezeit.

**Hockey** [ˈhɔkeː, ˈhɔkɪ; engl.], Ballspiel zw. 2 Mannschaften zu je 11 Spielern (Tor 3,66 × 2,14 m); der Vollball aus Leder od. Kunststoff darf nur mit der flachen Seite der abgebogenen Keule des *H.stocks* gespielt werden; ein Tor kann nur erzielt werden, wenn sich der Ball beim Torschuss innerhalb des

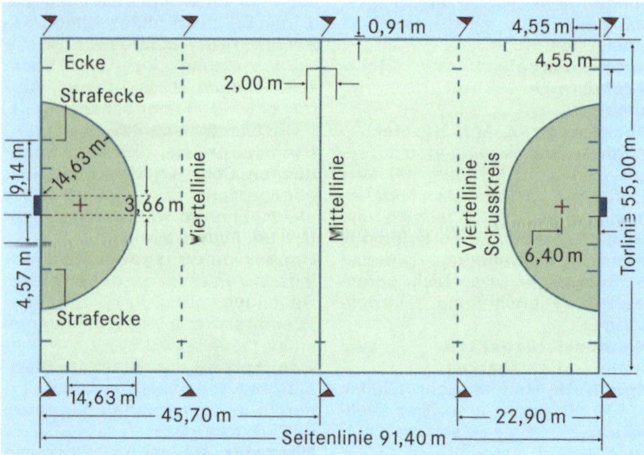


**Hockey:** *Spielfeld (Feldhockey)*

Schusskreises befindet; Spielzeit 2×35 min.

**Hockney** [ˈhɔknɪ], David, engl. Maler u. Grafiker, * 1937; Vertreter der Pop-Art.

**Hodeida, Hudaydah, Al-H.,** Hafenst. in Jemen, 155 000 E; ✈; in *Al-Ahmadi,* 4 km nördl. v. H., mod. ⚓, auch für Erdölumschlag.

**Hoden** ↑Geschlechtsorgane.

**Hodgkin-Krankheit** [ˈhɔdʒkɪn; nach dem brit. Internisten Th. Hodgkin, * 1798, † 1866], svw. ↑Lymphogranulomatose.

**Hodler,** Ferdinand, schweizer. Maler, * 1853, † 1918; Landschaften u. Historienbilder in monumentalem Flächenstil.

**Hoek van Holland** [hu:k van -], niederl. Fährhafen u. Seebad; Ortsteil v. ↑Rotterdam.

**Hof,** krsfr. St. u. Krst. in Bay., an der Saale, 52 600 E; LG; vielseit. Industrie.

**Hofburg,** das ehem. kaiserl. Schloss in Wien (13.–19. Jh.), jetzt Sitz des östr. Bundespräsidenten.

**Hofer,** Andreas, Tiroler Freiheitskämpfer, * 1777, † 1810; Anführer des Tiroler Volksaufstandes 1809 gg. Napoleon I.; in Mantua erschossen.

**Hoff,** Jacobus Henricus van't, niederl. Physikochemiker, * 1852, † 1911; begr. die Stereochemie u. mit W. Ostwald die physikal. Chemie; entwickelte die Lehre v. chem. Gleichgewicht; 1901 erster Nobelpreis f. Chemie .

**Hoffman** [ˈhɔfmən], Dustin, amer. Filmschauspieler, * 1937; „Kramer gegen Kramer", „Tootsie", „Rain Man".

**Hoffmann,** E[rnst] T[heodor] A[madeus], dt. Jurist, Dichter, Musiker u. Maler der Romantik, * 1776, † 1822; Verbdg. v. Realistik u. Fantastik; u. a. „Die Elixiere des Teufels", „Lebensansichten des Katers Murr ...", Märchen u. Erzählungen; Oper „Undine".

**Hoffmann von Fallersleben,** August Heinrich, dt. Germanist u. Dichter, * 1798, † 1874; nat.-lib. Haltung; 1841 Deutschlandlied.

**Hofgeismar,** nordhess. Stadt, nördl. von Kassel, 16 600 E; Pfarrkirche (13.–15. Jh.); ev. Akad.; Textilindustrie.

**Hofheim am Taunus,** St. westl. von Frankfurt am Main, Hessen, 36 300 E; Maschinenbau.

**höfische Dichtung,** mhd. Dichtung etwa zw. 1170 u. 1250; poet. Gestaltung der ritterl.-höf. Ideale in Minnesang, Spruchdichtung u. großen Versepen.

**Hofmann,** Peter, dt. Sänger, * 1944; Wagner-Tenor; Rockmusiker.

**Hofmannsthal,** Hugo v., östr. Dichter, * 1874, † 1929; Erneuerung des ma. Mysterienspiels in „Jedermann", der Barockdramatik in „Das Salzburger Große Welttheater"; Bearbeitung antiker Stoffe in „Elektra" u. a.; von R. Strauss u. a. vertonte Opernlibretti, u. a. „Der Rosenkavalier"; Essays, Reden.

**Hofmann von Hofmannswaldau,** Christian, dt. Dichter, * 1617, † 1679; spätbarocke weltl. u. geistl. Lyrik in äußerst kunstvoller Sprache.

**Hogarth** [ˈhəʊgɑ:θ], William, engl. Maler u. Grafiker, * 1697, † 1764; gesellschaftskrit. u. satir. Gemäldefolgen, die als Kupferstiche weite Verbreitung fanden.

**Höger,** Fritz, dt. Architekt, * 1877, † 1949; erneuerte den norddt. Backsteinbau unter expressionist. Einfluss (Chilehaus in Hamburg).

**Hoggar** ↑Ahaggar.

**Höhe, 1)** √ Abstand eines Pt. von der Grundfläche od. -linie. **2)** ☼ senkr. zum Horizont gemessener Winkel zw. Gestirn u. Horizont.

**Hohe Acht** ↑Eifel.

**hohe Gerichtsbarkeit, Hochgerichtsbarkeit,** die s. dem dt. MA durch Verleihung des *Blutbanns* übertragene Gerichtsbarkeit über Kapitalverbrechen; stand als öffentl. Gewalt dem Landesherrn zu.

**Hoheitsakt,** Handlung in Ausübung der staatl. Gewalt.

**Hoheitsgewässer,** Gewässer unter der Nationalhoheit eines Staates; ↑Dreimeilenzone.

**Hoheitsrechte,** Rechte des Staates, z. B. Legislative, Ausübung der Gerichtsbarkeit.

**Hoheitszeichen,** Flaggen, Wappen u. a. Symbole eines Staates.

**Hohenasperg,** alte Bergfestung bei Asperg, nördl. v. Stuttgart; im 18. u. 19. Jh. Staatsgefängnis (heute Landesstrafanstalt).

**Höhenlinien, Schichtlinilen, Isohypsen,** auf Landkarten Linien, die Punkte gleicher Höhe verbinden.

**Hohenlohe-Schillingsfürst,** Chlodwig Fürst zu, Prinz v. Ratibor u. Corvey, dt. Politiker, * 1819, † 1901; 1866–70 bayr. Min.-Präs., 1894–1900 dt. R.-Kanzler u. preuß. Ministerpräsident.

**Höhenmesser,** in Luftfahrzeugen verw. Geräte zur Anzeige der Flughöhe. Man unterscheidet *barometr. H.* (Luftdruckmessgeräte) u. *Funk-H.* (elektr. H., Radar-H.); Letztere arbeiten mit elektromagnet. Wellen nach d. Laufzeitverfahren.

**Hohensalza, Inowrocław,** Krst. in Polen, sö. von Bromberg, 79 500 E; Solbad; Metall-, chem. Industrie.

**Hohenschwangau,** Schloss am Alpsee, östl. v. Füssen; nach Zerstörung 1833–37 neu erb.; Innendekoration z. T. v. M. v. Schwind.

**Hohenstaufen,** Zeugenberg vor dem Steilrand der Schwäb. Alb, Ba.-Wü., 684 m; auf dem H. ehem. Stammburg der ↑Staufer.

**Hohenstein-Ernstthal,** Krst. in Sa., 15 300 E; Textil-, Masch.-Ind.; Karl-May-Museum im Geburtshaus v. Karl May; im N *Sachsenring* (Rennstrecke für Motorsport).

**Hohenstoffeln,** vulkan. Bergkegel im Hegau, nw. v. Singen (Hohentwiel), Ba.-Wü., 844 m.

**Höhenstrahlung,** die ↑kosmische Strahlung.

**Hohentwiel,** vulkan. Bergkegel mit Burgruine bei Singen (Hohentwiel), Hegau, Ba.-Wü., 686 m.

**Hohenzollern,** dt. Fürstengeschlecht; um 1214 Teilung in: 1. *fränk. Linie:* 1363 R.-Fürsten, s.

1417 Kurfürsten v. Bbg., s. 1701 preuß. Kg.; 1871–1918 dt. Kaiser; 2. *schwäb. Linie:* im 16. Jh. Teilung in H.-Hechingen (erloschen 1869) u. H.-Sigmaringen.

**Hohenzollern, 1)** 855 m hoher Zeugenberg vor dem Steilrand der Schwäb. Alb, südl. v. Hechingen, mit der Stammburg des gleichnam. Fürstengeschlechts. **2)** (Hohenzollernsche Lande) 1849 bis 1945 preuß. Verw.-Bez., jetzt zum Reg.-Bez. Tübingen (Ba.-Wü.).

**Hohe Pforte,** urspr. der Sultanspalast in Istanbul, ben. nach der Eingangspforte; 1718–1922 Bez. für die Reg. u. v. a. für das Außenmin. des Osman. Reiches bzw. der Türkei.

**Hoher Dachstein,** höchste Erhebung des Dachsteins, Östr., 2 995 m.

**höhere Gewalt,** von außen her einwirkendes, außergewöhnl., nicht vorhersehbares, durch äußerste zumutbare Sorgfalt nicht abwendbares Ereignis.

**Hoher Meißner** ↑Meißner.

**Hoher Priester,** Oberpriester des Tempels v. Jerusalem; Zur Zeit Jesu auch Vors. des *Hohen Rates* (↑Synedrium).

**hohe Schule,** vollendete Reitkunst; höchste Stufe des ↑Dressurreitens.

**hohe See,** diejenigen Meeresteile, an denen nach Völkerrecht keine Hoheitsrechte bestehen.

**Hohes Lied,** Buch des A. T., Slg. v. Liebes- u. Hochzeitslyrik; vielf. allegor. gedeutet; von der jüd. Tradition Kg. Salomo zugeschrieben.

**Hohes Venn** [- fẹn], Teil der Ardennen, südl. v. Aachen, mit dt. u. belg. Anteil; bis 694 m; Moorldsch.

**Hohe Tatra,** höchster Teil der Karpaten, bis 2 655 m (Gerlsdorfer Spitze, ČR).

**Hohe Tauern,** Gebirgszug in den Ostalpen, Österreich, im Großglockner 3 797 m.

**Hohhot, Huhehot,** Hptst. der Inneren Mongolei (China), 810 000 E; Univ.; ⚔.

**Höhle, Grotte,** gr. Hohlraum im Gestein; als *primäre H.* zugleich mit der Gesteinsbildung entstanden: im Korallenriff, Kalktuff od. als Lava-H.; als *sekundäre H.* durch Erosion (Brandung) od. Auslaugung (Korrosion) in Gips, Steinsalz, Kalkstein, Dolomit; am größten *Karst-H.n,* z. T. in Form von *H.nsystemen,* oft mit ↑Tropfsteinen; in Gesteinsklüften entstehen [pfeilerdurchsetzte od. hallenart.] *Kluft-H.n;* bei Bildung v. Eissäulen u. Ä. durch eintretendes Wasser: *Eishöhlen.*

**Höhlenmalerei,** svw. Felsmalerei (↑Felsbilder).

**Höhlentempel,** svw. ↑Felsentempel.

**Hohler,** Franz, schweizer. Kabarettist u. Schriftsteller, * 1942; tragikom. groteske Geschichten.

**Hohlleiter,** Wellenleiter aus elektr. leitendem Material, z. B. zur Fortleitung v. Mikrowellen.

**Hohlspiegel,** Körper mit gekrümmter reflektierender Fläche, der auf die Innenfläche treffende Strahlen reflektiert; meist sphär. (Kugelspiegel) od. parabol. gekrümmt.

**Hohltiere,** Unterabt. vielzell. wasserlebender Tiere mit einheitl. Körperhohlraumsystemen; noch keine sekundäre Leibeshöhle: Nesseltiere, Rippenquallen.

**Hohlvenen,** gr. Blutgefäße, die das verbrauchte Blut zum r. Herzvorhof führen.

**Hokkaidō,** nördlichste der jap. Hauptinseln, 85 519 km², Hptst. Sapporo; gebirgig; Kohle- u. Eisenerz-⚒.

**Hokusai** [hoksai] Katsushika, jap. Meister des Farbholzschnitts, * 1760, † 1849; Einfluss auf frz. und engl. Malerei des 19. Jh.

**Holbein, 1)** Hans, d. Ä., dt. Zeichner u. Maler, * um 1465, † 1524; Meister der Spätgotik an der Wende zur Renaissance. **2)** Hans, d. J., Sohn v. 1), dt. Maler u. Zeichner; * 1497, † 1543, s. 1515 in Basel, 1536 Hofmaler Kg. Heinrichs VIII. von England, Repräsentant der dt. Renaissance; bed. v. a. seine Bildnisse; Altäre, Zeichnungen für Holz- u. Metallschnitte (Bibelillustrationen), Wandmalerei; Entwürfe für Glasgemälde.

**Holberg,** Ludvig Baron von, dän. Dramatiker u. Historiker der Aufklärung, * 1684, † 1754; „Der politische Kannegießer".

**Hölderlin,** Friedrich, dt. Dichter, * 1770, † 1843; 1796–98 in Frankfurt am Main Hauslehrer bei dem Bankier Gontard, dessen Frau Susette er als „Diotima" verehrte; s. etwa 1802 geisteskrank (s. 1806 in Tübingen); sein poet. Werk ist vom Streben nach allg. Humanität und dem Bewusstsein des Scheiterns geprägt; Lyrik und Prosa von höchster Sprachkunst: Oden, Elegien, im Spätwerk freie Rhythmen, Briefroman „Hyperion", Dramenfragment „Der Tod des Empedokles".

**Holdinggesellschaft** ['həʊldıŋ-], zur einheitl. Leitung u. Verwaltung eines Konzerns gegr. Obergesellschaft, die selbst keine Produktions- od. Handelsfunktionen ausübt u. damit eine rechtl. Verselbständigung der Konzernhauptverwaltung darstellt.

**Holland, 1)** ugs. für ↑Niederlande. **2)** i. e. S. die Prov. N- u. S-Holland.

**holländisches Fernrohr** ↑Fernrohr.

**Hölle,** nach tradit. christl. Auffassung Ort der ewigen Verdammnis.

**Höllengebirge,** Gebirgsstock der Nördl. Kalkalpen zw. Attersee u. Traunsee, Oberöstr.; im Gr. Höllkogel bis 1 862 m hoch.

**Höllenstein,** Stifte aus Silbernitrat (als Antiseptikum, füher auch als Ätzmittel).

**Höllental, 1)** Hochtal im Wettersteingeb., sw. v. Garmisch-Partenkirchen, Bayern, mit Klamm *(H.klamm).* **2)** Engtal des Rotbachs im S-Schwarzwald, Ba.-Wü., mit *Höllentalbahn* (Freiburg im Breisgau–Neustadt). **3)** Schlucht der Schwarza zw. Rax u. Schneeberg, Niederösterreich.

**Hollerith,** Hermann, dt.-amer. Ingenieur, * 1860, † 1929; erfand u. a. das *H.-Lochkartenverfahren* der Datenverarbeitung.

**Hollywood** [-wʊd], nw. Stadtteil v. Los Angeles; Zentrum der amer. Filmindustrie.

**Holmenkollen,** Erhebung im NW von Oslo, Wintersportgebiet; bekannte Skisprungschanze.

**Holmium,** Symb. **Ho,** chem. El., OZ 67, rel. A.-Masse 164,9304; Seltenerdmetall (Lanthanoid), silbergrau, Dichte 8,795 g/cm³, Fp. 1 472 °C, Sp. 2 694 °C.

**holo..., Holo...** [gr.], Bestimmungswort; Bed.: „ganz, völlig".

**Holocaust** [engl. 'hɔləkɔ:st], Tötung einer großen Zahl v. Menschen, eines Volkes (Genozid), v. a. Bez. für die Verfolgung, Gettoisierung u. industriemäßige Vernichtung der europ. Juden *(Schoa[h], Shoa)* während der NS-Herrschaft in Dtl. u. Europa (1933–45; etwa 6 Mill. Opfer; zentrale Bed.: Auschwitz).

**Holoeder** [gr.], Kristall mit dem höchsten in seinem Kristallsystem mögl. Grad an Symmetrie; alle Flächen sind ausgebildet.

**Holofernes,** assyr. Feldhauptmann, nach dem at. Buch Judith von Judith mit List getötet.

**Holographie** [gr.], Verfahren zur Speicherung u. Wiedergabe dreidimensionaler Bilder: Ein Gegenstand wird mit Laserlicht beleuchtet; die v. ihm reflektierten Wellen überlagern sich mit den aus dem Laserstrahl abgelenkten Bezugswellen u. ergeben auf einer Fotoplatte ein Interferenzbild *(Hologramm).* Bestrahlt man dieses mit gleichart. Laserlicht (Weißlichthologramme auch mit normalem gebündeltem Licht), so erhält man ein frei im Raum schwebendes dreidimensionales (virtuelles) Bild des Gegenstands.

**Holozän** ↑Geologie (Übers.).

**Holsteinische Schweiz,** seenreiche, kuppige Ldsch. in Ostholstein.

**Hölty,** Ludwig Christoph Heinrich, dt. Dichter, *1748, †1776; volkstüml. Lyrik, Balladen.

**Holunder, Holder,** Gatt. der Geißblattgewächse; meist Sträucher; heim.: *Schwarzer H.,* dessen dunkelblaue Beeren in der Küche u. für Heilzwecke verw. werden; *Trauben-H.,* bes. in Gebirgswäldern.

**Holz,** Arno, dt. Dichter, *1863, †1929; Mitbegr. des konsequenten Naturalismus; Lyrik („Phantasus"), theoret. Schriften.

**Holzschnitt:** *Erich Heckel, „Fränzi stehend" (1911)*

**Holz,** der v. Rinde u. Bast umgebene, aus lang gestreckten Zellen bestehende Teil der Stämme u. Äste; dient Bäumen u. Sträuchern zur Wasserleitung, mech. Festigung u. Aufspeicherung v. Baustoffen; Zuwachs im Frühjahr aus hellen großlumigeren (↑Lumen) Zellen: *Früh-H.,* im Herbst aus dunklen kleinlumigeren: *Spät-H.* (dadurch ↑Jahresringe); innerer Teil des H.körpers *Kern-H.,* äußerer *Splint-H.;* unterschiedl. Dichte je nach H.art 0,5–1,0 g/cm³.

**Holzbock,** u. a. an Säugetieren u. Vögeln blutsaugende Schildzeckenart.

**Holzdestillation, Holzverkohlung,** Zersetzung v. Holz durch trockenes Erhitzen unter Luftabschluss; fr. im ↑Meiler, heute in Dtl. nur noch in Retorten; Hauptprodukte der H. sind Holzkohle, Holzgas, Holzteer, Holzgeist u. Holzessig (Rohholzessig).

**Holzer,** Jenny, amer. Medienkünstlerin, *1950; elektron. Schriftbänder mit provokativem Inhalt.

**Holzfaserplatten,** plattenförmige Holzwerkstoffe, die aus zerfasertem Holz hergestellt werden; Einteilung je nach Rohdichte in harte H. *(Hartfaserplatten),* mittelharte H., poröse H. u. mitteldichte H. (MDF).

**Holzgas** ↑Holzdestillation.

**Holzgeist** ↑Holzdestillation.

**Holzkohle,** Hauptprodukt (etwa 35%) der ↑Holzdestillation; enthält rd. 80% C, 13–14% $O_2$, 4% $H_2$, Rest Asche; verw. als Brennmaterial, als Filterkohle, Aktivkohle u. a.

**Holzschnitt,** 1. Holzschneidekunst, eine der ältesten graf. Künste, 2. die dafür benutzte Druckform (Stock), 3. Abdruck vom Druckstock. – Der Formschneider arbeitet die Linien der Zeichnung als erhöhte Stege heraus (der Künstler schneidet selten selbst); neben Einzelblättern u. Zyklen (z. B. Passion, Marienleben) v. a. Buchillustrationen; im 15. und 16. Jh.: Dürer, Cranach, Baldung, Holbein d. J., Beham u. a.; im 19. u. 20. Jh.: Daumier, Doré, Menzel, Richter, Morris, Munch, Barlach, Heckel, Beckmann, Grieshaber u. a.; ↑jap. Kunst. Beim *Holzstich (Xylographie)* wird das Bild in quer geschnittenes Birnbaum- oder Buchsbaumholz mit dem Stichel eingestochen.

**Holzteer** ↑Holzdestillation.

**Holzverkohlung,** svw. ↑Holzdestillation.

**Holzwespen,** Pflanzenwespen, teils sehr gr., mit langem Legestachel; Holzschädlinge.

**Homburg,** hoher eleganter Herrenhut aus Filz mit hochgebogener, eingefasster Krempe.

**Homburg, 1)** Krst. im östl. Saarland, 45 800 E; med. Fakultät der Univ. Saarbrücken; Institut für Biophysik; röm. Freilichtmuseum; Eisenind., Walzwerk. **2)** ↑Bad Homburg v. d. Höhe.

**Homelands** [ˈhəʊmlændz] ↑Autonomstaaten.

**Homepage** [ˈhəʊmˈpeɪdʒ; engl.], **Startseite,** die erste Seite eines Informationsangebots im Internet.

**Homer,** griech. Epiker der 2. Hälfte d. 8. Jh.s v. Chr.; wandernder – nach späterer Legende blinder – Rhapsode an ion. Fürstenhöfen; unter seinem Namen sind die Epen „Ilias" und „Odyssee" überliefert.

**Homerule** [ˈhəʊmruːl; engl.; = Selbstregierung], Schlagwort der ir. Nat.-Partei, die die Selbstständigkeit Irlands im Rahmen des brit. Empire auf parlamentar. Wege zu erreichen suchte.

**Homer** *(römische Kopie eines griechischen Originals aus dem 2. Jh. v. Chr.)*

**Hominiden** [lat.], Ordnung der Primaten, in welcher der heutige Mensch das einzige noch lebende Mitgl. ist.

**Homo** [lat.], einzige Gatt. der Hominiden mit den beiden Arten H. erectus u. H. sapiens; der *H. erectus* ist eine (ausgestorbene) Art der Gatt. Homo, die rd. 1,5 Mill. Jahre bis etwa 0,3 Mill. Jahre vor der Gegenwart gelebt hat; der *H. sapiens* [vernunftbegabter Mensch] ist der jetztzeitl. Menschentyp.

**hom[o]..., Hom[o]...** [gr.], Bestimmungswort; Bed.: „gleich".

**Homo|erotik,** svw. ↑Homosexualität.

**homogen** [gr.], gleichartig; Ggs. heterogen.

**Homogonie** [gr.], Entstehung aus Gleichartigem; Ggs. Heterogonie.

**homoio..., Homoio...** [gr.], urspr. Form von ↑homö[o]..., Homö[o]...

**Homonyme** [gr.], gleich lautende Wörter mit versch. Bed., z. B. Lerche–Lärche; i. w. S. auch *Homogramme* (gleich geschriebene Wörter, z. B. Steuer [Abgabe od. Lenkvorrichtung]).

**homö[o]..., Homö[o]...** [gr.], Bestimmungswort; Bed.: „ähnl.".

**Homöopathie** [gr.], von S. F. ↑Hahnemann begr. Heilverfahren, wonach Krankheiten mit niedrig dosierten Medikamenten behandelt werden, die in höherer Dosierung diesen Krankheiten ähnl. Erscheinungen hervorrufen.

**Homophonie,** 𝄞 Satztechnik, in der die Melodiestimme hervortritt u. die anderen Stimmen nur begleiten (Ggs. Polyphonie), angewandt im homophonen Satz (Kontrapunkt).

**Homo sapiens** ↑Homo.
**Homosexualität,** dem gleichen Geschlecht zugewandtes Geschlechtsempfinden, unter Männern *Uranismus* u. *Päderastie (Knabenliebe),* unter Frauen *sapph.* od. *lesb. Liebe,* auch *Tribadie* genannt; homosexuelle Handlungen an u. von Männern in Dtl. s. 1994 nicht mehr strafbar; Jugendliche unter 16 Jahren durch § 182 StGB gegen sexuellen Missbrauch geschützt.
**homozygot** [gr.], mit gleichart. Erbanlagen, reinerbig; Ggs. heterozygot.
**Hondo** ↑Honshū.
**Honduras,** zentralamer. Rep. Im NO lagunenreiches Flachland, sonst Geb.-Land; v. a. Kaffeeanbau u. Rinderzucht. Bergbau: Silber, Gold, Blei, Zink; Haupthafen Puerto Cortés am Golf v. H. – Urspr. Gebiet der Maya, 1502 von Kolumbus entdeckt, wurde 1525 span. Prov., 1828 selbst. Republik; Bürgerkriege, Konflikte mit Nachbarstaaten kennzeichneten H. im 20. Jh.; 1972–81 Militärjunta, seither präsidialdemokrat. Verfassung.

**Honduras**

*Fläche:* 112 088 km²
*Einwohner:* 6,25 Mill.
*Hauptstadt:* Tegucigalpa
*Amtssprache:* Spanisch
*Zeitzone:* MEZ – 7 Stunden

**Honecker,** Erich, dt. Politiker (DDR), * 1912, † 1994; 1946–55 1. Vors. der FDJ; s. 1958 Mitgl. des Politbüros, s. 1971 1. Sekr. (s. 1976 Gen.-Sekr.) des ZK der SED, s. 1976 Vors. des Staatsrats (Staatsoberhaupt), am 18. 10. 1989 von allen Ämtern zurückgetreten, 3. 12. 1989 aus SED ausgeschlossen; 1991/92 in Moskau, nach Rückkehr inhaftiert, Ermittlungsverfahren wg. Amtsmissbrauch und Strafverfahren (Totschlag, versuchter Totschlag) Jan. 1993 wg. Erkrankung eingestellt; übersiedelte nach Chile.
**Honegger,** Arthur, frz.-schweizer. Komponist, * 1892, † 1955. In s. Musik gr. Stil- u. Formenreichtum.
**Honen** [engl.], **Ziehschleifen,** Verfahren d. spanenden Formung, bei dem d. Werkzeug hin- u. hergehende, d. Werkstück Drehbewegungen ausführt; ermöglicht genaue Maßhaltigkeit u. große Oberflächengüte.
**Hongkong,** chin. *Xianggang,* seit 1997 Sonderverwaltungszone der VR China an der südchin. Küste, sö. von Kanton, 1 095 km², 6,87 Mill. E (hpts. Chinesen); umfasst die Insel H. (79,99 km²), mit dem Verw.sitz Victoria, die Halbinsel Kowloon (10 km²) u. einen Teil ihres Hinterlandes, zwei Univ.; Werften, Textil-, Elektronik-, Spielzeugind.; Hafen, ✈. – 1842 brit. Kronkolonie; entwickelte sich zu einem der wichtigsten Handelsplätze in O- u. SO-Asien. 1860 um das v. China abgetretene Kowloon u. 1898 (durch Pachtvertrag auf 99 Jahre) um die New Territories sowie zahlr. kleine Inseln erweitert. Im 2. Weltkrieg 1941–45 jap. besetzt. Gemäß brit.-chin. Abkommen v. 1984 Rückgabe zum 1. 7. 1997 an China, das es als Sonderverwaltungszone (innere Autonomie) behandelt; Wirtsch.-, Gesellschafts- u. Rechtssystem sollen f. 50 Jahre nicht fundamental verändert werden.
**Honig,** klebr., süße Flüssigkeit (rd. 75 % Invertzucker, 20 % Wasser), v. Bienen [u. a. Hautflüglern] im *H.magen* v. a. aus Nektar u. unter Zusatz v. Drüsensäften hergest. u. zur Reifung in [später eingedeckelten] *H.waben* gespeichert.
**Honneurs** [ɔ'nœ:rs; frz.], Ehrenerweisungen; *H. machen,* Gäste willkommen heißen.
**Hon[n]i soit qui mal y pense** [ɔ'ni 'swa kimali 'pãs; frz.; = ein Schelm, wer Arges dabei denkt], Devise des ↑Hosenbandordens.
**Honolulu,** Hptst. u. Haupthafen des US-Bundesstaates Hawaii, an der S-Küste der Insel Oahu, 839 000 E; zwei Univ.; Zucker- u. Obstkonservenind.; ✈.
**Honorar** [lat.], Vergütung, insbes. für Leistungen in freien Berufen.
**Honoratioren** [lat.], angesehene Einwohner, bes. in kl. Städten.
**honorieren, 1)** ein Honorar bezahlen. **2)** einen Wechsel einlösen.
**honoris causa** ↑h. c.
**Honshū, Hondo,** größte Insel Japans, 231 090 km², 100 Mill. E; bewaldetes Geb.-Land mit Höhen über 3 000 m (↑Fujijama) u. z. T. noch tät. Vulkanen; häuf. heft. Erdbeben; Küsten stark gegliedert, Klima ozean., ständ. feucht (Monsun). Anbau von Reis, Getreide, Kartoffeln, Sojabohnen, Tee u. Tabak; *Bodenschätze:* Kupfer, Zinn, Eisen, Kohle und Erdöl.
**Hooligans** ['hu:lɪgənz; engl.], gewalttätig bzw. provozierend, i. d. R. in Gruppen auftretende Jugendliche; urspr. in der proletar. Subkultur der Industriestädte (bes. Großbritanniens).
**Hoorn, Kap,** südlichster Punkt S-Amerikas, 55° 59' s. Br., 67° 15' w. L.
**Hoover** ['hu:və], Herbert Clark, 31. Präs. der USA (1929–33; Republikaner), * 1874, † 1964; veranlasste 1931 den *H.-Plan,* ein Zahlungsmoratorium zur Stärkung der dt. Wirtschaft.
**Hoover Dam** ['hu:və 'dæm], 1933 bis 1947 **Boulder Dam,** Talsperre des Colorado, USA; staut rd. 36 Mrd. m³ Wasser im 180 km langen Lake Mead.
**Hope** ['həʊp], Bob, eigtl. Leslie Townes **H.,** amer. Komiker brit. Herkunft, * 1903.
**Hopeh** ↑Hebei.
**Hopfe,** höhlenbrütende Rackenvögel; Eurasien, Afrika; u. a. Wiedehopf.
**Hopfen,** windendes Hanfgewächs; der ♀ Fruchtzapfen liefert das für die Bierherst. wicht. Lupulin (v. a. Bitterstoffe).
**Hopkins** ['hɔpkɪnz], Anthony, brit. Bühnen- u. Filmschauspieler, * 1937; Film „Das Schweigen der Lämmer".
**Hoplit** [gr.], schwer bewaffneter Fußsoldat im alten Griechenland.

**Hopfen:** *Pflanze mit weiblichen Fruchtzapfen*

**Hoppe,** Marianne, dt. Bühnen- u. Filmschauspielerin, * 1911.
**hora** [lat.], Abk. **h** oder ʰ, Stunde.
**Horaz, Quintus Horatius Flaccus,** röm. Dichter, * 65, † 8 v. Chr; Freund des Maecenas u. Augustus; Formkünstler hohen Ranges; „Epoden", „Satiren", „Oden".
**Hörbiger, 1)** Attila, östr. Schau-

spieler, *1896, †1987; verh. mit P. Wessely. **2)** Christiane, Tochter von 1), österr. Schauspielerin, *1938. **3)** Paul, Bruder von 1), österr. Schauspieler, *1894, †1981.

**Hörbuch,** gesprochener [Roman]text auf CD od. Kassette.

**Horch,** August, dt. Automobilkonstrukteur u. -industrieller, *1868, †1951.

**Horen,** Töchter des Zeus und der Themis. *Eunomia* (Gesetzlichkeit), *Dike* (Recht), *Eirene* (Friede); auch [4] Göttinnen der Jahreszeiten.

**Hörigkeit, 1)** im MA die Abhängigkeit der dingl. unfreien *Hörigen* vom Grundherrn. **2)** bis zur Aufgabe der eigenen Person gehende, v.a. sexuell bedingte Abhängigkeit von einem anderen Menschen.

**Horizont** [gr.], Gesichtskreis; *natürl. H.,* sichtb. Grenzlinie zw. Himmel u. Erde (auf See *Kimm* gen.); *wahrer H.,* Schnittlinie einer durch den Erdmittelpt. gelegten Ebene mit der unendl. gr. gedachten Himmelskugel; *künstl. H.,* spiegelnde Fläche (Quecksilber) zur Bestimmung der Richtung zum Zenit bzw. Nadir (Astronomie) od. Kreiselgerät *(Kreisel-H.)* zur Darstellung der Lage eines Flugzeugs bezügl. des H. beim Instrumentenflug (Luftfahrt).

**Horkheimer,** Max, dt. Soziologe u. Philosoph, *1895, †1973; „Dialektik der Aufklärung" (mit T. W. Adorno).

**Hormondrüsen,** svw. endokrine ↑Drüsen.

**Hormone** [gr.], **Inkrete,** körpereigene Wirkstoffe der Lebewesen, meist v. ↑Drüsen mit innerer Sekretion erzeugt u. an die Körpersäfte abgegeben; beeinflussen andere Organe u. halten sie in funktionellem Gleichgew.; H. werden auch synthet. hergestellt.

**Horn,** v. den Epidermiszellen gebildeter harter, zäher Eiweißstoff, v.a. aus Keratin; ↑Haut.

**Horn,** Blasinstrument, urspr. aus einem Tierhorn, jetzt kreisförmig gewundene Metallblechröhre mit Schallbecher: *chromat.* oder *Ventil-H.,* mit Ventilen zur Erzeugung aller Töne; in F- und B-Stimmung gebaut; *Natur-* oder *Wald-H.,* nur mit Naturtönen.

**Horn-Bad Meinberg,** St. in NRW, zw. Teutoburger Wald u. Lipper Bergland, 18700 E; Holzind. In *Bad Meinberg* u.a. Moorbäder. In *Horn* ehem. landesherrl. Burg mit stadthistor. Museum.

**Hornblatt,** Wasserpfl.; in M-Europa bes. das *Gemeine H.* mit vielgliedr. Blattquirlen; Aquarienpfl.

**Hornblende,** Mineral aus d. Gruppe d. ↑Amphibole.

**Hörner, Gehörn,** Kopfschmuck gewisser Paarhufer (u.a. Ziegen, Schafe, Antilopen, Rinder); bestehen aus v. Hornscheiden überdeckten, v. Stirnbein ausgehenden Knochenzapfen.

**Horney,** Brigitte, dt. Bühnen- u. Filmschauspielerin, *1911, †1988.

**Hornhaut, 1) Hornschicht,** äußerste Hautschicht aus abgestorbenen Epithelzellen. **2) Kornea,** uhrglasartig gewölbte, durchsicht. Augapfelvorderfläche; *H.entzündung* (Keratitis), entzündl. Trübung der H. (u.a. bei Syphilis, Tbc).

**Hornisgrinde,** höchster Berg d. nördl. Schwarzwaldes, 1164 m.

**Hornisse,** größte einheim. Wespe; ♀ bis 35 mm.

**Hornkraut,** Gatt. der Nelkengewächse; weiß blühende Kräuter trockener Standorte, auch Zierstauden.

**Hornsilber, Chlorargyrit, Chlorsilber,** AgCl, graues, gelbes, braunes bis schwarzes Mineral, Härte 1,5–2; wicht. Silbererz.

**Hornung,** alter dt. Name für Februar.

**Horoskop** [gr.], in der Astrol. schemat. Zeichnung mit der Gestirnskonstellation zur Zeit eines wicht. Ereignisses od. der Geburt eines Menschen; für Schicksalsdeutungen.

**Horowitz,** Wladimir, amer. Pianist ukrain. Herkunft, *1904, †1989.

**Horror** [lat.], Schrecken, Abscheu; *H. vacui,* Scheu vor dem Leeren.

**Hörschwelle,** derjenige Schalldruck, der im Gehörorgan gerade noch eine Hörempfindung hervorruft, frequenzabhängig. Das Maximum der Empfindlichkeit liegt beim Menschen zw. 1000 u. 2000 Hz.

**Horsd'œuvre** [ɔrˈdœvr; frz.], Vorspeise, auch Beigericht.

**Horsepower** [ˈhɔːspaʊə; engl.], Einheitenzeich. **hp,** angloamer. Einheit der Leistung: 1 hp = 1,01387 PS = 745,6998 W.

**Hörspiel,** für den Hörfunk entwickelte dramat. Gattung, die mit rein akust. Mitteln (Sprache, Geräusche, Musik) arbeitet.

**Hörsturz,** plötzl. auftretende Schwerhörigkeit bzw. Taubheit, die mit Ohrgeräuschen verbunden ist; evtl. Ursache: Gefäßkrämpfe, Embolien d. Innenohrkapillaren u.a.

**Hortensie,** Gatt. der Steinbrechgewächse; meist Sträucher, z.T. Zierpflanzen.

**Horthy,** Miklós (Nikolaus H. v. Nagybánya), ungar. Admiral u. Politiker, *1868, †1957; 1920–44 ungar. R.-Verweser; s. 1948 im Exil.

**Horváth,** Ödön v., österr. Schriftsteller, *1901, †1938; realist. Wiener Volksstücke und satir. Romane.

**Hosea** ↑Kleine Propheten.

**Hosenbandorden,** höchster brit. Orden, 1348 gestiftet; goldgesäumtes, blaues Samtband, unter dem l. Knie getragen; Devise: ↑„Hon[n]i soit qui mal y pense".

**Hosianna** [hebr.; = hilf doch!], at. Gebets- u. Freudenruf; in den christl. Gottesdienst eingegangen.

**Hospital** [lat.], ältere Bez. für Krankenhaus.

**Hospitalismus,** Bez. für die durch fehlende persönl. Zuwendung (bes. bei längerem Heimaufenthalt) bedingten körperl.-seel. Schädigungen.

**Hospiz** [lat.], in ma. Klöstern Unterkunftsstätte für Reisende; heute: *a)* Beherbergungsbetrieb (Hotel, Pension) mit christl. Hausordnung; *b)* Einrichtung, die Sterbende im Rahmen ganzheitl. Sterbebegleitung betreut, getragen von der *H.-Bewegung.*

**Host** [ˈhoʊst; engl.], Hauptrechner in einem Rechnernetz, der das Netz u. die anderen Rechner verwaltet od. der Dienste zur Verfügung stellt.

**Hostess** [engl.], **1)** Betreuerin, Auskunftsdame (bei Messen u.Ä.); *Ground-H.* auf Flughäfen. **2)** Prostituierte.

**Hostie** [lat.], ungesäuertes Abendmahlsbrot in Form einer kleinen dünnen runden Scheibe.

**Hotel** [frz.], Beherbergungs- u. Verpflegungsbetrieb; *H. garni,* nur für Übernachtung und Frühstück.

**Hotline** [-ˈlaɪn], permanent geöffnete Telekommunikationsverbdg. als Kundenservice, wird v.a. bei Callcentern angeboten.

**Hotmelts,** Bez. der Kunststofftechnik für Werkstoffe, die bei Erwärmung flüssig werden u. für Verpackungen, Beschichtungen sowie als Klebstoffe verw. werden.

**Hot Springs** [- ˈsprɪŋz], Kurort in Z-Arkansas, USA, sw. von Little Rock, 35800 E; im *H. S. National Park* heiße Mineralquellen; ♨.

**Hottentotten,** khoisanides Volk in S- u. SW-Afrika, Hirtennomaden, verarmt; äußerl. Ähnlichkeit mit ↑Buschmännern.

**Hotzenwald,** Teil des südl. Schwarzwaldes nördl. von Säckingen und Waldshut, Ba.-Wü.

**Houellebecq** [uɛlˈbɛk], Michel, frz. Schriftsteller, *1958; erfolgreiche kulturkrit. Romane mit z.T. pornograph. Tendenz („Die Elementarteilchen“, „Plattform“), Essays, Lyrik.

**House of Commons** ['haʊs ɔv 'kɔmənz; engl.], svw. ↑Unterhaus.

**House of Lords** ['haʊs ɔv lɔ:dz; engl.], svw. ↑Oberhaus.

**Houston** ['hju:stən], Ind.-St. in SO-Texas, USA, 1,75 Mill. E; Univ., med. Forschungszentrum; Baumwollmarkt; vielseit. Ind.; Überseehafen, da durch einen Schifffahrtskanal mit dem Golf von Mexiko verbunden; ✈ u. Anlagen der NASA.

**Hoxha** ['hodʒa], Enver, alban. Politiker, * 1908, † 1985; Gründer der alban. KP, 1944–54 Min.-Präs.; danach 1. Sekr. des ZK der Partei der Arbeit.

**Höxter,** Krst. an der Weser, NRW, 33 500 E; roman. Kilianikirche, Fachwerkbauten; Abt. H. d. Gesamthochschule Paderborn; Gummi-, Papierind.; im NO ↑Corvey.

**Hrabanus Maurus, Rhabanus, Rabanus,** Erzb. v. Mainz, * 780, † 856; bed. Gelehrter u. Schriftsteller der Karolingerzeit; wurde 822 Abt von Fulda, 847 Erzb. v. Mainz.

**Hradec Králové** ['hradɛts 'kra:lɔvɛ:], ↑Königgrätz.

**Hradschin,** Burg u. Stadtteil in Prag; die Burg ist Sitz des Staatspräs. der Tschech. Rep.

**Hrdlicka** ['hɪrdlɪtska], Alfred, östr. Bildhauer u. Grafiker, * 1928. Steinskulpturen und Reliefs sowie graf. Zyklen.

**Hrotsvith (Roswitha) von Gandersheim,** dt. Dichterin, * um 935, † nach 973, Nonne; schrieb in mittellat. Sprache Legenden, Dramen u. histor. Dichtungen (über Otto I.).

**Hs,** ⚗ Symb. für ↑Hassium.

**HTML,** Abk. für engl. **H**yper**t**ext **M**arkup **L**anguage, 💻 Bez. einer Beschreibungssprache zur Gestaltung v. Dokumenten im WWW.

**http,** Abk. für engl. **H**yper**t**ext **T**ransfer **P**rotocol, ein speziell für das WWW entwickeltes Datenübertragungsprotokoll, das die Datenformate u. die Art der Übermittlung von HTML-Seiten festlegt.

**Huai He, Hwaiho,** Fl. im S der Gr. Ebene, China, 1 087 km.

**Huascarán** [uaska'ran], erloschener Andenvulkan, höchster Berg Perus (6 768 m).

**Huaxteken** [uas'te:kən], Indianerstamm in Mexiko, gehört zur Sprachgruppe der Maya-Quiché.

**Hub, Kolbenhub,** der Weg, den der Kolben im Zylinder v. Kolbenmasch. bei einem Hin- od. Hergang zurücklegt; *H.raum,* der Raum zw. oberem und unterem Tot-(Umkehr-)Punkt des Kolbens.

**Hubble** ['hʌbl], Edwin Powell, amer. Astronom, * 1889, † 1953; begr. die moderne extragalakt. Astronomie; entdeckte 1929 die systemat. ↑Rotverschiebung der Spektrallinien weit entfernter Galaxien in Abhängigkeit v. ihrer Entfernung. Man deutet diesen *H.-Effekt* als Doppler-Effekt, nach dem die Galaxien eine radial gerichtete Fluchtbewegung (Expansion des Universums) ausführen.

**Hubble-Weltraumteleskop** ['hʌbl-, nach E. P. Hubble], 1990 als Projekt v. NASA u. ESA gestartetes Observatorium, das Objekte des Planeten- u. des Milchstraßensystems sowie extragalakt. Sternsysteme im opt. u. UV-Bereich untersucht. Mit dem H.-W. gelang u. a. die bislang am weitesten reichende Aufnahme eines Himmelsfeldes *(Hubble Deep Field).*

**Huber,** 1) Kurt, dt. Philosoph u. Musikwissenschaftler, * 1893, † 1943; seit 1942 führendes Mitgl. der ↑Weißen Rose; hingerichtet. **2)** Wolf, östr. Maler u. Zeichner, * um 1485, † 1553; ab 1510 in Passau tätig; einer der bedeutendsten Maler der Donauschule.

**Hubert[us],** hl., Bischof v. Lüttich, * um 655, † 727; Patron der Jäger; *Hubertusjagd* (3. Nov.), festl. Treib- oder Reitjagd.

**Hubertusburg,** ehem. kurfürstl. Schloss in Wermsdorf bei Oschatz, 1763 beendete der *Friede von H.* den ↑Siebenjähr. Krieg.

**Hubraum** ↑Hub.

**Hubschrauber** ↑Flugzeug.

**Huch,** Ricarda, dt. Schriftstellerin, * 1864, † 1947, Erzählungen, Romane, histor. u. kulturhistor. Werke („Die Romantik“).

**Huchel,** Peter, dt. Schriftsteller, * 1903, † 1981, von der DDR-Kulturpolitik unterdrückt, seit 1971 in der BRD; sensible Naturgedichte und Hörspiele.

**Hudson** ['hʌdsn], **1)** Henry, engl. Seefahrer, * um 1550, † 1611; entdeckte 1609 die *H.mündung,* befuhr 1610/11 die ↑Hudsonbai. **2)** Rock, eigtl. Roy **Fitzgerald** [-'dʒerld], amer. Filmschauspieler, * 1925, † 1985.

**Hudsonbai** ['hʌdsn-], Binnenmeer im nö. Kanada, 1,23 Mill. km²; durch die *Hudsonstraße* (über 700 km lang) mit dem Atlantik verbunden; Schifffahrt nur von Juli bis Oktober.

**Hudson River** ['hʌdsn 'rɪvə], Fl. im NO der USA, 493 km; mündet bei New York in den Atlantik.

**Huê,** St. im zentralen Vietnam, 211 000 E; Univ.; ⚓, ✈.

**Huf,** die das Zehenendglied *(H.bein)* der ↑Huftiere umgebende Hornmasse *(Hornkapsel).* Der H. des Pferdes besteht aus *Hornwand, -sohle* u. *-strahl;* die Hornwand wird am unteren Rand zum Schutz mit *H.eisen* beschlagen.

**Hufeland,** Christoph Wilhelm, dt. Arzt, * 1762, † 1836; setzte sich bes. für Maßnahmen der Sozialhygiene ein u. befürwortete die Einführung der Pockenschutzimpfung.

**Huflattich,** ausdauernder, sehr früh blühender Korbblütler (gelbe Blüten); Acker- u. Schuttunkraut; Hustenmittel.

**Hüfte, Coxa,** Bereich vom Vorderrand des Beckens bis zum Beginn des Oberschenkels.

**Hüftgelenk,** knöchernes, Becken und Oberschenkel verbindendes Kugelgelenk; *H.entzündung* (Coxitis, Koxitis), eitrige od. seröse, rheumat. oder infektiöse Entzündung, führt oft zu Versteifung; *H.verrenkung,* meist angeborene Verrenkung, wobei der Oberschenkelkopf nicht in der Pfanne steht.

**Huftiere,** Überordn. meist gr., Pflanzen fressender Säugetiere, deren Zehenendglieder von einem Huf umhüllt werden (Unpaarhufer und Paarhufer).

**Hügelgrab,** Grab unter bzw. in einem aufgeschütteten Erdhügel; s. der Jungsteinzeit.

**Hugenotten,** fr. Anhänger des Kalvinismus in Frkr.; der relig. und polit. Ggs. zur kath. Partei führte zu den *H.kriegen* (1562–98); 1572 ↑Bartholomäusnacht; 1598 Edikt v. ↑Nantes, nach dessen Aufhebung durch Ludwig XIV. (1685) Flucht der H.; Gleichberechtigung in Frkr. erst nach der Frz. Revolution.

**Hugo** [y'go], Victor [Marie], frz. Dichter der Romantik, * 1802, † 1885; Oden, Balladen; Romane: „Notre Dame v. Paris“, „Die Elenden“; stellte in der Vorrede des Dramas „Cromwell“ das poet. Programm der frz. romant. Schule auf.

**Hugo,** *Frkr.:* **1) H. Capet** [-ka'pɛ], * um 940, † 996, Kg. s. 987; Begr. des kapeting. Königshauses. – *Italien:* **2) H.,** † 947, Markgf. von Vienne; 926 Kg., 947 vertrieben.

**Huhehot** ↑Hohhot.

**Hühner,** die ♀♀ vieler Hühnervögel, bes. des Haushuhns.

**Hühnerauge,** Hornhautschwiele an den Füßen, reicht in tiefere Hautschichten.

**Hühnerhabicht, Habicht,** bis 60 cm gr. Taggreifvogel Eurasiens und N-Amerikas; jagt [Hühner]vögel u. a.

**Hühnerpest** ↑Geflügelkrankheiten.

**Hühnervögel,** weltweit verbreitete Ordn. sehr verschiedenart., meist kräft., kurzflügel. Boden-(Scharr-)Vögel von mittlerer Größe; Nestflüchter.

**Huitzilopochtli** [uitsilopɔtʃtli], Kriegs-, Sonnen- u. Stammesgott der Azteken (Menschenopfer).

**Huizinga** [ˈhœjziŋxa], Johan, niederl. Kulturhistoriker, *1872, †1945; „Herbst des MA".

**Hula** [hawaiisch], [urspr. kult.] Gemeinschaftstanz der Polynesier von Hawaii.

**Hull** [hʌl], Cordell, amerikan. Politiker (Demokrat), *1871, †1955; 1933–44 Außenmin.; Friedensnobelpreis 1945.

**Hull** [hʌl], offiz. **Kingston upon Hull** [- əˈpɔn -], ostengl. Hafenst. am Humber, Verwaltungssitz d. Gft. Humberside, 269 500 E; Univ.; ma. Kirchen; Schiffbau u. a. Industrie.

**Hülsenfrüchte,** Früchte der ↑Hülsenfrüchtler; Samen als Nahrungsmittel: Erbsen, Linsen, Bohnen, Erdnüsse u. a., reich an Kohlenhydraten, Eiweiß.

**Hülsenfrüchtler, Leguminosen,** Pflanzenordn. mit über 12 000 wirtsch. z. T. sehr wichtigen Arten (↑Hülsenfrüchte); Fam.: Mimosen-, Caesalpiniengewächse, Schmetterlingsblütler.

**human** [lat.], menschl., menschenfreundl., gesittet.

**Humangenetik,** Wiss., die sich mit den Vererbungserscheinungen beim Menschen befasst.

**Humanismus,** eine geistesgeschichtl. Bewegung mit dem Ziel edler, allseitig ausgebildeter Menschlichkeit unter Berufung auf das Vorbild der klass. Antike; in der ital. Renaissance als Gegenbewegung zur Scholastik u. kirchl. Autorität; Hauptvertr. in Dtl.: Erasmus, Reuchlin, Hutten; Wiederaufnahme humanist. Gedankenguts v. a. im 18./19. Jh. u. a. durch Winckelmann, Herder, Lessing, Goethe, Schiller.

**Humanität** [lat.], allg. eine Gesinnung, die die Verwirklichung der Menschenrechte (↑Grundrechte) anstrebt.

**Humankapital,** alle wirtsch. nutzbaren Fähigkeiten, Kenntnisse u. Verhaltensweisen der Erwerbs-Bev. einer Volkswirtschaft; in der Betriebswirtsch. Gesamtheit der Leistungspotenziale (Arbeitszeit, Leistungsfähigkeit, Motivation), die Arbeitnehmer dem Unternehmen zur Verfügung stellen *(Humanvermögen).*

**Humanmedizin** ↑Medizin.

**Human Relations** [ˈhjuːmən rɪˈleɪʃnz], Pflege der Sozialkontakte in Unternehmen zur Effizienzsteigerung der Arbeit.

**Humberside** [ˈhʌmbəsaɪd], Gft. in England, Hptst. Hull.

**Humboldt, 1)** Alexander Frhr. von, Bruder v. 2), dt. Naturforscher u. Geograph, *1769, †1859; begr. die Pflanzengeographie und die physikal. Erdbeschreibung; 1799 bis 1804 gr. M- u. S-Amerikareise (Besteigung des Chimborasso); 1829 Ural- u. Altaiexpedition; „Kosmos". **2)** Wilhelm Frhr. v., dt. Staatsmann, Philosoph und Sprachforscher, *1767, †1835; führender Vertr. des humanist. Bildungsideals; wegweisend seine Ideen zur Universitätsreform.

W. von Humboldt

**Humboldtstrom, Perustrom,** kalte, nordwärts gerichtete Meeresströmung vor der W-Küste Südamerikas.

**Humboldt-Universität zu Berlin,** älteste Berliner Univ., gegr. 1810, aufbauend auf d. Bildungskonzept W. v. Humboldts; ab 1828 *Friedrich-Wilhelms-Univ.,* heutiger Name ab 1949; Univ.angehörige gründeten 1948 d. ↑Freie Univ. Berlin.

**Hume** [hjuːm], David, schott. Philosoph der Aufklärung u. des Empirismus, *1711, †1776; vorbereitend für den Psychologismus, Einfluss auf Kants Vernunftkritik.

**Hummel,** Gatt. gr., pelzig behaarter Bienen mit langem Saugrüssel; wicht. Blütenbestäuber.

**Hummelfliegen,** langrüsselige Fliegen; Larven schmarotzen oft in anderen Insektenlarven.

**Hummer,** Zehnfußkrebs mit gr. Scheren, bis 5 kg schwer; an europ. Felsküsten; Fleisch sehr geschätzt.

**Humor** [lat.], ✝ allg. Feuchtigkeit; Körperflüssigkeit.

**Humor** [lat.], heitere, die Unzulänglichkeiten des Lebens belächelnde Einstellung.

**Humoreske** [lat.], **1)** kl. humorist. Erzählung. **2)** Musikstück kom. od. erheiternden Charakters.

**Humus** [lat.], Zersetzungsprodukte von pflanzl. u. tier. Substanzen im Boden.

**Hunan,** chin. Prov. südl. des mittl. Jangtsekiang, 210 500 km², 62,7 Mill. E, Hptst. Changsha; vorw. Bergland; Abbau von Antimon, Blei, Zink, Zinn; Anbau hpts. v. Reis u. Tee.

**Hund, Hunt,** ⚒ Förderwagen.

**Hunde,** weltweit verbreitete Raubtierfam. mit Füchsen, Wölfen, Schakalen u. a.; außer den Füchsen gesell. lebend, ihre Beute hetzend; die *Haus-H.* stammen vom Wolf ab.

**Hundertjähriger Kalender,** auf Beobachtungen (1652–58) des Abtes Mauritius Knauer beruhende, astrol. begr. [wertlose] Wettervorhersagen für 1701–1801.

**Hundertjähriger Krieg,** Krieg zw. England u. Frkr. um die Vorherrschaft in Westeuropa 1337 bis 1453; England verlor alle Besitzungen in Frkr. außer Calais.

**Hundertwasser,** Friedensreich, eigtl. Friedrich **Stowasser,** östr. Maler u. Grafiker, *1928, †2000, buntfarb., ornamentale Bilder, spiralförm. Linienführung; auch architekton. Projekte; Sonderausgabe „Brockhaus-Enzyklopädie".

**Hundsgiftgewächse,** den Enziangewächsen nahe stehende, meist Milchsaft führende oft holzige Pfl., häufig giftig; u. a. Immergrün.

**Hundsstern,** der ↑Sirius.

**Hundstage,** die Tage vom 23. 7. bis 23. 8., an denen die Sonne in der Nähe des Sirius (Hundsstern) steht; für Europa die heißeste Jahreszeit.

**Hünengrab,** volkstüml. Bez. für norddt. Megalithgrab (↑Megalithkulturen), auch für ↑Hügelgrab.

**Hunnen,** ostasiat. Nomadenvolk, bildete um 200 v. Chr. ein Großreich in der Mongolei; die West-H. besiegten die Alanen u. O-Goten (375), Vorstoß bis Frkr. u. Italien; Zerfall des Reichs nach Attilas Tod.

**Hunsrück,** Teil des westl. Rhein. Schiefergeb. zw. Rhein, Mosel u. Nahe, im Erbeskopf 818 m.

**Hunte,** größter l. Nbfl. der Weser, 189 km.

**Huntington** [ˈhʌntɪŋtən], Ind.-St. im westl. Virginia, USA, am Ohio, 64 000 E; Univ.; Kohle-, Erdöl-, Erdgasgewinnung; ⚓.

**Friedensreich Hundertwasser:** *Wohnanlage „Haus Hundertwasser“ in Wien (1983–86)*

**Huntsville** ['hʌntsvɪl], Stadt in N-Alabama, 143 000 E. Eines der Zentren der amerikan. Raketen- und Weltraumforschung.

**Hürdenlauf,** leichtathlet. Laufwettbewerb, bei dem zehn in festgelegten Abständen aufgestellte Hürden überquert werden müssen: über 100 m (Frauen), 110 m (Männer) und 400 m (Frauen, Männer) bei jeweils unterschiedl. Hürdenhöhen.

**Hürdenrennen,** Pferdesport: ↑Hindernisrennen.

**Huronen,** nordamer., fast ausgestorbener Indianerstammesverband der irokes. Sprachfamilie.

**Huronsee,** zweitgrößter der fünf Gr. Seen in N-Amerika, 59 596 km², bis 228 m tief, 177 m ü. d. M., Abfluss zum Eriesee.

**Hurrikan** [auch: 'hʌrɪkən; indian.], trop. Wirbelsturm im Bereich der Westind. Inseln und im SO der USA.

**Hurriter,** altoriental. Volk im 3./2. Jt. v. Chr. in N-Mesopotamien u. N-Syrien, bildete das zeitweise mächtige Reich Mitanni.

**Hus,** Jan, dt. **Johannes Huß,** tschech. Reformator, *um 1369, †1415; verbreitete die Lehren John ↑Wyclifs, kämpfte für kirchl. Verselbstständigung der Tschechen; auf dem Konzil in Konstanz verurteilt u. verbrannt.

**Husain,** Saddam, irak. Politiker (Bath-Partei), *1937; 1969–79 stellvertr. Vors., s. 1979 Vors. des Kommandorats der Revolution, s. 1979 auch Staatspräs; seine Okkupation Kuwaits löste 1991 den Golfkrieg aus.

**Husain II.,** **Hussein,** *1935, †1999; seit 1952 Kg. v. Jordanien.

**Husaren** [ungar.], urspr. ungar. Reitertruppe; später allg. leichte Reitertruppen in ungar. Tracht.

**Husky** ['hʌskɪ; engl.], **Siberian Husky** [saɪ'bɪəriən -], mittelgroßer (bis 58 cm Schulterhöhe), spitzähnl., kräftiger, aus Sibirien stammender Schlitten- u. Haushund.

**Husserl,** Edmund, dt. Philosoph, *1859, †1938; forderte die Apriorität der reinen Logik; seine Phänomenol. (von vorgefassten Theorien freie Untersuchung der Phänomene) übte große Wirkung aus.

**Hussiten,** Anhänger v. J. Hus, dessen Verbrennung (1415) Aufstände in Böhmen hervorrief; die Ablehnung der 4 *Prager Artikel* (Grundsätze der H. zur Kirchen- u. Staatsreform, u. a. Forderung d. Abendmahlskelches für Laien) durch Kg. Sigismund führte zu den *H.kriegen* (1419–36); in den Forderungen der H. verbanden sich kirchl., tschech.-nationalist. u. radikal-antifeudale Bestrebungen; 2 Richtungen: die gemäßigte der *Utraquisten* od. *Kalixtiner* u. die radikale der *Taboriten;* die H. besiegten unter der Führung v. Žižka u. Prokop die Reichsheere und zogen bis zur Ostsee. 1433 *(Prager Kompaktaten)* Friedensschluss zw. Kg. u. Kalixtinern, die 1434 zus. mit einem Reichsheer die Taboriten vernichtend schlugen.

**Husten,** der mechan. Säuberung von Luftröhre und Bronchien dienendes Ausstoßen der Luft durch plötzl. Öffnen der Stimmritze unter dem Ausatemdruck (bei Reizung der Bronchialschleimhaut durch Fremdkörper o. Ä.).

**Husum,** Krst. des Kreises Nordfriesland, Schl.-Ho., 21 500 E; Giebelhäuser (15./16. Jh.), Werften, Maschinen- u. Nahrungsmittelind.

**Hütte,** industrielle Anlage zur Gewinnung v. Metallen aus Erzen u. zur Weiterverarb.; auch Werk zur Herst. u. Verarb. v. Glas. ↑Bauhütte.

**Hutten,** Ulrich v., dt. Humanist, *1488, †1523; Reichsritter; polit. Ideal eines einheitl., starken dt. Kaiserreiches mit führender Beteiligung der Ritterschaft.

**Hüttenkunde,** Zweig der Metallurgie, der sich v. a. mit der Gewinnung der Metalle aus Erzen (oder Schrott) und ihrer Weiterverarbeitung befasst; je nach Rohstoffen als *Eisen-H.* (bei Eisen) oder *Metall-H.* (bei NE-Metallen) bezeichnet.

**Huxelrebe,** weiße Rebsorte, Kreuzung aus Gutedel u. Muscat Courtillier, frühreif, ertragreich.

**Huxley** ['hʌkslɪ], **1)** Aldous [Leonard], Bruder von 2) u. 3), engl. Schriftsteller, *1894, †1963; „Kontrapunkt des Lebens“, „Schöne neue Welt“. **2)** Andrew Fielding, brit. Physiologe, *1917; entdeckte die spezif., mit den Erregungsvorgängen gekoppelte, selektive Durchlässigkeit der Nervenmembran; Nobelpreis für Physiol. od. Medizin (mit Sir J. C. Eccles und A. L. Hodgkin) 1963. **3)** Sir Julian Sorell, brit. Biologe u. Schriftsteller, *1887, †1975; 1946–48 Dir. der UNESCO; zahlr. Arbeiten über die Entstehung der Arten.

**Huygens** ['hœjxəns], Christiaan, niederl. Physiker, *1629, †1695; erfand die Pendel- sowie die Federuhr mit Unruh, fand Pendel- u. Stoßgesetze; entdeckte den Saturnring, den Orionnebel u. den ersten Saturnmond; erkannte die Polarisation des Lichtes. H. stellte in seiner Wellentheorie des Lichtes das *huygenssche Prinzip* auf: Jeder Punkt einer Wellenfront ist Ursprung einer kugelförm. Elementarwelle.

**Huzulen,** ukrain. Volksgruppe (Hirten, Flößer) im südöstl Teil d. Waldkarpaten, bis nach Ungarn und die Bukowina.

**Hwaiho** Fluss in S-China, ↑Huai He.

**Hwangho, Hoangho, Huang He,** der „Gelbe Fluss“, größter Fl. N-Chinas, 4 845 km, vom Hochland v. Tibet bis zur Bo-Hai-Bucht (Gelbes Meer); schlammreichster Strom der Erde.

**Hyänen** [gr.], Raubtierfam. in Afrika u. SW-Asien; etwa Wolfsgröße, Rücken zum Schwanz hin abfallend; vorw. Aasfresser.

**Hyänenhund,** variabel schwarz, gelb, weiß gescheckter Wildhund afrik. Steppen.

**Hyazinth,** in der griech. Mythol. schöner Jüngling, der versehentl. v. Apollon durch einen Diskuswurf getötet wird; aus seinem Blut ließ Apollon die nach H. ben. Blume sprießen.

**Hyazinth** [gr.], Abart des Zirkons, Härte 7,5; durchscheinend, gelbrot; Schmuckstein.

**Hyazinthe** [gr.], Liliengewächs aus Kleinasien u. dem Balkan; glockige, duftende Blüten in Trauben; Garten-, Topfpflanzen.

**Hybride** [lat.], Kreuzungsprodukt, Bastard, Mischling.

**Hybris** [gr.], frevelhafter Übermut, Selbstüberhebung, v. a. im antiken Drama oft dargestellt als Haltung, die den Zorn der Götter herausfordert.

**Hyderabad** ['haı-], **1)** Hptst. des B.-Staates Andhra Pradesh, rd. 3 Mill. E; Univ.; Handelszentrum; Textil-, Glas-, Metallind.; ⚒; fr. Hptst. von 2). **2)** ehem. ind. Ft.; 1948 zum Eintritt in die Ind. Union gezwungen; 1956 (1960) in den ind. B.-Staaten Mysore, Maharashtra u. Andhra Pradesh aufgegangen. **3)** pakistan. Stadt am Indus, 752 000 E; Universität; Verkehrsknotenpunkt; Ind. u. Kunsthandwerk.

**Hydra** von Lerna (Lernäische Hydra), neunköpf. Wasserschlange, v. Herakles getötet.

**Hydrant,** Zapfstelle zur Wasserentnahme aus Rohrleitungen.

**Hydraulik** [gr.], urspr. Teilgebiet der Strömungslehre; heute v. a. die *hydraul. Antriebe,* Verfahren u. Ausrüstungen zur Kraftübertragung durch inkompressible Flüssigkeiten in geschlossenen Leitungssystemen.

**Hydrazin** [gr.], $H_2N{-}NH_2$, ammoniakähnl. riechende Flüssigkeit; Reduktions- und Lösungsmittel; Derivate verw. als Raketentreibstoffe.

**Hydria** [gr.], altgriech. bauch. Wasserkrug mit einem senkrechten u. zwei waagerechten Henkeln.

**Hydride** [gr.], chem. Verbindungen des Wasserstoffs mit einem Metall (z. B. NaH, Natriumhydrid) oder einem Nichtmetall (z. B. HCl, Chlorwasserstoff).

**hydrieren,** ⚗ Wasserstoff an ungesättigte Verbdg. anlagern.

**hyd[ro]..., Hyd[ro]...** [gr.], Bestimmungswort; Bed.: „Wasser".

**Hydrochinon,** $HO{-}C_6H_4{-}OH$, starkes Reduktionsmittel, fotogr. Entwickler.

**Hydrodynamik,** Lehre v. den Strömungen inkompressibler Medien, v. a. Flüssigkeiten. Gasströmungen hoher Geschwindigkeit sind Gegenstand der Aerodynamik.

**Hydrogensulfate,** $MHSO_4$, saure Salze der Schwefelsäure; entstehen durch Ersetzen von einem H-Atom der Säure durch ein Metallatom (M).

**Hydrogensulfite,** $MHSO_3$, saure Salze der schwefl. Säure (M = Metallatom).

**Hydrographie** [gr.], Gewässerkunde (↑Hydrologie).

**Hydrokultur,** svw. ↑Hydroponik.

**Hydrologie** [gr.], Lehre vom Wasser, seinen Erscheinungsformen auf der Erde, seinen Eigenschaften u. seiner prakt. Nutzung; umfasst v. a. die *Hydrographie (Gewässerkunde),* die sich mit den Gewässern des Festlandes befasst.

**Hydrolyse** [gr.], Spaltung v. chem. Verbdg. durch Wasser, z. B. v. Salzen in Base u. Säure, v. Estern in Alkohol u. Säure usw.

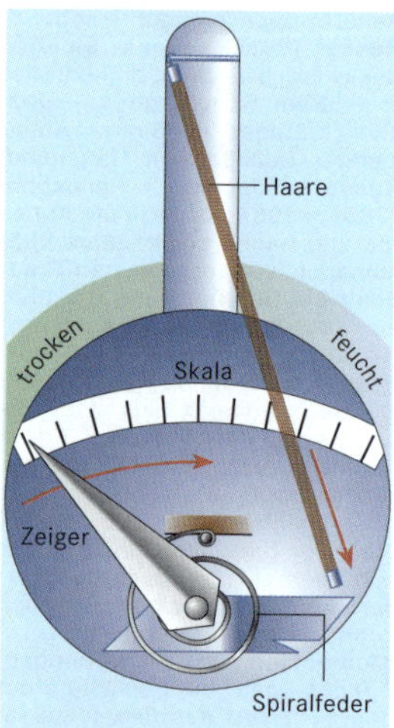


**Hygrometer:** *schematische Darstellung eines Haarhygrometers*

**Hydromechanik,** Gebiet der Kontinuumsmech., die Lehre v. den Gleichgewichtszuständen (Hydrostatik) u. den Strömungsges. (Hydrodynamik) v. Flüssigkeiten u. Gasen mit vernachlässigb. Dichteänderung.

**Hydrometer** [gr.], ↑Wasserzähler.

**Hydrophobie** [gr.], Wasserscheu.

**Hydroponik** [gr.], **Wasserkultur, Hydrokultur,** Kultivierung von Nutzpfl. in Nährlösung.

**Hydrops** [gr.], **Wassersucht,** krankhafte Flüssigkeitsansammlung im Gewebe u. in Körperhöhlen; verursacht z. B. durch Herz- und Niereninsuffizienz.

**Hydrosphäre** [gr.], Wasserhülle der Erde (Meere, Seen, Grundwasser u. a.).

**Hydrostatik** [gr.], die Lehre v. Gleichgew. ruhender, inkompressibler Flüssigkeiten bei Einwirkung äußerer Kräfte.

**Hydrotherapie** [gr.], Heilbehandlung mit Wasser; ↑Kneipp.

**Hydroxide** [gr.], Verbdg. eines El. od. Molekülrestes mit einer od. mehreren ↑Hydroxylgruppen.

**Hydroxylgruppe** [gr.], OH-Gruppe; einwert., funktionelle chem. Gruppe.

**Hydroxysäuren** [gr.; dt.], organ. Säuren mit einer od. mehreren OH-(Hydroxyl-)Gruppen; z. B. Zitronensäure, Milchsäure, Salicylsäure.

**Hydroxytryptamin,** svw. ↑Serotonin.

**Hydrozephalus** [gr.], svw. ↑Wasserkopf.

**Hydrozoen** [gr.], Kl. der Nesseltiere; fast durchweg Meerestiere mit Generationswechsel.

**Hygieia,** griech. Göttin der Gesundheit, Tochter od. Gemahlin des ↑Äskulap.

**Hygiene** [gr.], Fachgebiet der Medizin; die Lehre von der Gesundheit, einschl. Gesundheitspflege und Gesundheitsfürsorge, die sich mit den Wechselbeziehungen zw. dem Menschen u. seiner Umwelt befasst.

**hygro..., Hygro...** [gr.], Bestimmungswort; Bed.: „Feuchtigkeit".

**Hygrometer** [gr, „Feuchtigkeitsmesser"], Gerät zur Messung der Luftfeuchtigkeit, deren Änderung sich z. B. in der Längenveränderung eines Haares *(Haar-H.)* od. der Leitfähigkeitsänderung eines Elektrolyten *(Elektrolyt-H.)* äußert.

**hygroskopisch** [gr.], Wasser an sich ziehend; *h.e Stoffe* (z. B. Calciumchlorid, konzentrierte Schwefelsäure), Trockenmittel.

**Hyksos,** Könige asiat. Herkunft, beherrschten um 1650–1550 v. Chr. (als 16. u. 17. Dyn.) Ägypten.

**Hymen,** griech. Gott der Hochzeit.

**Hymen** [gr.], **1)** feierl. griech. Hochzeitsgesang. **2)** svw. ↑Jungfernhäutchen.

**Hymettos,** griech. Bergrücken östl. v. Athen, bis 1028 m; Marmorbrüche.

**Hymir,** Riese der nord. Mythol.

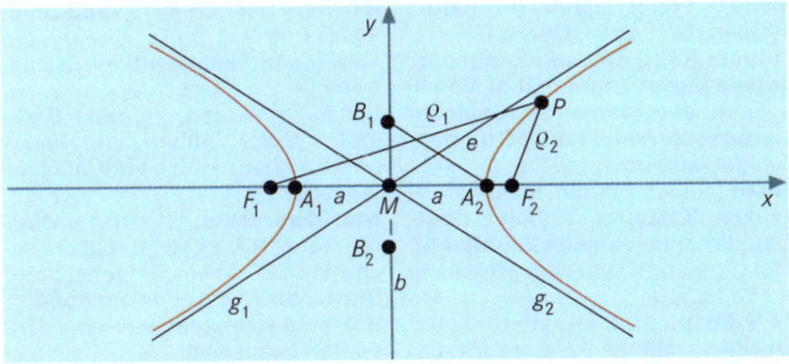


**Hyperbel 1):** *$F_1$, $F_2$ Brennpunkte; $A_1$, $A_2$ Hauptscheitel; $B_1$, $B_2$ Nebenscheitel; $g_1$, $g_2$ Asymptoten; $\varrho_1 - \varrho_2 = 2a$; Länge der Strecke $F_1F_2 = 2e$, $B_1B_2 = 2b$*

**Hymne** [gr.], urspr. feierl. Lied zum Ruhm einer Gottheit; frühchristl. als Lobgesang im Stundengebet; in der dt. Dichtung freie, anfängl. der Ode ähnl. Form, bei Goethe, Hölderlin, George u. a.; ↑Nationalhymne.

**hyper..., Hyper...** [gr.], Vorsilbe; Bed.: „über[mäßig]".

**Hyperämie** [gr.], vermehrte Blutansammlung in Organen od. Körperteilen durch verstärkten Blutzufluss *(reaktive H.)* od. verminderten Blutabfluss *(Stauungs-H.)*.

**Hyperästhesie** [gr.], Überempfindlichkeit für Schmerz-, Temperatur- u. Berührungsreize.

**Hyperbel** [gr.], **1)** zu den Kegelschnitten gehörende ebene Kurve; gebildet v. allen Punkten *P*, für die die Differenz ihrer Entfernungen v. 2 *Brennpunkten*, $F_1$ u. $F_2$, einen festen Wert hat. Beide *Äste* der H. verlaufen ins Unendliche. **2)** Übertreibung als Stilmittel.

**Hyperbelfunktionen,** best. mithilfe der Exponentialfunktion $f(x) = e^x$ definierte Funktionen, z. B.:
*Hyperbelsinus:*
$\sinh x = \frac{1}{2}(e^x - e^{-x})$,
*Hyperbelkosinus:*
$\cosh x = \frac{1}{2}(e^x + e^{-x})$,
*Hyperbeltangens:*
$\tanh x = \sinh x / \cosh x$,
*Hyperbelkotangens:*
$\coth x = 1/\tanh x$.

**hyperbolische Geometrie,** eine ↑nichteuklid. Geometrie.

**Hyperboloid** [gr.], Fläche 2. Ordnung aus ein od. 2 Schalen. *Rotations-H.* kann man sich durch Rotation einer ↑Hyperbel um die die Brennpt. verbindende Achse *(zweischal. H.)* od. um die dazu senkr. Symmetrieachse *(einschal. H.)* entstanden denken.

**Hyperion,** Titan der griech. Mythologie.

**Hyperlink** ['haɪpə-, engl.], ↑Hypertext.

**Hypermetropie** [gr.], **Übersichtigkeit, Weitsichtigkeit,** eine Fehlsichtigkeit, bei der die von einem Pt. ausgehenden Lichtstrahlen im Auge erst hinter der Netzhaut wieder in einem Pt. zusammenlaufen, d. h., erst dort entsteht ein scharfes Bild.

**Hyperonen** [gr.], Elementarteilchen aus der Gruppe der ↑Baryonen; ihre Ruhemasse ist größer als die eines Nukleons.

**Hypertext** ['haɪpə-], Strukturierungs- u. Präsentationsform v. Textinformationen, die sich dem Nutzer über Verweise *(Hyperlinks)* auf andere Dokumente erschließen. Bei *Hypermedia* sind auch multimediale Daten (z. B. Ton, Bild) eingebunden.

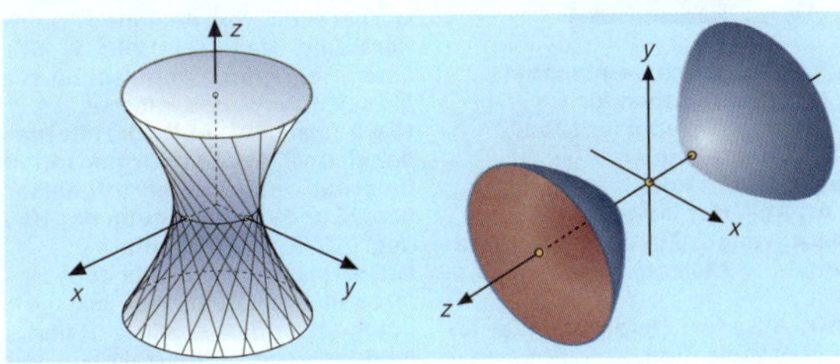


**Hyperboloid:** *einschalig (links) und zweischalig*

**Hyperthyreose** [gr.], Schilddrüsenüberfunktion; ↑Basedow-Krankheit.

**Hypertonie** [gr.], **Hochdruckkrankheit,** Krankheitsbild mit chron. erhöhtem Blutdruck (systol. >140 mmHg, diastol. >90 mmHg).

**Hyphen** ↑Myzel.

**hypn[o]..., Hypn[o]...** [gr.], Bestimmungswort; Bed.: „Schlaf".

**Hypnos,** griech. Gott d. Schlafs.

**Hypnose** [gr.], durch ↑Suggestion herbeigeführte weitgehend auf den sozialen Kontakt mit der Person des Hypnotiseurs verengte Bewusstseinsänderung, die in physiolog. Hinsicht (Gehirnaktivität u. a.) mehr einem partiellen Wachsein als einem Schlafzustand gleicht. Die Hypnotisierbarkeit hängt überwiegend von der Persönlichkeitsstruktur des zu Hypnotisierenden ab.

**Hypnotika** [gr.], svw. ↑Schlafmittel.

**hypo..., Hypo...** [gr.], Vorsilbe; Bed.: „unter".

**Hypochonder** [gr.], „eingebildet Kranker".

**Hypochondrie** [gr.], Gefühl körperl. od. seel. Krankheit ohne pathol. Grundlage bei nervös überempfindl. Menschen; oft mit gesteigerter Selbstbeobachtung.

**Hypokalzämie** [gr.], Verminderung des Calciumgehalts im Blutserum.

**Hypophyse** [gr.], Hirnanhang(drüse) an der Unterseite des Gehirns, beim Menschen etwa 14 mm lang, aus Vorder-, Mittel- u. Hinterlappen bestehend; zur zentralen Steuerung vieler Hormondrüsen, u. a. Wirkung auf Gebärmutterkontraktion.

**Hyposensibilisierung, Desensibilisierung,** künstl. Herabsetzung der Überempfindlichkeit (Allergie) gegen ein Allergen durch allmählich erhöhte Gaben des Allergens.

**Hypotenuse** [gr.], im rechtwinkl. Dreieck die dem rechten Winkel gegenüberliegende (größte) Seite.

**Hypothek** [gr.], Pfandrecht an einem Grundstück zur Sicherung einer Forderung; Voraussetzungen: gült. Schuldverhältnis, Einigung der Parteien und Eintragung ins Grundbuch; Arten: Die gewöhnl. H., *Verkehrs-H.,* kann als *Brief-H.,* wenn Urkunde *(H.enbrief)* ausgestellt ist (einfache Übertragung mögl.), sonst als *Buch-H.* (Übertragung nur in Verbdg. mit Grundbucheintragung) bestellt werden; *Gesamt-H.* (an mehreren Grundstücken zugleich). *Sicherungs-H.* (Buch-H., Gläubiger muss Forderung beweisen); Sonderformen der Sicherungs-H.: *Zwangs-H.* (Eintragung auf dem Wege der Zwangsvollstreckung), *Höchstbetrags-H.* (statt Eintragung der Forderungssumme Eintragung des Höchstbetrages, bis zu dem das Grundstück haftet); bei mehr. H.en Haftung nach der Reihe der Eintragungen *(erststellige, nachstellige Hypotheken).*

**Hypothese** [gr.], **1)** zunächst unbewiesene Annahme, aus der Theorien u. überprüfbare Vorhersagen abgeleitet (deduziert) werden. **2)** Logik: Satz, der in einer Folgerung vorausgesetzt wird (wenn A gilt, gilt auch B).

**Hypotonie** [gr.], Krankheitsbild mit chronisch erniedrigtem Blutdruck.

**Hypozentrum** [gr.], Erdbebenherd (↑Erdbeben).

**Hysterie** [gr.], Persönlichkeitsstörung; abnorme Verhaltensweise (Fluchtreaktionen), z. T. mit körperl. Krankheitsbild; oft aus dem Erlebnis heraus, [selbst gestellten] Anforderungen nicht zu genügen; Grenzen zur Simulation fließend.

**Hz,** Einheitenzeich. für: ↑**Hertz**.

# I

**I,** 9. Buchstabe des Alphabets.

**I,** röm. Zahlzeichen für 1.

**I,** ⚗ intern. Symbol für ↑Jod.

**i** ↑imaginäre Zahlen.

**Ia.,** Abk. für: **Io**wa.

**i. A.,** Abk. für: **i**m **A**uftrag.

**IAEA,** engl. Abk. für: ↑Internationale Atomenergie-Organisation.

**IAO,** Abk. für: ↑**I**nternationale **A**rbeits**o**rganisation.

**Iasi** ↑Jassy.

**ib., ibd.,** Abk. für: ↑**ib**idem.

**Ibbenbüren,** St. im nw. Teutoburger Wald, am Dortmund-Ems-K. u. Mittellandkanal, 47400 E, NRW; Steinkohlen-⚒, Kalkgewinnung, vielseit. Ind.; Kraftwerk.

**Iberer,** vor- u. frühgeschichtl. Bev. an der O-Küste der Iber. Halbinsel.

**Iberische Halbinsel, Pyrenäenhalbinsel,** südwesteurop. Halbinsel zw. Pyrenäen, Mittelmeer und Atlantik; ↑Spanien, ↑Portugal, ↑Gibraltar.

**Iberoamerika,** svw. ↑Lateinamerika.

**Ibert** [iˈbɛr], Jacques, frz. Komponist, * 1890, † 1962; Opern, sinfon. Werke u. a.

**IBFG,** Abk. für: **I**nternationaler **B**und **F**reier **G**ewerkschaften (↑Gewerkschaften, Übers.).

**ibidem** [lat.], Abk. ib[d]., ebenda.

**Ibisse** [ägypt.], storchähnl. Vögel, v. a. in den wärmeren Gebieten Europas u. Amerikas; 2 Gruppen: *Sichler, Löffler.*

**Ibiza** [iˈβiθa], **1)** span. Insel der Pityusen, Balearen, 572 km²; Obstbau; Fremdenverkehr. **2)** Hafen- u. Hptst. von 1), an der S-Küste, 25500 E; ✿.

**IBM Corp.,** Abk. für: **I**nternational **B**usiness **M**achines Corporation, weltgrößter Computerkonzern; Sitz: Armonk (N. Y.).

**Ibn** [arab.], arab. für Sohn.

**Ibn Saud,** Abd al-Asis III. Ibn Abd ar-Rahman, Kg. v. Saudi-Arabien s. 1926, * 1880, † 1953; Modernisierung u. Technisierung seines Landes durch Erdölkonzessionen.

**IBRD,** Abk. für: **I**nternational **B**ank for **R**econstruction and **D**evelopment (↑Weltbank).

**Ibsen,** Henrik, norweg. Dichter, * 1828, † 1906; bed. gesellschaftskrit. Dramen, z. B. „Nora oder Ein Puppenheim".

**Ibykos,** griech. Chorlyriker des 6. Jh. v. Chr.; Balladengestalt bei Schiller („Die Kraniche des I.").

**IC, 1)** Abk. für **i**ntegrated **c**ircuit (↑integrierte Schaltung). **2) Inter**-**c**ity (↑Intercityzüge).

**ICANN** [Abk. für engl.: **I**nternet **C**orporation for **A**ssigned **N**umbers and **N**ames], 1998 v. der amer. Reg. gegr. Organisation zur globalen Verw. des Internet.

**ICAO** [aɪsɪəɪəʊ], Abk. für: **I**nternational **C**ivil **A**viation **O**rganization (Internat. Zivilluftfahrtorganisation), Sonderorganisation der UN, gegr. 1944, Sitz Montreal.

**ICBM** [aɪsɪbɪɛm], Abk. für engl.: **i**nter**c**ontinental **b**allistic **m**issile = interkontinentale ballist. Rakete, landgestützte Trägerraketen mit einer Reichweite bis zu 20000 km.

**ICE**® ↑Intercity®.

**I-ching** [idʒɪŋ], ↑Yijing.

**Ichneumon** [gr.], Schleichkatze, bes. in Spanien u. N-Afrika.

**Ichthy[o]...** [gr.], Bestimmungswort; Bed.: „Fisch".

**Ichthyologie** [gr.], Fischkunde.

**Ichthyosaurier** [gr.], **Fischsaurier,** ausgestorbene Reptilien des Erdmittelalters mit delphinart. Körper (bis 10 m); Meerestiere, gute Schwimmer; lebend gebärend.

**Icon** [ˈaɪkən; engl.], **Piktogramm,** Symb. auf graf. Benutzeroberflächen zur bildl. Darstellung, z. B. v. Dateien.

**id.,** Abk. für: ↑**id**em.

**Ida,** Geb. auf Kreta, bis 2456 m.

**Idaho** [ˈaɪdəhəʊ], Abk. Id., Staat im NW der USA, 216432 km², 1 Mill. E; Hptst. Boise; bewaldetes Geb.-Land, kontinentales Klima, geringe Niederschläge; vorw. Landw.: Weizen, Obst; Blei-, Zink-, Gold-, Silber- und Phosphatbergbau; Holz- und Mühlenindustrie.

**Idar-Oberstein,** St. an der oberen Nahe, RP, 34500 E; Felsenkirche (1482); Schmuckfachschule; Diamanten- und Edelsteinbörse; Schmucksteinschleifereien; Dt. Edelsteinmuseum.

**Ideal** [gr.-lat.], Musterbild; Inbegriff der Vollkommenheit.

**Idealismus** [gr.-lat.], **1)** allg. das Streben nach eth. und ästhet. Idealen. **2)** philos. Lehre, die die Wirklichkeit nur in der ↑Idee (*theoret. I.,* u. a. von Platon), im subjekt. Bewusstsein (*subjekt. I.,* u. a. von Fichte) od. in der nach vorgegebenen (a priori) Formen mögl. Erkenntnis (*krit. I.,* von Kant) sieht.

**Idealkonkurrenz, Tateinheit,** Verletzung mehr. Strafgesetze od. einer Strafbestimmung mehrfach durch eine Handlung; wird nach der Norm bestraft, die die schwerste Strafe androht; Ggs. Realkonkurrenz.

**Idee** [gr.], **1)** Einfall; Vorstellung, Leitgedanke. **2)** das sinnl. nicht fassbare Urbild eines Dinges (bes. bei ↑Platon).

**idem** [lat.], Abk. id., dasselbe.

**Iden** [lat.], der 13. od. (im März, Mai, Juli, Okt.) 15. Monatstag des altröm. Kalenders.

**Identifikation** [lat.], Sichgleichsetzen mit einer anderen Person oder Gruppe, Übernahme von Motiven u. Idealen.

**Identifizierung** [lat.], Gleichsetzung, [polizeil.] Feststellen der Identität.

**Identität** [lat.], [Wesens]gleichheit, völlige Übereinstimmung.

**Ideologie** [gr.], urspr. [frz.] Wissenschaftsrichtung, die prakt. Regeln für Erziehung, Ethik u. Pol. zu gewinnen suchte; heute für weltanschaul. Konzeptionen, in denen „Ideen" der Erreichung gesellschaftl. und polit. Ziele dienen (Faschismus, Konservatismus, Liberalismus, Sozialismus, Kommunismus).

**Idiom** [gr.], Spracheigentümlichkeit, Mundart.

**Idiosynkrasie** [gr.], [krankhafte] Überempfindlichkeit gg. Substanzen (↑Allergie).

**Idiotie** [gr.], nicht mehr gebräuchl. Bez. für schwere geistige Behinderung.

**Idiotikon** [gr.], Mundartenwörterbuch.

**Ido,** Welthilfssprache, 1907 aus dem Esperanto entwickelt.

**Idol** [gr.], Gegenstand schwärmer. Verehrung [z. B. eine über die Maßen verehrte Person].

**Idomeneus,** Anführer der Kreter im Trojan. Krieg.

**Idris I. as Senussi,** Mohammad, * 1890, † 1983, s. 1917 Oberhaupt der Senussi, 1950–69 Kg. von Libyen.

**Idun,** german. Göttin der ewigen Jugend.

**Idylle** [gr.], zw. Lyrik u. Epik stehende lit. Gattung; oft Schilderung einer beschaul. Geborgenheit, teilw. mit Tendenz zur Land- u. Naturdichtung.

**Iffland,** August Wilhelm, dt. Schauspieler und Dramatiker, * 1759, † 1814.

**Ifflandring,** Fingerring mit dem Bild Ifflands, der jeweils testamentarisch vom Träger (s. 1996 B. Ganz) an den bedeutendsten dt.-sprach. Schauspieler weitergereicht wird.

**IFOR,** Abk. für engl. **I**mplementation **For**ce, internat. Friedenstruppe mit UN-Mandat u. unter NATO-Kommando zur militär. Absicherung u. Umsetzung der Friedensvereinbarung v. Dayton (1995) für Bosnien und Herzegowina; ihr Einsatz endete 1996, durch ↑SFOR fortgeführt.

**IG,** Abk. für: **1)** **I**ndustrie**g**ewerkschaft. **2)** ↑**I**nteressen**g**emeinschaft.

**Igel,** etwa rattengr., kurzbein., spitzköpf. Insektenfresser (Säuger); rollen sich bei Gefahr zus., durch stacheliges Fell geschützt.

**Igelfische,** Knochenfische in trop. Meeren, deren Haut aufrichtbare Stacheln trägt.

**I Ging** [idʒıŋ], ↑Yijing.

**Iglau,** tschech. **Jihlava,** tschech. St. sö. v. Prag, 52 800 E; vielseit. Ind.; gegr. Anf. 13. Jh. v. dt. Bergleuten.

**Iglu** [eskimo.], die kuppelförmige Schneehütte der Eskimo.

**Ignatius,** Name von Heiligen: **1) I. von Antiochia,** hl., Bischof von Antiochia, † nach 110; Märtyrer; Verf. von 7 Briefen an kleinasiat. Gemeinden. **2) I. von Loyola,** hl., eigtl. Íñigo López Oñaz y **Loyola,** span. Ordensstifter, * 1491, † 1556; urspr. Offizier; begr. den Jesuitenorden.

**ignorieren** [lat.], absichtl. übersehen, nicht beachten.

**Iguaçu, Rio** [rriu iγua'su], l. Nbfl. des Paraná, 1 320 km, S-Brasilien; im Unterlauf die 57–72 m hohen *Saltos do Iguaçu* (Wasserfälle).

**IHK,** Abk. für: **1)** ↑**I**ndustrie- und **H**andels**k**ammer. **2)** ↑**I**nternationale **H**andels**k**ammer.

**IHS** ↑Christusmonogramm.

**Ijssel** ['ɛjsəl], niederl. Flussarm vom Neder-Rijn b. Arnheim zum Ijsselmeer.

**Ijsselmeer** ['ɛjsəl-], der aus der ehem. Nordseebucht Zuider see durch Abschlussdeich gebildete Süßwassersee; gr. Teile eingepoldert; rd. 120 000 ha sollen als Süßwasserreservoir verbleiben.

**Ikarus,** griech. Sagengestalt; Sohn des Dädalus, stürzt auf der Flucht aus dem kret. Labyrinth ab.

**Ikebana** [jap.], jap. Blumensteckkunst.

**Ikone** [gr.], [gemaltes] Kultbild der Ostkirche.

**Ikonographie** [gr.], urspr. Beschreibung [antiker] Bildnisse; heute Bildkunde, d. h. Wiss. vom Inhalt der Kunstwerke.

**Ikonostase** [gr.], dreitür. Bilderwand zw. Altar- u. Gemeinderaum in den orth. Kirchen.

**Ikterus** [gr.], svw. ↑Gelbsucht.

**Île de France** [ildə'frãs], histor. Gebiet um Paris.

**Ile|us,** Darmverschluss.

**Ilex** [lat.], svw. ↑Stechpalme.

**Ilias,** unter dem Namen Homers überliefertes Epos in Hexametern, beschreibt 40 Tage der Belagerung Trojas, den Zorn des Achill (wegen einer Beleidigung durch den griech. Heerführer Agamemnon) u. Hektors Tod.

**Ilion,** antiker Name v. Troja.

**Ill,** Nebenflüsse des Rheins, **1)** in Vorarlberg, 75 km, Kraftwerke *(I.werke).* **2)** im Elsass, 208 km.

**Ill.,** Abk. für: **Ill**inois.

**illegal** [lat.], ungesetzlich.

**illegitim** [lat.], gesetzwidrig; ungesetzmäßig; unehelich.

**Iller,** r. Nbfl. der Donau, 165 km.

**Illinois** [ılı'nɔı(z)], Abk. **Ill.,** Staat der USA, zw. Michigansee, Mississippi und unterem Ohio; 145 934 km², 11,43 Mill. E, Hptst. Springfield; Anbau von Mais, Getreide, Obst. Viehzucht, Bodenschätze: Kohle, Erdöl und -gas, Eisen-, Zink- und Bleierze. Nahrungsmittel-, Eisen-, Stahl-, Masch.-, Textil- u. chem. Ind.; bed. Ind.- u. Wirtschaftszentrum Chicago.

**Illiquidität** [lat.], Zahlungsunfähigkeit.

**Illit** [nlat.], glimmerart. Tonmineral.

**Illumination** [lat.], **1)** festl. Beleuchtung. **2)** Ausmalen v. Handschriften, Drucken. **3)** göttl. Erleuchtung.

**Illusion** [lat.], **1)** [Selbst]täuschung. **2)** durch künstler. Mittel entstandene Scheinwelt.

**Illustration** [lat.], Abb., die einen Text veranschaulicht, erläutert od. schmückt.

**Illustrierte,** Zeitschrift, hpts. mit Fotoreportagen u. Berichten [aus dem Zeitgeschehen].

**Illyrer,** idgm. Stämme des Altertums an der östl. Adriaküste und auf dem nw. Balkan.

**Ilm, 1)** l. Nbfl. der Saale, 120 km. **2)** r. Nbfl. der Donau, 75 km.

**Ilmenau,** St. in Thür., 27 700 E; TU; Glas- u. Keramikind.

**Ilmenit, Titaneisen,** schwarzes Mineral, $FeTiO_3$, Härte 5–6; hpts. in Eruptivgesteinen; wichtigstes Titanerz.

**Ilmensee,** See südl. v. St. Petersburg, Russland, zw. 700 u. 2 090 km² (je nach Wasserstand).

**ILO,** Abk. für: **I**nternational **L**abour **O**rganization (↑Internationale Arbeitsorganisation).

**ILS,** Abk. für: **I**nstrument **L**anding **S**ystem, ↑Landeführungssysteme.

**Iltisse,** wieselähnl., nächtlich jagende Marder.

**Ilz,** l. Nbfl. der Donau, 54 km, mündet bei Passau.

**Image** ['ımıdʒ; engl.], [vorgefasste] Meinungen *(Stereotype)* psych. Inhalts, z. B. Vorstellungen, die der Einzelne od. eine Gruppe von sich od. anderen hat.

**imaginäre Zahlen,** ↑komplexe Zahlen, deren Realteil null ist; sie sind die Vielfachen der *imaginären Einheit* $i^2 = -1$.

**Imagination** [lat.], Einbildungskraft, [schöpfer.] Fantasie.

**Imago** ↑Insekten.

**Imam** [arab.], **1)** Vorbeter in der Moschee. **2)** Oberhaupt der Gemeinschaft aller Muslime (arab. Umma) als Nachfolger des Propheten [für die Sunniten bis 1924 gleichbedeutend mit dem Kalifen]. **3)** bei den Schiiten der aus der Nachkommenschaft Alis stammende unfehlbare Lehrer und Führer aller Muslime.

**IMF,** Abk. für: **I**nternational **M**onetary **F**und (↑Internationaler Währungsfonds).

**Immanenz,** das Innewohnende, innerh. einer Grenze Bleibende (Ggs. Transzendenz), u. a. *Bewusstseins-I.* (Erkenntnis kommt ausschließl. aus dem Bewusstsein).

**Immanuel** [hebr.; = Gott (ist) mit uns], Name des Messias im A. T.

**Immatrikulation** [lat.], Einschreibung in die *Matrikel* (Liste der Studierenden), d. h. Aufnahme an einer Hochschule.

**Immen,** svw. ↑Bienen.

**Immergrün,** Hundsgiftgewächs; immergrüner Zwergstrauch; trichterförmige blaue Blüten.

**Immigration** [lat.], Einwanderung.

**Immissionen** [lat.], die Einwirkung v. Luftverunreinigungen, Geräuschen, Erschütterungen u. a.

Faktoren auf die Umwelt (↑Umweltschutz; im Zivilrecht auf ein Nachbargrundstück.

**Immobilien,** unbewegl. Sachen, d. h. Grundstücke u. grundstücksgleiche Rechte (z. B. Erbbaurecht).

**Immobilienfonds,** Fonds, der das Geld der Anleger in Immobilien (z. B. Bürogebäude, Mietwohnungen) investiert.

**Immoralismus** [lat.], philos. Lehre, leugnet jede Geltung gewissensbindender moral. Normen.

**Immortalität** [lat.], Unsterblichkeit.

**Immortellen** [frz.], **Strohblumen,** Sammelbez. für versch. Korbblütler mit strohtrockenen Hüllblättern u. bunten Blüten.

**Immunglobuline,** Abk. **Ig,** v. B-Lymphozyten (Form weißer Blutkörperchen) gebildete Eiweißverbindungen (Glykoproteine), die der Erkennung v. Antigenen dienen u. daher die Funktion v. Antikörpern besitzen.

**Immunisierung,** Herbeiführen einer ↑Immunität des Organismus, z. B. durch ↑Impfung.

**Immunität, 1)** v. a. im MA Befreiung best. Grundbesitzes von Einwirkungen der öff. Gewalt. **2)** verfassungsrechtl. Schutz des Abg. vor behördl. Strafverfolgung; ähnl. die ↑Exterritorialität. **3)** angeborene oder erworbene Unempfänglichkeit gg. Infektionen oder Gifte.

**Immunsystem,** Abwehrsystem des Körpers gg. Krankheitserreger: Antikörper u. versch. Organe (Thymus, Milz, Lymphknoten, Mandeln u. a.).

**Imperativ** [lat.], Befehlsform des Zeitworts; ↑kategorischer Imperativ.

**Imperator** [lat.], im alten Rom Titel [erfolgreicher] Feldherren; später für: Kaiser.

**Imperfekt[um]** [lat.], Verbform der Vergangenheit, z. B. [ich] las.

**Imperialismus** [lat.], Ausdehnungs-, Machterweiterungspol. von Großmächten; *Zeitalter des I.,* Epoche der kolonialen Expansionspol. europ. Staaten gegen Ende des 19. Jh.

**Imperium** [lat.], **1)** Oberbefehl (höchste mil., zivile u. richterl. Gewalt im antiken Rom). **2)** [röm.] Kaiserreich. **3)** Weltreich.

**Impertinenz** [lat.], Unverschämtheit, Frechheit.

**Impfung** ↑Schutzimpfung.

**Implantation** [lat.], operatives Einbringen od. Einpflanzen von körperfremdem Material (Gelenkprothese, auch künstl. Zähne u. a.) in den Organismus. – Auch Einnistung der befruchteten Eizelle in die Gebärmutter.

**Import** [lat.], Einfuhr (↑Außenhandel).

**Impotenz** [lat.], Unvermögen; Beischlaf- oder Zeugungsunfähigkeit.

**imprägnieren** [lat.], poröse Stoffe mit Substanzen (oder Lösungen) durchtränken, d. sie z. B. wasserundurchlässig machen, verfestigen od. konservieren.

**Impresario** [ital.], Theater- u. Konzertagent.

**Impressionismus, 1)** zw. 1860 u. 1870 in der frz. Malerei entstandene Stilrichtung, die den zufälligen Ausschnitt aus der Wirklichkeit darstellt; Farbe u. Komposition sind v. momentanen Reiz des opt. Eindrucks best.; Vertreter: Manet, Monet, Pissarro, Sisley, Degas, Renoir, Bonnard, Vuillard. Übersteigerung der Auflösung im Pointillismus. Auch in der Bildhauerkunst impressionist. Tendenzen: Rodin. Den dt. I. vertreten der späte Leibl, Schuch, Trübner, Liebermann, Ury, Corinth u. Slevogt. **2)** Literatur: Stilrichtung etwa 1890–1910; erstrebt betont subjekt., differenzierte Wiedergabe persönl. Eindrücke; Vertr. u. a. A. France, Gide, Claudel, D'Annunzio, in Dtl. Liliencron, Hofmannsthal u. Rilke als Lyriker, Schnitzler als Dramatiker. **3)** eigtl. beschränkt auf den Stil Debussys; aus der romant. Musik erwachsen mit Neigung zu Kleinformen, Tonmalerei beeinflusst vom I.: Ravel, Respighi, de Falla, Delius, Ibert.

**Impressum** [lat.], in Druckschriften Vermerk über Verleger, Drucker, Buchbinder u. a., bei Zeitungen auch über die Redaktion.

**Impromptu** [ɛprɔ̃'ty; frz.], Fantasiestück, einer Augenblicksstimmung entwachsen.

**Improvisation** [lat.], Darbietung ohne Vorbereitung, i. d. Kunst (Theater, Tanz, Musik) häufig über ein vorgegebenes Thema oder Modell.

**Impuls** [lat.], **1)** Anstoß, Antrieb. **2)** Produkt aus Masse u. Geschwindigkeit eines Körpers: $p = m \cdot v$. **3)** die kurzzeit. Wirkung einer physikal. Größe, wie elektr. Signal, Stromstoß.

**In,** Symbol für ↑Indium.

**inadäquat** [lat.], nicht entsprechend, unangemessen.

**Inauguraldissertation** [lat.], svw. ↑Dissertation.

**Inauguration** [lat.], feierl. Einsetzung in ein akad. od. polit. Amt od. eine akad. Würde.

**Inc.,** Abk. für: **Inc**orporated [Company], amer. Kapitalges., entspricht der AG.

**Inch** [ɪntʃ; engl.], Einheitenzeich. **in** od. **"**, engl.-amer. Längenmaß (= 2,54 cm).

**Impressionismus:** *Claude Monet, „Impression-Sonnenaufgang" (1872)*

**incipit** [lat.; = es beginnt], (erstes Wort der) Anfangsformel in ma. Handschriften und Frühdrucken.

**Incoterms** ['ɪŋkəʊtə:mz], Abk. für: **In**ternational **Co**mmercial **Terms,** Zusammenstellung internat. Handelsklauseln, Neufassung 2000.

**Incroyable** [ɛ̃krwa'ja:bl; frz.], zunächst Bez. für den um 1800 in Frkr. getragenen Zweispitz, dann auch für dessen Träger.

**Ind.,** Abk. für ↑**Ind**iana.

**Indanthrenfarbstoffe,** sehr beständige Küpenfarbstoffe d. Anthrachinonreihe, d. vielfach zum Färben von Stoffen jeder Art verwendet werden.

**Indefinitpronomen** [lat.], unbest. Fürwort, z. B. jemand.

**Indemnität** [lat.], Straflosigkeit des Abg. für Äußerungen od. Abstimmungen im Parlament.

**Independence Day** [ındıˈpendəns deı], Unabhängigkeitstag der USA (4. Juli).

**Independenten** [engl.], in den Religionskämpfen des 16. Jh. in England entstandene Bez. für die radikalen ↑Puritaner, die die völlige Unabhängigkeit und Autonomie der Einzelgemeinden (engl. congregations) forderten (daher auch *Kongregationalisten*) und später [bes. in N-Amerika] realisierten. (↑Pilgerväter)

**Index** [lat.], **1)** alphabet. [Stichwort]verzeichnis (v. a. b. Büchern). **2)** Messziffer, die mehrere zahlenmäß. Entwicklungsreihen zusammenfasst u. als Mittelwert errechnet wird (z. B. Preis-I.). **3)** Kennzahl zur Unterscheidung gleichart. Größen (z. B. $a_1$, $a_2$, $a_3$). **4)** I. librorum prohibitorum, Verzeichnis der für Katholiken verbotenen Bücher, erstmals 1559, letzte Ausgabe 1948, in kirchenrechtl. bindender Form 1966 aufgegeben.

**Indexanleihe,** Anleihe, bei der die Höhe der Zinszahlungen u./od. der Rückzahlungspreis an einen Index (z. B. Aktienindex, Inflationsrate) gebunden ist, um Gläubiger gegen Geldwertverschlechterungen zu schützen.

**Indiaca®,** dem Volleyball verwandtes Rückschlagspiel mit einem federballähnl. Spielgerät, das mit der Handfläche gespielt wird.

**Indiana** [ındıˈænə], Abk. **Ind.**, Staat im Mittleren W der USA, südl. des Michigansees, 93 719 km², 5,55 Mill. E; Hptst. Indianapolis; Anbau von Mais, Getreide, Kartoffeln, Obst und Gemüse; Viehzucht; Bodenschätze: Kohle, Erdöl u. Erdgas, Eisenerz; Metall-, Glas-, Auto- u. Nahrungsmittelindustrie.

**Indianapolis** [ındıəˈnæpəlıs], Hptst. des Staates Indiana, USA, 731 000 E; Univ.; Nahrungsmittel-, Masch.-, chem., Textil- u. Elektroind.; Autorennen. ✈.

**Indianer,** die Ureinwohner (neben den Eskimo und Aleuten) Amerikas; straffes, schwarzes Haar, gelbl. Hautfarbe, breites Gesicht; autochthone Kulturen (Wildbeuter u. Ackerbauern; keine Hirtennomaden). In Mittel- und Südamerika Hochkulturen (↑altamer. Kulturen). Etwa 150 versch. Sprachgruppen; am wichtigsten in *Nordamerika:* Athapasken, Algonkin, Sioux, Irokesen, Uto-Azteken, Caddo, Muskhogee; in *Südamerika:* Karaiben, Aruak, Tupí, Gês, Pano, Guaikuru, Araukaner, Patagonier, Chibcha, Ketschua und Tukano. – In den USA u. Kanada heute rd. 2 Mill. I., hpts. in Reservaten; die indian. Bev. hat hier den infolge Verdrängung u. Ausrottung erreichten zahlenmäß. Tiefstand im 19. Jh. (in den USA um 1870: 26 000 I.) wieder überwunden. In Mittelamerika 3,5–4 Mill., in Südamerika rd. 5 Mill. I., hpts. in den Andenstaaten. Die I. in den östl. Berg- u. Tiefländern sind, außer im Amazonastiefland, weitgehend ausgerottet worden oder in der aus Europa eingewanderten Bev. aufgegangen.

**Indien**

| | |
|---|---|
| *Fläche:* 3 287 263 km² | |
| *Einwohner:* 1,027 Mill. | |
| *Hauptstadt:* Neu-Delhi (Delhi) | |
| *Amtssprache:* Hindi | |
| *Zeitzone:* MEZ + 4½ Stunden | |

**Indien,** Rep. in Südasien, Bundesstaat, zu dem die Andamanen u. Nikobaren sowie die Lakadiven gehören. *Geograph. Gliederung:* Gebirgsregionen des Karakorum u. des Himalaja im N, südl. anschließend die Flussebenen des Ganges u. Brahmaputra u. das Hochland v. Dekhan, das mit den West- u. Ostghats steil zu den wenig gegliederten Küsten der vorderind. Halbinsel abfällt. *Klima:* im S trop., im N subtrop.-gemäßigt. – Etwa 19 % bewaldet (u. a. Teak-, Rosen- u. Sandelholz). – *Bev.:* in zahlr. Rassen-, Volks-, Sprach- und Stammesgruppen gegliedert; unterschiedl. Kulturhöhe; 80 % Hindus, 11 % Muslime, außerdem Sikhs, Buddhisten, Parsen, Christen. – *Landw.:* Haupterzeugnisse Reis, Weizen, Hirse, Zuckerrohr, Baumwolle, Jute, Tee, Kaffee, Kautschuk; *Viehhaltung:* Rinder (ökonom. bedeutungslos), Büffel, Ziegen, Schafe, Pferde. *Bodenschätze:* Kohle, Eisen- und Manganerze, Glimmer, Gold, Erdöl, Bauxit. *Ind.:* Textil-, Nahrungsmittel-, Bau-, Hütten-, Fahrzeug-, feinmech. u. Papierind., Nuklear-, Rüstungs- und Weltraumtechnologie, Elektro- und Elektronikindustrie (Hyderabad und Bangalore als Zentrum der Softwareherstellung); Wasser- und Kernkraftwerke. – *Bed. Häfen:* Bombay, Kalkutta, Madras, Kandla, Visakhapatnam. – *Gesch.:* etwa 1500–1000 idgm. Einwanderung, Unterwerfung der Ureinwohner (Drawida), im 1. Jt. Bildung eines strengen Kastenwesens durch den Brahmanismus; im 3. Jh. v. Chr. Reich des Aschoka, Förderung der Verbreitung des Buddhismus; seit 700 verdrängt vom Hinduismus; 712 Einfall der Araber, Beginn der Islamisierung; 1398 Eroberung gr. Teile I.s durch den Mongolenherrscher Timur-Leng; Anf. des 16. Jh. Niederlassungen der Portugiesen in I. (u. a. Goa); 1526 Gründung des mongol. Reichs der Großmogule (Hptst. Delhi); im 17. Jh. Festsetzung der Brit.-Ostind. Kompanie, die seit 1600 die brit. Macht in I. vertrat; 1857/58 erfolgloser Aufstand gg. Großbrit., Auflösung der Ostind. Kompanie, Übertragung der Verw. an die brit. Krone; 1877 Kgn. Viktoria „Ksn. von I."; nach dem 1. Weltkrieg Selbstständigkeitsbestrebungen (Non-Cooperation), 1947 unabh. Dominion im Commonwealth u. Teilung in *Ind. Union* (hinduist.) und Pakistan (muslim.); Grenzstreitigkeiten u. Massenumsiedlung v. Mill. Menschen (opferreiche Ausschreitungen zw. Hindus u. Moslems), 1947/48 Konflikt mit Pakistan wegen Kaschmir (1949 Waffenstillstand) u. 1948 Krieg gg. Hyderabad; 1950 wurde I. Rep. u. unabh. Mitgl. des Commonwealth; s. den 1. Wahlen 1951/52 regierte bis 1996 die Kongresspartei (Indian National Congress) außer 1977–80 u. 1989–91 (Janatapartei). 1961 Annexion Goas, 1965 offener Krieg zw. I. u. Pakistan wegen Kaschmir; 1971 weiterer ind.-pakistan. Krieg (Konstituierung v. Bangladesh). Auseinandersetzungen mit separatist. Sikhs führten zur Ermordung v. Min.-Präs. I. Gandhi (1984). Seit 1998 v. nationalist. Hindupartei BJP geführte Mehrparteienregierungen. Situation I.s v. a. beeinflusst v. militanten separatist. Bewegungen (z. B. in Assam, Westbengalen), v. religiös-ethn. Spannungen (u. a. blutige Ausschreitungen zw. Hindus u. Muslimen 1992/93 u.

2002), v. der Rivalität mit Pakistan in der Kernwaffenrüstung u. der anhaltenden Krise um Kaschmir (erneute Eskalation 1999/2000 u. 2001/2002).

**Indignation** [lat.], Unwille, Entrüstung.

**Indigo** [span.], ältester u. fr. wichtigster organ. [Küpen]farbstoff, $C_{16}H_{10}N_2O_2$, ermöglicht tiefblaue, echte Färbungen; heute durch neue Farbstoffe verdrängt, aber z. B. noch für Bluejeans verw.

**Indikation** [lat.], **1)** Anzeige, Anzeichen. **2)** Heilanzeige; Grund zur Anwendung best. Heilmittel od. Behandlungsmethoden; *Kontra-I.,* Gegenanzeige zu einer Behandlungsmethode.

**Indikativ** [lat.], Wirklichkeitsform des Zeitwortes.

**Indikator** [lat.], in der Chemie Sammelbez. für Substanzen, d. Zustandsänderungen durch einen Farbumschlag anzeigen; i. w. S. Bez. für Substanzen od. Organismen, deren Fehlen od. Vorhandensein Rückschlüsse auf d. betreffende Medium zulassen.

**Indio** [span.], Bez. für süd- u. mittelamer. Indianer.

**indirekt** [lat.], mittelbar, nicht geradezu; *i.e Rede,* abhäng., nicht wörtl. Rede („Er sagte, *er sei froh*“); *i.e Steuern,* Steuern, bei denen der Steuerzahler die Steuer vorschießt u. auf andere abwälzt (z. B. Umsatzsteuer); *i.e Wahl,* Wahl eines Kandidaten durch in direkter Wahl gewählte Wahlkörperschaft.

**indische Kunst,** Kunst der Inder sowie die Kunst Sri Lankas, Birmas, Siams, Indochinas, Javas, Afghanistans, Tibets. Darst. sinnl. Körperlichkeit, vereint mit höchster Durchgeistigung. Dargestellt: Buddha, die Dreiheit Brahma, Vishnu u. Shiva, zahlr. Naturgottheiten. Buddhist. Tempelform der Stupa; ferner Felsen- u. Höhlentempel (Ajanta). Hauptperioden: 1. Maurjazeit (um 322–185 v. Chr.), Steinsäulen des Herrschers Aschoka mit Löwen- u. Stierkapitellen, 2. Gandharakunst (2. Jh. v. Chr. bis 5. Jh.), deren Stil hellenist., röm.-parth. u. ind. Elemente vereint: Idealtypen der Buddhafigur (stehend, sitzend, meditierend, lehrend), 3. Guptaperiode (4. bis 6. Jh.), klass. Zeit der i. K.: erste frei stehende Tempelbauten, Ausbildung einer festen Ikonographie der Götterdarst.; dann Nebeneinander mehrerer Stile; riesige Tempelstädte in S-Indien, Entw. der Tempelkathedrale (v. a. in N-Indien); 13.–18. Jh. indoislam. Kunst; Miniaturen der Mogulzeit (16. bis 18. Jh.).

**indische Kunst:** *Teil der Bhutanatha-Tempelgruppe in Badami, Südindien (zwischen 7. und 11. Jh.)*

**indische Kunst:** *„Buddha, umgeben von trauernden Schülern“, Relief aus Gandhara (2./3. Jh.)*

**Indischer Ozean,** kleinstes der drei Weltmeere, zw. Indien, Afrika, Antarktis, Australien; mit dem Roten Meer, dem Pers. Golf u. der Andamanensee als Nebenmeer 75 Mill. km². Der untermeer. v. N nach S verlaufende *Indische Rücken* gliedert den Indischen O. in das W- und das (größere) O-Becken: beide 4 000–7 000 m tief; größte Tiefe im Sundagraben 7 455 m (Planet-Tiefe).

**indische Sprachen,** Sprachen der Völker Vorderindiens, 2 Hauptgruppen: 1. *idgm. Spr.:* Altindisch (Ved., Sanskrit), Mittelind. (Pali, Prakrit), Neuind. (v. a. Westhindi [dazu Hindustani, Urdu], Osthindi, Bengali, Assamisch, Orija, Marathi, Singhales., Sindhi, Pandschabi, Gudscharati, Pahari, Kaschmiri); 2. *drawid. Spr.* (S-Indien): Tamil, Malayalam, Kannada [od. Kanares.], Telugu u. a. Außerdem *austroasiat. Sprachen.*

**Indium,** Symb. **In**, chem. El.,

OZ 49, rel. A.-Masse 114,82, Dichte 7,31 g/cm³, Fp. 156,6 °C, Sp. 2072 °C; silberweißes, weiches Metall; sehr selten.

**Individualismus** [lat.], [betonte] Eigenständigkeit eines Menschen gegenüber einer Gemeinschaft.

**Individualität, 1)** Eigenartigkeit, Einzigartigkeit. **2)** Persönlichkeit.

**Individualpsychologie, 1)** Richtungen der Psychol., die sich mit individuellen Unterschieden im Erleben u. Verhalten befassen. **2)** von A. Adler begr. Richtung der Tiefenpsychol., die als menschl. Grundantriebe das Streben nach soz. Anerkennung, Macht u. Überlegenheit ansieht.

**Individuum** [lat.], Einzelwesen, einzelne Person.

**Indiz** [lat.], Anzeichen; mittelbar bedeutsame Tatsache.

**Indochina,** das ehem. frz. Gebiet in Hinterindien (1887 zusammengeschlossen), umfasste Kambodscha, Laos, Vietnam.

**Indogermanen,** aus den Namen der Randvölker (Inder u. Germanen) gebildete Bez. für alle Völker, deren Sprache zu den ↑indogermanischen Sprachen gehört.

**indogermanische Sprachen,** auf die erschlossene Ursprache des *Indogerman.* zurückgeführte Sprachen; zahlr. Gruppen: 1. Ind., 2. Iran., 3. Armen., 4. Tochar., 5. Hethit., 6. Lyk., 7. Lyd., 8. Phryg., 9. Thrak., 10. Makedon., 11. Griech., 12. Alban., 13. Illyr., 14. Italisch, 15. Venet., 16. Kelt., 17. German., 18. Balt., 19. Slawisch.

**Indonesilen,** Rep. in SO-Asien, umfasst den größten Teil des Malaiischen Archipels. Zu I. gehören die Großen Sundainseln: Borneo (außer N-Teil), Sumatra, Celebes, Java; die Kleinen Sundainseln, die Molukken und ein Teil von Neuguinea (Irian Jaya). Die meisten Inseln sind gebirgig; größere Ebenen nur auf Borneo u. Sumatra. *Bev.:* überw. Indonesier (meist Muslime; ↑Malaien), daneben Chinesen u. a. Minderheiten. *Klima:* gleichmäßig trop. mit z. T. reichen Niederschlägen. *Vegetation:* über 60 % bewaldet (trop. Regen- und Hochwald; Teakbaum, Bambus, Sagopalmen). *Landw.:* Anbau v. Reis, Mais, Maniok, Süßkartoffeln, Sojabohnen (insbes. auf Java); in Plantagen Zuckerrohr, Tee, Kaffee, Tabak, Gewürze; Gewinnung v. Kautschuk, bes. auf Sumatra. *Viehzucht:* Rinder, Ziegen, Schafe; rege Küsten- u. Binnenfischerei. *Bodenschätze:* auf Erdöl, Zinn, Bauxit, Kohle. *Bed. Häfen:* Jakarta, Surabaya, Semarang u. a. – *Gesch.:* in der Frühzeit ind. u. chin. Einflüsse, s. dem 13. Jh. Ausbreitung des Islam, s. Ende des 16. Jh. Aufbau eines niederl. Kolonialreiches (1602–1799 beherrscht v. der niederl. „Vereinigten Ostind. Kompanie“, danach Übernahme der Besitzungen durch niederl. Reg.), 1942–45 jap. Besetzung, 1945 Unabhängigkeitserklärung der Indones. Rep., Sukarno Staatspräs. 1947 u. 1948 niederl. Militäraktionen, 1949 Bildung der Vereinigten Staaten von I. u. Anerkennung der Unabhängigkeit durch die Niederlande; 1963 kam das niederl. W-Neuguinea (Irian Jaya) an I., 1963–66 Konflikt mit Malaysia, 1965 nach blutigem Staatsstreich Machtübernahme durch die Armee unter Gen. Suharto (1968–98 Präs.); 1975–99 war Osttimor (zuvor port.) von I. besetzt (↑Timor). S. Ende d. 1990er-Jahre Eskalation versch. ethn.-religiöser Konflikte (u. a. blutige Unruhen auf Borneo, den Molukken) u. Sezessionsbestrebungen (z. B. Aceh, Irian Jaya). Nach dem Sturz v. Staatspräs. A. Wahid (1999–2001) übernahm d. bisherige Vizepräsidentin Megawati Sukarnoputri d. Amt.

**Indonesien**

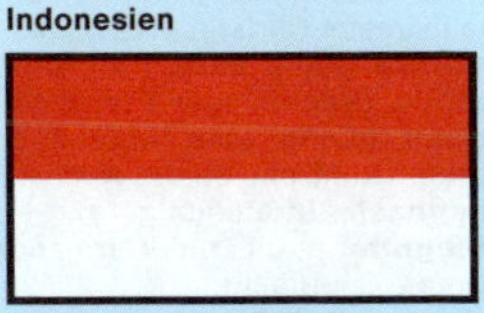

*Fläche:* 1904443 km²

*Einwohner:* 212,56 Mill.

*Hauptstadt:* Jakarta

*Amtssprache:* Bahasa Indonesia

*Zeitzonen:* (von W nach O) MEZ + 6 (Jakarta), + 7 bzw. + 8 Stunden

**Indore,** ind. St. in Madhya Pradesh, 1,09 Mill. E; Textilind., Baumwollhandel.

**Indossament** [ital.], svw. ↑Giro.

**Indra,** höchster Gott der *ved. Religion* (↑Veda); Gewittergott.

**in dubio pro reo** [lat.], im Zweifelsfall für den Angeklagten (Rechtsgrundsatz).

**Induktion** [lat.], **1) elektromagnet. I.,** Erzeugung einer elektr. Spannung in einem Leiter durch Änderung des ihn durchsetzenden magnet. Kraftflusses, z. B. durch Bewegen des Leiters in einem Magnetfeld (↑Generator) od. durch Änderung des Magnetfeldes selbst (↑Transformator). Die *I.spannung* ist Ursache für das Auftreten eines *I.stromes.* **2) magnet. I.,** ↑magnetische Flussdichte.

**Induktionsöfen,** elektr. Schmelzöfen, bei denen d. Metall induktiv unter dem Einfluss eines elektromagnet. Wechselfeldes geschmolzen wird.

**induktiv** [lat.], **1)** durch Verallgemeinerung vom Einzelnen auf ein Allg. geschlossen. **2)** ✻ durch Induktion hervorgerufen.

**Induktivität** [lat.], **1)** elektr. Leiter (v. a. Spule) mit gr. Selbstinduktion u kl. ohmschem Widerstand. **2) Selbst-I.,** Formelzeichen $L$, der Proportionalitätsfaktor zw. magnet. Fluss u. erregendem Strom; SI-Einheit: ↑Henry; Maß für die Selbstinduktion eines Leiters.

**Indus,** Fluss in Vorderindien, 3200 km, Einzugsbereich 1,166 Mill. km².

**Induskultur, Harappakultur,** altind. Kultur im Indusgebiet, auch in der oberen Gangesebene und in Gujarat; Hauptstädte: Mohenjo Daro u. ↑Harappa; Reste von Stadtanlagen, Stempelsiegel, Kleinplastiken.

**Industrialisierung** [frz.], Ausweitung der Ind. in einer Volkswirtsch. im Verhältnis zu Handwerk, Dienstleistung u. Landwirtschaft.

**Industrie** [lat.], Rohstoffgewinnung, Be- u. Verarb. v. Rohstoffen u. Halbfabrikaten zu Konsum- od. Produktionsgütern, Veredelung v. Sachgütern sowie Montage- u. Reparaturarbeiten. Merkmale: Arbeitsteilung, Spezialisierung, Massenfertigung, größere Betriebsstätten. In der Wirtschaftsstatistik *produzierendes Gewerbe.*

**industrielle Revolution,** der durch wiss.-techn. Fortschritt bewirkte Übergang v. der Agrar- zur Ind.-Ges. (in Großbrit. etwa s. 1820, in Dtl. etwa s. 1850); Ergebnisse: u. a. Beseitigung der Massenarmut, Entstehung neuer Klassengegensätze, Zerstörung tradit. Wert- u. Ges.-Systeme.

**Industrieroboter,** computergesteuerter, frei programmierbarer (auch sensorgeführter) Automat, der mit unterschiedl. Greifern, Werkzeugen u. a. ausgestattet werden kann u. an Fertigungsstraßen auch komplizierte Arbeitsvorgänge ohne menschl. Eingriff durchführt.

**Industrie- und Handelskammern,** Abk. **IHK,** Vertretungskörperschaft der gewerbl. Wirtsch. (ohne Handwerk); Aufgaben: Wahrnehmung der Interessen der Gewerbetreibenden, Mitwirkung an der Berufsausbildung, Unterstützung u. Beratung der Behörden; Spitzenorganisation: *Dt. Ind.- u. Handelskammertag, DIHK,* Sitz Bonn.

**Inertgas, Schutzgas,** Gas, das während eines Fertigungsverfahrens od. während d. Lagerung v. Lebensmitteln unerwünschte Reaktionen mit dem Sauerstoff d. Atmosphäre verhindert; I. sind z.B. Stickstoff, Argon, Kohlendioxid.

**in extenso** [lat.], ausführlich.

**INF,** Abk. für engl.: **I**ntermediaterange **N**uclear **F**orces = nukleare Mittelstreckenwaffen; Reichweiten von 150–5 500 km. Im INF-Vertrag von 1987 vereinbarten die UdSSR u. die USA die Beseitigung ihrer landgestützten atomaren Mittelstreckenraketen mit Reichweiten von 500–5 500 km, der 1991 erfüllt wurde.

**Infant** [lat.], Titel span. und portug. Prinzen s. dem 13. Jh.

**Infanterie** [ital.], Fußtruppen; heute vielfach motorisiert.

**Infantilismus** [lat.], körperl. oder/und geist. Stehenbleiben auf kindl. Entwicklungsstufe.

**Infantin,** weibl. Form von ↑Infant.

**Infarkt** [lat.], Absterben eines durch Endarterien versorgten Gewebereichs od. Organteils nach plötzl. und andauernder Unterbrechung der Blutzufuhr; u.a. Herz-, Lungeninfarkt.

**Infektion** [lat.], die Ansteckung durch Krankheitserreger mit der mögl. Folge einer Infektionskrankheit.

**Infektionskrankheiten,** durch Infektion entstandene, akute oder chron., meist fieberhaft verlaufende ansteckende Krankheiten.

**infektiös,** ansteckend.

**Infiltration** [lat.], Eindringen, Einsickern.

**Infinitiv** [lat.], Nennform des Verbs (Zeitworts), z.B. singen.

**in flagranti** [lat.], auf frischer Tat.

**Inflation** [lat.], anhaltender Prozess der Geldentwertung (Anstieg des Preisniveaus) aufgrund eines Nachfrageüberhangs, gemessen am Anstieg eines das allg. Preisniveau am besten widerspiegelnden Preisindex. Der prozentuale Anstieg des Preisindex in einem best. Zeitraum wird als *I.rate* bezeichnet.

**Influenz** [lat.], Ladungstrennung auf der Oberfläche eines urspr. elektr. neutralen Leiters unter dem Einfluss eines elektr. Feldes.

**Influenza,** svw. ↑Grippe.

**Informatik,** Wiss., die sich mit der Verarbeitung u. Übermittlung v. Information sowie dem Entwurf, Betrieb u. Einsatz v. Computern zur Informationsverarbeitung befasst. Man unterscheidet u.a. *theoret.* (z.B. Automaten-, Codierungstheorie), *techn.* (z.B. Rechnerorganisation, -netze), *prakt.* (z.B. Betriebssysteme, Datenbanken) u. *angewandte I.* (z.B. Wirtschafts-, Medizin-I.).

**Information** [lat.], Nachricht, Auskunft, Belehrung.

**Informationsgesellschaft,** eine postind. Wirtsch.- u. Gesellschaftsform, in der die Gewinnung, Speicherung, Verarbeitung, Vermittlung, Verbreitung u. Nutzung v. Information u. Wissen zentrale [wirtsch. u. gesellschaftspolit.] Bed. erlangt haben (↑Wissensgesellschaft).

**informell** [lat.], **1)** aufklärend, mitteilend. **2)** ohne Formalität.

**informelle Kunst,** Richtung der abstrakten Kunst, die im Ggs. zur geometr. Abstraktion abgegrenzte Formen u. feste Kompositionsregeln ablehnt; auch gleichbed. mit ↑abstrakter Expressionismus.

**Infotainment,** Kunstwort aus engl. **infor**mation (Information) und enter**tainment** (Unterhaltung), bezeichnet multimediale Programme zur spieler. Informationsvermittlung.

**Infrarot,** Abk. **IR,** unsichtb. elektromagnet. Wellen, deren Frequenzen unterh. derer des sichtb. Lichtes liegen (Wellenlängen etwa 800 nm bis 1 mm). Das I. äußert sich v.a. als Wärmestrahlung. I.strahlung wird z.B. in der Heizungs- u. Trocknungstechnik, Fotografie, Spektroskopie, für Steuerungseinrichtungen (z.B. Gerätefernbedienungen), Lichtschranken u. in der Thermographie eingesetzt.

**Infraschall** ↑Schall.

**Infrastruktur,** Gesamtheit der staatl. u. privaten Anlagen, Einrichtungen u. Gegebenheiten, die Voraussetzung für die Entwicklungsfähigkeit einer Volkswirtsch. sind. Hierzu zählen z.B. Verkehrs- u. Kommunikationswesen, Energie- u. Wasserversorgung *(techn. I.),* kulturelle, medizin. u. Bildungseinrichtungen *(soziale I.).*

**Infusion** [lat.], Einbringen größerer Flüssigkeitsmengen in den Organismus, intravenös, subkutan oder rektal.

**Ing.,** Abk. für: ↑**Ing**enieur.

**Ingelheim am Rhein,** St. in Rheinhessen, RP, 23 700 E; Reste einer bed. Kaiserpfalz Karls d. Gr.; chem.-pharmazeut. Industrie, Metallverarbeitung u.a.; in d. Umgebung Weinbau.

**Ingenieur** [ɪnʒənˈjøːr; frz.], Abk. **Ing.,** auf Hoch- od. Fachhochsch. ausgebildeter Techniker.

**Ingermanland,** historische Küstenldsch. im NW Russlands, östl d. Narwa, südl. v. Finn. Meerbusen u. Ladogasee.

**Inglin,** Meinrad, schweizer. Dichter, *1893, †1971; „Schweizerspiegel".

**Ingolstadt,** krsfr. St. in Bay., an der Donau, 112 000 E; spätgot. Kirchen, bed. Barockkirche St. Maria Victoria (1732–36), Altes und Neues Schloss; Museen. Vielseit. Ind., Maschinen- u. Fahrzeugbau, Textil-, Erdölind. (Pipelines).

**Ingres** [ɛ̃ːgr], Jean Auguste Dominique, frz. Maler, *1780, †1867; Klassizist; bed. Porträtist.

**Ingwer** [sanskr.], [sub]trop. Kulturpfl., Wurzelstock liefert scharfes Gewürz.

**Inhaberpapiere,** Wertpapiere, die nicht auf den Namen des Besitzers lauten; der jeweil. Inhaber kann die Rechte aus den Papieren geltend machen.

**Inhalation** [lat.], Aufnahme von Heilmitteln in dampfförm. oder zerstäubtem Zustand in die Atemwege.

**Initialen** [lat.], [durch Verzierung, Farbe u. bes. Größe ausgezeichnete] Anfangsbuchstaben.

**Initialzünder,** ein leicht entzündl. Sprengstoff, d. einen schwer entzündl. Sprengstoff zur Explosion bringt.

**Initiative** [lat.], **1)** Entschlusskraft; Anregung. **2)** Recht, eine Gesetzesvorlage einzubringen.

**Initiator,** Urheber, Anreger.

**Injektion** [lat.], Einspritzung von flüssigen od. suspendierten Arzneimitteln in den Körper; u.a. intravenös, intrakutan, subkutan od. intramuskulär möglich.

**Inka,** ehem. indian. Herrscher- u. Adelsschicht in Peru, aus dem Ketschuastamm im Cuzcotal hervorgegangen (↑altamer. Kulturen).

**Inkarnation** [lat.; = Fleischwerdung], Verkörperung; im Christentum die Menschwerdung Gottes in Jesus Christus (↑Logos).

**Inkasso** [ital.], Einzug v. Forderungen (Rechnungen, Wechsel); erfolgt häufig über *I.büros* od. Banken aufgrund einer *I.vollmacht* oder nach Abtretung.

**inkognito** [ital.], unter fremdem Namen, unerkannt.

**Inkompatibilität** [lat.], Unverträglichkeit, Unvereinbarkeit.

**Inkongruenz** [lat.], Nichtübereinstimmung, Nichtdeckung.

**Inkonsequenz** [lat.], mangelnde Folgerichtigkeit.

**Inkontinenz** [lat.], ⚕ Unvermögen, Harn od. Stuhlgang willkürl. zurückzuhalten.

**Inkorporation** [lat.], Einverleibung; Eingemeindung.

**Inkrustation** [lat.], **1)** ⌂ Verkleidung einer Wand mit Steinplatten. **2)** ⊕ Überkrustung v. Gesteinen od. Fossilien mit mineral. Stoffen.

**Inkubationszeit** [lat.], Zeit zw. Ansteckung bis zum Auftreten einer Infektionskrankheit.

**Inkubator** [lat.], svw. ↑Brutkasten.

**Inkubus** [lat.], nächtl. Dämon, Alb; im ma. Dämonenglauben Buhlteufel der Hexen.

**Inkunabeln** [lat.], **Wiegendrucke,** 🕮 die ersten (vor 1500) mit metallenen Einzellettern hergestellten Drucke.

**Inlett** [niederdt.], dichtes Textilgewebe, v. a. für Federbetten.

**Inlineskating** [ˈɪnlaɪnskeɪtɪŋ; engl.], das Gleiten auf speziellen Rollschuhen *(Inlineskates, Rollerblades),* deren vier Rollen in einer Reihe hintereinander angebracht sind.

**in medias res** [lat.], unmittelbar zum Kern der Sache.

**in memoriam** [lat.], zum Gedächtnis.

**Inn,** r. Nbfl. der Donau, 510 km.

**innere Führung,** in der dt. Bundeswehr Bez. für das Prinzip der Menschen- und Truppenführung mit Normen und Verhaltensregeln für Vorgesetzte und Untergebene.

**innere Medizin,** Fachgebiet der Medizin, das sich v. a. mit den Erkrankungen der inneren Organe befasst.

**Innere Mission,** auf J. H. Wichern zurückgehende Einrichtungen der ev. freien Wohlfahrtspflege; 1957 mit dem Ev. Hilfswerk vereinigt als ↑Diakon. Werk – I. M. u. Hilfswerk d. Ev. Kirche in Deutschland.

**Innere Mongolei,** autonome Region Chinas nördl. der Chin. Mauer, 1 177 500 km², 22,1 Mill. E; Hptst. Hohhot.

**Innozenz III.,** *1160/61, †1216, Papst s. 1198; Höhept. der Machtstellung des Papsttums (Laterankonzil 1215).

**Innsbruck,** Hptst. von Tirol, Östr., 115 000 E; Handels- und Fremdenverkehrsst., Kulturzentrum N-Tirols mit Univ., Theater, Museen; Hofkirche (1553–63) mit Grabmal Maximilians I., „Landhaus" (1725–28), Hofburg (Ende des 15. Jh., v. a. 18. Jh.); Goldenes Dachl (1500; Erker des Fürstenhofes). Ind.-Zentrum, Export- u. Mustermesse; ✡.

**Innung,** regionaler u. fachl. Zusammenschluss v. Handwerkern; Aufsicht: Handwerkskammer.

**Inowrocław** ↑Hohensalza.

**in petto** [ital.], im Sinne, in Bereitschaft.

**in praxi** [lat.], in Wirklichkeit, nicht in der Theorie.

**Input,** Eingangssignal, Eingangsgröße, z. B. die Eingabe v. Daten in einen Computer.

**Input-Output-Analyse** [-ˈaʊtpʊt-], Modell zur Untersuchung quantitativer Zusammenhänge zw. den versch. Produktions- u. Verbrauchssektoren einer Volkswirtschaft.

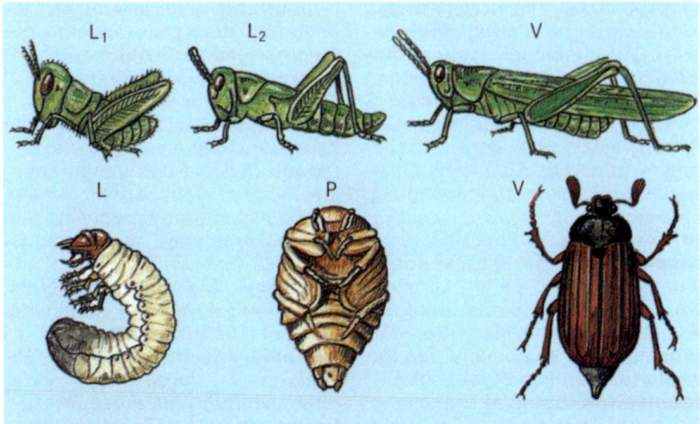


**Insekten:** *Haupttypen der Metamorphose; unvollkommene Verwandlung (oben) bei der Heuschrecke, $L_1$ etwa 3 mm langes Larvenstadium, $L_2$ etwa 1 cm langes Larvenstadium, V etwa 3 cm langes Vollinsekt; darunter vollkommene Verwandlung beim Maikäfer, L Larve, P Puppe, V Vollinsekt*

**Inquisition** [lat.], die von kirchl. Institutionen durchgeführte Untersuchung von Häresien und Aufspürung und Verfolgung von Häretiken („Ketzern"), seit Kaiser Theodosius I. über Jahrhunderte mit Unterstützung des Staates [im Bereich der kath. Kirche z. T. bis ins 19. Jh.]; urspr. eine bischöfl. Einrichtung, 1231/32 von Gregor IX. in einer päpstl. Behörde zentralisiert [seit 1542 *„Hl. Offizium",* 1965 umgewandelt in die *„Glaubenskongregation"*], verwaltet durch *Inquisitoren* (im MA vornehml. Dominikaner); 1252 päpstl. Gestattung der Folter im *I.-Prozess;* höchste verhängbare Strafe: Tod durch Verbrennen [letztmalig vollstreckt 1815 in Mexiko]; seit dem 2. Vatikan. Konzil (1962–65) krit. kirchl. Sicht der I., zuletzt bes. im Schuldbekenntnis Johannes Pauls II. anlässlich des Hl. Jahres 2000.

**I. N. R. I.,** Abk. für: **I**esus **N**azarenus **R**ex **I**udaeorum (= Jesus von Nazareth, Kg. der Juden), nach Joh. 19,19 Inschrift am Kreuz Jesu.

**inschallah** [arab.; = wenn Allah will], muslim. Redensart, Ergebung in den Willen Gottes ausdrückend.

**Insekten** [lat.], **Kerbtiere,** artenreichste Tierkl. (etwa 800 000 Arten); zweiseitig symmetr., durch Tracheen atmende Gliederfüßer, chitinöses Außenskelett; Kopf mit einem Paar Fühlern, einem Paar Mundwerkzeugen, Brust mit 3 Bein- u. meist 2 Flügelpaaren, Hinterleib; hoch entwickelte Sinnesorgane; getrenntgeschlechtig, meist Eier legend; Brut macht meist eine Metamorphose durch, die Larve (Made, Raupe u. a.) unterscheidet sich vom *Vollinsekt* (Imago) durch einfacheren Körperbau; wichtige Ordnungen: Hautflügler, Käfer, Schmetterlinge, Fliegen, Libellen, Heuschrecken, Flöhe, Termiten u. a.; zu den I. gehören auch die primitiver gebauten, sehr kleinen Urinsekten.

**Insektenfresser,** Ordn. (mit rd. 375 Arten) weit verbreiteter kl. Säugetiere; in M-Europa Spitzmaus, Igel, Maulwurf.

**Insektizid** [lat.], chem. Mittel zur Vernichtung von Insekten.

**Inseln über dem Winde, Inseln unter dem Winde,** zwei Inselgruppen der Kleinen ↑Antillen.

**Insemination** [lat.], **1)** svw. ↑Besamung. **2)** künstl. Einführen von Sperma in die Gebärmutter.

**Insider** [ˈɪnsaɪdə; engl.], jemand, der best. Dinge als Eingeweihter genau kennt; *I.geschäfte* an Börsen sind verboten.

**Insignien** [lat.], Abzeichen der Macht, des Standes u. der Würde.

**in situ,** in natürl. Lage, an Ort u. Stelle.

**Insolvenz** [lat.], Zahlungsunfähigkeit. Seit 1999 regelt für ganz Dtl. einheitl. die *I.ordnung* das Verfahren zur gemeinschaftl. Befriedigung der Gläubiger eines Schuldners (jurist./natürl. Person, Personenges., Vermögensmasse) durch Verwertung des Schuldner-

I

vermögens u. Verteilung des Erlöses od. Festlegung eines abweichenden Verfahrens in einem *I.plan* (bes. zum Erhalt eines Unternehmens, Sanierung). Das I.verfahren setzt einen Eröffnungsgrund (Zahlungsunfähigkeit, bei jurist. Personen auch Überschuldung) voraus. Deckt die I.masse die Verfahrenskosten nicht, wird der Antrag abgewiesen. Arbeitnehmer haben Anspruch auf *I.geld* (bei offenen Lohnforderungen für die letzten 3 Monate vor Eröffnung/Abweisung des I.verfahrens) vom Arbeitsamt. – *I.straftaten:* Bankrott, Gläubiger- u. Schuldnerbegünstigung. (↑Konkurs)

**in spe** [lat.], zukünftig, baldig.

**Inspekteur** [-'tø:r; frz.], in der dt. Bundeswehr die Leiter der Führungsstäbe des Heeres, der Luftwaffe, der Marine, der Streitkräftebasis sowie des Leiters des Sanitäts- u. Gesundheitswesens.

**Inspiration** [lat.], **1)** Einatmung. **2)** [göttl.] Eingebung; Anregung.

**Inspizient** [lat.], Ablaufverantwortlicher beim Theater od. Rundfunk.

**Installation** [lat.], **1)** Einrichtung, Einbau, Anschluss [von techn. Anlagen]. **2)** Anordnung v. Objekten u. Materialien nach einem best. Konzept des Künstlers, auch die Gestaltung eines ganzen Raumes.

**Instanz** [lat.], zuständ. Stelle, v. a. bei Behörden, Gerichten.

**Insterburg,** russ. **Tschernjachowsk,** St. im Gebiet Königsberg (Kaliningrad), Russland, an Inster u. Angerapp, 43 300 E; Ind.; Burg des Dt. Ordens.

**Instinkt** [lat.], ererbtes, biol. zweckmäß., arteigenes Verhaltensprogramm, das best. bes. lebenswichtige Handlungen steuert.

**Institut** [lat.], Einrichtung, Unternehmen; Bildungs-, Forschungsanstalt.

**Institut de France** [ɛ̃sti'ty də 'frãs], die höchste Körperschaft für Wiss. und Kunst in Frkr., Sitz Paris; begr. 1795, umfasst die 5 gr. frz. Akademien: Académie française, Académie des inscriptions et belles-lettres, Académie des sciences, Académie des beaux-arts, Académie des sciences morales et politiques.

**Institut für deutsche Sprache,** Abk. **IDS,** Institut zur Erforschung der dt. Gegenwartssprache, gegr. 1964, Sitz Mannheim.

**Institution** [lat.], Einrichtung.

**Instruktion** [lat.], eine Vorschrift bzw. [Dienst]anweisung.

**Instrument** [lat.], Mittel od. Gerät zur Ausführung best. wiss. od. techn. Arbeiten.

**Instrumental[is],** das Mittel oder Werkzeug bezeichnender Kasus (in slaw. Sprachen erhalten).

**Instrumentalmusik,** nur mit Instrumenten vorgetragene Musik; Ggs. Vokalmusik.

**Instrumentenflug,** Flug [ohne Bodensicht] unter alleiniger Orientierung durch die Anzeige der Flug[navigations]instrumente.

**Instrumentenlandesystem** ↑Landeführungssysteme.

**Insuffizienz** [lat.], ungenügende Arbeitsleistung eines Organs.

**Insulin** [lat.], in den Langerhans-Inseln der Bauchspeicheldrüse gebildetes Hormon; reguliert den Blutzuckerspiegel; bei I.mangel Diabetes mellitus.

**Insulinde** ↑Malaiischer Archipel.

**Insult** [lat.], **1)** grobe Beleidigung. **2)** Anfall (↑Schlaganfall).

**Inszenierung** [gr.], künstler. Gestaltung u. Vorbereitung einer Bühnenaufführung, eines Films.

**Intarsien** [ital.], Einlegearbeiten in Holz aus andersfarb. Holz, Elfenbein, Schildpatt, Metall u. a.

**integer** [lat.], unversehrt, ohne Makel, unbescholten.

**Integralrechnung,** Teil der ↑Analysis, gestattet die Flächenberechnung krummlin. begrenzter Gebiete. Die Rechenoperation heißt *Integration;* formale Umkehrung der Differenzialrechnung. Das *bestimmte Integral* $\int_a^b f(x)\,dx$ gibt den Inhalt der Fläche an, die v. der *x*-Achse, den Ordinaten $x = a$ u. $x = b$ u. der Kurve $y = f(x)$ eingeschlossen wird; $f(x)$ bez. man als *Integranden,* das Intervall $[a, b]$ als *Integrationsbereich* u. $x$ als *Integrationsvariable.* Wählt man eine variable obere Grenze, dann wird durch

$$F(x) = \int f(x)\,dx + C$$

das *unbestimmte Integral* definiert ($C$ belieb. Konstante). Eine Funktion $F$ mit $F'(x) = f(x)$ heißt *Stammfunktion* v. $f(x)$.

**Integration** [lat.], **1)** Wiederherst. einer Einheit, Vervollständigung. **2)** Zusammenschluss von Teilen zu einem übergeordneten Ganzen; *europ. I.,* fortschreitender polit. u. wirtsch. Zusammenschluss Europas. **3)** die Berechnung eines Integrals (↑Integralrechnung).

**integrierte Schaltung,** Abk. **IS,** engl. **IC** [**i**ntegrated **c**ircuit], Schaltung von (über 1 Mill.) extrem miniaturisierten elektron. Bauelementen (Transistoren, Widerstände, Kondensatoren), die auf einem Chip untergebracht sind; verw. z. B. als Steuerelemente in elektron. Geräten u. Mikroprozessoren.

**Integrität** [lat.], Unbescholtenheit; Unverletzlichkeit.

**Intellektuelle[r],** [einseit.] Verstandesmensch; auch: geistig Geschulte[r].

**Intelligenz,** Gesamtheit [analyt., kreativer u. prakt.] geist. Fähigkeiten.

**Intelligenzminderung** ↑geistige Behinderung.

**Intelligenzquotient,** Abk. **IQ,** durch *Intelligenztests* ermitteltes Maß zur Bestimmung der geist. Leistungsfähigkeit (meist dargest. als Skala mit d. Mittelwert 100).

**INTELSAT** [Abk. für engl. **In**ternational **Tel**ecommunications **Sat**ellite Consortium], internat. Organisation zum Bau u. Betrieb eines weltweiten Netzes v. geostationären Kommunikationssatelliten, gegr. 1964, Sitz: Washington; auch Name der Satelliten selbst.

**Intendant** [lat.], Leiter eines Theaters, einer Rundfunkanstalt.

**Intensität** [lat.], **1)** Stärke, Kraft, Gewalt. **2)** Leistung einer Strahlung pro Flächeneinheit.

**intensiv,** eindringlich, gründlich.

**Intention** [lat.], Absicht; Ziel.

**inter..., Inter...** [lat.], Bestimmungswort; Bed.: „zwischen".

**Intercity**® [-'sɪtɪ], Abk. **IC**®, der Schnellverbdg. zw. größeren Städten dienende Reisezüge der Dt. Bundesbahn im Ein-Stunden-Takt; zuschlagpflichtig; im grenzüberschreitenden Verkehr wird d. *Eurocity*® (EC®) eingesetzt. S. 1991 verkehrt auf bes. ausgebauten Schnelltrassen d. *Intercityexpress*® (ICE®) mit bis zu 300 km/h Höchstgeschwindigkeit.

**Interessengemeinschaft,** Abk. **IG,** ein Zweckverband zur Wahrung gemeinsamer [wirtsch.] Interessen; die rechtl. Selbstständigkeit der Beteiligten bleibt erhalten.

**Interface** [ɪntə'feɪs], engl. für ↑Schnittstelle.

**Interfax** ↑Nachrichtenagenturen (Übers.).

**Interferenz** [lat.], Überlagerung v. Wellenzügen ausreichender Kohärenz, die zu einer räuml. versch. Intensitätsverteilung führt. *Interferieren* 2 Wellen gleicher Wellenlänge u. Amplitude, so kommt es bei ganzzahliger Phasendifferenz zu maximaler Verstärkung *(I.maximum),* bei gegenphasigem Gangunterschied (Wellenberg trifft auf Wellental) zur völligen Auslöschung *(I.minimum).*

**Interferone,** artspezif. Proteine, die von menschl. u. tier. Zellen nach einer Virusinfektion gebildet werden; gentechn. Herstellung.

**Interieur** [ɛ̃teriˈøːr; frz.], **1)** das Innere [eines Raumes]. **2)** ✐ in der Malerei die Darstellung eines Innenraumes.

**Interim** [lat.], vorläufige Regelung, Übergangslösung.

**Interjektion** [lat.], Ausrufewort, z. B. ach! ei!

**Interkontinentalraketen,** mil. Raketen mit Reichweiten bis 20 000 km.

**Interlaken,** schweizer. Luftkurort im Kt. Bern, zw. Brienzer u. Thuner See, 4 900 E; ⛭.

**Intermezzo** [ital.], **1)** Zwischenspiel (Drama, Oper); selbst. kurzes Musikstück. **2)** kurze Episode.

**Internat,** einer meist höheren Schule angegliedertes Wohnheim für Schüler.

**international** [lat.], zwischenstaatl., nicht national begrenzt.

**Internationale** [lat.], **1)** sozialist.-gewerkschaftl. Zusammenschluss auf internat. Ebene; 1864 *1. I.* in London; 1889 *2. I.* in Paris; 1919 *3. (kommunist.) I.* (↑Komintern); 1938 *4. I.* in Mexiko (Trotzki); ↑Sozialist. Internationale. **2)** internat. Kampflied der marxist. Arbeiterbewegung.

**Internationale Arbeitsorganisation,** Abk. **IAO,** engl. **International Labour Organization** [ɪntəˈnæʃnl ˈleɪbə ɔːɡənaɪˈzeɪʃn], Abk. **ILO,** gegr. 1919, s. 1946 Sonderorganisation der UN, Sitz Genf; Tätigkeitsfelder: Arbeitsschutz, -bedingungen u. -recht, soziale u. Gleichstellungsfragen; 1969 Friedensnobelpreis.

**Internationale Atomenergie-Organisation,** engl. **International Atomic Energy Agency,** [ɪntəˈnæʃnl əˈtɔmɪk ˈɛnədʒɪ ˈeɪdʒənsɪ], Abk. **IAEA,** 1956 gegr. internat., innerhalb der UN eigenständ. Organisation zur Förderung der friedl. Nutzung der Kernenergie, s. 1957 Sitz Wien.

**Internationale Bank für Wiederaufbau und Entwicklung,** ↑Weltbank.

**Internationale Handelskammer,** Abk. **IHK,** 1919 gegr. Selbstverw.-Körperschaft der gewerbl. Wirtschaft (ohne Handwerk und Landw.) auf internat. Ebene; Sitz Paris.

**Internationale Raumstation,** engl. **International Space Station** [ɪntəˈnæʃnl speɪs ˈsteɪʃn], Abk. **ISS,** Projekt einer permanent bemannten Raumstation unter Beteiligung der USA, Russlands, der ESA, Japans u. Kanadas; Bau 1998–2004/05.

**Internationaler Bund Freier Gewerkschaften,** Abk. **IBFG,** ↑Gewerkschaften (Übers.).

**Internationaler Gerichtshof,** Gerichtshof der UN, gegr. 1945, Sitz Den Haag; Nachf. des Ständigen Internat. Gerichtshofs des Völkerbundes; 15 Richter (gewählt für 9 J.) aus versch. Ländern.

**Internationaler Strafgerichtshof,** Abk. **IStGH,** ständiger internat. Gerichtshof (Sitz: Den Haag) zur Verfolgung v. Völkermord, Verbrechen gegen die Menschlichkeit, Kriegsverbrechen sowie des Verbrechens des Angriffskrieges. 1998 wurde das Gründungsstatut des IStGH verabschiedet, das 2002 in Kraft trat.

**Internationaler Währungsfonds,** Abk. **IWF,** engl. **International Monetary Fund** [ɪntəˈnæʃnl ˈmʌnɪtərɪ fʌnd], Abk. **IMF,** 1945 gegr. Sonderorganisation der UN zur Überwachung des internat. Währungssystems; Sitz Washington.

**Internationales Einheitensystem,** Abk. **SI** [von frz. **S**ystème **I**nternational d'Unités], weltweit angewandtes u. vielfach auch gesetzlich vorgeschriebenes Einheitensystem mit 7 Basiseinheiten u. 2 ergänzenden Einheiten. In Dtl. sind d. SI-Einheiten seit 1. 1. 1978 gesetzlich vorgeschrieben.

**Internationales Olympisches Komitee,** Abk. **IOK, International Olympic Committee** [ɪntəˈnæʃnl əˈlɪmpɪk kəˈmɪtɪ], Abk. **IOC,** höchste Instanz für die Durchführung der Olymp. Spiele; 1894 gegr., Sitz Lausanne.

**Internationales Rotes Kreuz** ↑Rotes Kreuz.

**Internet** [engl.], weltweites Datennetz für den paketvermittelten Datenaustausch; hervorgegangen aus dem 1969 v. amer. Verteidigungsmin. eingerichteten *ARPAnet.* Der Zugang zum I. erfolgt häufig durch Vermittler *(Provider),* die speziell für die Vbdg. v. Computern mit dem I. eigene Netze betreiben. Bek. Dienste im I. sind ↑E-Mail, ↑FTP, ↑Newsgroups, ↑Telnet, ↑Chat, ↑Electronic Commerce u. ↑WWW, der bisher leistungsfähigste Dienst, der für die Integration der gen. Dienste in eine Oberfläche steht.

**internieren** [lat.], in [staatl.] Gewahrsam nehmen, in Lagern unterbringen.

**Internist** [lat.], Facharzt für innere Krankheiten.

**Internodium** [lat.], der zw. Blattansatzstellen (Knoten) liegende Sprossabschnitt einer Pflanze.

**Interpellation** [lat.], parlamentar. Anfrage an die Regierung.

**Interpol,** Kurzbez. für die **Inter**nat. Kriminal**pol**izei, gegr. 1923 (1946 neu gegr.) zur wechselseitigen Unterstützung bei der grenzüberschreitenden Verfolgung v. Verbrechen, Sitz Lyon.

**Interpret** [lat.], Ausdeuter, Erklärer; nachschaffender Künstler.

**Interpreter** [ɪnˈtəːprɪtə], Computerprogramm, das eingegebene Befehle einer höheren Programmiersprache in die Maschinensprache übersetzt.

**Interpunktion** [lat.], Zeichensetzung.

**Interregnum** [lat.; = Zwischenherrschaft], Zeit vom Tode eines Herrschers bis zur Wahl des Nachf.; in der dt. Gesch. v. a. die Zeit zw. 1254 und 1273.

**Interrogativ[um]** [lat.], Fragefürwort (z. B. wer) oder -umstandswort (z. B. wo).

**Intersex** [lat.], **Scheinzwitter,** krankhafte Mischung ♂ und ♀ Merkmale in einem normalerweise getrenntgeschlechtl. Individuum.

**Intervall** [lat.], **1)** Zwischenraum, Zeitabstand. **2)** 𝄞 Abstand zweier zusammen- od. nacheinander klingender Töne. **3)** √ zusammenhängende Teilmenge der reellen Zahlen; *abgeschlossenes I.,* alle reellen Zahlen zw. 2 Zahlen *a* u. *b*, Schreibweise [*a*, *b*].

**Intervention,** Vermittlung; Einmischung in die Angelegenheiten eines anderen [Staates].

**Interview** [-vjuː; engl.], Befragung durch einen Reporter.

**Interzellularen,** meist mit Luft erfüllte Räume zw. den Zellen vieler pflanzl. Gewebe.

**Inthronisation** [lat.], feierliche Thronerhebung, Einsetzung.

**Intifada,** Aufstandsbewegung palästinens. Araber gegen die israel. Besatzungsmacht im Westjordanland u. im Gazastreifen; Ziel: Errichtung eines Palästinenserstaates. Die *erste I.* (1987–94) führte zur palästinens. Selbstverw., die *zweite I. (Al-Aksa-I.)* ab Herbst 2000 zur erneuten Eskalation im ↑Nahostkonflikt.

**intim** [lat.], vertraut, [eng] befreundet; den sexuellen Bereich betreffend; *Intimsphäre,* der durch Sitte u. Ges. (Briefgeheimnis u. a.) geachtete u. geschützte Bereich des Privatlebens.

**intolerant** [lat.], unduldsam.

**Intonation** [lat.], **1)** Art der Tongebung. **2)** Anstimmen liturg. Gesänge. **3)** Nachstimmen der Orgelpfeifen.

**in toto** [lat.], im Ganzen.

**Intoxikation** [lat.; gr.], Vergiftung.

**intrakutan** [lat.], ⚕ in der Haut gelegen, in die Haut.

**intramuskulär** [lat.], ⚕ innerh. des Muskels, in den Muskel.

**Intransitiv[um]** [lat.], Verbum, von dem kein Akkusativobjekt abhängen kann.

**Intrauterinpessar,** **Spirale,** Kunststoffkörper unterschiedl. Form u. Größe, vom Arzt in die Gebärmutter eingelegt, dient der Empfängnisverhütung.

**intravenös** [lat.], ‡ in einer Vene, in die Vene.

**Intrige,** Ränkespiel, hinterhältige Machenschaft.

**Introduktion** [lat.], 𝄞 Einleitung[ssatz].

**Introitus** [lat.], liturg. Eingangsgesang.

**Intuition** [lat.], **1)** unmittelbare ganzheitl. Wahrnehmung. **2)** ohne Reflexion entstandene Erkenntnis, Eingebung.

**Invalide** [lat.], Arbeits-, Erwerbsunfähiger (durch Unfall u. a.).

**Invarianz,** Unveränderlichkeit einer best. Größe *(Invariante)* bei gewissen math. Operationen.

**Invasion** [lat.], Einfall; Einrücken feindl. Truppen in fremdes Gebiet.

**Inventar** [lat.], **1)** Bestand[sverzeichnis] u. a. von Einrichtungsgegenständen. **2)** am Geschäftsjahresschluss aufzustellendes wertmäßiges Verzeichnis der Vermögensgegenstände u. Schulden eines Unternehmens (↑Inventur); **3)** Verzeichnis des Erbnachlasses.

**Inventur** [lat.], Bestandsaufnahme aller Vermögensgegenstände u. Schulden.

**Inverness,** nordostschott. Hafenst., 39 700 E; ✡.

**Inversion** [lat.], **1)** Umkehrung, Umstellung. **2)** Gramm.: Umkehrung der regelmäß. Satzstellung. **3)** ☌ Umkehrung des opt. Drehvermögens von Stoffen. **4)** Zunahme der normalerweise mit der Höhe abnehmenden Temp. in einer [dünnen] Schicht der Atm.

**Invertebraten** [lat.], wirbellose Tiere.

**Invertzucker,** bei der Spaltung von Rohrzucker (Disaccharid) entstehendes Zuckergemisch aus Glucose u. Fructose.

**Investition** [lat.], langfrist. Anlage v. Geldkapital in Sachvermögen; *Brutto-I.* (Gesamt-I. einer Periode), *Ersatz-* od. *Re-I.* (Ersatz der verbrauchten Anlagen), *Netto-* od. *Erweiterungs-I.* (Kapazitätsvergrößerung). Der Anteil der Brutto-I. am Bruttoinlandsprodukt wird als *I.-Quote* bezeichnet.

**Investitur** [lat.], **1)** nach röm.-kath. Kirchenrecht d. förml. Einweisung in ein Kirchenamt. **2)** im Lehnsrecht der abschließende Akt der Übertragung von *Lehen.*

**Investiturstreit,** der im 11. Jh. zw. Papst Gregor VII. u. Ks. Heinrich IV. über die Frage der Laieninvestitur (Einsetz. v. Klerikern in ihr Amt durch Laien) ausgebrochene Konflikt; beendet durch das ↑Wormser Konkordat (1122).

**Investmentfonds** [-fõ:], von einer Kapitalanlageges. *(Investmentges.)* verwaltetes Sondervermögen, das aus dem gegen Ausgabe von Anteilscheinen *(Investmentzertifikate)* eingelegten Geld der Anleger gebildet u. in Wertpapieren, Immobilien u. a. Vermögensgegenständen angelegt wird.

**Investor-Relations** [ɪnˈvestə rɪˈleɪʃnz], Pflege der Beziehungen einer AG zu ihren Kapitalgebern (Aktionären), um deren Vertrauen u. Loyalität zu sichern; umfasst u. a. aktionärsfreundl. Dividenden- u. Emissionspolitik u. informative Berichterstattung.

**in vino veritas** [lat.], im Wein [ist] Wahrheit.

**In-vitro-Fertilisation,** Abk. **IVF, extrakorporale Befruchtung,** die außerhalb des Körpers in einer Nährlösung stattfindende Befruchtung der menschl. Eizelle. Etwa 48–72 Stunden nach der Befruchtung werden 3 Embryonen (4- bis 8-Zellen-Stadium) in die Gebärmutterhöhle eingebracht u. die Einnistung durch Hormongaben unterstützt.

**Invokavit** [lat.], der 1. Fastensonntag.

**Inzest** [lat.], sexuelle Beziehungen zw. engen Verwandten.

**Inzucht,** Fortpflanzung unter nahe verwandten Lebewesen; beschleunigt Art- u. Rassenbildung in der Tier- u. Pflanzenzucht; Gefahr des Auftretens von [rezessiven] Erbkrankheiten.

**Io,** griech. Mythol.: Gestalt; Geliebte des Zeus, zum Schutz in eine Kuh verwandelt, dennoch von Hera verfolgt, die sie von ↑Argus bewachen ließ.

**Iod,** internat. Bez. für ↑Jod.

**IOK,** Abk. für: ↑**I**nternationales **O**lympisches **K**omitee.

**Iokaste,** griech. Sagengestalt; Mutter u. Gemahlin des Ödipus.

**Ionen** [gr.], durch Abgabe (posit. I., *Kationen*) od. Aufnahme (negat. I., *Anionen*) v. Elektronen elektr. posit. od. negat. geladene Atome, Atomgruppen od. Moleküle. I. treten in Gasen, Flüssigkeiten u. festen Körpern auf.

**Ionenaustauscher,** anorgan. od. organ. Stoffe mit polaren Atomgruppen, v. denen Ionen gg. andere Ionen aus einer Lösung ausgetauscht werden können (z. B. Natrium- gg. Calciumionen zur Wasserenthärtung).

**Ionenbindung,** chem. Bindung durch Anziehung entgegengesetzt geladener Ionen.

**Ionenleiter,** Stoffe, in denen die elektr. Leitfähigkeit auf der Wanderung von Ionen beruht, z. B. in Elektrolyten.

**Ionesco,** Eugène, frz. Dramatiker rumän. Herkunft, * 1909, † 1994; Hauptvertr. des absurden Dramas; „Die Stühle", „Die Nashörner", „Der König stirbt".

**Ionier,** einer der 3 altgriech. Hauptstämme; wanderte im 2. Jt. v. Chr. nach Griechenland ein; später auch an der W-Küste Kleinasiens *(Ionien),* in Sizilien u. Unteritalien.

**Ionische Inseln,** der W-Küste Griechenlands vorgelagerte Gruppe von griech. Inseln, 2 307 km², dichter besiedelt als das griech. Festland. Bed. Baudenkmäler aus Antike; Anbau von Südfrüchten, Wein; Fischfang; Fremdenverkehr.

**Ionisches Meer,** Nebenmeer des Mittelmeeres zw. Unteritalien u. Griechenland, bis 4 901 m tief.

**Ionosphäre** ↑Atmosphäre.

**Iota** ↑Jota.

**Iowa** [ˈaɪəwə], Abk. **Ia., Io.,** Staat im M-Westen der USA, 145 791 km², 2,78 Mill. E, Hptst. Des Moines; 95,5 % der Fläche landw. genutzt; Mais, Hafer, Gerste; bed. Viehzucht; reiche Gipsvorkommen.

**Iphigenie,** griech. Sagengestalt; von ihrem Vater Agamemnon in Aulis geopfert, von Artemis entführt, Priesterin bei den Tauriern; von ihrem Bruder Orestes befreit.

**Ipswich** [ˈɪpswɪtʃ], engl. St., Hptst. der Gft. Suffolk, 120 400 E; Fischerei, vielseit. Ind.; ⚓, ✡.

**IQ,** Abk. für: ↑**I**ntelligenz**q**uotient.

**Ir,** ☌ Symb. für ↑Iridium.

**IRA** [aɪɑːˈeɪ], Abk. für: **Ir**.-**R**epublikan. **A**rmee; radikalnationalist. ir. Untergrundbewegung; kämpfte 1919–21 für die Unabhängigkeit Irlands v. Großbritannien, seitdem gg. die brit. Herrschaft in Nordirland; entwickelte sich dort ab 1969 zu einer kath. Terrororganisation; rief unter dem Einfluss v. ↑Sinn Féin eine Waffenruhe aus (1994–96, erneut ab 1997); nach Einleitung des nordir. Friedensprozesses Konflikt um ihre Entwaffnung, die 2001/02 begann.

**Irak,** Rep. in Vorderasien. *Bev.:* Araber, Kurden, Türken, Iraner u. a. *Religion:* 93 % Muslime, 5 % Christen. Kerngebiet ist Mesopotamien; Hauptflüsse: Euphrat u. Tigris; vorw. Halbwüsten- u. Wüstenvegetation, im NO vereinzelt Waldbestände. Acker- u. Gartenbau vielf. nur durch künstl. Bewässerung mögl.; Anbau v. Getreide, Tabak, Baumwolle; Dattelpalmbestände; Viehhaltung (Schafe, Ziegen, Rinder); von gr. Bed. Erdöl- und Erdgasvorkommen bei Mosul,

**Irak**

*Fläche:* 438 317 $km^2$
*Einwohner:* 22,68 Mill.
*Hauptstadt:* Bagdad
*Amtssprache:* Arabisch (in der kurd. Region auch Kurdisch)
*Zeitzone:* MEZ + 2 Stunden

Kirkuk u. Basra; Ind.-Zentrum Bagdad; *Häfen:* Basra und Umm Kasr. *Hauptexportgüter:* Erdöl, Datteln. – *Gesch.:* Mesopotamien ist die Heimat alter Kulturen (↑Sumerer, ↑Babylonien und Assyrien). 1638–1918 osman.; 1921 Einsetzung Kg. Faisals I. durch Großbrit.; 1932 brit. Anerkennung der Unabhängigkeit; 1958 Sturz der Monarchie; 1968 Staatsstreich der Bath-Partei; 1972 irak.-sowj. Freundschaftsvertr.; unter dem diktator. Staatschef (s. 1979) Saddam Husain 1980–88 Krieg mit Iran, u. a. um die Vorherrschaft am Pers. Golf; 1990 Annexion von Kuwait, führte zunächst zu Embargomaßnahmen aufgrund v. UN-Beschlüssen u. im Jan./Febr. 1991 zum Krieg mit einer internat. Truppe unter Führung der USA, die Kuwait befreite. Nachfolgend v. irak. Truppen niedergeschlagene Aufstände der Kurden im N (Errichtung einer UN-Schutzzone in „Kurdistan") u. der Schiiten im S. Verhängung von Handels- u. Wirtschaftssanktionen (schwere Versorgungskrise im Land). Auseinandersetzungen um UN-Rüstungskontrollinspektionen u. die Einhaltung v. Schutz- bzw. Flugverbotszonen durch die irak. Reg. lösten wiederholt schwere Krisen aus (u. a. amer.-brit. Luftschläge gg. irak. Stellungen, mehrfach zw. 1996 u. 2002).

**Iraklion,** griech. Hafenst. an der N-Küste v. Kreta, 102 400 E; Museum (u. a. Funde v. Knossos); Teiluniv.; ✈. – Im Altertum *Heraklion.*

**Iran,** fr. **Persien,** Staat in Vorderasien. *Bev.:* rd. 70 % Perser, daneben Kurden, Turkmenen, Aserbaidschaner, Armenier, Araber u. a. *Religion:* vorw. Schiiten. *Gliederung:* randl. v. hohen Gebirgszügen (Elburs-, Kuhrud-, Sagrosgeb. u. a.) durchzogen, im Innern weite halbwüsten- u. wüstenhafte Hochflächen. Abgestuftes *Klima:* subtrop., z. T. extrem arid. *Landw.:* Reis, Baumwolle, Obst, Wein, Tee, Tabak; verbreitet Schaf-, Ziegen-, Rinderzucht. *Bodenschätze:* Abbau von Kohle, Eisen-, Chrom- u. a. Erzen u. v. a. Erdölförderung; Verschiffung über die Insel Charg im Pers. Golf. *Ind.:* Erdölraffinerie, Eisen- u. Stahl-, Textil-, Nahrungsmittel- u. a. Ind. – *Gesch.:* Das v. N eingewanderte idgm. Volk der Perser trat mit der Dyn. der Achaimeniden in die Gesch. ein. Kyros II., d. Gr. (559–530 v. Chr.), begr. durch die Eroberung Mediens (550 v. Chr.), Lydiens (546 v. Chr.) u. Babylons (539 v. Chr.) das erste pers. Großreich. Sein Sohn Kambyses II. (529–522 v. Chr.) eroberte 525 Ägypten. Dareios I. unterwarf Thrakien u. Makedonien u. unterdrückte einen babylon. Aufstand. Seit 500 v. Chr. Perserkriege (gg. die Griechen). Dareios III. 331 v. Chr. von Alexander d. Gr. besiegt; Persien seit 330 v. Chr. Teil des makedon. Reiches. Nach dem Zerfall des Alexanderreiches herrschten die Seleukiden (Hellenisierung), seit dem 2. Jh. v. Chr. die Parther (bis 224 n. Chr.), danach die Könige der einheim. Dyn. der Sassaniden (bis 651), die das zweite große pers. Reich begr.; Kämpfe mit den Römern; im Inneren Reformen unter Kg. Chosrau I. (531–579). 651 Unterwerfung durch die Araber, Persien Teil des Kalifenreiches. Mongolenherrschaft von 1258 bis zum Tode Timurs (1405); die Mongolen unterlagen turkmen. Stämmen, diese 1502 den einheim. Safawidenherrschern (1502–1722), unter denen sich langsam ein pers. Nationalcharakter formte. Schah Abbas I., d. Gr., schuf eine Großmacht (Residenz Isfahan). Seine Nachfolger 1722 v. den Afghanen gestürzt. 1736 Eroberung Persiens durch den späteren Nadir Schah; er erweiterte die pers. Grenzen im O bis zum Indus. 1747 Loslösung Afghanistans v. Persien, 1794–1925 Dyn. der Kadjaren. Fath Ali Schah (1797 bis 1834) verlor Georgien, Transkaukasien und einen Teil Armeniens an Russland. 1907 russ.-brit. Vertr. von Petersburg; Dreiteilung Persiens in eine nördl. russ., eine südl. brit. Interessensphäre u. eine mittlere (neutrale) Zone. 1909 Absetzung d. revolutionär bekämpften Schahs Mohammed Ali; Nachf. Schah Kadachar. Im 1. Weltkrieg trotz Neutralität von türk., brit. u. russ. Truppen besetzt. 1921 Staatsstreich des späteren Schahs Resa Pahlewi; die UdSSR verzichtete auf alle Rechte; weiterhin wirtsch. Vorherrschaft der Briten (Erdöl, Finanzen).
Beginn der mod. Entwicklung Persiens (seit 1935 amtl. I.) unter Schah Resa Pahlewi (1925–41); 1941 alliierte Besetzung, 1941–79 Schah Mohammed Resa Pahlewi. Nach Volkserhebung (ab 1978) u. Flucht des Schah (Jan. 1979) rief der schiit. Ayatollah R. Khomeini am 1. 4. 1979 die radikale „Islam. Republik I." aus; belastetes Verhältnis zu den USA (1979–81 „Geiselaffäre" in der amer. Botschaft). 1980–88 Krieg gg. Irak. Nach dem Tod Khomeinis (1989) leichte Liberalisierungstendenzen, bes. unter Staatspräs. M. Khatami (s. 1997), verbunden mit Machtkämpfen zw. konservativer Geistlichkeit u. Reformkräften.

**Iran**

*Fläche:* 1 648 000 $km^2$
*Einwohner:* 76,43 Mill.
*Hauptstadt:* Teheran
*Amtssprache:* Persisch (Farsi)
*Zeitzone:* MEZ + $2^{1}/_{2}$ Stunden

**Irenäus von Lyon** [- - ljõ], hl., Kirchenvater, Bischof von Lyon u. Vienne (seit 177 oder 178), * etwa 140/150, † nach 200.

**Irian Jaya, Westirian,** indones. Teil von ↑Neuguinea, 421 981 $km^2$, 1,65 Mill. E, Hptst. Jayapura.

**Iridium** [gr.], Symb. **Ir,** chem. El., OZ 77, rel. A.-Masse 192,22, Dichte 22,5 $g/cm^3$, Fp. 2 446 °C, Sp. 4 428 °C; zu den Platinmetallen gehörendes Edelmetall; sehr selten; verw. v. a. in Legierungen.

**Iris** ↑Schwertliliengewächse.

**Iris,** Regenbogenhaut des Auges.

**Irisch,** eine der kelt. Sprachen.

**Irishstew** ['aırıʃ 'stju:; engl.], Eintopfgericht aus Weißkraut mit Hammelfleisch u. a.

**irisieren** [gr.], in den Farben des Regenbogens schillern.

**IRK,** Abk. für: **I**nternat. ↑Rotes **K**reuz.

**Irkutsk,** Gebietshptst. in O-Sibirien, Russland, an d. Angara, 596400E; Univ., mehr. Hochschulen; versch. Ind.; ✈; nahebei Stein- u. Braunkohlenbergbau.

**Irland, 1)** Insel im Atlantik, 84403km², 5,1 Mill. E; von der brit. Hauptinsel durch die Ir. See getrennt; im N u. S Gebirge, im Innern die geräumige Zentralebene mit gr. Mooren, wasserreichen Flüssen und Seen; ozean. Klima mit reichl. Niederschlägen; waldarm. Der NO (↑Nordirland) gehört polit. zu Großbrit. u. Nordirland. **2)** Rep., umfasst den Hauptteil von 1). *Bev.:* überwiegend kath., urspr. kelt.; erste Amtsspr. Gäl., zweite Engl. *Wirtsch.:* hpts. Viehzucht, auf der 60% des Exportes basieren. *Bodenschätze:* etwas Steinkohle, Blei-Zink-Erze, Torf. *Industrie:* Automontagewerke, chem.-pharmazeut., Textil-, Maschinen-, Nahrungsmittelind., Brauereien. –

**Irland**

| | |
|---|---|
| *Fläche:* | 70284 km² |
| *Einwohner:* | 3,564 Mill. |
| *Hauptstadt:* | Dublin |
| *Amtssprachen:* | Irisch, Englisch |
| *Zeitzone:* | MEZ – 1 Stunde |

*Gesch.:* in vorgeschichtl. Zeit kelt. Besiedlung, im 5. Jh. Christianisierung u. Entstehung der hpts. v. Mönchen getragenen *iroschott. Kirche* (Blüte 6. bis 9. Jh.). 1171 Beginn der engl. Eroberung I.s; s. der Reformation Verstärkung der polit. Gegensätze zu England durch relig. Ggs., da I. kath. blieb; blut. Niederwerfung von Aufständen, bes. durch O. Cromwell; polit. Entrechtung der Iren, Einziehung des Landbesitzes zugunsten engl. Grundherren; 1801 staatsrechtl. Union mit Großbrit., im 19. Jh. Massenauswanderung; 1912–14 Bewilligung der lange geforderten Selbstverw. (Homerule); 1921 *als Freistaat I.* (ohne Nordirland) Dominion, 1937 souveräner Staat, 1949 Austritt aus dem Commonwealth; Mitgl. der EU.

**Ischia:** *Sant' Angelo mit der Halbinsel La Roia*

**Irminsul, Irminsäule,** heidn. Heiligtum der Sachsen, v. Karl d. Gr. nach Eroberung der Eresburg (772) zerstört.

**Irokesen,** Indianerstämme im NO der USA; bek. durch den im 16. Jh. gegr. *I.bund.*

**Ironie** [gr.], feiner, verdeckter Spott (z.B. durch Sagen des Gegenteils).

**irrationale Zahlen,** nicht durch Brüche ganzer Zahlen darstellb. reelle Zahlen (z.B. $\sqrt{2}$ = 1,41...) mit unendl., nichtperiod. Dezimalstellen.

**Irrealis,** Zeitwortform der Unwirklichkeit (z.B. wenn du *sähest*).

**irritieren** [lat.], reizen; unsicher machen, verwirren.

**Irrlicht,** Leuchterscheinung in sumpf. Gelände; wahrsch. durch Selbstentzündung von Sumpfgas od. Phosphorwasserstoff.

**Irtysch,** l. Nbfl. des Ob, Sibirien, Russland, 4248km, entspringt als *Schwarzer I.* im Mongol. Altai.

**Irving** [ˈəːvɪŋ], **1)** John Winslow, amer. Schriftsteller, *1942; groteske Gesellschaftsromane. **2)** Washington, amer. Schriftsteller, *1783, †1859; bed. Kurzgeschichten.

**Isaak,** Patriarch des A.T., Sohn Abrahams u. Saras; I.s Opferung wird von Gott gefordert, dann verhindert; seiner Ehe mit Rebekka entstammen Jakob und Esau.

**Isabella I.,** die Kath., *1451, †1504, s. 1474 Kgn. v. Kastilien-León; durch Vermählung mit Kg. Ferdinand II. von Aragonien Vereinigung beider Länder.

**ISAF,** Abk. für engl. **I**nternational **S**ecurity **A**ssistance **F**orce, Friedenstruppe mit UN-Mandat in Afghanistan, um die Reg. zu unterstützen u. die Sicherheit in Kabul u. Umgebung zu gewährleisten. Der Einsatz der rd. 4500 Soldaten (dabei bis zu 1200 Bundeswehrsoldaten) begann im Jan. 2002.

**Isar,** r. Nbfl. der Donau, 295km.

**ISBN,** Abk. für: **i**nternat. **S**tandard-**B**uch**n**ummer (seit 1973); Schlüsselnummer (Aufschlüsselung nach Land, Verlag u.a.), die jedes Buch beim Erscheinen erhält.

**Ischia** [ˈiskia], **1)** ital. Insel im Golf v. Neapel, 46,4km²; Thermalquellen; Fremdenverkehr. **2)** Ort im NO v. 1), 17500E, mit Kastell (15. Jh.); Seebad.

**Ischias** [gr.], anfallartige, auch längere Zeit bestehende Schmerzen im Bereich des Hüftnervs.

**Ischtar,** weibl. Hauptgottheit der Babylonier; Göttin des Kampfes und der Liebe.

**ISDN** [Abk. für engl. **I**ntegrated **S**ervices **D**igital **N**etwork; = Dienste integrierendes digitales Netz], öffentl. Kommunikationsnetz, in dem digitale Vermittlungs- u. Übertragungstechnik vereinigt u. Fernmeldedienste aller Kommunikationsarten (Sprache, Text, Daten, Bild) angeboten werden. *ISDN-Basisanschluss,* stellt 2 Basiskanäle u. einen Steuerkanal zur Verfügung, ermöglicht die parallele Nutzung z.B. v. Telefon u. Fax; *Schmalband-ISDN,* nutzt das vorhandene Telekommunikationsnetz, Übertragungsgeschwindigkeit: 64kbit/s; *Breitband-ISDN,* Einsatz v. Glasfaserkabeln, für Anwendungen wie Videokonferenz u. Multimedia, Übertragungsgeschwindigkeit: > 140 Mbit/s.

**Isegrim** [altdt. „Eisenhelm"], Name d. Wolfs in der Fabel.

**Isel, Bergisel,** östr. Berg südl. v. Innsbruck, 749 m.

**Isère** [iˈzɛːr], l. Nbfl. d. Rhone, vom *Col de l'Iseran* (2769 m), 290 km.

**Iserlohn,** St. im Sauerland, NRW, 99300 E; Abt. d. Fachhochschule Hagen; ev. Akad.; Masch.-, Metallwaren-, Textil- u. a. Industrie.

**Isfahan,** Prov.-Hptst. in Iran, rd. 1 Mill. E; Univ.; bed. Moscheen; Nahrungsmittel-, Textilind.; ⚔. – 1598 bis Mitte 18. Jh. Hptst. des Iran.

**Isherwood** [ˈɪʃəwʊd], Christopher, angloamerikan. Schriftsteller, *1904, †1986; „Leb' wohl, Berlin" (Grundlage des Musicals „Cabaret"); Romane.

**Isidor von Sevilla** [- - sɛˈβiʎa], hl., span. Kirchenlehrer, *um 560, †636; um 600 Erzb. von Sevilla; letzter bed. Autor der Spätantike.

**Isis,** ägypt. Göttin, Schwestergemahlin des Osiris, Mutter des Horus.

**İskenderun,** türk. Hafenst. am *Golf v. I.* (Mittelmeer), 156000 E; Stahlwerk; Pipeline-Endpunkt.

**Islam** [arab.; = Hingebung], von ↑Mohammed gestiftete monotheist. Weltreligion mit heute (2002) über 1,1 Mrd. Anhängern *(Muslimen);* Lehre: Allah ist der eine Gott, Mohammed sein Prophet (at. Propheten u. Jesus seine Vorläufer), der ↑Koran die unfehlb. Offenbarung Gottes; Hauptpflichten der Gläubigen: Bekenntnis zu dem einen Gott, tägl. 5-mal. Gebet, Almosen, Fasten im Monat Ramadan u. Pilgerfahrt nach Mekka; Hauptrichtungen: die orth. Hauptrichtung der *Sunniten* (rd. 90 % aller Muslime, 4 Rechtsschulen), gestützt auf den Koran und die *Sunna* (überlieferte Sprüche und Lebensgewohnheiten Mohammeds), die Richtung der *Schiiten* (eigene Lehre über die rechtmäß. Nachf. Mohammeds; Gruppen: *Ismailiten, Imamiten, Saiditen*) sowie Sondergemeinschaften; geschichtl. Ausbreitung des I. unter Führung der Kalifen.

**Islamabad,** Hptst. v. Pakistan, nö. v. Rawalpindi, 236000 E; Univ., Forschungsinstitute.

**islamische Kunst,** Kunst der islam. Völker; im 7. Jh. in Syrien, Palästina, Ägypten, Mesopotamien u. in Iran (arab. Kunst) entstanden, trat sie das Erbe der Spätantike an. Vorw. Ornamentik mit 4 Gattungen: figürl., vegetabil, geometr., Schrift. Alle Formen flächenhaft. Epochengliederung nach den Dynastien: Omaijaden (661–750): Ausbildung der Moschee; Abbasiden (750–1258): Vordringen des pers. (v. a. im Palastbau) u. des innerasiat. (Grabbauten) Einflusses; Omaijaden in Córdoba (756 bis 1031): Ausbildung der span.-maur. Kunst; Seldschuken (11.–13. Jh.): u. a. Blüte der Buchmalerei; Fatimiden und Mamelucken in Ägypten: Grabmoschee u. a.; Osmanen (Türkei) mit Glasurfarbenkeramik; Mogulzeit in Indien (1526–1858): u. a. reich dekorierte luftige Kuppelbauten.

**Islamismus,** im westl. Sprachgebrauch die dem islam. Fundamentalismus zugrunde liegende Ideologie.

**Island,** Inselrep. im nördl. Atlantik. I. ist vulkan. Ursprungs, heute noch rd. 30 tätige Vulkane (1973 Ausbruch auf Heimaey), viele Geysire u. heiße Quellen; im Innern gewaltige Gletscher (Vatnajökull 8456 km² u. a.). Im S z. T. Flachküste mit kl. Buchten; übrige Küsten reich gegliedert. Klima im S u. W ozean. mild, im N u. O kühl; im S hohe Niederschläge. Arkt.-alpine Gebirgstundra. Anbau von Kartoffeln, Rüben, auf den meist kärgl. Weiden Ponys, Schafe, Rinder. Wichtigste Erwerbsquelle (80 % des Exports) ist der Fischfang. Fischverarbeitung, Aluminiumhütte. 8000 km [z. T. schlechte] Straßen, viele Flugplätze; keine Eisenbahn. – *Gesch.:* Um 800 von irischen Mönchen, um 874 von Wikingern besiedelt, um 1000 Christianisierung; 1262 norweg., 1380 dän.; 1874 Verf., 1918 Unionsakte: I. selbst. Staat in Personalunion mit Dänemark; 1944 Rep.; nach 1958 wiederholt Fischereikonflikte wegen Ausweitung der Fischerei-

**Island**

*Fläche:* 103000 km²
*Einwohner:* 277000
*Hauptstadt:* Reykjavík
*Amtssprache:* Isländisch
*Zeitzone:* MEZ – 1 Stunde

**islamische Kunst:** *Innenraum der Sultan-Ahmed-Moschee in Istanbul, auch „Blaue Moschee" genannt (17. Jh.; links); „Autoren, Schreiber und Diener", Miniatur (13. Jh.; rechts)*

grenze auf (mittlerweile anerkannte) 200 Seemeilen.

**Isländisch,** aus dem Altnord. entstand. nordgerm. Sprache.

**isländische Literatur,** vor 1400 ↑altnord. Lit.; im 19. Jh. Romantik; im 20. Jh. Neu- und Nationalromantik (G. Kamban, G. Gunnarsson), Aufkommen einer realist.-sozialist. Richtung (H. Laxness).

**Isländisch[es] Moos,** Flechte trockener Heideflächen u. lichter Gebirgswälder; für Hustenmittel.

**Isle of Man** [ˈaɪl ɔv ˈmæn], ↑Man.

**Ismael,** im A. T. Sohn Abrahams u. der ägypt. Sklavin Hagar; Stammvater der Ismaeliten (arab. Stämme).

**Ismailia,** ägypt. St. am Suezkanal, 255 000 E; Sitz der Sueskanalbehörd; Ind., Aluminiumwerk.

**Isny im Allgäu,** St. in Ba.-Wü., 14 500 E; altertüml. Stadtbild; FH, Luftkurort; Textilind.

**ISO,** Abk. für **I**nternational **O**rganization for **S**tandardization, 1946 gegr. internat. Vereinigung von nat. Normenausschüssen.

**is[o]..., Is[o]...** [gr.], Bestimmungswort; Bed.: „gleich“.

**Isohypsen** ↑Höhenlinien.

**Isokrates,** griech. Redner, * 436, † 338 v. Chr; begr. um 390 bed. Rhetorenschule in Athen.

**Isolation** [lat.], **1)** Absonderung; Vereinsamung. **2)** Verhinderung des Übertrittes v. Energie (Wärme, Elektrizität) od. best. Stoffen (Feuchtigkeit) zw. zwei Medien durch Zwischenschaltung einer undurchläss. Schicht *(Isolator).*

**Isolde,** ma. Sagengestalt (↑Tristan und Isolde).

**Isolini|en** [gr.; lat.], Linien, die Punkte od. Orte gleicher Werte od. Merkmale verbinden.

**Isomere** [gr.], chem. Verbdg., d. d. gleiche Bruttoformel, aber versch. Strukturformeln haben.

**Isonzo,** slowen. **Soča,** [ˈsoːtʃa], 138 km langer Fluss aus d. Jul. Alpen, Slowenien in das Adriat. Meer (Golf von Triest), Italien.

**isotonisch** [gr.], von gleichem osmot. Druck.

**Isotope** [gr.], Atomarten eines chem. El., mit Atomkernen gleich vieler Protonen, aber unterschiedl. vieler Neutronen.

**Isotopenbatterie,** Vorrichtung zur direkten Umwandlung v. Strahlungs- in elektr. Energie.

**Isotopentrennung,** Anreicherung eines best. Isotops in einem Isotopengemisch mit physikal. u. chem. Verfahren; wichtig zur Urananreicherung.

**Isozaki** [-zaki], Arata, jap. Architekt, * 1931; u. a. Büro- u. Geschäftshäuser in Berlin, Potsdamer Platz (1994–98).

**Isra|el, 1)** das nördl. der beiden nach dem Tode Kg. Salomos (um 925 v. Chr.) aus seinem Reich entstandenen Teilreiche. **2)** Rep. an

**Israel**

*Fläche:* 20 770 km$^2$

*Einwohner:* 6,08 Mill.

*Hauptstadt:* Jerusalem

*Amtssprachen:* Hebräisch und Arabisch

*Zeitzone:* MEZ + 1 Stunde

der vorderasiat. Mittelmeerküste. *Geograph. Gliederung:* Küstenebene am Mittelmeer, die zum Landinneren in die Hochländer v. Galiläa, Samaria u. Judäa übergeht; ostwärts fällt das Geb. ab zum Jordangraben mit dem Toten Meer (396 m u. d. M.) u. dem See v. Genezareth (209 m u. d. M.); das Wüstengebiet des Negev im S nimmt mehr als die Hälfte des Landes ein. *Klima:* mediterran, Teile d. Jordangrabens u. der Negev arid; I. ist waldarm. *Landw.:* Anbaugebiete sind v. a. die Küstenebene u. der N des Landes; angebaut werden Getreide, Baumwolle, Zitrusfrüchte u. Gemüse; Aufforstung, charakt. ist die genossenschaftl. Siedlungsform des Kibbuz. *Bodenschätze:* Phosphate, Kupfererz, Malachit, Quarzsand, Erdgas, Brom- u. Kalisalze. *Industrie:* chem. Ind., Stahlwerke, Erdölraffinerien, Baustoff-, Metall-, Fahrzeug-, Textilind., Diamantenschleifereien u. a.; Häfen: Haifa, Tel Aviv-Jaffa, Elat, internat. ✈ in Lod. – *Gesch.:* Am 15. 5. 1948 endete das brit. Mandat über Palästina; Ausrufung des unabhängigen jüd. Staates; der Angriff der arab. Staaten führte zum „Unabhängigkeitskrieg“; Waffenstillstand im März 1949; verstärkte jüd. Einwanderung, Flucht eines gr. Teiles der arab. Bev.; Okt./Nov. 1956 erneuter bewaffneter Konflikt mit Ägypten zugleich mit der brit.-frz. Intervention in der Suezkrise; 1967 Sechstagekrieg: israel. Eroberung des Gazastreifens, der Sinaihalbinsel, der Golanhöhen (1981 annektiert) u. des Westjordanlands; terrorist. Aktionen durch die PLO sowie isr. Gegenaktionen; 1973 ägyp.-syr. Überraschungsangriff (Jom-Kippur-Krieg); 1979 Friedensvertrag mit Ägypten; Rückgabe der Sinaihalbinsel 1982; 1982 Einmarsch isr. Truppen in den Libanon zur Ausschaltung der PLO; Rückzug ab Jan. 1985; 1993 Gaza-Jericho-Abkommen u. 1994/95 Autonomieabkommen mit der PLO (Gewährung palästinens. Selbstverw. im Gazastreifen u. in Jericho sowie im Westjordanland); 1994 Friedensvertrag zw. Jordanien u. I.; 1995 Ermordung von ↑Rabin; 1998 Wye-, 1999 Wye-II-Abkommen); 1999–2001 ergebnislose Endstatusverhandlungen (Streitpt.: v. a. Status von Jerusalem). Ebenfalls offen: Friedensvertrag mit Syrien (Golanhöhen). Seitdem Kurswechsel u. hartes Vorgehen gg. palästinens. Terror (Selbstmordattentate) u. die Autonomiebehörde.

**israelische Literatur** ↑hebräische Literatur.

**ISS** ↑Internationale Raumstation.

**Issos,** antike St. in Kilikien, am Golf von İskenderun (Kleinasien); bei I. 333 v. Chr. Sieg Alexanders d. Gr. über den Perserkg. Dareios III.

**Istanbul,** bis 1930 **Konstantinopel,** im Altertum **Byzanz,** türk. St. am Bosporus, 6,7 Mill. E; Handels- u. Kulturzentrum, Hochsch. (Univ., TH), wiss. Institute, Museen, Bibliotheken. Zentrum der St. auf d. europ. Ufer mit Hafen (Goldenes Horn); alte Bauwerke: Hagia Sophia, Stadtmauer, Sultanspalast, Moscheen, Galataturm; Hängebrücke über den Bosporus (1 506 m). – S. d. türk. Eroberung (1453, ↑Byzanz) bis 1923 Hptst. der Türkei.

**Istri|en,** Halbinsel an der Adria; zu Kroatien, im nördl. Teil zu Slowenien; verkarstetes Inneres; an der Küste Seebäder.

**Itali|en,** Rep. in S-Europa; Verwaltungseinteilung in 20 Regionen, darunter 5 mit weitgehender Autonomie: Sizilien, Sardinien, Aostatal, Trentino-Südtirol, Friaul-Julisch-Venetien. – *Landesnatur:* I. besteht aus dem festländ. I. (Alpengebiet, Poebene), der Apenninhalbinsel (Hauptgeb. der Apennin, in den Abruzzen bis 2 914 m hoch) u. Insel-I. (Sardinien u. Sizilien sowie mehrere kleinere Inseln). Die Poebene und die venezian. Ebene sind die einzigen großen Flachlandgebiete I. Tätige Vulkane: Vesuv, Ätna, Stromboli. Wichtige Flüsse: Po,

**Italien**

*Fläche:* 301 341 km$^2$
*Einwohner:* 57,6 Mill.
*Hauptstadt:* Rom
*Amtssprache:* Italienisch
*Zeitzone:* MEZ

Etsch (Adige), Tiber, Arno. Seen am Alpenrand (Lago Maggiore, Comer-, Iseo-, Gardasee), in Mittel-I. der Trasimenische See. Klima: Im Alpengebiet vorwiegend mitteleuropäisch, nach S hin Übergang zum Mittelmeerklima. – *Pflanzenwelt:* im N u. in den Geb. meist mitteleuropäisch, an der Küste u. im S mittelmeerisch (Oleander, Lorbeer, Myrte, Zypresse, Pinie; Macchie). – *Bevölkerung:* meist Italiener; in Südtirol auch Deutsche u. Ladiner, im Aostatal Franzosen, in Friaul Slowenen, in S-I. u. Sizilien Albaner. – *Religion:* über 90 % kath., daneben Protestanten (u. a. Waldenser), Muslime, Juden. – *Wirtschaft:* Hpt.-Landwirtschaftsgebiet ist die Poebene. Anbau von Weizen, Mais, Zuckerrüben, Oliven, Wein, Südfrüchten; Viehzucht (Rinder, Schafe, Schweine); Fischerei. ⚒ auf Marmor, Erdöl (Sizilien), Erdgas (Poebene), Eisen, Bauxit u. a. Textil-, chem., Kraftfahrzeug-, Maschinen-, Papier- u. a. Ind.; starke Ausnutzung der Wasserkraft, da Mangel an Kohle (Kernkraftwerke abgeschaltet). Fremdenverkehr. Ausfuhr: Südfrüchte, Gemüse, Textilien, Schuhe, Maschinen, Fahrzeuge, chem. Erzeugnisse, Wein u. a. Einfuhr: Fleisch, Wolle, Kohle, Holz, Maschinen u. a. Hpt.-Handelspartner: EU-Länder, USA, Schweiz. ⚓: Genua, Triest, Neapel, Venedig, La Spezia, Augusta, Livorno; ✈: u. a. Rom (Fiumicino), Mailand (Linate und Malpensa). – *Geschichte:* seit Ende des Weström. Reiches unter german. Herrschaft; auf Odoaker folgte das Ostgotenreich Theoderichs d. Gr. (Hptst. Ravenna); 553 oström.; 568 Eindringen der Langobarden u. Gründung eines Reiches (Hauptst. Pavia); in Mittel-I. Ausbildung des durch die Pippinische Schenkung begr. Kirchenstaates. Karl d. Gr. unterwarf die Langobarden (774) u. wurde Schutzherr des Kirchenstaates. Karls Ks.-Krönung durch den Papst begr. die Verbdg. v. Kirche u. Imperium; I. blieb bis ins späte MA Teil des Reiches. Durch Ausdehnung der stauf. Macht über das Normannenreich in Unter-I. Umklammerung des Kirchenstaates. 1266 Unter-I. an die frz. Anjou (1282 Sizilien, 1442 Neapel an Aragonien). Im N im 14. u. 15. Jh. Entstehung von Mittel- u. Kleinstaaten (u. a. Florenz, Venedig, Mailand), die bed. kulturelle Leistungen hervorbrachten (Humanismus, Renaissance). Im Kampf gg. Frkr. errang Spanien im 16. Jh. die Vormachtstellung in I., 1713 span. Besitzungen (Sardinien, Neapel, Sizilien, Mailand) an Östr.; selbst. blieben im Wesentl. nur der Kirchenstaat u. Piemont-Savoyen, das 1720 Sardinien erhielt. Neapel-Sizilien 1735 an die span. Bourbonen, Toskana 1737 an Habsburg-Lothringen, Korsika 1768 an Frkr. Nach dem Zusammenbruch der napoleon. Herrschaft Rückkehr der alten Dynastien, Wiederherstellung des Kirchenstaates u. des Kgr. Sardinien. Östr. erhielt 1815 außer der Lombardei auch Venetien u. herrschte in Toskana, Modena u. Parma. 1815–70 Zeit des ↑Risorgimento. 1859 gewann Sardinien-Piemont mit frz. Hilfe die Lombardei von Östr. Eine von Cavour entfesselte Nationalbewegung brachte den Anschluss M-I.s (ohne Kirchenstaat); Garibaldi besetzte 1860 Sizilien u. Neapel. 1861 Ausrufung des Kgr. I., ohne Venetien (bis 1866, preuß. Sieg über Östr.) u. Rom (bis 1870, Abzug der frz. Truppen). 1882 Dreibund mit Östr.-Ungarn u. dem Dt. Reich. In Kriegen gg. Abessinien (1887–89) u. die Türkei (1911/12) Gewinn von Kolonien. Im 1. Weltkrieg anfangs neutral, 1915 Kriegseintritt aufseiten der Entente. 1919 Gewinn von S-Tirol bis zum Brenner, Triest u. Istrien. Innenpolit. Krisen, wirtsch. Schwierigkeiten; 1922 Mussolinis Marsch auf Rom, Errichtung der faschist. Diktatur. Aussöhnung des Staates mit der kath. Kirche (↑Lateranverträge 1929). Seit 1933 expans. Pol.; 1936 Annexion Äthiopiens, 1939 Besetzung Albaniens. 1940 Eintritt in den 2. Weltkrieg auf dt. Seite. Nach Landung der Alliierten in I. (1943) Absetzung Mussolinis; Waffenstillstand. 1946 Bildung der Rep.; 1947 Verlust von Istrien u. des dalmatin. Besitzes an Jugoslawien, des Dodekanes an Griechenland, Abtretung der afrik. Kolonien. Triest Freistaat (bis 1954); Spannungen mit Östr. wegen der Frage der Autonomie Südtirols durch Vertrag 1971 beigelegt. Nach 1945 häuf. Wechsel der Koalitionsreg. (meist unter Führung der DC); 1993 Staatskrise wegen Korruptionsvorwürfen gg. führende Politiker, Umbruch des Parteiensystems; ab 2001 Mitte-rechts-Reg. unter S. Berlusconi (Min.-Präs. auch 1994–95). Mitgl. der EU, NATO, OECD.

**italienische Kunst,** die Kunst auf ital. Boden; Entwicklung in Auseinandersetzung mit Formengut der griech.-röm. Antike (zahlr. vorbildgebende Monumente), in Maß u. Gliederung nach Klarheit, Ausgewogenheit u. Geschlossenheit strebend; damit anregendes Vorbild für die nat. Ausprägungen der europ. Kunst. *Roman. Kunst* (11./12. Jh.): Bed. Bauwerke, Skulpturen u. Gemäldezyklen; im 11. Jh. v. a. San Marco in Venedig, Dom in Pisa, Baptisterium in Florenz. Im 12. Jh. rege Bautätigkeit, bes in Oberitalien (Dome u. Abteikirchen v. Parma, Verona, Cremona, Lucca u. a.), Unteritalien (Bari, Trani) u. Sizilien (Palermo, Monreale; unter normann.-arab. Einfluss). In der Plastik führten die lombard. Bildhauer, in Mittel- u. Unteritalien die Mosaikarbeiten der „Cosmaten" (Kanzeln, Altäre); Freskenzyklen in Rom, Sant' Angelo in Formis, Mosaiken in Venedig, Rom, Palermo, Monreale. *13./14. Jh.:* Neue Grundlagen schufen die toskan. Maler, Bildhauer u. Baumeister: Cimabue, Giotto, Niccolò u. Giovanni Pisano, Arnolfo di Cambio; bes. deutl. an den Florentiner Bauten Santa Maria Novella, Santa Croce, Dom, Palazzo Vecchio. In der Plastik antikisierender Stil: N. Pisano (Kanzeln in Pisa, Siena); Zunahme des got. El. bei Giovanni u. Andrea Pisano, A. Orcagna. In der Malerei bedeutet der Stil Giottos eine Revolution; daneben bed. die Schule von Siena: Duccio di Buoninsegna, S. Martini, P. u. A. Lorenzetti. *Renaissance* (1420–1520/30): „Wiedergeburt" der antiken Formenspr. in den Bauten des Florentiners F. Brunelleschi. In Malerei u. Plastik neues Verhältnis zu Natur u. Wirklichkeit, Entw. des perspektiv. Raumes, neue Sicht des Menschen, v. a. Masaccio, Donatello, A. del Verrocchio. Zur 1. Generation gehören auch Iacopo della Quercia, Ghiberti, Pisanello, Fra Angelico.

**italienische Kunst** *Michelangelo, „David“ (zwischen 1501 und 1504; oben links); Leonardo da Vinci, „Anna Selbdritt“ (um 1508–11; oben rechts); Filippo Brunelleschi, Palazzo Pitti in Florenz (1457–66; Mitte rechts); Giovanni Antonio Canal, gen. Canaletto, „Einfahrt zum Canal Grande mit der Piazetta und der Kirche Santa Maria della Salute in Venedig“ (unten)*

Es folgen P. Uccello, Piero della Francesca, A. del Castagno, A. Mantegna, Botticelli. *Hochrenaissance* (1500–20/30): geprägt v. a. von Bramante, Leonardo da Vinci, Raffael, Michelangelo u. Tizian; v. a. Zentralbau von St. Peter (1506 ff.) in Rom. Malerei: klass. Ausgewogenheit in den Fresken Raffaels. In Venedig ein Höhepunkt der Malerei mit Giorgione u. Tizian. *Spätrenaissance u. Manierismus* (1520–70 bzw. 80): Manierist., bewusst antiklass. Stil einer Krisenzeit, ausgehend von den Spätwerken Michelangelos, bei I. da Pontormo, Rosso Fiorentino u. Bronzino; weitere Vertr.: G. Romano, I. Sansovino, Giovanni da Bologna, Parmigianino, Tintoretto. Klass. Erbe bei A. Palladio. *Barock* (etwa 1580–1750/60): Zentrum in Rom; in der 1. Phase führen G. da Vignola (Il Gesù) u. C. Maderna (St. Peter); in der Malerei Caravaggio u. die Fam. Carracci; im Hochbarock (1625–75) v. a. Pietro da Cortona, G. L. Bernini u. F. Borromini; den Spätbarock (1675–1750) vertraten in Oberitalien G. Guarini u. F. Iuvara. Letzte Blüte der Malerei in Venedig: G. B. Tiepolo, Canaletto, F. Guardi. Der *Klassizismus* (1750/60–1830) best. das Schaffen von A. Canova u. A. R. Mengs. *20. Jh.:* Als Reaktion auf das 19. Jh. entstand der Futurismus (U. Boccioni, C. Carrà, G. Severini u. a.), daneben ist A. Modigliani zu nennen, dann die Pittura metafisica (G. De Chirico). Nach dem 2. Weltkrieg wurden neben G. Santomaso, M. Marini, G. Manzù, R. Guttoso und E. Vedova v. a. die Anstöße der Vertreter grenzüberschreitender Kunst wichtig (A. Burri, Fontana, Manzoni). Von den sparsamen Materialensembles der Arte povera führte der Weg zu großen Rauminstallationen (M. Merz, G. Paolini, G. Penone, M. Pistoletto, G. Spagnulo), andererseits zur Transavanguardia; u. a. S. Chia, F. Clemente, G. Cucchi, M. Paladino. Internat. Beiträge zur Architektur leisteten v. a. P. L. Nervi, G. Michelucci, C. Scarpa, C. Aymonino, Gae Aulenti, P. Portoghesi, A. Rossi, G. Grassi, R. Piano.

**italienische Literatur,** war lange Zeit von der latein. Tradition bestimmt; Ende des 12. Jh. unter dem Einfluss der provenzal. Troubadourdichtung in Sizilien Entfaltung eigenständiger Lyrik; im 13. Jh. Franz von Assisi u. *Dolce Stil nuovo;* Durchsetzung des Toskan. als Literaturspr. im *14. Jh.;* erster Höhepunkt der ital. Lit. mit Dante Alighieri („Die Göttl. Komödie"), G. Boccaccio („Das Dekameron") u. den lyr. Werken F. Petrarcas. Die Wiederentdeckung der Antike im *15. Jh.* wirkte auf die geistige Entw. von ↑Renaissance u. *Humanismus*; histor.-staatspolit. Schriften (N. Machiavelli); parodist. Epik (L. Pulci, T. Tasso); Entstehung der Commedia dell'Arte. Barocke lyr. Dichtungen G. Marinos im *17. Jh.* (Marinismus); wiss. Prosa (G. Galilei). An der Wende zum *18. Jh.* Übergang zur verspielten Rokokolyrik; Charakterkomödien (C. Goldoni), Tragödien (V. Alfieri), Märchenspiele (C. Gozzi). Höhepunkt der ital. *Romantik* mit A. Manzoni; nach 1848 2. Generation romant. Dichter (Mailänder Gruppe „Scapigliatura"). Ende des *19. Jh.* Wiederaufleben polit. Ideale des ↑Risorgimento bei G. Carducci; G. Verga entwickelte die ital. Variante des frz. *Realismus*, den Verismus. *1. Hälfte des 20. Jh.:* Ästhetik der Dekadenz bei G. D'Annunzio, dessen lyr. Werke am frz. Symbolismus u. der dt. Philos. orientiert waren; Begründung des europ. Futurismus durch F. T. Marinetti; Lyrik der „reinen Dichtung" (G. Ungaretti); neue Impulse im Drama durch L. Pirandello. Durchsetzung des Neorealismus (in enger Verbindung mit der Filmkunst) mit Themen aus dem antifaschist. Widerstand u. sozialen Problemen (I. Silone, A. Moravia, C. Pavese); danach folgten Introversion, Experiment, Zerstörung vertrauter Romanstrukturen; ähnl. Entw. in Lyrik u. Drama; *2. Hälfte des 20. Jh.:* neue Impulse vom Dialekttheater (satirisch-burleske Stücke, D. Fo); literaturtheoret. Diskussionen in der Erzähllit., Verwendung experimenteller Mittel („Gruppo 63"); Theorie des Industrieromans (P. Volponi); Auseinandersetzung mit der faschist. Vergangenheit; Renaissance des histor. Romans in den 80er-Jahren (G. Tomasi di Lampedusa), bei U. Eco in Verbindung mit wiss. Aspekten der Semiotik; breites Spektrum intellektuell-anspruchsvoller, unterhaltsamer Prosa: A. Tabucchi, L. Malerba, G. Manganelli, M. Lodoli, S. Tamaro; internat. erfolgreiche Kriminallit. (A. Camillerie, N. Filastò). Tendenzen an der Wende zum *21. Jh.:* genaue Beobachtung der Realität, Reflexionen über Liebe u. Tod, Schicksale von Außenseitern, Kulturkritik, knappe Alltagssprache.

**italienische Musik.** Im frühen MA kam es auf ital. Boden zur Ausbildung der maßgebl. liturg. Musik der lat. Kirche. Erst in der weltl. Musik des *14. Jh.* entstand in Oberitalien auch eine eigenständige, sprachverbundene, aristokrat. Musik (F. Landini). Im *15. u. in der 1. Hälfte des 16. Jh.* wirkten an den aufstrebenden Fürstenhöfen Italiens sowie in der päpstl. Kapelle v. a. niederl. (frankofläm.) Komponisten: G. Dufay, Josquin Desprez, H. Isaac, A. Willaert. Gebräuchl. Gattungen waren Madrigal, Motette, Messe, daneben die volkstüml. Gattungen der Frottola, Villanelle, Lauda. Vom *16. bis ins 18. Jh.* behauptete die i. M. ihre europ. Vorrangstellung (G. P. da Palestrina, C. de Rore, L. Marenzio, Don C. Gesualdo, A. Willaert). Ende des 16. Jh. entstand in Venedig die monumentale Mehrchörigkeit der „venezian. Schule", u. a. mit C. Monteverdi, C. Merulo, A. und G. Gabrieli. In Florenz entwickelte sich um 1600 die Oper (I. Peri, G. Caccini), als erstes bed. Beispiel gilt „Orfeo" (1607) v. C. Monteverdi. Das Concertoprinzip und der Generalbassansatz wurden zum tragenden Klang- und Stilprinzip des Barock, bedeutendster Meister war C. Monteverdi. – Seit etwa 1650 erlebte die instrumentale Ensemblemusik in Oberitalien einen Höhepunkt. Die „Bologneser Schule" (A. Corelli, G. Torelli u. a.) entwickelte die Gattungen Triosonate, Concerto grosso und Solokonzert. Nach Florenz wurden Venedig (F. Cavalli, P. A. Cesti u. a.) und um 1700 Neapel (A. Scarlatti) zum Zentrum der Opernpflege. Die Gattungen der Opera seria u. der Opera buffa beherrschten bis gegen Ende des 18. Jh. die europ. Bühnen (G. B. Pergolesi, G. Paisiello, D. Cimarosa). Auch nach 1800 behielt die ital. Oper durch Werke von G. Rossini, V. Bellini und G. Donizetti Weltgeltung. Durch G. Verdi nahm das ital. Operntheater eine Schlüsselstellung in der Musik des *19. Jh.* ein. An den späten Verdi knüpften die Hauptvertreter des „Verismo", R. Leoncavallo, P. Mascagni und G. Puccini z. T. an. An der Entfaltung der modernen Musik sind ital. Komponisten beteiligt. Die Zeitgenossen (L. Dallapiccola, G. Petrassi, L. Nono, L. Berio) benutzen Zwölftontechnik und serielle Methoden.

**Italiker,** idgm. Stämme, die gg. Ende des 2. Jt. v. Chr., wohl aus M-Europa, nach M- u. Unteritalien einwanderten.

**ITAR-TASS,** fr. **TASS,** ↑Nachrichtenagenturen (Übers.).

I

**Ith,** Höhenzug im nördl. Weserbergland, Nds., bis 439 m.

**Ithaka,** neugriech. **Ithaki** [i'θaki], eine der Ion. Inseln, 96 km².

**Itzehoe** [-ho:], Krst. des Kreises Steinburg in Schl.-Ho., 34 300 E; LG, Zementfabriken, ⚓ an d. Stör.

**Iwan,** *russ. Fürsten:* **1) I. I. Danilowitsch,** gen. Kalita, * 1304, † 1340, Großfürst v. Wladimir s. 1328, s. 1325 Fürst v. Moskau; verlegte den Sitz des Metropoliten nach Moskau. **2) I. III. Wassiljewitsch,** gen. der Große, * 1440, † 1505, Großfürst v. Moskau seit 1462; schuf den nat. russ. Einheitsstaat; verh. mit Sophia, der Nichte des letzten byzantin. Ks. **3) I. IV. Wassiljewitsch,** gen. **der Schreckliche,** * 1530, † 1584, Großfürst seit 1533, s. 1547 Zar; grausame, absolutist. Herrschaft; Eroberung von Kasan u. Astrachan, vergebl. Krieg um Livland, Beginn der Unterwerfung Sibiriens.

**Iwan IV. der Schreckliche**

**Iwanowo,** Gebietshptst. in Russland, nö. v. Moskau, 463 400 E; 2 Univ.; Zentrum d. russ. Baumwollverarb., Masch.-, Textil-, chem. Ind.; ✈.

**Iwaszkiewicz** [ivaʃ'kjɛvitʃ], Jaroslaw, poln. Schriftsteller, * 1894, † 1980; Lyrik, histor. Romane.

**IWF,** Abk. für: ↑Internationaler Währungsfonds.

**Iwrith,** mod. Hebräisch, Amtssprache in Israel.

**İzmir** ['iz-], griech. **Smyrna,** türk. Hafenstadt am Ägäischen Meer, 1,76 Mill. E; zweitwichtigstes Wirtschaftszentrum der Türkei; Metall-, Textil-, Masch.-, Tabakind.; ✈. – Griech. Gründung (11. Jh. v. Chr.).

**İzmit** ['iz-], türk. St. am *Golf von I.,* 254 800 E. – I. ist das antike *Nikomedia.*

# J

**J,** 10. Buchstabe des Alphabets, entstanden aus dem griech. Jota.

**J,** Einheitenzeich. für: ↑Joule.

**J,** ⚗ Symbol für ↑Jod.

**Jabalpur** ['dʒʌbalpʊə], ind. St. in Madhya Pradesh, 740 000 E; Univ.; Ind., Verkehrsknotenpunkt.

**Jabot** [ʒa'bo; frz.], Spitzenrüsche an Blusen u. Hemden.

**Jacht** [niederl.], [luxuriös eingerichtetes] Motor- od. Segelschiff.

**Jáchymov** ['jə:ximɔf], Stadt in der ČR, ↑Sankt Joachimsthal.

**Jackpot** ['dʒæk-; engl.], **1)** beim Poker Einsatz, der in eine gemeinsame Kasse kommt. **2)** bei Toto u. Lotto bes. hohe Gewinnquote, die dadurch entsteht, dass es im Spiel oder den Spielen vorher keinen Gewinner im 1. Rang gegeben hat.

**Jackson** ['dʒæksn], Hptst. von Mississippi, USA, 197 000 E; Ind.-Zentrum; ✈.

**Jackson** ['dʒæksn], **1)** Andrew, 7. Präs. der USA (1829, Demokrat), * 1767, † 1845; **2)** Michael, amer. Popstar, * 1958; machte als Sänger u. Tänzer Karriere.

**Jacksonville** ['dʒæksnvɪl], Hafenst. in Florida, USA, 673 000 E; Univ.; ✈.

**Jacobi,** Friedrich Heinrich, dt. Philosoph, * 1743, † 1819; Gegner I. Kants.

**Jacobsen,** Jens Peter, dän. Dichter, * 1847, † 1885; Romane („Niels Lyhne"), Novellen, Lyrik.

**Jacquard** [ʒa'ka:r], Joseph-Marie, frz. Seidenweber, * 1752, † 1834; erfand 1805 die *J.maschine,* einen Webstuhl zum Abweben großflächiger Muster.

**Jade,** kl. Zufl. zur Nordsee, 22 km, mündet in den *J.busen,* der durch Sturmfluten entstand (die letzte bed. 1530).

**Jadeit** [frz.], weißl. grünes, dichtes, körn. bis faser. Mineral, $NaAl[Si_2O_6]$ Härte 6,5; nephritähnl., als Schmuckstein *Jade.*

**Jaeger,** Henry, eigtl. Karl-Heinz **J.,** dt. Schriftsteller, * 1927, † 2000, Zeitromane, Novellen, Gedichte.

**Jaén** [xa'en], span. Prov.-Hptst. nördl. von Granada, 103 400 E.

**Jaffa** ↑Tel Aviv-Jaffa.

**Jagd, Waidwerk, Weidwerk,** Aufsuchen, Verfolgen u. Aneignen des Wildes; heute geregelte Bewirtschaftung des Nutzwildes (z. T. auch des Raubwildes) in Hege u. Abschuss durch ausgebildete Forstleute u. Privatjäger.

**Jagdhunde,** lat. **Canes Venatici,** Sternbild des nördl. Himmels.

**Jagdhunde,** allg. alle bei der Jagd verw. Hunde, i. e. S. Apportierhunde, Bracken, Erdhunde, Stöberhunde, Schweißhunde, Vorstehhunde, Windhunde.

**Jagdrecht,** ausschl. Berechtigung, auf einem best. *Jagdgebiet* Wild zu hegen, es zu jagen u. sich als Jagdbeute anzueignen.

**Jagdrennen** ↑Hindernisrennen.

**Jagdschein,** Ausweis, der zur Ausübung der Jagd berechtigt; Voraussetzung: Jägerprüfung.

**Jagello, Jagiełło,** * um 1351, † 1434; seit 1377 Großfürst von Litauen, seit 1386 als Wladislaw II. auch Kg. v. Polen; siegte 1410 bei Tannenberg über den Dt. Orden; begr. die *Jagellonen-Dyn.* (reg. in Polen bis 1572, Böhmen 1471 bis 1526, Ungarn 1440 u. 1490–1526).

**Jägerlatein,** fantast. [Jagd]bericht, starke Übertreibung.

**Jagiello, Jagiełło** ↑Jagello.

**Jagst,** rechter Nbfl. des Neckars, 202 km.

**Jaguar** [indian.], größte, bis 1,8 m lange Raubkatze Mittel- u. Südamerikas; leopardenähnl., vorzügl. Kletterer.

**Jahn, 1)** Friedrich Ludwig, dt. Erzieher, * 1778, † 1852; Initiator der Turnbewegung in Dtl. („Turnvater J."); rief 1811 zur Volkserhebung, allg. Volksbewaffnung u. Errichtung eines Nat.-Staats auf, später als „Demagoge" verfolgt; 1848/49 Abg. d. Nat.versammlung. **2)** Helmut, amer. Architekt dt. Herkunft, * 1940; entwarf das Sony Center am Potsdamer Platz in Berlin (1992–2000).

**Jahr,** Umlaufzeit der Erde um die Sonne.

**Jahresabschluss,** Abschluss der Buchführung zum Ende des Geschäftsjahres, bestehend aus Bilanz u. Gewinn- u. Verlust-Rechnung.

**Jahresringe,** jährl. Zuwachszonen bei Baumstämmen, im Querschnitt als konzentrisch angeordnete Ringe; ↑Holz.

**Jahrtausend, Millennium,** künstl. Zeiteinheit (1 000 Jahre). Nach der Zeitzählung des abendländ. Kulturkreises beginnt das 3. J. am 1. 1. 2001; gebräuchl. (nicht wiss. exakt) ist der Beginn mit dem Wechsel der J.-Zahl *(Millenniumsfeier).*

**Jahwe, Jahve,** hebr. Eigenname des Gottes Israels; lat. Umschrift: JHWH *(Tetragramm).* Die Juden vermeiden das Aussprechen des Gottesnamens und lesen für J. *Adonai* (hebr. „mein Herr").

**Jailagebirge,** Geb. am S-Rand der Krim, im Roman-Kosch 1545 m.

**Jainismus** [dʒaɪ-], ind. Religion, gleichzeitig mit dem Buddhismus entstanden und viele Berührungspunkte mit diesem.

**Jaipur** [dʒ-], Hptst. des ind. B.-Staates Rajasthan, 1,5 Mill. E; Altstadt v. einer 6 m hohen Mauer mit 7 Toren umgeben, Palast des Maharadschas.

**Jak** [tibet.], **Yak,** langhaar. Rind der zentralasiat. Hochländer; Wildjak u. Hausjak (Grunzochse).

**Jakarta** [dʒ-], **Djakarta;** bis 1949 **Batavia,** Hptst. u. wichtigster Hafen Indonesiens, auf Java, 8,26 Mill. E; Univ.; vielseit. Ind.; ✈.

**Jakob,** at. Patriarch; Sohn Isaaks; Zwillingsbruder Esaus, dem J. das Erstgeburtsrecht u. den väterl. Segen ablistet; durch seine 12 Söhne Stammvater der *12 Stämme Israels:* Ruben, Simeon, Levi, Juda, Dan, Naphtali, Gad, Aser, Issakar, Zabulon, Joseph und Benjamin.

**Jakob,** *England:* **1) J. I.,** *1566, †1625, Sohn von Maria Stuart, Kg. seit 1603; als J. VI. (seit 1567) Kg. von Schottland; Vertr. des absoluten Königtums. **2) J. II.,** *1633, †1701, Kg. 1685–89; als J. VII. Kg. von Schottland; versuchte vergebl., Absolutismus u. Katholizismus wieder herzustellen; abgesetzt. – *Schottland:* **3) J. VI.** ↑1). **4) J. VII.** ↑2).

**Jakobiner,** die Mitgl. des s. 1791 radikalsten polit. Klubs der Frz. Revolution; Ende ihrer diktator. Schreckensherrschaft mit dem Sturz Robespierres.

**Jakobinermütze, phryg. Mütze,** weiche, rote Wollmütze, Freiheitssymbol der Frz. Revolution.

**Jakobswege,** Pilgerstraßen durch Frankreich u. Spanien nach Santiago de Compostela (Verehrung Jakobus d. Ä.).

**Jakobus,** Name von drei bed. Gestalten des N.T.: **1) J. d. Ä.,** hl., Apostel, †44 n. Chr; Bruder Johannes' des Evangelisten; auf Befehl von Herodes Agrippa hingerichtet. **2) J. d. J.,** hl., Apostel; fr. in der lat. Kirche mit 3) identifiziert. **3) J.,** „Bruder des Herrn", hl., †62 n. Chr., einer der Gemeindeleiter der Jerusalemer ↑Urgemeinde.

**Jalta,** Kurort an der S-Küste der Krim, Ukraine, 91 000 E. – Auf der *Konferenz v. J.* zw. Stalin, Roosevelt u. Churchill (4.–11. 2. 1945) Verhandlung u. a. über die Behandlung Deutschlands nach Kriegsende u. die Organisation der UN.

**Jalu,** Grenzfl. zw. Korea u. der Mandschurei, 790 km.

**Jamaika,** mittelamer. Staat, drittgrößte Insel der Gr. Antillen; gebirgig, trop.-feuchtes Klima; Zucker-, Bananen-, Tabak-, Kaffee-, Kakao-, Pimentbaumkulturen; Viehzucht; bed. Bauxitlagerstätten. Bauxitaufbereitung, Zementwerke, Nahrungsmittel- u. Getränkeind. (Jamaikarum); 1494 v. Kolumbus entdeckt; ab 1509 span. Besiedlung; 1655 engl. Eroberung, 1866 Kronkolonie; 1962 unabh.

**Jambus** [gr.], Versfuß aus kurzer (unbetonter) u. langer (betonter) Silbe: ◡–.

**James** [ˈdʒeɪmz], **1)** Henry, amer. Schriftsteller, *1843, †1916; psychol.-realist. Romane; Dramen u. a. **2)** William, Bruder von 1), amer. Philosoph, *1842, †1910; erster bed. Vertr. des Pragmatismus.

**James River** [ˈdʒeɪmz ˈrɪvə], **1)** Fluss in Virginia, USA, 547 km. **2)** linker Nebenfluss des Missouri, USA, 1143 km.

**Jamswurzel, Yamswurzel,** Gatt. trop. Windenpfl., z. T. Nutzpfl. (stärkehalt. Knollen).

**Jamaika**

*Fläche:* 10 990 km²

*Einwohner:* 2,59 Mill.

*Hauptstadt:* Kingston

*Amtssprache:* Englisch

*Zeitzone:* MEZ – 6 Stunden

**J**

**Janáček** [ˈjanaːtʃɛk], Leoš, tschech. Komponist, *1854, †1928; u. a. Opern („Jenufa"), sinfon. Dichtungen, Chorwerke.

**Jandl,** Ernst, östr. Schriftsteller, *1925, †2000, experimentelle Lyrik („Der gelbe Hund").

**Jangtsekiang,** größter Fl. Asiens, 6000 km; entspringt im Hochland v. Tibet; tritt bei Yichang in die Ebene ein, mündet in breitem Trichter bei Schanghai ins Ostchines. Meer, 2800 km schiffbar.

**Janitscharen,** osman. Elitetruppe (1329–1826) aus christl. Kriegsgefangenen u. Untertanen.

**Jan Mayen,** norweg. Insel im Europ. Nordmeer, nö. von Island, 380 km²; gebirgig.

**Jannings,** Emil, dt. Bühnen- u. Filmschauspieler, *1884, †1950.

**Janosch,** eigtl. Horst **Eckert,** dt. Schriftsteller u. Maler, *1931, Kinderbücher („Oh, wie schön ist Panama").

**Janowitz,** Gundula, dt. Sängerin (Sopran), *1937.

**Jansenismus,** nach C. Jansen (*1585, †1638) ben. niederl. und frz. kath. Bewegung des 17./18. Jh.s; rigorose moral. u. theolog. Auffassungen (Gnadenlehre); durch päpstl. Verurteilungen (1642–1715) u. Ludwig XIV. unterdrückt.

**Janssen,** Horst, dt. Grafiker u.

**Jaguar**

Zeichner, *1929, †1995; z. T. sarkast. figürl. Darstellungen.

**Januar** [lat.], nach Janus benannter 1. Monat des Jahres (seit der Kalenderreform Caesars).

**Januarius,** hl., Stadtpatron v. Neapel, †305; bek. s. dem Spät-MA: das *Blutwunder des J.* (Verflüssigung seines Reliquienblutes).

**Janus,** röm. Gott des Ein- u. Ausgangs, des Anf. u. Endes, als *J.kopf* doppelgesichtig dargestellt.

**Japan**

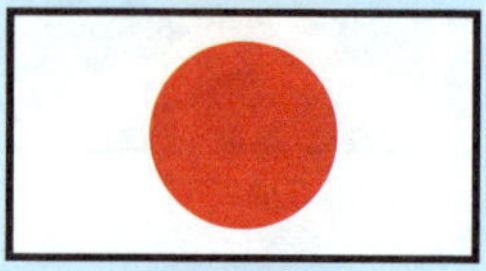

*Fläche:* 372 824 km²
*Einwohner:* 126,89 Mill.
*Hauptstadt:* Tokio
*Amtssprache:* Japanisch
*Zeitzone:* MEZ + 8 Stunden

**Japan, Nippon,** Kaiserreich in O-Asien, umfasst die Hauptinseln Hokkaidō, Honshū, Shikoku u. Kyūshū. Insges. besteht J. aus 3922 Inseln; durch das Jap. Meer vom asiat. Kontinent getrennt. Vorw. gebirgig; rd. 240 Vulkane (36 tätige), am höchsten der Fujisan (3776 m); zahlr. heiße Quellen, darunter Geysire; häufig Erdbeben. Größere Ebenen nur nördl. v. Tokio u. an den reich gegliederten Küsten (27 000 km Länge), Flüsse kaum schiffbar. *Klima:* außer auf Hokkaidō oft trop. heiße, regenreiche Sommer, milde Winter (außer im Gebirgsland v. Z-Honshū). *Vegetation:* J. ist zu zwei Dritteln bewaldet (bes. Nadelbäume). *Tierwelt:* v. a. Wassertiere u. Insekten; ferner Bär, Wildschwein, Sikahirsch, Fasan, Riesensalamander. *Bev.:* Japaner, vorw. Buddhisten u. Schintoisten. *Landw.:* knapp 16 % der Fläche kulturfäh., über die Hälfte mit Reis bestellt; außerdem Gerste, Weizen, Tee, Kartoffeln, umfangreicher Obstbau, ferner Viehhaltung, bed. Seidenraupenzucht; bed. Fischerei, bed. Perlmuschelzucht. Relat. dichtes Verkehrsnetz. *Bodenschätze:* Eisen-, Uran-, Silber-, Blei-, Zink-, Zinn-, Kupfererze, Gold, Kohle, Erdöl, Salz u. a.; *Ind.:* Hauptind.-Zentren Tokio–Yokohama, Kōbe–Ōsaka, Nagoya u. Kitakyūshū: Eisen-, Stahl-, Auto-, Textil-, Masch.-, elektrotechn. und elektron., chem. u. feinmech. Ind.; bed. Schiffbau. Eisenbahn rd. 27 000 km (u. a. Shinkansensystem). – *Gesch.:* Im 1. Jh. n. Chr. bestanden 100 oder mehr Teilstaaten, die sich bis 400 zum Staat Yamato vereinten. Im 6. Jh. Übernahme des Buddhismus. 646 Taika-Reform: Umbildung des Staates nach chin. Muster, Beamtenstaat; der Ks. (Tenno) absoluter Herrscher. Allm. Übergang der Macht an Adelsgruppen (Feudalstaat). Seit 1192 (bis 1867/68) Reg. des Kronfeldherrn *(Shogun);* s. Mitte des 16. Jh.s christl. Missionierung (Franz Xaver), im 17. Jh. Ausrottung des Christentums u. Absperrung J.s gg. alle kulturellen Einflüsse v. außen. 1854 Öffnung mehr. Häfen durch die USA. Beginn der mod. Entwicklung (Meiji-Restauration); Verf. nach preuß. Muster, Heeresreform, Aufbau einer Flotte u. mod. Großind.; 1894/95 Krieg gg. China (Gewinn v. Taiwan), 1902 Bündnis mit Großbrit.; im Russ.-Jap. Krieg 1904/05 siegreich. 1910 Annexion Koreas, im 1. Weltkrieg auf der Seite der Entente (Eroberung v. Kiautschou), 1931 u. 1932 Besetzung der Mandschurei, s. 1937 Krieg gg. China, der in den 2. Weltkrieg überging, 1940 Dreimächtepakt Dtl.–J.–Italien, 1941 Überfall auf d. US-Pazifikflotte in Pearl Harbor u. Eintritt in den Krieg gg. die USA u. Großbrit.; nach Anfangserfolgen Niederlagen der Flotte, Aug. 1945 Atombombenabwurf der USA auf Hiroshima u. Nagasaki, Kriegserklärung der UdSSR an J., Sept. 1945 Kapitulation u. Besetzung durch amer. Truppen. 1947 Verzicht des Tenno (Hirohito 1926–89) auf göttl. Verehrung. 1951 Friede v. San Francisco mit den USA u. 47 anderen Staaten: Beschränkung J.s auf seine 4 Hauptinseln; Sicherheitsvertr. mit den USA, 1952 Wiedererlangung der Souveränität, 1956 Beendigung des Kriegszustandes mit der UdSSR (ungelöstes Problem hinsichtlich der Kurilen); jap.-chin. Friedensvertrag 1978; Tenno s. 1989 Akihito. Anfang der 1990er-Jahre Beginn einer schweren Wirtschaftskrise. 1993 erstmaliger Verlust der Reg.-Verantwortung seitens der s. 1955 herrschenden Liberaldemokrat. Partei (danach Koalitionskabinette). Unter Ankündigung v. Strukturreformen wurde 2001 J. Koizumi Min.-Präs.

**Japaner,** Bev. Japans, wahrsch. Mischvolk aus NO-Asiaten, Chinesen, Austronesiern u. a.

**Japanisch,** Spr. der Japaner, agglutinierende Sprache, vokalreich, viele chin. Wörter.

**japanische Kunst:** *Utamaro, „Erwiderte Liebe" (um 1794)*

**japanische Kunst,** Entw. seit Einführung des Buddhismus, *Hakuhōzeit* (552–710): starker chin. Einfluss in Baukunst (Holztempel mit mehreren Dächern), Plastik u. Malerei; *Narazeit* (710–784): Tempelanlagen, Entfaltung u. höchste Blüte der Plastik, bed. relig. Malerei; *Heianzeit* (794–1185): Lösung v. chin. Erbe, Verfeinerung der Formen, Entw. der Profanmalerei (Yamato-e); *Kamakurazeit* (1192–1333): Einfachheit u. Naturnähe; Porträtmalerei, Kunsthandwerk; *Muromachizeit* (1338–1573): Blüte der Tuschmalerei, insbes. der Landschaftsmalerei (Sesshū) sowie der Töpfer- und Lackkunst; *Momoyamazeit* (1568–1603): dekorative Architektur u. Kunst zu Repräsentationszwecken; *Tokugawazeit* (1603–1868): bes. großart. Entw. des Farbenholzschnitts (Harunobu, Hokusai, Hiroshige, Utamaro). Seit der jap. Öffnung nach W Verschmelzung des westl. Stils mit der jap. Malerei.

**japanische Literatur,** in den Anfängen chines. Einflüsse, Mythen, Sagen, Geschichtswerke, Gedichte, gesammelt im Kojiki, Manyōshū u. a.; größter Lyriker der Frühzeit: Kakinomoto no Hitomaro. Im *klass. (höf.) Zeitalter* (etwa 800–1200): Blütezeit des Kurzgedichts (Tanka; Slg. „Kokinshū") u. der Prosa (Erzählungen der Murasaki Shikibu und „Das Kopfkissenbuch“ der Sei Shōnagon). *Nachklass. Zeit* (1200–1600): Verfall der höf. Kultur, buddhist. Schrifttum u. Blüte des Nō-Spiels. *Neuzeit* (seit 1600): vom Bürgertum getragene, volkstüml. Lit., Lyrik des Bashō; Romane von Ihara Saikaku u. a., Dramen von Chikamatsu Monzaemon u. a. Realist. Darstellungsweise v. a. s. Tsubouchi Shōyo. Neben naturalist. (Shimazaki Tōson u. a.) stimmungsreiche Romane Natsume Sōsekis. Mod. Roman: u. a. Tanizaki Junichirō, Kawabata Yasunari, Mishima Yukio.

**japanische Musik,** chin. Ausgangspt.; aus der klass. höf. Musik *Gagaku* entstand die einf. Orchestermusik *Kangengaku* der Heianzeit (784–1192); als Tanzbegleitung *Bugaku* gen.; spätere Formen neben der Tanzmusik: *Kumi* (Kunstlied), Heldenepos seit d. 13. Jh., *Nō-Spiele* mit Rezitativen u. Wechselgesängen seit d. 15. Jh., *Katarimono* (Rezitativ; seit d. 17. Jh.). – Pentaton., auf der chin. Zwölftonleiter beruhendes Tonsystem, freier Rhythmus, Mikrotonornamentik; z. T. immer wiederkehrende Tonformeln, oft in lang gezogenen Tönen, auffallende Intervallsprünge, Begleitinstrumente v. metall. Klang.

**japanische Schrift,** aus der chin. Schrift abgeleitete Silbenschrift (5. Jh.); heute 2 Formen: *Katakana* u. *Hiragana.*

**Japanisches Meer,** Randmeer des Pazifiks zw. Japan u. dem asiat. Festland.

**japanisches Theater,** auf kult. Tänze zurückgehendes Theater; aus buddhist. Tempeltänzen entwickelte sich das *Nō-Spiel* (Blüte 15. Jh.), bei dem auf vorhangloser Bühne von männl. Darstellern in prunkvollen Gewändern Szenen aus Geschichte und Heldensage dargestellt werden. Volkstüml. Theater ist das *Kabuki* in übersteigert realist. Stil, von Männern (zeitweise auch von Frauen) gespielt.

**Japanpapier,** svw. ↑Reispapier.

**Jargon** [ʒarˈgɔ̃; frz.], Sondersprache einer Berufsgruppe od. Gesellschaftsschicht.

**Jarmuk,** l. Nbfl. d. Jordans, Mdg. südl. d. Sees von Genezareth.

**Jarry** [ʒaˈri], Alfred, frz. Dichter, *1873, †1907; „König Ubu“ (dt. 1958), grotesk-satir. Bühnenstück; auch Romane.

**Jasmin,** z. T. angenehm duftende ↑Ölbaumgewächse.

**Jason,** Held der griech. Sage; Führer der ↑Argonauten, erringt das ↑Goldene Vlies mit Hilfe Medeas.

**Jaspers,** Karl, dt. Philosoph, *1883, †1969; Vertr. einer krit. Existenzphilosophie.

**Jaspis,** undurchsicht., intensiv gefärbter (grau, bläul., gelb, rot od. braun), oft gebänderter Chalzedon; Schmuckstein.

**Jassy,** rumän. **Iaşi** [ˈjaʃj], Bez.-Hptst. in NO-Rumänien, 349 500 E; Univ., TH, Hochschulen, Konservatorium; vielseitige Ind; ✈.

**Jaufen,** ital. **Passo del Giovo** [-ˈdʒo:vo], Pass in Südtirol, Italien, Übergang zw. Stubaier u. Sarntaler Alpen, 2 094 m ü. d. M.

**Jaurès** [ʒoˈrɛs], Jean, frz. sozialist. Politiker, *1859, †1914 (ermordet); trat für eine Revision des Dreyfusprozesses u. für eine Verständigung mit dem Dt. Reich ein.

**Java,** bedeutendste Insel ↑Indonesiens, 127 624 km², 107,6 Mill. E.

**Java** [ˈdʒɑ:və], objektorientierte Programmiersprache, die vom verwendeten Betriebssystem unabhängig ist, ebenso wie *JavaScript,* die jedoch eine Interpretersprache ist.

**Jawlensky,** Alexej von, dt.-russ. Maler, *1864, †1941; Mitgl. des Blauen Reiters; Stillleben, Landschaften u. Porträts.

**Jayapura** [ʒaja-], Hptst. von Irian Jaya (Indonesien), 150 000 E; Univ.; bed. Handels- u. Hafenst.; ✈.

**Jazz** [dʒæz; engl.], um 1900 unter der schwarzen Bev. Nordamerikas aus geistl. (Spirituals) und weltl. (Blues, Arbeitslieder) Gesängen entstandene Musikrichtung. Der J. verwendet europ. Harmonik, europ.-afrikan. Melodik und afrikan. Rhythmik. Seine Eigenart besteht in der Improvisation (dem Abwandeln und Umspielen der Melodie), der starken Betonung des Rhythmus sowie dem häufigen Gebrauch von Synkopen. Die *J.-Band* besteht gewöhnlich aus einer Rhythmusgruppe (Schlagzeug, Bass, Klavier, Gitarre, Banjo), auf deren Rhythmus- u. Harmoniengerüst die Instrumente der Melodiegruppe das „Arrangement“ spielen und anschließend improvisieren (z. B. Saxophon, Posaune, Trompete, Klarinette, Vibraphon).

**Jean** [ʒɑ̃], fr. Großhzg. von Luxemburg, ↑Johann.

**Jeanne d'Arc** [ʒanˈdark], **Johanna,** gen. **Jungfrau von Orléans** [-ɔrleˈɑ̃], hl., *um 1412, †1431, frz. Bauernmädchen, das sich im Hundertjähr. Krieg durch göttl. Auftrag zur Befreiung Frkr. berufen fühlte, befreite 1429 Orléans u. führte Karl VII. nach Reims zur Krönung; 1430 v. den Burgundern gefangen, nach einem kirchl. Prozess in Rouen als Ketzerin verbrannt, 1456 rehabilitiert; 1920 heilig gesprochen.

**Jean Paul** [ʒɑ̃ -], eigtl. Johann Paul Friedrich **Richter,** *1763, †1825, dt. Dichter, dessen „antiklass.“, realist. gestalteten Werke von grotesker Fantasie u. liebevollem Humor erfüllt sind.

**Jefferson** [ˈdʒefəsn], Thomas, amer. Politiker, *1743, †1826; 3. Präs. der USA (1801–09), Verf. der Unabhängigkeitserklärung von 1776; erwarb 1803 Louisiana von Frankreich.

**Jefferson City** [ˈdʒefəsn ˈsɪtɪ], Hptst. v. Missouri, USA, 36 000 E; Univ.; Ind.; ✈.

**Jekaterinburg,** 1924–1991 **Swerdlowsk,** russ. Gebietshptst. im Mittl. Ural, 1,27 Mill. E; zwei Univ.; vielseitige Ind., westl. Ausgangspkt. d. Transsibir. Eisenbahn; ✈.

**Jelenia Góra** [jɛˈlɛnja ˈgura], ↑Hirschberg.

**Jelinek,** Elfriede, östr. Schriftstellerin, *1946; schreibt Romane („Lust“) u. Theaterstücke („Raststätte oder sie machens alle“), die das Publikum durch Tabubrüche provozieren.

B. Jelzin

**Jelzin,** Boris Nikolajewitsch, russ. Politiker, *1931; 1985 Sekr. im ZK der KPdSU u. Parteichef von Moskau, stellte sich gg. Korruption u. Bürokratie, von parteiinternen Gegnern 1988 abgesetzt; 1989 Abg., Eintreten für radikale Reformen v. Partei u. Staat; Mai 1990 Wahl zum Vors. der RSFSR, wurde Juni 1991 Präs. Russlands; Staatsstreich v. Aug. 1991 scheiterte an seinem Widerstand; betrieb die Umwandlung der UdSSR zur GUS; setzte gg. altkommunist. u. nationalist. Kräfte Verf.reform durch; Rücktritt 31. 12. 1999.

**Jemen**

| |
|---|
| *Fläche:* 527968km² |
| *Einwohner:* 17,48 Mill. |
| *Hauptstadt:* Sanaa |
| *Amtssprache:* Arabisch |
| *Zeitzone:* MEZ + 2 Stunden |

**Jemen,** Staat im S und SW der Arab. Halbinsel. Geogr. Gliederung in N–S-verlaufende Zonen: Küstensaum am Roten Meer (heiß, trocken; Anbau v. Hirse, Gemüse, Südfrüchten), Hochfläche u. -geb. (bis 3760 m) mit zertaltem Steilabfall zum Küstensaum (hohe Luftfeuchtigkeit, reichl. Niederschläge; Landw. auf terrassierten Flächen); im O Wüste u. wüstenhaftes Gebirgsland mit Oasen- u. Nomadenwirtschaft, Viehzucht; in den Tälern u. an der Küste Getreide-, Baumwoll-, Obst- u. Gemüseanbau; Fischfang, Salzgewinnung, wenig Ind. – *Gesch.:* Ab 631 islamisiert, 945 unabh. v. Kalifenreich, 1517–1630 u. 1849–1918 osman., der Bereich um Aden seit 1839 britisch; 1918–62 unabhängig. Königreich, danach *Arab. Republik J.* (Nord-J.). Aden u. angrenzende Emirate s. 1917 brit. Protektorat, s. 1937 Kronkolonie. 1962 Schaffung der Südarab. Föderation, 1967 aufgegangen in der VR Süd-J., s. 1970 *Demokrat. VR J.* Nach langwierigen Verhandlungen 1990 Vereinigung beider jemenit. Staaten; 1994 Bürgerkrieg aufgrund der Ggs. vom islam. N und sozialist. S (Sieg des Nordens).

**Jena,** kreisfreie St. in Thür., 100600E; OLG; Univ., FH, Forschungsinstitute; Sternwarte, Planetarium; Stadtkirche (um 1500); bes. opt., elektron. u. Glasind., pharmazeut. Ind. – Stadtrechte seit 1322; in der Schlacht *v. J. u. Auerstedt* 1806 Sieg Napoleons I. über Preußen.

**Jenatsch,** Georg (Jürg), Graubündener Politiker, *1596, †1639; erkämpfte die Freih. Graubündens gg. Habsb.-Spanien u. Frkr.; ermordet.

**Jenissei,** Fl. in Sibirien, Russland, 4092 km.

**Jens,** Walter, dt. Schriftsteller, *1923, Essays, Bearbeitungen antiker Stoffe.

**Jeremia[s],** Prophet des A.T., *um 650, †um 585 v. Chr; at *Klagelieder* ihm zugeschrieben; *Buch J.* (Slg. v. Reden u. Erz.; Verf. in Teilen wahrsch. sein Schüler Baruch).

**Jerewan, Erewan,** fr. **Eriwan,** Hptst. von Armenien, 1,83 Mill. E; Univ.; vielseit. Ind.; ✈. – Bei J. Kernkraftwerk Metsamor.

**Jerez de la Frontera** [xɛ'rɛð ðe -], fr. **Xeres,** span. St. nahe der Bucht von Cádiz, 186800 E; Alkazar (11. Jh. ff.); bed. Weinanbau: *Jerezweine* (engl. Sherry), bes. alkoholreiche Dessertweine.

**Jericho,** St. nö. v. Jerusalem, West-Jordanien, im Jordangraben, 270 m ü. d. M., 7000 E; Funde aus dem 7. Jt. v. Chr. – 1994 palästinens. Selbstverwaltung.

**Jérôme** [ʒe'ro:m], ↑Bonaparte.

**Jersey** [engl. 'dʒə: zɪ, frz. ʒɛr'ze], größte der brit. Kanalinseln, 116 km², Hptst. Saint Hélier; Fremdenverkehr; ✈; bildet zus. mit den Inseln Les Ecréhou und Miniquiers das Selbstverwaltungsgebiet J.; Amtssprache Frz.

**Jersey** ['dʒœzɪ; engl.], gewirkte (auch gestrickte) Maschenware.

**Jersey City** ['dʒə:zɪ 'sɪtɪ], Ind.-St. in New Jersey, USA, am Hudson River gegenüber New York, 219500 E; Universität.

**Jerusalem,** Hptst. v. Israel, auf einer Hochfläche über dem Kidrontal, 662700 E; jüd., christl. u. muslim. Wallfahrtsort; über 70 Synagogen, zahlr. Kirchen u. Moscheen; Univ., mehrere relig. u. archäolog. Inst., Museen; Handelsplatz; Schuh-, Metall-, Nahrungsmittel-, pharmazeut. Ind. – *Gesch.:* um 1000 v. Chr. Hptst. Israels unter ↑David u. ↑Salomo; 587 wurden v. ↑Nebukadnezar II. Stadt u. Tempel zerstört („Babylon. Gefangenschaft"). Nach d. Eroberung durch den Perserkg. Kyros II. wurde der Tempel wieder aufgebaut (520 bis 515). Aufstand der ↑Makkabäer 169 v. Chr.; 63 v. Chr. wurde J. röm. (Pompeius), von ↑Herodes d. Gr. seit 20 v. Chr. zu einer prächtigen St. ausgebaut, 70 n. Chr. nach einem jüd. Aufstand v. ↑Titus erobert, der Tempel zerstört. 637 arab. Eroberung, während des 1. Kreuzzuges 1099 erobert, das christl. Kgr. J. gegr.; 1244 fiel es an die Muslime; 1517 türk.; 1917 bis 1948 Teil des brit. Mandatsgebietes Palästina. 1948/49 zw. Israel u. Jordanien geteilt; die Neustadt 1950 vom israel. Parlament (Knesset) zur Hptst. erklärt, im Sechstagekrieg (1967) Besetzung des jordan. Teils von J. durch Israel, 1980 ganz J. zur Hptst. Israels bestimmt. Die Statusfrage von J. nach wie vor eines der ungelösten Kernprobleme im ↑Nahostkonflikt.

**Jesaja, Isaias,** Prophet des A.T. (2. Hälfte des 8. Jh.s v. Chr.).

**Jesuiten,** Mitgl. der 1534 v. Ignatius v. Loyola begr. *Gesellschaft Jesu* (Societas Jesu, SJ), 1540 v. Papst Paul III. bestätigt; bed. Vorkämpfer der Gegenreformation; 1773 Aufhebung des Ordens, 1814 wieder hergest., in Dtl. 1872–1917 verboten; größter kath. Orden.

**Jesus** [von Nazareth], *vor 4 v. Chr., †30 (?), zentrale Gestalt des ↑Christentums, Mittelpunkt der Verkündigung im N. T. u. in der christl. Predigt: verkündigt als *J. Christus* (Sohn Gottes, Auferstandener [↑Auferstehung Christi], 2. Person der ↑Trinität); über sein Leben nur wenige außerbibl. Quellen; ab 28/29 Wanderleben in Palästina als Wundertäter u. Lehrer; verkündete den unmittelbar bevorstehenden Einbruch des Reiches Gottes; forderte Umkehr, Gehorsam unter Gottes Willen, totale Gottes- u. Nächstenliebe; weissagte sein Leiden, geriet in Konflikt mit der jüd. Gesetzlichkeit u. Hierarchie; Verrat durch Judas Ischarioth; ↑Passion.

**Jet** [dʒet; engl.], Flugzeug mit Strahlantrieb, Düsenflugzeug.

**JET** [dʒet], Abk. für engl. **J**oint **E**uropean **T**orus, „gemeinsames europ. Torusprojekt", v. der Europ. Atomgemeinschaft u. assoziierten Staaten betriebene große Experimentieranlage im brit. Kernforschungszentrum Culham, mit der die Möglichkeit einer techn. Nutzung der Kernfusion erforscht werden soll.

**Jetstream** [dʒet'strɪ:m; engl.], **Strahlstrom,** intensiver, starker Luftstrom in der oberen Troposphäre, Geschwindigkeit oft über 200 km/h (z. T. bis über 600 km/h).

**Jever,** Krst. nw. von Wilhelmshaven, Nds., 13400 E, Schloss (15./16. Jh.), Barockbauten; Getreide-, Viehhandel, Brauerei. Umgeben vom *J.land,* einer meist fruchtb. Marschldsch. – Die *Herrschaft J.* kam 1575 an Oldenburg, 1667 an Anhalt-Zerbst, 1793 russ., 1818 oldenburgisch.

**Jewish Agency for Palestine**

**Jerusalem:** *Blick auf die Altstadt mit dem Felsendom im Vordergrund*

[ˈdʒuɪʃ ˈeɪdʒənsɪ fɔː ˈpælɪstaɪn; engl.], 1922–48 als jüd. Vertretung bei der brit. Mandatsreg. in Palästina tät. öff. Körperschaft des Zionismus. S. 1948 „Jewish Agency for Israel".

**Jewtuschenko,** Jewgeni Alexandrowitsch, russ. Lyriker, * 1933.

**Jiddisch,** als Spr. der Juden M-Europas entstandene Mischspr. (hpts. dt. Wortbestand, hebr. u. slaw. Elemente); hebr. Schrift.

**jiddische Literatur,** lit. Werke in jidd. Sprache (in hebr. Schrift); *ältere j. L.* im MA höf. Epen, Ritterromane; 16.–18. Jh. Erbauungslit., Fabeln u. a. lehrhaft-moralisierende Lit.; die Haskala, die jüd. Aufklärung, bereitete der *mod. j. L.* den Weg: im 19. Jh. Darst. des ostjüd. Alltags, z. T. satir. od. humorvoll, in Romanen u. Dramen (Mendele Mojcher Sforim, Scholem Alejchem, I. L. Perez); bes. Originalität erreichte das jidd. Theater; im 20. Jh. während des Nat.-Soz. Gettolit.; viele jidd. Autoren in der Sowjetunion wurden bei den „Säuberungen" Stalins umgebracht (D. Bergelson, L. Kwitko, P. Markisch); heute v. a. in Israel u. den USA noch j. L. (I. B. Singer).

**Jiménez** [xiˈmenɛθ], Juan Ramón, span. Lyriker, * 1881, † 1958; wichtigster Vertreter des span. Modernismus; Nobelpreis 1956.

**Jingdezhen** [dʒɪŋdedʒen], **Kingtehchen,** südostchin. Stadt, 581 000 E; Zentrum der chin. Porzellanherstellung.

**Jiu-Jitsu** [ˈdʒiːu ˈdʒitsu; jap.], ↑Jujutsu.

**Job** [dʒɔb; engl.], **1)** Beschäftigung, Stelle; Geschäft. **2)** ▣ eine in sich abgeschlossene Aufgabenstellung u. ihre Abarbeitung durch einen Computer.

**Jobeljahr, Jubeljahr, Halljahr,** im A. T. jedes 50. Jahr, mit Sklavenfreigabe, allg. Schuldenerlass u. a.

**Jobsharing** [dʒɔbˈʃɛərɪŋ; engl.], **Arbeitsplatzteilung,** Form der Teilzeitbeschäftigung, bei der sich 2 od. mehr Beschäftigte einen Arbeitsplatz teilen.

**Joch, 1)** Geschirr zum Anspannen v. Zugtieren. **2)** bei Gewölben Teil zw. zwei Gurtbogen. **3)** altes Feldmaß, zw. 30 u. 65 Ar.

**Jochbein, Wangenbein,** der Backenknochen des Gesichts.

**Jochbogen,** durch die Knochenfortsätze des Schläfenbeins und des Jochbeins gebildete Knochenbrücke.

**Jochum,** Eugen, dt. Dirigent, * 1902, † 1987; bed. Bruckner- u. Brahmsinterpret.

**Jod, Iod** [gr.], Symbol **I, J,** chem. El., OZ 53, rel. A.-Masse 126,9045, Fp. 113,7 °C, Sp. 184,4 °C, Dichte 4,93 g/cm³, Nichtmetall, Halogen; grauschwarze kristalline Substanz; lösl. in Alkohol; kommt in Form von Salzen (Jodiden, Jodaten) v. a. im Chilesalpeter vor, ferner in Meeresalgen, wicht. Spurenelement.

**Jodl,** Alfred, dt. Generaloberst, * 1890, † 1946; Stabschef des OKW 1939; in Nürnberg hingerichtet.

**Joel** ↑Kleine Propheten.

**Joga** ↑Yoga.

**Jogging** [ˈdʒɔ-; engl.], lockerer Lauf in mäßigem Tempo.

**Joghurt** [türk.], nach Eindickung durch Erhitzen u. Einwirkung best. Bakterien gesäuerte Milch.

**Jogjakarta** ↑Yogyakarta.

**Johann,** *Böhmen:* **1) J. v. Luxemburg,** gen. der Blinde, * 1296, ⚔ 1346, Kg. s. 1310; begr. die luxemburg. Hausmacht. – *Brandenburg:* **2) J. Sigismund,** * 1572, † 1619, Krfst. s. 1608; erwarb durch Heirat Preußen u. im Jülich-Kleveschen Erbfolgestreit Kleve, Mark und Ravensberg. – *England:* **3) J. I. ohne Land,** * 1167, † 1216, Kg. s. 1199; Nachf. seines Bruders Richard I. Löwenherz; unterzeichnete die Magna Charta libertatum. – *Luxemburg:* **4) J. (Jean),** * 1921, Großherzog 1964–2000. – *Polen:* **5) J. II. Kasimir,** Kardinal, Kg. 1648–68, * 1609, † 1672; **6) J. III. Sobieski,** * 1629, † 1696, Kg. s. 1674; war 1683 an der Befreiung Wiens von den Türken beteiligt. – *Sachsen:* **7) J. der Beständige,** * 1468, † 1532, Krfst. s. 1525; Förderer der Reformation. **8) J. Friedrich I.,** der Großmütige, Sohn von 7), * 1503, † 1554, Krfst. 1532; einer der Führer im Schmalkald. Bund, verlor die Kurwürde an Moritz v. Sachsen. – *Spanien:* **9) J. Karl I.** ↑Juan Carlos I.

**Johanna,** hl., ↑Jeanne d'Arc.

**Johanna, Frau Jutte,** Päpstin, gelehrte Frau aus Mainz, nach der Legende 855 als Mann verkleidet zum Papst gewählt.

**Johanna,** *England:* **1) J.,** (engl. **Jane) Seymour,** dritte Gemahlin Kg. Heinrichs VIII., *um 1509, †1537. – *Kastilien:* **2) J. die Wahnsinnige,** *1479, †1555, Kgn. s. 1504; heiratete 1496 Philipp, Sohn Maximilians I.; s. 1506 geistesgestört.

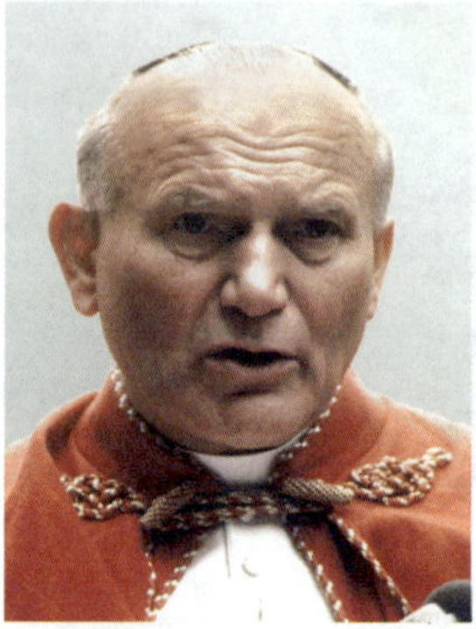

**Johannes Paul II.**

**Johannes,** Name von Heiligen: **1) J.** [von] Fidanza ↑Bonaventura, hl. **2) J. von Nepomuk,** hl., *zw. 1340 u. 1350, †1393; Landespatron von Böhmen, „Brückenheiliger". **3)** ↑Chrysostomus, hl. **4) J. der Evangelist,** hl., †um 44 oder um 100, Apostel, Sohn des Zebedäus, Bruder Jakobus' d. Ä.; nach der Tradition Verf. des *J.evangeliums,* der [Geheimen] Offenbarung (Apokalypse) u. der 3 *J.briefe.* **5) J. der Täufer,** hl., Bußprediger in der Wüste, †28 (?) n. Chr; taufte im Jordan (auch Jesus); auf Befehl des Herodes Antipas enthauptet. **6) J. vom Kreuz, Juan de la Cruz** [ˈxuan ðe laˈkruθ], hl., span. Mystiker, Kirchenlehrer und Dichter, *1542, †1591; Karmelit; Begründer des Ordens der Unbeschuhten Karmeliten.

**Johannes,** Päpste. **1) J. XXII.,** *1244, †1334, Papst s. 1316; festigte das Papsttum in Avignon. **2) J. XXIII.,** vorher Angelo Giuseppe **Roncalli,** *1881, †1963, Papst seit 1958; berief das 2. Vatikan. Konzil ein; 2000 selig gesprochen.

**Johannes,** *Byzanz:* **1) J. II. Komnenos,** *1088, †1143, Ks. s. 1118; siegte gg. Petschenegen, Serben u. Ungarn. **2) J. VIII. Palaiologos,** *1392, †1448, Ks. s. 1425; suchte durch kirchl. Union Hilfe gg. die Osmanen, das Kreuzzugsheer wurde aber 1444 geschlagen.

**Johannesburg,** größte St. in der Rep. Südafrika; 1,92 Mill. E; zwei Univ.; Handels- u. Ind.-Zentrum (Diamantenschleiferei), Zentrum d. ⚒gebiets Witwatersrand; ✩.

**Johannes Paul,** Päpste: **1) J. P. I.,** vorher Albino **Luciani,** *17. 10. 1912, †28. 9. 1978, Papst seit 26. 8. 1978 (Wahl). **2) J. P. II.,** vorher Karol **Wojtyla,** *1920, Papst seit 17. 10. 1978 (Wahl), erster poln. u. s. 1522/23 erster nicht ital. Papst; bislang 13 Enzykliken u. über 90 Pastoralreisen.

**Johannes von Tepl,** auch **J. v. Saaz,** dt. Dichter, *um 1350, †1414; Vorläufer des Humanismus; „Der Ackermann aus Böhmen".

**Johannisbeere, Ribes,** Stachelbeergewächs; in Dtl. angebaute (z. T. wilde) Sträucher mit verschiedenfarb. Beerenfrüchten, u. a. *Rote J.* u. *Schwarze J.* (hoher Vitamin-C-Gehalt).

**Johannisbrotbaum,** immergrüner Baum des Mittelmeergebietes, essbare Frucht; Futtermittel.

**Johanniskrankheit** ↑Pflanzenkrankheiten (Übers.).

**Johanniskraut,** heim. Hartheugewächs an Wegen u. trockenen Stellen; enthält äther. Öle.

**Johanniterorden,** ältester geistl. Ritterorden, entstand um 1100 in Jerusalem; urspr. zur Pflege kranker Pilger, ab 1137 auch bewaffneter Grenzschutz; s. 1291 Sitz Zypern, 1309–1522 Rhodos, 1530 bis 1798 Malta (*Malteser,* 1834 Sitz Rom; s. 1879 internat. karitativ tätiger Orden). – Auf die im 16. Jh. ev. gewordene Ballei Brandenburg des J.s geht der heutige (ev.) J. (mit Johanniterschwesternschaft, Johanniter-Unfall-Hilfe u. Johanniter-Hilfsgemeinschaft) zurück.

**Johnson, 1)** [ˈjunsɔn], Eyvind, schwed. Schriftsteller, *1900, †1976; Nobelpreis für Literatur 1974. **2)** [jo:n-], Uwe, dt. Schriftsteller, *1934, †1984; „Mutmaßungen über Jakob", „Jahrestage – Aus dem Leben der Gesine Cresspahl". **3)** [ˈdʒɔnsn], Andrew, 17. Präs. der USA (1865–69; Demokrat), *1808, †1875; **4)** [ˈdʒɔnsn], Lyndon B[aines], 36. Präs. der USA (1963–69), *1908, †1973; Verstärkung des mil. Engagements in Vietnam.

**Johor** [ˈdʒohɔ:], Sultanat in Malaysia, 18 985 km², 2,1 Mill. E; Hptst. *J. Bahru;* urwaldbedecktes Tiefland mit isolierten Bergstöcken; Bauxit, Eisen-, Zinnerze, Kautschuk.

**Joint Venture** [ˈdʒɔɪnt ˈventʃə], Gemeinschaftsunternehmen mit in- u. ausländ. Partnern.

**Joker** [ˈdʒəʊkə], zusätzl. Spielkarte bei best. Kartenspielen; gilt für jede andere Karte.

**Joliot-Curie** [ʒɔlˈjokyˈri], **1)** Frédéric, eigtl. F. **Joliot,** frz. Physiker, *1900, †1958; entdeckte mit 2) die künstl. Radioaktivität (1934), wies das Auftreten einer Kettenreaktion bei der Kernspaltung des Urans nach (1939); Nobelpreis für Chemie 1935 zus. mit 2). **2)** Irène, frz. Physikerin u. Chemikerin, *1897, †1956, verh. mit 1); Tochter von Pierre u. Marie Curie, Mitarb. von 1).

**Jom Kippur** [hebr.], **Versöhnungstag,** höchster jüd. Feiertag; gekennzeichnet durch strenges Fasten und feierl. Sündenbekenntnis.

**Jonas,** Hans, dt.-amer. Philosoph u. Religionswissenschaftler, *1903, †1993; „Das Prinzip Verantwortung" (1979).

**Jona[s]** ↑Kleine Propheten.

**Jones** [dʒəʊnz], **1)** Inigo, engl. Baumeister, *1573, †1652; Bauten in London (Whitehall), Greenwich. **2)** James, amer. Schriftsteller, *1921, †1977; „Verdammt in alle Ewigkeit".

**Joplin** [ˈdʒɔplɪn], Janis, amer. Rock- u. Bluessängerin, *1943, †1970.

**U. Johnson**

**Jordaens** [-da:ns], Jacob, fläm. Maler, *1593, †1678; relig., mythol. und Volksszenen.

**Jordan,** Pascual, dt. Physiker, *1902, †1980; mit W. Heisenberg u. M. Born einer der Begr. der Quantenmechanik.

**Jordan,** Fl. in Palästina, 330 km, vom Hermon (3 Quellfl.) ins Tote Meer; durchfließt den See von Genezareth.

**Jordanien**

| | |
|---|---|
| *Fläche:* 89 342 $km^2$ | |
| *Einwohner:* 4,999 Mill. | |
| *Hauptstadt:* Amman | |
| *Amtssprache:* Arabisch | |
| *Zeitzone:* MEZ + 1 Stunde | |

**Jordanilen,** Kgr. in Vorderasien; überw. Wüste oder Halbwüste; extensive Weidewirtsch., nomad. Beduinen. Nur geringe Bodenschätze (Phosphat, Kalisalze). Im NW-Teil Regenfeldbau (Winterregen); *Produkte:* Weizen, Gerste, Hülsenfrüchte, Oliven, Feigen, Gemüse, Tabak. Einziger ⚓ Akaba am Roten Meer, internat. ✈Amman und Akaba. – *Gesch.:* Im 6. Jh. Eroberung durch muslim. Araber, danach syr.; 1516–1918 osman., danach mit ↑Palästina brit. Mandat; 1921 Abtrennung v. *Transjordanien* (östl. des Jordans), 1946 unabh. Kgr., 1950 mit Teilen Palästinas Kgr. J.; seit dem Krieg gg. Israel (Juni 1967) Westjordanland isr. besetzt, 1974 Verzicht zugunsten der PLO; 1994 Frieden mit Israel. Kg.: s. 1999 Abdullah II.

**Joseph,** im A. T. Sohn Jakobs, von seinen Brüdern als Sklave nach Ägypten verkauft; dort hoher Amtsträger.

**Joseph,** Name von Heiligen: **1) J.,** hl., Ehemann Marias, der Mutter Jesu, Zimmermann aus Nazareth. **2) J. von Arimathia,** hl., Anhänger Jesu, dessen Leichnam er in seinem Felsengrab bestattete.

**Joseph,** *Hl. Röm. Reich:* **1) J. I.,** * 1678, † 1711, Ks. s. 1705; bemüht um die Wiederherst. eines starken Kaisertums. **2) J. II.,** * 1741, † 1790, Sohn von Kaiser Franz I. u. Maria Theresia, Ks. s. 1765; Vertr. des aufgeklärten Absolutismus, zahlr. Reformen (Aufhebung d. Leibeigenschaft). – *Neapel und Spanien:* **3) J.** Bonaparte ↑Bonaparte.

**Joséphine** ↑Beauharnais, Joséphine de.

**Josephus Flavius,** eigtl. Joseph ben **Mathitjahu,** * 37 od. 38, jüd. Geschichtsschreiber, † um 100; verf. eine Gesch. der Juden u. die Gesch. des jüd. Krieges.

**Jospin** [ʒɔsˈpɛ̃], Lionel, frz. Politiker (Sozialist. Partei); * 1937; 1997–2002 Min.-Präsident.

**Josquin Desprez** [ʒɔsˈkɛ̃ deˈpre], frankofläm. Komponist, * um 1440, † 1521 (?); Messen, Motetten und weltl. Werke.

**Josua,** Nachf. d. Moses.

**Jota, Iota,** griech. Buchstabe (Ι, ι).

**Joule** [dʒuːl], James Prescott, brit. Physiker, * 1818, † 1889; bestimmte das mech. Wärmeäquivalent; Entdecker der Gesetzmäßigkeit der Erwärmung Strom führender elektr. Leiter; *J.-Gesetz:* Die in einer best. Zeit entstehende Wärmemenge *(J.-Wärme)* ist gleich dem Produkt aus elektr. Widerstand, Quadrat der Stromstärke u. Zeit des Stromflusses.

**Joule** [dʒuːl; nach J. P. ↑Joule], Einheitenzeich. **J**, SI-Einheit der Energie (Arbeit, Wärmemenge); 1 J = 1 Ws (Wattsek.) = 1 Nm (Newtonmeter) = 1 kg · $m^2 \cdot s^{-2}$.

**Jour** [ʒuːr; frz.], Tag; *J. fixe* [ʒurˈfiks], regelmäß. Empfangstag.

**Journal** [ʒʊrˈnaːl; frz.], **1)** Tageszeitung, Zeitschrift. **2)** Tagebuch.

**Journalismus** [ʒʊr-; frz.], publizist. Arbeit in den Massenmedien; Pressewesen.

**Joyce** [dʒɔɪs], James, ir. Schriftsteller, * 1882, † 1941; Romane mit der Erzähltechnik des „inneren Monologs", der den „Bewusstseinsstrom" zum Ausdruck bringt; „Ulysses".

**jr.,** Abk. für: ↑**junior**.

**Juan Carlos I.** [ˈxuan -], * 1938, Kg. von Spanien s. 1975; s. 1969 Prinz von Spanien, s. 1962 verh. mit Sophia von Griechenland.

**Juan d'Austria** [ˈxuan -], Don, span. Feldherr, * 1547, † 1578; unehel. Sohn Karls V., 1571 Sieg bei Lepanto über die Türken.

**Juárez García** [ˈxuarɛs garˈsia], Benito, mex. Politiker, * 1806, † 1872; seit 1861 Präs. u. Diktator; Abwehr der frz.-brit.-span. Intervention.

**Jubeljahr, 1)** ↑Jobeljahr. **2) Heiliges Jahr,** in der kath. Kirche seit 1475 jedes 25. Jahr, mit *Jubiläumsablass* (zuletzt 2000).

**Jubilate** [lat.], 3. Sonntag nach Ostern.

**Juchten** [russ.], meist mit Weidenrinden gegerbtes u. mit Birkenteeröl eingefettetes, gutes Rinds- oder Rossleder.

**Juda,** 4. Sohn Jakobs und der Lea; gilt als Stammvater des isr. Stammes Juda.

**Judäa,** Bergland westl. des Toten Meeres; kam im 1. Jh. v. Chr. unter röm. Oberhoheit.

**Judas,** Name von Heiligen: **1) J. Jakobi,** hl., Apostel; vielleicht ident. mit 2). **2) J. Thaddäus,** hl., Apostel.

**Judasbaum,** südeurop. Caesalpiniengewächs; Zierbäume.

**Judas Ischariot, Iskarioth,** Apostel; verriet Jesus für 30 Silberlinge *(Judaslohn)* durch einen Kuss *(Judaskuss);* Selbstmord.

**Judas Makkabäus** ↑Judas Makkabi.

**Judas Makkabi, Judas Makkabäus,** ⚔ 160 v. Chr., Führer im Befreiungskampf der Juden gg. den syr. Kg. Antiochos IV. Epiphanes (↑Makkabäer).

**Juden,** Angehörige des jüd. Volkes (↑jüd. Geschichte) u. der ↑jüd. Religion.

**Judenkirsche,** Nachtschattengewächs, S-Europa bis Japan; blasig aufgetriebener, orangeroter Kelch; häufig als Zierpflanze.

**Judentum** ↑jüd. Geschichte, ↑jüd. Religion.

**Judika** [lat.], 2. Sonntag vor Ostern (5. Fastensonntag).

**Judikative** [lat.], die richterl. Gewalt im Staat (↑Gewaltenteilung).

**jüdische Geschichte,** in frühester Zeit Gesch. semit. Nomadenstämme, nach 1250 v. Chr. in Palästina sesshaft; unter Kg. David einheitl. Reich Israel, Hptst. Jerusalem; um 925 Zerfall in die Kgr. Juda u. Israel, 722 Israel v. Assyrern, 587 Juda v. Babyloniern erobert, Babylon. Gefangenschaft bis 538; dann unter pers., ägypt. u. syr. Oberhoheit; vorübergehend unter den Makkabäern selbst., 63 v. Chr. von den Römern erobert, vergebl. Aufstände, 70 Zerstörung Jerusalems (Titus); neue Aufstände 115–117 u. 132–135 (Bar Kochba); Zwangsumsiedlungen u. Verfolgungen; Zerstreuung der Juden über alle Länder. In Babylon Entstehung des Talmud, in Spanien kulturelle Blütezeit unter Araberherrschaft; 1492 Ausweisungsdekret der Kgn. Isabella: Auswanderung der span. u. portug. Juden nach Italien, Frkr., N-Afrika, d. Türkei. In Frkr. Verfolgungen bes. unter Ludwig IX., unter Philipp IV. mehrf. Ausweisungen; in England Verfolgungen z. Z. der Kreuzzüge, Ausweisung 1290. In Dtl. lebten Juden schon s. der Römerzeit, älteste Gem. im Gebiet Mainz, Worms, Speyer; die Juden waren wirtsch. auf Geldverleih u. Pfandnahme beschränkt u. wurden als Geldgeber v. Ks. u. Fürsten bes. geschützt (Kammerjuden); Verfolgungen während der Kreuzzüge (s. 1096); einen Höhept. der Verfolgungen brachten die Pest (1348–50) und die wirtsch. Krisen des Frühkapitalismus; Auswanderungen nach O-Europa (Litauen, Polen, Galizien, Russland); auch dort wurden die Juden später soz. unterdrückt. Im 18. Jh. (Aufklärung) Emanzipationsbestrebungen; 1776 Gleichberechtigung in den USA, 1782 Toleranzedikt Josephs II.; 1791 Gleichberechtigung in Frkr., v. Napoleon I. in den besetzten Ländern eingeführt, vom Wiener Kongress bestätigt, aber in den meisten dt. Ländern erst viel später verwirklicht. 1858 folgte Großbrit., 1874 die Schweiz, 1876 Spanien, 1896 Ungarn, 1910 Portugal, 1917 Russland. Neue Verfolgungen Ende des 19. Jh.s: Pogrome in Rumänien und Russl.; Dreyfusaffäre in Frkr., Stoeckerbewegung in Dtl.; der Einfl. der Juden auf polit., wirtsch. u. kulturellem Gebiet war Anlass zu judenfeindl. Propaganda (↑Antisemitismus), ihren furchtbaren Höhept. erreichte die Judenfeindschaft mit dem ↑Holocaust. Nach 1945 verstärkte Auswanderung nach den USA u. Palästina (↑Zionismus); 1948 Gründung des Staates ↑Israel; nach 1990 starke jüd. Auswanderung aus den Staaten der GUS (u.a. nach Dtl.).

**jüdische Musik,** für die Frühzeit nur spärl. Nachrichten in der Thora überliefert. Um 1000 v. Chr. musikal. Ausgestaltung des Gottesdienstes durch David und Salomon (Psalmen). S. etwa 300 v. Chr. griech., seit 63 v. Chr. röm., später arab. Einfl.; durch die Kreuzzüge Aufnahme europ. Kulturgutes. Es bildete sich eine westl., arab.-span. (sephard.) u. eine östl. nordfrz. u. dt. (aschkenas.) Ritusgruppe. Um 1600 hebr. Chöre im ital. Zeitstil (S. de' Rossi). Später Angleichung des Kultusgesanges an das christl. Kirchenlied; seit Ende des 17. Jh. Hinzuziehung der Orgel. Im 20. Jh. jüd. Musikleben in Israel mit durchaus eigener Prägung: Zurückgreifen auf alte Tonsysteme u. Einbeziehung altjüd., orient. Melodik, verbunden mit den mod. Kompositionstechniken der europ. Schulen; bed. Schaffen jüd. Musiker in den versch. „Gastländern".

**jüdische Religion,** die monotheist. Religion der Juden; *Lehre:* der einpersönl. Gott u. Weltenschöpfer hat die Erzväter Abraham, Jakob u. deren Nachkommen, d. Volk Israel, zu bes. Bunde auserwählt (mit Moses am Sinai geschlossen); Betonung des Gesetzlichen u. der rituell prakt. Lebensführung; eigtl. messianist. Universalreligion; stützt sich auf die at. Offenbarung, Talmud u. Midrasch; *Richtungen:* orth., lib. u. Reformjudentum (letzteres urspr. in Dtl., jetzt hpts. in den USA).

**Judith,** at. Heldin des jüd. Volkes; tötet ↑Holofernes.

**Judo,** aus japan. Selbstverteidigungssystemen entwickelte Zweikampfsportart.

**Jugendarrest,** Freiheitsentziehung im Rahmen des Jugendstrafrechts bei leichteren u. mittleren Straftaten (*Freizeit-, Kurz-* u. *Dauerarrest;* höchstens 4 Wochen).

**Jugendstil:** *Alfons Mucha, Plakat für Zigarettenpapier der Marke „Job" (1899)*

**Jugendbewegung,** Protestbewegung der Jugend gg. die Verhältnisse im wilhelmin. Dtl.; Rückwendung zu freiem, natürl. Leben; 1901 Gründung des *Wandervogels,* einer Vereinigung Jugendl. zur Pflege des Wanderns. 1913 Proklamierung der Ziele der zur *Freidt. Jugend* zusammengeschlossenen Jugendverbände auf dem Hohen Meißner: Lebensgestaltung in Selbstbestimmung, eigener Verantwortung u. innerer Wahrhaftigkeit. Daneben s. 1909 Pfadfinder. Nach 1918 zahlr. Jugendverbände *(„bünd. Jugend"),* 1933 aufgelöst, nach 1945 teilw. Neugründungen.

**Jugendherbergen, JH,** Aufenthalts- und Übernachtungsstätten zur Förderung des Jugendreisens; Träger in Dtl.: *Dt. Jugendherbergswerk (DJH),* gegr. 1909.

**Jugendhilfe,** in d. BRD gesetzl. Sammelbez. für Kinder- und Jugendhilfe; Organe für die öff. J.: *Jugendämter* der Stadt- u. Landkreise, die im Vormundschaftswesen, bei der Jugendsozialarbeit, Jugendgerichtshilfe, Beratung v. Jugendlichen, Bekämpfung von Jugendverwahrlosung u. -kriminalität u.a. mitwirken. Mehrere Ges. zum Schutz der Jugend.

**Jugendpsychologie,** Gebiet der ↑Entwicklungspsychologie.

**Jugendschutz,** Schutz der Kinder u. Jugendlichen vor gesundheitl. und sittl. Gefahren. 1) *Jugendarbeitsschutz* (Ges. v. 1976) regelt Beschäftigungszeit (Beschäftigungsverbot für Kinder unter 15 J.) u. Mindesturlaub. 2) *Schutz der Jugend in der Öffentlichkeit* (Ges. v. 1985) regelt Besuch v. Lokalen u. Veranstaltungen, öff. Rauchen u. Genuss v. Alkohol. 3) *Schutz der Jugend vor jugendgefährdenden Schriften u. Medieninhalten* (Ges., Fassung v. 1985).

**Jugendstil,** Stilrichtung der europ. Kunst, die nach der s. 1896 in München erscheinenden Zeitschrift „Jugend" ben. wurde; entstand gleichzeitig in Dtl., den Niederlanden, Skandinavien, Belgien, Frkr. (Art nouveau), Östr. (Wiener Sezessionsstil) als Reaktion gg. den Historismus des 19. Jh.; völlig neue, vegetabil.-lineare Ornamentik; ergriff alle Künste.

**Jugendstrafe,** Freiheitsentzug v. 6 Monaten bis 10 J. in einer Jugendstrafanstalt.

**Jugendstrafrecht,** auf Jugendliche bes. zugeschnittenes Strafrecht; geregelt im *Jugendgerichtsges.* (JGG); ein Jugendlicher (14–17 J.) ist strafrechtl. verantwortl., wenn er z. Z. der Tat reif genug ist, das Unrecht der Tat einzusehen u. nach dieser Einsicht zu handeln; beim Heranwachsenden (18–20 J.) wird J. angewandt, wenn er z. Z. der Tat seiner Entwicklung nach einem Jugendlichen gleichsteht; dem Richter stehen im J. Erziehungsmaßregeln, Zuchtmittel (Jugendarrest) und die ↑Jugendstrafe zur Verfügung.

**Jugend- und Auszubildendenvertretung,** Vertretung jugendl. Arbeitnehmer in Betrieben, in denen mind. 5 Arbeitnehmer bis 18 J. od. Auszubildende bis 25 J. beschäftigt sind.

**Jugendweihe,** feierl. Einführung der Jugendlichen in die Erwachsenen- u. Arbeitswelt; bei Freireligiösen und Freidenkern entstanden (statt der Konfirmation); in der ehem. DDR ab 1954 Teil des staatl. reglementierten Brauchtums.

**Jugoslawien, 1)** nach dem 1. Weltkrieg entstandener u. bis 1991/92 bestehender Bundesstaat in SO-Europa mit den Teil-

**Jugoslawien**

*Fläche:* 102 173 km²
*Einwohner:* 10,64 Mill.
*Hauptstadt:* Belgrad
*Amtssprache:* Serbisch
*Zeitzone:* MEZ

rep. Serbien (mit den Prov. Kosovo u. Wojwodina), Montenegro, Kroatien, Slowenien, Bosnien-Herzegowina u. Makedonien. – *Gesch.:* 1918 Gründung des „Kgr. der Serben, Kroaten u. Slowenen" (s. 1929 amtl. Kgr. J.); 1934 Ermordung Kg. Alexanders I., 1941 Beitritt zum Dreimächtepakt, Mil.-Putsch; Besetzung durch dt. Truppen, Organisation kommunist. Partisanen (Tito); 1944 Einmarsch der sowj. Armee, Reg. Tito; 1945 Bildung der „Föderat. VR J."; 1947 Pariser Friede mit Italien (Gewinn v. a. Istriens); 1948 Ausschluss der jugoslaw. KP aus dem Kominform, danach Pol. der Blockfreiheit; 1963 neue Verf. („Sozialist. Föderat. Rep. J."). Nach Titos Tod (1980) wurde an der Staats- u. Parteispitze die Ämterrotation eingeführt; führende Rolle der kommunist. Partei; zunehmende Nationalitätenprobleme u. Autonomiebestrebungen; 1991 einseitige Unabhängigkeitserklärung von Slowenien und Kroatien (Jan. 1992 internat. anerkannt), leitete die Auflösung des alten J. ein; noch 1991 folgten die Unabhängigkeitserklärungen von Bosnien u. Herzegowina u. Makedonien (aufgrund griech. Einspruchs erst April 1993 internat. anerkannt); serb. Versuche, alle serb. Siedlungsgebiete zu einem (groß)serb. Staat zusammenzuschließen u. bewusst herbeigeführte ethnische Konflikte führten stufenweise zu krieger. Auseinandersetzungen zunächst in Slowenien, danach in Kroatien sowie in Bosnien u. Herzegowina. Internationale Vermittlungsversuche, der Einsatz von UN-Friedens- sowie NATO-Truppen konnten die Auseinandersetzungen in Bosnien u. Herzegowina erst 1995/96 beenden. **2)** Staat in SO-Europa, bestehend aus den Teilrep. Serbien (mit den Prov. Kosovo u. Wojwodina) sowie Montenegro; im N d. Große Ungar. Tiefland; südl. davon Hügel- u. Geb.land mit küstenparallelen Geb.zügen (Dinar. Geb., Serb. Bergland), in Montenegro Steilabfall der Geb. zur Adriaküste; im SW v. Serbien Beckenldsch., Flüsse: Donau, Save, Theiß, Morava; Kontinentalklima, an d. Küste Mittelmeerklima; Vielvölkerstaat mit serb. Bev.-Mehrheit; daneben Kroaten, Albaner, Montenegriner, Ungarn. *Wirtschaft:* nach Unabhängigkeitserklärung einstiger Teilrep., Kriegshandlungen u. internat. Sanktionen Wirtschaftskrise; Beschäftigungsgrundlage noch Landw.; reiche Bodenschätze (u. a. Braunkohle, Bauxit, Eisen-, Blei-, Kupfererz, Erdöl u. -gas); Ind.-Zentrum Belgrad; wichtigste Ind.-Zweige: Bergbau, Stahlind., Maschinen-, Fahrzeugbau, chem., Textil-, Möbel- u. Nahrungsmittelind. – *Gesch.:* Nach dem Zerfall (1989–92) der Rep. J. vereinbarten Serbien u. Montenegro Febr. 1992 den Zusammenschluss zur Bundesrep. J., die im April 1992 mit In-Kraft-Treten der Verf. proklamiert wurde. Durch S. Milošević (serb. Präs. 1989–97; bis 2000 Präs. von J.) Politik der ethn. „Entflechtung" und Homogenisierung in Kroatien (1991) sowie Bosnien und Herzegowina (1992–95) mit militär. Mitteln, ab 1998 im Kosovo (1999 NATO-Militäraktion); 2000 Volksaufstand und Sturz Miloševićs; beginnende Demokratisierung. – Durch Vermittlung der EU März 2002 Vertrag über die Neugestaltung der Zukunft des jugoslawischen Staatenbundes, der „Serbien und Montenegro" heißen soll.

**Juhnke,** Harald, dt. Schauspieler u. Entertainer, * 1929.

**Juist** [jy:st], eine der Ostfries. Inseln, zw. Borkum u. Norderney, Nds., 16,4 km², 1 600 E; Seebad; Fähre v. Norddeich.

**Jujutsu** [jap.], waffenlose Selbstverteidigung; angewandt werden Schlag-, Tritt-, Stoß-, Hebel-, Würge- u. Wurftechniken.

**Julian,** eigtl. **Flavius Claudius Iulianus,** röm. Ks. s. 361, * 331, † 363; Neuplatoniker; versuchte vergebl., das Heidentum wieder einzuführen; von den Christen J. Apostata (= der Abtrünnige) genannt.

**Juliana,** * 1909, Kgn. der Niederlande 1948–80; vermählt mit Bernhard zur Lippe-Biesterfeld.

**julianischer Kalender** ↑Kalender.

**Jülich, 1)** Stadt an der Rur, NRW, in der fruchtb. *J.er Börde,* 33 200 E, Forschungszentrum Jülich, Abteilung der FH Aachen; Papier-, Textil-, Zuckerind. **2)** ehem. Gft., 1356 Hzgt., 1346 kamen die Gft. Ravensberg, 1348 die Gft. Berg hinzu; 1511 Personalunion J.-Berg-Ravensberg mit Kleve-Mark; 1614 kamen J. und Berg an Pfalz-Neuburg; 1815 preußisch.

**Julier, Julierpass,** Alpenpass in Graubünden, Schweiz, 2 287 m.

**Julier,** altröm. Patriziergeschlecht, Gentilname *Iulius,* dessen bedeutendster Vertr. Caesar war.

**Julische Alpen,** Teil der Südl. Kalkalpen in Slowenien u. Italien; im Triglav 2 864 m.

**Juneau** [ˈdʒu:nəʊ], Hptst. von Alaska, USA, Hafen an der Pazifikküste, 27 000 E; ✈.

**Jung,** C[arl] G[ustav], schweizer. Psychologe und Psychiater, * 1875, † 1961; u. a. Theorie der Archetypen, des individuellen u. kollektiven Unbewussten.

**Jünger, 1)** Ernst, dt. Schriftsteller, * 1895, † 1998; „Auf den Marmorklippen", „Strahlungen", „An der Zeitmauer". **2)** Friedrich Georg, Bruder v. 1), dt. Schriftsteller, * 1898, † 1977; „Dalmatin. Nacht".

**Junges Deutschland,** Gruppe von Schriftstellern nach 1830, die polit. Engagement der Lit. forderten; Zuwendung zu lib. u. nat. Ideen, Streben nach freier Meinungsäußerung, Emanzipation der Frau u. a.; Hauptvertr.: H. Heine, L. Börne, K. Gutzkow, H. Laube, L. Wienbarg, T. Mundt; 1835 Verbot der jungdt. Schriften.

**Junge Union,** Jugendorganisation der CDU u. der CSU.

**Jungfernhäutchen, Hymen,** Schleimhautfalte am Scheideneingang; reißt meist beim ersten Geschlechtsverkehr.

**Jungferninseln,** engl. **Virgin Islands** [ˈvə:dʒɪn ˈaɪləndz], Inselgruppe im Bereich der Westind. Inseln, östl. v. Puerto Rico; meist gebirgig, trop. Passatklima; wichtigster Wirtschaftszweig: Fremdenverkehr. Die J. sind polit. zw. den USA u. Großbrit. aufgeteilt: *Virgin Island of the United States,* 344 km², 102 000 E, Hptst. Charlotte Amalie auf Saint Thomas; *British Virgin Islands,* 153 km², 17 000 E, Hptst. Road Town auf Tortola.

**Jungfrau,** lat. **Virgo,** zum ↑Tierkreis gehörendes Sternbild der Äquatorzone, mit dem hellsten Stern (α) Spika.

J

**Jungfrau,** Gipfel in den Berner Alpen, 4158 m; *J.bahn,* Zahnradbahn bis zum *J.joch* (3454 m).

**Jungfrau von Orléans** [- ɔrle'ã] ↑Jeanne d'Arc, hl.

**Jungk,** Robert, eigtl. R. **Baum,** dt.-amer. Wiss.publizist u. Futurologe, *1913, †1994; u. a. „Die Zukunft hat schon begonnen", „Der Atomstaat".

**Jungsozialisten, Jusos,** Jugendorganisation der SPD.

**Jungsteinzeit, Neolithikum,** der Bronzezeit vorangehende vorgeschichtl. Periode, letzter Abschnitt der Steinzeit, in Europa etwa von 5000 bis gegen 1800 v. Chr. (Übers. ↑Vorgeschichte).

**Jupiter** *mit dem Großen Roten Fleck*

**Jüngstes Gericht,** nach nt.-christl. Lehre das nach dem *Jüngsten Tag* (Auferstehung der Toten u. Wiederkunft Christi) erwartete Weltgericht.

**Jung-Stilling,** eigtl. Johann Heinrich **Jung,** dt. Schriftsteller, *1740, †1817; Augenarzt, Autobiogr. „Henrich Stillings Jugend".

**Jungtürken,** türk. Partei, die die Türkei nach westl. Muster reformieren wollte; 1908–18 polit. bestimmend, 1926 ausgeschaltet.

**Junikäfer,** 14–18 mm großer, dicht behaarter, gelbbrauner Brachkäfer in M- u. O-Europa.

**junior** [lat.; = jünger], Abk. **jr., jun.,** (hinter Personennamen) der Jüngere.

**Junkie** ['dʒaŋki; engl.], jargonmäßige Bez. für einen Drogenabhängigen, Rauschgiftsüchtigen.

**Junktim** [lat.], Koppelung von Verträgen oder Gesetzesvorlagen.

**Juno,** röm. Göttin, der Hera gleichgesetzt; Gemahlin Jupiters.

**Junta** [auch: 'xunta; span.], Reg.-Ausschuss (v. a. in Lateinamerika); bes. aus Putschen hervorgegangene provisor. Reg. von Militärs *(Militärjunta).*

**Jupiter,** lat. **Iup[p]iter, Diovis,** röm. Himmelsgott (urspr. idgm.), entspr. dem griech. Zeus.

**Jupiter,** größter Planet des Sonnensystems; Umlaufzeit um die Sonne 11,86 J.; Durchmesser größer als der 11fache Erddurchmesser; rotiert in weniger als 10 Std. um seine Achse, stark abgeplattet; *Oberfläche* unter dichter Wolkenhülle verborgen (zahlr. streifige Strukturen, *Großer Roter Fleck* als gewaltiger Wirbelsturm nachgewiesen); äußere Atmosphäre enthält Ammoniak, Wasserstoff u. Helium; Oberflächentemp. etwa −130 °C; starkes Magnetfeld; bek. sind 39 Monde.

**Jura,** Geb. in der W-Schweiz *(Schweizer J.)* u. in O-Frkr. *(Frz. J.),* bis 1718 m (Crêt de la Neige).

**Jura,** schweizer. Kt., 837 km², 68600 E, Hptst. Delémont; Landw., Uhren-, Maschinen-, Apparate-, Fahrzeug-, Tabak- u. Textilind. sowie Metallverarbeitung. Seit 1. 1. 1979 Kt. der Schweiz (bis dahin Teil des Kt. Bern).

**Jura,** ↑Geologie (Übers.).

**Jura** [lat.; = die Rechte], Bez. für die Rechtswissenschaft.

**Jürgens, 1)** Curd, dt.-östr. Schauspieler, *1915, †1982; „Des Teufels General". **2)** Udo, eigtl. U. Jürgen **Bockelmann,** östr. Schlagersänger u. -komponist, *1934.

**Jurisdiktion** [lat.], Rechtsprechung, Gerichtsbarkeit.

**Jurisprudenz** [lat.], Rechtswissenschaft.

**juristisch** [lat.], das Recht betreffend, rechtswissenschaftlich.

**juristische Personen,** mit Rechtsfähigkeit ausgestattete Personenvereinigung od. Vermögensmasse. Man unterscheidet *j. P. des privaten Rechts* (GmbH) u. *j. P. des öff. Rechts* (Körperschaften, Anstalten, Stiftungen).

**Jurte** [türk.], rundes, mit Filzdecken belegtes Zelt der Hirtennomaden in W- und Zentralasien.

**Jury** [ʒy'ri, frz.; 'dʒʊərɪ, engl.], **1)** Geschworenenkollegium (in ags. Ländern). **2)** Preisrichterkollegium.

**Juso,** Kurzbez. für **Jungsozialist.**

**justieren** [lat.], [Mess]geräte od. Maschinen genau einstellen.

**Justinian I.,** d. Gr., byzantin. Ks. s. 527, *482 oder 483, †565; vernichtete das Wandalen- (534/35) u. Ostgotenreich (553), ließ das ↑Corpus Iuris Civilis zusammenstellen; Erbauer der ↑Hagia Sophia.

**Justitia,** röm. Göttin, Verkörperung der Gerechtigkeit.

**Justitiar** [lat.], Rechtsberater in Unternehmen, Verbänden, Behörden.

**Justiz** [lat.], Rechtspflege; *J.hoheit,* Befugnis [des Staates], auf dem Gebiet der Rechtspflege organisator., verwaltungstechn. u. Recht sprechend allein tätig zu sein; *J.mord,* Vollstreckung eines auf einem *J.irrtum* beruhenden Todesurteils; *J.verwaltung,* die nicht richterl. Tätigkeit der Justizorgane.

**Justizvollzugsanstalt,** Einrichtung zum Vollzug v. Freiheitsstrafen.

**Jute,** trop. Kräuter od. Halbsträucher; Stängel liefern Bastfasern zur Herst. von Säcken u. a.

**Jütisches Recht,** 1241 v. Kg. Waldemar II. erlassenes dänisches Rechtsbuch. Galt in Dänemark bis 1683, in Schleswig bis zur Einführung des BGB.

**Jütland,** dän. **Jylland** ['jylan], dän. Halbinsel zw. Nord- und Ostsee, 29766 km²; Moränenldsch.; Getreidebau, Milchwirtsch., Schweinezucht; Fischerei. Im O größere Städte u. Häfen.

**Juvenal, Decimus Iunius Iuvenalis,** röm. Satiriker, *um 60, †nach 127; seine 16 Satiren in Hexametern kritisieren den Sittenverfall in Rom zur Zeit Domitians.

# K

**K,** 11. Buchstabe des Alphabets.
**K,** Einheitenzeichen für ↑Kelvin.
**K,** Symb. für ↑Kalium.
**K,** Abk. für $2^{10}$ = 1 024; zur Angabe der Speicherkapazität, z. B. 1 KBit = 1 024 Bit.
**K 2,** höchster Berg des Karakorums, Kaschmir, zweithöchster Berg der Erde, 8 607 m; 1954 Erstbesteigung.
**Kaaba** [arab.; = Würfel], Hauptheiligtum des Islams; würfelförmiges steinernes Bauwerk in Mekka, in das ein als heilig geltender „schwarzer Stein" eingemauert ist.
**Kabale** [hebr.], Intrige.
**Kabarett** [frz.], **1)** [polit.-gesellschaftskrit.] Kleinkunstbühne. **2)** [drehb.] in kl. Fächer aufgeteilte Speiseplatte.
**Kabbala** [hebr.], esoterisch-spekulative Richtung mit myst. Frömmigkeit im Judentum; Blüte im 13. Jh. in Spanien [Entwicklung zur exklusiven Geheimlehre].
**Kabel** [frz.], **1)** isolierte, biegsame, elektr. Leitung; bei *Fernmelde-K.* bis zu 1 200 Doppeladern; als *Erd-, Luft-* od. *See-K.* **2)** Überseetelegramm. **3)** Drahtseil. **4)** als *Lichtleit-K.* bzw. *Glasfaser-K.* ↑Lichtwellenleiter.
**Kabelfernsehen,** Verteilung v. (öff. u. privaten) Fernsehprogrammen über ein Breitbandkabelnetz.
**Kabeljau** [niederländ.], Dorschfisch; wicht. Speisefisch (Atlantik, Nord- u. Ostsee), getrocknet als *Stock-,* getrocknet u. gesalzen als *Klippfisch.*
**Kabellänge,** veraltetes naut. Längenmaß, 1 K. = $^1/_{10}$ Seemeile = 185,2 m.
**Kabinett** [frz.], **1)** Nebenzimmer; Beratungs- od. Arbeitsraum (bes. an Fürstenhöfen). **2)** Gesamtheit der Min.; Regierung. **3)** unterste Prädikatsstufe für Qualitätsweine.
**Kabriolett** [frz.], **1)** zweirädr. Einspänner, meist mit Verdeck. **2)** Pkw mit aufklappb. Verdeck.
**Kabuki** [jap.], volkstüml. Theater in Japan (seit etwa 1600).
**Kabul,** Hptst. Afghanistans am Fluss Kabul, 1 795 m ü. d. M., rd. 1,8 Mill. E (Agglomeration); Univ.; Wirtsch.- u. Handelszentrum; ✈.
**Kabul,** r. Nbfl. des Indus, rd. 500 km lang; Kraftwerke.
**Kabylen,** Sammelbez. für d. Berbergruppen in N-Algerien, bes. in d. *Kabylei;* Sprache: Kabylisch; Ackerbauern.
**Kadaver** [lat.], [Tier]leiche; *K.gehorsam,* abwertend für: blinder Gehorsam.
**Kadenz** [lat.], **1)** 𝄞 Akkordfolge zum Abschluss eines Musikstückes od. eines Satzteiles. **2)** 𝄞 unbegleitetes Improvisieren des Solisten in einem Konzert. **3)** metr. Form des Versschlusses.
**Kader** [frz.], **1)** Stamm[bestand] eines Heeres, einer Sportmannschaft. **2)** im kommunist. Sprachgebrauch: die Gesamtheit der Funktionäre der Partei, führender Personen in Staat oder Wirtschaft.
**Kadett** [frz.], Zögling einer mil. Lehr- u. Bildungsanstalt.
**Kadhafi** ↑Gaddhafi.
**Kadi** [arab.], Richter in islam. Ländern.
**Kadmium,** eingedeutscht für ↑Cadmium.
**Käfer, Koleopteren,** größte Ordn. der Insekten (rd. 350 000 Arten); harter Hautpanzer, stark verhärtete Vorderflügel, Hinterflügel häutig, kauende Mundwerkzeuge; Größe 0,2 mm bis 15 cm; Entw. mit vollkommener Verwandlung (Puppe–Larve–Käfer).
**Kaffee** [arab.], **1)** svw. K.bohne (↑Kaffeebaum). **2)** Getränk aus K.bohnen.
**Kaffeebaum,** niedr., wahrsch. in O-Afrika heim. Baum, heute in den meisten trop. Gebieten in mehreren Arten angebaut; kirschenähnliche Früchte mit *Kaffeebohnen* (0,7–2,5 % Koffein). Hauptanbaugebiete: Brasilien, Kolumbien, Elfenbeinküste, Mexiko.
**Kaffernbüffel** ↑Büffel.
**Kafka,** Franz, östr. Schriftsteller, * 1883, † 1924; Erzählungen u. Romane, geprägt von latenter Bedrohung u. unwirkl. Atmosphäre („kafkaesk"): „Das Urteil", „Die Verwandlung", „Der Prozess", „Das Schloss", „Amerika"; bed. Wirkung auf die Weltlit.
**Kagel,** Mauricio, argentin. Komponist, * 1931; lebt s. 1957 in Köln, experimentiert mit elektroakust. u. audiovisuellen Medien.
**Kahlenberg,** Anhöhe im N von Wien, 483 m, Weinbau. – 1683 *Schlacht am K.,* Befreiung Wiens von der türk. Belagerung.
**Kahler Asten,** Berg im Rothaargebirge, 841 m.
**Kahlo,** Frida, mexikan. Malerin, * 1907, † 1954; Bilder, die v. persönl. Schicksal (schwere Unfallfolgen) geprägt sind.
**Kahr,** Gustav Ritter v., dt. Politiker, * 1862, † 1934; 1920/21 bayr. Min.-Präs., 1923 Gen.-Staatskommissar; warf 1923 den Hitlerputsch nieder, anlässlich des Röhmputsches (↑Röhm, E.) ermordet.
**Kai** [niederl.], vertikal befestigtes Ufer, v. a. im Hafengebiet.
**Kaimane** [indian.], Alligatoren trop. südamer. Flüsse.

**Kairo:** *Sultan-Hasan-Moschee (1356-62)*

**Kain,** A. T.: erstgeborener Sohn Adams u. Evas, Mörder seines Bruders *Abel.*
**Kaiphas,** jüd. Hoher Priester (18–36 n. Chr.), überantwortete Jesus dem Pilatus.
**Kairo,** arab. **Misr el-Kahira,** Hptst. Ägyptens, am unteren Nil, größte St. Afrikas, 6,8 Mill. E (städt. Agglomeration: 15 Mill.); 3 Univ. (K.-Univ. in ↑Giseh), Hochschulen, Institute u. Museen; Zitadelle, teilw. erh. Stadtmauer; neben der engen arab. Altst. die mod. Neust. u.

Villenvororte; wichtigste Ind.-St. (Nahrungsmittel-, Textil-, Leder-, Tabak-, Metallind.) des Landes. – Seit 972 ägypt. Hptst.; unter osman. Herrschaft (ab 1517) beginnender Niedergang; s. Ende des 19. Jh. Entw. zur Weltstadt.

**Kairouan,** Stadt in Tunesien, 102 600 E; bed. islam. Wallfahrtsort, Sidi-Okba-Moschee.

**Kaiser** [v. lat. Caesar], Bez. für d. röm. Herrscher seit Augustus (in Ostrom bis 1453); abendländ. K.tum s. K.krönung Karls d. Gr. (800); 962 (Otto d. Gr.) bis 1806 (Franz II.) mit dem dt. Königtum verbunden; 1871–1918 war der Kg. v. Preußen dt. K.; Herrschertitel auch in anderen Ländern.

**Kaiser, 1)** Georg, dt. Dramatiker des Expressionismus, *1878, †1945; „König Hahnrei", „Gas" (I/II), „Die Bürger v. Calais", „Oktobertag". **2)** Jakob, dt. Politiker (CDU), *1888, †1961; 1949–57 B.-Min. für gesamtdt. Fragen.

**Kaiserchronik,** älteste mhd. Geschichtsdichtung (v. der röm. Zeit bis 1147); stammt wahrsch. aus Regensburg (12. Jh.); Sagen u. Legenden, teilw. histor. wertvoll.

**Kaisergebirge,** Teil der Tirol.-Bayer. Kalkalpen, östl. v. Kufstein; *Wilder Kaiser* bis 2 344 m, *Zahmer Kaiser* bis 1 999 m.

**Kaiserschnitt,** operat. Schnittentbindung bei Gefahr für Mutter od. Kind.

**Kaiserslautern,** Krst. an der Lauter, am N-Rand des Pfälzer Waldes, RP, 102 000 E; Reste der Kaiserpfalz (1152); LG, Arbeitsger., Univ., Fachhochsch.; Nähmasch.-, Büro-, Textilindustrie.

**Kaiserstuhl,** Geb.-Stock nw. v. Freiburg im Breisgau, Ba.-Wü., bis 557 m; Obst- u. Weinbau.

**Kajak** [eskimo.], **1)** schmales, einsitz. Boot der Eskimo. **2)** [mehrsitz.] Sportpaddelboot, im Sitzen mit Doppelpaddeln vorangetrieben.

**Kakadus** [malai.], Unterfam. meist bis rabengr. Papageien in Australien u. Südostasien mit aufrichtbarem Federschopf auf dem Kopf.

**Kakao** [span.], **1)** svw. Kakaobohne, ↑Kakaobaum. **2)** Getränk aus aufbereiteten Kakaobohnen.

**Kakaobaum,** ein Sterkuliengewächs, im trop. Amerika beheimatet, heute in vielen trop. Ländern; Samen: *Kakaobohne,* bohnenförmig (40–53% Fett, 15% Eiweiß, 1–4% Theobromin, 0,1–0,4% Koffein); fermentiert, geröstet u. zerrieben zur Schokoladenherstellung verwendet; Hauptanbauländer: Elfenbeinküste, Brasilien, Ghana.

**Kakerlak,** svw. ↑Küchenschabe.

**Kaktusgewächse** [gr.; dt.], **Kakteen,** Pflanzenfamilie der [sub]trop. amer. Wüsten u. Steppen; Stammsukkulenten, meist mit Dornen; u.a. säulenförm., kugl., abgeflachte, höcker. gegliederte Arten; z.T. Nutzpfl. (u.a. Feigen- u. Riesenkaktus).

**Kala-Azar** [Hindi], **viszerale Leishmaniose,** schwere trop. Infektionskrankheit mit Fieber u. Kräfteverfall; Erreger: Flagellaten der Gatt. Leishmania.

**Kalabri|en,** ital. **Calabria,** südital. Halbinsel u. Region, durchzogen vom *Kalabr. Apennin,* 15 080 $km^2$, 2,1 Mill. E, Hptst. Catanzaro; mediterrane landw. Kulturen.

**Kalahari,** südafrikan., abflusslose, 800–1 200 m hohe Beckenldsch. zw. Sambesi, Limpopo, Oranje u. d. südwestafrikan. Hochland; vorw. zu Botswana; rd. 1 Mill. $km^2$; Dornstrauchsavanne.

**Kalamität** [lat.], Verlegenheit, Notlage.

**Kalander** [frz.], Masch. mit gegenläuf. [heizb.] Walzen zur Be- u. Verarbeitung fläch. Werkstoffe (u.a. Folien, Textilien, Papier).

**Kalauer** [frz.], [fauler] Wortwitz.

**Kalb,** Charlotte von, geb. **Marschalk v. Ostheim,** dt. Schriftstellerin, *1761, †1843; mit Schiller, Herder, Hölderlin u. Jean Paul befreundet; Romane u.a.

**Kalckreuth,** Leopold Gf. von, dt. Maler u. Grafiker, *1855, †1928; mit Landschaften, Hafenbildern u. Bildnissen ein Hauptvertr. des dt. Impressionismus.

**Kaldaunen** ↑Gekröse.

**Kaleidoskop** [gr.], opt. Spielzeug: In einer Röhre erscheinen symmetr., sternförm. Figuren.

**Kalendarium** [lat.], altröm. Zinskalender.

**Kalenden** [*Mrz.*], lat. **Calendae,** bei den Römern der erste Monatstag.

**Kalender** [mlat., zu lat. Calendae (↑Kalenden)], **1)** Zeitrechnung, Einteilung eines *K.jahres* nach astronom. Gesichtspt.; natürl. Einteilung: *synod. Monat* mit 29,5306 Tagen zw. 2 Mondphasen, deshalb Wechsel v. 29- u. 30-täg. Monaten im jüd. u. islam. K.; 1 Mondjahr hat entspr. 354,367 Tage, deshalb Schalttage; unterschiedl. Jahresbeginn, begr. durch Differenz zw. Mondjahr u. trop. [Sonnen]jahr; der *julian. K.* Caesars (46 v. Chr.) führte das Gemeinjahr v. 365 Tagen und alle 4 J. einen Schalttag ein (durchschn. 365,25 Tage); durch die Differenz zum Sonnenjahr ging dieser K. bis zum 16. Jh. 10 Tage vor; beseitigt durch die *K.reform* Gregors XIII. (Schalttag unterbleibt im letzten Schaltjahr eines Jh., außer wenn dieses durch 4 teilb. ist); dieser *gregorian. K.* (1 J. = 365,2425 Tage) ergibt erst in 3 333 J. einen Tag zu viel. **2)** Buch od. Heft mit Aufzeichnung des K.s; gedruckte K. s. dem 16. Jh., später mit Wettervoraussage (Hundertjähr. K.) u. *K.geschichten* (Almanach) ausgestattet.

**Kalevala,** finn. Nationalepos.

**Kali** [arab.], unpräzise Sammelbez. für Kaliumsalze (Dünger), Kaliumhydroxid.

**Kaliber** [gr.], **1)** Messgerät für Durchmesser von runden Werkstücken od. Bohrungen. **2)** innerer Laufdurchmesser von Feuerwaffen.

**Kalidasa,** wahrsch. um 400, bedeutendster ind. Dichter der klass. Zeit; „Shakuntala".

**Kalif** [arab.], Titel der Nachf. Mohammeds; die Herrschaft der K.en, das *Kalifat,* begann in Medina; zuletzt lag die K.enwürde beim osman. Sultan.

**Kaliforni|en, 1)** Ldsch. an der sw. Pazifikküste Nordamerikas; im N *Ober-K.* mit dem *Kaliforn. Längstal* (zu den USA); im S die lange, gebirg. Halbinsel *Nieder-K.* (zu Mexiko); zw. Nieder-K. u. dem Küstenvorland der Westl. Sierra Madre d. tief einschneidende *Golf von K.* **2)** engl. **California** [kælɪˈfɔːnjə], Abk. **Cal., Calif.,** der Ober-K. umfassende Staat der USA, 411 049 $km^2$, 29,8 Mill. E, Hptst. Sacramento; im N gemäßigtes Klima, Getreideanbau; im zentralen Kaliforn. Längstal Zitrusfrüchtekulturen, Wein; der S K.s ist wüstenhaft; im Geb. ⚒ (Edelmetalle, Blei, Zink, Chrom, Kupfer, Eisen), Wasserkraftwerke; bed. Erdölförderung; hoch entwickelte Ind.; Haupthäfen: San Francisco und Los Angeles.

**Kalinin,** Michail Iwanowitsch, sowj. Politiker, *1875, †1946; s. 1919 Vors. des ZK d. KPdSU, seit 1938 Staatsoberhaupt.

**Kalinin,** 1931–90 Name der Stadt ↑Twer.

**Kaliningrad** ↑Königsberg.

**Kalium,** Symb. **K,** chem. El., OZ 19, rel. A.-Masse 39,0983, silberweiß glänzendes, weiches Alkalimetall, Dichte 0,862 g/$cm^3$, Fp. 63,38 °C, Sp. 759 °C; sehr reaktionsfreudig, kommt daher nur in Verbdg. (u.a. Kainit, Karnallit, Sylvin) in der Natur vor; metall. K. wird durch Schmelzflusselektrolyse erhalten; techn. wicht. sind v.a. die *K.salze,* die insbes. als Düngemittel (K.sulfat, K.hydrogencarbonat, K.nitrat) od. als chem.-techn. Produkte (u.a.

K.carbonat; ↑Pottasche), K.chlorat als Sauerstofflieferant in Sprengstoffen, K.dichromat als Oxidationsmittel, K.bromid in der Fotogr., K.fluorid als Holzkonservierungsmittel, K.nitrit zur Farbstoffherst., K.permanganat als Desinfektionsmittel verw. werden.

**Kalk,** Calciumcarbonat, $CaCO_3$, häufigste Calciumverbdg.; in reinem Wasser fast unlösl.; eines der verbreitetsten Minerale der Erde, gesteinsbildend (Kreide, K.spat, Marmor, K.stein, K.schiefer, K.sinter u.a.); für Bauzwecke z.B. als *K.mörtel;* in der chem. Technik wird K. im K.ofen bis 1 400 °C erhitzt *(gebrannter K.),* durch Aufnahme v. Wasser entsteht daraus *gelöschter K.*

**Kalkar,** St. in NRW, 12 600 E; Nahrungsmittelindustrie.

**Kalksinter, Kalktuff,** Ablagerung von Calciumcarbonat aus kalkhalt. Wasser; in Höhlen als Tropfstein.

**Kalkspat, Calcit, Kalzit,** $CaCO_3$, verbreitetes gesteinsbildendes Mineral, meist weiß, Härte 3, häufig verzwillingt, gut spaltbar; wegen seiner Doppelbrechung für opt. Instrumente verwendet.

**Kalkstein,** meist aus Kalkspat bestehendes Sedimentgestein, vorw. aus [Meer]wasser abgesetzt, durch chem. Ausfällung od. aus tier. Kalkschalen; als *dichter [Schicht]kalk,* Kalkoolith, ↑Kalksinter, ↑Marmor od. ↑Kreide.

**Kalkül** [frz.], Berechnung; System v. [Rechen]regeln u. [log.] Operationen.

**Kalkulation** [lat.], Ermittlung der Selbstkosten einer Leistungseinheit.

**Kalkutta,** engl. **Calcutta** [kæl'kʌtə], amtl. **Kolkata,** Hptst. des ind. Staates West Bengal, größte St.region Indiens, am *Hugli,* dem wichtigsten Mündungsarm des Ganges, 4,3 Mill. E (städt. Agglomeration: 11,6 Mill. E); mehrere Univ., Bibliothek, Institute; chem., Eisen-, Masch.-, Textilind. (insbes. Jutespinnereien), Leder-, Glasind.; U-Bahn, Hafen, ✈.

**Kalla, Calla** [gr.], Aronstabgewächs mit kolbenförm. Blütenständen u. weißer umhüllender Spatha; Giftpflanze.

**Kalligraphie** [gr.], Schönschreibkunst; v.a. im Islam, in China u. Japan.

**Kallimachos,** griech. Gelehrter u. Dichter, *um 310, †um 240 v. Chr; verf. den Katalog der alexandrin. Bibliothek, Epigramme, Kleinepen.

**Kalliope,** Muse der ep. Dichtung.

**Kallisto,** in der griech. Mythol. Jagdgefährtin der Artemis.

**Kálmán** ['ka:lma:n], Emmerich, ungar. Operettenkomponist, *1882, †1953; „Die Csárdásfürstin".

**Kalmare** [gr.], schlanke, zehnarmige Tintenfische.

**Kalmarer Union,** 1397 in Kalmar (Südschweden) abgeschlossener Vertr., führte zur Personalunion d. Kgr. Dänemark, Norwegen und Schweden (bis 1523).

**Kalmen** [frz.], Windstillen; *K.gürtel,* Gebiet der Windstillen in der Äquatorzone (niederschlagsreich) u. in den ↑Rossbreiten.

**Kalmücken,** westmongol. Volk an der unteren Wolga, v.a. in *Kalmückien,* ehem. Nomaden; 174 000 Angehörige.

**Kalorie** [lat.], Einheitenzeich. **cal,** nicht mehr SI- und DIN-konforme Einheit der Energie (Wärmemenge); gesetzl. Einheit: Joule (J); 1 cal = 4,1868 J; 1 kcal = 1 000 cal = 4,1868 kJ.

**Kalotte** [frz.], **1)** Oberflächenabschnitt einer ↑Kugel. **2)** flache Kuppel. **3)** ⚕ Schädeldach ohne Basis. **4)** Scheitelkäppchen (kath. Geistliche).

**Kaltblut,** schwere, ruhige Hauspferderassen; Arbeitspferde.

**Kaltblüter, Wechselwarme,** Tiere, die ihre Körpertemp. nicht od. nur unvollkommen regeln können; alle bis auf Säugetiere u. Vögel.

**Kältemaschine** ↑Kühlverfahren.

**Kältemischung** ↑Kühlverfahren.

**Kältemittel,** leicht siedende Stoffe mit hoher Verdampfungswärme, die sich zum Betrieb v. Kältemaschinen eignen, z.B. Ammoniak, teilhalogenierte FCKW, Propan-Butan-Mischungen.

**Kaltenbrunner,** Ernst, östr.-dt. nat.-soz. Politiker, *1903, †1946 (hingerichtet); 1943 Chef der Sicherheitspolizei u. des Sicherheitsdienstes sowie des R.-Sicherheitshauptamtes; maßgebl. an der Ermordung europ. Juden beteiligt.

**Kältepole,** kälteste Orte der Erdoberfläche; auf der *Nordhalbkugel:* Ojmjakon in NO-Sibirien (−70,8 °C); auf der *Südhalbkugel:* antarkt. Hochland (Station Wostok: −91 °C).

**Kaltfront,** Grenzzone vordringender Kaltluft gg. Warmluft auf der Rückseite von Tiefdruckgebieten; mit Winddrehung, Quellbewölkung, Niederschlägen.

**Kalt[ver]formung,** Sammelbez. für ohne Wärmeeinwirkung erfolgende Metallformungsverfahren (z.B. Stauchen, Prägen, Ziehen).

**Kalumet** [frz.], Friedenspfeife der nordamer. Indianer.

**Kalvarienberg,** svw. ↑Golgatha.

**Kalvinismus,** von J. ↑Calvin begr. reformator. Lehre; Grundlage der Theologie der ↑ref. Kirchen (auch ↑Hugenotten, J. ↑Knox, ↑Puritaner), entfaltet bes. in Calvins Hauptwerk „Christianae Religionis Institutio" (1536); Schwerpunkte: Prädestination (erkennbar u.a. am Lebenserfolg der von Gott Erwählten), strenge Kirchenzucht, Betonung individueller Freiheit und Selbstverantwortung; von gr. Einfl. auf die pol. u. wirtsch. Entw. W-Europas u. N-Amerikas.

**Kalypso,** in der griech. Mythol. Tochter des Atlas, die auf der Insel Ogygia den schiffbrüch. Odysseus aufnimmt u. 7 Jahre festhält.

**Kalzium,** eingedeutscht für ↑Calcium.

**Kama,** l. Nbfl. der Wolga, Russland, 1 805 km.

**Kamasutra,** ind. Lehrbuch der Erotik (4. Jh.); Verf.: M. Vatsyayana.

**Kambodscha**

*Fläche:* 181 035 km$^2$

*Einwohner:* 11,21 Mill.

*Hauptstadt:* Phnom Penh

*Amtssprache:* Khmer

*Zeitzone:* MEZ + 6 Stunden

**Kambodscha, Kampuchea,** Königreich in SO-Asien; Rumpfldsch., von bewaldeten Geb. überragt, im Innern Aufschüttungsebenen; mit dem Mekong verbunden der See Tonle Sap; tropisches Monsunklima. *Bev.:* buddhistische Kambodschaner (Khmer). Über 80 % des Kulturlandes Reisfelder; daneben: Sesam, Zuckerrohr, Kautschuk, Tabak, Pfeffer. – *Gesch.:* Seit dem 9. Jh. Zentrum des Khmerreiches, das ab dem 13. Jh. durch innere Fehden und Kämpfe mit den Thai zerfiel (durch diese 1431 Zerstörung der Hptst. Angkor). K. geriet unter den Einfluss v. Annam und Siam; 1887 Frz.-Indochina einverleibt; 1946 autonomer Staat in der Frz. Union, 1954 Austritt u. volle Unabhängigkeit; 1970 Sturz d. Staatschefs Norodom Sihanouk, der eine neutralist. Pol. betrieb, durch proamer.-antikommunist. Offiziere u. Einbeziehung K.s in d. Vietnamkrieg. Gen. Lon Nol übernahm die Macht (1972–75 Staatspräs.). Bürgerkrieg zw. Reg. u. d. prokommunist. Roten Khmer, die mit d. Einnahme v. Phnom Penh im April 1975 d. Macht übernahmen. Die Roten Khmer suchten K. zu einem reinen Agrarstaat umzugestalten (u.a. Zwangsumsiedlung der Stadtbev. aufs Land) u. errichteten unter Führung v. Pol Pot ein Terrorregime, dem etwa 2 Mill. Menschen zum Opfer fielen („Killing Fields"). Seit 1978 militär. Auseinandersetzungen mit Vietnam, das im Jan. 1979 nach mil. Intervention das Regime in Phnom Penh stürzte; danach Proklamation der „VR Kampuchea", gegen deren vietnamfreundl. Reg. sich eine (die Roten Khmer einschließende) Widerstandskoalition stellte; 1982 Bildung einer Exilreg. unter Norodom Sihanouk; 1989 Rückzug d. vietnames. Truppen; 1990 UN-Friedensplan; 1991 Friedensabkommen. 1992–93 unterstand K. einer UN-Übergangsverw. Nach In-Kraft-Treten einer neuen Verf. (Wiedereinführung d. konstitutionellen Monarchie) wurde Sihanouk 1993 wieder König. Der 1994 erneut aufgeflammte Bürgerkrieg mit den Roten Khmer erlosch durch deren inneren Zerfall (1997/98). 1997 gelangte der vormalige kommunist. Min.-Präs. Hun Sen durch einen Putsch an die Macht. 1999 wurde K. Mitglied d. ASEAN.

**Kambrium** ↑Geologie (Übers.).

**Kamee** ↑Gemme.

**Kamele** [gr.], Fam. wiederkäuender, langhals., hochbein. Paarhufer in Steppen u. Wüsten Afrikas, Asiens, Südamerikas; speichern Wasser (Magen) u. Fett (Höcker); Trag- u. Reittiere; Arten: ↑Dromedar, ↑Trampeltier sowie Guanako (mit Lama u. Alpaka).

**Kameli|e** [nach dem böhm. Naturforscher G. J. Camel, * 1661, † 1706], Teegewächs mit rd. 80 Arten in O-Asien; Strauch mit rosenähnl. Büten; Zimmerpflanze.

**Kamen,** Ind.-St. nö. v. Dortmund, NRW, 47 000 E.

**Kamenz,** Krst. in Sa., 19 000 E; Lessinghaus mit -museum, Herst. v. Flaggen u. Fahnen.

**Kamera** [lat.], fotograf. Aufnahmegerät; ↑Fotografie.

**Kamerun,** Rep. im W Zentralafrikas; trop. Regenwald im S u. an der Küste, Hochland (Savanne) im W mit Vulkanen (v.a. ↑Kamerunberg), trockene Teile des Tschad-

**Kamerun**

| | |
|---|---|
| *Fläche:* | 475 442 km² |
| *Einwohner:* | 15,4 Mill. |
| *Hauptstadt:* | Yaoundé |
| *Amtssprachen:* | Französisch, Englisch |
| *Zeitzone:* | MEZ |

beckens im N; Bantustämme im S, Sudanvölker im N, vereinzelt Fulbe und Haussa; Plantagen für Kakao, Kaffee, Kautschuk, Bananen, Baumwolle; bed. Erdölvorkommen. – *Gesch.:* 1884 unter dt. Schutz; 1922 als Mandat v. Völkerbund an Frkr. (eigene Verwaltung) und Großbrit. (Eingliederung in die Kolonie Nigeria) vergeben; ab 1946 UN-Treuhandgebiet; 1960 unabh. Rep., Teilung des brit. K. in einen N- (verbleibt bei Nigeria) u. einen S-Teil (Vereinigung mit K.); 1961 B.-Rep., 1972 Vereinigte Rep. K., ab 1984 Rep. K.; seit 1995 Mitgl. des Commonwealth.

**Kamerunberg,** höchstes Geb.-Massiv in W-Afrika, Kamerun, im *Fako* 4 070 m; Vulkan.

**Kamikaze** [jap.], jap. freiwillige Kampfflieger im 2. Weltkrieg (stürzten sich unter Selbstaufopferung mit dem Flugzeug auf feindl. Ziele).

**Kamille** [gr.], Korbblütler; einjähr. Heilpfl., getrocknete Blüten als Aufguss für Umschläge u. Ä.

**Kamisarden** [frz.], Hugenotten in den frz. Cevennen u. im Languedoc; ihre Aufstände gg. die konfessionelle Unterdrückung durch Kg. Ludwig XIV. führten zum *Cevennenkrieg* (1701–04).

**Kammer, 1)** Raum zur Aufbewahrung der fürstl. Privathabe; im MA Amt der kgl. Hofhaltung. **2)** Parlament bzw. dessen Teile (1. u. 2. K.). **3)** Spruchkörper bei Gerichten, z. B. Strafkammer.

**Kammerflimmern** ↑Herzflimmern.

**Kammergericht,** im MA oberstes Landesgericht in den dt. Ländern; 1835–79 Bez. für den preuß. Staatsgerichtshof, danach für das OLG von Berlin.

**Kammerjäger,** urspr. Leibjäger eines Fürsten; heute berufsmäß. Vernichter von Ungeziefer.

**Kammermusik,** urspr. in der „camera", dem höf. Musizierraum, gespielte weltl. Vokal- und Instrumentalmusik; heute jede für eine kl. solist. Gruppe best. Kunstmusik.

**Kammerspiele,** kl. Theater, bes. für Stücke mit wenigen handelnden Personen u. geringer bühnentechn. Ausstattung; auch die dort gespielten Theaterstücke.

**Kammerton, Normalton,** auf 440 Hz festgelegter Ton a¹ zum Einstimmen von Musikinstrumenten.

**Kammgarn,** feines, glattes, langfaser. Wollgarn.

**Kampagne** [kamˈpanjə; frz.], meist zeitl. begrenzte Aktion mil., polit. oder wirtsch. Art.

**Kampala,** Hptst. von Uganda, nördl. d. Victoriasees, 954 000 E; Univ., vielseit. Ind.; ⚓, 40 km südl. ✈.

**Kampani|en,** ital. **Campania,** Region u. Ldsch im südl. Italien, 13 595 km², 5,8 Mill. E, Hptst. Neapel; fruchtb. Ebene mit Anbau von Weizen, Wein, Oliven, Tabak, Gemüse.

**Kampanile, Campanile** [ital.], frei neben der Kirche stehender Glockenturm.

**Kampen (Sylt),** Seebad auf d. Insel Sylt, 600 E.

**Kampfer, Campher** [sanskr.], farbloses od. weißes, charakterist. riechendes Keton aus d. Gruppe d. Terpene, $C_{10}H_{16}O$ (Herz-, Kreislaufmittel), aus dem Öl des Kampferbaums.

**Kampferbaum,** ostasiat. Lorbeergewächs; liefert ↑Kampfer.

**Kampfhunde,** Bez. für Hunde, die vom Menschen zu Kampfzwecken gezüchtet werden, dazu sind u. a. Bullterrier, American-Pitbull-Terrier, American-Staffordshire-Terrier bes. geeignet. Ihre Haltung ist gesetzlich eingeschränkt.

**Kampfstoffe,** Bez. f. radioaktive Materialien (↑Atomwaffen), giftige chem. Substanzen (↑chemische Waffen) sowie krankheitserregende Mikroorganismen (↑biologische Waffen) als Mittel der Kriegführung.

**Kamp-Lintfort,** St. nw. von Duisburg, NRW, 40 400 E; Steinkohlengruben; als *Kloster Kamp* gegr. 1123, erste dt. Zisterzienserniederlassung.

**Kamtschatka,** nordostasiat. Halbinsel zw. Beringmeer und Ochotskischem Meer, Russland; zwei parallele Geb.-Ketten; z. T. noch tätige Vulkane.

**Kana|an,** histor. Begriff für die syr.-palästinens. Küste; im A.T.

das dem Volk Israel verheißene Land; *Kanaaniter,* vorisraelit. Bev. Kanaans.

**Kanada**

| | |
|---|---|
| *Fläche:* 9 984 670 $km^2$ | |
| *Einwohner:* 31,0 Mill. | |
| *Hauptstadt:* Ottawa | |
| *Amtssprachen:* Englisch, Französisch | |
| *Zeitzonen:* MEZ – $4\frac{1}{2}$ bis – 9 Stunden | |

**Kanada,** Staat in Nordamerika; *Bev.:* zu rd. 43 % brit., 29 % frz. Ursprungs, die Ureinwohner (Indianer und Eskimo) machen 1 % aus; rd. 40 % ev., etwa 50 % röm.-kath. – *Gliederung:* Stark gegliederte Pazifikküste, Küstengeb., das ostwärts in ein Hochplateau übergeht, im O von den Rocky Mountains begrenzt, die sich zur Prärieldsch. des Kanad. Schildes u. den Tiefländern in der Umgebung der Hudsonbai abdachen; das östl. Vorland des Kanad. Schildes bilden die nördl. Ausläufer der Appalachen; den N K.s nimmt der Kanadisch-Arkt. Archipel ein. – *Klima:* Außer an der SO- u. SW-Küste kontinental mit langen, kalten Wintern und warmen, im Inneren heißen Sommern, im N arktisch. – *Vegetation:* Im N Tundra, südl. anschließend weite Waldgebiete (etwa 40 % des Landes); nördl. Ausläufer der Prärie. – *Landw.:* Im S Weizen (bed. Export), ferner Hafer, Gerste, Faserpflanzen; Viehzucht; Fischerei. *Bodenschätze:* Reiche Vorkommen an Kohle, Eisenerz, Kupfer-, Zink-, Uran-, Edelmetallerzen, Erdöl, Asbest, Nickel; wichtig sind Nahrungsmittel-, Bau-, Hütten-, Textil- und v. a. Holz verarb. Ind. – *Bed. Häfen:* Montreal und Quebec am St.-Lorenz-Strom, ferner Saint John's u. Halifax am Atlantik, Vancouver u. Victoria am Pazifik. – *Geschichte:* Erste Besiedlung durch Franzosen im 16. u. 17. Jh. längs des St.-Lorenz-Stroms; 1763 ging Kanada in brit. Besitz über; seit 1867 Dominion, erhielt mit Westminsterstatut 1931 staatl. Unabhängigkeit; 1949 NATO-Beitritt, 1980 u. 1995 erfolglose Referenden zur Lösung Quebecs von K. 1999 Konstituierung des unter Selbstverw. der Eskimo stehenden „Nunavut Territory" in N-Kanada.

**Kanadabalsam,** Harz der kanad. Balsamtanne; Brechzahl wie Glas; daher Verwendung in der opt. Technik.

**Kanadisch-Arktischer Archipel,** die dem nordamer. Festland vorgelagerten Inseln im Nordpolarmeer, Teil des Nunavut Territory u. der Northwest Territories v. Kanada, 1,3 Mill. $km^2$.

**kanadische Literatur,** die in Kanada in frz. u. engl. Spr. verfasste Lit.; *frankokanad. Lit.:* seit der 2. H. des 18. Jh. frz.-sprach. Lit. unter starkem Einfluss des Mutterlandes (G. Roy, A. Hébert, Y. Thériault); *anglokanad. Lit.:* eine selbst. kanad. Lit. in engl. Spr. gibt es erst seit der 2. H. des 19. Jh. (v. a. Lyrik); internat. erfolgreich sind im 20. Jh. die Romane von M. de la Roche; weitere wichtige Prosaautoren: M. E. Atwood, M. Laurence, A. Munro, St. Leacock, M. Ondaatje; Neuorientierung der bisher vorwiegend romant. Lyrik (I. Layton, L. Dudek, L. Cohen).

**Kanadischer Schild, Laurentischer Schild** ↑Kanada.

**Kanal, Der, Ärmelkanal;** engl. **English Channel** [ˈɪŋglɪʃ ˈtʃænl], frz. **La Manche** [laˈmãːʃ], Meeresstr. zw. Großbrit. u. Frkr., größte Tiefe 172 m, engste Stelle (zw. Dover und Calais) 35 km. – S. dem 19. Jh. Pläne, den K. zu untertunneln. 1986 Vertrag zw. Frkr. u. Großbritannien über Bau eines Eisenbahntunnels, Baubeginn 1987, 1991 Durchstich, 1994 Eröffnung.

**Kanal, 1)** künstl. Wasserlauf. **2)** Übertragungsweg zw. 2 Geräten, auf dem der Datenaustausch stattfindet.

**Kanalinseln, Normann. Inseln,** engl. **Channel Islands,** Inseln im Kanal vor der frz. Küste, insges. 195 $km^2$; bilden die Selbstverwaltungsgebiete Jersey und Guernsey unter Hoheit der brit. Krone.

**Kanari|envogel,** Finkenvogel d. Kanar. Inseln; singender Käfigvogel in vielen Zuchtformen (u. a. *Harzer Roller,* einfarbig gelb).

**Kanarische Inseln, Islas Canarias,** span. Inselgruppe vor der nordwestafrik. Küste: Hierro, La Palma, Gomera, Teneriffa, Gran Canaria, Fuerteventura, Lanzarote, 7 273 $km^2$, 1,49 Mill. E; gebirg.; subtrop.-atlant. Klima; Anbau von Bananen, Tomaten, Kartoffeln, Getreide; bed. Fremdenverkehr. – Seit Ende des 15. Jh. span., 1982 Autonomiestatut.

**Kandahar,** Provinz-Hptst. in S-Afghanistan, Oase, 1 050 m ü. d. M., 191 000 E; Handelszentrum.

**Kandaharrennen,** bek. alpines Skirennen mit Abfahrtslauf und Slalom; s. 1928 jährl. in St. Anton am Arlberg ausgetragen.

**Kandelaber** [frz.], Standleuchte, Laternenträger.

**Kandidat** [lat.], **1)** Anwärter, [Amts]bewerber. **2)** Abk. **cand.,** Student vor od. in der Abschlussprüfung. **3)** Anwärter für die Mitgliedschaft in einer kommunist. Partei bzw. in einem ihrer Gremien.

**kandieren** [frz.], Früchte u. Pfl.-Teile durch Zuckerguss haltbar machen.

**Kandinsky,** Wassily, russ. Maler u. Grafiker, * 1866, † 1944; einer der ersten Vertr. der abstrakten Kunst, Mitbegr. des ↑Blauen Reiters; Lehrer am Bauhaus.

**Wassily Kandinsky:** *Komposition VII (1913)*

**Kandis** [arab.], an Fäden in großen Stücken auskristallisierter Zucker.

**Kangchenjunga** [engl. kæŋtʃen'dʒʌŋə], d. dritthöchste Berg der Erde, im Himalaja, zw. Nepal und Sikkim, 8586 m.

**Kängurus** [austral.], kaninchengroße bis mannshohe Beuteltiere mit starken Hinter- u. kurzen Vorderbeinen, langem Stützschwanz u. kl. Kopf; Pflanzenfresser; v. a. Australien.

**KaNgwane,** ehem. Homeland d. Swasi in d. Rep. Südafrika; heute Teil d. Prov. Mpumalanga.

**Kaninchen,** zus.fassende Bez. für die Hasengatt. *Wild-K.* u. die Hauskaninchenrassen.

**Kanna** [gr.-lat.], **Canna, Blumenrohr,** Gatt. der Blumenrohrgewächse; z. T. prächt. Zierpflanzen.

**Kannenstrauchgewächse,** Fleisch fressende Pfl. in sumpf. Urwäldern, bes. des trop. Asiens.

**Kannibalismus** [span.], **1)** Menschenfresserei [aus Zauber- od. Ahnenglaube]. **2)** ♡ Auffressen von Artgenossen.

**Kanon** [gr.], Regel, Leitfaden, **1)** Gesamtheit der für ein best. Gebiet (z. B. Logik) geltenden Regeln. **2)** musikal. Gattung: zwei od. mehr Stimmen setzen jeweils nacheinander mit dem Thema ein u. führen es bis zur abschließenden Kadenz durch. **3)** ✎ Regel für die Proportionierung der menschl. Figur. **4)** Liste der von der Kirche als vollgültige Urkunden der Offenbarung Gottes anerkannten bibl. Bücher (↑Bibel). **5)** in der kath. Liturgie das Hochgebet der Eucharistie. **6)** Verzeichnis der Heiligen. **7)** kirchenrechtl. Einzelbestimmung.

**Kanone** [ital.], langrohriges Geschütz; Arten: *Panzerabwehr-K.* (Pak), *Flugabwehr-K.* (Flak) u. a.; *K.nboot,* kl. Kriegsschiff, v. a. für d. Küstenbereich.

**Kanoniker** [gr.-lat.], kath. Geistlicher als Mitgl. eines Kapitels (↑Chorherren).

**Kanonisation** [gr.-lat.], svw. ↑Heiligsprechung.

**Kanonissen** [gr.-lat.], Chorfrauen in [adl.] Damenstiften.

**Kanope,** altägypt. Gefäß zur Aufbewahrung der einbalsamierten Eingeweide des Verstorbenen.

**Kanopus,** ☼ ↑Canopus.

**Känozoikum** [gr.], ↑Geologie (Übers.).

**Kansas** ['kænzəs], Abk. **Kans.,** Staat im zentralen Bereich der USA, 213063 km², 2,48 Mill. E, Hptst. Topeka; Prärieland, Anbau von Weizen, Mais, Gerste, Sojabohnen, Hafer u. a.; Viehzucht. Erdöl- u. Erdgasförderung, Blei-, Zink-, Kohle-⚒, Flugzeug-, Erdöl- u. a. Industrie.

**Kansas City** ['kænzəs 'sɪtɪ], zwei Nachbarstädte an der Mdg. des Kansas River in den Missouri, USA, Ind.- u. Verkehrszentrum; K. C. in Kansas, 150000 E, in Missouri, 435000 E; Univ.; ✈.

**Kant, 1)** Hermann, dt. Schriftsteller, *1926; Kulturfunktionär der DDR; Romane u. Erz. („Die Aula", „Der Aufenthalt"). **2)** Immanuel, dt. Philosoph, *22. 4. 1724, †12. 2. 1804; seit 1770 Prof. in Königsberg; „Kritik der reinen Vernunft": Das Wissen selbst wird Gegenstand der Kritik; jede Erkenntnis muss auf sinnl. Erfahrung und deren „Anschauungsformen" Raum u. Zeit zurückgehen. Das „Ding an sich" ist unerkennb., Seele, Welt, Gott sind „regulat. Ideen" für mögl. Erfahrungswissen; Gewissheit v.

I. Kant

Gegenständen wie Freiheit, Gott, Unsterblichkeit zu gewinnen, die jenseits der „Erscheinungswelt" liegen, ist nur in sittl. Handeln mögl., in dem sich Freiheit als das „Unbedingte" in unserer „prakt. Vernunft" erweist; Richtschnur für sittl. Handeln gibt der kategor. Imperativ; „Kritik der prakt. Vernunft", „Kritik der Urteilskraft", „Die Metaphysik der Sitten".

**Kantabrisches Gebirge,** bis 2613 m hohes Geb. im NW der Iber. Halbinsel, etwa 470 km lang und bis 65 km breit.

**Kantate** [lat.], **1)** Name des 4. Sonntags nach Ostern. **2)** aus Chorsätzen und Einzelgesängen, Duetten, Terzetten, Rezitativen usw. bestehendes Gesangswerk mit Instrumentalbegleitung, um 1600 in Italien entstanden, später in Dtl. Hauptform der prot. Kirchenmusik.

**Kanton,** bedeutendste Hafen- u. Handelsst. S-Chinas, im Mdg.-Gebiet des Xi Jiang, 3,54 Mill. E; 3 Univ.; vielseit. Ind.; ✈.

**Kanton** [frz.], **1)** Bez. für die schweizer. Gliedstaaten. **2) Canton** [kã'tõ], Verw.-Einheit (auch Wahlkreis) in Frkr. u. Belgien.

**Kantor** [lat.], Leiter eines Kirchenchores; Vorsänger, Vorbeter in der Synagoge (hebr. *Chasan*). *Kantorei,* Chorgemeinschaft für Kirchenmusik.

**Kanu** [karib.-engl.], urspr. leichtes, kielloses Boot aus Baumrinde, Tierhäuten od. als Einbaum; heute als Kajak, Kanadier u. Faltboot.

**Kanüle** [frz.], spitz geschliffene Hohlnadel für Injektionen u. a.

**Kanusport,** sportl. Betätigung in Kajaks u. Kanadiern, v. a. als Kanurennsport, Kanuslalom u. Wildwasserrennsport.

**Kanzel** [lat.], in der christl. Kirche erhöhter Stand für den Prediger.

**Kanzlei,** urspr. amtl. Schreibstube zur Ausfertigung v. Urkunden, später oberste Reg.- u. Verw.-Behörde; in neuerer Zeit als *Reichs-K.* od. *Staats-K.* Behörde des Reg.-Chefs; in der BRD: *B.-Kanzleramt.*

**Kanzleisprachen,** regional verschiedene Formen der dt. Spr., die s. der 1. H. d. 13. Jh. in den Kanzleien das Latein zu ersetzen begannen; maßgebl. Einfluss auf das Mitteldt. (und damit auf die nhd. Schriftsprache).

**Kanzler** [lat.], im fr. MA Schreiber; s. Ende des 8. Jh. der Vorsteher der kgl. ↑Kanzlei; oft polit. einflussreich; später hohes Reg.-Amt, z. B. in Preußen der *Groß-K.,* in Östr. der *Staats-K.;* in der BRD Bundeskanzler. ↑Reichskanzler.

**Kanzone** [ital.], **1)** lyr. Form, s. dem 12. Jh. in der provenzal. u. frz. Dichtung, s. dem 13. Jh. bes. in Italien (Petrarca). **2)** auf versch. vokale u. instrumentale Formen angewandter Begriff, v. a. für das ital. Kunstlied der Renaissance.

**Kaolin** [nlat.], **Porzellanerde,** weicher, formb. Ton; Hauptbestandteil *Kaolinit,* ein Aluminiumsilicat; verw. zur Porzellanherst., als Füllstoff für Papier und Seife.

**Kapaun** [lat.], kastrierter Hahn.

**Kapazität** [lat.], **1)** Aufnahmefähigkeit, Leistungsvermögen. **2)** hervorragender Fachmann. **3)** Formelzeichen *C,* physikal. Größe, Quotient aus Ladung u. Spannung zw. 2 elektr. Leitern, SI-Einheit: ↑Farad. **4)** Bez. für Kondensator u. ähnl. wirkende Bauelemente einer elektr. Schaltung.

**Kap der Guten Hoffnung,** Felsvorsprung am westl. Ende der Ka-

phalbinsel, südl. von Kapstadt, Rep. Südafrika.
**Kapelle** [lat.], **1)** kl. Kirchenraum für [gelegentl.] Gottesdienste. **2)** urspr. Sängerchor (↑a cappella); s. dem 16. Jh. das Instrumentalorchester.

**Kapern:** *Kapernstrauch (blühend)*

**Kapern,** in Essig eingelegte od. eingesalzene Blütenknospen d. *K.strauches* (Mittelmeergebiet).
**Kapernaum, Kapharnaum,** histor. Ort am See von ↑Genezareth.
**Kapetinger,** frz. Königsgeschlecht 987–1328; Nebenlinien bis 1848.
**Kapillaren** [lat.], **1)** svw. ↑Haargefäße. **2)** Röhrchen mit sehr kl. Innendurchmesser.
**Kapital** [lat.], in der *Volkswirtsch.* die produzierten Produktionsmittel (im Ggs. zu Boden u. Arbeit), in der *Betriebswirtsch.* der auf der Passivseite der Bilanz erscheinende Gegenwert des im Betrieb eingesetzten u. auf der Aktivseite der Bilanz erscheinenden Vermögens (Anlage-, Betriebs-K.); beschafft durch Eigen-, Fremd- od. Selbstfinanzierung.
**Kapitalabfindung,** Abgeltung v. Rentenansprüchen durch einmal. Geldzahlung.
**Kapitalanlagegesellschaft, Investmentgesellschaft,** ↑Investmentfonds.
**Kapitalertragsteuer,** bes. Erhebungsform der Einkommen- bzw. Körperschaftsteuer, die durch Steuerabzug auf best. inländ. Kapitalerträge (z. B. Zinsen, Dividenden) erhoben u. auf die Einkommensteuerschuld angerechnet wird.
**Kapitalflucht,** Verbringen von [Geld]kapital ins Ausland.
**Kapitalgesellschaften,** juristische selbst. Ges., bei denen die Kap.-Beteiligung im Vordergrund steht; für Verbindlichkeiten haftet nur das Ges.-Vermögen, z. B. AG, GmbH, KG auf Aktien.
**Kapitalismus,** Anf. des 19. Jh. geprägter Begriff für eine Wirtsch.- u. Gesellschaftsordn., die durch Privateigentum an den Produktionsmitteln, privates Unternehmertum, das Prinzip der Gewinn- bzw. Nutzenmaximierung, Steuerung des Wirtschaftsgeschehens über den Markt (↑Marktwirtschaft) u. Ggs. zw. Kap. u. Arbeit (Arbeitgeber u. -nehmer) gekennzeichnet ist. Periodisierung: 1. *Früh-K.* (16. bis Mitte 18. Jh., ↑Merkantilismus), 2. *Hoch-K.* (Mitte 18. bis Ende 19. Jh., ↑industrielle Revolution), 3. *Spät-K.* (v. a. 20. Jh., gekennzeichnet durch wachsende Kapitalkonzentration u. zunehmende Eingriffe des Staates in das wirtsch. Geschehen). Als Vorzüge des K. gelten seine Produktivität, Effizienz, Dynamik u. Adaptionsfähigkeit sowie der in den westl. Ind.staaten erreichte Massenwohlstand – verbunden mit staatl. Sozialpolitik, Tarifautonomie u. Mitbestimmungsrechten. (↑Marxismus)
**Kapitalmarkt,** Markt für langfristige Kredite u. Kapitalanlagen (z. B. Aktien, Obligationen, Pfandbriefe, Hypotheken); Ggs.: Geldmarkt.
**Kapitän** [lat.], **1)** Schiffs-, Flugzeugführer; *K.leutnant,* Offiziersdienstgrad der Marine; *K. zur See* ↑Oberst. **2)** der Führer einer [Sport]mannschaft.
**Kapitell** [lat.], Kopfstück von Säule, Pfeiler oder Pilaster.
**Kapitol, 1)** einer der 7 Hügel Roms, westl. vom ↑Forum Romanum; heute Platz mit Reiterstandbild Mark Aurels (Kopie) und drei Palästen n. Plänen v. Michelangelo (1547 ff.). **2)** Parlamentsgebäude der USA in Washington.
**Kapitulation** [lat.], **1)** allg. die Unterwerfung unter die stärkere Macht. **2)** Bez. für einen Vertr. zw. mil. Befehlshabern, in dem die Unterwerfung einer Seite festgelegt wird (Kriegsvölkerrecht).
**Kaplan** [lat.], urspr. Geistlicher an der Kapelle des fränk. Königs; heute [Hilfs]geistlicher.
**Kapok** [malai.], Kapselwandhaare des trop. *K.baumes;* wicht. Polstermaterial.
**Kapp,** Wolfgang, dt. rechtsradikaler Politiker, *1858, †1922; versuchte am 13. 3. 1920 mit Gen. v. Lüttwitz die Reichsreg. zu stürzen; der *K.-Putsch* scheiterte am Generalstreik der Gewerkschaften.
**Kappadokien,** antike Ldsch. im östl. Kleinasien.
**Kapp-Putsch** ↑Kapp, Wolfgang.
**Kapprovinz,** ehem. größte Prov. d. Rep. Südafrika, 1994 aufgeteilt in d. Prov. W-, O- u. N-Kap.
**Kaprun,** östr. Gem. im *K.er Tal* (Hohe Tauern), 786 m ü. d. M., 2800 E; Großkraftwerk. Ausflugs- u. Wintersportort.

**Kapstadt:** *Blick auf den nahe der Stadt gelegenen Tafelberg*

**Kapitel** [lat.], **1)** Abschnitt eines Textes in einem Schrift- oder Druckwerk. **2)** im kath. Kirchenrecht: 1. Gesamtheit der Geistlichen einer Dom- od. Stiftskirche *(Kapitulare);* 2. Vers. eines Konvents od. eines größeren Ordensverbandes. – *Kapitelsaal,* der Sitzungssaal im Kloster.
**Kapstadt, Cape Town, Kaapstad,** Hptst. d. Prov. West-Kap, Rep. Südafrika, am Fuße des Tafelberges, 2,35 Mill. E (städt. Agglomeration); Univ., TH, bed. Bibliothek, Sitz des Parlaments; Ind.- u. Handelszentrum, wicht. ⚓, ✈. – 1652 v. Jan van Riebeeck gegründet.
**Kapuziner** ↑Franziskaner; *K.in-*

*nen,* weibl. Zweig der K., gegr. 1538.

**Kapuziner|affen,** Unterfam. gesellig lebender Breitnasenaffen in M- u. S-Amerika mit kapuzenartiger Oberkopfbehaarung.

**Kapuzinergruft,** unter der 1622 begonnenen Wiener Kapuzinerkirche gelegene Grablege der Habsburger (1633–1916).

**Kapuzinerkresse,** Gattung der K.ngewächse; schildförmige Blätter, gelborange-rote gespornte Blüten; Südamerika; Zierpflanzen.

**Kap Verde**

*Fläche:* 4 033 km²

*Einwohner:* 437 000

*Hauptstadt:* Praia

*Amtssprache:* Portugiesisch

*Zeitzone:* MEZ – 2 Stunden

**Kap Verde,** Inselstaat im Atlantik, vor d. W-Küste Afrikas, umfasst die ↑Kapverdischen Inseln; vorw. Halbwüstenvegetation, trop.-atlant. Klima; Bev. vorw. Mischlinge (Kreolen); Zuckerrohr-, Kaffee-, Bananenanbau, Viehhaltung, Fischfang. – 1455–60 v. Portugiesen entdeckt, s. 1461 portug. besiedelt, 1951 portugies. Überseeprov., seit 1975 unabhängig; 1990 Abkehr vom Marxismus-Leninismus und Einführung eines Mehrparteiensystems.

**Kapverdische Inseln,** 15 Inseln vulkan. Ursprungs im Atlantik, vor d. W-Küste Afrikas, teilweise gebirgig u. stark zertalt; höchste Erhebung: tätiger Vulkan Pico de Cano (2 829 m) auf Fogo; bilden d. Staat ↑Kap Verde, auf *Sal* ✈.

**Kar,** wannenart. Hohlform an ehemals vergletscherten Hängen, steile Rück- und Seitenwände, *K.boden* durch *K.schwelle* begrenzt; z. T. heute noch mit *K.gletscher.*

**Karabiner** [frz.], Gewehr mit relativ kurzem Lauf.

**Karaffe** [arab.], geschliffene, bauch. Glasflasche [mit Stöpsel].

**Karajan,** Herbert v., östr. Dirigent, * 1908, † 1989; u. a. Chefdirigent der Berliner Philharmoniker u. künstler. Leiter der Wiener Staatsoper.

**Karakorum** [auch: -ˈrʊm; türk.], Hochgeb. in Pakistan und Indien, im K2 8 607 m hoch.

**Karakulschaf,** ein Fettschwanzschaf, dessen [neugeborene] Lämmer den Persianerpelz liefern.

**Karamanlis,** Konstantinos, griech. Politiker, * 1907, † 1998; 1955–63 u. 1974–80 Min.-Präs.; 1963–74 im Exil in Paris; 1980–85 sowie 1990–95 Staatspräsident.

**Karamell** [frz.], gebrannter Zucker.

**Karasee,** Nebenmeer des Nordpolarmeeres, durch die *Karastraße* mit der Barentssee verbunden.

**Karat** [gr.], **1)** Samen des Johannisbrotbaumes (fr. zum Wiegen v. Gold u. Diamanten). **2)** Einheitenzeich. **Kt,** als *metr. K.* Einheit für d. Massebestimmung von Schmucksteinen (1 Kt = 200 mg). **3)** Maß der Feinheit einer Goldlegierung (24 K. = reines Gold).

**Karate** [jap.], jap. waffenlose Selbstverteidigungstechnik, basierend auf Schlag u. Tritt; als sportl. Wettkampf mit Scheinangriffen.

**Karatschi, Karachi,** Haupthafen von Pakistan, am Arab. Meer, 7,5 Mill. E; Univ.; vielseit. Ind.; ✈.

**Karavelle** [niederl.], Segelschiff des 14.–16. Jh. mit 2–3 Masten.

**Karawane** [pers.], Reiseges. v. Kaufleuten *(Handels-K.)* od. Pilgern *(Pilger-K.)* im arab. Raum bis nach Zentralasien, vorw. auf *K.nstraßen* mit Raststätten *(Karawanserei).*

**Karawanken,** Gruppe der Südl. Kalkalpen, Grenzgeb. zw. Östr. u. Slowenien; Hochstuhl 2 238 m.

**karb[o]..., Karb[o]...** [lat.], Bestimmungswort; Bed.: „Kohle".

**Karbolineum,** Teeröl aus Steinkohlenteerbestandteilen, die über 270 °C sieden; fäulnishemmend.

**Karbol[säure],** veraltete Bez. für ↑Phenol.

**Karbon** ↑Geologie (Übers.).

**Karbonari** [ital.], Mitglieder eines polit. Geheimbundes in Italien Anf. des 19. Jh.; Ziel: Einheit Italiens.

**Karbonate** ↑Carbonate.

**Karbunkel** [lat.], Anslg. mehr. beieinander stehender ↑Furunkel.

**Kardamom** [gr.], ein Ingwergewächs, Samen liefert scharfes Gewürz.

**Kardangelenk** [nach G. Cardano, * 1501, † 1576], **Kreuzgelenk,** gelenk. Wellenkupplung zur Aufnahme größerer Winkelabweichungen; beim Kfz überträgt die *Kardanwelle* (mit K.en an beiden Enden) Motorleistung auf Radachsen.

**Kardinäle:** *Roter Kardinal*

**kardanische Aufhängung** [nach G. Cardano, * 1501, † 1576], Aufhängevorrichtung, bei der ein Körper allseitig drehbar gelagert ist; 3 Ringe, die um senkr. aufeinander stehende Achsen bewegl. sind.

**Kardinal** [lat.], nach dem Papst höchster Würdenträger der [lat.] kath. Kirche; seit 1179 Papstwahl ausschließl. Recht des *K.skollegiums* [gegliedert in *K.diakone, K.priester* u. *K.bischöfe,* an der Spitze der *K.dekan*].

**Kardinal...** [lat.], Bestimmungswort; Bed.: „Haupt..., Grund...".

**Kardinäle,** Gruppe amer. Finkenvögel; gute Sänger, Stubenvögel.

**Kardinalstaatssekretär,** Leiter des päpstl. Staatssekretariats u. damit der Außenpolitik des Hl. Stuhls.

**Kardinaltugenden,** die vier seit Platon [systematisierend] zus.gestellten Haupttugenden: Weisheit, Gerechtigkeit, Tapferkeit, Besonnenheit.

**Kardinalzahl,** Grundzahl, ganze Zahl (1, 2, 3 usw.).

**kardi[o]..., Kardi[o]...** [gr.], Bestimmungswort; Bed.: „Herz", auch: „Mageneingang".

**Kardiologie** [gr.], Teilgebiet der inneren Medizin; befasst sich mit den Erkrankungen u. Veränderungen des Herzens sowie deren Behandlung.

**Karelilen,** Teilrep. innerhalb Russlands, 172 400 km², 722 000 E, Hptst. Petrosawodsk. Seen- u. waldreiches Flachland. Forstwirtschaft, Fischerei; ⚒ auf Eisenerz. Holz-, Papier-, Maschinenbau- u. a. Ind.

**Kareli|er** ↑Finnougrier.
**Karelische Landenge,** Landenge zw. Finn. Meerbusen u. Ladogasee, Russland.
**Karenz** [lat.], Enthaltsamkeit, Verzicht. *Karenzzeit,* Sperrfrist (u. a. bei privater Krankenversicherung).
**Karerpass,** ital. Pass an der Dolomitenstraße zw. Eisack- u. Fassatal, 1753 m ü. d. M.; westl. der *Karersee,* 1530 m ü. d. M.
**Karettschildkröte,** bis 90 cm lange trop. Meeresschildkröte, nahezu ausgestorben.
**Karfreitag,** Freitag in der Karwoche, Tag der Kreuzigung Jesu.
**Kargo** [span.], Schiffs- od. Fahrzeugladung, versichert durch *K.versicherung.*
**Karibasee,** fr. **Elisabethsee,** Stausee im Sambesi, an d. Grenze Sambia/Simbabwe, 5230 km², gestaut v. *Karibadamm,* 125 m hoch, 620 m lang; Kraftwerke.
**Kariben,** rd. 90 Stämme einer indian. Sprachfam. im nördl. Südamerika u. auf den Kl. Antillen.
**Karibik,** d. Inselwelt Mittelamerikas (↑Westind. Inseln) u. der umgebende Meeresraum (v. a. das Karib. Meer), i. w. S. einschl. der Küstengebiete des angrenzenden Festlandes.
**Karibisches Meer,** Teil des Amer. Mittelmeeres, zw. den Antillen, der N-Küste Südamerikas u. der mittelamer. Landbrücke.
**Kari|es** [lat.], **1)** Knochenfraß, Entzündung mit Knocheneinschmelzung. **2)** svw. ↑Zahnkaries.
**Karikatur** [ital.], Zerrbild, Darst., bei der besondere körperl. od. charakterl. Merkmale auf humorist. od. satir. Weise hervorgehoben u. überbetont werden.
**Karitas, Caritas** [lat.], **1)** tätige christl. [Nächsten]liebe, Barmherzigkeit. **2)** Kurzform für die organisierte, soz.-karitative Tätigkeit der kath. Kirche (↑Caritasverband).
**Karkasse,** Gewebeunterschicht des Kfz.-Reifens.
**Karl,** *Röm. Ks.:* **1) K. d. Gr.,** *2. 4. 747, †28. 1. 814, Kg. der Franken s. 768 u. Langobarden s. 774, Ks. s. 800; eroberte das Langobardenreich, unterwarf u. christianisierte die Sachsen, entzog Hzg. Tassilo Bayern; drängte die Araber bis zum Ebro zurück; seine Kaiserkrönung durch Papst Leo III. bedeutete die Erneuerung des röm. (westl.) Imperiums, in dem sich d. Germanentum mit christlich-röm. Überlieferung verband; Gründung zahlr. Bistümer, Neuordnung der Verw.; schuf geist. Zentren im Frankenreich. **2) K. III.,** der Dicke, *839, †888, Kg. des Ostfränk. Reiches 876–887 u. des Westfränk. Reiches 885–887, Ks. 881–887. – *Hl. Röm. Reich:* **3) K. IV.,** eigtl. **Wenzel,** *1316, †1378, Röm. Kg. seit 1346 (bis 1347 Gegenkg.), Kg. v. Böhmen s. 1347, Ks. s. 1355, Kg. v. Burgund s. 1365; brachte die Reichsverf. in feste Formen (↑Goldene Bulle), dehnte die luxemburg. Hausmacht aus; 1348 Gründung der Univ. Prag. **4) K. V.,** *1500, †1558, als K. I. span. Kg. 1516–56, Röm. Kg. 1519–56, Ks.

**Karl V.** *(Gemälde von Tizian, 1548)*

1530–56; 1521 von seinem Bruder Ferdinand (I.) im Reich vertreten, beherrschte ein Reich, das das Hl. Röm. Reich, Spanien u. die span. Kolonien umfasste, bekämpfte vergebl. die Ausbreitung der Reformation (Wormser Edikt 1521); 4 erfolgreiche Kriege gg. Frkr. um das burgund. Erbe und Italien, 1529 Abwehr der Türken; nach dem Sieg im Schmalkald. Krieg (1546/47) Augsburger Interim 1548. Die Niederlage gg. den v. Frkr. unterstützten Moritz von Sachsen führte zum Augsburger Religionsfrieden. **5) K. VI.,** *1685, †1740, Ks. s. 1711; erwarb im Span. Erbfolgekrieg die Niederlande, Neapel, Sizilien, die Lombardei, suchte durch die Pragmatische Sanktion für seine Tochter Maria Theresia die Thronfolge zu sichern. **6) K. VII. Albrecht,** *1697, †1745, s. 1726 Krfst. v. Bayern, s. 1741 Kg. v. Böhmen, s. 1742 Ks.; erhob (Östr. Erbfolgekrieg) Erbansprüche auf Östr. – *Baden:* **7) K. Friedrich,** *1728, †1811, Markgf. s. 1738, Krfst. 1803–06, Großhzg. s. 1806; Schöpfer des Großhzgt. Baden. – *Burgund:* **8) K. d. Kühne,** Gf. v. Charolais, *1433, ⚔1477, Hzg. s. 1467; wollte den burgund.-niederl. Länderkomplex [zu einem Kgr.] ausbauen, fiel bei dem Versuch, Lothr. einzugliedern; unter ihm hohe Kulturblüte. – *England:* **9) K. I.,** *1600, †1649, Kg. s. 1625; versuchte absolutist. zu regieren; Bürgerkrieg, wurde hingerichtet. **10) K. II.,** *1630, †1685, Sohn v. 9), Kg. s. 1660; stellte die Monarchie wieder her; koloniale Ausdehnung; Erlass der Testakte u. der Habeaskorpusakte. – *Fränk. Reich:* **11) K. Martell,** *um 689, †741, s. 714 Hausmeier; erneuerte das Fränk. Reich; schlug 732 die Araber b. Tours und Poitiers. – *Frkr.:* **12) K. II.,** der Kahle, *823, †877, Kg. s. 843, Röm. Ks. s. 875; erhielt 843 im Vertr. v. Verdun das Westfränk. Reich (Frkr.) u. 870 im Vertr. v. Meerssen den westl. Teil Lothringens. **13) K. VII.,** *1403, †1461, Kg. s. 1422; gewann Orléans durch die Siege der Jeanne d'Arc, vertrieb die Engländer aus Frkr. **14) K. X.,** Gf. v. Artois, *1757, †1836, Kg. 1824; reaktionäre Innenpol.; Eroberung Algiers; durch die Julirevolution gestürzt. – *Neapel-Sizilien:* **15) K. I. von Anjou,** *1226, †1285, Gf. v. Anjou, Kg. v. Sizilien 1265–82 u. Neapel s. 1265; v. Papst mit Neapel u. Sizilien belehnt; siegte 1268 b. Tagliacozzo über Konradin u. ließ ihn hinrichten; Verlust Siziliens durch die Sizilian. Vesper 1282. – *Östr.-Ungarn:* **16) K. I.,** *1887, †1922, 1916–18 letzter östr. Ks., als K. IV. Kg. v. Ungarn; Thronverzicht. – *Sachsen-Weimar-Eisenach:* **17) K. August,** *1757, †1828, Hzg. s. 1775, Großhzg. s. 1815; machte Weimar zum geist. Mittelpunkt v. Dtl.; Verf. 1816. – *Schweden:* **18) K. XII.,** *1682, ⚔1718, Kg. s. 1697; bed. Feldherr; gr. Erfolge im 2. Nord. Krieg, 1709 bei Poltawa aber entscheidend geschlagen, fiel b. der Belagerung der Feste Frederikshald 1718, Schweden verlor durch ihn seine Großmachtstellung. **19) K. XIV. Johann** ↑Bernadotte, Jean-Baptiste. **20) K. XVI. Gustav,** *1946, Kg. seit 1973; s. 1976 verh. mit Silvia R. Sommerlath.
**Karlistenkriege,** die Kriege in Spanien 1833, 1847, 1872–76, in denen Don Carlos (Carlos 2) u. sein Enkel mithilfe ihrer Anhänger, der *Karlisten,* ihre Ansprüche auf den span. Thron verfochten.
**Karlmann,** *Fränk. Reich:* **1) K.,** *vor 715 (?), †754, Sohn Karl Martells, Hausmeier v. Austrien u. den östl. R.-Teilen; erhielt 741 den O, sein Bruder Pippin III. den W des Reiches. **2) K.,** *751, †771, Kg.

K

s. 768; Bruder u. Mitkg. Karls d. Gr.

**Karl Martell** ↑Karl.

**Karl-Marx-Stadt,** 1953–90 Name von ↑Chemnitz.

**Karlowitz** ↑Sremski Karlovci.

**Karlsbad,** tschech. **Karlovy Vary,** tschech. Kurort an der Eger, 56 000 E; Glaubersalzthermen (44–72 °C); Keramikind.; ✈.

**Karlsbader Beschlüsse,** auf Veranlassung Metternichs 1819 v. der B.-Vers. in Frankfurt am Main vereinbarte Maßnahme zur Unterdrückung der nat. u. demokrat. Bewegung.

**Karlskrona** [-ˈkruːnə], südschwed. Prov.-Hptst. (von Blekinge) an der Hanöbucht, 59 400 E; Schiffbau; Marinehafen.

**Karlsruhe,** Hptst. des Reg.-Bez. K. (6 919 km², 2,6 Mill. E), Krst., Stadtkrs., Sitz d. Regionalverbandes Mittlerer Oberrhein, Ba.-Wü., im Oberrhein. Tiefland, 277 000 E; planmäß. Anlage der 1715 gegr. St. mit fächerförm. Anordnung der Straßen (Schloss, 1752 ff., als Mittelpt.); klassizist. Bauten: ev. Stadtpfarrkirche, St. Stephan, Rathaus, Pyramide; B.-Verf.-Gericht, B.-Gerichtshof, OLG, LG, B.-Anstalt für Wasserbau, Kernforschungszentrum, IHK; Gen.-Landesarchiv, Univ. (gegr. als TH), PH, weitere Hochsch.; Bad. Landesmuseum; Rhein-⚓, Erdölraffinerie, Eisen-, Masch.-, Elektro-, Seifen-, Genussmittelind. u. a.

**Karlstadt, 1)** eigtl. Andreas **Bodenstein,** dt. Reformator, * um 1480, † 1541; Verteidiger Luthers gg. Eck; immer radikaler, zuletzt v. Luther bekämpft. **2)** Liesl, dt. Schauspielerin, * 1892, † 1960; Partnerin v. K. Valentin in München.

**Karma[n]** [sanskr.], Zentralbegriff des Hinduismus, Buddhismus u. Jainismus: das gute od. böse Handeln eines Menschen, bestimmend für die Wiedergeburt.

**Karmel,** Geb.-Zug in N-Israel, bis 546 m; am Nordfuß *Kap K.,* westl. von Haifa; dort Ursprungskloster der *Karmeliten (Beschuhte Karmeliten),* kath. Bettelorden (organisiert Anf. 13. Jh.), bed. d. beschaul., missionar. und wiss. Reformzweig der *Unbeschuhten Karmeliten* (16. Jh.; begr. von Theresia v. Avila); s. 15. Jh. auch weibl. Zweig *(Karmelitinnen).*

**Karmin** [frz.], roter Farbstoff.

**Karnak,** ägypt. Ort bei Luxor, an d. Stelle d. antiken Theben; bed. Tempelruinen.

**Karneol,** rötl. Abart des ↑Chalzedons, Schmuckstein.

**Kärnten,** östr. B.-Land, 9 533 km², 552 500 E (rd. 6 % Slowenen), Hptst. Klagenfurt; größtenteils gebirgig; Zentrum das Klagenfurter Becken mit mildem Klima u. fruchtb. Ackerland; im N Hohe Tauern u. Gurktaler Alpen, im S Karawanken, Karn. Alpen; Fremdenverkehr, Holz- und Almwirtsch.; Bergbau auf Blei, Zink, Magnesit; Holz-, Papierind. – Teil der röm. Prov. *Noricum,* ab 976 Hzgt., habsburg. ab 1335; 1919 Randgebiete an Italien u. Jugoslawien.

**Karolinen,** Gruppe von über 900 Pazifikinseln (meist Atolle) nördl. des Äquators; zus. 2 150 km², 101 000 E (meist Mikronesier); s. 1947 UN-Treuhandgebiet unter Verw. der USA; 1979 Zusammenschluss d. östl. K. zu den „Föderierten Staaten v. Mikronesien", 1990 Aufhebung d. Treuhandschaft, 1991 Mitgl. d. UN.

**Karolinger,** fränk. Herrschergeschlecht, ben. nach Karl d. Gr., wegen der Abstammung v. Arnulf von Metz auch *Arnulfinger,* seltener *Pippiniden* gen.; Hausmeier des Fränk. Reiches; s. 751 Kg., erloschen in der lothring. Linie 869, in der ital. 875, in der ostfränk. 911 u. in der westfränk. 1012.

**karolingische Kunst** ↑deutsche Kunst.

**Karosserie,** Aufbau eines Kraftfahrzeugs, heute meist selbsttragend.

**Karotin,** wicht. Provitamin A, vielfach in Pfl. u. Tieren (u. a. Karotte).

**Karotte** [gr.-lat.], Kulturform der Möhre mit fleischiger Wurzel.

**Karpaten,** 1 300 km langer Geb.-Zug im sö. M-Europa, Forts. der Alpen, im Bogen von Bratislava durch Slowakei, Polen, Ukraine, Rumänien (W-K., Wald-K., O-K., S-K.) bis zum ↑Eisernen Tor, in der Gerlsdorfer Spitze (in den West-K.) 2 655 m; waldreich.

**Karpato-Ukraine** ↑Transkarpatiengebiet.

**Karpfenfische,** Süßwasserfischfam. mit Schleie, Barbe, Karausche u. a.; bes. der *Karpfen* wird als Nutzfisch gezüchtet.

**Karpow,** Anatoli Jewgenjewitsch, russ. Schachspieler, * 1951; 1975 bis 1985 u. 1993–99 Weltmeister.

**arsai, Karzai,** Hamid, afghan. Politiker, * 1957; paschtun. Stammesfürst; s. Dez. 2001 Chef einer Übergangsreg., s. Juni 2002 Präs. Afghanistans.

**Karst,** infolge Lösung durch kohlensäurehaltiges Wasser entstandener Formenschatz in Kalk- u. Gipsgesteinen; u. a. Erdfälle, Dolinen, Karren, Höhlen.

**Kartätsche** [frz.], **1)** Geschütz mit mehreren Rohren (bis 19. Jh.). **2)** veraltet für ↑Schrapnell.

**Kartause,** nach dem Stammkloster Chartreuse in S-Frkr. ben. Kloster der Kartäuser.

**Kartäuser,** kath. Einsiedlerorden; 1084 gegr. (↑Chartreuse); strenger Orden mit absolutem Schweigegebot, vegetar. Nahrung; weißes Habit; s. 1145 auch *Kartäuserinnen.*

**Karte,** Bez. für eine verebnete, verkleinerte u. generalisierte Abb. geograph. Sachverhalte der Erde, der Weltraumkörper u. des Weltraumes. K.n unterteilt man nach K.nmaßstäben, K.ninhalt (z. B. topograph. K.n, themat. K.n) und K.nzahl (Einzel-K., K.nwerk, Atlas).

**Kartell** [frz.], vertragl. Zusammenschluss rechtl. selbstständig bleibender Unternehmen der gleichen Wirtschaftsstufe zur Beschränkung od. Ausschaltung des Wettbewerbs; nach Ges. gegen Wettbewerbsbeschränkungen (Kartellges.) verboten, Ausnahmen können v. *Bundeskartellamt,* Berlin, genehmigt werden.

**Kartentelefon,** öffentl. Fernsprecher, an dem nur bargeldlos mit einer Telefonkarte (Chipkarte) oder Kreditkarte telefoniert werden kann.

**kartesisches Koordinatensystem** ↑Koordinaten.

**Karthago,** antike Stadt an der N-Küste Afrikas, beim heutigen Tunis, im 9./8. Jh. v. Chr. von Phönikern (Puniern) aus Tyros gegr.; lange die bedeutendste Handelsstadt des Altertums mit der größten Seemacht; viele Stützpunkte, u. a. in Westsizilien; Rivalität zu Rom führte zu den ↑Pun. Kriegen u. zur Vernichtung K.s (146 v. Chr.); Wiederaufbau durch Caesar u. Augustus als röm. Kolonie (Hptst. der Prov. Africa); 439–533 n. Chr. Sitz der Wandalenkönige, dann des byzant. Statthalters, 698 von Arabern zerstört. Die Ruinen gehören zum UNESCO-Weltkulturerbe.

**Kartoffel, Erdapfel,** Nachtschattengewächs; einjähr. kraut. Kulturpfl. mit gift. Beeren u. essb., unterird. knollig verdickten, stärkehalt. Ausläufern; Heimat Südamerika, im 16. Jh. nach Europa gebracht.

**Kartoffelkäfer, Coloradokäfer, Koloradokäfer** ↑Pflanzenkrankheiten (Übers.).

**Kartoffelkrebs** ↑Pflanzenkrankheiten (Übers.).

**Kartoffelnematode** ↑Pflanzenkrankheiten (Übers.).

**Kartographie,** Wiss. u. Technik der Herst. von ↑Karten und kartenverwandten Darstellungen.

**Karton** [karˈtõ, auch -ˈtoːn; frz.],

**1)** leichte (Fein-)Pappe. **2)** Schachtel aus Pappe. **3)** auf starkem Papier aufgetragene Kohlezeichnung als Vorlage für Wandmalerei u. a.

**Kartusche** [frz.], **1)** schildartige Fläche zur Aufnahme von Wappen, Sinnbildern, Inschriften in ornamentaler Rahmung. **2)** Behälter mit Geschossladung.

**Karwendelgebirge, Karwendel,** i. e. S. Geb.-Gruppe östl. der Scharnitz, Östr., i. w. S. Teil der Tirol.-Bayer. Kalkalpen zw. Isartal, Achensee u. Inntal.

**Karwoche, Hl. Woche, Stille Woche,** die Woche vor Ostern; urspr. die Zeit vorbereitenden Osterfastens.

**Karzinom** [gr.], bösartige Geschwulst (Krebs) vom ↑Epithel ausgehend, zu infiltrierendem Wachstum u. Metastasen neigend.

**Kasachstan**

*Fläche:* 2 717 300 km²

*Einwohner:* 14,95 Mill.

*Hauptstadt:* Astana

*Amtssprache:* Kasachisch

*Zeitzone:* MEZ + 3 bis + 5 Stunden

**Kasachstan,** Rep. in Mittelasien; überwiegend Ebenen u. niedrige Plateaus (tiefster Pt. d. Karagijesenke, bis 132 m u. d. M.; im O und SO Hochgebirgsketten; Binnengewässer: Kasp. Meer, Aral-, Balchasch- u. Saissansee; extremes Kontinentalklima; Bev. vorw. Kasachen u. Russen; überwiegend Viehzucht, daneben Anbau v. Weizen, Sonnenblumen, Baumwolle; reiche Bodenschätze: Kohle, Erdgas u. -öl; Kupfer, Zinn, Zink, Blei, Gold, Silber; umfangreiche Schwermetallind. – *Gesch.:* seit dem Paläolithikum besiedelt, 1219–21 von Mongolen erobert, 15. Jh. Ende der mongol. Herrschaft, Ausbildung eines kasach. Reichs; unterstellte sich im 19. Jh. der Oberhoheit Russlands; 1917/18 Etablierung der Sowjetherrschaft; 1920 Autonome Kirgis. Sozialist. Sowjetrep. innerhalb der RSFSR, 1925 umbenannt in Kasach. ASSR, 1936 in Unionsrep. umgewandelt; 1991 Unabhängigkeitserklärung.

**Kasantzakis** ↑Kazantzakis.

**Kasba,** v. a. in nordafrik. St. die hoch gelegene Burg bzw. die Altstadt.

**Kaschau** ↑Košice.

**Kaschmir,** Ldsch. u. ehem. Ft. (bis 1947) im nw. Himalaja u. südl. Karakorum; Kerngebiet ist das Tal von K. (um 1 600 m) mit der St. Srinagar, Tal mit mildem Klima; Anbau von Reis, Mais, Weizen; Obst u. Gemüse; Forstwirtsch.; Seidenraupenzucht; Viehzucht; noch kaum ausgebeutete Lagerstätten von Steinkohle, Eisenerz, Bauxit, Bleierz. Der ind. Teil besteht aus dem B.-Staat *Jammu and Kashmir* mit 144 122 km² u. 10,1 Mill. E; der pakistan. Teil *„Azad (= Freies) Kashmir“* im N u. W des Landes umfasst 78 114 km² mit rund 1 Mill. E., der chin. Teil (Ladakh) etwa 36 000 km². – *Gesch.:* Die Teilung v. Brit.-Indien 1947 hatte den *K.-Konflikt* zw. Indien u. Pakistan zur Folge, darunter zwei Kriege 1947–48 (1949 Waffenstillstand) u. 1965 sowie mil. Zusammenstöße (z. B. 1984–89 am Siachengletscher). Unabhängigkeitsbestrebungen der Bev. im ind. O-Teil (s. 1957 als B.-Staat in d. Ind. Union) führten bes. seit 1989/90 immer wieder zu blutigen Auseinandersetzungen zw. ind. Militär u. den z. T. von Pakistan unterstützten muslim. Untergrundbewegungen. 1999/2000 u. 2001/02 erneute Eskalation des ind.-pakistan. K.-Konflikts.

**Kaschnitz,** Marie Luise, eigtl. M. L. Freifrau v. **K.-Weinberg,** dt. Dichterin, *1901, †1974; Lyrik, Prosa.

**Käse,** Milchprodukt mit hohem Gehalt an Eiweiß u. Fett; je nach Sorte aus Milch von versch. hohem Fettgehalt unter Beigabe von Labferment zum Gerinnen gebracht u. mit Zusätzen (u. a. Reifungsbakterien) fertig gestellt; *Sauermilch-K.* z. T. ohne Labferment erzeugt.

**Kasein** [lat.], wichtigster Eiweißbestandteil der Milch; v. a. aus Phosphorproteiden; u. a. auch verw. als Bindemittel für Malerfarben.

**Kasimir,** *Polen:* **1) K. III.,** der Gr., *1310, †1370, Kg. s. 1333; Schöpfer der poln. Großmachtstellung; ließ das poln. Recht kodifizieren, förderte die dt. Kolonisation, gründete 1364 die Univ. Krakau. **2) K. IV. Andreas,** *1427, †1492, Kg. s. 1447, s. 1440 Großfürst v. Litauen; erhielt im 2. Thorner Frieden 1466 Westpreußen u. die Lehnshoheit über Ostpreußen.

**Kasjanow,** Michail, russ. Politiker, *1957; 1999–2000 Finanzmin., s. 2000 Min.-Präs.

**Kaskoversicherung,** Versicherung gg. Schäden an Transportmitteln (Auto, Schiff); als *Teil-* u. *Voll-K.* möglich.

**Kasparow,** Gari, für Russland startender aserbaidschan. Schachspieler, *1963; 1985–93 Weltmeister des Weltschachverbands, seither des von ihm gegr. Profiverbands.

**Kaspisches Meer,** größter abflussloser See der Erde, östl. des Kaukasus, im S der GUS (S-Ufer zu Iran), etwa 400 000 km²; max. Tiefe 1 030 m.

**Kassandra,** in der griech. Mythol. Seherin, Tochter des Kg. Priamos v. Troja; *K.ruf,* Unheil verheißende, überhörte Warnung.

**Kassation,** ⚖ Aufhebung eines Urteils wegen fehlerhafter Rechtsanwendung durch ein höheres Gericht.

**Kassel,** Hptst. des hess. Reg.-Bez. K., Krst. u. krsfr. St., an der Fulda, 194 800 E; B.-Sozialger., Hess. Verw.-Gerichtshof, LG, IHK; Univ.-Gesamthochschule, Museen, bed. Bauten (Schloss Bellevue, Wilhelmshöhe, Orangerie). Fahrzeug-, Elektro-, Glas-, feinmech., opt. u. Textilind. – Ehem. Residenz der Ldgf. von Hessen.

**Kassette** [frz.], **1)** verschließb. Kästchen für Wertsachen. **2)** Schutzhülle für Bücher u. a. **3)** vertieft liegendes Feld in flachen od. gewölbten Decken. **4)** lichtdichter Behälter für fotograf. Materialien. **5)** Behälter für Magnetbänder mit Ton- od. Bildaufzeichnungen.

**Kassettenrekorder,** Tonbandgerät, bei dem das Band in einer Kassette läuft, die als Ganzes ausgewechselt werden kann.

**Kassiber** [jidd.], heiml. schriftl. Nachrichten v. Häftlingen untereinander od. an Außenstehende.

**Kassie** [gr.], Caesalpiniengewächs; die *Schmal-* u. *Spitzblättr. K.,* afrik.-arab. Sträucher, liefern Sennesblätter, die *Röhren-K.* Sennesschoten.

**Kassiopeia, Cassiopeia,** Sternbild des nördl. Himmels, nach der Anordnung der Hauptsterne auch *Himmels-W* gen.

**Kastagnetten** [kastaˈnjɛtən; frz.], span. Rhythmusinstrument (zusammengebundene muschelförm. Holzschalen).

**Kastanie, 1)** Frucht der ↑Edel-K. u. der ↑Ross-K.. **2)** ♆ dunkel gefärbter Haarwulst an den Hinterläufen v. Wild. **3)** Hornwarze an den Beinen mancher Säugetiere, z. B. beim Pferd.

**Kaste** [frz.], Stand, streng sich abschließende Ges.-Schicht mit bes. Sitten u. Heiratsverbot außerh. der K.; ausgeprägte *K.ordnung* in Indien [4 Haupt-K. und rd. 3 000 Neben-K.].

**Kastell** [lat.], röm. Truppenlager, kleine mittelalterl. Burg.

**Kastili|en,** zentrales Hochland Spaniens, Teil der Meseta, rd. 800 m hoch, durch das *Kastilische Scheidegebirge* in *Alt-K.* im N u. *Neu-K.* im S geteilt. – *Gesch.:* Seit dem 8. Jh. Gft. im Kgr. León-Asturien, im 10. Jh. unabh., im 11. Jh. Kgr.; 1230 endgült. mit León vereinigt, s. 1479 mit Aragonien im span. Gesamtreich.

**Kästner, 1)** Erhart, dt. Schriftsteller, *1904, †1974. **2)** Erich, dt. Schriftsteller, *1899, †1974; „Fabian", „Emil u. die Detektive"; satir. Gedichte.

**Kastor** ↑Dioskuren.

**Kastor,** zweithellster Stern (α) im Sternbild ↑Zwillinge.

**Kastration,** operatives Entfernen der Keimdrüsen (Hoden od. Eierstöcke) od. Ausschalten der Keimdrüsen durch Röntgenbestrahlung.

**Kasuare** [malai.], große straußenähnl., flugunfähige Vögel Australiens u. Neuguineas.

**Kasuistik** [lat.], **1)** in der Moralphilos. u. -theol. die Lehre v. der Anwendung sittl. u. relig. Normen auf den Einzelfall. **2)** ⚖ Versuch u. Methode einer Rechtsfindung, nicht nach allg., umfassenden, sondern nach für viele Einzelfälle gesetzl. geregelten Tatbeständen. **3)** ⚕ Beschreibung von Krankheitsfällen.

**Kasus** [lat.; Mrz.: Kasus], **1)** Fall, Vorkommnis. **2)** Beugefall des Nomens, im Deutschen: Nominativ, Genitiv, Dativ, Akkusativ.

**kat[a]..., Kat[a]...** [gr.], Bestimmungswort; Bed.: „von ... herab, abwärts, gg., gänzlich".

**Katafalk** [ital.-frz.], schwarz verhängtes Gerüst für den Sarg bei Leichenfeiern.

**Katakomben** [lat.], altchristl. unterird. Begräbnisstätten, v. a. in Rom und Neapel (bes. 2. Jh.): Gänge mit Abzweigungen, oft mehr. Stockwerken, in den Wänden Grabnischen; auch größere Kammern, oft mit Wandmalereien.

**Katalanen,** die Bewohner ↑Kataloniens; eigene Spr. u. Literatur.

**Katalanisch,** roman. Spr., Mittelstellung zw. Span. u. Provenzal.; bed. Lit. (seit 10. Jh.), s. Nov. 1975 als Regionalspr. anerkannt.

**Katalaunische Felder,** bei Troyes (Champagne) befindl. Ort der Schlacht, in der Aetius 451 die Hunnen unter Attila besiegte.

**Katalonī|en,** Region im NO der Iber. Halbinsel, 31 930 km², 6 Mill. E, Hptst. Barcelona; 1979 Autonomiestatut; vom *Katalonischen Bergland* (Montseny 1 676 m) durchzogen. – *Gesch.:* um 200 v. Chr. röm., 6.–8. Jh. westgot., s. 711 arab., um 800 Teil der Span. Mark Karls d. Gr., s. d. Ende des 9. Jh. fakt. unabh.; 1137 mit Aragonien vereinigt; 1932–38 autonom.

**Katalysator** [gr.], eine ↑Katalyse bewirkender Stoff; ↑Abgaskatalysator.

**Katalyse** [gr.], Herbeiführung, Verlangsamung od. Beschleunigung chem. Reaktionen durch *Katalysatoren,* d. h. durch Stoffe, die an der Reaktion mitwirken, ohne selbst dabei verbraucht zu werden; man unterscheidet *homogene* (einphasige) u. *heterogene* (mehrphasige) Katalyse.

**Katamaran** [tamil.], weitgehend kentersicheres [Sport(segel)]-boot mit Doppelrumpf; auch Bez. für größere Schiffe mit doppelt ausgeführtem Rumpf.

**Katanga,** fr. Name der Region ↑Shaba im SO der Demokrat. Rep. Kongo.

**Kataplexie** [gr.], affektiver Tonusverlust, Schrecklähmung.

**Katapult,** Schleudervorrichtung.

**Katar**

| | |
|---|---|
| *Fläche:* | 11 437 km² |
| *Einwohner:* | 599 000 |
| *Hauptstadt:* | Doha |
| *Amtssprache:* | Arabisch |
| *Zeitzone:* | MEZ + 2 Stunden |

**Katar,** Staat am Pers. Golf, auf der gleichnamigen Halbinsel; Erdölförderung u. -export, Erdölraffinerie, chem. Fabr. u. Kraftwerk auf Erdgasbasis. – 1868 selbst. Scheichtum, 1872–1913 osmanisch, 1916–71 brit. Protektorat, seit 1971 unabh.; Mitgl. der Arab. Liga.

**Katarakt** [gr.], **1)** svw. ↑Stromschnelle. **2)** svw. grauer ↑Star.

**Katarrh** [gr.], Entzündung der Schleimhäute mit Schleimabsonderung, z. B. ↑Bronchialkatarrh.

**Kataster** [ital.], v. den *K.ämtern* geführtes Grundstücksverzeichnis (Flurbuch, Flurkarten); Vermessungsgrundlage ist das Flurstück.

**Katastrophe** [gr.], **1)** Unheil, Verhängnis. **2)** im [antiken] Drama die entscheidende Wendung, die den dramat. Konflikt [trag.] löst.

**Katatonie** [gr.], psych. Erkrankungszustand mit Krampfzuständen der Muskulatur u. Wahnideen.

**Katechese** [gr.], die Unterweisung in der christl. Botschaft mit dem Ziel der Glaubensvermittlung.

**Katechismus** [gr.], im fr. Christentum u. MA der mündl. Religi-

**Katakomben:** *Domitilla-Katakombe in Rom*

onsunterricht; s. Luther (*Gr. u. Kl. K.,* 1529) das Lehrbuch einer christl. Konfession.

**Kategorie** [gr.], **1)** ❀ Art, Gattung, Klasse, Familie. **2)** Ⓟ nicht mehr auf andere Aussagen rückführb. letzte u. höchste Aussageweisen über das Sein; bei Kant einer der 12 reinen Verstandesbegriffe.

**kategorisch** [gr.], unmittelbar aussagend, behauptend; Ggs. hypothetisch.

**kategorischer Imperativ,** unbedingtes eth. Pflichtgebot, nach Kant: „Handle so, dass die Maxime deines Willens jederzeit zugleich als Prinzip einer allg. Gesetzgebung gelten könne."

**Katharer** [gr.; = die Reinen], bed. ma. religiöse Bewegung; Armutsbewegung; strenge Askese; theolog. beeinflusst v. Gnostizismus (Bogomilen, Paulikianer); seit dem 11. Jh. Ausbreitung bes. in S- und SW-Frkr. (dort ↑Albigenser gen.) u. Oberitalien (dort *Patarener* gen.); verfolgt durch die Inquisition.

**Katharina,** *England:* **1) K. v. Aragonien,** *1485, †1536, 1. Gem. Heinrichs VIII. (1509), Mutter v. Maria der Katholischen. **2) K., Catherine Howard,** *1521 (?), †1542 (hingerichtet), s. 1540 5. Gem. Heinrichs VIII. **3) K., Catherine Parr,** *1512, †1548, s. 1543 6. Gem. Heinrichs VIII. – *Frkr.:* **4) K. v. Medici** [-ˈmeditʃi], *1519, †1589, s. 1533 Gem. Heinrichs II., Mutter Franz' II. und Karls IX., für die sie d. Regentschaft führte, u. Heinrichs III.; griff in die Kämpfe zw. den Hugenotten u. der guis.-kath. Partei ein, veranlasste die Bartholomäusnacht. – *Russland:* **5) K. I., Jekaterina I. Alexejewna,** *1684, †1727, Zarin s. 1724/25; bäuerl. Herkunft, s. 1712 verh. mit Peter d. Gr., 1725 dessen Nachf. **6) K. II.,** d. Gr., **Jekaterina II. Alexejewna,** geb. **Sophie,** Prinzessin von Anhalt-Zerbst, *1729, †1796; s. 1762 Zarin; s. 1745 verh. mit Peter III.; Vertreterin des aufgeklärten Absolutismus; umfassende Reformen (Verw., Recht, Schulwesen); förderte die dt. Kolonisation, erweiterte das Russ. Reich um den O-Teil Polens, Kurland u. die N-Küste des Schwarzen Meeres.

**Katharina v. Siena,** hl., eigtl. Caterina **Benincasa,** ital. Mystikerin, *1347, †1380; Kirchenlehrerin.

**Kathedersozialismus,** sozialreformer. Richtung der Volkswirtschaftslehre im 19. Jh. (G. Schmoller, A. Wagner, L. Brentano).

**Kathedrale** [gr.], bischöfl. Hauptkirche [v. a. in Spanien, Frkr., England], in Dtl. u. Italien meist *Dom* genannt.

**Katheten** [gr.], im rechtwinkl. Dreieck die beiden Schenkel des rechten Winkels.

**Kathetensatz,** der ↑euklid. Lehrsatz.

**Katheter** [gr.], röhrenförm. Instrument zum Einführen in Hohlorgane od. Gefäße; dient zur Untersuchung u. Behandlung.

**Kathode,** negative Elektrode. – *K.strahlen,* v. der K. einer Elektronen- od. Gasentladungsröhre ausgehende Elektronenstrahlen. – *K.strahloszillograph,* ↑Oszillograph.

**Katholikentag, Deutscher K.,** vom Zentralkomitee der dt. Katholiken (ZdK) organisierte Vers. der dt. Katholiken (i. d. R. alle 2 J.).

**Katholikos** [gr.], Titel des Oberhauptes der armen. Kirche u. a. oriental. Kirchen.

**katholisch** [gr.], urspr. Bez. der Gesamtkirche; nach der Reformation Konfessions-Bez. der *röm.-kath. Kirche.*

**Katharina II., die Große** *(Gemälde, zugeschrieben J. B. Lampi, um 1780/90)*

**katholische Akademien,** Erwachsenenbildungseinrichtungen der kath. Kirche; entstanden s. 1945.

**katholische Kirche,** Selbst-Bez. der vom ↑Papst geleiteten, hierarchisch u. episkopal verfassten Kirche [zentrales Leitungsorgan: röm. Kurie; Regionalorgane: u. a. Bischofskonferenzen]; konfessionskundl. Bez.: *röm.-kath. Kirche;* größte christl. Kirche mit weltweiter Verbreitung u. (2002) über 1 Mrd. Mitgl.; theolog. Selbstverständnis: *heilige* (von Jesus Christus gestiftete), *apostol.* (in der Nachfolge der Apostel stehende) u. *kath.* (weltumspannende) Kirche.

**Katholische Majestät,** Titel der span. Könige s. 1496.

**Katholizismus,** Gesamtheit der von der kath. Kirche und ihrer Lehre inspirierten Anschauungen, Haltungen und [gesellschaftspolit.] Aktivitäten.

**Kation,** posit. geladenes Ion. (↑Elektrolyse)

**Katmandu,** Hptst. des Kgr. Nepal, 393 200 E; Univ.; zahlr. Tempel, Königspalast; ✈.

**Kattegat,** Meerenge zw. Jütland u. Schweden, im N ins Skagerrak übergehend.

**Kattowitz,** poln. **Katowice** [-ˈvitsɛ], Hptst. der Wwschaft Schlesien, Polen, 349 000 E; Mittelpt. des oberschles. Ind.-Gebiets; Steinkohlen-⚒, Schwer- u. a. Ind.; ✈.

**Kattun** [arab.], leinwandbind. Gewebe aus Baumwolle (heute auch Chemiefasern).

**Katyn,** russ. Ort bei Smolensk, in dessen Nähe 1943 dt. Soldaten d. Massengräber v. etwa 4 000 poln. Offizieren fanden, die auf Befehl Stalins 1940 vom sowj. Geheimdienst erschossen worden waren; erst 1990 v. der sowj. Seite offiziell eingestanden.

**Katzen,** Raubtierfam., rundl. Kopf u. meist einziehb. Krallen, *Löwe, Tiger, Leopard, Luchs* u. a.; die europ. *Wildkatze* unterscheidet sich bes. durch ihre Größe (bis 18 kg) von der *Hauskatze,* die von der afrik. *Falbkatze* abstammt.

**Katzenpfötchen,** Korbblütler; Trockenlandpflanzen mit kl., Strohblumen ähnl. Blütenständen.

**Katzenstaupe** ↑Panleukopenie.

**Kaub,** St. am Mittelrhein, RP, 1 200 E; Weinbau, Schieferbrüche; Fremdenverkehr. – Auf kl. Insel im Rhein die „Pfalz", eine ehem. kurpfälz. Zollburg.

**Kauderwelsch,** unverständl., verworrene Sprache.

**Kauf,** Vertrag, durch den sich der Verkäufer verpflichtet, das Eigentum an einer Sache od. ein Recht zu übertragen, während sich der Käufer zur Kaufpreiszahlung u. zur Abnahme des Kaufgegenstands verpflichtet.

**Kaufbeuren,** krsfr. St. in Bay., 42 700 E; ma. Stadtbild; Textil-, Käseind.; seit 1945 Zentrum der Gablonzer Glasind.: K.-Neugablonz.

**Kaufkraft,** Wert des Geldes, gemessen am Gegenwert der dafür erhältl. Güter.

**Kaufkraftparität** ↑Parität.

**Kaufmann,** handelsrechtl. derjenige, der ein Handelsgewerbe selbst. betreibt. K. sind auch Handelsges.; freiwillig (Eintragung im Handelsregister) können bes.

Kleinbetriebe K. werden. Für den K. gilt das HGB.

**Kaufunger Wald,** Teil des nördl. Hess. Berglandes zw. Fulda und Werra, bis 642 m.

**Kaukasi|en,** russ. **Kawkas,** Ldsch. zw. Kasp. u. Schwarzem Meer, Manytschniederung u. türk.-iran. Grenze; beherrscht vom ↑Gr. Kaukasus, der *Nord-K.* (Zis-K.) im N v. *Trans-K.* im S trennt; b. Baku u. Grosny Erdölförderung, im Geb. Kohle- u. Erzbergbau; im N Getreide-, im subtrop. S Wein- u. Obstanbau.

**kaukasische Sprachen,** alte nicht idgm. Sprachengruppe im Kaukasusgebiet; Gliederung: N-Gruppe (u. a. Tscherkessisch, Abchasisch), O-Gruppe (Inguschisch, Awarisch) u. S-Gruppe (u. a. Georgisch [mit bed. Lit.]).

**Kaukasus** ↑Großer Kaukasus.

**Kaulbach,** Wilhelm von, dt. Maler, *1805, †1874; Fresken; Buchillustrationen.

**Kaulquappe,** Larve der Froschlurche.

**Kaumagen,** muskulöser Magen Körner fressender Vögel u. a. Tiere; zum Zerreiben der Nahrung.

**Kaunda,** Kenneth, samb. Politiker, *1924; 1964 Min.-Präs. von N-Rhodesien, dann Staatspräs. Sambias bis 1991.

**Kaurischnecke** [Hindi; dt.], Schneckengatt. des Ind. Ozeans; Schalen als Schmuck, auch Zahlungsmittel (Afrika).

**Kausalität** [lat.], Ursächlichkeit; Gesetzmäßigkeit, mit der eine Folge bewirkt wird bzw. wie sie von einer Ursache ausgeht; *K.-Prinzip,* philos. Grundges.: „Existierendes ist stets verursacht."

**Kausalsatz,** Umstandssatz des Grundes; Einleitung: da, weil.

**Kaustik** [gr.], **Brennfläche,** Fläche, in der sich Bildstrahlen bei unvollkommener Korrektur eines opt. Systems schneiden.

**Kau|tabak, Priem,** getrocknete, mit würzenden Zusätzen getränkte Tabakblätter, als Genussmittel gekaut.

**Kautel** [lat.], Vorkehrung, Absicherung, vertragl. Vorbehalt.

**Kaution** [lat.], Bürgschaft, Sicherheitsleistung durch Hinterlegung von Geld od. Wertpapieren.

**Käutner,** Helmut, dt. Schauspieler und Regisseur, *1908, †1980; „Große Freiheit Nr. 7"; „Des Teufels General".

**Kautschuk** [indian.], **Natur-K.,** eingedicktes bzw. ausgeflocktes Produkt aus dem Milchsaft der K.pfl.; besteht aus fadenförm. Makromolekülen, die etwa 2 000- bis 2 500-mal das Isoprenmolekül als Grundbaustoff enthalten. Durch chem. Reaktion mit Schwefel werden die Fadenmoleküle teilw. vernetzt, der K. wird *vulkanisiert* u. bekommt techn. brauchb. Eigensch.; verw. wird K. als *Gummi,* unter Zusatz von Weichmachern, Füllmitteln sowie Alterungsschutzmitteln gg. Licht- u. Lufteinwirkung, zur Herst. v. a. techn. Artikel, auch ↑Synthesekautschuk.

**Kauz:** *Bartkauz*

**Kautschukbaum, Gummibaum, 1) Para-K.** (Hevea brasiliensis), Wolfsmilchgewächs N-Brasiliens; heute in den gesamten Tropen kultiviert. **2) Ceará-K.** (Manihot glaziovii), Wolfsmilchgewächs NO-Brasiliens.

**Kautsky,** Karl, östr. sozialist. Theoretiker, *1854, †1938; Mitverf. des Erfurter Programms; s. 1905 zunehmend gg. radikale Marxisten, später gg. Bolschewismus.

**Kauz,** Bez. für Eulen, wie Wald-, Stein-, Bart-, Zwergkauz, ohne Ohrfedern.

**Kavalkade** [ital.], Reitertrupp, feierl. Aufzug zu Pferde.

**Kavallerie** [frz.], Reitertruppe.

**Kavatine, Cavatina** [ital.], Opernarie von einf., liedmäß. Charakter.

**Kaverne** [lat.], **1)** durch Gewebeeinschmelzung entstandener Hohlraum, bes. in der Lunge bei Tuberkulose. **2)** künstl. angelegter od. erweiterter unterird. Hohlraum, z. B. als Erdgasvorratslager.

**Kaviar** [türk.], gesalzener Rogen versch. Arten von Stören.

**Kavitation,** Dampfblasenbildung in strömenden Flüssigkeiten, kann Zerstörungen an Turbinenschaufeln, Schiffsschrauben verursachen.

**Kawabata** Yusūnari, jap. Schriftsteller, *1899, †(Selbstmord) 1972; Romane „Tausend Kraniche", „Schneeland", Nobelpreis 1968.

**Kawasaki,** jap. Hafenst. auf Honshū, 1,2 Mill. E; Schwerind.

**Kayser,** Wolfgang, dt. Literaturwissenschaftler, *1906, †1960; „Das sprachl. Kunstwerk".

**Kazan** [kə'zɑ:n], Elia, eigtl. E. **Kasanioglus,** amer. Regisseur u. Schriftsteller griech. Abstammung, *1909; „Endstation Sehnsucht".

**Kazantzakis, Kasantzakis,** Nikos, griech. Schriftsteller, *1887, †1957; „Alexis Sorbas".

**Kazike** [indian.], Stammes- od. Dorfhäuptling (Mittelamerika).

**Keaton** [ki:tn], Buster, eigtl. Joseph Francis **K.,** amer. Filmkomiker und -regisseur, *1896, †1966.

**Keats** [ki:ts], John, engl. Dichter der Romantik, *1795, †1821; bed. Odendichter.

**Kebse, Kebsweib,** Nebenfrau.

**Kefir** [tatar.], durch Zusatz v. Milchsäurebakterien, Strepto- u. Mikrokokken sowie Hefepilzen vergorenes Milchgetränk.

**Kegel, 1)** Körper, der v. einer ebenen, meist kreisförm. *(Kreis-K.)* Grundfläche (Basis) *G* u. einer *K.fläche* (Mantel) begrenzt ist. Ein *gerader Kreis-K.* entsteht durch Drehung eines rechtwinkl. Dreiecks um eine ↑Kathete, die die Höhe *h* des K. best.; der *schiefe Kreis-K.* hat den Höhenfußpunkt außerh. des Basismittelpunktes; Rauminhalt: $V = \frac{1}{3} G h$; *K.stumpf,* K. mit abgeschnittener Spitze. **2)** ↑Kegeln.

**Kegeln,** Sportspiel mit *Kegelkugeln* auf Kegelbahnen (Asphalt-, Bohlen-, Scheren-, Bowlingbahnen; 19 m lang), 9 *Kegel* (Hartholz; Höhe 38–43 cm) müssen getroffen werden (beim ↑Bowling 10).

**Kegelschnitte,** Schnittkurven v. geraden Kreiskegeln (Doppelkegel) u. Ebenen, die nicht durch die Kegelspitze gehen. Je nach Neigung der Ebenen gg. die Kegelachse erhält man Kreise, Ellipsen, Hyperbeln, Parabeln. K. sind der geometr. Ort aller Punkte, deren Abstände v. einem festen Punkt *(Brennpunkt)* der Schnittebene u. einer in ihr liegenden Geraden *(Leitlinie)* ein konstantes Verhältnis haben.

**Kegelstumpf** ↑Kegel.

**Kehl,** Stadt am Oberrhein, Ba.-Wü., durch Brücke mit Straßburg verbunden, 32 400 E; Fachhochschule; Ind.; ⚓.

**Kehlkopf, Larynx,** im Hals vor der Speiseröhre liegendes Rachenorgan, aus mehr. Knorpelteilchen u. den innen befindl. Stimmbändern; Organ zur Stimmbildung u. Luftüberleitung aus dem Rachenraum in die Luftröhre.

**Kehrreim, Refrain,** ein od. mehr.

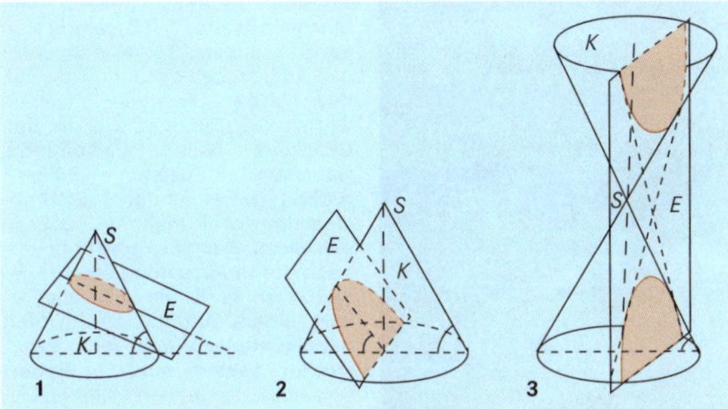


**Kegelschnitte:** *1 Ellipse, 2 Parabel, 3 Hyperbel*

Verse, die am Strophenende eines Ged. od. Liedes wiederkehren.

**Kehrwert, reziproker Wert,** Wert eines Bruches bei Vertauschen v. Zähler u. Nenner; z.B. $^1/_2 \rightarrow {}^2/_1 = 2$.

**Keil,** Körper mit 2 ebenen, sich unter einem festen Winkel *(K.winkel)* schneidenden Flächen.

**Keiler,** ♂ Wildschwein nach dem 2. Lebensjahr.

**Keilriemen,** Antriebsriemen mit trapezförmigem Querschnitt.

**Keilschrift,** Schriftsysteme mehrerer altorient. Spr.; älteste (sumer.) K. wahrsch. vor 3000 v. Chr. aus der Bilderschrift entwickelt; in weichen Ton eingedrückt, daher Schriftzeichen gerade u. keilförmig; zuerst nur Sinnwert, später Lautwert.

**Keim, 1)** svw. ↑Embryo. **2)** aus Brutknospen u.dgl. hervorgehende Pfl. **3)** Krankheitserreger (v.a. Bakterien).

**Keimblätter, 1) Kotyledonen,** bei einkeimblättr. Pfl. das erste Blatt, bei zweikeimblättr. die 2 ersten Blätter. **2)** bei Tieren embryonale Zellschichten.

**Keimdrüsen** ↑Geschlechtsdrüsen.

**Keimling** ↑Embryo.

**Keimung,** bei Pflanzen Bez. für die nach einer Ruhezeit *(Keimruhe)* durch Zellteilung u. Differenzierung einsetzende Entwicklung neuer Organismen aus ungeschlechtl. od. geschlechtl. Fortpflanzungszellen.

**Keimzellen, Fortpflanzungszellen,** Zellen, aus denen neue Organismen hervorgehen; meist als geschlechtl. differenzierte ♂ u. ♀ K. (↑Gameten) ausgebildet, die sich erst nach Verschmelzung weiterentwickeln.

**Keitel,** Wilhelm, dt. Gen.-Feldmarschall, * 1882, † 1946; s. 1938 Chef des OKW; in Nürnberg verurteilt u. hingerichtet.

**Kekkonen,** Urho Kaleva, finn. Politiker, * 1900, † 1986; mehrf. Min.-Präs., 1956–81 Staatspräs.

**Kelch, 1)** [liturg.] Trinkgefäß. **2)** ↑Blüte.

**Keller,** Gottfried, schweizer. Schriftsteller, * 1819, † 1890; bed. Erzähler des „poet. Realismus": u.a. Autobiogr. „Der grüne Heinrich", Novellenzyklen „Die Leute v. Seldwyla", „Züricher Novellen"; auch Lyrik.

**Kellogg,** Frank Billings, amer. Politiker, * 1856, † 1937; unterbreitete als Außenmin. (1925) den Mächten des Locarnopaktes den *Briand-K.-Pakt,* einen Plan zur Kriegsächtung; Friedensnobelpreis 1929.

**Kelly, 1)** Gene, amer. Tänzer, Schauspieler u. Regisseur, * 1912, † 1996; „Ein Amerikaner in Paris". **2)** Grace, ↑Gracia Patricia.

**Kelten,** idgm. Völkergruppe; zunächst in S-Dtl., Böhmen, Schlesien, wichen unter german. Druck über den Rhein nach W. Hauptgruppen: *Gallier* (in S-Frankreich, Oberitalien), *Belgen* (in N-Frankreich, S-England), *Briten* (in England, Wales), *Gälen* (in Irland, Schottland), *Galater* (in Kleinasien). Mit der Eroberung Galliens und Britanniens durch die Römer wurde ihre Macht gebrochen. Reste mit eigener Sprache leben heute noch in der Bretagne, in Schottland, Wales, auf der Insel Man und im westl. Irland.

**Kelter** [lat.], Presse für Obst u. Weintrauben.

**keltische Kunst,** Kunst der kelt. Völker; *alt-k. K.:* späte Hallstattkultur u. früher La-Tène-Stil (etwa Mitte 6. bis 4. Jh. v. Chr.) mit einer von etrusk. Kunst beeinflussten Ornamentik, erlesene Gold- u. Bronzearbeiten mit Email- od. Koralleneinlagen; mittl. La-Tène-Stil (3. u. 2. Jh. v. Chr.) mit erstarrender Ornamentik; später La-Tène-Stil (100 v. bis 50 n. Chr.) mit bes. Blüte der britann. Kunst (v.a. Bronzespiegel); *neu-k. K.:* im Wesentl. ein völlig neuer Stil, beschränkt auf Irland u. Schottland unter orient. und ags. Einfl.; frühir. Stil (650–850) mit Spiral-, Tierornamentik u. Bandgeflecht (Buchmalerei u. Metallarbeiten); mittelir. Stil (850–1000) mit absinkender Qualität u. spätir. Stil (1000–1150); Nachleben in der kirchl. Kunst v.a. in der Buchmalerei (Bibeldarstellungen). – Abb. S. 356.

**keltische Sprachen,** Gruppe der idgm. Spr., Gliederung: 1. *Festlandkelt.* (erloschen), 2. *Inselkelt.*



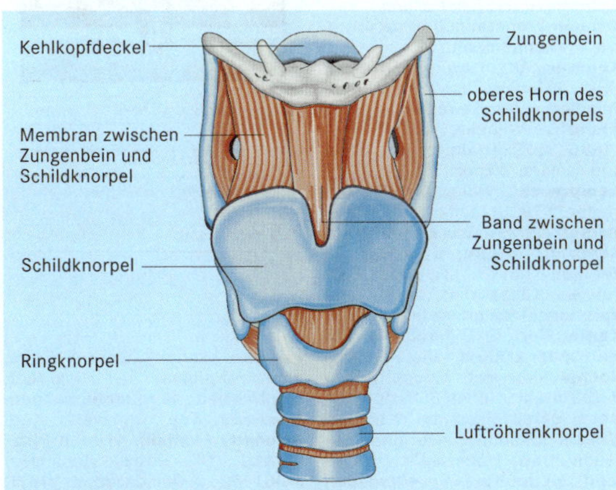


**Kehlkopf** *(von vorn)*

**keltische Kunst:** *Bronzefigur eines Ebers, Votivgabe aus der La-Tène-Zeit (3. bis 1. Jh. v. Chr.)*

(Ir., Gäl. od. Schott., Manx, Breton., Kymr. od. Walis., Korn. [um 1800 erloschen]).

**Kelvin,** William Thomson, Lord K. of Largs, brit. Physiker, *1824, †1907; bed. Arbeiten u.a. zur Thermoelektrizität.

**Kelvin** [nach Lord Kelvin], Einheitenzeich. **K**, SI-Basiseinheit der thermodynam. Temperatur *T*, 0 °C = 273,15 K.

**Kemal Atatürk,** eigtl. Mustafa Kemal **Pascha,** türk. Politiker, *1881, †1938; Führer der nat. Bewegung gg. die alliierte u. griech. Okkupation; als erster türk. Staatspräs. (s. 1923) begann er die Türkei zu einem modernen Nationalstaat westeurop. Prägung umzuformen.

**Kemenate** [lat.], mit „Kamin" versehener Wohnraum der ma. Burg, v.a. Frauengemach.

**Kempen,** Stadt nw. von Krefeld, NRW, 36 000 E; Textil-, Nahrungsmittelind., graf. Gewerbe.

**Kempff,** Wilhelm, dt. Pianist, *1895, †1991; Interpret klass. und romant. Werke.

**Kempowski,** Walter, dt. Schriftsteller, *1929; zeitkrit. u. dokumentar. Werke („Das Echolot").

**Kempten (Allgäu),** St. in Bay., an der Iller, 61 600 E; LG; süddt. Butter- u. Käsebörse; Textil- und Nahrungsmittelindustrie.

**Kenia,** Rep. in O-Afrika; im SW ein über 2 000 m ansteigendes Hochplateau mit Mount Kenya (5 199 m); hier leben 85 % der Bev. (vorw. Bantuvölker); im W d. Ostafrikan. Graben; verbreitet Savanne, trop. Höhenwald (Nebelwald), an der Küste Feuchtwälder, trop. Klima; Kaffee-, Tee-, Pyrethrumanbau für d. Export; v.a. Verarb. v. landw. Produkten; bed. Fremdenverkehr. – *Gesch.:* s. dem 7. Jh. arab., s. dem 10. Jh. pers. Besiedelung; 1505–1729 portugies. besetzt; ab dem 19. Jh. teilw. unter der Herrschaft des Sultanats Sansibar; s. 1895 brit. Protektorat O-Afrika, s. 1920 Kronkolonie K.; 1952–56 Aufstand der Mau-Mau gg. die brit. Herrschaft; 1963 als Monarchie unabh., s. 1964 als Rep. im Commonwealth; 1. Präs. war J. Kenyatta (1964–78), Staatspräs. seit 1978 D. arap Moi.

**Kenia**

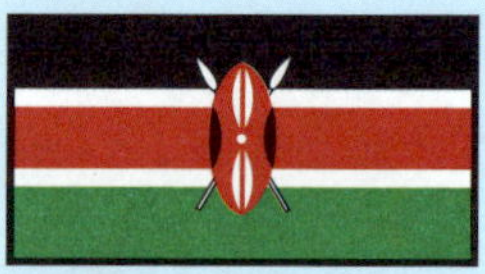

*Fläche:* 582 646 km²

*Einwohner:* 30,3 Mill.

*Hauptstadt:* Nairobi

*Amtssprachen:* Suaheli, Englisch

*Zeitzone:* MEZ + 2 Stunden

**Kennan** ['kenən], George Frost, amer. Diplomat u. Historiker, *1904; bed. Veröffentlichungen.

**Kennedy, Kap** ↑Canaveral, Kap.

**Kennedy** ['kenıdı], **1)** John F[itzgerald], 35. Präs. der USA (1961–63; Demokrat), *1917, †1963; ⚭s. 1953 mit Jacqueline („Jackie") Lee Bouvier (*1929, †1994); 1953–61 Senator von Massachusetts; 1960 zum ersten kath. Präs. der USA gewählt; unter ihm Aufbruchstimmung durch Pol. der „New Frontier" („Neue Grenze"; Programm u.a. in den Bereichen Wiss. u. Ausbildung, Raumfahrt, Soziales, Bürgerrechte); geriet mit der UdSSR anlässlich der Kubakrise 1962 in schweren Konflikt, erstrebte danach durch Abrüstung einen Ausgleich mit ihr. K. fiel in Dallas (Texas) einem Attentat zum Opfer, dessen Hintergründe nicht zweifelsfrei geklärt sind. **2)** Robert F[rancis], Bruder von 1), amer. Politiker (Demokrat), *1925, †1968; 1961–64 Justizmin., s. 1964 Senator von New York; Vertr. der Bürgerrechtsbewegung; als Bewerber um die Präsidentschaftskandidatur ermordet.

**Kennlinie** ↑Charakteristik.

**Kennziffer, Charakteristik,** ganzzahl. Anteil des Logarithmus, kennzeichnend für die Stellenzahl des Numerus.

**Kenotaph** [gr.], Leer- oder Scheingrab zum Gedächtnis an einen Toten.

**Kentaur** ↑Zentaur.

**Kentaur,** lat. **Centaurus,** auch **Zentaur,** Sternbild des südl. Himmels mit dem unserem Sonnensystem nächsten Stern *Proxima Centauri.*

**Kentucky** [ken'tʌkı], Abk. **Ky.,** Staat der USA, südl. des unteren Ohio, 104 660 km², 3,68 Mill. E, Hptst. Frankfort; Tabak-, Maisanbau; Pferdezucht; Kohle, Erdöl und -gas, Flussspat; Nahrungsmittel-, Tabakindustrie.

**Kenyatta,** Jomo, kenian. Politiker, *1891(?), †1978; s. 1963 Min.-Präs., s. 1964 auch Präsident.

**kephal[o]..., Kephal[o]...** [gr.], Bestimmungswort; Bed.: „Kopf".

**Kepheus,** lat. **Cepheus,** Sternbild unserer Breiten, immer über dem Horizont.

**Kepler,** Johannes, dt. Astronom, *1571, †1630; studierte Theologie; Nachf. T. Brahes als Hofastronom u. Mathematiker Rudolfs II.; konstruierte das keplersche ↑Fernrohr; entdeckte 1605–18 die *keplerschen Gesetze* der Planetenbewegungen: 1. Die Planeten bewegen sich in Ellipsen, in deren einem Brennpt. die Sonne steht; 2. Die Strecke Planet–Sonne (Radiusvektor) überstreicht in gleichen Zeiten gleiche Flächen; 3. Die Quadrate der Umlaufzeiten zweier Planeten verhalten sich wie die 3. Potenzen ihrer gr. Bahnachsen.

**Kerala,** ind. B.-Staat an der Malabarküste, 38 864 km², 29 Mill. E,

**J. F. Kennedy**

Hptst. Trivandrum; fruchtb. Kulturland.

**Keramik** [gr.], Bez. für nichtmetall. anorgan. Werkstoffe mit über 30 % kristallinem Anteil; je nach Grundstoff u. Brennprozess: Töpferware, Steingut, Fayence, Steinzeug u. Porzellan. Neuere keram. Werkstoffe sind ↑Cermets, Glas-K. u. Oxid-K.

**Keratine** [gr.], tier. bzw. menschl. Hornsubstanzen; komplizierte, hochmolekulare Gerüsteiweißstoffe von Haut, Haaren, Federn u. a.

**Kerbel,** Doldengewächs; *Garten-K.* in M-Europa in Gärten als Gewürzpfl. und für *Kerbelöl.*

**Kerbtiere,** svw. ↑Insekten.

**Kermanschah,** fr. **Bachtaran,** iran. Prov.-Hptst., 624 000 E; Erdölraffinerie, Zuckerfabrik, Teppichwebereien.

**Kern, 1)** der Zellkern, ↑Zelle. **2)** Gießerei: Formteil für Hohlräume. **3)** ↑Atomkern.

**Kernbeißer,** fast 18 cm großer Finkenvogel NW-Afrikas u. Eurasiens mit dickem Schnabel.

**Kernenergie,** allgemeinsprachl. **Atomenergie,** bei Kernreaktionen frei werdende Energie *(Kernbindungsenergie).* Trotz Forschungen zur kontrollierten ↑Kernfusion ist die ↑Kernspaltung zz. die einzig mögl. u. großtechn. nutzb. Form der K.gewinnung. Die Bindungsenergie sehr schwerer Kerne ist größer als die Summe der Bindungsenergien der bei ihrer Spaltung entstehenden leichteren Kerne, sodass Energie freigesetzt wird. Da die sich im *Massendefekt* der Kerne äußernde Bindungsenergie pro Nukleon etwa $10^6$-mal größer ist als die bei Prozessen der Elektronenhülle umgesetzten Energien (chem. Reaktionen, Anregung u. Ionisation der Atome), werden bei kontrollierten *Kettenreaktionen* in einem ↑Kernreaktor enorme K.beträge frei.

**Kernenergierecht, Atomrecht,** Rechtsregeln für sämtl. Anwendungsarten v. spaltbarem Material u. radioaktiven Stoffen, einschl. Transport, Lagerung, Abfallbeseitigung, Strahlenschutz. Die friedl. Verwendung v. Kernenergie ist in Dtl. v. a. im 2002 novellierten Atomges. geregelt. Das Ges. verbietet den Neubau v. kommerziellen Kernkraftwerken u. befristet die Regellaufzeit der bestehenden auf 32 J. seit Inbetriebnahme *(Atomausstieg).*

**Kernfusion, Kernverschmelzung,** thermonukleare Reaktion; Verschmelzung leichter Atomkerne zu schweren, wobei i. d. R. Energie (Bindungsenergie) frei wird (↑Kernenergie).

**Kernkräfte,** die zw. ↑Nukleonen herrschenden Kräfte geringer Reichweite (einige $10^{-15}$ m), die ihre Bindung zu Atomkernen bewirken; sie sind im Allg. anziehend, für sehr kl. Abstände aber stark abstoßend.

**Kernkraftwerk** ↑Kernreaktor.

**Kernladungszahl,** svw. ↑Ordnungszahl.

**Kernmodelle,** phänomenolog. Theorien des Atomkerns; u. a. Tröpfchen-, Cluster-, Schalenmodell.

**Kernobst,** Früchte wie Apfel, Quitte, Birne; ↑Obst.

**Kernphysik,** Zweig der Physik, in dem insbes. Struktur u. Eigensch. der ↑Atomkerne u. die Wechselwirkungen der ↑Nukleonen untereinander untersucht werden, v. a. mithilfe v. ↑Teilchenbeschleunigern. Experimentelle Daten über die Kerneigenschaften werden aus Kernreaktionen gewonnen, die dabei auftretenden Elementarteilchen u. Strahlungen geben Aufschluss über die innere Struktur der Atomkerne.

**Kernreaktion** ↑Kernumwandlung.

**Kernreaktor,** allgemeinsprachl. **Atomreaktor,** Anlage, die die bei ↑Kernspaltungen frei werdende ↑Kernenergie in andere Energie-

K

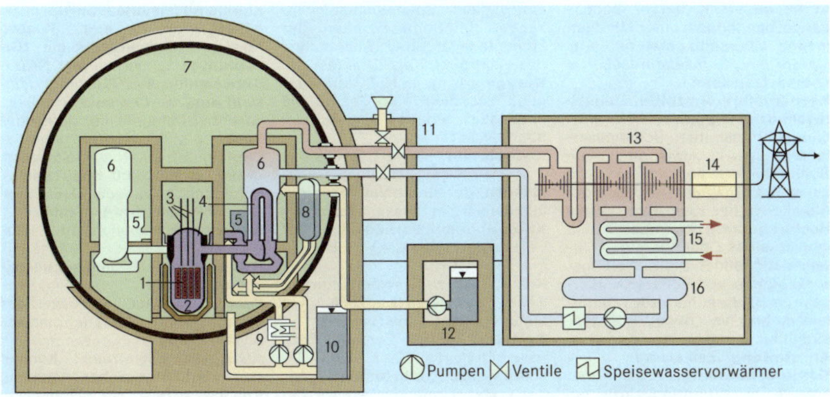


**Kernreaktor:** *Schema eines Kernkraftwerks mit Druckwasserreaktor; 1 Reaktorkern im Reaktordruckbehälter, 2 Brennelemente, 3 Steuerelemente, 4 Primärkreislauf, 5 Hauptkühlmittelpumpe, 6 Dampferzeuger, 7 Sicherheitsbehälter (Containment), 8 Druckspeicher, 9 Nachwärmekühler, 10 Flutbehälter für Notkühlsystem, 11 Abblasestation, 12 Wasservorrat für Notspeisewassersystem, 13 Turbine, 14 Generator, 15 Kondensator, 16 Speisewasserbehälter*

formen (im Wesentl. in Wärme) umwandelt u. einer weiteren techn. Verwendung, v. a. der Erzeugung elektr. Energie in einem *Kernkraftwerk* zuführt. Als Brennstoff *(Spaltstoff)* dienen vorw. Uran 235 sowie Plutonium (↑Brutreaktor). Die Atomkerne dieser Stoffe lassen sich bereits durch *langsame (therm.) Neutronen* spalten, außerdem entstehen 2–3 freie Neutronen für weitere Kernspaltungen. Ein Regelmechanismus, der aus Neutronen absorbierenden Stäben (Bor od. Cadmium) besteht, steuert den K.; er hält die Zahl der freien Neutronen u. damit die Zahl der Kernspaltungen pro Zeiteinheit konstant. Außerdem enthält der *therm. K.* Bremssubstanzen *(Moderatoren),* die die hohe Anfangsgeschwindigkeit der neu entstehenden Neutronen auf therm. Geschwindigkeiten herabsetzen. Die *schnellen K.* enthalten keine Moderatoren, sondern stark mit U 235 angereichertes Uran u. Plutonium als Brennstoff u. werden zum Brüten v. Plutonium aus U 238 verw. Versch. Bauarten sind u. a. *Druckwasser-, Siedewasser-, Kugelhaufenreaktor* sowie *gasgekühlte* u. *homogene K.*

**Kernspaltung,** die durch Neutronen bewirkte Spaltung von schwersten Atomkernen in 2 leichtere Bruchstücke (Atomkerne z. B. v. Barium u. Krypton), bei gleichzeit. Freiwerden von ↑Kernenergie u. mehr. Neutronen. Die frei werdenden Neutronen rufen (ggf. nach Abbremsung auf therm. Geschwindigkeiten, ↑Moderator) bei Auftreffen auf andere Kerne weitere K. hervor, sodass bei Vorhandensein einer Mindestmenge an spaltb. Material *(krit. Masse)* eine *Kernkettenreaktion* v. K. einsetzen kann.

**Kernspin|tomographie, Magnẹtresonanztomographie,** Abk. **MRT,** bildgebendes Untersuchungsverfahren zur Gewinnung von Schichtbildern des Körpers; dabei wird die magnet. Resonanz der Atomkerne des Gewebes auf ein Hochfrequenzfeld gemessen und mithilfe eines Computers schichtweise abgebildet. Die K. dient u. a. zur Diagnose von Tumoren und arbeitet im Unterschied zur Computertomographie ohne Röntgenstrahlung.

**Kernteilung** ↑Zellteilung.

**Kernumwandlung,** jede durch äußere Einwirkung induzierte od. von selbst erfolgende Umwandlung eines Atomkerns in einen od. mehr. andere; eine *spontane (natürl.) K.* ist die ↑Radioaktivität. Als *Kernreaktion* wird die durch einen Stoß mit einem anderen Kern od. Elementarteilchen bewirkte K. bezeichnet.

**Kernwaffen,** svw. ↑Atomwaffen.

**Kerosịn** [gr.], Erdölraffinat, Siedebereich 170–300 °C; Treibstoff bes. für Strahltriebwerke u. Raketen.

**Kẹrr, 1)** Alfred, eigtl. **Kẹmpner,** dt. Theaterkritiker, * 1867, † 1948; Förderer des naturalist. Dramas; auch Lyriker. **2)** [kɑ:, kə:], Deborah, brit. Filmschauspielerin, * 1921. **3)** [kɑ:, kə:], John, brit. Physiker, * 1824, † 1907; entdeckte u. a. den *elektroopt. K.-Effekt:* Auftreten v. Doppelbrechung in isotropen Medien unter dem Einfluss starker elektr. Felder, u. den *magnetoopt. K.-Effekt:* Veränderung der Polarisation v. Licht bei Reflexion an magnetisierten ferromagnet. Spiegeln.

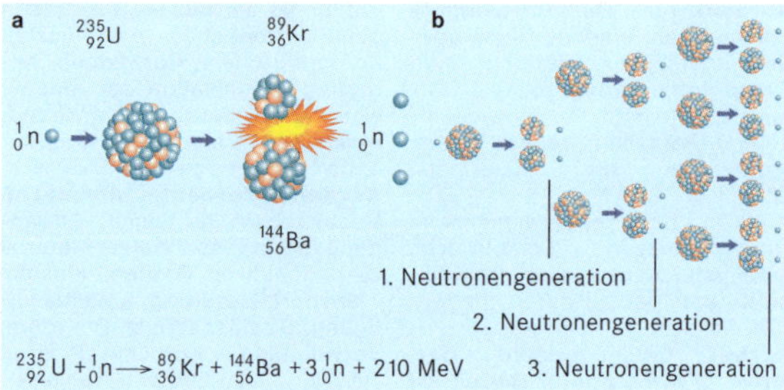


**Kernspaltung:** *Prinzip der Kernspaltung und der Kettenreaktion in Uran 235 (Kr = Krypton, Ba = Barium, U = Uran, n = Neutron)*

nach einmal. Einleitung v. selbst abläuft.

**Ketzer** [aus „Katharer"], Bez. [seit dem 13. Jh.] für Anhänger einer von der kirchl. Lehre abweichenden Lehre (Häresie).

**Keuchhusten, Stickhusten, Pertụssis,** bakterielle Infektionskrankheit der Luftwege, vorw. bei Säuglingen u. Kleinkindern; Hauptsymptom: heft. Hustenstöße mit „Ziehen" u. Erbrechen v. zähem Schleim.

**Keuper** ↑Geologie (Übers.).

**Kevelaer** ['ke:vəla:r], St. nw. von Geldern, NRW, 25 700 E; Wallfahrtsort.

**Kẹvlar®,** aus aromat. Polyamiden (Aramiden) hergestellte Chemiefasern mit hoher Zugfestigkeit; zur Verstärkung v. Verbundwerkstoffen, für Kfz-Reifen, Trossen, Seile u. a. verwendet.

**Kẹrr-Zelle,** Gerät zur Umwandlung v. elektr. Spannungsschwankungen in Schwankungen der Lichtintensität unter Ausnutzung des elektroopt. Kerr-Effektes.

**Kẹrygma** [gr.], im N. T. Verkündigung, bes. die Predigt Jesu u. die nachösterl. Predigt der Apostel über Jesus Christus.

**Kesselstein,** steinart. Belag aus unlösl. Erdalkalisalzen u. a. Rückständen, der sich beim Verdampfen von hartem Wasser absetzt.

**Ketọne,** organ. Verbdg.en mit der Carbonylgruppe –C=O–, z. B. *Aceton,* $CH_3COCH_3$.

**Kette, 1)** zusammenhängende Glieder aus Metall u. a. **2)** Fäden in Längsrichtung eines Gewebes.

**Kẹtteler,** Wilhelm Emanuel Frhr. von, * 1811, † 1877, s. 1850 Bischof v. Mainz; erkannte als einer der ersten kirchl. Amtsträger die Bed. der sozialen Frage für Kirche und Gesellschaft.

**Kettengebirge** ↑Gebirge.

**Kettenreaktion,** physikal. *(Kern-K.)* od. chem. Vorgang, der

**KFK,** Abk. für: **k**ohle**f**aserverstärkte **K**unststoffe (↑CFK).

**KFOR,** Abk. für engl.: **K**osovo **For**ce, Friedenstruppe mit UN-Mandat u. zunächst unter NATO-Kommando, ab 2000 unter Führung des Eurokorps zur militär. Absicherung einer Friedensregelung f. das Kosovo. Der unbefristete Einsatz (rd. 45 000 Soldaten, dabei bis zu 6 000 Bundeswehrsoldaten) begann am 10. 6. 1999.

**Kfz,** Abk. für: ↑**K**raft**f**ahr**z**eug.

**kg,** Einheitenzeichen für: ↑**K**ilo**g**ramm.

**KG,** Abk. für: ↑**K**ommandit**g**esellschaft.

**KGaA,** Abk. für: **K**ommandit**g**esellschaft **a**uf **A**ktien (↑Kommanditgesellschaft).

**KGB,** Abk. für russ.: **K**omitet **g**ossudarstwennoi **b**esopasnosti, Komitee für Staatssicherheit, 1954–91 Name der sowj. Geheimpolizei; 1991 formal aufgelöst, danach Neugliederung u. Umbenennung; Nachfolger in Russland Inlandsgeheimdienst FSB. (↑NKWD)

**Khaiberpass,** Pass mit gr. strateg. Bed. zw. Afghanistan und Pakistan (Kabul–Peshawar), 1072 m.
**Khaki** [Hindi-engl.], **1)** Erdfarbe. **2)** erdfarbener Stoff aus Baumwolle.
**Khalid** ↑Chalid.
**Khan** [türk.], urspr. mongolischer Fürstentitel.
**Khartoum,** Hptst. der Rep. Sudan, am Zusammenfl. v. Weißem u. Blauem Nil, 924500 E (mit den Nachbarstädten *Kh.-Nord* u. *Omdurman* 3 Mill. E); Univ.; Kultur- u. Wirtsch.-Zentrum; ⚓, ✈.
**Khatami** [x-], **Chatami,** Saijid Mohammed, iran. Geistlicher u. Politiker, *1943; 1982–92 Kulturmin., s. 1997 Staatspräsident.
**Khedive** [pers.], 1867–1914 Titel der türk. Vizekg. in Ägypten.
**Khmer,** Volk im südl. Hinterindien, v. a. in Kambodscha; bildete vom 9. bis 13. Jh. das mächtige *K.reich;* bedeutendstes Denkmal die Tempelst. von Angkor; Reisbauern, Fischer; Buddhisten; reiche Literatur.
**Khomeini** [xɔˈmeɪnɪ], **Chomeini,** Ruhollah, iran. Schiitenführer (Ayatollah) u. Politiker, *1900, †1989; proklamierte nach Sturz d. Schahs 1979 die „islam. Rep. Iran".
**kHz,** Einheitenzeichen für: ↑Kilohertz.
**Kibbuz,** Mrz. **Kibbuzim** [hebr.], ländl. Siedlung in Israel, in der kollekt. Wirtsch.- und Lebensweise herrschen; Einkünfte werden zentral gemäß den Bedürfnissen der Mitglieder und des gemeinsamen Betriebes ausgegeben.
**Kichererbsen** [lat.; dt.], in Asien u. im Mittelmeergebiet kultivierte Hülsenfrucht.
**Kiebitz,** etwa 30 cm langer Regenpfeifer. Oberseite schwarz, metall. schimmernd, Bauch weiß, schwarze Kopfhaube; v. a. Europa, Asien; Kulturfolger.
**Kiefer,** Nadelholzgatt. der nördl. Erdhälfte; immergrüne Bäume, liefern Holz, Terpentin, Kolophonium, Pech, Kienöl u. a.; die *Gemeine K.* od. *Föhre* bildet ausgedehnte Wälder; weitere Arten: Berg-, Zirbel-, Schwarz-, Weymouths-, Strand-K., Pinie u. a.
**Kiefer,** Knochen des Gesichtsschädels, die die Zähne tragen (Ober- und Unterkiefer).
**Kiefer,** Anselm, dt. Maler, *1945; großformatige expressive Bilder zu mytholog., histor. und polit. Themen.
**Kieferhöhle,** Höhle im Oberkiefer, in Verbdg. zur Nase.
**Kiel,** Hptst. von Schl.-Ho., krsfr. St., am S-Ende der 17 km langen *K.er Förde,* 246000 E; mod. St.-Bild; Univ., PH, Fachhochschule; Museen, Theater; LG; IHK; Schiffbau, Masch.- und Apparatebau, Textil- u. Nahrungsmittelind.; ⚓. – Gegr. zw. 1233 und 1242; 1773 bis 1866 dän., danach preuß.; s. 1946 Landeshauptstadt.
**Kiel,** unterster Längsverband des Schiffsrumpfes.
**Kielbogen,** ⌒ geschweifter Spitzbogen, bes. in der islam. Kunst u. der Spätgotik.
**Kielboot,** kentersicheres Sportboot mit Kielflosse bzw. -schwert unter dem Rumpf.
**Kieler Bucht,** flache Bucht an der Fördenküste der sw. Ostsee zw. der Halbinsel Schwansen u. der Insel Fehmarn.
**Kieler Woche,** s. 1882 alljährl. im Juni in der Kieler Bucht stattfindende internat. Segelsportwoche.
**Kieling,** Wolfgang, dt. Bühnen- u. Filmschauspieler, *1924, †1985.
**Kiel|lini|e,** Schiffsformation (Hintereinanderfahren).
**Kielschwert,** in den Kiel einlassb. Platte zur Stabilitätserhöhung; bes. bei Segelbooten.
**Kiemen, Branchi|en,** Atmungsorgane der meisten Wassertiere, blutgefäßreiche Hautausstülpungen.
**Kien,** harzreiches Kiefernholz, leicht entzündb.; fr. verw. für Fackeln (Kienspan).
**Kierkegaard** [ˈkergəgɔːr], Søren, dän. Theologe u. Philosoph, *1813, †1855; kam von einer ästhet. Haltung über ein eth. Stadium zur christl. „Geistexistenz"; Einfluss auf Lebens- u. Existenzphilosophie; „Entweder-Oder", „Der Begriff der Angst".
**Kies, 1)** Lockersedimente aus [gerundeten] Gesteinstrümmern (Größe 2–60 mm ⌀). **2)** sulfid. Erze (z. B. *Kupfer-, Arsenkies*).
**Kiesinger,** Kurt Georg, dt. Politiker, *1904, †1988; 1958–66 Min.-Präs. von Ba.-Wü., 1966–69 B.-Kanzler (Koalitionsreg. CDU/CSU u. SPD); 1967–71 Vors. der CDU.
**Kiew** [ˈkiɛf], Hptst. der Ukraine, am Dnjepr, 2,62 Mill. E; bed. Zentrum für Kultur, Wirtschaft, Handel; Univ., Ukrain. Akad. der Wiss., Theater; Sophienkathedrale (11. Jh.), Höhlenkloster; Masch.-, Textil-, Nahrungsmittel-, Holzind.; ⚓, ✈. – Seit dem 9. Jh. Mittelpt. des K.er Reiches, 1240 v. Mongolen zerstört; 1362 litauisch, 1569 poln.; seit dem 17. Jh. russ.; 1917–19 Hptst. d. unabh. Ukraine.
**Kigali,** Hptst. der Rep. Ruanda, 234500 E; Handelszentrum, Ind.; ✈.
**Kilian,** hl., ir. (?) Missionar; „Apostel der Franken" gen.; um 689 in Würzburg getötet.
**Kiliki|en,** histor. Ldsch. im S der Türkei; wegen d. *Kilik. Pforte* (Pass üb. den Mittl. Taurus) s. der Antike oft umstrittenes Durchgangsland.
**Kilimandscharo,** vulkan. Geb.-Stock in O-Afrika, in NO-Tansania, höchster Berg Afrikas; 3 Vulkangipfel: Kibo (5892 m; vergletschert), Mawensi (5270 m), Shira (4000 m).
**Killersatelliten,** unbemannte Raumfahrzeuge, die Satelliten in der Erdumlaufbahn, aber auch angreifende Interkontinentalraketen zerstören können.
**kilo..., Kilo...** [gr.], Bestimmungswort; Bed.: „tausendmal so groß".
**Kilogramm,** Einheitenzeich. **kg,** Einheit der Masse; 1 kg = 1000 g, SI-Basiseinheit.
**Kilohertz,** Einheitenzeich. **kHz,** ↑Hertz.
**Kilokalorie,** Einheitenzeich. **kcal,** ↑Kalorie.
**Kilometer,** Einheitenzeich. **km,** das 1000fache der Längeneinheit Meter.
**Kilopond,** Einheitenzeich. **kp,** Einheit der Kraft; gesetzl. nicht mehr zulässig; Kraft, die einer Masse von 1 kg die Normalfallbeschleunigung erteilt; 1 kp = 9,80665 N (Newton).
**Kilowattstunde,** Einheitenzeich. **kWh,** gesetzl. Einheit der Energie (v. a. Elektrotechnik); die elektr. Energie, die geliefert wird, wenn 1 Kilowatt eine Std. lang geleistet wird.
**Kilt** [engl.], knielanger, schott. Faltenrock; Männertracht.
**Kimberley** [ˈkɪmbəlɪ], Prov.-Hptst. in der Rep. Südafrika, 1220 m ü. d. M., 167100 E; Zentrum eines der größten Diamantengebiete der Erde, Diamantschleiferei; ✈.
**Kimbern,** german. Volk; verließen im 2. Jh. v. Chr. Jütland, zogen mit den Teutonen u. Ambronen nach Böhmen, dann donauabwärts, v. den Römern 101 v. Chr. bei Vercellae (nördl. des oberen Po) vernichtend geschlagen.
**Kim Dae Jung** [- dɛ -], südkorean. Politiker, *1924; ab den 1960er-Jahren einer der Führer der (stark verfolgten) Opposition; 1982–85 in den USA; s. 1998 Staatspräs.; für sein Wirken für Demokratie u. Aussöhnung mit Nord-Korea Friedensnobelpreis 2000.
**Kim Il Sung,** nordkorean. Politiker, *1912, †1994; ab 1948 Vors. (s. 1966 Gen.-Sekr.) des ZK der kommunist. „Partei der Arbeit Koreas"; 1948–72 Min.-Präs. der

Demokrat. VR Korea, s. 1972 Staatspräsident.

**Kim Jong Il,** nordkorean. Politiker, *1942; wurde 1994 nach dem Tod seines Vaters ↑Kim Il Sung fakt. dessen Nachfolger als Staats- u. Parteiführer (s. 1997 offiziell Gen.-Sekr. der KP, s. 1998 auch Vors. des Nat. Verteidigungsausschusses).

**Kimme,** bei Feuerwaffen der meist dreieck. Ausschnitt im hinteren Teil des ↑Visiers.

**Kimono** [jap.], mantelart. jap. Gewand, Ärmel angeschnitten.

**Kind,** der Mensch v. der Geburt bis zum Beginn der Pubertät; allg. *Neugeborenes* (bis zum 28. Lebenstag), *Säugling* (bis zum 12. Monat), *Kleinkind* (2. bis 6. Lebensjahr) u. *Schulkind* (7. bis etwa 14. Lebensjahr).

**Kindbett,** svw. ↑Wochenbett.

**Kindbettfieber, Puerperalfieber, Wochenbettfieber,** fieberhafter Krankheitsprozess bei Wöchnerinnen im Anschluss an die Entbindung; Ursache (Eindringen v. Bakterien in Geburtswunden) von I. Semmelweis entdeckt.

**Kinderdörfer,** Einrichtungen zur ständigen Betreuung und Erziehung von elternlosen und verlassenen Kindern in familienähnl. Hausgemeinschaften; z. B. ↑SOS-Kinderdörfer.

**Kindergarten,** öffentl. oder private Einrichtungen zur Betreuung und pädag. Förderung von Kindern im Alter von 3 bis 6 Jahren [bzw. bis zur Einschulung]; halb- od. ganztägige Betreuung [dann *Kindertagesstätte*]. – Geschichte des Kindergartens: F. ↑Fröbel.

**Kindergeld,** staatl. Zuwendungen an Personen mit einem u. mehr. Kindern, v. der B.-Anstalt für Arbeit aus B.-Mitteln gezahlt.

**Kinderkrankheiten,** i. e. S. Infektionskrankheiten, die vorwiegend od. ausschließlich im Kindesalter auftreten (Keuchhusten, Mumps, Masern, Windpocken u. a.).

**Kinderkreuzzug,** Kreuzzug dt. u. frz. Kinder 1212, bei dem die meisten Kinder umkamen od. in Sklaverei gerieten.

**Kinderlähmung, spinale,** svw. ↑Poliomyelitis epidemica.

**Kindslage,** Lage des Kindes in der Gebärmutter unmittelbar vor der Geburt; meist in *Schädellage* (96%; Kopf des Kindes nach unten, Gesicht nach hinten); *Steiß-, Quer-* und *Schräglagen* komplizieren die Geburt.

**Kindspech, Mekonium,** erste (schwärzl. grünl.) Darmentleerung d. Neugeborenen.

**Kinemathek,** Slg. von Filmen [Filmlit., Drehbüchern].

**Kinematik** [gr.], ↑Mechanik.

**Kinematograph** [gr.], erster Apparat zur Aufnahme u. Wiedergabe bewegter Bilder; aus dem Wort K. entstand *Kino* als Bez. für Filmtheater.

**Kinetik** [gr.], Lehre v. der Bewegung der Körper unter dem Einfluss v. Kräften.

**kinetische Energie** ↑Energie.

**kinetische Gastheorie,** Theorie zur Berechnung v. Druck, Viskosität, Wärmeleitfähigkeit u. a. in Gasen auf der Basis der kinet. Energie der Gasmoleküle.

**M. L. King**

**King, 1)** Martin Luther, amer. Bürgerrechtler u. Baptistenpfarrer, *1929, †1968, Führer des gewaltlosen Kampfes gg. die Rassentrennung; fiel einem Attentat zum Opfer; Friedensnobelpreis 1964. **2)** Stephen, amer. Schriftsteller, *1947; fantast. Horrorgeschichten.

**Kingsley** [ˈkɪŋzlɪ], Ben, eigtl. Krishna **Bhanji,** brit. Schauspieler ind. Herkunft, *1943; Charakterdarsteller; „Gandhi".

**Kingston** [ˈkɪŋstən], Hptst. u. ⚓ an der S-Küste Jamaikas, 644 000 E; ✈.

**Kingtehchen** ↑Jingdezhen.

**Kinsey** [kinsi], Alfred Charles, amer. Zoologe u. Sexualforscher, *1894, †1956; statist. ausgewerteter „K.-Report" gibt Auskunft über das geschlechtl. Verhalten des Menschen.

**Kinshasa** [kɪnˈʃaːza], bis 1966 **Léopoldville,** Hptst. d. Demokrat. Rep. Kongo, am Kongo, 4,66 Mill. E; Univ., Nahrungsmittel-, Textil-, Metallind.; ⚓, ✈.

**Kinski, 1)** Klaus, eigtl. Nikolaus **Nakszynski** [-ˈʃi-], dt. Bühnen- u. Filmschauspieler, *1926, †1991; „Aguirre, der Zorn Gottes". **2)** Nastassja, dt. Schauspielerin, *1961, Tochter von 1); „Paris, Texas".

**Kinzig, 1)** r. Nbfl. des Oberrheins, 95 km. **2)** r. Nbfl. des Mains, 82 km.

**Kiosk** [türk.-frz.], **1)** orient. Gartenhäuschen. **2)** Verkaufshäuschen.

**Kipling,** Rudyard, engl. Schriftsteller, *1865, †1936; meisterhafte Kurzgeschichten; Jugendbücher; „Das Dschungelbuch", „Das neue Dschungelbuch", „Kim"; Nobelpreis 1907.

**Kipphardt,** Heinar, dt. Schriftsteller, *1922, †1982; dokumentar. Theaterstücke („Bruder Eichmann").

**Kippschaltung,** elektron. Schaltung, die nur 2 feste Zustände annehmen kann.

**kippscher Apparat** [nach dem niederländ. Apotheker P. S. Kipp, *1808, †1864], Laborgerät zur Gewinnung v. Gasen durch Reaktion fester Stoffe mit Flüssigkeiten (Säuren).

**Kirche** [gr.], **1)** dem christl. Gottesdienst gewidmetes Gebäude. **2)** die christl. Glaubensgemeinschaft (Gemeinschaft der Getauften) insgesamt; nach christl. Lehre v. Jesus Christus gestiftet u. durch Hl. Geist zu Pfingsten begr., um in der Welt „allen Völkern" das Evangelium zu verkündigen; am Anfang die ↑Urgemeinde, im Laufe der Jh.e Herausbildung versch. Konfessionen und zahlr. Denominationen [kleinerer christl. Gemeinschaften].

**Kirchenasyl,** Praxis v. Kirchengemeinden, unmittelbar v. Abschiebung bedrohten Asylbewerbern in bes. Härtefällen in kirchl. Gebäuden vorübergehend Zuflucht zu gewähren, um in dieser Zeit für sie ein [dauerndes] Bleiberecht zu erwirken.

**Kirchenbücher,** von der Kirchengem. geführte Register über Taufe, Eheschließung, Tod u. a. der Gemeindemitglieder.

**Kirchengemeinde,** kleinste Einheit der kirchl. Verwaltungsstruktur. (↑Pfarramt)

**Kirchenjahr,** Ordnung des Jahres nach dem kirchl. Festkalender; Beginn in den abendländ. Kirchen: 1. Advent.

**Kirchenlehrer,** seit dem 4. Jh. in der Kirche Bez. für normgebende Theologen; in der kath. Kirche seit dem 16. Jh. als Ehrentitel (lat. „Doctor Ecclesiae") vom Papst vergeben.

**Kirchenmusik,** nach liturg. Gesichtspunkten aufgebaute geistl. Musik für den Gottesdienst. Zur K. zählen Kirchenlied, Psalmengesang, gregorian. Gesang (Choral), ambrosian. Hymnengesang,

**Ernst Ludwig Kirchner:** *Eine Künstlergemeinschaft – Die Maler der Brücke (1925–26)*

Messe, Motette, Passion, Kantate, Oratorium und Orgelkompositionen.

**Kirchenordnungen,** in den christl. Kirchen zur Regelung des Lebens in den Kirchengemeinden und des Gottesdienstes erlassene Bestimmungen.

**Kirchenrecht,** Gesamtheit der von einer Kirche erlassenen Vorschriften zur Regelung des kirchl. Lebens; in der kath. Kirche der ↑Codex Iuris Canonici (CIC).

**Kirchenslawisch,** alte slaw. Liturgie- und Literaturspr.; *Alt-K.* (850–1100) geht auf eine bulgar.-makedon. Mundart zurück.

**Kirchenspaltung** ↑Schisma.

**Kirchenstaat,** das ehem. Herrschaftsgebiet des Papsttums in Italien (hpts. Rom u. Mittelitalien), begr. durch die Pippinsche Schenkung 754/756; wechselnde Besitzverhältnisse während des ganzen MA; unter Julius II. (1503 bis 1513) größte Ausdehnung; Säkularisation durch Napoleon, durch den Wiener Kongress Wiederherst.; 1870 Besetzung durch nat. ital. Truppen. Durch die Lateranverträge entstand 1929 die souveräne ↑Vatikanstadt.

**Kirchensteuer,** in Dtl. von den Kirchen ihren Mitgl. auferlegte u. durch staatl. Finanzbehörden eingezogene Abgabe.

**Kirchentag, Deutscher Evangelischer K.,** seit 1949 stattfindende (seit 1957 alle 2 Jahre) Großveranstaltung ev. Christen in Dtl.; bed. Teil der ev. Laienbewegung.

**Kirchentonarten,** die 8 Tonarten der einstimm. ma. Musik.

**Kirchenväter,** kirchl. Ehrentitel für bed. Kirchenschriftsteller des 2.–7. Jh.

**Kirchhoff,** Gustav Robert, dt. Physiker, *1824, †1887; wicht. Arbeiten zur Spektralanalyse (mit R. W. Bunsen), Elektrizitätslehre u. Strahlungstheorie; *K.-Regeln:* 1. In elektr. Netzwerken ist in Verzweigungspunkten die Summe der zufließenden Ströme gleich der Summe der abfließenden; 2. In jedem geschlossenen Stromkreis ist die Summe der Teilspannungen gleich der Summe sämtl. elektromotor. Kräfte; *K.-Strahlungsgesetz:* Das Verhältnis v. spektraler Strahlungsdichte zu dem Absorptionsvermögen eines Temp.-Strahlers ist gleich der Strahlungsdichte eines schwarzen Strahlers für die gleiche Temp. u. Strahlungsfrequenz.

**Kirchner,** Ernst Ludwig, dt. expressionist. Maler und Grafiker, *1880, †1938; Mitbegr. der „Brücke".

**Kirchschläger,** Rudolf, östr. Politiker, *1915, †2000, 1970–74 Außenmin., 1974–86 Bundespräsident.

**Kirchweih,** feierl. Einweihung einer Kirche sowie die jährl. Erinnerungsfeste daran; heute meist Volksfest *(Kirmes, Kirmse).*

**Kirgistan**

*Fläche:* 198 500 km²

*Einwohner:* 4,7 Mill.

*Hauptstadt:* Bischkek

*Amtssprachen:* Kirgisisch, Russisch

*Zeitzone:* MEZ + 4 Stunden

**Kirgistan,** auch **Kirgisien,** Rep. in M-Asien, zum größten Teil im Tienshan gelegen; vorw. Wüsten, Halbwüsten und Steppen; kontinentales Klima; *Bev.:* Kirgisen, Russen, Usbeken u. a.; Baumwollerzeugung; Bergbau auf Gold und Antimon. *Gesch.:* 1926 Errichtung der Kirgis. ASSR; 1936 Umwandlung in eine Unionsrep.; Aug. 1991 Unabhängigkeitserklärung, s. Dez. 1991 Mitgl. der GUS; Einleitung v. Wirtschafts- u. polit. Reformen (u. a. neue Verf.).

**Kiribati,** Rep. im sw. Pazifik, umfasst die Gilbert- u. Phönixinseln (größtenteils), Ocean Island, Christmas Island u. a. kleine Inseln; Kopragewinnung. – 1765/88 Entdeckung der Gilbertinseln, 1892 brit. Protektorat, 1916 Kolonie, 1978 als Rep. K. unabh. im Rahmen des Commonwealth.

**Kiribati**

*Fläche:* 811 km² (Landfläche 717 km²)

*Einwohner:* 91 000

*Hauptstadt:* Bairiki

*Amtssprachen:* Gilbertesisch, Englisch

*Zeitzone:* MEZ + 11 Stunden



**Kirow,** Sergei Mironowitsch, eigtl. **Kostrikow,** sowj. Politiker, *1866, †1934; 1930 Mitgl. des Politbüros, enger Mitarbeiter Stalins; nach seiner Ermordung „gr. Säuberung" (1934).

**Kirsch, 1)** Rainer, dt. Schriftsteller, *1934; Lyrik, Erzählungen, Dramen. **2)** Sarah, dt. Lyrikerin, *1935; Natur- u. zeitkrit. Lyrik, Erz. u. Kinderbücher. 1996 Büchner-Preis.

**Kirschbaum,** Gatt. der Rosengewächse mit versch. Steinobstarten (Sauer- und Süßkirsche); Frucht: *Kirsche.*

**Kirschblattbräune** ↑Pflanzenkrankheiten (Übers.).

**Kirschfruchtfliege** ↑Pflanzenkrankheiten (Übers.).

**Kirschlorbeer,** Rosengewächs des östl. Mittelmeergebiets; immergrüne lederartige Blätter; weiße Blüten in Trauben.

**Kirst,** Hans Hellmut, dt. Schriftsteller, *1914, †1989; Romane: „08/15" u. a.

**Kisch,** Egon Erwin, tschech. Schriftsteller und Journalist, *1885, †1948; schrieb in dt. Sprache zeitkrit. Reportagen.

**Kishon** [ki'ʃɔn], Ephraim, isr. Schriftsteller, *1924; bekannt v. a. durch seine Satiren.

**Kissinger** ['kɪsɪndʒə], Henry Alfred, amer. Politiker dt. Herkunft, *1923; 1973 Friedensnobelpreis; 1973–77 Außenminister.

**Kisuaheli** ↑Suaheli.

**Kitchener** ['kɪtʃɪnə], Horatio Herbert, Earl K. of Khartoum and of

Broome, brit. Feldmarschall, *1850, †1916; warf den Mahdi-Aufstand nieder, zwang in der Faschodakrise die Franzosen zum Abzug, 1900–02 Oberbefehlshaber im Burenkrieg.

**Kithara** [gr.], altgriech. Saiteninstrument mit kastenförm. Korpus.

**Kitzbühel,** östr. St. in Tirol (762 m), an der *K.er Ache,* am N-Fuß der *K.er Alpen* (bis 2 559 m), 9 500 E; Luftkurort, bed. Wintersportplatz, Seilbahnen u. a. zum *K.er Horn* (1 996 m).

**Kitzler, Klitoris,** am vorderen Ende der kl. Schamlippen gelegenes weibliches Geschlechtsorgan (entspr. d. Penis).

**Kiwi,** Frucht des Chin. Strahlengriffels, eiförmig; Fruchtfleisch säuerl., glasig grün.

**Klassizismus:** *Karl Friedrich Schinkel, Neue Wache in Berlin (1816–18)*

**Klabautermann,** im Volksglauben ein Schiffskobold.

**Klabund,** eigtl. Alfred **Henschke,** dt. Schriftsteller, *1890, †1928; expressionist. Romane und Gedichte, Nachdichtungen chin., pers. u. jap. Dichtungen; „Der Kreidekreis".

**Klafter,** fr. Längenmaß (1,7 bis 3 m) u. Raummaß für Brennholz (in Preußen 3,339 $m^3$).

**Klage,** Anrufung des Gerichts um eine richterl. Entscheidung über ein streitiges Rechtsverhältnis, als Leistungs-, Gestaltungs- oder ↑Feststellungs-K.; schriftl. einzureichen; muss u. a. das Ger. u. die Parteien bezeichnen, die Gründe des Begehrens enthalten.

**Klagemauer,** Teil der westl. Umfassungsmauer des Jerusalemer Tempelplatzes; bed. jüd. Gebetsstätte.

**Klagenfurt,** Hptst. v. Kärnten, Östr., im *K.er Becken* (Senke zw. Gurktaler Alpen u. Karawanken), 89 500 E; Univ.; Dom, Theater; Textil-, Leder-, Metallind.; ✈.

**Klages,** Ludwig, dt. Philosoph u. Psychologe, *1872, †1956; bed. Charakterologe u. Graphologe.

**Klaipėda,** dt. **Memel,** St. in Litauen, am Ausgang des Kur. Haffs zur Ostsee, 202 300 E; Univ.; Fisch-, Holz-, Papierind.; Freihandelszone; ⚓, ✈. – 1252 gegründet (1258 Lüb. Recht).

**Klammeraffe,** das Zeichen @ (↑a).

**Klapperschlangen,** zwei Gatt. amer. Grubenottern mit Hornringen (Klapper) am Schwanzende.

**Klara von Assisi,** hl., ital. Ordensgründerin, *1194, †1253; mit Franz von Assisi 1212 Mitbegr. des weibl. Zweiges *(Klarissen)* der Franziskaner.

**Klarinette** [frz.], Holzblasinstrument; zylindr. Bohrung, Schnabelmundstück mit einf., aufschlagendem Rohrblatt.

**Klasse** [lat.], **1)** Kategorie der biol. Systematik. **2)** Soziologie: Gruppe mit bes., gemeinsamen Merkmalen. **3)** Ⓟ Gruppe v. etwa gleichaltrigen Schülern *(Schul-K., Jahrgangs-K.).*

**Klassik,** Wert- u. Zeitbegriff für eine Kulturepoche, die durch Ausgewogenheit u. Harmonie ihrer künstler. [u. wiss.] Leistungen überzeitl. Vollkommenheit und Gültigkeit erreicht.

**Klassizismus, 1)** in der *bildenden Kunst* der dem Rokoko folgende Stil (etwa 1770–1830; in Frkr. Louis-seize u. Empire); Rückgriff auf die röm. interpretierte griech. Antike. Die Baukunst geht aus von Palladio, erste Ausprägung in England (I. Jones, C. Wren, J. Vanbrugh), verbreitete sich in Frkr. (J.-A. Gabriel, J.-G. Soufflot, C. Percier, P. Fontaine) u. in Dtl. (F. W. v. Erdmannsdorff, C. G. Langhans, F. Gilly, K. F. Schinkel, L. v. Klenze, F. Weinbrenner). Führende Bildhauer: A. Canova, J. A. Houdon, G. Schadow, C. D. Rauch, J. H. v. Dannecker, B. Thorvaldsen. In der Malerei führt Frankreich (J. L. David, J. A. D. Ingres, P. P. Prud'hon). **2)** in der *Lit.* bewusste Orientierung an der Poetik der Antike, Wiederaufnahme antiker Formen in Lyrik u. Dramatik.

**Klaus,** Václav, tschech. Politiker, *1941; 1992–97 Min.-Präs. der Tschech. Republik.

**Klausenburg,** rumän. **Cluj-Napoca** ['kluʒna'poka], ungar. **Kolozsvár** ['koloʒvaːr], Bez.-Hptst. in Siebenbürgen, Rumänien, 333 600 E; Univ., Hochschulen, Museen; Handels- u. Wirtschaftszentrum Siebenbürgens; ✈.

**Klausenpass,** schweizer. Alpenpass (1 948 m ü. d. M.) an der *Klausenstraße,* Kt. Uri, Verbdg. von Linth- und Reußtal.

**Klaustrophobie** [gr.], Angst vor dem Aufenthalt in geschlossenen Räumen.

**Klausur** [lat.], **1)** abgeschlossener, ausschließlich den Ordensangehörigen vorbehaltener Raum eines Klosters. **2)** schriftl. Prüfungsarbeit unter Aufsicht.

**Klavichord** [lat.; gr.], **Clavichord,** Vorläufer des Klaviers.

**Klavier** [frz.], urspr. allg. Bez. für mech. Tasteninstrumente; 1709 erfand B. Cristofori (*1655, †1731) das *Hammerklavier,* auch *Pianoforte (Fortepiano)* gen. (Saitenanschlag durch Hämmerchen), aus dem sich das *Pianino* (Saiten senkr.) u. der *Flügel* (Saiten in Tastenrichtung) entwickelten; Tonumfang heute 7 Oktaven (= 85 Töne zw. $A_2$ u. $a^4$).

**Kléber** [kle'bɛːr], Jean-Baptiste, frz. Gen., *1753, †1800; eroberte im ägypt. Feldzug Kairo; ermordet.

**Klebstoffe,** Werkstoffe, die zw. 2 Stoffe eingebracht werden, schnell erhärten u. eine feste Verbindung herstellen; u. a. Kitt, Leim; heute häufig aus Kunststoffen.

**Klee,** Paul, dt.-schweizer. Maler und Grafiker, *1879, †1940; dem Kreis des „Blauen Reiters" verbunden; 1921 am Bauhaus; traumhafte Bildwelt aus abstrakten Formen und fantast. Gestalten in sinnl.-heiterer Farbigkeit.

**Klee, 1)** Bez. für einige Schmetterlingsblütler versch. Gatt., z. B. Wund-, Süß-, Horn-K. **2)** Gatt. der Schmetterlingsblütler in gemäßigten u. subtrop. Gebieten der Alten Welt; viele Futterpflanzen.

**Kleekrebs** ↑Pflanzenkrankheiten (Übers.).

**Kleiber, Spechtmeise,** oberseits blaugraue, unterseits weiße bis rostbraune, Bäume und Felsen bewohnende Singvögel.

**Kleiber, 1)** Carlos, Sohn von 2), argent. Dirigent östr. Herkunft, * 1930; **2)** Erich, östr. Dirigent, * 1890, † 1956; 1923 Gen.-Musikdir. der Berliner Staatsoper; 1936 Emigration nach Argentinien.

**Kleinasi|en,** Halbinsel zwischen Schwarzem Meer u. Mittelmeer, W-Teil v. Anatolien.

**Kleinbären, 1)** marderähnliche amerikan. Raubtiere, u. a. ↑Waschbär, ↑Wickelbär, ↑Nasenbären. **2)** den Bären nahe stehende Raubtiere: *Gr.* (Bambusbär) u. *Kl.* (Katzenbär) *Panda* (Himalajagebiet).

**Kleindeutsche,** Mitglieder der Frankfurter Nationalvers., die eine dt. Einigung ohne Östr. unter preuß. Führung anstrebten.

**Kleine Elster,** r. Nbfl. der Schwarzen Elster.

**Kleine Propheten,** bibelwiss. Sammelbez. für die 12 at. Prophetenbücher (zusammenfassend auch *Zwölfprophetenbuch* gen.) Hosea, Joel, Amos, Obadja, Jona, Micha, Nahum, Habakuk, Zephanja, Haggai, Sacharja und Maleachi; chronologisch die Zeitspanne vom 8. Jh. (Amos, Hosea, Micha) bis 5. Jh. v. Chr. (Maleachi) umfassend.

**Kleiner Bär,** lat. **Ursa Minor,** Sternbild, in dem der nördl. Himmelspol liegt.

**Kleiner Belt,** Meeresstraße in der dän. Ostsee zw. Jütland und Fünen, engste Stelle 0,7 km breit.

**Kleiner Hund,** lat. **Canis Minor,** Sternbild der Äquatorzone.

**Kleiner Sankt Bernhard,** Pass in den frz. Alpen zw. Aosta- u. Isèretal, 2 188 m ü. d. M.

**Kleines Ungarisches Tiefland,** fruchtb., landw. genutzte Ebene (Becken v. Raab) u. das südl. angrenzende Randgebiet (Hügelldsch.), hpts. in NW-Ungarn.

**Kleines Walsertal,** Tal in den Allgäuer Alpen in Vorarlberg, Östr.; bek. Wintersportgebiet; dt. Zollanschluss- u. Wirtschaftsgebiet.

**Kleinkrebse,** niedere Krebse, u. a. Muschelkrebse, Ruderfüßer, Kiemenschwänze.

**Kleinplaneten** ↑Planetoiden.

**Kleist,** Heinrich v., dt. Dichter, * 1777, † 1811 (Selbstmord); bis 1799 in der preuß. Armee, dann literar. Arbeit, Reisen, 1807 unter Spionageverdacht 6 Mon. in frz. Gefangenschaft, längere Aufenthalte in Dresden u. Berlin, ständige Gesundheitsprobleme, mehrere psych. Zusammenbrüche. Das Werk, das beim zeitgenöss. Publikum kaum Erfolg hatte (u. a. Dramen „Amphitryon", „Der zerbrochene Krug", „Prinz Friedrich v. Homburg"; straff gebaute Novellen, u. a. „Michael Kohlhaas"; Essays) steht außerhalb jeder literar. Schule u. weist in seiner spannungsreichen, expressiven Sprache voraus auf die Moderne.

**Klematis** [gr.], **Waldrebe,** Gatt. der Hahnenfußgewächse; meist Kletter-, viele Zierpflanzen.

**Klemens,** Päpste: **1) K. V.,** † 1314, Papst s. 1305; residierte s. 1309 in Avignon; hob unter frz. Druck 1312 den ↑Templerorden auf. **2) K. VII.,** vorher Giulio de' **Medici,** * 1478, † 1534, Papst s. 1523; 1526 Mitgl. der Liga v. Cognac; 1527 Gefangener des Ks. nach dem ↑Sacco di Roma. **3) K. XIV.,** * 1705, † 1774, Papst seit 1769; hob 1773 unter bourbon. Druck den Jesuitenorden auf.

**Klementine,** kernlose Sorte der Mandarine.

**Klemperer, 1)** Otto, dt. Dirigent, * 1885, † 1973. **2)** Victor, dt. Romanist, * 1881, † 1960; seine Tagebücher u. Sprachbeobachtungen („LTI") aus der Zeit 1933–59 sind wichtige Zeugnisse geistigen Widerstands gegen den Totalitarismus.

**Paul Klee:** *Kleines Tannenbild (1922)*

**Klenze,** Leo v., dt. Baumeister, * 1784, † 1864; bed. klassizist. Bauten in München, in Petersburg (Neue Eremitage) u. a.

**Kleopatra VII.,** d. Gr., ägypt. Kgn. seit 51, * 69, † 30 v. Chr.; Geliebte Caesars, dann des Antonius; beging nach dessen Niederlage v. Aktium Selbstmord durch Schlangenbiss.

**Klepper,** Jochen, dt. Schriftsteller, * 1903, † 1942, (Selbstmord mit seiner jüd. Frau u. Stieftochter); Lyrik, Prosa, erschütternde Tagebücher.

**Kleptomanie** [gr.], **Stehlsucht,** krankhafter Trieb zu stehlen.

**Klerus** [gr.-lat.], Gesamtheit der *Kleriker,* der kath. Welt- und Ordensgeistlichen. – *klerikal,* die Geistlichkeit betr.; kirchlich gesinnt. *Klerikalismus,* polem. Bez. für eine von [ausschließl.] kirchl. Interessen geleitete Haltung in Ges. u. Politik.

**Klestil,** Thomas, östr. Politiker u. Diplomat, * 1932, s. 1992 Bundespräs. (Kandidat der ÖVP).

**Klette,** Korbblütlergatt.; Hüllblätter der Blüten mit Widerhaken.

**Kleve, 1)** Krst. im Niederrhein. Tiefland, NRW, 48 300 E; LG; Schwanenburg; Nahrungsmittel-, Schuh- u. a. Ind. **2)** ehem. dt. Gft. am Niederrhein, 1417 Hzgt., 1511 mit Jülich–Berg–Ravensberg in Personalunion verbunden, 1614 mit Brandenburg vereinigt.

**Klient** [lat.], Auftraggeber, bes. eines Rechtsanwaltes.

**Klima,** Viktor, östr. Politiker (SPÖ), * 1947; 1991–95 B.-Min. für öff. Wirtschaft u. Verkehr, danach bis 1997 B.-Min. für Finanzen, 1997–2000 B.-Kanzler.

**Klima** [gr.], charakt. durchschn. Zustand der Atmosphäre eines Ortes *(Lokal-)* od. Gebietes *(Groß-K.);* best. aus mittl. Temp., Sonneneinstrahlung (Insolation), Luftfeuchtigkeit, Wind, Niederschlagsmenge u. -häufigkeit, Höhenlage, Luftzusammensetzung; *Klimazonen:* trop., Trocken-, warm gemäßigte, Schnee- und Eisklimate u. Ä.

**Klimakterium** [gr.], svw. ↑Wechseljahre.

**Klimt,** Gustav, östr. Maler des Jugendstils, * 1862, † 1918.

**Klingenthal/Sa.,** Krst. in Sa., 11 600 E; Musikinstrumentenbau.

**Klinger, 1)** Friedrich Maximilian v., dt. Dramatiker, * 1752, † 1831; Drama „Sturm und Drang", namengebend für die literar. Bewegung. **2)** Max, dt. Maler, Grafiker u. Bildhauer, * 1857, † 1920; bed. Vertr. des Symbolismus; virtuose Radierungen.

**Klinikum** [gr.], Gesamtheit der Kliniken einer Universität; klin. Baukomplex.

**Klinker** [niederl.], Hartziegel, glasartig gebrannt; für Außenmauern, Wandverkleidungen.

**Klio,** Muse der Geschichtsschreibung.

K

**Klippfisch** ↑Kabeljau.
**Klippspringer,** kl. Springantilope in den Bergen N-Afrikas.
**Klirrfaktor,** in % angegebene Verzerrung einer sinusförm. Signalspannung beim Durchlaufen eines Verstärkers infolge systembedingter Erzeugung v. Oberschwingungen *(Klirren);* soll bei Hi-Fi-Geräten nicht größer als 1 % sein.
**Klischee** [frz.], **1)** Abklatsch, Nachahmung. **2)** ungenaue Bez. für Hochdruckplatten u. Druckstöcke.
**Klistier** [gr.], svw. ↑Einlauf.
**Klitoris** [gr.], svw. ↑Kitzler.
**Klitzing,** Klaus von, dt. Physiker, *1943; Arbeiten zur Festkörperphysik, Nobelpreis 1985.
**Klivie, Clivia** [nach Lady Clive, †1866], Gatt. der Amaryllisgewächse mit 5 Arten in S-Afrika, Zimmerpfl. mit roten, orangefarbenen od. gelbl. Blüten.
**Kloake** [lat.], **1)** unterird. Abzugskanal, Senkgrube. **2)** Endabschnitt des Darmes, mit Ausmündungsöffnungen der Harn- u. Geschlechtsorgane, z.B. bei Lurchen, Kriechtieren, Vögeln und Kloakentieren.
**Klonieren, Klonen,** die Herstellung erbgleicher Nachkommen (Pflanzen, Tiere) mit bestimmten (molekular)biolog. Methoden.
**Klopffestigkeit,** Eigensch. von best. Kraftstoffen für Verbrennungskraftmasch., im Kompressionstakt nicht vorzeitig durch Selbstentzündung *(Klopfen, Klingeln)* zu explodieren (↑Oktanzahl). In modernen Motoren wird über Sensoren d. Zündzeitpunkt elektron. geregelt.
**Klopfkäfer,** svw. ↑Bohrkäfer.
**Klöppeln,** Herstellen von Klöppelspitze auf dem *Klöppelkissen* durch Kreuzen, Drehen oder Verflechten von Fäden, die auf *Klöppel* (Holzstäbe) gewickelt sind; berühmt ist u.a. die erzgebirg. Klöppelkunst.
**Klopstock,** Friedrich Gottlieb, dt. Dichter, *1724, †1803; rhythm.-musikal., von individuellem Empfinden getragene Lyrik („Die Frühlingsfeier"), Hexameterepos „Der Messias".
**Kloster** [lat.], gegenüber der Außenwelt abgeschlossener Gebäudekomplex (Wohn-, Kirchen-, Wirtschaftsgebäude) einer Ordensgemeinschaft; urspr. Eremitensiedlung (v.a. in Ägypten, 4. Jh.); lose Anordnung auf dem Athos; feste Anlagenordnung im Abendland (Benediktiner); auch bed. buddhist. u. hinduist. Anlagen.
**Klosterneuburg,** östr. St. an der Donau oberh. von Wien, 24 600 E; Augustiner-Chorherrenstift.
**Klotho,** eine der Moiren; griech. Schicksalsgöttin, die den Lebensfaden spinnt.
**Klotz,** Matthias, Begr. des Mittenwalder Geigenbaus, *1653, †1743.
**Kluft,** Gesteinsriss oder -fuge, durch tekton. Zug od. Druck od. Erstarrung magmat. Gesteine entstanden; Klüfte verlaufen meist in best. Richtungen *(K.systeme); K.höhle* ↑Höhle.
**Kluge,** Alexander, dt. Jurist, Schriftsteller u. Filmregisseur, *1932.
**Kluppe,** Gewindeschneider.
**Klüverbaum,** auf Segelschiffen über den Bug hinausragendes, einziehb. Rundholz zum Befestigen des *Klüversegels* (Vorsegel).
**Klytämnestra,** in der griech. Mythol. Gemahlin Agamemnons, Mutter von Orestes, Iphigenie und Elektra.
**km,** Einheitenzeichen für: ↑**Kilometer**.
**Knappe, 1)** im MA Edelknabe, der einem Ritter diente. **2)** alte Bez. für Bergmann.
**Knappertsbusch,** Hans, dt. Dirigent, *1888, †1965.
**Knappschaft,** Bez. für die ↑Zunft der Bergleute; bis heute gibt es die *K.sversicherung,* Kranken-, Pflege- u. Rentenversicherung für im Bergbau Beschäftigte.
**Knaus,** Hermann, östr. Gynäkologe, *1892, †1970; begr., gestützt auf Beobachtungen des jap. Arztes K. Ogino (*1882, †1975), die *K.-Ogino-Methode* zur Empfängnisverhütung durch Beachten der fruchtb. u. unfruchtb. Tage der Frau.
**Knef,** Hildegard, dt. Schauspielerin, Chansonsängerin u. Schriftstellerin, *1925, †2002.
**Kneipp,** Sebastian, kath. Pfarrer in Bad Wörishofen, *1821, †1897; Begr. der Hydrotherapie.
**Knesset[h]** [hebr.], isr. Parlament.
**Kniebis,** Erhebung auf d. Buntsandsteinhochfläche des Nordschwarzwaldes, bis 971 m.

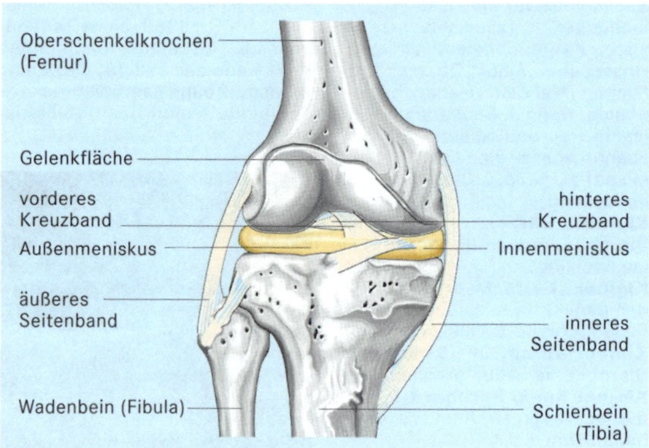


**Knie[gelenk]:** *Ansicht von vorn*

**KMV-Platten** [Abk. für: **K**eramik-**M**etall-**V**erbund], Verbundwerkstoff aus metall. Trägermaterial und oxidkeram. Beschichtung; z.B. für schusssichere Westen.
**KNA** ↑Nachrichtenagenturen (Übers.).
**Knabenkraut,** Gatt. der Orchideen in Eurasien, N-Afrika und Nordamerika; oft giftig.
**Knallgas,** Gemisch aus Sauerstoff (od. Luft) u. Wasserstoff (od. anderen brennb. Gasen); verbrennt explosionsart.; i.e.S. Gemisch aus Wasserstoff u. Sauerstoff im Verhältnis 2 : 1; *K.gebläse* beim autogenen Schweißen.
**Knie[gelenk],** Ober- u. Unterschenkel verbindendes Gelenk, gebildet aus Oberschenkelknochen, Schienbein u. *Kniescheibe.*
**Knigge,** Adolf Frhr., dt. Schriftsteller, *1752, †1796; „Über den Umgang mit Menschen".
**Knobelsdorff,** Georg Wenzeslaus v., dt. Baumeister, *1699, †1753; entwickelte das friderizian. Rokoko (Umbau u.a. der Schlösser Rheinsberg, Charlottenburg, Potsdam und Sanssouci).
**Knoblauch,** Liliengewächs; stark riechende Zwiebelpfl., Gewürz.
**Knochen,** aus *K.gewebe* (miteinander verbundene *K.zellen* und

organ. Interzellularsubstanz) bestehende harte Skelettelemente der Wirbeltiere (einschl. Mensch); gelenkig od. fest miteinander verbunden; lange *Röhren-K.* u. kompaktere *platte K.;* feste Außenschicht, eingehüllt in die *K.haut,* eingelagert das ↑Knochenmark.

**Knochenbruch, Fraktur,** vollst. od. teilw. Trennung des Knochens. – Sofortmaßnahmen: Ruhigstellen, behelfsmäß. Schienen mit Stock, Latte, Schirm. Festlegen mit Tüchern oder Binden, keine Einrichtungsversuche!

**Knochendichtemessung, Osteodensitometrie,** radiolog. Methode zur Bestimmung des Mineralgehaltes des Knochens, v.a. bei Osteoporose.

**Knochenmark,** den Innenhohlraum der Knochen ausfüllendes Zellgewebe; *rotes K.* in platten Knochen, u.a. Bildungsstätte der roten Blutkörperchen; im Alter *gelbes K.* in Röhrenknochen, fettreich; *K.entzündung,* als Folge einer Infektion od. nach Verletzung; *K.erkrankungen,* meist bei Blutkrankheiten.

**Knöllchenbakteri|en,** Luftstickstoff bindende Bakterien der Gatt. Rhizobium; leben symbiot. in Wurzelanschwellungen (Wurzelknöllchen), bes. von Hülsenfrüchtlern.

**Knollenblätterpilz,** z.T. äußerst gift. Pilzarten der Gatt. Amanita mit weißen Lamellen, weißer Stielmanschette und weißl. Schuppen auf der Hutoberseite; Gelber, Grüner, Weißer Knollenblätterpilz.

**Knollennassfäule** ↑Pflanzenkrankheiten (Übers.).

**Knorpel[gewebe],** elast.-feste, gg. Druck widerstandsfäh. Stützsubstanz im Wirbeltierskelett, an Gelenkflächen der Knochen.

**Knossos,** griech. Ort u. antike Ruinenst. auf Kreta; Palastbauten aus minoischer Zeit.

**Knoten, 1)** Verschlingung von Fäden, Seilen, Tauen u.a. (bes. Schifffahrtswesen). **2)** Einheitenzeich. **kn,** Einheit für die Schiffsgeschwindigkeit, 1 kn = 1 sm/h = 1,852 km/h.

**Knöterich,** Gatt. der *K.gewächse;* in Dtl. Vogelknöterich, Wiesenknöterich u.a.

**Know-how** [nəʊ 'haʊ], spezielle, v.a. techn. od. ökonom. verwertbare Kenntnisse u. Erfahrungen.

**Knox** [nɔks], John, schott. Reformator, *1513(?), †1572; maßgebl. Organisator der kalvinist. geprägten Reformation in Schottland.

**Knurrhähne, Seehähne,** bis 90 cm gr., räuber. Stachelflosser in trop. u. gemäßigten Meeren.

**Knut, Knud,** *Dänemark:* **1) K. II.,** d. Gr., *um 995, †1035, Kg. s. 1018; zugleich Kg. v. England (s. 1016) u. Norwegen (s. 1028); mit Konrad II. verbündet, der ihm 1025/35 Schleswig überließ. **2) K. IV.,** der Heilige, *um 1040, †1086, Kg. s. 1080; Schutzheiliger Dänemarks, ermordet.

**Koala** [austral.], baumbewohnendes, rd. 60 cm gr. Beuteltier Australiens; frisst ausschließl. Blätter von Eukalyptusbäumen.

**Koalition** [frz.], Bündnis v. Staaten (z.B. *Kriegs-K.*), Parteien *(Regierungs-K.)* od. Interessengruppen.

**Koaxialkabel,** störungssichere elektr. Leitung aus einem zylindr. Außenleiter (Rohr, Drahtgeflecht) u. einem koaxialen Innenleiter.

**Kobalt,** fachsprachl. **Cobalt,** Symb. **Co,** chem. El., OZ 27, rel. A.-Masse 58,9332, stahlgraues, glänzendes, magnet. Metall, Dichte 8,9 g/cm³, Fp. 1495 °C, Sp. 2927 °C; gg. Luft u. verdünnte Säuren beständ.; tritt in Verbdg. (meist farb. Salzen) 2- u. 3-wert. auf; wicht. Legierungsbestandteil in Stählen, Dauermagneten, Hartmetallen; auch verw. als Katalysator; radioakt. $^{60}$Co.

**Kobaltbombe,** Wasserstoffbombe mit Kobaltmantel.

**Kōbe,** jap. Hafen- u. Ind.-St. an der Ōsakabucht, 1,48 Mill. E; 2 Universitäten; bei Erdbeben 1995 stark zerstört.

**Koblenz,** Hptst. des Reg.-Bez. K., Krst. u. krsfr. St., RP, an der Mdg. der Mosel in den Rhein, 109200 E; erziehungswiss. Hochsch., FH, Verw.- u. Wirtsch.akad., B.-Archiv, OLG, LG; IHK; ehem. Stiftskirche St. Kastor (836/12. Jh.), rechtsrhein. Feste Ehrenbreitstein; chem., Metall-, Papier-, Gummiind., Sektherstellung. – Röm. Gründung.

**Kobold,** im Volksglauben meist gutart., zwergenhafter Hausgeist in versch. Gestalt.

**Koboldmakis,** Unterordn. der Affen; nächtl. lebende Waldtiere der malaiischen Inseln.

**Kobra** [portug.], sehr gift. Art der Brillenschlangen, bes. im trop. Asien.

**Koch, 1)** Robert, dt. Bakteriologe, *1843, †1910; entdeckte die Bildung keimfähiger Sporen im Milzbrandbazillus, das Tuberkelbakterium (1882) u. den Choleraerreger (1884); Nobelpreis 1905. **2)** Roland, dt. Politiker (CDU); *1958; seit 1999 Min.-Präs. in Hessen.

**Köchelverzeichnis,** Abk. **KV,** das 1862 v. Ludwig Ritter v. Köchel (*1800, †1877) hg. „Chronolog.-themat. Verzeichnis sämtl. Tonwerke W. A. Mozarts".

**Kocher,** r. Nbfl. des Neckars, 180 km.

**Kochsalz,** Natriumchlorid mit 1–2,5% Beimengungen (Wasser, Spurenel.); Speisesalz.

**Kochsalzlösung, physiolog. K.,** Lösung mit einem Gehalt von 0,9% Kochsalz, dem Blutserum isotonisch.

**Kock,** Manfred, dt. ev. Theologe, *1936; seit 1997 Präses der Ev. Kirche im Rheinland u. Vors. des Rates der EKD.

**Kodály** ['kɔda:j], Zoltán, ungar. Komponist, *1882, †1967; Orchester- und Vokalwerke, Volksliedsammler und -forscher.

**Kodein** ↑Codein.

**Kodex, Codex** [lat.], **1)** Buchform der Spätantike u. des MA mit Handschriften auf Pergament- od. Papierblättern zw. zwei Holzdeckeln mit Leder- od. Metallüberzug. **2)** Gesetzesslg., Gesetzbuch.

**Kodifikation** [lat.], systemat. Erfassung aller geltenden Rechtsnormen eines Sachgebietes in einem Gesetzbuch.

**Ko|effizient** [lat.], konstanter Faktor vor einer veränderl. Größe.

**Koeppen** ['kœ-], Wolfgang, dt. Schriftsteller, *1906, †1996; zeitkrit. Romane u.a.

**Koestler** ['kœ-], Arthur, engl. Schriftsteller ungar. Herkunft, *1905, †1983 (Selbstmord); setzte sich u.a. mit dem Problem des Totalitarismus auseinander.

**Ko|existenz** [lat.], **1)** Zusammensein; Zugleichbestehen von Dingen in Raum u. Zeit od. versch. Eigensch. am selben Ding. **2)** das friedl. Nebeneinander v. Staaten versch. Gesellschafts- und Wirtsch.-Systeme.

**Koffein, Coffein, Thein,** Trimethylxanthin, in Kaffeebohne, Teeblatt, Kolanuss enthaltenes Alkaloid; regt das Zentralnervensystem an.

**Kogge,** hochbord., bauch. Segelschiff, 13.–15. Jh.; v.a. von der Hanse verwendet.

**Kognak** ['kɔnjak], umgangssprachl. Bez. für Weinbrand.

**Kognition** [lat.], alle Vorgänge des Wahrnehmens u. gedankl. Verarbeitens der Wirklichkeit. Die *K.-Wissenschaft* untersucht Aspekte kognitiver Prozesse, bes. menschl. u. maschinelle Intelligenzleistungen.

**Kohäsion** [lat.], der auf molekularen Anziehungskräften beruhende Zusammenhalt eines Stoffes.

**Kohäsionsfonds,** strukturpolit. Instrument zur Förderung des wirtsch. u. sozialen Zusammenhalts in der EU, seit 1994 in Kraft; die Mittel fließen EU-Staaten mit erhebl. Entw.rückstand zu.

**Kohinoor, Kohinur** [kohi'nu:r], berühmter Diamant, 108,93 Karat; in Indien gefunden, heute im brit. Kronschatz.

**Kohl,** Helmut, dt. Politiker, *1930; 1969–76 Min.-Präs. von RP, 1973–98 Bundesvors. der CDU, 1976–82 Fraktionsvors. der CDU/CSU im Dt. Bundestag, seit Okt. 1982 B.-Kanzler, 1990–98 des wieder vereinten Deutschland.

H. Kohl

**Kohle,** Zersetzungs- u. Umwandlungsprodukt organ. Substanzen, entsteht als *Mineral-K.* im Wesentl. durch Reduktion unter großem Druck während langer Zeiten. Aus üppigen Sumpfmoorwäldern in trop. Klima bildeten sich Torfmoore, dann d. *Braun-K.* (vor etwa 40–50 Mill. Jahren) u. unter dem Einfluss starken Drucks durch weitere Anreicherung des Kohlenstoffs d. *Stein-K.* (vor etwa 250–280 Mill. Jahren). – Gewinnung der Stein-K. fast durchweg im Untertagebau, Heizwert 30 000–36 000 kJ/kg. Braun-K. bildet meist mächtige, oberflächennahe Flöze, die im Tagebau abgebaut werden können, Heizwert etwa 25 000–28 500 kJ/kg.

**Kohlendioxid,** $CO_2$, farbloses Gas, das bei der Verbrennung von Kohle und allen organ. Verbdg. entsteht u. sich auch bei der menschl. u. tier. Atmung als Endprodukt bildet; in d. Luft zu über 0,03 % enthalten; wird v. den Pfl. aufgenommen u. in organ. Produkte verwandelt *(Kohlenstoffkreislauf);* techn. hergestelltes K. dient u. a. als Feuerlöschmittel, Schutzgas, auch als Kühlmittel; bewirkt im Verbund mit anderen Spurengasen den ↑Treibhauseffekt. Ende 1997 verpflichteten sich d. Ind.staaten („Kyōto-Protokoll"), ihren K.-Ausstoß zw. 2008 u. 2012 um rd. 5 % gegenüber 1990 zu senken. Dtl. beschloss bereits 1990, d. K.-Emission bis 2005 um 25 % zu reduzieren.

**Kohlenhydrate,** organ. Verbdg., die von Pfl. gebildet werden (Zucker, Stärke, Zellulose).

**Kohlen[mon]oxid,** CO, ☠, geruchloses Gas, entsteht durch Verbrennen von Kohle bei mangelnder Sauerstoffzufuhr; Bestandteil der Motorauspuffgase *(K.vergiftung);* auch für chem. Synthesen verwendet (z. B. ↑Fischer-Tropsch-Verfahren).

**Kohlensäure,** $H_2CO_3$, schwache, nur in verdünnter wässr. Lösung beständ. Säure; entsteht bei Auflösung v. ↑Kohlendioxid in Wasser.

**Kohlenstoff, Carboneum,** Symb. **C,** chem. El., OZ 6, rel. A.-Masse 12,01115, Nichtmetall; tritt als Diamant, Graphit, Fulleren u. Ruß auf; Fp. bei 3 550 °C, Sp. 4 827 °C (Diamant); meist 4-, selten 2-wert.; bildet eine Vielzahl von *K.verbindungen,* die v. a. Träger aller Lebenserscheinungen sind (im Sondergebiet organ. Chemie zusammengefasst). K. verbindet sich prakt. mit allen El., bes. mit Wasserstoff u. Sauerstoff; Isotop $^{14}C$ ist radioaktiv, erweist sich als geeignet zur Altersbestimmung kohlenstoffhalt. Substanzen *(Radiokarbonmethode);* in einigen natürl. Lagern v. a. in Form von Verbdg. (Kohlenwasserstoffe, Carbonate) vorkommend; ↑Kohle, ↑Erdöl, ↑Kalk.

**Kohlenwasserstoffe, KW-Stoffe,** organ. Verbdg. aus Kohlenstoff u. Wasserstoff; u. a. gesättigte u. ungesättigte Verbdg., d. Gase (Methan, Acetylen), Flüssigkeiten (Benzol, Petroleum) od. feste Stoffe (Paraffin) sein können, 2 Hauptgruppen, d. aliphat. (offenkettigen) u. aromat. (zykl.) Verbdg.; brennbar u. wasserunlösl.; in Erdöl, Kraftstoffen, Heizölen enthalten.

**Kohlepfennig,** 1974–95 erhobene Ausgleichsabgabe auf den Stromverbrauch zur Subventionierung des Einsatzes dt. Kohle bei der Stromerzeugung.

**Köhler, Gründorsch,** kleinere Schellfischart im N-Atlantik.

**Köhler, 1)** Georges, dt. Immunologe, *1946, †1995; mit C. Milstein u. N. K. Jerne 1984 für immunbiolog. Forschungen Nobelpreis f. Medizin od. Physiologie. **2)** Horst, dt. Volkswirtschaftler, Finanzpolitiker, *1943; u. a. Präs. der Osteuropabank (1998–2000); s. 2000 geschäftsführender Dir. des IWF.

**Kohlerdfloh** ↑Pflanzenkrankheiten (Übers.).

**Kohlfliege** ↑Pflanzenkrankheiten (Übers.).

**Kohlhernie** ↑Pflanzenkrankheiten (Übers.).

**Kohlmeise,** oberseits olivgrüne bis graue, unterseits gelbe, 14 cm gr. Meise mit schwarzer „Krawatte" in Eurasien; Insektenvertilger.

**Kohlrabi,** eine Gemüsekohlvarietät (Kreuzblütler); oberird. Sprossknolle, als Gemüse verwendet.

**Kohlrübe, Steckrübe,** Gemüse- u. Futterrübe (Kreuzblütler).

**Kohlweißling,** weißer Schmetterling, dessen Raupen an Kohlpflanzen fressen, ↑Pflanzenkrankheiten (Übers.).

**Kohorte,** röm. Truppenverband der Legion; in der Kaiserzeit mil. Einheit von 500 oder 1 000 Mann.

**Kohout** [ˈkɔhɔʊt], Pavel, tschech. Schriftsteller, *1928; seit 1978 in Östr.; s. 1980 östr. Staatsbürger.

**Koinzidenz** [lat.], Zusammenfall, -treffen zweier Ereignisse.

**Koitus** [lat.], svw. ↑Geschlechtsverkehr.

**Koizumi,** Junichirō, jap. Politiker, *1942; mehrfach Min., s. 2001 Vors. der Liberaldemokrat. Partei und Min.-Präs.

**Kojote** [mex.], svw. ↑Präriewolf.

**Kokain, Cocain** [indian.], Alkaloid der Blätter des *Kokastrauchs,* synthet. herstellbar; Schleimhautanästhetikum, eines der gefährlichsten Rauschgifte, führt zu allg. körperl. und seel. Zerrüttung.

**Kokille** [frz.], Form zum Gießen metall. Werkstoffe.

**Kokon** [kɔˈkõ; frz.], Gespinsthülle vom Eigelege od. mancher Insektenpuppe (z. B. der Seidenraupen).

**Kokoschka,** Oskar, östr. Maler u. Grafiker, *1886, †1980; Vertr. des Expressionismus; Städtebilder, Landschaften, psychologisierende Porträts.

**Kokosinseln, Keelinginseln** [ˈkiːlɪŋ-], austral. Inselgruppe im östl. Ind. Ozean, 14 km$^2$, rd. 600 E; Kopragewinnung; ✠.

**Kokospalme,** bis 30 m hohe Palme mit bis 4 m langen Fiederblättern; wicht. Kulturpfl. trop. Meeresküsten; der fleisch. Kern der *Kokosnüsse* (getrocknet und zerkleinert) wird als *Kopra* zur Herst. von Speisefetten u. Ölen verw., Pressrückstände als Viehfutter; die Fasern der Früchte werden zu Matten u. a. verarbeitet.

**Kokotte** [frz.], Dirne, Halbweltdame.

**Koks,** Brennstoff, Rückstand beim Entgasen v. ↑Kohle.

**Kola,** Halbinsel zw. Weißem Meer u. Barentssee, Russland; z. T. gebirgig, ⚓ Murmansk; ⚒ auf Eisen, Kupfer, Nickel, Nephelin, Apatit.

**Kola[nuss]baum** [afrik.], Gatt. der Sterkuliengewächse; 6–15 m hohe Bäume, trop. Afrika; die *Kolanüsse* enthalten Koffein.

**Kola[nuss]baum:** *blühender Zweig, daneben Kolanuss*

**Kolb,** Annette, dt.-frz. Schriftstellerin, * 1870, † 1967; Vermittlerin zw. dt. u. frz. Kultur; Essays und Romane, u. a. „Daphne Herbst", „Die Schaukel"; „Mozart" (Biogr.).

**Kolbe, 1)** Georg, dt. Bildhauer, * 1877, † 1947; von A. Rodin beeinflusst, Bildnisbüsten, v. a. anmutige Aktfiguren. **2)** Maksymilian, hl., poln. Franziskaner, * 1894, † 1941; ging im KZ Auschwitz anstelle eines mitgefangenen Familienvaters († 1995) in den Tod.

**Kolben, 1)** feuerfestes Glasgefäß in der Chemie. **2)** Maschinenteil, das sich [dicht anschließend] in einem Zylinder bewegt.

**Kolbenbärlapp, Schlangenmoos,** ausdauernde Bärlapppfl. auf Heiden und in Nadelwäldern.

**Kolbentriebwerke,** Flugzeugtriebwerke, u. a. als Reihen-, V-, Boxer-, Stern- u. Doppelsternmotoren gebaut; Verbrennung fast ausschließl. nach dem Viertakt-Otto-Verfahren; i. w. S. alle Verbrennungsmotoren.

**Kolbenwasserkäfer,** bis 5 cm gr., schwarzer Schwimmkäfer.

**Kolberg,** poln. **Kołobrzeg** [kɔˈłɔbʒɛk], Krst. in d. Wwschaft Westpommern, Polen, 46 700 E; See-, Sol-, Moorbad, Fischverarbeitung; ⚓.

**Kolchis,** fruchtbares Schwemmland am unteren Rioni, östl. des Schwarzen Meeres, Georgien. In der griech. Mythologie Heimat der Medea.

**Kolchizin** [gr.], **Colchicin,** Alkaloid der Herbstzeitlose; Anw. im akuten Gichtanfall.

**Kolchose** [Kurzw.], landw. Kollektivwirtsch. in der Form von Produktionsgenossenschaften in der ehem. UdSSR, gemeinsames Eigentum an Grund u. Wirtschaftsgeräten. (↑ Sowchosen)

**Kolibakteri|en** [gr.], Darmbakterien (Escherichia coli), verhindern Fäulnisprozesse, zersetzen Kohlenhydrate; außerh. des Darmes auch Krankheitserreger.

**Kolibris** [karib.], Fam. hummelbis schwalbengroßer Vögel im [sub]trop. Amerika, ernähren sich von Insekten und Nektar.

**Kolik** [gr.], anfallweise auftretender, krampfart. Leibschmerz (Magen-, Darm-, Gallenstein-, Nierensteinkolik).

**Kollaboration** [lat.], Zusammenarbeit mit dem [das Land besetzt haltenden] Feind.

**Kollaps** [lat.], plötzl. auftretende Kreislaufschwäche infolge starker Verminderung des Blutrückstroms zum Herzen; Blutdruckabfall, kalter Schweiß, Blässe, kurzzeitige Bewusstseinsminderung.

**Kollateralschaden,** bei einer militär. Aktion entstehender (schwerer) Schaden, der nicht beabsichtigt ist u. nicht in unmittelbarem Zusammenhang mit dem Ziel der Aktion steht, dennoch in Kauf genommen wird.

**Kollation** [lat.], **1)** ⚖ die ↑Ausgleichspflicht. **2)** Prüfung auf Vollständigkeit d. Bogen in d. Buchbinderei.

**Kolleg** [lat.], **1)** akad. Vorlesung. **2)** Institut zur Erlangung der Hochschulreife; Einrichtung des ↑zweiten Bildungsweges.

**Kollegium** [lat.], **1)** Gesamtheit von Personen gleichen Amts od. Berufs. **2)** alle Lehrer einer Schule.

**Kollekte** [lat.], **1)** Slg. freiwill. Geldspenden bei und nach dem Gottesdienst. **2)** kurzes Altargebet.

**Kollektiv** [lat.], eine Gruppe von Individuen (Klasse, Stand, Volk) mit gemeinsamen Vorstellungen *(K.bewusstsein);* Arbeitsgemeinschaft.

**Kollektor** [lat.], **1)** Teil einer elektr. Masch.; Kupferlamellen mit Isolierzwischenlagen, daran angeschlossen die Ankerwicklungen; Stromzuführung oder -abnahme über Bürsten (meist Kohlebzw. Graphitstücke), die auf dem K. schleifen. **2)** ↑Transistor. **3)** opt. Element mit einer abbildenden (fokussierenden) Funktion, z. B. *Sonnen-K.* (↑Kraftwerk).

**Kollier** [kɔlˈje; frz.], Halsgeschmeide.

**Kollision** [lat.], **1)** Zusammenstoß. **2)** Widerstreit [unvereinb. Interessen, Rechte u. Pflichten].

**Kollo, 1)** René, dt. Sänger (Tenor), * 1937, Enkel von 2); bed. Wagner-Sänger. **2)** Walter, eigtl. W. **Kollodzieyski** [kɔlotsiˈɛski], dt. Operetten- u. Schlagerkomponist, * 1878, † 1940; „Wie einst im Mai" (1913).

**Kolloide** [gr.], feste od. flüss. Stoffe in feinster (kolloidaler) Verteilung (mit Teilchendurchmessern v. $10^{-5}$ bis $10^{-7}$ cm) in einem flüss. od. gasförm. Medium (dem Dispersionsmittel), z. B. feinste Öltröpfchen in Wasser (Emulsion).

**Kolloquium, Colloquium** [lat.], [wiss.] Diskussion, Unterhaltung; Prüfung [in Gesprächsform].

**Kollwitz,** Käthe, geb. **Schmidt,** dt. Bildhauerin u. Grafikerin, * 1867, † 1945; expressiv-realist. Grafik; „Ein Weberaufstand", „Bauernkrieg", [anklagende] Themen aus dem Großstadtproletariat.

**Köln,** Hptst. des Reg.-Bez. K., krsfr. St., NRW, in der fruchtb. *Kölner Bucht,* am Rhein, 965 700 E; bed. histor. u. mod. Bauten, v. a. Dom (1248–1560; 1842–80); bed. Museen, Univ., Hochschulen, zahlr. Forschungs- und Lehrinst., Bundesamt für Verf.-Schutz, B.-Verw.-Amt, OLG, LG; IHK; Messen und Ausstellungen; vielseit. Ind.; Verkehrsknotenpunkt; ✈ K.-Bonn. – *Gesch.:* röm. Gründung und Militärlager, seit 50 n. Chr. St. *„Colonia Agrippina";* später Bischofssitz u. Fränk. Residenz; 795 Erzbistum, später Kurft., 1288 R.-St.; 1803 Säkularisation des Kurfürstentums. – Abb. S. 368.

**Kolonie** [lat.], **1)** Ansiedlung v. Menschengruppen außerhalb ihres Mutterlandes. **2)** auswärt. Territorialbesitz eines Staates. **3)** durch Teilung entstandener loser Verband von einzell. Algen od. Bakterien (Biol.).

**Kolonnade** [frz.], in der Baukunst Säulengang mit geradem Gebälk (im Ggs. zu Arkaden).

**Kolonne** [frz.], **1)** Marschformation der Truppe. **2)** [Zahlen]reihe. **3)** ⚗ Trennungssäule b. der Destillation. **4)** Druckspalte.

**Kolophonium** [gr.], Rückstand bei der Destillation von ↑Terpentin; verw. zur Herst. von Lacken, Sikkativen, Geigenbogenharz u. a.

**Koloradokäfer, Kartoffelkäfer** ↑Pflanzenkrankheiten (Übers.).

**Koloratur** [lat.], Ausschmückung u. Verzierung einer Melodie; *K.sopran* ↑Stimmlagen.

**Kolorit** [ital.], **1)** Farbgebung in der Malerei. **2)** Klangfarbe in der Musik.

**Koloss** [gr.], gewaltiges Stand-

K

**Köln:** *Blick auf den Kölner Dom Sankt Peter und Maria (1248 begonnen)*

bild; bes. der nicht erhaltene *K. v. Rhodos,* die wohl 32 m hohe Erzstatue des Sonnengottes (Helios) am Hafen von Rhodos, eines der sieben Weltwunder (3. Jh. v. Chr. errichtet).

**Kolosseum, Colosseum,** ries. Amphitheater beim Forum Romanum in Rom.

**Kolping,** Adolf, gen. der Gesellenvater, dt. kath. Priester, *1813, †1865; 1849 Begr. des späteren *K.werks* (Organisation der kath. Gesellenvereine); selig s. 1991.

**Kolportage** [-ˈtaːʒə; frz.], volkstüml., auch minderwertige Druckschrift; *K.roman,* Schundroman.

**Kolumbien,** Rep. im NW Südamerikas. K. wird von 3 Gebirgsketten der Anden (O-, Z- und W-Kordillere) von N bzw. NO nach S bzw. SW durchzogen. Die Hochplateaus haben gemäßigtes Klima u. sind dicht bevölkert, das weite östl. Tiefland ist trop. heiß (Savannen und Wälder), die Hauptflüsse (Rio Magdalena und Rio Cauca) entwässern zum Karib. Meer, der O K.s ist Einzugsgebiet des Orinoko u. des Amazonas. – *Landw.:* Kaffee, daneben Bananen, Mais, Tabak, Zuckerrohr u. a.; Rinderzucht. – *Bodenschätze:* Erdöl, Kohle; Platin, Gold, Silber, Eisen, Mangan; Smaragdbergwerke bei Muzo; Lebensmittel-, Textilind.; *Häfen:* Baranquilla, Cartagena (Karib. Meer); Buenaventura (Pazifik). – *Gesch.:* alte Indianerkulturen; 1499 entdeckt, danach europ. Besiedelung, 1547 Bildung des Gen.-Kapitanats Neugranada, 1739 span. Vizekgr., 1819 Loslösung von Spanien, 1886 Rep.; 1899–1901 Bürgerkrieg zw. Konservativen u. Liberalen, erneut seit 1948 offene Gewalttaten; 1974 1. freie Präs.-Wahlen. Wirtsch. u. soziale Probleme bedingten innenpolit. Spannungen, verschärft durch Aktionen von Guerillaorganisationen (bes. FARC); seit Mitte 1990er-Jahre staatl. Vorgehen gegen Drogenhändlerringe (Medellin- u. Calisyndikat) zur Wiederherstellung der öffentl. Ordnung; Friedensverhandlungen mit FARC-Rebellen scheiterten bislang.

**Kolumbus, Columbus,** Christoph, genues. Seefahrer in span. Diensten, *1451, †1506; landete auf seiner „Indienreise" 1492 auf San Salvador (= Guanahani), entdeckte Kuba u. Hispaniola, 1493 die Kleinen Antillen u. Puerto Rico, 1494 Jamaika, 1498–1500 die Küste Südamerikas, die Insel Trinidad, 1502–04 die Küste Mittelamerikas.

**Kolumne** [lat.], **1)** senkr. Reihe v. Zahlen. **2)** in festgelegter Breite gesetzter Schriftsatz bestimmter Höhe. **3)** regelmäßig an einer best. Stelle einer Zeitung oder Zeitschrift veröffentlichter Meinungsbeitrag eines Journalisten.

**Koma** [gr.; = tiefer Schlaf], andauernde, tiefe Bewusstlosigkeit, schwerster Grad der Bewusstseinsstörung.

**Komantschen,** nordamer. Indianerstamm der südl. Präriegebiete; heute in Oklahoma angesiedelt.

**Kombinat,** in der DDR u. a. sozialist. Ländern Zusammenschluss von Einzelbetrieben versch. Produktionsstufen.

**Kombination** [lat.], **1)** Verbdg. mehr. Tatsachen od. Begriffe mit den sich daraus ergebenden Folgerungen. **2)** ↑Kombinatorik.

**Kombinatorik** [nlat.], Teilgebiet der Math., das sich mit den Anordnungsmöglichkeiten gegebener El. einer Menge befasst. 1. *Permutationen:* Vertauschung von $n$ El. untereinander, dabei gibt es $1 \cdot 2 \ldots \cdot n = n!$ (gesprochen: $n$-Fakultät) Möglichkeiten; 2. *Kombinationen:* Zusammenstellung v. $k$ der $n$ El., dabei gibt es

$$\binom{n}{k} = \frac{n(n-1)\ldots(n-k+1)}{1 \cdot 2 \cdot \ldots \cdot k}$$

Kombinationen; 3. *Variationen:* bestehend aus Kombinationen u. deren Permutationen (bei $n$ El. zur Klassenzahl $k$ insgesamt $n^k$).

**Kometen** [gr.], **Schweifsterne,** nebl., nicht scharf konturierte Himmelskörper des Sonnensystems; die meisten sind nur in lichtstarken Fernrohren erfassbar; erst zum Zeitpunkt der größten Entw. (in Sonnennähe) bildet sich der bei vielen K. charakt. Schweif. Der *K.kopf* besteht aus einem scheibchen- od. sternart. *K.kern* u. der *Koma* (neblige, faserige Hülle). Fast die ges. Masse des K. ist im Kern vereint; aus dem Kopf entwickeln sich die *K.schweife*

**Kolumbien**

*Fläche:* 1 141 748 km²
*Einwohner:* 42,299 Mill.
*Hauptstadt:* Bogotá
*Amtssprache:* Spanisch
*Zeitzone:* MEZ – 6 Stunden

(Längen bis zu 250 Mill. km); Leuchterscheinung der K. nicht nur durch Reflexion des Sonnenlichtes, sondern auch durch Eigenleuchten v. Gasen, die aus dem festen meteorit. Material des K.kerns verdampfen. Bekanntester K. ist der *Halleysche K.* (↑Halley).

**Komi,** Teilrep. in Russland, 415 900 $km^2$, 1,15 Mill. E; Hptst.: Syktywkar; Bergbau (Steinkohle, Erdöl, -gas, Bauxit), Holzwirtschaft, Rentierzucht.

**Kominform,** Abk. für: **Inform**ationsbüro der **kom**munist. u. Arbeiterparteien; 1947 gegr. als Nachfolgeorganisation der ↑Komintern, 1956 aufgelöst.

**Komintern,** Abk. für: **Kom**munist. **Intern**ationale; von Lenin 1919 gegr. III. Internationale; 1943 v. Stalin aufgelöst.

**Komitee** [frz.], Ausschuss.

**Komitee Cap Anamur, Dt. Not-Ärzte e.V.,** 1979 gegr., heute weltweit humanitär tätige private Hilfsorganisation; ben. nach dem Schiff „Cap Anamur" (1979–82 Rettung vietnames. Bootsflüchtlinge).

**Komma** [gr.], Beistrich.

**Kommandant** [lat.], mil. Befehlshaber.

**Kommanditgesellschaft,** Abk. **KG,** Handelsges. mit gemeinschaftl. Firma, bei der mind. ein Gesellschafter *(Komplementär)* unbeschränkt u. mind. ein Gesellschafter *(Kommanditist)* nur mit seiner Einlage haftet; *K. auf Aktien* (KGaA), Kapitalges. mit persönlich haftendem Gesellschafter u. *Kommanditaktionären,* die nur mit Einlagen [auf das in Aktien zerlegte Grundkap.] haften; weitgehend gleiche Vorschriften wie bei der AG.

**Kommers** [lat.], student. Trinkgelage; *K.buch,* Slg. v. Studentenliedern.

**Kommerzialisierung,** Unterordnung kultureller Werte unter wirtsch. Interessen.

**Kommerzienrat** [lat.; dt.], Ehrentitel für Wirtsch.- u. Finanzmagnaten (im Dt. Reich bis 1919).

**Kommissar** [lat.], **1)** staatl. Beauftragter; in kommunist. Staaten auch Minister (*Volks-K.* bis 1946). **2)** Dienstbez. (z.B. bei d. Polizei).

**kommissarisch** [lat.], vertretungsweise beauftragt.

**Kommission** [lat.], **1)** Ausschuss. **2)** Auftrag in eigenem Namen für Rechnung eines anderen.

**Kommissionär** [lat.], Kaufmann, der gewerbsmäßig in ↑Kommission handelt (HGB).

**kommunal** [lat.], die Gemeinde betreffend, gemeindeeigen.

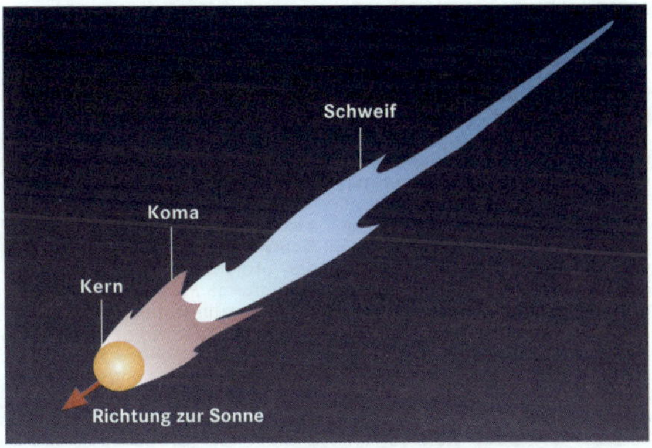


**Kometen:** *Schema eines voll entwickelten Kometen*

**Kommunalobligation** ↑Obligation.

**Kommunalverbände, Gemeindeverbände,** Zusammenschlüsse von Gemeinden zu übergeordneten selbst. Gebietskörperschaften: Kreis, Bezirk; *kommunale Spitzenverbände:* Dt. Städtetag, Dt. Städte- u. Gemeindebund, Dt. Landkreistag.

**Kommunalwahl,** Wahl der Gemeinde- u. der Kreisvertretungen.

**Kommune** [frz.], **1)** svw. ↑Gemeinde. **2)** revolutionäre Herrschaft des Pariser Gemeinderates 1789–95 u. 1871. **3)** Bez. für eine Lebens- und Wohngemeinschaft mehr. nicht miteinander verwandter Personen.

**Kommunikation** [lat.], Mitteilung, (Informations-)Austausch; *K.mittel,* Träger der Informationsvermittlung (Presse, Funk, Fernsehen). Moderne Formen sind ↑Tele-K., *K.satelliten* (↑Nachrichtensatelliten).

**Kommuniqué** [-myniˈke; frz.], [regierungs]amtl. Mitteilung.

**Kommunismus** [nlat.], polit.-ideolog. Sammelbegriff: 1. I.w.S. Bez. für alle Vorstellungen (s.d. Antike) von einer durch allg. Gütergemeinschaft u. gemeinschaftl. Lebensführung bestimmten Zukunftsgesellschaft; 2. I.e.S. Bez. für Lehren u. Bewegungen s.d. Mitte d. 19. Jh., die die Errichtung einer herrschaftsfreien u. klassenlosen Gesellschaft mit vollst. Beseitigung des Privateigentums an Produktionsmitteln anstreben; 3. Im allg. Sprachgebrauch des 20. Jh. Bez. für alle Spielarten des Herrschaftssystems, das zuerst 1917 durch die bolschewist. Oktoberrevolution in Russland, nach 1945 in mehreren europ. u. außereurop. Ländern auf der Grundlage des Marxismus-Leninismus (↑Marxismus) errichtet wurde; in dessen Selbstverständnis die höchste Stufe.
In Russland formierte sich innerhalb der 1898 gegr. Sozialdemokrat. Arbeiterpartei die Gruppe der Bolschewiki um Lenin, die s. der *Oktoberrevolution von 1917* ein Herrschaftssystem (die leninist. Version der *Diktatur des Proletariats*) errichteten, dessen entscheidender Machtträger die *Kaderpartei neuen Typs* war u. das zur Vollendung des Sozialismus u. K. weiterentwickelt werden sollte (↑Sowjetunion). Nach 1945 übernahmen alle Länder in M- u. O-Europa, die unter den beherrschenden mil. u. polit. Einfluss der UdSSR gerieten, aber auch diejenigen, in denen der K. aus eigener Kraft siegte, z.B. Jugoslawien, das sowj. Modell. 1948 Bruch der jugoslaw. KP unter Tito mit der KPdSU. Seit 1957 polit.-ideolog. Streit zw. der sowj. u. chin. KP, der 1962/63 zum offenen Bruch führte, 1989/90 überwunden. In den kommunist. Parteien Italiens und Spaniens fand in den 1970er-Jahren unter dem Schlagwort des *Euro-K.* eine Abkehr vom Kurs der KPdSU statt. Nach polit. Reformen in den meisten osteurop. Ländern verloren die kommunist. Parteien ihr Machtmonopol, die KPdSU wurde nach dem missglückten Putsch 1991 vom Obersten Sowjet verboten; s. 1992/93 Nachfolgeorganisationen.

**Kommunistische Partei Deutschlands,** Abk. **KPD,** 1918/19 gegr.; 1932: 360 000 Mitgl. und 5,9 Mill. Wähler; 1933 verboten, Kampf gg. den Nat.-Soz.; 1946 in der SBZ Vereinigung mit der SPD zur ↑Sozialist. Einheitspartei Dtl.; in der BRD 1956 als verf.widrig verboten.

**kommunistische Parteien,** nach der russ. Oktoberrevolution in vielen Ländern durch Abspaltung von sozialist. Organisationen entstandene Parteien auf der Grundlage des ↑Kommunismus.

**Kommunistisches Manifest,** von K. Marx und F. Engels verf. Grundsatzprogramm (1848) für den „Bund der Kommunisten“.

**kommunizieren** [lat.], **1)** mitteilen; in Verbdg. stehen. **2)** im Sprachgebrauch der kath. Kirche die Teilnahme an der Feier der ↑Eucharistie *(Kommunion);* erstmalige Zulassung zur Kommunion [etwa ab dem 7. Lebensjahr]: *Erstkommunion.*

**kommunizierende Röhren,** untereinander verbundene, oben offene Röhren; eine Flüssigkeit steht unabhäng. v. der Gefäßform überall gleich hoch.

**Kommutator** [lat.], **Stromwender,** Gerät, mit dessen Hilfe die Wechselspannung eines Generators als Gleichspannung abgenommen werden kann (fr. *Kollektor* gen.).

**Komödie** [gr.], lit. Bühnenwerk heiteren Inhalts mit [meist] glückl. Ausgang; der [Schein]konflikt innerhalb der K. beruht oft auf menschl. Unzulänglichkeiten soz. Gruppen od. Typen, die zu lächerl. Situationen führen; Komödienformen: z. B. Schwank, Posse, Farce, Burleske.

**Komoren**

*Fläche:* 1 862 km²

*Einwohner:* 714 000

*Hauptstadt:* Moroni

*Amtssprachen:* Arabisch, Französisch

*Zeitzone:* MEZ + 2 Stunden

**Komoren,** Rep. u. Inselgruppe im Ind. Ozean, an d. O-Küste Afrikas, nw. v. Madagaskar; gebirgig; auf d. Hauptinsel Grande Comore (jetzt: Njazidja) d. tätige Vulkan *Kartala* (2 361 m); trop. Klima; Ausfuhr v. Vanille, Sisal, Duftstoffpfl. – *Gesch.:* s. Ende des 16. Jh. unter arab. Einfluss; s. 1886 unter frz. Herrschaft, ab 1961 mit teilw. innerer Autonomie; 1975 Unabhängigkeitserklärung; Sezessionsbestrebungen der Inseln Mwali u. Nzwani führten 2001 zur Bildung einer föderativen Republik.

**Kompagnon** [ˈkɔmpanjɔŋ; frz.], Gesellschafter, Teilhaber.

**Kompanie** [ital.], **1)** Truppeneinheit. **2)** [Handels]gesellschaft, Abk. Komp., Co. oder Cie.

**Komparation** [lat.], Steigerung der Adjektive und Adverbien; Grundform: *Positiv* (z. B. schön), 1. Steigerungsstufe: *Komparativ* (schöner), 2. Steigerungsstufe: *Superlativ* (am schönsten).

**Komparator, 1)** Längenmessgerät der Feinmesstechnik. **2)** elektron. Schaltung zum Vergleich zweier elektr. Größen.

**Komparse** [frz.], jmd., der als stumme Figur auf der Bühne od. in einem Film mitwirkt.

**Kompass** [ital.], Instrument zur Bestimmung der Himmelsrichtung: 1. *Magnet-K.* (horizontal frei bewegl. Magnetnadel), richtet sich nach dem magnet. N-Pol aus; Missweisung durch ↑Deklination möglich; 2. *Kreisel-K.,* meist elektr. angetriebener Kreisel, der bei hoher Drehzahl die Lage seiner Drehachse im Raum in N-S-Richtung stetig beibehält.

**Kompensation** [lat.], **1)** ⚕ Ausgleich für geschädigte Funktion eines Organs, z. B. Herzvergrößerung bei Herzklappenfehler. **2)** Ⓟ Streben nach bes. Leistungen als Ausgleich empfundener Mängel auf e. anderen Gebiet. **3)** Straffreierklärung bei unmittelbarer Erwiderung einer Beleidigung.

**Kompensationsgeschäft,** Außenhandelsgeschäft, bei dem Güter gegen Güter getauscht werden.

**Kompetenzkonflikt,** Zuständigkeitsstreit zwischen Verw.-Behörden od. Gerichten.

**Komplementär** [lat.-frz.], ↑Kommanditgesellschaft.

**Komplementärfarben,** Farben des Spektrums, die, additiv gemischt, Weiß ergeben.

**komplex** [lat.], vielschichtig.

**Komplex** [lat.], **1)** Gesamtheit. **2)** Bereich. **3)** [Gebäude]block. **4)** Vereinigung versch. Vorstellungs- oder Erlebnisinhalte.

**komplexe Zahlen,** Zahl der Form $z = a + ib$ mit reellen Zahlen $a$, $b$ u. der *imaginären Einheit* i (↑imaginäre Zahlen).

**Komposition** [lat.], **1)** wohl durchdachte Zusammensetzung. **2)** 𝄞 Schöpfung eines musikal. Kunstwerks und dieses selbst. **3)** Aufbau von [sprachl. oder bildl.] Kunstwerken.

**Kompositum** [lat.], zusammengesetztes Wort (Gramm.).

**Kompost** [lat.], Humusdünger, aus pflanzl. und tier. Abfällen; meist mit Erde u. Kalk gemischt.

**Kompression** [lat.], **1) Verdichtung,** Verringerung des Volumens eines Stoffs (z. B. Gas) durch allseit. Druckerhöhung. **2)** ⚕ Zusammendrückung, Quetschung; K. eines Gefäßes zur Blutstillung.

**Kompressionsverband** ↑Druckverband.

**Kompressor** [lat.], Masch. zum Verdichten von Gasen u. Dämpfen.

**Kompromiss** [lat.], Vergleich, Ausgleich; *K.ler,* jemand, der zu Kompromissen neigt (abschätzig).

**Komsomol,** russ. Kurzwort für den Kommunist. Jugendbund; 1918–91 die staatliche Jugendorganisation der UdSSR.

**kon..., Kon...** [lat.], Vorsilbe; Bed.: „mit, zusammen“.

**Kondensation** [lat.], Übergang eines Stoffes v. gasförm. in den flüssigen bzw. festen Aggregatzustand infolge Abkühlung od. Druckerhöhung; dabei wird *K.wärme* frei.

**Kondensator** [lat.], **1)** elektr. Bauel. zum Speichern v. elektr. Ladung bzw. Energie; besteht aus 2 durch ein ↑Dielektrikum getrennten metall. Leitern (z. B. Platten). **2)** Teil einer Kälte- oder Dampfkraftanlage, in dem der Dampf kondensiert.

**kondensieren** [lat.], verdichten, eindicken; Dampf verflüssigen.

**Kondensstreifen, Kondensfahnen,** schmale Wolkenstreifen hinter Flugzeugen, die durch Kondensation von Wasserdampf der Triebwerksabgase entstehen.

**Kondolenz** [lat.], Beileid[sbezeigung].

**Kondom, Präservativ,** Gummischutz für den erigierten Penis; dient der Schwangerschaftsverhütung u. dem Schutz vor Ansteckung mit Geschlechtskrankheiten u. Aids.

**Kondor** ↑Geier.

**Konfekt** [lat.], Zuckerwerk, auch Feingebäck.

**Konfektion** [frz.], serienmäßig hergest. Kleidung (Fertigkleidung) u. ihre Herst., im Unterschied zur Maßschneiderei.

**Konfession** [lat.], **1)** [Glaubens]bekenntnis. **2)** svw. Bekenntnisschrift (↑Bekenntnis). **3)** einzelne christl. Glaubensgemeinschaft (Kirche) im religionssoziolog. Sinn [d. h. in Abgrenzung zu anderen].

**Konfirmation** [lat.], in den ev. Kirchen feierl. gottesdienstl. Handlung, in der die Getauften im Alter

**Kongo, Republik**

*Fläche:* 342 000 km²
*Einwohner:* 2,8 Mill.
*Hauptstadt:* Brazzaville
*Amtssprache:* Französisch
*Zeitzone:* MEZ

von etwa 14 Jahren unter Handauflegung und Gebet *(Einsegnung)* als aktive Mitgl. in die Gemeinde eingeführt werden.

**Konfiskation** [lat.], Eigentumsentziehung ohne Entschädigung.

**Konfliktforschung** ↑Friedensforschung.

**Konföderation** [lat.], svw. ↑Staatenbund.

**Konformismus,** stets um Anpassung bemühte Haltung, im Ggs. zum *Nonkonformismus.*

**Konfrontation** [lat.], Gegenüberstellung [v. Zeugen]; [polit.] Auseinandersetzung.

**Konfuzianismus** [nlat.], die sich auf Konfuzius berufende eth., weltanschaul. u. staatspolit. Geisteshaltung in China u. Ostasien; fünf Tugenden: gegenseitige Liebe, Rechtschaffenheit, Weisheit, Sittlichkeit und Aufrichtigkeit sowie drei „unumstößl. Beziehungen": Unterordn. des Sohnes unter den Vater, des Volkes unter den Herrscher u. der Frau unter den Mann.

**Konfuzius, Kongfuzi, K'ung-futzu,** eigtl. **Kong Qiu,** chin. Philosoph, *551, †479 v. Chr.; als höchstes Ziel allen Strebens nach Wissen lehrte er die sittl. Vollkommenheit; s. 200 v. Chr. war seine Philos. bestimmend für die Ges.- u. Soz.-Ordnung Chinas.

**Konglomerat** [lat.], **1)** Zusammenballung, Gemisch. **2)** Sedimentgestein aus Gesteinstrümmern und tonigen u. a. Bindemitteln.

**Kongo, 1) Zaire,** zweitgrößter Fl. Afrikas, 4374 km, durchfließt als breiter Flachlandstrom d. *K.-Becken* (Großldsch. in Z-Afrika). **2)** ehem. Königreich am unteren Kongo; 1482 erste Berührung mit den Portugiesen, um 1490 Beginn der [gescheiterten] Christianisierung; das Reich verfiel seit dem 17. Jh. **3) Rep. K.,** Rep. in Z-Afrika; gr. Gebiete mit trop. Regenwald; äquatoriales Regenklima; Bev. ausschl. Bantuvölker; *Ausfuhr:* Edelhölzer, Düngemittel, Diamanten, Zucker, Kakao, Kaffee, Palmöl. ⚒ auf Kali, Erdgas. *Gesch.:* bis ins 19. Jh. Sklavenhandelsgebiet; s. 1885 in frz. Besitz, wurde 1958 autonome, 1960 unabhängige Rep.; 1964–93 Einparteienherrschaft, 1997–2000 Bürgerkrieg. **4) Demokrat. Rep. K.,** 1971–97 **Zaire,** Rep. in Z-Afrika; nimmt d. größten Teil d. Kongobeckens ein u. wird im O durch d. Zentralafrik. Graben begrenzt; im S das Hochland v. Shaba; trop. Klima; vorw. Regenwald, d. in Feucht- u. Trockensavanne übergeht; Bev. vorw. Bantu- u. Sudanvölker; Anbau v. Kaffee, Tabak, Tee, Kakao, Kautschuk, Zuckerrohr, Reis, Mais u. Ölpalmen; bed. Fischerei. Bergbau (bes. in ↑Shaba) auf Diamanten, Kupfer, Kobalt, Zinn, Uran, Mangan, Steinkohle, Erdöl. – *Gesch.:* 1482 Entdeckung durch Portugiesen; 1881–85 erwarb H. M. Stanley für Leopold II. v. Belgien weite Teile d. Kongobeckens als Protektorat *(Unabh. Kongostaat);* 1960 Ausrufung d. *Demokrat. Rep. Kongo,* Beginn d. Kongokrise: Bürgerkrieg, Abspaltung d. Prov. Katanga (v. den UN 1962 gewaltsam beendet); 1965 Machtübernahme durch d. Militär, Mobutu Präs., 1971 Umbenennung in *Zaire,* 1977 u. 1978 Aufstände in Shaba niedergeschlagen; 1994–96 Flüchtlingswelle aus Ruanda; seit 1996 Bürgerkrieg; 1997 Machtübernahme durch L.-D. Kabila, der die *Demokrat. Rep. Kongo* ausrief; nach seiner Ermordung 2001 wurde sein Sohn J. Kabila Präsident.

**Kongo, Demokratische Republik**

*Fläche:* 2 344 885 km²
*Einwohner:* 49,21 Mill.
*Hauptstadt:* Kinshasa
*Amtssprache:* Französisch
*Zeitzone:* OEZ und MEZ

**Kongregation** [lat.], **1)** kath. geistl. [Laien-]Gemeinschaft ohne öffentl. (lebenslang bindende) Gelübde. **2)** engerer Klosterverband innerh. eines Ordens. **3)** Ordensgemeinschaft mit öffentl. Gelübden.

**Kongress** [lat.], **1)** größere polit., fachl. od. berufl. Vers., Tagung. **2)** Gesetzgebungsorgan des Bundes in den USA (Senat u. Repräsentantenhaus).

**Kongresspolen** ↑Polen.

**Kongruenz** [lat.], Übereinstimmung; Deckungsgleichheit zweier geometr. Figuren in allen Abmessungen, Zeichen ≅.

**Koniferen** [lat.], svw. ↑Nadelhölzer.

**König** [ahd. kuning], **1)** nach dem Ks. der Träger höchster staatl. Gewalt oder höchster Repräsentant in der Monarchie; zwei Wurzeln: *Stammes-* und *Heereskönigtum;* aus dem fränk. *Reichskönigtum* entstand das dt. u. frz. *K.tum.* **2)** Schachfigur (↑Schach). **3)** Spielkarte.

**Königgrätz,** tschech. **Hradec Králové** [ˈhradɛts ˈkraːlɔvɛː], St. an der oberen Elbe, ČR, 99 300 E; got. Kathedr.; Ind. – Bei K. am 3. 7. 1866 östr. Niederlage gg. das preuß. Heer.

**Königin von Saba,** legendäre Herrscherin des altsüdarab. Reiches ↑Saba; nach jüd. Legenden Stammmutter (Stammvater: Salomo) der „Schwarzen Juden" (Falascha).

**Königsberg,** bis 1945 amtlich **Königsberg (Pr),** seit 1946 russ. **Kaliningrad,** Hptst. d. Gebietes K. (russ. Exklave zw. Litauen u. Polen), beiderseits d. Pregels, 427 200 E; Univ., got. Dom (Ruine); vielseitige Ind., Bernsteinverarb., Sonderwirtschaftszone; ⚓ (durch den *Königsberger Seekanal* mit d. Vorhafen Pillau [heute Baltisk] verbunden), ✈. – Im 13. Jh. anstelle einer preuß. Fliehburg durch den Dt. Orden gegr., seit 1525 Residenz der Herzöge von Preußen, bed. Erweiterungen im 17., 18. u. 19. Jh.; 1945 sowj. Verw. unterstellt; s. 1991 völkerrechtl. verbindlich zur Sowjetunion, s. 1992 zu Russland.

**Königskerze,** Rachenblütler; Trockenlandpfl. mit kerzenähnl. Blütenstand; Heilpfl.: *Großblütige* und *Gemeine Königskerze.*

**Königsschlange, Abgottschlange, Boa constrictor,** 3–4 m lange südamer. Boaschlange mit dunkelbraunen, kantigen Flecken auf gelbbraunem Grund; frisst kleine Säugetiere.

**Königssee,** lang gestreckter See in den Berchtesgadener Alpen, Bay., 603 m ü. d. M., 5,2 km², bis 189 m tief.

**Königstein im Taunus,** hess. St. am S-Rand d. Taunus, 15 600 E; Luftkurort, philos.-theol. Hochschule.

**Königstuhl,** Berg bei Heidelberg, 568 m.

**Königswasser,** Lösungsmittel f. Gold u. Platin, 3 Teile konzentrierte Salzsäure, 1 Teil konzentrierte Salpetersäure.

**konisch** [gr.], kegelförmig.

**Konjugation** [lat.], **1)** Beugung des Verbs nach Person, Numerus, Tempus, Modus, Genus u. Aspekt (Sprachwiss.). **2)** ❀ Wechselbefruchtung mit Kernaustausch bei einzell. ↑Wimpertierchen.

**Konjunktion** [lat.], **1)** Ⓢ neben- oder unterordnendes Bindewort. **2)** ☼ ↑Konstellation.

**Konjunktionalsatz,** durch Konjunktion eingeleiteter Nebensatz.

**Konjunktiv** [lat.], Möglichkeitsform des Verbs.

**Konjunktur** [lat.], im Zeitablauf wechselnde wirtsch. Gesamtlage; *K.phasen:* Depression (Krise), Wiederbelebung (Aufschwung, Expansion), Prosperität (Boom, Hoch-K.), Rezession (Abschwung, Kontraktion); *K.politik,* staatl. Maßnahmen zur Ausschaltung von K.schwankungen.

**konkav** [lat.], hohl, nach innen gewölbt; Ggs.: konvex.

**Konklave** [lat.], in der kath. Kirche streng abgeschlossener Versammlungsort der Kardinäle für die Papstwahl; auch Bez. für die Versammlung selbst; 1274 eingeführt.

**Konkordat** [lat.], völkerrechtl. Vertr. bes. Art zw. Staat u. kath. Kirche, regelt kirchl.-staatl. Angelegenheiten; das älteste K. ist das Wormser K. (1122).

**Konkordia,** röm. Göttin, Personifikation der Eintracht.

**Konkubinat** [lat.], veraltet für außerehel. Lebensgemeinschaft.

**Konkurrenz** [lat.], Wettbewerb, z. B. zw. Unternehmern.

**Konkurs** [lat.], gerichtl. Vollstreckungsverfahren zur Aufteilung des Vermögens eines zahlungsunfähigen Schuldners unter sämtl. K.gläubiger nach der K.ordnung v. 1877. 1999 wurde die K.ordnung durch die Insolvenzordnung (↑Insolvenz) ersetzt.

**Konquistadoren** [span.], die Eroberer Mittel- u. Südamerikas im 16. Jh. (v. a. H. Cortez, F. Pizarro), die auf ihren Expeditionen die indian. Reiche (z. B. der Azteken u. der Inka) unterwarfen.

**Konrad,** *Hl. Röm. Reich:* **1) K. I.,** †918; s. 911 Kg. **2) K. II.,** *um 990, †1039, Kg. s. 1024, Ks. s. 1027; erwarb 1033 das Kgr. Burgund. **3) K. III.,** *1093 oder 1094, †1152, Hzg. v. Schwaben, Kg. s. 1138; 1127–35 Gg.kg. **4) K. IV.,** *1228, †1254, Sohn und Nachf. (1250) Friedrichs II., starb während der Rückeroberung seines sizilian. Erbreiches.

**Konrad der Pfaffe,** mhd. Dichter des 12. Jh.; übers. das frz. „Rolandslied" ins Mittelhochdeutsche.

**Konradin,** *1252, †1268, Sohn Konrads IV., Hzg. v. Schwaben; bei dem Versuch, sein sizilian. Erbreich zu gewinnen, unterlag er Karl v. Anjou, der ihn in Neapel enthaupten ließ.

**Konsekration** [lat.], Einsegnung, Weihe [einer Person od. Sache]; in der kath. Kirche auch die Wandlung von Brot und Wein in der Feier der Eucharistie (↑Transsubstantiation).

**Konsekutivsatz,** Umstandssatz der Folge.

**Konsens** [lat.], Zustimmung, Übereinstimmung, Genehmigung.

**Konservatismus, Konservativismus** [lat.], Sammelbez. für alle Bewegungen, die die Erhaltung der bestehenden gesellschaftl.-polit. Verhältnisse anstreben, ohne jedoch Reformen prinzipiell abzulehnen. In *Dtl.* nahm der K. im 20. Jh. eine bes. Entw. Ein gr. Teil des K. in der Weimarer Republik, organisiert v. a. in der Deutschnationalen Volkspartei, erkannte den demokrat. Staat nicht an, erstrebte eine Rückkehr zum Obrigkeitsstaat u. wurde so zum Wegbereiter des Nat.-Soz. Ein Teil dieser Kräfte schloss sich nach 1945 mit dem nur teilweise konservativen polit. Katholizismus zur Christl.-Demokrat. Union zusammen. Ausdrückl. zum K. bekennt sich jedoch nur die Christl.-Soziale Union. Eine wichtige Rolle spielen *konservative Parteien* in Großbrit., wo sich die Conservative and Unionist Party um 1832 aus der Gruppe der Tories entwickelte (zuletzt Reg.partei 1979–97); in *Östr.* die Östr. Volkspartei; in der *Schweiz* die Christlichdemokrat. Volkspartei.

**Konservator** [lat.], mit der Erhaltung von Kunstwerken betrauter Beamter.

**Konservatorium** [ital.], Lehrinstitut für Musik.

**Konservierung** [lat.], Haltbarmachung; *K.smittel,* chem. Mittel wie Propion-, Benzoe-, Sorbinsäure u. a. (Nahrungsmittel-K.).

**Konsistenz** [lat.], **1)** Zusammenhang, Dichtigkeit, Festigkeit eines viskosen Stoffes, sein Verhalten bei Formänderung. **2)** Logik: Widerspruchslosigkeit.

**Konsonant** [lat.], Mitlaut (u. a. *b, k*); Ggs. Vokal.

**Konsortium,** vorübergehender Zusammenschluss von Unternehmen (v. a. Banken) zur gemeinsamen Durchführung eines größeren Geschäfts *(Konsortialgeschäft).*

**Konspiration** [lat.], Verschwörung.

**Konstantin,** *röm. Kaiser:* **1) K. I.,** d. Gr., lat. **Flavius Valerius Constantinus,** Ks. seit 306, *280, †337; seit 312 (Sieg über seinen Mitkaiser Maxentius an der Milvischen Brücke) Herrscher über den W des Reiches, 324 Alleinherrscher, förderte das Christentum, berief 325 die erste allg. Kirchenversammlung (Konzil) nach Nicäa, erhob 330 Byzanz (Konstantinopel) zur Reichshptst. – *Byzanz:* **2) K. VII. Porphyrogennetos,** *905, †959, reg. seit 913, v. a. als Gelehrter bed. **3) K. XI. (Dragases) Palaiologos,** letzter byzantin. Ks. (s. 1449), *1404, ⚔1453; fiel bei der Eroberung Konstantinopels durch die Türken. – *Griechenland:* **4) K. I.,** *1868, †1923, Kg. der Hellenen 1913–17 u. 1920; wegen seiner Neutralität im 1. Weltkrieg v. der Entente gestürzt, 1920 wieder gewählt, dankte nach der Niederlage gg. die Türken 1922 ab. **5) K. II.,** *1940, Sohn Kg. Pauls I., Kg. 1964–73; seit 1967 im Exil.

**Konstantinopel,** s. 326/330 Name v. Byzantion, s. 1930 ↑Istanbul.

**Konstanz,** Universitäts- u. Krst. am Bodensee, Ba.-Wü., 76 000 E; Univ., Fachhochschule, Münster (11.–16. Jh.), ehem. Dominikanerkloster mit Kreuzgang, Konzilsgebäude; Konservatorium; LG; IHK; Textil- u. a. Ind.; Fremdenverkehr. – Ehem. Reichsstadt; kurz vor 600 Gründung des *Bistums K.* (bis 1821).

**Konstanza** ↑Constanța.

**Konstanzer Konzil,** bed. Reformkonzil (1414–18); Absetzung der drei gleichzeitig regierenden Päpste (Ende des Abendländ. ↑Schismas), Verurteilung v. J. Hus.

**Konstellation** [lat.], Stellung der Gestirne zueinander; je nach ekliptikalem Längenunterschied (Elongation *E*) zw. Gestirn u. Sonne ergeben sich: 1. *Opposition (Gegenschein)* $E = 180°$, 2. *Trigonalschein* $= 120°$, 3. *Quadratur (Geviertschein)* $= 90°$, 4. *Sextilschein* $= 60°$, 5. *Konjunktion (Gleichschein)* $= 0°$. Die inneren ↑Planeten können nicht in Opposition treten, sie erreichen nur eine größte westl. od. östl. Elongation. –

Die K. *(Aspekte)* sind in der Astrologie v. Bed.

**Konstitution** [lat.], **1)** körperl.-seel. Verf. **2)** Rechtsbestimmung, Verordnung; Verfassung. **3)** in der Chemie Art, Aufeinanderfolge u. Verbindung der Atome im Molekül einer Verbindung.

**konstitutionell** [lat.-frz.], **1)** verfassungsmäßig; *k.e Monarchie* ↑Monarchie. **2)** ❀ anlagebedingt.

**Konstruktion** [lat.], **1)** Bauart, auch techn. Planung v. Masch. u.Ä. **2)** zeichner. Durchführung einer geometr. Aufgabe (z.B. Dreiecks-K.).

**konstruktives Misstrauensvotum,** im Verfassungsrecht der BRD: Der Bundestag kann den Bundeskanzler nur stürzen, wenn er mit der Mehrheit der Abg. einen Nachf. wählt u. den B.-Präs. ersucht, den Kanzler zu entlassen.

**Konstruktivismus** [lat.], Richtung der *Plastik* und *Malerei* der ersten Hälfte des 20. Jh., deren Vertreter das Bestreben eint, in klaren, eindeutig best. Formen geometr. Grundelemente der Konstruktion aufzuzeigen. Der K. entstand 1914 in Russland: W. Tatlin, K. S. Malewitsch, später N. Gabo, A. Pevsner, El Lissitzky, A. Rodtschenko; 1917 offizielle Kunst der russ. Revolution; beeinflusste nachhaltig Bauhaus, Op-Art, die kinet. Kunst u.a. Richtungen der mod. Kunst.

**Konsul** [lat.], **1)** im antiken Rom der höchste Beamte. **2)** Träger der Exekutive in Frkr. 1799–1804. **3)** Vertr. eines Staates in einem anderen zur Wahrnehmung best. (bes. wirtsch.) Interessen; *Berufs-K.* (Beamter) u. *Wahl-K.* (ehrenamtl. tätig).

**Konsulat** [lat.], **1)** Amt des Konsuls. **2)** in Frkr. die Zeit von 1799 bis 1804, in der anfangs 3 Konsuln, ab 1802 Napoléon Bonaparte allein regierte.

**Konsultation** [lat.], Befragung; [ärztl.] Beratung.

**Kontakt** [lat.], **1)** Berührung, Verbdg.; Fühlungnahme. **2)** ⚡ leitende Verbdg. zweier Leiter durch bloße Berührung *(Schleif-, Roll-K.),* durch mech. Verbdg. *(Schraub-, Steck-, Feder-, Klemm-K.)* od. durch feste materielle Verbdg. *(Löt-, Schweiß-K.).* **3)** Katalysator bei techn.-chem. Prozessen.

**Kontaktgifte, 1)** Giftstoffe, die die Wirksamkeit v. Katalysatoren herabsetzen. **2) Berührungsgifte,** Verbdg., die Tiere bei Berührung töten, bes. Insekten und Spinnentiere (Schädlingsbekämpfungsmittel; manche auch für Menschen gefährlich!).

**Kontaktlinsen,** svw. ↑Haftgläser.

**Kontaktsperre,** die Unterbrechung jeder Verbindung von best. Gefangenen (z.B. Terroristen) untereinander u. mit der Außenwelt einschl. des schriftl. u. mündl. Verkehrs mit dem Verteidiger.

**Kontamination** [lat.], Verseuchung mit Krankheitskeimen oder radioakt. Stoffen.

**Kontemplation** [lat.], myst. Beschauen, Betrachtung; [Selbst]versenkung.

**konter..., Konter...** [frz.], Bestimmungswort; Bed.: „gegen".

**Konstruktivismus:** *Wladimir Tatlin, „Komplexes Eck-Relief" (1993, Rekonstruktion des verloren gegangenen Originals von 1915)*

**Konterbande** [frz.], **1)** (Bannware) Kriegsmaterial für ein feindl. Land im Schiffstransport. **2)** Schmuggelgut.

**Konterfei** [frz.], Bildnis, Abbild.

**kontern** [engl.], Boxen: den Gegner im Angriff mit gezielten Gegenschlägen abfangen.

**Konterrevolution,** marxist. für: [bürgerl.] Gegenrevolution.

**Kontext** [lat.], umgebender Text; Zusammenhang.

**Kontinentalklima,** Binnenklima gr. Landflächen (starke jahreszeitl. Temp.-Schwankungen).

**Kontinentalsperre,** von Napoleon I. 1806 für das europ. Festland verfügte Handelsblockade gg. England; bis 1812.

**Kontinentalverschiebungstheorie,** Hypothese A. ↑Wegeners, nach der die Kontinente im Laufe der Erdgesch. (als leichtere Sialschollen auf dem zähflüss. Sima) horizontal verschoben wurden; danach lösten sich Antarktika, Australien u. Vorderindien v. Afrika, Amerika vom eurasiat.-afrik. Block; in den Trennungszonen entstanden Atlantik u. Ind. Ozean.

**Kontingent** [lat.], [Pflicht]beitrag, Anteil; begrenzte Warenmenge (bei Warenbewirtschaftung); *Truppen-K.,* für ein Mitgl. einer Verteidigungsgemeinschaft festgesetzte Truppenstärke; *kontingentieren,* das K. festsetzen, einteilen, zuteilen.

**Konto** [ital.], zahlenmäß. Gegenüberstellung von Geschäftsvorgängen in Buchführung u. Bankwesen; l. Seite wird mit ↑Soll, r. mit ↑Haben bezeichnet.

**Kontokorrent,** Geschäftsverbdg., bei der die beiderseit. Leistungen nebst Zinsen in Kontoform *(K.konto)* gegenübergestellt werden u. der Saldo (meist halbjährl.) abgerechnet wird; *K.geschäft,* eines der wichtigsten Bankgeschäfte, beruht auf *K.vertrag* zw. Kunden u. Bank.

**kontra..., Kontra...** [lat.], Vorsilbe, „gegen".

**Kontrabass, Bassgeige,** tiefstes u. größtes Streichinstrument.

**Kontrahent** [lat.], **1)** Vertragspartner. **2)** Gegner [im Zweikampf]; Rivale.

**Kontrakt** [lat.], Vertrag, Abkommen.

**Kontraktion** [lat.], **1)** ⚕ Zusammenziehung (z.B. von Muskeln). **2)** ↑Konjunktur. **3)** Zusammenziehung mehr. Selbstlaute (z.B. ahd. „lioht", nhd. „licht").

**Kontrapunkt,** 𝄞 Satztechnik, in der die einzelnen Stimmen gleichberechtigt nebeneinander herlaufen; Ggs. *homophoner Satz* mit beherrschender Hauptstimme.

**Kontrast** [lat.], (starker) Ggs., auffallender Unterschied, bes.

von Farben. – *K.mittel,* zur Röntgendiagnostik in den Körper eingeführte strahlenundurchläss. chem. Mittel.

**Kontrazeption** [lat.], Empfängnis-, Befruchtungsverhütung.

**Kontribution** [lat.], Beitragsleistung für den Unterhalt der Besatzungstruppen; Kriegssteuer.

**Kontroverse** [lat.], [wiss.] Auseinandersetzung.

**Kontur** [lat.], Umriss[linie].

**Konus** [gr.], kegel(stumpf)förm. Körper.

**Konvent** [lat.], **1)** Versammlung d. *Konventualen* (stimmberechtigte Mitgl.) eines Klosters, Kloster. **2)** Vers. der Mitgl. einer Studentenverbindung.

**Konvention** [lat.], **1)** Übereinkunft, Vertrag (u.a. ↑Genfer K.). **2)** Brauch, Förmlichkeit.

**Konventionalstrafe, Vertragsstrafe,** vertragl. vereinbarte Geldbuße bei Nicht- od. Schlechterfüllung eines Vertrages.

**Konvergenz** [lat.], Annäherung, Übereinstimmung, **1)** Annäherung an einen Grenzwert. **2)** Zusammenlaufen zweier Strahlen (in einem Pt.). **3)** ❀ ähnl. Entw. versch. Lebewesen; *konvergieren,* sich nähern.

**Konversation** [lat.], [geselliges] Gespräch, Plauderei; *K.lexikon,* alphabet. geordnetes Nachschlagewerk für alle Wissensgebiete.

**Konversion** [lat.], Umwandlung einer Anleihe in eine dem Kapitalmarkt angepasste neue *(K.anleihe)* mit anderen Zins- u. Tilgungsmodalitäten.

**Konverter** [engl.], **1)** birnenförm., innen feuerfest verkleideter Stahlbehälter zur Eisenveredelung u. -reinigung durch Hindurchblasen von Luft; ein bed. K.verfahren ist heute d. ↑LD-Verfahren. **2)** Umsetzer, der ein Signal v. einer Trägerfrequenz auf eine andere umsetzt. **3)** Kernreaktor, der durch Brüten weniger Spaltstoff erzeugt, als er verbraucht. **4)** eine Schaltung zur Umsetzung analoger in digitale Signale (u. umgekehrt).

**Konvertierbarkeit, Konvertibilität,** Berechtigung zum Tausch einer Währung in eine andere od. in Gold.

**Konvertit** [lat.-engl.], zu einer anderen Konfession Übergetretener.

**konvex** [lat.], nach außen gewölbt; Ggs.: konkav.

**Konvikt** [lat.], Wohnheim (Stift) für Theologiestudenten.

**Konvoi** [kɔnˈvɔi; lat.], svw. ↑Geleitzug.

**konvulsivisch,** krampfhaft zuckend.

**Konya,** Hptst. der türk. Prov. K., im südl. Z-Anatolien, 509 200 E;

**Kopernikus:** *kopernikanisches Weltbild mit der Sonne im Mittelpunkt des Universums*

bed. Verkehrsknotenpunkt, ✲; sö. v. K. Fundstätte der bisher ältesten Stadtkultur, ↑Çatal Hüyük.

**Konzentration** [lat.], **1)** Zusammenballung [wirtsch. oder mil. Kräfte]. **2)** höchste Aufmerksamkeit. **3)** ⚗ Gehalt einer Lösung an gelösten Stoffen.

**Konzentrationslager,** Abk. **KZ,** Massenlager, in denen Menschen ohne rechtl. Grundlage gefangen gehalten werden; insbes. im Nat.-Soz.: polit. Gefangene, rass. u. sonstige Minderheiten (Juden, Polen, Emigranten) od. vorgebl. soz. „Volksschädlinge"; 22. 3. 1933 1. KZ in Dachau, 1944: 22 KZ mit 165 angeschlossenen Arbeitslagern, bis Jan. 1945 rd. 715 000 K.häftlinge, bewacht v. 40 000 SS-Männern; s. 1941 Einrichtung v. ↑Vernichtungslagern zur (im nat.-soz. Jargon) „Endlösung der Judenfrage"; dort u. in den KZ kamen 6 Mill. jüd. u. 500 000 nichtjüd. Häftlinge um.

**konzentrisch** [mlat.], den gleichen Mittelpt. besitzend; *k. Kreise,* Kreise mit versch. Radius, aber gleichem Mittelpunkt.

**Konzeption** [lat.], **1)** [künstler.] Entwurf. **2)** svw. ↑Empfängnis.

**Konzern,** Zusammenschluss rechtl. selbstständiger Unternehmen unter einheitl. Leitung.

**Konzert** [lat.], **1)** Musikveranstaltung. **2)** Musikstück, in dem einzelne Stimmen oder Instrumente sowohl zusammenwirken als auch solistisch hervortreten: Kirchen-, Kammer-, Instrumental-, Chor-, Solo-K., Concerto grosso; *konzertant,* konzertmäßig, z. B. die k. Aufführung einer Oper.

**Konzertmeister,** der erste Geiger eines Orchesters.

**Konzession** [lat.], **1)** Zugeständnis. **2)** behördl. Genehmigung.

**Konzil** [lat.], **Synode,** Vers. v. kirchl. Repräsentanten [v. a. von Bischöfen; auf gesamt- u. regionalkirchl. Ebene], zur Beratung und Entscheidung (gesamt)kirchl. Angelegenheiten; bes. Bedeutung in der Kirchengesch.: die ersten sieben *ökumen. K.* (in ihren Beschlüssen auch heute von allen großen christl. Kirchen anerkannt). Als erstes K. überhaupt gilt das im N.T. belegte *Apostel-K.* (Apg. 15).

**Koog** [niederdt.], svw. Binnengroden (↑Groden).

**Koolhaas,** Rem, niederl. Architekt, *1944; Vertr. des ↑Dekonstruktivismus.

**Kooning,** Willem de, ↑De Kooning, Willem.

**Ko|operation** [lat.], [wirtsch.] Zusammenarbeit.

**Ko|ordinaten** [lat.], Größen zur Bestimmung der Lage v. Punkten, Kurven od. Flächen in einer Ebene od. im Raum. Im ebenen *kartes. K.system* ist ein Punkt *P* best. durch seine senkr. aufeinander stehenden Abstände v. 2 Achsen (*Abszissen-* od. *x-* bzw. *Ordinaten-* od. *y-Achse;* im Raum zusätzl. *z*-Achse), im *Polar-K.system* durch seine Entfernung v. Nullpunkt *(Radiusvektor)* u. durch einen bzw. 2 Winkel.

**Koordination** [lat.], Abstimmung aufeinander.
**Kopelew,** Lew Sinowjewitsch, russ. Schriftsteller, * 1912, † 1997; als Regimekritiker ab 1945 fast 10 Jahre in Lagern u. Gefängnissen; lebte s. 1980 in der BRD.
**Kopenhagen,** dän. **København** [købən'haʊn], Haupt-, Residenz- u. bedeutendste Hafenst. Dänemarks, am Sund, im Wesentl. auf Seeland, 618 000 E, städt. Agglomeration 1,36 Mill. E; Schloss Rosenborg (1610), Schloss Amalienborg (1754–60), klassizist. Frauenkirche; kultureller Mittelpt. des Landes, Univ., Hochschulen, Museen; Wirtsch.-Zentrum m. Motoren- und Schiffbau, Brauereien, Textilind., Porzellanmanufaktur. – Seit 1254 Stadt.
**Kopernikus, Copernicus,** poln. **Kopernik,** Nikolaus, Astronom, * 1473, † 1543; Domherr in Frauenburg; stellte das *kopernikan. Weltsystem* auf (↑heliozentrisch), im Ggs. zum damals anerkannten geozentrischen.
**Kopf,** vorderes Körperende bilateral-symmetr. Tiere mit wicht. Sinnesorganen u. Konzentration des Nervensystems (Gehirn), höchst spezialisiert bei Wirbeltieren u. Mensch; b. Insekten chitin. *K.kapsel,* b. Krebsen u. Spinnen zu einer *K.brust* verwachsen.
**Kopffüßer, Tintenfische, Cephalopoda, Zephalopoden,** Klasse hoch stehender, kl. bis sehr gr. mariner, getrenntgeschlechtiger Weichtiere mit 8, 10 od. zahlr. sehr bewegl., Saugnäpfe tragenden Armen, die dem Kopf ansitzen; z. T. hoch entwickelte Linsenaugen, Fortbewegung erfolgt durch Rückstoß; Kraken, Oktopus u. a.
**Kopfhörer,** Vorrichtung zur Umwandlung tonfrequenter Wechselspannungen in Schallschwingungen, die direkt ins Ohr abgestrahlt werden; als *geschlossenes System* mit schalldichter Polsterung, als *offenes System* für Umgebungsgeräusche durchlässig.
**Kopfjagd,** bei Naturvölkern (Ozeanien, Südostasien, Südamerika) die Jagd nach Köpfen („Sitz der Seele") von Stammesfeinden.
**Kopflaus,** bis 3 mm gr. Hautparasit in der menschl. Kopfbehaarung.
**Kopfschmerz, Cephalgie,** teilweise starke Schmerzempfindungen im Bereich des knöchernen Schädels, u. a. bei nervösen Erschöpfungszuständen, Erkrankungen des Gehirns, chron. Vergiftungen, Bluthochdruck, Halswirbelleiden und Brechungsfehlern der Augen.
**Kopfstimme,** hohe Stimmlage mit Schädelresonanz *(Kopfregister;* Ggs. *Brustregister).*
**Kopie** [lat.], **1)** Abschrift. **2)** Nachbildung. **3)** [Positiv]abzug eines Filmstreifens od. -bildes.
**Kopierer, Kopiergerät,** Vervielfältigungsgerät, heute ausschließl. auf dem Xerographieprinzip beruhend. Das Vorlagenbild wird auf die Kopiertrommel übertragen, auf den Bildstellen haftet der Toner, der elektrostat. auf Papier übertragen wird.
**Kopra** ↑Kokospalme.
**Koproduktion,** Gemeinschaftsherst., z. B. beim Film.
**Kopten** [arab.], Arab. sprechende christl. Nachkommen der alten Ägypter mit eigener Kirche *(kopt. Kirche),* die auch eine eigene Sprache hat *(Koptisch).*
**koptische Kunst,** Kunst der christl. Ägypter (4.–9. Jh.), die – ausgehend von der hellenist. Kunst ägypt. Prägung – syr., röm. u. byzantin. El. aufnahm; ornamentale Gestaltungskraft in Architektur, Reliefplastik, Wand- u. Buchmalerei, Textilkunst.
**Kopulation** [lat.], **1)** Verbdg., Vermählung. **2)** svw. ↑Begattung. **3)** Verschmelzung v. ↑Gameten. **4)** Pflanzenveredelung (schräg geschnittenes Edelreis).
**Korallen** [gr.], koloniebildende, Kalk abscheidende ↑Korallentiere, bilden ↑Korallenriffe.
**Korallenfische,** farbenprächtige, in Korallenriffen lebende Knochenfische wie *Kugel-, Lippfische.*
**Korallenmeer,** Meeresteil des westl. Pazifiks, nö. von Australien; zahlr. Korallenriffe.
**Korallenriffe,** aus Korallenskeletten aufgebaute Wälle in trop. Meeren; bilden z. T. *Koralleninseln* (↑Atoll).
**Korallentiere, Blumentiere, Anthozoa,** Kl. mariner Hohltiere von Polypengestalt, meist festsitzend, Einzeltiere (Seerosen) od. Tierstöcke (Kolonien).
**Koran** [arab.], das hl. Buch des Islam, nach muslim. Glauben dem Propheten ↑Mohammed zw. 609/10 u. 632 von Gott wörtl. in arab. Sprache geoffenbart; eingeteilt in 114 *Suren* (Kapitel); zahlr. Rechtsvorschriften enthaltend, wichtigste Grundlage des islam. Rechts (↑Scharia).
**Korbblütler, Kompositen,** eine der größten Pflanzenfam. (etwa 20 000 Arten), meist Kräuter od. Stauden; Blütenstände *(Körbchen);* Früchte (Achäne) häufig mit Flugeinrichtungen; zahlr. Nutz-, Zierpfl. u. Unkräuter (z. B. Sonnenblume, Kamille, Aster).
**Körber,** Hilde, östr. Schauspielerin u. Bühnenpädagogin, * 1906, † 1969.
**Kordilleren** [kɔrdil'je:rən; span.], Geb. im W des amer. Doppelkontinents, v. Alaska bis Kap Hoorn, rd. 15 000 km lang, bis 2 500 m breit (↑Anden).
**Kordofan,** Savannenhochland u. ehem. Region in d. Rep. Sudan, mit d. Nubabergen im S; zentraler Ort El-Obeid.
**Kordon** [kɔr'dõ; frz.], **1)** Postenkette. **2)** Ordensband.
**Kore** [gr.], stehende Mädchenfigur der archaischen griech. Plastik.
**Korea, 1)** nach S vorspringende Halbinsel Ostasiens, zw. dem Gelben u. dem Jap. Meer, durch die rd. 180 km breite *K.straße* von Japan getrennt; staatl. geteilt in die Staaten *Nord-Korea* (Demokrat. Volksrep. K.) u. *Süd-Korea* (Rep. Korea). *Oberflächengestalt:* Etwa N–S verlaufende Geb., S- u. W-Küsten stark gegliedert; längster Fluss und Grenze gegen China ist der Yalu. Kühl-gemäßigtes Monsunklima, S-Küste subtrop. *Gesch.:* In K. bestanden mehrere Reiche (u. a. Koguryo, Paekche,

**koptische Kunst:** *Thronende Gottesmutter inmitten von Aposteln, Detail des Apsisfreskos aus dem Apollonkloster in Bawit (7./8. Jh.)*

K

Silla), z. T. in chin. Abhängigkeit. 1392–1910 Chosŏn-(Yi-)Dyn. 1592 u. 1597 jap. Invasionen. 1637–1894 unter chin. Oberhoheit; nachfolgend Pol. der Landesabschließung. 1910–45 v. Japan annektiert. 1945 Besetzung des nördl. Teils durch sowj. u. des südl. Teils durch amer. Truppen. 1948 Teilung K.s in 2 Staaten (Grenze: 38. Breitengrad). 1950 Ausbruch des *K.krieges* zw. Nord- (unterstützt v. der VR China) u. Süd-K. (UN-Hilfe, v. a. Eingreifen der USA); 1953 Waffenstillstand von Panmunjon. Nach Scheitern v. Friedensverhandlungen (1954) wurden die Beziehungen zw. Nord- und Süd-K. rigoros abgebrochen; erst seit Anfang der 70er-Jahre wieder Reg.-Kontakte (1991 Grundlagenvertrag über Aussöhnung). Unter Vermittlung der USA u. Chinas 1997 Vereinbarung über Vorbereitung v. Friedensverhandlungen. Im Juni 2000 erstes innerkorean. Gipfeltreffen.

**Nord-Korea**

*Fläche:* 122 762 km²
*Einwohner:* 22,17 Mill.
*Hauptstadt:* Pjöngjang
*Amtssprache:* Koreanisch
*Zeitzone:* MEZ + 8 Stunden

**Süd-Korea**

*Fläche:* 99 268 km²
*Einwohner:* 47,3 Mill.
*Hauptstadt:* Seoul
*Amtssprache:* Koreanisch
*Zeitzone:* MEZ + 8 Stunden

**2) Nord-K.,** Volksrep. im N der Halbinsel K.; Landwirtsch. kollektiviert u. stark mechanisiert (Reis, Getreide u. a.). Forstwirtsch., Fischerei. ⚒ auf Kohle, Eisen, NE-Metalle. Eisen-, Stahl-, Masch.-, chem., Textil- u. a. Ind.; Wasserkraftwerke. Ausfuhr: Eisenerz, Buntmetalle. Haupthandelspartner: China. ⚓: Namp'o, Wŏnsan, Hŭngnam, Ch'ŏngjin; internat. ✈: Pjöngjang. – *Gesch.:* 1948 Gründung der „Demokrat. Volksrep. K.". Der kommunist. Einparteienstaat wurde bis 1994 diktator. u. mit beispiellosem Personenkult v. Kim Il Sung regiert. Nach dessen Tod übernahm sein Sohn Kim Jong Il die Macht. In der 2. H. d. 1990er-Jahre schwere Hungersnot. **3) Süd-K.,** Rep. im S der Halbinsel K.; rasche Industrialisierung nach dem 2. Weltkrieg: bes. Schiffbau, elektrotechn. u. Textilind.; Anbau v. Reis, Getreide, Sojabohnen; Seidenraupenzucht; Fischerei. ⚒ auf Kohle, Wolfram, Graphit, Kupfer, Blei, Zink. Ausfuhr: Bekleidung, Schuhe, Schiffe, elektrotechn. u. elektron. Erzeugnisse, Kraftfahrzeuge. Haupthandelspartner: Japan, USA. ⚓: Pusan, Inch'ŏn; wichtigster internat. ✈: Seoul. – *Gesch.:* 1948 Gründung der „Rep. K.", deren Staatspräs. bis zum Rücktritt 1960 Syngman Rhee war; enge Anlehnung an die USA (1954 In-Kraft-Treten eines Verteidigungsbündnisses). Das nach der Ermordung von Staatspräs. Park Chung Hee (1963–79) fortgeführte autoritäre Reg.-System wurde nach Unruhen 1987 in wesentl. Teilen aufgehoben (Verf.-Referendum, Wiedereinführung der Präs.-Direktwahl). Innere Reformen unter Präs. Kim Young Sam (1993–98), Amtsnachfolger Kim Dae Jung (Pol. der Verständigung mit Nord-K.).

**Koreanisch,** selbst., agglutinierende Spr. der Koreaner.

**koreanische Kunst,** zw. chin. u. jap. Kunst stehende, jedoch stark von der chin. abhängige Kunst der Koreaner; bes. Kleinkunst.

**koreanische Schrift,** 1443–46 geschaffenes Schriftsystem der Koreaner; zuerst 28, jetzt 24 Schriftzeichen.

**kören,** ♂ Zuchttiere durch eine *Körkommission* auswählen.

**Korfu,** zweitgrößte der Ionischen Inseln, 592 km²; aufgebaut aus einem verkarsteten Kalkgebirge (bis 906 m), mildes Klima, üppige südl. Vegetation, Fremdenverkehr.

**Koriander** [gr.], Doldenblütler; Gewürzpflanze.

**Korinth,** griech. Hafenst. am S-Ufer des 127 km langen *Golfs v. K.* u. am 1881–93 erbauten *Kanal v. K.* (für Seeschiffe), der die *Landenge v. K.* durchschneidet; 22 700 E. Das K. des Altertums lag 5 km sw. (jetziges Alt-K. mit bed. Bauresten). – Dor. Gründung im 9. Jh. v. Chr.; bed. Handels- u. Umschlagplatz; im 7./6. Jh. kulturelle Blüte. 146 v. Chr. v. den Römern zerstört, 44 v. Chr. neu besiedelt.

**Korinthen** ↑Rosinen.

**Kork** [span.-niederl.], poröses sekundäres Gewebe unter der Oberhaut vieler Pfl.-Teile; *Verkorkung* durch Einlagerung von Suberinen (Carbonsäureester) in die Zellwände; K. ist elast., beständ. gg. verdünnte Säuren, Öle usw.; fault nicht; geringe Dichte; *K.eiche,* baumförm. Buchengewächs des westl. Mittelmeergebietes; Rinde, der K., für Flaschenkorken, als Isoliermittel u. a.

**Kormorane** [frz.], **Scharben,** bis 1 m gr., Fisch fressende Vögel, weltweit verbreitet, besonders an Seeküsten.

**Korn, 1)** samenart. Frucht mit harter Schale. **2)** Brotgetreide (Weizen, Roggen u. a.). **3)** ugs. für K.branntwein. **4)** Feingehalt einer Münze aus Edelmetall. **5)** Teil der Visiereinrichtung. **6)** Silberpartikel fotograf. Schichten.

**Korinth:** *Kanal von Korinth*

**Kornblume,** Korbblütler; blau blühendes Getreideunkraut.

**Kornea** [lat.], svw. ↑Hornhaut.

**Körner, 1)** Christian Gottfried, preuß. Staatsrat, * 1756, † 1831; gewährte Schiller 1785–87 Gastfreundschaft. **2)** Hermine, dt. Schauspielerin u. Regisseurin, * 1878, † 1960. **3)** Theodor, Sohn v.

1), dt. Dichter, *1791, ⚔1813; Dramen, Kampflieder aus den Befreiungskriegen. **4)** Theodor, östr. Politiker (SPÖ), *1873, †1957; 1951–57 B.-Präs.

**Körnerkrankheit** ↑Trachom.

**Kornett** [frz.], aus dem Posthorn entwickeltes kl. Ventilhorn.

**Kornrade,** purpurfarben blühendes Getreidewildkraut (Nelkengewächs).

**Korona** [lat.], **1)** die ↑Sonne umgebender Strahlenkranz (bei totaler Sonnenfinsternis sichtbar), durch an freien Elektronen u. Ionen gestreute Sonnenstrahlung hervorgerufen; Temp. ca. 1 Mill. °C. **2)** Glimmerhaut einer ↑Gasentladung.

**Körperbautypen, Konstitutionstypen,** nach E. Kretschmer: 1. *leptosomer Typ:* schmal aufgeschossen, mager, mit flachem Brustkorb u. langen, schlanken Gliedern; 2. *athlet. Typ:* grober Knochenbau mit kräft. Muskulatur, breiten Schultern, großer Brustkorb; 3. *pykn. Typ:* mittelgr., gedrungen, gewölbter Brustkorb, Neigung zum Fettansatz, kurzer Hals.

**Körperschaft, 1)** im Privatrecht zahlenmäßig bestimmb., mitgliedschaftlich organisierte Gemeinschaft (Verein, AG, GmbH). **2)** im öff. Recht mitgliedschaftl. organisierte, rechtsfäh. Verbände zur Wahrnehmung staatl. Zwecke unter Staatsaufsicht, als *Gebiets-K.en* (z. B. Gem.) u. *Personal-K.en* (z. B. Berufskammer).

**Körperschaftsteuer,** bes. Art der Einkommensteuer für jurist. Personen (Kapitalges., Erwerbs- u. Wirtschaftsgenossensch., Versicherungsvereine auf Gegenseitigkeit u. a.); seit 2001 gilt ein einheitl. Steuersatz von 25% für einbehaltene u. ausgeschüttete Gewinne.

**Körpertemperatur,** Temp. von Mensch u. Tier; bei ↑Kaltblütern v. der Umgebungstemp. abh., bei ↑Warmblütern gleich bleibende K. (Mensch 36 °C). – ↑Fieber.

**Körperverletzung,** Strafrecht: körperl. Misshandlung od. Gesundheitsschädigung eines anderen; bei gefährl., schwerer u. K. mit tödl. Ausgang erhebl. Strafverschärfung. – Objektiv liegt eine K. auch bei ärztl. Eingriffen vor; sind bei Einwilligung des Verletzten grundsätzl. nicht rechtswidrig.

**Korporal** [frz.], in einigen Heeren niedrigster Unteroffiziersdienstgrad.

**Korporation** [lat.], svw. ↑student. Verbindung.

**Korps** [ko:r; frz.], **1)** größerer Truppenverband. **2)** ↑student. Verbindungen.

**Korpus, Corpus** [lat.], **1)** Sammelwerk, z. B. v. Texten. **2)** Resonanzkasten der Saiteninstrumente od. die Schallröhre der Blasinstrumente.

**Korpuskel** [lat.], kleines Materieteilchen, Partikel; *Korpuskularstrahlen* sind Teilchenstrahlen, z. B. Alpha- u. Betastrahlen.

**Korrelat** [lat.], Wechselbegriff, Ergänzung; *Korrelation,* Wechselbeziehung, -wirkung.

**Korrespondent** [lat.], auswärtiger Mitarb. v. Massenmedien u. Nachrichtenagenturen.

**Korrespondenz** [mlat.], Briefwechsel; Schriftverkehr.

**Korrosion** [lat.], zerstörende Veränderung an der Oberfläche fester Körper, z. B. durch Oxidation, Wasser- und Kohlensäureeinwirkung, Salzbildung, elektrochem. Vorgänge; *K.sschutz* u. a. durch Zulegieren best. El., Farbanstrich od.[nicht]metall. Überzüge.

**Korruption** [lat.], Bestechlichkeit; Verderbtheit, Sittenverfall.

**Korsar** [ital.], Seeräuber[schiff].

**Korsika,** frz. **La Corse** [la'kɔrs], frz. Insel u. Region im Mittelmeer, 8680 km², 250400 E, Hptst. Ajaccio, Bev.: Korsen. Im Inneren stark zertaltes Geb., bis 2710 m, im O fruchtbares Küstenland, mildes Klima; Kastanien- u. Olivenhaine, Korkeichenwälder, Macchie. – 238 v. Chr. röm., 456 vandal., dann oström. u. fränk., im 9./10. Jh. teilw. arab., im 11. Jh. an Pisa, 1284 an Genua, 1768 an Frkr., 1982 Autonomiestatut.

**Korso** [ital.], **1)** Schaufahrt mit blumengeschmückten Wagen. **2)** Prachtstraße. **3)** Wettrennen von reiterlosen Pferden.

**Korsør** [kɔr'sø:r], dän. Hafen- u. Ind.-St. auf Seeland, 20200 E; Fähren über d. Gr. Belt.

**Kortison** [Kw.], Nebennierenrindenhormon mit Wirkung auf den Kohlenhydratstoffwechsel; u. a. zur Therapie allerg. Erkrankungen.

**Kortner,** Fritz, östr. Regisseur u. Schauspieler, *1892, †1970.

**Kortrijk** [-rɛjk], frz. **Courtrai** [kur'trɛ], belg. St. in Westflandern, 76000 E; Abt. der Univ. Löwen; Textilind.

**Korund** [tamil.], Mineral, $Al_2O_3$, Härte 9; farblos od. durch andere Metalloxide grau, blau, rot gefärbt; *edle K.e* sind Schmucksteine (↑Rubin, ↑Saphir).

**Korvette** [frz.], fr. leichtes Segelkriegsschiff, heute v. a. Kriegsschiff für den Geleitschutz.

**Koryphäe** [gr.], bed. Persönlichkeit; hervorragender Gelehrter, Künstler, Sportler u. a.

**Kos,** griech. Insel der Südl. Sporaden, 290 km²; 20400 E; Hauptort K.; ⛱.

**Kosaken** [russ.], urspr. turktatar. Wach- u. Raubkommandos, dann auch u. v. a. ostslaw. Gemeinschaften freier Krieger u. geworbener Grenzsoldaten; bis zum Ende des Zarenreichs mobile u. kampfkräftige Reiterverbände im russ. Heer.

**koscher** [jidd.], taugl., rein (nach jüd. Speisegesetzen).

**Kosciusko, Mount** [maʊnt kɔzɪ'ʌskəʊ], höchster Berg Australiens, 2230 m.

**Kościuszko** [kɔsj'tsjuʃkɔ], Tadeusz, poln. Feldherr u. Nationalheld, *1746, †1817; Führer des missglückten poln. Aufstandes v. 1794.

**Kosekans** [lat.], ↑Winkelfunktionen.

**Košice** ['kɔʃitse], dt. **Kaschau,** St. im O der Slowakei, 242000 E; Univ., TH; got. Dom; Schwerind. Bis 1918 u. 1938–45 ungarisch.

**Kosinus** [lat.], ↑Winkelfunktionen. – *K.satz,* geometr. Lehrsatz: In einem Dreieck mit den Seiten *a*, *b*, *c* u. dem Winkel $\gamma$ (steht der Seite *c* gegenüber) gilt: $c^2 = a^2 + b^2 - 2ab \cdot \cos\gamma$ (entspr. bei zykl. Vertauschung).

**Köslin,** poln. **Koszalin** [-ʃ-], Krst. in d. Wwschaft Westpommern, Polen, 112100 E; Holz-, elektrotechn. Ind., Masch.bau.

**Kosmetik** [gr.], Körper- und Schönheitspflege.

**kosmisch** [gr.], das Weltall betr.

**kosmische Strahlung, Höhenstrahlung, Ultrastrahlung,** äußerst energiereiche Korpuskularstrahlung aus dem Weltraum (vorw. Protonen), die als *primäre k. S.* in die Erdatm. eindringt u. wegen ihrer elektr. Ladung durch das Erdmagnetfeld beeinflusst wird; in der Erdatm. Erzeugung einer *sekundären k. S.*

**kosmo..., Kosmo...** [gr.], Bestimmungswort; Bed.: „Welt".

**Kosmogonie** ↑Astronomie.

**Kosmologie** ↑Astronomie.

**Kosmonaut** Weltraumfahrer.

**Kosmopolit** [gr.], Weltbürger.

**Kosmos** [gr.], Weltall, Universum.

**Kosovo,** alban. **Kosovë** [-və], ehem. Prov. innerhalb der jugoslaw. Teilrep. Serbien, 10887 km², 1,7 Mill. E (90% muslim. Albaner), Hptst. Priština. – Nach 1981 Spannungen zw. Albanern u. serb. Minderheit; nach Aufhebung der Autonomie (1990) Kämpfe (seit 1996 UÇK) u. ab 1998 internat. Krise (1999 NATO-Militäraktion); seitdem autonom unter internat. Protektorat.

**Kossuth** ['kɔʃut], Lajos, ungar. Politiker, *1802, †1894; Führer

K

der Unabhängigkeitsbewegung, Reichsverweser 1848/49, Nationalheld.

**Kosten,** in Geld ausgedrückter Werteverzehr zur Erstellung betriebl. Leistungen: 1. *Kapital-K.* (Zinsen, Abschreibungen u. a.), 2. *Arbeits-K.* (Löhne, Gehälter u. a.), 3. *Material-K.* (Roh-, Hilfs- u. Betriebsstoffe), 4. *Fremdleistungs-K.* (K. für Leistungen anderer Betriebe), 5. Steuern, Versicherungen u. a.

**Kostüm** [frz.], **1)** [histor.] Kleidung, Tracht. **2)** zweiteilige Damenoberbekleidung aus Rock u. zugehöriger Jacke. **3)** Maskenanzug.

**Koštunica** [kɔʃˈtunitsa], Vojislav, serb. Politiker, * 1944; 2000 gegen S. Milošević zum Präs. Jugoslawiens gewählt.

**K.-o.-System,** ⚔ Austragungsmodus; der Verlierer scheidet aus dem weiteren Wettbewerb aus.

**Kot,** svw. ↑Exkremente.

**Kotangens** [lat.], ↑Winkelfunktionen.

**Kotau** [chin.], demütige Ehrerweisung; in China (bis 20. Jh.) Berühren des Bodens mit der Stirn.

**Kotelett** [frz.], Rippenstück v. Kalb, Schwein, Hammel, Wild.

**Koteletten** [frz.], kurzer Schläfen- oder Backenbart.

**Köth,** Erika, dt. Sängerin, * 1925, † 1989.

**Köthen/Anhalt,** Krst. in Sa.-Anh., 30 300 E; FH; Kranbau.

**Kotor,** St. in Montenegro, Jugoslawien, an d. Bucht von K., 5 300 E; von der Festung Sveti Ivan überragt; maler. Stadtbild (nach Erdbeben wieder aufgebaut), Kathedrale (12. Jh.; Türme 17. Jh.); zählt zum Weltkulturerbe.

**Kotzebue** [-buː], August von, dt. Dramatiker, * 1761, † 1819; über 200 bühnenwirksame Stücke. Wegen seiner antilib. Haltung v. dem Burschenschafter K. L. Sand ermordet.

**Kourou** [frz. kuˈru], Ort an der Küste von Frz.-Guayana, 6 500 E. Seit 1967 frz. Raumfahrtzentrum; ⚓.

**kp,** Einheitenzeichen für: ↑**Kilo**pond.

**KPD,** Abk. für: ↑**K**ommunist. **P**artei **D**eutschlands.

**KPdSU,** Abk. für: **K**ommunist. **P**artei **d**er **S**owjet**u**nion, allein herrschende, bis 1990 einz. Partei in der UdSSR; gab 1990 formal ihren Führungsanspruch auf; nach missglücktem Putsch im Aug. 1991 aufgelöst; hervorgegangen aus den ↑Bolschewiki innerhalb der russ. Sozialdemokratie. Nachfolgepartei der KPdSU in Russland: KP der Russ. Föderation.

**Kr,** ♁ Symb. für ↑Krypton.

**Krabben, 1)** Unterordnung der Zehnfußkrebse, mit kurzem, unter das Kopfbruststück geschlagenem Hinterleib (meist Meerestiere); können seitwärts laufen. **2)** ↑Garnelen.

**kracken, cracken** [ˈkrækən; engl.], höher molekulare Kohlenwasserstoffe durch starkes Erhitzen (meist unter Einsatz von Katalysatoren) in niedere Kohlenwasserstoffe spalten *(Krackverfahren).*

**Kraf[f]t,** Adam, Nürnberger Steinbildhauer der Spätgotik, * um 1460, † 1508 od. 1509; Epitaphien; Sakramentshaus in St. Lorenz.

**Kraft,** vektorielle physikal. Größe, festgelegt durch ihren Betrag (Größe) u. ihre Wirkungslinie (Richtung durch Angriffspt.); Ursache v. Bewegungsänderungen (Beschleunigung $\boldsymbol{a}$) eines Körpers der Masse $m$ gemäß der *dynam. Grundgleichung (2. newtonsches Axiom):* $\boldsymbol{F} = m \cdot \boldsymbol{a}$. Wirken auf einen Körper keine K., wird $\boldsymbol{a} = 0$, d. h., er verharrt im Zustand der Ruhe od. der gleichförm. geradlin. Bewegung. SI-Einheit: ↑Newton.

**Kräfteparallelogramm,** geometr. Konstruktion zur graf. Ermittlung der Summe zweier Kräfte.

**Kraftfahrt-Bundesamt,** Abk. **KBA,** 1951 errichtete Bundesoberbehörde für den Straßenverkehr, Sitz Flensburg; führt u. a. das Verkehrszentralregister.

**Kraftfahrzeug,** Abk. **Kfz,** nicht schienengebundenes Landfahrzeug, das durch eine Verbrennungskraftmasch. (meist Otto- od. Dieselmotor), seltener durch Elektromotor od. Energie sparende Motoren angetrieben wird; hierzu gehören Kraftwagen, Krafträder u. Traktoren.

**Kraftfahrzeugbrief,** vom Hersteller eines Kfz ausgestellte Urkunde mit techn. Daten, amtl. Kennzeichen des Kfz u. Personalien des Halters.

**Kraftfahrzeug-Haftpflichtversicherung,** obligator. Haftpflichtversicherung, abgeschlossen vom Halter eines Kfz zur Deckung der durch den Gebrauch des Fahrzeugs verursachten Sach- und Personenschäden.

**Kraftfahrzeugkennzeichen,** zur Registrierung eines Kfz dienendes amtl. Kennzeichen.

**Kraftfahrzeugschein,** behördl. ausgestellte Urkunde, in der Personalien des Halters, Zulassung des Fahrzeugs, dessen amtl. Kennzeichen sowie die techn. Daten verzeichnet sind; der Schein ist vom Nutzer stets mitzuführen. Entsprechend: *Anhängerschein.*

**Kraftfahrzeugsteuer,** den Ländern zufließende Steuer auf das Halten von Kfz od. Kfz-Anhängern zum Verkehr auf öff. Straßen (ohne Rücksicht auf die tatsächl. Benutzung). Bemessungsgrundlage: Hubraum, Schadstoffausstoß, Antriebsart.

**Kraftfeld** ↑Feld.

**Kraftlini|en,** svw. ↑Feldlinien.

**Krafträder,** einspurige, zweirädrige Kraftfahrzeuge: Motorräder, Motorroller u. Klein-K. (Mofas).

**Kraftstoffe,** meist flüssige od. gasförmige Brennstoffe, deren chemisch gebundene Energie mittelbar in mechan. Arbeit umgesetzt werden soll; z. B. Otto-K. (Benzin), Diesel-K. (Gasöle), Turbinen-K. (Kerosin). *Bio-K.* sind Bioalkohol u. Biodiesel.

**Kraftwagen, Automobil,** kurz **Auto,** mehrspuriges Kfz zum Transport von Personen u./od. Gütern, zum Ziehen von Fahrzeugen od. zur Arbeitsleistung; als Personen-K. (Pkw) u. Nutz-K. (Nkw), zu Letzteren Lastkraftwagen (Lkw), Omnibusse u. Zugmasch. (Traktoren).

**Kraft-Wärme-Kopplung,** Abk. **KWK,** Kopplung v. Elektrizitätserzeugung u. Abwärmenutzung (zu Fernheizungszwecken) bei mod. Kraftwerken. Der Ausbau d. KWK gilt heute als eine der wesentl. Optionen für den Klimaschutz u. bildet eine d. Hauptsäulen des nat. Klimaschutzprogramms.

**Kraftwerk,** großtechn. Anlage zur Gewinnung von elektr. Energie; *therm. K. (Wärme-K.)* nutzen die chem. Energie v. fossilen Brennstoffen (Kohle, Erdöl, Erdgas), *Wasser-K.* die kinet. Energie strömenden Wassers (aus Stauseen, in Flüssen *[Laufwasser-K.]* od. durch den Gezeitenunterschied an Meeresküsten *[Gezeiten-K.]* bewirkt), *Kern-K.* die Bindungsenergie, die bei der Kernspaltung frei wird (↑Kernreaktor), *geotherm. K.* durch natürl. ↑Erdwärme aufgeheizten Wasserdampf, *Solar-K.* die mit geeigneten Kollektoren aufgefangene Sonnenenergie, *Wind-K.* die kinet. Energie des Windes. Die Primärenergie kann entw. die Generatoren zur Erzeugung elektr. Energie unmittelbar antreiben od. steht als Wärmeenergie zur Verfügung (bzw. wird in diese umgewandelt), mit deren Hilfe Dampf zum Antrieb von Turbinen erzeugt wird. *Grundlast-K.* geben kontinuierl. Energie an das Netz ab, Belastungsspitzen werden von *Spitzen-K.* abgedeckt.

**Kraftwerk:** *Braunkohlekraftwerk in der Lausitz*

**Kragstein,** Stützstein (Auflager) für das Gebälk, aus der Mauer herausragend.

**Krähen,** Rabenvögel der Gatt. Corvus: *Rabenkrähe* (westl. der Elbe), *Nebelkrähe* (östl. der Elbe), Saatkrähe u. a.

**Kraichgau,** fruchtb. Hügelland zw. Odenwald und Schwarzwald, Baden-Württemberg.

**Krain,** slowen. **Krajnska,** histor. Gebiet, das den größeren, westl. Teil Sloweniens umfasst.

**Krakau,** poln. **Kraków** [-kuf], Hptst. d. Wwschaft Kleinpolen, Polen, an der Weichsel, 740 500 E; Univ., TH, Bibliothek, Akad. der Wiss., Museen, got. Marienkirche mit Marienaltar des Veit Stoß; Dom (1364 geweiht), Schloss, Markt mit Tuchhallen; vielseit. Ind.; ⚓, ✈.

**Kraken** [norweg.], achtarm. Tintenfische.

**Krampfadern, Varizen,** durch Stauung des Blutrücklaufs entstandene, krankhaft erweiterte (oberflächl.), geschlängelte Venen (Varikose) bes. an den Beinen.

**Kran,** Maschine zum Versetzen von Lasten, nach Ausführung als Dreh-, Lauf-, Portal-K. u. a. bezeichnet.

**Kraniche,** hochbein., langhals. Stelzvögel mit kräft. Schnabel; Bodennester in Sumpfgebieten, Nestflüchter.

**Krankenhaus,** öff. oder private Einrichtung des Gesundheitswesens zur stationären Aufnahme, Untersuchung, Überwachung und Behandlung erkrankter Personen; mit Abteilungen für Chirurgie, innere, Infektions-, Haut-, Augen-, Hals-Nasen-Ohren-Krankheiten, für Gynäkol. u. a. od. als spezialisiertes Krankenhaus.

**Krankenkassen,** Träger der gesetzl. *Krankenversicherung* (Körperschaften des öff. Rechts): 1. Allg. Orts-K., 2. Ersatzkassen, 3. Betriebs-K., 4. landwirtsch. K., 5. Innungs-K. für Beschäftigte im Handwerk, 6. See-K. für Seeleute, 7. Bundesknappschaft für Beschäftigte im Bergbau.

**Krankensalbung,** frühere Bez. (kath.) **Letzte Ölung,** Sakrament in d. kath. u. d. orth. Kirche, bei schwerer Krankheit von einem Priester (durch Salbung) gespendet.

**Krankenversicherung, gesetzl. K.,** Zweig der Sozialversicherung, der bei Krankheit, Mutterschaft, Tod u. zur Früherkennung v. Krankheiten Leistungen erbringt. Der Pflichtversicherung unterliegen Angestellte, Arbeiter, Auszubildende, Rentner, Arbeitslose u. a. bis zu einem Jahresarbeitsverdienst in Höhe von 75 v. H. der Beitragsbemessungsgrenze der Rentenversicherung. – Daneben *private K.* mit Krankheitskosten- u. Krankentagegeldversicherung.

**Krankheit, Morbus,** Einschränkungen bzw. Störungen der normalen Lebensvorgänge in Organen od. im gesamten Organismus oder der spezif. psych. Leistungen.

**Krater** [gr.], altgriech. Weinmischkrug.

**Krater** [gr.], kessel- od. trichterförm. Öffnung d. Schlotes v. Vulkanen, durch d. Lava an d. Erdoberfläche tritt.

**Krätze, Scabies,** ⚕ durch Krätzmilben hervorgerufene juckende u. entzündl. Hautkrankheit.

**Kraul** [engl.], schnellster Schwimmstil; die Arme werden wechselseitig über den Kopf geführt u. unter Wasser bis zur Hüfte durchgezogen, die Beine locker auf u. ab bewegt.

**Kraus,** Karl, östr. Schriftsteller, *1874, †1936; Aphorismen, Essays, Dramen („Die letzten Tage der Menschheit"); seine Zeitschrift „Die Fackel" verbindet Sprach- mit Gesellschaftskritik.

**Kräuselkrankheit** ↑Pflanzenkrankheiten (Übers.).

**Kräuter,** Pflanzen, deren Stängel nicht od. nur z. T. verholzen; sterben am Ende einer Vegetationsperiode ganz od. teilweise ab.

**Krautfäule** ↑Pflanzenkrankheiten (Übers.).

**Kreation** [lat.], [Mode]schöpfung.

**Kreatur** [lat.], **1)** Geschöpf, Lebewesen. **2)** Günstling, Schurke.

**Krebs,** lat. **Cancer,** zum ↑Tierkreis gehörendes Sternbild des nördl. Himmels.

**Krebs, 1)** eine von epithelialen Zellen der Haut, Schleimhaut und der Organe oder vom mesenchymalen Stütz- und Bindegewebe ausgehende bösartige Geschwulst (Tumor, auch Karzinom bzw. Sarkom). Der *Primärherd* von jungen, sich ständig vermehrenden Zellen breitet sich in die Umgebung aus. Einzelne der wuchernden Zellen können sich aus dem Verband lösen und mit dem Lymph- und Blutstrom in entfernte Körperbezirke od. Organe gelangen, in denen sie Tochtergeschwülste *(Metastasen)* bilden. Bei seinem Wachstum zerstört der K. benachbarte Organe oder verschließt Hohlräume wie Speiseröhre, Magen und Darm und ruft so die verschiedensten Krankheitserscheinungen hervor. Die Ursachen der K.-Bildung sind vielfältig und noch nicht völlig geklärt. Lang dauernde physikal., chem. oder entzündl. Reize sind wesentlich, so versch. Strahlen, Krebs erregende Stoffe *(Karzinogene)*, Entzündungen oder Verletzungen, die das Gewebe zu vermehrter Zellteilung anregen; auch bestimmte Erbanlagenkombinationen sowie das Alter begünstigen die Entstehung des Krebses. Behandlung: Entfernen der Geschwulst durch Operation; Zerstören durch Bestrahlung; Chemotherapie, z. B. mit zytostat. Mitteln. Frühzeitiges Erkennen ist für die Heilung am wichtigsten. Krebsverdächtige Allgemeinerscheinungen sind zunehmende Blässe, Ermüdbarkeit, Gewichtsabnahme. **2) Pflanzen-K.,** durch versch. Bakterien und Pilze verursachte Wucherungen, hpts. an höheren Pfl.; führen zum Zerfall der Gewebe in Einzelzellen u. zum Absterben der Pfl.; gefährl. v. a. *Kar-*

K

*toffel-, Obstbaum-, Tomaten-K.* **3)** ♪ kontrapunkt. Verarb. von Themen, bei der das Thema rückwärts gelesen wird.

**Krebstiere, Krebse, Krustentiere, Krustazeen, Crustacea,** Klasse kiemenatmender Gliederfüßer; primär Wassertiere, meist Meeresbewohner, Körper von Chitinpanzer bedeckt; 2 Paar Antennen, mehr als 4 Beinpaare; meist getrenntgeschlechtig, larvale Entwicklung.

**Kredit** [ital.], der einem Wirtschaftssubjekt für eine best. Zeit v. einem Dritten gegen Entgelt (Zins) überlassene Geldbetrag (Darlehen).

**Kredit** [lat.], in der Buchführung die Habenseite eines Kontos; Ggs. Debet.

**Kreditanstalt für Wiederaufbau,** Abk. **KfW,** öff.-rechtl., v. Bund u. Ländern getragene Spezialbank; gegr. 1948; Sitz Frankfurt am Main. Aufgaben: Förderung der dt. Wirtsch. durch Export- u. Investitionskredite, Zuschüsse u. Bürgschaften.

**Kreditgenossenschaften, Genossenschaftsbanken,** v.a. auf lokaler Ebene tätige Kreditinst. (Volks-, Raiffeisen-, genossenschaftl. Zentralbanken, Spezialinst.); Spitzeninst. DZ Bank AG.

**Kreditinstitute,** Unternehmen, die Bankgeschäfte im Sinne v. § 1 *Kreditwesenges.* i.d.F.v. 1998 betreiben.

**Kreditkarte,** Ausweiskarte, die den Inhaber berechtigt, Waren u. Dienstleistungen von Vertragsunternehmen bargeldlos (durch Unterschrift) zu begleichen; Rechnung wird durch K.-Organisation bezahlt, die vom K.-Inhaber Zahlung verlangt.

**Krefeld,** krsfr. St. im Niederrhein. Tiefland, NRW, 249600E; LG; IHK; Zentrum der dt. Samt- u. Seidenind.; Textil-, Stahl-, Elektroind.; Masch.-, Waggonbau.

**Kreide** [lat.], **1)** feinkörniges, v.a. aus $CaCO_3$ bestehendes ↑Sedimentgestein, aus Schalenresten niederer Tiere; weiß, weich; als Schreib-, Schlämm-K. u.a. **2)** ↑Geologie (Übers.).

**Kreis, 1)** geschlossene Kurve, deren Pt. vom Mittelpt. die gleiche Entfernung *r (Radius)* haben; *K.umfang* $= 2\pi r$, *K.fläche* $= \pi r^2$. **2)** (Reichs-K.) Einteilungseinheit des Röm. Reiches (1500 wurden 6, 1512 10 R.-K.e gebildet). **3)** in Dtl. Verw.-Einheit, Körperschaft des öff. Rechts (Gebietskörperschaft) mit Selbstverw., als *Land-* od. *Stadt-K.* (kreisunmittelb. Gem.).

**Kreisauer Kreis,** 1942 v. H. J. Gf. v. Moltke auf seinem Gut Kreisau versammelter, antinat.-soz., von relig. Kräften best. Kreis; beschäftigte sich mit einer zukünft. Staats- u. Gesellschaftsordn.; zahlr. führende Mitgl. nach dem ↑Zwanzigsten Juli hingerichtet.

**Kreisel,** um einen Festpt. rasch rotierender, meist rotationssymmetr., starrer Körper; die Tendenz des K., seine Drehachsenrichtung beizubehalten, wird im *K.kompass* (↑Kompass) u. in Stabilisierungsgeräten ausgenutzt.

**kreisfreie Stadt,** kreisunmittelbare Gemeinde, ↑Kreis.

**Kreiskolbenmotor, Wankelmotor,** Verbrennungskraftmaschine mit stetig umlaufenden Kolben in Gestalt eines Bogendreiecks, konstruiert von Felix Wankel (* 1902, † 1988) in Zusammenarbeit mit den NSU Motorenwerken AG. Vorläufer war der *Drehkolbenmotor.*

**B. Kreisky**

**Kreisky,** Bruno, östr. Politiker, * 1911, † 1990; 1959–66 Außenminister, 1967–83 Vors. der SPÖ, 1970–83 B.-Kanzler.

**Kreislauf** ↑Blutkreislauf; *K.störungen,* Störungen der Blutverteilung im Körper bei Herzerkrankungen od. mangelhafter Funktion peripherer Gefäße.

**Kreisler,** Fritz, östr.-amer. Geiger u. Komponist, * 1875, † 1962.

**Kreißsaal,** Entbindungsraum in Krankenhäusern.

**Kreisstadt,** Sitz der Behörde eines Kreises; ↑Kreis.

**Kreis|tag,** polit. Vertretung in einem Landkreis, hervorgegangen aus allg., unmittelbaren, freien, gleichen u. geheimen Wahlen.

**Krematorium** [lat.], ↑Feuerbestattung.

**Kremer,** Gidon, russ. Violinist dt. Abkunft, * 1947.

**Kreml** [russ.], befestigter, burgart. Stadtteil russ. Städte im MA; v.a. *K. v. Moskau* (die heut. Mauern und Türme z.gr. Teil 1485–95), nach 1918 Sitz des Obersten Sowjets u. der Reg.; Museen.

**Kremplinge,** Gatt. der Hutpilze mit herablaufenden gelbl. bis braunen Lamellen; giftig.

**Krems an der Donau,** niederöstr. St. an der Donau, 22800E; altes Stadtbild, ma. Gozzoburg, Pfarrkirche (fr. 17. Jh.); Walzwerk, Masch.- u.a. Industrie.

**Kremsmünster,** oberöstr. Ort an der Krems, 5900E; Benediktinerstift (gegr. 777, heutige Bauten hpts. 17./18. Jh.).

**Křenek** [krʒ-], Ernst, östr.-amer. Komponist, * 1900, † 1991; zahlr. Opern, Orchester-, Kammer- u. Vokalwerke.

**Kreolen** [span.], in Mittel- u. Südamerika Bez. für Nachkommen roman. Einwanderer *(weiße K.);* in Brasilien auch für die Nachkommen der Negersklaven *(schwarze Kreolen).*

**Krepp, Crêpe** [krɛp; frz.], Gewebe mit krauser Oberfläche (durch K.garne od. bes. Bindung).

**Kresole** ↑Phenole.

**Kresse,** Bez. für versch. Kreuzblütlerarten (Brunnen-, Gänse-K. u.a.).

**Kreta,** griech. Insel im östl. Mittelmeer, 8336 km²; größte Stadt: Iraklion; gebirgiges Inneres (Karst), Mittelmeervegetation. – *Geschichte:* 2600–1200 v.Chr. Mittelpt. der kret. od. ↑minoischen Kultur; ab 1400 v.Chr. mehrfach Einwanderung griech. Stämme, 67 v.Chr. v. den Römern erobert, 1204 (4. Kreuzzug) venezian., 1669 osman., 1908/13 Anschluss an Griechenland.

**Kretschmer,** Ernst, dt. Psychiater, * 1888, † 1964; begr. die Lehre von den ↑Körperbautypen.

**Kreuder,** Peter, dt. Komponist, * 1905, † 1981; Filmmusiken, 3 Operetten, zahlr. Schlager.

**Kreutzberg,** Harald, östr. Tänzer u. Choreograf des mim. Solotanzes, * 1902, † 1968.

**Kreutzer, 1)** Conradin, eigtl. Conrad **Kreuzer,** dt. Komponist, * 1780, † 1849; zahlr. Opern u. Singspiele, z.B. „Das Nachtlager v. Granada". **2)** Rodolphe, frz. Violinvirtuose u. Komponist, * 1766, † 1831; Beethoven widmete ihm die K.-Sonate (op. 47).

**Kreuz,** im Christentum Symbol der Passion Jesu Christi, das durch Gott im Kreuzestod und in der Auferstehung Jesu Christi gewirkte Heil aussagend.

**Kreuzbein,** dreieckförm. Teil der Wirbelsäule, gebildet aus mitei-

nander verschmolzenen Wirbeln; trägt das knöcherne Becken.
**Kreuzblütler, Kruziferen,** weltweit verbreitete Pflanzenfam., meist Kräuter od. Halbsträucher, einf., traub. Blütenstände; Frucht meist Schote od. Schötchen; u. a. Gemüsekohl, Raps, Rettich; Zierpfl.; Unkräuter.
**Kreuz des Nordens,** gelegentl. Bez. für das Sternbild ↑Schwan.
**Kreuz des Südens,** lat. **Crux,** Sternbild des südl. Himmels.
**Kreuzdorn,** Gatt. der K.gewächse; häufig dorn. Sträucher an fels. Abhängen; u. a. Faulbaum.
**kreuzen,** im Zickzackkurs gg. den Wind segeln.
**Kreuzer, 1)** nach dem urspr. aufgeprägten Kreuz ben. fr. Münze (Dtl., Östr.-Ungarn). **2)** fr. mittl. Kriegsschiff; heute schwer bewaffnetes, schnelles Schiff.
**Kreuzgang,** Wandelgang um einen meist quadrat. Binnenhof einer Klosteranlage.
**Kreuzgelenk,** svw. ↑Kardangelenk.
**Kreuzigung,** in der Antike häuf. Form der Todesstrafe.
**Kreuzkraut, Greiskraut,** Gatt. der Korbblütler; Kräuter od. [Halb]sträucher mit kl. bis gr. Blütenköpfchen, z. B. Aschenpflanze.
**Kreuzotter,** bis 85 cm lange, lebend gebärende Giftschlange Europas u. N-Asiens; meist mit dunklem Zickzackband auf d. Rücken.
**Kreuzritter, 1)** Teilnehmer an einem Kreuzzug. **2)** Mitgl. eines geistl. Ritterordens.
**Kreuzschnabel,** Finkengatt. mit gekreuztem Schnabel.
**Kreuzspinne,** Radnetzspinne, weißes Kreuz auf dem Hinterleib.
**Kreuzung, 1)** ❀ Paarung erbversch. Paare; meist künstl. zw. versch. Rassen od. nah verwandten Arten zur Erzielung best. Merkmale u. Eigenschaften **2)** Schnittpt. v. Verkehrswegen, höhengleich od. plankreuzungsfrei.
**Kreuzverhör,** Zeugen- u. Sachverständigenvernehmung durch Ankläger u. Verteidiger im ags. Rechtsbereich; im dt. Strafprozess beschränkt zugelassen.
**Kreuzweg,** kath. Andachtsform, Nachvollzug des Leidensweges Christi in 14 *K.-Stationen.*
**Kreuzzug, 1)** allg.: Kriegszug gg. Feinde des [christl.] Glaubens. **2)** Kriegszug christl. Heere nach Vorderasien u. N-Afrika mit dem Ziel, die hl. Stätten in ihren Besitz zu bringen; 7 Kreuzzüge: *1. K.* 1096–99, 1099 Erstürmung Jerusalems; Gottfried von Bouillon „Vogt des Hl. Grabes". – *2. K.* 1147–49; veranlasst durch Bernhard v. Clairvaux; scheiterte schon auf dem Marsch in Kleinasien. – *3. K.* 1189–92; nach Einnahme Jerusalems durch Sultan Saladin; beteiligt: das dt. K.sheer unter Ks. Friedrich I. Barbarossa, Kg. Richard Löwenherz v. England u. Kg. Philipp II. August v. Frkr. – *4. K.* 1202–04; letzter allg. K.; Eroberung Konstantinopels, Errichtung des Lat. Kaiserreiches (1204–61); 1212 ↑Kinder-K. – *5. K.* 1228/29; Friedrich II. erhielt durch Vertr. Jerusalem (bis 1244). – *6. K.* 1248–54 u. *7. K.* 1270, v. Ludwig IX. v. Frkr. unternommen; 1291 Eroberung der letzten christl. Besitzung (Akkon) in Palästina durch die Muslime.
**Kricket,** [engl. *Cricket*], Schlagballspiel zw. 2 Mannschaften zu je 11 Spielern.
**Kriechtiere,** svw. ↑Reptilien.
**Krieg,** mit Waffengewalt ausgetragener Konflikt zw. 2 od. mehr. Staaten zur Durchsetzung polit., wirtsch., ideolog. u. mil. Interessen (↑Kriegsrecht); *Bürgerkrieg,* bewaffnete Auseinandersetzung zw. Interessengruppen um die Macht im Staat.
**Kriegsbeschädigte,** Personen, denen nach dem B.-versorgungsgesetz aufgrund ihrer im Krieg erlittenen gesundheitl. Schädigung Anspruch auf Versorgung zusteht.
**Kriegsdienstverweigerung,** Verweigerung des Wehr- od. Kriegsdienstes mit der Waffe; das Recht auf K. ist in der BRD im GG verankert; ↑Pazifismus.
**Kriegs|erklärung,** förml. Ankündigung krieger. Handlungen.
**Kriegsgefangener,** in Feindeshand befindl. Angehöriger der Streitkräfte; völkerrechtl. Status geregelt in der ↑Haager Landkriegsordnung u. im 3. Genfer Abkommen (1949).
**Kriegsgräberfürsorge,** Betreuung der Gräber und Friedhöfe der im 1. u. 2. Weltkrieg Gefallenen; Träger in Dtl.: *Volksbund Dt. K. e. V.* (gegr. 1919).
**Kriegsmarine, Flotte,** die Teilstreitkraft eines Staates, mit der dieser die Seemacht in Krieg u. Frieden ausübt.
**Kriegs|opferversorgung,** die staatl. Versorgung der durch mil. Dienstverrichtung, Kriegseinwirkung, Gefangenschaft u. a. gesundheitl. geschädigten Personen sowie der Witwen u. Waisen *(Kriegshinterbliebenenfürsorge);* geregelt im B.-versorgungsges. von 1950 mit mehrfachen Änderungen (gilt auch für Schädigung von Angehörigen der B.-Wehr).
**Kriegsrecht, 1)** völkerrechtl. Normen für Krieg führende Staaten zur Vermeidung grausamer u. unnöt. Leiden; auch Bestimmungen über die strafrechtl. Verfolgung best. Kriegsverbrechen; Bemühungen um ein K. seit Ende des 19. Jh. (↑Haager Landkriegsordnung). **2)** die im Kriegsfall geltenden bes. innerstaatl. Rechtsnormen (↑Notstandsgesetze).
**Kriegsverbrechen,** Verbrechen, die unter Verletzung des Kriegsrechts begangen werden, z. B. Ermordung und Misshandlung von Kriegsgefangenen, Verschleppung von Zivilpersonen. Die K. sind regelmäßig nach dem allg. oder militär. Strafrecht der einzelnen Staaten strafbar. Nach dem Zweiten Weltkrieg fanden *Kriegsverbrecherprozesse* statt (↑Nürnberger Prozesse). Zur Verfolgung von K. im ehem. Jugoslawien und in Ruanda wurden von der UNO 1993 bzw. 1994 *Kriegsverbrechertribunale* eingerichtet (↑Haager Tribunal, ↑Ruanda-Tribunal).
**Kriemhild,** Hauptgestalt der Nibelungensage, Gattin Siegfrieds.
**Krill** [norweg.], in polarnahen Meeren massenhaft auftretendes tier. Plankton, v. a. Leuchtkrebse (u. a. der 6 cm lange K.krebs).
**Krim,** Halbinsel in der Ukraine, trennt Schwarzes u. Asowsches Meer, 27 000 km², Hptst. Simferopol; mit dem Festland durch die z. T. nur 6 km breite *Landenge von Perekop* verbunden; im N ebene Steppen, im S Jailageb. (bis 1 545 m); an der S-Küste subtrop. Vegetation; bed. Kurorte; Anbau von Wein, Südfrüchten, Tabak.
**Kriminalität** [lat.], Straffälligkeit; Gesamtheit der in einem Gebiet begangenen Verbrechen.
**Kriminalpolizei,** Zweig der Polizei für Verbrechensaufklärung, betraut mit Ermittlung u. Fahndung; ↑Interpol.
**kriminelle Vereinigung,** Vereinigung zur Begehung v. Straftaten; Gründung, Mitgliedschaft u. Unterstützung strafbar; verschärfte Strafe für Gründung einer *terrorist. Vereinigung.*
**Krimkrieg,** russ.-türk. Krieg 1853 bis 1856; nach Besetzung der Donauft. Moldau u. Walachei durch Russland Bildung einer Koalition gg. Nikolaus I.: Türkei, Großbrit., Sardinien u. Frkr.; Hauptkriegsschauplatz war die Krim; 1855 Eroberung der Festung Sewastopol; 1856 Friede v. Paris (u. a. Neutralisierung des Schwarzen Meeres).
**Krimml,** östr. Kurort u. Wintersportplatz im Oberpinzgau, 800 E; *K.er Wasserfälle* 380 m (3 Stufen).
**Krinoline** ↑Reifrock.
**Kripo,** Abk. für: **Kriminalpolizei.**

**Krippenspiel,** szen. Darst. der Weihnachtsgeschichte.

**Krise,** lang andauernde Störung der wirtsch. Entwicklung (↑Konjunktur).

**Krishna,** ind. Gott, populärster Gott im Hinduismus; gilt als eine der Inkarnationen ↑Vishnus.

**Krishna, Kistna,** Fl. in Vorderindien, 1 250 km.

**Kristall,** Festkörper, in dem die atomaren Bausteine (Atome, Ionen, Moleküle) eine räuml. period. Anordnung *(K.gitter)* bilden. K.e entstehen aus Schmelzen, [übersättigten] Lösungen u.a. durch *Kristallisation.*

**Kristallglas,** farbloses Wirtschaftsglas für hochwertige Waren, mit hohem Glanz u. Lichtbrechungsvermögen; enthält weniger Bleioxid als Bleikristall.

**Kristallnacht,** Bez. für das planmäß. organisierte, v. Angehörigen der NSDAP u. SA durchgeführte *Novemberpogrom* gg. jüd. Bürger u. Synagogen in der Nacht vom 9. zum 10. 11. 1938; 91 Morde, rd. 30 000 Verhaftungen, Zerstörung fast aller Synagogen u. von mehr als 7 000 jüd. Geschäften im Gebiet des Dt. Reiches; wurde als Ausfluss des „Volkszorns" hingestellt, obwohl auf Initiative v. J. Goebbels zurückgehend, leitete die offene Judenverfolgung ein („Holocaust").

**Kristiania,** früherer Name der norweg. Hptst. ↑Oslo.

**Kristiansand** [-'san], norweg. Ind.- u. Hafenst. am Skagerrak, 67 100 E; Hptst. v. Vest-Agder; ✈.

**Kriterium** [gr.], Unterscheidungsmerkmal; Kennzeichen.

**Kritik** [gr.], **1)** [wiss., künstler.] Beurteilung, Infragestellung, Bewertung. **2)** Tadel. **3)** Unterscheidungsvermögen.

**kritisch, 1)** streng prüfend. **2)** tadelnd. **3)** wiss. erläuternd. **4)** bedenkl. **5)** Zustand eines Kernreaktors, in dem die Anzahl der durch Kernspaltung entstehenden Neutronen ebenso gr. ist wie die der absorbierten u. entweichenden; *k. Masse* ↑Kernspaltung.

**kritischer Rationalismus** ↑Rationalismus.

**kritische Theorie,** v. Horkheimer, Adorno u.a. *(Frankfurter Schule)* entwickelte marxist. bestimmte Gesellschaftstheorie u. -analyse.

**Kritizismus,** philos. Verfahren, das Erkenntnistheorie u. -kritik an den Anf. philos. Bemühens stellt; Ggs. Dogmatismus.

**Kriwoi Rog,** St. im Gebiet Dnjepropetrowsk, Ukraine, 709 000 E; Eisenerzgewinnung, Eisen- u. Stahlindustrie.

**Krk,** ital. **Veglia** ['veʎʎa], größte Adriainsel Kroatiens, 410 km², 16 000 E, Hauptort K.; gebirgig; Wein-, Ölbaum- u. Obstkulturen; Fischerei, Seebäder; ⚓, ✈. – Seit 1980 Brücke zum Festland.

**Kroatien**

| | |
|---|---|
| *Fläche:* | 56 538 km² |
| *Einwohner:* | 4,48 Mill. |
| *Hauptstadt:* | Zagreb |
| *Amtssprache:* | Kroatisch |
| *Zeitzone:* | MEZ |

**Kroatien,** Rep. in SO-Europa; im NO d. fruchtbare Tiefland *Nieder-K.*, im SW *Hoch-K.* mit verkarstetem, wenig besiedeltem Geb.-Land; dalmat. Küstengebiet; gemäßigtes Kontinentalklima; Bev. vorw. Kroaten; stark landw. genutzt; Anbau v. Mais, Weizen, Gemüse, Zuckerrüben, Zitrusfrüchten u. Wein; Viehhaltung; Bodenschätze: Bauxit, Erdöl, Erdgas; vielseitige Ind., Fremdenverkehr. – *Gesch.:* Teil der röm. Prov. Pannonien, dann unter wechselnder Herrschaft, 1102 Personalunion mit Ungarn; im 16. Jh. teilw. von Türken erobert; 1699 an Habsburg, 1848/49 auf habsburg. Seite gg. Ungarn, 1849 östr. Kronland, 1867 zu Ungarn, 1868 weitgehend autonom; 1918 Teil Jugoslawiens; 1941–45 „Unabh. Staat K." (Ustascha; blutige „Kroatisierungspolitik"), nach 1945 erneut jugoslaw. Teilrep. Die dt. Bev. („Donauschwaben"), v.a. in Slawonien, 1945–48 vertrieben; in der Folge Ansiedlung von Serben. 1990 erste freie Wahlen; 1991 einseitige Unabhängigkeitserklärung der „Rep. K.", danach Bürgerkrieg mit der serb. Minderheit, v.a. in der Krajina (1991–95 selbst.). Ab 1996 polit. Westintegration.

**Krocket,** engl. **Croquet,** Rasenspiel; 2 Mannschaften treiben mit Schlägern Kugeln durch 10 Tore (20 cm × 20 cm).

**Kroemer,** Herbert, dt. Physiker, * 1928; Entw. opto- u. mikroelektron. Halbleiterbauelemente für die Informationstechnologie; Nobelpreis 2000.

**Kroetz,** Franz Xaver, dt. Schauspieler u. Schriftsteller, * 1946, realist. Volksstücke, Prosa; Fernsehrolle in „Kir Royal".

**Kroketten,** panierte, in Fett ausgebackene Röllchen aus Kartoffelbrei, Fleisch oder Fisch.

**Krokodile** [gr.], **Panzerechsen,** Ordnung gr., vorw. Wasser bewohnender Wirbeltiere, Krebse u.a. fressender Reptilien in [sub]trop. Gewässern u. Sümp-

**Krokodile:** *Leistenkrokodil*

fen; ↑Alligatoren, ↑Gaviale, *Echte K.* (u. a. *Nilkrokodil,* bis 10 m lang).

**Krokus** [gr.], Gatt. der Schwertliliengewächse; kl. Knollenpfl. mit grasartigen Blättern u. trichterförmiger Blütenhülle; Frühlingsblüher.

**Krolow** [-lo], Karl, dt. Lyriker, *1915, †1999, bildhafte, sprachgenaue Lyrik, auch Prosa.

**Kromlech,** vorgeschichtl. Steinkreis (Übers. ↑Vorgeschichte).

**Kronach,** bayr. Krst. in Oberfranken, 18 600 E; altertüml. Stadtbild; Porzellan-, Elektroindustrie.

**Kronberg im Taunus,** hess. St. am S-Hang des Taunus, 17 800 E; Luftkurort.

**Krone,** Rangabzeichen, Teil der Insignien des Herrschers; urspr. Diadem, dann glatter od. edelsteinverzierter Reif, später mit Flammen (Lilien) u. Bügeln versehen (↑Reichsinsignien).

**Krone,** ☼ **1) Nördl. K.,** lat. **Corona Borealis,** Sternbild des nördl. Himmels. **2) Südl. K.,** lat. **Corona Australis,** Sternbild des südl. Himmels.

**Kronkolonie,** Bez. für eine von einem Gouverneur verwaltete brit. Kolonie, z. B. Gibraltar.

**Kronländer,** ab 1804 die in Personal- u. Realunion zur Habsburgermonarchie gehörenden Länder.

**Kronrat,** Ministerrat unter dem Präsidium des Monarchen.

**Kronstadt, 1)** rumän. **Brașov** [bra'ʃov], Bez.-Hptst. in Rumänien, am N-Rand der S-Karpaten, Mittelpt. des ↑Burzenlandes, 315 800 E; Univ.; Reste der St.-Befestigung, spätgot. „Schwarze Kirche"; Ind.-Zentrum. – Anf. des 13. Jh. vom Dt. Orden gegründet. **2)** russ. **Kronschtadt,** St. auf d. Insel Kotlin, westl. v. St. Petersburg, Russland, 45 500 E; Handels- u. Kriegshafen.

**Kronzeuge,** im ags. Strafprozess ein Mittäter als Zeuge der Anklage (Zusage der Straffreiheit od. -milderung); sog. kleine K.-Regelung auch im dt. Strafprozessrecht.

**Kropf, 1) Struma,** Schilddrüsenvergrößerung, meist mit hormoneller Unter- od. Überfunktion der Schilddrüse. **2) Ingluvi|es,** bei Vögeln Erweiterung der Speiseröhre.

**Krösus,** griech. **Kroisos,** letzter Kg. v. Lydien (um 560–546 v. Chr.); vom Perserkönig Kyros II. 547 v. Chr. entthront; sein unermessl. Reichtum wurde sprichwörtlich („reich wie ein K.").

**Kröten,** Fam. plumper, kurzbein. Froschlurche mit drüsig-warziger, oft Giftstoffe enthaltender Haut; feuchtigkeitsliebende Nachttiere; in Europa Erd-, Kreuz- u. Wechselkröte.

**Kroton,** griech. Kolonie in Süditalien, 710 v. Chr. gegr.; 277 v. d. Römern erobert, 194 v. Chr. Bürgerkolonie; heute Crotone.

**Krug,** Manfred, dt. Schauspieler, Jazzinterpret u. Sänger, *1937; Fernsehserie „Liebling – Kreuzberg".

M. Krug

**Kruger** ['kryxər], Paulus, gen. **Oom Paul,** dt. auch **Ohm Krüger,** südafrik. Politiker, *1825, †1904; 1883–1902 Präs. von Transvaal. Die *Krügerdepesche,* Glückwunschtelegramm K. Wilhelms II. an K. (1896) zur erfolgreichen Abwehr des brit. Überfalls unter Jameson, hatte eine Krise der dt.-brit. Beziehungen zur Folge.

**Krüger, 1)** Franz, dt. Maler des Biedermeiers, *1797, †1857; **2)** Hardy, dt. Schauspieler u. Schriftsteller, *1928.

**Krüger-Nationalpark,** Natur- u. Wildschutzgebiet in d. Rep. Südafrika; 19 485 km², gegr. 1898 v. P. Kruger.

**Krummstab** ↑Bischofsstab.

**Krümmung,** Abweichung einer Kurve (Fläche) v. der Geraden (Ebene).

**Krümpersystem,** Scharnhorsts preuß. Reservetruppensystem 1808–12, kurzfrist. Ausbildung v. Rekruten *(Krümper),* da das Heer auf 42 000 Mann beschränkt war (Pariser Vertrag von 1808).

**Krupp,** bei Säuglingen u. Kleinkindern auftretende Kehlkopfentzündung, -einengung u. -verschleimung; u. a. bei Diphtherie; symptomat. ähnl. ist der z. T. spast. bedingte *Pseudo-K. (falscher K.),* verursacht z. B. durch Reizstoffe in der Atemluft.

**Krupp, 1)** Alfried K. v. Bohlen u. Halbach, dt. Industrieller, *1907, †1967; seit 1943 Inhaber des K.konzerns, 1948 v. einem amerikan. Militärtribunal (anstelle seines Vaters) zu 12 J. Haft verurteilt, 1951 entlassen. **2)** Friedrich Alfred, dt. Industrieller, *1854, †1902; entwickelte den 1811 v. Friedrich K. (*1787, †1826) gegr. *K.konzern* zu einem Weltunternehmen, das seit 1999 als *Thyssen Krupp AG* firmiert.

**Kruse,** Käthe, geb. **Simon,** dt. Kunsthandwerkerin, *1883, †1968; bek. durch die Käthe-K.-Puppen.

**Krüss,** James, dt. Schriftsteller, *1926, †1997; sehr erfolgreiche Kinder- u. Jugendbücher („Timm Thaler oder Das verkaufte Lachen").

**Krustentiere,** svw. ↑Krebstiere.

**Kruzifix[us]** [lat.], plast. od. gemalte Darst. des gekreuzigten Christus.

**Kryopumpe,** Einrichtung der Ultravakuumtechnik, bei der ein Teil der Wandung des Behälters stark gekühlt wird, sodass dort Gasmoleküle kondensieren.

**Krypta** [gr.], urspr. Katakombengrabraum, dann [halb] unterird. Kultraum unter dem Chor einer Kirche; als Grabstätte verwendet.

**krypto..., Krypto...** [gr.], Bestimmungswort; Bed.: „geheim, verborgen".

**Kryptogamen** [gr.], blütenlose Pfl., z. B. Moose, Farne; Ggs. Phanerogamen.

**Kryptologie** [gr.], Wiss. v. Verschlüsseln, Entschlüsseln u. Entziffern v. Informationen (z. B. Geheimtexte).

**Krypton,** Symbol **Kr,** chem. El., OZ 36, rel. A.-Masse 83,80, Edelgas; Dichte 3,733 g/l, Fp. −157,36 °C, Sp. −153,22 °C; gehört zu den seltensten El.; wird aus Luft gewonnen; verw. als Glühlampenfüllung.

**KSK,** Abk. für **K**ommando **S**pezialkräfte, seit 1996 Spezialtruppe der dt. Bundeswehr v. a. für spezielle Kampfeinsätze (z. B. Geiselbefreiung).

**KSZE,** Abk. für **K**onferenz über **S**icherheit u. **Z**usammenarbeit in **E**uropa (Europ. Sicherheitskonferenz), Konferenz v. 35 europ. Staaten, Kanada u. den USA, am 3. 7. 1973 in Helsinki eröffnet; 30. 7.–1. 8. 1975 Unterzeichnung der Schlussakte: Erklärung der Teilnehmerstaaten u. a. über Gewaltverzicht, Achtung der territorialen Integrität, der Menschenrechte u. Grundfreiheiten, der Gleichberechtigung u. des Selbstbestimmungsrechts der Völker, über zwischenstaatl. Zusammenarbeit. Folgekonferen-

**Kuala Lumpur:** *Petronas Twin Towers, 451,9 m hoch (1996 fertig gestellt)*

zen: 1977/78 in Belgrad, 1980–83 in Madrid, 1986–89 in Wien; 1990 auf Pariser KSZE-Gipfeltreffen Abrüstungsvereinbarungen u. Verpflichtung zur Einhaltung v. Menschen- u. Grundrechten sowie Bekenntnis zu Privateigentum u. Marktwirtschaft. 1995 umbenannt in Organisation für Sicherheit und Zusammenarbeit in Europa (OSZE).

**Kuala Lumpur,** Hptst. (Reg.sitz Putrajaya) von Malaysia, 1,3 Mill. E; Univ.; Zinn-, Kautschukhandel; Petronas Twin Towers; ⚓; ✈.

**Kuba, 1)** größte Insel der Gr. Antillen, 105 007 km². **2)** (Cuba) Rep. in Mittelamerika, besteht hpts. aus 1), dazu zahlreiche kleine, küstennahe Inseln und Inselgruppen; größtenteils Hügelland, im S Gebirge bis 1 972 m; trop. Seeklima. *Landw.:* Zuckerrohr- u. Tabakplantagen, ferner Kaffee-, Reis-, Sisal-, Bananen- u. Baumwollanbau, Südfrüchte; bedeutende Rinderzucht; an der S-Küste Schwammfischerei. *Bodenschätze:* Eisen, Chrom, Nickel, Mangan, Gold, Erdöl. *Ind.:* Zucker-, Ölraffinerien, Textil-, Tabakind. *Ausfuhr:* Zucker, Tabak, Kaffee, Südfrüchte, Hölzer; amer. Mil.-Stützpunkt Guantánamo an der S-Küste. – *Gesch.:* 1492 von Kolumbus entdeckt, 1511–1898 span., von den USA besetzt, seit 1902 Rep. (bis 1934 Interventionsrecht der USA); 1958 Revolution unter Führung F. Castros, seitdem Aufbau eines sozialist. Staates; Abwendung v. den USA, Anlehnung an die UdSSR. Wegen Errichtung sowj. Raketenbasen auf K. im Herbst 1962 *K.krise:* Nach Blockade K.s durch die USA Einlenken der UdSSR; 1978 nach 16-jähr. Unterbrechung Wiederaufnahme des regelm. kommerziellen Luftverkehrs zw. K. u. den USA.

**Kuba**

*Fläche:* 110 860 km²

*Einwohner:* 11,14 Mill.

*Hauptstadt:* Havanna

*Amtssprache:* Spanisch

*Zeitzone:* MEZ – 6 Stunden

**Kubelík,** Rafael, schweiz. Dirigent und Komponist tschech. Herkunft, * 1914, † 1996; Opern, Sinfonien, Vokalwerke.

**Kubik...** [lat.], Bestimmungswort mit der Bed. „3. Potenz“; *K.inhalt,* Volumen; *K.wurzel,* 3. Wurzel aus einer Zahl; *K.zahl,* 3. Potenz einer Zahl.

**Kubin,** Alfred, östr. Grafiker und Schriftsteller, * 1877, † 1959.

**kubische Gleichung,** Gleichung 3. Grades, enthält die Unbekannte in der 3. Potenz.

**Kubismus** [lat.], mod. Kunstrichtung des fr. 20. Jh.; ausgehend v. P. Cézanne, s. 1907 vertreten v. P. Picasso, G. Braque, J. Gris; Auflösung des Organ. in geometr. Formen, Betonung des Kub., Simultandarst. als Folge der zerlegenden Strukturprinzipien.

**Kubrick** ['kju:-], Stanley, amer. Filmregisseur, * 1928, † 1999; „2001: Odyssee im Weltraum“.

**Kubus** [gr.], ↑Würfel.

**Küchenschabe, Kakerlak,** 20 bis 30 mm lange, schwarzbraune Schabe; nächtl. Vorratsschädling.

**Kuckucke,** weltweit verbreitete Vogelfam.; häufig Brutparasiten, wie der heim., 33 cm gr. *Kuckuck.*

**Kudus** [afrik.], mittelgr. bis gr. Antilopenarten der afrik. Steppen.

**Kufra,** Oasengruppe in SO-Libyen; Hpt.-Ort: El-Djof; Dattelpalmenkulturen; fr. Hpt.-Sitz d. ↑Senussi, Umschlagplatz d. Karawanen.

**Kufstein,** östr. Grenzst. am Inn, 13 500 E; vielseit. Industrie.

**Kugel,** gleichmäß. gekrümmte, allseit. geschlossene Fläche, deren Punkte v. einem festen Mittelpt. den gleichen Abstand $r$ *(K.radius)* haben, auch der v. dieser Fläche begrenzte Körper; *K.oberfläche* $= 4\pi r^2$, *K.volumen* $= \frac{4}{3}\pi r^3$.

**Kugelblitz,** seltene Blitzart, grell leuchtend; Existenz wiss. noch nicht nachgewiesen.

**Kugelblume,** Gatt. der K.ngewächse; Kräuter u. Halbsträucher mit kugel. blauen Blütenständen; Alpen, Mittelmeergebiet.

**Kubismus:** *Pablo Picasso, „Porträt des Kunsthändlers Daniel Henry Kahnweiler“ (1910)*

**Kugelfische,** [sub]trop. Korallenfische; blähen sich zur Abschreckung kugelig auf.

**Kugelgelenk, 1)** Gelenkverbdg. für Masch.-Teile, bei der sich eine Kugel in einer Hohlkugel dreht; nach allen Richtungen drehbar. **2)** Gelenkform, ermöglicht Bewegungen nach allen Richtungen, z. B. Schultergelenk des Menschen.

**Kugelhaufen,** kugelsymmetr. Ansammlungen v. einigen 10 000 bis 10 Mill. Sternen. Diese ↑Sternhaufen gehören zu den ältesten Objekten der Milchstraße.

**Kugellager,** Achslager mit Kugeln zw. Lagerbett u. Achse, setzen die Reibung stark herab.

**Kugelstoßen,** leichtathlet. Disziplin mit mass. Metallkugel (rd. 7,3 kg f. Männer u. 4 kg f. Frauen).

**Kugler,** Franz, dt. Kunsthistoriker, Kulturpolitiker u. Schriftsteller, * 1808, † 1858; einer der Begr. der Kunstwiss.

**Kuh|antilopen,** Antilopen der

afrik. Steppen u. Savannen, u.a. ↑Hartebeests, ↑Gnus.

**Kühlschrank** ↑Kühlverfahren.

**Kühlverfahren,** einfachstes K.: therm. Kontakt mit Eis des Wassers (0 °C) od. des Kohlendioxids (Trockeneis; −80 °C); beide schmelzen (bzw. verdampfen) unter Wärmeaufnahme aus der Umgebung, die dadurch abkühlt; auf Verbrauch v. Lösungswärme beruhen *Kältemischungen,* z.B. Eis mit Kochsalz, auf Verbrauch v. Verdampfungswärme *Kompressions-* (Entzug v. Verdampfungswärme bei Verdampfung v. zuvor verdichtetem Ammoniak u.a.) u. *Absorptionskältemaschinen; Kühlschränke* arbeiten vorw. nach dem Absorptionsverfahren.

**Kuhnau,** Johann, dt. Komponist, *1660, †1722; als Thomaskantor in Leipzig Vorgänger J. S. Bachs.

**Kuhpocken, Rinderpocken,** virusbedingter, mild verlaufender Hautausschlag mit Pustelbildung bei Rindern; Übertragung auf den Menschen möglich.

**Kuibyschew,** 1935–91 Name von ↑Samara.

**k. u. k.,** Abk. für: **k**aiserl. **u. k**gl. (im ehem. Östr.-Ungarn vor Namen von Behörden beider Reichsteile).

**Ku-Klux-Klan** [ku:kluks'kla:n; engl.], polit. Geheimbund im S der USA; gegr. nach dem Sezessionskrieg; gg. die Gleichberechtigung der Schwarzen; streng hierarch. Aufbau, ordensähnl. Ritus, Symbole (Flammenkreuz) und Tracht (schwarze, später weiße Kutte, spitze Kapuze); 1871 verboten; lebte im 1. u. nach dem 2. Weltkrieg wieder auf, nun auch gg. Juden, Katholiken, Ausländer u.a.

**Kulak** [russ.], Bez. für den ehem. russ. Mittel- und Großbauern. 1928–30 wurden die K.en als feindl. „Klasse" liquidiert.

**Kulisse** [frz.], bewegl. Dekorations-, Seitenwand beim Theater; Bühnendekoration.

**Kulmbach,** Hans v., eigtl. Hans **Suess** [zy:s], dt. Maler, *um 1480, †1522; Altäre, Bildnisse, Zeichnungen, Holzschnitte; dreiteilige Gedächtnistafel für Propst Lorenz Tucher.

**Kulmbach,** bayr. Krst. am Weißen Main, 28400 E; überragt von der Plassenburg (Renaissance); bed. Brauereien, Textilindustrie.

**kulminieren,** Durchgang eines Gestirns durch die Mittagslinie.

**Kult** [lat.], **Kultus,** in den Religionen die an bestimmte Formen (Ritus), Orte u. Zeiten gebundene, i.d.R. gemeinschaftlich erlebte Verehrung Gottes, der Götter oder des als heilig Angesehenen; übl. Bez. im Christentum: *Gottesdienst*, auch *Hl. Messe* (kath.) u. *Göttl. Liturgie* (orth.).

**Kultur** [lat.], **1)** Gesamtheit der geist., künstler. und prakt. Lebensäußerungen einer Menschengruppe, zeitl. u. örtl. begrenzt. **2)** Bildung, verfeinerte Lebensweise. **3)** Zucht v. Bakterien, Pflanzen u.a.

**Kulturgeschichte,** Ablauf u. Wandlung der ↑Kultur, dargestellt durch die *Kulturgeschichtsschreibung.*

**Kulturkampf,** Konflikt zw. d. preuß. Staat u. der kath. Kirche 1871–78 (87); staatl. Maßnahmen (u.a. Zivilehe, Verbot der Jesuiten, staatl. Schulaufsicht); schließl. Einlenken Bismarcks; heute allg. für Konflikt zw. Staat u. Kirche.

**Ku-Klux-Klan:** *Anhänger des Klans in ihrer traditionellen weißen Kapuzentracht*

**Kulturrevolution,** von Lenin konzipierter Begriff, der d. Formung eines neuen sozialist. Menschen durch Einübung neuer soz. Verhaltensnormen postuliert; bes. Bed. hat die chin. K. unter Mao Zedong (1965–69).

**Kümmel:** *blühender Echter Kümmel, Fruchtstand (rechts) und Frucht mit zwei Teilfrüchten*

**Kumaratunga,** Chandrika, Politikerin in Sri Lanka, *1945; 1994 kurzzeitig Premiermin., seitdem Staatspräsidentin.

**Kumasi,** Regionshptst. in S-Ghana, 385000 E; Univ.; Handels- u. Verkehrszentrum; Textil-, Holz- u.a. Ind.; ✈.

**Kümmel,** Doldenblütler; Gewürzpfl., auch wild vorkommend.

**Kumran** ↑Qumran.

**Kumulus** [lat.], Haufenwolke, unten flach, Oberteil kuppenartig; „Schönwetterwolke".

**Kündigung,** einseit. Erklärung der Beendigung eines Rechtsverhältnisses gegenüber dem Vertr.-Partner.

**Kündigungsschutz,** gesetzl. Schutz eines Vertr.verhältnisses vor Kündigung durch den wirtsch. stärkeren Vertragspartner (Arbeitgeber, Wohnungsvermieter).

**Kunersdorf,** Gem. östl. von Frankfurt (Oder); bei K. Niederlage Friedrichs d. Gr. 1759.

**Küng,** Hans, schweizer. kath. Theologe, *1928; 1980–96 Prof. in Tübingen (bis 1979 f. Dogmatik), 1979 Entzug der kirchl. Lehrerlaubnis [v.a. aufgrund krit. Äußerungen zum Dogma der päpstl. Unfehlbarkeit]; 1995 Gründung der *Stiftung Weltethos* [Förderung d. interkulturellen u. interreligiösen Begegnung].

**Kung-Fu** [chin.], dem ↑Karate ähnl. Selbstverteidigungstechnik.

**Kunlun,** etwa von W nach O verlaufendes Gebirgssystem Zentralasiens, z.T. vergletschert; von den Ostketten des Pamir ausgehend, begrenzt es das Hochland v. Tibet im N u. umfasst im S das Tarimbecken; weiter östl. Aufgliederung in mehrere Gebirgsketten (*Prschewalski-, Marco-Polo-Geb.* u.a.), bis 7723 m.

**Kunming,** Hptst. der südchin. Prov. Yunnan, 1,12 Mill. E; Univ.; Metallind.; ✈.

**Künneke,** Eduard, dt. Operettenkomponist, *1885, †1953; „Der Vetter aus Dingsda", „Glückl. Reise".

**Kunst,** Bez. für die Gesamtheit des von Menschen Hervorgebrachten, das nicht durch eine Funktion eindeutig festgelegt oder darin erschöpft ist, zu dessen Voraussetzungen hohes u. spezif. Können gehört u. das sich durch seine gesellschaftl. Geltung als Ausdruck von Besonderheit auszeichnet. Im heutigen Verständnis ist diese Gesamtheit in die Teilbereiche Literatur, Musik, die bildenden u. die darstellenden Künste gegliedert.

Grundsätze unterlaufener Fehler; begründet Haftung.

**Kunstflug,** Ausführen schwieriger Flugfiguren; bei sportl. Wettbewerben werden Genauigkeit der Figuren u. Einhaltung des Raums bewertet.

**Kunsthandwerk, Kunstgewerbe,** unter ästhet. Gesichtspunkten gestaltete Gebrauchsgegenstände u. Ziergeräte.

**Kunstharze,** synthetisch hergestellte Harze mit naturharzähnl. Konsistenz.

**Kunstleder,** lederähnl. Produkte auf Kunststoffbasis.

**künstliche Befruchtung,** svw. ↑In-vitro-Fertilisation.

**künstliche Intelligenz,** Abk. **KI,** engl. **Artificial Intelligence,** Abk. **AI,** die Fähigkeit spezieller Computerprogramme, die menschl. Intelligenz (in best. Bereichen) nachzuvollziehen u. vergleichb. Leistungen zu erbringen, insbes. Informationen schnell zu kombinieren u. entspr. Schlüsse daraus zu ziehen. Nutzung der k. I. z.B. in ↑Expertensystemen zur medizin. Diagnostik.

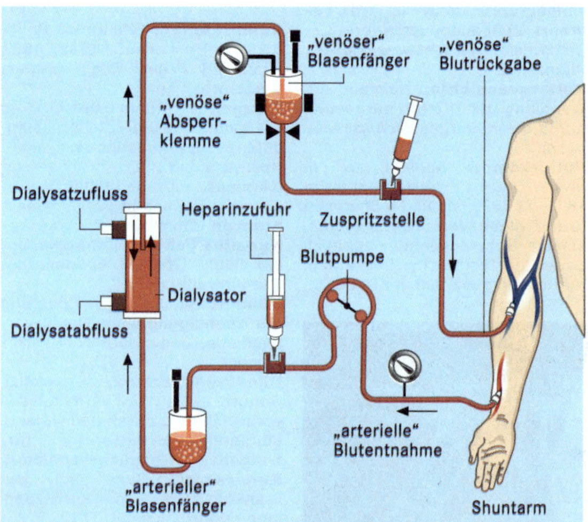


**künstliche Niere:** *Funktionsschema einer künstlichen Niere*

**Kunstdruckpapier,** für Illustrationsdruck bes. geeignetes Papier mit beschichteter (gestrichener) Oberfläche.

**Kunstdünger** ↑Düngemittel.

**Kunstfasern,** ugs. für Chemiefasern (↑Fasern).

**Kunstfehler, Behandlungsfehler,** einem Arzt durch schuldhafte Verletzung best. wiss. anerkannter

**künstliche Niere, Dialysator, Dialysegerät,** bei Ausfall oder Störung der Nierenfunktion eingesetztes Gerät zur *Dialyse,* d.h. zur Reinigung des Blutes (Blutwäsche, extrakorporale Hämodialyse) von den sonst mit dem Harn ausgeschiedenen Stoffen. Bei der k. N. wird das ungerinnbar gemachte Blut des Kranken (durch Zusatz von Heparin) durch Membranen geleitet, die in Spülflüssigkeit (Dialysat) eintauchen, die Stoffwechselgifte werden anschließend aus dem Dialysat entfernt.

**künstlicher Horizont, Kreiselhorizont,** Kreiselgerät, das dem Flugzeugführer die Lage des natürl. Horizonts (relativ zur Fluglage) anzeigt.

**Kunstmärchen** ↑Märchen.

**Kunstspringen** ↑Wasserspringen.

**Kunststoffe, Plaste,** Werkstoffe, deren Hauptbestandteile synthet. od. durch Umwandlung von Naturstoffen hergestellte, meist organ. Polymere sind. Synthet. Polymere lassen sich durch Polymerisation, Polykondensation od. Polyaddition aus einfachen Molekülen aufbauen (Petrolchemie). *Thermoplaste* (z.B. Polyäthylen) bleiben auch bei wiederholtem Erwärmen verformbar, *Duroplaste* (*Thermodure* od. *Duromere,* z.B. Aminoplaste) erstarren in Wärme zu nicht mehr erweichbaren Massen. *Elastomere (Elaste,* z.B. Polyisopren) zeigen kautschukelast. Verhalten.

**Kunst|turnen,** stilisiertes, auf artist. wie ästhet. Hochleistung abzielendes Boden- u. Geräteturnen.

**Kunze,** Reiner, dt. Schriftsteller u. Kinderbuchautor, *1933; metaphernreiche Lyrik, Prosa, auch Kinderbücher.

**Kuomintang,** chin. demokrat.-nat. Partei, 1912 v. Sun Yat-sen gegr.; spielte unter Chiang Kaishek (seit 1925) eine bed. Rolle, beherrschte zeitweise ganz S-China; konnte sich im Bürgerkrieg gg. die Kommunisten nicht behaupten; s. 1949 auf Taiwan beschränkt.

**Küpenfarbstoffe,** Farbstoffe, die sich durch chem. Reduktion in lösl. Stoffe umwandeln lassen u. in dieser Form auf das Gewebe gebracht werden, durch anschließende Oxidation bildet sich der Farbstoff auf den Fasern zurück.

**Kupfer,** Symb. **Cu** [von lat. **Cuprum**], chem. El., OZ 29, rel. A.-Masse 63,546; rötl. glänzendes Metall, das gut Strom u. Wärme leitet; Dichte 8,96 g/cm³, Fp. 1084 °C, Sp. 2562 °C; *Vorkommen:* v.a. in Form von Erzen, K.kies, K.glanz; verw. v.a. für Elektroartikel (Leitungen, Motorentwicklungen, Spulen); Wärmeüberträger (Rohre, Kessel) usw. K.verbdg. sind für niedere Tiere u. Pfl. starkes Gift.

**Kupferkies, Chalkopyrit,** $CuFeS_2$,

häufigstes Kupfermineral, Härte 3,5–4; wicht. Erz.

**Kupferstich,** ältestes Tiefdruckverfahren, bei dem die Zeichnung mit Grabstichel od. kalter Nadel in die Kupferplatte eingeritzt wird; s. etwa 1400, zunächst in Süddtl.; ältester datierter Stich v. 1446; herausragend in der Frühzeit: Meister E. S., M. Schongauer, A. del Pollaiuolo u. A. Mantegna; am bedeutendsten ist A. Dürer; weiter sind zu nennen: L. Cranach d. Ä.; A. Altdorfer, Wolf Huber; Marcantonio Raimondi reproduzierte als Erster Gemälde durch K.; letzter Höhept. der frz. Farbstich des 18. Jh.

**Kupfervitriol, Kupfersulfat,** Kupfersalz der Schwefelsäure, $CuSO_4 \cdot 5H_2O$; verw. u. a. zur Algenbekämpfung u. für galvan. Bäder.

**Kupon** [ku'pɔŋ; frz.], **Coupon,** Schein zur Einlösung v. Zinsen od. Dividenden für festverzinsl. Wertpapiere bzw. Aktien.

**Kupplung,** meist lösb. Verbdg. zw. Masch., Maschinenteilen, Wellen u. Fahrzeugen, z. B. *Einscheiben-Reibungs-K.* bei Kfz.

**Kur, 1)** Heilverfahren. **2)** veraltet für Wahl; ↑Kurfürsten.

**Kür,** Teil eines sportl. Wettkampfes; Zusammenstellung v. Bewegungsfolgen, die der Wettkämpfer nach eigenem Ermessen aussucht.

**Kurare** [indian.], Extrakt versch. Strychnosarten und Mondsamengewächse; Pfeilgift südamer. Indianer, in der Med. zur Herabsetzung des Muskeltonus bei chirurg. Eingriffen verwendet.

**Kürassiere** [frz.], schwere Kavallerie ab Ende des 15. Jh.; Ausrüstung: Brustharnisch (Kürass), Korbdegen, Lanze, später Karabiner.

**Kuratorium,** Aufsichtsgremium, z. B. einer Stiftung.

**Kurbel,** einarm. Hebel zum Drehen einer Welle.

**Kurbelwelle,** gekröpfte Welle, die von der Pleuelstange angetrieben wird.

**Kürbisgewächse,** kraut., rankende Pfl. mit z. T. gr. Beerenfrüchten; essb. Früchte tragen v. a. Kürbis, Melone, Gurke.

**Kurden,** Volk in Vorderasien mit iran. Sprache, im Grenzbereich Türkei/Irak/Iran und N-Syrien, bes. am oberen Tigris (in *Kurdistan*); meist Ackerbauern u. Halbnomaden; Muslime. Anhaltende krieger. Auseinandersetzungen mit der jeweiligen Staatsmacht aufgrund kurd. Autonomiebestrebungen.

**Kure,** Jap. Hafen- u. Ind.-St. auf Honshū, 227 000 E.

**Kupferstich:** *Andrea Mantegna, „Der Kampf der Seezentauren" (1485/1488)*

**Kürettage** [-'taʒə; frz.], **Ausschabung, Abrasio,** Auskratzung der Gebärmutterhöhle zu therapeut. od. diagnost. Zwecken mit der *Kürette.*

**Kurfürsten,** im Hl. Röm. Reich Fürsten, die s. dem 12. Jh. bevorrechtigte (1198), später allein. Wähler (ab 1257) des Kg. waren: die Erzb. von Mainz, Köln u. Trier, der Pfalzgraf bei Rhein, der Hzg. v. Sachsen, der Markgf. v. Bbg. u. der Kg. v. Böhmen; 1623 erhielt Bayern die pfälz. Kur, die 1777 mit der neuen pfälz. Kur (s. 1648) zusammenfiel; 1692 erhielt Hannover die Kurwürde; 1803 neue K.tümer (Salzburg, Baden, Württ., Hessen-Kassel, Regensburg), aufgehoben die von Trier u. Köln; s. 1806 bedeutungslos.

**Kurhessen,** 1803–66 Bez. für das Kurfürstentum Hessen, die fr. Landgft. Hessen-Kassel.

**Kuri|e** [lat.], **1)** älteste Einteilungsform der röm. Bürgerschaft (30 K.), später auch Vers.ort des Senats. **2) römische Kurie,** die Gesamtheit der kirchl. Behörden, durch die der Papst die kath. Kirche leitet, u. a. 3 päpstl. Gerichtshöfe u. 9 *Kurienkongregationen* (ministerienartige Behörden) umfassend.

**Kurier** [frz.], (diplomat.) Eilbote.

**Kurilen,** Inselbogen zw. Kamtschatka u. Hokkaidō, 15 600 km²; gebirg. Vulkaninseln; Pelztier- u. Fischfang. Seit 1945 sowjet. (russ.), Japan verlangt Rückgabe.

**Kurisches Haff,** Strandsee im Gebiet d. Memelmdg., vor russ. u. litauischer Küste, 1 610 km², v. d. Ostsee getrennt durch d. 98 km lange *Kurische Nehrung* (Landstreifen mit Dünen).

**Kurkuma** [arab.], Gatt. der Ingwergewächse; einige Arten liefern den Farbstoff *Kurkumin* (Indikator; Braunfärbung von *Kurkumapapier* in Laugen).

**Kurland,** histor. Ldsch. in Lettland westl. u. südl. der Düna (↑Livland).

**Kurmark,** 1356–1806 Kurland der Mark Brandenburg, s. 1815 Teil der Prov. Brandenburg.

**Kurosawa,** Akira, jap. Filmregisseur u. Produzent, * 1910, † 1998; „Die sieben Samurai".

**Kuroshio** [japan.], warme Meeresströmung im westl. Pazifik.

**Kurpfalz** ↑Pfalz.

**Kurrentschrift,** [Schreib]schrift mit untereinander verbundenen Buchstaben.

**Kurs** [lat.], **1)** Weg, Fahrtrichtung. **2)** Lehrgang, Kursus. **3)** Börsenpreis für Wertpapiere, Devisen u. vertretb. Sachen.

**Kur|sachsen,** das ehem. Kurfürstentum ↑Sachsen.

**Kursivschrift,** schräg nach r. geneigte Druckschrift.

**Kursk,** Gebietshptst. in Russland, nördl. von Charkow, 445 000 E; Univ.; bed. Eisenerzlager (*Kursker Magnetanomalie*).

**Kurtisane** [frz.], fr. für Geliebte.

**Kurve,** gekrümmte Linie (einschl. der Geraden); *ebene K.:* z. B. Gerade, Kreis, Ellipse; *Raum-K.:* z. B. Schraubenlinie; ebene K. haben i. Allg. eine Krümmung (Straßen-K.). K. werden math. durch Gleichungen zw. den Koordinaten ihrer Punkte beschrieben.

**Kurverein von Rhense,** Vers. der Kurfürsten in Rhens am Rhein

(1338), die festlegte, dass der v. den Krfst. gewählte Kg. nicht der päpstl. Bestätigung bedürfe; zum Reichsges. erhoben.

**Kurz,** Isolde, dt. Schriftstellerin, *1853, †1944; Gedichte, Erzählungen („Florentiner Novellen").

**Kurz|arbeit,** herabgesetzte Arbeitszeit, u. a. bei Auftragsmangel; Arbeitnehmer kann bis zu einem best. Prozentsatz des bisherigen Entgelts Kurzarbeitergeld erhalten.

**Kürzel** ↑Kurzschrift.

**Kurzgeschichte,** ep. Kleinform, knappe Darst. eines Geschehens, das geradlinig einer zwingenden Lösung zustrebt; Ursprung in der angloamer. *Shortstory.*

**Kurzschluss,** fast widerstandslose Verbdg. der Pole einer elektr. Stromquelle; Schutz: Stromkreisunterbrechung durch Sicherung od. Überstromschalter.

**Kurzschrift, Stenografie,** Schrift, die bes. schnelles Schreibtempo durch flüss. Linienführung u. Kurzzeichen ermöglicht; *Verkehrsschrift* u. *Eilschrift (Debattenschrift); geometr. K.* verw. geometr. Formen (Linie, Kreis usw.), die *kurs. K.* Teilzüge der Langschrift; bed. Verkürzung durch feststehende Kurzformen *(Kürzel, Sigel);* erste mod. K. v. dem engl. Pädagogen J. Willis (†1628); seit 1924 ↑Dt. Einheitskurzschrift.

**Kurzsichtigkeit, Myopie,** Brechungsfehler des Auges, lässt Fernes unscharf, Nahes scharf sehen. Korrektur durch Zerstreuungslinsen.

**Kurzstreckenwaffen,** Raketenwaffen mit einer Reichweite bis 500 km, die mit konventionellen oder atomaren Sprengköpfen bestückt sein können. 1993 schlossen die USA den Abbau der landgestützten atomaren K. in Europa ab.

**Kurzwellen,** Abk. **KW,** elektromagnet. Wellen mit Wellenlängen v. 10 bis 100 m (Frequenzen 3–30 MHz); gr. Reichweite; wicht. für Funkfernverbindungen.

**Kurzwellenbehandlung** ↑Diathermie.

**Kusbass,** russ. Kurzform für **Kusnezker Steinkohlenbecken,** bed. Kohlenrevier Russlands in W-Sibirien, 26 700 km²; geschätzte Vorräte: 548 Mrd. t.

**Kusch,** hebr. für ↑Nubien.

**Kuschiten,** Sammelbez. für mehr. äthiopide Völker in NO-Afrika (Danakil, Galla, Somal u. a.).

**Küste,** Grenzraum zw. Land u. Meer; versch. Typen: u. a. *Schären-, Watten-, Haff-, Fjord-, Boddenküste.*

**Kustos** [lat.], Museumswesen: wiss. Sachbearbeiter in Museen.

**Kutis** [lat.], Lederhaut; ↑Haut.

**Kutschma,** Leonid Danilowitsch, ukrain. Politiker, *1938; 1992–93 Min.-Präs., s. 1994 Staatspräsident.

**Kutteln, Kaldaunen,** Bez. für das (essbare) Gekröse des Schlachtviehs.

**Kutter** [engl.], **1)** einmast. Segelschiff mit *K.takelung* (5 Segel). **2)** seetücht. kl. Fischereifahrzeug. **3)** gr. (Ruder- od. Segel-)Beiboot auf Kriegsschiffen.

**Kutusow,** Michail Illarionowitsch, Fürst v. Smolensk, auch **Golenischtschew-K.,** russ. Gen, *1745, †1813; Befehlshaber des russ.-östr. Heeres b. Austerlitz (1805); besiegte 1812 bei Smolensk die frz. Truppen unter Ney.

**Küvette** [frz.], [genormtes] Glasgefäß für chem. u. opt. Untersuchungen.

**Kuwait**

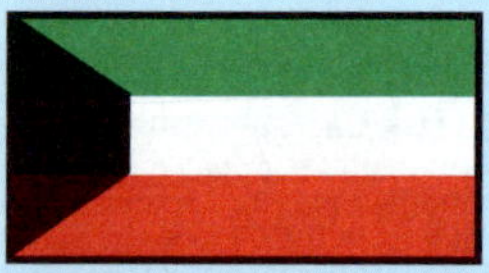

| | |
|---|---|
| *Fläche:* | 17 818 km² |
| *Einwohner:* | 1,98 Mill. |
| *Hauptstadt:* | Kuwait |
| *Amtssprache:* | Arabisch |
| *Zeitzone:* | MEZ + 2 Stunden |

**Kuwait, 1)** arab. Scheichtum (Emirat) am Pers. Golf; bed. Erdölförderung, Meerwasserentsalzungsanlage m. chem. Ind.; Fischerei. – 1899 brit. Protektorat, 1961 unabh.; 1990 von irak. Truppen besetzt u. als 19. Prov. dem Irak eingegliedert; auf Beschluss der UN von multinationalem Truppenkontingent 1991 in krieger. Aktionen befreit. **2)** Hptst. von 1), Hafen an der *Bucht v. K.,* 168 000 E (städt. Agglomeration); Erdölraffinerie; ✈.

**kV,** Einheitenzeich. für: **Kilovolt**; 1 kV = 1 000 Volt.

**KV,** Abk. für: **Köchelverzeichnis.**

**kW,** Einheitenzeich. für: **Kilowatt**; 1 kW = 1 000 Watt.

**KwaNdebele,** ehem. Homeland d. Ndebele in d. Rep. Südafrika, heute Teil d. Prov. Mpumalanga.

**Kwaśniewski** [kvasnj-], Aleksander, poln. Politiker, *1954; 1990–95 Vors. der Sozialdemokratie der Rep. Polen, s. 1995 Staatspräsident.

**KwaZulu,** ehem. Homeland d. Zulu in d. Rep. Südafrika; heute Teil d. Prov. KwaZulu-Natal.

**k-Wert,** der ↑Wärmedurchgangskoeffizient.

**kWh,** Einheitenzeichen für: ↑Kilowattstunde; 1 kWh = 1 000 Wh.

**KWK,** Abk. für: ↑Kraft-Wärme-Kopplung.

**KW-Stoffe,** Abk. für: **K**ohlenwasser**stoffe.**

**Kybele,** phryg. Muttergottheit, Vegetationsgöttin, die „Gr. Mutter" („Magna Mater") od. Mutter der Götter; von den Griechen u. Römern übernommen.

**Kybernetik** [gr.], formale Wiss., die sich mit der math. Beschreibung u. modellartigen Erklärung dynam. (komplexer) Systeme befasst, die gewisse allg. Eigensch. realer Systeme aus den verschiedensten Bereichen der Wirklichkeit (wiss., techn., biol., soziol. u. a.) widerspiegeln.

**Kyffhäuser** ['kıf-], kl. Waldgeb. südl. der Goldenen Aue, bis 477 m. Nahe dem *K.denkmal* (1896, 457 m ü. d. M.) Ruinen der Burg *Kyffhausen;* am S-Fuß der *Barbarossahöhle* (1 300 m lang); *K.sage,* Sage, nach der im Kyffhäuser ein dt. Kaiser (Friedrich II., später Friedrich I. Barbarossa) verzaubert schläft; sein Aufwachen bedeute die Wiederherst. der Kaisermacht.

**Kykladen,** Gruppe v. über 200 griech. Inseln in der S-Ägäis, gebirgig, bis 1 400 m; 2 572 km².

**Kyklopen** ↑Zyklopen.

**Kyme,** griech. für ↑Cumae.

**Kymren,** kelt. Bewohner von Wales; Spr.: Kymrisch (↑kelt. Sprachen).

**Kyniker** [gr.], Vertr. der von Antisthenes begr. popularphilos. Richtung, die Bedürfnislosigkeit u. Selbstgenügsamkeit forderte; der *Kynismus* führte schließl. bis zur Verneinung aller Kulturwerte.

**Kyōto,** japan. Stadt nö. von Ōsaka, 1,46 Mill. E; ehem. Ks.-Residenz, Zentrum des japan. Buddhismus; 6 Univ.; Elektro- u. Textilind.

**Kyrene,** antike Hptst. der Cyrenaika, das heutige Schahhat, Libyen; bed. Handelsst.; 631 v. Chr. gegr., ab 301 unter ptolemäischer, ab 96 v. Chr. unter röm. Herrschaft; 643 n. Chr. arabisch.

**Kyrie eleison!** [gr.; = Herr, erbarme dich!], Gebetsruf der christl. Liturgie.

**Kyrilliza,** aus den griech. Majuskeln entstandene slaw. *(kyrill.)* Schrift.

**Kyrillos und Methodios,** hl., griech. Brüder aus Thessaloniki (Saloniki), Kyrillos (*um 826, †869), Methodios (*um 815, †885); Apostel der Slawen; Patrone Europas.

**Kyros II.,** d. Gr., pers. Kg. s. 559, ⚔530 v. Chr.; errichtete das pers. Weltreich; eroberte um 550 Medien, 547 Lydien, 539 Babylon.

**Kyūshū,** drittgrößte u. südlichste d. japan. Hauptinseln, 42 129 km², 13,4 Mill. E; gebirgig (bis 1 788 m ü. d. M.), fruchtbare Küstenebenen; Textil-, Porzellan- u. Schwerind.; im N größtes japan. Steinkohlenrevier.

# L

**L, 1)** 12. Buchstabe des Alphabets. **2)** röm. Zahlzeichen für 50.

**l,** Einheitenzeich. für: **L**iter.

**La,** ⚗ Symb. für ↑Lanthan.

**Lab, Labferment,** Absonderung des *Labmagens* der Kälber; lässt das Kasein der Milch gerinnen.

**Laban,** im A. T. Bruder der Rebekka, Vater der Lea u. der Rahel.

**labial** [lat.], **1)** ⚕ zu den Lippen gehörig. **2)** Ⓢ mit den Lippen gebildet.

**Labiaten,** svw. ↑Lippenblütler.

**labil** [lat.], schwankend, veränderl., unsicher; *Labilität,* leichte Wandelbarkeit, Wankelmut.

**Labkraut, Galium,** Gatt. der Rötegewächse; der Saft versch. Arten enthält ein labartiges Ferment.

**Laboratorium, Labor** [lat.], Arbeits- und Forschungsstätte für naturwiss., techn. und med. Untersuchungen.

**Labour Party** ['leɪbə 'pɑ:ti; engl.; Arbeiterpartei], polit. Partei in Großbrit. und einigen Ländern des Commonwealth; aus gewerkschaftl. u. sozialist. Gruppen 1900 in anfangs enger Verbindung mit den Liberalen entstanden; war Reg.-Partei 1924, 1929–31, 1945–51, 1964–70 und 1974–79; 1981 Abspaltung auf dem rechten Flügel (Social Democratic Party; SDP).

**Labrador,** ostkanad. Halbinsel zw. Hudsonbai u. Sankt-Lorenz-Golf, rd. 1,4 Mill. km², Hauptorte Battle Harbour, Schefferville; wald- u. seenreiches Hochplateau.

**Labradorit, Labrador,** in der Schmucksteinind. verw. Kalknatronfeldspat.

**Labradorstrom,** kalte, N–S-gerichtete Meeresströmung an der O-Küste Labradors, in der *Labradorsee* und östl. von Neufundland.

**Labyrinth** [gr.], **1)** Irrgarten; z. B. des Minos auf Kreta; übertr. für irrgartenähnl. Gebilde sowie für Wirrsal, Durcheinander. **2)** Innenohr, aus knöchernem und häutigem L.; Sitz des eigtl. Hörorgans u. des Gleichgewichtsorgans.

**Lacan** [la'kã], Jacques, frz. Psychoanalytiker u. Philosoph, *1901, †1981; prägte maßgebl. den frz. Strukturalismus.

**Lachgas,** Distickstoff[mon]oxid, $N_2O$, farbloses, geruchloses, ungift. Gas; leichtes Narkosemittel.

**Lachse,** räuber. Fischfam. nord. Meere u. Flüsse Nordamerikas, N-Asiens und Europas; Speisefische: Forelle, Felchen, Äsche, Huchen; der *Lachs* der nördl. Meere *(Salm)* wandert zum Laichen in die Quellregionen der Flüsse.

**Lackarbeiten,** die in China erfundene (s.1300 v. Chr. bekannt), v. a. auch in Japan ausgebildete kunsthandwerkl. Technik, Gegenstände mit einer Lackschicht zu überziehen u. diese künstler. zu gestalten.

**J. de La Fontaine**

**Lacke,** in flücht. Lösungsmitteln kolloidal gelöste organ. Bindemittel (enthalten Pigmente u. Füllstoffe), die auf die zu lackierenden Flächen gebracht u. getrocknet werden; erhärten zu einer porenfreien Oberflächenschicht.

**Lackmus** [niederl.], natürl. Farbstoff aus Flechtenarten; Indikator (wird in Säuren rot, in alkal. Flüssigkeiten bzw. Gasen blau).

**Lackschildlaus,** süd[ost]asiat. Insektenart, liefert Schellack.

**Lacrima Christi** [lat.; = Tränen Christi], Wein von den Hängen des Vesuvs.

**Lactate** [lat.], Salze u. Ester der Milchsäure, z. B. Antimonlactat (Textilhilfsmittel).

**Lactoflavin,** svw. ↑Riboflavin.

**Lactose** [nlat.], svw. ↑Milchzucker.

**Ladakh,** Hochgebirgsland im Kaschmirhimalaja, Hptst. Leh.

**Ladar** [Abk. f. engl.: **la**ser **d**etection **a**nd **r**anging; = Entdecken u. Entfernungsmessen mit Laser], svw. ↑Lidar.

**Laden,** Einlesen eines Programms in den Arbeitsspeicher eines Computers.

**Ladiner,** rätoroman. Bewohner in Südtirol (auch ↑Rätoromanen).

**Ladino** [span.], **Spaniolisch,** roman. Sprache iber. Juden, bes. ihrer im 15. und 16. Jh. vertriebenen Nachfahren; L. ist eine auf dem Kastil. basierende Gemeinsprache mit hebr. Schrift u. Elementen aus vielen anderen Sprachen.

**Ladislaus I.,** d. Hl., *um 1040, †1095, Kg. v. Ungarn s. 1077; verband 1091 Kroatien in Personalunion mit Ungarn.

**Ladogasee,** See nö. v. Sankt Petersburg, Russland, 17 700 km², bis 230 m tief, 5 m ü. d. M.

**Ladung,** 1) *elektr. L.,* die auf einem Körper befindl. posit. od. negat. Elektrizitätsmenge; kleinste elektr. L. ist die Elementarladung (↑Elektron); SI-Einheit: ↑Coulomb. 2) *spezif. L.,* Verhältnis v. elektr. L. zur Masse eines Teilchens.

**Lady** ['leɪdɪ; engl.], **1)** in Großbrit. Titel der adl. Frau. **2)** angloamer. allg. Bez. für eine Dame.

**La Fayette, Lafayette** [-'jɛt], **1)** Marie Joseph Motier, Marquis de, frz. Politiker, *1757, †1834; General im nordamer. Unabhängigkeitskrieg, zeitweilig einer der führenden Politiker der Frz. Revolution. **2)** Marie-Madeleine Gfn. v., frz. Schriftstellerin, *1634, †1693, psycholog. Roman „Die Prinzessin von Clèves".

**Lafette** [frz.], [fahrbares] Untergestell eines Geschützes.

**Lafontaine** [lafõ'tɛ:n], Oskar, dt. Politiker (SPD), *1943; 1985–98 Min.-Präs. des Saarlandes, wurde 1987 stellvertr., 1995 Vors. der SPD, 1998 Bundesmin. der Finanzen, 1999 Rücktritt von allen polit. Ämtern.

**La Fontaine** [lafõ'tɛ:n], Jean de, frz. Dichter, *1621, †1695; Erneuerer der Fabel; auch [frivole] Erzählungen.

**LAG,** Abk. für: **L**asten**a**usgleichs**g**esetz.

**Lagenschwimmen,** Wettbewerb, bei dem der Teilnehmer nach einem best. Teil der Strecke in eine andere Stilart (*Lage;* Schmetterlings-, Rücken-, Brust-, Kraulschwimmen) wechselt.

**Lager, 1)** Maschinenteil zum Tragen drehender Maschinenteile; ↑Kugellager, ↑Wälzlager. **2)** in andersartige Gesteinsschichten eingelagerte Mineral- und Gesteinskörper, z. B. Erze. **3)** Raum für Vorräte, Rohstoffe u. a. **4)** Anlage oder Gebäudekomplex für best. Menschengruppen (Truppen, Gefangene usw.).

**Lagerfeld,** Karl, dt. Modeschöpfer, *1938.

**Lagergeschäft,** Vertr. über Lagerung u. Aufbewahrung von Gütern.

**Lagerlöf,** Selma, schwed. Dichterin, *1858, †1940; „Wunderb. Reise des kl. Nils Holgersson...", „Gösta Berling"; Nobelpreis 1909.

**Lagerpflanzen, Thallophyten,** niedere Pfl., deren Körper nicht gegliedert sind: Algen, Pilze, Flechten, Lebermoose.

**Lago Maggiore** [- mad'dʒo:re], **Langensee,** ital. Alpenrandsee ($^1/_5$ schweizer. Anteil), 212 km$^2$, bis 372 m tief; bed. Fremdenverkehr.

**Lagos,** St. in Nigeria, am Golf v. Guinea, 1,5 Mill. E; Univ.; Ind.; ehem. Hptst., noch Reg.-Sitz; ⚓, ✈.

**Lagune,** seichter Strandsee, durch Nehrung vom offenen Meer abgetrennt.

**Lähmung,** teilw. oder vollst. Unfähigkeit, einen Muskel od. eine Muskelgruppe zu bewegen.

**Lahn,** r. Nbfl. des Rheins, 245 km.

**Lahore** [lə'ho:], Stadt in Pakistan, im Pandschab, 2,95 Mill. E; Univ., Kultur- u. Verkehrszentrum; Metall-, Textilind.; ✈.

**Laibach** ↑Ljubljana.

**Laich,** im Wasser abgelegte Eier von (Wasser)tieren, von Gallerte umhüllt.

**Laichkraut,** Gatt. d. *L.gewächse,* Wasserpfl. d. gemäßigten Zonen.

**Laie** [gr.], **1)** Kirchen.-Mitgl., das kein geistl. Amtsträger ist [Sprachgebrauch d. kath. Kirche]. **2)** Nichtsachverständiger, Nichtfachmann.

**Laien|investitur** ↑Investiturstreit.

**Laienspiel,** Theateraufführung durch Laien; teilw. an das geistl. Spiel anknüpfend.

**Laissez-faire, Laissez-aller** [lɛse'fɛ:r, lɛsea'le; frz. „lasst machen, lasst laufen"], Schlagwort des wirtsch. Liberalismus.

**La|izismus** [nlat.], Bestreben, den Einfluss von Kirche und Religion auf das öffentl. Leben einzuschränken oder auszuschalten; Ggs.: *Klerikalismus* (↑Klerus).

**Lakai** [frz.], **1)** Diener [in Livree]. **2)** unterwürf., kriecher. Mensch.

**Lake,** Salzlösung, in der Fleisch, Fisch u. a. konserviert wird.

**Lakkadiven,** ind. Koralleninselgruppe im Ind. Ozean, vor der Malabarküste, Hauptort Kavaratti.

**Lakoni|n,** griech. Verw.-Gebiet auf der Peloponnes, 3636 km$^2$, 95000 E, Hptst. Sparta.

**lakonisch** [gr.], einsilb., wortkarg; kurz und treffend.

**Lakritze** [gr.], eingedickter Süßholzsaft.

**Lakshadweep** [læk'ʃædwi:p], ind. Unionsterritorium (umfasst Lakkadiven, Amindiven u. Minicoy) im Ind. Ozean, 32 km$^2$, 51700 E, Hptst. Kavaratti.

**Lakshmi,** ind. Göttin des Glücks, des Reichtums und der Schönheit; Gattin Vishnus.

**Laktoflavin,** svw. ↑Riboflavin.

**Laktose** [lat.], svw. ↑Milchzucker.

**Lama** [tibet.; = der Obere], im Lamaismus Titel der voll geweihten Priester.

**Lama** [span.], kl. höckerloses Steppen- u. Hochgebirgskamel im westl. S-Amerika; Haustier.

**Lamaismus,** tibet. Form des ↑Buddhismus.

**La Manche** [la'mãʃ; frz.] ↑Kanal, Der.

**Lamarck,** Jean-Baptiste de Monet, Chevalier de, frz. Naturforscher, *1744, †1829.

**Lamarckismus,** Hypothese Lamarcks über die Entstehung neuer Arten: Die funktionelle Bedarfsanpassung best. Organe sei erblich.

**Lamartine** [lamar'tin], Alphonse de, frz. Dichter der Romantik, *1790, †1869; v. a. Lyrik u. autobiograf. Bücher.

**Lambaréné,** Prov.-Hptst. in Gabun, am Unterlauf d. Ogowe, 26300 E; bek. durch d. 1913 v. A. Schweitzer gegr. Krankenhaus; ✈.

**Lambda,** elfter Buchstabe des griech. Alphabets ($\Lambda$, $\lambda$).

**Lambda|sonde,** Messfühler im Auspuffsystem von Ottomotoren mit Dreiwegekatalysator (Abgaskatalysator) zur Regelung der Gemischbildung.

**Lambsdorff,** Otto Graf, dt. Politiker (FDP), *1926; 1977–84 Bundeswirtschaftsmin.; 1988–93 Vors. der FDP.

**Lamé** [frz.], Gewebe, das Metallfäden enthält.

**Lamelle** [frz.], **1)** dünnes Blättchen, Scheibe (Technik). **2)** Blättchen unter dem Hut der Blätterpilze.

**Lamellenpilze,** svw. ↑Blätterpilze.

**Lametta** [ital.], schmale, dünne, glitzernde Metallstreifen als Christbaumschmuck.

**laminare Strömung** [lat.], wirbelfreie Strömung, bei der alle Teilchen parallel in Richtung des Gesamtstroms fließen.

**Laminaria** [lat.], Gattung der Braunalgen; liefern z. T. Jod.

**laminieren** [lat.], **1)** Textilwesen: das Material strecken, um die Fasern längs zu richten. **2)** einen Bucheinband oder Schutzumschlag mit Glanzfolie überziehen.

**Lamm,** junges Tier bei Schaf u. Ziege.

**Lämmergeier,** svw. ↑Bartgeier.

**Lammfelle,** Felle junger Lämmer; von tot u. früh geborenen od. 3–4 Tage alten Lämmern; bevorzugt zu Pelz verarbeitet, u. a. Persianer, Breitschwanz, Calayos.

**Lampedusa,** Giuseppe Tomasi di, ↑Tomasi di Lampedusa.

**LAN** ↑Rechnernetz.

**Län,** schwed. Verwaltungsbezirk.

**Lancashire** ['læŋkəʃıə], engl. Gft. an der Ir. See, Hptst. Preston, 3043 km$^2$, 1,4 Mill. E; ⚒, vielseitige Industrie.

**Lancaster** ['læŋkəstə], engl. Dynastie, Nebenlinie der Plantagenets, 1399 bis 1461 reg. 3 Könige aus dem Hause Lancaster.

**Lancaster** ['læŋkəstə], engl. St. in Lancashire, 46300 E; Textilind., Linoleumherstellung.

**Lancaster** ['læŋkəstə], **1)** Burt, amer. Filmschauspieler, *1913, †1994; „Der Leopard". **2)** Joseph, engl. Quäker u. Pädagoge, *1778, †1838; richtete in England u. den USA *L.-Schulen* ein (ältere Schüler unterrichteten unter Aufsicht der Lehrer die jüngeren).

**lancieren** [lã'si:ren], **1)** in Umlauf bringen. **2)** geschickt an eine vorteilhafte Stelle bringen.

**Lancret** [lã'krɛ], Nicolas, frz. Maler, *1690, †1743; v. a. Theaterszenen, galante Feste in der Art Watteaus, daneben Porträts.

**Land** [lænd], Edwin Herbert, amer. Physiker und Industrieller, *1909, †1991; erfand u. a. die *Sofortbildfotografie,* ein Verfahren, bei dem unmittelbar nach der Aufnahme ein positives Bild als Unikat entsteht.

**Land|ammann,** Amtsbez. des Regierungschefs eines schweizer. Landsgemeindekantons.

**Landauer,** viersitziger Kutschwagen mit nach vorn u. hinten abklappbarem Verdeck.

**Landeführungssysteme,** funktechn. Verfahren für den Landeanflug v. Flugzeugen ohne Bodensicht. Beim *Instrumentenlandesystem* (ILS) wird d. Anflugkurs durch 2 über Bordinstrument angezeigte Leitstrahlebenen bestimmt. Das *GCA* (engl. **g**round **c**ontrolled **ap**proach) erfasst d. Lage des Flugzeugs mittels Präzisionsradar u. gibt d. notwendigen Steuerungsanweisungen. Das *Mikrowellenlandesystem* (MLS) ermöglicht präzise u. wenig gestörte Führungssignale in d. Aufsetzphase.

**Landeklappen,** bewegl. Teile an den Vorder- u. Hinterkanten von Flugzeugtragflügeln, verkürzen d. Start- u. Landestrecke.

**Länderkunde** ↑Geographie.

**Landerziehungsheime,** nach engl. Vorbild in Dtl. auf dem Lande eingerichtete Internatsschulen.

**Landesbischof,** in einigen ev. Landeskirchen Titel des leitenden Geistlichen.

**Landeshauptmann,** Vors. der Reg. eines östr. B.-Landes.

**Landesherrschaft,** seit dem Hoch-MA im Hl. Röm. Reich entstandene Herrschaftsgewalt der R.-Stände; Grundlagen waren u. a. R.- u. Kirchenämter, Regalien, Überlassung der hohen Gerichtsbarkeit u. der Landfriedenswahrung an den Hochadel; die Vereinigung aller Hoheitsrechte zur vollen *Landeshoheit* wurde erst im Westfäl. Frieden 1648 anerkannt.

**Landeskirche,** in Dtl. u. in d. Schweiz (dort: *Kantonalkirche*) die auf ein best. Gebiet begrenzte u. durch ein best. Bekenntnis geprägte ev. Kirche einer [geschichtl.] Region bzw. eines Kantons.

**Landessteuern,** Steuern, die der Ertragshoheit der Länder unterliegen, z. B. Erbschaft-, Grunderwerb-, Kraftfahrzeugsteuer.

**Landesverrat,** vorsätzl. Weitergabe od. öff. Bekanntmachung von Staatsgeheimnissen sowie Gefährdung des Bestandes eines Landes.

**Landesversicherungsanstalten,** Abk. **LVA,** regional gegliederte Träger der Arbeiterrentenversicherung.

**Landeszentralbanken,** Abk. **LZB,** unselbst. Haupt-Verw. der Dt. B.-Bank (s. 1992: 9); 2002 in *Haupt-Verw.* umbenannt.

**Landflucht,** Massenabwanderung von Angehörigen der Landbevölkerung in Industriegebiete.

**Landfriede,** ⚖ im frühen u. hohen MA Gesetz des Kg. od. Ks., im späten MA auch Gesetze der Landesfürsten u. Abkommen der Landesfürsten und Städte untereinander *(L.bünde)* zur Einschränkung des Fehdewesens. – *L.bruch,* Teilnahme an öff. Zusammenrottung einer Menschenmenge, die gg. Personen oder Sachen Gewalttätigkeiten begeht.

**Landgericht** ↑Gerichte.

**Landgraf,** dt. Fürstentitel seit dem 12. Jh.; urspr. Vertr. der kgl. Gewalt in Gebieten mit schwacher herzogl. Gewalt.

**Landkarte,** verkleinerte Projektion der Erdoberfläche auf eine Ebene.

**Landkreis** ↑Kreis.

**Ländler,** dt. Tanz im langsamen $^3/_4$- oder $^3/_8$-Takt, ben. nach dem Landl, einem Teil von Oberösterreich.

**Landrat, 1)** oberster Beamter eines ↑Kreises u. Leiter der Kreisverw. **2)** in einigen schweizer. Kantonen Bez. für das Parlament.

**Landsberg (Warthe),** poln. **Gorzów Wielkopolski,** ['gɔzuf vjɛlkɔ'pɔlski], Krst. in Polen, Sitz d. Woiwoden d. Wwschaft Lebus, am N-Rand des Warthebruchs, an d. Warthe, 125 700 E; Kunstfaserind.; ⚓.

**Landschaft,** ein Gebiet der Erdoberfläche von einheitl., charakterist. Gepräge; man unterscheidet: ursprüngl. *Natur-L.* u. die durch anthropogenen Einfluss gewordene *Kulturlandschaft.*

**Landschildkröten,** nahezu weltweit verbreitete landbewohnende Schildkröten, vorw. Pflanzenfresser.

**Landser,** ugs. für einf. Soldat.

**Landsgemeinde,** in den schweizer. Kantonen Glarus und Appenzell Innerrhoden die jährl. Vers. der stimmfähigen Bürger zur Entscheidung über Verf.- u. Gesetzesänderungen u. zur Wahl der Kantonsbehörden.

**Landshut,** krsfr. St. u. Krst. an der Isar, Hptst. des Reg.-Bez. Niederbayern, 59 200 E; LG; viels. Ind.; bed. Kirchen, Stadtresidenz (Renaissance), Burg Trausnitz (13. bis 16. Jh.); *L.er Fürstenhochzeit* (histor. 1475), Volksfest alle 3 Jahre.

**Landsknechte,** Bez. für die dt. Söldner des 15./16. Jh., erstes geordnetes Fußvolk der Neuzeit, eingeteilt in Fähnlein; Grundlage späterer Heere.

**Landsmål** [-mo:l; norweg.] ↑norweg. Sprache.

**Landsmannschaft, 1)** Farben tragende, waffenstudent. Korporation. **2)** nach 1945 Zusammenschlüsse von Vertriebenen und Flüchtlingen.

**Landsturm,** urspr. svw. ↑Landwehr; ab 1813/14 in Preußen, später ähnl. im Dt. Reich u. a. Ländern das Aufgebot aller Wehrfähigen, die weder im aktiven Heer noch in der Reserve od. Landwehr sind u. nur im Notfall aufgeboten werden.

**Landtag, 1)** Regionalvers., Hoftag eines Landesfürsten, Vers. der Landstände. **2)** im 19. Jh. die gewählten Volksvertretungen (bis 1848 Landstände gen.). **3)** in der BRD u. Östr. die Parlamente der B.-Länder (in Berlin: *Abgeordnetenhaus;* in Bremen u. Hamburg: *Bürgerschaft,* in Wien: *Gemeinderat*).

**Landvogt,** seit dem 13. Jh. kgl. Amtmann eines Reichsgutbezirks.

**Landwehr,** Aufgebot der Wehrfähigen (Landsturm); nach der Heeresreform 1813/14 in Preußen bestand die L. aus 2 Aufgeboten: ausgediente Reservisten u. nicht im stehenden Heer Dienende; L.pflicht bis zum 39. Lebensjahr.

**Landwirtschaft,** wirtschaftl. Nutzung des Bodens durch Acker-, Pflanzenbau u. Tierzucht. Zur L. zählen auch Garten-, Gemüse-, Obst- u. Weinbau; i. w. S. auch Forstwirtsch., Jagd u. Fischerei sowie die landw. Nebenbetriebe (Molkereien, Brennereien, Kellereien usw.). *Wirtschaftsformen:* 1. bäuerl. (Familien-)Betriebe, 2. Plantagenwirtsch., 3. Produktionsgemeinschaften, 4. nomadisierte Weidewirtsch. *Betriebsstrukturen:* Vollerwerbs-, Zuerwerbs- u. Nebenerwerbsbetriebe. – Zunehmende Beachtung findet der *alternative Landbau,* der Verluste im Naturhaushalt und Schäden an der menschl. Gesundheit verhindern will, ↑ökologischer Landbau. Den durch die Massentierhaltung in jüngster Zeit entstandenen Problemen, wie z. B. Verbreitung von BSE, wird versucht durch gezielte Maßnahmen, u. a. das Tiermehl-Verfütterungsverbot, entgegenzuwirken. – Die moderne L. hat ihre stärksten Impulse durch A. D. Thaer erhalten. Durch J. v. Liebig fanden die Erkenntnisse der Chemie Anwendung in der L. Den Gedanken der Technik brachte M. von Eyth der L. nahe. Um die finanzielle Sicherheit gerade der kleineren Betriebe hat sich bes. E. W. Raiffeisen durch Schaffung der landw. Genossenschaften bemüht.

**landwirtschaftliche Organisationen,** Zusammenschlüsse v. Landwirten zur Förderung u. Vertretung gemeinsamer Interessen. Für Dtl. bed. die *Dt. Landw.-Ges.* (DLG), 1884 durch Max von Eyth gegr., Sitz Frankfurt am Main, daneben in den dt. Ländern die *Landvolkverbände;* 1948 Zusammenschluss zum *Dt. Bauernverband e. V.,* Sitz Bonn, der regional und fachl. gegliederten berufsständ. Vertretung der Bauern. Weiter der ↑Dt. Genossenschafts- und Raiffeisenverband u. in den einzelnen Ländern *Landw.-Kammern,* zusammengeschlossen im *Verband der Landw.-Kammern,*

L

Sitz Bonn. Außerdem seit 1949 *Zentralausschuss der Dt. Landw.* Die umfassendste internationale Organisation ist die ↑FAO.

**landwirtschaftliche Produktionsgenossenschaft,** Abk. **LPG,** durch [freiwilligen oder erzwungenen] Zusammenschluss von Landwirten u. landwirtsch. Arbeitskräften entstandener genossenschaftl. Großbetrieb in der DDR. Erste Gründungen 1952, Abschluss der Kollektivierung 1960; Auflösung der LPG 1990.

**Landwirtschaftskammer,** berufsständ. Vereinigung zur Wahrnehmung der Belange der Land- u. Forstwirtschaft eines Bezirks; auch ↑landw. Organisationen.

**Landwirtschaftstechnik,** landw. Geräte, Masch. und Anlagen; als *techn. Hilfsmittel* werden Masch. u. Geräte in der Landw. zur Qualitäts- und Produktionssteigerung sowie zur Einsparung von Arbeitskraft eingesetzt; 1. zur *Bodenbearbeitung* und *-kultivierung* u. a. Bodenfräsen, Eggen, Grubber, Pflüge, Walzen, Dränmasch.; 2. zur *Feldbestellung* u. *Pflanzenpflege* z. B. Drill-, Breitsä-, Dibbel-, Kartoffellegemaschine, Ausdünner, Hackmaschine, Pflanzenschutzgeräte, Düngerstreuer, Dunglader, Beregnungsanlagen; 3. zur *Ernte* u. a. Feldhäcksler, Heuwender, Pressen, Mähdrescher, Zetter, Kartoffel-, Rübenerntemasch.; 4. zum *Transport* des Ernteguts Schlepper u. Ackerwagen; 5. zur *Futterbereitung* u. *Viehhaltung* z. B. Gärfutteranlagen, Selbstfütterungs- u. -tränkeanlagen, Melkmasch. Zunehmend an Bed. gewinnen die Energieerzeugung aus landw. Rohstoffen (Biogasanlagen) u. der automatisierte („computerüberwachte") Feldbau (Düngung, Beregnung, Reifekontrolle).

**Lang,** Fritz, östr.-amer. Filmregisseur u. -produzent, * 1890, † 1976; emigrierte 1933 in die USA; „Metropolis", „M".

**Länge, 1)** rechner. Größe für die Lagebestimmung eines Punktes; *geograph. L. (L.grad):* Winkel zw. den Ebenen des Null- u. Ortsmeridians (↑Gradnetz der Erde); *ekliptikale L.:* Bogen der Ekliptik v. Frühlingspunkt nach O bis zum Breitenkreis des Gestirns. **2)** Formelzeichen *l*, Basisgröße des ↑Internationalen Einheitensystems, SI-Einheit: ↑Meter.

**Langeland,** dän. Ostseeinsel sö. von Fünen, 284 km²; Landw.

**Längengrad** ↑Länge.

**Längenkreis** ↑Meridian.

**Längenmessung,** Vergleich einer Strecke mit einer Längeneinheit (gesetzl.: Meter); Maßstäbe u. Werkzeuge der L. sind durch Vergleich mit *Normalmaßstäben* zu eichen; L.verfahren in Wiss. u. Technik: 1. Präzisionsmessungen mithilfe der Interferenz des Lichtes; 2. vermessungstechn. Verfahren *direkte* (Messlatten, Bänder) u. *indirekte Methode* (trigonometr. od. opt. Messung eines [konst.] Winkels); 3. *elektron. Entfernungsmessung:* Impulsverfahren (Radar-Verfahren), Phasenverschiebungsmessung, elektroopt. Messung, Phasenvergleichsverfahren (im Mikrowellenbereich).

**Langusten:** *Gemeine Languste*

**Langenscheidt KG,** Verlagsgruppe, Berlin u. München, gegr. 1856 v. *G. Langenscheidt* (1832 bis 1895); v. a. Wörterbücher u. Materialien für das Lernen von Fremdsprachen; Mehrheitsaktionär des Verlages Bibliograph. Institut & F. A. Brockhaus AG (Brockhaus, Duden, Meyer).

**Langeoog,** ostfries. Insel, Nds., 19,7 km², 2 100 E; Nordseebad; Fähre v. Bensersiel.

**Langerhans-Inseln, Inselorgan,** Zellgruppen in der Bauchspeicheldrüse, die das Hormon Insulin produzieren.

**Langfisch,** svw. ↑Leng.

**Langgässer,** Elisabeth, dt. Dichterin, * 1899, † 1950; Romane, u. a. „Das unauslöschl. Siegel"; Lyrik.

**Langhaus, Langschiff,** der meist von W nach O (zum Altar) gerichtete Hauptteil einer Kirche.

**Langlauf,** nord. Skiwettkampf; bei den Männern über 1,5, 10, 15, 30 u. 50 km sowie als Staffel über 4 × 10 km, bei den Frauen über 1,5, 10, 15 u. 30 km sowie als Staffel über 4 × 5 km. Die 1,5-km-Strecken werden auch als „Sprint" bezeichnet.

**Langobarden,** german. Volksstamm; zogen im 5. Jh. vom Unterelbegebiet nach Böhmen, S-Mähren und Niederöstr.; um 570 fielen sie in Italien ein, gründeten das L.reich (Hptst. Pavia); 774 von Karl d. Gr. unterworfen, der den langobard. Kg.-Titel annahm.

**Languedoc** [lãgˈdɔk], südfrz. Ldsch. u. histor. Prov. zw. Pyrenäen und unterer Rhone, Teil der Region *L.-Roussillon* (27 376 km², 2,11 Mill. E), Hptst. Montpellier.

**Langusten** [frz.], große marine Zehnfußkrebse; Speisekrebse; *Gemeine L.* bis 8 kg schwer.

**Langwellen,** Abk. **LW,** elektromagnet. Wellen mit Wellenlängen v. 1 000–10 000 m (Frequenzen 300–30 kHz), gr. Reichweite.

**Lanolin** [lat.], gereinigtes Wollfett; verw. u. a. als Salbengrundlage.

**Lanthan** [gr.], Symb. **La,** chem. El., OZ 57, rel. A.-masse 138,91, dehnbares, weißes Metall, Dichte

**Lanzarote:** *Lava- und Aschenkegellandschaft im Südwesten der Insel*

6,162 g/cm$^3$, Fp. 920 °C, Sp. 3455 °C; Legierungshilfsmittel, Katalysator.

**Lanthanoide,** Gruppen-Bez. für die 14 auf Lanthan folgenden chem. El. mit den OZ 58 (Cer) bis 71 (Lutetium); unedle Metalle (Seltenerdmetalle).

**Lanza,** Mario, eigtl. Alfredo **Cocozza,** amer. Sänger (Tenor), * 1921, † 1959.

**Lanzarote** [lanθa'rote], nordöstlichste der Kanar. Inseln, 795 km$^2$, Hauptort Arrecife; Tourismus.

**Lanze,** svw. ↑Speer.

**Lanzelot,** Held aus der Tafelrunde des Königs Artus.

**Lanzettfischchen, Amphioxus, Branchiostoma,** primitive, bis 7 cm lange fischförm. Chordatiere, im Schlamm der Meeresküsten; Urtyp der Wirbeltiere.

**Laokoon,** griech. Sagengestalt, Priester Apolls in Troja, der die Troer vor dem hölzernen Pferd („Geschenk der Danaer" [= Griechen]) warnt.

**Laos,** Rep. in Hinterindien, Binnenstaat am mittl. Mekong; gebirgig u. teilw. dicht bewaldet, trop. Monsunklima. *Bev.:* Lao, Bergstämme (Miao u. a.), Vietnamesen, Chinesen; *Landw.:* Anbau von Reis, Tabak, Mais, Baumwolle, Kardamom, Kaffee. *Bodenschätze:* Zinnerz; internat. ⚒ bei Vientiane. – *Gesch.:* Im 14. Jh. entstand das laot. Kgr. Lan Xang („Land d. Mill. Elefanten"), zerfiel um 1700 in Teilreiche. L. geriet im 18. Jh. in Abhängigkeit von Siam (Thailand). 1893 frz. Protektorat; 1949 autonomes Kgr. im Rahmen der Frz. Union, 1954 unabh., 1954–73 Eroberung von zwei Dritteln des laot. Staatsgebietes durch die kommunist. Pathet-Lao-Verbände; 1974 Koalitionsreg., aus der die Nichtkommunisten aber bald ausgeschaltet wurden; 1975 zur Volksdemokratie ausgerufen; s. 1997 Mitgl. der ASEAN.

**Laotse, Laozi,** chin. Weiser des 4. od. 3. Jh. v. Chr.; v. der chin. Tradition wird ihm das ↑Tao-te-ching zugeschrieben.

**La Paz** ↑Paz, La.

**Lapislazuli** [mlat.], **Lasurit,** meist blaues, feinkörn.-dichtes Mineral, Härte 5,5; Schmuckstein; pulverisiert als natürl. Ultramarinfarbe.

**La-Plata-Staaten,** die an den Zuflüssen zum Río de la Plata liegenden Staaten Argentinien, Paraguay und Uruguay.

**Lappen,** Volksstamm im nördl. N-Europa, klein, gelbhäut., dunkelhaarig; Halbnomaden und Ackerbauern.

**Lappland,** Ldsch. in N-Skandinavien, wald- u. seenreich, im N Tundra; raues Klima, vorw. gebirgig; Rentierhaltung, Fischerei, nur im S geringer Ackerbau; bed. Erzlager (Kiruna, Malmberget).

**Lapsus** [lat.], Fehler, Versehen; *L. Calami,* Schreibfehler; *L. Linguae,* Sprechfehler; *L. Memoriae,* Gedächtnisfehler.

**Laptop** ['læptɔp], mit Batterie betriebener tragbarer Computer mit aufklappbarem Bildschirm, Festplatte, Arbeitsspeicher u. Disketten- od. CD-ROM-Laufwerk; häufig gleichbed. zu *Notebook.*

**Lärche,** Gatt. der Kieferngewächse; sommergrüne Nadelbäume der Geb.; wertvolles Holz.

**Laren,** röm. Schutzgötter des Hauses, der Familie, später auch des Staates.

**Larghetto** [ital.], musikal. Tempobez. für ein schnelleres Largo.

**Largo** [ital.], Musikstück in sehr langsamem Zeitmaß.

**Larisa,** griech. St. in O-Thessalien, 102 400 E.

**Laos**

*Fläche:* 236 800 km$^2$

*Einwohner:* 5,497 Mill.

*Hauptstadt:* Vientiane

*Amtssprache:* Laotisch

*Zeitzone:* MEZ + 6 Stunden

**larmoyant** [larmwa'jã; frz.], weinerl., rührselig.

**Larnaka,** Hafenst. an der SO-Küste Zyperns, 52 800 E; ⚒ für Griech.-Zypern.

**La Rochefoucauld** [larɔʃfu'ko], François VI., Herzog von, Prince de Marcillac, frz. Schriftsteller, * 1613, † 1680; „Betrachtungen od. moral. Sentenzen und Maximen".

**La Rochelle** ↑Rochelle, La.

**Larousse** [la'rus], Pierre, frz. Lexikograph u. Verleger, * 1817, † 1875; gründete 1852 mit s. Bruder Augustin Boyer L. (* 1812, † 1896) den Lexikonverlag *Librairie L.* in Paris.

**L'art pour l'art** [larpur'la:r; frz.; = die Kunst um der Kunst willen], Kunst als Selbstzweck; als ästhet. Grundsatz 1836 von V. Cousin aufgestellt für eine Kunsttheorie, die in Frkr. etwa 1830–70 verbreitet war.

**Larve** [lat.], **1)** Jugendform von Tieren vor der Umwandlung zum fertigen Tier, z. B. Raupe, Made, Kaulquappe. **2)** Gesichtsmaske.

**Laryngitis,** Kehlkopfentzündung.

**Laryngoskop,** Kehlkopfspiegel.

**Larynx,** svw. ↑Kehlkopf.

**La Salle** [la'sal], René Robert Cavelier de, frz. Seefahrer, * 1643, † 1687; erforschte das Stromgebiet des Mississippi.

**Las Casas,** Bartolomé de, span. Dominikaner, * 1474, † 1566; Missionar; kämpfte gegen die Versklavung der Indianer durch die Konquistadoren.

**Lascaux** [las'ko; frz.] ↑Montignac.

**Laser** ['leɪzə; Abk. für engl. **l**ight **a**mplification by **s**timulated **e**mission of **r**adiation; = Lichtverstärkung durch induzierte Strahlungsemission], quantenelektron. Strahlungsgenerator u. -verstärker, der einen kohärenten, scharf gebündelten Strahl v. monochromat., frequenz- u. phasengleichem Licht mit hoher Energiedichte liefert. Das Prinzip des L. beruht auf der Möglichkeit, durch Resonanz best. Elektronenübergänge im Atom zu erzwingen. Hauptbestandteile sind ein L.-Medium zur opt. Verstärkung, eine Pumpquelle zur Anregung des L.-Mediums u. ein Resonator zur Rückkopplung der Strahlung in das Medium. Nach diesem unterscheidet man z. B. *Festkörper-, Gas-, Farbstoff-* u. *Halbleiter-L.* (L.-Dioden). Anwendungen: u. a. zur medizin. Diagnostik u. Therapie, Materialbearbeitung, Informationsverarbeitung (CD, DVD).

**Laserdrucker,** nicht mechan. arbeitender Schnelldrucker, bei dem ein Laserstrahl das zu projizierende Bild auf die mit fotoleitfähigem Material beschichtete Trommel aufbringt, v. der es gedruckt wird.

**lasieren** [pers.], mit dünnen, durchsichtigen Farben *(Lasurfarben)* ein Bild ganz od. teilw. übermalen od. Holz mit einer durchsicht. Schicht (Lasur) überziehen.

**Läsion** [lat.], Verletzung, Störung.

**Lasker-Schüler,** Else, dt. Schriftstellerin, * 1869, † 1945, expressionist. Lyrik, Erzählungen.

**Las Palmas** ↑Palmas de Gran Canaria, Las.

**Lassalle** [la'sal], Ferdinand, dt. sozialdemokrat. Politiker u. Publizist, * 1825, † 1864; 1863 Mitbegründer des „Allg. Dt. Arbeitervereins", aus dem die spätere SPD hervorging; kämpfte für das allg. u. gleiche Wahlrecht, trat für eine sozialist. Ges. ohne Privateigentum an den Produktionsmitteln ein.

**Lasso,** Orlando di, niederl. Komponist, *um 1532, †1594; seit 1556 in München.

**Lasten|ausgleich,** Vermögensausgleich zw. den durch [den 2. Welt-]Krieg u. Kriegsfolgen Geschädigten u. Nichtgeschädigten in der BRD; geregelt durch das *L.ges.* von 1952 mit Änderungen; Ausgleichsleistungen erfolgen aus dem *Ausgleichsfonds,* Mittelaufbringung durch *L.abgaben* u. öff. Zuschüsse. L. kann seit 1996 nicht mehr beantragt werden. – Neue Länder einmalige Zahlung nach Vertriebenenzuwendungsges.

**Lastschrift,** Buchung auf der Sollseite eines Kontos.

**Las Vegas,** größte St. in Nevada, USA, 258 300 E; Univ.; Vergnügungszentrum; ✈.

**Latakia,** frz. **Lattaquié** [-ˈkije], syr. Prov.-Hptst., 196 800 E; Univ.; Ind., ⚓.

**Lätare** [lat.; = freue dich!], Name des 4. Fastensonntags.

**Latein|amerika, Iberoamerika,** Bez. für alle Span. u. Portug. sprechenden amer. Länder.

**Latein|amerikanische Integrationsvereinigung,** Abk. **ALADI,** 1980 gegr. Nachfolgeorganisation der Lateinamerikan. Freihandelszone zur Förderung v. Handel u. wirtsch. Zusammenarbeit der 12 Mitgl.staaten.

**latein|amerikanische Kunst,** zunächst von der Kunst der Kolonialmächte geprägt. Im span. Einflussgebiet begann die künstler. Entw. im 16. Jh. (Kathedralen, festungsartige Klosteranlagen), im 17./18. Jh. zahlr. Paläste; Skulptur v. a. im Dienst der Architektur. – In den portug. Kolonien setzte die künstler. Entw. im 17. Jh. ein; Übernahme von ital. u. portug. Stilelementen. Nach unproduktiver Zeit im 19. Jh. folgte im 20. Jh. eine eigenständige Entw. bes. durch die Rückbesinnung auf das altamer. Kulturerbe. In Mexiko entstanden monumentale Wandmalereien (*Muralismo;* D. Rivera). Europ. Emigranten (F. Costa, O. Niemeyer) gaben der Architektur wichtige Impulse.

**lateinische Sprache,** urspr. Spr. der St. Rom; durch den Aufstieg Roms wurde die l. S., eine idgm. Spr. des ital. Zweiges, zur Weltsprache; Grundlage der roman. Sprachen.

**La-Tène-Kultur** [laˈtɛːn-], nach dem Fundplatz La Tène am Neuenburger See (Schweiz) ben. Kultur der jüngeren vorchristl. Eisenzeit (5. bis 1. Jh. v. Chr.). Ihre Träger waren kelt. Stämme.

F. Lassalle

**latent** [lat.], verborgen, nicht gleich erkennbar, ohne typ. Merkmale (bes. v. Krankheiten).

**lateral** [lat.], seitlich.

**Lateran,** päpstl. Palast u. Basilika (Bischofskirche des Papstes) in Rom, Exklave der Vatikanstadt; 324–1308 Residenz der Päpste.

**Lateranverträge,** 1929 zw. Italien u. dem Hl. Stuhl im Lateran abgeschlossene Verträge. Nach dem Staatsvertrag erhielt der Papst die Staatshoheit über die Vatikanstadt u. erkannte Italien mit der Hptst. Rom an. (↑Kirchenstaat)

**Laterna magica** [lat. „Zauberlaterne"], Vorläuferin des Diaprojektors.

**Laterne** [gr.], **1)** wetterfeste Leuchte. **2)** ⌂ auf die Scheitelöffnung einer Kuppel gesetztes, von Fenstern durchbrochenes Türmchen.

**Latex** [lat.], Milchsaft einiger trop. Pflanzen, aus dem ↑Kautschuk hergestellt wird.

**Latifundi|um,** sehr große landwirtschaftl. Besitzeinheit.

**Latiner,** im Altertum die ital. Bewohner von Latium.

**Latinum,** durch Prüfung nachgewiesene Kenntnisse in der lat. Sprache.

**Latium,** ital. **Lazio,** histor. Ldsch. in M-Italien, am Tyrrhen. Meer, heute Region, 17 203 km$^2$, 5,18 Mill. E, Hptst. Rom.

**Latsche, Legföhre,** niederliegende Bergkiefer der O-Alpen.

**Lattaquié** [-ˈkije], ↑Latakia.

**Lattich, 1)** Korbblütlergatt.; Milchsaft führende Kräuter, u. a. Gartensalat. **2)** Bez. für versch. Korbblütler, u. a. Huf- u. Hasenlattich.

**Laubblatt** ↑Blatt.

**Laubenvögel,** mit den Paradiesvögeln verwandte Singvögel Neuguineas und Australiens; ♂♂ bauen kunstvolle Lauben zum Anlocken der ♀♀.

**Laubfrösche,** Fam. der Froschlurche; Finger u. Zehen meist mit Haftscheiben; am bekanntesten der grüne *Europ. Laubfrosch.*

**Laubhölzer, Laubgehölze,** bedecktsamige Pflanzen mit mehrjährigen, meist langlebigen, verholzten Sprossachsen (Bäume, Sträucher, Halbsträucher), die im Ggs. zu den nacktsamigen Nadelhölzern breitflächige Laubblätter ausbilden.

**Laubhüttenfest, Sukkoth,** jüd. Herbstfest (Sept./Okt.) zur Erinnerung an die Wüstenwanderung des Volkes Israel.

**Lauch, Allium,** Gatt. der Liliengewächse; Zwiebelpfl. mit röhrenförm. Blättern, u. a. Küchenzwiebel.

**Laudatio** [lat.], Lob[rede].

**Laue-Interferenzen** [nach M. v. Laue, *1879, †1960], die durch Beugung an Kristallen hervorgerufenen Interferenzen v. Röntgenstrahlen; ergeben sog. *Laue-Diagramme,* die Aufschluss über den Kristallaufbau geben.

**Lauenburg,** ehem. dt. Hzgt. an der Niederelbe; s. der askan. Teilung Ende des 13. Jh. Hzgt. *Sachsen-L.;* 1689 an Lüneburg-Celle, mit diesem 1705 an Hannover; 1815 an Dänemark, s. 1865 preuß.

**Läufer, 1)** längerer schmaler Teppich. **2)** umlaufender Teil an Maschinen. **3) L.stein,** mit der Langseite parallel zur Mauerflucht verlegter Ziegel. **4)** Schachfigur (↑Schach).

**Laufkäfer,** Fam. meist nächtl. lebender, räuber. Käfer; fadenförm. Antennen, lange Beine.

**Laufkatze,** auf einer Tragschiene über den Arbeitsplätzen laufende Hebe- und Transportvorrichtung.

**Laufrad, 1)** beschaufeltes Rad von Turbinen. **2)** nicht angetriebenes Rad von [Trieb]fahrzeugen. **3)** Draisine (↑Drais, Karl).

**Laugen, 1)** ⚗ wässrige Lösungen von Basen. **2)** Mineralogie: **Mutter-L.,** Salzlösungen, aus denen sich Kristalle abgeschieden haben. **3)** wässrige Lösungen u. Lösungsgemische, die Nutz- u. Ballastbestandteile enthalten.

**Laughton** [lɔːtn], Charles, amer. Schauspieler brit. Herkunft, *1899, †1962; bed. Charakterdarsteller, auch Filme.

**Laura, Lawra,** ostkirchl. Kloster, urspr. Eremitensiedlung im ostkirchl. Mönchtum.

**Laurate** ↑Laurinsäure.

**Laureat** [lat.], Preisträger, Ausgezeichneter; insbes. der mit dem Lorbeerkranz gekrönte Dichter (Poeta laureatus).
**Laurentius,** hl., röm. Diakon, †258; nach der Legende auf glühendem Rost zu Tode gemartert.
**Laurinsäure,** höhere gesättigte Fettsäure, $C_{11}H_{23}COOH$; Salze u. Ester der L. *(Laurate)* verw. als Stabilisatoren, Weichmacher u. a.
**Lausanne** [lo:zan], Hptst. des schweizer. Kt. Waadt, am Genfer See, 117 200 E; Univ.; TH; B.-Gericht; Ind.; Fremdenverkehr.
**Lauschangriff,** ugs. für geheimes Abhören des nicht öff. gesprochenen Wortes mit techn. Mitteln; *großer L.,* geheimes Abhören v. Gesprächen in Wohnungen mit techn. Mitteln; in Dtl. in gesetzl. geregelten Fällen zulässig.
**Läuse,** weltweit verbreitete Ordn. abgeflachter, flügelloser Insekten, Blut saugende Parasiten auf Säugetieren u. Mensch.
**Läusekraut,** Rachenblütlergatt.; Halbparasiten, meist an Gräsern; Blüten ähren- oder traubenförmig.
**Lausfliegen,** läuseähnl. Fliegen; Blutsauger an Säugetieren und Vögeln.
**Lausitz,** Ldsch. beiderseits der L.er Neiße u. der oberen u. mittl. Spree, zw. dem Fläming und dem Queis; umfasst Teile von Brdbg., Sachsen u. von Polen. Der *L.er Grenzwall* (Rückenberg 229 m) trennt die *Ober-L.* von der *Nieder-L.* Urspr. das Gebiet der slaw. Lusizer im Bereich der heut. Nieder-L.; 1370 böhm., 1635 Nieder- und Ober-L. an Sachsen, 1815 größtenteils an Preußen.
**Lausitzer Neiße, Neiße, Görlitzer Neiße,** l. Nbfl. der mittl. Oder, 256 km; Grenzfl. zw. Polen u. Dtl.
**Laut,** von den Sprachorganen hervorgebrachter Ton (Konsonant, Vokal; ↑Phonetik).
**Laute,** verbreitetes Zupfinstrument mit kurzem Hals und (meist) abgeknicktem Wirbelkasten; in mehr. Stimmlagen.
**Lautlehre,** der Teil der Sprachwiss., der sich mit den Sprachlauten befasst; Phonetik, Phonologie und Lautgeschichte.
**Lautmalerei, Onomatopöie, Klangmalerei,** in der stilisierten Spr. der Versuch, im Klang einen außersprachl. Gehöreindruck wiederzugeben.
**Lautsprecher,** Gerät zur Umwandlung elektr. Energie eines tonfrequenten Wechselstroms in Schallenergie, die über eine Membran abgestrahlt wird.
**Lautstärke,** Stärke der Hörempfindung; subjekt. empfundene Schallstärke; hängt v. der Größe des Schalldrucks u. der Frequenz des Tones ab. (↑Phon)
**Lautverschiebung,** Veränderungen der Verschlusslaute in den german. Sprachen. In der *german. L.* (2. Jt. bis um 200 v. Chr.) wurden p, t, k zu stimmlosen (f, th, ch) oder (nach dem vernerschen Gesetz) zu stimmhaften (b, d, g) Reibelauten; die aspirierten stimmhaften Verschlusslaute bh, dh, gh wurden zu stimmhaften Reibelauten u. später zu b, d, g; b, d, g wurden zu stimmlosen Verschlusslauten (p, t, k). In der *hochdt. L.* (vom 5. Jh. an) wurden p, t, k nach Vokal zu ff, zz, hh, im Anlaut, nach Mitlaut u. bei Verdoppelung zu pf, tz, kch; b, d, g wurden zu p, t, k.
**Lava** [ital.], bei Vulkanausbrüchen an der Erdoberfläche austretender Gesteinsschmelzfluss (Magma) u. das durch Erstarrung daraus entstandene Gestein, durch Gase oft porös aufgetrieben.
**La Valetta** ↑Valletta.
**Lavendel** [ital.], blauviolett blühender, im Mittelmeergebiet heim. Halbstrauch; Blüten liefern äther. Öle (für Seife, Parfüm).
**lavieren** [niederl.], **1)** im Zickzackkurs gg. widr. Wind segeln. **2)** die Farbe (Tusche) einer Pinsel- oder Federzeichnung mit nassem Pinsel verwischen; auch eine Federzeichnung (auch Bleistift) mit Wasserfarben kolorieren (lavierte Federzeichnung).
**Law and Order** ['lɔ: ænd 'ɔdə; engl.], polit. Schlagwort für harte Gesetzes- u. Polizeimaßnahmen zur Bekämpfung von Gewalt u. Kriminalität.
**Lawine** [ladin.], an Hängen niedergehende Schnee- und Eismassen: *Staub-L.* (aus Pulverschnee); *Grund-L.* (aus nassem Schnee), folgt meist alten L.ngräben, *Schneebrett-L.* (aus gespanntem, gepresstem Schnee), Abgang in großen Schollen; auch *Eis-L.n* (beim Absturz v. Gletschereis) u. *Steinlawinen.*
**Lawrence** ['lɔ:rəns], **1)** D[avid] H[erbert], engl. Schriftsteller, *1885, †1930; „Lady Chatterley [und ihr Liebhaber]". **2)** T[homas] E[dward], gen. **L. v. Arabi|en,** engl. Schriftsteller, Orientalist u. polit. Agent, *1888, †1935; organisierte einen erfolgr. Aufstand der Araber gg. die Türken; „Die sieben Säulen der Weisheit".
**Lawrencium** [lɔ:-, nach E. O. Lawrence, *1901, †1958], Symb. **Lr,** künstl. hergestelltes chem. El., OZ 103 (Transuran), radioakt., langlebigstes Isotop: $^{262}Lr$, Halbwertszeit 3,6 Std.
**Laxanzien, Laxativa** [lat.], ⚕ Abführmittel.
**Layout** [leɪ'aʊt; engl.], Skizze für Text- u. Bildgestaltung; vom *Layouter* gestaltet.
**Lazarett** [ital.], Militärkrankenhaus.
**Lazarus,** nt. Gestalt, von Jesus vom Tode auferweckt.
**Lazarus,** Gestalt im Gleichnis Jesu vom reichen Mann u. dem *armen Lazarus.*
**lb,** Einheitenzeich. für d. brit. Pound von: **l**i**b**ra (= Pfund).
**LCD** [Abk. für engl. **l**iquid **c**rystal **d**isplay; = Flüssigkristallanzeige], Anzeigevorrichtung, die numer. Daten mithilfe elektr. gesteuerter flüssiger Kristalle sichtbar macht; verw. u. a. in Taschenrechnern, Digitaluhren.
**ld,** Abk. für: dyad. ↑Logarithmus.
**LDP,** Abk. für: ↑**L**iberal-**D**emokratische **P**artei.
**LD-Verfahren** [**L**inz-**D**onawitz-Verfahren], weltweit bedeutendstes Verfahren z. Stahlherst. durch Aufblasen von techn. reinem Sauerstoff (Sauerstoffaufblasverfahren) auf flüss. Stahlroheisen im Konverter.
**Lea,** im A. T. Tochter Labans u. ältere Schwester Rahels; erste Frau Jakobs.
**Lean** [li:n], David, brit. Filmregisseur, *1908, †1991; „Die Brücke am Kwai", „Doktor Schiwago".
**Leander** ↑Hero.
**Leander,** Zarah, schwed. Filmschauspielerin u. Sängerin, *1907, †1981; 1936–45 einer der erfolgreichsten Stars der Ufa; „Zu neuen Ufern".
**Lean Management** [li:n 'mænɪdʒmənt; engl.], auf Steigerung der Wettbewerbsfähigkeit durch Kostensenkung, Kundenorientierung u. hohe Qualitätsstandards ausgerichtetes Managementkonzept; wichtig v. a. Teamorganisation, Abbau v. Hierarchien.
**Lean Production** [li:n prə'dʌkʃn; engl.], am Wirtschaftlichkeitsprinzip ausgerichteter Produktionsansatz, nach dem v. a. durch Gruppenarbeit, Outsourcing u. Automatisierung des Materialflusses die Produktivität erhöht u. der Zeit- u. Kostenaufwand gesenkt werden soll.
**Lear** ['li:r], sagenhafter brit. Kg.; Held einer Tragödie von Shakespeare.
**Leasing** ['li:zɪŋ], mietweise Nutzungsüberlassung von Ind.anlagen, Investitions- od. Konsumgütern.
**Leben,** von der unbelebten Natur grundsätzl. versch. Naturerscheinung, an hochmolekulare Verbindungen, die Eiweiße, gebunden;

zur Aufrechterhaltung des L.prozesses ist dauernder Energie- und Stoffaustausch mit der Umwelt nötig; durch Reizbarkeit wird die Anpassung an versch. Bedingungen ermöglicht; durch Fortpflanzung u. Tod ist das individuelle Dasein, nicht aber das L. selbst begrenzt. Die kleinste selbstständig lebensfähige Form ist die ↑Zelle.

**Lebensbaum, Thuja,** Gatt. der Zypressengewächse; immergrüne Sträucher und Bäume.

**Lebensborn,** auf Veranlassung H. Himmlers 1935 gegr. Einrichtung zur Unterstützung des „Kinderreichtums der SS", zum Schutz „jeder Mutter u. jedes Kindes guten Blutes"; in den Entbindungsheimen wurden rd. 7000–8000 (meist nichtehel.) Kinder geboren.

**Lebenserwartung,** Anzahl der Jahre, die ein Mensch eines best. Alters und Geschlechts in einer best. Bev. durchschnittl. noch erleben wird. Durchschnittl. L. in der BRD (1994) bei Männern 73,4 Jahre, bei Frauen 79,7 Jahre.

**Lebensgemeinschaft, 1)** svw. ↑Biozönose. **2)** svw. ↑Ehe, ↑eheähnliche Gemeinschaft u. ↑gleichgeschlechtliche Lebensgemeinschaft.

**Lebenshaltungskosten,** in der amtl. Statistik die bei der Berechnung des Preisindexes für die Lebenshaltung ermittelten Ausgaben.

**Lebensmittel,** alle Stoffe, die zum Zwecke d. Ernährung od. des Genusses in rohem, zubereitetem, be- od. verarbeitetem Zustand v. Menschen aufgenommen werden.

**Lebensmittel- und Bedarfsgegenständegesetz,** Ges. des Lebensmittelrechts v. 1974, mit zahlr. Ergänzungen u. Änderungen; verbietet u. a. die Herst. von gesundheitsschädl. Lebensmitteln, regelt die Lebensmittelüberwachung u. a.

**Lebensstandard,** Niveau der Arbeits- und Lebensbedingungen; i. e. S. Versorgungsgrad privater Haushalte mit Waren u. Dienstleistungen.

**Lebensversicherung,** Versicherung zur Deckung des Vermögensbedarfs v. a. im Falle des Todes; *Kapitalversicherung:* Zahlung einer festen Versicherungssumme (reine Todesfallversicherung, reine Erlebensfallversicherung, kombinierte oder gemischte Todes- u. Erlebensfallversicherung, Versicherung mit festem Auszahlungstermin); *Rentenversicherung:* Zahlung v. a. von Altersrenten.

**Leber,** größte Drüse des menschl. u. tier. Körpers, unterhalb des Zwerchfells im Bauchraum; Funktionen: Gallenbereitung u. -ausscheidung, Regulation des Eiweiß-, Fett-, Kohlenhydratstoffwechsels, Speicherung von Glykogen u. a.

**Leber, 1)** Georg, dt. Politiker (SPD), *1920; 1966–72 B.-Min. für Verkehr, 1969–72 auch für Post- u. Fernmeldewesen; 1972–78 B.-Verteidigungsminister. **2)** Julius, dt. Politiker (SPD), *1891, †1945; Widerstandskämpfer, an der Vorbereitung des Attentats v. 20. 7. 1944 beteiligt, hingerichtet.

**Leberblümchen,** niedriges Hahnenfußgewächs; Blätter dreilappig-herzförmig, Blüten blau; fr. gg. Leberleiden verwendet.

**Leber|entzündung, Hepatitis,** herdförmig oder diffus auftretende Entzündung des Leberparenchyms mit nachfolgender Leberzellschädigung; häufigste Erkrankung ist die meldepflichtige, diffuse *akute Virushepatitis.* In Abhängigkeit vom Erregertyp (A–G) werden versch. Formen unterschieden.

**Leberfleck, Lentigo,** bräunl. Pigmentfleck in der Haut mit Vermehrung des physiol. Hautfarbstoffs.

**Lebertran,** an ungesättigten Fettsäuren sowie den Vitaminen A u. D reiches Öl aus der Leber versch. Fischarten, hpts. des Kabeljaus.

**Leberzirrhose, Schrumpfleber,** chron. Lebererkrankung, die durch Zerstörung der Leberzellen und Umbau der Organstruktur gekennzeichnet ist und so die Leberfunktion beeinträchtigt.

**le Carré** [ləkaˈre], John, eigtl. David John Moore **Cornwell,** engl. Schriftsteller, *1931; „Der Spion, der aus der Kälte kam".

**Lecce** [ˈlettʃe], ital. Prov.-Hptst. in Apulien, 99000 E; Univ.; Reste eines röm. Amphitheaters, ma. u. barocke Bauten; Ind.

**Lech,** r. Nbfl. der Donau, 263 km; trennt Allgäuer u. *L.taler Alpen* (Parseier Spitze 3038 m), unterh. Füssen zum *Forgensee* gestaut, durchfließt das *Lechfeld.*

**Lecithin, Lezithin** ↑Phosphatide.

**Leck,** undichte Stelle [im Schiffsrumpf].

**Le Clézio** [lə kleˈzjo], Jean-Marie Gustave, frz. Schriftsteller, *1940; zivilisationskrit. Romane („Das Protokoll", „Der Goldsucher").

**Le Corbusier** [lekorbyˈzje], eigtl. Charles Édouard **Jeanneret-Gris** [ʒanrɛˈgri], frz. Architekt, Maler u. Bildhauer schweizer. Abstammung, *1887, †1965; seine Skelettbauweise revolutionierte die mod. Architektur.

**LED** [Abk. für engl. **l**ight **e**mitting **d**iode; = Licht emittierende Diode], ↑Lumineszenzdiode.

**Leda,** in der griech. Mythol. Geliebte des Zeus, von Zeus (in Gestalt eines Schwans) Mutter der Helena und der Dioskuren.

**Leda,** r. Nbfl. der Ems, 75 km; Mdg. b. Leer (Ostfriesland).

**Leder,** durch chem. Prozesse haltbar gemachte tier. Haut (↑Gerberei, ↑Gerbstoffe).

**Lederhaut, 1)** ↑Haut. **2)** ↑Auge.

**Lederschildkröte,** etwa 2 m lange und 600 kg schwere marine Schildkröte (größte Schildkröte überhaupt).

**Lee,** die vom Wind abgekehrte Seite des Schiffes; Ggs. ↑Luv.

**Lee** [li:], Robert Edward, amer. General, *1807, †1870; kommandierte im Sezessionskrieg die Truppen der Südstaaten.

**Leeds** [li:dz], engl. St. nö. von Manchester, 712000 E; Univ.; Bibliotheken; Woll- u. Bekleidungsind., Maschinenbau.

**Leer (Ostfriesland),** Krst. an der Mdg. der Leda in die Ems, Nds., 32600 E. Handels- u. Gewerbeort; Fachhochschule für Seefahrt; Hafen. Häuser des 17./18. Jh., die Waage (1714) u. das Rathaus (19. Jh.) prägen das Bild der Stadt.

**Leeuwarden** [ˈle:wardə], Prov.-Hptst. im Marschengebiet der nördl. Niederlande, 86800 E. Museen; Handelszentrum; Hafen. Grote Kerk (12. Jh., nach 1492 erneuert); Kanzlei, Statthalterhof u. Alte Waage (alle 16. Jh.), Stadthaus (1715); Bürgerhäuser des 17. u. 18. Jahrhunderts.

**Lefkosia** ↑Nikosia.

**Le Fort** [ləˈfɔ:r], Gertrud Freiin von, dt. Dichterin, *1876, †1971; kath. geprägte Lyrik, Essays, Romane („Das Schweißtuch der Veronika") u. Nov. („Die Letzte am Schafott").

**Lefze,** Lippe des Hundes und des Raubwilds.

**Legalisation,** Beglaubigung.

**Legalitätsprinzip,** ⚖ Pflicht der Staatsanwaltschaft zur Verfolgung aller strafb. Handlungen.

**Legasthenie** [lat.; gr.], Lese-Rechtschreib-Schwäche (Schwäche im Erlernen des Lesens und orthograph. Schreibens bei vergleichsweise durchschnittl. Allgemeinbegabung des Kindes).

**Legat** [lat.], **1)** im alten Rom Gesandter; Unterfeldherr. **2) apostol. Legat,** päpstl. Gesandter (meist ein Kardinal). **3)** svw. ↑Vermächtnis.

**legato** [ital.], 𝄞 gebunden, im Ggs. zu staccato.

**Legendar,** Legendenbuch, Slg. von Heiligenviten.

**Legende,** **1)** urspr. Lesung aus einem Legendar, dann erbaul. u. wunderbare Erzählung aus dem Leben eines Heiligen; ugs. auch unglaubwürdige Geschichte. **2)** erklärender Text zu Abb., Landkarten u. a.

**Léger** [le'ʒe], Fernand, frz. Maler u. Grafiker, * 1881, † 1955; fand, angeregt v. Kubismus, seinen eigenen Stil mit geometr. Abstraktionen aus Kuben, Zylindern u. Kugeln.

**Legföhre,** svw. ↑Latsche.

**Leghorn,** weiße Haushuhnrasse.

**Legierungen** [ital.], metall. Werkstoffe aus mehreren Metallen u. oft noch Nichtmetallen; zeichnen sich z. B. durch erhöhte Festigkeit, Härte od. Rostbeständigkeit aus.

**Legion** [lat.], **1)** Einheit des altröm. Heeres, bis zu 6000 Mann; gegliedert in *Kohorten, Manipel* u. *Zenturien.* **2)** selbst. Truppe von Freiwilligen, die für eine fremde Macht kämpfen (z. B. die *L. Condor,* dt. Truppen im Span. Bürgerkrieg auf faschist. Seite); ↑Fremdenlegion. **3)** große Menge, unbestimmte, sehr große Anzahl.

**Legionärskrankheit, Veteranenkrankheit,** schwer verlaufende bakterielle Lungenentzündung; erstmals 1976 in den USA beobachtet.

**Legislative** [lat.], gesetzgebende Gewalt (↑Gewaltenteilung); auch gesetzgebende Körperschaft.

**Legislatur,** Beratung u. Verabschiedung von Gesetzen; *L.periode,* Amtsdauer einer [gesetzgebenden] Volksvertretung.

**Legitimation,** **1)** Beglaubigung; Ausweis. **2)** Erlangung der Ehelichkeit eines nichtehel. Kindes; das Kindschaftsrechtsreformges. hob 1998 die unterschiedl. Behandlung ehel. u. nichtehel. Kinder auf u. schaffte die L. ab. **3) Sach-L.,** Befugnis zur sachl. Durchführung des Rechtsstreits als Kläger od. Beklagter.

**Leguane** [karib.], Echsenfam.; meist mit langem Schwanz; vorw. in Amerika; der *Grüne Leguan* wird bis 1,5 m lang.

**Legumin** [lat.], Eiweiß der Hülsenfrüchte m. viel Lysin u. Arginin.

**Leguminosen,** svw. ↑Hülsenfrüchtler.

**Lehár,** Franz, östr.-ungar. Operettenkomponist, * 1870, † 1948.

**Le Havre** ↑Havre, le.

**Lehen, Feudum, Benefiz[ium],** vom Eigentümer *(Lehnsherr)* an einen *Lehnsmann* verliehenes [erbl.] Nutzungsrecht an einer fremden Sache, verbunden mit einem gegenseit. Treueverhältnis; auch die Sache selbst (Grundbesitz, auch nutzb. Rechte und Ämter). Das *Lehnswesen* entstand b. den Franken, beherrschte s. dem 10. Jh. die fränk. u. normann. Reiche u. deren Nachfolgestaaten in polit. und rechtl. Hinsicht.

**Lehm,** Verwitterungsprodukt versch. Gesteine, gelb bis braun gefärbter, kalkarmer sandhaltiger Ton.

**Lehmann,** Karl, dt. Kardinal (s. 2001), * 1936; seit 1983 Bischof v. Mainz, seit 1987 Vors. der Dt. Bischofskonferenz.

**Lehmbau,** Bauweise, bei der Lehm als Baumaterial verwendet wird; mit Zuschlag- u. Füllstoffen wird Lehm zur Festigkeitserhöhung versetzt u. in hölzernen Formen abgetrocknet.

**Lehmbruck,** Wilhelm, dt. Bildhauer, * 1881, † 1919; expressionist. Plastik.

**Lehmfüchse** ↑Fuchs .

**Lehnswesen** ↑Lehen.

**Lehnwort,** aus einer fremden Spr. übernommenes Wort, das sich lautl., orthograph. u. grammat. angepasst hat.

**Lehr|amt,** öff. Amt im staatl. Schuldienst, dessen Inhaber Beamte sind (aber auch Lehrkräfte im Angestelltenverhältnis).

**Lehre,** **1)** fr. Bez. für die Ausbildung [eines ↑Auszubildenden]. **2)** Messmittel zum Prüfen der Maße u. Formen v. Werkstücken u. a. auf Einhaltung vorgegebener Toleranzen. **3)** Gerüst für die Herst. von Profilen in der Bautechnik.

**Lehrling,** fr. Bez. für ↑Auszubildender.

**Lehrte,** St. im O des Großraums Hannover, Nds., 42 000 E; vielseit. Industrie.

**Lehrvertrag,** fr. Bez. für Ausbildungsvertrag (↑Auszubildender).

**Lei,** **1) Ley,** mundartl. Bez. für Schiefer, Stein, Fels (z. B. Loreley u. a.). **2)** Rinnennetz von Wattgebieten.

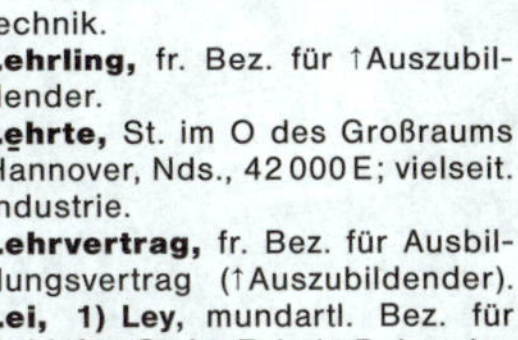

**Leguane:** *Grüner Leguan*

**Leib|eigenschaft,** Bez. für die persönl. Abhängigkeit von einem Herrn, entstanden in den german. Reichen des frühen MA; endgültige Abschaffung der L. in Dtl. durch die Bauernbefreiung im 19. Jh.

**Leibesvisitation** ↑Durchsuchung.

**Leibgarde,** Truppe, urspr. zum persönl. Schutz eines Fürsten, später zu bes. Diensten bei Hof.

**Leibgedinge,** svw. ↑Altenteil.

**Leibl,** Wilhelm, dt. Maler, * 1844, † 1900; Darst. des oberbayr. Bauernlebens; Porträts.

**G. W. Leibniz**

**Leibniz,** Gottfried Wilhelm Frhr. von, dt. Philosoph und Universalgelehrter, * 1646, † 1716; nahm in seiner „Monadologie" als Grundbestandteil d. Welt unendl. viele unteilbare „metaphys. Punkte" (Monaden) an, die nicht von sich aus ineinander wirken, sondern durch „prästabilierte (vorherbest.) Harmonie" verbunden sind; die bestehende Welt ist die beste aller mögl. Welten („Theodizee"); bed. Werke auch zur Rechts-, Natur-, Sprachwiss. u. Mathematik.

**Leibung, Laibung,** ⌂ innere Mauerfläche bei Wandöffnungen; bei Wölbungen die innere Wölbfläche.

**Leicester** ['lestə], Hptst. der mittelengl. Gft. L., 279 800 E; Univ.

**Leich,** mittelhochdt. Liedform mit unregelmäß. Strophen.

**Leichengifte, Ptomaine,** Eiweißzerfallsprodukte wie Cadaverin u. Putrescin; verursachen den Verwesungsgeruch von Leichen.

**Leichenstarre, Totenstarre,** 4 bis 12 Stunden nach dem Tod einsetzendes Starrwerden der Muskulatur; löst sich nach etwa 48–52 Stunden infolge Zersetzung.

**Leicht|athletik,** aus den natürl. Bewegungen des Gehens, Laufens, Werfens und Springens entwickelte Sportübungen als Einzel-, Mehrkampf- und Mannschaftswettbewerbe sowie als Staffeln.

**Leichtgewicht** ↑Gewichtsklassen (Übers.).

**Leichtmatrose** ↑Matrose.

L

**Leichtmetalle,** Metalle, deren Dichte unter 4,5 g/cm³ liegt.

**Leicht|öl,** leicht entzündl. Brenn- u. Heizöl, aus Erdöl od. Teer gewonnen.

**Leichtschwergewicht** ↑Gewichtsklassen (Übers.).

**Leiden,** niederl. St. am Alten Rhein, 113 000 E; Univ. u. Bibliothek, Sternwarte, Museen; Burg (11. Jh.), spätgot. Sint-Pancraskerk, Renaissancebauten; Textil-, Nahrungsmittel-, Papierind.; Maschinenbau.

**Leie,** frz. **Lys** [lis], l. Nbfl. der Schelde, 214 km.

**Leier,** gr. **Lyra,** Sternbild des nördl. Himmels; hellster Stern (α) *Wega*.

**Leier** [gr.], gezupftes Saiteninstrument.

**Leif Eriksson,** *um 970, †um 1020, Sohn Erichs des Roten, norweg. Seefahrer; gelangte um 1000 an die O-Küste Nordamerikas.

**Leim,** wasserlösl. flüss. ↑Klebstoff auf d. Basis natürl. Stoffe; man unterscheidet tier. (Glutin- u. Kasein-L.), pflanzl. (z. B. Kleister, Latex) u. synthet. (z. B. Kunstharze) Leime.

**Lein,** svw. ↑Flachs.

**Leine,** l. Nbfl. der Aller, Nds., 241 km, vom Eichsfeld.

**Leinen,** glattes Gewebe aus reinem L.garn (Flachsgarn) in Leinwandbindung (↑Bindung).

**Leinkraut,** Rachenblütlergatt.; *Gemeines L.*, häufiges Unkraut.

**Lein|öl,** aus Leinsamen (↑Flachs) gewonnenes goldgelbes Öl; hoher Gehalt an ungesättigten Fettsäuren (Vitamin F).

**Leipzig,** kreisfreie St. in Sa., 492 000 E; Univ., Sächs. Akad. der Wiss., Hochsch. u. a. für Grafik u. Buchkunst, Musik u. Theater, Handelshochschule; Inst. für Länderkunde, drei Max-Planck-Institute, Umweltforschungszentrum Halle-Leipzig; Bach-Archiv; Dt. Bücherei, Museen, Gewandhausorchester; Thomaskirche (15. Jh.; Thomanerchor), Nikolaikirche (13. bis 16. Jh.), Altes Rathaus (Markt; 1556 ff.), ehem. R.-Gericht, Völkerschlachtdenkmal, Zoo; internat. Messe; ↑EEX®AG; Maschinen- u. Gerätebau, elektrotechn./elektron. Ind., Verlage, Druckereien, Automobilbau u. a. Ind.; ✈. – Um 1160 Stadt; um 1500 entwickelten sich die bed. Messen. – 16. bis 19. 10. 1813 *Völkerschlacht bei L.*, Sieg der verbündeten Preußen, Österreicher, Schweden und Russen über Napoleon I.; 1989/90 „Montagsdemonstrationen" im Anschluss an die „Friedensgebete".

**Leipzig:** *Altes Rathaus (1556 ff., Arkaden 1906–09) am Markt*

**Leigh** [li:], Vivien, eigtl. Vivian Mary **Hartley** ['hɑ:tli], brit. Schauspielerin, *1913, †1967.

**Leiharbeit, Zeitarbeit,** Tätigkeit im Auftrag einer zugelassenen L.sfirma für einen begrenzten Zeitraum (max. 24 Monate) in einem anderen Unternehmen.

**Leihe,** ⚖ vertragsmäß., unentgeltl. Gestattung des Gebrauches einer Sache mit der Verpflichtung zur Rückgabe.

**Leihmutter,** eine Frau, die im Auftrag ein fremdes Kind gegen Bezahlung austrägt, nachdem ihr eine befruchtete Eizelle implantiert wurde; L.schaft ist sehr umstritten.

**Leis,** geistl. Volkslied, entstanden im 12.–14. Jh. mit der Strophenendung „Kyrieleis".

**Leishman** ['li:ʃmən], Sir William Boog, brit. Arzt, *1865, †1926; entdeckte die Erreger der ↑Orientbeule und der ↑Kala-Azar.

**Leisten[beuge],** Übergang vom Bauch zum Oberschenkel der hinteren bzw. unteren Extremitäten b. Säugetier u. Mensch in Form einer Hautfalte zum darunter liegenden *Leistenband;* vom *Leistenkanal* durchsetzt, durch den bei ♂♂ der Samenstrang, bei ♀♀ das Mutterband zieht; *Leistenbruch* häufigste Form eines ↑Bruchs.

**Leistung, 1)** Quotient aus verrichteter Arbeit u. dazu benötigter Zeit: $P = \Delta W / \Delta t$; SI-Einheit: ↑Watt; *elektr. L.* Produkt aus Spannung u. Stromstärke. **2)** ⚖ schuldrechtliche Verpflichtung; Haupt-L. (z. B. Kaufpreiszahlung) u. Neben-L. (z. B. Auskunftspflichten).

**Leistungsbilanz,** statist. Gegenüberstellung best. Leistungstransaktionen zw. einer Volkswirtsch. u. dem Ausland, umfasst Außenhandel (↑Handelsbilanz), Dienstleistungsverkehr (z. B. Transport, Tourismus), Erwerbs- u. Vermögenseinkommen (z. B. Arbeitsentgelte, Kapitalerträge) sowie laufende Übertragungen (z. B. Heimatüberweisungen ausländ. Arbeitnehmer); Teil der ↑Zahlungsbilanz.

**Leistungslohn** ↑Lohn.

**Leit|artikel,** publizist., kommentierender Beitrag zu aktuellen Zeitfragen in einer Zeitung od. Zeitschrift, an bestimmter, oft hervorgehobener Stelle.

**Leiter,** Stoffe, die den elektr. Strom leiten (Metalle, Halb-L., Elektrolyte; Plasmen).

**Leitfähigkeit, 1) elektr. L.,** Eigenschaft v. Stoffen, elektr. Strom zu leiten; SI-Einheit: ↑Siemens; Kehrwert des spezif. elektr. ↑Widerstandes. **2)** kurz für Wärme-L.

**Leitfossili|en** ↑Fossilien.

**Leitha,** r. Nbfl. der Donau, in Östr. u. Ungarn, 180 km.

**Leitmotiv,** in einem Musikwerk oft wiederkehrende Tonfolge (Motiv); für die Lit. übernommen.

**Leitner,** Ferdinand, dt. Dirigent, *1912, †1996.

**Leitwährung,** Währung, die auf internat. Devisen-, Geld-, Kapital- u. Rohstoffmärkten eine bes. Rolle spielt u. als Transaktions- u. Reservewährung fungiert.

**Leitwerk,** Baugruppe des Flugzeugs: feste Flosse u. bewegl. Ru-

der zur Längs- *(Höhen-L.)* u. Querstabilisierung *(Seiten-L.)*
**Leitwert,** Kehrwert des elektr. Widerstands; SI-Einheit: ↑Siemens.
**Leitzinsen,** v. der Zentralbank festgesetzter Zinssatz für Refinanzierungskredite an Geschäftsbanken; Instrument der Geldpol. L. der EZB sind die Sätze für ↑Hauptrefinanzierungsgeschäfte, ↑Einlagefazilität u. ↑Spitzenrefinanzierungsfazilität.
**Lektion** [lat.], Unterrichtsstunde; Pensum; Abschnitt in einem Lehrbuch; auch Schriftlesung im Gottesdienst.
**Lektor** [lat.], **1)** Lehrer für Übungen u.Ä. an einer Hochschule. **2)** wiss. oder literar. ausgebildeter Mitarb. eines Verlages; prüft u. bearbeitet Manuskripte. **3)** Laie, der die bibl. Lesungen im [kath. u. ev.] Gottesdienst vorträgt.
**Lektorat, 1)** Lehrauftrag eines Lektors. **2)** Verlagsabt., in der Manuskripte [von Autoren] geprüft und bearbeitet werden.
**Lem,** Stanisław, poln. Schriftsteller, *1921; utop. Romane u. Erz.en; „Solaris“.
**Lemberg, 1)** höchste Erhebung in der Schwäb. Alb, 1 015 m. **2)** russ. **Lwow,** Gebiets-Hptst. in d. Ukraine, 790 000 E; Univ.; TH, latein. u. armen. Kathedr. (14./15. Jh.), Museen; vielseit. Ind.; ⛭. – Um 1250 als Festung gg. d. Mongolen gegr.; 1353 poln., 1772 östr. (Hptst. d. Kronlandes Galizien), 1919 poln., 1939 sowj., heute zur Ukraine.
**Lemgo,** St. im Lipper Bergland, NRW, 41 400 E; altes Stadtbild; vielseit. Industrie.
**Lemma** [gr.], Stich-, Merkwort.
**Lemminge** [norweg.], Wühlmäuse des hohen Nordens; period. Massenvermehrungen führen zu großen Wanderzügen *(Lemmingzüge).*
**Lemmon** ['lɛmən], Jack, amer. Filmschauspieler, *1925, †2001; „Manche mögen's heiß“.
**Lemuren,** im altröm. Glauben gefürchtete Totengeister.
**Lemuren** [lat.], svw. Makis (↑Affen).
**Lena,** Strom in NO-Sibirien, Russland, v. Baikalgeb. zur Laptewsee, 4 400 km.
**Lenau,** Nikolaus, eigtl. Nikolaus Franz **Niembsch,** Edler von Strehlenau, östr. Dichter, *1802, †1850; schwermütige Lyrik; ep.-dramat. Dichtungen („Faust“, Fragment „Don Juan“).
**Lende,** die Körpergegend zw. Wirbelsäule, unterster Rippe und Darmbeinkamm.
**Leng, Langfisch,** bis 1,9 m langer räuber. Schellfisch des O-Atlantiks; Speisefisch.

**W. I. Lenin**

**Lenggries,** Ort im Isartal, Bayer. Alpen, 8 900 E; Sommerfrische, Wintersportplatz.
**Lenin,** Wladimir Iljitsch, eigtl. W. I. **Uljanow,** sowjetruss. Politiker, *1870, †1924; 1897–1900 in Verbannung in Sibirien, 1900–05 und 1907–17 in der Emigration; 1905 Teilnahme an der russischen Revolution; ab November 1917 errichtete er nach Sturz der Reg. Kerenski die bolschewist. Diktatur. Als bedeutendster Theoretiker des Kommunismus entwickelte er die marxist. Theorie zum *Leninismus* weiter, in dem die führende Rolle der Kommunist. Partei bei der Revolution hervorgehoben wird.
**Leningrad,** 1924–91 Name von ↑Sankt Petersburg.
**Leninismus** ↑Lenin, W. I., ↑Marxismus.
**Lenin|orden,** höchster ziviler sowj. Orden, 1930–91 für bes. Verdienste verliehen.
**Lenis** [lat.], schwach artikulierter, weich gesprochener Konsonant, z. B. b, w.
**Le Nôtre, Le Nostre** [lə'no:tr], André, frz. Gartenarchitekt, *1613, †1700; eigtl. Schöpfer der barocken Gartenanlage (u. a. in Versailles).
**lento** [ital.], 𝄞 langsam.
**Lenya,** Lotte, östr.-amer. Schauspielerin und Sängerin (Mezzosopran), *1898, †1981; erlangte Berühmtheit in Brecht-Aufführungen (mit der Musik ihres Mannes K. Weill).
**Lenz, 1)** Hermann, dt. Schriftsteller, *1913, †1998; zykl. angelegte Romane in lyr. Sprache („Im inneren Bezirk“, „Feriengäste“). **2)** Jakob Michael Reinhold, dt. Dichter des Sturm u. Drang, *1751, †1792; sozialkrit. Dramen „Der Hofmeister“, „Die Soldaten“. **3)** Siegfried, dt. Schriftsteller, *1926; Drama „Zeit der Schuldlosen“; Romane „Deutschstunde“, „Das Vorbild“, „Heimatmuseum“, „Exerzierplatz“; Erz. – Friedenspreis des dt. Buchhandels 1988.
**lenzen, 1)** Wasser aus dem Schiffskörper herauspumpen, in den es durch ein Leck eingedrungen ist. **2)** bei Sturm ohne Besegelung vor dem Winde laufen.
**Lenzing, Lenzmond,** alter dt. Name für den Monat März.
**Leo** [lat.], das Sternbild ↑Löwe.
**Leo,** Päpste: **1) L. I.,** d. Gr., hl., †461, Papst seit 440; Kirchenlehrer u. bed. Prediger; erwirkte die Anerkennung der Vormachtstellung der Päpste innerhalb der [Gesamt-]Kirche. **2) L. IX.,** hl., *1002, †1054, Papst seit 1049; v. Kaiser Heinrich III. erhoben, förderte bes. die kluniazens. Reform (↑Cluny). **3) L. XIII.,** *1810, †1903, Papst s. 1878; vorher V. G. Pecci; förderte die kath.-soziale Bewegung; bed. seine Enzyklika über die Arbeiterfrage („Rerum novarum“).

L

**Leo XIII.**

**Leoben,** östr. Bez.-Hptst. an der oberen Mur, 28 500 E; Montanist. Hochschule; Museum; Eisenhüttenwerk im Stadtteil Donawitz.
**León, 1)** nordspan. histor. Ldsch., ehem. Kgr. (925–1037). **2)** Prov. in 1), 15 468 km², 526 000 E, Hptst. 3). **3)** Hptst. von 2), 137 800 E; got. Kathedr.; landw. Handels- u. Verarb.-Zentrum; ⛭. **4)** St. im mittelmex. Staat Guanajuato, auf fruchtb. Hochebene, 872 500 E; versch. Industrie.
**Leonardo** [-'vintʃi], da Vinci, ital. Maler u. Zeichner, Baumeister, Bildhauer u. Naturforscher, *1452, †1519; bed. Gemälde

(„Mona Lisa", „Hl. Anna selbdritt", „Abendmahl").

**Leonberger** [nach dem St. Leonberg], bis 85 cm hohe, gelbe bis rotbraune Begleit- u. Wachhunde mit Hängeohren (Rassegruppe: Doggen).

**Leoncavallo,** Ruggiero, ital. Komponist, * 1858, † 1919; Oper „Der Bajazzo".

**Leone,** Sergio, ital. Filmregisseur, * 1929, † 1989; „Spiel mir das Lied vom Tod".

**Leonhard,** Wolfgang, dt. polit. Schriftsteller, * 1921.

**Leonidas,** ⚔ 480 v. Chr., Kg. v. Sparta s. 488; fiel mit 300 Spartiaten bei der Verteidigung der Thermopylen gg. die Perser durch Verrat.

**Leopard** [lat.], **Panther,** vorw. nachts jagende Großkatze Afrikas und Asiens; Länge bis 150 cm, Fell gelbl. mit schwarzen Flecken.

**Leopold,** *Hl. Röm. Reich:* **1) L. I.,** * 1640, † 1705, Kg. v. Ungarn (s. 1655) u. Böhmen (s. 1656), Ks. s. 1658; unter ihm wurde Östr. Großmacht; besiegte die Türken. **2) L. II.,** * 1747, † 1792, Ks. s. 1790; umfassende Reform in Wirtsch. und Verw., Ausgleich mit Preußen (1790). – *Anhalt-Dessau:* **3) L. I.,** gen. der Alte Dessauer, * 1676, † 1747, Fürst s. 1693; Feldmarschall im preuß. Dienst; begann eine Reform des preuß. Heeres. – *Belgien:* **4) L. II.,** * 1835, † 1909, Kg. s. 1865; begr. den Kongostaat (↑Zaire). **5) L. III.,** * 1901, † 1983, Kg. (1934–44 u. 1950/51); kapitulierte 1940 vor den dt. Truppen, bis 1945 in dt. Kriegsgefangenschaft, verzichtete 1950 zugunsten seines Sohnes Baudouin auf den Thron.

**Leopoldina, Dt. Akad. der Naturforscher L.,** älteste naturforschende Gelehrten-Ges., gegr. 1652, 1687 v. Ks. Leopold I. privilegiert; Sitz (s. 1878): Halle (Saale).

**Léopoldville** ↑Kinshasa.

**LEP,** Abk. für **L**arge **E**lectron **P**ositron Storage Ring, Elektron-Positron-Speicherring des CERN (1989–2000 in Betrieb).

**Lepanto** ↑Naupaktos.

**Lepidolith** [gr.], in schupp. und blättr. Aggregaten vorkommendes weißes, zartrosa od. graues Glimmermineral (Kalium-Lithium-Aluminiumsilicat), Härte 2–3.

**Leporellofalzung,** harmonikaartige Falzung bei Bilderbüchern, Prospekten u. a.

**Lepra** [gr.], **Aussatz,** anzeigepflichtige chron. Infektionskrankheit des Menschen mit vorwiegendem Befall der Haut und/oder des peripheren Nervensystems, die zu Verstümmelungen des Körpers führt; Auftreten der L. bes. in den Tropen und Subtropen; Behandlung mit Chemotherapeutika.

**lepto..., Lepto...** [gr.], Bestimmungswort; Bed.: „schmal, dünn, klein".

**Leptonen,** Sammelbez. für Elementarteilchen mit halbzahligem Spin, wie ↑Elektron, ↑Myon, ↑Neutrino.

**leptosomer Typ** ↑Körperbautypen.

**Lerchen,** Singvogelfam.; braun gestreifte Bodenvögel, sehr fluggewandt; wohltönender Gesang.

**Lerchensporn,** Gatt. der Mohngewächse, oft Frühjahrsblüher.

**Lérida,** nordostspan. Prov.-Hptst. im fruchtb. Segretal, 111 800 E; 2 Kathedralen; Industrie.

**Lernet-Holenia,** Alexander, östr. Schriftsteller, * 1897, † 1976; Lyrik, Romane, Dramen.

**lesbische Liebe** ↑Homosexualität.

**Lesbos,** stark gebirg. griech. Insel vor der türk. W-Küste, 1 630 km², 103 500 E; Hauptort Mitilini (fr. Mytilene).

**Lesegerät** ↑Zeichenleser.

**Lesestift,** stiftförmiger Zeichenleser, der v. a. bei der Datenerfassung im Handel verw. wird, um z. B. im Strichcode codierte Daten zu erfassen.

**Leskow,** Nikolai Semjonowitsch, russ. Dichter, * 1831, † 1895; umfangreiches Erzählwerk.

**Lesotho,** Kgr. im südl. Afrika; überwiegend Hochland; subtrop. Klima; Bev. fast ausschließl. Bantuvolk d. Sotho; Anbau von Weizen, Mais, Hirse; Viehzucht; Export: Vieh, Lederwaren, Wolle. – Seit 1868 brit. Protektorat *Basutoland,* wurde 1966 als Kgr. L. innerhalb des Commonwealth unabhängig.

**Lesotho**

*Fläche:* 30 355 km²
*Einwohner:* 2,3 Mill.
*Hauptstadt:* Maseru
*Amtssprache:* Sotho, Englisch
*Zeitzone:* MEZ + 1 Stunde

**Lesseps,** Ferdinand Marie Vicomte de, frz. Diplomat u. Ingenieur, * 1805, † 1894; baute den ↑Suezkanal, begann 1879 mit dem Bau des ↑Panamakanals.

**Lessing, 1)** Doris, engl. Schriftstellerin, * 1919; Romane u. Kurzgeschichten über die koloniale Ges. in Schwarzafrika sowie über Probleme der Emanzipation. **2)** Gotthold Ephraim, dt. Schriftsteller, * 1729, † 1781; lebte in Berlin, Breslau, Hamburg, Wolfenbüttel; wichtigster Vertr. der dt. Aufklärung, schuf mit „Miss Sara Sampson" u. „Emilia Galotti" nach engl. Vorbild das dt. bürgerl. Trauerspiel, mit „Minna v. Barnhelm" das klass. dt. Lustspiel; in dem dramat. Gedicht „Nathan der Weise" (mit der „Ringparabel") ist der Gedanke der Toleranz vollendet gestaltet; bed. literaturkrit. u. theoret. Schriften: „Hamburgische Dramaturgie", „Die Erziehung des Menschengeschlechts", „Laokoon ...", auch Epigramme und Fabeln.

**G. E. Lessing**

**Lesung,** Beratung eines Gesetzentwurfes im Parlament.

**letal** [lat.], tödlich (z. B. Letaldosis: tödl. Dosis).

**L'État c'est moi** [leta sɛ ˈmwa; frz.; = der Staat bin ich], Ausspruch Kg. Ludwigs XIV. v. Frankreich.

**Lethargie** [gr.], **1)** Form der Bewusstseinsstörung, verbunden mit starkem Schlafbedürfnis, z. B. bei Gehirnentzündung. **2)** Teilnahms- u. Interesselosigkeit.

**Lethe** [gr.], im antiken Mythos Fluss od. Quelle, aus dem die Toten das Vergessen trinken.

**Letten,** balt. Volk, mit den Litauern eng verwandt.

**Lettland,** Rep. in NO-Europa, seen- u. waldreiches Hügel- u.

**Lettland**

*Fläche:* 64 589 km²
*Einwohner:* 2,37 Mill.
*Hauptstadt:* Riga
*Amtssprache:* Lettisch
*Zeitzone:* MEZ

Flachland; ozeanisch geprägtes Klima; Bev. vorw. Letten (58 %) u. Russen (30 %); Torfvorkommen; vielseit. Landw. und Ind. – 1918 als *Rep. Lettland* selbst. (gebildet aus Kurland, Lettgallen u. dem südl. ↑Livland), 1940–91 als „Lettische SSR“ zwangsweise der UdSSR angegliedert (etwa 100 000 Letten deportiert); 1990 einseitige Unabhängigkeitserklärung, Aug. 1991 internat. anerkannte Unabhängigkeit.

**Lettner** [mlat.; = Lesepult], Schranke zw. Chor u. Langhaus einer ma. Kirche.

**Lettow-Vorbeck** [-to:-], Paul von, dt. General, *1870, †1964; im 1. Weltkrieg Kommandeur der dt. Schutztruppe in Dt.-Ostafrika.

**Letzte Ölung** ↑Krankensalbung.

**Leuchtdichte,** Quotient aus der Lichtstärke einer Fläche in einer best. Richtung und der Projektion der leuchtenden Fläche senkrecht zur Anstrahlungsrichtung.

**Leuchtdiode,** die ↑Lumineszenzdiode.

**Leuchtenberg,** Eugène de Beauharnais, Hzg. von, *1781, †1824, Sohn von Alexandre u. Joséphine de Beauharnais, 1805 bis 1814/15 Vizekg. von Italien; 1807 von Napoleon I. adoptiert, 1813 Befehlshaber der frz. Streitkräfte in Deutschland.

**Leuchtfeuer,** Orientierungshilfen im See- u. Luftverkehr; strahlen in gleichmäß. Rhythmus Lichtsignale aus; auf Leuchttürmen, Leuchttonnen u. a.

**Leuchtgas,** fr. Bez. für ↑Stadtgas.

**Leuchtkäfer,** Käferfamilie mit Leuchtorganen; einheim. Johanniskäfer; ↑Glühwürmchen.

**Leuchtröhre,** Niederdruck-Gasentladungslampe (bis 7,5 kV) mit kalten Elektroden, meist mit Edelgasen gefüllt (z. B. ergibt Neon rotes Licht); durch Aufbringen von Leuchtstoffen auf den Wandungen *(Leuchtstoffröhren)* lässt sich die Lichtausbeute wesentl. steigern.

**Leuchtschirm,** mit fluoreszierenden Leuchtmassen beschichtete Fläche zur Sichtbarmachung nicht direkt wahrnehmb. Strahlen, u. a. in der Röntgendiagnostik.

**Leuchtstoffe, Luminophore,** Stoffe, die nach Belichtung längere Zeit nachleuchten (phosphoreszierende L.) od. bei Bestrahlung mit Röntgen-, Elektronen-, a- oder UV-Strahlen sichtb. Licht aussenden (fluoreszierende L.).

**Leuchtstofflampe,** mit Netzspannung (220 V) betriebene Gasentladungslampe (Zündspannung 300–400 V, mit Glimmzünder erreicht); UV-Strahlung der Quecksilberdampffüllung wird in der Leuchtstoffschicht der Wandung in sichtb. Licht umgewandelt.

**Leuchtturm,** Seezeichen in Form eines hohen u. daher weithin sichtbaren Turmes mit einem starken Leuchtfeuer an d. Spitze, der an Land od. auch im Wasser an für d. Navigation wichtigen Punkten steht u. durch Form, Farbgebung u. Lichtkennung identifizierbar ist. Sein Licht wird durch Fresnel-Linsen u./od. Spiegelsysteme stark gebündelt, sodass es weithin sichtbar ist.

**Leukämie** [gr.], volkstüml. **Blutkrebs,** schwere Erkrankung der Blut bildenden Gewebe (Lymphknoten, Milz oder Knochenmark), bei der die weißen Blutkörperchen stark vermehrt, die roten meist vermindert sind.

**Leukas,** neugriech. **Lefkas,** eine der Ion. Inseln, 303 km², gebirgig (bis 1 158 m); Hpt.ort L., an der Nordspitze.

**leuko..., Leuko...** [gr.], weiß, hell, glänzend.

**Leukozyten** ↑Blut.

**Leuschner,** Wilhelm, dt. Gewerkschaftsführer u. Politiker (SPD), *1890, †1944 (hingerichtet); führend in der Widerstandsbewegung.

**Leuthen,** Ortsteil d. Gem. Miękinia (Nimkau), Polen, westl. v. Breslau, bek. durch den Sieg Friedrichs d. Gr. über die Österreicher 1757.

**Leutnant** [frz.], unterster Offiziersdienstgrad.

**Leuwerik,** Ruth, dt. Schauspielerin, *1926; Star des dt. Nachkriegsfilms; „Die Trapp-Familie“, „Buddenbrooks“.

**Levante,** Bez. für die Länder an der O-Küste des Mittelmeeres.

**Le Vau, Levau** [lə'vo], Louis, frz. Baumeister, *1612, †1670; 1655–70 Bauleitung des ↑Louvre, der Tuilerien und 1661–70 in Versailles.

**Levée en masse** [ləveã'mas; frz.], militär. Massenaufgebot für alle 18–25-jährigen Ledigen (zuerst 1793 in Frkr.).

**Leuchtturm** *von Westerhever an der Nordsee (Schleswig-Holstein)*

**Leverkusen,** krsfr. St. nördl. von Köln, NRW, 162 000 E; Sitz der Farbenfabriken Bayer AG; Eisen-, Masch.-, Textilind.; Rhein-⚓.

**Levi,** Carlo, ital. Arzt u. Schriftsteller, *1902, †1975; dokumentar. Roman „Christus kam nur bis Eboli“.

**Leviathan,** at. Ungeheuer (Drache, Schlange), Sinnbild der gottfeindl. Mächte.

**Lévi-Strauss** [levi'stro:s], Claude, frz. Ethnologe, *1908; Begr. der „strukturellen Anthropologie“.

**Leviten, 1)** im A. T. der nach Levi, einem der Söhne ↑Jakobs, ben.

Stamm Israels. **2)** im A.T. die Priester u. Tempeldiener aus dem Stamm Levi.
**Levitikus,** in der Vulgata Bez. für das 3. Buch Mose.
**Levkoje** [gr.], Kreuzblütlergatt.; Zierpfl. mit duftenden Blüten.
**Lewis** [ˈluːɪs], Jerry, eigtl. Joseph **Levitch,** amer. Filmkomiker, * 1926.
**Lewis with Harris** [ˈluːɪs wɪð ˈhærɪs], nördlichste u. größte Insel der Äußeren Hebriden, zu Schottland, 2 135 km², Hptst. Stornoway.
**Lex** [lat.], Gesetz, Gesetzesantrag.
**Lexikographie** [gr.], [Lehre von der] Aufzeichnung u. Erklärung des Wortschatzes in Form von Wörterbüchern.
**Lexikon** [gr.], alphabet. geordnetes Nachschlagewerk für alle Wissensgebiete od. nur ein Sachgebiet; veraltet auch Bez. für Wörterbuch.
**Lex Salica** [lat.], **Sal. Gesetz,** Volksrecht der sal. Franken, älteste u. wichtigste westgerman. Rechtsaufzeichnung; Entstehung des ältesten Teils um 507.
**Ley,** Robert, dt. nationalsozialist. Politiker, * 1890, † 1945 (Selbstmord); vollzog 1933 die Gleichschaltung der Gewerkschaften, leitete danach die Dt. Arbeitsfront.
**Lezithin** [gr.] ↑Phosphatide.
**Lhasa,** Hptst. von Tibet, 343 000 E; 3 650 m ü. d. M.; ehem. Palastburg (Potala) des ↑Dalai-Lama; Tempel, Klöster; Handelszentrum, bed. Ind.; ✈.
**Lhotse,** vierthöchster Berg der Erde, im Himalaja, 8 501 m.
**Li,** ⚗ Symb. für ↑Lithium.
**Lianen** [frz.], **Kletterpflanzen,** Gruppe von Ranken- u. Schlingpfl. sowie Wurzelkletterern, die an anderen Pfl., auch an Felsen, emporklettern.
**Liaodong,** nordostchin. Halbinsel im Gelben Meer, zw. der Koreabucht und dem *Golf v. Liaodong.*
**Liaoho,** Fl. in der südl. Mandschurei, 1 345 km.
**Lias** ↑Geologie (Übers.).
**Libanon, 1)** Rep. an der vorderasiat. Mittelmeerküste; vorw. Gebirgsland, mediterranes Klima; in Küstenstreifen und Bika (Ebene) Landw. (z. T. künstl. Bewässerung), Anbau v. Zitrusfrüchten, Wein, Ölbäumen, Tabak, Getreide und Obst; Viehzucht bes. im Gebirge; Handel u. Geldgeschäfte; Tabak- u. Textilind.; Haupthafen Beirut, Erdölhäfen mit Raffinerien: Tripoli, Saida. – *Gesch.:* seit 1516 osman.; 1918 mit Syrien frz. Völkerbundmandat; 1920 Festlegung der heutigen Grenzen; 1944 Unabhängigkeit; Ende der 1940er-Jahre Verstärkung der Spannungen zw. den prowestl. Christen und den arab.-nationalist. Muslimen durch zunehmenden arab. Nationalismus, s. 1975 Bürgerkrieg, in den 1976 syr. Truppen eingriffen; palästinens. Guerillatätigkeit, ausgehend v. libanes. Gebiet, bewirkte isr. Vergeltungsschläge; 1982 isr. Besetzung des S-L. („Sicherheitszone"), Belagerung u. Vertreibung der PLO aus Beirut; 1983 erneutes Aufflammen des Bürgerkriegs in häufig wechselnden Bündnissen; 1991 unter syr. Vermittlung Ende des Bürgerkriegs; Abschluss eines syr.-libanes. Sicherheitsabkommens (1991); 2000 israel. Rückzug aus Sicherheitszone. **2)** über 170 km langer Kalk- u. Sandsteingebirgszug in 1), im Kurnet es-Sauda 3 088 m hoch.

**Libanon**

*Fläche:* 10 452 km²
*Einwohner:* 3,29 Mill.
*Hauptstadt:* Beirut
*Amtssprache:* Arabisch
*Zeitzone:* MEZ + 1 Stunde

**Libelle** [lat.], Hilfseinrichtung vieler Instrumente zur Horizontierung od. Vertikalstellung; z. B. in ↑Wasserwaagen.
**Libellen** [lat.], **Wasserjungfern,** Ordn. gr., farbenprächt., räuber. Insekten mit gr. Augen, schlankem Körper u. 4 schmalen Flügeln; gewandte Flieger.
**Liberaldemokratische Partei,** Abk. **LDP,** polit. konservative Partei in Japan, s. ihrer Gründung (1955) bis 1993 Reg.-Partei.
**Liberalisierung,** in der Wirtsch.pol. Reduzierung dirigist. Eingriffe in den freien Austausch v. Gütern u. Produktionsfaktoren; in der Außenwirtsch. Abbau v. Handelshemmnissen (Zölle, Kontingente) u. Kapitalverkehrsbeschränkungen.
**Liberalismus** [lat.], Denkrichtung, die das Individuum u. sein Recht auf Freiheit in den Vordergrund stellt bei Beschränkung staatl. Gewalt auf ein Mindestmaß.
**Liberec** ↑Reichenberg.
**Liberia,** Rep. an d. W-Küste Afrikas; d. Land steigt v. d. Küste in niedrigen Stufen zum Hochland im Inneren bis auf 1 384 m ü. d. M. im Nimba an; subäquatoriales Klima; überwiegend trop. Regenwald; Bev. vorw. Sudanvölker; Küstenfischerei, Forstwirtschaft; Anbau (für d. Export) v. Kautschuk, Kaffee, Kakao; ⚒ auf Eisen, Gold, Diamanten. *Gesch.:* seit 1822 Ansiedlung freigelassener amer. Sklaven an der Küste; 1847 Ausrufung der Rep.; Rivalität zw. Eingeborenen u. Nachkommen der Americoliberianer, die polit. u. wirtsch. Schlüsselstellungen innehatten, führten s. 1989 zu einem Bürgerkrieg, Übergangsreg.en (s. 1990). Trotz Vermittlung (u. a. OAU, UN) brachen die Kämpfe immer wieder aus. 1996 Friedensabkommen der einander bekämpfenden Milizen; ihm entspr. fanden 1997 allg. Wahlen statt.

**Liberia**

*Fläche:* 111 369 km²
*Einwohner:* 3,2 Mill.
*Hauptstadt:* Monrovia
*Amtssprache:* Englisch
*Zeitzone:* MEZ – 1 Stunde

**Libertas** [lat.], altröm. Personifikation der Freiheit.
**Liberté, Égalité, Fraternité** [frz.] ↑Freiheit, Gleichheit, Brüderlichkeit.
**Libeskind,** Daniel, amer. Architekt poln. Herkunft, * 1946; Vertr. des ↑Dekonstruktivismus (Jüd. Museum in Berlin, 1992–99).
**Libido** [lat.], Begierde; Trieb, insbes. Geschlechtstrieb; einer der Zentralbegriffe der psychoanalyt. Triebtheorie, u. a. S. Freuds.
**Libreville** [librəˈvil], Hptst. d. Rep. Gabun, 419 600 E; Univ.; Holz- u. a. Ind.; ⚓, ✈.
**Libussa,** sagenhafte Ahnherrin der Dyn. der Przemysliden.
**Libyen,** Rep. in N-Afrika; 90 % d. Landes sind Wüste; wenige Oasen; Wüstenklima, im Küstengebiet mediterranes Klima; Bev. vorw. Libyer, daneben Berber,

**Libyen**

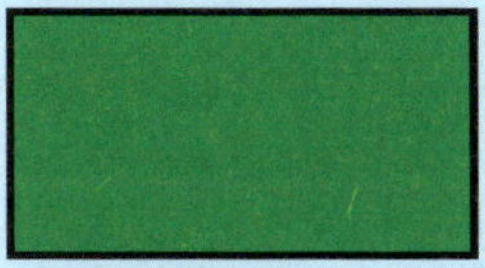

*Fläche:* 1 759 540 km²
*Einwohner:* 6,4 Mill.
*Hauptstadt:* Tripolis
*Amtssprache:* Arabisch
*Zeitzone:* MEZ + 1 Stunde

Tuareg u. a.; Landw. im Küstengebiet, bed. Erdöl- u. -gasförderung, (90 % d. Exporterlöse), Erdölraffinerien, Stahl-, Nahrungsmittel-, Getränke-, Tabak-, Baustoff-, chem. Ind. *Gesch.:* kam im 1. Jh. v. Chr. unter röm., im 7. Jh. unter arab. Herrschaft; fiel im 16. Jh. an das Osman. Reich, 1912 an Italien; 1951 unabh., zunächst als konstitut. Monarchie, s. 1969 nach Militärputsch unter Gaddhafi Rep. (Islamisierung, panarab. Nationalismus); 1970 Ausweisung fast aller Italiener, Verstaatlichung ausländ. Ges.; das Land gilt als Förderer des internat. Terrorismus; nachdem L. 1999 die mutmaßl. Flugzeugattentäter von Lockerbie einem Gerichtshof überstellt hatte, bemüht sich das Land z. T. erfolgreich, seine internat. Isolierung zu überwinden.

**Libysche Wüste,** NO-Teil der Sahara, in Libyen, Ägypten u. der Rep. Sudan.

**Licht,** die für das menschl. Auge sichtb. elektromagnet. Strahlung mit Wellenlängen zw. 380 u. 780 nm; i. w. S. auch das (unsichtb.) UV-, IR- u. Röntgen-L.; L. hat seinen Ursprung in interatomaren Zustandsänderungen (Quantensprüngen), es besteht aus Elementarteilchen, den *L.quanten (Photonen).* Beim Übergang eines atomaren Systems v. einem angeregten zu einem niedrigeren Energiezustand wird die Energiedifferenz in L. best. Wellenlänge abgestrahlt (↑Quanten).

**Lichtbehandlung,** svw. ↑Heliotherapie.

**Lichtbogen,** bogenförm. Leuchterscheinung zw. 2 Elektroden beim Stromdurchgang durch ein Gas, das durch Stoßionisation elektr. leitend wird.

**Lichtdruck, 1)** Druckverfahren für kl. Auflagen mit sehr guter Halbtonwiedergabe. **2)** Strahlungsdruck des Lichts auf eine Fläche, verursacht durch Impulsänderung der Lichtquanten bei Reflexion bzw. Absorption des Lichts.

**lichtelektrischer Effekt,** der ↑Photoeffekt.

**Lichtenberg,** Georg Christoph, dt. Physiker und Schriftsteller (Aphoristiker), * 1742, † 1799; entdeckte die büschelförm. *l.schen Figuren,* die bei elektr. Entladungen durch eine mit Schwefelpulver o. Ä. bestreute Isolierplatte entstehen.

**Lichtenfels,** bayr. Krst. am oberen Main, 21 400 E; Fachwerkbauten; Korbwarenherstellung.

**Lichtenstein,** Roy, amer. Maler u. Grafiker, * 1923, † 1997; war einer der Hauptvertr. der Pop-Art.

**Lichtgeschwindigkeit,** Formelzeichen *c*, die Geschwindigkeit mit der sich Licht u. allg. elektromagnet. Wellen ausbreiten; die *Vakuum-L.* hat den Wert $c_0$ = 299 792 458 m/s, d. h. rd. 300 000 km/s. Die L. ist eine universelle Konstante der ↑Relativitätstheorie.

**Lichtjahr,** Einheitenzeichen **Lj**, die Entfernung, die das Licht im Vakuum in einem Jahr zurücklegt; 1 Lj ≈ $9{,}46 \cdot 10^{12}$ km.

**Lichtleiter,** jedes opt. System aus dielektr. Material, das geeignet ist, Licht zu leiten (↑Glasfaseroptik). Nach dem Zweck der Lichtleitung werden L. unterteilt in L. i. e. S., bei denen es nur auf die Leitung der Lichtenergie ankommt (z. B. für Beleuchtungszwecke in Endoskopen), in *Bildleiter* für die rein opt. Bildübertragung sowie in *Lichtwellenleiter* als Bestandteile opt. Übertragungssysteme, bei denen die Lichtwellen als Träger entspr. codierter Informationen beliebiger Art dienen.

**Lichtmaschine,** vom Fahrzeugmotor getriebener Gleichstrom- oder Drehstromgenerator, der die elektr. Anlage des Fahrzeugs mit elektr. Energie versorgt; heute vorw. *Compact-L.* (Drehstromsynchron-L. mit Klauenpolläufer).

**Lichtmess, Mariä L., Darst. Christi,** Fest zum Gedächtnis des Besuchs Marias mit dem Jesuskind im Tempel (2. 2.).

**Lichtnelke,** Gatt. der Nelkengewächse mit etwa 35 Arten; meist filzige Kräuter, z. B. Kuckucks-L. (auf Wiesen); auch Zierpflanzen.

**Lichtquanten,** die ↑Photonen.

**Lichtsatz** ↑Setzerei.

**Lichtsinn,** Fähigkeit v. Lebewesen, Licht wahrzunehmen mithilfe v. L.eszellen, die über die Körperoberfläche verteilt od. in den L.organen (Augen) konzentriert sind, bzw. L.esorgane.

**Lichtstärke, 1)** Quotient aus Lichtstrom u. durchstrahltem Raumwinkel; SI-Einheit ↑Candela. **2)** größtes einstellb. Öffnungsverhältnis eines fotogr. Objektivs.

**Lichtstift, Lichtgriffel,** lichtempfindl. Stift (enthält an seiner Spitze einen Photodetektor), mit dem v.



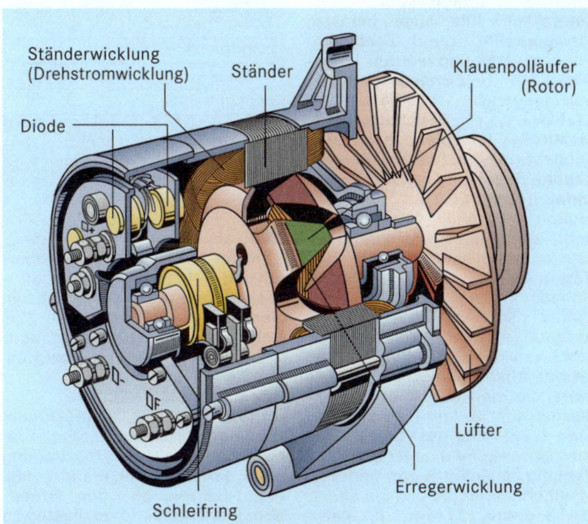


**Lichtmaschine:** *Compactlichtmaschine*

J. von Liebig

Hand auf dem Bildschirm eines Datensichtgeräts Informationen eingegeben (gezeichnet, markiert) werden können.

**Lichttherapie,** svw. ↑Heliotherapie.

**Lichtwellenleiter,** aus speziellen Glasarten hergestellte dünne Glasfasern *(Lichtleitfasern),* mit denen aus elektr. Signalen gewonnene Lichtsignale übertragen werden; am Ende des Übertragungswegs erfolgt die Rückwandlung in elektr. Signale. L. bestehen aus einem zylindr. Kern u. einem Mantel. Um die Führung der Lichtwellen zu gewährleisten, besitzen L. best. Brechzahlprofile: Bei *Stufenprofil-L.* erfolgt die Lichtführung durch Totalreflexion an der Grenzfläche zum Mantel, bei *Gradientenprofil-L.* durch Brechung. Für die Verlegung werden L. gebündelt u. zu *Lichtleitkabeln* zusammengefasst. (↑Lichtleiter)

**Lichtwert, Belichtungswert,** Maßgröße für Blendenwert-Belichtungszeit-Paarungen, die eine gleiche Belichtung erzielen.

**Lidar** [Abk. für engl. **li**ght **d**etection **a**nd **r**anging], mit Laserlicht arbeitendes Verfahren zur (Rückstrahl)ortung nach dem Radarprinzip; z. B. zur Messung des Schadstoffgehalts der Luft.

**Lidice** ['lidjitsɛ], Ort östlich von Kladno, Tschech. Rep.; wurde 1942 von der SS als Vergeltung für das Attentat auf Heydrich zerstört, die meisten Einwohner ermordet, die übrigen verschleppt.

**Lido** [ital.], lang gestreckte Nehrung zw. Lagune u. Meer. Der L. v. Venedig schließt mit drei weiteren Inselnehrungen die Lagune ab.

**Liebermann, 1)** Max, dt. Maler und Grafiker, *1847, †1935; einer der bedeutendsten Vertr. des dt. Impressionismus; Porträtist. **2)** Rolf, schweizer. Komponist, *1910; serielle Kompositionsweise.

**Liebig,** Justus Frhr. von, dt. Chemiker, *1803, †1873; Arbeiten auf allen Gebieten der Chemie; führte die künstl. Düngung ein.

**Liebknecht, 1)** Karl, Sohn von 2), dt. Politiker (SPD), *1871, †1919; begr. mit R. Luxemburg den Spartakusbund; ermordet. **2)** Wilhelm, dt. Politiker, *1826, †1900; Teilnehmer an der Revolutionsbewegung von 1848/49; Freundschaft mit Marx u. Engels; mit Bebel 1869 Begr. der Sozialdemokrat. Arbeiterpartei.

**Liechtenstein,** Ft. am r. Ufer des Alpenrheins zw. Östr. u. der Schweiz; mit schweizer. Währung, Post- u. Zollverw.; Ackerbau, Weinbau; Viehzucht; Textilind.; Fremdenverkehr; Sitz zahlr. Dachges. u. gr. Vermögen (aus steuerl. Gründen). – *Gesch.:* 1719 R.-Ft.; 1806–14 Mitgl. des Rheinbundes, 1815–66 des Dt. Bundes; 1862 konstitut. Monarchie; 1918 Zoll- u. Währungsunion mit d. Schweiz (auch diplomat. Vertreter).

**Liechtenstein**

*Fläche:* 160 km²

*Einwohner:* 32 000

*Hauptstadt:* Vaduz

*Amtssprache:* Deutsch

*Zeitzone:* MEZ

**Lied,** als literar. Gattung Grundform der lyr. Dichtung; Sangbarkeit und einfach gegliederter Strophenaufbau sind charakteristisch.

**Liedertafel,** Name des von C. F. Zelter in Berlin 1809 gegr. weltweit ersten Männergesangvereins.

**Liège** ['ljɛ:ʒ; frz.] ↑Lüttich.

**Liegenschaften,** Grundstücke; das *Liegenschaftsrecht* regelt Entstehung, Inhalt u. Übertragung des Eigentums, der Pfandrechte, des Nießbrauchs, der Grunddienstbarkeiten und Reallasten an Grundstücken.

**Liegnitz,** poln. **Legnica** [lɛg'nitsa], Krst. in Polen, an d. Katzbach, 109 000 E; histor. Bauten (ma. Piastenschloss); Textil-, elektrotechn. Ind.; Klavier- u. Maschinenbau; ⚒ auf Kupfer; Sonderwirtschaftszone. – Um 1250 St.; auf der Wahlstatt bei L. 1241 Mongolenschlacht.

**Lienz,** östr. St. u. Luftkurort an der Drau, 13 000 E; Hptst. von Osttirol, mit spätgot. Pfarrkirche; Schloss Bruck (13.–16. Jh.); südl. die *L.er Dolomiten,* 2772 m.

**Liepāja,** dt. **Libau,** St. in Lettland, an der Ostsee, 97 300 E; Seebad; vielseitige Ind., Freihandelszone; ⚓.

**Liestal,** Hptst. des schweizer. Halbkt. Basel-Ldsch., 12 300 E; Rathaus (16. Jh.); Textil-, Metall-, chem. Industrie.

**LIFO,** Abk. für engl. **l**ast **i**n, **f**irst **o**ut, Speicherprinzip in der Datenverarbeitung, die zuletzt eingegebene Information wird als Erste ausgegeben. Ggs.: *FIFO* (**f**irst **i**n, first **o**ut).

**Liga** [lat.-span.], **1)** v. a. Bez. für Bündnis im 15.–17. Jh.; u. a. *L. v. Cambrai; L. v. Cognac;* die *Hl. L.* von 1538 verband Karl V., den Papst u. die kath. Reichsstände gg. den Schmalkald. Bund; *kath. L.* von 1609 verband die meisten kath. Reichsstände gg. die prot. Union. In neuerer Zeit nat. u. internat. Zusammenschlüsse mit polit. od. weltanschaul. Zielsetzung (L. für Menschenrechte, Arab. L.). **2)** ⛹ Spielklasse, in der Vereinsmannschaften zusammengefasst sind; höchste Spielklasse in zahlr. Sportarten in Dtl. ist die *Bundes-L.*

**Ligament** [lat.], svw. ↑Band.

**Ligatur** [lat.], **1)** 📖 Buchstabenverbdg. auf einem Typenkörper, z. B. ff, fi, fl. **2)** 𝄞 Zusammenziehung von 2 gleich hohen Noten zu einem Ton. **3)** ⚕ Unterbindung von Blutgefäßen.

**Ligeti,** György, östr. Komponist ungar. Herkunft, *1923; Vertreter der Neuen Musik.

**Lignin** [lat.], Stützbaustoff des Holzes; L. ist in d. Zellmembran eingelagert.

**Ligurien,** ital. **Liguria,** Ldsch. u. Region in N-Italien, am Golf v. Genua, 5421 km², 1,63 Mill. E, Hptst. Genua; v. *Ligur. Alpen* (bis 2651 m) u. *Ligur. Apennin* (bis 1803 m) nach N begrenzt; ⚓ Genua u. La Spezia.

**Ligurische Republik,** 1797 von Bonaparte geschaffene genues. Rep., 1805–14 französisch.

**Ligurisches Meer,** nördl. Teil d. Mittelmeeres zw. Korsika u. d. Riviera; bis 2615 m tief.

**Liguster** [lat.], Ölbaumgewächs;

Heckenpfl. mit hartem Holz; giftige schwarze Beeren.

**Likasi,** St. in d. Demokrat. Rep. Kongo, an d. Benguelabahn, 299 100 E; Bergbauzentrum (Kupfer, Kobalt, Uranerz).

**Likör** [frz.], süßer Gewürz-, Frucht- od. Kräuterbranntwein.

**Likud,** 1973 gebildeter isr. rechtsgerichteter Parteienblock.

**Lili|en** [lat.], Zwiebelpfl. der nördl. gemäßigten Zone, bek. Zierpfl.; selten wild (auf Gebirgswiesen) die *Feuer-* u. die *Türkenbundlilie,* beide geschützt.

**Lili|encron,** Detlev von, eigtl. Friedrich Adolf Axel Frhr. von **L.,** dt. Dichter, *1844, †1909; impressionist. Lyrik, Romane, Dramen und Novellen.

**Lili|engewächse,** Pflanzenfam., meist Rhizom- u. Zwiebelpfl., auch Bäume; Zierpfl.: Hyazinthe, Tulpe, Aloe; Nutzpfl.: Spargel, Lauch, Zwiebel; Giftpfl.: Herbstzeitlose.

**Lili|enthal,** Otto, dt. Ing. u. Flugpionier, *1848, † (abgestürzt) 1896; führte ab 1891 (in mit seinem Bruder Gustav L. [*1849, †1933] konstruierten Gleitflugzeugen) Flüge bis 350 m Weite durch.

**Liliput,** Land der Zwerge in J. Swifts „Gullivers Reisen"; danach Bez. *Liliputaner* für alle bes. kl. Menschen.

**Lille** [lil], Hptst. des frz. Dep. Nord u. der Region Nord-Pas-de-Calais, 172 000 E; 2 Univ., TH, Textil-, chem. u. a. Ind.; ✈.

**Lillehammer,** südnorwegische Prov.-Hptst. (von Oppland), 23 500 E; Freilichtmuseum; Luftkurort; 1994 Olymp. Winterspiele.

**Lilongwe,** Hptst. v. Malawi, westl d. Malawisees, 395 500 E; Handelszentrum; ✈.

**Lima,** Hptst. von Peru, 5,8 Mill. E; Universitäten, tierärztl. Hochsch.; Inkamuseum; Kathedr. (16./17. Jh.), Paläste aus der Kolonialzeit; Textil-, Lebensmittel- u. a. Ind.; ✈; ⚓ ↑Callao. – 1535 v. F. Pizarro als *Ciudad de los Reyes* gegründet.

**Limassol,** griech. **Lemesos,** zweitgrößte St. Zyperns u. wichtigster Hafen für den griech. (südl.) Teil der Insel, 136 000 E.

**Limburg** ['limbyrx], **1)** südlichste niederl. Prov., Hptst. Maastricht. **2)** frz. **Limbourg** [lɛ̃'bu:r], belg. Prov., sw. an 1) angrenzend, Hptst. Hasselt.

**Limburg a. d. Lahn,** hess. Krst., 33 000 E; LG; IHK; bischöfl. Seminar, Diözesanmuseum (mit der *Limburger Staurothek*); roman.-frühgot. Dom; Glasindustrie.

**Limerick,** ir. **Luimneach** ['limnax], südwestir. Hafenst. am Shannon, 56 000 E; Kathedrale (12. Jh.), Kunstschule; viels. Ind.

**Limerick** [engl.], volkstüml., fünfzeiliges iron.-kom. Gedicht.

**Limes** [lat.], **1)** röm. Grenzwall. Die bedeutendste L.-Anlage in Dtl. ist der unter Domitian, Trajan u. Hadrian gebaute und durch Kastelle verstärkte *Obergerman.-Rätische L.* (etwa 500 km lang), der die Prov. Obergermanien u. Rätien zw. Rhein und Donau gegen die german. Völker abschloss; nach 250 n. Chr. von den Römern aufgegeben. **2)** der ↑Grenzwert.

**Limfjord,** Meeresarm zw. Nord- u. Ostsee in N-Jütland, Dänemark; 180 km lang; Austernzucht.

**Limit,** Preisgrenze, die beim Handels- od. Börsengeschäft nicht über- oder unterschritten werden darf.

**limited** ['lımıtıd; engl.], Abk. **Ltd., Ld., Lim., lim.,** im angloamer. Bereich zur Kennzeichnung der beschränkten Haftung des Gesellschafters.

**Limmat,** r. Nbfl. der Aare, Schweiz; im Oberlauf bis zum Zürichsee als *Linth;* insges. 140 km, davon als L. (= Abfluss des Zürichsees) 60 km.

**Limnos,** griech. Insel im nördl. Ägäischen Meer, 476 km²; Obst- u. Weinbau.

**Limoges** [li'mo:ʒ], Hptst. des frz. Dep. Haute-Vienne u. der Region Limousin, 133 500 E; Kathedrale (13.–15. Jh.), bed. Porzellanmanufaktur, Fayenceherst., berühmte Emailmalerei seit dem MA *(Limosiner Email).*

**Limpopo,** Fluss im südl. Afrika, zum Ind. Ozean, rd. 1 600 km lang.

**Linares,** südspan. St., 55 000 E; Bleierz-⚒; Hütten- u. a. Industrie.

**Lincke,** Paul, dt. Operettenkomponist, *1866, †1946; u. a. „Frau Luna".

**Lincoln** ['lıŋkən], Abraham, 16. Präs. der USA (seit 1861; Republikaner), *1809, †1865 (ermordet); trat für allm. Beseitigung der Sklaverei ein, seine Wahl löste den Sezessionskrieg aus.

**Lincoln** ['lıŋkən], **1)** ostengl. St., 76 700 E; Hptst. der Gft. L.; bed. frühgot. Kathedrale, ma. Schloss. **2)** Hptst. von Nebraska, USA, 192 000 E; 2 Univ.; Ind.; ✈.

**Lind,** Jenny, schwed. Sängerin, *1820, †1887; als „schwed. Nachtigall" gefeierter Sopran.

**Lindau (Bodensee),** bayr. Krst. am Bodensee, 24 200 E; die Altstadt auf einer durch Brücke u. Bahndamm mit dem Festland verbundenen Insel; barocke Pfarrkirche, spätgot. Rathaus, IHK; Fremdenverkehr; Textil- u. Maschinenind. – 822 erstmals erwähnt, seit etwa 1230 bis 1803 R.-Stadt.

**Lindbergh** ['lındbə:g], Charles A[ugustus], amer. Pilot, *1902, †1974; überquerte 1927 als Erster im Alleinflug den Atlantik von New York nach Paris.

**Linde,** Carl von, dt. Ingenieur u. Industrieller, *1842, †1934; erfand 1876 die erste Kältemaschine mit Ammoniak als Kältemittel; 1895 *L.-Verfahren* (Gasverflüssigung im Gegenstromverfahren).

**Linde,** Gatt. der L.ngewächse; sommergrüne Bäume, oft in Alleen; Blätter herzförmig; Blüten für *L.nblütentee* (schweißtreibend), Holz für Drechselarbeiten; in Dtl. v. a. die großblättr. *Sommer-* und die kleinblättr. *Winterlinde.*

**Lindenberg,** Udo, dt. Rockmusiker und -sänger, *1946; auch Rocksongtexte.

**Linderhof,** zur bayr. Gem. Ettal gehörendes Schloss; 1869–78 unter Kg. Ludwig II. erbaut.

**Lindgren,** Astrid, schwed. Kinderbuchautorin, *1907, †2002; „Pippi Langstrumpf".

**Lindwurm,** häuf. für ↑Drache.

**linear** [lat.], **1)** linienförm., geradlinig; eindimensional. **2)** v. 1. Grad, 1. Ordnung, in 1. Potenz; durch l. Gleichungen darstellbar (z. B. l. Abbildung).

**A. Lincoln**

**Linearmotor,** Elektromotor, dessen Wanderfeld eine geradlinige Bewegung ermöglicht.

**Lingen,** Theo, eigtl. Theodor **Schmitz,** dt.-östr. Schauspieler, *1903, †1978; Charakterkomiker.

**Lingen (Ems),** St. im Emsland, Nds., 52 300 E; Kernkraftwerk; Erdölindustrie, Stahlwerk; Zentralviehmarkt; ⚓ am Dortmund-Ems-Kanal.

**Lingerie** [lɛ̃ʒ'ri; frz.], Wäschegeschäft, v.a. mod. Damenwäsche.

**Linguistik,** svw. ↑Sprachwissenschaft.

**Lini|e** [lat.], **1)** eindimensionales geometr. Grundgebilde. **2)** regelmäßig von [öff.] Verkehrsmitteln befahrene Verkehrsverbdg. **3)** in der Seefahrt svw. ↑Äquator.

**Lini|enschiffe,** urspr. Kriegsschiffe, die in Kiellinie kämpften, später Schlachtschiffe mit schwerster Panzerung und Bestückung.

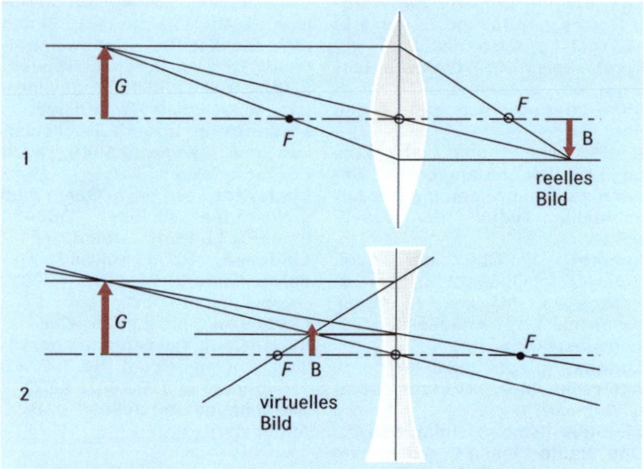


**Linsen:** *Abbildung durch eine Sammellinse (1) und eine Zerstreuungslinse (2); G Gegenstand, B Bild, F, F' objekt- und bildseitiger Brennpunkt*

**Lini|enspektrum,** eine Folge v. Spektrallinien; charakt. für jedes chem. Element.

**Lini|enzugbeeinflussung,** Abk. **LZB,** Sicherheitseinrichtung d. Eisenbahn auf Schnellverkehrsstrecken; Übertragung kodierter Informationen der Streckenzentrale mithilfe von im Gleis verlegten einadrigen Kupferkabeln (Linienleiter) an den Lokomotivführer (Anzeige der Sollgeschwindigkeit u. d. im nächsten Streckenabschnitt zu erwartenden Geschwindigkeit).

**Link** [engl.], 🖥 ein Verweis zu einem anderen Dokument, bei Verweisen zw. El. eines ↑Hypertextes als *Hyper-L.* bez.

**Linköping** ['lintçøpiŋ], schwedische Prov.-Hptst. (von Östergötland), 126 000 E; Univ.; got. Dom; Ind.; ⚒.

**Linksextremismus** ↑Extremismus.

**Linné,** Carl von, latin. Carolus **Linnaeus,** schwed. Naturforscher, *1707, †1778; umfassende Systematik des Pflanzen- u. Tierreichs durch Einführung der binären ↑Nomenklatur (die Abkürzung L. hinter dem wiss. Artnamen besagt: unter diesem Namen zuerst von L. beschrieben); *l.sches System,* das von L. nach Merkmalen der Geschlechtsorgane aufgestellte Pflanzensystem.

**Linole|um,** Belag für Fußböden; aus Jutegewebe, Kork, Leinöl, Harzen u.a. hergestellt.

**Linolsäure,** $C_{17}H_{31}COOH$, ungesättigte, essenzielle Fettsäure; v.a. in Sonnenblumen- u. Sojaöl.

**Linse,** Schmetterlingsblütler mit essb. Hülsenfrüchten.

**Linsen,** lichtdurchläss. Körper mit mind. einer gewölbten Begrenzungsfläche, die durch Brechung des Lichts eine opt. Abbildung vermitteln können. Je nach Art der Wölbung unterscheidet man bei *sphär. L.* zw. *Konvex-* (in der Mitte dicker als am Rand) u. *Konkav-L.* (in der Mitte dünner als am Rand). Ist das L.material opt. dichter als die Umgebung (z.B. Glas-L. in Luft), wirken Konvex-L. als *Sammel-* u. Konkav-L. als *Zerstreuungs-L.* Bei Sammel-L. vereinigen sich parallel zur opt. Achse einfallende Strahlen nach Durchgang durch die L. in einem Pt. der opt. Achse *(Brennpt.);* sein Abstand v. L.mittelpunkt heißt *Brennweite.* Bei Zerstreuungs-L. verlaufen parallel zur opt. Achse einfallende Strahlen nach Durchgang durch die L. so, als ob sie v. einem Pt. der opt. Achse (dem virtuellen Brennpt.) ausgingen.

**Linux** [Abk. aus **Linu**s Torvalds' UNI**X**], frei verfügb. Variante des Betriebssystems UNIX.

**Linz,** Hptst. v. Oberöstr., an der Donau, 203 000 E; Univ., Hochschulen; bed. Kirchen, Schloss; OLG; Schwer-, Masch.-, Elektro-, Textil-, Lebensmittel-, chem. Ind., Schiffbau; Donau-⚓, ⚒.

**Liparische Inseln, Äol. Inseln,** ital. vulkan. Inselgruppe nördl. von Sizilien, 117 km$^2$, Hauptort Lipari.

**Lipasen** [gr.], Enzyme, die Fette in Glycerin und Fettsäure spalten.

**Lipchitz,** Jacques, frz.-amer. Bildhauer litauischer Herkunft, *1891, †1973; vom Kubismus beeinflusst, später organ. Formen.

**Lipezk,** Gebietshptst. in Russland, am Woronesch, 521 600 E; Hütten-, Maschinenind.; Kurort (Mineralquellen, Heilschlamm); ⚒.

**Lipizzaner,** Pferderasse, edle Reitpferde, meist Schimmel; ben. nach dem Stammgestüt Lipizza (heute Lipica) bei Triest.

**Lipoide** [gr.], fettähnl., lebenswicht. Substanzen; kommen in tier. und pflanzl. Zellen vor, z.B. Phosphatide, Sterin.

**Lippe, 1)** r. Nbfl. des Rheins, 226 km. **2)** ehem. dt. Ft., 1529 Reichsgft., 1621 Teilung des Grafenhauses in die Linien *L.-Alverdissen* (seit 1643 ↑Schaumburg-L.), *L.-Brake* (1709 erloschen) u. *L.-Detmold* (1720 Reichsft., 1918 Freistaat).

**Lippenblütler, Labiaten,** Fam. vorw. kraut. Pfl.; infolge hohen Gehaltes an äther. Ölen vielf. Parfümpfl.; Heilpfl.: Minze, Melisse, Rosmarin, Lavendel, Salbei, Thymian; Gewürzpfl.: Majoran, Basilienkraut; Wildkräuter: Taubnessel u.a.; Zierpfl.: Buntnessel u.a.

**Lippi, 1)** Filippino, ital. Maler, *um 1457, †1504, Sohn von 2); Schüler Botticellis; bed. Fresken. **2)** Fra Filippo, *um 1406, †1469; ital. Maler der florentin. Frührenaissance, anmutige Madonnen.

**Lippmann,** Gabriel, frz. Physiker, *1845, †1921; entwickelte die Interferenzfarbfotografie *(L.-Verfahren);* Nobelpreis 1908.

**Lippstadt,** Stadt an der oberen Lippe, NRW, 66 600 E; planmäß. Stadtanlage; vielseit. Ind. – Heilbad im Stadtteil *Bad Waldliesborn.*

**Lipscomb** ['lɪpskəm], William Nunn, amer. Chemiker, *1919; u.a. Beiträge zur Technik der Kristallzüchtung. Nobelpreis 1976.

**Liquidation** [lat.], **1)** Abwicklung der Rechtsgeschäfte eines aufgelösten Unternehmens. **2)** Kostenrechnung freier Berufe.

**Liquidität** [lat.], Zahlungsfähigkeit.

**Liselotte** von der Pfalz ↑Elisabeth (Elisabeth Charlotte).

**Lisieux** [li'zjø], frz. St. südl. v. Le Havre, 29 900 E; Wallfahrtsort.

**LISP,** Abk. für **Lis**t **P**rocessing Language, funktionale Program-

**Lissabon:** *Blick auf die Stadt, in der Bildmitte die Kathedrale*

miersprache, v. a. im Bereich der künstl. Intelligenz eingesetzt.

**Lissabon,** portug. **Lisboa,** Hptst. und größter Hafen Portugals, am *Mar da Palha* (seeart. Erweiterung des Tejo), 556 800 E; Univ., TU, Hoch- u. Fachsch., Akad. d. Wiss., wiss. Inst., Nat.-Bibliothek; Kathedr. (14. Jh., nach 1755 erneuert), Kloster Belém (1499–1571), ehem. Maurenburg (Kastell), zahlr. Prachtbauten; großzügige Stadtanlage; 2 Brücken über den Tejo; vielseit. Ind.; ⚔. – Antiker Handelsplatz; s. 1260 Residenz u. Hptst. Portugals, durch Erdbeben 1755 zu $^2/_3$ zerstört.

**List,** Friedrich, dt. Volkswirtschaftler, * 1789, † 1846; trat für ein einheitl. dt. Zollgebiet u. für den Eisenbahnbau ein.

**Liszt** [list], Franz von (s. 1859), ungar.-dt. Klaviervirtuose und Komponist, * 1811, † 1886; virtuose Klavierkompositionen, sinfon. Dichtungen, Lieder. Seine Tochter Cosima, * 1837, † 1930, ⚭ mit H. v. Bülow, dann mit R. Wagner.

**F. von Liszt**

**Li Taibai, Li T'ai-po,** bed. chin. Lyriker, * 701, † 762; Naturschilderungen, Gedichte gegen soz. Ungerechtigkeit; vom Taoismus beeinflusst.

**Litanei** [gr.], Wechselgebet zw. Vorbeter u. Gemeinde, die mit gleich bleibender Bitte der Anrufung des Vorbeters antwortet.

**Litauen,** Rep. in NO-Europa; Flachland, im W u. O Hügelland; kontinentales Klima mit maritimem Einfluss im W; Bev. vorw. Litauer; Landw., Fischerei, Torf-, Baustoff- u. Bernsteinvorkommen; Holz-, Masch.-, Metall- u. Textilind.; Verarb. landw. Produkte. *Gesch.:* im 14. Jh. Großreich, Ausdehnung nach O (bis Kiew), unter Jagello Verbdg. mit Polen; 1569 erzwang Polen die staatsrechtl. Vereinigung beider Länder; mit d. Teilungen Polens im 18. Jh. an Russland, 1918 selbst. *Rep. Litauen,* 1920 Verlust Wilnas durch poln. Annexion; 1940 der UdSSR angegliedert (Deportation Hunderttausender von Litauern); 1990 einseitige Unabhängigkeitserklärung, Aug. 1991 unabhängig.

**Litauer,** eine balt. Spr. *(Litauisch)* sprechendes, eng mit den Letten verwandtes Volk.

**Liter,** Einheitenzeich. **l**, Volumeneinheit, 1 Liter = 1 dm³ = 1 000 cm³.

**Literatur** [lat.], schöngeist. Schrifttum, Dichtung; i. w. S. Gesamtbestand aller Schriftwerke [eines Volkes].

**Litfaßsäule,** Anschlagsäule; zuerst 1855 in Berlin von dem Drucker E. Litfaß (* 1816, † 1874) nach engl. u. frz. Vorbildern mit behördl. Genehmigung aufgestellt.

**Lithium** [gr.], Symb. **Li,** chem. El., OZ 3, rel. A.-Masse, 6,941, silberweißes Alkalimetall, Dichte 0,534 g/cm³, Fp. 180,5 °C, Sp. 1 342 °C; geht beim Erhitzen mit Sauerstoff in $Li_2O$, mit Wasserstoff in LiH über; als Legierungszusatz, Katalysator u. a. verw., in der Kern- u. Reaktortechnik als Neutronenabsorber, Kühlflüssigkeit, Moderator.

**litho..., Litho...** [gr.], Bestimmungswort; Bed.: „Stein, Gestein".

**Lithographie** [gr.], **Steindruck,** Flachdruckverfahren, 1798 von A. Senefelder erfunden.

**Litschi** [chin.], Seifenbaumgewächs S-Chinas; liefert die saftig süße *Litschipflaume (Lychee).*

**Little Rock** [ˈlɪtl ˈrɔk], Hptst. von Arkansas, USA, 176 000 E; Möbel, chem. u. a. Ind.; Univ.; ⚔.

**Liturgie** [gr.], im christl. Sprachgebrauch Bez. für Form und Inhalt der durch feste (liturg.) Handlungsvollzüge gekennzeichneten gottesdienstl. Feier.

**Liudolfinger, Ludolfinger, Ottonen,** sächs. Herrschergeschlecht; erlangte mit Heinrich I. die Königskrone. Die L. starben 1024 im Mannesstamm aus.

**Litauen**

| | |
|---|---|
| *Fläche:* 65 301 km² | |
| *Einwohner:* 3,7 Mill. | |
| *Hauptstadt:* Vilnius | |
| *Amtssprache:* Litauisch | |
| *Zeitzone:* MEZ | |

**Liven** ↑Finnougrier.

**Liverpool** [ˈlivəpu:l], brit. St. an der Mdg. des Mersey in die Ir. See, 463 000 E; Hptst. der Metropolitan County Merseyside; Univ., wiss. Inst., Museen, bed. Bibliothek, Sternwarte; St. George's Hall, Kathedr. (beg. 1904); wichtiger Importhafen (bes. Baumwolle); vielseit. Ind.; ⚓, ⚔.

**Livia Drusilla,** 2. Gemahlin Ks. Augustus' (s. 38 v. Chr.), * 58

v. Chr., † 29 n. Chr.; sicherte ihrem Sohn Tiberius (aus 1. Ehe) die Nachfolge.

**Livingstone** [lɪvɪŋstən], David, brit. Missionar u. Forschungsreisender, * 1813, † 1873; bereiste S- u. Zentralafrika; nach ihm wurden d. *L.fälle* im Kongounterlauf ben.

**Livius,** Titus, röm. Historiker, * 59 v. Chr., † 17 n. Chr.; schrieb eine röm. Geschichte (von der Gründung Roms bis 9 v. Chr.).

**Livland,** histor. Ldsch. im Baltikum, zw. Ostsee, Peipussee u. lit. Herrschaftsbereich im S, v. finno-ugr. u. balt. Stämmen bewohnt, im 13./14. Jh vom Schwertbrüderorden bzw. Dt. Orden unterworfen u. christianisiert, von einer dt. Oberschicht beherrscht. Im Ringen zw. Polen-Litauen, Moskau u. Schweden um L. zerbrach im 16. Jh. die alte polit. Einheit. Im N entstand Estland, westl. u. südl. der Düna Kurland, der Name L. verblieb der Mitte, dem „überdünischen Livland", das nach dem 1. Weltkrieg zw. den neuen Staaten Lettland und Estland geteilt wurde.

**Livorno,** Prov.-Hptst. in Italien, am Ligur. Meer, 162 300 E; vielseitige Ind.; ⚓, ✈.

**Livree** [frz.], uniformartige Diener- oder Dienstkleidung (heute v. a. im Hotelgewerbe).

**Lizard** [ˈlɪzəd], südl. Halbinsel von Cornwall, mit *L. Point,* dem südlichsten Punkt Englands.

**Lizenz** [lat.], **1)** behördl. Genehmigung (Gewerberecht). **2)** Erteilung der Befugnis durch den Patentinhaber, ein Patent zu nutzen. **3)** Übertragung eines Werknutzungsrechtes durch den Verf. od. Verleger auf einen anderen (Urheber- u. Verlagsrecht). **4)** die einem Berufssportler durch seinen Verband erteilte Erlaubnis zur beruflichen Ausübung seines Sportes.

**Ljubljana,** dt. **Laibach,** Hptst. der Rep. Slowenien, 276 100 E; Altstadt mit Burg; Univ., Museen; vielseit. Ind.; ✈.

**Lloyd George** [lɔɪd ˈdʒɔːdʒ], David, Earl of Dwyfor, brit. lib. Politiker, * 1863, † 1945; 1908–15 Schatzkanzler, 1916–22 Premiermin. Bed. Sozialreformen; Gewährung des Dominionstatus für Irland (außer Nordirland) 1921.

**Lloyd Webber** [lɔɪd ˈwebə], Andrew, Baron of Sydmonton (seit 1997), brit. Komponist, * 1948; v. a. Rockopern („Jesus Christ Superstar") u. Musicals („Evita", „Cats", „Starlight Express", „Das Phantom der Oper" u. a.).

**lm,** Einheitenzeich. für: ↑Lumen.

**Lobby** [engl.], **1)** Wandelhalle im brit. u. amer. Parlament. **2)** Gesamtheit der Lobbyisten.

**Lobbyist,** Interessenvertr., der Abg. für seine Interessen bzw. die seiner Auftraggeber zu gewinnen sucht.

**Lobelie** [nach dem flandr. Botaniker M. de Lobel, † 1616], Gatt. der Glockenblumengewächse, Gift- u. Zierpflanzen, z. B. Blaue Lobelie.

**Locarno,** schweizer. St. u. Kurort im Tessin, am N-Ufer des ↑Lago Maggiore, 14 300 E.

**Locarnopakt, Locarnoverträge,** die 1925 in Locarno abgeschlossenen Verträge zw. Dtl. u. den Westmächten sowie Polen u. der ČSR mit dem Ziel des polit. Ausgleichs zw. Dtl. und seinen Gegnern im 1. Weltkrieg (Verzicht auf gewaltsame Revision der W-Grenze).

**Loccum,** Ortsteil der St. Rehburg-Loccum, Nds.; ehem. Zisterzienserabtei, 1163 gegr., seit 1593 ev. Kloster u. luth. Predigerseminar; seit 1952 angeschlossen die Ev. Akad. Loccum.

**Loch** [lɔx; schott.-gäl.], Bez. für See od. Fjord in Schottland, z. B. Loch Ness.

**Lochkamera, Camera obscura,** kastenförmige Kamera mit feinem Loch anstelle des Objektivs. Auf der transparenten L.rückwand wird ein umgekehrtes, seitenvertauschtes Bild sichtbar.

A. Lloyd Webber

**Lochkarte,** ältester maschinell lesbarer Datenträger, der durch Stanzen v. Löchern in eine Karte entstand.

**Lochner,** Stephan, dt. Maler, * zw. 1405 und 1415, † 1451; Hauptvertr. d. Kölner Schule der Spätgotik; u. a. „Maria in der Rosenlaube".

**Lochstreifen,** Datenträger, in den die Zeichen als Lochkombinationen eingestanzt waren; diente v. a. in den 1960er-J. zur Datenverarbeitung (z. B. bei Fernschreibern).

**Locke** [lɔk], John, engl. Philosoph, * 1632, † 1704; Hauptvertr. des engl. Empirismus; polit. vertrat L. die Ideen der Toleranz und des Liberalismus.

**Lockstoffe,** engl. **Attractants** [əˈtræktənts], natürl. od. synthet. Duftstoffe, die Schädlinge zu Giftfallen u. a. anlocken.

**Lod,** isr. Ind.-St. sö. von Tel Aviv-Jaffa, 45 500 E; internat. ✈ Israels.

**Loden,** imprägniertes Wollgewebe für Wander-, Sport- und Trachtenkleidung.

**Lodi,** Prov.-Hptst. in Italien, sö. v. Mailand, 41 700 E; archäolog. Museum, Pinakothek; Dom (12. Jh.); bed. Nahrungsmittelind.

**Lodz,** poln. **Łódź** [lɔtʃ], 1939–45 *Litzmannstadt,* Hptst. d. Wwschaft Zentralpolen, Polen, 812 300 E; Univ., TH; bed. Textilind.

**Loest,** Erich, dt. Schriftsteller, * 1926; zeitkrit. Romane, häufig über den DDR-Alltag („Es geht seinen Gang").

**Loewe** [ˈløː-], **1)** Frederick, amer. Komponist östr. Herkunft, * 1904, † 1988; Musical „My fair lady". **2)** Carl, dt. Komponist, * 1796, † 1869; Balladen, u. a. „Archibald Douglas", „Erlkönig".

**Löffler,** Unterfam. der ↑Ibisse.

**Lofotinseln,** norweg. **Lofoten** [ˈluːfutən], Inselgruppe vor der NW-Küste Norwegens, rd. 1 350 km².

**Loft,** n̂ aus einer Etage einer Fabrik u. Ä. umgebaute Wohnung.

**log,** Abk. für ↑**Logarithmus.**

**Logan, Mount** [maʊnt ˈləʊgən], höchster Berg Kanadas, 5 959 m.

**Logarithmus** [gr.], Abk. **log,** die reelle Zahl *x,* mit der man eine posit. reelle Zahl $a \neq 1$, die *Basis,* potenzieren muss, um eine posit. reelle Zahl *y,* den *Numerus,* zu erhalten: $x = \log_a y$ bzw. $y = a^x$; z. B. ist $\log_2 16 = 4$, denn $2^4 = 16$. Als Basis wird neben e = 2,71828... *(natürl. L.,* Abk. *ln)* die Zahl 10 verw. *(gewöhnl.* od. *dekad. L.,* Abk. *lg),* in der Informatik auch die Zahl 2 *(Dual-* od. *dyad. L.,* Abk. *ld).*

**Logbuch,** gesetzl. vorgeschriebenes Schiffstagebuch.

**Loge** [ˈloːʒə; frz.], **1)** Pförtnerraum. **2)** kl. abgeteilter Raum im Theater mit mehreren Sitzplätzen. **3)** Vereinigung von Freimaurern u. ihr Versammlungsort.

**Loggia** [ˈlodʒa; ital.], **1)** zu einer oder mehreren Seiten offene, meist gewölbte Bogenhalle auf Säulen oder Pfeilern. **2)** nach außen offener Raum am Haus.

**Logik** [gr.], Lehre vom folgericht. [gesetzmäß.] Denken, vom [richt.] Schließen aufgrund gegebener

Aussagen; die v. Aristoteles begr. *formale L.* basierte auf dem Syllogismus.

**Logikschaltungen,** digitale Schaltung, die die digitalen Ein- u. Ausgangssignale nach den Regeln der boolschen Algebra verarbeitet.

**Log-in** [engl.], Anmeldung in einem Computersystem (einer Mailbox u.Ä.).

**Logis** [loːˈʒiː; frz.], **1)** zeitweilige Wohnung. **2)** Mannschaftsraum auf Schiffen.

**Logistik** [gr.], **1)** Bez. für inner- u. zwischenbetriebl. Transport-, Lager- u. Umschlagvorgänge. **2)** mil. Nachschubwesen.

**Logo, Firmenzeichen,** graf. Symbol eines Unternehmens, meist verbunden mit einer bes. Firmenfarbe u. Schrifttype, trägt zur Identifikation bei.

**Logos** [gr.], **1)** vernünft. Rede; sinnvolles Wort; Begriff. **2)** menschl. Vernunft; Weltvernunft. **3)** im N.T. [Prolog des Johannesevangeliums] das präexistente Wort Gottes, in Jesus Christus „Fleisch" (Mensch) geworden (2. Person der ↑Trinität).

**Lohengrin,** Held der Gralssage in der frz. u. dt. Lit. des MA; Oper von R. Wagner (1850).

**Lohenstein,** Daniel Casper von, eigtl. Daniel Casper, dt. Dichter, *1635, †1683; barocke Trauerspiele.

**Lohn,** Entgelt für Arbeitsleistungen; Formen: *Zeit-L.,* richtet sich nach aufgewendeter Arbeitszeit je Leistung; *Leistungs-L. (Akkord-L.),* abhängig von der Größe der Leistung in einer Zeiteinheit; *Prämien-L.,* ergänzt Zeit- u. Leistungs-L. durch eine Prämie für bes. Leistungen; *Garantie-L.* (vereinbarter Mindest-L.); *Nominal-L.* (im zahlenmäßigen Geldbetrag ausgedrückter L.); *Real-L.* (durch seine Kaufkraft bestimmter L.).

**Lohnfortzahlung, Entgeltfortzahlung,** Weiterzahlung des Lohns bei Krankheit bis zu 6 Wochen durch den Arbeitgeber für Angestellte u. Arbeiter.

**Lohnkosten, Arbeitskosten,** Aufwendungen der Unternehmen für den Einsatz menschl. Arbeitskraft, bestehend aus Bruttolöhnen u. -gehältern *(Entgelt für geleistete Arbeit, direkte L.)* u. gesetzl., tarifl. od. arbeitsvertragl. festgelegten *Lohnnebenkosten* (z.B. Sozialversicherungsbeiträge, Lohnfortzahlung bei Krankheit, Entlohnung für Urlaub u. Feiertage, vermögenswirksame Leistungen, betriebl. Altersversorgung, Urlaubs- u. Weihnachtsgeld, Verpflegungs-, Fahrtkostenzuschüsse).

**Lohnnebenkosten** ↑Lohnkosten.

**Lohnpfändung, Gehalts|pfändung,** in der Zwangsvollstreckung begrenzt mögl. Pfändung noch nicht ausgezahlter Lohn- u. Gehaltsforderungen. Unpfändbar ist neben best. Sonderzulagen grundsätzl. ein Nettoeinkommen bis 930€ monatlich.

**Lohn-Preis-Spirale,** Bez. für das Wechselspiel zw. Preisen u. Löhnen, in dem gestiegene Löhne Preiserhöhungen rechtfertigen u. umgekehrt.

**Lohnquote,** Anteil der Arbeitnehmerentgelte (Löhne u. Gehälter) am Volkseinkommen.

**Lohnsteuer,** bes. Erhebungsform der ↑Einkommensteuer auf Einkünfte aus nichtselbst. Arbeit, v. Arbeitgeber einbehalten u. abgeführt; *L.karte,* v. Gem. ausgestellte Urkunde mit Angaben zu *L.klassen,* Personenstand u.a.

**Loipe** [norweg.], vorgespurte Langlaufspur im Skisport.

**Loire** [lwaːr], größter Fl. Frkr., 1012 km, vom sö. Zentralmassiv zum Atlantik.

**Lokaltermin** [lat.], gerichtl. Termin am Tat- oder Unfallort.

**Loki,** german. Gott; tötet Baldr u. leitet damit den Untergang der Götter ein.

**Lokomotive,** fahrbare Kraftmaschine schienengebundener Bahnen; bei *Dampf-L.* wird die Kraft einer Dampfmasch. über Treib- und Kuppelstangen auf die Triebräder übertr., *elektr. L.* beziehen ihre Energie über die Fahrleitung, deren hohe Spannung (z.B. 15000 V Wechselspannung einer Frequenz von $16^2/_3$ Hz) im ölgekühlten Transformator auf die Spannung der Fahrmotoren u. elektr. Einrichtungen reduziert wird. Die Dt. Bundesbahn setzte als erste Bahn d. Welt eine elektr. *Universal-L.* mit Drehstromantriebstechnik ein (Baureihe 120 für Schnell- u. Güterzüge). Heute benutzt sie für Schnellzüge, Regionalzüge u. Güterzüge L. versch. Baureihen. *Diesel-L.n* werden von Dieselmotoren angetrieben, dieselmechan. über ein Zahnstufengetriebe, dieselelektr. über Generator u. elektr. Motoren od. dieselhydraul. über ein hydrodynam. Getriebe.

**Lokris,** 2 antike Landschaften in Mittelgriechenland, bewohnt v. den *Lokrern,* am euböischen und korinth. Golf.

**Lolland** [lɔlan], viertgrößte dän. Ostseeinsel, 1243 km², Hauptort Maribo; Zuckerrübenanbau.

**Lollobrigida** [lolloˈbriːdʒida], Gina, ital. Filmschauspielerin, *1927 (?).

**Lombardei,** ital. **Lombardia,** Ldsch. u. Region in N-Italien, 23861 km², 9,03 Mill. E; Hptst. Mailand.

**Lombardgeschäft,** Gewährung eines kurzfrist. Bankkredits gegen Verpfändung v. Waren od. Wertpapieren *(Lombardkredit);* die Verzinsung durch die Dt. B.-Bank erfolgte bis Ende 1998 zum *Lombardsatz,* dem innerhalb der EZB der Zinssatz für die ↑Spitzenrefinanzierungsfazilität entspricht.

**Lomé,** Hptst. d. Rep. Togo, ⚓ am Golf v. Guinea, 500000 E; Univ.; Kultur- u. Handelszentrum; Erdölraffinerie; ⚓, ✈.

**Lomé-Abkommen,** Abkommen über entwicklungspolit. Zusammenarbeit zw. den EU- und den AKP-Staaten.

**Lomond, Loch** [lɔx ˈləʊmənd], größter See im schott. Hochland, 37 km lang.

**Lomonossow,** Michail Wassiljewitsch, russ. Universalgelehrter u. Dichter, *1711, †1765; bed. Grammatik, naturwiss. Forschungen und Entdeckungen, u.a. Begr. der physikal. Chemie.

**London** [ˈlʌndən], Jack, eigtl. John Griffith **L.,** amer. Schriftsteller, *1876, †1916; Abenteuer- u. Tiergeschichten; „Wolfsblut".

**London** [ˈlʌndən], Hptst. v. Großbrit. u. Nordirland, im *L.er Becken* beiderseits der Themse, 6,74 Mill. E (Greater L.: die City of L. u. 32 Boroughs, 1580 km²); kgl. Residenz, Reg.-Sitz; Univ. u. Hochschulen; rd. 1600 Kirchen u. Kapellen: Westminster Abbey (1245–69 u. 15. Jh.), St. Paul's Cathedral (1675–1711); Tower (ab 11. Jh.), Parlamentsgebäude; kgl. Paläste: u.a. St. James', Buckingham Palace (kgl. Residenz); British Museum, National Gallery, Tate Gallery, Victoria and Albert Museum u.a. bed. Museen; Barbican-Kulturzentrum; gr. Parks: u.a. Hyde Park, Kensington Gardens, Regent's Park, Kew Gardens (botan. Garten). Den Stadtkern bildet die *City of L.,* das Finanz- und Handelszentrum Großbrit. und des Commonwealth. Bed. Welthafen; Handel mit allen Gütern; vielseit. Ind.; ✈. – Das röm. Militärlager *Londinium* (61 n.Chr.) wurde bald zur bed. Handelsstadt. – Abb. S. 410.

**Long Island** [-ˈaɪlənd], flache Insel vor der Ostküste der USA, 3629 km², zum Staat New York; auf dem W-Teil die New Yorker Stadtteile Brooklyn u. Queens. Durch Brücken u. Tunnel mit Manhattan u. dem Festland verbunden; zw. L. I. und der S-Küste des

**London:** *Tower Bridge (1886–94)*

Staates Connecticut der *L. I. Sound.*

**Longitudinalwelle** [lat.], **Längswelle,** Welle, bei der Schwingungs- u. Ausbreitungsrichtung zusammenfallen; Ggs.: Transversalwelle.

**Löns,** Hermann, dt. Schriftsteller, *1866, ⚔1914; liedhafte Lyrik, Romane, Tiergeschichten u. a.

**Looping** [ˈluːpɪŋ; engl.], Kunstflugfigur; Überschlag nach oben oder unten.

**Loos,** Adolf, östr. Architekt, *1870, †1933; Bahnbrecher des mod. Bauens; kub. Grundformen.

**Lop Nor,** ehem. Salzsee im östl. Tarimbecken, China, rd. 2500 km², 780 m ü. d. M., s. einigen Jahren ausgetrocknet; nahebei das chin. Kernwaffenversuchsgelände.

**Loran,** Abk. für **Lo**ng **Ra**nge **N**avigation, Funkmessverfahren der Luft- u. Seefahrt zur Standortbestimmung (Hyperbelnavigationsverfahren).

**Lorbeergewächse,** [sub]trop. Holzgewächse; u. a. Kampfer, Zimt u. *Lorbeerbaum* (Charakterbaum des Mittelmeergebietes, Gewürz-, Heil-, Zierpflanze).

**Lorca,** Federico Garcia, ↑Garcia Lorca, Federico.

**Lorch,** St. im Remstal, Ba.-Wü., am Fuß des Hohenstaufen, 11 000 E.; ehem. Benediktinerabtei nö. der St. (gegr. 1102); die roman. Abteikirche war zeitweilig stauf. Grablege.

**Lord** [lɔːd; engl.], hoher engl. Adelstitel u. Titel hoher Reg.-Beamter.

**Lord Mayor** [lɔːd ˈmeɪdʒə], Titel der Oberbürgermeister in London u. 12 anderen Städten.

**Lordose** [gr.], ↑Rückgratverkrümmung.

**Loreley,** Rheinnixe auf der L.; von C. Brentano erfundene Sagengestalt; zahlr. literar. Bearb. (Heine, Eichendorff u. a.).

**Loreley,** 132 m hoher (200 m ü. d. M.), untertunnelter Felsen am r. Rheinufer bei St. Goarshausen; enge u. tiefste Stelle des Rheinbettes (27 m), Strudel.

**Loren,** Sophia, eigtl. Sofia **Scicolone** [ʃikoˈloːne], ital. Filmschauspielerin, *1934.

**Lorentz,** Hendrik Antoon, niederl. Physiker, *1853, †1928; Arbeiten zur Optik, Elektronen- u. Relativitätstheorie; 1902 Nobelpreis.

**Lorenz,** Konrad, östr. Tierpsychologe, *1903, †1989; Mitbegr. der vergleichenden Verhaltensforschung; 1973 Nobelpreis.

**Loriot** [loriˈoː], eigtl. Bernhard Victor (Vicco) von **Bülow** [-loː], dt. Cartoonist, Schriftsteller, Film- u. Fernsehautor, *1923.

**S. Loren**

**Loris** [karib.], Halbaffenfam. Afrikas und S-Asiens; langsame Greifkletterer, z. B. Schlanklori.

**Loris** [niederl.], Unterfam. mittelgr., farbenprächt. Papageien; indoaustral. Region.

**Lörrach,** Krst. an der schweizer. Grenze, Ba.-Wü., 44 500 E; Textil-, Eisen-, Genussmittelindustrie.

**Lorraine** [lɔˈrɛn; frz.], ↑Lothringen.

**Lorsch,** hess. St. sw. v. Bensheim, 11 600 E; ehem. Benediktinerabtei (763 gegr.); karoling. Torhalle, Reste einer Basilika.

**Lortzing,** Albert, dt. Opernkomponist, *1801, †1851; u. a. „Zar und Zimmermann", „Der Wildschütz", „Undine".

**Los Alamos** [lɔs ˈæləməʊs], Ort nw. v. Santa Fe, USA, 11 000 E; Kernforschungszentrum.

**Los Angeles** [lɔs ˈendʒələs], größte St. Kaliforniens, USA, 3,49 Mill. E; Univ., Museen; Erdöl-, Asphaltgewinnung und -verarb., Auto-, Flugzeug-, Masch.-, Eisen-, Glas-, Film-, chem. und Nahrungsmittelind.; ✈. – 1781 gegr. als span. Niederlassung.

**Loschmidt,** Joseph, östr. Physiker, *1821, †1895; Arbeiten zur kinet. Gastheorie; bestimmte die *L.-Konstante (L.-Zahl),* die Anzahl der Moleküle eines idealen Gases je $cm^3$ bei Normbedingungen: $N_L \approx 2{,}687 \cdot 10^{19}\ cm^{-3}$. Mit der L.-Zahl bez. man fr. die heutige Avogadro-Konstante.

**Löss,** aus Trocken- od. Kältewüsten ausgewehtes, äol. Sediment; gelbbraun, mehlfein, kalkhalt.; sehr fruchtbar.

**Lost, Senfgas,** $S(CH_2{-}CH_2Cl)_2$, chem. Kampfstoff (Gelbkreuz; gefährl. Hautgift).

**Losung, 1) Parole,** mil. Bez. für: Erkennungswort. **2)** tägl. Bibelspruch.

**Lösung,** feinste molekulare Verteilung versch. Stoffe ineinander (↑Kolloid); vorw. Verteilung fester Stoffe in Flüssigkeiten (z. B. Zucker in Wasser); bei wässr. L. findet häuf. teilw. Zerfall der Moleküle in ↑Ionen statt (z. B. NaCl in $Na^+$ u. $Cl^-$ durch ↑Dissoziation); *gesättigte L.en* enthalten die bei der vorgegebenen Temperatur größtmögl. Menge an gelöstem Stoff, erkennbar daran, dass ein Überschuss des betr. Stoffes ungelöst bleibt (Bodenkörper).

**Lot,** im A. T. Neffe Abrahams; bei der Zerstörung von Sodom verschont; seine Frau erstarrt zur Salzsäule, als sie auf die brennende Stadt zurückschaut.

**Lot, 1) Senkblei,** Metallgew. an einem Faden, der die Senkrechte anzeigt. **2)** Gerät zum Messen der Wassertiefe vom Schiff aus. **3)** Geometrie: in einem Pt. einer Kurve od. Fläche senkr. stehende Gerade. **4)** Metall zum ↑Löten (z. B. Silber-L.). **5)** fr. Handelsgewicht (1/32, später 1/30 Pfund). **6)** fr. Feingehaltsangabe für Silber.

**Löten,** Verbinden von Metallteilen durch ein geschmolzenes Lot: *Weich-L.* (Blei u. Zinn, Fp. unter 450 °C); *Hart-L.* (Kupfer, Messing, Silber, Fp. oberhalb 450 °C). Die Lötstelle wird metallisch rein geschabt od. gebeizt, mit einem Flussmittel (Lötwasser, Kolophonium, Borax) bestrichen u. mittels Lötkolben, Lötlampe, Schweißbrenner so weit erwärmt, bis das Lot in die Lötfuge einfließt.

**Lothar,** *Röm. Kaiser:* **1) L. I.,** *795, †855, alleiniger Ks. seit 840; erhielt bei der Teilung des Fränk. Reiches (Vertr. von Verdun 843) das Mittelreich. – *Hl. Röm. Reich:* **2) L. III. von Supplinburg,** *1075 (?), †1137, Hzg. v. Sachsen s. 1106, Kg. s. 1125, Ks. s. 1133, Konflikt mit den Staufern, Beginn der Ostsiedlung.

**Lothringen,** frz. **Lorrain** [lɔ'rɛn], frz. Gebiet zw. Vogesen, Champagne u. Ardennen; reiche Eisenerzlager (Longwy, Diedenhofen, Briey), Kohle- u. Salzvorkommen (Nancy); bed. Ind.reviere um Nancy u. im N. – L. entstand bei der Teilung des Reiches ↑Lothars I. u. umfasste damals d. Gebiet v. d. Nordsee bis zu den Maas- u. Moselquellen; 925 zum Ostfränk. Reich; 959 Teilung in Nieder- u. Ober-L.; Nieder-L. zerfiel in zahlr. Herrschaften, d. Name L. blieb bei dem Hzgt. Ober-L., das 1735 an Stanislaus I. Leszczyński, 1766 an Frkr. fiel, 1871–1918 teilw. dt. (Elsass-L.); jetzt Region, 23 547 km², 2,32 Mill. E, Hptst. Nancy.

**Loti,** Pierre, frz. Schriftsteller, *1850, †1923; Romane („Islandfischer"), Reiseberichte.

**Lotosblume** [gr.; dt.], Gatt. der Seerosengewächse, bes. in SO-Asien und M-Amerika; Wasserpfl., prächt. Zierpflanzen; z. B. Ind. L. mit rosafarb. oder weißen Blüten.

**Lotse** [niederl.], Seemann mit Patent, der die Führung v. Schiffen in schwier. Fahrwasser, bes. in Hafeneinfahrten, übernimmt; für best. Gewässer *Lotsenzwang.*

**Lotterie** [niederl.], Glücksspiel, mit Einsätzen (meist Geld) nach einem vom Veranstalter aufgestellten Spielplan, wobei die Gewinner durch ein völlig oder überwiegend auf den Zufall abgestelltes Verfahren ermittelt werden.

**Lotto,** Lorenzo, ital. Maler, *um 1480, †1556; Fresken u. Altartafeln in kühlen Farben, bed. Porträts.

**Lotto** [ital.], Kurzbez. f. d. dt. Zahlenlotterie (↑Lotterie).

**Louis** [lwi], *Frkr.:* **1) L. Philippe,** *1773, †1850, Hzg. v. Chartres, Kg. (1830–48), gen. der Bürgerkönig, zunächst lib., dann zunehmend antidemokrat.; gestürzt. – *Preußen:* **2) L. Ferdinand,** eigtl. Friedrich Ludwig Christian, Prinz von Preußen, preuß. Heerführer, *1772, ⚔1806. **3) L. Ferdinand,** Prinz von Preußen, führte das Haus Hohenzollern, *1907, †1994.

**Louisdor** [lui'dɔ:r], fr. frz. Goldmünze; geprägt s. 1640, im 19. Jh. Bez. des 20-Francs-Stückes.

**Los Angeles:** *Blick auf das Stadtzentrum mit der innerstädtischen Autobahn*

**Louisiana** [lʊɪzɪ'ænə], Abk. **La.,** Staat im S der USA, am Mississippidelta, 123 667 km², 4,22 Mill. E; Hptst. Baton Rouge; Anbau v. Zuckerrohr, Mais, Baumwolle, Tabak; Schwefel, Erdöl und -gas, Steinsalz; Erdölraffinerien, chem., Holz-, Nahrungsmittel- und Papierind. – Altes frz. Kolonialland; 1812 in die Union aufgenommen.

**Louis-quatorze** [lwika'tɔrz], Stil zur Zeit Ludwigs XIV., d. h. der frz. Klassik (frz. Barock).

**Louis-quinze** [lwi'kɛ̃:z], Stilbez. für das frz. Rokoko zur Zeit Ludwigs XV.

**Louis-seize** [lwi'sɛ:z], Zeit Ludwigs XVI., Stil des Frühklassizismus.

**Louisville** [lu:ɪsvɪl], St. in Kentucky, USA, am Ohio, 269 000 E; Univ.; Tabak-, Nahrungsmittel-, Masch.-Ind.; Fluss-⚓, ✈.

**Lourdes** [lurd], frz. St. im Dép. Hautes-Pyrénées, 17 400 E; ✈; bek. Marienwallfahrtsort (1858 Marienerscheinungen).

**Louvois** [lu'vwa], François Michel Le Tellier, Marquis de, frz. Kriegsmin. seit 1668, *1641, †1691; befahl die Verwüstung der Pfalz (1689).

**Louvre** [luvr], urspr. Schloss der frz. Könige; Neu- u. Umbauten 16.–19. Jh. und erneut 20. Jh.; s. 1793 öff. Museum, eine der größten Kunstsammlungen.

**Löw, der Hohe Rabbi L.,** eigtl. **Jehuda ben Bezalel,** jüd. Theologe u. Kabbalist, *vor 1525, †1609; Rabbiner in Prag; schuf nach der Sage einen ↑Golem.

**Löwe,** lat. **Leo,** zum ↑Tierkreis gehörendes Sternbild des nördl. Himmels.

**Löwe,** in Rudeln lebende Großkatze der Steppen u. Savannen Afrikas u. in Reservaten Indiens; Höhe bis 1 m; ♂ mit Mähne.

**Löwen,** niederl. **Leuven** ['lø:və], frz. **Louvain** [lu'vɛ̃], belg. St. östl. von Brüssel, 87 000 E; Univ.; histor. Bauten; Nahrungsmittel-, Metallindustrie.

**Löwenmaul,** Gatt. der Rachenblütler; Kräuter od. Halbsträucher; N-Amerika, Mittelmeergebiet; Zierpflanzen.

**Löwenthal,** Richard, dt. Politikwissenschaftler, *1908, †1991; sozialdemokrat. orientierte Werke über die Zukunft westl. Demokratien.

**Lübeck:** *Holstentor (1466–78) und Petrikirche (14.–16. Jh.; rechts)*

**Löwenzahn,** gelb blühender Korbblütler; Rosettenpflanze; im Frühjahr auf Wiesen u. Feldern.

**Lowitz,** Siegfried, dt. Bühnen- u. Filmschauspieler, *1914, †1999; Fernsehserie „Der Alte".

**loyal** [loa'ja:l; frz.], regierungstreu; redlich.

**LSD,** Abk. für: **L**yserg**s**äure**d**iäthylamid, eine aus Lysergsäure (charakterist. Bestandteil der Mutterkornalkaloide) hergest. chem. Verbdg.; bewirkt schon in geringen Dosen u.a. Halluzinationen.

**Ltd., Ltd, Ld., Ld,** Abk. für: ↑**limited.**

**Lu,** Symb. für ↑Lutetium.

**Luanda,** Hptst. v. Angola, 2,25 Mill. E; Univ.; Ind.- u. Handelszentrum; ⚓, ✈.

**Luang Prabang,** St. am Mekong in N-Laos, ehem. Königsresidenz, 44 000 E; Landw.-Zentrum; ✈.

**Lübbecke,** Stadt am N-Rand des Wiehengeb., NRW, 25 300 E; Kanal-⚓; Textil- u.a. Industrie.

**Lübben (Spreewald),** Krst. in der Niederlausitz, Bbg., 15 200 E; Textil-, Metallwaren-, Kartonagenind., Gurkenverarbeitung.

**Lübeck,** krsfr. Hafenst. an der unteren Trave, nahe der *L.er Bucht,* Schl.-Ho., 217 000 E; trotz starker Zerstörungen im 2. Weltkrieg altertüml. Stadtbild z.T. erhalten; bed. Kirchen, Holstentor, Rathaus (13.–16. Jh.) u.a.; Theater; LG; IHK; Medizin., Musik- u. Fachhochschule; Metall-, Holz-, Lebensmittel- *(L.er Marzipan),* Baustoff-, chem., Werftind., Baumwollspinnerei; im Vorort Travemünde Seebad mit Fährhafen. – 1143 gegr., Entw. des *lüb. [Stadt]rechts,* vorbildl. für zahlr. Städte im Ostseeraum; 1226 R.-Stadt; bed. Handelsplatz, führend in der Hanse; 1815 als Freie u. Hansestadt Mitgl. des Dt., 1867 des Norddt. Bundes, 1871 B.-Staat des Dt. Reiches, 1937 der preuß. Prov. Schl.-Ho. angegliedert.

**lübisches Recht** ↑Lübeck.

**Lubitsch,** Ernst, dt.-amer. Filmregisseur, *1892, †1947; „Ninotschka", „Sein oder Nichtsein".

**Lübke,** Heinrich, *1894, †1972, dt. Politiker (CDU); 1959–69 Bundespräsident.

**Lublin,** Hptst. d. Wwschaft L., Polen, zw. Weichsel und Bug, im *L.er Hügelland,* 356 000 E; Univ., Hochschulen, Erzb.-Sitz, Theater, ma. Schloss, Kathedr. (16. Jh.); vielseitige Ind. – 1317 Stadtrecht.

**Lucas** ['lu:kəs], George, amer. Filmregisseur, *1944; „Krieg der Sterne".

**Lucca,** Prov.-Hptst. in Italien, nö. v. Pisa, 85 600 E; Reste eines röm. Amphitheaters; roman. Kathedr.; Tabak- u. Papierind.; Fremdenverkehr; nahebei *Bagni di L.* mit Schwefelquellen.

**Luchse,** Gruppe von 3 Gatt. (Lynx, Caracal, Otocolobus) hochbein. Katzen; kl. Kopf, Pinselohren, Backenbart, meist mit Stummelschwanz.

**Luckner,** Felix Graf v., dt. Seeoffizier, *1881, †1966; durchbrach im 1. Weltkrieg mit d. Hilfskreuzer „Seeadler" die brit. Blockade; Abenteuerberichte.

**Lucknow** ['lʌknəʊ], Hptst. des ind. B.-Staates Uttar Pradesh, 1,6 Mill. E; Univ.; versch. Ind.; ✈.

**Lucretia,** altröm. Sagengestalt, gibt sich, entehrt durch den Königssohn Sextus Tarquinius, selbst den Tod; angebl. Anlass zum Sturz des Königtums.

**Lucullus, Lukullus,** Lucius Licinius, röm. Feldherr u. Konsul, *um 117, †um 57 v.Chr.; sein Reichtum erlaubte L. eine luxuriöse Lebensführung.

**Ludendorff,** Erich, dt. General u. Politiker, *1865, †1937; 1916 als 1. Gen.-Quartiermeister mit Hindenburg mil. Gesamtleitung des Krieges, erzwang 1917 den uneingeschränkten U-Boot-Krieg, maßgebl. am Sturz Bethmann Hollwegs beteiligt; 1918 entlassen.

**Lüdenscheid,** Krst. im Sauerland, NRW, 81 800 E; vielseit. Ind.

**Lüderitz,** Franz Adolf, dt. Großkaufmann, *1834, †1886; kaufte 1883 in SW-Afrika den Hafen Angra Pequeña (1886 *L.-Bucht,* 1920 L. gen.) einschl. Hinterland, Kern des späteren Dt.-Südwestafrika.

**Ludolfinger** ↑Liudolfinger.

**ludolfsche Zahl** [nach dem niederl. Mathematiker Ludolph van Ceulen, *1540, †1610], Zeichen $\pi$, die transzendente *Kreiszahl* $\pi = 3{,}141\,592\,653\ldots$, die das Verhältnis v. Kreisumfang zu Kreisdurchmesser angibt.

**Ludovico il Moro** ↑Sforza, Ludovico.

**Ludwig,** *Röm. Kaiser:* **1) L. I.,** der Fromme, *778, †840, s. 813 Mitkaiser seines Vaters, Karls d. Gr., 814 Ks.; beginnender Zerfall des Karolingerreiches. – *Hl. Röm. Reich:* **2) L. IV.,** der Bayer, *um 1283, †1347, Hzg. v. Oberbayern s. 1294, Kg. seit 1314; ließ sich 1328 in Rom vom Volk zum Ks. krönen; Kampf mit dem Papsttum. – *Baden:* **3) L. Wilhelm I.,** *1655, †1707, Markgf. seit 1677, Reichsfeldmarschall; kämpfte siegreich gg. die Türken („Türkenlouis") u. Frkr. – *Bayern:* **4) L. I.,** *1786, †1868, Kg. 1825–48, Förderer der Künste u. Wiss., musste 1848 abdanken (↑Montez, Lola). **5) L. II.,** *1845, †1886, Kg. s. 1864;

**Ludwig II.** *von Bayern*

romant.-schwärmer. veranlagt, Mäzen Richard Wagners, Prachtschlösser Herrenchiemsee, Neuschwanstein, Linderhof; ertrank im Starnberger See. – *Frkr.:* **6) L. VII.**, der Junge, * 1120, † 1180, Kg. s. 1137; unternahm mit Ks. Konrad III. den 2. Kreuzzug. **7) L. IX.**, der Heilige, * 1214, † 1270, Kg. s. 1226; Stärkung der Monarchie, Ausbau der Zentralverw.; starb auf dem 7. Kreuzzug. **8) L. XI.**, der Grausame, * 1423, † 1483, Kg. s. 1461; legte die Grundlagen für die unbeschränkte Monarchie in Frkr. **9) L. XIII.**, * 1601, † 1643, Kg. s. 1610; berief 1624 Richelieu zum leitenden Min. u. stützte dessen Machtpol. **10) L. XIV.**, gen. **Sonnenkönig**, Sohn von 9), * 1638, † 1715, Kg. s. 1643; vereinigte die Staatsgewalt in seiner Hand (Absolutismus); expansive Außenpol., Höhept. der frz. Machtentfaltung, Beginn der wirtsch., finanziellen u. mil. Zerrüttung, die zur Revolution führte. **11) L. XV.**, * 1710, † 1774, Kg. s. 1715; weitgehend abhängig v. seinen Beratern u. Mätressen. **12) L. XVI.**, * 1754, † 1793, Kg. 1774–92; seine Reformversuche scheiterten; 1793 enthauptet. **13) L. Philipp** ↑Louis Philippe. – *Holland:* **14) L.** (Louis) ↑Bonaparte. – *Ostfränk. Reich:* **15) L. (II.)**, der Deutsche, * um 805, † 876, s. 817 Kg. in Bayern; erhielt im Vertrag v. Verdun 843 das Ostfränk. Reich. – *Preußen:* **16) Friedrich L. Christian** ↑Louis Ferdinand, Prinz v. Preußen. – *Ungarn:* **17) L. I.**, der Gr., * 1326, † 1382, Kg. s. 1342, s. 1370 auch Kg. v. Polen; Höhept. der ungar. Machtstellung.

**Ludwigsburg,** Krst. nördl. von Stuttgart, Ba.-Wü., 86 000 E; planmäß. angelegte Residenzstadt mit gr. Barockschloss (1704 ff.); im Park *Schloss Favorite* (1718 ff.); PH; IHK; vielseit. Industrie.

**Ludwigshafen am Rhein,** krsfr. St. u. Krst. in RP, gegenüber von Mannheim, 167 400 E; IHK; bed. Zentrum der chem. (BASF u. a.) sowie Metall-, Bau-, Nahrungsmittelind., Verkehrsknotenpunkt; gr. ⚓. – 1859 Stadt.

**Lueger,** Karl, östr. Politiker, * 1844, † 1910; s. 1897 Bürgermeister von Wien; Führer der Christl.-Soz. Partei; mit seinem antisemit. Programm einer d. fr. Anreger Hitlers.

**Lues** [lat.], svw. ↑Syphilis.

**Luffa** [arab.], trop. Kürbisgewächs; Gefäßbündelgeflecht der Frucht dient als Schwammersatz.

**Luft,** das die Erde umgebende Gasgemisch (↑Atmosphäre); für die Existenz der meisten Lebewesen wegen des Sauerstoffgehaltes, des Druckes u. des Strahlenschutzes lebensnotwendig.

**Luftbrücke,** organisierte Versorgung durch die Luft; Bez. erstmals verw. bei der Berliner Blockade 1948/49.

**Luftdruck,** der v. der Atmosphäre infolge der Schwerkraft auf eine Fläche ausgeübte, v. der Höhe abhäng. ↑Druck, angegeben meist in Hektopascal (hPa); beträgt im Mittel bei 15 °C auf Meereshöhe 1 013,25 hPa; gemessen mit ↑Barometern.

**Ludwig XIV.** *(Gemälde von Hyacinthe Rigaud, 1701)*

**Luftelektrizität,** Bez. für sämtl. elektr. Prozesse in der Erdatmosphäre; sie verursachen ein *luftelektr. Feld,* dessen Potenzialgefälle in Bodennähe im Mittel 100 Volt/m (Luft +, Erde –) beträgt; Abnahme mit zunehmender Höhe.

**Luftfahrt,** Benutzung des Luftraumes durch den Menschen mithilfe v. Luftfahrzeugen. – *Gesch.:* Um 1500 erstmals wiss. Überlegungen u. Skizzen zu Hubschrauber u. Fallschirm durch Leonardo da Vinci; 1783 erster bemannter Warmluftballon *(Montgolfiere)* der Brüder ↑Montgolfier, 1890–96 Gleitflüge O. Lilienthals, 1900 Erstflug eines Zeppelin-Luftschiffs, seit 1903 Motorflüge der Brüder Wright, 1919 u. 1928 erste Atlantiküberquerungen durch J. W. Alcock u. A. Whitten-Brown (W–O) sowie durch H. Köhl, E. G. von Hünefeld, J. Fitzmaurice (O–W), 1939 erstes Strahl- u. Raketenflugzeug von E. Heinkel, 1949 Erreichen der Schallgeschwindigkeit durch C. Yeager, 1952 Beginn des Luftverkehrs mit Strahlflugzeugen, 1970 Einführung der Großraumflugzeuge, 1976 Eröffnung des Überschall-Luftverkehrs, 1997 Jungfernflug des Zeppelin-Luftschiffs LZ N 07, 1999 erste Erdumrundung in einem Heliumballon durch B. Piccard u. B. Jones. – ↑Flugzeug.

**Luftfeuchtigkeit,** Wasserdampfgehalt der Luft; Messung als Dampfdruck (in Hektopascal), *absolute L.* (g Wasserdampf/m$^3$), *spezif. L.* (g Wasserdampf/kg feuchter Luft) u. als *relat. L.* (Verhältnis v. tatsächl. zu maximal mögl. Feuchtigkeit in %).

**Lufthansa** ↑Deutsche Lufthansa.

**Lufthoheit,** Hoheitsrechte des Staates im ges. Luftraum über seinem Staatsgebiet; internat. Abkommen Paris 1919, Chicago 1944.

**Luftkissenfahrzeug, Bodeneffektgerät,** räderloses, von einem „Kissen" aus komprimierter Luft getragenes Fahrzeug, v. a. zur Überquerung v. Wasserflächen u. unwegsamem Gelände; das Luftpolster wird durch einen aus Düsen nach unten austretenden Luftstrom gebildet; Vortrieb durch Luftschrauben.

**Luftpiraterie,** die widerrechtl. Inbesitznahme von Luftfahrzeugen *(Flugzeugentführung)* während des Flugs oder im Betrieb am Boden mittels Nötigung; Strafe nicht unter 5 Jahren.

**Luftpumpe, 1)** Vorrichtung zum Verdichten v. Gasen, z. B. zum Aufpumpen v. Fahrzeugreifen (ein Kompressor). **2)** eine ↑Vakuumpumpe.

**Luftröhre, Trachea,** mit Flimmerepithel ausgekleidete Röhre zw. Kehlkopf u. Bronchien (beim Menschen etwa 12 cm) zur Weiterleitung der Atemluft.

**Luftschiff,** lenkbares Luftfahrzeug, das durch den aerostat. Auftrieb einer Traggasfüllung (Wasserstoff od. Helium) getragen wird; Vortrieb durch [Otto]motoren mit Propeller; als *unstarres* od. *Prall-L.* (pralle Form durch Luftdruckkammern), *halbstarres* od. *Kiel-L.* (mit starrem Kielträger), *Starr-* (mit stoffbespanntem Leichtmetallgerüst, z. B. Zeppelin).

**Luftschraube, Propeller,** System von 2–5 radial an einer Nabe angeordneten, verwundenen, tragflügelähnl. Flächen (Propellerblätter, oft verstellbar), die bei Rotation Schub in Achsrichtung erzeugen; liefern den Vortrieb v. a. für Flugzeuge u. Luftkissenfahrzeuge.

**Luftschutz,** Schutzmaßnahmen gg. mil. Angriffe aus der Luft; in der BRD ist der zivile L. Teil des Zivilschutzes.

L

**Luftspiegelung,** Spiegelung (Verzerrung u. Ä.) v. Gegenständen in der Luft durch Brechung v. Lichtstrahlen beim Durchgang durch Luftschichten unterschiedl. Temp. (z. B. Fata Morgana).

**Luftverkehr,** Beförderung von Personen, Post, Fracht auf dem Luftweg. Der zivile L. wird als öffentl. od. nichtöffentl., gewerbl. od. nichtgewerbl., planmäßiger od. nichtplanmäßiger L. betrieben. Träger des gewerbl. öffentl. L. sind *L.-Gesellschaften.* Den L. kennzeichnen Schnelligkeit u. hohe Transportkosten, im *Luftfrachtverkehr* werden daher Güter von hohem Kosten- u. Eilwert befördert. Innerhalb der EU wurde Ende der 90er-Jahre eine weitgehende Marktliberalisierung vollzogen.

**Luftverkehrsallianz,** Zusammenschluss mehr. Luftverkehrsgesellschaften; durch untereinander abgestimmte Flugpläne entstehen dichtere gemeinsame Flugnetze, Vielfliegerprogramme werden zum Nutzen der Passagiere gegenseitig geöffnet, Abfertigung u. Service auf den Flughäfen koordiniert usw. Zurzeit existieren weltweit fünf große L., führend ist die Star Alliance.

**Luftwaffe,** Teilstreitkraft, Gesamtheit der zu Luftangriffen u. deren Abwehr bestimmten Verbände sowie deren Bodenanlagen u. Unterstützungsverbände.

**Luftwiderstand,** Widerstand, den die Luft einem bewegten Körper entgegensetzt, abhäng. v. Luftdichte u. Form, Größe, Oberfläche, Geschwindigkeit des Körpers.

**Luganer See,** ital. **Lago di Lugano,** nordital.-schweizer. Alpenrandsee, 49 km², bis 288 m tief.

**Lugano,** schweizer. St. u. Kurort im Kt. Tessin, am Luganer See, 25 300 E; Fremdenverkehr; Verkehrsknoten am Gotthard.

**Lügendetektor,** Gerät, das kontinuierl. Aufzeichnungen über den Verlauf der Herzströme, der Atemfrequenz, des Blutdrucks u. der Hautfeuchtigkeit einer befragten Person macht; zur Kontrolle des Wahrheitsgehaltes von Aussagen; als Beweismittel vor Gericht allg. nicht zulässig.

**Luise,** *Preußen:* **1) L. Auguste Wilhelmine Amalie,** *1776, †1810, Gem. Kg. Friedrich Wilhelms III., Mutter Friedrich Wilhelms IV. u. Wilhelms I. – *Schweden:* **2) L. Ulrike,** *1720, †1782, Schwester Friedrichs II., d. Gr.; Gem. Kg. Adolf Friedrichs von Schweden.

**Luitpold,** Prinzregent von Bayern, *1821, †1912; s. 1886 Regent für Ludwig II. u. Otto I.

**Lukács** [ˈluka:tʃ], György (Georg [von]), ungar. Philosoph und führender marxist. Literarhistoriker, *1885, †1971.

**Lukas, L. der Evangelist,** hl., nach kirchl. Überlieferung Verf. des *Lukasevangeliums* und der Apostelgesch.; nach der Legende Maler *(Lukasbilder).*

**Lukaschenko, Lukaschenka,** Aleksandr, weißruss. Politiker, *1954, s. 1994 autoritär regierender Staatspräsident.

**Lukian,** griech. Schriftsteller, *um 120, †nach 180; satir. Dialoge.

**Lukretia, 1)** ↑Lucretia. **2)** ↑Borgia, Lucrezia.

**Lukrez,** lat. Dichter, *um 97 v. Chr., †55 v. Chr.; Lehrgedicht in Hexametern „Über die Natur".

**Lukullus** ↑Lucullus.

**Lullus,** Raimundus, katalan. Ramón **L[l]ull** [ʎuʎ], katalan. Theologe, Mystiker, Enzyklopädist und Dichter, *um 1235, †1316; erhob das Katalan. zur Literatursprache.

**Lully** [lyˈli], Jean-Baptiste, frz. Komponist ital. Herkunft, *1632, †1687; Schöpfer eines nat. frz. Opernstils, auch geistl. Werke.

**Lumbalanästhesie,** veraltete Bez. für ↑Spinalanästhesie.

**Lumbalpunktion,** Anstechen (Punktion) des Lendenwirbelkanals zur Gewinnung v. Rückenmarkflüssigkeit, auch zur Einspritzung von Arzneimitteln.

**Lumen** [lat.], **1)** Einheitenzeichen **lm,** Einheit des Lichtstroms; 1 lm = 1 cd · sr. **2)** Hohlraum in Organen von Tier u. Pfl., der Flüssigkeit enthalten kann.

**Lumet** [ˈlu:mɪt], Sidney, amer. Regisseur, *1924; „Network".

**Lumineszenz** [lat.], Leuchterscheinung, die (im Ggs. zur Temp.-Strahlung) nicht durch hohe Temp. verursacht wird *(kaltes Leuchten);* je nach Ursache hervorgerufen durch Bestrahlung mit Licht *(Photo-L.),* Röntgen- od. Gammastrahlung *(Röntgen-L.),* radioakt. Strahlung *(Radio-L.),* durch elektr. *(Elektro-L.),* chem. *(Chemo-L.)* od. mechan. Vorgänge *(Tribo-L.).* Man unterscheidet ↑Fluoreszenz u. ↑Phosphoreszenz.

**Lumineszenzdiode, Leuchtdiode, LED,** Halbleiterdiode, bei der beim Fließen eines elektr. Stromes infolge Rekombination posit. u. negat. Ladungsträger (Elektronen u. Löcher) Elektrolumineszenz entsteht; verw. z. B. bei der *L.anzeige (LED-Anzeige)* in Taschenrechn., Digitaluhren u. a.

**Lummen** [nord.], Gatt. koloniebrütender schwarz-weißer Alken; Nordmeerinseln, auch auf Helgoland (z. B. Trottellumme).

**Luna** [lat.], röm. Mondgöttin.

**Lund,** südschwed. St. nö. von Malmö, 92 000 E; roman. Dom; Univ., TH; graf. Gewerbe.

**Lüneburg,** Krst. u. Reg.-Bez.-Hptst. am N-Rand der L.er Heide, Nds., 64 500 E; Oberverw.-Gericht (für Nds. und Schl.-Ho.), LG, IHK; Theater, Hochschulen; Akademien; Stadtbild geprägt durch die norddt. Backsteingotik; Eisen- u. chem. Ind.; Kneipp-, Sol-, Moorbad. – Entstand im frühen MA aus drei Siedlungskernen; unter Heinrich dem Löwen Stadtrecht. Bed. Salzerzeugung und -handel sowie Stapel- u. Zwangsumschlagsrechte sicherten bed. Stellung in der ↑Hanse; im 17. Jh. Verlust der Selbstständigkeit.

**Lüneburger Heide,** Teil des Norddt. Tieflandes, Heidegebiet zw. Aller und Elbe.

**Lünen,** St. nördl. v. Dortmund, NRW, 91 600 E; Steinkohlen-⚒, Metall-, Masch.-Industrie; Kraftwerke.

**Lunéville** [lyneˈvil], frz. St. sö. von Nancy, 21 500 E; Schloss (18. Jh.); Textil-, Spielwarenind. – Der *Friede v. L.* (1801) bestätigte den Frieden von Campoformio: Abtretung des l. Rheinufers an Frankreich.

**Lunge,** Atmungsorgan im Brustraum der Luft atmenden Wirbeltiere; beim Menschen 2 Flügel: r. 3, l. 2 Lappen; in den *L.nbläschen* Gasaustausch zw. Lunge und Blut (Kohlendioxidabgabe, Sauerstoffaufnahme).

**Lungenblutung, Hämoptoe,** Aushusten größerer Blutmengen bei einem Lungengefäßriss, z. B. bei Lungenkrebs.

**Lungenemphysem** ↑Emphysem.

**Lungenentzündung, Pneumonie,** schwere, fieberh. Erkrankung mit Atemnot und blut. Auswurf, Fieberdauer 6–8 Tage, dann steiler Abfall (Krise); meist durch Bakterien od. Viren (Pneumo-, Strepto-, Staphylokokken u. a.) verursacht; *Bronchopneumonie:* meist Folge- u. Begleiterkrankung v. Infektionskrankheiten u. a.; mit Husten, mäß. Temp.-Erhöhung u. Auswurf.

**Lungenfische,** Ordn. der Fische mit 1 od. 2 Lungen; Haut mit Zykloidschuppen; bis zum Mesozoikum weit verbreitet, heute noch 6 Arten.

**Lungeninfarkt** ↑Infarkt.

**Lungenkraut,** Gatt. der Raublattgewächse; niedrige, behaarte Kräuter, Blüten rötl., blau, purpurfarben in Trugdolden.

**Lungenkrebs, Bronchialkrebs, Bronchialkarzinom,** meist von der

Schleimhaut der Bronchien ausgehende bösartige Gewebeentartung.

**Lungenödem,** Ansammlung seröser Flüssigkeit im Lungengewebe, wodurch die entsprechenden Teile ihre Funktionsfähigkeit für die Atmung verlieren.

**Lungentuberkulose** ↑Tuberkulose.

**Lungenwürmer,** schmarotzende Fadenwürmer bes. bei Rind, Schaf, Ziege, Schwein u. a.

**Lunte, 1)** Ψ Schwanz v. Fuchs u. Marder. **2)** mit Bleizucker und Salpeter getränkter Zündfaden.

**Lupine** [lat.], Gatt. der Schmetterlingsblütler, v. a. in Amerika; gefingerte Blätter, Blüten in Trauben; wichtig für die Landw. (Grünfutter, Gründünger).

**Lupinenfliege** ↑Pflanzenkrankheiten (Übers.).

**Lurche,** svw. ↑Amphibien.

**Lure,** german. Blasinstrument aus Bronze; bis zu 3 m gewundenes Rohr, breiter Zierrand an der Schallöffnung.

**Lusaka,** Hptst. v. Sambia, 982 400 E; Univ.; Ind.; ☼.

**Lustspiel,** weitgehend gleichbed. mit ↑Komödie.

**Lüta** ↑Dalian.

**Lutetium,** Symb. **Lu,** chem. El., OZ 71, rel. A.-Masse 174,967; Dichte 9,84 g/$cm^3$, Fp. 1 653 °C, Sp. 3 393 °C; Metall (↑Lanthanoide), zu den Yttererden gehörend.

**Luther, 1)** Hans, dt. Politiker, *1879, †1962; 1922–25 R.-Min., 1925/26 R.-Kanzler. **2)** Martin, dt. Reformator, *Eisleben 1483, †ebd. 1546; s. 1505 Augustiner-Eremit in Erfurt, 1512 Prof. für Hl. Schrift in Wittenberg; beeinflusst v. Humanismus, Nominalismus u. Mystik; innere Auseinandersetzungen über persönl. u. theol. Probleme brachten ihn allm. zur Erkenntnis „sola scriptura, gratia, fide" (allein durch die Schrift, die Gnade u. den Glaubensgehorsam); 1517 Thesenveröffentlichung gg. Ablassmissbrauch (↑Tetzel); 1518 Heidelberger, 1519 Leipziger Disputation, 1520 Verbrennung der päpstl. Bannandrohungsbulle, daraufhin 1521 Exkommunikation und Reichsacht durch das ↑Wormser Edikt; Schutzaufenthalt auf der Wartburg, dort die Übers. des N.T. ins Dt.; währenddessen erste luth. Gemeindebildung; 1522 trat L. in Wittenberg gg. radikale „Schwarmgeister" auf; 1525 Heirat mit Katharina von ↑Bora; L. verstand die Kirche nicht hierarch.-justiziell, sondern als unter Gottes Wort, Predigt und Sakrament lebende Gemeinschaft der Gläubigen, wobei die weltl. Obrigkeit ihre äußere Ordnung schützt; 1530 ↑Augsburger Bekenntnis; bed. Reformschriften, u. a. „An den christl. Adel dt. Nation", „Von der Freiheit eines Christenmenschen", u. Kirchenlieder.

**M. Luther** *als Augustinermönch (Kupferstich von Lucas Cranach d. Ä.; 1521)*

**lutherische Kirchen,** die aus der Reformation M. Luthers hervorgegangenen Kirchen, deren gemeinsame Bekenntnisgrundlage neben der Bibel v. a. das ↑Augsburger Bekenntnis bildet; verbreitet v. a. in Dtl., Skandinavien, Estland, Lettland und N-Amerika, in ihrer großen Mehrzahl dem *Luth. Weltbund* (Sitz: Genf; 2002: 133 Mitgl.-Kirchen) angehörend; in Dtl. mehrheitlich in der *Vereinigten Ev.-Luth. Kirche Deutschlands* (*VELKD;* gegr. 1948) zusammengeschlossen [luth. Freikirchen: ↑Altlutheraner].

**Lüttich,** frz. **Liège** [ˈljɛːʒ], niederl. **Luik** [lœjk], belg. Prov.-Hptst. an der Mdg. der Ourthe in die Maas, 192 000 E; spätgot. Kirchen; Univ., Akademien. Im L.er Industriegebiet Eisen-, Stahl-, Masch.-, Waffen-, Elektro-, Glas- u. a. Ind.; ⚓, ☼.

**Lützen,** St. sw. v. Leipzig; in der Schlacht bei L. (1632) fiel Kg. Gustav II. Adolf von Schweden.

**Lützow** [-tso], Ludwig Adolf Wilhelm Frhr. von, preuß. Gen. s. 1822, *1782, †1834; gründete 1813 das *L.sche Freikorps,* das an den Befreiungskriegen teilnahm.

**Luv,** die dem Wind zugekehrte Seite eines Schiffes (Ggs. ↑Lee).

**Lux** [lat.], Zeichen **lx,** Einheit der Beleuchtungsstärke; 1 lx erhält man, wenn der Lichtstrom 1 Lumen (lm) senkr. u. gleichmäßig verteilt auf die Fläche v. 1 $m^2$ eingestrahlt wird: 1 lx = 1 lm / $m^2$.

**Luxation** [lat.], Verrenkung.

**Luxemburg,** Rosa, dt. kommunist. Politikerin poln. Herkunft, *1870, †1919; begr. mit K. Liebknecht den Spartakusbund, setzte sich für die Räterep. ein, 1918 Mitbegr. der KPD; von Freikorpsoffizieren ermordet.

**Luxemburg,** frz. **Luxembourg** [lyksãˈbuːr], **1)** westeurop. Großherzogtum, im N das stark zertalte 400–500 m hohe Plateau des *Öslings,* im S das fruchtb. *Gutland.* Eisen- u. Stahl-, chem., pharmazeut. Ind. – *Gesch.:* Gft. des Hl. Röm. Reiches, 1354 Hzgt., 1443 Teil Burgunds, 1477 der habsburg. Niederlande, 1815 Großhzgt. (bis 1890 in Personalunion mit den Niederlanden) u. dt. B.-Staat; 1839 Abtretung der wallon. Gebiete an Belgien; 1843–1919 Mitgl. des Dt. Zollvereins; 1867–1948 Neutralisierung L.s; Mitgl. v. NATO, EU u. Union ↑Benelux. **2)** Hptst. von 1), an der Alzette, 75 800 E; Reg.-Sitz; Univ., Europaschule, Technikum, Konservatorium; Museen, Staatsbibliothek; got. Kathedr. Notre-Dame, großherzogl. Palais (1572); Metall-, Leder-, Textil-, Tabak- u. Steingutind.; internat. Finanzzentrum, internat. Messe; ☼. **3)** Prov. im sö. Belgien, 4 400 $km^2$, 233 000 E, Hptst. Arlon.

**Luxemburg**

*Fläche:* 2 586 $km^2$

*Einwohner:* 435 700

*Hauptstadt:* Luxemburg

*Amtssprachen:* Französisch, Luxemburgisch, Deutsch

*Zeitzone:* MEZ

**Luxor,** St. in Oberägypten, am r. Nilufer, 148 000 E; Fremdenverkehr; ☼. – Amuntempel (UNESCO-Welterbe), erbaut v. ↑Amenophis um 1380 (↑Theben).

**Luzern, 1)** schweizer. Kt., 1 494 $km^2$, 335 400 E, im Alpenvorland. **2)** Hptst. von 1), am Vierwaldstätter See, 60 000 E; Stadtmauer mit Türmen (14.–16. Jh.),

L

Holzbrücken, histor. Bauten; internat. Musikfestwochen; Fremdenverkehr; Metall verarb. u. a. Industrie.

**Luzerne** [frz.], Schmetterlingsblütler; wichtiges Viehfutter.

**Luzerneblattnager** ↑Pflanzenkrankheiten (Übers.).

**Luzernegallmücke** ↑Pflanzenkrankheiten (Übers.).

**Luzifer** [lat.], urspr. der Morgenstern; kirchenlat. Name Satans.

**Luzon** [lu'sɔn], größte Insel der Philippinen, 104 688 km²; 23,9 Mill. E, Hptst. Manila; vorw. gebirg. (bis 2928 m ü. d. M.), mit z. T. tät. Vulkanen, fruchtb. Ebenen; trop.-feuchtes Äquatorialklima.

**Lw,** ♂ Symb. für ↑Lawrencium.

**lx,** Einheitenzeich. für ↑Lux.

**Lychee** ↑Litschi.

**Lydi|en,** antike Ldsch. an der W-Küste Kleinasiens, zw. Mysien, Phrygien u. Karien; Mittelpt. Sardes.

**Lyki|en,** antike Ldsch. an der SW-Küste Kleinasiens; monumentale Grabbauten (z. B. in Xanthos).

**Lymphangiom** [gr.], meist angeborene gutartige Neubildung von Lymphkapillaren.

**Lymphe** [gr.], farblose bis gelbl. Flüssigkeit, die aus den Geweben abfließt und von den Lymphgefäßen aufgenommen wird; enthält Eiweißkörper und ↑Lymphozyten; wichtig für den Stoffaustausch der Gewebe.

**Lymphknoten,** ins Lymphgefäßsystem eingeschaltete, etwa bohnengr. Organe, in denen ↑Lymphozyten gebildet werden; gleichzeit. Filter gg. Krankheitserreger.

**Lymphogranulomatose, Hodgkin-Krankheit,** bösartige Erkrankung des lymphat. Systems.

**Lymphogranuloma venereum,** meldepflichtige vener. Lymphknotenentzündung, als vierte ↑Geschlechtskrankheit bezeichnet, durch ein Virus (Chlamydia) hervorgerufen; Behandlung mit Sulfonamiden und Antibiotika.

**Lymphozyten** [gr.], Lymphzellen; im lymphat. Apparat (Lymphknoten, Milz) entstehende weiße Blutkörperchen.

**Lyon** [ljɔ̃], Hptst. des frz. Dép. Rhône u. der Region Rhône-Alpes, am Zusammenfl. v. Rhone u. Saône, 415 500 E; Verkehrszentrum; Univ., zahlr. wiss. Inst., Bibliothek, Museen, Theater, histor. Bauten; Börse, internat. Messe; Zentrum der frz. Seidenind., Färbereien, Auto-, Elektro-, chem. u. Schwerind.; ⚓. – Röm. Kolonie *(Lugdunum);* 1033 mit Burgund zum Hl. Röm. Reich; 1312 zu Frkr.; Zentrum der Hugenotten (1572 Aufstand).

**Lyotard** [liɔ'ta:r], Jean-François, frz. Philosoph, * 1924, † 1998; Theoretiker der Postmoderne.

**Lyra** [gr.], das Sternbild ↑Leier.

**Lyra** [gr.], svw. ↑Leier.

**Lyrik** [gr.], die Dichtkunst in Versen; teilw. gereimt; gestaltet z. B. das menschl. Sein u. Erleben (Erlebnis-L.) od. weltanschaul.-abstrakte Ideen (Gedanken-L.); Vielfalt d. Formen: Lied, Sonett, Gasel, Ballade, Ode u. a.

**Lys** ↑Leie.

**Lysergsäurediäthylamid** ↑LSD.

**Lysine** [gr.], zur Auflösung v. ↑Antigenen im Körper gebildete spezif. Antikörper.

**Lysistrate,** Titelfigur einer Komödie von Aristophanes (411 v. Chr.); L. ruft die Frauen Griechenlands auf, sich so lange ihren Männern zu verweigern, bis diese den Peloponnes. Krieg beendet haben.

**LZB,** Abk. für: **1)** ↑**L**andes**z**entral**b**ank. **2)** **L**inien**z**ug**b**eeinflussung.

# M

**M,** 13. Buchstabe des Alphabets.

**M,** röm. Zahlzeichen für 1 000.

**M,** Vorsatzzeich. für: ↑Mega...

**m,** Einheitenzeich. für: ↑Meter.

**m,** Vorsatzzeich. für: ↑Milli...

**M.,** Abk. für: **1)** **M**askulinum. **2)** **M**onsieur.

**MP,** Abk. für: **1)** **M**aschinen**p**istole. **2)** [em'pi:] **M**ilitary **P**olice (Militärpolizei).

**Ma,** Formelzeichen für ↑Machzahl.

**M. A.,** Abk. für: **1)** **M**agister **A**rtium (↑Magister). **2)** **M**aster of **A**rts (↑Magister).

**Mäander, 1)** nach d. Fluss M. (heute Büyük Menderes nehri, Türkei) ben. mehr od. weniger regelmäßig ausschwingende Flussschlingen. **2)** Ornamentband aus einer mehrfach rechtwinklig gebrochenen od. fortlaufenden Linie.

**Maar** [lat.], durch vulkan. Gasexplosion entstandene rundl., trichterförm. Vertiefung in der Erdoberfläche, meist mit Wasser gefüllt, oft v. niedrigem Wall aus Lockermaterial umgeben; z. B. in der Eifel.

**Maas,** frz. **Meuse** [mø:z], Fl. in Frkr., Belgien u. den Niederlanden, mündet im Rheindelta, 890 km, schiffb. ab Sedan; z. T. kanalisiert; größter Hafen ist Lüttich.

**Maastricht** [-'trixt], Hptst. der niederl. Prov. Limburg, an der Maas, 118 000 E; bed. Baudenkmäler; Metall-, Glas-, Papierindustrie. – *M.er Vertrag,* Vertr. über d. Gründung der ↑Europ. Union.

**Maat,** ägypt. Göttin der Wahrheit und des Gerichtswesens.

**Maat** [niederdt.], Unteroffizier der dt. Bundesmarine.

**Maazel** [ma:zl], Lorin, amer. Dirigent, * 1930.

**Mac** [mek; gäl.; = Sohn], Abk. **M', Mc,** Bestandteil schott. Familiennamen.

**Macapagal-Arroyo** [-a'rrɔjo], Gloria, philippin. Politikerin, * 1947; wurde 1992 Senatorin, 1998 Vizepräs., 2001 Staatspräs.

**Macau** [portug.], **Macao,** chin. **Aomen,** Sonderverwaltungszone der VR China an der S-Küste Chinas, westl. v. Hongkong, Halbinsel M. mit gleichnamiger St. u. 2 Inseln; 23,6 km², 431 000 E; Haupterwerb: Fremdenverkehr. – S. 1557 portug., Grenzvertrag mit China 1887; 1951 portug. Überseeprov.; 1976 Autonomiestatut. 1999 Rückgabe an China (Vertr. v. 1987).

**Macbeth** [mek'beθ], ⚔ 1057, Kg. v. Schottland seit 1040.

**Mac Bride** [mek'braɪd], Séan, ir. Jurist und Politiker (Republikaner), * 1904, † 1988; 1948–51 Außenmin., 1961–74 Präs. von Amnesty International; 1973–76 UN-Kommissar für Namibia; mit E. Sato Friedensnobelpreis 1974.

**Mach,** Ernst, östr. Physiker u. Philosoph, * 1833, † 1916; Vertr. des Empiriokritizismus; Arbeiten zur Optik, Akustik u. Mech. sowie zur Gasdynamik; nach ihm ben. sind *M.-Kegel* u. *M.-Zahl.*

**Machiavelli** [makja'vɛlli], Niccolò, ital. Politiker u. Geschichtsschreiber, * 1469, † 1527; analysierte in „Il Principe" die Ursachen der polit. Ohnmacht Italiens; allg. polit. Einsichten (von Gegnern als *Machiavellismus,* machtpolit. Skrupellosigkeit abgewertet), Begr. des Grundsatzes der Staatsräson; Briefe u. Gedichte; Komödie „Mandragola".

**Macht,** „Chance, innerhalb einer soz. Beziehung d. eigenen Willen auch gg. Widerstreben durchzusetzen" (M. Weber); M.verhältnisse bestehen zw. Individuen, Gruppen, Organisationen u. Staaten auf versch. Grundlagen (z. B. phys. od. psych. Überlegenheit, bessere Informiertheit, größeres Wissen, Verfügungsgewalt über Eigentum u. Besitz). M. tendiert zur Institutionalisierung als Herrschaft, wenn sie nicht durch Gegen-M. neutralisiert wird.

**Mächtigkeit,** die Dicke einer Gesteinsschicht od. einer Lagerstätte (Geol.).
**Machzahl,** [nach E. Mach], kurz **Mach,** Formelzeichen *Ma*, das Verhältnis der Geschwindigkeit eines Körpers zur Schallgeschwindigkeit im umgebenden Medium.
**Macke,** August, dt. Maler, *1887, ⚔1914; Mitgl. des „Blauen Reiters".
**Mackensen, 1)** August v., dt. Gen.-Feldmarschall, *1849, †1945; im 1. Weltkrieg Armeeführer im O. **2)** Fritz, dt. Maler, *1866, †1953; Mitbegr. der Worpsweder Künstlerkolonie.
**Mackenzie River** [məˈkenzɪ ˈrɪvə], zweitgrößter Fl. Nordamerikas, Kanada, 4 240 km (mit Peace River); von den Rocky Mountains ins Nordpolarmeer.
**MacLaine** [məˈkleɪn], Shirley, eigtl. Sh. **McLean Beaty** [məˈkleɪn ˈbiːtɪ], amer. Schauspielerin, *1934; „Das Mädchen Irma La Douce".
**Mac-Mahon** [makmaˈɔ̃], Marie Edmé Patrice Maurice Comte de, Hzg. v. Magenta, frz. Marschall, *1808, †1893; siegte 1859 b. Magenta über die Österreicher, warf 1871 den Pariser Kommuneaufstand nieder; 1873–79 frz. Präs.

**August Macke:** *Markt in Tunis I (1914)*

**Macmillan** [məkˈmɪlən], Harold, 1. Earl Stockton (s. 1984), konservat. brit. Politiker u. Verleger, *1894, †1986; mehrf. Min.; 1957–63 Premierminister.
**MAD,** Abk. für: ↑**M**ilitärischer **A**bschirm**d**ienst.
**Madagaskar,** Inselrep. vor der südostafrik. Küste, viertgrößte Insel d. Erde; v. Vulkangeb. (im N bis 2 876 m) überragte Hochplateaus, zu d. Küstenebenen steil abfallend; regenreich mit trop. Regenwald, im W vorw. Savanne; Bev.

**Madagaskar**

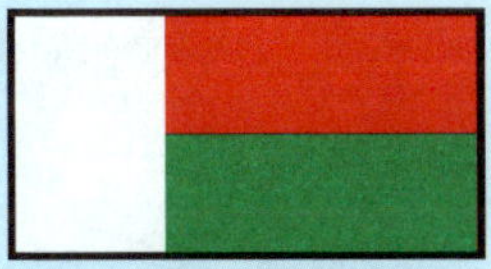

*Fläche:* 587 041 km²
*Einwohner:* 17,4 Mill.
*Hauptstadt:* Antananarivo
*Amtssprachen:* Malagassi, Französisch
*Zeitzone:* MEZ + 2 Stunden

vorw. Madagassen; Anbau v. Reis, Maniok, Zuckerrohr, Vanille, Gewürznelken, Kaffee, im Innern Zeburinder- u. Schafzucht, Fischerei; ⚒ auf Chromerz, Graphit, Glimmer, Phosphate, Edelsteine, daneben Vorkommen v. Bauxit, Eisenerz u. Kohle; Textil-, Leder-, Baustoff-, Metall-, Papier-, chem. u. a. Ind., Erdölraffinerie. *Gesch.:* den Arabern s. dem 9. Jh. bek.; 1500 v. Portugiesen entdeckt, danach portug., brit. und frz. Stützpunkte; Anfang 19. Jh. Herrschaft durch einheim. Kgr. Merina; 1885 frz. Protektorat, 1896 frz. Kolonie, 1946 Autonomie, 1958 selbst. Rep. innerhalb der Frz. Gemeinschaft, 1960 unabh.; zunächst parlamentar. Demokratie, dann unter Militärreg. sozialist. Kurs bis 1993; wiederholt schwere Unruhen.
**Madame** [maˈdam; frz.], Abk. **Mme.,** frz. Anrede: Frau (entspricht etwa dt. „gnädige Frau").
**Madariaga y Rojo** [maðaˈriaɣa iˈrroxo], Salvador de, span. Schriftsteller u. Politiker, *1886, †1978; Gegner Francos, lebte in England; Gedichte, Romane, Biografien.
**Mädchenhandel** ↑Menschenhandel.
**Made,** fußlose Larve mancher Insekten (Fliegen, Bienen).
**made in ...** [ˈmeɪd ɪn], 1887 eingeführte Herkunftsbez. für Waren; *made in Germany* = hergestellt in Deutschland.
**Madeira** [maˈdɛːra], Hauptinsel der M.gruppe u. der portug. Prov. Funchal, 740 km², Hptst. Funchal; gebirgig (Pico Ruivo 1 862 m); mildes Klima; Anbau von Wein, Zuckerrüben, Gemüse, Bananen; Fremdenverkehr.
**Madeira, Rio** [ˈriu maˈdɛːrɑ], r. u. größter Nbfl. des Amazonas, Südamerika. 3 200 km (mit Río Mamoré), mündet östl. v. ↑Manáus.
**Mademoiselle** [madmwaˈzɛl; frz.], Abk. **Mlle.,** frz. Anrede: Fräulein.
**Madenwurm, Oxyure,** weißer Fadenwurm; harmloser Darmschmarotzer des Menschen.
**Maderna,** Carlo M. (Maderno), ital. Baumeister, *1556, †1629; leitete das Hochbarock in Rom ein: Langhaus, Vorhalle u. Fassade v. St. Peter.
**Mädesüß,** hohe, weiß blühende Staude (Rosengewächs) auf feuchten Wiesen u. an Ufern.
**Madhya Pradesh** [ˈmadja -ˈdeʃ], B.-Staat in Z-Indien, 442 841 km², 66,1 Mill. E; Hptst. Bhopal.
**Madison** [ˈmædɪsn], Hptst. von Wisconsin, USA, 191 000 E; Univ., Handelsplatz; Werkzeugind.; ⚝.
**Madonna** [ital.; = meine Herrin], Bez. für Maria, die Mutter Jesu.
**Madonna,** eigtl. M. Louise Veronica **Ciccone** [tʃiˈkoːne], amer. Popsängerin, *1958; mit erot. Bühnenshows u. Musikvideos Aufstieg in den 1980er-Jahren zu einem der Superstars der amerikan. Popmusik; Alben „Like a Virgin" u. a., auch Filmschauspielerin („Evita", 1996).
**Madras,** Hptst. des ind. B.-Staates Tamil Nadu, Hafenst. am Golf v. Bengalen, 3,8 Mill. E; Univ.; Baumwoll-, Metall-, Lederind., Werften; ⚝. – 1639 engl. Niederlassung.
**Madre, Sierra,** die das mex. Hochland im W u. O einfassenden Randgebirge (bis 4 056 m).
**Madrid,** Hptst. Spaniens, am Manzanares, 2,9 Mill. E; 4 Univ. (u. a. 1508), Akademien, Museen (Prado); zahlr. barocke Kirchen, kgl. Schloss (18. Jh.), Parks; Metall-, Auto- u. Flugzeugind.; ⚝. – Als maur. Festung erstmals im 8. Jh. gen.; 932, endgültig 1083 von den Christen erobert, seit 1561 Hauptstadt. – Abb. S. 418.
**Madrigal** [ital.], **1)** aus Italien stammende lyr. Form. **2)** mehrstimm. weltl. Kunstlied, v. a. im 16. u. 17. Jh.
**Madura,** indones. Insel vor der NO-Küste Javas, rd. 4 500 km², 2,7 Mill. E; Salzgewinnung, Fischerei.
**maestoso** [maɛs-; ital.], 𝄞 majestätisch, feierlich.
**Mafia** [ital.], [polit. einflussreicher] terrorist. sizilian. Geheimbund; im 18. Jh. entstanden; die Mitgl. der M. *(Mafiosi)* erpressten unter Gewaltanwendung Bev., Verw., Polizei u. Justiz; v. Faschismus zeitweilig unterdrückt, heute weit verbreitete kriminelle Vereinigung von wirtschaftl. Bedeutung.
**Magalhães** [maɣaˈʎãiʃ], **Magellan,**

M

**Madrid:** *Calle de Alcalá im Stadtzentrum*

Fernão de, portug. Seefahrer, *um 1480, ⚔ 1521; ab 1519 erste Weltumseglung in westl. Richtung, fand 1520 die *Magellanstraße* zw. südamer. Festland u. Feuerland (600 km lang, 3–30 km breit), entdeckte 1521 die Marianen; auf der Philippineninsel Mactan getötet.

**Magazin** [ital.], **1)** Vorratshaus; Lager[raum]. **2)** bebilderte, unterhaltende Zeitschrift. **3)** Sendeform in Hörfunk u. Fernsehen. **4)** Patronenkammer in Mehrladegewehren, Masch.waffen u. Pistolen.

**Magdalena, Río,** größter Fl. Kolumbiens, mündet ins Karib. Meer; 1 540 km.

**Magdeburg,** Hptst. von Sa.-Anh., an der mittl. Elbe, 231 400 E; Univ., FH; Liebfrauenkirche (um 1070 beg.), Dom (1209 ff.); Maschinen- u. Apparatebau, Lebensmittel-, chem. Ind.; Elbehafen. – Im 9. Jh. Grenzort gg. die Slawen; 968 Erzbistum; das *M.er Recht* wurde im 14. Jh. weit in den Osten verbreitet; Zentrum der Reformation; 1631 von Tilly erobert u. geplündert; 1680 an Brandenburg, s. 1815 Hptst. der Prov. Sachsen, s. 1990 Hptst. v. Sa.-Anhalt.

**Magdeburger Börde,** fruchtb. Lössgebiet zw. Ohre und Saale; Weizen- u. Zuckerrübenanbau.

**Magdeburger Halbkugeln** ↑Guericke.

**Magellan** ↑Magalhães.

**Magen, Ventriculus,** der auf die Speiseröhre folgende Teil des Verdauungstraktes, in dem die aufgenommene Nahrung in Speisebrei umgewandelt und verdaut wird. M.eingang ist der *M.mund,* M.ausgang der *M.pförtner* (Schließmuskel). Die *M.schleimhaut* sondert den *Magensaft* (bestehend aus Schleim, Salzsäure, Enzymen) ab, der die Nahrung chem. aufschließt. Die M.peristaltik bewirkt Durchmischung der Nahrung. Fassungsvermögen des menschlichen M.s: 1 600 bis 2 400 $cm^3$. – *M.blutung,* Symptom v. M.- u. Zwölffingerdarmgeschwüren u. M.krebs, als Blutbeimengung im Erbrochenen od. im Stuhl; *M.erweiterung,* z.B. als Folge einer M.ausgangsverengung bzw. eines Ausgangsverschlusses; *M.fistel,* röhrenförm. Verbdg. des M.inneren mit der Bauchdeckenoberfläche od. mit Darmteilen (operativ angelegt od. nach Geschwürdurchbruch entstanden); *M.geschwür,* Geschwürbildung der M.schleimhaut; *M.katarrh* (M.schleimhautentzündung, Gastritis), Entzündung im Bereich der M.wand, mit verminderter M.sekretion, Völlegefühl, Schwindel, Erbrechen u.a.; *M.krampf,* heft. M.schmerz, meist mit Erbrechen; *M.krebs,* bösartige M.geschwulst, Auftreten v. M.blutung, Magendruck, Gewichtsabnahme; *Magenneurose,* nervös bedingte M.schmerzen mit Erbrechen (↑Reizmagen); *M.senkung,* krankhafte Tiefstellung des M.s bei Erschlaffen der Aufhängebänder.

**Magen-Darm-Trakt,** Gesamtheit des Verdauungskanals von Magenmund bis After.

**Magenfistel** ↑Magen.

**Magengeschwür** ↑Magen.

**Magenkatarrh** ↑Magen.

**Magenkrebs** ↑Magen.

**Magenschleimhautentzündung** ↑Magen.

**Maghreb** [arab.; = Westen], d. W-Teil d. arab.-muslim. Welt, i.e.S. Tunesien, N-Algerien und Marokko, i.w.S. auch Libyen u. Mauretanien.

**Magie** [pers.], Bez. für alle Arten u. Praktiken einer Weltauffassung, die sich durch Zauberei u. Zaubermittel Geheimkräfte in Natur u. Welt dienstbar machen will; *schwarze M.* richtet sich mit Schadensintention gg. [Gruppen]-Feinde, *weiße M.* will Segen und Glück für die eigene Gruppe erreichen.

**Maginot** [maʒiˈnoː], André, frz. Politiker, *1877, †1932; schuf als Kriegsminister 1929–32 einen Befestigungsgürtel, die *M.linie,* an der frz. NO-Grenze (im 2. Weltkrieg v. den dt. Truppen umgangen).

**Magister** [lat.], akad. Grad; im MA höchster Grad der artist. Fakultät (*M. Artium,* Abk. M. A.); in ags. Ländern erhalten als *Master of Arts* (Abk. M. A.) für Geisteswiss., *Master of Science* (Abk. M. Sc.) für Naturwiss., in Östr. als Mag[ister] pharm[aciae] für Apotheker; seit 1966 allg. Titel; in Dtl. [BRD] als Univ.-Abschluss geisteswiss. Fächer 1960 wieder eingeführt (M. Artium, Abk. M. A.).

**Magistrat** [lat.], **1)** im antiken Rom hoher Beamter, z.B. Konsul, u. dessen Amt. **2)** in Gemeinden mit *M.sverfassung* (↑Gemeindeverfassung) Verw.-Organ.

**Magma** [gr.], Gesteinsschmelzfluss in den tieferen Bereichen der Erdkruste, Temp. um od. über 1 000 °C; tritt als ↑Lava an die Erdoberfläche.

**magmatische Gesteine, Erstarrungsgesteine, Eruptivgesteine,** durch Erstarrung von Magma entstandene Gesteine, gegliedert in Tiefengesteine, ↑Ergussgesteine, ↑Ganggesteine.

**Magna Charta [Libertatum]** [lat.], 1215 v. Adel u. Klerus dem engl. Kg. abgenötigtes Verfassungsdokument, das v.a. deren Rechte u. Freiheiten sicherte.

**Magnani** [maɲˈɲaːni], Anna, ital. Bühnen- u. Filmschauspielerin, *1908, †1973; Charakterdarstellerin.

**Magnat** [lat.], **1)** fr. hoher Adliger (bes. in Polen u. Ungarn). **2)** Großgrundbesitzer, [Groß]industrieller.

**Magnesium** [gr.], Symb. **Mg**, chem. El., OZ 12, rel. A.-Masse 24,305, Dichte 1,738 g/$cm^3$, Fp. 650 °C, Sp. 1 090 °C; silberglänzendes, weiches Leichtmetall; *Vorkommen:* v.a. in Silikaten, ferner in Magnesit, Dolomit, Karnallit.

**Magnet** [gr.], Körper aus ferromagnet. Material, der eine remanente Magnetisierung besitzt und „unmagnet." Eisenstücke anzieht (z.B. als *Stab-* od. *Hufeisen-M.*). Die Kraftwirkung (sein M.feld) geht bes. v. 2 nahe den Enden befindl. Stellen, den *M.polen (N-* u. *S-Pol)* aus; gleiche M.pole stoßen sich ab, ungleiche ziehen sich an. Ein drehb. aufgehängter kl. M. *(M.nadel)* stellt sich im M.feld der Erde (abgesehen v. der ↑Deklination) in N-S-Richtung ein (↑Kompass). Man unterscheidet ↑Elektro-M., *Permanent-M.,* die ihr Feld ohne äußere Erregung behalten, u. *supraleitende M.* zur Erzielung sehr gr. Feldstärken.

**Magnetband,** Kunststoffstreifen mit magnetisierb. Schicht (z.B. Eisen(III)-oxid, Chromdioxid, Ferrochrom, Reineisenpulver), auf der elektromagnetisch Aufzeichnungen festgehalten werden; verw. zur magnet. Bildaufzeichnung (z.B. in Videogeräten), zur Datenspeicherung in EDV-Anlagen, als Tonband.

**Magnetfeld,** durch Magnete od. bewegte elektr. Ladungen erzeugtes ↑Feld; beschrieben durch die magnet. Feldstärke $\boldsymbol{H}$ u. die magnet. Flussdichte $\boldsymbol{B}$.

**magnetische Feldkonstante** ↑Permeabilität.

**magnetische Feldstärke,** Formelzeichen $\boldsymbol{H}$, Feldvektor des magnet. Feldes; SI-Einheit: Ampere/Meter (A/m).

**magnetische Flussdichte, magnet. Induktion,** Formelzeichen $\boldsymbol{B}$, Feldvektor des magnet. Feldes; SI-Einheit: ↑Tesla; im Vakuum das Produkt aus magnet. Feldstärke $\boldsymbol{H}$ u. magnet. Feldkonstante $\mu_0$.

**magnetischer Äquator** ↑Äquator.

**Magnetisierung** [gr.], Hervorrufung v. Magnetismus in vorher unmagnet. (v.a. ferromagnet.) Stoffen, z.B. durch Einbringen in ein Magnetfeld, sowie Bez. für die diesen Prozess kennzeichnende Größe $\boldsymbol{M}$. Zw. magnet. Flussdichte $\boldsymbol{B}$ u. magnet. Feldstärke $\boldsymbol{H}$ gilt: $\boldsymbol{B} = \mu_0(\boldsymbol{H}+\boldsymbol{M}) = \mu_0\boldsymbol{H}+\boldsymbol{J}$ ($\boldsymbol{J}$ *magnet. Polarisation*, $\mu_0$ magnet. Feldkonstante).

**Magnetismus,** mehr od. weniger ausgeprägte Eigenschaft aller Stoffe, insbes. der Ferromagnetika (↑Ferromagnetismus), im Magnetfeld Kraftwirkungen zu erfahren; *Dia-M.,* ein von äußeren Magnetfeldern induzierter, in allen Stoffen auftretender, der Feldrichtung entgegengesetzter, sehr schwacher Magnetismus; *Para-M.,* beruht auf atomaren bzw. molekularen magnet. Momenten, die sich parallel zur Feldrichtung einstellen.

**Magnetkarte,** Kunststoffkarte mit einem als Datenträger dienenden Magnetstreifen, dessen Daten über einen M.leser einem Computer zur Verarbeitung zugeführt werden (z.B. Kreditkarte); Weiterentwicklung ist die ↑Chipkarte.

**Magnetohydrodynamik** [gr.], Teilgebiet der Physik, das die Wechselwirkung zw. Magnetfeldern u. strömenden, elektr. leitenden Flüssigkeiten, Gasen u. bes. Plasmen untersucht.

**Magneton** [gr.], physikal. Konstanten: **1) bohrsches M.,** $\mu_B = e\hbar/2m_e \approx 9{,}274 \cdot 10^{-24}\,\mathrm{Am}^2$ ($e$ Elementarladung, $m_e$ Masse des Elektrons, $\hbar = h/2\pi$, $h$ plancksches Wirkungsquantum). **2) Kern-M.,** $\mu_N = e\hbar/(2m_p) \approx 5{,}051 \cdot 10^{-27}\,\mathrm{Am}^2$ ($m_p$ Ruhemasse des Protons).

**Magnetplattenspeicher,** Externspeicher für große Datenmengen mit direktem Zugriff, die die remanente Magnetisierung best. Stoffe zur Informationsaufzeichnung nutzen (z.B. Diskette, Festplattenspeicher).

**Magnetresonanztomographie,** svw. ↑Kernspintomographie.

**Magnetschwebebahn,** Schnellbahnsystem, bei dem Fahrzeuge mithilfe v. Magnetfeldern an od. auf eisernen Fahrschienen schwebend entlanggeführt werden. Antrieb durch Linearmotoren, techn. realisiert beim ↑Transrapid.

**Magnifikat** [nach lat. Magnificat anima mea Dominum = Meine Seele preist den Herrn], nt. Lobgesang Marias, der Mutter Jesu, Lk. 1,46–55; vielfach vertont.

**Magnifizenz** [lat.; = Erhabenheit], Titel der Rektoren an Hochschulen.

**Magnolilengewächse** [nach dem frz. Botaniker P. Magnol, † 1715], asiat. und amer. Holzpfl. mit oft gr. weißen od. roten Blüten; ↑Tulpenbaum und *Magnolie.*

**Magritte** [ma'grit], René, belg. Maler, * 1898, † 1967; bed. Vertreter des Surrealismus.

**Magyaren** [madʒ-], dem finn.-ugr. Sprachkreis zugehöriges Volk, das im 9./10. Jh., vom Ural abwandernd, das Kerngebiet des heutigen ↑Ungarn besetzte.

**Mahagoni** [indian.], versch. wertvolle trop. Edelhölzer, rotbraun mit Goldglanz.

**Mahajana** [sanskr.], ↑Buddhismus.

**Maharadscha** [sanskr.], ind. Großfürst; *Maharani,* Frau eines Maharadschas.

**Maharashtra,** ind. B.-Staat am Arab. Meer, 307 762 km², 78,7 Mill. E, Hptst. Bombay; Anbau von Baumwolle, Reis, Weizen.

**Mahatma** [sanskr.; = gr. Seele], ind. Ehrentitel für hoch stehende Persönlichkeiten (z.B. Ghandi).

**Mahdi** ['maxdi; arab.], von den Muslimen erwarteter Glaubens- u. Welterneuerer. Als M. gab sich u.a. Muhammad Ahmad (* 1844, † 1885) aus; der v. seinen Anhängern *(Mahdisten)* 1881 begonnene Aufstand gg. die ägypt. Reg. im Sudan wurde 1898/99 niedergeschlagen.

**Mahler,** Gustav, östr. Komponist u. Dirigent, * 1860, † 1911; Liederzyklen: „Lieder eines fahrenden Gesellen", „Kindertotenlieder"; 10 Sinfonien (die 10. unvollendet), „Das Lied v. der Erde"; M.s Werk wurzelt in der Romantik. – ⚭ mit Alma Mahler-Werfel (* 1879, † 1964), die seine Biographie schrieb u. seine Werke herausgab.

**G. Mahler**

**Mahnverfahren,** vereinfachtes Verfahren der ZPO, um dem Gläubiger schnell einen Schuldtitel zu verschaffen: Gesuch des Gläubigers beim Amtsgericht um Erlass eines *Mahnbescheids* gg. den Schuldner, sofern der Anspruch auf Bezahlung einer best. Geldsumme geht; bei Einspruch durch den Schuldner Einleitung des ordentl. Prozessverfahrens, sonst wird ein *Vollstreckungsbescheid* auf den Mahnbescheid gesetzt.

**Mahonile** [nach dem amer. Gärtner B. MacMahon, † 1816], Gatt. der Sauerdorngewächse; immergrüne, gelb blühende Ziersträucher.

**Mahr,** Alb, Nachtgespenst.

**Mähren,** tschech. **Morava,** histor. Gebiet in der ČR zw. Böhmen und der Slowakei, Hauptort Brünn; mit den Becken von Olmütz, Brünn u. Anteil am Wiener Becken, im W begrenzt durch die Böhm.-Mähr. Höhe, im O durch Karpaten u. Beskiden, S u. N Landesgrenzen gg. Östr. u. Polen; intensive Landw.; Textil-, Leder- u. Metallind. – Um 100 bis um 60 von kelt. Bojern bewohnt; es folgten german. Stämme, nach deren Abzug nach 550 n. Chr. Slawen nachrückten. Im 9. Jh. war M. Mittelpt. des Großmähr. Reiches; im 11. Jh. endgültig Böhmen einverleibt.

**Mährische Brüder,** svw. ↑Böhmische Brüder.

**Mai,** 5. Monat des Jahres.

**Maier,** Reinhold, dt. Politiker, *1889, †1971; 1945–52 Min.-Präs. v. Württemberg-Baden, 1952/53 v. Ba.-Wü., an dessen Bildung er maßgebl. beteiligt war; 1957–60 B.-Vors. der FDP.

**Maigesetze,** 1873–75 erlassene preuß. Gesetze, die den Höhept. des Kulturkampfes bezeichnen.

**Maiglöckchen,** Liliengewächs; 10–20 cm hohe, gift. Staude lichter Laubwälder; glöckchenart. weiße Blüten.

*(Mediolanum);* im 11. Jh. Kampf um die Stadtherrschaft zw. Bürgern u. Erzb.; M. war Haupt der lombard. Städtebünde im Kampf gg. die Ks. (1162 zerstört; Neuaufbau); Herrschaft d. ↑Visconti, seit 1450 der ↑Sforza; im 16. Jh. zeitw. frz., 1535 habsburg.; im 19. Jh. führend an der Einigung Italiens beteiligt.

**Mailbox** [ˈmeɪlbɔks], elektron. „Briefkasten", über den Computernutzer Serviceleistungen beziehen u. Nachrichten (E-Mails) austauschen können.

**Mailer** [ˈmeɪlə], Norman, amer. Schriftsteller, *1923; „Die Nackten und die Toten".

**Maillol** [maˈjɔl], Aristide, frz. Bildhauer u. Grafiker, *1861, †1944; Stein- u. Bronzearbeiten (weibl. Akte), Buchillustrationen.

**Main,** r. Nbfl. des Rheins mit den Quellflüssen *Weißer M.* (Fichtelgeb.) u. *Roter M.* (Fränk. Alb), mündet gegenüber von Mainz, 524 km; bed. Schifffahrtsweg.

**Mailand:** *Dom Santa Maria Nascente (1386 begonnen)*

**Maikäfer,** Gatt. brauner Laubkäfer, weiß gefleckter Hinterleib; die weißen Larven (Engerlinge; Entwicklungsdauer 4–5 J.) sind Wurzelschädlinge.

**Mailand,** ital. **Milano,** Prov.-Hptst. u. Hptst. d. Region Lombardei, Italien, 1,3 Mill. E; 2 Univ., wiss. Institute, Bibliotheken (Ambrosiana), Museen (Brera), Theater, Oper (Scala); Sant'Ambrogio (altchristl. Anlage, heutiger Bau 10.–12. Jh.), Dom (1386 beg.), Kastell (15. Jh.); Wirtschaftszentrum N-Italiens; zahlr. Banken; Masch.-, Textil-, Elektro-, Auto-, Lebensmittel- und chem. Ind.; internat. Messen; Verkehrsknotenpunkt, 2 ✈. – Von kelt. Insubrern gegr., 22 v. Chr. röm.

**Mainau,** Insel im Überlinger See (Bodensee), Ba.-Wü., 44 ha; Schloss (1736–46) mit Park.

**Main-Donau-Kanal, Europakanal,** Teilstück des ↑Rhein-Main-Donau-Großschifffahrtswegs zw. Main und Donau.

**Maine** [meɪn], Abk. **Me,** Küstenstaat im NO der USA, 86 156 km², 1,2 Mill. E, Hptst. Augusta; wald- u. seenreich; bed. Holzwirtsch., Fischerei; vorw. Kartoffelanbau; Leder-, Textilindustrie.

**Mainz, 1)** Hptst. von RP, am Rhein, kreisfreie Stadt und Kreisstadt, 183 700 E; Univ., Akad. der Wiss. u. der Lit., Dt. Fernsehakad., Max-Planck-Inst. für Chemie; Museen (Gutenberg-Museum), Theater; LG, IHK; Kaiserdom (1239 geweiht) u. a. bed. Kirchen; Kurfürstl. Schloss (17. und 18. Jh.), ehem. Deutschordenskommende (1730–39; jetzt Landtagsgebäude), barocke Adelshöfe; Sitz des ZDF; Metall verarb., chem., Papier-, Zementind., Wein- u. Sektkellereien. Rheinhafen. – Seit 13 v. Chr. röm. Militärlager *(Mogontiacum),* im 3. Jh. röm. Munizipium, in der Völkerwanderungszeit großenteils zerstört; 747 Sitz Bonifatius', 782 Erzbischofssitz, unter bed. Erzbischöfen und Kurfürsten ein Zentrum des Reiches; bed. Handelsstadt, 1462 Verlust aller städt. Freiheiten, Residenz des Kurstaates; 1476 Gründung der Univ. (bis 1797, 1946 neu gegr.), 1792/93 u. 1797–1814 frz. Nach dem Wiener Kongress an Hessen-Darmstadt, Festung des Dt. Bundes; s. 1950 Hptst. von RP. **2)** ehem. geistl. Kurft., Schwerpunkte am Mittelrhein, im Oberstift (Aschaffenburg), in Hessen (Fritzlar, Amöneburg) u. Thür. (Erfurt, Eichsfeld); 1803 aufgelöst.

**Maipo,** tätiger Vulkan der Anden, an der chilen.-argent. Grenze, sö. von Santiago de Chile, 5290 m.

**Maire** [mɛːr; frz.], in Frkr. Bürgermeister; *Mairie,* Bürgermeisterei.

**Mais** [indian.], Grasart der amer. Tropen, bis 2 m hoch, mit getrenntgeschlecht. Blüten (einhäusig) u. in *M.kolben* stehenden Samen; eine der wichtigsten Nutzpfl., in allen wärmeren und milden Regionen in vielen Formen kultiviert; die Kohlehydrate und Fett enthaltenden *M.körner* dienen als Nahrung u. zur Herst. von *M.stärke;* wertvolles Futtermittel.

**Maisbeulenbrand** ↑Pflanzenkrankheiten (Übers.).

**Maisch[e],** Brei aus zermahlenen Früchten (Obst-, Trauben-M.) oder Malz (Malzschrot mit Wasser); Zwischenprodukt bei der Herst. von Fruchtsaft, Bier, Wein.

**Maiszünsler** ↑Pflanzenkrankheiten (Übers.).

**Majakowski,** Wladimir Wladimirowitsch, russ. Dichter, *1893, †1930 (Selbstmord); polit. Agitationsdichtung, Dramen.

**Majolika** ↑Fayence.

**Major** [span.], unterster Dienstgrad der Stabsoffiziere.

**Major** [ˈmeɪdʒə], John, brit. Politiker, *1943; 1990-97 Premiermin. u. Vors. der Konservativen.

**Majoran** [mlat.], Lippenblütler aus dem Mittelmeergebiet; einjähr. Gewürz- und Heilpflanze.

**Majorität** [lat.], Mehrheit.

**Majuskel** [lat.], Großbuchstabe.

**MAK, MAK-Wert** [MAK: Abk. für

maximale **A**rbeitsplatz**k**onzentration], Grenzwert einer Konzentration gas-, dampf- oder staubförmiger Substanzen, die als noch erträglich (nicht gesundheitsschädlich) am Arbeitsplatz bei achtstündiger Arbeit angesehen werden kann.

**Makaken** [afrik.], meerkatzenart. Altweltaffen, u.a. Rhesusaffe.

**Makarios III.,** eigtl. Michail Christodulos **Muskos,** Politiker, Erzb. u. Primas der autokephalen orth. Kirche v. Zypern, * 1913, † 1977; einer der Führer der Unabhängigkeitsbewegung.

**Makedonien**

*Fläche:* 25 713 km²
*Einwohner:* 2,01 Mill.
*Hauptstadt:* Skopje
*Amtssprache:* Makedonisch
*Zeitzone:* MEZ

**Makedoni|en, Mazedonien, 1)** histor. Geb.-Ldsch. in SO-Europa (bis 2 900 m), auf d. Balkanhalbinsel, umfasst d. nordgriech. Landesteil *M.* , d. *Rep. M.* u. Teile SW-Bulgariens; Bev. vorw. Makedonier, Serben, Griechen, Albaner, Bulgaren, Türken; größte Städte: Saloniki, Skopje, Bitola. *Gesch.:* Staatsgründung um 700 v. Chr.; Philipp II. (359–336) erzwang den Zugang zum Meer, besiegte Thebaner u. Athener bei Chaironeia, errang die Hegemonie in Griechenland; Alexander d. Gr. errichtete ein Weltreich, das aber in den Kämpfen der Diadochen zerfiel; mit Antigonos I. Gonatas begann die Antigonidenherrschaft, die mit der Niederlage des Perseus im 3. Makedon. Krieg gg. Rom endete; 148 v. Chr. röm. Provinz, im MA unter bulgar. u. byzantin., später serb. Herrschaft, s. 1317 osman.; nach dem 2. Balkankrieg (1913) zw. Serbien, Bulgarien u. Griechenland geteilt. **2)** Rep. in SO-Europa, Geb.-Land mit fruchtbaren Beckenldsch.; kontinentales Klima; Anbau v. Weizen, Roggen, Baumwolle, Reis, Mohn, Obst; Tabak-, Lederwaren- , chem. u.a. Ind.; Metallverarbeitung; ⚒ auf Kohle, Blei, Zink, Nickel, Eisen, Kupfer, Chrom, Antimon u. Molybdän. – *Gesch.:* 1945–91 Teil Jugoslawiens, erklärte sich am 15. 9. 1991 für unabhängig, aufgrund griech. Einspruchs zunächst internat. nicht anerkannt. Frühjahr 2000 bis Sommer 2001 („M.-Krise") bewaffnete Aktionen der ↑UÇK; Allparteienregierung, Friedensvertrag von Ohrid u. NATO-Truppen.

**Makis** ↑Affen.

**Makkabäer, Hasmonäer,** jüd. Priestergeschlecht, ben. nach ↑Judas Makkabi [erlosch 37 v. Chr.]; befreiten das jüd. Volk von der syr. Fremdherrschaft. Schilderung ihrer Gesch. in den 2 at. *Büchern der Makkabäer.*

**Makler, Mäkler,** Gewerbetreibender, der gegen *M.-Gebühr* (Erfolgshonorar) Gelegenheiten zum Abschluss von Verträgen nachweist u. Verträge vermittelt (z.B. Grundstücks-M.).

**Makrelen** [niederl.], Fam. spindelförm., z.T. räuber. Knochenfische; wertvolle Speisefische: ↑Thunfisch, *Makrele* (Atlantik, Mittelmeer, Nord- und Ostsee).

**makr[o]..., Makr[o]...** [gr.], Bestimmungswort; Bed.: „lang, groß".

**Makrobefehl,** 💻 Befehlsfolge aus Einzelbefehlen zur Reduzierung des Programmieraufwands.

**Makrokosmos** [gr.], das Weltall im Ggs. zum ↑Mikrokosmos.

**Makromoleküle,** Moleküle mit Molekularmassen ab etwa 10 000 g/mol (z.B. Kautschuk).

**MAK-Wert** ↑MAK.

**Malabarküste,** monsuntrop., lagunen- u. haffreiche Schwemmlandküste SW-Indiens; Reisanbau.

**Malachit,** schwärzl. grünes Mineral, Härte 4; häuf. Kupfererz; Schmuckstein.

**Maladeta,** höchster Geb.-Stock der Pyrenäen, Spanien, im Pico de Aneto 3 404 m.

**Málaga,** südspan. Prov.-Hptst. und Hafenstadt am Mittelmeer, Kurort, 560 000 E; Kathedrale (16. bis 18. Jh.), Reste der maur. Befestigungen; Univ.; Nahrungs- u. Genussmittelind.; ✈.

**Malaien,** überw. mongolide Völkergruppe mit austrones. Spr. in SO-Asien (Indonesien, Malaysia); *Primitiv-M.:* Jäger- u. Sammlerstämme (z.B. Jakun, Kubu); *Alt-M.:* betreiben Feldbau u. Fischerei (z.B. Batak, Dajak, Igorot); *Jung-M.:* Hochkulturvölker (z.B. Balinesen, Javaner, Maduresen, Makassaren u. die M. i.e.S. [Halbinsel Malakka]); fr. Bez. für alle Indonesier.

**Malaiisch,** die Spr. auf Malakka sowie an den Küsten der indones. Inseln; bed. Verkehrssprache.

**Malaiischer Archipel, Insulinde, Australasien,** die Inselwelt zw. südostasiat. Festland u. Australien: Gr. u. Kl. Sundainseln, Molukken u. Philippinen; polit. Zugehörigkeit: Indonesien, Philippinen, Malaysia (Sarawak und Sabah) und Brunei.

**Malakka, Halbinsel M., Malaiische Halbinsel,** südasiat. Halbinsel, gebirgig, 1 500 km lang, an der schmalsten Stelle (Isthmus v. Kra) 42 km breit; der NW gehört zu Birma, der NO u. der Mittelabschnitt zu Thailand, der S zu Malaysia.

**Malaparte,** Curzio, eigtl. Kurt E. **Suckert,** ital. Schriftsteller, * 1898, † 1957; „Kaputt", „Die Haut".

**Malaria** [ital.], **Sumpffieber, Wechselfieber,** meldepflichtige, durch Mücken (↑Anopheles) übertragene fieberh. Infektionskrankheit trop. u. subtrop. Gegenden mit typ. period. Fieberanfällen. Erreger: M.plasmodien. Arten: *M. tertiana* (fieberfreies Intervall jeden 3. Tag), *M. quartana* (fieberfreies Intervall jeden 4. Tag), *M. tropica* (atyp. Fieberverlauf, oft bösart. verlaufend).

**Mälarsee,** inselreicher See in M-Schweden, westl. von Stockholm; 1 140 km², bis 64 m tief.

**Malaspinagletscher,** einer der größten Gletscher der Erde, im Vorland der Saint Elias Mountains, S-Alaska, rd. 4 000 km².

**Malawi,** Rep. in O-Afrika, westl. u. südl. d. M.-Sees; überw. Hochebenen, die v. Geb. (bis 3 003 m) überragt werden; trop. Klima; Trockenwälder; Bev. fast ausschl. Bantuvölker; vorw. Landw. (Tabak,

**Malawi**

*Fläche:* 118 484 km²
*Einwohner:* 10,4 Mill.
*Hauptstadt:* Lilongwe
*Amtssprachen:* Englisch, Chewa
*Zeitzone:* MEZ + 1 Stunde

M

Tee, Mais, Maniok); Viehzucht, Fischfang, bed. Holznutzung. *Gesch.:* 1891 brit. Protektorat, ab 1907 Njassaland gen., 1953–63 mit Nord- und Südrhodesien Teil der Zentralafrik. Föderation, wurde 1964 unabh., 1966 Rep. innerhalb des Commonwealth; bis 1994 diktator. Herrschaft unter Präs. Banda, seitdem Mehrparteienstaat.

**Malawisee, Njassasee,** drittgrößter See Afrikas, in Malawi, Tansania u. Moçambique; 30 800 km², bis 706 m tief, Abfluss zum Sambesi.

**Malaysia,** Bundesstaat (13 Gliedstaaten) in Südostasien; besteht aus West-M. auf der Halbinsel Malakka (ehem. Malaiischer Bund) u. den Gliedstaaten ↑Sabah u. ↑Sarawak auf N-Borneo; überw. gebirg., sumpf. Küstenebenen, trop. Klima, trop. Regenwälder im Innern; *Bev.:* Malaien, Chinesen, Inder; *Rel.:* Muslime, Konfuzianer, Buddhisten, Hindus; *Landw.:* Anbau v. Reis, Gewürzen, Gewinnung hpts. v. Kautschuk u. Palmöl; wichtigste *Bodenschätze:* Zinnerz, Erdöl, Bauxit, Kupfererz; *Ind.:* Automontage, Gummi-, Textil-, Elektro-, Erdöl-, Nahrungs- u. Genussmittelind. – Um 1400 Gründung des Sultanats Malakka durch malai. Einwanderer; 1511 portug., 1641 niederl., 1795 brit., seit 1867 brit. Kronkolonie; 1948 Gründung des Malai. Bundes, s. 1957 unabh. innerhalb des Commonwealth; 1963 Proklamation der Föderation v. M. (bis 1965 mit Singapur).

**Malaysia**

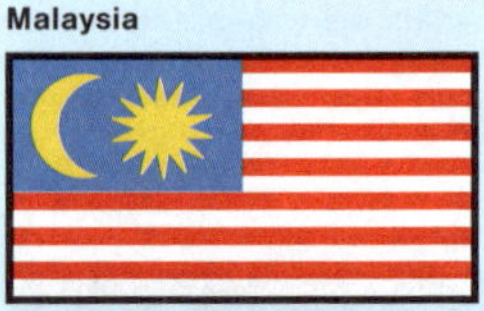

*Fläche:* 329 758 km²
*Einwohner:* 21,79 Mill.
*Hauptstadt:* Kuala Lumpur
*Amtssprachen:* Bahasa Malaysia, Englisch
*Zeitzone:* MEZ + 7 Stunden

**Maleachi** ↑Kleine Propheten.

**Malediven,** Rep. im Ind. Ozean, Gruppe von Atollen sw. von Sri Lanka; Ausfuhr v. Trockenfisch, Kopra, Kokosöl u. -fasern; Fremdenverkehr. – S. 1645 unter niederl. Schutz, 1887 brit. Protektorat, 1965 souverän.

**Malediven**

*Fläche:* 298 km²
*Einwohner:* 301 000
*Hauptstadt:* Malé
*Amtssprache:* Divehi
*Zeitzone:* MEZ + 4 Stunden

**Malerei,** die künstler. Gestaltung einer Fläche mit Farben u. Formen; die Darst. können gegenständlich oder gegenstandslos (↑abstrakte Kunst) sein. Die wichtigsten Techniken: Fresko-, Öl-, Wachs-M. (Enkaustik), Aquarell, Gouache, Pastell-M. Nach Format u. Farbträgern unterscheidet man die monumentale Wand-M., Glas- u. Tafel-M., Buch- u. Miniatur-M.; nach dem Stoffgebiet Historien-, Genre-M., Porträt, Stillleben, Interieur, Tier-, Landschafts-, Marine-M., Architekturbild.

**Malewitsch,** Kasimir Sewerinowitsch, russ. Maler u. Kunsttheoretiker, *1878, †1935; sah den von ihm vertretenen Suprematismus als Entsprechung zum revolutionären u. techn. Zeitalter.

**Malherbe** [ma'lɛrb], François de, frz. Dichter, *1555, †1628; Reformator der frz. Dichterspr.; Oden u. Sonette in klarem, reinem Stil.

**Mali, 1)** Rep. in W-Afrika, in d. westl. Sahara u. d. Flussgebieten d. oberen Niger u. Senegal; Savannen (im S), Bev. vorw. sudanide Völker; Anbau v.a. v. Hirse, Reis, Mais, Baumwolle; Rinderzucht; bed. Fischerei; ⚒ auf Gold, Phosphat, Diamanten, Eisen, Mangan. – *Gesch.:* islam. Reich M. (größte Ausdehnung 13. bis 15. Jh.); 1904 frz. Kolonie Soudan (Frz.-Sudan, Teil von Frz.-Westafrika), 1958 autonome Rep., 1959/60 mit Senegal Föderation M. als selbst. Rep., 1960 entstand die heutige Rep. M.; sozialist. orientierte Politik; 1968–91 Militärreg. unter M. Traoré; Mehrparteiensystem seit 1992; 1992–96 Konflikt mit Tuareg im N. **2)** bis ins 17. Jh. Großreich im westl. Sudan, entwickelte sich aus einem kl. Herrschaftsgebiet (seit dem 11. Jh.), Blütezeit 13./14. Jh.

**Malipiero,** Gian Francesco, ital. Komponist u. Musikschriftsteller, *1882, †1973.

**Mallarmé,** Stephane, frz. Dichter des Symbolismus, *1842, †1898; „Der Nachmittag eines Fauns".

**Malle** [mal], Louis, frz. Filmregisseur, *1932, †1995; „Fahrstuhl zum Schafott".

**Mallorca** [ma'ʎɔrka], Hauptinsel der Balearen, Spanien, 3 618 km², Hptst. Palma; im NW bis 1 445 m; Wein, Oliven, Zitrusfrüchte; bed. Fremdenverkehr.

**Malm** ↑Geologie (Übers.).

**Malmö,** schwed. Prov.-Hptst. u. Hafenst. am Sund, 237 000 E; Schloss M.hus (16. Jh.), Renaissancerathaus, mod. Stadttheater; Masch.-, Schiffbau, Textil-, Zementind.; Fähren nach Kopenhagen, ✈.

**Malraux** [mal'ro], André, frz. Schriftsteller u. Politiker, *1901, †1976; Mitgl. der Résistance; 1958–69 Kulturmin.; Romane („So lebt der Mensch"), Essays, Autobiografisches.

**Mali**

*Fläche:* 1 240 192 km²
*Einwohner:* 10,6 Mill.
*Hauptstadt:* Bamako
*Amtssprache:* Französisch
*Zeitzone:* MEZ – 1 Stunde

**Malta,** Mittelmeerinsel südl. Siziliens, 246 km², bildet mit d. Nebeninseln Gozzo, Comino u.a. die Rep. M. – *Gesch.:* im frühen Altertum phönik. Kolonie; um 400 v. Chr. karthag., 218 v. Chr. röm.; 870 arab., 1090 normann., später Teil des Kgr. Sizilien. Seit 1530 gehörte M. dem Johanniterorden, 1798 v. Napoleon erobert, 1800 v. Großbrit.; 1814 brit. Kronkolonie u. Flottenstützpt.; 1947 autonom, s. 1964 unabh. Mitgl. des Commonwealth; 1974 unabh. parlamentar. Rep.; bis 1979 Abzug aller brit. Truppen.

**Malter,** altes dt. Getreidemaß unterschiedl. Größe.
**Malteser[ritter],** (nach d. Insel Malta) ↑Johanniterorden.
**Malthus** ['mælθəs], Thomas Robert, engl. Nationalökonom u. Sozialphilosoph, *1766, †1834; Begr. einer pessimist. Bev.theorie (↑Malthusianismus).
**Malthusianismus,** nach T. R. Malthus benannte Bev.theorie, nach der die mögl. Bev.größe durch die verfügbaren Nahrungsmittel bestimmt wird; Begrenzung des Bev.wachstums durch Geburtenbeschränkung daher unerlässlich.
**Malvengewächse** [lat.; dt.], artenreiche Fam. von [trop.] Holzpfl. und Kräutern; Zierpfl., Nutzpfl. (Baumwolle), Unkräuter.
**Malvinen** ↑Falklandinseln.
**Malz,** zum Keimen gebrachtes Getreide (v.a. Gerste) zur Bereitung von Bier u. Kornbranntwein.
**Mamba,** Gatt. sehr gefürchteter [baumbewohnender] afrik. Giftnattern, z.B. *Grüne Mamba.*
**Mamelucken, Mamluken,** in Ägypten als Söldner verw. Kaufsklaven; machten sich 1250 zu Herren des Landes, herrschten bis 1517; verloren ihren Einfluss erst durch Mehmed Ali (1811).
**Mamertus,** hl., s. um 461 Erzb. v. Vienne, †um 475; einer der Eisheiligen.
**Mammae** [lat.], svw. ↑Brustdrüsen.
**Mammut,** gg. Ende der Eiszeit ausgestorbener, bis 4m hoher Elefant der nördl. Halbkugel mit ries. Stoßzähnen u. dichter Behaarung.
**Mammutbaum, Sequoia,** Gatt. kaliforn. Sumpfzypressengewächse, über 100m hoch; *Riesen-M.* mit Stamm bis 12m ⌀; älteste Exemplare etwa 4000J. alt; in Europa als Parkbaum.

**Malta**

*Fläche:* 316 $km^2$
*Einwohner:* 378 600
*Hauptstadt:* Valletta
*Amtssprachen:* Maltesisch und Englisch
*Zeitzone:* MEZ

**Mammuthöhle, 1)** eine der größten Kalksteinhöhlen der Erde, südl. des Green River, Kentucky, USA; fünfstöckig, Gänge auf rd. 250km erforscht. **2)** größte der Dachsteinhöhlen, 20km lang, bei Obertraun, Österreich.
**Man** [mæn], **Isle of Man,** Insel in der Ir. See, 572 $km^2$, bis 620m hoch, 64 700 E, Hauptort Douglas; Obst- u. Gemüsebau; Selbstverwaltungsgebiet unter der brit. Hoheit.
**MAN** ↑Rechnernetz.
**Mänaden** [gr.], griech. Mythos: ekstat. Begleiterinnen des Dionysos.
**Management** ['mænɪdʒmənt], Bez. für die Führung v. Institutionen (z.B. Unternehmen, Verbände, Parteien) u. die Personen, die diese Funktion ausüben.
**Management-Buy-out** ['mænɪdʒməntbaɪ'aʊt], Abk. **MBO,** Übernahme eines Unternehmens durch eigene Führungskräfte; Übernahme durch externe Manager: *Management-Buy-in.*
**Manager** ['mænɪdʒə], mit Verfügungs- u. Entscheidungsbefugnis ausgestattete Führungskraft eines Unternehmens; Betreuer v. Künstlern, Sportlern.
**Managerkrankheit** ['mænɪdʒə-], volkstüml. Bez. für: krankhafte Reaktionen v.a. von Herz u. Kreislauf auf ständige körperl. u. psych. Überbeanspruchung.
**Managua,** Hptst. von Nicaragua, 682 000 E; Handels- u. Ind.-Zentrum; ✈. – 1972 durch Erdbeben stark zerstört.
**Manáus,** Hptst. des brasil. Bundesstaates Amazonas, rd. 1 Mill. E; Univ.; Wirtschaftszentrum; ⚓ am Río Negro, ✈.
**Manchester** ['mæntʃɪstə], **1)** mittelengl. St., Verw.-Sitz d. Metropolitan County Greater M., 449 000 E; Univ., Hochschulen, Zentrum der engl. Baumwollind.; Eisen- und Stahlverarb.; Verbdg. zur Ir. See über den *M. Ship Canal.* **2)** St. im südl. New Hampshire, USA, 100 500 E; Textil-, Maschinen- u.a. Ind.; ✈.
**Manchestertum** ['mæntʃɪstə-], Richtung des wirtsch. Liberalismus, für schrankenlosen Freihandel, gegen wirtschafts- u. sozialpolit. Eingriffe des Staats.
**Mandant,** Auftrag-, Vollmachtgeber, bes. eines Rechtsanwalts.
**Mandarin** [sanskr.], europ. Bez. für ehem. hohe chin. Beamte.
**Mandarine** [frz.], Strauch od. Baum mit kl., apfelsinenähnl. Früchten; kernlose Sorte Satsuma, kernarm Klementine u. Tangerine.
**Mandat** [lat.], **1)** Auftrag, Vollmacht. **2)** Amt eines [gewählten] Abg. **3)** in Treuhand von einem Staat verwaltetes Gebiet *(M.sgebiet),* bes. z.Z. des Völkerbundes.
**Mandel, 1)** ↑Mandelbaum. **2) Tonsille,** Bez. für versch. mandelförmige Organe (Lymphdrüsen), *Gaumen-M.n., Rachen-M.* (am Rachendach) u. *Zungen-M.* (am Zungengrund). **3)** altes Zählmaß, 15 Stück.

N. Mandela

**Mandela,** Nelson, südafrikan. Politiker, *1918; s. 1944 Mitgl. des ANC, wandte sich gg. die Apartheid, 1962 verhaftet, 1964 zu lebenslängl. Haft verurteilt, wurde zur Symbolfigur des schwarzen Widerstands gg. die Apartheid; 1990 aus der Haft entlassen, zum Präs. des ANC gewählt, wurde nach Aufhebung der Apartheid 1994 zum ersten farbigen Präs. der Rep. Südafrika gewählt (Rücktritt 1999). 1993 Friedensnobelpreis mit F. DeKlerk.
**Mandelbaum,** Rosengewächs, Baum od. Strauch; Armenien bis Zentralasien; Früchte: *süße Mandeln* (für Mandelöl, Salben u.a.); *bittere Mandeln* (roh giftig; u.a. in Likören u. Seifen verarbeitet).
**Mandelentzündung,** entzündliche Schwellung der Gaumenmandeln; ↑Angina.
**Mandelstam,** Ossip Emiljewitsch, russ. Lyriker, *1891, †1938.
**Mandoline** [ital.], Art kl. Laute mit tief gewölbtem Schallkasten, 4 Doppelsaiten, die mit einem Plektron angerissen werden.
**Mandrill** [engl.], Hundskopfaffe W-Afrikas; ♂ mit prächtig gefärbtem Gesicht.
**Mandschurei,** der nö. Teil Chinas, ein bed. Wirtschaftsgebiet; fruchtb. Böden mit Anbau v. Sojabohnen, Hirse, Mais, Weizen; rei-

M

**Édouard Manet:** *Das Frühstück im Grünen (1863)*

che Bodenschätze: Steinkohle, Eisenerz, Erdöl u. a.; bed. Schwerind. in der südl. M. – *Gesch.:* Das südl. Küstengebiet s. dem 3. Jh. v. Chr. chin., im O Tungusen, im W Mongolen. S. etwa 700 n. Chr. das Reich Pohai unter wechselnden tungus. u. mongol. Herrschern. S. 1583 Herrschaft der *Mandschu-Dyn.;* s. 1905 russ. u. jap. Einflusssphären; 1931 v. Japan besetzt; v. Japan abhängiger Staat *Mandschukuo* (1932–45). S. 1945 wieder Teil Chinas.

**Manege** [manˈeːʒə], Reitbahn in einer Halle, bes. im Zirkus.

**Manessische Handschrift,** svw. ↑Heidelberger Liederhandschrift1).

**Manet** [-ˈnɛ], Édouard, frz. Maler, *1832, †1883; „Vater" des Impressionismus; „Das Frühstück im Grünen", „Olympia" u. a.

**Mangan** [gr.], Symb. **Mn,** chem. El., OZ 25, rel. A.-Masse 54,938, Dichte 7,20–7,43 g/cm³, Fp. 1245 °C, Sp. 2061 °C; silbergraues, hartes, sprödes Metall; *Vorkommen:* v. a. als Pyrolusit, Psilomelan, Manganit, Braunit, in vielen Eisenerzen, als M.knollen im Tiefseebereich; verw. zur Desoxidation v. Eisen u. Stahl, in Stahllegierungen.

**Mängelhaftung, Gewährleistung,** Haftung eines Verkäufers, Vermieters, Verpächters od. Unternehmers für Sach- u. Rechtsmängel des Vertragsgegenstandes.

**Mangelkrankheiten,** schwerwiegende Störungen der Lebensfunktionen bei Mensch und Tier infolge Fehlernährung (Unterernährung, Avitaminose, Eiweiß-, Mineralstoffkrankheit u. a.).

**Mängelrüge,** Mitteilung eines Sach- od. Rechtsmangels z. B. durch den Käufer dem Verkäufer gegenüber; gibt dem Käufer das Recht auf Nacherfüllung, ↑Minderung, Rücktritt od. Schadenersatz.

**Mangobaum** [tamil; dt.], immergrüner Obstbaum im trop. Asien; m. süßsäuerl. Steinfrüchten.

**Mangold,** Gänsefußgewächs; Form der Runkelrübe, Gemüse.

**Mangrove** [engl.], Pflanzenformation trop. Meeresküsten; Wald- u. Buschdickichte, deren Pfl. Stelz- u. Atemwurzeln besitzen.

**Mangusten** [portug.], **Mungos,** Unterfam. der Schleichkatzen im südl. u. östl. Mittelmeergebiet, in Afrika u. S- u. Südostasien; u. a. ↑Ichneumon.

**Manhattan** [mænˈhætn], Strominsel im Mündungsgebiet des Hudson River, mit dem gleichnam. ältesten Stadtteil v. New York.

**Manichäismus,** von dem Perser Mani (*215, †277) begr. Religion; synkretist. aufbauend auf frühchristl. Gnostizismus, mythologisierter hellenist. Lichtmetaphysik, altiran. u. ind. El., lehrte der M. einen extremen Dualismus (Licht- gg. Finsternisreich), Leibfeindlichkeit u. radikale Askese; Verbreitung im ges. Mittelmeerraum (Blütezeit 4./5. Jh.).

**Manie** [gr.], **1)** Besessenheit, Sucht, krankhafte Leidenschaft. **2)** psych. Erkrankung mit ständiger Geschäftigkeit ohne nennenswerten Nutzeffekt, grundlos heiterer oder gereizter Stimmung, Rede- u. Bewegungsdrang.

**Manierismus,** mod. Stilbegriff für die Kunst der Zeit zw. Renaissance und Barock (um 1520 bis um 1580); überlängte, in sich gedrehte Figuren, kalte Farben, Zug zur Erstarrung, Abstraktion u. Allegorie; u. a. Pontormo, Bronzino, Giambologna, Tintoretto, El Greco; Cellini, Giovanni da Bologna.

**Manifest** [lat.], Grundsatzerklärung, Programm.

**Manila,** Hptst. u. bedeutendster ⚓ der Philippinen, auf Luzon, an der

**Mangrove:** *Mangrovenbäume mit Stelzwurzeln*

**Manierismus:** *Giambologna, „Raub der Sabinerin" (1579–82)*

*M.bucht,* 1,6 Mill. E; mehr. Univ. u. Hochsch.; Hütten-, chem., Gummi-, Nahrungsmittel-, Tabakind.; ✈.

**Manilafaser, Abakafaser,** Blattfasern der *Hanfbanane* (Heimat: Philippinen, in trop. Ländern kultiviert); für Taue, Netze, Matten.

**Maniok** [indian.], trop. Wolfsmilchgewächs; stärkereiche Knollen wicht. Nahrungsmittel.

**Manipulation** [lat.], bewusster und gezielter Einfluss auf Menschen ohne deren Willen (Werbung); absichtl. Verfälschung von Informationen durch Auswahl, Zusätze oder Auslassungen.

**manisch-depressive Erkrankung,** period. auftretende psych. Krankheit, charakterisiert durch man. (↑Manie) und depressive Phasen.

**Manitoba** [mænɪˈtəʊbə], kanad. Provinz sw. der Hudsonbai, 649 947 km$^2$, 1,09 Mill. E, Hptst. Winnipeg; seenreich; im S Prärieldsch., vorw. Getreideanbau, im N waldreich; Pelztierjagd; Nickel, Kupfer-, Zinkerz-⚒, ⚓.

**Manitu** [indian.], bei den Algonkin Name einer allen Dingen und Naturerscheinungen innewohnenden Kraft.

**Mankell,** Henning, schwed. Schriftsteller, * 1948; Kriminalromane um Kommissar Wallander; Kinderbücher.

**Mann, 1)** Golo, Sohn v. 4), dt. Historiker, * 1909, † 1994; „Dt. Gesch. des 19. u. 20. Jh.", „Wallenstein". **2)** Heinrich, Bruder v. 4), dt. Schriftsteller, * 1871, † 1950; seit 1933 im Exil; zeitkrit.-satir. („Professor Unrat", als Film „Der blaue Engel", „Der Untertan") u. histor. Romane („Henri Quatre", 2 Bde.), Essays, Autobiogr. „Ein Zeitalter wird besichtigt". **3)** Klaus, Sohn v. 4), dt. Schriftsteller, * 1906, † 1949 (Selbstmord), seit 1933 im Exil; von der Unruhe der Zeit und des Autors geprägte Romane: „Mephisto", „Der Vulkan". **4)** Thomas, dt. Schriftsteller, * 1875, † 1955; ging 1933 ins Exil, lebte seit 1952 in der Schweiz; großes erzähler. Werk, das durch enzyklopäd. Aufnahme der geist. Strömungen Kultur- und Zeitanalyse bietet: Romane „Buddenbrooks", „Der Zauberberg", „Lotte in Weimar", „Joseph"-Trilogie, „Doktor Faustus", „Bekenntnisse des Hochstaplers Felix Krull"; Nov. „Tonio Kröger", „Tod in Venedig"; Nobelpreis 1929.

**Manna** [hebr.], **1)** zuckerhalt. Ausscheidung versch. Pflanzenarten (u. a. *M.esche*). **2)** im A. T. wunderbar vom Himmel gefallene Nahrung der Israeliten während ihrer Wüstenwanderung.

**Mannerheim,** Carl Gustaf Emil Frhr. v., finn. Marschall und Politiker, * 1867, † 1951; leitete 1917/18 den finn. Unabhängigkeitskampf, erreichte als Reichsverweser (1918/19) die internat. Anerkennung der finn. Unabhängigkeit, 1939/40 u. 1941–44 Oberbefehlshaber im Kampf gg. die UdSSR; 1944–46 Staatspräsident.

**Männertreu,** spött. volkstüml. Bez. für Pfl. mit leicht abfallenden Blüten (Ehrenpreis u. a.) od. distelart. Aussehen.

**Heinrich und Thomas Mann** *(Fotografie um 1900)*

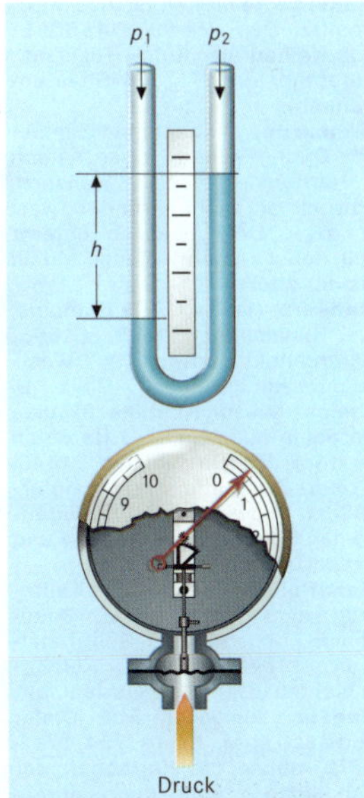


**Manometer:** *Das U-Rohr-Manometer ist die einfachste Form des Flüssigkeitsmanometers (oben); $p_1$, $p_2$ verschiedene Drücke, h Höhendifferenz; beim Deformationsmanometer wird der Druck aus der Verformung der Plattenfeder bestimmt und zum Ausschlag eines Zeigers verwendet.*

**Mannheim,** St. an der Mdg. des Neckars in den Oberrhein, Ba.-Wü., Stadtkreis, 316 000 E; mit Ludwigshafen am Rhein bed. Handels- u. Ind.-Zentrum im Rhein-Neckar-Raum; Univ.; LG, Verw.-Gerichtshof Ba.-Wü., IHK; Schloss u. Jesuitenkirche (18. Jh.); bed. Binnen-⚓, Fahrzeug-, Masch.bau, Elektro-, Lebensmittel-, Bau-, Textil-, chem. Ind. – 1606 als Festungsst. gegr.; 1622 u. 1689 vollst. zerstört, nach einheitl. Gesamtplan Wiederaufbau (gleichmäßig in Quadrate gegliederte Innenst.); 1720–78 Residenzstadt der Kurpfalz; 1803 badisch.

**Manometer** [gr.], Gerät zur Messung des ↑Drucks *p* in Flüssigkeiten u. Gasen, z. B. durch Verformung einer elast. Feder od. durch unterschiedl. Flüssigkeitsstand (*h*) in einem U-Rohr.

**Manöver** [frz.], **1)** größere kriegsmäß. Übung für Führung u. Truppe. **2)** gesteuerte Bewegung z. B. eines Schiffes od. Raumfahrzeugs. **3)** Täuschungsversuch.

**Mans, Le** [lə'mã], Hptst. des nordwestfrz. Dep. Sarthe, 145 500 E; got. Kathedrale; Auto-, Textilind.; Autorennstrecke (24-Stunden-Rennen).

**Mansarde,** ausgebautes Zimmer im Dachgeschoss, ben. nach J. Hardouin-Mansart (↑Mansart), obwohl er nicht Erfinder war; *M.ndach,* Dach, dessen unterer Teil (mit Fenstern) steiler abfällt als der obere.

**Mansart** [mã'sa:r], **1)** François, frz. Baumeister, *1598, †1666; Hofarchitekt Ludwigs XIV.; Westflügel von Schloss Blois u. Schloss Maisons-Laffitte. **2)** Jules Hardouin-M., eigtl. J. **Hardouin** [ar'dwɛ̃], frz. Baumeister, *1646, †1708, Großneffe von 1); Hofarchitekt Ludwigs XIV.; Invalidendom in Paris; Schlosskapelle und Grand Trianon in Versailles.

**Mansfield** ['mænsfi:ld], Katherine, eigtl. Kathleen M. **Beauchamp** ['bi:tʃəm], engl. Schriftstellerin, *1888, †1923; Kurzgeschichten u. a. „Das Gartenfest".

**Mansur, Almansor,** Abu Djafar Abd Allah al-M., Kalif s. 754, *712, †775; setzte die Herrschaft der Abbasiden endgültig durch, machte das neu gegr. Bagdad zur Residenz.

**Mantegna** [man'tɛɲɲa], Andrea, ital. Maler und Kupferstecher der Frührenaissance, *1431, †1506; Fresken und Tafelbilder in Padua, Verona und Mantua.

**Mantel, 1)** bei Wertpapieren Urkunde, d. Anteilsrecht od. Forderung verbrieft; Ggs. *Bogen* (Gewinnanteil- u. Zinsschein). **2)** bei Kapitalges. der Firmenname mit Eintragung in das Handelsregister nebst Anteilsrechten, aber ohne Aktiva und Passiva. **3)** √ **M.fläche,** Teil der Oberfläche eines Körpers; gekrümmte, in eine Ebene abwickelb. Fläche (z. B. Kegel-M.). **4) Erdmantel,** Schale zw. Erdkern und -kruste. **5)** bei Weichtieren Teil der Haut, der die Schale absondert.

**Manteltarif,** ↑Tarifvertrag, der allg. Arbeitsbedingungen regelt.

**Manteltiere,** mariner Unterstamm der Chordatiere; u. a. Seescheiden und Salpen.

**Mantik** [gr.], Kunst des Wahrsagens bes. aus Naturerscheinungen (Wetterorakel, Beobachtung der Himmelskörper, des Vogelflugs).

**Mantisse** [lat.], Ziffern des Logarithmus hinter dem Komma.

**Mantua,** ital. **Mantova,** Prov.-Hptst. in d. Lombardei, Italien, in d. Poebene, 48 700 E; Dom (roman., 1545 umgebaut), S. Andrea (L. B. Alberti), Palazzo Ducale (13. bis 17. Jh.), Palazzo del Te (1525 ff.); landw. Handelszentrum. – Wohl etrusk. Gründung, 1167 Anschluss an den Lombardenbund; unter den Gonzaga (s. 1328) 1530 Hzgt.; 1708 östr., 1805–14 frz.; bis 1866 wieder östr., seitdem italienisch.

**Manual** [lat.], Handklaviatur b. Orgel und Cembalo, Ggs. Pedal.

**Manufaktur** [lat.], vorind. gewerbl. Großbetrieb mit Handarbeit (z. B. Porzellan-M.).

**Manuskript** [lat.], **1)** handschriftl. Buch der Antike u. des MA. **2)** handschriftl. Ausarbeitung eines Werkes. **3)** Druckvorlage eines Textes.

**Manutius,** Aldus, d. Ä., ital. Aldo **Manuzio,** ital. Humanist, *um 1450, †1515; berühmter Buchdrucker seiner Zeit; vorbildl. Klassikerausgaben.

**Manzoni,** Alessandro, ital. Schriftsteller *1785, †1873; bed. Vertr. der Romantik, verdient um die Entw. der ital. Schriftspr., v. a. mit dem histor. Roman „Die Verlobten".

**Manzù,** Giacomo, ital. Bildhauer, *1908, †1991; Einzelfiguren, Porträtköpfe, Reliefs (Bronzetor v. St. Peter, Rom).

**Maori,** autochthone Bev. Neuseelands, Polynesier; rd. 523 400 M.; hoch stehende Kunst.

**Mao Zedong,** chin. Politiker, *1893, †1976; 1921 Mitbegr. der KPCh (Kommunist. Partei Chinas), 1928 Führer der kommunist. Partisanen in S-China, setzte sich als Parteiführer 1937/40 endgültig durch, 1945–49 Kampf gg. Chiang Kai-shek, Eroberung des chin. Festlandes; 1949–54 Vors. der Zentralen Volksreg. der VR China, 1954–59 Präs. des Zentralen Volksrates (Staatsoberhaupt); 1945–76 Vors. des Politbüros u. des ZK.

**Mapai** [hebr.], gemäßigt sozialist. Partei Israels; gegr. 1930; Zusammenschluss (1968) mit anderen zur Israel. Arbeiterpartei (s. 1992 Avoda).

**Mapam** [hebr.], linkssozialist. Arbeiterpartei Israels; Abspaltung der Mapai (1948); 1992 an Bildung des Meretz-Blocks beteiligt.

**Maputo,** bis 1975 **Lourenço Marques** [lo'rɛ̃su 'markɪʃ], Hptst. v. Moçambique, 966 800 E; Univ.; vielseitige Ind.; bed. ⚓ (auch für Südafrika u. Swasiland [Erzexport]), ✈.

**Marabu** [arab.], bis 1,4 m lange Storchengatt. (Flügelspannweite fast 3 m) mit 3 Arten in SO-Asien, Indien und Afrika.

**Maracaibo** [-βo], venezolan. Hafenstadt am Golf von Venezuela und am *M.see,* 1,2 Mill. E; Erzbischofssitz; 2 Univ.; Zentrum der venezol. Erdölind.; ✈.

**Maracuja,** essbare Früchte versch. Arten der ↑Passionsblume.

**Marais** [ma'rɛ], Jean, eigtl. J. Alfred **Villain-M.,** frz. Bühnen- u. Filmschauspieler, *1913, †1998.

**Maranhão** [-'ʃãu], B.-Staat in NO-Brasilien, an der Atlantikküste, 329 556 km², 4,9 Mill. E, Hptst. São Luís; Anbau von Baumwolle, Kaffee, Zuckerrohr; Viehzucht.

**Marat** [ma'ra], Jean-Paul, frz. Politiker, *1743, †1793 (v. Charlotte de Corday d'Armont ermordet); Mitgl. des Konvents; 1793 Präs. des Jakobinerklubs, mitverantwortl. für die Septembermorde u. die Vernichtung der Girondisten.

**Marathon,** griech. Ort nö. v. Athen, 2 200 E. – 490 v. Chr. Sieg der Athener unter Miltiades über die Perser; ein Läufer soll die Siegesbotschaft nach Athen überbracht haben; danach: *M.lauf,* Langstreckenlauf über 42,2 km; olympische Disziplin.

**Marbach am Neckar,** St. nördl. von Stuttgart, Ba.-Wü., 13 400 E; Geburtshaus Schillers, Schiller-Nationalmuseum.

**Marburg,** hess. Krst. an der oberen Lahn, 76 800 E; Univ., bed. Bibliotheken, Osteuropainst. (Herder-Inst.); LG; Elisabethkirche (1235 ff.), Schloss (13.–15. Jh.); chem., feinmechan., Textilind. – Aus einer Ansiedlung am Fuße des erstmals 1138/39 bezeugten Schlosses entstanden; bek. als Wohnsitz u. Grabstätte der hl. Elisabeth; 1529 *Marburger Religionsgespräch* zw. Luther u. Zwingli.

**Marc,** Franz, dt. Maler u. Grafiker, *1880, ⚔1916; Mitbegr. des „Blauen Reiters"; Tierstudien.

**Marceau** [mar'so:], **1)** Marcel, frz. Pantomime, *1923. **2)** Sophie, frz. Schauspielerin, *1966; „Anna Karenina".

**Marcel** [mar'sɛl], Gabriel, frz. Philosoph und Dramatiker, *1889, †1973; Vertr. einer christl. orientierten Existenzphilos.; „Sein u. Haben".

**Märchen,** fantast. Erzählung, in der die Grenzen zw. Wirklichkeit u. Wunderbarem aufgehoben sind. *Volks-M.:* Schöpfungen unbek. Dichter; Kennzeichen: Formelhaftigkeit, typenhafte Gestalten. Bed. Slg. der orient. Volks-M. „Tausendundeine Nacht", d. dt. „Kinder- u. Haus-M." der Brüder Grimm (1812 ff.). – *Kunst-M.* knüpfen an die Volks-M. an, sind aber durch den Verf. u. den Geist seiner Zeit geprägt. Vertr.: Tieck,

C. Brentano, E. T. A. Hoffmann, Hauff, Mörike, Andersen u. a.

**Marchfeld,** fruchtb. Ebene zw. Weinviertel, Donau u. March, Niederöstr.; Schauplatz bed. Schlachten, v. a. Niederlage Ottokars II. v. Böhmen gg. Rudolf v. Habsburg bei Dürnkrut (1278) u. Sieg Erzhzg. Karls gg. Napoleon I. bei Aspern (1809).

**Marcks, 1)** Gerhard, dt. Bildhauer u. Grafiker, *1889, †1981, Onkel v. 2); 1919–25 am Bauhaus tätig. **2)** Marie, dt. Karikaturistin, *1922, Nichte v. 1); familiärpädagog. u. ges.-polit. Cartoons.

**Marconi,** Guglielmo Marchese, ital. Physiker, *1874, †1937; einer der Entwickler der drahtlosen Nachrichtenübermittlung; Nobelpreis (mit K. F. Braun) 1909.

**Marco-Polo-Gebirge,** Geb. im Kunlun, China, bis 6 300 m.

**Marcos,** Ferdinando Edralin, philippin. Politiker, *1917, †1989; 1965–86 Staatspräsident, 1973–81 auch Min.-Präs.; anhaltender Protest gg. seine Amtsführung zwang ihn, das Land zu verlassen.

**Marcuse, 1)** Herbert, amer. Soziologe dt. Herkunft, *1898, †1979; Weiterführung soz.theoret. Ansätze v. Hegel, Marx u. Freud; „Vernunft u. Revolution", „Eros u. Kultur", „Der eindimensionale Mensch". **2)** Ludwig, dt.-amer. Literarhistoriker u. Philosoph, *1894, †1971; seit 1963 in der BRD; zahlr. biograf., [populär]philos. und kulturkrit. Werke.

**Mar del Plata,** argent. Hafenst. südl. v. Buenos Aires, 417 000 E; Handelszentrum; Fischfang und -verarb.; Seebad;

**Marder,** Fam. meist nächtl. lebender kl. Raubtiere: Raub-M., Dachse, Stinktiere, Otter, Vielfraß; z. T. mit wertvollen Fellen (u. a. Nerz- und Zobelfelle).

**Marderhund,** waschbärähnl., nachtaktives Raubtier, bis 60 cm lang; urspr. O-Asien, heute bis nach Dtl. vorgedrungen.

**Marduk,** babylon. Gottheit, oberster Gott und Weltschöpfer.

**Margarete,** *Dänemark:* **1) M. I.,** *1353, †1412, Kgn. von Dänemark, Norwegen und Schweden s. 1387/1389. **2) M. II.,** *1940, Tochter Friedrichs IX.; seit 1972 Kgn. v. Dänemark. – *Frankreich:* **3) M. v. Valois** [val'wa], gen. la Reine Margot, *1553, †1615, Tochter v. Heinrich II. u. Katharina v. Medici; ihre Vermählung (1572) mit dem späteren Heinrich IV. gab Anlass zur ↑Bartholomäusnacht; ihre Ehe wurde 1599 geschieden. – *Navarra:* **4) M. v. Navarra, M. v. Angoulême** [ägu'lɛ:m], *1492, †1549, heiratete 1527 Henri d'Albret, Kg. v. Navarra; Novellenslg. „Heptameron". – *Niederlande:* **5) M. v. Östr.,** *1480, †1530, Tochter Ks. Maximilians I.; seit 1507 Gen.-Statthalterin; vermittelte den Damenfrieden von ↑Cambrai. **6) M. v. Parma,** *1522, †1586, Tochter Ks. Karls V., 1559–67 Gen.-Statthalterin; konnte den niederl. Aufstand nicht verhindern. – *Tirol:* **7) M. Maultasch,** *1318, †1369, Erbtochter Hzg. Heinrichs VI. von Kärnten; seit 1335 Gfn. v. Tirol; gab 1363 Tirol an Hzg. Rudolf IV. von Österreich.

**Margarine** [gr.], Streichfett in Form einer Emulsion überw. nach dem Typ Wasser in Öl mit 10–90 % Fett. Am weitesten verbreitet sind M. (Fettgehalt 80 %), Dreiviertelfett-M. (Fettgehalt 60–62 %) u. Halbfett-M. (Fettgehalt 39–41 %).

**Marge** ['marʒə; frz.], Differenz zw. Kursen, An- und Verkaufspreisen, vorgegebenen Ober- u. Untergrenzen sowie Soll- u. Habenzinsen.

**Margerite** [frz.] Korbblütler; weiße Zungen-, gelbe Röhrenblüten; Wiesen- u. Zierpflanze.

**Maria,** hl., Ehrennamen *Unsere Liebe Frau, Mutter Gottes, Hl. Jungfrau;* Mutter Jesu, empfing nach dem N. T. Jesus durch das Wirken des Hl. Geistes; in d. orth. u. kath. Kirche bed. *Marienverehrung,* z. B. ↑Ave Maria, zahlr. *Marienfeste,* kath. bes. ↑Himmelfahrt Mariens.

**Maria, Marie,** *Hl. Röm. Reich:* **1) M. Theresia** ↑2). – *Böhmen und Ungarn:* **2) M. Theresia,** Erzhzgn. v. Östr., *1717, †1780. Tochter Ks. Karls VI.; Kgn. v. Böhmen u. Ungarn (s. 1740), als Gem. Ks. Franz' I. Stephan Ksn.; konnte trotz Übermacht Preußens in zwei Schles. Kriegen u. im Östr. Erbfolgekrieg ihre Thronrechte behaupten, verlor aber 1748 Schlesien an Preußen; der Versuch, nach inneren Reformen u. kluger Bündnispolitik Schlesien im Siebenjähr. Krieg zurückzugewinnen, scheiterte; Erwerbung Galiziens, der Bukowina und des Innviertels. – *Burgund:* **3) M.,** *1457, †1482, Erbtochter Karls d. Kühnen, heiratete 1477 den späteren Ks. Maximilian I., wodurch die Niederlande in habsburg. Besitz gelangten. – *England:* **4) M. I.,** gen. **die Katholische** od. **die Blutige,** auch **M. Tudor** [- 'tju:də], *1516, †1558, Tochter v. Heinrich VIII. u. Katharina v. Aragonien, Kgn. seit 1553, heiratete 1554 Philipp II. v. Spanien; versuchte England gewaltsam zu rekatholisieren. – *Frkr.:* **5) M. v. Medici,** [- 'me:ditʃi], *1573, †1642, Gem. Heinrichs IV. v. Frkr., Kgn.; Regentin für ihren Sohn Ludwig XIII. s. 1610, v. Richelieu verdrängt. **6) M. Antoinette, Marie Antoinette** [- ätwa'nɛt], *1755, †1793, Tochter v. 2); Gem. Ludwigs XVI.; in der Frz. Revolution wegen angebl. Verschwörung mit dem Ausland hingerichtet. **7) M. Louise, Marie Louise** [- lu'i:z], *1791, †1847, Tochter Ks. Franz' II., heiratete 1810 Napoleon I.; ihr Sohn der „Kg. von Rom" (Hzg. v. Reichstadt); regierte seit 1816 die Hzgt. Parma, Piacenza u. Guastalla. – *Schottland:* **8) M. Stuart** [- 'stjʊət], *1542, †1587, Kgn. 1542–67 (bis 1560 unter der Regentschaft ihrer Mutter), heiratete

**Maria Stuart**

1558 Franz II. v. Frkr., 1565 Darnley, 1567 Bothwell; förderte die Katholisierung ihres Landes; musste nach England fliehen, wegen angebl. Teilnahme an einer Verschwörung gg. Elisabeth I. enthauptet.

**Maria Laach,** Benediktinerabtei mit bed. roman. Abteikirche am Laacher See, RP; 1093 gegründet.

**Mariä Lichtmess** ↑Lichtmess.

**Maria Magdalena,** hl., im N. T. Augenzeugin der Kreuzigung Jesu und seiner Grablegung.

**Marianen,** Inselgruppe im westl. Pazifik, 953 km²; im O u. S verläuft der *M.graben* (Witjastiefe I 11 034 m u. d. M.). Der mit den USA assoziierte Staat M. umfasst 16 Inseln (außer Guam), 477 km², 43 000 E, Hptst. Saipan. – 1521 v. Magalhães entdeckt, s. 1565 span., 1898 kam Guam an die USA, die übrigen Inseln bis 1918 dt., bis 1945 jap. Mandat, s. 1978 Teil der USA mit innerer Autonomie.

**Mariazell,** östr. St. in der nördl. Steiermark, 1 900 E; Kurort, Wintersportplatz; berühmter Wallfahrtsort, Kirche (14.–17. Jh.).

**Maribor,** dt. **Marburg,** St. in Slowenien, an der Drau, 103 100 E; Univ.; Dom (12. Jh.); Handels- und Ind.-Zentrum.

**Marienbad,** tschech. **Mariánské Lázně** ['marja:nskɛ: 'la:znjɛ], St. u. Kurort nw. von Pilsen, Tschech. Rep., 18 400 E; zahlr. Mineralquellen.

**Marienburg,** poln. **Malbork,** Krst. in d. Wwschaft Pommern, Polen, an der Nogat, 40 400 E; Ind.; ⚓. – Ordensschloss (gg. 1280 beg.; 1309–1457 Residenz des Hochmeisters des ↑Dt. Ordens).

**Marienkäfer,** kl., halbkugelförm. Käfer; bunte Larven und Käfer mit Punkt- oder Fleckenzeichnung; nützl. Blattlausfresser.

**Marihuana** ↑Haschisch.

**Marimba** [afrik.-span.], afrik. Musikinstrument, dem Xylophon vergleichbar.

**Marinade** [frz.], Würztunke, u. a. zum Einlegen von Fischen.

**Marine** [lat.], **1)** See-, Flottenwesen eines Staates. **2)** Kriegsflotte *(Kriegsmarine).*

**Marini,** Marino, ital. Bildhauer und Maler, *1901, †1980; v. a. weibl. Akte u. Reiterfiguren.

**Marino, Marini,** Giambattista, ital. Dichter, *1569, †1625; gekünstelte, metaphernreiche Lyrik (nach ihm *Marinismus* benannter Barockstil).

**Marionette** [frz.], **1)** an Fäden hängende bzw. durch Stäbe von unten geführte Gliederpuppe des *M.ntheaters;* **2)** willenloser, als Werkzeug benutzter Mensch.

**maritim** [lat.], Meer u. Schifffahrt betreffend; *m.es Klima,* vom Meer beeinflusstes Klima; charakt.: ausgeglichener Temp.-Gang, hohe relat. Luftfeuchtigkeit, häufige Niederschläge.

**Marius,** Gaius, röm. Feldherr, *156, †86 v. Chr.; besiegte 105 v. Chr. Jugurtha, 102 die Teutonen b. Aquae Sextiae (Aix-en-Provence); 101 die Kimbern b. Vercellae (Vercelli); im Bürgerkrieg geächtet.

**Mark,** urspr. Gewichtseinheit (rd. 234 g); Name versch. Münzen; Währungseinheit s. 1873 im Dt. Reich (s. 1924 ↑Reichsmark), in der BRD als DM (1948–1999/2002), in der DDR als DM (1948–1964), M. der Dt. Notenbank (1964–1967) u. M. der DDR (1967–1990).

**Mark, 1)** lockeres, interzellularenreiches Gewebe in Pflanzenstängeln; Stoff- und Wasserspeicher. **2)** b. Tier u. Mensch Gewebe im Innern v. Kanälen (Knochen-, Rückenmark).

**Marienkäfer:** *Siebenpunkt mit Larve (unten)*

**Mark Aurel,** eigtl. **Marcus Aurelius Antoninus,** röm. Ks. s. 161 (bis 169 zus. mit seinem Adoptivbruder Lucius Verus), *121, †180; kämpfte erfolgreich gg. Parther u. Markomannen; schrieb philosoph., von der Stoa beeinflusste „Selbstbetrachtungen".

**Marken,** ital. **Marche** ['marke], Region in Italien zw. Apennin u. Adriat. Meer, 9 694 km², 1,46 Mill. E; Hpt.-Ort Ancona; Land- u. Weidewirtsch.; an d. Küste Erdgasvorkommen.

**Marken,** im Geschäftsverkehr benutzte Mittel zur Kennzeichnung v. Waren od. Dienstleistungen eines Unternehmens, um diese Produkte v. denen anderer zu unterscheiden. Schutzrecht durch Eintragung in das *M.-Register* beim Patentamt; 10 J. Schutzdauer.

**Marketender** [ital.], fr. für die Feldtruppe begleitender Händler bzw. Händlerin *(Marketenderin).*

**Marketing,** marktorientierte Unternehmensführung zur Absatzförderung; Instrumente: Marktforschung, Produkt- u. Preis-Pol., Werbung, Verkaufsförderung, Distribution.

**Markgraf,** s. Karl d. Gr. der mit bes. Befugnissen ausgestattete Stellvertr. des Kg. in Grenzbezirken (Marken).

**Markgräfler Land,** südlichster Teil des Oberrhein. Tieflandes, zw. Breisgau u. Basel; Weinbau.

**Markomannen,** sweb. Volksstamm im Maingebiet, 6–8 v. Chr. v. Kg. Marbod nach Böhmen geführt; kämpften 166–180 gg. die Römer *(M.kriege);* Ende des 4. Jh.s südl. der Donau angesiedelt.

**Markscheide,** ⚒ Grenzlinie eines Grubenfeldes; *M.wesen,* für bergbaul. Zwecke notwendige Vermessungen durch *Markscheider.*

**Markt, 1)** Ort der Zusammenkunft v. Käufern u. Verkäufern zum Zweck des Warenaustausches. **2)** in der Preistheorie abstrakte Zusammenfassung aller Angebots- u. Nachfragebeziehungen bezügl. eines best. Gutes unter dem Aspekt der Preisbildung. **3)** Gem., die eine Mittelstellung zw. Dorf und Stadt einnimmt.

**Marktformen,** Einteilung v. Märkten nach Beschaffenheit der Angebots- u. Nachfrageseite (↑Monopol, ↑Oligopol, ↑Polypol).

**Marktforschung,** systemat. Erforschung v. Absatz- u. Beschaffungsmärkten durch *Marktanalyse* und *Marktbeobachtung;* Instrument des ↑Marketing.

**Marktordnung,** Regelungen, die Tauschprozesse auf Märkten ermöglichen, bes. die Organisation (Schaffung v. Rahmenbedingungen für funktionsfähigen Wettbewerb, Ordnungspolitik) u. staatl. Beeinflussung des Marktgeschehens (z. B. Festsetzung v. Höchst- u. Mindestpreisen, Kontingentierung, Kapazitätsbeschränkung, wettbewerbl. Ausnahmebereiche). Beispiel: Agrarmarkt-O. der EG.

**Marktrecht,** im MA das Recht zur Abhaltung von Märkten.

**Mark Twain** [mɑ:k 'tweɪn], eigtl. Samuel Langhorne **Clemens,** amer. Schriftsteller, *1835, †1910; „Die Abenteuer Tom Sawyers", „Die Abenteuer Huckleberry Finns".

**Marktwirtschaft,** Wirtschaftsordn., in der Art u. Umfang v. Gütererzeugung, -verteilung u. -verbrauch durch den auf dem Markt durch Angebot u. Nachfrage gebildeten Preis bestimmt werden; *freie M.:* unbeschränkter Wettbewerb, keine staatl. Eingriffe; *soz. M.:* mit staatl. Eingriffen (ordnungs-, struktur- u. konjunkturpolit. Maßnahmen, Korrektur der Einkommens- u. Vermögensverteilung).

**Markus, M. der Evangelist,** hl., nach kirchl. Überlieferung Verf. des *Markusevangeliums;* begleitete nach der Apg. Paulus auf der 1. Missionsreise; Schutzpatron von Venedig.

**Marl,** Ind.-St. nö. v. Recklinghausen, NRW, 93 000 E; Steinkohlen-⚒, chem. Ind., Maschinenbau.

**Marlitt,** E[ugenie], eigtl. Eugenie **John,** dt. Schriftstellerin, *1825, †1887; Unterhaltungsromane.

**Marlowe** ['mɑ:ləʊ], Christopher,

bedeutendster engl. Dramatiker vor Shakespeare, *1564, †1593; „Doctor Faust“.

**Marmoladagruppe,** höchster Geb.-Stock d. ital. Dolomiten, 3342 m; vergletschert.

**Marmor** [gr.], kristallinkörn. Kalkgestein ($CaCO_3$), weiß, durch Metalloxide (braun, gelb, rötl.), Kohle (grau, schwarz) od. Serpentin (grünl.) gefärbt; verw. für Bau- u. Bildhauerarbeiten.

**Marne, 1)** r. Nbfl. der Seine, Frkr., 525 km, durch Kanäle mit Rhein u. Saône verbunden, mündet sö. v. Paris. **2)** frz. Dép., Hptst. Châlons-sur-Marne.

**Marokko,** Kgr. in NW-Afrika; v. d. Küste d. Mittelmeers (v. Rifatlas begleitet) u. d. Atlantiks über d. Ketten d. Atlas bis in d. nw. Sahara; mediterranes, nach S Übergang zu saharisch-kontinentalem Klima; Bev. vorw. Araber (50 %) u. Berber (40 %); Getreideanbau, Gemüse-, Obst-, Zitrusfrüchte-, Ölbaum- u. Weinkulturen; Viehzucht (Schafe, Ziegen); Fischfang; Forstwirtschaft; ⚒ auf Phosphat, Eisen, Mangan, Kobalt, Blei, Zink u.a. Erze, Steinkohle, Erdöl u. -gas; vielseitige Ind.; Fremdenverkehr. – *Gesch.:* Als *Mauretania Tingitana* röm. Prov., im 5. Jh. von Wandalen, im 6. Jh. von Byzanz u. um 700 v. Arabern erobert; seit dem 8. Jh. selbst. unter wechselnden Dyn.; im 16. u. 17. Jh. Beginn enger polit. Beziehungen zu Frkr., das seine Vormachtstellung in den ↑Marokkokrisen festigen konnte: 1912 Errichtung eines frz. u. eines span. Protektorats (ohne Tanger); 1956 Aufhebung der Protektorate u. Unabhängigkeit Marokkos; konstit. Monarchie unter Kg. Hasan II. 1961-99, seitdem unter Mohammed VI., der die Mitte der 1990er–Jahre eingeleiteten

**Marokko**

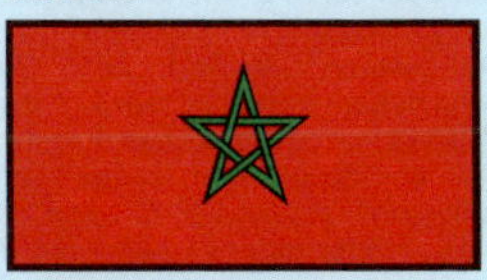

| | |
|---|---|
| *Fläche:* | 458 730 km² |
| *Einwohner:* | 30,1 Mill. |
| *Hauptstadt:* | Rabat |
| *Amtssprache:* | Arabisch |
| *Zeitzone:* | MEZ – 1 Stunde |

wirtsch. u. polit. Reformen intensivieren will. – 1975/76 scharfe Auseinandersetzungen mit Algerien u. Mauretanien wegen der Entkolonialisierung der Span. Sahara; diese wurde 1976 als ↑Westsahara zw. Mauretanien u. M. aufgeteilt, wobei M. sich 1979 auch das mauretan. Gebiet eingliederte.

**Marokkokrisen,** dt.-frz. Auseinandersetzungen über den Einfluss in Marokko: *1. M.* 1905/1906, hervorgerufen durch dt. Einspruch gg. die frz. Marokkopol.; *2. M.* 1911, eingeleitet durch Entsendung des dt. Kanonenboots „Panther“ *(„Panthersprung“)* nach der frz. Besetzung von Fes.

**Maron,** Monika, dt. Schriftstellerin, *1941; zeitkrit. Romane u. Erzählungen.

**Marone** [ital.], Frucht der Edelkastanie.

**Maronenröhrling,** essb. Art der Röhrlinge mit braunem Hut u. gelben, blau fleckenden Röhren.

**Maroniten** ↑unierte Kirchen.

**Maros** ['mɔrɔʃ; ungar.], rumän. **Mureș,** [-ʃ], l. Nbfl. d. Theiß, in Rumänien u. Ungarn, 803 km, mündet bei Szeged.

**Marquis** [mar'ki; frz.], frz. Adelstitel (weibl. *Marquise*) im Rang zw. Gf. u. Hzg., zurückgehend auf das Amt des Markgf.; entsprechend ital. *Marchese,* engl. *Marquess.*

**Marrakesch,** Prov.-Hptst. in Marokko, am N-Fuß d. Hohen Atlas, 680 200 E; Univ.; zahlr. Moscheen; Oasenwirtsch., Fremdenverkehr; Lebensmittel-, Textilind.; ✈.

**Mars,** urspr. italischer Bauerngott, in Rom später mit dem griech. Kriegsgott Ares identifiziert.

**Mars,** vierter der großen Planeten (mittlerer Sonnenabstand 227 844 000 km, Umlaufzeit 686,98 Tage), 2 Monde (Phobos u. Deimos); *Atmosphäre:* vorw. Kohlendioxid; M. hat wegen seiner Äquatorneigung gg. die ↑Ekliptik einen Jahreszeitenwechsel. *Oberfläche:* Das Verschwinden der weißen Polkappen im Sommer deutet auf festes Kohlendioxid (Schnee) hin; Wolken, Nebel u. Staubwolken aus den Wüstengebieten wurden festgestellt; jahreszeitl. Farbwechsel v. äquatornahen Gebieten nicht durch Pflanzenwuchs verursacht (Mittagstemp. am M.äquator im Sommer bis −15 °C, an den Polen Wintertemp. bis −140 °C); keine Anhaltspunkte für organ. Leben.

**Marsala,** ital. Hafenst. an der W-Küste Siziliens, 80 000 E; Dom; Weinkellereien.

**Marschall,** urspr. Stallgraf, später als Erzmarschall eines der ↑Erzämter.

**Marschflugkörper** ↑Cruisemissile.

**Marseillaise** [marsɛ'jɛ:z; frz.], 1792 entstandenes frz. Revolutionslied, Text u. Musik von C. J. Rouget de Lisle; 1795 zur frz. Nationalhymne erklärt.

**Marseille** [mar'sɛj], Hptst. des frz. Dép. Bouches-du-Rhône u. der Region Provence-Alpes-Côte-d'Azur, am Golfe du Lion, 801 000 E; Univ.; Museen, Theater; Basilika Notre-Dame-de-la-Garde (19. Jh.) mit ries. Marienfigur, Le-Corbusier-Wohnhochhaus (1947 bis 1952); Werften, chem. Ind.; bedeutendster frz. Handels-⚓, ✈. – Um 600 v. Chr. von griech. Phokäern gegr., schon früh ein bed. Handelsplatz.

**Marshall** [mɑ:ʃl], **1)** Bruce, schott. Schriftsteller, *1899, †1987; „Das Wunder des Malachias“. **2)** George Catlett, amer. Gen. u. Politiker, *1880, †1959; 1939–45 Gen.-Stabschef, 1947–49 Außenmin.; Initiator des M.planes; 1953 Friedensnobelpreis.

**Marshallinseln**

| | |
|---|---|
| *Fläche:* | 181 km² |
| *Einwohner:* | 68 000 |
| *Hauptstadt:* | Dalap-Uliga-Darrit (auf Majuro) |
| *Amtssprache:* | Englisch |
| *Zeitzone:* | MEZ + 11 Stunden |

**Marshallinseln** [mɑ:ʃl-], Inselstaat im östl. Mikronesien; 2 Hauptgruppen: im W Ralik- (18 Atolle), im O Ratakgruppe (16 Atolle); Hauptatoll Majuro; im NW Bikini u. Eniwetok; Kopragewinnung. – 1529 entdeckt, 1885 dt. Schutz-, 1920 jap. Mandatsgebiet, 1947–90 UN-Treuhandverw. durch USA; seither unabhängig.

**Marshallplan** ↑Europäisches Wiederaufbauprogramm.

**Marstall,** Reit- u. Fahrstall einer fürstl. Hofhaltung.

**Martial, Marcus Valerius Martialis,** röm. Dichter, *um 40, †zw. 102

M

und 104; Klassiker des lat. Epigramms.

**martialisch** [lat.], kriegerisch, grimmig, wild, verwegen.

**Martin** [ˈmaːtɪn], **1)** Archer John Porter, brit. Biochemiker, *1910; arbeitete über Methoden der chem. Analyse, bes. über Chromatographie; Nobelpreis (mit R. L. M. Synge) 1952. **2)** Dean, eigtl. Dino **Gocetti,** amer. Sänger u. Filmschauspieler, *1917, †1995.

**K. Marx**

**Martinique** [martiˈnik], Insel der Kl. Antillen, frz. Überseedep., 1080km$^2$, 360000E, Hauptstadt Fort-de-France; Anbau von Zuckerrohr, Bananen, Ananas. – 1502 v. Kolumbus entdeckt, 1674 frz. Kronkolonie, 1946 Überseedep.

**Martin V.,** fr. **Oddo Colonna,** *1368, †1431, Papst s. 1417; mit seiner Wahl wurde das Abendländ. ↑Schisma beendet.

**Martin von Tours** [- tuːr], hl., *316 od. 317, †397, s. 371 Bischof von Tours; Missionar in Gallien, Gründer des ersten abendländ. Klosters (Ligugé); Schutzpatron der Franken. – *Martinstag:* 11. 11. (zahlr. *Martinsbräuche*).

**Märtyrer, Martyrer** [gr.], jemand, der um seines Glaubens oder seiner Überzeugung willen Verfolgung oder Tod erleidet; meist für die christl. M. (Blutzeugen) gebraucht; *Martyrium:* Tod um des Glaubens od. der Überzeugung willen; *Martyrologium:* amtl. kirchl. Verzeichnis der Glaubenszeugen (M., Selige, Heilige).

**Marx** [Heinrich], Karl, dt. Theoretiker des Sozialismus, *1818, †1883; Begr. des Marxismus; 1842/44 Chefredakteur der lib. „Rhein. Zeitung“ in Köln; 1843–45 in Paris, dann in Brüssel; s. 1844 Zusammenarbeit mit Engels, aus der 1847/48 im Auftrag des Londoner „Bundes der Kommunisten“ das „Kommunist. Manifest“ entstand; seit 1849 in London; Studien u. wiss. Publikationen: „Zur Kritik der polit. Ökonomie“ (Definition des histor. Materialismus), „Das Kapital“; 1867 Mitgründer der „Internat. Arbeiterassoziation“ (1. Internationale).

**Marxismus,** Sammelbegriff für die Lehren v. K. Marx u. F. Engels u. die daran orientierte Richtung des ↑Sozialismus. Marx erklärte die Zustände der kapitalist. Ges. aus den ökonom. Verhältnissen: Den Kapitalisten als Eigentümern der Produktionsmittel steht die Masse der Lohnabhängigen gegenüber, die gezwungen sind, ihre Arbeitskraft zu verkaufen. Der Arbeiter wird sich selbst fremd in seinem Arbeitsprodukt, das ihm nicht gehört *(Entfremdung).* Die Arbeiter, das *Proletariat,* haben die geschichtl. notwendige Aufgabe, die Selbstentfremdung durch Umwandlung der gesellschaftl. Verhältnisse zu überwinden (↑histor. Materialismus, ↑dialekt. Materialismus). Die Voraussetzung ist die Entwicklung des Proletariats zu einer eigenen *Klasse* mit selbstständ. Klassenbewusstsein; die Eroberung der polit. Macht durch die *Diktatur des Proletariats* mit dem Ziel der Schaffung einer *klassenlosen Gesellschaft* u. Abschaffung d. Staates. Im Kapitalismus kommt es nach Marx mit gesetzl. Notwendigkeit zur Konzentration des Kapitals in wenigen Händen, der die *Verelendung der Arbeiterklasse* gegenübersteht, die einen gewaltsamen Umsturz unvermeidl. herbeiführt. – Eine Weiterentwicklung erfuhr der M. durch Lenin im *M.-Leninismus* (↑auch Kommunismus), insbes. durch dessen Lehre von der Herbeiführung des gewaltsamen Umsturzes durch eine klassenbewusste, revolutionäre Elite, die *Partei.* Der M.-Leninismus erfuhr (v. a. in der westl. Welt) unterschiedl. Ausprägungen. Die 1986 in der UdSSR eingeleitete Politik der Perestroika u. die folgenden revolutionären Veränderungen in den Staaten O-Europas (1989/90) sowie die Auflösung der UdSSR (1991) führten fakt. zum Zusammenbruch des marxist.-leninist. begründeten real existierenden Sozialismus. Von Bed. weiterhin neomarxist. Ansätze u. die Auseinandersetzung mit dem Stalinismus.

**Maryland** [ˈmɛərɪlænd], Abk. Md., Staat der USA an der Atlantikküste, 27092km$^2$, 4,78 Mill. E, Hptst. Annapolis; bed. Fischerei; Weizen-, Mais-, Tabak-, Obst- u. Gemüseanbau; Viehzucht; Nahrungsmittelind.; Werften; größte Stadt: Baltimore.

**Marzipan** [ital.], Süßware aus Mandeln, Aromen u. Zucker.

**Märzrevolution,** die aufständ. Bewegungen 1848 in Dtl. u. Östr.; führten zu liberalen Reformen.

**Masada, Massada,** Felsenfestung im W des Toten Meeres, Israel, v. den Juden gg. die Römer verteidigt, v. diesen 73 n. Chr. erobert; Ausgrabungen 1963–65; UNESCO-Weltkulturerbe.

**Masai, Massai,** äthiopides Volk in O-Afrika; Großviehzüchter; Hirtennomadismus, teilw. Feldbau.

**Masaryk, 1)** Jan, Sohn v. 2), tschechosl. Politiker, *1886, †1948; 1940 Außenmin. der Exilreg. in London, seit 1945 in Prag, nach der Reg.-Übernahme durch die Kommunisten Sturz aus dem Fenster (ermordet od. Selbstmord?). **2)** Tomáš Garrigue, tschechosl. Politiker, *1850, †1937; kämpfte mit Beneš für einen selbst. tschechosl. Staat, dessen Mitbegr. u. Präs. (1918–35) er war.

**Mascagni** [masˈkaɲɲi], Pietro, ital. Komponist, *1863, †1945; verist. Oper „Cavalleria rusticana“.

**Maschine** [frz.], Vorrichtung zur Übertragung von Kräften, die nutzbare Arbeit leisten *(Arbeits-M.)* od. eine Energieform in eine andere umwandeln kann *(Kraft-M.); einfache M.* sind mechan. Geräte wie Hebel, Keil, Rolle u. a.

**Maschinengewehr,** Abk. **MG,** maschinell funktionierende Feuerwaffe mit Schussfolge bis zu 1500 Schuss/min, Kaliber meist 7,62 mm.

**Maser** [ˈmeɪzə, Kurzw. für engl. **m**icrowave **a**mplification by **s**timulated **e**mission of **r**adiation], Gerät zur Erzeugung u. Verstärkung v. Mikrowellen; analog zur Wirkungsweise des ↑Lasers („opt. M.“); verwendet v. a. als Verstärker hochfrequenter, aber sehr schwacher Signale (z. B. beim Satellitennachrichtenverkehr) sowie als Zeit- u. Frequenznormale (Atomuhr).

**Masereel,** Frans, belg. Maler und Grafiker, *1889, †1972; Buchillustrationen, Holzschnittfolgen („Die Passion eines Menschen“, „Die Stadt“), Zeichnungen u. Gemälde.

**Masern, Morbilli,** ansteckende, fieberhafte, vorw. Kinder befallende Infektionskrankheit mit rötl., grobfleck. Ausschlag u. Bronchitis; Erreger: M.virus; Inkubationszeit: 8–14 Tage; häuf. Komplikationen: Lungen-, Mittelohrentzündung.

**Maseru,** Hptst. v. Lesotho, am Caledon River; 297 000 E; landw. Handelszentrum; ✇.

**Masina,** Giulietta, eigtl. Giulia Anna **M.**, ital. Schauspielerin (⚭ mit F. Fellini), * 1921, † 1994; „La Strada".

**Maske** [frz.], **1)** vor dem Gesicht getragene Form aus Pappe, Leder od. Holz als Requisit des Theaters, Tanzes, der Magie. **2)** ❀ sich farbl. abhebende Zeichnung am Kopf von Tieren. **3)** ▣ Hilfsmittel zum Auswählen best. Stellen aus einem Datenfeld, einer Zeichenkette od. Bitfolge. **4)** Halbleitertechnik: strukturierte Schutzschicht, ermöglicht selektives Ätzen v. Oberflächenteilen; das photolithograph. Verfahren nutzt v. a. Lacke, die Halbleiterblocktechnik erzeugt M. durch Oxidation der Halbleiteroberfläche.

**Maske,** Henry, dt. Berufsboxer, * 1964; als Amateur im Mittelgewicht 1988 Olympiasieger und 1989 Weltmeister sowie Europameister 1985, 1987 u. 1989; 1993–96 IBF-Weltmeister im Halbschwergewicht (IBF: Abk. für International Boxing Federation).

**maskulin** [lat.], männlich.

**Maskulinum,** männl. Hauptwort (z. B. *der* Wagen).

**Masochismus,** nach L. von Sacher-Masoch ben. abweichendes Sexualverhalten, bei dem sexuelle Erregung nur durch das Erleiden körperl. Misshandlungen u. Demütigungen erreichbar ist; vgl. Sadismus.

**Mason** [meɪsn], James, brit. Schauspieler, * 1909, † 1984.

**Maß,** 1) altes Flüssigkeitsmaß (1 bis 2 l); 2) ältere Bez. für Einheit.

**Massachusetts** [mæsəˈtʃuːsɪts], Abk. **Mass.**, Staat im NO der USA, 21 566 $km^2$, 6 Mill. E, Hptst. Boston; starke Ind. (Leder, Textilien, Metall, Maschinen).

**Massage** [-aʒə; frz.], mechan. Einwirken auf die Haut und die unter ihr liegenden Gewebe (Muskeln, Bindegewebe, Weichteile) mit versch. Handgriffen wie Streichen, Kneten, Klopfen, zuweilen auch mit M.-Geräten. Neben der Steigerung der Durchblutung und der örtl. Freisetzung von körpereigenen Wirkstoffen (z. B. Histamin) wird zusätzlich auf reflektor. Weg eine Tonisierung des Gefäßsystems und der inneren Organe erreicht.

**Massaker** [frz.], blut. Gemetzel.

**Massaua,** Hafen-St. in Eritrea, am Roten Meer, 40 000 E; Salzgewinnung; einer d. heißesten Orte d. Erde (rd. 30 °C Jahresmittel); ✇.

**Masse, 1)** Grundeigensch. der Materie u. Basisgröße der Physik; SI-Einheit: ↑Kilogramm. Die M. eines Körpers ist Ursache u. Maß seiner *Trägheit,* d. h. seines Widerstandes, den jeder Körper (nach dem 2. newtonschen Axiom) einer Änderung seines Bewegungszustandes entgegensetzt *(träge M.),* sowie Ursache der Anziehung (Gravitation), die die Körper aufeinander ausüben *(schwere M.).* Die *Gleichheit v. träger u. schwerer M.* (eine der Grundlagen der allg. Relativitätstheorie) ist experimentell nachgewiesen. Die M. ist geschwindigkeitsabhängig, ihren Wert im ruhenden Zustand nennt man *Ruhe-M.* (↑Energie-M.-Relation) **2)** Soziol.: unstrukturierte Vielheit v. Menschen im Unterschied zur Gruppe od. Gemeinschaft.

**Masseneinheit, 1) atomare M.**, Einheitenzeich. **u**, $^1/_{12}$ der Masse eines Atoms des Nuklids $^{12}C$ (= 1,660 540 2 · $10^{-27}$ kg). **2)** die SI-Basiseinheit ↑Kilogramm.

**Massenet** [masˈnɛ], Jules, frz. Komponist, * 1842, † 1912; Opern: „Manon", „Werther".

**Massenmedien, Massenkommunikationsmittel,** techn. Vervielfältigungs- bzw. Verbreitungsmittel, mit denen Aussagen indirekt an ein gr. Publikum gerichtet werden; i. Allg. Presse u. audiovisuelle Medien (Hörfunk, Fernsehen, Film, Tonträger, Internet).

**Massenspektroskopie,** v. F. W. Aston begr. physikal. Methode zur Bestimmung der Masse u. relat. Häufigkeit geladener Teilchen (Ionen) durch ihre Ablenkung in elektr. u./od. magnet. Feldern (mit Massenspektrometern); auch zur Isotopentrennung verw.

**Massenvernichtungsmittel,** Waffen oder Kampfstoffe, deren Einsatz unterschiedslos zu massenhaftem Tod und zur Vernichtung der Lebensgrundlagen führen würde, v. a. ABC-Waffen.

**Massenwirkungsgesetz,** chem. Grundgesetz; eine chem. Reaktion kommt bei einer best. Temp. nur dann zum Stillstand, wenn sich ein Gleichgewichtszustand einstellt, bei dem der Quotient aus dem Produkt der Konzentrationen der Ausgangsstoffe u. dem Produkt der Konzentrationen der entstehenden Reaktionsprodukte konst. ist.

**Massenzahl,** die Anzahl der Nukleonen eines Atomkerns, gleich der Summe v. Protonen- u. Neutronenzahl, entspricht dem gerundeten Wert der rel. Atommasse.

**Maßregeln der Besserung und Sicherung,** neben od. anstelle der Strafe vorgesehene Maßnahmen zur Besserung des Täters u. zum Schutz der Allgemeinheit, z. B. Entzug der Fahrerlaubnis.

**Maßstab, 1)** Größenverhältnis einer Abb. od. Karte zum dargest. Original; M. 1 : 25 000 z. B. bedeutet: 1 cm auf der Karte entspricht 25 000 cm (= 250 m) in der Natur. **2)** Längenmessgerät, z. B. Lineal.

**Massys** [ˈmasɛjs], **Metsys,** Quinten (Quentin), fläm. Maler, * 1466, † 1530; Hauptmeister der Antwerpener Schule.

**Mast, 1)** Träger v. elektr. Leitungen od. Antennen. **2)** Rundholz od. Stahlrohr zur Befestigung v. Segeln (Segelschiff) od. v. Ladebäumen (Dampf- u. Motorschiff); bei Segelschiffen (Fünfmastvollschiff) unterscheidet man (vorn beginnend): *Fock-, Groß-, Mittel-, Achter-* u. *Kreuzmast.*

**Mastdarm, Rektum,** unterster, im After endender Teil des Dickdarms; *M.fistel,* röhrenförm. Kanal zw. M. u. Afterumgebung; *M.krebs* (M.karzinom), im M. auftretende bösart. Wucherung; *M.vorfall,* Ausstülpung von *M.schleimhaut,* auch des M.s durch den After, oft Folge von Stuhlträgheit.

**M**

**Master** [mɑːstə; engl.], **1)** engl. Anrede: junger Herr. **2)** in den ags. Ländern akad. Grad (↑Magister).

**Masters** [mɑːstəz], William Howell, amer. Gynäkologe u. Sexuologe, * 1915, † 2001; gilt als einer der Begründer der experimentellen Sexualforschung (u. a. reizphysiolog. Abläufe, sexuelles Verhalten).

**Mastix,** [gr.], Harz einer mittelmeer. Pistazie; verw. u. a. für Pflaster, Firnisse.

**Mastodon** [gr.], fossiles Rüsseltier, größer als der Elefant.

**Mastroianni,** Marcello, ital. Schauspieler, * 1924, † 1996; „Das süße Leben".

**Masturbation** [lat.], **Onanie,** sexuelle Selbstbefriedigung od. gegenseit. geschlechtl. Befriedigung durch manuelle Reizung der Geschlechtsorgane.

**Masur,** Kurt, dt. Dirigent, * 1927; u. a. Gewandhauskapellmeister in Leipzig (1970–96).

**Masuren,** End- u. Grundmoränenldsch. in NO-Polen, Teil d. Preuß. Landrückens im südl. Ostpreußen, mit d. *Masur. Seen* (Spirding-, Mauer-, Niedersee u. a.), Kiefernwaldungen; Fremdenverkehr, Land-, Forst- u. Fischereiwirtschaft.

**Mata Hari,** eigtl. Margaretha Geertruida **MacLeod** [məˈklaʊd], geb. **Zelle,** niederl. Tänzerin, * 1876,

†1917; der Spionage für Dtl. beschuldigt, bei Paris erschossen.
**Mataré,** Ewald, dt. Bildhauer u. Grafiker, *1887, †1965.
**Match** [mætʃ; engl.], [sportl.] Wettkampf; *M.ball,* spielentscheidender Ball bei Rückschlagspielen (u.a. Tennis).
**Mate** [indian.], koffeinhalt. Teeaufguss aus den Blättern der *M.pflanze* (südamer. Stechpalmengewächs).

**Mate:** *Zweig einer Matepflanze*

**Mater** [lat.; = Mutter], **1)** Drucktechnik: svw. ↑Matrize. **2)** Negativform bei der Herstellung von ↑Schallplatten.
**Materialismus** [nlat.], Anschauung, die die Abhängigkeit alles Seienden (auch des Seel.) v. Körperhaftem (Materiellem) lehrt; wurde bes. wirksam im dialekt. u. histor. Materialismus.
**Materi|e** [lat.], allg. Stoff, Gegenstand, **1)** ℗ bei Aristoteles der Urstoff (Hyle), der von der Form geprägt wird; in der Nachfolge Descartes' Ggs. v. (quantifizierbarer) M. u. Geist. **2)** ❀ Substanz od. Stoff, unabh. v. Aggregatzustand, gekennzeichnet durch die Existenz einer Ruhemasse; nach der einsteinschen ↑Energie-Masse-Relation auch als Energie auffassbar. Die Bausteine der M. können in Strahlungsenergie übergehen *(Zerstrahlung)* od. aus solcher entstehen *(Materialisation).*
**Materiewellen,** Begriff der Quantenmech., nach der der Materie neben Teilchen- auch Wellenaspekte zukommen, die sich z.B. als Beugungs- u. Interferenzerscheinungen äußern (↑Dualismus). Die Wellenlänge der M. ist $\lambda = h/p$ (*h* plancksches Wirkungsquantum, *p* Teilchenimpuls).
**Mathematik** [gr.], aus den prakt. Aufgaben des Zählens, Rechnens u. Messens hervorgegangene Wiss.; nach traditioneller Einteilung gegliedert in Arithmetik, Geometrie, Algebra u. Analysis, zu denen Topologie, Funktionentheorie u.a. hinzukamen. Die *moderne M.* befasst sich v.a. mit der Untersuchung von (algebraischen) Strukturen, die durch die in einer vorgegebenen Menge beliebiger Objekte („Elemente") definierten Relationen u. Verknüpfungen bestimmt sind; wesentl. Grundlage ist hierbei die Mengenlehre.
**Matinee** [frz.], [künstler.] Morgenveranstaltung.
**Matisse** [maˈtis], Henri, frz. Maler und Grafiker, *1869, †1954; Begr. der ↑Fauves; Interieurs, Stillleben, Akte in fläch. Bildaufbau, Wandmalereien u. Glasfenster der Klosterkapelle Notre-Dame du Rosaire in Vence bei Nizza.
**Matjeshering,** junger, noch nicht geschlechtsreifer Hering; im Handel mild gesalzen.
**Mato Grosso,** B.-Staat in W-Brasilien, grenzt an Bolivien u. Paraguay, 901 421 km², rd. 2 Mill. E, Hptst. Cuiabá; trop. Savannenklima; Rinderzucht; gr. Eisen- und Manganerzvorkommen.
**Mato Grosso do Sul,** B.-Staat in W-Brasilien, südl. von Mato Grosso, 357 472 km², 1,78 Mill. E, Hptst. Campo Grande. – Bis 1979 S-Teil v. Mato Grosso.
**Matriarchat** [lat.; gr.], Gesellschaftsordnung, in der die Frau die bevorzugte Stellung innehat; Stellung u. Abkunft von der mütterl. Verwandtschaftslinie bestimmend *(Mutterrecht).*
**Matrix** [lat.], rechteck. Schema (Zahlen, Funktionen u.a.), in dem $m \cdot n$ Größen *(M.elemente)* in *m Zeilen* u. *n Spalten* angeordnet sind. Für Matrizen gelten best. Rechenregeln *(Matrizenrechnung);* z.B. berechnet sich die *Determinante* der *quadrat. M. A* zu:

$$\det A = \begin{pmatrix} a_{11} & a_{12} \\ a_{21} & a_{22} \end{pmatrix} = a_{11}a_{22} - a_{12}a_{21}.$$

**Matrixdrucker,** Drucker, bei dem das Druckbild der einzelnen Zeichen mosaikartig (z.B. mithilfe feiner Nadeln) aus Punkten zusammengesetzt wird.
**Matrize** [frz.], **1) Mater,** jede vertiefte Negativform, die dazu dient, auf galvan. Weg, durch Guss od. Prägen Duplikate des Originals herzustellen. **2)** in der Umformtechnik Teil des Werkzeugs, in dessen Hohlform ein Werkstück durch die *Patrize* gedrückt wird.
**Matrose, 1)** Ausbildungsberuf in der Seeschifffahrt; Angehöriger einer Schiffsbesatzung. **2)** unterster Mannschaftsdienstgrad der Marine der dt. Bundeswehr.
**Matt** [arab.], **Schachmatt,** Schach: Stellung, die das Ende einer Partie bedeutet, da die Bedrohung des Königs durch keinen Zug mehr abgewendet werden kann.
**Matteotti,** Giacomo, ital. Politiker, *1885, †1924; s. 1922 Gen.-Sekr. der Sozialist. Partei; seine Ermordung durch die Faschisten löste die *M.krise* aus, die durch Errichtung der offenen faschist. Einparteiendiktatur (Anf. 1925) beendet wurde.
**Matterhorn,** ital. **Monte Cervino** [-tʃer-], Berg sw. v. Zermatt, 4 478 m.
**Mattes,** Eva, dt. Bühnen- u. Filmschauspielerin, *1954.
**Matthau** [mæθɔ:], Walter, amer. Bühnen- u. Filmschauspieler, *1920, †2000, v.a. kom. Rollen wie in „Die Kaktusblüte".
**Matthäus, M. der Evangelist,** hl., Apostel, nach kirchl. Überlieferung Verf. des *Matthäusevangeliums;* wirkte nach der Legende in Äthiopien, Parthien [Kasp. Meer] u. Persien.
**Matthias,** *Hl. Röm. Reich:* **1) M.,** *1557, †1619, Ks. s. 1612; Bruder Rudolfs II., der ihm 1608 Östr., Mähren und Ungarn überlassen musste; trat für konfessionellen Ausgleich ein. – *Ungarn:* **2) M. I. Corvinus,** eigtl. **Mátyás Hunyadi** [ˈma:tja:ʃ ˈhunjɔdi], *1440, †1490, Kg. s. 1458, s. 1469 v. Böhmen; besiegte die Türken, kämpfte gg. Ks. Friedrich III. u. vertrieb ihn 1485 aus Wien.
**Matutin** [lat.], svw. ↑Mette.
**Matzen, Mazzen** [hebr.], meist runde Brotfladen aus Weizenmehl u. Wasser ohne Zusatz von Sauerteig. Im Judentum während der ganzen Passahzeit gegessen.
**Mauer,** Gem. sö. v. Heidelberg, Ba.-Wü., 3 400 E; Fundort des Homo heidelbergensis (↑Homo).
**Mauerassel,** bis etwa 17 mm große, landbewohnende, bräunl. Assel; in Kellerräumen.
**Mauerpfeffer, Scharfe Fetthenne,** Rasen bildende, gelb blühende Fetthenne.
**Mauersegler,** etwa 16 cm gr., schwarzbrauner, heim. ↑Segler.
**Maugham** [mɔ:m], William Somerset, engl. Schriftsteller, *1874, †1965; u.a. „Der Menschen Hörigkeit"; Komödien, Kurzgesch.
**Maulbeerbaum,** Gatt. der Maulbeergewächse; u.a. *Schwarzer* u. *Weißer M.,* urspr. in Asien; brombeerartige Scheinfrüchte, Holz verwertbar; Blätter des Weißen M.s Nahrung für Seidenraupen.
**Maulbronn,** St. sö. von Bretten, Ba.-Wü., 6 400 E; ehem. Zister-

zienserkloster, fast vollst. erh. Klosteranlage (12.–15. Jh.), roman.-frühgot. Kirche; ev.-theol. Seminar.
**Maulesel** ↑Esel.
**Maulpertsch, Maulbertsch,** Franz Anton, bed. dt.-östr. Freskenmaler des Spätbarock, *1724, †1796.
**Maultier** ↑Esel.
**Maul- und Klauenseuche, Aphthenseuche,** sehr ansteckende, meldepflichtige, fieberhafte Viruskrankheit der Klauentiere (bes. Rind, Schwein, Schaf, Ziege); Blasenausschlag an Maul, Euter u. Klauenspalte; auch auf Menschen übertragbar.
**Maulwürfe,** Fam. der ↑Insektenfresser; *Echte M.* in Eurasien, etwa 15 cm gr., schwarz; graben unterird. Gangsysteme.
**Maulwurfsgrille,** etwa 5 cm lange, unterirdisch lebende Grille; vorne Grabbeine; Pflanzenfresser.
**Mau-Mau,** brit. Bez. von Geheimbünden der Kikuyu in Kenia, d. sich mit Gewaltakten gg. d. Kolonialherrschaft erhoben, Höhepunkt ihrer Aktivitäten 1952–56.
**Maupassant** [mopa'sã], Guy de, frz. Schriftsteller, *1850, †1893; naturalist. Novellen („Fettklößchen" u. a.); Romane („Bel ami").
**Mauren, 1)** Sammelname für d. arabisch-berber. Bewohner NW-Afrikas. **2)** in d. Antike Bez. für d. Berber. **3)** Muslime arab. u. berber. Herkunft, die 711–1492 in weiten Teilen Spaniens herrschten.
**Maureske** [span.-frz.], streng stilisiertes vegetabil. Renaissanceornament islam. Herkunft.
**Mauretanilen,** Rep. in NW-Afrika; vorw. Wüste, im S. Dornsavanne d. Sahelzone; trockenes Wüstenklima; Bev. vorw. Mauren, im S Schwarzafrikaner; im S Ackerbau, sonst Nomaden- (Viehhaltung) u.

**Mauretanien**

| | |
|---|---|
| *Fläche:* 1 030 700 km² | |
| *Einwohner:* 2,7 Mill. | |
| *Hauptstadt:* Nouakchott | |
| *Amtssprachen:* Arabisch | |
| *Zeitzone:* MEZ – 1 Stunde | |

Oasenwirtsch.; Fischerei; Gummiarabikumgewinnung, ⚒ auf Eisen, Kupfer, Gips, Gold, Phosphat, Schwefel. – *Gesch:* 1061 bis 1147 Teil des Almoravidenreiches, danach im N in loser Abhängigkeit v. Marokko, im S Teil des Reiches Mali; s. 1904 frz. Protektorat, s. 1920 Kolonie; s. 1958 autonome islam. Rep. innerh. der Frz. Gemeinschaft; s. 1960 unabh.; Einparteienstaat bis 1991; 1975/76 Konflikt mit Algerien u. Marokko um die ehem. span. ↑Westsahara; 1978 unblutiger Militärputsch; 1979 zog M. seine Ansprüche auf die Westsahara zurück.
**Mauriac** [mɔri'ak], François, Pseud. Forez, frz. Schriftsteller, *1885, †1970; Romane, Biografien; Nobelpreis 1952.

**Mauritius**

| | |
|---|---|
| *Fläche:* 2 040 km² | |
| *Einwohner:* 1,2 Mill. | |
| *Hauptstadt:* Port Louis | |
| *Amtssprache:* Englisch | |
| *Zeitzone:* MEZ + 3 Stunden | |

**Mauritius,** Inselstaat im Ind. Ozean; ausgedehnte Hochflächen, v. Vulkanen überragt, zerklüftete Küste; trop. Klima; trop. Regenwald weitgehend zerstört; Bev. vorw. ind. Herkunft; Zuckerrohranbau u. -verarbeitung; Textilind., Tourismus (Sandstrände u. Korallenriffe). – *Gesch:* Um 1510 erstmals von Europäern besucht, war 1598–1710 niederl., 1715–1810 frz. Besitz, dann brit. Kolonie, wurde 1968 selbst. parlamentar. Monarchie u. 1992 Rep. innerhalb des Commonwealth.
**Mauritius,** die ersten brit. Kolonialpostwertzeichen von 1847, Fehldrucke der 1. Aufl.; philatelist. Kostbarkeiten *(rote* u. *blaue M.)*.
**Maurois** [mɔ'rwa], André, urspr. Émile **Herzog,** frz. Schriftsteller, *1885, †1967; psychol. Erzählungen, Romane; biograf. Darstellungen, u. a. über Marcel Proust.
**Maus,** 🖥 bewegl. Zeige- u. Eingabegerät, mit dem ein Markierungssymbol (Cursor) über den Bildschirm gesteuert werden kann.
**Mäuse,** kl. Nagetiere in zahlr. Arten, manche als Vorratsschädlinge u. Krankheitsüberträger gefürchtet; weltweit verbreitet; Vermehrungsrate sehr hoch.
**Mäusebussard,** bis 56 cm gr. tagaktiver Greifvogel Eurasiens, fängt vorw. Mäuse.
**Mäuseturm,** Turm auf Rheininsel bei Bingen (urspr. Mautturm), in dem nach der Sage Erzb. Hatto v. Mainz zur Strafe dafür, dass er Hungernden nicht geholfen hatte, von Mäusen aufgefressen wurde.
**Mausoleum** [gr.-lat.], monumentales Grabmal; ben. nach dem Grabmonument des kleinasiat. Fürsten Mausolos (†353 v. Chr.) in Halikarnassos.
**Mauthausen,** oberöstr. Gem. an der Donau, sö. v. Linz, 4 400 E; ehem. nat.-soz. KZ (1939–45).
**Max,** Prinz v. Baden, eigtl. Maximilian Alexander Friedrich Wilhelm, dt. Politiker, *1867, †1929; übernahm im Okt./Nov. 1918 als R.-Kanzler die Reg.; richtete das dt. Waffenstillstandsersuchen an die Alliierten, verkündete die Abdankung Ks. Wilhelms II.
**Maxentius,** Marcus Aurelius Valerius, röm. Ks. s. 306, *um 279, †312; 312 v. Konstantin I. besiegt, auf der Flucht ertrunken.
**Maximilian,** *Hl. Röm. Reich:* **1) M. I.,** Röm. Kg. s. 1486, Ks. s. 1508, *1459, †1519; heiratete 1477 Maria von Burgund; kluge Hausmachtpol.; 1495 R.-Reform: Schaffung des R.-Kammerger., Verkündung des Ewigen Landfriedens. **2) M. II.,** Röm. Kg., Kg. v. Böhmen s. 1562, Ks. s. 1564, *1527, †1576; dem Luthertum zugeneigt, erstrebte konfessionellen Ausgleich. – *Baden:* **3) M. Alexander Friedrich Wilhelm,** Prinz ↑Max, Prinz v. Baden. – *Bayern:* **4) M. I.,** *1573, †1651, Hzg. seit 1597; gründete 1609 die kath. Liga, erwarb im Dreißigjähr. Krieg die Oberpfalz u. die pfälz. Kurwürde (1623). **5) M. II. Emanuel,** *1662, †1726, Krfst. s. 1679; seit 1692 Statthalter der span. Niederlande; Verbündeter v. Frkr. im Span. Erbfolgekrieg. – *Mexiko:* **6) M.,** eigtl. Ferdinand M., Erzhzg. v. Östr., *1832, †1867, seit 1864 Ks. v. Mexiko; Bruder Ks. Franz Josephs I.; unterlag dem mex. Präs. B. Juárez García; erschossen.
**Max-Planck-Gesellschaft zur Förderung der Wissenschaften e. V.,** Abk. **MPG,** gegr. 1948 in der Rechtsnachf. der *Kaiser-Wilhelm-Ges. zur Förderung der Wissenschaften e. V.* (gegr. 1911); Sitz d. Gen.-Verw.: München; unterhält

(2002) 80 wiss. Institute *(Max-Planck-Institute,* Abk. *MPI),* Forschungsstellen u. Arbeitsgruppen, die v. a. [naturwiss.] Grundlagenforschung betreiben.

**Maxwell** [ˈmækswəl], James Clerk, brit. Physiker, *1831, †1879; bed. Arbeiten zur kinet. Gastheorie u. Elektrizitätslehre; stellte die *maxwellschen Gleichungen* auf, Grundgleichungen der Elektrodynamik, die die zeitl. u. räuml. Änderungen der elektromagnet. Felder miteinander sowie mit den Ladungs- u. Stromdichten verknüpfen.

**May,** Karl, dt. Schriftsteller, *1842, †1912; abenteuerl. Indianer- u. Reiseerzählungen, die ihn zu einem der bis heute meistgelesenen dt. Schriftsteller machten.

**Mayday** [ˈmeɪdeɪ], im Funksprechverkehr internat. verwendetes Notsignal (entspricht SOS des Morsealphabets).

**Mayer,** Julius Robert v., dt. Arzt u. Physiker, *1814, †1878; stellte den Satz v. der Erhaltung der Energie auf; bestimmte 1842 das mech. Wärmeäquivalent (unabh. v. Joule u. Helmholtz).

**Mayflower** [ˈmeɪflaʊə], Name des Schiffes, das 1620 die ↑Pilgerväter nach Nordamerika brachte.

**Mayotte** [maˈjɔt], südöstlichste Insel d. Komoren, im Ind. Ozean, gehört als Collectivité territoriale zu Frankreich, 375 km², 156 000 E, Verw.-Sitz ist Dzaoudzi (mit ⚓ u. ✈); Anbau v. Vanille, Kaffee, Zuckerrohr, Pfeffer; seit 1841 frz., entgegen der Unabhängigkeitserklärung der Komoren stimmte die Bev. v. M. 1974 u. 1976 für einen Verbleib bei Frankreich.

**Maya:** *Handschrift „Kodex Vindobonensis" (15. Jh.)*

**Maya,** mittelamer. indian. Völker mit gleicher Sprache, aufgegliedert in 18 Stämme, mit mehr als 2 Mill. Menschen; in vorkolumb. Zeit hohe Kultur; monumentale Steinarchitektur (Tempel) und Plastik; Bilderschrift, hohe Entw. von Astronomie und Math. (Stellenwert der Zahlen), Kalender; künstl. Bewässerung; Polytheismus; Menschenopfer erst im Neuen Reich (10. bis 12. Jh.). Z. Z. der span. Eroberung (16. Jh.) Kultur bereits im Niedergang.

**Maybach,** Wilhelm, dt. Ingenieur u. Industrieller, *1846, †1929; erfand den Vergaser, entwickelte u. a. Wechselgetriebe, Kulissensteuerung, Wabenkühler.

**Mazarin** [mazaˈrɛ̃], Jules, Hzg. v. Nevers, eigtl. Giulio Raimondo **Mazzarini,** frz. Kardinal u. Minister, *1602, †1661; Vertrauter u. Nachf. Richelieus; warf die Fronde nieder, begr. die frz. Vormachtstellung in Europa.

**Mäzen** [nach Maecenas], Kunstfreund und Geldgeber für Künstler.

**Mbabane,** Hptst. v. Swasiland, 52 000 E, Nahrungsmittelind., Druckerei. – Gegr. 1902.

**mbar, mb,** Einheitenzeich. für: **Millibar** (↑Bar).

**Mbeki,** Thabo Mvuyelwa, südafrikan. Politiker, *1942; war im Exil (seit 1962) Informationssekretär und später außenpolit. Sprecher des ANC, seit 1997 dessen Präsident; wurde 1994 Vizepräs., 1999 Staatspräsident.

**MBFR,** Abk. für: **M**utual **B**alanced **F**orces **R**eductions = beiderseit. ausgewogene Truppenreduzierung; 1973–89 in Wien geführte „Verhandlungen über beiderseit. Reduzierungen v. Streitkräften u. Rüstungen u. damit zusammenhängende Maßnahmen in M-Europa"; s. 1989 als ↑VKSE fortgeführt.

**Mc,** Abk. für: ↑**Mac**.

**McAleese** [məˈkəliːz], Mary, ir. Politikerin, *1951; Juristin, s. 1997 Staatspräs. der Rep. Irland.

**McCarthy** [məˈkɑːθɪ], **1)** Joseph Raymond, amer. Politiker (Republikaner), *1909, †1957; 1950–54 Vors. des Senatsausschusses zur Untersuchung „unamer. Umtriebe", die sich zu einer allg. antikommunist., nationalist. u. antisemit. Verfolgungswelle ausweitete. **2)** Mary, amer. Schriftstellerin, *1912, †1989; „Die Clique"; Reportagen.

**McClintock** [məˈklɪntɔk], Barbara, amer. Botanikerin, *1902, †1992; entdeckte „bewegl. Strukturen in der Erbmasse"; Nobelpreis 1983.

**McCloy** [məˈklɔɪ], John Jay, amer. Politiker, *1895, †1989; 1949–52 Hoher Kommissar in Dtl., mit Aufbau der BRD verbunden.

**McKinley, Mount** [maʊnt məˈkɪnlɪ] höchster Berg Nordamerikas, in Alaska, USA, 6 187 m.

**Md,** ☐ Symb. für ↑Mendelevium.

**MdB,** Abk. für: **M**itglied **d**es **B**undestages. *MdL,* Abk. für: **M**itglied **d**es **L**andtages. *MdR,* Abk. für: **M**itglied **d**es **R**eichstages.

**Mead** [miːd], Margaret, amer. Ethnologin, *1901, †1978.

**Mechanik** [gr.], Teilgebiet der Physik, das die Bewegungen v. Körpern u. die sie verursachenden Kräfte untersucht. Die *Kinematik* behandelt die Bewegungsvorgänge ohne, die *Dynamik* unter Berücksichtigung der wirkenden Kräfte. Die *Statik* ist die Lehre v. der Zusammensetzung u. dem Gleichgew. v. Kräften. Spezialgebiete sind u. a. *techn. M., statist. M., Himmels-M.* Die Weiterentwicklung der auf den ↑newtonschen Axiomen basierenden *newtonschen (klass.) M.* ist die *relativist. M.* für Geschwindigkeiten in der Größenordnung der Lichtgeschwindigkeit; sie wendet die Relativitätstheorie auf die M. an. Im atomaren Bereich gilt die ↑Quantenmechanik.

**Mecheln,** niederl. **Mechelen** [ˈmɛxələ], frz. **Malines** [maˈlin], belg. Stadt nö. von Brüssel, 75 700 E;

got. Kathedr. u.a. bed. Kirchen, Giebelhäuser (16.–18. Jh.), Rathaus (14. Jh.); Spitzen-, Teppichwebereien.

**Mechthild v. Magdeburg,** dt. Mystikerin, *vor 1212, †um 1280; Aufzeichnungen ihrer Visionen u. Betrachtungen, „Das fließende Licht der Gottheit".

**Meckel,** Christoph, dt. Schriftsteller u. Grafiker, *1935, allegor. Lyrik, Prosa, Grafikzyklen.

**Mecklenburg,** histor. Territorium an der Ostsee, zw. Schl.-Ho., Bbg. u. Pommern; besteht aus eiszeitl. Aufschüttungen; v. Endmoränenzügen umgebene *M.ische Seenplatte* mit Schweriner See, Plauer See, Müritz u.a. Seen; an der Küste zahlr. Seebäder, Fischereiind., Schiffbau; im Binnenland vorw. Landw. (bes. Getreide, Kartoffeln; Rinderzucht), verbreitet Ziegeleien; Forstwirtschaft. – *Gesch.:* Nach dem Abzug der german. Stämme (um 600 n. Chr.) v. Slawen besetzt; 1160 v. Heinrich d. Löwen endgültig dem Hl. Röm. Reich angegliedert; im 14. Jh. Gebietserwerbungen; 1384 Hzgt.; 1701 Teilung in M.-Schwerin u. M.-Strelitz, 1808 im Rheinbund, s. 1815 Großherzogtümer; 1918 Abdankung des Fürstenhauses; 1934 Vereinigung zum Lande M., nach 1945 Land der SBZ/DDR unter Angliederung des größten Teils von Vorpommern; 1952 auf die Bez. Rostock, Schwerin u. Neubrandenburg verteilt; s. 1990 Teil des neu geschaffenen Bundeslandes Mecklenburg-Vorpommern.

**Mecklenburg-Vorpommern,** Land der BRD, 23171 km², 1,79 Mill. E; Hptst. Schwerin; entstand zum 3. 10. 1990 aus den damaligen Bezirken der DDR Rostock, Schwerin u. Neubrandenburg, vereint die histor. Territorien Mecklenburgs sowie weite Teile Vorpommerns; glazial geprägtes Flachland mit Grund- u. Endmoränen der Mecklenburg. Seenplatte. M.-V. ist überwiegend agrarisch strukturiert, Ind.ansiedlung v.a. im Küstenbereich (Werften, Hafenwirtschaft, Fischverarbeitung); Metall verarbeitende u. Nahrungsmittelind. Bed. Fremdenverkehr an der Ostseeküste und im Bereich der Mecklenburg. Seenplatte. Zur Gesch. ↑Mecklenburg.

**Medaille** [meˈdaljə; frz.], Schaumünze, herausgegeben zum Andenken an Personen od. histor. Ereignisse; auch Ehrenzeichen.

**Medaillon** [medalˈjõ; frz.], **1)** Rundbild; meist medaillenähnl. Schmuckstück od. Andenkenkapsel. **2)** kleine runde od. ovale Fleischscheibe (Filet), auch vom Hummer- od. Langustenschwanz.

**Medea,** in der griech. Sage Tochter des Kg. von Kolchis; verhilft Jason zum Goldenen Vlies.

**Medellín** [meðeˈʎin], Hptst. des kolumbian. Dep. Antioquia, 1,42 Mill. E; Erzbischofssitz, Univ.; Schuh-, Tabak- u.a. Ind.; ✈; Sitz eines Drogenkartells.

**Mediatisierung** [lat.], im Hl. Röm. Reich zumeist zw. 1803 u. 1806 erfolgte Unterwerfung reichsunmittelb. Stände unter die Landeshoheit eines anderen weltl. Reichsstandes.

**Medici** [ˈmɛːditʃi], im 15. Jh. in Florenz zu fürstl. Rang aufgestiegene Bankiersfam., die die Blütezeit der Stadt heraufführte; 1531 Hzg. v. Florenz, 1569 Groß-Hzg. v. Toskana; 1737 erloschen; Vertr.: **1)** Caterina de' ↑Katharina. **2)** Cosimo de', gen. C. der Alte, Stadtherr v. Florenz, *1389, †1464; förderte Kunst u. Wiss. **3)** Lorenzo I de', gen. il Magnifico, Stadtherr v. Florenz s. 1469, *1449, †1492; trotz seiner selbstherrl. Reg. beliebt; Förderer von Kunst und Wiss. **4)** Maria de' ↑Maria.

**Medi|en, 1)** Plural v. ↑Medium. **2)** Kurzbez. für ↑Massenmedien.

**Medienrecht,** das die versch. Medien regelnde Recht: Rundfunk-, Presse-, Verlags- u. Filmrecht, Recht der neuen Medien.

**Medina,** St. nördl. von Mekka, Saudi-Arabien, 350000 E; neben Mekka bedeutendster islam. Wallfahrtsort; islam. Univ.; ✈.

**Meditation** [lat.], **1)** Nachdenken, Versenkung. **2)** Übung der seel. Entspannung.

**mediterran** [lat.], zum Mittelmeer gehörend.

**Medium** [lat.; = Mitte], **1)** Ⓢ Bez. für ein Zeitwort, das [durch best. Formen] das Betroffensein des tät. Subjekts durch die Tätigkeit kennzeichnet (bes. im Griech.). **2)** Träger physikal. od. chem. Vorgänge. **3)** Okkultismus: für die Verbdg. zum Übersinnl. bes. befähigte Mittelsperson.

**Medizin** [lat.], **1) Heilkunde,** Wiss. vom gesunden und kranken Lebewesen, von den Ursachen, Erscheinungen, Auswirkungen seiner Krankheiten *(Pathologie),* ihrer Erkennung *(Diagnostik),* Heilung *(Therapie)* und Verhütung *(Prophylaxe).* – Die Grundlage der neuzeitl. M. bilden v.a. Anatomie, Physiologie, Biologie, Chemie, Physik, Bakteriologie, Pharmakologie u. Toxikologie. Es werden unterschieden: Human-M. (Heilkunde vom Menschen) u. Tier-M. (Veterinär-M., Tierheilkunde). Die Human-M. ist aufgegliedert in Fächer wie innere M., Chirurgie, Frauenheilkunde, Kinderheilkunde, Neurologie, Psychiatrie, Hals-Nasen-Ohren-Heilkunde, Augenheilkunde, Nuklear-M., Rechts-M., Tropen-M., Zahnmedizin u.a. **2)** Heilmittel, Arznei.

**Medizinmann,** bei Naturvölkern Zauberpriester od. Schamane, der Krankheiten u. böse Geister vertreiben soll u. z.T. auch kult. Handlungen leitet.

**Medley** [ˈmedlɪ; engl.], svw. ↑Potpourri.

**Médoc** [meˈdɔk], frz. Weinbauldsch. südl. der Gironde.

**Medusa,** im griech. Mythos die sterbliche der drei Gorgonen.

**Meer,** zusammenhängende Wassermasse der Erde, rund 362 Mill. km² (71 % der Erdoberfläche). 3 Welt-M.e *(Ozeane):* Pazif., Atlant. u. Ind. Ozean. Zu den *Neben-M.en* gehören *Binnen-M.e* (nur schmale Verbdg. zum offenen Welt-M.), *Mittel-M.e* (zw. Kontinenten liegend), *Rand-M.e* (am Rand eines offenen Ozeans, durch Halbinseln od. Inselketten von diesem getrennt). Vertikale Gliederung (nach Tiefe u. Landferne): Küstenzone, *Flachsee* (mit Schelf bis 200 m u. Kontinentalabhang bis 1000 m), *Tiefsee* (unter 1000 m); die größten Tiefen (bis 11034 m) in Tiefseegräben (Marianengraben [↑Marianen]); durchschnittl. Salzgehalt des *M.wassers* 3,5 %. *M.esbewegungen:* Wellen, Gezeiten und M.esströmungen. 2 gr. Lebensbereiche: M.esboden *(Benthal),* offenes M. *(Pelagial).*

**Meeralpen, Seealpen,** Teil der Westalpen, bis 3297 m.

**Meerbusch,** St. im Kr. Neuss, NRW, 54200 E; Edelstahl-, keram. Industrie. – 1970 aus 8 Gem. entstanden.

**Meerbusen,** größere Meeresbucht.

**Meeresschildkröten,** Fam. der Schildkröten; u.a. Suppen-, Karettschildkröte.

**Meeresspiegel, 1)** Meeresoberfläche. **2)** die ideelle Wasseroberfläche des Meeres, auf die sich die geodät. Höhenmessungen beziehen; ↑auch Normalnull.

**Meeresverunreinigung,** die Verschmutzung des Meerwassers, von Meeresböden u. Meeresstränden durch für Meerestiere u. -pflanzen schädl. feste, flüssige u. gasförmige Stoffe, v.a. durch Zufluss verschmutzter Flüsse, direkte Einleitung (hpts. Nitrate, Phosphate, Schwermetalle) u. Tankerunfälle.

**Meergrundeln,** kl. Grundfische v.a. der Küstengewässer; manche Arten mit Brutpflege.

M

**Meerkatzenartige,** meist auf allen vieren laufende, mittelgr. Affen der Alten Welt; u.a. *Meerkatzen* südl. der Sahara: Husarenaffen, Makaken, Rhesusaffen, Magots.
**Meerrettich,** Kreuzblütler; Wurzel als scharfes Küchengewürz.
**Meersburg,** St. am Bodensee, Ba.-Wü., 5400E; Altes Schloss (hpts. 16./17. Jh.) mit Droste-Museum, Neues Schloss (18. Jh.); Weinbau, Textilindustrie.
**megarische Schule,** die von Euklid v. Megara (* um 450, † um 380 v.Chr.) gegr. älteste sokrat. Philosophenschule, zeichnete sich durch sophist. Spitzfindigkeit aus.
**Megève** [məˈʒɛːv], frz. Fremdenverkehrsort in den Alpen, 6000E; in der Nähe der Montblanc; Wintersportort.
**Meghalaya,** nordostindischer B.-Staat, 22429 km², 1,76 Mill. E, Hptst. Shillong.

**Megalithkulturen:** *jungsteinzeitliches Megalithgrab in Fontanaccia bei Sartène auf Korsika*

**Meerschaum, Sepiolith,** feinerdig-poröses Mineral, Magnesiumsilicat, Härte 2–2,5; undurchsichtig, weiß; hpts. in Anatolien; für Pfeifenköpfe u.Ä.
**Meerschweinchen,** südamer. Nagetierfam.; das *Peruan. M.* ist die Wildform des *Haus-M.s.*
**Mega...** [gr.], **1)** Zeich. **M,** Vorsatz vor [physikal.] Einheiten, bez. das 1000000fache der betr. Einheit. **2)** ▣ Vorsatz vor den Einheiten Bit u. Byte mit der Bedeutung $2^{20}$ = 1024 × 1024.
**meg[a]..., Meg[a]...** [gr.], Bestimmungswort; Bed.: „groß, lang, mächtig".
**Megalithkulturen,** süd-, west- u. nordeurop. Kulturgruppen der Jungsteinzeit, zu deren Totenkult *Megalithgräber* (Hünengräber) u. Kultanlagen (z.B. Stonehenge) aus *Megalithen* (großen Steinen) gehören.
**megal[o]..., Megal[o]...,** svw. ↑meg[a]..., Meg[a]...
**Megaphon** [gr.], Sprachrohr, Lautsprecher.
**Megara,** griech. St. am Saron. Golf, 17700E; im Altertum Hauptort der Ldsch. *Megaris.*
**Megäre,** griech. **Megaira,** ↑Erinnyen.
**Mehl,** i.w.S. jedes feinst zerriebene Material, i.e.S. die feinpulverigen Mahlerzeugnisse von Getreide (v.a. Weizen, Roggen).
**Mehlbeere,** 3–15 m hoher Baum od. Strauch (Rosengewächs) mit kl. Apfelfrüchten u. unterseits weiß behaarten Blättern; Ziergehölz.
**Mehlkrankheit** ↑Pflanzenkrankheiten (Übers.).
**Mehltau, Echter** ↑Pflanzenkrankheiten (Übers.).
**Mehltau, Falscher** ↑Pflanzenkrankheiten (Übers.).
**Mehrheit,** Mehrzahl bei Wahl od. Abstimmung; *einf.* (relat.) *M.* (bei mehreren Vorschlägen die höchste Stimmenanzahl), *absolute M.* (mehr als die Hälfte aller Stimmen), *qualifizierte M.* (ein über der Hälfte liegender Teil der Stimmen, z.B. $^2/_3$-Mehrheit).
**Mehrheitswahl,** Wahlsystem, bei dem der Kandidat mit absoluter od. relativer Mehrheit siegt. Erhält b. absoluter M. kein Bewerber die absolute Mehrheit, entscheidet *Stichwahl* zw. den beiden Bewerbern mit der höchsten Stimmenzahl od. eine *Nachwahl,* bei der die relat. Mehrheit entscheidet.
**Mehring,** Franz, dt. Historiker u. Politiker, * 1846, † 1919; begr. mit R. Luxemburg u. K. Liebknecht den Spartakusbund.
**Mehrkampf,** sportl. Wettkampf mit mehreren Einzeldisziplinen; die Leistungsbewertung in jeder Einzeldisziplin erfolgt meist nach Punkten.
**Mehrstimmigkeit,** svw. ↑Polyphonie.
**Mehrwert,** Differenz zw. dem durch Arbeitsleistung des Arbeitnehmers geschaffenen Wert und dem dafür gezahlten Lohn, die dem Unternehmer als „Profit" zufließt (Begriff des Marxismus).
**Mehrwertsteuer,** Nettoumsatzsteuer mit Vorsteuerabzug, bei der die Wertschöpfung der einzelnen Produktions- od. Verteilungsstufen steuerlich erfasst wird (↑Umsatzsteuer).
**Meier** [lat.], im frühen u. hohen MA grundherrlicher Amtsträger und Verwalter der Gutswirtschaft.
**Meiji-Reformen** [meɪdʒi-], jap. Reformen während der Meiji-Ära 1868–1911/12, die den Anschluss Japans an die Entw. der mod. europ. Ind.-Nationen sichern sollten.
**Meile,** altes Wegemaß, u.a. preuß. M.: rd. 7,5 km; geograph. M.: rd. 7,42 km; auch ↑ Seemeile.
**Meiler** [mlat.], mit Erde abgedeckter Holzstoß, der unter minimaler Luftzufuhr zu Holzkohle verglimmt.
**Meinecke,** Friedrich, dt. Historiker, * 1862, † 1954; Gegner des Nat.-Soz.; u.a. „Weltbürgertum u. Nat.-Staat", „Die Entstehung des Historismus".
**Meineid,** vorsätzl. Beschwören einer falschen Aussage vor Gericht od. vor einer anderen für Eidesabnahmen zuständ. Stelle; mit Freiheitsstrafe bedroht.
**Meiningen,** Krst. in Thür., 24600E; Schloss (16./17. Jh.), Theater; Masch.- und Textilind. – 1680–1918 Residenz der Herzöge von Sachsen-Meiningen.
**Meinrad,** Josef, östr. Bühnen- u. Filmschauspieler, * 1913, † 1996; war Träger des Ifflandringes.
**Meinungsforschung, Demoskopie,** Teilgebiet der empir. Sozialforschung; Befragung eines repräsentat. Querschnitts; u.a. für Marktforschung, polit. Vorhaben.
**Meiose** [gr.] ↑Zellteilung.
**Meir,** Golda, isr. Politikerin (Mapai), * 1898, † 1978; 1949–56 Min. für Arbeit u. soz. Sicherheit; 1956–65 Außenmin.; 1969–74 Ministerpräsidentin.
**Meisen,** kl., lebhafte Singvögel; Höhlenbrüter; u.a. Kohl-, Blau-, Tannen-, Hauben-, Sumpfmeise.
**Meißen, 1)** Krst. in Sa., 33500E; altertüml. Stadtkern, got. Dom, Al-

brechtsburg (1471 ff.); bed. Porzellan- und keram. Ind. **2)** histor. Territorium, Mark im Gebiet um Dresden und in der Oberlausitz, 965/68 gegr.; unter Markgf. aus versch. Häusern; seit 1089 im Besitz der Wettiner, wurde Kernland des späteren Kurft. Sachsen.

**Meißner, Hoher M.,** Teil des nördl. Hess. Berglandes, 754 m.

**Meistbegünstigung,** Klausel in Handelsverträgen, nach der Vertragspartner einander alle Vorteile gewähren, die sie Drittstaaten einräumen.

**Meister,** Handwerker, der die *M.prüfung* abgelegt hat als Nachweis über die Befähigung, einen Handwerksbetrieb selbst. zu führen u. Auszubildende anzuleiten.

**Meister Eckhart** ↑Eckhart.

**Meistersinger,** bürgerl., meist dem Handwerkerstand angehörende Dichter-Komponisten des MA, formal den Minnesängern folgend; im 15. Jh. zunftmäß. *Singschulen,* feste Rangordnung: Schüler, Singer, Dichter, Meister; künstler. Zensur durch die gewählten *Merker* gemäß den Kunstregeln der *Tabulatur;* Höhept. im 15./16. Jh. mit H. Folz, H. Sachs u. a. in Nürnberg.

**Meit,** Conrad, dt. Bildhauer der Renaissance, * um 1480, † 1550 od. 1551.

**Meitner,** Lise, östr.-schwed. Physikerin, * 1878, † 1968; bed. Arbeiten zur Kernphysik; entdeckte mit O. Hahn mehr. radioakt. Isotope (Protactinium), deutete 1939 mit O. R. Frisch die Kernspaltung.

**Meitnerium** [nach L. Meitner], Symb. **Mt,** chem. El., OZ 109, ein Transuran.

**Mekka,** Hptst. von Hidjas, Saudi-Arabien, 550 000 E; kult. Mittelpt. u. bedeutendster Wallfahrtsort des Islams; Moschee (775–85) mit Kaaba u. hl. Brunnen.

**Mekong,** Hauptfl. Hinterindiens, 4 500 km, mündet mit breitem Delta ins Südchin. Meer.

**Mekonium** [gr.], ↑Kindspech.

**Melaka,** fr. **Malakka, 1)** Gliedstaat Malaysias, 1 650 km², 505 000 E. **2)** Hptst. von 1) an der Malakkastraße, 87 500 E; Holz-, Nahrungsmittelind.; Fischerei; ✈.

**Melancholie** [gr.], **1)** eines der 4 Temperamente. **2)** Schwermut, Trübsinn, verbunden mit Antriebsarmut.

**Melanchthon,** Philipp, eigtl. P. **Schwarzerd,** dt. Humanist u. Reformator, * 1497, † 1560; engster Mitarb. Luthers; verfasste das ↑Augsburger Bekenntnis; in den innerreformator. Auseinandersetzungen auf Ausgleich bedacht; reformierte grundlegend das Schul- und Universitätswesen [späterer Ehrentitel: „Praeceptor Germaniae" („Lehrer Dtl.s")].

**Melanesien,** westpazif. Inseln nö. von Australien: Neuguinea, Admiralitätsinseln, Bismarckarchipel, Salomoninseln, Louisiadearchipel, Santa-Cruz-Inseln, Neue Hebriden, Loyaltyinseln und Neukaledonien.

**Melanom** [gr.], äußerst bösart. grau bis schwarz gefärbte Geschwulst der Haut, Schleimhaut, Hirnhäute u. des Auges mit Melanineinlagerung.

**Melasse** [frz.], Rückstand b. der Zuckerfabrikation, enthält 50 % Zucker; verw. zur Herst. v. Spiritus u. Presshefe, als Futtermittel.

**Melbourne** ['melbən], Hptst. des austral. B.-Staates Victoria, 3,02 Mill. E; mehrere Univ.; bed. Ind.-Zentrum (Masch.-, Auto-, Textilind. u. a.); bed. ⚓; ✈. – Gegr. 1835.

**Melde,** Gatt. der Gänsefußgewächse; Kräuter oder Sträucher; Unkräuter, Zier-, Gemüsepflanzen.

**meldepflichtige Krankheiten,** in der Humanmedizin Infektionskrankheiten, die nach dem Infektionsschutz-Ges. v. 20. 7. 2000 (durch dieses Ges. wurde das Bundes-Seuchen-Ges. zum 1. 1. 2001 aufgehoben) vom behandelnden Arzt innerhalb von 24 Stunden an das zuständige Gesundheitsamt gemeldet werden müssen. Meldepflicht besteht u. a. auch bei Berufskrankheiten oder bestimmten Geschlechtskrankheiten.

**Melibocus, Malchen,** Berg am W-Rand des Odenwaldes, 517 m.

**Melioration** [lat.], in der Landw. Bodenverbesserung.

**Melisse** [gr.], aus dem Mittelmeergebiet stammender Lippenblütler; Blätter liefern Melissenöl.

**Melk,** östr. St. an der Donau, Niederöstr., 6 200 E; über der Stadt die Benediktinerabtei *Stift M.* (1702 bis 1726 erbaut).

**Melle,** Stadt sö. von Osnabrück, Nds., 43 800 E; viels. Ind.; Solbad.

**Melodie** [gr.], singb., in sich geschlossene, nach Klangschritten u. Rhythmus geordnete Tonfolge.

**Melodik** [gr.], allg. svw. Melodie; im 19. Jh. Melodielehre.

**Melodrama** [gr.], Deklamation od. Schauspiel mit Musikbegleitung.

**Melone** [ital.], Bez. für saft. Beerenfrüchte versch. Kürbisgewächse, Wasser-, Zuckermelone u. a.

**Melonenbaum, Papayabaum,** in den Tropen kultivierter Obstbaum mit melonenart., essbaren Früchten.

**Melozzo da Forlì,** ital. Maler, * 1438, † 1494; Fresken in Rom und Loreto (monumentale, illusionist. Deckenmalerei).

**Melpomene,** Muse der Tragödie.

**Melun** [mə'lœ̃], frz. St. an der Seine, 35 000 E; Hptst. des Dep. Seine-et-Marne.

**Melusine,** in der altfrz. Sage eine schöne Meernixe; Titelgestalt eines dt. Volksbuchs (15. Jh.).

**Melville** ['melvɪl], Herman, amer. Schriftsteller, * 1819, † 1891; „Moby Dick".

**Melville Island** ['melvɪl 'aɪlənd], **1)** Insel im Kanad.-Arkt. Archipel, die größte der Parry Islands, 42 149 km²; von Victoria Island durch den *Melvillesund* getrennt. **2)** Insel vor der nordaustral. Küste, 5 800 km².

**Membran** [lat.], dünne Haut; in der Technik: **1)** ein eingespanntes schwingungsfäh. Plättchen zur Übertragung von Druckänderungen (verw. z. B. in Mikrofonen). **2)** selektiv durchlässiges Häutchen (Ultrafilter) zur Abtrennung kolloidaler Teilchen.

**Memel,** litau. **Nemunas,** russ. **Neman,** Fl. in N-Europa, 937 km, entspringt südl. v. Minsk, mündet ins Kur. Haff (Hauptmündungsarme: Gilge u. Ruß).

**Memelgebiet, Memelland,** d. nördl. v. Memel u. Ruß gelegene Teil Ostpreußens, 2 830 km², (1938) 153 000 E; 1919 im Versailler Vertrag ohne Volksabstimmung an d. Alliierten abgetreten; s. 1924 autonomer Teil Litauens; 1939 an das Dt. Reich zurück, s. 1945 Teil der Litauischen SSR, s. 1991 Litauens.

**Memento** [lat.], im Messkanon Bittgebet für Lebende u. Tote; *M. mori!* Gedenke des Todes!

**Memmingen,** krsfr. St. nahe der mittl. Iller, Bayern, 40 600 E; altertüml. Stadtbild, got. Martinskirche, Rathaus (1589; 1765), spätgot. u. barocke Zunft- u. Wohnhäuser; LG; vielseit. Industrie.

**Memnon,** in der griech. Mythol. Sohn der Göttin Eos, König v. Äthiopien, im Trojan. Krieg gefallen. Als sein Bild galten die *M.kolosse* im ägypt. Theben.

**Memoiren** [memo'a:rən; frz.], [Lebens]erinnerungen.

**Memorandum** [lat.], ausführl. [diplomat.] Denkschrift.

**Memory-Legierungen** ['meməri-], Nickel-Titan- u. Kupfer-Zink-Aluminium-Legierungen mit der Fähigkeit, beim Erwärmen eine frühere Form anzunehmen; Anwendung für Satellitenantennen u. a.

**Memphis, 1)** antike St. in Ägypten, südl. von Kairo, v. a. während des Alten Reiches (↑ägypt.

Gesch.) Hptst. Ägyptens; Ruinen. **2)** St. im sw. Tennessee, USA, am Mississippi, 610 000 E; Univ.; Holz- u. Textilind.; Baumwollhandel; Fluss-⚓, ✈.

**Menander,** griech. **Menandros,** griech. Dichter, *342, †291 v. Chr; bedeutendster Vertr. der neuen att. Komödie, über 100 Werke.

**Menchú** [-ˈtʃu], Rigoberta, guatemaltek. Bürgerrechtlerin, *1959; Eintreten für Rechte d. indian. Bev., Friedensnobelpreis 1992.

**Mendel,** Gregor Johann, Augustinerabt, *1822, †1884; fand 1865 bei Kreuzungsversuchen an Erbsen die *mendelschen Regeln* (↑Vererbung).

**Mendelejew,** Dmitri Iwanowitsch, russ. Chemiker, *1834, †1907; stellte das ↑Periodensystem der chem. Elemente unabhängig von J. L. ↑Meyer auf.

**Mendele Mojcher Sforim,** eigtl. Schalom Jakob **Abramowitsch,** jidd. Dichter, *1835, †1917; „Fischke der Krumer".

**Mendelevium,** Symb. **Md,** chem. El., OZ 101; erstmals 1955 künstl. hergest., ein Transuran.

**Mendelssohn, 1)** Arnold Ludwig, dt. Komponist, Opern, geistl. Chormusik, *1855, †1933; leitete Reform der ev. Kirchenmusik ein. **2)** Moses, eigtl. Moses Ben Menachem **Mendel,** dt. Philosoph, *1729, †1786; popularisierte die Ideen der Aufklärung, wirkte für die Emanzipation des dt. Judentums. **3)** Peter de, dt. Journalist, *1908, †1982; s. 1975 Präs. der Dt. Akademie für Sprache u. Dichtung.

**Mendelssohn Bartholdy,** Felix, *1809, †1847, Enkel von M. Mendelssohn, dt. Komponist; mit einer Wiederaufführung d. Matthäuspassion J. S. Bachs Beginn erneuter Bach-Pflege; 5 Sinfonien, Oratorien, Violinkonzert, Musik zu Shakespeares „Ein Sommernachtstraum".

**Menden (Sauerland),** St. nö. von Iserlohn, NRW, 58 400 E; Metall-, Elektroindustrie.

**Menelaos,** sagenhafter Kg. von Sparta, Gatte der Helena.

**Menelik II.** ↑Menilek II.

**Menetekel** [aram.], ernster Warnruf, unheildrohendes Zeichen; zurückgehend auf die Geisterschrift an der Wand beim Gastmahl Kg. ↑Belsazars [at. Buch Daniel].

**Menge,** Zusammenfassung v. (endl. od. unendl. vielen) unterscheidb. Objekten *(Elementen)* zu einem Ganzen, z. B. die M. der ganzen Zahlen.

**Mengenlehre,** v. G. Cantor begr. Zweig der Math., der durch Einführung der Begriffe Menge, Relation u. Abb. fast alle Bereiche dieser Wiss. beeinflusste u. zur Entw. neuer Teilgebiete führte.

**Mengistu Haile Mariam,** äthiop. Offizier u. Politiker, *1937; maßgebl. am Sturz Ks. Haile Selassies I. 1974 beteiligt, führender Politiker (s. 1977) in Äthiopien, 1991 gestürzt.

**Mengzi, Meng Tzu,** latin. **Mencius,** eigtl. **Meng Ko,** chin. Philosoph, *372, †289 v. Chr; Vertr. der Lehren des Konfuzius.

**Menhir** [kelt.], unbehauener, aufrecht stehender Stein (bis 20 m hoch); vorw. jüngere Steinzeit.

**Menilek II., Menelik,** *1844, †1913, Ks. v. Äthiopien s. 1889; behauptete sich im Krieg gg. Italien 1895/96 (Sieg b. Adua), erweiterte das Äthiop. Reich.

**Meningitis** [gr.], svw. Hirnhautentzündung (↑Gehirn).

**Meniskus** [gr.], **1)** halbmondförm. Zwischenknorpel im Kniegelenk; *M.riss,* häuf. Sportverletzung. **2)** die gekrümmte Oberfläche einer Flüssigkeit in Kapillaren. **3)** opt. Linse, bei der beide Flächen im gleichen Sinne gekrümmt sind.

**F. Mendelssohn Bartholdy**
*(Gemälde von Eduard Magnus; um 1845)*

**Mennige** [lat.], $Pb_3O_4$, rotes Bleioxid; Farbpigment; verw. in Malerfarben u. Rostschutzmitteln.

**Mennoniten,** nach dem fries. Theologen Menno Simons (*1496, †1561) ben. Anhänger täufer. Freikirchen, vom ref. Bekenntnis geprägt, Erwachsenentaufe, teilw. Kriegsdienst- u. Eidverweigerung; hpts. in den Niederlanden, in Nord- u. Südamerika.

**Menopause** [gr.], ⚕ Zeit nach dem endgült. Ausbleiben der ↑Menstruation.

**Menora** [hebr.], kult. siebenarmiger Leuchter der jüd. Liturgie, wichtiges Bildmotiv der jüd. Kunst.

**Menorca,** fr. **Minorca,** östlichste Insel der Balearen, zu Spanien, 683 km²; Hauptort Mahón; Fischerei; Fremdenverkehr.

**Menorrhö** [gr.], svw. ↑Menstruation.

**Mensa** [lat.; = Tisch], **1)** Altartisch. **2)** Speiseraum für Studenten.

**Mensch,** das geistig höchstentwickelte ird. Lebewesen; in der zoolog. Systematik ein Säugetier der Ordnung Primaten, nach morpholog., anatom., serolog., genet. u. a. Befunden näher mit dem Schimpansen verwandt als dieser mit dem Orang-Utan. Aufgrund seiner Fähigkeit, sachorientiert und abstrakt zu denken und zu sprechen und dadurch seine Umwelt gezielt zu gestalten, nimmt der M. in der Natur eine Sonderstellung ein. Der für die M.-Werdung, d. h. die Entwicklung des M. aus einem gemeinsamen Primatenstamm, entscheidende Zeitraum war vor etwa 5 bis 2 Mill. Jahren; vor etwa 4 bis 3 Mill. Jahren lebten die Ur-M., frühe Vorläufer des Jetzt-M. Die Entwicklungsstadien sind im Einzelnen strittig, fest steht aber, dass die Aufrichtung zur zweibeinigen Körperhaltung und Fortbewegung früher erfolgte als die Entwicklung des Gehirns, v. a. der Großhirnrinde, über das bei den Menschenaffen erreichte Maß hinaus. Mit dem Übergang zur Zweibeinigkeit verbunden war auch eine funktionale Änderung der Hand vom Greifen zum Ergreifen und „Handhaben"; die Zusammenarbeit zw. Händen und Gehirn war für die Weiterentwicklung des M. außerordentl. bedeutsam. Das wesentl. Merkmal des M. ist seine Sprachfähigkeit mitsamt den anatom. Voraussetzungen dafür (Sprachzentrum im Gehirn, Kehlkopf-, Mund- und Rachengestaltung). Der Jetzt-M. (Homo sapiens sapiens) erschien nach dem Früh-M. (vor etwa 600 000 Jahren) und dem Alt-M. (Neandertaler, vor etwa 300 000 bis 30 000 Jahren) relativ unvermittelt vor etwa 40 000 Jahren.

Aufgrund der Größe und Leistungsfähigkeit seines Gehirns ist der M. außerordentlich lernfähig und durch seine Sprachbegabung auch imstande, das Gelernte weiterzugeben, und zwar nicht nur direkt von Individuum zu Individuum, sondern auch indirekt durch Aufzeichnung. Der sozialisierenden und kulturbildenden Bedeutung der Information und der Kommunikation für den M. entsprechen gewisse seiner Eigentümlichkeiten. So hat er als Phase intensiven Lernens eine vergleichsweise lange Kindheit, und seine Sexualität ist nicht nur biologisch, sondern auch sozial und kulturell geprägt. Das Heranwachsen des M. zu einem reifen Geschlechtswesen, einer Frau oder einem Mann, unterliegt andauernden steuernden Einflüssen, von der genet. Geschlechtsbestimmung zum Zeitpunkt der Befruchtung (Geschlechtschromosomen: XX weiblich, XY männlich) über die Steuerung vieler Körperfunktionen (v. a. die Ausbildung der Geschlechtsmerkmale im Embryonalstadium und in der Pubertät) durch Geschlechtshormone, über die unbewusste, gesellschaftlich bedingte Aneignung von Vorstellungen über die Geschlechterrollen bis zu bewusst-rationalen Entscheidungen über das eigene Verhalten im Erwachsenenalter. Aus der innigen gegenseitigen Durchdringung von Natur und Kultur in der Sexualität resultieren persönl. und gesellschaftl. Konflikte (z. B. Patriarchat und Frauenbewegung).

Der Körper des M. besteht zu etwa 60 % aus Wasser, 20 % aus Eiweißstoffen, 15 % Fett und 5 % Mineralstoffen; etwa 8 % des Körpergewichts entfallen auf das Blut. Die Eingeweide umfassen: Atmungssystem, Herz- und Kreislaufsystem, Harnsystem, innersekretor. Drüsen (Hormondrüsen), Geschlechtsorgane. Alle Lebensvorgänge werden vom Nervensystem in Verbindung mit dem Hormonsystem gesteuert und geregelt.

**Menschenaffen,** Fam. der Altweltaffen (Schmalnasen) od. als höchststehende Affen der Überfam. Menschenartige, mit Orang-Utan, Gorilla, Schimpanse; *Kleine M.,* svw. ↑Gibbons.

**Menschenhandel,** auch **Frauenhandel, Mädchenhandel,** Bez. für das Anwerben, Verschleppen od. Entführen von Personen des eigenen Vermögensvorteils wegen zum Zweck der Prostitution; strafbar.

**Menschenopfer,** Tötung von Menschen im relig.-kult. od. mag. Dienst; in der Religionsgesch. vielfach belegt.

**Menschenrassen,** geographisch lokalisierbare Formengruppen des heutigen Menschen: Europide, Mongolide, Indianide und Negride.

**Menschenrechte,** angeborene, unveräußerl. und unantastbare Rechte und Freiheiten jedes Menschen gegenüber staatl. Eingriff; sie werden in den modernen Verf.en als ↑Grundrechte gewährleistet. Der Schutz der M. ist ein Ziel der UN; die „Allg. Deklaration der M." (1948) enthält rechtl. nicht verbindl. Empfehlungen, auf deren Grundlage mehrere Konventionen zum Schutz der M. beschlossen wurden. Der Europarat beschloss 1950 die „Europ. Konvention der M."; 1959 wurde der „Europ. Gerichtshof für M." gebildet. Seit 1993 gibt es einen UN-Hochkommissar für M.

**2)** in einigen korporierten student. Verbänden heute noch übl. Zweikampf mit blanker Waffe. **3)** Zeitmaß der Noten; allg. Maßbez. bei Instrumenten. **4)** Messglas, Messzylinder.

**Mensuralnotation** [lat.], Notenschrift mit Noten, die im Ggs. zur älteren Choralnotation die Tondauer erkennen lassen (13.–16. Jh.).

**mental** [lat.], geistig, den Geist betreffend; *Mentalität,* Denk-, Anschauungsweise, Geisteshaltung.

**Menthol** [lat.], $C_{10}H_{19}OH$; Hauptbestandteil des Pfefferminzöls; wirkt antisept. und kühlend.

**Adolph von Menzel:** *Flötenkonzert in Sanssouci (1852)*

**Menschenrechtskonventionen,** völkerrechtl. Vertr., in denen Staaten sich zur Gewährleistung v. Menschenrechten an alle ihrer Hoheitsgewalt unterstehenden Personen verpflichten.

**Menschenwürde,** Anspruch des Menschen, als Träger geistig-sittl. Werte um seiner selbst willen geachtet zu werden; ist nach Art. 1 GG unantastbar.

**Menschewiki** [russ. „Minderheitler"], die gemäßigte Gruppe der Sozialdemokrat. Arbeiterpartei Russlands nach 1903; auch ↑Bolschewiki.

**Menses** [lat.; Mrz.], svw. ↑Menstruation.

**Menstruation** [lat.], **Menorrhö, Menses, Periode, Regel[blutung],** period. (durchschn. alle 29,5 Tage) auftretende, etwa 3–6 Tage dauernde Blutung aus der Gebärmutter der geschlechtsreifen Frau, wenn ein nicht befruchtetes, reifes Ei mit der Gebärmutterschleimhaut ausgestoßen wird; erste M. i. d. R. mit 12–13 Jahren.

**Mensur** [lat.], **1)** Fechterabstand.

**Mentor,** Erzieher, Ratgeber (nach dem Lehrer des Telemach).

**Menü** [frz.], **1)** Essen aus mehreren, in der Folge festgelegten Gängen. **2)** auf einem Bildschirm angezeigte Liste von Programmfunktionen; *Pull-down-M.,* Unter-M., das durch Auswählen eines Begriffs in der M.zeile eines Fensters (nach unten) aufgeblättert wird; *Pop-up-M.,* ein M., das durch Anklicken einer Fläche, die keine M.leisten enthält (z. B. auf dem Bildschirm), erscheint.

**Menuett** [frz.], frz. Tanz in mäßig schnellem $^3/_4$-Takt; offener Paartanz; s. Anf. des 18. Jh.s Teil der Suite, später auch der Sinfonie und Sonate.

**Menuhin,** Sir (s. 1996) Yehudi, amer. Violinist, * 1916, † 1999; auch Dirigent.

**Menzel,** Adolph von, dt. Maler und Grafiker, * 1815, † 1905; neben impressionist. Bildern detaillierte Rokokoszenen, „Balkonzimmer", „Tafelrunde", „Flötenkonzert" und „Eisenwalzwerk", Zeichnungen (Federzeichnungen zu

Kuglers „Geschichte Friedrichs des Großen").
**Mephisto, Mephistopheles,** Teufel der Faustsage.
**Meppen,** Krst. am Dortmund-Ems-Kanal, Nds., 32 100 E; Eisen- u. Textilind.; Erdgaskraftwerk, Hafen.
**Meran,** ital. **Merano,** ital. St. u. Kurort in S-Tirol, nw. v. Bozen, 33 600 E; Burg (1540), got. Pfarrkirche; bed. Fremdenverkehr.
**Mercalli-Skala** ↑Erdbeben.
**Mercator,** Gerhardus, eigtl. Gerhard **Kremer,** niederl. Geograph und Kartograph, *1512, †1594; Schöpfer der ersten mod. Karten; Entw. der *M.projektion,* einer winkeltreuen Zylinderprojektion für Landkarten.
**Mercouri** [mɛrˈkuri], Melina, eigtl. Maria Amalia **Mersuris,** griech. Schauspielerin und Politikerin, *1925, †1994; 1967–74 wegen ihres Kampfes gg. Militärjunta ausgebürgert, 1981–85 Kultusministerin, 1985–89 Min. für Kultur, Jugend u. Sport.
**Meredith** [ˈmeredɪθ], George, engl. Dichter, *1828, †1909; psychol., subtil iron. Romane, „Der Egoist"; Lyrik.
**Mergel,** Sammelbez. für Sedimentgesteine der Mischungsreihe Ton–Kalk.
**Mergenthaler,** Ottmar, dt.-amer. Feinmechaniker, *1854, †1899; erfand u.a. 1884 die Zeilensetzmaschine.
**Merian, 1)** Maria Sibylla, verh. **Graff,** schweizer. Malerin, Kupferstecherin und Naturforscherin, *1647, †1717, Tochter v. 2); Blumen- und Insektenbilder. **2)** Matthäus, d.Ä., schweizer. Kupferstecher u. Buchhändler, *1593, †1650; Städteansichten.
**Mérida, 1)** span. St. in Estremadura, 41 800 E; Bauten aus der Römerzeit. **2)** Hptst. des mex. B.-Staates Yucatán, 523 400 E; Univ.; Kathedr.; Zentrum der Sisalverarb.; ⛯. **3)** B.-Staat in W-Venezuela, 11 300 km², 615 500 E, Hptst. M.; Kaffeeanbau. **4)** Hptst. von 3), 170 900 E; Univ.; ⛯.
**Meridian** [lat.], der größte Kreis am Himmelsgewölbe, verbindet über die Himmelspole u. den S- u. N-Punkt des Horizontes ↑Zenit u. ↑Nadir; Bez. auch für die übr. durch die Himmelspole gehenden größten Himmelskreise, denen die M.e *(Längenkreise)* des ↑Gradnetzes der Erde entsprechen; *M.kreis,* astronom. Instrument zur Ortsbestimmung an der Sphäre.
**Mérimée** [meriˈme], Prosper, frz. Schriftsteller, *1803, †1870; Dramen, Novellen, „Colomba", „Carmen" (Opernvorlage Bizets).
**Merkantilismus** [lat.], wirtschaftspolit. System des Absolutismus (16. bis 18. Jh.) zur Erhöhung der staatl. Geldeinkünfte (v.a. Förderung der Gewerbebetriebe, einheitl. Zoll- u. Marktgebiet, Steigerung des Exports u. Drosselung des Imports).

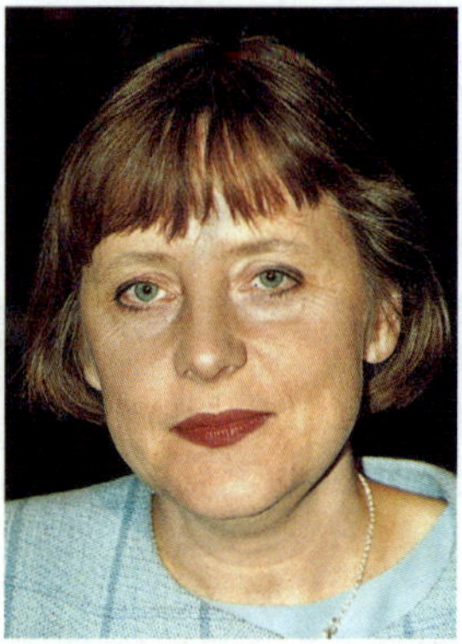

**A. Merkel**

**Merkel,** Angela, dt. Politikerin (CDU), Physikerin, *1954; seit 1990 MdB; 1991–94 B.-Min. für Frauen u. Jugend, 1994–98 für Umwelt, Naturschutz u. Reaktorsicherheit; 1998–2000 Gen.-Sekr. der CDU, seitdem B.-Vorsitzende.
**Merkur, 1)** röm. Gott des Handels, Götterbote, dem griech. Hermes entsprechend; *M.stab,* ein von Schlangen umwundener Stab, Sinnbild des Handels. **2)** der sonnennächste Planet, nur in der Abend- od. Morgendämmerung zu beobachten; Rotationsdauer etwa $^2/_3$ seiner Umlaufzeit um die Sonne (88 Tage); mittl. Sonnenabstand 57,9 Mill. km. Das Fehlen einer Atm. führt zu gr. Temp.differenzen zw. etwa 430 °C (am Tage) u. −180 °C (nachts). Die Oberfläche ähnelt der des ↑Mondes.
**Merle** [mɛrl], Robert, frz. Schriftsteller, *1908, zeitkrit. u. histor. Romane.
**Merlin, 1)** Zwergfalke. **2)** Zauberer u. Seher der kelt. Sage (Artuskreis).
**Merowinger,** fränk. Königsgeschlecht des Früh-MA; größte Machtentfaltung unter Chlodwig I., dann allm. Verfall; 751 mit der Absetzung Childerichs III. v. den Karolingern verdrängt.
**Merseburger Zaubersprüche,** zwei ahd. Zauberformeln in Stabreimen; in einer Handschrift des 10. Jh.s aus der Merseburger Dombibliothek.
**Merseburg/Saale,** Krst. in Sa.-Anh., 41 700 E; spätgot. Dom (beg. 1015), spätgot. Schloss; TH, Landesarchiv; Masch.-, Zellstoffind., Aluminiumwalzwerk. – Im fr. MA wichtige Grenzburg u. -stadt; 967–1561 Bistum; kursächs. bis 1815, dann preußisch.
**Mersey** [ˈməːzɪ], Zufl. zur Liverpool Bay, England, 110 km.
**Merseyside** [ˈməːzɪsaɪd], Metropolitan County in NW-England, die von Liverpool beherrschte St.- u. Ind.-Ldsch. am unteren Mersey.
**Merzig,** Krst. an der Saar, Saarland, 31 100 E; roman. Stiftskirche; Masch.-, keram. Industrie.
**Mescalin, Meskalin,** Alkaloid aus mex. Kakteenart mit halluzinogener Wirkung; Rauschgift.
**Meschede,** Krst. des Hochsauerlandkr., an der oberen Ruhr, NRW, 32 600 E; Pfarrkirche mit Ringkrypta (10. Jh.); Industrie.
**Meschhed,** Hptst. der Prov. Khorasan, Iran, 1,56 Mill. E; Univ.; bed. schiit. Wallfahrtsort; Grabmoschee des Imam Resa, Grab des Harun ar-Raschid, Wein- u. Obstgärten; ⛯.
**MESFET,** Abk. für **Me**tal **S**emiconductor **F**ield **E**ffect **T**ransistor, ein Sperrschicht-Feldeffekttransistor, dessen Sperrschicht durch einen Metall-Halbleiter-Kontakt gebildet wird.
**Mesmerismus,** svw. ↑Heilmagnetismus.
**mes[o]..., Mes[o]...** [gr.], Bestimmungswort; Bed.: „mittl., mittel, in der Mitte zwischen".
**Mesolithikum** [gr.], svw. Mittelsteinzeit.
**Mesonen** [gr.], Gruppe instabiler Elementarteilchen mit ganzzahligem Spin u. 0,15- bis 11facher Nukleonenmasse; z.B. ↑Pionen *($\pi$-M.), Kaonen (K-M.), Eta-M. ($\eta$-M.), Psiteilchen ($\Psi$-M.)* u. deren Antiteilchen. M. unterliegen der starken Wechselwirkung; der kurzzeit. Austausch v.a. von $\pi$-M. zw. den Nukleonen ist Ursache der ↑Kernkräfte.
**Mesopotamilen** [gr.; = (Land) zw. den Strömen], **Zweistromland,** histor. Großlandschaft in Vorderasien, das Stromgebiet v. Euphrat u. Tigris in S-Irak u. NO-Syrien. Umfasste Assyrien u. Babylonien.
**Mesozoikum** [gr.], paläontolog. Bez. für Erdmittelalter, ↑Geologie (Übers.).
**Messe** [lat.], **1)** Bez. für den Gottesdienst in der kath. Kirche (↑Eucharistie). – Zahlr. Vertonungen der gesungenen unveränderl. Bestandteile der M.: Kyrie, Gloria, Credo, Sanctus (mit Benedictus), Agnus Dei. **2)** Veranstaltung mit Marktcharakter; früher unmittel-

barer Warenaustausch *(Waren-M.),* heute Geschäftsabschlüsse aufgrund v. Warenmustern *(Muster-M.)*

**Messel,** Ort nö. v. Darmstadt, Hessen, 4000 E; in der Grube M. bed. Fossilienfunde in Ölschiefern.

**Messenien,** griech. Ldsch. im SW der Peloponnes, von Sparta in 3 *messen. Kriegen* (8.–5. Jh. v. Chr.) unterworfen.

**Messerschmitt,** Willy, dt. Flugzeugkonstrukteur, * 1898, † 1978; die Me 262 (1944) war das erste in Serie hergest. Jagdflugzeug mit Turbinen-Luftstrahltriebwerk.

**Messiaen** [mɛsˈjã], Olivier, frz. Komponist, * 1908, † 1992; bed. Lehrer; neue Klangwirkungen.

**Messias** [hebr.; = Gesalbter], im A. T. urspr. der durch Salbung eingesetzte König; in der jüd. Religion der erwartete Nachkomme aus dem Stamm Davids, der das endzeitl. Gottesreich aufrichten wird; im Christentum auf ↑Christus bezogen.

**Messina,** Prov.-Hptst. auf Sizilien, Italien, an d. Straße v. M., 261 100 E, Univ., wiss. Inst., Erdbebenwarte; mod. Stadtbild; ⚓. – Gegr. als griech. Kolonie (8. Jh. v. Chr.).

**Messing,** Legierungen aus Kupfer (55–90 %) u. Zink (45–10 %); zinkarme Legierungen heißen *Tombak.*

**Messner,** Reinhold, Südtiroler Bergsteiger, * 1944; bestieg zw. 1978 u. 1986 alle 14 Achttausender ohne Sauerstoffgerät, durchquerte 1990 mit A. Fuchs (* 1953) zu Fuß die Antarktis; schrieb u. a. „Everest", „Überlebt".

**Mess|schieber,** Längenmessgerät (fr. *Schieb-* od. *Schublehre*) zur Messung v. Außen-, Innen- u. Tiefenmaßen. Der zu messende Gegenstand wird zw. einer fest stehenden u. einer verschiebb. Messschneide eingeklemmt u. die Länge an einer Skala abgelesen.

**Messschraube,** fr. **Mikrometer(schraube),** mechan. Messgerät für Längenmessungen mit mittl. Genauigkeitsanforderungen, z. B. als Bügel-, Innen- od. Tiefen-M.

**Messtisch,** drehbar auf einem Stativ angebrachte, waagerecht einzustellende Zeichenplatte *(M.platte),* auf der topograph. Karten aufgenommen werden; die *M.blätter* (4-cm-Karten) sind Gradabteilungskarten mit Höhenlinien im Maßstab 1:25 000.

**Mestize,** Mischling zw. Weißen u. Indianern.

**met[a]..., Met[a]...** [gr.], Vorsilbe; Bed.: „zw., inmitten, nach[her], später".

**Metabolismus,** svw. ↑Stoffwechsel.

**Metalle** [gr.], chem. El., die sich durch Glanz, Undurchsichtigkeit, hohe Leitfähigkeit für Wärme u. Elektrizität u. durch die Neigung zur Bildung posit. Ionen auszeichnen. Mit Ausnahme des Quecksilbers sind alle M. bei Zimmertemp. fest. Man unterscheidet nach dem chem. Verhalten ↑Edel-M., *Halbedel-M.* (Zinn, Nickel, Kupfer u. Ä.) u. ↑unedle M. Die M. bilden untereinander ↑Legierungen. Nach der Dichte unterscheidet man ↑Leicht-M. u. ↑Schwer-M.; Schmelzpunkte zw. rd. −39 °C (Quecksilber) u. 3410 °C (Wolfram). (↑Übergangselemente)

**Metalle der seltenen Erden, Seltenerdmetalle,** Bez. für die chem. El. Scandium, Yttrium, Lanthan u. die ↑Lanthanoide.

**metallische Gläser, amorphe Metalle,** Metalle od. Legierungen, deren Struktur nicht kristallin, sondern glasartig amorph ist (Zustand der festen Schmelze).

**Metallisieren,** Beschichten von nichtmetall. Stoffen (Kunststoffe, Textilien) mit dünnen Metallüberzügen durch Aufdampfen, Plasmaspritzen, Abscheiden.

**Metallkunde,** Teilgebiet der Werkstoffkunde, untersucht d. Struktur u. Eigensch. d. Metalle u. Legierungen sowie ihre Verarb.verfahren.

**Metalloxide,** Verbindungen aus Metallen u. Sauerstoff, die in Wasser gelöst meist Basen ergeben (bzw. mit Säuren Salze).

**Metallurgie** [gr.], Wirtsch.zweig, umfasst d. Gewinnung, Raffination u. Verarb. der Metalle u. Legierungen; hpts. Eisen- u. Nichteisen-M.

**metamorphe Gesteine** [gr.; dt.], durch ↑Metamorphose umgewandelte Gesteine.

**Metamorphose** [gr.], Verwandlung, Umgestaltung, **1)** indirekte Entwicklung vom Ei zum geschlechtsreifen Tier durch Einschaltung gesondert gestalteter, selbst. Larvenstadien (hpts. bei Insekten). **2)** Umbildung eines Grundorgans zu einem Organ mit bes. Funktion im Verlauf der Stammesgesch. (z. B. Entstehung der Staubblätter aus dem Laubblatt). **3)** zusammenfassende Bez. für Gesteinsumwandlung innerh. der Erdkruste, meist durch Druck- u. Temperaturänderung.

**Metapher** [gr.], durch einen Vergleich zustande kommender bildl. Ausdruck, z. B. „ein Löwe in der Schlacht"; *metaphorisch,* bildl., übertragen.

**Metaphysik** [gr.], urspr. die im Gesamtwerk des Aristoteles nach (griech. „meta") der *„Physik"* (Naturlehre) eingeordneten Bücher; später die philos. Lehre, die das „über" oder „hinter" der sinnl. erfahrb., natürl. Welt Liegende behandelt. Eingeteilt in 1. *Metaphysica generalis* oder Ontologie u. 2. *Metaphysica specialis* als Lehre v. der natürl. Welt (Kosmol.), v. der menschl. Seele (Psychol. od. Anthropol.), v. Gott u. Unsterblichkeit (natürl. Theol.).

**Meta|stase** [gr.], **Tochtergeschwulst,** durch Verschleppung u. Absiedelung (Metastasierung) von Zellen einer bösartigen Primärgeschwulst (Primärtumor) in andere Körpergebiete entstandene Sekundärgeschwulst.

**Meteore** [gr.], Bez. für die Leuchterscheinungen, die durch in die Erdatm. eindringende außerird. Kleinkörper *(Meteoroide)* ausgelöst werden. Die dabei in der Luft auftretenden Stoß- u. Kompressionsprozesse führen zur Ionisation v. Atomen u. Molekülen, die ihre Energie durch Lichtemission abgeben. Die sehr hellen M. (heller als mitt. Venushelligkeit) werden *Feuerkugeln (Bolide)* gen., die lichtschwachen M. *Sternschnuppen.* Diese werden durch Meteoroide bis zu einigen cm (Massen bis etwa 2 g) verursacht. Das Aufleuchten erfolgt in etwa 110 bis 90 km Höhe, das Erlöschen (infolge Verdampfung) in etwa 80 bis 20 km Höhe. *M.ströme* gelten als Auflösungspunkte v. Kometen.

**Meteorit** [gr.], kl. Festkörper, der beim Eindringen in die Erdatm. nicht vollständ. zerstört wurde u. bis zur Erdoberfläche gelangt; er verursacht die als ↑Meteor bez. Leuchterscheinung. Man unterscheidet nach dem Material *Stein-* u. *Eisen-M.* Der größte gefundene M. (Hoba in Namibia) hat eine Masse v. 54,4 t. Durch den Einschlag noch weit größerer M. entstanden *M.krater* mit ⌀ weit über 1 km, z. B. der Arizona-Krater (USA): ⌀ 1 200 m, Tiefe 170 m, M.masse (berechnet) 15 000 t. – Abb. S. 442.

**Meteorologie** [gr.], Wetterkunde; Teilgebiet der Geophysik, versucht die Vorgänge u. Gesetzmäßigkeiten in der Lufthülle der Erde messend u. beobachtend zu erfassen u. nach allg. physikal. Gesetzen zu erklären.

**Meteosat** [Kw. aus engl. **meteo**rological **sat**ellite], von der Europ. Weltraumorganisation ESA entwickelter Wettersatellit; geostationär über dem Kreuzungspunkt von Greenwich-Meridian u. Äquator; liefert über die Empfangsanlage in

**Meteorit:** *Meteoritenkrater Canyon Diablo in Arizona (USA) mit einem Durchmesser von 1200 m*

Michelstadt Bilder an das Europ. Operationszentrum für Weltraumforschung (ESOC) in Darmstadt.

**Meter** [gr.], Einheitenzeich. **m**, Basiseinheit der Länge im SI; 1889 definiert durch das *Ur-M.*, einen in Sèvres aufbewahrten Platin-Iridium-Stab; Neufestsetzung 1983 als die Länge der Strecke, die das Licht im Vakuum während des Zeitintervalls von 1/299 792 458 s durchläuft.

**Methadon,** synthet. Morphinderivat; stark wirksames schmerzstillendes Mittel mit Suchtpotenzial; unterliegt dem Betäubungsmittel-Ges.; da M. die Entzugserscheinungen bei Heroinabhängigen unterdrückt, wird es in der Suchttherapie eingesetzt.

**Methan** [gr.], $CH_4$, einfachster gesättigter Kohlenwasserstoff aus d. Gruppe d. Alkane; farb- u. geruchloses brennb. Gas; Bestandteil des Erd- u. Grubengases; entsteht im Bodenschlamm v. Sümpfen u. Abwässern durch Einwirkung v. Bakterien auf organ. Substanzen (Sumpfgas); Gewinnung v. a. aus Erdgas.

**Methanol, Methylalkohol,** einfachster Alkohol, $CH_3OH$, ☠ (bei *M.vergiftung* Sehstörungen bis zur Erblindung).

**Methode** [gr.], Unterrichts-, Forschungs-, Herst.weise, [planmäß.] Vorgehen, Verfahren.

**Methodik,** Teilgebiet der pädag. Wiss., das sich mit den Unterrichtsmethoden und versch. Lehrverfahren beschäftigt.

**Methodismus,** aus der anglikan. Kirche hervorgegangene Erweckungsbewegung (begr. v. den Brüdern John [* 1703, † 1791] u. Charles Wesley [* 1707, † 1788]), heute eine Gemeinschaft prot. [methodist.] Freikirchen bildend; pietist. beeinflusst; Bibelfrömmigkeit, Laienmitarbeit, Betonung der persönl. Glaubensbindung an Jesus Christus, rasche Verbreitung in Großbrit. u. USA; weltweit rd. 70 Mill. *Methodisten.*

**Methusalem,** im A.T. (1. Mos. 5,21 ff.) der älteste der bibl. Urväter vor der Sintflut [969 Jahre alt].

**Methyl-** [gr.], $-CH_3$, einwert. Rest des ↑Methans; in vielen natürl. u. synthet. Verbindungen; *M.alkohol,* svw. ↑Methanol.

**Metier** [me'tjɛ:; frz.], Beruf, Handwerk, Gewerbe; Geschäft.

**Metrik** [gr.], **1)** Lehre vom Versmaß *(Metrum);* Unterscheidung von 3 metr. Prinzipien: *akzentuierend* (Wortakzent und Versakzent, sprachl. und metr. Hebung fallen zus.), *alternierend* (regelmäßiger Wechsel v. Hebung u. Senkung), *quantitierend* (ausschlaggebend ist die Zeitdauer der Silben). Metr. Grundeinheit des Verses ist der *Versfuß:* Jambus, Trochäus, Spondeus, Daktylus, Anapäst u. a.; bekannte Versmaße: Hexameter, Pentameter, Alexandriner, Blankvers, Knittelvers. Die älteste dt. Dichtung ist im Stabreim geschrieben. **2)** 𝄞 Lehre vom Takt.

**metrisches System,** auf der Längeneinheit ↑Meter, der Masseneinheit ↑Kilogramm u. der Sekunde aufgebautes, internat. Maßsystem (MKS-System); vom ↑Internationalen Einheitensystem abgelöst.

**Metro** [frz.], Untergrundbahn, v. a. in Paris u. Moskau.

**Metronom** [gr.], von Johann Nepomuk Mälzel (* 1772, † 1838) entwickelter Taktgeber (Pendel mit regulierb. Anzahl der Anschläge pro Min.); Abk. M. M. (M. Mälzel) b. der Tempoangabe.

**Metropole** [gr.], urspr. Mutterstadt, dann Hptst., Mittelpunkt.

**Metropolit,** in der kath. Kirche der Leiter einer Kirchenprov. (Erzbischof); in der orth. Kirche der leitende Bischof einer autokephalen Kirche ohne Patriarchatsrang [auch Titel von Bischöfen bes. traditionsreicher Bistümer].

**Metropolitan County** [metrə'pɔlıtn 'kaʊntı], Verwaltungseinheit in England in Ballungsgebieten.

**Mette, Matutin,** früher die mitternächtl. Gebetszeit des Stundengebets; *Christ-M.,* weihnachtl. Nachtgottesdienst.

**Metternich,** Klemens Wenzel Nepomuk Lothar Graf (Fürst s. 1813), Hzg. v. Portella, östr. Staatsmann, * 1773, † 1859; seit 1809 Außenmin., seit 1821 Staatskanzler; Gegner Napoleons I., 1815 Vors. des Wiener Kongresses; restaurat. Politik (Niederhaltung der frei-

**K. W. Fürst Metternich**

heitl. u. nat. Bewegungen); durch die Revolution v. 1848 gestürzt.

**Mettmann,** Krst. im Berg. Land, NRW, 38 800 E; Metall-, Textil-, Nahrungsmittelindustrie.

**Metz,** Hptst. des frz. Dep. Moselle, an der Mosel, 120 000 E; got. Kathedr.; Univ.; Eisen- u. Stahlverarb.; ⚓. – Gall. Gründung, später röm. Militärstützpt., in fränk. Zeit Hauptort Austriens; im 13. Jh. R.-St., s. 1552 frz., 1871–1918 Teil Elsass-Lothringens.

**Meudon** [mø'dõ], St. sw. von Paris, 48 400 E; Schloss (1706) mit Observatorium.

**Meuterei,** Vereinigung mehrerer Personen (v. a. Soldaten, Gefangene, Seeleute) zur gemeinschaftl. Gehorsamsverweigerung durch Widerstand, Gewalt od. Nötigung gegenüber Vorgesetzten.

**México** ['mɛxiko], Staat von Mexiko, 21 461 km², 9,8 Mill. E, Hptst. Toluca de Lerdo; Landw. und ⚒.

**mexikanische Kulturen,** ↑altamer. Kulturen im Raum Mexiko.

**Mexiko, Golf von,** Nebenmeer des Atlantiks, vor den Küsten der USA, Mexikos u. Kubas, etwa 1,6 Mill. km², bis 5 203 m tief.

**Mexiko**

| | |
|---|---|
| *Fläche:* | 1 964 375 km² |
| *Einwohner:* | 97,362 Mill. |
| *Hauptstadt:* | Mexiko |
| *Amtssprache:* | Spanisch |
| *Zeitzonen:* | MEZ – 7 Stunden |

**Mexiko, 1)** Staat im S Nordamerikas und im N Z-Amerikas (31 Bundesländer, 1 Bundesdistrikt); *Bev.:* Mestizen, Indianer, Weiße und Kreolen; 96 % kath.; dichteste Besiedlung im südl. Hochland. *Gliederung:* M. gehört zum größten Teil zu Nordamerika (einschließl. der Halbinsel Niederkalifornien); von den Geb.-Zügen der Sierra Madre umgebenes mex. Hochland als Hauptsiedlungsgebiet, im S transkontinentale Vulkanzone (Citlaltépetl und Popocatépetl); mittelamer. Anteil: Bergland v. Chiapas u. flache, wasserarme Kalktafel der Halbinsel Yucatán. *Klima* u. *Vegetation:* Entspr. der Höhengliederung drei klimat. Regionen: trop.-feuchte Tierra caliente mit Wäldern u. Savannen, an den Gebirgshängen u. auf Hochflächen bis 1 800 m die gemäßigte Tierra templada mit trop. Bergwald, Tierra fria, die höheren, kühleren Gebiete mit Höhenwäldern u. Grasfluren. *Landw.:* Etwa 10 % Ackerland (Mais, Baumwolle, Zuckerrohr, Kaffee, Tabak, Reis, Weizen, Gerste, Obst, Gemüse, Bananen u. Ananas); rd. 40 % Weideland (Rinder, Ziegen, Schafe, Maulesel, Pferde u. Esel). Die Wälder liefern Nutz- u. Edelhölzer (Mahagoni, Zedern-, Ebenholz). Reiche *Bodenschätze:* Silber, Wismut, Fluorit, Blei, Gold, Zink, Kupfer, Eisen, bed. Erdölproduktion am Golf von M. *Ind.:* Hütten-, Textil-, Glas-, Maschinenbau-, Keramik-, Tabak-, Zucker-, chem. Ind.; Haupthäfen: Veracruz und Tampico, Coatzacoalcos, Ensenada; 50 internat. ✈. – *Gesch.:* Nach der Eroberung des Aztekenreiches (1519–21) span. Vizekgr. Neuspanien; Unabhängigkeitskrieg (1810–20); Parteienkämpfe, Bürgerkriege; 1864–67 Kaisertum (Maximilian I.); 1877–80 u. 1884–1911 Präsidentschaft v. P. Díaz: Verschlechterung der Lage der Arbeiter; 1911 Beginn der Sozialrevolution (P. Villa, E. Zapata); nach der Verf. v. 1917 ist M. eine Präsidialdemokratie; 1938 Verstaatlichung der in ausländ. Besitz befindl. Ölges., Ende der 1960er-Jahre verschärft einsetzende Wirtschaftskrise verlangte restriktive Sparpolitik; 1982 Zahlungsunfähigkeit; 1994 Indioaufstand in Chiapas, Beginn einer schweren Wirtschaftskrise. **2) Ciudad de México** [siu'ðað-], Hptst. von 1), in einem Becken des Hochlandes (2 240 m ü. d. M.), 15,05 Mill. E (Groß-M.); Universitäten, Kathedr. (16.–18. Jh.); Museen; Textil-, Tabak-, Metall-, Papier- u. Baustoffind.; ✈. – Im 16. Jh. erbaut auf den Ruinen der Aztekenhauptstadt Tenochtitlán.

**Mey,** Reinhard, dt. Liedermacher, Chansonsänger, * 1942.

**Meyer, 1)** Conrad Ferdinand, schweizer. Dichter, * 1825, † 1898; geschichtl. Novellen, Romane, „Das Amulett", „Jürg Jenatsch", „Gustav Adolfs Page", „Angela Borgia"; Gedichte. **2)** Eduard, dt. Historiker, * 1855, † 1930; „Gesch. des Altertums", „Ursprung und Anfänge des Christentums". **3)** Hans, Enkel v. 4), dt. Forschungsreisender und Verleger, * 1858, † 1929; 1889 Erstbesteigung des Kilimandscharo, 1903 des Chimborasso. **4)** Joseph, dt. Publizist u. Verleger, * 1796, † 1856. – ↑Bibliographisches Institut & F. A. Brockhaus AG. **5)** Julius Lothar, dt. Chemiker, * 1830, † 1895; stellte ein ↑Periodensystem der chem. El. auf (unabhängig von ↑Mendelejew).

**Meyerbeer,** Giacomo, eigtl. Jakob Liebmann **Meyer Beer,** dt. Komponist, * 1791, † 1864; Opern: „Robert der Teufel", „Die Hugenotten", „Der Prophet", „Die Afrikanerin"; Klavierwerke, Lieder.

**Meyrink,** Gustav, östr. Schriftsteller, * 1868, † 1932; Romane u. Erzählungen, „Der Golem".

**Meysel,** Inge, dt. Bühnen- u. Fernsehschauspielerin, * 1910.

**MEZ,** Abk. für ↑**m**ittel**e**uropäische **Z**eit.

**mezzo..., Mezzo...** [ital.], Bestimmungswort; Bed.: „mittel, halb".

**Mezzogiorno** [-'dʒorno], Bez. für d. wirtschaftsschwächeren südital. Regionen Apulien, Basilicata, Kalabrien, Sizilien u. Sardinien.

**Mezzosopran** ↑Stimmlagen.

**mg,** Einheitenzeich. für: **M**illi**g**ramm.

**Mg,** Symb. für ↑Magnesium.

**MG,** Abk. für: ↑**M**aschinen**g**ewehr.

**Mgr.,** Abk. für: **1)** ↑**M**onseigneu**r**. **2)** ↑**M**onsigno**r**e.

**Miami** [maɪ'æmɪ], bed. Badeort und Hafenst. an der SO-Küste Floridas, USA, 359 000 E; Elektro-, Textil- u. a. Ind.; ✈; auf einer Nehrung im O *M. Beach* (96 000 E).

**Micha** ↑Kleine Propheten.

**Michael,** einer der Erzengel, im N. T. Anführer der himml. Heerscharen im Kampf gegen den endzeitl. Drachen (Apk. 12,7).

**Michael,** *Byzanz:* **1) M. VIII. Palaiologos,** * 1224, † 1282, Ks. seit 1258; Begr. der Palaiologendyn.; eroberte 1261 Konstantinopel zurück; 1274–81 Union der griech. mit der lat. Kirche. – *Rumänien:* **2) M. I.,** * 1921, Kg. 1927–30 u. 1940–47; 1947 v. der kommunist. Reg. zum Thronverzicht gezwungen; seitdem im Exil. – *Russland:* **3) M.** ↑Michail. – *Serbien:* **4) M. Obrenović** [-vitç], * 1823, † 1868, Fürst 1839–42 u. seit 1860; erfolgr. Bemühungen um eine musterhafte Verw., ermordet.

**Michail** Fjodorowitsch, Zar seit 1613, * 1596, † 1645; Begr. der Dyn. Romanow.

**Michelangelo** [mike'landʒelo], eigtl. M. (Michelagniolo) **Buonarroti,** ital. Bildhauer, Maler, Baumeister u. Dichter, * 1475, † 1564; einer der berühmtesten Künstler der Renaissance: Pieta in St. Peter, Rom; David, Florenz; Decken- und Wandfresken in der Sixtin. Kapelle (Jüngstes Gericht), Rom;

M

Medici-Kapelle mit Grabmälern, Biblioteca Laurenziana in Florenz; Fresken im Vatikan, Rom; Kuppel der Peterskirche; Sonette und Madrigale.

**Michelozzo** [mike'lɔttso], di Bartolommeo, ital. Baumeister und Bildhauer der Frührenaissance, *1396, †1472; in Florenz San Marco und Palazzo Medici-Riccardi.

**Michelstadt,** hess. St. im östl. Odenwald, 16 500 E; Fachwerkrathaus (1484) u. a. alte Bauten; Metall-, Kunststoffverarb., Elfenbeinschnitzerei.

**Michigan** ['mɪʃɪgən], Abk. **Mich.,** Staat im N der USA, 151 586 km$^2$, 9,3 Mill. E, Hptst. Lansing; flachhügelige Ldsch., zahlr. Seen; ertragreiche *Landw.:* Mais, Weizen, Zuckerrüben; Viehzucht; Fischerei; umfangr. ⚒, u. a. Erdöl, Erdgas, Eisen-, Kupfererze; bed. Kfz-Ind. (60 % der US-Kraftwagenproduktion; Zentrum Detroit).

**Michigansee** ['mɪʃɪgən-], zweitgrößter der Großen Seen, USA, 57 800 km$^2$, bis 282 m tief; fischreich; am Ufer die Ind.-Gebiete um Chicago und Milwaukee.

**Mickiewicz** [mits'kjɛvitʃ], Adam, poln. Dichter, *1798, †1855; Begr. der poln. Romantik.

**Microfaser®,** Chemiefaser (v. a. Polyester), die aufgrund feinster Struktur ausgeprägtes Volumen mit vielen Lufteinschlüssen aufweist; leicht, atmungsaktiv u. mit gutem Wärmerückhaltevermögen .

**Midas,** phryg. Kg. (8. Jh. v. Chr.), in der Sage als töricht dargestellt.

**Midgard,** in der nordischen Sage die bewohnte Erde; umschlungen von der im Weltmeer lebenden *M.schlange.*

**Miere,** Bez. für versch. Nelkengewächse; Stern-, Salz-, Vogel-M. u. a.

**Miesbach,** oberbayr. Krst. nö. des Tegernsees, 10 500 E; Luftkurort, Zuchtviehmärkte.

**Miesmuschel, Pfahlmuschel,** weltweit verbreitete essbare Muschel, setzt sich an Steinen u. Pfählen fest u. bildet oft Muschelbänke.

**Mies van der Rohe,** Ludwig, dt.-amer. Architekt, *1886, †1969; war 1930–33 Leiter des Bauhauses Dessau, einer der führenden Architekten des ↑Neuen Bauens; lebte seit 1937 in den USA (Nationalgalerie in Berlin, 1962–67).

**Miete,** gegenseit. Vertrag, in dem sich der *Vermieter* verpflichtet, dem *Mieter* den Gebrauch der vermieteten Sache während der Mietzeit zu gewähren, während der Mieter sich verpflichtet, die vereinbarte *Miete* zu entrichten. Der *Mietvertrag* kann grundsätzl. mündl. geschlossen werden; Schriftform erforderl. bei befristetem Wohnungsmietvertrag, der länger als 1 J. gelten soll.

**Mieterschutz** ↑Kündigungsschutz.

**Mifepriston, Abtreibungspille, Mifegyne®,** Hormonpräparat zur Durchführung eines Abbruchs in der Frühschwangerschaft (bis zum 49. Tag).

**Migmatite, Mischgesteine,** in ihrer chem. Zusammensetzung u. ihrem Gefüge zw. metamorphen Gesteinen u. Magmatiten stehende Gesteine mit einem unveränderten, hochmetamorphen Anteil.

**Mikado** [jap.; = erhabene Pforte], poet. Bez. für den jap. Ks. (Tenno).

**Mikro...,** Zeichen µ, Vorsatz vor [physikal.] Einheiten, bez. das $10^{-6}$fache der betr. Einheit.

**mikr[o]..., Mikr[o]...** [gr.], Bestimmungswort; Bed.: „klein, fein, gering".

**Mikroben** [gr.], svw. ↑Mikroorganismen, bes. Bakterien.

**Mikrobiologie** [gr.], Wiss. von ↑Mikroorganismen u. Viren.

**Mikrocomputer,** Computer, der neben einem Mikroprozessor als Zentraleinheit Speicher u. modulare Koppelglieder (Interfaces) für den Anschluss von Peripheriegeräten enthält; z. B. als Büro- od. Bordcomputer.

**Mikro|elektronik,** Teilgebiet der Halbleiterelektronik, das sich mit Entw., Herst. u. Anwendung v. integrierten Schaltungen befasst.

**Mikrofiche** [gr.], stark verkleinerte Reproduktion v. Buchseiten, Dokumenten u. a. auf lichtempfindl. Material (*Mikrofilm;* auch xerograph. u. a. Verfahren) für Archive u. Ä.; mit Lesegeräten benutzbar.

**Mikrofilm,** meist 16 mm breiter hoch auflösender Film zur Raum sparenden Schriftgutspeicherung.

**Mikrofon** [gr.], elektroakust. Schallempfänger u. -wandler, überführt empfangene Schallenergie in elektr.; die in der Fernsprechtechnik noch verw. *Kohle-M.* arbeiten mit der Veränderung des Übergangswiderstandes v. Kohlekörnern bei Beschallung, *Kondensator-M.* mit Kapazitätsschwankungen. *Elektrodynam. M.* arbeiten nach dem Induktionsprinzip, *piezoelektr. M.* nutzen die auf best. Kristallen auftretenden elektr. Spannungen.

**Mikrokosmos** [gr.], die kl. Welt [des Menschen, des Atoms] als verkleinertes Abbild der gr. Welt; Ggs. Makrokosmos.

**Mikrometer** [gr.], **1)** Einheitenzeich. **µm,** der 1 000 000. Teil eines Meters, 1 µm = $10^{-6}$ m. **2)** ältere Bez. für ↑Messschraube.

**Mikronesi|en, 1)** Inselgruppe im westl. Pazifik. **2)** Rep. ebenda, umfasst die Karolinen u. weitere mikrones. Archipele, 700 km$^2$, 118 000 E; Hptst. u. Reg.-Sitz auf Pohnpei; unabhängig seit Dez. 1990.

**Mikronesien**

*Fläche:* 700 km$^2$
*Einwohner:* 118 000
*Hauptstadt:* Kolonia
*Regierungssitz:* Palikir
*Amtssprache:* Englisch
*Zeitzone:* MEZ + 9 Stunden

**Mikro|organismen** [gr.], sämtl. Organismen, ausschließl. Viren, der [elektronen]mikroskop. sichtb. Bereiche (Bakterien, Blaualgen, Protozoen, Algen, Pilze).

**Mikroprozessor,** miniaturisierter ↑Prozessor, der auf einem (od. wenigen) integrierten Bausteinen (↑Chip) untergebracht ist.

**Mikroskop** [gr.], opt. Gerät zur vergrößerten Betrachtung u. fotograf. Aufnahme sehr kl. naher Gegenstände; besteht aus 2 Linsensystemen: Das *Objektiv* entwirft vom Gegenstand ein umgekehrtes, vergrößertes, reelles Bild, das man durch das *Okular* wie durch eine Lupe nochmals vergrößert betrachtet. Das Auflösungsvermögen wird durch die Wellenlänge der Strahlung, in der man das Objekt betrachtet, begrenzt; es beträgt bei sichtbarem Licht etwa 0,5 µm. Höhere Auflösungen erhält man z. B. bei Verwendung v. UV-Licht, durch das Einbringen einer Flüssigkeit hoher Brechzahl (z. B. Öl) zw. Objektiv u. Objekt beim *Immersions-M.* od. durch andere M.arten, wie ↑Elektronen-M. od. ↑Raster-M.

**Mikrowellen,** elektromagnet. Wellen vom Dezi- bis Millimeterbereich u. Frequenzen zw. 300 MHz u. 300 GHz.

**Mikrowellengerät,** elektr. Haushaltsgerät, bei dem die Erwärmung bzw. das Garen der Speisen mithilfe von ↑Mikrowellen erfolgt.

**Mikrozensus,** von der amtl. Statistik in Dtl. zw. den Volkszählungen durchgeführte Stichprobenerhebung über Bev.struktur, wirtsch. u. soziale Lage v. Haushalten, Arbeitsmarkt, Berufsausbildung, Wohnsituation usw.

**Mikulov,** deutsch **Nikolsburg,** tschech. St. nahe der östr. Grenze; Schloss (15. u. 17. Jh.); Textilind. – *Vorfriede von Nikolsburg* (1866), beendete Krieg v. 1866.

**Milane** [frz.], Gatt. altweltl. tagaktiver Greifvögel; in M-Europa: *Roter* (stark gegabelter Schwanz) u. *Schwarzer Milan* (schwach gegabelter Schwanz).

**Milben,** Ordn. der Spinnentiere; meist 0,5–30 mm lang; Kopf, Brust und Hinterleib miteinander verschmolzen; Mundwerkzeuge zum Kauen, Stechen, Saugen; meist Parasiten (u. a. Krätzeerreger).

**Milbradt,** Georg, dt. Politiker (CDU), *1945; in Sachsen 1990 bis 2001 Finanzmin., wurde 2001 CDU-Landesvors., 2002 Min.-Präs.

**Milch,** **1)** weiße, undurchsicht. Flüssigkeit mit feinst verteilten, beim Stehenlassen sich an der Oberfläche als *Rahm* ansammelnden Fetttröpfchen; in den M.drüsen ♀ Säugetiere vor u. nach dem Gebären als Nahrung für die Jungen gebildet; Wassergehalt etwa 80–90 %, dazu Fett, M.zucker, Eiweiß, Mineralstoffe, Vitamine. **2)** Samenflüssigkeit der ♂ Fische, der *Milchner.*

**Milchner** ↑Milch.

**Milchsäure,** organ. Hydroxycarbonsäure, $CH_3$–CH(OH)–COOH; entsteht durch *M.bakterien* in saurer Milch, bei d. *M.gärung* (↑Gärung), in Sauerkraut u. a.; ungiftig; verw. in d. Nahrungs- u. Genussmittel- sowie in d. Textilindustrie.

**Milchstraße,** Hauptebene eines abgeflachten, linsenförm., rotierenden Sternsystems, dem alle sichtb. Sterne u. unsere Sonne angehören. Dieses Sternsystem, das *M.system (Galaxis),* hat folgende Dimensionen: ⌀ der *galakt. Scheibe* etwa 100 000 Lichtjahre (Lj), Dicke 3 500 Lj, ⌀ des galakt. ↑Halos etwa 165 000 Lj. Die Sonne befindet sich nahe der Symmetrieebene des M.systems, etwa 27 000 Lj v. galakt. Zentrum entfernt; ein Umlauf der Sonne dauert etwa 240 Mill. Jahre, was einer Rotationsgeschwindigkeit v. 220 km/s entspricht. Die Masse des M.systems wird bis zu einigen 1 000 Mrd. Sonnenmassen geschätzt. Als zentrales galakt. Objekt gilt ein Schwarzes Loch.

**Milchzucker, Lactose, Laktose,** Disaccharid aus Glucose u. Galaktose; weiße Kristalle, fast ausschließl. in Säugetier- u. Muttermilch; durch Eindampfen v. Molken gewonnen.

**mildernde Umstände,** bei bes. Straftatbeständen vorgesehene Strafmilderungsgründe.

**Mile** [maɪl; engl.], engl. Längenmaß (1,6 km); *International Nautical Mile* (Seemeile, 1,852 km).

**Milet,** im Altertum bed. ion. Handelsst. an d. W-Küste Kleinasiens; Blütezeit 7./6. Jh., 494 v. Chr. von den Persern zerstört; neue Blüte unter den Römern; Ausgrabungen der hellenist. Stadt.

**Milhaud** [miˈjoː], Darius, frz. Komponist, *1892, †1974; Opern, Ballette, Konzerte, Kammermusik.

**Milieu** [milˈjø; frz.], Lebensumstände, Umwelt; die *M.forschung* untersucht den Einfluss des M.s auf die [individuelle] menschl. Entw.: versch. *M.theorien* über die allein. od. ausschlaggebende Bed. des M.s (Psychologie u. a.).

**Militär|attaché** [-ʃe], Offizier, der einer diplomat. Vertretung zugeteilt ist.

**Militärischer Abschirmdienst,** Abk. **MAD,** in Dtl. mil. Geheimdienst zum Schutz mil. Anlagen gg. Spionage u. Sabotage.

**Militärseelsorge,** auf die bes. Bedingungen des Militärs bezogene geistl. u. seelsorgerl. Betreuung v. Militärangehörigen; in Dtl. durch hauptamtl. *Militärpfarrer* unter Leitung je eines kath. und ev. *Militärbischofs.*

**Mill,** John Stuart, brit. Philosoph u. Nationalökonom, *1806, †1873; gründete die Logik der Geisteswiss. auf Erfahrung; führender Vertr. des Utilitarismus.

**Millais** [mɪˈleɪ], Sir John Everett, brit. Maler, *1829, †1896; Präraffaelit.

**Mille** [lat.], Abk. **M,** Tausend.

**Millennium** [lat.], **1)** ↑Jahrtausend. **2)** das tausendjähr. Reich der Offenbarung des Johannes (↑Chiliasmus).

**Miller,** **1)** Arthur, amer. Dramatiker, *1915; „Der Tod des Handlungsreisenden", „Hexenjagd". **2)** Ferdinand v., d. Ä., dt. Erzgießer, *1813, †1887; Brunnen, Denkmäler. **3)** Glenn, amer. Bandleader, *1904, †1944; begann als Jazzposaunist, klass. Swingstil. **4)** Henry, amer. Schriftsteller, *1891, †1980; Romane, „Wendekreis des Krebses". **5)** Oskar von, Sohn v. 2), dt. Elektroingenieur, *1855, †1934; 1891 erste Drehstromkraftübertragung Lauffen am Neckar–Frankfurt am Main, 1903 Gründung des Dt. Museums in München.

**Milli...** [lat.], Zeichen **m,** Vorsatz vor Einheiten im Messwesen, bez. den 1 000. Teil der betr. Einheit, z. B. Millimeter (mm).

**Milliarde** [frz.], 1 000 Millionen ($10^9$; in den USA eine ↑Billion).

**Millibar** ↑Bar.

**Millimeter,** Einheitenzeich. **mm,** Teil der Längeneinheit ↑Meter (= 1/1 000 m).

**Millimeter Quecksilbersäule,** Einheitenzeichen **mm Hg,** Einheit zur Messung des Blutdrucks u. des Drucks anderer Körperflüssigkeiten; 1 mm Hg entspr. 1,33322 mbar = 133,322 Pascal.

**Millstatt,** östr. Gem. in Kärnten, am *Millstätter See* (13 km²), sw. der *Millstätter Alpe* (2 086 m), 3 300 E; ehem. Benediktinerstift, im MA bed. Schreib- und Malschule *(Millstätter Handschrift).*

**Milošević** [miˈlɔʃevitʃ], Slobodan, serb. Politiker, *1941; vertrat als Präs. Serbiens (1989–97) u. der Bundesrep. Jugoslawien (1997 bis 2000) einen betont nationalist. Kurs, bes. im Kosovo. 1999 vom Internat. Kriegsverbrechertribunal f. Jugoslawien in Den Haag angeklagt, 2001 ausgeliefert, Prozess s. 2002.

**Miłosz** [miˈłɔʃ], Czesław, poln. Schriftsteller, *1911; Romane, Lyrik; Nobelpreis 1980.

**Miltiades,** griech. Staatsmann, *um 540, †um 489 v. Chr; siegte 490 bei Marathon über die Perser.

**Milton** [mɪltən], John, engl. Dichter, *1608, †1674; „Das verlorene Paradies"; Sonette, Maskenspiele, Streitschriften.

**Milwaukee** [mɪlˈwɔːkɪ], St. in Wisconsin, USA; bed. Hafen am W-Ufer d. Michigansees, 628 000 E; Univ.; Masch.-, Auto-, Lebensmittelind., Brauereien; ✈.

**Milz,** in den Blutkreislauf eingeschaltetes lymphat. Organ der Wirbeltiere; beim Menschen unter dem Zwerchfell; Bildung von Erythrozyten (sowie Speicherung u. Abbau) u. Lymphozyten (beim erwachsenen Lebewesen nur Bildung von Lymphozyten).

**Mime, Mimir,** in der nord. Mythol. Dämon, der Wodan berät; in der nord. Heldensage ein kunstreicher Schmied.

**Mimik** [gr.], Gebärden- u. Mienenspiel [des Schauspielers].

**Mimikry** [engl.], **1)** Schutztracht (Färbung, Gestalt) wehrloser Tiere, die wehrhafte (Warntracht) od. ungenießb. Tiere nachahmen. **2)** übertr. für: Anpassung.

**Mimosengewächse** [gr.; dt.], Fam. der Hülsenfrüchtler; die

M

Gatt. *Mimose* ist z. T. charakt. für trop. Savannen; die *Sinnpfl.* (Mimosa pudica) schlägt bei Reizung die Blätter herab.

**Minarett** [arab.], Turm einer Moschee mit Galerie für den Gebetsrufer (Muezzin).

**Minas Gerais** ['minaʒ ʒe'rais], B.-Staat im östlichen Brasilien, 586 624 km², 15,73 Mill. E, Hptst. Belo Horizonte; größtenteils gebirgig (Brasil. Bergland), bis 2 821 m; Baumwoll-, Zuckerrohr-, Kaffee-, Tabak-, Maisanbau; Viehzucht; Eisen-, Mangan-, Zinn- u. Uranerze, Gold, Schmucksteine (Diamanten).

**Mindanao,** zweitgrößte Insel der Philippinen, 94 630 km², rund 10 Mill. E; gebirgig; ⚒; Holzwirtsch.; Anbau von Reis, Mais, Zuckerrohr, Kokospalmen.

**Mindel,** r. Nbfl. der Donau, 75 km; namengebend für *M.eiszeit* (drittletzte Eiszeit im Alpengebiet).

**Minden,** Krst. nördl. der Porta Westfalica, an der Weser, NRW, 83 000 E; got. Dom mit Westwerk (10. Jh.) u. a.; Abt. der FH Bielefeld, Arbeits-, Verw.-Gericht; Kreuzungspunkt der Weser u. des Mittellandkanals; Häfen; Werften, Eisen- u. a. Ind. – Um 798 erstmals gen. (nach 800 Gründung des Bistums M.); um 1230 Stadtrecht; Hansemitgl.; 1648 gelangten Stadt u. Hochstift an Brandenburg.

**Minderbegabung** ↑geistige Behinderung.

**Minderheit,** Gruppe v. Menschen, die sich hinsichtl. best. Merkmale (ethn. Zugehörigkeit, Sprache, Religion, soz. Status, Verhaltensweisen) v. der Mehrheitsbev. unterscheidet. *Soziale M.* gelten trotz grundsätzl. rechtl. Gleichstellung gesellschaftl. oft als Außenseiter *(Randgruppen).*

**Minderjährige,** Personen, die noch nicht das 18. Lebensj. vollendet haben; ↑Geschäftsfähigkeit, Deliktsfähigkeit (↑Delikt), ↑Jugendstrafrecht.

**Minderung,** Herabsetzung des Kaufpreises wegen eines vom Verkäufer zu vertretenden Mangels.

**Mindestreserven,** Guthaben, die Kreditinst. bei der Zentralbank in Höhe eines bestimmten Prozentsatzes *(M.satz)* ihrer Einlagen unterhalten müssen. Durch Verringerung (Erhöhung) der M.sätze wird die Bereitschaft der Banken zur Kreditgewährung vergrößert (eingeschränkt) u. damit die Geldmenge beeinflusst *(M.politik).*

**Mine** [frz.], **1)** Bergwerk; Erzlager; unterird. Gang. **2)** [geballte] Sprengladung, z. B. *Tret-, Panzer-M.n* als Hindernisse vor militär. Stellungen; im Seekrieg *Treib-, Ankertau-* und *Grund-M.n* (u. a. mit Kontakt-, Druck- oder magnet. Zündern); *Luft-M.n* sind Fliegerbomben größten Kalibers.

**Minerale, Mineralien** [frz.], chemisch u. physikalisch einheitl. Stoffe d. Erdkruste; Gesteine dagegen sind M.-Gemenge. Die meisten M. nehmen bei ihrer Verfestigung Kristallform an (↑Kristall). Von den über 2 000 bekannten M. sind etwa 200 gesteinsbildend; z. T. sind M. wicht. Rohstoffe.

**Minerale, Mineralstoffe,** in kl. Mengen im Körper vorkommende anorgan. Salze; wichtig für den Aufbau von Körpersubstanzen.

**Mineralogie** [frz.; gr.], die Wiss. von den Mineralen.

**Mineralöle,** aus Kohlenwasserstoffen bestehende Öle, die bes. durch Destillation des Erdöls gewonnen werden; oxidieren nicht an der Luft.

**Mineralölsteuer,** dem Bund zufließende Verbrauchsteuer auf eingeführtes od. im Inland gewonnenes Mineralöl, das als Treib- u. Heizstoff verwendet wird, sowie auf zu Heizzwecken verwendetes Erd- u. Flüssiggas.

**Mineralsäuren,** anorgan. Säuren (hpts. Phosphor-, Salpeter-, Salz- u. Schwefelsäure).

**Minerva,** röm. Göttin; Herrin der Handwerker, mit der griech. Athene gleichgesetzt.

**Minetti,** Bernhard, dt. Schauspieler, * 1905, † 1998.

**Ming,** chin. Kaiserdyn. (1368 bis 1644); Ausbau der „Gr. Mauer".

**Miniatur** [lat.], Illustration der Buchmalerei; auch kl. Bildnis, kl. Bild; *M.malerei,* svw. Buchmalerei.

**Miniatur...,** Bestimmungswort; Bed.: „kl., verkleinert".

**Minigolf** [Kurzw.], **Bahnengolf,** dem ↑Golf ähnl. Geschicklichkeitsspiel über 18 im Schwierigkeitsgrad unterschiedl. Hindernisbahnen.

**minimalinvasive Chirurgie,** Abk. **MIC, Knopfloch-, Schlüssellochchirurgie,** schonende operative Methode mit spezieller Technik u. kleinen Zugangswegen v. der Körperoberfläche.

**Minimum** [lat.], das Geringste, Mindeste; Mindestmaß, -wert.

**Minister** [lat.], Mitgl. der Reg. eines Staates; im allg. Leiter eines *Ministeriums* (oberste Reg.- u. Verw.-Behörde mit best. Aufgabenbereich); die BRD kennt ↑*Bundes-M.* u. die M. der Länder (in Berlin, Bremen u. Hamburg *Senatoren*). Die Gesamtheit der M. (Reg.) wird als Kabinett, M.-Rat oder Regierung bezeichnet; den Vorsitz führt der M.präs., Premier-M. oder Kanzler.

**minoische Kultur:** *Wandmalerei (rekonstruiert) im Thronraum des Palastes von Knossos (1600 bis 1500 v. Chr.)*

**Ministerialen** [lat.], urspr. unfreie Dienstleute im Hofdienst weltl. und geistl. Fürsten; bildeten schließl. einen Teil des niederen Adels; bed. die *Reichs-M.* der Salier und Staufer.

**Ministranten** [lat.], kath. Kirche: Knaben, junge Männer, auch Mädchen, die bei der Messe liturg. Hilfsfunktionen wahrnehmen.

**Minkowski,** Hermann, dt. Mathematiker, * 1864, † 1909; Arbeiten zur Zahlentheorie u. zu math. Grundlagen der Relativitätstheorie *(M.-Raum).*

**Minn.,** Abk. für: ↑**Minnesota.**

**Minneapolis** [mɪnɪ'æpəlɪs], die größte St. des Staates Minnesota, USA, am Mississippi, 368 000 E; Univ.; Weizenhandel, Getreidemühlen, Schlachtereien; ⚓, ✈. Mit Saint Paul zur Doppelstadt verwachsen.

**Minnelli,** Liza, amer. Schauspielerin, Sängerin u. Tänzerin, * 1946; „Cabaret".

**Minnesang,** ritterl. Liebeslyrik des 12.–14. Jh.s; Thema ist die *Minne* zur verheirateten, unerreichbaren Frau, sittl. Läuterung des entsagenden Mannes (daneben auch *Mädchen-* und *Tagelieder* von erfüllter Liebe). Durch frz. Vorbilder angeregt, erreichte der M. mit Heinrich v. Morungen, Reinmar v. Hagenau und Walther v. der Vogelweide um 1200 seinen künstler. Höhept.; die *Minnesänger* waren Dichter, Komponisten und vortragende Sänger.

**Minnesota** [mɪnɪ'səʊtə], Abk.

**Minn.,** Staat im mittl. N der USA, 218601 $km^2$, 4,4 Mill. E, Hptst. Saint Paul; hügelige Ldsch. mit zahlr. Seen und Mooren; vorw. Landw.; Viehzucht; bed. Eisenerzförderung (rd. 50% der Förderung der USA).

**minoische Kultur,** nach Kg. Minos ben. vorgeschichtl. Kultur Kretas; in der *frühminoischen Periode* (Vorpalastzeit, etwa 2900–2000 v. Chr.) Steingefäße, mit geometr. Mustern bemalte Keramik; in der *mittelminoischen Periode* (um 2000–1550 v. Chr.) Paläste in Knossos u. Phaistos, Blüte der Kamareskeramik; in der *spätminoischen Periode* (um 1550–1375 v. Chr.) bed. Wandmalereien; in der Nachpalastzeit (etwa 1375–1200 v. Chr.) verlor Kreta seine Bedeutung.

**Minos,** in der griech. Mythol. Sohn des Zeus u. der Europa, Kg. von Kreta.

**Minotaurus,** Ungeheuer der griech. Mythol., halb Stier, halb Mensch, v. Minos im Labyrinth gefangen gehalten.

**Minsk,** Hptst. v. Weißrussland u. d. Gebiets M., 1,7 Mill. E; Kultur- u. Verkehrszentrum; Univ., Akad. der Wiss.; vielseitige Ind.; ⚒.

**Minuend** [lat.], ↑Subtraktion.

**Minuskel** [lat.], kl. Buchstabe.

**Minute** [lat.-mlat.], **1)** Einheitenzeich. **min,** Zeiteinheit, bei Angabe des Zeitpunktes (Uhrzeit): $^m$; der 60. Teil einer Stunde; 1 min = $^1/_{60}$ h. **2) Bogen-M.,** Zeichen ', Winkeleinheit, der 60. Teil eines Grades; 1' = $^1/_{60}$°.

**Minze** [lat.], Gatt. der Lippenblütler; Kräuter; die *Pfeffer-M.* liefert erfrischenden Tee.

**Miozän** ↑Geologie (Übers.).

**Mir,** sowj. Raumstation, Start 1986; 1987–99 ständ. bemannt, Besatzungen aus 2 od. 3 Raumfahrern, meist 4–6 Monate. Am 23. 3. 2001 erfolgte kontrollierter Absturz der M. in d. Pazif. Ozean.

**Mirabeau** [mira'bo], Honoré Gabriel de Riqueti, Gf. von, frz. Politiker, *1749, †1791; Abg. des 3. Standes, 1791 Präs. der Nat.-Vers.; kämpfte vergebl. für ein starkes, konstit. Königtum.

**Mirabelle** [frz.], gelbe, kleinfrücht. Pflaumenart.

**Miranda,** Bundesstaat in Venezuela, 7950 $km^2$, 2,02 Mill. E, Hptst. Los Teques.

**Mirjam,** im A.T. Prophetin, Schwester v. Moses u. Aaron.

**Miró,** Joan, katalan. Maler, Grafiker, *1893, †1983; imaginäre Bildwelt aus Zeichen, Symbolen, Figuren.

**Misanthrop** [gr.], Menschenfeind.

**Misch|elemente** ↑chemische Elemente.

**Mischkalkulation,** preispolit. Maßnahme, bei der best. Produkte od. Leistungen v. Anbieter abweichend v. den exakt zurechenbaren Kosten mit unterschiedl. Kalkulationsaufschlägen od. -abschlägen belegt werden, um Marktbedingungen od. Absatzzielen besser gerecht zu werden.

**Mischkonzern,** Konzern, in dem Unternehmen versch. Wirtschaftszweige, Produktions- u. Handelsstufen zusammengefasst sind; Vorteil: Risikostreuung.

**Mischkristallbildung,** der Einbau von Atomen od. Ionen eines anderen Stoffes in ein best. Kristallgitter, ohne dass dabei dessen Struktur verändert wird.

**Mischkultur,** kombinierter Anbau versch. Kulturpflanzen.

**Mischling,** Mensch, dessen Eltern oder Vorfahren versch. Rassen angehören.

**Mischpult,** techn. Gerät, mit dem Tonsignale (Sprache, Musik, Geräusche) gemischt u. verändert werden können. Analog werden beim *Bild-M.* versch. Videosignale gemischt.

**Misereor** [lat.], kath. Entwicklungshilfswerk, gegr. 1958 von den dt. Bischöfen; Sitz: Aachen.

**Misogyn** [gr.], Weiberfeind.

**Mispel,** weiß blühendes Holzgewächs (Rosengewächs) mit apfelart. Früchten.

**Missbildungen,** svw. ↑Fehlbildungen.

**Missinglink** [engl.], fehlendes Glied in der tier. u. pflanzl. Stammesgeschichte (bes. Übergangsform zw. Mensch und tier. Ahnen).

**Mission** [lat.], Sendung, Auftrag, bes. Gewinnung v. Anhängern für eine Religion. Die Gesch. d. *christl. M.* begann mit der Wanderpredigt und den Gemeindegründungen der Apostel [Ausgangspunkt bes. die M.-Tätigkeit des ↑Paulus]. – *Missionar,* in der [christl.] M. hauptamtlich tätiger Geistlicher oder Laie.

**Mississippi, 1)** Fl. in den USA, entsteht als Abfluss aus dem Lake Itasca; Mündung mit gr. Delta (36000 $km^2$) in den Golf von Mexiko; 3778 km, entwässert mit seinem Stromnetz 40% der USA. **2)** Abk. **Miss.,** Staat im S der USA, östl. des unteren M., 123516 $km^2$, 2,57 Mill. E, Hptst. Jackson; fast 56% Wald; Baumwoll-, Reis-, Mais-, Zuckerrohr- u. Obstanbau; an der Lagunenküste Fischerei; Erdöl-, Erdgasgewinnung.

**Missouri** [mɪ'zʊərɪ], **1)** r. Nbfl. des Mississippi, im nördl. Mittelwesten der USA, 3725 km. **2)** Abk. **Mo.,** Staat der USA, beiderseits des Unterlaufs von 1), 180516 $km^2$, 5,11 Mill. E, Hptst. Jefferson City; Prärieland im N, im SW wald-, im SO sumpfreich; vorw. Landw.; Viehzucht; Bergbau (Steinkohle, Baryt, Blei).

**Joan Miró:** *Der Karneval der Harlekine (1924/25)*

**Miss,** engl. Anrede: Fräulein.

**Miss.,** Abk. für: ↑Mississippi.

**Missa** [lat.], lat. Bez. der ↑Messe; *M. pontificalis,* Pontifikalamt; *M. solemnis,* feierl. Hochamt.

**Missale** [lat.], Messbuch der kath. Kirche.

**Misstrauensvotum,** Mehrheitsbeschluss des Parlaments, der der Reg. od. dem Reg.-Chef das Vertrauen entzieht (führt zum Rücktritt); ↑konstruktives Misstrauensvotum.

**Mistel,** bis 1 m hoher, strauchart.,

immergrüner Halbparasit auf Bäumen; erbsengr. Beeren; Heilmittel.

**Mister,** Abk. **Mr.**, engl. Anrede: Herr.

**Mistkäfer,** Unterfam. bis 7 cm gr., meist metall. glänzender Blatthornkäfer; ernähren sich v. a. von Mist; z. B. Pillendreher, Rosskäfer.

**Mistral** [frz.], rauer, meist trockener u. kalter N-Wind im unteren Rhonetal.

**Mistral, 1)** Frédéric, neuprovenzal. Dichter, *1830, †1914; führender Vertr. des „Félibrige" (Bewegung zur Wiederbelebung der provenzal. Spr. u. Lit.); Nobelpreis (mit J. Echegaray y Eizaguirre) 1904. **2)** Gabriela, eigtl. Lucila Godoy **Alcayaga**, chilen. Dichterin, *1889, †1957; eine der bedeutendsten Lyrikerinnen der roman. Lit.; Nobelpreis 1945.

**Mistress** ↑Mrs.

**Mitanni,** Staat der Hurriter im 16.–14. Jh. v. Chr., umfasste große Teile Mesopotamiens u. Syriens; von den Hethitern unterworfen.

**Mitbestimmung,** Mitwirkung v. Arbeitnehmern in Gremien, die sie betreffende wirtsch., soz. u. personelle Entscheidungen treffen: 1. M. an die ges. Wirtsch. od. zumindest ganze Wirtsch.zweige betreffenden Entscheidungen (überbetriebl. M.); 2. M. an Entscheidungen der Unternehmenspol.; 3. M. an Entscheidungen innerh. eines Betriebes (betriebl. M.).

**Mitchell** [ˈmɪtʃəl], Margaret, amer. Schriftstellerin, *1900, †1949; „Vom Winde verweht".

**Mitchum** [ˈmɪtʃəm], Robert, amer. Filmschauspieler, *1917, †1997.

**Mitesser, Komedonen,** Talganhäufungen in d. Hauttalgdrüsen.

**Mitfahrerzentrale,** Gewerbebetrieb, der die Beförderung (Mitnahme) v. Personen in privaten Kfz gg. Kostenbeteiligung vermittelt.

**Mitgift,** das der Braut von den Eltern in die Ehe Mitgegebene.

**Mithra[s],** in der altiran. Religion Lichtgott; im 2. u. 3. Jh. n. Chr. war sein Kult im ganzen Röm. Reich verbreitet, Staatsreligion unter Aurelian; viele Heiligtümer, *Mithräen,* in Resten erh., ebenso einige Kultbilder mit dem „Urstier".

**Mithridates VI. Eupator,** Kg. v. Pontus s. 120, *um 132, †63 v. Chr.; dehnte seine Herrschaft bis zur Krim aus, unterlag den Römern in den 3 *Mithridat. Kriegen.*

**Mitla,** gut erh. mex. Ruinenstätte sö. v. Oaxaca de Juárez; ehem. Zentrum der Zapoteken; Bauten mit gewalt. Monolithen, Mosaiken und Fresken.

**Mitlaut,** svw. ↑Konsonant.

**Mitose** [gr.], ↑Zellteilung.

**Mistel:** *Kugelbüsche der Mistel*

**Mitra** [gr.], **1)** mützenart. Kopfbedeckung der Herrscher altorient. Völker. **2)** bei Griechen u. Römern Frauenstirnbinde. **3)** liturg. Kopfbedeckung der kath., altkath. [sowie einiger luth.] Bischöfe u. mancher Äbte.

**Mitscherlich,** Alexander, dt. Mediziner u. Psychologe, *1908, †1982, verh. mit Margarete M. (*1917); Vertr. der Psychosomatik.

**Mittag, 1)** allg. der Zeitpt. 12 Uhr (Süden). **2)** Durchgang der Sonne durch den Meridian.

**Mittagshöhe,** die Höhe der Sonne über dem Horizont beim Meridiandurchgang.

**Mittagspunkt,** der ↑Südpunkt.

**Mittäterschaft,** ⚖ bewusstes und gewolltes Zusammenwirken mehrerer bei der Ausführung einer strafbaren Handlung.

**Mittel|alter,** in der europ. Gesch. Bez. für die Zeit zw. dem Ende des Weström. Reiches (476) u. der Eroberung Konstantinopels durch die Türken (1453) bzw. der Entdeckung Amerikas (1492) od. dem Beginn der Reformation (1517); *Früh-* (bis um 1000), *Hoch-* (bis 1250) und *Spät-M.* (bis um 1500).

**Mittel|amerika,** zusammenfassende Bez. für ↑Zentralamerika u. die ↑Antillen; häufig gebraucht anstelle von Zentralamerika einschl. Mexiko.

**Mitteldeutschland, 1)** Bez. für d. mittl. Teil Dtl. im Bereich der Mittelgebirgsschwelle v. Rhein. Schiefergebirge bis zur Mähr. Pforte. **2)** Raum im Flussgebiet der Elbe oberh. von Magdeburg sowie der Mulde, der unteren Saale u. der Unstrut.

**Mittel|europa,** zentraler Teil Europas von den Alpen und Beskiden bis zur Nord- u. Ostsee.

**mittel|europäische Zeit,** Abk. **MEZ,** die zum 15. Grad ö. L. gehörende Zonenzeit; liegt um eine Stunde vor der ↑Weltzeit.

**Mittelfell, Mediastinum, Mittelfellraum,** in der Brusthöhle zw. den beiden Lungenflügeln liegender Raum, der von Herz, Lymphgefäßen, Nerven, Speiseröhre und vom Thymus ausgefüllt ist.

**Mittelfranken,** Reg.-Bez. in Bayern, 7 246 $km^2$, 1,6 Mill. E, Hptst. Ansbach.

**Mittelgewicht** ↑Gewichtsklassen (Übers.).

**Mittelhochdeutsch,** die 2. Periode des Hochdt. vom Ausgang des Althochdt. (um 1050) bis zum Übergang ins Frühneuhochdt. (2. Hälfte 14. Jh.); die Sprache der höf. Dichtung.

**Mittel|ländisches Meer** ↑Mittelmeer.

**Mittel|landkanal,** Kanalverbdg. zw. Rhein, Weser und Elbe, 321,3 km; für Schiffe bis 1 000 t.

**Mittel|latein,** vom klass. wie vom Neulatein differenzierte Spr. (bes. Kirchen- und Gelehrtenspr.) des Abendlandes im MA.

**mittel|lateinische Literatur,** im Wesentl. von Geistl. geschrieben; neben antiken auch neue Formen (Heiligenviten, Chroniken, geistl. Spiele); erste Blüte in karoling. (u. a. Einhard, Alkuin) und otton. (u. a. Hrotsvit) Zeit; Höhepunkt unter den Saliern und Hohenstaufen (u. a. Archipoeta; Ruodlieb); Vagantenlyrik (Carmina Burana), didakt. Dichtung und wiss. Lit. bis ins 15. Jh.

**Mittelmächte,** im Ersten Weltkrieg Bez. für das Dt. Reich u. Östr.-Ungarn; später auch für deren Bündnispartner Osman. Reich u. Bulgarien.

**Mittelmeer, Europäisches Mittelmeer, Mittel|ländisches Meer,** Nebenmeer des Atlantiks zw. Europa u. Afrika; Hauptteile: Alboranmeer, Ligur. Meer, Tyrrhen. Meer, Adriat. Meer, Ion. Meer, Levantin. Meer, Ägäisches Meer, Marmarameer; als Nebenmeer: Schwarzes Meer; 3,2 Mill. $km^2$; größte Tiefe 5 121 m.

**Mittelmeere** ↑Meer.

**Mittel|ohr,** Teil des Ohres zw. Trommelfell und Labyrinthorgan (aus Paukenhöhle und Ohrtrompete); *M.entzündung,* akute, fieberhafte Entzündung der Schleimhaut des Mittelohrs mit Ohrenschmerzen; Übergang in chron. M.entzündung möglich.

**Mittelschwergewicht** ↑Gewichtsklassen (Übers.).

**Mittelsteinzeit, Mesolithikum,** Übergangszeit zw. Alt- und Jungsteinzeit (etwa 8000–5000 v. Chr.). (Übers. ↑Vorgeschichte)

**Mittelwellen,** Abk. **MW,** elektromagnet. Wellen mit Frequenzen zw. 300 u. 3000 kHz (Wellenlängen zw. 1 km u. 100 m); i. e. S. nur der Frequenzbereich zw. 526,5 kHz u. 1606,5 kHz (Rundfunk).

**Mittelwert,** kurz **Mittel,** Statistik: Wert, der die Lage einer Stichprobe beschreibt, z. B. ↑arithmet. Mittel, ↑geometr. Mittel, ↑harmon. Mittel.

**Mittenwald,** bayr. Marktgemeinde an der oberen Isar 8400 E; Geigenbau; Luft-, Winterkurort.

**Mitternacht,** Zeitpt. der unteren Kulmination der Sonne. – *M.sonne,* die im Sommer zw. den Polarkreisen und den Erdpolen stets sichtbare Sonne (bedingt durch Achsenstellung der Erde zur Ekliptik).

**Mitterrand** [mitəˈrã], François, frz. Politiker, * 1916, † 1996; 1947–57 mehrf. Min.; 1971–81 Erster Sekr. der Sozialist. Partei; 1965 u. 1974 Präsidentschaftskandidat, 1981–95 Staatspräs.

**mittlere Reife,** frühere Bez. für den *mittleren Bildungsabschluss* (10. Schulj.); berechtigt zum Besuch einer auf Klasse 10 aufbauenden weiterführenden Schule (z. B. Fachoberschule) oder der gymnasialen Oberstufe.

**Mittlerer Osten,** hierzu gehören die Länder Afghanistan, Pakistan, Indien, Nepal, Bhutan, Bangladesh u. Sri Lanka.

**Mixteken,** Indianerstamm in den mex. Staaten Oaxaca u. Puebla; ehem. bed. Kunsthandwerk.

**Mixtur** [lat.], **1)** flüss. [Arznei]mischung. **2)** 𝄞 bei der Orgel das durch ein Register auslösbare gleichzeitige Erklingen von 3 oder mehr Pfeifen.

**Mjöl(l)nir,** in der altnord. Mythol. Hammer des Gottes Thor, mit dem er seine Feinde zermalmt.

**Mlle.,** Abk. für: ↑**Mademoiselle.**

**mm,** Einheitenzeich. für: ↑**Millimeter.**

**Mme.,** Abk. für: ↑**Madame.**

**Mn,** ⚗ Symb. für ↑Mangan.

**Mnemosyne,** Gestalt der griech. Mythol., Personifikation der Erinnerung, Mutter der 9 ↑Musen.

**Mnemotechnik, Mnemonik** [gr.; = Gedächtniskunst], System v. Gedächtnishilfen, z. B. Merkverse („Eselsbrücken"), graf. Darstellungen, Schemata.

**Mnouchkine** [mnʊʃˈkiːn], Ariane, frz. Regisseurin, * 1938; auch Filme („Molière").

**Mo,** ⚗ Symb. für ↑Molybdän.

**Mo.,** Abk. für: ↑Missouri.

**Mobbing** [engl.], andauernde feindselige Handlungen, v. a. gegenüber Kollegen am Arbeitsplatz.

**Mobile** [məʊˈbiːl], Hafenstadt in S-Alabama, USA, an der Mdg. des *M. River* in die *M. Bay,* 203000 E; Baumwollbörse, -ausfuhr; Holzverarb.; Aluminiumwerke, chem. Ind., Werften; ⚓.

**Mobile** [engl.], bewegl. Plastik, bei der die einzelnen Objekte an dünnen Metall- oder Kunststoffstäben hängen (bes. von A. Calder).

**Mobilfunk,** Telekommunikationsdienst, der über Funksignale eine ortsungebundene drahtlose Sprach- u. Datenübertragung ermöglicht. Unterschieden wird zw. *M.diensten* in nichtöff. (z. B. Betriebsfunk) u. in öff. Funknetzen. Zu den öff. *M.netzen* gehören neben dem Europ. Funkrufdienst (Eurosignal) u. dem Cityruf die über *Mobiltelefon* erreichb. digitalen Netze. In Dtl. sind dies: die D-Netze *D1* u. *D2* (beide seit 1992), die E-Netze *E1* (*E-Plus,* 1993) u. *E2* (1997). Ab 2002 wird der europ. *M.standard* ↑UMTS eingeführt.

**Mobilität,** Soziol.: die Bewegung v. Menschen in soz. Räumen u./od. ihre räumlich-regionale Beweglichkeit, z. B. soz. Auf- u. Abstieg, Wohnsitzwechsel.

**Mobilmachung,** die Herstellung der Kriegsbereitschaft der Streitkräfte.

**Mobiltelefon,** ortsungebundenes, batteriebetriebenes Funktelefon, das zur Sprach- u. Datenkommunikation ein entsp. Mobilfunknetz nutzt (↑Mobilfunk), ugs. *Handy.* Zu den M. gehören auch die fest installierten Autotelefone.

**Mobutu Sese-Seko,** eigtl. Joseph Désiré Mobutu, zair. Offizier und Politiker, * 1930, † 1997; s. 1960 Oberbefehlshaber, erklärte sich 1965 zum Staatspräs.; diktator. Herrschaft; innenpolit. Widerstand s. 1990/91; gestürzt 1997, danach Exil.

**Moçambique** [mosamˈbɪk], **Mosambik,** Rep. in SO-Afrika; am Ind. Ozean; weitgehend Tafelland m. Inselgeb.; Trocken- u. Feuchtsavanne mit z. T. ausgedehnten Wäldern; trop., im SO subtrop. Klima; Bev. vorw. Bantuvölker; Anbau v. Mais, Maniok, Zuckerrohr, Cashewnüssen, Baumwolle, Sisal (Export), Tee, an d. Küste Kokospalmen; Fischerei; ⚒ auf Steinkohle u. Bauxit, Erdölförderung; chem., Textil- u. a. Ind.; Energiegewinnung (Cabora-Bassa-Staudamm). – *Gesch.:* 1498 durch Portugiesen entdeckt, ab 1505 portug. Besetzung; wurde 1951 portug. Überseeprov., erhielt 1973 innere Autonomie, 1975 völlige Unabhängigkeit; 1964–74 Guerillakrieg der Befreiungsbewegung FRELIMO gg. die portug. Herrschaft; 1976–92 Bürgerkrieg zw. FRELIMO u. antimarxist. RENAMO; seit 1990 Mehrparteiensystem u. marktwirtschaftl. Orientierung; M. wurde 1995 Mitgl. des Commonwealth.

**Moçambique**

*Fläche:* 801590 km²
*Einwohner:* 19,1 Mill.
*Hauptstadt:* Maputo
*Amtssprache:* Portugiesisch
*Zeitzone:* MEZ + 1 Stunde

**Moctezuma II.** [-ʃ-], auch **Montezuma,** * 1467, † 1520, 1502–19 aztek. Herrscher; 1519 beim Versuch, den span. Vormarsch nach Z-Mexiko zu verhindern, v. H. Cortéz in Gefangenschaft genommen, wo er starb.

**Model** [engl.], Mannequin, Fotomodell.

**Model** [lat.], **1)** Hohlform für den Guss od. zum Abdruck von Gebäck. **2)** Druckform (für Stoffe, Tapeten).

**Modell** [ital.], **1)** Muster; Vorbild, Entwurf. **2)** Form zur Herst. d. Gussform. **3)** nur einmal in seiner Art hergest. Kleidungsstück. **4)** Mensch od. Gegenstand als Vorbild für ein Werk der bildenden Kunst.

**Modem** [Kurzw. aus **Mo**dulator u. **Dem**odulator], elektron. Gerät zur Übertragung digitaler Daten über Fernsprechleitungen, wobei die Signale auf Trägerschwingungen moduliert u. durch Demodulation wieder in digitale Daten umgewandelt werden.

**Modena,** Prov.-Hptst. in Italien, am Rand d. Poebene, 175500 E; Univ., geophysikal. Observatorium, Dom (1099–1184), ehem. Palazzo Ducale (17. Jh.) u. a. Baudenkmäler (UNESCO-Welterbe); Auto-, Schuh-, Lebensmittelind.

**moderato** [ital.], **mod.,** 𝄞 gemäßigt [im Tempo].

**Moderator** [lat.], **1)** Bremssubstanz für die Neutronen hoher Energie im Kernreaktor. **2)** Redak-

M

teur in Hörfunk u. Fernsehen, der die Verbindung zw. einzelnen Teilen einer Sendung herstellt.

**moderne Architektur,** die Baukunst s. der Wende zum 20. Jh., die den Traditionsbruch mit der Architektur des 19. Jh. endgültig u. demonstrativ vollzogen hat. Sie ist v. a. gekennzeichnet durch den *Funktionalismus* u. den *Brutalismus.* Charakterist. ist die Auflösung in Teilfunktionen bzw. in aufeinander bezogene Raumgruppen u. Einzelkörper sowie eine urspr. im Herstellungsprozess begr. Herausstellung des Baumaterials (Hauptvertr.: Le Corbusier, A. Aalto). Daneben weitere, z. T. gegenläufige Strömungen (Strukturalismus, rationale Architektur). Im *Post-* bzw. *Spätmodernismus* erfolgt ein Rückgriff auf El. früherer Stile mit dem Ziel, die vorgefundene triviale Architektur weiterzuentwickeln (P. Johnson, C. Moore, R. Venturi u. a.). Experimentierfreudig zeigen sich dekonstruktivist. (F. O. Gehry, D. Libeskind) u. Hightechkonstruktionen (R. Rogers, N. Foster). Wachsende Bed. kommt dem ↑ökologischen Bauen zu.

**moderne Kunst,** die Kunst, die sich s. der Wende v. 19. zum 20. Jh. vom tradit. Realismus abwendet u. versch. Richtungen einschlägt (Jugendstil, Expressionismus, Kubismus, Futurismus, Konstruktivismus, Bauhaus, Stijl-Gruppe, abstrakte Kunst, Dada, Surrealismus, Neue Sachlichkeit). Während u. nach dem 2. Weltkrieg abstrakter Expressionismus, Farbfeldmalerei, Minimalart, kinet. Kunst, Konzeptkunst, Nouveau Réalisme, Pop-Art, Environment, Fotorealismus, Aktionskunst, Neuer Realismus, Videokunst u. a.

**moderner Fünfkampf,** an einem Tag ausgetragener Mehrkampf in fünf Disziplinen für Männer und Frauen in der Reihenfolge *Schießen, Fechten, Schwimmen, Springreiten* u. *Geländelauf.*

**Modernismo** [span.], Bewegung in Lateinamerika und Spanien gg. Ende des 19. u. Anf. des 20. Jh.s als Reaktion auf den Naturalismus; Vertr.: R. Darío, F. Villaespesa, A. Gaudí u. a.

**Modersohn,** Otto, dt. Landschaftsmaler, *1865, †1943, verh. mit Paula M.-Becker; Mitbegr. der Malerkolonie Worpswede.

**Modersohn-Becker,** Paula, *1876, †1907, dt. Malerin, verh. mit O. Modersohn; Figurenbilder u. Landschaften des Expressionismus.

**Modifikation** [lat.], **1)** Veränderung, speziell die umweltbedingte, nichterbl. Abänderung v. Merkmalen b. Lebewesen. **2)** ☌ durch die Kristallstruktur bedingte Zustandsform eines Stoffes.

**Modigliani** [modi'ʎa:ni], Amedeo, ital. Maler u. Bildhauer, *1884, †1920; s. 1906 in Paris; lyr.-express. Bildnisse u. Akte.

**Modul** [lat.], **1)** Verhältnis v. dekad. Logarithmus zum Logarithmus zu einer anderen Basis. **2)** in der Baukunst Maßeinheit der antiken Formenlehre, heute wieder aufgegriffen.

**Modul, 1)** zu einer Einheit zusammengefasste elektron. Bauelemente. **2)** 💻 austauschb. Teil eines Geräts *(Hardware-M.)* oder eines Programms *(Software-M.),* das eine geschlossene Funktionseinheit bildet.

**Paula Modersohn-Becker:** *Selbstbildnis mit Kamelienzweig (1907)*

**Modulation** [lat.], **1)** Überlagerung der v. Sender erzeugten Trägerschwingungen mit den zu übertragenden Wechselspannungen od. Impulsfolgen. Man kann entweder die Amplitude *(Amplituden-M.,* Abk. *AM),* die Frequenz *(Frequenz-M., FM)* od. den Phasenwinkel *(Phasen-M.)* ändern (modulieren). Beim Empfänger muss ↑Demodulation erfolgen. **2)** 𝄞 Übergang von einer Tonart in eine andere.

**Modus** [lat.], **1)** Art u. Weise. **2)** Aussageweise des Zeitworts; in den idgm. Spr.: Indikativ, Konjunktiv, Optativ u. Imperativ.

**Modus Vivendi** [lat.], Übereinkunft (für das Zusammenleben).

**Moers,** Stadt im Niederrhein. Tiefland, NRW, 107 100 E; Steinkohlen-⚒, Metall-, Papier- u. chem. Industrie.

**Moers,** Walter, dt. Comiczeichner u. Schriftsteller, *1957, Schöpfer der „Käpt'n Blaubär"-Geschichten u. -Filme.

**Mogadischu,** Hptst. u. Wirtschaftszentrum v. Somalia, am Ind. Ozean, 1 Mill. E; Univ.; Textil-, Leder- u. a. Ind.; bed. ⚓, ✈.

**Mogul** [pers.], muslim. Herrscherdyn. in Indien.

**Mohair** [mo'hɛ:r; engl.], Gewebe aus Angoraziegenhaar.

**Mohammed,** eigtl. **Abu al-Kasim Muhammad Ibn Abdallah,** Stifter des Islams, *um 570, †632; sah sich ab 609/10 aufgrund von ihm empfangener Offenbarungen Gottes zum Propheten Allahs berufen (↑Koran); 622 Übersiedlung nach Medina (↑Hidjra), wo er eine gr. Anhängerschaft gewann; von dort aus Unterwerfung u. Bekehrung der arab. Stämme; Krieg gg. Mekka, 630 endgült. Sieg; Mekka relig. u. polit. Mittelpt.; M. sah sich als Erneuerer der Religion Abrahams, als Nachf. v. Moses u. Isa (Jesus), den er als Propheten betrachtete.

**Mohammed,** *Marokko:* **1) M. V.,** Sultan v. Marokko, Kg. s. 1957, *1909, †1961. **2) M. VI.,** Kg. von Marokko, *1963; militär. u. jurist. Ausbildung; arbeitete bei der Europ. Kommission in Brüssel sowie bei der UNO; bestieg nach dem Tod seines Vaters Hasan II. 1999 den Thron. – *Osman. Reich:* **3) M. II., Fatih,** Sultan s. 1451, *1432, †1481; eroberte 1453 Konstantinopel, drang über den Balkan bis Ungarn vor.

**Mohammed Resa Pahlewi** [-paxlɛ'vi], *1919, †1980, s. 1941 Schah v. Iran; 1979 gestürzt, danach im Exil.

**Mohenjo-Daro,** bed. Ruinenst. am Indus; neben Harappa Hptst. der Induskultur (etwa Mitte des 3. Jt. bis 1500 v. Chr.); planmäßig angelegte St., mehrstöckige Bauten aus gebrannten Ziegeln, Abwassersystem; mehr als 1 200 Siegel erhalten.

**Mohikaner,** stark dezimierter nordamer. Indianerstamm.

**Möhne,** r. Nbfl. der Ruhr, NRW, 57 km; am N-Rand des Arnsberger Waldes gestaut durch die *M.talsperre* zum *M.see* (10,4 $km^2$, 134 Mill. $m^3$).

**Mohenjo-Daro:** *„Großes Bad", im Hintergrund die buddhistische Klosteranlage mit Stupa (um 2000 v. Chr.)*

**Mohngewächse,** meist kraut., Milchsaft führende Pfl., bes. der nördl. gemäßigten Zone; Samen des *Schlafmohns* liefern *Mohnöl,* Milchsaft der unreifen Kapseln Opium; viele Zierpflanzen.

**Moholy-Nagy** [ˈmohojˈnɔdj], László, ungar. Maler, Bildhauer u. Fotograf, * 1895, † 1946; 1923–28 am Bauhaus; begr. 1937 in Chicago das „New Bauhaus".

**Möhrenfliege** ↑Pflanzenkrankheiten (Übers.).

**Mohrrübe,** svw. ↑Karotte.

**Mohs,** Friedrich, dt. Mineraloge, * 1773, † 1839; führte 1812 die *mohssche Härteskala* (↑Härte) ein.

**Moi,** Daniel arap, kenian. Politiker, * 1924; 1961–78 mehrf. Min., darunter 1964–78 Innenmin., 1967/68 Vizepräs., s. 1978 Staatspräsident.

**Moira** [gr.], bei Homer das Göttern u. Menschen zugeteilte Los.

**Mojave Desert** [məʊˈhɑːvɪ -], wüstenhafte, abflusslose Beckenldsch. in S-Kalifornien, USA, rd. 40 000 km²; größte Depression im Death Valley mit 86 m u. d. M.

**Mokassinschlange,** Gatt. der Grubenottern in Asien u. Amerika; sehr giftig.

**Mokka** [arab.; nach dem Ort M. in Jemen], **1)** Kaffeesorte. **2)** starkes Kaffeegetränk.

**Mol** [lat.], Einheitenzeichen **mol,** SI-Basiseinheit der Stoffmenge, die aus ebenso vielen gleichart. Atomen od. Molekülen besteht, wie Atome in 12 g des Nuklids $^{12}C$ enthalten sind.

**Molarität** [lat.], ↑Stoffmengenkonzentration.

**Molche** ↑Salamander.

**Moldau, 1)** tschech. **Vltava,** l. Nbfl. der Elbe, Hptfl. Böhmens, 440 km. **2)** rumän. **Moldova,** histor. Ldsch. in Rumänien, zw. Ostkarpaten u. Pruth, Größte St.: Iași.

**Moldawi|en,** Rep. in SO-Europa; vorw. Hügelland; gemäßigt kontinentales Klima; Bev. zu 65 % Moldawier (Rumänen); Wein- und Obstbau, Viehzucht; Nahrungsmittel-, Elektro-, Textil- u. Lederind. – *Gesch.:* s. 14. Jh. Teil des Ft. Moldau; 1812 russ. Annexion Bessarabiens, das 1918 seine Unabhängigkeit ausrief. 1924 Gründung einer „Moldauischen ASSR" durch die Sowjetunion (östl. des Dnjestr, Hptst. Tiraspol). 1940 nach Besetzung Bessarabiens u. der N-Bukowina durch die UdSSR Proklamation der „Moldauischen SSR" (mit heutiger Hptst.). 1941 bis 1944 rumän. Besetzung. 1991 Unabhängigkeitserklärung. Das Streben nach einer engen Bindung an Rumänien führte zum Konflikt mit den Gagausen im S (1990 Ausrufung einer eigenen Rep., s. 1994 Autonomiestatus) u. mit der russ.-ukrain. Minderheit östl. des Dnjestr (Transnistrien, 1991 Proklamation einer „Dnjestr-Rep.", 1991–92 Bürgerkrieg, durch dort stationierte russ. Truppen beendet). Staatspräs. s. 2000 Wladimir Woronin (KP) mit einer Pol. der Wiederannäherung an Russland. Mitglied der GUS.

**Moldawien**

*Fläche:* 33 700 km²

*Einwohner:* 4,46 Mill.

*Hauptstadt:* Chișinău

*Amtssprache:* Moldauisch (Rumänisch)

*Zeitzone:* MEZ + 1 Stunde

**Molekül** [frz.], Baustein der Materie; besteht aus mind. zwei, bei chem. El. gleichart., bei chem. Verbdg. verschiedenart. Atomen. (↑Makromoleküle)

**Molekularbewegung,** ↑brownsche M.

**Molekularbiologie,** Teilgebiet der Biol.; beschäftigt sich mit den chem.-physikal. Lebensvorgängen auf molekularer Ebene.

**Molekularkräfte,** zw. Molekülen wirkende Anziehungskräfte; bewirken z. B. Adhäsion u. Kohäsion.

**Molekülmasse, 1) absolute M.,** die Summe der absoluten Atommassen der das Molekül bildenden Atome. **2) relative M.,** Verhältniszahl, die angibt, wie groß die M. im Vergleich zu $^{1}/_{12}$ der Masse des Kohlenstoffisotops $^{12}C$ ist.

**Molfetta,** ital. Hafenst. an der Adria, nw. von Bari, Apulien, 66 400 E; Alter Dom (11.–13. Jh.).

**Molière** [mɔlˈjɛːr], eigtl. Jean-Baptiste **Poquelin** [pɔˈklɛ̃], frz. Dichter und Schauspieler, * 1622, † 1673; Schöpfer der klass. frz. Charakterkomödie: u. a. „Der Misanthrop", „Der Geizige", „Tartüff", „Der eingebildete Kranke".

**Molina,** Tirso de, ↑Tirso de Molina.

**Moll** [lat. mollis = weich], im Bereich der tonal gebundenen Musik das „weiche" od. „weibl." Tongeschlecht; *M.-Dreiklang* ↑Dreiklang.

**Molla** ↑Mullah.

**Mölln,** St. in Schl.-Ho., südl. v. Lübeck, 18 000 E; altertüml. Stadtbild, an der spätroman. Nikolaikirche Grabstein Till Eulenspiegels; Kneippkurort.

**Mollusken** [lat.], ↑Weichtiere.

**Moloch,** at. Name einer semit. Gottheit, der Menschenopfer dargebracht wurden.

**Moltke, 1)** Helmuth Gf. v., preuß. Gen.-Feldmarschall, * 1800, † 1891; 1858–88 Chef des Gen.-Stabes der Armee, 1867–91 MdR (Konservativer); bed. Militärschriftsteller. **2)** Helmuth v., Neffe v. 1), preuß. Gen.-Oberst, * 1848, † 1916; s. 1906 Chef des Gen.-Stabes der Armee, trat 1914 nach dem Misserfolg an der Marne zurück. **3)** Helmuth James Gf. v., Großneffe v. 2), dt. Jurist, * 1907, † 1945; Gegner des Nat.-Soz.,

Mittelpunkt des Kreisauer Kreises, nach dem 20. Juli 1944 hingerichtet.

**Molukken,** indones. Inselgruppe zw. Celebes und Neuguinea, 74 505 km², 1,8 Mill. E, Hptst. Ambon; größte Inseln: Halmahera, Seram, Buru; Gewinnung v. Gewürzen, Kopra, Harz, Holz.

**Mol|volumen, molares Volumen,** der Quotient aus dem Volumen, das eine Stoffmenge einnimmt, u. der Stoffmenge. Im Normzustand beträgt das M. aller idealen Gase 22,414 l/mol.

**Mol|wärme,** veraltete Bez. für molare ↑Wärmekapazität.

**Molybdän** [gr.], Symb. **Mo,** chem. El., OZ 42, A.-Masse 95,94, schwer schmelzbares Schwermetall, Fp. 2 623 °C, Sp. 4 639 °C, Dichte 10,22 g/cm³; luftbeständ., lösl. in verdünnten Säuren; lebenswicht. Spurenelement, wicht. Katalysator, Legierungsbestandteil in hoch beanspruchbaren Stählen.

**Mombasa,** Prov.-Hptst. u. zweitgrößte St. in Kenia, 465 000 E; Kaffeemarkt; Erdölraffinerie, vielseitige Ind.; Fremdenverkehr; ⚓, ✈.

**Moment** [lat.], **1)** Augenblick. **2)** kurze Zeitspanne. **3)** physikal. Größe, die mit einem Abstand od. mit einem Abstandsquadrat multipliziert ist, z. B. ↑Drehimpuls, ↑Dreh-M., ↑Trägheits-M.

**Mommsen,** Theodor, dt. Historiker, * 1817, † 1903; 1881–84 MdR (linkslib.); Gegner Bismarcks; „Röm. Gesch.", „Röm. Staatsrecht", „Röm. Strafrecht"; Nobelpreis 1902.

**mon..., Mon...** ↑mono..., Mono...

**Monaco, 1)** Ft. in S-Europa, an der Côte d'Azur; vier miteinander verwachsene Teile: die Städte M., Fontvieille, Monte Carlo u. La

**Monaco**

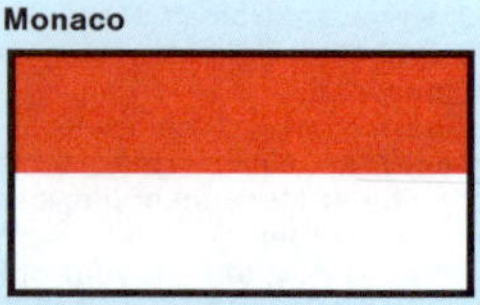

| | |
|---|---|
| *Fläche:* | 1,95 km² |
| *Einwohner:* | 33 000 |
| *Hauptstadt:* | Monaco |
| *Amtssprache:* | Französisch |
| *Zeitzone:* | MEZ |

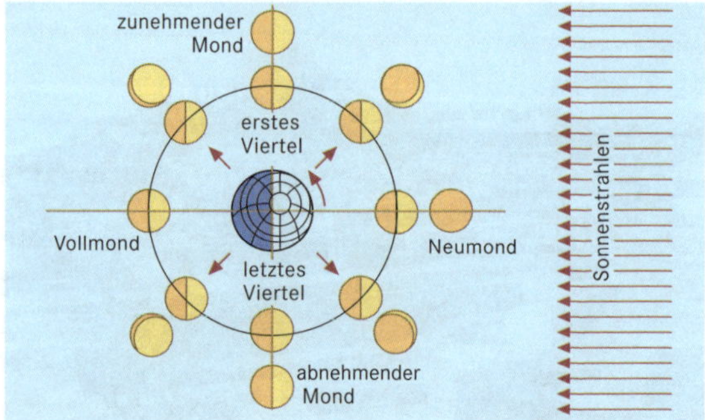


**Mond:** *Darstellung der Mondphasen, die von der Konstellation Sonne–Mond–Erde abhängen; die Darstellung entspricht einem Anblick von Norden auf die Ebene der Mondbahn, in der sich der Mond gleichsinnig mit der Erdrotation (gebogener Pfeil) bewegt; die äußeren Darstellungen zeigen, welche Mondphasen sich dabei jeweils ergeben.*

Condamine. – Im 5. Jh. v. Chr. gegr.; im 13. Jh. Zufluchtsort der Genueser Fam. der Grimaldi, die M. 1454 gewannen; 1793–1814 frz., 1865 Zollunion mit Frkr.; 1918 Vertr., wonach M. nach Aussterben der Grimaldi unter frz. Protektorat kommt. **2)** Hptst. von 1); Schloss (v. a. 16. Jh.); ozeanograph. Museum.

**Monarchie** [gr.], Staatsform, in der eine kraft ihrer Herkunft legitimierte Einzelperson, der *Monarch,* Träger der Staatsgewalt ist; *Erb-M.,* wenn der Monarch durch dynast. Erbfolge, *Wahl-M.,* wenn der Monarch durch Wahl berufen wird. Formen: *absolute M.* (alle Staatsgewalt beim Monarchen), *ständische M.* (monarch. Gewalt eingeschränkt durch Rechte der Stände), *konstit. M.* (mit Gewaltenteilung aufgrund einer Verf.), *parlamentar. M.* (mit nur noch repräsentat. Funktion des Monarchen).

**Monat,** nach Mondumläufen best. Zeitintervall (↑Kalender); *trop. M.,* Zeit, in der die ekliptikale Länge des Mondes um 360° wächst (27 d 7 h 43 min 4,7 s); *sider. M.,* Zeit eines Bahnumlaufs des Mondes, gemessen an den Sternen (27 d 7 h 43 min 11,5 s); *synod. M.,* Zeit v. Neumond zu Neumond (29 d 12 h 44 min 2,9 s); *anomalist. M.,* Zeit zw. 2 aufeinander folgenden Durchgängen des Mondes durch sein Perigäum (27 d 13 h 18 min 33,2 s).

**Mönch,** Gipfel in den Berner Alpen, sw. von Grindelwald, 4 099 m.

**Mönch,** Angehöriger eines Mönchsordens (↑Mönchtum).

**Mönchengladbach,** krsfr. St. im westl. Niederrhein. Tiefland, NRW, 266 700 E; Münster (11. bis 13. Jh.), Fachhochschule, LG, IHK; bed. Zentrum der Textilindustrie.

**Mönchtum,** in versch. Religionen verbreitete, an asket. Idealen (v. a. Ehelosigkeit, Verzicht auf persönl. Besitz) orientierte, mit religiösen Motiven (z. B. authent. Nachf. des Religionsstifters) begründete, vorübergehend od. auf Lebenszeit gewählte Lebensform von Männern (Mönchen) u. Frauen (Nonnen); verwirklicht im Eremitentum, in Wanderaskese oder in klösterl. Gemeinschaften (↑Kloster; ↑Orden).

**Mond, 1)** der der Erde nächste größere Himmelskörper u. einziger natürl. Begleiter (wahrer Halbmesser 1 738 km), mittl. Entfernung v. der Erde 384 405 km; Umfang 10 920 km, 2,03 % des Erdvolumens, $^1/_{81}$ der Erdmasse, Schwerebeschleunigung ≈ $^1/_6$ der Fallbeschleunigung auf der Erde. Die *wahre M.bewegung* erfolgt auf einer Ellipsenbahn. Die Schnittpt. der M.bahn mit der Ekliptik an der Sphäre werden *M.knoten* gen. Die Rotationsdauer des M. ist gleich seiner Umlaufzeit um die Erde (kehrt deshalb der Erde immer die gleiche Seite zu). *M.formationen:* gr. Hochebenen (Mare), Krater, Ringgebirge, Wallebenen, Rillen (Kraterketten) u. ungeklärte Strahlensysteme; außerordentl. dünne Atmosphäre; gr. Temp.-Ggs. (zw. 130 °C u. −160 °C). Die *M.phasen* (Lichtphasen) sind abhäng. v. der Konstellation v. Sonne, M. u. Erde zueinander. Zu den Missionen zur Erforschung des M. gehören u. a. die Raumfahrtprojekte Luna (Lunik), Ranger, Surveyor u. Apollo (↑Weltraumfahrt. **2)** **Satellit, Trabant,** Begleiter eines Planeten; in unserem Sonnensystem sind bek.: Erde 1, Mars 2, Jupiter 39, Saturn 30, Uranus 20, Neptun 8, Pluto 1. M.

**Mondfinsternis,** die Verfinsterung des Mondes beim Durchlaufen des Erdschattens.

**Mondjahr** ↑Kalender.

**Mondrian,** Piet, eigtl. Pieter Cornelis **Mondriaan,** niederl. Maler der Stijl-Gruppe, * 1872, † 1944; abstrakte Bilder mit geometr. Formen.

**Mond|ring,** Ringhalo beim Mond (↑Halo).

**Mondstein,** Abart des ↑Adulars, trüb oder durchsicht., bläul. weiß.

**Mondsüchtigkeit,** im Volksmund für ↑Somnambulismus.

**Monegassen,** die Bewohner von ↑Monaco.

**Monet** [mɔˈnɛ], Claude, frz. Maler des Impressionismus, * 1840, † 1926.

**Mongolei**

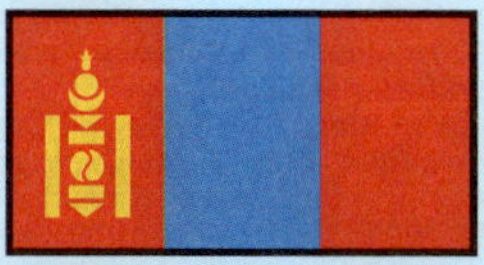

*Fläche:* 1 566 500 km²

*Einwohner:* 2,65 Mill.

*Hauptstadt:* Ulan-Bator

*Amtssprache:* Mongolisch

*Zeitzone:* MEZ + 7 Stunden

**Mongolei, 1)** zentralasiat. Gebiet, polit. gegliedert in die ↑Mongolei u. die chin. autonome Region ↑Innere M. – S. 209 v. Chr. zum Hunnenreich, 407–552 zum Staat der Awaren (v. Türken erobert); 730–840 Reich der Uiguren, von Kirgisen zerstört. Im fr. 13. Jh. Einigung aller Mongolenstämme unter Dschingis Khan, Bildung des mongol. Großreiches, das in der Folge in Teilreiche zerfiel; s. d. 17. Jh. Teil des chin. Reiches. 1912 löste sich die Äußere M. von China, 1924 Ausrufung der Mongol. Volksrepublik (s. 1992 Mongolei). **2)** zentralasiat. Staat; Steppenhochland, im S u. SO die Gobi. – **Gesch.:** 1911 erklärte sich die Äußere Mongolei für unabh. v. China; 1924 Gründung der Mongol. Volksrep. unter sowj. Einfluss; 1945 völlig unabh.; 1991 Mehrparteiensystem eingeführt, 1992 neue Verf. u. Umbenennung in Mongolei.

**Mongolen,** zum mongoliden Rassenkreis gehörende innerasiat. Völkergruppe; Vieh züchtende Steppennomaden; Jurte als Behausung; zu den *West-M.* (in der Dsungarei mit Nachbargebieten) gehören die Dörbeten, Bajaten u. a., auch die Kalmücken; zu den *Ost-M.* (in der Mongolei) die Tschacharen, Ordos u. a. sowie die Chalchamongolen; zu den *Nord-M.* die Burjäten.

**mongolider Rassenkreis,** einer der drei Menschen-Formenkreise, gelbhäut., schwarzes, glattes Haar, Mittelgesicht u. Nasenwurzel flach, Wangenknochen vorgeschoben, mit Mongolenfleck und Mongolenfalte; meist kurzer, untersetzter Wuchs; u. a.: *Palämongolide* (SO-Asien), *Sinide* (NW- und Mittelchina), *Tungide* (nördl. Z-Asien), *Sibiride* (NW- und NO-Sibirien).

**mongolische Sprachen,** Gruppe agglutinierender Spr. in Asien (meist zum Uralaltaischen gerechnet); wichtigste m. S.: 1. das eigtl. *Mongol.* (in der Mongol. Volksrep.), 2. *Burjät.* (in der Gegend des Baikalsees), 3. *Kalmück.* (an der unteren Wolga), 4. *Oirot.* (im Altai).

**Mongolismus** ↑Down-Syndrom.

**Monilia** ↑Pflanzenkrankheiten (Übers.).

**Monismus** [nlat.], Lehre, die die Welt aus einem einzigen (idealist., spiritualist. oder materialist.) Prinzip erklärt; speziell der *[mechanist.] M.* v. E. Haeckel u. der *[energet.] M.* v. Wilhelm Ostwald.

**Monitor** [lat.], **1)** Kontrollsichtgerät beim Fernsehen. **2)** Strahlennachweis- u. -messgerät. **3)** 💻 svw. ↑Bildschirm.

**mono..., Mono...** [gr.], Bestimmungswort; Bed.: „ein, einzel".

**monochrom,** einfarbig.

**Monochromasie** [gr.], ↑Farbenblindheit.

**Monodie** [gr.], Einzelgesang, unbegleitet (gregorian. Choral) oder mit Instrumentalbegleitung (Madrigal, Chanson); auch Gesang auf Akkordgrundlage i. Ggs. zu kontrapunkt. Mehrstimmigkeit.

**Monogamie,** [gr.], svw. Einehe (↑Ehe).

**Monogramm,** [gr.], Anfangsbuchstabe[n] eines Namens.

**Monokel** [frz.], mithilfe des Lidschließmuskels vor dem Auge gehaltenes opt. Glas; früher übl. Korrekturlinse für ein Auge, auch als Modeerscheinung.

**monoklin** [gr.], **1)** dem m.en Kristallsystem angehörend. **2)** zweigeschlechtig, zwittrig (von Blüten).

**Monokultur,** jahrelanger Anbau der gleichen Pfl. auf dem gleichen Feld (typ. Plantagenwirtschaft); erfordert intensive Kunstdüngung.

**Monolith** [gr.], aus nur einem Stein bestehendes Monument (z. B. Obelisk, Menhir).

**Monolog** [gr.], Rede einer einzelnen Person, v. a. als Selbstgespräch auf der Bühne.

**Monomere** [gr.], niedermolekulare organ. Verbdg. (ungesättigt od. mit akt. Gruppen), die sich leicht zu Polymeren verketten lassen.

**Monophthong** [gr.], ein einf. Selbstlaut; Ggs. ↑Diphthong.

**monoploid** [gr.], mit nur einf. Chromosomensatz versehen.

**Monopol** [gr.], **1)** alleiniger Anspruch. **2)** Marktform, bei der auf der Angebotsseite nur ein Anbieter *(Monopolist)* vielen kleinen Nachfragern gegenübersteht *(Angebots-M.).* Die entsprechende Marktform auf der Nachfrageseite heißt *Monopson (Nachfrage-M.).*

**Monosaccharide,** einf. Zucker d. allg. Formel $C_nH_{2n}O_n$, zeigen opt. Aktivität; Hexosen (z. B. Fruchtzucker, Traubenzucker), Pentosen (n = 5; z. B. Ribose).

**monosyllabische Sprachen,** Spr., die [vorw.] aus einsilb. Wörtern bestehen, z. B. Chinesisch.

**Monotheismus,** Glaube an einen einz., persönl., transzendenten Gott; im Judentum, Christentum und Islam; Ggs. Polytheismus.

**Monroe** [mənˈrəʊ, ˈmʌnrəʊ], **1)** James, 5. Präs. der USA (1817–25), * 1758, † 1831; 1811–17 Außenmin., 1819 Erwerb Floridas, 1822 Anerkennung der neuen lateinamer. Staaten, 1823 Verkündung der *M.doktrin* gg. die Einmischung europ. Mächte in die amer. Pol. u. umgekehrt. **2)** Marilyn, eigtl. Norma Jean **Baker** [ˈbeɪkə], amer. Filmschauspiele-

**M. Monroe**

M

rin, * 1926, † 1962; „Manche mögen's heiß".

**Monrovia,** Hptst. u. wichtigster ⚓ v. Liberia (Eisenerzausfuhr); 962 000 E; Univ.; Erdölraffinerie.

**Mons** [mõ:s], niederl. **Bergen,** Hptst. der belg. Prov. Hennegau, in der Borinage, 92 600 E; Univ.; spätgot. Waltrudiskirche; Steinkohlenbergbau, Textil-, Metallind.

**Monseigneur** [mõsɛn'jœ:r; frz.], Abk. **Mgr.,** Titel und Anrede hoher frz. Geistlicher und Adliger.

**Monsieur** [mə'sjø; frz.], **1)** Abk. **M.,** frz. Anrede: Herr. **2)** im 17./18. Jh. Bez. für den ältesten Bruder des frz. Königs.

**Monsignore** [monsin'jo:re; ital.], Abk. **Mgr., Msgr.,** Titel u. Anrede v. Prälaten d. kath. Kirche.

**Monstranz** [lat.], **Ostensorium,** in der kath. Kirche liturg. Gefäß [Schaubehälter] für die Ausstellung der konsekrierten Hostie.

**Monsun** [arab.], Luftströmung gr. Ausdehnung im Grenzgebiet von Land u. Meer mit jahreszeitl. Richtungswechsel; v. a. im süd- u. südostasiat. Raum; hier als sommerl. warmer, feuchter, vom Ind. Ozean wehender SW-M. bzw. als winterl. kalter, trockener NO-M. vom asiat. Kontinent.

**Montag,** 1. Tag der Woche, gemeingerman. Lehnübers. der lat. Bez. „dies Lunae".

**Montage** [mɔn'ta:ʒə; frz.], **1)** Zusammenbau vorgefertigter Einzelteile. **2)** das Aneinanderfügen einzelner Bild- und Handlungseinheiten beim Film. **3)** ↑Fotomontage.

**Montaigne** [mõ'tɛɲ], Michel Eyquem de, frz. Schriftsteller u. Philosoph, * 1533, † 1592; Schöpfer des literar.-philos. Essays.

**montan** [lat.], das Bergbau- und Hüttenwesen *(Montanindustrie)* od. das Gebirge betreffend.

**Montana** [mɔn'tænə; engl.], Abk. **Mont.,** Staat im NW der USA, 380 848 km², 799 000 E, Hptst. Helena; Land- u. Forstwirtsch.; bed. Bergbaugebiet.

**Montand** [mõtã], Yves, eigtl. Ivo **Livi,** frz. Schauspieler u. Sänger ital. Herkunft, * 1921, † 1991.

**Montan|industrie,** Bez. für Unternehmen des Bergbaus sowie der Eisen- u. Stahlind.

**Montan|union** ↑Europäische Gemeinschaft für Kohle und Stahl.

**Montblanc** [mõblã], höchster Gipfel der Alpen u. Europas, in der *M.gruppe,* 4 810 m; Observatorium; Erstbesteigung 1786. *M.tunnel,* von Chamonix-Mont-Blanc nach Courmayeur (Aostatal, Italien), 11,6 km lang (1965).

**Monte Carlo,** Teil von ↑Monaco, Spielkasino; Seebad.

**Montecassino,** am Südausläufer des Abruzz. Apennins gelegene Abtei, über der St. ↑Cassino; um 529 von Benedikt v. Nursia gegr.; Mutterkloster der Benediktiner u. des abendländ. Mönchtums. Im 2. Weltkrieg völlig zerstört; 1945–59 Wiederaufbau nach den alten Plänen.

**Montenegro,** serb. **Crna Gora** ['tsr:na:-], Rep. innerhalb v. Jugoslawien, 13 812 km², 626 000 E, Hptst. Podgorica (mit ✈); gebirgig, großenteils verkarstet; Landw.; Bauxitgewinnung, Fremdenverkehr. – In röm. Zeit Teil der Prov. Dalmatia, später byzantin., serb. u. venezian., 1528 formell unter osman. Oberhoheit; seit 1851 erbl. Ft., s. 1910 Kgr.; 1918 Teil des späteren Jugoslawien; 1941 unter ital. Protektorat, Bildung eines eigenen Staates; nach dem 2. Weltkrieg wieder jugoslaw., s. 1992 Teil der Bundesrep. Jugoslawien, März 2002 Vertrag über die Neugestaltung des Staatenbundes, der „Serbien u. M." heißen soll u. eine völlige Unabhängigkeit beider Republiken frühestens nach Ablauf von drei Jahren ermöglicht.

**Montespan** [mõtɛs'pã], Françoise Athénaïs de Rochechouart, Marquise de, Mätresse Ludwigs XIV., * 1641, † 1707; durch die Marquise de Maintenon verdrängt.

**Montesquieu** [mõtɛs'kjø], Charles de Secondat, Baron de La Brède et de, frz. Staatstheoretiker u. Schriftsteller, * 1689, † 1755; Begr. der mod. Staatswiss. und der demokrat. Lehre von der ↑Gewaltenteilung; „Geist der Gesetze", „Pers. Briefe".

**Montessori,** Maria, ital. Pädagogin u. Ärztin, * 1870, † 1952; entwickelte ein pädagog. Konzept, das die Entfaltung der Kindern ureigen gegebenen inneren Antriebe im Sinne individueller Selbsttätigkeit, Selbstbelehrung u. Selbsterziehung der Kinder ermöglichen will.

**Monteverdi,** Claudio, ital. Komponist, * 1567, † 1643; erster gr. Musikdramatiker. Opern: „L'Orfeo", „L'Arianna" u. a.; ferner Messen, Madrigale, Motetten.

**Montevideo,** Hptst. Uruguays am Rio de la Plata, 1,38 Mill. E; 2 Univ.; Kathedr.; Textil-, bed. Lebensmittelind.; Fischerei; ⚓, ✈. – 1724 gegründet.

**Montez** ['mɔntɛs], Lola, eigtl. Maria Dolores **Gilbert,** ['gilbət], schott. Tänzerin, * 1818, † 1861; ihre Liebesaffäre mit Ludwig I. v. Bayern führte zu dessen Abdankung; nach Münchner Unruhen 1848 ausgewiesen.

**Montezuma** ↑Moctezuma.

**Montgolfier** [mõgɔl'fje], Joseph, frz. Erfinder, * 1740, † 1810; entwickelte mit seinem Bruder Étienne (* 1745, † 1799) die *Montgolfiere* (↑Luftfahrt).

**Montgomery** [mənt'gʌmərı], Bernard Law, Viscount M. of Alamein, brit. Feldmarschall, * 1887, † 1976; leitete die Offensive gg. Rommel 1942/43 in Nordafrika (mit Eisenhower); 1951–58 stellvertr. Oberbefehlshaber der NATO-Streitkräfte.

**Montgomery** [mənt'gʌmərı], Hptst. von Alabama, USA, am Alabama River, 187 000 E; bed. Baumwollhandel; Textil-, Glas- u. a. Ind.; Fluss-⚓, ✈.

**Montignac** [mɔnti'ɲak], frz. Ort südl. von Limoges, 2 900 E; nahebei die 1940 entdeckte Höhle von *Lascaux* mit gut erh. Felsbildern der jüngeren Altsteinzeit.

**Montmartre** [mõ'matr], Stadtteil im N von Paris; Vergnügungsviertel; Wahrzeichen die Kirche Sacré-Cœur (1876 begonnen).

**Montparnasse** [mõpar'nas], sw. Stadtteil v. Paris, in den 1920er- u. 1930er-Jahren Künstlerviertel; berühmter Friedhof.

**Montpellier** [mõpəl'jə], Hptst. des südfrz. Dep. Hérault und der Region Languedoc-Roussillon, 208 000 E; Univ. (gegr. 1289); Kathedr. (14. Jh.); Weinhandel; ✈.

**Montreal** [mɔntrıɔ:l], größte Hafen- u. Ind.-St. Kanadas, auf einer Insel im Sankt-Lorenz-Strom, 1,01 Mill. E; 4 Univ.; Kultur- und Wirtsch.-Zentrum; Flugzeugbau u. a. bed. Ind.; Umschlagplatz für Holz, Papier, Pelze, landw. Produkte, Erze; Messen; ✈.

**Mont-Saint-Michel** [mõsɛ̃mi'ʃɛl], Felseninsel in der *Bucht von M.-S.-M.,* an der breton. Küste, Frkr.; ehem. Benediktinerabtei mit roman. Kirche.

**Montserrat** [mɔntsɛ'rrat], Berg im katalan. Hügelland, nw. von Barcelona, Spanien, 1 124 m; berühmtes Benediktinerkloster.

**Montserrat** [mɔntse'ræt], Insel der Kl. Antillen, brit. Kronkolonie, 102 km², 12 000 E, Hptst. Plymouth; Export v. Rindern, Gemüse, Obst; Fremdenverkehr. S. 1783 endgültig britisch.

**Monza,** ital. St. nördl. v. Mailand, 119 200 E; Dom (13./14. Jh.); Ind.; bek. Automobilrennstrecke.

**Moor,** Sumpfldsch. mit Torfbildung, bedingt durch hohen Grundwasserstand oder reichl. Niederschläge; durch Wasserstau erfolgt keine Verwesung, sondern Vertorfung abgestorbener Pflanzenteile; M.entwicklung setzt mit *Flachmoorbildung* unter dem Grundwasserspiegel ein;

wächst das M. über den Grundwasserspiegel, so entsteht über das Zwischenstadium *Übergangs-M.* das ↑Hochmoor.

**Moore** ['mʊa], **1)** George [Augustus], ir. Dichter, *1852, †1933; naturalist. Frühwerk, Spätwerk mit relig. Thematik; Dramen, Lyrik. **2)** George Edward, engl. Philosoph, *1873, †1958; Begr. der [sprach]analyt. Philos. **3)** Henry, brit. Bildhauer, *1898, †1986; Hauptvertr. der mod. Plastik. **4)** Roger, brit. Filmschauspieler, *1927.

**Moorkultur,** die Urbarmachung u. landw. Nutzung von Moorgebieten; seit dem 16. Jh. in den Niederlanden u. später v.a. in NW-Dtl.; u.a. Fehnkultur u. dt. Hoch-M. (Zugabe von Kalk und Dünger), Deck- oder [Moor]dammkultur (Sandaufschüttung).

**Moosbrugger,** Kaspar, eigtl. Andreas **M.**, östr.-schweizer. Baumeister, *1656, †1723; Pläne für die Klosterkirche Einsiedeln.

**Moose,** Abt. der Kryptogamen; kl., wurzellose Pfl. mit deutl. Generationswechsel; oft sehr kälteunempfindl., daher bis in die Polarzonen hin anzutreffen.

**Moped,** frühere Bez. für ein Kleinkraftrad mit 40 km/h Höchstgeschwindigkeit u. maximalem Hubraum von 50 cm$^3$.

**Mops,** Hunderasse; kl. u. gedrungen, kurze Schnauze; über dem Rücken getragene Ringelrute.

**Moral** [lat.], **1)** Sitte, sittl. Verhalten, Sittenlehre. **2)** Schlussfolgerung aus einer Dichtung u. Ä.

**moralisieren** [lat.], sich über sittl. Dinge ereifern; *Moralist,* Sittenlehrer, -fanatiker, -richter.

**Moräne** [frz.], v. Gletschern mitgeführter u. abgelagerter Gesteinsschutt.

**Moratorium** [lat.], gesetzl. od. vertragl. [Zahlungs]aufschub.

**Morava, 1)** r. Nbfl. der Donau, in Jugoslawien, 221 km. **2)** ↑Mähren.

**Moravia,** Alberto, eigtl. A. **Pincherle** ['piŋkerlə], ital. Schriftsteller, *1907, †1990; Romane und Erzählungen.

**morbid** [lat.], kränkl., gebrechl.; angekränkelt, morsch; *Morbidität,* Krankheitsstand, -zahl.

**Morbus** [lat.], ⚕ Krankheit.

**Morchel,** Gatt. der Schlauchpilze, in Stiel u. wabenart. Hut gegliedert; Speisepilze.

**Mord,** vorsätzl. Tötung eines Menschen, heimtück. od. grausam, aus M.lust, zur Befriedigung des Geschlechtstriebs, aus Habgier oder aus sonst. niedr. Beweggründen; mit lebenslanger Freiheitsstrafe bedroht.

**Mordwinen** ↑Finnougrier.

**Mordwini|en,** Rep. innerhalb Russlands, westl. des Kuibyschewer Stausees an der Wolga, 26 200 km$^2$, 937 100 E, Hptst. Saransk.

C. Morgenstern

**More** ['mɔ:], **1)** Henry, engl. Philosoph, *1614, †1687; Vertr. eines myst. Spiritualismus. **2)** Sir Thomas, hl., latin. **Morus,** engl. Humanist u. Staatsmann, *1478, †1535; 1529–32 Lordkanzler; legte nach dem Bruch Heinrichs VIII. mit Rom seine Ämter nieder; wegen Verweigerung des Suprematseides hingerichtet; staatsphilos. Hauptwerk: „Utopia“.

**Moreau** [mɔ'ro], Jeanne, frz. Schauspielerin, *1928; 1948–53 an der Comédie-Française, auch Filme („Querelle“).

**Morena, Sierra,** Bergland im S der innerspan. Hochfläche, mit Steilabfall zum Tal des Guadalquivir, bis 1 323 m.

**Morgan** ['mɔ:gən], **1)** John Pierpont, amer. Bankier, *1837, †1913; finanzierte mit seinem Bankhaus J. P. M. & Co. (gegr. 1861) Unternehmenszusammenschlüsse u. Bau v. Eisenbahnlinien. **2)** John Pierpont, jr., amer. Bankier, *1867, †1943; Sohn v. 1), erweiterte den Einfluss der Fam.bank durch Staatskredite u. die Dawes-Anleihe.

**morganatische Ehe** [mlat.; dt.], standesungleiche, unebenbürt. Ehe, Ehe „zur linken Hand“.

**Morgen,** altes dt. Flächenmaß, territorial versch. zw. 2 500 u. 3 600 m$^2$.

**Morgengabe,** im alten dt. Recht das Geschenk des Mannes an die Ehefrau nach der Brautnacht v.a. zur Sicherstellung der Frau bei der Verwitwung.

**Morgenland,** poet. (sonst veraltete) Bez. für Orient.

**Morgenstern,** Christian, dt. Dichter, *1871, †1914; tiefsinnige Sprachgrotesken: „Galgenlieder“, „Palmström“, Aphorismen und Übersetzungen.

**Morgenstern, 1)** der Planet ↑Venus, wenn er westl. v. der Sonne steht. **2)** ma. Schlagwaffe, Keule mit eisernen Spitzen, auch an einer Stange mit einer Kette befestigte Stachelkugel.

**Morgenthau,** Henry, jr., amer. Politiker, *1891, †1967; 1934–45 Fin.-Min.; entwarf 1944 den *M.-Plan,* nach dem u.a. Dtl. aufgeteilt u. ein Land mit vorwiegend agrar. Charakter werden sollte.

**moribund** [lat.], ⚕ im Sterben liegend.

**Mörike,** Eduard, dt. Dichter, *1804, †1875; Roman: „Maler Nolten“, Erzählungen, u.a. „Mozart auf der Reise nach Prag“; Lyrik; Märchen, u.a. „Das Stuttgarter Hutzelmännlein“; M.s Lieder wurden häufig vertont.

**Morio-Muskat-Rebe,** Rebsorte aus der Kreuzung Silvaner u. Weißer Burgunder; intensives Muskatbukett.

**Morisken,** span. **Moriscos,** die nach der span. Wiedereroberung in Spanien zurückgebliebenen Mauren; v. der Inquisition verfolgt u. 1609–14 vertrieben.

**Moritat,** von Bänkelsängern zu entspr. Bildern und Drehorgelmusik strophenweise vorgetragene Schauergeschichte.

**Moritz,** *Niederlande:* **1) M.,** Prinz v. Oranien, Graf v. Nassau-Dillenburg, *1567, †1625; kämpfte als Statthalter der Niederlande (s. 1585) mit Erfolg gg. Spanien. – *Sachsen:* **2) M.,** *1521, †1553, Hzg. s. 1541; kämpfte, obgleich Protestant, im Schmalkald. Krieg auf der Seite Karls V. u. erhielt dafür 1547 die Kurwürde; s. 1548 Gegner des Ks.; zwang ihn 1552 zum Passauer Vertrag.

**Moritzburg,** ehem. Jagdschloss der Wettiner bei Dresden (1542–46; Umbau 1723–36).

**Morley** ['mɔ:lɪ], Thomas, engl. Komponist, *1557, †1603; begr. die engl. Madrigalistenschule.

**Mormonen,** die Mitgl. der *„Kirche Jesu Christi der Heiligen der letzten Tage“,* 1830 begr. von Joseph Smith (*1805, †1844), ben. nach dem für ihre Glaubenslehre grundlegenden *„Buch Mormon“* [erzählt die „Urgesch. Amerikas“ als Forts. d. bibl. Gesch.]; nach 1847 durch vertriebene M. Gründung eines eigenen Territoriums, Utah, als theokrat. verfasstes Gemeinwesen mit d. Hptst. Salt Lake

M

City (Mittelpunkt: M.tempel), wo nach mormon. Glauben Jesus Christus das Jüngste Gericht halten wird.

**Morpheus,** in der griech. Mythol. Gott der Träume.

**Morphin,** fr. **Morphium** [gr.], betäubend wirkendes Hauptalkaloid des Opiums (Rauschgift), wirkt in Gaben von 0,01 bis 0,02 g schmerzstillend (dient v. a. zur Linderung schwerer Schmerzzustände bei unheilbaren Erkrankungen) u. beruhigend, in größeren Mengen tödlich. Anhaltender Gebrauch *(M.-Sucht, Morphinismus)* führt zu körperl. u. geistigem Verfall.

**Morphologie** [gr.], allg. Gestalt-, Formenlehre, **1)** ❀ Wiss. und Lehre vom äußeren Bau (Gestalt, Organisation) der Organismen und ihrer Teile. **2)** ⑤ Lehre von den Formveränderungen der Wörter durch Deklination u. Konjugation; i. w. S. die Lehre von der Funktion der Morpheme als kleinste sprachliche Zeichen. **3)** ↑Geomorphologie.

**Morse** [mɔ:s], Samuel, amer. Erfinder, *1791, †1872; konstruierte 1837 den ersten elektromagnet. Schreibtelegrafen *(M.-Apparat)* u. entwickelte das *M.-Alphabet,* das die Buchstaben durch Kombinationen aus Punkten u. Strichen (langen u. kurzen Stromstößen) darstellt.

**Mörser** [lat.], **1)** Steilfeuergeschütz mit kurzem Rohr und gr. Kaliber. **2)** [Labor]gefäß mit gerundetem Innenboden, in dem feste Stoffe mit dem *Pistill* (M.keule) zerrieben oder zerstoßen werden.

**Mortalität** [lat.], svw. ↑Sterblichkeit.

**MOS** [Abk. für engl. **m**etal **o**xide **s**emiconductor, „Metall-Oxid-Halbleiter"], Vorsatz für Halbleiterbauel. u. integrierte Schaltungen, die eine *MOS-Struktur,* eine Isolatorschicht aus Siliciumdioxid zw. metall. Steuerelektrode u. halbleitendem Grundmaterial aus Silicium, besitzen.

**Mosaik** [gr.], Einlegearbeiten aus bunten Stein- oder Glasstückchen, v. a. an Wänden und Fußböden; bei den Römern bes. als *Boden-M.,* später an den Wänden; *Glas-M.* bes. bei den Byzantinern.

**Mosaik|krankheit** ↑Pflanzenkrankheiten (Übers.).

**mosaisch** [nach Moses], v. a. im 19. Jh. für: jüdisch, israelitisch.

**Moschav** [hebr.], Mrz. **Moschavim,** landw. Gruppensiedlung in Israel; im Ggs. zum Kibbuz wirtschaftet jeder Siedler selbst. auf staatseigenem Boden.

**Moschee** [arab.], Versammlungsort der Muslime zum gemeinsamen Gebet; die gr. M. heißen *Djami;* angeschlossen oft Medresen (Koranschulen), Bibliotheken u. a.

**Moschus** [sanskr.], **Bisam,** Drüsensekret v. a. des ♂ M.tieres; v. a. zur Parfümherstellung; *M.bock,* moschusartig riechender europ. Bockkäfer; *M.böckchen,* etwa 30 cm hoher Zwergspringer O-Afrikas; *M.ente,* Wildente M- u. Südamerikas; *M.ochse,* schwarzbraunes, bis 1,1 m hohes Horntier der arkt. Tundren; ♂ mit starkem M.geruch; *M.tier,* rehgr., geweihloser Hirsch O- u. M-Asiens; ♂ mit M.beutel; *M.wurzel,* Doldenblütler; hohe Staude des Orients; Wurzel mit M.geruch.

**Mosel,** frz. **Moselle** [mɔ'zɛl], l. Nbfl. des Rheins, 545 km; ab Trier mäandrierend; bek. die *M.weine,* auch aus den M.seitentälern.

**Moseley** ['məʊzlɪ], Henry, brit. Physiker, *1887, ⚔1915; fand 1913 das *M.-Gesetz,* nach dem die Frequenz der v. einem Atom ausgesandten Röntgenstrahlung mit steigender Kernladungszahl des emittierenden Atoms wächst.

**Moser, 1)** Hans, eigtl. H. **Juli|er,** östr. Schauspieler, *1880, †1964; Filmkomödien; ab 1954 am Wiener Burgtheater. **2)** Lukas, dt. Maler des 15. Jh.; Meister des Magdalenenaltars in Tiefenbronn bei Pforzheim.

**Moses, Mose,** bibl. Gestalt [histor. schwer fassbar], im A. T. Führer, Prophet und Gesetzgeber der Israeliten, die er aus Ägypten führte. – Die *5 Bücher Mose,* ↑Pentateuch.

**MOSFET** [Abk. für engl. **M**etal **O**xide **S**emiconductor **F**ield **E**ffect **T**ransistor], ein Feldeffekttransistor, bei dem die Gateelektrode durch eine Metalloxidschicht v. Halbleiterkristall getrennt ist.

**Moskau,** russ. **Moskwa,** Hptst. Russlands u. d. Gebiets M., an der Moskwa, 8,63 Mill. E; Kultur- u. Wirtsch.-Zentrum; Univ., Hochschulen, Akad. der Wiss.; Bibliotheken, Theater, Galerien, Museen; ↑Kreml, Lenin-Mausoleum, „Roter Platz" mit Basiliuskathedr. (1554–60); vielseit. Ind.: Fahrzeug-, Masch.-, Apparatebau, Eisen- u. Stahl-, Elektro-, chem. Ind.; 3⚓, 4✈. – 1147 erstmals erwähnt; 1328–1712 russ. Hptst., 1812 v. Napoleon I. besetzt; 1922–91 Hptst. der UdSSR.

**Moskitoküste,** Landschaft an der O-Küste Nicaraguas; Niederung mit zahlr. Strandseen.

**Moskitos** [span.], svw. ↑Stechmücken.

**Moslem,** svw. ↑Muslim.

**Mößbauer,** Rudolf, dt. Kernphysiker, *1929; fand 1958 den nach ihm ben. *M.-Effekt,* die rückstoßfreie Emission bzw. Absorption *(Resonanzabsorption)* v. Gammaquanten durch radioakt. Kerne, die in ein Kristallgitter eingebaut sind; wicht. für die Erforschung

| | |
|---|---|
| a | · — |
| ae | · — · — |
| à, å | · — — · — |
| b | — · · · |
| c | — · — · |
| ch | — — — — |
| d | — · · |
| e | · |
| é | · · — · · |
| f | · · — · |
| g | — — · |
| h | · · · · |
| i | · · |
| j | · — — — |
| k | — · — |
| l | · — · · |
| m | — — |
| n | — · |
| ñ | — — · — — |
| o | — — — |
| oe | — — — · |
| p | · — — · |
| q | — — · — |
| r | · — · |
| s | · · · |
| t | — |
| u | · · — |
| ue | · · — — |
| v | · · · — |
| w | · — — |
| x | — · · — |
| y | — · — — |
| z | — — · · |
| 1 | · — — — — |
| 2 | · · — — — |
| 3 | · · · — — |
| 4 | · · · · — |
| 5 | · · · · · |
| 6 | — · · · · |
| 7 | — — · · · |
| 8 | — — — · · |
| 9 | — — — — · |
| 0 | — — — — — |
| Punkt | · — · — · — |
| Komma | — — · · — — |
| Doppelpunkt | — — — · · · |
| Bindestrich | — · · · · — |
| Apostroph | · — — — — · |
| Klammer | — · — — · — |
| Fragezeichen | · · — — · · |
| Notruf: SOS | · · · — — — · · · |
| Irrung | · · · · · · · · |
| verstanden | · · · — · |
| Schlusszeichen | · — · — · |

**Morse:** *Morsealphabet*

**Moskau:** *Blick auf den Kreml*

der Energiezustände v. Atomkernen, der Elektronenstruktur u. Eigensch. v. Festkörpern u.a.; Nobelpreis (mit R. Hofstadter) 1961.

**Most** ↑Brüx.

**Most,** unvergorener Frucht-, bes. Traubensaft; oberdt. Bez. für Obstwein.

**Mostrich,** svw. Tafelsenf (↑Senf).

**Mosul,** nordirak. Prov.-Hptst. am Tigris, 571 000 E; Univ.; Textil- u. Lederind.; fr. bed. Webwarenherst. (Musselin); ✵; gegenüber die Ruinen von ↑Ninive.

**Motel** [amer. Kurzw.], Hotel an gr. Autostraßen für Autoreisende.

**Motette** [ital.], mehrstimm. kirchl. Gesang ohne Instrumentalbegleitung (a cappella), in streng kontrapunkt. Stil; Höhepunkte 15./16. Jh. u. bei Schütz und Bach.

**Motilität** [lat.], **1)** Beweglichkeit bei Organismen od. Zellorganellen. **2)** subkortikal, vegetativ und reflektorisch gesteuerte Bewegungsvorgänge.

**Motiv** [lat.], **1)** Beweggrund. **2)** 🎨 der Gegenstand der Darstellung. **3)** kleinste gestaltbildende Einheit in einem musikal. Thema.

**Motivation** [lat.], Gesamtheit der in einer Handlung wirksamen Motive, die das individuelle Verhalten aktivieren, richten u. regulieren.

**Motocross** [engl.], Schnelligkeits- und Geschicklichkeitsprüfungen im Motorradgeländefahren (etwa 1,5 bis 2,5 km lange Rundstrecke).

**Motodrom** [lat./gr.], einem Stadion ähnl., meist ovale Rennstrecke, die ganz od. zum Großteil übersehbar ist.

**Motor** [lat.], Kraftmasch. zur Umwandlung therm., chem., elektr. od. pneumat. Energie in Bewegungsenergie; heute v.a. Bez. für Verbrennungs-M., z.B. ↑Ottomotor, Dieselmotor (↑Diesel) u. ↑Kreiskolbenmotor, sowie ↑Elektromotor.

**Motorik** [lat.], **1)** Lehre von den Bewegungsfunktionen. **2)** ❀ ⚕ kortikal gesteuerte, willkürl. Bewegungsvorgänge.

**Motor|rad,** durch Zwei- od. Viertakt-Ottomotor angetriebenes Kraftrad, auch mit Beiwagen; Hubraum über 50 $cm^3$, Höchstgeschwindigkeit über 45 km/h.

**Motor|roller,** Kraftrad mit kleinen Rädern, verkleidetem Fahrwerk u. freiem Einstieg zw. Lenksäule u. Sitz.

**Motorschiff,** Abk. **MS,** Schraubenschiff mit Dieselmotor od. Gasturbine.

**Motorsport,** sportl. Wettbewerbe mit motorgetriebenen Fahrzeugen. *Motorradsport:* jährl. Meisterschaften in: Straßenrennen, Geländerennen, Trial, Speedway, Eis- u. Sandbahnrennen. *Automobilsport:* Meisterschaften für Formelrennwagen, Sportwagen, Prototypen; daneben Rallyemeisterschaften. *Motorbootsport:* Wettbewerbe mit Renn- u. Sportbooten, mit Innen- u. Außenmotoren; eingeteilt nach Klassen.

**Mott,** John Raleigh, amer. ev. Theologe, *1865, †1955; Pionier der ökumen. Bewegung; Friedensnobelpreis 1946.

**Motten,** Fam. der Kleinschmetterlinge mit schmalen, lang befransten Flügeln; viele Schädlinge, Larven fressen u.a. Filz, Pelze, Wolle.

**Moulin-Rouge** [mulɛ̃ 'ruːʒ; frz.], Name eines bek. Pariser Nachtlokals am Boulevard de Clichy; seit 1889.

**Mountainbiking** ['maʊntɪnbaɪkɪŋ; engl.], Querfeldeinradfahren mit Geländesportrad *(Mountainbike).*

**Mountains** ['maʊntinz; engl.], Geb., Berge.

**Mountbatten** [maʊnt'bætn], Louis, Earl M. of Burma, *1900, †1979 (ermordet), Sohn des Prinzen Ludwig Alexander v. Battenberg, brit. Admiral.

**Möwenvögel,** weltweit verbreitete Vogelfam. an Meeresküsten und Binnengewässern; gute Flieger; Nestflüchter; Unterfam.: Raubmöwen, Möwen, Seeschwalben, Scherenschnäbel.

**Mozart, 1)** Leopold, östr. Komponist, *1719, †1787, Vater von 2); Hofkomponist u. Vizekapellmeister an der Salzburger Hofkapelle; „Versuch einer gründl. Violinschule". **2)** Wolfgang Amadeus, östr. Komponist, *27. 1. 1756, †5. 12. 1791; Studium durch den Vater geleitet, seit 1769 Konzertmeister der erzbischöfl. Kapelle in Salzburg, s. 1780 in Wien; Höhepunkt der Wiener Klassik; überaus produktiv, u.a. rd. 50 Sinfonien, Konzerte für Klavier, Violine, Bläser, konzertante Sinfonien,

Messen, Kantaten, Requiem; Singspiele: „Die Entführung aus dem Serail“; Opern: „Die Hochzeit des Figaro“, „Don Giovanni“, „Cosi fan tutte“, „Die Zauberflöte“.

**W. A. Mozart** *im Alter von 6 Jahren (anonymes Ölgemälde, 1762)*

**MP3,** Kurzbez. für **MPEG 1 Audio Layer3** [MPEG zu engl. **m**oving **p**icture **e**xperts **g**roup], Verfahren der Datenkompression, bei dem Audiodateien auf etwa $^{1}/_{10}$ ihrer urspr. Größe verkleinert werden.

**MPa,** Einheitenzeichen für: **M**ega**pa**scal (= 1 Mill. Pa).

**Mrożek** [ˈmrɔʒɛk], Sławomir, poln. Schriftsteller; *1930; Dramen („Tango“), Erzählungen.

**Mrs.** [ˈmisiz; engl.], Abk. für: Mistress; M. (mit Familiennamen) ist im Engl. Anrede für die verheir. Frau.

**MS,** Abk. für: **M**otor**s**chiff.

**M. Sc.,** Abk. für: **M**aster of **Sc**ience (↑Magister).

**Msgr.,** Abk. für: ↑**Mons**i**gn**o**r**e.

**Mt** Einheitenzeichen für: **M**ega**t**onne (= 1 Mill. t).

**Mt,** ☡ Symb. für ↑Meitnerium.

**Mt.,** Abk. für: **M**oun**t**, **M**on**t** (= Berg).

**MTB** [Abk. für: Methyl-tert.-butyläther], $CH_3–O–C(CH_3)_3$, Antiklopfmittel für Vergasertreibstoffe (als Ersatz für Bleitetraäthyl); verbessert die Verbrennung u. verringert den Schadstoffausstoß.

**Mubarak,** Mohammed Hosni, ägypt. Gen. u. Politiker, *1928; 1969–72 Stabschef, 1972–75 Oberkommandierender der Luftwaffe, 1975–81 Vizepräs., 1981–82 Min.-Präs., s. 1981 Staatspräs.

**Mucine** [lat.], viskose Gemische v. Glykoproteiden u. a. Schleimstoffen; Schutzfunktion für Schleimhäute.

**Mucius,** Gaius Cordus, gen. **M. Scaevola** [= Linkshand], röm. Sagenheld; soll, bei einem Mordversuch gegen den Etruskerkönig Porsenna ergriffen, zum Beweis seiner Furchtlosigkeit seine rechte Hand im Feuer verbrannt haben.

**Mücken,** artenreiche Unterordn. kl. bis mittelgr., meist schlanker u. langbein. Zweiflügler mit vielgliedr. Fühlern; Imagines (erwachsene M.) teils Säfte saugend (Blut, Pflanzensäfte), teils räuberisch lebend; Larven mit beißenden Mundwerkzeugen, teilw. im Wasser lebend; z. B. Stechmücken, Schnaken.

**Mudjahedin** [mudʒa-], islam. Glaubenskämpfer im ↑Djihad. – In Afghanistan kämpften die M. gg. die mil. Invasion der UdSSR (1979–89) u. die von dieser eingesetzten kommunist. Reg.; sie ergriffen 1992 die Macht, befehdeten sich aber danach in einem Bürgerkrieg; ab 1994 zunehmend v. den ↑Taliban verdrängt. Teile (v. a. Tadschiken, Usbeken) reorganisierten sich in d. „Nordallianz“; diese wirkte nach Beginn der US-Militäraktion 2001 am Sturz der Taliban u. der Bildung d. Interims-Reg. mit.

**Mueller-Stahl** [ˈmy-], Armin, dt. Schauspieler, *1924; Film- u. Fernsehrollen.

**Muezzin** [arab.], islam. Gebetsrufer, der die Muslime tägl. fünfmal zum Gebet ruft.

**Muffel, 1)** Maul und Nasengegend (bes. bei Paarhufern). **2)** Hohlkörper aus feuerfestem Material, von außen beheizt (v. a. zur Destillation, zum Brennen von Porzellan, Keramik, zum Härten v. Stahlwerkzeugen).

**Mufti** [arab.], islam. Rechtsgelehrter; erstellt u. a. Rechtsgutachten (↑Fetwa).

**Mugabe,** Robert Gabriel, simbabw. Politiker, *1924; 1964–74 unter Arrest bzw. in Verbannung, 1975 Mitbegr. der Guerillaarmee „Zimbabwe People's Army“, 1980–87 Min.-Präs., seither Präsident.

**Muhammad** ↑Mohammed.

**Mühlhausen,** Krst. in Thür., 41 800 E; maler. Stadtbild, ma. Kirchen; Textil- u. a. Ind.; 1180–1802 freie Reichsstadt.

**Mühlviertel,** der nördl. der Donau liegende Teil von Oberösterreich.

**Mühsam,** Erich, dt. Schriftst. und Politiker, *1878, †1934; radikalanarchist. Dramen, Balladen; 1919 Mitgl. d. Münchener Räterreg.; im KZ ermordet.

**Mukden** ↑Shenyang.

**Mukoviszidose, zystische Fibrose,** angeborene Stoffwechselkrankheit mit genet. Defekt am Chromosom 7 u. allg. Fehlfunktion der exokrinen Drüsen; Folge: Sekretstauung in d. betroffenen Organen, v. a. den Bronchien (Häufigkeit in Europa 1 : 2 000 Neugeborene).

**Mulatten** [span.], ↑Mischlinge.

**Mulch** [engl.], Bodenbedeckung aus Stroh, Gras oder Ähnl. oder synthet. Schaumstoffen v. a. zur Förderung der Bodengare.

**Mulde,** l. Nbfl. der mittl. Elbe, mit den Quellflüssen *Freiberger* und *Zwickauer M.,* 128 km.

**Mülhausen,** frz. **Mulhouse** [myˈlu:z], frz. St. im Oberelsass, 108 400 E; Univ.; Rathaus (16. Jh.); Textil-, Masch.-, chem. u. a. Ind., Kali-⚒; ⚓ am Rhein-Rhone-Kanal, ✈. – Ehem. Reichsstadt.

**Mülheim a. d. Ruhr,** krsfr. St. im Ruhrgebiet, NRW, 176 500 E; ma. u. mod. Kirchen, 2 Schlösser; Max-Planck-Inst. für Kohlenforschung; Maschinen-, Metall-, Textil-, elektron. u. Elektroind.; ⚓; ✈.

**Mulisch** [ˈmy:li:ʃ], Harry Kurt Victor, niederl. Schriftsteller, *1927; „Die Entdeckung des Himmels“ (Roman).

**Mull** [engl.], **1)** feinfäd., sehr poröses Baumwoll-, auch Chemiefasergewebe. **2)** Humusform.

**Müll,** allgemeinsprachl. für (feste) Abfälle aus Haushalten *(Haus-M.)* u. Unternehmen; in der Abfallwirtsch. werden die Bez. ↑Abfall u. Abfallstoffe verw.

**Mullah, Molla,** Titel für einen islam. Rechts- od. Religionslehrer.

**Müller, 1)** Friedrich, gen. **Maler M.,** dt. Dichter und Maler, *1749, †1825; volkstüml. Idyllen, Gedichte, Balladen, Dramen; Zeichnungen, Radierungen. **2)** Gebhard, dt. Jurist u. Politiker (CDU), *1900, †1990; 1948–52 Staatspräs. von Südwürtt.-Hohenzollern, 1953–58 Min.-Präs. v. Ba.-Wü., 1958–71 Präs. des B.-Verf.-Ger. **3)** Heiner, dt. Schriftsteller, *1929, †1995; einer der am meisten gespielten dt. Dramatiker des 20. Jh., Auseinandersetzung mit Gegenwartsproblemen anhand mytholog. u. histor. Stoffe (u. a. „Germania Tod in Berlin“, „Hamletmaschine“). **4)** Hermann, gen. H. **M.-Franken,** dt. Politiker (SPD), *1876, †1931; unterzeichnete 1919 als dt. Außenmin. (1919/20) den Versailler Vertr., 1920 u. 1928–30 R.-Kanzler. **5)** Johannes, ↑Regiomontanus. **6)** Peter, dt. Politiker (CDU), *1955; seit 1999 Min.-Präs. im Saarland. **7)** Walther, dt. Physiker, *1905, †1979; entwickelte mit H. Geiger das *Geiger-M.-Zählrohr.* **8)** Wilhelm, gen. **Griechen-M.,** dt. Dichter der Spätromantik, *1794, †1827; volkstüml. Lieder, z.T. v. Schubert vertont, Hauptvertr. des literar. Philhellenismus.

**Müller-Armack,** Alfred, dt. Volkswirtschaftler u. Soziologe, *1901, †1978; prägte den Begriff soz. Marktwirtschaft.

**Müller-Thurgau,** Weißweinrebsorte, Kreuzung v. Riesling- u. Silvanerreben.

**Müller-Westernhagen,** Marius, dt. Schauspieler u. Rocksänger, *1948; u.a. Hauptrolle im Film „Theo gegen den Rest der Welt", sozialkrit. Songs (Alben: „Sekt od. Selters"; „Affentheater").

**Müllverbrennung** ↑Abfallverbrennung.

**multikulturelle Gesellschaft,** Begriff aus der Spr. der Pol. u. Soziol., Bezug nehmend bes. darauf, dass in mod. Gesellschaften Menschen versch. Sprachen, Traditionen, religiöser Bekenntnisse, Wertvorstellungen u. Lebensstile zusammenleben; zielt auf eine Sozialordn., die auf wechselseitiger Anerkennung dieser versch. soziokulturellen Prägungen beruht.

**multilateral** [lat.], mehrseitig; *m.e Verträge,* Verträge zw. mehr als 2 Staaten.

**Multimedia** [lat.], 🖳 Integration versch. digitaler Medientypen (Texte, Bilder, Töne, Animationen u.a.) in einem M.system (Computer).

**multinationale Unternehmen, Multis, Global Players** ['gləʊbl 'pleɪəz; engl.], weltweit operierende Konzerne (i.d.R. Unternehmen mit gr. Wirtschafts- u. Finanzkraft), die über Produktionsstätten, Tochterges. u. Niederlassungen in mehr. Ländern verfügen; entstehen durch internat. Kapitaltransaktionen.

**multipel** [lat.], vielfach.

**multiple Sklerose,** Abk. **MS,** eine der schwersten Erkrankungen des zentralen Nervensystems, bei der sich kleine Entzündungsherde bilden. Zu den Ursachen der in Schüben verlaufenden Erkrankung gehören möglicherweise auch virale Einflüsse. Symptome: Augenzittern, Gehunsicherheit, Lähmungserscheinungen u.a.

**Multiplier** ['mʌltɪplaɪə; engl.], der ↑Sekundärelektronenvervielfacher.

**Multiplikation** [lat.], Grundrechenart, durch · od. × symbolisierte Verknüpfung v. Zahlen (math. Größen), den *Faktoren;* das Ergebnis einer M. ist das *Produkt.* Bei 2 Faktoren heißt der 1. Faktor *Multiplikand,* der 2. *Multiplikator.*

**Multiprozessorsystem,** 🖳 Rechnerarchitektur, die mehr als eine Zentraleinheit (Prozessor) enthält.

**Mumbai** ↑Bombay.

**Mumie** [arab.], vor Verwesung geschützter Leichnam.

**Mumifizierung,** svw. Einbalsamierung, auch Entstehen einer Mumie durch natürl. Umstände.

**Mumps, Ziegenpeter, Parotitis epidemica,** ansteckende, meist Kinder befallende, i.d.R. harmlos verlaufende Viruskrankheit mit Schwellung der Ohrspeicheldrüsen.

**Munch** [mʊŋk], Edvard, norweg. Maler und Grafiker, *1863, †1944; Wegbereiter des Expressionismus. – Abb. S. 460.

**München,** Landeshptst. von Bay., krsfr. St., Krst. u. Verw.-Sitz d. Reg.-Bez. Oberbay., an der Isar, im Alpenvorland, 1,23 Mill. E; B.- u. Landesbehörden; Bayer. Akad. d. Wiss., Univ., TU u.a. Hochsch. u. Akademien, Fachhochschulen, Max-Planck-Institute, UNESCO-Institute u.a.; OLG, LG; IHK; bed. Theater, Museen, Bibliotheken; Tierpark Hellabrunn. – Frauenkirche (1468–88), Michaelskirche (1583–97), Theatinerkirche (1663), Kirche St. Johann Nepomuk der Brüder Asam (1733–46) u.a. bedeutende Kirchen; Residenz (16. bis 19. Jh.), Schloss Nymphenburg (1663ff.) mit Amalienburg (1734 bis 1739) von Cuvilliés; bed. klassizist. Bauten; graf. Gewerbe, Brauereien, Masch.-, Metall-, Elektro-, Fahrzeug-, Apparate-, opt. Ind., Porzellanmanufaktur; Kunsthandel; bed. Ausstellungen, Kongresse; ✈. – 1157/58 v. Heinrich d. Löwen als Mark gegründet, Stadt s. 1294; 1255–1918 wittelsbach. Residenz. – Abb. S. 461.

**Münchner Abkommen,** der 1938 in München zw. A. N. Chamberlain, E. Daladier, Mussolini u. Hitler ge-

**Die 20 umsatzstärksten Unternehmen der Welt** (2000)

| Unternehmen/Sitz | Branche | Umsatz (in Mill. US-$) | Beschäftigte (in 1000) |
|---|---|---|---|
| Exxon Mobil Corp., USA | Mineralöl, Chemie | 210392 | 123,0 |
| Wal-Mart Stores, Inc., USA | Handel | 193295 | 1244,0 |
| General Motors Corp., USA | Auto | 184632 | 386,0 |
| Ford Motor Co., USA | Auto | 180598 | 346,0 |
| DaimlerChrysler AG, Deutschland/USA | Auto, Technologie | 150070 | 416,5 |
| Royal Dutch/Shell-Gruppe, Großbritannien/Niederlande | Energie | 149146 | 90,0 |
| BP Amoco plc, Großbritannien | Mineralöl | 148062 | 107,2 |
| General Electric Co., USA | Elektro/Elektronik/ Maschinenbau | 129853 | 313,0 |
| Mitsubishi Corp., Japan | Mischkonzern | 126579 | 10,2 |
| Toyota Motor Corp., Japan | Auto | 121416 | 215,6 |
| Mitsui & Co., Ltd., Japan | Mischkonzern | 118014 | 10,3 |
| Itochu Corp., Japan | Technologie | 109757 | 36,7 |
| Totalfina Elf S. A., Frankreich | Mineralöl, Chemie | 105870 | 123,3 |
| Nippon Telegraph & Telephone Corp., Japan | Telekommunikation | 103235 | 215,2 |
| Enron Corp., USA | Energie | 100789 | 20,6 |
| AXA, Frankreich | Versicherung | 92781 | 90,4 |
| Sumitomo Corp., Japan | Mischkonzern | 91168 | 8,2 |
| IBM Corp., USA | Elektronik | 88396 | 316,3 |
| Marubeni Corp., Japan | Handel | 85351 | 5,3 |
| Volkswagen AG, Deutschland | Auto | 78852 | 324,4 |

schlossene Vertrag, der die Sudetenkrise durch Abtretung des Sudetenlandes an Dtl. beendete.

**Mund,** der meist durch Muskeln verschließbare und i. A. durch die Kiefer begrenzte Eingang zum Darmtrakt.

**Mund|art, Dialekt,** regional gebundene, urspr. u. oft bildhafte Sprachform mit Eigentümlichkeiten des Wortschatzes, der Grammatik u. Phonetik; *M.dichtung* mit [bewusster] Verwendung der M., u. a. bei A. Gryphius; bed. Vertr.: J. P. Hebel, Gotthelf, F. Reuter, K. Groth, E. Niebergall, L. Thoma, G. Hauptmann, W. Siefkes, F. X. Kroetz u. a.

**Mündel** ↑Vormundschaft.

**Mundharmonika,** volkstüml. Musikinstrument, bei dem die Töne durch beim Ein- u. Ausatmen in Schwingung versetzte metallene Zungen erzeugt werden.

**Mündigkeit,** ältere Bez. für Volljährigkeit, die mit Vollendung des 18. Lebensj. eintritt u. volle ↑Geschäftsfähigkeit sowie Ehe-M. von Mann u. Frau mit sich bringt. *Eides-M.* (Eidesfähigkeit) nach Vollendung des 16. Lebensjahrs.

**Mund|raub,** fr. für Entwendung von Nahrungs- od. Genussmitteln u. Ä. in geringer Menge; heute als *Diebstahl od. Unterschlagung geringwertiger Sachen* auf Antrag verfolgt.

**Mungo[s]** [angloind.], **1)** svw. ↑Mangusten. **2)** svw. ↑Ichneumon. **3) Ind. Mungo,** Schleichkatze Indiens; Schlangen- u. Rattenvertilger (oft Haustier).

**Münster,** krsfr. St. u. Hptst. des Reg.-Bez. Münster, im Münsterland, NRW, 265 100 E; Oberverw.-Ger., LG; IHK; Universität, Verw.-Akad.; Museen; wiederhergestellt: Dom (13. Jh.), Lambertkirche (1350 bis 1450), Rathaus (um 1355), weitere Bogenganghäuser, fürstbischöfl. Residenz (1767 ff.; heute Univ.), städt. Adelshöfe; Masch.-, Fahrzeug-, Textilind.; ⚓ am Dortmund-Ems-Kanal (Stichkanal). – 805 Bischofssitz, s. dem 13. Jh. Hansest.; 1534/35 Herrschaft der Täufer; 1648 Unterzeichnung des Westfäl. Friedens.

**Münster** [lat.], urspr. das ges. Kloster, dann Kirche eines Klosters oder Kapitels (Stiftskirche), auch gr. Pfarrkirche (Hauptkirche einer Stadt).

**Edvard Munch:** *Der Schrei (1893)*

**Münsterland,** Teil der Westfäl. Bucht, nördl. der Lippe, NRW; zahlr. Wasserburgen.

**Munthe,** Axel, schwed. Arzt und Schriftsteller, * 1857, † 1949; „Das Buch von San Michele".

**Müntzer, Münzer,** Thomas, dt. Theologe, * 1489 (?), † 1525 (hingerichtet); anfangs Anhänger, später Gegner Luthers; vertrat eine Theologie des Mit-Leidens mit Jesus Christus, der unmittelb. Wirkung des Wortes Gottes u. prakt. Realisierbarkeit des Reiches Gottes auf Erden; Anführer im Bauernkrieg, bei Frankenhausen besiegt; bed. die „Fürstenpredigt" (1524).

**Münze, 1)** geprägtes Metallstück, fr. auch gegossen; Gew. u. Feingehalt (bei Edelmetallen) durch Stempeleindruck (Münzbild, -inschrift) verbürgt. **2) Münzstätte,** Prägestätte v. M.; in der BRD: Berlin (A), Hamburg (J), Karlsruhe (G), München (D) und Stuttgart (F).

**Murad,** *osman. Sultane:* **1) M. I.,** * 1326 (?), † 1389, reg. s. 1359; eroberte Adrianopel (heute Edirne) u. machte es zur Residenz; besiegte die Serben 1389 auf dem Amselfeld. **2) M. II.,** * 1403/04, † 1451, reg. s. 1421; erweiterte d. Osman. Reich auf dem Balkan.

**Muränen** [lat.], Fam. räuber., aalförm. Knochenfische in [sub]trop. Meeren, bis 1,5 (selten 3) m lang; Biss giftig; Speisefische, u. a. die *Muräne* im Mittelmeer.

**Murano,** Stadtteil von Venedig, auf einer Insel in der Lagune v. Venedig; Hauptsitz der venezian. Glasind. (seit dem 13. Jh.).

**Murcia** [ˈmurθia], südostspan. Prov.-Hptst. am Segura, 322 900 E; Univ.; got. Kathedr.; Konserven-, Seidenindustrie.

**Mureș** [-ʃ], rumän. für ↑Maros.

**Murg,** r. Nbfl. des Oberrheins, 96 km.

**Murillo** [muˈriʎo], Bartolomé Esteban, span. Maler, * 1618, † 1682; relig. Bilder, v. a. Madonnen; realist. Genrebilder.

**Müritz,** größter See Dtl.s im Bereich der Mecklenburger Seenplatte, 110 km², 31 m tief.

**Murmansk,** Gebietshptst. u. wichtigster ⚓ (ganzjährig eisfrei) in Russland, im N d. Halbinsel Kola, 383 000 E; Marineakademie, wiss. Institute; Werften, Fischerei- u. Metallind.; ✈. – Nahebei Flottenstützpunkte.

**Murmeltier,** Nagetiergatt.; das halbmeterlange *Alpen-M.* (geschützt) lebt gesell. in selbst gegrabenen Höhlen (Alpen, Karpaten); Winterschläfer.

**München:** *Pfarrkirche St. Peter, spätgotische Frauenkirche, der Turm des Neuen Rathauses und Heiliggeistkirche (von links)*

**Murner,** Thomas, elsäss. Volksprediger, Humanist und Dichter, *1475, †1537; geißelte in Moralsatiren die Torheiten seiner Zeit; Gegner Luthers.

**Murray** [ˈmʌrɪ], größter Fluss Australiens, mündet in den Ind. Ozean (sö. von Adelaide); größter Nbfl. Darling (zus. 3370 km).

**Mururoa** [frz.], Atoll der frz. Tuamotuinseln im südl. Pazifik, nahe dem Südl. Wendekreis bei etwa 140° w. L.; bis 1996 Zentrum der frz. Kernwaffenversuche.

**Musaios,** um 500 n. Chr., griech. Dichter; verf. das erot. Kleinepos „Hero und Leander".

**Musäus,** Johann Karl August, dt. Schriftsteller, *1735, †1787; „Volksmärchen der Deutschen".

**Muscarin** [lat.], stark gift. Alkaloid aus dem Fliegenpilz u. a. Giftpilzen.

**Muschelkalk** ↑Geologie (Übers.).

**Muschelkrebse,** Unterkl. niedr. Krebse, selten über 2 mm lang, zweiklappige Schale, rundl. Körper; im Meer und Süßwasser.

**Muscheln,** Kl. der Weichtiere; meist getrenntgeschlechtig; Körper symmetr. seitl. zusammengedrückt, ohne Kopf u. von zweiklapp. Schale umschlossen, die durch Schließmuskeln verschlossen wird; Kiemenatmung; meist marin; wirtsch. bed. die Perl- und die essb. M. (Austern u. a.).

**Muschg, 1)** Adolf, Halbbruder von 2), schweizer. Schriftsteller, *1934; Romane, Erz., Essays; Georg-Büchner-Preis 1994. **2)** Walter, schweizer. Literaturhistoriker, *1898, †1965.

**Musen,** in der griech. Mythol. die neun Töchter des Zeus, Göttinnen der Künste: Erato, Euterpe, Kalliope, Klio, Melpomene, Polyhymnia, Terpsichore, Thalia, Urania.

**Musharraf** [-ʃaˈraf], Pervez, pakistan. General, *1943; übernahm nach unblutigem Militärputsch 1999 die Macht; s. 2001 Staatspräsident.

**Musical** [ˈmjuːzɪkəl; engl.], mod. Form des Musiktheaters, mit Elementen der Operette, der Revue, des Kabaretts und Singspiels.

**Musik** [gr.], bei den Griechen zunächst die Bildung von Gemüt u. Geist (im Ggs. zur Gymnastik); erst nach der klass. Zeit die *Tonkunst* als Ausdrucksmittel des menschl. Seelen- u. Gefühlslebens. Gestaltungsmerkmale der M. sind Rhythmus, Melodie, Harmonie, ferner Tonstärken- u. Zeitmaßverhältnisse sowie die Instrumentation. Nach den Darstellungsmitteln teilt man die M. ein in *Gesang* (Vokal-M.) u. *Instrumental-M.* Werden viele versch. M.-Instrumente verwendet, spricht man von *Orchester-M.,* kommen einige wenige Instrumente zum Einsatz, von *Kammer-M.* Man unterscheidet ferner u. a. *Volks-M., Kunst-M., Kirchen-M., Unterhaltungs-M., Tanz-M., Jazz-M.* M. in Verbindung mit Darstellungen auf der Bühne: Oper, Operette, Musical, Singspiel.

**Musikantenknochen,** ugs. für den Knochenhöcker an der Innenseite des Oberarmknochens im Ellbogen, wegen des nur oberflächlich verlaufenden Ellennervs charakterist. Schmerzempfindung bei geringfügigem Stoß.

**Musikdrama,** Oper mit bes. Akzent auf dem Dramatischen (bes. R. Wagner).

**Musikhochschulen,** der musikal. Ausbildung dienende staatl. Schulen für Dirigenten, Komponisten, Musikerzieher, Solisten, Orchestermusiker, Kirchenmusiker.

**Musil,** Robert [Edler von], östr. Schriftsteller, *1880, †1942; Emigration 1938; monumentaler Roman „Der Mann ohne Eigenschaften" (unvoll.) mit neuartiger Erzählstruktur; auch Dramen, Erzählungen.

**musisch** [gr.], **1)** die Künste betreffend. **2)** künstler. [begabt], kunstempfänglich.

**Muskateller** [ital.], alte Rebsorte mit Muskatgeschmack, liefert Weiß-, Rot- u. Likörweine.

**Muskatnussbaum,** Muskatnussgewächs der Molukken, heute in den Tropen weit verbreiteter Baum; Same u. Samenmantel Gewürz *(Muskatnuss, -blüte).*

**Muskelkater,** vorübergehende Muskelschmerzen nach Überbeanspruchung; verursacht durch feinste Mikrofaserrisse.

**Muskelkrampf,** schmerzhafte Zusammenziehung eines Muskels oder einer Muskelgruppe.

**Muskeln** [lat.], der Bewegung des Körpers, seiner Teile und Organe dienendes kontraktiles Gewebe, oft mit bindegeweb. Anteilen; *quer gestreifte M.* unterliegen dem Willen, *glatte M.* reagieren unwillkürlich.

**Muskete** [lat.], alte Handfeuerwaffe, erst Luntenzündung, dann Rad-, schließl. Steinschloss; Waffe der *Musketiere* seit Mitte des 16. Jh.s.

**Muskulatur** [lat.], Gesamtheit der Muskeln.

**Muslim, Moslem,** Bekenner des Islams.

**Muslimliga,** 1906 gegr. polit. Organisation der Muslime Indiens; erreichte die Errichtung des Staates Pakistan.

**Musselin** [frz.], feiner, weicher Kleiderstoff (Wolle, Zellwolle u. a.).

**Musset** [myˈsɛ], Alfred de, frz. Dichter der Romantik, *1810, †1857.

**Mussolini,** Benito, ital. Politiker, *1883, †1945; Begr. (1919/1921) u. Führer („Duce") der faschist. Partei; 1922 Marsch auf Rom, 1922–43 Min.-Präs.; Bündnis mit Hitler; Kriegseintritt 1940; von ital. Partisanen erschossen.

**Mussorgski,** Modest Petrowitsch, russ. Komponist, *1839, †1881; Vertr. einer nationalruss. Musik; Opern: „Boris Godunow" (2. Fass. 1874), „Chowanschtschina" (unvollst.); „Bilder einer Ausstellung" für Klavier; Lieder.

**Mustafa,** gen. **Kara M.** [„der schwarze M."], osman. Großwesir s. 1676, *1634, †1683; belagerte 1683 vergebl. Wien, verlor die Schlacht am Kahlenberge u. wurde auf Befehl des Sultans erdrosselt.
**Mustang** [span.], verwildertes Pferd der nordamer. Prärie.
**Mustermesse** ↑Messe.
**Musterrolle, 1)** beim Dt. Patent- u. Markenamt geführtes Verzeichnis über geschützte ↑Gebrauchsmuster. **2) Musterregister,** beim Dt. Patent- u. Markenamt geführtes Register für ↑Geschmacksmuster. **3)** Namenliste aller Besatzungsmitgl. eines Seeschiffes.
**Musterung,** Begutachtung; Untersuchung der Wehrpflichtigen auf mil. Verwendbarkeit.
**Mutation** [lat.], **1)** plötzl. eintretende, unplanmäß., ungerichtete Veränderung im Erbgefüge (Genotypus) eines Lebewesens bzw. einer Zelle. **2)** svw. ↑Stimmbruch.
**Mutsuhito,** *1852, †1912, persönl. Name des jap. Ks. (s. 1867) *Meiji.* Japan wurde unter ihm zur mod. Großmacht.
**Mutter,** Anne-Sophie, dt. Violinistin, *1963.
**Mutter, 1)** Frau, die geboren hat. **2)** mit Innengewinde versehenes Gegenstück zum Schraubenbolzen (↑Schraube).
**Mutterboden, Muttererde,** die humusreiche oberste Schicht eines normalen Bodenprofils.
**Mutter Gottes** ↑Maria, Mutter Jesu.
**Mutterkorn,** hartes Myzelgeflecht (Sclerotium) im Fruchtknoten u. Korn des Getreides; enthält pharmakol. stark wirkende (gift.) Alkaloide, gebildet vom *M.pilz,* einem parasit. Schlauchpilz mit Generationswechsel (↑Pflanzenkrankheiten, Übers.).
**Mutterkuchen,** svw. ↑Plazenta.
**Muttermal,** angeborene, fleckförm. Fehlbildung der Haut.
**Muttermilch,** nach der Geburt von den weibl. Brustdrüsen gebildete Milch (1,2 % Eiweiß, 4 % Fett, 7 % Zucker, 0,25 % Mineralien).
**Muttermund** ↑Gebärmutter.
**Mutterrecht** ↑Matriarchat.
**Mutterschutz,** Maßnahmen zum Schutz der in einem Arbeitsverhältnis stehenden Frauen während der Schwangerschaft u. nach der Entbindung. Schwere körperl. Arbeiten, Akkord-, Sonntags-, Nachtarbeit u. die Beschäftigung v. Frauen 6 Wochen vor u. 8 Wochen (bei Früh- u. Mehrlingsgeburten 12 Wochen) nach der Entbindung sind verboten. Das Arbeitsverhältnis kann während der Schwangerschaft und bis zum Ablauf von 4 Monaten nach der Entbindung durch den Arbeitgeber nicht gekündigt werden. 1986 wurde der Erziehungsurlaub, jetzt *Elternzeit* (bis Vollendung des 3. Lebensj.), bei Zahlung eines monatl. *Erziehungsgeldes* (bis 24. Lebensmonat) eingeführt.
**Mutter Theresa** ↑Theresa.
**My** [gr.], 12. Buchstabe des griech. Alphabets (M, μ).
**Myanmar,** seit 1989 amtl. Bez. für Birma.
**Mykene,** im Altertum griech. Stadt in der Argolis, bei Homer Sitz des Agamemnon. – M. war im 2. Jt. v. Chr. Mittelpunkt der *myken. Kultur;* in der frühen Phase (1600 bis 1500) erste Palastbauten in M. u. Tiryns; die mittelmyken. Kultur (1500 bis 1400) von Kreta beeinflusst (Kuppelgräber); zur spätmyken. Kultur (1400 bis 1150) zählen monumentale Befestigungen und das Schatzhaus des Atreus. Ausgrabungen zuerst v. H. Schliemann 1874–76.

**Mykene:** *Löwentor (um 1250 v. Chr.)*

**Mykologie** [gr.], Pilzkunde.
**Mykosen** [gr.], allg. Bez. für Pilzerkrankungen.
**Mylady** [mɪˈleɪdɪ], engl. Anrede (ohne Familienname) für eine adl. Dame (Lady).
**Mylord** [mɪˈlɔːd], engl. Anrede (ohne Familienname) für einen adl. Herrn (Lord).
**my[o]..., My[o]...** [gr.], Bestimmungswort; Bed.: „Muskel...".
**Myokarditis, Herzmuskelentzündung,** im Verlauf einer Infektionskrankheit eintretende Entzündung des Herzmuskels.
**Myom** [gr.], ‡ gutart. Geschwulst des Muskelgewebes, häuf. der Gebärmutter.
**Myon, μ-Meson,** elektr. geladenes Elementarteilchen, gehört zu den Leptonen; Masse: 207 Elektronenmassen; zerfällt in Elektron u. 2 Neutrinos; 1937 v. C. D. Anderson entdeckt.
**Myrdal, 1)** Alva, *1902, †1986, schwed. Sozialreformerin u. Politikerin; ⚭ mit 2); Friedenspreis des Dt. Buchhandels 1970, Friedensnobelpreis 1982. **2)** Karl Gunnar, *1898, †1987, schwed. Volkswirtschaftler u. Politiker; ⚭ mit 1), Arbeiten zur Geld- u. Konjunkturtheorie; Friedenspreis des Dt. Buchhandels 1970; Nobelpreis 1974 für Wirtschaftswiss. (mit F. A. v. Hayek).
**Myriade** [gr.; = 10 000], übertragen für Unzahl.
**Myristinsäure** [gr.; dt.], eine gesättigte Fettsäure, $CH_3-(CH_2)_{12}-COOH$.
**Myrrhe** [semit.], Gummiharze der Myrrhensträucher.
**Myrtengewächse** [gr.], fast ausschließl. trop., immergrüne Holzgewächse; viele Gewürzpfl. (Gewürznelkenbaum, Eukalyptus), Obstbäume u. Zierpfl. (*Myrte,* weiße, stark duftende Blüten).
**Mysischer Olymp** ↑Uludağ.
**Mysterien** [gr.-lat.], Geheimkulte der Antike; u. a. Eleusin. M. (der Demeter gewidmet).
**Mysterium,** Geheimnis, Geheimlehre, **1)** religionsgeschichtl.: Mysterien. **2)** nach kath. Dogmatik Glaubensgeheimnis, auch das einzelne Sakrament.
**Mystik** [gr.], Grundform des religiösen Lebens, die das unmittelb. Erleben Gottes, die Vereinigung *(unio mystica)* mit ihm sucht. M. kann gefühlsbetont, sinnlichrauschhaft od. intellektuell-spekulativ sein. Bed. Ausprägungen:

Taoismus in China, Erlösungslehre des Vedanta in Indien, die Mysterienkulte im alten Griechenland, der Neuplatonismus der Spätantike, der Sufismus im Islam, Kabbala und Chassidismus im Judentum, Braut-M. (Bernhard von Clairvaux), Passions-M. (bes. bei den Bettelorden), spekulative M. (Meister Eckhart, H. Seuse, J. Tauler) u. Frauen-M. (Hildegard von Bingen, Mechthild v. Magdeburg) im Christentum des MA., in der Neuzeit die myst. Bewegungen in Spanien (Ignatius von Loyola, Theresia von Ávila, Johannes vom Kreuz), Frankreich (Franz von Sales, B. Pascal), Russland (Starzentum) sowie der Pietismus.

**Mystizịsmus,** Wunderglaube, [Glaubens]schwärmerei.

**mythisch** [gr.], dem Mythos angehörend; sagenhaft; *Mythologie,* Gesamtheit der myth. Überlieferungen eines Volkes; wiss. Erforschung und Darst. der Mythen.

**Mythos,** Sage und Dichtung v. Göttern, Helden und Geistern [der Urzeit] eines Volkes.

**Mytilẹne,** neugriech. *Mitilini,* Hptst. der griech. Insel Lesbos, 24000 E; Univ.; ⚓; ✈.

**Myx|ödẹm** [gr.], bes. im Gesicht auftretende teigige Schwellung der Haut, verbunden mit körperl. und geistiger Schwerfälligkeit; durch Unterfunktion der Schilddrüse hervorgerufen.

**Myxomatọse** [gr.], meldepflichtige Viruskrankheit der Kaninchen u. Hasen, mit eitriger Bindehautentzündung und Anschwellung der Körperöffnungen, meist tödl. Ausgang.

**Myzẹl, Mycẹlium** [gr.], die Gesamtheit der Pilzfäden *(Hyphen)* eines höheren Pilzes.

**Mzạb,** Oasenregion in d. mittl. Sahara, Algerien, Wohngebiet der *Mzabiten,* (Berberstamm, strenggläubige Muslime).

# N

**N,** 14. Buchstabe des Alphabets.

**N,** Einheitenzeich. für: ↑**N**ewton.

**N,** ⚗ Symbol für ↑Stickstoff.

**n,** Zeich. für: ↑**N**ano...

**n,** Abk. für: **1)** **N**eutron. **2)** ⚗ **n**ormal.

**Na,** ⚗ Symb. für ↑**Na**trium.

**Naab,** l. Nbfl. der Donau, 165 km; Mdg. nahe Regensburg.

**Nabe,** hülsenförm. Radlager, durch das die Achse geführt wird.

**Nabel,** rundl. Grube in d. Mitte der Bauchwand bei Mensch und Säugetier; in der Embryonalzeit Ansatzstelle des ↑Nabelstrangs.

**Nabelbruch,** bei Säuglingen durch den Nabelring hervortretender Eingeweidebruch, kann meist durch Heftpflasterverband zusammengezogen und geheilt werden.

**Nabelschnur, Nabelstrang,** strangartige Verbindung zw. dem Embryo und dem Mutterkuchen; umhüllt Gefäße, die einerseits den Embryo mit sauerstoff- und nährstoffreichem Blut versorgen, andererseits sauerstoffarmes und schlackenbeladenes Blut abführen.

**Nạblus,** Bez.-Hptst. in Westjordanien, 70000 E; Handelszentrum.

**Nạbob** [Hindi], **1)** Statthalter in Indien. **2)** reicher Mann.

**Nabọkov,** Vladimir, amer. Schriftsteller russ. Herkunft, *1899, †1977; „Lolita".

**Nachbar|recht,** die das Verhältnis v. Eigentümern benachbarter Grundstücke betr. Vorschriften im Zivilrecht; u. a. §§ 906 ff. BGB.

**Nachdruck, 1)** neuer od. erneuter Druck eines bereits gedruckten Werkes. **2)** häufig auch widerrechtl. Vervielfältigung eines Werkes, das urheberrechtl. geschützt ist.

**Nach|erbe** ↑Erbrecht.

**Nacherfüllung,** Gewährleistungsrecht beim Kauf- u. Werkvertrag; N. erfolgt durch Beseitigung des Mangels od. Ersatzlieferung.

**Nachfolgestaaten,** auf dem Gebiet eines ehem. gr. Staates entstandene kleinere Staaten, v. a. die nach dem 1. Weltkrieg auf dem Territorium des ehem. Österreich-Ungarn gebildeten od. vergrößerten Staaten.

**Nachfrage,** das auf dem Markt mit Kaufkraft ausgestattete Bedürfnis.

**Nachgeburt** ↑Plazenta, ↑Geburt.

**Nachlass,** Erbschaft, die Hinterlassenschaft des Erblassers; *N.gericht,* das mit allen Angelegenheiten des Erbfalles befasste Gericht, in der BRD das Amtsgericht; *N.insolvenzverfahren,* bes. Insolvenzverfahren wegen Überschuldung des Nachlasses; der Erbe haftet nach Eröffnung des Verfahrens nur mit dem Nachlass; *N.pfleger,* der zur Sicherung des Nachlasses vom N.gericht bestellte Pfleger.

**Nachrede, üble** ↑üble Nachrede.

**Nachrichten|agenturen** siehe Übersicht S. 464.

**Nachrichtendienste,** staatl. Geheimdienste zur Beschaffung vorw. geheimer Informationen mil., polit., wirtsch. u. wiss. Natur, die für innere u. äußere Sicherheit v. Bed. sind, sowie zur Spionage- u. Sabotageabwehr.

**Nachrichtensatelliten, Kommunikatịonssatelliten,** unbemannte künstl. Erdsatelliten, die der Übertragung von Ferngesprächen und Telegrafiesendungen (Fernmeldesatellit), Rundfunk- und Fernsehsendungen sowie Informationen u. Daten unterschiedlichster Art über große Entfernungen dienen; v. a. *Synchronsatelliten,* deren Umlaufgeschwindigkeit so gr. ist, dass sie in rd. 36000 km Höhe scheinbar bewegungslos über einem Punkt der Erde stehen und eine kontinuierl. Nachrichtenübermittlung ermöglichen.

**Nachrichtentechnik,** Gebiet der Informationstechnik (histor. der Elektrotechnik), das sich mit der Übertragung v. Nachrichten (Information) u. ihrer Messbarkeit befasst (Informationstheorie), insbes. mit dem Bau u. Betrieb v. Nachrichtenübertragungssytemen. Seit dem Einsatz digitaler Rechenanlagen hat sich die Aufgabenstellung der N. gewandelt, gleichbed. sind heute die Bez. *Telekommunikationstechnik, Kommunikationstechnik.* Historisch bed. ist die Einteilung in *Funktechnik* (drahtlose N.) u. *Fernmeldetechnik;* zu dieser gehören die *Telefonie* (Umwandlung v. Schallschwingungen beim Geber in niederfrequente elektr. Schwingungen, beim Empfänger umgekehrter Vorgang) u. die ↑Telegrafie.

**Nachtblindheit, Nyktalopie,** eingeschränkte Sehfähigkeit in der Dämmerung (teilweiser Ausfall des Stäbchensehens); angeboren od. bei Vitamin A-Mangel.

**Nachtfalter,** Schmetterlinge, die in der Dämmerung u. Dunkelheit fliegen; Ggs. Tagfalter.

**Nachtigall,** Bez. für versch. Singvögel, bes. *Luscinia megarhynchos* (♂ singt in Dtl. von April bis

**Nachtigall**

**Nachrichtenagenturen** (Auswahl)

| Abk. | Name | Sitz | Gründungsjahr |
|---|---|---|---|
| AAP | Australian Associated Press | Sydney | 1983 |
| AFP | Agence France-Presse | Paris | 1944 |
| ANP | Algemeen Nederlands Persbureau | Den Haag | 1934 |
| ANSA | Agenzia Nazionale Stampa Associata | Rom | 1945 |
| AP | Associated Press | New York | 1848 |
| APA | Austria Presse Agentur | Wien | 1946 |
| Belga | Agence Télégraphique Belge de Presse/ Belgisch Pers-telegraafagentschap | Brüssel | 1920 |
| CP | The Canadian Press | Toronto | 1917 |
| ČTK | Česká tisková kancelář | Prag | 1992 |
| ddp | Deutscher Depeschen-Dienst AG | Unterföhring | 1971 |
| dpa | Deutsche Presse-Agentur GmbH | Hamburg | 1949 |
| EFE | Agencia EFE | Madrid | 1938 |
| epd | Evangelischer Pressedienst | Frankfurt am Main | 1947 |
| Interfax | Interfax | Moskau | 1989 |
| IRNA | Islamic Republic News Agency | Teheran | 1936 |
| ITAR-TASS | Informazionnoje Telegrafnoje Agenstwo Rossii/ Telegrafnoje Agenstwo Suwerennych Stran | Moskau | 1991 |
| KNA | Katholische Nachrichten-Agentur GmbH | Bonn | 1953 |
| KYODO | Kyōdo Tsūshinsha | Tokio | 1945 |
| MENA | Middle East News Agency | Kairo | 1955 |
| MTI | Magyar Távirati Iroda | Budapest | 1880 |
| NTB | Norsk Telegrambyrå | Oslo | 1867 |
| PAP | Polska Agencja Prasowa | Warschau | 1944 |
| PL | Prensa Latina | Havanna | 1959 |
| PTI | Press Trust of India | Bombay | 1947 |
| RB | Ritzaus Bureau | Kopenhagen | 1866 |
| Reuters | Reuters Group plc. | London | 1851 |
| Rompres | Agenția Română de Presă | Bukarest | 1949 |
| SAPA | South African Press Association | Johannesburg | 1938 |
| SDA/ATS | Schweizerische Depeschenagentur/ Agence Télégraphique Suisse | Bern | 1894 |
| sid | Sport-Informationsdienst | Düsseldorf | 1945 |
| Tanjug | Telegrafska Agencija Nova Jugoslavija | Belgrad | 1943 |
| TT | Tidningarnas Telegrambyrå | Stockholm | 1921 |
| UPI | United Press International | Washington | 1907 |
| vwd | Vereinigte Wirtschaftsdienste GmbH | Eschborn | 1949 |
| Xinhua | Nachrichtenagentur Neues China | Peking | 1937 |
| Yonhap | United News Agency | Seoul | 1980 |

Ende Juni), *Sprosser* (O-Europa bis W-Sibirien) u. *Chin. N.* (S- und SO-Asien).

**Nachtkerzengewächse,** Pflanzenfam. trop. u. gemäßigter Gebiete; meist Kräuter od. Stauden; Zierpfl.: ↑Fuchsie u. a.; Unkräuter: *Nachtkerze* u. a.

**Nachtpfauen|augen,** gr. Augenspinner (Schmetterlinge) mit Augenflecken auf den Flügeln.

**Nachtschattengewächse, Solanaceae,** kraut. oder holz. Pfl., bes. in den Tropen u. Subtropen Südamerikas; Nutzpfl.: Kartoffel, Tomate, Paprika, Tabak; Giftpfl.: Tollkirsche, Bilsenkraut; Zierpfl.: Judenkirsche u. a.

**Nachtviole,** Gatt. der Kreuzblütler; als Zierpfl. mit violetten od. weißen Blüten.

**Nachtwandeln,** svw. ↑Somnambulismus.

**Nachwehen,** nach der Geburt auftretende Wehen.

**Nacktsamer, Gymnospermen,** Unterabt. der Samenpfl., Samenanlagen sitzen offen an den Unterseiten der Fruchtblätter; vor allem Nadelhölzer; Ggs. ↑Bedecktsamer.

**Nacktschnecken,** Schnecken mit ganz od. teilweise rückgebildetem Gehäuse.

**Nadar,** eigtl. **Gaspard Félix Tournachon** [turna'ʃõ], frz. Schriftsteller, Karikaturist u. Fotograf, *1820, †1910; 1858 machte er erste Luftaufnahmen v. Paris vom Ballon aus.

**Nadelhölzer, Koniferen,** Kl. der Nacktsamer, immergrüne Gehölze, gewöhnl. mit nadel- od. schuppenförm. Blättern; liefern Bau- u. Werkhölzer; u. a. Kiefer, Fichte, Tanne, Lärche, Zypresse, Wacholder.

**Nadir** [arab.], **Fußpunkt,** der Schnittpt. des nach unten verlängerten Lotes mit der unendl. gr. gedachten Himmelskugel; Gegenpt.: ↑Zenit.

**Naegele-Regel** ↑Schwangerschaft.

**NAFTA** [Abk. für **N**orth **A**merican **F**ree-**T**rade **A**rea], **Nord|amerikanische Freihandelszone,** s. 1994 Freihandelszone zw. USA, Kanada u. Mexiko; Ziel: Abbau v. Zöllen, Quoten u. Einfuhrlizenzen für Waren u. Dienstleistungen, Liberalisierung der Dienstleistungsmärkte, Investitionserleichterung.

**Naga,** Gruppe mongolider, Tibetobirmanisch sprechender Bergstämme in NO-Indien sowie im angrenzenden Birma.

**Nagasaki,** jap. Hafenst. an der NW-Küste von Kyūshū, 444600E; Univ.; Schiffbau, Maschinenind., Fischerei. – 1641–1857 einziger für das Ausland offener jap. Hafen; 1945 durch eine amer. Atombombe nahezu völlig zerstört.

**Nagel,** Hornplatte an den Endgliedern der Finger u. Zehen bei Menschen u. Affen; dem *N.bett* aufliegend, mit der *N.wurzel* in den *N.falz* (Hauteinsenkung) eingelassen (dessen Wulst *N.wall*).

**Nagetiere,** größte Ordn. der Säugetiere; Gebiss mit ständig nachwachsenden Nagezähnen; meist kleine, vorw. Pflanzen fressende Tiere: Hörnchen, Biber, Mäuse, Ratten, Hamster, Stachelschweine u. a.

**Nagib,** Ali Mohammed, ägypt. General u. Politiker, *1902, †1984; leitete 1952 den Militärputsch gg. Faruk I.; 1952–54 Min.-Präs., 1953 bis 1954 Staatspräsident, leitete Bodenreformprogramm ein.

**Nagorny-Karabach,** ↑Bergkarabach.

**Nagy** [nɔdj], Imre, ungarischer kommunistischer Politiker, *1898, †1958; 1953–55 und 1956 Min.-Präs.; erklärte während des Aufstandes 1956 Ungarns Neutralität; hingerichtet; 1989 rehabilitiert.

**Nahe,** l. Nbfl. des Rheins, 116 km, mündet bei Bingen; am Unterlauf Weinbau.

**Naher Osten, Nahost,** Großraum, der ↑Vorderasien u. NO-Afrika (Ägypten) umfasst.

**Näherung,** die ↑Approximation.

**Nahostkonflikt,** der Konflikt zw. Israel u. den arab. Staaten sowie der Palästinens. Befreiungsorganisation (PLO) mit seinen regionalen u. weltpolit. Verflechtungen; entstand mit dem Rückzug Großbritanniens aus ↑Palästina aus dem Konflikt zw. der jüd.-zionist. u. palästinens.-arab. Nationalbewegung um die Gründung eines jeweils eigenen Nationalstaates unter Ausschluss der jeweils anderen Volksgruppe (Proklamation des Staates Israel Mai 1948). Die Wurzeln der *Palästinafrage* reichen zurück bis Ende des 19. Jh. (jüd. Einwanderung). – Nach Geheimverhandlungen in Oslo (Aug. 1993) Annäherung zw. Israel u. der PLO *(Nahostfriedensprozess);* nach Gaza-Jericho-Abkommen (Sept. 1993) ab 1994 stufenweise Selbstverwaltung im Gazastreifen u. in Jericho, ab 1995 im Westjordanland. Okt. 1994 Friedensvertrag zw. Israel u. Jordanien; Wahlen zum palästinens. Autonomierat Jan. 1996 (Präs.: J. Arafat). Kern des N. blieb v. a. die Frage des Status von Jerusalem; 1999–2001 erfolglose Verhandlungen zw. Israel u. der PLO über die Absicherung einer palästinens. Staatlichkeit sowie zw. Israel u. Syrien/Libanon (Golanhöhen u. Sicherheitszone, dort 2000 Rückzug Israels). Die „2. Intifada" (ab 2000) u. militär. Aktionen Israels zur Bekämpfung des Terrors seitens islamistisch-palästinens. Gruppen führten zur erneuten Eskalation (ab 2001/02); internat. Deeskalationsbemühungen.

**Nährböden,** Flüssigkeiten *(Nährlösung)* oder feste Stoffe, die als Substrat für die Züchtung von Pilz-, Bakterien- oder Algenkulturen bzw. von tier. oder pflanzl. Gewebekulturen oder parasitären Organismen dienen (z. B. Agar-Agar, Gelatine).

**Nährhefe,** getrocknete Presshefe; hoher Gehalt an Vitaminen und Eiweiß.

**Nährsalze,** die für die Ernährung d. Lebewesen wicht. Mineralstoffe.

**Nahrungskette,** Bez. für eine Gruppe von Organismen, die in ihrer Ernährung voneinander abhängig sind. Das Tier ist nicht in der Lage, wie die grüne (autotrophe) Pflanze aus anorgan. Stoffen unter unmittelbarer Ausnutzung des Sonnenlichts organ. Substanzen aufzubauen. Es muss vielmehr seinen Energie- und Baustoffbedarf aus den von den grünen Pflanzen synthetisierten organ. Verbindungen decken. Das tier. und damit auch das menschl. Leben ist also letzten Endes von der Lebenstätigkeit der grünen Pflanzen abhängig. – Die *grünen Pflanzen* bilden somit das erste Glied der N.; die folgenden Glieder der N. bilden die verschiedenen *tier. Verzehrer (Konsumenten):* An erster Stelle stehen die *Pflanzenfresser (Herbivoren; Primärkonsumenten),* als nächstes Glied folgen die *Fleischfresser (Karnivoren, Räuber; Sekundärkonsumenten).* Dazwischen stehen die als Konsumenten an verschiedenen Stellen der N. einstufbaren *Allesfresser (Omnivoren).* Den Schluss der N. bilden die *abbauenden Organismen (Reduzenten, Destruenten).* Diese Gruppe besteht aus Bakterien, Pilzen und vielen bodenbewohnenden Tieren, die sich von toter organ. Substanz (Exkrementen, Kadaver) ernähren. Sie leben im Humus und produzieren letztlich anorgan. Substanz, wie sie die Pflanze zum Leben benötigt.

**Nährwert,** Gehalt an verwertbaren Nährstoffen, deren Zufuhr die Voraussetzung für die Aufrechterhaltung aller Körperfunktionen ist; der chem. N. wird nach Joule (früher Kalorie) gemessen und bewertet.

**Nahum** ↑Kleine Propheten.

**Naipaul** [ˈneɪpɔːl], Sir V. S. (Vidiadhar Surajprasad), trinidad. Schriftsteller indischer Herkunft, *1932; Romane u. Erz. über die Karibik, die nachkoloniale Entw. in Afrika u. Indien; Nobelpreis 2001.

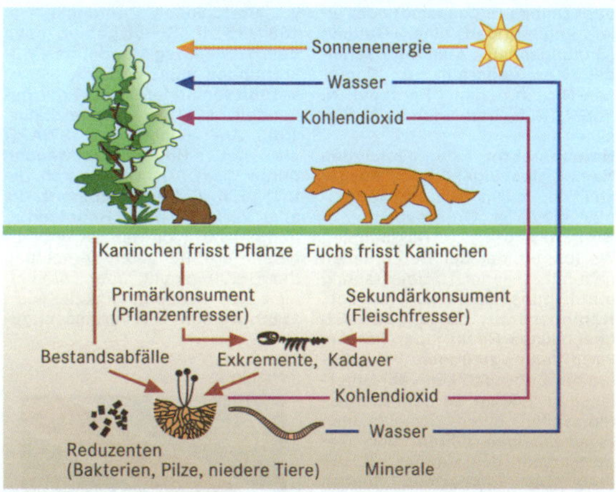


**Nahrungskette:** *Beispiel einer Nahrungskette (schematische Darstellung)*

**Nairobi,** Hptst. d. Rep. Kenia, 1,5 Mill. E; Univ.; Kultur-, Handels- u. Wirtsch.-Zentrum d. Landes; Univ.; 2 ✈. – Südlich v. N. d. *N.-Nationalpark.*

**naiv** [frz.], **1)** natürl., unbefangen, kindl., arglos. **2)** einfält., töricht.

**naive Malerei,** autodidakt. Malerei mit betont naiver, unbekümmerter Wahl der Bildthemen und naturalist. wirkender Formgebung; als Laienkunst außerhalb

**naive Malerei:** *Henri Rousseau, „Krieg" (1894)*

der Stilrichtungen stehend. Ihre Vertr. werden in Frkr. *„peintres naifs"*, in Dtl. meist *„Laienmaler"*, oft auch *„Sonntagsmaler"* genannt. Neben „Heile-Welt"-Bilder treten zunehmend (und weltweit verbreitet) vielfältige Formen sozialen Protests.

**Najaden,** Quellnymphen der griech. Mythologie.

**Nama,** Volk in Südafrika, Zweig d. Hottentotten.

**Name,** Bez. eines Einzelwesens oder Dinges (Eigenname) oder aller Angehörigen einer Gattung (Gattungsname). Man unterscheidet v.a. geograph. u. Personen-N.; b. den Personen-N. Vor-N. (Ruf-, Tauf-N.) u. Zu-N. (Familien-N.).

**Namens|aktie,** Aktie, die auf den Namen des Eigentümers ausgestellt ist, im Ggs. zum ↑Inhaberpapier; die N. ist ↑Orderpapier.

**Namenspapier, Rektapapier,** Wertpapier, das den Berechtigten namentl. nennt; Übertragung durch Indossament nicht möglich.

**Namensrecht,** durch § 12 BGB geschütztes Recht jeder Person, ihren Namen zu tragen; bei unbefugtem Gebrauch kann auf Unterlassung geklagt werden. Ehegatten sollen einen gemeinsamen *Familiennamen* führen, den Geburtsnamen des Mannes od. der Frau. Der Ehepartner, dessen Name nicht Ehename ist, kann diesen dem Ehenamen voranstellen/hinzufügen (gilt nicht, wenn Ehename aus mehreren Namen besteht). Das Kind führt den Ehenamen der Eltern; fehlt ein solcher u. steht den Eltern die Sorge gemeinsam zu, bestimmen sie den Namen des Vaters od. der Mutter zum Geburtsnamen des Kindes, steht die Sorge nur einem Elternteil zu, erhält das Kind dessen Namen.

**Namibia,** Rep. in SW-Afrika, am Atlantik; an d. Küste d. Wüste *Namib*, nach O durch Hochländer begrenzt, im N d. Kalahari mit d. Etoschapfanne; trocken-randtropisches Klima; Bev. setzt sich aus versch. ethn. Gruppen zusammen (vorw. Bantuvölker); Viehzucht (Karakulschafe, Rinder), Ackerbau nur im N bei Bewässerung; Küstenfischerei (Krabben, Sardinen u.a.); ⚒ auf Diamanten, Blei, Zink, Kupfer, Mangan, Zinn, Wolfram u.a. Erze. – *Gesch.:* Im 15. Jh. v. Portugiesen entdeckt, s. 1884/85 dt. Schutzgebiet, nach dem 1. Weltkrieg Mandat des Völkerbundes unter südafrik. Verw., s. 1966 von Südafrika als Prov. behandelt, s. 1977 Sonderstatus. 1963 Anerkennung der SWAPO als nat. Befreiungsbewegung durch die OAU, 1976 durch die UN; 1975–77 Verf.-Konferenz, die eine Verf. mit ethn. Repräsentation entwarf (von der SWAPO abgelehnt). 1988 unter Vermittlung der USA Einigung über „Abkommen zur Unabhängigkeit N.s"; 1989 Wahlen zur verfassunggebenden Vers., 1990 Unabhängigkeit; stärkste polit. Kraft SWAPO.

**Namibia**

*Fläche:* 824 292 km²
*Einwohner:* 1,8 Mill.
*Hauptstadt:* Windhuk
*Amtssprache:* Englisch
*Zeitzone:* MEZ + 1 Stunde

**Namur** [naˈmy:r], niederl. **Namen** [ˈna:mə], belg. St. a.d. Mdg. d. Sambre in die Maas, 105 000 E; Kathedr. (18. Jh.), Zitadelle (17. Jh.); Metall verarb. u.a. Ind.

**Nanchang** [-dʒaŋ], Hptst. der chin. Prov. Jiangxi, 1,08 Mill. E; Ind., ⚓, ✈.

**Nancy** [nãˈsi], Hptst. des frz. Dep. Meurthe-et-Moselle u. der Region Lothringen, 99 400 E; Univ.; Kathedr. (18. Jh.), Église des Cordeliers (spätes 15. Jh.; herzogl. Grablege), ehem. Herzogspalast (16. Jh.), Place Stanislas (18. Jh.).

**Nanga Parbat,** höchster Gipfel des westl. Himalaja, 8 126 m; Erstbesteigung durch H. Buhl 1953.

**Nanking,** Hptst. der chin. Prov. Jiangsu u. bed. Hafenst. am Unterlauf des Jangtsekiang, 2,1 Mill. E; Univ.; Eisen- u. Stahl-, Textil-, Maschinen-, chem. Ind.; ✈.

**Nanning,** Hptst. der südchin. Autonomen Region Guangxi Zhuang u. Hafenst. am Yong Jiang, 890 000 E; chem. u.a. Ind.; ✈.

**Nano...,** Zeichen **n,** Vorsatz vor [physikal.] Einheiten, bez. den $10^9$ten Teil, z.B. 1 nm (Nanometer) = $10^{-9}$ m.

**Nanotechnologie,** mod. Forschungsgebiet, das die Manipulation v. Materie im atomaren Maßstab erlaubt, z.B. zur Herst. extrem kl. Bauelemente.

**Nansen,** Fridtjof, norweg. Polarforscher u. Diplomat, * 1861, † 1930; durchquerte als Erster Grönland v. O nach W (1888/89), driftete mit der „Fram" im Packeis des Nordpolarmeeres (1893–96); leitete nach dem 1. Weltkrieg u.a. als Hochkommissar des Völkerbundes die Heimkehr Kriegsgefangener aus Russland; 1922 wurde auf seine Anregung hin der *N.pass* als Ausweis für Staatenlose geschaffen; Friedensnobelpreis 1922.

**Nanshan,** Geb.-Kette im nw. China, bis 6 346 m.

**Nanterre** [nãtɛ:r], frz. St. bei Paris, 88 600 E; Hptst. des Dep. Hauts-de-Seine; Kfz-, Flugzeug- u.a. Industrie.

**Nantes** [nã:t], Hptst. des frz. Dep. Loire-Atlantique und der Region Pays de la Loire, 245 000 E; Univ.; spätgot. Kathedr., ehem. herzogl. Schloss (15., 17., 18. Jh.); Museum; Schiff- u. Masch.bau, Ind.; ⚓, ✈. – Residenz der Hzg. der Bretagne; 1598 *Edikt v. N.,* von Kg. Heinrich IV. erlassen, sicherte d. Rechtsstellung der Hugenotten (1685 aufgehoben).

**Napalm** [Kw.], kolloide Lösung kleiner Mengen bestimmter Metallverbindungen von **Na**phtensäuren od. **Palm**itinsäure in Kohlenwasserstoffen (z.B. Benzin); als Brandbombenfüllung v.a. durch den Einsatz im Vietnamkrieg bekannt.

**Naphthalin** [pers.-gr.], bicycl. aromat. KW-Stoff, $C_{10}H_8$; wird aus Steinkohlenteer isoliert; Ausgangsmaterial für Weichmacher, Kunst- u. Farbstoffe.

**Napier** [ˈneɪpɪə], **Neper,** John, Laird of Merchiston, schott. Mathematiker, *1550, †1617; veröff. die erste Logarithmentafel.

**Napoleon, 1) N. I.**, urspr. **Napoleone Buonaparte,** später **Napoléon Bonaparte** [napoleˈɔ̃ bɔnaˈpart], *1769, †1821, Ks. der Franzosen (1804–14/15); Artillerieoffizier, warf 1795 den Royalistenaufstand in Paris nieder, Oberbefehl in Italien; zwang Östr. zum Frieden v. Campoformio; 1798/99 Feldzug in Ägypten; am 18. Brumaire des Jahres VIII (9. 11. 1799) Beseitigung des Direktoriums durch Staatsstreich. N. auf 10 Jahre Erster Konsul, durch Plebiszit 1802 auf Lebenszeit; siegr. Abschluss des 2. Koalitionskrieges (Frieden von Lunéville 1801 und Amiens 1802); 1804 Krönung zum Ks. der Franzosen, 1805 zum Kg. von Italien. 3. Koalitionskrieg: Niederlage b. Trafalgar; Sieg bei Austerlitz (Friede zu Preßburg); Gründung des Rheinbundes 1806; Feldzug gg. Preußen mit Siegen b. Jena u. Auerstedt 1806; Friede v. Tilsit Höhepunkt der frz. Hegemonie. Der Zusammenbruch der „Gr. Armee" in Russland 1812 löste die Befreiungskriege aus. 1814 Abdankung N.s. Die Herrschaft der „Hundert Tage" nach N.s Rückkehr von seinem Verbannungsort Elba am 1. 3. 1815 wurde durch die Niederlage bei Waterloo beendet; Verbannung nach St. Helena. N.s Verwaltungs-, Finanz- und Justizreformen (↑auch Code civil) waren v. weit tragender Bedeutung. Ausbreitung der Ideen der Frz. Revolution u. des mod. Staatsgedankens waren Folgen seines Wirkens. **2) N. II.** ↑Reichstadt, Napoléon Hzg. von. **3) N. III.**, eigtl. Charles Louis **Napoléon Bonaparte,** *1808, †1873, Ks. der Franzosen, Neffe v. 1); 1848 Präs. der Rep., 1851 für zehn Jahre im Amt bestätigt, 1852 erbl. Ks.; im Dt.-Frz. Krieg 1870 bei Sedan gefangen genommen; nach Absetzung wurde Frkr. Republik.

**Napoleondor,** frz. Goldmünze (20 Francs), s. 1803 geprägt.

**Nappaleder,** nachgegerbtes Glacéleder (↑Glacé); feines weiches Leder.

**Nara,** jap. St. östl. v. Ōsaka, 349 400 E; altes relig. Zentrum, zahlr. alte Tempelanlagen; Univ.

**Narbada,** Fl. in Indien, mündet ins Arab. Meer, 1 310 km.

**Narbe, 1)**⚕ Endzustand der Wundheilung; derbes, unelast. gewordenes Bindegewebe. **2)** Empfängnisorgan am oberen Ende des Fruchtknotens höherer Pflanzen.

**Narbonne** [-ˈbɔn], frz. St. im Languedoc, 41 600 E; got. Kathedr., ehem. erzbischöfl. Palais (13., 14. u. 19. Jh.), Weinhandel. – 118 v.Chr. röm. Militärkolonie, dann Hauptort der Prov. Gallia Narbonensis; im MA wichtige Handelsstadt.

**Napoleon I.** *nach seiner Abdankung am 6. 4. 1814 (Gemälde von Paul Delaroche, 1845)*

**Narkose** [gr.], Allgemeinbetäubung durch Ausschalten höherer Gehirnfunktionen mit Narkotika zur Ausführung operativer Eingriffe; bewirkt Bewusstlosigkeit, Schmerzlosigkeit u. Muskelerschlaffung.

**Narkotika,** Arzneimittel, die bestimmte Teile des Zentralnervensystems ausschalten und dadurch betäubend wirken, ohne das Atem- oder Kreislaufzentrum zu beeinträchtigen.

**Narodnaja,** höchster Berg des Ural, Russland, 1 895 m.

**Narodniki** [russ.], Anhänger einer polit. Bewegung Russlands (etwa 1860–95), die eine sozialist.-kommunist. Erneuerung Russlands durch das Bauerntum anstrebte.

**Narrentaschen** ↑Pflanzenkrankheiten (Übers.).

**Narvik,** norweg. Hafenst. am inneren Ofotenfjord, 18 900 E; eisfreier Exporthafen schwed. Eisenerze; ⚒.

**Narwa,** Hafenst. in Estland, an d. Narwa obh. ihrer Mündung in d. Finn. Meerbusen, 74 600 E, Ind.-Zentrum. – 1223 gegr.

**Narwal,** 4–6 m langer Gründelwal, bes. des nördl. Eismeers, mit bis 3 m langem Stoßzahn.

**Narziss,** Gestalt der griech. Mythol., schöner Jüngling, der sich in sein Spiegelbild verliebt und sich in Sehnsucht danach verzehrt.

**Narzisse** [gr.], Zwiebelpfl., bes. des Mittelmeergebiets; *Gelbe N.* (geruchlos), *Weiße N.* (stark duftend); *N.ngewächse,* svw. ↑Amaryllisgewächse.

**Narzissmus** [nach Narziss], auf die eigene Person gerichtete Erotik; Selbstverliebtheit. Auf gestörtem Selbstbild beruht die *narzisst. Persönlichkeitsstörung.*

**NASA,** Abk. für **N**ational **A**eronautics and **S**pace **A**dministration, zivile nat. Luft- und Raumfahrtbehörde der USA.

**nasal** [lat.], **1)** die Nase betreffend, zur Nase gehörend. **2)** durch die Nase gesprochen, genäselt.

**Nasal,** Nasenlaut, z.B. m, n, ng; *N.vokal,* Selbstlaut mit nasaler Färbung, z.B. o in Bon [bõ].

**NASDAQ,** Abk. für **N**ational **A**ssociation of **S**ecurities **D**ealers **A**utomated **Q**uotations System, 1971 gegr. elektron. Kursinformations- u. Handelssystem (reine Computerbörse), wichtigster Markt für Technologiewerte; Erfassung der Marktentwicklung durch *NASDAQ-Composite-Index* (kurz *NASDAQ*).

**Nase,** Organ für die Atmung u. den Geruchssinn bei Mensch und Wirbeltieren, oberster Teil der Atmungswege; mit Schleimhäuten u. *Riechepithel;* zahlr. N.nnebenhöhlen (Stirn-, Oberkiefer-, Keilbeinhöhlen und Siebbeinzellen) erweitern den Nasenraum.

**Nasenaffe,** rd. 70 cm langer Schlankaffe Borneos; ♂ mit 8 cm langer Nase.

**Nasenbären, Rüsselbären, Nasua,** gesellig lebende amer. Kleinbären mit rüsselförm. Nase und langem Schwanz.

**Nasennebenhöhlen** ↑Nase.

**Nasenpolypen,** meist gestielte Geschwülste der chron. entzündeten Nasenschleimhaut; Behandlung operativ.

**Nashörner, Rhinozerosse,** Fam. der Unpaarhufer; massige Tiere mit 1 od. 2 Nasenhörnern, Haut fast haarlos; einzeln od. paarweise lebend, standorttreu; nach $1^1/_2$ J. Tragzeit ein Junges; Breitmaul-, Spitzmaul-, Java-, Sumatra-, Ind. Nashorn; Bestände bedroht.

**Nashornkäfer,** Unterfam. der

Blatthornkäfer; ♂♂ gehörnt; u. a. *Herkuleskäfer* (Südamerika), Europ. Nashornkäfer.

**Nashville-Davidson** [ˈnæʃvɪl ˈdeɪvɪdsn], Hptst. von Tennessee, USA, am Cumberland River, 488 400 E; 3 Univ.; Textil-, Metall-, Nahrungsmittelind.; ✈.

**Nassau, 1)** Stadt an d. unteren Lahn, sö. von Bad Ems, RP, 5 100 E; Burgruinen Stein und N. **2)** ehem. dt. Gft., s. 1806 Hzgt., zw. Rhein, Main, Wetterau u. Sieg; s. 1255 mehrf. unter die Linien des Hauses N. geteilt, s. 1816 vereinigt, s. 1866 Teil der preuß. Prov. Hessen-N., s. 1945 größter Teil zum Land Hessen. **3)** [ˈnæsɔː], Hptst. der Bahamas, auf New Providence Island, 135 400 E; Seebad; ⚓, ✈.

**Nasser,** Gamal Abd el, ägypt. Politiker, * 1918, † 1970; 1952 mit Nagib an der Beseitigung der Monarchie beteiligt; 1954 Min.-Präs., seit 1954 auch ägypt. Staatspräs.; 1958–61 Staatsoberhaupt der VAR.

G. Nasser

**Nassersee, Assuanstausee,** Stausee d. Nils südl. von ↑Assuan.

**Natal, 1)** [ˈnaːtal], ehem. Prov. d. Rep. Südafrika, heute Teil d. Prov. KwaZulu-Natal. **2)** [naˈtal] Hptst. des brasil. B.-Staates Rio Grande do Norte, 607 000 E; Baumwollind.; See-⚓; ✈.

**Nathan,** Hofprophet Davids; verhieß ihm die ewige Dauer seiner Dynastie (2. Sam. 7).

**Nathans** [ˈneɪθənz], Daniel, amer. Mikrobiologe, * 1928, † 1999; Arbeiten v. a. zur Molekulargenetik; 1978 Nobelpreis.

**Nation** [lat.], polit. Gemeinschaft von Menschen mit dem Bewusstsein polit.-kultureller Eigenständigkeit u. Tradition u. dem Willen zur Zusammengehörigkeit.

**Nationaldemokratische Partei,** Abk. **NPD,** Partei der BRD, gegr. 1964; wegen der Nähe zu neonazist. Kräften wurde 2001 Verbotsantrag beim Bundesverf.-Ger. gestellt.

**Nationales Olympisches Komitee,** Abk. **NOK,** nat. Organisation der einzelnen Staaten zur Förderung des olymp. Gedankens u. zur Vorbereitung der Olymp. Spiele.

**Nationale Volksarmee,** Abk. **NVA,** Streitkräfte der DDR; 1956 aufgestellt; unterstand dem Oberbefehl des Warschauer Pakts; oberste Kommandobehörde: Min. für Nat. Verteidigung; gegliedert in Heer, Luftstreitkräfte u. Volksmarine sowie paramil. Kräfte, u. a. 47 000 Mann Grenztruppen; Truppenreduzierung Frühjahr 1989; mit Vereinigung beider dt. Staaten hörte die NVA auf zu bestehen.

**Nationalflagge,** Hoheitszeichen eines Staates.

**Nationalgarde, 1)** frz. Bürgerwehr (1789–1871). **2)** Miliz der Einzelstaaten der USA zum Schutz der Bürger; gleichzeitig Reserve der US-Streitkräfte.

**Nationalhymne,** das musikalisch die Nationalidentität repräsentierende Lied bei offiziellen Anlässen.

**Nationalismus,** überspitztes, intolerantes Nationalbewusstsein: Macht u. Größe der eigenen Nation als höchster Wert.

**Nationalität,** Zugehörigkeit zu einer Nation od. Staatszugehörigkeit.

**Nationalitätenstaat, Vielvölkerstaat,** ein Staat, dessen Bev. sich aus weitgehend eigenständigen nat. Gruppen zusammensetzt (z. B. Österreich-Ungarn 1867 bis 1918).

**Nationalkirche,** eine Kirche, die eine Nation [im staatl. od. ethn. Sinn] umfasst od. von ihr als [„ihre“] nat. Kirche anerkannt wird.

**Nationalkonvent, 1)** in der Frz. Revolution die 2. konstituierende Nat.-Vers. in Frkr. (1792–95). **2)** in den USA der Parteikongress, der die Präsidentschaftswahlen vorbereitet.

**Nationalliberale Partei,** 1867 mit d. Bereitschaft zur Zusammenarbeit mit Bismarck gegr. rechtslib. Partei; 1918 aufgelöst; Nachf.: Deutsche Volkspartei.

**Nationalökonomie,** svw. ↑Volkswirtschaftslehre.

**Nationalpark,** großräum. Naturlandschaft, die durch ihre bes. Eigenart oft keine Parallelen auf der Erde mehr hat, steht unter strengem Naturschutz mit weitgehenden Nutzungsverboten, z. B. in Afrika, den USA; in Dtl. 13 N.s: Bayer. Wald, Berchtesgaden, Schleswig-Holstein. Wattenmeer, Niedersächs. Wattenmeer, Hamburg. Wattenmeer, Vorpommersche Boddenlandschaft, Jasmund, Müritz-N., Harz, Hochharz, Sächs. Schweiz, Unteres Odertal, Hainich.

**Nationalrat,** in Östr. u. in der Schweiz das Abgeordnetenhaus des Parlaments; auch der einzelne Abgeordnete.

**Nationalsozialismus,** die in Dtl. 1933–45 herrschende polit. Bewegung, die sich auf die *Nat.-soz. Dt. Arbeiterpartei* (NSDAP) stützte; der N. basierte auf versch. Grundlagen: Nationalismus, Rassismus, Kriegsgedanke; die eigtl. Parteiideol. lieferten v. a. Hitlers Buch „Mein Kampf“ (1925/26), daneben Rosenbergs „Der Mythus des 20. Jh.s“ (1930): Glaube an die eigene rass. Überlegenheit („Herrenrasse“), Streben nach territorialer Ausweitung für das „Volk ohne Raum“, Pol. der Stärke (Beseitigung des „Schanddiktats“ von Versailles); Beseitigung d. Judentums (↑Antisemitismus). Nach 1933 Aufbau einer absoluten Parteidiktatur mit Verfolgung politischer Gegner, seit 1935 besonders der Juden (↑Nürnberger Gesetze) bis hin zur „Endlösung“ mit der Ermordung von mehr. Mill. Juden. – *Entw.:* 1921 Übernahme des Vorsitzes der NSDAP durch Hitler; 1923 Scheitern des Novemberputsches in München, Auflösung der Partei; 1925 Neugründung, bis 1932 Anwachsen zur stärksten dt. Partei; 1933 „Machtergreifung“, Konzentration der Macht in der Hand des „Führers“, dem das ↑Ermächtigungsgesetz diktator. Vollmachten gab; Kontrolle durch die Gestapo, Errichtung von KZ (zunächst für Regimegegner). – *Organisationen:* Kerngruppe die NSDAP (unter dem „Führer“, der R.-Leitung und der Parteikanzlei) mit ihrer Organisation (Gaue, Kreise, Ortsgruppen, Zellen, Blocks), den halbmil. Verbänden SA (Sturmabteilung) und SS (Schutzstaffel), den Nebenorganisationen wie HJ (Hitlerjugend), BDM (Bund Dt. Mädel), NS-Frauenschaft, den Verbänden wie DAF (Dt. Arbeitsfront), NSV (NS-Volkswohlfahrt), NS-Berufsverbände u. a. – Nach dem 2. Weltkrieg Zusammenbruch des N.; ↑Nürnberger Prozesse.

**Nationalstaat,** Staat, der durch die in ihm sich organisierende Nation legitimiert wird.

**Nationalversammlung,** gewählte Volksvertretung, die ent-

**Nationalsozialismus:** *Großkundgebung zum Reichsparteitag der NSDAP 1935*

weder zur Verf.-Gebung berufen ist (Frankfurter N. v. 1848, Weimarer N. von 1919) od. die das Parlament (bzw. die Abgeordnetenkammer) bildet (in Frkr.).

**Nation of Islam** [ˈneɪʃn ɔv ɪsˈlɑːm; engl.], ↑Black Muslims.

**NATO,** Abk. für: **N**orth **A**tlantic **T**reaty **O**rganization; Nordatlantikpakt, 1949 in Washington geschlossenes Verteidigungsbündnis; jetzige Mitgl.: Belgien, BRD, Dänemark, Frkr., Griechenland, Großbrit., Island, Italien, Kanada, Luxemburg, Niederlande, Norwegen, Polen, Portugal, Spanien, Tschech. Rep., Türkei, Ungarn, USA. Die Mitgl. sind zur gegenseitigen Unterstützung, nicht aber zum automat. militär. Beistand verpflichtet, wenn einer von ihnen angegriffen wird. Nach den Terroranschlägen vom 11. 9. 2001 auf die USA rief die NATO am 2. 10. 2001 erstmals den Bündnisfall aus. Sitz der NATO ist Brüssel, höchstes Gremium ist der „NATO-Rat", NATO-Gen.-Sekr. ist s. 1999 G. Robertson (Großbritannien). – Zusammenarbeit mit Nichtmitgl. im „Euro-Atlant. Partnerschaftsrat"; NATO-Einsätze u.a. bei ↑IFOR, ↑SFOR und ↑KFOR.

**Natrium** [arab.], Symb. **Na,** chem. El., OZ 11, rel. A.-Masse 22,9898, Alkalimetall; weiches, schneidbares, an frischen Schnittflächen silberweiß glänzendes Leichtmetall, Fp. 97,72 °C, Sp. 883 °C, Dichte 0,97 $g/cm^3$; reagiert heftig mit Wasser zu ↑Natriumhydroxid, NaOH u. mit Kohlensäure zu N.carbonat (↑Soda); kommt als Metall in der Natur nicht vor, verbrennt bei Erhitzen an der Luft zu N.peroxid; Salze meist farblos u. in Wasser leicht lösl.; als Wärmeträger u. Kühlmittel in Kernkraftwerken; *N.chlorid,* NaCl, Kochsalz, wichtig für den Wasserhaushalt der Tiere u. Menschen (↑Salzgewinnung); *N.hydrogencarbonat* (Natron), $NaHCO_3$, zur Schaumerzeugung in Feuerlöschern u. zur Herst. v. Backpulver.

**Natriumhydroxid,** **Ätznatron,** NaOH, weiße, kristalline, stark hygroskop. Substanz, ind. hergest. durch Chloralkalielektrolyse. Die wässrige Lösung von N. wird als *Natronlauge* bez.

**Natron,** svw. Natriumhydrogencarbonat (↑Natrium).

**Natronlauge,** stark alkal. reagierende, ätzende Lösung des Natriumhydroxids in Wasser.

**Natrontal,** arab. **Wadi an-Natrun,** Depression in Unterägypten, nw. v. Kairo, bis 24 m u. d. M.; zahlr. Salzseen, Kulturlandgewinnung.

**Nattern,** artenreichste Schlangenfam., meist ungiftig; in M-Europa u. a. *Ringelnatter.*

**Natternkopf,** kraut., blauviolett blühendes Raublattgewächs.

**Natter[n]zunge,** kl., bleichgrüner Farn mit zungenförm. Wedel.

**Natur** [lat.] *die,* Gesamtheit der beobachtbaren Tatbestände, soweit sie unabhängig von der Tätigkeit der Menschen da sind.

**Naturalilen** [lat.], Naturerzeugnisse (v. a. Bodenerzeugnisse).

**Naturalisation** [lat.], svw. ↑Einbürgerung.

**Naturalismus,** **1)** Wirklichkeitstreue. **2)** philos. Weltanschauung, die alles aus der Natur u. diese allein aus sich selbst zu erklären versucht. **3)** gesamteurop. literar. Bewegung v. 1880 bis 1900, die eine möglichst getreue Wiedergabe der Natur durch die Kunst anstrebte; exakte Beschreibung; Verwendung v. Mundart u. Alltagsspr.; der Mensch als Produkt aus Anlage u. Milieu; Sozialkritik. – Theoret. wurde der N. durch É. Zola formuliert, in Dtl. durch die Brüder H. u. J. Hart, A. Holz u. a.; zu seinen dt. Vertretern zählen J. Schlaf, H. Sudermann, M. Halbe u. v. a. G. Hauptmann. Naturalist. Züge in den Romanen von L. Tolstoi u. F. M. Dostojewski sowie bei Ibsen. **4)** ↑Realismus.

**Naturallohn,** Arbeitsentgelt in Sachgütern statt in Geld.

**Naturawirtschaft** ↑Tauschwirtschaft.

**Naturdenkmal,** Naturschöpfung (z. B. Felsen, Wasserfall, alter od. seltener Baum), die aus wiss., naturgesch. od. landeskundl. Gründen oder wegen ihrer Seltenheit unter Naturschutz steht.

**Naturell** [frz.], natürl. Veranlagung, Temperament.

**Naturheilkunde,** Heilmethoden mit diätet.-physikal. Mitteln; v. a. Diät, Wasser, Luft, Licht, Kräuter, Bewegung u. Massage.

**Naturkonstanten,** physikal. Größen, die als universell, unveränderl. u. im ganzen Universum als gült. angesehen werden, z. B. Lichtgeschwindigkeit, Avogadro- u. Boltzmann-Konstante.

**natürliche Person,** als rechtsfäh. anerkannte Einzelperson im Ggs. zur ↑jurist. Person.

**natürliche Zahlen,** die posit. ganzen Zahlen: 1, 2, 3, 4, 5, ...

**Naturpark,** in sich geschlossener, größerer geschützter Landschaftsbereich mit großem Erholungswert, der in seiner gegenwärtigen Form erhalten bleiben soll, in dem Land- u. Forstwirtschaft aber gestattet sind; in Dtl. zz. 81 Naturparks (↑Nationalpark).

**Naturphilosophie,** erkenntniskrit. Untersuchung der naturwiss. Wissensquellen, metaphys. Ergründung v. Ursprung u. Wesen der organ. u. anorgan. Natur sowie Untersuchung und spekulat. Anwendung der Grundbegriffe der Naturwissenschaft.

**Naturrecht,** Rechtsauffassung, die vor und über jedem posit. Recht ein in der Natur des Kosmos bzw. des Menschen begr. Recht anerkennt, das das posit. Recht bestimmt.

**Naturreligion,** göttl. Verehrung der Naturkräfte oder -erscheinungen (↑Animismus).

**Naturschutz,** Erhaltung u. Pflege v. Natur- od. naturnahen Kulturldsch. u. Naturdenkmalen, v. seltenen u. in ihrem Bestand gefährdeten Pflanzen- u. Tierarten, deren Lebensräumen u. ihr Schutz. Arten v. Schutzgebieten: 1) *N.-Gebiete* dienen dem Schutz von Natur und Ldsch. und v. wild lebenden Pflanzen- u. Tierarten. 2) *Nationalparks* sollen einen artenreichen Tier- u. Pflanzenbestand sichern. 3) *Landschaftsschutzgebiete* genießen weniger Schutz als N.-Gebiete, z.B. ist landwirtsch. Nutzung im bisherigen Umfang erlaubt. 4) *Naturparks* dienen v.a. der Erholung u. dem Fremdenverkehr. Alte Bäume, Quellen, Felsen werden als *Naturdenkmal* ausgewiesen. Seit 1976 werden im Rahmen des UNESCO-Programms MAB *Biosphärenreservate* anerkannt; großflächige Landschaften, deren Ökosysteme erhalten werden sollen.

**Naturvölker,** Völker, die wegen geringer techn.-zivilisator. Ausstattung in stärkerer Abhängigkeit v. der natürl. Umwelt stehen, im Ggs. dazu d. Hochkulturvölker.

**Naturwissenschaften** ↑Wissenschaft.

**Naumann,** Friedrich, dt. ev. Theologe u. Politiker, *1860, †1919; zw. 1907 u. 1918 wiederholt MdR; suchte die Arbeiter für einen christl. Sozialismus u. die Mitarb. am Staat zu gewinnen; 1919 Vors. der DDP.

**Naumburg/Saale,** Krst. an der Saale, gegenüber der Unstrutmdg., Sa.-Anh., 31000E; Dom (13./14. Jh.) mit Stifterfiguren u. Lettner des *Naumburger Meisters.*

**Naupaktos,** neugriech. **Navpaktos,** ital. **Lepanto,** griech. Hafenst. am Golf von Korinth, 9000E. – 1571 Seeschlacht von Lepanto, Sieg Don Juans d'Austria über Türken.

**Nauru,** Insel u. Staat im Pazifik; bed. Phosphatabbau. 1798 entdeckt, 1888 v. Dtl. annektiert, 1919 Völkerbundmandat u. 1947 UN-Treuhandgebiet unter brit., austral. u. neuseeländ. Verw., 1968 selbst. Rep. im Commonwealth.

**Nausikaa,** im griech. Mythos Tochter des Alkinoos, führt den gestrandeten Odysseus in das Haus ihres Vaters.

**Nautik** [gr.], Schifffahrtskunde.

**Navarra,** nordspan. Region an der span.-frz. Grenze, 10421 km², 519200E, Hptst. Pamplona; Viehzucht, im Ebrotal Weinbau. – 711 arab. besetzt, 905 bask. Kgr., 1484 unter Herrsch. des Hauses Albret, 1512 eroberte Ferdinand II. v. Aragonien N. südl. der Pyrenäen, das nördl. N. gelangte 1589 an Frkr.; 1982 Autonomiestatut.

**Navigation** [lat.], Kursbestimmung in der See- u. Luftfahrt; auch Einhaltung des gewählten Kurses. Hilfsmittel der N. waren urspr. Karten, Uhr, Kompass u. Sextanten zur Standortbestimmung mithilfe der Gestirne; heute fast ausschließlich elektron. Geräte (Funkpeilung, Radar, Satellitennavigation u.a.).

**Navigationsakte,** engl. Gesetz von 1651 zur Förderung der engl. Schifffahrt. Es ließ zur Einfuhr ausländ. Waren nur engl. Schiffe oder Schiffe des Ursprungslandes zu. 1849/50 aufgehoben.

**Naxos,** griech. Kykladeninsel, 428 km², Hauptort N. (14000E); Weinbau; Schaf-, Ziegenzucht.

**Nay,** Ernst Wilhelm, dt. Maler u. Grafiker, *1902, †1968; gelangte vom Expressionismus ausgehend zu abstrakten Bildern in lebhafter Farbigkeit.

**Nazarener,** (urspr. Spott-)Name einer Gruppe von dt. Malern in Rom, die zu Anf. des 19. Jh. eine Reform der Kunst auf religiöser Grundlage erstrebten (v.a. J. F. Overbeck, F. Pforr, P.v. Cornelius).

**Nazareth,** Hptst. des Norddistr. v. Israel, christl. Wallfahrtsort, 49800E.

**Nb,** ⚗ Symb. für ↑Niob.

**NBA,** [enbiːˈeɪ], Abk. für **N**ational **B**asketball **A**ssociation, amer. Basketballprofiliga.

**Nd,** ⚗ Symb. für ↑Neodym.

**N'Djamena,** bis 1973 **Fort-Lamy** [fɔːrlaˈmi], Hptst. u. wirtsch. Zentrum d. Rep. Tschad, am Schari, 531000E; Univ.; Nahrungsmittelind.; ✈.

**Nauru**

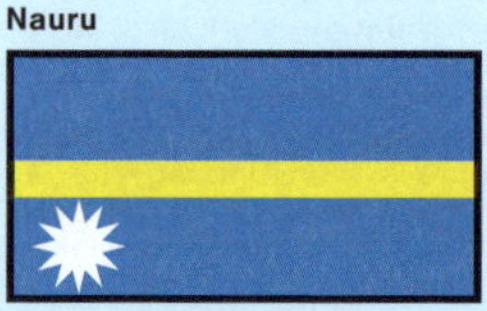

*Fläche:* 21,3 km²
*Einwohner:* 11000
*Hauptstadt:* Yaren
*Amtssprachen:* Nauruisch, Englisch
*Zeitzone:* MEZ + 10½ Stunden

**Ne,** ⚗ Symbol für ↑Neon.

**Neandertaler:** *Bild des Neandertalers der früheren Forschung*

**Neandertaler,** nach dem 1856 in der Kleinen Feldhofer Grotte im Neandertal bei Düsseldorf gemachten Knochenfund benannte Menschenform. Der N. war eine Frühform des Homo sapiens, die in weiten Teilen der Alten Welt zw. 300000 und 40000 lebte; gekennzeichnet v.a. durch die gedrungene, kräftige Körpergestalt, einen flach gewölbten Hirnschädel, starke Überaugenwülste u. einen Unterkiefer ohne vorspringendes Kinn.

**Neapel, 1)** ital. **Napoli,** Hptst. d. Prov. N. u. d. Region Kampanien, am *Golf v. N.,* 1,02 Mill. E; Univ., vulkanolog. Inst., Erdbebenwarte, Hochschulen; Dom S. Gennaro (Ende 13. Jh. u. später), S. Chiara (14. Jh.), S. Domenico Maggiore (14. u. 19. Jh.), Castel Nuovo (13. u. 15. Jh.), Castel dell'Ovo (12. u. 13. Jh.), Palazzo Reale (1600ff.), Teatro S. Carlo (1737); Museen, v.a. Museo Nazionale; Ind.- u. Handelszentrum mit Erdölraffinerien, Werften, Leder-, Textil-, chem. u. Nahrungsmittel- u.a. Ind.; Fremdenverkehr; bed. ⚓, ✈. **2)** ehem. Kgr. (Süditalien u. Sizilien); im fr. MA unter langobard., byzantin. u. sarazen. Herrschaft, im 11. Jh. v. Normannen erobert, 1130 als Kgr. vereinigt; durch Heirat mit Konstanze, Erbtochter Kg. Rogers II. v. Sizilien, 1194 an die

Staufer (Blüte unter Friedrich II.); unter den Anjou Verlust Siziliens (1282) an Peter von Aragonien. 1442 Süditalien u. Sizilien wieder vereint; s. 1495 frz., 1504–1713 span., kam dann an die östr. Habsburger, 1735 an die span. Bourbonen. Nach der frz. Herrschaft (1799–1815) *Kgr. beider Sizilien,* 1861 Teil des neuen Kgr. Italien.

**neapolitanische Schule,** Komponistenkreis des ausgehenden 17. und 18. Jh.s mit dem Zentrum Neapel, u. a. von A. Scarlatti begr.

**Nebel, 1)** kolloidal in der Luft verteilte Wassertröpfchen (↑Aerosol) als der Erdoberfläche aufliegende Wolke. **2)** schwach leuchtende, nicht scharf begrenzte Gebilde an der Sphäre; man unterscheidet u. a. *galakt.* (z. B. Orion-N.) u. *extragalakt. N.* (z. B. Andromeda-N.).

**Nebelhorn,** Gipfel in den Allgäuer Alpen, nördl. v. Oberstdorf, Bay., 2 224 m hoch.

**Nebenhoden,** dem Hoden anliegendes ♂ Geschlechtsorgan, Reifungsort des Samens u. Ableitung in den Samenleiter.

**Nebenhöhlen,** svw. Nasennebenhöhlen (↑Nase); *N.erkrankungen,* meist entzündl., akut oder chron. (manchmal eitrig).

**Nebenklage,** im Strafprozess der Anschluss einer berechtigten Person *(Nebenkläger)* an die öff. Klage (z. B. der durch Tötungsversuch Verletzte, § 395 StPO).

**Nebenlini|e,** in der Genealogie die Nachkommenschaft des Zweit-, Drittgeborenen usw.

**Nebennieren,** 2 den Nieren aufsitzende kleine Drüsen mit innerer Sekretion, die eine Anzahl lebenswichtiger Hormone produzieren, u. a. Adrenalin (im N.-Mark), Corticosteron und Cortison (in der N.-Rinde).

**Nebensatz,** svw. ↑Gliedsatz.

**Nebenschilddrüsen, Epithelkörperchen,** bei vielen Säugetieren in die Schilddrüse eingebettete kl. epitheliale endokrine Drüsen (beim Menschen 4); steuern den Calciumstoffwechsel.

**Nebenschluss,** ↑Shunt.

**Nebensonne,** heller, häufig auch farb. Lichtfleck zu beiden Seiten der Sonne; eine Haloform.

**Neblina, Pico da,** höchster Berg Brasiliens, im B.-Staat Amazonas, 3 014 m.

**Nebraska** [engl. nɪˈbræskə], Abk. Nebr., Staat im Mittelwesten der USA, beiderseits des Platte River, westl. d. Missouri, 200 350 km², 1,57 Mill. E, Hptst. Lincoln; Landw.; Viehzucht.

**Nebukadnezar II.,** Kg. von Babylon s. 605, † 562 v. Chr.; eroberte (597) u. zerstörte (587 v. Chr.) Jerusalem (Deportation der Juden in die „Babylon. Gefangenschaft").

**Neckar,** r. Nbfl. des Oberrheins, mündet bei Mannheim, 367 km; ab Plochingen kanalisiert (Staustufen) und schiffbar (bis 1 350 t).

**Neckarsulm,** St. an der Mdg. der Sulm in den Neckar, Ba.-Wü., 25 000 E; Fahrzeug-, Schiffbau.

**Necker** [nɛˈkɛːr], Jacques, frz. Bankier u. Staatsmann, * 1732, † 1804; seit 1777 mehrf. Finanzmin.; seine finanzpolit. Reformpläne scheiterten. Vater v. Madame de Staël.

**Nedjd** [nedʒd], **Nadjd,** Ldsch. u. das größere der beiden Teilkgr. von Saudi-Arabien, im Zentrum des Landes, 1,39 Mill. km², Hptst. Riad; Halbwüste u. Wüste; Oasen- u. nomad. Weidewirtsch. – Ehem. Reich der Wahhabiten, s. 1926 mit Hidjas in Personalunion, s. 1932 Teil d. Königreichs Saudi-Arabien.

**Negation** [lat.], **1)** Verneinung einer Aussage, Ablehnung. **2)** Logik: Übergang von einer Aussage zu der ihr entgegengesetzten durch den Junktor „nicht". **3)** in der Schaltalgebra log. Verknüpfung, mit der ein Binärwert umgekehrt wird.

**negativ** [lat.], $\sqrt{}$ kleiner als 0; Zeichen: – (Minus).

**Negativ,** Bildwiedergabe mit umgekehrter Abstufung der Helligkeitswerte [u. in Komplementärfarben]; durch Kopieren od. Umkehrentwicklung in ein Positiv zu verwandeln.

**Neger,** Bez. für die indigenen Bewohner Schwarzafrikas (Negride); inzw. wurde der Begriff durch „Schwarze", „Afrikaner", „Afroamerikaner" o. Ä. ersetzt.

**Negev,** Wüstengebiet in S-Israel, rd. 12 000 km²; Kupfererz- u. Phosphatabbau; im N Bewässerungsanlagen (v. a. Obstbau).

**negieren** [lat.], verneinen, bestreiten.

**Negligé** [negliˈʒeː], leichter Morgenmantel.

**Negrelli,** Alois, Ritter von Moldelbe, östr. Bauingenieur, * 1799, † 1858; entwarf Pläne zum Suezkanal.

**negride Rassen,** einer der 3 Formenkreise der Menschenrassen; dunkelbraune bis schwarze Hautfarbe, krauses, dunkles Haar, wulstige Lippen und abgestumpfte Nase; i. e. S.: die eingeborene Bev. Afrikas südl. der Sahara, i. w. S. auch Tasmanier (ausgestorben), Melanesier, Drawida.

**Negro, Rio** [-gru], Nbfl. des Amazonas in Brasilien, rd. 2 000 km.

**Negros,** Philippineninsel nördl. von Mindanao, 12 705 km²; größte St.: Bacolod; gebirgig, bis 2 465 m.

**Negrospiritual** [ˈniːgrəʊ-ˈspɪrɪtjʊəl], Gatt. relig. Lieder der schwarzen Bev. in den USA; musikal. Verbdg. der überkommenen afrikan. Musik mit europ. Einflüssen, textl. Mischung christl. Vorstellungen u. alltägl. Szenen.

**Negus,** äthiop. Bez. für König.

**Nehemia,** pers. Statthalter in Jerusalem (445–433 v. Chr.); neben ↑Esra maßgebl. Reorganisator des nachexil. jüd. Gemeindelebens; nach ihm ben.: das at. *Buch Nehemia.*

**Neher,** Ernst, dt. Physiker, * 1944; zellbiolog. Forschungen, Nobelpreis für Medizin oder Physiologie 1991 mit B. Sakmann.

**Nehru,** Jawaharlal, gen. Pandit **N.,** ind. Politiker, * 1889, † 1964; Anhänger Gandhis, zw. 1923 u. 1939 mehrf. Gen.-Sekr. u. Präs. des Indian National Congress; s. 1947 Min.-Präs. u. Außenmin.; Neutralitätspolitik.

**J. Nehru**

**Nehrung,** schmaler, flacher Landstreifen, d. einen Meeresteil fast abgeschnürt hat (z. B. Frische N.). ↑Lido.

**Neidhart von Reuenthal,** mhd. Lyriker, * zw. 1180 u. 1190, † nach 1237; Hauptvertr. des nichthöf. Minneliedes.

**Neigetechnik,** Einrichtung in Schienenfahrzeugen, mit der bei schnellerem Durchfahren von Kurven die Fliehkraft in den Fahrgasträumen begrenzt wird; in Dtl. seit 1992 angewendet.

**Neiße,** Nebenflüsse d. Oder, ↑Glatzer Neiße, ↑Lausitzer Neiße.

**Neisse,** poln. **Nysa** [ˈnisa], Krst. in d. Wwschaft Opole (Oppeln), Polen, an der Glatzer Neiße, 48 800 E; Autokarosseriebau u. a. Ind.

N

**Nekrassow,** Nikolai Alexejewitsch, russ. Dichter, *1821, †1878.

**Nekrolog** [gr.], mit kurzem Lebensabriss verbundener Nachruf auf einen Verstorbenen.

**Nekropole** [gr.], Gräberfeld (v.a. Vorgesch. u. Altertum), z.T. mit oberird. Bauten.

**Nekrose** [gr.], Absterben von Gewebeteilen an umschriebener Stelle im lebenden Organismus; *nekrotisch,* abgestorben.

**Nektar** [gr.], **1)** der ewige Jugend spendende Trank der griech. Götter. **2)** zuckerhalt. Blütenabsonderung, erzeugt von *Nektarien* (Nektardrüsen).

**Nektarine** [gr.], Pfirsichvarietät mit glatter Schale u. leicht auslösbarem Stein.

**Nekton** [gr.], die Gesamtheit der im Wasser aktiv schwimmenden Tiere (z.B. Fische).

**Nelkengewächse,** Pflanzenfam. bes. der gemäßigten Zonen; meist Kräuter od. Halbsträucher; u.a. Gatt. *Nelke* mit vielen Zierpflanzen.

**Nelkenwurz,** Gatt. der Rosengewächse; gelb, rot oder weiß blühende Pfl. mit gefiederten Blättern und Nussfrüchtchen.

**Nell-Breuning,** Oswald von, dt. kath. Theologe, Wirtsch.- u. Sozialwissenschaftler, *1890, †1991; Jesuit; maßgebl. Vertr. d. kath. Soziallehre.

H. Nelson

**Nelson** [nelsn], Horatio Viscount, brit. Admiral, *1758, ⚔1805; vernichtete 1798 die frz. Flotte bei Abukir u. begr. die brit. Seemachtstellung im Mittelmeer; sicherte 1805 mit dem Sieg über die vereinigte frz.-span. Flotte bei Trafalgar die brit. Herrschaft über die Meere.

**NEMAX®,** Aktienindex für den ↑Neuen Markt.

**Nemea,** griech. Ort auf der Peloponnes, sw. von Korinth, 4700 E; altgriech. Zeusheiligtum; alle zwei Jahre zu Ehren des Zeus *Nemeische Spiele.*

**Nemesis,** griech. Göttin der ausgleichenden Gerechtigkeit.

**NE-Metalle,** Abk. für ↑**N**icht**e**isenmetalle.

**Nenner,** $\sqrt{}$ ↑Bruch.

**Nennform,** svw. ↑Infinitiv.

**Nennleistung, 1)** effektive, dauernd abgebbare Vollleistung einer Maschine. **2)** Leistungswert bei elektr. Anlagen od. Masch., bezogen auf Nennspannung (Sollspannung) u. Nennbetriebsbedingungen.

**Nennwert, Nominalwert,** auf Münzen, Banknoten, Wertpapieren usw. in Zahlen od. Worten angegebener Wert.

**neo..., Neo...** [gr.], Bestimmungswort; Bed.: „neu, jung".

**Neodym,** Symb. **Nd,** chem. El., OZ 60, rel. A.-Masse 144,24, gehört zu den Lanthanoiden; Dichte 7,007 g/cm³, Fp. 1016 °C, Sp. 3127 °C; als Legierungsbestandteil u. (in Form des Oxids, $NdO_2$) zum Färben v. Glas u. Email verwendet.

**Neofaschismus,** Sammelbegriff für rechtsextremist. (faschist.) Bestrebungen v. Parteien u.a. Gruppierungen nach dem 2. Weltkrieg, u.a. in Italien, in der BRD (*neonazist.* Gruppen, z.B. „Wehrsportgruppen", z.T. ↑Skinheads) mit steigender Gewaltbereitschaft.

**Neoliberalismus,** wirtschaftspolit. Lehre, vertritt in Anlehnung an den Liberalismus den freien Wettbewerb, für den der Staat die Rahmenbedingungen schaffen od. erhalten soll; Grundlage der soz. ↑Marktwirtschaft.

**Neolithikum** svw. Jungsteinzeit.

**Neologismus** [gr.], in allg. Gebrauch übergegangene sprachl. Neubildung; als Stilmittel oft Charakteristikum eines Autors.

**Neon** [gr.], Symbol **Ne,** chem. El., OZ 10, rel. A.-Masse 20,1797; ↑Edelgas; Fp. −248,59 °C, Sp. −246,08 °C, Dichte $8{,}999 \cdot 10^{-4}$ g/cm³; dritthäufigstes Element im Weltall, auf der Erde nur in geringen Mengen.

**neotropische Region, Neotropis,** Faunenregion Mittel- und Südamerikas, einschl. der Westind. Inseln; Neuweltaffen, Faultiere, Gürteltiere, Ameisenbären, Nagetiere u.a.

**Neozoikum** ↑Geologie (Übers.).

**Nepal,** Kgr. im südl. Himalaja, zw. Indien u. Tibet; viele Bev.-Gruppen; Tibeter, Inder, altnepales. Volksgruppen; Anbau v. Reis, Weizen, Jute, Zuckerrohr, Tabak; Viehzucht; gr. Waldbestände; geringe Verkehrserschließung. – Im 18. Jh. Begründung des Gurkha-Kgr.; 1846 Alleinherrschaft der Rana (adl. Fam.) mit erbl. Ministerpräsidentenamt (bis 1951); s. 1951 konstitutionelle Monarchie; 1959 erste demokrat. Verf.; 1961 Verbot aller Parteien durch den Kg.; nach Unruhen 1990 neue Verf. (Mehrparteiensystem). S. 1996 zunehmende Destabilisierung des Landes durch maoist. Rebellen (2001 Verhängung des Ausnahmezustands). 2001 Ermordung des (s. 1972 regierenden) Kg. Birendra Bir Bikram; ihm folgte sein Bruder Gyanendra.

**Nepal**

*Fläche:* 147 181 km²

*Einwohner:* 24,35 Mill.

*Hauptstadt:* Kathmandu

*Amtssprache:* Nepali

*Zeitzone:* MEZ + 4,75 Stunden

**Nephritis** [gr.], Nierenentzündung; durch eine allergisch-immunolog. Reaktion der Nierenkörperchen hervorgerufene Schädigung der Niere *(Glomerulonephritis)* od. durch bakterielle Infektion verursachte Entzündung des Nierengewebes u. des Nierenbeckenkelchsystems *(Pyelonephritis).*

**nephr[o]..., Nephr[o]...** [gr.], Bestimmungswort; Bed.: „Niere".

**Nephron** [gr.], aus *Nierenkörperchen* (kugl. Anfangsteil; Bildung des Primärharns) u. *Nierenkanälchen* (der angeschlossene röhrenförm. Teil, der in das Nierenbecken mündet) bestehendes funktionelles Hauptstück der Niere; dient insbes. der Harnbildung und -ausscheidung.

**Nepomuk** ↑Johannes v. Nepomuk.

**Nepotismus** [lat.], Vetternwirtschaft, Bevorzugung v. Verwandten bei der Vergabe v. Ämtern.

**Neptun,** röm. Gott des Meeres, entspr. dem griech. Poseidon.

**Neptun,** v. der Sonne aus der 8. Planet; 1846 nach Berechnungen v. Leverrier durch J. G. Galle entdeckt; in seinen physikal. Eigensch. wohl dem Uranus ähnl.; 8 Monde; Umlaufzeit 165,49 J., mittl. Sonnenentfernung 4 509 Mill. km.

**Neptunium** [lat.], Symb. **Np,** radioakt. chem. El., OZ 93, rel. A.-Masse 237,0482, Fp. 644 °C, Sp. 3 902 °C, Dichte 20,25 g/cm³; das erste durch Kernumwandlung künstl. hergest. ↑Transuran; beim Betazerfall des Uranisotops 239 entsteht das *N.isotop* 239, das in das Plutoniumisotop 239 zerfällt.

**Nereiden,** Meeresnymphen der griech. Mythol., die 50 Töchter des Nereus, Gefolge des Poseidon und der Amphitrite.

**Neresheim,** St. auf der nö. Schwäb. Alb, Ba.-Wü., 8 000 E; Benediktinerabtei (gegr. 1095) mit berühmter Klosterkirche (1745 von B. Neumann begonnen); reich stuckierter Kapitelsaal.

**Neretva,** Hpt.-Fluss d. Herzegowina, 218 km, mündet in d. Adriat. Meer. – Das N.-Tal ist eine bed. Verkehrsleitlinie.

**Nereus,** weissagender griech. Meeresgott, Vater der Nereiden.

**Nernst,** Walther Hermann, dt. Physiker, * 1864, † 1941; Mitbegr. der physikal. Chemie; entdeckte das *nernstsche Theorem,* den 3. Hauptsatz der ↑Thermodynamik; Nobelpreis 1920.

**Nero,** eigtl. **Lucius Domitius Ahenobarbus,** seit 50 n. Chr. durch Adoption **N. Claudius Caesar,** röm. Ks. (54 bis 68 n. Chr.), * 37, † (Freitod) 68; verfolgte nach dem Brand Roms (64) die Christen als Brandstifter, ließ Mutter, Gattin u. viele Senatoren ermorden.

**Neruda** [neˈruða], Pablo, eigtl. Neftali Ricardo **Reyes Basualto,** chilen. Dichter, * 1904, † 1973; kommunist. Haltung; surrealist. Gestaltungsweise; „Der große Gesang"; Nobelpreis 1971.

**Nerva,** Marcus Cocceius, röm. Ks. 96–98, * 30, † 98; adoptierte 97 Trajan.

**Nerval,** Gérard de, eigtl. Gérard **Labrunie** [labryˈni], frz. Dichter der Romantik, * 1808, † 1855.

**Nerven** [lat.], aus parallel angeordneten ↑N.fasern bestehende, in Bindegewebshüllen liegende Stränge, die der Erregungsleitung zw. dem Zentralnervensystem und einem Körperorgan od. -teil dienen; übermitteln Bewegungsimpulse *(motor. N.),* leiten die versch. Sinnesempfindungen dem Gehirn zu *(sensible N., Sinnesnerven).*

**Nervenentzündung, Neuritis,** krankhafte Vorgänge an den peripheren Nerven; gekennzeichnet durch Bewegungsstörungen u. Missempfindungen.

**Nervenfaser,** Bez. für die Fortsätze der ↑Nervenzelle: ↑Dendriten u. hpts. *Neuriten,* Bauelement der Nerven[stränge], dienen der efferenten Erregungsleitung.

**Nervengewebe,** morphol. Substrat des ↑Nervensystems; zentral Nervenzellen mit Fortsätzen (Dendriten, Neuriten) einschl. der meist ausgebildeten *Neuroglia* (bindegeweb. Stützsubstanz) und Stützfunktionen (Gliazellen), peripher Nervenfasern mit der schwannschen Scheide.

**Nervengifte, Neurotoxine,** vorw. das Nervensystem schädigende Stoffe (Narkotika, Krampf- [Strychnin], Bakteriengifte [bei Tetanus], Nervengase [Phosphorsäureester]); als N. wirken u. a. bestimmte Pflanzenschutzmittel (z. B. E 605).

**Nervenknoten** ↑Ganglion.

**Nervensystem,** Gesamtheit des Nervengewebes, der Reizaufnahme, -verarb., -leitung dienend; *diffuses N.,* einfachste Organisationsform: Netz von durch Ausläufer miteinander verbundenen ↑Nervenzellen; *zentralisiertes N.:* einzelne untereinander verbundene Ganglien; *Zentral-N.,* aus Gehirn und Rückenmark bestehend, zentrale Schalt- und Verarb.-Stelle, gegenüber einem entfernteren *peripheren N.* der übrigen Körperorgane; ferner: *animales (willkürl.) N.* (direkt dem Zentral-N. unterworfen) im Ggs. zum *vegetat. (autonomen, unwillkürl.) N.* mit Sympathikus u. Parasympathikus für Eingeweide, Blutgefäße, Drüsen.

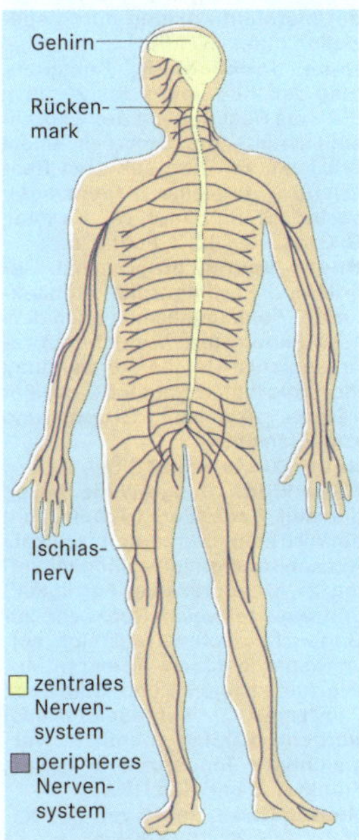


**Nervensystem:** *peripheres und Zentralnervensystem*

**Nervenzelle, Neurozyt,** Zellelement des ↑Nervengewebes, Zellkörper mit ↑Nervenfasern.

**Nerz,** Gatt. der Fam. Marder, meist in sumpfigem Gelände, tauchen u. schwimmen sehr gut, Pelzzuchttiere.

**Nessel,** leinwandbind. Gewebe aus einf. Baumwollgarnen oder Mischgespinsten, z. B. Kattun.

**Nesselgewächse, Urticaceae,** kosmopolit. Pflanzenfam., meist Kräuter, unscheinbare Blüten, Bastfasern, z. B. Brennnessel.

**Nesselsucht, Nesselfieber, Urtikaria,** Hautausschlag mit juckenden Quaddeln.

**Nesseltiere,** Tierstamm (Hohltiere); die N. besitzen Nesselzellen [mit Nesselkapseln] und Tentakelkranz; fest sitzende *Polypen* u. frei schwimmende Medusen (Quallen).

**Nesselwang,** Markt, Luftkurort und Wintersportplatz im Allgäu, nw. von Füssen, Bay., 3 500 E.

**Nestflüchter,** schlüpfende Jungvögel mit geöffneten Augen, ausgebildetem Federkleid u. funktionsfäh. Beinen.

**Nesthocker,** im Ggs. zu den ↑Nestflüchtern hilflos schlüpfende Jungtiere, die noch ernährt u. betreut werden müssen.

**Nestor,** Held der griech. Sage; als greiser Kg. von Pylos Ratgeber der Griechen vor Troja.

**Nestroy,** Johann Nepomuk, östr. Dichter, * 1801, † 1862; seine Stücke sind der Höhepunkt des Wiener Volkstheaters („Der böse Geist Lumpazivagabundus", „Einen Jux will er sich machen"); meisterhafter Darsteller eigener Rollen.

**netto** [ital.], rein, nach Abzug best. Größen; Ggs. ↑brutto.

**Nettolohn,** Lohn nach Abzug v. Steuern u. Sozialabgaben.

**Nettopreis,** Preis nach Abzug v. ↑Skonto u. ↑Rabatt.

**Netz, 1)** durch Flechten oder Knoten entstandenes Maschenwerk. **2)** Leitungssystem zur Verteilung elektr. Energie. **3)** engl. **Network** [ˈnɛtwəːk], **Netzwerk,** Datenkommunikationssystem, das den Datenaustausch zw. mehr. unabhäng. Geräten ermöglicht; z. B.

Telekommunikations-N., ↑Rechner-N.

**Netzauge,** svw. ↑Facettenauge.

**Netze,** poln. **Noteć,** r. Nbfl. d. Warthe, 388 km; entspringt westl. v. Kutno, mündet obh. v. Landsberg (Warthe); durch d. Brombergkanal (25 km) mit Brahe u. Weichsel verbunden; im Unterlauf das kultivierte *N.-Bruch*.

**Netzflügler,** Insektenordn. mit 4 gr., netzartig geäderten Flügeln und kauenden Mundwerkzeugen; Räuber; z. B. Schlammfliegen.

**Netzhaut, Retina,** innerste, mehrschicht. Haut des Augapfels; im lichtempfindl. Teil die eigtl. Lichtsinneszellen (Stäbchen u. Zapfen).

**Netzmagen,** Vormagen der Wiederkäuer, dient in Verbindung mit dem *Pansen* als Sammelmagen u. Gärkammer.

**Netzmittel,** Substanzen, die die Oberflächenspannung des Wassers herabsetzen (Tenside, Seifen).

**Netzwerk** ↑Netz.

**Neu|apostolische Kirche,** religiöse Gemeinschaft, um 1860 hervorgegangen aus den *Kath.-Apostol. Gemeinden*; versteht sich als Fortsetzung der Urkirche; zentralist. geleitet v. einem „Stammapostel" als Träger der höchsten geistl. Autorität.

**Neuber,** Friederike Caroline, gen. die Neuberin, dt. Schauspielerin u. Leiterin einer Theatertruppe, *1697, †1760; verbannte d. Figur des Hanswursts von der Bühne.

**Neubrandenburg,** kreisfreie St. in Mckbg.-Vorp., nördl. vom Tollensesee, 72 800 E; FH; Stadtmauer aus dem 14. Jh.; Maschinen-, Baustoff- u. a. Industrie.

**Neubraunschweig** ↑New Brunswick.

**Neuburg a. d. Donau,** bayr. Krst. westl. v. Ingolstadt, 27 200 E; ummauerte Oberstadt mit Renaissanceschloss, ehem. Hofkirche (1607 ff.) u. a. bed. Bauten; chem., Glasind. – 1505 Residenz von Pfalz-Neuburg; 1808 zu Bayern.

**Neuchâtel** ↑Neuenburg.

**Neu-Delhi** ↑Delhi.

**Neue Hebriden,** den Staat ↑Vanuatu bildende Inselgruppe im sw. Pazifik.

**neue Medi|en,** Sammelbegriff für moderne Kommunikationsmittel u. Neuentwicklungen der Informationsspeicherung, z. B. digitales Fernsehen, HDTV, CD-ROM, DVD, Internet.

**Neue Musik,** Bez. für die aus der Spätromantik erwachsenen Strömungen in der modernen Musik; Anklänge zur atonalen Musik bereits bei Berlioz, Liszt u. Wagner; Aufbau eines neuen Ordnungsprinzips durch die Zwölftonmusik *(Neue Wiener Schule)* u. serielle Musik (↑elektron. Musik); daneben Versuche, unter Wahrung des Tonalitätsprinzips die Entw. aus der Spätromantik weiterzuführen (P. Hindemith, B. Bartók, I. Strawinsky u. v. a.).

**Neuenburg,** frz. **Neuchâtel** [nøʃaˈtɛl], **1)** schweizer. Kt. im Schweizer Jura u. am N.er See, 797 km², 163 900 E, Hptst. N.; Viehzucht, Uhrenind. **2)** Hptst. v. 1), am N.er See, 31 700 E; Univ.; Kollegiatskirche (12./13. Jh.), Schloss (12.–15. Jh.); Uhren-, Schokoladenindustrie.

**Neuenburger See,** größter der schweizer. Jurarandseen, 218 km², 38 km lang; größte Tiefe 153 m.

**Neuengland, N.staaten,** die 6 nö., zuerst von England aus besiedelten Staaten der USA: Maine, New Hampshire, Vermont, Massachusetts, Rhode Island u. Connecticut.

**Neuer Markt,** privatrechtl. organisiertes Marktsegment der Dt. Börse AG (s. 1997), bietet die Möglichkeit, in Aktien v. Zukunftsbranchen zu investieren (z. B. Biotechnologie, Multimedia, Telekommunikation); bes. Zulassungsbedingungen; Erfassung der Marktentwicklung durch speziellen Index *(NEMAX®)*.

**Neue Sachlichkeit,** Kunstrichtung der 20er-Jahre des 20. Jh.s, die – als Reaktion auf den Expressionismus – die Dinge in einem präzisen, z. T. überscharfen Realismus darstellte (Verismus); Vertr.: G. Schrimpf, A. Kanoldt, G. Grosz, O. Dix, X. Fuhr u. a.

**Neues Bauen,** programmat. Begriff für die avantgardist. Architektur des Funktionalismus nach dem 1. Weltkrieg; u. a. Verzicht auf repräsentative Details, Verwendung ind. gefertigter Baustoffe, weißer Verputz, asymmetr. Gruppierung kub. Elemente.

**Neues Testament** ↑Bibel.

**Neue Wilde, Junge Wilde,** Maler, die seit Ende der 1970er-Jahre hervortraten und durch radikale Ausschöpfung maler. Möglichkeiten (v. a. aggressive Farbigkeit) und eine teilweise Rückkehr zur Gegenständlichkeit auf sich aufmerksam machten. Themen, Motive (meist figürl.) und Stile (v. a. Fauvismus, Expressionismus) wurden beliebig benutzt. Vergleichbare Tendenzen in Italien, Frankreich und den USA.

**Neufundland,** Insel vor der kanad. O-Küste, 108 860 km².

**Neufundländer,** bis 75 cm gr. Schutz- u. Begleithund (Rassengruppe Doggen); lange schwarze (selten braune) Haare, herabhängende Ohren.

**Neugotik,** Kunstrichtung des 18. u. 19. Jh., die got. Stilelemente wieder aufnahm, erwachsen aus einer romant. Rückwendung zum MA.

**Neugriechisch,** die Spr. der Griechen seit etwa 1500.

**neugriechische Literatur,** an die byzantin. Lit. anschließend; während der Türkenkämpfe reine Volksdichtung (Kriegslieder, Totenklagen); Kunstdichtung im Wesentl. auf Kreta (bis ins 17. Jh.); erst im 18. Jh. größere Werke, sprachl. meist antikisierend; Solomos verband Kunst- u. Volksdichtung; nat. Erneuerung erstrebten K. Palamas, A. Papadiamantis u. a.; Anschluss an die [west]europ. Lit. v. a. durch N. Kazantzakis.

**Neuguinea** [-ginˈea], zweitgrößte Insel der Erde, nördl. von Australien, 771 900 km², etwa 4,5 Mill. E (Papua, Melanesier, Negrito); N. erstreckt sich von W nach O u. wird v. einem bis 5030 m hohen zentralen Gebirge durchzogen; im S weite, z. T. sumpf. Schwemmlandebenen; buchtenreiche Küsten; größtenteils trop. Regenwald; artenarme Säugetierfauna (gehört zur austral. Region), zahlr. endem. Vogelarten (Paradiesvögel, Papageien, Kasuare); das schwer zugängl. Innere noch wenig erschlossen. In den Küstengebieten Kokospalmen u. Kautschukbäume; Anbau v. Kaffee u. Tee (Export); reiche Bodenschätze. – 1526 entdeckt; die W-Hälfte s. 1828 niederl., s. 1963 als Irian Jaya Teil Indonesiens; NO-N. dt. Schutzgebiet 1884–1919, s. 1921 austral. Treuhandgebiet; der SO 1884 brit. Protektorat, s. 1906 v. Australien verwaltet, aus beiden Teilen entstand 1973 Papua-Neuguinea (seit 1975 unabhängig).

**Neuhochdeutsch,** jüngste Stufe der dt. Spr. (s. etwa 1600); davor als Übergang vom Mhd. *Früh-N.* seit etwa 1350.

**Neuhumanismus,** Erneuerung des Humanismus u. seiner Vorliebe für die klass. Antike; v. a. Winckelmann, Herder, Goethe, W. v. Humboldt.

**Neuilly-sur-Seine** [nœjisyrˈsɛ:n], frz. Stadt im nw. Vorortbereich v. Paris, 64 200 E; Maschinenbau u. chem. Ind., Herstellung von Autozubehör. 1919 Friedensvertr. zw. Bulgarien u. den Alliierten.

**Neu-Isenburg,** hess. St. in der Untermainebene, südl. v. Frankfurt am Main, 35 800 E; chem., Metall verarb. u. Nahrungsmittelindustrie.

**Neujahr,** der erste Tag eines Jahres, im Geltungsbereich des gregorian. Kalenders der 1. Januar.

**Neukaledoni|en,** frz. Überseeterritorium in Melanesien, umfasst die rd. 1 500 km östl. v. Australien gelegene Insel N. (16 750 $km^2$, bis 1 628 m hoch), die Loyaltyinseln u. einige kl. Inseln, 18 576 $km^2$, 164 000 E, Hptst. Nouméa (auf N.). – 1774 von Cook entdeckt, seit 1853 frz. (1864–96 Strafkolonie, s. 1946 Überseeterritorium).

**Neukantianismus,** an Kant u. dessen Kritizismus anknüpfende philos. Strömung im 19./20. Jh.

**Neuklassizismus, Neoklassizismus,** Architekturstil der 1. Hälfte des 20. Jh., der auf klass. Formen zurückgriff.

**Neulatein,** vom klass. Vorbild geprägtes Latein der Humanisten; hohe Blüte als Lit.-Spr. seit Petrarca vom 14. bis 16. Jh.

**Neumann, 1)** Balthasar, dt. Baumeister des Spätbarock, * 1687, † 1753; Würzburger Residenz, Vierzehnheiligen, Klosterkirche Neresheim, Treppenhäuser der Schlösser Bruchsal u. Brühl. **2)** Franz Ernst, dt. Physiker, * 1798, † 1895; begr. die math. Physik in Dtl. **3)** John von, amer. Mathematiker, * 1903, † 1957; bed. Arbeiten u. a. zur Mengenlehre, Beweis-, Automaten- u. Spieltheorie u. zur Entw. elektron. Rechner *(Von-N.-Rechner).* **4)** Robert, östr. Schriftsteller, * 1897, † 1975; bek. Parodien, „Mit fremden Federn". **5)** Václav, tschech. Dirigent, * 1920, † 1995.

**Neumark,** der nö. Teil der ehem. preuß. Prov. Mark Brandenburg einschl. der pommerschen Kreise Arnswalde und Friedeberg Nm.; 1945 zu Polen.

**Neumarkt** ↑Târgu Mureș.

**Neumarkt i. d. Opf.,** bayr. Krst. in der Oberpfalz, am Rand der Fränk. Alb, 38 600 E; viels. Ind.

**Neumen** [gr.], Notenzeichen des MA.

**Neumond,** Phase des Mondes, bei der die der Erde zugewandte Seite nicht beleuchtet ist.

**Neumünster,** krsfr. St. in Holstein, Schl.-Ho., 82 000 E; vielseit. Ind.; Verkehrsknotenpunkt.

**Neun|augen,** zu den Rundmäulern gehörende, aalförm., niedere Wirbeltiere; Fischparasiten; *Bach-N.* (bis 35 cm) im Süßwasser; *Fluss-N.* (bis 50 cm), *Meer-N.* (bis 1 m).

**Neunkirchen,** Krst. im östl. Saarland, 51 800 E; Steinkohlen-⚒, Schwerindustrie.

**Neuntöter** ↑Würger.

**Neuphilologie,** Teil der ↑Philologie.

**Neuplatonismus,** letzte philos. Richtung der griech. Spätantike (Plotin u. a.), Verbdg. der gr. antiken Philosophiesysteme mit orient. Mystik, Gnosis u. christl. Religion.

**Neuralgie** [gr.], Nervenschmerz, oft quälend empfundener Schmerz ohne (oder mit geringem) objektiven Krankheitsbefund.

**Neurath,** Konstantin Frhr. v., dt. nat.-soz. Politiker, * 1873, † 1956; 1932–38 R.-Außenmin., 1939 bis 1943 R.-Protektor in Böhmen u. Mähren; 1946 zu 15 J. Gefängnis verurteilt (1954 entlassen).

**Neuritis** [gr.], svw. ↑Nervenentzündung.

**neur[o]..., Neur[o]...** [gr.], Bestimmungswort; Bed.: „Nerv".

**Neurochirurgie** [gr.], Spezialgebiet der Chirurgie, das alle operat. Eingriffe am zentralen u. peripheren Nervensystem umfasst.

**Neurologie** [gr.], Fachgebiet der Medizin, das sich mit Diagnostik u. Behandlung der Erkrankungen des Nervensystems befasst.

**Neuromantik,** literar. Strömungen, die seit 1890 als Reaktion auf den Naturalismus die Stimmung betonten u. die Geheimnisvoll-Wunderbares darstellten; Themen oft aus der Geschichte, bes. des MA (etwa R. Huch, z. T. G. Hauptmann).

**neuronale Netze, künstliche n. N.,** Rechnerarchitekturen, deren Struktur u. Funktion sich an den Nervennetzen lebender Organismen orientiert.

**Neurose** [gr.], erlebnisbedingte Störung der Reizverarbeitung durch das Gehirn in Form nachhaltiger vegetativer Affektreaktionen, bedingt-reflektor. Fehlfunktion oder psych. Fehlentwicklung (z. B. Angst, Unsicherheit, Depression); entsteht u. a. durch ungelöste Konflikte, einschneidende Erlebnisse.

**Neuruppin,** Krst. nw. v. Berlin, Brandenburg, 33 200 E; Nahrungsmittelind.; *N.er Bilderbogen,* aus N.er Verlagen stammende, im 19. Jh. weit verbreitete volkstüml. Bildergeschichten.

**Neuscholastik,** Erneuerung der kath. Theol. u. Philos. im 19. Jh. durch engen Anschluss an die Scholastik; im *Neuthomismus* v. a. Anschluss an Thomas v. Aquin.

**Neuschwanstein,** Schloss bei Schwangau, Bay.; 1868–86 für Kg. Ludwig II. v. Bayern im neuroman. Stil erbaut.

**Neuseeland,** parlamentar. Monarchie im Commonwealth, im sw. Pazifik, sö. von Australien; besteht aus der Nord- u. der Südinsel (durch die Cookstraße getrennt; 114 453 bzw. 150 718 $km^2$) u. einigen Nebeninseln; auf der Nordinsel Geb.- u. Hügelland (Ruapehu 2 797 m) mit tät. Vulkanen, Geysiren, Thermalquellen u. reich gegliederten Küsten; auf der Südinsel die Neuseeländ. Alpen (Mt. Cook 3 764 m); *Bev.:* Weiße, meist engl., schott. u. ir. Abstammung; Eingeborene ↑Maori; z. T. endem. Flora und Fauna; *Landw.:* hpts. Viehzucht (Schafe); Kohlen-, Gold-, Silber-⚒; *Ind.:* Verarb. landw. Erzeugnisse, Düngemittel- u. Landmaschinenfabriken, Textil-, Leder- und Baustoffind.; Hauptexport: Wolle, Molkereiprodukte, Gefrierfleisch, Häute; Haupthäfen: Auckland, Wellington, Lyttelton. – *Gesch.:* 1642 von dem niederl. Seefahrer A. Tasman entdeckt, 1769 erforschte Cook die Küsten; 1840 brit. Kolonie, 1845–48 u. 1860–70 Maoriaufstände; seit 1907 Dominion, 1931 unabhängig.

**Neuseeland**

*Fläche:* 270 534 $km^2$
*Einwohner:* 3,85 Mill.
*Hauptstadt:* Wellington
*Amtssprache:* Englisch
*Zeitzone:* MEZ + 11 Stunden

**Neusiedler See,** ungar. **Fertő-to** [ˈfɛrtøːtoː], sehr flacher See an der östr.-ungar. Grenze; Flächengröße wechselnd, maximal 320 $km^2$, mittlere Tiefe unter 1 m; Naturschutzgebiet.

**Neusilber,** sehr harte u. korrosionsfeste Legierung aus 45–67 % Cu, 10–26 % Ni, 12–45 % Zn (Spuren v. Pb, Sn od. Fe). Handelsbez.: *Argentan, Alpaka.*

**Neuss,** Krst. am Niederrhein, NRW, 148 800 E; spätroman. Stiftskirche St. Quirinus; IHK; Maschinenbau, Stahlwerke, Erdölraffinerie; Rhein-⚓.

**Neustadt am Rübenberge,** Stadt an der unteren Leine, Nds.,

43 300 E; got. Stadtkirche, Schloss (16. Jh.); vielseit. Ind.

**Neustadt an der Weinstraße,** krsfr. St. am Haardtrand, RP, Verw.-Sitz des Reg.-Bez. Rheinhessen-Pfalz, 53 800 E; Stiftskirche (14./15. Jh.); Weinhandel, Möbel-, Papierind., Maschinenbau.

**Neustrilen,** der westl. Teil des nach dem Tod Chlothars I. geteilten Fränk. Reiches (zw. Schelde u. Loire).

**Neusüdwales** [-ˈweɪlz] ↑Australien.

**Neutralisation,** Reaktion zw. Säure u. Lauge bis zum *Neutralpunkt* (Konzentration v. Wasserstoff- u. Hydroxylionen gleich).

**Neutralität,** **1)** Nichtbeteiligung eines Staates an einem Krieg bzw. Konflikt. **2)** Parteilosigkeit.

**Neutrino** [lat.], Elementarteilchen ohne elektr. Ladung; experimentelle Hinweise auf *N.-Oszillationen* (Umwandlung v. Myon-N. in andere N.arten) weisen auf einen endl. Wert der Ruhemasse hin.

**Neutron,** Zeichen **n,** einer der Bausteine des Atomkerns, ungeladen, Masse nahezu gleich der des Protons; zerfällt als freies Teilchen in Proton u. Elektron.

**Neutronenwaffe,** atomarer Sprengsatz für Artilleriegeschosse u. Mittelstreckenraketen, der bei relativ reduzierter Spreng- u. Hitzewirkung eine starke Neutronenstrahlung auslöst.

**Neutrum** [lat.], sächl. Hauptwort (z. B. *das* Kind).

**Neu-Ulm,** bayr. Krst., Nachbarst. v. Ulm, 51 100 E; mod. Pfarrkirche; Metall-, Holz-, Nahrungsmittelind.

**Neuwied,** Krst. an der Mdg. der Wied in den Mittelrhein, RP, 67 400 E; Schloss (18. Jh.); Bimsstein-, Holz u. Metall verarb. Ind.

**Neuzeit,** Bez. für die Zeit s. dem Ende des MA (zw. 1450 u. 1500).

**Nevada,** Abk. **Nev.,** Staat im W der USA, östl. der *Sierra N.,* 286 352 km², 1,2 Mill. E, Hptst. Carson City; vorw. Wüstengebiet; Schafzucht (Wolle); vielseit. Erz-⚒; Fremdenverkehr (Las Vegas); die Wüsten sind Atombombenversuchsgebiet.

**Nevers** [nəˈvɛːr], Hptst. des frz. Dép. Nièvre, an der Loire, 42 000 E; got. Kathedr., ehem. herzogl. Palast (1475 ff.); Metall-, Textil-, keram. Industrie; ✈.

**Newa,** Abfluss des Ladogasees, Russland, 74 km; mündet in St. Petersburg in den Finn. Meerbusen.

**Newark** [ˈnjuːək], Hafenst. im nö. New Jersey, USA, westl. v. New York, 275 000 E; Univ., TH; chem. u. a. Ind.; ✈.

**New Brunswick** [njuː ˈbrʌnzwɪk], dt. **Neubraunschweig,** Prov. im SO Kanadas, 73 440 km², 724 000 E, Hptst. Fredericton; vorw. Land- u. Viehwirtsch.; Bodenschätze.

**Newcastle** [ˈnjuːkɑːsl], austral. St. in Neusüdwales, am Pazifik, 428 000 E; Univ.; Schwerind.; Hafen, ✈.

**Newcastle upon Tyne** [ˈnjuːkɑːsl əˈpɒn ˈtaɪn], Hptst. der engl. Gft. Northumberland, 192 500 E; Univ., got. Kathedr.; Tabak-, Schiff- u. Masch.bau; Kohleexport-⚓, ✈.

**New Deal** [ˈnjuː ˈdiːl; engl.], wirtschafts- und sozialpolit. Reformprogramm F. D. Roosevelts, mit dem ab 1933 in den USA die Folgen der Weltwirtschaftskrise bekämpft wurden.

**New Economy** [njuː ɪˈkɒnəmɪ; engl.], **Neue Ökonomie,** durch Erzeugung, Verarbeitung u. Verbreitung v. Information geprägte Wirtschaft, in der das Internet zentrales Transportmittel u. Motor globaler Vernetzung ist. Im Ggs. zur klass. Ökonomie *(Old Economy),* in der insbes. materielle Ind.güter produziert werden, sind die Gü ter der N. E. v. a. immaterieller Natur.

**Newfoundland** [ˈnjuːfəndlænd], kanad. Prov., umfasst Neufundland und O-Labrador, 405 720 km², 568 000 E, Hptst. Saint John's; inselreiche Küsten (bed. Fischerei), waldreiche, hügelige Ldsch. (Pelztierjagd u. -zucht); Holz-, Papier-, Zellstoffind., bed. ⚒.

**New Hampshire** [ˈnjuː ˈhæmpʃə], Abk. N. H., Staat im NO der USA, 24 032 km², 1,1 Mill. E, Hptst. Concord; Gebirgsland, waldreich, zahlr. Seen; Textil-, Lederind.

**New Haven** [ˈnjuː ˈheɪvn], Hafenst. in Connecticut, USA, am Long Island Sound, 124 000 E; Yale Univ.; Metall verarb. Ind.; ✈.

**New Jersey** [ˈnjuː ˈdʒəːzɪ], Abk. N. J., Staat der USA, an der Atlantikküste zw. Hudsonmdg. und Delaware Bay, 20 169 km², 7,7 Mill. E, Hptst. Trenton; fruchtb. Küstenebene (Kartoffeln, Mais, Gemüse, Obst; Viehzucht), im N gebirg. (Eisen- u. Zinkerz-⚒), vielseit. Ind.

**Newman** [ˈnjuːmən], **1)** Barnett, amer. Maler (Farbfeldmalerei), *1905, †1970; **2)** John Henry, engl. Theologe, Kardinal (1879), *1801, †1890; urspr. anglikan., seit 1847 kath. Priester; einer der Wegbereiter der modernen kath. Theologie und des ökumen. Denkens. **3)** Paul, amer. Schauspieler u. Regisseur, *1925.

**New Mexico** [ˈnjuː ˈmeksɪkəʊ], Abk. **N. Mex.,** Staat im SW der USA, an der mex. Grenze, 314 925 km², 1,51 Mill. E, Hptst. Santa Fe; gr. Teile wüsten- und steppenhaft; Landw. (künstl. Bewässerung); Viehzucht (Rinder, Schafe); Bodenschätze: Uran, Gold, Silber, Blei, Zink, Kupfer, Kalisalze, Erdöl und -gas.

**New Orleans** [ˈnjuː ˈɔːlɪənz, auch -ɔːˈliːnz], Hafenst. im Deltagebiet des Mississippi, größte St. von Louisiana, USA, 497 000 E; Universitäten; bed. Börsen; Baumwollmarkt; ⚓-, Auto-, Textil-, Tabak-, Zuckerind.; Ausfuhrhafen, internat. ✈; *N.-O.-Jazz* [ˈdʒæz], in u. um N. O. entstandene Richtung des tradit. Jazz; Hauptvertr.: L. Armstrong.

**Newport** [ˈnjuːpɔːt], Hafenst. am Ästuar des Severn, in S.-Wales, Verw.-Sitz v. Gwent, 105 400 E; normann. Kathedr.; Schiffbau, Metall-, Aluminiumindustrie.

**Newsgroup** [ˈnjuːzgruːp; engl.], Informations- u. Diskussionsforum über einen best. Themenbereich im Internet. Jeder Teilnehmer kann die Beiträge lesen u. eigene hinzufügen.

**Newton** [ˈnjuːtn], Sir Isaac, engl. Physiker, Mathematiker u. Astronom, *1643, †1727; Begr. der klass. theoret. Physik u. der Himmelsmech. (↑newtonsche Axiome), Entdecker des Gravitationsgesetzes; bed. Erkenntnisse auf vielen anderen Gebieten der Physik (Emissionstheorie des Lichts, Akustik), Math. u. Astronomie.

**Newton** [ˈnjuːtn], Einheitenzeich. **N,** SI-Einheit der Kraft; die Kraft, die der Masse 1 kg die Beschleunigung 1 m/s² erteilt; 1 N = 1 kg m/s² = 1 J/m.

**Newtonmeter** [ˈnjuːtn-], gleichbed. mit ↑Joule.

**newtonsche Axiome** [ˈnjuːtn-], Grundges. der klass. Mech.: 1. *Trägheitsges.:* Jeder Körper verharrt in Ruhe od. der gleichförm. geradlin. Bewegung, solange ihn nicht äußere Kräfte zwingen, seinen Zustand zu ändern. 2. *dynam. Grundges.:* Die Bewegungsänderung eines Körpers ist der einwirkenden ↑Kraft proportional u. ihr gleichgerichtet. 3. *Reaktionsprinzip:* Die v. 2 Körpern aufeinander ausgeübten Kräfte sind gleich gr. u. entgegengerichtet (actio = reactio).

**newtonsches Gravitationsgesetz** [ˈnjuːtn-], ↑Gravitation.

**New York** [ˈnjuː ˈjɔːk], **1)** Abk. **N. Y.,** Staat im NO der USA, zw. Erie-, Ontariosee, Sankt-Lorenz-Strom u. Mdg. des Hudson River, 141 080 km², rd. 18 Mill. E, Hptst. Albany; vorw. wald- u. seenreiches Hügel- u. Bergland der nördl. Appalachen; hoch entwi-

**New York:** *Blick auf die Skyline von New York ohne die durch den Angriff vom 11. 9. 2001 zerstörten Twin Towers des World Trade Centers, im Vordergrund die Freiheitsstatue*

ckelte Landw.; vielseit. ⚒; Stahlwerke, Druckereien, Textil- u. Nahrungsmittelfabriken; wicht. Binnenschifffahrtswege. **2)** größte St. d. USA, großenteils auf Inseln an der Mdg. des Hudson River, im S v. 1); 5 Bezirke: Manhattan, Bronx, Brooklyn, Queens u. Staten Island (fr. Richmond), zus. 7,98 Mill. E, städt. Agglomeration 8,008 Mill. E. Die Flussinsel Manhattan zw. Hudson River und East River bildet den Stadtkern: größtenteils regelmäß. angelegtes Straßennetz (Broadway, Fifth Avenue, Park Avenue, Wall Street u. a.), Hochhäuser (Empire State Building, Waldorf-Astoria, Rockefeller Center u. a.). Der markanteste Gebäudekomplex, das durch seine 415 m u. 417 m hohen Zwillingstürme (Twin Towers) geprägte World Trade Center (WTC; 1973 eingeweiht), wurde am 11. 9. 2001 bei einem verheerenden Terroranschlag islamist. Extremisten zerstört (rd. 2900 Tote); der Wiederaufbau mit neuen Büro- u. Geschäftshäusern am „Ground Zero", dem zertrümmerten WTC-Areal, ist geplant. Im N Harlem; Manhattan ist durch Brücken u. Tunnel mit dem Festland u. Long Island (Brooklyn u. Queens) verbunden. Zw. Long Island u. Jersey City die Upper N. Y. Bay mit Freiheitsstatue (Weltkulturerbe) u. Ellis Island. Mehrere Univ. (u. a. Columbia und N. Y. Univ.), zahlr. Inst., Museen, Bibliotheken; Sitz der UN; Presse-, Rundfunk-, Fernsehzentrum der USA; Kirchen, Theater. N. Y. ist einer der weltweit bedeutendsten Finanz-u. Handelsplätze (Wall Street in Manhattan, N. Y. Stock Exchange als zentrale Wertpapierbörse der USA u. größte Börse der Welt); zahlr. Ind. (Druckereien, Metallwaren, Werften, elektrotechn., Bekleidungsind., Hochtechnologien); bed. Verkehrszentrum (U-Bahn), Hafen, mehrere Großflughäfen (u. a. John F. Kennedy Internat. Airport). – Entstanden aus d. 1626 errichteten niederl. Handelsstation *(Nieuw Amsterdam),* Hauptstadt d. niederl. Besitzes in Amerika, wurde 1664 engl. u. in N. Y. umbenannt. 1789–90 Sitz d. Bundesreg. u. 1784–97 Hptst. d. Staates New York.

**Nexus** [lat.], Zusammenhang, Verflechtung.

**Ney, 1)** Elly, dt. Pianistin, *1882, †1968; bed. Beethoven-Interpretin. **2)** [nɛ], Michel, Hzg. v. Elchingen, Fürst v. der Moskwa, frz. Marschall dt. Herkunft, *1769, †1815 (standrechtl. erschossen); Heerführer Napoleons I.

**NF,** Abk. für: ↑**N**ieder**f**requenz.

**Ni,** ♂ Symb. für ↑Nickel.

**Niagara River** [naɪˈægərə -], Abfl. des Eriesees zum Ontariosee, Grenzfl. zw. den USA und Kanada, 55 km, mit zahlr. Stromschnellen und den *Niagarafällen* (durch Goat Island in die 790 m breiten, 49 m hohen Kanad. Hufeisenfälle u. die 350 m breiten, 51 m hohen Amer. Fälle geteilt). – Abb. S. 478.

**Niamey** [njaˈmɛ], Hptst. d. Rep. Niger, am Niger, 570 000 E; Univ.; Wirtschafts- u. Handelszentrum d. Landes; Lebensmittel-, Textil-, Kunststoff-, Holzind.; ⚓, ✈.

**Nibelungen,** nach der Sage urspr. die Mannen des *Nibelung,* des dämon. Besitzers des *N.horts;* Übertragung des Namens auf Siegfried und die Burgunder.

**Nibelungenlied,** anonym überliefertes, um 1200 im Donauraum entstandenes, in vierzeil. Langzeilenstrophen verf. mhd. Heldenepos; 2 Hauptteile (Siegfrieds Tod; der Untergang der Burgunder).

**Nicäa,** lat. **Nicaea,** antike St. (heute İznik) in NW-Anatolien; Residenz bithyn. Könige u. röm. Statthalter; Ruinen (Palast, Tore, Wasserleitung); Tagungsort des 1. und 7. ökumen. Konzils (325 und 787).

**Nicänisches Glaubensbekenntnis,** das auf dem 1. Konzil von Nicäa 325 in Abgrenzung gegen den ↑Arianismus formulierte (bes. die Wesensgleichheit von Gott-Vater und Gott-Sohn [Christus] betonende) Glaubensbekenntnis; ging in seiner erweiterten Fassung (beschlossen 381 in Konstantinopel) als Credo in die abendländ. Liturgie (Messe) ein [heute meist durch das kürzere ↑Apostol. Glaubensbekenntnis ersetzt].

N

**Niagara River:** *Amerikanische Fälle*

**Nicaragua,** größte mittelamer. Rep.; vulkan- u. waldreiches Gebirgsland; fruchtb. Pazifikküste; *Bev.:* Mestizen (68 %), Weiße (18 %), Schwarze (9 %), Indios (5 %); umfangr. Rinder- u. Schweinehaltung; Export von Baumwolle, Kaffee, Kakao, Zuckerrohr u. Bananen; Gewinnung v. Edelhölzern; Zuckerfabriken. – *Gesch.:* 1502 entdeckte Kolumbus die atlant. Küste N.s; ab 1528 in die span. Verw. eingegliedert; 1823 Mitgl. der Zentralamer. Föderation, 1838 selbst. Rep., seitdem Konflikte zw. Konservativen u. Liberalen, zw. Spaniern u. Misquito-Indianern u. mit den Nachbarrep.; 1912–33 Intervention der USA in d. Bürgerkrieg; 1937–79 diktator. Herrschaft der Fam. Somoza; ab 1978 Bürgerkrieg gg. das Somoza-Regime bis zu dessen Sturz (1979). Die von der Sandinist. Nat. Befreiungsfront (FSLN) beherrschte Reg. wurde von nationalist.-konservativen Oppositionellen („Contras") mit Unterstützung der USA bekämpft. Ab 1988 Verhandlungen zum Demokratisierungsprozess, seit 1990 demokrat. gewählte Regierungen.

**Nicaragua**

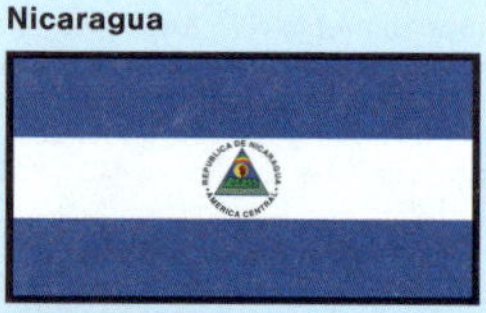

*Fläche:* 129 494 km²

*Einwohner:* 4,81 Mill.

*Hauptstadt:* Managua

*Amtssprache:* Spanisch

*Zeitzone:* MEZ – 7 Stunden

**Nicaraguasee,** größter See Nicaraguas, 8 264 km², bis 70 m tief.

**nichteheliche Kinder,** bisher v. a. Bez. für Kinder einer unverheirateten Frau. 1998 wurden die rechtl. Unterschiede zw. ehel. u. n. K. beseitigt: nunmehr gemeinsame ↑elterliche Sorge möglich; Sonderregelungen im Erbrecht (Erbersatzanspruch) abgeschafft; Unterhaltsrecht für Kinder geschiedener Eltern u. n. K. vereinheitlicht.

**Nicht|eisenmetalle, NE-Metalle,** Bez. für alle Metalle außer Eisen, z. B. Blei, Nickel, Kupfer, Zinn.

**nicht|euklidische Geometrie,** eine Geometrie, in der (fast) alle Axiome der ↑euklid. Geometrie gelten mit Ausnahme des Parallelenaxioms. In der *hyperbol. n. G.* wird das Parallelenaxiom ersetzt durch die Formulierung: Zu einer Geraden einer („hyperbol.") Ebene gibt es durch einen nicht auf ihr gelegenen Pt. mindestens 2 Parallelen.

**Nichtigkeit,** völl. Unwirksamkeit: 1. von Rechtsgeschäften bei Verstoß gg. gesetzl. Verbot, gg. die guten Sitten, bei Geschäftsunfähigkeit, Formmängeln und Willensmängeln; 2. von Urteilen u. Verw.-Akten bei schweren formellen oder materiellen Fehlern; *N.sklage* ↑Wiederaufnahmeklage.

**Nichtleiter,** Substanzen, die den elektr. Strom nicht leiten.

**Nickel,** Symb. **Ni,** chem. El., OZ 28, rel. A.-Masse 58,71; ferromagnet. Metall; Dichte 8,902 g/cm³, Fp. 1 455 °C, Sp. 2 913 °C; reines N. ist beständig gg. Luft, Wasser u. Alkalien; löst sich unter Bildung grün gefärbter Salze in Säuren; wicht. Bestandteil in Edelstählen (nicht rostende Stähle, N.stahl); für Legierungen (u. a. Neusilber), als Katalysator in der Elektroind. In Form von lösl. Salzen wird N. zur galvan. Vernickelung eingesetzt.

**Nicolai, 1)** Friedrich, dt. Schriftsteller, * 1733, † 1811; Vertr. der literar. Aufklärung. **2)** Otto, dt. Komponist, * 1810, † 1849; kom. Oper „Die lustigen Weiber von Windsor"; Begr. u. Dirigent der Wiener Philharmoniker.

**nicolsches Prisma** [nach dem brit. Physiker W. Nicol, * um 1768, † 1851], aus 2 Teilprismen opt. einachs. Kalkspats zusammengesetzte opt. Vorrichtung zur Erzeugung linear polarisierten Lichts.

**Nidwalden** ↑Unterwalden.

**Niederbayern,** bayr. Reg.-Bez., 10 331 km², 1,14 Mill. E, Hptst. Landshut; umfasst den NO des dt. Alpenvorlandes u. den Hauptteil des Bayer. Waldes.

**Niederdeutsch,** zusammenfassende Bez. für deutsche Mundarten, die an der ahd. Lautverschiebung nicht teilgenommen haben. Zum eigtl. N. rechnen das Niedersächs. (älteste Stufe Altsächs., das im „Heliand" u. d. „Genesis" zwei bed. Zeugnisse hat) u. das Ost-N. Im MA Lit.-, Geschäfts- u. Rechtsspr. (u. a. „Sachsenspiegel" des Eike v. Repgow); Wiederbelebung in der schriftl. Verwendung im 19. Jh. mit K. Groth, F. Reuter, J. Brinckmann u. a.

**niedere Gerichtsbarkeit, Niedergericht,** im MA bis ins 19. Jh. die mit minderen Rechtsstreitigkeiten u. leichteren Straftaten befasste Gerichtsbarkeit.

**Niedere Tauern,** Geb.-Zug in den Ostalpen, Östr., bis 2 863 m.

**Niederfrequenz,** Abk. **NF,** Frequenzen v. elektromagnetischen Schwingungen u. elektr. Wechselströmen zw. 10 Hz u. 20 kHz.

**Niederkalifornilen,** mex. Halbinsel an der nordamer. W-Küste, trennt den Golf von Kalifornien vom Pazifik, 143 000 km²; gebirg. (bis 3 078 m hoch), z. T. wüsten- u. steppenhaft; Erzvorkommen.

**Niederlande,** europ. Kgr. an der Nordsee, zw. Ems- u. Scheldemündung; *Gliederung:* Tiefland (z.T. Marschland), wenig über, teilw. bis 6m u.d.M.; v.a. im Rhein-Schelde-Mündungsgebiet buchtenreiche Küste, durch Deiche u. natürl. Dünengürtel gg. Sturmfluten geschützt. Nördl. u. nö. von Den Helder sind der Küste die Westfries. Inseln mit ausgedehntem Watt vorgelagert; gr. Einpolderungen bes. am Ijsselmeer u. in der Rhein-Maas-Mdg., bed. Acker- u. Viehzuchtgebiete; im NO ausgedehnte Geest- u. Hochmoorgebiete (Fehnkulturen); zahlr. eingedeichte Flüsse (bes. Maas, Rhein, Waal) und Kanäle. *Wirtschaft:* Acker-, Gemüsebau (Treibhauskulturen), bed. Blumenzucht (Tulpen); Vieh- u. Milchwirtsch.; chem., Elektro-, Textil-, Nahrungsmittel-, Erdölind.; Erdgasvorkommen; bed. See- und Binnenschifffahrt, Haupt-⚓ Rotterdam (größter Hafen der Welt). – *Gesch.:* Zur Römerzeit von Germanen bewohnt, später ein Teil des Fränk. Reiches; nach der Reichsteilung an das Ostreich Ludwigs d. Deutschen. In der Folgezeit Konsolidierung der Territorien Flandern, Brabant, Hennegau, Namur, Limburg, Lüttich im S, Holland, Seeland, Utrecht u. Geldern im N. Im Spät-MA eines der wirtsch. blühendsten Gebiete Europas. Ende des 14. Jh.s an das Hzgt. Burgund, nach der Heirat Maximilians I. mit Maria v. Burgund 1477 an Habsburg. Nach der Teilung der habsburg. Gebiete unter Karl V. mit Spanien verbunden. Die absolutist. Herrschaft Philipps II., der Versuch gewaltsamer Zurückdrängung der Reformation u. die Missachtung der ständischen Gerechtsame führten nach Entsendung Hzg. Albas 1567/68 zum offenen Ausbruch des Freiheitskampfes. Egmond u. Horne 1568 hingerichtet; Ausweitung des Aufstandes, seit 1572 unter Führung Wilhelms v. Oranien (↑Geusen). Erst 1579 die südl., überw. kath. Provinzen auf der Seite Spaniens. Dagegen Zusammenschluss der nördl. Provinzen, Lossagung von Spanien 1581. Im Westfäl. Frieden (1648) Unabhängigkeit der Rep. der Vereinigten N. anerkannt. Aufstieg zur bed. See- u. Weltmacht (Gewinn v. Kolonien in Afrika und Amerika, Niederlassungen der Niederl.-Ostind. Kompanie bis nach Australien). Im Krieg gg. Ludwig XIV. v. Frkr. 1672–78 Wahrung der Unabhängigkeit u. des Besitzstandes (Friede v. Nimwegen). 1795 von frz. Truppen erobert; Batav. Rep.; seit 1806 Kgr. Holland unter Louis Bonaparte, 1810 Frkr. einverleibt. Die südl. N. 1714 als östr. N. zu Habsburg, bereits 1794 Frkr. angegliedert. Sie bildeten mit den nördl. N.n seit dem Wiener Kongress 1815 das „Kgr. der Vereinigten N." unter Wilhelm I.; in der Revolution v. 1830 wieder zerbrochen. Der südl. Teil seitdem selbst. als Kgr. Belgien. Unter Wilhelm II. 1848 lib. Verfassung. Im 1. u. im 2. Weltkrieg strikte Neutralität. Am 10. 5. 1940 widerrechtl. Angriff durch Dtl. u. Besetzung. Flucht der Kgn. Wilhelmina u. der Reg. nach London (bis 1945). 1944/45 Befreiung der N. durch die Alliierten. 1949 NATO-Beitritt, Niederländisch-Indien als Indonesien unabhängig. 1958 Gründungs-Mitgl. der EWG, 1960 In-Kraft-Treten des Vertrages über eine Wirtschaftsunion mit Belgien u. Luxemburg (Benelux). 1948–80 Kgn. Juliana, s. 1980 Kgn. Beatrix.

**Niederlande**

*Fläche:* 41 526 km²
*Einwohner:* 15,9 Mill.
*Hauptstadt:* Amsterdam
*Regierungssitz:* Den Haag
*Amtssprache:* Niederländisch
*Zeitzone:* MEZ

**Niederländisch,** Spr. der Niederlande und Nordbelgiens sowie einiger übersee. Gebiete, entstand hpts. aus dem Niederfränk. (↑deutsche Mundarten). Tochtersprache ist das Afrikaans.

**Niederländische Antillen,** autonomer Teil der Niederlande im Bereich der Westind. Inseln, bestehend aus den Inselgruppen Curaçao u. Bonaire, die der venezolan. Küste vorgelagert sind, sowie Sint Maarten (S-Teil), Sint Eustatius u. Saba im Bereich der Leeward Islands (die Insel *Aruba,* 193 km², rd. 65 000 E, Hauptort Oranjestad, erhielt am 1. Jan. 1986 Teilunabhängigkeit); insgesamt 800 km², 191 000 E, Hptst. Willemstad.

**niederländische Kunst,** im Wesentl. die Kunst im Bereich der Niederlande u. (bis 1830) Belgiens. *Hohes MA:* Im 12. Jh. Goldschmiedekunst der Maas-Schule (Nikolaus von Verdun); bed. Sakral- u. Profanbauten u.a. in Gent, Brügge, Ypern, Brüssel, Antwerpen. Gg. Ende des 14. Jh. beginnende Blüte der *burgund.-niederl. Kunst* mit dem Bildhauer C. Sluter, in der Buchmalerei die Brüder von Limburg. Neben H.u. J.van Eyck bed.: Meister v. Flémalle und R.van der Weyden; weiter D. Bouts, H.van der Goes und H. Memling; später A.van Ouwater, Geertgen tot Sint Jans, H. Bosch, G. David. Manierist. Künstler (16. Jh.) sind C. Floris (Dekorationsstil), im Ausland tätige Bildhauer (H. Gerhard u. A.de Vries) sowie die Maler J. Gossaert, Q. Massys, B.van Orley, J. Patinir, L.van Leyden, J.van Scorel und v.a. P. Breughel d.Ä. *Barock* (17. Jh.): höf. Kunst der südl. (span.-kath.) u. bürgerl. Kunst der nördl. Niederlande. Die fläm. Barockmalerei vertraten A.van Dyck, J. Jordaens, A. Brouwer, D. Teniers d.Ä. u. D. Teniers d.J., F. Snyders, v.a. P. P. Rubens. Im prot. Holland realist. Grundzug der Malerei; neue Bildgattungen: Gruppenbild (F. Hals, Rembrandt), Architekturstück, Stillleben (W. C. Heda, W. Kalf, P. Claesz), Genremalerei (G. Dou, A.van Ostade, G. Terborch, J. Steen, P.de Hooch, G. Metsu, J. Vermeer van Delft), Landschaft (J. van Ruisdael, M. Hobbema, J. van Goyen), Tierstück (P. Potter), Seestück (W. van de Velde) u.a.; überragender Künstler: Rembrandt; Baumeister: H.de Keyser u. J.van Kampen. Im *18.* und *19. Jh.* starker frz. Einfluss, im *19./20. Jh.* erlangten V.van Gogh, P. Mondrian u. die Architekten H. P. Berlage, J. J. P. Oud, T.van Doesburg („Stijl-Gruppe") internat. Bedeutung. Nach dem 2. Weltkrieg wurde Amsterdam ein Zentrum des abstrakten Expressionismus; bed. mod. Architektur u.a. in Amsterdam, Den Haag u. Rotterdam (A. van Eyck, H. Hertzberger, R. Koolhaas u.a.). – Abb. S. 480.

**niederländische Literatur,** schriftl. Überlieferung seit dem 12. Jh. (Heinrich von Veldeke); im 13. Jh. myst. Lyrik (Hadewych); satir. u. didakt. Lit. in den fläm. Städten (J.van Maerlant), ma. Dichtung: „Van den vos Reinaerde"; Mirakel- u. Mysterienspiele; von europ. Bed. Thomas a Kempis (Mystik), Erasmus von Rotterdam (Humanismus); durch die Freiheitskriege Spaltung in fläm. bzw. belg. Lit. u. niederl. Lit. i.e.S.; im 18. Jh. Verfall u. frz. Einfluss; Übergang zur Romantik (E. J. Potgieter, W. Bilderdijk); um

**niederländische Kunst** *Jan van Eyck, „Madonna des Kanzlers Nicholas Rolin“ (um 1437; oben links); Jacob van Ruisdael, „Mühle in Wijk bei Duurstede“ (um 1670; oben rechts); Anthonis van Dyck, „König Karl I.“ (1633; Mitte rechts); Claus Sluter, „Mosesbrunnen“ im Kreuzgang der Kartause von Champmol bei Dijon (um 1395–1404/06; unten links); Vincent van Gogh, „Die Kirche von Auvers-sur-Oise“ (1890; unten rechts)*

1880 neue Blüte, künstler. Individualismus (J. F. H. Perk, A. Verwey, van Eeden, W. J. T. Kloos); in der Prosa naturalist. Tendenz, später gemäßigter Realismus u. neuromant. Erzählkunst; um 1900 Lyrik mit soz. u. relig.-myth. Thematik; bis 1935 neben- u. gegeneinander stehende Gruppen, geschart um programmat. Zeitschriften (kosm. Expressionismus, eth. Humanismus); seit 1935 Resignation, Neue Sachlichkeit; die „Experimentellen" der 1950er-Jahre erstrebten eine radikale Reformierung des literar. Lebens; bed. Gegenwartsautor ist C. Nooteboom.

**niederländische Musik,** umfasst nicht nur das Schaffen niederl., sondern 1400 bis 1600 auch frankofläm. (beiderseits der heut. belg-frz. Grenze beheimatete) u. burgund. Komponisten; gemein ist ihnen ein um 1400 aufkommender Stil: Chor von 4 od. 5 Stimmen (Polyphonie), in dem die Stimmlagen gleiches melod. Material mehrstimm. verwenden, d.h. eine Vereinheitlichung der Stimmen erstrebt wird. Erste Blüte unter G. Dufay. Höhepunkt des Stiles in der melod. Durchimitation der Stimmen und der klaren Architektonik des Satzes bei Josquin Desprez; in seiner Nachf. A. P. Coclico, A. Willaert u. J. Clemens non Papa. Die niederl. Komponisten nach 1550 (Orlando di Lasso u. a.) strebten immer stärker zum füll. Klang; dieses Abweichen vom eigtl. Prinzip der niederl. Polyphonie bereitete die Epoche der Monodie vor, in der die musikal. Vorherrschaft an Italien abgegeben wurde. Nur in der Orgelmusik blieb die n. M. mit J. P. Sweelinck noch schulbildend. – Bed. in jüngerer Zeit v.a. W. Pijper, H. Badings, T. de Leeuw, P. Schat, O. Ketting, M. Mengeberg, R. de Leeuw, L. Andriessen, E. Raxach, K. Boehmer u. T. Keuris.

**Niederländisch-Guayana,** fr. Name von ↑Surinam.

**Niederländisch-Indilen,** Bez. für die ehem. niederl. Kolonien im Malaiischen Archipel, das Gebiet der heut. Rep. ↑Indonesien.

**Niederlassung,** handelsrechtl. ein Ort, an dem sich ein gewerbl. Unternehmen befindet; Erfüllungsort für alle im Zusammenhang mit dem Gewerbebetrieb entstehenden Verbindlichkeiten.

**Niederösterreich,** das größte östr. B.-Land, 19 172 $km^2$, 1,48 Mill. E; neue Hptst. ist Sankt Pölten, Verw.-Sitz noch Wien. N. liegt beiderseits der Donau zw. Enns u. March, umfasst u.a. Wald- u. Weinviertel, Tullner Becken, Marchfeld, Wiener Becken; Obst-, Weinbau, Holzverarb., Textil-, Zuckerind.; Erdöl- u. -gasgewinnung.

**Niedersachsen,** Land der BRD, zw. unterer Elbe und niederl. Grenze, 47 614 $km^2$, 7,9 Mill. E, Hptst. Hannover. N. hat im S mit dem Weserbergland u. dem westl. Harz noch Anteil am dt. Mittelgeb.; nach N allm. Abflachung (u. a. Lüneburger Heide) zum Norddt. Tiefland bis zu den Marschen an der Küste. Vor der Küste breiter Wattgürtel, der im W durch die Ostfries. Inseln von der Nordsee getrennt wird. Bed. Wasserstraßen: Ems, Weser, Elbe, Elbeseitenkanal, Mittellandkanal. *Wirtsch.:* Ackerbau (Getreide, Hackfrüchte, u. a. Zuckerrüben, Obst, Gemüse), im Norddt. Tiefland bes. Viehwirtsch.; Gewinnung v. Erdöl, Braunkohle, Kali, Steinsalz. Ind.: Straßenfahrzeugbau, Nahrungs-, Genussmittel-, elektron., elektrotechn. Ind. – 1946 durch Zusammenschluss der fr. preuß. Prov. Hannover mit den Ländern Braunschweig, Oldenburg und Schaumburg-Lippe gebildet.

**Niederschlag, 1)** meteorolog. Bez. für atmosphär. Wasser in fester oder flüss. Form; Bildung durch Kondensation od. Sublimation v. Wasserdampf; als Tau, Reif, Regen, Schnee, Graupeln, Hagel u. a. **2)** der aus einer Lösung durch chem. Reaktion ausgefällte Stoff.

**Niederspannung,** elektr. Spannung mit einem Effektivwert v. max. 1 kV.

**Nieder|ungarisches Tiefland** ↑Großes Ungarisches Tiefland.

**Niederwald,** SW-Teil des Rheingaugeb.; 1877–83 Errichtung des *N.denkmals* zur Erinnerung an den Krieg 1870/71.

**Niederwald,** heute seltene Wirtsch.-Form des Laubwaldes; Kahlschlag je nach Baumart zw. 10 und 20 J., Verjüngung durch Stockausschlag.

**Niederwild,** nicht zur hohen Jagd zählende Wildarten, z. B. Reh, Fuchs, Hase, Rebhuhn.

**Niello** [ital.], Gold- und Silberschmiedekunst: Masse u. a. aus Blei, Kupfer, Schwefel, die zum Füllen von [in Metall eingravierten] Zeichnungen verw. wird.

**Niemöller,** Martin, dt. ev. Theologe, *1892, †1984; führender Vertreter d. ↑Bekennenden Kirche; 1938–45 im KZ; 1947–64 Kirchenpräs. d. Ev. Kirche in Hessen u. Nassau; überzeugter Pazifist.

**Nienburg (Weser),** Krst. nw. v. Hannover, Nds., 32 700 E; altes Stadtbild; Fachhochschule.

**Niere, Ren,** Ausscheidungsorgan höher organisierter Tiere; beim Menschen bohnenförm., drüsig, paarig angelegtes Organ beiderseits der oberen Lendenwirbelsäule an der Hinterwand der Bauchhöhle, das insbes. der Ausscheidung v. Stoffwechselprodukten dient sowie der Regulierung des Wasser- und Salzhaushaltes; *N.nbecken,* Sammelbecken für den Urin im Innern der N., von dem die Harnleiter ausgehen; *N.nbeckenentzündung,* bakterielle (meist Kolibakterien) Infektion des N.nbeckens; kombiniert mit N.nentzündung als *Pyelonephritis; N.nentzündung,* svw. ↑Nephritis; *N.nkanälchen* ↑Nephron; *N.nkolik,* meist durch N.nsteine hervorgerufene Kolik; *N.nkörperchen* ↑Nephron; *N.nschrumpfung* ↑Schrumpfniere; *N.nsteine,* Ausfällung von Harnsalzen in N.nbecken u. Harnleiter; sandkorn- bis pflaumengr.; kleinere können mit dem Urin abgehen, größere führen bei Einklemmung, bes. im Harnleiter, zu Koliken.

F. Nietzsche

**Nießbrauch,** unvererbl. u. unveräußerl. Recht einer Person, eine fremde Sache od. ein fremdes Recht zu besitzen, zu verwalten, zu gebrauchen und zu nutzen.

**Nieswurz,** Gatt. der Hahnenfußgewächse; oft gefiederte Blätter, enthalten z. T. das Herzgift Helleborin; u. a. Christrose.

**nieten,** Werkstücke im Stahl-, Leichtmetall-, Kessel- u. Behälterbau durch *Niete* (runde Bolzen v. a. aus Stahl mit angestauchtem *Setzkopf*) verbinden.

**Nietzsche,** Friedrich, dt. Philosoph, *1844, †1900; unterschied selbst 3 Perioden seines Denkens: 1. die Welt im apollin.-dionys. Ggs., ästhet. in Genie (Wagner) u. Tragödie sichtbar; 2. radikale Befreiung von der Tradition u. den überkommenen (christl.) Werten; Nihilismus, „Gott ist tot“; 3. „Willen zur Macht“ unter „Umwertung aller Werte“; Hauptwerke: „Unzeitgemäße Betrachtungen“, „Die fröhl. Wiss.“, „Also sprach Zarathustra“, „Jenseits von Gut u. Böse“, „Ecce homo“.

**Niger, 1)** drittgrößter Fl. Afrikas; entspringt in S-Guinea, mündet in d. Golf v. Guinea (breites Delta, rd. 25 000 $km^2$); 4 160 km. **2)** Rep. in W-Afrika, in d. südl. Sahara; Anteil am Tschadsee im SO, im SW v. 1) durchflossen; überw. Wüsten, im S Trockensavanne, d. nach N in Dornstrauchsavanne übergeht; semi- bis vollarides Klima; Bev. vorw. Haussa, Fulbe im Sahel, Tuareg in d. Sahara; im S Anbau v. Mais, Hirse, Reis, Erdnüssen u. Baumwolle; Uranerzabbau. – *Gesch.:* 1897–99 v. Frkr. erobert, wurde 1922 Kolonie, 1958 Rep. innerh. der Frz. Gemeinschaft, 1960 unabhängig; 1974–92 Militärherrschaft; wiederholt blutige Konflikte mit den Tuareg.

**Niger**

*Fläche:* 1 267 000 $km^2$
*Einwohner:* 10,8 Mill.
*Hauptstadt:* Niamey
*Amtssprache:* Französisch
*Zeitzone:* MEZ

**Nigeria,** Bundesrep. in Westafrika, am Golf v. Guinea; Küstenebene mit Nigerdelta, Hochfläche im N und W (Savanne), im S Flachland (trop. Regenwald); trop. Klima; volksreichster Staat Afrikas (Hpt.-Gruppen: Haussa, Fulbe, Kanuri, Yoruba, Ibo); Anbau v. Erdnüssen, Baumwolle, Hirse, Kakao, Ölpalmen, Kautschuk; bed. Erdöl- u. Erdgasförderung (95% d. Exporterlöse), ⚒ auf Kohle, Columbit, Zinn u. a. Bodenschätze; Erdölraffinerie, vielseitige Ind. – *Gesch.:* N. umfasst ein Gebiet altafrik. Kulturen (u. a. Benin) u. Haussastaaten; ab 1880 Errichtung der brit. Herrschaft,

**Nigeria**

*Fläche:* 923 768 $km^2$
*Einwohner:* 123,3 Mill.
*Hauptstadt:* Abuja
*Amtssprache:* Englisch
*Zeitzone:* MEZ

1914 Kolonie; 1960 unabh.; 1963 Rep.; 1967–70 Bürgerkrieg aufgrund der Abspaltung der O-Region *Biafra* (bis 1970); häufig wechselnde Militärreg.en bis zu allmählich demokrat. Strukturen ab 1999.

**Nightingale** [ˈnaıtıŋgeıl], Florence, brit. Krankenpflegerin, * 1820, † 1910; organisierte im Krimkrieg Verwundeten- u. Krankenpflege.

**Nihilismus** [lat.], philos. Anschauung von der Nichtigkeit, Sinnlosigkeit alles Bestehenden, des Seienden; weltanschaul. Haltung, die alle positiven Zielsetzungen, Ideale, Werte ablehnt; völlige Verneinung aller Normen u. Werte.

**Nijinski** [niʒ-], Vaclav, eigtl. Wazlaw Fomitsch **Nischinski,** russ. Tänzer, * 1889, † 1950; 1903–13 Star der „Ballets Russes“.

**Nike,** griech. Siegesgöttin; personifizierter Sieg; berühmtester Tempel auf der Akropolis (Athen).

**Nikias,** athen. Staatsmann u. Heerführer, * um 470, † 413; schloss im Peloponnes. Krieg 421 v. Chr. Frieden mit Sparta.

**Nikisch,** Arthur, dt. Dirigent bed. Orchester, * 1855, † 1922.

**Nikobaren** ↑Andaman and Nicobar Islands.

**Nikodemus,** hl., jüd. Schriftgelehrter, setzte sich im Hohen Rat (Synedrium) für Jesus ein.

**Nikolajew,** ukrain. Gebietshptst. an d. Mdg. d. Bug ins Schwarze Meer, 523 000 E; Schiff- und Maschinenbau; ⚓, ✈. – Bei N. Kernkraftwerk.

**Nikolaus** von Hagenau, Niclas ↑Hagnower.

**Nikolaus** [auch: ˈni:-], **N. von Kues** [- ku:s], latin. **Cusanus,** Philosoph u. Theologe, * 1401, † 1464; unterschied zw. verstandesmäßiger Erkenntnis u. myst. Anschauung, die zu Gott, der Einheit aller Ggs. (Coincidentia Oppositorum), führt.

**Nikolaus** [auch: ˈni:-], Name v. Heiligen: **1) N.,** hl., Bischof v. Myra, † um 350; nach der Legende soll er Myra aus gr. Hungersnot gerettet haben, auch Rettung Schiffbrüchiger; Fest am 6. Dez. *(N.-Tag);* **2) N. v. [der] Flüe,** hl., gen. **Bruder Klaus,** schweizer. Bauer u. Mystiker, * 1417, † 1487; seit 1467 Einsiedler; viel besuchter [polit.] Ratgeber; verhinderte die Spaltung der Eidgenossenschaft.

**Nikolaus** [auch: ˈni:-], Päpste: **1) N. II.,** * um 980, † 1061, Papst s. 1059; begr. das Wahlverfahren d. Päpste durch das Kardinalskollegium (Papstwahldekret). **2) N. V.,** * 1397, † 1455, Papst s. 1447; gilt als der erste Renaissancepapst; begr. die Vatikan. Bibliothek.

**Nikolaus** [auch: ˈni:-], russ. Zaren: **1) N. I. Pawlowitsch,** * 1796, † 1855, Zar s. 1825; reg. absolutist.; warf den Aufstand der Dekabristen u. den poln. Aufstand 1830/31 nieder, führte den Krimkrieg. **2) N. II. Alexandrowitsch,** * 1868, † 1918, Zar 1894–1917; nach Ausbruch der Revolution abgesetzt, interniert u. 1918 mit seiner Fam. von den Bolschewiki ermordet.

**Nikolsburg** ↑Mikulov.

**Nikomachische Ethik,** eth. Hauptwerk des Aristoteles (vermutl. hg. von seinem Sohn Nikomachos).

**Nikosia,** neugriech. **Levkosia,** zz. geteilte (türk. N- u. griech. S-Teil) Hptst. von Zypern, 147 000 E; Leder-, Textilindustrie.

**Nikotin** [nach dem frz. Diplomaten J. Nicot, * 1530, † 1600], stark gift. Hauptalkaloid der Tabakpflanze, synthet. herstellbar; wirkt erst anregend, später lähmend auf die vegetat. Ganglien.

**Nikotinsäure,** zus. mit *N.amid* Bestandteil des Vitamin-B2-Komplexes.

**Nikotinvergiftung,** Schwindel, Übelkeit, Herzklopfen od. Schweißausbruch nach ungewohntem od. übermäß. Tabakgenuss; kann zum Tod durch Atemlähmung führen.

**Nil,** größter Strom Afrikas, 6 671 km lang, Einzugsbereich 2,87 Mill. $km^2$; als Quellfluss gilt d. in d. Victoriasee mündende Kagera, der d. See als *Victoria-N.* verlässt; fließt als Bahr el-Djebel, dann als *Weißer N.* nordwärts, vereinigt sich bei Khartum, Rep. Sudan, mit dem *Blauen N.* u. dem *Weißen N.*, durchbricht die nub. Kalk- u. Sandsteintafel (sechs Katarakte), durchfließt das Wüstengebiet u. bildet in ihm eine 5–20 km breite

Flussoase (Oberägypten), unterh. v. Kairo mündet er im rd. 24 000 km² gr. *N.delta* mit 2 Hauptarmen (Rosette u. Damiette) ins Mittelmeer; d. Assuanhochdamm (mit Kraftwerk bei Assuan) staut den N. zum 550 km langen *Nassersee* (37 Mrd. m³ Wasser).

**Niloten,** im Obernilgebiet u. in den Savannen O-Afrikas lebende Stämme; hamit. beeinflusst; Vieh züchtende Ackerbauern.

**Nilpferd** ↑Flusspferde.

**Nimbus** [lat.], Heiligenschein; übertr. für [unverdienten] Ruhm.

**Nîmes** [ni:m], Hptst. des südfrz. Dep. Gard, 128 500 E; bed. antike Baudenkmäler, u. a. Amphitheater, Tempel (Maison Carrée), in der Nähe der St. Aquädukt; Museen; bed. Weinhandel; u. a. Textilind.; ✈. – Keltensiedlung, unter Augustus röm. Kolonie. – N. war einer der Hauptorte der Hugenotten.

**Nimrod,** im A. T. (1. Mos. 10, 8 ff.) bed. Herrscher und großer Jäger.

**Nimwegen,** niederl. **Nijmegen** ['nɛi̯me:xə], niederl. Hafenst. an der Waal, Prov. Geldern, 146 400 E; Univ.; St.-Stevenskerk (13.–15. Jh.); Museen; Schiff- u. Masch.bau, Textil-, Metall- u. a. Ind. – Kelt. Siedlung, später röm. Kolonie; karoling. Pfalz; 1230 R.-St., 1248 an Geldern; *Friede von N.* 1678/79 zw. Frkr., den Niederlanden, Spanien, Schweden u. dem Hl. Röm. Reich, beendete den Niederl.-Frz. Krieg (s. 1672).

**Ninive,** Ruinenst. in N-Irak am l. Tigrisufer; s. 704 v. Chr. Hptst. und Residenz des Assyrerreiches (Tempel u. Paläste); berühmte Tontafelbibliothek Kg. Assurbanipals; 612 v. Chr. von Medern u. Babyloniern zerstört.

**Niob** [gr.; nach Niobe], Symb. **Nb**, chem. El., OZ 41, rel. A.-Masse 92,9064, hellgraues, glänzendes Metall; Dichte 8,57 g/cm³, Fp. 2 477 °C, Sp. 4 744 °C; in Säuren (auch Königswasser) unlösl.; verw. in Stahllegierungen.

**Niobe,** in der griech. Mythol. Kgn. von Theben, Mutter von sieben Söhnen u. sieben Töchtern, schmähte Leto, die Mutter von Apoll u. Artemis, die deshalb die Kinder der N. töteten.

**Nippon,** jap. Bez. für Japan.

**Nirwana** [sanskr.; = das Verlöschen], das Heilziel ind. Religionen; im *Buddhismus* die Befreiung aus dem Kreislauf der Geburten (Samsara), im *Hinduismus* das Aufgehen der „Einzelseele“ (Atman) in der „Allseele“ (Brahman).

**Nischnij Nowgorod,** 1932–90 **Gorki**, Gebietshptst. in Russland, an der Wolga, 1,36 Mill. E; Kreml (14. Jh.); Univ.; Hochschulen; bed. Handels- u. Ind.-Zentrum; Kfz- u. Transportmasch.-Werk, Flugzeug-, Lokomotiv-, Waggonbau, Elektroind.; ⚓, ✈.

**Nissen,** Eier von Läusen.

**Nitrate** [gr.], Salze der Salpetersäure ($HNO_3$); Oxidations- u. Düngemittel.

**Nitride** [gr.], Verbdg. des Stickstoffs mit Metallen, z. B. Magnesiumnitrid ($Mg_3N_2$).

**Nitrile** [gr.], organ. Verbdg., die die *Nitrilgruppe* (–CN) enthalten; einfachstes Nitril: Acetonitril ($CH_3$–CN).

**Nitrite** [gr.], Salze der salpetr. Säure ($HNO_2$).

**Nitrofarbstoffe,** synthet. organ. Farbstoffe, die Nitrogruppen als farbtragende Gruppen enthalten.

**Nitroglycerin, Glycerintrinitrat,** Salpetersäureester des Glycerins; öl., geruch- u. farblose Flüssigkeit; verw. zur Herst. von Sprenggelatine u. Dynamit; med. verw. u. a. bei Angina pectoris.

**Nitrozellulose, Kollodiumwolle,** Salpetersäureester der Zellulose, bei geringem Gehalt an Nitrogruppen verw. als Bindemittel für Lacke, zur Herst. von Kollodium, bei hohem Gehalt an Nitrogruppen als Schießbaumwolle.

**A. Nobel**

**Niveau** [ni'vo:; frz.], **1)** ebene Fläche. **2)** feine Wasserwaage an geodät. und astronom. Geräten. **3)** übertragen für: Rang, Stufe, Bildung[sstand].

**Niven,** David, brit. Bühnen- u. Filmschauspieler, * 1910, † 1983.

**Nixen,** in der german. Mythol. männl. und weibl. Wassergeister.

**Nixon** [nɪksn], Richard Milhous, amer. Politiker (Republikaner), * 1913, † 1994; 1953–60 Vizepräs., 1969–1974 37. Präs. der USA, wegen der *Watergate-Affäre* zurückgetreten.

**Nizza,** frz. **Nice** [nis], Hptst. des frz. Dép. Alpes-Maritimes u. Seebad an der Côte d'Azur, 456 100 E; Metall-, Textil-, Lebensmittel- u. a. Ind.; ✈.

**N. J.,** Abk. für: ↑**N**ew **J**ersey.

**Njassa|see,** ↑Malawisee.

**Nkrumah,** Kwame, ghana. Politiker, * 1909, † 1972; 1951 Min.-Präs. der Goldküste (1957 als Ghana unabhängig); verband sozialist. Ideengut mit afrikan.-genossenschaftl. Traditionen.

**NKWD,** Abk. für: **N**arodnyj **K**ommissariat **W**nutrennych **D**el (Volkskommissariat des Innern der UdSSR); bes. bek. als Träger der Geheimpolizei (1917 als Tscheka gegr., 1922 GPU, 1934 dem neu geschaffenen NKWD angegliedert; 1941 als NKGB, Volkskommissariat für Staatssicherheit, wieder ausgegliedert); 1946 wurden beide Volkskommissariate Ministerien: *MWD* (Min. f. innere Angelegenheiten) und *MGB* (Min. f. Staatssicherheit). 1954 wurde das MGB in *KGB* (Komitee für Staatssicherheit) umgewandelt.

**nm,** Einheitenzeich. für: **Nanome**ter; 1 nm = 1 milliardstel Meter.

**NMD,** Abk. für engl. **n**ational **m**issile **d**efense, „nationale Raketenabwehr“, in der Entwicklung befindl. Raketenabwehrsystem der USA zum Schutz vor ballist. Raketenangriffen; besteht aus im All stationierten Strahlungsdetektoren, die die anfliegenden feindl. Raketen orten und entspr. Informationen über Satelliten an Raketenabwehrstellungen weiterleiten; zur Fortführung des NMD-Projekts wurde 2001 der ABM-Vertrag (↑ABM) gekündigt; die erste NMD-Version soll 2005 einsatzbereit sein.

**NN, N. N.,** Abk. für: ↑**N**ormal**n**ull.

**No,** ☿ Symb. für ↑Nobelium.

**Nō,** tradit. jap. dramat. Kunstwerk mit Dichtung, Pantomime, Tanz, Gesang u. Musik (Blüte 15. Jh.).

**Noah,** bibl. Gestalt; nach 1. Mos. 6–9 der mit seinen Söhnen Sem, Ham, Japhet aus der Sintflut in der ↑Arche gerettete Stammvater der heutigen Menschheit.

**Nobel,** Alfred, schwed. Chemiker u. Industrieller, * 1833, † 1896; erfand 1867 das ↑Dynamit, verbesserte die Petroleumdestillation; ↑Nobelstiftung.

**Nobelium** [nach A. Nobel], Symb. **No**, chem. El., OZ 102, erstmals 1958 künstl. hergest. ↑Transuran (Actinoid); längste Halbwertszeit 58 min.

**Nobelstiftung,** testamentar. Stiftung von A. ↑Nobel über etwa 31 Mill. schwed. Kronen, deren jährl. anfallende Zinsen am Todestag Nobels (10. 12.) als *Nobelpreis* für

## Nobelpreisträger (seit 1950)

**1950** C. F. Powell, Großbrit. (P); K. Alder, D, u. O. Diels, D (C); Ph. Sh. Hench, USA, E. C. Kendall, USA, u. T. Reichstein, Schweiz (M), B. Earl Russell, Großbrit. (L); R. J. Bunche, USA (F).

**1951** Sir J. D. Cockroft, Großbrit., u. E. Walton, Irland (P); E. M. McMillan, USA, u. G. Th. Seaborg, USA (C); M. Theiler, Südafrika (M); P. Lagerkvist, Schweden (L); L. Jouhaux, Frkr. (F).

**1952** F. Bloch, USA, u. E. M. Purcell, USA (P); A. J. P. Martin, Großbritannien, u. R. L. M. Synge, Großbrit. (C); S. A. Waksman, USA (M); F. Mauriac, Frkr. (L); A. Schweitzer, Frkr. (F).

**1953** F. Zernike, Niederld. (P); H. Staudinger, D (C); Sir H. A. Krebs, Großbrit., u. F. A. Lipmann, USA (M); Sir W. Churchill, Großbrit. (L); G. C. Marshall, USA (F).

**1954** M. Born, Großbrit., u. W. W. Bothe, D (P); L. C. Pauling, USA (C); J. F. Enders, USA, F. Ch. Robbins, USA, u. Th. H. Weller, USA (M); E. Hemingway, USA (L); Büro des Hohen UN-Kommissars für Flüchtlinge, Genf (F).

**1955** P. Kusch, USA, u. W. E. Lamb, USA (P); V. du Vigneaud, USA (C); H. Theorell, Schweden (M); H. K. Laxness, Island (L).

**1956** J. Bardeen, USA, W. H. Brattain, USA, u. W. Shockley, USA (P); Sir C. N. Hinshelwood, Großbrit., u. N. N. Semjonow, UdSSR (C); A. F. Cournand, USA, W. Forßmann, D, u. D. W. Richards, USA (M); J. R. Jiménez, Spanien (L).

**1957** T. D. Lee, USA, u. Ch. N. Yang, USA (P); Sir A. Todd, Großbritannien (C); D. Bovet, Italien (M); A. Camus, Frkr. (L); L. Pearson, Kanada (F).

**1958** I. M. Frank, UdSSR, I. J. Tamm, UdSSR, u. P. A. Tscherenkow, UdSSR (P); F. Sanger, Großbrit. (C); G. W. Beadle, USA, J. Lederberg, USA, u. E. L. Tatum, USA (M); B. L. Pasternak, UdSSR (L); D. G. Pire, Belgien (F).

**1959** O. Chamberlain, USA, u. E. Segrè, USA (P); J. Heyrovský, ČSSR (C); A. Kornberg, USA, u. S. Ochoa, USA (M); S. Quasimodo, Italien (L); Ph. Noel-Baker, Großbrit. (P).

**1960** D. A. Glaser, USA (P); W. F. Libby, USA (C); Sir F. M. Burnet, Australien, u. Sir P. B. Medawar, Großbrit. (M); Saint-John Perse, Frkr. (L); A. Luthuli, Südafrika (P).

**1961** R. Hofstadter, USA, u. R. Mößbauer, D (P); M. Calvin, USA (C); G. v. Békésy, USA (M); I. Andrić, Jugoslawien (L); D. Hammarskjöld, Schweden (F).

**1962** L. D. Landau, UdSSR (P); Sir J. C. Kendrew, Großbritannien, u. M. F. Perutz, Großbritannien (C); F. H. C. Crick, Großbritannien, J. D. Watson, USA, u. M. H. F. Wilkins, Großbritannien (M); J. Steinbeck, USA (L); L. C. Pauling, USA (F).

**1963** M. Goeppert-Mayer, USA, H. D. Jensen, D, u. E. P. Wigner, USA (P); G. Natta, Italien, u. K. Ziegler, D (C); Sir L. C. Eccles, Australien, Sir A. L. Hodgkin, Großbrit., u. Sir A. F. Huxley, Großbrit. (M); G. Seferis, Griechenland (L); Internat. Komitee vom Roten Kreuz, Genf (F).

**1964** N. G. Bassow, UdSSR, A. M. Prochorow, UdSSR, u. Ch. Townes, USA (P); D. Hodgkin, Großbrit. (C); K. Bloch, USA, u. F. Lynen, D (M); J.-P. Sartre, Frkr. (L); M. L. King, USA (F).

**1965** R. P. Feynman, USA, J. S. Schwinger, USA, u. Sh.-I. Tomonaga, Japan (P); R. B. Woodward, USA (C); F. Jacob, Frkr., A. Lwoff, Frkr., u. J. Monod, Frkr. (M); M. A. Scholochow, UdSSR (L); UNICEF, New York (F).

**1966** A. Kastler, Frkr. (P); R. S. Mulliken, USA (C); Ch. B. Huggins, USA, F. P. Rous, USA (M); S. J. Agnon, Israel, u. N. Sachs, Schweden (L).

**1967** H. A. Bethe, USA (P); M. Eigen, D, R. G. W. Norrish, Großbrit., u. G. Porter, Großbrit. (C); R. Granit, Schweden, H. K. Hartline, USA, u. G. Wald, USA (M); M. A. Asturias, Guatemala (L).

**1968** L. W. Alvarez, USA (P); L. Onsager, USA (C); R. W. Holley, USA, H. G. Khorana, USA, u. M. W. Nirenberg, USA (M); Y. Kawabata, Japan (L); R. Cassin, Frkr. (F).

**1969** M. Gell-Mann, USA (P); Sir D. H. R. Barton, Großbrit., u. O. Hassel, Norwegen (C); M. Delbrück, USA, A. D. Hershey, USA, u. S. E. Luria, USA (M); S. Beckett, Irland (L); R. Frisch, Norwegen, u. J. Tinbergen, Niederld. (W), Internat. Arbeitsorganisation, Genf (F).

**1970** H. Alfvén, Schweden, u. L. Néel, Frkr. (P); L. F. Leloir, Argentinien (C); J. Axelrod, USA, U. S. v. Euler-Chelpin, Schweden, u. Sir B. Katz, Großbrit. (M); A. I. Solschenizyn, UdSSR (L); P. A. Samuelson, USA (W); N. E. Borlaug, USA (F).

**1971** D. Gabor, Großbrit. (P); G. Herzberg, Kanada (C); E. W. Sutherland, USA (M); P. Neruda, Chile (L); S. Kuznets, USA (W); W. Brandt, D (F).

**1972** J. Bardeen, USA, L. N. Cooper, USA, u. J. R. Schrieffer, USA (P); Ch. B. Anfinsen, USA, S. Moore, USA, u. W. Stein, USA (C); G. M. Edelman, USA, u. R. R. Porter, Großbrit. (M); H. Böll, D (L); K. J. Arrow, USA, u. Sir J. R. Hicks, Großbrit. (W).

**1973** L. Esaki, Japan, I. Giaever, USA, u. B. D. Josephson, Großbrit. (P); E. O. Fischer, D, u. G. Wilkinson, Großbrit. (C); K. v. Frisch, D, K. Lorenz, Östr., u. N. Tinbergen, Niederld. (M); P. White, Australien (L); W. W. Leontief, USA (W); H. Kissinger, USA, u. Le Duc Tho, Demokrat. Rep. Vietnam (F).

**1974** A. Hewish, Großbrit., u. M. Ryle, Großbrit. (P); P. Flory, USA (C); A. Claude, Belgien, Ch. de Duve, Belgien, u. G. E. Palade, USA (M); E. Johnson, Schweden, u. H. Martinson, Schweden (L); F. A. v. Hayek, Großbrit., u. G. Myrdal, Schweden (W); S. MacBride, Irland, u. E. Satō, Japan (F).

**1975** A. Bohr, Dänemark, B. Mottelson, Dänemark, u. J. Rainwater, USA (P); Sir J. W. Cornforth, Großbrit., u. V. Prelog, Schweiz (C); D. Baltimore, USA, R. Dulbecco, USA, u. H. M. Temin, USA (M); E. Montale, Italien (L); L. W. Kantorowitsch, UdSSR, u. T. C. Koopmans, USA (W); A. D. Sacharow, UdSSR (F).

**Nobelpreisträger** (seit 1950; Fortsetzung)

**1976** B. Richter, USA, u. S. Ting, USA (P); W. N. Lipscomb, (USA) (C); B. S. Blumberg, (USA), u. D. C. Gajdusek, USA (M); S. Bellow, USA (L); M. Friedman, USA (W); M. Corrigan, Großbrit., u. B. Williams, Großbrit. (F)

**1977** Ph. W. Anderson, USA, Sir N. F. Mott, Großbrit., u. J. H. Van Vleck, USA (P); I. Prigogine, Belgien (C); R. Guillemin, USA, A. Schally, USA, u. R. S. Yalow, USA (M); V. Aleixandre, Spanien (L); J. E. Meade, Großbrit., u. B. Ohlin, Schweden (W); Amnesty International, London (F).

**1978** P. L. Kapiza, UdSSR, A. Penzias, USA, u. R. W. Wilson, USA (P); P. Mitchell, Großbrit. (C); W. Arber, Schweiz, D. Nathans, USA, u. H. O. Smith, USA (M); I. B. Singer, USA (L); H. Simon, USA (W); M. Begin, Israel, u. A. as-Sadat, Ägypten (F).

**1979** Sh. L. Glashow, USA, St. Weinberg, USA, u. A. Salam, Pakistan (P); H. Ch. Brown, USA, u. G. Wittig, D (C); A. M. Cormack, USA, u. G. N. Hounsfield, Großbrit. (M); O. Elitis, Griechenland (L); Sir W. A. Lewis, Großbrit., u. Th. W. Schultz, USA (W); Mutter Theresa, Indien (F).

**1980** J. W. Cronin, USA, u. V. L. Fitch, USA (P); P. Berg, USA, W. Gilbert, USA, u. F. Sanger, Großbrit. (C); B. Benacerraf, USA, J. Dausset, Frkr., u. G. Snell, USA (M); C. Miłosz, Polen (L); L. Klein, USA (W); A. Pérez Esquivel, Argentinien (F).

**1981** N. Bloembergen, USA, A. L. Schawlow, USA, u. K. M. Siegbahn, Schweden (P); K. Fukui, Japan, u. R. Hoffmann, USA (C); D. H. Hubel, USA, R. W. Sperry, USA, u. T. N. Wiesel, Schweden (M); E. Canetti (L); J. Tobin, USA (W); Büro d. UN-Hochkommissars für Flüchtlinge, Genf (F).

**1982** K.-G. Wilson, USA (P); A. Klug, Großbrit. (C); S. K. Bergström, Schweden, B. I. Samuelsson, Schweden, u. J. R. Vane, Großbrit. (M); G. Garcia Márquez, Kolumbien (L); G. J. Stigler, USA (W); A. Myrdal, Schweden, u. A. Garcia Robles, Mexiko (F).

**1983** S. Chandrasekhar, USA, u. W. A. Fowler, USA (P); H. Taube, USA (C); B. McClintock, USA (M); W. G. Golding, Großbrit. (L); G. Debreu, USA (W); L. Wałęsa, Polen (F).

**1984** C. Rubbia, Italien, u. S. van der Meer, Niederlande (P); R. B. Merrifield, USA (C); N. K. Jerne, Dänemark, G. J. K. Köhler, D, u. C. Milstein, Argentinien (M); J. Seifert, ČSSR (L); Sir R. Stone, Großbrit. (W); D. Tutu, Südafrika (F).

**1985** K. v. Klitzing, D (P); H. A. Hauptman, USA, u. J. Karle, USA (C); M. S. Brown, USA, u. J. L. Goldstein, USA (M); C. Simon, Frkr. (L); F. Modigliani, USA (W); Internat. Ärzte zur Verhütung des Atomkriegs, Boston (F).

**1986** G. Binnig, D, H. Rohrer, Schweiz, u. E. Ruska, D (P); D. R. Herschbach, USA, Y. T. Lee, USA, u. J. C. Polanyi, USA (C); S. Cohen, USA, u. R. Levi-Montalcini, Italien (M); W. Soyinka, Nigeria (L); J. M. Buchanan, USA (W); E. Wiesel, USA (F).

**1987** J. G. Bednorz, D, u. K. A. Müller, Schweiz (P); D. J. Cram, USA, J.-M. P. Lehn, Frkr., u. Ch. J. Pedersen, USA (C); S. Tonegawa, Japan (M); I. A. Brodskij, USA (L); R. M. Solow, USA (W); O. Arias Sánchez, Costa Rica (F).

**1988** L. Lederman, USA, M. Schwartz, USA, u. J. Steinberger, USA (P); J. Deisenhofer, D, R. Huber, D, u. H. Michel, D (C); Sir J. W. Black, Großbrit., G. B. Elion, USA, u. G. H. Hitchings, USA (M); N. Mahfus, Ägypten (L); M. Allais, Frkr. (W); UN-Friedenstruppe (F).

**1989** H. G. Dehmelt, D, W. Paul, D, u. N. F. Ramsay, USA (P); S. Altmann, Kanada, u. T. R. Cech, USA (C); M. J. Bishop, USA, u. H. E. Varmus, USA (M); C. J. Cela, Spanien (L); T. Haavelmo, Norwegen (W); Dalai-Lama, Tibet (F).

**1990** J. Friedman, USA, H. Kendall, USA, u. R. Taylor, Kanada (P); E. J. Corey, USA (C); J. E. Murray, USA, u. E. D. Thomas, USA (M); O. Paz, Mexiko (L); H. Markowitz, USA, M. Miller, USA, u. W. Sharpe, USA (W); M. S. Gorbatschow, UdSSR (F).

**1991** P.-G. de Gennes, Frkr. (P); R. Ernst, Schweiz (C); E. Neher, D, u. B. Sakmann, D (M); N. Gordimer, Südafrika (L); R. Coase, Großbrit. (W); Aung San Suu Kyi, Burma (F).

**1992** G. Charpak, Frkr. (P); R. A. Marcus, USA (C); E. H. Fischer, USA, u. E. G. Krebs, USA (M); D. Walcott, Saint Lucia (L); G. Becker, USA (W); R. Menchú, Guatemala (F).

**1993** R. A. Hulse u. J. H. Taylor, USA (P); K. B. Mullis, USA, u. M. Smith, Kanada (C); R. J. Roberts, Großbrit., u. P. A. Sharp, USA (M); T. Morrison, USA (L); R. W. Fogel, USA, u. D. C. North, USA (W); F. de Klerk, Südafrika, u. N. Mandela, Südafrika (F).

**1994** B. Brockhouse, Kanada, u. C. G. Shull, USA (P); G. A. Olah, USA (C); A. G. Gilman, USA, u. M. Rodbell, USA (M); K. Ōe, Japan (L); J. C. Harsanyi, USA, J. F. Nash, USA, u. R. Selten, D (W); J. Arafat, palästinens. Autonomiegebiete, S. Peres, Israel, u. I. Rabin, Israel (F).

**1995** M. L. Perl, USA, u. F. Reines, USA (P); P. Crutzen, Niederld., M. J. Molina, USA, u. F. S. Rowland, USA (C); E. B. Lewis, USA, C. Nüsslein-Volhard, D, u. E. F. Wieschaus, USA (M); S. J. Heaney, Irland (L); R. E. Lucas, USA (W); J. Rotblat, Großbrit., u. Pugwash-Bewegung (F).

**1996** D. M. Lee, USA, D. D. Osheroff, USA, u. R. C. Richardson, USA (P); R. F. Curl, USA, H. W. Kroto, Großbrit., u. R. E. Smalley, USA (C); R. M. Zinkernagel, Schweiz, u. P. C. Doherty, Australien (M); W. Szymborska, Polen (L); J. A. Mirless, Großbrit., u. W. Vickrey, Kanada (W); C. F. X. Belo, Indonesien, u. J. Ramos Horta, Indonesien (F).

**1997** S. Chu, USA, C. Cohen-Tannoudji, Frkr., u. W. D. Phillips, USA (P); P. D. Boyer, USA, J. C. Skou, Dänemark, u. J. E. Walker, Großbrit. (C); S. B. Prusiner, USA (M); D. Fo, Italien (L); R. C. Merton, USA, u. M. S. Scholes, USA (W); Internat. Kampagne zur Ächtung von Landminen, u. J. Williams, USA (F).

**1998** R. Laughlin, USA, H. Störmer, D, u. D. Tsui, USA (P); W. Kohn, USA, u. J. A. Pople, Großbrit. (C); R. F. Furchgott, USA, L. J. Ignarro, USA, u. F. Murad, USA (M); J. Saramago, Portugal (L); A. Sen, Indien (W); J. Hume, Großbrit., u. D. Trimble, Großbrit. (F).

**Nobelpreisträger** (seit 1950; Fortsetzung)

| | | | |
|---|---|---|---|
| **1999** | G. 't Hooft, Niederld., u. M. Veltmann, Niederld. (P); A. Zewail, Ägypten (C); G. Blobel, USA (M); G. Grass, D (L); R. A. Mundell, Kanada (W); Ärzte ohne Grenzen (F). | **2001** | E. A. Cornell, USA, W. Kletterle, D, u. C. E. Wieman, USA (P); W. S. Knowles, USA, R. Noyori, Japan, u. K. B. Sharpless, USA (C); L. H. Hartwell, USA, T. R. Hunt, Großbrit., u. Sir P. M. Nurse, Großbrit. (M); V. S. Naipaul (Trinidad u. Tobago) (L); G. A. Akerlof, USA, A. M. Spence, USA, u. J. E. Stiglitz, USA (W); K. Annan, Ghana, u. Vereinte Nationen (F). |
| **2000** | S. I. Alferow, Russland, J. S. Kilby, USA, u. H. Kroemer, D (P); A. J. Heeger, USA, A. G. MacDiarmid, USA, u. H. Shirakawa, Japan (C); A. Carlsson, Schweden, P. Greengard u. E. Kandel, USA (M); Gao Xingjiang, China (L); J. J. Heckman, USA, u. D. L. McFadden, USA (W); Kim Dae Jung, Süd-Korea (F). | | |

Abk.: P = Physik, C = Chemie, M = Physiologie oder Medizin, L = Literatur, W = Wirtschaft, F = Frieden.

die jeweils fünf bedeutendsten Leistungen auf dem Gebiet der Physik, Chemie, Physiol. od. Medizin, Lit. u. des Völkerfriedens (ab 1969 auch der Wirtsch.-Wiss.) ohne Berücksichtigung der Nationalität des Preisträgers verteilt werden sollen; siehe Übers. Nobelpreisträger.

**Nobility** [nəʊˈbɪlɪtɪ; engl.], der hohe Adel Großbritanniens.

**Nocken,** kurvenförm. Erhebung an einer *N.welle* od. *N.scheibe,* die bei Drehung der Welle od. Scheibe anderen Maschinenteilen Bewegungsimpulse erteilt; in Verbrennungsmotoren steuert die N.welle die Ventile.

**Nocturne** [nɔkˈtyrn; frz.] ↑Notturno.

**Noel-Baker** [ˈnəʊəl ˈbeɪkə], Philip John, brit. Politiker (Labour Party), *1889, †1982; Eintreten für internat. Abrüstung; Friedensnobelpreis 1959.

**Nofretete,** altägypt. Kgn. des 14. Jh. v. Chr., Gem. von Amenophis IV. (Echnaton); eine Büste 1912 bei Ausgrabungen in Amarna gefunden.

**NOK,** Abk. für: ↑**N**ationales **O**lympisches **K**omitee.

**Nolde,** Emil, eigtl. E. **Hansen,** dt. Maler u. Grafiker, *1867, †1956; Expressionist.

**Nomaden** [gr.], Angehörige eines Wanderhirtenvolkes; auch allg. Bez. für Bevölkerungsgruppen ohne festen Wohnsitz.

**Nomen** [lat.; = Name], Substantiv u. a. deklinierbare Wörter.

**nomen est omen** [lat.], der Name deutet schon darauf hin.

**Nomenklatur,** Zusammenstellung v. Sach- od. Fachbez. in Naturwiss. u. Technik nach internat. Regeln.

**Nominalismus,** Ⓟⓗ ↑Universalienstreit.

**Nominallohn** ↑Lohn.

**Nominalwert,** svw. ↑Nennwert.

**Nominativ** [lat.], Kasus, antwortet auf die Frage: wer oder was?; auch Werfall oder 1. Fall.

**Nomos** [gr.], Gesetz, Ordnung.

**None** [lat.], als Intervall die neunte Stufe über dem Grundton.

**Nonen** [lat.], im altröm. Kalender der 5. (im März, Mai, Juli u. Okt. der 7.) Monatstag.

**Nonkonformismus** ↑Konformismus.

**Nonne** [lat.], Angehörige eines weibl. Ordens *(Ordensfrau).*

**Nonne,** Nachtschmetterling; Raupe Nadelwaldschädling.

**Nono,** Luigi, ital. Komponist, *1924, †1990; einer der führenden seriellen Komponisten Italiens.

**Nonproliferation** [nɔnprəʊlɪfəˈreɪʃn; engl.], Nichtweitergabe von Massenvernichtungsmitteln (bes. Kernwaffen).

**Nonsens** [engl.], Unsinn.

**Nooteboom,** Cees, niederländ. Schriftsteller, *1932; Gedichte, Erz., Romane, Reiseberichte.

**Norbert v. Xanten,** hl., dt. Ordensstifter (↑Prämonstratenser), *um 1082, †1134; s. 1126 Erzb. von Magdeburg.

**Nord|amerika,** drittgrößter Erdteil, rd. 21,5 Mill. km²; rd. 312,1 Mill. E; im W v. Pazifik, im O v. Atlantik begrenzt; im N (Nordpolarmeer) der Kanad.-Arkt. Archipel, im NO Grönland; im NW durch die Beringstraße von Asien getrennt, im S durch den Isthmus v. Tehuantepec gg. Mittelamerika abgegrenzt. Die Atlantikküste stark gegliedert: eingreifende Meeresteile (Hudsonbai), Fjordküsten (Labrador), haff- u. buchtenreiche Flachküsten im O und SO. Die Pazifikküste ist eine buchtenarme Steilküste, die durch die Fjordküste im NW, durch den Alexanderarchipel, Vancouver Island u. im SW durch die Halbinsel Niederkalifornien aufgegliedert ist. *Oberflächengestalt:* In der Breitenausdehnung nimmt N. von N nach S ab; entspr. laufen die gr. Strukturelemente des Erdteils von S nach N fächerförmig auseinander: Im W vom Hochland von Mexiko ein Gebirgssystem in nordnordwestl. Richtung bis Alaska, der westl., die Pazifikküste begleitende Faltenstrang wird aus der

**Emil Nolde:** *Blumenbild (1926)*

Sierra Madre Occidental, dem Küstengeb., der kaliforn. Sierra Nevada, der Cascade Range, den Coast Mountains u. der Alaska Range gebildet (höchste Erhebungen: Mt. McKinley 6 198 m, Mt. Logan 5 959 m); parallel der Faltenstrang der Rocky Mountains (Wasserscheide zw. Pazifik u. Atlantik). Östl. Rückgrat N.s ist das von SW nach NO streichende Rumpfschollengeb. der Appalachen; im N leitet der Kanad. Schild mit zahlr. gr. Seen zur arkt. Inselwelt über. *Klima:* N. hat Anteil an allen Klimazonen. *Pflanzen- und Tierwelt:* Tundrenzone im N mit Moosen, Flechten, Heidesträuchern, Zwergbirken (Ren, Schneehase, Polarfuchs, an den arkt. Küsten Eisbär, Robbe), südlicher die Nadelwaldzone mit winterharten Nadelhölzern (Bär, Wapitihirsch, Edelpelztiere); in den Präriegebieten Präriehund, Gabelbock, kl. Bisonherden; sommergrüne Laubwälder, immergrüne Laubhölzer u. trop. Vegetation; in den ariden Hochländern Sukkulenten; Tierarten wie Puma, Opossum, Klapperschlange kommen bis Kanada vor, im Übrigen ist d. Tierwelt N.s der N-Asiens und N-Europas sehr nahe verwandt. *Bev.:* Urspr. im N Eskimo, im übrigen N. Indianer; Hauptanteil stellen Weiße (85 %), ferner Schwarze, Ostasiaten u. bes. Mischlinge aller Rassen. *Wirtsch.:* ↑Kanada, ↑Mexiko, ↑Vereinigte Staaten von Amerika. *Entdeckungsgesch.:* Erste Entdecker Amerikas waren Normannen od. Wikinger (Erich d. Rote, Leif Eriksson); G. Caboto entdeckte die Küsten Neufundlands u. Labradors neu (1497–98); Beginn der europ. Inbesitznahme v. N. mit der Eroberung des Aztekenreiches durch H. Cortés (1519–21); Franzosen erschlossen das Gebiet des Sankt-Lorenz-Stromes, der Gr. Seen u. des Mississippi. Engländer siedelten an der O-Küste (Neuengland), suchten die Nordwestpassage und bereisten den N N.s; J. Cook u. G. Vancouver erforschten die W-Küste; Spanier drangen vom S N.s aus vor. S. Ende des 18. Jh.s planmäß. Erforschung; ↑Amerika.

**Nord|amerikanische Freihandelszone** ↑NAFTA.

**Nord|atlantikpakt** ↑NATO.

**Norddeich,** Ortsteil von Norden; Eisenbahnendpt. mit ⚓, Fährverkehr nach Norderney, Juist, Baltrum.

**Norddeutscher Bund,** der nach Auflösung des Dt. Bundes 1866 gegr. dt. B.-Staat, dem 22 Mittel- u. Kleinstaaten nördl. der Mainlinie unter preuß. Vorherrschaft angehörten; über Zollparlament u. -bundesrat (Dt. Zollverein) waren auch die süddt. Staaten mit dem N. B. verbunden. Organe: B.-Präs. (der Kg. v. Preußen), der B.-Rat (Reg.-Vertr. der einzelnen B.-Staaten) und der Reichstag; ging 1871 im Dt. Reich auf.

**Norddeutsches Tiefland,** Land nördl. der dt. Mittelgeb. bis zur Nord- u. Ostsee.

**Norden,** St. in Ostfriesland, Nds., 24 300 E; Ludgerikirche (13.–15. Jh.); Kornbrennerei, Teeverarbeitung, Druckereien.

**Norden,** Himmelsrichtung, auf dem Horizont festgelegt durch den Nordpunkt.

C. Nooteboom

**Nordenham,** Hafen- und Ind.-St. an der Unterweser, Nds., 29 300 E; Kernkraftwerk in Esenshamm.

**Norderney,** eine der Ostfries. Inseln, Nds., 26,3 km², 6 300 E, Nordseebad; Fähre v. Norddeich.

**Nordfriesland,** Gebiet an der Küste W-Schleswigs zw. Wiedau u. Eider (einschl. der Nordfries. Inseln); Marschldsch., zahlr. Köge.

**Nordhorn,** Krst. im Emsland, Nds., 51 300 E; Textilindustrie.

**Nordirland,** N-Teil der Insel Irland, Teil von ↑Großbrit. u. N., 14 120 km², 1,57 Mill. E, Hptst. Belfast; Landw., Weidewirtsch., Geflügelzucht; Nahrungsmittelindustrie, Schiff- und Flugzeugbau, Textil- u. Metallind. – Angesichts des 1919/20 aufflammenden Bürgerkriegs 1921 Teilung in N. u. ↑Irland; in den s. 1968 offen ausbrechenden Bürgerkrieg zw. der soz. u. pol. benachteiligten kath. Minderheit u. der bevorzugten prot. Mehrheit griffen s. 1969 massiv brit. Truppen ein, 1972 Übernahme der direkten Verw. durch die brit. Reg. Dem Terror der kath. ↑IRA begegnete die prot. UDA mit Gegenterror. Beide Gruppen erklärten 1994 Gewaltverzicht (zeitw. aufgekündigt); Allparteienverhandlungen (s. 1996) führten 1998 zum Friedensabkommen; 1999 Übergabe der direkten Verw. an Regionalregierung.

**nordische Kombination,** Skizweikampf für Männer (Skispringen, Langlauf).

**Nordische Kriege,** 2 schwedische Hegemonialkriege: *1. N. K.* 1655–60: Zur Abwehr der poln. Ansprüche auf den schwed. Thron fiel Karl X. Gustav in Polen ein, das v. Dänemark u. Ks. Leopold I. unterstützt wurde. 1660 Friede, Schweden konnte seine Stellung im Baltikum behaupten. *2. N. K.* 1700–21: Krieg Schwedens gg. eine Koalition v. Dänemark, Sachsen-Polen und Russland (seit 1715 auch Preußen und Hannover); Karl XII. v. Schweden, nach bed. Erfolgen 1709 bei Poltawa entscheidend geschlagen, fiel 1718. Die Friedensschlüsse (1719–21) beendeten die schwed. Großmachtstellung.

**Nordischer Rat,** 1952 gegr. Organ für wirtsch., soziale, polit. u. kulturelle Zusammenarbeit der Parlamente u. Reg. Dänemarks, Islands, Norwegens, Schwedens u. Finnlands.

**Nordkap,** 307 m hohes Vorgeb. auf der norweg. Insel Magerøy, 71° 10' 21" n. Br.; der nördlichste Punkt Europas ist *Knivskjelodden* (71° 11' 08").

**Nord-Korea** ↑Korea.

**Nordlicht** ↑Polarlicht.

**Nordostpassage, Nordöstliche Durchfahrt, Nördl. Seeweg,** der Seeweg zw. Atlantik u. Pazifik im Nordpolarmeer längs der N-Küste Eurasiens, rd. 6 500 km; erstmals von A. E. Frhr. v. Nordenskjöld 1878/79 vollständig befahren.

**Nord-Ostsee-Kanal,** fr. **Kaiser-Wilhelm-Kanal,** Seekanal zw. Ostsee (Kiel-Holtenau) u. Nordsee (Brunsbüttel), 98,7 km.

**Nordpol, 1)** der nördl. Schnittpunkt der Erdachse mit der Erdoberfläche u. aller Meridiane des Gradnetzes; inmitten des packeisbedeckten Nordpolarmeeres. **2)** Schnittpt. der (gedachten) Himmelsachse mit der Himmelskugel (in der Nähe des ↑Polarsterns).

**Nordpolargebiet** ↑Arktis.

**Nordrhein-Westfalen,** Land d. BRD, 34 080 km², 18,0 Mill. E, Hptst. Düsseldorf; $^1/_3$ Gebirge (N-Eifel, Sauerland, Rothaargeb.,

Teutoburger Wald, NW-Teil des Weserberglandes), ²/₃ Tiefland (Münsterland, Niederrhein. Tiefland); Entwässerung hpts. zum Rhein, im O zur Weser, im W zur Maas. Im Übergangsgebiet vom Geb. zum Flachland (Ruhrgebiet u. Aachener Becken) sowie im Münsterland ausgedehnte Steinkohlenvorkommen. Am Gebirgsrand Heilquellen; Talsperren. Über die Hälfte des Landes landw. genutzt: Getreide-, Zuckerrübenanbau, Viehwirtsch., Obst- und Gemüsebau; N.-W. ist stark industrialisiert, mit den Zentren Ruhrgebiet (Steinkohle; Schwerind., chem., Maschinen- u. a. Ind.), Kölner Raum (Braunkohle; chem. Ind., Fahrzeugbau u. a.), Berg. Land (Kleineisen-, Textilind.), Siegerland (Maschinenbau, Blechverarbeitung, Walzwerke); auch anderwärts Textil- (Niederrhein, Westfalen), chem. (Düsseldorfer Raum), Maschinen- (Düsseldorf, Aachen) u. a. Ind. N.-W. hat die größte Energieerzeugung Dtl.s; viele Erdölraffinerien. In Duisburg größter Binnen-⚓ Europas. – Das 1946 aus der preuß. Prov. Westfalen u. der nördl. preuß. Rheinprov. gebildete Land, zu dem 1947 das Land Lippe trat, erhielt 1950 seine Verfassung.

**Nordrhodesi|en** ↑Sambia.

**Nordschleswig,** in Dänemark gelegener Teil des ehem. Hzgt. Schleswig, bildet die Amtskommune *Sønderjylland;* 3 938 km², 251 700 E, Hptst. Apenrade; gemäß dem Versailler Vertr. an Dänemark abgetreten.

**Nordsee,** europ. Randmeer des Atlantiks zw. den Shetlandinseln, dem Kattegat und der Straße von Dover (Kap Gris-Nez), rund 580 000 km²; postglazial entstandenes, flaches Überflutungsmeer; mittl. Tiefe 93 m, Tidenhub bis 7 m; fischreich; bed. Schiffsverkehr.

**Nordseekanal,** Seekanal von Amsterdam zur Nordsee (Ijmuiden), 27 km lang.

**Nordstrand,** nordfries. Insel, Schl.-Ho., 49 km², einschließl. *N.ischmoor,* einer Hallig nördl. von N. (2,9 km²), 2 400 E; mit dem Festland durch Straßendamm verbunden.

**Nord-Süd-Konflikt,** Bez. für die Ggs., die sich aus dem wirtsch.-soz. und polit.-kulturellen Entw.-Gefälle zw. den Ind.-Staaten der n. Erdhalbkugel u. den afroasiat. (u. südamer.) Entw.-Ländern (Nord-Süd-Gefälle) nach dem 2. Weltkrieg spez. im Gefolge der Entkolonisation u. v. a. als Folge v. Bev.-Explosion, Nahrungsmittelknappheit u. unzureichender Industrialisierung ergaben.

**Nord-Vietnam** ↑Vietnam.

**Nordwestpassage, Nordwestliche Durchfahrt,** Seeweg zw. Atlantik und Pazifik durch die arktische Inselwelt Nordamerikas, rund 5 800 km; seit dem 16. Jh. gesucht, erstmals von Roald Amundsen 1903–06 vollst. befahren.

**Nordwestterritori|en** ↑Northwest Territories.

**Norfolk** [ˈnɔːfək], **1)** Gft. in England, Hptst. Norwich. **2)** Hafenst. in SO-Virginia, USA, 261 000 E; Univ.; Schiffswerften, Düngemittel-, Autoind., Gießereien; Hauptquartier der amer. Atlantikflotte; ✈.

**Norm** [lat.], allg. Regel, Richtschnur, Maßstab; im Bes.: **1)** ⚖ Gebot od. Verbot als Grundlage der Rechtsordnung, dessen Verletzung eine Rechtswidrigkeit darstellt. **2)** ↑Normung.

**Normale,** Gerade, die in einem vorgegebenen Punkt *P* einer Kurve od. Fläche senkr. zur Tangente bzw. zur Tangentialebene in *P* steht.

**Normalnull,** Abk. **NN, N. N.,** die zur Ermittlung des Vertikalabstandes von Punkten der Erdoberfläche zum mittl. Meeresspiegelstand (Meereshöhe) festgelegte Bezugsfläche; das N. der Höhenmessung für Dtl. ist vom Nullpunkt des Amsterdamer Pegels abgeleitet.

**Normalspur,** Bez. für die Eisenbahnspurweite v. 1 435 mm.

**Normalton,** svw. ↑Kammerton.

**Normandie,** histor. Prov. und Ldsch. in NW-Frkr., Hauptort Rouen; Viehzucht, Obst-, Frühgemüsebau; Eisenerz-⚒; Textil- und Metallind., Erdölraffinerien; Häfen: Caen, Cherbourg, Le Havre. – *Gesch.:* Im 9. Jh. von Normannen erobert; 911 Belehnung des Normannen Rollo mit dem Hzgt. N.; 1066–87 und 1106–1202/04 Personalunion mit England, 1202 v. Philipp II. August von Frkr. als erledigtes Lehen eingezogen u. erobert. Im Hundertjähr. Krieg vorübergehend wieder englisch.

**Normannen,** diejenigen Wikinger, die sich auf dem Kontinent (N-Frkr.) niederließen u. v. dort nach England und S-Italien übergriffen; 911 als Vasallen des frz. Kg. in der Normandie ansässig; 1066 Eroberung Englands durch Wilhelm I., den Eroberer; ab 1016 Söldner in Unteritalien, wo sie 1057–85 die Reste des byzantin. Besitzes u. die langobardischen Ft. unterwarfen; 1061–91 Vertreibung der Sarazenen aus Sizilien unter Roger I.; 1130 Vereinigung beider Herrschaftsbereiche unter Roger II. zum Kgr. Sizilien.

**Normannische Inseln** ↑Kanalinseln.

**normativ,** maßgebend, als Richtschnur dienend.

**Normenkontrolle,** die [verfassungsgerichtl.] Nachprüfung von Rechtsnormen auf ihre Gültigkeit, v. a. Vereinbarkeit mit verfassungsrechtl. Normen.

**Normung,** in d. Ind. Vereinheitlichung v. Benennungen, Kennzeichen, Formen, Größen, Abmessungen u. Beschaffenheit d. Erzeugnisse. In Dtl. werden *Normen* vom ↑DIN Dt. Inst. für Normung e. V. herausgegeben. In Europa bilden d. Europ. Komitee für N. (CEN) u. d. Europ. Komitee für Elektrotechn. N. (CENELEC) d. Gemeinsame Europ. Normeninstitution.

**Normzustand, Normbedingungen,** der *physikal. N.* ist durch die *Normtemperatur* $T_n$ = 273,15 K (0 °C) u. den *Normdruck* $p_n$ = 101 325 Pa (1,01325 bar) gekennzeichnet.

**Nornen,** die drei Schicksalsgöttinnen der german. Mythol.: Urd (das Gewordene), Verdandi (das Seiende) u. Skuld (das Werdende).

**Norodom Sihanouk,** [siaˈnuk], kambodschan. Politiker, *1922; 1941–55 Kg. v. Kambodscha; 1955 durch Wahl Min.-Präs., 1960 Staatsoberhaupt, 1970 gestürzt (bis 1975 Exil in Peking), nach Rückkehr durch Rote Khmer unter Hausarrest gestellt (Hinrichtung eines Großteils seiner Fam.). Ab 1982 Präs. einer Exilreg.; nach Abkommen zur Beendigung des Bürgerkriegs in Kambodscha 1991–93 Vors. des Nat.-Rats; s. 1993 wieder Kg. v. Kambodscha.

**Northampton** [nɔːˈθæmptən], Hptst. der engl. Gft. N., sö. v. Birmingham, 156 800 E; u. a. Church of the Holy Sepulchre (11. Jh.); Lederwaren-, Woll- u. Metallind.

**North Atlantic Treaty Organization** [nɔːθ ətˈlæntɪk ˈtriːtɪ ɔːgənaɪˈzeɪʃn] ↑NATO.

**North Carolina** [ˈnɔːθ kærəˈlaɪnə], Abk. **N. C.,** Staat der USA zw. der Atlantikküste u. den südl. Appalachen, 139 397 km², 7,55 Mill. E, Hptst. Raleigh; Anbau von Tabak (Großteil der US-Produktion), Baumwolle, Mais u. a.; Viehzucht; an der Küste Fischerei u. Austernzucht; bed. Möbelindustrie.

**North Dakota** [ˈnɔːθ dəˈkəʊtə], Abk. **N. Dak.,** Staat der USA im N des Mittl. Westens, an der kanad. Grenze, 183 119 km², 638 800 E., Hptst. Bismarck; hügel. Prärielandschaft beiderseits des oberen Missouri; vorw. Landw.; Braunkohlen-⚒, Erdöl; einige gr. Stauseen.

**Northeim,** Krst. im Leinetal, nördl. v. Göttingen, Nds. 32700 E; vielseit. Industrie.

**Northrop** ['nɔ:θrɔp], John Howard, amer. Biochemiker, * 1891, † 1987; stellte 1941 das Diphtherieantitoxin als ersten Antikörper dar; Nobelpreis f. Chemie 1946.

**Northumberland** [nɔ:θʌmbələnd], Gft. in England, Hptst. Newcastle upon Tyne.

**Northwest Territories** [nɔ:θ'west 'terɪtərɪz], dt. **Nordwestterritorien,** Verw.-Gebiet im N Kanadas, 1,35 Mill. km², 41 600 E (rd. 60 % Eskimo u. Indianer); Hauptort: Yellowknife. – Seit 1999 Ausgliederung des früheren östl. Teils als Nunavut Territory.

**Norwegen,** norweg. **Norge,** nordeurop. Kgr. im W der skand. Halbinsel. Zu N. gehören in der Arktis Spitzbergen, Bäreninsel, Jan Mayen, in der Antarktis Bouvetinsel, Peter-I.-Insel, Königin-Maud-Land. – Fast ganz N. wird vom skand. Geb. durchzogen; die Küste ist durch Fjorde stark gegliedert, Länge etwa 21 000 km; zahlr. vorgelagerte Inseln. Unter dem Einfluss des Golfstromes regenreiches u. wintermildes Klima, eisfreie Häfen an der W-Küste. Im N Nadelwälder, im S überw. Laubhölzer. *Wirtsch.:* 2,7 % des Landes landw. genutzt (Gerste, Hafer, Kartoffeln, etwas Weizen), Schaf- u. Rinderhaltung; rd. 27 % sind bewaldet (Sägewerke, Holz- u. Papierind.), sonst Ödland; Nahrungsmittel-, chem. und Metallind. (u. a. Aluminiumhütten), Schiffbau; bed. Handels- und Fischereiflotte. ⚒ auf Eisen-, Kupfer-, Zinkerze; bed. Küsten- u. Fjordschifffahrt. – *Gesch.:* Nach Kämpfen der Gaufürsten um 872 Gründung des Königtums durch Harald I. Hårfagre, der N. einte. Ende des 10. Jh. Christianisierung mithilfe v. engl. Missionaren; Gewinn von Grönland (1261) u. Island (1262). 1319 in Personalunion mit Schweden, 1380 mit Dänemark. Die dän. Kgn. Margarete vereinte 1397 in der Kalmarer Union die drei nord. Reiche (mit Schweden bis 1523, mit Dänemark bis 1814 vereinigt). 1536 Teil Dänemarks, Auflösung des norweg. R.-Rats. Im Kieler Frieden 1814 kam N. an Schweden (bis 1905), konnte jedoch eine Sonderverf. erzwingen; 1905 wurde der dän. Prinz Karl als Håkon VII. zum Kg. gewählt; im 1. Weltkrieg neutral; 1920 Gewinn v. Spitzbergen; im 2. Weltkrieg 1940–45 von Dtl. besetzt. Flucht d. Kg. nach Großbr.; unter V. Quisling Bildung einer von Dtl. abhäng. Reg., starke Untergrund- u. Widerstandsbewegung. 1945 Rückkehr d. Kg. u. der Exilreg. Bis 1949 Neutralitätspolitik, 1949 Beitritt zur NATO, 1960 Mitgl. der EFTA; s. Anfang der 70er-Jahre innenpolit. beherrschendes Thema der Anschluss an die EU (1994 durch Volksabstimmung abgelehnt). Kg. seit 1991 Harald V.

**Norwegen**

| | |
|---|---|
| *Fläche:* | 323 758 km² |
| *Einwohner:* | 4,392 Mill. |
| *Hauptstadt:* | Oslo |
| *Amtssprache:* | Norwegisch |
| *Zeitzone:* | MEZ |

**norwegische Kunst:** *Stabkirche in Heddal (13. Jh.)*

**norwegische Kunst,** im MA überw. unter dem Einfluss der engl., norddt. u. schwed. Kunst (Dom in Drontheim, Schnitzaltäre, Fresken); als Sonderform die hölzernen Stabkirchen; die bedeutendsten Künstler der Neuzeit waren die Maler J. C. Dahl, J. F. Eckersberg, G. Vigeland und E. Munch.

**norwegische Literatur,** Anfänge ↑altnord. Lit.; 16. Jh. bis 1814 (Lösung von Dänemark) in dän. Spr. (u. a. P. Dass, L. Holberg, J. H. Wessel); dann Aufblühen einer Nat.-Lit. (v. a. H. Wergeland), begünstigt durch Slg. von Volkslit. und Entwicklung des Landsmål; Weltgeltung durch H. Ibsen u. B. Bjørnson, A. Kielland u. T. Lie; teils vom Naturalismus beeinflusst A. Garborg und K. Hamsun; modernist. Bewegungen fern stehend O. Duun, S. Undset u. J. Falkberget; erst S. Hoel bezieht psychoanalyt. Erkenntnisse ein; bed. Vertr. der Lyrik O. Bull; zeitgenöss. Vertr. der Dramatik J. Fosse, der Prosa L. S. Christensen.

**norwegische Sprache,** aus dem westl. Zweig des Altnordischen hervorgegangene german. Spr. Seit Ausgang des MA war Dän. Schriftspr. Norwegens. Das Norweg. lebte in *Mundarten* und in einer mit dem Dän. vermischten Form, der *Stadtsprache,* weiter. Auf der Grundlage der Stadtspr. wurde Anf. des 19. Jh.s das *Riksmål* (auch *Bokmål* gen.) als Schriftspr. entwickelt. Im Ggs. dazu wurde von I. Aasen das *Landsmål* (heute *Nynorsk* gen.) geschaffen. S. 1907 sind beide Spr. offiz. gleichberechtigt.

**Noske,** Gustav, dt. Politiker (SPD), * 1868, † 1946; 1918 Mitgl. des Rates der Volksbeauftragten; 1919 Niederwerfung des Spartakistenaufstandes; 1919/20 erster Reichswehrminister.

**Nostalgie** [gr.], Sehnsucht nach vergangenen Zeiten.

**Nöstlinger,** Christine, östr. Schriftstellerin, * 1936, populäre Kinder- u. Jugendbücher.

**Nostradamus,** eigtl. Michel de **Notredame** [nɔtrə'dam], frz. Astrologe, * 1503, † 1566; Arzt Karls IX.; Verf. einer Slg. von Prophezeiungen; immer wieder neu gedeutet.

**Notar** [gr.], öff. bestellter Jurist zur Beurkundung v. Rechtsvorgängen u. zur Wahrnehmung von Aufgaben der vorsorgenden Rechtspflege; betreibt *Notariat.*

**Note** [lat.], **1)** offiz. Mitteilung im diplomat. Verkehr; *Mantel-N.,* Zusammenfassung mehr. gleichzeit. überreichter N.n, *Verbal-N.,* nicht unterschriebene Zusammenfassung vorangegangener Besprechungen, ähnl. dem ↑Memorandum. **2)** ↑Banknote. **3)** [Leistungs]bewertung (Zensur). **4)** 𝄞 Tonzeichen.

**Notebook** ['nəutbuk; engl.], Personalcomputer in Buchgröße, kleiner als ein Laptop.

**Notenbank, Zentralbank, Zentralnotenbank,** zur Ausgabe von ↑Banknoten berechtigte Bank, Träger der Währungs-, Geld- u. Kreditpolitik (↑Deutsche Bundesbank, ↑Europäische Zentralbank).

**Notenschlüssel** ↑Schlüssel.

**Notenschrift, Notation,** System von Zeichen zur schriftl. Darst. von Musik; Beginn europ. Notation mit den Neumen; vom 12. Jh. an quadrat. N.; graf. Vereinfachung der Noten und Schlüssel, Einführung von Taktstrichen u. a. bestimmen die mod. Notenschrift.

**Notepad** ['nəutpæd; engl.], Computer in „Notizblockgröße" für mobile Anwendungen; auch als *Palmtop, Organizer, Hand-held, PDA* (**p**ersonal **d**igital **a**ssistent) bez.

**Nothelfer,** in der kath. Volksfrömmigkeit 14 Heilige, die in Notsituationen bes. um Hilfe angerufen werden: Achatius, Ägidius, Barbara, Blasius, Christophorus, Cyriakus, Dionysius v. Paris, Erasmus, Eustachius, Georg, Katharina von Alexandria, Margareta v. Antiochia, Pantaleon, Vitus.

**Notierung, Notiz,** Feststellung, Aufzeichnung u. Veröffentlichung des amtl. Börsenpreises für Wertpapiere, Devisen u. vertretbare Waren.

**Nötigung,** Zwingen eines andern zu einer Handlung, Duldung oder Unterlassung durch Gewalt oder Bedrohung, wenn die Anwendung dieser Mittel zum angestrebten Zweck als verwerfl. anzusehen ist; wird mit Freiheitsstrafe bedroht.

**Notre-Dame** [nɔtrədam], frz. Bez. für Maria, die Mutter Jesu, auch für ihr geweihte Kirchen.

**Notstand, 1)** im Strafrecht: Rechtfertigungs- od. Schuldausschließungsgrund, wenn eine an sich strafbare Handlung in einem unverschuldeten, auf andere Weise nicht zu beseitigenden N. zur Rettung aus einer gegenwärt. Gefahr für Leib od. Leben des Täters oder eines Angehörigen begangen worden ist; **2)** im Zivilrecht: Rechtfertigungsgrund bei Eingriffen in das Eigentum eines Dritten zur Abwendung einer gegenwärt. Gefahr u. eines drohenden unverhältnismäßig gr. Schadens. **3)** im Staatsrecht: innerer (Gefahr für den Bestand des Staats) od. äußerer (Verteidigungsfall) staatl. Katastrophenfall.

**Notstandsgesetze,** Gesetze für den Fall des Notstandes; in der BRD 1965 Verabschiedung von N.n, mit unterschiedl. Maßnahmen für Katastrophenfall, inneren u. äußeren Notstand.

**Nottingham** ['nɔtɪŋəm], Hptst. der mittelengl. Gft. *N.,* 271 000 E; Univ.; Textil-, Lederwaren- u. a. Ind.; ehem. bed. Spitzenklöppelei.

**Notturno** [ital.], im 18. u. 19. Jh. mehrsätziges Instrumentalstück (zur Nachtzeit im Freien aufgeführt). Die frz. Bez. *Nocturne* gilt heute für Klavierkompositionen träumer. Charakters.

**Notverordnung,** mit Gesetzeskraft versehene Verordnungen, in Notfällen erlassen (z. B. nach Art. 48 Weimarer Verf.), im GG nicht vorgesehen.

**Notwehr,** ⚖ diejen. Verteidigung, die erforderl. ist, um einen gegenwärt., rechtswidr. Angriff von sich oder einem anderen abzuwenden; *N.exzess,* Überschreitung der Grenzen der erforderl. Verteidigung, rechtswidrig, aber entschuldigt durch Bestürzung, Furcht oder Schrecken.

**Nouakchott** [nwak'ʃɔt], Hptst. v. Mauretanien, 4 km v. Atlantik in d. Sahara, 608 000 E; Univ.; Meerwasserentsalzungsanlage; ⚓, ✈. – Gegr. 1903.

**Nougat** ['nu:gat], ↑Nugat.

**Nouveau Roman** [nu'vo rɔ'mã], frz. Romanform s. den 1950er-Jahren: Streben nach objektiver Beschreibung, Ablehnung traditioneller Formen; Vertreter: A. Robbe-Grillet, M. Butor u. a.

**Novalis,** eigtl. Friedrich Leopold Frhr. v. **Hardenberg,** dt. Dichter der Frühromantik, * 1772, † 1801; „Hymnen an die Nacht", „Fragmente", „Die Christenheit od. Europa", „Heinrich von Ofterdingen".

**Nova Scotia** ['nəʊvə 'skəʊʃə], dt. **Neuschottland,** kanad. Prov. am Atlantik, 55 490 km², 900 000 E, Hptst. Halifax; waldreiches Hügelland, vorw. Land- und Forstw., Fischerei; Kohlen-⚒.

**Novelfood** ['nɔvlfu:d; engl.], **Designerfood** [dɪ'zaɪnəfu:d; engl.], Bez. f. Lebensmittel, die aus gentechn. veränderten Organismen bestehen, mit deren Hilfe hergestellt werden od. gentechn. hergestellte Zusatzstoffe enthalten. Gentechn. veränderte Lebensmittel (Tomate, Mais, Soja) sind bereits in vielen Ländern im Handel.

**Novelle, 1)** kürzere Erzählung (meist in Prosa), die prägnant u. objektiv ein ungewöhnl. Ereignis wiedergibt; konzentriert auf einen Konflikt, der über einen markanten Wendept. der Lösung zugeführt wird. **2)** abändernder oder ergänzender Nachtrag zu einem Gesetz.

**November** [lat.], im altröm. Kalender der 9. (bis 153 v. Chr.), dann der 11. Monat des Jahres.

**Novemberpogrom,** ↑Kristallnacht.

**Novemberrevolution,** die nach dem mil. Zusammenbruch 1918 im Dt. Reich u. in Östr.(-Ungarn) ausgelöste Revolution, im Dt. Reich v. meuternden Matrosen der Hochseeflotte ausgehend; Sturz der Monarchien, Errichtung parlamentar. Republiken.

**Novi Sad,** dt. **Neusatz,** Hptst. d. Wojwodina (Serbien), Jugoslawien, an der Donau, 179 600 E; Univ.; Elektro-, Nahrungsmittelind.; ⚓.

**Novize** [lat.], weibl. **Novizin,** Ordensangehörige auf Probe; *Noviziat,* Prüfungszeit der Novizen vor der endgültigen Aufnahme in einen Orden (mindestens 1 Jahr, maximal 2 Jahre).

**Nowaja Semlja,** russ. Doppelinsel zw. Barents- und Karasee, durch die Matotschkin-Schar-Straße in die N-Insel (48 904 km²) und S-Insel (33 275 km²) getrennt; gebirg., Nordinsel größtenteils vergletschert; arkt. Vegetation u. Tierwelt (Lemminge, Polarfüchse, Eisbären); Bev.: Nenzen.

**Nowgorod,** bis 1999 Name v. ↑Weliki Nowgorod.

**Nowosibirsk,** Gebietshptst. in W-Sibirien, Russland, am Ob, 1,4 Mill. E; Univ., Hochsch., Akad. der Wiss.; Museen; Hüttenind., Masch.bau; ⚓, ✈.

**Np,** ☈ Symb. für ↑Neptunium.

**NPD,** Abk. für: ↑**N**ationaldemokrat. **P**artei **D**eutschlands.

**NRZ,** Abk. für: **N**etto**r**aum**z**ahl (↑Raumzahl).

**NSDAP,** Abk. für: **N**ational**s**ozialistische **D**eutsche **A**rbeiter**p**artei (↑Nationalsozialismus).

**Nuance** [ny'ãs; frz.]: feiner Unterschied, Übergang.

**Nubilen,** von Tafelbergen überragtes Savannen- u. Wüstengebiet beiderseits des Nil im N der Rep. Sudan; im O durch das Rote Meer, im W durch die Oasenkette der östl. Libyschen Wüste begrenzt; der nördl. Nilbogen umschließt westl. die *Nub. Wüste,* der südl. Bogen die Bajudasteppe. *Bev.:* überw. muslim. *Nubier* (Savannenbauern) und *Bedja* (Hirtennomaden), beides äthiopide Stämme. – N. ist der Nordteil des bibl. Kusch (8. Jh. v. bis 3. Jh. n. Chr., mit den Hauptstädten Napata u. Meroe); s. dem 6. Jh. christl., im 14. Jh. islamisiert; 1820–85 ägypt., heute größtenteils zur Rep. Sudan.

**Nudismus** [lat.], svw. ↑Freikörperkultur.

**Nugat** [frz.], **Nougat** [ˈnu:gat], Süßware aus Zucker u. Mandeln (od. Nüssen), meist mit Kakao u. a.

**Nugget** [ˈnʌgɪt; engl.], Klümpchen gediegenen Goldes.

**nuklear** [lat.], den Atomkern betr.; auf Kernenergie beruhend.

**Nukleine,** svw. ↑Nukleoproteide.

**Nukleinsäuren,** hochmolekulare Verbindungen, die an Eiweiß gebunden in den ↑Nukleoproteiden vorliegen; bestehen aus Purin- und Pyrimidinbasen, Zuckern (Pentosen wie Ribose od. Desoxyribose) und Phosphorsäure; lassen sich spalten in *Nukleotide* (Mononukleotide; bestehend aus Purin-und Pyrimidinbasen, Pentose und Phosphorsäure); ohne Phosphorsäure: *Nukleoside.* – ↑Desoxyribonukleinsäure, ↑Ribonukleinsäure.

**Nukleonen** [lat.], Sammel-Bez. für ↑Protonen u. ↑Neutronen sowie für deren Antiteilchen.

**Nukleoproteide, Nukleine,** zusammengesetzte Eiweißkörper, die aus einem Proteinanteil und ↑Nukleinsäure bestehen; v. a. Bestandteil des Zellkerns, aber auch anderer Zellbestandteile.

**Nukle|us** [lat.], svw. Zellkern (↑Zelle).

**Null,** Zeichen **0**, Zahl, die zu (von) einer anderen Zahl addiert (subtrahiert) werden kann, ohne dass sich diese ändert; Multiplikation einer Zahl mit 0 ergibt 0, Division einer Zahl durch 0 ist nicht definiert.

**Nullkupon|anleihe** [-kupɔ̃-] ↑Zerobond.

**Nullleiter,** unmittelb. geerdeter Leiter, hat die Funktion eines Neutral- u. Schutzleiters.

**Nullmeridian,** der Meridian v. Greenwich, Ausgangspt. der geograph. Längenzählung (↑Gradnetz der Erde).

**Nullpunkt,** Ausgangspt. einer Skala, z. B. der Temperaturskala (↑absoluter Nullpunkt), od. Ursprung eines Koordinatensystems.

**Nulltarif,** unentgeltl. Abgabe einer (öffentl.) Dienstleistung.

**Numerale** [lat.], svw. ↑Zahlwort.

**Numeri** [lat.], in der Vulgata Bez. für das 4. Buch Mose.

**numerisch** [lat.], zahlenmäß.; n. ↑Exzentrizität.

**Numerus** [lat.], **1)** Zahl. **2)** Zahl, deren ↑Logarithmus best. werden soll. **3)** Zahlform des Nomens: Singular, Plural, Dual.

**Numerus clausus,** zahlenmäß. beschränkte Zulassung (zu einem Beruf, bes. zu einem Studium).

**Numidi|en,** im Altertum nordafrik. Reich im östl. Algerien; 46 v. Chr. röm. Provinz, 648 n. Chr. von den Arabern erobert.

**Numismatik** [gr.], Münzkunde.

**Nunavut Territory** [- ˈterɪtərɪ; Nunavut: eskimoisch = unser Land], Territorium im N Kanadas, 2,09 Mill. $km^2$, 27 000 E (etwa 17 500 Eskimo); Verw.sitz: Iqaluit (Frobisher Bay).

**Nuntius** [lat.], **apostolischer Nuntius,** stänـd. diplomat. Vertr. des Papstes im Botschafterrang bei einer Staatsregierung. – *Nuntiatur,* Amt und Amtssitz eines Nuntius.

**Nürnberg,** bayr. krsfr. St. an der Pegnitz, Mittelfranken, 492 400 E; Wirtsch.-Zentrum N-Bayerns; vor der Zerstörung im 2. Weltkrieg berühmt wegen des ma. Stadtbildes; beim Wiederaufbau wurde d. histor. Grundriss gewahrt; 4 km lange Stadtmauer mit Türmen, Burg (11.–16. Jh.), Lorenzkirche (13. u. 14. Jh.) mit spätgotischem Hallenchor, Sebalduskirche (13./14. Jh.), Albrecht-Dürer-Haus; Mauthalle; Univ. Erlangen-N., Fachhochschule, Verw.- und Wirtsch.-Akad.; OLG, LG; IHK; German. Nat.-Museum; Metall-, Elektro-, Fahrzeug-, Maschinen-, Spielwaren-, Bleistift-, opt., feinmech., chem. Ind.; Lebkuchenherst., Brauereien; Spielwarenmesse, Exportmusterschau des Handwerks; ✈. – Erste urkundl. Erwähnung der Burg 1050; im 12. Jh. Entstehung der St.; 1112 reichsfrei; bed. Handelsst., kulturelle und wirtsch. Blüte v. a. im 15., 16. u. 17. Jh.; 1525 Einführung der Reformation; 1806 bayrisch; 1835 erste dt. Eisenbahnstrecke N.–Fürth; 1933–38 Ort der NS-Reichsparteitage; 1945–49 Durchführungsort der ↑Nürnberger Prozesse.

**Nürnberger Gesetze,** die 1935 während des R.-Parteitages der NSDAP in Nürnberg verkündeten Gesetze, v. a. das „Reichsbürgergesetz" (entzog allen, die nicht „dt. od. artverwandten Blutes" waren, das Bürgerrecht) u. das „Gesetz zum Schutze des dt. Blutes u. der dt. Ehre" (Verbot u. a. der Eheschließung zw. Juden u. „Staatsangehörigen dt. od. artverwandten Blutes" [als „Rassenschande" bezeichnet]).

**Nürnberger Prozesse,** Sammelbez. für die 1945–49 in Nürnberg gg. führende Personen und Organisationen des nat.-soz. Dtl. geführten Prozesse; der erste vor dem *Internat. Militärgerichtshof,* Gegenstand des Prozesses: Verbrechen gg. den Frieden (Angriffskrieg), Kriegsverbrechen u. ↑Verbrechen gg. die Menschlichkeit. Angeklagt waren 22 Personen (u. a. H. Göring, J. von Ribbentrop, E. Kaltenbrunner, A. Rosenberg, R. Heß) u. 6 Organisationen. Ankläger waren Vertr. der 4 Großmächte. Urteilsverkündung am 30. 9. u. 1. 10. 1946 (12 Todesurteile). Es folgten 12 weitere Prozesse vor amer. Militärgerichten gg. Ärzte, Juristen, Männer der Wirtsch., Angehörige der SS u. Gestapo, Generale u. Diplomaten.

**Nuss, 1)** trockene Schließfrucht mit verholzender Fruchtwand, z. B. Hasel-N., Buchecker, Eichel (im botan. Sinne nicht Wal- u. Kokos-N.). **2)** die äußeren ♀ Geschlechtsteile bei Haarraubwild, Hunden, Füchsen, Fischottern. **3)** Keulenstück von Schlachttieren.

**Nüstern,** Nasenlöcher bes. beim Pferd.

**Nut,** längl. Führungs- u. Passvertiefung an Wellen, Zapfen, Balken u. dgl. zur Führung oder Befestigung weiterer Teile.

**Nutation** [lat.], Bez. für best. Schwankungen der Achse eines Kreisels (auch der Erdachse) bei der Präzession.

**Nutria** [span.], **1)** svw. ↑Biberratte. **2)** Pelz der Biberratte.

**Nutzen,** die auf der subjektiven Werteinschätzung eines Gutes beruhende Eigenschaft zur Bedürfnisbefriedigung eines Wirtschaftssubjektes; Bez. auch allg. für die Verwendbarkeit u. Brauchbarkeit v. Gegenständen od. Sachen.

**Nutzhölzer,** ausdauernde Gewächse mit kräft. Dickenwachstum; wirtsch. u. techn. nutzbar.

**Nutzlast, 1)** Verkehrsbelastung (veränderl. od. bewegl.) bei Bauwerken. **2)** das [zuläss.] Ladungsgewicht bei Fahrzeugen.

**Nutzungsrecht,** Recht, eine fremde Sache zu gebrauchen u. sich die Erzeugnisse anzueignen.

**Nutzwild,** alles essbare ↑Wild.

**Nylon**® [ˈnaɪlɔn; engl.], ein Polyamid (↑Polyamide).

**Nymphen,** griech. Naturgöttinnen, Töchter des Zeus, die in Grotten, auf den Bergen, im Meer, in Quellen (Najaden) und Bäumen (Dryaden) wohnen.

**Nymphenburg,** Stadtteil von München mit ehem. kurfürstl. Schloss und Garten (1664–1730); Parkburgen: Pagodenburg, Badenburg, Amalienburg (1734–39, erb. von F. de Cuvilliés d. Ä., Frühwerk des dt. Rokoko).

**Nymphomanie** [gr.], gesteigertes sexuelles Verlangen der Frau.

**Nynorsk** ↑norweg. Sprache.

**Nyx,** Personifikation der Nacht (griech. Mythologie).

# O

**O,** 15. Buchstabe des Alphabets.

**O,** Symbol für ↑Sauerstoff.

**Oahu,** eine der Hawaiiinseln, 1601 km², Hptst. Honolulu; Ananas, Zuckerrohr; Fremdenverkehr; Marinestützpt. Pearl Harbor.

**Oakland** [ˈəʊklənd], St. an der Bucht von San Francisco, Kalifornien, USA, 372 000 E; vielseit. Ind.; über eine 8,3 km lange Brücke mit San Francisco verbunden.

**OAS,** Abk. für: **1) O**rganization of **A**merican **S**tates, 1948 gegr.; Mitgl. sind alle unabh. amer. Staaten (außer Belize; ständige Beobachter sind Kanada, Guyana u. Kuba, dessen Mitgliedschaft 1962 suspendiert wurde); Ziele: Bekräftigung der Prinzipien der inneramer. Solidarität, der Gleichberechtigung u. Nichteinmischung, gemeinsame Abwehr aller Angriffe auf eines der Mitgl., soz., wirtsch. u. kulturelle Zusammenarbeit. **2) O**rganisation de l'**A**rmée **S**ecrète, rechtsradikale, extremist. frz.-alger. Geheimorganisation, die für das Verbleiben Algeriens bei Frkr. kämpfte.

**Oasen,** durch reichen Pflanzenwuchs ausgezeichnete Stellen in Wüsten od. an deren Rand, bei Auftreten v. Süßwasser.

**Oates** [əʊts], Joyce Carol, amer. Schriftstellerin, *1938; Romane, Kurzgeschichten.

**OAU,** Abk. für: ↑**O**rganization of **A**frican **U**nity.

**Ob,** Hpt.-Strom Westsibiriens, Russland, 5410 km (mit Irtysch); entsteht aus d. Quellflüssen Katun u. Bija, Deltamündung in d. *Obbusen* d. Karasee.

**Obadja** ↑Kleine Propheten.

**Obduktion** [lat.], svw. ↑Sektion.

**Obelisk** [gr.], hoher, rechteck. Pfeiler, nach oben verjüngt u. in einer Pyramide auslaufend; urspr. in Ägypten wohl Kultsymbol des Sonnengottes Re.

**Oberammergau,** bayr. Ort im Ammergeb., 5300 E; Fachschule für Holzbildhauer; Holzschnitzerei; seit 1634 alle 10 J. *O.er Passionsspiel.*

**Oberbayern,** bayr. Reg.-Bez., 17 529 km², 3,9 Mill. E, Hptst. München; umfasst Bayr. Alpen, Alpenvorland und Donautal bei Ingolstadt.

**Oberbefehlshaber,** Inhaber der höchsten mil. Kommandogewalt über die Gesamtheit od. Teile der bewaffneten Macht; O. nat. Streitkräfte ist i. d. R. das Staatsoberhaupt; in der BRD: repräsentative Funktionen beim B.-Präs., Befehls- u. Kommandogewalt beim B.-Verteidigungsmin., im Verteidigungsfall beim Bundeskanzler.

**Oberbundesanwalt,** von der B.-Reg. bestellter Vertr. des öff. Interesses beim Bundesverwaltungsgericht.

**Oberdeutsch** ↑deutsche Mundarten.

**Oberflächenspannung,** an Flüssigkeitsoberflächen auftretende, v. den Molekularkräften verursachte Erscheinung; bewirkt, dass die Grenzfläche zw. Flüssigkeit u. Gasraum bzw. zw. 2 Flüssigkeiten möglichst klein ist.

**Oberfranken,** bayr. Reg.-Bez. am Unterlauf der Regnitz u. Oberlauf des Mains, 7231 km², 1,11 Mill. E, Hptst. Bayreuth.

**Oberhaus,** in Ländern mit Zweikammerparlament die Kammer, die im Unterschied zum Unterhaus nicht od. nur z. T. aus allg. Wahlen hervorgeht (in Großbritannien das House of Lords).

**Oberhausen,** Ind.-Stadt im Ruhrgebiet, NRW, 224 400 E; Verw.- u. Wirtsch.-Akad.; Eisenhütten, Stahlwerke, Glas-, chem. u. a. Industrie; jährl. internat. Kurzfilmtage. 1874 Stadt.

**Oberhaut,** svw. ↑Epidermis.

**Oberlandesgericht** ↑Gerichte (Übers.).

**Oberlausitz** ↑Lausitz.

**Oberon,** altfrz. **Auberon** [oˈbrɔ̃], entspr. dem Zwerg **Alberich,** Elfenkg., Gemahl der Titania.

**Oberösterreich,** östr. B.-Land zw. Inn und Enns, 11 980 km², 1,34 Mill. E, Hptst. Linz; Holzverarbeitungs-, Textil-, Eisen-, Stahlind.; Fremdenverkehr.

**Oberpfalz,** bayr. Reg.-Bez., 9691 km², 1 Mill. E, Hptst. Regensburg; umfasst das Einzugsgebiet der Naab mit dem *Oberpfälzer Becken* um Amberg.

**Oberpfälzer Wald,** Bez. für den dt. Anteil des Böhmerwaldes nw. der Cham-Further Senke, Bayern.

**Oberrheinisches Tiefland,** Gebiet beiderseits des Oberrheins zw. Basel und Mainz.

**Obersalzberg,** Berghang östl. v. Berchtesgaden, Bay., bis 1000 m.

**Oberschlesien,** poln. **Górny Śląsk** [-ɕlɔsk], südl. Teil Schlesiens, Polen. Im SO das *oberschles. Ind.-Gebiet* auf der *Oberschles. Platte.*

**Oberschwingungen,** Schwingungen (z. B. einer Saite, Membran) mit höheren Frequenzen als die Grundschwingung; bei *harmon. O.* ganzzahl. Vielfache der Grundfrequenz.

**Oberst** (in der Marine: *Kapitän zur See*), höchster Dienstgrad der Stabsoffiziere.

**Oberstdorf,** bayr. Kur- u. Wintersportort in den Allgäuer Alpen, 10 500 E; 843 m ü. d. M.

**Oberste Bundesgerichte** ↑Gerichte (Übers.).

**Oberster Gerichtshof,** höchstes Ger. für Zivil- u. Strafsachen in Österreich.

**Oberster Sowjet,** höchstes Kontroll- u. höchstes Legislativorgan in der ehem. Sowjetunion u. ihrer Teilrepubliken.

**Oberth,** Hermann, dt. Raketenforscher, *1894, †1989; behandelte als einer der Ersten Weltraumfahrt in wiss. Form.

**Obertöne,** Teiltöne (akust. ↑Oberschwingungen), die bei jedem Grundton kaum hörbar mitklingen u. den Klang bestimmen.

**Oberursel (Taunus),** hess. St. nw. von Frankfurt am Main, 41 000 E; Luth. Theol. Hochsch., B.-Schule des DGB; Metall verarb., chem. u. a. Industrie.

**Obervolta,** ↑Burkina Faso.

**Objekt** [lat.], **1)** Gegenstand, Sache; Ziel des Handelns. **2)** im Satz eine Ergänzung, die vom Verb gefordert wird.

**Objektiv** [lat.], Linsensystem eines opt. Gerätes (z. B. Kamera) zur Erzeugung einer farbfehlerfreien Abb., das dem abzubildenden Objekt zugewandt ist.

**Objektivation, Objektivierung,** Vergegenständlichung, Verwirklichung.

**Objektivität,** strenge Sachlichkeit, ganz vom Gegenstand (Objekt) her best. Haltung, Berücksichtigung aller mögl. Aspekte.

**Objektkunst,** Begriff für eine künstler. Ausdrucksform der Moderne, die anstelle der Abb. eines Gegenstandes (Objektes) diesen selbst, meist in neuem Zusammenhang, als Kunstwerk präsentiert.

**Objektsatz,** Gliedsatz in der Rolle eines Objekts.

**Objektsteuern** ↑Ertragsteuern.

**Oblate** [lat.], sehr dünne Gebäckunterlage; in der kath. u. den meisten prot. Kirchen als ↑Hostien verwendet.

**obligat** [lat.], verbindl., erforderl., unentbehrl.; *obligatorisch,* verpflichtend, verbindlich.

**Obligation** [lat.], **1)** persönl. Verbindlichkeit. **2)** Schuldverschreibung v. Unternehmen *(Ind.-O.)* od. Gebietskörperschaften *(Kommunal-O.)*. – *O.recht,* Bez. für das Schuldrecht im schweizer. Zivilgesetzbuch.

**Obligo** [lat.], Wechsel- u. Scheckrecht: Verbindlichkeit, Verpflichtung; *ohne O.* (o.O.), ohne Gewähr.

**Oboe** [frz.], Holzblasinstrument mit doppeltem Rohrblatt, kon. Röhre, bis zu 14 Klappen; mit gr. Obertonreichtum; eine Quinte tiefer als die normale O. das *Englischhorn,* eine Terz tiefer die *O. d'amore.*

**Obolus** [gr.], kl. altgriech. Münze und Gewichtseinheit.

**Obotriten, Abodriten, Abotriten,** elbslaw. Volksstamm in W-Mckbg. (7.–12. Jh.).

**Obrigkeitsstaat,** s. Ende des 19. Jh. polem. Bez. für die monarch.-autoritäre dt. Staatsordnung mit starken bürokrat. Strukturen (Beamtenstaat) u. der sie charakterisierenden Allianz v. Thron u. Altar.

**Observanz** [lat.], **1)** örtl. begrenztes Gewohnheitsrecht. **2)** die Gebräuche in kath. Ordensgemeinschaften.

**Observatorium** [lat.], astronom. (Sternwarte), meteorol. od. geophysikal. Beobachtungsstation.

**Obst,** genießb., wohlschmeckende, vitamin- und meist saftreiche Früchte od. Samen meist mehrjähr., im Allg. holzart. od. teilw. verholzter Pfl. *(O.gehölz); Beeren-O.* (z.B. Brombeere, Erdbeere, Himbeere), *Kern-O.* (z.B. Apfel, Birne, Quitte), *Schalen-O.* (z.B. Hasel- u. Walnuss), *Stein-O.* (z.B. Aprikose, Kirsche, Mirabelle, Pflaume); *Wildobst,* nicht angebautes Obst; *O.bau,* Zweig der Landw. und des Gartenbaus; Dauerkultur.

**Obstbaumkrebs** ↑Pflanzenkrankheiten (Übers.).

**Obstipation** [lat.], Stuhlverstopfung, auch Stuhlverhaltung.

**Obstruktion** [lat.], **1)** Widerstand; parlamentar. Verzögerungstaktik (z.B. durch Fernbleiben bei Sitzungen). **2)** svw. ↑Obstipation.

**Obus,** Abk. für: **O**berleitungsomni**bus.**

**Obwalden** ↑Unterwalden.

**O'Casey,** [əʊˈkeɪsɪ] Sean, ir. Dramatiker, *1880, †1964; sozialkrit. Stücke („Juno u. der Pfau").

**Ochse,** kastriertes ♂ Rind.

**Ochsenauge, 1)** kl. orangebrauner Schmetterling (Augenfalter). **2)** gelb blühende Gatt. der Korbblütler.

**Ochsenknecht,** Uwe, dt. Filmschauspieler, *1956; „Männer".

**Ochsenzunge,** Gatt. der Raublattgewächse mit rd. 40 Arten in Europa, N- u. S-Afrika, W-Asien; meist rauhaar. od. zott. Kräuter, blauviolett od. weiß blühend.

**Öchslegrad,** Maßeinheit für die Dichte von Trauben- u. Obstsaft; bestimmt mit d. von F. Öchsle (*1774, †1852) entwickelten *Öchslewaage.*

**Ockeghem** [ˈo:kəxəm], Johannes, fläm. Komponist am frz. Hofe, *um 1425, †um 1495; Messen, Motetten, Chansons.

**Ocker,** gelbbraune Erdfarbe; besteht aus Brauneisenerz-Ton-Gemischen.

**OCR** [Abk. für engl. **o**ptical **c**haracter **r**ecognition, „opt. Zeichenerkennung"], maschinell lesbare, genormte (DIN 6608) Schriften; die *OCR-A-Schrift* enthält neben best. Zeichen u. Ziffern nur Großbuchstaben, die *OCR-B-Schrift* auch Kleinbuchstaben.

**Objektkunst:** *Jean Tinguely, „Balouba No. 3" (1961)*

**Octane** [gr.], zu den Alkanen gehörende KW-Stoffe, $C_8H_{18}$; farblose, leicht brennbare Flüssigkeiten; wichtig *Isooctan* zur Bestimmung der ↑Oktanzahl.

**Ode** [gr.], lyr. Strophengedicht; als Chorgesang der griech. Tragödie mit strengem Strophenbau in gehobenem, feierl. Ton; als selbst. Dichtung bei Sappho, Alkäus; großartig-feierl., der Hymne verwandt, die O.n Pindars. Wiederbelebung in der Renaissance; seit M. Opitz in der dt. Literatur.

**Ödem** [gr.], **Wassersucht,** Gewebequellung; bes. in Haut und Unterhaut eindrückbare Schwellung infolge krankhaft gesteigerter seröser Flüssigkeitsansammlung im Gewebe. Ursachen von Ö. sind Stauungen z.B. durch Herzinsuffizienz.

**Odenwald,** Bergland östl. des Oberrhein. Tieflandes, zw. Kraichgau, Bauland, Main u. der Rhein-Main-Ebene; am W-Fuß die Bergstraße; bis 626 m (Katzenbuckel). Im W *Vorderer O.,* im O *Hinterer O.,* südl. des Neckars *Kleiner O.;* reich an Laubwald; Steinbrüche, Kleineisen-, Textilind.; Fremdenverkehr.

**Oder, 1)** ostdt. Fl. vom Odergeb. zum Stettiner Haff, 910 km (733 km schiffbar); Mündungsarme Peene, Swine, Dievenow (Länge bis Swinemünde 854 km); fließt im Mittellauf durch das *O.bruch;* **2)** r. Nbfl. der Rhume (Harz), mit *O.talsperre* bei Bad Lauterberg im Harz.

**Odergebirge,** Bergland sw. von Ostrau, ČR, bis 680 m.

**Oder-Havel-Kanal,** fr. **Hohenzollernkanal,** bed. Wasserstraße, die Berlin mit Stettin verbindet, 82,8 km.

**Oder-Neiße-Lini|e,** im Potsdamer Abkommen v. 1945 festgelegte Demarkationslinie. Die östlich der O.-N.-L. gelegenen Gebiete Deutschlands wurden unter poln. bzw. sowjet. Verwaltung gestellt. Die DDR erkannte die O.-N.-L. im Görlitzer Abkommen s. 1950 als Westgrenze Polens an, die BRD unter Vorbehalt im Warschauer Vertrag v. 1970. Im Zusammenhang mit der dt. Wiedervereinigung erzielten die UdSSR, Frkr., Großbritannien und die USA sowie die beiden dt. Staaten im Zwei-plus-vier-Vertrag 1990 Einigung darüber, dass die bestehenden Grenzen der DDR zu dritten Staaten die künftigen Grenzen des wieder vereinten Dtl.s zu diesen Staaten bilden sollen; unterlegt durch den Dt.-Poln. Grenzvertrag 1990.

**Odessa,** Gebietshptst. in d. Ukraine, am Schwarzen Meer, 1,04 Mill. E; 2 Univ., Hochschulen, wiss. Inst.; vielseit. Ind.; ⚓, ✈. – Um O. mehrere Kurorte.

**Odin,** höchster Gott der altnord. Mythol. (german. *Wodan* oder *Wotan*), Wanderer od. schneller Reiter (auf dem achtbein. Ross Sleipnir), begleitet v. den beiden Raben Hugin u. Munin u. den Wölfen Geri

u. Freki; Gott der Weissagung u. der Schlachten.

**Ödipus,** in der griech. Mythol. Sohn des theban. Kg. Laios u. der Iokaste; obwohl er ausgesetzt wird, weil er nach dem Orakel seinen Vater töten u. seine Mutter heiraten wird, entgeht er seinem Schicksal nicht; Tragödien u. a. v. Sophokles, Voltaire, A. Gide.

**Ödipuskomplex,** nach S. Freud frühkindl. Bindung an den andersgeschlechtl. Elternteil, als unbewältigte Triebregung verdrängt, kann Neurosen auslösen.

**Odoaker, Odowakar,** german. Heerführer, *433, †493; setzte 476 den letzten weström. Ks. Romulus Augustulus ab, wurde vom Heer zum Kg. ausgerufen; v. Theoderich d. Gr. ermordet.

**Odysseus,** griech. Sagengestalt, Kg. v. Ithaka, Gem. der Penelope, listenreicher Teilnehmer am Trojan. Krieg; auf seinen Rat Bau des Trojan. Pferdes. Seine abenteuerl. Heimfahrt schildert die *Odyssee* des Homer.

**Oe,** Einheitenzeich. für ↑Oersted.

**Ōe,** Kenzaburō, jap. Schriftsteller, *1935; gesellschaftskrit. Reportagen; Nobelpreis 1994.

**OECD,** Abk. für: **O**rganization for **E**conomic **C**o-operation and **D**evelopment, **Organisation für wirtsch. Zusammenarbeit u. Entw.**, Organisation der Ind.länder zur Koordinierung der Wirtschafts-, Währungs- u. Außenwirtschaftspolitik, gegr. 1960 als Nachfolger der 1948 gegr. OEEC; (2002) 31 Mitgl.; Sitz Paris.

**Oersted** [ˈøːrstɛt; nach H. C. ↑Ørsted], Einheitenzeich. **Oe,** nicht gesetzl. Einheit der magnet. Feldstärke; 1 Oe = $^{10}/_{(4\pi)}$ A/cm = 79,577 A/m.

**Œuvre** [œːvrə; frz.], Lebens-, Gesamtwerk eines Künstlers.

**OEZ,** Abk. für: ↑**o**st**e**urop. **Z**eit.

**Ofen,** alter dt. Name für Buda (↑Budapest).

**Ofenpass,** schweizer. Pass vom Engadin ins Münstertal, 2149 m ü. d. M.

**Offenbach,** Jacques (Jacob), dt.-frz. Komponist, *1819, †1880; „Orpheus in der Unterwelt", „Die schöne Helena", „Hoffmanns Erzählungen".

**Offenbach am Main,** hess. Krst. u. krsfr. St. östl. von Frankfurt am Main, 116500 E; Dt. Ledermuseum, Dt. Schuhmuseum, Klingspor-Museum, Hochschule für Gestaltung, Zentralamt des Dt. Wetterdienstes, B.-Monopolverw. für Branntwein; IHK; Maschinenbau, Lederind., Lederwarenmesse.

**Offenbarung,** allg. Erkenntnis, Erleuchtung; in den Religionen die Enthüllung einer religiösen Wirklichkeit, die für den Menschen von existenzieller Bedeutung ist [i. d. R. als sein Vernunftwissen übersteigend angesehen]; die gr. *O.sreligionen* sind: ved. Religion (↑Veda), die Religion Zarathustras (Parsismus), Islam, Judentum u. Christentum.

**Offenbarung des Johannes** ↑Apokalypse.

**Offenbarungs|eid** ↑eidesstattliche Versicherung.

**Offenburg,** Krst. des Ortenaukreises, Ba.-Wü., 55300 E; Fachhochschule, LG; histor. Bauten; vielseit. Industrie.

**offene Gesellschaft,** sozialwiss. Konzept einer mobilen, durch rationale Reformen u. erfahrungswiss. fundierte Planung sozialen Wandels veränderbaren Ges., vertreten bes. von Sozialwissenschaftlern, die lib. Prinzipien verbunden sind (K. R. Popper [prägte d. Begriff], R. Dahrendorf u. a.).

**offene Handelsgesellschaft,** Abk. **OHG,** Ges., die unter gemeinschaftl. Firma ein Handelsgewerbe betreibt u. bei der jeder Gesellschafter unbeschränkt haftet (§§ 105 ff. HGB).

**Offenmarktpolitik,** An- od. Verkauf v. Wertpapieren durch die Zentralbank zur Zinssteuerung u. Beeinflussung der Geldmenge.

J. Offenbach

**offensiv** [lat.], angreifend, angriffslustig; *Offensive,* Angriff.

**öffentliche Hand,** Gesamtheit der jurist. Personen des öff. Rechts (bes. Bund, Länder, Gem.) als Teilnehmer am Wirtschaftsleben.

**öffentliche Meinung,** Gesamtheit der öff. geäußerten Ansichten zu aktuellen Fragen; findet ihren kollektiven Ausdruck i. d. R. in Parteien, Verbänden, Bürgerinitiativen, durch Flugblätter, Plakate u. in den Massenmedien.

**öffentlicher Dienst,** Tätigkeit v. Beamten, Angestellten od. Arbeitern bes. bei Bund, Ländern u. Gemeinden.

**öffentlicher Haushalt, Staatshaushalt,** die Finanzwirtsch. v. Bund, Ländern, Gem. u. Sozialversicherung mit ihren Einnahmen, Ausgaben u. Schulden. Der Solletat wird im ↑Haushaltsplan, der Istetat (tatsächl. Ausgaben u. Einnahmen der abgelaufenen Periode) in der *Haushaltsrechnung* erfasst.

**öffentliches Recht,** Gesamtheit der Rechtsnormen, die das Verhältnis des Einzelnen zur öff. Gewalt und ihren Trägern sowie deren Verhältnis zueinander regeln: Völker-, Staats-, Verw.-, Straf-, Kirchen-, Verfahrensrecht.

**öffentliche Unternehmen,** Unternehmen im Besitz od. unter maßgebl. Beteiligung eines öff. Gemeinwesens (Bundes-, Landes-, kommunale Betriebe); mögl. sind privatrechtl. (AG, GmbH) od. öff.-rechtl. Formen.

**Offizialdelikte,** Straftaten, die von Amts wegen verfolgt werden; Ggs. ↑Antragsdelikte.

**Offizialverteidiger, Pflichtverteidiger,** für den Beschuldigten vom Ger. bestellter Verteidiger in Fällen der notwend. Verteidigung (§ 140 StPO), wenn der Beschuldigte keinen Anwalt gewählt hat.

**Offizier** [lat.-frz.], Soldat mit Dienstgrad v. Leutnant aufwärts.

**offline** [ɔfˈlaɪn; engl.], ↑online.

**Offsetdruck** [engl.; dt.], Flachdruckverfahren, bei dem Schrift und Bild auf Zink-, Aluminium- od. Mehrmetallplatten photolithograph. aufkopiert u. anschl. geätzt werden; der Druck erfolgt indirekt über einen mit Gummituch bezogenen Zylinder.

**Offshorebohrung** [ˈɔfʃɔː-], von bes. Bohrplattformen aus niedergebrachte Erdöl- od. Erdgasbohrung in Küstengewässern od. im Schelfbereich.

**Offshorezentren** [ˈɔfʃɔː-], Plätze für internat. Finanzgeschäfte v. Banken u. Unternehmen, die den Finanzmarkt des Landes, in dem sie getätigt werden, nicht berühren u. v. best. nat. Beschränkungen freigestellt sind.

**Oger** [frz.], Bez. des Menschenfressers in frz. u. ital. Märchen.

**Og[h]am[schrift]** [ˈoːgam; ir.], aus Strichen bestehende Schrift der ältesten, auf Stein geritzten Inschriften in Irland.

**Ogusen, Oghusen,** Turkvolk, im 7./8. Jh. herrschende Schicht im alttürk. Reich in Z-Asien; im 10./11. Jh. größter Umfang des O.reiches um den Aralsee.

**OHG** Abk. für: ↑offene Handelsgesellschaft.

**Ohio** [əʊˈhaɪəʊ], **1)** größter l. Nbfl. des Mississippi, USA, 2102 km. **2)** Abk. **O.**, Staat im Mittelwesten der USA, zw. Eriesee und 1), 107044 km², 10,84 Mill. E, Hptst. Columbus.

**Ohm,** Georg Simon, dt. Physiker, *1789, †1854; Arbeiten auf dem Gebiet der Elektrizitätslehre; fand 1826 das ↑ohmsche Gesetz.

**Ohm** [nach G. S. ↑Ohm], Einheitenzeichen Ω, Einheit des elektr. Widerstandes; 1 Ω = 1 V/A.

**ohmscher Widerstand,** der nach dem ohmschen Gesetz bestimmte elektr. Widerstand, der nur v. den Leitereigensch. (Länge, Querschnitt, Material) u. der Temp. abhäng. ist; im Wechselstromkreis der *Wirkwiderstand.*

**ohmsches Gesetz,** v. G. S. Ohm aufgestelltes physikal. Gesetz: Bei konstanter Temp. sind die elektr. Stromstärke $I$ in einem Leiter u. die zw. den Leiterenden herrschende elektr. Spannung $U$ einander proportional: $U = R \cdot I$; der Proportionalitätsfaktor $R$ bez. den ↑ohmschen Widerstand des Leiters.

**Ohnmacht,** vorübergehender Zustand von Bewusstlosigkeit, der auf mangelhafter Durchblutung des Gehirns beruht.

**Ohr,** Bez. für das Gehörorgan der Wirbeltiere (einschl. Mensch); bei Wirbeltieren ist das Hörorgan mit dem Gleichgewichtsorgan im häut. *Labyrinth* innerh. des Schläfenbeins (knöchernes Labyrinth) vereint (inneres O.); *O.muschel* u. *Gehörgang* zum Auffangen u. zur Leitung der Schallwellen ([äußeres] O.), die vom *Trommelfell* aufgenommen u. durch die *Gehörknöchelchen* (Hammer, Amboss, Steigbügel) d. Paukenhöhle (Mittelohr) zum unteren Teil des Labyrinths, dem Sacculus mit *Schnecke* (nur bei Säugetieren u. Mensch) weitergeleitet werden, deren Basilarmembran in Schwingung gerät und die Hörsinneszellen erregt.

**Ohr|eulen,** Eulen mit Federohren, z. B. Uhu, Wald-, Sumpfohreule.

**Ohrid** [ˈɔhrit], St. in d. Rep. Makedonien, am *O.see* (367 km², davon 248 km² in Makedonien, d. Rest in Albanien; bis 286 m tief), 42100 E; vielseitige Ind.; Fremdenverkehr; ✈; alte byzantin. Kirchen, maler. Stadtbild; Reste der antiken St. *Lychnidos*; 971–1018 Hptst. d. Großbulgar. Reichs.

**Ohrspeicheldrüse, Parotis,** vor dem Ohr u. unterhalb des Ohres gelegene Speicheldrüse bei Säugetieren (einschließl. Mensch); *O.nentzündung, epidemische,* svw. ↑Mumps.

**Ohrwürmer,** artenreiche Ordn. der Geradflügler; schlank, mit Mundwerkzeugen zum Kauen; *Gemeiner Ohrwurm,* 12–15 mm lang, braun, harmlos.

**Oise** [wa:z], **1)** r. Nbfl. der Seine, 302 km; durch Canal du Nord mit nordfrz. Häfen verbunden. **2)** frz. Dép. nördl. von Paris, Hptst. Beauvais.

**Oistrach, 1)** David, russ. Geiger, *1908, †1974; hervorragender Techniker, auch Dirigent. **2)** Igor, Sohn von 1), russ. Geiger, *1931.

**Oka, 1)** r. Nbfl. der Wolga, 1500 km. **2)** l. Nbfl. der Angara, 953 km.

**Okapi** [afrik.], etwa zebragr. Giraffenart in den Urwäldern des Kongo (1901 entdeckt).

**Okarina** [ital.], meist tiergestaltige Gefäßflöte aus Ton oder Porzellan, mit Schnabelmundstück und meist 4–8 Grifflöchern.

**Okayama,** jap. St. auf Honshū, 594000 E; Textil- u. chem. Ind.; ✈.

**Okeanos,** Titan der griech. Mythol., ältester Sohn des Uranos u. der Gäa, Verkörperung des um die Erde fließenden Weltstroms.

**O'Keeffe** [əʊˈki:f], Georgia, amer. Malerin, *1887, †1986; Blumenmotive, Landschaften, stillllebenartige Kompositionen.

**Oker,** l. Nbfl. der Aller, 105 km, Mdg. unterh. v. Gifhorn; bei Altenau im Harz die *O.talsperre:* 47,4 Mill. m³, max. Stauhöhe 67 m.

**Okinawa,** Hauptinsel der Ryūkyūinseln, 1254 km², 1,25 Mill. E, Hauptort Naha; bis 1972 US-Flotten- u. Luftstützpunkt, danach an Japan zurückgegeben.

**Okklusion** [lat.], Zusammentreffen von Kalt- u. Warmluftfront, wobei die Warmluft vom Boden abgehoben wird.

**Okkultismus** [lat.], Sammelbez. für alle Lehren u. Praktiken, die übersinnl. Kräfte („Psiphänomene") betreffen und entspr. veranlagten Personen (Medien) zugängl. sein sollen; wiss. Erforschung durch die ↑Parapsychologie.

**Okkupation** [lat.], **1)** im Völkerrecht: mil. Besetzung fremden Gebiets od. Inbesitznahme herrenlosen Landes. **2)** im Zivilrecht: Aneignung herrenloser Gegenstände.

**Oklahoma** [əʊkləˈhəʊmə], Abk. **Okla.**, Staat der USA, nördl. des mittleren Red River, 181186 km², 3,15 Mill. E, Hptst. O. City.

**Oklahoma City** [- ˈsɪtɪ], Hptst. von Oklahoma, USA, 445000 E; Univ.; vielseitige Industrie; Verkehrsknotenpunkt, ✈.

**Ökologie** [gr.], Wiss. von den Beziehungen der Organismen zu ihrer Umwelt (Standort, Boden, Klima, andere Lebewesen).

**Ökologiebewegung,** v. a. außerparlamentar. polit.-soz. Bewegung, wendet sich gg. Auswirkungen und Ursachen der Umweltzerstörung (z. B. ↑Greenpeace).

**ökologische Nische,** Gesamtheit der Lebensbedingungen einer Art in einem ökolog. System.

**ökologischer Landbau, biologischer Landbau, alternative Landwirtschaft,** im Unterschied zur herkömml. Landw. eine die biolog. Selbstregulation des Ökosystems anstrebende u. ausnutzende Form des Landbaus, verzichtet auf synthet. Dünger, Herbizide u. Pestizide, schont Bodenorganismen.

**ökologisches Bauen,** Richtung der zeitgenöss. Architektur, tritt ein für Errichtung umweltfreundl., Energie sparender Gebäude unter Ausschöpfung der natürl. Rohstoffe.

**ökologisches Gleichgewicht,** Gleichgewicht zw. den Gliedern einer Lebensgemeinschaft, gekennzeichnet dadurch, dass jede Veränderung im System eine Gegenveränderung hervorruft.

**Ökonometrie** [gr.], Zweig der Wirtschaftswiss., der mithilfe mathemat.-statist. Methoden u. anhand wirtschaftsstatist. Daten wirtschaftstheoret. Modelle u. Hypothesen auf ihren Realitätsgehalt u. Erklärungswert überprüft.

**Ökonomie** [gr.], **1)** Wirtschaftlichkeit, Sparsamkeit. **2)** svw. ↑Wirtschaftswissenschaften.

**Ökosystem,** Wirkungsgefüge zw. Lebewesen versch. Arten u. ihrem Lebensraum. Ö. sind z. B. ein Laubwald od. ein Korallenriff.

**Oktaeder** [gr.], v. 8 Flächen umgrenzter Körper, speziell das durch 8 gleichseit. Dreiecke begrenzte *regelmäß. O.*

**Oktane** ↑Octane.

**Oktanzahl, OZ,** Kennzahl für das motor. Verhalten v. Vergaserkraftstoffen; mit der O. steigt deren ↑Klopffestigkeit. Nach DIN EN 228 hat Superkraftstoff die Mindest-O. 95, Normalkraftstoff d. Mindest-O. 91 u. SuperPlus d. Mindest-O. 98 (jeweils Research-O., ROZ, gemessen im Labor).

**Oktav** [lat.], Zeichen 8°, früheres dt. Buchformat; *Klein-O.* bis 18,5 cm hoch, *Mittel-O.* bis 22,5 cm, *Groß-O.* bis 25 cm.

**Oktave,** der 8. Ton einer diaton. Tonleiter, Schwingungsverhältnis 2 : 1 zum Grundton.

**Oktober** [lat.], im altröm. Kalender der 8. (bis 153 v. Chr.), dann der 10. Monat des Jahres.

**Oktober|revolution,** polit.-soz. Umwälzung in Russland, die durch die gewaltsame Machtübernahme der Bolschewiki in Petrograd am 25./26. Okt. (nach dem gregorian. Kalender am 7./8. Nov.) 1917 eingeleitet wurde; Einsetzung eines „Rats der Volkskommissare" unter Lenins Vors. als neue Regierung.

**Oktopus** [gr.], achtarm. Tintenfisch, bis 25 kg schwer; in den meisten Meeren.

**Okular** [lat.], das dem Auge zugewandte Linsensystem eines opt. Gerätes.

**Okulation, Augenveredelung,** Form d. ↑Veredelung: ein Edelauge wird unter die Rinde d. Wildlings verpflanzt.

**Ölbaum:** *Echter Ölbaum; Zweig mit Blüten (oben) und Früchten*

**Ökumene** [gr.], urspr. [in geograph. Bed.] die ganze (bewohnte) Erde; im christl. Sprachgebrauch die Welt als das Feld christl. Mission sowie die Gesamtheit der christl. Kirchen.

**ökumenischer Gottesdienst,** v. Geistlichen konfessionsversch. Kirchen gemeinsam zelebrierter Gebets- oder Wortgottesdienst.

**Ökumenischer Patriarch,** Ehrenoberhaupt d. orth. Kirche, Sitz Istanbul [fr. Konstantinopel].

**Ökumenischer Rat der Kirchen,** Abk. **ÖRK,** organisator. Instrument der *ökumen. Bewegung* [beginnend Ende d. 19. Jh. mit dem Ziel interkonfessioneller Zusammenarbeit] mit Sitz in Genf; gegr. 1948 in Amsterdam; 2002: 342 [prot., anglikan., orth.] Mitgliedskirchen; kath. Kirche mit Beobachterstatus.

**ökumenisches Konzil,** ein ↑Konzil, dessen Beschlüsse gesamtkirchlich (von allen großen Kirchen) als bindend angesehen werden [in der orth. Kirche 7, in der kath. Kirche 21 Konzile].

**OKW,** Abk. für: **O**ber**k**ommando der **W**ehrmacht; oberste Führung der 3 Wehrmachtsteile 1938–45.

**Okzident** [lat.], svw. ↑Abendland.

**ö. L.,** Abk. für: **ö**stl. **L**änge.

**Olaf,** *Norwegen:* **1) O. I. Tryggvason,** * um 964, ⚔ 1000, Kg. s. 995; unter ihm gewaltsame Christianisierung des Landes. **2) O. II. Haraldsson,** hl., gen. **der Heilige,** * um 995, ⚔ 1030, Kg. 1015–28; Abschluss der Christianisierung; von Knut d. Gr. vertrieben; Schutzpatron Norwegens. **3) O. V.,** urspr. Alexander Eduard Christian Friedrich Prinz v. Dänemark, * 1903, † 1991, Kg. s. 1957; 1940–45 im Exil in London, 1955–57 Regent für seinen Vater Håkon VII.

**Öland,** mit 1 344 km² zweitgrößte schwed. Insel, in der Ostsee, durch den Kalmarsund v. Festland getrennt; 24 000 E; Kalkplateau.

**Ölbaum,** eine der wichtigsten Kulturpfl. des Mittelmeergebiets, bis 10 m hoher, immergrüner Baum; kirschenähnl. Früchte *(Oliven),* liefern *Olivenöl.*

**Ölbaumgewächse,** Holzpfl. der gemäßigten u. subtrop. Gebiete; u. a. Ölbaum, Flieder, Liguster, Forsythie, Echter Jasmin.

**Ölberg,** mehrf. in der Bibel erwähnter Höhenzug östl. von Jerusalem; am westl. Fuß Gethsemane.

**Olbricht,** Friedrich, dt. Gen., * 1888, † 1944; s. 1940 Chef des allg. Heeresamtes im Oberkommando des Heeres, zentrale Rolle bei der Erhebung gg. Hitler am 20. Juli 1944; erschossen.

**Old Economy** [əʊld ɪˈkɔnəmɪ; engl.] ↑New Economy.

**Oldenburg,** histor. Gebiet im W des Landes Nds., Tiefland, meist Marsch u. Geest, im S hügelig. – *Gesch.:* seit dem 12. Jh. „Gf. v. O."; 1667 bis 1773 im Besitz der dän. Kg., die dem Hause O. entstammten, 1777 Hzgt., 1815 Großhzgt. mit der Exklave Birkenfeld (fiel 1937 an Preußen), 1918 Freistaat, seit 1946 Teil v. Niedersachsen.

**Oldenburg (Oldenburg),** Hptst. des Reg.-Bez. Weser-Ems, Nds., krsfr. St. u. Krst., 151 400 E; Schloss u. a. histor. Bauten, OLG, LG, IHK; Univ., Fachhochschule, Museen, Bibliotheken, Theater; landw. Handel; Elektro- u. a. Ind.

**Öldruck, Ölfarbendruck,** Steindruck mit Ölfarben zur Reproduktion von Ölgemälden.

**Öle,** organ. Verbdg., bei Raumtemp. flüssig, in Wasser unlösl., in organ. Lösungsmitteln meist gut lösl.; *Mineral-Ö.:* Gemische höherer KW-Stoffe; *pflanzl. u. tier. Ö.:* Glyzerinester der Fettsäuren; bes. hoher Gehalt an ungesättigten Fettsäuren bei den *trocknenden Ö.n* (Leinöl, Holzöl). – ↑ätherische Öle.

**Oleander**

**Oleander** [ital.], immergrüner giftiger Strauch des Mittelmeergebiets; schmale ledrige Blätter, Blüten rosa (rot, weiß, gelb).

**Olefine** ↑Alkene.

**Oleg,** † 912, seit 879 Großfürst von Nowgorod, eroberte 882 Kiew, Ursprung des Kiewer Reiches.

**Olein** [gr.-lat.], rohe ↑Ölsäure; in gr. Umfang in der Seifen- u. Textilind. verwendet.

**OLG,** Abk. für: **O**ber**l**andes**g**ericht (↑ Gerichte, Übers.).

**Olifant** [frz.], Signalhorn des MA (nach dem Hifthorn Rolands).

**Oligarchie** [gr.], Herrschaft einer kl. Gruppe.

**Oligopol** [gr.], Marktform, bei der wenige Anbieter vielen Nachfragern gegenüberstehen *(Angebots-O.);* die entsprechende Marktform auf der Nachfrageseite heißt *Nachfrage-O. (Oligopson).*

**Oligozän** ↑Geologie (Übers.).

**Oliva,** poln. **Oliwa,** s. 1926 Stadtteil v. Danzig, Polen, mit ehem. Zisterzienserabtei (um 1178 gegr., 1831 aufgehoben), v. gr. Bed. für d. Erschließung Preußens; Klosterkirche (Backsteinbau 13. Jh.).

**Olive** ↑Ölbaum.

**Olivier** [ɔ'lıvıə], Sir Laurence [Kerr], brit. Schauspieler u. Regisseur, * 1907, † 1989; bed. Inszenierungen shakespear. Dramen.

**Olivin,** olivgrünes Mineral, ein Magnesium-Eisen-Silikat, Härte 6,5–7; Edelsteinvarietäten Chrysolith u. Peridot.

**Ollenhauer,** Erich, dt. Politiker (SPD), * 1901, † 1963; 1928–33 Vors. der Sozialist. Arbeiterjugend, 1933–46 Emigration; ab 1952 Fraktions- u. Parteivorsitzender.

**Ölmalerei,** das Malen mit Farben, bei denen als Bindemittel trockene Öle verw. werden; charakt. die hohe Leuchtkraft, Sattheit und Tiefe der Farben.

**Olme,** lang gestreckte Schwanzlurche; Büschelkiemen, verkümmerte Beine; Wasser bewohnend; z. B. Grottenolm.

**Olmütz,** tschech. **Olomouc** ['ɔlɔmo̯u̯ts], tschech. Stadt an der oberen March, 106 000 E; Univ.; histor. Bauten; Textil-, chem., feinmechan. Ind.; *O.er Punktation,* Abkommen zw. Preußen u. Östr. (29. 11. 1850); Verzicht Preußens auf seine dt. Unionspolitik.

**Ölpalme,** Palmengatt. im trop. W-Afrika u. Südamerika; Früchte liefern *Palmöl* und *Palmkernöl.*

**Öl|pest,** Verschmutzung von Meeresküsten durch Rohöl, v. a. aus Tankerunfällen, Kriegshandlungen od. bei Offshorebohrungen, der höchste Anteil stammt aber von Tankspülungen auf hoher See. Das Öl bildet Ölteppiche an der Wasseroberfläche, die den Gasaustausch zw. Luft u. Wasser beeinträchtigen. Es führt zur Verklebung des Gefieders von Seevögeln und meist zum Tod der Vögel. Die leichten Bestandteile des Öls verflüchtigen sich nach 1–2 Wochen, die schwer flüchtigen Bestandteile verklumpen und sinken auf den Grund od. werden abgetrieben.

**Öl|säure,** einf., ungesättigte Fettsäure, $C_{17}H_{33}COOH$; chem. gebundener Hauptbestandteil vieler tier. u. pflanzl. Fette u. Öle; wird z. T. aus Fetten isoliert (Olein); ihre Salze u. Ester sind d. *Oleate.*

**Olsztyn** ['ɔlʃtin], ↑Allenstein.

**Olten,** schweizer. St. an der unteren Aare, 18 200 E; Masch.-, Auto-, Elektro-, Textilindustrie.

**Olymp, 1)** mehrgipfl. Geb.-Massiv in Griechenland, bis 2917 m ü. d. M.; in der griech. Mythol. Sitz der Götter. **2) Mysischer Olymp,** ↑Uludag.

**Olympia, 1)** griech. Ort (770 E) und antike Ruinenstätte auf der Peloponnes, Schauplatz der Olymp. Spiele des Altertums. **2)** Hptst. des B.-Staates Washington, USA, 33 800 E; Holz- und Nahrungsmittelind.; ⚓, ✈.

**Olympia:** *Ruinen des Zeustempels (um 470 v. Chr. errichtet, 6. Jh. n. Chr. zerstört)*

**Olympiade** [gr.], **1)** in der Antike Zeitspanne von 4 Jahren zw. 2 Olymp. Spielen. **2)** Kurzbez. für die ↑Olympischen Spiele.

**Olympische Spiele,** im alten Griechenland die bedeutendsten Festspiele, in Olympia von 776 v. Chr. bis 393 n. Chr. alle 4 Jahre ausgetragen. Sportl. betrieben wurden bes. der klass. Fünfkampf, Dauerlauf, Wagenrennen u. a. In der Neuzeit die 1894 durch P. de Coubertin ins Leben gerufenen Internat. O. S., die seit 1896 (Athen) i. d. R. alle 4 Jahre stattfinden. Bis 1992 fanden Sommer- und Winterspiele im gleichen Jahr statt, seit 1994 um 2 Jahre versetzt. Zeichen der olymp. Bewegung sind die *olymp. Ringe.* Das *olymp. Feuer* gilt als Zeichen des Friedens. – Tab. S. 498/499.

**Omaha** ['əʊməhɔ:], St. in Nebraska, USA, 336 000 E; zwei Univ.; Bleierzverhüttung, chem. u. a. Ind., Maschinenbau. Bed. Viehmärkte, Großschlächtereien; ✈.

**Omaijaden,** Kalifendyn., 661 bis 750, gründete 756 nach ihrem Sturz durch die Abbasiden das Emirat (s. 929 Kalifat) von Córdoba, das 1031 zerfiel.

**Oman,** Sultanat im O der Arab. Halbinsel; Wüste, im N *Omangeb.* mit kl. Küstenstreifen; Oasenwirtsch., Viehhaltung, Fischerei; Erdölförderung. Im 9. Jh. unabh. Imamat, 1509 portug. Eroberung (1650 vertrieben); s. den 1970er-Jahren Entw. zum modernen Staat.

**Omar I., O. Ibn al-Chattab,** Kalif s. 634, * um 580, † 644; Begr. des islam. Reiches; eroberte Syrien u. Ägypten; ermordet.

**Ombudsmann** [schwed.], i. d. R. eine v. der Volksvertretung bestellte Vertrauensperson, die ohne unmittelbare Eingriffsmöglichkeit die parlamentar. Kontrolle über best. Verw.-Zweige verstärken soll.

**Omdurman,** St. in d. Rep. Sudan, am l. Nilufer, Teil d. städt. Agglomeration Khartum, 1,3 Mill. E; Univ.; bed. Handelszentrum mit bed. Kamelmarkt u. vielseitiger Ind.; Grabmal des ↑Mahdi (Wahrzeichen der Stadt).

**Omega** [gr.], letzter Buchstabe des griech. Alphabets (langes O; Ω, ω).

**Omega|nebel,** gr. Gasnebel im Sternbild Schütze.

**Omen** [lat.], [von der Mantik gedeutetes] gutes oder schlechtes Vorzeichen.

**Oman**

*Fläche:* 309 500 km²

*Einwohner:* 2,53 Mill.

*Hauptstadt:* Maskat

*Amtssprache:* Arabisch

*Zeitzone:* MEZ + 3 Stunden

**Olympische Sommerspiele**

| Olympiade | Daten | Staaten | Wettbewerbe | Sportler | Ort |
|---|---|---|---|---|---|
| I. | 1896: 6. 4.–15. 4. | 14 | 43 | 245 | Athen |
| II. | 1900: 20. 5.–28. 10. | 19 | 86 | 1078 | Paris |
| III. | 1904: 1. 7.–23. 11 | 13 | 89 | 689 | Saint Louis (Miss.) |
| IV. | 1908: 27. 4.–31. 10. | 22 | 107 | 2035 | London |
| V. | 1912: 5. 5.–22. 7. | 28 | 102 | 2437 | Stockholm |
| VI. | 1916: ausgefallen | – | – | – | Berlin |
| VII. | 1920: 20. 4.–12. 9. | 29 | 152 | 2607 | Antwerpen |
| VIII. | 1924: 4. 5.–27. 7. | 44 | 126 | 2972 | Paris |
| IX. | 1928: 17. 5.–12. 8. | 46 | 109 | 2884 | Amsterdam |
| X. | 1932: 30. 7.–14. 8. | 37 | 117 | 1333 | Los Angeles (Calif.) |
| XI. | 1936: 1. 8.–16. 8. | 49 | 129 | 3936 | Berlin |
| XII. | 1940: ausgefallen | – | – | – | Tokio, Helsinki |
| XIII. | 1944: ausgefallen | – | – | – | London |
| XIV. | 1948: 29. 7.–14. 8. | 59 | 136 | 4092 | London |
| XV. | 1952: 19. 7.–3. 8. | 69 | 149 | 5429 | Helsinki |
| XVI. | 1956: 10. 6.–17. 6. | 29 | 6 | 159 | Stockholm (Reiterspiele) |
| | 22. 11.–8. 12. | 67 | 145 | 3178 | Melbourne |
| XVII. | 1960: 25. 8.–11. 9. | 83 | 150 | 5313 | Rom |
| XVIII. | 1964: 10. 10.–24. 10. | 93 | 163 | 5133 | Tokio |
| XIX. | 1968: 12. 10.–27. 10. | 112 | 172 | 5498 | Mexiko |
| XX. | 1972: 26. 8.–11. 9. | 121 | 195 | 7121 | München |
| XXI. | 1976: 17. 7.–1. 8. | 92 | 198 | 6043 | Montreal |
| XXII. | 1980: 19. 7.–3. 8. | 80 | 203 | 5283 | Moskau |
| XXIII. | 1984: 28. 7.–12. 8. | 140 | 221 | 6802 | Los Angeles (Calif.) |
| XXIV. | 1988: 17. 9.–2. 10. | 159 | 237 | 8473 | Seoul |
| XXV. | 1992: 25. 7.–9. 8. | 169 | 257 | 9368 | Barcelona |
| XXVI. | 1996: 19. 7.–4. 8. | 197 | 271 | 10332 | Atlanta |
| XXVII. | 2000: 15. 9.–1. 10. | 199 | 300 | 10651 | Sydney |
| XXVIII. | 2004: 13. 8.–29. 8. | – | – | – | Athen |
| XXIX. | 2008 | – | – | – | Peking |

**Omikron** [gr.], 15. Buchstabe des griech. Alphabets (kurzes O; O, o).

**Omnibus, Kraft-O.,** kurz **Bus,** Kfz für d. Beförderung von mehr als 9 Personen einschl. Gepäck; Antrieb meist durch Diesel-, bei Kleinbussen auch Ottomotor sowie elektr. über Fahrleitungen *(Oberleitungs-O., Obus);* alternativ Hybrid- od. Brennstoffzellenantrieb.

**Omnivoren** [lat.], **Allesfresser,** Tiere, die pflanzl. u. tier. Nahrung fressen.

**Omsk,** Gebietshptst. in W-Sibirien, Russland, am Irtysch, 1,16 Mill. E; Univ., Hochschulen; Erdölraffinerien, chem., Maschinenbau-, Lebensmittel-, Textil-, Leder- u. a. Ind.; ⚓, ✈.

**Onager** [gr.], Halbesel der Steppen NO-Irans, NW-Afghanistans und W-Turkestans.

**Onanie** [engl., Neubildung zum bibl. Namen Onan], svw. ↑Masturbation.

**Ondit** [õdi:; frz.; = man sagt], Gerücht, Gerede.

**Onega|see,** Glazialsee im NW Russlands, 9720 $km^2$, bis 127 m tief.

**O'Neill** [əʊ'ni:l], Eugene [Gladstone], amer. Dramatiker, * 1888, † 1953; realist. Darst. des in seiner Schuld hilflos unterlegenen Menschen; „Trauer muss Elektra tragen"; Nobelpreis 1936.

**Onestep** ['wʌnstep; engl.], Gesellschaftstanz im $^2/_4$- od. (seltener) $^6/_8$-Takt, Anf. d. 20. Jh. populär.

**online** ['ɔnlaɪn; engl.], eine Betriebsart, die angibt, dass alle (Peripherie-)Geräte direkt (über Steuereinheiten, Kanäle od. Busse) an die Zentraleinheit eines Rechners angeschlossen sind. Ggs.: *offline.*

**Onlinedienste** ['ɔnlaɪn-], Betreiber v. Datennetzen, die dem Abonnenten neben einem eigenen Serviceangebot auch den Zugang zum Internet ermöglichen, z. B. *T-Online, AOL, CompuServe.*

**Ontario,** kanad. Prov. zw. der Hudsonbai im N u. den Großen Seen im S, 1068580 $km^2$, 10,1 Mill. E, Hptst. Toronto; *O.see,* kleinster u. östlichster der Großen Seen, 19529 $km^2$, bis 243 m tief.

**Ontologie** [gr.], die Lehre vom Sein, von den Ordnungs-, Begriffs- und Wesensbestimmungen des Seienden; u. a. bei M. Heidegger.

**Onyx** [gr.], Abart des ↑Chalzedons, schwarz-weiß gebänderter Schmuckstein.

**op.,** 𝄞 Abk. für lat.: **Op**us.

**Opal** [gr.-lat.], Abart des ↑Quarzes, eingetrocknete Kieselgallerte, Härte 5– 6,5; undurchsichtig, farblos, weiß, oft Farbenspiel; Varietäten, u. a. Edel- u. Feueropal; Schmuckstein.

**Opalglas, Opakglas,** lichtdurchläss. Trübglas; verw. u. a. für Beleuchtungskörper.

**Op-Art** ['ɔp ɑ:t; amer.], mod. Kunstrichtung, die sich mithilfe kalkulierter Gesetzmäßigkeiten von Linien, Flächen und Farbkombinationen opt. Täuschungsphänomene (Flimmereffekte) bedient.

**Opatija,** Seebad u. Kurort in N-Istrien, Kroatien, am Golf von Rijeka, 13000 E; ⚓.

**OPEC,** Abk. für **O**rganization of the **P**etroleum **E**xporting **C**ountries, Organisation der Erdöl exportierenden Länder, gegr. 1960, Sitz Wien; Mitgl.: Algerien, Indonesien, Irak, Iran, Katar, Kuwait, Libyen, Nigeria, Saudi-Arabien, Venezuela, Vereinigte Arab. Emirate; Ecuador u. Gabun schieden 1992 bzw. 1996 aus. Ziele: Koordinierung der Erdölpolitik, Stabilisierung der Weltmarktpreise für Erdöl durch Regulierung der Fördermengen.

**Opel,** Adam, dt. Industrieller, * 1837, † 1895; begr. 1862 in Rüsselsheim eine Nähmaschinenfa-

**Olympische Winterspiele**

| Zählung | Daten | Staaten | Wettbewerbe | Sportler | Ort |
|---|---|---|---|---|---|
| I. | 1924: 25. 1.–5. 2. | 16 | 16 | 258 | Chamonix-Mont-Blanc |
| II. | 1928: 11. 2.–19. 2. | 25 | 14 | 464 | Sankt Moritz |
| III. | 1932: 4. 2.–15. 2. | 17 | 14 | 252 | Lake Placid (N. Y.) |
| IV. | 1936: 6. 2.–16. 2. | 28 | 17 | 608 | Garmisch-Partenkirchen |
| V. | 1948: 30. 1.–8. 2. | 28 | 22 | 669 | Sankt Moritz |
| VI. | 1952: 14. 2.–25. 2. | 30 | 22 | 694 | Oslo |
| VII. | 1956: 26. 1.–5. 2. | 32 | 24 | 820 | Cortina d'Ampezzo |
| VIII. | 1960: 18. 2.–28. 2. | 30 | 27 | 665 | Squaw Valley (Calif.) |
| IX. | 1964: 29. 1.–9. 2. | 36 | 34 | 1091 | Innsbruck |
| X. | 1968: 6. 2.–18. 2. | 37 | 35 | 1158 | Grenoble |
| XI. | 1972: 3. 2.–13. 2. | 35 | 35 | 1006 | Sapporo |
| XII. | 1976: 4. 2.–15. 2. | 37 | 37 | 1123 | Innsbruck |
| XIII. | 1980: 13. 2.–24. 2. | 37 | 38 | 1072 | Lake Placid (N. Y.) |
| XIV. | 1984: 8. 2.–19. 2. | 49 | 46 | 1274 | Sarajevo |
| XV. | 1988: 13. 2.–28. 2. | 67 | 57 | 1423 | Calgary |
| XVI. | 1992: 8. 2.–23. 2. | 64 | 57 | 1801 | Albertville |
| XVII. | 1994: 12. 2.–27. 2. | 67 | 61 | 1739 | Lillehammer |
| XVIII. | 1998: 7. 2.–22. 2. | 72 | 68 | 2177 | Nagano |
| XIX. | 2002: 8. 2.–24. 2. | 77 | 78 | 2531 | Salt Lake City (Ut.) |
| XX. | 2006: 11. 2.–26. 2 | – | – | – | Turin |

brik, Vorläuferin der *Adam O. AG* (Automobilunternehmen; s. 1929 Tochterges. der General Motors Corp.).

**Oper** [ital.], Bühnenwerk, in dem Musik, Dichtung, Gesang, Darstellungskunst u. Bühnenarchitektur, bisweilen auch Tanz, vereinigt sind. Man unterscheidet *ernste O.* (Opera seria) u. *kom. O.* (Opera buffa), deren volkstümlichere Abart das Singspiel ist. Der Form nach ist die O. eine Aneinanderreihung geschlossener Musikstücke („Nummern"; Nummern-O.), die durch Rezitative od. Dialoge verbunden sind. Eine neue Form schuf R. Wagner mit dem durchkomponierten Musikdrama. – Die O. entstand um 1600 im Umkreis der Florentiner Camerata („Dafne" v. I. Peri, 1598); als erste O. im heut. Sinne gilt C. Monteverdis „L'Orfeo" (1607).

**Operation** [lat.], **1)** allg.: Verrichtung, Arbeitsvorgang. **2)** chirurg. Eingriff an Körperorganen od -teilen. **3)** mil. Begriff für Handlungen im strateg. und takt. Bereich. **4)** Art der Befehlsausführung in der Zentraleinheit eines Computers.

**Operette** [ital.], leichtes, unterhaltendes Singspiel mit Dialogen, Arien und Ballett; erstes Zentrum der O. war Paris mit F. Hervé, A. C. Lecocq u. v. a. J. Offenbach; Blütezeit der O. nach 1870 in Wien mit F. v. Suppé, J. Strauß (Sohn), C. Millöcker, K. Zeller, F. Lehár, E. Kálmán, R. Heuberger; ab 1900 in Berlin: P. Lincke, W. Kollo, E. Künnecke u. a. Heute weitgehend vom Musical abgelöst.

**Opfer,** älteste Form relig.-kult. Handlung; ein lebendes Wesen *(blut. O.)* oder [stellvertretend] eine Sache wird zu Ehren der Gottheit an hl. *O.stätten,* zu best. *O.zeiten,* durch *O.priester,* nach strengem *O.ritual* dargeboten, d. h. geopfert; in der Religionsgeschichte vielfach Kritik an einer rein äußerl. O.praxis und Forderung nach eth. Interpretation der dem O. zugrunde liegenden Verehrung der Gottheit. Im Christentum Deutung des Todes Jesu als Opfer.

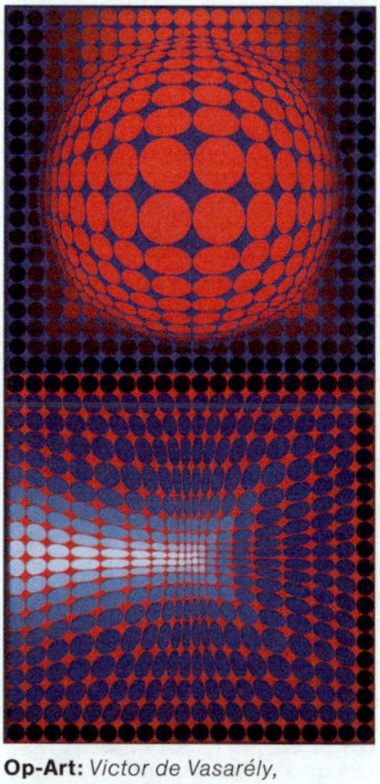

**Op-Art:** *Victor de Vasarély, „VP-106" (1969)*

**Ophüls,** Max, eigtl. M. **Oppenheimer,** frz. Regisseur dt. Herkunft, *1902, †1957; „Liebelei", „Der Reigen".

**Opiate** [gr.], Arzneistoffe, die aus Opium gewonnen werden oder Abwandlungsprodukte natürl. Opiumalkaloide darstellen und ähnl. Eigenschaften wie Morphin besitzen.

**Opitz,** Martin, dt. Dichter, *1597, †1639; wichtiger Vertr. des Frühbarocks, strebte eine Bildungslit. in der Nat.-Spr. an, führte Formen anderer europ. Lit. in Dtl. ein: Kunstdrama, Schäferdichtung, Sonett, Ode, Epigramm; bed. seine Poetik „Buch von der Dt. Poeterey".

**Opium** [gr.], der an der Luft zu einer plast. Masse eingetrocknete Milchsaft des Schlafmohns; enthält die Alkaloide Morphin, Narcotin, Codein, Papaverin, Thebain, Narcein u. a. In kleinen Dosen ist O. ein wichtiges schmerzstillendes und betäubendes Arzneimittel; daneben dient es zur Gewinnung von O.-Alkaloiden (Morphin, auch Heroin). Als Rauschmittel wird O. geraucht, gekaut oder, in Wasser gelöst, injiziert; erhebl. Suchtgefahr.

**Opiumkrieg,** brit.-chin. Krieg 1840–42 (ausgelöst durch das chin. Opiumeinfuhrverbot), mit dem die Periode der Unterwerfung Chinas unter die v. a. wirtsch. Ansprüche westl. Mächte begann.

**Opossum** [indian.], etwa hauskatzengr. nordamer. Beutelratte, mit Greifhänden; auch Pelztier.

**Oppeln,** poln. **Opole,** Hptst. d. Wwschaft Opole, Polen, an d. Oder, in Oberschlesien, 130 600 E; Univ., Hochschulen; vielseitige Ind.; ⚓.

**Oppenheim,** St. am linken Ufer des Oberrheins, RP, 6 300 E; got. Katharinenkirche, got. Karner, Ruinen der Burg Landskrone (13. Jh.); Weinbau.

**Oppenheimer,** Robert, amer. Physiker, *1904, †1967; Arbeiten zur relativist. Quantentheorie; 1943–45 Leiter der US-Atombombenentw. in Los Alamos („Manhattan-Projekt").

**Opportunismus,** Handeln nach Vorteilhaftigkeit, Anpassung an die jeweil. Lage.

**Opposition** [lat.], **1)** Gegensatz; Widerstand, Widerspruch. **2)** die Gesamtheit aller an der herrschenden Reg. nicht beteiligten [u. von daher deren Pol. kritisierenden] Parteien *(O.-Parteien)* u. Gruppen. **3)** ☼ ↑Konstellation. **4)** ⚕ Stellung des Daumens zu den anderen Fingern. **5)** Schachspiel: unmittelb. Gegenüberstellung beider Könige auf einer Linie oder Reihe.

**Optik** [gr.], **1)** Lehre v. ↑Licht, seiner Entstehung, Ausbreitung *(physikal. O.)* u. seiner Wahrnehmung *(physiol. O.).* Die Ausbreitung als geradlin. Strahlen (Vernachlässigung des Wellencharakters), Brechung, Reflexion u. opt. Abbildungen werden in der *geometr. O.* behandelt, Beugungs- u. Interferenzphänomene, Dispersion u. Polarisation erklärt die *Wellen-O.* aus dem Verhalten elektromagnet. Wellen. Die Entstehung des Lichtes u. seine Wechselwirkung mit Materie in atomaren Bereichen ist Gegenstand der *Quanten-O.* Spezialgebiete: u.a. ophthalmolog., atmosphär., nichtlineare, adaptive O., Laser-, Faser-O., Optoelektronik. **2)** Kurzbez. für ein opt. System.

**Optimismus** [lat.], **1)** lebensbejahende Grundhaltung, oft bezogen auf die positive Einstellung in einer unsicheren Situation. **2)** Lehre, die die bestehende Welt für die beste aller mögl. und das geschichtl. Geschehen für einen Fortschritt zum Guten u. Vernünftigen hält.

**Option** [lat.], **1)** im Völkerrecht die Entscheidung für eine best. Staatsangehörigkeit; v.a. bei Gebietsveränderungen. **2)** im Zivilrecht Anwartschaft auf Erwerb eines Rechts durch einseitige Erklärung (z.B. Vorkaufsrecht).

**optische Aufheller,** organ. Verbindungen, die UV-Strahlen in sichtbares (blaues) Licht umwandeln, wodurch der Weißgrad von Geweben opt. verbessert wird.

**optische Täuschungen,** den objekt. Gegebenheiten widersprechende Gesichtswahrnehmungen.

**Opto|elektronik,** Spezialgebiet der Elektronik mit Bauelementen, in denen opt. u. elektron. Signale miteinander verknüpft werden. Die O. befasst sich z.B. mit der Energieumwandlung durch Solarzellen u. dient in der Nachrichtentechnik zur Informationsübertragung mit Lichtleitern. Eine wichtige Entwicklungsrichtung der O. ist der opt. Computer, in dem die Daten in Form von Lichtsignalen transportiert werden.

**Opus** [lat.], Abk. **op.,** das künstler., bes. das literar. oder musikal. Werk.

**Oradea,** dt. **Großwardein,** ungar. **Nagyvárad** [ˈnɔdjvaːrɔd], Bez.-Hptst. in Rumänien, am O-Rand d. Großen Ungar. Tieflands, 223 300 E; Univ.; Barockbauten; vielseitige Ind.; ✈.

**Oradour-sur-Glane** [ɔradursyrˈglan], frz. Ort nw. v. Limoges, 1 700 E; am 10. 6. 1944 von SS-Truppen als Vergeltung für Partisanentätigkeit niedergebrannt; nahezu alle (etwa 600) Einwohner wurden dabei getötet. Der Ort wurde nahebei neu errichtet.

**ora et labora** [lat.; = bete und arbeite!], Maxime des benediktin. Mönchtums.

**Orakel** [lat.], Ort, an dem die Götter geheimnisvolle Weissagungen erteilen; auch die Weissagung selbst *(O. von Delphi).*

**oral** [lat.], den Mund betr., am Mund gelegen, durch den Mund.

**Oran,** alger. Hafenst. am Mittelmeer, 700 000 E; Univ.; Nahrungsmittel-, Textil- u.a. Ind.; ✈.

**Orange** [oˈrãːʒə], die Apfelsine, ↑Zitrusfrüchte.

**Orange** [ɔˈrãʒ], **1)** südfrz. St. nördl. v. Avignon, 26 500 E; gut erh. röm. Theater, röm. Triumphbogen; ehem. Kathedrale (11.–12. Jh.); Gemüsebau; Ind. **2)** ↑Oranien.

**Orangeat** [ɔrãʒaːt; frz.], kandierte Orangenschalen.

**Orangerie** [ɔrãʒˈri; frz.], Gewächshaus zum Überwintern von Orangenbäumen u.a. nicht winterharten Pfl. (in Parkanlagen des 17.–19. Jh.).

**Orang-Utan** [malai.], bis 1,8 m gr., rötl. bis dunkelbrauner Menschenaffe Borneos und Sumatras; fast nacktes Gesicht, sehr lange Arme; Pflanzenfresser.

**Orani|en,** frz. **Orange** [ɔˈrãʒ], ehem. frz. Ft. im heut. Dép. Vaucluse; fiel 1544 an René von Nassau-Dillenburg (*1519, †1544), nach dessen Tod an den späteren Statthalter der Niederlande, Wilhelm I., 1713 an Frankreich.

**Orani|en-Nassau,** Name des regierenden Kg.hauses der Niederlande, zurückgehend auf ehem. Besitzungen, das Ft. Oranien u. die Gft. Nassau-Dillenburg.

**Oranje,** größter Strom im südl. Afrika zum Atlantik, 2 250 km.

**Oranjefreistaat,** afrikaans **Oranje Vrystaat** [-ˈvrijstaːt], bis 1995 Name d. Prov. Freistaat der Rep. Südafrika.

**Oratorium** [lat.], **1)** Vertonung relig. od. weltl. Texte für Chor, Soli u. Orchester, unter Einfluss der Opernmusik, z.T. auch für szen. Aufführung bestimmt; Hauptmeister: H. Schütz, G. F. Händel, J. S. Bach, J. Haydn. **2)** Andachtsraum.

**Orbit,** Umlaufbahn von Raumflugkörpern.

**Orcagna** [ɔrˈkaɲa], Andrea, eigtl. A. di **Cione** [tʃ-], ital. Baumeister, Bildhauer u. Maler, *um 1308(?), †1368; einer der Meister des florentin. Trecento.

**Orchester** [-k-; gr.], **1)** im Theater der versenkte Raum vor der Bühne. **2)** Vereinigung einer größeren Zahl von Instrumentalisten zu einem Klangkörper. Das O. im mod. Sinn entstand im 17. Jh.; Entw. von vier Instrumentengruppen: Streicher, Holz- u. Blechbläser, Schlagzeug; bis zum Ende des 19. Jh. durch Vervielfachung der Bläser u. Einführung neuer Instrumente Besetzungsstärke mehr als verdoppelt; seit dem 20. Jh. neben *Sinfonie-, Kammer-* u. *Blas-O.* gr. u. kl. *Unterhaltungs-O.* sowie das *Jazz-O.* (Big Band).

**Orchideen** [gr.], artenreiche Fam. der Monokotyledonen; meist [sub]trop., ausdauernde Kräuter mit oft prächt. gefärbten Blüten.

**Ordal** [mlat.], Gottesurteil im ma. Recht.

**Orden,** **1)** [Groß]gemeinschaft des Mönchtums nach gemeinsamer Regel; *kath. O.:* Regularkanoniker (u.a. Augustiner-Chorherren), Mönchs- od. monast. O. (u.a. Benediktiner, Zisterzienser, Trappisten), Bettel-O. (u.a. Franziskaner, Dominikaner, Karmeliter), Regularkleriker-O. (u.a. Jesuiten) u. Ritter-O. (u.a. Johanniter); häuf. angeschlossen *Zweiter O.* (weibl. O.-Zweig) u. *Dritter O.* (im Geiste des O.s lebende Laiengemeinschaften); *ostkirchl. O.:* nur in den unierten Kirchen (Antonianer, Basilianer), in der orth. Kirche selbst. Klöster; *ev. O.:* Bruderschaften. **2)** Ehrenzeichen für mil. u. bürgerl. (auch künstler. u. wiss.)

Verdienste; als Schulterband-, Hals-, Brust-O.; werden von Staatsoberhäuptern verliehen.

**Orderpapiere,** Wertpapiere, in denen ein best. Berechtigter ben. ist, die aber durch Indossament an eine andere Person übertragen werden können. Geborene O. sind Scheck, Wechsel, Namensaktie; gewillkürte (gekorene) O. sind kaufmänn. Papiere, die erst kraft *Orderklausel* auf den Namen lauten (u. a. kaufmänn. Anweisungen, Lagerscheine, Ladescheine).

**Ordinalzahl** [lat.; dt.], **Ordinale,** Ordnungszahl, z. B. *zweiter* (2.).

**Ordination** [lat.], feierl. Einsetzung [keine Weihe] eines ev. Pfarrers in sein Amt; in der kath. Kirche die *Priesterweihe.*

**Ordnung,** systemat. Einheit in der Biol., fasst verwandte Fam. zusammen.

**Ordnungsmittel,** gerichtl. Maßnahmen zur Aufrechterhaltung der Ordnung bei der Durchführung v. Verfahren (Ordnungsgeld, Beugehaft).

**Ordnungswidrigkeit,** Zuwiderhandlung gegen eine Verw.-Vorschrift, mit Geldbuße geahndet.

**Ordnungszahl, 1)** Ordinalzahl. **2)** Stellenzahl eines chem. El. im ↑Periodensystem der chem. El., ident. mit der *Kernladungszahl,* der Anzahl der posit. Elementarladungen (Protonen) eines Atomkerns.

**Ordonnanz** [frz.], **1)** veraltet für Befehl, Anordnung. **2)** Soldat, der einem Offizier zur Befehlsübermittlung zugeteilt ist. **3)** kgl. Erlass mit Gesetzeskraft (Frkr. 12. bis 19. Jh.).

**Ordovizium** ↑Geologie (Übers.).

**Örebro** [-ˈbruː], westschwed. Prov.-Hptst. am Hjälmarsee, 123 200 E; Schloss (16. Jh.); Schuh- u. Papierindustrie.

**Oregon** [ˈɔrɪgən], Abk. **Oreg.,** Staat im NW der USA, an der Pazifikküste südl. des Columbia River, 251 419 km², 2,84 Mill. E, Hptst. Salem.

**Orense,** nordwestspan. Provinz-Hptst., 109 300 E; Kathedr. (12. bis 17. Jh.); Ind.; Schwefelquellen.

**Orestes,** in der griech. Mythol. Sohn des Agamemnon, dessen Ermordung er an seiner Mutter Klytämnestra rächt; als Muttermörder von den Erinnyen verfolgt. Tragödien u. a. von Euripides, Sartre.

**Öresund,** Meerenge zw. Seeland (Dänemark) u. Schonen (Schweden). 1993 bis 1999 wurde eine feste Verbindung über den Ö. gebaut (Hochbrücke, künstl. Insel, Tunnel; 2000 eröffnet).

**ORF,** Abk. für: **Ö**str. **R**undfunk; öff.-rechtl. östr. Rundfunk- und Fernsehgesellschaft; gegr. 1957; Sitz Wien.

**Orff,** Carl, dt. Komponist, *1895, †1982; einfachste Melodieführung, zugleich faszinierende Rhythmik; Chor- u. Bühnenwerke; „Carmina Burana“, „Der Mond“, „Die Kluge“, „Catulli Carmina“, „Antigonae“, „Trionfo di Afrodite“.

C. Orff

**Organ** [gr.], **1)** Stimme. **2) Organon,** Körperteil eines mehrzell. Lebewesens, der einer einheitl. Aufgabe dient u. entspr. gebaut ist, z. B. Lunge, Auge. **3)** die für eine jurist. Person handelnde Institution, auch deren gesetzl. Vertr. **4)** Beauftragter. **5)** Fach-, Vereins-, Parteiblatt.

**Organdy** ↑Glasbatist.

**Organisation** [frz.], **1)** planmäß. Ordnung und ihre Verwirklichung [mit den geeigneten Mitteln]. **2)** zweckbest. Zusammenschluss einer Gesellschafts- od. Interessengruppe zu einer Partei, einem Verein, Verband u. a. **3)** Bauplan eines Organismus, Gestalt u. Anordnung seiner Organe bzw. Organellen.

**Organisation für wirtschaftliche Zusammenarbeit und Entwicklung** ↑OECD.

**organisch** [gr.], **1)** der belebten Natur angehörend; Ggs. anorgan. **2)** ein ↑Organ betr. **3)** zur organ. Chemie gehörend.

**organische Architektur,** Bez. für Richtungen der mod. Architektur, die die Harmonisierung v. Bauten u. Ldsch., das organ. Zusammenfügen v. Bauteilen, die Verwendung natürl. Baumaterialien u. die Zweckbezogenheit der Bauten in biol., psychol. u. soz. Sinn erstreben.

**organische Chemie,** Teilgebiet der Chemie, das sich mit den Verbdg. des Kohlenstoffs beschäftigt; diese bez. man entspr. als *organ. Verbindungen* (außer Kohlenmonoxid, Kohlendioxid u. Schwefelkohlenstoff sowie Carbonaten).

**organisierte Kriminalität,** v. kriminellen Vereinigungen mit hohem Organisationsgrad (z. B. Mafia) begangene Straftaten u. die z. T. internat. organisierte Verwertung der Tatbeute.

**Organismus, 1)** einheitl., gegliedertes [lebend.] Ganzes. **2)** Lebewesen.

**Organization of African Unity** [ɔːgənaɪˈzeɪʃn ɔv ˈæfrɪkən ˈjuːnɪtɪ; engl.], Abk. **OAU,** 1963 v. 30 unabh. afrikan. Staaten in Addis Abeba gegr. Organisation für die Einheit Afrikas u. zur Koordinierung der Zusammenarbeit; 2001 beschlossen die 53 Mitgl.staaten, die OAU in die *Afrikan. Union* mit Verf., Parlament, Gerichtshof, Zentralbank u. geführt von einer Vers. von Staatspräs. zu überführen.

**Organza** [ital.], zartes Gewebe aus nicht entbasteter Naturseide (heute aus Chemiefasern).

**Orgasmus** [gr.], Höhept. der sexuellen Erregung.

**Orgel** [gr.], Tasteninstrument, mit dem größten Tonumfang; enthält das *Pfeifenwerk* mit Registern (Pfeifen gleicher Klangfarbe) in belieb. Anzahl, von denen jedes möglichst alle Töne enthält. Im *Windwerk* mit Pumpen, Bälgen od. Ventilatoren wird der Luftdruck geregelt; Luftzufuhr im *Regierwerk* gesteuert, früher mech., heute pneumat. od. elektr.; frei stehender *Spieltisch* mit meist 2–5 Manualen, einem Pedal, Registerzügen und Koppeln. Der *Prospekt* verbirgt mit einer Pfeifenreihe die Register. Als *Wasser-O.* schon um 246 v. Chr. erwähnt; als Kircheninstrument in Dtl. seit dem 9. Jh.; berühmte *O.bauer:* Compenius, Schnitger, Silbermann.

**Orgi|e** [gr.], urspr. geheimer [ekstat.] Gottesdienst (↑Mysterien); ausschweifendes Fest.

**Ori|ent** [lat.], veraltet **Morgenland,** i. e. S. der Raum der vorderasiat. Hochkulturen (Alter Orient) u. die islam. Länder im Nahen Osten u. in N-Afrika (im Ggs. zum Okzident bzw. Abendland), i. w. S. auch der Mittlere Osten u. der Ferne Osten.

**ori|entalische Kirchen, Ostkirchen,** traditionelle Sammelbez. für die christl. Kirchen, die nach der endgültigen Teilung des Röm. Reiches (395) zu dessen Osthälfte gehörten bzw. dort entstanden sind oder von dort aus durch Mission außerhalb der Reichsgren-

O

zen gegr. wurden. Ihre Liturgien umfassen folgende *oriental. Riten:* den *byzantin., alexandrin.* (kopt. u. äthiop.), *antiochen.* (westsyr.), *chaldäischen* (ostsyr.) und *armen.* Ritus. – Im Zusammenhang der christolog. Lehrauseinandersetzungen des 5./6. Jh. kam es zu den ersten dauerhaften Loslösungen v. der nachkonstantin. Reichskirche, der Konstituierung der *oriental. Nationalkirchen* (armen., äthiop., kopt., westsyr. [„Jakobiten"] u. ostsyr. [„Nestorianer"] Kirche). – Seit dem Morgenländ. Schisma (1054) ist die aus der byzantin. Reichskirche hervorgegangene *orth. Kirche* von der abendländ. (kath.) Kirche getrennt, strukturell selbst. [autokephale] (Landes-)Kirchen bildend (z. B. die russ.-, rumän.-, serb.-, bulgar.-orth. Kirche), liturgisch dem byzantin. Ritus folgend. Die dritte Gruppe der o. K. bilden die mit der kath. Kirche verbundenen ↑unierten Kirchen.

**ori|entalische Musik,** Musik der islam. Völker N-Afrikas u. Vorderasiens, im Wesentl. die unter zahlr. Einflüssen, v. a. der griech. und altpers. Kultur, zur Kunstmusik gewordene *arab. Musik;* Tonsysteme in der Regel auf diaton. Tonleitern aufbauend, aber auch auf solchen aus 1/4-, 3/4- u. 5/4-Tönen; die (der griech. entgegengesetzte) Auffassung der Tonleiter als aufsteigender Folge von Tönen ergibt die spezif. „orientale Chromatik". Die Melodien – oft improvisiert, vielfach mit einer hohen Note beginnend – entwickeln sich aus langsam aufsteigenden Intervallschritten; zahllose komplizierte Rhythmusgruppen. Wichtigste *Instrumente:* Knickhalslaute (Mandolinenart), Brettzither, ventillose Trompete, mundstücklose Längsflöte, Hand- und Schellentrommel, Tamburin.

**Ori|entalistik,** Wiss. v. den Spr., Lit. und Kulturen des Orients.

**Ori|entbeule, Aleppobeule,** bes. in den Tropen endem. vorkommende ansteckende Hautkrankheit mit Knoten u. Geschwürbildung; Erreger: Leishmania tropica.

**Origenes,** griech. Theologe und Philosoph, * um 185, † 245; bed. Gelehrter; „Peri archon" (lat. „De principiis"), erste systemat.-theol. Darstellung d. christl. Lehre.

**Original** [lat.], **1)** vom Autor (Künstler) stammende Fassung od. Form. **2)** [rechtswirksame] Urschrift. **3)** eigentüml. Mensch, Sonderling.

**Orinoko, Orinoco,** Fluss im nördl. Südamerika, 2140 km; entspr. in der Sierra Parima, verliert durch Gabelung (Bifurkation) im Río Casiquiare über ein Viertel seines Wassers an den Río Negro, mündet in den Atlantik (breites Delta).

**Orion,** schöner Jüngling der griech. Mythol.; Sohn des Poseidon, gewalt. Jäger, der von Eos als ihr Geliebter entführt, von Artemis aber getötet wird.

**Orion,** Sternbild der Äquatorzone, u. a. mit dem gr. *O.nebel.*

**Orkan** [span.-niederl.], nach der Beaufortskala ↑Windstärke 12 und darüber, über 32,6 m/s.

**Orkney** [ˈɔːknɪ], schott. Verwaltungsgebiet, die *O.inseln* umfassend, nördl. von Schottland, 975 km², 19800 E; Hptst. Kirkwall; 90 Inseln, davon 28 bewohnt, größte Insel *Mainland.*

**Orkus,** röm. Gott der Unterwelt, auch Name des Totenreiches.

**Orléans** [ɔrleˈã], Hptst. des frz. Dép. Loiret u. der Region Centre, an der Loire, 105000 E; Kathedr. (1279 ff.; 1601–1829); Textil-, Lebensmittel-, Masch.-Ind.; ✈.

**Orléans** [ɔrleˈã; frz.], seit 1344 Herzogstitel von Seitenlinien der frz. Königshäuser Valois u. Bourbon; bed. Vertr.: **1)** Louis Philippe, Hzg. v. ↑Louis (Louis Philippe, Kg. v. Frkr.). **2)** Louis Philippe II. Joseph, Hzg. v., gen. **Philippe Égalité** [fiˈlip egaliˈte], * 1747, † 1793; in der Frz. Revolution Mitgl. des Jakobinerklubs u. der Bergpartei im Nat.-Konvent, stimmte für den Tod Kg. Ludwig XVI., später ebenfalls hingerichtet. **3)** Philippe I., Hzg. v., * 1640, † 1701, Sohn v. Ludwig XIII., s. 1671 mit Elisabeth Charlotte v. d. Pfalz verh., begr. das heute noch bestehende jüngere Haus Orléans.

**Ornament** [lat.], plast. aufgelegte, eingelegte und/oder gemalte Verzierungsmotive.

**Ornat** [lat.], feierl. [kirchl.] Amtstracht.

**Ornithologie** [gr.], Vogelkunde.

**Orogenese** [gr.], **Gebirgsbildung,** Bewegungen der Erdkruste, die zur Entstehung von Gebirgen führen; *alpinotype O.* findet in den bewegl. Zonen der Erdkruste statt u. liefert Deck- oder Faltengeb.; *germanotype O.* findet in bereits versteiften Gebieten statt (Bruchfalten-, Schollengebirge).

**Orpheus,** Sänger der griech. Mythol.; bezaubert mit seinem Gesang u. Saitenspiel Tiere u. Pflanzen, erreicht von Hades die Rückgabe seiner Gattin Eurydike aus der Unterwelt.

**Orsini** [ital.], röm. Adelsgeschlecht, dem mehr. Päpste entstammten; Hauptvertr. der Guelfen.

**Ørsted** [ˈœːrsdɛð], Hans Christian, dän. Chemiker u. Physiker, * 1777, † 1851; entdeckte 1820 die Ablenkung einer Magnetnadel durch elektr. Ströme u. damit den Zusammenhang zw. Elektrizität u. Magnetismus (↑Elektromagnetismus); nach ihm ben. die (nichtgesetzl.) Einheit der magnet. Feldstärke, ↑Oersted.

**Ort, 1)** ↑geometr. Ort. **2)** Position eines Gestirns an der Himmelskugel, best. durch Koordinaten. **3)** Abbaustelle in einem Bergwerk.

**Ortega y Gasset** [- i -], José, span. Philosoph und Soziologe, * 1883, † 1955; Betonung d. individuellen Lebensgefühls; „Der Aufstand der Massen", „Das Wesen geschichtl. Krisen".

**orth[o]..., Orth[o]...** [gr.], Bestimmungswort; Bed.: „gerade, aufrecht; richtig, recht".

**orthodox** [gr.], **1)** zur orth. Kirche gehör. **2)** recht-, strenggläubig.

**orthodoxe Kirche** ↑orientalische Kirchen.

**Orthographie** [gr.], svw. ↑Rechtschreibung.

**Orthopädie** [gr.], Fachgebiet der Medizin, das sich mit der Erkennung u. Behandlung d. angeborenen od. erworbenen Fehler d. Haltungs- u. Bewegungssystems befasst.

**Ortlergruppe,** Gruppe der ital. Zentralalpen, nördl. der Adamellogruppe; bis 3899 m *(Ortler).*

**Ortsbestimmung,** Festlegung der sphär. Koordinaten eines Ortes auf der Erdoberfläche (der geogr. Länge und Breite).

**Ortsvektor,** v. Ursprung eines Koordinatensystems ausgehender, zu einem Punkt im Raum führender ↑Vektor.

**Ortszeit,** die auf den Meridian des Beobachtungsortes bezogene Zeit; diese stimmt nur bei Orten auf gleichem Längengrad überein.

**Ortung,** [Stand]ortbestimmung; Ermittlung von Ort, Bewegungszustand u. Bahn eines Gegenstands od. einer Person, v. a. von See-, Luft-, Raumfahrzeugen.

**Oruro,** Stadt im westl. Bolivien, 3700 m ü. d. M., 183000 E; TU, Zentrum eines bed. Zinn- u. Silberbergbaugebietes; ✈.

**Orvieto,** mittelital. St., 22800 E; got. Dom (13./14. Jh.); Weinbau; Kunsthandwerk.

**Orwell** [ˈɔwəl], George, eigtl. Eric [Arthur] **Blair** [ˈbleə], engl. Schriftsteller, * 1903, † 1950. „Farm der Tiere", „1984".

**Os,** ⚗ Symb. für ↑Osmium.

**Ōsaka,** zweitgrößte St. Japans an der W-Küste Honshūs an der *Ō.bucht,* 2,62 Mill. E; 5 Univ. u. a.

**Oslo:** *Rathaus (1931–50)*

Hochschulen, Schloss, zahlr. Tempel; eine der bedeutendsten Handels- u. Ind.-Städte Japans; ⚓, ✈.

**Osborne** ['ɔzbən], John [James], brit. Dramatiker, *1929, †1994; „Blick zurück im Zorn".

**Oscar,** Filmpreis in den USA, eigtl. Academy Award, auch Bez. für die dabei verliehene Statuette; s. 1928 alljährl. von der Academy of Motion Picture Arts and Sciences in Hollywood verliehen.

**Osebergfund,** bei dem norweg. Ort Oseberg am Oslofjord 1903 in einem Grabhügel gefundenes hölzernes Schiff aus dem 9. Jh.; reich ausgestattetes Schiffsgrab einer norweg. Königin.

**Osiris,** altägypt. Gott des Totenreichs, Bruder u. Gatte der Isis.

**Oslo,** 1624–1924 **Christiania, Kristiania,** Haupt- u. Residenzstadt Norwegens, Hafenst. am inneren Ende des *O.fjordes,* 473 300 E; Univ., Hochschulen, Museen; Rathaus (1931–50), Festung Akershus (13. Jh.); Werften, elektrotechn., Lebensmittel-, Bekleidungsind.; Verkehrszentrum S-Norwegens; ✈. – Mitte des 11. Jh.s gegr.; v. Christian IV. nach einem Großbrand neu aufgebaut (1624).

**Osman,** *türk. Sultane:* **1) O. I. Ghasi,** *1258, †1326, Sultan seit 1299, gilt als eigtl. Gründer des Osman. Reiches; Begründer der gleichnamigen Dynastie. **2) O. II.,** *1603, †1622, Sultan seit 1618; v. Kg. Sigismund III. v. Polen besiegt; von aufständ. Janitscharen ermordet.

**Osmanen,** veraltet **Ottomanen,** von Osman I. Ghasi begr. Dyn., deren Sultane von etwa 1300 bis 1922 das nach ihr ben. *Osman. Reich* beherrschten. I. w. S. Bez. des Stammesverbandes und der herrschenden muslim. Oberschicht, später auch Bez. der weiteren vom Sultan unterworfenen, muslim. gewordenen Bev.gruppen.

**Osmium** [gr.], Symb. **Os,** chem. El., OZ 76, rel. A.-Masse 190,2, Dichte 22,57 g/cm³, Fp. 3 033 ± 30 °C, Sp. 5 012 ± 100 °C; graublaues, sprödes Metall, chem. Eigensch. ähnl. denen des Platins; Teil v. Edelmetalllegierungen.

**Osmose** [gr.], einseit. Diffusion bes. des Lösungsmittels v. Lösungen od. zw. Gasen unterschiedl. Konzentration durch eine semipermeable Membran zum Konzentrationsausgleich; der Stofftransport in pflanzl. od. tier. Zellen beruht hpts. auf O.

**Osnabrück,** kreisfreie Stadt und Kreisstadt, beiderseits der oberen Hase, Nds., 168 600 E; Theater, Museen, roman. Dom (12./13. Jh.), mehrere Kirchen, Rathaus (1487 bis 1512), Schloss (1667 ff.); LG, Univ., Fachhochschulen, Konservatorium, Staatsarchiv; IHK, Eisen-, Masch.-, Automobil-, Textil-, Elektroind. – Unter Karl d. Gr. Bischofssitz; im 12. Jh. St.; Mitgl. der Hanse; 1648 neben Münster Unterzeichnungsort des Westfäl. Friedens.

**Ossiacher See,** östr. See in Kärnten, rd. 11 km², bis 47 m tief.

**Ossietzky,** Carl v., dt. polit. Publizist, *1889, †1938; Mitarb. u. s. 1927 Hg. der „Weltbühne"; Pazifist; 1931 wegen Landesverrats verurteilt, 1932 amnestiert; Friedensnobelpreis 1935, dessen Annahme ihm die Nat.-Sozialisten untersagten; 1933 verhaftet, s. 1934 im KZ, starb an den Folgen der Haft.

**Ossowski,** Leonie, dt. Schriftstellerin, *1925; Romane, Erzählungen, Drehbücher, Hörspiele.

**Ostade, 1)** Adriaen van, niederl. Maler, *1610, †1685; Hauptvertr. des realist. Bauerngenres. **2)** Isaack van, Schüler u. Bruder v. 1), niederl. Maler, *1612, †1649; Schnee-, Dorflandschaften, Wirtshausszenen.

**Ost|afrikanischer Graben,** eine von zahlr. Vulkanen begleitete u. v. gr. Seen durchsetzte tekton. Senkungszone zw. Sambesi und Rotem Meer.

**Ostblockstaaten,** urspr. Bez. für die UdSSR u. die unter ihrem ideol. u. polit. Einfluss stehenden Staaten Europas [u. Asiens]; danach meist gebraucht für die im Rat für gegenseitige Wirtschaftshilfe u. im Warschauer Pakt zusammengefassten Staaten; nach den Reformen 1989/90 u. 1991 überholt.

**Ostchinesisches Meer,** Nebenmeer des westl. Pazifiks zw. Taiwan, den Ryūkyūinseln, Kyūshū und dem chin. Festland; bis 2 719 m tief.

**Ost|ende,** niederl. **Oostende,** belg. Hafenst. und Seebad, 68 800 E; Austernzucht, Hochseefischerei, bed. Fischauktionen; chem., Tabakind., Werften; Fährverkehr nach Großbrit., ✈.

**ostentativ** [lat.], augenfällig, betont, herausfordernd.

**Osteodensitometrie,** svw. ↑Knochendichtemessung.

**Oster|insel,** chilen. Insel im sö. Pazifik, 180 km², rd. 1 900 E; bek. durch die von der Vorbev. der heut. Bewohner errichteten gr. Steinbilder (Mohai) u. Plattformen, ferner zahlr. kl. hölzerne u. steinerne Skulpturen, Holztafeln mit hieroglyphenart. Zeichenschrift. – 1722 von J. Roggeveen am Ostersonntag entdeckt, seit 1888 chilen.

**Osterluzeigewächse** [mlat.; dt.], kraut. od. holz. (dann kletternde) Pfl. trop. u. gemäßigter Zonen; hpts. Zierpfl.; u. a. Haselwurz, *Osterluzei* (Aristolochia), typ. Mittelmeerpfl., bei uns oft verwildert.

**Ostern,** Fest der Auferstehung Christi; ältestes christl. Fest, durch das Konzil von Nizäa (325) auf den 1. Sonntag nach dem 1. Frühlingsvollmond festgelegt; liturg. Höhept., Feier der *Osternacht.* – Reiches [vielfach vorchristl. Motive aufnehmendes] Osterbrauchtum: Ostereier, -hase, -feuer, -reiten, -wasser.

**Osterode am Harz,** Krst. am Harz, Nds., 26 700 E; Elektro-, Metallind.; Fremdenverkehr.

O

**Österreich,** B.-Rep. im S Mitteleuropas; neun B.-Länder: Nieder-Ö., Steiermark, Tirol, Ober-Ö., Kärnten, Salzburg, Burgenland, Vorarlberg u. Wien; etwa zwei Drittel Ö.s sind von den Ostalpen (↑Alpen) durchzogen, höchste Erhebung des Landes, der Großglockner (3 798 m; daneben v. a. Östr. Alpenvorland, Hügelland nördl. der Donau, Marchfeld, Wiener Becken; gr. Täler meist in O–W-Richtung; 38 % der Gesamtfläche Wald, 18 % Ackerland, 27 % Wiesen u. Weiden; an der Donau u. im O Weinbau. Viehwirtsch. (Schweine, Rinder); *Bodenschätze:* Eisenerz, Erdöl, Erdgas, Magnesit, Braunkohle, Blei, Zink, Kupfer, Antimon, Salz; *Ind.:* Schwerind. (Eisen u. Stahl), Holz verarb., Papier-, chem., Textil-, Nahrungs- u. Genussmittelind., Maschinen- u. Fahrzeugbau, Stromerzeugung; bed. Fremdenverkehr; bed. Transitland v. a. für den N-S-Verkehr über die Alpen: 6 internat. ✈. – *Gesch.:* ↑österreich. Geschichte (S. 505).

**Österreichische Bundesbahnen,** Abk. **ÖBB,** die staatseigenen Eisenbahnen Österreichs.

**österreichische Kunst:** *Fritz Wotruba, „Große Figur" (1963)*

**österreichische Kunst,** die Kunst in Östr., bis zum Ende des 18. Jh. mit der dt. im Rahmen des habsburg. Reichs eine Einheit bildend; stärkere Eigenentwicklung im 19. Jh., zuerst in der Malerei: Biedermeier (F. G. Waldmüller), Klassizismus (J. A. Koch), Romantik (M. von Schwind), Neubarock (H. Makart), Jugendstil (O. Wagner, J. M. Olbrich, J. Hoffmann als Architekten; als Maler G. Klimt, E. Schiele). Im fr. 20. Jh. bed. Vertreter des Expressionismus: A. Kubin, O. Kokoschka. Seit den 60er-Jahren traten neben den Vertr. der ↑Wiener Schule des phantast. Realismus F. Hundertwasser (auch als Architekt), H. Rainer u. C. L. Attersee hervor. Der Wiener Aktionismus (O. Muehl, H. Nitsch) wurde durch Happenings bekannt. F. Petzold u. V. Export machten als Performance- u. Videokünstlerinnen internat. auf sich aufmerksam. In der Bildhauerei traten F. Wotruba, A. Hrdlicka, J. Avramides, R. Hoflehner, W. Pichler hervor. Bed. Architekten sind H. Hollein, G. Peichl, A. Krischanitz, L. u. M. Ortner, Coop Himmelb(l)au, G. Domenig.

**Österreich**

*Fläche:* *83 858 km²*
*Einwohner:* 8,1 Mill.
*Hauptstadt:* Wien
*Amtssprache:* Deutsch
*Zeitzone:* MEZ

**österreichische Literatur,** deutschsprach. Lit. im Raum der ehem. Donaumonarchie u. des heut. Östr., nicht eindeutig abgrenzbar von der ↑ deutschen Literatur (Übers.), aber bestimmt durch geograph. bzw. histor.-polit. Konstellationen (bis 1918 starker Anteil nat. Minderheiten; Verbdg. u. a. zu Spanien, Burgund, Italien); Östr. war wichtiger Mittler der europ. literar. Strömungen (v. a. des Barocks, des Impressionismus, des Symbolismus), auch wenn sich die Periodisierung der dt. Lit. nicht auf die ö. L. übertragen lässt. Sie erhält in der Gegenwart ihr eigenes Gepräge z. T. durch Bindung an Regionen, östr. Gesch. u. Sprache.

**Österreichische Nationalbibliothek,** fr. **Hofbibliothek,** Wien, gegr. unter Ks. Ferdinand I., in d. Wiener Hofburg; zahlr. Handschriften, Autographen, Inkunabeln, Papyri u. a.; ferner Karten-, Porträt- u. Theatersammlung.

**Österreichische Post- und Telegraphenverwaltung** ↑Post & Telekom Austria AG.

**Österreichischer Erbfolgekrieg,** 1740–48 geführter Krieg um die weibl. Thronfolge in den habsburg. Erbländern nach dem Tod Ks. Karls VI.; Östr., seit 1742/43 mit Großbrit.-Hannover, den Generalstaaten u. Sardinien verbündet, kämpfte gg. eine europ. Koalition (zeitweil. Frkr., Spanien, Preußen, Bayern, Sachsen). Der Ö. E. wurde im Zusammenhang mit den ersten beiden Schles. Kriegen u. kolonialpolit. Konflikten zw. Großbrit. und Frkr. geführt. Der Aachener Friede (1748) bestätigte die östr. Großmachtstellung (u. die Pragmat. Sanktion) u. unterstrich die politische Niederlage Frankreichs.

**Österreichischer Gewerkschaftsbund,** Abk. **ÖGB,** ↑Gewerkschaften (Übers.).

**Österreichischer Staatsvertrag,** 1955 zw. Östr. u. den 4 Besatzungsmächten (USA, Großbrit., UdSSR, Frkr.) abgeschlossener Vertr., der Östr. als freien, unabh. u. demokrat. Staat wiederherstellte; hatte den Abzug der Besatzungstruppen zur Folge sowie die freiw. Erklärung der dauernden mil. Neutralität.

**Österreichische Volkspartei,** Abk. **ÖVP,** 1945 gegr. polit. Partei der christl.-bürgerl. Richtung; 1945–70 u. s. 1987 (in Koalition mit der SPÖ) Reg.-Partei.

**Österreich-Ungarn,** amtl. 1867 bis 1918: **Östr.-Ungar. Monarchie,** nach Russland territorial zweitgrößte europ. Großmacht; staatsrechtl. Realunion mit einem verf.rechtl. allen Kronländern gemeinsamen erbl. Herrscher u. Doppelmonarchie zweier gleichberechtigter Reichshälften.

**Osterspiel,** Typus des ma. Dramas, der das österl. Heilsgeschehen darstellt; erste Belege aus dem 13. Jh., im 14. Jh. mit derbkom. Einlagen, im 16. Jh. bricht die Trad. der O. ab.

**Ost|europabank, Europ. Bank f. Wiederaufbau u. Entw.,** 1991 in London gegr. internat. Bank zur Unterstützung der Staaten Mittel- u. Osteuropas beim Übergang v. der Zentralverwaltungs- zur Marktwirtschaft; Förderschwerpunkt: Privatwirtsch.

**osteuropäische Zeit,** Abk. **OEZ,** die zum 30. Grad ö. L. gehörende Zonenzeit; liegt um 2 Stunden vor der ↑Weltzeit.

**Ostfriesische Inseln,** Inselgruppe vor der ostfries. Nordseeküste, Nds.; v. W nach O: Borkum, Juist, Norderney, Baltrum, Langeoog, Spiekeroog, Wangerooge.

**Ostfriesland,** Gebiet zw. Dollart u. Jadebusen, Nds., zentrale Orte: Aurich, Emden, Jever, Leer (O.), Norden. – Im 15. Jh. entstand aus kleineren Herrschaftsbereichen die R.-Gft. O. (ohne die Herrschaft ↑Jever) unter der Fam. der Cirksena, 1664 R.-Ft., 1744 preuß., 1815 an Hannover, 1866 erneut preuß., s. 1946 bei Niedersachsen. – ↑Friesen.

**Ostgoten,** Teilvolk der Goten; ihr Reich in S-Russland (s. etwa 350) wurde 375 von den Hunnen unterworfen. Nach dem Ende der hunn. Herrschaft besetzten die O. Pannonien u. zogen unter ihrem Kg. Theoderich d. Gr. nach Italien; 493 Gründung eines mächt. Reiches, das 535–553 von Ostrom vernichtet wurde.

**Ostkirchen** ↑orientalische Kirchen.

**Ostmark,** Bez. für zwei ma. Grenzmarken, die *bayr. O.,* die das Kernland Östr. wurde, u. die *sächs. O.,* das Gebiet der Ober- und Niederlausitz. – 1938–45 amtl. Bez. für Österreich.

**Ostpreußen,** ehem. preuß. Prov., Teil des Dt. Reiches, zw. Weichsel/Nogat und der Memel, 36 996 km², 2,5 Mill. E. (1939), Hptst. war Königsberg (Pr). – O. entstand als Hzgt. Preußen 1525 aus dem Staat des Dt. Ordens u. fiel 1618 an Bbg. (↑Preußen); nach dem 1. Weltkrieg durch den Poln. Korridor vom übrigen dt. R.-Gebiet getrennt, Verlust des Memellandes an Litauen sowie des Gebietes um Soldau an Polen. Nach dem 2. Weltkrieg kam der N O.s unter sowjet., der S unter poln. Verwaltung; diese Regelung ist s. 1991 völkerrechtlich verbindlich.

**Ostpunkt,** der Punkt am Horizont, an dem die Sonne zur Tagundnachtgleiche aufgeht.

**Ostrau,** tschech. **Ostrava,** St. in N-Mähren, ČR, 326 300 E; Wenzelskirche (13./14. Jh.); Steinkohlen-⚒, u. a. Schwer-, Maschinen-Ind.; ✈.

**Östrogene** [gr.], Gruppe ♀ Sexualhormone; z. B. Östradiol, Östron. Sie beeinflussen das Wachstum der weibl. Geschlechtsorgane, sind für die Ausbildung sekundärer Geschlechtsmerkmale der Frau verantwortlich, bewirken zus. mit Gestagenen zykl. Veränderungen, ↑Menstruation u. a.

**Oströmisches Reich** ↑Byzantin. Reich.

**Ostrowski,** Alexander Nikolajewitsch, russ. Dramatiker, * 1823, † 1886; Begr. des nat. russ. Theaters; „Gewitter", „Der Wald".

**Ostsee, Baltisches Meer,** Neben-

## ÖSTERREICHISCHE GESCHICHTE

Kerngebiet des heut. Ö. war die von Karl d. Gr. gegr. Mark zw. Enns u. Wienerwald, die Otto d. Gr. nach seinem Sieg über die Ungarn (955) als bayr. Ostmark neu einrichtete. 976 Übertragung an die Babenberger, 996 erstmals Erwähnung des Namens Ö. (Ostarrichi), 1156 Erhebung zum Hzgt., 1192 Erwerbung der Steiermark; 1246 Aussterben der Babenberger, 1278 Besiegung Ottokars II. v. Böhmen, der Ö., Steiermark, Kärnten u. Krain an sich gerissen hatte, durch Rudolf v. Habsburg, der 1282 seine Söhne mit Ö. u. Steiermark belehnte. 1335 Gewinn v. Kärnten u. Krain, 1363 v. Tirol, s. 1375 der wichtigsten Gebiete in Vorarlberg u. 1382 v. Triest. Verlust eines Teils der habsburg. Stammlande an die Schweizer. Eidgenossenschaft. 1453 Ö. Erzhzgt.; durch Heiratspol. Gewinn v. Burgund, Anfall v. Spanien. Ks. Karl V. gab die habsburg. Erblande 1521 an seinen Bruder Ferdinand I., der 1526 auch Böhmen u. Ungarn erbte. Im 16. Jh. Kampf gg. die erstarkenden Stände, Bauernerhebung, Protestantismus, Bedrohung durch die Türken (1529 1. Belagerung Wiens). Unter Rudolf II. Gegenreformation; im Dreißigjähr. Krieg Verluste im Elsass. In einer Zeit, in der sich Ö. gg. Türken (1632 2. Belagerung Wiens) u. Frkr. verteidigen musste, Zusammenfassung der Kronländer zu einem einheitl. Staatsgebilde. Im Span. Erbfolgekrieg (1701–13/14) gewann Ö. die span. Nebenländer Niederlande, Mailand, Neapel, Sardinien (später gg. Sizilien getauscht), im Türkenkrieg (1714–18) das Banat. Im Poln. Thronfolgekrieg (1732–1735/38) Verlust Neapels und Siziliens. Maria Theresia (1740 bis 1780) musste ihre Rechte auf die Thronfolge im Östr. Erbfolgekrieg verteidigen; sie verlor Schlesien, das sie vergebl. im Siebenjähr. Krieg zurückzugewinnen suchte, an Friedrich d. Gr. v. Preußen; unter ihr u. ihrem Sohn Joseph II. Reformen. 1772 Gewinn des Innviertels. Franz II., seit 1804 als Franz I. Ks. v. Ö., legte 1806 die Ks.-Krone des Hl. Röm. Reiches nieder. Nach Niederlagen gg. Napoleon I. (1809 östr. Erhebung) Teilnahme an den Befreiungskriegen. Auf dem Wiener Kongress Wiederherst. der Zustände vor der Frz. Revolution: Verzicht auf die westl. Territorien (Niederlande, Breisgau), Rückgliederung Tirols, Vorarlberg, Kärntens, Krains, Triests, Galiziens, der Lombardei, Venedigs und Salzburgs. Unter Metternich Unterdrückung nat. u. konstit. Ideen. Bis 1866 führte Ö. den Vors. im Dt. Bund. Durch die Revolution 1848 Sturz Metternichs, Abdankung Ferdinands I. zugunsten Franz Josephs I. (1848–1916). Aufstände in Ungarn u. Italien, nat. Bewegung der Tschechen, Niederlagen gg. Sardinien-Frkr. im Krieg v. 1859 (Abtretung der Lombardei) u. im Dt. Krieg 1866 gg. Preußen um die Vorherrschaft in Dtl. (Abtretung Venetiens an Italien). 1867 Umgestaltung des Reiches in die Doppelmonarchie Ö.-Ungarn. 1879 Zweibund mit dem Dt. Reich (1882 Erweiterung durch Italien zum Dreibund). 1914 Ermordung des östr. Thronfolgers Franz Ferdinand, Ausbruch des 1.Weltkrieges. 1918 Thronverzicht Ks. Karls I. In den Friedensverträgen v. Saint-Germain-en-Laye u. Trianon 1919/20 Aufteilung Ö.-Ungarns. Ö. als selbst. B.-Rep. verlor u. a. Böhmen u. Mähren an die neu gebildete ČSR, Südtirol an Italien, erhielt aber v. Ungarn, dessen 1918 vollzogene Trennung von Ö. aufrechterhalten wurde, das Burgenland. 1920 Aufnahme in den Völkerbund. Belastungen des jungen Staates durch Inflation u. soz. Spannungen, Radikalisierung der innerpolit. Front. 1933 autoritäres Regime unter Dollfuß, Februar 1934 blut. Auseinandersetzungen zw. Reg. u. Sozialdemokratie; Juli 1934 Dollfuß b. einem missglückten nat.-soz. Putschversuch ermordet. Schuschnigg bemühte sich um Sicherung der Selbstständigkeit, doch nahm die Macht der Nationalsozialisten in Ö. zu, März 1938 Einmarsch dt. Truppen, Anschluss an das Dt. Reich. Nach dem 2. Weltkrieg bis 1955 Besetzung des Landes durch die 4 Großmächte. 1955 Abschluss des Staatsvertr.: u. a. Unabhängigkeit anerkannt. Verbot des wirtsch. u. polit. Anschlusses an Dtl.; Spannungen mit Italien wegen der Südtirolfrage 1971 beigelegt. Mitgl. der EU (s. 1995) und der Euro-Zone (s. 1999). – Zum B.-Präs. wurde 1992 T. Klestil gewählt, zum B.-Kanzler einer sozialliberalen Koalitionsreg. 1986 F. Vranitzky, der nach dem Scheitern der Koalition 1987 ein Kabinett aus SPÖ u. ÖVP bildete; 1997 trat Vranitzky zurück, Nachfolger wurde V. Klima. Nach Wahlen 2000 Bildung einer FPÖ-ÖVP-Reg. unter W. Schüssel (ÖVP).

O

meer des Atlantiks, 422 000 km², mittlere Tiefe 55 m, größte Tiefe 459 m, Salzgehalt 0,8 %, im N 4–6 Monate vereist; geringe Gezeiten.

**Osttimor,** Staat auf dem NO-Teil der Insel Timor (Kl. Sundainseln); gebirgig (im Ramelanmassiv 2 960 m hoch), von Senken und Hochebenen durchsetzt; v. a. Savannen. Anbau (z. T. Brandrodung) von Mais, Trockenreis, Hirse, Maniok und Kaffee, Sago- und Kokospalmenkulturen; Viehhaltung, Fischfang und Salzgewinnung. – 1520–1975 unter portug. Herrschaft (Portugiesisch-Timor); im Dez. 1975 v. indones. Truppen besetzt (etwa 200 000 Tote durch d. Mil.-Aktion u. ihre Folgen, Widerstand durch eine v. X. Gusmão geführte Untergrundbewegung); 1976 Annexion durch Indonesien. Nach UN-Vermittlung 1999 Unabhängigkeitsreferendum, daraufhin blutiger Terror proindones. Milizen mit Unterstützung d. Armee; nachfolgend Landung einer internat. Schutztruppe u. Errichtung einer UN-Übergangsverw. 2002 Wahl Gusmãos zum Präs. u. Erlangung d. Unabhängigkeit.

**Osttimor**

*Fläche:* 14 874 km²
*Einwohner:* 885 000
*Hauptstadt:* Dili
*Zeitzone:* MEZ + 7 Stunden

**Ostung,** aus der Antike übernommene, allg. übl. W–O-Richtung d. christl. Kirche (Altar im O).

**Ost-West-Konflikt,** Bez. für die Ggs., die nach dem 2. Weltkrieg unter den Siegermächten aufbrachen u. zu einer globalen weltpolit. Polarisierung in ein westl. Lager unter Führung der USA u. ein östl. unter der der UdSSR führten.

**Oswald v. Wolkenstein,** spätmhd. Lyriker u. Liederkomponist, * um 1377, † 1445.

**OSZE,** Abk. für **O**rganisation für **S**icherheit und **Z**usammenarbeit in **E**uropa, Staatenverbindung mit (2001) 55 Vollmitgliedern; hervorgegangen 1995 aus der ↑KSZE; versteht sich als eine „regionale Abmachung der Vereinten Nationen"; wirkt mit versch. Organen und Institutionen als ein Instrument zur friedl. Regelung von Streitfällen, zur Konfliktverhütung und Krisenbewältigung sowie zur europ. Zusammenarbeit.

**Oszillation,** svw. ↑Schwingung.

**Oszillator** [lat.], **1)** schwingendes physikal. System (Massenpunkt, Ladung, hertzscher ↑Dipol u. Ä.); *linearer O.* bei eindimensionalen Schwingungen; der *harmon. O.* führt sinusförm. Schwingungen aus (rücktreibende Kraft proportional der Elongation). **2)** Gerät (Schaltung) zur Erzeugung elektr. Schwingungen; besteht prinzipiell aus einem Verstärker u. einem frequenzabhäng. Rückkopplungsnetzwerk, z. B. ein ↑Schwingkreis, der mithilfe eines Verstärkers entdämpft wird.

**Oszillogramm** [lat.; gr.], v. einem ↑Oszillographen aufgezeichnetes (Schwingungs)bild.

**Oszillograph, Elektronenstrahl-O., Kathodenstrahl-O.,** Apparatur zum Aufzeichnen (schnell) veränderl. elektr. Vorgänge, v. a. Schwingungen. Ein elektron. Messgerät, mit dem der zeitl. Verlauf elektr. Spannungen auf einem Bildschirm sichtb. gemacht wird, heißt *Oszilloskop.* Es besteht im Prinzip aus einer Elektronenstrahlröhre, der Zeitablenkeinrichtung, versch. Verstärkern u. dem Bildschirm.

**Otfrid (Otfried) von Weißenburg,** Mönch im Kloster Weißenburg im Elsass, † nach 871; seine Evangelienharmonie (zw. 863 u. 871, in südrheinfränk. Mundart) ist die erste bed. ahd. Endreimdichtung.

**ot[o]..., Ot[o]...** [gr.], Bestimmungswort; Bed.: „Ohr".

**O'Toole** [əʊˈtuːl], Peter, ir. Bühnen- u. Filmschauspieler, * 1932.

**Otosklerose** [gr.], anlagebedingte, zu fortschreitender Schwerhörigkeit führende Erkrankung des Mittelohrs (der Steigbügel wird unbewegl.); tritt v. a. bei Frauen auf.

**Ottawa** [ˈɔtəwə], Hptst. von Kanada, am unteren O. River, 314 000 E; 2 Univ., Museen; Observatorium; National Arts Center; Papier-, Holz-, Uhren- u. a. Ind.; ✈.

**Otter,** Unterfam. dem Wasserleben angepasster Marder; u. a. *Fisch-O.,* in Dtl. fast ausgerottet; *Riesen-O.,* Südamerika; *Meer-O.,* nordpazif. Küstengewässer; wertvolle Felle.

**Ottern, Vipern,** Giftschlangenfam. Afrikas u. Eurasiens; 30 cm bis fast 2 m lang; heim.: Kreuzotter.

**Otto,** Nikolaus August, dt. Ingenieur, * 1832, † 1891; Erfinder eines Gasmotors (1862), den er 1876 z. ↑Ottomotor weiterentwickelte.

**Otto,** *Hl. Röm. Reich:* **1) O. I., d. Gr.,** * 912, † 973, Sohn Heinrichs I., Kg. s. 936; Unterwerfung der Stammesherzogtümer; Bischöfe u. Äbte als R.-Beamte die Stützen seiner Königsmacht (R.-Kirchensystem); erneuerte das Kaisertum Karls d. Gr. (Kaiserkrönung 962), dehnte die dt. Vorherrschaft aus. 955 Sieg über die Ungarn; gründete 968 das Erzbistum Magdeburg. **2) O. II.,** * 955, † 983, Kg. s. 961, Ks. s. 967; Sohn v. 1), sicherte auf seinem 980 begonnenen Italienzug die Stellung des Papsttums gg. den stadtröm. Adel, versuchte vergebl., Unteritalien zu erobern. **3) O. III.,** * 980, † 1002, Kg. s. 983, Ks. s. 996; Sohn v. 2), bis 991 unter Vormundschaft seiner Mutter Theophanu, bis 995 seiner Großmutter Adelheid; sein Plan der Erneuerung des Röm. Reiches (Renovatio Imperii Romanorum) scheiterte; ein Aufstand der Römer 1001 führte zum Zusammenbruch der kaiserl. Herrschaft in Italien. **4) O. IV. von Braunschweig,** * 1175 od. 1182, † 1218, Kg. 1198–1215, Ks. s. 1209; Sohn Heinrichs des Löwen, Gegenkg. Philipps von Schwaben, nach dessen Ermordung allg. anerkannt; seine Aufnahme der stauf. Pol. (Angliederung Siziliens) führte zur Bannung durch Papst Innozenz III. und zur Anerkennung Friedrichs II.

**Ottobeuren,** bayr. Marktgem., sö. von Memmingen, 7 900 E; Benediktinerabtei (gegr. 764) mit bed. Klosterkirche (1737–66).

**Ottokar, Przemysl O.** od. **Přemysl Otakar,** *Böhmen:* **1) O. I.,** * um 1155, † 1230, Kg. s. 1198; erreichte die Anerkennung des Erbkönigtums für Böhmen. **2) O. II.,** * um 1230, ⚔ 1278, Kg. s. 1253; brachte Östr., Kärnten, Krain u. Steiermark an sich; unterlag 1278 Kg. Rudolf von Habsburg bei Dürnkrut.

**Ottomane,** niedr. Liegesofa.

**Ottomotor,** Verbrennungskraftmasch. mit elektr. Zündung des Kraftstoff-Luft-Gemisches; ben. nach N. A. ↑Otto, ausgeführt als Hubkolben- oder Kreiskolbenmotor.

**Ottonen,** svw. ↑Liudolfinger, bes. Bez. für Ks. Otto I., II. u. III.

**Otto v. Freising,** der bedeutendste dt. Geschichtsschreiber des MA, * nach 1111, † 1158; Sohn des östr. Markgf. Leopold III., Onkel

Ks. Friedrich I. Barbarossa; Zisterzienser u. Abt in Morimond; s. 1138 Bischof v. Freising.
**Ötzi, Similaunmann,** im Sept. 1991 am Similaungletscher in den Ötztaler Alpen auf Südtiroler Seite gefundene kältegetrocknete Leiche eines etwa 46 J. alten Mannes (samt Bekleidung u. Ausrüstungsgegenständen) aus der mittl. Steinzeit (etwa 5 300 Jahre alt).
**Ötztal,** r. Seitental des Oberinntales, Tirol, Östr., von der *Ö.er Ache* (rd. 40 km) durchflossen.
**Ötztaler Alpen,** Teil der Zentralalpen zw. Oberinntal, Ötztal, Passeier und Vintschgau; Wildspitze 3 774 m.
**Ouagadougou** [wagadu'gu], Hptst. v. Burkina Faso, 634 500 E; Univ.; bed. Ind.- u. Handelszentrum; Endpt. d. Eisenbahnlinie v. Abidjan (Elfenbeinküste); ✈.
**Oud** [ɔʊt], Jacobus Johannes Pieter, niederl. Architekt, * 1890, † 1963; war Mitbegr. der Stijl-Gruppe.
**Outback** ['aʊtbæk, engl.], das Landesinnere Australiens.
**Outsider** ['aʊtsaɪdə; engl.], Außenseiter; Sportler (od. Rennpferd), dem unter normalen Bedingungen keine Siegeschancen eingeräumt werden; allg. auch für Einzelgänger.
**Outsourcing** ['aʊtsɔːsɪŋ], Auslagerung v. bisher im Unternehmen erbrachten Leistungen an externe Auftragnehmer, um Kosten zu reduzieren.
**Ouvertüre** [uvɛr'tyːrə; frz.], einleitendes Instrumentalstück einer Oper, Operette, eines Oratoriums, Schauspiels, einer Suite; auch selbst., einsätziges Musikstück.
**oval** [lat.], länglich rund.
**Ovambo, Ambo,** Bantuvolk im N Namibias u. in S-Angola; Viehhaltung u. Hirseanbau, versch. Ind.; bewohnen v. a. das *O.land,* Grenzgebiet zw. Namibia u. Angola.
**Ovar, Ovarium** [lat.], svw. ↑Eierstock.
**Overdrive** ['əʊvədraɪv], 🚗 Umlaufgetriebe (Planetengetriebe) als Schnellgangzusatzstufe.
**Overijssel** [ovər'ɛjsəl], niederl. Prov. zw. der unteren Ijssel und der dt. Grenze, Hauptort Zwolle.
**Overkill** ['əʊvəkɪl; engl.], das mil. Vermögen eines Staates, mit seinem [Kern]waffenpotenzial den Gegner mehrf. zu vernichten.
**Ovid, Publius Ovidius Naso,** röm. Dichter, * 43 v. Chr., † wahrsch. 18 n. Chr; „Amores", „Ars amatoria", „Metamorphosen", „Fasti". Aus unbek. Gründen von Augustus nach Tomi (heute Constanța) am Schwarzen Meer verbannt; dort „Tristia" u. „Epistulae ex Ponto".
**Oviedo,** span. Prov.-Hptst. in Asturien, 194 600 E; Univ.; histor. Bauten. Metall-, chem. u. a. Ind.
**ÖVP,** Abk. für: ↑Österreichische Volkspartei.
**Ovulation** [lat.], svw. Follikelsprung (↑Eierstock).
**Ovulationshemmer,** orales Mittel zur Empfängnisverhütung; unterdrückt hormonell die Eireifung.
**Owens** ['əʊɪnz], Jesse, amer. Leichtathlet, * 1913, † 1980; 4facher olymp. Goldmedaillengewinner 1936 (100 m, 200 m, Weitsprung, 4×100-m-Staffel).
**Oxalsäure,** einfachste Dicarbonsäure, HOOC–COOH, stark saure Verbdg., in vielen Pflanzen enthalten, bes. im Sauerklee; wird auch synthet. hergestellt; verw. u. a. in Form von Salzen *(Oxalaten).*

**Ozelot**

**Oxenstierna** ['uksənʃæːrna], Axel Gustavsson Gf., schwed. Staatsmann, * 1583, † 1654; s. 1612 R.-Kanzler; leitete nach dem Tode Gustavs II. Adolf die schwed. Politik in Deutschland.
**Oxer** [engl.], Hindernis beim Springreiten (Hochweitsprung).
**Oxford** ['ɔksfəd], Hptst. der mittelengl. Gft. O., an der Themse, 98 500 E; ma. Stadtbild, normann.-roman. Kathedrale (11./12. Jh.); älteste engl. Univ. mit zahlr. Colleges, Bibliotheken; Sternwarte, botan. Garten; Auto-, Metallindustrie.
**Oxidasen,** Enzyme, in tier. und pflanzl. Zellen als Katalysatoren an Oxidationsvorgängen beteiligt.
**Oxidation,** chem. Vorgang, bei dem eine Substanz (Element, Verbindung) mit Sauerstoff zum ↑Oxid reagiert („Sauerstoff aufnimmt"; z. B. bei Verbrennung) oder Wasserstoff abgibt (Dehydrierung); allg. chem. Reaktionen mit Elektronenabgabe.
**Oxide** [gr.], Verbdg. chem. El. mit Sauerstoff, z. B. $CaO$ (Calciumoxid); je nach Anzahl d. Sauerstoffatome *Dioxid* (2), *Trioxid* (3) u. a.
**Oxidkeramik,** keram. Werkstoff (aus Aluminium-, Zirkon- od. Manesiumoxid) von großer Härte u. Festigkeit noch oberhalb v. 1 000 °C; Einsatz u. a. als Magnetwerkstoff, in d. Halbleitertechnik.
**Oxus** ↑Amudarja.
**Oxyd...** [gr.], veraltete Schreibweise für Oxid...
**Oxytozin, Oxytocin** [gr.], Hormon, das im Hypothalamus gebildet wird u. vom Hypophysenhinterlappen ausgeschüttet wird, regt die Gebärmuttermuskulatur bei einer Geburt zu Kontraktionen an.
**OZ,** Abk. für: ↑Oktanzahl.
**Özal,** Turgut, türk. Politiker, * 1927, † 1993; 1980–82 Vizemin.-Präs., 1983 Gründer u. seitdem Vors. der Vaterlandspartei, 1983–89 Min.-Präs.; s. 1989 Präsident.
**Ozean** ↑Meer.
**Ozeanilen,** Bez. für die Gesamtheit der Pazifikinseln, die zw. od. nahe bei den Wendekreisen liegen (einschließl. Neuseeland) u. sich von Neuguinea im W bis zur Osterinsel im O erstrecken; innerer Inselgürtel mit ↑Melanesien, äußerer Inselgürtel mit ↑Mikronesien und ↑Polynesien.
**ozeanisches Klima,** svw. maritimes Klima (↑maritim).
**Ozeanographie,** Meereskunde.
**Ozelot** [frz.], amer. Kleinkatze, bis 1 m lang mit schwarzer Fleckenzeichnung; liefert wertvollen Pelz (Farmzuchten).
**Ozenfant** [ozã'fã], Amédé, frz. Maler u. Kunstschriftsteller, * 1886, † 1966; mit Le Corbusier Begr. des Purismus.
**Ozon** [gr.], dreiatom., instabile Form des Sauerstoffes ($O_3$), starkes Oxidationsmittel; entsteht u. a. bei elektr. Entladungen in Luft u. durch energiereiche Bestrahlung von Luft od. Sauerstoff; u. a. verw. zum Bleichen von Lebensmitteln, zum Desinfizieren bei d. Wasseraufbereitung; kommt in der Luft nur in Spuren vor; ist in höheren Konzentrationen stark giftig; die *O.schicht* d. Stratosphäre (zw. 20 u. 35 km Höhe) schützt die Erde vor d. energiereichen UV-Strahlung d. Sonne.
**Ozonloch,** seit etwa 30 Jahren gemessene Verringerung d. Ozonkonzentration im Sept./Okt. in der Ozonschicht der Stratosphäre über der Antarktis. 2001 betrug die Ausdehnung des O.

O

über der Antarktis bis 30 Mill. km². 1993 wurde erstmals auch über dem Nordpol eine Verdünnung der Ozonschicht nachgewiesen, sie ist mit 7 Mill. km² jedoch deutlich geringer. Für die Zerstörung des Ozons werden u. a. die FCKW verantwortlich gemacht.

# P

**P,** 16. Buchstabe des Alphabets.
**P,** Symb. für ↑Phosphor.
**P,** Zeich. für ↑Peta.
**p,** Abk. für: **1)** ↑piano. **2)** ↑**Pro**ton. **3)** Zeich. für: ↑**P**iko...
**p.,** Abk. für: **1) p**agina (pag.; Seite). **2) p**inxit (hat es gemalt).
**P.,** Abk. für: **1) P**apa (Papst). **2) P**ater (Vater). **3) P**astor. **4) P**ontifex.
**Pa,** Einheitenzeich. für: ↑Pascal.
**Pa,** Symb. für ↑Protactinium.

**Paestum:** *Poseidontempel (Mitte des 5. Jh. v. Chr.)*

**p. a.,** Abk. für: **1) p**er **a**nnum. **2) p**ro **a**nno.
**p. A.,** Abk. für: **p**er **A**dresse (in Briefaufschriften: bei).
**Paar|erzeugung,** Bildung v. Teilchen-Antiteilchen-Paaren aus elektromagnet. Strahlungsenergie; umgekehrt führt die Vereinigung eines solchen Paares zu einer „Zerstrahlung" (Umwandlung beider Massen in Strahlungsenergie), die als *Paarvernichtung* bez. wird.
**Paarhufer, Paarzeher, Zweihufer,** Säugetierordnung; weltweit verbreitete Huftiere mit verlängerter 3. u. 4. Zehe (andere Zehen fehlend oder rückgebildet); v. a. Wiederkäuer.
**Paarvernichtung** ↑Paarerzeugung.
**Pachelbel,** Johann, dt. Organist u. Komponist, * 1653, † 1706.
**Pacher,** Michael, dt. Maler u. Bildschnitzer, * um 1435, † 1498; Hochaltar in der Kirche von St. Wolfgang im Salzkammergut.
**Pacht, 1)** Vertrag, in dem sich der Verpächter (gg. P.zins) verpflichtet, dem *Pächter* den Gebrauch des verpachteten Gegenstandes zu gewähren. **2)** *P.gebiet,* die Überlassung eines best. Teiles des Staatsgebietes an einen anderen Staat auf best. od. unbest. Zeit.
**Pack|eis,** zusammen- und übereinander geschobene Eisschollen.
**pacta sunt servanda** [lat.], Verträge müssen eingehalten werden; aus dem röm. Recht stammender Rechtssatz, v. a. für das Völker[gewohnheits]recht von Bedeutung.
**Pädagogik** [gr.], Wissenschaft v. der Erziehung u. Bildung. Die P. reflektiert die Erziehungs- u. Bildungsziele u. ihre Verwirklichungsmöglichkeit, kritisiert v. ihrem wiss. Standpunkt aus die Erziehungswirklichkeit. Sie befasst sich im Einzelnen z. B. mit den biol., psychol., soziolog. Voraussetzungen der Erziehung, der Überwindung sozial bedingter Barrieren, der Lernmotivation, der Didaktik, der Methodik des Unterrichts, dem Schulwesen bzw. seiner Reform.
**Paddel** [engl.], ohne Auflagepunkt geführtes Ruder mit schaufelförm. Blatt zur Fortbewegung von *P.booten* (Kajaks, Kanadier u. a.).

**N. Paganini**

**Paderborn,** Krst. am O-Rand des Münsterlandes, NRW, 133 700 E; Dom (1225–75; nahebei die 200 Paderquellen) u. a. Kirchen; Univ., päpstl. theol. Fakultät; Bibliotheken u. Museen, LG; vielseit. Industrie.
**Pädiatrie** [gr.], Kinderheilkunde.
**Padua,** ital. **Padova,** Prov.-Hptst. in Venetien, Italien, 211 000 E; Univ., wiss. Inst.; ma. Stadtbild, Grabkirche d. hl. Antonius v. P. (13. Jh.); ältester botan. Garten Europas; Ind.- u. Handelsst.; internat. Messen.
**Paestum,** antike Ruinenstätte sö. von Salerno, Italien; ehem. griech. Kolonie *(Poseidonia),* später röm.; berühmt durch drei gut erhaltene Tempel (6. und 5. Jh.); Museum.
**Paganini,** Niccolò, ital. Violinvirtuose u. Komponist, * 1782, † 1840.
**Page** [ˈpa:ʒə; frz.], urspr. Edelknabe im Dienst eines Herren; heute: uniformierter, junger [Hotel]diener.
**Pager** [ˈpeɪdʒə; engl.], ↑Funkrufdienst.
**Pagode** [drawid.-portug.], turmartige Gebäude der buddhist. Baukunst mit mehreren Stockwerken.
**Pahlewi** [pax-], die 1925–79 in Iran herrschende Dynastie.
**Päijänne,** südfinn. Seensystem zw. Lahti u. Jyväskylä, 78 m ü. d. M., 1 090 km², bis 93 m tief.
**Paillette** [paˈjɛtə; frz.], **1)** glitzerndes Metall- oder Kunststoffplättchen zum Aufnähen. **2)** leichtes Gewebe.
**Paine, Payne** [peɪn], Thomas, brit.-amer. Politiker u. Schriftsteller, * 1737, † 1809; setzte sich pu-

blizist. für die Unabhängigkeit der amer. Kolonien ein; 1792 Mitgl. des Nat.-Konvents in Frankreich.

**Paisiello, Paesiello,** Giovanni, ital. Komponist, *1740, †1816; „Der Barbier von Sevilla“.

**Paisley** ['peɪzlɪ], schott. Ind.-St. westl. von Glasgow, 84 800 E; ✈.

**Pakistan,** Staat in Südasien; 97 % Muslime, Rest Hindus, Christen u. a.; Amtssprache: Urdu, daneben Engl.; Ackerbau (Reis, Baumwolle), Viehhaltung, Bergbau. – P. entstand bei d. Teilung Brit.-Indiens 1947 aus dem vorw. von Muslimen bevölkerten Teil Vorderindiens; s. 1956 islam. Rep.; Konflikte mit Indien während d. Sezession Ost-Pakistans 1971 (↑Bangladesh) u. v. a. wegen Kaschmir (zwei Kriege 1947/48 u. 1965, mil. Auseinandersetzungen 1984–89). 1972 Austritt aus dem Commonwealth (1989 Rückkehr). Nach dem Sturz von Z. A. Bhutto (1971–73 Staatspräs., 1973–77 Premiermin., 1979 hingerichtet) bestand 1977–88 eine Mil.-Regierung unter Gen. M. Zia ul-Haq. 1988–90 war Benazir Bhutto als erste Frau Premiermin. in einem muslim. Land (1993–96 erneut im Amt). Zunehmende Islamisierung d. öffentl. Lebens, begleitet v. heftigen ethn.-religiösen Konflikten; 1997 Wahlsieg der „Muslimliga“ (Reg.-Chef M. M. Nawaz Sharif, erstmals bereits 1990–93). 1998 pakistan. Kernwaffentest. 1999 unblutiger Mil.putsch durch Gen. Pervez Musharraf (seit 2001 Präs.); Suspendierung der Commonwealth-Mitgliedschaft. Unter Einfluss d. USA gab P. 2001 seine jahrelange Unterstützung für die Taliban in Afghanistan auf und unterstützte die Antiterrorallianz. 1999/2000 u. 2001/2002 erneute Eskalation des Kaschmirkonflikts.

**Pakistan**

| | |
|---|---|
| *Fläche:* 796 095 km² | |
| *Einwohner:* 156,01 Mill. | |
| *Hauptstadt:* Islamabad | |
| *Amtssprache:* Urdu | |
| *Zeitzone:* MEZ + 4 Stunden | |

**Palaiologen,** letzte Dyn. des Byzantin. Reiches (1259–1453).

**pal[äo]..., Pal[äo]...** [gr.], Bestimmungswort; Bed.: „alt, altertüml., ur..., Ur...“.

**Paläographie** [gr.], Lehre von der Entw. der Schrift.

**Paläolithikum** [gr.], svw. Altsteinzeit.

**Paläontologie,** Wiss. von den fossilen, d. h. versteinerten Resten v. Lebewesen u. ihrer Entwicklung im Verlauf der Erdgesch.; gegliedert in *Paläozool.* (Lehre v. der vorzeitl. Tierwelt), *Paläobotanik* (Lehre von der vorzeitl. Pflanzenwelt) u. *Paläanthropologie* (Lehre von den fossilen menschl. Resten).

**paläotropisches Florenreich** ↑Florenreich.

**Paläozän** ↑Geologie (Übers.).

**Paläozoikum** ↑Geologie (Übers.).

**Palas** [frz.], Hauptbau der ma. Burg mit Saal (ebenfalls P. gen.) und Wohnräumen.

**Palästina,** seit der Antike Bez. für ein Gebiet, das in etwa dem der heutigen Staaten Israel u. Jordanien entspricht (außer den Wüstengebieten im NO u. SO). Unabhängig vom wechselhaften polit. u. ethnograph. Schicksal dieses Gebietes blieb P. das „Hl. Land“ der jüd.-christl. Tradition, v. a. relig.-nat. Bezugspt. für das Judentum. Konkurrierend dazu erwuchs aufgrund der jeweiligen hl. Stätten auch ein christl. u. ein islam. Anspruch auf P. (insbes. auf Jerusalem als „Hl. Stadt“). – Ab 634 eroberten die Araber P.; unter osman. Herrschaft (ab 1517) wuchs die jüd. Bev. in P. wieder sprunghaft an. Ab 1882 begann die osteurop. jüd. P.siedlung. Großbritannien trennte als Mandatsmacht (1920/22–48) das O-Jordanland als Emirat Transjordanien (↑Jordanien) vom übrigen P. ab. Gg. die durch die Balfour-Deklaration begünstigte zionist. Aufbauphase richtete sich wachsender arab. Widerstand, der ein arab. P. forderte; Eskalation zum ↑Nahostkonflikt: 1948 Ausrufung des jüd. Staates Israel, 1948/49 *P.krieg;* der östl. Teil P.s fiel an Jordanien (1967 von Israel besetzt; ↑Westjordanland). Die palästinens. Araber, 1948/49 weitgehend geflohen od. vertrieben, wurden in den arab. Nachbarländern in Lagern angesiedelt. Durch Guerillakrieg, Terrorismus, Aufstände („1. Intifada“), dann auch auf diplomat. Weg suchten sie, v. a. im Rahmen der PLO, ein arab. P. wieder herzustellen. 1993 Grundsatzabkommen, 1994 Gaza-Jericho-Abkommen; seitdem weitgehende Autonomie (durch Interimsabkommen 1995 auf Westjordanland ausgedehnt). 1996 Wahl des Palästinens. Autonomierats (J. Arafat Präs.). 1997 Hebron-Abkommen, 1998 Wye-I-, 1999 Wye-II-Abkommen; 1999–2001 gescheiterte Endstatus-Verhandlungen über palästinens. Staatlichkeit (v. a. „Camp David II“, 2000). Ab Herbst 2000 „2. Intifada“; militär. Gegenmaßnahmen u. Politikwandel Israels; internationale Deeskalationsbemühungen, verstärkt ab 2002 (u. a. UN-Resolution.

**palästinensische Befreiungsbewegungen,** Organisationen der arab. Palästinenser, die auf dem Boden Palästinas einen eigenen Staat errichten wollen; Dachorganisation ist s. 1964 die *PLO* (s. 1967 unter J. Arafat), deren Kern die ↑Fatah bildet; weitere Mitgl.-Organisationen der PLO sind u. a. die „Volksfront zur Befreiung Palästinas“ u. die „Demokrat. Volksfront zur Befreiung Palästinas“; s. 1965 terrorist. Anschläge, Geiselnahmen u. Flugzeugentführungen in Israel u. aller Welt; bis 1970 in Jordanien, bis 1982 im Libanon Staat im Staate. 1974 Anerkennung durch alle arab. Staaten als einzige rechtmäßige Vertr. des palästinens. Volkes; 1988 Ausrufung eines Staates „Palästina“ (umfasst Westjordanland u. Gazastreifen), internat. nicht anerkannt; ab 1993 Annäherung an Israel; Änderung der PLO-Charta 1996, 1998. Ab 2000 („2. Intifada“) Rückkehr zum Terror.

**Palatin,** einer der sieben Hügel Roms mit Resten der ältesten röm. Ansiedlung.

**Palatina** [lat.], **Bibliotheca Palatina, 1)** die von Augustus angelegte öff. Bibliothek auf dem Palatin in Rom (64 verbrannt). **2)** ehem. Heidelberger Bibliothek, deren Grundstock im Wesentl. von dem pfälz. Krfst. Otto Heinrich stammt; 1623 in die Vatikan. Bibliothek überführt.

**Palau,** Rep. auf den P.inseln, einer Gruppe von rd. 200 Inseln (8 dauernd bewohnt) der W-Karolinen, 508 km², 18 000 E, Hauptort Koror; 1886 von Spanien erworben, 1899 an Dtl. verkauft, 1914 von Japan besetzt, 1921 jap. Völkerbundsmandat, s. 1947 UN-Treuhandgebiet d. USA, s. 1981 innere Autonomie, 1994 unabhängig; Außen-

**Palau**

*Fläche:* 508 km²
*Einwohner:* 18 000
*Hauptstadt:* Koror
*Amtssprachen:* Palauisch, Englisch
*Zeitzone:* MEZ + 8 Stunden

u. Verteidigungspolitik weiterhin in Verantwortung der USA.

**Palenque** [pa'leŋke], Ort u. Ruinenstätte (Maya) im N des mex. B.-Staates Chiapas.

**Palermo,** Hptst. Siziliens u. d. Prov. P., Italien, an der N-Küste d. Insel, 686 500 E; Erzb.-Sitz, Univ., Hochschulen, Observatorium, Museen; Palazzo dei Normanni (9. Jh. beg.), Cappella Palatina (1132–40), Dom (12. Jh.) u. a. Kirchen; vielseit. Ind., bed. Fremdenverkehr; ⚓, ✈. – Phöniz. Gründung.

**Palestrina,** Giovanni Pierluigi da, ital. Komponist, * um 1525, † 1594; rd. 950 geistl. Werke (Motetten, Hymnen, Offertorien, Messen, Litaneien); auch weltl. Madrigale.

**Pali,** die dem Mittelind. zuzurechnende Spr. des buddhist. Kanons u. a. buddhist. Schriften.

**Palindrom** [gr.], Wörter oder Wortfolgen, die vorwärts wie rückwärts gelesen den gleichen od. einen anderen Sinn ergeben, z. B. Egge, Gras–Sarg.

**Palisaden** [frz.], dicht nebeneinander eingerammte, zugespitzte Pfähle, als Hindernis.

**Palisadenwürmer,** 5 bis 55 mm lange Fadenwürmer; Parasiten u. Krankheitserreger hpts. bei Säugetieren und Vögeln.

**Palisander** [indian.], **Palisanderholz,** hartes Edelholz mit dunkler, violettbrauner Tönung.

**Palladio,** Andrea, ital. Baumeister u. Theoretiker, * 1508, † 1580; Villen, Paläste u. Kirchen in bzw. bei Vicenza und Venedig.

**Palladium,** Symb. **Pd,** chem. El., OZ 46, rel. A.-Masse 106,42, silberweißes, dehnbares Edelmetall, Dichte 11,8 g/cm³, Fp. 1 555 °C, Sp. 2 963 °C; kann gr. Mengen Wasserstoff absorbieren.

**Pallas** [gr.], Beiname der Athene (Pallas Athene).

**Palm,** Siegfried, dt. Violoncellist, * 1927; Interpret zeitgenöss. Werke.

**Palma, La,** nordwestlichste der Kanar. Inseln, 728 km²; Hauptort Santa Cruz de la P.; Obst- und Gemüsebau.

**Palma de Mallorca** [-ðe ma'ʎɔrka] Hptst. u. ⚓ der Baleareninsel Mallorca, 325 000 E; got. Kathedr. u. a. ma. Baudenkmäler, Theater; Ind.- und Handelszentrum; reger Fremdenverkehr; ✈.

**Palmas de Gran Canaria, Las,** span. Prov.-Hptst. im NO der Kanareninsel Gran Canaria, 373 800 E; barocke Kathedr.; Fremdenverkehr; Erdölraffinerie; bed. ⚓.

**Palme,** [Sven] Olof, schwed. Politiker, * 1927, † 1986 (ermordet); ab 1963 mehrfach Min., ab 1969 Vors. der Sozialdemokratischen Partei, 1969–76 u. ab 1982 Min.Präsident.

**Palmen** [lat.], meist trop. Bäume, Sträucher od. Lianen, mit nur selten verzweigten Stämmen; viele Nutzpfl. (Kokos-, Dattel-, Öl-, Sagopalmen).

**Palmer,** Lilli, eigtl. L. **Peiser,** brit. Schauspielerin dt. Herkunft, * 1914, † 1986; auch Schriftstellerin.

**Palmerston** ['pɑːməstən], Henry John Temple, Viscount, brit. Politiker, * 1784, † 1865; mehrf. Außenmin.; 1855–58 u. ab 1859 Premiermin. (Whig); unterstützte den europ. Liberalismus.

**Palmette** [frz.], **1)** palmblattähnl. Ornamentmotiv. **2)** Spalierbaumform an Wänden.

**Palmfarne, Cycadales,** Klasse [trop.] Nacktsamer, farnart. Blätter.

**Palmlilie,** svw. ↑Yucca.

**Palmsonntag,** Sonntag vor Ostern, Beginn der Karwoche.

**Palmyra,** Oasenstadt in Z-Syrien, 18 000 E; antike Handelsst. (Blüte 2./3. Jh.); Ruinen aus der röm. Kaiserzeit (Tempel des Baal, Säulenstraßen, Theater, turmart. Grabbauten), gehören zum Weltkulturerbe.

**PAL-System** ↑Fernsehen.

**Palucca,** Gret, dt. Tänzerin griech. Herkunft, * 1902, † 1993; Meisterin des mod. Ausdruckstanzes.

**Pamir,** Hochgebirgsland in Z-Asien, gen. „Dach der Welt"; hpts. Tadschikistan, O zu China, S zu Afghanistan; höchster Gipfel: *Kungur,* 7 579 m.

**Pampas** [span.], ebene, baumarme Grasländer in Argentinien, zw. Anden, Gran Chaco, Atlantikküste und Patagonien; *P.gras,* südamer. Gras, bis 6 m hoch; bei uns Ziergras; *P.hasen,* langbein. Nagetiere der Steppen Südamerikas (Fam. Meerschweinchen).

**Pampelmuse** [niederl.], kl. Obstbaum aus dem Malai. Archipel (Anbau auch anderswo) mit bes. gr., gelben, orangeähnl. Früchten (Pampelmusen); ↑Grapefruit.

**Pamphlet** [engl.-frz.], Schmäh-, Streitschrift, polem. Flugschrift.

**Pamplona,** span. Prov.-Hptst. (von Navarra) am S-Rand der Westpyrenäen, 183 500 E; Kathedr. (15.–18. Jh.). Textil-, Nahrungsmittel-, chem. Ind. – Ehem. Hptst. des Kgr. Navarra.

**Pamukkale,** Naturdenkmal in Westanatolien, Türkei; Kalksinterterrassen, warme Quellen.

**Pan,** griech. Waldgott; völlig behaart mit Ziegenhörnern und -füßen dargestellt; Gott der Jäger und Hirten, spielt auf einer Hirtenflöte.

**pan..., Pan...** [gr.], Bestimmungswort; Bed.: „all, gesamt".

**Panama**

*Fläche:* 75 517 km²
*Einwohner:* 2,78 Mill.
*Hauptstadt:* Panama
*Amtssprache:* Spanisch
*Zeitzone:* MEZ – 6 Stunden

**Panama, 1)** Rep. im südl. Z-Amerika; Hügel- und Bergland, dessen tiefste Einsattelung vom ↑P.kanal durchschnitten wird; fast 70 % bewaldet; Hauptanbauprodukte Reis, Mais, Kaffee, Bananen, Zuckerrohr, Kakao; etwas Viehzucht; unbed. ⚒; ergieb. Fischerei; gr. Handelsflotte; Häfen: P. und Colón. – Ab 1501 Erforschung P.s, 1538 der span. Kolonialverw. unterstellt; 1739 Teil des Vizekgr. Neugranada; 1821 Anschluss an Großkolumbien; 1903 Entstehen des Staates P. auf Betreiben der USA, die die P.kanalzone „auf unbegrenzte Zeit" pachteten u. ein Interventionsrecht erhielten; nach Vertr. v. 1979 Übergang der Kanalzone 2000 in die volle Souveränität P.s (s. 1982 bereits Hoheitsrechte); Ende 1989

Sturz der Militär-Reg. durch militär. Intervention der USA. **2) Ciudad de Panamá** [si̯u'ðað ðe pana'ma], Hptst. u. größter ⚓ der Rep. Panama, am *Golf v. P.,* 388 600 E; Univ.; Ind.; ✈. – Gegr. 1519, s. 1903 Hptst. – Bauten der Kolonialzeit.

**Panamahut,** leichter Herrenstrohhut, aus Blättern der Panamapalme.

**Panamakanal,** zentralamer. Kanal zw. Atlantik u. Pazifik durch die 50 km breite Landenge, den *Isthmus von Panama;* neben dem Suezkanal wichtigste künstl. Wasserstraße der Erde: 81,6 km lang, Breite bis rd. 152 m, Maximaltiefe 14,3 m. – Baubeginn 1879, s. 1914 in Betrieb. *P.zone,* seit 1903 Hoheitsgebiet der USA beiderseits des P.s (im Allg. je 8 km breit), einschließl. vorgelagerter Inseln, s. 1982 ↑Panamas; 1 432 km², 29 000 E; Häfen: Cristobal (Atlantik), Balboa (Pazifik).

**panaschieren** [frz.], bei der Verhältniswahl Kandidaten versch. Wahlvorschläge (Listen) auf einem Stimmzettel zusammenstellen.

**Panathenäen** [gr.], jährl. Fest zu Ehren der Athena im alten Athen.

**panchromatisch** [gr.], für alle Farben empfindl. (von fotogr. Emulsionen).

**Pandas, Katzenbären,** Bez. für den Bambusbären und den Kleinen Panda; 65 cm lang; im Himalaja.

**Pandora,** in der griech. Mythol. von Zeus auf die Erde gesandte Frau, die die Menschen für den Raub des Feuers durch Prometheus bestraft; öffnet ihr Gefäß, die *Büchse der P.,* mit den Leiden und Krankheiten der Menschheit.

**Pandschab** [sanskr.; = Fünfstromland], Ldsch. in Indien und Pakistan, im NW Vorderindiens; größtenteils Steppe, künstl. bewässert, Getreide-, Zuckerrohr-, Baumwollanbau; Viehzucht.

**Paneel** [niederl.], das vertieft liegende Feld einer Holztäfelung; auch die ges. Holztäfelung.

**panem et circenses** [lat.; = Brot u. Zirkusspiele], Anspruch des röm. Volkes während der Kaiserzeit, danach: Vergnügungen zur Zufriedenstellung des Volkes.

**Panier** [frz.], veraltet für Fahne, Feldzeichen.

**Pankhurst** [ˈpæŋkhəːst], Emmeline, radikale brit. Frauenrechtlerin, *1858, †1928; Mitbegr. der Suffragettenbewegung.

**Pankok, 1)** Bernhard, dt. Architekt und Maler, *1872, †1943; Vertr. des Jugendstils. **2)** Otto, dt. Maler u. Grafiker des Expressionismus, *1893, †1966.

**Pankow** [-ko], St.-Bez. in Berlin.

**Pankratius, Pankraz,** hl., röm. Märtyrer, einer der Eisheiligen.

**Pankreas** [gr.], svw. ↑Bauchspeicheldrüse; *Pankreatitis,* Entzündung der Bauchspeicheldrüse.

**Pantoffelblume:** *Calceolaria-Hybride*

**Panleukopenie, Katzenstaupe, Katzentyphus, Katzenpest,** hoch ansteckende, oft tödl. endende Infektionskrankheit d. Katzen (u. Marder); Erreger ist ein DNA-haltiges Parvovirus; gekennzeichnet durch hohes Fieber, später Durchfälle, Kräfteverfall, Austrocknung d. Körpers mit ständ. (vergebl.) Versuchen zu trinken.

**Panmunjom** [-dʒʌm], Ort in Nord-Korea, südl. des 38. Breitengrades; in P. am 27. 7. 1953 Abschluss des Waffenstillstandes im Koreakrieg.

**Pannonilen,** histor. Ldsch., röm. Donauprovinz seit 10 n. Chr.

**Panoptikum** [gr.], Slg. von Sehenswürdigkeiten; Wachsfigurenkabinett.

**Panorama** [gr.], **1)** Rundblick, Ausblick. **2)** gr. Rundgemälde.

**Pansen** [lat.-roman.], Magenabschnitt bei den Wiederkäuern.

**Panslawismus,** urspr. sprachwiss. Begriff; nach 1830 Parole für den kulturellen u. polit. Zusammenschluss aller Slawen.

**Pantheismus** [gr.], Lehre, nach der kein persönl. Gott außerhalb der Welt existiert, sondern Natur u. Welt als göttlich aufgefasst werden.

**Pantheon** [gr.], **1)** Gesamtheit der Götter eines Volkes. **2)** Bauwerk (Gedächtnishalle): Tempelbau in Rom, Heiligtum aller Götter (urspr. 25 v. Chr., Neubau 118–125). *Panthéon* in Paris (1764–90), nat. Gedächtnis- und Begräbnisstätte bed. Franzosen.

**Panther** [gr. ], svw. ↑Leopard.

**Pantoffelblume,** südamer. Rachenblütlergatt. mit pantoffelähnl. Blüten; Zierpflanzen.

**Pantoffeltierchen,** pantoffelförm. Wimpertierchen; v. a. in nährstoffreichem Wasser.

**Pantokrator** [gr.], Christus als Allherrscher, Motiv v. a. in d. byzantin. Kunst.

**Pantomime** [gr.], Darstellung einer Szene nur mit Gebärden u. Mienenspiel, oft auch in Verbdg. mit Musik und Tanz.

**Pantschen-Lama,** tibet. **Pantschen-Rinpotsche,** Titel des nach dem ↑Dalai-Lama zweithöchsten geistl. Würdenträgers des tibet. ↑Buddhismus (Lamaismus).

**Panzer** [lat.-roman.], **1)** svw. ↑Rüstung. **2)** schützende Eisenbedeckung von Fahrzeugen u. Befestigungen. **3)** gepanzertes geländegängiges mil. Fahrzeug; unterschieden werden leichte (bis 20 t), mittlere u. schwere (ab 40 t) P. sowie u. a. Kampf-P., (Vollkettenfahrzeug, Kanone Kaliber 90–125 mm im Drehturm), Schützen-P., Jagd-P., Minenräumpanzer. **4)** Körperbedeckung mancher Tiere, aus Kalk, Horn, Knochen, Chitin.

**Panzerfische,** älteste Wirbeltiere, urtüml. Fische mit starkem Panzer; Silur bis Unterperm.

**Panzergrenadiere,** mit Panzern u. a. gepanzerten Fahrzeugen ausgerüstete Infanterie.

**Panzernashorn, Indisches,** bis 3,4 m langes, bes. dickhäut., einhörn. Nashorn.

**Päonile** [gr.], svw. ↑Pfingstrose.

**Papabili** [ital.], Kardinäle, die nach allg. Auffassung begründete Aussicht haben, zum Papst gewählt zu werden.

**Papageien** [frz.], [sub]trop. bunte Vögel, klettern mithilfe der Greiffüße u. des kräft. gebogenen Oberschnabels an Bäumen; meist Höhlenbrüter; beliebte, zur Lautnachahmung befähigte Stubenvögel.

**Papageienkrankheit, Psittakose,** anzeigepflichtige bakterielle Infektionskrankheit; Übertragung durch Papageien, bes. Wellensittiche, u. einige andere Vögel; Inkubationszeit 6–20 Tage; schwere fieberhafte Allgemeinerscheinungen mit Beteiligung der Lungen.

**Papageientaucher, Papageitaucher,** etwa 30 cm gr., in Kolonien brütender Alk; Schnabel in der Brutzeit blau-rot-gelb gefärbt; N-Atlantik, Nordpolarmeer.

**Papageifische,** bis zu 1,8 m lange barschart. Fische trop. Meere mit papageienschnabelähnl. Zahnplatten.

**Papandreu, 1)** Andreas, griech.

Politiker, *1919; Sohn v. 2), 1940–60 u. 1967–74 im Exil, 1974 Gründer u. seitdem Vors. der PASOK, 1981–89, wieder s. 1993 Min.-Präs. **2)** Georgios, griech. Politiker, *1888, †1968; gründete 1933 die Demokrat. (ab 1935 Sozialdemokrat.) Partei, 1961 die Zentrumsunion; mehrfach Min.; 1944/45 u. 1963–65 Min.-Präs.

**Papaver** [lat.], Gatt. der Mohngewächse; z. B. Klatschmohn.

**Papen,** Franz v., dt. Politiker (Zentrum), *1879, †1969; 1932 R.-Kanzler, setzte die preuß. Reg. durch Notverordnung ab; Vizekanzler in der Reg. Hitler bis 1934, 1936–38 Botschafter in Wien, 1939–44 in Ankara.

**Papenburg,** St. im Emsland, Nds., 33 600 E; Ind., ⚓, Werft- u. a. Ind.; Stadtrecht seit 1860.

**Paperback** [ˈpeɪpəbæk; engl.], kartoniertes [Taschen]buch, meist in Klebebindung.

**Papier** [gr.-lat.], blattart. Werkstoff, hergest. aus Halbstoffen v. Pflanzenfasern (Zellstoffe bzw. Holzschliff aus Fichten-, Kiefern-, Buchenholz, Stroh), Alt-P. u./od. Hadern mit Leim, Füllstoffen u. a.; neuerdings auch synthet. P. aus Chemiefasern; Unterscheidung in Fein-, Schreib-, Druck-, Pack-, Kraft-P., Maschinen- u. Handpappe.

**Papierchromatographie,** Trennverfahren der ↑Chromatographie, wobei ein spezielles Filtrierpapier die stationäre, ein Fließmittel die mobile Phase darstellt.

**Papierformate,** nach DIN 476 festgelegte Abmessungen für Papierbogen. Ausgangsgröße ist A 0 (841×1189 mm) mit 1 $m^2$ Fläche. Die P. A 1 bis A 10 erhält man durch Halbieren des vorangegangenen Formats.

**Papiergewicht** ↑Gewichtsklassen (Übers.).

**Papiermaché** [papjemaˈʃe:; frz.], **Pappmaché,** Papiermasse mit Leimzusatz, aus der in Formen gepresste Gegenstände (u. a. Spielzeug) hergestellt werden.

**Papilioniden** [lat.], **Ritterfalter,** Fam. meist bunter, gr., vorw. trop. Tagfalter; z. B. Schwalbenschwanz, Segelfalter, Apollo.

**Papillom** [lat.], aus Bindegewebe bestehende, meist gutartige Geschwulst der Haut oder Schleimhaut.

**Papin** [paˈpɛ̃], Denis, frz. Physiker u. Arzt, *1647, †1712 (?); erfand u. a. 1681 den Dampfkochtopf *(Papintopf),* 1690 die atmosphär. Dampfmaschine.

**Pappe,** starke od. mehrschicht. Papierart (↑Papier).

**Pappel** [lat.], Gatt. der Weidengewächse; hohe, sommergrüne, schnellwüchs. Bäume, Windblütler; viele Nutzhölzer; u. a. Grau-, Schwarz-, Silber-P., Espe.

**Pappenheim,** Gottfried Heinrich Gf. zu, kaiserl. Reitergen. des Dreißigjähr. Krieges, *1594, ⚔1632.

**Pappmaché** [-maˈʃe], svw. ↑Papiermaché.

**Paprika** [ungar.], **Capsicum,** Nachtschattengewächs mit scharfen, vitaminreichen Früchten (als Gemüse oder Gewürz).

**Papst** [lat. papa], das Oberhaupt der ↑kath. Kirche, gewählt auf Lebenszeit v. den Kardinälen im Konklave; kirchenrechtlich Träger der obersten Leitungsvollmacht (↑Primat) u. unfehlbaren Lehrautorität in Glaubensfragen (↑Unfehlbarkeit) in der kath. Kirche, völkerrechtlich Staatsoberhaupt des Staates der ↑Vatikanstadt. – Tab. S. 512/513. – *Papsttum,* Amt und Institution des Papstes [mit dem Anspruch der Nachf. d. Apostels Petrus].

**Päpstin Johanna** ↑Johanna, Päpstin.

**Papua,** Ur-Bev. Neuguineas u. umliegender inseln, mit dunkler Hautfarbe, kraushaarig; zu d. verwandten Melanesiern bestehen v. a. sprachl. Unterschiede.

**Papua-Neuguinea,** Staat im östl. Pazifik, umfasst den O-Teil von Neuguinea, den Bismarckarchipel, die Admiralitäts- und D'Entrecasteauxinseln, den Louisiadearchipel sowie die nördl. Salomoninseln Bougainville und Buka; Kaffee, Kakao; bed. Kupfererz-⚒ auf Bougainville. – Der aus dem ehem. austral. Territorium Papua u. dem Treuhandgebiet Neuguinea gebildete Staat wurde 1975 unabhängig.

**Papua-Neuguinea**

*Fläche:* 462 840 $km^2$

*Einwohner:* 4,809 Mill.

*Hauptstadt:* Port Moresby

*Amtssprache:* Englisch

*Zeitzone:* MEZ + 9 Stunden

**Papyrus** [gr.], altägypt. Schreibmaterial in Blatt- u. Rollenform; besteht aus 2 Lagen kreuzweise aufeinander gepresster Streifen des Stängelmarks der P.staude (↑Zypergras).

**Pará, 1)** nordbrasil. B.-Staat an der Mündung des Amazonas, 1 246 833 $km^2$, 5 Mill. E; Hptst. Belém; im Amazonastiefland trop. Regenwald; Kautschukgewinn., Kakao, Reis, Zuckerrohr. **2)** ↑Belém.

**par[a]…, Par[a]…** [gr.], Bestimmungswort; Bed.: „bei, neben, entlang; gg., über – hinaus".

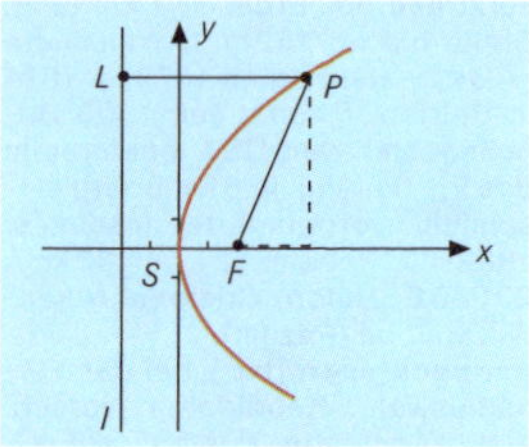


**Parabel**

**Parabel** [gr.-lat.], **1)** kurze lehrhafte Dichtung, die eine theol. od. sittl. Wahrheit gleichnishaft darstellt. **2)** Kegelschnitt, geometr. Ort für alle Punkte *P* der Ebene, die v. einem festen Punkt, dem *Brennpunkt F*, u. einer festen Geraden, der *Leitlinie l*, denselben Abstand haben. Der Abstand des Brennpunktes v. der Leitlinie ist gleich der Länge des Parameters *p* der P.; Scheitelgleichung: $y^2 = 2px$.

**Parabol|antenne,** Antenne mit einem ↑Parabolspiegel als Reflektor für Frequenzen >1 GHz; für Richtfunk- u. Satellitentechnik („Satellitenschüssel").

**Paraboloid** [gr.], Fläche 2. Ordnung, deren ebene Schnitte Parabeln u. Ellipsen *(ellipt. P.)* bzw. Kreise (*Rotations-P.;* entstehen durch Drehung einer Parabel um ihre Achse) od. Parabeln u. Hyperbeln *(hyperbol. P.)* sind.

**Parabolspiegel,** Hohlspiegel in der Form eines Rotationsparaboloids; durch den Brennpunkt gehende Strahlen sind nach der Reflexion achsenparallel u. umgekehrt; verw. bei Spiegelteleskopen, Antennen, Scheinwerfern.

**Paracelsus,** Philippus Aureolus Theophrastus, eigtl. T. **Bombastus von Hohenheim,** dt. Arzt, Naturforscher u. Philosoph, *1493 (?), †1541; erkannte die chem. Grundlagen der Lebensvorgänge und wendete sie in der Heilkunde an, auch theolog. u. sozialpolit. Werke.

## Päpste

Ungewisse oder umstrittene Daten sind mit Fragezeichen versehen. Die Namen der im Annuario Pontificio als Gegenpäpste genannten Päpste sind eingerückt. Ordnungszahlen sind eingeklammert, wenn die Zählung der als rechtmäßig geltenden Päpste die so gekennzeichneten nicht berücksichtigte. Sterbejahre sind nicht angegeben, wenn sie mit dem letzten Regierungsjahr übereinstimmen oder unbekannt sind.

| | |
|---|---|
| Petrus | †64/67(?) |
| Linus | 67–76(?) |
| Anaklet I. | 76–88(?) |
| Klemens I. | 90/92–101(?) |
| Evaristus | 97–105(?) |
| Alexander I. | 105–115(?) |
| Sixtus I. | 115–125(?) |
| Telesphorus | 125–136(?) |
| Hyginus | 136–140(?) |
| Pius I. | 140–154/155(?) |
| Anicetus | 154/155–166(?) |
| Soter | 166–174(?) |
| Eleutherus | 174–189(?) |
| Viktor I. | 189–198(?) |
| Zephyrinus | 199–217(?) |
| Kalixt I. | 217–222 |
| Hippolyt | 217–235 |
| Urban I. | 222–230 |
| Pontianus | 230–235 |
| Anteros | 235–236 |
| Fabianus | 236–250 |
| Cornelius | 251–253 |
| Novatian | 251–258(?) |
| Lucius I. | 253–254 |
| Stephan I. | 254–257 |
| Sixtus II. | 257–258 |
| Dionysius | 259/260–267/268(?) |
| Felix I. | 268/269–273/274(?) |
| Eutychianus | 274/275–282(?) |
| Cajus | 282/283–296 |
| Marcellinus | 296–304 |
| Marcellus I. | 307–308(?) |
| Eusebius | 309/310 |
| Miltiades | 311–314(?) |
| Silvester I. | 314–335 |
| Markus | 336 |
| Julius I. | 337–352 |
| Liberius | 352–366 |
| Felix (II.) | 355–365 |
| Damasus I. | 366–384 |
| Ursinus | 366–367 |
| Siricius | 384–399 |
| Anastasius I. | 399–401 |
| Innozenz I. | 402–417 |
| Zosimus | 417–419 |
| Bonifatius I. | 418–422 |
| Eulalius | (†423) 418–419 |
| Cölestin I. | 422–432 |
| Sixtus III. | 432–440 |
| Leo I. | 440–461 |
| Hilarus | 461–468 |
| Simplicius | 468–483 |
| Felix II. | 483–492 |
| Gelasius I. | 492–496 |
| Anastasius II. | 496–498 |
| Symmachus | 498–514 |
| Laurentius | 498–506 |
| Hormisdas | 514–523 |
| Johannes I. | 523–526 |
| Felix III. | 526–530 |
| Bonifatius II. | 530–532 |
| Dioskur | 530 |
| Johannes II. | 533–535 |
| Agapet I. | 535–536 |
| Silverius | 536–537 |
| Vigilius | 537–555 |
| Pelagius I. | 556–561 |
| Johannes III. | 561–574 |
| Benedikt I. | 575–579 |
| Pelagius II. | 579–590 |
| Gregor I. | 590–604 |
| Sabinianus | 604–606 |
| Bonifatius III. | 607 |
| Bonifatius IV. | 608–615 |
| Deusdedit (Adeodatus I.) | 615–618 |
| Bonifatius V. | 619–625 |
| Honorius I. | 625–638 |
| Severinus | 640 |
| Johannes IV. | 640–642 |
| Theodor I. | 642–649 |
| Martin I. | (†655) 649–653 |
| Eugen I. | 654–657 |
| Vitalian | 657–672 |
| Adeodatus II. | 672–676 |
| Donus | 676–678 |
| Agatho | 678–681 |
| Leo II. | 682–683 |
| Benedikt II. | 684–685 |
| Johannes V. | 685–686 |
| Konon | 686–687 |
| Theodor | 687 |
| Paschalis | (†692?) 687 |
| Sergius I. | 687–701 |
| Johannes VI. | 701–705 |
| Johannes VII. | 705–707 |
| Sisinnius | 708 |
| Konstantin I. | 708–715 |
| Gregor II. | 715–731 |
| Gregor III. | 731–741 |
| Zacharias | 741–752 |
| Stephan (II.) | 752 |
| Stephan II. | 752–757 |
| Paul I. | 757–767 |
| Konstantin II. | 767–768 |
| Philippus | 768 |
| Stephan III. | 768–772 |
| Hadrian I. | 772–795 |
| Leo III. | 795–816 |
| Stephan IV. | 816–817 |
| Paschalis I. | 817–824 |
| Eugen II. | 824–827 |
| Valentin | 827 |
| Gregor IV. | 827–844 |
| Johannes (VIII.) | 844 |
| Sergius II. | 844–847 |
| Leo IV. | 847–855 |
| Benedikt III. | 855–858 |
| Anastasius (III.) | (†879) 855 |
| Nikolaus I. | 858–867 |
| Hadrian II. | 867–872 |
| Johannes VIII. | 872–882 |
| Marinus I. | 882–884 |
| Hadrian III. | 884–885 |
| Stephan V. | 885–891 |
| Formosus | 891–896 |
| Bonifatius VI. | 896 |
| Stephan VI. | 896–897 |
| Romanus | 897 |
| Theodor II. | 897 |
| Johannes IX. | 898–900 |
| Benedikt IV. | 900–903 |
| Leo V. | 903 |
| Christophorus | 903–904 |
| Sergius III. | 904–911 |
| Anastasius III. | 911–913 |
| Lando | 913–914 |
| Johannes X. | 914–928 |
| Leo VI. | 928 |
| Stephan VII. | 928–931 |
| Johannes XI. | 931–935 |
| Leo VII. | 936–939 |
| Stephan VIII. | 939–942 |
| Marinus II. | 942–946 |
| Agapet II. | 946–955 |
| Johannes XII. | 955–964 |
| Leo VIII. | 963–965 |
| Benedikt V. | (†966) 964 |
| Johannes XIII. | 965–972 |
| Benedikt VI. | 973–974 |
| Bonifatius VII. | 974, 984–985 |
| Benedikt VII. | 974–983 |
| Johannes XIV. | 983–984 |
| Johannes XV. | 985–996 |
| Gregor V. | 996–999 |
| Johannes XVI. | 997–998 |
| Silvester II. | 999–1003 |
| Johannes XVII. | 1003 |
| Johannes XVIII. | 1004–1009 |
| Sergius IV. | 1009–1012 |
| Benedikt VIII. | 1012–1024 |
| Gregor (VI.) | 1012 |
| Johannes XIX. | 1024–1032 |
| Benedikt IX. | (†1055/1056) 1032–1045, 1047–1048 |
| Silvester III. | 1045–1046 |
| Gregor VI. | (†1047) 1045–1046 |
| Klemens II. | 1046–1047 |
| Damasus II. | 1048 |
| Leo IX. | 1049–1054 |
| Viktor II. | 1055–1057 |
| Stephan IX. | 1057–1058 |
| Benedikt X. | 1058–1059 |
| Nikolaus II. | 1058–1061 |
| Alexander II. | 1061–1073 |
| Honorius (II.) | (†1072)? 1061–1064 |
| Gregor VII. | 1073–1085 |
| Klemens (III.) | 1080–1100 |
| Viktor III. | 1086–1087 |
| Urban II. | 1088–1099 |
| Paschalis II | 1099–1118 |
| Theoderich | (†1102) 1100 |
| Albert | 1130–1138 |
| Silvester (IV.) | 1105–1111 |

**Päpste** (Fortsetzung)

| | | | | | |
|---|---|---|---|---|---|
| Gelasius II. | 1118–1119 | Bonifatius VIII. | 1294–1303 | Pius V. | 1566–1572 |
| Gregor (VIII.) | († 1137) | Benedikt XI. | 1303–1304 | Gregor XIII. | 1572–1585 |
| | 1118–1121 | Klemens V. | 1305–1314 | Sixtus V. | 1585–1590 |
| Kalixt II. | 1119–1124 | Johannes XXII. | 1316–1334 | Urban VII. | 1590 |
| Honorius II. | 1124–1130 | Nikolaus (V.) | | Gregor XIV. | 1590–1591 |
| Cölestin (II.) | | († 1333) | 1328–1330 | Innozenz IX. | 1591 |
| († vor 1127) | 1124 | Benedikt XII. | 1334–1342 | Klemens VIII. | 1592–1605 |
| Innozenz II. | 1130–1143 | Klemens VI. | 1342–1352 | Leo XI. | 1605 |
| Anaklet II. | 1130–1138 | Innozenz VI. | 1352–1362 | Paul V. | 1605–1621 |
| Viktor (IV.) | 1138 | Urban V. | 1362–1370 | Gregor XV. | 1621–1623 |
| Cölestin II. | 1143–1144 | Gregor XI | 1370–1378 | Urban VIII. | 1623–1644 |
| Lucius II. | 1144–1145 | Urban VI. | 1378–1389 | Innozenz X. | 1644–1655 |
| Eugen III. | 1145–1153 | Klemens (VII.) | 1378–1394 | Alexander VII. | 1655–1667 |
| Anastasius IV. | 1153–1154 | Bonifatius IX. | 1389–1404 | Klemens IX. | 1667–1669 |
| Hadrian IV. | 1154–1159 | Benedikt (XIII.) | 1394–1423 | Klemens X. | 1670–1676 |
| Alexander III. | 1159–1181 | Innozenz VII. | 1404–1406 | Innozenz XI. | 1676–1689 |
| Viktor (IV.) | 1159–1164 | Gregor XII. († 1417) | 1406–1415 | Alexander VIII. | 1689–1691 |
| Paschalis (III.) | 1164–1168 | Alexander V. | 1409–1410 | Innozenz XII. | 1691–1700 |
| Calixtus (III.) | 1168–1178 | Johannes (XXIII.) | | Klemens XI. | 1700–1721 |
| Innozenz (III.) | 1179–1180 | († 1419) | 1410–1415 | Innozenz XIII. | 1721–1724 |
| Lucius III. | 1181–1185 | Martin V. | 1417–1431 | Benedikt XIII. | 1724–1730 |
| Urban III. | 1185–1187 | Klemens (VIII.) | 1423–1429 | Klemens XII. | 1730–1740 |
| Gregor VIII. | 1187 | Benedikt (XIV.) | 1425–1430 | Benedikt XIV. | 1740–1758 |
| Klemens III. | 1187–1191 | Eugen IV. | 1431–1447 | Klemens XIII. | 1758–1769 |
| Cölestin III. | 1191–1198 | Felix V. († 1451) | 1440–1449 | Klemens XIV. | 1769–1774 |
| Innozenz III. | 1198–1216 | Nikolaus V. | 1447–1455 | Pius VI. | 1775–1799 |
| Honorius III. | 1216–1227 | Kalixt III. | 1455–1458 | Pius VII. | 1800–1823 |
| Gregor IX. | 1227–1241 | Pius II. | 1458–1464 | Leo XII. | 1823–1829 |
| Cölestin IV. | 1241 | Paul II. | 1464–1471 | Pius VIII. | 1829–1830 |
| Innozenz IV. | 1243–1254 | Sixtus IV. | 1471–1484 | Gregor XVI. | 1831–1846 |
| Alexander IV. | 1254–1261 | Innozenz VIII. | 1484–1492 | Pius IX. | 1846–1878 |
| Urban IV. | 1261–1264 | Alexander VI. | 1492–1503 | Leo XIII. | 1878–1903 |
| Klemens IV. | 1265–1268 | Pius III | 1503 | Pius X. | 1903–1914 |
| Gregor X. | 1271–1276 | Julius II. | 1503–1513 | Benedikt XV. | 1914–1922 |
| Innozenz V. | 1276 | Leo X. | 1513–1521 | Pius XI. | 1922–1939 |
| Hadrian V. | 1276 | Hadrian VI. | 1522–1523 | Pius XII. | 1939–1958 |
| Johannes XXI. | 1276–1277 | Klemens VII. | 1523–1534 | Johannes XXIII. | 1958–1963 |
| Nikolaus III. | 1277–1280 | Paul III. | 1534–1549 | Paul VI. | 1963–1978 |
| Martin IV. | 1281–1285 | Julius III. | 1550–1555 | Johannes Paul I. | 1978 |
| Honorius IV. | 1285–1287 | Marcellus II. | 1555 | Johannes Paul II. | seit 1978 |
| Nikolaus IV. | 1288–1292 | Paul IV. | 1555–1559 | | |
| Cölestin V. | († 1296) 1294 | Pius IV. | 1559–1565 | | |

**Parade** [frz.], **1)** Truppenschau. **2)** ⚔ Abwehr, z. B. eines gegner. Schlags, Stichs oder Hiebs (Fechten, Boxen), Balls (durch den Torhüter); Reitsport: Anhalten *(Parieren)* eines Pferdes od. Gespannes.

**Paradies** [pers.], **1)** Stätte bzw. Zustand der Ruhe, des Glücks, des Friedens und des Heils am Anfang und am Ende aller Zeiten (↑goldenes Zeitalter). **2)** Säulenvorhof oder überdeckte Vorhalle an Kirchen.

**paradox** [gr.], widersinn., einen Widerspruch enthaltend.

**Paraffine** [lat.], ältere Bez. für ↑Alkane.

**Paragliding** [-glaɪdɪŋ; engl.], **Gleitsegeln, Gleitschirmfliegen,** Sportart mit speziellen Fallschirmen, die d. Paraglider v. Bergkuppen ins Tal tragen.

**Paragraph,** Zeichen §, [bes. in Gesetzestexten u. wiss. Werken] zur fortlaufenden Nummerierung u. Bez. kleinerer Abschnitte.

**Paraguay, 1)** größter (r.) Nbfl. des Paraná, 2500 km, entspringt im Mato Grosso (Brasilien), mündet bei Corrientes (Argentinien). **2)** Rep. im Inneren Südamerikas. Nach O leicht ansteigendes Hügelland mit Anteil am Gran Chaco (westl. des P. 1); 50 % bewaldet; Anbau von Zuckerrohr, Tabak, Baumwolle, ferner Getreide, Reis, Zitrusfrüchten, Bananen; Viehzucht (insbes. Rinder); Bodenschätze: Eisen-, Mangan-, Kupfererze, Abbau gering; Ind. hpts. um Asunción. – *Gesch.:* seit 1536 v. Spanien erobert, 1608 Gründung eines „Ordensstaates" der Jesuiten, 1768 deren Vertreibung; 1776 Teil des neu gegr. Vizekgr. Río de la Plata; 1811 unabh., durch den Krieg mit Argentinien, Brasilien u. Uruguay (1865–70) gr. Gebietsverluste; 1932–35 ↑Chacokrieg; mehrf. Militärdiktaturen (1954-89 Gen. Stroessner), s. 1991 Demokratisierung.

**Paraíba,** B.-Staat im O von Brasilien, 53 958 km², 3,2 Mill. E, Hptst. João Pessoa; in der schmalen Küstenebene Anbau von Tabak, Zuckerrohr, Mais, Kokospalmen u. a., auf den trockenen Hochgebieten Viehzucht und Baumwollanbau.

**Parallaxe,** Winkel zw. den Sehstrahlen v. 2 Beobachtungsorten aus zum selben Objekt, beobachtb. als scheinb. Verschiebung des Objekts vor dem Hintergrund. Die P., bedingt durch den Augenabstand, bewirkt räuml., stereoskop. Sehen. – In der *Astronomie* Messung der P. zur Feststellung der Entfernung eines Gestirns. Die P. ist dabei der Winkel, unter dem die Basis (halber gegenseit. Abstand der beiden Beobachtungspunkte) v. Objekt aus erscheinen würde (Benutzung der halben Erdbahn als Basis zur Messung der *jährl. P. (Stern-P.).* Die Entfernung, bei der die jährl. P. genau 1" misst, bez. man als 1 pc (↑Parsec).

**parallel** [gr.], **1)** √ gleichlaufend, gesagt von 2 Geraden od. Ebenen, die stets gleichen Abstand voneinander haben. **2)** 𝄞 in gleichem Intervallabstand.

**Parallelcomputer,** Rechner, bei dem viele Mikroprozessoren gleichzeit. an einer Aufgabe arbeiten, Rechengeschwindigkeit u. Speicherkapazität übertreffen konventionelle Computer.

**Parallelen|axiom,** Axiom der ↑euklid. Geometrie.

**Parallelkreise,** Kreise, die als Schnittkurven paralleler Ebenen mit einer Kugel entstehen; in der Geogr. die *Breitenkreise.*

**Parallelogramm** [gr.], Viereck, bei dem die gegenüberliegenden Seiten parallel (folgl. auch gleich lang) sind.

**Parallelschaltung,** elektr. Grundschaltung, bei der alle Verbraucher parallel an der gleichen Spannung liegen.

**Paralympics** [pærəˈlɪmpɪks], 1976–84 *Olymp. Spiele der Behinderten,* Spiele behinderter Leistungssportler, die im Anschluss an die Olymp. Spiele am gleichen Ort stattfinden.

**Paralyse** [gr.], **1)** vollst. Bewegungslähmung [eines Körperteils]. **2)** ↑progressive Paralyse.

**Paramagnetismus** ↑Magnetismus.

**Paramaribo,** Hptst. von Surinam, 192 000 E; Univ.; Textil- u. a. Industrie, ⚓; ✈.

**Parameter, 1) Form-P.,** bei Kegelschnitten die senkr. zur Hauptachse durch den Brennpt. gehende Sehne. **2)** Veränderliche (Hilfsvariable), deren Wert für gewisse Betrachtungen festgehalten oder systemat. verändert wird.

**Paraguay**

*Fläche:* 406 752 km²

*Einwohner:* 5,59 Mill.

*Hauptstadt:* Asunción

*Amtssprachen:* Spanisch, Guarani

*Zeitzone:* MEZ – 5 Stunden

**Paris:** *Arc de Triomphe de l'Etoile (1836 vollendet)*

**paramilitärisch,** halbmil., militärähnlich.

**Paraná, 1)** Fluss in Südamerika, 3 700 km, entsteht aus Rio Paranaiba u. Rio Grande, mündet als Río de la Plata in den Atlantik. **2)** südbrasil. Staat zw. Atlantikküste und P. 1), 199 324 km², 8,4 Mill. E, Hptst. Curitiba. **3)** Hptst. der argent. Prov. Entre Ríos, an 1), 207 000 E; Univ.; Fluss-⚓; ✈.

**Paranoia** [gr.], nicht mehr gebräuchl. Bez. für Geistesstörung bzw. paranoide Verlaufsform der Schizophrenie.

**Paranussbaum** [nach dem brasil. Staat *Pará*], Baum des trop. Südamerika; wohlschmeckende, ölhaltige Samen *(Paranüsse).*

**Paraphe** [frz.], Namenszug, -zeichen, -stempel.

**Paraphierung** [gr.], die vorläufige Unterzeichnung eines völkerrechtl. Abkommens oder Vertrages ohne Rechtsverbindlichkeit.

**Paraphrase, 1)** Ⓢ verdeutlichende Umschreibung eines Textes mit anderen (mehr) Worten; auch freie Übertragung. **2)** 𝄞 freie Umspielung einer Melodie.

**Parapsychologie,** Wiss. v. den okkulten Erscheinungen; befasst sich method. u. experimentell mit außersinnl. Wahrnehmungen (Telepathie, Hellsehen, Präkognition) sowie dem angebl. psych. Einfluss „physikal. Medien" auf stoffl. Erscheinungen (Psychokinese, Materialisation).

**Parasiten** [gr.], **Schmarotzer,** Tiere oder Pflanzen, die auf Kosten eines anderen Lebewesens (Wirt) leben; z. B. Läuse, Kleeseide.

**Parasolpilz** [frz.; dt.], **Riesenschirmling,** Lamellenpilz in lichten Wäldern Europas u. Nordamerikas.

**Parasympathikus,** der dem Sympathikus entgegenwirkende Teil des vegetat. Nervensystems.

**Parataxe** [gr.], Nebenordnung v. Satzgliedern od. Sätzen; Ggs. Hypotaxe.

**Para|typhus** [gr.], typhusähnl., meldepflicht. Infektionskrankheit des Darms; Erreger Salmonellen.

**par avion** [-aˈvjɔ̃; frz.], durch Luftpost.

**Parcours** [parkuːr; frz.], Reitsport: künstl. Hindernisstrecke.

**Pardubitz,** tschech. **Pardubice,** tschech. St. östl. von Prag, 94 400 E; TH; versch. Industrien.

**par excellence** [parɛksɛˈlãːs; frz.], vorzugsweise, vor allem andern, schlechthin.

**pari** [ital.], zum Nennwert; der Kurs eines Wertpapiers ist *über p.,* wenn er höher, *unter p.,* wenn er niedriger als der Nennwert ist.

**Paria** [angloind.], niedrigste Kaste der indischen Ges., „Unberührbare"; leben als Außenseiter in der Ges.; übertr. für sozial verachtete Gesellschaftsgruppen.

**Paris,** auch **Alexandros,** in der griech. Mythol. Sohn des Priamos u. der Hekuba, Prinz v. Troja; erkennt Aphrodite im Schönheitswettstreit mit Hera u. Athena den Apfel der Eris zu; entführt Helena u. entfesselt damit den Trojan. Krieg.

**Paris,** Hptst. Frankreichs, an d. Seine unterhalb der Marnemdg., 2,15 Mill. E (städt. Agglomeration rd. 10 Mill. E); bed. Weltst., Sitz internat. Organisationen, Univ. (Sorbonne, 1968 in 13 Univ. aufgegliedert), Akademien, wiss. Institute, Sternwarte, Jardin des Plantes, Nat.-Bibliothek, bed. Museen, Oper, Comédie Française u. andere Theater; bed. Kirchen, u.a. St.-Germain-des-Prés (frühes 11. Jh.), Kathedr. Notre-Dame (1163 beg.), Sainte-Chapelle (1246–48), Invalidendom (1675–1706), Panthéon (1764–89); weitere berühmte Bauten: ↑Louvre (1546ff.), Arc de Triomphe de l'Étoile (1836 vollendet), Eiffelturm (1887–89); mod. Bauten: u.a. Cité Universitaire (1921ff.), Gebäude der UNESCO (1958 eröffnet), Centre Georges Pompidou (Kunst- u. Kulturzentrum, 1977 eröffnet), berühmte Straßen und Anlagen. Wichtigste Handelsst. u. bedeutendster Binnenhafen Frankreichs; im Zentrum Bekleidungs-, Luxus-, Parfüm-, Schmuckwarenind., Kunsthandwerk, Porzellan- u. Kristallwarenherst., in den industriereichen Außenbezirken u.a. Waggon-, Auto- u. Flugzeugbau, Filmind.; Mittelpt. des frz. Verkehrsnetzes; mehr. ✈. – Als *Lutetia [Parisiorum]* erstmals v. Caesar erwähnt, schon im frühen MA ein Zentrum Frankreichs; unter Ludwig XIV. kultureller Mittelpt. Europas.

**Pariser Friedensschlüsse, 1)** 1763 zw. Großbr. und Portugal, Frkr. und Spanien, beendete den Siebenjährigen Krieg: Frkr. verliert seinen Teil v. Neufrkr. u. das Mündungsgebiet des Senegal an Großbrit., das v. Spanien Florida erhält. **2)** 1783 Anerkennung der amer. Unabhängigkeit durch Großbr. **3)** 1814 u. 1815 Beendigung der Befreiungskriege: Frkr. zunächst auf die Grenzen v. 1792, dann auf die v. 1790 beschränkt. **4)** 1856 Abschluss des Krimkrieges: u.a. Garantie der Unabhängigkeit u. des Gebietsbestandes des Osman. Reiches. **5)** 1898 zw. Spanien u. den USA: Abtretung v. Kuba, Puerto Rico, Guam u. der Philippinen an die USA. **6) Pariser Vorortverträge** zur Beendigung des 1. Weltkrieges, Friedensschlüsse der Alliierten 1919 mit Dtl. (↑Versailler Vertrag), Östr. (↑Saint-Germain-en-Laye), Bulgarien (Neuilly-sur-Seine), 1920 mit Ungarn (Trianon), Türkei (Sèvres). **7)** 1947 zw. den Siegern des 2. Weltkrieges u. den ehem. dt. Verbündeten Bulgarien, Finnland, Italien, Ungarn, Rumänien.

**Pariser Verträge,** die Vereinbarungen über die Beendigung des Besatzungsregimes in der BRD, über eine autonome Saarreg. (nicht in Kraft getreten) u. Vertr. über Gründung der Westeurop. Union (1954, ratifiziert 1955); ergänzen den ↑Deutschlandvertrag.

**Pariser Vorortverträge** ↑Pariser Friedensschlüsse.

**Parität** [lat.], **1)** Gleichstellung, Gleichberechtigung. **2)** festgelegtes Austauschverhältnis einer Währung zu einer anderen Währung *(Währungs-P.)* oder zum Gold *(Gold-P.)*; daneben *Kaufkraft-P.* (Übereinstimmung des Austauschverhältnisses zweier Währungen mit dem Verhältnis ihrer Binnenkaufkraft). **3)** Verhalten v. physikal. Größen u. Funktionen gegenüber Raumspiegelungen; kann die Werte +1 *(gerade P.)* od. −1 *(ungerade P.)* annehmen.

**paritätisch,** gleichgestellt, -berechtigt.

**Parker** ['pɑ:kə], Charlie, eigtl. Charles **P.**, gen. Bird od. Yardbird, amer. Jazzmusiker, *1920, †1955; Mitbegr. des mod. Jazz (Bebop).

**Parkett** [frz.], **1)** Fußbodenbelag aus Holz als Stab- od. Tafel-P.; meist aus Eiche od. Buche. **2)** ebenerdiger [vorderer] Teil des Zuschauerraums im Theater od. Kino. **3)** Bez. für Börsensaal u. amtl. Handel.

**Parkhurst** ['pɑ:khə:st], Helen, amer. Schulreformerin, *1887, †1959; entwickelte ein pädagog. Konzept individuellen Lernens.

**Parkinson** ['pɑ:kınsn], Cyril Northcote, brit. Historiker u. Publizist, *1909, †1993; Kritik an aufgeblähten bürokrat. Verw.-Apparaten, zus.gefasst in iron. „Regeln" *(parkinson. Gesetzen)*.

**Parkinson-Syndrom** ['pɑ:kınsn-; nach dem brit. Arzt James Parkinson, *1755, †1824], **Parkinson-Krankheit,** Bez. f. Krankheitsbilder versch. Ursache (z.B. bei Zerebralsklerose, nach epidem. Gehirnentzündung), bei denen das Stammhirn geschädigt ist. Symptome: starke Verlangsamung der Willkür- u. Ausdrucksbewegungen, gebeugte Haltung u.a.

**Parlament** [frz.-engl.], in demokrat. Verf.-Staaten aus Wahlen hervorgegangenes oberstes Staatsorgan, *Volksvertretung* (1 od. mehr. Kammern), der ein verfassungsrechtlich garantierter selbst. Einfluss auf die staatl. Willensbildung eingeräumt ist; Kompetenzen: u.a. Gesetzgebung, Haushalt, Kontrolle v. Reg. u. Verw.

**Parlamentär** [frz.], zu Verhandlungen mit dem Feind Bevollmächtigter.

**Parlamentarier,** Abgeordneter.

**parlamentarische Anfrage,** Auskunftsersuchen v. Abg. an die Reg.; im Dt. B.-Tag: *gr.* u. *kl. Anfrage*, erfordern Unterschrift einer Mindestzahl v. Abgeordneten.

**Parlamentarischer Rat,** die aus 65 Delegierten der Landtage der 11 westdt. Länder gebildete Vers. zur Ausarbeitung des GG (1. 9. 1948 bis 23. 5. 1949).

**Parlamentarismus** [engl.], jedes repräsentative polit. System, in dem ein aus Wahlen hervorgegangenes Parlament als Repräsentant der Nation eine zentrale Stelle im polit. Prozess innehat.

**Parlando** [ital.], dem Sprechen nahe kommender Gesang.

**Parler,** bed. Baumeisterfam. der Spätgotik, aus Schwäb. Gmünd od. Köln stammend; Peter P. (*1330 od. 1333, †1399), der bedeutendste der Fam., 1353 od. 1356 v. Karl IV. nach Prag berufen, wo er den Chor des Domes vollendete u. die Karlsbrücke mit dem Altstädter Brückenturm errichtete.

**Parma,** Prov.-Hptst. am N-Fuß d. Apennin, Italien, 167 500 E; Univ., Kunsthochsch.; Dom (12. Jh.), Baptisterium (1196–1270); Nationalgalerie, Theater; Nahrungsmittel-, chem., Masch.- und Schuhind., Musikinstrumentenbau. – Im hohen MA Mitgl. des Lombard. Städtebundes; 1512 mit Piacenza Teil des Kirchenstaates; 1545 Hzgt. der Farnese; 1735 östr., 1748 span., 1815 wieder östr., 1847 an Bourbon-P., seit 1860/61 Teil Italiens.

**Parmenides,** griech. Philosoph (Schule der Eleaten), *um 540, †um 480 (460?) v. Chr.; lehrte die Einheit u. Ewigkeit der Substanz.

**Parnass,** Kalkgebirgsstock in M-Griechenland, 2457 m. – In der griech. Mythol. Apoll geweiht und Sitz der Musen.

**Parochie** [mlat.], ↑Pfarramt.

**Parodie** [gr.], satir.-kom. Nachahmung der Form eines meist künstler., oft literar. Werkes od. des Stils eines Künstlers.

**Parodontopathien,** Sammelbegriff für alle Erkrankungen des Zahnhalteapparates.

**Parodontose** [gr.], **Paradentose,** Zahnfleischschwund, mit Lockerung der Zähne.

**Parole** [frz.], Motto; Kennwort.

**Parotitis epidemica** [gr.], svw. ↑Mumps.

**Parsec,** Einheitenzeichen **pc,** astronom. Entfernungseinheit; Entfernung, aus der der Erdbahnhalbmesser unter einem Winkel (Parallaxe) von 1 Bogensek. erscheint; 1 pc = 3,08 · $10^{13}$ km.

**Parseier Spitze,** höchster Berg der Lechtaler Alpen, Tirol, Östr., 3038 m.
**Parsismus,** von ↑Zarathustra begr., nach ihrem Ursprungsland Persien (dort unter den Sassaniden als *Zoroastrismus* Staatsreligion) ben. Religion; Dualismus zw. dem guten Gott Ahura Mazda (danach auch *Mazdaismus* gen.) u. dem das Böse verkörpernden Ahriman; Luftbestattung auf den „Türmen des Schweigens" (Dakhmas); hl. Buch: Awesta.
**Pars pro Toto** [lat.], Redefigur, die einen Teil für das Ganze setzt, z. B. „mit 100 Segeln" für „mit 100 Schiffen".
**Partei** [lat.-frz.], **1)** allg.: Gruppe v. Gleichgesinnten. **2)** Vereinigung v. Personen mit gleichart. polit. Meinungen u. Interessen, deren Anliegen es ist, durch Einflussnahme auf die polit. Willensbildung des Volkes die Voraussetzung für die Verwirklichung best. innen- u. außenpolit. Ziele zu schaffen; in der BRD verfassungsrechtl. Bestandteil der Demokratie; die Gründung von polit. P. ist frei, jedoch muss ihre innere Ordnung demokrat. Grundsätzen entsprechen; das freie Mit- u. Gegeneinander zweier od. mehrerer P. bestimmt die mod. Demokratien. **3)** ↑Parteifähigkeit. **4)** Beklagter od. Kläger in Rechtsstreitigkeiten.
**Partei des Demokratischen Sozialismus,** Abk. **PDS,** polit. Partei, 1989 hervorgegangen aus der SED.
**Parteifähigkeit,** die Fähigkeit, in einem Prozess Partei zu sein, d. h. zu klagen u. verklagt zu werden .
**Parthenogenese** [gr.], svw. Jungfernzeugung (↑Fortpflanzung).
**Parthenon,** Tempel der Athene (Athene Parthenos) auf der Akropolis von Athen (447–432 v. Chr.); bed. Giebelfiguren sowie Reliefs der Metopen und des Cellafrieses *(Parthenonfries).*
**Parther,** im Altertum nordiran. Volksstamm, der unter den Arsakiden ein Reich gründete, das sich rasch über Persien u. Mesopotamien ausbreitete (247 v. Chr. bis 226 n. Chr.); von Rom in den *P.kriegen* bekämpft.
**Partikel** [lat.], **1)** (materielles) Teilchen. **2)** Gramm.: Bez. für alle nicht beugbaren, d. h. Verhältnis-, Umstands-, Bindewörter.
**partikular, partikulär** [lat.], einen Teil betreffend, einzeln.
**Partisanen,** Personen, die sich außerhalb einer offiz. mil. Organisation an einem bewaffneten Konflikt beteiligen.
**partitiv** [lat.], teilend, die Teilung ausdrückend.
**Partitur** [ital.], die schriftl. Fixierung eines vielstimm. Tonwerkes.
**Partizip** [lat.], Mittelwort (Name wegen der Mittelstellung zw. Verb u. Adjektiv); *P. Präsens:* „singend", *P. Perfekt:* „gesungen".
**Partizipation** Beteiligung v. Mitgl. einer Gruppe/eines Staates an gemeinsamen Angelegenheiten; *partizipieren,* teilhaben.
**partizipieren,** teilhaben.
**Parzelle** [frz.], kleines [vermessenes] Grundstück (bis 2 ha).
**Parzen,** den griech. Moiren entspr. röm. Schicksalsgöttinnen.
**Parzival,** sagenhafte Rittergestalt; dichter. Gestaltung bei Chrétien de Troyes u. Wolfram v. Eschenbach; der „reine Tor" bewährt sich [u. versagt] in versch. Situationen u. wird schließlich Gralskönig; Bühnenweihfestspiel v. R. Wagner.
**Pasadena** [pæsəˈdi:nə], St. im nö. Vorortbereich v. Los Angeles, USA, 130 000 E; Sitz v. Raumfahrtbehörden.
**Pascal,** Blaise, frz. Mathematiker u. Philosoph, *1623, †1662; Arbeiten zur Wahrscheinlichkeits- u. Infinitesimalrechnung; erfand eine Rechenmasch., stellte das *pascalsche Dreieck* auf; Polemik gg. die Jesuiten, setzte sich für den ↑Jansenismus ein; „Pensées sur la religion".
**Pascal** [nach B. Pascal], Einheitenzeich. **Pa,** abgeleitete SI-Einheit des Drucks; 1 Pa = 1 N/m$^2$ = $10^{-5}$ bar.
**PASCAL** [nach B. Pascal], höhere imperative Programmiersprache mit klarem Datentypenkonzept.
**Pascha** [türk.], fr. Titel hoher Offiziere oder Beamter im Osman. Reich.
**Paschtunen,** in Pakistan **Pathanen,** staatstragendes Volk Afghanistans, außerdem in Pakistan; meist sunnit. Muslime.
**PASOK,** Abk. für **Pa**nelliniko **So**sialistiko **K**inima („Panhellen. Sozialist. Partei"), griech. polit. Partei; gegr. 1974 v. A. Papandreu (1981–89 u. 1993–96 Min.-Präs.); vertritt einen demokrat. Sozialismus.
**Pasolini,** Pier Paolo, ital. Filmregisseur u. Schriftsteller, *1922, †1975 (ermordet).
**Paspel** [frz.], schmaler Vorstoßstreifen an Kanten und Nähten.
**Pass** [frz.], **1)** Personalausweis [für d. Ausland]. **2)** Bergübergang; niedrigster Pt. auf Wasser scheidenden Kämmen u. Rücken. **3)** für die got. Baukunst charakt. Maßwerkfigur (als Dreipass, Vierpass usw.). **4)** [genaue] Ballabgabe (u. a. Fußball). **5)** Wechsel beim niederen Haarnutzwild u. beim Raubwild. **6) Passgang,** Gangart von Tieren (z. B. Kamelen), bei der beide Beine einer Seite jeweils gleichzeitig gesetzt werden.
**Passacaglia** [-ˈkaʎʎa; ital.], musikal. Form mit immer wiederkehrendem Thema im Bass; ital. Tanz.
**Passage** [paˈsa:ʒə; frz.], **1)** [überdachter] Durchgang; [enge] Durchfahrt. **2)** der Durchgang eines Gestirns durch den ↑Meridian. **3)** Übergang zw. den Themen od. Hauptmotiven eines musikal. Satzes. **4)** Gangart der hohen Schule.
**Passah** [hebr.; = Überschreitung], **Pessach, Pascha,** jüd. Fest, das am 14./15. Nisan (März/April) beginnt u. in Israel 7, in der Diaspora 8 Tage dauert. Fest der Erinnerung an den Auszug Israels aus Ägypten; seit Zerstörung des Tempels (70 n. Chr.) häusl. Familiengottesdienst, wobei man aus der *Passah-Haggada* (P.erzählung) liest.
**Passarge,** poln. **Pasłęka** [paˈsłɛŋka], Fl. in Polen, mündet ins Frische Haff; 169 km.
**Passate** [niederl.], sehr beständige, ganzjährig von den subtrop. Hochdruckgürteln zum Äquator wehende, trockene Winde, die infolge der Erdrotation auf der N-Halbkugel zum NO-, auf der S-Halbkugel zum SO-Passat abgelenkt werden.
**Passau,** krsfr. St. u. Krst. am Zusammenfluss von Donau, Inn u. Ilz, Bay., 51 000 E; Univ., LG, IHK; maler. Stadtbild, barocker Dom (mit spätgot. Chor u. großer Orgel) u. a. bed. Kirchen, Rathaus (14./15. Jh.), Feste Oberhaus (13., 15. u. 16. Jh.); vielseit. Ind.; Donaukraftwerke; Fluss-⚓. – Entstand als kelt. Oppidum u. röm. Auxiliarkastell. – Abb. S. 518.
**Passepartout** [pasparˈtu:; frz.], **1)** Papier- oder Kartonumrahmung für Grafiken, Aquarelle u. a. **2)** Hauptschlüssel.
**Passgang,** svw. ↑Pass.
**Passion** [lat.], **1)** Leiden Jesu von der Gefangennahme bis zur Kreuzigung. – Teile des P.sberichts der 4 Evangelien s. dem 15. Jh. vertont, deutschsprach. P. s. Mitte des 16. Jh. (v. a. von J. S. Bach). **2)** Leidenschaft; Liebhaberei, Hobby.
**Passionsblume, Passiflora,** Rankgewächse mit wohlschmeckenden *Passionsfrüchten;* in den Blütenteilen glaubte man Dornenkrone u. Kreuzesnägel Christi zu erkennen; Heimat Südamerika; Zierpflanze.
**passiv** [lat.], untätig, teilnahmslos, duldend; *Passiv* (Leideform),

**Passau:** *Pfarrkirche St. Paul (1678) und Dom St. Stephan (1407 begonnen)*

Verhaltensrichtung des Verbs, die vom „leidenden" Subjekt her gesehen ist.
**Passiva** ↑Bilanz.
**passiver Widerstand,** Mittel polit.-soz. Auseinandersetzungen, bei dem unter Gewaltverzicht durch Streik, Boykott, Dienst nach Vorschrift u. a. die eigene Position in einem bestehenden Gegensatzverhältnis durchgesetzt werden soll.
**Passivkonto** ↑Haben.
**Passus** [lat.], Textabschnitt.
**Pastellmalerei,** mit *Pastellstiften* (Farbpulver mit Bindemittel) auf Papier od. Karton ausgeführte Technik; maler. Wirkungen; Blütezeit im Rokoko.
**Pasternak,** Boris Leonidowitsch, russ. Dichter, *1890, †1960; melod., metaphern- und bilderreiche, unpolit. Lyrik; Roman mit autobiogr. Zügen „Doktor Schiwago"; Nobelpreis 1958 (aus polit. Gründen abgelehnt).

**B. Pasternak**

**Pasterze,** größter östr. Gletscher, am Großglockner, 20 km².
**Pasteten** [roman.], Fleisch- od. Fischgericht in Blätter- od. Mürbeteighülle.
**Pasteur** [pas'tœ:r], Louis, frz. Chemiker und Bakteriologe, *1822, †1895; Mitbegr. der mod. Bakteriol.; erkannte als Ursache der Gärungen best. Mikroorganismen; führte Schutzimpfungen gg. Tollwut, Milzbrand, Schweinerotlauf u. a. ein.
**pasteurisieren,** nach der Methode L. ↑Pasteurs Milch u. a. flüss. Lebensmittel durch Erhitzen unterhalb von 100 °C haltbar machen (vermehrungsfähige Formen von Mikroorganismen werden zu 90–99 % abgetötet).
**Pasto,** südwestkolumb. St. in den Anden, 2525 m ü. d. M., 197 000 E; Univ.; Ind.; ✡.
**Pastor** [lat.], svw. ↑Pfarrer.
**pastoral** [lat.], **1)** seelsorger.; feierl., würdig. **2)** 𝄞 idyll., ländlich.
**Pastoralbriefe,** in der Bibelwiss. Bez. für 3 an die Paulusschüler ↑Timotheus u. ↑Titus gerichtete nt. Briefe (verf. um 100; namentlich nicht bek. Verf.).
**Patagoni|en,** südlichster Teil des festländ. Südamerika, dünn besiedelt; O-P. argent., W-P. chilen.; Steppenhochland mit kühlem, trockenem Klima; vorw. Viehzucht (Schafe); im W die *Patagon. Kordilleren* (bis 4058 m), Steilküste, im O Tieflandküstensaum, Erdöl- u. Erdgasgewinn.
**Patchwork** ['pætʃwə:k; engl.], Aneinanderfügen von Textil- und Lederflicken versch. Farben, Formen und Muster (Wandbehänge, Decken, Kleidung).
**Patent** [frz.], das durch Verwaltungsakt auf Antrag verliehene absolute Recht an einer Erfindung (ausgenommen wiss. Theorien, math. Methoden u. a.); ein P. ist vererbl. und veräußerl. (↑Lizenz), Schutzfrist 20 J. Zuständig für P.sachen ist das *Dt. P.- u. Markenamt* (München), für Beschwerden das *Bundespatentger.* (München). Der Beruf des *P.anwalts* erfordert techn. u. jurist. Vorbildung.
**Pater** [lat.; = Vater], kath. Ordensgeistlicher.
**Paternoster** [lat.], Vaterunser.
**Paternosteraufzug,** Personenaufzug mit ständig umlaufenden, vorn offenen Kabinen (in Dtl. neu nicht mehr zugelassen).
**Pathanen** ↑Paschtunen.
**pathetisch** [gr.], leidenschaftl., [übertrieben] feierl., übersteigert.
**path[o]..., Path[o]...** [gr.], Bestimmungswort; Bed.: „Leiden, Krankheit".
**Pathologie,** [gr.], Fachgebiet der Medizin, das sich mit der Erforschung von Ursachen, Entstehungsweise und Verlaufsformen von Krankheiten beschäftigt.

**L. Pasteur**

**Pathos** [gr.], leidenschaftl. Ergriffenheit, Gefühlsüberschwang, erhabene Feierlichkeit.
**Patio** [span.], Innenhof eines Hauses, zu dem sich die Wohnräume hin öffnen.
**Patmos,** griech. Insel im Dodekanes, 34 km², etwa 2500 E. Nach kirchl. Tradition Verbannungsort des Apostels Johannes.
**Patna,** Hptst. des ind. B.-Staates Bihar, am Ganges, 917 000 E; Univ., Bibliothek; Metall-, Leder-, Textilind.; ✡.
**Paton** ['peɪtn], Alan [Stewart], südafrik. Schriftsteller, *1903, †1988; trat für Gleichstellung d. Schwarzen ein.

**Patras,** griech. St. in Achaia, am *Golf v. P.,* 142 000 E; Univ.; Haupt-⚓ der Peloponnes, Textil-, Papierind.

**Patriarch** [gr.], **1)** bibl. Erzvater, v. a. Abraham, Isaak, Jakob. **2)** s. dem 5./6. Jh. Amtstitel der Bischöfe von Rom, Alexandria, Antiochia, Konstantinopel u. Jerusalem u. der Oberhäupter der oriental. Nationalkirchen, später auch der Oberhäupter versch. autokephaler orth. (Landes-)Kirchen.

**patriarchalisch,** altväterlich, ehrwürdig.

**Patriarchat, 1)** Würde u. Amtsbereich eines kirchl. Patriarchen. **2)** Gesellschaftsordnung, in der der Mann in Fam., Ges., Pol. u. Kultur die Vorrangstellung innehat; Stellung u. Abkunft von der väterl. Verwandtschaftslinie bestimmend *(Vaterrecht).*

**Patrick** [ˈpætrɪk], hl., Missionar, Apostel u. Schutzpatron Irlands, * um 385 (?), † zw. 457 u. 464 oder zw. 491 u. 493.

**Patrizier** [lat.], im alten Rom Mitgl. des Geburtsadels, die durch Senat u. die Konsuln im Alleinbesitz der polit. Macht waren; im MA die ratsfähigen Stadtgeschlechter.

**Patron** [lat.], **1)** Schutzherr seiner Freigelassenen oder Klienten im alten Rom. **2)** Schutzheiliger z. B. einer Kirche, einer Berufs- oder Standesgruppe.

**Patrone** [frz.], **1)** mit Sprengstoff, Zündung und Geschoss gefüllte Metallhülse *(P.nhülse)* als Munition für Hand-, Faustfeuerwaffen u. a. **2)** kl., einsetzb. Behälter (für Tinte, Kleinbildfilme u. a.).

**Patronymikon** [gr.], vom Namen des Vaters abgeleiteter Name (Petersen = Peters Sohn).

**Patrouille** [paˈtruljə; frz.], Streife, Spähtrupp.

**Patschulipflanze** [tamil.; dt.], südasiat. Lippenblütler; liefert das für Parfüms verw. *Patschuliöl.*

**Patt** [frz.], **1)** Schachspiel: Zugunfähigkeit (Partie unentschieden). **2)** auf den polit. Bereich übertragene Bez. für die Gleichheit der Kräfte der Reg. u. Opposition oder von mil. Gegnern.

**Pau** [po:], Hptst. des südwestfrz. Dep. Pyrénées-Atlantiques, 82 200 E; Winterkurort; Weinbau; Metall-, Woll-, Schuhind.; ✈.

**Paul,** Bruno, dt. Grafiker, Designer u. Architekt, * 1874, † 1968.

**Paul,** Päpste: **1) P. III.,** * 1468, † 1549, Papst s. 1534; vorher Alessandro Farnese d. Ä.; bestätigte 1540 den Jesuitenorden, eröffnete 1545 das Konzil v. Trient. **2) P. V.,** * 1552, † 1621, Papst s. 1605; vorher Camillo Borghese; unter seinem Pontifikat Vollendung der Peterskirche. **3) P. VI.,** vorher Giovanni **Montini,** * 1897, † 1978, Papst s. 1963, führte das 2. Vatikan. Konzil zum Abschluss; bed. seine Enzyklika „Humanae vitae“ [1986; kirchl. Stellungnahme zu Fragen d. Empfängnisverhütung].

**Paul,** *Griechenland:* **1) P. I.,** * 1901, † 1964, Kg. seit 1947; Sohn Konstantins I.; heiratete 1938 Friederike Louise von Braunschweig-Lüneburg. – *Jugoslawien:* **2) P. Karađorđević,** Prinzregent für Peter II. s. 1934, * 1893, † 1976; 1941 gestürzt. – *Russland:* **3) P. I.,** * 1754, † 1801, Ks. s. 1796; wechselte 1799 v. der 2. antifrz. Koalition zu Napoléon Bonaparte; ermordet.

**Pauli,** Wolfgang, östr. Physiker, * 1900, † 1958; Arbeiten zur Relativitäts- u. Quantentheorie; stellte 1925 das *P.-Prinzip* auf, nach dem in einem Atom 2 Elektronen nie in allen Quantenzahlen übereinstimmen können, gilt allg. für Teilchen mit halbzahligem Spin; Nobelpreis 1945.

**Pauling** [ˈpɔ:lɪŋ], Linus Carl, amer. Chemiker, * 1901, † 1994; Arbeiten über Molekülstruktur, bes. über die Spiralstruktur der Eiweißkörper; Nobelpreis 1954; Gegner aller Kernwaffenversuche; Friedensnobelpreis 1962.

**Paulus,** hl., Apostel, * Tarsus (Kilikien), † Rom vor 66; hebr. Name Saul; Pharisäer; vor Damaskus Christusvisionen, Bekehrung, Berufung zum „Heidenapostel“; umfangr. Missionstätigkeit, Verhaftung; Überführung nach Rom, dort Enthauptung. Die *P.briefe* (7 mit gesicherter Verfasserschaft) enthalten seine wesentl. theol. Aussagen (Tod u. Auferstehung Christi als Heilsgeschehen, d. h. Überwindung des at. Gesetzes und damit Erlösung der Menschen).

**Paulus,** Friedrich, dt. Gen.-Feldmarschall, * 1890, † 1957; kapitulierte als Oberbefehlshaber der 6. Armee am 31. 1. 1943 in Stalingrad; Mitgl. des „Nat.-Komitees Freies Dtl.“; s. 1953 in der DDR.

**Paumgartner,** Bernhard, östr. Dirigent, Musikforscher u. Komponist, * 1887, † 1971.

**Pausanias,** griech. Schriftsteller des 2. Jh. n. Chr.; Verf. einer Beschreibung Griechenlands.

**Pauschale,** Geldbetrag, durch den eine Leistung, die sich aus versch. Einzelposten zusammensetzt, ohne Spezifizierung abgegolten wird.

**Pause** [frz.], mit Pauspapier oder auf photochem. Weg *(Lichtpause)* hergest. Kopie.

**Pausewang,** Gudrun, dt. Schriftstellerin, * 1928; Kinder- u. Jugendbücher über Nachkriegszeit, Dritte-Welt-Probleme, atomare Gefahren.

**Pavane** [ital.], langsamer Schreittanz (15./16. Jh., Italien).

**Pavarotti,** Luciano, ital. Sänger (Tenor), * 1935; führend bei Partien aus Opern G. Donizettis, G. Verdis u. G. Puccinis.

**Pavese,** Cesare, ital. Schriftsteller, * 1908, † 1950, wichtiger Vertr. des Neorealismus.

**Pavia,** Prov.-Hptst. in d. Lombardei, Italien, am Tessin, 74 300 E; Univ.; ma. Stadtbild mit roman. Krönungskirche San Michele (1155 vollendet), Dom (15. bis 19. Jh.), Kastell der Visconti; 8 km nördl. die Kartause (*Certosa di P.;* gegr. 1396) mit berühmter Frührenaissancefassade; Masch.- u. a. Ind. – In der *Schlacht bei P.* (1525) Niederlage u. Gefangennahme des frz. Kg. Franz I. durch Karl V.

**Paviane** [frz.], Gatt. relativ gr. Hundskopfaffen in Afrika u. auf der Arab. Halbinsel.

**Pavillon** [ˈpaviljɔ̃; frz.], freistehendes kl. [rundes] Gebäude; auch selbst. Teil eines größeren Baukomplexes.

**Pawlow,** Iwan Petrowitsch, russ. Physiologe und Pathologe, * 1849, † 1936; entwickelte die Lehre v. den bedingten Reflexen; Nobelpreis 1904.

**Pax,** röm. Friedensgöttin.

**Pay-TV, Bezahlfernsehen,** Fernsehsendungen, die gegen eine monatl. Gebühr mithilfe eines Decoders empfangen werden können.

**Paz** [pas], Octavio, mex. Lyriker u. Essayist, * 1914, † 1998; Nobelpreis 1990.

**Paz, La** [la pas], Reg.-Sitz und größte St. Boliviens, sö. des Titicacasees, bis 4100 m ü. d. M., 711 000 E; zwei Univ.; Museen; Wirtschaftszentrum Boliviens; vielseit. Ind.; ✈.

**Pazifische Inseln,** US-amerikan. Treuhandgebiet im W-Pazifik, m. den ↑Karolinen, ↑Marianen u. ↑Marshallinseln.

**Pazifischer Ozean, Pazifik, Großer Ozean, Stiller Ozean,** größtes der drei Weltmeere, zw. Amerika, Asien und Australien, 165 Mill. km² (ohne Nebenmeere); mittlere Tiefe 4 280 m, größte Tiefe 11 034 m; rd. 8 % (15 Mill. km²) sind Nebenmeere (u. a. Beringmeer, Ochotsk., Jap., Ostchin. Meer und Australasiat. Mittelmeer); diese sind durch Inselbögen vom Hauptozean getrennt.

**Peking:** *Himmelstempel (erbaut 1420) mit der „Halle der Jahresgebete"*

Der Pazif. O. ist bes. im westl. Teil sehr inselreich, hier auch mehr. gr. Tiefseegräben; die Oberflächentemp. schwanken zw. 1 °C (im N) und 29 °C (in den äquatorialen Zonen); Salzgehalt etwa 3,5 %, in den Nebenmeeren z. T. unter 3,2 %; Fischfang bes. im W, Walfang im S, Robbenfang im N, O und S. Verkehrsmäßig weniger bed. als der Atlantik. – Erste Überquerung durch Magalhães 1521 (Kap Hoorn–Philippinen), auf der Linie Peru–Philippinen durch Mendaña de Neira 1567.

**Pazifismus** [lat.], grundsätzl. Ablehnung des Krieges aus relig., eth. oder polit. Gründen; ↑Friedensbewegung, ↑Kriegsdienstverweigerung.

**Paznauntal,** von der Trisanna durchflossenes linkes Seitental des Inns, Tirol, Österreich.

**Pb,** ☌ Symb. für ↑Blei.

**pc,** Einheitenzeich. für: ↑**P**arse**c**.

**PC,** Abk. für ↑**P**ersonal**c**omputer.

**PCB,** Abk. für: **p**oly**c**hlorierte **B**iphenyle, chem. Verbdg. (Flüssigkeiten) hoher therm. Stabilität, hoher Dielektrizitätskonstante u. flammenhemmender Wirkung; fr. u. a. als Kühl- u. Isolierflüssigkeiten in Transformatoren eingesetzt; wegen Giftigkeit u. Gefahr der Bildung von Dioxinen (oberhalb 270 °C) s. 1989 in der BRD verboten.

**Pd,** ☌ Symb. für ↑Palladium.

**PDS,** Abk. für ↑**P**artei des **D**emokratischen **S**ozialismus.

**Peak** [pi:k; engl.], Bergspitze.

**Pearl Harbor** [ˈpə:l ˈhɑ:bə], Marinestützpunkt der USA auf der Hawaii-Insel Oahu; der jap. Luftangriff auf P. H. am 7. 12. 1941 eröffnete die amerikan.-jap. Kriegshandlungen im 2. Weltkrieg.

**Peary** [ˈpɪərɪ], Robert Edwin, amer. Polarforscher u. Admiral, * 1856, † 1920; kam 1909 dem Nordpol am nächsten; 6 Expeditionen nach Grönland u. dem Kanad.-Arkt. Archipel.

**Pech,** bituminöser Rückstand bei der Destillation v. Erdöl u. Teer; verw. zur Herst. v. Vergussmassen u. als Bindemittel.

**Pechblende,** ↑Uranpecherz.

**Pechkohle,** fr. Bez. für ↑Gagat.

**Pechnelke,** Nelkengewächs mit klebrig überzogenem Stengel.

**Pechstein, 1)** Claudia, dt. Eisschnellläuferin, * 1972; jeweils vierfache Olympiasiegerin (zw. 1994 u. 2002) u. Weltmeisterin (1996, 2000), v. a. über die längeren Strecken. **2)** Max, dt. Maler u. Grafiker, * 1881, † 1955; Vertr. des dt. Expressionismus, Mitgl. der Brücke; insbes. Landschaften.

**Peck,** Gregory, amer. Filmschauspieler, * 1916; Charakterdarsteller.

**Pécs** [pe:tʃ], dt. **Fünfkirchen**, Bez.-Hptst. im südl. W-Ungarn, 158 600 E; 2 Univ.; Ind.-Zentrum; ✈.

**Pediküre** [frz.], Fußpflege[rin].

**Peene, 1)** westl. Mündungsarm der Oder, zw. Insel Usedom und Festland; 46 km. **2)** Zufluss des Stettiner Haffs von der Mecklenburg. Seenplatte, 156 km.

**Peenemünde,** Gem. im NW der Insel Usedom, Mckbg.-Vorp.; im 2. Weltkrieg dt. Forschungs- u. Versuchszentrum für Raketenwaffen.

**Peepshow** [ˈpi:pʃəʊ; engl.], Zurschaustellung nackter weibl. Körper in einem durch Gucklöcher von mehr. Seiten nach Geldeinwurf einsehbaren Raum. Die Beobachter befinden sich in Einzelkabinen.

**Peer** [ˈpɪə; engl.], Angehöriger des hohen brit. Adels mit Recht auf Stimme u. Sitz im Oberhaus (dieses Recht verlor der Erbadel 1999); s. 1958/63 können auch Frauen die P.swürde erhalten *(Peeress)*.

**Pegasus,** in der griech. Mythol. geflügeltes Ross, das aus dem Rumpf der Medusa entsteigt, als Perseus ihr das Haupt abschlägt; unter seinem Hufschlag entspringt am Helikon die Quelle Hippokrene, die den Dichtern Inspiration verleiht.

**Pegasus** [gr.], Sternbild des nördl. Himmels.

**Pegel, 1)** Vorrichtung zur Messung von Wasserständen. **2)** Bezugshöhe gegenüber ↑Normalnull. **3)** Stärke eines Signals (Strom, Schalldruck), bezogen auf eine best. Größe.

**Pehlewi** [ˈpɛç-], mittelpers. Sprachstufe; Amtssprache der Sassaniden.

**Pei** [peɪ], Ieoh Ming, amer. Architekt chin. Herkunft, *1917; u.a. Glaspyramide im Hof des Louvre, Paris (1989).

**Peies** [hebr.], Schläfenlocken der orth. Juden.

**peilen,** in der Navigation die Himmelsrichtungen oder die Richtung zu einer best. Navigationshilfe (Leuchtfeuer, Funkfeuer) [mit dem Kompass] zur Standortbestimmung ermitteln.

**Peine,** Krst. am Mittellandkanal zw. Hannover und Braunschweig, Nds., 49 000 E; Eisenerz-⚒ und -verhüttung, ⚓-Gewinnung, Nahrungsmittel- u. elektrotechn. Ind.

**Peipussee,** See an der Grenze zw. Estland u. Russland, rd. 2 670 km² (mit Pleskauer See), bis 15 m tief; Abfluss: Narwa.

**Peisistratos,** *um 600, †528/527 v. Chr., s. 560 Tyrann v. Athen; begr. die spätere wirtsch. u. kulturelle Bed. Athens.

**Pekinese** [nach Peking], chin. Zwerghunderasse; Schoßhund mit mopsähnl. Kopf u. seidenweichem, langem Haar.

**Peking, Beijing** [-dʒ-]; 1928–49 auch **Peiping,** Hptst. von China, am Nordrand der Großen Ebene, 11 Mill. E; besteht aus der fast quadrat. angelegten, ehem. ummauerten Inneren St. im N u. der Ks.-St. mit der „Verbotenen Stadt" (ehem. Ks.-Palast, jetzt Museum) sowie der Äußeren St. im S; mehrere Univ., Hochschulen, Kunstsammlungen und Bibliotheken; zahlr. Tempel; vielseit. Ind.; Handels- und Verkehrsknotenpunkt; ✈. – P. war seit etwa 1000 v. Chr. häufig Residenz wechselnder Dynastien, wurde 1215 von Mongolen erobert und 1271–1368 Hptst. eines mongol. Großreiches; seit 1421 Residenz der Ming-, 1644 bis 1912 der Mandschukaiser.

**Pelargonie, Pelargonium, Geranie** [gr.], Gatt. der Storchschnabelgewächse, v.a. in S-Afrika; Zierpflanzen.

**Pelasger,** griech. Bez. der voridgm. Bev. am Ägäischen Meer, zu der u.a. die *Karer* in SW-Anatolien gehörten.

**Pelé,** eigtl. Edson Arantes do **Nascimento,** brasil. Fußballspieler, *1940; 97 Länderspiele, mit Brasilien Weltmeister 1958, 1962 und 1970.

**Pelerine** [frz.], ärmelloser [Regen]umhang.

**Peleus,** in der griech. Mythol. Gem. der Nereide Thetis; beider Sohn ist Achill.

**Pelikane** [gr.], gr., sehr gut fliegende u. schwimmende, vorw. Fische fressende Ruderfüßer; v.a. [Sub]tropen.

**Peloponnes,** griech. Halbinsel, stark gegliedert, nur durch die Landenge von Korinth mit dem Festland verbunden; gebirg. (bis 2 407 m) mit fruchtb. Beckenlandschaften. Die Region P. umfasst 15 490 km² mit 606 000 E.

**Peloponnesischer Krieg,** Auseinandersetzung Athens u. des Att.-Del. Seebundes mit Sparta (431 bis 404 v. Chr.) um die Vormacht in Griechenland; Kapitulation Athens, Einsetzung einer oligarch. Reg. u. Auflös. d. Att.-Del. Seebundes.

**Pelops,** griech. Sagengestalt; Sohn des Tantalus, der ihn den Göttern als Speise vorsetzt; v. den Göttern wieder zum Leben erweckt.

**Peltier** [pɛlˈtje], Jean Charles Athanase, frz. Physiker, *1785, †1845; fand 1834 den nach ihm ben. *P.-Effekt:* Fließt durch die Lötstelle zweier versch. metall. Leiter ein elektr. Strom, so tritt dort – je nach Stromrichtung – Erwärmung od. Abkühlung ein; genutzt für Halbleiterkühlelemente.

**Pelton-Turbine** [nach L. A. Pelton, *1829, †1908], Freistrahlturbine für geringe Wassermengen bei gr. Fallhöhen, auch ↑Wasserturbine.

**Pelze,** svw. ↑Rauchwaren.

**Pelzflatterer, Flattermakis, Riesengleitflieger,** Ordn. etwa hauskatzengroßer, baumbewohnender, Pflanzen fressender nachtaktiver Säuger mit Flughäuten (für Gleitflüge bis 70 m); S- und SO-Asien.

**Pelzrobben, Seebären,** Gruppe der Ohrenrobben; wegen ihrer wertvollen Pelze fast ausgerottet.

**P.E.N., PEN, PEN-Club,** Abk. für: **P**oets (Playwrights, Publishers), **E**ssayists (Editors), **N**ovellists, internat. Schriftstellervereinigung, 1921 in London gegr.; in [nat.] *P.E.N.-Zentren* organisiert; Neugründung des dt. Zentrums 1949 in Göttingen, 1951 Bildung des P.E.N.-Zentrums der BRD (1952 anerkannt); Sitz Darmstadt, daneben (bis 1990) ein P.E.N.-Zentrum OstWest (s. 1967 P.E.N.-Zentrum DDR); östr. P.E.N.-Club gegr. 1922 in Wien.

**Penalty** [ˈpənəltɪ; engl.], Eishockey: Strafe, bei der ein Spieler den Puck vom Anspielpunkt in der Mitte des Spielfeldes ungehindert in Richtung des nur vom gegner. Torhüter bewachten Tores führen darf.

**Penang** ↑Pinang.

**Penaten,** altröm. Schutzgötter des Hauses.

**Pendant** [pãˈdã; frz.], ergänzendes Gegenstück.

**Pendel** [lat.], ein um eine Achse od. einen Punkt drehb. Körper, der unter dem Einfluss einer Kraft um eine Ruhelage schwingen kann. Das *math. P.* ist ein idealisiertes P., bei dem ein Massenpkt. am freien Ende eines masselosen, undehnbaren Fadens der P.länge *l* unter dem Einfluss der Fallbeschleunigung *g* aufgehängt ist *(Faden-P.).* Bei kl. Auslenkung (Amplitude) ist die *Schwingungsdauer T* (die Zeit für einen vollen Hin- u. Rückgang) masseunabhäng.: $T = 2\pi\sqrt{l/g}$. Das *Sekunden-P.* ($T = 2$ s) hat eine P.länge von etwa 1 m. Beim *Zykloiden-P.* (Masse schwingt auf einer ↑Zykloide) ist die Schwingungsdauer unabh. v. der Amplitude. Das *physikal. P.,* ein reales P., ist ein (ausgedehnter) Körper, der um eine nicht durch seinen Schwerpkt. gehende Achse drehb. ist (z.B. das *Reversions-P.,* mit dessen Hilfe die Fallbeschleunigung gemessen werden kann).

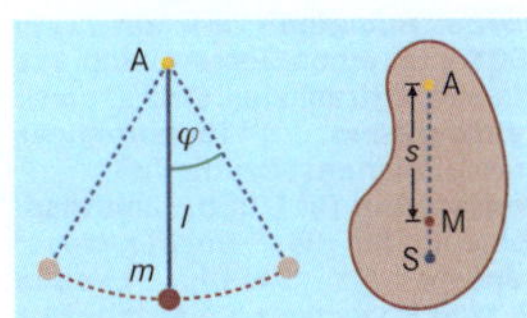


**Pendel:** *mathematisches Pendel (links; A Drehachse, φ Auslenkungswinkel, l Fadenlänge, m Pendelmasse); physikalisches Pendel (M Massenmittelpunkt, S Schwingungsmittelpunkt)*

**Penderecki** [-ˈrɛtski], Krzysztof, poln. Komponist, *1933; serielle Studien, Vokalwerke u. Oratorien, Kammermusik.

**Pendolino®,** ital. Zug mit Neigetechnik.

**Penelope,** in der griech. Mythol. Gattin des Odysseus, wartet 20 Jahre treu auf seine Rückkehr.

**Penicilline** [lat.], **Penizilline,** Sammel-Bez. für die von den Schimmelpilzen Penicillium notatum und Penicillium chrysogenum als Stoffwechselprodukte gebildeten Antibiotika sowie ihrer zahlreichen (etwa 30) halbsynthet. Derivate; entdeckt 1928 von A. Fleming.

**Peninsula** [lat.], Halbinsel.

**Penis** [lat.], männl. Glied, Teil der äußeren Genitalien des Mannes (die Harnröhre enthaltendes, mit Schwellkörpern versehenes, erektiles Organ).

**Penn, 1)** Arthur, amer. Filmregisseur („Bonnie and Clyde", 1967), *1922; **2)** William, engl. Quäkerführer, *1644, †1718; gründete die nach seinem Vater ben. Quäkerkolonie Pennsylvania u. 1683 die Stadt Philadelphia.

**Pennsylvania** [pensɪl'veɪnjə], Abk. **Pa.**, Staat im O der USA, 117348 km², 11,9 Mill. E, Hptst. Harrisburg; mildes Klima, fruchtb. Landw.-Gebiet; reiche Bodenschätze, bes. Steinkohle, ⚓, Erdgas; Stahl-, Fahrzeug- u. a. Ind.

**Pension, 1)** ein dem Beamten gesetzl. od. dem Arbeitnehmer vertragl. zugesichertes Ruhegehalt. **2)** Fremdenheim. **3)** Kost und Wohnung.

**Pensum** [lat.], Aufgabe; Lehrstoff; die in einem best. Zeitabschnitt zu bewältigende Arbeit.

**pent[a]..., Pent[a]...** [gr.], Bestimmungswort; Bed.: „fünf".

**Pentaeder,** √ v. 5 Flächen begrenztes Polyeder.

**Pentagon** [gr.], **1)** Fünfeck. **2)** [auch: 'pentəgɔn] auf 5-eckigem Grundriss errichtetes Gebäude des Verteidigungsmin. der USA in Arlington (Va.); am 11. 9. 2001 Ziel eines Terroranschlags islamist. Extremisten (189 Opfer).

**Pentagramm,** fünfstrahliger Stern, Zeichen; ↑Drudenfuß.

**Pentateuch** [gr.], in d. Bibelwiss. übl. Bez. für die *5 Bücher Mose:* Genesis (1. Mos.), Exodus (2. Mos.), Levitikus (3. Mos.), Numeri (4. Mos.), Deuteronomium (5. Mos.); Bez. im Judentum: ↑Thora.

**Pentathlon** [gr.], antiker olymp. Fünfkampf: Weitsprung, Wettlauf, Diskus-, Speerwerfen u. Ringen.

**Penthesilea,** in der griech. Mythol. Tochter des Ares, Kgn. der Amazonen; von Achill im Kampf getötet.

**Pentium®-Prozessor,** moderner, weit verbreiteter Mikroprozessor v. Intel. Der *Pentium®-4-Prozessor* wird mit Taktfrequenzen bis 1,7 GHz angeboten u. zielt auf die optimale Nutzung v. Internetanwendungen.

**Penzias,** Arno Allan, amer. Physiker dt. Herkunft, *1933; Arbeiten zur Mikrowellenphysik u. Radioastronomie; entdeckte 1964/65 mit R. W. Wilson die kosm. Hintergrundstrahlung; 1978 Nobelpreis.

**Penzoldt,** Ernst, dt. Schriftsteller und Bildhauer, *1892, †1955; idyll.-humorvolle Erzählwerke.

**Pepping,** Ernst, dt. Komponist, *1901, †1981; führend in der neuen dt. ev. Kirchen- und Chormusik.

**Pepsin** [gr.], Eiweiß abbauendes Enzym des Magensaftes.

**Pepusch,** Johann Christoph (John Christopher), engl. Komponist dt. Herkunft, *1667, †1752; schuf 1728 mit J. Gay die Ballad opera „The beggar's opera".

**per..., Per...** [lat.], Vorsilbe; Bed.: „durch, hindurch, über, völlig, ganz und gar".

**Per...** [lat.], Bestimmungswort der Chemie, bez. bei anorgan. Verbdg. höhere Oxidationsstufen chem. Verbindungen, bei organ. Verbdg. vollständig substituierte Derivate.

**Perak,** Sultanat in Westmalaysia, an der W-Küste von Malakka, 21005 km², 1,88 Mill. E, Hptst. Ipoh; Gewinnung v. Kautschuk u. Zinn.

**perdu** [perdy:; frz.], ugs. für verloren, auf und davon.

**Peres,** Shimon, israel. Politiker (Israel. Arbeiterpartei), *1923; mehrfach Min., 1984–86 Premiermin., 1992–95 Außenmin., 1995/96 erneut Premiermin.; 1994 Friedensnobelpreis mit J. Arafat u. Y. Rabin.

**Perestroika** [russ. „Umgestaltung"], Schlagwort für die von M. S. Gorbatschow nach seinem Amtsantritt als Gen.-Sekr. des ZK der KPdSU (1985) eingeleiteten polit. u. wirtsch. Reformen in der ↑Sowjetunion. (↑Glasnost)

**Pérez de Cuellar** ['peres ðe ku'eʎar], Javier, peruan. Politiker, *1920; s. 1944 im diplomat. Dienst, s. 1971 bei den UN, 1982–90 als Gen.-Sekretär.

**Pérez Esquivel** ['peres eski'βel], Adolfo, argentin. Bürgerrechtskämpfer, *1931; 1980 Friedensnobelpreis.

**Perfekt** [lat.], Zeitwortform der vollendeten Gegenwart, z. B. ich habe gesehen.

**perforieren** [lat.], durchlöchern, durchbohren.

**Performance** [pə'fɔ:məns; engl.], **1)** Handlung, Ausführung od. Erfüllung. **2)** Form der Aktionskunst. **3)** Maß für die Wertentwicklung bzw. den Anlageerfolg einer Kapitalanlage.

**Pergament** [gr.], zum Beschreiben zubereitetes, geglättetes, haarfreies, ungegerbtes Ziegen-, Schafs- oder Kalbsleder; fr. Schreibmaterial; *P.papier,* aus Rohpapier durch Behandeln mit Schwefelsäure oder Zinkchloridlösung hergestelltes, pergamentähnl., nassfestes Papier.

**Pergamon,** ehem. Hptst. des *Pergamen. Reiches* (um 280–133 v. Chr.), das heutige Bergama; Ausgrabungen, u. a. der *P.altar,* mit bed. Reliefbfries (um 180 v. Chr., seit 1930 im *P.museum,* Berlin).

**Pergola** [ital.], Laubengang.

**Pergolesi,** Giovanni Battista, ital. Komponist, *1710, †1736; Opera buffa „La serva padrona"; Kirchenmusik.

**Peri,** Iacopo, ital. Komponist, *1561, †1633; Mitgl. der Florentiner „Camerata"; 1598 „Dafne" (die erste Oper der Musikgesch.).

**peri..., Peri...** [gr.], Bestimmungswort; Bed.: „um – herum, über – hinaus".

**Peridot** [frz.], Schmuckstein, gelbgrüne Varietät des Olivins.

**Pérignon** [peri'ɲɔ̃], Pierre, gen. **Dom Pierre** [dɔ̃'pjɛ:r], frz. Benediktinermönch, *1638(?), † 1715; gilt als Erfinder des Schaumweines.

**Périgord** [peri'gɔ:r], histor. Ldsch. in SW-Frkr.; Hauptort *Périgueux* [peri'gø], Hptst. des frz. Dép. Dordogne, 30300 E; röm. und ma. Bauten; Metall-, Textilind.

**Perikarditis,** Entzündung des Herzbeutels.

**Perikles,** athen. Politiker, *um 500, †429 v. Chr; Führer der radikalen Demokraten, trat für polit. Rechte der niederen Schichten ein; Kriege gg. Sparta u. Persien; regierte 15 Jahre lang Athen, das „dem Namen nach eine Demokratie, in Wahrheit die Herrschaft des ersten Mannes" war (Thukydides); kulturelle Hochblüte *(perikleisches Zeitalter);* unter seiner Reg. Ausbruch des Peloponnes. Krieges; starb an der Pest.

**Perikope** [gr.], Bibelabschnitt der als Lese- bzw. Lese- u. Predigttext im Gottesdienst verbindl. vorgeschrieben ist.

**perinatale Medizin,** interdisziplinäre Fachrichtung der Medizin, die sich mit dem Zustand des Fetus und Neugeborenen v. a. während der Perinatalperiode befasst; beinhaltet sowohl Prophylaxe als auch Therapie von Erkrankungen des Kindes im Mutterleib und des Neugeborenen.

**Periode** [gr.], **1)** Zeitabschnitt, -raum. **2)** meist mehrgliedr., kunstvoll aus Hauptsatz u. Nebensätzen od. nur aus Hauptsätzen zu einer Einheit gefügter Großsatz. **3)** svw. ↑Menstruation. **4)** √ Ziffernfolge einer unendl. Dezimalzahl, die sich ständ. wiederholt; z. B. hat die Zahl 0,374 374 374... die P. 374. **5)** die Zeit, nach der sich ein period. Vorgang wiederholt; bei einer ↑Schwingung die *Schwingungsdauer,* reziproker Wert der Frequenz.

**Periodensystem der chemi-**

## Periodensystem der chemischen Elemente

IUPAC neu
Elementgruppen (Anzahl Valenzelektronen)

Übergangsmetalle

| 1 I A | 2 II A | 3 III B | 4 IV B | 5 V B | 6 VI B | 7 VII B | 8 VIII B | 9 VIII B | 10 VIII B | 11 I B | 12 II B | 13 III A | 14 IV A | 15 V A | 16 VI A | 17 VII A | 18 VIII A | |
|---|---|---|---|---|---|---|---|---|---|---|---|---|---|---|---|---|---|---|
| 1 H Wasserstoff | | | | | | | | | | | | | | | | | 2 He Helium | 1. Periode |
| 3 Li Lithium | 4 Be Beryllium | | | | | | | | | | | 5 B Bor | 6 C Kohlenstoff | 7 N Stickstoff | 8 O Sauerstoff | 9 F Fluor | 10 Ne Neon | 2. Periode |
| 11 Na Natrium | 12 Mg Magnesium | | | | | | | | | | | 13 Al Aluminium | 14 Si Silicium | 15 P Phosphor | 16 S Schwefel | 17 Cl Chlor | 18 Ar Argon | 3. Periode |
| 19 K Kalium | 20 Ca Calcium | 21 Sc Scandium | 22 Ti Titan | 23 V Vanadium | 24 Cr Chrom | 25 Mn Mangan | 26 Fe Eisen | 27 Co Kobalt | 28 Ni Nickel | 29 Cu Kupfer | 30 Zn Zink | 31 Ga Gallium | 32 Ge Germanium | 33 As Arsen | 34 Se Selen | 35 Br Brom | 36 Kr Krypton | 4. Periode |
| 37 Rb Rubidium | 38 Sr Strontium | 39 Y Yttrium | 40 Zr Zirconium | 41 Nb Niob | 42 Mo Molybdän | 43 Tc Technetium | 44 Ru Ruthenium | 45 Rh Rhodium | 46 Pd Palladium | 47 Ag Silber | 48 Cd Cadmium | 49 In Indium | 50 Sn Zinn | 51 Sb Antimon | 52 Te Tellur | 53 I Jod | 54 Xe Xenon | 5. Periode |
| 55 Cs Cäsium | 56 Ba Barium | 57 La Lanthan | 72 Hf Hafnium | 73 Ta Tantal | 74 W Wolfram | 75 Re Rhenium | 76 Os Osmium | 77 Ir Iridium | 78 Pt Platin | 79 Au Gold | 80 Hg Quecksilber | 81 Tl Thallium | 82 Pb Blei | 83 Bi Wismut | 84 Po Polonium | 85 At Astat | 86 Rn Radon | 6. Periode |
| 87 Fr Francium | 88 Ra Radium | 89 Ac Actinium | 104 Rf Rutherfordium | 105 Db Dubnium | 106 Sg Seaborgium | 107 Bh Bohrium | 108 Hs Hassium | 109 Mt Meitnerium | 110 | 111 | 112 | | 114 | | | | | 7. Periode |

| | | | | | | | | | | | | | |
|---|---|---|---|---|---|---|---|---|---|---|---|---|---|
| 58 Ce Cer | 59 Pr Praseodym | 60 Nd Neodym | 61 Pm Promethium | 62 Sm Samarium | 63 Eu Europium | 64 Gd Gadolinium | 65 Tb Terbium | 66 Dy Dysprosium | 67 Ho Holmium | 68 Er Erbium | 69 Tm Thulium | 70 Yb Ytterbium | 71 Lu Lutetium |
| 90 Th Thorium | 91 Pa Protactinium | 92 U Uran | 93 Np Neptunium | 94 Pu Plutonium | 95 Am Americium | 96 Cm Curium | 97 Bk Berkelium | 98 Cf Californium | 99 Es Einsteinium | 100 Fm Fermium | 101 Md Mendelevium | 102 No Nobelium | 103 Lr Lawrencium |

Metall · Halbmetall · Nichtmetall · künstl. Element · Feststoff (20 °C) · Flüssigkeit (20 °C) · Gas (20 °C) · Radioaktiv

Periodensystem der chemischen Elemente

**schen Elemente,** Abk. **PSE,** v. D. I. Mendelejew u. J. L. Meyer 1869 unabh. voneinander vorgeschlagene tabellar. Systematik der chem. El.: In den waagr. Zeilen, den *Perioden,* werden die Elemente nach steigender Ordnungszahl, in den senkr. Spalten, den *Gruppen* (od. *Elementfamilien*) nach gleichen bzw. ähnl. chem. u. physikal. Eigensch. geordnet. Die Erklärung des PSE liefert die Quantentheorie, insbes. die Anwendung des Pauli-Prinzips. Nur die aus den Elektronenschalen bestehende Atomhülle bestimmt die chem. Eigensch. des Atoms, daher ist das PSE eine Systematik des Aufbaues der Atomhülle.

**Periodika,** regelmäß. unter gleichem Titel erscheinende Schriften (z. B. Zeitungen, Zeitschriften).

**Peripatetiker,** die Mitgl. der v. Aristoteles gegr. athen. Philosophenschule *(Peripatos).*

**peripher** [gr.], am Rande befindl.; nebensächlich; *p.es Nervensystem* ↑Nervensystem.

**Peripheriegeräte,** Geräte eines Rechners, die an die Zentraleinheit angeschlossen werden u. der Mensch-Masch.-Kommunikation dienen, z. B. Tastatur, Maus, Scanner, Drucker, externe Speicher.

**Periskop** [gr.], Fernrohr mit geknicktem Strahlengang (als ausziehb. Sehrohr v. a. für U-Boote).

**Peristaltik** [gr.], Bewegungsweise bes. des Magen-Darm-Kanals, bei der sich die einzelnen Organabschnitte nacheinander zusammenziehen (zur Weiterbeförderung des Inhalts).

**Peristyl** [gr.], der v. Säulen umgebene Innenhof des griech. und röm. Hauses.

**Perkins** [ˈpəːkɪnz], Anthony, amer. Filmschauspieler, *1932, †1992.

**Perkussion** [lat.], von J. L. von Auenbrugger (*1722, †1809) entwickelte Untersuchung durch Abklopfen der Körperoberfläche. Der Klopfschallbefund erlaubt Rückschlüsse auf Grenzen und krankhafte Veränderungen innerer Organe, z. B. der Lunge.

**perkutan** [lat.], durch die Haut hindurch (bei Arzneimitteln).

**Perlen,** matt glänzende Kügelchen aus Perlmutter, die bes. von der Fluss- u. der Seeperlmuschel um eingedrungene oder [bei *Zucht-P.*] künstl. injizierte Fremdkörper in 10–15 bzw. 4–10 J. gebildet werden. *Künstl. P.* nach versch. Methoden.

**Perlhühner,** Unterfam. der Fasanen, Heimat Afrika; auch als Ziergeflügel.

**Perlmutter, Perlmutt,** stark irisierende Innenschicht von Weichtierschalen, bes. Muscheln.

**Perlmutterfalter,** Gruppe der Fleckenfalter, mit perlmuttschimmernden Flecken auf der Unterseite der Hinterflügel.

**Perlon**® ↑Polyamide.

**Perlpilz,** 8–15 cm hoher essb. Wulstling mit großem, meist rotbraun bis fleischfarbenem Hut.

**Perlzwiebel,** Lauchart mit zahlr. kl. essb. Brutzwiebeln.

**Perm,** 1940–57 **Molotow**, Gebietshptst. in Russland, an der Kama, 1,02 Mill. E; Univ., Hochschulen; bed. Ind.-Zentrum mit Werft, Erdölraffinerie, Rüstungsind.; ⚓, ✈.

**Perm** ↑Geologie (Übers.).

**permanent** [lat.], anhaltend.

**Permeabilität** [lat.], **1)** Durchlässigkeit (z. B. einer Membran). **2)** das Verhältnis v. magnet. Induktion u. magnet. Feldstärke, $\boldsymbol{B} = \mu \boldsymbol{H}$. Im Vakuum ist $\mu$ gleich der *magnetischen Feldkonstante:* $\mu_0 = 4\pi \cdot 10^{-7}$ Vs/Am.

**Permoser,** Balthasar, dt. Bildhauer, *1651, †1732; u. a. Skulpturen am Dresdner Zwinger.

**Permutation** ↑Kombinatorik.

**perniziös** [lat.], im medizin. Sprachgebrauch: bösartig.

**Pernod** [-ˈno; frz.], ein aus Anis u. a. Kräutern hergest. alkohol. Getränk.

**Perón, 1)** [Maria] Eva Duarte de, gen. Evita P., argent. Politikerin, *1919, †1952; s. 1945 ⚭ mit 3); unterstützte den Aufstieg ihres Mannes, widmete sich der Sozialarbeit. **2)** Isabel, eigtl. María Estela **Martínez de P.**, argent. Politikerin, *1931; s. 1961 ⚭ mit 3); 1973/74 Vizepräs., nach dem Tod ihres Mannes 1974 Präs., 1976 durch Militärputsch gestürzt. **3)** Juan Domingo, argent. Gen. u. Politiker, *1895, †1974; führte als Staatspräs. (1946–55) ein autoritäres Regime, entwickelte ein umstrittenes Sozialprogramm; durch Militärputsch gestürzt; Exil in Spanien; 1973/74 erneut Staatspräsident.

**per|oral** [lat.], **per os,** durch den Mund (bes. die Einnahme v. Arzneimitteln).

**Per|oxide,** Verbdg. des Sauerstoffs (mit Metallen od. organ. Resten), enthalten die zweiwert. Gruppe –O–O–; z. B. Natriumperoxid.

**per pedes [apostolorum]** [lat.], ugs. für: zu Fuß [wie die Apostel].

**Perpendicular Style** [pəːpənˈdɪkjʊlə ˈstaɪl; engl.], Spätstufe d. engl. Gotik (1350–1520).

**Perpendikel** [lat.], Uhrpendel.

**Perpetuum mobile** [lat.], Masch., die ohne Energiezufuhr dauernd Arbeit leistet; nach den Hauptsätzen der Thermodynamik unmöglich.

**Perpignan** [pɛrpiɲã], Hptst. des frz. Dep. Pyrénées-Orientales, 106 000 E; Kathedr. (14./15. Jh.) u. a. histor. Bauwerke; u. a. Konsumgüterind.; ✈.

**per procura** [ital.], Abk. pp., ppa., in Vollmacht.

**Perrault** [pɛˈro], Charles, frz. Schriftsteller, *1628, †1703; Märchenslg. „Feenmärchen für die Jugend".

**per saldo** [ital.], als Rest zum Ausgleich [auf einem Konto].

**Perse,** Saint-John ↑Saint-John Perse.

**Persephone,** griech. Göttin der Unterwelt, Tochter des Zeus u. der Demeter, Gemahlin des Hades.

**Persepolis,** Ruinenstätte nö. v. Schiras, Iran; bed. Reste gr. Repräsentativbauten aus der Zeit Darius' I. und Xerxes' I.

**Perser,** bedeutendstes iran. Volk in Iran u. Afghanistan (Tadschiken); stark von kaukas. u. a. Elementen durchsetzt.

**Perserkriege,** die Kriege zw. den griech. Stadtstaaten u. den Persern im 5. Jh. v. Chr.; sie begannen mit dem Aufstand der kleinasiat. Griechenstädte gg. die pers. Herrschaft (500–494), der von Athen unterstützt wurde; ein pers. Heer wurde 490 bei Marathon geschlagen; 480 unterlag der pers. Kg. Xerxes I. in der Seeschlacht bei Salamis und 479 bei Platää; bis 448 alle Griechenstädte befreit.

**Perseus,** Held der griech. Mythol., Sohn des Zeus und der Danae; besiegt die Medusa, deren Haupt er Athena schenkt.

**Perseus,** Sternbild des nördl. Himmels.

**Persianer,** Fell weniger Tage alter Karakullämmer.

**Persi|en,** alter Name v. Iran.

**Persiflage** [-ˈflaːʒə; frz.], versteckte [geistreiche] Verspottung.

**Persisch,** die bedeutendste der lebenden iran. Sprachen; 3 Sprachstufen: Alt-P. (Inschriften der Kg. Darius I. u. Xerxes I. in Keilschrift u. d. Awesta), Pehlewi u. seit etwa 900 n. Chr. Neu-P., mit arab. Vokabular durchsetzte Mischspr.; Schrift: arab. Alphabet (vermehrt um 4 Buchstaben). Firdausi (*um 940, †1020 od. 1026) schuf Nationalepos („Königsbuch") u. Liebesepos, v. Nesami (*1141, †1209) zur Blüte gebracht; im 14. Jh. lebte der größte pers. Lyriker, Hafes (*um 1325, †1390); in d. Folgezeit v. a. histor. Werke. Die mod. Autoren sind von d. europ. Lit. beeinflusst.

**persische Geschichte** ↑Iran, Gesch.

**persische Kunst,** die Kunst Persiens zz. der Achaimeniden und Sassaniden; repräsentative Königsbauten in Persepolis und Pasargardae (Grabmal Kyros' II.), Felsgrabmäler; in sassanid. Zeit wird das Erbe der parth. u. spätantiken Kunst in eigener Weise weiterentwickelt; Paläste, u. a. Firusabad, Ktesiphon, Felsreliefs, Stuckreliefs, Silber- u. Bronzegeräte, Siegelsteine.

**Persischer Golf,** Nebenmeer des Ind. Ozeans, zw. Arab. Halbinsel u. Iran, rd. 240 000 km$^2$, bis 170 m tief; bed. ⚓-Förderung, v. a. vor der O- u. S-Küste.

**Person** [lat.], **1)** der in seiner Eigenart sich selbst bewusste u. autonom handelnde Mensch. **2)** jedes mit Rechtsfähigkeit ausgestattete Wesen; ↑natürliche Person, ↑juristische Personen.

**Personalausweis,** Urkunde zur Legitimation mit Lichtbild (↑Ausweispflicht).

**Personalcomputer,** Abk. **PC,** universell einsetzb. Rechner, i. d. R. für den persönl. Gebrauch privat od. berufl.; P. verfügen u. a. über Tastatur, Bildschirm, Maus, Grafik- u. Soundkarte, Steckplätze für Erweiterungskarten, Lautsprecher, Laufwerke für CD, DVD u./od. Disketten. Im kommerziellen Einsatz bieten vernetzte P. (LAN) die Möglichkeit der Kommunikation mit anderen Computern.

**Personalpronomen** [lat.], persönl. Fürwort, z. B. ich, du.

**Personalrat,** dem Betriebsrat (↑Betrieb) entspr. Repräsentation der Bediensteten des öff. Dienstes.

**Personal|union,** im Ggs. zur ↑Realunion durch ein gemeinsames Staatsoberhaupt hergestellte Staatenverbindung.

**Personengesellschaft,** beschränkt rechtsfäh. Ges., deren Gesellschafter für die Verbindlichkeiten der Ges. persönl. haften (z. B. OHG, KG); Ggs.: Kapitalges.

**Personenstand,** das familienrechtl. Verhältnis einer Person zu anderen Personen (Familienstand).

**Personensteuern, Subjektsteuern,** Steuern, bei denen die persönl. Verhältnisse berücksichtigt werden (z. B. Einkommen-, Erbschaftsteuer).

**Personifikation** [lat.], Vorstellung eines Begriffs od. einer Sache als Person.

**Persönlichkeit,** die ausgeprägte Individualität eines Menschen; Mensch, der eine bes. überzeugende Identität besitzt.

**Persönlichkeitsrecht,** in der neueren Rechtsprechung der BRD anerkanntes, über die Bestimmungen des BGB hinausgehendes Recht auf Entfaltung der individuellen Persönlichkeit u. Achtung der Menschenwürde, dessen Verletzung einen Schadenersatzanspruch begründet.

**Persönlichkeitswahl,** die ↑Mehrheitswahl.

**Perspektive** [lat.], **1)** Ausblick, Durchblick; Aussicht für die Zukunft; der Standpt., v. dem aus Geschehen gesehen u. literar. dargest. wird. **2)** Darst. v. Gegenständen in einer (Bild)ebene durch Zentral- od. Parallelprojektion. Bei der *Zentral-P.* (Projektionsstrahlen gehen sämtl. v. einem *Perspektivitätszentrum,* im Allg. v. sog. *Augenpt.* aus) erscheinen im Bild Parallelen als auf einen best. Pt. *(Fluchtpt.)* zustrebende Geraden *(Fluchtlinien),* sofern sie nicht selbst parallel zur Bildebene verlaufen. Mit zunehmendem Abstand v. der Bildebene erscheinen die Gegenstände kleiner *(perspekt. Verkürzung).*

**Perth** [pə:θ], **1)** schott. St. in der Region Tayside, am Tay, 40 100 E; Textil-, Masch.-Ind.; ✈. – 1006 St., bis 1437 schott. Reg.-Sitz. **2)** Hptst. des austral. B.-Staates Westaustralien, 1,14 Mill. E; (städt. Agglomeration); 2 Univ.; vielseit. Ind.; ⚓ Freemantle, ✈.

**Pertussis** [lat.], ↑Keuchhusten.

**Peru**

| | |
|---|---|
| *Fläche:* | 1 285 216 km$^2$ |
| *Einwohner:* | 25,66 Mill. |
| *Hauptstadt:* | Lima |
| *Amtssprachen:* | Spanisch, Ketschua, Aimara |
| *Zeitzone:* | MEZ – 6 Stunden |

**Peru,** Rep. an der Pazifikküste Südamerikas. Von der schmalen, trocken-heißen, z. T. wüstenhaften Küstenzone (Costa, mit einem Drittel der Bev.) steigt das Land zu den Gebirgszügen der Anden (Sierra) auf, die durch zahlr. Längstäler u. Hochbecken gegliedert sind (knapp zwei Drittel der Bev.); kühlgemäßigtes Klima; den O P.s (Montaña) bildet die Abdachung der Anden zum Amazonasbecken mit trop.-heißem Klima u. trop. Regenwaldgebieten. Landw. v. a. in den Gebirgstälern u. in der Costa: Baumwolle, Zucker, Häute, Felle, Wolle, Kaffee u. Reis; die Wälder liefern Wildkautschuk, Edelhölzer, Chinarinde; *Bodenschätze:* Blei-, Kupfer-, Eisen-, Zink-, Silbererze, Erdöl u. Kohle; bed. Guanolager. *Ind.:* Textil-, Zement-, Metallwaren-, chem., Leder-, Gummi-, Nahrungsmittelind.; Hüttenwerke; bed. Fischerei. – *Gesch.:* etwa 1200–1532 Inkareich, durch F. Pizarro unterworfen u. span. Vizekgr., 1821–24 Unabhängigkeitskämpfe (S. Bolívar), 1862–66 versuchte Spanien, P. zurückzuerobern, musste jedoch 1879 endgültig die Unabhängigkeit anerkennen; 1879–83 Salpeterkrieg (mit Bolivien gg. Chile); häuf. innere Unruhen; 1948–56 u. 1968–80 Militärdiktatur, danach Rückkehr zur demokrat.-parlamentar. Regierung, von marxist. orientierter Guerillabewegung bekämpft; 1990–2000 autokrat. Herrschaft von Präs. Fujimori.

**Perücke** [frz.], künstl. Haartracht.

**Perugia** [-dʒa], Prov.-Hptst. u. Hptst. d. Region Umbrien, Italien, zw. Tibertal u. d. Trasimen. See, 155 300 E; 2 Univ., Akad. der Künste, Museen; zahlr. histor. Bauwerke; u. a. Pharmaind.; Fremdenverkehr.

**Perversion,** Abweichung von der Norm des Gefühls- u. Trieblebens, v. a. des sexuellen.

**Perzeption** [lat.], **1)** das Wahrnehmen als erste Stufe des Erkennens. **2)** Wahrnehmung.

**Pesaro,** Prov.-Hptst. in d. Marken, Italien, an der Adria, 88 500 E; Musikschule, Majolikamuseum; keram. u. a. Ind.; Seebad; ⚓.

**Pescadores|inseln,** zu Taiwan gehörende Gruppe von 64 kl. Inseln (21 bewohnt) in der ↑Formosastraße, insgesamt 127 km$^2$, 95 000 Einwohner.

**Pescara,** Prov.-Hptst. in M-Italien, an der Adria, 116 800 E; Wirtschaftshochschule; mod. Stadtbild; Seebad; ⚓, ✈.

**Peshawar** [-ʃ-], nordwestpakistan. Prov.-Hptst., 566 000 E; Univ.; u. a. Masch.-Bau; ✈.

**Pesne** [pɛ:n], Antoine, frz. Maler, *1683, †1757; bed. Porträtist des friderizian. Rokokos.

**Pessach** [hebr.], svw. ↑Passah.

**Pessar** [lat.], **Mutterring, Okklusiv-P.,** Ring aus Hartgummi, Metall, Porzellan od. Kunststoff zum Stützen der Gebärmutter u. zur Empfängnisverhütung.

**Pessimismus** [lat.], die Neigung, alles v. der schlechten Seite her zu betrachten; die [philos., relig. od. weltanschaul.] Überzeugung, dass die Welt schlecht u. böse [eingerichtet] sei.
**Pest,** schon im Verdachtsfall meldepflichtige, schwere, akute bakterielle Infektionskrankheit (Erreger: Yersinia pestis), die meist von Nagetieren (vorwiegend Ratten) und den auf ihnen schmarotzenden Flöhen auf den Menschen übertragen wird; 1. *Beulen-* od. *Bubonen-P.* (im MA *schwarzer Tod* gen.) mit vereiternden, anschwellenden Lymphknoten (50–90% der Fälle tödl.), 2. *Lungen-P.* (fast immer tödl.); fr. verheerende Seuchen.
**Pestalozzi,** Johann Heinrich schweizer. Pädagoge, *1746, †1827; Grundanliegen: Entfaltung der geist. [u. körperl.] Anlagen statt mechan. Lernen; Betonung der Anschauung; Reformator des Elementarunterrichts.
**Pestizide** [lat.], Sammelbegriff für chem. Schädlingsbekämpfungsmittel.
**Pestwurz,** Korbblütler; blüht rötl. an aufrechtem Schaft im Vorfrühling an Bachufern vor Erscheinen der großen herzförmigen Blätter.
**Peta-,** Zeichen **P,** Vorsatz vor Einheiten; bezeichnet das $10^{15}$fache (Billiarde) der betr. Einheit.
**Pétain** [pe'tɛ̃], Philippe, frz. Marschall u. Politiker, *1856, †1951; 1916 Verteidiger v. Verdun, schloss als Min.-Präs. (ab 1. Juni 1940) am 22./24. 6. 1940 Waffenstillstand mit Dtl. u. Italien, 1940 bis 1944 Staatschef (Vichy-Reg.); 1945 wegen Kollaboration zum Tod verurteilt, zu lebenslängl. Haft begnadigt.
**Pétanque** [pe'tãk; frz.], dem ↑Boccia ähnl. frz. Kugelspiel.
**Petel,** Georg, dt. Bildhauer des Barocks, *1601/02(?), †1634; bed. Elfenbeinarbeiten, Holz-, Bronzewerke.
**Peter,** russ. Zaren: **1) P. I.,** d. Gr., *1672, †1725, Zar s. 1682; besuchte inkognito W-Europa, führte nach seiner Rückkehr Reformen nach westl. Vorbild durch; begr. die russ. Großmachtstellung durch den Sieg über Schweden im 2. Nord. Krieg; gründete 1703 Sankt Petersburg; nahm 1721 den Kaisertitel an. **2) P. III.,** Kaiser 1762, *1728, †1762; schloss Frieden mit Friedrich d. Gr.; gestürzt u. ermordet.
**Peterborough** ['pi:təbrə], engl. Stadt nö. von Northampton, 115 400 E; normann. Kathedr. St. Peter (12. und 13. Jh.); viels. Ind.
**Petermännchen,** 15–50 cm langer Bodenfisch mit gift. Stacheln an Rückenflosse u. Kiemendeckel; Speisefisch.

**Petra:** *Palastgrab (1. Jh. n. Chr.)*

**Peters,** Carl, dt. Kolonialpolitiker, *1856, †1918; gründete die Kolonie Dt.-Ostafrika (1884/85).
**Petersen,** Wolfgang, dt. Fernseh- und Filmregisseur, *1941; „Das Boot", „Die unendl. Geschichte".
**Petersilie** [gr.-lat.], Doldenblütler; wicht. Küchengewürz; Wurzel und Blätter harntreibend.
**Peterskirche, S. Pietro in Vaticano,** Kirchenbau über dem vermuteten Grab des Apostels Petrus, Rom; Neubau 1506 ff. von Bramante, Raffael, Michelangelo (Kuppel), C. Maderna (Langhaus u. Fassade), G. L. Bernini (Bronzebaldachin über Altar; Kolonnaden) u. a.
**Peter und Paul,** Fest der Apostel Petrus u. Paulus in der kath. Kirche (29. 6.).
**Petit** [pə'ti], Alexis Thérèse, frz. Physiker, *1791, †1820; Arbeiten über Temp.-Messung und Wärmeausdehnung; formulierte mit P. L. ↑Dulong die dulong-p.sche Regel.
**Petition** [lat.], schriftl. Eingabe als Bitte od. Beschwerde, bes. an Staatsmänner oder Parlament.
**Petition of Right** [pɪtɪʃn ɔv 'raɪt; engl.], Bittschrift des engl. Parlaments (1628), v. Kg. Karl I. bewilligt: u. a. keine Abgaben ohne Zustimmung des Parlaments und keine willkürl. Verhaftungen (↑auch Habeaskorpusakte), Garantie eines ordentl. Gerichtsverfahrens; erlangte keine Gesetzeskraft.
**Petits fours** [pti' fu:r, frz.], feines Kleingebäck.
**Petőfi,** Sándor, ungar. Dichter, *1823, ⚔1849 (im ungar. Freiheitskampf); vom Volkslied ausgehende Lyrik; Märchenepos „Held János"; schon zu Lebzeiten als Nat.-Dichter verehrt; *P.-Kreis,* Gruppe ungar. Schriftsteller, die durch freiheitl. Forderungen den ungar. Aufstand im Herbst 1956 mit vorbereiteten; 1957 aufgelöst.
**Petra,** Ruinenstätte in SW-Jordanien; ehem. Hptst. der Nabatäer u. (seit 106 n. Chr.) der röm. Prov. Arabia Petraea, wicht. Handelsplatz; verfiel seit dem 3. Jh.; bed. Grabbauten.
**Petrarca,** Francesco, ital. Dichter, *1304, †1374; seine in der Volksspr. geschriebene u. im „Canzoniere" gesammelte Lyrik enthält v. a. Gedichte an Laura, seine Geliebte; trug entscheidend zur Normierung der ital. Spr. bei; durch Erschließung der klass. Lit. und eigene Werke in lat. Spr. gab P. das Vorbild für die spätere neulat. Dichtung u. den Humanismus.
**Petri-Schale,** flache Glasschale mit übergreifender Deckschale, für Nährböden b. Bakterienkulturen verwendet.
**Petrochemie** [gr.; arab.], **1)** die Wissenschaft von der chem. Zusammensetzung der Gesteine. **2) Petrolchemie,** Zweig der chem. Technik, d. sich mit der Herst. versch., aus Erdöl u. Erdgas abgeschiedener Kohlenwasserstoffe (Petrochemikalien) für die Kunststoff-, Chemiefaser-, Waschmittel-, Pflanzenschutz- u. a. Ind. beschäftigt.
**Petrographie** [gr.], beschreibende Gesteinskunde, Wiss. von Zusammensetzung, Aufbau und Vorkommen der Gesteine.
**Petroleum** [gr.-lat.], Erdöldestillat mit Siedebereich 150–270 °C;

wird unter dem Namen Kerosin als Flugturbinenkraftstoff benutzt.

**Petronius Arbiter,** Gajus, röm. Satiriker, †66 n. Chr; Verf. des teilw. erh. Romans „Satiricon"; berühmt daraus das „Gastmahl des Trimalchio".

**Petrosawodsk,** Hptst. d. Rep. Karelien, Russland, am W-Ufer d. Onegasees; 269 500 E; Univ.; Masch.-, Holz- u. a. Ind.; ⚓, ✈.

**Petrovaradin,** dt. **Peterwardein,** Vorort v. Novi Sad, Jugoslawien, am Gegenufer d. Donau; Festung (16. Jh.). Bei P. 1716 Sieg Prinz Eugens über die Türken.

**Petrus,** hl., eigtl. **Simon,** Apostel, urspr. Fischer aus Kapernaum, †zw. 63 u. 67; einer der Gemeindeleiter der Jerusalemer ↑Urgemeinde; nach der Überlieferung Märtyrertod in Rom unter Nero; von Jesus *Kephas* (aram.; = Fels; griech. Petros) gen. (Joh. 1,42; Mt. 16,18), in der kath. Kirche daraus abgeleitet die Verbindung v. *Petrusamt* [P., der Stellvertreter Jesu Christi] u. Papstamt [P., der erste Bischof v. Rom] u. der universalkirchl. Leitungsanspruch der Päpste (Primat) als der *Nachf. Petri.*

**Petrus Damiani** ↑Damiani, Petrus.

**Petrus de Vinea,** *um 1190, †1249 (Selbstmord), Großhofrichter, s. 1225 Leiter der Kanzlei Ks. Friedrichs II. u. dessen Vertrauter; Organisator des sizilian. Beamtenstaates; wegen angebl. Unterschlagungen verhaftet und geblendet.

**Petrus Lombardus,** ital. Theologe, *um 1095, †1160; Scholastiker; 1159 Bischof v. Paris; sammelte systemat. das theol. Wissen der Zeit; s. *„Sentenzen"* waren im Hoch- u. Spät-MA das wichtigste theolog. Handbuch.

**Petschaft** [tschech.], Handstempel zum Siegeln, Siegel.

**Petschora,** Fl., vom Nördl. Ural zur *P.bucht* (Teil der Barentssee), 1 809 km.

**Pettenkofer,** Max v., dt. Hygieniker, *1818, †1901 (Selbstmord); schuf die Grundlagen der neuzeitl. Hygiene.

**Petting** [engl.], sexuell erregende Berührungen ohne Geschlechtsverkehr.

**Petunie** [indian.-frz.], Zierpfl. mit gr. Trichterblüten.

**peu à peu** [pø a'pø; frz.], nach und nach.

**Peutinger,** Konrad, dt. Humanist, *1465, †1547; besaß die *p.sche Tafel,* eine Kopie (13. Jh.) einer röm. Straßenkarte.

**Pevsner** [pɛvs'nɛ:r], Antoine, russ.-frz. Maler u. Plastiker, *1886, †1962; konstruktivist.-abstrakte Plastik.

**Peymann,** Claus, dt. Regisseur, *1937; seit 1999/2000 Leiter des Berliner Ensembles.

**Pfadfinder,** internat. Jugendorganisation, 1907 v. Baden-Powell *(Boyscouts)* in England gegr.; heute rd. 26 Mill. Mitgl. aus 120 Ländern; P. verpflichten sich zu Pflichterfüllung, Hilfsbereitschaft u. Einsatzbereitschaft für friedl. u. humane Zwecke.

**Pfaffe** [ahd.], Geistlicher (seit der Reformationszeit abfällig gebraucht).

**Pfahlbauten,** auf Pfählen errichtete Siedlungen, während der europ. Stein-, Bronze- und Eisenzeit in und an Seen, Sümpfen und Mooren; in Westafrika, Indonesien, auf Neuguinea u. a. noch heute.

**Pfahlmuschel,** svw. ↑Miesmuschel.

**Pfalz,** ehem. dt. Territorium; die *Pfalzgft. bei Rhein* entstand aus der Verbdg. der lothr. Pfalzgrafenwürde mit den rheinfränk. Gütern der Salier; 1214 den bayr. Wittelsbachern übertragen, 1329 mit der Ober-P. von Bayern getrennt; 1356 Bestätigung der Kurwürde (Kur-P.); nach 1410 mehrf. geteilt. Nach Einführung der Reformation Erschütterung des Landes durch mehrf. Konfessionswechsel (kalvinist. und luth.), 1623 Verlust der Ober-P. an Bayern; Verwüstung der P. im *Pfälz. Erbfolgekrieg* (1688–97), in dem Ludwig XIV. von Frkr. fragl. Erbansprüche für seine Schwägerin Elisabeth Charlotte v. Orléans (Liselotte v. der Pfalz) verfocht; 1777 Vereinigung der P. mit Bayern. 1801 fiel die linksrhein. P. an Frkr., 1816 mit angrenzenden Gebieten an Bayern; der bayr. Reg.-Bez. P. kam 1946 zu RP. Die rechtsrhein. Gebiete der P. kamen 1803 zumeist an Baden.

**Pfalz,** im MA Wohnsitz der reisenden Könige bzw. Kaiser; Tagungsort der Hofgerichte.

**Pfälzer Bergland,** Ldsch. zw. Pfälzer Wald, Pfälzer Gebrüch, Nahe und Rheinhessen, im Donnersberg 687 m.

**Pfälzer Wald,** waldreiches Bergland zw. Westrich u. Oberrhein. Tiefland; Kalmit 673 m (↑Haardt); Naturpark.

**Pfalzgraf,** mit richterl. u. Verwaltungsfunktion beauftragter kgl. Würdenträger im MA.

**Pfälzischer Erbfolgekrieg** ↑Pfalz.

**Pfandbriefe** ↑Schuldverschreibungen.

**Pfänder,** östr. Berg bei Bregenz, 1 064 m; Schwebebahn; seit 1980 6,7 km langer Autotunnel.

**Pfandleihe,** Darlehensgewährung gg. Verpfänden (Versetzen) bewegl. Sachen; betrieben wird die P. durch gewerbsmäß. *Pfandleiher* sowie öff. u. private *Pfandleihanstalten.*

**Pfandrecht,** dingl. Recht eines Gläubigers, eine fremde, ihm verpfändete Sache zur Befriedigung seines Anspruchs zu verwerten.

**Pfändung,** ↑Zwangsvollstreckung in das bewegl. Vermögen; Voraussetzung ist ein vollstreckbarer Titel (z. B. ein für vollstreckbar erklärtes Urteil).

**Pfarramt, Pfarrei, Pfarre,** Seelsorgegebietseinheit, an eine Ortskirchengemeinde gebunden (auch *Kirchspiel,* mlat. *Parochie*), daneben auch überörtl. Pfarrämter (Mil.-, Soz.-, Jugend-P.; *Personalpfarrei*); auch Bez. für das Amt des Pfarrers.

**Pfarrer,** der Inhaber eines ↑Pfarramtes mit dem Auftrag der Wortverkündigung, Sakramentsverw. u. Seelsorge; in der kath. Kirche vom Diözesanbischof, in den ev. Landeskirchen [hier auch Pfarrerinnen] durch landeskirchl. Verfügung od. nach Gemeindewahl eingesetzt; Voraussetzungen: Theologiestudium, kirchlich-prakt. Ausbildung, Ordination.

**Pfarrvikar,** in der kath. Kirche ein vom Bischof ernannter Geistlicher, der den Pfarrer in seinen Aufgaben unterstützt (in Dtl. meist Kaplan gen.); in den ev. Kirchen ein Theologe in der dem Theologiestudium folgenden kirchl.-prakt. Ausbildungsphase (Vikar gen. bzw. [weibl.] Vikarin).

**Pfau** [lat.], Gatt. gr. südasiat. Fasanen; ♂ mit langen, von Augenflecken gezierten, zu einem „Rad" aufrichtbaren Unterrückenfedern; Ziervogel.

**Pfauenauge,** Bez. für versch. Schmetterlingsarten mit Augenflecken auf den Flügeln; z. B. Tag-, Nachtpfauenauge.

**Pfeffer** [gr.-lat.], Gatt. der *P.gewächse,* meist Kloettersträucher; der südostasiat. *P.strauch,* in vielen Tropenländern angebaut, liefert scharfes Gewürz (halbreife Früchte *schwarzen,* reife *weißen Pfeffer*). – Abb. S. 528.

**Pfefferminze** ↑Minze.

**Pfeife** [lat.], **1)** Röhre zur Tonerzeugung mittels schwingender Luftsäulen; man unterscheidet *Labial- (Lippen-)* u. *Zungen-P., gedackte* und *offene P.;* **2)** eng mensurierte, scharf klingende Flötenart.

**Pfeifenstrauch, Falscher Jasmin,** Steinbrechgewächs; südeurop.

P

**Pfeffer:** *Pfefferstrauch mit Früchten*

Zierstrauch mit stark duftenden weißen Blüten.

**Pfeifhasen,** Fam. der Hasenartigen, in Steppen und Geb. Eurasiens und N-Amerikas; verständigen sich durch hohe Pfiffe.

**Pfeil** [lat.], Geschoss für den Bogen, auch für Blasrohr od. Armbrust; mit bes. Spitze u. am Ende befiedertem Schaft.

**Pfeiler** [mlat.], in der Architektur eine Stütze, eckig od. rund; im Ggs. zur Säule ohne Verjüngung.

**Pfeilkraut,** Froschlöffelgewächs mit pfeilförm. Blättern; Wasserpflanze.

**Pfennig,** Abk. Pf, urspr. *Silber-P.,* im MA in Dtl. einzige Münze, seit dem 13. Jh. Teilstück ($^1/_{12}$) des Groschens; später Scheidemünze aus Kupfer; bis 2002 kleinste dt. Münze ($^1/_{100}$ DM).

**Pferd,** Kurzbez. für das (Männer-)Turngerät *Pauschen-* od. *Seit-P.* bzw. für das Turngerät *Lang-P.* (beim P.sprung).

**Pferde** [mlat.], weltweit verbreitete Fam. gr., schnell laufender, hochbein., Gras fressender Unpaarhufer mit 6 rezenten, Herden bildenden Arten in Savannen und Steppen; umfasst Esel, Zebras, Wildpferde (vom Prschewalskipferd stammt das als Reit- u. Zugtier verw. Hauspferd ab); zahlr. Hauspferderassen-Gruppen: Vollblut, Warmblut, Kaltblut, Ponys.

**Pferdebohne,** svw. ↑Saubohne.

**Pferdebremse,** bis 2,5 cm gr. Fliegenart; ♀♀ Blutsauger hpts. an Pferd und Rind.

**Pferdestärke,** Einheitenzeich. **PS,** veraltete Leistungseinheit; 1 PS = 0,736 kW. – ↑Horsepower.

**Pfifferling, Pfefferling, Eierschwamm,** Leistenpilz der Laub- u. Nadelwälder; erscheint Juli bis Ende Sept.; essbarer gelber Hutpilz.

**Pfingsten,** christl. Fest der Sendung des Hl. Geistes (nach Apg. 2, 1 ff.), gefeiert am 50. Tag nach Ostern u. ben. nach diesem (griech. pentekoste; = der 50. Tag). – Reiches [vielfach vorchristl. Motive aufnehmendes] Pfingstbrauchtum: Pfingstbäume, -reiten, -ochse, -wiese.

**Pfingstrose, Päonie,** Gatt. der Hahnenfußgewächse; *Echte P.* eine beliebte Zierstaude.

**Pfirsichbaum,** Obstbaum (Rosengewächs) aus China; viele Kultursorten; verlangt mildes Klima; Steinfrucht *Pfirsich.*

**Pfitzner,** Hans, dt. Komponist u. Dirigent, *1869, †1949; Opern: „Der arme Heinrich“, „Palestrina“ u. a.; Chorwerke, Lieder, Orchesterwerke, Kammermusik.

**Pflanzen,** Organismen, die sich autotroph ernähren u. nur in Ausnahmefällen zu heterotropher Ernährungsweise übergegangen sind; *autotrophe P.* setzen im Gegensatz zu den Tieren ihr Wachstum u. damit die Entwicklung neuer Organe bis zum Absterben fort, ihre Organe (Blätter) sind nach außen, dem Licht zugewandt; ↑Assimilation, freie Ortsbewegung ist kaum möglich (Ausnahme: Einzeller), zentrale Organe fehlen, Zellen von festen Zellulosemembranen umgeben; *heterotrophe P.* zeigen gewisse Übereinstimmung mit tier. Organismen, beide nehmen komplexe org. Nährstoffe auf. Man unterscheidet Blüten- od. Samen-P. u. blütenlose od. Sporenpflanzen.

**Pflanzenkrankheiten** abnorme Lebenserscheinungen der Pflanzen; können verursacht sein durch Schmarotzer (Bakterien, Pilze, Insekten) u. andere Einflüsse, z. B. Rauchschaden, Frost u. zu starke Sonneneinstrahlung. Die P. äußern sich sehr verschiedenartig: Kräuselung, Welken, Vertrocknen, Verfaulen.

**Pflanzenkunde,** svw. ↑Botanik.

**Pflanzenschutz, 1)** Schutz wild wachsender Pfl. gg. Ausrottung. **2)** Schutz v. Kulturpfl. gg. Schädlinge u. Krankheiten.

**Pflanzenzüchtung,** Schaffung neuer Kulturpflanzensorten durch Kreuzung od. Erzeugung von Mutationen. Ziel: widerstandsfähigere, ertragreichere, ggf. form- u. farbschönere Sorten.

**Pflaster, 1)** [selbstklebender] steriler Verbandstoff, z. B. Heftpflaster, bestrichener Verbandsstreifen. **2)** fester Straßenbelag aus Natur- oder Kunststeinen.

**Pflaume** [gr.-lat.], Steinobstgewächs aus Vorderasien, in vielen Kultursorten angebaute Bäume: 1) *Zwetsche,* mit violettblauer, längl. Frucht; 2) *Reineclaude* (Reneklode), mit grüngelber, kugeliger Frucht; 3) *Kriechen-P.* mit kleiner blauer od. gelber Frucht; 4) *Mirabelle,* mit kugeliger, gelber Frucht.

**Pflegeversicherung,** Versicherungen zur finanziellen Vorsorge gegen das Risiko der Pflegebedürftigkeit. Zu der urspr. freiwillig-privaten Absicherung trat zum 1. 1. 1995 die gesetzl. Pflegeversicherung, deren Leistungen die häusl. Pflege (ab 1. 4. 1995) und die stationäre P. (ab 1. 7. 1996) umfasst. Leistungen der häusl. P. werden nach dem Grad der Pflegebedürftigkeit gestaffelt. Als Sachleistungen zur Pflege betragen sie monatl. für erhebl. Pflegebedürftige bis zu 384 €, für Schwerstpflegebedürftige bis zu 1 432 € (in Härtefällen bis zu 1 918 €). Das Pflegegeld als monatl. Geldleistung beträgt 205–665 € je nach Grad der Pflegebedürftigkeit. In der stationären Pflege werden Leistungen bis zu 1 432 € monatl. gezahlt. Beitragssatz: 1,7 % des Bruttoeinkommens bis zur Beitragsbemessungsgrenze der gesetzl. Krankenversicherung v. Arbeitgeber u. Arbeitnehmer je zur Hälfte.

**Pflegschaft,** Fürsorgeverhältnis (beschränkte Vormundschaft) u. a. zur Interessenwahrnehmung Minderjähriger, deren Eltern od. Vormund verhindert sind, für Gebrechliche, Verschollene, Unbekannte sowie für Abwesende od. einen Nachlass.

**Pflichtteil,** die Hälfte des gesetzl. Erbteils, die einem Abkömmling, dem Ehegatten oder den Eltern des Erblassers zusteht, wenn sie testamentar. ohne schwerwiegende Gründe enterbt od. geringer bedacht worden sind.

**Pflichtversicherungen,** gesetzl. vorgeschriebene Versicherungen, u. a. ↑Kraftfahrzeug-Haftpflichtversicherung, ↑Sozialversicherung.

**Pflichtverteidiger,** svw. ↑Offizialverteidiger.

**Pflug,** Gerät zur Bodenbearbeitung; dient v. a. zum Aufreißen u. Wenden des Ackerbodens.

**Pfortader,** kurze, starke Vene (Vereinigung der oberen Eingeweidevene u. der Milzvene), leitet nährstoffhalt. Blut aus den Verdauungsorganen zur Leber *(P.kreislauf).*

**Pförtner, 1)** Hauswart. **2)** svw. Magen-P. (↑Magen).

**Pforzheim,** krsfr. St. u. Krst. des

## Pflanzenkrankheiten und Pflanzenschädlinge

Pflanzliche und tierische Parasiten an Nutzpflanzen

*Zeichenerklärung:*
Wirtspflanze: G: Getreide, H: Hülsenfrüchte, KA: Kartoffel, Kl: Klee, K: Kohl, L: Lupine, Lu: Luzerne, O: Obst, Ra: Raps, R: Rüben, S: Spargel, Ta: Tabak, T: Tomate, W: Wein, Z: Zwiebel;
Krankheitsbild: b: Blattfall, d: Dürre, fs: Fäulnis, fl: Flecke, fr: Fraßspuren, m: Missbildungen, s: Saftfluss, v: Verfärbungen, w: Welken, z: Zwergwuchs;
Zeitliches Auftreten: 1: Frühjahr, 2: Sommer, 3: Herbst; Bekämpfung: I: Insektizide, II: Fanggürtel, III: Beizung, IV: Spritzung, V: Vernichtung des infizierten Bestandes, VI: Resistenzzüchtung, VII: keine Bekämpfungsmöglichkeit;
Parasiten: In: Insekten, (I): Insektenlarve, Mi: Milben, Ru: Rundwürmer, AP: Algenpilz, SP: Schlauchpilz, BP: Basidienpilz, B: Bakterien.

Im Allgemeinen sind nur die wichtigsten Wirtspflanzen bzw. Schädlinge angegeben:

Akarinose (versch. Milben) W, d, m, 1, 2, I, IV, Mi;
Apfelblütenstecher (Anthonomus pomorum) O, m, d, 1, 2, I, II, IV, (I);
Apfelmehltau (Podosphaera leucotricha) O, v, d, z, 2, V, SP;
Apfelwickler (Carpocapsa pomonella) O, fr, 2, I, II, IV, (I);
Bakterienwelke (Bacterium michiganense) T, w, d, v, fl, 2, VII;
Bitterfäule (Gloeosporium fructigenum) O, fs, 3, V, SP;
Blattbräune (Clasterosporium putrefaciens) R, fl, d, 3, V, SP;
Blattfallkrankheit (Pseudopeziza ribis) O, fl, d, b, 2, IV, V, SP;
Blattrandkäfer (Sitona lineata) H, Kl, fr, 2, I, V, VII, In;
Blutlaus (Eriosoma lanigerum) O, m, fl, 2, 3, I, IV, V, VII, In, (I);
Bohnenrost (Uromyces appendiculatus) H, fl, 3, V, VII, BP;
Brenner, Roter (Pseudopeziza tracheiphila) W, fl, d, b, 1, 3, IV, SP;
Brennfleckigkeit (Colletotrichum lindemuthianum) H, Fl, 2, III, SP;
Drahtwürmer (Elateridenlarven) G, R u.a., d, fr, 1, 2, VII, (I);
Dürrfleckigkeit (Alternaria solani) Ka, T, O, fl, b, fs, 2, 3, VII, SP;
Edelfäule (Botrytis cinerea) W, d, m, 2, 3, IV, SP;
Erbsenrost (Uromyces pisi), H, fl, b, 2, V, BP;
Erbsenwickler (Grapholita dorsana u.a.) H, fr, 2, I, (I);
Fettfleckigkeit (Phytomonas medicaginis) H, fl, b, 2, IV, B;
Fleischfleckigkeit (Polystigma rubrum) O, fl, s, 2, IV, SP;
Fritfliegen (Oscinis frit u.a.) G, w, fs, 1, I, VII, (I);
Fruchtfäule (Fusariumarten) O, v, fs, 3, IV, V, SP;
Gerstenfleckigkeit (Helminthosporium teres) G, fl, 2, VI, BP;
Gerstenstreifigkeit (Helminthosporium gramineum) G, fl, 1, VI, BP;
Getreidehähnchen (Lema cyanella u.a.) G, fl, fr, 1, I, VII, (I);
Getreidelaufkäfer (Zabrus gibbus) G, fr, 2, VII, In;
Getreidemehltau (Erysiphe graminis) G, v, w, 2, VII, SP;
Haferflugbrand (Ustilago avenae) G, v, Fl, 2, III, BP;
Haferkronenrost (Puccinia coronifera) G, fl, 2, VI, BP;
Hafermilbe (Tarsonemus spirifex) G, z, v, 1, 2, I, VII, Mi;
Hafernematode (Heterodera schachtii ssp.) G, z, v, 2, VII, Ru;
Halmfliege (Chlorops taeniopus) G, z, m, v, 2, VII, (I);
Halsfäule (Botrytisarten) Z, fs, 2, 3, VII, SP;
Hessenfliege (Mayetiola destructor) G, d, m, 2, I, VII, (I);
Johanniskrankheit (Fusarium rosinfectum) H, w, d, 2, V, SP;
Kartoffelkäfer (Leptinotarsa decemlineata) Ka, fr, 2, 3, In, (I);
Kartoffelkrebs (Synchytrium endobioticum) Ka, m, fs, 3, V, VI, AP;
Kartoffelnematode (Heterodera schachtii ssp.) Ka, z, w, 2, 3, V, VII, R;
Kirschblattbräune (Gnomonia erythrostoma) O, fl, d, m, 2, V, SP;
Kirschfruchtfliege (Rhagoletis cerasi) O, fr, fl, 2, I, V, (I);
Kleekrebs (Sclerotinia trifoliorum) Kl, m, w, b, 1, 2, 3, VII, SP;
Knollennassfäule (Bacterium phytophthorum) Ka, z, v, m, fs, 1, VI, VII, B;
Kohlerdfloh (Phyllotreta-Arten) K, fr, 1, 2, I, In, (I);
Kohlfliege (Chotophila brassicae) K, z, b, w, v, 1, I, IV, (I);
Kohlhernie (Plasmodiophora brassicae) K, w, m, fs, 1, 2, IV, AP;
Kohlweißling (Pieris brassicae u.a.) K, fr, 2, 3, I, (I);
Kräuselkrankheit (Virus) R, Ka, m, fl, w, z, 1, 2, I, II, VI;
Krautfäule (Phytophthora infestans) Ka, w, fl, fs, 2, IV, AP;
Lupinenfliege (Chortophila trichodactyla) L, w, d, 1, 2, VII, (I);
Luzerneblattnager (Phytonomusarten) Lu, fr, 2, V, (I);
Luzernegallmücke (Contarinia medicaginis) Lu, m, 2, I, VII, (I);
Maisbeulenbrand (Ustilago maydis) G, m, v, 2, III, BP;
Maiszünsler (Pyrausta nubilalis) G, w, d, fr, 2, I, (I);
Mehlkrankheit (Sclerotium cepivorum) Z, w, fs, 1, VII, SP;
Mehltau, Echter (Uncinula necator) W, v, w, 1, 2, IV, SP;
Mehltau, Falscher (Plasmopara viticola) W, fl, b, 1, 2, IV, AP;
Möhrenfliege (Psila rosae) Möhre, v, w, fr, fs, 1, 2, I, IV, (I);
Monilia (Scleratiniaarten) O, fl, d, fs, 1, 2, 3, IV, V, SP;
Mosaikkrankheit (Virus) Ta, T, Ra, R, Ka, Kl, K, H u.a., fl, d, 2, 3, V;
Mutterkornpilz (Claviceps purpurea) G, m, v, 2, III, SP;

**Pflanzenkrankheiten und Pflanzenschädlinge** (Fortsetzung)
Pflanzliche und tierische Parasiten an Nutzpflanzen

Narrentaschen (Taphrina pruni) O, m, fl, 2, 3, IV, SP;
Obstbaumkrebs (Nectria galligena) O, d, b, m, 1, 2, 3, V, SP;
Rapserdfloh (Psylliodes chrysocephala) Ra, v, z, fr, 1, I, In, (I);
Rapsglanzkäfer (Meligethes aeneus) Ra, fr, 1, I, II, In, (I);
Rapskrebs (Sclerotinia sclerotiorum) Ras, v, d, m, 2, 3, V, VII, SP;
Reblaus (Phylloxera vastatrix) W, m, w, 2, 3, IV, V, VI, In, (I);
Reisigkrankheit (Virus) W u. a., m, z, v, 1, 2, 3, VII;
Ringelspinner (Malacosoma neustria) O, fr, 1, 2, 3, I, II, IV, (I);
Roggenbraunrost (Puccinia triticina) G, fl, 2, VI, BP;
Roggenstängelbrand (Tuburcinia occulta) G, m, v, 2, III, BP;
Rübenblattwespe (Athalia spinarum) R, fr, 1, 2, I, IV, (I);
Rübenfliege (Pegolmyia hyoscyami) R, fl, d, v, 2, 3, I, VII, (I);
Rübennematode (Heterodera schachtii ssp.) R, w, d, v, z, 2, 3, V, Ru;
Rübenrost (Uromyces betae) R, fl, 2, 3, VII, BP;
Rübsaatpfeifer (Evergestis extimalis) Ra, fr, 2, VII, (I);
Samtfleckigkeit (Cladosporium fulvum) T, fl, b, 2, 3, IV, VI, SP;
Schildläuse (Versch. Arten) O, s, m, 1, 2, 3, I, In, (I);
Schneeschimmel (Fusarium nivale) G, fs, 1, V, SP;
Schorfkrankheit (Venturia-Arten) O, fl, m, d, 3, IV, SP;
Schrotschusskrankheit (Clasterosporium carpophilum) O, fr, d, s, m, 1, V, IV, SP;
Schwarzadrigkeit (Pseudomonas campestris) K, v, b, 2, III, V, B;
Schwarzbeinigkeit (Ophiobolus graminis) G, fl, fs, b, 2, VII, SP;
Schwarzrost (Puccinia graminis) G, fl, 2, VI, BP;
Spargelfliege (Platyparaea poeciloptera) S, m, v, d, fr, 1, 2, I, II, (I);
Spargelkäfer (Crioceris-Arten) S, fr, 1, 2, I, In, (I);
Spargelrost (Puccinia asparagi) S, fl, 2, V, BP;
Stängelbräune (Virus) L, fl, m, d, 2, V;
Stängelbrenner (Gloeosporium caulivorum) K, fl, w, d, 2, VII, SP;
Stängelfäule (Didymella lycopersici) T, w, fl, fs, 2, 3, VII, SP;
Stockkrankheit (Tylenchus dipsaci, versch. Rassen) G, v, w, fl, m, z, 1, VII, Ru;
Traubenwickler (Clysia ambiguella u. Polychrosis botrana) W, fr, I, II, IV, (I);
Weizenstinkbrand (Tilletia tritici) G, v, 2, III, BP;
Wildfeuer (Pseudomonas tabaci) Ta, fl, m, z, 2, 3, IV, B;
Wurzelbrand (Pythium baryanum) R, K u. a., w, v, fs, m, 1, III, AP;
Wurzelkropf (Agrobacterium tumefaciens) O, R, m, 2, 3, VII, B;
Wurzeltöter (Rhizoctonia solani) Ka u. a., z, w, v, fs, V, III, BP;
Zwiebelbrand (Tuburcinia cepulae) Z, m, v, d, 1, 2, VII, BP

Enzkreises, am N-Rand des Schwarzwaldes, Baden-Württemberg, 118 000 E; got. Stiftskirche St. Michael; mod. Matthäuskirche; Museen, IHK, Goldschmiede-, Kunst- und Werkschule; Schmuckwaren-, Uhrenindustrie.

**Pfronten,** bayr. Luftkurort u. Wintersportplatz westl. von Füssen, 7 700 E; opt., feinmech. u. a. Ind.

**Pfropfung** ↑Vered[e]lung.

**Pfründe,** Einkommen (bes. im MA) aus einem Kirchenamt.

**Pfund,** Zeichen **Pfd.**, alte Masse- bzw. Gewichtseinheit (= 500 g) u. Zählmaß (= 240 Stück).

**pH** ↑pH-Wert.

**Phäaken,** in der Odyssee wohlhabendes Seefahrervolk der Insel Scheria.

**Phädra,** in der griech. Mythol. Tochter des Minos, Schwester der Ariadne, zweite Gem. des Theseus, dessen Sohn Hippolyt P.s leidenschaftl. Liebe erregt.

**Phädrus, Phaedrus,** röm. Fabeldichter, †um 50 n. Chr; Freigelassener des Augustus; Tierfabeln nach Äsop, Schwänke.

**Phaistos,** antike Ruinenstätte im südl. Kreta; bed. minoische Funde, u. a. Alter Palast (20.–17. Jh. v. Chr.).

**Phalanx** [gr.], antike Schlachtordnung; an der Front Schwerbewaffnete, Normaltiefe 8 Mann, an der Flanke durch Leichtbewaffnete od. Reiterei geschützt.

**Phaleron** ['falirɔn], ältester Hafen Athens, jetzt Stadtteil von Athen und Seebad.

**Phallus** [gr.], [erigiertes] männl. Glied; in zahlr. Kulturen als Sinnbild der Zeugungskraft der Natur u. als Unheil abwehrendes u. jagdmag. Symbol verehrt *(P.kulte)*.

**Phänomen** [gr.], das Erscheinende, der sinnl. Erfassung unmittelbar zugänglich; das der Erkenntnis sich Darbietende; [ugs. für: seltene] Erscheinung.

**Phänomenologie** [gr.], Lehre von der Entstehung u. Form der Erscheinungen im Bewusstsein; philosoph. Wesensschau (Husserl).

**Phänotyp** [gr.], Erscheinungsbild (Summe aller Merkmale) eines Organismus, durch Umwelt u. Erbanlage bedingt.

**Phantasie** ↑Fantasie.

**Phantast** ↑Fantast.

**Phantom** [gr.], Trugbild, Hirngespinst, Sinnestäuschung.

**Phantombild,** Bild eines polizeil. Gesuchten, nach Zeugenaussagen erstellt.

**Pharao, 1)** Bez. der ägypt. Kg. **2)** Kartenglücksspiel.

**Pharisäer** [hebr.], relig.-polit. Bewegung im Judentum (2. Jh. v. Chr. b. 1. Jh. n. Chr.), strenge, bibl. Gesetzestreue betonend; im Ggs. zu den ↑Sadduzäern stehend.

**Pharmakologie** [gr.], Arzneimittelkunde; Lehre von den Wechselwirkungen zw. Arzneistoffen und Organismus.

**Pharmazeut** [gr.], Apotheker, Arzneikundiger.

**Pharmazie** [gr.], Wiss. von der Beschaffenheit, Herstellung u. Verwendung der Arzneimittel.

**Pharsalos,** antike Stadt in Thessalien, heute Farsala, Griechenland. – Sieg Caesars über Pompeius 48 v. Chr.

**Pharus,** griech. **Pharos,** ehem. Insel vor Alexandria (jetzt landfest); dort von Sostratos um 280 v. Chr. vollendeter Leuchtturm, der im 14. Jh. einstürzte (über 100 m hoch, eines der sieben Weltwunder).

**Phase** [gr.], **1)** Abschnitt einer Entwicklung oder eines Zeitablaufs. **2)** Lichtgestalt der nicht selbst leuchtenden Himmelskörper, deren *P.wechsel* durch die sich ändernde Stellung Sonne – Gestirn (wie Mond, Planet) – Erde hervorgerufen wird. **3)** eine Größe, die den Schwingungszustand einer Schwingung zu einem belieb. Zeitpt., den einer Welle an einer belieb. Stelle festlegt. **4)** homogener (makroskop. gleichart.) Bereich in einem heterogenen System, z. B. nebeneinander bestehende Aggregatzustände (feste, flüssige, gasförm. P.).

**Phasenmodulation** ↑Modulation.

**Phasenverschiebung,** die Differenz der ↑Phasen zweier Wellen od. Schwingungen gleicher Frequenz, z. B. die zeitl. Verschiebung des Wechselstroms gegenüber der Wechselspannung.

**Phenole** [frz.], aromat., kristalline Verbdg., bei denen ein od. mehr. Wasserstoffatome des Benzolringes durch OH-Gruppen ersetzt sind; wicht. Verbindungen: *Phenol, Hydroxybenzol* (fr. Karbol[säure], $C_6H_5OH$), *Kresole* (Methylphenole), *Xylenole* (Dimethylphenole); techn. vielseit. verwendb., u. a. zur Herst. von Phenolharzen.

**Phenolharze, Phenoplaste,** synthet. Polykondensationsprodukte aus Phenolen u. Aldehyden, v. a. Formaldehyd.

**Phenolphthalein** [Kw.], ein Triphenylmethanfarbstoff, der in der sauren Lösung farblos, in alkal. Lösung karminrot erscheint; Verwendung als Indikator.

**Phenyl-** [gr.; dt.], die einwert. chem. Gruppe $C_6H_5-$.

**Pheromone, Ektohormone,** tier. Wirkstoffe ähnl. den Hormonen, die jedoch von Drüsen nach außen abgesondert werden und das Verhalten anderer Tiere beeinflussen, z. B. Sexuallockstoffe der Insekten.

**Phi,** im griech. Alphabet der viertletzte Buchstabe (F, f).

**Phiale** [gr.], altgriech. flache [Opfer]schale.

**Phidias,** griech. **Pheidias,** griech. Bildhauer des 5. Jh. v. Chr.; Hauptmeister der griech. Klassik; Kolossalstatuen der Athene Parthenos für Athen u. des Zeus für Olympia.

**Philadelphia** [fılə'delfjə], größte St. in Pennsylvania, USA, Seehafen am Mündungstrichter des Delaware River, 1,55 Mill. E; 2 Univ., St. Joseph's College, technol. Inst., Kunstakad., Museen, Bibliotheken, vielseit. Ind.; ⚓. – 1683 v. W. ↑Penn gegr., 1776 Verkündigung der Unabhängigkeit der USA in der Independence Hall; 1790 bis 1800 Hptst. der USA.

**Philae,** ehem. Nilinsel bei Assuan, Ägypten; heute überschwemmt; d. zahlr. altägypt. Tempel wurden auf d. Nachbarinsel *Agilkia* wieder aufgebaut.

**Philanthrop,** Menschenfreund, Wohltäter.

**Philatelie,** Briefmarkenkunde.

**Philemon,** phryg. Sagengestalt; Gatte der Baucis, mit der zus. er trotz seiner Armut Zeus u. Hermes bewirtet; dafür wird ihnen in hohem Alter gleichzeit. Tod gewährt.

**Philharmonie** [gr.], **1)** Name für Gesellschaften zur Förderung des Musiklebens einer Stadt. **2)** Name von Konzertsälen.

**Philharmoniker,** Name, auch Kurzbez. mehr. bed. Orchester, z. B. Wiener, Berliner, New Yorker Philharmoniker.

**Philhellenen,** europ. Intellektuelle, die den griech. Freiheitskampf 1821–30 gg. die Türkei unterstützten (u. a. Byron).

**Philip,** Prinz von Großbrit. u. N-Irland, *1921, Hzg. v. Edinburgh s. 1947; s. 1947 verh. mit der späteren brit. Kgn. Elisabeth II.

**Philipe** [fi'lip], Gérard, frz. Schauspieler, *1922, †1959; „Fanfan, der Husar".

**Philipp,** *Hl. Röm. Reich:* **1) P. von Schwaben,** *vor 1178, †1208, Sohn Friedrichs I. Barbarossa, 1196 Hzg. v. Schwaben; 1198 zum Kg. gewählt, konnte sich ab 1204 gg. den Welfen Otto IV. durchsetzen; ermordet. – *Burgund:* **2) P. II.,** der Kühne, *1342, †1404, Hzg. s. 1363; vergrößerte Burgund durch seine Ehe mit Margarete v. Flandern um die Franche-Comté, Flandern, Artois u. Nevers. **3) P. III.,** der Gute, *1396, †1467, Hzg. seit 1419; erwarb Namur, Hennegau, Holland, Seeland, Brabant, Limburg und Luxemburg. – *Frkr.:* **4) Ph. II. August,** *1165, †1223, Kg. s. 1180; eroberte die engl. Besitzungen in Frkr. bis auf Teile Aquitaniens; besiegte 1214 eine engl.-welf.-niederrhein. Koalition bei Bouvines. **5) P. IV.,** der Schöne, *1268, †1314, Kg. seit 1285; brachte das Papsttum unter frz. Einfluss (1309 Übersiedlung v. Klemens V. nach Avignon); verfolgte die Mitgl. des Templerordens. – *Hessen:* **6) P. I.,** der Großmütige, *1504, †1567, Landgf. s. 1509; neben Johann v. Sachsen Führer der ev. Fürsten; gründete 1527 die Univ. Marburg; im Schmalkald. Krieg 1547 v. Karl V. geschlagen. – *Makedonien:* **7) P. II.,** König s. 359, *382, †336 v. Chr., Vater Alexanders d. Gr.; erhob Makedonien zur Großmacht, einte ganz Griechenland unter makedon. Führung. – *Spanien:* **8) P. II.,** *1527, †1598, Sohn Karls V., Kg. s. 1556; Kampf gg. die aufständ. Niederlande (1581 Verlust der nördl. Provinzen); 1580 Angliederung Portugals; 1588 Verlust der Armada; eifriger Verteidiger des Katholizismus.

**Philippe Égalité** ↑Orléans.

**Philippi,** griech. Ort u. antike Ruinenstätte in Makedonien; hier siegten 42 v. Chr. Antonius und Octavianus (später Ks. Augustus) über die Caesarmörder Cassius u. Brutus; um 50 n. Chr. Gründung der 1. Christengemeinde auf europ. Boden.

**Philippika,** Reden des Demosthenes gg. Kg. Philipp von Makedonien; allg.: Strafrede[n].

**Philippinen,** die nö. Inselgruppe des Malaiischen Archipels, 7 100 Inseln u. Eilande (zu 20 % bewohnt); Hauptinseln: Luzon, Mindanao, Samar, Negros, Palawan, Panay, Mindoro, Leyte, Cebu, Bohol u. Masbate. *Bev.:* v. a. Malaien, auf d. nördl. Inseln Reste d. Urbev. (Negritos), ferner Chinesen, Inder, Amerikaner, Europäer; Amtssprachen: Engl., Span., Tagalog; Religion: überw. röm.-kath. – Die P. sind gebirg., mit z. T. tät. Vulkanen (Mount Apo auf Mindanao 2 954 m); häuf. Erdbeben, feuchtheißes Monsunklima; 60 % Waldfläche; Anbau von Reis, Mais, Zuckerrohr, Kokospalmen, Kautschuk, Kaffee, Tabak u. Hanf (Manilahanf); Viehzucht. *Bodenschätze:* bes. Eisen-, Mangan-, Kupfer-, Chromerze und Gold. Die Ind. verarbeitet fast nur heim. Rohstoffe: Zuckerrohr, Tabak, Kokosnüsse, Erze. – *Gesch.:* 1521 von F. de Magalhães entdeckt, in der 2. H. d. 16. Jh. span., 1898

**Philippinen**

*Fläche:* 300 000 km²
*Einwohner:* 73,13 Mill.
*Hauptstadt:* Manila
*Amtssprachen:* Filipino, Englisch
*Zeitzone:* MEZ + 7 Stunden

nach Span.-Amer. Krieg an die USA, nachfolgend bis 1901 Guerillakrieg; 1941–45 jap. Besetzung, 1946 unabh., Anlehnung an die USA; unter Präs. F. E. Marcos (1965-86) diktator. Kurs, danach innenpolit. Demokratisierung u. Stabilisierung unter den Präs. Corazon Aquino (1986–92) u. Fidel Ramos (1992–98); Bemühungen um einen Ausgleich mit den muslim. Separatisten auf Mindanao (1996 Friedensabkommen, 1999 bis 2001 neuer Ausbruch des blutigen Sezessionskrieges; auch Kämpfe gg. die terrorist. Abu Sayyaf auf Jolo, s. 2002 mit amer. Unterstützung). 1998 wurde Joseph Estrada Staatspräs., nach seinem Sturz 2001 Gloria Macapagal-Arroyo.

**Philister,** ein wohl aus der Ägäis in das Küstengebiet Palästinas eingedrungenes, wohl idgm. Volk.

**phil[o]..., Phil[o]...** [griech.], Bestimmungswort: Bed.: „freund...", „lieb...".

**Philodendron** [gr.], Gatt. der Aronstabgewächse; strauchige, baumart. od. kletternde Pfl.; trop. Amerika; Topfpflanzen.

**Philoktet,** Held der griech. Sage, der v. Herakles Bogen u. tödl. Giftpfeile erhält, mit denen er im Trojan. Krieg Paris tötet.

**Philologie** [gr.], Erforschung von Spr. u. Lit. eines Volkes; Die *klass.* oder *Alt-P.* beschäftigt sich mit der Antike. Als *Neu-P.* fasst man die P. der neueren Sprachen zusammen, bes. Germanistik, Anglistik (Amerikanistik), Romanistik, Slawistik. Aus der P. haben sich Sprachwiss. und Literaturwiss. entwickelt.

**Philosophie** [gr.; = Liebe zur Weisheit], der Versuch, eine Wesensbestimmung der P. anzugeben, stößt auf große Schwierigkeiten, da die P. im Unterschied zu den Fachwiss. keinen ihr eigentüml. Gegenstand hat. Doch gilt als allg. Kennzeichen der P., dass sie sich als *voraussetzungslos* begreift hinsichtl. der Absicht, auch dort nach Gründen zu fragen, wo sich das alltägl. u. wiss. Bewusstsein mit fakt., allg. akzeptierten Überzeugungen zufrieden gibt, sodass die bes. Rolle der philos. Reflexion beschrieben werden kann als eine *Begründungen ausarbeitende rationale Orientierung in theoret. Form.* In diesem Bemühen liegen P. und [Fach-]Wiss. noch ungeschieden beieinander. Abgesehen v. den stärker moral.-prakt. ausgerichteten außereurop. P. (z. B. chin. u. ind. P.) ändert sich an dieser prinzipiellen Verknüpfung in der *Geschichte* der P. seit der frühen griech. P. bis in die Neuzeit hinein wenig. Die Verselbstständigung der P. gegenüber der Fachwiss. kommt erst im 19. Jh. zur Auswirkung als Folge der Verselbstständigung der Fachwiss. selbst. Zudem wächst die über die Aufklärung vermittelte Abneigung gegenüber einer spekulativen Erweiterung des Vernunftgebrauchs. Nach einer Phase des Systemdenkens (dt. Idealismus) zeigen sich extreme Reaktionen philos. Selbstverständnisses, die bis weit ins 20. Jh. reichen: z. B. in Form eines völligen Rückzugs der P. aus den Wiss. (Existenz-P.) oder im Ggs. dazu in Form einer völligen Beschränkung der P. auf reine Wiss.logik (R. Carnap) bzw. eine Analyse der Wiss.sprache. Die Rückbesinnung der P. auf ihr urspr. Interesse an der Wiss. macht sich gegenwärtig allg. in Form eines wiss.theoret. Bewusstseins geltend. Entspr. spielen im modernen P.-Verständnis Logik, Sprach-P. u. Wiss.theorie i. e. S. als Theorie allg. u. wiss. Begründungszusammenhänge eine beherrschende Rolle. – Die *Einteilung* der P. ist sowohl histor. bedingt als auch abhängig v. dem Gegenstand, dem die P. sich jeweils zuwendet. Platons Einteilung in Logik, Ästhetik u. Ethik wurde v. Aristoteles durch Hinzufügen v. Metaphysik (Ontologie), Natur-P. (einschl. Psychol.), Rhetorik u. Staats-P. ergänzt, eine Einteilung, die über die Scholastik (Metaphysik [Ontologie u. Theologie], Physik [Kosmologie u. Psychol.], Ethik [Politik]) u. nach Hinzunahme der Erkenntnistheorie im 17. Jh. (Descartes) für den akadem. Betrieb der P. bis heute weitgehend bestimmend blieb. Daneben bildeten sich akadem. Sonderdisziplinen wie z. B. Geschichts-, Rechts-, Religions-P., Pädagogik, Sprach-, Kultur-, Wirtschafts- u. Sozialphilosophie.

**Phimose** [gr.], Verengung der Vorhaut des männl. Gliedes.

**Phiole** [gr.], bauch. Glasgefäß mit langem Hals [d. Alchimisten].

**Phlegma** [gr.], Unempfindlichkeit, Trägheit; Mangel an Erregbarkeit.

**Phlox** [gr.], Gatt. der Sperrkrautgewächse; beliebte Gartenpfl.

**Phnom Penh** [pnɔm ˈpɛn], Hptst. von Kambodscha, am unteren Mekong, 920 000 E; Univ.; Pagode (15. Jh.), Königsschloss; Textil- und Nahrungsmittelind.; ⚓, ✈.

**Phobie** [gr.], krankhafte Angst ohne eigtl. Gefahr.

**Phobos,** Mond des Planeten Mars.

**Phoenix** [ˈfiːnɪks], Hptst. von Arizona, USA, am Salt River, 983 000 E; vielseit. Ind.; ✈. – Bed. Erholungsort (Pensionärsstadt *Sun City*). – Gegr. 1871.

**Phon** [gr.], Hinweiswort für die subjekt. empfundene Lautstärke, bezogen auf den Lautstärkepegel des Normaltons v. 1 000 Hz; heute wird die Lautstärke internat. in dB (↑Bel) gemessen.

**Phonetik,** Laut-, Stimmbildungslehre.

**Phönikilen,** im Altertum Küstenldsch. am östl. Mittelmeer, etwa von Latakia (Laodikeia) bis Akko; einheim. Name Kanaan. Mindestens s. dem 2. Jt. v. Chr. Stadtstaaten der semit. *Phöniker,* die hier z. T. auf sehr alte städt. Zivilisation trafen; nach 1200 Aufblühen des Seehandels, bed. Seestädte: Sidon (Saida), Tyros (Sur), Aradus (Ruad bei Tartus), Byblos (Djubail), Berytos (Beirut) u. a., Gründung zahlr. Handelskolonien (s. dem 11. Jh. v. Chr.), u. a. Karthago; neue Blütezeit unter den Persern; 64/63 v. Chr. zur röm. Prov. Syria.

**Phönikisch,** dem Hebräischen verwandte semit. Spr., fast nur inschriftl. belegt (seit etwa 1000 v. Chr.); Buchstabenschrift. Eine jüngere Form ist das Punische.

**Phönix,** Fabelwesen; urspr. hl. Vogel der Ägypter, als Erscheinung des Sonnengottes verehrt. Nach der späteren Legende verbrennt der P. sich selbst, um aus der Asche neu geboren emporzusteigen.

**phon[o]..., Phon[o]...** [gr.], Bestimmungswort; Bed.: „Schall, Laut, Stimme, Ton".

**Phon: Lautstärkepegel**

| | | |
|---|---|---|
| 0 | Phon | = Reiz- oder Hörschwelle |
| 20 | Phon | = Flüstern |
| 40 | Phon | = Unterhaltungssprache |
| 60 | Phon | = laute Lautsprechermusik |
| 80 | Phon | = sehr starker Verkehrslärm |
| 100 | Phon | = ungedämpftes Motorrad |
| 120 | Phon | = Presslufthammer (1 m entfernt) |
| 130 | Phon | = Schmerzschwelle (Luftschutzsirene, 20 m entfernt) |

**Phonogramm,** jede Aufzeichnung von Schallwellen (z. B. Sprache, Musik) auf ein Speichermedium (Schallplatte, Tonband u. a.).

**Phonograph,** 1877 von T. A. Edison erfundenes Schallspeichergerät, Vorläufer des Grammophons.

**Phonolith** [gr.], **Klingstein,** Ergussgestein; in Säulen od. dünnen, beim Anschlagen klingenden Platten.

**Phosgen** [engl.], sehr gift. Gas, $COCl_2$; im 1. Weltkrieg Kampfmittel (Grünkreuz).

**Phosphate, 1)** Salze der dreibas. Orthophosphorsäure $H_3PO_4$; Verwendung vorw. als Düngemittel. **2)** die Ester der Phosphorsäure (v. a. Insektizide).

**Phosphatide, Phospholipoide,** fettähnl. Substanzen (Lipoide), die aus Glycerin, höheren Fettsäuren, Phosphorsäure und einer bas. Substanz (bei Lezithin Cholin) bestehen.

**Phosphide,** Verbindungen des Phosphors mit Metallen od. Halbmetallen.

**Phosphor** [gr.], Symb. **P,** chem. El., OZ 15, rel. A.-Masse 30,97362, Nichtmetall; in mehr. Modifikationen, u. a. wachsweiche Masse, *weißer (gelber)* P., *roter,* pulverförm. P., *violetter,* kristalliner P. (entsteht durch Brennen von weißem P.), *schwarzer,* metall. glänzender P.; gelber P. entzündet leicht an Luft (Dämpfe sind sehr giftig) u. verbrennt zu P.pentoxid, das sich mit Wasser zu ↑P.säure umsetzt; zahlr. P.verbdg. sind biochem. u. techn. wicht. (Düngemittel, Arzneimittel, ↑Phosphide, ↑Phosphate u. a.). Natürl. *Vorkommen* nur in Verbdg. (↑Apatit, ↑Phosphorite u. a.).

**Phosphoreszenz,** Eigenschaft mancher Stoffe *(Phosphore),* nach therm. Anregung (Bestrahlung), Licht auszusenden u. (im Ggs. zur Fluoreszenz) nachzuleuchten; Form der ↑Lumineszenz.

**Phosphorite** [gr.], bräunl., erdige, traubig-nierige Sedimentgesteine; Hauptbestandteil Calciumphosphat.

**Phosphorsäure, Orthophosphorsäure,** mittelstarke, dreibas., ungift. Säure, $H_3PO_4$; u. a. zur Herst. v. künstl. Phosphatdünger.

**photo..., Photo...** [gr.], Bestimmungswort; Bed.: „Licht, Lichtbild".

**Photochemie,** Teilgebiet der Chemie; befasst sich mit chem. Reaktionen, die durch elektron. angeregte Moleküle ausgelöst werden.

**Photo|effekt, photoelektr. Effekt, lichtelektr. Effekt,** das Freiwerden v. Elektronen an der Oberfläche v. Metallen *(äußerer P., Hallwachs-Effekt)* od. im Innern v. Halbleitern *(innerer P.)* beim Einfall v. Licht, Röntgen- od. Gammastrahlen. Beim inneren P. ergibt sich eine höhere elektr. Leitfähigkeit *(Photoleitfähigkeit).*

**Photo|element,** aus Halbleitermaterial bestehendes optoelektron. Bauel., das auf dem inneren ↑Photoeffekt beruht u. bei Auftreffen elektromagnet. Strahlung eine elektr. Spannung abgibt.

**photogen** ↑fotogen.

**Photogrammmetrie, Raumbildmessung,** Bez. für Verfahren, mit deren Hilfe aus fotogr. Bildern geometr. ähnl. Modelle von Raumgebilden erstellt werden (z. B. Landkarten).

**Photographie** ↑Fotografie.

**Photokopie** ↑Fotokopie.

**Photolithographie 1)** Verfahren zur Druckformenherstellung im Offsetdruck, bei dem die Druckvorlagen auf sensibilisierte Metallplatten (fr. auf Stein) kopiert werden. **2)** in der Halbleiterfertigung die Übertragung der Schaltkreismuster auf ein ↑Wafer. Die Strukturen werden durch Bestrahlung einer Photolackschicht durch Masken hindurch, die die Schaltkreisstrukturen aufweisen, erreicht. An den unbestrahlten Lackstellen wird durch Ätzen die Halbleiteroberfläche freigelegt (Leiterbahnen).

**Photolyse** [gr.], Spaltung von chem. Verbindungen durch Lichteinwirkung.

**Photometer,** Gerät zur Lichtmessung, v. a. der Lichtstärke v. Beleuchtungsquellen.

**Photometrie,** befasst sich mit Definition u. Messung physikal. Größen, die das (sichtb.) Licht unter Zugrundelegung der Lichtempfindlichkeit des menschl. Auges nach seiner Energie od. Leistung bewerten („Lichtmessung").

**Photomultiplier** [-mʌltɪplaɪə] der ↑Sekundärelektronenvervielfacher.

**Photonen** [gr.], **Lichtquanten, Strahlungsquanten,** Energiequanten der elektromagnet. Strahlung (↑Quanten).

**Photonik** [Kurzw. aus **Photo**n u. Elektro**nik**], moderne Grundlagentechnologie, befasst sich mit der Informationsübertragung u. -verarbeitung durch Licht anstelle v. Elektronen, nutzt die bes. physikal. Eigensch. v. Photonen.

**Photosphäre,** diejenige Schicht der Sonne od. eines Sterns, aus der der größte Teil des Lichtes abgestrahlt wird.

**Photosynthese** [gr.] ↑Assimilation.

**Photo|voltaik,** Technikbereich, der die direkte Umwandlung v. Licht- in elektr. Energie zum Arbeitsgebiet hat, z. B. mithilfe v. Solarzellen.

**Photowiderstand,** Halbleiterbauel., dessen elektr. Widerstand sich bei Bestrahlung mit Licht ändert.

**Photozelle, Photodiode,** auf dem äußeren ↑Photoeffekt beruhender Detektor; wandelt Lichtschwankungen in elektr. Stromschwankungen um.

**Phrase** [gr.], **1)** eigtl. Satz, dann Redewendung; leere Redensart. **2)** 𝄞 in sich geschlossene Motivfolge. *phrasieren,* gliedern.

**Phrasierung,** 𝄞 melod.-rhythm. Sinngebung eines musikal. Satzes durch Einteilung in Phrasen.

**Phrygi|en,** histor. Ldsch. in Kleinasien, im 8. Jh. v. Chr. Bildung des Großreichs der *Phryger* mit der Hptst. Gordion (bis um 695 v. Chr.).

**phrygische Mütze,** svw. ↑Jakobinermütze.

**Phthaleine** [pers.-gr.], den Triphenylmethanfarbstoffen verwandte synthet. Farbstoffe, z. B. ↑Phenolphthalein.

**pH-Wert,** negat. dekad. Logarithmus der Wasserstoffionenkonzentration; saure Lösungen haben pH-Werte kleiner als 7, alkal. gr. 7.

**Phyllit** [gr.], grünlich grauer kristalliner Schiefer, vorw. aus Quarz u. Serizit.

**Phylogenie, Phylogenese** [gr.], svw. ↑Stammesgeschichte.

**Physik** [gr.], Wiss. v. den Naturvorgängen im Bereich der unbelebten Materie, die sich mit der experimentellen Erforschung, messenden Erfassung u. (math.) Formulierung ihrer Gesetzmäßigkeiten befasst. Zur *klass. P.,* in der die physikal. Grundbegriffe u. Methoden entwickelt wurden, gehören Mech., Akustik, Optik, Thermo- u. Elektrodynamik. Eine Sonderstellung nimmt die Relativitätstheorie ein. Die *mod. P.* umfasst v. a. die nicht mehr anschaul. in Raum u. Zeit beschreibb. Naturvorgänge der Mikrophysik. Sie sind nur durch die Quantentheorie zu erklären. Hierzu gehören Atom-, Kern-, Festkörper-, Elementarteilchen-P., Kosmologie. Grenzdisziplinen sind u. a. *Bio-, Astro-, Geo-P.* u. *physikal. Chemie.*

**Physikalisch-Technische Bundesanstalt,** Abk. **PTB,** Bundesoberbehörde für das Prüf-, Eich- u. Zulassungswesen in Dtl., Sitz Braunschweig u. Berlin.

**Physikum,** frühere Bez. für die

ärztl. Vorprüfung; wird nach dem 4. Semester des Medizinstudiums abgelegt.
**Physiognomie** [gr.], äußere Erscheinung eines Lebewesens, beim Menschen bes. Form u. Ausdruck des Gesichts.
**Physiognomik** [gr.], fr. in der Ausdruckspsychologie die Deutung der Wesensart eines Menschen aus seiner Körpergestalt, bes. aus den Gesichtszügen.
**Physiokraten** [gr.], Vertr. der v. a. von F. Quesnay entwickelten nationalökonom. Schule *(Physiokratismus)*, die den Boden als urspr. Quelle des gesellschaftl. Reichtums betrachtet.
**Physiologie,** Lehre von den Lebensvorgängen im Organismus, bes. von den Funktionen der einzelnen Organe, Gewebe u. Zellen.
**physiologische Uhr, biolog. Uhr, endogene Rhythmik, Tageszeitsinn, Zeitgedächtnis, innere Uhr,** Bez. für einen rhythm. ablaufenden physiolog. Mechanismus, der bei den Menschen, allen Pflanzen u. Tieren vorhanden ist u. nach dem die Stoffwechselprozesse, Wachstumsleistungen u. Verhaltensweisen festgelegt werden.
**Physis** [gr.], die Natur, das Reale, das naturwiss. [od. sinnl.] Erfahrbare. *physisch,* körperlich.
**phyto..., Phyto...** [gr.], Bestimmungswort; Bed.: „Pflanze".
**Pi,** 16. Buchstabe des griech. Alphabets (Π, π) mit dem Lautwert p; ↑ludolfsche Zahl.
**Piacenza** [pia'tʃɛntsa], Prov.-Hptst. in Italien, am Po, 98700 E; Kunstakad.; Dom (1122 ff.), S. Sisto (1499 ff.), got. Rathaus; Nahrungsmittel- u. a. Ind.; nahebei Erdgas- u. Erdölvorkommen.
**Piaf,** Édith, eigtl. É. Giovanna **Gassion** [ga'sjɔ̃], frz. Chansonsängerin, *1915, †1963.
**piano** [ital.], Abk. **p,** 𝄞 leise; Ggs.: forte: *pianissimo, pp,* sehr leise.
**Piano,** Kurzform von **Pianoforte,** ↑Klavier.
**Piano,** Renzo, ital. Architekt, *1937; schuf mit R. Rogers das Centre Pompidou in Paris (1971–77).
**Piasten,** poln. u. schles. Herrschergeschlecht, in Polen bis 1370, in Masowien bis 1526, in Schlesien bis 1675.
**Piazza** [ital.], [Markt]platz.
**Picador** [span.], berittener Stierkämpfer, der den Stier durch Lanzenstiche in den Nacken reizt u. schwächt.
**Picardie,** nordfrz. Ldsch. und histor. Prov. an der Somme, Hauptort Amiens.
**Picasso,** Pablo, eigtl. Pablo **Ruiz y P.,** span. Maler, Grafiker u. Bildhauer, *1881, †1973; „blaue" (1901–04) u. „rosa" (1904–06) Periode; zus. mit G. Braque Begr. des Kubismus; s. 1917 versch. Stile nebeneinander, vom Kubismus bis zur Abstraktion; „Les demoiselles d'Avignon" (1907; Beginn des Kubismus, radikale Vereinfachung der Formen, strenge Zeichnung), „Guernica".
**Piccadilly** [pɪkə'dɪli], eine der Hauptstraßen des Londoner Westends, zw. Hyde Park Corner u. *Piccadilly Circus.*
**Piccard** [pi'ka:r], **1)** Auguste, schweizer. Physiker, *1884, †1962; erforschte Stratosphäre u. Tiefsee. **2)** Jacques, Sohn von 1), schweizer. Tiefseeforscher, *1922; tauchte 1960 in dem Bathyscaph „Trieste" im Marianengraben über 10900 m. **3)** Bertrand P., Sohn v. 2), schweizer. Psychiater u. Ballonfahrer, *1958; P. gelang mit dem engl. Fluging. Brian Jones (*1948) im März 1999 d. erste Erdumrundung mit einem Heliumballon.
**Piccolomini,** Ottavio, Hzg. v. Amalfi, Feldherr im Dreißigjähr. Krieg, *1599 (?), †1656; verriet dem Ks. als Wallensteins Vertrauter dessen Pläne.
**Pickel, 1)** Spitzhacke, v. a. ↑Eispickel. **2)** kl. entzündl. [Haut]effloreszenz.

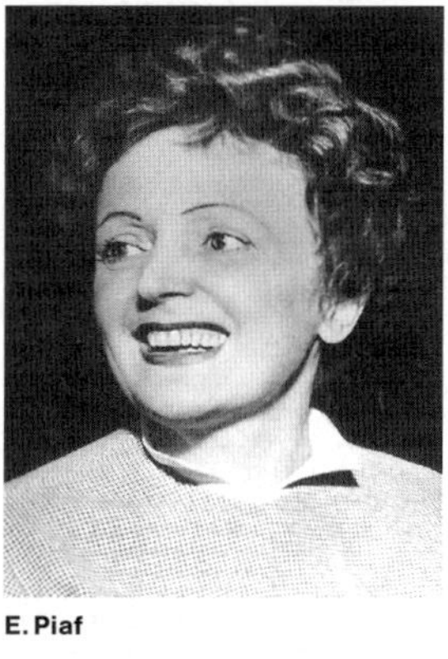

**E. Piaf**

**Pickelhaube,** Bez. für den preuß. Infanteriehelm bis zum 1. Weltkrieg.
**Picknick** [engl.-frz.], Mahl [aus mitgebrachten Speisen] im Freien.
**Pico della Mirandola,** Giovanni, ital. Humanist u. Philosoph, *1463, †1494; nach päpstl. Verurteilung Versuch einer Synthese v. neuplaton. und christl. Lehre.
**Pidgin-English** ['pɪdʒɪn'ɪŋglɪʃ; engl.], bes. in Ostasien verbreitete Mischspr. mit chin. Syntax u. Lautung u. engl. Wortwurzeln.
**Pieck,** Wilhelm, dt. Politiker, *1876, †1960; 1918 Mitbegr. der KPD, 1946–54 (zus. mit O. Grotewohl) Vors. der SED; 1949–60 Präs. der DDR.
**Piedestal** [frz.], Postament, Sockel, Fußgestell.
**Piemont,** ital. **Piemonte,** Region im westl. Teil N-Italien, westl. d. Tessin; 25399 km², 4,3 Mill. E, Hptst. Turin.
**Pieper,** etwa buchfinkengr., zu den Stelzen gehörende Singvögel.
**Pier** [engl.], Hafendamm, Landungsbrücke.
**Pierre** ['pi:ə], Hptst. von South Dakota, USA, am Missouri, 12900 E; landw. Handelszentrum; ✈.
**Pieta** [ital.], **Pietà, Vesperbild,** Darst. Marias mit dem Leichnam Jesu auf dem Schoß.
**Pietät** [lat.], Frömmigkeit, Ehrfurcht, Rücksichtnahme.
**Pietermaritzburg,** Hptst. d. Prov. KwaZulu-Natal, Rep. Südafrika, 192400 E; Univ.; bed. Ind.-Standort; ✈.
**Pietismus** [lat.], relig. Bewegung innerh. des Protestantismus im 17./18. Jh.; erstrebte die geistl. Erneuerung der Kirche, vertiefte individuelle Frömmigkeit u. ein tätiger Nächstenliebe verpflichtetes prakt. Christentum; programmat. Grundlegung durch Philipp Jacob Speners Schrift „Pia desideria" (lat.; = Frommes Verlangen, 1675); Ausbildung eigener religiöser Versammlungen (Konventikel); Zentren: Halle (A. H. ↑Francke), Württemberg, die niederrhein. Gebiete.
**Piezoelektrizität** [gr.], Auftreten elektr. Ladungen an den Grenzflächen best. Kristalle (Quarz u. a.) bei Deformation (Druck, Zug, Torsion) u. die Umkehrung dieses 1880 v. P. Curie entdeckten Effekts; speziell erzeugen elektr. Wechselfelder mech. Schwingungen äußerst konstanter Frequenz. Die P. ist eng verwandt mit der ↑Elektrostriktion.
**Pigmente** [lat.], **1)** in Form feinster Körnchen in [Haut]zellen eingelagerte Körperfarbstoffe *(Farbkörper);* **2)** Farbmittel *(Farbpigmente, Pigmentfarben),* die im Ggs. zu den ↑Farbstoffen in Wasser u. a. Lösungsmitteln unlöslich sind.
**Pignolen** ↑Pinie.
**Pik, Pique** [pik; frz.], neben Kreuz die zweite schwarze Farbe in frz. Spielkartenblättern, entspr. dem Grün der dt. Spielkarten.

**Pablo Picasso:** *Guernica (1937)*

**Pikanterie,** Würze, bes. reizvolle Note; Anzüglichkeit.

**pikaresker Roman,** svw. ↑Schelmenroman.

**Pike** [frz.], langer Spieß der Landsknechte *(Pikeniere)*.

**Pikee, Piqué** [piˈke; frz.], [Baumwoll]doppelgewebe mit charakt. Waffel- oder Wabenmuster.

**pikieren** [frz.], **1)** vereinzeln (von Sämlingen). **2)** Stofflagen aufeinander nähen.

**Pikkoloflöte,** 𝄞 kl. Flöte.

**Piko-,** Zeich. **p,** Vorsatz vor Einheiten im Messwesen, bez. das $10^{-12}$fache der betr. Einheit.

**Pikrinsäure** [gr.; dt.], **Trinitrophenol,** saure Verbdg.; hochexplosiv, ☠.

**Pikten,** wohl nichtkelt. Volk in N-Schottland; s. dem 6. Jh. eigenes Kgr.; um 846 einem schott. Großreich eingegliedert.

**Piktogramm** [lat./gr.], Bildsymbol; formelhaftes graf., Sprechern aller Sprachen verständl. Symbol.

**Pilaster** [frz.], ⌂ flache Wandvorlage, durch Basis, Schaft u. Kapitell gegliedert.

**Pilatus,** Pontius, röm. Prokurator v. Judäa (26 bis 36/37), †39 n. Chr. (?); verurteilte Jesus.

**Pilatus,** schweizer. Bergstock am Vierwaldstätter See, 2120 m; Zahnradbahn.

**Pilcher** [pɪltʃə], Rosamunde, engl. Schriftstellerin, *1924; Bestseller über die brit. Mittelklasse („Die Muschelsucher", „September").

**Pilger** [lat.], Wallfahrer, ein nach hl. Orten Wandernder.

**Pilgerväter,** erste Gruppe der nach Nordamerika ausgewanderten engl. Puritaner; landeten 1620 mit dem Schiff „Mayflower" an der Küste von Massachusetts.

**Pilgram,** Anton, dt. Bildhauer u. Baumeister der Spätgotik, *um 1460, †1515.

**Pilgrim,** †991, seit 971 Bischof von Passau; Mission in Ungarn; als Oheim Kriemhilds Gestalt des „Nibelungenlieds".

**Pille** ↑Empfängnisverhütung.

**Pillendreher, Skarabäus,** Gatt. der Mistkäfer der Mittelmeerländer, fertigt aus Mist Kugeln als Nahrung für die Larven od. für sich selbst.

**Pillnitz,** sö. Stadtteil v. Dresden; bed. Schlossanlage (1720 ff. v. M. D. Pöppelmann erbaut) an der Elbe.

**Piloty,** Karl v., dt. Maler, *1826, †1886; Hauptvertr. der realist. Historienmalerei in Deutschland.

**Pilsen,** tschech. **Plzeň** [ˈplzɛnj], Hptst. des westböhmischen Gebietes, 172 000 E; spätgot. Kirche, Renaissancerathaus; TH; Masch.-, Motoren- und Kfz-Ind.; bed. Brauereien.

**Pilsudski,** Józef Klemens, poln. Marschall u. Politiker, *1867, †1935; Mitbegr. der poln. Sozialist. Partei, 1918–22 Staatschef; besiegte 1920 die Rote Armee; errichtete durch Staatsstreich 1926 eine gemäßigte Militärdiktatur, 1926–28 u. 1930 Min.-Präs., 1926–35 Verteidigungsmin. (Nichtangriffspakte mit der UdSSR und dem Dt. Reich).

**Pilze,** Sporenpfl., Abt. der Lagerpfl.; Parasiten od. Moderpfl., die von lebender od. toter Substanz leben; Reservestoffe vielf. Glykogen u. Fette (nie Stärke); Zellwände meist aus Chitin; P. bestehen meist aus Zellfäden (Hyphen), die als Fadengeflecht (Myzel) das Substrat (Boden, Pflanzenblätter u. a.) durchziehen

**Piktogramm:** *1 – 3 Piktogramme der Deutschen Bahn AG: 1 Geldwechsel, 2 Nichtraucher, 3 Fluchtweg; 4 – 6 Piktogramme des Deutschen Sportbundes: 4 Leichtathletik, 5 Fechten, 6 Basketball*

u. an einzelnen Stellen Fruchtkörper über die Oberfläche treiben, die die Fortpflanzungsorgane tragen; die *Echten P.* werden in *Niedere* (Algen-P.) u. *Höhere P.* (mit Schlauch- u. Ständer-P.) gegliedert; nach der Form der Fruchtkörper bei den Höheren P. unterscheidet man u.a. Hut-, Bauch-, Keulen-P. u. Becherlinge; viele P. sind Krankheitserreger od. Gift-P., andere nützl. (v.a. Hefe-P.), versch. Arten liefern Antibiotika, zahlr. wertvolle Speisepilze.

**Pilzvergiftung** ↑Vergiftungen.

**Piment** [roman.], **Nelkenpfeffer,** aus den Beeren des westind. *P.baums* (Myrtengewächs) gewonnenes Gewürz.

**Pimpinella** [sanskr.], svw. ↑Bibernelle.

**Pinakothek** [gr.], Gemäldeslg. (z.B. in München).

**Pinang, Penang,** Insel vor der W-Küste der Halbinsel Malakka, 285 km², Hauptort George Town; bildet mit der Province Wellesley auf dem Festland den Gliedstaat Pinang (1 033 km², 1,1 Mill. E) innerhalb Malaysias.

**Pindar,** griech. Lyriker, *522 od. 518, †nach 446 v. Chr; pries in seinen Epinikien (Siegeschören) die Sieger der großen (u.a. der Olymp.) Spiele; führte die Odendichtung auf ihren Höhepunkt.

**Pindos, Pindus,** griech. Geb. zw. Epirus u. Thessalien, bis 2637 m.

**Pinen** [lat.], in Terpentinöl vorkommender natürl. Kohlenwasserstoff, $C_{10}H_{16}$; u.a. verw. als Lösungsmittel u. für Synthesen.

**Pinguine,** bis 1,2 m gr., flugunfäh., dem Wasserleben angepasste Meeresvögel v.a. der Antarktis; gute Taucher, kräft., spindelförm. Körper; beim Schwimmen dienen die Flügel als Ruder; Brutkolonien.

**Pinie** [lat.], charakt. Kieferngewächs des Mittelmeergebietes, mit schirmförm. Krone; Samen *(Pignolen)* ölhaltig, essbar.

**Pinne, 1)** Hebelarm zur Bedienung des Ruders v. Booten. **2)** nadelförm. Stift zum Aufsetzen eines drehb. Gegenstandes, z.B. Kompasspinne.

**Pinneberg,** Krst. nw. von Hamburg, Schl.-Ho., 38 900 E; Motoren-, elektrotechn., Lederind., Emaillewerk; Rosenzucht.

**Pinochet Ugarte** [pino'tʃɛt-], Augusto, chilen. Gen. u. Politiker, *1915; s. 1973 Oberbefehlshaber der Streitkräfte, nach Militärputsch gg. die Reg. Allende Gossens 1973/74 Vors. d. Militärjunta, danach Präs., 1981–90 (nach Erlass einer Verf.) ziviler Präsident.

**Pinscher,** Hunderassengruppe, z.B. Glatthaar-P., Dobermann, Schnauzer, Griffon.

**Pinselschimmel, Penicillium,** Schlauchpilzgatt.; best. Arten liefern Penicillin u.a. Antibiotika.

**Pint** [paɪnt], angloamer. Hohlmaß, in Großbrit. 0,568 l, in den USA als *liquid pint* = 0,473 l, als *dry pint* = 0,5506 l.

**Pinter** ['pɪntə], Harold, brit. Dramatiker, *1930; „Der Hausmeister".

**Pin-up-Girl** [pɪn'ʌp gə:rl; engl.; = Anheftmädchen], meist leicht, auch unbekleidetes Mädchen auf Fotos in Zeitschriften.

**Pinzette** [frz.], Federzange zum Fassen kl. Gegenstände.

**Pio, Pater Pio,** eigtl. Francesco **Forgione,** ital. Kapuzinerpater (1999 selig, 2002 heilig gesprochen), *1887, †1968; an seinen Händen auftretende Blutungen (Stigmata; seit 1918) führten zu einer großen *P.-Verehrung* [auch außerh. Italiens].

**Pirol** *mit Jungen*

**Pion, π-Meson,** zu den ↑Mesonen gehör. Elementarteilchen; treten elektr. posit. ($\pi^+$), negat. ($\pi^-$) od. neutral ($\pi^0$) auf. Die P. wurden 1935 vorhergesagt; die geladen P. wurden 1947, die neutralen erstmals 1950 in der kosm. Strahlung nachgewiesen.

**Pioneer** [paɪə'nɪə], Name amer. Raumsonden; *P. 1* Start 1958, *P. 10* u. *P. 11* (Jupitersonden, 1972/73) flogen in 131 400 km bzw. 42 000 km Entfernung am Jupiter vorbei u. erreichten die Uranusbahn bzw. den Saturn. P. 10 verließ als erste Raumsonde unser Sonnensystem (erster Kontakt wieder 2001). Die *P.-Venus-Sonde 1* erkundete 1978 die Venusatmosphäre, *P.-Venus 2* setzte im gleichen Jahr 4 Forschungssonden auf dem Venusboden ab.

**Pionier,** in der DDR [Zwangs-] Mitgl. der staatl. Massenorganisation für Kinder (*P.-Organisation* bzw. „Junge P.e"; 1948–89).

**Pipeline** ['paɪplaɪn; engl.], Rohrleitung zur Beförderung v. Erdöl u. Erdgas über große Entfernungen.

**Pipette** [frz.], Stechheber (Glasröhrchen mit [bauch.] Hohlraum) zum Abmessen, Entnehmen kleiner Flüssigkeitsmengen.

**Pippin,** *Fränk. Reich:* **1) P. I.,** d. Ä., *um 580, †um 640, Hausmeier in Austrien. **2) P. II.,** der Mittlere, *um 635, †714, Vater Karl Martells, beherrschte s. dem Sieg über den Hausmeier von Neustrien das ganze Fränk. Reich. **3) P. III.,** d. J. (d. Kleine od. Kurze), *714, †768, Sohn Karl Martells u. Vater Karls d. Gr. u. Karlmanns, nach der Absetzung des letzten Merowingers 751/752 zum Kg. erhoben; er übertrug 754 dem Papst mit der *Pippinschen Schenkung* v.a. das Exarchat v. Ravenna u. wurde so der Begr. des Kirchenstaates.

**Pique** [pik] ↑Pik.

**Piqué** [pi'ke; frz.] svw. ↑Pikee.

**Pirandello,** Luigi, ital. Dichter, *1867, †1936; bahnbrechend für das mod. antiillusionist. Theater, u.a. „Sechs Personen suchen einen Autor"; realist. Novellen u. Romane aus dem sizilian. Volksleben; Nobelpreis 1934.

**Piranha** [-nja; karib.], **Piraya,** gefürchteter südamer. Raubfisch.

**Piräus,** griech. Hafenst., mit Athen zusammengewachsen, am Golf von Ägina, 196 400 E; Handelszentrum, versch. Ind. – Bedeutendster ⚓ des antiken Athen; 493/492 ausgebaut, 86 v. Chr. von Sulla zerstört.

**Pirmasens,** krsfr. St. u. Krst. am W-Rand des Pfälzer Waldes, RP, 48 400 E; Schuhfachschule; Schuh-, Leder-, chem. Ind., Druckereien; Fachmesse.

**Piroge** [karib.], Indianerboot, Einbaum [mit Plankenaufsatz].

**Pirol, Golddrossel, Pfingstvogel,** starengr. Singvogel, ♂ gelb, Flügel u. Schwanz schwarz; Gesang flötend; Zugvogel.

**Pirouette** [pirʊ'ɛtə; frz.], **1)** Reitsport: Figur der hohen Schule: Drehen auf der Hinterhand. **2)** Eiskunst-, Rollschuhlauf, Ballett: Standwirbel um die eigene Körperachse. **3)** Kunstflug: senkrechter Aufwärtsflug mit Drehung um die Längsachse.

**Pisa,** Prov.-Hptst. in d. Toskana, Italien, am Arno, 92 500 E; Univ., wiss. Inst.; Erzb.-Sitz; romanischer Dom (1118 geweiht), Baptisterium (1152 begonnen), Kampanile (Schiefer Turm von P., 1173 begonnen), Camposanto

**Pisa:** *Kampanile („Schiefer Turm von Pisa", 1173 begonnen)*

(13./14. Jh.); Handelsplatz; Textil- u.a. Ind.; Fremdenverkehr; ✈. – Etrusk. Siedlung, 180 v. Chr. röm., im MA bed. See- und Handelsstadt.

**PISA,** Abk. für engl. **P**rogramme for **I**nternational **S**tudent **A**ssessment, **PISA-Studie,** internat. Vergleichsstudie (32 Teilnehmerstaaten) der Leistungen 15-jähriger Schülerinnen u. Schüler in den Bereichen Lesen, Mathematik u. Naturwiss.en, durchgeführt v. der OECD (Projektzeitraum [3 Projektzyklen] 2000–2006).

**Pisano, 1)** Andrea, ital. Baumeister, Bildhauer und Goldschmied, *um 1290, †zw. 1348 u. 1349; schuf eine der Bronzetüren des Baptisteriums in Florenz. **2)** Giovanni, Sohn v. 3), ital. Baumeister u. Bildhauer, *um 1250, †nach 1314; bedeutendster ital. Bildhauer des MA, v.a. Kanzeln. **3)** Nicola (Niccolò), ital. Bildhauer, *um 1225, †nach 1278; wichtigster Vertr. der ital. Plastik der Protorenaissance; neue Kanzelform.

**Piscator,** Erwin, dt. Regisseur und Theaterleiter, *1893, †1966; polit. engagierte Inszenierungen; Anwendung v. Film, Projektionen u.a. techn. Mitteln.

**Pissarro,** Camille, frz. Maler u. Grafiker, *1830, †1903; führender Impressionist, zeitweise dem Pointillismus nahe stehend.

**Pistazie** [gr.], Gatt. der Anakardiengewächse; Sträucher u. Bäume; v.a. im Mittelmeergebiet; *Pistacia lentiscus* liefert ↑Mastix, die *Echte P.* die *P.nnüsse.*

**Piste,** nicht ausgebauter Verkehrsweg; Start-, Landebahn eines Flughafens; [Ski]rennstrecke, Renn[rodel]bahn.

**Pistoia,** Prov.-Hptst. in d. Toskana, Italien, nw. v. Florenz, 85 900 E; roman. Dom u. Kirche Sant' Andrea (12. Jh.), Baptisterium (14. Jh.) u.a. bed. Kirchen, viele Kunstschätze; Textil-, Metall-, chem. u.a. Ind.

**Pistole** [tschech.], **1)** kurze Handfeuerwaffe, heute als *Selbstlade-P.* mit Magazin. **2)** dt. Goldmünze (5-Taler-Stück) des 18./19. Jh., urspr. Bez. des frz. Louisdor.

**Piston** [pisˈtõ; frz.], **1)** Pumpenventil bei Blechblasinstrumenten. **2)** svw. ↑Kornett.

**Pitchpine** [-pəın; engl.], harzreiches Kernholz versch., hpts. mittelamer. Kiefernarten; für Schiff-, Brückenbau, Fußböden.

**Pitești** [pıˈteʃtj], Bez.-Hptst. in Rumänien, nw. v. Bukarest, am Argeș, 187 600 E; Univ.; chem. Ind., Erdölraffinerie (um P. Erdölförderung); ⚓.

**Pithec|anthropus** [gr.], urspr. Bez. für die 1891/92 nach planmäßiger Suche auf Java entdeckten fossilen Menschenreste; inzwischen werden sie unter *Homo erectus* (aufrecht gehend, etwa 1,50 m gr., relativ kleiner Gehirnschädel, starke Überaugenwülste, Prognathie) zusammengefasst.

**Pitt, 1)** William, d. Ä., Earl of Chatham, brit. Politiker, *1708, †1778; Leiter der brit. Außenpol. 1756–61; Unterstützung Preußens im Siebenjähr. Krieg; Zerschlagung der frz. Kolonialmacht. **2)** William, d. J., Sohn von 1), brit. Politiker, *1759, †1806; 1782/83 Schatzkanzler, 1783–1801 u. seit 1804 Premiermin.; Haupt der europ. Koalition gg. das revolutionäre u. napoleon. Frkr.; erwarb neue Kolonien (Kapland, Ceylon); vereinigte das brit. und das ir. Parlament.

**Pittsburgh** [ˈpıtsbə:g], Ind.-Stadt in O-Pennsylvania, USA, am oberen Ohio, inmitten reicher Eisen-, Kohlen- und Erdöllager, 2,2 Mill. E; 3 Univ., Kernforschungsinstitut; Schwerind.zentrum; Fluss-⚓, ✈.

**più** [pju; ital.], 𝄞 mehr, z.B. *p. forte:* lauter.

**Pius,** Päpste: **1) P. II.,** *1405, †1464, Papst seit 1458; vorher Enea Silvio Piccolomini; Dichter, Geschichtsschreiber; bed. Brief- u. Memoirenschreiber, Maler, Ethnograph, Geograph. **2) P. VII.,** *1742, †1823, Papst seit 1800; vorher Luigi Barnaba Chiaramonti; suchte Ausgleich mit Napoleon I. (Konkordat 1801, Mitwirkung b. Napoleons Krönung 1804), trotzdem Besetzung des Kirchenstaates 1808, verhaftet 1809, Rückkehr 1814; Neubegr. des Jesuitenordens, nach dem Wiener Kongress (1815) Wiederherst. des Kirchenstaates. **3) P. IX.,** *1792, †1878, Papst s. 1846; vorher Graf Giovanni Maria Mastai-Ferretti; absolutist. Reg., Verlust des Kirchenstaates an Italien, 1870 Dogma v. der Unfehlbarkeit des Papstes; 2000 selig gesprochen. **4) P. X.,** hl., *1835, †1914, Papst s. 1903; vorher Giuseppe Sarto; Kampf gg. den Modernismus [d. hisor. Bibel- u. Dogmenkritik]; Kodifizierung des kanon. Rechts. **5) P. XI.,** *1857, †1939, Papst seit 1922; vorher Achille Ratti; 1929 ↑Lateranverträge, 1933 ↑Reichskonkordat mit der dt. Reg.; bed. d. Enzyklika „Mit brennender Sorge" (1937; kirchl. Stellungnahme gegen die nat.-soz. Kirchenpol. u. Weltanschauung). **6) P. XII.,** *1876, †1958, Papst seit 1939; vorher Eugenio Pacelli; 1917–29 Nuntius in Dtl.; 1950 Dogma v. der ↑Himmelfahrt Mariens.

**Pixel** [Kw. aus engl. **pic**ture **el**ement], kleinstes Bildel. bei der gerasterten, digitalisierten Bilddarstellung.

**Piz** [ladin.], Bergspitze.

**Pizarro,** Francisco, span. Konquistador, *um 1475, †1541 (ermordet); eroberte ab 1531 als Gen.-Kapitän das Inkareich in Peru, ließ den letzten Inkaherrscher Atahualpa hinrichten.

**pizzicato** [ital.], mit den Fingern gezupft, angerissen (Spielanweisung in der Musik).

**PKK,** Abk. für **Arbeiterpartei Kurdistans,** Gen.-Sekr.: A. Öcalan; Terroranschläge u. Guerillakampf für kurd. Staat/Autonomie; ab 1993 von türk. Truppen zurückgedrängt, Öcalan 1999 in der Türkei zum Tode verurteilt; 2000, erneut 2002 Aufgabe des bewaffneten Kampfes angesagt.

**Pkw, PKW,** Abk. für: **P**ersonen**k**raft**w**agen.

**Placebo** [lat.], Scheinarzneimittel, äußerl. einem echten Arzneimittel gleichend.

**Plädoyer** [plɛdwaˈje:; frz.], zusammenfassender Schlussvortrag des Strafverteidigers od. Staatsanwalts vor Gericht.

**Plafond** [plaˈfõ], Obergrenze für Steuerbelastungen od. die öff. Schuldenaufnahme.

**Plagiat** [lat.], Diebstahl geist. Eigentums.

**plan** [lat.], eben, flach.

**Planck,** Max, dt. Physiker, *1858, †1947; Präs. der Kaiser Wilhelm-Ges.; Arbeiten zur Thermodynamik; fand die spektrale Intensitätsverteilung der Hohlraumstrahlung *(plancksches Strahlungsgesetz)* durch Annahme einer quantenhaften Abgabe der Energie *W* u. ihrer Proportionalität zur Strahlungsfrequenz: $W = h \cdot \nu$. Der Proportionalitätsfaktor $h \approx 6{,}626 \cdot 10^{-34}$ Js, das *plancksche Wirkungsquantum,* ist eine universelle Konstante; damit Begr. der Quantentheorie; Nobelpreis 1918.

M. Planck

**planetarische Nebel,** relat. regelmäß. geformter expandierender Gasnebel, der infolge des Abstoßens v. Materie durch einen Stern entsteht u. durch diesen zum Leuchten angeregt wird.

**Planetarium** [gr.], Vorrichtung zur anschaul. Darst. des Sternhimmels, der scheinb. Bahnen der Gestirne, der Stellung dieser Objekte für belieb. Erdorte in Vergangenheit u. Zukunft u. a.

**Planeten** [gr.], histor. **Wandelsterne,** im reflektierten Sonnenlicht leuchtende gr. Himmelskörper des Sonnensystems; nach wachsender Entfernung v. der Sonne: Merkur, Venus, Erde, Mars, Jupiter, Saturn, Uranus, Neptun, Pluto. P.bewegung nach den keplerschen Gesetzen (↑Kepler) auf Ellipsenbahnen geringer Exzentrizität um die Sonne. Merkur u. Venus bewegen sich innerh. der Erdbahn *(innere P.),* die anderen außerh. *(äußere P.).* Die Helligkeit schwankt stark mit wechselnder ↑Phase.

**Planetoiden** [gr.], **Asteroiden, Kleinplaneten,** planetenähnl. Kleinkörper v. a. zw. Mars u. Jupiter, mit Durchmessern zw. einigen Metern u. rd. 1 000 km.

**Planfeststellung,** durch Behörden vorzunehmende Prüfung, rechtl. Gestaltung u. Durchführung eines Bauvorhabens.

**Planierraupe,** svw. ↑Bulldozer.

**Planimeter** [gr.], Gerät zur mech. Ausmessung ebener Flächen.

**plan|konkav** [lat.], auf der einen Seite eben, auf der anderen nach innen, bei *plankonvex* nach außen gekrümmt.

**Plankton** [gr.], Gesamtheit kleinster, im Wasser schwebender tier. und pflanzl. Lebewesen ohne oder mit nur geringer Eigenbewegung.

**Plantage** [plan'ta:ʒə; frz.], **1)** auf Lohnarbeitsverfassung basierender landw. Großbetrieb in trop. Ländern (meist ↑Monokultur). **2)** gr. Anpflanzung v. meist mehrjähr. Nutzpflanzen, z. B. Obstplantage.

**Plantagenet** [plæn'tædʒɪnɪt], **Anjou-P.** [ã'ʒu-], engl. Königshaus, reg. 1154–1399, mit Nebenlinien Lancaster und York bis 1485.

**Planwirtschaft,** Wirtschaftsordnung, in der der gesamte Wirtsch.prozess v. einer zentralen Planungsbehörde mithilfe staatl. Wirtschaftspläne gelenkt u. verwaltet wird; Grundlage fast aller sozialist. Staaten.

**Plasma** [gr.], **1)** svw. Blutplasma (↑Blut). **2)** hochionisiertes, elektr. leitendes, im Allg. sehr heißes Gas, das aus neutralen Atomen u. Molekülen, Ionen sowie freien Elektronen u. Photonen besteht.

**Plasmodium** [gr.], **1)** Gatt. der Sporentierchen, darunter die Erreger der ↑Malaria. **2)** vielkern. Protoplasmakörper der Schleimpilze, Sporentierchen u. a.

**Plasmolyse** [gr.], Erscheinung bei vakuolisierten Pflanzenzellen, die auf Osmose beruht: Durch eine höher als die Vakuolenflüssigkeit konzentrierte Außenlösung wird der Vakuole über die semipermeablen Membranen der Zelle Wasser entzogen, sodass die Vakuolen schrumpfen u. sich der Protoplast von der Zellwand abhebt.

**Plasmon** [gr.], Gesamtheit aller außerh. der Chromosomen lokalisierten Erbfaktoren der Zelle.

**Plastik** [gr.], **1)** Bildnerei, Bildhauerkunst; auch das einzelne bildner. Werk. **2)** Teilgebiet der Chirurgie, der sich mit der Wiederherstellung von geschädigten oder fehlentwickelten Körperteilen durch plast.-operative Maßnahmen beschäftigt. **3)** allg. Bez. für Kunststoff.

**Plastilin** [gr.-nlat.], Knetmasse zum Modellieren.

**Plastizität,** Verformbarkeit von Feststoffen mit bleibender Gestaltänderung.

**Plata, La,** argent. St. sö. von Buenos Aires, 520 500 E; Univ., Museen, Observatorium; Erdöl-, Nahrungsmittel-, Textil-, Zementind.

**Plata, Río de la,** Mdg.-Trichter von Paraná u. Uruguay, an der Mdg. 50–200 km breit.

**Platane** [gr.], Gatt. der P.gewächse; hohe [Allee]bäume, ahornähnl. Blätter, können über 1 000 J. alt werden.

**Plateau** [pla'to:; frz.], Hochebene, Tafelland; *P.gebirge* ↑Gebirge.

**Plath** [plæθ], Sylvia, amer. Schriftstellerin, * 1932, † 1963 (Selbstmord); Prosa („Die Glasglocke"), Lyrik.

**Platin** [span.], Symb. **Pt,** chem. El., OZ 78, rel. A.-Masse 195,08, Dichte 21,45 g/cm³, Fp. 1 768 °C, Sp. 3 825 °C; grauweißes, nicht sehr hartes, in der Hitze schmied- u. schweißb. Edelmetall; kommt gediegen u. als Erz vor; verw. u. a. als Katalysator, zur Herst. v. Speziallegierungen für chem. Geräte, Schmuckgegenstände; *P.metalle,* die chem. verwandten, in der Natur meist gemeinsam auftretenden Edelmetalle P., Ruthenium, Rhodium, Palladium, Osmium, Iridium.

**Platine** [frz.], **1)** ein geschmiedetes, vorgewalztes od. zugeschnittenes Formteil aus Metall. **2)** eine Montageplatte für elektron. Bauelemente.

**Platitüde** [frz.], Plattheit; abgedroschene Redewendung.

**Platon,** griech. Philosoph, * 427, † 348/47 v. Chr.; Schüler v. Sokrates, Begr. der Akad. in Athen; grundlegend seine Lehre von den Ideen, den Urgestalten der sinnl. erfahrbaren Dinge; oberste Idee ist das Gute; die Seele ist Prinzip der Bewegung und kennt aus einer Vorexistenz die Ideen; utop.

Platon

Staatslehre; Weiterwirken im *P.ismus* seiner Schüler, in Renaissance u. Idealismus sowie in der ges. abendländ. Philos.; wichtigste erh. Werke: „Apologie des Sokrates", „Phaidon", „Gastmahl", „Staat" u. „Timaios".

**Platoniker,** Kenner od. Vertr. der Philos. Platons.

**Plattensee,** ungar. **Balaton** ['bɔlɔtɔn], lang gestreckter See in W-Ungarn, 591 $km^2$, etwa 78 km lang, bis 11 m tief, teilw. stark verlandet. – Fremdenverkehr.

**Plattenspieler,** elektroakust. Gerät zur Wiedergabe von Spr. u. Musik durch Abtasten einer sich gleichmäßig drehenden ↑Schallplatte; *Plattenwechsler* ermögl. die automat. Abspielung mehrerer Platten; zunehmend durch CD-Player verdrängt.

**Plattentektonik,** geotekton. Hypothese zur Erklärung d. Massenverlagerungen in d. Erdkruste; Weiterentwicklung d. ↑Kontinentalverschiebungstheorie.

**Plattfische,** Ordn. der Knochenfische mit seitl. stark abgeflachtem Körper; liegen mit der einen (blinden) Seite auf dem Grund od. vergraben sich im Sand; fast ausschließl. Meeresfische (bes. flacher Küstengewässer); u. a. Heil-, Steinbutt, Scholle, Flunder.

**plattieren** [frz.], eine Schutzmetallschicht auf korrosionsgefährdete Metalle aufwalzen, -schweißen od. galvan. niederschlagen.

**Plattwürmer, Plathelminthes,** Stamm niederer Würmer mit Strudel-, Saug- und Bandwürmern.

**Platzangst, Agoraphobie,** Furcht (Phobie) vor dem Überschreiten von Plätzen und Straßen.

**Platzeck,** Matthias, dt. Politiker (SPD; seit 1995), *1953; war in Bbg. 1990–98 Umwelt-Min., wurde 2002 Ministerpräsident.

**Plauen,** St. im Vogtland, Sa., 69 500 E; histor. Bauten; Textilfachsch.; Spitzen-, Gardinenherst., Textilmaschinenbau.

**Plautus,** Titus Maccius, *um 250, †184 v. Chr., röm. Komödiendichter, der mit Witz und Gestaltungskraft griech. Stücke in die röm. Volkssprache umsetzte.

**Play-back-Verfahren** ['pleɪbæk; engl.], tontechn. Verfahren, bei dem eine vorher hergestellte Tonaufnahme während der Film- oder Fernsehbildaufzeichnung bzw. -sendung über Lautsprecher wiedergegeben wird oder die zu produzierende Tonaufnahme durch Zusammenspielen mehrerer zuvor hergestellter Aufnahmen entsteht.

**Play-off** ['pleɪɔf], Austragungssystem in Meisterschaftsendrunden versch. Spiele (z. B. Eishockey), bei dem der Verlierer (nach Hin-, Rück- u. evtl. Entscheidungsspielen) ausscheidet.

**Plazenta** [lat.], **Placenta,** den Stoffaustausch zw. Mutter u. Fetus vermittelndes schwamm. Organ, an dem die Nabelschnur des Fetus ansetzt; wird nach der Geburt ausgestoßen *(Nachgeburt).*

**Plazet** [lat.], **1)** allg. Erlaubnis, Zustimmung. **2)** das staatl. Recht, kirchl. Erlasse vor ihrer Bekanntmachung zu prüfen u. zu genehmigen, in Dtl. abgeschafft.

**Plebejer** [lat.], **1)** Angehöriger der Plebs im alten Rom. **2)** gewöhnl., ungehobelter Mensch.

**Plebiszit** [lat.], Volksbeschluss, Volksabstimmung, -befragung.

**Plebs** [lat.], im alten Rom nichtadlige, breite Volksschicht neben den Patriziern, erhielt 287 v. Chr. die polit. Gleichberechtigung.

**Pleiße,** r. Nbfl. der Weißen Elster, 90 km in Sachsen.

**Pleistozän** ↑Geologie (Übers.).

**Plejaden,** in der griech. Mythol. die 7 Töchter des Atlas, die, vom Jäger Orion verfolgt, von Zeus an den Himmel versetzt werden.

**Plejaden, Siebengestirn,** offener Sternhaufen im Sternbild Stier, rd. 300 bek. Sterne.

**Plektron** [gr.], Plättchen (aus Holz, Elfenbein, Metall u. a.) zum Anreißen der Saiten eines Zupfinstrumentes.

**Plenar...** [lat.], Bestimmungswort; Bed.: „voll, gesamt".

**Plenum** [lat.], Gesamtheit, Vers. eines Kollegiums, bes. eines Parlaments.

**Plenzdorf,** Ulrich, dt. Schriftsteller, *1934; bekannt v. a. durch „Die Leiden des jungen W.", einer mod. Adaption von Goethes „Werther"; Drehbücher.

**pleo..., Pleo...** [gr.], Bestimmungswort; Bed.: „mehr[fach]".

**Pleonasmus** [gr.-lat.], [meist überflüssige] Häufung sinngleicher od. sinnähnl. Wörter.

**Pleskau,** russ. **Pskow,** Gebietshptst. in Russland, sö. d. *P.er Sees,* d. S-Teils d. ↑Peipussees, 202 900 E; eine d. ältesten russ. Städte, Kreml (12.–16. Jh.) mit Kathedrale (14. u. 17. Jh.).

**Plessen,** Elisabeth, eigtl. E. Gräfin v. **P.,** dt. Schriftstellerin, *1944; sozialkrit. Prosa u. Fernsehspiele.

**Pleuelstange,** Maschinenelement, das die Schubkraft eines Kolbens auf andere bewegl. Maschinenelemente überträgt.

**Pleura** [gr.], svw. Brustfell (↑Brustkorb).

**Pleuritis** [gr.], svw. ↑Rippenfellentzündung.

**Plexiglas®,** Kunststoffe aus ↑Polymethacrylsäureester.

**Plexus** [lat.], Geflecht, netzart. Verknüpfung von Nerven oder Blutgefäßen.

**Plinius, 1) P. d. Ä., Gaius P. Secundus,** röm. Schriftsteller, *23 od. 24, †79 n. Chr.; starb beim Vesuvausbruch; „Naturalis historia". **2) P. d. J., Gaius P. Caecilius Secundus,** Neffe u. Adoptivsohn v. 1), röm. Staatsmann und Schriftsteller, *61 od. 62, †um 113 n. Chr.; berühmt durch seine als Zeitdokument interessante Briefsammlung.

**Pliozän** ↑Geologie (Übers.).

**Plissee** [frz.], gefälteltes Gewebe.

**PLO,** Abk. für: **P**alestine **L**iberation **O**rganization, ↑palästinens. Befreiungsbewegungen.

**Ploiești** [plo'jeʃti], Bez.-Hptst. in Rumänien, im Vorland d. Südkarpaten, 253 600 E; Univ.; Zentrum eines Erdölgebietes; Erdölraffinerien, Pipelines nach Constanța u. Giurgiu.

**Plombe** [frz.], **1)** [Zahn]füllung. **2)** Metallsiegel (z. B. zum Verschließen von Behältern).

**Plotin,** griech. Philosoph, *um 205, †270; Hauptvertr. des ↑Neuplatonismus.

**Plotter** [engl.], computergesteuertes Zeichengerät.

**Plötzensee,** Strafanstalt in Berlin-Charlottenburg, in deren Waschhaus im Dritten Reich über 2 000 polit. Gefangene (u. a. Widerstandskämpfer des 20. Juli 1944) hingerichtet wurden.

**Plowdiw,** St. (Verw.-Zentrum d. Gebietes P.) in Bulgarien, an d. Maritza, 346 300 E; Univ.; bed. Ind.- u. Handelszentrum (Messen); zweitgrößte St. Bulgariens; ☼.

**Pluhar,** Erika, östr. Schauspielerin u. Chansonsängerin, *1939.

**Plural** [lat.], in der Gramm. die Mehrzahl.

**Pluraletantum** [lat.], nur in der Mehrzahl vorkommendes Wort, z. B. Leute.

**Pluralis majestatis** [lat.], **Pluralis majestaticus,** Selbstbez. des Fürsten mit „Wir".

**Pluralismus** [lat.], **1)** Ⓟ Lehren, die eine Vielheit von Prinzipien, Elementen od. Bereichen der Wirklichkeit annehmen (Ggs. Monismus, Dualismus). **2)** gleichberechtigtes Nebeneinander verschiedener soz. Gruppen innerh. eines Staates *(pluralist. Gesellschaft).*

**plus** [lat.], Zeichen +, **1)** Rechenzeichen der ↑Addition. **2)** Vorzeichen posit. Zahlen.

**Plus,** Gewinn, Überschuss.

**Plusquamperfekt** [lat.], Zeitwortform der Vorvergangenheit, z. B. ich hatte gesehen.

**Plutarch,** griech. Philosoph u.

Schriftsteller, *um 46, †um 120 n. Chr.; vergleichende Biografien (je eines berühmten Griechen und Römers), davon 44 erhalten; histor., polit., wiss. Schriften.

**Pluto** [gr.], sonnenfernster Planet; Umlaufzeit um die Sonne rd. 248 J., mittlere Sonnenentfernung 5,9 Mrd. km; 1930 entdeckt. P. u. sein Satellit *Charon* führen eine „doppelt gebundene" Rotation aus – ihre Rotationsperioden sind gleich ihrer Umlaufzeit um den gemeinsamen Schwerpt.

**Pluton,** magmat. Tiefengesteinskörper v. versch. Form u. Größe, d. innerhalb d. Erdkruste erstarrt ist.

**Plutonium** [gr.], Symb. **Pu,** radioakt. hochgiftiges chem. El., OZ 94, Transuran, Massenzahl des stabilsten Isotops 244; $^{239}$Pu ist neben $^{235}$U der Explosivstoff der Atombombe (↑Brutreaktor).

**Plutos,** griech. Gott des Reichtums und des Überflusses; bisweilen auch dem Gott *Pluton* (eigtl. Hades) gleichgesetzt.

**Plymouth** [ˈplɪməθ], Hafenst. in SW-England, am *Plymouth-Sound,* 258 100 E; Werften, Fischerei; Militär- und Handels-⚓, ✈.

**Plzeň** ↑Pilsen.

**Pm,** ⚗ Symb. für ↑Promethium.

**p. m.,** Abk. für: **1)** ↑**p**ost **m**ortem. **2)** ↑**p**ro **m**ille.

**Pneu,** Kurzw. für: **1)** ↑Pneumatik. **2)** ↑**Pneu**mothorax.

**Pneumatik, 1) Pneu,** aus Gummi hergest. Luftreifen an Fahrzeugrädern. **2)** Teilgebiet der Technik, das sich mit der Anwendung von Gasen befasst.

**Pneumonie** [gr.], svw. ↑Lungenentzündung.

**Pneumothorax** [gr.], **Pneu,** Luftansammlung im Brustfellraum durch Verletzung der Brustkorbwand von außen *(offener P.)* oder durch spontanes oberflächl. Einreißen der Lunge an dünnwandigen Stellen (meist Randemphysemblasen).

**pn-Übergang,** Grenzschicht zw. p- u. n-leitendem Gebiet eines Halbleiters.

**Po,** Fl. in N-Italien, 652 km, von den Cott. Alpen zur Adria; Deltamündung; geringe Schifffahrt. Die *Poebene* zw. Alpen, Apennin u. Adria ist die dichtest besiedelte Ldsch. Italiens.

**Po,** ⚗ Symb. für ↑Polonium.

**Pocken, Blattern, Variola,** hochansteckende, akute, meldepflichtige Infektionskrankheit, die seit 1977 als weltweit ausgerottet gilt; Erreger ist das zur Familie Poxviridae gehörende Variolavirus. Die Übertragung erfolgt durch Tröpfchen-, Schmier- und Staubinfektion. Inkubationszeit: 7–17 Tage.

**Podgorica** [-tsa], 1946–92 **Titograd,** Hptst. v. Montenegro, Jugoslawien, 118 100 E; Univ.; Aluminiumwerk, Maschinenbau, Möbel-, Tabakind.; ✈.

**Podiebrad** [ˈpɔdjɛbrat], Georg v. P. und Kunstatt, *1420, †1471, Kg. v. Böhmen s. 1458; Führer der utraquist. Hussiten, trat vor der Krönung zum Katholizismus über; 1462 und 1466 v. Papst gebannt.

**Podium** [gr.-lat.], Erhöhung [für Dirigenten od. Redner]; Bühne.

**Podolien,** histor. Gebiet zw. dem Oberlauf des südl. Bug u. dem Dnjestr.

**Podolsk,** St. südl. v. Moskau, 195 900 E; Nähmaschinen-, Dampfkesselbau, Buntmetallerzverhüttung, Kabelherstellung.

**E. A. Poe**

**Poe** [pəʊ], Edgar Allan, amer. Journalist u. Dichter, *1809, †1849; Versdichtungen, Lyrik; fantast.-unheiml. Kurzgeschichten.

**Poem** [gr.], Gedicht.

**Poesie** [gr.], Dichtkunst, Dichtung; i. e. S. die in Versen geschriebene Dichtung im Ggs. zur Prosa.

**Poet** [gr.-lat.], Dichter.

**Poetik** [gr.; = Dichtkunst], Lehre vom Wesen, von den Gattungen u. Formen der Dichtung; Dichtungskritik.

**Pogrom** [russ.], im zarist. Russland mit Plünderungen u. Mord verbundene Judenverfolgung; danach allg.: Ausschreitungen gg. Minderheiten.

**Poincaré** [pwɛ̃kaˈre], Raymond, frz. Politiker, *1860, †1934; 1912/13, 1922–24 u. 1926–29 Min.-Präs., 1913–20 Staatspräs.; Republikaner; veranlasste die Besetzung des Ruhrgebietes 1923.

**Pointe** [ˈpwɛ̃tə; frz.; = Spitze], geistreicher, auch überraschender Schlusseffekt [eines Witzes u. Ä.].

**Pointer** [ˈpɔɪntə; engl.], gescheckter kurzhaar. Vorstehhund.

**Pointillismus** [pwɛ̃-; frz.], **Neoimpressionismus,** Spätform des ↑Impressionismus mit einer Maltechnik, bei der Farbtupfen punktartig nebeneinander gesetzt werden (G. Seurat, P. Signac).

**Poitier** [ˈpwa:ti:eɪ], Sidney, amer. Filmschauspieler u. Regisseur, *1927; „Porgy and Bess", „In der Hitze der Nacht".

**Poitiers** [pwaˈtje], Hptst. des frz. Dep. Vienne und d. Region Poitou-Charentes, 79 000 E; Univ., Museen; roman. Kirchen. – 732 bei Tours u. P. Sieg Karl Martells über die Araber.

**Poitou** [pwaˈtu; frz.], histor. Prov. in W-Frkr., Hauptort Poitiers.

**Pokémon**® [aus engl. pocket „(Hosen)Tasche" u. monster „Fabelwesen", „Ungeheuer"], Minimonster („Hosentaschenmonster"); Spielfiguren des in Japan entwickelten gleichnamigen Gameboy®-Spiels (Nintendo); 1996 in den Markt eingeführt [in Dtl. 1999].

**Poker** [engl.], amer. Kartenglücksspiel für mind. 4 Spieler mit 52 frz. Karten.

**Pol** [gr.], **1) geograph. P.,** Schnittpt. der Drehachse der Erde mit der Erdoberfläche (N- u. S-P.). **2) Himmels-P.,** die während der tägl. Drehung der Erde ruhenden Pt. der Himmelskugel. **3)** Pt. v. bes. Lage (z. B. der P. einer Kugel als jener Pt. der Oberfläche, der von allen Punkten eines Großkreises gleiche Entfernung hat) bzw. bes. Bed. (z. B. Unendlichkeitsstelle einer Funktion). **4)** Anschluss v. Stromquellen (*Plus-* u. *Minus-P.* bei Gleichstrom), auch von sonst. Schaltelementen. **5) Magnet-P.,** ↑Magnet.

**Pola** ↑Pula.

**Polanski,** Roman, poln. Filmregisseur u. Schauspieler, *1933; „Tanz der Vampire".

**Polarfuchs,** Fuchs des hohen Nordens; wechselt die Farbe, im Winter weiß; Pelztier, bes. der ↑Blaufuchs.

**Polargebiete,** die Gebiete im Bereich v. ↑Arktis u. ↑Antarktis.

**Polarhund, Grönlandhund,** zur Rassengruppe der Nordlandhunde zählender Schlittenhund.

**Polarisation** [gr.], **1) dielektr. P.,** Bildung gerichteter elektr. Dipole aus (neutralen) Atomen (Molekülen) in einem äußeren elektr. Feld (Verschiebung der Elektronenhüllen gg. die Atomkerne). **2) elektrolyt. P.,** Potenzialdifferenz einer

Elektrode od. eines galvan. El. im Strom führenden u. stromlosen Zustand. **3) P. des Lichts,** Auftreten eines best. regelmäß. Schwingungszustandes beim Licht (allg. bei Transversalwellen); bei *linearer P.* schwingt der Vektor der elektr. Feldstärke (allg. der Schwingungsvektor) stets in einer Ebene *(Schwingungsebene),* bei *zirkularer* bzw. *ellipt. P.* dreht sich die Schwingungsebene um die Fortpflanzungsrichtung; polarisiertes Licht kann z. B. durch Reflexion, Brechung u. Doppelbrechung entstehen.

**Polarisationsgerät,** Gerät zur Untersuchung v. Substanzen mithilfe v. linear polarisiertem Licht; besteht aus 2 Polarisationsvorrichtungen, dem *Polarisator* zur Erzeugung u. dem *Analysator* zum Nachweis polarisierten Lichts. P. sind z. B. das *Polarisationsmikroskop* u. das *Polarimeter.*

**Polarität,** Gegensätzlichkeit von 2 einander bedingenden Polen.

**Polarkreise,** die von beiden Erdpolen um 23° 27' entfernten Parallelkreise (nördl. und südl. Polarkreis); math. Trennlinie der Polarzonen (arkt. u. antarkt. Zone) von den gemäßigten Zonen.

**Polarlicht,** nächtl. zu beobachtende Leuchterscheinung in den polaren Gegenden der N- *(Nordlicht)* u. S-Halbkugel *(Südlicht).* P.er entstehen dadurch, dass die Atome der hohen Erdatmosphäre durch eine von der Sonne ausgehende Korpuskularstrahlung zum Leuchten angeregt werden.

**Polarnacht,** die Zeit, in der die Sonne länger als 24 Std. unter dem Horizont bleibt; zutreffend für Orte, deren geograph. Breite größer als 66½° ist; die P. beträgt an den Polen nahezu ½ J.; herrscht in der Polarregion einer Erdhalbkugel P., ist auf der anderen *Polartag.*

**Polarstern, (Stella) Polaris, Nordstern,** hellster Stern im Sternbild ↑Kleiner Bär mit der scheinb. vis. Helligkeit der Größenklasse 2,0; Doppelstern; sein Abstand v. N-Pol beträgt knapp 1°.

**Polarzone** ↑Polarkreise.

**Polder** [niederl.], svw. Binnengroden (↑Groden).

**Polemik** [gr.], literar., relig. oder wiss. Auseinandersetzung.

**Polen,** Rep. im östl. M-Europa; Verwaltungeinteilung in 16 Wwschaften; *Landesnatur:* im N vorw. eiszeitlich geprägte Oberfläche (v. Balt. Landrücken durchzogene Tiefebene mit d. Pommerschen u. Masur. Seenplatte); im S schließen sich Mittelgeb. an (Łysica im Kielcer Bergland 612 m), im äußersten S Hochgeb. (Hohe Tatra bis 2 499 m), im SW ein Teil d. Sudeten; Hpt.-Fl.: Weichsel mit Bug, Oder mit Warth; kontinentales Klima mit vorw. sommerl. Niederschlägen; *Bevölkerung:* vorw. Polen; dt. u. a. Minderheiten; *Religion:* überwiegend kath., daneben Christen u. Juden; *Wirtsch.:* S. 1947 entwickelte sich P. zu einem Ind.-Staat, in dem d. Landwirtsch. ein wichtiger Wirtsch.-zweig war; d. Agrarland blieb meist in Privatbesitz; d. Schlüsselind. wurden verstaatlicht od. standen unter Staatskontrolle; die Entw. zur Marktwirtsch. ab 1990 verläuft nach anfänglich großen Problemen heute erfolgreich; große Bed. hat d. ⚒ auf Stein-, Braunkohle u. Schwefel, ferner auf Zink, Blei, Eisen u. a.; Erdgaslager, Erdölverarbeitung; Maschinen- u. Schiffbau, Schwer-, elektrotechn., chem., Papier-, Textil- u. a. Ind.; in d. Landwirtschaft (Weizen, Kartoffeln, Zuckerrüben, Futterpflanzen; Rinder, Schweine, Geflügel) überwiegt kleinbäuerl. Struktur; Forstwirtschaft, Fischerei. Hpt.-Häfen: Stettin, Danzig, Gdynia (Gdingen). *Gesch.:* im 9./10. Jh. zw. Weichsel u. Oder Entstehung des poln. Staatswesens unter dem Geschlecht der Piasten. Mieszko I. nahm das Christentum an u. trat in Abhängigkeit zu Otto I.; Boleslaw I., Chrobry, begr. vorübergehend ein großpoln. Reich. 1138–1320 Zeit d. Teilreiche; s. dem 13. Jh. starke dt. Einwanderung. Unter Kasimir d. Gr. innerer Ausbau Polens u. Wendung gg. Osten. 1386 Personalunion zw. P. und Litauen (seit 1569 Realunion); größte Macht in O-Europa. 1410 Sieg über den Dt. Orden b. Tannenberg, 1466 Westpreußen mit Ermland poln., 1525 Lehnshoheit über Ostpreußen. Nach dem Aussterben der Jagellonen Wahlkönigtum, Adelsherrschaft. Verlust Livlands an Schweden, der östl. Ukraine an Russland, der Lehnshoheit über Preußen an Brandenburg. 1772, 1793 u. 1795 drei *Teilungen P.s* zw. Russland, Preußen u. Östr., 1794 vergebl. Aufstände unter T. Kościuszko; 1807 Gründung des napoleon. *Großhzgt. Warschau;* auf dem Wiener Kongress in das Kgr. P. *(Kongress-P.)* umgewandelt u. in Personalunion mit Russland verbunden; nach der missglückten Revolution (1830/31) russische Prov.; neuer Aufstand 1863/64 unterdrückt; s. 1918 unabh. Rep., Gewinn v. fast ganz Westpreußen, Posen u. Galizien durch die Verträge v. Versailles u. Saint-Germain-en-Laye; 1920 erfolgr. Krieg gg. Sowjetrussland; 1926 Putsch Marschall J. Piłsudskis. Zu Beginn des 2. Weltkriegs dt. Angriff auf P., Teilung des Landes zw. Dt. Reich u. der UdSSR (sowj. Besetzung Ost.-P.s bis 1941); brutale nat.-soz. Besatzungs-Pol. (Ermordung der jüd. Bev., 1943 Aufstand im Warschauer Getto, 1944 Aufstand der „Heimatarmee"). Nach Kriegsende 1945 Wiederherst. P.s; Abtretung der O-Gebiete an die UdSSR (Zwangsumsiedlung der dortigen poln. Bev.); die dt. Gebiete östl. d. Oder-Neiße-Linie (ohne nördl. Ostpreußen) kamen an P., Vertreibung der Deutschen. 1947 kommunist. Volksdemokratie; Verstaatlichung der Ind. u. Bodenreform. Die Entstalinisierung führte in P. 1956 zu polit. Unruhen. Im Dez. 1970 wegen Unzufriedenheit über die Wirtschaftspol. Streiks u. Demonstrationen u. in der Folge Wechsel in der polit. Führung (Gomułka-Gierek). 1980 breite Streikbewegung u. Bildung unabhängiger Gewerkschaften (↑Solidarność unter L. Wałesa), deren Wirken jedoch ab Dez. 1981 unterdrückt wurde; 1982 Verbot der Solidarność; 1989 auf Druck der Bev. Wiederzulassung, Sieg bei den Parlamentswahlen 1989; T. Mazowiecki als erster Nichtkommunist 1989–90 Min.-Präs., vollendete die demokrat. Umgestaltung; 1990–95 L. Wałesa Präs.; seither A. Kwaśniewski. 2001 Wahlsieg des Bündnisses der Demokrat. Linken (SLD; Reg.-Chef L. Miller). – 1998 nahm P. Beitrittsverhandlungen mit der EU auf, 1999 wurde es Mitgl. der NATO.

**Polen**

*Fläche:* 312 685 $km^2$

*Einwohner:* 38,65 Mill.

*Hauptstadt:* Warschau

*Amtssprache:* Polnisch

*Zeitzone:* MEZ

**Polhöhe,** der Winkelabstand des Himmelspols (↑Pol) v. Horizont eines Beobachtungsortes. Die P. ist gleich der geograph. Breite dieses Ortes.

**Poliklinik** [gr.], einem Krankenhaus oder einer Klinik angeschlossene Abteilung zur ambulanten Untersuchung.

**Polio,** Kurzw. für ↑Poliomyelitis epidemica.

**Poliomyelitis epidemica, spinale Kinderlähmung,** meldepflichtige, stark ansteckende Infektionskrankheit, bewirkt entzündl. Entartung der Ursprungszellen der Bewegungsnerven im Rückenmark, kann zu Lähmungen und zum Tod führen; Übertragung erfolgt vorwiegend durch Tröpfcheninfektion. Durch vorbeugende aktive Schutzimpfung (Salk-Impfung) ist die Zahl der Erkrankungen stark verringert worden.

**Polis** [gr.], altgriech. Stadtstaat.

**POLISARIO** ↑FPOLISARIO.

**Politbüro** [Kurzw. für *Polit*isches *Büro*], Führungs- u. eigtl. Entscheidungsgremium kommunist. Parteien nach dem Vorbild der KPdSU; traf alle grundsätzl. polit., organisator. sowie wesentl. personelle Entscheidungen in Partei, Staat u. Ges., geleitet v. einem Gen.sekretär bzw. 1. Sekretär.

**Political Correctness** [pəˈlɪtɪkl kəˈrektnɪs; engl.], Abk. **PC,** (umstrittener) Begriff [geprägt in den USA] für eine „richtige" Einstellung in dem Sinn, dass alle Ausdrucks- u. Handlungsweisen abgelehnt werden, die [bes. v. Minderheiten] als diskriminierend empfunden werden können.

**Politik** [gr.], auf Durchsetzung best. Vorstellungen (Ziele) gerichtetes Verhalten, u.a. durch Führung u. Vertretung eines Gemeinwesens, auch eines Interessenverbandes oder einer Partei; staatl. Handeln durch Einwirkung u. Entscheidungen in versch. Bereichen: Außen-, Innen-, Sozial-P. usw.

**Politikwissenschaft, Politologie,** Wiss. von den institutionellen Formen, Prozessen, Inhalten u. normativen Grundlagen der Politik; gehört zu den Sozialwissenschaften.

**politische Gefangene,** politolog., nicht rechtl. Bez. für Personen, die oppositionelle polit. Auffassungen vertreten, diese mit friedl. Mitteln durchzusetzen versucht haben u. deshalb inhaftiert wurden; i.w.S. auch Personen, die wegen Rasse, Religionszugehörigkeit od. als Angehörige einer nat. Minderheit verfolgt werden.

**politische Polizei,** bes. Polizeiorgane (z.T. auch Geheimpolizeien.), deren Aufgabenfeld die polit. Strafsachen sind; in allen modernen Diktaturen, Einparteienstaaten u. totalitären Systemen wesentl. Funktion als Instrument der Herrschaftssicherung.

**politische Straftaten,** Straftaten, die gg. den Bestand des Staates gerichtet sind: Hochverrat, Staatsschutzdelikte, Landesverrat.

**Polizei** [gr.], 1. die gesamte Tätigkeit v. Verw.-Behörden und Vollzugsorganen (z.B. Bau- u. Gewerbeaufsicht) zur Abwehr v. Gefahren für die öffentl. Sicherheit u. Ordnung sowie zur Beseitigung bereits eingetretener Störungen; 2. die im Vollzugsdienst tätigen Dienstkräfte, d.h. die im Außendienst verwendeten uniformierten P.kräfte u. die Kriminalpolizei. Das P.recht (Vorschriften über Aufgaben u. Befugnisse sowie Organisation der Polizei) ist Teil des Verw.-Rechts; die der Gefahrenabwehr dienenden Rechtsnormen werden als Ordnungsrecht (Sicherheitsrecht) bez.; die Regelung beider unterliegt grundsätzl. der Gesetzgebungskompetenz der Länder, jedoch ist das Ordnungsrecht überw. durch den Bund geregelt.

**Polizeistaat,** ein das politische, wirtsch. u. soz. Leben reglementierender Staat im Ggs. zum Rechts- u. Verf.-Staat. Die Reg. greift in die persönl. Freiheit u. Privatsphäre der „Untertanen" ein, gewöhnl. durch willkürl. Machtausübung seitens der Polizei, v.a. der Geheimpolizei.

**Polizeistunde** ↑Sperrzeit.

**Pollen** [lat.], svw. Blütenstaub (↑Blüte).

**Pollock** [ˈpɔlək], Jackson, amer. Maler, *1912, †1956; einer der Hauptvertr. des Actionpainting.

**Pollution** [lat.], unwillkürl. Samenentleerung [im Schlaf].

**Pollux** [lat.], hellster Stern im Sternbild ↑Zwillinge.

**Polnisch,** westslaw. Sprache; lat. Schrift; Erhaltung der alten slaw. Nasalvokale, auf die vorletzte Silbe festgelegte Betonung.

**polnische Kunst,** weitgehend vom mitteleurop. Einfluss bestimmte Kunst Polens; erst im 19. u. 20. Jh. eigenständige Entwicklung (neben Malerei u. Grafik auch die Volkskunst); hervorragende Leistungen der Denkmalpflege.

**polnische Literatur,** im 12. Jh. lat. Viten u. Chroniken; poln. Zeugnisse seit dem 13. Jh.; *Goldenes Zeitalter* (16. Jh.): humanist. Drama u. Lyrik, Predigten; *Barock* (17. Jh.): Epik (S. K. Graf Potocki, A.T. Twardowski); *Aufklärung* (18. Jh.): Satire und Fabel (J. Krasicki), poln. Theater; *Romantik* (1. H. 19. Jh.): Dichter als Träger des Nat.-Bewusstseins (A. Mickiewicz, Z. Krasiński); *Realismus* vertreten durch B. Prus, *Naturalismus* durch G. Zapolska u. den jungen W. S. Reymont; um 1900 die histor. Romane v. H. Sienkiewicz; symbolist.-neuromant. das *Junge Polen* mit S. Wyspiański, S. Przybyszewski; zw. den Weltkriegen die *Skamander-Gruppe* (u.a. die Lyriker J. Tuwim und J. Lechón), realist. Romanciers (J. Kaden-Bandrowski, M. Dąbrowska); als Dramatiker J. Szaniawski; ab 1949 sozialist. Realismus offiz. gefordert, am wenigsten abhängig die Lyrik; 1956 Rebellion gg. die Reglementierung; im Exil u.a. C. Miłosz, W. Gombrowicz, von den Jüngeren M. Hłasko; bed. sind ferner S. Mrożek, S. Lem, Z. Herbert.

**Polnischer Korridor,** im Versailler Vertr. 1919 v. Dtl. an Polen abgetretener Gebietsstreifen zw. Pommern u. der Weichsel, der Polen Zugang zur Ostsee gab.

**Polnischer Thronfolgekrieg,** Krieg 1733–35/38 um die Nachfolge August II., des Starken; der Ks. und Russland unterstützten den sächs. Krfst. Friedrich August II., Frkr. den poln. Exkg. Stanislaus I. Leszczyński, Schwiegervater Kg. Ludwigs XV., der 1735/38 auf die Krone verzichtete u. mit Lothringen u. Bar abgefunden wurde.

**Polnische Teilungen** ↑Polen, Geschichte.

**Polo,** Marco, venezian. Kaufmann, *um 1254, †1324; bereiste Z-Asien u. China (1271–95); Reiseberichte.

**Polo** [engl.], Treibballspiel zw. 2 Mannschaften (z.B. als Pferde-P., Kanu-P., Rad-P.).

**Polonaise** [poloˈnɛːzə; frz.], **Polonäse,** urspr. poln. Schreittanz im $^3/_4$-Takt; oft zur Balleröffnung.

**Polonium,** Symb. **Po,** radioakt. chem. El., OZ 84, Massenzahl des stabilsten Isotops 209, Metall; Dichte 9,169 bzw. 9,398 g/cm$^3$, Fp. 254 °C, Sp. 962 °C; radioakt. Zerfallsprodukt der Uran-Radium-Zerfallsreihe.

**Poltawa,** Gebietshptst. in d. Ukraine, sw. v. Charkow, 319 000 E; Oberservatorium, Hochschulen; Masch.-, Leder-, Nahrungsmittelind.; ⚔. – 1709 entscheidender Sieg Peters d. Gr. über Karl XII. von Schweden.

**poly..., Poly...** [gr.], Bestimmungswort; Bed.: „mehr, viel".

**Poly|acrylharze, Acrylharze,** weiche, z.T. klebr., auch paraffinähnl.

Kunststoffe, die durch Polymerisation von Estern der Acrylsäure hergestellt werden; verw. als Klebrohstoffe, zum Imprägnieren, Kaschieren u.a.

**Poly|acrylnitril,** Polymerisationsprodukt aus Acrylnitril ($CH_2$=CH–CN); verw. v.a. zur Herst. v. Chemiefasern *(P.fasern)* für Textil-, Filtergewebe usw.; Handelsbez. z.B. *Dralon.*

**Poly|amide,** Abk. **PA,** zähe u. abriebfeste Kunststoffe mit der periodisch wiederkehrenden Peptid-(Amid-)bindung –CO–NH–; wicht. Rohstoffe zur Herst. von Chemiefasern (Handelsbez. z.B. *Nylon, Perlon*).

**Poly|äthylen, Poly|ethylen,** Abk. **PE,** thermoplast. Kunststoff aus polymerisiertem ↑Äthylen; für Fasern, Folien (Tragetaschen), Kabelisolierungen, Spritzgussteile u.a.

**Poly|eder** [gr.], Vielflächner, von ebenen Flächen begrenzter Körper.

**Poly|ester,** wicht. Kunststoffe, die formal aus 2-wert. Alkoholen u. 2-wert. Säuren durch vielf. Veresterung entstehen; zur Herst. v. *P.fasern* (Handelsbez. z.B. *Trevira*); auch für Harze, Lackrohstoffe u.a.

**Polygamie** ↑Ehe.

**Polyglotte** [gr.], Wörterbuch, das mehrere Sprachen umfasst; mehrsprach. Werkausgabe (u.a. *Polyglottenbibel*).

**Polygon** [gr.], Vieleck.

**Polyhymnia,** Muse des ernsten Gesanges.

**Polykrates,** Tyrann von Samos s. etwa 538, †um 522 v.Chr.; umfangreiche Bautätigkeit (Wasserleitungen, Hafenmolen); glanzvoller Hof. – Ballade v. Schiller: „Der Ring des Polykrates" (1797).

**Polymerie** [gr.], ❀ Zusammenwirken mehr. gleichartig wirksamer Gene bei der Ausbildung eines Merkmals.

**Polymeth|acrylsäureester,** glasart. durchsicht., nicht splitternde Kunststoffe, die aus Methacrylsäureestern durch Polymerisation hergestellt werden; u.a. für Schutzbrillen, Verglasungen (z.B. Dusch-Kabinen), Prothesen, Haushaltswaren.

**Polyneikes,** griech. Sagengestalt, Bruder des Eteokles u. der Antigone; die beiden Brüder brachten sich beim Kampf um Theben gegenseitig um.

**Polynesi|en,** Bez. für die Inseln im Pazifik im Gebiet zw. Hawaii-Inseln (N), Osterinsel (O) u. Neuseeland (S), auf denen hpts. Polynesier leben.

**Polynom** [gr.], math. Ausdruck aus zwei od. mehr durch + od. – verbundenen Gliedern, z.B. das viergliedr. P.: $a+2b-4c-d$ (↑Binom) od. ein Ausdruck der Form $a_0+a_1x+\ldots+a_nx^n$ (*n* Grad des P.).

**Polyp** [gr.], **1)** ↑Nesseltiere. **2)** veraltete, noch volkstüml. Bez. für Tintenfisch, bes. Krake. **3)** gutart. Geschwulst der Schleimhäute, oft gestielt vorkommend (z.B. an der Nasenschleimhaut).

**Polyphem,** einäugiger Zyklop der griech. Mythol., Sohn Poseidons, v. Odysseus geblendet.

**Polyphonie,** mehrstimmige Musik: Komposition, bei der jede Stimme eigene melod. Bedeutung hat. Adjektiv: *polyphon.*

**Polypol,** Marktform, bei der vielen kl. Anbietern viele kl. Nachfrager gegenüberstehen.

**Polysaccharide,** Kohlenhydrate, die sich aus zwei od. mehr Zuckermolekülen aufbauen.

**Polystyrol,** Abk. **PS,** glasklarer, thermoplast. Kunststoff aus polymerisiertem ↑Styrol; verw. u.a. für Haushaltsgegenstände, Kühlschränke, geschäumt als Isoliermaterial; Handelsbez. z.B. *Styropor.*

**Polytetrafluor|äthylen, Polytetrafluor|ethylen,** Abk. **PTFE,** Polymerisationsprodukt des Tetrafluoräthylens, $F_2C=CF_2$; chem. äußerst beständ. Kunststoff; verw. als Isoliermaterial, Auskleidungsmaterial von Kesseln u. Röhren, Fasern u.a.; Handelsbez. z.B. *Teflon.*

**Polytheismus** [gr.], die gleichzeitige Verehrung mehrerer, meist nach Art menschl. Personen vorgestellter Götter; Ggs. Monotheismus.

**Poly|urethane,** Abk. **PUR,** durch Polyaddition aus mehrwertigen Alkoholen u. Isocyanaten hergestellte Kunststoffe; enthalten die period. wiederkehrende Gruppe –NH–COO–; verw. für Borsten, Fasern, Isoliermaterial (für elektr. Artikel), Schaumstoffe u.a.

**Polyvinylchlorid,** Abk. **PVC,** thermoplast., schwer entflammbarer Kunststoff aus polymerisiertem Vinylchlorid ($CH_2$=CHCl); als *Hart-PVC* für Folien, Rohrleitungen, Behälterauskleidungen, als *Weich-PVC* für Isolierungen, Beschichtungen, Wand- und Bodenbeläge, Kunstleder u.a.

**Pomeranze** [ital.], Unterart der Orange; die bittere Fruchtschale liefert *Orangeat.*

**Pommern,** histor. Territorium beiderseits der unteren Oder; s. etwa 600 n.Chr. von slaw. Stämmen besiedelt, vom 10. bis zum frühen 12. Jh. unter poln. Oberhoheit, 1181 Hzgt. im Verband des Hl. Röm. Reiches; im 13. Jh. dt. Besiedlung; 1648 Vor-P. schwed., Hinter-P. brandenburg.; 1720 Vor-P. bis zur Peene an Bbg.-Preußen, 1815 auch das restl. P.; 1945 Ost-P. unter poln. Verw. gestellt, 1991 völkerrechtlich verbindlich zu Polen, der W-Teil mit Mecklenburg (SBZ) vereinigt; bildet mit diesem s. 1990 das Bundesland Mecklenburg-Vorpommern.

**Pommersche Bucht,** Ostseebucht vor Usedom und Wollin.

**Pompadour** [põpaˈduːr], Jeanne Antoinette Poisson, Marquise de, Mätresse Ludwigs XV. v. Frkr, *1721, †1764; gr. Einfluss auf die frz. Politik.

**Pompeius, 1)** Gnaeus P. Magnus, röm. Feldherr und Staatsmann, *106, †48 v.Chr; 66 Oberbefehlshaber gg. Mithridates VI. Eupator, 60–53 1. Triumvirat mit Caesar und M. L. Crassus, unterlag Caesar im Kampf um die Alleinherrschaft 48 b. Pharsalos, auf der Flucht in Ägypten ermordet. **2)** Sextus P. Magnus, röm. Feldherr, *um 70, †35 v.Chr., Sohn v. 1); 43 Oberbefehlshaber der röm. Flotte, 36 von Agrippa geschlagen; auf Befehl des M. Antonius getötet.

**Pompeji,** ital. **Pompei,** ital. St. u. antike Ruinenstätte am SO-Fuß des Vesuv, 26 200 E. – 79 n.Chr. bei einem Vesuvausbruch unter vulkan. Asche begraben; weitgehende Freilegung durch systemat. Ausgrabungen seit 1860.

**Pompidou** [põpiˈdu], Georges, frz. Wirtschaftsfachmann u. Politiker (UDR), *1911, †1974; 1962 bis 1968 Min.-Präs., 1969–74 Staatspräs.

**Poncho** [ˈpɔntʃo; indian.], urspr. von den Indianern M- u. Südamerikas getragene Schulterdecke mit Kopfschlitz.

**Pond** [lat.], Einheitenzeich. **p,** veraltete Einheit der Kraft; der 1 000. Teil eines ↑Kiloponds.

**Poniatowski,** poln. Magnatenfam.: **1)** Józef Fürst, poln. Gen, *1763, †1813; 1794 Teilnehmer am Kościuszko-Aufstand, ab 1807 Kriegsmin., an der Völkerschlacht v. Leipzig beteiligt (dort gefallen); noch heute populäre Heldengestalt. **2)** Stanisław, poln. Feldherr, *1676, †1762; kämpfte mit Karl XII. v. Schweden bei Poltawa. **3)** Stanisław August ↑Stanislaus II. August, Kg. von Polen.

**Pontifex** [lat.], Mitgl. des höchsten Priesterkollegiums im alten Rom, an dessen Spitze der *P. maximus* (s. Leo I. Übernahme des Titels durch die Päpste).

**Pontifikal|amt** ↑Hochamt.

P

**Pontifikat** [lat.], Amtszeit, Reg. des Papstes oder eines Bischofs.

**Ponton** [põ'tõ; frz.], flaches, hochbord. Wasserfahrzeug der Pioniere, zum Übersetzen und als Träger von Schiffbrücken *(P.brücken).*

**Pontormo,** Iacopo da, eigtl. I. **Car[r]ucci** [-tʃi], ital. Maler, *1494, †Ende 1556; bedeutendster Meister des frühen Manierismus.

**Ponys** [engl.], bis 148 cm schulterhohe, kleinwüchs. Pferderasse, meist stämmig u. sehr widerstandsfähig; bes. in N-Europa.

**Pool** [pu:l], Zusammenschluss v. Unternehmen, bei dem Gewinne zentral in einem gemeinsamen Fonds erfasst u. nach einem Schlüssel verteilt werden *(Gewinn-P.),* bzw. v. Beteiligungen versch. Aktionäre *(Aktien-P.).*

**Poole** [pu:l], südengl. Hafenst., 118900 E; Masch.-Bau, Töpferei; Seebad.

**Poona** ['pu:nə], ind. St., ↑Pune.

**Popanz** [slaw.], Schreckgestalt; ugs. für unbed., willenloser Mensch.

**Pop-Art** ['pɔpa:t; engl.], Strömung der zeitgenöss. Kunst seit Mitte der 1950er-Jahre v. a. in den USA sowie in Großbrit; Gegenstände der techn. bzw. der Konsumwelt werden in einem der Werbung entsprechenden plakativen Stil durch Ausschnitt, Vergrößerung oder Reihung verfremdet und parodiert (u. a. A. Warhol, R. Lichtenstein).

**Popcorn** [engl.] ↑Puffmais.

**Pope** [pəʊp], Alexander, engl. Dichter, *1688, †1744; didakt. u. satir. Dichtungen; entwickelte eine bed. klassizist. Poetik nach frz. Vorbild.

**Pope** [russ.], kirchenslaw. Bez. f. den orth. Priester.

**Popelin[e]** [frz.], mit sehr feinen Querrippen versehenes Gewebe aus Wolle, Baumwolle, Chemiefasern; in Leinwandbindung.

**Popmusik,** Sammel-Bez. i. w. S. für alle durch Massenmedien verbreiteten Musikformen der Unterhaltungsindustrie (z. B. Schlager-, Film-, Tanzmusik); i. e. S. für die populären Formen der afroamer. Musik seit etwa 1960, die Stilmittel der Rockmusik übernehmen, umarrangieren und mit einem gängigen Sound verbinden.

**Popocatépetl,** Vulkan in Mexiko, sö. der Hptst., 5452 m.

**Pöppelmann,** Matthäus Daniel, dt. Baumeister, *1662, †1736; Vertr. des dt. Barocks; sein Hauptwerk ist der Dresdner Zwinger.

**Popper,** Sir (s. 1964) Karl Raimund, brit. Philosoph u. Wissenschaftslogiker östr. Herkunft, *1902, †1994; Begr. des krit. ↑Rationalismus in Auseinandersetzung mit Positionen des Neopositivismus („Logik der Forschung").

**Popularität** [lat.], Volkstümlichkeit, allg. Beliebtheit, *populär,* volkstümlich.

**Population,** **1)** svw. ↑Bevölkerung. **2)** Gesamtheit der Individuen einer Art in begrenzten Bereichen. **3)** Gruppe v. Sternen, die hinsichtl. Alter, chem. Zusammensetzung u. Anordnung ähnl. sind.

**Populismus,** Schlagwort für e. oft demagog. Politik, die auf die Mobilisierung breiter, v. a. unterprivilegierter sozialer Schichten zielt.

**Pop-up-Menü** [pɔp'ʌp-], ↑Menü.

**Pordoijoch,** ital. **Passo Pordoi,** ital. Dolomitenpass, 2239 m ü. d. M., vom Fassatal nach Cortina d'Ampezzo.

**Pore** [gr.], allg. Durchgang, Öffnung; *Haut-P.,* Ausführungsöffnung einer Schweißdrüse.

**Pori,** schwed. **Björneborg** [-'bɔrj], finn. Hafenst. am Bottn. Meerbusen, 76400 E; Holz-, Textilind., Buntmetallhütte; ✈.

**Pornographie** [gr.], sprachl. und/oder bildl. (einschl. film.) Darstellung sexueller Handlungen, um e. Reizwirkung zu erzielen; Strafbestimmungen zum Jugendschutz, bes. gg. *Kinder.-P.*

**porös** [gr.], löchrig, durchlässig.

**Porphyr** [gr.], alle Ergussgesteine, in deren dichte, feinkörn. Grundmasse größere Kristalleinsprenglinge eingestreut sind, z. B. Quarz-P.

**Porphyrit** [gr.], dunkelgraues (oft grünl. od. braunes) Ergussgestein; charakt. Gemengteile: Plagioklas, Hornblende, auch Augit, Biotit.

**Porsche,** Ferdinand, dt. Kraftwagenkonstrukteur, *1875, †1951; konstruierte Kompressorrennwagen, den Volkswagen u. P.-Sportwagen.

**Porta** [lat.], Pforte, Tor.

**Portable** ['pɔ:təbl], tragbares Gerät, z. B. Fernseher, Computer.

**Portal** [mlat.], monumental gestalteter Eingang.

**Porta Nigra** [lat.; = schwarzes Tor], monumentales röm. Stadttor (Ende 2. Jh. n. Chr.) in Trier.

**Portativ** [frz.], kl. tragb. Orgel.

**Port-au-Prince** [pɔrto'prɛ̃s], Hptst. der Rep. Haiti, 753000 E; Univ.; vielseit. Ind.; ⚓, ✈.

**Porta Westfalica, 1) Westfälische Pforte,** Kurzform **Porta,** Durchbruch der Weser zw. Weser- u. Wiehengebirge. **2)** St. in NRW im Bereich von 1), 36000 E, Verw.-Sitz Hausberge; Metall-, Möbel- u. a. Industrie.

**Portefeuille** [pɔrt'fø:j; frz.], **1)** Bestand an Wertpapieren u. a. Vermögenswerten. **2)** Geschäftsbereich eines Ministers.

**Port Elizabeth** [- ɪ'lɪzəbəθ], Ind.- u. Hafenst. in d. Rep. Südafrika, 303400 E (städt. Agglomeration 1,1 Mill. E); Univ.; ✈.

**Porten,** Henny, dt. Schauspielerin, *1890, †1960; Heroine des dt. Stummfilms.

**Porter** [engl.], dunkles obergäriges Bier.

**Porter, 1)** Cole, amer. Komponist, *1893, †1964; erfolgr. Schlager u. Musicals. **2)** Sir George, brit. Chemiker, *1920; erhielt für die Entwicklung spektroskop. Untersuchungsmethoden für schnell ablaufende Reaktionen den Nobelpreis f. Chemie (mit M. Eigen u. R. G. W. Norrish) 1967. **3)** Katherine Anne, amer. Schriftstellerin, *1894, †1980; Kurzgeschichten, Romane. **4)** Rodney Robert, brit. Biochemiker, *1917, †1985; Arbeiten zur Struktur der Antikörper; Nobelpreis (mit G. Edelman) 1972.

**Portikus** [lat.], Säulenhalle als Vorbau eines Gebäudes.

**Portland** ['pɔ:tlənd], größte St. und bedeutendster ⚓ Oregons, USA, 437000 E; Univ.; Ind.; ✈.

**Portmann,** Adolf, schweizer. Zoologe, *1897, †1982; Arbeiten über Entwicklungsgeschichte.

**Port Moresby** [pɔ:t 'mɔ:zbɪ], Hptst. v. Papua-Neuguinea, 250000 E.

**Porto** ['portu], portug. Stadt nahe der Mdg. des Douro, 350400 E; Univ.; Kathedr. (12. bis 18. Jh.); Textil-, Konservenind., Gießereien, Weinhandel u. -export (Portwein); Erdölraffinerie, ⚓, ✈.

**Porto Alegre** ['portu a'lɛgri], Hptst. des südbrasil. B.-Staates Rio Grande do Sul, am N-Ufer der Lagoa dos Patos, 1,4 Mill. E; 2 Univ.; vielseitige Industrie; ⚓, ✈.

**Portofino,** ital. Seebad, 700 E; sö. von Genua, ⚓.

**Porträt** [pɔr'trɛ; frz.], künstler. Darstellung eines Menschen, v. a. seines Antlitzes, in Malerei, Fotografie und Plastik.

**Port-Royal** [pɔ:rrwa'jal], ehem. Zisterzienserinnenkloster b. Versailles, gegr. 1204; berühmt als Zentrum des ↑Jansenismus.

**Port Said** [- zaɪt], ägypt. Hafenst. an d. N-Einfahrt zum ↑Suezkanal, 469000 E; Sitz d. Suezkanalverwaltung; Erdölraffinerie; ✈. – Gegr. 1859.

**Portsmouth** ['pɔ:tsməθ], **1)** südengl. Hafenst. am Kanal, 179400 E; Kriegs- u. Handels-⚓; Ind.; Docks, Werften; ✈. **2)** Hafen-

u. Ind.-Stadt in Virginia, USA, 111 000 E; Marinestützpunkt.

**Portugal,** Rep. im W der Iber. Halbinsel. – Im N u. O verkehrsfeindl.; nördl. des Tejo gebirgig (bis 1 990 m), verbreitet Ziegen- u. Schafzucht; südl. des Tejo u. an der zentralen W-Küste Flachland mit inselart. kl., waldreichen Bergzügen: Weizen-, Mais-, Kartoffelanbau, Korkeichen-, Kastanienhaine, verbreitet Macchien, an der Küste u. in den Flusstälern Weinbau, Oliven- u. Eukalyptushaine, z. T. Reisanbau; im S ↑Algarve mit Feigen- u. Dattelpalmenanbau. *Klima:* maritim, im S mediterran. *Bodenschätze:* Kupfer, Wolfram, Zinn, Steinkohle. Wenig Ind., bed. Fischfang (Sardinen). Haupthäfen: Lissabon, Porto. Fremdenverkehr. – *Gesch.:* hervorgegangen aus der Gft. P. zw. Minho u. Tejo, die 1093 an eine burgund. Dyn. kam; 1139 Kgr., territoriale Ausbreitung unter Alfons III.; im 15. u. 16. Jh. (Entdeckungsfahrten) eine der führenden See- u. Kolonialmächte Europas; 1580 Personalunion mit Spanien unter Philipp II.; Verlust des größten Teils der ostind. Kolonien an die Niederlande; 1640 P. nach einem Volksaufstand wieder selbst., enge Verbdg. mit England; 1807–14 v. Napoleon I. besetzt, 1822 Verlust Brasiliens; unter Karl I. koloniale Ausdehnung in Afrika, in P. Korruption u. Staatsbankrott; 1910 Sturz der Monarchie u. Ausrufung der Rep.; Teilnahme am 1. Weltkrieg ab 1916 (gg. Dtl.); 1926 mil. Staatsstreich u. Errichtung einer rechts gerichteten Diktatur; Min.-Präs. 1932–68 A. de Oliveira Salazar. Neutralität im 2. Weltkrieg; wurde 1949 Mitgl. der NATO. Im April 1974 Mil.-Putsch unter Gen. Spínola („Nelkenrevolution"), zunächst sozialist. Kurs, s. 1976 demokrat. Reg.wechsel; 1974–76 Entlassung der Kolonien in die Unabhängigkeit (Angola, Moçambique, Guinea-Bissao), 1986 EG-Beitritt; 1999 Rückgabe v. Macau an China.

**Portugal**

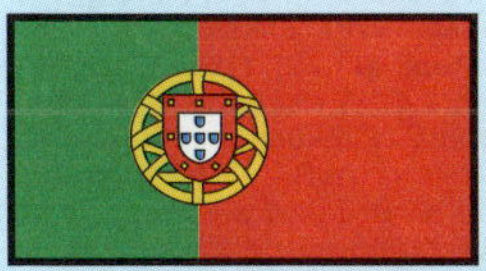

| | |
|---|---|
| *Fläche:* | 92 389 km$^2$ |
| *Einwohner:* | 9,798 Mill. |
| *Hauptstadt:* | Lissabon |
| *Amtssprache:* | Portugiesisch |
| *Zeitzone:* | MEZ – 1 Stunde |

**portugiesische Kunst:** *Ordensburg in Tomar, Blick in den Großen Kreuzgang „Claustro dos Felipes" (16. Jh.)*

**Portugiesisch,** in Portugal u. (mit Abweichungen) v. a. in Brasilien gesprochene roman. Spr.; typ.: reiche Nasalierung, keine deutl. hörbaren Wortgrenzen.

**portugiesische Kunst,** die Kunst Portugals; fassb. s. Anf. des 12. Jh.; roman. Kathedr. von Braga, Coimbra u. Lissabon (südwestfrz. Einfluss); Abteikirchen v. Alcobaça (in burgund.-zisterziens. Stil) u. Batalha (Einfluss der frz. Gotik). Höchste Blüte u. Originalität der Baukunst u. -skulptur unter Emanuel I. (1495–1521) und seinen Nachfolgern *(Emanuelstil),* u. a. João de Castilho; Bauten der Klöster Belém, Batalha u. Tomar, Festung Torre de Belém; Höhept. der spätgot. Malerei mit Nuño Gonçalves, danach Niedergang der nat. Kunst; ital. u. frz. Einflüsse.

**portugiesische Literatur,** Anlehnung der ältesten p. L. an frz.-provenzal. Vorbilder; Lyrik in galicisch-portugies. Sprache; seit dem *14. Jh.* historiograph. Prosa, Ritterromane; *um 1500* höf. Gelegenheitsdichtung nach span. Mustern; in der *Renaissance* Begründung des portugies. Dramas (Mysterienspiele) durch G. Vicente; klass. Tragödien v. A. Ferreira; Oden u. Sonette v. F. de Sá de Miranda; 1. Höhepunkt der p. L. mit L. Vaz de Camões („Die Lusiaden", 1572). Im *17. Jh.* starke span. Einflüsse (Gongorismus); barocker Formenreichtum (Dramen, Lyrik, Satiren). Klassizist. Dichtung im *18. Jh.* im Zeichen der Aufklärung. Erneuerung aller literar. Gattungen auf nat. Grundlage in der *Romantik* (u. a. Almeida Garrett, C. Castelo Branco, A. F. de Casthilo); realist. Gegenbewegung der „Generation von Coimbra" (Eça de Queirós). *Um 1900* Einfluss der frz. Lit. des Fin de Siècle; *20. Jh.:* Rückbesinnung auf nat. Werte im neoromant. *Saudosismo* (C. Pessoa); neue Impulse im regionalist. Roman (A. Ribeiro) mit neorealist. Zügen. *Nach 1974* Rückkehr vieler Autoren aus dem Exil; krit. u. weltoffene Verarbeitung von Gesch. u. Traditionen in Prosa (M. Torga, J. Saramago, A. Lobo Antunes, L. Jorge), Drama (u. a. B. Santareno) u. Lyrik (E. de Andrade, A. Osório, A. Franco Alexandre).

**Port Vila,** Hptst. v. Vanuatu, 33 700 E; ⚓, ✈.

**Portwein** [nach der St. Porto], roter u. weißer Likörwein aus N-Portugal.

**Postmoderne:** *Ricardo Bofill, „Le Théâtre" innerhalb der Anlage „Les Espaces d' Abraxas" in Marne-la-Vallée bei Paris (1978–83)*

**Porzellan** [ital.], keram. Erzeugnis aus Kaolin, Quarz u. Feldspat (Mischung unterschiedl. bei Hart- u. Weich-P.); die Masse wird geformt durch Drehen od. Gießen, dann getrocknet, erstmalig gebrannt (bei etwa 1 000 °C), glasiert, nochmals gebrannt (bei 1 380 bis 1 450 °C). Vor dem Glasieren werden die *Unterglasurfarben* aufgetragen; farbenfreudigere Dekors werden mit Aufglasurfarben erreicht, die in einem 3. Brand bei 800–900 °C eingebrannt werden. – P.arten: Nach der Höhe der Brenntemp. unterscheidet man *Hart-P.* mit hoher Brenntemp. (im Allg. das europ. P.) u. *Weich-P.* mit niedrigerer Brenntemp. (im Allg. das ostasiat. P.). P. wurde zuerst (wohl seit dem 7. Jh.) in China hergestellt; in Europa (Meißner P.®) seit 1708/09 von J. F. Böttger.

**Porzellan|erde,** svw. ↑Kaolin.

**Porzellanschnecken,** Fam. der Vorderkiemer mit porzellanart. Schale; v. a. ↑Kaurischnecke.

**Posaune** [lat.-frz.], Blechblasinstrument mit Kesselmundstück u. ausziehb. Röhrenteil.

**Poseidon,** griech. Gott des Meeres, Bruder des Zeus.

**Posen,** poln. **Poznań,** Hptst. d. Wwschaft Großpolen, Polen, an d. Warthe, 580 100 E; Erzb.-Sitz; Univ., Hochschulen, wiss. Inst.; Fahrzeugbau, Textil-, chem. Ind.; internat. Messe; ⚓, ✈. – 1793 bis 1919 preußisch.

**Positiv, 1)** die ungesteigerte Form (Grundform) des Eigenschaftsworts, z. B. gut. **2)** kl. Standorgel. **3)** fotograf. Bild des Aufnahmeobjekts, das tonwertrichtig ist.

**Positivismus,** von A. Comte eingeführte Bez. für eine Wiss. und Philos., die sich nur auf die Feststellung des „Positiven", in innerer u. äußerer Wahrnehmung von unzweifelhaft Tatsächlichem, sowie auf dessen gesetzmäß. Verknüpfungen beschränkt; Ablehnung der Metaphysik.

**Positron** [lat.; gr.], posit. geladenes Elementarteilchen, Antiteilchen des Elektrons.

**Posse** [frz.], volkstüml. Komödie mit vordergründiger Situations- oder Charakterkomik.

**Possessiv[um]** [lat.], **Possessivpronomen,** besitzanzeigendes Fürwort, z. B. mein, dein.

**Post** ↑Post- und Fernmeldewesen.

**post..., Post...** [lat.], Vorsilbe; Bed.: „nach, hinter".

**Postament** [lat.], Sockel.

**post Christum [natum]** [lat.], Abk. p. Chr. [n.], nach Christi [Geburt], nach Christus.

**Poster** [ˈpəustə; engl.], [künstler.] Plakat, vorwiegend für dekorat. Zwecke.

**poste restante** [ˈpɔst rɛsˈtãt; frz.], postlagernd.

**post festum** [lat.; = nach dem Fest], zu spät, hinterher.

**posthum** [lat.], **postum,** nachgeboren (nach dem Tod des Vaters); nachgelassen (Schriften u. a.).

**Postille** [mlat.], ma. schulmäß. Bibelauslegung; auch Slg. v. Predigten; im Gottesdienst verlesen od. für die häusl. Erbauung.

**Postillion** [lat.], Postkutscher.

**Postleitzahl,** Kennziffer für Postleitgebiete, in Dtl. 1943 eingeführt; s. 1993 in Dtl. fünfstell. Kennziffern.

**Postmoderne,** zentraler Begriff der Kulturtheorie, in der Architektur seit Mitte der 1970er-Jahre Abkehr v. Funktionalismus u. Rationalismus; heute allg. verwendet.

**post mortem** [lat.], Abk. **p. m.,** nach dem Tod.

**Postojna,** dt. **Adelsberg,** St. in Slowenien, 6 300 E; nahebei die *Adelsberger Grotten* (slowen. Postojnska jama), Karsthöhlen im Kreidekalk.

**Postskript[um]** [lat.], Abk. **PS,** Nachschrift.

**Post & Telekom Austria AG,** Abk. **PTA,** aus der Österr. Post- u. Telegraphen-Verw. (ÖPTV) hervorgegangenes Unternehmen für Post u. Telekommunikation, seit 1996 AG; umfasst die Unternehmensbereiche gelbe Post, Postauto u. Telekom.

**Postulat** [lat.], **1)** [sittl.] Forderung. **2)** unbeweisbare, aber sachl. oder begriffl. notwendige Annahme.

**postum** ↑posthum.

**Post- und Fernmeldewesen,** Zweig des öffentl. Sektors Dienstleistungen, der Nachrichten-, Personen-, Güter- u. Zahlungsverkehr sowie andere Verkehrsbereiche umfassen kann. Kernbereiche des Postwesens sind der Brief- und der Paketdienst, Kernbereich der Telekommunikation ist der Fernsprechdienst.

**Postwertzeichen** ↑Briefmarke.

**potemkinsche Dörfer** [nach Fürst ↑Potjomkin], Vorspiegelungen.

**Potentat** [lat.], Machthaber, regierender Fürst.

**Potentialis** [lat.], Möglichkeitsform des Verbs.

**Potenz** [lat.], **1)** Fähigkeit zum Geschlechtsverkehr, Zeugungsfähigkeit. **2)** ein Produkt gleicher Faktoren, geschrieben $a^n$; *a* heißt *Basis* (Grundzahl), *n Exponent* (Hochzahl); z. B. $a^3 = a \cdot a \cdot a$. **3)** philos. Bez. für die unentfaltete Möglichkeit im Ggs. zur eigtl. entfalteten Wirklichkeit *(Akt).*

**Potenzial** [lat.], **1)** Leistungsfähigkeit, z. B. Wirtschafts-P., Kriegs-P. **2)** allg. Funktion mehr. physikal. Größen (z. B. Ortskoordinaten, Temp., Druck u. a.), aus der sich durch Differenziation nach diesen Größen andere physikal. Größen ergeben; i. e. S. sind P. skalare Ortsfunktionen, aus denen sich durch Gradientenbildung die Kraftfelder bzw. Feldstärken herleiten lassen, z. B. das den Massen der Körper u. dem Kehrwert ihres Abstandes proportionale *newtonsche Gravitations-P.* (↑Gravitation). – In der Mech. auch svw. potenzielle ↑Energie. – Das *elektr(ostat.). P.* best. den Zustand des elektr. Feldes, das einen geladenen Körper umgibt. Die *P.differenz* zw. 2 Punkten in diesem Feld liefert die zw. diesen Punkten bestehende elektr. Spannung.

**potenzieren, 1)** √ ein Produkt aus gleichen Faktoren bilden. **2)** die Wirkung [eines Arznei- od. Narkosemittels] verstärken.

**Potenziometer, Spannungsteiler,** elektr. Widerstand mit 2 Anschlüssen an den Endpt. u. einem bewegl. Abnehmer. Liegt Spannung an den Enden, kann eine belieb. Teilspannung zw. einem Ende u. dem Abnehmer abgegriffen werden.

**Potiphar,** bibl. Gestalt; Kämmerer u. Befehlshaber der pharaon. Leibwache, an den Joseph, der Sohn Jakobs, verkauft wurde u. dessen Frau versuchte, Joseph zu verführen (1. Mos. 39).

**Potjomkin,** Grigori Alexandrowitsch, Fürst Tawritscheski, russ. Feldherr u. Politiker, *1739, †1791; Günstling Katharinas II., d. Gr.; soll ihr auf einer Krimreise Dorfattrappen gezeigt haben, um Wohlstand vorzutäuschen; daher *potemkinsche Dörfer* sprichwörtl. für Trugbilder, Vorspiegelungen.

**Potpourri** ['pɔtpuri; frz.], aus einer Folge versch. Melodien zusammengesetztes Musikstück.

**Potsdam,** Hptst. von Brandenburg, Nachbarstadt von Berlin, an der Havel, 138700 E; Hochschulen, Sternwarte, astrophysikal. Observatorium; Innenstadt im 2. Weltkrieg stark zerstört, wieder hergestellt die Nikolaikirche (1830–37 von ↑Schinkel erbaut); im Park von Sanssouci Schloss Sanssouci (1745–47) u. das Neue Palais (1763–69); der Park mit Schloss Charlottenhof; Filmproduktion, Maschinenbau, Textil-, chem.-pharmazeut. Ind. – 993 erwähnt; 1685–1918 brandenburg.-preuß. Residenz neben Berlin.

**Potsdamer Abkommen,** von den USA, der UdSSR u. Großbrit. auf der *Potsdamer Konferenz* (17. 7. – 2. 8. 1945) beschlossene Vereinbarung über die polit. u. wirtsch. Grundsätze für das gemeinsame Vorgehen in Dtl., Bestätigung des Alliierten Kontrollrats u. der Einteilung Dtl.s in 4 Besatzungszonen bei Wahrung der Wirtschaftseinheit, Entmilitarisierung, Reparationen, Demontagen, Bestrafung der Kriegsverbrecher, Unterstellung der dt. Gebiete östl. der Oder-Neiße-Linie unter poln. bzw. des N-Teils v. Ostpreußen unter sowj. Verw. bis zum Friedensvertrag; Vertreibung der Deutschen.

**Pott|asche** [niederl.], Kaliumcarbonat ($K_2CO_3$), zur Herst. von Seife und Glas.

**Pottwale,** Fam. der Zahnwale mit großem asymmetr. Schädel; 2 Arten: *Gemeiner Pottwal,* ♂ bis 20 m lang, *Zwergpottwal,* bis 4 m lang, selten.

**Poulenc** [pu'lɛ̃k], Francis, frz. Komponist, *1899, †1963; Mitgl. der Gruppe der „Six" in Paris, komponierte v. a. vokal. best. Werke, u. a. Opern, Ballette, Chorwerke, Kammermusik.

**Pound** [paʊnd], Ezra [Loomis], amer. Dichter, *1885, †1972; Anreger des Imagismus; Gedichtzyklus „Cantos"; lebte s. 1909 in Europa, in den USA wegen profaschist. Reden polit. umstritten.

**Pound** [paʊnd; engl.], **1)** Einheitenzeich. **lb,** in Großbrit. u. den USA Gewichtseinheit; 1 lb = 453,592 g. **2)** brit. Währungseinheit *(P. Sterling).*

**Pour le Mérite** [purləme'rit; frz.; = für das Verdienst], 1740 von Friedrich II., dem Gr., gestifteter, 1810–1918 auf mil. Verdienste beschränkter preuß. Orden. 1842 Schaffung einer Friedensklasse für Verdienste in Kunst u. Wiss. (1952 erneuert).

**Pozzuoli,** Hafenst. am Golf v. Neapel, Italien, 80700 E; Dom auf d. Grundmauern eines augusteischen Tempels, röm. Ruinen (u. a. Amphitheater); Maschinenbau, Gummiind.; Thermalbad.

**pp,** 𝄞 Abk. für pianissimo, sehr leise.

**pp.,** Abk. für: ↑per procura.

**ppa.,** Abk. für: ↑per procura.

**ppm,** Abk. für engl. **p**arts **p**er **m**illion, „Teile auf eine Million", Einheit der Angabe v. (kl.) Konzentrationen.

**Pr,** Symb. für ↑Praseodym.

**prä..., Prä...** [lat.], Vorsilbe; Bed.: „vor, voran, voraus".

**Präambel** [lat.], Einleitung, Vorrede, Eingangsformel (b. Gesetzen und Verträgen).

**Prädestination** [lat.], Theologie: Erwählung od. Verwerfung des Menschen, die allein dem Willen Gottes entspringt (unabhängig vom menschl. Handeln); christl. *P.-Lehre,* begr. durch Augustinus, später bes. betont von J. Calvin.

**Prädikat** [lat.], **1)** Bewertung, Zensur. **2)** Rangbez., Titel (beim Adel). **3)** Satzaussage; Satzteil, der etwas über das Subjekt aussagt (Gramm.).

**Potsdam:** *Neues Palais im Park von Sanssouci (1763–69)*

**Poussin** [pu'sɛ̃], Nicolas, frz. Maler, *1594, †1665; Repräsentant des heroisch-klass. Stils.

**Powell** ['paʊəl], Colin Luther, amer. General u. Politiker, *1937; 1989–93 Vors. der Vereinigten Stabschefs der US-Streitkräfte, s. 2001 Außenmin. der USA.

**Powerplay** ['paʊəpleɪ; engl.], Eishockey: anhaltendes Anstürmen aller Feldspieler auf das gegner. Tor.

**Poznań** ['pɔznajn], ↑Posen.

**Pozsony** ['poʒonj], ↑Bratislava.

**Praetorius, Prätorius,** Michael, eigtl. M. **Schultheiß,** dt. Komponist u. Musikschriftsteller, *1571, †1621; Werke aller Gattungen weltl. und geistl. Musik.

**Präfekt** [lat.], **1)** im antiken Rom hoher Zivil- od. Militärbeamter. **2)** oberster Verw.-Beamter eines frz. Dép. bis 1982.

**Prag,** tschech. **Praha,** Hptst. der Tschech. Rep., an der Moldau, 1,21 Mill. E; Univ., TH u. a. Hochschulen, Akad. der Wiss., bed. Bibliotheken und Museen; P. ist bes.

**Prag:** *Blick über die Moldau auf Karlsbrücke, Hradschin und Sankt-Veits-Dom*

geprägt durch die spätgot. Bauten aus der Zeit Karls IV. (Burg auf dem Hradschin; Dom, 1344–85; Karlsbrücke u. a.) und die barocken Bauten (St. Nikolaus auf der Kleinseite und viele Adelspaläste); Masch.-, Fahrzeug-, Metall-, Textil-, Papier-, Nahrungsmittel- und chem. Ind.; internat. Messe, Fremdenverkehr; Untergrundbahn; Fluss-⚓, internat. ✈. – Im 8. Jh. erstmals erwähnt, erlangte Bed. v. a. durch das 973 gegr. Bistum (s. 1344 Erzbistum) und als Residenz der Przemysliden; im 12. Jh. Niederlassung dt. Kaufleute; im 14. Jh. Blüte als Residenz Ks. Karls IV.; im 19. Jh. Zurückdrängung des Deutschtums; wurde 1918 Hptst. der neu gegründeten Tschechoslowakei; s. 1993 Hptst. der Tschech. Rep. – Der 1. *P.er Fenstersturz* (1419) leitete die Hussitenkriege ein, der 2. *P.er Fenstersturz* (1618) den Dreißigjähr. Krieg.

**Prägedruck, 1)** Druckverfahren, bei dem Schrift od. Bild reliefartig *(Reliefdruck),* erhaben od. vertieft, erscheinen. **2)** Aufdrucken haltb. Prägemuster auf Textilien (aus Chemiefasern) mit heißen *Prägewalzen.*

**pragmatisch** [gr.], anwendungs-, handlungs-, sachbezogen; sachl., auf Tatsachen beruhend.

**Pragmatische Sanktion,** svw. Staatsgrundges.; im Besonderen das Hausges. Ks. Karls VI. v. 1713, das die Unteilbarkeit der habsburg. Länder festlegte u. die weibl. Erbfolge zuließ. – Die *P. S. v. Bourges,* v. Kg. Karl VII. v. Frkr. 1438 erlassen, schränkte die Einflussnahme des Papstes auf die frz. Kirche zugunsten des Kg. ein (1461/67 aufgehoben).

**Pragmatismus** [gr.], i. w. S. Weltanschauung u. Philos., die das Handeln über die Vernunft stellt u. die Wahrheit von Ideen u. Theorien nur nach ihrem Erfolg misst; der P. i. e. S. betrachtet Handeln als Voraussetzung od. Ziel des Erkennens.

**prägnant** [lat.], treffend, knapp.

**prähistorisch,** vorgeschichtlich.

**Prahm,** kastenförm. Wasserfahrzeug, Arbeits- u. Transportschiff.

**Praia,** Hptst. d. Rep. Kap Verde, auf d. Insel São Tiago, 68 000 E; ⚓, ✈.

**Präjudiz** [lat.], **1)** eine vorgefasste Meinung, Vorentscheidung. **2)** [höchst]richterl. Entscheidung, die bei Beurteilung künft. ähnl. Rechtsfälle richtungweisend ist.

**Präkambrium** ↑Geologie (Übersicht).

**Präkanzerose** [lat.], Gewebeveränderungen mit den Zeichen eines Krebsvorstadiums.

**Praktik** [gr.], Handhabung, Verfahren; Kniff, Kunstgriff.

**Praktikum,** prakt. Tätigkeit zur Vorbereitung auf best. Berufe; im akadem. Unterricht Übung zur prakt. Anwendung des Gelernten.

**Prälat** [lat.], **1)** in der kath. Kirche geistlicher Würdenträger (Bischof u. a.); auch vom Papst verliehener Ehrentitel; **2)** in einigen ev. Landeskirchen geistl. Amtsträger mit bes. Aufgaben

**Präliminarilen** [lat.], [diplomat.] Vorverhandlungen.

**Präludium** [lat.], 𝄞 meist frei improvisiertes Vorspiel; auch selbst. Instrumentalstück.

**Prämile** [lat.], **1)** Sondervergütung, zusätzl. Zahlung. **2)** vertragl. vereinbartes Entgelt des Versicherungsnehmers für die Gewährung von Versicherungsschutz. **3)** Sondergewinn in einer Lotterie.

**Prämilenanleihe, Losanleihe,** Anleihe, bei der neben od. anstelle v. Zinszahlungen lotteriemäß. ausgespielte Prämien (Gewinnzuschläge) gezahlt werden.

**Prämilenlohn** ↑Lohn.

**Prämisse** [lat.], Logik: Voraussetzung; Vordersatz eines Schlusses.

**Prämonstratenser,** 1120 von ↑Norbert v. Xanten in Prémontré (Picardie) begr. Reformorden von Chorherren; weiße Ordenstracht.

**Prandtauer,** Jakob, östr. Baumeister u. Bildhauer des Spätbarocks, * 1660, † 1726; Erbauer des Stiftes Melk.

**Pranger,** Schandpfahl (oft mit Halseisen), an dem Verbrecher öff. zur Schau gestellt wurden.

**Präparat** [lat.], kunstgerecht Zubereitetes, z. B. Arzneimittel; konservierter Pflanzen- od. Tierkörper.

**Präposition** [lat.], Gramm.: Verhältniswort; bezeichnet das Verhältnis eines Dinges zu einem anderen, z. B. in, auf.

**Präputium** [lat.], svw. ↑Vorhaut.

**Präraffaeliten,** Bruderschaft brit. Künstler, 1848 gegr. von D. G. Rossetti, W. H. Hunt, J. E. Millais, hinzu kamen W. Morris u. E. Burne-Jones; Ziel: Befreiung der Kunst von Akademismus u. Klassizismus; Vorbilder: die ital. Maler des 15. Jh. (Vorläufer Raffaels).

**Prärie** [lat.-frz.], Grasland (Steppe) in Nordamerika zw. Mississippi u. Great Plains; teilw. fruchtb. Böden, heute weitgehend Getreideanbau.

**Präriehund,** etwa 35 cm langes Nagetier (Erdhörnchen) der nordamer. Prärien; lebt in Kolonien in unterird. Gangsystemen.

**Präriewolf, Kojote,** hundeart. Raubtier der Prärien Nordamerikas.

**Präsens** [lat.], Gegenwartsform des Verbs, z. B. [ich] lese.

**Präsenz** [lat.], Anwesenheit.

**Praseodym** [gr.], Symb. **Pr**, chem. El., OZ 59, rel. A.-Masse 140,907, Metall aus der Gruppe der Lanthanoide.

**Präservativ** [lat.], svw. ↑Kondom.

**Präses** [lat.], [geistl.] Präs., Vorsitzender.

**Präsident** [lat.], Vors., Vorstand; Titel des Staatsoberhaupts einer Rep., des Parlamentsvors., des Leiters v. Verw.-Behörden u. Gerichten, Berufskammern, Verbänden, Universitäten.

**Präsidialsystem,** Reg.-System mit striktem Dualismus zw. Exekutive (Reg.) u. Legislative (Parlament); der Präs. (i. d. R. vom Volk direkt gewählt) ist gleichzeitig Staatsoberhaupt u. Reg.-Chef; er ist vom Vertrauen des Parlaments unabhängig, kann v. ihm nicht abgewählt werden; er kann aber auch nicht das Parlament auflösen; der Präs. hat keine Gesetzesinitiative; das Kabinett ist allein dem Präs. verantwortlich.

**Präteritum** [lat.], i. w. S. eine Vergangenheitsform des Verbs, i. e. S. svw. ↑Imperfekt.

**Prätor** [lat.], im frühen Rom Oberbefehlshaber des Kg., während der Rep. Diktator, s. 366/362 v. Chr. für die Rechtsprechung zuständig, s. 228/227 auch Prov.-Statthalter.

**Prätorianer,** kaiserl. Leibwache im alten Rom; von gr. polit. Einfluss beim Thronwechsel.

**Prävention** [lat.], **1)** Zuvorkommen (z. B. mit einer Rechtshandlung). **2)** Vorbeugung; Abschreckung vor Straftaten.

**präventiv** [lat.], vorbeugend, verhütend; *Präventivkrieg,* Angriffskrieg, der einem voraussichtl. Angriff des Gegners zuvorkommt.

**Praxis** [gr.], **1)** [Berufs]ausübung, Tätigkeit; Erfahrung durch tät. Übung. **2)** Räume für Berufsausübung, bes. eines Arztes od. Anwalts.

**Praxiteles,** griech. Bildhauer des 4. Jh. v. Chr., dessen Meisterwerke durch röm. Marmorkopien bek. sind: Aphrodite v. Knidos, Hermes v. Olympia (Original?).

**Präzession** [lat.], Drehbewegung einer Kreiselachse entlang einer Kegelfläche, durch äußere Kräfte hervorgerufen; insbes. die *P. der Erdachse* (die Verlagerung der Rotationsachse der Erde), die ihr durch die Gravitationskräfte des Mondes u. der Sonne u. in geringerem Maße durch die Wirkung der Planeten aufgezwungen wird.

**Predella** [ital.], Untersatz (auf dem Altartisch) eines Flügelaltars od. des Retabels mit gemaltem oder geschnitztem Bildwerk.

**Preetz,** St. sö. von Kiel, Schl.-Ho., 15 200 E; alte Klosteranlage mit Kirche (14. Jh.); Nahrungsmittelind., Dachpappenherstellung.

**Pregel,** Fl. in Russland, 187 km, entsteht aus d. Zusammenfluss von Angerapp u. Inster; mündet westl. v. Königsberg (Kaliningrad) ins Frische Haff.

**Preis, 1)** der in Geld ausgedrückte Marktwert einer Ware od. Dienstleistung; auf einem funktionierenden Markt wird der P. durch Angebot u. Nachfrage bestimmt *(P.-Bildung)*; auf unvollkommenen Märkten kann er v. Anbieter od. Nachfrager od. vom Staat bestimmt werden; neben den staatl. od. vertragl. festgesetzten Höchst-, Mindest- u. Fest-P. unterscheidet man Erzeuger-, Großhandels-, Einzelhandels- u. Einstands-P. (Einkaufs-P. zuzügl. Transport- u. a. Nebenkosten) u. a. **2)** Auszeichnung, Belohnung.

**Preisbindung,** vertragl. Verpflichtung des Einzelhandels zur Einhaltung des v. Hersteller festgesetzten Preises; in Dtl. gemäß Gesetz gegen Wettbewerbsbeschränkungen außer für Verlagserzeugnisse unzulässig. Gestattet sind nur unverbindl. *Preisempfehlungen.*

**Preiselbeere** [slaw.; dt.], **Kronsbeere,** ein Heidekrautgewächs; Zwergstrauch an trockenen, torf. Stellen mit roten, erbsengr., herbsauren Beeren.

**Preis|index,** statist. Messzahl zur Erfassung v. Preisentwicklungen. Der *P. der Lebenshaltung,* der die durchschnittl. Entwicklung der Verbraucherpreise bei Gütern der Lebenshaltung privater Haushalte zeigt, dient als Indikator für die allg. Inflation. Zur Vergleichbarkeit der Inflationsraten in der EU wurde 1997 der *harmonisierte Verbraucher-P.* eingeführt, mit dem länderspezif. Besonderheiten ausgeschaltet werden.

**Preisniveau** [-nivo], Durchschnitt aller wesentl. Preise einer Volkswirtschaft, gemessen durch repräsentative Preisindizes. Steigt (sinkt) das P., sinkt (steigt) die Kaufkraft.

**Prellbock,** Vorrichtung an Gleisenden zum Anhalten von Wagen.

**Prellung,** Körperverletzung durch stumpfe Gewalt (Schlag, Stoß, Fall) ohne Durchtrennung der Haut; oft sehr schmerzhaft, stets mit Bluterguss.

**Prélude** [pre'lyd; frz.], fantasieart. Musikstück für Klavier oder Orchester.

**Premier** [prə'mje; frz.], Kurzbez. für *P.minister* (Regierungschef, bes. in Großbritannien).

**Premiere** [frz.], Erst-, Uraufführung.

**Preminger,** Otto, amer. Regisseur u. Filmproduzent östr. Herkunft, * 1906, † 1986; „Porgy u. Bess", „Exodus".

**Presbyter** [gr.; = der Ältere], in der Urkirche zur Gemeindeleitung [gemeinsam mit anderen P.n] berufenes Gemeindeglied; in einigen dt. ev. Kirchen Bez. für die Mitgl. des Gemeindekirchenrats (Kirchenälteste).

**Presbyterianer,** v. a. im angelsächs. Raum (Schottland u. USA) Bez. für d. Mitgl. der presbyterialsynodal verfassten (unter Verzicht auf das Bischofsamt v. a. von Presbytern geleiteten) ↑ref. Kirchen.

**Presbyterium, 1)** svw. ↑Gemeindekirchenrat. **2)** Chorraum, Altarraum einer Kirche.

**Presley** ['prɛslı], Elvis, amer. Sänger u. Gitarrist, * 1935, † 1977. Löste als Rock-'n'-Roll-Sänger weltweite Begeisterung aus.

**Preßburg,** ↑Bratislava.

E. Presley

**Presse** [lat.(-frz.)], **1)** Vorrichtung zum Zusammendrücken, Formen od. Entwässern v. Stoffen in vielen Bereichen der Technik. **2)** i. w. S. alle gedruckten Mitteilungen an ein Publikum in Schrift u./od. Bild: Flugblatt, Plakat, Buch, Zeitung, Zeitschrift; i. e. S. die Periodika Zeitung u. Zeitschrift.

**Pressefreiheit,** eines der Grundrechte freiheitl. Verfassungen; in der BRD in Art. 5 GG garantiertes Grundrecht.

**Presserecht,** Gesamtheit der Rechtsvorschriften, die die Verhältnisse der ↑Presse regeln. In der BRD Gewährleistung der *Pressefreiheit,* Verbot jeder Zensur.

**Pression** [lat.], Druck, Zwang.
**Pressluft,** fr. svw. ↑Druckluft.
**Presslufthammer,** svw. Drucklufthammer (↑Druckluft).
**Pressmassen,** veraltete Bez. für härtbare Formmassen.
**Pressuregroup** ['preʃə 'gru:p; engl.], amer. Bez. für Interessenverbände, die – oft mit Druckmitteln – auf Parteien, Parlament, Reg., Verw. u. öff. Meinung Einfluss zu gewinnen versuchen.
**Prestige** [prɛs'ti:ʒ; frz.], Ansehen, Geltung.
**presto** [ital.], 𝄞 schnell; *prestissimo,* sehr schnell.
**Pretoria,** Hptst. d. Rep. Südafrika, 525 600 E (städt. Agglomeration 1,2 Mill E); 2 Univ., Hochschulen, wiss. Inst.; bed. Ind.-Standort; ⚒. – Gegr. 1855.
**Preußen,** histor. Territorium; urspr. das aus dem Staat des Dt. Ordens hervorgegangene Hzgt. (↑Ostpreußen), das 1618 mit ↑Brandenburg vereinigt u. durch Friedrich Wilhelm, den Gr. Krfst., von der poln. Lehnshoheit befreit wurde; 1701 Name des in P. begr. Kgr., das aber auch die anderen Länder der Hohenzollern umfasste. 1720 Erwerb v. Vorpommern bis zur Peene. Im Innern Verw.-Reformen, stärkere Zentralisierung, Errichtung eines schlagkräft. Heeres. Friedrich II., d. Gr., erwarb Ostfriesland u. durch die Schles. Kriege Schlesien. Bei den 3 Teilungen Polens gewann P. West-P., das Ermland, den Netzedistrikt u. a. und wurde neben Östr. europ. Großmacht. Nach der Niederlage gg. Napoleon I. b. Jena u. Auerstedt (1806) Verlust der Hälfte des Staatsgebiets (Friede von Tilsit 1807). Innere Reformen durch Stein, Hardenberg und Scharnhorst (u. a. Bauernbefreiung, Städteordnung, Judenemanzipation, Heeresreform, Bildungsreform). 1813–15 Befreiungskriege, auf dem Wiener Kongress (1814/15) Gewinn des Restes v. Vorpommern, der Rheinprov., v. Westfalen u. fast der Hälfte des Kgr. Sachsen. 1848 Märzrevolution in Berlin, 1849 Ablehnung der dt. Ks.-Krone durch den Kg., 1850 neue Verf. (Dreiklassenwahlrecht); 1862 Berufung O. v. Bismarcks zum Min.-Präs., 1864 Krieg gg. Dänemark, 1866 gg. Östr. und dessen Verbündete, 1870/71 Dt.-Frz. Krieg, 1871 Zusammenschluss der süddt. Staaten (außer Östr.) mit dem Norddt. Bund zum Dt. Reich, einem B.-Staat mit dem preuß. Kg. als erbl. dt. Ks., Bismarck als preuß. Min.-Präs. auch R.-Kanzler. 1918 Verzicht Ks. Wilhelms II. auch als preuß. Kg., P. wird Rep.; 1919 Gebietsverluste durch den Versailler Vertr.; 1932 Gleichschaltung d. Reg. Preußens mit dem Reich; nach dem 2. Weltkrieg 1947 durch Kontrollratsges. formell aufgelöst.
**Preußler,** Otfried, dt. Schriftsteller, *1923; namhafter Kinderbuchautor („Die kleine Hexe", „Der Räuber Hotzenplotz").
**Prévert** [pre'vɛ:r], Jacques, frz. Dichter, *1900, †1977; „Gedichte u. Chansons"; Drehbücher („Die Kinder des Olymp").
**Prévost** [pre'vo], Marcel, eigtl. Eugène **Marcel,** frz. Schriftsteller, *1862, †1941; psychol. und Gesellschaftsromane.
**Prey,** Hermann, dt. Sänger (Bariton), *1929, †1998.
**Priamos,** in der griech. Mythol. Kg. v. Troja; Vater v. 50 Söhnen u. 50 Töchtern, darunter Hektor, Paris, Kassandra.
**Priel** [niederdt.], Wasserrinne im Wattengebiet der Nordsee.
**Priester** [gr.], in den meisten Religionen durch Weihe bestellter, oft gesondert lebender *(P.kaste, P.sippe)* Träger bes. relig. Charismas, Mittler zur Gottheit, Leiter von Kult, Opfer, Gebet, myst., mag. u. myth.-relig. Unterweisung u. Hüter des Heiligtums; *Amts-P.tum* in der kath. und orth. Kirche (durch *P.weihe* begr.); daneben *P.tum aller Gläubigen (allg. P.tum),* betont bes. in den ev. Kirchen (Bez. in der kath. Kirche: Laienapostolat).
**Priestley** ['pri:stlɪ], John [Boynton], engl. Schriftsteller, *1894, †1984; Romane, Dramen („Ein Inspektor kommt").
**Prim** [lat.], **1)** frühere Morgengebetszeit des ↑Stundengebets. **2)** Fechten: Klingenhaltung, bei der die nach vorn gerichtete Klinge abwärts zeigt.
**Prima** [lat.], Bez. für die beiden obersten Klassen des Gymnasiums *(Unter-* und *Oberprima).*
**Primaballerina** [ital.], erste Solotänzerin, Tänzerin der Hauptrolle (Ballett).
**Primadonna** [ital.], Sängerin der Hauptpartie in der Oper.
**primär** [lat.], urspr., wesentlich.
**Primär|energie,** Energieinhalt fossiler Brennstoffe (Kohle, Erdöl, Erdgas), des Urans, regenerativer Energiequellen (Wasserkraft, Solar-, Windenergie, Gezeiten, Erdwärme), der in *Sekundärenergie* (elektr. Energie, Wärme, mechan. Arbeit) umgewandelt wird.
**Primarschule,** internat. übl. Bez. für d. Eingangsstufe des Pflichtschulbereichs; in Dtl. die ↑Grundschule.
**Primary** ['praɪmərɪ], in allen Staaten der USA gesetzl. vorgeschriebene Vorwahl, die der Kandidatenaufstellung für öffentl. Wahlen, in vielen Staaten auch bei Präsidentschaftswahlen, dient.
**Primas** [lat.; = der Erste], in der kath. Kirche Ehrentitel des ersten Bischofs eines Landes, i. d. R. ohne bes. kirchenrechtl. Vollmachten.
**Primat** [lat.], Vorrang, bevorzugte Stellung, bes. die Leitungsvollmacht des Papstes als Oberhaupt der kath. Kirche.
**Primaten, Herrentiere,** Säugetierordn., umfasst Halbaffen u. Affen, schließt zoolog. den Menschen ein.
**Prim[e]** [lat.], erste Stufe der Tonleiter; als Intervall Einklang.
**Primel** [lat.], **Schlüsselblume,** Gatt. der P.gewächse; meist Kräuter mit trichter- od. tellerförm. Blumenkrone; viele Zierpflanzen.
**primitive Kunst,** im 19. Jh. geprägte Bez. für die Kunst der Naturvölker sowie der Völker vorgeschichtl. Zeit; Wurzeln in der Magie, im Götzen- u. Totenkult; die Anfänge zeigen einen Naturalismus (Ritzzeichnungen u. Malereien von Jagdtieren in Felsen u. Höhlen); Plastik in Holz, Ton u. Stein (Figuren, Masken, Totempfähle), Töpferkunst, Weberei.
**Primiz** [lat.], [feierl.] erste Gemeindemesse eines kath. Priesters nach seiner Weihe.
**Primo de Rivera y Saenz de Heredia** [- ðe rri'βera i 'saenð ðe e'reðja], José Antonio, Marqués de Estella, span. Politiker, *1903, †1936; 1933 Gründer der Partei der Falange, 1934 deren unabsetzbarer Führer; im Bürgerkrieg erschossen.
**Primogenitur** [lat.], Erstgeburtsrecht; Vorzugsrecht des [fürstl.] Erstgeborenen u. seiner Linie bei der Erbfolge.
**Primus** [lat.], [Klassen]erster; *P. inter Pares,* Erster unter Gleichen.
**Primzahl,** eine nur durch 1 u. durch sich selbst ohne Rest teilb. natürl. Zahl; 2, 3, 5, 7, 11 usw.
**Prince** [prɪns], eigtl. **Prince-Rogers Nelson** [nelsn], amer. Rocksänger, Schauspieler, *1959; Album „Purple Rain"; trat zeitweilig unter versch. Namen auf: „Symbol", später „TAFKAP" (**T**he **A**rtist **F**ormerly **K**nown **A**s **P**rince), „The Artist".
**Princeton** ['prɪnstən], Stadt in New Jersey, USA, 14 200 E; bed. Universität (gegr. 1746).
**Prinz,** weibl.: *Prinzessin,* Titel nicht regierender Mitgl. souveräner Fürstenhäuser.
**Prinzregent,** Stellvertr. aus d.

Verwandtschaft eines an der Ausübung der Reg. verhinderten Monarchen.
**Prionen,** aus Proteinen bestehende infektiöse Partikel. Sie besitzen keine nachweisbare Nukleinsäure als Erbinformation. P. verursachen die „Prionkrankheiten", z. B. BSE, Scrapie od. Creutzfeldt-Jakob-Krankheit.
**Prior** [lat.], kath. [Kloster]vorsteher; Stellvertr. des Abtes.
**Priorität** [lat.], Vorrecht, Vorrang; Vorzugsrecht; *P.saktien,* svw. ↑Vorzugsaktien.
**Pripjet,** r. Nbfl. des Dnjepr, 775 km.
**Prise** [frz.], **1)** Seebeute; von einer Krieg führenden Macht aufgebrachtes feindl. od. ↑Konterbande führendes neutrales Schiff bzw. dessen beschlagnahmte Ladung. **2)** so viel [Tabak, Salz u. a.], wie zw. 2 Fingern zu greifen ist.
**Prisma** [gr.], **1)** Polyeder aus 2 kongruenten Vielecken (*n* Ecken) in zueinander parallelen Ebenen als Grund- bzw. Deckfläche u. Parallelogrammen als Seitenflächen; sind diese rechtwinklig, heißt das P. *gerade,* andernfalls *schief.* **2)** Körper aus durchsicht., lichtbrechendem Material, mind. v. 2 sich schneidenden Ebenen begrenzt, meist als dreiseit. P.; verw. z. B. zur Erzeugung eines Spektrums, für starke Richtungsänderung v. Lichtstrahlen bzw. Bildumkehr.
**Prismenfernrohr,** Fernrohr mit totalreflektierendem Prismensystem im Strahlengang, um aufrechte u. seitenricht. Bilder zu erhalten.
**Priština** ['priʃtina] alban. **Prishtinë**, Hptst. d. Kosovo, Jugoslawien, 155 500; Univ.; Textil-, keram. Ind.; ⛭.
**private Altersversorgung,** freiwillige, durch privatrechtl. Vertrag geregelte Quelle für Alterseinkommen; wird lebenslang ab best. Altersgrenze gewährt; ergänzt die Leistungen der gesetzl. Rentenversicherung u. der betriebl. Altersversorgung, ab 2002 verbesserte steuerl. Förderung.
**Privatisierung,** Überführung öff. Vermögens in Privathand.
**Privatklage,** durch eine Privatperson ohne Mitwirkung der Staatsanwaltschaft erhobene Anklage; zulässig u. a. bei Beleidigung, Sachbeschädigung, Körperverletzung. Bei öff. Interesse kann die Staatsanwaltschaft die Strafverfolgung übernehmen.
**Privatrecht** ↑bürgerliches Recht.
**Privatschulen,** nichtöff., d. h. nicht vom Staat od. von den Selbstverw.-Körperschaften unterhaltene Schulen; Träger: Kirchen, Vereine, Stiftungen, Privatpersonen.
**Privileg** [lat.], Vor-, Sonderrecht.
**pro..., Pro...** [lat.], Vorsilbe; Bed.: **1)** vor[her]. **2)** für, zu jemandes Gunsten. **3)** anstelle von.
**pro anno** [lat.], Abk. p. a., jährlich.
**Probezeit,** 1. die mind. ein- bis höchstens 3-monatige gesetzl. Eingewöhnungs- u. Bewährungszeit zu Beginn eines Berufsausbildungsverhältnisses; 2. Zeitraum der Eingewöhnung u. Erprobung des Arbeitnehmers, in dem für eine Kündigung nur die gesetzl. Mindestfrist gilt.
**Prochorow,** Alexander Michailowitsch, sowj. Physiker, * 1916, † 2002; Arbeiten zur Quantenelektrodynamik; Nobelpreis 1964 für die Entw. v. Lasern.
**Prodi,** Romano, ital. Politiker, * 1939; 1996–98 Min.-Präs., s. 1999 Präs. der Europ. Kommission.
**pro domo** [lat.; = für das (eigene) Haus], in eigener Sache.
**Produkt** [lat.], **1)** Erzeugnis. **2)** √ Ergebnis einer ↑Multiplikation.
**Produkthaftung,** Entschädigungspflicht eines Herstellers für Schäden, die Verbraucher durch fehlerhafte Erzeugnisse entstehen.
**Produktion,** Herstellung v. Sachgütern u. Bereitstellung v. Dienstleistungen u. immateriellen Gütern (z. B. Patente).
**Produktionsfaktoren, Produktionsmittel,** zur Erstellung anderer Güter eingesetzte Sachgüter u. Leistungen; *Volkswirtschaftslehre:* Boden, Arbeit u. Kapital; *Betriebswirtschaftslehre:* Betriebsmittel, Werkstoffe, ausführende Arbeit, Leitungstätigkeit (Planung, Organisation u. Kontrolle).
**Produktionsgüter,** Rohstoffe u. Halbfabrikate, die v. der Investitions- od. Konsumgüterindustrie weiterverarbeitet werden.
**Produktivität,** **1)** Fruchtbarkeit, Schaffenskraft. **2)** Ergiebigkeit, Leistungsfähigkeit; Verhältnis zw. Produktionsergebnis u. eingesetzten Produktionsfaktoren.
**Produktpiraterie,** illegales Kopieren v. a. von hochwertigen Markenartikeln.
**Prof.,** Abk. für: **Prof**essor.
**Pro Familia** [lat.], Dt. Ges. für Sexualberatung u. Familienplanung e. V.; 1952 gegr.; konfessionell u. polit. neutral.
**profan** [lat.], ungeheiligt, gemein, weltl., alltäglich; *Profanbauten,* nichtkult. Bauten; Ggs. Sakralbauten; *profanieren,* entweihen, entheiligen; *Profanierung* (Profanation), Entweihung.
**Profession,** Beruf, Gewerbe.
**Professional** [auch: prɔ'feʃənl; engl.], **1)** Berufssportler. **2)** jemand, der etwas berufsmäßig, fachmänn. betreibt.
**Professor** [lat.], Abk. **Prof.,** **1)** Hochschullehrer. **2)** in einigen Ländern Titel für Lehrer an höheren Schulen (z. B. Frkr., Östr.). **3)** Titel als Anerkennung für hervorragende wiss. oder künstler. Leistungen.
**Profi,** Kurzw. für ↑Professional.
**Profil** [ital.], **1)** Seitenansicht [eines Gesichtes], Umriss. **2)** das vorspringende Einzelglied eines Baukörpers, z. B. am Gesims (⚒). **3)** Vertikalschnitt, z. B. Walz-P. b. Form- u. Stabstahl. **4)** Riffelung b. Gummireifen u. Ä.
**Profit** [frz.], svw. ↑Gewinn. – Das Verhältnis v. Gewinn zum eingesetzten Kapital heißt *Profitrate.*
**Profitcenter** ['prɔfɪt'sentə], selbst., eigenverantwortl. Teilbereich mit gesondertem Erfolgsausweis in Unternehmen mit versch. Produkten bzw. Produktgruppen; gilt als motivations- u. rentabilitätssteigernd.
**pro forma** [lat.], der Form halber, zum Schein.
**Progesteron** [Kw.], svw. Gelbkörperhormon (↑Gelbkörper).
**Programm** [gr.], **1)** Plan, Ziel, Darlegung von Grundsätzen. **2)** festgelegte Folge. **3)** Theaterzettel. **4)** systemat. Zusammenstellung der zur Steuerung eines Ablaufs (z. B. bei einem Computer) erforderl. Einzelschritte (Algorithmen). **5)** Gesamtheit der im Hörfunk u. Fernsehen ausgestrahlten Sendungen.
**Programmiersprache,** 💻 künstl., formale Sprache zur Formulierung v. Programmen, die v. einem Computer ausgeführt werden können. Die Festlegung der im Programm zugelassenen Zeichen u. Zeichenfolgen *(Syntax)* u. deren Bed. *(Semantik)* muss eindeut. definiert sein. Objektorientierte P. sind z. B. C++, Java, Smalltalk.
**Programmmusik,** Musik, der ein außermusikal. Programm zugrunde liegt, dieses aber durch musikal. Effekte wiederzugeben versucht (auch Tonmalerei); u. a. bei H. Berlioz, F. Liszt, F. Smetana, R. Strauss.
**Progression** [lat.], Steigerung, Fortschreiten.
**progressiv,** fortschrittlich.
**progressive Paralyse,** fortschreitende Gehirnerweichung als Spätfolge der Syphilis.
**Prohibition** [lat.], staatl. Verbot der Alkoholherst. u. -abgabe (z. B. 1919–33 in den USA).
**Projekt** [lat.], Plan, Entwurf.

P

**Projektion** [lat.], **1)** ↑ Abb., bei der die Bildfigur dadurch entsteht, dass man v. den Pt. der Originalfigur aus parallele Geraden zeichnet *(Parallel-P.)* od. Geraden durch einen Pt. *(P.zentrum)* gehen lässt *(Zentral-P.)* u. diese mit der Bildebene zum Schnitt bringt; Schnittpt. sind die *Bildpt.* **2)** Abb. von Gegenständen mit P.sapparaten auf Bildschirmen.

**Projektions|apparat, Projektor, Bildwerfer,** Gerät zur Erzeugung eines reellen vergrößerten Bildes auf einer Bildwand; *Episkop,* P. für undurchsicht., *Diaskop* für durchsicht. Bilder, *Epidiaskop* für beide Arten.

**Proklamation** [lat.], Bekanntmachung, Aufruf; *proklamieren,* verkünden, öff. bekannt geben.

**Prokofjew,** Sergei Sergejewitsch, russ. Komponist, *1891, †1953; vielseit. Werk, u. a. Opern („Die Liebe zu den drei Orangen"), Ballette („Romeo und Julia"), das sinfon. Märchen „Peter u. der Wolf", Sinfonien.

S. Prokofjew

**Prokonsul** [lat.], im Röm. Reich Konsul, der nach Ablauf des Amtsjahres Provinzstatthalter wurde.

**Pro-Kopf-Einkommen,** Quotient aus einer die Wirtschaftsentw. eines Landes repräsentierenden Größe (i. d. R. Bruttoinlandsprodukt, Volkseinkommen) u. seiner Bev.zahl; dient als Wohlstandsindikator für internat. Vergleiche.

**Prokrustes,** Riese der griech. Sage, der Wanderer durch Abhacken od. Strecken der Gliedmaßen einem Bett *(P.bett)* anpasst.

**Prokura** [ital.], die dem *Prokuristen* vom Inhaber eines Handelsgeschäftes erteilte Vollmacht, gerichtl. u. außergerichtl. Geschäfte und Rechtshandlungen vorzunehmen; kann einem Einzelnen *(Einzel-P.)* od. mehreren gemeinsam *(Gesamt-P.)* erteilt werden.

**Prokurator** [lat.], Röm. Reich: Provinzverwalter.

**Prokurist** ↑Prokura.

**Prokyon,** der hellste Stern (α) im Sternbild ↑Kleiner Hund.

**Prolaktin** [lat.], **Laktationshormon,** die Milchsekretion anregendes Hormon des Hypophysenvorderlappens der Hirnanhangdrüse.

**Prolegomena** [gr.], Vorbemerkungen, Einleitung.

**Proletari|er** [lat.], im alten Rom die unterste, vermögenslose Bev.-Schicht (von Steuern und Heeresdienst befreit); heute Angehörige des *Proletariats,* soz. Klasse der rechtl. freien, wirtsch. abhäng. Lohnarbeiter, im Marxismus die durch das gemeinsame Bewusstsein ihrer Lage zur revolutionären Auflösung der bürgerl. Gesellschaft berufene Klasse.

**Prolog** [gr.], Vorrede, -spiel.

**Prolongation** [lat.], Verlängerung, z. B. der Laufzeit eines Wechsels.

**Prometheus,** Gestalt der griech. Mythol.; den Menschen freundl. gesinnter Titan; weil er versuchte, Zeus zu täuschen, u. den Menschen das Feuer brachte, an einen Felsen geschmiedet; ein Adler frisst tägl. an seiner Leber (die nachts wieder nachwächst).

**Promethium** [gr.], Symb. **Pm,** künstl. erzeugtes, radioakt. chem. El., OZ 61.

**pro mille** [lat.], Zeich. ‰, Abk. **p. m.,** je Tausend; *Promille.*

**Promiskuität** [lat.], der Geschlechtsverkehr mit ständig wechselnden Partnern.

**Promoter** [engl.], Veranstalter von Berufssportwettkämpfen od. von Konzerten, Tourneen u. Ä.

**Promotion** [lat.], Verleihung d. Doktorwürde (↑Doktor).

**Pronomen** [lat.], Wort, das ein Nomen vertritt, Fürwort; Arten: Possessiv-, Personal-, Demonstrativ-, Relativ-, Interrogativ- und Indefinitpronomen.

**prononciert** [prɔnɔ̃si:rt; frz.], scharf betont, deutlich.

**Propaganda** [lat.], Versuch, mittels geeigneter Publikationsmittel und Werbemethoden die [polit.] Meinung anderer zu beeinflussen; Werbetätigkeit.

**Propan** [gr.], $C_3H_8$, brennb., gasförm. KW-Stoff; Brenn- u. Treibstoff (↑Flüssiggas).

**Propeller** [lat.] ↑Luftschraube.

**Properz,** eigtl. **Sextus Propertius,** röm. Dichter aus dem Kreis des Maecenas, *um 50, †um 15 v. Chr.

**Prophet** [gr.], geisterfüllter [ekstat.] Sprecher der Offenbarungen numinoser Mächte, der relig. und sittl. Weisung sowie zukünft. Ereignisse öff. verkündet; außerbibl. Zarathustra, Mani, Mohammed; im A. T. v. a. Elia, Elisa, Nathan, die Prophetin Mirjam, die 4 *Großen Propheten* (Jesaja, Jeremia, Ezechiel, Daniel) und die 12 ↑Kleinen Propheten.

**Prophylaxe** [gr.], Vorbeugung.

**Proportion** [lat.], **1)** Größenverhältnis. **2) Verhältnisgleichung,** Gleichung der Form $a:b = c:d$. Zu jeder P. ist die Produktgleichung $a \cdot d = c \cdot b$ äquivalent.

**Proporz,** Kurzw. aus Proportionalwahl (Verhältniswahl), **1)** Verteilung v. Sitzen u. Ämtern nach dem Verhältnis der abgegebenen Stimmen bzw. der Partei-, Konfessionszugehörigkeit o. Ä. **2)** (östr. u. schweizer.) Verhältniswahlsystem.

**Propst** [lat.], **1)** in der kath. Kirche erster Würdenträger in Dom- und Stiftskapiteln. **2)** in einigen ev. Landeskirchen svw. ↑Superintendent od. Inhaber eines bes. geistl. Amts.

**Propyläen** [gr.], Eingangstorbau monumentaler Anlagen, z. B. der Akropolis von Athen (5. Jh. v. Chr.).

**Propylen** [gr.], $CH_3{-}CH{=}CH_2$, gasförm., ungesättigter KW-Stoff, wird v. a. beim Kracken von Erdöl gewonnen; wicht. Rohstoff für die Kunststoffindustrie.

**Prosa** [lat.], ungebundene Schreib- u. Redeweise ohne Metrum od. Reim; Ggs. Poesie.

**Proselyt** [gr.; = Hinzugekommener], von einer Religion od. Konfession zu einer anderen Übergetretener; urspr. Konvertit zum Judentum.

**Proserpina,** lat. Name der ↑Persephone.

**Prospekt** [lat.], **1)** [perspektiv.] wirklichkeitsgetreue Darst. einer Landschaft oder einer Stadtansicht als Gemälde, Zeichnung oder Stich. **2)** [gemalter] Bühnenhintergrund, Bühnenhimmel. **3)** vorderer Teil des Orgelgehäuses. **4)** Werbeschrift. **5)** Offenlegung best. Unternehmensinformationen bei Emission v. Wertpapieren; in Dtl. besteht *P.pflicht.*

**Prosperität,** Wohlstand; Konjunkturaufschwung.

**Prostaglandine** [gr.; lat.], aus ungesättigten Fettsäuren in zahlr. Organen gebildete hormonähnl. Substanzen mit u. a. gefäßerweiternder (d. h. blutdrucksenkender) u. Wehen auslösender Wirkung.

**Prostata** [gr.], **Vorsteherdrüse,** den Anfangsteil der männl. Harnröhre umschließendes drüsig-bindegewebsartiges Organ; sondert

**Propyläen** *der Akropolis von Athen (438–432 v. Chr.)*

das alkal. *P.sekret* ab (Hauptanteil des Samenergusses).

**Prostitution** [lat.], das Anbieten des eigenen Körpers zur Befriedigung sexueller (auch homosexueller) Bedürfnisse anderer gg. Entgelt.

**Prot|actinium** [gr.], Symb. **Pa,** radioakt. chem. El., OZ 91, Massenzahl des stabilsten Isotops 231; Metall.

**Protagonist** [gr.], Hauptdarsteller, erster Schauspieler [im altgriech. Drama]; zentrale Gestalt; wichtigste Person; Vorkämpfer.

**Protagoras,** griech. Philosoph, * um 480, † um 410 v. Chr.; in Athen wegen Gottlosigkeit verurteilt; bedeutendster der älteren Sophisten; Maxime: „Der Mensch ist das Maß aller Dinge".

**Protegé** [prɔteˈʒe; frz.], Günstling, Schützling.

**Proteide** ↑Eiweiße.

**Proteine** ↑Eiweiße.

**Protektionismus** [nlat.], Wirtschaftspol., die die inländ. Wirtschaft gg. Auslandskonkurrenz schützen will.

**Protektorat** [lat.], Schutzherrschaft eines Staates über ein fremdes Gebiet (auch dieses selbst).

**Proterozoikum** ↑Geologie (Übersicht).

**Protest** [lat.], **1)** Einspruch, Verwahrung. **2)** amtl. Beurkundung über Annahmeverweigerung bei Wechseln, über Zahlungsverweigerung bei Wechseln *(Wechselprotest)* u. Schecks *(Scheckprotest).*

**Protestantismus,** Gesamtheit der aus der Reformation hervorgegangenen christl. Kirchen u. Gemeinschaften; Name von der *Protestation* (Einspruch) der ev. Stände u. Städte gg. die kaiserl. Religionspol. auf dem Reichstag zu Speyer (1529). Neben d. luth. u. ref. Kirchen zählen zu den *prot. Kirchen* die ev. Freikirchen (Adventisten, Baptisten, Brüdergemeine, Mennoniten, Methodisten, Quäker u. a.) u. die eine Sonderstellung einnehmende anglikan. Kirche; Bez. ihrer Mitgl.: *Protestanten* bzw. *ev. Christen.*

**Proteus,** weissagender, sich in jede Gestalt verwandeln könnender Meergreis der griech. Sage.

**Prothese** [gr.], künstl. Ersatz für fehlende Körperteile, z. B. Zahn-P., Augen-P., Ersatzglieder (künstl. Glieder).

**prot[o]..., Prot[o]...** [gr.], Bestimmungswort; Bed.: „erster, vorderster, wichtigster".

**Protokoll** [gr.], **1)** förml. Niederschrift, Tagungsbericht, schriftl. Zusammenfassung der Ergebnisse einer Verhandlung. **2)** Gesamtheit diplomat. und völkerrechtl. gebräuchl. Formen.

**Proton** [gr.], Symbol **p,** Elementarteilchen mit einer positiven Elementarladung; Ruhemasse $m_p \approx 1{,}673 \cdot 10^{-27}$ kg; zus. mit dem Neutron Baustein der Atomkerne.

**Prototyp** [gr.], Urbild, Muster; Inbegriff.

**Protozoen,** die ↑Urtierchen.

**Protuberanzen** ↑Sonne.

**Proudhon** [pruˈdõ], Pierre Joseph, frz. sozialist. Schriftsteller, * 1809, † 1865; utop. Wirtsch.- u. Sozialtheorien („Eigentum ist Diebstahl").

**Proust** [pruːst], Marcel, frz. Romanschriftsteller, * 1871, † 1922; monumentales Romanwerk „Auf der Suche nach der verlorenen Zeit" (7 Bde.) mit nichtlinearer Erzählstruktur, dessen Thema das Erinnern ist.

**Provence** [prɔˈvãs], histor. Prov. in SO-Frkr., zw. unterer Rhone u. Meeralpen; mildes Klima; Landw. (Gemüse, Reis); Fremdenverkehr. – Nach Zugehörigkeit zum Fränk. Reich beim Kgr. Niederburgund (Arelat), mit diesem s. 1033 unter der Oberhoheit des Hl. Röm. Reichs; 1481 an die frz. Krone.

**Provenienz** [lat.], Herkunft, Ursprung [von Waren].

**Provenzalisch,** westroman. Spr., umfasst die Mundarten v. S-Frkr., i. e. S. die Spr. der Provence.

**Providence** [ˈprɔvɪdəns], Hptst. v. Rhode Island, USA, 161 000 E; Univ.; bed. Schmuckwaren- u. a. Ind.; ⚓, ✈.

**Provider** [prəˈvaɪdə; engl.], ↑Internet.

**Provinz** [lat.], **1)** im antiken Rom ein der röm. Herrschaft unterworfenes, von einem Statthalter verwaltetes Land. **2)** staatl. od. kirchl. Verw.-Einheit. **3)** das Hinterland im Ggs. zur Hauptstadt.

**Provision** [lat.], vorw. im Handel gebräuchl. Form der Vergütung (v. a. für Handelsvertreter), die meist in Prozenten vom Umsatz berechnet wird; P. für jedes vermittelte, tatsächl. zustande gekommene Geschäft.

**Provokateur** [tøːr; frz.], Aufwiegler; Spitzel, Agent.

**Prozedur** [lat.], Verfahren; umständl. Vorgang (ugs.).

**Prozent** [lat.; Abk. p. c., ital. **p**er **c**ento, dt. v. H., **v**om **H**undert], Zeichen %, hundertster Teil, Hinweis bei Zahlenangaben, die sich auf die Vergleichszahl 100 beziehen; z. B. sind 4 % einer Menge $^{4}/_{100} = ^{1}/_{25}$ (dieser Menge).

**Prozess** [lat.], **1)** Verlauf, Ablauf, Entwicklung. **2)** gerichtl. Verfahren zur Entscheidung von Rechtsstreitigkeiten; nach Gegenstand des Verfahrens in ↑Zivil-, Arbeitsgerichts-, Verwaltungsgerichts- und ↑Straf-P. unterschieden; daneben das Verfahren vor den Finanz- u. Sozialgerichten, das verfassungsgerichtl. Verfahren; geregelt in den *P.ordnungen* (ZPO, StPO).

**Prozession** [lat.], feierl. kirchl. Umzug (Umgang).

**Prozesskosten,** Gerichtskosten und außergerichtl. Kosten (Rechtsanwalts-, Gerichtsvollziehergebühren).

**Prozesskostenhilfe,** fr.: **Armenrecht,** Recht auf vollständige od. teilweise Befreiung einer minderbemittelten Prozesspartei von den Prozesskosten.

**Prozessor,** die mind. aus Steuer-

u. Rechenwerk (Zentraleinheit) u. den zugehör. Registern bestehende Funktionseinheit in Computern, die der Abarbeitung eines (z. B. techn.) Prozesses dient. P. werden als hochintegrierte Schaltungen hergestellt (↑Mikro-P.).

**Prozessrechner,** Computer zur Steuerung u. Regelung techn. Prozesse.

**Prschewalski,** Nikolai Michailowitsch, russ. Asienforscher, *1839, †1888; Gen.-Major; erforschte v. a. Z-Asien, entdeckte hier den Lop Nor und Altyn Tagh; nach ihm ben. das *P.gebirge,* ein bis 7723 m hoher Geb.-Zug des Kunlun, u. das *P.pferd* (mongol. Wildpferd).

**Prüfungstermin,** im Insolvenzverfahren Termin zur Prüfung der angemeldeten Forderungen.

**Pruth,** rumän. **Prut,** l. Nbfl. d. Donau, 953 m, bildet im Mittel- u. Unterlauf d. rumän.-moldaw. Grenze.

**Przemyśl** ['pʃɛmysjl], Krst. in Polen, am San, im Karpatenvorland, 68600 E; Kathedr. (14. Jh.); Holz- u. Nahrungsmittelind.

**Przemysliden** ['pʃɛ-], böhm. Herrschergeschlecht; erhielten 1198 die erbl. Königswürde, starben 1306 mit Kg. Wenzel III. in der männl. Linie aus.

**Przybyszewski** [pʃibi'ʃɛfski], Stanisław, poln. Schriftsteller, *1868, †1927, einer der Führer des „Jungen Polen", naturalist. Werke mit antibürgerl. Tendenz in dt. und poln. Sprache.

**PS,** Abk. für: **1)** Einheitenzeich. für: ↑**P**ferde**s**tärke. **2)** ↑**P**ost**s**kript[um].

**Psalmen** [gr.], 150 im Psalter des A. T. gesammelte relig. Lieder des jüd. Volkes.

**Psalterium, Psalter** [gr.], **1)** Buch der ↑Psalmen. **2)** trapezförm. Zither des MA.

**pseud[o]..., Pseud[o]...** [gr.], Bestimmungswort; Bed.: „falsch, unecht, vorgetäuscht".

**Pseudokrupp** ↑Krupp.

**Pseudonym** [gr.], Deckname [eines Autors].

**Psittakose** [gr.], svw. ↑Papageienkrankheit.

**Psoriasis** [gr.], svw. ↑Schuppenflechte.

**Psyche,** Seele; in der griech. Kunst als geflügeltes Wesen dargest.; nach Apulejus Geliebte des Eros (Amor).

**psychedelisch** [gr.], durch Rauschmittel hervorgerufener euphor. Gemütszustand.

**Psychiatrie** [gr.], Fachgebiet der Medizin, das sich mit der Erkennung und Behandlung sowie Rückfallverhütung psych. Störungen befasst.

**psych[o]..., Psych[o]...** [gr.], Bestimmungswort; Bed.: „Seele, Gemüt".

**Psycho|analyse** [gr.], hpts. von S. Freud entwickelte Theorie sowie Untersuchungs- u. Behandlungsverfahren für seel. Störungen u. psychogene körperl. Erkrankungen mithilfe der Aufdeckung der dem Unbewussten entstammenden Triebkonflikte.

**Psychologie** [gr.], Wiss. von den Formen u. Gesetzmäßigkeiten des menschl. Verhaltens u. Erlebens. Grundlagenfächer: u. a. *allg. P.* (Wahrnehmung, Denken, Gedächtnis, Lernen, Sprache, Emotion, Motivation), *differenzielle P.* (Persönlichkeit, Intelligenz), ↑Entwicklungspsychologie, ↑Sozialpsychologie; angewandte P.: z. B. *klin. P., Neuro-P., pädagog. P.*

**Psychopathologie** [gr.], Lehre v. den krankhaften psych. Erscheinungen.

**Psychopharmaka,** Arzneimittel, die die Stimmung und Verhaltensweise des Menschen beeinflussen.

**Psychose** [gr.], Sammelbegriff für Erkrankungen, bei denen wichtige psych. Funktionen erheblich gestört sind. Dabei treten meist Fehleinschätzungen der Realität (z. B. durch Wahn, Halluzinationen, oder schwere Gedächtnisstörungen bedingt) sowie unmotiviert erscheinende Verhaltensänderungen auf.

**Psychosomatik,** Lehre von den Wechselwirkungen seel. u. körperl. Vorgänge bei der Entstehung u. beim Verlauf v. Krankheiten.

**Psychotherapie,** Behandlung psych. Störungen durch seel. Beeinflussung (z. B. Psychoanalyse, Verhaltens-, Gesprächstherapie, autogenes Training).

**Pt,** Symb. für ↑Platin.

**Ptah,** Hauptgott Ägyptens (neben Amun u. Re), als Schöpfer der Welt verehrt, Vater des Sonnengottes Re; Schutzherr der Handwerker und Künstler; Ortsgottheit von Memphis.

**Pterosauri|er** [gr.], svw. ↑Flugsaurier.

**Ptolemaios, P. I. Soter** [= Retter], Heerführer Alexanders d. Gr., *um 367, †283 v. Chr.; gewann nach 323 v. Chr. die Herrschaft über Ägypten; seine Nachkommen, die *Ptolemäer,* herrschten bis 30 v. Chr.

**Ptolemäus,** Claudius, griech. Astronom, Mathematiker u. Naturforscher, *um 100, †um 160; wirkte in Alexandria; sein Werk „Almagest" (urspr. „Großes astronom. System") vermittelt das astronom. Wissen des 2. Jh. n. Chr. sowie das geozentr. *ptolemäische Weltsystem,* das die Erde als Kugel u. als Mittelpunkt der Welt ansah.

**Pu,** Symb. für ↑Plutonium.

**Pub** [pʌb], engl Bez. für Gasthaus.

**Pubertät** [lat.], Geschlechtsreife, bei Jungen meist das 13. bis 16., bei Mädchen das 11. bis 15. Lebensjahr.

**Public Relations** ['pʌblɪk rɪ'leɪʃnz], Abk. **PR,** Öffentlichkeitsarbeit v. öff. u. privaten Institutionen (z. B. Unternehmen) zur Imagepflege u. Vertrauensbildung.

**Publizistik,** die Beschäftigung mit allen die Öffentlichkeit interessierenden Angelegenheiten in Buch, Presse, Rundfunk, Film, Fernsehen sowie die Lehre von den Massenmedien.

**Publizität,** Öffentlichkeit, öff. Darlegung. – *P.spflicht,* Veröffentlichungspflicht für Jahresabschlüsse einer AG sowie für Unternehmen anderer Rechtsform bei Vorliegen best. Voraussetzungen.

**Puccini** [put'tʃi:ni], Giacomo, ital. Opernkomponist, *1858, †1924; „Manon Lescaut", „La Bohème", „Tosca", „Madame Butterfly", „Das Mädchen aus dem goldenen Westen", „Turandot".

**Pückler-Muskau,** Hermann Fürst v., dt. Schriftsteller und Schöpfer berühmter Parkanlagen, *1785, †1871.

**Pudding,** meist unter Zuhilfenahme von *P.-Pulver* (aus Stärkemehl u. Geschmacksstoffen) hergestellte Süßspeise.

**Pudel,** Rasse meist geschorener kraushaar. Hunde (schwarz, braun, weiß); lebhaft, leicht abrichtbar.

**Puebla, P. de Zaragoza** [- sara'gɔsa], Hptst. des mex. B.-Staates P. (33902 km², 4,12 Mill. E), sö. von Mexiko, 1 Mill. E; Univ.; Kathedrale (16./17. Jh.); Handels- und Ind.-Zentrum; ✈.

**Pueblo|indianer,** Indianerstämme im SW Nordamerikas; Ackerbau; leben in festen Dorfanlagen (Pueblos).

**Puerto Barrios,** guatemaltek. St. am Atlantik, 24000 E; ⚓, ✈.

**Puerto Cabello** [- kaβ'ejo], venezol. Hafenst. westl. v. Caracas, 129000 E; Erdölraffinerie; ✈.

**Puerto Rico,** östlichste Insel der Großen Antillen; gehört mit 3 weiteren Inseln als Commonwealth of P. R. zu den USA; 8897 km², 3,5 Mill. E, Hptst. San Juan; Gebirgsland (bis 1338 m), trop. Klima; Anbau v. Zuckerrohr, Tabak, Kaffee, Südfrüchten; Viehzucht; Nahrungsmittel-, Metall-, Textilind. – *Gesch.:* 1493 v. Kolumbus entdeckt, seit 1508 span. Kolonisa-

**Puma**

tion; 1898 an die USA abgetreten; 1917 erhielten die Einwohner die eingeschränkte Staatsbürgerschaft der USA; die Insel erhielt den Status eines v. den USA verwalteten Territoriums; volle Autonomie bis auf die Außen- und Verteidigungspolitik, diese von den USA wahrgenommen.

**Puffbohne,** svw. ↑Saubohne.

**Puffer, 1)** federnde Vorrichtung an Schienenfahrzeugen zur Übertragung u. Dämpfung von Druckkräften. **2)** Kombination von Chemikalien, d. den pH-Wert von Lösungen konstant zu halten vermag, auch wenn Säuren od. Laugen zugesetzt werden.

**Puffmais,** Maissorte in Mexiko u. den USA; Körner liefern geröstet *Popcorn* od. Maisflocken.

**Puff|otter,** gift. afrik. Schlange.

**Puig** [pu'iγ], Manuel, argentin. Schriftsteller, * 1932, † 1990; „Der Kuss der Spinnenfrau".

**Pula,** ital. **Pola,** Hafenst. in Kroatien, im S Istriens, 62 400 E; ehem. östr. Kriegshafen; röm. Bauwerke.

**Pulcinella** [pultʃin'ɛlla; ital.], list. Dienerfigur der ↑Commedia dell'Arte.

**Pulitzer,** Joseph, amer. Journalist und Verleger ungar. Herkunft, * 1847, † 1911; s. 1917 Verleihung des von ihm gestifteten *P.preises* für bes. journalist. u. literar. Leistungen.

**Pull-down-Menü** [-daʊn-], ↑Menü.

**Pullman,** George Mortimer, amer. Industrieller, * 1831, † 1897; führte im Eisenbahnverkehr komfortable Schlaf-, Speise- u. Durchgangswagen *(P.wagen)* ein.

**pulmonal,** die Lunge betreffend, zu ihr gehörend.

**Pulque** ['pulkə; indian.], alkohol. Getränk aus gegorenem Saft versch. mex. Agavenarten.

**Puls** [lat.], sicht- und fühlbare Bewegung an den größeren Arterien, hervorgerufen durch das bei jedem Herzschlag wiederholte Einströmen des Blutes in den Anfangsteil der Arterie. Jedem Herzschlag entspricht ein P.-Schlag; in Ruhe beim Erwachsenen etwa 60 bis 80 in der Minute.

**Pulsare** [lat.], kosm. Radioquellen (schnell rotierende Neutronensterne), die mit großer Regelmäßigkeit Radiostrahlungspulse zw. einigen Millisek. u. Sek. Dauer aussenden.

**Pultdach,** einseitig geneigtes Dach (halbes Satteldach).

**Pulver,** Liselotte, schweizer. Bühnen- u. Filmschauspielerin, * 1929.

**Pulvermetallurgie,** Herstell. von metall. Formkörpern aus Metallpulvern od. -körnern durch Pressen u. Sintern.

**Pulververschwörung,** der misslungene Versuch kath. Edelleute (unter G. Fawkes), Kg. Jakob I. u. das engl. Parlament am 5. 11. 1605 in die Luft zu sprengen, um für die Katholiken größere Freiheiten durchzusetzen.

**Puma** [peruan.], **Silberlöwe,** 1,8 m körperlang, bis 75 cm hohe nachtaktive Kleinkatze Amerikas.

**Pumpen,** Arbeitsmaschinen zum Fördern v. Flüssigkeiten u. Gasen, auch zum Verdünnen oder Verdichten v. Gasen (Vakuum-P., Luft-P.); *Kolben-P.* fördern mit einem period. in einem Zylinderhin und herbewegten Kolben als Verdränger, *Membran-P.* besitzen anstelle des Kolbens eine biegsame Membran, *Flügel-P.* einen schwenkb. Flügel; bei *Kreisel-P.* schleudert ein rotierendes Schaufelrad die Flüssigkeit nach außen in das Druckrohr, bei *Zahnrad-P.* fördern ineinander greifende Zahnräder die Flüssigkeit. Bei den *Strahl-P.* saugt ein mit hoher Geschwindigkeit austretender Wasser- od. Dampfstrahl das zu fördernde Medium an u. reißt es mit sich fort.

**Pumpernickel,** dunkles, schweres, süßl. westfäl. Schwarzbrot.

**Pumps** ['pœmps; engl.], weit ausgeschnittener Schlupfschuh beider Geschlechter.

**Puna** [span.], Bez. für das kalte, trockene Hochland v. a. in Bolivien u. S-Peru; Gras-, Strauchsteppe.

**Punchingball** ['pʌntʃiŋ bɔ:l], in Kopfhöhe hängendes birnenförmiges u. mit Leder überzogenes Trainingsgerät des Boxers.

**Pune** [fr. engl. Poona], ind. St. sö. von Bombay, 1,56 Mill. E; Univ., Tempel und Paläste aus dem 17. und 18. Jh.; vielseitige Ind.; ✈.

**Punische Kriege,** Bez. für d. 3 Kriege Roms gg. die Karthager *(Punier)* um d. Vorherrschaft im westl. Mittelmeer: 1. 264–241 v. Chr., hpts. in Sizilien geführt, das mit Ausnahme v. Syrakus an Rom fiel; 2. 218–201 v. Chr., zunächst Sieg Hannibals in Italien (216 Cannae), dann Eroberung Spaniens durch Rom, Übersetzen nach Afrika u. 202 Sieg bei Zama (mit dem Verlust aller auswärt. Besitzungen für Karthago); 3. 149–146 v. Chr., endete mit Karthagos Zerstörung durch Scipio Africanus d. J.

**Punjab** ['pʌn'dʒɑ:b], **1)** B.-Staat in NW-Indien, 50 362 km², 20,2 Mill. E, Hptst. Chandigarh. **2)** nordpakistan. Prov., 205 345 km², 50,5 Mill. E, Hptst. Lahore.

**Punk** [pʌŋk; engl.; = miserabel, nichts wert], jugendl. Subkultur, entstanden Mitte der 1970er-Jahre in Großbritannien; Selbst-Bez. der Anhänger: *Punker*; polit. indifferent; exaltiertes Auftreten u. Aussehen (Kleidung, Frisur) als Ausdruck der Ablehnung bürgerl. Konventionen; eigene [etablierte Pop- und Rockmusik ablehnende] Musik, *Punkrock* (hekt.-aggressiv; oft zynisch-resignative Texte).

**Punkt** [lat.], **1)** geometr. Gebilde der Dimension Null. **2)** Satzzeichen. **3) typograf. P.,** ↑Schriftgrad.

**Punktion** [lat.], Entnahme von Flüssigkeiten (seltener Gewebe) aus Körperhöhlen od. Organen mittels einer Hohlnadel.

**Punsch** [engl.], [Heiß]getränk aus Wein, Zucker, Wasser (Tee), Weinbrand, Südfrüchten, Gewürzen.

**Pupille** [lat.], **1)** Sehloch; kreisrunde, dunkel erscheinende Öffnung in der Mitte der Regenbogenhaut des Auges. **2)** ↑Blende.

**Pupillenreaktion, Pupillenreflex,** Verengung der Pupille bei Zunahme der Helligkeit, auch beim Nahsehen; bei abnehmender Helligkeit Pupillenerweiterung.

**Puppenspiel,** Hand-, Stock-, Stabpuppen- oder Marionettentheater, von alters her bei allen Völkern, versch. Arten; im Orient und O-Asien, bes. in Java hohe künstler. Formung; im ma. Abendland durch Spielleute gepflegt; noch heute beliebt.

**PUR,** Abk. für: ↑**P**oly**ur**ethane.

**Purcell** [pəːsl], Henry, engl. Komponist, *1659, †1695; Kirchenkompositionen, Sonaten, Klavierstücke, Schauspielmusiken, Opern („Dido und Äneas").

**Purismus** [lat.], übertriebenes Streben, Sprache oder Kunstwerke von fremden Elementen rein zu halten bzw. zu reinigen.

**Puritaner,** Anhänger einer streng kalvinist. engl. Bewegung (s. um 1560); bekämpften Episkopalsystem, Liturgie und Lehre der Anglikaner; Auswanderung der ↑Pilgerväter; der *Puritanismus* prägte weitgehend Religiosität, Volkscharakter u. Lit. in England u. den USA (Neuengland).

**Purpur** [gr.], rotvioletter Farbstoff aus der *P.drüse* von P.schnecken (antiker P.); heute durch synthet. Farbstoffe ersetzt.

**Purpurschnecken,** Fam. mariner Schnecken; bes. die Gatt. *Murex* und *Purpura* enthalten als Drüsensekret ↑Purpur.

**Purrmann,** Hans, dt. Maler und Grafiker, *1880, †1966; Stillleben u. Landschaften, v.a. von Matisse beeinflusst.

**Pusan,** südkorean. Hafenst., 3,8 Mill. E; 2 Univ.; Schiffbau, Masch.-, Textil-, chem., Metallind.; ✈; Fährverkehr nach Shimonoseki (Japan).

**Puschkin,** Alexander Sergejewitsch, vielseitiger russischer

A. Puschkin

Dichter, *1799, †1837; sprachl. vollendete Lyrik; Verserzählung „Ruslan u. Ljudmila"; Versroman „Eugen Onegin"; Drama „Boris Godunow"; Märchen, Novellen.

**Pustertal,** ital. **Val Pusteria,** Tal der Rienz u. der oberen Drau in Südtirol (Italien) und Osttirol (Östr.).

**Puszta** ['pusta], in Ungarn große, einst unbewohnte Steppe, heute größtenteils landwirtschaftlich genutzt (Reis, Grünfutter; Viehzucht); die Hortobágy, ein Restgebiet der P. (520 km$^2$), ist Nationalpark (Weltnaturerbe).

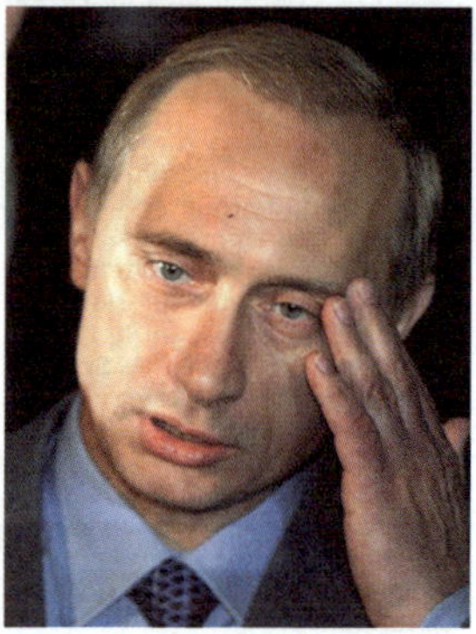

W. Putin

**Putin,** Wladimir Wladimirowitsch, russ. Politiker, *1952, 1975–91 beim KGB (Abt. für Auslandsspionage, 1985–90 in der DDR tätig), 1998–99 Chef des russ. Inlandsgeheimdienstes FSB, 1999–2000 Min.-Präs., nach Rücktritt Jelzins Ende Dez. 1999 amtierender Präs., 2000 zum Staatspräs. der Russ. Föderation gewählt.

**Putsch,** Umsturz zur Übernahme der Staatsgewalt; i.d.R. von kleineren Gruppen [v.a. Militärs] durchgeführt; dagegen ↑Staatsstreich.

**Putten** [ital.], nackte, oft geflügelt dargest. Knaben in der Renaissance- und Barockkunst.

**Puttgarden,** Ortsteil von *Bannesdorf auf Fehmarn* (2300 E), Schl.-Ho.; Fähr-⚓ und Fährbahnhof nach Rødbyhavn (Dänemark) im Verlauf der ↑Vogelfluglinie.

**Puvis de Chavannes** [py'vis də ʃa'van], Pierre, frz. Maler, *1824, †1898; symbolist. monumentale Wandbilder.

**Puy de Dôme** [pɥidə'doːm], **1)** erloschener Vulkan in der Auvergne, Frkr., 1465 m. **2)** frz. Dép., Hptst. Clermont-Ferrand.

**Puyi,** *1906, †1967, letzter Kaiser Chinas 1908–12, durch die Rev. 1911/12 gestürzt, 1934–45 Kaiser von Mandschukuo, danach in sowjet. und chines. Haft.

**Puzo,** Mario, amer. Schriftsteller ital. Abstammung, *1920, †1999; Romane über die Mafia („Der Pate").

**PVC,** Abk. für: ↑**P**oly**v**inyl**c**hlorid.

**PVD-Verfahren,** Abk. für **P**hysical **V**apour **D**eposition, Beschichtungsverfahren für metall. Werkstoffe aus der Dampfphase, z.B. Ionenplattieren, Sputtern (Kathodenzerstäubung).

**Pygmäen,** Zwergvolk in den trop. Regenwaldgebieten Z-Afrikas (Gabun, Kamerun, Demokrat. Rep. Kongo), etwa 140 bis 145 cm groß, Jäger und Sammler.

**Pygmalion,** Bildhauer der griech. Sage, der sich in eine v. ihm geschaffene weibl. Statue verliebt, die auf seine Bitten hin v. Aphrodite zum Leben erweckt wird.

**Pyhrn,** Pass in den Nördl. Kalkalpen, Oberöstr., 945 m ü.d.M., Eisenbahn- u. Autobahntunnel.

**pyknischer Typ** [gr.], **Pykniker,** ↑Körperbautypen.

**Pylon** [gr.], **1)** das v. festungsart. Türmen flankierte Eingangstor des ägypt. Tempels. **2)** Pfeiler einer Hängebrücke.

**Pynchon** ['pɪntʃən], Thomas, amer. Schriftsteller, *1937; postmod. Romane, die mit tradit. Erzählstrukturen brechen.

**Pyramide** [gr.], **1)** monumentaler Grabbau der ägypt. Pharaonen; quadrat. Grundfläche; im Innern Bestattungsräume; v.a. bek. die Cheops-P. **2)** geometr. Körper, bei dem die Ecken eines ebenen Vielecks mit einem Punkt, der P.spitze, außerh. der Ebene des Vielecks verbunden sind. Volumen: $V = \frac{1}{3} G h$ (*G* Grundfläche, *h* Höhe).

**Pyramidenbahn,** eine der Nervenleitungsbahnen, gibt die Erregung für willkürl. Muskelbewegungen vom Gehirn zum Rückenmark weiter.

**Pyramus und Thisbe,** Liebespaar der antiken Sage; nur von Ovid in den „Metamorphosen" überliefert.

**Pyrenäen,** Grenzgeb. zw. Frkr. und Spanien, im Innern Andorra, rd. 435 km lang, 100–140 km breit, bis 3404 m hoch; steiler N-Anstieg, flacherer S-Abfall, fehlende Längstäler, verkehrsfeindl.; *West-P.:* bis rd. 2500 m, waldreich, Weidewirtsch.; *Zentral-P.:* Hochgebirgscharakter, Gletscher, alpine Flora; *Ost-P.:* bis rund 2900 m, Mittelmeerklima, Olivenhaine, Maisbau, Wasserkraftwerke; Thermalbäder, Fremdenverkehr.

**Pyramide:** *Stufenpyramide des Königs Djoser in Sakkara (um 2600 v. Chr.)*

**Pyrenäenhalbinsel** ↑Iberische Halbinsel.

**Pyridoxin,** Vitamin $B_6$, ↑Vitamine (Übers.).

**pyro..., Pyro...** [gr.], Bestimmungswort; Bed.: „Feuer, Hitze, Fieber".

**Pyromanie** [gr.], krankhafter Trieb zur Brandstiftung.

**Pyromantie** [gr.], Wahrsagung aus dem Feuer, Ausdeutung der Flammen.

**Pyrotechnik,** Technik der Herstellung von Feuerwerkskörpern für Vergnügungs- u. techn. Zwecke.

**Pyrrhos,** lat. **Pyrrhus,** Kg. v. Epirus, *319, ⚔272 v. Chr.; siegte u. a. 280 und 279 in Unteritalien über die Römer unter schweren Verlusten *(Pyrrhussieg).*

**Pythagoras von Samos,** griech. Philosoph, *um 570, †497/496 v. Chr.; soll sich nach weiten Reisen um 530 in Kroton niedergelassen u. dort eine esoter., konservat.-aristokrat. relig. Bruderschaft *(pythagoreischer Bund)* begr. haben; wiss. Aufgabe: math.-astronom. Erforschung des Kosmos; *Pythagoreer,* Anhänger der naturphilos. Schule des P., denen die Zahl als Ordnungsprinzip aller Wirklichkeit galt; *pythagoreischer Lehrsatz (Satz des P.),* ein Lehrsatz der Geometrie: Im rechtwinkl. Dreieck ist die Summe der Flächeninhalte der Quadrate über den Katheten *a* u. *b* gleich dem Flächeninhalt des Quadrats über der Hypotenuse *c*, es gilt: $a^2+b^2=c^2$.

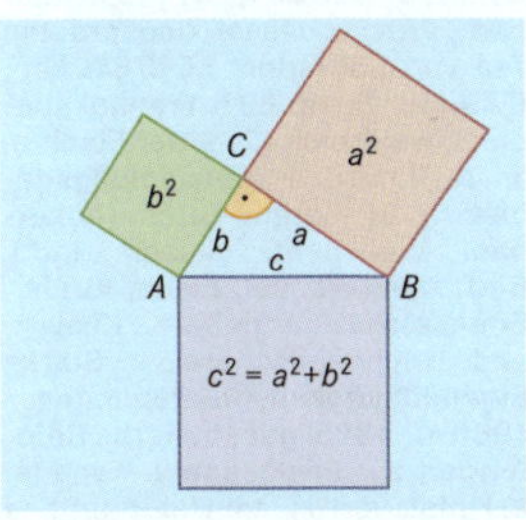


**Pythagoras:** *Satz des Pythagoras*

**Pythia,** Priesterin Apolls in Delphi; nach antiker Tradition saß sie auf einem Dreifuß über einer Erdspalte, aufsteigende Dämpfe versetzten sie in einen Trancezustand für ihre Orakelsprüche; charakt. deren Vieldeutigkeit.

**Pythonschlangen** [gr.], Unterfam. bis 9 m langer, v. a. Vögel u. Säugetiere verschlingender Riesenschlangen, überw. dämmerungs- u. nachtaktiv; Afrika, Asien, Australien.

# Q

**Q,** 17. Buchstabe des Alphabets.

**Q.,** Abk. für lat.: Quintus.

**Q-Fieber, Balkanfieber, Queenslandfieber** ['kwi:nzlənd-], durch Rickettsien hervorgerufene meldepflichtige Infektionskrankheit des Menschen.

**Qigong, Chi Gong** [tʃɪgʊŋ], Technik der tradit. chin. Med.: bewusstes Atmen, Bewegungsübungen, Lenkung d. Vorstellungskraft.

**Qinghai** [tʃiŋ-], nordwestchines. Provinz, 721 000 $km^2$, 4,6 Mill. E; Hptst.: Xining.

**Quaddel** [niederl.], juckende Anschwellung.

**Quader** [lat.], **1)** $\sqrt{\ }$ vierseit. gerades ↑Prisma, sechs Rechtecke als Begrenzungsflächen. **2)** gr. rechteck., an der Ansichtsfläche grob behauener Mauerstein.

**Quadflieg,** Will, dt. Bühnen- u. Filmschauspieler u. Regisseur, *1914; „Faust".

**Quadrant** [lat.], **1)** $\sqrt{\ }$ 4. Teil des Kreisumfangs od. der Kreisfläche; beim ebenen Koordinatensystem die zw. 2 Achsen liegende Viertelebene. **2)** histor. astron. Instrument.

**Quadrat** [lat.], Viereck mit 4 gleich langen Seiten (Länge *a*) u. 4 rechten Winkeln; Fläche: $F = a^2$.

**Quadrat...** [lat.], Bestimmungswort v. Zusammensetzungen mit der Bed. „2. Potenz"; bez. als Vorsatz vor Längenangaben Flächeneinheiten, z. B. Q.-Meter ($m^2$).

**quadratische Gleichung,** Gleichung 2. Grades, eine Gleichung, die die Unbekannte in 2. Potenz enthält. Die *Normalform* einer q. G. ist: $x^2+px+q=0$. Die allg. Form der beiden Lösungen ist

$$x_{1,2} = -\frac{p}{2} \pm \sqrt{\left(\frac{p}{2}\right)^2 - q}.$$

**Quadratur** [lat.], **1)** Bestimmung des Flächeninhalts einer Figur. – *Q. des Kreises,* Aufgabe, einen Kreis nur mit Zirkel u. Lineal in ein flächengleiches Quadrat zu überführen; wegen der Transzendenz der Zahl $\pi$ unlösbar. **2)** ☼ ↑Konstellation.

**Quadratwurzel,** die 2. Wurzel einer Zahl *a* (geschrieben $\sqrt[2]{a}=\sqrt{a}$), d. h. diejenige Zahl, die mit sich selbst multipliziert *a* ergibt, z. B. ist $\sqrt{25} = 5$, da $5^2 = 5 \cdot 5 = 25$.

**Quadriga** [lat.], **Viergespann,** Streit-, Renn- od. Triumphwagen [der Antike] mit 4 Pferden nebeneinander.

**Quadrille** [ka'dri:j; frz.] **1)** von je 4 Paaren im Karree getanzter Kontertanz. **2)** Reitsport: Gruppenreiten nach Musik.

**Quadrillion** [frz.], 4. Potenz der Million = $10^{24}$.

**Quai d'Orsay** [kedɔr'sɛ], Straße (Kai) in Paris; auch Bez. für das dort gelegene frz. Außenministerium.

**Quäker** [engl. quaker; = Zitterer], urspr. Spottname für die v. George Fox (*1624, †1691) gegr. *Religiöse Ges. der Freunde,* verbreitet bes. in Großbrit. u. USA (hier begr. v. W. ↑Penn); Glaube an die unmittelbare Leitung der Gläubigen durch Gott u. somit Erübrigung v. Sakramenten u. kirchl. Ämtern; Ablehnung d. Kriegsdienstes; Leben in Einfachheit u. Abstinenz; umfangr. karitat. Tätigkeit; Friedensnobelpreis 1947.

**Qualifikation** [lat.], Befähigung, Eignung; Beurteilung.
**Qualle, Meduse,** frei schwimmende Form der ↑Hydrozoen, der Scyphozoen (↑Scyphozoa) und der Rippenquallen.
**Qualtinger,** Helmut, östr. Schriftsteller, Kabarettist u. Schauspieler, *1928, †1986.
**Quant** [kwɔnt], Mary, brit. Modeschöpferin, *1934; kreierte bereits 1959 minikurze Hängekleidchen, mit denen ihr jedoch erst 1963/64 der Durchbruch gelang.
**Quanten** [lat.], die kleinsten in einem Wellenvorgang (z.B. Licht, Gammastrahlung, Schallwellen) der Frequenz $\nu$ auftretenden u. sich wie Teilchen verhaltenden Energiemengen *(Energie-Q.)* $W = h \cdot \nu$ ($h$ plancksches Wirkungsquantum). Die Elementarteilchen (Ausnahme Photonen) sind Ruhemasse (↑Masse) besitzende Q. v. Materiewellen.
**Quantenfeldtheorie,** Verallgemeinerung v. klass. Feldtheorie u. Quantenmechanik auf eine einheitl. Beschreibung v. (i. Allg. gekoppelten) Wellenfeldern.
**Quanteninformatik,** Fachgebiet, das sich mit der Informationsverarbeitung (u.a. mittels *Quantencomputern*), -übertragung *(Quantenteleportation)* u. Codierung *(Quantenkryptologie)* auf der Grundlage der Quantentheorie befasst. Elementare Einheit der Quanteninformation ist das *Qubit* („Quantenbit"), ein quantenmechan. System mit 2 Freiheitsgraden.
**Quantenmechanik,** die durch Quantisierung der Orts- u. Impulskoordinaten aus der klass. Mech. entstandene ↑Quantentheorie. Sie liefert u.a. eine Erklärung für den Aufbau der Elektronenhülle der Atome, der chem. Bindung u. Molekülstruktur, der physikal. Eigensch. der Festkörper sowie eine widerspruchsfreie Vereinigung v. Wellen- u. Teilchenaspekten mikrophysikal. Erscheinungen. Die entspr. math. äquivalenten Realisierungen der Q. sind die v. W. Heisenberg u.a. entwickelte *Matrizenmech.* (physikal. Größen werden durch Matrizen dargestellt) u. die v. E. Schrödinger entwickelte ↑Wellenmech.
**Quanten|optik** ↑Optik.
**Quantensprünge** ↑Atom.
**Quantentheorie,** math.-physikal. Formalismus zur Beschreibung der Zustände, Eigensch. u. Bewegungsabläufe mikrophysikal. Systeme. Für diese sind die physikal. Größen bei Produktbildungen i. Allg. nicht miteinander vertauschbar; Vorgabe best. Vertauschungsrelationen für sie *(Quantisierung)* führt zu einer *Quantelung* v. Energie (Auftreten v. Quanten in Wellen u. Feldern, diskrete Energieniveaus in atomaren Systemen), Drehimpuls u.a. – Die Q. liefert nur Wahrscheinlichkeitsaussagen über mögl. Messergebnisse bei Messung mikrophysikal. Größen.
**Quantenzahlen,** v. der Quantentheorie gelieferte ganze oder halbe Zahlen, die die gequantelten Werte *(Eigenwerte)* beobachtb. physikal. Größen (z.B. Energie, Drehimpuls u.a.) in den versch. Zuständen eines mikrophysikal. Systems charakterisieren.
**Quantität** [lat.], **1)** Menge, Masse, Anzahl, Umfang. **2)** das Zeitmaß (Länge, Kürze) einer Silbe; Grundlage des antiken Verses.
**Quantum** [lat.], Menge, Anzahl, Anteil, [best.] Maß.
**Quantz,** Johann Joachim, dt. Flötist und Komponist, *1697, †1773; ab 1741 Hofkomponist Friedrichs d. Gr., der sein Flötenschüler war.
**Quarantäne** [frz.], [zeitl. begrenzte] Schutzmaßregel gegen Einschleppen von Seuchen; besteht in befristeter Isolierung.
**Quark** [slaw.], östr. **Topfen, Weißkäse,** aus Milch durch Säuerung od. Labfällung gewonnenes Frischkäseprodukt versch. Zusammensetzung, d. v.a. aus geronnenem, weiß ausgeflocktem, noch stark wasserhaltigem Kasein besteht.
**Quarks** [Kw., kwɔ:ks], neben den Leptonen die fundamentalen Bausteine der Materie, aus denen alle Baryonen u. Mesonen aufgebaut sind. Die 6 Q. – *Up, Down, Strange, Charm, Bottom* (Beauty), *Top* (Truth) – weisen drittelzahl. Elementarladungen auf. Zu jeder Q.art gibt es das entspr. *Anti-Q.*
**Quart** [lat.], **1)** zweimal gefalzter Papierbogen, Zeichen 4°. **2) Quarte,** 4. Ton der diaton. Tonleiter; Intervall aus dem 1. und 4. Ton einer diaton. Tonleiter (z.B. c–f), kann als reine, verminderte (c–fes) oder übermäßige (c–fis) Q. auftreten. **3)** Fechthieb, trifft die linke Körperseite des Gegners.
**Quartär** ↑Geologie (Übers.).
**Quarte** ↑Quart.
**Quartett** [ital.], **1)** Musikstück für 4 Soloinstrumente: *Streich-Q.* od. *Bläser-Q.,* auch gemischt, z.B. Klavier-Q. (Klavier u. 3 Streichinstrumente); auch die Gruppe der Musizierenden. **2)** Kartenspiel, bei dem je 4 Karten zusammengehören. **3)** vierzeilige Strophe eines Gedichtes, v.a. des Sonetts.
**Quartier** [frz.], Unterkunft, Nachtlager, auch Truppenunterkunft; Stadtviertel.
**Quartier Latin** [kar'tje la'tɛ̃], Hochschulviertel von Paris, am l. Ufer der Seine.
**Quarz,** gesteinsbildendes Mineral, $SiO_2$ (wasserfreie Kieselsäure); sehr verbreitet, nichtmetall. Glanz, oft farbig, muschel. Bruchflächen, Härte 7, *Tief-Q.* (< 573 °C) kristallisiert trigonal, *Hoch-Q.* (> 573 °C) hexagonal; u.a. als *Bergkristall* (farblos, wasserklar), *Rauch-Q.* (rauchbraun), *Citrin* (gelb, durchsichtig), *Amethyst* (violett), *Rosen-Q.* (rosarot); Schmucksteine; mikrokristalliner Q. ↑Chalzedon; wegen Härte, Säure- u. Temperaturbeständigkeit u.a. in der opt., elektrotechn. u. feinmech. Ind. verw.; reiner *Q.sand* Rohstoff für die Glasherstellung.
**Quarzglas,** aus geschmolzenem Quarz hergestelltes Glas; säurefest, temperaturunempfindlich, durchlässig für UV-Strahlen.
**Quarzuhr** ↑Uhr.
**Quasar** [Kw. für **quas**istell**ar**es Objekt], akt. extragalakt. Sternsystem, dessen Kern im sichtb. Bereich das Restsystem stark überstrahlt, wodurch das Gesamtsystem wie ein Stern erscheint; Q. sind z.T. starke Radioquellen.
**Quasimodo,** Salvatore, ital. Lyriker, *1901, †1968; „Das Leben ist kein Traum"; Nobelpreis 1959.
**Quasimodogeniti** [lat.], der 1. Sonntag nach Ostern, auch *Weißer Sonntag* gen. [nach den weißen Gewändern der Taufbewerber in der frühen Kirche]; in der kath. Kirche bevorzugter Tag für die Erstkommunion.
**Quastenflosser,** Unterkl. der Fische, vermutl. Ahnen der Amphibien, zuerst im Devon; einz. bek. lebende Art *Latimeria chalumnae.*
**Quästor** [lat.], röm. Magistrat; zunächst Untersuchungsrichter, dann v. den Konsuln als Gehilfen für Verw.-Aufgaben ernannte, ab 447 v.Chr. gewählte Jahresbeamte.
**Quebec** [kwɪ'bek], **1)** größte kanad. Prov., umfasst den größten Teil von Labrador, 1 540 680 km², 6,79 Mill. E (rd. 80% Frankokanadier); waldreich (61% der Fläche), im N Tundra; Hauptsiedlungsgebiet am St.-Lorenz-Strom (Ackerbau, Viehzucht, vielseit. Ind.). Bed. ⚒ auf Asbest, Eisen, Kupfer, Edelmetalle; ergiebige Küsten- und Hochseefischerei. – Starke Eigenständigkeitsbestrebungen; 1980 u. 1995 gescheiterte Referenden zur Loslösung v. Kanada. **2)** Hptst. von 1), am Unterlauf des St.-Lorenz-Stromes, 167 000 E;

**Quebec:** *Blick über den Sankt-Lorenz-Strom zum Hotel „Château Frontenac" (19. Jh.)*

Univ., Schloss Frontenac (Hotel); Metallwaren-, Papier-, Textil- und Masch.-Ind.; ⚓, ✈. – 1608 gegr., frz. Festung, 1759 britisch.

**Quecke,** Süßgrasgatt.; u. a. *Gemeine Q.,* läst. Unkraut.

**Quecksilber,** Symb. **Hg** [von gr.-lat. **H**ydrar**g**yrum], chem. El., OZ 80, rel. A.-Masse 200,59; silberglänzendes, bei Raumtemp. flüss. Metall, Fp. –38,8 °C; Sp. 356,7 °C, Dichte bei 20 °C 13,59 g/cm$^3$; wird v. oxidierenden Säuren leicht, v. trockener Luft nicht angegriffen; bildet meist farblose Salze, v. denen die wasserlösl. sehr giftig sind; bildet mit vielen Metallen Legierungen *(Amalgame);* eines der seltensten El. der Erde, wird als Mineral (z. B. Zinnober) od. gediegen gefunden; verw. zur Füllung v. Thermometern u. Barometern, bei der Edelmetallgewinnung (durch Amalgambildung), für Q.diffusionspumpen, Q.dampflampen u. Q.gleichrichter, für Präzisionsabgüsse bei tiefen Temp. u. a.; die Amalgame wurden als Zahnfüllmasse benutzt (jetzt umstritten). Q.dampf ist sehr giftig; greift auch nicht rostende Stähle u. a. Nichteisenmetalle an; *Q.verbindungen:* gelbes od. rotes Q.oxid (HgO) für Schiffsbodenfarben (zur Algenabwehr), rotes (in der Natur als Zinnober, verw. als Farbpigment) u. schwarzes Q.sulfid (HgS); Q.(I)-chlorid ($Hg_2 2Cl_2$; Kalomel), verw. u. a. in der Porzellanmalerei zum Goldauftragen, Q.(II)-chlorid ($HgCl_2$; Sublimat), verw. als Antiseptikum; Saatbeizmittel, zur Holzkonservierung usw.

**Quecksilberdampflampe,** mit Quecksilberdampf gefüllte Gasentladungslampe; neben sichtb. Licht wird eine starke UV-Strahlung erzeugt, die einen auf der Innenwand befindl. Leuchtstoff anregt.

**Quedlinburg,** Krst. in Sa.-Anh., 26 000 E; mittelalterl. Stadtbild, bed. Kirchen, u. a. St. Servatius (11./12. Jh.; in der Schatzkammer s. 1993 der Q.er Domschatz, der einzig vollständig erhaltene dt. Kirchenschatz), got. St. Ägidius-, St. Benediktus- u. Nikolaikirche; Renaissancerathaus (17. Jh.) mit Roland (1427).

**Queen** [kwi:n; engl.], Königin.

**Queensland** [ˈkwi:nzlənd], Bundesland des Austral. Bundes im NO von Australien, 1 727 200 km$^2$, 3,1 Mill. E, Hptst. Brisbane; Anbau v. Zuckerrohr u. Weizen, Viehzucht; Bodenschätze: Kohle, Zinn-, Kupfererze, Bauxit, Erdöl u. -gas.

**Quellen,** natürl. Austritte von Wasser (Grundwasser od. juveniles Wasser); bes. Arten: ↑Geysir, ↑artes. Brunnen; ↑Thermal-Q., heiße Quellen.

**Quellensteuer,** Erhebungsform der Einkommensteuer, die am Ort u. zum Zeitpunkt des Entstehens steuerpflichtiger Einkünfte v. der auszahlenden Stelle einbehalten u. an das Finanzamt abgeführt wird *(Q.abzugsverfahren);* z. B. Lohn-, Kapitalertragsteuer.

**Queller,** Gänsefußgewächs v. a. an Meeresküsten (die *Q.wiesen* des Watts fördern die Schlickablagerung und damit die Landneubildung).

**Quellinus,** Artus, d. Ä., niederl. Barockbildhauer, * 1609, † 1668.

**Quemoy** [kɪˈmɔɪ], Insel in der Formosastraße, nahe der chin. Küste, 138 km$^2$; zu Taiwan.

**Queneau** [kəˈno], Raymond, frz. Schriftsteller, * 1903, † 1976; Romane.

**Querétaro** [ke-], **1)** mex. B.-Staat im Hochland von Mexiko, 11 449 km$^2$, rd. 1 Mill. E; Mais- und Getreideanbau, Gewinnung von Edel- u. Buntmetallerz. **2)** Hptst. von 1), 385 500 E; Univ.; Textilind.

**Querschiff, Querhaus,** der Raum einer Kirche, der quer vor dem Langhaus liegt oder dieses in der Vierung durchkreuzt.

**Querschnittslähmung,** durch Verletzungen, Geschwülste o. a. verursachte Unterbrechung der Leitungsbahnen des Rückenmarks; bei vollständiger Q. ist Lähmung beider Beine, des Enddarm- und Blasenschließmuskels mit Empfindungslosigkeit die Folge.

**Quersumme,** Summe der Ziffern einer natürl. Zahl; die Q. v. 375 ist 3 + 7 + 5 = 15.

**Querulant** [lat.], Nörgler, Quertreiber; [oft krankhaft] Streitsuchender.

**Quesnay** [kɛˈnɛ], François, frz. Volkswirtschaftler u. Arzt, * 1694, † 1774; Begr. des Physiokratismus (↑Physiokraten), erste Darstellung eines volkswirtsch. Kreislaufs.

**Quetzal** [kɛˈtsal; indian.], vorw. Früchte fressender Vogel mittelamer. Gebirgswälder, ♂ oberseits glänzend smaragdgrün, unterseits scharlachrot; Bestände bedroht.

**Quetzalcoatl** [kɛtsakoatl; aztek.; = gefiederte Schlange], altmex. Gott, in aztek. Zeit mit vielen Zügen synkretist. verbunden. Hauptzug: unblutige Verehrung. Gleichnam. histor. Priesterkg. der Tolteken.

**Quiche** [ki:ʃ], warm gegessene Specktorte aus Mürbe- od. Blätterteig.

**Quidde,** Ludwig, dt. Historiker u. Politiker, * 1858, † 1941; 1914 bis 1929 Präs. der Dt. Friedensges., 1921 bis 1929 Vors. des Dt. Friedenskartells; Friedensnobelpreis 1927.

**Quincke,** Georg Hermann, dt. Physiker, * 1834, † 1924; Arbeiten über Oberflächenspannung, Kapillarität u. Akustik: *Q.-Rohr* zur Bestimmung der Schallwellenlänge mittels Interferenzen.

**Quinn,** Anthony, amer. Schauspieler * 1915, † 2001; „Alexis Sorbas".

**Quinquagesima** [mlat.], Sonntag vor Aschermittwoch.

**Quint[e]** [lat.], **1)** 5. Ton der diaton. Tonleiter; Intervall aus 1. u. 5. Ton einer diaton. Tonleiter (z. B. c–g), kann als reine, verminderte (c–ges) oder übermäßige (c–gis) Q. auftreten. **2)** Fechthieb, der v.

Q

der rechten Hüfte zur linken Schulter führt.

**Quint|essenz** [lat.], Hauptinhalt, Hauptgedanke, Wesenskern.

**Quintett** [ital.], Musikstück für 5 Instrumente od. Singstimmen; auch eine Gruppe v. 5 Musizierenden oder Sängern.

**Quirinal,** einer der 7 Hügel Roms mit Tempel des röm. Kriegsgottes *Quirinus,* den Thermen Diokletians u. Konstantins I.; der *Palazzo del Quirinale* (1574 ff.) war päpstl. Sommerresidenz (16.–18. Jh.), kgl. Palast (1870–1946), jetzt Sitz des ital. Staatspräs.

**Quito** ['kito], Hptst. von Ecuador, 2850 m ü. d. M., 1,1 Mill. E; Univ.; vielseit. Ind., Kunsthandwerk; ☼.

**Quitte,** Rosengewächs; apfel- oder birnenähnl. gelbe Früchte (für Gelee und Mus).

**Quittung** [lat.-frz.], schriftl. Empfangsbestätigung des Gläubigers an den leistenden Schuldner mit Orts- u. Zeitangabe sowie Unterschrift.

**Quiz** [kvɪz; engl.], Frage-und-Antwort-Spiel nach best. Regeln.

**Qumran, Kumran,** am NW-Ufer des Toten Meeres, nahe dem Wadi Q., gelegene Ruine einer klosterähnl. Anlage; 1947 in in elf Höhlen in Q. und Umgebung Entdeckung der *Q.-Rollen,* zahlr. Schriftrollen (3. Jh. v. bis 1. Jh. n. Chr.): Handschriften zur hebr. Bibel, Bibelkommentare, gemeindeinternes Schrifttum (bes. Regeln) der *Q.-Leute,* jüd. Reformgruppen, die außerhalb der hellenist.-röm. Stadtkultur authentisch als Juden leben wollten, darunter die ↑Essener.

**Quote** [lat.], Teil eines Ganzen, der auf den Einzelnen bzw. eine Einheit entfällt.

**Quotient** [lat.], das Ergebnis einer Division (↑dividieren).

**quo vadis?** [verkürzt aus lat. „Domine, quo vadis?"; = Herr, wohin gehst du?], der Legende nach die Frage, die der aus dem röm. Kerker entflohene Petrus dem ihm erscheinenden Christus stellte.

# R

**R,** 18. Buchstabe des Alphabets.

**R,** Abk. für: **1)** ↑**R**éaumur. **2)** 𝄞 **r**echte Hand. **3)** 𝄞 **R**eprise. **4)** 𝄞 **R**esponsorium. **5)** ↑**R**ydberg-Konstante.

**r,** Abk. für ↑Radius.

**Y. Rabin**

**Ra,** ☐ Symb. für ↑Radium.

**Raab,** Julius, östr. Politiker, *1891, †1964; 1945 Mitbegr. der ÖVP, 1952–60 deren Obmann, 1953–61 B.-Kanzler; Abschluss des Staatsvertr. (1955).

**Raab,** r. Nbfl. der Donau, 283 km.

**Raabe,** Wilhelm, Pseud. Jakob **Corvinus,** dt. Dichter, *1831, †1910; realist. Erzähler; Ggs. v. inhumaner, übermächtiger Wirklichkeit und verinnerlicht-idealist. Haltung der Helden; „Die Chronik der Sperlingsgasse", „Der Hungerpastor", „Die schwarze Galeere".

**Rab,** Insel in N-Dalmatien, zu Kroatien, 94 km²; Seebäder (v. a. die Stadt R., 3 300 E, mit venezian. Bauten des 11.–14. Jh.).

**Rabanus Maurus** ↑Hrabanus Maurus.

**Rabat,** Hptst. Marokkos, an d. Atlantikküste, 799 400 E; Univ., kgl. Palast; zahlr. Moscheen, Stadtmauer aus d. 12. Jh. erhalten; Textil-, Leder-, Nahrungsmittelind.; ☼.

**Rabatt** [ital.], Preisnachlass, der Käufern auf einen allg. geforderten Preis gewährt wird. Das R.gesetz v. 25. 11. 1933, das in Dtl. die R.gewährung an Endverbraucher beschränkte, wurde zum 25. 7. 2001 aufgehoben.

**Rabbiner** [hebr.], Gelehrter im Dienst einer jüd. Gemeinde, von ihr angestellt als Religionslehrer, Prediger, Seelsorger u. Gutachter in religionsgesetzl. Fragen.

**Rabelais** [ra'blɛ], François, frz. Dichter, *zw. 1483 u. 1494, †1553; Humanist, Geistlicher und Arzt; satir.-burleskes Prosawerk „Gargantua u. Pantagruel", scharfe Kritik an überkommener Lebensweise, an Kaiser, Kirche und dem Kanon klösterl. Erziehung und universitärer Bildung.

**Rabenvögel,** Fam. gr. Singvögel; stark ausgeprägte Gehirnentwicklung, hoch entwickelte Brutpflege; u. a. Raben, Krähen, Dohlen, Elstern, Häher.

**Rabin,** Yitzhak, isr. Gen. u. Politiker (Isr. Arbeiterpartei), *1922, †1995; 1964–68 Gen.-Staatschef, u. a. 1974–77, wieder s. 1992 Premiermin.; Friedensnobelpreis 1994 mit J. Arafat u. S. Peres. – Fiel dem Attentat eines extremist. jüd. Gegners seiner Verständigungspolitik zum Opfer.

**Rachen, Pharynx,** Abschnitt der oberen Luftwege zw. Speiseröhre und Mund- bzw. Nasenhöhle.

**Rachenblütler,** artenreiche Pflanzenfam.; meist Kräuter und Stauden; u. a. Ehrenpreis, Fingerhut, Löwenmaul, Königskerze.

**Rachitis** [gr.], **englische Krankheit,** volkstümlich „Knochenerweichung", Störung des Kalk- und Phosphorstoffwechsels, die bes. Veränderungen am Knochensystem verursacht; erste Anzeichen zeigen sich meist im 2. bis 3. Lebensmonat. Ursache ist neben Vitamin-D-Mangel unzureichende Sonnenbestrahlung der Haut.

**Rachmaninow,** Sergei Wassiljewitsch, russ.-amer. Komponist u. Pianist, *1873, †1943; Opern, Sinfonien, Klavierkonzerte, Chorwerke, Kammermusik.

**Racine** [ra'sin], Jean, frz. Dichter, *1639, †1699; neben Corneille Schöpfer u. Vollender des klass. frz. Dramas; strenge Anwendung der drei Einheiten; „Andromache", „Britannicus", „Phädra", „Athalie", „Berenike".

**Rackenvögel,** Ordnung vorw. [sub]trop., den Spechten nahe stehender Vögel; u. a. Ra[c]ken (Blauracke), Eisvögel, Hopfe, Nashornvögel.

**Racquetball** ['rækɪt-], dem ↑Squash ähnl. Rückschlagspiel.

**rad,** Einheitenzeichen für ↑Radiant.

**Radar,** Abk. für engl.: **Ra**dio **d**etecting **a**nd **r**anging; Geräte u. Verfahren zur Ortung von Gegenständen (z. B. Schiffen, Flugzeugen), auch zur Geschwindigkeitsbestimmung *(Verkehrs-R.)* mithilfe gebündelter elektromagnet. [Dezimeter- bis Millimeter]wellen, die v. einem Sender ausgesendet, am Objekt reflektiert u. als Echo über einen Empfänger auf einem Bildschirm sichtbar gemacht werden.

**Radball,** Torspiel zweier Männermannschaften zu je 2 Spielern auf Spezialfahrrädern, bei dem der Ball mit Vorder- oder Hinterrad ins gegner. Tor zu treiben ist.

**Radebeul,** St. nw. von Dresden, Sa., 30 400 E; Indianer-Museum; chem., feinmech. u. a. Industrie.

**Rädelsführer,** Anführer bei Aufruhr, Landfriedensbruch, Meuterei u. a.

**Radetzky,** Joseph Gf. R. von Radetz, östr. Feldmarschall, * 1766, † 1858; maßgebl. Anteil am Sieg in der Völkerschlacht bei Leipzig, sicherte mit seinen Siegen über die Italiener bei Custoza (1848) und bei Novara (1849) die östr. Herrschaft in Oberitalien.

**Radhakrishnan** [-ʃ-], Sarvepalli, ind. Philosoph u. Politiker, * 1888, † 1975; 1962–67 Staatspräs.; bed. Arbeiten zur vergleichenden Philos.- und Religionsgeschichte; 1961 Friedenspreis des Dt. Buchhandels.

**radial** [lat.], strahlenförm.; v. einem Mittelpt. aus- od. auf ihn zugehend.

**Radiant** [lat.], **1)** Einheitenzeichen **rad**, SI-Einheit des ebenen Winkels im Bogenmaß, für den das Längenverhältnis Kreisbogen zu Kreisradius den Zahlenwert 1 besitzt; 1 rad = 180°/π. **2)** scheinb. Ausstrahlungspt. der Meteore eines Meteorstroms am Himmel.

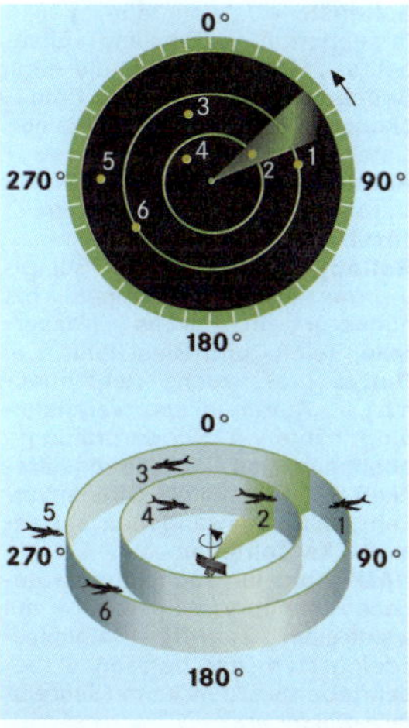


**Radar:** *Prinzip des Rundsichtradars; Luftraum im Umkreis einer Rundsichtradarantenne und dazugehöriges Radarschirmbild*

**Radiator** [lat.], großfläch. Heizkörper zur Abstrahlung der Heizwärme, bes. für Zentralheizungen.

**Radierung** [lat.], graf. Kunsttechnik, bei der die Zeichnung mit der *Radiernadel* (aus Stahl) in den Ätzgrund (Wachs-Harz-Schicht) der Kupferplatte geritzt wird, dann Ätzung; Abzüge im Tiefdruck; ohne nachfolgende Ätzung: *Kaltnadelradierung.*

**Radieschen,** Nutzpfl. (Kreuzblütler) mit kl., roten, auch rot-weißen essbaren Knollen.

**Radikal** [lat.], ☌ Atom od. Molekül mit einem ungepaarten Elektron (gekennzeichnet durch einen Punkt) u. dadurch mit paramagnet. Eigenschaften; meist sehr reaktiv.

**Radikalenerlass,** svw. ↑Extremistenbeschluss.

**Radikalismus** [lat.], Bez. für weltanschaul. geprägte Richtungen, die bestehende [gesellschaftl. u. polit.] Verhältnisse grundlegend, von der Wurzel (lat. radix) her, umgestalten wollen; häufig abwertend gebraucht.

**Radikand** ↑Wurzel.

**Radio** [lat.], svw. Rundfunk[empfänger].

**radioaktiver Niederschlag, Fallout,** durch Regen od. trockene Sedimentation bedingte Ablagerung v. radioakt. Staub natürl. od. künstl. Ursprungs (z. B. nach Kernwaffenexplosionen, Reaktorunfällen).

**Radioaktivität,** spontaner Zerfall v. Atomkernen, meist unter Aussendung von Alpha-, Beta- u./od. Gammastrahlung. Solche instabilen Atomkerne, *Radionuklide,* kommen z. T. in der Natur vor *(natürl. R.)* od. werden durch Kernreaktion aus stabilen Kernen erzeugt *(künstl. R.);* bei künstl. Kernumwandlung meistens Aussendung v. Protonen, Neutronen u. a. Der Zerfall v. Uran, Thorium, Actinium u. Neptunium vollzieht sich in nach diesen El. ben. *Zerfallsreihen,* bis ein stabiles Endprodukt (Blei) entsteht; die ↑Halbwertszeiten streuen v. Bruchteilen v. Sek. bis zu $10^{10}$ Jahren; Anwendung der (künstl.) R. in Biol. u. Med. zur Behandlung v. Krankheiten (z. B. Krebs) u. zu biochem. Untersuchungen, physikal. Messungen u. a.

**Radioastronomie,** Teilgebiet der Astronomie, erforscht die aus dem Weltall einfallende *Radiofrequenzstrahlung* (Wellenlängenbereich v. etwa 1 cm bis 20 m) v. Sonne, Planeten, interstellarer Materie u. einzelnen punktförm. Radioquellen (bes. Radiogalaxien u. Reste v. Supernovae). Zur Untersuchung dienen ↑Radioteleskope.

**Radiokompass,** Flugnavigationsgerät, das den Winkel zw. Flugrichtung u. automat. angepeiltem Funkfeuer anzeigt.

**Radiologie** [lat.; gr.], Spezialgebiet der Medizin, das sich mit der Anwendung der Röntgenstrahlen für diagnost. und therapeut. Zwecke befasst.

**Radiometer** [lat.; gr.], Strahlungsmessgerät (v. a. Wärmestrahlung); nutzt den Impuls, der infolge einer Temp.-Differenz zw. bestrahlter u. unbestrahlter Seite auf ein dünnes Glimmerplättchen ausgeübt wird.

**Radioteleskop,** Instrument zum Empfang der kosm. Radiostrahlung (↑Radioastronomie). *Einzelteleskope* empfangen diese mit einem Parabolspiegel; eine bessere Auflösung haben Interferometeranordnungen *(Radiointerferometer, Arrays).*

**Radium,** Symb. **Ra,** chem. El., OZ 88, rel. A.-Masse 266; weiß glänzendes, radioaktives Schwermetall (Erdalkalimetall); Dichte 5,50 g/cm³, Fp. 700 °C, Sp. 1 140 °C; eines der seltensten Elemente; Vorkommen in Uranpechblende.

**Radius** [lat.], **1)** Zeichen *r,* Halbmesser des Kreises od. der Kugel. **2)** svw. ↑Speiche.

**Radkurve,** svw. ↑Zykloide.

**Radolfzell am Bodensee,** Stadt in Ba.-Wü., 28 000 E; Vogelwarte in Möggingen, Kneippkurort.

**Radon** [auch: raˈdoːn], Symb. **Rn,** chem. El., OZ 86, rel. A.-Masse d. stabilsten bekannten Isotops 222,01757; Edelgas, Fp. −71 °C, Sp. −61,8 °C; R.-Isotope entstehen als Zwischenprodukte beim natürl. Zerfall v. Uran, Thorium u. Actinium.

**RAF,** Abk. für **R**ote-**A**rmee-**F**raktion (↑Terrorismus).

**Raffael, Raphael,** eigtl. Raffaello **Santi (Sanzio),** ital. Maler u. Baumeister der Renaissance, * 1483, † 1520; in seinen Werken ist das ideale Menschenbild der klass. Kunst am vollkommensten verwirklicht worden: Madonnenbilder (Sixtinische Madonna), Bildnisse, Fresken in den Prachträumen (Stanzen) des Vatikan; seit 1514 Bauleiter an der Peterskirche, Rom. – Abb. S. 562.

**Raffarin** [rafaˈrɛ̃], Jean-Pierre, frz. Politiker, * 1948; 1995–97 Handelsmin., wurde 1997 Vizepräs. der Partei Démocratie Libérale u. 2002 Premierminister.

**Raffination** [frz.], [Verfahren zur] Reinigung u. Veredelung v. Naturstoffen u. techn. Produkten.

**Raffinerie** [frz.], meist größere chem. Fabrik, in der Naturstoffe gereinigt u. veredelt werden; z. B. Erdöl-R.

**Rafting,** Wildwasserfahren in großen Schlauchbooten mit bis zu 30 Personen.

**Raglan** [ˈræglən, auch: ˈraglan; engl.], [Sport]mantel mit am Ärmel angeschnittenem Schulterteil; auch Bez. für die Schnittform.

**Ragtime** ['rægtaɪm; engl.], nordamer. Musik-, v. a. Klavierspielform, Blütezeit zw. 1890 u. 1915; urspr. allg. Bez. für frühen Jazz.

**Ragusa, 1)** Prov.-Hptst. in Sizilien, Italien, 69700 E; Barockkirchen; Erdölförderung u. -verarb., Asphaltgewinnung. **2)** ital. Name der Stadt ↑Dubrovnik.

spieler, *1790, †1836; neben Nestroy bed. Vertreter der Wiener Volkskomödie; „Das Mädchen aus der Feenwelt oder Der Bauer als Millionär“, „Der Alpenkönig und der Menschenfeind“.

**Rainfarn,** goldgelb blühender Korbblütler mit farnähnl. Blättern.

**Raffael:** *Madonna im Grünen (um 1505/06)*

**Rah,** waagr., bewegl. angebrachte Stange am Schiffsmast zum Befestigen v. *Rahsegeln.*

**Rahmenerzählung,** literar. Form, bei der die eigtl. Erzählung von einer anderen eingefasst ist.

**Rahmengesetz,** Bundesgesetz mit nur allg. Richtlinien; Regelung der Einzelheiten in Landesgesetzen.

**Rahner,** Karl, dt. kath. Theologe, *1904, †1984; Jesuit; führender Theologe auf dem 2. Vatikan. Konzil.

**Raiffeisen,** Friedrich Wilhelm, dt. Sozialreformer, *1818, †1888; Begr. des ländl. Genossenschaftswesens, v. a. Kreditgenossenschaften.

**Raimund,** Ferdinand, eigtl. F. **Raimann,** östr. Dramatiker u. Schau-

**Rainier III.** [rɛnj'e], *1923, seit 1949 Fürst von Monaco.

**Raketen** [ital.], Bez. für Flugkörper (auch Antriebsvorrichtungen, z. B. für Hochgeschwindigkeitsflugzeuge), die ihren Vortrieb durch den Rückstoß (Schub) eines Antriebstrahls erhalten; sie führen alle zur Erzeugung der Vortriebsenergie bzw. des Schubs erforderl. Mittel mit sich, können sich daher unabhängig von der Atmosphäre bewegen und sind so bes. für Zwecke der Raumfahrt geeignet. R. bestehen im Wesentl. aus der R.struktur *(R.zelle, R.körper)* als der eigtl. Tragekonstruktion, dem aus Brennkammer und Strahlaustrittsdüse bestehenden *R.triebwerk,* den meist in die R.struktur integrierten Treibstoffbehältern und dem Treibstoffördersystem sowie aus der Instrumentenausrüstung mit elektron. Geräten. Eine Steigerung der Endgeschwindigkeit ist mithilfe der *mehrstufigen Rakete* möglich. Jede Stufe besitzt ein eigenes Triebwerk u. enthält in ihrer Zelle den erforderl. Treibstoffvorrat, die letzte Stufe trägt außerdem die Nutzlast. Bei *Feststoffraketentriebwerken* wird Treibstoff in fester Form verwendet. Beim *Flüssigkeitsraketentriebwerk* werden die flüssigen Treibstoffkomponenten in getrennten Behältern in der Zelle untergebracht u. dem Triebwerk in einem best. Verhältnis zugeführt. Bei *Hybridtriebwerken* kommt die eine Treibstoffkomponente in flüssiger Form, die andere in fester Form zum Einsatz.

**Rákosi** ['ra:koʃi], Mátyás, ungar. Politiker, *1892, †1971; 1945–56 Gen.-Sekr. der ungar. KP, 1952/1953 Min.-Präs., 1962 aus der Partei ausgeschlossen.

**Raleigh, Ralegh** ['rɔ:lɪ], Sir Walter, engl. Seefahrer, Entdecker u. Schriftsteller, *um 1554, †1618 (hingerichtet); Günstling Elisabeths I.; Vorkämpfer für die engl. Seeherrschaft; Raub- u. Entdeckungsfahrten, v. a. in mittelamer. Gewässern.

**Raleigh** ['rɔ:lɪ], Hptst. von North Carolina, USA, 208000 E; Univ.; Textil- u. a. Ind.; ✈.

**Rallen,** Vogelfam., meist Sumpf- u. Wasservögel, sperlings- bis hühnergr.; in Europa: Wasserralle, Teich- und Blässhuhn u. a.

**Rallye** ['rali, auch: 'rælɪ; engl.-frz.], Automobilsportveranstaltung, heute v. a. Sonderprüfungsabschnitte mit Verbindungsstrecken z. T. noch im öff. Straßenverkehr; mit abgewandelten serienmäß. Pkw betrieben.

**RAM** [Abk. für engl. **r**andom **a**ccess **m**emory; = Speicher mit wahlfreiem Zugriff], Halbleiterspeichertyp, der gelesen u. beschrieben werden kann *(Schreib-lese-Speicher).*

**Ramadan** [arab.], 9. Monat des islam. Mondjahres, Fastenmonat.

**Rama IX.,** Bhumibol Adulyadeh, *1927, Kg. v. Thailand s. 1946; s. 1950 verh. mit Sirikit Kitiyaka (*1932).

**Ramakrishna** [-ʃ-], urspr. Gadadhar **Chattopadhyaya** [tʃatopa'd-ja:ja], ind. Mystiker u. Philosoph, *1836, †1886; lehrte die Alleinheit des Göttlichen, wonach alle Religionen gleichberechtigte Wege zu Gott (dem Göttlichen) seien.

**Ramalho Eanes** [ra'maʎu rɪ'anɪʃ],

António dos Santos, portug. Gen. u. Politiker, * 1935; schlug 1975 als Stabschef den Putsch linksextremer Truppen nieder, 1976–86 Staatspräsident.

**Rambouillet** [rãbu'jɛ], frz. St. sw. v. Versailles, 25400 E; Schloss (14. bis 18. Jh.).

**Rameau** [ra'mo:], Jean-Philippe, frz. Komponist u. Musiktheoretiker, * 1683, † 1764; Konzerte für Cembalo, Opern, Ballette.

**Rampe** [frz.], **1)** geneigte Ebene zur Überwindung v. Höhenunterschieden; Auffahrt; auch horizontale Verladebühne. **2)** vordere Kante der Theaterbühne.

**Ramsauer,** Carl Wilhelm, dt. Physiker, * 1879, † 1955; Arbeiten über Gasentladungen; entdeckte 1920 den *R.-Effekt,* period. Schwankungen der Durchlässigkeit v. Elektronen beim Durchgang durch Materie in Abhängigkeit v. der Elektronengeschwindigkeit.

**Ramses,** 11 ägypt. Könige der 19. u. 20. Dyn.; bed., **1) R. II.,** Kg. etwa 1290–1224 od. 1279–1213 v. Chr.; kämpfte gg. die Hethiter um Syrien (Schlacht bei Kadesch); bed. Bauten, u. a. Abu Simbel. **2) R. III.,** Kg. etwa 1184–1153 v. Chr.; musste Einfälle der Libyer und der „Seevölker" abwehren.

**Ramuz** [ra'my], Charles Ferdinand, schweizer. Schriftsteller frz. Sprache, * 1878, † 1947; Romane um den Kampf der Menschen mit Naturgewalten („Das große Grauen in den Bergen").

**Ranch** [ræntʃ; engl.], in Nordamerika landw. Betrieb mit Viehwirtschaft.

**Ranger** ['reɪndʒə; engl.], in den USA 1. bes. ausgebildete Soldaten; 2. Angehörige der Polizeitruppe in einigen B.-Staaten; 3. uniformierte Wächter in den Nat.-Parks.

**Rang|ordnung,** die soziale Hierarchie bei Tieren (u. Menschen) durch Regelung der auf die einzelnen Angehörigen einer Gruppe entfallenden Rechte und Pflichten. – Das ranghöchste Tier wird *Alphatier,* das rangniedrigste *Omegatier* genannt.

**Rangun,** s. 1989 **Yangon,** Hptst. von Myanmar (Birma) am O-Rand des Irawadideltas, 2,5 Mill. E; Univ.; Shwe-Dagon-Pagode (z. T. vergoldet); See- und Fluss-⚓; Handels- und Ind.-Zentrum Myanmars (Birmas) – 1753 gegr., s. 1948 Hauptstadt.

**Ranke,** Leopold von, dt. Historiker, * 1795, † 1886; führender Vertreter des Historismus, Begr. der mod. quellenkrit. Geschichtswissenschaft.

**Ranken,** aus Sprossen od. Blättern gebildete, schnurartige Klammerorgane best. Pflanzen.

**Raketen:** *Ariane 1 beim Start*

**Rankune** [frz.], Rachsucht, heiml. Feindschaft.

**Rap** [ræp; engl.], Musikstil auf der Grundlage von Bass- und Schlagzeugfiguren und eines rhythm. Sprechgesangs.

**Rapacki** [-tski], Adam, poln. Politiker, * 1909, † 1970; 1956–68 Außenmin., bek. durch den 1957 veröffentlichten *R.-Plan,* nach dem M-Europa eine kernwaffenfreie Zone werden sollte.

**Rapallo,** ital. Seebad sö. von Genua, 29500 E; Tagungsort.

**Rapalloverträge, 1)** ital.-jugoslaw. Vertr. v. 1920 über d. Grenzziehung in Dalmatien. **2)** dt.-sowj. Vertr. v. 1922: Aufnahme diplomat. u. wirtsch. Beziehungen, gegenseit. Verzicht auf Ersatz ihrer Kriegskosten u. -schäden.

**Rapha|el,** einer der Erzengel, im A. T.; Begleiter des ↑Tobias; Patron der Reisenden.

**Raphia, Raphiapalme, Raffia** [madagass.], Palmengatt., Arten mit über 15 m langen Blättern liefern z. T. Bastfasern *(Raphiabast);* die *Westafrik. Weinpalme* liefert Palmwein und Sago.

**Rapport** [frz.], **1)** [v. a. mil.] Bericht, Meldung. **2)** sich ständig wiederholendes Webmuster.

**Raps,** Kreuzblütler; wicht. Ölpfl., Samen enthalten 35–45 % Öl (Rüböl, neuerdings Treibstoff für Dieselfahrzeuge); Pressrückstand *(R.kuchen)* Futtermittel.

**Raps|erdfloh** ↑Pflanzenkrankheiten (Übers.).

**Rapsglanzkäfer** ↑Pflanzenkrankheiten (Übers.).

**Rapskrebs** ↑Pflanzenkrankheiten (Übers.).

**Rapunzel** [mlat.], svw. ↑Feldsalat.

**Rarität** [lat.], Seltenheit, Kostbarkeit.

**Raschi,** eigtl. Rabbi **Salomo ben Isa|ak,** jüd. Gelehrter aus Troyes, * 1040, † 1105; bed. u. populärster Bibel- u. Talmudkommentator; zeitw. in Worms.

**Raskolniki** [russ.], Anhänger russ. Sekten, Altgläubige (Starowerzen) gen., da sie die liturg. Reform des Patriarchen Nikon (1654) nicht anerkannten; gespalten in *Bespopowzy* (Priesterlose) u. *Popowzy* (altgläub. Gemeinde mit Priestertum).

**Rasmussen,** Knud, dän. Polarforscher, * 1879, † 1933; ethnograph. Forschungen in N-Grönland (1906–08), unternahm 7 Polarexpeditionen (1912–33).

**Räson** [rɛ'zõ; frz.], Vernunft, Einsicht.

**Rasputin,** Grigori Jefimowitsch, russ. Wanderprophet, Abenteurer, * 1869, † 1916 (ermordet); galt als Wundertäter; unheilvoller Einfluss am Hofe des Zaren Nikolaus II.

**Rasse, 1) Zucht-R.,** bei Haustieren u. Kulturpfl. durch d. Menschen aufgrund künstl. Auslese u. sexueller Isolation erzüchtete Formengruppe mit (erwünschten)

R

**G. J. Rasputin**

gleichen charakterist. Merkmalen. **2)** ↑Menschenrassen.

**Rassismus,** Haltung, die Angehörige anderer „Rassen" für minderwertig, die eigene „Rasse" aber für hochwertig ansieht; Begründung für Diskriminierung, Unterprivilegierung od. Unterdrückung ethn. Gruppen (oft Minderheiten), die als Vertr. anderer Rassen bez. werden; außenpolit. wurde der R. zur Rechtfertigung v. Imperialismus u. Kolonialismus herangezogen.

**Rastatt,** Krst. im Oberrhein. Tiefland, Ba.-Wü., 51 500 E; Schloss u. a. barocke Bauten; versch. Ind.; sö. von R. das Lustschloss Favorite. – 1705–71 Residenz der Markgf. v. Baden. – Der *Friede v. R.,* 1714 zw. Ks. Karl VI. und Frkr. geschlossen, beendete den Span. Erbfolgekrieg.

**Raster, 1)** Liniennetz od. Punktsystem auf Glasplatte oder Folie zur Zerlegung von Halbtonbildern in verschieden gr. *R.punkte* bei Herst. v. Autotypien. **2)** Zeilen u. Bildpunkte eines Fernsehbildes.

**Rastermikroskope,** Geräte, bei denen die Oberfläche eines Objekts zeilenweise Pt. für Pt. mit einer feinen Sonde abgetastet wird u. ein dabei entstehendes Messsignal als Helligkeits- od. Farbverteilung wiedergegeben wird, z. B. als *Rasterelektronen-* u. *Rastertunnelmikroskop.*

**Rat der Europäischen Union, Rat der EU, Ministerrat,** wichtigstes Entscheidungs- u. Rechtsetzungsorgan der EG (15 Min., je ein Vertreter pro Mitgl.staat); Beschlüsse werden einstimmig od. mit qualifizierter Mehrheit gefasst; Sitz Brüssel.

**Rätesystem,** 1917 in Russland begr. Reg.-Form: Vereinigung von gesetzgebender, ausführender u. rechtsprechender Gewalt in den Händen v. *Arbeiter-und-Soldaten-Räten;* später nur nominell u. durch die Verf. v. 1936 ersetzt; vorübergehend auch in Bayern u. Ungarn 1919 *Räterepubliken.*

**Rat für gegenseitige Wirtschaftshilfe,** Abk. **RGW, RgW,** engl. **Council for Mutual Economic Assistance** ['kaʊnsl fɔ: 'mju:tjʊəl i:kə'nɔmɪk ə'sɪstəns], Abk. **COMECON,** Organisation für wirtschaftl. Integration Ost- u. Ostmitteleuropas auf der Basis der Koordination der nat. Volkswirtschaftspläne u. der Spezialisierung der ind. Produktion innerhalb der internat. sozialist. Arbeitsteilung; gegr. 1949; Mitgl.: UdSSR, Polen, Tschechoslowakei, Ungarn, Rumänien, Bulgarien (Gründungsmitglieder), Albanien (s. 1949), DDR (1950–90), Mongol. Volksrep. (s. 1962), Kuba (s. 1972), Vietnam (s. 1978), assoz. Mitgl.: Jugoslawien (s. 1964). RGW löste sich 1991 auf.

**Rathenau,** Walther, dt. Politiker (DDP), * 1867, † 1922; 1915 Aufsichtsratsvors. der AEG, 1921 Wiederaufbaumin., ab Febr. 1922 Außenmin.; schloss den Rapallovertrag ab; erreichte eine Herabsetzung der Reparationszahlungen 1922; von Rechtsradikalen als „Erfüllungspolitiker" diskriminiert und ermordet.

**Rätien,** lat. **Raetia,** im Altertum das v. den Rätern, einem Volk unsicherer Herkunft, bewohnte Gebiet, das vom Alpennordrand bis zu den oberital. Seen u. vom St. Gotthard bis zum Brenner reichte.

**Ratifikation** [lat.], Bestätigung eines abgeschlossenen völkerrechtl. Vertrages durch das Staatsoberhaupt, in vielen Fällen erst zulässig nach Billigung durch die gesetzgebende Körperschaft.

**Rätikon,** Teil der Ostalpen zw. Montafon und Prättigau (Schesaplana 2 965 m).

**Ratingen,** St. nö. an Düsseldorf anschließend, NRW, 89 500 E. U. a. Metall verarb., Elektro-, keram., Baustoffindustrie.

**Ratio** [lat.], Ⓟⓗ Vernunft, Verstand; Erkenntnis-, Seinsgrund.

**rationale Zahlen,** alle Zahlen, die sich durch Brüche mit ganzzahl. Zähler u. Nenner darstellen lassen.

**Rationalisierung,** zweckmäß. Gestaltung v. Arbeitsabläufen zur Leistungssteigerung, Kostensenkung u. Verbesserung der Rentabilität, z. B. durch Automatisierung, Normung (↑DIN Dt. Institut f. Normung e. V.) u. Typisierung, Verringerung der Lagerhaltung, Arbeitsstudien (↑REFA), Spezialisierung.

**Rationalismus** [lat.], Geisteshaltung, die rationales Denken als einz. Erkenntnisquelle zulässt und alles Sein für vernünftig erklärbar hält; der *erkenntnistheoret. R.* der Aufklärung (R. Descartes) leitet die Erkenntnisfähigkeit aus „angeborenen Ideen" ab, mit deren Hilfe die Wirklichkeit auch ohne Erfahrung (Empirismus) und sinnl. Wahrnehmung (Sensualismus) eingesehen werden kann. Der *krit. R.,* v. K. R. ↑Popper begr. u. so bezeichnete philos. u. wiss.-theoret. Schule, bezweifelt die zur Verifikation empir. Behauptungen benutzten Induktionsschlüsse; vertritt einen methodolog. u. wiss.-theoret. Pluralismus.

**rationell** [lat.], zweckmäßig, wirtschaftlich.

**Rationierung,** begrenzte Zuteilung v. knappen Gütern.

**Rätische Alpen,** Teil der Ostalpen zw. Arlberg, Veltlin, Splügen und Reschenpass.

**Rätoromanen,** Alpenvolk mit eigener roman. Spr., hpts. in Friaul, Graubünden, Südtirol (↑Ladiner).

**Rätoromanisch,** westroman. Spr. mit 3 Dialektgruppen; davon ist das Graubündnerische seit 1938 4. Landesspr. d. Schweiz.

**Ratte,** weltweit verbreitete Nagetiergatt.; Allesfresser; Krankheitsüberträger u. Vorratsschädlinge; einheim. Haus- u. Wanderratte.

**Rattenfänger von Hameln,** ma. Sagengestalt, ein Pfeifer; befreite angebl. 1284 Hameln v. der Rattenplage (um den Lohn betrogen, entführte er die Kinder der Stadt).

**Rattle** [rætl], Sir (seit 1994) Simon, brit. Dirigent, * 1955; ab Sommer 2002 Chefdirigent der Berliner Philharmoniker.

**Ratzeburg,** Krst. des Kreises Hzgt. Lauenburg in Schl.-Ho., z. T. auf einer Insel im *R.er See* (14 km$^2$, bis 24 m tief), 12 800 E; roman. Dom (12./13. Jh.).

**Ratzinger,** Joseph, dt. kath. Theologe, Kardinal (s. 1977), * 1927; ab 1969 Prof. f. Dogmatik, 1977–82 Erzb. von München u. Freising, s. 1982 an der röm. Kurie Präfekt der Kongregation für die Glaubenslehre.

**J. Rau**

**Rau,** Johannes, dt. Politiker, * 1931; 1978–98 Min.-Präs. in NRW, 1982–99 stellvertr. B.-Vors. der SPD; s. 1999 Bundespräs.

**Raub,** Diebstahl unter Gewaltanwendung od. unter Bedrohung mit unmittelb. Gefahr für Leib u. Leben; mit Freiheitsstrafe bedroht; Strafverschärfung bei R. mit Körperverletzung od. Todesfolge.

**Raubtiere,** Säugetierordn., umfasst die Fam. Katzen, Schleichkatzen, Hyänen, Hunde, Bären, Marder, Kleinbären; Fleischfresser, jedoch auch vegetar. lebende Arten; Gebiss mit kräft. Eck- u. [scharfen] Reißzähnen.

**Raubvögel,** veralt. Bez. für Greifvögel und Eulen.

**Rauch,** Christian Daniel, dt. Bildhauer, *1777, †1857; Hauptmeister des Berliner Klassizismus.

**Rauch,** bei der Verbrennung fester, flüssiger u. gasförmiger Brennstoffe entstehendes Gemisch aus Kohlen- u. Schwefeldioxid, Wasserdampf sowie feinstverteilten festen Substanzen (z.B. Ruß); *R.gase,* flücht. Verbrennungsprodukte fester u.a. Brennstoffe.

**Rauchgas|reinigung,** Beseitigung von Stäuben, Schwefeldioxid u. Stickoxiden v.a. aus den Abgasen von Großfeuerungsanlagen nach versch. Verfahren zur Rauchgasentschwefelung u. -entstickung.

**Rauchwaren, Pelzwerk,** Bez. für veredelte Felle, Pelzfelle im Handel u. in der Kürschnerei.

**Räude,** durch Milben verursachte Hautkrankheit bei Haustieren; verursacht stark juckenden Hautausschlag und Haarausfall.

**Raum,** urspr. die äußere, sich in 3 Dimensionen (Länge, Breite, Höhe) darstellende Form der sinnl. erfahrb. Wirklichkeit; in der Geometrie Euklids als *abstrakter (math.) R.* verstanden; bei I. Newton als *absoluter R.* mit eigener Existenz; dagegen bei G. W. v. Leibniz u. C. Huygens als *relativer R.,* der durch die in ihm enthaltenen materiellen Körper definiert ist. In der Relativitätstheorie wird der physikal. R. mit der Zeit zu einem vierdimensionalen *R.-Zeit-Kontinuum* verbunden; die Metrik des R. hängt dabei v. der Verteilung der Materie im R. ab. – Bei I. Kant ist R. eine a priori gegebene Form der Anschauung (daher Gültigkeit der euklid. Geometrie für alle Erfahrungsgegenstände).

**Raumer,** Friedrich von, dt. Historiker, *1781, †1873.

**Raumfahrt** svw. ↑Weltraumfahrt.

**Rauminhalt,** das ↑Volumen.

**Raumkurve,** Kurve, deren Pt. nicht in einer Ebene liegen.

**Raum|meter, Ster,** Zeich. **Rm, st,** altes Raummaß für Holz: 1 $m^3$ gestapeltes Holz mit Schichtungszwischenräumen; im Ggs. zum ↑Festmeter.

**Raum|ordnungspolitik,** Maßnahmen zur optimalen Gestaltung der Siedlungs- u. Verkehrsverhältnisse in einem Großraum unter

**Raumtransporter:** *Spaceshuttle bei der Landung*

bes. Berücksichtigung des Natur- u. Landschaftsschutzes.

**Raumsonde,** Raumflugkörper zur Erforschung des Weltraums in größerer Entfernung von der Erde, z.B. des Mondes *(Mondsonde)* oder der Planeten u. ihrer Umgebung (↑Voyager).

**Raumtransporter,** im Ggs. zu vorher verw. Weltraumraketen wieder verwendbares Trägersystem für den Transport einer Nutzlast auf eine Satellitenbahn. Der erste von der NASA entwickelte R. *(Spaceshuttle)* startete am 14. 4. 1981.

**Raumwelle,** die v. einem Sender ausgestrahlte u. sich, im Ggs. zur ↑Bodenwelle, im Raum ausbreitende Welle.

**Raumzahl,** Abk. **RZ,** Bez. des Raumgehaltes eines Schiffes; ersetzt seit 1994 d. Registertonne. Die *Brutto-R.,* Abk. *BRZ,* umfasst den Gesamtraumgehalt eines Schiffes, die *Netto-R.,* Abk. *NRZ,* wird aus dem Volumen aller Laderäume u. (bei Passagierschiffen) d. Fahrgastanzahl ermittelt; BRZ u. NRZ sind dimensionslose Vergleichszahlen.

**Raupe,** Jugendstadium v.a. der Schmetterlinge.

**Raureif,** Ablagerung v. feinen Eiskristallen aus Nebeltröpfchen oder feuchtem Dunst an festen Gegenständen bei Frost.

**Rauschgifte, Rauschmittel,** Gruppe verschiedenartiger Stoffe (Drogen), die beim Menschen erregend oder lähmend auf das Zentralnervensystem wirken, häufig zu Bewusstseinsveränderungen und Euphorie führen und psych. u. körperl. Abhängigkeit hervorrufen können. Kennzeichen der *psych. Abhängigkeit* ist das Unvermögen, mit der R.-Einnahme aus eigener Kraft aufhören zu können. Die *körperl. Abhängigkeit* äußert sich durch ernste körperl. Störungen (Entzugserscheinungen) bei Dosisverringerung oder R.-Entzug. Drogenabhängigkeit führt häufig zu chron. Gesundheitsschäden, sozialem und berufl. Abstieg und Gesetzeskonflikten. Unterteilung v.a. in: 1) Opiate (Morphin, Opium, Heroin, synthet. Betäubungsmittel/„Designerdrogen“), 2) Stimulantien (Amphetamine, Cocain, Crack, Ice), 3) Halluzinogene (LSD, Mescalin, Psilocybin), 4) Cannabisprodukte (Marihuana, Haschisch). Als „harte Drogen“ werden bes. Opiate, als „weiche Drogen“ z.B. Haschisch bezeichnet.

**Rauschning,** Hermann, dt. Politiker, *1887, †1982; 1933/34 nat.-soz. Senatspräs. von Danzig, floh 1936 in die Schweiz; krit. Bücher über den Nationalsozialismus.

**Raute,** Gatt. der R.ngewächse; heim. Art: *Wein-R.,* Gewürz- u. Heilpflanze.

**Raute,** der ↑Rhombus.

**Rautengewächse,** meist Holzpflanzen, die äther. Öle führen; v.a. Zitruspfl. wie Mandarine u. Zitrone.

**Ravel,** Maurice, frz. Komponist, *1875, †1937; Klavierkonzerte, Orchesterwerke: „La valse“, „Boléro“; Opern: „Die span. Stunde“; Ballette, Kammermusik.

**Ravenna,** Prov.-Hptst. in Italien, im Podelta, an d. Adriaküste, 138 100 E; Kunstakad. mit Pinakothek; zahlr. frühchristl. Baudenkmäler; Erdölraffinerie, vielseitige Ind.; ⚓. – Blüte im 5. Jh. als Residenz d. weström. Ks.; 493 Sitz d. ostgot. Könige.

**Ravensberg,** ehem. dt. Gft., im Gebiet um Herford, Vlotho, Halle

R

(Westf.) und Bielefeld; fiel 1346 an Jülich, 1614 an Bbg.; jetzt *R.er Land.*

**Ravensburg,** Krst. nördl. des Bodensees, Ba.-Wü., 46 800 E; LG, IHK; histor. Bauten; Masch.-, Metall-, Textil- u. a. Industrie.

**Rawalpindi,** pakistan. Stadt im Pandschab, 928 000 E; Metall verarb. u. a. Ind.; ✈.

**Rawls** [rɔ:lz], John, amer. Rechtsphilosoph, * 1921; „Eine Theorie der Gerechtigkeit" (1971).

**Raymond,** Fred, eigtl. Raimund Friedrich **Vesely,** östr. Komponist, * 1900, † 1954; Operetten („Maske in Blau"); Schlager- u. Filmmusik.

**Razzia** [arab.], [groß angelegte] Fahndungsaktion der Polizei.

**Rb,** ☌ Symb. für ↑Rubidium.

**Re,** altägypt. Sonnengott; Hauptgott Ägyptens neben Amun und Ptah.

**Re,** ☌ Symb. für ↑Rhenium.

**Re,** Zeichen für ↑Reynolds-Zahl.

**re..., Re...** [lat.], Vorsilbe; Bed.: „zurück, wieder".

**Reagan** ['reɪgən], Ronald Wilson, amer. Schauspieler und Politiker, * 1911; ab 1940 zahlreiche Spielfilme; erst Demokrat, dann Republikaner (rechter Flügel), 1966–75 Gouverneur von Kalifornien; 1981 bis 1988 40. Präs. der USA.

**Reagenz, Reagens** [lat.], chem. Stoff, der mit einem anderen eine best. Reaktion herbeiführt u. ihn so identifiziert; *R.glas,* dünnwand., einseitig geschlossenes Glasröhrchen für chem. Untersuchungen; *R.papier,* mit best. chem. R.ien getränktes Filterpapier, das durch Farbänderung best. chem. Verbdg. u. saure od. alkal. Reaktionen anzeigt.

**Reaktion** [lat.], **1)** Rückwirkung, Gegenkraft (↑newtonsche Axiome). **2)** ↑Reaktionär. **3)** ↑chem. Reaktionen.

**Reaktionär** [lat.], Anhänger einer polit. Richtung, die zu veralteten Zuständen zurückkehren will oder starr am Bestehenden festhält *(Reaktion).*

**Reaktor** [lat.-engl.], **1)** Behälter, in dem in d. chem. Technik eine chem. Reaktion abläuft. **2)** der ↑Kernreaktor.

**real** [lat.], wirkl., tatsächl., sachlich.

**Real|einkommen** ↑Einkommen.

**Reali|en** [lat.], wirkl. Dinge; Math. und naturwiss. Unterrichtsfächer (im Ggs. zu den geisteswiss. Fächern).

**Reali|enstreit,** Ⓟ ↑Universalienstreit.

**Realismus, 1)** [prakt.] Wirklichkeitssinn. **2)** philos. Richtungen, die die Wirklichkeit als außerhalb und unabhängig vom Bewusstsein bestehend auffassen. Der *naive R.* geht von der Identität zw. Wirklichkeit u. unmittelbar Erfahrenem aus; der *krit. R.* berücksichtigt die eigenständige Leistung des erkennenden Bewusstseins; zum *Begriffs-R.* der Scholastik ↑Universalienstreit. **3)** Epochenbegriff für eine europ. lit. Strömung (etwa 1830–80), deren Vertreter Charaktere u. äußere Umstände wirklichkeitsnah darstellten (z. B. Balzac, Fontane, Dostojewski), bzw. lit. Stilbegriff für jede an der Realität orientierte lit. Gestaltung in allen Epochen. **4)** Gestaltungsweise der bildenden Kunst, die Welt der Erscheinungen „wirklichkeitsnah" darzustellen (Ggs. Idealismus); die Begriffe R. u. *Naturalismus* werden in diesem Bereich oft synonym verw. (Abgrenzung umstritten).

**Realität,** Wirklichkeit, tatsächl. Lage.

**Realkonkurrenz, Tatmehrheit,** Verletzung mehrerer Strafges. od. mehrfache Verletzung desselben Strafges. durch mehrere Handlungen durch einen Täter, Gesamtstrafe durch Erhöhung der schwersten Einzelstrafe; Ggs. ↑Idealkonkurrenz.

**Real|last,** Belastung eines Grundstücks in der Weise, dass vom jeweiligen Eigentümer wiederkehrende Leistungen aus dem Grundstück verlangt werden können.

**Realpolitik,** Pol., die vom Möglichen ausgeht.

**Realschule,** weiterführende, an die Grundschule oder Orientierungsstufe anschließende allg. bildende Schule, die mit der 10. Klasse abschließt.

**Realsteuern** ↑Ertragsteuern.

**Real|union** [lat.], eine verf.-rechtl. Verbindung staatsrechtl. selbst. Staaten durch das gemeinsame monarch. Staatsoberhaupt u. gemeinsame staatl. Institutionen (z. B. Östr.-Ungarn 1867 bis 1918).

**Realwert,** der wirkl. Wert einer Sache (z. B. Metallwert einer Münze); Ggs. Nennwert.

**Réaumur** [reo'myr], **Grad R.,** Zeichen **°R,** nicht gesetzl. Temp.-Angabe, die sich auf die *R.-Skale* bezieht (0 °R = Eispt., 80 °R = Sp. des Wassers); 1 °R = $^5/_4$ °C; eingeführt v. d. frz. Biologen u. Physiker René-Antoine Ferchault de R. (* 1683, † 1757).

**Rebe** ↑Weinrebe.

**Rebekka,** im A. T. Schwester Labans, Frau Isaaks, Mutter Esaus u. Jakobs.

**Rebellion** [lat.], Aufruhr, Aufstand, Widerstand.

**Rebhuhn,** braune, etwa 30 cm gr. Art der Fasanenartigen auf Feldern und Wiesen; jagdb. Standvogel.

**Reblaus** ↑Pflanzenkrankheiten (Übers.).

**Rebus** [lat.], Bilderrätsel.

**Récamier** [reka'mje], Jeanne Françoise Julie Adélaïde, geb. **Bernard** [bɛr'na:r], * 1777, † 1849, frz. Schriftstellerin, in deren Salon sich zeitw. die Gegner Napoleons I. trafen; befreundet mit Chateaubriand.

**Rechen|anlage,** svw. ↑Computer.

**Rechenschieber,** früher weit verbreitetes Rechengerät mit festen u. gg. diese verschiebb. (logarithm.) Skalen zur Ausführung v. Multiplikation, Division u. Ä. durch Addition bzw. Subtraktion v. Strecken.

**Recherche** [rə'ʃɛrʃə; frz.], Nachforschung, Ermittlung.

**Rechnernetz,** System verteilt aufgestellter, kompatibler Rechner, die durch Übertragungsleitungen verbunden sind. Man unterscheidet *offene R.* (ermöglichen den weltweiten Zugriff auf Datenbanken) u. *geschlossene R.* sowie entspr. der Reichweite: *LAN* (engl. **l**ocal **a**rea **n**etwork) für den lokalen (innerbetriebl.), *MAN* (**m**etropolitan **a**rea **n**etwork) für den regionalen u. *WAN* (**w**ide **a**rea **n**etwork) für den landesweiten u. internat. Datenverbund.

**Recht, 1)** im objekt. Sinn: Gesamtheit der Bestimmungen, die die soz. Beziehungen einer Gemeinschaft ordnen; ↑bürgerliches Recht, ↑öffentl. Recht. **2)** im subjekt. Sinn: der Anspruch, der für einen Berechtigten aus dem objektiven R. erwächst, z. B. das Eigentum, die Forderung.

**Recht|eck,** rechtwinkl. Parallelogramm, dessen Diagonalen gleich lang sind.

**Rechtfertigung,** theol. Begriff, mit dem d. Wiederherst. des durch Erbsünde u. Sünde gestörten Verhältnisses zw. Gott u. Mensch bezeichnet wird; *kath.:* R., ein durch die Gnade Gottes veranlasstes Geschehen, in dem Gott und Mensch zusammenwirken; *ev.:* R., ein dem Menschen von Gott allein aus Gnade zugeeignetes Geschenk, ohne dass dieser einen Anspruch darauf, noch ein eigenes Verdienst an seiner Erlangung hätte. – 1999 Unterzeichnung der luth.-kath. „Gemeinsamen Erklärung zur R.-Lehre".

**Rechts|anwalt,** freiberufl. Volljurist: Berater in allen Rechtsangelegenheiten und berufener Vertr. vor Gericht (↑Prozess).

**Rechtsbeugung,** bewusst falsche Rechtsanwendung durch einen Richter, Beamten od. Schiedsrichter; in der BRD mit Freiheitsstrafe bedroht.

**Rechtschreibung, Orthographie,** einheitl. Schreibordnung; in Dtl. erst s. Ende des 19. Jh.; bes. Verdienst von K. Duden, dessen „Orthograph. Wörterbuch" (1880), später „Duden" gen., im ganzen dt. Sprachraum für die R. maßgebenden Einfluss gewann. 1996 wurde eine Neuregelung der dt. R. beschlossen (eingeführt am 1. 8. 1998, soll ab 1. 8. 2005 verbindlich sein).

**Rechtsextremismus** ↑Extremismus.

**Rechtsfähigkeit,** Fähigkeit, Träger von Rechten u. Pflichten zu sein; Eigensch. jurist. u. natürl. Personen, beginnt mit der Geburt.

**Rechtsgeschäft,** Tatbestand, der eine oder mehrere Willenserklärungen enthält u. best. Rechtswirkungen nach sich zieht; *einseit. R.:* Willenserklärung einer Partei (z.B. Kündigung); *zweiseit. R.:* gegenseit., einander entspr. Willenserklärungen (Vertrag).

**Rechtshilfe,** gegenseit. Hilfeleistung v. Gerichten bei Amtshandlungen eines Ger. eines anderen Bezirks od. eines anderen Staates.

**Rechtskraft,** grundsätzl. Endgültigkeit gerichtl. Entscheidungen.

**Rechtsmedizin,** fr. Bez. **Gerichtsmedizin, forensische Medizin,** Fachgebiet der Medizin, das sich mit der Klärung medizin. u. daran angrenzender Fragen sowie mit standesrechtl. Problemen im Rahmen der Rechtsprechung befasst.

**Rechtsmittel,** prozessuale Mittel zur Anfechtung einer gerichtl. Entscheidung sowie zur Nachprüfung durch ein Ger. höherer Instanz; R. sind: ↑Berufung, ↑Revision, ↑Beschwerde.

**Rechtsnachfolge, Sukzession,** Erwerb von Rechten eines Rechtsträgers durch einen anderen; im Staats- u. Völkerrecht: Staatensukzession.

**Rechtsparteien,** Parteien mit konservativer oder reaktionärer u. meist nat. Einstellung, die seit der Frz. Revolution im Parlament [vom Präsidentenstuhl aus gesehen] auf der rechten Seite sitzen.

**Rechtspfleger,** Beamter des gehobenen Justizdienstes; mit best. übertragb. richterl. Aufgaben betraut.

**Rechtsprechung,** Anwendung der Gesetze auf den Einzelfall durch die Gerichte.

**Rechtsstaat,** Verfassungsstaat, in dem die Befugnisse der Staatsgewalt, Grundrechte u. Pflichten des Bürgers durch Verf. u. Rechtsordnung festgelegt und garantiert sind.

**Rechtsstaatsgefährdung,** die Staatsschutzdelikte, die einen gewaltlosen Umsturz zum Ziel haben (§§ 84–91 StGB), z.B. Fortführung einer für verfassungswidrig erklärten Partei.

**Rechtsweg,** der für die Entscheidung eines Rechtsstreites gesetzl. vorgeschriebene Instanzenweg (↑Gerichte, Übers.).

**Rechtswidrigkeit,** gegen eine Rechtsnorm verstoßende Handlung oder Unterlassung.

**Rechtswissenschaft,** Wiss. vom Grund und den Erscheinungsformen des Rechts: 1. Rechtsphilos., -gesch. und -soziol.; 2. Rechtsanwendungslehre: Rechtsdogmatik, -systematik, -politik.

**Recife** [re'sifi], früher auch **Pernambuco,** Hptst. des nordostbrasil. B.-Staates Pernambuco, 1,3 Mill. E; 2 Univ.; Ind.; ⚓, ✈.

**Reck,** Turngerät mit stählerner, in der Höhe verstellb. *R.stange* (⌀ 28 mm) auf 2 Ständersäulen.

**Recklinghausen,** Krst., Ind.-St. im Ruhrgebiet, NRW, 127 200 E; Bergamt, Verw.- u. Wirtsch.-Akad.; Ikonenmuseum, Ruhrfestspiele; Steinkohlen-⚒; ⚓ am Rhein-Herne-Kanal.

**Reclam,** Anton Philipp, dt. Verleger, * 1807, † 1896; begr. 1828 den Verlag *Philipp R. jun.,* 1867 *R.s Universalbibliothek,* eine Slg. preiswerter Einzelausgaben v.a. von Werken der Weltliteratur.

**Recycling** [ri:'saıklıŋ; engl.], die Wiederverwendung v. Abfällen als Rohstoffe für die Herst. neuer Produkte. *R.arten:* Wiederverwendung (z.B. Pfandflaschen), Weiterverwendung in neuer Anwendung (Altpapier als Dämmmaterial), Wiederverwertung (Flaschen aus Altglas), Weiterverwertung in einem anderen Produktionsprozess (Stahl aus Schrott).

**Redford** ['redfəd], Robert, amer. Schauspieler u. Regisseur, * 1937.

**Redgrave** ['redgreıv], **1)** Sir Michael, brit. Schauspieler, * 1908, † 1985; **2)** Vanessa, brit. Schauspielerin, * 1937; Tochter von 1), zahlreiche Filme („Blow up").

**Rediskontierung** [lat.-ital.] ↑Diskont.

**Rednitz,** amtl. unterh. v. Fürth: **Regnitz,** l. Nbfl. des oberen Mains, rd. 200 km.

**Redoxreaktion,** chem. Reaktion, bei d. ein Stoff oxidiert (Elektronenabgabe), der andere reduziert wird (Elektronenaufnahme).

**Red River** ['red 'rıvə], **1) R. R. of the North** [- əv ðə 'nɔ:θ], Zufl. zum Winnipegsee, USA u. Kanada, 877 km. **2) R. R. of the South** [- əv ðə 'saʊθ], r. Nbfl. des Mississippi, USA, rd. 2 000 km.

**Reduktion** [lat.], **1)** allg.: Zurückführung; Verringerung; Herabsetzung. **2)** ⚗ Entfernung von Sauerstoff aus Verbindungen od. Anlagerung von Wasserstoff; i.w.S. Elektronenaufnahme.

**Redundanz** [lat.], **1)** das Vorhandensein eigtl. überflüssiger Bauteile zur Erhöhung der Sicherheit od. Zuverlässigkeit einer techn. Anlage. **2)** Weitschweifigkeit, Überladung einer Aussage mit überflüss. Informationsgehalt.

**Reduplikation** [lat.], Wiederholung eines Wortes od. Wortteiles als Mittel der Wort- od. Formbildung, z.B. Kuckuck, Bonbon.

**Ree!** [niederdt.], Kommando zum Wenden od. Halsen eines Segelschiffs.

**Reede** [niederdt.], Ankerplatz vor einem Hafen; *Reeder,* Kaufmann, Eigentümer eines Schiffes; *Reederei,* Schifffahrtsunternehmen.

**reell** [frz.], den Erwartungen entsprechend, wirklich; ehrlich.

**Reep** [niederdt.], Schiffsstau.

**Reeperbahn,** seemänn.: Seilerbahn; danach ben. [Vergnügungs]straße im Hamburger Stadtteil St. Pauli.

**REFA,** Abk. für **Re**ichsausschuss für **A**rbeitszeitermittlung, gegr. 1924, s. 1995 *REFA-Verband für Arbeitsgestaltung, Betriebsorganisation u. Unternehmens-Entw. e.V.,* Sitz Darmstadt; untersucht Arbeitsvorgänge durch Arbeits- und Zeitstudien; Ziele sind u.a. Optimierung v. Arbeitsabläufen u. Rationalisierung, auch Aus- u. Weiterbildung.

**Refektorium** [lat.], Speisesaal in Klöstern.

**Referat** [lat.], **1)** Bericht, Vortrag; Gutachten. **2)** Sachgebiet eines Referenten.

**Referendar** [lat.], Bewerber für die höhere Beamtenlaufbahn nach der ersten Staatsprüfung.

**Referendum** [lat.], Volksabstimmung über einen Gesetzentwurf; in der Schweiz obligator. u.a. bei Verf.-Änderungen.

**Referent** [lat.], **1)** Berichterstatter; Gutachter. **2)** Sachbearbeiter.

**Referenz** [lat.], Empfehlung; Beziehung.

**reffen,** die Segelfläche verkleinern.

**Refinanzierung,** Aufnahme fremder Mittel, um damit selbst Kredit zu gewähren.

**reflektieren** [lat.], **1)** zurückstrahlen, spiegeln. **2)** nachdenken, erwägen. **3)** auf etwas Absichten haben.

R

**Reflektor,** 1) das ↑Spiegelteleskop. 2) Antennenel. zur Verstärkung der Richtwirkung.

**Reflex,** 1) Widerschein, Rückstrahlung. 2) ⚕ durch äußere Reize ausgelöste unwillkürl. Reaktion, z. B. Muskelkontraktion.

**Reflexion,** 1) das Zurückwerfen v. Teilchen- od. Wellenstrahlung an Grenzflächen. 2) Nachdenken.

**Reflexivpronomen, Reflexivum** [lat.], rückbezügl. Fürwort.

**Reform** [lat.], Neuordnung, Verbesserung des Bestehenden.

**Reformation,** durch M. Luther ausgelöste relig. Bewegung; wie die Reformbewegungen u. -versuche des 14./15. Jh. wollte die R. die Kirche erneuern, d. h. die Heilsverkündigung in urspr. Reinheit wieder herstellen; die Zerstörung der konfessionellen Einheit des Abendlandes ergab sich aus der raschen Verbreitung reformator. Ideen, begünstigt durch polit. Verhältnisse u. das neue wiss. Weltbild; die dogmat. Ggs. zw. den einzelnen Reformatoren führten zu versch. ev. Bekenntnissen (v. a. luth. u. ref.); die Bildung der neuen Kirchengemeinschaften wurde weitgehend durch das Zusammenwirken mit obrigkeitl. Kräften geprägt; über den relig. Bereich hinaus hat die R. die Neuzeit v. a. in polit. und kultureller Hinsicht entscheidend beeinflusst. ↑Protestantismus, ↑luth. und ↑ref. Kirchen, ↑Gegenreformation

**Reformationsfest,** ev. Fest zum Gedächtnis der ↑Reformation, am Sonntag nach dem 31. Okt., dem *Reformationstag* (Veröffentlichung der Thesen Luthers).

**Reformator,** Erneuerer; Bez. der Väter der ↑Reformation des 16. Jh. (M. Luther, U. Zwingli, J. Calvin, P. Melanchthon u. a.).

**reformierte Kirchen,** die v. a. auf das Wirken der oberdt. (z. B. M. Bucer) u. schweizer. Reformatoren (bes. U. Zwingli u. J. Calvin) zurückgehenden ev. Kirchen; verbreitet v. a. in der Schweiz, Frankreich (Hugenotten), den Niederlanden, Ungarn, Schottland, den USA u. in NW-Dtl. (Ev.-ref. Kirche; Lippische Landeskirche); in ihrer großen Mehrzahl dem *Ref. Weltbund* (Sitz: Genf; 2002: 211 Mitgl.-Kirchen) angehörend; theologisch v. a. auf dem ↑Kalvinismus fußend.

**Refrain** [rəˈfrɛ̃; frz.], ↑Kehrreim.

**reg.,** Abk. für: ↑**reg**istered.

**Regalien** [lat.], s. Ende des 11. Jh. wirtsch. nutzbare Hoheitsrechte (z. B. Münzrecht), vom König verliehen.

**Regatta** [ital.], Bootswettfahrt auf spez. markierten Strecken.

**Regel,** 1) Norm. 2) svw. ↑Menstruation.

**Regelung,** automat. erzwungener Ablauf, bei dem die zu regelnde Größe *(Regelgröße)* gemessen und bei Abweichung vom Sollwert über einen Regler so verändert wird, dass die Regelabweichung beseitigt ist; hierbei geschlossener Regelkreis; bei der *Steuerung* ist der Wirkungsablauf offen.

**Regen,** flüss. Niederschlag; durch Abkühlung von wasserdampfreicher Luft bewirkte Tropfenbildung.

**Regen,** 1) l. Nbfl. der Donau, Quellflüsse *Schwarzer* und *Weißer R.,* 165 km. 2) bayr. Krst. am Schwarzen R., 12 400 E; opt. u. a. Ind.; Erholungsort.

**Regenbogen,** auf Brechung, Beugung u. Reflexion des Sonnenlichtes an den einzelnen Regentropfen beruhende atmosphär. Lichterscheinung. Neben dem *Haupt-R.* (Spektralfarben innen blau, außen rot) gibt es oft auch noch einen 2. lichtschwächeren *Neben-R.*

**Regenbogenhaut,** Iris (↑Auge).

**Regenbogenpresse,** unterhaltende, stark bebilderte Publikumszeitschriften.

**Régence** [reˈʒãs; frz.], Stil während der Regentschaft Philipps von Orléans in Frkr. (1715–23), Übergang vom Barock zum Rokoko.

**Regeneration** [lat.], 1) allg. svw. Erneuerung. 2) Ersatz abgenutzter, beschädigter oder verlorener Organ- und Körperteile; beim Menschen werden u. a. Nägel, Haare, Blut, Knochenmasse regeneriert. 3) Wiederherstellung chem. oder physikal. Stoffeigenschaften.

**Regenpfeifer,** kräftige, kurzschnäbl. Watvögel; Unterfam.: Kiebitze, Echte Regenpfeifer.

**Regensburg,** Hptst. des Reg.-Bez. Oberpfalz, Bay., krsfr. St. u. Krst., an der Mdg. des Regen u. der Naab in die Donau, 125 800 E; Univ., Verw.- und Wirtsch.-Akad., bischöfl. Priesterseminar; LG, IHK; Dom (um 1250 ff.), roman. Kirche St. Emmeram mit barocker Innenausstattung, „Schottenkirche" St. Jakob (um 1150 bis 1200) u. a. bed. Kirchen; Herzogshof (12./13. Jh.), Altes (14. Jh.) u. Neues (1661) Rathaus; burgähnl. Patrizierhäuser mit Türmen; westl. der Stadt Benediktinerklosterkirche St. Georg in R.-Prüfening (1109 gegr.) mit bed. roman. Wandmalereien; Schiffswerften, Leder-, Lebensmittel-, chem. u. a. Ind.; Donau-⚓. – Kelt. Siedlung, sw. davon im 2. Jh. n. Chr. angelegtes röm. 7Legionslager *Castra Regina,* 4. bis 8. Jh. Residenz der Agilolfinger, seit 739 Bischofssitz; 1245 Reichsst., bed. Handelsplatz; 1663 bis 1806 Sitz des permanenten Reichstages; seit 1810 bayrisch.

**Regent** [lat.], monarch. Staatsoberhaupt; verfassungsmäß. Vertreter des Monarchen.

**Regenwald,** immergrüner Wald in ganzjährig feuchten Gebieten der Tropen (trop. R.); artenreichste Lebensgemeinschaft der Erde, die durch Abholzung u. Brandrodung stark bedroht ist. Der weltweite Schwund der R. bewirkt lokal Versteppung u. trägt langfristig zu globalen klimat. Veränderungen bei.

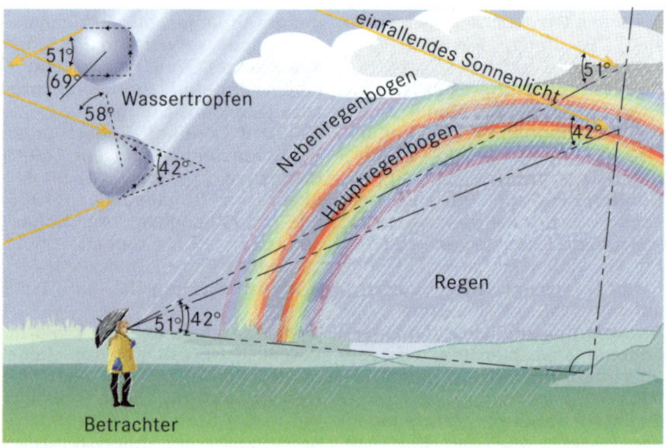


**Regenbogen:** *schematische Darstellung der Entstehung des Haupt- und Nebenregenbogens und die Brechung und Reflexion des Lichts in einzelnen Wassertropfen*

**Regenwürmer,** Fam. der Ringelwürmer; Zwitter; in feuchter Erde; fressen pflanzl. Stoffe u. Erde.

**Regenzeiten,** für trop. u. subtrop. Gebiete charakt. Jahreszeiten mit hohen Niederschlägen.

**Reger,** Max, dt. Komponist, *1873, †1916; erneuerte die Polyphonie der Bachzeit in reicher Harmonik: Orgel-, Orchester-, Kammer-, Klaviermusik, Lieder.

**Reggae** [ˈregeɪ], urspr. volkstüml. Musik in Jamaika, s. etwa 1973 Modeströmung in der Rockmusik.

**Reggio di Calabria** [ˈrɛdʒo-], Prov.-Hptst. in S-Italien, an d. Straße v. Messina, 178 700 E; Univ.; Handel, Nahrungsmittel-, Fischind.; ⚓, ✈.

**Reggio nell'Emilia** [ˈrɛdʒo-], Prov.-Hptst. in Italien, sö. v. Parma, 141 500 E; Dom (im 9. Jh. gegr.), Nahrungsmittel- u. a. Ind.

**Regie** [reˈʒiː; frz.], künstler. Leitung bei der Gestaltung einer Aufführung od. eines Spielgeschehens (im Theater, bei Film u. Rundfunk).

**Regierung** [lat.], Staatsorgan, das die Exekutivgewalt in einem Staatswesen ausübt.

**Regierungsbezirk,** aus versch. Stadt- u. Landkr. bestehender höherer Verw.-Bez. in einigen Ländern der BRD.

**Regierungsrat,** **1)** Amtsbez. höherer Verw.-Beamter. **2)** vom Volk gewählte Exekutive in schweizer. Kantonen.

**Regime** [reˈʒim; frz.], [totalitäre] Regierung[sform], Herrschaft.

**Regiment** [lat.], **1)** Reg., Herrschaft. **2)** Truppenverband aus mehreren Bataillonen derselben Waffengattung.

**Regiomontanus,** eigtl. Johannes **Müller,** dt. Mathematiker u. Astronom, *1436, †1476; veröff. neue Planetenephemeriden.

**Regisseur** [reʒiˈsør; frz.] jmd., der berufsmäßig ↑Regie führt; Spielleiter.

**Register** [lat.], **1)** Verzeichnis, Sach- oder Wortweiser. **2)** amtl. Verzeichnis rechtl. Vorgänge (z. B. Standes-R.). **3)** 𝄞 Tonlagen der menschl. Stimme (Brust-, Kopf-, Falsett-Stimme). **4)** 𝄞 Pfeifengruppe mit charakt. Klangfärbung bei Orgel u. Harmonium. **5)** kl. Speicher eines Computers mit kurzer Zugriffszeit zur vorübergehenden Speicherung kl. Informationseinheiten.

**registered** [ˈredʒɪstəd; engl.], Abk. reg., in ein Register eingetragen, patentiert, gesetzl. geschützt.

**Registertonne,** Abk. **RT,** Maßeinheit für die Bestimmung des Rauminhalts von Schiffen; *Brutto-R.*, Abk. *BRT,* Gesamtraum des Schiffes einschl. Maschinenanlagen u. Besatzungsräumen; *Netto-R.,* Abk. *NRT,* für die Beladung nutzb. Raum. Die R. wurde 1994 durch die ↑Raumzahl abgelöst.

**Regensburg:** *Steinerne Brücke (1135–46) und Brückentor (14. Jh.), im Hintergrund die Türme des Doms St. Peter*

**Regler,** Gerät zur automat. ↑Regelung einer techn. Anlage, z. B. wattscher Fliehkraft-R. bei Dampfmasch., Öl- bzw. Druckluft-R., Temp.-Regler.

**Regnitz** ↑Rednitz.

**regressiv** [lat.], rückwirkend; zurückschreitend, -bildend.

**Regulus** [lat.], hellster Stern (α) im Sternbild Löwe.

**Reh,** Art der Trughirsche, in Europa und Asien; ♀ geweihlos, ♂ meist mit dreispross. Geweih.

**Rehabilitation** [lat.], **1) Rehabilitierung,** Wiedereinsetzung in fr. [Ehren]rechte. **2)** Wiederherst. der körperl., geistigen u. berufl. Fähigkeiten eines durch Krankheit od. Behinderung Geschädigten; wichtigster Träger v. R.maßnahmen ist die gesetzl. Rentenversicherung. **3)** Beseitigung des ehrenrührigen Vorwurfs einer Straftat, z. B. Freispruch. Auch Aufhebung v. nat.-soz. Unrechtsurteilen in der Strafrechtspflege; in den neuen Ländern Aufhebung rechtsstaatswidriger gerichtl. Entscheidungen v. 1945 bis 1990.

**Rehburg-Loccum,** St. in Nds., 10 600 E; Ev. Akademie; spätroman.-frühgot. Kirche des ehem. Zisterzienserklosters ↑Loccum.

**Reibung,** die Hemmung der relat. Bewegung sich berührender Körper *(äußere R.)* od. v. Teilen eines Körpers gegeneinander, z. B. in strömenden Flüssigkeiten *(innere R.).*

**Reichardt,** Johann Friedrich, dt. Komponist u. Musikschriftsteller, *1752, †1814; 1775 Kapellmeister Friedrichs d. Gr.

**Reichenau,** Insel im Bodensee, Ba.-Wü., 4 km²; (Gemeinde R.: 4 700 E); Gemüse-, Weinbau, Blumenzucht; Damm nach O zum Festland. – Ehemalige Benediktinerabtei (724 bis 1757), bed. Zentrum frühma. Kultur: Stiftskirchen in Ober- und Niederzell, Münster in Mittelzell.

**Reichenberg,** tschech. **Liberec** [-ts], St. an der Lausitzer Neiße, ČR, 99 800 E; Textil- u. a. Ind.; got. Erzdekanatkirche, barocke Heiligkreuzkirche, Renaissanceschloss. 1255–78 von dt. Kolonisten gegr.

**Reich-Ranicki** [-raˈnɪtski], Marcel, dt. Literaturkritiker und Schriftsteller poln. Abstammung, *1920, Autobiogr. „Mein Leben".

**Reichs|adler,** Wappentier des Hl. Röm. Reiches; 1433–1806 Doppeladler; seit 1871 im Wappen des Dt. Reiches einköpfig.

**Reichs|apfel** ↑Reichsinsignien.

**Reichs|arbeitsdienst,** Abk. **RAD,** ↑Arbeitsdienst im Dritten Reich.

**Reichsbanner Schwarz-Rot-Gold,** von dt. Sozialdemokraten 1924 gegr. überparteil. Kampfverband, der die Weimarer Rep. gg. radikale Elemente schützen sollte; 1931 mit den freien Gewerkschaften u. a. Verbänden Zusammenschluss zur *Eisernen Front* (gg. die ↑Harzburger Front); 1933 verboten.

**Reichsdeputationshauptschluss,** Beschluss der letzten außerordentl. Reichsdeputation vom 25. 2. 1803: Entschädigung der weltl. dt. Fürsten für die an Frkr. im Frieden von Lunéville

R

(1801) abgetretenen l.-rhein. Gebiete durch säkularisierte geistl. Fürstentümer und mediatisierte R.-Stände auf r.-rhein. Gebiet. 112 R.-Stände verschwanden (fast alle geistl. Ft.) u. die R.-Städte bis auf 6, starke Gebietsvergrößerung u. -abrundung der süd- und westdt. Mittelstaaten u. Preußens.

**reichsfrei,** ↑reichsunmittelbar.

**Reichsfürst,** s. fränk. Zeit Angehöriger der Spitzengruppe des Adels; nach 1180 Aufstieg in den R.-Fürstenstand, der sich v. freien Herren u. R.-Grafen abgrenzte.

**Reichsgericht,** höchster Gerichtshof des Dt. Reichs von 1879 bis 1945, in Leipzig.

**Reichsgraf,** im Hl. Röm. Reich dem hohen Adel angehörender Graf.

**Reichs|insigni|en,** Krönungsinsignien des Hl. Röm. Reiches; v. a. *R.-Krone* (vermutl. um 962, spätere Ergänzungen), *R.-Apfel* (2. H. d. 12. Jh.), Zepter (1. H. d. 14. Jh.), R.-Schwert (*Mauritiusschwert;* 11. Jh.), R.-Kreuz (frühes 11. Jh.), R.-Evangeliar (Anf. d. 9. Jh.); i. w. S. svw. *Reichskleinodien* (Krönungsornat, Handschuhe u. Heiligtümer). Die R. werden in Wien aufbewahrt.

**Reichsinsignien:** *Reichskrone des Heiligen Römischen Reiches*

**Reichskammergericht,** höchster unabh. Gerichtshof des Hl. Röm. Reiches (s. 1495); zunächst in Frankfurt am Main, seit 1527 in Speyer, 1693–1806 in Wetzlar.

**Reichskanzler, 1)** im Hl. Röm. Reich das Erzamt des Erzb. von Mainz. **2)** nach der R.-Verf. von 1871 der vom Ks. ernannte, allein verantwortl. u. einz. Min. des Dt. Reichs, der die R.-Pol. leitete u. den Vorsitz im B.-Rat führte. **3)** nach der Weimarer Verf. der Vors. der R.-Reg., der die Richtlinien der Pol. bestimmte, verantwortl. dem R.-Tag.

**Reichskleinodi|en** ↑Reichsinsignien.

**Reichskonkordat,** Konkordat v. 1933 zw. der nat.-soz. R.-Reg. und dem Hl. Stuhl, das die Rechte der kath. Kirche absichern sollte. Das Hitlerregime gewann durch das R. innen- wie außenpolit. an Prestige.

**Reichsmark,** Abk. **RM,** dt. Währungseinheit 1924–48.

**Reichsministerialen** ↑Ministerialen.

**Reichsnährstand,** 1933–45 nat.-soz. Zwangsorganisation für alle auf dem Gebiet der Ernährungswirtsch. tätigen Personen u. Betriebe.

**Reichspräsident,** nach der Weimarer Verf. das vom Volk auf 7 J. gewählte Staatsoberhaupt des Dt. Reiches; der R. hatte den Oberbefehl über die Reichswehr, hatte die Rechte zur Auflösung des R.-Tages, zur Ernennung u. Entlassung des R.-Kanzlers u. zur Verhängung des Ausnahmezustandes.

**Reichsrat,** nach der Weimarer Verf. die Vertretung der dt. Länder bei Gesetzgebung und Verw. des Reiches mit nur suspensivem Veto gegenüber v. R.-Tag beschlossenen Gesetzen.

**Reichsregierung,** im Dt. Reich 1919–45 die Trägerin der Regierungsgewalt: nach der Weimarer Verf. zunächst der R.-Kanzler mit den R.-Min., später (1930–32) die Präsidialkabinette; nach dem Ermächtigungsges. vom 24. 3. 1933 der „Führer u. R.-Kanzler" Hitler.

**Reichsritterschaft,** im Hl. Röm. Reich bis 1806 die Gemeinschaft des reichsunmittelbaren niederen Adels.

**Reichs|sicherheitshauptamt,** Abk. **RSHA,** s. 1939 dt. Behörde, Zusammenfassung der Sicherheitspolizei (u. a. Gestapo) u. des Sicherheitsdienstes der SS; ab 1941–45 auch mit der techn. Durchführung der Massenvernichtung der Juden befasst.

**Reichs|städte,** im MA reichsunmittelbare, v. Kg. errichtete u. ihm zu Diensten u. Abgaben verpflichtete Städte; zu unterscheiden v. den v. versch. R.-Pflichten befreiten Freistädten *(freie Städte);* freie u. R. wurden später vielfach unter der Bez. „freie R." zusammengefasst.

**Reichs|stände,** im Hl. Röm. Reich bis 1806 die reichsunmittelb. Glieder mit Sitz u. Stimme im Reichstag *(Reichsstandschaft): geistl.* und *weltl. R.* (mit Reichsstädten).

**Reichstadt,** Napoléon Hzg. v., *1811, †1832, Sohn Napoleons I. und Ksn. Marie Louises, führte den Titel „Kg. v. Rom"; 1815 als Ks. Napoleon II. ausgerufen; konnte die Reg. nicht antreten.

**Reichstag, 1)** im Hl. Röm. Reich die Vers. der Reichsstände; Mitwirkung bei R.-Gesetzen, Auferlegung von Steuern u. a.; 1663 bis 1806 permanenter Gesandtenkongress in Regensburg. **2)** im Norddt. Bund u. im Dt. Reich von 1871–1918 die gewählte Volksvertretung mit dem Recht zur Gesetzesinitiative u. Beschlussfassung. **3)** in der Weimarer Rep. die mit der Legislative betraute Volksvertretung; ab 1933, nach dem Ermächtigungsges., nur noch formell aufrechterhalten.

**Reichstagsbrand,** Brand des Reichstagsgebäudes in Berlin am 27. 2. 1933; führte zu Massenverhaftungen von Kommunisten u. zum KPD-Verbot; die Alleintäterschaft des Holländers Marinus van der Lubbe wird weiterhin vereinzelt angezweifelt; Anlass für die Notverordnung des R.-Präs. v. 28. 2. 1933 (Aufhebung der wichtigsten Grundrechte).

**reichsunmittelbar,** im Hl. Röm. Reich für: direkt Kg. (Ks.) u. Reich unterstehend.

**Reichsversicherungsordnung,** Abk. **RVO,** ehem. grundlegendes dt. Sozialversicherungsges. vom 19. 7. 1911; in das ↑Sozialgesetzbuch überführt (außer Leistungen bei Schwangerschaft u. Entbindung).

**Reichsverweser, 1) R.-Vikar,** im Hl. Röm. Reich Vertr. des Kg. (Ks.) bei Minderjährigkeit, Verhinderung, Tod; R. waren gemeinsam der Kurfürst von Sachsen und der Pfalzgraf bei Rhein. **2)** der von der Frankfurter Nat.-Vers. 1848 bis zur vorgesehenen Ks.wahl bestellte Inhaber der Zentralgewalt (Erzhzg. Johann).

**Reichswehr,** die durch den Versailler Frieden auf 115 000 Mann begrenzten Streitkräfte des Dt. Reiches 1919–35 (R.-Heer u. R.-Marine) unter Oberbefehl des R.-Präs.; nur Berufssoldaten; von der Wehrmacht abgelöst.

**Reichwein,** Adolf, dt. Pädagoge, *1898, †1944; als Mitgl. des Kreisauer Kreises hingerichtet.

**Reif,** abgesetzter Niederschlag in Form feiner Eiskristalle.

**Reifeprüfung,** svw. ↑Abitur.

**Reifrock,** weiter, durch ein Reifengestell gesteifter Frauenrock; im 18. Jh. weit verbreitet; im 19. Jh. als *Krinoline* getragen.

**Reihe,** math. Ausdruck der Form

$$\sum_{i=1}^{\infty} a_i = a_1 + a_2 + a_3 + \ldots \quad \textbf{(unendl. R.)},$$

gebildet aus den Gliedern $a_i$ einer unendl. Zahlenfolge. Bei *arithmet. R.* ist die Differenz, bei *geometr. R.* der Quotient zweier aufeinander folgender Glieder gleich.

**Reihenschaltung, Serienschaltung,** Schaltung elektr. Bauel. (Stromquellen, -verbraucher) so, dass die Ausgangsklemme des vorhergehenden Bauel. mit der Eingangsklemme des folgenden verbunden ist, alle Bauel. werden v. gleichen Strom durchflossen; Ggs.: Parallelschaltung.

**Reiher:** *Silberreiher*

**Reiher,** Fam. storchenähnl. Stelzvögel mit langem Schnabel; meist gesellig, brüten oft in Kolonien auf Bäumen, fressen v. a. Fische (u. a. der heim. *Fisch-R.*), der *Silber-R.* lebt in wärmeren Regionen.

**Reiherschnabel,** Storchschnabelgewächs; häuf. Unkraut.

**Reim,** Gleichklang zweier oder mehr. Silben, v. a. in der Versdichtung; man unterscheidet nach der Zahl der gereimten Silben: *männl.* oder *stumpfen* (Sitz/Blitz), *weibl.* oder *klingenden* (kamen/Namen), *reichen* od. *gleitenden R.* (wendige/lebendige), nach der Stellung im Vers am häufigsten der *End-R.*, nach der R.folge *Paar-* (aabb), *Kreuz-* (abab), *umarmenden* (abba) u. *Schweif-R.* (aabccb) – ↑auch Stabreim.

**Reimann,** Brigitte, dt. Schriftstellerin, *1933, †1973; Romane („Franziska Linkerhand"), Tagebücher; eigenständige Vertreterin der DDR-Lit.

**Reims** [rɛ̃s], frz. St. nö. von Paris, Hptst. der Region Champagne-Ardenne, 185 000 E; Univ.; got. Kathedr., Abteikirche St. Rémi (1005 beg.), Rathaus (1630); Textil-, Auto-, Flugzeug- u. a. Ind., Kellereien (Champagnerherst. u. -handel). – Ehem. Krönungsst. der frz. Könige.

**Reinbek,** St. sö. von Hamburg, in Schl.-Ho., 24 500 E; Schloss (16. Jh.), B.-Forschungsanstalt für Forst- und Holzwirtsch., Verlage.

**Rein|eisenband,** mit Reineisenpulver beschichtetes ↑Magnetband.

**Reinhardswald,** Teil des Weserberglandes zw. Weser, Fulda und Diemel; bis 472 m.

**Reinhardt,** Max, eigtl. M. **Goldmann,** östr. Regisseur u. Theaterleiter, *1873, †1943; Schauspieler, dann schulebildender Leiter am Dt. Theater Berlin u. a. Bühnen in Berlin und Wien; Mitbegr. der Salzburger Festspiele.

**Re|inkarnation** [lat.], Wiederverleiblichung (↑Seelenwanderung).

**Reinmar, Reimar** von Hagenau, auch **R. der Alte,** mhd. Dichter, *zw. 1160 u. 1170, †zw. 1205 u. 1210; Meister der hohen Minnelyrik.

**Reis,** Johann Philipp, dt. Physiker, *1834, †1874; konstruierte (in Anlehnung an das menschl. Ohr) das erste Gerät zur Übertragung v. Tönen durch elektromagnet. Wellen; gilt damit als Erfinder des Telefons.

**Reis,** zu den Süßgräsern gehörende Getreideart, wichtigste Kulturpfl. in S- u. Ostasien; in vielen trop. u. subtrop. Gebieten, auf bewässerten Feldern als *Wasser-R.* od. auf trockenerem Boden bis zu 2 000 m Höhe (in den Tropen) als *Trocken-R.* (Bergreis) angebaut.

**Reisescheck, Travellerscheck** [ˈtrævələ-; engl.], Zahlungsmittel im internat. u. nat. Reiseverkehr; R. sind scheckähnl. Urkunden.

**Reisige** [mhd.], schwer bewaffnete berittene Krieger des MA.

**Reisigkrankheit** ↑Pflanzenkrankheiten (Übers.).

**Reis|papier, China-, Japanpapier,** handgeschöpftes, seidenfeines, aber sehr festes u. dauerhaftes Papier.

**Reißbrett,** Zeichenbrett; für techn. Zeichnungen unter Zuhilfenahme der *Reißschiene* (Lineal mit senkr. Querleiste, an den R.kanten führbar), wird zunehmend durch ↑CAD verdrängt.

**Reit im Winkl,** bayr. Höhenluftkurort und Wintersportplatz (über 700 m) in den Chiemgauer Alpen, 2 800 Einwohner.

**Reit|sport,** alle Sportarten, die der Mensch auf Pferden ausüben kann; u. a. *Dressur-, Spring-, Vielseitigkeits-, Freizeitreiten,* ergänzt durch Fahrsport; hinzu kommen als Teil des Pferdesports Galopp- u. Trabrennen sowie Polo.

**Reitz,** Edgar, dt. Filmregisseur u. -produzent, *1932; „Heimat" u. „Die zweite Heimat".

**Reiz,** physiol. wirksamer Faktor (von außen oder innen), der den Organismus zu einer Zustandsänderung (z. B. Empfindung) veranlasst.

**Reizker,** Blätterpilzgatt. Der *Echte R.* ist essbar u. hat orangeroten Milchsaft; *Birken-R.* ☠.

**Reizkörpertherapie, Umstimmungstherapie,** [umstrittenes] Behandlungsverfahren, mit dem versucht wird, Abwehr u. Leistungsfähigkeit des Organismus zu verbessern, z. B. Injektionen körpereigener od. -fremder Eiweißstoffe.

**Reizmagen,** funktionelle Dyspepsie, funktionelle Verdauungsstörungen mit Aufstoßen, Sodbrennen.

**rekapitulieren** [lat.], wiederholen, zusammenfassen.

**Reklamation** [lat.], Beanstandung; Rückforderung.

**Reklame** [frz.], svw. Werbung.

**rekonstruieren** [lat.], den urspr. Zustand wieder herstellen.

**Rekonvaleszenz** [lat.], Genesung.

**Rekord** [engl.], Höchstleistung.

**Rekrut** [frz.], Soldat in der Grundausbildung.

**rektal** [lat.], ⚕ zum Mastdarm gehörend, durch ihn erfolgend.

**Rektapapier,** svw. ↑Namenspapier.

**Rektifikation** [lat.], **1) Gegenstromdestillation,** Destillationsverfahren, b. dem Gas- u. flüssige Phase in Kolonnen im Gegenstrom getrennnt werden. **2)** Bestimmung der Länge einer Kurve.

**Rektor** [lat.], **1)** Leiter v. Haupt-, Real-, Sondersch. **2)** Leiter der akad. Selbstverw. an wiss. Hochschulen.

**Rekto|skop** ↑Endoskop.

**Rektum** [lat.], svw. ↑Mastdarm.

**rekursiv** [lat.], √ zurückgehend (bis zu bek. Werten).

**Relais** [rəˈlɛː; frz.], elektrotechn. Bauel., das mit geringer Steuer-

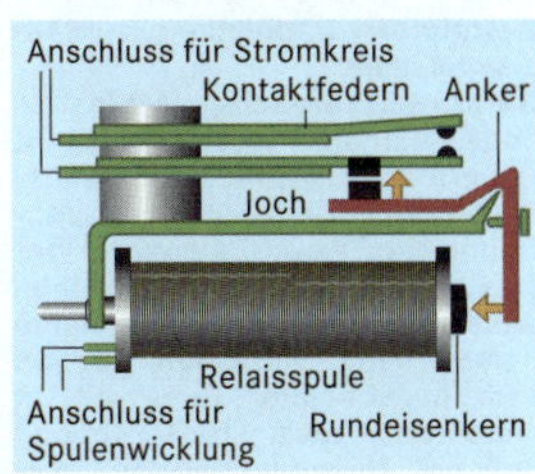


**Relais:** *elektromagnetisches Relais*

R

**Relief:** *Luca Della Robbia, „Tanzende und musizierende Mädchen und Knaben", Relief an der Sängerkanzel des Doms in Florenz (1431–38)*

leistung eine relat. hohe Arbeitsleistung schaltet; Schaltung z. B. mittels Elektromagneten *(elektromagnet. R.),* Drehspulsystem *(elektromech. R.),* Bimetallstreifen *(therm. R.),* Aufladung durch hohe Steuerspannungen *(elektrostat. R.)* od. Photodioden *(Photo-R.).*

**Relation** [lat.], Beziehung, Verhältnis.

**relativ** [lat.], auf etwas bezogen, vergleichsweise, verhältnismäßig; Ggs. ↑absolut.

**relativieren, 1)** in eine Beziehung bringen. **2)** einschränken.

**Relativismus,** erkenntnistheoret. Lehre, nach der nur die Beziehungen der Dinge zueinander, nicht aber diese selbst erkennbar sind u. jede Erkenntnis nur relativ richtig, jedoch niemals allg. gültig sein kann.

**Relativität,** Bedingtheit, Verhältnismäßigkeit.

**Relativitätstheorie,** v. A. Einstein begr. fundamentale Theorie v. Raum u. Zeit; eine der bedeutendsten physikal. Theorien des 20. Jh. – Schon das *Relativitätsprinzip* der newtonschen Mech. besagte, dass es durch mech. Experimente unmögl. ist zu beweisen, ob man sich in absoluter Ruhe od. in gleichförm. geradlin. Bewegung befindet. Nachdem der nach dem amer. Physiker A. A. Michelson (*1852, †1931) ben. *Michelson-Versuch* empir. die *Konstanz der Lichtgeschwindigkeit* in allen Bezugssystemen ergeben hatte, formulierte Einstein 1905 die *spezielle R.:* Längen- u. Zeitmessungen sind abhäng. v. Bewegungszustand des Beobachters; materielle Körper haben mit ihrer Geschwindigkeit wachsende Massen; größere Geschwindigkeiten als die des Lichtes zur Übertragung einer Wirkung sind nicht mögl. 1915 wurde die spezielle R. v. Einstein zur *allg. R.* erweitert: Nichtunterscheidbarkeit der Wirkung v. beschleunigter Bewegung u. Gravitationsfeldern (Gleichheit v. träger u. schwerer ↑Masse); Unmöglichkeit, überhaupt einen absoluten Bewegungszustand festzustellen. Die allg. R. knüpft als Theorie der ↑Gravitation die Eigensch. v. Raum u. Zeit an das Vorhandensein v. Materie; sie nimmt einen zentralen Platz in der Kosmologie ein.

**Relativpronomen,** bezügl. Fürwort, z. B. der, welcher.

**Relativsatz,** durch ein Relativadverb od. Relativpronomen eingeleiteter Gliedsatz.

**Relaxans** [lat.], ⚕ Arzneimittel zur [Muskel]erschlaffung.

**Relegation** [lat.], Verweisung von der [Hoch]schule.

**relevant** [frz.], erhebl., wichtig.

**Relief** [frz.], **1)** Geländeoberfläche. **2)** aus einer Fläche herausgearbeitetes (auch eingetieftes) plast. Bildwerk; je nach *R.grad* (Höhe) als *Hoch-* od. *Flachrelief.*

**Reliefdruck** ↑Prägedruck.

**Religion** [lat.], zusammenfassende Bez. für eine Fülle von Erscheinungen, denen ein spezif. Bezug zw. dem „Transzendenten" einerseits und den Menschen andererseits in einer deren Verhalten normativ bestimmenden Weise zugrunde liegt: Gott, das Göttli-

**Rembrandt:** *Die Nachtwache (1642)*

**Renaissance:** *Francesco di Giorgio Martini (Zuschreibung), Ansicht einer Idealstadt (um 1480)*

che, die Götter [auch Dämonen] werden als existenziell erfahrbar, partiell beschreibbar, jedoch als rationalem Verstehen allein niemals vollständig erschließbar erlebt; viele Formen der Verehrung u. des Versuchs der Kontaktnahme mit Gott, dem Göttlichen, den Göttern (bes. Gebet, Kult, Opfer), begriffl. unterschiedl. gefasst u. gedeutet (Theologie); danach Unterscheidung der einzelnen *Religionen.* (↑Monotheismus, ↑Polytheismus)

**Religionsphilosophie,** Wiss. vom Wesen der Religion, ihrer erkenntnistheoret. Begründung u. geistesgeschichtl. Einordnung.

**Religions|unterricht,** i. w. S. jede Art v. Mitteilung u. Belehrung über die Inhalte einer Religion; i. e. S. ein entspr. Unterrichtsfach an öffentl. Schulen; in Dtl. ordentl. Lehrfach [gegenwärtig kath., ev., orth. u. jüd. R.], erteilt in Übereinstimmung mit den Grundsätzen der Religionsgemeinschaften.

**Religiosität,** religiöse Haltung, v. a. das auf Gott gerichtete (Grund-)Vertrauen; ↑Glaube.

**Relikt** [lat.], [vereinzelter] Restbestand.

**Reling** [niederdt.], Bordwandgeländer um freiliegende Schiffsdecks.

**Reliquiar** [lat.], künstler. gestalteter, kostb. Reliquienbehälter.

**Reliqui|e** [lat.], Gegenstand einer bes. Form der Heiligenverehrung, oft Gebeine von Heiligen od. ihre Asche, auch Kleidungsstücke od. v. ihnen benutzte Gebrauchsgegenstände; bed. in der [Volksfrömmigkeit der] kath. und orth. Kirche.

**Rem,** Einheitenzeich. **rem,** Abk. für engl.: **r**oentgen **e**quivalent **m**an, fr. Einheit der Äquivalentdosis (↑Dosis); gesetzl. Einheit Sievert (Sv); 1 rem = 0,01 Sv.

**Remagen,** St. am Mittelrhein, RP, 16 300 E; röm. Baureste; Holz verarb., Möbel- u. Textilind., Masch.-Bau; Fremdenverkehr.

**Remanenz, Restmagnetisierung,** zurückbleibende (permanente) Magnetisierung eines ferromagnet. Stoffes, der sich in einem Magnetfeld befunden hat.

**Remarque** [rəˈmark], Erich Maria, eigtl. E. Paul **Remark,** dt.-amer. Schriftsteller, * 1898, † 1970; Antikriegsroman „Im Westen nichts Neues".

**Rembrandt,** eigtl. R. Harmensz. van **Rijn** [-rɛjn], niederl. Maler, Zeichner u. Radierer, * 1606, † 1669; Hauptmeister der holl. Barockmalerei. Drei Hauptschaffensperioden: *Leidener Frühzeit* (1625–31): Innenraumszenen, meist kleinformat. Bilder. *Frühe Amsterdamer Zeit* (1631 bis 1656): Entw. des typ. Helldunkels, wobei dem Licht symbol. Kraft zukommt („Anatomie des Dr. Tulp", „Das Opfer Manoahs", „Die Nachtwache", „Christus in Emmaus", Landschaften und Bildnisse). *Spätere Amsterdamer Zeit:* Verzicht auf dramat. Wirkung, Farben von bes. Leuchtkraft („Saul u. David", „Verleugnung Petri", „Staalmeesters"; letzte Werke: „Judenbraut", „Familienbildnis", „Die Rückkehr des verlorenen Sohnes"); meisterh. Radierungen und Zeichnungen. – Die Trennung seiner Arbeiten von denen seiner Schüler ist oft schwierig. Heute gelten zahlr. Gemälde nicht mehr als eigenhändig, z. B. der „Mann mit dem Goldhelm".

**Reminiszenz** [lat.], Erinnerung, Anklang [an früher Erfahrenes].

**remis** [rəˈmi; frz.], unentschiedener Ausgang.

**Remittende** [lat.], fehler- und schadh. Druckerzeugnis, das an den Verlag zurückgeschickt wird.

**Remoulade** [-mu-; frz.], Kräutermayonnaise.

**Remscheid,** krsfr. St. im Berg. Land, NRW, 122 300 E; Röntgen-Museum, IHK; Zentrum der dt. Werkzeugindustrie.

**Remus,** mit Romulus sagenhafter Gründer Roms.

**Ren** [nord.], **Rentier,** subarkt. Trughirsch, ♂ und ♀ mit Geweih; Herdentier; Zug-, Reit-, Milch- u. Fleischtier.

**Renaissance** [rənɛˈsã:s; frz. = Wiedergeburt], kulturgeschichtl. Begriff; i. e. S. die Kultur u. Kunst am Beginn der Neuzeit, bes. in Italien im 15./16. Jh. (i. w. S. auch andere Epochen, z. B. karoling. und stauf. R.); künstler. Forderungen: das Kunstwerk sollte ein Abbild der Wirklichkeit sein; Vorbild waren die wieder entdeckte Kunst u. Kultur d. klass. Antike; Durchbruch um 1420 in Florenz bei F. Brunelleschi (Wiederaufnahme der antiken Säulenordnungen), Donatello (Entdeckung der Gesetze der Ponderation des menschl. Körpers) und Masaccio

**Renaissance:** *Donatello, „David" (um 1440)*

(Naturnachahmung). Die *Früh-R.* wurde um 1500 in Italien durch die *Hoch-R.* abgelöst (Leonardo, Michelangelo, Raffael), die um 1520 bis 1533 in die *Spät-R.* bzw. den Manierismus überging. In Dtl. u. Frkr. setzte sich der Einfl. der ital. R. erst nach 1500 durch (A. Dürer, L. Cranach). Hinzu traten Humanismus und [staatspolit.] Individualismus (Machiavelli); literar. Ausdruck v. a. in den roman. Ländern (Ariosto, L. Vaz de Camões, Pléiade); in Dtl. mündete die Entw. in die Reformation ein.

**Rendezvous** [rãde'vu; frz.], **1)** Verabredung, Stelldichein. **2)** übertr. für: gesteuertes Zusammentreffen von Raumflugkörpern.

**Rendite** [ital.], tatsächl. [Jahres]ertrag eines Anlagekapitals.

**Rendsburg,** Krst. am Nord-Ostsee-Kanal, Schl.-Ho., 31 000 E; got. Marienkirche, Rathaus (16. Jh.); 42 m hohe, 2 460 m lange Eisenbahn- und Straßenhochbrücke über u. 1,28 km langer Straßentunnel unter dem Kanal; Werften, Eisenhütten, Kanal-⚓.

**Reneklode** [frz.], eine Pflaumensorte; Früchte grüngelb, kugelig.

**Reni,** Guido, ital. Maler u. Radierer, * 1575, † 1642; kühler, eleganter Barockstil.

**Rennes** [rɛn], Hptst. des frz. Dép. Ille-et-Vilaine u. der Region Bretagne, 197 500 E; Univ., Justizpalast (17. Jh.); Masch.-, Textil-, Leder-, Auto- u. a. Industrie; ✈.

**Rennrodeln,** Wintersportart auf Rennschlitten; seit 1964 olymp. Disziplin.

**Rennsteig, Rennweg,** Höhenwege in Mittelgeb., bes. der 168 km lange R. (heute Wanderweg) im Thüringer Wald.

**Renoir** [rən'wa:r], **1)** Auguste, frz. Maler, * 1841, † 1919; einer der Hauptvertr. des Impressionismus; Bildnisse, Landschaften, Akte; auch Plastiken. **2)** Jean, Sohn von 1), frz. Filmregisseur, * 1894, † 1979; poet. Realismus u. impressionist. Stimmungen.

**Rentabilität,** prozentuales Verhältnis zw. Gewinn u. eingesetztem Kapital bzw. Umsatz.

**Rente** [frz.], regelmäß. Zahlung in gleichen Zeiträumen (Jahr, Monat) aufgrund eines Versorgungs- od. Rechtsanspruchs (Kapitalanlage, Versicherung, Schadenersatzanspruch).

**Rentenfonds** [-fõ], Investmentfonds, der in festverzinsl. Wertpapiere mit unterschiedl. Zinssätzen u. Laufzeiten investiert.

**Rentenindex,** Kennziffer für die Kursentwicklung am Markt f. festverzinsl. Wertpapiere (Rentenmarkt), z. B. der s. 1991 v. der Dt. Börse AG unter Einbeziehug v. 30 idealtyp. Anleihen berechnete *Dt. Rentenindex (REX®).*

**Rentenmark,** 1923–24 dt. Zwischenwährung zur Beendigung der Inflation; v. der ↑Reichsmark abgelöst.

**Rentenversicherung,** sowohl Zweig der Sozialversicherung (gesetzl. R.) als auch Teil der privaten ↑Lebensversicherung. Die gesetzl. R. (geregelt im Sozialgesetzbuch VI) ist Pflichtversicherung für Arbeiter, Angestellte, Auszubildende u. a., Beiträge werden je zur Hälfte v. Arbeitgeber u. Arbeitnehmer gezahlt. Leistungen: Renten (Alters-, Erwerbsminderungs-, Hinterbliebenenrenten) u. Rehabilitationsmaßnahmen. Zur Entlastung der R. soll u. a. die ab 2002 mögl. steuerl. Förderung einer freiwilligen privaten Altersversorgung dienen.

**Rentier,** svw. ↑Ren.

**Rentierflechte,** Art der Flechten, Polster bildend; Nahrung der Rentiere.

**Reparationen** [lat.], Kriegsentschädigungen (Geld-, Sachleistungen) von besiegten Staaten an die Siegermächte.

**Repatriierung** [lat.], **1)** Entlassung v. Gefangenen in die Heimat. **2)** Wiederverleihung der Staatsangehörigkeit.

**Repetiergewehr,** Mehrladegewehr mit Patronenmagazin.

**Repin,** Ilja Jefimowitsch, russ. Maler, * 1844, † 1930; realist. Darst. sozialen und histor. Inhalts; u. a. Bildnisse, Historienbilder, Volksszenen.

**Reportage** [repɔr'ta:ʒə; frz.], [Erlebnis]bericht eines Reporters (Presse, Film, Funk, Fernsehen).

**Repräsentant** [lat.], Vertr. eines Volkes, einer Firma, Gruppe oder Idee; auch Abgeordneter.

**Repräsentantenhaus,** dem brit. Unterhaus entsprechende Abg.kammern, z. B. in Australien, Neuseeland u. v. a. in den USA, wo R. u. Senat den Kongress bilden.

**Repräsentation** [lat.], **1)** standesgemäßes Auftreten. **2)** [legitimierte] Stellvertretung.

**Repräsentativ|erhebung,** statist. Teilerhebung, bei der die untersuchte Teilmenge, die Struktur der Grundgesamtheit widerspiegelt.

**Repressali|en** [lat.], Druckmittel, Vergeltungsmaßnahmen.

**Reprise** [frz.], **1)** 𝄞 im Sonatensatz der 3., den 1. Teil wiederholende Satzteil. **2)** Neuaufführung eines früher gespielten Stückes.

**Reproduktion** [lat.], **1)** 🕮 Wiedergabe, Vervielfältigung durch *manuelle* (Holzschnitt, Kupferstich, Radierung, Lithographie) od. *photochem. R.sverfahren* (u. a. Autotypie, Tiefdruckätzung). **2)** ❀ svw. ↑Fortpflanzung. **3)** Wiederherst. u. Erneuerung der Produktionsfaktoren u. -bedingungen.

**Reptili|en** [lat.], **Kriechtiere,** Kl. der Wirbeltiere; wechselwarm, mit drüsenarmer, stark schuppig bis schildartig verhornter Haut, lungenatmend, vorw. Eier legend, ohne Metamorphose; bes. in wärmeren Gebieten, meist Landtiere; u. a. Krokodile, Schildkröten, Brückenechsen, Echsen, Schlangen.

**Republik** [lat.], eine Staatsform, in der [im Ggs. zur Monarchie] mehrere Personen oder das Staatsvolk Träger der Staatsgewalt sind.

**Republikaner Die,** Partei der BRD, gegr. 1983, keine scharfe Abgrenzung zu rechtsextremist. Positionen.

**Republikanische Partei,** engl. **Republican Party** [rɪ'pʌblɪkən 'pɑ:tɪ], 1854 gegr. amer. polit. Partei; um die Jh.wende konservative Vertr. der Interessen v. Ind.- u. Bankkapital, Verfechterin imperialist. Expansion; Präs. der R. P. u. a. A. Lincoln, Th. Roosevelt, H. C. Hoover, D. D. Eisenhower, R. M. Nixon, R. Reagan, G. Bush, G. W. Bush.

**Republikflucht,** in der ehem. DDR übl. Bez. für das unerlaubte Verlassen der DDR; Straftatbestand.

**Reputation** [lat.], [guter] Ruf.

**Requi|em** [lat.], die Eucharistiefeier im Rahmen der kath. Begräbnisliturgie, früher *Totenmesse* gen.; berühmte Vertonungen (u. a. von Mozart, Berlioz, Verdi).

**requiescat in pace!** [lat.; = (er) möge in Frieden ruhen], Grabinschrift (Abk. R. I. P.).

**Requisiten** [lat.], Zubehör für eine Bühnenaufführung od. Filmszene.

**Resa Pahlewi, Reza Pahlevi** [-pax-], **1)** R. P., urspr. Resa **Khan,** * 1878, † 1944, Vater von ↑Mohammed Resa Pahlewi, Schah v. Iran s. 1925; begr. die Dyn. Pahlewi; stürzte als Kommandeur einer Kosakenbrigade 1921 die pers. Reg.; 1923–25 Min.-Präs.; 1941 v. den Alliierten zur Abdankung gezwungen. **2)** Mohammed ↑Mohammed Resa Pahlewi.

**Reschenpass,** ital. **Passo di Resia,** Alpenpass zw. Oberinntal (Tirol, Östr.) und Vintschgau (Südtirol, Italien), 1 504 m.

**Reseda** [lat.], **Wau,** Gatt. der R.gewächse; *Garten-R.,* Zierpflanze.

**Reservat** [lat.], **1)** Vorbehalt, Sonderrecht. **2)** in Kanada u. den USA den Indianern als Wohngebiete zugewiesene, fest umgrenzte Landesteile (eigene Verw. u. Gerichtsbarkeit).

**Reserve,** ⚔ Gesamtheit der Wehrpflichtigen, die nicht im aktiven Wehrdienst stehen, ihn aber abgeleistet haben od., ohne gedient zu haben, ebenfalls der Wehrüberwachung unterliegen.

**Reserve** [lat.], **1)** Zurückhaltung. **2)** Ersatz, Rücklage.

**Reservoir** [rezɛrˈvwaːr; frz.], Sammelbecken, Wasserspeicher.

**Residenz,** Wohnsitz eines Staatsoberhauptes, eines Fürsten.

**Resignation** [lat.], Entsagung; Verzicht [auf ein Amt].

**Résistance** [rezisˈtãs; frz.], frz. Widerstandsbewegung im 2. Weltkrieg.

**Resistenza** [lat.-ital.], nach der dt. Besetzung Italiens 1943 gg. die dt. Truppen u. die republikan. Faschisten kämpfende antifaschist. ital. Widerstandsbewegung.

**Resnais** [rɛˈnɛ], Alain, frz. Filmregisseur, *1922; Vertr. der Neuen Welle („Hiroshima mon amour").

**Resolution,** [programmat.] Entschließung [polit.] Gremien.

**Resonanz** [lat.], **1)** (starkes) Mitschwingen eines schwingungsfäh. Systems bei äußeren period. Einwirkungen, deren Frequenz gleich der Eigenfrequenz *(R.frequenz)* des Systems ist. *R.schwingungen* werden u. a. in der Akustik (R. v. Luftsäulen u. a.) u. in der Elektrotechnik (zur Abstimmung v. Sendern u. Empfängern) ausgenutzt. **2)** übertr. für Anklang, Widerhall. **3)** ↑Elementarteilchen.

**Resorption** [lat.], Aufnahme flüss. oder verflüssigter Stoffe ins Blut bzw. in andere Körpersäfte.

**Resozialisierung,** Wiedereingliederung in das soz. Gefüge (v. a. nach Strafverbüßung).

**Respighi** [rɛsˈpiːgi], Ottorino, ital. Komponist, *1879, †1936; Opern, Vokalwerke, sinfon. Werke, Kammermusik.

**Responsorium** [mlat.], liturg. Wechselgesang mit Kehrvers.

**Ressentiment** [rɛsãtimã; frz.], negat. Vorbehalt gegenüber Personen[gruppen].

**Ressort** [rɛˈsoːr; frz.], Geschäfts-, Amtsbereich; Arbeitsgebiet.

**Ressourcen** [rəˈsurs], natürl. Produktionsmittel für die Wirtsch.; Hilfs-, Geldmittel, Reserven.

**Restauration** [lat.], **1)** Wiederherst. der alten polit.-soz. Ordnung nach einem Umsturz; *R.szeit* v. a. 1815–30 (bzw. bis 1848), in der man in fast ganz Europa die Zustände der Zeit vor der Frz. Revolution wieder herzustellen versuchte. **2) Restaurierung,** Wiederherst. oder Konservierung von Bauwerken, Gemälden, Skulpturen u. a. durch *Restauratoren.*

**Restitutionsedikt,** 1629 v. Ks. Ferdinand II. erlassener Befehl auf Herausgabe aller s. dem Passauer Vertrag (1552) durch Protestanten eingezogenen Kirchengüter (1648 eingestellt).

**Restlichtverstärker,** zum Sehen in der Dunkelheit verw. Gerät (mit Bildverstärkerröhre), das das nächtl. Restlicht mehr als 80 000fach verstärken kann.

**Resultante** [lat.-frz.], die ↑Resultierende.

**Resultierende, Resultante,** die Diagonale im ↑Kräfteparallelogramm als Summe zweier Vektoren.

**Resümee** [frz.], Zusammenfassung [der Hauptergebnisse].

**Retabel** [lat.], Altaraufsatz; nachweisbar seit dem 11. Jh.; ↑auch Flügelaltar.

**Rethel,** Alfred, dt. Maler und Grafiker, *1816, †1859; monumentaler Freskenzyklus für das Aachener Rathaus; bed. Holzschnitte („Auch ein Totentanz").

**Retinitis,** svw. Netzhautentzündung des Auges.

**Retorte** [frz.], ⚗ rundl., gläsernes Labordestillationsgefäß mit umgebogenem, verjüngtem Hals; in der chem. Ind. mit feuerfestem Material ausgekleideter Behälter zum Destillieren.

**Retortenbaby,** ein durch ↑In-vitro-Fertilisation gezeugtes Kind. Nach der Befruchtung wird der entstandene Keim (Zygote) zur Einnistung in die Gebärmutter der Frau gebracht und auf natürl. Weise ausgetragen.

**retro..., Retro...** [lat.], Vorsilbe; Bed.: „hinter, rückwärts".

**Retrospektive,** Rückblick, Rückschau; Präsentation des [Gesamt]Werks eines Künstlers in einer Rückschau.

**Rettich,** Kreuzblütler; Gemüsepflanze mit scharf schmeckender, rübenähnl. Knolle.

**Retusche** [frz.], Überarbeitung von Bildvorlagen od. Negativen, um Einzelheiten herauszuarbeiten, Tonwerte zu verbessern u. Ä.

**Reuchlin,** Johannes, gräzisiert **Kapnion,** latinisiert **Capnio,** dt. Humanist, *1455, †1522; vertrat die myst. Richtung des Neuplatonismus mit bes. Neigung zur Kabbala; verteidigte die Lektüre hebr. Schriften *(r.scher Streit);* begr. in Dtl. das lat. Schuldrama.

**Reuenthal,** Neidhart von ↑Neidhart von Reuenthal.

**Réunion** [reyˈnjõ], Insel im Indischen Ozean, frz. Überseedep., 2 512 km², 600 000 E, Hptst. Saint-Denis; gebirg. (bis 3 069 m), z. T. tät. Vulkane; trop. Seeklima; Ausfuhr bes. von Zucker und Rum; 1513 entdeckt, s. 1638 französisch.

**Reunionen,** Annexionen Ludwigs XIV. auf [umstrittener] rechtl. Grundlage; 1697 bis auf Elsass u. Straßburg zurückgegeben.

**Reuß, 1)** r. Nebenfl. der Aare, Schweiz, 159 km. **2)** zwei ehem. dt. Fürstentümer (im ostthüring. Raum) der Fürsten v. R.; *R. ältere Linie* (Greiz, 1778 gefürstet) und *R. jüngere Linie* (Schleiz, 1806 gefürstet); reg. bis 1918.

**Reuter, 1)** Christian, dt. Dichter zw. Barock und Aufklärung, *1665, †nach 1712; satir. Komödien u. Parodien auf Missstände seiner Zeit; Schelmenroman „Schelmuffsky". **2)** Ernst, dt. Politiker (SPD), *1889, †1953; 1933 bis 1935 2-mal im KZ, 1935–46 in türk. Exil, s. 1948 Oberbürgermeister, s. 1951 Regierender Bürgermeister v. Berlin (West). **3)** Fritz, dt. Schriftsteller, *1810, †1874; als Burschenschafter 1833 bis 1840 in Festungshaft; z. T. autobiograf. Romane und Erzählungen in niederdt. Spr.: „Ut mine Festungstid".

**Reuters plc.** ↑Nachrichtenagenturen (Übers.).

**Reutlingen,** Krst. im Vorland der Schwäb. Alb, Ba.-Wü., 107 800 E; IHK; bed. Textilindustrie.

**Revanchismus** [-vãʃ-], polit. Einstellung, die auf Vergeltung für polit. oder mil. Niederlagen u./od. die Rückgewinnung verlorener Staatsgebiete bzw. die Annullierung aufgezwungener Verträge zielt.

**Reventlow** [-lo], Franziska Gfn. zu, dt. Schriftstellerin, *1871, †1918; Erzähl., Briefe, Tagebücher.

**Revers** [reˈvɛːr; frz.], **1)** Aufschlag an Jacken und Mänteln. **2)** Rückseite einer Münze. **3)** Verpflichtungsschein.

**reversibel** [lat.], umkehrbar; heilbar ohne Restschaden; Ggs. irreversibel.

**Revier** [frz.], **1)** Bezirk. **2)** Jagd- u. Forstbezirk. **3)** ⚒ Abbaugebiet. **4)** Krankenstube der Soldaten. **5)** kleinere Polizeidienststelle.

**Revirement** [revirəˈmã; frz.], Umbesetzung diplomat., mil. u. a. Stellen.

**Revision** [lat.], **1)** Überprüfung v. Geschäftsvorfällen auf Richtigkeit, Ordnungs-, Gesetz- u. Zweckmäßigkeit; **2)** Änderung, z. B. einer Ansicht. **3)** bei d. höchsten Gerichten (oberste Gerichtshöfe des Bundes; auch OLG) gg.

R

ein [Berufungs]urteil innerhalb einer best. *R.sfrist* einzulegendes Rechtsmittel, das die Überprüfung behaupteter fehlerh. Gesetzesanwendung fordert. **4)** Völkerrecht: Abänderung von Verträgen.

**Revisionismus,** Streben nach Änderung eines [völkerrechtl.] Zustands od. eines polit. Programms; bes. die sozialdemokrat. Neuorientierung gegenüber dem Marxismus Ende des 19. Jh., die die These vom zwangsläufigen Zusammenbruch des Kapitalismus bestritt.

**Revolution** [lat.], [gewaltsamer] Umsturz der polit.-soz. Ordnung.

**Revolver** [engl.], kurze Handfeuerwaffe mit drehb. Trommel als Magazin.

**Revue** [rə'vy:; frz.], **1)** Zeitschrift mit allg. Überblicken. **2)** Programmfolge von tänzer., akrobat. und musikal. Darbietungen, oft durch eine Handlung verbunden.

**REX**® ↑Rentenindex.

**Reykjavík** ['rɛjkjavi:k], Hptst. Islands, an der Faxabucht, 102 000 E; Univ.; Kultur- u. Wirtsch.-Zentrum, bed. ⚓, ✈.

**Reynolds** ['renldz], **1)** Burt, amer. Filmschauspieler, * 1936; **2)** Sir Joshua, engl. Maler, * 1723, † 1792; [aristokrat.] Porträts.

**Reynolds-Zahl** ['renldz-; nach dem engl. Physiker O. Reynolds, * 1842, † 1912], Formelzeichen *Re*, physikal. Kenngröße der Strömungslehre; die *krit. R.-Z.* kennzeichnet den Übergang v. laminarer zu turbulenter Strömung.

**rezent** [lat.], gegenwärtig lebend; Ggs. fossil.

**Rezept** [lat.], schriftl., mit Datum und Unterschrift versehene Anweisung eines Arztes an den Apotheker zur Herstellung oder Abgabe eines Arzneimittels.

**Rezeption** [lat.], Auf-, Übernahme; Empfangsbüro eines Hotels.

**Rezeptoren** [lat.], Sinnesorgane oder -zellen, die der Aufnahme eines Reizes dienen.

**Rezession,** rückläufige ↑Konjunktur.

**reziprok** [lat.], gegenseit.; aufeinander bezogen; *r. Wert,* der ↑Kehrwert.

**Rezitation** [lat.], kunstvoller Vortrag eines lit. Werkes.

**Rezniček** ['rɛznitʃek], Emil Nikolaus Frhr. v., östr. Komponist, * 1860, † 1945; Opern („Donna Diana"), Schauspielmusik zu Strindbergs „Ein Traumspiel", Sinfonien.

**Rf,** ☈ Symb. für ↑Rutherfordium.

**Rh,** ☈ Symb. für ↑Rhodium.

**Rhabarber** [ital.], Gatt. der Knöterichgewächse; aus Asien stammende, ausdauernde Pfl. mit gr. Blättern; z. T. Zier- u. Nutzpfl. (essbare Blattstiele).

**Rhea,** in der griech. Mythol. Tochter des Uranos u. der Gäa, Schwester u. Gem. des Kronos, Mutter des Zeus.

**Rheda-Wiedenbrück,** St. im östl. Münsterland, an der Ems, NRW, 42 200 E; Holz- und Möbelind., Fahrzeugbau.

**Rhein,** Fl. u. wichtigste Binnenwasserstraße Europas, Gesamtlänge 1 320 km, Anlieger: Schweiz, Liechtenstein, Österreich, BRD (865 km). Quellen des *Vorder-R.s* im Gotthardmassiv, des *Hinter-R.s* im Adulamassiv; von deren Vereinigung als *Alpen-R.* bis zum Bodensee, von dort bis Basel als *Hoch-R.*, dann in nördl. Richtung, dem Oberrheingraben folgend, als *Ober-R.* bis Bingen, weiter in maler. Durchbruchstal durch das Rhein. Schiefergeb. als *Mittel-R.* bis Bad Godesberg; im Unterlauf als *Nieder-R.* durch das westl. Norddt. Tiefland bis zur Gabelung in die Hauptmündungsarme Waal und Lek; Mdg. in die Nordsee (Delta); insgesamt 900 km (in der BRD 778 km) schiffbar; Einzugsgebiet 252 000 km$^2$.

**Rheinbund, 1)** Bündnis einzelner dt. Reichsstände mit Frkr. gg. die habsburg. Pol. (1658–68). **2)** unter Napoleon I. 1806 gegr., gg. Östr. gerichteter Bund von 16 (später 36) dt. Fürsten, die aus dem Reichsverband austraten; außerh. blieben nur Östr., Preußen, Braunschweig u. Kurhessen; zerfiel Ende Oktober 1813.

**Rheine,** St. im nördl. Münsterland, NRW, 74 600 E; Textil- u. a. Ind., Solbad; ⚓ am Dortmund-Ems-Kanal.

**Rheinfall,** rd. 20 m hoher u. 150 m breiter Fall des Rheins bei Schaffhausen (Schweiz).

**Rheingau,** S-Abdachung des Taunus zum Rhein zw. Wiesbaden und Assmannshausen.

**Rhein-Herne-Kanal,** Kanal zw. dem Rhein (bei Duisburg) und dem Dortmund-Ems-Kanal (bei Henrichenburg), 45,6 km.

**Rheinhessen-Pfalz,** Reg.-Bez. in RP, 6 830 km$^2$, 1,97 Mill. E, Verw.-Sitz Neustadt an der Weinstraße.

**Rheinisches Schiefergebirge,** westl. Teil der dt. Mittelgebirgsschwelle, beiderseits des Mittelrheins (Taunus, Hunsrück, Eifel, Ardennen, Westerwald, Sauerland, Rothaargebirge).

**Rheinisch-Westfälisches Industriegebiet,** Ind.-Gebiet an Ruhr und Niederrhein, zw. Lippe und Wupper, zw. Mönchengladbach u. Hamm; der östl. des Rheins zw. Lippe u. Ruhr gelegene Teil: *Ruhrgebiet;* bedeutendstes dt. u. europ. Ind.-Revier u. das Gebiet mit der größten Bev.-Dichte Europas; günst. Verkehrslage; Grundlage der ind. Entw. waren die bed. Steinkohlevorkommen. *Ind.:* Stahl-, Eisen-, Gas- und Elektrizitätserzeugung, chem. Ind., Erdölraffinerien.

**Rheinländer, Bayerische Polka,** Paartanz in mäßigem $^2/_4$-Takt.

**Rheinland-Pfalz,** Land der BRD, 19 847 km$^2$, 4,03 Mill. E, Hptst. Mainz; umfasst (von N nach S) Teile der Eifel u. des Westerwalds, Mosel- u. Lahntal, Hunsrück, Nahetal, Nordpfälzer Bergland, Westrich, Pfälzer Wald mit Haardt, den NW des Oberrhein. Tieflands. *Wirtsch.:* Weinbau am Mittelrhein, in Rheinhessen, der Pfalz, im Ahr-, Mosel- u. Nahetal, Obst-, Gemüse-, Zuckerrüben- u. Tabakanbau im Oberrhein. Tiefland u. in Rheinhessen; intens. Forstwirtsch. mit Folgeind.; größtes dt. Bimssteinvorkommen im Neuwieder Becken; Mineralquellen. *Ind.* bes. in Ludwigshafen am Rhein, Mainz, Pirmasens, Kaiserslautern, Neuwied. – *Gesch.:* Das Land R.-P. entstand 1946 durch Zusammenlegung der ehem. bayr. Pfalz, der hess. Prov. Rheinhessen sowie von Teilen der preuß. Rheinprov. u. der preuß. Prov. Hessen-Nassau.

**Rhein-Main-Donau-Großschifffahrtsweg,** 1992 fertig gestellte europ. Binnenwasserstraße, die eine Verbindung von der Nordsee zum Schwarzen Meer herstellt, für Schiffe bis 1 350 t; zahlr. Schleusen und Staustufen.

**Rhein-Rhone-Kanal,** 320 km, verbindet den Rhein (Straßburg) über den ↑Doubs mit der Saône; eröffnet 1833.

**Rheinseitenkanal,** frz. **Grand Canal d'Alsace** [grãka'nal dal'zas], linksrhein. Kanal zw. Basel u. Straßburg; 112 km; 8 Staustufen mit Kraftwerken.

**Rhenium,** Symb. **Re,** chem. El., OZ 75, rel. A.-Masse 186,2, weißglänzendes, sehr hartes Metall, Dichte 20,08 g/cm$^3$, Fp. 3 186 °C, Sp. 5 596 °C; unlösl. in Salzsäure, lösl. in Salpetersäure; *Vorkommen:* in Molybdänglanz, Kolumbit, Gadolinit (Häufigkeit etwa wie Gold).

**rheo..., Rheo...** [gr.], Bestimmungswort mit der Bed.: „Fließ..., Fluss...".

**Rheologie** [gr.], Teilgebiet der Physik, untersucht Fließerscheinungen von flüss., kolloidalen u.

festen Systemen unter der Einwirkung äußerer Kräfte.

**Rhesusaffe** [gr.; dt.], 50–65 cm körperlanger Makak; in S-Asien.

**Rhesusfaktor, Rh-Faktor,** Blutkörperchenmerkmal Rh (nach dem Rhesusaffen benannt), das bei 85% aller weißen Menschen vorhanden ist. Sein Fehlen wird mit rh bezeichnet. Wiederholtes Zusammentreffen von rhesuspositivem (Rh) mit rhesusnegativem (rh) Blut (z.B. Transfusion, Schwangerschaft) kann zu lebensbedrohl. hämolyt. Unverträglichkeitsreaktionen führen.

**Rhetor** [gr.], Redner; Lehrer der *Rhetorik,* der Lehre v. der kunstmäß. Gestaltung von Reden.

**Rheumatismus, Rheuma** [gr.], Sammelbegriff für eine Vielzahl von Erkrankungen des Skelett-Muskel-Bindegewebe-Systems, die durch bestimmte immunolog. Vorgänge, z.B. allerg. Reaktion auf Bakterien (Mandelentzündung), ausgelöst werden. Unter dem Begriff *Gelenk-R.* werden zahlreiche degenerative und entzündl. Gelenkerkrankungen zusammengefasst, der *Weichteil-R.* beinhaltet Erkrankungen der Muskeln, Sehnen und des Bindegewebes. Der Weichteil-R. geht ist mit Schmerzen und Sensibilitätsstörungen verbunden, die temperatur-, lage- und belastungsabhängig sind. Die Schmerzen treten häufig an bestimmten Stellen (Rücken, Gelenknähe) auf und führen zu Bewegungs- und Funktionseinschränkungen. I.d.R. handelt es sich um einen Dauerschmerz, der durch Faktoren wie Wetter, psych. Verfassung und bes. Infekte mit beeinflusst werden kann.

**Rhinozerosse** [gr.], svw. ↑Nashörner.

**Rhizom** [gr.], **Wurzelstock, Erdspross,** unterird., ausdauernde Sprossachse von Stauden, meist mit Speicherfunktion; treibt im Frühjahr neue Pfl. aus.

**Rhode Island** [rəʊd ˈaɪlənd], Abk. **R. I.,** kleinster B.-Staat der USA, an d. Atlantikküste, nö. von New York, 3 144 km², 1 Mill. E, Hptst. Providence; vielseit. Industrie.

**Rhodesi|en** ↑Simbabwe.

**Rhodium** [gr.], Symb. **Rh,** chem. El., OZ 45, rel. A.-Masse 102,905, Metall aus der Gruppe der Platinmetalle, silberweiß, dehnbar, Dichte 12,4 g/cm³, Fp. 1 964 °C, Sp. 3 695 °C; wird in kompakter Form v. keiner Säure angegriffen.

**Rhododendron** [gr.], svw. ↑Alpenrosen.

**Rhodos, 1)** griech. Insel vor der kleinasiat. Küste, Hauptinsel der Dodekanes, 1 398 km²; gebirg., bis 1 215 m, wald-, wasserreich; Obst-, Weinbau, Olivenhaine. – Schon in myken. Zeit dicht besiedelt; um 1000 v. Chr. dor.; 305/304 v. Chr. vergebl. Belagerung der Stadt durch Demetrios I. Poliorketes (Siegeszeichen: Koloss von R. [↑Koloss]); s. 1308 Hauptsitz des Johanniterordens; 1523 osman., 1912–47 ital. **2)** Hauptort von 1), an der NO-Spitze der Insel, 41 400 E; Baureste aus dem Altertum u. bed. Bauten aus dem MA.

**Rhomboid** [gr.], schiefwinkl. ↑Parallelogramm mit paarweise ungleichen Seiten.

**Rhombus** [gr.], **Raute,** ein ↑Parallelogramm mit 4 gleich langen Seiten.

**Rhön,** Mittelgebirge zw. Werra, Haune, Sinn u. Fränk. Saale; *Hohe R.* mit Wasserkuppe (950 m).

**Rhone,** Fl. in der W-Schweiz und in S-Frkr., 812 km; entspringt dem *R.gletscher* (Dammagruppe, 8 km lang), durchfließt das Wallis u. den Genfer See, verläuft von Lyon an die R.-Saône-Senke nach S, Mdg. (gr. Delta) ins Mittelmeer.

**Rhönrad,** Turngerät; 2 Stahlrohrreifen von 1,60 bis 2,20 m ⌀, die in einem Abstand v. 41 bis 47 cm durch Querstangen verbunden sind.

**Rhythm and Blues** [rɪðm ænd bluːz; engl.], in den 1940er-Jahren entstandener Stil der afroamerikan. Tanz- u. Unterhaltungsmusik.

**rhythmische Sportgymnastik,** dem Kunstturnen gleichgestellte sportl. Wettkampfform der rhythm. Gymnastik f. Frauen; Einzeldisziplinen („Handgeräte") sind Seil, Reifen, Ball, Keulen u. Band.

**Rhythmus** [gr.], **1)** Gleichmaß, gleichmäß. gegliederte Bewegung; period. Wiederkehr natürl. Vorgänge, z.B. Ebbe u. Flut. **2)** die bes. einem Musikstück gegebene Zeitgliederung, eingefügt in d. Taktmetrum. **3)** harmon. Ablauf v. Bewegung und Betonung in einem literar. Kunstwerk, bes. ausgeprägt im Vers. **4) Bio-R.,** der rhythm. Lebensablauf von Organismen (u.a. weibl. Menstruationszyklus).

**R. I.,** Abk. für: ↑**R**hode **I**sland.

**Riad, Ar-Rijad,** Hptst. Saudi-Arabiens u. des Nedjd, rd. 2 Mill. E; zwei Univ.; Handel u. Oasenwirtsch.; ✈.

**Ribbentrop,** Joachim v., dt. nat.-soz. Politiker, * 1893, † 1946; 1938 bis 1945 R.-Außenmin.; in Nürnberg hingerichtet.

**Riboflavin** [Kw.], **Lactoflavin,** Vitamin B2; Enzym des Zellstoffwechsels; in Leber, Gemüse, Hefe und Eigelb.

**Ribonukleinsäure,** Abk. **RNS,** engl. **RNA,** ↑Nukleinsäure, die als Zuckerbestandteil ↑Ribose und als Basenbestandteile Adenin, Guanin, Zytosin und Uracil enthält; kommt in den Zellen sämtl. Lebewesen (im Zellkern und Zellplasma, v.a. in den Ribosomen) vor; wicht. für die Proteinbiosynthese; bei niederen Organismen (Viren) auch Träger von genet. Informationen.

**Ribose** [Kw.], $C_5H_{10}O_5$, ein Zucker (Pentose); Baustein der ↑Ribonukleinsäure.

**Ribosomen,** submikroskop. kl., aus Protein u. zu 40–60% ↑Ribonukleinsäure bestehende Körnchen im Zellplasma; Orte der Proteinsynthese.

**Ricardo** [rɪkˈɑːdəʊ], David, brit. Nationalökonom, * 1772, † 1823; entwickelte die Lehre von A. Smith zur klass. Nationalökonomie weiter.

**Richard,** *England:* **1) R. I.,** gen. **R. Löwenherz,** * 1157, † 1199, Kg. s. 1189; auf dem Rückweg vom 3. Kreuzzug 1192 von Hzg. Leopold V. von Östr. festgenommen, an Ks. Heinrich VI. ausgeliefert, 1194 gg. Lösegeld u. Lehnseid freigelassen. **2) R. II.,** * 1367, † 1400, Kg. s. 1377; nach Willkürherrschaft v. Heinrich (IV.) 1399 abgesetzt. **3) R. III.,** * 1452, ⚔ 1485, Kg. s. 1483; ließ seinen Neffen, den rechtmäßigen Thronfolger Eduard V., und dessen Bruder R. ermorden, setzte seine Erhebung zum Kg. durch.

**Richardson** [ˈrɪtʃədsn], **1)** Dorothy, * 1873, † 1957, engl. Erzählerin, Vorläuferin v. V. Woolfe u. J. Joyce, „Pilgerfahrt". **2)** Samuel, * 1689, † 1761, engl. Schriftsteller, Schöpfer d. bürgerl. Familienromans, „Clarissa", „Pamela".

**Richelieu** [riʃəlˈjø], Armand Jean **du Plessis** [dyplɛˈsi], Hzg. von, frz. Staatsmann, * 1585, † 1642; s. 1622 Kardinal, s. 1624 leitender Min.; setzte den kgl. Absolutismus gg. den Adel durch, besiegte die Hugenotten u. griff im Dreißigjähr. Krieg gg. Habsburg ein; Begr. der frz. Vormachtstellung; gründete 1635 die Académie française. – Abb. S. 578.

**Richmond** [ˈrɪtʃmənd], Hptst. von Virginia, USA, 203 000 E; 2 Univ.; Tabak-, Stahl-, Textilind.; ✈.

**Richt|antenne, Richtstrahler,** Antenne, die die Strahlung hpts. in eine best. Richtung lenkt bzw. aus ihr empfängt (z.B. mithilfe metall. Parabolspiegel).

**Richter,** Personen im Staatsdienst, die mit der Recht sprechenden Gewalt betraut sind (Dt. R.-Ges. vom 8. 9. 1961); Befähi-

R

A. J. du Plessis, Herzog v. Richelieu

gung zum R.amt durch Ablegung zweier jurist. Staatsprüfungen.

**Richter, 1)** Gerhard, *1932, dt. Maler u. Grafiker; schuf ab 1964 nach fotograf. Vorlagen Bilder in verwischten Grautönen, die das Prinzip „Abbildung" reflektieren. **2)** Hans Werner, dt. Schriftsteller, *1908, †1993; von eigenem Erleben geprägte Kriegsromane; Initiator und Organisator der „Gruppe 47". **3)** Horst-Eberhard, dt. Psychoanalytiker u. Sozialpsychologe, *1923; kulturkrit., psychosomat. u. psychiatr. Arbeiten. **4)** Johann (Jean) Paul Friedrich ↑Jean Paul. **5)** Karl, dt. Organist u. Dirigent, *1926, †1981; bed. Bach-Interpret. **6)** [Adrian] Ludwig, dt. Maler und Grafiker, *1803, †1884; ital. u. dt. Landschaften in romant. Auffassung, volkstüml. Zeichner und Illustrator. **7)** Swjatoslaw, ukrain. Pianist, *1915, †1997.

**Richter-Skala** [nach Ch. F. Richter, *1900, †1985], nach oben offene Erdbebenskala auf instrumenteller Basis; Werte für stärkste beobachtete Beben bei etwa 8,5.

**Richthofen, 1)** Ferdinand Frhr. v., dt. Geograph u. Geologe, *1833, †1905; 1868–72 Reisen in China; von Bedeutung für die Entwicklung der mod. Geographie in Dtl.; begr. die Geomorphol. als selbst. Zweig der Geographie. **2)** Manfred Frhr. v., *1892, ⚔1918, 1916–18 erfolgreichster dt. Jagdflieger, gen. der „Rote Baron". **3)** Manfred Frhr. v., dt. Sportfunktionär, *1934, Neffe v. 2); s. Dez. 1994 Präs. des Dt. Sportbundes.

**Rickettsi|en,** [nach dem amer. Pathologen H. T. Ricketts, *1871, †1910], Erreger zahlr. Infektionskrankheiten *(Rickettsiosen),* gramnegative, meist intrazellular parasitierende Bakterien.

**Ricochet** [rikɔˈʃɛ; frz.], dem ↑Squash ähnl. Rückschlagspiel.

**Ried,** Rohr, Schilf; moor. Gebiete.

**Riedböcke,** antilopenart. Rinder in Afrika südl. der Sahara.

**Riedgräser, Sauergräser,** Fam. grasähnl. Kräuter und Stauden, meist an feuchten Standorten.

**Riemann, 1)** Bernhard, dt. Mathematiker, *1826, †1866; Mitbegr. der Funktionentheorie; Arbeiten über Verteilung der Primzahlen, abelsche Funktionen, Differenzialgleichungen u. nichteuklid. *riemannsche Geometrie.* **2)** Hugo, dt. Musikwissenschaftler, *1849, †1919; bed. seine Funktionstheorie; Lehrbuch der Komposition, der Harmonik, des Kontrapunktes; „Musik-Lexikon". **3)** Katja, dt. Bühnen- u. Filmschauspielerin, *1963; „Ein Mann für jede Tonart".

**Riemenboot,** Ruderboot, in dem jeder Ruderer mit beiden Händen nur ein Ruder *(Riemen)* bedient.

**Riemenschneider,** Tilman (Till, Dill), dt. Bildhauer und Bildschnitzer, *um 1460, †1531; einer der Hauptmeister der dt. Spätgotik; Schnitzaltäre v. St. Jakob in Rothenburg ob der Tauber, Creglingen und Dettwang; Arbeiten in Stein, u. a. „Adam und Eva" (Würzburg) und Marienfiguren.

**Rienzo, Rienzi,** Cola di, eigtl. Niccolò **Lorenzo,** ital. Sozialrevolutionär, *1313, †1354; vertrieb 1347 als „Volkstribun" die Anführer der Adelspartei aus Rom, verkündete die Wiedererrichtung der röm. Rep.; forderte die nat.-staatl. Einigung Italiens; in einem Volksaufstand erschlagen.

**Ries,** Adam, fälschlich **Riese,** dt. Rechenmeister, *1492, †1559; verf. eines der ersten dt. Rechenbücher; daher sprichwörtl.: „nach Adam Riese".

**Ries,** Papierzählmaß; 1 R. beträgt zw. 200 u. 1 000 Bogen.

**Riesa,** St. in Sa., an der Elbe, 39 900 E; Zündwaren, Teigwaren, Elektroind.; ⚓.

**Riesen,** übergroße Gestalten aus Sage u. Mythos.

**Riesengebirge,** höchster Teil d. ↑Sudeten, Schneekoppe 1 602 m, Kammhöhe bei 1 300 m; Quellgebiet der Elbe (Südabdachung); Wintersportgebiet (u. a. Schreiberhau).

**Riesenschildkröten,** svw. ↑Elefantenschildkröten.

**Riesenschlangen,** bis 9 m lange, ungift. Schlangen; u. a. Python-, Boaschlangen, Anakonda.

**Riesenslalom,** Disziplin des alpinen Skisports mit Elementen aus Super-G und Slalom, die in 2 Durchgängen auf versch. Pisten ausgetragen wird.

**Riesensterne, Riesen,** Sterne größeren Durchmessers u. folglich größerer Leuchtkraft als Hauptreihensterne gleichen Spektraltyps, z. B. *Überriesen* u. *Unterriesen* (Leuchtkraftklasse I bzw. IV).

**Riesling,** führende Rebsorte in Dtl.; Trauben hellgelb, mittelgroß u. dichtbeerig.

**Rieti,** Prov.-Hptst. in Latium, Italien, 46 000 E; Dom (12./13. Jh.) u. a. histor. Bauten.

**Riff** [engl.-amer.], meist lang gestreckte, bis nahe unter die Wasseroberfläche reichende Aufragung des Meeresgrundes, z. B. Korallenriff.

**Riga,** Hptst. v. Lettland, am R.ischen Meerbusen, 806 000 E; Akad. d. Wiss., Univ., Museen; Dom u. a. Baudenkmäler; Werften, vielseitige Ind.; Fischerei; ⚓, ✈.

**Riga|ischer Meerbusen,** Bucht an der östl. Ostseeküste zw. Estland u. Lettland, bis 62 m tief.

**Rigi,** schweizer. Geb.-Massiv zw. Zuger See u. Vierwaldstätter See, im R.kulm 1 798 m; Bergbahnen.

**Rigorismus** [lat.], unbeugsames, starres Festhalten an Grundsätzen.

**Rigorosum,** mündl. Doktorprüfung.

**Rigveda,** ältestes Buch des ↑Veda.

**Rijeka,** ital. **Fiume,** Hafenst. am Adriat. Meer, am *Golf v. R.,* Kroatien, 168 000 E; Univ.; Erdölraffinerie, Masch.-, Schiffbau u. a. Ind.; ✈.

**Rikscha** [jap.], von einem Menschen gezogenes, zweirädr. Verkehrsmittel in Ostasien.

**Rilke,** Rainer Maria, eigtl. René M. **R.,** östr. Dichter, *1875, †1926; nach den Frühwerken („Die Weise von Liebe und Tod des Cornets Christoph Rilke" u. a.) unter dem Eindruck Rodins maler.-modellbezogene „Dinggedichte"; teilw. autobiograf. Roman „Die Aufzeichnungen des Malte Laurids Brigge"; „Duineser Elegien" und „Sonette an Orpheus" mit myst.-schicksalsbejahender Einstellung.

**Rimbaud** [rɛ̃ˈbo], Arthur, frz. Dichter des Symbolismus, *1854, †1891; intime Freundschaft mit Verlaine; Auflehnung gg. alles Herkömml. in Ges., Kunst u. Religion; folgte den Eingebungen des Unterbewussten; durch eine verwirrende Vielfalt v. Stimmungen u. Bildern, in denen sich alle sinnl. Eindrücke spiegeln, neue Realität.

**Rimini,** Prov.-Hptst. u. Seebad am Adriat. Meer, Italien, 130 200 E;

röm. u. ma. Bauwerke; Leichtind.; ✈.

**Rịmski-Kọrsakow,** Nikolai Andrejewitsch, russ. Komponist, *1844, †1908; Opern, sinfon. Dichtung „Sadko" (später als Oper), Suite „Scheherazade", Volkslieder; überarbeitete auch Werke anderer Komponisten.

**Rinde,** Außenschicht best. Organe (z. B. Gehirn) bei Tier und Mensch oder des Vegetationskörpers best. Pflanzen.

**Rinder,** Unterfam. der Paarhufer, umfasst Hausrind, Auerochse, Büffel, Bison, Wisent u. a.

**Ring Chrịstlich-Demokrạtischer Studẹnten,** Abk. **RCDS,** 1951 gegr. polit. Studentenverband, der der CDU nahe steht.

**Ringelnatter,** einheim., ungiftige schwärzl. Schlange mit 2 gelben Flecken am Hinterkopf; ♀ bis 1,5 m lang.

**Rịngelnatz,** Joachim, eigtl. Hans **Bö̩tticher,** dt. Dichter, *1883, †1934; auch Maler; als Kabarettist Interpret seiner eigenen Werke.

**Ringelspinner** ↑Pflanzenkrankheiten (Übers.).

**Ringen,** sportl. Zweikampf, bei dem der Gegner durch Griffe u. Schwünge mit beiden Schultern auf den Boden gezwungen werden soll; im Unterschied zum *Freistil* (mit Griffen an den Beinen sowie Beinstellen) erlaubt der *griech.-röm. Stil* nur Griffe vom Scheitel bis zur Hüfte, ohne Einsatz der Beine; Kampfdauer 5 min (ohne Pause).

**Ring|ofen,** Industrieofen für Dauerbetrieb mit ringförm. angeordneten Brennkammern (u. a. für Tonwaren).

**Rịngstorff,** Harald, dt. Politiker (SPD), *1939; s. 1998 Min.-Präs. von Mecklenburg-Vorpommern.

**Rịnser,** Luise, eigtl. L. **Hẹrrmann,** dt. Schriftstellerin, *1911, †2002; psychol. Romane um Frauenschicksale, Autobiografisches.

**Rịo,** span. **Río,** portug. u. span. Bez. für Fluss.

**Rịo de Janeiro** [ˈriu di ʒaˈneiru], **1)** brasil. Küstenstaat, 43 653 km², 12,8 Mill. E; Hptst. R. de J.; Anbau v. a. von Zuckerrohr und Kaffee; bed. Ind. **2)** Hptst. von 1), 5,47 Mill. E; an der W-Seite der Bucht v. Guanabara (mit 395 m hohem *Zuckerhut);* 4 Univ., Bibliotheken, Museen; vielseit. Ind.; ⚓, ✈.

**Rịo Grạnde** [ˈriu ˈgrandi], **1)** Atlantikhafen S-Brasiliens, 125 000 E; Univ.; Erdöl-, Textil-, Fleischind.; ✈. **2)** [ˈriːəʊ ˈgrændɪ], Fl. in Nordamerika, zum Golf v. Mexiko, Grenzfl. zw. USA u. Mexiko, rd. 3034 km. **3)** Quellfl. des Paraná, S-Brasilien, 1450 km. **4)** l. Nbfl. des Rio São Francisco, Brasilien, rd. 600 km.

**Rio Grạnde do Nọrte** [ˈriu ˈgrandi du ˈnɔrti], nordostbrasil. Küstenstaat, 53 167 km², 2,4 Mill. E, Hptst. Natal; Landwirtschaft.

**Rio Grạnde do Sụl** [ˈriu ˈgrandi du ˈsul], südbrasilianischer B.-Staat, 280 674 km², 9,1 Mill. E, Hptst. Pôrto Alegre.

**Río Nẹgro, 1)** ↑Negro, Río. **2)** argent. Prov. in N-Patagonien, 203 013 km², 506 000 E, Hptst. Viedma; Viehwirtsch.; Eisenerz-⚒. **3)** Fl. im südl. Z-Argentinien, mündet in den Atlantik, rd. 650 km. **4)** Nbfl. des Uruguay in Uruguay, 800 km; große Stauanlagen.

*R.* bildet sich im Brustfellraum ein Flüssigkeitserguss.

**Risalịt** [ital.], vorspringender Gebäudeteil (Mittel-, Eck- oder Seiten-R.) v. a. an barocken Schloss- und Palastfassaden.

**Rịsikosportarten** ↑Extremsportarten.

**Rịsikostrukturausgleich,** Abk. **RSA,** Verfahren, mit dem Einnahmeunterschiede der gesetzl. Krankenkassen aufgrund unterschiedl. Versichertenrisiken (u. a. Alter, Geschlecht) durch Zahlungen zw. den Kassen ausgeglichen werden.

**Risorgimẹnto** [risordʒiˈmento; ital.; = Wiedererstehung], Bez. für die ital. Einigungsbestrebungen im 18. u. 19. Jh., v. a. 1815–70.

**Rio de Janeiro:** *Blick über die Guanabarabucht auf den Zuckerhut*

**Riopelle** [rjɔˈpɛl], Jean-Paul, frz. Maler kanad. Herkunft, *1923, †2002; einer der Begr. des frz. Tachismus.

**R. I. P.** ↑requiescat in pace.

**Rippe, 1)** in der got. Baukunst eine am Grat eines Gewölbes hervortretende Verstärkung (u. a. Kreuz-R.). **2)** Maschinenbau: Verstärkung von fläch. Bauteilen zur Erhöhung der Quersteifung; bei Wärmekraftmaschinen *Kühl-R.* zur Oberflächenvergrößerung.

**Rippen,** an der Wirbelsäule ansetzende, lange, bogenförm., abgeplattete Röhrenknochen, enden teilw. am Brustbein *(echte R.),* teilw. frei *(falsche Rippen).*

**Rippenfell,** Teil des Brustfells.

**Rippenfell|entzündung, Brustfellentzündung, Pleurịtis,** Entzündung im Bereich der Pleurablätter (Brustfell mit Rippenfell), mit Fieber, Hustenreiz, Schmerz beim Atmen. Bei der *trockenen R.* tritt Reizhusten auf. Bei der *feuchten*

**Risọtto** [ital.], ital. Reisgericht.

**Rispe,** zusammengesetzter traubiger Blütenstand.

**Rispengras,** Grasgatt.; *Wiesen-R.,* vorzügl. Futtergras.

**Rịss,** r. Nbfl. der Donau, 53 km; danach ben. die *R.eiszeit,* die vorletzte Eiszeit des Quartärs.

**ritardạndo** [ital.], Abk. **rit.,** 𝄞 verzögernd, langsamer werdend.

**Ritornẹll** [ital.], 3-zeil. Strophenform, aus Italien stammend.

**Rịtter, 1)** Carl, dt. Geograph, *1779, †1859; neben A. v. Humboldt Neubegr. der wiss. Geographie. **2)** Gerhard, dt. Historiker, *1888, †1967; „Luther", „Die Dämonie der Macht", „Carl Goerdeler u. die dt. Widerstandsbewegung".

**Ritter, 1)** im antiken Rom der 2. Stand nach den Senatoren, die Equites. **2)** im ma. W- u. M-Europa zunächst der edelfreie, voll gerüstete, zu Pferd kämpfende Krieger; bis zum 13. Jh. mit den aufsteigen-

R

den Ministerialen zum R.stand zusammengewachsen; abgeschlossener Stand mit festen Formen, der R.begriff verengte sich auf den niederen Adel; seit dem späteren MA allm. bedeutungslos.
**Ritterkreuz,** im *Ordenswesen* meist die unterste Klasse im fünfstufigen System; in Dtl. war das R. 1939–45 die höhere Stufe des Eisernen Kreuzes.
**Ritterling,** Pilzgatt., Hutpilze; viele essbare Arten.
**Ritter|orden,** während der Kreuzzüge des 11. u. 12. Jh. entstandener relig. Zusammenschluss v. Kriegern zur Bekämpfung der Glaubensfeinde; v. a. Johanniterorden, Deutscher Orden, Templerorden, Schwertbrüderorden.
**Rittersporn,** Gatt. der Hahnenfußgewächse, *Feld-R.,* heim. Ackerunkraut; viele Zierstauden.
**Ritualmord,** Tötung eines Menschen aus religiösen Gründen; im MA. unbegr. Anschuldigung gg. Juden, Anlass für Judenpogrome.
**Ritus** [lat.], mag. od. gottesdienstl. Brauch, vollzogen durch Wort, Geste, Handlung.
**Ritzel,** kl. Zahnrad, das ein größeres antreibt.
**Rivalität,** konflikthaftes [nicht regelgebundenes] Verhalten zweier oder mehrerer Akteure, die dasselbe Ziel erreichen wollen.
**Rivera,** Diego, mex. Maler, * 1886, † 1957; ⚭ mit Frida Kahlo; Vertr. einer realist. Malerei; an altmexikanische Kunst anknüpfende monumentale Wandgemälde (Muralismo).
**Riviera,** schmaler Küstensaum d. Mittelmeers von Marseille bis La Spezia, bed. Fremdenverkehr; größtenteils ital., v. Genua aus in d. westl. *R. di Ponente* u. d. östl. *R. di Levante* geteilt; frz. Anteil: *Côte d'Azur*; bed. Badeorte: Cannes, Nizza, Monte Carlo, San Remo, Alassio, Rapallo, La Spezia, Viareggio.
**Rizinus** [lat.], Wolfsmilchgewächs; in den Tropen schnellwüchs. Baum, bei uns einjähr. Zierpfl.; Samen liefern *R.öl* (Schmieröl, Abführmittel).
**Rn,** Symb. für ↑Radon.
**RNA,** Abk. für: engl. **r**ibo**n**ucleic **a**cid, ↑**R**ibo**n**uklein**s**äure.
**RNS,** Abk. für: ↑**R**ibo**n**uklein**s**äure.
**Roastbeef** ['ro:stbi:f; engl.], gewöhnlich nicht ganz durchgebratenes mageres Rippenstück v. Rind.
**Robbe-Grillet** [rɔbgri'jɛ], Alain, frz. Schriftsteller, * 1922; Hauptvertr. des Nouveau roman; Drehbuch „Letztes Jahr in Marienbad".
**Robben,** Unterordn. der Säugetiere; dem Wasserleben angepasste Fleischfresser, Beine zu Flossen umgewandelt; leben gesellig, bes. in kalten Meeren; Pelze wertvoll; Seehunde, Ohren-R., Walrosse.
**Robbia, 1)** Andrea della, ital. Bildhauer, * 1435, † 1525; führte die Werkstatt seines Onkels ↑2) fort. **2)** Luca della, ital. Bildhauer in Florenz, * 1400, † 1482; bed. Vertreter d. Florentiner Frührenaissance.
**Robbins,** Jerome, amer. Tänzer u. Choreograf, * 1918, † 1998; Schöpfer eines spezif. Tanzstils; u. a. „West side story".
u. a. Gegner, später wahllose Hinrichtungen der „Verdächtigen"); vom Konvent abgesetzt und hingerichtet.
**Robin Hood** ['rɔbɪn 'hʊd], legendärer engl. Held, bes. in Volksballaden des 14. u. 15. Jh.; edelmüt. Räuber und Helfer der Armen.
**Robini|e** [nach dem frz. Botaniker Jean Robin, † 1629], nordamer. Schmetterlingsblütler; bis 25 m hoch, mit Fiederblättern, weißen duftenden Blüten in Trauben.
**Robin Wood** ['rɔbɪn 'wʊd; engl.], 1982 gegr. Aktionsgruppe, macht durch z. T. spektakuläre Aktionen auf Umweltschädigungen u. -zer-

**Robben:** *Jungtiere*

**Robert,** *Apulien:* **1) R. Guiscard** [gɪskart], * 1016, † 1085, Hzg. s. 1059/60; Normannenfürst; eroberte einen gr. Teil Unteritaliens. – *Normandie:* **2) R. I.,** der Teufel, auch R. der Großartige, * um 1006, † 1035, Hzg. s. 1027; starb auf einem Pilgerzug nach Jerusalem. – *Schottland:* **3) R. I. Bruce,** * 1274, † 1329, Kg. s. 1306, siegte 1314 bei Bannockburn über die Engländer, setzte 1328 die Unabhängigkeit Schottlands durch.
**Roberts** ['rɔbəts], Julia, amer. Filmschauspielerin, * 1967; „Pretty Woman".
**Robertson,** George, ['rɔbərtsn], brit. Politiker; * 1946, seit 1999 Gen.-Sekr. der NATO.
**Robespierre** [rɔbɛs'pjɛ:r], Maximilien de, frz. Revolutionär, * 1758, † 1794; urspr. Advokat, 1789 Mitgl. der Konstituierenden Nat.-Vers., radikaler Jakobiner, s. 1792 einer der Führer der Bergpartei, seit 1793 Mitgl. des Wohlfahrtsausschusses; führte die Schreckensherrschaft zum Höhepunkt (Guillotinierung Dantons, Héberts
störungen aufmerksam.
**Roboter,** bewegl. Automaten, die Lebewesen nachgebildet sind u. deren Funktion zumindest teilweise ausführen können. *Autonome R.* sind (über Aktuatoren u. Sensoren) lernfähig; auch ↑Industrieroboter.
**Rocaille** [rɔ'kaj; frz.], Muschelwerk, als Ornament das wichtigste Dekorationselement des Rokokos.
**Rochade** [rɔx-, auch rɔʃ-; frz.], Schach: ein unter best. Voraussetzungen zuläss. Doppelzug von König und Turm.
**Rochefoucauld** ↑La Rochefoucauld.
**Rochelle, La** [rɔ'ʃɛl], frz. Hafenst. am Golf von Biskaya, Hptst. des Dép. Charente-Maritime, 71 100 E; ma. Befestigung; Ind.- u. Handelszentrum; bed. Fischerei-⚓. – 1572–1628 Hauptstützpunkt der Hugenotten.
**Rochen,** Ordn. der Knorpelfische; Körper abgeflacht, scheibenförmig, Augen an der Oberseite; Raubfische, z. T. mehrere

Meter lang, leben vorw. am Meeresboden; *Adler-* u. *Stech-R.* mit Stachelschwanz, *Zitterrochen* mit elektr. Organ.

**Rochester** ['rɔtʃɪstə], Hafenstadt am Ontariosee, USA, 232 000 E; Univ.; Herst. opt. und phototechn. Geräte; Masch.-, chem., Textil- u. a. Ind.; ✈.

**Rochus,** hl., * um 1295, † 1327; Nothelfer, im MA bes. Pestpatron.

**Rockefeller,** John Davison, amer. Unternehmer, * 1839, † 1937; Mitbegr. der *Standard Oil Company of Ohio* (1870) u. des *Standard Oil Trust* (1882), s. 1999 Exxon Mobil Corp.; 1890 Mitbegr. der Univ. Chicago, 1913 der *R. Foundation.*

**Rockmusik** [engl.], **Rock,** eine v. a. angloamer. geprägte Art der Popmusik, die sich mit der Rock-'n'-Roll-Welle Anfang der 1950er- u. der Beatwelle der 1960er-Jahre entfaltete. Die histor. erste Erscheinungsform ist der *Rock 'n' Roll.* Neue Impulse brachte um 1960 der *Beat.* R. ist vorwiegend Musik von jungen Leuten für Jugendliche. Grundtyp der Besetzung: 2 Sänger-Gitarristen, Bassgitarre u. Schlagzeug. Die Texte sind in der Regel realitäts- u. alltagsnah, die Darbietungsweise ist ausdrucksbetont. Die urspr. swingende Rhythmik verwandelt sich in hämmerndes Durchschlagen der Zählzeiten, gefällig im *Disco-sound,* bewusst einfach, aber aggressiv im *Punkrock.*

**Rock 'n' Roll** ['rɔkn 'rəʊl; engl.], i. w. S. um 1955 in den USA entstandener Musikstil Jugendlicher, zu dessen Merkmalen u. a. ein schnelles Tempo, elektr. Verstärkung sowie eine standardisierte Besetzung gehören (auch ↑Rockmusik); i. e. S. Modetanz im $^4/_4$-Takt mit starkem Rhythmus.

**Rocky Mountains** [- 'maʊntɪnz], die von Alaska bis New Mexico ziehende, vielf. gegliederte (östl.) Hauptkette der nordamer. Kordilleren, bis 4 395 m; zahlr. Bodenschätze.

**Roda Roda,** Alexander, urspr. (bis 1908) A. Friedrich **Roda,** östr. Schriftsteller, * 1872, † 1945; Romane, Lustspiele, Anekdoten und Satiren.

**Rodeo** [span.-amer.], Reiterwettkämpfe der Cowboys in den USA.

**Rodgers** ['rɔdʒəs], Richard, amer. Komponist, * 1902, † 1979; Musicals, u. a. „Oklahoma!".

**Rodin** [rɔ'dɛ̃], Auguste, frz. Bildhauer, * 1840, † 1917; sein bed. Werk gilt als Beginn der mod. Plastik; „Die Bürger v. Calais".

**Rogate,** Name des 5. Sonntags nach Ostern.

**Rogen,** Eier der Fische; auch ↑Kaviar.

**Roger,** normann. Herrscher von Sizilien: **1) R. I.,** * 1031, † 1101, Gf.; eroberte im Kampf gg. die Sarazenen Sizilien. **2) R. II.,** * 1095, † 1154, Sohn v. 1), Schwiegervater Ks. Heinrichs VI., nach dem Tode der Erben Robert Guiscards Kg. v. Sizilien, Kalabrien u. Apulien (1130); begr. den zentralist. sizilian. Staat.

**Rogers** ['rɔdʒəz], Sir Richard, brit. Architekt, * 1933; Centre Pompidou in Paris (zus. mit R. Piano).

**Rogge,** Jacques, belg. Sportfunktionär, * 1942; s. 2001 IOK-Präsident.

**Roggen,** Süßgrasart, Heimat Vorderasien; in Dtl. wichtigste Getreidepfl. u. Hauptbrotfrucht.

**Roggenbraunrost** ↑Pflanzenkrankheiten (Übers.).

**Roggenstängelbrand** ↑Pflanzenkrankheiten (Übers.).

**Rogier van der Weyden** ↑Weyden, Rogier van der.

**Rohan** [rɔ'ã], frz. Adelsgeschlecht: **1)** Henri I., Hzg. v., frz. Hugenottenführer, * 1579, † 1638; kämpfte gg. Richelieu in den Hugenottenkriegen 1621/22 und 1625 bis 1629, schloss sich ihm nach der Niederlage v. La Rochelle an. **2)** Louis Prinz v., frz. Kardinal seit 1778, * 1734, † 1803; Fürstbischof v. Straßburg 1779 bis 1801.

**Roggen:** *(von links) Stängel, unreife Ähre, reife Ähre*

**Röhm,** Ernst, dt. nat.-soz. Politiker, * 1887, † 1934; am Aufbau der SA entscheidend beteiligt; ab 1931 „Stabschef der SA", ab 1933 R.-Min. ohne Geschäftsbereich; wurde 1934 unter dem Vorwand angebl. Putschpläne (*R.-Putsch*), in Wahrheit aufgrund v. R.s Bestreben, die R.-Wehr durch die SA im Rahmen eines revolutionären Milizheeres auszuschalten, auf Befehl Hitlers verhaftet u. mit mehr. SA-Führern ermordet. Hitler nutzte die Aktion, um auch konservative Gegner u. missliebige Politiker umbringen zu lassen.

**Rohrblatt,** aus einer best. Art v. Schilfrohr geschnitzte, durch Lippendruck u. Atemzufuhr beeinflussbare Zunge an Blasinstrumenten; *R.instrumente* mit einf. R.: Klarinette, Saxophon; mit doppeltem R.: Oboe, Englischhorn, Fagott u. a.

**Rohrdommel,** im Röhricht lebender, rd. 75 cm gr. Reiher; bei Gefahr charakt. „Pfahlstellung".

**Röhrenpilze,** svw. ↑Röhrlinge.

**Rohrkolbengewächse,** Sumpfpfl. mit kriechendem Rhizom; *Rohrkolben* an Ufern, Blüten in 2 walzenförm., übereinander stehenden Kolben.

**Röhrlinge,** Fam. der Ständerpilze; viele Speisepilze (Steinpilz, Maronen-, Birkenröhrling); giftig der Satansröhrling.

**Rohrpost,** Anlage zur Beförderung von Schriftstücken u. Ä. in Rohrleitungen auf pneumat. Wege.

**Rohrsänger,** Grasmückengatt.; v. a. in Schilfdickichten.

**Rökk,** Marika, dt. Tänzerin, Schauspielerin u. Sängerin ungar. Herkunft, * 1913.

**Rokoko** [frz.], Stilphase der europ. Kunst (Spätphase des Barocks), um 1720 bis etwa 1780; im Wesentl. ein Dekorationsstil mit asymmetr. Behandlung des Ornaments, geschmeidigen Formen, naturalist. pflanzl. Motiven neben ostasiat. Elementen (Chinoiserie), v. a. hervorragend in der Dekoration d. Innenraums (Hôtel de Soubise in Paris, G. Boffrand; Amalienburg in Nymphenburg, F. de Cuvilliés). Pastellmalerei (M. Quentin de La Tour), Porträtstich, Porzellanplastik, Möbelkunst; Maler: A. Watteau, F. Boucher, J.-B. Chardin, J. H. Fragonard, F. Guardi, daneben A. Pesne, G. B. Piranesi, F. Maulpertsch; Bildhauer: É.-M. Falconet, P. Egell, I. Günther; Porzellanmodelleure: J. J. Kaendler, F. A. Bustelli. – In der *Lit.* Stilrichtung zw. 1730 u. 1770, von der Spätzeit des höf. Klassizismus (A. R. Lesage, A.-F. Prévost d'Exiles u. a.) beeinflusst, letzte Phase des Barocks: Auflösung der gr. dualist. Form in verspielte, zierl. Kleinkunst (galante, Schäfer- und Graziendichtung);

Hauptvertr. des dt. R.: F. v. Hagedorn, S. Geßner, C. M. Wieland, Goethe (Leipziger Zeit).

**Roland, Hruotland,** ital. **Orlando,** Neffe Karls d. Gr., Markgf. der Bretagne, ⚔ 778; Held des altfrz. Rolandsliedes.

**Rolland** [rɔˈlã], Romain, frz. Schriftsteller, * 1866, † 1944; idealist. u. kosmopolit. Tendenz; „Danton" (Drama), „Johann Christof" (Roman); Nobelpreis 1915.

**Rolle, 1)** runde, um eine Achse drehb. Scheibe; dient als *feste R.* der Richtungsänderung, als *lose R.* (zus. mit einer festen) der Verkleinerung bzw. Vergrößerung einer Kraft; ↑Flaschenzug; in der Mechanik zählt die R. zu den einfachen Maschinen. **2)** von einem Schauspieler zu verkörpernde Gestalt eines [Bühnen]stückes od. Films. **3)** Soziol.: **soziale Rolle,** Gesamtheit der Erwartungen u. Ansprüche der Ges. an das Verhalten des Inhabers einer soz. Position.

**Rolling Stones, The** [ðəˈrəʊlɪŋ stəʊnz], brit. Rockgruppe um den Sänger Mick Jagger (* 1943), der zus. mit dem Gitarristen Keith Richards (* 1943) auch die meisten Songs schrieb; weitere Mitgl.: Brian Jones (* 1942, † 1969), Gitarre; nach dessen Tod Mick Taylor (* 1949), für ihn ab 1975 Ron Wood (* 1947), beide Gitarre; Charlie Watts (* 1941), Schlagzeug; bis 1991 Bill Wyman (* 1941), Bassgitarre, danach Darryl Jones (* 1961). Erstmals 1962 aufgetreten; stilistisch eine in harter Rockmanier vorgetragene Mischung von Rhythm and Blues, Rock 'n' Roll u. Blues.

**Rom,** ital. **Roma,** Hptst. Italiens, d. Region Latium u. d. Prov. R., am Tiber, 2,6 Mill. E; Sitz d. Reg., d. Parlaments und d. Papstes (↑Vatikanstadt. R. ist auf 7 Hügeln entstanden u. lagert sich konzentr. um d. Kern, d. ↑Forum Romanum. Bed. Bauwerke, u. a. Konstantinsbogen, ↑Kolosseum, ↑Pantheon, ↑Engelsburg; ↑Katakomben; frühchristl. Basiliken u. Baptisterien; Renaissance- u. Barockbauten (↑Peterskirche); bed. mod. Bauten u. Anlagen; Univ., zahlr. Akad., Hochsch., kirchl. Hochsch., wiss. Institute, Planetarium, Bibliotheken, Museen, bed. Kunstsammlungen; vielseit. Ind.; Kunsthandel; Pilger- u. Fremdenverkehr; ✈. – Um 650 v. Chr. (nach der Legende 753) unter etrusk. Herrschaft aus Einzelsiedlungen entstanden; nach Zerstörung durch die Kelten (387) wieder aufgebaut u. erstmals ummauert; unter Nero 64 n. Chr. fast völlig abgebrannt, 271 zum 2. Mal ummauert; nach der Teilung des Röm. Reiches 395 (↑röm. Geschichte) verlor die St. an Bed. und wurde im 5. Jh. von Westgoten und Wandalen geplündert und teilweise zerstört; im 8. Jh. durch die Pippinsche Schenkung Hptst. des Kirchenstaates, in den folgenden Jh. oft Schauplatz der Kämpfe röm. Adelsparteien; 1084 von Normannen geplündert; Niedergang während des Exils der Päpste in Avignon im 14. Jh., neue Blüte in der Renaissance; 1527 ↑Sacco di Roma; im 17. Jh. Ausdehnung der St., 1798 v. Frkr. besetzt; seit 1871 Hptst. des Kgr., s. 1946 der Rep. Italien.

**ROM** [Abk. für engl. **r**ead **o**nly **m**emory, „Nurlesespeicher"], ein Datenspeicher, dessen Daten unveränderb. sind *(Festwertspeicher).*

**Roma,** auch **Sinti u. Roma,** Selbstbez. urspr. osteurop. Zigeunergruppen, d. lange unter rumän.-walach. Einfluss standen; verschiedentlich auch als Bez. für alle ↑Zigeuner benutzt.

**Roman** [frz.], ep. Großform in Prosa; Einteilung möglich nach der *Art der Aussage* in u. a. satir., realist., didakt., psychol. R., nach der *Form* in Ich-, Brief-, Tagebuch-, chronikal. R. u. a., nach den *Inhalten:* Abenteuer-, Schelmen-, Bildungs-, Entw.-, Geschichts-, Zeit-, Kriegs-, Gesellschafts-, Heimat-, Kriminal-R. u. a.

**Romanik,** erster universaler Kunststil des europ. MA (um 950–1250); Beginn versch. angesetzt, *Frühromanik* etwa bis 1050, *Hochromanik* 1050–1150, *Spätromanik* 1150–1250 (in Dtl.: Kunst der Stauferzeit; in Frkr. teilw. bereits 1140 Frühgotik). Neben monumentalen Wölbungsbauten (z. B. rhein. Kaiserdome) flach gedeckte Basiliken der Reformorden der Hirsauer u. Zisterzienser, neben zentralisierenden Anlagen (Doppelchörigkeit) richtungsbetonte Bauten; ausgeprägte Landschaftsstile (Frkr. mit Burgund, Normandie, Poitou, Auvergne, Aquitanien, Provence; Italien mit der Lombardei, Toskana, Unteritalien und Sizilien; Dtl., Spanien u. a.); bed. Bildhauer- und Goldschmiedekunst, Wand- und Buchmalerei.

**romanische Sprachen,** die aus dem Vulgärlateinischen entwi-

**Rokoko:** *Germain Baffrand, „Salon de la Princesse" im Hôtel de Soubise in Paris (1735–39; links); Jean Honoré Fragonard, „Die Schaukel" (1767; rechts)*

**Romanik:** *Dom in Speyer (um 1030 bis gegen 1100)*

ckelten Sprachen; zu den r. S. gehören: Ital., Span., Portug., Katalan., Frz., Provenzal., Sard., Rätoroman. und Rumänisch.

**Romanistik** [lat.], Wiss. v. den ↑roman. Sprachen u. den zugehörigen Literaturen.

**Romanow,** russ. Zarendyn., die v. 1613 (Michael III.) bis zum Tod der Zarin Elisabeth Petrowna (1762), der Tochter Peters I., d. Gr., regierte (Herrscher aus der Linie R.-Holstein-Gottorf bis 1917).

**Romantik,** geist. Strömung, die im 18. Jh. von England ausging (T. Gray, E. Young; in Frkr. J.-J. Rousseau), u. a. gg. Aufklärung u. Klassizismus gerichtet (in Dtl. ähnl. Intentionen im Sturm u. Drang); durch Ausbildung nat. Lit. auch von polit. Bed. Die R. in *Dtl.* setzte gg. Ende des 18. Jh. ein (bis etwa 1830), knüpfte sowohl an außerdt. Strömungen als auch an den dt. Idealismus an. *Lit.:* Vereinigung aller poet. Gattungen v. a. im Roman (Einfügung von Lied, Märchen, Einzelerzählung); Neuentdeckung des MA (W. H. Wackenroder, A. v. Arnim). Sehnsucht nach Vereinigung von Natur u. Geist durch Gefühl u. Fantasie (Novalis), Aufhebung des Widerstreits zw. Unendlichem und Endlichem durch „romant. Ironie", Witz u. Parodie zu Spiel u. Schein (L. Tieck, C. Brentano) bis zur grellen Dissonanz zw. Wirklichkeit und bindungsloser Fantasie (Hoffmann); schlichte, klangschöne Lyrik (v. a. Brentano und J. v. Eichendorff); Slg. der Volkslieder (Brentano, Arnim), der Sagen, Märchen (Gebrüder Grimm) u. Volksbücher. Neben Erzählung u. Novelle v. a. Märchen (Novalis, Brentano, Hauff, E. T. A. Hoffmann, F. H. Fouqué). Nachblüte in der schwäb. R. – In der *bildenden Kunst* die zw. 1780 u. 1830 (neben dem Klassizismus) herrschende Stilrichtung, kennzeichnend literar. u. relig. Bindungen; neben der Rückwendung ins MA bzw. zur Renaissance die bürgerl. Kunst des Biedermeiers (M. v. Schwind, L. Richter, C. Spitzweg). Dominierend die *Landschaftsmalerei* mit kosm. Symbolik (P. O. Runge, C. D. Friedrich), daneben Nazarener, „ideale Landschaften" (J. A. Koch, C. Rottmann), dt. Landschaften (Heidelberger Romantiker); auch in Frkr. u. in England Malerei der R. (E. Delacroix, W. Blake). – In der *Musik* eine in wesentl. Zügen auf Beethoven zurückgehende, vorw. dt. Musikrichtung, die um 1810 einsetzte, bis etwa zur Mitte des 19. Jh. die eigtl. R., dann Neu-R. u. Spät-R.; gekennzeichnet durch regen Austausch mit der romant. Lit., geprägt von ähnl. Intentionen. Der Auffassung von der Musik als Darstellungsmittel von Naturstimmungen, Gefühlswerten, seel. Schwingungen entspricht eine Änderung ihrer Struktur: Immer kompliziertere Rhythmik, Instrumentierung, Harmonik, immer krassere Dissonanztechnik bis hin zu R. Wagners „Tristan u. Isolde"; Sinfonie u. Sonate, sinfon. Dichtung, Klaviermusik, Fantasiestücke R. Schumanns, F. Mendelssohns „Lieder ohne Worte", F. Chopins Nocturnes, Chorwerke, Blüte des dt. Liedes (F. Schubert, Schumann), Durch-

**Romantik:** *Ludwig Richter, „Überfahrt am Schreckenstein" (1837)*

R

setzung der dt. Oper (C. M. v. Webers „Freischütz") gegenüber der ital.; es folgten Werke H. Marschners, A. Lortzings u. a., in Wagners als Gesamtkunstwerk konzipierten Musikdramen Vereinigung allen romant. Strebens. Über J. Brahms, H. Wolf, P. Cornelius, G. Mahler, R. Strauss u. a. romant. Nachklänge bis heute.

**Romanze** [span.], **1)** in Spanien entstandenes, kurzes ep. Gedicht mit farb. Schilderung urspr. von Begebenheiten der altspan. Heldenepik; in der dt. Lit. v. a. in der Romantik. **2)** liedart. Musikstück mit bes. Stimmungsgehalt.

**Römerbrief,** Schrift des N. T., Brief des Apostels Paulus an die christl. Gemeinde Roms; grundlegendes Zeugnis der paulin. Theologie (bes. ↑Rechtfertigung).

**römische Geschichte.** 753 v. Chr. sagenhafte Gründung Roms durch Romulus u. Remus; der Überlieferung nach Herrschaft von 7 Königen, deren legendäre Namen z. T. die Erinnerung an die etrusk. Herrschaft bewahren; s. 509 (?) v. Chr. *Republik;* s. dem 5. Jh. v. Chr. Ständekampf zw. Patriziern u. Plebejern, die 287 die polit. Gleichstellung erreichten. Parallel dazu Aufstieg Roms zur Hegemonialmacht in Italien: erfolgreiche Kämpfe gg. Etrusker, Latinerkrieg (340–338); in 3 Samnitenkriegen (zw. 343 u. 290 v. Chr.) Unterwerfung M-Italiens; 282–272 Eroberung Tarents und Gewinnung S-Italiens. Durch das Ausgreifen nach S Konflikt mit Karthago: Ausbruch der Punischen Kriege, die 146 v. Chr. mit der Zerstörung Karthagos endeten. Ausgreifen auch nach dem O (Dalmatien) u. N; Siege über Makedonien (148 v. Chr. Prov.), Griechenland u. Syrien; durch Erbe 133 das Pergamen. Reich (Prov. Asia) gewonnen. Damit beherrschte Rom das Mittelmeer. Im Innern Verschärfung der soz. Gegensätze, die Reformen der Gracchen (133 u. 121) scheiterten jedoch am Widerstand der konservativen Senatspartei (Optimaten). Bürgerkrieg zw. („volksfreundl.") Popularen (Marius) u. Optimaten (Sulla). 60 v. Chr. 1. Triumvirat zw. Caesar, Pompeius u. Crassus; 44 Caesar, inzw. Alleinherrscher, ermordet. 43 v. Chr. 2. Triumvirat zw. Antonius, Octavianus u. Lepidus. Nach dem Sieg über Antonius (31) wurde Octavianus (↑Augustus) Alleinherrscher, 27 v. Chr. Beginn der *Kaiserzeit.* Sicherung und Vorschieben der Grenzen bis Euphrat u. Donau, unter Ks. Trajan größte Ausdehnung des Reiches, unter Hadrian Defensivpol.; Mark Aurel hatte gg. Markomannen u. Parther zu kämpfen. Krisen im Innern unter den vom Heer erhobenen Soldatenkaisern (193 bzw. 235–284 n. Chr.). Aufstieg des Christentums (Verfolgungen unter Decius). Festigung des Reiches durch Diokletians Reformen (Verw.-Teilung; 293 Tetrarchie). Konstantin I., d. Gr., erkannte 313 das Christentum an u. gründete 330 die neue Hptst. Konstantinopel. Unter Theodosius I. wurde das Christentum Staatsreligion. 395 Reichsteilung: Oström. (↑Byzantin. Reich) u. Weström. Reich, das 476 von Odoaker zerschlagen wurde.

**römische Kunst:** *„Trajansbogen" in Timgad (Ende des 2. Jh. n. Chr.)*

**römische Kunst,** die Kunst in Rom u. im röm. Weltreich ist auf der Grundlage der italischen u. etrusk. Kunst unter starker Einwirkung der hellenist. Kunst erwachsen; v. a. Baukunst, Porträt u. histor. Relief, in ihnen ist am unmittelbarsten röm. Geist und röm. Ethos. – *Baukunst:* wichtigste architekton. Elemente waren die Wölbetechnik u. der Kuppelbau; röm. Tempelform der Podiumtempel mit Betonung der Frontseite, daneben auch der Rundtempel. Das Bild der röm. Stadt ist durch gr. Staatsbauten bestimmt: Tempel, Foren (mit Basiliken, d. h. gr. Markt- u. Gerichtshallen), Theater, Thermen, Triumphbögen, Ehrensäulen, Stadttore, Aquädukte. Bed. Beispiele röm. Architektur v. a. in Rom, ferner Diokletianspalast in Split, Bauten in Trier, Nîmes, Arles, Baalbek u. a. – *Plastik u. Malerei:* 1. Republik: Porträt in nüchtern-trockenem Realismus, 2. frühe Kaiserzeit: augusteischer Klassizismus (Friedensaltar des Augustus), illusionist. klassizist. Malerei, pompejan. Wandmalerei. In der Plastik unter den Flaviern illusionist. Auffassung (weibl. Porträtköpfe), aber auch Steigerung des Realismus (Vespasian-Porträt), unter Trajan u. Hadrian wieder klassizist. (Trajanssäule, Reliefschmuck an Sarkophagen; rege Kopistentätigkeit). Den Leitfaden für die weitere Entwicklung im 2. u. 3. Jh. n. Chr. geben die Kaiserbildnisse, 3. Spätantike, die mit der Kunst des späten 3. Jh. einsetzt: Porträtköpfe mit teilweise übersteigertem Ausdruck.

**römische Literatur,** die ältesten Zeugnisse lat. Schrifttums sind kult. (Salier- und Arvallied) u. Gesetzestexte (Zwölftafelgesetz um 450 v. Chr.); die eigtl. r. L. beginnt mit Livius Andronicus, Naevius (Tragödien, Komödien, Satiren) und Ennius, der an Stelle des Saturniers den griech. Hexameter übernahm. Ennius, Pacuvius u. Accius traten bes. als Tragiker, Plautus, Caecilius Statius u. Terenz als Komödiendichter hervor; Lucilius brachte die von ihm begr. Gattung der Satire zu hoher Blüte. Griech. Einfluss zeigen dagegen Rhetorik (Cato, die Gracchen) und Annalistik, deren erste Vertreter griech. schrieben. Wichtigste Repräsentanten der *klass. Periode* der r. L. (80 v. Chr. bis 14 n. Chr.) waren der Redner und Philosoph Cicero, die Historiker Caesar und Sallust, der Epiker Lukrez, der Lyriker Catull, der vielseitige Varro, höchste Vollendung erreichte sie mit Vergil, Horaz, Tibull, Properz und Ovid. Livius schuf eine umfassende röm. Geschichte. Die Fachwiss. blühten auch in der Folgezeit (Quintilian, Plinius, Columella, Vitruv); das Epos pflegten Lukan und Statius, die Tragödie Seneca, die Satire Persius u. Juvenal, das Epigramm Martial, den Roman Petronius Arbiter, die Geschichtsschreibung Tacitus. Seit dem 2. Jh. wenig Eigenständiges, eine Ausnahme bildet der Roman des Apuleius, bed. auch die rechtswiss. Lit. (v. a. Papinian). Tertullian wurde zum Begr. des christl. Lateins, Hieronymus, Ambrosius und auch Augustinus stehen dem Mittelalter näher als dem Altertum, das mit dem Historiker Ammianus Marcellinus, dem Philosophen Boethius und der Kodifikation des Corpus Iuris Civilis sein Ende fand.

**römische Religion,** Religion der Römer der Antike. Seit dem 6. Jh. v. Chr. fremde Götter aus Etrurien u. dem griech. Kulturkreis an der Seite der einheim. [Natur]gottheiten, allm. mit diesen verschmolzen. Älteste Staatsgötter Jupiter, Mars, Quirinus; Hauptgötter dann Jupiter, Juno, Minerva. Träger des staatl. Kultes war zunächst der Pontifex maximus, dem die übr. Priester, Opferpriester u. die Vestalinnen unterstanden. Seit dem 2. Jh. v. Chr. allm. Verfall der r. R. (philos. Aufklärung, orient. Mysterien, Christentum).

**Römischer Kaiser,** Herrschertitel, ↑deutsche Geschichte, Übers. Könige u. Kaiser.

**Römischer König,** Herrschertitel, ↑deutsche Geschichte, Übers. Könige u. Kaiser.

**römisches Recht,** das Recht des röm. Staates von den Anfängen der röm. Bürgergemeinde bis zum Ende des Weström. Reiches; ausgehend vom ↑Zwölftafelgesetz im 5. Jh. v. Chr. u. den danach ergangenen Volksgesetzen entwickelte es sich in den ersten drei nachchristl. Jh. über die rechtsbildenden prätorian. Edikte (↑Prätor) u. die vorw. gutachtl. Tätigkeit der röm. Rechtslehrer und Juristen zum Kaiserrecht; das röm. R., wie es durch die Rezeption in die europ. Rechtsbereiche Eingang gefunden hat, ist das des ↑Corpus Iuris Civilis u. dessen Fortentw. durch die Glossatoren u. Postglossatoren.

**Römisches Reich, Imperium Romanum,** in der Antike der römische Herrschaftsbereich, umfasste neben Rom u. Italien die Provinzen; größte Ausdehnung unter Trajan (98–117); ↑röm. Geschichte.

**römische Ziffern,** Zahlzeichen der Römer mit festem Wert: I = 1, V = 5, X = 10, L = 50, C = 100, D = 500, M = 1 000. Sie werden so oft gesetzt, wie Einheiten einer Zahl vorhanden sind, jedoch maximal dreimal; 4 u. 9 werden durch Vorsetzen der kleineren Einheit vor die nächstgrößere gebildet: IV = 4, IX = 9, ebenso XL = 40, XC = 90, CD = 400, CM = 900.

**römisch-katholische Kirche** ↑katholische Kirche.

**Rommé** [-'me; frz.], Kartenspiel für 3–6 Personen mit 2 frz. Kartenspielen; die Karten sind in best. vollst. Gruppen möglichst schnell abzulegen.

**Rommel,** Erwin, dt. Gen.-Feldmarschall, *1891, †1944; errang legendären Ruhm im Kommando des dt. Afrikakorps 1941–43. Schloss sich 1944 der Widerstandsbewegung an u. wurde nach dem 20. Juli zum Selbstmord gezwungen.

**Romulus,** sagenhafter Gründer Roms und erster röm. Kg.; als Kind mit seinem Zwillingsbruder *Remus* ausgesetzt und von einer Wölfin gesäugt; bei der Gründung der Stadt Rom erschlägt R. im Zorn seinen Bruder.

**Romulus Augustulus,** eigtl. R. **Augustus,** 475/476 röm. Ks.; seine Absetzung durch Odoaker bedeutete das Ende des Weström. Reiches.

**Rondeau** [rõ:do; frz.], urspr. ma. frz. Tanzlied, mit 2 Reimen u. Refrain; s. Mitte des 15. Jh. [12- bis] 15-zeiliges Gedicht, dessen erste Wörter nach dem 8. u. 14. Vers als Refrain wiederkehren.

**Rondo** [ital.], aus dem Rondeau entwickelte, variierbare musikal. Satzform, oft im Schlusssatz von Sonate, Streichquartett, Sinfonie.

**Rønne** ['rœnə], Hptst. u. Hafenst. der dän. Insel Bornholm, 15 400 E.

**Röntgen,** Wilhelm Conrad, dt. Physiker, *1845, †1923; entdeckte 1895 die ↑Röntgenstrahlen; Nobelpreis 1901.

**Röntgen** [nach W. C. ↑Röntgen], Einheitenzeich. **R,** fr. Einheit der Ionendosis; 1 R = 258 µC/kg.

**Röntgenlithographie,** modernes Verfahren der Mikroelektronik zur Übertragung der Schaltungsstrukturen im Submikrometerbereich (unterhalb $10^{-6}$ m).

**Röntgenologie,** Lehre von den Röntgenstrahlen und ihren Anwendungen, in der Medizin Teilgebiet der Radiologie.

**Röntgenröhre,** (gläserne) Hochvakuumröhre mit einer Glühkathode als Elektronenquelle, einer Anode zur Elektronenbeschleunigung u. einer schräg gestellten, als Anode geschalteten Antikathode. Zw. beiden liegt eine hohe Spannung (bis 150 kV) zur Beschleunigung der Elektronen, die bei Aufprall an die (oft rotierende u.) gekühlte (Dreh-)Anode Röntgenstrahlen erzeugen.

**Röntgenstrahlen** [nach W. C. Röntgen], **X-Strahlen,** elektromagnet. Strahlen mit Wellenlängen zw. $10^{-8}$ u. $10^{-12}$ m, die sich insbes. für med. Anwendungen (↑Röntgenologie), die Erforschung der Kristallstruktur (Röntgenstrukturanalyse) u. für zerstörungsfreie Materialprüfungen als äußerst wertvoll erwiesen haben. R. entstehen z. B. bei der Abbremsung schneller Elektronen beim Aufprall auf Materie. Diese *Bremsstrahlung* hat ein kontinuierl. Spektrum *(Bremsspektrum),* das bei einer der maximalen Elektronenenergie entspr. Grenzfrequenz abbricht. Außerdem entsteht ein Linienspektrum *(charakt. Röntgenspektrum),* das als charakt. Eigenstrahlung der einzelnen Atomarten v. Elektro-

**römische Kunst:** *Ausschnitt aus einem Relief des Großen Ludovisischen Schlachtsarkophags (1. Hälfte des 3. Jh.)*

nenübergängen zw. sehr kernnahen Elektronenschalen ausgestrahlt wird. Die Anregung u. Auswertung dieser Strahlung ist Gegenstand der *Röntgenspektroskopie,* die Aufschluss über die innere Struktur der Atomhülle gibt. Treffen R. auf Materie, so entsteht eine sekundäre Streustrahlung niedrigerer Frequenz sowie eine Elektronenstrahlung *(Röntgenphotoeffekt).* Techn. werden R. meist in ↑Röntgenröhren erzeugt. – Als *Röntgenfilter* kann man Scheiben aus Metallblech verwenden (Al, Cu), die durch Absorption die Strahlungsintensität herabsetzen; starke Pb-Schichten schützen vor R. – In der *Röntgenastronomie* werden die aus dem Weltraum (z. T. v. *Röntgenquellen*) kommenden R. untersucht.

**Röntgenuntersuchung, Röntgendiagnostik,** der Einsatz v. Röntgenstrahlen zur Erkennung krankhafter struktureller od. funktioneller Veränderungen im Körper. Bei der R. wird die unterschiedl. Röntgenstrahlendurchlässigkeit menschl. Gewebe u. der in den Körper eingebrachten Stoffe (Kontrastmittel) benutzt, um das Körperinnere für diagnost. Informationen als Schattenbild sichtbar zu machen, z. B. bei der Computertomographie.

**Roon,** Albrecht Gf. von, preuß. Gen.-Feldmarschall, * 1803, † 1879; 1859–73 Kriegs-, 1861 bis 1871 auch Marinemin.; setzte mit Bismarck die Heeresreform durch; 1873 preuß. Min.-Präsident.

**Roosevelt** [ˈrəʊzvelt], **1)** [Anna] Eleanor, verh. mit 2), Nichte v. 3), amer. Politikerin, * 1884, † 1962; 1947–51 Vors. der UN-Menschenrechtskommission. **2)** Franklin Delano, 32. Präs. der USA (s. 1933), * 1882, † 1945; Demokrat; berief Min. aus beiden Parteien u. Intellektuelle als Berater (↑Braintrust) und führte die Pol. des ↑New Deal durch; Eintritt der USA in den 2. Weltkrieg; Pacht- und Leihges., ↑Atlantikcharta, bereitete die Gründung der UN vor. **3)** Theodore, 26. Präs. der USA (1901–09), * 1858, † 1919; Republikaner; sicherte den Bau des Panamakanals; imperialist. Pol.; für Mitwirkung an der Beendigung des Russ.-Jap. Krieges 1904/05 Friedensnobelpreis 1906.

**Roquefort** [rɔkˈfɔːr; frz.], Edelpilzkäse aus Schafsmilch.

**Rosacea** [lat.], **Rosazea, Kupferfinnen,** chron. Erkrankung der Gesichtshaut bei Erwachsenen mit Seborrhö. Symptome sind Hautrötung, Knötchen und Pusteln an Nase, Wangen und Stirn. Bildung einer Knollen- bzw. Pfundnase ist möglich.

**Rosanilin** ↑Fuchsin.

**Rosario,** zweitgrößte St. Argentiniens, am unteren Paraná, 1,1 Mill. E; vielseit. Ind.; bed. Umschlaghafen, ✈.

**Rosas,** Juan Manuel de, argentin. Diktator, * 1793, † 1877; schuf ab 1835 den argentin. Einheitsstaat, 1852 gestürzt.

**Rosa v. Lima,** hl., peruan. Dominikanerin u. Mystikerin, * 1586, † 1617; Patronin Lateinamerikas.

**Rose,** Gatt. der R.gewächse; Sträucher, meist mit Stacheln u. gefiederten Blättern, Frucht Hagebutte; Zierpfl. (mehr als 5000 Zuchtsorten).

**Rosegger,** Peter, östr. Schriftsteller, * 1843, † 1918; Romane, Erinnerungsbücher („Waldheimat") u. Erzählungen um das bäuerl. Leben der heimatl. Steiermark.

**Rosenberg,** Alfred, dt. nat.-soz. Politiker, * 1893, † 1946; seit 1933 R.-Leiter der NSDAP u. Leiter des Außenpolit. Amtes der NSDAP, ab 1938 Hg. des „Völk. Beobachters", s. 1941 Reichsmin. für die besetzten Ostgebiete; „Der Mythus des 20. Jh." (nat.-soz. Rassenideol.); in Nürnberg hingerichtet.

**F. D. Roosevelt**

**Rosengarten,** ital. **Catinaccio** [-ˈnattʃo], Felskette d. Südtiroler Dolomiten; Italien, 3004 m; Kalke u. Dolomite.

**Rosengewächse,** formenreiche, fast weltweit verbreitete Pflanzenfam.; viele Kultur- u. Zierpfl.; neben Rose u. a. Apfel-, Birn-, Kirsch-, Pflaumen-, Pfirsichbaum, Eberesche, Erdbeere, Fingerkraut, Frauenmantel, Rose.

**Rosenheim,** bayr. Krst. an der Mdg. der Mangfall in den Inn, 58 900 E; Fachhochschule.

**Rosenholz,** Sammelbez. für Hölzer, deren Duft od. Farbe an Rosen erinnern.

**Rosenkranz, Rosarium,** in der kath. Kirche Gebetsart zu Ehren Marias; auch die dafür benutzte Gebetsschnur.

**Rosenkreu[t]zer,** teils wohl legendäre, teils wirkl. existierende Geheimbünde des 15.–18. Jh.; humanist.-ethisch, pansoph.; im 20. Jh. Neubildungen.

**Rosenkriege,** Bez. für die Kämpfe der Häuser York (Wappen: weiße Rose) u. Lancaster (Wappen: rote Rose) um den engl. Thron 1455–85, in denen sich Heinrich VII., Erbe des Hauses Lancaster, gg. Richard III. durchsetzte u. die Dyn. Tudor begründete.

**Rosette** [frz.], **1)** Ornamentmotiv in Form einer stark stilisierten Blüte. **2)** Schliffform für flache Diamanten.

**Roséwein,** blassroter Wein aus weiß gekelterten blauen Trauben.

**Rosinen** [frz.], luftgetrocknete Weinbeeren; mit den Sorten *Sultaninen* (gr., hell u. kernlos) u. *Korinthen* (kl., dunkel u. kernlos).

**Roskilde** [ˈrɔskılə], dän. Prov.-Hptst. u. Hafenst. am *R.fjord* auf Seeland, 50 700 E; Dom (Grablege dän. Könige), Museum mit Wikingerschiffen; Masch.-Bau, Papier-, Nahrungsmittel-, chem. Ind. – Der *Friede zu R.* beendete 1658 den Krieg zw. Dänemark/Norwegen u. Schweden.

**Rosmarin** [lat.], Lippenblütler S-Europas; Heilpfl.; liefert äther. Öl für Parfüms.

**Ross,** Sir James Clark, schott. Polarforscher, * 1800, † 1862; entdeckte u. a. als Leiter einer S-Polarexpedition (1839–43) Victoria Island u. den Mount Erebus.

**Rossbreiten,** windschwache Zone im subtrop. Hochdruckgürtel, zw. etwa 25° u. 35° nördl. (hier u. a. das ↑Azorenhoch) u. südl. Breite.

**Rossellini, 1)** Isabella, ital. Schauspielerin, * 1952, Tochter von 2) u. Ingid Bergman; „Blue Velvet"; Autobiografie. **2)** Roberto, ital. Filmregisseur, * 1906, † 1977; bedeutendster Vertr. des ital. Neorealismus („Rom – offene Stadt").

**Rösselsprung,** 1) beim Schach Zug des Springers gerade-schräg auf das übernächste Feld; 2) Rätselart, bei der Silben oder Buchstaben in Art des Springerzuges im Schachspiel gefunden werden müssen.

**Rossi,** Aldo, ital. Architekt, * 1931,

†1997; Bonnefantenmuseum in Maastricht.

**Rossini,** Gioacchino [Antonio], ital. Komponist, *1792, †1868; Opern („Tancredi", „Der Barbier v. Sevilla", „Wilhelm Tell"), Vokalwerke („Stabat Mater"), Kammermusik; Meister der Opera buffa.

**Rosskäfer,** Gatt. der Mistkäfer; dunkel glänzend, plump, mit Grabbeinen.

**Rosskastanie, Aesculus** ['ɛs-], Gatt. der R.gewächse; *Gemeine R.*, bis 30 m hoch, Samen *(Kastanien)* u. a. als Viehfutter verwendet.

**Rossmeer,** buchtart. antarkt. Randmeer des Pazifik; 1841 v. J. C. ↑Ross entdeckt.

**Rost,** braungelbe bis rötlich braune poröse Schicht (Korrosionsprodukt) von FeO, $Fe_2O_3$ u. $H_2O$, d. in feuchter Luft od. in sauerstoffhalt. Wasser auf Eisen entsteht.

**Rostand** [rɔ'stã], Edmond, frz. Dichter, *1868, †1918; neuromant. Versdramen; „Cyrano de Bergerac".

**Rostock,** kreisfreie St. in Meckbg.-Vorp.; an der unteren Warnow, 200 000 E; OLG, Univ., Hochsch. für Musik und Theater, Forschungsinstitute; Theater; berühmt durch seine Backsteingotik, bes. die Marienkirche (13.–15. Jh.); Fischerei-⚓, Übersee-⚓ im Breitling, Werften, Dieselmotorenwerk, Düngemittelherstellung, Lebensmittelind.; der Ortsteil *Warnemünde* ist Seebad und Vorhafen mit Fährverkehr nach ↑Gedser.

**Rostow am Don,** Gebietshptst. in Russland, am rechten Ufer des Don, 1,02 Mill. E; mehr. Univ., Hochschulen; vielseitige Ind.; Kernkraftwerk; ⚓, ✈.

**Rostpilze,** Ordn. der Ständerpilze; Schmarotzer, sehr kl.; verursachen Pflanzenkrankheiten.

**Rostropowitsch,** Mstislaw Leopoldowitsch, russ. Violoncellist u. Dirigent, *1927.

**Roswitha von Gandersheim** ↑Hrotsvith von Gandersheim.

**Rot|algen,** eine Gruppe von Meeresalgen; das Blattgrün ist durch einen roten Farbstoff überdeckt.

**Rotary Club** ['rəʊtərɪ klʌb; engl.], internat. Vereinigung führender Persönlichkeiten in örtl. Klubs mit nur je einem Vertr. der versch. Berufe; gegr. 1905 in Chicago.

**Rotation** [lat.], **1)** Drehung (z. B. eines Körpers) um eine feste Achse *(R.achse)*, wobei jeder Punkt eine Kreisbahn beschreibt; in der Astronomie Eigendrehung eines Himmelskörpers. **2)** Abk. **rot**, auf Vektorfelder angewendeter Differenzialoperator der Vektoranalysis; liefert die Wirbel eines Vektorfeldes.

**Rotationsprinzip,** Verfahren, nach dem ein Amt von dem Amtsinhaber nach einer bestimmten, festgelegten Zeit an einen Nachfolger abgegeben werden muss.

**Rot|auge,** bis 30 cm langer Karpfenfisch; Europa, N-Asien; rote Augenringe, rötl. Flossen.

**Rotbarsch, Goldbarsch,** Speisefisch; N-Atlantik; *Gr. R.* bis 100 cm, *Kl. R.* bis 50 cm lang.

**Rotbart, Kaiser,** ↑Friedrich I. Barbarossa.

**Rotdorn,** rot blühende Kulturform des Weißdorns.

**Rote Armee,** 1918–46 Bez. für die Sowjetarmee.

**Rote-Armee-Fraktion,** Abk. **RAF**, ↑Terrorismus.

**Rote Kapelle,** dt. Spionage- u. Widerstandsgruppe, mit Kontakt zu sowj. Stellen; 1942 aufgedeckt und viele Mitgl. hingerichtet.

**Rote Khmer,** kommunist. orientierte kambodschan. Bewegung, die sich polit. u. mil. gg. die Khmer-Rep. richtete (↑Kambodscha).

**Rötel,** aus Gemischen von feinschupp. Roteisenstein mit Ton od. Kreide bestehender, weicher Farbstoff von bräunl. roter Farbe; s. der Steinzeit (Höhlenmalereien) als Farbstoff verwendet *(R.stift)*.

**Röteln, Rubeola,** Viruskrankheit vorwiegend des Kindesalters, mit masernähnl. Hautausschlag. R. im 1. Drittel der Schwangerschaft können zu Fehlbildungen am Auge, Innenohr, Gehirn und Herzen des Kindes führen (R.-Embryopathie); Schutzimpfung.

**Rötelzeichnung,** mit Rötelstift (↑Rötel) ausgeführte Zeichnung; beliebt v. a. im frz. Rokoko (A. Watteau u. a.).

**Rot|erde,** weit verbreiteter Bodentyp der Tropen; oberster Bodenhorizont, mit Anreicherung von Aluminium- und Eisenoxid.

**Roter Sand,** wandernde Sandbank in der Nordsee (Außenweser), nö. von Wangerooge; ehem. *Roter-Sand-Leuchtturm*, 28 m hoch.

**Rotes Kreuz,** rotes Kreuz auf weißem Grund, internat. Abzeichen des Sanitätsdienstes; dem R. K. entsprechen *Roter Halbmond* (islam. Länder), *Roter Davidstern* (Israel).

Das R. K. ist eine auf Anregung von H. Dunant 1863/64 gegr. internat. Organisation, die durch die Genfer Konventionen völkerrechtl. Schutz genießt. Das R. K. sorgt im Krieg u. a. für die Pflege von Verwundeten und Kranken.

Das *Dt. Rote Kreuz* (DRK) mit Sitz in Bonn wurde 1921 gegründet (Neugründung 1950); es ist eine selbstständige unpolit. Organisation, u. leistet u. a. Rettungsdienst, Krankenpflege, Familienzusammenführung (Suchdienst).

**Rotes Meer,** lang gestrecktes Binnenmeer d. Ind. Ozeans zw. NO-Afrika u. d. Arab. Halbinsel, 438 000 km², bis 2 604 m tief, Salzgehalt um 4 %; eines der wärmsten Meere (Oberflächentemperatur bis 35 °C); mit dem Ind. Ozean durch die Meerenge Bab el-Mandeb, mit dem Mittelmeer durch den Suezkanal verbunden.

**Rotgültig|erz,** Bez. für 2 Silbererze, **1) Pyrargyrit,** *dunkles R.*, $Ag_3SbS_3$, Härte 2,5–3; schwarz bis dunkelrot, blendeart. bis stark metall. Glanz. **2) Proustit,** *lichtes R.*, $Ag_3AsS_3$, scharlach- bis zinnoberrot, blendeart. Glanz.

**Rotguss,** veraltete Bez. für Kupferlegierungen mit 4–10 % Sn, 2–7 % Zn, 1–4 % Pb; hpts. verw. für Armaturen, Lager u. a.

**Roth, 1)** Eugen, dt. Schriftsteller, *1895, †1976; Verse auf die menschl. Unzulänglichkeiten („Ein Mensch"). **2)** Joseph, östr. Schriftsteller, *1894, †1939; Romane, Erzählungen, Essays; „Radetzkymarsch", „Die Kapuzinergruft". **3)** [engl. rɔθ], Philip, amer. Schriftsteller, *1933; Erzählungen u. a. über den jüd.-amer. Mittelstand; Romane („Der menschl. Makel").

**Rot|haargebirge,** nö. Teil des Rhein. Schiefergebirges, Quellgebiet von Ruhr, Lahn, Sieg, Eder; Langenberg 843 m, Kahler Asten 841 m.

**Rot|haut,** [abwertende] Bez. für Indianer (fr. bei manchen Stämmen übl. rote Bemalung).

**Rothenburg ob der Tauber,** bayr. St. am NW-Fuß der Frankenhöhe, 12 000 E; altertüml. Stadtbild mit ma. Stadtmauer, Giebelhäuser der Gotik u. Renaissance, Rathaus (13.–16. Jh.), Jakobskirche mit Riemenschneider-Altar.

**Rot|hirsch,** rotbraune (im Sommer) Hirschart in Europa, NW-Afrika, Asien, Nordamerika; der *Westeurop. R.* wird bis 2,5 m lang.

**Rot|holz,** Farbholz von Bäumen versch. Gattungen (z. B. Bahiaholz; Kiefernholz aus Skandinavien).

**Rothschild,** internat. Bankhaus, gegr. 1766 in Frankfurt am Main v. Mayer Amschel R. (*1743, †1812); bald Filialen in europ. Hauptstädten; heute noch R.banken in London u. Zürich.

**Rotkehlchen,** kl. olivbrauner

**Rotkehlchen**

Singvogel mit rostroter Kehle, nistet oft am Boden.

**Rotkohl, Rotkraut, Blaukraut,** Kulturform des Gemüsekohls (Kreuzblütler) mit Kopfbildung.

**Rotlauf,** bakterielle Infektionskrankheit v.a. der Schweine, mit Hautröte, Fieber und allg. Blutvergiftung; durch Eindringen der Erreger in kleine Hautverletzungen auf den Menschen übertragbar (Erysipeloid).

**Rotor** [lat.], rotierender Teil einer [elektr.] Maschine (Läufer); *R.flugzeuge,* svw. Hubschrauber (↑Flugzeug).

**Rotschwanz,** Gatt. der Drosseln mit rostrotem Schwanz.

**Rot|tanne,** Art der ↑Fichten.

**Rotterdam,** niederl. Hafenst. an der Neuen Maas, 590 000 E; Börse, Univ., Wirtsch.-Hochsch., Akad., Institute, bed. Museen; Zoo; mod. Stadtkern (nach starken Zerstörungen im 2. Weltkrieg); vielseit. Ind.; größter Hafen der Erde (Europoort, v.a. Erdölumschlag), mit der Nordsee durch den *Nieuwe Waterweg* (schleusenloser Kanal für Schiffe bis 12 m Tiefgang; Bau 1866–72) verbunden. – 1340 Stadtrechte, gewann im 17. Jh. als Hafen an Bedeutung.

**Rottweiler,** kräft., 55–68 cm hohe Haushunderasse mit Stummelschwanz und Hängeohren; Wach- u. Schutzhund.

**Rotunde** [lat.], Rundbau, runder Saal.

**Rotverschiebung,** Verschiebung der Spektrallinien im Spektrum eines kosm. Objekts zu größeren Wellenlängen (nach Rot), wenn es sich vom Beobachter entfernt; Ursache ist der Doppler-Effekt (↑Doppler). Mit der R. kann die Radialgeschwindigkeit eines Sterns berechnet werden.

**Rotwelsch,** dt. Gaunersprache („rot" = Bettler; „welsch" = roman. Sprachen, unverständl. Redeweise); zahlr. Wörter aus dem Jidd. und dem Romani (Zigeunersprache).

**Rotwild,** wm. Bez. für den Rothirsch; das ♂ Tier heißt Hirsch, Rot- od. Edelhirsch, das ♀ Tier Rot- od. Edeltier, das Kalb Hirsch- (♂) bzw. Wildkalb (♀).

**Rotz,** seltene, meist tödlich verlaufende ansteckende Tierkrankheit bei Einhufern (Pferde), die auch auf den Menschen übertragbar ist. Erreger ist der R.-Bazillus.

**Rot|zunge,** ein Plattfisch.

**Rouault** [ru'o], Georges, frz. Maler und Grafiker, *1871, †1958; schuf im expressionist. Stil leuchtender Farbflächen und schwarzer Konturen bes. Darst. zu religiösen Themen.

**Rouen** [rwã], Hptst. des frz. Dép. Seine-Maritime u. der Region Haute-Normandie, 102 700 E; got. Kathedr. (12.–16. Jh.) u.a. histor. Bauten; Schiffbau, Masch.- u.a. Ind., Erdölraffinerien; bed. Binnen- und Seeschifffahrts-⚓, ✈.

**Rouget de Lisle** [ru'ʒɛ 'dlil], Claude Joseph, frz. Pionieroffizier, *1760, †1836; Verf. und Komponist der Marseillaise.

**Roulett** [ru'lɛt; frz.], Glücksspiel; eine Kugel auf drehb. Scheibe mit roten und schwarzen (0 und 1–36) Fächern bestimmt den Gewinner; der Spielplan enthält außer den Zahlen die Abt.: *Rouge* (Rot), *Noir* (Schwarz), *Pair* (Gerade), *Impair* (Ungerade), *Manque* (1–18; Klein), *Passe* (19–36; Groß), *Douze premier* (1. Dtz.), *Douze milieu* (2. Dtz.), *Douze dernier* (3. Dtz.).

**J.-J. Rousseau**

**Rousseau** [ru'so], **1)** Henri, gen. „der Zöllner", frz. Maler, *1844, †1910; Autodidakt; malte in [später bewusst] naiver Manier Szenen aus dem bürgerl. Alltag sowie mag.-romant. Urwaldbilder. **2)** Jean-Jacques, frz. Schriftsteller und Kulturphilosoph schweizer. Herkunft, *1712, †1778; Vertr. u. zugleich Überwinder der Aufklärung; Kritiker der Zivilisation, in „Der Gesellschaftsvertr." (Le contrat social) Forderung nach dem mündigen Bürger, der sich freiwill. dem Gemeinschaftswillen (Volonté générale) unterwirft; „Julie oder die neue Heloïse", „Bekenntnisse", „Émile od. über die Erziehung"; Einfl. auf die Frz. Revolution u. die europ. Romantik.

**Roussel** [ru'sɛl], Albert, frz. Komponist, *1869, †1937; Opern, Ballette, Sinfonien, Kammermusik.

**Roussillon** [rusi'jɔ̃], Ldsch. in S-Frkr., Hauptort Perpignan.

**Routine** [ru'ti:nə; frz.], Kunstfertigkeit, Gewandtheit, Übung.

**Rowdy** ['raʊdɪ; engl.], Raufbold, Lümmel, Rohling.

**Rowling** ['rəʊlɪŋ], Joanne K., brit. Schriftstellerin, *1965; Romanfolge „Harry Potter".

**Rowohlt,** Ernst, dt. Verleger, *1887, †1960; begr. 1908 den *R.-Verlag,* verlegte mod. internat. Belletristik, führte das Taschenbuch nach amer. Vorbild in Dtl. ein.

**royal** [rwa'jal; frz.], königlich.

**Royal Air Force** ['rɔɪəl 'ɛəfɔ:s; engl.], Abk. **R. A. F.,** die kgl. brit. Luftwaffe.

**Royalismus** [rwaja'lismus; frz.], Königstreue; *Royalist,* Anhänger des Königtums.

**Royal Society** ['rɔɪəl sə'saɪətɪ; engl.; = Kgl. Ges.], älteste brit. Akad. der Wiss., gegr. 1660 in London zur Förderung der Naturwiss.

**Rp.,** Abk. für lat.: **r**eci**p**e (= nimm) auf ärztl. Rezepten.

**RR-Lyrae-Sterne,** Gruppe v. ↑Veränderlichen; Perioden des Lichtwechsels bis etwa 1,2 Tage.

**RSFSR,** Abk. für: **R**uss. **S**ozialist. **F**öderat. **S**owjet**r**ep.; 1917 gegr., größte der sowj. Unionsrepubliken; erklärte sich 1991 für unabhängig, ↑russische Geschichte, ↑Russland.

**RSHA,** Abk. für: ↑**R**eich**s**sicher**h**eits**h**aupt**a**mt.

**Ru,** ⚗ Symb. für ↑Ruthenium.

**Ruanda, Rwanda,** Rep. in O-Afrika; Hochland östl. d. Kiwusees, im NW d. Virungavulkane (Karisimbi 4 507 m); wechselhaftes trop. Klima; Bev. vorw. Hutu (90 %) u. Tutsi (9 %); Anbau v. Mais, Hirse, Bananen, für d. Export Kaffee, Tee; Viehzucht; ⚒ auf Zinn, Wolfram, Gold. – *Gesch.:* Im 15./16. Jh. eingewanderte Tutsi errichteten eine aristokrat. Herrschaft über die Bev.mehrheit der Hutu; 1899–1919 Teil von Dt.-Ostafrika, s. 1920 Völkerbundsmandat, s. 1946 UN-Treuhandge-

**Ruanda**

*Fläche:* 26 338 km²
*Einwohner:* 7,2 Mill.
*Hauptstadt:* Kigali
*Amtssprachen:* Kinyaruanda, Französisch, Englisch
*Zeitzone:* MEZ + 1 Stunde

biet, v. Belgien als R.-Urundi verw., 1962 unabhängig; 1973 blutiger Armeeputsch, Gen. J. Habyarimana Staatspräs.; nach dessen Tod unter ungeklärten Umständen 1994 entluden sich vor dem Hintergrund der alten Spannungen zw. Hutu u. Tutsi polit. Rivalitäten in einem grausamen Bürgerkrieg (rd. 1 Mill. Tote u. 2 Mill. Flüchtlinge, ↑Ruanda-Tribunal), seitdem staatl. Neuanfang versucht.

**Ruanda-Tribunal,** das „Internat. Strafgericht zur Untersuchung v. schweren Verstößen gg. das humanitäre Völkerrecht u. Völkermordhandlungen in Ruanda", Sitz Arusha (Tansania); nach UN-Sicherheitsratsbeschluss 1994 eingerichtet; untersucht die Massenmorde v. 1994 in Ruanda.

**Ruanda-Urundi,** v. ehem. Dt.-O-Afrika 1919/20 abgetrennter, unter belg. Völkerbundsmandat gestellter Landesteil, s. 1946 unter UN-Treuhandschaft, 1962 in die Rep. Burundi und Rwanda geteilt.

**Rüben,** knoll. verdickte Speicherorgane der zweikeimblättrigen Pflanzen.

**Rübenblattwespe** ↑Pflanzenkrankheiten (Übers.).

**Rübenfliege** ↑Pflanzenkrankheiten (Übers.).

**Rübenkohl,** svw. ↑Rübsen.

**Rübennematode** ↑Pflanzenkrankheiten (Übers.).

**Rübenrost** ↑Pflanzenkrankheiten (Übers.).

**Rubens,** Peter Paul, fläm. Maler, * 1577, † 1640; Hauptmeister der fläm. Barockmalerei; nach Italienaufenthalt (1600–08) in Antwerpen tätig; histor., allegor. u. mythol. Darst., Bildnisse, Landschaften, Tier- u. Jagdstücke; Entwürfe für Teppiche; Grafik; großer Werkstattbetrieb. Reifezeit (1608–28): drei Altäre in der Kathedr. v. Antwerpen, „Gr. Jüngstes Gericht" und „Höllensturz" (München), Medici-Zyklus (Louvre, Paris). Spätzeit (1628–40): Ildefonso-Altar (Wien), Bildnisse der Helene Fourment, Landschaften.

**Rübezahl,** Berggeist des Riesengebirges, hilft den Armen.

**Rubidium** [lat.], Symb. **Ru,** chem. El., OZ 37, rel. A.-Masse 85,47, Alkalimetall; weiß glänzend, weich, Dichte 1,53 g/cm³, Fp. 39,31 °C, Sp. 688 °C; unedel, entzündet sich bei Sauerstoffzutritt; seine Verbdg. gleichen denen des Kaliums.

**Rubikon,** lat. **Rubico,** ital. **Rubicone,** ital. Küstenfluss nw. von Rimini, im Altertum Grenze zw. Italien u. der Prov. Gallia cisalpina (↑Gallien). Mit Caesars Übergang über den R. 49 v. Chr. Beginn des Bürgerkriegs.

**Rubin** [mlat.], roter Schmuckstein, Abart des ↑Korunds.

**Rubinglas, Goldrubinglas,** rotes Glas, dessen Farbe durch kolloidal verteiltes Gold (Zersetzung einer Goldverbdg.) bewirkt wird.

**Rubinstein,** Art[h]ur, poln.-amer. Pianist, * 1887, † 1982; bed. Interpret Chopins und mod. Musik.

**Rüb|öl,** Handelsbez. für das Öl von Raps- od. Rübsensamen.

**Rübsaatpfeifer** ↑Pflanzenkrankheiten (Übers.).

**Rübsen, Rübsamen, Rübenkohl,** ein- *(Sommer-R.)* od. zweijähr. *(Winter-R.)* Kreuzblütler, dem Raps sehr ähnl.; wertvolle Ölpfl.

**Rückenmark,** bei allen Wirbeltieren ein in Körperlängsrichtung im Wirbelkanal verlaufender Strang mit wicht. motor. u. sensiblen Nervenbahnen; entsteht aus dem embryonalen Nervenrohr.

**Rückenschwimmer,** bis 16 mm lange, kahnförmige Wasserwanzen, schwimmen auf dem Rücken.

**Rückert,** Friedrich, Pseud. Freimund **Raimar,** dt. Dichter, * 1788, † 1866; Lyriker; meisterhafte Übertragung orient. Dichtung.

**Rückfallfieber, Febris recurrens, Rekurrensfieber,** durch Spirochäten verursachte, u. a. durch Zecken übertragene, meldepflichtige Infektionskrankheit mit Schüttelfrost, Gliederschmerzen.

**Rückgrat,** svw. ↑Wirbelsäule.

**Rückgratverkrümmung,** Verbiegung der Wirbelsäule, nach der Seite *Skoliose,* nach hinten *Kyphose,* nach vorn *Lordose* genannt.

**Rückkopplung,** Funktionsprinzip v. Regelvorgängen in Technik, Biologie, Psychologie u. a., bei dem Änderungen der Ausgangsgrößen auf die Eingangsgrößen rückwirken (engl. *Feedback*). – Bei Verstärkern die Rückführung einer der Ausgangsspannung proportionalen Signalspannung auf den Eingang oder die Steuerelektrode des verstärkenden elektron. Bauel.; *elektroakust. R.* tritt als Pfeifgeräusch auf, wenn sich ein Lautsprecher im Hörbereich eines angeschlossenen Mikrofons befindet.

**Rücklagen,** über das Grund- od. Stammkapital hinausgehender Teil des Eigenkapitals eines Unternehmens; Einteilung in *offene R.* (in der Bilanz ausgewiesene Kapital- od. Gewinn-R.) u. *stille R.* (durch Unterbewertung v. Vermögensgegenständen).

**Rückstellungen,** Passivposten in der Bilanz zur Berücksichtigung ungewisser Verbindlichkeiten u. Verluste, z. B. R. für Pensionen.

**Rücktritt,** einseit. Lossagung vom Vertrag mit der Folge, dass beide Vertragspartner zur Rück-

**Peter Paul Rubens:** *Allegorie „Die Folgen des Krieges" (1637/38)*

gewähr bereits erbrachter Leistungen verpflichtet sind.

**Rückversicherungsvertrag,** 1887 abgeschlossener dt.-russ. Neutralitätsvertr., für den Fall eines frz. Angriffs auf Dtl. od. eines Angriffs von Östr.-Ungarn auf Russland; 1890 nicht mehr erneuert.

**Rückwirkung,** (in engen Grenzen mögl.) Anwendbarkeit eines Ges. auch für die Zeit vor der Verkündung. Rückwirkende Strafges. sind in Dtl. verboten (Art. 103 Abs. 2 GG).

**Rüde,** ♂ der Hundeartigen und Marder.

**Ruder,** bewegl. Steuerfläche: 1. zum Steuern eines Schiffes (durch Drehen erhält es einen seitl. Druck, den es auf den Schiffskörper überträgt); 2. bei Flugzeugen am Trag- *(Quer-R.)* u. Leitwerk *(Seiten-R.* u. *Höhen-R.),* zur Steuerung der Bewegung um die Hauptachsen.

**Rudern,** Wassersport, im *Renn-R.* vorw. Mannschaftssport; gg. die Fahrtrichtung sitzend, bewegen die Ruderer auf Rollsitzen mittels Riemen oder Skulls das Boot; Einer, Doppelzweier, Zweier u. Vierer ohne Steuermann bzw. Zweier, Vierer, Doppelvierer und Achter mit Steuermann; Länge der Wettkampfstrecke 2000 m (Männer) bzw. 1000 m (Frauen) u. 1500 m (Jugendliche).

**Rüdesheim am Rhein,** St. im Rheingau, Hessen, 10200 E; Weinbau und -handel, Sektkellereien; Fremdenverkehr.

**Rudiment** [lat.], **1)** Rest, Überbleibsel; Bruchstück. **2)** ❀ nicht mehr vollst. ausgebildete Ausgangsform.

**Rudolf,** *Hl. Röm. Reich:* **1) R. v. Rheinfelden, R. v. Schwaben,** † 1080, 1057 Hzg. von Schwaben, seit 1077 Gegenkg. Heinrichs IV. **2) R. I., R. von Habsburg,** * 1218, † 1291, 1273 zum Kg. gewählt, wodurch das Interregnum beendet wurde; besiegte Ottokar II. von Böhmen, belehnte seine Söhne mit Östr. u. Steiermark u. begr. damit die habsburg. Hausmacht im O des Reiches. **3) R. II.,** * 1552, † 1612, Kg. v. Ungarn (1572–1608) u. Böhmen (1575 bis 1611), Ks. (s. 1576); Anhänger der Gegenreformation; versuchte vergebl., sich durch Zugeständnisse an die Protestanten in Böhmen (Majestätsbrief 1609) gg. seinen Bruder Matthias zu behaupten. – *Östr.:* **4) R. IV.,** der Stifter, * 1339, † 1365, Hzg. s. 1358; erwarb 1363 durch Vertr. von Margarete Maultasch Tirol; gründete 1365 die Univ. Wien. **5) R.,** * 1858, † 1889, Sohn von Ks. Franz Joseph I., Erzhzg. (Kronprinz); fand unter nicht völlig geklärten Umständen (anscheinend durch Selbstmord) mit seiner Geliebten, der 17-jähr. Baronesse Mary Vetsera, auf Schloss Mayerling den Tod.

**Rudolfinische Tafeln,** v. J. Kepler hg. Planetentafeln, zu Ehren Rudolfs II. R. T. gen.

**Rudolfsee** ↑Turkanasee.

**Rudolstadt,** St. in Thüringen, 29500 E; histor. Bauten; Kunstfaser-, Porzellanind., Röntgenröhrenherst. – 1573–1918 Residenz der Grafen und Fürsten von Schwarzburg-Rudolstadt.

**Rugby** [ˈrʌgbɪ; engl.], Kampfspiel zw. 2 Mannschaften mit je 15 Spielern, bei dem ein ovaler Ball mit Händen und Füßen in eine Torzone (Malfeld) hinter das gegner. Tor gebracht werden muss.

**Rügen,** größte dt. Insel, vor der vorpommerschen Ostseeküste, 926 km²; durch den *R.damm* Verbdg. mit Stralsund; stark gegliederte Küste, im N u. O z. T. Kliffküste; zahlr. vorgeschichtl. Fundplätze; Ackerbau, Kreidegewinnung; Fischereiwirtsch.; an der O-Küste Seebäder; Sassnitz–Trelleborg Eisenbahnfähre.

**Rühmann,** Heinz, dt. Schauspieler u. Regisseur, * 1902, † 1994.

**Rühmkorf,** Peter, dt. Schriftsteller, * 1929; zeitkrit., iron. Lyrik, Prosa, z. T. autobiografisch.

**Ruhpolding,** Fremdenverkehrsort in Obb., um 700 m ü. d. M., 6500 E.

**Ruhr,** r. Nbfl. des Niederrheins, 213 km.

**Ruhr, Dysenterie, 1) Bakteri|enruhr,** meldepflichtige infektiöse Darmerkrankung mit heftigen Durchfällen, Fieber u. Blutabgang im Stuhl; verursacht durch Bakterien der Gattung Shigella. **2)** svw. ↑Amöbenruhr.

**Ruhrbesetzung,** Besetzung des Ruhrgebietes 1923–25 (durch frz. u. belg. Truppen) wegen angeblich vorsätzlich versäumter dt. Reparationslieferungen; die Reg. Cuno reagierte mit passivem Widerstand *(Ruhrkampf).*

**Ruhrgebiet** ↑Rheinisch-Westfälisches Industriegebiet.

**Rührmichnicht|an, Springkraut,** Balsaminengewächs; Frucht springt bei Berührung auf.

**Ruin** [lat.], Zusammenbruch, Zerrüttung, Verderb, Untergang.

**Ruiz de Alarcón y Mendoza** [ˈrui̯θ ðe alaˈkɔn i menˈdoθa], Juan, span. Dramatiker, * 1581, † 1639; formal glänzende Komödien.

**Ruländer, Grauburgunder, Pinot gris** [pinoˈgri], helle Rebsorte, die nährstoffreiche Böden u. beste Lagen beansprucht; wenig säurebetonte, körperreiche Weine.

**Rum** [engl.], Trinkbranntwein aus Melasse od. Saft des Zuckerrohrs; am bekanntesten der Jamaika-R.; *R.verschnitt* aus echtem R. (mind. 5%), Alkohol u. Wasser.

**Rumänen,** den Romanen zugehöriges Volk in SO-Europa, rd. 23 Mill.; Staatsvolk in Rumänien, vermutlich Nachkommen d. romanisierten Daker u. röm. Siedler.

**Rumänien**

| | |
|---|---|
| *Fläche:* | 238391 km² |
| *Einwohner:* | 22,33 Mill. |
| *Hauptstadt:* | Bukarest |
| *Amtssprache:* | Rumänisch |
| *Zeitzone:* | MEZ + 1 Stunde |

**Rumäni|en,** Rep. in SO-Europa; Verwaltungseinteilung in 41 Bez. u. d. Hptst. *Landesnatur:* R. wird durch d. Karpaten großräum. gegliedert; im Karpateninnenbogen d. Siebenbürg. Hochland, begrenzt durch d. Westsiebenbürg. Geb. im W; nach NW u. W zu öffnet sich R. zum Gr. Ungar. Tiefland; zw. S-Karpaten u. Donau d. steppenhafte, fruchtbare, in Kl. u. Gr. Walachei gegliederte Donautiefland, zw. Ostkarpaten u. Pruth d. stark zerschnittene Hügelland d. Moldau; östl. d. unteren Donau d. Tafelland d. Dobrudscha mit d. Schwarzmeerküste; westlich u. nördl. d. Dobrudscha gr. Sumpfgebiete d. Donauniederung und des Donaudeltas., kontinentales Klima mit mediterranen Einflüssen im SW. *Bev.:* vorw. Rumänen, Ungarn, dt. u. a. Minderheiten; *Religion:* vorw. rumän.-orthodox. Christen, daneben Katholiken, ev. Christen, Juden, Muslime. *Wirtsch.:* Anbau v. Getreide (Mais, Weizen), Sonnenblumen, Baumwolle, Flachs, Hanf, Tabak, Obst u. Wein; Viehzucht; Fischerei- u. Forstwirtschaft; vielseit. Ind.; bed. Erdöl- und Erdgasgewinnung u. -ind. (bes. bei Ploiești), ⚒

auf Kohle, Eisen; Bauxit, Blei, Zink, Kupfer, Mangan, Uran u.a. Erzen. – *Gesch.:* Ft. R. 1862 aus den unter türk. Oberhoheit stehenden, aber weitgehend autonomen Ft. Moldau und Walachei (entstanden 1310 und 1352/53) gebildet; 1878 Unabhängigkeit; 1881 Kgr.; 1916 Eintritt in den Krieg gg. die Mittelmächte, die R. besetzten und zum Frieden von Bukarest (7. 5. 1918) zwangen. Bed. Gebietserweiterungen durch die Pariser Friedensschlüsse 1919/20. 1940 Abtretung der N-Bukowina und Bessarabiens an die UdSSR, N-Siebenbürgens an Ungarn und der S-Dobrudscha an Bulgarien; 1940 Errichtung einer profaschist. Militärdiktatur unter Gen. I. Antonescu (bis 1944); 1941 Kriegseintritt auf dt. Seite; 1943/44 Besetzung durch die Rote Armee; Waffenstillstand, starker kommunist. Einfluss in der Reg.; 1947 Friedensvertrag, Rückgliederung Nord-Siebenbürgens; erzwungene Abdankung des Kg., Ausrufung der Volksrep.; seit Juni 1965 „Sozialist. Rep. R." offiz. Name; 1965 N. Ceauşescu Führer d. Kommunist. Partei, s. 1967 auch Staatsoberhaupt; Dez. 1989 Sturz seines diktator. Herrschaftssystems durch v. Militär unterstützten Volksaufstand; Ausrufung d. Republik, zähe Demokratisierung u. EU-Annäherung.

**Rumänisch,** roman. Spr. mit sehr eigenständ. Entw. (Einfluss der Spr. benachbarter Völker); bis zur Mitte des 19. Jh. kyrill., dann lat. Schrift.

**Rumba,** kuban. Tanz im $^4/_4$-Takt; s. etwa 1930 Gesellschaftstanz.

**Rumeli|en,** das europ. Gebiet des Osman. Reiches s. 1352/54 (Statthalterschaft); der Name lebt im bulgar. Ost-R. fort (SO-Bulgarien).

**Rumsfeld** ['rʌms-], Donald, amer. Politiker (Republikan. Partei), *1932; 1975–77 u. s. 2001 Verteidigungsminister.

**Rundfunk,** nach amtl. Definition „die für die Allgemeinheit bestimmte Veranstaltung und Verbreitung von Darbietungen aller Art in Wort, in Ton u. in Bild unter Benutzung elektr. Schwingungen ohne Verbindungsleiter oder längs oder mittels eines Leiters". – Beim *Ton-R.* (Bez. zur Abhebung gegenüber dem ↑Fernsehen) werden die akust. Signale (Sprache, Musik) von Mikrofonen aufgenommen und in niederfrequente elektromagnet. Schwingungen umgesetzt; die Tonfrequenzspannungen werden verstärkt einem *R.sender* zugeführt und modulieren dessen Trägerfrequenz; nach Abstrahlung v. einer *Sendeantenne* u. Aufnahme über eine *Empfangsantenne* wird das Signal im Empfänger meist in eine andere Frequenz *(Zwischenfrequenz)* umgesetzt, verstärkt und demoduliert (↑Demodulation), um die urspr. Signale wieder zu erhalten, die über Lautsprecher hörbar gemacht werden.

**Rundwürmer,** svw. ↑Schlauchwürmer.

**Runen** [german.; = Geheimnis], Schriftzeichen, die von allen german. Stämmen verwendet wurden; meist in Holz, Erz u. Stein eingeritzt, als Inschriften, Symbole, Zaubermittel; die altgerman. R.reihe (Futhark) umfasst 24, die jüngere nord. 16 Zeichen.

**Runge,** Philipp Otto, dt. Maler und Schriftsteller, *1777, †1810; Hauptvertreter der romant. Malerei („Tageszeiten"; relig.-myst. und romant. Ideen); Porträts („Die Eltern"); kunsttheoret. Schriften.

**Ruprecht,** *Hl. Röm. Reich:* **1) R. v. der Pfalz,** *1352, †1410, 1398 Krfst. v. d. Pfalz (R. III.), s. 1400 Kg. (nach Absetzung Wenzels), nur teilw. anerkannt. – *Pfalz:* **2) R. I.,** *1309, †1390, Krfst. s. 1353; gründete 1386 die Univ. Heidelberg.

**Rur,** niederl. **Roer** [ru:r], r. Nbfl. der Maas, 248 km; nördl. v. Schleiden *Rurtalsperre Schwammenauel.*

**Rushdie** ['rʊʃdɪ], Salman, brit. Schriftsteller ind. Abkunft, *1947; 1988 wg. seines nach radikal-islam. Auffassung gotteslästerl. Romans „Satan. Verse" von Ayatollah Khomeini mit „Todesstrafe" belegt.

**Rushhour** ['rʌʃaʊə], tägl. Hauptverkehrszeit.

**Ruska,** Ernst, dt. Physiker, *1906, †1988; entwickelte 1931 mit M. Knoll das erste Elektronenmikroskop mit magnet. Linsen. Nobelpreis 1986 (mit G. Binnig u. H. Rohrer).

**Ruß,** tiefschwarzes, feines Pulver aus grafitart. Kohlenstoffkristallen; wichtig als Pigment von Druckfarben u. als Füllstoff in Gummimischungen. R. ist auch (unerwünschtes) Produkt bei Verbrennungsvorgängen (z.B. Dieselabgase); Krebs erregend.

**Rüssel,** muskulöse, sehr bewegl., röhrenart., als Greif- oder Tastorgan dienende Verlängerung der Nasenregion bei ↑Rüsseltieren.

**Rüsselkäfer,** größte Käferfam. (rd. 43 000 bek. Arten), mit rüsselartig verlängertem Kopf; reine Pflanzenfresser; madenförm. Larven; zahlr. Pflanzenschädlinge (Fichten-, Kiefern-R., Apfelblütenstecher, Kornkäfer).

**Russell** [rʌsl], **1)** Bertrand [Arthur William] Earl, brit. Philosoph u. Mathematiker, *1872, †1970; mit A. N. ↑Whitehead Begr. der math. Logik, Versuch einer Rückführung der Math. auf wenige log. Axiome („Principia Mathematica"); Vertr. einer skept. Erkenntnistheorie, als Publizist sozialist. u. pazifist. Ideen; Nobelpreis für Lit. 1950. **2)** Henry Noris, amer. Astronom, *1877, †1957; brachte die v. E. Hertzsprung gefundene Beziehung zw. Leuchtkraft u. Temp. v. Sternen in die Form des ↑Hertzsprung-R.-Diagramms.

**Rüsselsheim,** St. am Main, östl. von Mainz, Hessen, 60 300 E; Opelwerke. – 830 erstmals genannt; Stadterhebung 1437; im 16./17 Jh. als Festung bed.; erhielt 1937 erneut Stadtrecht.

**Rüsseltiere,** Säugetierordn.; Nase als ↑Rüssel verlängert; umfasst u.a. Dinotherium, Mammut, Mastodon u. die (rezenten) Elefanten.

**Russen,** ostslaw. Volk überwiegend in Russland; s. dem 17. Jh. auch Großrussen genannt.

**Russisch,** Spr. der [Groß]russen, bildet mit dem Ukrain. u. Weißruss. die ostslaw. Sprachengruppe; Eigenständigkeit der drei Spr. spätestens s. dem 14./15. Jh.; davor *Alt-R.;* im R. viele Elemente des Kirchenslawischen (bis zum 18. Jh. Schriftspr. der Russen); Schrift Kyrilliza.

**Russische Föderation,** amtl. Name v. ↑Russland.

**russische Geschichte,** die Entstehung des Russ. Reiches ist verbunden mit dem Auftreten der skand. Waräger in diesem Gebiet. 862 Rurik Fürst von Nowgorod; Gründung des Kiewer Reiches durch den Zusammenschluss Nowgorods u. Kiews unter Oleg; rasche Slawisierung, Einführung des orth. Christentums unter Wladimir d. Hl.; nach Blütezeit (11. Jh.) Zerfall in Teilreiche. Im 13. Jh. Niedergang durch Mongoleneinfall, südl. u. westl. Gebiete im 14. Jh. an Litauen u. Polen. Verlagerung des polit. Schwergew. nach Moskau, dessen Großfürst Iwan III., d. Gr., Russland von der Mongolenherrschaft befreite u. zum autokrat. Einheitsstaat machte; Festigung der Zentralgewalt unter Iwan IV., dem Schreckl.; s. 1582 Erschließung Sibiriens. 1605–13 Zeit der Wirren: Bedrohung des Reiches durch poln. Intervention, Auftreten falscher Prätendenten; 1654 die Ukraine unter russ. Oberhoheit; weitere Expansion

**russische Kunst:** *Basilius-Kathedrale in Moskau (1555–60; links); Andrej Rubljow, Ikone „Die heilige Dreifaltigkeit" (1411 oder 1422–27; rechts)*

gg. die Türkei gerichtet. Unter Peter I., d. Gr., Europäisierung, Erwerbung der Ostseeprovinzen im Nord. Krieg. 1703 Gründung der neuen Hptst. Sankt Petersburg, Russland wurde Großmacht. Beteiligung am Siebenjähr. Krieg. Katharina II., d. Gr., gewann d. Schwarzmeerküste v. d. Türkei u. in den Teilungen Polens Litauen, Kurland, Weißrussland sowie Teile der W-Ukraine. Stärkung der europ. Stellung im Kampf gg. Napoleon I. Bessarabien, Finnland u. Kongresspolen wurden russ.; Beteiligung an der Heiligen Allianz. Niederwerfung des Dekabristenaufstandes (1825) u. der Aufstände in Polen. Keine Lösung der soz. Spannungen durch die Bauernbefreiung 1861. Außenpolit. war das 19. Jh. durch Expansionsstreben in Asien u. bes. auf dem Balkan bestimmt (Krimkrieg, Russ.-Türk. Krieg 1877/78), dadurch Ggs. zu Östr.-Ungarn. Niederlage im Krieg gg. Japan 1904/05; Revolution 1905/06; Einrichtung der Duma. Nach schweren Niederlagen im 1. Weltkrieg zuerst die bürgerl.-demokrat. Februarrevolution, dann die bolschewist. Oktoberrevolution 1917, in der das russ. Kaisertum unterging. Die 1918 gegr. „Russ. Sozialist. Föderative Sowjetrep." ging 1922 in der sich konstituierenden Sowjetunion auf. Mit deren Auflösung (25. 12. 1991, ↑Sowjetunion, Geschichte) bildete Russland, das sich Juni 1990 für unabhängig erklärt hatte (Präs. ab Juni 1991: B. Jelzin) und beim Putsch kommunist.-orthodoxer Kräfte (Aug. 1991) an der Spitze des Widerstands gestanden hatte, im Dez. 1991 mit Weißrussland u. der Ukraine die „Gemeinschaft Unabhängiger Staaten" (GUS), der sich mit Ausnahme der balt. Staaten die übrigen Unionsrep. anschlossen. Russland übernahm den UN-Sicherheitsratsitz der UdSSR u. betrachtet sich als deren Teilrechtsnachfolger. Der von Präs. Jelzin betriebene radikale Reformkurs stieß auf den Widerstand altkommunist. Kräfte (bewaffneter Putschversuch Sept. 1993 blutig niedergeschlagen). Parlamentswahlen 1993 u. 1995 brachten den konservativen Kräften starke Stimmengewinne. Die Unabhängigkeitsbestrebungen ↑Tschetscheniens führten zu zwei blutigen Mil.-Interventionen R.s in dieser Kaukasusrep. (1994–96, erneut 1999/2000). 1996 begründeten R. u. Weißrussland eine „Gemeinschaft Souveräner Rep." (Unionsverträge 1997 u. 1999). Nach dem Rücktritt von Jelzin am 31. 12. 1999 wurde W. Putin amtierender Staatspräsident (im März 2000 ins Präs.-Amt gewählt). Er betrieb eine Festigung der Zentralgewalt (u. a. 2000 Verw.-Reform, Ges. zur Neuformierung des Föderationsrates, 2001 neues Parteien-Ges.) u. suchte die Wirtschaft zu konsolidieren; im Sommer 2001 wurde ein Landges. zur Legalisierung v. privaten Bodeneigentum erlassen. Außen- u. sicherheitspolit. bemühte sich R. zum einen um d. Bildung einer strateg. Partnerschaft mit China u. Indien (zahlr. Abkommen), zum anderen trotz seiner Vorbehalte gg. die Osterweiterung der NATO u. die US-Pläne zur Schaffung eines Raketenabwehrsystems (↑NMD) um eine weitere Annäherung an die westl. Staaten (u. a. 1997 Grundlagenakte über die Beziehungen R.s zur NATO, 2001 Unterstützung der internat. Antiterrorallianz, 2002 Neukonstituierung des NATO-R.-Rates).

**russische Kunst,** die Kunst Russlands s. der Christianisierung durch Byzanz (988); in der *Baukunst* wurde die byzantin. Kreuzkuppelkirche übernommen: fünf (meist zwiebelförm.) Kuppeln über dem griech. Kreuz (Sophienkathedralen in Kiew und Nowgorod); im 12. Jh. neuer Typ der Kirchen: beherrschende Hauptkuppel und kleinere Nebenkuppeln. In Moskau erste bed. Kirche die Uspenskikathedr. (1475 bis 1479); von westl. Gotik beeinflusst die Moskauer Basiliuskathedr. (1555 bis 1560). Die *Malerei,* zuerst ganz byzantin., entwickelte erst im späten 12. Jh. einen eigenen Stil. Höhepunkt der russ. Ikonenmalerei im Werk Rubljows. Die neuruss. Kunst setzte ein mit der Gründung von St. Petersburg (1703); ital., frz. u. dt. Baumeister u. Bildhauer (B. F. Rastrelli, A. Schlüter, K. Rossi, É.-M. Falconet u. a.) bewirkten den Anschluss an den westeurop. Barock u. Klassizismus. Der bedeutendste Maler des 19. Jh. war I. J. Repin. 1914 entstand der ↑Konstruktivismus. Nach der Oktoberrevolution passten sich viele Maler dem sozialist. Realismus an; andere dagegen verließen die UdSSR, u. a. W. Kandinsky, M. Chagall.

**russische Literatur,** *altruss. Lit.* im Kiewer Reich vom 11.–13. Jh. mit Kirchenslaw. als Lit.spr. (Ostromir-Evangelium, Igorlied); mit der Verlagerung des polit. und kulturellen Zentrums nach Nord[ost]en: *Moskauer Periode* vom 14.–17. Jh. mit wachsendem nat. Selbstbewusstsein auch in der Lit.; seit dem 17. Jh. westl. Einflüsse; im *18. Jh.* v.a. frz. Einfluss; satir. Komödien (Sumarokow); klassizist. Versdichtung (Lomonossow); empfindsame Erzählungen (Karamsin); im *19. Jh.* neues Nationalgefühl u. Ausformung der russ. Lit.spr. in der Romantik (Puschkin, Lermontow, Gogol); in der 2. Jh.hälfte die gr. realist. Erzähler (Turgenjew, Gontscharow, Dostojewski, Tolstoi); im *20. Jh.* neue Blüte der Lyrik im Symbolismus (Mereschkowski, Iwanow, Blok), anschl. eine Vielzahl von lit. Strömungen; nach der Oktoberrev. Emigrationswelle (Mereschkowski, Bunin, Nabokov); in den 1920er-Jahren Bildung versch. lit. Gruppierungen, die alle 1932 unter Druck Stalins aufgelöst wurden; stattdessen starke Einschränkungen (Pasternak), ideolog. Vorgaben u. Zensur innerhalb der Sowjetlit. bis hin zu Lagerhaft und Tötung von Schriftstellern; in den 1950er-Jahren nach Stalins Tod „Tauwetterperiode" (Ehrenburg, Dudinzew); in den 1970er-Jahren nach neuen Einschränkungen des lit. Lebens erneute Emigrationswelle (Solschenizyn, Nekrassow, Sokolow, Brodski); erst seit Glasnost und Perestroika in den 1980er-Jahren Veröffentlichung der bis dahin verbotenen Werke; die postsowjet. Lit. greift sowohl realist. (Solschenizyn, Wladimow) als auch mit der wechselseitigen Beeinflussung der Künste experimentierende (Sorokin, Pepperstein) Traditionen wieder auf und nutzt auch postmod. Stilmittel (Jerofejew, Bolmat).

**russische Musik,** die Musik der Russen (Großrussen), Weißrussen u. Ukrainer (Kleinrussen). Spät aufgezeichnete Volkslieder; einstimm. Kirchengesang s. dem 11. Jh. notiert; Mehrstimmigkeit s. dem 17. Jh. Nach 1600 Eindringen europ. Musik, v.a. ital. Musiker am Petersburger Hof (u.a. G. B. Pergolesi, D. Cimarosa). Die nat.-russ. Musik beginnt mit den Opern M. I. Glinkas; eigenständ. u. von der westeurop. Musik übernommene Züge nebeneinander, wie auch bei P. I. Tschaikowski. Den Durchbruch zur typ. r. M. brachte M. P. Mussorgski; zunächst zur Gruppe der „Fünf", dem „mächtigen Häuflein" gehörend (ebenso M. A. Balakirew, A. P. Borodin, Z. A. Kjui u. N. A. Rimski-Korsakow). Dessen Schüler, u.a. A. K. Glasunow, setzen diese Linie fort, während die Nachf. Tschaikowskis – S. W. Rachmaninow, A. N. Skrjabin – stärkeren westl. Einfluss zeigen. Von den Modernen sind außer I. Strawinsky v.a. S. S. Prokofjew, A. Chatschaturjan und D. D. Schostakowitsch im westl. Ausland bekannt geworden.

**Russisch-Japanischer Krieg,** (1904/05), durch die expansive russ. Fernostpol. u. das jap. Großmachtstreben in O-Asien verursachter Krieg: 1904 Zerstörung der russ. Kriegsflotte in Port Arthur durch Japan; nach weiteren Niederlagen musste Russland 1905 u.a. Japan die Pacht v. Liaodong u. den S-Teil der Insel Sachalin überlassen, das ein Protektorat über Korea errichtete.

**russisch-orthodoxe Kirche,** autokephale orth. Kirche des *Moskauer Patriarchats* u. zahlenmäßig größte orth. Kirche (kirchl. Angabe für Russland: 50–60 Mio. Getaufte); Oberhaupt mit dem Amtstitel „Patriarch von Moskau und ganz Russland" (Sitz: Moskau); liturg. Sprache Kirchenslawisch; in ihrer kirchl. Jurisdiktion Bistümer u. Gem. in Russland, der GUS u. der weltweiten russ. Diaspora umfassend; ihre Gesch. auf den Apostel Andreas zurückführend; Kirchl. Zentrum nach 988 (Taufe des Kiewer Großfürsten Wladimir I.) Kiew, seit 1354 Moskau; 1589 Erlangung der Autokephalie; im Zarenreich Staatskirche (1654 Schisma, Abspaltung der ↑Raskolniki); in der Sowjetunion zahlr. Repressionen sowie polit. Instrumentalisierung ausgesetzt.

**Russland,** *Russische Föderation,* Rep. in O-Europa, N- u. Innerasien, Verwaltungseinteilung in 89 Förderationssubjekte (21 Teilrep., 6 Regionen, 49 Gebiete, 2 bundesunmittelbare Städte, 1 autonomes Gebiet u. 10 autonome Kreise). *Landesnatur:* vorw. Ebenen, die d. Ural in Osteurop. Ebene u. Westsibir. Tiefland teilt; daran sich anschließend im NW d. Bergländer Kareliens, im S d. Kaukasus (Elbrus 5642 m) u. d. Kasp. Senke, im O d. Mittelsibir. Bergland sowie d. Geb. Ostsibiriens u. d. hohen Geb. d. Fernen Ostens; der Geb.-gürtel wird am Pazif. Ozean durch d. Korjakengeb. sowie durch d. an Vulkanen (u.a. Kljutschewskaja Sopka, 4835 m) reichen Gebirge Kamtschatkas u. d. Inselkette d. Kurilen abgeschlossen; der nordsibir. Küste sind zahlr. Inseln vorgelagert (z.B. Nowaja Semlja, Sewernaja Semlja); v. arkt. (Nordsibirien) bis zu subtrop. Klima (Schwarzmeerküste); im größten Teil d. Landes kontinentales Klima. *Bev.:* 82 % Russen, mehr als 100 nat. Minderheiten; *Religion:* vorw. russisch-orthodox, daneben ev. u. kath. Christen, Juden, Muslime, Buddhisten. *Wirtsch.:* bis nach d. Ersten Weltkrieg Agrarstaat, nach 1928, bes. aber nach d. Zweiten Weltkrieg, Beginn d. Industrialisierung (überwiegend Schwerind.); s.d. 1970er-Jahren wirtschaftl. Stagnation, die 1990/91 an d. Rand d. wirtschaftl. Zusammenbruchs führte; 1992 eingeleitete Wirtschaftsreformen mit einhergehender Privatisierung führten bisher noch nicht zum Ende d. krisenhaften Entwicklung; Anbau v. Getreide, Futterpflanzen, Zuckerrüben, Kartoffeln, Gemüse, Sonnenblumen; bed. Viehzucht (Rinder, Schweine, Schafe; im N Rentierzucht, z.T. auch Pelztierjagd u. -zucht); Forstwirtschaft: Fischerei; ⚒ auf Kohle, Erdgas, Erdöl, Gold, Eisenerz, Nichteisenmetalle, Diamanten, Kalisalze, Bauxit, Uran u.a.; ind. Schwerpt. in Moskau u. St. Petersburg, im Ural u. im südl. W-Sibirien; Maschinen-, Apparate-, Geräte- u. Fahrzeugbau, chem., Rüstungs-, Leicht- u. Nahrungsmittelind.; – *Gesch.* ↑russische Geschichte.

**Russland**

*Fläche:* 17 075 400 km²
*Einwohner:* 144,8 Mill.
*Hauptstadt:* Moskau
*Amtssprache:* Russisch
*Zeitzone:* MEZ (von W nach O) + 1 bis + 11 Stunden

**Rüster,** svw. ↑Ulme.

**Rüstung, 1) Panzer,** mil. Schutzkleidung im Altertum u. MA, gepolsterte Lederjacke, dann ärmellose Panzerjacke u. Panzerhemd *(Brünne)* mit Beinschutz, schließl. Voll-R. *(Harnisch)* mit Plattenpanzer. **2)** materielle Ausstattung der Streitkräfte eines Staates. **3)** Trägergerüst aus Holz od. Stahlrohren für die Verschalung v. [Gewölbe]bauten, z.B. für Stahlbetonbau.

**Rute, 1)** wm. Bez. für den Penis von Schalenwild, Raubwild u. Hund. **2)** altes dt. Längenmaß zw. 3 u. 5 m.

**Ruth,** Titelgestalt des at. *Buches R.;* Stammmutter des judäischen Königshauses (Urgroßmutter Davids).

**Ruthenium** [nlat.], Symb. **Ru,** chem. El., OZ 44, rel. A.-Masse 101,07, Metall aus der Gruppe der Platinmetalle; silberweiß, spröde, Dichte 12,41 g/cm$^3$, Fp. 2334 °C, Sp. 4150 °C; in Königswasser lösl.; für Legierungen (für Federspitzen, Spinndüsen), Katalysatoren u.a.

**Rutherford** [ˈrʌðəfəd], Ernest, Lord R. of Nelson and Cambridge (seit 1931), brit. Physiker, * 1871, † 1937; Arbeiten über radioakt. Strahlen u. Zerfallsreihen, über Aufbau der Atome. 1919 erste künstl. Atomumwandlung; Nobelpreis für Chemie 1908.

**Rutherfordium** [razər-; nach E. Rutherford], Symb. **Rf,** künstl. chem. El., radioakt., OZ 104 (Transuran).

**Rütli,** Bergwiese über dem Urner See, Kanton Uri. – Der Überlieferung nach wurde hier durch den [histor. nicht verbürgten] *R.schwur* 1291 die Schweizer. Eidgenossenschaft gegründet.

**Rüütel,** Arnold, estn. Politiker, * 1928; 1983–92 Vors. des Obersten Sowjets bzw. (nach Wahl 1990) Parlamentspräs. v. Estland; s. 2001 Staatspräsident.

**Ruysdael** [ˈrœjsda:l], Salomon van, niederl. Maler, * zw. 1600 und 1603, † 1670; früher Meister der spezif. holl. Landschaftsmalerei.

**Rwanda** ↑Ruanda.

**Rydberg-Konstante** [nach dem schwed. Physiker J. R. Rydberg, * 1854, † 1919], Formelzeichen *R*, atomphysikal. Konstante in den Serienformeln für die Spektrallinien: $R_\infty \approx 1{,}0974 \cdot 10^7\,\mathrm{m}^{-1}$.

**Ryle** [raɪl], Sir (seit 1966), Martin, brit. Astrophysiker, * 1918; entwickelte die Apertursynthese zur Untersuchung v. kosm. Radioquellen, erhielt mit A. Hewish 1974 den Nobelpreis.

**Ryūkyūinseln,** jap. Inselkette zw. Kyūshū (Japan) und Taiwan, rd. 4700 km$^2$, 98 Inseln, davon 47 bewohnt; größte Insel Okinawa mit der Hptst. Naha. – 1945–72 unter amer. Verwaltung.

**RZ,** Abk. für: ↑**R**aum**z**ahl.

**Rzeszów** [ˈʒɛʃuf], Hptst. d. Wwschaft Vorkarpaten, Polen, 161300 E; Univ.; vielseitige Ind.; ✈.

# S

**S,** 19. Buchstabe des Alphabets.

**S,** ♃ Symbol für ↑Schwefel.

**S,** Einheitenzeich. für: ↑Siemens.

**s,** Einheitenzeich. für: ↑Sekunde.

**S.,** Abk. für: **1)** ital. **S**an, **S**anto, **S**anta; portug. **S**anto, **S**ão; span. **S**an. **2) S**eite.

**SA,** Abk. für: **1)** frz. **S**ociété **a**nonyme (svw. ↑Aktiengesellschaft). **2) S**turm**a**bteilung, die uniformierte polit. Kampf- u. Propagandatruppe der NSDAP; 1920 als Vers.-Schutz der Partei gegr., s. 1921 v. ehem. Freikorpsoffizieren zur paramil. Kampforganisation umgeformt, nach dem Hitler-Putsch 1923 verboten; 1925 Neuaufbau auf lokaler Ebene; sie wurde als Massenheer in Straßenkampf u. Propaganda zur Terrorisierung polit. Gegner u. der Staatsgewalt eingesetzt; mit dem Röhm-Putsch (1934) verlor die SA ihre polit. Bedeutung.

**Saale,** l. Nbfl. der Elbe, 427 km.

**Saalfeld/Saale,** Krst. in Thür., 32600 E; ma. und barocke Bauten, Masch.-, Farben-, Süßwaren- und Kartonagenind.; im SW die *Feengrotten* (farb. Tropfsteinhöhlen).

**Saar,** frz. **Sarre** [sa:r], r. Nbfl. der Mosel, 246 km.

**Saarbrücken,** Hptst. des Saarlandes, 187000 E (Stadtverband S.: 358000 E); Univ., Fachhochschulen, Konservatorium, Verfassungsgerichtshof des Saarlandes, OLG, LG; IHK; Oberbergamt; got. Kirchen, barocke Ludwigskirche; Schloss (18. u. 19. Jh.); Zentrum des saarländ. Steinkohlen-⚒, der Hütten- u. Maschinenind.; ferner Elektro-, Textil- u.a. Ind.; Saarmesse; Fluss-⚓.

**Saarland,** Land der BRD, 2570 km$^2$, 1,08 Mill. E, Hptst. Saarbrücken; Anteil am Saar-Nahe-Bergland, Hochwald, Westrich u. Lothr. Stufenland; Hauptfl. die Saar mit ihren Nebenflüssen Blies u. Prims; unmittelbares Nebeneinander von Ind.- u. Waldlandschaft. *Wirtsch.:* Grundlage der Steinkohlen-⚒ im *Saarkohlenbecken;* Hütten-, Stahl- und Maschinenind. baut sich darauf auf; wichtig auch keram. u. Glasind.; durch Kanalverbdg. zum Rhein-Marne-Kanal Anschluss an das frz. Wasserstraßennetz; Anschluss an das dt. durch die Moselkanalisierung. – *Gesch.:* Der größte Teil des heut. S. war als Gft. Saarbrücken seit 1381 nassauisch; 1801–15 frz., dann preuß.; 1920 als *Saargebiet* auf 15 J. der Verw. des Völkerbundes unterstellt, 1925 Eingliederung in das frz. Zollgebiet, nach Volksabstimmung 1935 wieder zum Dt. Reich. Nach dem 2. Weltkrieg Vergrößerung um zahlr. Gemeinden, wirtsch. Anschluss an Frkr. als autonomes Glied. Nach Ablehnung des *Saarstatuts* (1955) durch Volksabstimmung (vorgesehen war die Europäisierung des S.) 1957 Anschluss an die BRD, 1959 auch wirtsch. Rückgliederung.

**Saarlouis** [-ˈlʊj], 1936–45 **Saarlautern,** Krst. an der Saar, Saarland, 38500 E; Oberverw.-Gericht; vielseit. Ind., Automontage. – 1680–86 von Ludwig XIV. nach Plänen Vaubans als frz. Festung erb., 1815 preußisch.

**Saat, 1)** das Einbringen von S.gut in den dafür vorbereiteten Boden. **2)** svw. Saatgut (Pflanzensamen) u. die daraus keimenden Pflänzchen.

**Saatkrähe,** etwa 46 cm gr., schwarzer Rabenvogel; Koloniebrüter; nützl. Schädlingsvertilger.

**Saaz,** Johannes v., ↑Johannes v. Tepl.

**Saba,** im Altertum Landschaft und Reich der Sabäer im südl. Arabien.

**Sabah,** Gliedstaat der Föderation Malaysia, im NO v. Borneo, 73619 km$^2$, 1,74 Mill. E; Hptst. Kota Kinabalu; zugehörig die Insel Labuan; gebirgig, bis 4101 m.

**Sabbat** [hebr.], jidd. **Schabbes,** jüd. Ruhe- u. Feiertag, der 7. Tag der Woche (Samstag).

**Säbel,** leicht gekrümmte, einschneidige Hieb- u. Stichwaffe berittener Truppen, deren Griff zum Schutz der Faust mit Bügel od. Korb versehen ist; auch Fechtsportwaffe.

**SABENA,** Abk. für: **S**ociété **A**nonyme **B**elge d'**E**xploitation de la **N**avigation **A**érienne, bis Nov. 2001 belg. Luftverkehrsges., Sitz Brüssel; nach dem Konkurs wurde *SN Brussels Airlines* gegr., d. Logo d. Vorgängerin bleibt.

**Sabin** [ˈsæbɪn], Albert Bruce, poln.-amer. Virusforscher, * 1906, † 1993; entwickelte die nicht mehr verwendete ↑Schluckimpfung gg. Poliomyelitis.

**Sabiner,** italischer Volksstamm im antiken Italien.

**Sabiner Berge,** ital. **Monti Sabini,** westl. Randgeb. des Abruzz. Apennins, nö. von Rom, Italien, bis 1365 m.

**Sabotage** [sabɔˈta:ʒə; frz.], planmäßige Beeinträchtigung eines wirtsch. Produktionsablaufs, mil. Operationen u.a. durch [pass.] Widerstand od. Zerstörung v. Einrichtungen.

**Saccharasen** [zaxa-; gr.], Enzyme, die Rohrzucker in Trauben- und Fruchtzucker spalten.

**Saccharate** [zaxa-], Salze u. Ester der Zuckersäure.

**Saccharin** [zaxa-], Benzoesäuresulfimid, Süßstoff (500fache Süßkraft von Zucker).

**Saccharose** [zaxa-] ↑Zucker.

**Sacco di Roma,** Plünderung Roms durch Söldner Karls V. nach der Erstürmung 1527.

**Sachalin,** Insel zw. Ochotsk. u. Jap. Meer, Russland, 76 400 km², waldreiches Geb.-Land mit rauem Klima; Fischfang u. -verarb.; Erdöl-, Kohlenlager; durch d. Tatarischen Sund v. Festland getrennt. – S. wurde 1643 entdeckt; N-S. ist seit 1853 russ., S-S. war bis 1875 jap., dann russ., 1905–45 wieder jap., fiel dann an d. UdSSR.

**Sacharja** ↑Kleine Propheten.

**A. Sacharow**

**Sacharow,** Andrei Dmitrijewitsch, russ. Physiker, *1921, †1989; maßgebl. an der Entwicklung der ersten sowjet. Wasserstoffbombe beteiligt; setzt sich s. 1968 als Systemkritiker für eine Liberalisierung in der UdSSR ein; 1975 Friedensnobelpreis; von Jan. 1980 bis Dez. 1986 nach Gorki verbannt.

**Sachbeschädigung,** vorsätzl. und rechtswidrige Beschädigung oder Zerstörung einer fremden Sache; auf Antrag strafbar.

**Sachbezüge,** Arbeitsentgelt in Sachgütern (z.B. freie Wohnung u. Kost, Waren u. Dienstleistungen); steuerpflichtig.

**Sache,** ⚖ jeder körperl. Gegenstand (§§ 90 ff. BGB).

**Sachenrecht,** ⚖ der Teil des bürgerl. Rechts, der die Rechtsbeziehungen der Personen zu den Sachen, die ↑dingl. Rechte regelt (§§ 854–1296 BGB).

**Sacher-Masoch,** Leopold Ritter von, östr. Schriftsteller, *1836, †1895; die in seinem Roman „Venus im Pelz" angesprochene Form der Erotik trug der entspr. Triebrichtung den Namen *Masochismus* ein.

**Sachs, 1)** Hans, dt. Meistersinger aus Nürnberg, *1494, †1576; zahlr. Meisterlieder, Spruchgedichte, Erzählungen und Schauspiele. **2)** Nelly, schwed.-dt. Dichterin, *1891, †1970; Gestaltung des jüd. Schicksals; Nobelpreis 1966 (mit S. J. Agnon).

**Sachsen,** westgerman. Stamm, um Chr. Geburt nördl. der unteren Elbe sesshaft, s. dem 3. Jh. Vorstoß zum Harz u. Niederrhein; ein Teil zog mit den Angeln u. Jüten im 5. Jh. nach Britannien. 4 Volksgruppen: die *Engern* beiderseits der mittl. Weser, östl. davon die *Ostfalen,* im W die *Westfalen,* im N die *Nordalbingier.* In den *S.kriegen* (772–804) wurden die S. durch Karl d. Gr. christianisiert u. dem Fränk. Reich eingegliedert; im 9. Jh. entstand ein sächs. Hzgt., zunächst in der Hand der Liudolfinger, dann der Billunger, Lothars v. Supplinburg und der Welfen; nach Heinrichs des Löwen Sturz (1180) Aufteilung. Name u. Herzogswürde fielen mit Ostfalen an die Askanier, die um Lauenburg u. Wittenberg saßen und deren Gebiet 1260 in S.-Lauenburg u. S.-Wittenberg geteilt wurde (S.-Lauenburg 1689 an das Hzgt. Braunschweig-Lüneburg, 1705 an Hannover; S.-Wittenberg s. 1356 im Besitz der Kurwürde, 1423 an die wettin. Markgf. von Meißen).

**Sachsen, Freistaat S.,** Land der BRD, 18 413 km, 4,5 Mill. E; Hptst. Dresden; hat im N Anteil am Norddt. Tiefland; das Sächs. Hügelland leitet zum Erzgebirge im S über; im O schließen sich Elbsandsteingebirge u. Oberlausitz mit dem Lausitzer Gebirge, im SW das Vogtland an. Flüsse: Elbe, Mulde u. obere Spree. – Ackerbau (Weizen, Zuckerrüben, Gemüse), um Meißen Weinbau; Maschinen-, Fahrzeugbau (Leipzig, Dresden, Mosel), Elektronik-, Textil-, Spielwaren- u. keram. Ind.; Braunkohlenabbau. – *Gesch.:* Kernland: Mark Meißen, s. 1089 im Besitz der Wettiner, 1423 Vereinigung mit S.-Wittenberg zum Kurft. S. *(Kursachsen);* durch die Teilung der Besitzungen 1485 entstanden 2 Linien: *Ernestiner,* die die Kurlande, Gebiete im mittl. Thür. u. das Vogtland erhielten, *Albertiner,* die die Markgft. Meißen, das Leipziger Gebiet, das nördl. Thür. erhielten. Die *Ernestiner* förderten die Reformation, Johann Friedrich der Großmütige (1532–47) unterlag im Schmalkald. Krieg Karl V. u. dem Albertiner Moritz v. S., der daraufhin die sächs. Kurwürde u. den größten Teil des Landes erhielt (1547). Während der Restbesitz durch Teilungen zersplittert wurde (↑Sächs. Herzogtümer), konnten die *Albertiner* ihre Stellung verbessern. Im Dreißigjährigen Krieg Gewinn der Lausitz; 1697–1763 in Personalunion mit Polen (u.a. August der Starke). Beteiligung am Kampf gg. Frkr. im 1. u. 4. Koalitionskrieg, 1806 Kgr. u. Mitgl. des Rheinbundes. Auf dem Wiener Kongress 1814/15 musste S. fast die Hälfte seines Territoriums an Preußen abtreten (↑Sachsen-Anhalt). Nach Unruhen (1830) Gewährung einer Verf. (1831); verstärkte Industrialisierung, innenpol. Schwierigkeiten (Maiaufstand 1849). 1918 Ausrufung der Rep. S. durch Arbeiter- u. Soldatenräte, 1920 Verf. für das *Land Sachsen;* 1945 zur SBZ, in der DDR 1952 in die Bez. Dresden, Leipzig u. Karl-Marx-Stadt aufgeteilt; am 3. 10. 1990 als Land der BRD wieder gegründet.

**Sachsen-Anhalt,** Land der BRD, 20 447 km², 2,65 Mill. E; Hptst. Magdeburg. Überwiegend im Norddt. Tiefland gelegen; im W der östl. Teil des Harzes. – Ackerbau (bes. Magdeburger Börde), Weinbau (Unstruttal); Braunkohlenabbau bei Zeitz, Salzgewinnung; chem. Ind. (Leuna, Bitterfeld, Schkopau), Maschinen-, Waggonbau, Lebensmittelind. – *Gesch.:* Nach dem Wiener Kongress 1814/15 wurde aus dem an Preußen abgetretenen Teil Sachsens u. preuß. Gebietsteilen die preuß. *Prov. Sachsen* gebildet; 1944 in die Prov. Magdeburg u. Halle-Merseburg aufgeteilt, 1945 mit dem Land Anhalt zur Prov. S.-A. vereinigt; 1947–52 Land der SBZ bzw. DDR, 1952 in die Bez. Halle u. Magdeburg aufgeteilt; am 3. 10. 1990 als Land der BRD wieder gegründet.

**Sachsenspiegel,** das erste und bedeutendste dt. Rechtsbuch, in dem Eike v. Repgow um 1224–31 das im sächs. Gebiet geltende Gewohnheitsrecht zusammenfasste.

**Sächsische Herzogtümer,** die Teil-Hzgt. im thüring. Raum, die das ernestin. Hzgt. Sachsen ab 1572 zersplitterten. 1826 umfassende Neuordnung in die Hzgt. *Sachsen-Meiningen, Sachsen-Al-*

*tenburg, Sachsen-Coburg und Gotha; Sachsen-Weimar-Eisenach* war bereits 1815 (Wiener Kongress) zum Groß-Hzgt. erhoben worden. 1918 dankten sämtl. thüring. Fürsten ab; 1918–21 entstand aus den S.n H.n u. den anderen thüring. Freistaaten das Land Thüringen; Coburg fiel an Bayern.

**Sachverständigenrat zur Begutachtung der gesamtwirtschaftlichen Entwicklung,** v. Bundespräs. berufenes Gremium v. 5 Wirtsch.wissenschaftlern *(„fünf Weise")*, das Jahres- u. bei Bedarf Sondergutachten erstellt.

**Sacramento** [sækrəˈmentəʊ], Hptst. Kaliforniens, USA, am unteren S. River, 369 000 E; vielseit. Ind.; ✈; *S. River,* Zufl. zum Pazifik, Kalifornien, USA, 615 km.

**Sadat, As,** Muhammad Anwar, ägypt. Politiker, *1918, †1981 (ermordet); 1969/70 Vizepräs., s. 1970 Staatspräs., suchte nach dem Krieg v. 1973 einen Ausgleich mit Israel (Friedensvertr. v. 1979); Friedensnobelpreis (mit M. Begin) 1978.

**Sadduzäer** [hebr.], religiös-polit. [konservative] Partei im Judentum (entstanden im 2. Jh. v. Chr.), v. a. die aristokrat. Grundbesitzer- und priesterl. Führungsschicht umfassend, die entscheidende Kraft im Hohen Rat (Synedrium) bildend; im Ggs. zu den ↑Pharisäern stehend.

**Sade** [sad], Donatien Alphonse François Marquis de, frz. Schriftsteller, *1740, †1814; psychol.-aufklärer., stark obszöne Romane und Erzählungen; nach ihm ben. *Sadismus,* anomale Triebbefriedigung durch körperl. und seel. Quälen des Partners.

**Sadi,** Abu Abdellah Moscharrefoddin Ebn Moslehoddin, pers. Dichter u. Mystiker, *zw. 1213 u. 1219, †1292.

**Sadismus** ↑Sade.

**Sado,** jap. Insel im Jap. Meer, 857 km², 64 000 E; ehemals bed. Goldbergbau.

**Safari** [arab.], in O- u. S.-Afrika Bez. für mehrtägige Fahrt zur Jagd oder Tierbeobachtung (Foto-S.).

**Safawiden,** persische Dynastie (1502–1722), die mit der Schaffung eines einheitl. Staates u. der Einführung einer Staatsreligion (Zwölferschia) die Grundlagen des heutigen Iran legte.

**Safe** [seɪf; engl.], Geldschrank; Schließfach im Tresor [eines Geldinstituts] zur Aufbewahrung v. Geld, Schmuck u. a.

**Saffianleder** [pers.], feines, weiches, gefärbtes Ziegenleder.

**Safi,** Prov.-Hptst. in Marokko, am Atlantik, 376 000 E; bed. Ind.-Standort, chem. Ind.; Fischfang; Phosphatexport; ✈.

**Sahara:** *Dünen im Fessan (Libyen)*

**Safran** [pers.-arab.], Gewürz und gelber Farbstoff; aus den Blütennarben des kultivierten Echten Safrans (Krokusart) gewonnen.

**Saga** [altnord.], altnord., bes. isl. Prosaerzählung; zu ihr zählen epische Formen, wie z. B. histor. Schriftwerke, Heiligenerzählungen u. Familienromane aus dem 12. bis 14. Jh.

**Sagan** [saˈgã], Françoise, eigtl. F. **Quoirez** [kwaˈrɛːz], frz. Schriftstellerin, *1935, Romane (u. a. „Bonjour tristesse", „Lieben Sie Brahms?").

**Sage,** volkstüml. Erzählung, die an reale Gegebenheiten (Orte, Personen, Ereignisse) anknüpft u. diese mit mag. u. myth. Elementen verknüpft; die S. wird kollektiv mündl. tradiert.

**Säge|rochen, Sägefische, Pristidae,** Rochen mit langem, bezahntem Schnauzenfortsatz.

**Sagittarius** [lat.], das Sternbild ↑Schütze.

**Sahara,** größte Wüste d. Erde, in N-Afrika, zw. Atlantik u. Rotem Meer; rd. 9 Mill. km², Tafelland, im Inneren v. Geb. (Ahaggar, bis 3000 m; Tibesti, bis 3400 m) überragt u. fast vegetationslos; Bewohner (Berber, Tuareg, Araber) v. a. in Oasen; bed. Bodenschätze: Erdöl, Erdgas (Libyen, Algerien), Eisenerze (Mauretanien), Uranerz (Rep. Niger), Phosphat (Westsahara).

**Sahel,** der S-Saum der Sahara, nomad. Weidewirtsch., dürregefährdet.

**Sahir Schah, Zahir Schah,** Mohammed, König v. Afghanistan (1933–73), *1914; wurde 1973 gestürzt, kehrte 2002 aus d. ital. Exil zurück.

**Saida,** libanes. St. sw. v. Beirut, 38 000 E; Erdölraffinerie, Verladehafen, Endpt. der Trans-Arabian Pipeline. S. ist das antike *Sidon* (Ruinen).

**Saigon** ↑Ho-Chi-Minh-Stadt.

**Saimasee,** Seensystem im SO der Finn. Seenplatte, 4400 km², 76–82 m ü. d. M., bis 82 m tief; entwässert durch den Vuoksi zum Ladogasee; der eigentliche S. misst 1490 km²; Schiffsverkehr.

**Saint** ↑Sankt.

**Saint-Brieuc** [sɛ̃briˈø], Hptst. des frz. Dép. Côtes-d'Armor, 44 700 E; Kathedr. (13., 15. u. 18. Jh.); Metall-, Holz-, Gummiind.; Fremdenverkehr; ⚓, ✈.

**Saint Christopher and Nevis** [sntˈkrɪstəfə ænd ˈniːbis] ↑Saint Kitts und Nevis.

**Saint-Cloud** [sɛ̃ˈklu], frz. St. im westl. Vorortbereich von Paris, 28 700 E; Schloss (16. Jh.), Flugzeugbau u. a. Industrie.

**Saint-Denis** [sɛ̃ˈdni], **1)** frz. Stadt nördl. von Paris, 90 000 E; got. Kathedr. mit Königsgräbern; Metall-, Masch.-, chem. Ind. **2)** Hptst. des frz. Überseedep. Réunion, an der N-Küste, 122 000 E; Verarb. landw. Produkte; ✈.

**Sainte** ↑Sankt.

**Saint Elias Mountains** [engl.; sɪntɪ ˈlaɪəs ˈmaʊntɪnz], höchste Gruppe des nordamer. Küstengeb. am Golf von Alaska (Mt. Logan 5951 m, Mt. Saint Elias 5489 m).

**Saint-Étienne** [sɛ̃teˈtjɛn], Hptst. des frz. Dép. Loire, 199 400 E; Eisen- u. Stahl-, Masch.- u. a. Ind.

**Saint-Exupéry** [sɛ̃tɛksypeˈri], Antoine de, eigtl. Marie Roger **Comte de S.-E.,** frz. Schriftsteller, *1900,

⚔1944; das literar. Werk ist von seinen Erlebnissen als Flieger geprägt („Nachtflug"); philosoph. Märchen „Der kleine Prinz".

**Saint-Germain-en-Laye** [sɛ̃ʒɛrmɛ̃ɑ̃'lɛ], frz. St. im westl. Vorortbereich von Paris, 38 500 E; Schloss (16. Jh.). – Am 10. 9. 1919 Abschluss des Friedensvertrages zw. Östr. und den Alliierten; Trennung Ungarns von Östr., Abtretung gr. Gebiete, Gründung bzw. Vergrößerung der ↑Nachfolgestaaten; der Anschluss an Dtl. wurde untersagt.

**Saint Helena** [snt'helına], brit. Insel im S-Atlantik, ↑Sankt Helena.

**Saint Helens, Mount** [engl. 'maʊnt snt'helınz], tätiger Vulkan in der Cascade Range, USA, 2 594 m (vor Ausbruch 1980: 2 948 m).

**Saint-John Perse** [sɛ̃dʒɔn 'pɛrs], eigtl. Alexis **Léger,** [le'ʒe], frz. Diplomat und Lyriker, * 1887, † 1975; feierl. Hymnendichtung; „Anabasis"; Nobelpreis 1960.

**Saint John's** [snt'dʒɔnz], Hptst. der kanad. Prov. Newfoundland, ⚓ an der Ostküste, 96 000 E; Univ.; Fischerei, Fischverarbeitung; Schiffbau; ✈.

**Saint-Just** [sɛ̃'ʒyst], Louis Antoine Léon, frz. Revolutionär, * 1767, † 1794; 1792 Mitgl. des Nat.konvents, 1793 des Wohlfahrtsausschusses; zus. mit Robespierre hingerichtet.

**Saint Kitts und Nevis,** [snt'kıts - ni:vis], **Saint Christopher and Nevis** [snt'krıstəfə ənd 'ni:vis], Staat im Bereich der Kleinen Antillen, besteht aus den Inseln Saint Kitts (Saint Christopher), Nevis u. Sombrero. – Ab 1623/28 brit. Kolonie; ab 1967 Mitgl. der Westind. Assoziierten Staaten (fakt. bis 1971, formal bis 1980 als Saint Christopher-Nevis-Anguilla); 1983 unabhängig.

**Saint Kitts und Nevis**

*Fläche:* 262 km²
*Einwohner:* 45 000
*Hauptstadt:* Basseterre
*Amtssprache:* Englisch
*Zeitzone:* MEZ – 5 Stunden

**Saint Laurent** [sɛ̃lɔ'rɑ̃], Yves, frz. Modeschöpfer, * 1936; s. 1962 eigenes Modehaus in Paris, beendete 2002 seine Karriere als Modezar.

**Saint Louis** [snt'lʊıs], St. in Missouri, USA, am r. Mississippiufer, 397 000 E; Erzb.; 2 Univ., Museen, Bibliotheken; Handelszentrum, vielseit. Ind.; ✈.

**Saint Lucia**

*Fläche:* 616 km²
*Einwohner:* 154 000
*Hauptstadt:* Castries
*Amtssprache:* Englisch
*Zeitzone:* MEZ – 5 Stunden

**Saint Lucia** [snt'lu:ʃə], Staat im Bereich der Westind. Inseln; Export von Bananen, Kokosöl, Kakao; Fremdenverkehr. Seit 1814 brit., 1958–62 Mitgl. der Westind. Föderation, 1967–79 der Westind. Assoziierten Staaten; s. 1979 unabhängig.

**Saint-Malo** [sɛ̃ma'lo], nordfrz. St. u. Seebad am *Golf v. S.-M.,* 49 300 E; Fischerei-⚓; Gezeitenkraftwerk.

**Saint-Nazaire** [sɛ̃na'zɛ:r], westfrz. Hafenst. am Atlantik, 64 800 E; Schiffs- u. Flugzeugbau, Masch.- und chem. Ind.; ✈.

**Saint Paul** [snt'pɔ:l], Hptst. von Minnesota, USA, am l. Mississippiufer, 272 000 E; Univ.; Erzb.; vielseit. Ind.; ↑Minneapolis.

**Saint Phalle** [sɛ̃'fal], Niki de, frz. Plastikerin, * 1930, † 2002; s. 1971 ⚭ mit J. Tinguely; großfigurige burleske Frauengestalten („Nanas") aus bunt bemaltem Polyester.

**Saint-Pierre-et-Miquelon** [sɛ̃'pjɛ:r e mikelɔ̃], Gruppe von 2 größeren u. 6 kleineren Inseln südl. von Neufundland, frz. Überseedepartement, 242 km², 6 400 E, Hauptort *St. Pierre* (5 600 E); Fischfang, Nerz- und Silberfuchszucht. Im 19. Jh. frz. besiedelt, s. 1946 Überseeterritorium, s. 1976 Überseedepartement.

**Saint-Quentin** [sɛ̃kɑ̃'tɛ̃], nordfrz. St. an der Somme, 60 600 E; got. Kollegiatskirche, Rathaus (14. bis 16. Jh.); Industrie.

**Saint-Saëns** [sɛ̃'sɑ̃s], Camille, frz. Komponist, * 1835, † 1921; v. a. sinfon. Werke; Oper „Samson u. Dalila".

**Saint-Simon** [sɛ̃si'mɔ̃], Claude Henri de Rouvroy, Gf. von, frz. Sozialreformer, * 1760, † 1825; Begr. des utop. Sozialismus; *Saint-Simonismus,* die von seinen Anhängern gegr. sozialist. Schule, betrachtete gg. S.-S. das Privateigentum an Produktionsmitteln als Grundfehler der bestehenden Ges.

**Saint-Tropez** [sɛ̃trɔ'pe], frz. Fischerei-⚓ und Seebad sw. von Cannes, 5 800 E.

**Saint Vincent and the Grenadines** [snt'vınsənt ænd ðı grenə'di:nz], Staat im Bereich der Westind. Inseln, umfasst die Insel Saint Vincent sowie die nördl. Grenadine Islands, 389 km², 107 600 E, Hptst. Kingstown; gebirgig (im Vulkan Soufrière 1 234 m). – 1493 v. Kolumbus entdeckt; s. 1783 brit.; 1958–62 Mitgl. der Westind. Föderation, 1969–79 der Westind. Assoziierten Staaten; s. 1979 unabhängig (im Commonwealth).

**Saint Vincent and the Grenadines**

*Fläche:* 389 km²
*Einwohner:* 120 000
*Hauptstadt:* Kingstown
*Amtssprache:* Englisch
*Zeitzone:* MEZ – 5 Stunden

**Saison** [sɛ'zɔ̃; frz.], Hauptgeschäftszeit, Hauptreisezeit, Haupterntezeit, Theaterspielzeit.

**Saite,** elast., dünnes, fadenähnl. Gebilde; Material: [zusammengedrehter] Darm, Seide, Metall, Kunststoffe; v. a. für Musikinstrumente.

**Sake** [jap.], jap. Reiswein.

**Sakkara,** ägypt. Dorf rd. 20 km südl. von Kairo, in der Umgebung Pyramidenfeld u. Nekropole; Totenst. von Memphis.

**Sakmann,** Bert, dt. Mediziner,

S

* 1942; zellbiolog. Forschungen, mit E. Neher 1991 Nobelpreis für Medizin oder Physiologie.

**sakral** [lat.], **1)** heilig, den Gottesdienst betreffend. **2)** ⚕ das Kreuzbein betreffend.

**Sakrament** [lat.], die Gnade Gottes vermittelnde kirchl. Zeichenhandlung (theol. zurückgeführt auf Jesus Christus), die f. den Glaubenden die Nähe Gottes persönlich erlebbar werden lässt; in der kath. u. der orth. Kirche 7 S.: Taufe, Firmung, Eucharistie, Buße, Krankensalbung, Weihe, Ehe; in den reformator. Kirchen 2 S.: Taufe u. Abendmahl.

**Sakrileg** [lat.], Vergehen gg. Heiliges.

**Säkularisation,** Einziehung v. kirchl. Besitz durch die weltl. Hand, am bekanntesten die S. durch die Landesfürsten während der Reformation u. die S. durch den Reichsdeputationshauptschluss 1803.

**Säkularisierung,** allg. Verweltlichung; i.e.S. der gesamtkulturelle Prozess, der in der europ. Neuzeit zu einer immer größeren Autonomie der Lebensgestaltung und Weltanschauung gegenüber kirchl. und religiösen Ordnungssystemen geführt hat.

**Saladin,** Sultan von Ägypten u. Syrien s. 1175, * 1137 od. 1138, † 1193; begr. 1171 die Dyn. der Aijubiden, schlug 1187 die Kreuzfahrer, eroberte Jerusalem.

**Salam** [arab.], Wohlbefinden, Friede (arab. Grußwort); *S. aleikum!,* Friede mit Euch! (arab. Gruß).

**Salamanca,** span. St. am Tormes, 162 000 E; Univ., Alte (12. Jh.) u. Neue (1513 ff.) Kathedr., Adelspaläste, maler. Plaza Mayor.

**Salamander** [gr.], Fam. der Schwanzlurche, umfasst S. und *Molche;* während die Molche einen im Querschnitt oft ovalen Schwanz haben u. mehr im Wasser leben, ist der Schwanz der S. rund; in Dtl. der ↑Feuer-S. u. der schwarze *Alpen-S.:* bis 16 cm lang, lebend gebärend.

**Salamis,** griech. Insel im Saron. Golf, 95 km², Hauptort S.; 480 v. Chr. bei S. Sieg der griech. über die pers. Flotte.

**Salär** [frz.], Lohn, Gehalt.

**Salazar** [-ˈzar], António de Oliveira, portug. Politiker, * 1889, † 1970; wurde 1928 Fin.-Min. mit umfassenden Vollmachten; gründete 1930 die Nat. Union als Einheitspartei; reg. 1932–68 als Min.-Präs. diktatorisch.

**Salbe,** kosmet. od. Arzneimittel zum äußerl. Gebrauch.

**Salbei** [mlat.], vorw. [sub]trop. Lippenblütlergatt.; in Dtl. auf sonn. Hügeln u. Wiesen, *Wiesen-S.; Garten-S.* als Küchengewürz, Gurgelmittel u. a.; z. T. Zierpflanze.

**Saldo** [ital.], Differenz zw. Soll- u. Habenseite eines ↑Kontos.

**Salem** [ˈseɪləm], **1)** St. im B.-Staat Tamil Nadu, Indien, 364 000 E; Textilind. **2)** Hptst. von Oregon, USA, 108 000 E; Univ.; Verarbeitung landw. Produkte; ✈.

**Salerno,** Prov.-Hptst. in Italien, am *Golf v. S.*, 142 500 E; normann. Dom (11. Jh.) u. langobard. Kastell; einflussreich war d. med. Schule (Blütezeit 11.–13. Jh, 1812 aufgehoben); Fremdenverkehr; ⚓.

**Salesianer,** Mitgl. der Ges. des hl. Franz v. Sales, 1859 von Don Bosco (* 1815, † 1888) gegr. Kongregation f. Seelsorge u. Betreuung der männl. Jugend.

**Salesianerinnen,** Mitgl. des Ordens von der Heimsuchung Marias, 1610 von Franz v. Sales u. der hl. *Jeanne Françoise Frémyot de Chantal* (* 1572, † 1641) gegr.; Kontemplation, Jugenderziehung.

**Salicylsäure** [lat.; gr.], **o-Hydroxybenzoesäure,** starke Phenolcarbonsäure; verw. als Ausgangsmaterial für med. Präparate gg. Fieber u. Rheumatismus u. als Konservierungsmittel.

**Salier, 1)** Stammesgruppe der Franken; im 5. Jh. am Nd.-Rhein und in N-Gallien. **2)** fränk. Adelsgeschlecht mit Macht- u. Besitzschwerpunkt im Nahe-, Speyer- u. Wormsgau; gelangte mit Konrad II. 1024 zur Kg.sherrschaft, 1125 erloschen (Heinrich V.).

**Saline** [lat.], Anlage zur Salzgewinnung; in *Meeres-S.* (Salzgärten) Auskristallisation von Salz durch Verdunstung von Meerwasser; mod. S. arbeiten die ↑Sole in Sudpfannen u. mit nachgeschalteten Zentrifugen auf od. benutzen Verdampfersysteme.

**Salisbury** [sɔːlzbərɪ], Robert Arthur Talbot Gascoyne-Cecil, Marquess of, brit. konservat. Politiker, * 1830, † 1903; Gegenspieler Gladstones; mehrf. Außenmin. u. Premiermin., verfolgte eine imperialist. Kolonialpolitik (Ägypten, O- u. S-Afrika).

**Salisbury** [sɔːlzbərɪ], **1)** engl. Stadt nw. Southampton, 35 400 E; got. Kathedrale (1258); Masch.- u. a. Ind. **2)** ↑Harare.

**Saljut,** Typenbez. für Raumstationen der UdSSR u. ihrer Nachfolgestaaten.

**Salk** [ˈsɔː(l)k], Jonas Edward, amer. Bakteriologe, * 1914, † 1995; entwickelte einen wirksamen Impfstoff gg. ↑Poliomyelitis epidemica.

**Sallust,** eigtl. **Gaius Sallustius Crispus,** röm. Geschichtsschreiber, * 86, † 35 v. Chr.; Parteigänger Caesars; schrieb u. a. „Die Verschwörung des Catilina", „Der Jugurthin. Krieg".

**Salm** ↑Lachse.

**Salmiak** [lat.], **Ammoniumchlorid,** $NH_4Cl$, hergest. durch Einwirkung von Salzsäure auf Ammoniak; *S.geist,* wässrige Ammoniaklösung.

**Salmonellen** [nach dem amer. Bakteriologen *D. E. Salmon,* 1850–1914], Gruppe gramnegat. Bakterien, Erreger von Enteritis und [Para]typhus.

**Salome,** † zw. 54 u. 62, Enkelin von Herodes d. Gr., Tochter der Herodias u. Stieftochter des Herodes Antipas, von dem sie nach berückendem Tanz das Haupt Johannes' des Täufers forderte.

**Salomo,** † um 925 (932?) v. Chr., Kg. v. Juda u. Israel s. etwa 963, Sohn Davids; Ausbau der Handelsbeziehungen, Bau der Paläste u. des Tempels in Jerusalem, reiche Entfaltung des geist. Lebens; nach der Überlieferung Verf. einiger bibl. Bücher (Hohes Lied, Sprüche, Prediger, Weisheit).

**Salomon,** Erich, dt. Fotograf, * 1886, † 1944; Pionier der Fotoreportage (Bildband „Berühmte Zeitgenossen in unbewachten Augenblicken", 1931).

**Salomoninseln**

*Fläche:* 27 556 km²

*Einwohner:* 447 000

*Hauptstadt:* Honiara

*Amtssprache:* Englisch

*Zeitzone:* MEZ + 10 Stunden

**Salomoninseln,** Staat im westl. Pazifik, umfasst die S. (außer Buka u. Bougainville) sowie Ontong Java, die Santa-Cruz-Inseln, die Duff Islands sowie die Reef Islands. – 1885 und 1899 Aufteilung zw. Dt. Reich u. Großbrit., 1975 Buka u. Bougainville zu Papua-Neuguinea, seit 1978 unabhängig.

**salomonisches Urteil,** im A.T. dem Kg. Salomo zugeschriebener

Schiedsspruch, der beim Streit zweier Mütter um ein Kind dieses zu teilen befahl, worauf die falsche Mutter sich durch ihre Einwilligung verriet (1. Kön. 3, 16ff.); daher allg. Bez. f. ein weises Urteil.

**Salon** [za'lõ; frz.], **1)** repräsentativer Raum als Gesellschafts-, Empfangszimmer; danach Bez. für Ausstellungsräume (auch die Ausstellung selbst) u. Ladengeschäfte. **2)** gesellschaftl. Kreis während des 17., 18. u. 19. Jh. (der sich regelmäßig im S. traf).

**Saloniki,** griech. **Thessaloniki,** griech. St. am Thermaischen Golf, 406 000 E; Univ.; histor. Bauten; Textil-, Tabak- u. a. Ind.; ⚓, ✈.

**Salpeter,** Bez. für einige [Erd]alkalimetallsalze der Salpetersäure (z. B. Natrium-, Kalium-, Calciumnitrat); wichtig als Düngemittel.

**Salpetersäure,** $HNO_3$; wicht. anorgan. Säure, wird durch katalyt. Oxidation von Ammoniak mit Luft gewonnen, löst bis auf Platin, Gold u. wenige seltenere Metalle alle Metalle zu *Nitraten* auf; wirkt in konzentrierter Form stark oxidierend; zum Beizen von Metallen.

**SALT** [sɔlt], Abk. für: **S**trategic **A**rms **L**imitation **T**alks; s. 1969 geführte Abrüstungsverhandlungen zw. der UdSSR u. den USA; 1972 SALT I: Vertr. über die Einschränkung der Raketenabwehrsysteme u. Interimsabkommen (bis 1977) über Maßnahmen zur Begrenzung v. strateg. Offensivwaffen; 1979 SALT II: Verminderung des gesamten strateg. Potenzials (aufgrund des sowj. Afghanistaneinmarsches 1979 v. den USA nicht ratifiziert), aber von beiden Mächten freiwillig eingehalten.

**Salt Lake City** ['sɔ:lt 'leɪk 'sɪtɪ], Hptst. von Utah, USA, sö. des Great Salt Lake, 160 000 E; Univ.; Zentrum der Mormonen; Erdölraffinerien, Buntmetallhütten, Maschinenbau u. a. Ind.; ✈.

**Salto** [ital.], Luftsprung, bei dem der Körper mind. eine volle Umdrehung um die Horizontalachse ausführen muss; *S. mortale* („Todessprung") mit 2 u. mehr Körperumdrehungen.

**Salvador, São S. da Bahia,** Hptst. des brasil. B.-Staates Bahia, am Atlantik, 2,1 Mill. E; histor. Bauten; Univ.; Erzb.; vielseit. Ind.; ✈. – 1549 gegr., bis 1763 Hauptstadt von Brasilien.

**Salvador, El** ↑El Salvador.

**Salve** [frz.], gleichzeit. Schießen mit Gewehren oder Geschützen auf Kommando; auch als Salut bei feierl. Anlässen.

**Salzburg, 1)** östr. B.-Land, 7 154 km², 513 900 E, Hptst. S.; umfasst einen Teil der Salzburg.-Oberöstr. Kalkalpen, das westl. Salzkammergut, die östl. Kitzbüheler Alpen, die nördl. Hohen und westl. Niederen Tauern; Hauptfluss Salzach; Holz-, Viehwirtsch.; Salz-, Kupfererz-⚒; bed. Wasserkraftwerke (Kaprun, Mooserboden); Fremdenverkehr. – Ehem. geistl. Ft., entstanden aus dem um 700 gegr. Bistum (739 organisiert, 798 Erzbistum); 1803 säkularisiert, 1805 bzw. 1816 an Östr.; 1849 Kronland, 1920 B.-Land. **2)** Hptst. von 1), an der Salzach, 144 000 E; Univ., Mozarteum; auf dem linken Flussufer liegende Altstadt (Weltkulturerbe; z. T. italienisierende Bauweise) lehnt sich an Mönchsberg (mit Festung Hohensalzburg 1077, spätere Anbauten) im W, der Teil rechts des Flusses an den Kapuzinerberg an. Stiftskirche St. Peter (1130–43, im Innern Rokoko), Stiftskirche auf dem Nonnberg (1463–1506/07), Dom (1614–28) u. a. bed. Kirchen; Residenz (1595–1792); Schloss Mirabell (1721 ff.); Schlösser am Stadtrand, u. a. Hellbrunn (1613–19); seit 1920 *S.er Festspiele*.

**Salzburg:** *Blick auf den Dom (1614–28) und die Franziskanerkirche (1223 geweiht; rechts)*

**Salze,** heteropolare chemische Verbdg. (die nicht Säuren, Basen od. Oxide sind), die ein aus Kationen u. Anionen bestehendes Kristallgitter (Ionengitter) bilden; sie entstehen v. a., wenn die Wasserstoffionen von Säuren durch Metallionen (bzw. äquivalente Kationen) vollst. *(neutrale S.)* od. teilweise *(saure S.)* ersetzt werden; *bas. S.* (Hydroxy-S.) entstehen, wenn in Basen mit mehr. Hydroxylgruppen diese nur teilweise durch Säurereste ersetzt werden; i. e. S. versteht man unter Salz das ↑Kochsalz (Natriumchlorid).

**Salzgewinnung,** Gewinnung v. Stein- u. Siedesalz, entw. durch bergmänn. Abbau v. Salzlagerstätten od. aus natürl. Salzquellen (↑Sole) u. dem Meerwasser (↑Saline). Im *Salzbergwerk* wird das Salzgestein fast ausschließl. durch Bohr-, Schieß- u. Schrämarbeiten abgebaut, wobei große Hohlräume entstehen, die durch *Salzpfeiler* gesichert sind; die Aufbereitung erfolgt durch mech. Zerkleinerung, Flotation, Sedimentation, Löse- u. Rekristallisationsverfahren (auch ↑Gradierwerk).

**Salzgitter,** krsfr. St. im nördl. Harzvorland, Nds., 117 700 E; 224 km², weitläuf. Verteilung der Ortsteile, 60 % landw. genutzt; Hüttenwerke, Eisen verarb., Textil-, Elektro-, Papier-, Nahrungsmittel- u. Pharmaind.; Stichkanal vom Mittellandkanal; Kneippanlagen, Solbad. – Die St. (seit 1929) S. wurde 1942 mit 27 anderen Gemeinden zusammengeschlossen.

**Salzkammergut,** seenreiches Gebiet in den Nördl. Kalkalpen, Östr., u. a. mit Sankt-Wolfgang-See, Mond-, Atter-, Traunsee, Hallstätter See; randlich begrenzt durch die z. T. stark verkarsteten Gebirge Dachstein, Totes Geb., Höllengebirge; Salzgewinnung; Fremdenverkehr.

**Salzsäure,** wässr. Lösung von Chlorwasserstoff, HCl; starke anorgan. Säure, die in der Metallurgie, zum Beizen u. Ätzen, zur Herst. von Chloriden, zur Holzverzuckerung, zur Darst. zahlr. Farb- u. Weißpigmente u. in der übr. chem. Ind. in gr. Mengen verbraucht wird. S. wird hergest. aus Kochsalz u. Schwefelsäure od. durch Verbrennung von Chlor mit Wasserstoff.

**Salzseen,** meist abflusslose Seen in Trockengebieten mit hohem Salzgehalt (z. B. Totes Meer).

**Samara,** 1935–1991 **Kuibyschew,** Gebietshptst. an d. Wolga, Russland, 1,17 Mill. E, mehr. Univ.; Maschinen-, Geräte-, Flugzeugbau, Erdölverarbeitung, chem., Leicht- u. Nahrungsmittelind.; ⚓, ✈.

**Samaria, 1)** histor. Ldsch. westl. des Jordans. **2)** seit dem 1. Jh. v. Chr. **Sebaste,** ehem. Stadt in 1), nw. von Nablus (das heut. Dorf Sabastijja); gegr. im 9. Jh. v. Chr. als Hptst. des N-Reichs Israel; bed. Ausgrabungen (Reste israelit. Königspaläste und herodian. Bauten).

**Samaritaner, Samariter,** Bewohner von ↑Samaria, seit dem 5. Jh. v. Chr. jüd. Sondergemeinschaft (eigenes Heiligtum u. Lehrsystem); heute kleine ethnisch-religiöse Minderheit in Nablus.

**Samarium** [nlat.], Symb. **Sm,** chem. El., OZ 62, rel. A.-Masse 150,4, Metall der seltenen Erden; keine techn. Bedeutung.

**Samarkand,** Gebietshptst. in Usbekistan, 362 000 E; Kultur- u. Wirtsch.-Zentrum, Univ., Hochschulen, Baudenkmäler des 14.–17. Jh.; Baumwoll- u. Leichtind., Seidenwaren- u. Teppichherstellung; ✈.

**Samarra,** irak. St. am Tigris, oberh. v. Bagdad, 63 000 E; schiit. Wallfahrtsort; nahebei die Ruinen der im 10. Jh. verfallenen Abbasidenresidenz.

**Samba,** urspr. brasil. Volkstanz, nach dem 2. Weltkrieg Modetanz.

**Sambesi,** größter Fl. im südl. Afrika, 2 660 km; entspr. im N v. Sambia; bei Maramba d. ↑Victoriafälle, mündet bei Chinde in einem Delta in den Ind. Ozean.

**Sambia,** Rep. im südl. Afrika; vorw. Hochländer, im NO bewegteres Relief (Ostafrik. Graben); trop. Hochlandklima; Bev. fast ausschließlich Bantuvölker; Anbau v. Mais, Hirse, Maniok, Erdnüssen, Zuckerrohr, Baumwolle, Tabak, Kaffee; Viehzucht, Fischerei, Forstwirtsch.; bed. Kupfererzbergbau (↑Copperbelt) mit Kobalt als Nebenprodukt, daneben ⚒ auf Zink, Blei, Gold, Silber u. Steinkohle; vielseitige Ind.; Fremdenverkehr. *Gesch.:* Das Gebiet kam durch Cecil Rhodes unter brit. Einfluss, 1899–1964 brit. Protektorat (seit 1911 als Nordrhodesien), 1953–63 Mitgl. d. Zentralafrikan. Föderation, wurde 1964 unter Präs. K. Kaunda (bis 1991) Rep. innerhalb des Commonwealth; 1970–90 Einparteienstaat; in den 1980er-Jahren zahlr. innere Unruhen; autokrat. Führung unter Präs. F. Chiluba 1991–2002, seitdem L. Mwanawasa Staatspräsident.

**Sambia**

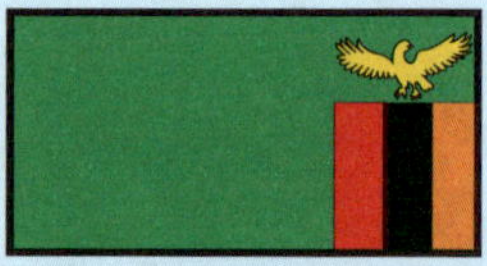

*Fläche:* 752 614 km²
*Einwohner:* 9,6 Mill.
*Hauptstadt:* Lusaka
*Amtssprache:* Englisch
*Zeitzone:* MEZ + 1 Stunde

**Samen,** Verbreitungsform der Samenpfl.: aus einer Samenanlage entstandener, vorübergehend ruhender ↑Embryo; fast stets von Samenschalen umschlossen u. mit Nährstoffen versehen.

**Samen|anlage,** das Fortpflanzungsorgan der ↑Samenpfl.; aus ihm gehen nach der Befruchtung Samen hervor.

**Samenpflanzen, Spermatophyten, Blütenpflanzen,** Abt. der höchstentwickelten Pfl.; gekennzeichnet durch Blüten- u. Samenentwicklung; Unterabt.: ↑Nacktsamer, ↑Bedecktsamer.

**Sämischleder,** durch Fettgerbung (Tran) entstandenes, bes. weiches Leder; für Handschuhe.

**Samisdat** [russ.], Selbstverlag; Herstellung u. Verbreitung von Schriften, die offiziell nicht erscheinen dürfen (v. a. in der ehemal. Sowjetunion).

**Samjatin,** Jewgenij Iwanowitsch, russ. Schriftsteller, * 1884, † 1937; bedeutender Satiriker, emigrierte 1932 nach Paris.

**Samland,** fruchtbare Halbinsel zw. Frischem u. Kur. Haff, Russland.

**Samoa,** bis 1997 **Westsamoa,** Staat im S-Pazifik, umfasst den W-Teil der ↑Samoainseln, Hptst. u. ⚓ Apia; größte Inseln Savaii u. Upolu; Ausfuhr v. Bananen, Kopra, Kakao. – Seit 1900 dt. Protektorat; s. 1920 als Mandatsgebiet des Völkerbundes, s. 1946 als UN-Treuhandgebiet unter neuseeländ. Verw.; seit 1962 unabhäng. Rep.; Mitgl. des Commonwealth.

**Samoa|inseln,** Inselgruppe im südl. Pazifik, gebirgig, vulkan., bewaldet, trop. Regenklima, Bev. Polynesier; die östl. Inseln bilden ↑Amerikan.-Samoa, die westl. ↑Westsamoa; Hauptinseln Savaii (1 715 km²) u. Upolu (1 121 km²), Tutuila (mit Aunuu 137 km²); zus. 3 028 km²; trop. Regenklima. – 1722 v. Europäern entdeckt, 1899 zw. den USA (Amer.-Samoa) u. dem Dt. Reich (W-Samoa) geteilt.

**Samos,** griech. Insel der Sporaden, 476 km², Hauptort ist S. (5 600 E); Olivenhaine, Tabak-, Getreide-, bed. Weinbau.

**Samowar** [russ.], russ. Tischwassererhitzer für die Teezubereitung.

**Samsara** [sanskr.], den Hindus u. Buddhisten gemeinsame Lehre v. d. Wiedergeburt aller Wesen.

**Samstag,** regionale Bez. für Sonnabend.

**Samt,** weicher Stoff, bei dem kurz geschnittene Fadenstückchen auf einem Grundgewebe eine stoppelhaarige Oberfläche bilden

**Samtfleckigkeit** ↑Pflanzenkrankheiten (Übers.).

**Samu|el,** letzter Richter Israels; Prophet, Heerführer; wirkte an der Errichtung des Königtums mit, setzte Saul als Kg. ein (später David); die *Zwei Bücher S.* des A. T. wohl nur nach ihm benannt.

**Samurai** [jap.], in der jap. Feudalzeit Bez. für alle Angehörigen der Kriegerkaste; i. e. S. alle Vasallen der Shōgune u. der Lehnsfürsten; ab dem 17. Jh. oberste Klasse; strenger Ehrenkodex.

**San,** r. Nbfl. der Weichsel, 444 km.

**San** ↑Sankt.

**Sana,** Hptst. der Rep. Jemen, in einem Hochbecken, 2 350 m ü. d. M., 500 000 E; Univ.; mehrstö-

**Samoa**

*Fläche:* 2 831 km²
*Einwohner:* 174 000
*Hauptstadt:* Apia
*Amtssprachen:* Samoanisch, Englisch
*Zeitzone:* MEZ + 12 Stunden

ckige Lehmziegelbauten, von hoher Stadtmauer umgeben.
**San Antonio** [sæn ən'təʊnɪəʊ], St. in Texas, USA, 936 000 E; 2 Univ.; Erzb.; chem. u. a. Ind., Erdölraffinerien; Winterkurort; bed. Verkehrs- u. Handelszentrum; ✈.
**Sanctus** [lat.; = heilig], in der kath. Messe u. dem luth. Abendmahlsgottesdienst der Lobruf der Gemeinde, liturg. dem Dreimalheilig-Ruf der Seraphim (Jes. 6, 3) nachgestaltet.
**Sand,** klast. Sedimentgestein; lose Mineralkörnchen (Korngröße in mm): *Schluff* 0,002–0,063, *Fein-S.* 0,063–0,2, *Mittel-S.* 0,2–0,63, *Grob-S.* 0,63–2,0; am verbreitetsten ist Quarz-S.; versch. Färbungen durch Eisenoxide (braun, gelb), Glaukonit (grünlich).
**Sand, 1)** [sãd], George, eigtl. Aurore **Dupin** [dy'pɛ̃], verh. Baronin **Dudevant** [dydə'vã], frz. Schriftstellerin, *1804, †1876; lebte ohne Rücksicht auf gesellschaftl. Konventionen, war 1838–46 eng mit Chopin befreundet; frühe Vertreterin der Emanzipation der Frau, was sich auch in ihren Erzählungen u. Romanen spiegelt; bed. Briefwechsel u. autobiogr. Schriften. **2)** Karl Ludwig, dt. Theologiestudent u. Burschenschafter, *1795, †1820 (hingerichtet); erdolchte 1819 A. v. Kotzebue, in dem er einen russ. Spion sah, u. gab damit Anlass zu den Karlsbader Beschlüssen.
**Sand|dorn,** Ölweidengewächs; Nutz- u. Zierstrauch; Früchte mit hohem Vitamin-C-Gehalt.
**Sandelholz,** Holz versch. [trop.] Bäume, das u. a. für Schnitzereien, für Räucherwerk u. zur Gewinnung des äther. *Sandelöls* dient; am wichtigsten das Holz des indomalai. *Sandelbaums.*
**Sander,** August, dt. Fotograf, *1876, †1964; bed. Porträtfotograf („Antlitz der Zeit", 1929).
**Sandfloh,** trop. Floh, dessen ♀♀ sich in dünne Hautstellen einbohren u. dort bis zu Erbsengröße heranwachsen.
**Sandgarnele,** anderer Name der Nordseegarnele (↑Garnele).
**San Diego** [sæn dɪ'eɪgəʊ], St. an der südkaliforn. Pazifikküste, USA, 1,1 Mill. E; Univ.; Seebad; Flugzeug- u. a. Ind.; Flottenstützpunkt; ⚓, ✈. – Gegr. 1769 als span. Missions- u. Militärstation.
**Sandinistische Nationale Befreiungsfront, Frente Sandinista de Liberación Nacional** [- liberas'jɔn nasjɔ'nal], Abk. **FSLN,** 1962 gegr. Befreiungsbewegung in Nicaragua; benannt nach César Augusto Sandino (*1893, †1934), der 1927 einen Kleinkrieg gegen die amerikan. Truppen in Nicaragua führte. Die sozialrevolutionär orientierte S. N. B. führte 1979 den Sturz des Präs. A. Somoza Debayle herbei; bis zu den Wahlen 1990 polit. beherrschende Kraft in Nicaragua.
**Sandrock,** Adele, dt. Schauspielerin niederl. Herkunft, *1863, †1937; zuerst klass. Rollen, später meist als komische Alte.
**Sandstein,** Sedimentgestein, größtenteils aus Quarzkörnern, die durch Bindemittel verkittet sind; nach der Art des Bindemittels unterscheidet man Ton-, Kalk-, Kiesel- u. Eisen-S.; in fast allen geol. Formationen; als Bau-, Schleif- u. Mühlstein; infolge Porosität oft Speichergestein für Erdöl.

**San Francisco:** *Stadtzentrum mit Cablecar*

**Sandstrahlgebläse,** Gerät, das mit Druckluft feinen, trockenen Quarzsand auf eine Oberfläche schleudert, die durch die Scheuerwirkung des Sandstrahls gereinigt, geglättet od. aufgeraut wird.
**San Francisco,** St. in Kalifornien, USA, auf einer Halbinsel zw. Pazifik und S. F. Bay, 735 000 E; Univ., Museen, Theater; Schiff-, Masch.-Bau, Erdölraffinerien, chem. u. a. Ind.; einer der bedeutendsten ⚓ der USA an der Pazifikküste, ✈; 12 km lange Brücke nach Oakland; ↑Golden Gate. – 1776 als befestigte Siedlung *Yerba Buena* gegr., 1848 v. Spanien an die USA abgetreten u. S. F. gen.; wirtsch. Aufschwung durch Entdeckung v. Goldvorkommen; nach Zerstörung durch Erdbeben u. Großfeuer (1906) rascher Wiederaufbau.
**Sänfte,** von Menschen od. Lasttieren getragenes Gestell zur Personenbeförderung.
**Sangallo,** ital. Baumeisterfam.: **1)** Antonio da, d. Ä., eigtl. A. **Giamberti** [dʒam'bɛrti], *um 1455, †1534; Hauptwerk der Zentralbau von Santa Maria di San Biagio in Montepulciano. **2)** Antonio da, d. J., eigtl. A. di Bartolomeo **Cordiani,** Neffe u. Schüler von 1), *1483, †1546; nach Raffaels Tod Bauleiter an St. Peter in Rom; Palazzo Farnese in Rom.
**Sängerkrieg auf der Wartburg,** svw. ↑Wartburgkrieg.
**San Gimignano** [-dʒimi'ɲa:no], St. in d. Toskana, Italien, nw. v. Siena, 7 100 E; Fremdenverkehr; Stadtanlage mit 13 erh. Geschlechtertürmen.
**Sanguiniker** [lat.], heiterer und temperamentvoller Mensch.
**Sanherib,** †681 v. Chr. (ermordet), Kg. v. Assyrien s. 704; zerstörte Babylon, eroberte daneben Jaffa u. Sidon, baute Ninive zur bedeutendsten St. des Reichs aus.
**Sanitäter,** in der ersten Hilfe Ausgebildeter u. Angehöriger des Sanitätspersonals.
**Sanitätswesen,** allg. das öff. Gesundheitswesen, speziell das mil. Gesundheitswesen (von der *Sanitätstruppe* betreut).
**San José** [saŋxo'se], Hptst. von Costa Rica, 303 000 E; 1 160 m ü. d. M.; Univ.; bed. Kaffeehandel; Industrie; ✈.
**San Juan** [-'xuan], Hptst. v. Puerto Rico, an der N-Küste, 427 000 E; Univ.; ⚓ und bed. Handelsplatz, Ind.; ✈. – 1508 gegr.
**Sankt** [lat.], Abk. St., heilig, vor Heiligennamen und in auf solche zurückgehenden Ortsnamen; *engl.:* Saint [snt], Abk. St.; *frz.:* Saint [sɛ̃], Abk. St., weibl. Sainte [sɛ̃t], Abk. Ste.; *ital.:* San, Santo, weibl. Santa, Abk. S.; *niederl.:* Sint; *portug.:* Santo [-to], São [sãu], Abk. S., weibl. Santa, Abk. Sta.; *span.:* San, Abk. S., weibl. Santa, Abk. Sta.
**Sankt Augustin,** Gem. im Rhein-Sieg-Kreis, NRW, BRD, 55 000 E; Luftfahrt-, Musikschule, Forschungsinstitut; Maschinenbau, Kunststoffverarbeitung.
**Sankt Bernhard** ↑Großer u. ↑Kleiner Sankt Bernhard.
**Sankt Blasi|en,** St. und Luftkurort im Südschwarzwald, Ba.-Wü., 4 600 E; ehem. Benediktinerabtei (s. 1934 Jesuitengymnasium) mit frühklassizist. Kuppelkirche.
**Sankt Florian,** Augustiner-Chorherrenstift in *Markt S. F.* (sö. von Linz, 5 200 E), Oberöstr.; barocker Bau (Stiftskirche; Brucknerorgel).

**Sankt Petersburg:** *Blick über die Newa auf die Peter-Pauls-Festung (erste Hälfte des 18. Jh.) mit der Peter-Pauls-Kathedrale (1712–33)*

**Sankt Gallen, 1)** Kt. in der nö. Schweiz, 2026 km², 437000 E; Hptst. S. G.; Alm- und Holzwirtsch., im Rheintal Weinbau; Textil-, Masch.-Ind. – 1803 aus den Gebieten der im 8. Jh. aus der Klause des hl. Gallus entstandenen Abtei gebildet, die s. 1206 R.-Abtei war, aus mehreren Vogteien sowie der St. S. G., die sich 1457 aus der Oberhoheit der Äbte gelöst hatte. **2)** Hptst. von 1), 72400 E; Hochsch. für Wirtsch. und Soz.-Wiss., Museen, Theater, botan. Garten; berühmte ehem. Benediktinerabtei, barocke Stiftskirche (1755–1769) mit spätkaroling. Westkrypta; Stiftsbibliothek mit bed. Handschriftenslg.; Mittelpunkt der ostschweizer. Textil- (Stickerei, Spitzen) und Masch.-Industrie.

**Sankt Gotthard** ↑Gotthardgruppe.

**Sankt Helena,** engl. **Saint Helena**, brit. Vulkaninsel im S-Atlantik, 122 km², 7000 E, Hpt.-Ort Jamestown; 1815–21 Verbannungsort Napoleons I.; ⚓.

**Sankt Ingbert,** St. nö. von Saarbrücken, Saarland, 41000 E; Schwerindustrie.

**Sanktion** [lat.], Bestätigung; Erteilung der Gesetzeskraft; wicht. Staatsgesetz (↑Pragmat. S.).

**Sanktionen,** Sicherungen; Zwangsmaßnahmen.

**Sankt-Lorenz-Golf,** Bucht des Atlantiks an der nordamer. Küste.

**Sankt-Lorenz-Strom,** Fluss in Nordamerika, mit dem nördl. von Duluth (am Oberen See) entspringenden Quellfluss Saint Louis River rd. 3000 km; Grenzfluss zw. USA u. Kanada und Abfluss der Großen Seen zum Sankt-Lorenz-Golf; weitgehend kanalisiert und als *Sankt-Lorenz-Seeweg* für Seeschiffe bis Chicago und Duluth befahrbar.

**Sankt Moritz** [auch - ˈmorɪz], bed. schweizer. Fremdenverkehrsort im Oberengadin, 1772 bis 1832 m ü. d. M.; 5900 E; Eisenquellen.

**Sankt Petersburg,** 1914–24 **Petrograd**, 1924–91 **Leningrad**, Gebietshptst. in Russland, an d. Newamdg., 4,73 Mill. E; Univ., Akad., Hochschulen, Bibliotheken; planmäß. St.-Anlage, zahlr. histor. Bauten; vielseit. Ind., Kernkraftwerk; ⚓, ✈. – 1703 gegr., hieß 1703 bis 1914 S. P., war 1712 bis 1917 Hptst. Russlands, 1991 nach Volksentscheid Rückbenennung.

**Sankt Pölten,** Landeshptst. v. Niederöstr., westlich von Wien, 49800 E; roman. Dom (barockisiert); Textil-, Maschinenindustrie.

**Sankt Wolfgang im Salzkammergut,** oberöstr. Ort am *Sankt-Wolfgang-See* (13,5 km², 114 m tief), 2700 E; spätgot. Kirche mit bed. Schnitzaltar von M. Pacher (1471–81); Fremdenverkehr.

**Şanlıurfa** [ʃanlə-], fr. **Urfa**, südosttürk. St., 363000 E; Handelszentrum; ✈. – Seit dem 2. Jt. v. Chr. bed. St.; makedon. u. ma. *Edessa;* 1098–1144 Zentrum eines Kreuzfahrerstaates, s. 1637 türkisch.

**San Luis Potosí, 1)** mex. B.-Staat, 63068 km², 2,0 Mill. E. **2)** Hptst. v. 1), 488000 E; Univ.; Textil-, Hütten- u. a. Ind.; ⚒; ✈.

**San Marino, 1)** Rep. am O-Hang des Etrusk. Apennins; Weinbau, Schafzucht; Keramik- u. Bausteinindustrie, Fremdenverkehr, Briefmarkenverkauf. – S. dem 13./14. Jh. unabh., 1599 Schaffung einer im Wesentl. bis heute gültigen Verf., 1862 Zollunion, 1897 Freundschaftsvertrag (1953

**San Marino**

*Fläche:* 61,2 km²
*Einwohner:* 26000
*Hauptstadt:* San Marino
*Amtssprache:* Italienisch
*Zeitzone:* MEZ

erneuert) mit Italien, im 1. u. 2. Weltkrieg (bis Sept. 1944) neutral. **2)** Hptst. von 1), auf dem Gipfel des *Monte Titano,* 4 300 E.

**Sanmicheli** [-ˈkɛːli], Michele, ital. Baumeister, *1484, †1559; bahnbrechend im Palast- u. Festungsbau in Verona und Venedig.

**Sannazaro,** Iacopo, ital. Dichter span. Abkunft, *1456, †1530; begr. mit „Arcadia" (1502) den europ. Schäferroman.

**San Remo,** ital. Seebad an der westl. Riviera, 57 000 E.

**San Salvador,** Hptst. von El Salvador, 423 000 E; Univ.; Nahrungsmittel-, Textil- u. a. Ind.; ✈.

**Sansculotten** [sãkyˈlɔtən; frz.; = ohne Kniehosen], in der Frz. Revolution Spottname für die Revolutionäre, die keine höf. Kniehosen, sondern lange Pantalons trugen, später Bez. für Republikaner.

**San Sebastián,** span. Hafenst. am Golf von Biskaya, 183 900 E; Seebad; viels. Industrie.

**Sansevieria** [nlat.; nach dem ital. Gelehrten R. di Sangro, Fürst v. San Severo, †1774] (Bogenhanf), Gatt. der Liliengewächse; liefern wertvolle Fasern, Zierpflanzen.

**Sansibar,** engl. **Zanzibar** [zænzɪˈbɑː], **1)** Landesteil v. Tansania, umfasst d. Inseln S. u. Pemba (984 km², 322 500 E, Hptst. Chake Chake, Anbau v. Gewürznelken). **2)** amtl. **Unguja Island** [- ˈaɪlənd], engl. **Zanzibar**, Insel im Ind. Ozean, vor d. ost-afrik. Küste, gehört zu Tansania, 1 660 km², 456 900 E, besteht aus Korallenkalk; Anbau v. Gewürznelken, Kokospalmen, Reis. – S. war seit dem MA arab., 1503–1698 portug., danach beim Sultanat Oman (s. 1828 Sitz d. Sultans); 1890–1963 brit. Protektorat (Helgoland-Sansibar-Vertr.); 1963 als Sultanat unabh.; 1964 Zusammenschluss mit Tanganjika zur Vereinigten Rep. v. ↑Tansania. **3)** Hptst. v. 1), an der W-Küste d. Insel S., 157 600 E; zweitgr. St. Tansanias; Handelszentrum; ⚓, ✈.

**Sanskrit,** altind. Schriftspr., etwa 400 v. Chr. wohl vom ind. Grammatiker *Panini* fixiert; *klass. S.,* bis ins 20. Jh. als Lit.- u. Gelehrtenspr. gebräuchl. (wie etwa das Latein im Abendland), unterscheidet sich vom altertüml. S. der Epen.

**Sansovino, il, 1)** eigtl. Andrea **Contucci** [kɔnˈtuttʃi], *1460, †1529, ital. Bildhauer; tätig in Florenz und Rom; wegweisender Vertr. der Hochrenaissance. **2)** eigtl. Iacopo **Tatti,** *1486, †1570, ital. Baumeister und Bildhauer; Schüler v. 1), seit 1527 in Venedig; erbaute die Bibliothek u. Loggetta v. S. Marco (mit Statuen u. Reliefschmuck); Kolossalstatuen für den Dogenpalast.

**Sanssouci** [sãsuˈsi; frz.; = sorgenfrei], Schloss und Park in Potsdam; über Terrassen liegend, als einstöck. Bau z. T. nach Plänen Friedrichs d. Gr. 1745–47 v. Knobelsdorff erbaut.

**Santa** ↑Sankt.

**Santa Catarina,** südbrasil. B.-Staat, 95 318 km², 4,5 Mill. E, Hptst. Florianópolis; Plantagenwirtsch.; Ind.; bed. Kohlen-⚒.

**Santa Cruz** [- krus], **1)** größtes boliv. Dep., 370 621 km², 1,35 Mill. E, Hptst. *S. C. de la Sierra* (695 000 E; ✈). **2)** Prov. im südl. Argentinien, 243 943 km², 160 000 E, Hptst. Río Gallegos.

**Santa Fe** [ˈsæntə feɪ], Hptst. v. New Mexico, USA, 56 000 E; Erzb.; bed. Fremdenverkehr.

ban. Prov. S. de C., an der SO-Küste, 438 000 E; Univ.; Erzb.; Erdölraffinerie, petrolchem., Textil-, Tabak- u. a. Ind.; ✈.

**Säntis,** höchster Gipfel der Appenzeller Alpen, NO-Schweiz, 2 503 m; Seilbahn.

**Santo** ↑Sankt.

**Santo Domingo,** 1936–61 **Ciudad Trujillo** [siuˈðað truˈxijo], Hptst. der Dominikan. Rep., auf Hispaniola, 1,6 Mill. E; Univ.; Erzb.; Ind.; ⚓, ✈.

**Santos,** südbrasil. Hafenst., Welthandelsplatz für Kaffee, auf der Küsteninsel São Vicente, 428 500 E; ✈. – 1543 gegr.

**São** ↑Sankt.

**São Miguel** [sãu miˈγɛːl], größte Insel der Azoren, Portugal, 747 km², Hauptort Ponta Delgada; bis 1 105 m ü. d. M.; Anbau v. Ananas.

**São Paulo:** *Praca da Sé im historischen Zentrum mit neugotischer Kathedrale (1954 geweiht; Mitte) und Justizpalast (links)*

**Santa Fe, 1)** nordargent. Prov., 133 007 km², 2,7 Mill. E; Viehzuchtgebiet. **2)** Hptst. v. 1), am unteren Río Salado, 343 000 E; 2 Univ.; Erzb.; Ind.; Fluss-✈.

**Santer,** Jacques, luxemburg. Politiker, 1984–94 Min.-Präs, *1937; 1995–99 Präs. der Europ. Kommission.

**Santiago, S. de Compostela,** nordwestspan. St., 91 400 E; Univ.; bed. Wallfahrtsort; Kathedrale (1075–1128; barockisiert), soll über dem Grab des Apostels Jakobus d. Ä. errichtet worden sein; Hospital Real (v. a. 16. Jh.); ✈.

**Santiago de Chile** [- ðə ˈtʃile], Hptst. Chiles, 4,2 Mill. E; 2 Univ., TU; Erzb.; Kathedr. (barock); Textil-, Leder-, chem. u. a. Ind.; ✈.

**Santiago de Cuba,** Hptst. d. ku-

**Saône** [soːn], r. Nbfl. der Rhone, 480 km.

**São Paulo** [sãu ˈpaulu], **1)** südostbrasil. B.-Staat, 248 256 km², 33,7 Mill. E, Hptst. S. P.; wirtsch. führender brasil. Staat. **2)** Hptst. von 1), wichtigstes Ind.-Zentrum Brasiliens, 10,46 Mill. E; mehrere Univ., Seruminstitut Butantan, lateinamer. Kulturzentrum (seit 1998); Erzb.; U-Bahn; ✈. – 1554 gegr.

**São Tomé und Príncipe** [sãu tuˈmɛ - ˈprinsipi], Inselrep. in W-Afrika, umfasst d. Vulkaninseln *São Tomé* (836 km²) u. *Príncipe* (128 km²); trop. Klima; trop. Regen- bzw. Bergwald; Bev. vorw. Bantuvölker; Anbau von Kakao, Kokos- u. Ölpalmen. – Seit 1470 von Portugal kolonisiert, wurde 1735 portug. Kolonie, 1951 Überseeprov., 1975

**São Tomé und Príncipe**

*Fläche:* 964 km$^2$
*Einwohner:* 160 000
*Hauptstadt:* São Tomé
*Amtssprache:* Portugiesisch
*Zeitzone:* MEZ

unabhängig; bis 1990 Einparteisystem.

**Saphir** [gr.], Abart des ↑Korunds, Härte 9; blau (auch farblos od. gelb); Schmuckstein.

**Sappho,** griech. Dichterin, um 600 v. Chr., sammelte in Mytilene auf Lesbos einen Kreis junger Mädchen in kult.-erzieher. Gemeinschaft um sich; Götterhymnen, Hochzeitslieder, Liebeslyrik.

**Sapporo,** Hptst. der jap. Insel Hokkaidō, 1,67 Mill. E; Univ.; Textil- u. a. Ind.; Wintersportort; ✈.

**Sara,** im A. T. Frau Abrahams u. Mutter Isaaks; Stammmutter des Volkes Israel.

**Sarabande** [span.-frz.], Tanz span. Ursprungs im Dreiertakt; Satz der frz. Suite.

**Saragat,** Giuseppe, ital. Politiker, * 1898, † 1988; Mitbegr. der Sozialist. Arbeiterpartei (1947), später der Sozialdemokratischen Partei Italiens (PSDI), 1949–54, 1957–64 u. 1976 deren Gen.-Sekr., 1964–71 Staatspräsident.

**Sarajevo,** Hptst. v. Bosnien u. Herzegowina, 360 000 E; Univ.; Moscheen; Maschinenbau, Textil-, Tabak-, Nahrungsmittelind.; ✈. – Die Ermordung d. östr.-ungar. Thronfolgerpaares anlässl. eines Besuchs in S. am 28. 6. 1914 löste d. 1. Weltkrieg aus.

**Saramago,** José, portug. Schriftsteller, * 1922; vielschichtige histor. Romane, Nobelpreis 1998.

**Sarawak,** Gliedstaat Malaysias, auf Borneo, 124 450 km$^2$, 1,67 Mill. E, Hptst. Kuching; gebirgig, stark bewaldet (rd. 70 %), schmaler Küstensaum mit feuchttrop. Klima; Anbau v. Reis, Sagopalmen und Pfeffer; beträchtl. Küstenfischfang; bed. Kautschukgewinnung, Erdöl-, Kohle-, Gold-, Bauxitgewinnung. – 1888 brit. Protektorat, 1946–63 Kolonie.

**Sarazene** [arab.], Bez. des Arabers im MA; später des Muslims.

**Sardellen** [ital.], versch. Arten kl. heringsart. Fische; ↑Anschovis.

**Sarden,** Bev. Sardiniens.

**Sardine** [ital.], 15–25 cm langer Heringsfisch, bes. an den Küsten W-Europas u. des Mittelmeeres; Speisefisch (Ölsardinen).

**Sardinien,** ital. **Sardegna** [sarˈdeɲɲa], **1)** zweitgr. Insel Italiens, im W d. Tyrrhen. Meeres, 23 813 km$^2$, als autonome Region (mit Nebeninseln) 24 090 km$^2$, 1,66 Mill. E, Hptst. Cagliari; bis 1 834 m (Punta Lamarmora); Schafzucht, Wein-, Obst-, Getreideanbau, Korkeichenhaine; ⚒; Meersalzsalinen bei Cagliari; Fremdenverkehr. – *Gesch.:* Im 9. Jh. v. Phönikern besiedelt, im 6./5. Jh. karthag., 238 v. Chr. röm., im MA arab., dann unter d. Oberhoheit Pisas, 1297 an Aragonien, 1713 an Östr., das 1720 S. gg. Sizilien an die Hzg. v. Savoyen gab. **2)** ehemaliges Kgr. (1720–1861), umfasste die Insel S., die Herzogtümer Savoyen, Aosta, Montferrat u. Genua, die Gft. Nizza u. als Kernland das Ft. Piemont; nach 1848 Stützpt. der nat. Bewegung in Italien u. Kernland des späteren Kgr. Italien.

**Sardonyx** [gr.], rote od. braune, weiß gebänderte Varietät des ↑Chalzedons.

**Sargon,** Name mehrerer altorient. Herrscher: **1) S. v. Akkad,** erster Herrscher der Dyn. von Akkad (um 2300/2200 v. Chr.), begr. das erste semit. Großreich in Babylonien; **2) S. II.,** Kg. von Assyrien 721–705 v. Chr.; eroberte Samaria, Urartu und Babylon.

**Sari** [Hindi], kunstvoll gewickeltes, auch den Kopf umhüllendes Gewand der Inderin.

**Sarkasmus** [gr.-lat.], beißender Spott; *sarkastisch,* spött., höhnisch.

**Sarkom** [gr.], bösart., aus dem Stütz- und Bindegewebe hervorgehende, meist abnorm zellreiche Geschwulst mit Neigung zur Metastasierung.

**Sarkophag** [gr.], monumentaler, meist reich geschmückter Sarg aus Stein, Ton, Metall oder Holz.

**Sarmaten,** antikes zentralasiat.-iran. Nomadenvolk, Reiter und Bogenschützen; vom 3. Jh. v. Chr. bis zum 2. Jh. n. Chr. in S-Russland.

**Sarnen,** Hauptort des schweizer. Halbkt. Unterwalden ob dem Wald, am *Sarner See* (7,7 km$^2$, 51 m tief), 8 700 E; Barockbauten; Fremdenverkehr.

**Sarong** [malai.], um die Hüfte geschlungener, bunter Rock der Malaien (für Mann und Frau).

**Saroyan** [səˈrɔɪən], William, amer. Schriftsteller armen. Abstammung, * 1908, † 1981; Kurzgeschichten über das amer. Alltagsleben, „Menschl. Komödie"; auch Dramen.

**Sarraute** [saˈroːt], Nathalie, frz. Schriftstellerin russ. Herkunft, * 1900, † 1999; Vorläuferin u. Wegbereiterin d. Nouveau roman.

**Sarthe** [sart], **1)** l. Quellfl. der Maine, Frkr., 285 km. **2)** westfrz. Dép., Hptst. Le Mans.

**Sarto,** Andrea del, eigtl. Andrea d'**Agnolo** [ˈdaɲolo], ital. Maler, * 1486, † 1530; Hauptmeister der florentin. Hochrenaissance; Freskenzyklen in Florenz (in SS. Annunziata u. im ehem. Scalzo-Kloster), Altarbilder, Bildnisse; bed. [Rötel]zeichnungen.

**Sartre** [sartr], Jean-Paul, frz. Philosoph und Schriftsteller, * 1905, † 1980, Hauptvertr. des frz. Existenzialismus; 1952–56 Mitgl. der KP; sieht den Menschen „zur Freiheit verurteilt", in das Nichts gestellt; der v. allen Bindungen befreite Mensch setzt den Sinn des Lebens selbst, trägt die totale Verantwortung; Philos. Hauptwerk: „Das Sein u. das Nichts"; Dramen: „Die Fliegen", „Die ehrbare Dirne", „Die schmutzigen Hände"; „Das Spiel ist aus" (Drehbuch), Autobiografie „Die Wörter"; lehnte den ihm 1964 zuerkannten Nobelpreis für Lit. ab.

**SAS,** Abk. für: **S**candinavian **A**irlines **S**ystem, skand. Luftverkehrsges.; 1946 durch Zusammenschluss der dän., norweg. und schwed. Flugges. gegründet.

**Saskatchewan** [səsˈkætʃɪwən], zentralkanad. Prov., 652 330 km$^2$, 989 000 E, Hptst. Regina; im S fruchtb. Prärieland, im N seenreiche Waldgebiete; bed. Landw.; Bodenschätze: Erze, Erdöl, Erdgas, Braunkohle, Kalisalze.

**Sassafrasbaum** [frz.; dt.], nordamer. Baum, liefert das in der Pharmazie verw. *Sassafrasholz* u. *Sassafrasöl* (für Parfüm).

**Sassaniden,** pers. Dyn. (224 bis 651), nach dem Priester Sassan.

**Sassnitz,** Hafenort und Seebad an der O-Küste v. Rügen, 11 600 E; Fischverarbeitungs-, Kreideind.; Eisenbahnfähre nach Trelleborg (Schweden) u. Klaipėda.

**Satan** [hebr.], bibl. der Widersacher Gottes u. der Menschen, Fürst der gefallenen Engel *(Teufel).*

**Satanismus,** Bez. für jegl. Verehrung des Satans bzw. Teufels als des widergöttl. Prinzips; oft verknüpft mit schwarzer Magie, auch

Pervertierung der christl. Messe zur *„schwarzen Messe" (Teufelsmesse).*

**Satellit** [lat.], **1)** Gefolge, Gefolgsmann. **2)** Himmelskörper, der einen Planeten umkreist (↑Mond). **3)** ↑Erdsatellit.

**Satellitenfernsehen,** über Rundfunk- u. Fernmeldesatelliten ausgestrahlte Fernsehprogramme, die über Parabolantenne od. Kabel empfangen werden können.

**Satellitenstaat,** Staat, der trotz völkerrechtl. Unabhängigkeit unter dem bestimmenden Einfluss einer Großmacht steht.

**Satie,** Erik, eigtl. Alfred E. **Leslie-S.,** frz. Komponist, *1866, †1925; führend in der Gruppe der „Six"; Vorläufer d. Avantgarde des 20. Jh.; gg. jeden romant. Gefühlsausdruck.

**Satin** [sa'tɛ̃; frz.], Gewebe in Atlasbindung (dadurch glatte Oberfläche); v. a. als Futterstoff.

**satinieren** [frz.], Papier zw. Walzen glätten (↑Kalander).

**Satire** [lat.], Lit.-Gattung, die heiter-spött. od. bissig Unzulänglichkeiten der menschl. Natur, gesellschaftl.-politische Verhältnisse od. weltanschaul. u. literar. Erscheinungen kritisiert; an keine best. literar. Form gebunden; bed. Vertr. sind u. a. Lukian, Voltaire, Swift, Heine, Wedekind, Shaw.

**Satisfaktion** [lat.], Genugtuung, bes. durch Ehrenerklärung oder Zweikampf.

**Satrap** [pers.], altpers. Statthalter einer Provinz.

**Satsuma,** samenlose Varietät der Mandarine.

**Sattel, 1)** Sitz- oder Tragvorrichtung auf Reit- bzw. Lasttieren. **2)** Einsenkung eines Gebirgskammes. **3)** ⊕ Schichtaufwölbung.

**Satteldach,** Dach aus zwei mehr oder weniger stark geneigten Flächen, d. im First zusammenstoßen.

**Sättigung, 1)** Erreichen eines Grenzzustandes *(S.zustand)* in einem physikal. System, bei dem eine physikal. Größe *(S.größe)* v. einem best. Wert an konst. bleibt. **2)** Farbmetrik: Grad der Buntheit einer Farbe im Vergleich zum gleich hellen Grau.

**Satu Mare,** dt. **Sathmar,** Bez.-Hptst. in NW-Rumänien, am Szamos, 130 600 E; Maschinenbau, Leicht-, Nahrungsmittel- u. a. Ind.; ✈; v. S. M. Siedlungsgebiet d. im 18. Jh. aus SW-Dtl. ausgewanderten *Sathmarer Schwaben,* bäuerl. Kolonisten.

**Saturn,** alter, aber nicht einheim. röm. Gott des Ackerbaus, dem griech. Gott Kronos gleichgestellt.

**Saturn,** zweitgrößter u. sonnenfernster Planet; Umlaufzeit um die Sonne 29,42 J.; mittl. Entfernung v. der Sonne 1,428 Mrd. km; fester Gesteinskern von rd. 3facher Erdmasse, Mantel v. a. aus festem bzw. flüssigem Wasserstoff, dichte, wolkige Atmosphäre v. a. aus Wasserstoff (89 %) u. Helium. Neben 30 bek. Monden besitzt S. ein aus Gesteins- u. Eisbrocken bestehendes *Ringsystem.* Der äußere Ring (ca. 14 700 km breit) der 7 Ringgruppen weist eine 330 km schmale Lücke, die *enckesche Teilung,* auf.

**Saturnalien** [lat.], altröm. Fest zu Ehren des Gottes Saturn (Mitte Dez.); während der S. Gleichheit zw. Herren und Sklaven.

**Satyr,** lüsterner, meist bocksgestalt. Naturdämon, Begleiter des Dionysos.

**Satyrspiel,** Gattung des griech. Dramas (als Nachspiel einer Tragödientrilogie) mit kom. bis derben Elementen, bei dem die Mitgl. des Chors als Satyrn auftraten.

**Satz, 1)** geordnete Wortfolge zur Wiedergabe eines Gedankens. **2)** musikal. Schreibweise, z. B. homophoner, kontrapunkt. S.; Bestandteil einer größeren musikal. Form (einer Sonate, Sinfonie, Suite u. a.). **3)** aus Lettern oder Schriftzeilen zusammengesetzte Druckform (↑Setzerei). **4)** ⚲ Bez. für einen bei Erreichen eines best. Spielergebnisses beendeten Spielabschnitt (u. a. im Tennis).

**Satzaussage** ↑Prädikat.

**Satzung,** Rechtsvorschriften über die Verf. v. Ges. (z. B. bei AG, GmbH) od. Körperschaften des öff. Rechts.

**Sau** weibl. Hausschwein; in der Jägersprache: Wildschwein.

**Saubohne, Pferde-, Puffbohne,** Art der Hülsenfrüchtler; Gemüse- u. Futterpfl., Bienenweide.

**Saudi-Arabien,** den größten Teil der Arab. Halbinsel einnehmendes Kgr., grenzt im W an das Rote Meer, im N an Jordanien, Irak und Kuwait, im O an den Pers. Golf, im SO an Katar und die Vereinigten Arab. Emirate, im S an Oman und Jemen. Das Küstengebiet am Roten Meer steigt steil zur inneren Hochfläche an, die sich zum Pers. Golf hin allm. abdacht; Küstengebiete feuchtheiß, im (meist abflusslosen) Innern arides Klima (ausgedehnte Sandwüsten). *Wirtsch.:* Oasenwirtsch., nomad. Weidewirtsch.; bed. Erdölförderung am Pers. Golf (die Vorräte sind die größten der Erde). – *Gesch.:* Die Wahhabiten unter ↑Ibn Saud verdrängten 1913 die Osmanen aus dem NO der Arab. Halbinsel, 1926 ließ er sich zum Kg. von Nedjd u. Hidjas ausrufen; 1932 wurde das Land Kgr.; Kg. Faisal (1964–75) öffnete S.-A. dem westl. Lebensstil, behielt jedoch die autokrat. Herrschaftsform bei; nach seiner Ermordung folgte Kg. Chalid, 1982 Kg. Fahd; 1990–91 Aufmarschgebiet im 2. Golfkrieg; Mitgl. der Arab. Liga.

**Saudi-Arabien**

*Fläche:* 2,15 Mill. km²

*Einwohner:* 20,207 Mill.

*Hauptstadt:* Riad

*Amtssprache:* Arabisch

*Zeitzone:* MEZ + 2 Stunden

**Sauditen,** wahhabit. Dyn. in Arabien, begr. im 18. Jh.

**Sauerampfer** ↑Ampfer.

**Sauerbruch,** Ernst Ferdinand, bed. dt. Chirurg, *1875, †1951; grundlegende Arbeiten auf dem Gebiet der Brustkorbchirurgie (Einführung des Druckdifferenzverfahrens); entwickelte die *S.-Hand,* eine Hand- und Armprothese mit bewegl. Fingern.

**Sauerkraut,** fein gehobelter Weißkohl, d. durch Milchsäuregärung haltbar gemacht worden ist.

**Sauerland,** gebirg. S-Teil Westfalens, im NO des Rhein. Schiefergeb., mit Ebbe u. Teilen des ↑Rothaargeb.; waldreich; Wintersport, Textil- und Kleinindustrie.

**Sauerstoff,** Symb. **O** (von lat. oxygenium), chem. El., OZ 8, rel. A.-Masse 15,9994, farb- u. geruchloses Gas, Fp. −218,79 °C, Sp. −182,95 °C; reagiert mit allen El. außer den Edelgasen; die entstehenden Verbdg. heißen Oxide; S. liegt überwiegend als $O_2$-Molekül vor ($O_3$ ↑Ozon). S. ist das häufigste aller chem. El.; die Weltmeere, Seen u. Flüsse bestehen aus nahezu 90 %, die feste Erdkruste aus 47,3 % gebundenem S.; die erdnahe Luft enthält 23,15 % S.; wird durch Verflüssigung von Luft u. anschließende fraktionierte Destillation rein dargestellt; lebensnotwendig für fast alle Lebewesen.

S

**Sauerstoffbehandlung,** Anwendung von mit Sauerstoff angereicherter Luft oder (kurzfristig) von reinem Sauerstoff mithilfe von Inhalationsgeräten (Sauerstoffmaske), über Endotrachealtuben (Intubation), Nasensonden (Insufflation) oder Beatmungsgeräte; dient v. a. der Behebung von akuten Sauerstoffmangelzuständen (Hypoxie), z. B. bei akuten asthmat. Anfällen, Herzinfarkt od. Vergiftungen.

**Sauerstoffgeräte,** Atemgeräte für den Aufenthalt in Umgebungen mit nur unzureichenden Sauerstoffmengen, z. B. unter Wasser (Tauchgeräte) od. in großen Höhen (Höhenatemgeräte).

**Sauerstoffmetallurgie,** metallurg. Verfahren, die auf der Verwendung sauerstoffangereicherter Luft od. techn. reinen Sauerstoffs beruhen; heute bes. d. Sauerstoffaufblasverfahren (z. B. LD-Verfahren).

und im Wasser (Wale). Ältester Säugetierfund aus der afrik. Oberen Trias.

**Saugheber** ↑Heber.

**Saugwürmer, Trematoden,** Kl. parasit. Plattwürmer mit Haftorganen (Saugnäpfen, Haken); Entwicklung meist mit Metamorphose, oft Generationswechsel; z. B. Leberegel.

**Saul,** erster Kg. v. Israel (bis um 1002 v. Chr.); von Samuel designiert u. gesalbt, durch die Huldigung der israelit. Stämme Volkskg.; Selbstmord nach der Niederlage gg. die Philister.

**Säule,** kreisrunde Stütze, frei stehend als Ehrenmal, Grabmal oder Träger einer Statue; tekton. Hauptelement des antiken Tempels (in der Renaissance u. im Barock oft nur noch dekorativ).

**Säulen des Herkules,** antike Bez. für die Felsen beiderseits der Straße von Gibraltar.

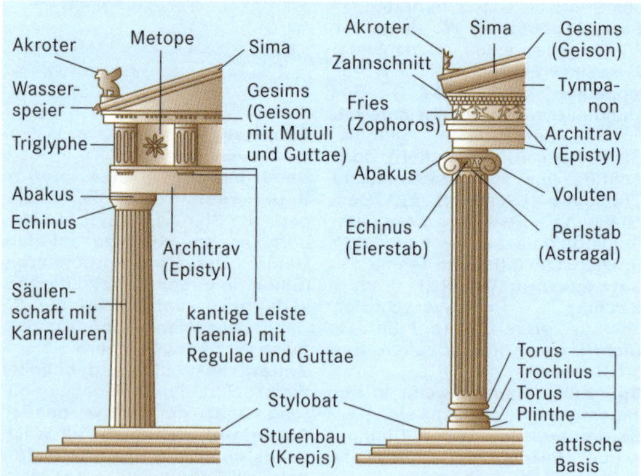


**Säule:** *dorische Säulenordnung (links) und ionische Säulenordnung*

**Sauerteig,** stark gärender Teig, der die Gärung auf den gesamten Brotteig überträgt; Teiglockerung v. a. durch $CO_2$-Entwicklung.

**Sauerwurm,** Raupe der 2. Generation des Traubenwicklers; zerstört die Beeren des Weinstocks (die 1. Generation, der *Heuwurm,* schadet bes. den Blüten).

**Säugetiere,** Kl. der höchstentwickelten Wirbeltiere; außer den Kloakentieren lebend gebärend, ♀♀ ernähren die Jungen mit Milch aus Milchdrüsen; lungenatmende Warmblüter mit drüsenreicher, meist behaarter Haut, gewöhnl. 4 Gliedmaßen; Gehirn stark entwickelt; weltweit verbreitet: auf dem Land, in der Luft (Fledermäuse)

**Saumur** [so'myr], frz. St. an der Loire, 31 900 E; histor. Bauten; Kavallerieschule; Wein-, Sektkellereien.

**Sauna** [finn.], Heißluftbad mit Temperaturen von 60 bis 90 °C; period. Unterbrechung des S.-Aufenthaltes durch Abkühlung mit kaltem Wasser; dient z. B. zur Abhärtung.

**Saura,** Carlos, span. Regisseur, *1932; „Der Garten der Lüste".

**Säure-Basen-Haushalt,** Bez. für versch. physiolog. Regelmechanismen, die der Aufrechterhaltung des für den optimalen Ablauf der Stoffwechselvorgänge notwendigen pH-Wertes von 7,4 (±0,02) im Blut u. in den anderen Körperflüssigkeiten dienen. Zur Konstanthaltung dieses Säure-Basen-Gleichgewichts tragen die Puffereigenschaften des Blutes u. der Gewebe, der Gasaustausch in der Lunge u. die Ausscheidungsmechanismen der Niere bei.

**Säuren,** chem. Verbdg., die in wässr. Lösung u. a. polaren Lösungsmitteln infolge elektrolyt. Dissoziation Wasserstoffionen (Protonen) abgeben; diese lagern sich an die Moleküle des Lösungsmittels u. bewirken die „saure" Reaktion der Lösung: saurer Geschmack, Umfärbung von Indikatoren (z. B. Lackmus von blau nach rot). Mit ↑Basen bilden S. Salze (der Säurewasserstoff wird durch Metall[e] ersetzt). Einige S. lösen unter Wasserstoffentwicklung u. Salzbildung Metall[oxid]e auf.

**saurer Regen,** Bez. für säurehaltige Niederschläge, entsteht durch Reaktion von Wasser u. Sauerstoff der Luft mit bei Verbrennungsprozessen entstehendem Schwefeldioxid ($SO_2$) u. Stickoxiden ($NO_x$); führt zu einer Versauerung des Bodens und gilt als eine der Ursachen des Waldsterbens.

**Saurier** [gr.], ausgestorbene Reptilien (bes. Trias, Jura, Kreide), teilw. riesengr.; Raubtiere und Pflanzenfresser, Land-, Wasser- und Luftbewohner.

**Saussure** [so'sy:r], Ferdinand de, schweizer. Sprachforscher, *1857, †1913; Begr. der mod. Linguistik; erkannte als erster das idgm. Vokalsystem.

**Savanne** [span.], Vegetationsform der wechselfeuchten Tropen, Grasland mit einzelnen Bäumen und Baumgruppen.

**Save,** r. Nbfl. d. Donau, 945 km, mündet bei Belgrad.

**Savoir-vivre** [savwar'vi:vr; frz.], [feine] Lebensart.

**Savona,** Prov.-Hptst. in Italien, an d. westl. Riviera, 63 100 E; Eisen, Stahl-, chem. u. Glasind., Schiffbau.

**Savonarola,** Girolamo, ital. Dominikaner u. Bußprediger, *1452, †1498; der bedeutendste Sittenprediger seiner Zeit, s. 1482 in Florenz; nach der Vertreibung der Medici (1494) machte S. Florenz zu einer theokrat.-demokrat. Rep. u. suchte die Bürger für ein wirkl. christl., streng asket. Leben zu gewinnen; 1497 von Papst Alexander VI. exkommuniziert und als Schismatiker u. Häretiker gehenkt und verbrannt.

**Savoyen,** frz. Geb.-Ldsch. südl. des Genfer Sees. – 1033 mit Burgund an das Hl. Röm. Reich, 1416

**Schaben:** *Deutsche Schabe*

Hzgt. (Kernland Piemont), 1720 Tausch des 1713 gewonnenen Sizilien gg. Sardinien, 1860 Abtretung S.s an Frankreich.

**Saxophon,** v. dem belg. Instrumentenbauer Antoine-Joseph Sax (* 1814, † 1894) erfundenes Blasinstrument mit aufschlagendem Rohrblatt u. Blechkörper, Schnabelmundstück, Klappensystem; Einsatz v. a. im Jazz sowie in der Tanzmusik.

**Sayers** [ˈseɪəz], Dorothy [Leigh], engl. Schriftstellerin, * 1893, † 1957; psychol. Kriminalromane, Dramen, Essays.

**Sb,** ⚗ Symb. für ↑Antimon.

**SBZ,** Abk. für: **S**owjetische **B**esatzungszone.

**Sc,** ⚗ Symb. für ↑Scandium.

**Scaliger, della Scala,** nordital. Adelsgeschlecht, 1259 bis 1387 Stadtherren v. Verona; gehörten zu den Ghibellinen.

**Scaliger,** Julius Cäsar, eigtl. Bordone della **Scala,** ital. Humanist, * 1484, † 1558; seine Poetik bestimmte Theorie und Praxis auch der dt. Dichtung bis ins 18. Jh.

**Scandium** [nlat.], Symb. **Sc,** chem. El., OZ 21, rel. A.-Masse 44,956, Metall der seltenen Erden; techn. bedeutungslos.

**Scanner** [ˈskænə; engl.], Gerät, das ein zu untersuchendes Objekt punkt- bzw. zeilenweise (z. B. mit einem Licht-, Laser- od. Elektronenstrahl) abtastet („scannt") u. die ermittelten Messwerte registriert od. weiterverarbeitet. Dabei entstehen vorlagengetreue elektron. (digitale) Rasterbilder (Pixelgrafiken); Anwendung u. a. in der Computertomographie, zum Einlesen v. Strichcodes, in der graf. Technik.

**Scarlatti, 1)** Alessandro, ital. Komponist, * 1660, † 1725; einer der Hauptmeister der neapolitan. Oper; Kantaten, Oratorien. **2)** Domenico, Sohn von 1), ital. Komponist, * 1685, † 1757; über 500 Klavier- u. Orgelwerke; Opern, Kirchenmusik.

**Scene,** Bez. für eine [alternative] Subkultur für „Aussteiger" aus der Gesellschaft.

**Schaaf,** Johannes, dt. Regisseur, * 1933; Inszenierungen u. a. für die Salzburger Festspiele, auch Filme („Trotta", „Momo").

**Schabbes,** jidd. für ↑Sabbat.

**Schaben,** weltweit verbreitete Ordn. flacher, behänder Insekten mit Laufbeinen; Flügel oft verkürzt; lange, fadenförm. Antennen, kauende Mundwerkzeuge; Vorratsschädlinge; z. B. Küchenschabe, Deutsche Schabe.

**Schabkunst, Mezzotinto,** Kupferstichverfahren, bes. für Gemäldereproduktionen.

**Schablone,** ausgeschnittene Vorlage [zur Vervielfältigung], Muster; übertr. für Nachahmung.

**Schach, Schachspiel,** aus Indien stammendes altes Brettspiel zw. 2 Spielern, gespielt auf dem Damebrett, mit 16 weißen, 16 schwarzen Figuren: je 1 König, 1 Dame, 2 Türme, 2 Läufer, 2 Springer, 8 Bauern. Das Ziel ist, den König des Gegners Schachmatt zu setzen (↑Matt).

**Schacht,** Hjalmar, dt. Bankier u. Politiker, * 1877, † 1970; 1923–30 u. 1933–39 Reichsbankpräs.; 1932/33 Förderer Hitlers; 1934–37 Wirtschaftsmin., betrieb die dt. Aufrüstung; 1937–43 Min. ohne Geschäftsbereich; 1946 v. Internat. Militärgerichtshof in Nürnberg freigesprochen.

**Schacht,** ⚒ senkrechter od. schräger, in die Tiefe führender Grubenbau; u. a. für Fahrung, Förderung, Wetterführung.

**Schachtelhalme,** Klasse der Farnpfl.; meist kraut. Pfl., Hauptentwicklung im Erdaltertum mit baumart. Vertr.; heute noch die *S.* i. e. S. mit der einz. Gatt. *Schachtelhalm,* meist an feuchten Orten; *Ackerschachtelhalm,* Volksheilmittel.

**schächten** [hebr.], nach religiöser Vorschrift schlachten: Mit schnellem Schnitt wird die Halsschlagader des Schlachttieres durchschnitten und damit völl. Ausbluten bewirkt. Vorgeschrieben im Judentum u. im Islam (arab. dhabh).

**Schädel,** Kopfskelett der Wirbeltiere. Der *Gehirn-S.* umschließt die S.-Höhle mit dem Gehirn; er besteht aus 8 Knochen: Stirnbein, 2 Scheitel-, 2 Schläfenbeine, Hinterhaupt-, Sieb-, Keilbein. Der *Gesichts-S.* hat 14 Knochen: Pflugscharbein, Unterkiefer, je 2 Oberkiefer-, Nasen-, Gaumen-, Tränen-, Jochbeine, untere Nasenmuscheln; zum Gesichts-S. werden noch die Gehörknöchelchen u. das Zungenbein gerechnet. – Abb. S. 608.

**Schädelhirntrauma, Hirntrauma, Gehirnverletzung,** Sammel-Bez. für alle Hirnschäden infolge akuter Einwirkung von außen, z. B. durch Unfall.

**Schädel|lage** ↑Kindslage.

**Schaden,** Nachteil, den eine Person an einem ihrer Rechtsgüter, insbes. an ihrem Vermögen, erleidet; *S.ersatz,* Wiederherst. des Zustandes, der ohne das Schaden stiftende Ereignis bestehen würde; durch Naturalrestitution od. Ersatz in Geld.

**Schadow** [-do], **1)** [Johann] Gottfried, dt. Bildhauer, * 1764, † 1850; Hauptmeister des dt. Klassizismus; Quadriga auf dem Brandenburger Tor, Prinzessinnengruppe. **2)** Wilhelm v., Sohn von 1), dt. Maler, * 1788, † 1862; schloss sich 1810 in Rom dem Kreis der Nazarener an, Begr. der Düsseldorfer Malerschule.

**Schafblattern,** svw. ↑Windpocken.

**Schafe,** Wiederkäuergatt.; vorw. gebirgsbewohnende Herdentiere, ohne Kinnbart, ♂ mit oft mächt., gedrehten Hörnern; wild lebende Formen: Dickhornschaf, Mufflon; das *Hausschaf* dient bes. als Woll- und Fleischlieferant.

**Schachtelhalm:** *Ackerschachtelhalm*

**Schäferdichtung, bukolische Dichtung,** Lyrik, Romane und Dramen, die in einer idyll., utop. Welt der Hirten u. Schäfer spielen, in der Antike (Theokrit, Vergil), Renaissance (Petrarca) bis Barock und Rokoko beliebt (Opitz, Gryphius, Geßner, der junge Goethe).

**Schäferhunde,** v. a. zum Hüten von Schafen geeignete Haushunderassen; u. a. *Dt. Schäferhund, Collie, Bobtail, Belg. Schäferhund.*

**Schaffhausen, 1)** schweizer. Kt.

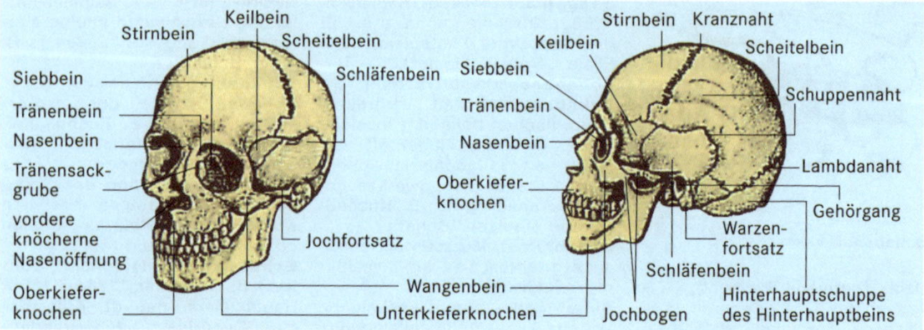


**Schädel:** *Ansicht des menschlichen Schädels von vorn und von der Seite*

am Hochrhein, 298 km², 73 600 E; Hptst. Sch.; Obstbau, Ackerbau, Forstwirtsch. **2)** Hptst. von 1), am Hochrhein nahe dem ↑Rheinfall, 34 000 E; histor. Bauten; Masch.-, feinmech. u. a. Industrie.

**Schafgarbe,** Gatt. der Korbblütler; *Gemeine S.* häufig auf Wiesen und Äckern, bis 50 cm hoch, weiße, kleine Blüten.

**Schafott** [niederl.], [erhöhte] Stätte für Hinrichtungen; Blutgerüst.

**Schaf[s]kopf,** altes dt. Kartenspiel, das mit einer Karte von 32 Blatt gespielt wird, ben. nach der dem Sch. ähnl. Figur, die bei der Strichnotierung der Spiele gemalt wird; weiterentwickelt zum Doppelkopf.

**Schah** [pers.], Herrschertitel; in d. Regel für Schahinschah (Kg. der Könige), war der Titel des iran. Kaisers.

**Schakal** [türk.], Wildhund; mehr. Arten, bis 1 m lang; nächtl. Jäger, räuber. Allesfresser; Afrika, Asien, SO-Europa.

**Schalenmodell,** Modell zur (quantenmech.) Beschreibung der Elektronenhülle des Atoms sowie des Atomkerns.

**Schaljapin,** Fjodor Iwanowitsch, russ. Sänger (Bass), *1873, †1938; gefeiert als „Boris Godunow“.

**Schall,** mit räuml. u. zeitl. Änderungen der Dichte bzw. des Druckes verbundene Störung eines materiellen Mediums, die sich wellenförm. ausbreitet *(S.wellen),* wobei alle davon erfassten Teilchen um ihre Ruhelage schwingen *(S.schwingungen).* Bei S.wellen in Flüssigkeiten u. Gasen schwingen die Teilchen des Mediums in Ausbreitungsrichtung (longitudinale Wellen), in festen Körpern auch senkr. zu ihr (transversale Wellen). Frequenzen zw. 16 u. 20 000 Hz *(Hörbereich)* rufen eine Gehörempfindung hervor, die als Ton, Klang, Geräusch od. Knall empfunden wird. Bei Frequenzen unterhalb 16 Hz spricht man v. *Infra-S.,* oberhalb 20 kHz v. ↑Ultra-S. u. über etwa 1 GHz v. *Hyper-S.* Die Lehre v. S. ist die *Akustik.*

**Schalla,** Hans, dt. Regisseur, *1904, †1983; 1949–72 Intendant des Bochumer Schauspielhauses.

**Schalldämpfer,** Vorrichtung zur Minderung des Auspuffgeräuschs von Verbrennungskraftmasch.; im Auspufftopf werden durch Reflexion u./od. Absorption Wechseldruckanteile stark vermindert.

**Schallgeschwindigkeit,** die Ausbreitungsgeschwindigkeit *c* der Schallwellen; ist bei festen u. flüss. Stoffen u. a. v. Elastizitätsmodul u. Dichte, bei Gasen v. Druck, Dichte u. Temp. abhäng. Bei 0 °C beträgt die S. in Luft 331 m/s, in Wasser 1 485 m/s, in Stahl 5 100 m/s.

**Schallmauer,** Geschwindigkeitsbereich in der Nähe der Schallgeschwindigkeit, in dem der Luftwiderstand für Luftfahrzeuge steil ansteigt; die beim Überschallflug auftretenden Verdichtungsstöße sind auf der Erde als Knall (Lärmteppich) wahrnehmbar.

**Schallplatte,** scheibenförm. Träger v. Schallaufzeichnungen; mit einem Plattenschneider werden die Schallschwingungen als Rillen (mit seitl. Auslenkungen) in eine Folie eingraviert; Vervielfältigung durch Pressen mit der nach der Folie hergest. Mater; genormte Umdrehungszahlen (v. a. $33^1/_3$, 45, 78 U/min); bei *Stereo-S.* werden die Schallschwingungen in 2 unter 45° gg. die Plattenoberfläche geneigten Rillenflanken codiert.

**Schalmei** [frz.], altes Holzblasinstrument mit doppeltem Rohrblatt, Vorläufer der Oboe.

**Schalom** [hebr.], jüdischer [Friedens]gruß.

**Schalotte** [frz.], 15–80 cm hohe Zwiebelart.

**Schalter,** Vorrichtung zum Verbinden od. Unterbrechen v. Stromkreisen; z. B. als *Niederspannungs-* (bis 1 000 V) od. *Hochspannungs-S.* (über 1 000 V).

**Schaltjahr** ↑Kalender.

**Schaltplan, Schaltbild,** Darst. elektr. Einrichtungen durch genormte Schalt(kurz)zeichen zur Bez. ihrer Wirkungsweise, des Stromverlaufs od. der Leitungsverbdg.

**Schalttag** ↑Kalender.

**Schaltung, 1)** Anordnung v. elektr. Schaltelementen in einem Stromkreis. (↑ integrierte Schaltung) **2) Gangschaltung,** Hebelsystem zur Bedienung des Wechselgetriebes zum Einlegen der Gänge bei Kfz-Motoren.

**Schaluppe** [frz.], einmastiger Frachtsegler; [Riemen]beiboot.

**Schamanismus** [tungus.], Religionsform, bei der *Schamanen* [Bewahrer mag.-religiösen Wissens] durch Opfer, ekstat. Tänze u. a. Kontakt mit Gottheiten u. Dämonen aufnehmen zur Abwehr v. Krankheit u. Gefahr, zum Schaden der Feinde u. Ä.; bes. bei nord-, zentralasiat. u. indian. Völkern.

**Schambein,** in der Schamgegend liegender Teil des knöchernen Beckens.

**Schamir,** Yitzhak, isr. Politiker (Cherut), *1915; 1955–65 leitende Position im Geheimdienst Mossad, 1977–80 Präs. der Knesset, 1980–83 u. 1984–86 Außenmin., 1983/84 u. 1986–92 Min.-Präs.

**Schamlippen,** äußere weibl. ↑Geschlechtsorgane: 1. *äußere* od. *große S.,* zwei behaarte, die Schamspalte umschließende Hautfalten; 2. *kl. S.,* zwei v. den gr. S. überdeckte kleinere Schleimhautfalten.

**Schamotte** [ital.], feuerfester,

doppelt gebrannter Ton; zur Ausmauerung von Feuerungsanlagen.

**Schanghai,** größte St. Chinas, im Mündungsgebiet des Huangpu Jiang in den Jangtsekiang, 13,5 Mill. E; mehrere Univ.; wichtiges Wirtschaftszentrum, bedeutendster Hafen u. Handelsplatz Chinas; vielseit. Ind.; ✈. – 1842 Erschließung für den europ. Handel, 1869–1941 exterritoriale internat. u. frz. Niederlassungen.

**Schanker** [frz.], Geschwür, infolge Ansteckung beim Geschlechtsverkehr meist an den äußeren Geschlechtsteilen. Der *harte S.* ist das erste Zeichen der Syphilis. Beim *weichen S.* (durch Streptobakterien hervorgerufene Geschlechtskrankheit) entzünden sich auch die Leistenlymphknoten. Beide Krankheiten sind meldepflichtig.

**Schantungseide,** svw. Honanseide (↑Henan).

**Schanze, 1)** Erdwerk als Stützpt. einer mil. Feldstellung (bis Ende des 19. Jh.). **2)** ⛷ ↑Skispringen.

**Scharade** [frz.], Rätsel, bei dem d. Lösungswort in Einzelsilben zerlegt wird, d. umschrieben, graf. od. pantomim. dargestellt werden.

**Scharbockskraut,** Hahnenfußgewächs; kl. gelb blühende Pfl. in Laubmischwäldern mit glänzenden rundl. Blättern.

**Schären,** scharenweise auftretende, durch eiszeitl. Gletscher abgeschliffene kleine Felsinseln, v. a. vor den skand. Ostseeküsten.

**Scharfrichter, Henker,** Vollstrecker von Todesurteilen.

**Scharhörn,** Watteninsel in der Außenelbe, Hamburg, 2,7 km²; Vogelschutzwarte.

**Scharia,** religiös begr. Recht d. Islam, regelt Rechtsfragen u. enthält Normen der Sozialethik; wichtigste Rechtsquelle ist der Koran.

**Scharlach,** meldepflicht. Infektionskrankheit, v. a. bei Kindern, mit hohem Fieber, Halsschmerzen, Mandelentzündung, „Himbeerzunge" und typ. feinfleckigem Hautausschlag; nach etwa 14 Tagen Abschuppung; Erreger: hämolysierende Streptokokken.

**Scharnhorst,** Gerhard Johann David von, preuß. Gen, *1755, †1813; 1807–10 Chef des neu geschaffenen Kriegsmin.; Heeresreform: u. a. Beseitigung des Adelsprivilegs auf Offiziersstellungen, Verstärkung des Heeres (↑Krümpersystem), allg. Wehrpflicht; 1813 Gen.-Stabschef Blüchers.

**Scharnier** [frz.], Gelenkband, v. a. aus Metall, zur bewegl. Verbindung zweier Teile.

**Scharon,** Ariel, israel. Politiker, *1928; Offizier; Mitgl. des Likud; zw. 1977 u. 1999 mehrfach Min.; wurde Febr. 2001 Min.-Präs.

**Scharoun** [-ˈruːn], Hans Bernhard, dt. Architekt, *1893, †1972; funktionell-organ. Bauweise; Berliner Philharmonie.

**Scharping,** Rudolf, dt. Politiker (SPD), *1947; 1991–94 Min.-Präs. von Rheinl.-Pfalz; 1993–95 Bundes-Vors. der SPD, 1998–2002 Bundesmin. der Verteidigung.

**Schatt el-Arab,** gemeinsamer Mdg.-Strom v. Euphrat u. Tigris in d. Pers. Golf, 150 km lang; Grenzverlauf zw. Irak u. Iran umstritten.

**Schatten,** der nicht od. weniger beleuchtete Raum hinter einem reflektierenden od. stark absorbierenden Körper; in den *Kern-S.* gelangen keine, in den *Halb-S.* nur Lichtwellen der Teile der Lichtquelle, die durch den Körper nicht verdeckt werden.

**Schanghai:** *Stadtteil am Wusung Jiang, dem kanalisierten Zufluss des Huangpu Jiang*

**Schattenkabinett,** Bez. für d. Spitzengruppe d. Opposition, d. beim Reg.-Wechsel das neue Kabinett bilden soll.

**Schattenmorelle,** schwarzrotfruchtige Sauerkirschensorte.

**Schattenriss, Schattenbild, Silhouette,** aus schwarzem Papier geschnittenes Profilbildnis.

**Schattenspiel,** bes. Form des Puppenspiels, bei dem ausgeschnittene Figuren hinter einer beleuchteten, durchscheinenden Fläche bewegt werden; kam von China u. Java über die orient. Länder nach Europa (17. u. 18. Jh.).

**Schattenwirtschaft,** wirtsch. Tätigkeit, die zur gesamtwirtsch. Wertschöpfung beiträgt, sich jedoch nicht über offizielle Märkte vollzieht; umfasst z. B. Hausarbeit, Nachbarschaftshilfe, ehrenamtl. Tätigkeiten, aber auch illegale Transaktionen, um Steuern und Sozialabgaben zu hinterziehen (↑Schwarzarbeit).

**Schatz,** nach bürgerl. Recht eine bewegl. Sache, die so lange verborgen lag, dass der Eigentümer nicht mehr zu ermitteln ist; gehört je zur Hälfte dem Entdecker und dem Eigentümer der Sache, in der der S. verborgen war.

**Schatz|anweisungen,** kurz- od. mittelfrist. ↑Schuldverschreibungen des Bundes u. der Länder.

**Schäuble,** Wolfgang, dt. Politiker (CDU), *1942; 1989–91 Bundesinnenmin., 1991–2000 CDU-Fraktionsvors. im Dt. Bundestag, 1998–2000 auch Vors. der CDU.

**Schau|insland,** Erhebung im Schwarzwald, sö. von Freiburg im Breisgau, 1 284 m.

**Schaumburg, 1)** ehem. Gft., ben. nach der Burg S. im Wesertal östl. v. Rinteln; nach dem Erlöschen der Grafen v. S. (1640) geteilt: Braunschweig-Lüneburg erhielt den Ostteil, Hessen-Kassel den S (ehem. Kr. Gft. S., Nds.), der Rest fiel an Lippe. **2)** Landkr. in Nds., Krst. ↑Stadthagen, 1977 gebildet aus den ehem. Kreisen Gft. S. u. S.-Lippe.

**Schaumburg-Lippe,** der lipp. Anteil der ehem. Gft. ↑Schaumburg; seit 1807 Ft., s. 1815 Mitgl. des Dt. Bundes, 1918 Freistaat (Hptst. Bückeburg); seit 1946 Teil Niedersachsens (bis 1977 als Kr. S.-L., Krst. Stadthagen).

**Schaumgummi,** blasig aufgelockerter Gummi.

**Schaumkraut,** Kreuzblütlergatt.; beim *Wiesen-Sch.* an den Stängeln oft Schaumklümpchen (darin die *Schaumzikadenlarve*).

S

**Schaumwein,** durch Kohlensäure stark schäumender Wein. Die Kohlensäure entsteht durch Gärung (in Flaschen od. Tanks) od. wird künstl. zugeführt; 3 Güteklassen: S., Sekt u. Qualitätssekt b. A. (best. Anbaugebiete); auch ↑Champagner.

**Schauspiel,** allg. für Drama; i. e. S. für ein Drama, das zw. Tragödie und Komödie steht (Tragik wird überwunden, z. B. in Goethes „Iphigenie").

**Schausteller,** Person, die auf Volksfesten u. Jahrmärkten ein Unternehmen (z. B. Karussell, Schießbude) betreibt; in der BRD Reisegewerbekarte notwendig.

**Scheck** [engl.], Urkunde, die eine Zahlungsanweisung an eine Bank enthält; gemäß S.ges. vom 14. 8. 1933 muss der S. enthalten: die Bez. als S., die unbedingte Anweisung, eine best. Geldsumme zu zahlen, den Namen dessen, der zahlen soll, den Zahlungsort, Tag u. Ort der Ausstellung u. die Unterschrift des Ausstellers; *Bar-* od. *Kassen-S.* (wird bar eingelöst), *Verrechnungs-S.* (S. wird nur dem Konto des Empfängers gutgeschrieben).

**Scheck|karte,** von Kreditinst. ausgestellte Ausweiskarte, die garantiert, dass vorgelegte Schecks bis zu einem garantierten Höchstbetrag eingelöst werden (↑eurocheque).

**Shed|dach** [engl.; dt.], **Sheddach, Sägedach,** v. a. bei Industriebauten angewandte Dachform mit sägezahnartig angeordneten Dachflächen.

**Schedel,** Hartmann, Nürnberger Arzt, Humanist u. Geschichtsschreiber, *1440, †1514; Verf. einer 1493 gedruckten Weltchronik.

**Scheel,** Walter, dt. Politiker, *1919; 1961–66 B.-Min. für wirtschaftliche Zusammenarbeit, 1968–74 Vors. der FDP, 1969–74 Außenmin. u. 1974–79 B.-Präsident.

**Scheele,** Karl Wilhelm, schwed. Chemiker dt. Herkunft, *1742, †1786; entdeckte zahlr. chem. El. u. Verbdg., u. a. Sauerstoff, Chlor, Mangan, Glyzerin, Weinsäure, Oxalsäure.

**Scheffel,** Joseph Victor von, dt. Schriftsteller, *1826, †1886; „Der Trompeter von Säckingen", „Ekkehard"; Wander- und Studentenlieder.

**Scheffel,** früher dt. Hohlmaß für Trockengut zw. 23 u. 222 l.

**Scheherazade** [-'zade], die Erzählerin der Märchen in der Slg. „Tausendundeine Nacht".

**Scheibenbock,** Gattung an Laub- und Nadelbäumen schädlicher, etwa 15 mm gr., gedrungener, metall. glänzender Bockkäfer.

**Scheich** [arabisch; = Ältester], Oberhaupt eines Beduinenstammes; islam. Ehrentitel.

**Scheide, Vagina,** häut., muskulös-elast. Hohlorgan, von dem zw. den kl. Schamlippen liegenden *S.vorhof* zum Gebärmutterhals.

**Scheidegg, 1)** zwei schweizer. Alpenpässe im Kt. Bern: *Gr. S.,* 1 962 m ü. d. M., zw. Haslital u. Grindelwald; *Kl. S.,* 2 061 m ü. d. M., am Fuß der Jungfrau. **2)** Luftkurort im Allgäu, 804 m ü. d. M., 4 000 E, Wintersport.

**P. Scheidemann**

**Scheidemann,** Philipp, dt. Politiker (SPD), *1865, †1939; rief am 9. 11. 1918 die Rep. aus; 1919 Min.-Präs.; emigrierte 1933.

**Scheidung** ↑Eherecht.

**Scheinfrucht,** Frucht, an deren Aufbau außer den Fruchtblättern andere, fleischig gewordene Teile der Blüte beteiligt sind, z. B. die Blütenachse wie beim Apfel u. der Hagebutte.

**Scheingeschäft,** nichtiges Rechtsgeschäft, bei dem die Vertragspartner ihre Erklärungen nur zum Schein abgegeben haben.

**Scheintod,** Zustand tiefer Bewusstlosigkeit mit hochgradiger Reduzierung der Stoffwechselprozesse eines lebenden Organismus, z. B. infolge starker Unterkühlung oder Schlafmittelvergiftung.

**Scheinzwitter,** svw. ↑Intersex.

**Scheitel, 1)** mittl. oberer Teil d. Kopfes. **2)** 1) ein Pt. einer Kurve od. Fläche, in der die Krümmung extremal wird; 2) Schnittpt. der Schenkel eines Winkels.

**Scheitelbein,** den Scheitel und teilw. die Seitenwand des Schädels bildender Knochen.

**Scheitelpunkt, 1)** höchster Pt. einer Kurve, eines Gewölbes u. a. **2)** der ↑Zenit.

**Schelde,** frz.-belg.-niederl. Fluss, von der Picardie bis nw. von Antwerpen, 370 km, Mündungsarme: *Wester-* und *Oosterschelde* (seit 1860 abgedämmt).

**Scheler,** Max, dt. Philosoph, *1874, †1928; Hauptvertr. der husserlschen Phänomenol.; Neubegr. der philos. Anthropologie.

**Schelf** [engl.], Kontinentalsockel (↑Meer); die entspr. Meeresregion ist das *S.meer* (z. B. Nordsee).

**Schell, 1)** Maria, schweizer. Bühnen- u. Filmschauspielerin, *1926; Schwester von 2). **2)** Maximilian, schweizer. Schauspieler, Regisseur u. Bühnenautor, *1930.

**Schellack** [niederl.], meist dunkelrotbraune Mischung aus Baumharz u. Wachsabscheidungen bes. der Lackschildlaus; u. a. für Lacke, Isolierungsmaterial, Siegellack, fr. auch für Schallplatten.

**Schellenbaum,** urspr. türk. Rasselinstrument der Militärkapellen; Stange mit kl. Glöckchen und Rossschweifen.

**Schellfisch,** bis 90 cm langer Dorschfisch an der europ. u. ostamer. Küste; wicht. Speisefisch.

**Schelling, 1)** Friedrich Wilhelm Joseph v., dt. Philosoph, *1775, †1854; neben J. G. Fichte und G. W. F. Hegel Hauptvertr. des dt. Idealismus; betonte Fichte gegenüber den Vorrang v. Natur u. Kunst, fasste die Wirklichkeit als schöne Entfaltung der Weltvernunft auf; „Ideen einer Philos. der Natur", „System des transzendentalen Idealismus". **2)** Caroline v. ↑Schlegel, Caroline von.

**Schelmenroman, pikaresker Roman,** im 16. Jh. in Spanien entwickelter realist. Abenteuerroman (Lazarillo de Tormes) um die Figur des Picaro (Schelm), in Dtl. Höhepunkt mit Grimmelshausens „Simplicissimus".

**Schema** [gr.], Muster, anschaul. [graf.] Darst.; Entwurf, Form.

**Schenkendorf,** Max v., dt. Lyriker, *1783, †1817; patriot.-begeisterte, volkstüml. gewordene Lieder („Freiheit, die ich meine").

**Schenkung,** vertragl. unentgeltl. Zuwendung; die *Hand-S.* ist formlos; *S.sversprechen* bedürfen der notariellen Beurkundung; Rückforderung der S. innerh. von 10 J. mögl. bei Verarmung des Schenkers.

**Scherenfernrohr,** binokulares Prismenfernrohr; Objektive an 2 schwenkb. Armen.

**Scherf,** Henning, dt. Politiker (SPD), *1938; seit 1995 Bürgermeister des Landes Bremen.

**Schermaus,** Nagetier; 2 Arten (Ost-Sch. [Mollmaus, Wasserratte], West-Sch.), Eurasien; gefürchtet als „Wühlmaus“ in Gärten.

**Scherung, Schubverzerrung,** die Verformung eines an seiner Grundfläche festgehaltenen elast. Körpers ohne Volumenänderung durch tangential an den Seitenflächen angreifende Kräfte.

**scherzando** [skɛr-; ital.], 𝄞 scherzend; *Scherzo,* lebhaftes Musikstück, seit Beethoven Mittelsatz u. a. von Sonaten, Sinfonien.

**Schesaplana,** fr. **Scesaplana** [ʃeza-], höchster Berg des Rätikons, Östr.-Schweiz, 2965 m.

**Scheurebe,** frühreife Weißweinrebe, Kreuzung aus Silvaner u. Riesling, bukettreiche Weine.

**Scheveningen** [ˈsxe:vəniŋə], St.-Teil u. Seebad v. Den Haag.

**Schewardnadse,** Eduard Ambrossijewitsch, georg. Politiker, * 1928. 1972–85 1. Sekr. der KP in der Georg. SSR, 1985–90, wieder Ende 1991 sowjet. Außen-Min.; s. Okt. 1992 georg. Staatsoberhaupt.

**Schicht, 1)** ↑Schichtung. **2)** durch Ablagerung entstandener plattiger Gesteinskörper.

**Schichtarbeit,** Aufteilung der Betriebszeit in einen Arbeitsturnus mit regelmäßig mehrmals tägl. wechselnder Besetzung eines Arbeitsplatzes.

**Schichtgesteine,** svw. ↑Sedimentgesteine.

**Schichtstoffe, Laminate,** aus einzelnen, miteinander verbundenen Lagen hergestellte Werkstoffe, z. B. Schichtpressstoffe, Verbundwerkstoffe, Verbundsicherheitsglas.

**Schichtstufenlandschaft,** Landschaftstyp in Gebieten mit verschieden widerständigen, schwach geneigten Gesteinsschichten; *Landterrassen* (weichere Schichten) und *Land-* oder *Schichtstufen* (härtere Schichten) mit Stirn und Trauf (Steilabfall bzw. Oberkante der Schichtstufe); *Zeugenberge* (Reste abgetragener Stufen).

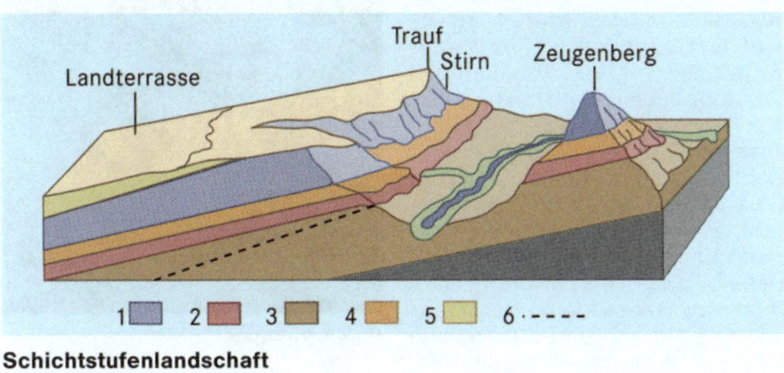


**Schichtstufenlandschaft**

**Schichtung,** soziolog. Begriff zur Beschreibung des Aufbaus einer Ges.; soz. *Schichten* werden nach Merkmalen der soz. Position (z. B. Beruf, Einkommen, Bildung), des soz. Verhaltens und/oder der gegenseitigen Bewertung unterschieden. Grobe Einteilung: Ober-, Mittel-, Unterschicht.

**Schichtwolke,** svw. ↑Stratus.

**Schickele,** René, elsäss. Schriftsteller des Expressionismus, * 1883, † 1940; bemüht um die Versöhnung dt. und frz. Kultur.

**Schiedam** [sxi:dam], niederl. Hafenst. an der Neuen Maas, westl. von Rotterdam, 71 200 E; bed. Schiffbau u. a. Industrie.

**Schieder,** Theodor, dt. Historiker, * 1908, † 1984; s. 1948 Prof. in Köln; u. a. Hg. des „Handbuchs der europ. Geschichte“, Biogr. „Friedrich d. Gr.“.

**Schiedsgerichte, 1)** nach Parteivereinbarung *(Schiedsvertrag)* anstelle eines staatl. Gerichts angerufene *Schiedsrichter.* Soweit das *Schiedsverfahren* nicht von den Parteien geregelt ist, greifen die Vorschriften der ZPO ein. Es endet mit *Schiedsvergleich* od. *-spruch;* beide können bei vorher. Unterwerfung des Schuldners und nach Vollstreckbarerklärung des Gerichts vollstreckt werden. **2)** im Völkerrecht die von den streitenden Staaten eingesetzten *Schiedskommissionen* unter Vors. eines Neutralen, ferner v. a. der Internat. Ständ. Schiedshof in Den Haag.

**Schiedsrichter, 1)** ⛹ Unparteiischer, der die Einhaltung der Spielregeln beaufsichtigt; z. T. durch Assistenten unterstützt. **2)** ↑Schiedsgerichte.

**Schiedsvertrag** ↑Schiedsgerichte.

**Schiefer,** in dünnen, ebenen Platten brechendes Gestein; 1. *kristalline S.,* aus Sediment- u. Magmagesteinen durch Schieferung hervorgegangen (z. B. Gneis, Glimmer-S., Phyllit), 2. *S.ton,* nach parallelen Schichtebenen spaltb., verfestigter Ton; hellgrau, auch dunkel od. bunt (z. B. Brand-S.), 3. *Ton-S.,* bläulich graue oder bräunl. Gesteine, durch Druckerhöhung bei Gebirgsbildungsprozessen aus S.ton entstanden; heute v. a. als Dachplatten.

**Schielen, Strabismus,** fehlerhafte Stellung der Augen, bei der die gleichzeitige Einstellung beider Augen auf einen Punkt nicht möglich ist.

**Schienbein,** der stärkere der beiden Unterschenkelknochen.

**Schiene, 1)** aus Draht, Gips od. Holz bestehende Verstärkung eines Verbandes zur Ruhigstellung v. Gliedmaßen. **2)** Fahrbahn aus Stahl mit unterschiedlichem Profil für S.fahrzeuge.

**Schierling,** versch. Doldenblütler; *Gefleckter S.,* Staude an Hecken, Zäunen u. a. (an ihrem Gift *[S.sbecher]* starb Sokrates); *Wasser-S.,* sehr gift. petersilienähnl. Staude, an feuchten Orten.

**Schießpulver,** für Geschosse verw., relativ langsam abbrennende Explosionsstoffe; Gemische versch. Chemikalien; *Schwarzpulver* besteht aus Kaliumnitrat, Holzkohle, Schwefel.

**Schiff, 1)** Wasserfahrzeug zur Personen- u./od. Güterbeförderung (Fracht-S., z. B. Roll-on-roll-off-S. mit klappbaren Laderampen); Form u. Antrieb abhängig von den Aufgaben, die das S. bewältigen soll; Aufbau des S. aus dem Kiel, verbunden mit den Bodenwrangen u. den seitl. Spanten; über diesem S.gerippe die Außenhaut, die vorn u. hinten mit einem Steven abgeschlossen ist; in den S.körper werden Schotten u. Decks eingebaut. Antrieb: Ruder, Segel, Dampfmasch., Gasturbinen, Verbrennungskraftmaschinen (Dieselmotoren), Elektromotoren, Atomreaktoren. Nach der Verwendung Unterscheidung von Fahrgast-, Handels- u. Kriegs-S. – Abb. S. 612. **2)** Laienhaus im christl. Kirchenbau; in Basilika u. Hallenkirche in Mittel-, Quer- u. Seiten-S. geteilt.

**Schiffchen, 1)** Weberei: bootförmiges Werkzeug mit Spule, das den Schussfaden durch das Webfach führt. **2)** an der Nähmasch. Vorrichtung, die den Unterfaden durch die Schlinge des Oberfadens führt.

**Schifffahrt,** jeder Verkehr mit Schiffen, untergliedert nach Verkehrswegen in ↑Binnen-S. u. *See-S.* (*Linien-S.* auf regelmäßig befahrenen Routen u. *Tramp-S.* nach Bedarf zw. oft belieb. festzusetzenden Häfen); ↑Handelsflotte.

**Schiffsbohrwurm,** etwa 20 [bis 45] cm lange, wurmförm. Muschel, bohrt sich in das Holz von Schiffen und Hafenbauten.

**Schiffshebewerk,** Vorrichtung zum Heben u. Senken von Schiffen zw. versch. hohen Wasserspiegeln; die Schiffe fahren in einen wasserdichten Trog, der in einer Führung vertikal od. auf einer geneigten Ebene bewegl. ist.

**Schiffsmakler,** Handelsmakler, der die Vermittlung von Frachtverträgen für Schiffe besorgt.

**Schiff:** *Roll-on-roll-off-Schiff „ArgoMann", Baujahr 1999*

**Schiffsregister,** beim Amtsgericht geführtes Register, in das, getrennt nach Seeschiffen, Binnenschiffen und Schiffbauwerken, alle Schiffe mit ihrer Größe u. den sachenrechtl. Verhältnissen eingetragen werden.

**Schiffstagebuch** ↑Logbuch.

**Schiiten** ↑Islam.

**Schikaneder,** Emanuel, eigtl. Johann Joseph **Schickeneder,** dt. Bühnendichter und Theaterdir., *1751, †1812; gründete das „Theater an der Wien"; Textbuch zu Mozarts „Die Zauberflöte".

**Schildbürger,** die Bürger des sächs. Städtchens Schildau (Schilda), deren törichte Streiche in einem Volksbuch (1598) beschrieben werden.

**Schilddrüse,** unterh. des Kehlkopfs liegende gr. Drüse; Regulationsorgan des Stoffwechsels (produziert u. a.Thyroxin); Überfunktion führt zu ↑Basedow-Krankheit, Unterfunktion zum ↑Myxödem.

**Schildfarn,** weltweit verbreitete Farngatt.; 4 einheim. Arten.

**Schildkröten,** Ordn. der Reptilien in [sub]trop. Gebieten; mit einem Knochenplattenpanzer, dessen Rückenteil gewölbt und dessen Bauchteil flach ist u. in den meist Kopf u. Gliedmaßen zurückgezogen werden können; Körper kurz u. breit, Schwanz gering entwickelt; landbewohnende S. leben hpts. von pflanzl., wasserbewohnende von tier. Nahrung; größte S.: ↑Lederschildkröte.

**Schildläuse** ↑Pflanzenkrankheiten (Übers.).

**Schildpatt,** Hornplatten des Panzers v. a. der Karettschildkröte; fr. zu Kämmen, Knöpfen u. a. verarbeitet.

**Schilfrohr,** Gatt. der Gräser, bis 4 m hoch; an Ufern u. in stehenden Gewässern; Schilfhalme für Matten, Dachbedeckungen u. a.

**Schill,** Ferdinand von, preuß. Offizier, *1776, ⚔1809; Verteidiger von Kolberg 1807; fiel beim Versuch einer Erhebung gg. Napoleon I.

**Schiller, 1)** [Johann Christoph] Friedrich von, dt. Dichter, *Marbach am Neckar 10. 11. 1759, †Weimar 9. 5. 1805; 1773–80 auf der Karlsschule, zunächst Rechts-, seit 1775 Medizinstudium, Regimentsarzt, nach der Uraufführung der „Räuber" in Mannheim (1782) Desertion; Theaterdichter in Mannheim 1783/84; 1785–87 Gast Ch. G. Körners in Sachsen, lebte 1787–90 in Weimar, dann in Jena (dort 1789–91 Prof. für Gesch.), seit 1799 wieder in Weimar; 1790 Trauung mit Charlotte v. Lengefeld; befreundet u. a. mit W. v. Humboldt, Cotta, v. a. aber mit Goethe, mit dem er seit 1794 eng zusammenarbeitete, seit 1791 immer schwerere gesundheitl. Probleme. Die frühen Dramen, „Die Räuber", „Kabale und Liebe", „Die Verschwörung des Fiesko zu Genua", sind den Idealen des ↑Sturm und Drang verpflichtet; außerdem Gedichte u. Erzählungen; histor. Studien: „Gesch. des Abfalls der vereinigten Niederlande...", „Gesch. des dreyßigjähr. Kriegs". In den von S. hg. Zeitschriften „Thalia" (1786–91), „Die Horen" (1795–97) und „Musenalmanach" (1795–99) erschienen die meisten der theoret. Schriften, die – in Auseinandersetzung mit Kant – die Ästhetik der „Weimarer Klassik" begründeten, die die Ideale von Wirklichkeit u. Kunst zu vereinen suchte („Über Anmut und Würde", „Über die ästhet. Erziehung des Menschen"; „Über naive u. sentimental. Dichtung"); daneben große philos. Gedichte, Balladen. In den klass. (Vers-)Dramen gestaltet S. an histor. Stoffen Konflikte um persönl. Freiheit u. histor. Verantwortung: „Don Carlos, Infant v. Spanien", Wallenstein-Trilogie, „Die Jungfrau von Orleans", „Wilhelm Tell", „Maria Stuart", „Die Braut v. Messina", „Demetrius" (unvollendet). **2)** Karl, dt. Nat.-Ökonom u. Politiker, *1911, †1994; 1946–72 u. s. 1980 Mitgl. der SPD; 1966–71 B.-Wirtschaftsminister, 1971/72 B.-Min. für Wirtsch. u. Finanzen.

**Schillerlocken,** geräucherte Bauchscheiben vom Dornhai.

**Schiller-Nationalmuseum, Deutsches Literaturarchiv,** Marbach am Neckar, 1903 gegr. Mus., sammelt umfassend Bildnisse, Handschriften u. Erstdrucke von F. Schiller, F. Hölderlin, E. Mörike u. den schwäb. Romantikern; verbunden mit dem 1955 gegr. größten Literaturarchiv Dtl.s, dient der literaturwiss. Forschung.

**Schillerwein,** Roséwein aus Württemberg, durch d. gemeinsame Kelterung von roten u. weißen Trauben gewonnen.

**F. von Schiller** *(Gemälde von Anton Graff)*

**Schilling,** fr. Währungseinheit in dt. Staaten u. Großbrit. (Shilling), bis 2002 in Östr.
**Schimäre** [nach der Chimära], Trugbild, Hirngespinst.
**Schimmelpilze,** Sammelbez. für Pilze, die auf feuchten organ. Stoffen weiße, graue, bläulich grüne, flaumig-flock. oder staub. Überzüge *(Schimmel)* bilden.
**Schimpanse** [afrik.], Menschenaffe Äquatorialafrikas, mit dunklem Fell, 70–1,70 m gr.; Baumbewohner, lebt in Familien bzw. kl. Horden; vorw. Fruchtfresser.
**Schinderhannes,** eigtl. Johann **Bückler,** dt. Räuberhauptmann am Mittelrhein, *1783 (1777?), †1803; in Mainz hingerichtet; romant. verklärte Figur der Volkserzählung; Drama v. C. Zuckmayer.
**Schinkel,** Karl Friedrich, dt. Baumeister u. Maler, *1781, †1841; Verbdg. v. klassizist. u. romant. Elementen; Bauten in Berlin: Neue Wache, Schauspielhaus, Schloss Tegel, Altes Museum, Friedrichswerdersche Kirche; Schloss Charlottenhof im Park v. Sanssouci u. Nikolaikirche in Potsdam; Bühnenbilder, Architekturgemälde.
**Schinto** ↑Shinto.
**Schirach,** Baldur von, dt. nat.-soz. Politiker, *1907, †1974; 1933–40 R.-Jugendführer; 1940 bis 1945 Gauleiter und R.-Statthalter in Wien; 1946 in Nürnberg zu 20 J. Gefängnis verurteilt.
**Schirmakazie** ↑Akazie.
**Schirokko** [arab.-ital.], warmer S-Wind im Mittelmeergebiet.
**Schisma** [gr.], Kirchenspaltung, vollzogen i. d. R. aus kirchenpolit. Gründen [kaum aufgrund von Lehrdifferenzen]; *Morgenländ. S.* (s. 1054): Trennung v. morgen- u. abendländ. Kirche; *Abendländ. S.* (1378–1417): Nebeneinander von zunächst 2, dann 3 Päpsten, beigelegt durch das Konstanzer Konzil.
**Schitomir,** Gebietshptst. in d. Ukraine, westl. v. Kiew, 298 000 E; vielseit. Ind., ⚒.
**Schizophrenie** [gr.], Gruppe psych. Erkrankungen, die durch tief greifende, bei den einzelnen Formen unterschiedlich ausgeprägte Störungen gekennzeichnet sind. Zu den Symptomen gehören Gemüts- und Willensstörungen, Wahnbildungen, Sinnestäuschungen, Erregungszustände; bei der paranoid-halluzinator. S. stehen Wahn und Halluzinationen im Vordergrund. S. zählt zu den endogenen Psychosen.
**Schlabrendorff,** Fabian von, dt. Jurist u. Widerstandskämpfer, *1907, †1980; trat bes. bei versuchten Bombenanschlägen auf Hitler im März 1943 hervor, im August 1944 verhaftet; 1967–75 Richter am B.-Verf.-Gericht.
**Schlacke, 1)** Gemisch von im Schmelzfluss entstandenen Oxiden (ggf. auch Sulfide u. a.); bildet sich beim metallurg. Schmelzen aus der Gangart u. den Zuschlägen. **2)** Verbrennungsrückstand (Herd-Sch. u. a.). **3)** blasig-poröser Lavabrocken.
**Schlaf,** Johannes, dt. Schriftsteller, *1862, †1941; mit A. Holz Begr. des konsequenten Naturalismus.
**Schlaf,** der Erholung des Zentralnervensystems als Schutz gg. Erschöpfung dienender Ruhezustand mit herabgesetzten Körperfunktionen und ausgeschaltetem Bewusstsein (jedoch erhöhter Hirndurchblutung).
**Schlafkrankheit, Trypanosomiasis,** durch Trypanosomen im trop. Afrika hervorgerufene Infektionskrankheit: Schlafsucht, nervöse Störungen und Auszehrung; Übertragung durch Tsetsefliegen.
**Schlafmittel, Hypnotika,** auf das Zentralnervensystem wirkende Arzneimittel mit beruhigender und dämpfender Wirkung; sie ermöglichen dadurch schnelleres Ein- bzw. längeres Durchschlafen.
**Schlafwandeln,** svw. ↑Somnambulismus.
**Schlagadern,** svw. ↑Arterien.
**Schlaganfall, Gehirnschlag, Apoplexie,** plötzlich auftretende Störung der Gehirnfunktionen durch Hirnblutung infolge Durchblutungsstörungen oder durch Zerreißen eines Hirngefäßes; ist verbunden mit Bewusstlosigkeit, Lähmung der dem Störungsherd gegenüberliegenden Körperseite; oft Sprachverlust.
**Schlagball,** mit Baseball u. Kricket verwandtes Ball- und Laufspiel zw. 2 Mannschaften zu je 12 Spielern (Fang- und Schlagpartei).
**schlagende Wetter,** explosive Gemische von Grubengas (Methan) u. Luft, deren Explosionsfähigkeit bei 5 bis 14% Methangehalt liegt; Ursache der meisten Grubenkatastrophen.
**Schlager,** gängiges, meist sentimentales od. tanzart., in der Regel kurzleb. Unterhaltungsstück (𝄞).
**Schlag|obers,** östr. für Schlagsahne.
**Schlagsahne,** steif geschlagene Sahne; Mindestfettgehalt 30%.
**Schlagseite,** starke seitl. Neigung eines Schiffes, z. B. infolge Wassereinbruchs.
**Schlagzeug,** Bez. für Musikinstrumente, deren Ton durch Schlagen (mit Klöppel, Hammer, Metallstab o. Ä.) erzeugt wird: Trommel, Pauke, Becken, Triangel, Celesta, Xylophon, Glockenspiel u. a.
**Schlammfliegen,** Unterordn. der Netzflügler; heim.: *Wasser[flor]-fliegen,* deren Larven räuber. in Gewässerschlamm leben.
**Schlämmkreide,** durch Aufschlämmen gereinigtes natürl. weißes Calciumcarbonat, u. a. verwendet für Maueranstriche, Zahnputzmittel.
**Schlammspringer,** Fam. der Knochenfische in trop. Küstengewässern; können atmosphär. Luft atmen, klettern u. springen; verlassen häufig das Wasser.
**Schlangen,** Unterordnung der Schuppenkriechtiere mit rd. 2 500 Arten; lang gestreckte, fußlose Reptilien, die sich durch „Schlängeln" fortbewegen; Extremitäten fast immer vollständig rückgebildet (Schultergürtel und Brustbein fehlen); bis über 400 bewegl. Rippenpaare; häuf. mit Giftzähnen; Oberhaut (mit Schuppen u. Schildern) wird regelmäßig abgeworfen; fressen bes. Wirbeltiere; Erd-, Baum-, Wasserbewohner.
**Schlangengift,** Absonderung der Giftdrüse von Giftschlangen, enthält Nerven- und Herzgifte. Die Nervengifte lähmen die Nervenzentren, bes. das Atemzentrum. Die Herzgifte führen zum Herzstillstand. Serumbehandlung.
**Schlangenmoos,** svw. ↑Kolbenbärlapp.
**Schlank|affen,** Unterfam. langschwänz. Meerkatzenartiger; u. a. Nasenaffen.
**Schlanklori,** nachtaktiver, bis etwa 25 cm körperlanger Lori S-Indiens und Sri Lankas.
**Schlaraffenland,** märchenhaftes Land, wo Milch u. Honig fließen, wo Faulheit verdienstvoll u. Tugend das höchste Laster ist.
**Schlauchpilze,** Unterkl. der höheren Pilze mit Sporenbildung im Inneren von Zellschläuchen; z. T. Krankheitserreger.
**Schlauchwürmer, Rundwürmer, Nemathelminthen,** sehr uneinheitl. Tierstamm; faden- od. walzenförm., unsegmentierte Würmer; zahlr. Parasiten; u. a. Rädertiere, Fadenwürmer.
**Schlechtwettergeld** ↑Winterausfallgeld.
**Schlegel, 1)** August Wilhelm v., Bruder v. 2), dt. Dichter und Literaturwissenschaftler, *1767, †1845; systematisierte und verbreitete die romant. Ästhetik, führte das Interesse d. Romantiker an fremden Spr. und Kulturen bis zu intens. wiss. Studien; Mitbegr.

der Indologie u. der histor. Schule der Lit.-Wiss.; Shakespeare-Übers. **2)** Friedrich von, Bruder von 1), dt. Dichter und Kritiker; *1772, †1829, Theoretiker und Programmatiker der Romantik, deren Kunstprinzipien er in genialen und geistvollen Aphorismen formulierte: „Krit. Fragmente", „Gespräch über die Poesie"; Mithg. d. Zeitschrift „Athenäum"; Roman „Lucinde". **3)** Caroline v., *1763, †1809, 1796–1803 Gattin von 1), später F. W. J. v. Schellings; zentrale Figur der Jenaer Frühromantik.

**Schlehdorn, Schwarzdorn,** Rosengewächs, Strauch an Waldrändern, Rainen u. Ä., blüht im Vorfrühling weiß; schwarzbläul. Früchte *(Schlehen)* nach mehrmal. Durchfrieren genießbar.

**Schleichen,** Echsenfam., mit weitgehend od. völlig rückgebildeten Gliedmaßen; u. a. Blindschleiche.

**Schleicher,** Kurt von, dt. Gen. und Politiker, *1882, †1934; am Sturz H. Brünings (1932) beteiligt; 1932/33 R.-Kanzler; versuchte mithilfe der R.-Wehr, der Gewerkschaften und der oppositionellen Gruppen innerhalb d. NSDAP die Reg.-Übernahme der Nat.-Sozialisten zu verhindern; mit seiner Frau im Zusammenhang mit dem Röhm-Putsch ermordet.

**Schleichkatzen,** kurzbeinige Raubtierfam., von marder- od. katzenähnl. Aussehen, meist mit Duftdrüsen; in Afrika, Asien, S-Europa; u. a. Zibetkatzen.

**Schleie,** Karpfenfische, v. a. in ruhigen, pflanzenreichen, warmen Süßgewässern Eurasiens; geschätzter Speisefisch.

**Schleier|eulen,** Unterfam. der Eulenvögel; Augen von herzförm. Federkranz (Schleier) umgeben.

**Schleierkraut,** bis 1 m hohes Nelkengewächs; Zierpflanze.

**Schleiermacher,** Friedrich Daniel Ernst, dt. Philosoph u. ev. Theologe, *1768, †1834; vertrat einen romant.-christl. Idealismus; schuf die Grundlage einer wiss. Hermeneutik.

**Schleierschwanz,** Zuchtform des Goldfischs.

**Schleifen, 1)** Verfahren d. spanenden Formung, bei d. durch Abnehmen v. feinen Spänen Unebenheiten am Werkstück entfernt werden; mit *Schleifmasch.,* deren Schleifscheiben u. Ä. mit *Schleifmitteln* gr. Härte (z. B. Siliciumcarbid) besetzt sind. **2)** Abreißen von Festungsanlagen.

**Schleif|lacke,** Lacke, die sich nach dem Eintrocknen glatt schleifen lassen.

**Schleiereule**

**Schleim, 1)** dickflüss. Sekret der *S.drüsen* bei Tier u. Mensch; enthält u. a. ↑Muzine. **2)** zäher, aus Kohlenhydraten bestehender Stoff bei Pflanzen, bes. in Zwiebeln und Sukkulenten.

**Schleimbeutel,** mit ↑Schleim od. Gelenkschmiere gefüllter Gewebebeutel zw. aufeinander gleitenden Körperoberflächen (bes. zw. den Knochen eines Gelenks).

**Schleimhaut,** Schleim erzeugende Hautschicht, mit der innere Organe u. Eingeweide ausgekleidet sind.

**Schleimpilze, Myxomyzeten,** Kl. niederer Pilze; in best. Entwicklungsstadium schleim., ungegliederte Massen.

**Schleißheim,** 2 Schlösser nördl. v. München; Altes Schloss (1616 ff., 1944 stark zerstört) und Neues Schloss (1701 ff.; Gemäldeslg.).

**Schlemmer,** Oskar, dt. Maler und Bildhauer, *1888, †1943; 1920 bis 1929 Prof. am Bauhaus; Darst. des Menschen im Raum nach geometr. Prinzipien.

**Schlepper, 1)** kl., mit kräft. Maschine ausgerüstetes Motorschiff, das größere Schiffe in Gewässern bewegt, in denen sie nicht mit eigener Kraft fahren können, Lastkähne schleppt u. a. **2) Traktor, Trecker,** meist von einem Dieselmotor angetriebenes Fahrzeug, v. a. zum Ziehen v. landwirtschaftl. Anhängern und Landmaschinen, auch zu deren Antrieb (über bes. Zapfwellen), häufig mit spezieller hydraul. Anlage zur Betätigung von Hubvorrichtungen.

**Schleppnetz,** trichterförm. Fischernetz, das von einem oder zwei Booten gezogen wird; *Grund-S. (Trawl)* mit Stahlkugeln beschwert.

**Schlesi|en,** histor. Territorium beiderseits d. mittl. Oder, im NW in d. Niederlausitz reichend. Name v. d. *Silingen* (Teilstamm d. Wandalen), nach deren Abzug in d. Völkerwanderung kamen Slawen nach S.; Ende d. 10. Jh. unter Oberhoheit d. poln. Piasten, 1163 selbst. Hzgt. d. Piasten; dt. Besiedlung s. Mitte d. 12. Jh. bis um 1350. Im 14. Jh. Lehnshoheit an Böhmen, 1526 habsburg.; durch d. Schles. Kriege kam d. größte Teil S. an Preußen (Rest östr., 1919 an d. ČSR); nach dem 1. Weltkrieg mussten Teile S. an d. ČSR u. Polen abgetreten werden; 1945 kam d. östl. d. Oder-Neiße-Linie gelegene Teil S. unter poln. Verw. (s. 1991 völkerrechtl. verbindlich zu Polen gehörend).

**schlesische Dichterschulen,** 2 zeitl. aufeinander folgende Gruppierungen der dt. Barockdichtung; zur ersten zählt man die Dichter um M. Opitz, zur zweiten die um C. Hofmann von Hofmannswaldau.

**Schlesische Kriege,** 3 Kriege zw. Östr. u. Preußen um den Besitz Schlesiens: 1. 1740–42, nach Siegen bei Mollwitz u. Chotusitz erhielt Preußen im Frieden von Berlin fast ganz Schlesien und die Gft. Glatz; 2. 1744/45, preuß. Siege bei Hohenfriedeberg und Soor, der Friede v. Dresden bestätigte den preuß. Besitzstand; 3. 1756–63, ↑Siebenjähriger Krieg.

**Schleswig,** Krst. an der inneren Schlei, Schl.-Ho., 26 800 E; OLG, Landesverw.-Ger.; Dom (12. bis 15. Jh.), Schloss Gottorp (16. bis 18. Jh., heute Landesmuseum); Zucker-, Leder-, Mühlenindustrie; Fremdenverkehr.

**Schleswig-Holstein,** Land der BRD, 15 764 km$^2$, 2,78 Mill. E, Hptst. Kiel. Im W ein Marschensaum mit Dünen- u. Marscheninseln (Nordfries. Inseln, ↑Halligen); in der Mitte ein Geest- u. Heidestreifen, im O an d. hafenreichen Fördenküste (Flensburg, Eckernförde, Kiel, Lübeck) ein seen- u. waldreicher Grund- u. Endmoränengürtel mit der ↑Holstein. Schweiz. *Wirtsch.:* v. a. Landw. (Rinder- u. Pferdezucht, Anbau von Getreide, Futterpfl. u. Hackfrüchten); Fischerei; Erdölvorkommen in Dithmarschen; Schiffbau in Kiel, Lübeck, Flensburg; ↑Nord-Ostsee-Kanal. – *Gesch.:* Vereinigung S.-H.s 1386, als die Gf. v. Holstein das Hzgt. Schleswig als dän. Lehen erhielten. 1460 verband der dän. Kg. Christian I. Schleswig u. Holstein in Personalunion mit Dänemark u. versprach, dass die Herzogtümer „ewig ungeteilt" bleiben sollten; dennoch 1490, 1544, 1564 und 1581 Landesteilungen. 1773 waren beide Länder wieder unter einer Krone, Teil des dän. Gesamtstaates. 1806 gliederte der dän. Kg. das herrenlose Holstein ein, das 1815 Glied d. Dt. Bundes wurde, seitdem Bestrebungen Dänemarks, Schleswig von Holstein zu trennen u. Dänemark einzuverleiben; antidän. Widerstand in den Herzogtümern. Sieg Dänemarks im Dt.-Dän. Krieg 1848–50; nach dem Dt.-Dän. Krieg 1864 musste Dänemark S.-H. u. Lauenburg an Preußen u. Östr. abtreten; bis 1866 S.-H. von Preußen und Östr. gemeinsam verwaltet, dann zus. mit Lauenburg preuß. Prov.; 1920 Nordschleswig an Dänemark; 1946 wurde das Land S.-H. gebildet.

**Schleudersitz,** Sitzgestell für [Kampf]flugzeuge, mit dem sich im Gefahrenfall der Pilot aus der Maschine schleudern kann; Landung am Fallschirm.

**Schleuse,** Vorrichtung zur Überführung von Schiffen zw. Gewässern versch. hohen Wasserstandes; besteht aus einer durch *S.tore* verschließb. *S.kammer,* in der durch Ablassen oder Einlassen von Wasser der Wasserstand gesenkt bzw. gehoben wird.

**Schlichtung,** Verfahren zur Bereinigung von Meinungsverschiedenheiten zw. den Parteien des kollekt. Arbeitsrechts.

**Schlieffen,** Alfred Gf. v., preuß. Gen.-Feldmarschall, *1833, †1913; 1891–1905 Chef des Gen.-Stabes der Armee; entwickelte den *S.-Plan* für den Fall des Zweifrontenkrieges: strateg. Durchbruch in Belgien u. Lothringen (Neutralitätsverletzung), rasche Vernichtung der frz. Streitkräfte, um sich dann gg. Russland zu wenden.

**Schliemann,** Heinrich, dt. Archäologe, *1822, †1890; Entdecker u. Ausgräber von Troja, Mykene u. a.

**Schliersee, 1)** See im Mangfallgeb., Obb., 2,2 km², bis 40 m tief, 777 m ü. d. M. **2)** Markt am S., 6400 E; Kurort, Wintersportplatz.

**Schließmuskel,** ringförm. Muskel an der Mdg. eines natürl. Ausführungsganges (After-S. u. a.).

**Schliff,** Schleifen von Metall, Glas, Edelsteinen sowie die dadurch erzeugte glatte Oberfläche.

**Schlingern,** Schwanken des Schiffes um seine Längsachse; gedämpft durch Schiffsstabilisierung: längsseit. *Schlingerkiele,* Wassertanks *(Schlingertanks),* hydraul. gesteuerte *Stabilisierungsflossen.*

**Schlingnatter,** bis 70 cm lange, harmlose Natter; Europa, W-Asien.

**Schlingpflanzen,** sich schraubenart. [um Stützen in die Höhe] windende Pflanzen.

**Schlink,** Bernhard, dt. Schriftsteller, *1944; Kriminal- („Selbs Justiz") u. zeitkrit. Romane („Der Vorleser").

**Schlöndorff,** Volker, dt. Filmregisseur, *1939; „Homo Faber".

**Schloss, 1)** Verschlussvorrichtung; Kasten-, Einlass-, Einsteck- u. Vorlege-S.; Erhöhung der Sicherheit durch Einbau mehrerer Zuhaltungen *(Sicherheits-S.),* durch *Zahlen-* bzw. *Buchstaben-S.* (nur zu öffnen, wenn eine best. Zahlen- od. Buchstabenkombination eingestellt wird) od. durch *Zeit-S.* (nur zu best. Zeiten zu öffnen). **2)** Teil der Handfeuerwaffe, in dem die Patronenzuführung, das Abfeuern u. Auswerfen der Hülse erfolgt. **3)** stattl. [baul. bed.] Wohnsitz; im Ggs. zur Burg meist nicht wehrhaft.

**Schluck|impfung,** von A. B. ↑Sabin entwickelte Schutzimpfung gg. Poliomyelitis mit oral verabreichten lebenden Viren aus best., durch Tierpassage abgeschwächten Virusstämmen; die S. wurde durch die Injektionsimpfung ersetzt.

**Schlupfwespen,** Unterordn. meist kl. bis sehr kl. Hautflügler; Larven entwickeln sich meist parasit. in Jugendstadien anderer Insekten oder Pflanzengallen; u. a. Echte S., Gallwespen.

**Schluss,** Denkoperation der Logik, die von einem od. mehreren Urteilen zu einem *S.-Satz* (Konklusion) führt; bed. v. a. der ↑Syllogismus.

**Schlüssel, 1)** Instrument zum Betätigen von Schlössern. **2) Noten-S.,** 𝄞 stilisierter Tonbuchstabe zu Beginn eines Liniensystems, der die absolute Tonhöhe fixiert; v. a. als C-S. (auf der 3. Notenlinie: Alt-S.), F-S. (auf der 4. Notenlinie: Bass-S.) u. G-S. (auf der 2. Notenlinie: Violin-S.).

**Schlüsselbein,** S-förmig gekrümmter Röhrenknochen, der vor u. über der ersten Rippe über die Seitenwand des Brustkorbs hinausragt.

**Schlüsselblume,** svw. ↑Primel.

**Schlüssellochchirurgie** ↑minimalinvasive Chirurgie.

**Schlüsselroman,** Roman, in dem wirkl. Personen unter anderem Namen u./od. veränderten Ereignissen dargestellt sind.

**Schlussstein,** am Schnittpunkt der Gewölberippen angebrachter Stein, meist kreisförm. und reliefiert (v. a. got. Baukunst).

**Schlussverkauf,** *Saisonschlussverkauf,* Sonderverkauf best. Waren zu herabgesetzten Preisen am Ende eines Verbrauchsabschnitts; *Sommer-S.* ab letztem Montag im Juli, *Winter-S.* ab letztem Montag im Januar.

**Schlüter, 1)** Andreas, dt. Baumeister u. Bildhauer, *um 1660 (oder 1664), †1714; in Warschau, Berlin u. St. Petersburg; Berlin: Schloss, Masken sterbender Krieger am Zeughaus, Reiterdenkmal des Gr. Krfst. (heute im Ehrenhof v. Schloss Charlottenburg); eigener norddt. klassizist. Barockstil. **2)** Poul, dän. Politiker, *1929; 1974–77 u. s. 1981 Vors. der Konservativen Volkspartei, 1974–82 Fraktionsführer, 1982–93 Ministerpräsident.

**Schmalfilm,** kinematograph. Film von 8, 9,5 oder 16 mm Breite (Normalfilm 35 mm).

**Schmalkalden,** Krst. in Thür., 16100 E; Renaissanceschloss Wilhelmsburg; Ingenieurschule; Kleineisenind., Präzisionswerkzeugbau. – 874 erstmals genannt.

**Schmalkaldische Artikel,** von Luther 1537 f. den Schmalkald. Bund verf. Bekenntnisschrift.

**Schmalkaldischer Bund,** der in Schmalkalden 1531 gegr. Bund ev. Fürsten und Städte unter Führung Kursachsens u. Hessens zur Abwehr der R.-Exekution in Glaubenssachen; im *Schmalkald. Krieg* 1547 bei Mühlberg/Elbe von Ks. Karl V. besiegt, der Krfst. Johann Friedrich I. v. Sachsen u. Landgraf Philipp I. v. Hessen gefangen nahm.

**Schmalnasen,** Überfam. der Affen der Alten Welt; schmale Nasenscheidewand, dicht beieinander stehende, nach vorn gerichtete Nasenlöcher.

**Schmarotzer,** svw. ↑Parasiten.

**Schmarotzerfliegen,** Fam. der Zweiflügler; Larven parasitieren in Säugetieren u. Raupen, auch im Aas.

**Schmätzer,** Unterfam. wenig geselliger Drosseln, v. a. auf Wiesen und Feldern, z. B. Steinschmätzer (♂ oberseits grau, schwarzer Wangenfleck und Schwanz).

**Schmeißfliege,** Gattung der Schmarotzerfliegen, groß, blauschwarz glänzend; Eiablage u. a. auf Fleisch.

**Schmeling,** Max, dt. Berufsboxer, *1905; 1930–32 Weltmeister im Schwergewicht.

**Schmelz, 1)** weicher Glanz, glänzender Überzug. **2)** ↑Zähne.

**Schmelzen,** Übergang eines

S

Stoffes aus dem festen in den flüss. Aggregatzustand durch Wärmezufuhr; erfolgt bei der Schmelztemp. *(Schmelzpt.).*

**Schmerle,** Grundfisch, bis 15 cm lang, in klaren, fließenden Gewässern Eurasiens.

**Schmerz,** unangenehme, durch best. äußere od. innere Reize ausgelöste Empfindung; hat z.T. Warnfunktion; die Zentren der *S.empfindung* sind Hirnrinde und Sehhügel des Zwischenhirns.

**Schmerzensgeld,** angemessene Entschädigung in Geld für die durch Verletzung des Körpers, der Gesundheit od. der Freiheit entstandenen immateriellen Schäden.

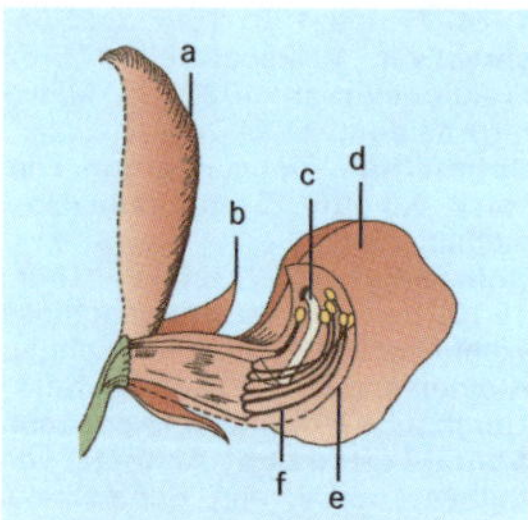


**Schmetterlingsblütler:** *Schema einer Schmetterlingsblüte; a Fahne, b Kelchblatt, c Griffel, d Flügel, e Schiffchen, f Staubblätter*

**Schmetterlinge,** Ordn. kl. bis sehr gr. Insekten mit vollst. Metamorphose; Larven typ. Raupen; rd. 150 000 (3 000 einheim.) Arten; Fühler Träger des hoch entwickelten Geruchssinnes; meist saugende Mundwerkzeuge zur Aufnahme von Pflanzensäften; Flügel (meist 4) in der Ruhe seitwärts gespreizt od. hochgeklappt, mit winz. farb. Schuppen; Tag- u. Nachtfalter.

**Schmetterlingsblütler, Fabaceae, Papilionazeen,** Fam. der Ordn. Hülsenfrüchtler; äußerst artenreich; in den Tropen holzige, in außertrop. Gebieten überwiegend krautige Formen; Blüten typ. gebaut (Schmetterlingsblüten), Früchte im Allg. als Hülsenfrüchte; wirtsch. bed. u.a. Klee, Luzerne, Erbse, Bohne, Linse, Erdnuss.

**Schmetterlings|schwimmen, Delphinschwimmen, Butterfly** [ˈbʌtəflaɪ; engl.], Schwimmstil; beide Arme schwingen über Wasser nach vorn, der Körper ist in Wellenbewegung, die Beine schlagen auf u. ab.

**Schmid,** Carlo, dt. Politiker (SPD), * 1896, † 1979; 1948/49 als Mitgl. des Parlamentar. Rates maßgebl. an der Ausarbeitung des GG beteiligt; 1949–66 u. 1969–72 Vizepräs. des Bundestages; 1966 bis 1969 B.-Min. für Angelegenheiten des B.-Rates u. der Länder; wiss. u. literar. Publikationen.

**Schmidt, 1)** Arno, dt. Schriftsteller, * 1914, † 1979; experimentierender Avantgardist; „Zettels Traum". **2)** Helmut, dt. Politiker, * 1918; MdB 1953–62 und 1965–87; 1967–69 Fraktionsvors., 1968–84 einer der stellvertr. Parteivors. der SPD; 1969–72 B.-Verteidigungsmin., Juli bis Dez. 1972 B.-Min. für Wirtschaft u. Finanzen, 1972–74 B.-Finanzmin.; ab 1974 B.-Kanzler, 1982 durch konstruktives Misstrauensvotum gestürzt. Ab 1983 Mithg. der Wochenzeitung „Die Zeit".

**Schmidt-Rottluff,** Karl, eigtl. K. **Schmidt,** dt. Maler u. Grafiker, * 1884, † 1976; 1905 Mitbegr. der „Brücke", einer der Hauptvertr. des dt. Expressionismus.

**schmieden,** dehnb. Metalle [in glühendem Zustand] durch Schlag od. Pressdruck formen; das Werkstück wird im *Schmiedeofen* auf *Schmiedetemp.* (bei Stahl z.B. zw. 700 u. 1 350 °C) gebracht u. mit Hämmern oder *Schmiedemaschinen* bearbeitet *(Freiform-S.).*

**Schmiele,** Gatt. der Süßgräser; *Rasen-S.* auf feuchten Wiesen.

**Schmier|infektion** ↑Infektion.

**Schmiermittel,** Mittel, die die Gleitreibung herabsetzen (bes. in Lagern): *Schmieröle* (die über 350 °C siedenden Bestandteile des Erdöls), *Schmierfette* (in Schmieröl aufgelöste Metallseifen), auch z.B. Graphit, Molybdändisulfid (meist in Öl dispergiert).

**Schmitt,** Carl, dt. Staatsrechtler, * 1888, † 1985; lehnte die Parteienzersplitterung der Weimarer Rep. ab, verfocht die Freund-Feind-Theorie als fundamentale Kategorie des Politischen.

**Schmucksteine,** Minerale und Gesteine, die sich durch bes. schöne Farben u. Lichtwirkungen sowie gr. Härte auszeichnen; wertvolle S. werden auch *Edelsteine,* weniger wertvolle *Halbedelsteine* genannt.

**Schmuggel** [niederdt.], Ein-, Aus- oder Durchfuhr von Waren unter Verletzung von Zollvorschriften.

**Schnabel,** die mit Hornscheiden überzogenen Kiefer der Vögel, Schildkröten, des Schnabeltiers und des Ameisenigels.

**Schnabel, 1)** Artur, öst r. Pianist u. Komponist, * 1882, † 1951; **2)** Franz, dt. Historiker, * 1887, † 1966; Arbeiten v.a. zur dt. Gesch. der Neuzeit.

**H. Schmidt**

**Schnabelkerfe,** Überordn. der Insekten; Mundwerkzeuge stechend-saugend, schnabelartig; Körper abgeflacht, 4 Flügel; Verwandlung unvollkommen; u.a. Wanzen, Zikaden.

**Schnabeltier,** Kloakentier Australiens u. Tasmaniens; bis 60 cm lang, Eier legend; zahnloser Schnabel, Schwimmfüße.

**Schnaderhüpfl, Schnadahüpfl,** derbes Stegreiflied aus dem bayer.-östr. Alpengebiet.

**Schnaken, 1)** Mückenfam.; gr., schlanke, nicht stechende Insekten mit sehr langen Beinen. **2)** ugs. für ↑Stechmücken.

**Schnecke, 1)** Teil d. ↑Labyrinths. **2)** in einen Schaft eingeschnittene Schraube; bildet mit dem *S.nrad* (Zahnrad) das *S.ngetriebe;* **3)** Verzierung am Ende des Halses von Streichinstrumenten. **4)** svw. ↑Volute.

**Schnecken, Gastropoden,** Kl. der Weichtiere, rd. 85 000 Arten; der urspr. immer asymmetr. Körper besteht aus Kopf, Fuß, Eingeweidesack, Mantel; Kopf vielf. mit Fühlern u. Augen; Fuß meist als Kriechsohle ausgebildet; der Mantel scheidet das kalk. [spiralig gedrehte] Gehäuse ab, in dem sich der Eingeweidesack befindet; das Gehäuse kann z.T. od. ganz zurückgebildet sein *(Nackt-S.);* vielf. Zwitter. Unterscheidung nach d. Atmungsorganen: *Lungen-S., Vorder-* u. *Hinterkiemer.*

**Schneckenklee,** Gattung der Schmetterlingsblütler; u.a. (landwirtsch. bedeutend) Luzerne.

**Schnee,** fester Niederschlag, v.a. in Form 6-strahl. Eissternchen od.

-plättchen auskristallisiert (oft zu S.flocken zusammengelagert).

**Schneebeere,** Gatt. der Geißblattgewächse; v.a. Nordamerika; anspruchslose Ziersträucher.

**Schneeberg, 1)** höchster Berg des Fichtelgeb., Bay., 1 051 m. **2)** St. im sächs. Erzgebirge, 17 800 E; Techn. Museum, Fachbereich der Westsächs. Hochschule Zwickau (FH); spätgot. Kirche mit Werken aus der Cranach-Werkstatt; ehem. Erz-⚒ (Silber, Uran), Metall verarb. Ind. **3) Krainer S.;** slowen. **Snežnik** [snɛʒ'nik], Berg in Innerkrain, Slowenien, 1 796 m. **4)** Berg in den Nördl. Kalkalpen, Östr., 2 076 m.

**Schneeblindheit, Verblitzung,** akute Bindehautentzündung infolge übermäß. Einwirkung ultravioletter Strahlen auf die Augen (bes. bei Reflexion von Schneeflächen im Hochgebirge).

**Schneebrett,** durch Winddruck oberflächlich brettartig verfestigter, oft hohl liegender Schnee; *S.lawine* ↑Lawine.

**Schneeglöckchen,** weiß blühendes Amaryllisgewächs, zwiebelbildende, giftige Stauden; Vorfrühlingsblüher.

tete die europ. Gesch. als Auseinandersetzung zw. Macht u. christl. Gewissen; „Las Casas vor Karl V."; Essays, autobiograf. Werke. **2)** Romy, eigtl. Rosemarie **Albach,** östr.-dt. Schauspielerin, *1938, †1982; Charakterdarstellerin.

**Schneiderhan,** Wolfgang, östr. Violinist, *1915, †2002; 1956 Mitbegr. des Kammerorchesters „Festival Strings Lucerne".

**Schneidkluppe,** ein Gewindeschneider für Außengewinde mit 2 verstellb. Schneidbacken.

**Schnellkäfer,** Fam. schlanker, kurzbein. Käfer; befreien sich aus der Rückenlage, indem sie in die Höhe schnellen; Larven *(Drahtwürmer)* fressen unterird. Pflanzenteile; viele Schädlinge.

**Schnepfen,** Watvögel mit langem, dünnem, geradem Schnabel; in M-Europa u.a. *Sumpf-* u. *Waldschnepfen.*

**Schnirkelschnecken,** Familie landlebender Lungenschnecken; Zwitter; größte Art: Weinbergschnecke.

**Schnittlauch,** Liliengewächs; Gewürzpfl.; an Flussufern und auf feuchten Wiesen gelegentl. wild.

Schnabeltier

**Schneekoppe,** höchster Berg d. Sudeten u. d. Riesengeb., 1 602 m.

**Schneemensch, Yeti,** angebl. affenähnl. Wesen im Himalaja und Pamir, dessen Existenz bisher nicht nachgewiesen wurde.

**Schneeschimmel** ↑Pflanzenkrankheiten (Übers.).

**Schneewechte,** an Steilhängen dachartig überstehende Schneemassen.

**Schneidemühl,** poln. **Piła,** Krst. in Polen, nördl. d. Netzebruchs, 76 600 E; Glühlampenherstellung.

**Schneider, 1)** Reinhold, dt. Schriftsteller, *1903, †1958; deu-

**Schnittstelle,** engl. **Interface** ['ıntəfeıs], Verbindungsstelle zw. 2 unterschiedl. arbeitenden Teilsystemen, über die der Austausch v. Daten, Signalen u.a. erfolgen kann; bei Computern z.B. *Hardware-S., Mensch-Maschine-S.*

**Schnitzler,** Arthur, östr. Schriftsteller, *1862, †1931; impressionist., psychol. subtile Theaterstücke („Der Reigen") u. Erzählungen.

**Schnorr von Carolsfeld,** Julius, dt. Maler u. Zeichner, *1794, †1872; Nibelungenfresken in der Münchner Residenz, „Bibel in Bildern" (Holzschnittfolge); Landschafts- und Bildniszeichnungen.

**Schnupfen,** durch Viren verursachte Entzündung der Nasenschleimhaut.

**Schnupftabak,** durch Zusätze aromatisierter Tabak in Pulverform; reizt die Nasenschleimhaut.

**Schnürboden,** Raum über der Bühne, wo die Seile zum Herablassen und Hinaufziehen von Kulissen und Beleuchtungsbrücken befestigt sind.

**Schnurkeramik,** mit Schnurabdrücken verzierte Gefäße versch. vorgeschichtl. Kulturen, bes. der danach ben. mitteleurop. spätneolith. Fundgruppe (2. Hälfte des 3. Jt. v. Chr.).

**Schnurre,** Wolfdietrich, dt. Schriftsteller, *1920, †1989; Erz. aus der Kriegs- und Nachkriegszeit, Romane, Hörspiele, Lyrik.

**Schoa(h)** ↑Holocaust.

**Schock,** fr. Zählmaß (= 60 Stück).

**Schock,** plötzl. schwere Beeinträchtigung des Nervensystems, die Kreislaufversagen mit Bewusstlosigkeit zur Folge hat, z.B. bei schweren Infektionskrankheiten, nach Verletzungen (Wund-S.). Als *psych. S.* bezeichnet man durch psych. Erschütterung (starke emotionale Reaktionen auf Ereignisse) hervorgerufene schockähnl. vegetative Reaktionen, die in extremen Fällen einen *Nerven-S.* auslösen; begleitende Körpersymptome sind u.a. fahle Blässe, Schweißausbruch u. Kreislaufstörungen.

**Schoeck** [ʃœk], Othmar, schweizer. Komponist u. Dirigent, *1886, †1957; Opern u.v.a. Lieder.

**Schoeps** [ʃœps], Hans-Joachim, Historiker u. Religionswissenschaftler, *1909, †1980; Veröffentlichungen zu Preußen u. zur jüd. Religionsgeschichte.

**Schöffe,** fr. **Geschworener,** ehrenamtl. bestellter Richter in Strafsachen.

**Schöffengericht,** in der BRD Spruchkollegium bei Amtsgerichten, in Östr. bei Landes-(Kreis-) Gerichten.

**Schokolade** [niederl.], Nahrungs- u. Genussmittel aus gemahlenen Kakaobohnen, Zucker u.a. Zusätzen.

**Scholastik** [gr.-lat.], Sammelbez. für die Wiss. des lat. MA seit dem 9. Jh., v.a. für dessen Philosophie u. Theologie. Man unterscheidet *Früh-S.* (9.–12. Jh.; Hauptvertr.: Johannes Scotus Eriugena, Anselm von Canterbury, P. Abaelard), *Hoch-S.* (13. bis frühes 14. Jh.; Albertus Magnus, Thomas von Aquin, Duns Scotus) u. *Spät-S.* (spätes 14. u. 15. Jh.; Wilhelm von

**Schönbrunn:** *Gartenfront des Schlosses (erbaut nach Plänen J. B. Fischers von Erlach, 1696 ff.)*

Ockham). – Charakterist. für die S. sind Theologieabhängigkeit sowie Text-, Autoritäts- u. Schulgebundenheit.

**Scholem Alejchem,** eigtl. Schalom **Rabinowitsch,** jidd. Schriftsteller, *1859, †1916; Erzählungen in humorist. gebrochener Sicht („Tewje, der Milchmann").

**Scholl, 1)** Hans, dt. Widerstandskämpfer, *1918, †1943; Student in München; als Mitgl. der Widerstandsgruppe Weiße Rose bei einer Flugblattverteilung in der Univ. verhaftet, hingerichtet. **2)** Sophie, dt. Widerstandskämpferin, *1921, †1943; Studentin in München, mit ihrem Bruder Hans hingerichtet.

**Scholle, Goldbutt,** Plattfisch der Küsten Europas; oberseits mit orangeroten Flecken, bis 90 cm.

**Schöllkraut,** Mohngewächs; gelb blühende Ruderalpfl.; gelber Milchsaft giftig; Volksheilmittel.

**Scholochow,** Michail Alexandrowitsch, russ. Schriftsteller, *1905, †1984; bedeutendster Vertr. des sozialist. Realismus; „Der stille Don"; Nobelpreis 1965.

**Schönberg,** Arnold, östr. Komponist, *1874, †1951; emigrierte 1933 in die USA; entwickelte in den 20er-J. neben J. M. Hauer die Zwölftontechnik (↑Zwölftonmusik); Kammersinfonie für 15 Soloinstrumente, Streichquartette, Lieder, Chorwerke, Melodramen, Opern; theoret. Schriften.

**Schönbrunn,** ehem. kaiserl. Schloss mit gr. Park in Wien, erb. nach Plänen von Fischer v. Erlach (1696 ff.). Im *Frieden v. S.* zw. Östr. und Napoleon I. (1809) verlor Östr. u. a. Salzburg, das Innviertel, O-Tirol, Teile Kärntens, Dalmatien, Galizien.

**Schoner** [engl.], mehrmast. Segelschiff mit Gaffeltakelung.

**Schongauer,** Martin, dt. Maler und Kupferstecher der Spätgotik, *um 1450, †1491; „Madonna im Rosenhag" (Colmar), Fresken des Jüngsten Gerichts im Breisacher Münster; bed. Kupferstichwerk.

**Schonzeit,** Zeitraum, in dem Fang u. Jagd best. Tierarten gesetzl. verboten sind.

**Schopenhauer,** Arthur, dt. Philosoph, *1788, †1860; Gegner Hegels u. von dessen Schule, in seinem Hauptwerk „Die Welt als Wille und Vorstellung" entwickelte er sein System eines metaphys. Voluntarismus; das Christentum lehnte er als unphilos. ab; höchstes Ziel der Philos.: Aufhebung des Wollens in einem „interesselosen Anschauen" der Kunst; Einfluss auf R. Wagner u. den jungen Nietzsche; nahm Motive der Psychoanalyse vorweg.

**Schoppen,** altes Flüssigkeitsmaß (0,4–0,5 l).

**Schöps,** svw. ↑Hammel.

**Schorfkrankheit** ↑Pflanzenkrankheiten (Übers.).

**Schorndorf,** St. östl. von Stuttgart, Ba.-Wü., 38 000 E; vielseit. Industrie.

**Schostakowitsch,** Dmitrij Dmitrijewitsch, russ. Komponist, *1906, †1975; Sinfonien, Opern, Ballette, Instrumentalkonzerte, Vokalwerke; Film- u. Schauspielmusik (u. a. zu „Hamlet"), Oratorien.

**Schote,** aus 2 verwachsenen Fruchtblättern bestehende Öffnungsfrucht der Kreuzblütler, mit falscher Scheidewand; *S.dotter* (Schöterich), Kreuzblütlergatt.; meist gelb blühend, z. T. Unkräuter; einige Zierpflanzen.

**Schott, 1)** Anselm, dt. Benediktiner, *1843, †1896; durch sein lat.-dt. „Messbuch der hl. Kirche" Förderer der kath. liturg. Bewegung in Dtl. **2)** Bernhard, dt. Verleger, *1748, †1809; 1770 in Mainz Begründer des Musikverlags B. Schott's Söhne. **3)** [Friedrich] Otto, dt. Chemiker, *1851, †1935; stellte neue Glassorten für chem. u. opt. Zwecke her, Mitbegr. des „Jenaer Glaswerks S. & Gen.".

**Schotten,** wasserdichte u. feuersichere Längs- und Querwände in Schiffen.

**Schottisch,** aus dem Altengl. Northumberlands hervorgegangene nordengl. Mundart; immer stärker vom Engl. verdrängt.

**Schottland,** Nordteil der brit. Hauptinsel, nördl. des Hadrianswalls, einschl. d. Hebriden, Orkney- u. Shetlandinseln 78 783 km$^2$, 5,1 Mill. E (hpts. Presbyterianer, rd. 15 % kath.), Hptst. Edinburgh. – Gebirg. Land, von zahlr., von Flüssen u. Seen durchzogenen, SW–NO gerichteten Tälern zerfurcht; zahlr. Inseln, weit ins Land reichende Fjorde u. Buchten; regenreiches, kühles Klima. 3 Teile: im S die *Southern Uplands* (Merrick 842 m): Schafzucht, in den Tälern Ackerbau; im N die unwirtl., hpts. von Moor u. Heide bedeckten *Highlands* (Ben Nevis 1 343 m); nur im O größere Siedlungen u. einige Hafenstädte; zw. Highlands u. Southern Uplands die Senke der industriereichen *Lowlands:* Steinkohlen-⚒, chem., Schwerind., bed. Schiff- u. Masch.-Bau, dicht besiedelt, mit den größten schott. Städten Glasgow u. Edinburgh. – *Gesch.:* im Altertum von Pikten bewohnt, gg. die die Römer den Hadrianswall errichteten. Seit Anf. des 6. Jh. Einwanderung ir. Skoten; um 550 bestanden 4 Kgr., die bis ins 11. Jh. vereinigt wurden. Verteidigung der Unabhängigkeit gegenüber England, 1286–1314 unter engl. Lehnsoberhoheit, seit 1371 Haus Stuart; im 16. Jh. Einführung der Reformation (J. Knox). 1603 mit England in Personalunion, 1707 in Realunion vereinigt (Großbritannien).

**schraffieren** [ital.-niederl.], eine Fläche mit parallelen Linien bedecken.

**Schramm,** Percy Ernst, dt. Historiker, *1894, †1970; Arbeiten zur ma. u. neueren Geschichte.

**Schrammelmusik,** volkstüml. Wiener Musik, benannt nach Johann (*1850, †1893) und Josef Schrammel (*1852, †1895); Besetzung: 2 Violinen, Gitarre und Ziehharmonika.

**Schrapnell** [engl.], mit Bleikugeln gefülltes Artilleriesprenggeschoss, von dem brit. Oberst H. Shrapnel (*1761, †1842) erfunden.

**Schraube, 1)** mit einem ↑Gewinde versehenes Masch.-El. aus Stahl, Messing u.a. zur Herst. lösb. Verbdg. oder zur Übertragung von Dreh- in Längsbewegungen; *Masch.-S.* (zur Verbdg. von Metallteilen) besitzen einen zylindr. S.schaft, *Holz-S.* (zum Einschrauben in Holz) einen schwach kon. Schaft. Unterschiedl. Kopfformen, z.B. Vierkant-, Sechskant-, Zylinder-, Flügelkopf-S. u.a. **2) Schiffsschraube,** Vorrichtung zur Umwandlung der Drehbewegung der Schiffsmaschine in Schubkraft, meist mit 3 od. 4 Flügeln, bei Großschiffen mit 5 od. 6 Flügeln (⌀ über 8m). **3)** ↑Luftschraube.

**Schreber,** Daniel Gottlob Moritz, dt. Arzt und Pädagoge, *1808, †1861; schuf Spielplätze, die mit Kinderbeeten u. Gärten für Erwachsene verbunden waren *(S.gärten).*

**Schreibmaschine,** [Büro]maschine für Schreibarbeiten; *mech. S.* serienmäßig seit 1873 v. P. Remington hergest.; bei *elektr. S.* Antrieb durch Elektromotor, Typen meist auf einem drehbaren Kugelkopf; *elektron. S.* (mit Kugelkopf oder Typenrad) enthalten einen Mikroprozessor, der zahlreiche Funktionen automat. ausführt (z.B. Randausgleich, Zentrieren, Löschen); *Speicher-S.* besitzen LCD-Anzeige bzw. Bildschirm und Datenspeicher, z.T. an Computer u.a. anschließbar.

**Schrift,** System graf. Zeichen, die sprachl. Elemente wiedergeben (geschriebene Spr.); in den Anfängen der S.-Entw. ist die Beziehung zur Spr. nicht od. nur in geringem Maße gegeben (bildl. Darst. als „Gedankenschrift"); Entw.-Stufen: 1. v. der *Wort-S.* zum *Wortsilbensystem:* entwickelt b. den Sumerern um 3100 v. Chr.; Wort-, Silben- u. Hilfszeichen nebeneinander, ebenso z.B. in den ägypt. u. hethit. Hieroglyphen u. in der chin. S.; 2. Entw. zum *Silbensystem:* elam. Keil-S., westsemit. S., zypr. und jap. S.; 3. Entw. zum *Alphabet* durch Ausbau des Vokalsystems bei den Griechen, die die [semit.] S. der Phöniker übernahmen; Verbreitung des griech. Alphabets, u.a. bei den Slawen (Glagoliza, Kyrilliza) u. den italischen Völkern (Etrusker, Latiner u.a.). Lat. *Majuskel-S.* (Kapital-S.) für Inschriften, auch als Buch-S. (gleich hohe, unverbundene Buchstaben) oder mit Ligaturen als Geschäfts-S. (*Majuskelkursive* und später *Minuskelkursive,* die „jüngere röm. Kursive"); daneben Verwendung der *Unzial-S.* u. der *Halbunziale* mit Minuskelcharakter; Kursive u. Halbunziale verbreiteten sich über Europa; dann setzte sich d. *karoling. Minuskel* (v.a. aus der Halbunziale entwickelt) durch; spätma. Formen: die *got. Minuskel,* die *Bastarden* sowie die *Fraktur* und die *Schwabacher;* in der Renaissance neue Blüte der karoling. Minuskel in der Form der humanist. Minuskel, jetzt *Antiqua* gen. (fälschlicherweise für antike S. gehalten), ihre Kleinbuchstaben entstammen der karoling. Minuskel, ihre Großbuchstaben der röm. Kapitale. Die Antiqua setzte sich bes. in den roman. Ländern u. in England durch, erst im 19. u. 20. Jh. auch in M- u. N-Europa. Mit der Buchdruckerkunst begann die Schreib-S. sich v. der Druck-S. abzuheben; 1941 Einführung der *Dt. Normal-S.,* die dem lat. Alphabet entspricht.

**Schriftgrad,** Höhe eines Druckbuchstabens, meist angegeben in der Maßeinheit *typograph. Punkt* (1 p = 0,376mm).

**Schrimpf,** Georg, dt. Maler, *1889, †1938; einer der Hauptvertr. der Neuen Sachlichkeit.

**Schrittmacher, 1)** Motorradfahrer beim Steherrennen (↑Steher). **2)** svw. ↑Herzschrittmacher.

**Schröder, 1)** Gerhard, dt. Politiker (SPD), *1944, war u.a. 1978–80 Vors. der Jungsozialisten, 1990–1998 Min.-Präs. von Nds.; führt seit 1998 als Bundeskanzler eine Koalitionsreg. aus SPD und Bündnis 90/Die Grünen, seit 1999 auch Vors. der SPD. **2)** Rudolf Alexander, dt. Dichter, *1878, †1962; „Die weltl. Gedichte", „Die geistl. Gedichte"; Übersetzungen von Homer, Vergil bis T. S. Eliot u.a.

**Schrödinger,** Erwin, östr. Physiker, *1887, †1961; Arbeiten zur Quanten- u. Relativitätstheorie; stellte 1926 die *S.-Gleichung,* die grundlegende Differenzialgleichung der ↑Wellenmech., auf; Nobelpreis (mit P. A. M. Dirac) 1933.

**schröpfen,** Reizkörperbehandlung, örtl. Blutabsaugen durch Saugglocken, Blutegel oder Ritzen der Haut; inzwischen nur noch selten angewendetes Verfahren.

**Schrot, 1)** grob zerkleinerte Getreidekörner. **2)** kl. Kugeln aus Blei-Antimon-Legierungen.

**Schroth,** Carl Heinz, dt. Schauspieler u. Regisseur, *1902, †1989.

**Schrotschusskrankheit** ↑Pflanzenkrankheiten (Übers.).

**Schrumpfleber,** svw. ↑Leberzirrhose.

**Schrumpfniere,** narbige Verkleinerung der Niere durch Untergang von Nierengewebe und Bildung von Narbengewebe. S. ist oft mit erhöhtem Blutdruck und zunehmendem Nierenversagen verbunden und wird v.a. durch chron. Nierenentzündungen verursacht.

**Schruns,** östr. Ort im Montafon, 4000 E; Fremdenverkehr.

**G. Schröder**

**Schub, 1)** Kraft, mit der ein von einem Propeller-, Strahl- od. Raketentriebwerk angetriebener Körper vorwärts bewegt wird. **2)** ↑Scherung.

**Schubart,** Christian Friedrich Daniel, dt. Dichter und Publizist, *1739, †1791; volksliednahe Sturm-und-Drang-Lyrik, auch polit.-aktuelle Gedichte; wegen freiheitl. Gesinnung 10 J. Festungshaft auf dem Hohenasperg.

**Schubert,** Franz, östr. Komponist, *1797, †1828; Gipfelpunkt dt. Liedkomposition, über 600 Lieder nach Texten von Goethe, F. G. Klopstock, H. Heine, Wilhelm

S

F. Schubert

Müller (Zyklen: „Die schöne Müllerin", „Die Winterreise") u. a.; bed. Kammermusik (darunter das Streichquartett „Der Tod u. das Mädchen", das „Forellenquintett"), bed. Klavierwerke, 8 Sinfonien, u. a. die „Unvollendete" in h-Moll, Chorwerke, Kirchenmusik u. a.

**Schublehre,** veraltet für ↑Messschieber.

**Schudra** [sanskr.], Mitgl. der 4., dienenden niederen Hauptkaste im alten Indien.

**Schuh,** Oscar Fritz, dt. Regisseur und Theaterleiter, *1904, †1984; 1963–68 Intendant des Dt. Schauspielhauses Hamburg.

**Schuhplattler,** Paarwerbetanz mit Ländlercharakter, in Oberbayern und Tirol, bei dem sich die Männer mit den Händen auf Oberschenkel und Schuhsohlen schlagen (platteln).

**Schukow,** Georgij Konstantinowitsch, sowj. Marschall, *1896, †1974; 1945/46 sowjet. Oberbefehlshaber in Dtl., 1955 Verteidigungsmin.; 1957 aller Ämter enthoben.

**Schuld, 1)** im Zivilrecht die persönl. Verpflichtung eines Schuldners gegenüber seinem Gläubiger; unterschieden nach Art der ↑Schuldner und der geschuldeten Leistung: *Spezies-S.* oder *Stück-S., Gattungs-S.* (*Geld-S.* ist Gattungs-S.); nach dem Ort, an dem die S. zu erfüllen ist, unterscheidet man: *Hol-, Bring-* u. *Schick-S.;* eine S. wird in der Regel im Rahmen eines kausalen Rechtsgeschäfts begr., aber auch durch ein schriftl. *S.versprechen* oder schriftl. *S.anerkenntnis;* eine bes. Art des S.versprechens ist die ↑S.verschreibung. **2)** im Strafrecht die Verantwortlichkeit für ein rechtswidr. Verhalten; S.voraussetzung ist die S.fähigkeit, als wesentl. S.element gilt das Unrechtsbewusstsein; die S. entfällt bei Vorliegen eines *S.ausschließungsgrundes* oder *Entschuldigungsgrundes* (z. B. Notstand, Notwehrexzess).

**Schuldfähigkeit,** fr. **Zurechnungsfähigkeit,** Fähigkeit, das Unrecht einer Tat einzusehen u. danach zu handeln; bei Bewusstseinsstörung, krankhafter Störung der Geistestätigkeit od. bei Geistesschwäche kann S. fehlen *(Schuldunfähigkeit)* od. herabgesetzt sein *(verminderte S.),* was strafbefreiend od. -mindernd sein kann.

**Schuldner,** der dem Gläubiger zu einer Leistung Verpflichtete.

**Schuldnerverzug,** die vom Schuldner zu vertretende Nichterfüllung einer fäll. u. angemahnten Schuld. Die Folgen (z. B. Verzugszinsen, Verspätungsschaden) hat der Schuldner zu tragen.

**Schuldrama,** an Lateinschulen u. Universitäten des 15. bis 17. Jh. gepflegtes v. a. lehrhaftes Drama; zuerst nur in lat., seit etwa 1530 auch in dt. Spr. aufgeführt; es sollte zu Humanität erziehen u. den sicheren Gebrauch rhetor. Mittel lehren; wichtig für die Entw. des dt. Dramas.

**Schuldschein,** schriftl. Bekenntnis über das Bestehen einer Forderung.

**Schuldunfähigkeit** ↑Schuldfähigkeit.

**Schuldverhältnis,** durch einen Vertrag festgelegtes Rechtsverhältnis zw. Schuldner u. Gläubiger.

**Schuldverschreibungen,** langfrist., auf den Inhaber lautende festverzinsl. Wertpapiere; *Ind.-Obligationen* (S. der gewerbl. Wirtsch.), ↑Anleihen, *Pfandbriefe* (S. der Realkreditinst. u. Schiffsbanken).

**Schule** [gr.-lat.], Institution, in der durch planmäß. Unterricht Kinder u. Jugendl. erzogen und ihnen Wissen und Bildung vermittelt werden.

**Schulenburg, 1)** Friedrich Werner Gf. v. der, dt. Diplomat, *1875, †1944; 1934–41 Botschafter in Moskau; wegen Teilnahme am Widerstand gg. Hitler hingerichtet. **2)** Fritz-Dietlof Gf. von der, Widerstandskämpfer in der Bewegung um L. Beck, *1902, †1944; als Offizier maßgebl. am Attentat auf Hitler 1944 beteiligt, hingerichtet.

**Schulgeld,** für die Leistungen der Schule zu zahlender Beitrag; *S.freiheit* besteht für alle öff. Schulen der BRD, für die Schulpflicht besteht.

**Schulpflicht** ↑Schulrecht.

**Schulrecht,** Gesamtheit der rechtl. Bestimmungen zur Regelung des Schulwesens; Teil des ↑öff. Rechts; fällt unter die Kulturhoheit der Länder; das GG bestimmt die staatl. Schulaufsicht u. das Recht zur Errichtung von ↑Privatschulen. Die allg. *Schulpflicht* beginnt nach der Vollendung des 6. Lebensj.; die Vollzeitschulpflicht beträgt 9 od. 10 J. (Grund- u. Hauptschule), die Berufsschulpflicht im Anschluss daran beträgt mind. 3 J.; Berufsgrundbildungsjahr für nicht in Ausbildung vermittelte Jugendl. Anstelle der Hauptschule können weiterführende Schulen (u. a. Gymnasien, Realschulen) besucht werden.

R. Schumann

**Schulschiff,** der seemänn. Ausbildung dienendes [Segel]schiff; bei der Marine *Ausbildungsschiff.*

**Schulte,** Dieter, dt. Gewerkschafter, *1940; 1994–2002 Vors. des DGB.

**Schulter-Arm-Syndrom,** kompliziertes, in den Arm ausstrahlendes Krankheitsgeschehen im Bereich der Schulter.

**Schultheiß, Schulze,** urspr. Vollstreckungsbeamter des ordentl. Richters, dann u. a. Dorf- und Stadtrichter; Bürgermeister.

**Schultz,** Johannes Heinrich, dt. Psychiater, *1884, †1970; führte das ↑autogene Training als psychotherapeut. Methode ein.

**Schulze,** svw. ↑Schultheiß.

**Schulze-Delitzsch,** Hermann, dt. lib. Politiker, *1808, †1883; Begr. der gewerbl. Genossenschaften, bes. der Kreditgenossenschaften für den gewerbl. Mittelstand (Volksbanken); lehnte jede Staatshilfe ab.

**Schumacher 1)** Kurt, dt. Politiker (SPD), *1895, †1952; 1930–33

MdR, 1933–45 KZ-Haft; seit 1946 Vors. der SPD; lehnte das Zusammengehen mit den Kommunisten ab; ab 1949 Vors. der SPD-Bundestagsfraktion. **2)** Michael, dt. Automobilrennfahrer, * 1969; Formel-1-Weltmeister 1994, 1995, 2000 u. 2002.

**Schuman** [ʃuˈman; frz.], Robert, frz. Politiker, * 1886, † 1963; Mitbegr. des Mouvement Républicain Populaire, zw. 1946 u. 1956 mehrf. Min.-Präs. u. Min.; Initiator der Europ. Gemeinschaft für Kohle u. Stahl (S.plan); 1958–60 1. Präs. des Europ. Parlaments.

**Schumann, 1)** Clara, geb. **Wieck**, verh. mit 2), dt. Pianistin, * 1819, † 1896; Interpretin von Beethoven, Chopin, Brahms u. der Werke ihres Mannes. **2)** Robert, dt. Komponist der Romantik, * 1810, † 1856; Klavierwerke („Papillons", „Fantasiestücke", „Kinderscenen", „Kreisleriana"), Liedzyklen („Liederkreis"; „Frauenliebe und -leben", „Dichterliebe"), Kammermusik, Instrumentalkonzerte, 4 Sinfonien, Chorwerke; bed. Kritiker u. Ästhetiker; gründete 1834 die „Neue Zeitschrift für Musik".

**Schuppen, 1)** plattenförm. Hautgebilde bei Reptilien, Vögeln (an den Beinen), manchen Säugetieren und insbes. bei den Fischen. **2)** Chitingebilde bes. auf den Flügeln der Schmetterlinge.

**Schuppenflechte, Psoriasis,** nicht ansteckende, chron. Hautkrankheit mit silberweißen, trockenen Schuppenauflagerungen auf roten, scharf umgrenzten Flecken; zugrunde liegt ein Erbfaktor.

**Schuppentiere,** Ordn. afrik. u. südasiat. Säuger, bis 1,80 m lang, niedrig gebaut, kl. spitzer Kopf, langer Schwanz; Körperoberseite u. Schwanz mit Hornschuppen; Schnauze zahnlos, Zunge wurmförmig; mächt. Grabklauen; nächtl. Ameisen- und Termitenfresser; tagsüber in Höhlen.

**Schurz,** Carl, amer. Politiker dt. Herkunft, * 1829, † 1906; nahm 1849 am pfälz.-bad. Aufstand teil, emigrierte 1852 in die USA; im Sezessionskrieg Gen. der Nordstaaten; 1877–81 Innenminister.

**Schuschnigg,** Kurt, östr. Politiker (christl.-soz.), * 1897, † 1977; 1934–38 B.-Kanzler; versuchte den Anschluss Österreichs an das nat.-soz. Dtl. zu verhindern; nach 1938 in Haft, 1945–67 in den USA.

**Schüssel,** Wolfgang, östr. Politiker (ÖVP), * 1945; s. 1995 Bundesobmann der ÖVP, war 1995 bis 2000 Vizekanzler u. Außenmin.; s. Febr. 2000 Bundeskanzler.

**Schüttelfrost,** Muskelzittern als Begleiterscheinung des Anstiegs der Körpertemperatur beim Fieber.

**Schüttelreim,** Reimspiel, bei dem die Anfangskonsonanten der reimenden Silben vertauscht werden, sodass neue Worte entstehen.

**Schütz,** Heinrich, dt. Komponist, * 1585, † 1672; Verbdg. der Polyphonie mit ital. Elementen (Monodie); fast ausschließl. geistl. Vokalmusik nach bibl. Texten, „Psalmen Davids", Weihnachtshistorie, Lukas-, Johannes- und Matthäushistorien, schrieb erste dt. Oper „Dafne" (Musik verschollen).

**Schütz, 1)** Absperr- u. Regulierungsvorrichtung an Wassergräben, Kanälen, Schleusen. **2)** elektromagnet. betätigter Schalter.

**Schütze,** lat. **Sagittarius,** zum ↑Tierkreis gehörendes Sternbild des südl. Himmels.

**Schütze,** unterster Mannschaftsdienstgrad in der dt. Bundeswehr.

**Schutzfrist,** die Frist, während der ein Erzeugnis geist. Schaffens gg. unbefugte Benutzung gesetzl. geschützt ist (↑Copyright, ↑Gebrauchsmuster, ↑Patent, ↑Urheberrecht).

**Schutzgas** ↑Inertgas.

**Schutzhaft,** in totalitären Staaten übl. polizeil. Verwahrung polit. Missliebiger. – In der BRD ist nach Landespolizeigesetzen *Schutzgewahrsam* zulässig: Eine Person kann von der Polizei zu ihrem eigenen Schutz bei unmittelbarer Gefahr für Leib und Leben in Gewahrsam genommen werden; spätestens bis Ablauf des nächsten Tages muss der Verwahrte einem Richter vorgeführt werden.

**Schutzheiliger** ↑Patron.

**Schutzherrschaft** ↑Protektorat.

**Schutzimpfung,** künstl. Erzeugung einer Immunität bei Mensch u. Tier gegenüber Krankheitserregern od. Giften. Durch d. Gabe v. Antigenen od. vermehrungsfähigen, virulenzabgeschwächten Mikroorganismen, die Antigene im Körper bilden, wird d. Organismus veranlasst, selbst Antikörper u. dadurch eine lang anhaltende Immunität zu entwickeln (aktive S.). Eine kurzfristige Immunität wird durch Injektion v. Präparaten, die (körperfremde) Antikörper enthalten, erreicht (passive S.). Wichtige S. mit Lebendimpfstoffen sind die S. gg. Kinderlähmung, Masern, Röteln, Mumps. S. mit inaktivierten od. abgetöteten Erregern werden zur Vorbeugung z. B. gegen Cholera, Typhus, Keuchhusten u. Grippe durchgeführt.

W. Schüssel

**Schwab,** Gustav, dt. Dichter, * 1792, † 1850; wichtiger Vertr. der ↑schwäb. Romantik; Bearbeitungen dt. u. antiker Sagen („Die schönsten Sagen des klass. Altertums").

**Schwabach,** mittelfränk. krsfr. St. südl. von Nürnberg, Bayern, 37 600 E; histor. Bauten; Goldschlägereien, Metallindustrie.

**Schwaben, 1)** Reg.-Bez. in Bayern, 9 993 km², 1,72 Mill. E, Hptst. Augsburg; hat Anteil an den Allgäuer Alpen, dem Alpenvorland, der Donauniederung u. der Schwäb. Alb. **2)** ehem. Hzgt., entstanden im frühen 10. Jh., umfasste das alemann.-schwäb. Stammesgebiet (↑Alemannen), 1079–1268 stauf., danach Zerfall in mehrere Territorien; Bez. S. seitdem für den inneren Bereich des ehem. Hzgt., zw. Schwarzwald, Lech u. Bodensee; 1488–1533 bestand der polit. einflussreiche *Schwäb. Bund* des schwäb. Adels u. der R.-Städte zur Erhaltung des Landfriedens.

**Schwäbische Alb, Schwäb. Jura,** Hochfläche zw. Donau, oberem Neckar u. Ries; Lemberg 1 015 m.

**Schwäbischer Bund** ↑Schwaben.

**schwäbische Romantik,** Nachblüte der Romantik in Württemberg im *schwäb. Dichterbund* (schwäb. Schule); volksliedhafte Lyrik (Balladen), Sagen; u. a. L. Uhland, J. Kerner, W. Hauff, E. Mörike, G. Schwab.

**Schwäbisch Gmünd,** St. an der oberen Rems, Ba.-Wü., 63 700 E; altes Stadtbild; PH, Schmuckwaren- und Gablonzer Glasind. – Ehem. Reichsstadt.

**Schwäbisch Hall,** Krst. östl. v. Heilbronn, Ba.-Wü., 34 400 E; histor. Bauten; Kunststoff-, Papier- u. a. Ind.; Solbad. – Ehem. Reichsstadt.

**Schwachsinn,** veraltete Bez. für ↑geistige Behinderung.
**Schwadron** [ital.], **Eskadron,** fr. Einheit der Kavallerie, entspricht der Kompanie.
**Schwalben,** fast weltweit verbreitete Singvogelfam.; Kopf flach mit gr. Augen, kurzem Schnabel, weitem Rachen; Flügel sehr lang; Beine kurz; sehr fluggewandt; Insektenfresser; heim.: *Mehlschwalbe* (nistet an der Außenseite von Gebäuden), *Rauchschwalbe* (nistet in Häusern und Ställen), *Uferschwalbe* (nistet in selbst gegrabenen Röhren in Sand- u. Lehmwänden); überwintern u. a. in Afrika.
**Schwalbenschwanz,** gr. Tagfalter der Fam. Ritter; Flügel gelb, schwarz gezeichnet, Hinterflügel mit schwanzartiger Spitze.
**Schwalbenschwanzverbindung,** trapezförm., formschlüss. Verbdg. im Holz- u. Maschinenbau.
**Schwämme,** Stamm der Metazoen; meist marine, fest sitzende [koloniebildende] Tiere, unter 1 cm bis 2 m gr.; echte Organe u. Nervenzellen fehlen; Körper zweischichtig, von zahlr. Poren durchsetzt; durch schlagende Geißeln der inneren Zellschicht wird Wasser mit Nahrung zu den Poren eingesaugt; meist mit Innenskelett aus Kalk u. a.; Vermehrung ungeschlechtl. durch Knospung, geschlechtl. über Schwimmlarven.
**Schwan,** lat. **Cygnus,** Sternbild des nördl. Himmels. Seine hellsten Sterne lassen sich zum *Kreuz des Nordens* verbinden. Der hellste Stern (α) ist der *Deneb.*
**Schwäne,** fast weltweit verbreitete Unterfam. bis 1,8 m gr. Entenvögel mit langem Hals, v. a. auf vegetationsreichen Gewässern; z. B. der rein weiße Höckerschwan.
**Schwangerschaft, Gravidität,** Zustand der Frau von der Empfängnis bis zur Geburt; *S.sdauer* 267 Tage (vom 1. Tag der letzten Menstruation an gerechnet 280 Tage); gesetzl. Empfängniszeit (für den Nachweis der Vaterschaft): 181.–302. Tag vor der Geburt. Berechnung des voraussichtl. Geburtstermins: vom 1. Tag der letzten Menstruation 3 Monate abziehen u. dann 7–10 Tage zuzählen *(Naegele-Regel).*
**Schwangerschaftsabbruch, Abtreibung, Interruption,** gynäkologisch-fachärztl. Eingriff zum Abbruch einer intakten Schwangerschaft. Der Eingriff bei S. muss laut Gesetz von einem Facharzt für Gynäkologie in einem Krankenhaus ausgeführt werden (↑Indikation).
**Schwangerschaftstest, Schwangerschaftsreaktion,** Untersuchungsverfahren zum frühzeitigen Nachweis einer Schwangerschaft. Einen sicheren Nachweis bieten *immunolog. S.;* hierbei wird durch eine Antigen-Antikörper-Reaktion ein vom Mutterkuchen gebildetes Hormon nachgewiesen. Bei S., die auch zur Selbsttestung angeboten werden, kann die Reaktion innerhalb weniger Minuten abgelesen werden.
**Schwank,** scherzhafter Einfall und dessen [literar.] Ausführung; kurze, laun., oft auch unflät. Erzählung in Versen oder Prosa (v. a. MA und bes. 16. Jh.).
**Schwanthaler,** Ludwig von, dt. Bildhauer, * 1802, † 1848; Hofbildhauer Ludwigs I. v. Bayern; Denkmäler in romant.-klassizist. Stil (u. a. Bavaria in München).
**Schwanzlurche,** Ordn. der Amphibien, Körper nackt, lang gestreckt, langer Schwanz; 2 Paar kurze Gliedmaßen; manche Formen zeitlebens mit Kiemen atmend; u. a. Salamander, Molche, Olme.
**Schwärmer,** Schmetterlingsfam.; Dämmerungstiere, ausgezeichnete Flieger mit langen Rüsseln, z. B. Ligusterschwärmer; einige Arten Wanderfalter.
**Schwarz, Schwartz,** Berthold, gen. **Bartholdus (Bertholdus) Niger,** dt. Mönch; soll im 14. Jh. das Schießpulver *(S.pulver)* erfunden haben, nahm jedoch wahrscheinlich nur Verbesserungen vor.
**Schwarz|adrigkeit** ↑Pflanzenkrankheiten (Übers.).
**Schwarz|arbeit,** illegale, behördl. nicht angemeldete Arbeit gegen Entgelt unter Umgehung sozialversicherungsrechtl. und steuerl. Vorschriften, mit Geldbuße bedroht.
**Schwarzbeinigkeit** ↑Pflanzenkrankheiten (Übers.).
**Schwarzburg,** ehem. dt. Fürstentümer: *S.-Rudolstadt* und *S.-Sondershausen,* 1918 Freistaaten, gingen 1920 in Thüringen auf.
**Schwarzdorn,** svw. ↑Schlehdorn.
**Schwarze Elster,** r. Nbfl. der mittl. Elbe, 181 km.
**Schwarzenberg/Erzgebirge,** St. in Sa., 19 600 E; Metall- u. Holzind.
**Schwarzenegger,** Arnold Alois, amer. Filmschauspieler östr. Herkunft, * 1947; „Der Terminator".
**Schwarzer,** Alice, dt. Publizistin, * 1942; Hg. der Frauenzeitschrift „Emma" (ab 1977).
**schwarzer Humor,** makabrer Witz durch Verharmlosung oder Übertreibung von Ernstem, Tragischem.
**schwarzer Körper,** svw. ↑schwarzer Strahler.
**schwarzer Markt,** illegaler Markt mit überhöhten Preisen; entsteht durch Nachfrageüberhang.
**schwarzer Strahler, schwarzer Körper,** idealer Strahler, der elektromagnet. Strahlung aller Wellenlängen vollst. absorbiert u. selbst Strahlung entspr. seiner Temp. gemäß dem planckschen Strahlungsges. (spektrale Emission) bzw. dem Stefan-Boltzmann-Ges. (Gesamtemission, $T^4$-Ges.) abstrahlt.
**Schwarzes Loch,** engl. **Black Hole,** Objekt extremer Massekonzentration mit einem so starken Gravitationsfeld, dass aus Bereichen innerh. eines krit. Grenzradius weder materielle Teilchen noch Strahlung in die Umgebung gelangen können. Ein S. L. entsteht vermutl. bei einer Supernova-Explosion eines massereichen Sterns am Ende seiner Sternentwicklung. (↑Milchstraße)
**Schwarzes Meer,** östl. Nebenmeer d. Mittelmeeres, zw. SO-Europa u. Vorderasien, rd. 422 000 km$^2$, bis 2 245 m tief, zw. 14 u. 18 ‰ Salzgehalt; Verbdg. zum Mittelmeer durch Bosporus, Marmarameer u. Dardanellen; im N trennt die Halbinsel Krim das Asowsche Meer als Nebenmeer ab. In 100–200 m Tiefe starke Sauerstoffverminderung u. in größeren Tiefen Anreicherung v. Schwefelwasserstoff; bed. Fischfang nur auf Störe. Zuflüsse: Donau, Dnjestr, Dnjepr, Don, Kızılırmak; gr. Häfen: Burgas, Warna, Konstanza, Odessa, Sewastopol, Noworossisk, Batumi. – Im Altertum als *Pontus Euxinus* v. griech. Kolonien gesäumt, lebh. Handelsverkehr.
**Schwarze Witwe,** gefürchtete Giftspinne Amerikas; Körper schwarz mit roten oder rötl. gelben Flecken.
**Schwarzkopf,** Elisabeth, dt. Sängerin (Sopran), * 1915.
**Schwarzrost** ↑Pflanzenkrankheiten (Übers.).
**Schwarzwald,** sö. Randgebirge des Oberrhein. Tieflandes, zw. dem Hochrhein u. dem Kraichgau, Ba.-Wü., rd. 160 km lang, 30–60 km breit; Steilabfall nach W, allm. Abdachung nach O. Die Kinzig unterteilt den S. in einen nördl. (Hornisgrinde 1 164 m) u. einen südl. Teil (Feldberg 1 493 m). Mehrere Seen (Titi-, Schluch-, Feldsee), von zahlr. Flüssen entwässert; stark bewaldet (rd. 60 %, vorw. Nadelwald);

bed. feinmech. Ind. (Uhren), ferner elektrotechn., Holz-, Textil-, Papierind., z. T. Maschinenbau; Viehzucht; viele Luftkurorte und Heilbäder.

**Schwarzwurzel,** Gatt. d. Korbblütler; schwarzbraune Wurzeln der Garten-S. als Gemüse.

**Schwebebalken,** Frauenturnen: auf pyramidenförmigen Böcken gelagertes Turngerät (5 m lang, 1,20 m hoch, 10 cm breit).

**Schwebung,** period. Amplitudenschwankung durch Überlagerung zweier harmon. Schwingungen gleicher Amplitude, die sich in ihrer Frequenz nur wenig voneinander unterscheiden.

**Schweden**

*Fläche:* 449 964 km²

*Einwohner:* 8,863 Mill.

*Hauptstadt:* Stockholm

*Amtssprache:* Schwedisch

*Zeitzone:* MEZ

**Schweden,** nordeurop. Kgr.; besteht mit Ausnahme der Halbinsel Schonen im S u. des westl. Hochgeb. aus einer gr., in sich gestuften Rumpfscholle, eiszeitl. überformt: Moränenzüge, weite Seen (z. B. Väner-, Vätter-, Mälarsee), Schärenküste, reich gegliedert. Rd. 50 % des Landes bewaldet. *Klima:* kontinental, gemäßigte Sommer u. strenge Winter. *Landw.:* intensiv, hoch entwickelt u. rationalisiert; knapp 11 % der Fläche landw. genutzt (Getreide, Kartoffeln, Zuckerrüben, Raps), Viehzucht, im N Ren- u. Pelztierzucht; ertragreicher Fischfang. *Bergbau* auf hochwertige Eisenerze, ferner auf Silber-, Blei-, Kupfer-, Zink-, Wolfram- u. Manganerze, Schwefelkies. Bed. *Ind.,* dank Wasserkraft (92 % der Elektrizitätserzeugung) Maschinen-, Schiff-, Automobilbau, Holzverarb. (v. a. Papier), Stahlwerke, elektrotechn., Glas- u. a. Ind.; rege Küsten- u. Hochseeschifffahrt, Haupthäfen Göteborg, Malmö u. Stockholm; Luleå ist Erzhafen. – *Gesch.:* Entstehen eines Staatsverbandes unter Olaf III. Skötkonung, nach dessen Taufe (1008) allmählich Christianisierung, 12./13. Jh. Eroberung Finnlands; seit 1250 Könige aus dem Geschlecht der Folkunger (bis 1363); durch die Kalmarer Union (1397) Vereinigung S.s mit Norwegen u. Dänemark, 1523 unter dem Haus Wasa wieder selbst., Einführung der Reformation, 1561 Gewinn von Estland; unter Gustav II. Adolf Aufstieg zur Großmacht, Eroberung v. Ingermanland, Ostkarelien u. Livland. Nach Teilnahme am Dreißigjähr. Krieg 1648 Erwerb von Vorpommern, Verden u. Bremen. Nach dem 2. Nord. Krieg Gebietseinbußen u. Verlust der Großmachtstellung. 1809 trat S. Finnland an Russland ab. 1810 Wahl des frz. Marschalls J.-B. Bernadotte zum Kronprinzen, der seit 1818 als Kg. Karl XIV. Johann regierte u. die jetzige Dyn. begründete; 1814 erhielt S. gg. den Verzicht auf Vorpommern Norwegen, das bis 1905 in Personalunion mit ihm vereinigt blieb; Neutralität im 1. u. 2. Weltkrieg; in den Nachkriegsjahrzehnten Muster des modernen Wohlfahrtsstaats; 1932–76 u. 1982–91 reg. die Sozialdemokrat. Partei; 1991–94 bürgerl. Koalition, nach Wahlen 1994 sozialdemokrat. Minderheitsreg. Mitgl. der EU (s. 1995). – Kg. ist seit 1973 Karl XVI. Gustav.

**Schwedisch,** aus dem Altnord. hervorgegangene nordgerman. Spr. des ostnord. Zweiges; Alt-, Mittel-, Neu-S. (s. dem 16. Jh.). Grundlage der Schriftsprache (Riksspråk) ist die Mundart von Östergötland; die Umgangsspr. (Talspråk) ist dialekt. gefärbt.

**Schwedische Akademie,** 1786 von Kg. Gustav III. nach dem Vorbild der Académie française gestiftete Ges. mit 18 Mitgl. zur Pflege der schwed. Sprache, Dichtung u. Rhetorik mit Sitz in Stockholm; verleiht s. 1901 den Nobelpreis für Literatur.

**schwedische Literatur,** aus vorchristl. Zeit nur kurze Runeninschriften; im 14. Jh. christl. Lit. (Visionen der hl. Birgitta); nach der Kalmarer Union Verfall der Lit.; kam erst in der Aufklärung (18. Jh.) in Europa zur Geltung (J. H. Kellgren, C. M. Bellman); Hauptvertr. der Romantik: P. D. A. Atterbom, neben ihm v. a. E. J. Stagnelius, C. J. Almquist, E. Tegnér; Durchbruch des Naturalismus um 1880 mit A. Strindberg, dessen Entw. über den Symbolismus zum Expressionismus führte; daneben der Heimat u. der nat. Vergangenheit zugewandte Lit. (P. A. L. Hallström, S. Lagerlöf); bed. im 20. Jh.: H. Bergman, P. F. Lagerkvist, H. Martinson, E. Johnson, die Lyriker V. Ekelund, G. Ekelöf, J. Edfelt, die Romanschriftsteller Sara Lidman, P. O. Sundman, P. O. Enquist, L. Gustafsson, H. Mankell, die Kinderbuchautorin A. Lindgren.

**Schwedt/Oder,** St. im Krs. Frankfurt/Oder, 49 600 E; petrolchem. Ind., Betonwerk; Endpunkt der Erdölleitung aus der GUS.

**Schwefel,** Symb. **S** [von lat. sulfur], chem. El., OZ 16, rel. A.-Masse 32,066, Nichtmetall; in mehr. Modifikationen, bei gewöhnl. Temp. als rhomb. S. ($\alpha$-S.), bei Temp. über dem Umwandlungspunkt (95,6 °C) als monokliner S. ($\beta$-S.); am wichtigsten der gewöhnl. S. (gelbe Brocken od. Pulver, *S.blume);* monokliner S. schmilzt bei 119 °C, rhomb. S. bei 112,8 °C, Sp. bei 444,6 °C. S. verbrennt mit Sauerstoff zu *S.dioxid* ($SO_2$) u. *S.trioxid* ($SO_3$), die sich mit Wasser zu schwefl. Säure od. S.säure verbinden; Vorkommen: elementar, als *Sulfid* in Erzen, als *Sulfat* in Salzlagern, als Schwefelwasserstoff in vulkan. Gasen.

**Schwefelkopf,** Gatt. der Blätterpilze, mit schwefelgelben (alt grauvioletten) Lamellen.

**Schwefelquellen,** Wässer mit einem Schwefelgehalt von mind. 1 mg/l (Schwefelwasserstoff u. a.).

**Schwefelsäure,** $H_2SO_4$, wicht. u. sehr starke anorgan. Säure. Aus sulfid. Erzen (Pyrit) wird Schwefeldioxid hergest., das zu Schwefeltrioxid oxidiert wird, dessen Verbdg. mit Wasser S. liefert. S. u. schwefelsaure Salze (Sulfate) sind wicht. Grundchemikalien.

**Schweine,** Paarhuferfam. der Alten Welt; gesellig lebende Allesfresser feuchter Wälder, durchwühlen mit rüsselförm. Schnauzen den Boden; Haarkleid borstig; weibl. Tiere mit kräft. Eckzähnen; das *Wildschwein* ist Stammvater des europ. *Hausschweins,* das in vielen Rassen gezüchtet wird.

**Schweinfurt,** krsfr. St. u. Krst. am Main, Bay., 55 700 E; LG, Polytechnikum; histor. Bauten; Ind.: Wälzlager, Kupplungen, Motoren, Farben; ⚓. – 791 gen., ehem. Reichsstadt.

**Schweinfurth,** Georg, dt. Afrikaforscher, * 1836, † 1925; Reisen bes. in NO- u. O-Afrika; entdeckte den Uele; völkerkundl. u. pflanzengeograph. Arbeiten, erste Berichte über die Pygmäen.

**Schweiß,** farblose, geruchlose, salzhaltige Flüssigkeit, abgesondert durch die *S.drüsen.*

**Schweißbrenner,** Gerät zur ↑autogenen Metallbearbeitung.

S

**Schweißen,** Verbinden metall. Werkstoffe sowie thermoplast. Kunststoffe durch Wärme *(Schmelz-S.),* z. B. Lichtbogen-S., od. Druck u. Wärme *(Press-S.),* z. B. Walzplattieren.

A. Schweitzer

**Schweitzer,** Albert, elsäss. ev. Theologe, Musiker, Arzt, Philosoph, * 1875, † 1965; Theologe und Organist in Straßburg, dann Arzt und Gründer eines Spitals in Lambaréné; nach seiner krit. Bestandsaufnahme der Leben-Jesu-Forschung („Geschichte der Leben-Jesu-Forschung") bedeutendster Vertr. eines radikal eschatol. Jesusbildes; herausragender Interpret J. S. Bachs, 1952 Friedensnobelpreis.

**Schweiz,** amtl. Schweizer. Eidgenossenschaft, Staat im sw. M-Europa; 26 Kt.: Aargau, Appenzell Außerrhoden, Appenzell Innerrhoden, Basel-Stadt, Basel-Landschaft, Bern, Freiburg, Genf, Glarus, Graubünden, Jura, Luzern, Neuenburg, Sankt Gallen, Schaffhausen, Schwyz, Solothurn, Tessin, Thurgau, Unterwalden nid dem Wald, Unterwalden ob dem Wald, Uri, Waadt, Wallis, Zug, Zürich; *Spr.:* rd. 74 % Dt., rd. 20 % Frz., rd. 5 % Ital., 1 % Rätoroman. *Religion:* rd. 45 % ev., rd. 47 % kath. 60 % des Landes sind Hochgeb., höchste Höhen in den Walliser Alpen, Berner Alpen u. der Berninagruppe; den Alpen ist im N u. NW die seenreiche, hügelige Hochfläche des Schweizer Mittellandes vorgelagert; im NW die bewaldeten Mittelgebirgshöhen des Jura. *Klima:* im N kühl gemäßigt, im S mediterran, im Hochgeb. Heilklima (bed. Höhenkurorte). Dank zahlr. Alpenpässe (Gr. St. Bernhard, St. Gotthard, Simplon, Furka, Splügen) ist die S. Durchgangsland. Von der Gesamtlandfläche werden rd. 6 % als *Ackerland* genutzt (hpts. in den fruchtb. Gebieten des Mittellandes; Anbau von Getreide, Kartoffeln, Futter- u. Zuckerrüben; am Genfer See, im Tessin u. Wallis auch Obst-, Wein- u. Tabakanbau), 20 % als *Wiesen* u. *Weiden* (bed. Rinderzucht, insbes. auf Milchertrag eingestellt), 26 % forstwirtsch. genutzt; zur Energiegewinnung wird weitgehend Wasserkraft genutzt. Bed. *Ind.* hpts. in Klein- u. Mittelbetrieben: Präzisionsmaschinen u. -instrumente, Textilien, Uhren, Apparate, Papierwaren, Schuhe, Farben, Lacke, Arzneimittel, Kunststoffe u. Parfüms sowie Holzverarbeitung. Gut ausgebautes *Verkehrsnetz,* Eisenbahnen völlig elektrifiziert; lebhafter Fremdenverkehr, zahlr. Kur- u. Wintersportorte; gr. u. mod. Rheinhafen in Basel. – *Gesch.:* Nach Unterwerfung der Helvetier (58 v. Chr.) u. der Räter (15 v. Chr.) unter röm. Herrschaft; in der Völkerwanderungszeit von Burgundern (im SW) u. Alemannen besiedelt. Nach Zugehörigkeit zum Fränk. Reich größtenteils zum Hzgt. Schwaben. 1033 kam die W-S. mit Burgund ebenfalls an das Hl. Röm. Reich. Gg. die habsburg. Landesherrschaft 1291 Ewiger Bund der Waldstätte Uri, Schwyz u. Unterwalden, dem 1332 Luzern, 1351 Zürich, 1352 Glarus u. Zug u. 1353 Bern beitraten (bis 1513 Anwachsen des Bundes auf 13 „Orte"). Siege über die Österreicher 1315 am Morgarten u. 1386 b. Sempach, über Burgund 1476 b. Grandson u. Murten. Im 15. Jh. Ausbildung eines festen Staatssystems, der *Eidgenossenschaft* der Schweizer. Im Schwabenkrieg 1499 Erreichung der tatsächl. Unabhängigkeit (1648 staatsrechtl. Loslösung aus dem Reichsverband). Nach Einführung der Reformation (Zwingli, Calvin) konfessionelle Spaltung des Landes. 1798 *Helvet. Rep.,* 1803 durch d. Mediationsakte in einen Staatenbund (19 Kantone) umgewandelt; 1815 Zahl der Kantone auf 22 (später 25, da 3 Kt. in je 2 Halbkt. geteilt) erhöht, ewige Neutralität v. den europ. Mächten anerkannt. Der Sieg der lib. Kantone über den kath. Sonderbund (*Sonderbundskrieg* 1847) ermöglichte die Umwandlung in einen Bundesstaat (1848; 2000 neue Verf.). Im 1. u. 2. Weltkrieg neutral (ab 1995 internationale „Raubgold"-Debatte). 1979 wurde der Kt. Jura als 26. Kt. gebildet. Die S. trat den UN zunächst nicht bei, wurde nur Mitgl. in deren nichtpolit. Sonderorganisationen; 2002 Volksentscheid für UN-Beitritt. Mitgl. der EFTA; 2000 Zustimmung zu den bilateralen Verträgen mit der EU (in Kraft ab 2002).

**Schweiz**

*Fläche:* 41 285 km$^2$

*Einwohner:* 7,124 Mill.

*Hauptstadt:* Bern

*Amtssprachen:* Deutsch, Französisch, Italienisch, Rätoromanisch

*Zeitzone:* MEZ

**Schweizergarde,** Truppe aus angeworbenen Schweizern, heute noch als päpstl. Ehrenwache im Vatikan.

**schweizerische Kunst,** den sprachl. u. kulturellen Unterschieden der Schweiz entspr. eine Kunst, die in O-, W- u. S-Schweiz jeweils dem Nachbarland Dtl., Frkr., Italien bzw. Tirol bes. nahe steht. Die Kunst im schweizer. Raum bildete einen Teil der karoling. u. dann lange der ↑deutschen Kunst, z. T. wurden starke Einflüsse aus Frkr. u. Italien wirksam, auch regionale Besonderheiten prägten sich ein. Viele schweizer. Künstler waren v. a. im Ausland tätig, z. B. F. Borromini, J. H. Füssli, A. Böcklin, im 20. Jh. P. Klee, Le Corbusier, A. Giacometti, M. Bill. 1916 war Zürich Zentrum der Avantgarde (Dada). Die zeitgenöss. Kunst ist in der Schweiz in allen ihren Richtungen vertreten, u. a. durch B. Luginbühl, J. Tinguely, D. Spoerri, R. P. Lohse, K. Gerstner, M. Disler, P. Rist. Bed. Architekten u. a. W. M. Förderer, M. Botta, P. Zumthor, B. Tschumi, Büro Herzog & de Meuron.

**schweizerische Literatur.** Der dt. Sprachraum der Schweiz, in dem bis heute das Alemann. (Schwyzerdütsch) Umgangsspr. ist, nahm in der ↑deutschen Literatur des MA. einen bed. Platz ein (Kloster St. Gallen, Bewahrung des Minnesangs in der Manessischen Handschrift). Im 14./15. Jh. bäuerl. geprägte Dichtung (Wittenweiler, „Urner Tellenspiel"), wichtig Zwinglis Bibelübers. Mit J. J. Bodmer u. J. J. Breitinger so-

**schweizerische Kunst:** *Arnold Böcklin, „Toteninsel" (1885/86)*

wie A. Haller wurde in der Aufklärung wieder eine enge Beziehung zur Lit. in Dtl. hergestellt, die bis heute anhält. Einen Höhepunkt erreichte die dt.-schweizer. Dichtung im19. Jh. mit J. Gotthelf, G. Keller, C. F. Meyer. Im 20. Jh. erlangte sie durch M. Frisch u. F. Dürrenmatt v. a. für die Dramatik einen überragenden Rang; wichtige Autoren sind ferner R. Walser, F. Glauser, M. Inglin, P. Bichsel, J. Federspiel, E. Gomringer, K. Marti, A. Muschg, Gertrud Leutenegger, B. Brechbühl, F. Hohler. – Die frz.-sprachige s. L. gelangte im 18. u. frühen 19. Jh. mit J.-J. Rousseau, Mme. de Staël u. B. Constant zu europ. Wirkung, weitere bekannte Autoren waren J. F. Amiel u. R. Toepffer, im 20. Jh. F. Ramuz, J. Chessex, P. Jaccottet, M. Chappaz. – Die ital.-sprachige s. L. gewann erst im 20. Jh. Eigenständigkeit (F. Chiesa, G. Zoppi, Giovanni u. Giorgio Orelli, A. Nessi). Die rätoroman. Lit. spiegelt das bodenständ. Leben Graubündens.

**Schweizerischer Gewerkschaftsbund,** Abk. **SGB,** Gewerkschaften (Übers.).

**Schweizerische Volkspartei,** Abk. **SVP,** 1971 durch den Zusammenschluss der 1919 gegr. Bauern-, Gewerbe- u. Bürgerpartei (BGB) mit der Demokrat. Partei der Kt. Glarus und Graubünden entstandene schweizer. polit. Partei; konservativ geprägt.

**Schweizer Käse,** Hartkäse mit Hohlräumen (durch Gasbildung bei der Gärung verursacht).

**Schwelm,** Krst. (des Ennepe-Ruhr-Kreises) im nw. Sauerland, NRW, 30 700 E; Metall-, Textilind.

**Schwerathletik,** zusammenfassende Bez. für Kraftsportarten, z. B. Ringen, Gewichtheben.

**Schwerbehinderte,** Personen, die körperl., geistig oder psych. behindert sind, wenn der Grad der Behinderung mind. 50 beträgt. Für S. gelten versch. bes. rechtl. Regelungen (Sozialgesetzbuch IX).

**schwerer Wasserstoff** ↑Deuterium.

**schweres Wasser, Deuteriumoxid,** $D_2O$, Wasser, das statt des gewöhnl. Wasserstoffs ↑Deuterium enthält; u. a. als Moderator in Kernreaktoren.

**Schwergewicht** ↑Gewichtsklassen (Übers.).

**Schwerhörigkeit,** dauernd od. vorübergehend vermindertes Hörvermögen, ein- oder doppelseitig.

**Schwerin,** s. 1990 Hptst. v. Mckbg.-Vorp.; kreisfreie St. am SW-Ufer des Schweriner Sees, 101 300 E; got. Dom, ehem. Residenzschloss (1843 ff.); Museen; Metall-, Holz-, Textilind. – 1160 Stadtrecht, ab Ende 15. Jh. (außer 1764–1837) Residenz der Herzöge (1815–1918 Großherzöge) von Mecklenburg-S.; 1918–52 Hptst. des Landes Mecklenburg.

**Schwerkraft** ↑Gravitation.

**Schwermetalle,** Metalle mit einer Dichte über 4,5 $g/cm^3$.

**Schweröl,** zw. 230 u. 270 °C siedende Anteile des Erdöls u. des Teers; verwendet als Treibstoff, Schmier- u. Heizöl.

**Schwerpunkt, Massenmittelpunkt,** ein für jedes Teilchensystem (z. B. starrer Körper) definierter Punkt, der sich so bewegt, als ob die gesamte Masse des Systems in ihm vereinigt wäre u. alle auf das System wirkenden äußeren Kräfte in ihm angreifen würden. Ein im S. unterstützter (gelagerter) Körper ist (bei allein. Wirkung der Schwerkraft) in jeder belieb. Lage im stabilen Gleichgewicht; *S.satz* ↑Erhaltungssätze.

**Schwert, 1)** ein- od. zweischneid. Hieb- od. Stichwaffe mit meist gerader Klinge. **2)** ↑Kielschwert.

**Schwertbrüderorden,** 1202 gegr. Ritterorden, 1237 dem Dt. Orden inkorporiert; eroberte u. christianisierte ↑Livland.

**Schwerte,** St. am N-Rand des Sauerlandes, NRW, 50 700 E; Schwer-, chem. u. Nahrungsmittelindustrie.

**Schwertfisch,** bis 4 m langer Knochenfisch mit langem Oberkieferfortsatz (Schwert).

**Schwertliliengewächse,** Pfl. mit Rhizomen od. Knollen, selten mit Zwiebeln; schwertförm., der Sprossachse aufsitzende Blätter; beliebte Gartenpfl. sind: *Schwertlilie* (Iris), Krokus, Gladiole u. a.

**Schwetzingen,** St. westl. v. Heidelberg, Ba.-Wü., 21 700 E; Barockschloss mit Theater u. bed. Parkanlage; Spargel- u. Tabakbau; versch. Ind.; Festspiele.

**Schwiele,** durch mech. Druck

**Schwerin:** *ehemaliges Residenzschloss (1843–57)*

S

**Moritz von Schwind:** *Der Traum des Gefangenen (undatiert)*

hervorgerufene Hornschichtverdickung der Haut.

**Schwimmblase,** gasgefüllte Blase bei Fischen; Ausstülpung des Vorderdarmes.

**Schwimmen,** Fortbewegung im Wasser; im sportl. Wettkampf Brust-, Kraul-, Rücken-, Schmetterlings-S. (üb. Distanzen zw. 50 und 1 500 m) in Einzel- od. Staffelwettbewerben; auch als ↑Lagenschwimmen.

**Schwimmer** ↑Vergaser.

**Schwịnd,** Moritz von, dt. Maler und Zeichner der dt. Spätromantik, * 1804, † 1871; poet. Märchenbilder; Gemälde, Fresken (Wartburg), Illustrationen.

**Schwindel,** Gefühl der Beeinträchtigung des Bewusstseins, auch verbunden mit Gleichgewichtsstörungen; kommt u. a. vor bei zu hohem u. zu niedrigem Blutdruck, Reizung des Gleichgewichtsorgans od. Gehirnstörungen.

**Schwindsucht** ↑Tuberkulose.

**Schwingen,** schweizer. Form des Ringens.

**Schwingkölbchen** ↑Halteren.

**Schwingkreis,** ein geschlossener elektr. Stromkreis mit Kondensator (Kapazität *C*) u. Spule (Selbstinduktivität *L*), in dem Elektronen zu (elektr.) Schwingungen angeregt werden können, die zu einem period. Ent- u. Aufladen des Kondensators bei gleichzeit. Auf- bzw. Abbau eines Magnetfeldes in der Spule u. damit zur Entstehung veränderl. elektromagnet. Felder führen, die als Wellen abgestrahlt werden können (Sender).

**Schwingung, Oszillatiọn,** zeitl. period. Zustandsänderung, die auftritt, wenn bei Störung eines mech., elektr. od. auch therm. Gleichgewichts Kräfte wirksam werden, die dieses wieder herzustellen suchen; bei *mech. S.* zeitl. period. Lageänderungen (S. um eine Ruhelage) materieller Teilchen, z. B. die Bewegung eines Pendels, bei *elektromagnet. S.* die v. Elektronen. Man bez. den Momentanwert der schwingenden Größe (i. e. S. bei mech. S. die Auslenkung aus der Ruhelage) als *Elongation,* ihren maximalen Betrag als *Amplitude,* die Zeit zw. 2 Zuständen mit gleicher Elongation als *S.dauer* u. die Zahl der S. pro Zeiteinheit als *Frequenz* od. *S.zahl.* Die räuml. Ausbreitung einer S. ist eine ↑Welle.

**Schwund** ↑Fading.

**Schwungrad,** Rad gr. Masse zur Speicherung mech. Energie.

**Schwurgericht,** selbst., vergrößertes Schöffenger. (beim LG), das über best. schwere Verbrechen urteilt.

**Schwyz** [-iː-], **1)** schweizer. Kt. südl. vom Zürichsee, 908 km², 118 500 E; vorw. Weidewirtsch.; Textil- u. Masch.-Ind. **2)** Hauptort v. 1), am Fuß des Mythen, 13 100 E; barocke Pfarrkirche; Bundesbriefarchiv mit bed. histor. Erinnerungsstücken; Fremdenverkehr.

**Schwyzerdütsch, Schwyzertütsch** [-iː-], Sammelbez. für die in der deutschsprach. Schweiz gesproch. Mundarten.

**Schygụlla,** Hanna, dt. Schauspielerin, * 1943; v. a. in Filmen R. W. Fassbinders.

**Science-Fiction** [ˈsaɪənsfɪkʃən; engl.], Themenbereich (bes. in der Lit., im Film u. im Comic), der utop. [meist zukünftige] Welten betrifft, wobei naturwiss.-techn. Entwicklungen eine bed. Rolle spielen.

**Scientific Management** [saɪənˈtɪfɪk ˈmænɪdʒmənt; engl.], **wiss. Betriebsführung,** v. F. W. Taylor begr. Methode zur Produktivitätserhöhung durch Rationalisierung v. Arbeitsabläufen.

**Scientology®** [saɪənˈtɔlədʒɪ], von dem amer. Science-Fiction-Autor Lafayette Ronald Hubbard (* 1911, † 1986) entwickelte, ab 1952 als S. propagierte „Wiss. vom menschl. Geist“, Ziel: Befreiung der Menschen zu ihrer eigtl. (Geist-)Identität; zugleich weltweit verbreitete Organisation; in Dtl. (bes. in den 1990er-Jahren) stark kritisiert.

**Scịpio, 1)** Publius Cornelius, gen. **S. Africạnus d. Ä.,** röm. Feldherr u. Staatsmann aus patriz. Haus, * um 235, † 184 od. 183 v. Chr., Vater der Cornelia; eroberte im 2. Pun. Krieg Spanien, schlug Hannibal

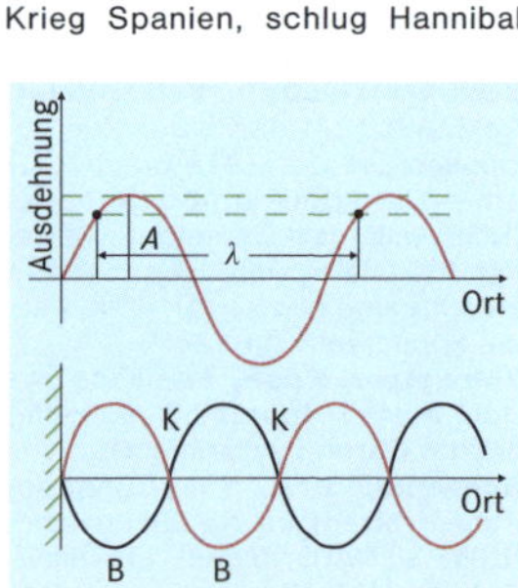


**Schwingung:** *harmonische Schwingung (λ Wellenlänge, A Amplitude) und (unten) stehende Schwingung (B Schwingungsbauch, K Schwingungsknoten)*

202 v. Chr. bei Zama. **2)** Publius Cornelius S. Aemilianus, gen. **S. Africanus d. J.,** röm. Feldherr u. Staatsmann, *um 185, †129 v. Chr.; zerstörte 146 Karthago, 133 Numantia.

**Scorpius** [gr.-lat.], das Sternbild ↑Skorpion.

**Scotchterrier** [ˈskɔtʃ-; engl.], meist schwarzer, bis 28 cm hoher Terrier mit gedrungenem Körper, spitzen Stehohren und aufrecht getragener Rute.

**Scotland Yard** [ˈskɔtlənd ˈjɑ:d; engl.], Bez. für die Londoner [Kriminal]polizei, nach ihrem urspr. Hauptquartier.

**Scott, 1)** Robert Falcon, brit. Polarforscher, *1868, †März 1912; erreichte 1912, vier Wochen nach R. Amundsen, den Südpol; kam auf dem Rückweg ums Leben. **2)** Sir Walter, schott. Dichter, *1771, †1832; edierte altes schott. Balladen- u. Liedgut u. schrieb histor. Romane („Ivanhoe").

**Scotus,** Johannes Duns ↑Duns Scotus.

**Scout** [skaʊt; engl.; = Späher], Pfadfinder.

**Scribe** [skri:b], [Augustin] Eugène, frz. Dramatiker, *1791, †1861; rd. 400 bühnenwirksame Komödien und Opernlibretti („Das Glas Wasser").

**Scudéry** [skydeˈri], Madeleine de, frz. Schriftstellerin, *1607, †1701; bereitete den frz. psychol. Ges.- und Liebesroman vor.

**sculpsit** [lat.; = hat gestochen], Abk. **sculps., sc.,** auf Kupferstichen vor od. hinter dem Namen des Stechers.

**Scylla** ↑Szylla.

**Scyphozoa** [gr.], Kl. rein mariner Nesseltiere, meist mit Generationswechsel zw. geschlechtl. Medusen u. ungeschlechtl. Polypengeneration; Auftreten häufig in riesigen (bis 15 km lang) Schwärmen.

**SD,** Abk. für: ↑**S**icherheits**d**ienst.

**SDA/ATS** ↑Nachrichtenagenturen (Übers.).

**SDI,** Abk. für: **S**trategic **D**efense **I**nitiative.

**SDP,** Abk. für: **S**ocial **D**emocratic **P**arty.

**Se,** Symb. für ↑Selen.

**Seaborg** [ˈsi:bɔ:g], Glenn Theodore, amer. Chemiker, *1912, †1999; 1961–71 Leiter der amer. Atomenergiekommission; Mitentdecker v. ↑Transuranen; Nobelpreis f. Chemie 1951.

**Seaborgium** [ˈsi:-; nach G. T. Seaborg], Symb. **Sg,** künstl. chem. El., radioakt., OZ 106 (Transuran).

**Sealsfield** [ˈsilzfi:ld], Charles, eigtl. Karl Anton **Postl,** östr. Schriftsteller, *1793, †1864; realist. Erzählungen, „Das Kajütenbuch".

**Seal[skin]** [ˈsi:lskɪn; engl.], Handelsbez. für das fertig bearb. Fell von Pelzrobben.

**Seattle** [sɪˈætl], Hafenst. am Puget Sound in Washington, USA, 516 300 E; 3 Univ.; Schiff-, Masch.-, Flugzeugbau; Stahlwerke.

**Sebastian,** hl., Märtyrer des 3. Jh.s aus Mailand; nach der Legende Tribun der Garde, als Christ zum Tode verurteilt, von Pfeilen durchbohrt u. für tot gehalten, geheilt, dann mit Keulen erschlagen.

**Sebastopol** ↑Sewastopol.

**Seborrhö** [lat.; gr.], **Talgfluss,** anlagemäßig bedingte, verstärkte und veränderte Absonderung der Hauttalgdrüsen.

**sec,** Abk. für: Sekans (↑Winkelfunktionen).

**sec** [frz.], Qualitätsbez. bei Wein und Sekt: trocken, herb.

**Sechskampf,** Mehrkampf im Kunstturnen d. Männer (Boden, Pauschenpferd, Pferdsprung, Barren, Reck, Ringe).

**Sechstagerennen,** Radrennen auf Hallenbahnen über 6 Tage u. 6 Nächte für Mannschaften aus 2 sich beliebig ablösenden Berufsfahrern.

**Secondhandshop** [ˈsekənd ˈhænd ʃɔp], Gebrauchtwarengeschäft.

**Secret Service** [ˈsikrɪt ˈsə:vɪs; engl.], der brit. Geheimdienst.

**SED,** Abk. für: ↑**S**ozialistische **E**inheitspartei **D**eutschlands.

**Sedan** [səˈdɑ̃], frz. St. an der Maas, 22 400 E; Textil- u. a. Ind. – Ehem. Festung; bei S. siegten am 1. 9. 1870 zwei dt. Armeen über die frz. Armee Mac-Mahons; Napoleon III. wurde gefangen genommen.

**Sedativa** [lat.], beruhigende Arzneimittel.

**Sediment** [lat.], i. e. S. nicht verfestigte Ablagerung, i. w. S. ↑Sedimentgesteine.

**Sedimentgesteine, Schicht-, Absatzgesteine,** meist in Schichten abgelagerte Verwitterungsprodukte der Gesteine, z. B. Sand, Ton, Kalkstein, Gips.

**Sedisvakanz** [mlat.], der Zeitraum, während dessen der päpstl. oder ein bischöfl. Stuhl nicht besetzt ist.

**Sedum** [lat.], svw. ↑Fetthenne.

**See,** größeres stehendes Binnengewässer, auch künstlich (durch eine Talsperre); Gesamtoberfläche aller natürl. Seen auf 2,5 Mill. $km^2$ geschätzt.

**See|aal,** Art der Meeraale, bis zu 3 m lang; Atlantik, Mittelmeer, Ind. Ozean.

**See|adler** ↑Adler.

**See|alpen** ↑Meeralpen.

**Seebären,** svw. ↑Pelzrobben.

**Seeckt,** Hans v., dt. Gen.-Oberst, *1866, †1936; 1920–26 Chef der Heeresleitung und Organisator der R.-Wehr, an der Bildung der Harzburger Front beteiligt.

**See|elefanten,** Gatt. der Rüsselrobben; Arten: *Südl. Seeelefant* (größte Robbenart, bis 3 000 kg schwer), *Nördl. Seeelefant.*

**Seefeld in Tirol,** östr. Fremdenverkehrsort nw. von Innsbruck, 1 185 m ü. d. M., 2 800 E.

**Seegras,** untergetaucht wachsendes grasartiges Laichkrautgewächs in Meeren der nördl. Halbkugel in Küstennähe; u. a. für Polster und als Düngemittel.

**Seehähne,** svw. ↑Knurrhähne.

**Seehofer,** Horst, dt. Politiker (CSU), *1949; 1992-98 Bundesmin. für Gesundheit.

**Seehunde,** Robbenfam., vorw. Fischfresser, bewohnen viele Meeresküsten; Ohren u. Nase verschließbar; z. T. wicht. Pelztiere.

**See|igel, Echinoidea,** Kl. der Stachelhäuter; meist kugel. Körper, ohne Arme; Hautskelett aus fest miteinander verwachsenen Platten u. mit bewegl. Stacheln; in allen Meeren.

**Seeigel**

**Seejungfer,** Fam. der Libellen.

**Seekadett,** Marineoffiziersanwärter.

**Seeklima,** svw. maritimes Klima (↑maritim).

**Seekühe, Sirenen,** Säugetierordn.; gr., ständig im Wasser lebende Pflanzenfresser, äußerl. den Walen ähnl.; Vorderbeine u. Schwanz zu Flossen umgewandelt, Hinterbeine rückgebildet; leben gesellig in warmen Küstenmeeren, Flussmündungen, einigen gr. Seen.

**Seelachs,** Handelsbez. für den ↑Köhler.

**Seeland, 1)** dän. **Sjælland** [ˈsjɛlan], Hauptinsel Dänemarks, zw. dem Gr. Belt und dem Sund,

7 026 km², Hauptort Kopenhagen; intensive Landw., Schwerpt. d. dän. Ind. **2)** niederl. **Zeeland** [ˈzeːlant], niederl. Prov. im Gebiet der Scheldemündung, 1 796 km², 359 000 E; Hptst. Middelburg; fruchtb. Polderland.

**Seele,** allg. Geist, Bewusstsein, Ich-Empfinden (Psyche) im Ggs. zum phys. Dasein; in Religions- und Philosophiegesch. versch. S.-Vorstellungen, u. a. S. als Sitz des Lebens *(Hauch-S.),* Sitz v. Geist, Wille, Gemüt *(Ich-S.),* nur lose mit dem Leib verbunden *(Schatten-S.);* bei Platon ist die *Welt-S.* die alles bewegende Kraft u. Ursache der Erkenntnis.

**Seelenwanderung, Metempsychose,** Vorstellung, dass die Seele nach dem Tode in einem anderen Leib wieder geboren wird (Reinkarnation), meist als Läuterungsweg der Seele gedacht.

auf ein Seeschiff ohne Ermächtigung eines Völkerrechtsubjekts (Staates), um sich des Schiffs, seiner Ladung od. der Passagiere zu bemächtigen.

**Seerecht,** Gesamtheit der Sondernormen, die das Recht der See und der Seeschifffahrt betreffen. Das *private S.* umfasst insbes. das Seefrachtrecht (im 4. Buch HGB); das *Seearbeitsrecht* (hpts. im Seemannsgesetz vom 26. 7. 1957) ordnet die Dienstverhältnisse der Schiffsbesatzung. Das innerstaatl. *öff. S.* enthält u. a. das Flaggenrecht und das Seestraßenrecht, das *Seevölkerrecht* internat. Bestimmungen über Schifffahrt u. Seewesen.

**Seerosengewächse,** Wasser- od. Sumpfpfl. mit rosenähnl. Blüten und ledr. Schwimmblättern; u. a. Lotosblume, in Dtl. *Weiße Seerose* und *Teichrose.*

**Segel:** *Segeltypen und ihre Benennung (Auswahl); a Rahsegel, b Gaffelsegel, c Luggersegel, d Lateinsegel, e Spitzsegel*

**See|leopard,** räuber. Robbe der Antarktis.

**Seelili|en,** Gruppe der ↑Haarsterne.

**seelische Krankheiten,** durch psych., phys., auch unbekannte Ursachen hervorgerufene Abweichungen des Verhaltens u. Erlebens, i. e. S. *Psychosen* (Schizophrenie, manisch-depressive Erkrankung u. Ä.), i. w. S. auch geistige Behinderung, seel. Störungen, Psychopathien od. Neurosen; Ursachen sind z. B. Lebenskonflikte u. Gehirnerkrankungen.

**Seelöwen,** Gruppe der Ohrenrobben; u. a. *Kaliforn. Seelöwe,* leicht abrichtbar.

**Seelsorge,** im kirchl. Sprachgebrauch die geistl. Begleitung des Einzelnen in Fragen des Glaubens u. der Lebensführung.

**Seemeile,** Einheitenzeich. **sm,** Längenmaß in der Schifffahrt (1,852 km).

**Seenadeln,** Fam. meist sehr schmaler Meeresfische.

**Seepferdchen,** Gatt. der Seenadeln, Kopf und Vorderkörper pferdeähnlich.

**Seeräuber,** an der Seeräuberei beteiligter Seemann; *S.ei,* Angriff

**Seeschlangen,** meeresbewohnende Giftnattern, lebend gebärend, selten über 2 m lang; Pazif. u. Ind. Ozean.

**Seeschwalben,** Unterfam. der Möwenvögel; schwalbenähnl.

**Seesterne,** Kl. der Stachelhäuter, in allen Meeren; Körper zentrale Scheibe, von der 5 od. mehr unverzweigte Arme ausgehen; meist mit Stacheln besetzt; in Rinnen der Armunterseiten Saugfüßchen zur Fortbewegung; Mund auf der Unter-, After auf der Oberseite oder rückgebildet.

**Seetang, Tang,** gr. Braun- u. Rotalgen.

**Seezungen,** Fam. der Plattfische; Augen auf der rechten Körperseite; Atlantik, Mittelmeer.

**Segal** [ˈsiːgəl], George, amer. Bildhauer u. Grafiker, * 1924, † 2000; bed. Vertreter der Pop-Art; lebensgroße weiße Gipsfiguren.

**Segel,** aus festem, dichtem Baumwoll- od. Kunststoffgewebe (Segeltuch) hergest. Tuchfläche, die ausgespannt durch Winddruck ein Fahrzeug vorwärts bewegt.

**Segelboot,** ein mit Segeln ausgerüstetes Boot; entw. Schwert- oder Kielboote; versch. *olymp. Bootsklassen.*

**Segelflug,** antriebsloser Gleitflug, bei dem aufsteigende Luftströmungen (Hangaufwinde, ↑Thermik) zum Höhengewinn genutzt werden.

**Segelflugzeug,** Leichtflugzeug gr. Spannweite u. Flügelstreckung, ohne eigene Antriebskraft (jedoch auch mit Hilfsmotor, Motorsegler). Bauweise heute meist aus glasfaserverstärkten Kunststoffen; Start mit Schleppwinde od. im Schlepp eines Motorflugzeugs.

**Segelschiff,** Schiff, das durch Wind, der sich in den Segeln fängt, vorwärts bewegt wird (oft mit Hilfsmotor).

**Segen,** in den Religionen Worte *(S.formeln),* verbunden mit [liturg.] *S.handlungen* (z. B. Handauflegung), durch die dem Gesegneten das Heil, der Schutz und/oder der Beistand Gottes bzw. der Götter zugesprochen wird.

**Segesta,** Ruinenstätte in NW-Sizilien; Ruinen eines in Felsen gehauenen Theaters u. eines unvollendeten dor. Tempels.

**Segge,** Gatt. der Riedgräser, meist auf feuchten Böden.

**Seghers,** Anna, eigtl. Netty **Radványi** [ˈrɔdvaːnji], dt. Schriftstellerin, * 1900, † 1983; 1933–47 Exil, s. 1947 in Berlin (Ost); Darst. soz.-revolutionärer Kämpfe u. des antifaschist. Widerstandes; „Der Aufstand der Fischer von St. Barbara", „Das siebte Kreuz".

**Segler,** Fam. sehr schnell fliegender, den Schwalben ähnl. Vögel; brüten in Höhlen (Nesthocker); Insektenfresser; einheim. Alpen-S., Mauersegler.

**Segment** [lat.], durch Sehne od. Sekante u. den abgeschnittenen Kurvenbogen begrenzte Fläche (z. B. Kreis-S.).

**Segovia** [seˈɣoβia], span. Prov.-Hptst. am NW-Rand der Sierra de Guadarrama, 55 200 E; maler. Stadtbild.

**Segrè** [seˈgrɛ], Emilio, ital.-amer. Physiker, * 1905, † 1989; u. a. Entdecker des Plutoniums 239 (mit G. T. Seaborg) u. des Antiprotons (mit O. Chamberlain); Nobelpreis 1959.

**Segregation** [engl.], Absonderung v. Personen mit gleichen soz. Merkmalen (Nationalität, Religion, soziale Schicht); z. B. räuml. in einem ↑Getto.

**Sehne, 1)** straffes Bündel paralleler Bindegewebsfasern (Verbdg. von Muskeln mit den Knochen). **2)** eine Gerade, die 2 Punkte einer gekrümmten Linie (speziell eines Kreises) verbindet.

**Sehnenscheidenentzündung, Tendovaginitis,** Entzündung des Gleitapparates der Sehnenscheiden.

**Seh|nerv, Nervus opticus,** II. Hirnnerv, paar. angelegte sensor. Faserbahn, die mit ihren Endverzweigungen die Netzhaut des Auges versorgt.

**Seide,** von den Raupen versch. Seidenspinner erzeugter Faden; besteht zu $^3/_4$ aus Fibroin, der eigtl. Seidensubstanz, u. $^1/_4$ aus Sericin, dem Seidenleim. *S.nfäden* sind hoch elast., gut wärmeisolierend u. feinfädig. Die bei der Verpuppung der Maulbeerspinnerraupe *(edle S.)* oder der Eichenspinnerraupe *(wilde S.)* entstandenen *Kokons* werden in heißem Wasser eingeweicht und durch Bürsten von der *Flock-S.* (lockere Außenschicht) befreit; danach werden mehrere Kokons gleichzeit. abgehaspelt u. die Fäden zum Strang gezwirnt; durch Entbasten höherer Glanz.

**Seidel,** Ina, dt. Dichterin, * 1885, † 1974; Lyrik, Romane, „Das Labyrinth", „Das Wunschkind", „Lennacker".

**Seidelbast, Daphne,** Gatt. der *S.gewächse;* meist reich verzweigte Sträucher, duftende Blüten; u. a. *Gemeiner S.,* mit gift. Beeren.

**Seidenspinner,** allg. Bez. für Schmetterlingsarten, deren Raupen *(Seidenraupen)* durch ihre Puppenkokons wirtsch. verwertb. Seide liefern, v. a. *Maulbeerspinner,* Raupe an Maulbeerbäumen.

**Seidenstraßen,** mindestens s. dem 2. Jh. v. Chr. Karawanenwege zw. China u. Syrien, auf denen v. a. chin. Seide in den Vorderen Orient gebracht wurde.

**Seifen,** Gemische aus Natrium- oder Kaliumsalzen langkettiger Fettsäuren mit Zusätzen von Wasser, Glyzerin, Farb- u. Duftstoffen u. Ä.; als Waschmittel verwendet; *Kern-S.* entsteht bei Verseifung mit Natronlauge, *flüssige S.* enthält nur geringe Fettsäuremengen.

**Seifenkistenrennen,** Wettfahrt mit selbst gebauten, motorlosen Fahrzeugen auf abschüss. Bahn.

**Seifenkraut,** Gatt. der Nelkengewächse; in den Wurzeln des *Gemeinen S.s* Glykosidsaponine (offizinell gebraucht).

**Seigneur** [sɛ'ɲœ:r; frz.], in Frkr. bis 1789 Lehns- od. Grundherr.

**Seilbahn,** Beförderungsmittel, bei dem die Wagen od. Kabinen mithilfe langer Drahtseile bewegt werden; *Stand-S.* laufen auf Schienen am Boden, *Seilschwebebahnen* (Draht-S.) an Tragseilen. *Schlepplifte* sind einfache S. zur Überwindung von Höhenunterschieden.

**Seine** [sɛn], frz. Fl. zum Kanal, 776 km.

**Seipel,** Ignaz, östr. Politiker, * 1876, † 1932; kath. Theologe; 1922–24 u. 1926–29 B.-Kanzler; Sanierung der Staatsfinanzen; propagierte eine autoritäre ständ. Verf.-Reform u. wurde damit zum Wegbereiter der Reg. Dollfuß.

**Seismograph** [gr.], **Seismometer,** Gerät zur Registrierung v. Bodenerschütterungen (Erdbeben, atomare Explosionen) in *Seismogrammen.*

**Sejm,** das poln. Parlament.

**Sekans** [lat.], ↑Winkelfunktionen.

**Sekante** [lat.], eine Gerade, die eine Kurve (speziell einen Kreis) schneidet.

**Sekret** [lat.], das Abgesonderte, die Ausscheidung.

**Sekretär, 1)** ↑Sekretär[in]. **2)** Schreibschrank (mit Klappe).

**Sekretär[in]** [lat.], **1)** Beamte[r] des mittl. Dienstes. **2)** Bürokraft, die ihre Vorgesetzten mit ihrer Arbeit unmittelbar unterstützt. **3)** leitende Persönlichkeit einer Institution.

**Sekretion** [lat.], Absonderung von Sekreten.

**Sekte** [lat.], meist abwertend gebrauchte Bez. für eine kleinere (von einer Mutterreligion/-kirche abgespaltene) religiöse Gemeinschaft.

**Sektion** [lat.], **1)** Abt. [einer Behörde], Zweig, Gruppe. **2) Autopsie, Obduktion,** Leichenöffnung zur Feststellung der Todesursache.

**Sektor** [lat.], **1)** [Sach]gebiet, Bezirk, Teil. **2)** v. den Schenkeln eines Winkels u. einer gekrümmten Linie (speziell einem Kreis) begrenztes Flächenstück.

**Sekundant,** Berater, Betreuer eines Sportlers während des Wettkampfs (v. a. beim Boxen u. Schach); fr. Beistand beim Zweikampf (Duell).

**sekundär,** an zweiter Stelle, untergeordnet.

**Sekundär|elektronen,** Elektronen, die beim Auftreffen einer Elektronenstrahlung auf einen Festkörper (Metalloberfläche) ausgelöst werden.

**Sekundär|elektronenvervielfacher,** Abk. **SEV, Photomultiplier, Multiplier** ['mʌltɪplaɪə; engl.], Gerät zur Vervielfachung eines schwachen primären oder sekundär durch Photoeffekt entstandenen Elektronenstroms; enthält mehr. *Prallelektroden* (Dynoden), an denen die auftretenden Elektronen jeweils eine Vielzahl neuer Elektronen auslösen.

**Sekunde, 1)** Einheitenzeich. **s**, SI-Basiseinheit, definiert als das 9 192 631 770fache der Periodendauer derjenigen Strahlung, die beim Übergang zw. den beiden Hyperfeinstrukturniveaus des Grundzustandes von Atomen des Cäsiumnuklids $^{133}Cs$ emittiert wird. **2) Bogen-S.,** Zeichen ", Einheit des ebenen Winkels; der 3600. Teil eines Winkelgrades, der 60. Teil einer Bogenminute. **3)** der der Prim folgende 2. Ton einer Tonleiter; Intervall eines Halb- od. Ganztones mit dissonanter, d. h. auflösungsbedürft. Wirkung.

**sekundieren,** helfen, schützen, beistehen.

**Sekundogenitur** [lat.], im Ggs. zur ↑Primogenitur in fürstl. Häusern die von einem Nachgeborenen begr. Nebenlinie.

**Sela** [hebr.], häuf. Wort in at. Psalmen (vermutl. Intonations- oder Rezitationsanweisung).

**Selb,** St. sö. von Hof, Bayern, 19 500 E; u. a. Porzellanindustrie.

**Selbstbestäubung, Eigenbestäubung, Idiogamie,** die Bestäubung unter den Blüten desselben Vegetationskörpers, neben der Nachbarbestäubung *(Geitonogamie)* zw. benachbarten Blüten derselben Pflanze v. a. die Bestäubung derselben Blüte *(Autogamie, direkte Bestäubung).*

**Selbstbestimmungsrecht,** Prinzip der nat. Selbstbestimmung über die Reg. u. Staatsform.

**Selbst|erhaltungstrieb,** Sammelbez. für das Streben nach [Gesund]erhaltung des Körpers.

**Selbsthilfe,** eigenmächt. [gewaltsame] Durchsetzung oder Sicherung eines Anspruchs; nur erlaubt, wenn obrigkeitl. Hilfe nicht rechtzeitig verfügbar u. ohne sie der Anspruch gefährdet ist.

**Selbsthilfegruppe,** Gruppe v. Personen mit gleichartigen Problemen (z. B. Krebskranke in der Nachsorge), die sich zusammenschließen, um sich untereinander zu helfen.

**Selbstkosten,** Kosten, die in einem Unternehmen durch Herstellung u. Vertrieb v. Erzeugnissen insgesamt od. je Mengeneinheit des Erzeugnisses anfallen.

**Selbstreinigung,** die bei gesunden Gewässern nach einer gewissen Fließzeit u. -stärke durch biolog. Tätigkeit stattfindende Reinigung v. fäulnisfähigen Schmutzstoffen durch Mikroorganismen.

**Selbstschuldner, selbstschuldner. Bürge,** Bürge, der vom Gläubiger ohne Vorausklage gg. den Schuldner in Anspruch genommen werden kann.

**Selbstverwaltung,** eigenverantwortl. Wahrnehmung staatl. Aufgaben durch Körperschaften, Anstalten und Stiftungen des öff. Rechts unter staatl. Aufsicht.

**Seldschuken,** alttürk. Dyn. in Vorderasien, 1040–1157 (in Anatolien bis 1308); mächtiges Reich, das sich v. Palästina bis zum Amudarja erstreckte, zerfiel nach 1092.

**Selektion** [lat.], svw. ↑Auslese.

**Selektionstheorie, Darwinismus,** von C. R. Darwin begr. Theorie zur Erklärung der heut. Artenzusammensetzung bei Tier u. Pfl. durch natürl. Auslese: Überleben der bestangepassten Individuen; Voraussetzungen: Nachkommenüberschuss und genet. Abweichen der Nachkommen durch Mutationen (↑Deszendenztheorie).

**Selen** [gr.], Symb. **Se,** chem. El., OZ 34, rel. A.-Masse 78,96; Halbmetall mit mehr. Modifikationen (drei rote; zwei schwarze; eine graue, metall.), Fp. 221 °C, 217 °C, Sp. 685 °C, Dichte 4,81 g/cm$^3$ (graues S.). S. ist in seinen Verbdg. dem Schwefel ähnl., findet sich spurenweise in vielen natürl. Sulfiden (Zinkblende, Kupferkies, Eisenkies usw.); die graue metall., kristalline Modifikation ist ein Halbleiter u. ändert bei Belichtung ihre elektr. Leitfähigkeit.

**Selenzelle,** Photoel., in dem der Photoeffekt in einer als Sperrschicht wirkenden Selenschicht zur Erzeugung von elektr. Spannung bzw. Strom genutzt wird.

**Seleukeia,** Name mehrerer von den Seleukiden gegr. Städte des Altertums, darunter *S. am Tigris,* einst Hptst. des Seleukidenreich; *S. Pieria,* in Syrien, Hafenstadt Antiochiens.

**Seleukiden,** makedon. Dyn. in Syrien (312–64 v. Chr.), begr. von Seleukos I. Nikator (* um 358, † 281 v. Chr.), einem der Diadochen, s. 305 syr. König.

**Seligenstadt,** St. am unteren Main, Hessen, 18 700 E; Einhardsbasilika (840 vollendet, im 13. Jh. erweitert), ehem. Abtei, Reste der Kaiserpfalz; maler. Stadtbild; Leder-, elektrotechn., Metall verarb. u. a. Industrie.

**Seligpreisungen,** im N. T. die eschatolog. Verheißungen der Bergpredigt (Mt. 5, 3–11).

**Seligsprechung** ↑Heiligsprechung.

**Selim,** *osman. Sultane:* **1) S. I.,** der Strenge, Sultan s. 1512, * 1467 oder 1470, † 1520; kämpfte gg. Persien, eroberte Mesopotamien, Syrien u. Ägypten. **2) S. II.,** Sultan seit 1566, * 1524, † 1574; eroberte Zypern; seine Flotte wurde 1571 bei Lepanto besiegt.

**Selinunt,** ital. **Selinunte,** Ruinenstätte an der SW-Küste Siziliens; Reste mehrerer, v. a. dor. Tempel (6. u. 5. Jh. v. Chr.) der antiken griech. Stadt *Selinus.*

**Sellafield** ['selafi:ld], Kernforschungszentrum an der nw. engl. Küste, ssö. von Whitehaven, mit Reaktor (32 MW) u. Wiederaufbereitungsanlage für Kernbrennstoffe.

**Sellagruppe,** ital. **Gruppo di Sella,** Geb.-Gruppe in den Dolomiten, Italien, bis 3 151 m, mit *Sellajoch,* Pass vom Grödner Tal ins Fassatal, 2 214 m ü. d. M.

**Sellerie** [gr.], Doldengewächs; alte Gemüse- *(Stangen-S., Knollen-S.)* und Gewürzpflanze *(Blattsellerie).*

**Sellers,** Peter, brit. Filmschauspieler, * 1925, † 1980.

**Selten,** Reinhard, dt. Wirtschaftswissenschaftler, * 1930; 1994 für wirtschaftsmathemat. Forschungen Nobelpreis für Wirtschaftswissenschaften.

**Semantik** [gr.], math. Logik, Sprachwiss.: Lehre von den Zeichen u. Symbolen u. ihren Beziehungen zum bezeichneten Denkinhalt.

**Semester** [lat.], Studienhalbjahr.

**semi..., Semi...** [lat.], Bestimmungswort; Bed. „halb".

**Semideponens,** Deponens, das im Aktiv in best. Zeitwortformen teils aktiv., teils passiv. Endungen zeigt.

**Semikolon** [lat.; gr.], Strichpt.; dem Trennungswert nach zw. Komma u. Pt. stehend.

**Seminar** [lat.], **1)** Hochschulinst. sowie akadem. Lehrveranstaltung mit aktiver Beteiligung der Studierenden (Diskussion, S.-Referat, S.-Arbeit). **2)** Ausbildungsstätte, bes. f. pädag. und geistl. Berufe (Lehrer-, Priester-, Prediger-S.).

**semipermeabel** [lat.], ❀ ♂ halbdurchlässig.

**Semiramis,** griech. Name einer legendären assyr. Kgn., der die Hängenden Gärten von Babylon zugeschrieben werden.

**Semiten,** auf 1. Mos. 10 zurückgehende Bez. für eine Völkergruppe mit untereinander verwandten Sprachen, die im Wesentl. zu den Orientaliden gehört.

**semitische Sprachen,** Gruppe der semitohamit. Sprachen, gegliedert in: 1. ostsemit. Gruppe (Akkadisch), 2. das Ugaritische, 3. die westsemit. Gruppe.

**semitohamitische Sprachen, hamitosemit. Sprachen,** Bez. für die hamit. (zugehör. Ägypt., libysch-berber. u. kuschit. Gruppe) u. semit. Sprachen.

**Semmelweis,** Ignaz Philipp, ungar. Geburtshelfer, * 1818, † 1865; Entdecker von Ursache u. Ansteckungsweise des Kindbettfiebers.

**Semmering,** östr. Pass vom Mürztal ins Wiener Becken, 985 m ü. d. M.; mit *S. Kurort,* 1 000 E, Luftkurort und Wintersportplatz; von der 1848–54 erbauten *S.bahn* (15 Tunnels und 16 Viadukte) in einem Tunnel (1 430 m lang) unterfahren.

**Semper,** Gottfried, dt. Baumeister, * 1803, † 1879; Hauptwerke in Dresden (Opernhaus, Galerie) u. Wien (Entwurf für Burgtheater u. Neue Hofburg).

**Semprún,** Jorge, span. Schriftsteller u. Politiker, * 1923; Widerstandskämpfer, 1988 bis 1991 span. Kulturmin., meist autobiograf. Werke (z. T. frz.), Friedenspreis des Dt. Buchhandels 1994.

**Senat** [lat.], **1)** im antiken Rom „Rat der Alten"; beratende Vers. aus meist 300 (unter Sulla 600, Caesar 900) lebenslängl. Mitgl.; bis zur Kaiserzeit die entscheidende polit. Macht. **2)** in polit. Zweikammersystemen 1. Kammer des Parlaments. **3)** die Reg. in den Ländern Berlin, Bremen u. Hamburg. **4)** Richtergremium bei höheren Gerichten. **5)** Organ der Selbstverw. an wiss. Hochschulen in Dtl., Östr. u. in der Schweiz.

**Senatus Populusque Romanus** [lat.; = der Senat und das röm. Volk], Abk. **SPQR, S. P. Q. R.,** offiz. altröm. Bez. für den röm. Staat.

**Sendai,** jap. St. auf Honshū, 918 400 E; Univ.; Metall-, chem. u. a. Industrie.

**Sender,** Anlage zur Erzeugung, Modulation, Verstärkung u. Abstrahlung hochfrequenter elektromagnet. Wellen.

**Seneca, 1)** Lucius Annaeus, d. Ä., röm. Schriftsteller, * um 55 v. Chr., † um 40 n. Chr; Verf. von Redeübungen, bed. für die Kenntnis der antiken Schulrhetorik. **2)** Lucius Annaeus, d. J., Sohn von 1), röm. Dichter und Philosoph, * um 4 v. Chr., † 65 n. Chr.; Erzieher Neros; Moralphilosoph, gemäßigter Stoiker („Oedipus", „Phaedra"); Selbstmord auf Befehl Neros.

**Senegal, 1)** Fl. in W-Afrika, m. Quellfl. Bafing 1 430 km. **2)** Rep. in W-Afrika; Küstentiefland; Feucht-, Trocken- u. Dornstrauchsavanne; randtrop. Klima; Bev. vorw. sudanide Stämme; Anbau v. Erdnüssen, Baumwolle, Hirse, Mais, Reis; Viehzucht; Fischerei; Phosphatabbau; Ind. bes. um Dakar. *Gesch.:* lag im Einflussgebiet der alten afrikan. Reiche Gana u. Mali; ab 15. Jh. europ. Handelsniederlassungen; 1854 bis 1946 frz. Kolonie, danach Überseeprov.; 1958 autonome Rep. in-

**Senegal**

*Fläche:* 196 722 km²
*Einwohner:* 10,0 Mill.
*Hauptstadt:* Dakar
*Amtssprache:* Französisch
*Zeitzone:* MEZ – 1 Stunde

nerh. d. Frz. Gemeinschaft, 1960 unter Präs. L. S. Senghor (bis 1974) unabhängig; 1982–89 Konföderation mit Gambia *(Senegambia);* seit den 1980er-Jahren Konflikt mit Rebellen um Südprov. Casamance.

**Senf** [gr.-lat.], versch. Kreuzblütler (Futter-, Gewürz-, Ölpfl.); bes. der *Schwarze S.* (Samen v.a. für *S.pflaster* [Hautreizmittel] und *S.öl)* u. der *Weiße S.* (Samen vorw. als Gewürz und zur Herst. von Tafel-S. [Mostrich]); *Acker-S.,* Unkraut.

**Senfgas,** svw. ↑Lost.

**Senghor,** Léopold Sédar, senegales. Politiker u. Dichter, * 1906, † 2001; 1960–81 Präs., 1962–70 auch Min.-Präs. der Rep. Senegal; führender Vertr. der „Négritude", der frz.sprachigen Literatur Schwarzafrikas; Lyrik: „Botschaft und Anruf"; „Tam-Tam Schwarz", 1968 Friedenspreis des Dt. Buchhandels; s. 1984 Mitgl. der Académie française.

**senil** [lat.], greisenhaft; im hohen Lebensalter auftretend.

**senior** [lat.; = älter], Abk. **sen.,** (hinter Personennamen) der Ältere.

**Senkblei,** svw. ↑Lot.

**Sennerei,** sommerl. Milchwirtschaft; v.a. auf den Alpenalmen.

**Sennesblätter** [arab.; dt.], getrocknete, durch ihren Gehalt an Sennosiden als Abführmittel verw. Blätter *(S.tee)* von 2 Arten der Kassie.

**Sensation** [lat.], urspr. Sinnesempfindung; heute: Aufsehen erregendes Ereignis, überraschende Leistung, Nervenkitzel.

**Sensibilisierung, Sensibilisation** [lat.], **1)** allg. das Hervorrufen bzw. die Steigerung einer [Sinnes]empfindlichkeit (Sensibilität). **2)** (den Organismus) gegen bestimmte Antigene empfindl. machen, die Bildung von Antikörpern bewirken *(Sensibilisierung).* – ↑Allergie, ↑Hyposensibilisierung.

**Sensor,** elektr. Bauel., das physikal. od. chem. Größen erfasst u. in ein elektr. Messsignal umsetzt.

**Sensualismus,** philos. Richtung, die alle Erkenntnisse nur aus der Sinneswahrnehmung ableitet.

**Sentenz** [lat.], **1)** knapper, treffender Ausspruch; Denkspruch. **2)** ausgewählte Stelle aus der Bibel, den Kirchenvätern u. Konzilsentscheidungen.

**Sentimentalität** [engl.], Empfindsamkeit; Rührseligkeit, Gefühlsseligkeit.

**Senussi, Sanussi,** arab. **Snussi,** Anhänger des von Mohammed Ibn Ali as-Senussi(* um 1790, † 1859) um 1835 in Mekka gegr., am Ideal eines urspr. Islam ausgerichteten islam. Ordens (1896 nach Kufra verlegt); zeitw. starker polit. Einfluss.

**Seoul** [seˈul], Hptst. von Süd-Korea, 10,6 Mill. E; mehrere Univ. u. Hochschulen; Königsgräber und ehem. Königspaläste, Marmorpagode; vielseit. Ind.; Verkehrs- und Handelszentrum; ⚓, ✈.

**Separatismus,** allg. das Bestreben nach Loslösung oder Abspaltung eines best. Gebietes aus dem Staatsganzen; v.a. die Bestrebungen der *Separatisten* zur Loslösung der Rheinlande vom Dt. Reich nach dem 1. Weltkrieg (von Frkr. u. Belgien gefördert); scheiterten in lokalen Kämpfen am Widerstand der Bevölkerung.

**Sephardim** [hebr.], Bez. für die span.-portug. Juden u. ihre Nachkommen, die sich nach d. Vertreibung (1492 u. 1496) vorw. in Italien, N-Afrika u. im Osman. Reich niederließen; von den ↑Aschkenasim unterschieden durch eigenen Ritus und abweichendeAusspr. des Hebräischen.

**Sepia** [gr.], Gatt. der Tintenfische (zehnarm. ↑Kopffüßer); z.B. Gemeiner Tintenfisch.

**Sepsis** [gr.], **Blutvergiftung,** lebensbedrohende Allgemeinerkrankung des Körpers durch Überschwemmung des Blutes mit bakteriellen Krankheitserregern.

**September** [lat.], im altröm. Kalender bis 153 v.Chr. der 7., danach der 9. Monat des Jahres.

**Septett** [ital.], Musikstück für 7 Instrumente od. 7 Singstimmen.

**Septime** [lat.], **1)** der 7. Ton über der Prim einer Tonleiter. **2)** Intervall aus 1. u. 7. Ton (kl. oder gr. S.), auflösungsbedürftige Wirkung.

**Septimius Severus,** Lucius, röm. Ks. s. 193, * 146, † 211; sicherte die Grenzen, reorganisierte die Finanzverw. u. die Rechtspflege.

**Septuaginta** [lat.; = 70], Abk. **LXX,** älteste griech. Übers. des A.T. (3.–1. Jh. v.Chr.); nach der Legende v. 72 jüd. Gelehrten in 72 Tagen erstellt.

**Sequenz** [mlat.], **1)** im MA in die Messliturgie eingefügte Dichtung. **2)** 𝄞 Wiederholung eines Motivs auf höherer oder tieferer Tonstufe. **3)** beim Kartenspiel eine Reihe von 3 oder mehr aufeinander folgenden Karten der gleichen Farbe.

**Sequoia** [indian.], svw. ↑Mammutbaum.

**Serail** [zeˈrai(l); pers.-türk.], fürstl. Schloss, Palast des Sultans; auch gr. Haus.

**Seraph,** Mrz. **Seraphim** [hebr.], sechsflügel. Engelwesen.

**Seoul:** *Stadtansicht mit modernen Hochhäusern und Verwaltungsgebäuden*

**Serapis,** altägypt. Gott der hellenist. Zeit; Fruchtbarkeitsgott, der Züge von Osiris, Zeus u. Pluto in sich vereinigt.

**Serben,** größtenteils in Serbien lebendes südslaw. Volk.

**Serbi|en,** Teilrep. d. Bundesrep. Jugoslawien (s. 1992), 88361 km², 9,78 Mill. E; Hptst.: Belgrad; gebirg., erzreich, Steinkohlenlager; im N fruchtb. Ackerland, Anbau v. Mais, Weizen, Tabak, Gerste, Flachs, Hanf; Obstkulturen. – *Gesch.:* Zw. 5. u. 7. Jh. Einwanderung der Serben, Ende d. 12. Jh. von Byzanz unabh.; unter ↑Stephan Dušan Vormachtstellung im Balkanraum, die nach dessen Tod wieder verloren ging; s. 1389 unter türk. Oberherrschaft (1459 osman. Prov.); Anf. des 19. Jh. Freiheitskämpfe, 1830 autonomes Erbfürstentum unter türk. Oberhoheit, 1878 unabhängig; 1882 Kgr.; in den Balkankriegen 1912/13 Gewinn des nördl. Makedonien; wachsender Ggs. zu Östr.-Ungarn. 1918, nach dem 1. Weltkrieg, Teil des Kgr. der Serben, Kroaten u. Slowenen; bis 1991 dominierende Rep. innerhalb Jugoslawiens, nach Zerfall Jugoslawiens 1992 Zus.schluss mit Montenegro zur Bundesrep. Jugoslawien; 1991–95 Eingreifen in die Bürgerkriege in Kroatien u. Bosnien u. Herzegowina; 1998/99 Krise um Kosovo (massive Vertreibungen; 1999 NATO-Militäraktion). Nach Sturz S. Miloševićs 2000 demokrat. Wahlen, Min.-Präs. Z. Djindjić (Demokrat. Opposition Serbiens, DOS). Vermittlung der EU führte am 14. 3. 2002 zum Vertrag über die Neugestaltung des jugoslaw. Staatenbundes, der „S. u. Montenegro“ heißen soll.

**Serbokroatisch,** Spr. der Serben u. Kroaten im ehem. Jugoslawien; Schriftsprache der Serben, Kroaten u. Montenegriner; nach dem Auseinanderfallen Jugoslawiens sind die Varianten Kroatisch (latein. Schrift) u. Serbisch (kyrill. Schrift) in den jeweiligen Staaten Amtssprachen. Eine weitere Variante ist in den muslim. Gebieten von Bosnien u. Herzegowina im Entstehen.

**Serenade** [frz.], Abendmusik: vokales und/oder instrumentales Ständchen.

**Serengeti,** ebene Kurzgrassavanne in N-Tansania, Kerngebiet d. großwildreichen *S.-Nationalparks.*

**serielle Musik,** eine seit etwa 1950, angeregt von A. v. Webern, aus der Reihentechnik der Zwölftonmusik entwickelte Kompositionstechnik, bei der außer den Tonhöhen u. -folgen auch die anderen musikal. Elemente zu aufeinander bezogenen Strukturreihen geordnet werden. Vertr. u. a. P. Boulez, L. Nono, K. Stockhausen.

**Seri|enschaltung,** die ↑Reihenschaltung.

**Serodiagnostik** [lat.; gr.], diagnost. Untersuchungen des Blutplasmas, v. a. für den Antikörpernachweis.

**Serologie,** Teilgebiet der Immunologie; erforscht die Immuneigenschaften des Blutserums.

**Serotonin** [lat.; gr.], **Enteramin, 5-Hydroxytryptamin,** Neurotransmitter; Gewebshormon mit gefäßverengender u. -zusammenziehender Wirkung; Angriffspt. an glatter Muskulatur.

**Serpent** [lat.], **1)** schlangenförm. gewundenes Blasinstrument, mit Kesselmundstück, Bass der Zinkenfam. **2)** 16-Fuß-Orgelzungenregister.

**Serpentin** [lat.], gesteinsbildendes, vorw. grünl. Mineral, Magnesiumsilicat, Härte 2,5–3,5; *Faser-S.,* mit den Unterarten Edler S., Gemeiner S. u. ↑Asbest; *Blätter-S.,* schuppig-blättrig. S.e entstehen durch Verwitterung v. Olivin; für feuerfeste Steine.

**Serum** [lat.], **1)** svw. Blutserum (↑Blut). **2)** svw. ↑Heilserum.

**Serumtherapie,** [lat., griech.], Injektion spezif. Immunseren zur Behandlung von Infektionen oder Vergiftungen (z. B. bei Diphtherie, Tetanus, Tollwut, Schlangenbiss).

**Serval** [frz.], schlanke, sehr langbein. schwarz gefleckte, gelbl. bis bräunl. Kleinkatze im südl. Afrika.

**Servatius,** hl., Bischof von Tongern (s. vor 345), †vor 400; einer der Eisheiligen.

**Server** [ˈsəːvə; engl.], Spezialrechner in einem Rechnernetz, der bes. Dienste zur Verfügung stellt.

**Servo|einrichtung** [lat.; dt.], Einrichtung zur Erzeugung einer die einleitende Betätigungskraft übersteigenden Hilfskraft; beim Kfz z. B. für Servolenkung.

**Sesam** [semit.], Gatt. der S.gewächse; u. a. *[Ind.] S.,* bes. in Indien u. China angebaute kraut. Pfl., Samen liefern *S.öl* (u. a. als Speiseöl).

**Sesshū** [sɛʃʃuː], Mönchsname **S. Tōjō,** eigtl. **Oda,** jap. Maler, *1420, †1506; z. T. mattfarb. getönte Tuschmalereien nach chin. Vorbild, aber völl. selbst. gestaltet; Landschaften von unerschöpflichem Erfindungsreichtum; meist in schwarzer Tusche.

**Sesterz** [lat.], altröm. Münze.

**Sète** [sɛːt], frz. Hafenst. am Golfe du Lion, 41900 E; meeresbiolog. Inst.; Erdölraffinerie, chem. u. a. Ind.; Fischerei; Seebad.

**Seth,** ägypt. Gott; zeitw. Schutzgott Oberägyptens u. als solcher Gegner des Osiris, den er ermordet; Vertr. des Bösen; dargestellt mit Tierkopf.

**Setter** [engl.], dem Spaniel nahe stehende Rassengruppe langhaariger Vorstehhunde.

**Setzerei,** Arbeitsstätte, in der der Schriftsatz gesetzt wird, entweder im *Handsatz* (Zusammensetzen von vorgegossenen Bleilettern mit Hand) oder im *Maschinensatz* (traditionell mit Einzelbuchstaben oder Zeilen-Setz-und-Gießmaschinen); im *Lichtsatz (Fotosatz)* mithilfe digital (in Magnetspeichern) gespeicherter Schriftzeichen, die auf einem Bildschirm dargestellt und in der jeweils gewünschten Größe auf dem (als Druckvorlage dienenden) Fotomaterial abgebildet werden.

**Seuche,** Infektionskrankheit, die infolge ihrer großen Verbreitung eine Gefahr für die Allgemeinheit darstellt (Epidemie, Endemie); die den Menschen betreffenden Maßnahmen zur S.-Verhütung und zur Eindämmung bereits bestehender S. sind in Dtl. im Infektionsschutz-Ges. vom 20. 7. 2000 geregelt, das zum 1. 1. 2001 das Bundesseuchen-Ges. aufhob.

**Seume,** Johann Gottfried, dt. Schriftsteller, *1763, †1810; erzwungener brit. Kriegsdienst in Amerika; Fußreisen durch ganz Europa („Spaziergang nach Syrakus“); zeitgeschichtlich aufschlussreiche Memoiren; auch Lyrik, Aphorismen.

**Seurat** [sœˈra], Georges, frz. Maler, *1859, †1891; nach intens. Studien der Farbenlehre mit P. Signac Begr. des Pointillismus.

**Seuse,** Heinrich, latinisiert Suso, dt. Mystiker, *um 1295, †1366; Dominikaner; Schüler Meister Eckharts, dessen Mystik er im „Büchlein der Wahrheit“ verteidigte; Passionsmystik.

**Seveso-Gift** ↑Dioxine.

**Sevilla** [sɛˈβiʎa], span. Prov.-Hptst. am Guadalquivir, 678200 E; Univ., histor. Bauten; Hütten-, Textil-, Glas-, Waffen-, Masch.- u. a. Ind.; ⚓, ✈. – *Gesch.:* Wahrsch. phönik. Gründung, 45 v. Chr. von Caesar erobert, 411 von den Wandalen, fiel in der 1. Hälfte des 6. Jh.s an die Westgoten, 712 von den Arabern eingenommen; unter ihnen Blütezeit; 1248 an Kastilien.

**Sèvres** [ˈsɛːvr], frz. St. sw. v. Paris, 20100 E; Fachhochsch. für Ind.-Keramik, Museum für Keramik; bed. Porzellanmanufaktur.

**Sevilla:** *Plaza de España mit dem Palacio Central (1929) im Hintergrund*

**Seward Peninsula** [ˈsjuːəd pɪˈnɪnsjʊlə], Halbinsel Westalaskas, USA, 50 000 km²; im *Kap Prince of Wales* westlichster Punkt des amer. Kontinents.
**Sewastopol,** fr. **Sebastopol**, Hafenstadt mit Sonderstatus u. Flottenstützpt. in d. Ukraine, am Schwarzen Meer, 391 700 E; Werften. – Im ↑Krimkrieg u. im 2. Weltkrieg heftig umkämpft.
**Sex** [engl.], Erotik, Geschlechtstrieb, Geschlechtsverkehr.
**Sexagesimalsystem,** auf 60 als Basis aufbauendes Zahlensystem (Stellenwertsystem) der Babylonier.
**Sexappeal** [ˈseksəpiːl; engl.], starke erot., sexuelle Anziehungskraft.
**Sexismus,** Bez. f. jede Art der Diskriminierung u. Benachteiligung v. Menschen aufgrund ihres Geschlechts sowie für die solchen Erscheinungen zugrunde liegende Ideologie.
**Sextant** [lat.], Winkelmessinstrument zur Bestimmung der Höhe eines Gestirns; ein Sechstelkreis, mit der freien Hand gehalten.
**Sexte** [mlat.], der 6. Ton der diaton. Tonleiter, auch das Frequenzintervall zw. diesem Ton u. dem Grundton.
**Sextett** [lat.-ital.], Musikstück für 6 Instrumente oder Singstimmen, auch Gruppe von 6 Musizierenden.
**Sexualhormone, Geschlechtshormone,** von den Keimdrüsen gebildete Hormone; regulativ auf die Entw. der sekundären Geschlechtsmerkmale u. die Ovarialtätigkeit einwirkend (z. B. Androgene [hpts. Testosteron], Östrogene [Östradiol, Östriol, Östron], Gestagene [hpts. Progesteron]).
**Sexualität,** Geschlechtlichkeit.
**Sexualstraftaten,** die in den §§ 174–184 b StGB gen. Straftaten gegen die sexuelle Selbstbestimmung.
**sexuell,** geschlechtl., auf die Geschlechtlichkeit bezogen.
**Sexus,** svw. ↑Geschlecht.
**Seychellen** [zɛʃ-], Inselrep. im Ind. Ozean, umfasst d. Inselgruppe d. S. (32 Inseln) u. zahlr. kleinere Inseln; trop.-ozeanisches Klima.; Bev. vorw. Kreolen; Anbau v. Kokospalmen, Zimt, Vanille, Tee; Fremdenverkehr; Fischerei. *Gesch.:* Anf. des 16. Jh. v. Portugiesen entdeckt; 1743 frz., 1814 brit. (s. 1903 mit anderen Inseln Kronkolonie); 1976 unabh. Rep. innerhalb des Commonwealth; 1977–93 Einparteienstaat; Demokratisierungstendenzen seit den 1990er-Jahren.
**Seychellen[nuss]palme** [zɛʃ-], **Maledivennusspalme,** Palme der Seychellen mit bis 20 kg schweren Früchten (*Seychellennuss,* größte Baumfrucht der Erde).
**Seymour,** Jane [ˈsimɔː] ↑Johanna.
**Sezession** [lat.], **1)** im Völkerrecht die Herauslösung eines Staatsteils aus einem Einheitsstaat od. einer Staatenverbindung, wobei der herausgelöste Staatsteil unmittelbar Teil eines anderen Staatsverbandes wird. **2)** Absonderung einer Künstlergruppe von einer älteren Künstlergemeinschaft, z. B. Münchner S. (1892).
**Sezessionskrieg,** Bürgerkrieg in den USA, 1861–65, verursacht durch die polit., wirtschaftsgeogr. u. soz. Gegensätze zw. den N- u. den S-Staaten, die sich in der Frage der Sklaverei zuspitzten; ausgelöst durch die Wahl A. Lincolns zum Präs. der USA u. den daraufhin erfolgenden Austritt v. 11 S-Staaten aus der Union (Konföderierte Staaten v. Amerika); der S. endete mit der Niederlage der S-Staaten.
**sezieren** [lat.], eine Leichenöffnung vornehmen.
**SFOR,** Abk. für engl. **S**tabilization **For**ce, internat. Friedenstruppe mit UN-Mandat u. unter NATO-Kommando in Bosnien u. Herzegowina; stationiert seit 1996; Rechtsnachfolger der ↑IFOR; etwa 20 000 Soldaten aus rd. 30 Staaten (darunter auch rd. 3 000 Bundeswehrsoldaten).
**Sforza,** ital. Adelsgeschlecht; bed.: **1)** Francesco I., ital. Kondottiere, * 1401, † 1466; s. 1450 Hzg. v. Mailand, erwarb 1464 Genua. **2)** Ludovico, gen. **il Moro,** * 1452, † 1508, Herzog von Mailand (1494–99); s. 1500 in frz. Gefangenschaft, bed. Kunstmäzen.
**Sg,** ☊ Symb. für ↑Seaborgium.
**SGB,** Abk. für: ↑Sozialgesetzbuch.
**Sgraffito** [ital.], Technik der Fassadenmalerei; Zeichnung auf der hellen Oberschicht wird bis auf die dunkle Grundfarbe eingeritzt.
**'s-Gravenhage** ↑Haag, Den.
**Shaanxi** [ʃaːnçi], mittelchin. Prov.,

**Seychellen**

| | |
|---|---|
| *Fläche:* | 455 km² |
| *Einwohner:* | 79 000 |
| *Hauptstadt:* | Victoria |
| *Amtssprache:* | Kreolisch |
| *Zeitzone:* | MEZ + 3 Stunden |

**S**

195 000 km², rd. 34 Mill. E, Hptst. Xi'an; ⚒ (Steinkohle).

**Shaba** [ˈʃaba], bis 1971 **Katanga,** Region im SO d. Demokrat. Rep. Kongo, 496 877 km², 5,6 Mill. E, Hptst. Lubumbashi. Das Savannenhochland ist eines der reichsten Bergbauregionen d. Erde (Kupfer, Kobalt, Zinn, Uran, Mangan, Steinkohle) u. d. wichtigste Ind.-Gebiet d. Landes.

**Shaffer** [ˈʃæfə], Peter, brit. Dramatiker, * 1926; „Amadeus".

**Shaftesbury** [ˈʃɑːftsbərɪ], **1)** Anthony Ashley **Cooper** [ˈkuːpə], Earl of, engl. Staatsmann, * 1621, † 1683; großer Anteil an der Restauration des Hauses Stuart; 1672/73 Lordkanzler; setzte 1679 die Habeaskorpusakte durch. **2)** Anthony Ashley **Cooper** [ˈkuːpə], Earl of, Enkel v. 1), engl. Philosoph, * 1671, † 1713; ästhet.-pantheist. Aufklärer; Ideal einer allseitig. Ausbildung der Persönlichkeit; bed. Einfluss auf J. G. Herder, Schiller und Goethe.

**W. Shakespeare**

**Shakespeare** [ˈʃeɪkspɪə], William, engl. Dichter, * 1564, † 1616; Mitbesitzer des Globe Theatre; im Frühwerk Rückgriff auf ältere Vorbilder (z. B. Plautus, C. Marlowe), wie etwa in der „Komödie der Irrungen" od. in der Rachetragödie „Titus Andronicus", die fr. histor. Dramen stellen polit. Geschehen dar („Heinrich VI."); die Dramen der 2. Periode (1594–99) sind dem allg. Zeitstil wenig verhaftet: heiter-realist., kraftvoll-burleske od. träumer.-verspielte Komödien („Ein Sommernachtstraum", „Wie es euch gefällt", „Viel Lärm um nichts") sowie objektivere u. differenziertere Komödien, in denen die Vernunft triumphiert („Kaufmann v. Venedig"); in der Tragödie der 3., sog. „düsteren" Periode liegt das Verhängnis im Charakter der Titelhelden, die bis zur letzten Konsequenz ohne Einsicht od. trotz der Einsicht wider die Vernunft handeln („Hamlet", „Othello", „König Lear", „Macbeth"); selbst in den Komödien pessimist. Züge („Die lust. Weiber v. Windsor"); in der letzten Periode (nach 1608) höchste dichter. Reife in den Märchendramen („Cymbeline", „Der Sturm"); daneben vom persönl. Erlebnis bestimmte Liebeslyrik mit 154 Sonetten; für den dt. Sprachraum wichtigste Übers. von A. W. Schlegel, unter Leitung L. Tiecks.

**Shandong** [ʃ-], ostchin. Küstenprov., umfasst die ins Gelbe Meer vorspringende Halbinsel S. und ihr Hinterland, 153 300 km², 86,1 Mill. E; Hptst. Jinan.

**Shannon** [ˈʃænən], Fl. zum Atlantik, Rep. Irland, 370 km.

**Shanxi** [ʃansjiː], chin. Prov. westl. d. Gr. Ebene, 157 100 km², 29,8 Mill. E; Hptst. Taiyuan.

**Shareholder-Value** [ˈʃeəhəʊldəvæljuː; engl.], Konzept der Unternehmensführung, das mittel- bis langfristig die Maximierung des Unternehmenswerts im Interesse der Aktionäre (dauerhafte, hohe Dividende u. Kurssteigerung) verlangt.

**Sharif** [ʃ-], Omar, eigtl. Michael **Chalhoub,** ägypt. Schauspieler, * 1932; „Lawrence von Arabien", „Dr. Schiwago".

**Shaw** [ʃɔː], George Bernard, ir. Schriftsteller, * 1856, † 1950; 1885–98 Theater- u. Musikkritiker in London; Mitgl. der Fabian Society; Kritik an Konventionen und Klischees; satir. Polemik gg. gesellschaftl. u. individuelle Vorurteile; „Frau Warrens Gewerbe", „Pygmalion", „Die hl. Johanna".

**Sheffield** [ˈʃefiːld], engl. Ind.-St. sö. v. Manchester, 528 300 E; Univ., Stahl- u. a. Industrie.

**Shenyang** [ʃɛnjaŋ], fr. Mukden, Hptst. der chin. Prov. Liaoning, bed. Industriestadt der Mandschurei, 4,0 Mill. E; Univ., TH, ⚓, ✈.

**Sheridan** [ˈʃerɪdən], Richard Brinsley, ir. Dramatiker, * 1751, † 1816; verband Charakter- u. Sittenkomödie.

**Sheriff** [ˈʃerɪf; engl.], **1)** ehrenamtl. Verwaltungsbeamter einer engl. Gft. **2)** in den USA höchster gewählter Exekutivbeamter mit richterl. u. Verw.-Aufgaben.

**Sherpa** [ʃ-; tibet.-engl.], tibet. Bergvolk in Nepal; violf. Träger bei Expeditionen und Bergbesteigungen im Himalaja.

**Sherry** [ˈʃerɪ; engl.], Likörwein aus der Umgebung von Jerez de la Frontera.

**'s-Hertogenbosch** ↑Herzogenbusch.

**Shetland** [ˈʃetlənd], schott. Verw.-Gebiet, die *S.inseln* umfassend, eine Inselgruppe nö. der Orkneyinseln (etwa 100 meist unbewohnte Inseln), 1 427 km²; 22 800 E, Hptst. Lerwick.

**Shikoku** [ʃ-], kleinste d. 4 jap. Hauptinseln, 18 808 km², 4,22 Mill. E; Landw. u. Kupfererz-⚒; Nahrungsmittel-, Textilindustrie.

**Shinto, Schinto** [jap.; = Weg der Götter], System u. Mythol. des *Shintoismus,* der durch Jt.e von der kaiserl. Dyn. gelenkten Nationalreligion der Japaner (1868–1945 offizieller Staatskult); entstanden aus Naturmythol., Ahnenkult, Polytheismus, konfuzian. Ethik, Taoismus u. bes. durch den s. dem 9. Jh. vorherrschenden Buddhismus; Ks. und R.-Gründung gelten als göttl. Ursprungs; zahlr. Sekten.

**Shiva** [ʃ-], einer der 3 Hauptgötter des Hinduismus [Beiname Mahadeva; = großer Gott]; dargestellt v. a. als kosm. Tänzer.

**Shoa** [ʃoˈa], ↑Holocaust.

**Shōgun, Schogun,** in Japan urspr. ein im 8. Jh. erstmals verliehener militär. Titel (Oberbefehlshaber); 1192–1867 erbl. Titel des Kronfeldherrn, der anstelle des machtlosen Kaisers die Reg. (Shogunat) leitete.

**Shortstory** [ʃɔːtˈstɔːrɪ; engl.], kurze realist. Erzählform in der amer. Lit.; entst. im 19. Jh. u. zunächst v. a. in Zeitschriften veröffentlicht; Ursprung für die dt. ↑Kurzgeschichte.

**Shorttrack** [ˈʃɔːttrɛk; engl.], auf 110 m langen (meist Hallen-)Rundbahnen („Kurzbahnen") durchgeführte Eisschnelllaufwettbewerbe.

**Show|view**® [ˈʃəʊvjuː; engl.], Zahlencode aus bis zu 9 Ziffern zum Vorprogrammieren eines Videorekorders; ↑VPS.

**Shrewsbury** [ˈʃruːzbərɪ], Hptst. der westengl. Gft. Shropshire, am Severn, 59 800 E; ma. Stadtbild.

**Shunt** [ʃʌnt], **1)** ⚕ angeborene oder operativ hergestellte Verbindung zw. 2 versch. Kreislaufsystemen; **2) Nebenwiderstand, Nebenschluss,** einem elektr. Leiter parallel geschalteter Leiterzweig, z. B. zur Messbereichserweiterung bei Strommessungen.

**Si,** ☐ Symb. für ↑Silicium.

**SI** ↑Internationales Einheitensystem.

**Siad Barre,** Mohammed, somal. Gen. u. Politiker, * 1919, † 1995; nach einem Putsch 1969 Staatsoberhaupt, s. 1976 auch Vors. des Ministerrats, 1991 gestürzt.

**Sial** [Kurzw. aus **Si**licium u. **Al**uminium], oberste Zone d. Erdkruste.

**Siam** ↑Thailand.

**siamesische Zwillinge,** eineiige Zwillinge, die an einer Stelle miteinander verwachsen sind (meist Brust- oder Kreuzbein), ben. nach den Zwillingen Eng u. Chang aus Siam (*1811, †1874).

**Siangkiang** ↑Xiang Jiang.

**Sibelius,** Jean, finn. Komponist, *1865, †1957; u.a. sinfon. Dichtungen („Finlandia").

**Sibirilen,** Großldsch. in N-Asien, größtenteils zu Russland, etwa 10 Mill. km², rd. 24,3 Mill. E; Großräume: *Westsibir. Tiefland* mit weithin versumpftem Flachland zw. Ural u. Jenissei, der Eismeerküste (Tundra) u. der Kasach. Schwelle, etwa zu 70% Sumpftaiga; Erdöl- u. Erdgaslager; *Mittelsibir. Bergland,* zw. Jenissei, Lena, Aldan u. Baikalsee, verbreitet Lärchentaiga, im N Tundra; reiche Bodenschätze; *Nordsibir. Geb.-Land,* umfasst d. ganzen NO-Teil Asiens, durch d. Werchojansker Geb. vom übrigen S. getrennt; unwirtlichstes u. am dünnsten besiedeltes Gebiet S.s, bei Oimjakon der Kältepol der nördl. Erdhalbkugel; *Geb. Südsibiriens,* umfassen den Altai u. d. Sajangeb. mit ihren Vorländern; in dem an Bodenschätzen reichen Kusbass u. im Minussinsker Becken relat. hohe Bev.-Dichte u. zahlr. Ind.; der *Ferne Osten* schließt das Gebiet östl. des Jablonowy-, Stanowoi-, Bureja-, Dschugdschur- u. Kolymagebirges ein; erhebl. Bodenschätze, bed. Ind.; gemäßigtes bzw. subpolares Klima, z.T. extrem kontinental; Bev. vorw. Russen; zahlr. mongolide Völkerschaften, im äußersten NO Altsibirier; zahlr. Großstädte (Nowosibirsk, Omsk, Krasnojarsk, Irkutsk) durch Ausbeutung d. reichen Bodenschätze u. die wachsende Industrialisierung .

**Sibylle,** weissagende Frau des Altertums; v.a. die S. v. Cumae, der man die *Sibyllin. Bücher* zuschrieb, die in Zeiten der Not auf Beschluss des röm. Senats befragt wurden.

**Sicherheitsdienst,** Abk. **SD,** 1931 v. R. Heydrich gegr. selbst. Nachrichtendienst gg. polit. Gegner u. Oppositionelle innerh. der NSDAP, ab 1936 offiz. Nachrichtendienst des Reiches; Informationslieferant für die Gestapo; 1939 mit der Sicherheitspolizei im RSHA unter Heydrich zusammengeschlossen; v. Militärgerichtshof in Nürnberg zur verbrecher. Organisation erklärt.

**Sicherheitsrat der UN** ↑UN.

**Sicherung,** Vorrichtung zum Schutz elektr. Anlagen vor Überlastung; u.a. *Schmelz-S.* (Draht in Sandbettung, der bei Überlastung schmilzt u. den Stromkreis unterbricht), *S.automat* (Bimetallstreifen, der nach einer best. Erwärmung bei kl. Überströmen den Stromkreis unterbricht).

**Sichteinlagen** ↑Depositen.

**Sichuan, Szetschuan** [-tʃŭan], Prov. in Z-China, 596000 km², 110 Mill. E, Hptst. Chengdu; z.T. Hochgebirgsland, fruchtbare Becken u. Täler, mildes Klima.

**Sickingen,** Franz von, R.-Ritter, *1481, †1523; Anhänger der Reformation u. Freund U.v. Huttens; setzte sich für dessen polit. Ideen ein; unterlag in einer Fehde gg. Kurtrier, Kurpfalz und Hessen.

**Siddhartha** [sanskr.], weltl. Name ↑Buddhas.

**Siebdruck,** Druckverfahren, bei dem die Maschen eines feinen Siebes an den bildfreien Stellen photomech. verschlossen werden. An den Bildstellen wird die Farbe mit einem Rakel durch das Sieb auf den Bedruckstoff gedrückt.

**Siebenbürgen, Transsilvanien,** rumän. **Transilvania, Ardeal,** ungar. **Erdély** [ˈɛrde:j], Becken- u. Geb.-Ldsch. in Rumänien, v. Karpatenbogen u. Westsiebenbürg. Geb. umgeben, Hpt.-Fl. sind Szamos u. Maros, rd. 80000 km², 5,8 Mill. E, Anbau v. Weizen, Mais, Kartoffeln, Wein- u. Obstanbau; Viehzucht; im Geb. Waldwirtsch.; ⚒ auf Erdgas, Kohle, Bauxit, Salz; Metallurgie, Maschinenbau, Holz-, Textilind.; Ind.-Zentren sind Klausenburg, Kronstadt u. Hermannstadt; Bev. vorw. Rumänen, dt. u. ungar. Minderheiten. – S. war s. 106 Teil d. röm. Prov. Dacia, im 10. Jh. Teil Ungarns; im 12./13. Jh. Ansiedlung dt. Kolonisten („Sachsen"), s. 1541 eigenständiges Ft. unter osman. Oberhoheit, 1691 östr., 1867 ungar., 1920 rumän., N-S. 1940 ungar., s. 1947 wieder rumänisch.

**Siebengebirge,** Berggruppe sö. von Bonn, am r. Rheinufer, Teil des Rhein. Schiefergebirges.

**Sieben gegen Theben,** in der griech. Mythol. die 7 Helden, die unter der Führung des Polyneikes erfolglos gg. das von seinem Bruder Eteokles beherrschte Theben ziehen (↑Antigone, ↑Epigonen).

**Siebengestirn,** svw. ↑Plejaden.

**Siebenjähriger Krieg,** Bez. für den 3. Schles. Krieg u. die gleichzeit. Auseinandersetzung zw. Frkr. und Großbrit. in den Kolonien (1756–63); Preußen (mit Großbrit.) erlitt im Kampf gg. Östr. (mit Frkr., Russland, Schweden u. der Mrz. der R.-Stände) nach Siegen (u.a. bei Roßbach und Leuthen) bei Kunersdorf (1759) eine schwere Niederlage und wurde nur durch Russlands Ausscheiden aus dem Krieg gerettet; 1763 *Friede von Hubertusburg:* Preußen im Besitz v. Schlesien bestätigt. – Frkr. verlor nach bed. brit. Siegen in Kanada u. O-Indien im *Pariser Frieden* 1763 seine wertvollsten Kolonialgebiete in Nordamerika u. Indien, Spanien trat Florida an Großbrit. ab.

**Siebenkampf,** leichtathlet. Mehrkampf für Frauen: 100-m-Hürdenlauf, Kugelstoßen, Hochsprung, 200-m-Lauf am ersten Tag, Weitsprung, Speerwerfen und 800-m-Lauf am zweiten Tag.

**sieben Weltwunder** ↑Weltwunder, sieben.

**Siebs,** Theodor, dt. Germanist, *1862, †1941; Erforscher des Fries.; „Dt. Hochspr." wurde maßgebend für die Einheitsaussprache des Deutschen.

**Siebzehnter Juni,** Gedenktag (bis 1990 gesetzl. Feiertag) in der BRD anlässlich des Arbeiteraufstands 1953 in Berlin (Ost) und der DDR, von sowj. Truppen niedergeschlagen.

**Siècle** [sjɛkl; frz.], Jahrhundert.

**Sieden,** Übergang einer Flüssigkeit in den gasförm. Zustand, erfolgt (im Ggs. zur ↑Verdampfung) im ganzen Flüssigkeitsvolumen. Bei der v. äußeren Druck abhäng. *Siedetemp. (Siedept.)* erreicht der Dampfdruck die Höhe des Luftdrucks. Der Siedept. beim Normdruck v. 1013 hPa (760 Torr) heißt *normaler Siedept.*

**Sieg,** r. Nbfl. des Niederrheins, 130 km; durchfließt das eisenerzreiche *Siegerland.*

**Siegel,** Abdruck eines geprägten od. geschnittenen [einmal.] Stempels in eine weiche, später erhärtende Masse; auch Wiedergabe durch Farbe od. Blindprägung; Erkennungs- u. Beglaubigungszeichen von hoher rechtl. Qualität; schon im 3. Jt. v. Chr. bekannt.

**Siegellack,** Gemisch von Schellack u. Kolophonium mit Farbstoffen, für ↑Siegel.

**Siegen,** Krst. an der Sieg, NRW, 111400 E; LG; IHK; histor. Bauten; Masch.- u. Eisen-, opt., Elektro-, Papier- u.a. Industrie.

**Siegfried, Seyfried, Sigurd,** german. Sagengestalt; Leben und Wirken in einem älteren („Edda") u. einem jüngeren („Nibelungenlied") Überlieferungszweig tradiert; S. erwirbt den Nibelungen-

## SIEDLUNG

Allgemein nennt man S. jede Art eines menschl. Wohnplatzes. Die einfachsten S.sformen bestehen bei Naturvölkern, die durch Jagen und Sammeln ihren Lebensunterhalt erwerben und keine feste Behausung haben, sondern – wie auch die Hirtennomaden – nur kurzzeitig Windschirme oder Zelte errichten. Dauersiedlungen sind erst bei Ackerbau treibenden, sesshaften Völkern üblich; man unterscheidet hier ländl. S.en (z. B. Gehöft, ↑Dorf) und städt. S.en (z. B. Klein-, Großstadt).
Die ältesten städt. S.en auf dt. Boden – von einigen bed. kelt. Oppida abgesehen – entwickelten sich aus röm. Heerlagern und Verwaltungszentren (z. B. Trier, Mainz). Die dt. Städte des MA entstanden meist durch Ansiedlung von Handwerkern und Kaufleuten um eine kgl. Pfalz, ein größeres Kloster, einen Bischofssitz oder eine Burg, die ausreichenden Schutz boten. Die im Laufe der Zeit um diesen Kern angelegten Häuser und Straßenzüge führten meist zu unregelmäßigem Grundriss ebenso wie die Erweiterung mancher ehem. ländl. Siedlung mit bes. günstiger Lage (Straßenknoten, Furt, strateg. günstige Position). Seit dem Hoch-MA aber begannen die Territorialherren planmäßig Städte völlig neu zu gründen oder Dörfer zu Städten auszubauen. Es entstanden Städte mit regelmäßigem Grundriss: Im dt. Altsiedelland haben sie meistens Leiter- oder Rippenform (1–2 Längsstraßen), oft mit Straßenmarkt; bei einer größeren Zahl sich rechtwinklig kreuzender Straßen entstand dann eine Gitterform. Die im Zuge der dt. Ostkolonisation gegr. Städte haben – je später und weiter im O in desto stärkerem Maße – viel regelmäßigere Grundrisse, meist schachbrettförmig, bei kreisförmigem oder ellipt. Umfang und einem weiten rechteckigen Platz mit Rathaus, Markthalle [u. Kirche] im Zentrum ("ostdt. Kolonialgrundriss„). Auch den dt. Städtegründungen der Renaissance- und Barockzeit lagen geometr. Pläne zugrunde, so den Gründungen für Glaubensflüchtlinge (z. B. Freudenstadt) und vor allem den auf ein Schloss ausgerichteten Residenzstädten (z. B. Karlsruhe, Mannheim, Ludwigsburg) sowie den Festungsstädten (z. B. Saarlouis), die meist nach frz. Vorbild angelegt wurden.
Erst seit Ende des 19.Jh. wurden für Wohnsiedlungen am Rande von Großstädten (Satellitenstädte) wieder aufgelockerte Formen gewählt. Der Grundriss zeigt meist unregelmäßige, von der Hauptstraße abzweigende Sackstraßensysteme, die ausschließl. dem Anliegerverkehr dienen. Eine durch die Industrialisierung in neuester Zeit entstandene und durch Raumordnungspläne der Gegenwart entstehende Siedlungsform ist die der Stadtlandschaft. Sie entwickelt sich in Ballungsräumen (z. B. Ruhrgebiet) dadurch, dass immer mehr Wohnsiedlungen und Industrieanlagen am Rande der Städte entstehen, die stadtnahen Dörfer im Weichbild der Stadt aufgehen und schließl. die Stadt mit den sich ebenso entwickelnden Nachbarstädten zusammenwächst, meist nur noch durch Grüngürtel voneinander getrennt.
Eine Gliederung der städt. S.en nach der äußeren Form (nach dem Grundriss) erwies sich jedoch als unbefriedigend, da eine Stadt in ihrem Wesen weitgehend durch ihre Funktion[en] bestimmt ist. So rückte denn auch die Gliederung in Stadttypen nach funktionalen Gesichtspunkten früh in den Vordergrund. So unterscheidet man Handelsstadt (Marktort, Messestadt), Industriestadt, Verwaltungsstadt (fr. Residenzstadt, heute Landeshauptstadt, Kreisstadt), Verkehrsstadt (Hafenstadt, Verkehrsknotenpunkt) oder die von einer bestimmten Menschengruppe geprägte Stadt (Universitätsstadt, Kurstadt, Badeort, Garnisonstadt). Je größer eine Stadt ist, desto mehr Funktionen wird sie auf sich vereinigen. Unter diesen funktionalen Stadttypen sind meist nur die Hafenstadt und die von einem gr. Industriewerk bestimmte Stadt auch im Grundriss als solche zu erkennen.

hort, vermählt sich mit Kriemhild, gewinnt für Kg. Gunther Brunhilde; von Hagen ermordet.

**Siegmund** ↑Sigismund.

**Siemens,** Werner von, dt. Ingenieur u. Unternehmer, *1816, †1892; entdeckte das ↑dynamoelektr. Prinzip, schuf 1866 die Dynamomasch. u. wurde damit zum Begr. der Starkstromtechnik; zahlr. weitere, für die ges. Elektrotechnik grundlegende Erfindungen, wie elektr. Zeigertelegraf mit Selbstunterbrechung, Induktor mit Doppel-T-Anker, außerdem erste funktionstüchtige elektr. Lokomotive, erster elektr. Aufzug u. a.; 1847 Gründung der Telegrafenbauanstalt *S. & Halske,* aus der die Siemens AG hervorging.

**Siemens,** Einheitenzeich. **S**, SI-Einheit des elektr. Leitwertes: 1 S = 1/Ω (Ohm).

**Siemens-Martin-Verfahren,** Verfahren zur Erzeugung von Stahl im *Siemens-Martin-Ofen;* Roheisen u. Schrott werden eingeschmolzen u. durch langsame Verbrennung der Nebenbestandteile unter Zuschlag von Kalk u. unter Einblasen von Luft umgewandelt (gefrischt, nur noch selten eingesetzt).

**Siena,** Prov.-Hptst. in Italien, südl. v. Florenz, 54 400 E; 2 Univ.; zahlr. Baudenkmäler; Fremdenverkehr.

**Sierra** [span.], Gebirgskette.

**Sierra Leone,** Rep. in W-Afrika; feuchtes Küstentiefland, im O Mittelgeb., im N Savannen, im S Regenwald; randtrop. Klima; Bev. vorw. Mande u. Temne; Anbau v. Kakao, Kaffee, Ingwer, Kolanüssen u. a.; ⚒ auf Diamanten, Eisenerz, Bauxit, Rutil, Gold; Ind. um Freetown. *Gesch.:* 1461 v. Portugiesen entdeckt; wurde 1787 brit. Kolonie für freigelassenen Sklaven, 1808 brit. Kronkolonie, 1896 Protektorat, 1961 unabh. innerhalb des Commonwealth, 1971 Rep.; zahlr. Militärputsche; 1991–2002 Bürgerkrieg zw. Reg. u. Aufstandsbewegung RUF.

**Sierra Nevada,** Hochgeb. im W der USA (Kalifornien, Nevada), im Mount Whitney 4418 m.

**Siesta** [span.], sechste Tagesstunde; [Mittags]ruhe.

**Sievert** [nach R. Sievert, *1896, †1966], Einheitenzeich. **Sv,** ge-

**Sierra Leone**

*Fläche:* 71 740 km²
*Einwohner:* 5,2 Mill.
*Hauptstadt:* Freetown
*Amtssprache:* Englisch
*Zeitzone:* MEZ – 1 Stunde

setzl. Einheit der Äquivalentdosis (↑Dosis); 1 Sv = 1 Joule/kg.
**Sigel** [lat.], feststehendes Abkürzungszeichen für eine Silbe, ein Wort od. eine Wortgruppe.
**Sigismund,** *Hl. Röm. Reich:* **1) S.,** * 1368, † 1437, Kg. v. Ungarn (s. 1387) u. Böhmen (s. 1419/36), Röm. Kg. (s. 1410/11), Ks. (s. 1433); Sohn Karls IV.; leitete das Konstanzer Konzil, führte die Hussitenkriege, verteidigte Ungarn v. a. gg. die Osmanen, belehnte Friedrich VI. von Hohenzollern mit Brandenburg (1415) u. den Markgf. v. Meißen, Friedrich den Streitbaren, mit Sachsen-Wittenberg. – *Polen:* **2) S. II. August,** auch **August I.,** * 1520, † 1572, Großfürst v. Litauen (s. 1522 [?]/44), Kg. v. Polen (s. 1529/48); erzwang 1569 die *Lubliner Union* (Umwandlung der Personalunion mit Litauen in eine Realunion). **3) S. III. Wasa,** * 1566, † 1632, Kg. v. Polen (s. 1587) und Schweden (1592–99); Sohn Johanns III. v. Schweden, förderte die Gegenreformation, konnte seinen Erbanspruch in Schweden u. die Herrschaft seines Sohnes Władisław in Moskau nicht durchsetzen.
**Sigma,** 18. Buchstabe des griech. Alphabets [$\Sigma$, $\sigma$, in Endstellung ς]; $\Sigma$ math. Zeichen für Summe.
**Sigmund** ↑Sigismund.
**Signatur** [lat.], **1)** allg. [Kenn]zeichen, Unterschrift, Kurzzeichen. **2)** Kombination aus Buchstaben u. Zahlen zur Katalogisierung u. Standortkennzeichnung eines Buches in einer Bibliothek.
**Signet** [sɪˈɲɛ; frz.], Buchdrucker-, Verlegerzeichen.
**Signora** [siˈɲoːra; ital.], Frau; *Signorina,* Fräulein.
**Signor[e]** [siˈɲoːrɛ; ital.], **1)** Herr. **2)** Stadtherr (↑Signoria).
**Signoret** [siɲɔˈrɛ], Simone, eigtl. S. **Kaminker,** frz. Schauspielerin, * 1921, † 1985.
**Signoria** [siɲoˈriːa; ital.], **Signorie,** monarchisch-autokrat. Herrschaftsform in Italien s. dem Versagen des kommunalen Kollegialregiments im 13. Jh.: Übernahme der Stadtherrschaft durch einen Träger entscheidender städt. Ämter *(Signore).* Im oligarch. Venedig u. im republikan. Florenz leitende Behörde.
**Signum** [lat.], Zeichen; verkürzte Unterschrift, Monogramm.
**Sigurd** ↑Siegfried.
**Sihanouk** ↑Norodom Sihanouk.
**Sikhs,** Anhänger einer von Nanak (* 1469, † 1539) gegr. ind. Religionsgemeinschaft, deren monotheist. Religion eine Synthese des Islams u. des Hinduismus ist; im 17. Jh. mil.-theokrat. organisiert, 1849 v. den Briten unterworfen; heute meist im ind. B.-Staat Punjab.
**Sikiang,** Fluss in China, ↑Xi Jiang.
**Sikkim,** ind. Bundesstaat im östl. Himalaja, 7 096 km², 405 000 E, Hptst. Gangtok; in den Tälern bei trop. Klima Anbau v. Getreide, Tee, Gewürzen, Südfrüchten; Viehzucht. – 1641 Kgr., 1861 brit. Protektorat; s. 1950 ind. Protektorat, 1974 Indien assoziierter Staat, 1975 Bundesstaat.
**Silage** [siˈlaːʒə; frz.], svw. ↑Gärfutter.
**Silber,** Symb. **Ag** [von lat. **Arg**entum], chem. El., OZ 47, rel. A.-Masse 107,8682; Edelmetall; weiß glänzendes, polierfähiges Schwermetall, das die höchste Leitfähigkeit für Wärme u. Elektrizität besitzt; nach Gold das dehnbarste Metall; Fp. 961,8 °C, Sp. 2 262 °C; Dichte: 10,5 g/cm³; gegenüber Luft u. nicht oxidierenden Säuren beständig, belieb. legierbar mit Gold, Quecksilber u. Palladium, empfindl. gg. Halogene u. Schwefelwasserstoff abgebende Schwefelverbdg. (Schwärzung); S.ionen sind in Lösung unter allen Metallionen am stärksten keimtötend; seltenes El., kommt in Erzen sowie gediegen vor; Nebenprodukt der Blei-, Gold-, Kupfer- u. Zinkgewinnung; aus silberhalt. Blei unter Verwendung v. Zink (Parkes-Verfahren), auch durch *Cyanidlaugung* (Spülung mit Natriumcyanidlösung, dann Elektrolyse) gewonnen: in Legierungen mit 10–20 % Kupfer zur Münzherst., für die Fotogr. (S.salze), für Schmuck, Bestecke, zu Versilberungen, für die techn. Chemie u. a. verwendet.
**Silberbromid,** Fotografie: AgBr, Silbersalz der Bromwasserstoffsäure; zur Herst. lichtempfindl. Schichten verwendet.
**Silberdistel** ↑Eberwurz.
**Silberfischchen,** **Zuckergast,** etwa 1 cm langes, silberglänzend beschupptes Urinsekt; v. a. in feuchtwarmen Räumen.
**silberne Hochzeit** ↑Hochzeit.
**Silbernitrat,** $AgNO_3$, Silbersalz d. ↑Salpetersäure; in der Fotogr. u. Med. benutzt; stark ätzend, giftig (↑Höllenstein).
**Silcher,** [Philipp] Friedrich, dt. Komponist u. Musikerzieher, * 1789, † 1860; sammelte u. bearb. Volkslieder, schuf eigene Volkslieder („Ännchen v. Tharau") u. Kirchenmusik, förderte die Schul- und Hausmusik; theoret. Werke.
**Silene,** griech. mythol. Gestalten, Mischwesen aus Mensch u. Pferd; Begleiter des Dionysos; ähnl. den Satyrn, oft ihnen gleichgesetzt.
**Silentium** [lat.], Schweigen, Stille.
**Silhouette** [ziluˈɛtə; frz.; nach dem frz. Min. Étienne de S. (* 1709, † 1767), der aus Sparsamkeit sein Schloss mit selbst gefertigten Scherenschnitten ausstattete], svw. ↑Schattenriss.
**Silicium** [lat.], Symb. **Si,** chem. El., OZ 14, rel. A.-Masse 28,0855; in seinen Eigensch. zw. Metall und Nichtmetall; stark metall. glänzende, dunkelgraue bis schwarze Oktaeder (Diamanttypus), sehr spröde, härter als Glas; Dichte 2,33 g/cm³, Fp. 1 410 °C, Sp. 2 477 °C; verbrennt bei gr. Hitze zu $SiO_2$; löst sich in einigen Metallen, bildet teilw. mit Metallen metallähnl. *Silicide* (Hartstoffe), tritt fast nur vierwert. auf, verhält sich ähnl. wie ↑Kohlenstoff in seinen Verbdg. (↑Silicone); nach Sauerstoff zweithäufigstes El. der Erde u. wichtigstes Material der Halbleitertechnik u. Mikroelektronik.
**Siliciumdioxid,** $SiO_2$, häufigste anorgan. Verbdg., tritt kristallin v. a. als Quarz auf, erdig als Kieselgur.
**Silicone,** wicht. Gruppe hochpolymerer siliciumorgan. Verbdg. (Zwischenstellung zw. organ. u. anorgan. Stoffen); [gasförm.,] flüss. od. fest, bilden Öle, Fette, gummi- od. harzart. Stoffe, sind wärmebeständ., ungift., Wasser abweisend; *Siliconöle* u. a. verw. als Hydrauliköle, Imprägniermittel, *Siliconharze* als Isoliermaterial.
**Silicon Valley** [ˈsɪlɪkən ˈvælɪ], Forschungs- u. Industriekomplex sö. von San Francisco (USA).
**Silikose** [lat.], durch eingeatmeten kieselsäurehalt. Staub verursachte Staublungenerkrankung.
**Silja,** Anja, dt. Opernsängerin (Sopran) u. Regisseurin, * 1940.
**Silo** [span.], **1)** Großspeicher (für Getreide, Erz u. a.). **2)** Gärfutterbehälter.
**Silur** ↑Geologie (Übers.).
**Silvaner,** mittelfrühe Weißweinrebsorte, um 1900 verbreitetste dt. Rebsorte; liefert einen milden, neutralen Wein.
**Silvanus,** altröm. Gott des Waldes, Schutzherr der Tiere und Pflanzen.
**Silvester,** Päpste: **1) S. I.,** hl., † 335, Papst seit 314; nach der *S.legende* hat S. Ks. Konstantin I. vom Aussatz geheilt u. getauft. **2) S. II.,** * um 940, † 1003, Papst s. 999; erster frz. Papst; trat mit Otto III. für die Erneuerung des Röm. Reiches im Sinne einer christl. Theokratie (Renovatio imperii) ein, reorganisierte mit Unterstützung des Ks. die Kirche in Polen und

Ungarn; galt als der größte Gelehrte seiner Zeit.

**Silvia,** urspr. Silvia Renate **Sommerlath,** *1943, Kgn. v. Schweden; s. 1976 verh. mit Karl XVI. Gustav, Kg. v. Schweden.

**Silvrettagruppe,** Gruppe der Zentralalpen nw. vom Unterengadin, bis 3411 m; zw. Partenen (Montafon) und Galtür (Paznauntal) von der *Silvretta-Hochalpenstraße* überquert; *Pass Bielerhöhe* 2036 m; hier der *Silvrettastausee,* 2,5 km lang, 0,75 km breit.

**Sima** [Kw. aus **Si**licium u. **Ma**gnesium], untere Zone d. Erdkruste.

**Simbabwe**

*Fläche:* 390 757 km²

*Einwohner:* 12,4 Mill.

*Hauptstadt:* Harare

*Amtssprache:* Englisch

*Zeitzone:* MEZ + 1 Stunde

**Simbabwe, 1)** Ruinenstätte sö. v. Fort Victoria, Simbabwe; früheste Besiedlung wohl im 4. Jh. **2)** Binnenstaat in S-Afrika; im Zentrum Hochland mit Savannen, im N u. S Flachland mit Dornsträuchern u. Trockenwäldern; randtrop. Klima; Bev. vorw. Bantuvölker; Anbau v. Mais, Tabak u. Baumwolle; Rinderzucht; ⚒ auf Steinkohle, Gold, Silber, Asbest, Chrom-, Eisen-, Kupfer-, Antimon- u. a. Erze; Erdölraffinerie, Eisen-, Stahl-, Nahrungsmittel- u. a. Ind., v. a. in Harare u. Bulawayo. *Gesch.:* S. 1923 brit. Kolonie (S-Rhodesien), 1953–63 zus. mit N-Rhodesien (s. 1964 als Sambia unabh.) u. Njassaland (s. 1964 als Malawi unabh.) zur Zentralafrikan. Föderation vereinigt; 1965 einseitige Unabhängigkeitserklärung als Rhodesien mit Minderheitsreg. unter I. Smith; 1970 Ausrufung d. Rep. Rhodesien; 1. 6. bis 11. 12. 1979 gemischtrass. Reg. unter d. schwarzen Premiermin. Bischof A. Muzorewa (S.-Rhodesien), danach wieder brit. Kolonie (Rhodesien), s. 1980 als S. unabh. innerhalb des Commonwealth; unter R. Mugabe (s. 1987 Staatspräs.) zunehmend diktator. Herrschaft; 2000 gewaltsame Besetzung von Farmen der Weißen; nach umstrittenen Wahlen 2002 zeitweise Suspendierung vom Commonwealth.

**Simenon** [simǝ'nõ], Georges, belg.-frz. Schriftsteller, *1903, †1989; Kriminalromane um „Kommissar Maigret"; auch psychol. Romane.

**Simeon,** hl., prophet. Gestalt des N. T.; frommer Greis, der Jesus bei der Darst. im Tempel als den zukünft. Messias begrüßt.

**Simeon, 1) S. I.,** d. Gr., Khan (s. 893) u. Zar (s. 918) der Bulgaren, *um 864/865, †927; erfolgr. Kriege gg. Byzanz; sein Reich erstreckte sich über den größten Teil der Balkanhalbinsel; in der Zeit seiner Reg. Blüte d. altbulgar. Literatur. **2) S. II.,** bulgar. Zar (1943–46), *1937; aus dem Haus Sachsen-Coburg u. Gotha(-Koháry), deshalb **S. Sakskoburggotski,** 1946–2001 im Exil. Juni 2001 Wahlsieg seiner Partei „Nat. Bewegung S. II." in Bulgarien, wurde Juli 2001 Min.-Präs.

**Simili** [lat.], Nachahmung, insbes. von Schmucksteinen (S.steine).

**SIM-Karte** [SIM Abk. für engl. **s**ubscriber **i**dentity **m**odule], Identifikationskarte zur Nutzung eines Mobilfunkdienstes. SIM-K. gibt es für Handys u. Autotelefone.

**Simmel, 1)** Georg, dt. Philosoph u. Soziologe, *1858, †1918; Mitbegr. der Soziologie, Arbeiten u. a. zur Kultursoziologie, -philosophie u. -geschichte. **2)** Johannes Mario, östr. Schriftsteller, *1924; erfolgreiche Unterhaltungsromane („Es muß nicht immer Kaviar sein").

**Simonie** [nlat.], Kauf oder Verkauf v. geistl. Ämtern u. Dingen; nach kath. Kirchenrecht unter Strafe gestellt; in der Kirchengesch. bes. im MA vielfach belegt.

**Simonis,** Heide, dt. Politikerin (SPD), *1943; s. 1993 Min.-Präs. von Schl.-Holstein.

**Simon Petrus** ↑Petrus.

**Simplex** [lat.], Gramm.: einfaches, nicht zusammengesetztes Wort, im Ggs. zum Kompositum.

**Simplon,** schweizer. Pass vom Oberwallis (Brig) nach Oberitalien (Domodossola), 2005 m ü. d. M.; mit dem 19,8 km langen *S.tunnel* (2 eingleis. Paralleltunnel, eröffnet 1906/1922, Scheitelhöhe 700 m).

**Simson,** in der Vulgata **Samson,** Gestalt des A. T., israelit. Volksheld, begabt mit außergewöhnl. Körperkraft; kämpfte gg. die Philister; von seiner Geliebten Delila durch Scheren der Haare seiner Stärke beraubt.

**Simulator** [lat.], Gerät, in dem Bedingungen, die den Anforderungen später zu handhabender Geräte entsprechen, oder Umweltverhältnisse, unter denen Menschen oder Geräte eingesetzt werden sollen, künstl. hervorgerufen werden (z. B. Flug-S.).

**simulieren** [lat.], vortäuschen; wirklichkeitsgetreu nachahmen.

**simultan** [lat.], gemeinsam; gleichzeitig.

**Simultanspiel,** von einem Spieler an mehr. Brettern gg. versch. Gegner gleichzeitig geführte Schachpartien.

**sin,** Abk. für: Sinus (↑Winkelfunktionen).

**Sinai, Halbinsel,** Halbinsel nördl. d. Mittelmeers, zw. d. Golf v. Suez u. d. Golf v. Akaba, zu Ägypten; überw. wüstenhaft, im S das zerklüftete *Sinaigeb.* (*Djebel Katherin* 2637 m), am Roten Meer Erdöl- u. Manganerzförderung, reiche Steinkohlevorräte; ab 1967 größtenteils v. Israel besetzt; schrittweise Rückgabe an Ägypten 1982 abgeschlossen.

**Sinatra,** Frank, eigtl. Francis Albert **S.,** amer. Sänger u. Filmschauspieler ital. Herkunft, *1915, †1998.

**Sindbad,** abenteuerl. Seefahrer; Hauptfigur eines Teils der Märchensammlung „Tausendundeine Nacht".

**sine tempore** ↑akad. Viertel.

**Sinfonie, Symphonie,** 3- bis 4-sätz. Orchesterwerk, das sich seit etwa 1750 entwickelte und die Suite ablöste; übl. Satzfolge: Allegro (in Sonatensatzform), Andante od. Adagio (in Liedform), Scherzo (Frühform: Menuett mit Trio), Allegro (in Sonatensatz-, Rondo- oder Menuettform).

**sinfonische Dichtung,** meist einsätz. Orchesterwerk, die wichtigste Gattung innerhalb der Programmmusik. Beispiel: R. Strauss, „Till Eulenspiegels lustige Streiche" (1895).

**Singapur, 1)** Rep. in SO-Asien, umfasst die Insel S. und kl. Nebeninseln vor der S-Spitze der Halbinsel Malakka, Bev.: rd. 76,5 % Chinesen; fruchtb. Hügelland; Kautschuk-, Kokospalmenpflanzungen; durch Damm (Straße u. Eisenbahn) mit dem Festland verbunden. – *Gesch:* 1819 Errichtung einer Faktorei der brit. Ostind. Kompanie; 1867 brit. Kronkolonie, 1942–45 jap. besetzt; 1946 Status einer eigenen Kolonie, 1963–65 Teilstaat der Föderation Malaysia; 1965 souveräner Staat, Mitgl. des Common-

**Singapur**

*Fläche:* 647,5 km²
*Einwohner:* 3,491 Mill.
*Hauptstadt:* Singapur
*Amtssprachen:* Englisch, Chinesisch, Malaiisch, Tamil
*Zeitzone:* MEZ + 6 Stunden

wealth; 1976 Abzug der letzten brit. Truppen. **2)** Hptst. von 1), an der S-Küste, 1,3 Mill. E; bed. ⚓ u. Umschlagplatz; 3 Univ.; zahlr. Kirchen, Moscheen, Tempel; Kautschuk-, Elektro-, Erdölind., Schiffbau, Lederind.; Knotenpunkt für Luft- und Seeverkehr; Handels- und Ind.-Messe. – Im 13. Jh. bed. Hafenstadt, 1365 zerstört; 1819 als brit. Handelsstützpt. gegründet.

**Singen (Hohentwiel),** St. am Fuß des Hohentwiel, Ba.-Wü., 44 200 E; Ruine Hohentwiel; Nahrungsmittel-, Aluminiumindustrie.

**Singhalesen,** im 5. Jh. v. Chr. aus Indien nach Ceylon eingewandertes indides Volk; größte Bevölkerungsgruppe in Sri Lanka.

**Single** [sɪŋgl; engl.], jemand, der ohne feste Bindung an einen Partner lebt; populärwiss. oft ohne spezif. Unterscheidung (frei gewählt od. unfreiwillig) Bez. für *Einpersonenhaushalte* insgesamt.

**Singspiel,** Zwischenform zw. Schauspiel u. Oper, mit gesprochenen Dialogen sowie Lied- u. Musikeinlagen; v. a. im 18. Jh. lebendig; u. a. K. Ditters von Dittersdorf, W. A. Mozart.

**singulär,** vereinzelt, selten, eigenartig.

**Singular** [lat.], Gramm.: Einzahl.

**Sinkiang, Uigurische Autonome Region S.,** autonome Region im NW von China, nördl. von Tibet, 1 646 900 km², 15,8 Mill. E; Hptst. Ürümqi; umfasst das Tarimbecken, die Dsungarei u. den östl. Tienschan; weitgehend wüsten- u. steppenhaftes Gebiet mit kontinentalem Klima; Anbau von Getreide, Baumwolle, Zuckerrüben u. Obst in Oasen; Wanderviehzucht; Bodenschätze: v. a. Erdöl, Uran-, Eisenerze, Gold, Steinkohle.

**Sinne,** physiol. Fähigkeiten des Menschen, Reize durch die den versch. S.n zugeordneten *S.sorgane* zu empfinden: Gesichts-, Gehör-, Geruchs-, Geschmacks-, Haut- (Tast- [Druck-], Temp.- und Schmerzeindrücke) und Gleichgewichtssinn.

**Sinnestäuschung,** Trugwahrnehmung im Bereich der Sinnesorgane: Illusion, Halluzination.

**Sinn Féin** [ʃɪn fɛɪn; ir.; = wir selbst], nationalist. ir. Partei, gegr. 1905, forderte eine selbst. ir. Rep.; nach dem brit.-ir. Vertr. v. 1921 über die Errichtung des Ir. Freistaats Spaltung in ↑Fine Gael und ↑Fianna Fáil. Ein kleiner radikaler Teil organisierte sich – in enger Verbindung mit der ↑IRA – in Nordirland weiter unter dem Namen S. F. (ab 1999 an nordir. Regionalreg. beteiligt).

**Sinngedicht,** svw. ↑Epigramm.

**Sinologie** [gr.], Wiss. von der chin. Sprache und Kultur.

**Sinowatz,** Fred, östr. Politiker (SPÖ), *1929; s. 1971 Unterrichtsmin., ab 1981 auch Vizekanzler, 1983–86 Bundeskanzler.

**Sintenis,** Renée, dt. Bildhauerin und Grafikerin, *1888, †1965; Tierplastiken; Bildnisbüsten.

**Sinter,** Mineralablagerung aus Quellen, Bächen, auch in Wasserrohren, amorph oder kristallin; Kalk- u. Kiesel-S. verbreitet; bilden oft Terrassen od. Tropfsteine.

**Sintern,** Verdichten von pulverförmigen Werkstoffen in der Hüttentechnik, Pulvertechnologie u. Kunststofftechnik, wobei die Körner an den Grenzflächen miteinander verschweißen.

**Sintflut,** im A. T. Überflutung der Erde als Strafe Gottes f. die Sünden der Menschheit, die nur Noah mit seiner Fam. u. einem Paar v. jeder Tierart in der ↑Arche überlebten; in ähnl. Form in Sagen vieler Völker.

**Sinti** ↑Roma.

**Sinus** ↑Winkelfunktionen.

**Sioux** [ˈziːʊks], Sprachfam. d. nordamer. Indianer; urspr. Ackerbauern, später Wildbeuter.

**Sippe, 1)** ❀ Gruppe v. Individuen mit gleicher Abstammung. **2)** Lebensgemeinschaft, Familienverband einer größeren Gruppe Blutsverwandter mit best. Organisation unter Führung eines Sippenältesten.

**Sippenhaftung,** Einstehen einer Sippe für von einem ihrer Mitgl. begangene Delikte; heute unzulässig, jedoch in Unrechtsstaaten praktiziert (z. B. Terrormaßnahmen gg. Angehörige polit. Gegner).

**Sir** [səː; engl.], allg. engl. Anrede (ohne Namen) im Sinne v. „Herr"; vor Vornamen engl. Adelstitel.

**Sire** [siːr; frz.], frz. Anrede mit d. Bed. „Majestät".

**Sirene** [gr.], Gerät zur Schallerzeugung (Signaleinrichtung); einfachste Bauart *Loch-S.:* ein Luftstrom wird durch eine rotierende Lochscheibe periodisch unterbrochen; Tonfrequenz hängt v. Lochzahl u. Drehzahl ab.

**Sirenen** [gr.], griech. Sagengestalten; Mischwesen, teils Frau, teils Vogel; locken vorüberfahrende Schiffer durch ihren Gesang („Sirenenklänge") ins Verderben.

**Sirius** [gr.-lat.], **Hundsstern,** Stern (α) im Sternbild Großer Hund, Doppelstern; der hellste Stern am Himmel.

**Sirmilen, Syrmilen,** fruchtb. Ldsch. zw. unterer Save u. Donau, größtenteils zu Jugoslawien.

**Sirtaki** [gr.], griech. Volkstanz, in Ketten- od. Kreisform getanzt.

**Sisal, S.hanf,** Blattfaser aus den Blättern versch. *S.agaven* (angebaut u. a. in O- und W-Afrika, Brasilien, Mexiko), zur Herst. von Seilerwaren, Teppichen u. Ä.

**Sisi,** fälschlich **Sissi,** Kurzform des Namens der östr. Kaiserin ↑Elisabeth.

**sistieren** [lat.], jemanden zur Feststellung seiner Personalien polizeil. festnehmen.

**Sisyphus,** Gestalt der griech. Sage; dazu verdammt, in der Unterwelt einen Felsblock einen Berg hinaufzuwälzen, der ihm immer wieder entgleitet; danach *S.arbeit* als Ausdruck für eine sinnlose Arbeit oder vergebl. Anstrengung.

**Sitar** [pers.], ind. Langhalslaute mit birnenförmigem Schallkörper; 4–7 Saiten.

**Sittiche,** allg. Bez. für kl., lang- u. spitzschwänz., oft bunte Papageien; viele Zimmervögel, u. a. *Wellensittich, Nymphensittich.*

**Sixtinische Kapelle,** päpstl. Hauskapelle im Vatikan, unter Papst Sixtus IV. 1473–81 erbaut; Fresken u. a. v. S. Botticelli, D. Ghirlandaio; Deckenfresken und Jüngstes Gericht v. Michelangelo. – Abb. S. 640.

**Sixtus,** Prinz v. Bourbon-Parma, Schwager Ks. Karls I. v. Östr., *1886, †1934; belg. Offizier im 1. Weltkrieg; er versuchte 1917 eine geheime Friedensvermittlung zw. Östr. u. der Entente *(S.affäre).* In den an S. gerichteten *S.briefen* versprach Ks. Karl, die frz. Forderung auf Rückgabe Elsass-Lothringens zu unterstützen. Die Aktion scheiterte v. a. an der ital. Forderung nach Abtretung S-Tirols.

S

**Sixtinische Kapelle:** *Michelangelo, Detail vom Deckenfresko mit der Darstellung der Vorfahren Christi (1508–12)*

**Sizilianische Vesper,** Volksaufstand in Palermo gg. die frz. Besatzung, ausgebrochen während der Ostermontagsvesper 1282; Karl I. v. Anjou musste Peter III. v. Aragonien Sizilien überlassen.

**Sizilien,** ital. **Sicilia** [si'tʃi:lia], größte Insel Italiens u. d. Mittelmeers, 25 426 km$^2$, als autonome Region (mit Nebeninseln) 25 710 km$^2$, 5,01 Mill. E, Hptst. Palermo, südl. d. ital. Festlandes, vorw. gebirgig mit schmalen Küstenstreifen (↑Ätna 3 350 m); Weizen- u. Maisanbau, Zitrus-, Ölbaumkulturen; Weinbau u. Korkeichen; Fischerei; Gewinnung v. Asphalt, Marmor, Salz, Schwefel; Erdöl- u. Erdgasförderung, petrochem. Ind.; bed. Fremdenverkehr. *Gesch.:* Älteste histor. bek. Bewohner Sikaner u. Sikuler; im 8. Jh. v. Chr. griech., im 6. Jh. phönik. (karthag.) Einwanderung. Im 1. Pun. Krieg (264–241 v. Chr.) v. Rom erobert, im frühen MA unter ostgot., byzantin. u. arab. Herrschaft, im 11. Jh. v. Normannen erobert; Roger II. vereinigte S. 1130 mit seinen unterital. Besitzungen zu einem Kgr. (↑Neapel).

**Skabiose** [lat.], vorw. mediterrane Gatt. der Kardengewächse.

**Skagen,** dän. St. an der N-Spitze Jütlands, 13 900 E; Seebad, Fischerei-⚓; unweit *Skagens Horn,* die N-Spitze Jütlands.

**Skagerrak,** Meeresarm (Teil der Nordsee) zw. d. Skand. Halbinsel u. Jütland, 225 km lang, 110–150 km breit; vor Jütland flach, in der *Norweg. Rinne* 725 m tief. Vor dem S. wurde am 31. 5./1. 6. 1916 die einzige große Seeschlacht des 1. Weltkriegs geschlagen.

**Skala** ↑Skale.

**Skalar** [ital.], im Unterschied zum ↑Vektor durch eine Zahl u. ihre Einheit charakterisierte (math.) Größe, z. B. Masse.

**Skaldendichtung,** lyr. Dichtung der *Skalden* (altnord. Dichter); im 9.–10. Jh. an norweg. Königshöfen, im 11.–14. Jh. von isl. Dichtern gepflegt; v. a. Preisgedichte [auf Fürsten], Spott- u. Schmähverse, Liebesdichtung.

**Skale** [ital.], **Skala,** an Messinstrumenten angebrachte Maßeinteilung, z. B. beim Thermometer.

**Skalp** [engl.], fr. indian. Trophäe: abgezogenes, behaartes Stück Kopfhaut des Gegners.

**Skalpell** [lat.], chirurg. Messer mit fest stehender Klinge.

**Skandinavien,** Bez. für einen Teil Nordeuropas; i. e. S. synonym mit *Skand. Halbinsel,* also ↑Norwegen und ↑Schweden umfassend, vielfach auch einschl. ↑Dänemark. I. w. S. wird auch Finnland zu S. gerechnet, hierfür wird jedoch neuerdings der urspr. rein geolog. Begriff *Fennoskandien* verwendet.

**Skarabäus** [gr.-lat.], **1)** svw. ↑Pillendreher. **2)** altägypt. geschnittener Siegelstein mit Nachbildung des den Ägyptern hl. Pillendrehers.

**Skateboarding** ['skeɪtbɔ:dɪŋ; engl.], das Gleiten auf einem konkav geformten (Fiberglas-)Brett *(Board, Skateboard),* an dessen Unterseite 4 kugelgelagerte Kunststoffrollen an 2 Achsen befestigt sind.

**SKE,** Einheitenzeich. für: ↑**S**tein**k**ohlen**e**inheit.

**Skeet** ['ski:t; engl.], Wettbewerb des ↑Wurfscheibenschießens.

**Skeleton** ['skelɪtn; engl.], niedriger, kurzer Sportschlitten aus Stahl, der nur auf dem Bauch liegend gefahren wird; 2002 (nach 1948) wieder olympischer Wettbewerb.

**Skelett** [gr.], Stützapparat tier. Organismen; als *inneres S.* (z. B. bei Blumen- u. Wirbeltieren) den Körper durchziehend, als *äußeres S.* (z. B. bei Weichtieren) den Körper umhüllend; i. e. S. das *Gerippe* bei Wirbeltieren und Menschen.

**Skepsis** [gr.], Zweifel aufgrund sorgfält. Überlegung; Bedenken, Misstrauen, Zurückhaltung.

**Sketch** [sketʃ; engl.], kurze kabarettist. Szene mit witziger Schlusspointe.

**Ski** [ʃi:; norweg.], aus Holz, Metall oder Kunststoff gefertigtes, etwa 2 m langes u. 8–10 cm breites Schnee[gleit]brett mit spezieller Skibindung; *S.kjöring,* Skilauf hinter einem Vorspann (Pferd oder Motorrad); *S.lauf,* Fortbewegung auf S. als Sport: ↑Slalom, ↑Riesenslalom, ↑Super-G, ↑Langlauf, ↑Abfahrtslauf, ↑Skispringen; *S.lift,* für die Anforderung des Wintersports eingerichtete Seilbahn.

**Skibob** [ʃi:-], Wintersportgerät; bestehend aus einem Stahlrohrrahmen, der auf einem kurzen Ski (Gleitkufe) montiert ist, u. einer Lenkvorrichtung mit Lenk- od. Leitkufe; der Fahrer sitzt auf dem S. wie auf einem Fahrrad.

**Skiff** [engl.], schmales Einmannruderboot.

**Skinheads** ['skɪnhedz; engl.; = Hautköpfe], zu militantem Verhalten neigende Jugendliche; eine eigene Subkultur [strukturiert in festen Gruppen] bildend. Äußere Kennzeichen: Kurzhaarschnitt („Glatze"), Lederstiefel.

**Skinke** [gr.], **Wühlechsen,** Fam. der Echsen, Beine z. T. rückgebildet.

**Skispringen, Sprunglauf,** Springen mit Spezialskiern von einer *Sprungschanze* (beim Skifliegen „Flugschanze" gen.), bestehend aus Anlaufbahn, Schanzentisch, Aufsprungbahn u. Auslauf; bewertet: Flughaltung u. -weite.

**Sklavenkriege,** Kämpfe der Römer gg. aufständ. Sklaven v. a. in Sizilien (136–132 u. 104–101 v. Chr.) u. in Italien (73–71 v. Chr., Aufstand des ↑Spartakus).

**Sklaverei,** Zustand der völl. rechtl. u. wirtsch. Abhängigkeit eines Menschen *(Sklave),* der Eigentum seines Herrn ist; früh bezeugte Erscheinungsform der menschl. Ges. (Orient, Griechenland); kommerzialisiert und rechtl. erfasst in der Antike, insbes. in Rom, hielt sich die S. bis in die Neuzeit, v. a. in Afrika u. Vorderasien. Nach der Entdeckung Amerikas (1492) blühte die S. stark auf: Handel mit Sklaven aus

[W-]Afrika v. a. nach Nord- u. Südamerika (führte in Nordamerika zum Sezessionskrieg). Im 19. Jh., dann erneut von Völkerbund (1926) und UNO (1948) verboten.

**Sklerose** [gr.], krankhafte Verhärtung von Geweben, Organen oder Organteilen wie z. B. bei der ↑Arterienverkalkung.

**Skoliose** seitl. Verkrümmung u. Drehung der Wirbelsäule.

**Skonto** [ital.], Abzug v. Rechnungsbetrag, z. B. bei Barzahlung.

**Skopje,** Hptst. d. Rep. Makedonien, 444 300 E; Univ.; vielseit. Ind.; ✈. – 1963 durch ein Erdbeben zerstört; danach neu aufgebaut.

**Skorbut** [mlat.], durch Vitamin-C-Mangel hervorgerufene Krankheit; äußert sich in Schleimhautblutungen, Zahnausfall, Infektanfälligkeit u. Kräfteverfall.

**Skorpion,** gr.-lat. **Scorpius,** zum ↑Tierkreis gehörendes Sternbild des südl. Himmels.

**Skorpione** [gr.], Ordn. der Spinnentiere, bis 18 cm lang; mit ungegliedertem Vorderkörper, Scheren, 4 Fußpaaren und Giftstachel am Schwanzende (Stich einiger Arten auch für den Menschen lebensgefährlich).

**Skoten** ↑Schottland, Geschichte.

**Skrjabin,** Alexander Nikolajewitsch, russ. Komponist, *1872, †1915; in seinen letzten Werken Wegbereiter der Neuen Musik; Klavier- und Orchesterwerke.

**Skrotum** [lat.], Hodensack.

**Skuld,** eine der drei Nornen.

**Skull** [engl.], leichtes, paarweise verw. „Ruder".

**Skulptur** [lat.], plast. Bildwerk, Werk der Bildhauerkunst.

**Skunks** [indian.], svw. ↑Stinktiere.

**Skutari|see,** größter See d. Balkanhalbinsel, zu Albanien u. Montenegro, rd. 390 km².

**Skylab** [skaılæb; engl.], erste bemannte amer. Raumstation (1973–79) zur Erforschung des erdnahen Raumes sowie zu Beobachtungen des Weltraumes.

**Skylla** ↑Szylla.

**Skysurfing** [ˈskaısəːfıŋ; engl.], Mischform aus Surfen u. Fallschirmspringen: Absprung aus einem Flugzeug, Gleiten auf einem (modifizierten) Surfboard, Öffnen des Fallschirms.

**Skythen,** Name eines iran. Reitervolkes, das im 8. Jh. v. Chr. vom O in den Donauraum vorstieß; das letzte skyth. Ft. auf der Krim wurde 109/108 v. Chr. dem Pont. Reich eingegliedert. Hoch entwickelte Goldschmiedekunst (v. a. Treibarbeiten).

**Slalom** [norweg.], Disziplin des alpinen Skisports, bei der eine durch Tore festgelegte Strecke in kürzester Zeit zu durchfahren ist, ausgetragen in 2 Wertungsläufen auf 2 versch. Pisten; Bestandteil der ↑alpinen Kombination.

**Slang** [slæŋ; engl.], läss. Umgangsspr., gekennzeichnet durch neue Wortprägungen u. neuartige Verwendung gebräuchl. Wörter; auch für Jargon.

**Slapstick** [ˈslæpstık; engl.], Art der Komik mit grotesk-komischen Gags, die auf der Tücke des Objekts beruhen (v. a. im Stummfilm).

**Slawen,** urspr. nördl. d. Karpaten zw. Weichsel u. Dnjepr beheimatete einheitl. europide Völkergruppe, heute in O-, SO- u. M-Europa verbreitet; durch Wanderung um 500 Differenzierung in Ost-, Süd- u. Westslawen.

**slawische Sprachen,** Sprachfam. des indogerman. Sprachstammes, in 3 Gruppen eingeteilt: *Ostslawisch* (Russ., Ukrain., Weißruss.), *Westslaw.* (Poln., Polab., Ostseeslaw., Kaschub., Obersorb. und Niedersorb. [= Wend.], Tschech., Slowak.) und *Südslaw.* (Slowen., Serb., Kroat., Makedon., Bulgar.).

**Slawistik** [nlat.], Wiss. von den slaw. Spr. und Literaturen; Anfänge im 18. Jh.

**Slawoni|en,** kroat. Ldsch. zw. Drau u. Save, fruchtbaren Ebenen u. bewaldeten Höhenzügen; Hpt.-Ort: Osijek.

**Slevogt,** Max, dt. Maler u. Grafiker, *1868, †1932; einer d. führenden dt. Impressionisten; Bildnisse, Illustrationen.

**Slezak** [ˈslεzak], Leo, östr. Sänger (Heldentenor), *1873, †1946; auch Filme.

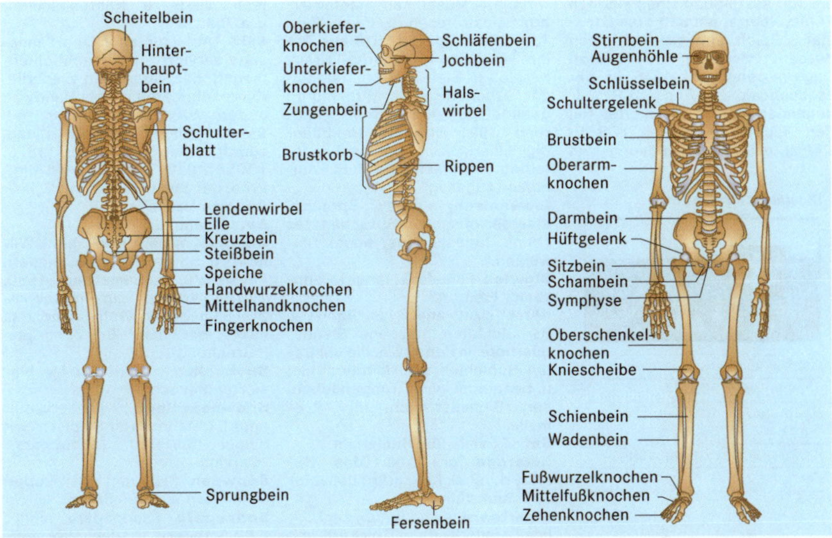


**Skelett:** *Skelett des Menschen in Rücken-, Seiten- und Vorderansicht (von links)*

S

**Slibowitz** [slaw.], hochprozent. Pflaumenbranntwein.

**Slogan** [ˈsloʊgən; engl.], urspr. schott. Schlachtruf; einprägsamer [polit.] Werbespruch, Werbeschlagwort.

**Slowakei,** 🕮 Gebiet der Tschechoslowakei (↑Slowakische Republik).

**Slowaken,** westslaw. Volk, mehrheitlich in d. Slowak. Rep.

**slowakische Literatur,** Anfänge im MA; s. der Reformation hpts. in tschech. Spr.; mit Aufklärung u. erwachendem Nationalismus gewann die Lit. in der Volksspr. an Bed.; jedoch erst Mitte des 19. Jh. entstand eine allg. slowak. Schriftspr.; die bedeutendsten Dichter waren S. Hurban-Vajanský u. Hviezdoslav; die s. L. nach dem 2. Weltkrieg lehnt sich eng an die tschech. Lit. an; bekannte Autoren: Jaroslava Blažková, R. Jašik, P. Jilemnicky, P. Karvaš, F. Král', L. Mňačko.

**Slowakische Republik,** slowak. **Slovenská Republika,** Staat in Mitteleuropa, östl. der March und der Mähr. Pforte; überw. Geb.land mit Holzwirtsch. u. Viehzucht; breite Tallandschaften mit Weizen-, Mais-, Zuckerrüben-, Wein-, Tabakanbau, in der Donauebene außerdem Obst- und Gemüsebau; Bergbau auf Kupfer, Eisen, Nickel, Braunkohle; im Marchfeld Erdölfunde; Holz-, Papier-, Metall-, Erdöl- u. Textilind. – Im 6./7. Jh. von Slowaken besiedelt, um 800 Ausbildung eines eigenen Ft. um Neutra, um 830 dem Großmähr. Reich angegliedert; nach dessen Untergang 906–1918 zu Ungarn gehörend; 1918 in der Tschechoslowak. Rep. (ČSR) aufgegangen, nach 1945 wieder Teil der Tschechoslowakei (ČSSR, ČSFR), mit deren Auflösung zum 1. 1. 1993 unabhäng. Rep.; EU-Annäherung.

**Slowakische Republik**

*Fläche:* 49 035 km²
*Einwohner:* 5,388 Mill.
*Hauptstadt:* Bratislava (Preßburg)
*Amtssprache:* Slowakisch
*Zeitzone:* MEZ

**Slowenen,** südslaw. Volk in NW-Slowenien, in Italien, Österreich u. Ungarn.

**Slowenien**

*Fläche:* 20 256 km²
*Einwohner:* 1,99 Mill.
*Hauptstadt:* Ljubljana
*Amtssprache:* Slowenisch
*Zeitzone:* MEZ

**Slowenilen,** Rep. im südl. M-Europa; überwiegend Geb.-Land (im N u. NW Anteil an d. Alpen; Triglav, 2 864 m), im S Kartstgebiet, im SO fruchtbares Hügelland; Hpt.-Fl. Drau u. Save; schwach kontinental bis mediterran geprägtes Klima; Bev. vorw. Slowenen; ⚒ auf Quecksilber, Blei, Braunkohle, Erdöl; Anbau v. Mais, Weizen, Kartoffeln, Zuckerrüben, Hopfen (im S); Obstbau; Viehzucht; Forstwirtsch.; Masch.bau, Metallverarb.; elektrotechn. u. chem. Ind.; Tourismus. *Gesch.:* 1918 aus Teilen d. östr. Kronländer Krain, Kärnten u. Steiermark u. dem ungar. Übermurgebiet (Prekmurje) gebildet, zu Jugoslawien gehörend; 1991 einseitige Unabhängigkeitserklärung mit rascher internat. Anerkennung; EU-Aufnahme zugesagt.

**Slowenisch,** südslaw. Sprache; eine der offiziellen Sprachen des ehem. Jugoslawiens, heute Slowenien.

**Slowfox** [ˈsləʊfɔks; engl.], langsamer Foxtrott.

**Slum** [slʌm; engl.], am Rande v. [Groß]städten gelegene Elendsquartiere, in denen v. a. die untersten Schichten soz. Minderheiten u. benachteiligter Gruppen leben.

**sm,** Einheitenzeich. für ↑**See**meile.

**Sm,** Symb. für ↑Samarium.

**Smaragd** [gr.], Abart des ↑Berylls, durchsichtig, grün; beliebter Schmuckstein.

**Smartcard** [ˈsmɑːtkɑːd, engl.; = intelligente Karte], ↑Chipkarte mit Prozessor.

**SMAX®,** Abk. für **Sm**all Cap E**x**change, Marktsegment der Dt. Börse AG f. etablierte mittelständ. Unternehmen traditioneller Branchen *(Small Caps).*

**Smetana,** Friedrich (tschech. Bedřich), tschech. Komponist, * 1824, † 1884; Schöpfer und Repräsentant einer nat. tschech. Musik; Opern („Die verkaufte Braut"), sinfon. Dichtungen („Mein Vaterland"), Kammermusik, Klavierwerke u. a.

**Smith** [smɪθ], **1)** Adam, brit. Nationalökonom u. Moralphilosoph, * 1723, † 1790; Begr. der klass. Nationalökonomie; Hauptvertr. des frühen Liberalismus. **2)** Bessie, eigtl. Elizabeth **S.,** amer. Sängerin, * 1898, † 1937; gilt als die bedeutendste Bluessängerin aller Zeiten. **3)** Ian Douglas, rhodes. Politiker, * 1919; 1961 Mitbegr. der rassist. Rhodes. Front, 1962–64 Fin.-Min., proklamierte 1965 als Premiermin. (1964–79) einseitig die rhodes. Unabhängigkeit von Großbrit.; 1979/80 Min. ohne Geschäftsbereich in Simbabwe-Rhodesien.

**Smog** [engl.], die Anreicherung v. Schadstoffen über Ind.städten bei Inversionswetterlagen; *Winter-S.,* Nebel aus Schwefeldioxid u. Ruß; *Sommer-S.,* bei intens. Sonneneinstrahlung entsteht u. a. Ozon.

**Smolensk,** Gebietshptst. in Russland, am Dnjepr, 355 700 E; Hochschulen, Masch.-bau, elektrotech., Textil- u. Nahrungsmittel-u. a. Ind.;

**SMS** [Abk. für engl. **s**hort **m**essage **s**ervice, = Kurznachrichtendienst], das Versenden v. schriftl. Kurznachrichten mittels Handy an andere Mobilfunkteilnehmer.

**Smuts** [smœts], Jan Christiaan, südafrik. Gen. u. Politiker, * 1870, † 1950; 1919–24 u. 1939–48 Min.-Präs. der Südafrik. Union.

**Smyrna** ↑İzmir.

**Sn,** Symb. für ↑Zinn.

**Snellius,** Willebrordus, eigtl. Willebrord Snel van **Royen,** niederl. Physiker u. Mathematiker, * 1580, † 1626; Arbeiten zur Trigonometrie u. geometr. Optik; fand das nach ihm ben. *Brechungsges.* (↑Brechung).

**Snob** [engl.], eingebildeter blasierter Mensch.

**Snowboarding** [ˈsnəʊbɔːdɪŋ; engl.], Befahren von Skipisten mit einem Surfbrett *(Snowboard);* ↑Carving.

**Snowdon** [ˈsnəʊdn], Bergkuppe im NW von Wales, 1 085 m.

**Soapopera** [ˈsəʊpɔpərə; engl.; = Seifenoper], in den USA entstandener Typ seichter Unterhal-

**Sofia:** *Platz der Volksversammlung mit dem Gebäude der Volksversammlung, dahinter die Alexander-Newski-Kathedrale (1904–12)*

tungsserien in Hörfunk u. Fernsehen.

**Soares** [su'ariʃ], Mario, portug. Politiker, *1924; gründete im Exil in der BRD 1973 die Sozialist. Partei, seitdem deren Gen.-Sekr.; 1974/75 Außenmin., 1976–78 u. 1983–85 Premiermin., 1986–96 Staatspräsident.

**Social Democratic Party** ['səʊʃl deməˈkrætɪk 'pɑːtɪ; engl.], Abk. **SDP,** brit. soz.-demokrat. Partei; 1981 durch Abspaltung v. rechten Flügel der Labour Party entstanden.

**Soda** [span.], Natriumcarbonat, als *kalzinierte S.* $Na_2CO_3$, als *Kristall-S.* $Na_2CO_3 \cdot 10 H_2O$ (*Natrit;* in Krusten auftretend, farblos, grau od. gelbl.); wicht. Massenprodukt der chem. Großindustrie.

**Sodalithgruppe,** Gruppe isomorpher kub., glas- bis fettglänzender Minerale mit wechselnder Zusammensetzung; *Sodalith* (farblos, blau, grünl.), *Nosean* (grau, blau, schwarz) u. *Haüyn* (blau); Vorkommen hpts. in Ergussgesteinen.

**Sodbrennen,** brennendes Gefühl in der Speiseröhre, meist Folge von übermäß. Magensäureabsonderung.

**Sodomie** [nach der bibl. St. Sodom], sexueller Verkehr von Menschen mit Tieren.

**Sodom und Gomorrha,** im A.T. gen. kanaanit. Städte, durch „Feuer u. Schwefel" v. Gott wegen ihrer Lasterhaftigkeit vernichtet; gerettet wurde nur ↑Lot.

**Soest** [zoːst], Krst. sö. v. Hamm, NRW, in der *S.er Börde* (fruchtb. Lössboden), 47 700 E; Stiftskirche St. Patroklus (12. Jh.), Maria zur Höhe (Hohnekirche, 1225 ff.), St. Maria zur Wiese (1343 ff.); Masch.-, Elektroindustrie. – Ehem. Hansest., erkämpfte in der *S.er Fehde* (1444–49) Unabhängigkeit von Kurköln.

**Sofia,** Hptst. Bulgariens, 1,12 Mill. E; mehr. Univ., Hochschulen, Akademie d. Wiss., Alexander-Newski-Kathedrale (1904–1912); ehem. kgl. Schloss; Fahrzeug-, Masch.-, Leder-, Textil-, Nahrungsmittel- u.a. Ind.; ✈. – Seit Trajan röm. Kolonie *(Serdica),* 447 von Hunnen zerstört; unter Ks. Justinian wieder aufgebaut; 809 v. Bulgaren, 1382 von Türken erobert, seit 1878 bulgar. Hauptstadt.

**Sofortbildfotografie** ↑Land, Edwin Herbert.

**Softball** [engl. 'sɔftbɔːl], Form des Baseballs mit ähnl. Spielregeln, bes. von Frauen u. Jugendlichen ausgeübt.

**Software** ['sɔftwɛə; engl.], Bez. für die zum Betrieb eines Computers erforderl. nichtapparativen Funktionsbestandteile. Man unterscheidet *System-S.* (wie Betriebssystem, Dienstprogramme) u. *Anwendungs-S.*

**Soiree** [soa're; frz.], Abendges., Abendvorstellung.

**Sojabohne** [jap.; dt.], in O-Asien heim. Schmetterlingsblütler; liefert die S.n (Eiweiß rd. 40 %, Fett 20 %, Lezithin 2 %), ein wichtiges Nahrungs- u. Futtermittel.

**Sojus** [russ.], Name einer Serie bemannter sowjet. (russ.) Raumflugkörper (seit 1967); diente 1980 bis 1986 unter der Bez. *Sojus T* als Zubringer von Kosmonauten für die Raumstation Saljut 7; 1987 bis 1999 unter der Bez. *Sojus TM* Transportfahrzeug zur Raumstation ↑Mir.

**Sokolowski,** Wassilij Danilowitsch, Marschall der Sowjetunion, *1897, †1968; 1946–49 sowjet. Oberbefehlshaber in Dtl., 1952–60 Gen.-Stabschef.

**Sokrates,** griech. Philosoph in Athen, *um 470, †399 v. Chr.; mit seiner Ironie u. der *sokrat. Methode* (Mäeutik) suchte er bei seinen Gesprächspartnern hohles Scheinwissen zu entlarven; v.a. Ethiker; Tugend ist ident. mit Wissen u. lehrbar, absichtl. Tun des Bösen unmöglich. Infolge Verleumdungen zum Tod verurteilt; trank Gift („Schierlingsbecher"); seine Lehren überlieferte Platon.

**Sol,** röm. Sonnengott, dem griech. Helios entsprechend.

**Solana Madariaga,** Javier, span. Politiker (PSOE), *1942; 1995–99 Gen.-Sekr. der NATO, s. 1999 Hoher Beauftragter für die Gemeinsame Außen- u. Sicherheitspolitik der EU u. Gen.-Sekr. der WEU.

**solar** [lat.], zur Sonne gehörig, auf die Sonne bezogen.

**Solarkonstante,** die Energiemenge, die bei mittlerer Sonnenentfernung auf der Erdoberfläche v. 1 $m^2$ pro Sekunde empfangen wird; beträgt ≈ 1,37 kW/$m^2$.

**Sokrates** *(antike Kopie nach Lysipp)*

**Solarkraftwerk, Sonnenkraftwerk,** Anlage zur Erzeugung elektr. Energie aus der Strahlung der Sonne; *solartherm. S.* erzeugen zunächst Wärme, *photovoltaische S.* in Solarzellen unmittelbar elektr. Energie.

**Solarplexus,** svw. ↑Sonnengeflecht.

**Solarzelle,** großflächige Ausführungsform eines ↑Photoelements, das Sonnenlicht direkt in elektr. Energie wandelt; Energielieferant für die Bordfunktionen von Raumflugkörpern.

**Sold** [lat.], Lohn (Entlohnung), bes. für Kriegsdienste.

**Soldateska** [ital.], disziplinloses, rohes Kriegsvolk.

**Söldner,** Soldat, der um des Solds willen Kriegsdienste leistet; das *S.wesen* war eine vom MA bis zur Frz. Revolution vorherrschende mil. Erscheinungsform.

**Sole,** i. e. S. [koch]salzhaltige Quelle, i. w. S. jede Salzlösung; *Solsalz,* aus S. gewonnenes Salz.

**Solferino,** ital. Ort südl. des Gardasees. – Bei S. 1859 frz.-sardin. Sieg über Österreich.

**Solidaritätszuschlag,** s. 1995 als Ergänzungsabgabe erhobener Zuschlag zur Lohn-, Einkommen- u. Körperschaftsteuer in Höhe v. 5,5 % (bis einschl. 1997: 7,5 %); steht dem Bund zu.

**Solidarność** [-nɔsjtsj; = Solidarität], 1980 in Danzig gegr. unabhängiger poln. Gewerkschaftsverband; Vors. bis 1990 L. Wałesa. Mit der Verhängung des Kriegsrechts über Polen am 13. Dez. 1981 wurde jede Tätigkeit der S. untersagt; 1989 erneute Legalisierung erzwungen, als „Bürgerkomitee S." 1989/90 polit. beherrschende Kraft. Die Doppelfunktion als Gewerkschaft u. polit. Bewegung führte zu Spannungen innerhalb der S., aus der seit 1990 versch. Parteien hervorgingen.

**Solingen,** krsfr. St. im Berg. Land, NRW, 165 700 E; Forschungsinst. f. Schneidwarenind., IHK, Zentrum der dt. Schneidwaren- und Besteckindustrie.

**Solipsismus** [lat.], philos. Lehre, die nur das eigene Ich als erkennb. od. real ansieht.

**Solist** [lat.], Einzelsänger oder -spieler.

**Solitär,** einzeln gefasster Brillant; einzeln stehender Gartenbaum.

**Solitude** [-'ty:d; frz.; = Einsamkeit], für Hzg. Karl Eugen von Württ. 1763–67 erbautes Lustschloss im Rokokostil westl. von Stuttgart. Seit 1991 Domizil einer Akad. mit Ateliers u. Wohnungen für junge Künstler.

**Soll,** l. Seite eines Kontos; zeigt bei Aktivkonten Vermögenszunahme, bei Passivkonten Schuldenabnahme.

**Söller,** svw. ↑Altan.

**Solling,** Teil des Weserberglandes zw. Weser und Leine, Nds.; bis 528 m (Gr. Bloße).

**Solmisation** [ital.], Bez. der Tonstufen durch Silben (ut, später do; re, mi, fa, sol, la; dazu später si bzw. ti).

**Solnhofen,** Gem. nw. v. Ingolstadt, Bay., 1 800 E; *S.er Plattenkalk,* in den Steinbrüchen bei S. (Fossilienfunde, ↑Archäopteryx) gebrochener dünnplatt. Kalkstein.

**Solon,** athen. Gesetzgeber u. Dichter, * um 640, † nach 560 v. Chr.; hob die Schuldknechtschaft auf, schuf die Solon. Verf., die u. a. die polit. Rechte u. mil. Pflichten nach dem Einkommen abstufte (Timokratie).

**Solothurn, 1)** schweizer. Kt. im Jura u. im Mittelland, 791 km², 236 400 E; im Geb. Forst- und Viehwirtsch., im Mittelland vorw. Ackerbau; bed. Uhren-, Maschinen-, Textilind.; Fremdenverkehr. **2)** Hptst. von 1), an der Aare, 15 600 E; Reste der röm. und ma. Befestigung, Barock- u. Renaissancebauten.

**Solschenizyn,** Alexander Issajewitsch, russ. Schriftsteller, * 1918; setzt sich in seinen Erzählungen u. Romanen mit dem Kommunismus auseinander; Nobelpreis 1970; 1974 ausgebürgert, s. 1976 in den USA, 1991 rehabilitiert, 1994 Rückkehr nach Russland.

**Solstitium** [lat.], der Zeitpt., an dem die Sonne auf ihrer scheinb. Bahn die größte bzw. kleinste ↑Deklination hat: Sommer- bzw. Winteranfang.

**Soltau,** St. in der Lüneburger Heide, Nds., 21 000 E; Zinngießerei, Konserven- u. a. Industrie.

**Solti** ['ʃolti], Sir Georg (György), brit. Dirigent ungar. Herkunft, * 1912, † 1997.

**Somal,** ostäthiopides Volk auf d. Somalihalbinsel, vorw. Hirtennomaden (Kamel-, Rinderzucht); etwa 8,34 Mill. S.; Muslime; sprechen Somali, eine kuschit. Sprache.

**Somalia,** Rep. in NO-Afrika, auf d. *Somalihalbinsel,* im S vorw. Trockensavanne, im N Halbwüste; monsunales Klima; Bev. vorw. Somal; nomad. Viehhaltung; in d. Fl.-Tälern Anbau v. Zuckerrohr, Bananen, Hirse, Mais, Baumwolle; Fischerei; Metallind., Erdölraffinerie, Zementfabrik. *Gesch.:* Der N war ab 1884 brit., der S ab 1885 ital. Protektorat, beide erlangten 1960 d. Unabhängigkeit u. schlossen sich zur Rep. S. zusammen.

**Somalia**

*Fläche:* 637 657 km²

*Einwohner:* 11,53 Mill.

*Hauptstadt:* Mogadischu

*Amtssprachen:* Somali, Arabisch

*Zeitzone:* MEZ + 2 Stunden

Nach Militärputsch v. 1969 wurde M. Siad Barre Staatschef; seit Ende der 1980er-Jahre Bürgerkrieg; 1991 Proklamation der unabhängigen Rep. „Somaliland" im N des Landes (internat. nicht anerkannt); 1991 Flucht Siad Barres; der nach UN-Beschluss erfolgte Einsatz von internat. Militäreinheiten u. UN-Friedenstruppen (Beteiligung der Bundeswehr) 1992–95 sowie die Einsetzung eines Übergangsparlamentes 2000 konnten Bürgerkrieg, innerstaatl. Chaos u. Machtvakuum nicht beenden.

**Somatotropin** [gr.], Wachstumshormon.

**Somme** [sɔm], **1)** nordfrz. Fluss zum Kanal, 245 km lang. **2)** nordfrz. Dep., Hptst. Amiens.

**Sommer,** Jahreszeit, ungefähr die Zeit vom S.solstitium um den 21. 6. bis zum Herbstäquinoktium um den 23. 9. (N-Halbkugel) bzw. vom 23. 12. bis zum 20. 3. (S-Halbkugel).

**Sommer,** Michael, dt. Gewerkschafter, * 1952; 1997–2001 stellv. Vors. der Dt. Postgewerkschaft, dann der Dienstleistungsgewerkschaft ver.di, s. 2002 Vors. des DGB.

**Sommergetreide,** Getreide, das im Frühjahr gesät u. im gleichen Jahr geerntet wird; Ertrag geringer als beim *Wintergetreide,* das bereits im Herbst gesät wird.

**Sommersprossen,** bes. im Sommer hervortretende braune, auf zu starker Farbstoff-(Pigment-)Bildung beruhende Hautflecke.

**Sommerzeit,** um meist eine Stunde vorverlegte Zonenzeit während der Sommermonate; in vielen europ. Ländern üblich, in beiden dt. Staaten 1980 eingeführt.

**Somnambulismus** [lat.], **Nacht-**

**wandeln, Schlafwandeln, Noktambulismus,** schlafähnl. Dämmerzustand, in dem sich der Betroffene so verhält, als sei er wach.

**Sonant** [lat.], Silben bildender Laut (Vokal od. sonant. Konsonant, z. B. [l] in „Dirndl").

**Sonate** [ital.], 3- oder 4-sätz. Musikstück (schneller Satz, langsamer Satz, [Menuett], schneller Satz).

**Sonatine,** kleinere Sonate.

**Sonderabfall,** Abfall, der Mensch u./od. Umwelt gefährdet u. nicht zus. mit dem Hausmüll beseitigt werden darf; die Behandlung ist gesetzl. vorgeschrieben.

**Sonderausgaben,** im Einkommensteuerrecht steuerfreie Anteile privater Aufwendungen; unbeschränkt abzugsfähig sind z. B. Kirchensteuer, Steuerberatungskosten, beschränkt abzugsfähig v. a. Unterhaltsleistungen, Ausgaben für Berufsausbildung, Spenden, *Vorsorgeaufwendungen* (Sozialversicherungsbeiträge, best. Versicherungsprämien).

**Sonderpädagogik,** fr. **Heilpädagogik,** Bereich der Erziehungswiss., der sich mit der Erziehung u. Bildung von entwicklungsgestörten u. behinderten Kindern u. Jugendlichen befasst.

**Sonderschulen,** in ihrer pädagog. Arbeit eigenständige Unterrichts- u. Erziehungseinrichtungen zur Förderung v. schulpflichtigen Kindern u. Jugendlichen, die aufgrund ihrer unterschiedl. (auch mehrfachen) Behinderung in den allg. Schulen nicht die notwendigen Hilfestellungen erhalten u. am Unterricht nicht mit dem unter anderen Bedingungen mögl. Erfolg teilnehmen können.

**Sonderziehungsrechte,** Abk. **SZR,** 1969 geschaffene, der Kontrolle des IWF unterliegende Währungsreserve (Buchgeld) zur Sicherung der internat. Liquidität. Mitgl. des IWF haben das Recht, bei Bedarf gegen SZR andere Währungen zu kaufen.

**Sonett** [ital.], Gedichtform ital. Herkunft; besteht in der Regel aus 14 Zeilen, die aus 2 Vierzeilern *(Quartette)* u. 2 Dreizeilern *(Terzette)* gebildet sind.

**Sonnabend, Samstag,** 6. Tag der Woche (Vorabend des Sonntags).

**Sonne,** Zentralkörper des S.systems, der durch seine gr. Masse (332 270 Erdmassen) die Planeten, Monde u. Kleinkörper auf ellipt. Bahnen hält. Die S. ist rd. 9 kpc v. Zentrum des Milchstraßenzentrums entfernt u. befindet sich etwa 14 pc nördl. der galakt. Ebene (↑Milchstraße); Radius 696 000 km, Masse $1{,}99 \cdot 10^{30}$ kg, mittlere Dichte 1,41 g/ $cm^3$; absolute vis. Helligkeit 4,87 Größenklassen, scheinb. vis. Helligkeit −26,70 Größenklassen. Die S. ist ein ↑Stern (etwa 75 % Wasserstoff, 23 % Helium u. 2 % schwere El.); im Zentrum: Temp. v. etwa 16 Mill. K, Druck $> 2 \cdot 10^{16}$ Pa. Die Energieerzeugung verläuft im S.zentrum durch Kernprozesse, wobei ein geringer Bruchteil v. Materie in Energie umgewandelt, dann durch Konvektion u. Strahlung an die Oberfläche transportiert u. von dort in einer etwa 400 km dicken Schicht, der *Photosphäre* (Temp. rd. 5 800 K), abgestrahlt wird. Die Dichte fällt stetig nach außen ab, die Oberfläche ist nicht gleichmäß. hell, zeigt vielmehr eine körn. Struktur, hervorgerufen durch aufsteigende, etwa um 300 K heißere Gaselemente (*Granulen;* rd. 1 000 km ⌀). Größere fleckige Gebilde auf der S.scheibe sind die *S.flecken* v. etwa 2 000 bis 50 000 km ⌀. Es sind Gebiete mit starkem Magnetfeld. Die Fleckenhäufigkeit schwankt in Perioden von 11,07 Jahren, dem *S.fleckenzyklus.* Am S.rand lassen sich *Fackeln* (Ausbrüche heißer Gase) u. *S.eruptionen* beobachten. Größere Ausbrüche, in denen Gasmassen bis zu 2 Mill. km hoch geschleudert werden, heißen *Protuberanzen.*

**Sonneberg,** Krst. in Thür., 24 900 E; Dt. Spielzeugmuseum, Spielwarenind.

**Sonnenbatterie,** Anordnung v. mehreren Tausend Halbleiter-Photoelementen (Solarzellen); durch Ausnutzung des inneren ↑Photoeffekts wird Sonnenenergie in elektr. Energie umgewandelt.

**Sonnenblume, Helianthus,** Gatt. der Korbblütler, wahrsch. aus Mexiko stammende einjähr. Zier- und Nutzpfl., bis 4 m hoch; die Samen (S.kerne) liefern Speiseöl.

**Sonnenbrand,** entzündl. Rötung der Haut durch zu lange Einwirkung ultravioletter Sonnenstrahlung, kann zu Blasenbildung u. Hautschälung führen.

**Sonnenenergie, Solarenergie,** die in Solarkraftwerken genutzte Strahlungsenergie der Sonne.

**Sonnenfinsternis,** die Bedeckung der Sonne durch den Mond *(partielle* od. *totale S.),* die eintritt, wenn Sonne, Mond u. Erde auf einer Geraden liegen. – Abb. S. 646.

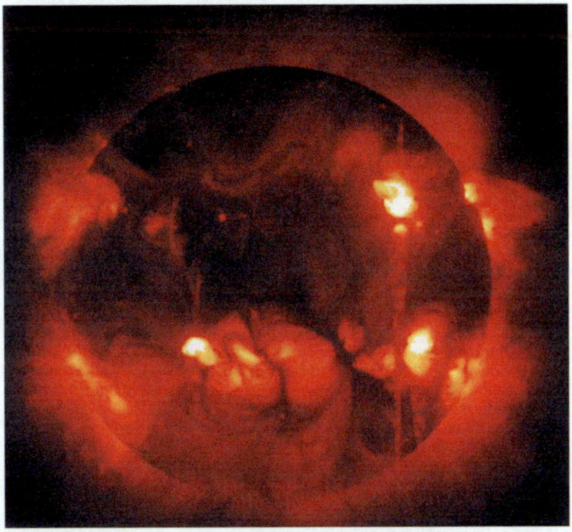

**Sonne** *im Röntgenlicht bei einer Wellenlänge von 0,3 bis 4,5 nm*

**Sonnenfisch,** Art der Mondfische, bis 2 m langer, seitl. zusammengedrückter Fisch in allen Meeren; Speisefisch.

**Sonnengeflecht, Plexus solaris,** im oberen Bauchraum unterhalb des Zwerchfells gelegenes, größtes u. wichtigstes vegetat. Nervengeflecht.

**Sonnenkollektor, Solarkollektor,** Anlage, die die Sonnenenergie absorbiert u. die entwickelte Wärme zur Warmwasserbereitung, Gebäudeheizung od. zur Stromerzeugung nutzt.

**Sonnenkönig,** frz. **Roi Soleil** [rwa

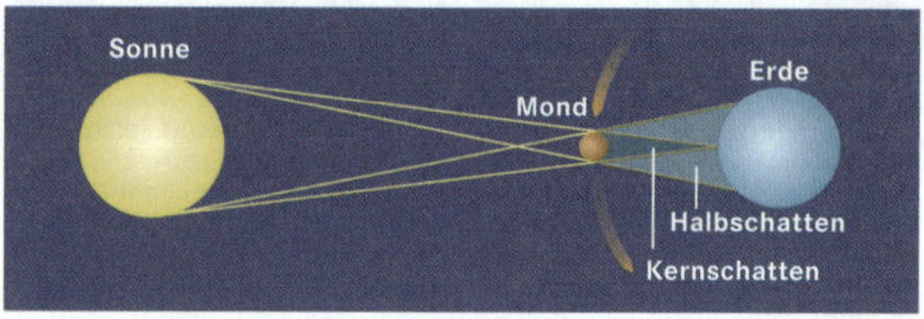


Sonnenfinsternis

sɔˈlɛj], Beiname König Ludwigs XIV. von Frankreich.

**Sonnenparallaxe,** Winkel, unter dem der Äquatorradius der Erde v. Mittelpt. der Sonne aus erscheinen würde, er beträgt 8,794 Bogensek.; durch S. u. Erdradius ist die ↑astronom. Einheit festgelegt.

**Sonnenstein,** Abart des Oligoklas (Kalknatronfelspat), Härte 6–6,5; durchscheinend, rosa u. in metallische Farben schillernd; Schmuckstein.

**Sonnensystem,** die Sonne mit den sie umkreisenden Körpern, wie Planeten, Kometen, Meteorströme, interplanetare Materie.

**Sonnentau, Drosera,** Gatt. der S.gewächse; in Dtl. bes. der *Rundblättr. S.,* Fleisch fressende Pfl. der Flach- und Hochmoore, kl., ausdauernd.

**Sonnentierchen, Heliozoen,** Ordn. der Wurzelfüßer; kugel. Körper mit strahlenart. Fortsätzen; meist Süßwasserbewohner.

**Sonnenzeit,** durch den scheinb. tägl. Umlauf der Sonne um die Erde festgelegte Zeit. Wegen der Bewegung der Erde in ihrer Bahn um die Sonne sind die durch die Sonne angezeigten *wahren Sonnentage* nicht gleich lang. Deshalb wird zur Zeitmessung eine fikt. „mittl. Sonne" eingeführt, die im Äquator mit einer mittl. Geschwindigkeit in derselben Zeit umläuft, in der die wahre Sonne ihre scheinb. Bahn, die Ekliptik, durchläuft; ergibt den *mittleren Sonnentag.*

**Sonntag,** 7. Tag der Woche, als Tag der Auferstehung Christi in den meisten christl. Ländern gesetzl. Ruhetag.

**Sonnwendfeier,** Fest der Sommer- u. der Wintersonnenwende.

**Sonora,** mex. B.-Staat am Golf von Kalifornien, 182 052 km², 1,82 Mill. E, Hptst. Hermosillo.

**Sontag,** Susan, amer. Schriftstellerin u. Kritikerin, *1933; Romane u. kulturkrit. Essays.

**Soormykosen, Candidosen, Schwämmchen,** durch Sprosspilze der Gattung Candida verursachte Infektion mit graufleck. Haut-, Schleimhautbelag (Mund, Rachen, Eichel, Scheide).

**Sophia,** altchristl. legendäre Märtyrerin in Rom; eine der Eisheiligen („kalte Sophie"); Tag: 15. Mai.

**Sophie,** *Hannover:* **1) S. v. der Pfalz,** *1630, †1714, Tochter Friedrichs V. von der Pfalz; Enkelin Jakobs I. v. England, übertrug ihre Rechte auf den engl. Thron ihrem Sohn Georg Ludwig. **2) S. Dorothea,** gen. Prinzessin v. Ahlden, *1666, †1726, Gem. Georg Ludwigs von Hannover (s. 1682); wegen ihrer Beziehungen zu Gf. Königsmarck 1694 geschieden u. auf Schloss Ahlden verbannt. – *Preußen:* **3) S. Charlotte,** *1668, †1705, Gem. Kg. Friedrichs I., Tochter v. 1), förderte Leibniz, veranlasste die Gründung der Preuß. Akad. der Wissenschaften.

**Sophisten** [gr.], griech. Philosophen, die als Wanderlehrer im 5. Jh. v. Chr. entgeltl. v. a. in Philos., Staatskunde, Lit. u. Rhetorik unterrichteten; verdient um die Ausbildung der Dialektik u. Pädagogik; Anwendung rhetor. Spitzfindigkeiten *(Sophistereien);* Vertr. Gorgias, Hippias, Protagoras.

**Sophokles,** griech. Tragiker, *um 496, †wahrsch. 406 v. Chr; hohe Staatsämter in Athen; Schöpfer der klass. Form der Charaktertragödie; 7 Tragödien u. Teile eines Satyrspiels erh.: u. a. „Antigone", „Kg. Ödipus", „Elektra", „Ödipus auf Kolonos".

**Sopot** ↑Zoppot.

**Sopran** ↑Stimmlagen.

**Sopraporte** [ital.], Wandfeld über der Tür u. das hier angebrachte Gemälde oder Relief.

**Sorben,** westslaw. Volk in d. Ober- u. Niederlausitz (bes. im Spreewald); in d. ehem. DDR Kulturautonomie; s. 1991 gefördert durch Stiftung für d. sorb. Volk.

**Sorbonne** [sɔrˈbɔn; frz.], alter ugs. Name der Pariser Universität, 1968 umorganisiert (heute 13 Univ. in Paris).

**Sorgerecht** ↑elterliche Sorge.

**Sorpetalsperre, Sorpesee,** Stausee der *Sorpe* sw. von Arnsberg, NRW, 3,3 km², 70 Mill. m³.

**Sorrent,** ital. **Sorrento,** St. am Golf v. Neapel, Italien, 17 200 E; bed. Fremdenverkehr; ⚓.

**SOS,** internat. [See]notzeichen (im Morsealphabet); gedeutet als: **s**ave **o**ur **s**hip (= Rettet unser Schiff!) od.: **s**ave **o**ur **s**ouls (= Rettet unsere Seelen!).

**Soschtschenko,** Michail Michailowitsch, russ. Schriftsteller, *1895, †1958; Satiren auf das Alltagsleben des Sowjetmenschen.

**SOS-Kinderdörfer,** von dem östr. Sozialpädagogen Hermann Gmeiner (*1919, †1986) 1949 gegr. bes. Art von Kinderdörfern; Unterbringung von in der Regel 8 Kindern (bis zu 14 J.) u. einer unverheirateten Frau („Mutter") in Einfamilienhäusern; weltweit verbreitet.

**sostenuto** [ital.], 𝄞 gehalten, getragen.

**Soter** [gr.], svw. ↑Heiland; *Soteriologie,* Lehre v. der Erlösung der Menschen durch das Heilswerk Jesu Christi.

**Sotho, Basuto,** Bantugruppe (Nord-S., Süd-S., Tswana) in Lesotho u. Südafrika.

**Sou** [su], alte frz. Münze, auf das 5-Centimes-Stück übertragen.

**Soubrette** [su-; frz.], Darstellerin meist munterer, oft kom. Sopranpartien in Oper und Operette; auch im Kabarett.

**Souffleur** [suˈfløːr; frz.], weibl. **Souffleuse,** jmd., der einem Schauspieler od. Sänger auf der Bühne den Text seiner Rolle flüsternd vorspricht.

**Souper** [suˈpe; frz.], [anspruchsvolles] Abendessen.

**Soutane** [su-; frz.], langes, enges Gewand des kath. Geistlichen.

**Souterrain** [sutɛˈrɛ̃; frz.], Kellergeschoss.

**Southampton** [saʊθˈæmptən], bed. engl. Hafenst. am Kanal, 204 400 E; Univ.; Ind.; ✈.

**South Carolina** [saʊθ kærəˈlaɪnə], Abk. **S. C.,** Staat im SO der USA, 80 582 km², 3,48 Mill. E, Hptst. Columbia; vorw. Anbau von Baumwolle, Tabak, Getreide; Textil-, Metallind.; bed. ⚓ Charleston.

**South Dakota** [saʊθ dəˈkoʊtə], Abk. **S. Dak.,** Staat im N der USA, 199 730 km², 696 000 E, Hptst. Pierre; Getreide- u. Flachsanbau; Viehzucht; ⚒ v. a. auf Gold u. Beryll; Nahrungsmittelindustrie.

**South Shields** [saʊθ ˈʃiːldz], Hptst. des engl. Metropolitan County Tyne and Wear, an der Mdg. des Tyne, 87 200 E; Schiffbau u. a. Industrie.

**Souvenir** [suvəˈniːr; frz.], Andenken, [kl.] Erinnerungsgeschenk.

**Souverän,** [unumschränkter] fürstl. Herrscher [eines Landes].

**Souveränität, Staatshoheit,**

rechtl. Unabhängigkeit eines Staates von anderen Staaten *(äußere Souveränität)* und der höchsten Staatsgewalt im Innern *(innere Souveränität)*.

**Sovereign** ['sɔvrɪn], ehem. engl. Goldmünze, erstmals 1489 geprägt. Nach Einführung der Goldwährung 1816 wurde die neue Goldmünze zu 20 Shillings (Pound Sterling) wieder S. genannt.

**Sowchose** [Kurzw.; = Sowjetwirtsch.], staatseigener landw. Betrieb in der ehem. UdSSR.

**Soweto,** Wohnsiedlung für Schwarze im SW v. Johannesburg, Rep. Südafrika, 3,5 Mill. E.

**Sowjet** [russ.; = Rat], staatl. od. gesellschaftl. Organ aller Ebenen u. Sachgebiete in der ehem. Sowjetunion.

**Sowjetische Besatzungszone, Sowjetzone,** Abk. **SBZ,** Teil Dtl., der 1945 v. sowj. Truppen besetzt u. in dem 1949 die DDR errichtet wurde.

**Sowjet|union, Union der Sozialistischen Sowjetrepubliken,** Abk. **UdSSR,** ehem. Unionsstaat in O-Europa u. Asien, 22,4 Mio. km² (davon 5,57 Mio. km² in Europa), 288,62 Mio. Ew. (1990); Hptst. Moskau. Die S. grenzte im W an d. Schwarze Meer, an Rumänien, Ungarn, d. Tschechoslowakei u. Polen; im NW an d. Ostsee, an Finnland u. Norwegen; im N an d. Nordpolarmeer, im O an den Pazifik, im SO an d. Jap. Meer, an Nord-Korea u. China; im S an China, d. Mongolei u. Afghanistan sowie im SW an Iran u. die Türkei. Die UdSSR bestand aus 15 Unionsrep., größere od. nat. vielfältige unter ihnen waren in autonome Rep. (insgesamt 20), autonome Gebiete (8) u. autonome Bezirke (10) unterteilt. Ehem. größtes Staatsgebiet der Erde u. unter den volkreichsten Ländern (nach China u. Indien an dritter Stelle); vielfältige nat. Zusammensetzung aus über 100 größeren u. kleineren Völkern. Staatssprache war Russisch, daneben fungierte in den Unionsrep. u. deren untergeordneten nat. Verw.-Einheiten die Sprache der jeweiligen Titularnation[alität] als Amtssprache.

**Polit. System:** Die S. war ein multinat. kommunist. Unionsstaat, der sich als Diktatur des Proletariats verstand u. totalitäre Züge unterschiedl. Ausprägung aufwies. Bereits in der Verf. von 1936 (vorausgegangen war d. Gründungs-Verf. v. 1924) war d. führende Rolle der Kommunist. Partei der S. (KPdSU) in allen staatl. u. gesellschaftl. Bereichen u. damit ein Einparteiensystem verankert worden, das zum Ausbau eines zentralist. geführten, bürokrat. Wirtschafts- u. Verw.-Systems führte. Nach d. Verf. v. 1977 (mehrfach revidiert, v. a. am 1. 12. 1988, 14. 3. u. 26. 12. 1990) fungierte das v. seinem Vors. geleitete Präsidium des Obersten Sowjets als kollektives Staatsoberhaupt. De facto galt jedoch d. Gen.-Sekr. der KPdSU als oberster Repräsentant des Staates. 1990 übernahm ein mit weitgehenden Vollmachten ausgestatteter Präs. (auf 5 Jahre direkt gewählt) das Amt des Staatsoberhauptes. Höchstes Staats- u. Legislativorgan war s. 1989 d. Kongress d. Volksdeputierten (2 250 Mitgl., auf 5 Jahre gewählt). In seine Kompetenz fielen u. a. Verf.-Änderungen, Grundfragen der Innen- u. Außenpolitik, Wahl des Obersten Sowjets. Als ständig tätiges Gesetzgebungs- u. Kontrollorgan fungierte d. Oberste Sowjet (bis 1989 höchstes Machtorgan), bestehend aus 2 gleichberechtigten Kammern mit je 271 für 5 Jahre gewählten Deputierten (Unions- u. Nationalitätensowjet). Ihm oblag u. a. die Ernennung des Kabinetts unter Leitung des Min.-Präs. (Vors. des Min.-Rates) u. des Generalstaatsanwalts der Union sowie die Gesetzesauslegung. Die Reg.-Geschäfte lagen beim Min.-Rat (bis 1946 Rat der Volkskommissare) unter Vorsitz des Min.-Präs. Mit d. Streichung des Führungsanspruchs der KPdSU aus der Verf. (1990) wurden Voraussetzungen für einen Parteienpluralismus u. die Entstehung neuer Parteien geschaffen. – Das sowj. Verf.-Recht betrachtete d. 15 Unionsrep. (Sozialist. Sowjetrep., Abk. SSR) formal als souveräne Staaten (einschl. des Rechts auf Austritt aus der Union), tatsächlich lag d. Kompetenz in fast allen bedeutsamen Belangen bei der Union. – Staat u. Kirche waren getrennt. Die Verf. garantierte die Religionsfreiheit u. die Freiheit der atheist. (antireligiösen) Propaganda. Die Religionsfreiheit war auf die Ausübung v. religiösen Kulthandlungen beschränkt, die religiöse Unterweisung v. Kindern u. Jugendlichen ausdrücklich verboten. – **Gesch.:** im März (alter Stil Febr.) 1917 Ausbruch der Revolution in Russland, Abdankung des Zaren Nikolaus II., Ausrufung der Rep., Sturz der provisor. (bürgerl.) Reg. Kerenski durch die v. Lenin u. Trotzki geführte bolschewist. Oktoberrevolution. Einführung des Rätesystems. 1918 Friede mit den Mittelmächten in Brest-Litowsk u. Bildung der Russ. Sozialist. Föderat. Sowjetrep. (RSFSR). Erfolgreiche Kämpfe der „Roten Armee" im Bürgerkrieg (1918–20/21) gg. antirevolutionäre Kräfte („Weißgardisten") u. ausländ. Interven-

**Unionsrepubliken der Sowjetunion** (1990)

| Republik | Hauptstadt | Fläche in km² | Ew. in Mill. |
|---|---|---|---|
| Armenische SSR | Jerewan | 29 800 | 3,29 |
| Aserbaidschanische SSR | Baku | 86 600 | 7,13 |
| Estnische SSR | Tallinn | 45 100 | 1,58 |
| Georgische SSR | Tiflis | 69 700 | 5,46 |
| Kasachische SSR | Alma-Ata | 2 717 300 | 16,69 |
| Kirgisische SSR | Frunse (Bischkek) | 198 500 | 4,37 |
| Lettische SSR | Riga | 64 600 | 2,69 |
| Litauische SSR | Vilnius | 65 200 | 3,72 |
| Moldauische SSR | Kischinjow | 33 700 | 4,36 |
| Russische SFSR | Moskau | 17 075 400 | 148,04 |
| Tadschikische SSR | Duschanbe | 143 100 | 5,25 |
| Turkmenische SSR | Aschchabad | 488 100 | 3,62 |
| Ukrainische SSR | Kiew | 603 700 | 51,84 |
| Usbekische SSR | Taschkent | 447 400 | 20,32 |
| Weißrussische SSR | Minsk | 207 600 | 10,26 |
| **Sowjetunion** | Moskau | 22 403 100 | 288,62 |

tionen; im Juli 1918 Ermordung der Zarenfam. 1921 Niederschlagung des antibolschewist. Kronstädter Aufstands; schwere Hungersnot (4 bis 5 Mill. Opfer). Langsame innere Konsolidierung (Übergang vom „Kriegskommunismus" zur „Neuen Ökonom. Pol."). 1922 dt.-sowj. Vertr. von Rapallo; durch Staatsvertr. der RSFSR mit der Ukrain., der Weißruss. u. der Transkaukas. Sowjetrep. Schaffung d. Union der Sozialistischen Sowjetrepubliken (UdSSR), die allm. internat. Anerkennung fand. Nach Lenins Tod 1924 Stalin Nachf., Ausschaltung Trotzkis u.a. Opponenten (Sinowjew, Kamenew). Aufstieg Stalins zum Alleinherrscher (ab 1928, auch Beginn des Personenkults um ihn). Zwangskollektivierung der Landw. (Bildung v. Kolchosen u. Sowchosen; Liquidierung des „Kulakentums"; erneut Hungersnot mit Mill. Toten, bes. in der Ukraine 1932–33); forcierte Industrialisierung, Straßen-, Eisenbahn- u. Kanalbau. Beseitigung mögl. Gegner durch „Säuberungen" (Höhepunkt Schauprozesse 1936–38 mit zahlr. Todesurteilen). Die Geheimpolizei (1917 als Tscheka gegr., bis 1934 GPU, dann im NKWD aufgegangen) wurde zu einem wesentl. Element des „roten" Terrors; Repressalien gegen Mill. v. Menschen durch Inhaftierung in Straflagern (GULAG), Einsatz zur Zwangsarbeit u. Erschießungen. Parallel dazu allmähl. polit. Gleichschaltung u. Indoktrinierung der Bev. („Sowjetpatriotismus", Ideologisierung v. Kunst u. Kultur im Sinne eines „sozialist. Realismus"). 1939 Dt.-Sowj. Nichtangriffspakt u. sowj. Einmarsch in O-Polen. Im Winterkrieg 1939/40 Gewinn von Teilen des finn. Karelien; 1940 Annexion Litauens, Lettlands u. Estlands. 1941 dt. Überfall auf die UdSSR (Beginn des „Gr. Vaterländ. Krieges"); 1941 Schlacht vor Moskau, 1942/43 um Stalingrad. Zw. 1941 u. 1944 unter Vorwurf d. Kollaboration opferreiche Deportation zahlr. Völker (u.a. Russlanddeutsche, Kaukasusvölker) zumeist nach Mittelasien. Rückeroberung des sowj. Territoriums bis 1944 abgeschlossen (rd. 27 Mill. sowj. Kriegstote). Im Anschluss daran zwang die Rote Armee die dt. Streitkräfte in ganz O-Europa zum Rückzug u. führte ihren Feldzug im Bündnis mit den westl. Alliierten, die 1944 eine zweite Front in W-Europa errichtet hatten, bis zur Einnahme Berlins (2. 5. 1945) u. der bedingungslosen dt. Kapitulation (8./9. 5. 1945) fort. Nach Ende des 2. Weltkrieges stieg die UdSSR zur Weltmacht auf; sie wurde im Besitz O-Polens bestätigt, erhielt von der ČSR das Transkarpatengebiet, von Rumänien die N-Bukowina u. Bessarabien, übernahm die Verw. in N-Ostpreußen u. erhielt von Japan, dem sie im Aug. 1945 den Krieg erklärt hatte, die Kurilen u. S-Sachalin. Schaffung eines Gürtels von Satellitenstaaten in Europa u. Asien; Spannungen zw. der UdSSR u. den westl. Alliierten führten zum Kalten Krieg (u.a. Berliner Blockade 1948/49) u. zur Blockbildung (auf sowj. Seite Gründung des Rates für gegenseitige Wirtschaftshilfe u. des Warschauer Paktes); 1949 Zündung der ersten sowj. Atombombe; verstärkte imperialist. Pol. der UdSSR; Unterdrückung der Volksaufstände in der DDR 1953 u. in Ungarn 1956; Ultimatum über den Status Berlins 1958. Nach Stalins Tod (1953) Erster Sekr. d. ZK Chruschtschow (s. 1958 auch Vors. d. Min.-Rats), der den Geheimdienstchef L. P. Berija stürzte, eine kurzzeitige kulturpolit. Liberalisierung („Tauwetter") zuließ u. auf dem XX. Parteitag der KPdSU (1956) die Entstalinisierung verkündete. 1955 Beendigung des Konflikts (s. 1948) mit Jugoslawien. Mit dem Start des ersten künstl. Erdsatelliten (4. 10. 1957) leitete die S. die Weltraumfahrt ein u. löste in den USA einen „Sputnik-Schock" aus; am 12. 4. 1961 gelang mit der Umkreisung der Erde durch J. A. Gagarin der erste bemannte Weltraumflug. Der latent vorhandene Ggs. zu China trat auf dem XXII. Parteitag 1961 bes. deutl. zutage; seitdem ideol. Streitigkeiten um die „Reinheit der Lehre" u. um die Führung im Weltkommunismus; 1962 wegen Raketenstationierung auf Kuba sowj.-amer. Kubakrise. 1964 Sturz Chruschtschows, Nachf. als Min.-Präs. Kossygin, als Erster Sekr. d. ZK (s. 1966 Gen.-Sekr.) Breschnew (s. 1977 auch Staatsoberhaupt); mit d. mil. Intervention der Warschauer-Pakt-Staaten (ohne Rumänien) in der ČSSR auf Veranlassung der UdSSR wurden Ansätze eines „demokrat. Sozialismus" erstickt; danach „Breschnew-Doktrin" von der beschränkten Souveränität sozialist. Staaten; s. Ende d. 60er-Jahre Normalisierung der Beziehungen zur BRD (Dt.-Sowj. Vertrag ) u. Entspannungspol. gegenüber den USA bzw. der NATO (auch KSZE) bis zum Einmarsch sowj. Truppen in Afghanistan Ende 1979. Nachf. Breschnews als Parteisekr. u. Staatsoberhaupt ab 1982/83 J. Andropow (1967–82 Chef des KGB); ihm folgte 1984 K. Tschernenko als Partei- u. Staatsführer, 1985 als Staatsoberhaupt (der langjährige sowj. Außenmin.) A. Gromyko. Generalsekr. der KPdSU wurde 1985 M. Gorbatschow (1988 auch Staatsoberhaupt). Er drang auf eine Verjüngung der Parteispitze u. leitete umfassende Reformen ein, die Pol. der „Perestroika" (Umgestaltung). Diese zielte zunächst auf eine Modernisierung der sowj. Ges. bei Aufrechterhaltung der kommunist. Orientierung u. Beibehaltung der Führungsrolle der KPdSU; wurde von breit angelegter öffentl. Diskussion („Glasnost") begleitet. Die damit verbundene Abkehr der S. von ihrem Hegemonieanspruch im Ostblock lockerte die starre Unterordnung dieser Länder unter die sowj. Interessen u. ermöglichte den polit. Umbruch in Mittel- u. Osteuropa ab 1989. Im Zuge eines „neuen polit. Denkens" gingen Gorbatschow u. Außenmin. Schewardnadse zu einer Entspannungsdiplomatie über, die zur Verbesserung der sowj.-amer. Beziehungen, Fortschritten bei der Abrüstung (1987 INF-Vertr. zur Beseitigung der Mittelstreckenraketen) u. schließlich zur Beendigung des Kalten Krieges in Europa führte. Internat. Auswirkungen hatte die Kernreaktorkatastrophe in Tschernobyl (Ukraine) im Apr. 1986, durch die auch weite Gebiete Europas radioaktiv belastet wurden. 1988/89 zog die UdSSR ihre Truppen aus Afghanistan ab, deren Einsatz seit Invasionsbeginn rd. 13300 sowj. Soldaten das Leben gekostet hatte. Ende der 1980er-Jahre geriet die Pol. der Perestroika in eine tiefe Krise. Die häufig nur im Ansatz verwirklichten Reformen zogen wachsende wirtsch. Schwierigkeiten, Versorgungsprobleme u. soziale Konflikte (u.a. steigende Arbeitslosigkeit, zunehmende Verarmung) nach sich, die immer wieder zu Massenprotesten führten. Die seit Jahrzehnten unterdrückten Nationalitätenprobleme entluden sich in einer Reihe ethnisch geprägter Bev.-Konflikte mit z.T. bürgerkriegsähnl. Charakter (z.B. zw. Armeniern u. Aserbaidschanern in ↑Bergkarabach, zw. Georgiern u. Abchasen in ↑Abchasien). Die balt. Sowjetrep. Litauen, Lettland u. Estland verlangten die Wiederherstellung ihres Status als sou-

veräne Staaten. Angesichts dieser Lage setzte Gorbatschow im Febr. 1990 im ZK der KPdSU den Verzicht auf das Machtmonopol der Partei durch (Streichung des Führungsanspruchs aus der Verf.); anschließend Errichtung eines Präsidialsystems (im März 1990 Wahl Gorbatschows zum Staatspräs.). Die einseitigen Unabhängigkeitserklärungen der balt. Republiken (Litauen am 11. 3., Estland am 30. 3. u. Lettland am 4. 5. 1990) führten zu einem schweren Konflikt mit der Unionsreg. (u. a. Wirtschaftsblockade gegen Litauen, im Jan. 1991 gewaltsame Militäreinsätze in Litauen u. Lettland). Bis zum Dez. 1990 hatten sich alle 15 Unionsrep. als souverän erklärt. Um ein völliges Auseinanderbrechen der Union zu verhindern, stellte Gorbatschow einen neuen Unionsvertrag in Aussicht u. veranlasste ein Referendum am 17. 3. 1991 über den Fortbestand der S. als einer „Föderation gleichberechtigter souveräner Rep.", für die sich (Estland, Lettland, Litauen, Moldawien, Georgien u. Armenien nahmen nicht teil) 76 % der Beteiligten aussprachen. Am 18./19. 8. 1991 versuchten konservative polit. Kräfte, unterstützt von Militär u. Geheimdienst, durch einen Putsch Präs. Gorbatschow zu stürzen u. die eingeleiteten Reformen rückgängig zu machen. Am 21. 8. brach der Putsch zus., nachdem sich unter der Führung des russ. Präs. B. Jelzin eine breite Widerstandsfront gebildet hatte. Gorbatschow trat daraufhin als Gen.-Sekr. der KPdSU zurück (24. 8. 1991). Die Partei wurde zunächst in Russland, später in der gesamten UdSSR vom Obersten Sowjet verboten, ihr Eigentum staatl. Verwaltung unterstellt. Die balt. Staaten Lettland, Litauen u. Estland konnten ihre staatl. Unabhängigkeit mit Billigung der UdSSR durchsetzen; andere Sowjetrep. wie z. B. Ukraine, Weißrussland, Aserbaidschan erklärten diese einseitig.
Alle nachfolgenden Versuche, die Union zu erhalten, blieben erfolglos. Am 8. 12. 1991 gründete Russland zus. mit Weißrussland u. der Ukraine eine „Gemeinschaft Unabhängiger Staaten" (GUS) als lockeren Staatenbund. Der Beitritt 8 weiterer Rep. (Armenien, Aserbaidschan, Moldawien, Kasachstan, Kirgistan, Tadschikistan, Turkmenistan u. Usbekistan) am 21. 12. 1991 in Almaty beendete fakt. die Existenz der S. (Rücktritt v. Staatspräs. Gorbatschow am 25. 12. 1991).

**sozial** [lat.], die Gesellschaft, Gemeinschaft betr., gesellschaftl., gemeinnützig, wohltätig.

**Sozial|arbeiter,** Beruf mit Fachhochschulausbildung, tätig in der öff. od. freien Jugend-, Familien- u. Altenhilfe, in Bewährungshilfe, Behindertenbetreuung u. a.

**Sozialdemokratie,** polit. Bewegung der Arbeitnehmer, die in einer gerechten u. solidar. Gesellschaft umfassende Freiheitsrechte durch die Demokratisierung aller wirtsch., sozialen u. staatl. Bereiche verwirklichen will. Gründung des „Allg. Dt. Arbeitervereins" (F. ↑Lassalle), der 1875 mit der 1869 gegr. marxist. Sozialdemokrat. Arbeiterpartei (SDAP mit A. Bebel u. W. Liebknecht) vereint wurde. Starker Einfluss v. K. Marx; 1878–90 durch Bismarcks Sozialistengesetz verboten, 1890 in *Sozialdemokrat. Partei Dtl.* (SPD) umbenannt. Sie unterstrich mit dem Erfurter Progr. von 1891 (v. K. Kautsky mitverfasst) ihren revolutionären Charakter. Seit 1918 unterscheidet sich die SPD vom Kommunismus durch antirevolutionäre, demokrat.-parlamentar. Haltung, nachdem sie 1914 die Kriegskredite bewilligt hatte u. 1916 bzw. 1917 der linke Flügel unter H. Haase und Kautsky (↑Unabhängige Sozialdemokratische Partei Deutschlands) sowie Karl Liebknecht u. Rosa Luxemburg (↑Spartakusbund) ausgeschieden war. Nach dem 1. Weltkrieg stärkste dt. Partei. 1931 Abspaltung der linkssozialist. Sozialist. Arbeiterpartei (SAP). 1933 Verbot durch den Nat.-Soz. Neu gegr. 1945, unter K. Schumacher zweitstärkste Partei der BRD, s. dem Godesberger Progr. v. 1959 als linke Volkspartei; 1966–69 große Koalition mit der CDU/CSU, 1969–82 Reg.-Koalition mit der FDP, s. 1998 mit Bündnis 90/Die Grünen; Vors. 1964–87 W. Brandt, 1987–91 H.-J. Vogel, 1991–93 B. Engholm, 1993–95 R. Scharping, 1995–99 O. Lafontaine, s. 1999 G. Schröder. – Die SPD der SBZ wurde 1946 mit der KPD zur SED vereinigt (↑Sozialist. Einheitspartei Dtl.), s. Okt. 1989 wieder eigenständig, Sept 1990 Zusammenschluss mit der SPD. – *Östr.:* Die 1888/89 unter Viktor Adler entstandene *Sozialdemokrat. Arbeiterpartei Österreichs* (SPÖ) versuchte nach 1900, die Lehren Marx' mit denen Lassalles zu verbinden (↑Austromarxismus), erstrebte den Anschluss an Dtl.; 1918–20 Reg.-Partei, danach in der Opposition; Radikalisierung, die 1927 in Wien zu militanten Demonstrationen führte; 1934 nach den blutigen Februarunruhen Verbot durch E. Dollfuß. 1945 als *Sozialist. Partei Östr.* (SPÖ) von K. Renner neu begr., 1945–66 an der großen Koalition beteiligt, 1970–83 alleinige Reg.-Partei unter B.-Kanzler B. Kreisky, 1983–2000 regierte sie in Koalitionen, zunächst mit der FPÖ, ab 1987 in großer Koalition mit der ÖVP; Bundesobmann: F. Sinowatz (1983–88), F. Vranitzky (1988 bis 1997), V. Klima (1997–2000), s. 2000 A. Gusenbauer. – *Schweiz:* 1888 Gründung der *Sozialdemokrat. Partei der Schweiz* (SPS), die sich 1921 nach Abspaltung des linken Flügels als KP der Schweiz zur Volkspartei entwickelte; 1935, 1955 stärkste Partei im Nationalrat, 1943–53 u. s. 1959 an der Reg. beteiligt.

**soziale Marktwirtschaft,** wirtschaftspolit. Konzeption, ↑Marktwirtschaft.

**sozialer Brennpunkt,** Wohngebiet, in dem Faktoren, die die Lebensbedingungen seiner Bewohner (insbes. Entwicklungschancen v. Kindern u. Jugendlichen) negativ bestimmen, überproportional auftreten (mangelh. soziale Infrastruktur, schlechte Bausubstanzen, hohe Arbeitslosigkeit u. a.).

**Sozial|ethik,** institutioneller oder allg. gesellschaftl. Rahmen zur moral. Begründung und Beurteilung von menschl. Handlungen; Ggs. Individualethik.

**Sozialgerichtsbarkeit,** bes. Zweig der ↑Verw.-Gerichtsbarkeit, zuständig bei Streitigkeiten auf dem Gebiet der Sozialversicherung einschl. des Kassenarztrechtes, der Arbeitslosenversicherung und der Kriegsopferversorgung (geregelt im Sozialgerichtsgesetz vom 3. 9. 1953); die S. wird durch bes. Verw.-Ger., die *Sozialger.,* ausgeübt.

**Sozialgesetzbuch,** Abk. **SGB,** Gesetzbuch, das die wesentl. Teile des Sozialrechts zus.fasst: I. Allg. Teil, III. Arbeitsförderung, IV. Sozialversicherung – Gemeinsame Vorschriften, V. Gesetzl. Krankenversicherung, VI. Gesetzl. Rentenversicherung, VII. Gesetzl. Unfallversicherung, VIII. Kinder- u. Jugendhilfe, IX. Rehabilitation u. Teilhabe Behinderter, X. Verw.verfahren, Schutz der Sozialdaten u. a., XI. Soziale Pflegeversicherung.

**Sozialhilfe,** öff. Wohlfahrtspflege, geregelt im *B.-Sozialhilfegesetz;* Leistungen: *Hilfe zum Lebensunterhalt* wird weitgehend nach Leistungspauschalen als

**sozialistischer Realismus:** *Wolfgang Mattheuer, „Die Ausgezeichnete" (1973/74)*

Geldleistung gewährt zur Deckung des Bedarfs an Ernährung, Unterkunft, Kleidung u. a.; *Hilfe in bes. Lebenslagen* umfasst Hilfe zum Aufbau od. zur Sicherung der Lebensgrundlagen, Ausbildungsbeihilfen, Krankenhilfe u. a.; durchgeführt von örtl. (Sozialämter der kreisfreien Städte und Landkr.) u. überörtl. (kommunale Selbstverwaltungskörperschaften u. Behörden) Trägern.

**Sozialismus** [lat.], im 19. Jh. gg. den Frühkapitalismus entstandene Bewegung, die eine antikapitalist., institutionell gesicherte Gesellschaftsordnung durch gesellschaftl. Gleichheit aller und gerechte Teilnahme aller an den materiellen Gütern erstrebt; Vorform der soz.-eudämonist. *utop. S.* (Renaissance); Hauptrichtungen sind der revolutionäre Marxismus u. der parlamentar.-demokrat., auf gesellschaftl. Reformen ausgerichtete S. der Sozialdemokratie.

**Sozialistengesetz,** nach 2 v. Bismarck den Sozialdemokraten angelasteten Attentaten auf Ks. Wilhelm I. am 21. 10. 1878 verabschiedetes Gesetz „gg. die gemeingefährl. Bestrebungen der Sozialdemokratie"; sollte die Parteiorganisation zerschlagen; u. a. Vers.-, Publikationsverbot; lief (nach mehrf. Verlängerung) 1890 ab.

**Sozialistische Einheitspartei Deutschlands,** Abk. **SED,** 1946 bis 1989 bestehende, Staat und Gesellschaft beherrschende Partei der DDR; entstanden durch den (von der sowjet. Besatzungsmacht erzwungenen) Zusammenschluss von KPD und SPD in der SBZ im April 1946, zunächst paritätisch mit Sozialdemokraten und Kommunisten besetzt (Parteivorsitzende: W. Pieck u. O. Grotewohl), wurde bis 1955 nach dem Vorbild der KPdSU umgewandelt (mit vom Parteitag gewähltem Zentralkomitee [ZK], dessen ständige Organe Politbüro und Sekretariat unter dem Gen.-Sekretär die eigtl. Machtzentrale bildeten). Gen.-Sekretäre (1953 bis 1976 1. Sekretär gen.), waren W. Ulbricht (1950–71), E. Honecker (1971–89), E. Krenz (1989). – 1989 änderte die SED ihren Namen in SED – Partei des Demokrat. Sozialismus (SED-PDS); im Febr. 1990 erfolgte die Umbenennung in Partei des Demokrat. Sozialismus.

**Sozialistische Internationale,** 1951 gegr. Vereinigung (hpts. europ.) sozialist. u. sozialdemokrat. Parteien; bekennt sich zum demokrat. Sozialismus.

**sozialistischer Realismus,** offiz. Kunstrichtung der ehem. UdSSR u. a. sozialist. Staaten; Forderung der Wirklichkeitstreue bei optimist. Darst. der sozialist. Welt.

**Sozialpolitik,** Gesamtheit der staatl. u. privaten Maßnahmen zur Sicherung eines Minimums an soz. Sicherheit.

**Sozialprodukt,** die v. den Ew. eines Landes in einem Jahr erbrachte Wirtsch.leistung; 1999 durch *Nationaleinkommen* ersetzt (↑Bruttonationaleinkommen).

**Sozialpsychologie,** Wiss., die sich mit soz. Beziehungen in u. zw. Gruppen, Sozialisation, Rollenverhalten, soz. Konflikten u. a. befasst.

**Sozialstaat,** mod. Bez. für eine soz. verantwortl. Demokratie.

**Sozialversicherung,** öffentl.-rechtl., genossenschaftl. Vorsorge gegen best. Risiken, beruhend auf dem Gedanken der organisierten Kollektivhilfe; sie garantiert Sicherheit im Krankheitsfall (↑Krankenversicherung), im Pflegefall (↑Pflegeversicherung), bei Unfall (↑Unfallversicherung), Arbeitslosigkeit (↑Arbeitslosenversicherung) u. im Alter (↑Rentenversicherung). – Die S. wurde in Dtl. in den 1880er-Jahren eingeführt. – In Östr. gilt (nach Anfängen s. 1887/88) seit 1956 das Allg. S.sges. (ASVG); in der Schweiz fällt – bei staatl. Unterstützung – die Aufgabe der S. den Kantonen zu.

**Sozialwissenschaften,** Gesellschaftswiss. (u. a. Soziol., Politikwiss., Sozialphilos., Psychol., Ethnol., Sozial- u. Kulturanthropol., Wirtsch.-, Rechtswiss.).

**Sozietät** [lat.], Genossenschaft, [Versicherungs]gesellschaft, Gemeinschaft.

**Soziologie** [lat.; gr.], Wiss., die Struktur-, Funktions- u. Entwicklungszusammenhänge der Ges. im Ganzen u. in Teilbereichen darstellt u. zu erklären versucht; begr. durch A. Comte.

**Sozius** [lat.], **1)** Teilhaber, Gesellschafter. **2)** Beifahrer [auf dem Motorrad], auch für Beifahrersitz.

**Spa,** belg. Kurbad südl. v. Verviers, 10 100 E; alkalisch-eisenhalt. Quellen.

**Spacelab** ['speɪslæb; engl.], Bez. für das von 10 europ. Staaten u. den USA gemeinsam entwickelte

Weltraumlabor; es wurde 1983 an Bord eines Raumtransporters in eine Erdumlaufbahn gebracht und diente bis 1998 wiss. und technol. Experimenten.

**Spaceshuttle** ['speɪsʃʌtl; engl.], ↑Raumtransporter.

**Spalier** [ital.], **1)** Gitterwand, an der [Obst]pfl. *(Sp.obst)* hochgezogen werden. **2)** Ehrenformation beiderseits eines Weges.

**Spanferkel,** junges, noch nicht vom Muttertier entwöhntes Schwein.

**Spani|els** [frz.-engl.], v. a. in England und Amerika herausgezüchtete Rassengruppe etwa 40–60 cm schulterhoher Stöberhunde (Cocker-, Springer-, Clumberspaniel) bzw. Luxushunde, z. B. Toyspaniel.

**Spani|en,** südwesteurop. Staat auf d. Iber. Halbinsel. – Kerngebiet das zentrale Hochland; nach W zur atlant. Küste (Portugal) abfallend; im NO steppenhafte Trockenlandschaften, im SW das z. T. fruchtb. u. klimat. günstige Guadalquivirbecken; die Flüsse (bes. Ebro, Duero, Tajo, Guadiana, Guadalquivir) haben Bed. v. a. für künstl. Bewässerung u. Energiegewinnung. *Klima:* im Binnenland kontinental, im W u. N atlant., im S u. O mediterran. – Siedlungszentren sind die Küstenzonen, das Guadalquivir- und Ebrobecken sowie das Madrider Gebiet. *Landw.:* vorherrschend Weizen-, Mais-, Zuckerrüben- und Reisanbau, im S Südfrüchte-, Wein-, Ölbaum- und Tabakkulturen; auf d. kargen Hochflächen extensive Viehzucht; durch Nutzung der Korkeichen bed. Korklieferant; bed. Küsten- u. Hochseefischfang. *Bodenschätze:* Eisenerze, Steinkohle, Schwefelkies, Kupfer-, Blei-, Zink- und Wolframerze, bed. Quecksilbergruben. *Ind.:* Hütten- und Metallind., Textilind. (vorw. Baumwolle); ferner Papier-, Nahrungs- u. Genussmittelind.; größte Häfen: Barcelona, Bilbao, Cartagena.

*Gesch.:* im 1. Jt. v. Chr. Verschmelzung der Iberer mit den v. N eingewanderten Kelten *(Keltiberer),* s. dem 6. Jh. v. Chr. v. Karthagern aufgesucht (im 3. Jh. Ausdehnung bis zum Ebro); s. dem 2. Pun. Krieg röm.; in der Völkerwanderung zuletzt v. Westgoten erobert, die 711 den Arabern unterlagen; s. 756 Begründung des Emirats (ab 929 Kalifats) v. Córdoba, Hochblüte islam.-maur. Kultur; 1030 Zerfall des Reiches in Teil-Ft. Im N Herausbildung christl. Reiche: Kastilien, Aragonien, Navarra, León, Portugal u. a. Durch Heirat Isabellas v. Kastilien u. Ferdinands v. Aragonien (1479) Vereinigung beider Staaten in Personalunion u. Begründung des span. Reiches; Abschluss der Kämpfe gg. die Mauren mit der Eroberung v. Granada (1492); Begründung des span. Kolonialreiches durch die span. Konquistadoren. Unter Philipp II., Sohn Kg. Karls I. (als Röm. Ks. Karl V.), Ausbildung des Absolutismus, Höhept. der span. Macht u. Kultur. 1580 Portugal an S.; Niedergang: 1581 Abfall der nördl. Niederlande, 1588 Vernichtung der Armada durch die Engländer, 1640 Portugal unabh.; nach dem Span. Erbfolgekrieg zw. Östr. u. Frkr. (1701 bis 1713/14) fielen im Frieden v. Utrecht (1713) die südl. Niederlande u. die span. Besitzungen in Italien an Östr.; Gibraltar an Großbr. Aufschwung unter den Bourbonen; 1808 Napoleons I. Bruder Joseph Kg. v. S., gg. ihn Volkserhebung, die sich zum span. Unabhängigkeitskrieg ausweitete, 1810–25 Befreiungskampf der südamerikan. Kolonien; 1833–39, 1847–49 u. 1872–76 ↑Karlistenkriege; durch den Krieg gg. die USA (1898) Verlust v. Kuba, Puerto Rico u. der Philippinen. Im 1. Weltkrieg neutral. 1923–30 Mil.-Diktatur unter Primo de Rivera y Orbaneja; 1931 verließ Alfons XIII. das Land; Ausrufung der Rep.; Verschärfung der soz. Gegensätze, Radikalisierung der Parteien. Aufstände in Asturien u. Volksfrontreg. der Linksparteien (1936) führten zur Mil.-Revolte des Gen. Franco Bahamonde in Span.-Marokko, Ausweitung zum Span. Bürgerkrieg (1936–39), Sieg Francos, der seitdem das Land diktator. regierte. Trotz Beitritt zum Antikominternpakt 1939 trat S. nicht in den 2. Weltkrieg ein; 1947 formelle Umwandlung S.s in eine Monarchie. Nach Francos Tod (1975) wurde Prinz Juan Carlos von Bourbon König; 1977 1. Parlamentswahlen s. dem Bürgerkrieg; 1978 demokrat. Verf.; zahlr. polit. Morde, Entführungen, Attentate v. rechter u. linker Seite (die bask. terrorist. Organisation ETA) versuchten den Demokratisierungsprozess zu verhindern. S. 1979 Vergabe v. Autonomiestatuten an die Regionen. 1981 Putschversuch rechtsgerichteter Militärs niedergeschlagen. 1982–96 sozialist. Reg.; s. 1996 konservative Reg., Min.-Präs. J. M. Aznar López; Mitgl. der NATO u. der EU.

**Spanien**

*Fläche:* 505 990 km²

*Einwohner:* 39,754 Mill.

*Hauptstadt:* Madrid

*Amtssprache:* Spanisch

*Zeitzone:* MEZ

**Spanisch,** roman. Spr.; gesprochen in Spanien sowie in S- u. M-Amerika mit Ausnahme v. Brasilien.

**spanische Kunst,** die Kunst auf der Iber. Halbinsel; ist durch die Einwirkung ganz versch. Kulturkreise geprägt worden. Grundlage ist die röm. Spätantike; auf diese folgen die westgot. (Bauten in und bei Oviedo), die islam. Baukunst (u. a. Moschee v. Córdoba) u. die abendländ. roman. Kultur (bes. Blüte der katalan. Kunst im Kirchenbau u. in der Buchmalerei; bed. Kathedralen u. a. in Santiago de Compostela, Salamanca [Alte Kathedrale], Zamora, Cuenca u. Tarragona; bed. Plastik, Wandmalerei u. Tafelmalerei). In der Gotik Einflüsse aus Italien u. den Niederlanden; die hochgot. Kathedralen von Burgos, Toledo, León u. Barcelona haben ihre Vorbilder in Frkr.; in der Spätgotik islam. Einflüsse bei den Kathedralen v. Zaragoza, Sevilla, Valencia. Hauptdenkmal des Mudejarstils: der Alkazar in Sevilla (14. Jh.). Blüte der Tafelmalerei (J. Huguet, B. Bermejo, F. Gallegos, P. Berruguete). In der Renaissance und im Barock dekorat. Prachtbauten; im plateresken Stil die Kathedrale v. Salamanca, Granada u. a. Wendung zum klass.-ital. Stil unter Karl I. (Palast auf dem Alhambrahügel in Granada, 1526 ff.) und Philipp II. (El Escorial, 1563 bis 1584). Meister der Plastik u. der Malerei dieser Zeit: Gil de Siloé, F. Vigarny, A. G. de Berruguete, L. de Morales, El Greco, A. Sánchez Coello. Europ. Geltung erlangte die span. Malerei mit J. de Ribera, F. Zurbarán, D. Velázquez, B. E. Murillo, F. de Goya. Im Modernismo, dem span. Jugendstil, v. a. A. Gaudí. Vertr. der Kunst des 20. Jh.: P. Picasso, J. Gris, J. Miró, S. Dalí, J. Gonzáles, E. Arroyo,

**spanische Kunst:** *Francisco José de Goya y Lucientes, „Die Erschießung der Aufständischen vom 3. Mai 1808" (1814)*

E. Chillida, R. Bofill, A. Saura u. A. Tàpies.

**spanische Literatur,** die Lit. der Iber. Halbinsel in span. Sprache. *Mittelalter* (12.–15. Jh.): anfangs große Bedeutung in der Vermittlung oriental. Erzählstoffe aus der Synthese arab. u. jüd. Kultur. Minnesang im 13. u. 14. Jh. in galic. u. provenzal.-katalan. Sprache; Heldenepen („Cantar de mio Cid"); Romanzen als spezif. span. lyr. Gattung. Erschließung arab. u. jüd. naturwiss. Denkens für die s. L. durch systemat. Übersetzungen am Hof Alfons' X; Chroniken (Juan Ruiz), Ritterromane. Ital. Einflüsse prägten den Übergang zur *Renaissance* (erster Höhepunkt mit dem Lesedrama „Celestina"). Blüte der s. L. im *Goldenen Zeitalter* (16./17. Jh.): lyr. u. dramat. Meisterwerke von L. F. de Vega Carpio u. Calderón de la Barca. M. de Cervantes Saavedras „Don Quijote" steht am Beginn des mod. europ. Romans. Metaphernreiche barocke Sprache bei L. de Góngora y Argote (Gongorismus); pikareske Schäfer- u. Schelmenromane. *18./19. Jh.*: Umarbeitung klass. Comedias nach dem Vorbild der frz. Komödie (L. Fernández de Moratín); späte Durchsetzung von *Aufklärung* (José Cadalso y Vázquez) u. *Romantik*. Übergang zu *Realismus* (Fernán Caballero) u. *Naturalismus* (Clarín, V. Blasco Ibáñez) mit wirklichkeitsgetreuen Darstellungen der Heimat im Roman. Wiedererstehen einer eigenen Lit. in katalan. u. galic. Sprache. *20. Jh.*: Rückbesinnung der „Generation von 98" auf tradit. Werte bzw. Streben nach geistiger Erneuerung (M. de Unamuno y Jugo, Azorín, P. Baroja y Nessi u. a.). Entw. des *Modernismo* als span. Variante des *Symbolismus* in Lyrik (R. Darío) u. Prosa (R. del Valle-Inclán, J. R. Jiménez). Undogmat. Denken u. künstler. Experimente zw. Literatur, Malerei, Film in den 20er- u. 30er-Jahren (S. Dalí, L. Buñuel). Bekenntnis der Dichtergruppe „Generation von 1927" (u. a. P. Salinas, J. Guillén) zur „reinen Kunst"; Revolutionierung des Theaters (García Lorca). Engagierte polit. Lyrik während des Span. Bürgerkriegs (R. Alberti). Die Lit. der Nachkriegszeit stand bis in die 70er-Jahre unter staatl. u. kirchl. Zensur; polit. u. sozial engagierte Lyrik (G. Celaya), Dramatik (A. Buero Vallejo) u. Prosa (C. J. Cela, J. Semprún, M. Delibes, J. Goytisolo). Seit Ende des Franco-Regimes zahlreiche literar. Einflüsse aus anderen europ. Ländern u. Herauskristallisierung einer kastil., galic., katalan. u. bask. Lit. an der Wende zum *21. Jh.* International bed. Autoren: E. Mendoza, R. Chirbes, J. Marías, A. Muñoz Molina, A. Grandes, A. Pérez-Reverte, C. Sánchez.

**spanische Musik,** Musiktradition der Iber. Halbinsel. Im 6. u. 7. Jh. Ausbildung des mozarab. Gesangs; reiche Musikpflege im Kalifat von Córdoba sowie an den christl. Höfen. Überlieferung ein- u. mehrstimmiger Musik des 12. Jh. aus Santiago de Compostela sowie in den „Cantigas de Santa Maria" von Alfons X., dem Weisen; mehrstimmige Musik des 13. Jh. aus dem Zisterzienserkloster Las Huelgas bei Burgos. Um 1500 trat J. del Encina hervor, im 16. Jh. A. de Cabezón u. C. Morales. T. L. de Victoria vertrat in seiner Kirchenmusik den Palestrina-Stil. In der Zarzuela bringt Spanien einen eigenen Beitrag zu den Bühnenwerken des 17./18. Jh. Das 18. Jh. war stark von der ital. Musik bestimmt. Umgekehrt drang mit span. Formen (nach Folia, Sarabande, Passacaglia seit dem 16./17. Jh. nun Bolero, Fandango, Flamenco, Seguidilla) span. Kolorit in die europ. Musik ein. Mit F. Pedrell verbanden sich im 19. Jh. nat.-span. Tendenzen. Neben dem Einfluss R. Wagners trat um 1900 der der frz. Musik, u. a. bei I. Albéniz, E. Granados y Campiña, M. de Falla u. J. Turina, hervor. Komponisten der jüngeren Generation sind u. a. C. Halffter Jiménez, L. de Pablo Costales u. E. Raxach.

**Spanische Reitschule,** 1572 in Wien als *Span. Hofreitschule* gegr. Reitschule, Pflegestätte der hohen Schule; Dressurpferde sind Lipizzaner.

**Spanische Sahara** [-ˈsɑːhɑrɑ, sɑˈhɑːrɑ], ↑Westsahara.

**spanische Wand, Paravent** [-ˈvɑ̃ː], zusammenlegbarer Wandschirm aus bespannten Holzrahmen, Rohrstäben, Holzleisten oder -brettchen.

**Spannbeton,** Stahlbeton, d. mithilfe von gespannten Stahldrahteinlagen im unbelasteten Zustand vorgespannt (unter Druckspannung gesetzt) wird; ergibt große Zugfestigkeit.

**Spanne,** altes Längenmaß; von der Spitze des Daumens bis zu der des kl. Fingers bei gespreizter Hand, Werte zw. 22 u. 28 cm.

**Spanner,** Fam. der Nachtfalter; ihre nackten, oft astähnl. Raupen bewegen sich mit „spannender" Bewegung (Zusammenkrümmen u. Strecken) fort; z. T. Obstbaum- und Forstschädlinge.

**Spannung, 1) elast. S.,** im Innern elast. Körper bei Deformation auftretende Gegenkräfte, die die Formänderung wieder rückgäng. zu machen suchen. **2)** ↑elektr. Spannung.

**Spannungsmesser** svw. ↑Voltmeter.

**Spannungsreihe,** Anordnung der chem. El., v. a. der Metalle, nach wachsenden elektr. Spannungen; in der *elektrochem. S.* so, dass bei Eintauchen zweier Metalle in einen geeigneten Elektrolyten das in der S. zuerst stehende (unedlere) Metall zum negat., das in der S. später folgende (edlere) Metall zum posit. Pol wird.

**Spannungsteiler,** svw. ↑Potenziometer.

**Sparbriefe,** v. Banken od. Sparkassen *(Sparkassenbriefe)* herausgegebene mittelfristige Wertpapiere mit festem, jährl. steigendem od. variablem Zinssatz.

**Spareinlagen,** auf ein Sparkonto bei Kreditinst. eingelegte Sparbeträge, über die eine Urkunde *(Sparbuch)* ausgestellt wird, die alle Kontobewegungen enthält.

**Spargel** [gr.], Liliengewächs; unterird. (in manchen Gegenden auch junge oberird.) Sprosse; vorzügl. Gemüse.

**Spargelfliege** ↑Pflanzenkrankheiten (Übers.).

**Spargelkäfer** ↑Pflanzenkrankheiten (Übers.).

**Spargelkohl, Brokkoli,** mit dem Blumenkohl verwandte Gemüsekohlvarietät.

**Spargelrost** ↑Pflanzenkrankheiten (Übers.).

**Sparkassen,** öff.-rechtl. Kreditinst. mit Universalbankcharakter; als S.-Zentralbanken dienen regionale Girozentralen.

**Sparta,** griech. St. im S der Peloponnes, 11900E, Hauptort d. Verw.-Gebiets Lakonien. – Als Lakedaimon gegr., neben Athen die bedeutendste Stadt Altgriechenlands. Die *Spartaner* führten ein auf Krieg und Dienst am Staat eingestelltes Leben; *spartanisch,* anspruchslos, streng.

**Spartakus,** Anführer des 3. Sklavenaufstandes gg. die Römer, ⚔ 71 v. Chr; thrak. Herkunft; eroberte Süditalien; von Crassus besiegt und getötet.

**Spartakusbund,** 1917 durch Abspaltung von der dt. Sozialdemokratie entstandene linksradikale, revolutionäre Bewegung in Dtl. (unter Karl Liebknecht u. Rosa Luxemburg), aus der 1918/19 die KPD entstand.

**Sparte,** Fach, Gebiet, Abteilung.

**Spasmus** [gr.], ⚕ Krampf.

**spastisch, spasmisch,** krampfhaft, krampfartig.

**Spatel,** flaches, längl. [Labor]gerät aus unterschiedl. Material zum Schaben, Entnehmen usw.

**Späth,** Lothar, dt. Politiker, * 1937; in Ba.-Wü. 1978 Innenmin., 1978–91 Min.-Präs., 1980–89 Mitgl. des Präsidiums der CDU; übernahm 1991 die Geschäftsführung der Jenoptik AG.

**Spätlese,** zweite Prädikatsstufe für Qualitätsweine mit Prädikat; Reben nach der allg. Lese gelesen.

**Spatzen,** svw. ↑Sperlinge.

**SPD,** Abk, für: **S**ozialdemokrat. **P**artei **D**eutschlands (↑Sozialdemokratie).

**Spechte, Picidae,** fast weltweit verbreitete Fam. der Spechtvögel; mit Kletterfüßen, Stützschwanz u. langem, kräft. Schnabel, mit dem sie Bruthöhlen in Baumstämme hämmern u. unter der Rinde Insekten suchen; Buntspechte, Grün- und Schwarzspecht.

**Spechtmeise,** svw. ↑Kleiber.

**Speci|es** [lat.], ↑Art.

**Speedwayrennen** [spi:dweɪ-; engl.], Motorradrennen auf (Rund-)Aschenbahnen; auf Eisbahnen: *Eisspeedway.*

**Speer,** Albert, dt. Architekt u. Politiker (NSDAP), * 1905, † 1981; errichtete ab 1933 für Hitler gigant. Repräsentationsbauten, 1942 R.-Min. für Bewaffnung u. Munition (1943 für Rüstung u. Kriegsproduktion); im Nürnberger Kriegsverbrecherprozess 1946 zu 20 Jahren Haft verurteilt, 1966 freigelassen.

**Speer, 1)** Stangenwaffe für Stoß u. Wurf, meist aus Holz mit einer Stein- od. Metallspitze. **2)** Sportgerät der Leichtathletik *(S.werfen)* aus Holz od. Metall.

**Speiche, 1) Radius,** Unterarmknochen an der Daumenseite. **2)** stabförm. Radteil, verbindet ↑Nabe und ↑Felge.

**Speichel,** Absonderung der *S.drüsen;* dient dem Aufweichen trockener Speisebestandteile.

**Speicher** [lat.], **1)** Raum oder Gebäude zur Lagerung von Gegenständen. **2)** Funktionseinheit eines Computers, in der Daten in codierter Form aufbewahrt u. wieder abgerufen werden können. Man unterscheidet S. u. a. nach der *Zugriffsart* (wahlfreie, zykl., sequenzielle S.) u. dem *S.medium* (Magnet-, Halbleiter-, Supraleitungs-S., opt. S.). Zu den Halbleiter-S. gehören ↑RAM u. ↑ROM.

**Speiseröhre, Ösophagus,** meist ausschließl. dem Nahrungstransport dienender Teil des Verdauungskanals zw. Schlund und Magen.

**Speisesalz** ↑Kochsalz.

**Spektral|analyse** [lat.; gr.], chem. Analyse fester, flüss. od. gasförm. Stoffe durch Herst. ihres Emissions- od. Absorptionsspek-

**spanische Kunst:** *spätgotische Kathedrale von Sevilla (1402 begonnen) mit aus maurischer Zeit erhalten gebliebenem Minarett „La Giralda“ (1184–96; links); Diego Rodríguez de Silva y Velázquez, „Las Meninas“ (1656; rechts)*

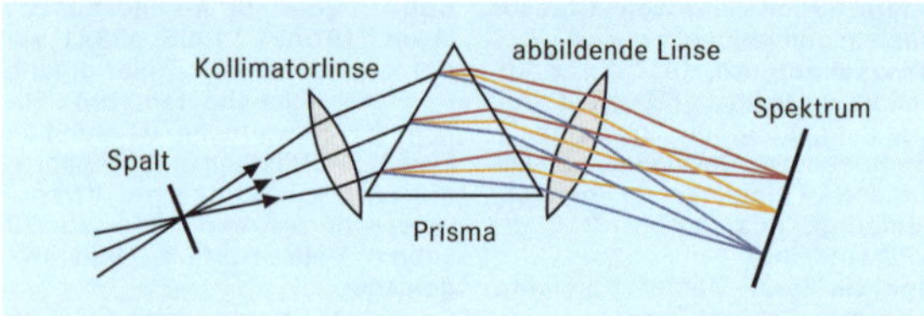


**Spektralapparat:** *Grundschema eines Prismenspektralapparats mit Entstehung des Spektrums*

trums u. dessen Auswertung mit einem Spektralapparat.

**Spektral|apparat,** Gerät, das eine Zerlegung des Lichtes nach Wellenlängen ausführt (↑Dispersion). Man unterscheidet u. a. *Prismen-, Gitter-* u. *Interferenz-S.*

**Spektralklassen,** die auf den Sternspektren beruhenden Klassen v. Sternen. Für die Einteilung in S. ist die relat. Stärke benachbarter Spektrallinien von bes. Bedeutung. Geordnet nach fallenden Oberflächentemp. ergeben sich die S.: O, B, A, F, G, K, M, S, C.

**Spektrum** [lat.], allg. die (relat.) Häufigkeits- bzw. Intensitätsverteilung der Bestandteile eines Gemischs in Abhängigkeit v. einer gemeinsamen Eigensch., z. B. der Energie *(Energie-S.)* od. Masse (*Massen-S.,* u. a. bei der Massenspektroskopie), auch das *Schall-S.* – Insbes. versteht man unter S. die Intensitätsverteilung einer elektromagnet. Strahlung in Abhängigkeit v. der Wellenlänge bzw. Frequenz *(elektromagnet. S.);* z. B. das farb. Lichtband, das entsteht, wenn weißes Licht durch ein Glasprisma fällt (Farbfolge: Rot, Gelb, Grün, Blau, Violett; ↑Regenbogen). Glühende Körper geben ein kontinuierl., leuchtende Gase ein diskretes *Emissions-S.,* das für jedes El. charakt. ist. Senden Moleküle Licht aus, so zeigen sich Gruppen v. Spektrallinien in ihrem S. *(Banden-S.).* Ein *Absorptions-S.* erhält man, wenn nicht leuchtende Gase u. Dämpfe aus einer Strahlung mit kontinuierl. S. Licht der gleichen Wellenlänge absorbieren, das sie selbst emittieren können. Die *fraunhoferschen Linien* im Sonnen-S. sind solche Absorptionslinien.

**Spekulation** [lat.], **1)** hypothet., über die erfahrb. Wirklichkeit hinausgehender Gedankengang. **2)** wirtsch. Verhalten, das darauf ausgerichtet ist, aus der Entw. der Marktpreise Nutzen zu ziehen. **3)** allg. svw. vage Berechnung.

**Spelzen,** trockenhäut., zweizeilig angeordnete Hochblätter der Ährchen u. Blüten der meisten Gräser.

**Spengler,** Oswald, dt. Kulturphilosoph, *1880, †1936; „Der Untergang des Abendlandes".

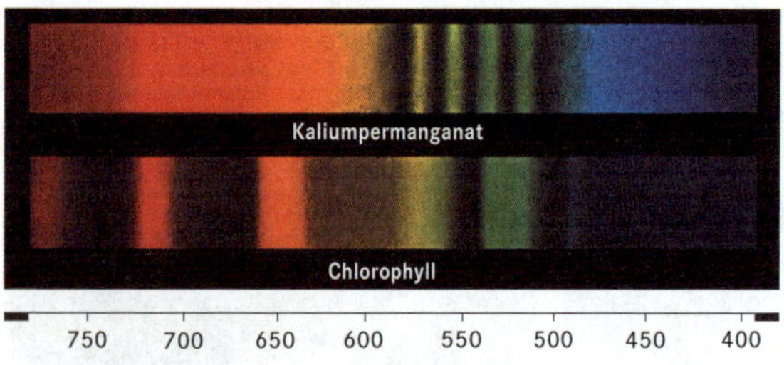


**Spektrum:** *kontinuierliche Spektren; die Zahlenwerte der Skale entsprechen den Wellenlängen in Nanometer.*

**Sperber** [frz. spɛrˈbɛ:r], Manès, frz. Schriftsteller östr. Herkunft, *1905, †1984; setzte sich mit Kommunismus und Totalitarismus auseinander; Romane („Wie eine Träne im Ozean", Trilogie), Essays; 1983 Friedenspreis des Dt. Buchhandels.

**Sperber,** tagaktiver, oberseits schiefergrauer Greifvogel der Unterfam. Habichte, jagt v. a. Kleinvögel; Eurasien, NW-Afrika.

**Sperlinge,** Singvogelgatt. (Webervögel) der Alten Welt; der *Haus-S.* nistet an Gebäuden, der kleinere *Feld-S.* u. a. in Baumhöhlen.

**Spermi|en, Spermatozoen** [gr.], haploide ♂ Geschlechtszellen bei Mensch und Tieren (ausgenommen Einzeller); meist mit kl., den Zellkern enthaltendem Kopf, kurzem Mittelstück und langem, dünnem, als Bewegungsorganell dienendem Schwanzfaden; in den Samenkanälchen des Hodens gebildet; Länge beim Menschen etwa 0,05 bis 0,06 mm.

**Sperrzeit,** die durch Verordnung der zuständigen obersten Landesbehörde festzusetzende Zeit, in der Gaststätten geschlossen werden müssen *(Polizeistunde).*

**Spesen** [ital.], die Auslagen, die in Verbdg. mit der Erledigung eines Geschäfts erwachsen.

**Spessart,** Bergland im Mainviereck, südl. der Kinzig (Geiersberg 585 m), Bayern und Hessen.

**Speyer,** krsfr. St. am Oberrhein, RP, 49 700 E; Hochsch. für Verw.-Wiss., Landesbibliothek, Archive, Museen, Kaiserdom (1030 bis gg. 1100) mit Grablege ma. Kg. und Ks.; „Altpörtel" (Stadttor, 13. Jh.); vielseit. Ind.; Rhein-⚓. – 150 v. Chr. erstmals als *Noviomagus* erwähnt, vom 1. Jh. v. Chr. bis ins 3. Jh. n. Chr. *Civitas Nemetum,* im 6. Jh. *Spira;* alter Bischofssitz. Um 1294 Befreiung von der bischöfl. Herrschaft; 1527–1689 Sitz des R.-Kammergerichts; 1689 Zerstörung durch frz. Truppen; allmähl. Wiederaufbau im 18. Jahrhundert.

**Spezi|es** [lat.], ↑Art.

**spezifisch** [lat.], arteigen, kennzeichnend.

**Sphäre** [gr.], **1)** die Himmelskugel (↑Himmel). **2)** Umwelt, Gesellschafts-, Wirkungskreis.

**sphärisch, 1)** kugelförmig; die Himmelskugel betr. **2)** durch größte Kreise auf einer Kugelfläche gebildet (v. Figuren, z. B. s. ↑Dreieck).

**Sphäroid** [gr.], kugelähnl. Körper (bzw. seine Oberfläche); Rotationsellipsoid.

**Sphinx** [gr.], Ungeheuer der griech. Mythol., Rumpf eines geflügelten Löwen, Kopf und Brust einer Frau; saß vor Theben, gab jedem Vorübergehenden ein Rätsel auf, von Ödipus bezwungen. – In der ägypt. Kunst als männl. kgl. Wesen (S. v. Giseh) dargestellt.

**Spiegel,** Paul, dt. Unternehmer, *1937; s. 2000 Vors. des Z.-Rats der Juden in Dtl.

**Spiegel, 1)** durch Auftragen best. Substanzen (meist Silber od. Aluminium) reflektierend gemachte Fläche; *Plan-S.* (eben) in der Optik zur Brechung v. Strahlengängen, *Hohl-* u. *Konvex-S.* als Teile opt.

Systeme, *Parabol-S.* insbes. für Scheinwerfer. **2)** Bez. für den Gehalt einer Flüssigkeit an einer bes. Substanz, z. B. des Blutes an Zucker (Zucker-S.).

**Spiegelreflexkamera,** fotograf. Apparat, bei d. der Bildausschnitt durch das Aufnahmeobjektiv oder ein zweites Objektiv über Spiegel auf einer Mattscheibe sichtbar gemacht wird.

**Spiegelteleskop, Reflektor,** auf der lichtsammelnden u. -bündelnden Wirkung eines Parabolspiegels beruhendes astronom. Fernrohr.

**Spiekeroog,** eine der Ostfries. Inseln, Nds., 17,0 km², 730 E, Seebad; älteste erh. ostfries. Inselkirche (1696). Fähre v. Neuharlingersiel.

**Spiel,** Verhaltensbereich bei Mensch u. Tier mit vielfältigen Erscheinungsformen u. Funktionen, frei v. äußerer Zwecksetzung u. Zwang; bed. für die emotionale, motor., kognitive u. soz. Entwicklung des Kindes.

**Spielberg** [ˈspi:lbə:g], Steven, amer. Filmregisseur, *1947; „Jurassic Park“, „Schindlers Liste“.

**Spielleute,** fahrende Sänger des MA, die Dichtungen vortrugen.

**Spieltheorie,** Zweig der angewandten Math. Gegenstand der S. sind strateg. Spiele, also solche, deren Ausgang auch v. Verhalten der Spieler abhängt (z. B. Schach); bed. Anwendungen in der Wirtschaftstheorie, beim Mil., in der Soziologie u. der Statistik.

**Spießbürger,** fr. mit Spieß bewaffneter Stadtbürger; heute abwertend kleinl., engstirn. Mensch.

**Spießrutenlaufen,** mil. Strafe v. a. im 16.–19. Jh.; der Verurteilte wurde durch eine Doppelreihe v. Soldaten getrieben, die ihn mit Ruten schlugen.

**Spin** [engl.], gequantelter Eigendrehimpuls v. Elementarteilchen, Atomen u. deren Kernen (Kern-S.).

**spinal** [lat.], zur Wirbelsäule, zum Rückenmark gehörig; *s.e Kinderlähmung,* svw. ↑Poliomyelitis epidemica.

**Spinalanästhesie,** fr. **Lumbalanästhesie,** Form der örtl. Betäubung, bei der die Injektion des Anästhetikums in das Rückenmark der Lendengegend erfolgt.

**Spinat** [pers.-arab.], Gatt. der Gänsefußgewächse; bes. der *Echte S.* liefert Blattgemüse.

**Spinett** [ital.], Tasteninstrument; Saite mit einem Dorn od. einem Federkiel angerissen.

**Spinnen,** Ordn. der ↑S.tiere; rd. 30 000 Arten von knapp 1 bis 90 mm Körperlänge; Kieferfühler mit Giftdrüsen, Kiefertaster beim ♂ als Begattungsorgan; 1–4 Paar Punktaugen am Kopf-Brust-Stück, 1–4 Paar Spinnwarzen; bauen Fangnetze od. jagen Beutetiere im Sprung, lähmen sie durch Gift und saugen sie aus.

**Spinnentiere,** Kl. der Gliederfüßer; u. a. Spinnen, Skorpione, Afterskorpione, Weberknechte, Milben.

**Spinnerei,** Betrieb, der aus Fasern Garn herstellt; auch Bez. für die Gesamtheit der Arbeitsgänge zur Garnherstellung.

**Spirale,** svw. ↑Intrauterinpessar.

**Spiralgalaxie,** histor. **Spiralnebel,** ↑Sternsystem, bestehend aus 2 oder mehr. um einen zentralen Kern gewundenen Spiralarmen.

**Spirant, Spirans** [lat.], svw. ↑Frikativlaut.

**Spiritismus** [lat.], Lehre, die Phänomene des Okkultismus u. Ä. als Mitteilungen von Verstorbenen („aus der Geisterwelt“) erklärt, die sich mithilfe eines Mediums mitteilen.

**Spiritual** [ˈspɪrɪtjʊəl; engl.], svw. ↑Negrospiritual.

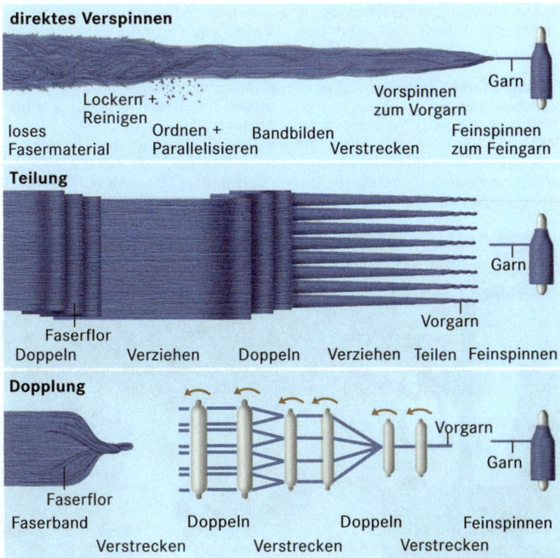


Spinnerei

**Spinoza** [spiˈno:za:], Baruch (Benedictus) de, niederl. Philosoph, *1632, †1677; entstammte einer jüd. Familie, entwickelte ein rationalist. System eines pantheist. Monismus; Gott bzw. die Natur als einzige, absolute, ewige Substanz; utilitarist. Staatsphilosophie.

**Spion** [ital.], **1)** Späher, Horcher, heiml. Kundschafter. **2)** außen am Fenster angebrachter Spiegel, zur Beobachtung der Straße; entspr. an Türen.

**Spionage** [-ʒə], Auskundschaftung [geheimer] mil. und wirtsch. Vorgänge und Einrichtungen für eine fremde Macht (↑Landesverrat).

**Spirale** [gr.-lat.], Kurve, die in unendl. vielen, immer weiter werdenden Windungen einen festen Pt. (Pol) umläuft.

**Spiritualismus** [mlat.], Begriff der Philos.- u. Theol.-Gesch., betont im Ggs. zum Materialismus das Geistige; als *metaphys. S.* (Geist als Grundwirklichkeit), *relig. S.* (myst.-spekulat. Betonung der individuellen Beziehung zw. Gott u. Mensch).

**Spirituosen** [lat.-frz.], durch Brennverfahren hergest. Getränke mit Alkoholgehalt von mind. 20 % (z. B. Weinbrand, Liköre).

**Spiritus** [lat.], volkstüml. Bez. für Äthanol (Äthylalkohol, ↑Alkohole); *Brenn-S.* ist konzentrierter vergällter Äthylalkohol für Brennzwecke.

**Spiritus Rector** [lat.], belebender, treibender Geist.

**Spirochäten** [gr.], Ordn. spiralig gedrehter Bakterien, u. a. die Erreger v. Syphilis u. Rückfallfieber.

**Spitteler,** Carl, schweizer. Dichter, * 1845, † 1924; ep. Dichtungen, „Prometheus und Epimetheus“, „Olymp. Frühling“; Lyrik, Erzählungen; Nobelpreis 1919.

**Spitz** ↑Spitze.

**Spitzbergen,** norweg. **Spitsbergen,** norweg. Inselgruppe im Nordpolarmeer, 63 000 km², Hauptort Longyearbyen; größte Insel: S. mit 39 368 km²; Steinkohlen-⚒ (norweg. und russ. Betriebe), Pelztierfang; Forschungsstationen. 1194 v. Wikingern, 1596 v. Niederländern entdeckt; 1920/25 an Norwegen.

**Spitze,** Sammelbez. für Hunderassen mit spitzen Stehohren u. Ringelrute. Europ. Sp. sind u. a. Großspitze, Kleinspitze u. Wolfsspitze.

**Spitzen,** feines, durchbrochenes Gewebe, das zur Verzierung von Kleidungsstücken, Wäsche oder kirchl. Gewändern seit dem MA verw. wird; versch. Herstellungsweisen: geklöppelt, gehäkelt, gestrickt u. geknüpft.

Schilderer des kleinbürgerl. Biedermeiers.

**spleißen,** seemänn.: Tauenden miteinander verflechten.

**Splendid Isolation** [ˈsplendɪd aɪsəˈleɪʃn; engl.], polit. Schlagwort für die brit. Bündnislosigkeit im 19. Jh. (bis 1902/04), um polit. Handlungsfreiheit zu wahren.

**Splint** [niederdt.], Vorsteckstift als Sicherung, bei Maschinen u. a.

**Split,** ital. **Spalato,** Hafenst. in Kroatien, am Adriat. Meer, 189 400 E; Univ., wiss. Inst.; Altstadt mit Dom u. Diokletianspalast; chem., Zement-, elektrotech. u. a. Ind.; Schwefelquellen; ⛭.

**Splitting,** Form der Einkommensbesteuerung bei Ehegatten; die Summe beider Einkommen wird halbiert u. der für diesen Betrag ermittelte Steuertarif mit 2 multipliziert.

**Splügen,** Pass an der schweizer.-ital. Grenze, zw. Hinterrheintal (Splügen) u. Bergell (Chiavenna), 2 117 m ü. d. M.

**Carl Spitzweg:** *Der arme Poet (1839)*

**Spitzenrefinanzierungsfazilität,** geldpolit. Instrument der EZB, das Geschäftsbanken die Möglichkeit gibt, bei nat. Zentralbanken gegen Verpfändung v. Wertpapieren kurzfristig Geld zu beschaffen. Der Zinssatz für die S. markiert die Obergrenze der Geldmarktzinsen.

**Spitzmäuse,** Fam. [sehr] kl., mäuseähnl. Insektenfresser; u. a. Zwerg-, Wald-, Feld-, Hausspitzmäuse.

**Spitzweg,** Carl, dt. Maler u. Illustrator, * 1808, † 1885; kolorist. reizvolle Genrebilder; humorist.

**SPÖ,** Abk. für: **S**ozialist. **P**artei **Ö**str. (↑Sozialdemokratie).

**Spoerl** [ˈʃpœrl], Heinrich, dt. Schriftsteller, * 1887, † 1955; humorvolle, z. T. zeitkrit. Romane und Erzählungen.

**Spohr,** Louis, eigtl. Ludewig **S.,** dt. Komponist, Violinvirtuose und Dirigent, * 1784, † 1859; 10 Opern, darunter „Faust“, „Jessonda“; 9 Sinfonien, Violinkonzerte, Lieder, Kammermusik.

**Spoiler** [ˈspɔɪlə], Luftleitbleche an Kraftwagen, bes. Sportwagen, erhöhen die Bodenhaftung.

**Spoleto,** ital. St. in Umbrien, 37 400 E; Dom (11./12. Jh.; 1634 bis 1644 im Innern erneuert); röm. Ruinen; Fremdenverkehr.

**Sponsoring** [ˈspɔnsərɪŋ], finanzielle Förderung v. Sport, Kultur od. sozialen Projekten durch Einzelpersonen od. Firmen.

**Sporaden,** griech. Inselgruppen im Ägäischen Meer; nö. v. Euböa die *Nördl. S.;* sw. der kleinasiat. Küste die *Südl. S.* (↑Dodekanes).

**sporadisch** [gr.], vereinzelt, verstreut, selten.

**Sporen** [gr.], ungeschlechtl. erzeugte Fortpflanzungszellen oder mehrzellige Fortpflanzungskörper bei Sporenpfl. u. -tierchen.

**Sporenpflanzen,** svw. ↑Kryptogamen.

**Sporentierchen, Sporozoa,** Kl. der Einzeller; schmarotzen in tier. und menschl. Geweben; Erreger zahlr. Krankheiten (u. a. Malaria).

**Sporn, 1)** in der Zool. spitzer knöcherner od. knorpel. Fortsatz bei Wirbeltieren (Verteidigung, Stütze, Reizorgan). **2)** in der Botanik hohle Ausbuchtung eines Kron- oder Kelchblattes, meist zum Speichern von Nektar. **3)** Metallbügel mit Stachel oder scharfem Rädchen, am Reitstiefel getragen, dient zum Anspornen des Pferdes. **4)** Teil der Geschützlafette, bohrt sich in die Erde und überträgt Rückstoßkräfte. **5)** bei [Segel]flugzeugen Gleitkufe unter dem Heck.

**Spot** [spɔt; engl.], Werbekurzfilm im Fernsehen od. kurze Szene in Werbesendungen des Hörfunks.

**Spotlight** [ˈspɔtlaɪt; engl.], Scheinwerfer mit engem Lichtbündel für Effektbeleuchtung.

**Spotmarkt** [ˈspɔt-], internat. Warenbörse f. Geschäfte gg. sofortige Kasse u. Lieferung *(Spotgeschäfte).*

**Spottvögel,** Vögel, die andere Vögel od. auch Geräusche in ihren Gesängen nachahmen („spotten“); u. a. Papagei, Star, Amsel.

**SPQR, S.P.Q.R.,** Abk. für lat.: ↑**S**enatus **P**opulusque **R**omanus.

**Sprache,** System von Zeichen, das der Gewinnung von Gedanken, ihrem Austausch zw. versch. Menschen sowie der Fixierung von erworbenem Wissen dient. S. kann als akust. (Folge von Schallereignissen), soziales (mindestens 2 Sprecher/Hörer sind beteiligt) oder psych. Phänomen (setzt innerpsych. Prozesse *vor* einer sprachl. Äußerung und *nach* deren Rezeption voraus) oder auch als System log. Operationen aufgefasst werden. Die Beziehung zw. Zeichen (z. B. sprachl. Äußerung) und Bezeichnetem (Ausschnitt aus der außersprachl.

Wirklichkeit) hängt v. der jeweiligen Sprachgemeinschaft ab, die einem best. Ausschnitt aus der Wirklichkeit ein best. Zeichen konventional zuordnet.

**Sprachlehre,** svw. ↑Grammatik.

**Sprachwissenschaft, Linguistik,** Wiss. von der Spr. in ihrer Ganzheit. Neben der Untersuchung u. systemat. Darst. des Wortschatzes u. der Grammatik Erforschung der Beziehungen zw. Spr. u. Geist, zw. Spr. u. Kultur und zw. Spr. und Gemeinschaft.

**Spranger,** Eduard, dt. Philosoph u. Pädagoge, * 1882, † 1963; Schüler Diltheys, entwickelte eine geisteswiss. Psychol. („Lebensformen").

**Spray** [spreı; niederl.-engl.], Flüssigkeit (z. B. Farblack, Deodorant, Haarfestiger), die unter Druck (heute meist durch Pumpen komprimierte Luft, fr. Treibgas) aus der druckfesten S.dose durch ein Ventil in feinsten Tröpfchen versprüht werden kann.

**Sprechfunkgerät,** svw. ↑Funksprechgerät.

**Spree,** l. Nbfl. der Havel, 382 km.

**Spreewald,** Gebiet zahlr. Verzweigungen der mittl. Spree. Urspr. Sumpfwaldgebiet, heute landw. genutzt; Bev. z. T. Sorben.

**Sprengkapsel,** kleiner Behälter, der Initialsprengstoff (Bleiazid, Bleipikrat o. Ä.) enthält und vor der Sprengung in den eigentl. Sprengstoff eingebettet wird; Zündung durch Schlag oder elektr. Funken.

**Sprengstoffe,** svw. ↑Explosivstoffe.

**Sprichwort,** im Volksmund überlieferte Sentenz, die eine Regel des sittl. Verhaltens od. eine Erfahrung des prakt. Lebens ausdrückt.

**Springbock,** etwa 85 cm schulterhohe Gazelle in Halbwüsten S-Afrikas.

**Springer,** Axel Cäsar, dt. Verleger, * 1912, † 1985; baute seit 1945 den heute größten Zeitungs- und Zeitschriftenkonzern der BRD auf.

**Springfield** ['sprıŋfi:ld], Hptst. von Illinois, USA, 105 000 E; Masch.-, Elektroind.; ✈.

**Springflut, Springtide,** bes. starke Flut (↑Gezeiten), tritt bei Voll- und Neumond auf.

**Springkraut,** svw. ↑Rührmichnichtan.

**Springmäuse,** Nagetierfam. mit den Unterfam. Hüpfmäuse, Streifenmäuse, Wüstenspringer u. a., in Steppen u. Wüsten Eurasiens, Nordamerikas, Afrikas.

**Sprinkler|anlagen,** Feuerlöschanlagen zur Berieselung von Räumen; automat. Auslösung beim Auftreten höherer Temperaturen.

**Sprint** [engl.], 🏃 Rennen über eine absolut oder relativ kurze Strecke.

**Spritzguss,** Herst.-Verfahren für Teile aus thermoplast. Kunststoffen (u. a. Polyäthylen, Polyamide) mithilfe von S.maschinen, die mit einem beheizten Zylinder, mit Kolben u. Spritzdüsen arbeiten.

**Spross, Trieb,** der die Blätter u. Blüten hervorbringende, aus Knospen hervorgehende Teil der Sprosspfl.; als unterird. stark modifizierter S. z. B. ↑Rhizom, S.knollen, Zwiebel.

**Sprosser,** Singvogel, ↑Nachtigall.

**Sprosspflanzen,** Stamm des Pflanzenreichs; Pfl., die deutl. in Wurzel und Spross gegliedert sind (Farn- und Samenpflanzen).

**Sprotte,** 12–15 cm langer Heringsfisch; Speisefisch.

**Spruchdichtung,** mittelhochdeutsche Dichtungsgattung: 1. einstrophige Sprechverse lehrhaften Inhalts (Freidank), 2. sehr unterschiedl. [mehrstroph.] Gedichte v. a. gesellschaftskrit. und polit. Inhalts (Walther von der Vogelweide, Reinmar von Zweter u. a.).

**Sprüche, Buch der S., Sprüche Salomos,** Salomo zugeschriebene moral. Lehrschrift des A. T.

**Sprungschanze** ↑Skispringen.

**SPS,** Abk. für: **S**ozialdemokrat. **P**artei der **S**chweiz (↑Sozialdemokratie).

**Spule, 1)** röhrenförm. Körper zum Aufwickeln von Garn, Draht u. a. **2)** Wicklung eines (isolierten) elektr. Leiters in Form eines Zylinders, eines Vielecks, eines Torus u. a.; wicht. elektrotechn. Bauel. zur Darstellung einer ↑Induktivität.

**Spulwürmer, Askariden,** Fam. der Fadenwürmer; Darmparasiten; Eier gelangen mit Kot ins Freie u. werden mit verschmutzter Nahrung von Tier bzw. Mensch wieder aufgenommen; Jugendstadien gelangen vom Darm in den Blutstrom und durchwandern Lunge, Bronchien, Speiseröhre, bevor sie im Darm geschlechtsreif werden.

**Spumante** [ital.], ital. Bez. für Schaumwein.

**Spund** [lat.], Stöpsel, Fassverschluss.

**Spur, 1) Spurweite,** Abstand zw. den Reifenmitten zweier an einer Achse befindl. Räder. **2)** wm. Bez. für Fußabdrücke von nicht auf Schalen gehendem Haarwild.

**Spuren|elemente,** Stoffe, die nur in winzigen Mengen im menschl., tier. und pflanzl. Körper vorkommen, jedoch für den Organismus große Bedeutung besitzen.

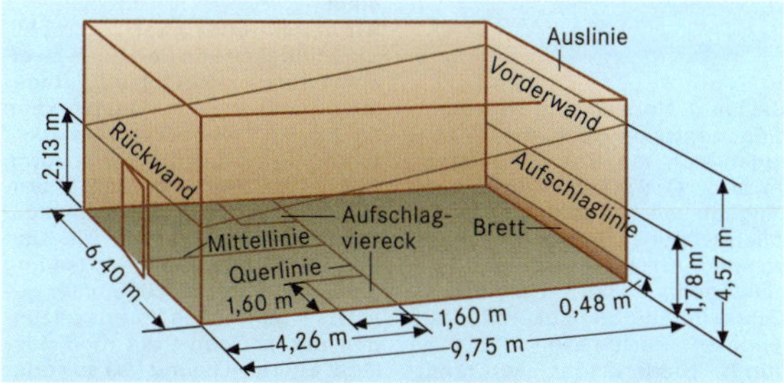


**Squash:** *Spielfeld*

**Spurweite, 1)** lichte Weite zw. den Schienenköpfen bei Gleisen. **2)** svw. ↑Spur.

**Sputnik** [russ.; = Gefährte], Name für die ersten künstl. sowj. Erdsatelliten; S. 1 am 4. 10. 1957 gestartet.

**Sputum** [lat.], Auswurf, Sekrete d. Schleimhaut d. ges. Luftwege.

**Spyri,** Johanna, schweizer. Schriftstellerin, * 1827, † 1901; weltbekannt durch die „Heidi"-Romane.

**Squash** [skwɔʃ; engl.], Rückschlagspiel gg. eine Wand; gespielt wird mit einer Art Tennisschläger u. einem hohlen Weichgummiball; Einzel, Doppel, gemischtes Doppel.

**Squaw** [skwɔ:; indian.-engl.], Indianerfrau.

**Sr,** ⚗ Symb. für ↑Strontium.

**Srebrenica** [-tsa], St. in O-Bosnien, 44 000 E; Mai 1993 Schutzzone d. UN, Juli 1995 v. bosn. Serben erobert (Massaker; Tausende v. Opfern).

**Sremski Karlovci** [-lɔvtsi], dt. **Karlowitz,** St. in d. Wojwodina, Jugoslawien, 7 000 E; d. *Friede v. Karlowitz* (1699) beendete den letzten großen Vorstoß d. Türken.

**SRG,** Abk. für: **S**chweizerische **R**adio- u. Fernseh**g**esellschaft.

**Sri Lanka,** bis 1972 **Ceylon,** Rep. im Ind. Ozean, umfasst die Insel

**Sri Lanka**

*Fläche:* 65 610 $km^2$

*Einwohner:* 18,45 Mill.

*Hauptstadt:* Colombo

*Amtssprachen:* Singhalesisch, Tamil

*Zeitzone:* MEZ + $4^1/_2$ Stunden

Ceylon u. Nebeninseln sö. von Indien; zentrales Hochland, W u. S regenreich mit trop. Vegetation, im N u. O Savanne; Bev.: hpts. Singhalesen (Buddhisten) u. Tamilen (Hindus). Reisanbau, Kautschuk-, Kokospalmen- u. Teeplantagen. Hafen: Colombo. – Schon im Altertum bekannt; 1505 landeten Portugiesen, 1656/58 durch Niederländer verdrängt; 1796 brit., 1802 Kronkolonie (1815 Absetzung des Königs); s. 1948 unabhängig (Mitgl. des Commonwealth); 1972 neue Verf.: Rep. S. L. (bisher Ceylon); 1978 Einführung des Präsidialsystems; 1983 Ausbruch eines blutigen Bürgerkrieges zw. der singhales. Bev.-Mehrheit u. der v. a. im N u. O siedelnden tamil. Minderheit (Forderung nach eigenem Staat; Guerillabewegung der „Liberation Tigers of Tamil Eelam", Abk. LTTE); 2000 Beginn norweg. Konfliktvermittlung, 2002 Waffenstillstand.

**Srinagar,** Hauptstadt des ind. B.-Staates Jammu and Kashmir im nw. Himalaja, am Jhelum, 1 768 m ü. d. M., 595 000 E; Univ.; Fremdenverkehr; ✈.

**SS,** Abk. für: **S**chutz**s**taffel, 1925 entstandene Sonderorganisation zum Schutz Hitlers u. a. NSDAP-Funktionäre, unter ihrem R.-Führer H. Himmler (s. 1929) zugleich „Polizeidienst" innerhalb der NSDAP; bis zum Röhm-Putsch 1934 formal der Obersten SA-Führung, danach Hitler unmittelbar unterstellt; ab 1933 aus dem Reservoir der Allg. SS (1939: rd. 240 000 Mitgl.) Aufstellung kasernierter Verbände: die SS-Verfügungstruppe (1939: 18 000 Mann) u. die SS-Totenkopfverbände (Ende 1938: 8 500 Mann) zur Bewachung der KZ (↑Waffen-SS); 1946 zur verbrecher. Organisation erklärt.

**SSW,** Abk. für: ↑**S**üd**s**chleswigscher **W**ählerverband.

**St, St., Sta.** ↑Sankt.

**Staat,** Gesamtheit der Institutionen, die das dauerhafte u. geordnete Zusammenleben eines *S.-Volks* auf einem abgegrenzten *S.-Gebiet* gewährleisten soll.

**Staatenbund, Konföderation, Föderation,** völkerrechtl. Zusammenschluss souveräner Staaten, die einen Teil ihrer Aufgaben gemeinsamen Organen übertragen haben, ohne eine den Einzelstaaten übergeordnete Staatsgewalt anzuerkennen; Ggs. ↑Bundesstaat.

**Staats|angehörigkeit,** rechtl. Zugehörigkeit von Personen zu einem Staat; unterschiedl. Regelung in den versch. Staaten kann zu *Doppel-S.* oder *Staatenlosigkeit* führen; in Dtl. Erwerb der S. durch Geburt als Kind eines dt. Elternteils *(Ius sanguinis, Abstammungsprinzip),* durch Annahme als Kind und durch ausdrückl. Verleihung *(Einbürgerung),* ab 2000 unter gesetzlich geregelten Voraussetzungen durch Geburt als Kind ausländ. Eltern im Inland (*Ius soli* oder *Territorialitätsprinzip*). Verlust der S.: durch Entlassung, Adoption durch Ausländer, Erwerb ausländ. S. u. Verzicht.

**Staats|anwaltschaft,** staatl. Strafverfolgungsbehörde, d. strafrechtl. Tatbestände zu ermitteln, Verdächtige anzuzeigen u. die gerichtl. verhängte Strafe zu vollstrecken hat; Verw.-Organisation: 1. Amtsanwaltschaft beim Amtsger., 2. S. bei den Landger., geleitet vom *Oberstaatsanwalt,* 3. S. bei den Oberlandesger., geleitet vom *Generalstaatsanwalt,* 4. S. beim BGH, geleitet vom *Generalbundesanwalt.*

**Staatsbanken,** öff.-rechtl. Kreditinst. mit allgemeinwirtsch. Aufgaben; urspr. für Verw. v. Staatsgeldern, heute i. d. R. Universalbanken.

**Staats|examen,** vor staatl. Prüfungsämtern abzulegende Prüfung best. [akad.] Berufe (Gymnasiallehrer, Juristen, Ärzte u. a.).

**Staatsgerichtshof,** Bez. für die Verfassungsgerichte einiger Länder in der BRD.

**Staatsgewalt** ↑Souveränität.

**Staatshaftung,** Haftung des Staates für den von seinen Beamten in Ausübung der öff. Gewalt Dritten zugefügten Schaden.

**Staatshaushalt** ↑öffentlicher Haushalt.

**Staatshoheit,** svw. ↑Souveränität.

**Staatskapitalismus,** Wirtschaftsform, in der der Staat sich direkt wirtsch. Unternehmen bedient, um best. Zwecke zu erreichen; in der *marxist.-leninist. Terminologie* die letzte Stufe in der Entw. des Kapitalismus: die Produktionsmittel sind direktes Eigentum des (bürgerl.) Staates.

**Staatskirche,** die innerhalb eines Staates einzige (oder vorherrschend) als Kirche anerkannte, vom Staat direkt (z. B. über das Parlament) beeinflusste Religionsgemeinschaft.

**Staatsräson,** auf Machiavelli zurückgehender Grundsatz v. der Berechtigung des Staates, sich zugunsten der Staatsinteressen über Recht u. Moral hinwegzusetzen.

**Staatsrat,** Kollegialorgan auf der obersten Ebene eines Staates mit unterschiedl. Aufgaben u. Kompetenzen; s. dem 19. Jh. nur noch in einzelnen Ländern mit vorw. beratenden Funktionen (in Großbrit. bis heute [Privy Council]); in der Schweiz Reg. mehrerer Kt.; 1960 bis 1989 in der DDR kollektives Staatsoberhaupt (ähnl. auch in anderen sozialist. Ländern).

**Staatsrecht,** allg. das vom Staat gesetzte Recht, im Ggs. zum Völker- u. Kirchenrecht; i. e. S. Gesamtheit der die Staatsordnung u. das polit. Leben des Staates betreffenden Rechtsnormen (v. a. in der Verf. enthalten).

**Staatsreligion,** die von einem Staat in seinem Territorium ausschließlich anerkannte (bevorzugte) Religion; im Unterschied zur ↑Staatskirche jedoch nicht direkt von ihm beeinflusst.

**Staatsschulden, öffentliche Schulden,** Verbindlichkeiten v. Bund, Ländern, Gem. u. Sozialversicherungsträgern aus der Kreditaufnahme zur Finanzierung v. Defiziten öff. Haushalte.

**Staats|schutzdelikte,** Straftaten gg. den Bestand und die verfassungsmäßigen Einrichtungen des Staates, z. B. Hoch- u. Landesverrat, Rechtsstaatsgefährdung.

**Staats|sekretär,** Träger hoheitl. Funktionen; in den ags. Ländern svw. Min., in der BRD höchster Beamter eines Ministeriums (auch im B.-Kanzleramt u. im Büro des B.-Präs.), Vertr. des Ministers; *parlamentar. S.,* Bundestagsabg., der einem Min. (als sein polit., nicht rechtl. Vertr.) zur Unterstützung beigegeben ist.

**Staats|sicherheitsdienst, Stasi,** Bez. f. das *Ministerium für Staatssicherheit (MfS)* der DDR; wichtigstes Herrschafts- u. Unterdrückungsinstrument der SED, polit.

Geheimpolizei u. Spionagedienst; 1989/90 aufgelöst. – *Stasi-Akten* s. 1990 zugänglich (Bundesbehörde).

**Staats|streich,** verfassungswidriger, planmäßig u. meist gewaltsam durchgeführter Umsturz(versuch) durch einen bereits etablierten Träger eines Teils der Staatsgewalt; dagegen ↑Putsch.

**Staatsvertrag,** völkerrechtl. Vertrag zw. Staaten (auch Vertrag zw. Staat u. Kirche); in der BRD werden Staatsverträge durch den B.-Präs. unterzeichnet; polit. Verträge bedürfen der Zustimmung des Parlaments.

**Stab|bau,** nord. Holzbauweise (Wände aus senkr. Planken), v.a. bei ma. norweg. *Stabkirchen.*

**Stabheuschrecken,** Gruppe stabförmig gestalteter Gespenstheuschrecken.

**Stabhochsprung,** Disziplin der Leichtathletik; Sprung über eine Latte mithilfe einer S.stange („Stab").

**Stabilitätsgesetz,** Ges. v. 1967, das Bund, Länder u. Gem. verpflichtet, bei wirtschafts- u. finanzpolit. Maßnahmen die Erfordernisse des gesamtwirtsch. Gleichgewichts zu beachten.

**Stabilitäts- und Wachstumspakt,** Vereinbarung der Staats- u. Reg.-Chefs der EU-Staaten (1997) zur Überwachung u. Sicherung der Haushaltsdisziplin der Mitgl. der Euro-Zone; sieht auch Sanktionsmechanismen vor.

**Stabkirche** ↑Stabbau.

**Stabreim,** im Altnord., Altengl., Altsächs. u. Ahd. durch gleichen Anlaut gebildeter Lautreim (z.B. „wehe, waltender Gott"); der *S.vers* besteht aus Anvers (1 od. 2 Stäbe) u. Abvers (meist 1 Stab) in einer Langzeile.

**Stabs|arzt,** Sanitätsoffizier im Dienstgrad eines Hauptmanns.

**Stabwerk,** profilierte Pfosten got. Maßwerkfenster.

**Stachelbeere, Ribes,** Steinbrechgewächs (oft verwildert), Obststrauch.

**Stachelhäuter, Echinodermata,** Tierstamm der Wirbellosen; meist frei lebend am Meeresboden; meist fünfstrahlig radiärsymmetr. gebaut; Skelett der Unterhaut aus Kalkplatten, die oft Stacheln tragen; plankton. Larven; u.a. Seesterne, -igel, -gurken.

**Stacheln, 1)** stark verhornte Haare mancher Säugetiere (Igel, Stachelschwein). **2)** Lege- oder Giftstacheln mancher Gliederfüßer (Biene, Skorpion). **3)** harte, spitze Bildungen der Oberhaut bei Pflanzen, im Ggs. zu ↑Dornen.

**Stachelpilze,** Ständerpilze; Fruchtschicht auf der Hutunterseite stachelig ausgebildet, z.B. Habichtspilz, Semmelstoppelpilz.

**Stachelschweine,** zwei Nagetierfam.: 1. *Altwelt-S.,* mit Grabkrallen, tagsüber in selbst gegrabenen Höhlen; u.a. das bis 70 cm lange *Nordafrikan. Stachelschwein* des Mittelmeergebietes, mit sehr langen Stacheln, 2. die amer. *Baum-S.,* Klettertiere mit Greifschwanz.

**Stachelschweine:** *Nordafrikanisches Stachelschwein*

**Stade,** Krst. in den Elbmarschen, westlich von Hamburg, Nds., 45100E; ma. Kirchen, Rathaus (1667); LG, IHK; Museen; Schiffswerft, vielseit. Ind. – 1652–1712 Sitz der schwed. Reg. für die Hzgt. Bremen und Verden; Brand 1659.

**Stadion** [gr.], in der griech. Antike nach d. gleichnam. Längeneinheit (1 S. ≈192 m) ben. Schauplatz des Laufs; heute eine große Sportanlage.

**Stadium** [gr.-lat.], Zustand; Entwicklungsstufe, Abschnitt.

**Stadt, 1)** geschlossene Siedlung mit zentraler Funktion in Gewerbe, Handel, Kultur, Verw. u.a.; statist. Unterscheidung: *Landstadt* mit 2000 bis 5000, *Kleinstadt* mit 5000 bis 20000, *Mittelstadt* mit 20000 bis 100000, *Großstadt* mit über 100000E. **2)** Titel von Großgemeinden, deren Zentrum eine [ehem. selbst.] Stadt ist.

**Stadtdirektor,** fr. in NRW u. Nds. leitender Gem.beamter in kreisangehör. Städten.

**Stadtgas,** fr. **Leuchtgas,** Gasgemisch für Heizzwecke; ☠ u. explosiv; wurde durch trockene Destillation von Steinkohle gewonnen; heute durch Erdgas ersetzt.

**Stadthagen,** Krst. des Landkr. ↑Schaumburg, westlich von Hannover, Nds., 23600E; got. St.-Martini-Kirche mit fürstl. Mausoleum (1609–25), Bauten der Weserrenaissance; Holz verarb., Textil-, Leder-, Metall- u.a. Ind. – Gegr. um 1225; 1619–21 Univ.

**Stadtkreis** ↑Kreis.

**Stadtmission,** vom Diakon. Werk getragener soz. Hilfsdienst der ev. Kirchen in Großstädten.

**Stadtrat,** Gemeinderat (↑Gemeindeverfassung) einer Stadt; auch Mitgl. des Kollegiums.

**Stadtrecht,** das im MA aus fürstl. Privilegien, Gewohnheits-, Kaufmanns- u. Marktrecht entstandene Recht der Stadtbürger.

**Stadtstaat,** Staat, dessen Staatsgebiet aus einer Stadt u. dem sie umgebenden Stadtgebiet besteht, bes. in Antike (Polis) und MA; heute in d. BRD noch Bremen, Hamburg, Berlin.

**Staeck,** Klaus, dt. Grafiker, * 1938; v.a. gesellschaftskrit. polit. Plakate (Fotomontagen).

**Staël** [stal], [Anne Louise] Germaine Baronin v. S.-Holstein, gen. **Madame de S.** [maˈdam də -], frz. Schriftstellerin schweizer. Abstammung, * 1766, † 1817; Romane („Corinna"), geistreiche Schriften, u.a. über Deutschland.

**Staffel,** Einheit eines Luftwaffengeschwaders; bei der Marine Formation eines Verbandes auf Fahrt.

**Staffelei,** Malerei: verstellbares Holzgestell zum Befestigen eines in Arbeit befindl. Gemäldes.

**Staffelstein,** St. im oberen Maintal, am Fuß des *Staffelberges* (539 m), Bay., 10700E; Fachwerkrathaus (1684); Porzellan- und Maschinenindustrie. Nahebei ↑Vierzehnheiligen u. ↑Banz.

**Stagflation** [Kw. aus **Stag**nation u. In**flation**] ↑Stagnation.

**Stagnation** [lat.], Stillstand, insbes. der wirtsch. Entwicklung; herrschen in der Wirtsch. gleichzeitig S. u. Inflation, spricht man von *Stagflation.*

**Stahl,** schmied- u. walzb. Eisen mit einem Kohlenstoffgehalt bis zu 2%; versch. Methoden der Herst.: neben dem älteren ↑Thomasverfahren u. dem ↑Siemens-Martin-Verfahren heute v.a. Herst. von Sauerstoff-Blasstahl (insbes. nach dem ↑LD-Verfahren); ↑Elektrostahl.

**Stahlbeton,** mit Stahleinlagen versehener ↑Beton; die geringe Zugfestigkeit des Betons (~ $^1/_{15}$ bis $^1/_{10}$ der Druckfestigkeit) wird dadurch erheblich erhöht; ↑Spannbeton.

**Stahlhelm,** eigtl. **S., Bund der Frontsoldaten,** v. F. Seldte 1918 gegr. Zusammenschluss v. Soldaten des 1. Weltkriegs (s. 1924 auch Nichtkriegsteilnehmer); bekämpfte ab 1929 die Rep.; 1935 aufgelöst, 1951 in d. BRD neu gegründet.

**Stahlstich,** dem Kupferstich ähnl. graf. Verfahren, bei dem die Zeichnung in Stahl eingearbeitet wird.

**Staket** [niederl.], Lattenzaun, Gestäbe.

**Stakkato** [ital.], musikal. Vortragsweise, bei der jeder Ton kurz abgestoßen („staccato") zu spielen oder zu singen ist.

**Stalagmiten** ↑Tropfsteine.

**Stalaktiten** ↑Tropfsteine.

**Stalin,** Jossif Wissarionowitsch, eigtl. J. W. **Dschugaschwili,** sowjet. kommunist. Politiker, * 1879, † 1953; 1917 an der Vorbereitung u. Durchführung der Oktoberrev. beteiligt; Gen.-Sekr. der KP s. 1922, konnte in dem Machtkampf nach Lenins Tod (1924) seinen Rivalen Trotzki ausschalten; ab 1927 unumschränkter Diktator (offiz. Reg.-Chef erst seit 1941),

**J. Stalin**

rücksichtslose Vernichtung mögl. Gegner („Säuberungen", Schauprozesse); erreichte durch den Pakt mit Hitler 1939 bed. Annexionen an d. W-Grenze; als Marschall (1943) u. Generalissimus (1945) weitere Steigerung des Personenkults; durch geschickte Pol. gegenüber den Westmächten dehnte er den sowj. Machtbereich auf M-Europa aus; nach 1945 Ausbau der Großmachtstellung der UdSSR, harter Kurs in der Innen- u. Außenpol. (Deportation ganzer Völker, Konflikt mit Tito, Kalter Krieg mit den Westmächten). Auf dem 20. Parteitag der KPdSU (1956) Verurteilung S.s u. des ↑Stalinismus.

**Stalingrad,** 1925–61 Name v. ↑Wolgograd.

**Stalinismus,** Theorie und Praxis des internat. Kommunismus, wie sie unter der Herrschaft Stalins erstmals praktiziert wurde; gekennzeichnet durch Dogmatisierung des Marxismus, starre Schematisierung, Förderung der soz. Differenzierung, Personenkult, prävent. Liquidierung jeder mögl. Opposition.

**Stalin|orgel,** Bez. für sowj. Mehrfachraketenwerfer (im 2. Weltkrieg).

**Stamitz,** Johann, böhm. Geiger und Komponist, * 1717, † 1757; seit 1741 am Mannheimer Hof (Begr. der Mannheimer Schule); Sinfonien, Violinkonzerte, Kammermusik.

**Stamm|aktie,** Aktie ohne bes. Vorrechte; Ggs. ↑Vorzugsaktie.

**Stammbaum, 1)** bildl., schemat. Darst. des Abstammungsweges einer Gruppe v. Lebewesen (Geneal., Tier- u. Pflanzenzucht). **2)** bildl. Darst. der natürl. Verwandtschaften zw. den systemat. Einheiten des Tier- bzw. Pflanzenreichs.

**Stamm|einlage,** die v. einem Gesellschafter einer GmbH zu entrichtende Beteiligung am Stammkapital.

**Stammesgeschichte, Phylogenie,** biol. Wiss. v. der geschichtl. Entw. der Lebewesen und der Entstehung der Arten.

**Stammfunktion** ↑Integralrechnung.

**Stammkapital,** auf einen bestimmten Nennbetrag festgesetztes Eigenkapital einer GmbH.

**Stammtafel,** genealog. Tafel, die alle Söhne u. Töchter der Ehen eines Geschlechts erfasst, nicht aber die Nachkommen verh. Töchter; *Ahnentafel* ist die Darst. aller Vorfahren.

**Stammwürze,** in % angegebene Menge an lösl. Malz[zucker] u. Dextrinen in der Würze des Biers.

**Stammzellen,** undifferenzierte, d. h. keinem endgültigen Zelltyp angehörende u. unbegrenzt teilungsfähige Zellen.

**Stand,** geschlossene Gruppe innerh. der [feudalen] Ges., gekennzeichnet u. a. durch Geburt, Besitz oder Beruf, Privilegien; im MA weitgehend eingeteilt in: Klerus, Adel und [später] Bürgertum; im 19. Jh. kam die Bez. „vierter Stand" für die unterprivilegierte Arbeiterklasse auf.

**Standard** [engl.], **1)** allg. Maßstab, Norm. **2)** anerkannter Qualitätstyp (Normalmaß, Durchschnittsmuster) bzw. durch Vereinheitlichung fester Maßstab für die Lieferung best. Waren.

**Standardwerk,** grundlegendes Werk [eines Fachgebietes].

**Standarte** [german.], [kl., viereck.] Fahne berittener Truppen; auch die Flagge der Staatsoberhäupter.

**Stander,** dreieck. od. zweizack. Flagge als Signal- od. Kommandozeichen auf Schiffen, Dienstflagge an Kraftwagen.

**Stände|rat,** die föderative Kammer der schweizer. Bundesvers. u. deren Mitglieder.

**Standes|amt,** staatl. Behörde zur Beurkundung von Geburten, Eheschließungen und Todesfällen durch Eintragung in die Personenstandsbücher durch den *Standesbeamten.*

**Ständestaat,** Staat, in dem best. Stände (↑Stand) Träger der Staatsgewalt sind; in W-, N- u. M-Europa herrschende Staatsform in MA u. fr. Neuzeit.

**Ständiger Schiedshof** ↑Haager Friedenskonferenzen, ↑Schiedsgerichte.

**Standrecht,** Recht, im Kriegs- od. Ausnahmezustand über best. Straftaten durch *Standgerichte* (in abgekürztem Verfahren) zu entscheiden; in Dtl. unzulässig.

**Stängelbräune** ↑Pflanzenkrankheiten (Übers.).

**Stängelbrenner** ↑Pflanzenkrankheiten (Übers.).

**Stängelfäule** ↑Pflanzenkrankheiten (Übers.).

**Stanislaus,** poln. Könige: **1) S. I. Leszczyński** [lɛˈʃtʃiski], * 1677, † 1766; während der Vertreibung Augusts II., des Starken, 1704–09 Kg.; 1733 zum Gegenkönig Augusts III. erhoben; erhielt 1736 als Entschädigung für die poln. Krone das Hzgt. Lothringen zugesprochen (↑Poln. Thronfolgekrieg). **2) S. II. August, S. A. Poniatowski,** * 1732, † 1798, Kg. 1764–95; noch vor der 3. Teilung Polens zur Abdankung gezwungen.

**Stanley** [ˈstænlɪ], Sir Henry Morton, eigtl. John **Rowlands** [ˈraʊləndz], brit. Afrikareisender, * 1841, † 1904; fand auf einer Suchexpedition den verschollenen D. Livingstone (1871); Forschungsreisen, Gründung belg. Niederlassungen; nach ihm ben. die *S.fälle* des Kongos, der *S. Pool* (die seenart. Verbreiterung des Kongos b. Kinshasa u. Brazzaville) u. *S.ville* (heute Kisangani).

**Stans,** Hauptort des schweizer. Kt. Unterwalden nid dem Wald, südl. des Vierwaldstätter Sees, 6500 E; Drahtseilbahn auf das *Stanserhorn.*

**Stanze** [ital.], 8-zeil. Strophenform ital. Herkunft, Reimschema abababcc; die ital. Zeile hat 11 Silben, die dt. seit J. J. W. Heinse und Goethe meist 5 Jamben.

**Stanzen** [ital.; stanza = Zimmer], von Raffael u. seinen Schülern (1509–17) mit Wandmalereien geschmückte Räume im Vatikan.

**Stapel|lauf,** Zuwasserbringen des Schiffsrumpfes auf einem Schlitten.

**Staphylokokken** [gr.], traubenförmig angeordnete Kugelbakterien; Eitererreger.

**Star,** Bez. für versch. Augenkrankheiten; *grauer S. (Katarakt):* Trübung der Augenlinse, angeboren oder erworben, häufig altersbedingt (Alters-S.); *grüner S. (Glaukom):* beruht auf erhöhtem Augeninnendruck, der zur Schädigung von Sehnerv u. Netzhaut führt; *schwarzer S.:* 1. degenerative Erkrankung von Netzhaut u. Sehnerv; 2. Erblindung, bei der jede Lichtempfindung erloschen ist.

**Stare,** Singvogelfam. bes. d. Alten Welt; fressen Würmer, Insekten, Früchte; der in Europa heim. *Star* ist bei uns Zugvogel.

**Starez** [russ.; = der Alte], in der russisch-orth. Kirche der Erzieher der jungen Mönche u. geistl. Ratgeber; ein in Askese u. Kontemplation erfahrener Mönch.

**Stärke, Amylum,** Polysaccharid $(C_6H_{10}O_5)n$, feinste weiße bis gelbl. Körner, pflanzl. Reservestoff (Getreide, Kartoffeln, Reis u.a.); erstes sichtb. Assimilationsprodukt; verw. v.a. als Nahrungsmittel, für die Alkoholgewinnung, zur Herst. von Klebstoffen, Stärkezucker u.a.

**Starkstromtechnik,** frühere Bez. für elektr. Energietechnik. (↑Elektrotechnik)

**Starnberg,** Krst. am N-Ufer des *S.er Sees* (57 km²), Bay., 21 300 E; Schloss (16./17. Jh.); Ind.; Fremdenverkehr.

**Stars and Stripes** [ˈstɑːz ənd ˈstraɪps; engl.; = Sterne u. Streifen], die Nationalflagge der USA, das Sternenbanner.

**START** [stɑːt; engl.], Abk. für: **S**trategic **A**rms **R**eduction **T**alks, 1982–89 in Genf geführte u. nach Verhandlungspause wieder aufgenommene, 1991 abgeschlossene Abrüstungsverhandlungen zw. den USA u. der UdSSR; vereinbart wurde eine Reduzierung (30%) der strateg. Waffenpotenziale; 1993 Abschluss des S.-II-Vertrags zw. USA u. Russland zum Abbau der strateg. Kernwaffenpotenziale um 2 Drittel bis 2003.

**Starter, Anlasser,** 🚗 Durchdrehvorrichtung zum Anwerfen von Verbrennungsmotoren, meist ein batteriegespeister Hauptstrommotor, der das Drehmoment durch ein Ritzel auf das Schwungrad überträgt.

**Start-up** [ˈstɑːtʌp; engl.], Bez. für ein neu gegr. Unternehmen mit hohen Umsatz- u. Wachsttumsraten sowie großem Investitionsbedarf.

**Stasi,** Kurzwort für den **Staatssi**cherheitsdienst bzw. für einen seiner Bediensteten in der DDR.

**Stare:** *Star am Starkasten*

**State Department** [ˈsteɪt dɪpɑːtmənt; engl.], das Außenministerium der USA.

**Statement** [ˈsteɪtmənt; engl.], öffentl. [polit.] Erklärung.

**Statik** ↑Mechanik.

**stationär, 1)** bleibend, zeitl. unveränderl., ortsfest. **2)** ⚕ den Aufenthalt im Krankenhaus betreffend; Ggs. ambulant.

**statisch** [gr.], **1)** die Statik betr.; ruhend. **2)** auf das Stehen, das Gleichgewicht bezogen.

**Statistik** [lat.], Gebiet der Stochastik, das sich mit der Gewinnung u. Auswertung quantitat. Informationen v. zufäll. Ereignissen u. Erscheinungen befasst (Ergebnisse v. Versuchen, Beobachtungen, Erhebungen).

**statistische Ämter,** Behörden zur Durchführung amtl. statist. Erhebungen; in Dtl. v.a. das *Statist. Bundesamt* (begr. 1953, Wiesbaden), in Östr. *Statistik Östr.* (Wien), in der Schweiz *Bundesamt für Statistik* (Neuenburg), in der EU *Statist. Amt der Europ. Gemeinschaften (Eurostat).*

**Stativ** [lat.], Stützvorrichtung zur Aufstellung von Apparaturen, z.B. von Messinstrumenten, Fotoapparaten u.a.

**Statthalter,** ständiger Vertr. eines Staatsoberhauptes od. einer Reg. in einem best. Teil des Staatsgebiets.

**Status** [lat.], Zustand, Bestand, Stand; soziol. Bez. für die Stellung, die einem Menschen innerhalb der Ges. von anderen eingeräumt wird; *S. quo,* gegenwärt. Zustand; *S. quo ante,* früherer Zustand.

**Statut** [lat.], Satzung, Gesetz.

**Staubblätter** ↑Blüte.

**Staubgefäße,** svw. Staubblätter (↑Blüte).

**Staub|lungenerkrankungen, Pneumokoniosen,** Sammelbez. für alle durch Einatmung v. Staubteilchen hervorgerufenen Lungenkrankheiten, u.a. ↑Asbestose, ↑Silikose.

**Staudamm,** Talsperre, die im Ggs. zur massiven *Staumauer* (Massen- od. Stahlbetonbau) aus verdichteten Lockerbaustoffen aufgeschüttet wird.

**Staude,** ausdauernde kraut. Pfl., mit dicht über od. unter der Erde gelegenen basalen Teilen.

**Stau|druck,** Differenz zw. Gesamtdruck u. hydrostat. Druck in einem strömenden Medium; *S.messer,* Gerät zur Messung der Geschwindigkeit v. Flugzeugen, v. Flüssigkeits- u. Gasströmungen.

**Staudte,** Wolfgang, dt. Filmregisseur, *1906, †1984; bis 1955 in der DDR; v.a. realist., zeitkrit. Filme („Die Mörder sind unter uns").

**Staufer,** schwäb. Fürstengeschlecht, Stammburg Hohenstaufen; seit 1079 Herzöge von Schwaben; 1138–1254 Kg. u. Ks. des Hl. Röm. Reiches; erloschen 1268 mit Konradin.

**C. Graf Schenk von Stauffenberg**

**Stauffenberg,** Claus Schenk Gf. v., dt. Offizier und Widerstandskämpfer, *1907, †1944; Chef des Stabes des Befehlshabers des Ersatzheeres; unternahm am 20. 7. 1944 das misslungene Attentat auf Hitler; am gleichen Tag erschossen.

**Staupe,** früher häufige, inzwischen durch Impfungen seltener gewordene, sehr ansteckende Infektionskrankheit v.a. der Hunde, Katzen (Panleukopenie) u. Mar-

S

der. Die Hunde-S. wird durch ein Virus verursacht. Die Übertragung erfolgt durch Ausscheidungen infizierter Tiere. Kennzeichen sind Fieber, Fressunlust, schleimiger Nasen- und Augenausfluss, Durchfall, Erbrechen, Beißsucht und Krämpfe.

**Stavanger,** Hafenst. im westl. S-Norwegen, 101 500 E; Dom (12./13. u. 19. Jh.); Schiffbau; Verw.- u. Versorgungszentrum für d. norweg. Erdölförderung in d. Nordsee; ⛯.

**Ste** ↑Sankt.

**Stealth-Bomber** [stelθ-], amer. Kampfflugzeug, das aufgrund seiner Formgebung u. Beschichtung vom Radar kaum wahrgenommen werden kann.

**Stearin** [gr.], Gemisch aus S.- u. Palmitinsäure; zur Kerzenherst., auch in der kosmet., Leder- u. Textilind. verwendet; *S.säure,* $CH_3(CH_2)_{16}COOH$, gesättigte organ. Säure; ihre Ester mit Glycerin sind Bestandteil der [halb]festen tier. u. pflanzl. Fette; verw. zur Herst. von Natrium- u. Kaliumseifen.

**Steatit** ↑Talk.

**Stechapfel,** giftiges Nachtschattengewächs; Ruderalpfl.

**Stechfliege,** Blut saugende Fliege, der Stubenfliege ähnl.; Larven im Kuhmist.

**Stechginster,** Gatt. der Schmetterlingsblütler; gelb blühende dorn. Sträucher; in W-Europa und N-Afrika verbreitet.

**Stechheber** ↑Heber.

**Stechmücken, Gelsen, Moskitos,** Mückenfam.; ♂♂ mit fiedr. Antennen, nicht stechend, die meist Blut saugenden ♀♀ mit langem Stechrüssel; Entwicklung der Larven in stehendem Wasser; zu den S. gehören Gelbfieber- und Malariamücke.

**Stechpalme,** Strauch oder niedr. Baum mit immergrünen, ledr., dornig gezähnten Blättern; Unterwuchs in Buchenwäldern; in W- und NW-Dtl. wild.

**Steckbrief,** öff. Aufforderung des Gerichts, der Staatsanwaltschaft oder der Polizei zur Fahndung nach einer im S. beschriebenen Person.

**Steen,** Jan, niederl. Maler, *1626, †1679; neben A. Brouwer u. A. v. Ostade Sittenschilderer niederl. Bürger- u. Bauerntums.

**Steg, 1)** kl. Brücke. **2)** Holztäfelchen, das die Saiten der Streichinstrumente trägt.

**Stegreif,** *aus dem S.,* unvorbereitet.

**Steher,** Bahnradfahrer hinter einem ↑Schrittmacher beim S.rennen.

**Steiermark,** östr. Bundesland, 16 387 km², 1,18 Mill. E, Hptst. Graz; in M- u. SO-Östr., von der Mur-Mürz-Furche in 2 Teile gegliedert. Im N *Ober-S.* mit den höchsten Geb.ketten, Teilen der Nördl. Kalkalpen (Hoher Dachstein 2 995 m) und den Niederen Tauern; Alm-, Holzwirtsch., bed. Magnesit-, Eisenerz-, Braunkohlenbergbau, Hüttenind., Fremdenverkehr; im S die klimat. mildere *Unter-S.* mit dem *Grazer Feld* u. dem *Oststeir. Hügelland;* Landw. (Weizen-, Mais-, Wein-, Tabak-, Obstbau). 51 % des Landes sind waldbedeckt; Ind. hpts. im Mur- u. Ennstal. – In röm. Zeit Teil der Provinzen Noricum und Pannonien, Ende des 6. Jh. v. Slowenen, dann von Bayern besiedelt, 1180 Hzgt., 1192 babenberg., 1282 habsburg., 1919 S-S. an Jugoslawien.

**Steiger,** Bergleute, die nach Besuch einer Bergschule Aufsichtsaufgaben im Bergbau auch unter Tage durchführen.

**Steigerwald,** Bergland mit westl. Steilrand in Franken, zw. oberer Aisch u. Main; im Hohenlandsberg 498 m.

**Steigung,** Maß der Abweichung v. der Waagerechten (u. a. Straßenbau); 2 % S. bedeutet: auf 100 m langer Strecke beträgt die Höhendifferenz +2 m; Ggs. Gefälle.

**Stein, 1)** Charlotte von, geb. **v. Schardt,** Weimarer Hofdame, *1742, †1827, eng mit Goethe befreundet v. 1775 bis zu seiner ersten Italienreise, gr. Einfluss auf sein Schaffen; **2)** Edith, hl. (s. 1998), dt. Philosophin, *1891, †1942 (KZ Auschwitz); Schülerin E. Husserls, v. Judentum zum Katholizismus übergetreten; Karmelitin. **3)** Gertrude, amer. Schriftstellerin, *1874, †1946; s. 1902 in Frkr.; Mittelpunkt eines Künstlerkreises (u. a. Matisse, Picasso); beeinflusste die amer. Schriftsteller der Lost Generation (Hemingway, Dos Passos u. a). **4)** Heinrich Friedrich Karl Reichsfrhr. vom u. zum, dt. Staatsmann, *1757, †1831; 1804–07 preuß. Finanz- u. Wirtsch.-Min., 1807/08 leitender Min., Reformen, u. a. 1807 die Bauernbefreiung, 1808 die Städteordnung (Einführung der Selbstverw.); 1812 Berater des Zaren Alexander I.; vermittelte das preuß.-russ. Bündnis (1813) u. wurde eine der treibenden Kräfte der Befreiungskriege; regte die Monumenta Germaniae Historica an. **5)** Peter, dt. Theaterregisseur, *1937; polit. engagierte Inszenierungen.

**Steinbeck,** John [Ernst], amer. Schriftsteller, *1902, †1968; humorist., soz.-krit. u. trag. Romane und Erzählungen; „Früchte des Zorns", „Die Straße der Ölsardinen"; Nobelpreis 1962.

**Steinbock,** Wildziege des Hochgeb. mit bis über 1 m langen Hörnern (♂); Europa, Asien, N-Afrika.

**Steinbock,** lat. **Capricornus,** zum ↑Tierkreis gehörendes Sternbild des südl. Himmels.

**Steinbrechgewächse,** Pflanzenfam., Stauden oder Holzgewächse mit für die nördl. Hochgeb. typ. Gatt. *Steinbrech;* viele Arten als Zierpfl. in Steingärten.

**Steinbutt,** Plattfisch an europ. Küsten, bis 1 m lang.

**Stein der Weisen,** in der Alchemie ein sagenhaftes Mittel zur Läuterung unedler Metalle zu Gold sowie zur Krankenheilung.

**Steindruck,** svw. ↑Lithographie.

**Steiner,** Rudolf, östr. Anthroposoph, *1861, †1925; Begr. der Anthroposoph. Gesellschaft (↑Anthroposophie).

**Steinernes Meer,** Geb.-Massiv der Nördl. Kalkalpen, südl. vom Königssee, bis 2 653 m.

**Steinert,** Otto, dt. Fotograf, *1915, 1978; gehört zu den Begr. der „subjektiven Fotografie".

**Steinfliegen,** Insektenordn.; Mundwerkzeuge kauend, Antennen fadenförmig, 4 Flügel; Larven räuber. im Wasser.

**Steinfrucht,** Schließfrucht, bei der die Fruchtwand außen fleisch., innen hart *(Steinkern)* ausgebildet ist; der Kern schließt den Samen ein (z. B. Kirsche).

**Steinfurt,** Krst. im NW des Münsterlandes, NRW, 33 300 E; Textil-, Metall verarb. u. Tabakind.; 1975 durch Vereinigung v. *Burgsteinfurt* u. *Borghorst* entstanden.

**Steingut,** feinkeram. Erzeugnis aus Ton, Kaolin, Quarz, Talk u. a. mit weißl., porösem Scherben; allg. mit durchsicht. Glasur.

**Steinholz,** Werkstoff aus gemahlener kaust. Magnesia, Füllstoffen (z. B. Sägemehl) u. Magnesiumchlorid als Bindemittel; gut wärmedämmender Fußboden- u. Wandbelag.

**Steinhuder Meer,** See nw. von Hannover, 29 km², bis 3 m tief; Insel mit der ehem. schaumburg-lippischen Festung *Wilhelmstein* (1761 ff.).

**Steinklee,** Gatt. der Schmetterlingsblütler; *Echter* u. *Weißer S.,* wertvolle Futterpflanzen.

**Steinkohle,** harte, schwarze, pechart. od. glänzende Kohle in Sedimentgesteinen mit über 80 % Kohlenstoffgehalt; auch ↑Kohle.

**Steinkohlen|einheit,** Abk. **SKE,** durch den mittl. Energiegehalt von 1 kg Steinkohle (29 308 kJ =

7 000 kcal) definierte fr. Energieeinheit.
**Steinkohlenteer,** aus Steinkohle bei der Verkokung (unter Luftabschluss bei 1 100 °C) gewonnene braun- bis tiefschwarze, zähe Flüssigkeit; enthält über 10 000 verschiedene Verbdg.; bei der Destillation v. S. erhält man Leicht-, Carbon-, Naphthalin-, Wasch-, Anthracenöl u. Steinkohlenpech.
**Steinmispel, Zwergmispel, Steinquitte, Quittenmispel, Cotoneaster,** Gatt. der Rosengewächse im gemäßigten Asien; immer- oder sommergrüne Sträucher, u. a. die bis 1,5 m hohe *Gemeine Steinmispel* mit blassroten Blüten u. purpurroten Früchten, Zierstrauch.
**Stein|obst,** Bez. für Obstsorten aus der Gatt. Prunus (v. a. Kirsche, Pflaume, Mirabelle, Reneklode, Pfirsich, Aprikose), deren Früchte einen Steinkern enthalten.
**Steinpilz,** Röhrling; einer der wertvollsten Speisepilze, in Laub- und Nadelwäldern.
**Steinsalz,** farbloses, durch Verunreinigung zuweilen gefärbtes Mineral, NaCl, Härte 2; gesteinsbildende Vorkommen in fast allen geol. Formationen; bergmänn. abgebaut.
**Steinwälzer,** Unterfam. der Regenpfeifer, v. a. an arkt. Küsten u. Inseln; wälzt bei der Nahrungssuche Steinchen um.
**Steinzeit,** vorgeschichtl. Periode, eingeteilt in Alt-, Mittel- u. Jungsteinzeit (Übers. ↑Vorgeschichte).
**Steinzeug,** keram. Produkt aus Tonen und Magerungsmitteln mit gesintertem, dichtem Scherben; durch Glasur porzellanart. Aussehen; für Haushaltsgeschirr, sanitärkeram. Produkte.
**Steißbein,** aus 3–5 miteinander verwachsenen kl. Wirbeln bestehendes unteres Ende der Wirbelsäule des Menschen.
**Stele** [gr.], im Altertum frei u. aufrecht stehende Steinplatte für Inschriften, v. a. als Grabdenkmal.
**stellar** [lat.], die Sterne betreffend.
**Stellwerk** ↑Eisenbahn.
**Stelzen,** weltweit verbreitete Singvogelfam., umfasst u. a. Stelzen (Bachstelzen) u. Pieper.
**Stelzvögel,** Ordn. meist langbein. u. -hals. Vögel; u. a. Ibisse, Störche, Reiher.
**Stempel, 1)** Gerät mit einer Fläche aus Metall, Holz oder Gummi mit Reliefmuster, das mit aufgetragener Farbe abgedruckt od. eingeprägt wird. **2)** amtl. Beglaubigungs-, Merkzeichen. **3)** Ausbauelement im Bergbau aus Holz, Stahl u. a. zur Abstützung. **4)** Fruchtknoten, Griffel u. Narbe als einheitl. ♀ Geschlechtsorgan der Samenpflanzen. **5)** in der Umformtechnik in das Werkstück eintauchendes Werkzeug (Patrize). **6)** Werkzeuge der Münzproduktion (Ober- u. Unter-S.).
**Stendal,** Krst. in der Altmark, Sa.-Anh., 45 500 E; zahlr. Bauten der Backsteingotik; Nahrungsmittelindustrie.

**Stendhal**

**Stendhal** [stɛ̃ˈdal], eigtl. Marie Henri **Beyle** [bɛl], frz. Schriftsteller, *1783, †1842; gehört mit seinen zeitkrit., soz.-krit. u. psychol. Darstellungen zu den Begründern des europ. Realismus; Romane, u. a. „Rot u. Schwarz“, „Die Kartause von Parma“; Novellen, Biografien.
**Stenografie,** svw. ↑Kurzschrift.
**Stenogramm** [gr.], in Kurzschrift nachgeschriebenes Diktat oder nachgeschriebene Rede.
**Stenokardie,** svw. ↑Angina pectoris.
**Stenotypist[in],** Bürokraft, die Kurzschrift und Schreibmaschine beherrscht.
**Stentor,** stimmgewalt. griech. Held im Trojan. Krieg; nach ihm *S.stimme,* eine laute, gewalt. Stimme.
**Stepanakert,** Hptst. v. Bergkarabach, Aserbaidschan, 55 200 E.
**Stephan,** Heinrich v., Organisator des dt. Postwesens, *1831, †1897; Gründer des Weltpostvereins (1874).
**Stephan,** *Serbien:* **1) S. Dušan** [- ˈduʃan], *um 1308, †1355, Zar seit 1331; dehnte sein Reich bis nach Thessalien aus, begr. die Selbstständigkeit der serb. Kirche. – *Ungarn:* **2) S. I.,** der Heilige, *um 969 (um 974?), †1038, Kg. s. 1001; seine Königskrönung u. die Gründung des Erzbistums Gran (um 1000) bedeuteten eine feste Bindung Ungarns an das westeurop. Christentum; nach ihm heißt die ungar. Königskrone *S.krone.*
**Stephanie,** urspr. Stéphanie de **Beauharnais** [boarˈnɛ], *1789, †1860, Großhzgn. v. Baden; Adoptivtochter Napoleons I., Nichte der Ksn. Joséphine, 1806 mit Großhzg. Karl Ludwig Friedrich von Baden vermählt.
**Stephanus,** †zw. 31 u. 36 n. Chr., der erste Märtyrer (Erzmärtyrer) des Christentums; Diakon der Urgem., wurde verleumdet, gefangen genommen und gesteinigt.
**Steppe** [russ.], baumlose Ebene der Subtropen u. gemäßigten Breiten mit Gräsern u. Kräutern, der Trockenheit und Winterkälte angepasst. Typen: *Gras-S.* (z. B. Prärie, Pampa), *Federgras-S.* (krautarm) und *Wermut-S.* (bes. Salzpflanzen).
**Stepptanz,** artist. Tanz, bei dem der Rhythmus durch Klappen mit *Steppeisen* an Schuhspitze u. -absatz hörbar gemacht wird.
**Ster,** svw. ↑Raummeter.
**Steradiant** [gr.; lat.], Zeichen **sr**, Einheit des räuml. Winkels; 1 sr ist gleich dem Raumwinkel, der als gerader Kreiskegel mit der Spitze im Mittelpt. einer Kugel v. Radius 1 m aus der Kugeloberfläche eine Kugelkappe v. 1 $m^2$ ausschneidet, 1 sr = 1 $m^2/m^2$.
**Sterbehilfe,** Bez. für Maßnahmen, die von der *Sterbebegleitung* (Versorgung, Zuwendung) über das Unterlassen lebensverlängernder Handlungen *(passive S.)* bis zu aktiven lebensverkürzenden Handlungen (*aktive S.,* strafbar) reichen; der Bereich zulässiger S. ist ethisch u. rechtl. umstritten.
**Sterblichkeit, Mortalität,** Bez. für das Verhältnis der Todesfälle zur Gesamtbev. eines Landes.
**stereo..., Stereo...** [gr.], Bestimmungswort; Bed.: „starr; räuml., körperlich“.
**Stereofotografie,** Herst. fotogr. Bilder *(Stereobilder),* die beim Betrachten [durch bes. Stereowiedergabegeräte] eine Raumwirkung erzielen; es werden stets 2 Bilder eines Objekts von 2 im Augenabstand voneinander entfernten Objektiven aufgenommen.
**Stereometrie** ↑Geometrie.
**Stereophonie** [gr.], elektroakust. Schallübertragung, die raumgetreues *(stereophon.)* Hören gestattet; Anwendung im Tonfilm (mehrere Magnettonspuren; räuml. aufgestellte Wiedergabegeräte), bei Schallplatten, Ton-

bändern u. in der Rundfunktechnik (Hochfrequenz-S.).

**stereotyp** [gr.], feststehend, starr; abgedroschen.

**Stereotypie, 1)** Verfahren zur Anfertigung von Druckplatten *(Stereos)* für den Hochdruck. **2)** gleichförm. Wiederholen v. Worten und Sätzen od. v. motor. Äußerungen, auch Verharren in der gleichen Haltung; bei best. psych. Erkrankungen.

**steril** [lat.], **1)** keimfrei. **2)** unfruchtbar.

**Sterilisation, Sterilisierung, 1)** Entkeimung. **2)** Unfruchtbarmachung durch Unterbinden der Samenstränge bzw. der Eileiter.

**Sterilität, Unfruchtbarkeit,** das Unvermögen des Mannes, Kinder zu zeugen, u. das der Frau, schwanger zu werden.

**Sterine** [gr.], Gruppe der ↑Steroide; polycycl. sekundäre Alkohole; Bestandteile jeder tier. u. pflanzl. Zelle; u.a. Cholesterin, Ergosterin.

**Sterling** [ˈstəːlɪŋ], fr. engl. Pennymünze in Silber; heute: *Pfund S.* ↑Währungen.

**Stern, 1)** Otto, dt.-amer. Physiker, *1888, †1969; Arbeiten u.a. zur Molekularstrahlphysik; 1921 mit W. Gerlach Nachweis der Richtungsquantelung des magnet. Moments einzelner Atome im *S.-Gerlach-Versuch;* Bestimmung des magnet. Moments des Protons (1933); Nobelpreis 1943. **2)** William Louis, dt. Psychologe u. Philosoph, *1871, †1938; Begr. der differenziellen Psychol., die individuelle Persönlichkeitsmerkmale (bei best. Personen od. soz. Gruppen) untersucht.

**Sternbedeckung,** Bedeckung eines Sterns durch Mond od. Planeten.

**Sternberg,** Josef von, amer. Filmregisseur östr. Herkunft, *1894, †1969; Entdecker von Marlene Dietrich („Der blaue Engel").

**Sternbilder,** Gruppen v. Sternen, deren Zusammenfassung u. Benennung wahrsch. schon in frühgeschichtl. Kulturkreisen erfolgten.

**Sterndeutung,** svw. ↑Astrologie.

**Sterne,** massereiche selbstständ. leuchtende Gaskugeln im Weltall, die im Inneren Energie freisetzen; ugs. werden mitunter auch die gleichfalls als leuchtende Pt. am Himmel erscheinenden Himmelskörper (außer dem Mond) als S. bez. Da die Eigenbewegung der S. nur über längere Zeit feststellb. ist, wurden sie fr. als feststehend angenommen u. *Fix-S.* gen. Der uns nächste S. ist die ↑Sonne, der die Mrz. der S. in

**Stettin:** *Blick über die Oder auf den Dom St. Jakobi (14./15. Jh.; links), das Regierungsgebäude (Mitte) und den Hafenkai*

Aufbau, Größe, Masse, Dichte u. Energieerzeugung ähneln. Die ermittelten S.alter liegen zw. einigen Mill. u. etwa 10 Mrd. Jahren. *S.typen* u.a: ↑Riesen-S., ↑Zwerg-S.

**Sterne** [stəːn], Laurence, engl. Schriftsteller, *1713, †1768; Wegbereiter des mod. Romans; „Leben u. Meinungen des Tristram Shandy".

**Sternhaufen,** Ansammlung einer größeren Anzahl physikal. u. kosmogon. zusammengehör., gravitativ gebundener Sterne; als *offene S.,* ↑Kugelhaufen u. *Sternassoziationen.*

**Sternheim,** Carl, dt. Dramatiker u. Erzähler, *1878, †1942; karikiert in seinem Werk die bürgerl. Ges. des Wilhelmin. Zeitalters; „Die Hose", „Bürger Schippel".

**Sternkataloge,** systemat. geordnete Sternverzeichnisse, meist mit der für einen best. Zeitpt. (Epoche) gült. Angabe des Sternortes.

**Sternmiere,** Gatt. der Nelkengewächse; u.a. *Vogelmiere,* Grünfutter für Vögel.

**Sternschnuppen** ↑Meteore.

**Sternsystem,** Ansammlung v. bis zu einigen 100 Mrd. Sternen sowie gr. Mengen interstellarer Materie, die kosmogon. u. dynam. eine Einheit bilden. Das S., dem die Sonne angehört, ist das Milchstraßensystem. Außerhalb des Milchstraßensystems befindl. S. (z.B. Magellansche Wolken, Andromedanebel) heißen *extragalakt. S.* bzw. *Galaxien.* Nach ihrem Aussehen unterscheidet man *ellipt., spiralförm.* u. *irreguläre S.*

**Sterntag,** die Zeit zw. 2 aufeinander folgenden Kulminationen des Frühlingspt. durch den Meridian; der S. ist 3 min 56,6 s kürzer als ein mittl. Sonnentag.

**Stern von Bethlehem, Stern der Weisen, Dreikönigs|stern,** im N.T. Himmelserscheinung („Stern"), die nach Mt. 2, 2 u. 9f. den ↑Drei Königen den Weg nach Bethlehem, dem Geburtsort Jesu, wies; astronom. versch. erklärt.

**Sternzeit,** Stundenwinkel des Frühlingspt.; als Zeitmarke an der Sphäre wird der Frühlingspt. benutzt.

**Steroide** [gr.], gr. chem. Stoffklasse; umfasst u.a. Gallensäuren, Nebennierenrinden- (Aldosterin u.a. Kortikoide) u. Sexualhormone wie Androgene u. Östrogene *(Steroidhormone),* ↑Sterine u. einige pflanzl. u. tier. Giftstoffe.

**Sterzing,** ital. **Vipiteno,** St. in Südtirol, Italien, im oberen Eisacktal, 5300 E; maler. Stadtbild mit spätgot. Bauten; Fremdenverkehr.

**Stethoskop** [gr.], Hörrohr zur ↑Auskultation; *Schlauch-S.* mit Membrantrichter.

**Stetigkeit,** grundlegender math. Begriff; eine Funktion $f(x)$ ist s., wenn sich durch eine geringfüg. Änderung v. $x$ auch der Funktionswert $y$ nur geringfüg. u. nicht sprunghaft ändert.

**Stettin,** poln. **Szczecin** [ˈʃtɛtɕin], Hptst. d. Wwschaft Westpommern, Polen, an d. Oder vor ihrer Mdg. ins ↑Stettiner Haff, 419000 E; Univ., med. Akad., Hochschulen; Werften, Fahrzeugbau, chem., Baustoff-, Lebensmittel-, Papier- u.a. Ind.; ⚓, ✈. – Slaw. Gründung, erhielt 1243 Magdeburger Stadtrecht; 1648 schwed., 1720 preußisch; 1945 zu Polen.

**Stettiner Haff,** poln. **Zalew Szczeciński** [ˈzalɛv ʃtʃɛˈtɕiĩski], **Oderhaff, Pommersches Haff,** Haff u. Bodden an d. Mdg. d. Oder in d. Ostsee, südl. d. Inseln Usedom u. Wollin, rd. 650 km², max. 9 m tief; im W d. *Kleine Haff* (v. a. in Dtl.), im O d. *Gr. Haff* (in Polen).

**Steuben,** Friedrich Wilhelm v., amer. Gen. dt. Herkunft, *1730, †1794; ging 1777 nach Nordamerika, organisierte die amer. Armee u. kämpfte im Nordamerik. Unabhängigkeitskrieg erfolgreich gg. die Briten.

**Steuerberatung,** geschäftsmäßige Hilfeleistung in Steuersachen u. -strafsachen, v. a. Beratung, Vertretung beim Finanzamt u. a. Steuerbehörden, Beistand bei Bearbeitung v. Steuerangelegenheiten; durchgeführt v. Steuerberatern, -bevollmächtigten u. S.-Ges.

**Steuerbescheid,** Mitteilung des Finanzamts an den Steuerpflichtigen über Art u. Höhe der festgesetzten Steuer.

**Steuerbord,** rechte Seite eines Schiffes od. Luftfahrzeuges (in Fahrtrichtung).

**Steuer|erklärung,** Darst. der Vermögens- u. Einkommensverhältnisse des Steuerpflichtigen zur Festsetzung v. Einkommen- u. a. Steuern.

**Steuerfahndung,** die den S.sbeamten d. Oberfinanzdirektionen als Hilfsbeamten der Staatsanwaltschaft obliegende Prüfung bei Verdacht eines Steuervergehens.

**Steuergeheimnis,** Verschwiegenheitspflicht aller Amtsträger, Vertragsangestellten u. amtl. Sachverständigen über ihnen bekannt gewordene Verhältnisse v. Steuerpflichtigen; das S. ist unverletzlich, es sei denn, es besteht Auskunftspflicht bei Kapitalverbrechen.

**Steuerhinterziehung,** Hauptdelikt des Steuerstrafrechts; der Tatbestand der S. umfasst: das Erschleichen nicht gerechtfertigter Steuervorteile (z. B. Kinderermäßigungen); die Steuerverkürzung, die begeht, wer vorsätzl. bewirkt, dass Steuereinnahmen entweder zu niedrig festgesetzt od. bei Fälligkeit nicht od. zu niedrig entrichtet werden.

**Steuerhoheit,** die staatl. Befugnis, Steuern festzusetzen (Gesetzgebungshoheit) u. zu verwalten (Verw.hoheit) sowie über den Ertrag zu verfügen (Ertragshoheit); in Dtl. v. Bund, Ländern u. Gem. ausgeübt.

**Steuern,** Abgaben, die öff.-rechtl. Gemeinwesen Personen od. Unternehmen zwangsweise u. ohne Anspruch auf eine spezielle Gegenleistung (im Ggs. zu Gebühren u.Beiträgen) zur Deckung ihres Finanzbedarfs auferlegen.

**Steuer|oasen,** Länder, in denen keine od. nur niedrige Steuern auf Einkommen od. Vermögen erhoben werden.

**Steuerpflichten,** die durch Steuerges. u. die Abgabenordn. geregelten Pflichten materieller *(Steuerzahlungspflicht)* u. formaler Art (Mitwirkungs-, Buchführungs-, Aufzeichnungs- u. Steuererklärungspflicht usw.).

**Steuerpolitik,** Einsatz steuerl. Maßnahmen im Dienste der Finanz- u. Wirtschaftspol.; Ziele: Mittelbeschaffung des Staates, Allokation (u. a. Verbrauchslenkung durch Verbrauchsteuern), Distribution (z. B. Umverteilung durch progressive Einkommensteuertarife), Beeinflussung v. Wachstums- u. Konjunkturpol.

**Steuerquote,** Verhältnis zw. Steuereinnahmen u. Bruttoinlandsprodukt; verdeutlicht die steuerl. Belastung einer Volkswirtschaft.

**Steuer|recht,** Rechtsvorschriften, die die Pflichten u. Rechte aus einem Steuerrechtsverhältnis regeln. Zum *allg. S.* gehören die Abgabenordn. u. das Bewertungsges.; das *bes. S.* umfasst zahlr. Einzelsteuerges. sowie Durchführungsverordn. u. Verwaltungsvorschriften. Die Entscheidung v. Streitigkeiten im Bereich des S. obliegt den ↑Finanzgerichten (↑Steuerstrafrecht). Das *internat. S.* regelt über nat. Außen-S. u. Doppelbesteuerungsabkommen grenzüberschreitende Sachverhalte. Die Verordn. u. Richtlinien der EG bilden *supranat. S.*

**Steuersatz,** Größe, mit der aus der jeweiligen Bemessungsgrundlage die Steuerschuld errechnet wird.

**Steuerschuldner** ↑Steuerzahler.

**Steuerstrafrecht,** der Teil des Nebenstrafrechts, der sich auf Verstöße gg. die Steuer- u. Zollges. bezieht; grundsätzl. gelten die allg. Vorschriften des Strafrechts. Das S. (§§ 369 ff. Abgabenordnung) unterscheidet zw. *Steuervergehen* (Steuerhinterziehung, Bannbruch, Bandenschmuggel, Steuerhehlerei) u. *Steuerordnungswidrigkeiten* (leichtfertige Steuerverkürzung, Steuergefährdung).

**Steuerträger** ↑Steuerzahler.

**Steuer|überwälzung,** Übertragung der Steuerlast v. Steuerschuldner (Anbieter) auf den Steuerträger (Nachfrager), u. a. über Preiserhöhung.

**Steuerung,** Vorgang in einem dynam. System, bei dem eine od. mehr. Eingangsgrößen *(Steuerbefehl)* über eine nicht geschlossene Kette v. Übertragungsgliedern *(Steuerkette)* die Ausgangsgröße[n] *(Steuerwirkung)* gemäß der dem System eigenen Gesetzmäßigkeit beeinflussen *(steuern).* Im Ggs. zur Regelung erfolgt keine Rückwirkung. Auch Bez. für die ges. der S. dienende Vorrichtung.

**Steuerveranlagung** Verw.verfahren zur Ermittlung der Besteuerungsgrundlagen u. Festsetzung der Steuerschuld; beginnt i. d. R. mit der Steuererklärung u. endet mit Zugang des Steuerbescheids.

**Steuervergünstigung,** steuerl. Ausnahmeregelungen, die aus soz. od. wirtschaftspolit. Gründen für best. Haushalte, Unternehmen od. Sachverhalte die Steuerschuld verringern.

**Steuerverkürzung,** ↑Steuerhinterziehung.

**Steuerzahler,** derjenige, der die Steuer an das Finanzamt abführt. *Steuerschuldner* ist derjenige, der die Steuerzahlung schuldet; i. Allg. mit dem S. identisch, nur bei Quellensteuern fallen S. (z. B. Arbeitgeber, der die Lohnsteuer abführt) u. Steuerschuldner (Arbeitnehmer) auseinander. *Steuerträger* ist die durch die Steuer tatsächlich belastete Person.

**Steven** [niederdt.], vorderer *(Vorder-S.)* od. hinterer *(Achter-S.)* Abschluss eines Schiffes.

**Stevenson** [ˈsti:vnsn], Robert Louis [Balfour], schott. Schriftsteller, *1850, †1894; Abenteuererzählung „Die Schatzinsel"; Erzählung „Der seltsame Fall des Doctor Jekyll u. des Herrn Hyde"; histor. Romane, Südsee-Erzählungen, Lyrik, Essays.

**Steward[ess]** [ˈstjuəd, ˈstjuədɪs; engl.], Betreuer[in] der Passagiere v. a. an Bord von Schiffen u. Flugzeugen.

**Steyr,** östr. Stadt an der Enns, Oberöstr., 39 500 E; spätma.-barockes Stadtbild; Automobil-, Masch.-, Metallwarenindustrie.

**StGB,** Abk. für: ↑**Strafgesetzbuch.**

**Stich,** graf. Blatt in Grabsticheltechnik, z. B. Kupfer-, Stahlstich.

**Stichlinge,** Knochenfischfam.; Flossen mit Hartstrahlen, ♂♂ bauen Nester für Eier u. Junge, die sie pflegen.

**Stichprobe,** Teilmenge einer statist. Masse, die dieser nach best. Verfahren entnommen wird u. die sie mit best. Wahrscheinlichkeit repräsentiert.

**Stichwahl** ↑Mehrheitswahl.

**Stick|oxide,** svw. ↑Stickstoffoxide.

**Stickstoff,** Symb. **N** [von ägypt.-gr. Nitrogenium], chem. El., OZ 7, rel. A.-Masse 14,00674, farb- u. geruchloses, geschmackfreies, unbrennb. Gas; Dichte 1,2506 g/l, Fp. −210 °C, Sp. −195,8 °C, chem. sehr träge; kommt v. a. als Hauptbestandteil der Luft (78,09 Vol.-%) vor, ferner chem. gebunden in einigen Salzen (Chilesalpeter); ist in geringen Mengen v. a. in den Eiweißstoffen aller Pflanzen u. Tiere enthalten. Gasförm. S. wird verw. in der *S.ind.* zur Herst. von ↑Ammoniak, ↑S.oxiden, Salpetersäure, ↑Düngemitteln u. a.

**Stickstoffoxide,** Symbol $NO_x$, chem. Verbdg. aus Sauerstoff u. Stickstoff; v. a. *Distickstoffoxid,* $N_2O$, ↑Lachgas; *Stickstoffmonoxid,* NO, und *Stickstoffdioxid,* $NO_2$, techn. Zwischenprodukte bei der Herst. v. Salpetersäure und von zahlr. anorgan. u. organ. Stickstoffverbindungen. NO u. $NO_2$ entstehen u. a. bei Verbrennungsprozessen (Rauchgase) hoher Temp. (Umweltschadstoffe).

**Stiefmütterchen,** Veilchengewächs, kl. Pflänzchen auf Feldern u. Wiesen; Stammart der zahlr. *Gartenstiefmütterchen.*

**Stieglitz, Distelfink,** bunter Finkenvogel mit roter Gesichtsmaske; beliebt als Stubenvogel.

**Stier,** lat. **Taurus,** zum ↑Tierkreis gehörendes Sternbild des nördl. Himmels.

**Stier** ↑Bulle.

**Stierkampf,** bereits im alten Ägypten u. in Mesopotamien bek. Kampf v. Menschen mit Stieren, heute in Spanien, Portugal, S-Frkr. u. Lateinamerika; der Torero, die Picadores u. die Banderilleros reizen u. schwächen den Stier, auf dem Höhepkt. des S.es kämpft der Torero (jetzt *Matador* gen.) allein gg. den Stier u. tötet ihn durch einen Degenstoß; in Portugal, S-Frkr. u. Lateinamerika meist unblutig.

**Stift, 1)** Körperschaft eines Domes (Domkapitel), eines Kollegiats *(Kollegiat-S.);* mit *S.svermögen* ausgestattet; auch für Bistum, Erzbistum *(Erz-S.);* **2)** von einem Wohltäter gestift. karitat. Anstalt.

**Stifter,** Adalbert, östr. Dichter, * 1805, † 1868; der als größter östr. Erzähler geltende S. war Lehrer u. 1850–65 Inspektor der Volksschulen Oberösterreichs, auch Maler. Sein ästhet.-sittl. Ideal bekundet sich im „sanften Gesetz", das im Stillen u. Schlichten die bewahrende, alle leidenschaftl. Bewegungen in Natur und Menschenleben bezwingende Kraft erkennt (Roman „Der Nachsommer", Novellen „Bunte Steine").

**Stiftung,** eine zu einem best. Zweck zur Verfügung gestellte Vermögensmasse, die meist als [in der Regel staatl. beaufsichtigte] ↑jurist. Person des öff. oder privaten Rechts auftritt.

**Stiftung Deutsche Sporthilfe,** 1967 gegr. Einrichtung zur materiellen Unterstützung v. Spitzensportlern in Dtl.; Sitz Frankfurt am Main.

**Stiftung Preußischer Kulturbesitz,** 1957 durch B.-Ges. errichtete Stiftung des öff. Rechts zur Verw. des ehem. preuß. Kulturbesitzes; Sitz Berlin.

**Stiftung Volkswagenwerk,** urspr. Name der ↑Volkswagenstiftung.

**Stiftung Warentest,** unabhängiges Warentestinstitut in der Rechtsform einer Stiftung des privaten Rechts (Stifterin: Bundesrep. Dtl.); gegr. 1964, Sitz Berlin.

**Stigma** [gr.], **1)** Mal, Zeichen; Wundmal. **2)** Mündungsöffnung der Tracheen bei Gliederfüßern.

**Stigmatisation,** im theolog. Sinn Auftreten der Leidensmale Christi am Leib eines lebenden Menschen, z. B. bei Franz von Assisi.

**Stijl-Gruppe** [niederl. 'stɛjl-], von P. Mondrian, T. van Doesburg u. a. 1917 in den Niederlanden gegr. Gruppe, die für die Entw. der mod. Kunst wesentl. wurde; erstrebte geometr. Klarheit; internat. Verbreitung durch das Bauhaus.

**Stil** [lat. stilus; = Schreibgriffel], die Einheit der [bes.] Ausdrucksformen eines Kunstwerkes, einer Epoche; Darstellungsweise, Art (Baustil, Schreibstil).

**Stilfser Joch,** ital. **Passo dello Stelvio,** Pass in d. Ortlergruppe, Italien, 2 757 m.

**stille Reserve,** Bez. für Personen, die Arbeit suchen, ohne bei den Arbeitsämtern arbeitslos gemeldet zu sein *(aktive s. R.)* od. nur vorübergehend bis zur Besserung der Arbeitsmarktlage die Stellensuche aufgegeben haben *(passive s. R.).*

**Stiller Ozean** ↑Pazif. Ozean.

**stille Rücklagen, stille Reserven** ↑Rücklagen.

**Stillleben,** Darst. von toten od. reglosen Dingen (Blumen, Früchte, Tiere, Gläser u. a.).

**Stimmbänder,** im Kehlkopf der Säugetiere (einschl. Mensch) ausgespannte elast. Bänder.

**Stimmbruch, Mutation, Stimmwechsel,** Tieferwerden der Stimmlage in der Pubertät beim ♂ Geschlecht infolge Wachstums des Kehlkopfes u. Stimmbandverlängerung.

**Stimme,** Lautäußerung des Menschen u. vieler Tiere, die vorw. durch rhythm. Schwingungen der angespannten Stimmbänder im Kehlkopf entsteht; die Schwingungen werden durch die an den Stimmbändern vorüberstreichende, aus den Lungen ausgeatmete Luft erzeugt; Resonanz gibt der Brustkorb sowie der Kopf mit dem Nasennebenhöhlensystem.

**Stimmgabel,** 𝄞 gabelförmig gebogener Stahlstab, der zum *Stimmen* angeschlagen wird und in der Frequenz des Stimmtons (heute Kammerton) tönend schwingt.

**Stimmlagen,** Bereiche der menschl. Stimme, nach den Tonhöhen eingeteilt in *Sopran* (etwa $c^1$–$a^2$, Koloratursopran bis $f^3$ und höher), *Mezzosopran* (etwa a–$g^2$), *Alt* (etwa f–$f^2$) bei den Frauenstimmen, *Tenor* (etwa c–$a^1$), *Bariton* (etwa A–$e^1$), *Bass* (etwa E–$d^1$) bei den Männerstimmen.

**Stimmritze** ↑Glottis; *S.nkrampf,* svw. Glottiskrampf, ↑Glottis.

**Stimmung, 1)** in der Musik Tonbestimmung durch Festlegung: 1. der absoluten Tonhöhe nach dem Kammerton, 2. der relativen Tonhöhe (Verhältnis der Töne innerh. der Oktave; in der heute übl. *gleich schwebend temperierten S.* ist die Oktave in 12 gleiche Teile geteilt). **2)** festgelegte Tonhöhe eines Instruments bzw. der einzelnen Saiten.

**Stimulanzien** [lat.], **Stimulantia, Anregungsmittel,** Mittel, die die Erregbarkeit des Zentralnervensystems steigern, z. B. Koffein.

**Stinkmorchel,** aasartig riechender Bauchpilz; Sporenverbreitung durch Aasfliegen.

**Stinktiere, Skunks, Mephitinae,** Unterfam. der Marder; Kleintierfresser, die ihre Angreifer mit einem Sekret aus paar. Stinkdrüsen (am After) bespritzen; Nord-, Mittel-, Südamerika; Pelztiere.

**Stinnes,** Hugo, dt. Unternehmer, * 1870, † 1924; entwickelte das von seinem Großvater Mathias S. (* 1790, † 1845) gegr. Unternehmen zum *S.-Konzern* (Montanind., Binnen- u. Seeschifffahrt), der später zerfiel (Nachfolgeunternehmen *S. AG* heute Teil der E.ON AG).

**Stinte** [niederdt.], Fam. lang gestreckter Knochenfische in Küstengewässern kalter u. gemäßigter Meere und im Süßwasser der nördl. Hemisphäre.

**Stipendium** [lat.], Geldbeihilfe, bes. für Studenten.

**Stirn,** über den Augen gelegener,

**Stockholm:** *Königliches Schloss (1697 begonnen)*

vom *S.bein* (als einheitl. Deckknochen ausgebildet aus 2 S.beinen) gebildeter Teil des Gesichts; über dem Nasenansatz im S.bein die *S.höhlen.*

**Stoa** [gr.], nach ihrem Lehrplatz, der *S. Poikile* (= bunte Säulenhalle) in Athen, ben. hellenist.-röm. Philosophenschule; Zenon v. Kition begr. um 300 v. Chr. die *ältere S.; mittl. S.* (2.–1. Jh. v. Chr.; Poseidonios) u. *jüngere S.* (1.–3. Jh. n. Chr.; v. a. Seneca d. J., Epiktet, Mark Aurel); der *Stoizismus* ist v. a. eine Lebensweisheitslehre; die stoische Ethik forderte vom Weisen naturgemäßes Leben, Streben nach der als Wissen lehrb. Tugend, gleichmüt. Erdulden auch des Übels; kosmopolit. ausgerichtet war die Lehre von dem für alle Menschen gleich geltenden Recht und Gesetz.

**Stochastik** [gr.], Oberbegriff für Wahrscheinlichkeitstheorie u. math. Statistik.

**Stöcker,** Helene, dt. Frauenrechtlerin u. Pazifistin, *1869, †1943; 1905 Mitbegr. des Bundes für Mutterschutz u. Sexualreform, aktiv in der Dt. Friedensges. u. in der Internationale der Kriegsdienstgegner, emigrierte 1933.

**Stockfisch** ↑Kabeljau.

**Stockflecke,** durch Schimmelpilz od. Bakterieneinwirkung v. a. auf Stoffen und Papier gebildete gräul. od. bräunl. Flecke.

**Stockhausen,** Karlheinz, dt. Komponist, *1928; v. entscheidender Bed. auf dem Gebiet der seriellen u. elektron. Musik.

**Stockholm,** Hptst. v. Schweden, auf Schären, Inseln u. Halbinseln zw. Ostsee u Mälarsee; 684 500 E; Kultur- u. Wirtsch.-Zentrum, Nobelinstitute u. -stiftung, Univ., TH, Fachhochschulen, bed. Bibliotheken, Museen; internat. Messe; Maschinenbau, Metall-, Papier-, Textil-, Nahrungsmittel- u. a. Ind.; bed. ⚓, 2 ✈. – Um 1250 gegr., in der Hansezeit bed. Handelsplatz, s. dem 17. Jh. Hauptstadt.

**Stockkrankheit** ↑Pflanzenkrankheiten (Übers.).

**Stockschwämmchen,** essb. bräunl. gelber Ständerpilz, wächst in Büscheln an Baumstümpfen.

**Stoecker,** Adolf, dt. ev. Theologe u. Politiker, *1835, †1909; 1878 gründete er die Christl.-soz. Arbeiterpartei; gewann durch seinen wirtschaftl.-soz. Antisemitismus v. a. den Mittelstand; begr. 1890 den „Ev.-Soz. Kongress".

**Stoffmenge,** fr. **Molzahl,** SI-Basisgröße mit der Einheit ↑Mol.

**Stoffmengenkonzentration,** fr. **Molarität,** der Quotient aus der Stoffmenge des gelösten Stoffes u. dem Volumen der Lösung; SI-Einheit: mol/m$^3$, auch mol/l.

**Stoffwechsel, Metabolismus,** Gesamtheit der Lebensvorgänge, bei denen der Organismus Stoffe (z. B. Aufbau-, Energiestoffe) von außen aufnimmt, sie in seinem Innern in körpereigene Substanzen *(Assimilation)* chem. umsetzt bzw. abbaut *(Dissimilation)* und andere Stoffe (Abbauprodukte, Sekrete) nach außen abgibt; *S.krankheiten:* Diabetis, Gicht u. a.

**Stoiber,** Edmund, dt. Politiker (CSU), *1941; 1988–93 bayer. Innen-Min., wurde 1993 Min.-Präs. von Bayern, 2002 Kanzlerkandidat der CDU/CSU.

**Stoiker** [gr.], **1)** Vertr. der Stoa. **2)** Mensch v. *stoischer* (unerschütterl., gleichmüt.) Gelassenheit.

**Stoke-on-Trent** ['stəʊk ɔn 'trent], engl. St. am SW-Fuß der Pennines, 246 800 E; Zentrum der engl. keram. u. Porzellanind.; Eisen- u. Stahlindustrie.

**Stoker** ['stəʊkə], Bram, eigtl. Abraham **S.,** ir. Schriftsteller, *1847, †1912; Vampirroman „Dracula".

**Stokowski,** Leopold, amer. Dirigent, *1882, †1977; 1912–36 Leiter des Philadelphia Orchestra, 1962–73 des v. ihm gegr. American Symphony Orchestra in New York.

**Stola** [gr.], **1)** schalartiger Umhang; urspr. hemdartiges Übergewand der Römerin. **2)** streifenförm. liturg. Gewandstück der kath., der anglikan. u. teilw. der luth. Geistlichen.

**Stolberg (Rhld.),** St. östl. von Aachen, NRW, 58 200 E; Burg (um 1450); Metallind., Holz-, Textil-, chem.-pharmazeut. Industrie.

**Stollen, 1)** die metr. gleich gebauten Teile des Aufgesangs, bes. in der Meistersangstrophe. **2)** Kuchen od. Brot in längl. Form (bes. *Christ-S.*); **3)** im Bergwesen leicht ansteigender Grubenbau. **4)** runde Teile aus Metall, Kunststoff u. a. an der Sohle von Sportschuhen, um sie rutschfest zu machen.

**Stolp,** poln. **Słupsk,** Krst. in d. Wwschaft Pommern, Polen, 102 700 E; Marienkirche (14./15. Jh.), Schloss (16. Jh.);

**E. Stoiber**

Leicht- u.a. Ind., 18 km nw. ⚓ u. Ostseebad *S.münde.*

**Stolpe,** Manfred, dt. Politiker (SPD), * 1935; s. 1959 im Dienst der Evang. Kirche in Berlin-Brandenburg, 1982–90 dort Konsistorial-Präs.; 1990–2002 (Rücktritt) Min.-Präs. von Brandenburg.

**Stoltenberg,** Gerhard, dt. Politiker (CDU), * 1928, † 2001; 1965–69 B.-Min. für wiss. Forschung, 1971–82 Min.-Präs. von Schl.-Ho., 1982–89 B.-Min. der Finanzen, 1989–92 (Rücktritt) B.-Min. für Verteidigung.

**Stolz,** Robert, östr. Operettenkomponist, * 1880, † 1975; zahlr. Operetten, Filmmusiken u. Lieder.

**Stone** [stəʊn, engl.], **1)** Oliver, amer. Filmregisseur u. Drehbuchautor, * 1946; „Platoon". **2)** Sharon, amer. Filmschauspielerin, * 1958; „Basic Instinct".

**Störe,** Fischordn. mit knorpel. Skelett, unterständigem Maul u. unpaarer Schwimmblase; 2 Fam.: *S.,* nördl. Erdhälfte, meist marin, wandern zum Laichen in die Flüsse; Körper schlank, meist mit Knochenplatten; *Löffel-S.,* mit lang ausgezogener Schnauze und nackter Haut; 2 Arten in Nordamerika und China.

**Storm,** Theodor, dt. Schriftsteller, * 1817, † 1888; eng mit der norddt. Landsch. verbunden; zarte Stimmungsgedichte, bed. Novellen: u.a. „Immensee", „Pole Poppenspäler", „Aquis submersus", „Der Schimmelreiter".

**Storno,** Aufhebung einer falschen Buchung durch Gegenbuchung.

**Störtebeker,** Klaus, Seeräuber aus Wismar, † 1401; Führer der Vitalienbrüder; in Hamburg hingerichtet.

**Stonehenge:** *der gut erhaltene äußere Ring aus 16 (ursprünglich 30) durch Decksteine verbundenen, 4 m hohen Steinpfeilern*

**Stonehenge** [ˈstəʊnhendʒ; engl.], monumentale vorgeschichtl. Steinsetzung um einen „Altarstein" in S-England, nördl. von Salisbury.

**Stoppard,** Tom, engl. Dramatiker tschech. Herkunft, * 1937.

**Störche,** Fam. bis 1,6 m gr., gut segelnder, hochbein. u. langhals., vorw. Fische, Kleinsäuger, Frösche u. Insekten fressender Stelzvögel; v.a. in ebenen, feuchten Gegenden; z.B. Weiß-, Waldstorch, in Dtl. nur noch selten.

**Storchschnabelgewächse,** Pflanzenfam. gemäßigter Gebiete, oft Trockenpfl., meist Kräuter od. Halbsträucher; u.a. *Storchschnabel* (Geranium), auch als Gartenzierpfl.; Balkonpfl. ↑Pelargonie.

**Store** [ʃto:r; frz.], meist durchsicht. Fenstervorhang, Zuggardine.

**Story** [ˈstɔ:rɪ; engl.], Geschichte, Erzählung.

**Stoß,** Veit, dt. Bildhauer, * um 1447/48, † 1533; einer der Hauptmeister der Spätgotik; leidenschaftl. Bewegung, Monumentalität und Verinnerlichung kennzeichnen sein Werk; Hochaltar für die Marienkirche in Krakau, „Engl. Gruß" in St. Lorenz (Nürnberg), Bamberger Altar, Marienfiguren und Kruzifixe.

**Stoß, 1)** Zusammenprall zweier sich relat. zueinander bewegender Körper, die dabei ihre Geschwindigkeit nach Größe u. Richtung ändern. **2)** Verbdg.-Stelle zweier [Bau]elemente (ohne Überlappung). **3)** ⚒ seitl. Begrenzungsfläche eines Grubenbaus.

**Stoßdämpfer,** beim Kfz eine zw. Rad u. Aufbau angebrachte Vorrichtung zum Dämpfen der durch Bodenunebenheiten hervorgerufenen Schwingungen.

**Stößel, 1)** Mörserkeule. **2)** stabförm. Vorrichtung zur Übertragung v. Stoßbewegungen (z.B. Ventil-S. beim Kfz-Motor).

**Stoß|ionisation,** Ionisation v. Atomen od. Molekülen, bei der die benötigte Ionisierungsenergie durch die kinet. Energie der stoßenden Elektronen od. Ionen geliefert wird.

**Stottern,** krampfhaftes mehrf. Wiederholen des Anlautes od. der Anfangssilbe eines Wortes; meist aufgrund psych. Störungen.

**Stout** [staʊt; engl.], dunkles engl. Bier (relat. hoher Hopfenanteil).

**STOXX®** [Kunstwort], s. 1998 notierte Gruppe europ. Aktienindizes, bestehend u.a. aus *Dow Jones STOXX®* (Aktien aus 16 europ. Ländern) u. *Dow Jones Euro STOXX®* (nur auf die Euro-Zone bezogen).

**StPO,** Abk. für: ↑**St**raf**p**rozess**o**rdnung.

**Strabo,** griech. Geograph und Geschichtsschreiber, * um 63 v.Chr., † 28 (?; nach 23/26) n.Chr; mehr. Reisen; „Geographica" (17 Bücher).

**Stradivari,** Antonio, ital. Geigenbauer, * 1644, † 1737; Schüler N. Amatis; entwickelte um 1690 eine eigene Geigenform: breit, mit vollendeten Proportionen, goldgelbem Lack; mit gr., vollem Ton.

**Straf|anstalten** ↑Strafvollzug.

**Straf|anzeige,** Bekanntgabe strafb. Handlungen an die Staatsanwaltschaft, die Polizei od. das Amtsgericht zum Zweck der Einleitung eines Strafprozesses.

**Straf|aufschub,** ausnahmsweise zuläss. Aufschub der Vollstreckung, insbes. einer Freiheitsstrafe (z.B. bei schwerer Krankheit).

**Strafbefehl,** amtsrichterl. Strafentscheidung bei Vergehen, die ohne vorher. Hauptverhandlung auf Antrag der Staatsanwaltschaft ergeht u. nur auf Geld- od. Freiheitsstrafe zur Bewährung bis zu 1 Jahr lauten darf. Der S. ist binnen 2 Wochen mit *Einspruch* anfechtbar, aufgrund dessen dann eine Hauptverhandlung herbeigeführt wird.

**Strafe,** die zur Abgeltung eines begangenen Unrechts dem Täter auferlegte Buße; 1. Kriminal-S.n: in der BRD Freiheits-, Geld- u. Vermögens-S. als *Haupt-S.n,* einzige *Nebenstrafe* ist das Fahrverbot; 2. nicht kriminelle S.n: u.a. im Disziplinarrecht die Disziplinarmaßnahmen, die Maßregeln der Besserung u. Sicherung.

**T. Storm**

**Straf|erlass** ↑bedingte Strafaussetzung.

**Straf|freiheit,** das Befreitsein von den strafrechtl. Folgen best. Handlungen aufgrund persönl. Eigensch. im Einzelfall oder aufgrund eines *S.sges.* (↑Amnestie).

**Strafgerichtshof** ↑Internationaler Strafgerichtshof.

**Strafgesetzbuch,** Abk. **StGB,** Gesetz vom 15. 5. 1871, in der BRD in der Fassung vom 13. 11. 1998. Der 1. oder allg. Teil enthält die allg. Grundsätze des dt. materiellen ↑Strafrechts, der 2. od. bes. Teil die einzelnen Straftatbestände. – In der DDR 1968 neues StGB, dessen teilweise Fortgeltung im Einigungsvertrag 1990 geregelt.

**Strafmündigkeit,** das Alter, von dem an eine kriminelle Bestrafung eintreten kann; beginnt mit Vollendung des 14. Lebensjahres (↑Jugendstrafrecht).

**Strafprozess,** in der BRD das in der StPO geregelte Verfahren *(Strafverfahren)* vor den Strafgerichten, das die Anwendung des materiellen kriminellen Strafrechts im Einzelfall zum Gegenstand hat. Gliedert sich in folgende Abschnitte a) *Ermittlungsverfahren* (vorbereitendes Verfahren); b) *Zwischenverfahren* (eröffnet durch die staatsanwaltschaftl. Anklage); c) *Hauptverfahren* (eingeleitet durch den Eröffnungsbeschluss des Gerichts; Kernstück die ↑Hauptverhandlung); d) *Vollstreckungsverfahren* (↑Strafvollzug); daneben bes. Arten (z.B. das Privatklageverfahren).

**Strafprozessordnung,** Abk. **StPO,** Gesetz vom 1. 2. 1877 in der Fassung vom 7. 4. 1987, das den Gang des ↑Strafprozesses in der BRD regelt.

**Strafraum,** im Fußball, Radball u.a. der Spielraum in der Nähe der Tore mit verschärften Strafbestimmungen.

**Strafrecht,** untergliedert in Strafprozessrecht und materielles S.; das materielle S. ist im StGB geregelt; dient dem Schutz bestimmter Rechtsgüter (z.B. Leben, Eigentum); legt die Merkmale strafbaren Handelns fest u. knüpft an sie Strafe od. Maßregeln der Besserung u. Sicherung. Nicht zum S. gehören Ordnungswidrigkeiten- u. Disziplinarrecht. Das S. wurde durch 6 S.-Reformgesetze (1969–98) wesentl. geändert.

**Strafregister,** amtl. Verzeichnis von Verurteilungen aufgrund strafb. Handlungen; S.führung fr. im Bez. des Geburtsortes. 1971 Gründung eines *B.-Zentralregisters,* das vom Gen.-Bundesanwalt beim B.-Gerichtshof als zentrales Register in Berlin geführt wird; Justiz- und höheren Verw.-Behörden ist auf Ersuchen Auskunft zu erteilen.

**Strafstoß,** Fußball: direkter Freistoß im Strafraum von der *S.marke* (11 m vor der Torlinie).

**Strafverfahren,** svw. ↑Strafprozess.

**Strafvollzug,** Verwirklichung der im Urteil festgestellten Freiheitsstrafe in Justizvollzugsanstalten.

**Strahl, 1)** √ Teil einer Geraden, der auf der einen Seite durch einen Punkt der Geraden begrenzt wird u. sich nach der anderen Seite ins Unendliche erstreckt. **2)** ⚛ v. einer punktförm. Quelle sich geradlin. ausbreitender Energie- od. Teilchenstrom.

**Strahlenflosser, Aktinopterygier, Stachelflosser,** Unterklasse der Knochenfische (Mehrzahl der rezenten Arten).

**Strahlenpilze, Aktinomyzeten,** Ordn. stäbchenförm., gramposit. Bakterien; liefern z.T. Antibiotika; z.T. krankheitserregend.

**Strahlenschutz,** alle Maßnahmen u. Vorrichtungen zum Schutz v. Personen gg. Schädigung durch Strahlen aller Art, bes. durch Röntgen-, Gamma- u. radioakt. Strahlen; v.a. Abschirmung durch Absorptionsmaterial; in Dtl *S.verordnung* vom 30. 6. 1989 (über Ein- u. Ausfuhr von u. Umgang mit radioakt. Stoffen).

**Strahlentherapie, Strahlenbehandlung,** Heilmaßnahmen durch Bestrahlung des Körpers oder einzelner Körperteile; i.w.S. rechnet man hierzu jede Anwendung elektromagnetischer Wellen, einschließlich Mikrowellen, Kurzwellen, Infrarot- und Ultraviolettstrahlung und sichtbarem Licht, i.e.S. nur den Einsatz ionisierender Strahlen innerhalb der Radiologie (Röntgenbehandlung und Radionuklidtherapie). Schwerpunkt ist die Geschwulstbehandlung.

**Strahlentierchen, Radiolari|en,** Ordn. der Wurzelfüßer; marin, oft mit kompliziert gebauten Skeletten.

**Strahlstein, Aktinolith,** meist grünes Hornblendemineral, Härte 5–6; durchscheinend, mit Glas- od. Seidenglanz.

**Strahltriebwerk** ↑Flugzeug.

**Strahlung,** räuml. u. zeitl. Ausbreitung v. Energie; eine prinzipielle Unterscheidung zw. *Wellen-S.* (Schallwellen, elektromagnet. Wellen) u. *Teilchen-S.* (z.B. α-S., β-S., kosm. S.) ist nicht

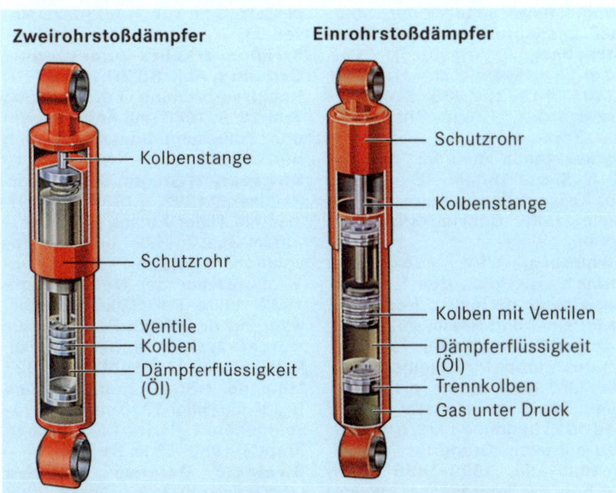


**Stoßdämpfer:** *Teleskopstoßdämpfer*

S

durchführbar, da sich alle Teilchenerscheinungen auch als Wellenvorgänge beschreiben lassen u. umgekehrt (↑Dualismus).

**Stralsund,** kreisfreie St. in Mckbg.-Vorp., am Strelasund gegenüber Rügen, 60 700 E; FH, Marinetechnikschule; in der Innenst. zahlr. Bauten der Backsteingotik, u. a. Marienkirche (13./14. Jh.), Nikolaikirche (14. Jh.), Rathaus (13./14. Jh.); Werft, Maschinenbau, Fischverarb.; ⚓. – 1209 gegr., 1234 Lüb. Stadtrecht, 1278 Mitgl. der Hanse; 1648–1814 schwed., 1814 dän., 1815 preußisch.

**Stranddistel,** geschützte Art der Gatt. Mannstreu an den Küsten von Nord-, Ostsee u. Mittelmeer.

**Strandhafer,** Gatt. der Süßgräser; auf Dünen an den Küsten Europas, des Mittelmeers und Nordamerikas.

**Strandläufer,** Gatt. bis amselgr., gedrungener Schnepfenvögel; an Eismeerküsten, in Tundren.

**Strandsee,** Haff, das vom Meer vollkommen abgeriegelt ist.

**Strandung,** Auflaufen eines Schiffes auf Grund.

**Strangguss,** Gussverfahren zur Fertigung v. Körpern gleichmäß. Querschnitts, bei dem das Metall in eine wassergekühlte Kokille gegossen u. der erstarrte Teil durch Zugwalzen fortlaufend aus der Kokille herausgezogen wird.

**Strangpressen, 1)** Verfahren der Umformtechnik zur Rohr- u. Profilherstellung. **2) Extrudieren,** in der Kunststofftechnik die Herstellung von Bändern, Folien, Schläuchen aus thermoplast. Formmassen.

**Strangulation** [lat.], Erhängen, Erdrosseln.

**Strapaze** [ital.], [Über]anstrengung, Mühe; *strapazieren,* übermäß. beanspruchen.

**Strasberg** [ˈstræsbəːg], Lee, amer. Regisseur östr. Herkunft, *1901, †1982; 1930 Begr. des avantgardist. Group Theater in New York.

**Strass** [nach dem frz. Juwelier *G. F. Stras,* 18. Jh.], Glasmasse aus Kieselsäure, Pottasche u. Bleioxid; für Schmucksteinimitationen.

**Straßburg,** frz. **Strasbourg** [strasˈbuːr], Hptst. des frz. Dep. Bas-Rhin u. der ostfrz. Region Elsass, an Ill und Rhein, 252 000 E; Sitz des Europarates u. Tagungsort des Europ. Parlaments; Univ.; Museen; im Zentrum z. T. altertüml. Stadtbild, Münster (erster Bau 1015 begonnen; 1176 ff. Neubau auf altem Grundriss; 1276 ff. Westfassade, 1399–1439 Turm) mit bed. Skulpturenschmuck und Glasfenstern; mehr. got. Kirchen; stattl. Bürgerhäuser, v. a. Kammerzellsches Haus (15. u. 16. Jh.); Schloss Rohan (1730–42); Rathaus (1730), Europahaus (1950–54); vielseit. Ind.; ✠. – S. entstand an der Stelle des um 16 n. Chr. bei einer kelt. Siedlung gegr., um 350 zerstörten röm. Legionslagers Argentoratum; s. 1262 Freie Stadt; s. 1520 Einführung der Reformation; 1538 Gründung der Univ.; 1681 von Frkr. annektiert.

**Straßenbahn, Tram[bahn],** elektr. betriebene Schienenbahn im Stadt- u. Vorortverkehr, deren Gleise auf Straßen verlegt sind (auch Führung auf bahneigenen Strecken u. unterird. als Unterpflasterbahn); Antrieb durch Gleichstrom (bis zu 120 kW; Fahrleitung 600 od. 750 V ).

**Straßendorf** ↑Dorf.

**Straßenkinder,** allein auf sich gestellte [„auf der Straße" lebende] Kinder, die gezwungen sind, ihren Lebensunterhalt selbst zu bestreiten (Kinderarbeit, Kleinkriminalität, auch Missbrauch als Kinderprostituierte).

**Straßenverkehrsgesetz,** Abk. **StVG,** in der BRD Gesetz vom 19. 12. 1952 (mehrf. Änderungen) mit allg. Vorschriften über Zulassung von Kfz, Fahrerlaubnis u. Führerschein, Entziehung der Fahrerlaubnis, Verkehrssünderkartei, Haftpflicht, Straf- u. Bußgeldvorschriften, Fahrzeug-, Fahrerlaubnisregister.

**Straßenverkehrsordnung,** Abk. **StVO,** in der BRD Vorschriften über das Verhalten im Straßenverkehr vom 16. 11. 1970 (zahlr. Änderungen); auch mit Abb. der Verkehrszeichen u. -einrichtungen; in Östr. Ges. von 1960 (dazu Novellen).

**Straßenverkehrs-Zulassungs-Ordnung,** Abk. **StVZO,** in der BRD Rechtsverordnung in der Fassung vom 28. 9. 1988 (mit Änderungen) über Zulassung, Bauart u. Betrieb der Fahrzeuge.

**Strasser, 1)** Gregor, dt. nat.-soz. Politiker, *1892, †1934; Teilnehmer am Hitler-Putsch 1923; vertrat im Ggs. zu Hitler eine soz.-revolutionäre Pol., ab 1928 R.-Organisationsleiter der NSDAP, legte 1932 seine Parteiämter nieder; während des Röhm-Putsches ermordet. **2)** Otto, Bruder v. 1), dt. Politiker, *1897, †1974; seit 1925 Mitgl. der NSDAP; gründete nach Bruch mit Hitler 1930 eine soz.-revolutionäre Partei („Schwarze Front"), 1933–55 im Exil.

**Strategic Defense Initiative** [strəˈtiːdʒɪk dɪˈfens ɪˈnɪʃətɪv], Abk. **SDI,** 1983 vorgestelltes, 1993 ein-

J. Strauß (Sohn)

gestelltes Projekt eines durch Weltraumsatelliten gestützten Raketenabwehrsystems der USA.

**Strategie** [gr.], **1)** allg. d. Entwurf u. die Durchführung eines Gesamtkonzepts. **2)** umfassende [vorbereitende] Planung eines Krieges unter Einbeziehung aller wesentl. Faktoren auch außerh. des mil. Bereiches im Unterschied zur Taktik u. Operation.

**Stratford-upon-Avon** [ˈstrætfəd əˈpɔn ˈeɪvan], engl. St. südl. v. Birmingham, 20 900 E; Geburtshaus (Museum) und Grab (in der Holy Trinity Church) Shakespeares, Shakespeare-Gedächtnistheater.

**Stratocumulus** [lat.], grobe „Schäfchenwolken" (bis in 3 000 m Höhe).

**Stratosphäre** [gr.] ↑Atmosphäre.

**Stratus** [lat.], tiefe (in 0–3 km Höhe), gleichmäß. Schichtwolke ohne großtropf. Niederschlag.

**Straub, 1)** Agnes, dt. Schauspielerin, *1890, †1941; leitete ab 1936 das Agnes-Straub-Theater in Berlin. **2)** Johann Baptist, dt. Bildhauer, *1704, †1784; 1737 Hofbildhauer in München; bed. Rokoko-Bildwerke für Altäre in Ettal, Berg am Laim (heute zu München), Schäftlarn.

**Straubing,** krsfr. St. u. Krst. an der Donau, Bay., 44 300 E; altes Stadtbild; Kirchen des 12. und 14.–16. Jh.; Masch.-, Baustoff-, Textilindustrie.

**Strauß,** bis 2,6 m hohe, schnell laufende (bis 70 km/h), in kl. Trupps lebende Art der Flachbrustvögel in den Steppen und Wüsten Afrikas, Syriens, Arabiens; Eier bis 1,5 kg schwer.

**Strauß, 1)** Botho, dt. Schriftsteller, *1944; viel gespielter Bühnenautor. **2)** David Friedrich, dt. ev. Theologe u. Philosoph, *1808, †1874; Kritiker der geschichtl.

Grundlagen des Christentums („Das Leben Jesu...", 1835/36). **3)** Franz Joseph, dt. Politiker, *1915, †1988; Mitbegr. u. s. 1961 Vors. der CSU; ab 1953 B.-Min. versch. Ressorts, u.a. 1956–62 B.-Verteidigungsmin., 1966–69 B.-Finanzmin.; s. 1978 Min.-Präs. v. Bay. **4)** Johann S. (Vater), Vater von 5), östr. Komponist, *1804, †1849; 1825 in Wien eigene Kapelle; zahlr. Walzer und Märsche (Radetzkymarsch). **5)** Johann S. (Sohn), Sohn v. 4), östr. Komponist, *1825, †1899; 1844 eigene Kapelle, in der auch seine Brüder, die Komponisten Josef (*1827, †1870) u. Eduard S. (*1835, †1916), wirkten; „An der schönen blauen Donau", „Wiener Blut" u.a. berühmte Walzer; Operetten: „Die Fledermaus", „Der Zigeunerbaron", „Eine Nacht in Venedig"; Schöpfer der Wiener Operette.

**Strauss,** Richard, dt. Komponist, *1864, †1949; sehr persönl. Stil mit reicher Instrumentierung u. kühner Harmonik; Opern: „Salome", „Elektra", „Der Rosenkavalier", „Ariadne auf Naxos", „Arabella"; sinfon. Dichtungen: „Don Juan", „Till Eulenspiegels lust. Streiche", „Don Quixote", „Ein Heldenleben"; Lieder, Kammermusik.

**R. Strauss**

**Strawinsky,** Igor [Fjodorowitsch], amer. Komponist russ. Herkunft, *1882, †1971; schrieb für S. Diaghilew die Ballette „Der Feuervogel", „Petruschka", „Le sacre du printemps"; Frühwerk unter dem Einfluss P. I. Tschaikowskis, N. A. Rimski-Korsakows u. C. Debussys; Wendung zu stilist. Einfachheit und Strenge: „Die Gesch. vom Soldaten"; nach 1950 Versuche mit Zwölftontechnik u. serieller Musik; Oper „The rake's progress", szen. Oratorium „Oedipus Rex", „Psalmensinfonie".

**Strecke, 1)** der durch 2 Punkte begrenzte Teil einer Geraden. **2)** Grubenbau zur Erschließung einer Lagerstätte, Förderung, Wetterführung u. a.

**Streckverband,** svw. ↑Extensionsverband.

**Streep** [stri:p, engl.], Meryl, amer. Schauspielerin, *1949; Charakterdarstellerin; „Jenseits von Afrika".

**Streetball** [ˈstri:tbɔ:l; engl.], **Streetbasketball,** aus den USA stammende vereinfachte Form des Basketballs mit einem einzigen Korb; 3 Spieler je Team.

**Strehler,** Giorgio, ital. Regisseur u. Theaterleiter, *1921, †1997; Mitbegr. des Piccolo Teatro della Città di Milano (1947); auch Operninszenierungen.

**Streicher,** Julius, dt. nat.-soz. Politiker, *1885, †1946; 1923 maßgebl. am Hitler-Putsch beteiligt; 1928–40 NSDAP-Gauleiter in Franken; Hg. des antisemit. Hetzblattes „Der Stürmer"; in Nürnberg zum Tode verurteilt und hingerichtet.

**Streichholz** ↑Zündholz.

**Streich|instrumente,** Musikinstrumente wie Geige (Violine), Bratsche (Viola), Violoncello, Kontrabass, Gambe, Fiedel u.a. Die Töne entstehen durch Streichen der Saiten mit einem Bogen.

**Streichquartett,** Musikstück für 2 Violinen, Bratsche und Violoncello, auch die Gruppe der Musizierenden; *Streichquintett* für 2 Violinen, 2 Bratschen u. 1 Violoncello (od. 1 Bratsche u. 2 Violoncelli).

**Streik** [engl.], allg. die zeitweil. Verweigerung eines geschuldeten od. übl. Verhaltens als Mittel zur Durchsetzung einer Forderung od. als Ausdruck eines Protestes; im Arbeitsrecht als Form des Arbeitskampfes die vorübergehende kollektive Arbeitsniederlegung durch Arbeitnehmer zur Durchsetzung von Forderungen, die sich auf Entlohnung od. Arbeitsbedingungen beziehen. Organisierter St. erfolgt nach einer Urabstimmung, geleitet von der Gewerkschaft, die mit dem Tarifpartner die Verhandlungen führt (Ggs. *wilder St.);* aus Gewerkschaftsmitteln werden für den Lohnausfall Entschädigungen an die organisierten Streikenden gezahlt. Der *Generalstreik,* d. alle Arbeitnehmer eines Landes umfasst, wird hpts. als polit. Kampfmittel eingesetzt. Das *St.recht* wird heute in der BRD den anerkannten Arbeitnehmerorganisationen zugebilligt; kein St.recht haben Beamte und Soldaten.

**Streisand** [ˈstraɪsənd], Barbra, amer. Sängerin, Schauspielerin, Regisseurin u. Produzentin, *1942; „Yentl".

**Streitwagen,** im Altertum (s. dem 3. Jt. v. Chr.) von 2 oder 4 Pferden gezogener zweirädriger Wagen für Krieg, Jagd u. sportl. Wettkämpfe.

**M. Streep**

**Streitwert,** im Prozessrecht der für die Zuständigkeit des Ger., die Zulässigkeit von Rechtsmitteln und die Berechnung der Gerichtskosten maßgebende Wert des Streitgegenstandes (z. B. Höhe der Geldforderung).

**Strelitzi|e** [nlat.; nach Charlotte Sophia, Prinzessin von Mckbg.-Strelitz, †1818], südafrik. Gatt. der Bananengewächse; u. a. *Paradiesvogelblume,* Zierpflanze.

**Streptokokken** [gr.], kettenartig gelagerte, kugelförm., gramposit. Bakterien; Eitererreger.

**Streptomyzeten** [gr.], Fam. der Strahlenpilze; viele Antibiotikabildner.

**Streptomyzin** [gr.], von dem Strahlenpilz Streptomyces griseus gewonnenes oder synthet. hergestelltes Antibiotikum.

**Stresa,** ital. Kurort am W-Ufer d. Lago Maggiore, 4800 E. – Auf d. *Konferenz v. S.* (1935) einigten sich Frkr., Großbrit. u. Italien auf d. gemeinsame Abwehr d. vermuteten dt. Expansionspolitik; d. *S.front* zerbrach im gleichen Jahr durch d. ital. Vorgehen gg. Äthiopien.

**Stresemann,** Gustav, dt. Staatsmann, *1878, †1929; 1917 wesentl. am Sturz T. v. Bethmann Hollwegs beteiligt; gründete 1918 die Dt. Volkspartei; 1923 R.-Kanzler, 1923–29 Außenmin.; setzte sich für Verständigung mit den ehem. Feinden, bes. mit Frkr., ein, erreichte eine relative Stabilisierung der Weimarer Rep.; Abschluss des ↑Locarnopaktes

S

1925, Eintritt Dtl.s in den Völkerbund 1926, Vorbereitung des Youngplans; mit A. Briand Friedensnobelpreis 1926.

**Stress** [engl.], psych. od. phys. Überbelastung des Organismus; ruft Alarmreaktionen des Körpers hervor.

**Streu|ung, 1)** die Ablenkung eines Teils einer Strahlung beim Durchgang durch ein Medium, z. B. die S. v. Licht beim Auftreffen auf kleine Partikel. **2)** Abweichung (z. B. v. Messwerten) v. einem best. Wert; in der *Statistik* die Abweichung v. Einzelwerten einer Häufigkeitsverteilung v. Mittelwert. **3)** räuml. Verteilung der Aufschlagspunkte v. Geschossen, die v. einer Waffe auf einen Zielpt. abgefeuert werden.

**Strich|ätzung,** Druckplatte für d. Hochdruck; gibt scharf begrenzte Bildformen ohne Halbtonwirkung wieder (ohne Raster).

**Strichcode,** maschinell lesbare Codierung numer. Daten in Form von parallel laufenden, unterschiedl. starken dunklen u. hellen Linien, z. B. beim ↑EAN-System.

**Stricker, Der,** mhd. Dichter und fahrender Sänger bürgerl. Herkunft, † um 1250; einer der ersten bed. Vertreter der moralsatir. Verserzählung: „Die Schwänke des Pfaffen Amis"; auch Epen.

**Strindberg,** [Johan] August, schwed. Dichter, * 1849, † 1912; thematisierte die Unmöglichkeit echter menschl. Beziehungen, bes. zw. Mann u. Frau; bahnbrechend für den Naturalismus in Schweden; gr. Einfluss auf die Dramatik des 20. Jh.s.

**stringendo** [strinˈdʒendo; ital.], 𝄞 schneller werdend.

**Strittmatter, 1)** Erwin, dt. Schriftsteller, * 1912, † 1994; Erzählungen, Romane u. Kurzprosa aus ländl. Milieu, eigenständiger, populärer Vertr. der DDR-Lit. (Romane u. a. „Ole Bienkopp", „Der Laden" [3 Bde.]). **2)** Thomas, dt. Schriftsteller, * 1961, † 1995; bekannt mit Theaterstücken in der Tradition des Volkstheaters („Der Polenweiher"), Roman („Raabe Baikal").

**Stroboskop** [gr.], Gerät zur Beobachtung einzelner Phasen schneller period. Bewegungen (z. B. Schwingungen von Maschinenteilen), meist mithilfe v. Lichtblitzen bestimmter Frequenz.

**Strohblumen, 1)** Gatt. der Korbblütler mit etwa 500 Arten in der Alten Welt; Blüten mit trockenhäutigen Hüllblättern. **2)** svw. ↑Immortellen.

**Stroheim,** Erich von, amer. Filmschauspieler und -regisseur österr. Herkunft, * 1885, † 1957; nach 1933 (ab 1936 in Frkr.) nur noch Schauspieler.

**Strohmann,** Person als Träger von Rechten u. Pflichten für einen Hintermann.

**Strom** ↑elektrischer Strom.

**Stromboli,** eine d. Lipar. Inseln, Italien, 12,6 km², mit tät. Vulkan (926 m).

**Stromkreis,** in sich geschlossene Anordnung v. elektr. Strombzw. Spannungsquellen mit Schaltel. (Widerstände u. a.), in der ein elektr. Strom fließen kann.

**Stromlini|en,** Linien, die in jedem Punkt die Richtung der augenblickl. Strömungsgeschwindigkeit haben. – *S.form,* Gestalt eines Körpers, die dem S.verlauf angepasst ist u. dadurch Wirbelbildung (Turbulenzen) vermeidet (Strömungswiderstand dadurch sehr klein).

**Stromschnellen, Katarakt,** Flussstrecke, in der das Wasser schneller (meist reißend) fließt.

**Stromstärke** ↑elektrische S.

**Stromsteuer,** 1999 (ökolog. Steuerreform) eingeführte Verbrauchsteuer auf elektr. Strom, fließt dem Bund zu. Befreit ist Strom aus erneuerbaren Energieträgern (Wind-, Wasserkraft, Solarenergie, Erdwärme u. a.), Gas- u. Dampfturbinenkraftwerken, Kraft-Wärme-Kopplungsanlagen.

**Stromwärme,** ältere Bez. für joulesche Wärme (↑Joule).

**Strontium** [nlat.; nach dem Mineral **Str**ontianit], Symb. **Sr,** chem. El., OZ 38, rel. A.-Masse 87,62, Fp. 777 °C, Sp. 1 382 °C; Dichte 2,64 g/cm³; Erdalkalimetall; silberweißes, unedles Leichtmetall; sehr reaktionsfähig, geht an feuchter Luft schnell in *S.hydroxid* über; kommt nur in Form v. Verbdg. vor; verw. in der Feuerwerkerei (rote Flammenfärbung), zur Herst. v. Spezialgläsern. – Das radioakt. Sr 90 (das bei Atombombenexplosionen entsteht) wird v. Organismus aufgenommen u. in den Knochen abgelagert.

**Strophanthine** [gr.], Hauptglykoside aus dem Samen afrik. Strophantusarten (Hundsgiftgewächse); wicht. Herzmittel.

**Strophe** [gr.], Verbdg. mehrerer Verse zu einem metr. Ganzen; versch. Formen, unterschieden nach Verszahl, Reimart, Metrum.

**Stroux** [ʃtrʊks], Karlheinz, dt. Regisseur u. Theaterintendant, * 1908, † 1985.

**Struck,** Karin, dt. Schriftstellerin, * 1947; autobiograf. Bekenntnisliteratur, wie „Klassenliebe" u. „Lieben".

**Strudelwürmer, Turbellari|en,** Kl. überw. wasserbewohnender bewimperter Plattwürmer.

**Struktur** [lat.], **1)** innerer Aufbau eines Ganzen aus Einzelelementen, z. B. bei einem Gestein. **2)** Begriff für die Vorgänge des Seelenlebens als eines gegliederten Gesamtgefüges, in dem jeder Teil eine für das Ganze bed. Leistung vollbringt. **3)** Bau, Gliederung [der El.] einer Spr., z. B. S. des Satzes.

**Strukturalismus,** mod. Richtung der Linguistik, die v. a. die Struktur der Spr. untersucht. Bes. in Frkr. als allg. Methode auch auf andere Wiss.en (z. B. Anthropologie) übertragen.

**Struve, 1)** Friedrich Georg Wilhelm v., dt.-russ. Astronom, * 1793, † 1864. **2)** Karl Hermann von, Sohn v. 4), dt.-russ. Astronom, * 1854, † 1920; ab 1904 Dir. der Berliner Sternwarte. **3)** Otto, Enkel v. 4), amer. Astronom, * 1897, † 1963; Arbeiten über Doppelsterne u. interstellare Materie. **4)** Otto Wilhelm von, Sohn v. 1), dt.-russ. Astronom; * 1819, † 1905; Arbeiten über Doppelsterne u. Sternparallaxen.

**Strychnin** [gr.], gift. Alkaloid der Brechnuss, lähmt hemmende Synapsen; *S.vergiftung* führt zu Krämpfen u. zu Atemlähmung.

**Stuart** [ˈstjʊət], schott. Dynastie, regierte seit 1371 in Schottland, 1603–49 und 1660–1714 auch in England; 1807 erlosch die männl. Linie, weibl. u. Nebenlinien bestehen noch.

**Stubaier Alpen,** Teil der Zentralalpen zw. dem Ötztal u. dem Wipptal, Östr., im Zuckerhütl 3 507 m; im *Stubai[tal]* Fremdenverkehr.

**Stubbenkammer,** Abschnitt der Kreidesteilküste der Halbinsel Jasmund auf der Ostseeinsel Rügen, nördl. von Saßnitz; Königsstuhl 119 m.

**Stuck,** Franz v., dt. Maler und Grafiker, * 1863, † 1928; bed. Vertr. des Münchner Jugendstils.

**Stuck** [ital.], aus Putzgips, Kalk, Sand und Wasser hergest. Material für Plastiken und Innenraumdekoration (mit Innenraumdecken).

**Stückelung,** Aufteilung einer Emission auf die Nennbeträge der einzelnen, auf Teilbeträge lautenden Wertpapiere.

**Stücklen,** Richard, dt. Politiker, * 1916, † 2002; 1953–57 und 1967–76 stellvertr. Vors. der CDU/CSU-Fraktion; 1957–1966 B.-Min. für das Post- und Fernmeldewesen; 1976–79 u. 1983–91 Vizepräs., 1979–83 Präs. des Dt. Bundestages.

**Stückzinsen,** anteilige Zinsen, die anfallen, wenn festverzinsl.

Wertpapiere zw. 2 Zinszahlungsterminen verkauft werden; sie werden dem Kaufpreis zugeschlagen.

**stud.,** Abk. für lat.: **stud**iosus; z. B. stud. med. = Student der Medizin.

**Student** [lat.], zur wiss. Ausbildung an einer Hochsch. oder Fachsch. Immatrikulierter.

**Studentengemeinde,** Zus.schluss ev. bzw. kath. Studierender an einer Univ., Hochsch. od. Fachhochsch. zu einer selbst. Gem. (Ev. S., Abk. ESG; kath. S. bzw. Hochschulgem., Abk. KSG, KHG) mit eigenem/eigener *Studentenpfarrer/-pfarrerin.*

**Studienrat,** Inhaber eines Lehramts (Beamter auf Lebenszeit) an höheren Schulen u. Fachschulen.

**Studienstiftung des deutschen Volkes e. V.,** politisch, konfessionell u. weltanschaulich ungebundene Stiftung mit dem Stiftungsziel der Förderung Hochbegabter; 1925 gegr. (1948 Neugründung); Sitz Bonn-Bad Godesberg.

**Studio** [ital.], **1)** Künstlerwerkstatt (Atelier). **2)** Aufnahmeraum (Film, Fernsehen, Rundfunk od. Schallplatten).

**Studium** [lat.], **1)** wiss. Beschäftigung mit einer Sache. **2)** Ausbildung an einer Hoch- od. Fachhochschule.

**Stuttgart:** *Stadtzentrum mit den Schlossanlagen, dem Alten Schloss (Mitte) und dem Neuen Schloss (rechts)*

**Studentenwerk,** Einrichtung an Hochschulen zur wirtsch., sozialen, gesundheitl. u. kulturellen Förderung der Studierenden; unterhält Mensen, Studentenwohnheime, Beratungsdienste.

**studentische Verbindungen, Korporationen,** Vereinigungen von Studenten an den deutschsprachigen Hochsch.; z. T. Farben tragend, z. T. schlagend; Entw. der s. V.: Nationen und Bursen der ma. Univ., Landsmannschaften, nicht mehr landsmannschaftl. gebundene Korps, Burschenschaften, um die Mitte des 19. Jh. Gründung christl. s. V. (CV, KV, Unitas, Wingolf); im Dritten Reich gingen die s. V. teils im Nat.-soz. Dt. Studentenbund auf, teils wurden sie aufgelöst; nach 1945 wieder zugelassen; in der DDR waren s. V. verboten.

**Studium generale** [lat.], **1)** im MA Bez. für Univ. **2)** an den heut. Hochsch. allgemein bildende Vorlesungen f. Studierende aller Fachgebiete.

**Stuka,** Abk. für: **Stu**rz**ka**mpfflugzeug.

**Stülpnagel,** Karl-Heinrich von, dt. Gen, *1886, †1944; 1942–44 Militärbefehlshaber in Frkr.; als Mitgl. der Widerstandsbewegung gg. Hitler hingerichtet.

**Stummfilm,** Spielfilm ohne Ton (bis ca. 1929), dessen Handlung meist durch eingeblendete Zwischentexte zusammengefasst wurde; akust. Begleitung oft durch einen Pianisten.

**Stummheit,** fehlendes Sprachvermögen infolge angeborener Taubheit *(Taubstummheit)* oder Gehirn- u. Kehlkopferkrankungen; auch psychogene Stummheit.

**Stunde,** Einheitenzeich. **h,** Zeiteinheit; 1 h = 60 min = 3 600 s.

**Stundengebet,** in der kath. Kirche das den Klerikern u. Ordensleuten vorgeschriebene Gebet zu best. Tageszeiten („Stunden", lat. „Horen").

**Stundenkreis,** jeder größte Kreis, der auf dem Himmelsäquator senkrecht steht; *Stundenwinkel,* der Winkel zw. Meridian u. S. eines Gestirns, gemessen auf dem Himmelsäquator.

**Stundung,** Vereinbarung zw. Gläubiger u. Schuldner, durch die die Fälligkeit einer Leistung über den urspr. festgelegten Zeitpt. hinausgeschoben wird.

**Stuntman** [ˈstʌntmən; engl.], jmd., der gefährl. akrobat. Kunststücke (v. a. in Filmszenen) anstelle des eigtl. Darstellers [als Double] übernimmt.

**Stupa** [sanskr.], buddhist. Kultbau des ind. Kulturkreises; kuppelart. Bau über einem Sockel, Zaun mit 4 verzierten Toren.

**stupid[e]** [lat.], stumpfsinnig, beschränkt, dumm.

**Sturm und Drang,** Epoche der dt. Lit., etwa 1770–85; ben. nach einem Drama von F. M. Klinger; Vorbilder: G. E. Lessing, F. G. Klopstock, J. G. Hamann, J. G. Herder u. a.; Auflehnung gg. den Absolutismus, Postulierung v. Originalität und Genialität als Kriterien für echte Dichtung; Drama literar. Hauptform; Vertr.: Klinger, J. M. R. Lenz, H. L. Wagner, Goethe u. Schiller (beide in den Jugenddramen); Ballade (u. a. G. A. Bürger) und volksliedhaft schlichte Lyrik.

**Sturmvögel,** Vogelordn.; Hochseevögel mit röhrenförm. vorgezogenen Nasenlöchern; Schnabelspitze hak.; gewandte Flieger; 4 Fam.: Albatrosse, Möwen-, Taucher-S., Sturmschwalben.

**Sturz,** ⚒ Träger über einer Maueröffnung.

**Stute,** geschlechtsreifes ♀ Tier der Fam. Pferde u. Kamele.

**Stuttgart,** Hptst. von Ba.-Wü., am Neckar, 582 400 E; OLG, LG, IHK; Univ., Univ. Hohenheim (landw. Hochsch.); Max-Planck-Institute für Metallforschung und für Festkörperforschung, Hochsch. für Musik und Darstellende Kunst, Akad. der bildenden Künste, Fachhochschulen; Archive, Museen, Kunstsammlungen, Landesbibl.; Staatstheater, „Liederhalle", Fernsehturm (211 m); wieder hergestellt u. a. Stiftskirche (14.–16. Jh.), Altes (im Wesentl. 16. Jh.) u. Neues Schloss (1746 ff.). Vielseit. Ind.: Maschinen- und Fahrzeugbau, Mikroelektronik-, Elektro-, feinmechan., Möbel-, chem. u. a. Ind.; Neckar-⚓, ✈; sehr ergieb. Mineralquellen sowie Kuranlagen und -einrichtungen am Neckar in den Stadtteilen *S.-Berg* und *S.-Bad Cannstatt.* – Um 1160 erstmals gen., im MA Weingärtner- und Handwerkerstadt, später zeitw. Residenz der Hzg. (später der Kg.) von Württemberg.

**StVG,** Abk. für: ↑**St**raßen**v**erkehrs**g**esetz; **StVO,** Abk. für: ↑**St**raßen**v**erkehrs**o**rdnung; **StVZO,** Abk. für: ↑**St**raßen**v**erkehrs-**Z**ulassungs-**O**rdnung.

**Styrol, Vinylbenzol,** $C_6H_5{-}CH{=}CH_2$, ungesättigter Kohlenwasserstoff, wicht. Ausgangsstoff für Kunststoffe (↑Polystyrol u. a.).

**Styropor**® ↑Polystyrol.

**Styx,** in der griech. Mythol. Fluss der Unterwelt.

**Suaheli, Swahili, 1)** islamisierte Mischbev. in d. ostafrikan. Küstengebieten zw. Somalia u. Moçambique mit eigener Sprache. **2) Kisuaheli,** Bantusprache in O-Afrika, weit verbreitet, Amtsspr. in Kenia, Tansania u. Uganda.

**sub..., Sub...** [lat.], Vorsilbe; Bed.: „unter".

**sub|arktische Zone,** südl. an die Arktis anschließender Klimagürtel; sehr kalte Winter, überw. sommerl. Niederschläge; auf der S-Halbkugel *subantarkt. Zone.*

**Subdominante, Unterdominante,** 4. Ton einer Tonleiter u. der darauf aufgebaute Dreiklang.

**Subiaco,** ital. St. östl. v. Rom, 8900 E; maler. Lage; nahebei die Klöster Santa Scolastica (von Benedikt von Nursia gegr.) und San Benedetto oder Sacro Speco (Fresken des 13. Jh.s in der Ober- und Unterkirche).

**Subjekt** [lat.], **1)** Gramm.: Satzgegenstand. **2)** in der Erkenntnistheorie das Ich als Träger v. Erkenntnisvermögen u. -funktionen. **3)** verächtl. für Person, heruntergekommener Mensch.

**subjektiv** [lat.], das Subjekt (Ich) betr., von ihm ausgehend; persönl.; unsachl., einseitig.

**Subjektivismus** [lat.], philos. Auffassung, nach der alle Erkenntnis und/oder Wirklichkeit beim Subjekt beginnt u. nur für alle Subjekte od. nur für ein Subjekt gültig ist; Extremform: Solipsismus.

**Subjektivität** [lat.], **1)** Inbegriff dessen, was zu einem Ich gehört. **2)** Eigenständigkeit des Ichs als Zentrum des geist. Lebens; Ggs. Objektivität. **3)** ugs. für persönl. Auffassung; Einseitigkeit.

**Subkultur,** relativ geschlossene Kulturgruppierung innerh. eines umfassenden Kulturbereichs, oft in bewusstem Ggs. zur herrschenden Kultur stehend.

**subkutan** [lat.], ⚕ unter der Haut, unter die Haut.

**Sublimation** [lat.], direkter Übergang vom festen Aggregatzustand in den gasförm. (od. umgekehrt), ohne dass der flüss. Zustand angenommen wird.

**Sublimierung, Sublimation** [lat.], Umsetzung seel. (nach S. Freud v. a. sexueller) Triebimpulse in sozial bzw. kulturell hoch bewertete Leistungen.

**submarin** [lat.], unter der Meeresoberfläche befindl. oder lebend.

**subsidiär, subsidiarisch** [lat.], Hilfe leistend, unterstützend.

**Subskription** [lat.], Verpflichtung zur Abnahme (Bücher, Wertpapiere u. a.).

**Substantiv** [lat.], Hauptwort, Dingwort; bez. auf eine Person, ein Ding oder ein Abstraktum.

**Substanz** [lat.], **1)** (Ph) das Eigentliche, Beharrende, Besitzende am Seienden im Ggs. zum Wechselnden seiner Zustände u. Eigensch. **2)** allg. für Kern [der Sache], Grundlegendes, Wesentliches. **3)** Stoff od. Materie.

**substanziell** [lat.], wesentl.; stofflich.

**Substitution** [lat.], **1)** Ersetzung von Gütern od. Produktionsfaktoren durch andere. **2)** Ersatz v. Atom[grupp]en in chem. Verbindungen durch bestimmte andere Atom[grupp]e[n] *(Substituenten);* **3)** Ersetzung einer math. Größe durch eine andere.

**subsumieren** [lat.], **1)** allg. für ein-, unterordnen. **2)** Logik: einen Begriff von engerem Umfang einem Begriff von weiterem Umfang unterordnen.

**Subtraktion** [lat.], Abziehen; Bildung der Differenz (zweier Zahlen); Zeichen: – (minus); *Minuend* minus *Subtrahend* ergibt die *Differenz.*

**Subtropen,** Gebiete des therm. Übergangs von den Tropen zur gemäßigten Klimazone.

**Subventionen** [lat.], zweckgebundene Geld- (Finanzhilfen, zinsgünstige Darlehen) od. geldwerte Leistungen (z. B. Steuervergünstigungen) der öff. Hand an Unternehmen od. Wirtschaftszweige ohne marktübl. Gegenleistung; Instrument der Wirtschaftspol., v. a. der Struktur- u. Konjunkturpol.

**Sucre,** offiz. Hptst. Boliviens (Reg.-Sitz La Paz), in den boliv. Anden, 2800 m ü. d. M., 131000 E; Univ.; Erzb.; ✈. – 1538 gegr., seit 1839 Hptst.

**Südafrika**

| | |
|---|---|
| *Fläche:* | 1219090 km² |
| *Einwohner:* | 43,69 Mill. |
| *Hauptstadt:* | Pretoria |
| *Amtssprachen:* | Englisch, Afrikaans und 9 Bantusprachen |
| *Zeitzone:* | MEZ + 1 Stunde |

**Südafrika,** Rep. im äußersten S Afrikas; im Innern ein muldenförm. Hochland, d. sich nach N zur Kalahari senkt, im S u. SW v. Randgeb. gesäumt wird u. mit d. steilen Großen Randstufe zur schmalen Küstenzone abfällt; im O d. Hochgeb. d. Drakensberge (bis 3376 m). Hpt.-Fl. Oranje, Vaal u. Limpopo; Feucht-, Trocken- u. Dornstrauchsavannen, offene Grasländer, an d. Fl. Galeriewälder; randtropisches Klima, im äußersten S mediterran geprägt; Bev. vorw. Bantuvölker (76 %), daneben Weiße (13 %), Mischlinge (8,5 %), Asiaten (2,6 %) u. a.; Anbau v. Mais, Weizen, Hirse, Kartoffeln, Ölfrüchten; im S Obst- u. Weinbau, Zitruskulturen, Tabak-, Baumwoll-, Zuckerrohrplantagen (z. gr. Teil bei künstl. Bewässerung); im Binnenland Viehzucht (Schafe, Angoraziegen, Rinder); Fischerei; ⚒ auf Platin, Gold, Lithium, Antimon, Chrom, Manganerz, Asbest, Kupfer, Eisen sowie Kohle; Hütten- u. Stahlwerke; Lebensmittel-, Metall-, Maschinen-, Baustoff-, Textil- u. chem. Ind.; Ind.- u. Wirtsch.-Zentrum ist das Bergbaugebiet am Witwatersrand um Johannesburg; ⚓ in Durban, Kapstadt, East London u. Port Elizabeth. *Gesch.:* 1652 Gründung Kapstadts durch Niederländer; 1795/1806 brit. Kronkolonie; nach 1835 Abzug v. 14000 Buren in benachbarte Gebiete (blutige Kämpfe), s. 1838 in Natal, im Oranjegebiet u. in Transvaal Gründung mehr. Rep., die nach der Niederlage der Buren im Burenkrieg (1899–1902) brit. Kolonien wurden, 1910 zum Dominion Südafrik. Union vereinigt; s. 1948 forcierte Apartheidpolitik, Aufteilung der Schwarzen auf Homelands; anhaltende u. blutige Unruhen der Schwarzen gg. die

Rassenpolitik der Reg.; begleitet v. ständigem internat. Druck auf die weiße Minderheit. 1961–94 Ausscheiden S.s aus dem Commonwealth; 1986 Verhängung d. Ausnahmezustands, zunehmende Rassenauseinandersetzungen; Wiederzulassung d. ANC (1990) u. teilweise Aufhebung der Apartheid, 1991/92 Aufgabe der Apartheidpolitik u. Dialog d. Reg. mit ANC u. der polit. Organisation der Zulu; führte 27. 4. 1994 zu ersten freien, gleichen u. allgemeinen Wahlen; stärkste polit. Kraft wurde der ANC; Präs.: 1994–99 N. Mandela., seit 1999 T. M. Mbeki.

**Südamerika,** südl. Teil des Doppelkontinents Amerika, mit 17,9 Mill. km² viertgrößter Erdteil; rd. 343 Mill. E; fast allseit. von Meeren umgeben, durch die Landbrücke von Zentralamerika mit Nordamerika verbunden; N–S-Erstreckung (zw. Punta Gallinas u. Kap Hoorn) über 7 500 km, O–W-Ausdehnung (zw. Kap Branco u. Punta Pariñas) rd. 5 000 km. *Oberflächengestalt:* Im W das Faltengebirgssystem der Anden (Kordilleren), dem nur stellenweise schmale Küstenebenen vorgelagert sind, größte Höhen im mittl. Teil (Aconcagua 6 959 m; zahlr. Vulkane); im NO u. O die ausgedehnten Bergländer von Guayana u. Brasilien; zw. diesen Bergländern und den Anden ein Streifen von gr. Tiefländern, die sich in den Mündungsgebieten v. Orinoko, Amazonas, Paraná u. Río Colorado bis zum Meer erstrecken. *Klima:* Die Anden sind Klimascheide; an der pazif. Küste von N nach S in regelmäß. Abfolge: trop. Regenwald-, Wüsten-, subtrop. u. ozean.-gemäßigtes Klima; östl. der Anden: im Amazonasbecken feuchtheißes Äquatorialklima, nördl. u. südl. davon Zonen wechselfeuchten Tropenklimas; weiter südl. folgen Gebiete mit warmen, regenreichen Sommern u. mäß. warmen, regenarmen Wintern, sodann die Flussgebiete des unteren Paraná u. Uruguay, mit stänḍ. feuchtem ozean. u. westl. davon (südl. Andenvorland) mit Steppenklima (längere Trockenheit); der S ist ozean.; Feuerland stürm. u. nasskalt. *Vegetation:* Das Amazonasbecken ist das größte zusammenhängende trop. Regenwaldgebiet der Erde; im N u. S schließen sich Savannen an, südl. folgen am oberen Paraná subtrop. Regen- u. Höhenwald; westl. u. südl. davon baumlose Grasstеppen (u. a. Pampas), in Patagonien u. auf Feuerland heideart. Pflanzenformationen (z. T. Tundren). *Tierwelt:* S. gehört der neotrop. Faunenregion an; gr. Artenreichtum, zahlr. endem. Formen; unter den Säugetieren z. B. Ameisenbär, Faultier, Gürteltier, Guanako, Vikunja, Jaguar, unter den Vögeln Hokkohuhn, Kondor, viele Kolibris, Papageien; *Bev.:* die indian. Urbev. (↑auch altamer. Kulturen) wurde von Weißen u. Schwarzen stark zurückgedrängt; der größte Teil S.s ist sehr dünn besiedelt. *Wirtsch.:* In den meisten Staaten dominiert die Landw.; angebaut werden fast alle landw. Produkte der trop. u. subtrop. u. viele der gemäßigten Zonen; sehr verbreitet Viehzucht; der ⚒ fördert hpts. Erdöl, Bunt- u. Edelmetalle, Schmucksteine (insbes. Diamanten), Salpeter, Guano; die Wälder liefern Nutz- u. Edelhölzer; die ind. Entwicklung ist in den einzelnen Ländern sehr unterschiedl., bed. sind Erdöl-, Textil-, Leder- u. Nahrungsmittelind. (wichtig die Fleischverarb.). – *Entdeckungsgesch.:* Auf seiner 3. Reise entdeckte Kolumbus 1498 das südamer. Festland nahe der Orinokomdg.; bereits in der Mitte des 16. Jh.s waren die Umrisse S.s bekannt; Spanien besaß den N u. W, Portugal den O als Kolonien. Die wiss. Erforschung wurde durch die Reisen Alexander v. Humboldts (1799–1804) eingeleitet.

**Sudan, 1) Sudanzone**, Großldsch. im nördl. Afrika, zw. d. Sahara im N u. dem trop. Regenwald im S, v. Senegalbecken im W bis zum Äthiop. Hochland im O; Bergzüge gliedern d. S. in W-S. (Senegal- u. Nigerbecken), Mittel- S. (Tschadbecken) u. O-S. (Weißnilbecken); Pflanzen- u. Tierwelt entsprechen d. fast breitenparallelen Anordnung d. Klimazonen, v. d. Dornbuschsavanne (Sahelzone) im N über d. Trocken- bis zur Feuchtsavanne im S.; d. einh. negride Bev. hat sich mit hellhäutigen Hirtenvölkern aus d. N vermischt (Berber, Araber, Äthiopide); gr. Einfluss gewann d. Islam. **2)** Rep. in NO-Afrika, umfasst d. O d. Sudanzone; im N Anteil an d. Libyschen Wüste, Im NO d. Nubische Wüste, im SO d. Äthiop. Hochland, im S d. Überschwemmungs- u. Sumpflandschaft des Sudd, im Innern d. Bergland v. Kordofan (Nubaberge, 1 450 m); randtrop., im N Wüstenklima; Bev. aus über 50 ethn. Gruppen; Anbau v. Hirse, Mais, Sesam, Baumwolle (zw. Weißem u. Blauem Nil u. am Atbara); extensive Viehzucht (z. T. in Nomadenwirtsch.; Rinder, Schafe, Ziegen); weltweiter Hauptlieferant v. Gummiarabikum; ⚒ auf Eisen-, Kupfer- u. Manganerze, Salzgewinnung; wenig Ind.; ⚓ Port Sudan; Binnenschifffahrt auf d. Weißen Nil. *Gesch.:* Im 19. Jh. Ausdehnung der ägypt. Herrschaft über den S., nach Beilegung der Faschodakrise 1899 Proklamation des Kondominiums *Anglo-Ägypt. S.;* 1953 brit.-ägypt. Vertr. über eine Volksabstimmung im S. über Unabhängigkeit od. Anschluss an Ägypten; 1956 unabh. Republik, Bürgerkrieg mit der nach Autonomie strebenden S-Prov. (1972 weitgehend gewährt); Präs. (durch Putsch) 1969–85 Gen. G. M. an-Numeiri; 1986 demokrat. Wahlen u. Bildung einer zivilen Reg.; 1989 Militärputsch unter O. H. A. al-Bashir (s. 1993 Präs. u. formelles Ende der Militärherrschaft); anhaltender Bürgerkrieg im S gegen die islam. Zentralreg. (2002 teilweise beendet).

**Sudan**

| | |
|---|---|
| *Fläche:* | 2 505 813 km² |
| *Einwohner:* | 29,8 Mill. |
| *Hauptstadt:* | Khartoum |
| *Amtssprache:* | Arabisch |
| *Zeitzone:* | MEZ + 1 Stunde |

**Süd|austral|ien,** B.-Land des Austral. Bundes, nö. der Großen Austral. Bucht, 984 000 km², 1,46 Mill. E, Hptst. Adelaide; im W z. gr. T. wüsten-, z. T. steppenhaftes Tafelland; Hauptsiedlungs- u. Wirtschaftsgebiete sind das Küstenhinterland des Spencer- und Saint-Vincent-Golfs mit Eyrehalbinsel u. Yorke Peninsula. Anbau von Getreide, Wein, Obst u. Gemüse; Schaf- und Rinderzucht; ⚒ auf Eisenerze, Opale, Kohle, Uranerz, Erdöl u. Erdgas; Hütten-, Kfz-Industrie.

**Südchinesisches Meer,** westl. Randmeer des Pazifiks, bis 4 374 m tief.

**Süd|eifel,** Naturpark in der südl. Eifel, RP, 433 km², Teil des Dt.-Luxemburg. Naturparks.

**Sudeten,** poln. u. tschech. **Sudety,** Mittelgeb.-System zw. Elbsandsteingeb. im NW u. Mähr.

Pforte im SO; in Dtl., Polen u. d. Tschech. Rep.; etwa 230 km lang u. 30–60 km breit; in d. Schneekoppe (Riesengeb.) 1 602 m; Quellgebiet v. Elbe u. Oder; waldreich; Fremdenverkehr.

**Sudetendeutsche,** seit 1919 allg. Bez. für die dt. Volksgruppe in der ČSR (etwa 3,5 Mill.), die größtenteils am Rande des böhm. Beckens in einem geschlossenen Sprachgebiet lebte; das *Sudetenland* wurde 1938 dem Dt. Reich angegliedert (↑Münchner Abkommen); 1945–46 Verfolgung u. Vertreibung fast aller S. (dabei Massaker; Beneš-Dekrete); *S. Landsmannschaft* fordert Heimat- u. Rückkehrrecht.

**Südholland,** niederl. **Zuid-Holland** ['zœjt-], niederl. Küstenprov., 3 359 $km^2$ (Landfläche 2 871 $km^2$), 3,27 Mill. E, Hptst. Den Haag.

**Süd-Korea** ↑Korea.

**Südliche Kalkalpen,** Teil der Südalpen südl. von Puster-, Gail- u. Drautal, zw. Bergamasker Alpen im W u. Karawanken im O.

**Süd-Orkney-Inseln** [-'ɔ:knɪ-], Inselgruppe im Südpolarmeer, nö. der Antarkt. Halbinsel, 622 $km^2$, außer Forschungsstationen unbewohnt; gehören z. Brit.-Antarkt. Territorium, von Argentinien beansprucht.

**Südpol, 1)** der südl. Schnittpt. der Erdachse mit der Erdoberfläche, in der Antarktis gelegen. **2) magnet. S.,** ↑Magnet, ↑Erdmagnetismus.

**Südpolargebiet,** svw. ↑Antarktis.

**Südpolarmeer, Südl. Eismeer,** die antarkt. Bereiche d. Atlant., Ind. u. Pazif. Ozeans, nördl. Grenze bei 60° s. Br.

**Südpunkt, Mittagspunkt,** einer der 2 Schnittpt. v. Meridian u. Horizont.

**Südschleswigscher Wählerverband,** Abk. **SSW,** polit. Vertretung der dän. Minderheit in Schl.-Ho., für die seit 1955 die Fünfprozentklausel keine Anwendung mehr findet.

**Südsee,** volkstüml. Bez. für die zentralen Teile des Pazifiks, in denen die Inseln Polynesiens liegen.

**Süd-Shetland-Inseln** [-'ʃetland-], gebirg., vergletscherte Inselkette im Südpolarmeer, nördl. der Antarkt. Halbinsel, zus. 4 462 $km^2$; gehören zum Brit.-Antarkt. Territorium.

**Südtirol,** ital. **Alto Adige** [- 'a:dɪdʒe], d. südl. d. Brenners gelegene Teil Tirols, entspricht d. autonomen Prov. Bozen innerhalb d. autonomen Region Trentino-S., Italien; 459 700 E, vorw. deutsch sprechende Bev.; gr. Städte Bozen, Meran, Brixen, Leifers.

**Südvictorialand,** Gebiet in der Antarktis, umfasst die westl. Küstenländer des Rossmeeres; stark gegliederte Gebirgszüge (Alexandra-, Prinz-Albert-Geb.), die steil zum Rossmeer u. -schelfeis abfallen.

**Süd-Vietnam** ↑Vietnam.

**Südwestafrika** ↑Namibia.

**Sueben** ↑Sweben.

**Suez,** Hafenst. in Ägypten, am *Golf von S.*, am S-Ende d. Suezkanals, 417 600 E; Univ.; Erdölraffinerien, chem. Ind.; ⚓, ✈.

**Suezkanal,** Großschifffahrtskanal zw. Mittelmeer (Port Said) u. Rotem Meer (Suez) in NO-Ägypten; durchsticht unter Benutzung des Timsah- sowie d. Gr. u. Kl. Bittersees d. *Landenge v. Suez*, 195 km lang, 20 m tief, 160–190 m breit, ohne Schleusen. – 1859–69 v. F. de Lesseps erbaut, als Folge d. Isr.-Arab. Krieges 1967–75 gesperrt.

**Suezkrise,** polit.-mil. Nahostkrise 1956, ausgelöst nach dem Abzug der brit. Truppen aus der Kanalzone durch die ägypt. Verstaatlichung der Suezkanalges.; im Okt. brit. u. frz. mil. Intervention, im Nov. auf Druck der USA u. UdSSR Waffenstillstand, im Dez. Ersetzung der brit.-frz. Truppen durch UN-Truppen.

**Suffragetten** [engl.], [militante] Frauenrechtlerinnen, die um 1900, bes. in Großbr., für die polit. Gleichberechtigung der Frau eintraten.

**Sufismus,** asketisch-myst. Richtung des Islam; bed. Einfl. auf d. islam. [bes. d. pers.] Dichtung.

**Suggestion** [lat.], gezielte seel.-geist. Beeinflussung unter weitgehender Umgehung des Rationalen, als *Fremd-S.* od. als *Auto-S.;* erhöhte Beeinflussbarkeit *(Suggestibilität)* in der Hypnose; *Massen-S.* bed. für die Werbung und polit. Beeinflussung.

**Suharto,** indones. Gen. und Politiker, * 1921; nach 1945 bedeutendster Partisanenführer Z-Javas, 1962 Kommandant der Truppen zur Befreiung W-Neuguineas, schlug 1965 einen Aufstand prokommunist. Teile der Armee nieder; entmachtete Sukarno, s. 1966 Min.-Präs., 1968-98 Präsident.

**Suhl,** Krst. in Thür., am SW-Rand des Thüringer Waldes, 52 400 E; got. Marienkirche; Fahrzeug-, feinmech., Waffenindustrie.

**Sühneversuch,** im Zivil- und Strafprozess gerichtl. Einigungsversuch zur gütl. Beilegung eines Rechtsstreits; Klagevoraussetzung bei Privatklagedelikten. – ↑auch Güteverfahren.

**Suite** ['svi:tə; frz.], **1)** [mil.] Gefolge [eines Fürsten]. **2)** Folge v. untereinander verbund. Räumlichkeiten (in Hotels, Palästen usw.). **3)** Folge v. im Tempo versch., in der Tonart [im Allg.] gleichen Instrumentalsätzen (Tanzsätze), auch Zusammenstellung aus Opern und Balletten.

**Suizid** [lat.], svw. Selbsttötung.

**Sujet** [sy'ʒɛ; frz.], Gegenstand, Stoff, künstler. Thema.

**Sukarno,** Ahmed, indones. Politiker, * 1901, † 1970; maßgebl. Führer der indones. Unabhängigkeitsbewegung, 1945–67 Präs., 1959–66 zugl. Min.-Präs.; setzte 1949 die Anerkennung der Souveränität der von ihm mitproklamierten Rep. Indonesien durch, s. 1965 v. Gen. Suharto schrittweise entmachtet.

**Sukkulenten** [lat.], **Fettpflanzen,** Pfl. trockener Gebiete mit bes. Wasser speichernden Geweben; *Blatt-S.:* Aloe, Fetthenne u. a., *Stamm-S.:* Kakteen u. a., *Wurzel-S.* sind einige Pelargonienarten.

**Sukzession** [lat.], **1)** Thron-, Erbfolge. **2)** svw. ↑Rechtsnachfolge. **3)** Ökol.: Abläufe, durch die eine Biozönose in eine andere übergeht.

**Suleiman II., Soliman, Sulaiman,** d. Gr. oder der Prächtige, türk. Sultan s. 1520, * 1494 (?), † 1566; eroberte Ungarn, belagerte 1529 vergebl. Wien; unter ihm größte Ausdehnung des Osman. Reiches, kulturelle Blüte.

**Sulfate** [lat.], Salze u. Ester der ↑Schwefelsäure.

**Sulfide** [lat.], Salze u. Ester des Schwefelwasserstoffs (Verbdg. aus Schwefel u. Metallen).

**Sulfonamide,** synthet., schwefel- und stickstoffhaltige organ. Verbindungen, die zu den Chemotherapeutika gehören.

**Sulla,** Lucius Cornelius, röm. Feldherr u. Politiker, * 138, † 78 v. Chr; besiegte Mithridates VI. u. schlug zugleich eine Erhebung der Anhänger des Marius nieder; 88 u. 80 Konsul, 82–79 Diktator; Verf.-Reform im Sinne der Senatspartei.

**Sultan** [arab.], Titel islam. Herrscher, bes. der Türkei (bis 1922).

**Sultaninen** ↑Rosinen.

**Sumatra,** indones. **Sumatera,** zweitgrößte der Gr. Sundainseln, Indonesien, 425 000 $km^2$, 36,9 Mill. E, größte St. Medan. Entlang der W-Küste v. hohen Gebirgsketten (Barisangeb.) mit mehreren tät. Vulkanen durchzogen (Kerinci 3 805 m); der O ist Flachland mit schwer zugängl. Küsten (Mangroven); feucht-trop. Klima, verbreitet trop. Regenwald, weniger als

10% Kulturland. Anbau von Reis, Tabak, Kautschuk, Tee, Kaffee, Sisal, Ölpalmen (Plantagen); die Wälder liefern Edelhölzer u. Harze. *Bodenschätze:* Erdöl u. -gas, Steinkohle, Braunkohle.

**Sumerer,** die ältesten Bewohner S-Babyloniens, des Landes *Sumer,* Volk unbekannter Herkunft, seit dem ausgehenden 4. Jt. v. Chr. nachweisbar; Erfinder der Keilschrift. Stadtstaaten (Ur, Lagasch, Kisch, Uruk u. a.).

**sumerische Kunst,** die von den Sumerern u. Akkadern getragene Kunst in Mesopotamien; Blütezeit im 3. Jt. v. Chr.; gr. Tempelbauten u. Zikkurats mit reicher Ausstattung (Mosaike), Palastanlagen, Großplastik, Rollsiegel; Grundlage der babylon. Kunst.

**Summa** [lat.], systemat. Gesamtdarst. eines Wissensstoffes, eine Hauptform der scholast. systemat. Enzyklopädie; u. a. Thomas von Aquins „S. theologica“.

**Summe** [lat.], **1)** Ergebnis einer ↑Addition 1). **2)** Geldbetrag.

**Sumo** [jap.], tradit. jap. Ringkampf; mit speziellen Griffen muss der Gegner zu Boden gebracht od. aus dem Ring geworfen werden.

**Sumpfbiber,** svw. ↑Biberratte.

**Sumpfdotterblume,** heim. Art der Gatt. ↑Dotterblume.

**Sumpf|fieber,** svw. ↑Malaria.

**Sumpfgas,** bei Fäulnisvorgängen entstehende Gasgemische mit hohem Gehalt an ↑Methan.

**Sumpfhühner,** Gatt. bis etwa amselgr., oberseits schwärzl., oft weiß getüpfelter, kurzschwänz. Rallen.

**Sumpfschildkröten,** Familie meist wasserbewohnender Schildkröten, v. a. in den wärmeren Zonen der nördl. Halbkugel; die *Europ. Sumpfschildkröte* in Dtl. unter Naturschutz.

**Sund,** niederdt. für Meerenge bzw. Meeresstraße.

**Sundagraben,** Tiefseegraben südl. von Java, bis 7 455 m (Planettiefe), größte Tiefe im Ind. Ozean.

**Sunda|inseln,** die Inseln des Malaiischen Archipels zw. Südchin. Meer u. Ind. Ozean; vier *Gr. S.:* Borneo, Sumatra, Celebes, Java; zahlr. *Kl. S.:* u. a. Timor, Flores, Sumbawa, Sumba, Bali, Lombok.

**Sundastraße,** Meeresstraße zw. Sumatra und Java, an der engsten Stelle 22 km breit.

**Sünde,** theol. Begriff, mit dem in theist. Religionen ein Verstoß gg. Gottes Willen bezeichnet wird; Ursache der gestörten Harmonie Gott-Mensch; *kath. Lehre:* Erb-S. (in der Taufe vergeben); schwere S. („Tod-S.“, z. B. Mord) u. lässl. S.n (kleinere S.n) vergebbar im Bußsakrament; *ev. Lehre:* Erb-S. als bleibende Störung des Verhältnisses Gott-Mensch, Betonung des übergeschichtl. sündhaften Zustandes und des Angewiesenseins auf göttl. *S.nvergebung.*

**Sündenbock,** im Judentum ein Bock, auf den am Versöhnungstag symbol. die Sünden des Volkes übertragen wurden u. der anschließend, mit diesen „beladen“, in die Wüste geschickt wurde; danach übertr. ein Mensch, der f. die Schuld anderer büßen muss.

**sumerische Kunst:** *frühsumerisches Rollsiegel mit Griff in Form eines Schafes*

**Sündenfall,** Bez. für den in der Bibel (1. Mos. 3) geschilderten Ungehorsam Adams und Evas, des ersten Menschenpaares, gegenüber Gott (↑Erbsünde) mit der Folge des Verlustes der im Paradies gegebenen unmittelbaren Gottesgemeinschaft des Menschen.

**Sundgau,** Ldsch. im S des Elsass, zw. Vogesen, Rhein und Jura.

**Sunion, Kap,** Kap an SO-Spitze von Attika, Griechenland; Ruinen des dor. Poseidontempels.

**Sunna** ↑Islam.

**Sunniten** ↑Islam.

**Sun Yat-sen,** auch **Sun Wen** od. **Sun Chungshan,** chin. Politiker, *1866, †1925; Gründer der Revolutionspartei Kuomintang; floh 1895 ins Ausland, nach der Revolution (1911) vorläuf. Staatspräs., 1917/18 u. s. 1921/22 Präs. der Gegenreg. in Kanton.

**super..., Super...** [lat.], Vorsilbe; Bed.: „über [- hinaus]“.

**Super-G** [-dʒiː], **Superriesenslalom,** Disziplin des alpinen Skisports mit Elementen aus Abfahrtslauf u. Riesenslalom, die in einem Durchgang ausgetragen wird.

**Super|intendent** [lat.], höherer ev. Geistlicher, Vorsteher eines Kirchenkreises.

**Superior** [lat.], Oberer, Leiter eines Klosters od. klösterl. Verbandes.

**Superlativ** [lat.] ↑Komparation.

**Superleichtgewicht** ↑Gewichtsklassen (Übers.).

**Superphosphat,** Gemisch aus primärem Calciumphosphat und Gips, Kunstdünger.

**Superschwergewicht** ↑Gewichtsklassen (Übers.).

**Suppè,** Franz von, östr. Komponist, *1819, †1895; Operetten: „Die schöne Galathee“, „Leichte Kavallerie“, „Boccaccio“.

**Suppenschildkröte,** bis 1,4 m lange Schildkröte der Weltmeere; stark bedroht; umfangreiche Schutzmaßnahmen.

**Supplement** [lat.], Ergänzung, Nachtrag; *S.winkel,* Winkel, der einen anderen zu 180° ergänzt.

**Support** [frz.], bewegl., durch Schrauben mittels Kurbel od. Vorgelege transportierb. Schlitten an Werkzeugmaschinen.

**Suppositorium** [lat.], **Zäpfchen,** Arzneiform zur rektalen Applikation.

**supra..., Supra...** [lat.], Bestimmungswort; Bed.: „über, oberhalb“.

**Supraleitung,** Eigensch. best. Metalle, Metalllegierungen u. intermetall. Verbdg., unterh. einer nahe dem absoluten Nullpt. liegenden Temp. *(Sprungtemp., krit. Übergangstemp.)* keinen elektr. Widerstand mehr aufzuweisen. Inzw. gibt es Materialien *(Hochtemperatur-S.),* die bereits durch Kühlung mit flüss. Stickstoff (77 K) supraleitend werden.

**Suprem at, Suprematie** [lat.], Oberhoheit, Obergewalt; Vorrang.

**Supremat[s]eid,** eidl. Anerkennung der kirchl. Oberhoheit des engl. Kg., die seit 1534 v. jedem engl. Geistlichen u. Staatsbeamten gefordert wurde (1829 teilw., 1867 ganz abgeschafft).

**Sure** [arab.], Kapitel des ↑Koran.

**Surfen** [ˈsəːfən], **Wind-S.,** Freizeit- und Wettkampfsport auf einem Surfbrett (-board) mit bewegl. Segel, der aus Wellenreiten und Segeln entstanden ist.

**Surfing** [ˈsəːfɪŋ; engl.], svw. ↑Wellenreiten.

**Surinam,** niederl. **Suriname** [syri-

S

**Surinam**

*Fläche:* 163 820 $km^2$
*Einwohner:* 431 000
*Hauptstadt:* Paramaribo
*Amtssprache:* Niederländisch
*Zeitzone:* MEZ – 4 Stunden

'na:mə], Rep. an der N-Küste Südamerikas, von den Küstenebenen ansteigend zum Hochland von Guayana (Wilhelminagebirge bis 1 280 m); überw. trop. Regenwald u. Savanne; Anbau v. Zuckerrohr, Kaffee, Zitrusfrüchten; reiche Vorkommen an Bauxit; Ausfuhr: Bauxit, Gold, Zucker, Kaffee, Holz u. a. – Haupt-⚓: Paramaribo. – S. 1593 span., s. 1650 brit., s. 1667 (1815 endgültig) niederländ., 1954 autonomer, gleichberechtigter Teil des Kgr. der Niederlande; 1975 unabh.; 1980–87 Militärherrschaft, danach gewählte Reg., 1990 Militärputsch mit anschließenden Wahlen; 1992 begann ein Demokratisierungsprozess.

**Surrealismus** [syr-; lat.], s. etwa 1921 sich ausbreitende, im Wesentl. auf Frkr. beschränkte künstler. Bewegung. Ihre Anhänger versuchten, das psych. Unbewusste, Visionen, Träume, Assoziationen u. Rauscherlebnisse in Lit. und Kunst darzustellen, und zwar ohne den ordnenden Eingriff des Intellekts od. der an die tradit. Vorstellungen gebundenen Empirie. Hauptvertr.: *Lit.:* A. Breton, L. Aragon, P. Éluard; *Malerei:* G. De Chirico, H. Arp, M. Ernst, R. Magritte, J. Miró, A. Masson, J. Tanguy, S. Dalí.

**Surrealismus:** *Yves Tanguy, „À quatre heures d'été, l'espoir" (1929)*

**Surrogat** [lat.], Ersatz.

**Susa,** altoriental. Stadt in SW-Iran, vom 4. Jt. bis 646 v. Chr. Hptst. von Elam, später Residenz der pers. Dyn. der Achaimeniden; mehrere Ruinenhügel, bed. Funde.

**Susanna,** im A. T. schöne u. tugendhafte Jüdin; im Bade v. zwei jüd. Ältesten, die ihr nachstellten u. denen sie sich verweigerte, überrascht; verleumder. des Ehebruchs angeklagt u. von Daniel gerettet.

**Suso,** Heinrich ↑Seuse, Heinrich.

**suspekt** [lat.], verdächtig.

**Suspension** [lat.], **1)** ⚗ Aufschwemmung, feinste Verteilung fester Stoffe in Flüssigkeiten. **2)** Aufschiebung des Eintritts der Rechtskraft u. damit der Vollstreckbarkeit einer Entscheidung durch Einlegung *suspensiver Rechtsmittel;* **3)** [einstweilige] Dienstenthebung (Beamte).

**Süßholzstrauch,** Gatt. der Schmetterlingsblütler; die Wurzel von *Glycyrrhiza glabra* liefert Süßholzsaft.

**Süßmost,** alkoholfreier Fruchtsaft aus unvergorenen frischen Früchten.

**Süssmuth,** Rita, dt. Politikerin (CDU). – Hochschullehrerin, *1937; 1985–88 Bundesmin. für Jugend, Familie, Frauen (s. 1986) und Gesundheit, 1988–98 Präs. des Dt. Bundestags.

**Süß-Oppenheimer,** Joseph, gen. **Jud Süß,** Finanzmin. Herzog Karl Alexanders v. Württemberg, *1698/99, †hingerichtet 1738.

**Süßstoffe,** synthet. organ. Verbindungen, die eine höhere Süßkraft als Rohrzucker besitzen, z. B. Saccharin, Cyclamate.

**Susten, S.pass,** schweizer. Pass in den Urner Alpen, 2 224 m ü. d. M.

**Sutermeister,** Heinrich, schweizer. Komponist, *1910; u. a. Opern, „Romeo u. Julia", „Die Zauberinsel", „Raskolnikoff", „Madame Bovary".

**Sutherland** ['sʌðələnd], Joan, austral. Sängerin (Koloratursopran), *1926.

**Sutra** [sanskr.; = Leitfaden], knapp u. einprägsam formulierter Lehrsatz der ind. Lit.

**Sütterlin,** Ludwig, dt. Grafiker u. Pädagoge, *1865, †1917; die von ihm geschaffene *S.schrift* war die Grundl. der 1935 (bis 1941) an dt. Schulen als Normalschrift eingef. „Dt. Schreibschrift".

**Suttner,** Bertha Freifrau v., geb. Gfn. **Kinsky,** östr. Pazifistin u. Schriftstellerin, *1843, †1914; weltbekannt ihr Roman „Die Waffen nieder!"; Friedensnobelpreis 1905.

**Suva,** Hptst. v. Fidschi, 77 400 E.

**Süverkrüp,** Dieter, dt. Liedermacher, *1934; einer der ersten dt. Protestsänger.

**Sv,** Einheitenzeich. für: ↑Sievert.

**SVP,** Abk. für: ↑**S**chweizer. **V**olks**p**artei.

**Swahili** ↑Suaheli.

**Swakopmund,** St. in Namibia, an d. Mdg. d. Swakop in d. Atlantik, 15 500 E; Seebad; Salz- u. Guanogewinnung; ⚓.

**Swansea** ['swɔnzi], Hptst. der brit. Gft. West Glamorgan in Wales, am Bristolkanal, 167 800 E; College der Univ. von Wales; Hüttenind., Motoren- u. Schiffbau.

**SWAPO,** Abk. für: **S**outh **W**est **A**frican **P**eople's **O**rganization, 1958 gegr. Widerstandsbewegung gg. die südafrikan. Mandatsmacht in Namibia, s. 1990 dort Reg.-Partei.

**Swasi,** Bantuvolk in S-Afrika, eigene Sprache (das S.), in S.land u. d. Rep. Südafrika; insg. etwa 2 Mill. S.; Feldbau, Viehhaltung.

**Swasiland**

*Fläche:* 17 364 $km^2$
*Einwohner:* 1,1 Mill.
*Hauptstadt:* Mbabane
*Amtssprachen:* Swasi, Englisch
*Zeitzone:* MEZ + 1 Stunde

**Swasiland,** Kgr. im südl. Afrika; auf d. O-Abdachung d. Großen Randstufe d. südafrik. Binnenhochlandes; subtrop. Klima; Bev. vorw. Swasi; Anbau v. Mais, Hirse, Baumwolle, Zuckerrohr, Zitrusfrüchten, Ananas u. a.; Viehzucht; bed. Forstwirtsch.; ⚒ auf Eisenerz, Asbest, Diamanten; chem., Holz-, Textil, Nahrungsmittel- u. a. Ind. *Gesch.:* S. 1894 unter Verwaltung der Burenrep. Transvaal,

1907–67 brit. Protektorat, s. 1968 unabhängiges Kgr. (s. 1986 unter Kg. Mswati III.) innerhalb des Commonwealth.

**Sweben, Sueben,** Verband westgerman. Stämme (Hauptgruppe: Semnonen), urspr. im Gebiet zw. Elbe u. Oder; v. hier gelangten Markomannen nach Böhmen, Quaden nach Mähren, Triboker, Nemeter und Vangionen unter Ariovist an d. Oberrhein; im 3. Jh. drangen neue Stämme, die Alemannen, nach Südwestdeutschland vor (Schwaben).

**Swedenborg** [-bɔrj], Emanuel, schwed. Naturforscher u. Theosoph, *1688, †1772; vielfältige Studien (Kristallographie, Kosmogonie, Anatomie, Seelenanalyse); nach visionären Erlebnissen Entw. einer Theorie der spirituellen Welt.

**Swerdlowsk,** 1924–91 Name v. ↑Jekaterinburg.

**Swift,** Jonathan, ir.-engl. Satiriker der Aufklärung, *1667, †1745; Geißelung der Missstände in Ges., Kirche u. Wiss.; Hauptwerk „Des Capitains Lemuel Gulliver Reisen".

**Swinemünde,** polnisch **Świnoujście,** Hafenst. u. Seebad auf Usedom u. Wollin, Polen, 42 000 E.

**Swing** [engl.], **1)** v. a. zw. 1930 u. 1940 vorherrschender Jazzstil zw. tradit. und mod. Jazz; charakt. der schwingende Rhythmus *(swing);* **2)** b. 2-seit. Handelsverträgen Betrag, bis zu dem ein Land, das mit seiner Leistung im Verzug ist, v. Handelspartner Kredit erhält.

**Swissair** ['svisɛ:r], 1931 gegr. schweizer. Luftverkehrsgesellschaft; Sitz Zürich. Die bankrotte S. wurde im April 2002 von d. *Swiss Air Lines Ltd.* unter d. Marke „swiss" abgelöst.

**Syberberg,** Hans-Jürgen, dt. Filmregisseur u. -produzent, *1935.

**Sydney** ['sɪdnɪ], Hafenst. an der SO-Küste Australiens, 3,54 Mill. E (Metrop. Area); größte St. und wichtigstes Handels- u. Verkehrszentrum Australiens; 3 Univ., Konservatorium, Museen, Bibliotheken, Opernhaus (1959–73), botan. und zool. Gärten; Schwer-, Nahrungsmittel-, Automobil-, chem., Textilind., Werften; ⚓. – Gegr. 1788.

**Sydow** ['sydov], Max v., schwed. Schauspieler, *1929; spielte in Filmen unter der Regie v. I. Bergman.

**Sykomore** [gr.], Maulbeergewächs mit feigenähnl. Früchten, wertvolles Holz.

**Syllogismus** [gr.], deduktiver Schluss, der v. zwei Prämissen durch einen beiden gemeinsamen Mittelbegriff auf den Schlusssatz (Konklusion) schließt.

**Sylt,** größte der Nordfries. Inseln, Schl.-Ho., 99 km²; über d. Hindenburgdamm Bahnverbdg. zum Festland; Seebäder; ⚓.

**Sylvester,** häufige Schreibung f. ↑Silvester.

**sym..., Sym...** [gr.], svw. ↑syn..., Syn...

**Symbiose** [gr.], Zusammenleben v. Organismen versch. Arten zu gegenseit. Nutzen, z. B. Einsiedlerkrebs und Seerose.

**Sydney:** *Blick auf die Stadtsilhouette mit dem Opernhaus im Vordergrund*

**Symbol** [gr.]: Sinnbild, bedeutungsvolles Zeichen für einen [übersinnl.] Begriff.

**Symbolik** [gr.], **1)** sinnbildl. Bilderspr.; Verwendung v. Symbolen. **2)** Konfessionskunde; *symbol. Bücher,* Bekenntnisschriften.

**Symbolismus** [gr.], als Reaktion auf den Naturalismus Ende des 19. Jh. in Frkr. entstandene literar. Strömung, die auf fast alle europ. Lit. wirkte; Steigerung der Musikalität der Spr., Verwendung v. assoziativen Symbolen u. Metaphern; Vorläufer C. Baudelaire, bed. Vertr. S. Mallarmé, A. Rimbaud, P. Verlaine, M. Maeterlinck, P. Valéry, É. Verhaeren; G. D'Annunzio; in Dtl. St. George, R. M. Rilke, H. v. Hofmannsthal in ihren Frühwerken; eigenständige Ausbildung in der russ. Lit. (u. a. W. J. Brjussow, A. Blok, A. Bely). – In der Malerei griff der S. die Welt des Traums u. der Fantasie auf (u. a. P. Gauguin, A. Kubin, E. Munch, M. Klinger).

**Symmetrie** [gr.], Gleich-, Ebenmaß; Spiegelungsgleichheit, Zerlegbarkeit einer geometr. Figur in 2 spiegelgleiche Teile; spiegelbildl. Lage in Bezug auf eine Ebene *(S.ebene),* eine Gerade *(S.achse)* od. einen Pt. *(S.zentrum).*

**Sympathikolytika,** svw. ↑Sympatholytika.

**Sympathikus** [gr.], bes. die Eingeweide versorgender, den Grenzstrang mit Ganglienkette einschließender, vorw. in Begleitung der Blutgefäße im Körper sich verbreitender Teil des vegetat. Nervensystems.

**Sympathisant,** jmd., der einer Angelegenheit, einer Anschauung u. a. wohlwollend gegenübersteht [u. sie unterstützt].

**Sympatholytika, Sympathikolytika,** [gr.], Arzneimittel, die aufgrund ihrer chem. Ähnlichkeit mit Noradrenalin u. Adrenalin, den natürl. Überträgerstoffen des Sympathikus, in der Lage sind, die Wirkung einer sympath. Erregung (oder Sympathikusreizung) u. auch diejenige von ↑Sympathomimetika auf das Erfolgsorgan zu verhindern oder aufzuheben. Die Alpha-*Sympathikolytika* (Alpha-*Blocker*), z. B. hydrierte Mutterkornalkaloide, verdrängen Alpha-Sympathomimetika vom Alpha-Rezeptor; die Beta-*Sympathikolytika* (Beta-*Blocker*), z. B. Propranolol, verdrängen Beta-Sympathomimetika vom Beta-Rezeptor; Anwendung bei Herzarrhythmien.

**Sympatho|mimetika, Sympathikomimetika** [gr.], Arzneimittel, deren Wirkung einer Erregung des Sympathikus gleicht. *Direkt wirkende S.* können die adrenergen Rezeptoren im Erfolgsorgan (aufgrund ihrer chem. Ähnlichkeit mit den natürl. Überträgerstoffen Noradrenalin u. Adrenalin) direkt beeinflussen. Dabei sind Alpha-*Wirkungen* (über Alpha-Rezeptoren; meist die Kontraktion glatter Muskeln; Gefäßverengung) von Beta-

S

*Wirkungen* (über Beta-Rezeptoren; im Allg. die Erschlaffung glatter Muskeln wie Gefäßerweiterung, Bronchodilatation u. Herzerregung) zu unterscheiden.

**Symposion, Symposium** [gr.], **1)** Gastmahl im alten Griechenland, mit geistvollen Gesprächen (griech. Titel eines platon. Dialogs). **2)** [wiss.] Tagung, auf der in Vorträgen u. Diskussionen best. Fragen zwanglos erörtert werden.

**Symptom** [gr.], Anzeichen, Vorbote, bes. Krankheitszeichen.

**Symptomatologie** [gr.], Lehre von den Krankheitszeichen.

**syn..., Syn...** [gr.], Vorsilbe; Bed.: „mit, zus., gleichzeitig mit".

**Synagoge** [gr.; = Versammlung], im Judentum die sich versammelnde Gem. u. ihr Versammlungsort, das Gottesdienstgebäude u. Gem.zentrum.

**synchron** [gr.], gleichzeitig, zeitgleich [verlaufend]; mit gleicher Frequenz [ablaufend].

**Synchronisierung, Synchronisation** [gr.], **1)** allg.: Herst. des Gleichlaufs zw. 2 Vorgängen. **2)** in der Filmtechnik nachträgl. Vertonung eines in einer fremden Spr. od. stumm aufgenommenen Films.

**Synchrotron,** Teilchenbeschleuniger, bei dem die geladenen atomaren Teilchen (v. a. Protonen) im Ggs. zum ↑Zyklotron während des ganzen Beschleunigungsvorgangs auf einer Kreisbahn mit konst. Radius umlaufen.

**Syndikalismus** [gr.], um 1890 unter dem Einfluss anarchist. und sozialist. Ideen entstandene Arbeiterbewegung, die in den Gewerkschaften das wichtigste organisator. Moment einer herrschaftsfreien, sozialist. Ges. sah; Ablehnung des polit. Kampfes als Umweg; Theoretiker: A. Labriola, G. Sorel.

**Syndikat, 1)** Amt eines Syndikus. **2)** Kartell mit zentralisiertem Ein- und Verkauf. **3)** als Geschäftsunternehmen getarnte Verbrecherorganisation in den USA.

**Syndikus,** Rechtsberater bei Verbänden, Genossenschaften, Kammern u. Wirtschaftsunternehmen.

**Syndrom** [gr.], Krankheitsbild mit mehr. charakt. Symptomen.

**Synedrium** [gr.-lat.], **Synedrion, Hoher Rat,** hebr. **Sanhedrin,** oberste relig., gerichtl. u. polit. Behörde des Judentums in röm. Zeit (71 Mitgl.); nach Zerstörung des Tempels (70 n. Chr.) entscheidende polit. Instanz des Judentums des gesamten Röm. Reiches; bestand bis 425.

**Synge** [sıŋ], John Millington, ir. Schriftsteller, *1871, †1909; Dramen in angloir. Dialekt über das Dasein v. Fischern u. Bauern.

**Synkope** [gr.], 𝄞 rhythm. Verschiebung: Betonung eines sonst unbetonten Taktwertes in Verbindung mit der Notierung eines Bindebogens.

**Synode** [gr.], **1)** svw. ↑Konzil. **2)** in der kath. Kirche Regionalkonzil einer Diözese *(Diözesan-S.)* bzw. eines Landes. **3)** in den ev. Landeskirchen die kirchl. Gesetzgebungs- und Entscheidungsorgane *(Landes-S.n* und [f. die Kirchenkr.] *Kreis-S.n ),* bestehend aus gewählten, berufenen (durch die Kirchenleitungen) und so gen. „geborenen" Mitgl. *(Synodalen).*

**synodische Umlaufzeit,** auf die Stellung v. Sonne u. Erde zueinander bezogene Umlaufzeit eines Planeten od. des Mondes; z. B. die Zeit zw. 2 aufeinander folgenden Neumonden; *synod. Monat,* ↑Kalender1).

**Synökie, Synözie** [gr.], Zusammenleben zweier od. mehr. Arten v. Organismen, ohne dass die Gemeinschaft den Wirtstieren nutzt od. schadet.

**Synonym** [gr.], sinnverwandtes Wort, z. B. *sehen* und *schauen.*

**Syn|opse, Synopsis** [gr.], vergleichende Übersicht; v. a. vergleichende Nebeneinanderstellung der [in Inhalt u. Aufbau teilw. übereinstimmenden] drei ersten Evangelien (Matthäus, Markus, Lukas), f. die Bibelwiss. die *Synoptiker.*

**Syntax** [gr.; = Zusammenstellung], Satzlehre, Teil der Grammatik, der Bau u. Gliederung des Satzes behandelt.

**Synthese** [gr.], **1)** Zusammenfügung [einzelner Teile zu einem Ganzen]. **2)** erkenntnistheoret. ein Verfahren, das in der prakt. oder gedankl. Verbdg. einzelner El. zu einem Ganzen besteht. **3)** Herst. chem. Verbdg. aus einfacheren Stoffen.

**Synthesefasern,** svw. ↑ Chemiefasern.

**Synthesekautschuk,** auf künstl. Wege hergestellte Elastomere, die in ihrem chem. Aufbau od. in ihren physikal.-chem. Eigensch. dem ↑Kautschuk ähneln, in techn. Gebrauchseigensch. den Naturkautschuk sogar übertreffen; gewonnen z. B. durch Polymerisieren von Butadien, Chloropren, Isobutylen, durch Mischpolymerisation v. Styrol u. Butadien, Acrynitril u. Butadien usw.

**synthetisch** [gr.], zusammengesetzt, auf Synthese beruhend, künstl. hergestellt.

**Syphilis** [nlat.], **Lues,** die wegen ihrer Spätfolgen gefährlichste Geschlechtskrankheit. Der Erreger, das Bakterium Treponema pallidum, dringt durch feinste Hautabschürfungen, Risse u. Ä. in den Körper ein. Die Übertragung erfolgt meist durch Geschlechtsverkehr. Etwa 3 bis 4 Wochen nach der Ansteckung entwickelt sich ein Geschwür *(harter Schanker).* Die Lymphknoten in der Nähe des Primäraffekts schwellen an. Nach 6 bis 8 Wochen entwickeln sich zahlreiche Krankheitsherde an der Haut; nach jahrelanger Beschwerdefreiheit befällt die S. auch Haut, Knochen und innere Organe. Spätstadium: Erkrankung des Zentralnervensystems (oft erst nach Jahrzehnten): progress. ↑Paralyse und ↑Tabes dorsalis.

**Syrakus,** ital. **Siracusa,** Prov.-Hptst. in Italien, im SO v. Sizilien, 126 700 E; ⚓; Kathedrale (in einen Athenatempel gebaut); griech. Theater (3. Jh. v. Chr.), röm. Amphitheater. – Griech. Gründung (734 v. Chr.); Blütezeit im 5.–3. Jh., 212 v. Chr. v. Rom erobert.

**Syrdarja,** im Altertum **Iaxartes,** Fl. in Mittelasien, mit d. Naryn 3019 km, fließt in niederschlagsreichen J. zum Aralsee.

**Syri|en,** Rep. in Vorderasien; im S u. W gebirg. (Anteil am Antilibanon u. Hermon), sonst ebenes Tafel-, im N u. S Bergland; O u. SO von der Syr. Wüste eingenommen; Hauptfluss Euphrat; Anbau (teilw. bei künstl. Bewässerung) v. Getreide, Hülsenfrüchten, Gemüse, Baumwolle (Hauptexportgut); Obst-, Zitrus-, Reb-, Tabak-, Ölbaumkulturen; Viehzucht (z. T. durch Nomaden), bes. Schafe u. Ziegen. Erdölförderung, Phosphatabbau. Erdölraffinerie. Haupthafen: Latakia, für Erdöl: Banijas. – *Gesch.:* Im 3./2. Jt. Einwanderung semit. Völker; im 2. Jt. Streitobjekt zw. Ägypten, dem Reich Mitanni u. den He-

**Syrien**

*Fläche:* 185 180 km²

*Einwohner:* 15,335 Mill.

*Hauptstadt:* Damaskus

*Amtssprache:* Arabisch

*Zeitzone:* MEZ + 2 Stunden

thitern, später assyr., babylon., im 6. Jh. pers.; 333 von Alexander d. Gr. erobert, 64 v. Chr. röm. Prov. (später mehrf. geteilt), ab 395 Teil des Oström. Reiches; im 7. Jh. arab., 1517 türk., 1920 frz. Völkerbundsmandat, 1944 endgült. unabh., 1958 Zusammenschluss mit Ägypten zur Vereinigten Arab. Rep. (VAR), 1961 wieder selbstständig. Maßgebl. an den isr.-arab. Kriegen beteiligt (1967 Verlust der Golanhöhen); s. 1976 Eingreifen im libanes. Bürgerkrieg; nach israel. Invasion dort (1982) verstärkte Aktivitäten S.s, s. 1988 offiziell zur Schutzmacht Libanons erklärt; 1990/91 Beitritt zur antiirak. Allianz; 1991–2000 vorsichtige Bemühungen um Lösung der Nahostprobleme mit Israel. – Staatspräsident 1971–2000 H. Asad, seitdem sein Sohn B. Asad. – Mitgl. der Arab. Liga.

**Syrisch,** eine der zur westsemit. Gruppe gehörenden aramäischen Spr.; als Umgangsspr. seit dem 7. Jh. vom Arab. verdrängt.

**Syrische Wüste,** Kalkplateau westl. d. mittleren Euphrat, in Syrien, Irak u. Jordanien.

**Syrlin, Sürlin, Sirlin, 1)** Jörg, d. Ä., dt. Bildschnitzer u. Schreiner, * um 1425, † 1491; spätgot. Chorgestühl im Ulmer Münster. **2)** Jörg, d. J., dt. Schreiner u. Bildschnitzer, * um 1455, † nach 1521; Mitarb. des Vaters, später Leiter der Werkstatt; u. a. Chorgestühl in Blaubeuren.

**Syrmi|en** ↑Sirmien.

**Syrte,** Doppelbucht des Mittelmeers an d. N-Küste Afrikas; d. *Kl. S.* (Golf v. Gabès) im SO Tunesiens; d. *Gr. S.* (Golf v. Sydra) in Libyen.

**System** [gr.], **1)** allg. Gliederung, einheitl. geordnetes Ganzes. **2)** Lehrgebäude. **3)** Zusammenstellung artl. versch. Tiere oder Pflanzen. **4)** Zusammenfassung mehrerer, meist untereinander in Wechselwirkung stehender Komponenten zu einer Einheit, z. B. *techn. S.* (Masch., Schaltungen), *physikal. S.* (atomares S., Planeten-S.). **5)** in der Informatik z. B. Betriebs-S., Rechner-S.

**Systematik** [gr.], **1)** planmäß. Darst. **2)** in der Biol. die Einordnung aller pflanzl. u. tier. Lebewesen in ein ↑System.

**Systole** [gr.], Zusammenziehung eines muskulösen Hohlorgans, bes. des Herzens.

**Szabó** ['sɔbo:], István, ungar. Filmregisseur, * 1938; „Mephisto", „Oberst Redl".

**Szczecin** ['ʃtʃɛtçin], ↑Stettin.

**Szeged** ['sɛ-], dt. **Szegedin** ['sɛgɛdi:n], Bez.-Hptst. in Ungarn, an d. Theiß, 159 100 E; 2 Univ., Hochschulen; bed. Ind.-Zentrum; Lebensmittelind.

**Székesfehérvár** ['sekɛʃfɛhe:rva:r], dt. **Stuhlweißenburg,** Bez.-Hptst. in Ungarn, nö. d. Plattensees, 105 300 E; Aluminiumwalzwerk, Omnibuswerk, Maschinen-, Fernsehgerätebau. Krönungs- u. Bestattungsort ungar. Kg. (bis 1540).

**Szenarium** [gr.], Übersicht mit Angaben zu Szenenfolge, auftretenden Personen, Requisiten, techn. Vorgängen u. a. für eine Theateraufführung.

**Szene** [gr.], **1)** Schauplatz einer Handlung; Bühne. **2)** kleinere Einheit des Dramas od. Films. **3)** Anblick.

**Szetschuan,** Prov. im südl. Z-China, ↑Sichuan.

**Jörg Syrlin d. Ä.:** *Detail am Chorgestühl des Ulmer Münsters (1469–74)*

**Szintigraphie,** nuklearmed. Untersuchungsverfahren, gestattet durch die Aufzeichnung der Gammastrahlung von in den Körper eingebrachten schwach radioaktiven Materialien ein zweidimensionales Bild von Organen oder Geweben.

**Szintillation** [lat.], **1)** das Funkeln der Sterne, verursacht durch die turbulente Strömung der unteren Atm. **2)** Aufblitzen durch Auftreffen von schnellen Teilchen ($\alpha$-, $\beta$-Teilchen, Proton) auf fluoreszierende Stoffe.

**Szombathely** ['sombɔthɛj], dt. **Steinamanger,** Bez.-Hptst. in Ungarn, an d. Güns, 82 100 E; Leder-, Textil-, Schuh-, Masch.-Ind.

**Szylla, Skylla, Scylla,** bei Homer sechsköpfiges Meerungeheuer, das in einer Meerenge (Straße von Messina?) zus. mit der *Charybdis* die Seefahrer bedroht.

# T

**t,** Abk. für: **1)** Celsius-Temp. (↑Celsius). **2)** **T**empus; Formelzeichen für die Zeit. **3)** Einheitenzeich. für ↑Tonne.

**T,** 20. Buchstabe des Alphabets, entspricht dem griech. Tau.

**T,** Abk. für: **1)** ↑**T**ara. **2)** ↑**T**axkurs. **3)** ↑absolute **T**emperatur. **4)** Vorsatzzeich. für ↑**T**era... **5)** Einheitenzeich. für ↑**T**esla. **6)** **T**iefdruck (auf Wetterkarten). **7)** ↑**T**onika. **8)** Symb. für ↑**T**ritium.

**Ta,** Symb. für ↑Tantal.

**Tabak** [span.], Gatt. der Nachtschattengewächse; wirtsch. wichtig sind zwei stark nikotinhalt. Arten: der bis 3 m hohe *Virgin. T.* aus Ecuador u. Peru, der bis 1,2 m hohe, auch als Zierpfl. gezogene *Bauern-T.;* sie werden in fast allen warmen u. gemäßigten Ländern angebaut; die reifen Blätter werden geerntet, getrocknet u. fermentiert, hierauf zu *Rauch-, Kau-* od. *Schnupf-T.* verarb.; bes. gute T.sorten für Zigaretten liefern u. a. Nordamerika, der Balkan u. die Türkei (Orient-T.), für Zigarren: SO-Asien, Mittel- (Kuba, Honduras) u. Südamerika (Brasilien).

**Tabaksteuer,** Verbrauchsteuer auf im Inland hergestellte u. eingeführte Tabakwaren sowie auf Tabakersatzstoffe.

**Tabasco,** südostmex. Staat, am Golf von Campeche, 25 267 $km^2$, 1,5 Mill. E, Hptst. Villahermosa; feuchttrop. Küstentiefland; Erdöl.

**Tabernakel** [lat.], kunstvoll gearbeitetes Gehäuse zur Aufbewahrung von konsekrierten Hostien.

**Tabes dorsalis** [lat.], **Rückenmarkschwindsucht,** bes. Erscheinungsform der Syphilis im Spätstadium mit ausschließl. Befall der weißen Rückenmarksubstanz; verbunden u. a. mit Sehstörungen u. anfallartigen starken Schmerzen.

**Tabor,** Berg in Israel, östl. von Nazareth, 588 m.

**Täbris,** iran. St. östl. des Urmiasees, 1,1 Mill. E; Univ.; Fahrzeugbau, Teppichknüpfereien; ⚔.

**Tabu** [polynes.], **1)** in der polynes. Religion Meidungsgebote versch. Art. **2)** als unantastbar geltende Norm in einer Ges.

**Tabulatur** [nlat.], **1)** Notierungsweise für mehrstimm. Instrumente; meist Buchstaben für die unteren, Mensuralnotation für die Oberstimmen *(Orgel-T.);* Griffschrift (Zahlen u. Zeichen), z. T.

bis heute erhalten *(Lauten-T.);* **2)** ↑Meistersinger.

**Tachismus** [taʃ-; frz.] eine nach dem 2. Weltkrieg aufgekommene Richtung der informellen Kunst, die seel. Regungen unmittelbar, unter Ablehnung jeder bewussten Ausdrucksform, in Farbflecken („taches") widerspiegelt.

**tacho..., Tacho..., tachy..., Tachy...** [gr.], Bestimmungswort mit der Bed.: „schnell".

**Tachometer** [gr.], Geschwindigkeitsmesser v. a. zur Anzeige der Geschwindigkeit v. Fahrzeugen.

**Tachykardie** [gr.], Herzrhythmusstörung mit einer Herzfrequenzsteigerung auf über 100 Schläge je Minute; Ggs. Bradykardie.

**Tacitus,** Publius (?) Cornelius, röm. Geschichtsschreiber, *um 55, †um 120; bes. bekannt: „Agricola", „Germania", „Annalen", „Historien".

**Tadschikistan,** Rep. in Mittelasien; überwiegend Hochgeb.-land (im Pik Ismail Samani 7 495 m); kontinentales Klima; Bev. vorw. Tadschiken, daneben Usbeken, Russen, Tataren u. a.; Viehhaltung, Seidenraupenzucht u. Baumwollanbau; reich an Uranerz u. Gold; Buntmetallerzverhüttung, Aluminiumerzeugung, Maschinenbau, Metallverarbeitung u. chem. Ind. *Gesch.:* Kam im 6. Jh. v. Chr. an d. pers. Großreich; im 7./8. Jh. n. Chr. Vordringen d. Araber u. Islamisierung; 13. Jh. Mongoleneinfall; s. 16. Jh. Vorherrschaft d. Usbeken; in der 2. H. d. 19. Jh. an Russland (Süd-T. bis 1920 beim Emirat Buchara), 1929–91 Tadschik. SSR, 1991 Unabhängigkeitserklärung, Stationierung russ. Truppen an d. Grenze zu Afghanistan. 1992–97 Bürgerkrieg zw. islamist.-nationalist. Kräften u. Reg.-Truppen (rd. 100 000 Tote, 1997 Friedensabkommen); weiterhin instabile Lage. 1999 grundlegende Verf.-Reform. Mitgl. d. GUS.

**Tadschikistan**

*Fläche:* 143 100 km²

*Einwohner:* 6,4 Mill.

*Hauptstadt:* Duschanbe

*Amtssprache:* Tadschikisch

*Zeitzone:* MEZ + 4 Stunden

**R. Tagore**

**Tadsch Mahal** ↑Agra.

**Taekwondo** [tɛ-], korean. Zweikampfsportart auf der Basis v. Fuß- (Tae) u. Handtechniken (Kwon).

**Tafelmalerei,** die Malerei auf Holz, Kupfer oder Leinwand; selbst. Tafelbilder schon in der Antike, in der Kunst des MA seit dem 11. Jh. (Antependien).

**Tag,** durch die Rotation der Erde gegebene natürl. Zeitunterteilung; je nach Bezugspt. an der Sphäre unterscheidet man Sonnen-T. (↑Sonnenzeit) u. ↑Sterntag.

**Taganrog,** Hafenstadt am Asowschen Meer, Russland, 287 600 E; Univ.; Stahl- u. a. Ind.

**Tag der deutschen Einheit,** Nationalfeiertag anlässlich des Beitritts der DDR zur BRD am 3. 10. 1990, gesetzl. Feiertag in der BRD.

**Tagebau,** Abbau von Bodenschätzen (z. B. Braunkohle) in offenen Gruben.

**Tagelied,** Gatt. des Minnesangs, schildert den Abschied zweier Liebender beim Wächter- oder Vogelruf am Morgen.

**Tagfalter,** zusammenfassende Bez. für tagsüber fliegende Schmetterlinge; u. a. Zitronenfalter, Gr. Fuchs, Admiral.

**Tagore,** Rabindranath, eigtl. R. **Thakur,** ind. Dichter u. Philosoph, *1861, †1941; Mittler zw. westl. u. östl. Kultur; Nobelpreis 1913.

**Tagundnachtgleiche,** svw. ↑Äquinoktium.

**Tahiti,** größte der Gesellschaftsinseln, 1 042 km², Hauptort Papeete.

**Tai-Chi** [taɪˈtʃiː], aus China stammende Meditationsform: langsame, fließende Bewegungen mit kontrollierter Atmung u. Samml. des Bewusstseins.

**Taifun** [chin.-engl.], trop. Wirbelsturm im ostasiat. Küstengebiet.

**Taiga** [russ.], die boreale Pflanzenformation der osteurop.-sibir. Waldgebiete zw. mittl. Wolga und Ochotsk. Meer; mit Nadelhölzern, Eschen, Espen, Birken.

**Taille** [ˈtaljə; frz.], **1)** Teil des Rumpfes zw. Hüfte u. Brust. **2)** Gürtelweite. **3)** bis 1789 kgl. Steuer in Frankreich.

**Taimyr,** Halbinsel in N-Sibirien mit d. Kap ↑Tscheljuskin, zw. Jenissei- u. Chatangamdg., 862 100 km², v. *Byrrangageb.* durchzogen (bis 1 146 m); an dessen S-Fuß d. *Taimyrsee* (4 500 km²).

**Taine** [tɛːn], Hippolyte, frz. Philosoph, *1828, †1893; Historiker und Literaturwissenschaftler.

**Taipeh,** Hptst. von Taiwan, 2,7 Mill. E; 6 Univ.; vielseit. Ind.; ✈.

**Taiwan,** Rep. in Ostasien, besteht aus der Insel T. (Formosa) u. zahlr. kleineren Inseln; dicht bewaldetes Gebirgsland (bis 3 997 m), fruchtb. Küstenstreifen (bes. im W und NW); subtrop., im Tiefland feuchtheißes Klima. *Landw.:* Anbau v. Reis, Spargel, Zuckerrohr, Ananas, Bananen und Tee; Fischfang. *Bodenschätze:* Kohlenlager, ferner Kupfer- und Golderze, Erdöl; *Haupthäfen:* Keelung und Kaohsiung; Textil-, Masch.-, Elektro-, chem. Industrie. – *Gesch.:* 1590 v. Portugiesen entdeckt; 1642–62 niederl., 1683 chin., 1885 jap., s. 1945/51 erneut chin.; nach Flucht der Kuomintang-Reg. vor den Kommunisten v. chin. Festland 1950 Ausrufung der „Rep. China" durch Staatspräs.

**Taiwan**

*Fläche:* 36 000 km²

*Einwohner:* 21,775 Mill.

*Hauptstadt:* Taipeh

*Amtssprache:* Chinesisch

*Zeitzone:* MEZ + 7 Stunden

Chiang Kai-shek (1948–75), dessen Sohn Chiang Ching-kuo (†1988) 1972 Regierungs-, 1978 Staatschef wurde; anfangs wirtsch. u. polit. Unterstützung durch die USA, die jedoch nach d. Neuorientierung ihrer Chinapolitik 1978 die diplomat. Beziehungen abbrachen; bis 1971 Mitgl. der UN.

**Tajo** [ˈtaxo], portug. **Tejo** [ˈtɛʒu], Fl. auf der Iber. Halbinsel, 1 007 km, Mdg. bei Lissabon.

**Tajumulco** [taxu-], höchster Berg Zentralamerikas, Guatemala, 4 210 m.

**Takelage** [-ˈlaːʒə], Sammelbez. für Masten, Tauwerk u. a. zur Handhabung der Segel eines Schiffes.

**Takt** [frz.], **1)** Schicklichkeits-, Feingefühl, Lebensart; Zurückhaltung. **2)** 𝄞 abgemessene Bewegung der Töne nach best. Zeitmaß; durch T.-Striche abgeteilte Zusammenfassung von T.-Einheiten od. Schlagzeiten, die zu Beginn eines jeden Satzes vorgezeichnet sind. **3)** bei Verbrennungsmotoren ein einzelner Arbeitsgang (z. B. Ansaugen, Verdichten, Verbrennen, Ausstoßen beim Viertaktmotor).

**Taktik** [gr.], **1)** die Kunst der Truppenführung auf dem Gefechtsfeld. **2)** kluges, absichtsvolles Verhalten.

**Tal,** durch fluviatile Einschneidung und Ausräumung gebildete, lang gestreckte Hohlform, mit Gefälle zum T.ausgang. Es besteht aus: *T.schluss, T.boden, T.ausgang, T.hängen* und *T.rändern.*

**Talar** [lat.], knöchellanges, weites Amtskleid von Geistlichen, Richtern, Anwälten u. (als Festtracht) akad. Lehrern.

**Talent** [gr.], altgriech. Gew. (in Athen 26,2 kg).

**Taler,** ehem. dt. Silbermünze, urspr. Guldengroschen (wertmäßig dem Goldgulden entspr.), seit etwa 1525 nach dem Münzort St. Joachimsthal kurz T. genannt.

**Talg, Unschlitt,** feste gelbe Fettmasse, die aus inneren Fettgeweben von Rindern od. Schafen ausgeschmolzen wird.

**Taliban** [Paschto = Koranschüler], radikalislam. (sunnit.) Bewegung, die 1994 mit pakistan. Unterstützung in die Bürgerkriegskämpfe der ↑Mudjahedin in Afghanistan eingriff. Die T. eroberten fast das ganze Land u. errichteten ein internat. isoliertes Regime (u. a. Entrechtung der Frauen); gewährten dem Terrornetzwerk v. Osama Bin Laden („al-Qaida") Unterschlupf u. Hilfe. 2001 durch US-Mil.aktion u. Offensive der „Nordallianz" der Mudjahedin gestürzt.

**Talisman** [arab.], Gegenstand, der gg. Schäden u. Bezauberung schützen und Glück bringen soll.

**Talk** [arab.], weißes, gelbl., grünl. od. farbloses gesteinsbildendes Mineral, Magnesiumsilicat, Härte 1; in dichten Massen als *Speckstein (Steatit);* vielseit. Verwendung (Puder, Poliermittel u. a.).

**Tallahassee** [tæləˈhæsɪ], Hptst. v. Florida, USA, 125 000 E; 2 Univ.; Holzind., Apparatebau; ✈.

**Talleyrand** [taləˈrã], Charles Maurice de, Fürst v. Benevent, Hzg. v. T.-Périgord, Hzg. v. Dino, frz. Staatsmann, *1754, †1838; 1797 bis 1807 Außenmin., setzte sich 1814 für die Rückkehr der Bourbonen ein, wurde Außenmin. u. erreichte durch meisterhafte Politik auf dem Wiener Kongress für Frkr. die Gleichberechtigung als Großmacht.

**Tallinn,** dt. **Reval,** Hptst. v. Estland, an einer Bucht d. Finn. Meerbusens, 415 300 E; mehr. Univ., Akad. d. Wiss., Hochsch.; histor. Bauten; vielseitige Ind.; ⚓, ✈.

**Talmi** [frz.], vergoldeter Tombak (↑Messing); übertr. für Unechtes.

**Talmud** [hebr.], Sammelwerk der kodifizierten rabbin. Thoraauslegung u. der außer- u. nachbibl. Gesetzesüberlieferung, -kommentierung und -kasuistik; neben der hebr. Bibel das Hauptwerk des Judentums.

**Talon** [taˈlõ; frz.], **1)** Erneuerungsschein bei Wertpapieren. **2)** beim Kartenspiel der nicht ausgegebene Kartenrest.

**Talsperre,** Anlage, die als Talabriegelung einen Stauraum zur Wasserspeicherung schafft; besteht aus dem eigtl. Sperrenbauwerk (Staudamm, Staumauer) u. dazugehörenden Betriebsanlagen (zur Hochwasserregulierung, Trinkwasser- und/od. Energiegewinnung).

**TA Luft,** Abk. für **T**echn. **A**nleitung zur Reinhaltung der Luft, allg. Verwaltungsvorschrift zum B.-Immissionsschutz-Ges.; enthält Auflagen für die Betreiber genehmigungsbedürftiger Anlagen.

**Tamariske** [lat.], Gatt. der *T.ngewächse,* Bäume oder Sträucher der Steppen u. Wüsten mit schuppenförmigen Blättern u. kleinen rosafarbenen Blüten; z. T. Ziergewächse.

**Tambour** [tãˈbuːr; frz.], **1)** Trommel. **2)** Trommler. **3)** zylindr. od. polygonaler Unterbau der Kuppel, meist mit Fenstern.

**Tambourmajor** [tãˈbuːr-], Leiter eines Spielmannszuges.

**Tamburin** [frz.], kl., einseitig mit Fell bespannte Trommel, in deren Holzrahmen beckenförm. Metallplättchen eingelassen sind.

**Tamil,** wichtigste der drawid. Spr. (↑ind. Sprachen); verbreitet im SO Indiens u. in Sri Lanka, Afrika, Mauritius, Malaysia, Fidschi.

**Tamil Nadu,** fr. **Madras,** südind. B.-Staat, 130 058 km², 55,6 Mill. E, Hptst. Madras; Reis-, Baumwoll-, Hirseanbau; Textilindustrie.

**Tamina,** l. Nbfl. des Alpenrheins, Schweiz, 26 km; in der *T.schlucht* (500 m lang, 250 m hohe Wände) radioaktive Quellen, deren Wasser nach Bad Ragaz geführt werden (Kraftwerk Mapragg; 280 MW).

**Tampere,** schwed. **Tammerfors,** St. in SW-Finnland, 174 000 E; Univ.; vielseit. (v. a. Textil-)Ind.; ✈.

**Tampon** [frz.], Pfropf oder Bausch von Mull, Watte u. a. zum Stillen von Blutungen oder zum Ausstopfen *(Tamponade, Tamponieren)* von Wundhöhlen.

**Tamariske**

**tan,** Abk. für Tangens (↑Winkelfunktionen).

**Tanagra,** altgriech. Handelsstadt in Böotien bei Theben; Fundort der *T.figuren* (bemalte Tonfiguren, 4.–3. Jh. v. Chr.).

**Tandem** [lat.-engl.], **1)** Wagen mit 2 hintereinander gespannten Pferden. **2)** Doppelfahrrad mit 2 Sitzen hintereinander.

**Tang** [skand.], svw. ↑Seetang.

**Tanganjika,** Landesteil v. ↑Tansania. – 1890–1918 dt. Schutzgebiet (Dt.-Ostafrika), s. 1922 brit. Völkerbundmandat, 1946 UN-Treuhandgebiet, s. 1961 unabh., vereinigte sich 1964 mit Sansibar zu Tansania.

**Tanganjika|see,** See im Zentralafrik. Graben, zu Tansania, 34 000 km², bis 1 435 m tief (Kryptodepression, bis 773 m u. d. M.); Fischfang; Schifffahrt.

**Tange,** Kenzō, jap. Architekt, *1913; Olympiastadion in Tokio (1961–64).

**Tangens** ↑Winkelfunktionen.

**Tangente,** √ Gerade, die eine Kurve in nur einem Pt. berührt.

**Tanger,** Prov.-Hptst. in Marokko, an d. St. v. Gibraltar, 526 200 E; Univ.; Schiffbau, Textil-, Fischkonserven- u. a. Ind.; Fremdenverkehr; ⚓, ✈.

**Tango** [span.], geradtakt. südamer. Volkstanz; seit etwa 1912 Gesellschaftstanz in Europa.

**Tank** [engl.], **1)** Flüssigkeitsbehälter. **2)** Panzer (urspr. im 1. Weltkrieg benutzter Deckname).

**Tanker, Tankschiff,** für den Transport flüss. Ladung ausgerüstetes Frachtschiff, z. B. *Öl-T., Gas-T.* (für verflüssigte Gase); aus Sicherheitsgründen heute Doppelhüllenschiffe.

**Tanne,** Gatt. der Kieferngewächse der nördl. Halbkugel; *Weiß-* od. *Edel-T.,* bis 80 m hoch, S- u. M-Europa, liefert Bau- und Tischlerholz.

**Tannenberg,** poln. **Stębark** [ˈstɛmbark], Dorf in d. westl. Masuren, Polen. – Bei T. 1410 poln.-litau. Sieg über d. Dt. Orden; 1914 dt. Sieg über ein russ. Heer. D. 1927 errichtete *T.denkmal* wurde 1945 gesprengt.

**Tanner,** Alain, schweizer. Filmregisseur, *1929; „Messidor".

**Tannhäuser,** mhd. **Tanhuser,** mhd. Dichter, Minne- u. höf. Tanzlieder, *nach 1200, †kurz nach 1266; im 16. Jh. mit der Sage v. Venusberg in Verbdg. gebracht; Oper v. R. Wagner (1845).

**Tannin** [frz.], **Gallusgerbsäure,** aus Galläpfeln gewonnener Gerbstoff; T.e allg. Bez. für pflanzl. Gerbstoffe.

**Tansania,** Rep. in O-Afrika, am Ind. Ozean, umfasst d. Inseln Sansibar u. Pemba sowie d. Gebiet Tanganjika, das sich v. d. mittl. O-Küste Afrikas landeinwärts über ein Küstenhügelland u. weite Hochflächen bis zum Zentralafrikan. Graben erstreckt, v. Vulkanen überragt (Kilimandscharo 5 892 m); im W Anteil am Tanganjikasee, im N am Victoriasee; trop. Hochlandklima; Trocken-, Dornbusch- u. Feuchtsavanne bis zu immergrünem Bergwald; Bev. vorw. Bantuvölker; Anbau v. Hirse, Mais, Zuckerrohr, Sesam sowie Kaffee, Baumwolle, Gewürznelken (Sansibar), Sisal, Cashewnüsse, Tee, Tabak für d. Export; Viehzucht; ⚒ auf Diamanten, Gold, Kohle, Zinnerz; Tourismus; Verarbeitung landwirtsch. Produkte, Erdölraffinerie, Zementwerke, Dünger- u. Textilfabriken. *Gesch.:* Die port. Herrschaft (1500–1650) wurde von islam. Arabern abgelöst. Im Gebiet des heutigen T. errichtete die dt. Reg. 1890 das Schutzgebiet *Dt.-Ostafrika,* dessen Hauptteil ab 1922 als Völkerbundsmandat *Tanganjika,* 1946 als UN–Treuhandgebiet von Großbritannien verwaltet wurde. 1961 erhielt Tanganjika die Unabhängigkeit. 1964 Zusammenschluss v. Tanganjika u. Sansibar zur Vereinigten Rep. Tansania, die sich 1967 (unter Präs. J. Nyerere) zur sozialist. Politik u. Wirtschaft bekannte, seit Anfang der 1990er-Jahre davon allmählich jedoch abrückte.

**Tansania**

*Fläche:* 945 087 km²

*Einwohner:* 35,3 Mill.

*Hauptstadt:* Dodoma

*Amtssprachen:* Suaheli, Englisch

*Zeitzone:* MEZ + 2 Stunden

**Tantal** [gr.], Symb. **Ta,** chem. El., OZ 73, rel. A.-Masse 180,948; hartes, sehr zähes, elast. Metall; Fp. 3 017 °C, Sp. 5 485 °C, Dichte 16,4 g/cm³; bei nicht zu hoher Temp. chem. sehr beständ.; zur Herst. chem. Geräte u. ärztl. Instrumente; fr. auch als Glühdraht in *T.lampen.*

**Tantalus,** im griech. Mythos Sohn des Zeus, ein kleinasiat. Kg., der den olymp. Göttern seinen Sohn Pelops als Speise vorsetzt, um ihre Allwissenheit zu erproben; muss in der Unterwelt *T.qualen* erleiden (Hunger und Durst).

**Tantieme** [tãtjˈɛːmə; frz.], Beteiligung am Gewinn eines Unternehmens; auch Zahlung an Autoren musikal. oder literar. Werke für Aufführungen.

**Tanz,** rhythm. Körperbewegungen, meist von Musik begleitet; urspr. religiös bedingter *Kult-T.* Aus diesem entwickelte sich der *Volks-, Gesellschafts-* u. *Kunst-T.* Die bekanntesten Gesellschaftstänze des 16. Jh. sind Pavane und Gaillarde, des 17. Jh.: Courante, Sarabande, Gigue, des 18. Jh.: Bourrée, Menuett, Allemande, des 19. Jh.: Walzer, Polka, des 20. Jh.: Tango, Foxtrott, Slowfox, langsamer Walzer, Charleston, Rumba, Boogie-Woogie, Rock 'n' Roll, Samba, Twist, Beat, Lambada.

**Tanzmaus,** durch Mutation der ostasiat. Hausmaus entstandene Form; hat die [krankhafte] Gewohnheit, sich im Kreis herumzudrehen.

**Tao, Dao** [chin.; = der Weg], Grundbegriff der chin. Philos.; Urgrund des Seins, Vernunft, Wort, das All-Eine.

**Taoismus** [zu Tao], **Daoismus,** von Laotse begr., v. a. von Chuang-tzu (Zhuangzi; 4. Jh. v. Chr.) weitergeführtes System der chin. Philos., dessen Ideale um das Tao kreisen; seit dem 2. Jh. v. Chr. chin. Volksreligion.

**Taormina,** St. u. Seebad an d. O-Küste Siziliens, Italien, 10 500 E; Ruine eines griech. Theaters (3. Jh. v. Chr.).

**Tao-te-ching, Dao-de-jing,** klass., Laotse (Laozi) zugeschriebenes Werk des Taoismus, Lehre vom Tao und der Tugend.

**Tàpies,** Antonio, eigtl. A. T. **Puig** [puˈiγ], katalan. Maler u. Grafiker, *1923; vom Surrealismus beeinflusst; gegenstandslose Materialbilder mit reliefartigem Farbauftrag.

**Tapire** [indian.], Fam. der Unpaarhufer, mit kurzem, bewegl. Rüssel; SO-Asien, Mittel- u. Südamerika; der südamer. *Flachlandtapir* ist rd. 1 m hoch; auf Malakka u. Sumatra *Schabrackentapir,* schwarz mit weißer Schabrackenzeichnung.

**Tapisserie** [frz.], Herstellung von Gobelins, Wandteppichen, heute Buntstickerei auf gitterartigem Grundgewebe.

**Tara** [ital.], Abk. **T,** Verpackungsgewicht einer Ware.

**Tarantella** [ital.], neapolitan., zunehmend rascher werdender Tanz, meist im $^6/_8$-Takt.

**Taranteln** [ital.], best. trop., z. T. giftige, bis 5 cm gr. Wolfsspinnen; z. B. *Apul. Tarantel,* Biss schmerzhaft, ungiftig.

**Tarascon** [tarasˈkõ], südfrz. Ort an der Rhone, 11 200 E; Schloss (14./15. Jh.); Wein- und Obstbau; Kunststofffabrik.

**Tarent,** ital. **Taranto,** Prov.-Hptst. in Italien, am *Golf v. T.,* 209 300 E; wiss. Inst.; Dom (11. Jh.), Kastell (15./16. Jh.); Werft-, Eisen-, Stahl-, chem. Ind.

**Târgu Mureș** [-reʃ], dt. **Neumarkt,** ungar. **Marosvásárhely** [ˈmɔroʃvaː-ʃarhɛj], Bez.-Hptst. in Rumänien, an d. Maros in Siebenbürgen, 164 900 E; Univ., Hochschulen,

Masch.bau, Leicht-, Dünge- u. Nahrungsmittelind.; ⚒.

**Tarif** [arab.], Verzeichnis der Preis- bzw. Gebührensätze für best. Lieferungen und Leistungen.

**Tarifa,** span. Hafenst. an der Straße von Gibraltar, 15 200 E; nahebei *Punta Marroqui;* der südlichste Punkt des europ. Festlands.

**Tarifpartner, Tarif[vertrags]parteien,** Bez. für Arbeitgeber u. -nehmer bzw. ihre Repräsentanten (Arbeitgeberverbände und Gewerkschaften, z. B. beim Abschluss von ↑Tarifverträgen).

**Tarifvertrag,** im Arbeitsrecht ein zw. einem Arbeitgeber[verband] u. einer Gewerkschaft (Tarifpartner) schriftl. abgeschlossener Kollektivvertrag zur Regelung arbeitsrechtl. Beziehungen.

**Tarnkappe,** in der german. Sage unsichtbar machender Mantel mit Kapuze.

**Tarock** [arab.], Kartenspiel für 3 Personen mit 78 Karten; versch. Abarten, u. a. bayr.-östr. Art mit 36 Blatt.

**Tarquinia,** St. in Italien, in d. Prov. Viterbo; 14 700 E; östl. v. T. d. Reste der etrusk. St. *Tarquinii.*

**Tarquinius,** der Sage nach 2 etrusk. Könige Roms: *T. Priscus* (= der Alte), Kg. 616–578 v. Chr., u. *T. Superbus* (= der Stolze), Roms letzter Kg. (534–509 v. Chr.).

**Tarragona,** span. Prov.-Hptst. u. Hafenst. am Mittelmeer, 112 400 E; bed. Kathedrale (12./13. Jh.), altchristl. Nekropole; Konserven-, Textil- u. Schuhind.; Weinbau.

**Tartarus,** in der griech. Mythol. [Teil der] Unterwelt, mit einer dreifachen Mauer und vom Pyriphlegethon (Feuerstrom) umgebener Ort.

**Taschenkrebs,** bis etwa 20 cm breite Krabbe an den europ. und nordafrik. Küsten.

**Taschenrechner,** kleine, handl. Digitalrechner mit mindestens 2 Registern (Anzeige- u. Rechenregister). Die Anzeige der Werte erfolgt in Flüssigkristall-(LCD-)Anzeige. Nach der Ausstattung unterscheidet man T. für die 4 Grundrechenarten, T. mit Funktionstasten (für die Berechnung v. Prozenten, Wurzeln, trigonometr. Funktionen usw.), T. mit Hierarchie od. mit Klammertasten, T. mit saldierenden, rechnenden od. adressierbaren Speichern u. programmierbare T. (für eigene Programmerstellung od. Eingabe fertiger Programme).

**Taschkent,** Hptst. Usbekistans, in einer Oase am W-Rand d. Tienschan, 2,13 Mill. E; mehr. Univ., Hochschulen, Akad. d. Wiss., wiss. Inst.; Masch.bau, elektrotechn., Textil-, Druck-, chem., pharmazeut. u. a. Ind.; ⚒.

**Tasmanien, 1)** austral. Insel, 64 800 $km^2$; waldreiche Geb. und Grashochländer, Getreide-, Kartoffel-, Obstanbau, Schafzucht; Zink-, Blei-, Kupfer-, Zinnerze, Schwefel. **2)** B.-Land des Austral. Bundes, 67 800 $km^2$, 471 000 E, Hptst. Hobart; umfasst 1) und Nebeninseln.

**Tasmanier,** ausgestorbene Urbev. Tasmaniens (Wildbeuter).

**Tassilo III.,** * um 742, † nach 794, Hzg. von Bayern 748/49–788; Agilolfinger, auf Veranlassung Karls d. Gr. abgesetzt.

**Tasso,** Torquato, ital. Dichter, * 1544, † 1595; Kreuzzugsepos „Das befreite Jerusalem", Schäferspiel „Aminta"; Lyrik in der Art der Petrarkisten u. a.

**Tastatur** [ital.], **1)** Anordnung der Drucktasten bei Geräten, die nach Betätigung einer *Taste* einen best. Vorgang auslösen. **2)** 𝄞 sämtl. Ober- u. Untertasten bei Tasteninstrumenten.

**Tastsinn, Fühlsinn,** mechan. Sinn, der Tiere u. den Menschen befähigt, Berührungsreize (mittels Tastkörperchen bzw. Tasthaaren) wahrzunehmen.

**Tataren,** urspr. ein mongol. Stamm, d. s. dem 13. Jh. versch. Turkvölker in sich aufgenommen hat, heute v. a. in Tatarstan u. a. Teilrep. Russlands, in Sibirien, im Fernen Osten u. auf d. Krim.

**Tatauierung** ↑Tätowierung.

**Tati,** Jacques, eigtl. J. **Tatischeff,** frz. Filmschauspieler u. -regisseur, * 1907, † 1982; „Die Ferien des Herrn Hulot".

**Tätigkeitswort** ↑Verb[um].

**Tätowierung** [von tahitisch ta tatau „schlagen"], **Tatauierung,** Musterung d. menschl. Haut durch Einbrennen (Branding), -schneiden, -ritzen od. -schlagen u. d. Einbringen v. Farbstoff. Bei Naturvölkern als Schmuck-, Stammes- od. Standesabzeichen, auch als mag. Schutzmittel verbreitet.

**Tatra,** höchste Geb.-Gruppe der W-Karpaten (Polen, Slowakei); Teile: *Liptauer T.* im W, *Hohe T.* (in der Gerlsdorfer Spitze 2 655 m) und *Belaer T.* im Osten.

**Tattersall** [nach dem engl. Stallmeister Richard T., * 1724, † 1795], geschäftl. Unternehmen für reitsportl. Veranstaltungen, für Verleihen u. Einstellen von Pferden; Reitbahn, Reithalle.

**Tau,** Niederschlag kl. Tröpfchen, die sich durch Kondensation v. Wasserdampf infolge Abkühlung in Bodennähe absetzen.

**Tauben,** Fam. drossel- bis rabengr. T.vögel, weltweit verbreitet; die 1–2 Jungen (Nesthocker) werden mit „Kropfmilch" geatzt; die *Felsen-T.* des Mittelmeerraumes ist die Stammform der *Haus-T.,* die seit Jt. in vielen Rassen gezüchtet wird.

**Taubenschwänzchen,** ein einheim. ↑Schwärmer.

**Taubenvögel,** Ordn. fast weltweit verbreiteter, bis 80 cm gr. Vögel mit gr. Kropf; 3 Fam.: Flughühner, Tauben, Dronten.

**Tauber,** Richard, brit. Sänger östr. Herkunft (lyr. Tenor), * 1891, † 1948.

**Tauber,** l. Nbfl. des mittl. Mains, 120 km.

**Taubheit, Gehörlosigkeit,** angeborener oder erworbener, völliger oder teilweiser Verlust des Hörvermögens. Der Grad der T. kann mithilfe eines Audiogramms überprüft werden. Bei angeborener T. bleibt die normale Sprachentwicklung aus, und es kommt ebenso wie bei Verlust des Hörvermögens vor dem achten Lebensjahr zur *Taubstummheit.*

**Täubling,** Gatt. farbenprächt. Blätterpilze mit essb. (Speise-T. u. a.) und gift. (Spei-T.) Arten.

**Taubnessel,** Lippenblütlergatt.; Kräuter mit brennnesselähnl., nicht brennenden Blättern.

**Taubstummheit** ↑Taubheit.

**Tauchen,** Schwimmen unter Wasser; als schwimmsportl. Übung *Strecken-T.* (ohne Hilfsmittel, bis 50 m). Für längere Strecken (sportl., wiss. und mil. Zwecke) Schwimmflossen, Atemgeräte u. Spezialanzüge (beim Militär Kampfschwimmer). *Tief-T.* (v. a. bei Schiffsreparaturen, Beseitigung von Hindernissen) mit Taucherglocken oder Tauchanzügen mit Metallhelmen und Atmungsgeräten (Tiefen bis etwa 50 m); *Panzertaucher* mit Greifwerkzeugen für Tiefen bis 200 m; für *Tiefsee-T.* bes. Konstruktionen (Stahlkugel u. a.).

**Taucherglocke,** an einem Gerüst hängender Druckluftsenkkasten für Arbeiten unter Wasser.

**Tauern** ↑Hohe Tauern, ↑Niedere Tauern.

**Taufe,** allen christl. Kirchen u. Gemeinschaften gemeinsamer Ritus der Aufnahme in die christl. Gemeinde (Kirche); begründet als Sakrament die unauflösbare Gemeinschaft des Getauften *(Täuflings)* mit Gott.

**Täufer,** in der Reformationszeit entstandene christl. Gemeinschaften, die (die Kindertaufe als unbiblisch ablehnend) die Erwachsenentaufe üben, damals polem. *Wiedertäufer (Anabaptisten)* gen.; erstreben die Wiederherstellung des urspr. Christentums; in ihrer Tradition u. a. die Mennoniten.

**Tau|fliegen, Essigfliegen,** Fam. kl. Fliegen, Larven entwickeln sich in Wein, Essig u. a.; *Drosophila melanogaster* wurde bes. für genet. Untersuchungen bedeutsam.

**Taufstein, Taufbecken,** urspr. ein großes Becken in der Mitte des Baptisteriums, etwa seit dem 11. Jh. in reduzierter Form meist neben dem Eingang der Kirche.

**Tauler,** Johannes, dt. Mystiker, * um 1300, † wahrsch. 1361; vielleicht Schüler Meister Eckharts.

**Taumelkäfer,** Fam. 5–10 mm langer Schwimmkäfer; schwimmen kreisend an der Wasseroberfläche.

**Taunus,** sö. Teil des Rhein. Schiefergeb., zw. Lahn, Rhein, Main und der Wetterau; im Wesentl. Hochfläche (Rumpffläche; 400 m); im Gr. Feldberg 879 m.

**Taupunkt,** Temp., unterh. deren ↑Kondensation des Dampfes infolge Übersättigung eintritt. Die relat. Feuchtigkeit beträgt 100 %.

**Tauroggen,** litau. **Tauragė,** litauische St., 25 000 E. – Am 30. 12. 1812 während des Russlandfeldzuges durch den preuß. Gen. L. Yorck v. Wartenburg u. den russ. Gen. J. Diebitsch-Sabalkanski Abschluss der *Konvention v. T.,* die die Trennung der preuß. Truppenkontingente von der frz. Armee einleitete.

**Taurus,** Geb.-System in der südl. u. östl. Türkei; Teile: West- oder *Lyk. T.* (bis östl. d. Golfes v. Antalya; bis über 3 000 m), M- oder *Kilik. T.* (bis nw. v. Adana; bis 3 585 m), *Aladağ* (fr. auch *Anti-T.,* bis 3 734 m) gabelt sich nun in d. nördl. Ketten *Innerer Ost-T.* (bis z. Ararat) u. die südl. Ketten *Äußerer Ost-T.* (früher *Armen. Taurus).*

**Tausch,** Vertrag über die gegenseit. Leistung individueller wirtsch. Güter (nicht Geld).

**Täuschung,** ⚖ Hervorrufen oder Aufrechterhalten einer irr. Vorstellung in einer anderen Person; Tatbestandsmerkmal des Betrugs.

**Tauschwirtschaft, Naturalwirtschaft,** Volkswirtschaft, in der alle wirtsch. Handlungen auf der Grundlage „Tausch Ware gg. Ware" erfolgen.

**Tausendblatt,** Gatt. der Meerbeerengewächse; Unterwasser- od. Sumpfpflanzen; Aquarienpfl.

**Tausendfüßer, Myriapoden,** Kl. der Gliederfüßer; Kopf mit einem Antennenpaar; Rumpf aus vielen gleichförm. Ringen, die je ein (Hundertfüßer) oder 2 (Doppelfüßer) Paar Beine tragen (bis über 170 Beinpaare); Kieferfüße der *Hundertfüßer* mit Giftdrüsen.

**Tausendgüldenkraut** ↑Enziangewächse.

**Tausendjähriges Reich,** vom Nat.-Soz. ins Polit. gewendeter, urspr. das Friedensreich nach der Wiederkunft Christi bezeichnender Begriff (↑auch Chiliasmus).

**Tausendundeine Nacht,** im 9. Jh. (?) ins Arab. übersetzte Slg. von Erzählungen der verschiedensten literar. Gatt., im Wesentl. pers. Bestandteile; die heutige Form wahrsch. aus dem 16./17. Jh.

**Tautologie** [gr.], Wiedergabe des gleichen Sachverhalts in einer Wortgruppe mit 2 synonymen Wörtern, z. B. einzig und allein.

**Taxe** [lat.], **1)** geschätzter Wert eines Gutes. **2)** [amtl.] festgesetzter Preis od. Gebühr.

**Taxkurs,** geschätzter Kurs eines Wertpapiers, das [seit einiger Zeit] nicht notiert wurde; im Kurszettel mit T gekennzeichnet.

**Taxus** [lat.], svw. ↑Eibe.

**Tay** [teɪ], schott. Fl., 193 km, von den Grampian Mountains zum *Firth of T.* (Nordsee).

**Taylor** ['teɪlə], **1)** Elizabeth, amer. Filmschauspielerin brit. Herkunft, * 1932. **2)** Frederick Winslow, amer. Ingenieur, * 1856, † 1915; Begr. des ↑Scientific Management.

**Tb,** ☌ Symb. für ↑Terbium.

**Tbc, Tb,** Abk. für: ↑Tuberkulose.

**Tc,** ☌ Symb. für ↑Technetium.

**tdw,** Abk. für: **t**ons **d**ead**w**eight, Maß für die Tragfähigkeit eines Schiffes (Tonne zu 1 000 kg, in ags. Ländern 1 016 kg).

**Te,** ☌ Symb. für ↑Tellur.

**Teakbaum** ['ti:k-; engl.], Eisenkrautgewächs SO-Asiens; das sehr dauerhafte und termitenbeständ. *Teakholz* wird im Schiffbau u. in d. Möbelind. verwendet.

**Team** [ti:m], Arbeitsgruppe; Mannschaft (Sport). – *T.work* , Gemeinschafts-, Gruppenarbeit.

**Tebaldi,** Renata, ital. Sängerin (Sopran), * 1922.

**Technetium** [gr.], Symb. **Tc,** chem. El., OZ 43; radioakt.; ein dem Rhenium chem. ähnl. Schwermetall; Fp. 2 157 °C, Sp. 4 265 °C; Dichte 11,5 g/cm$^3$.

**Technik** [gr.], **1)** Gesamtheit der Maßnahmen, Einrichtungen u. Verfahren zur Nutzbarmachung der von der Natur dargebotenen Energie- u. Rohstoffquellen sowie der naturwiss. Erkenntnisse für die zivilisatorischen Bedürfnisse des Menschen. **2)** ausgebildete Fähigkeit (Kunstfertigkeit), die zur richtigen Ausübung einer Tätigkeit bzw. zur Erzielung spezieller Leistungen (z. B. im Sport) notwendig ist. **3)** Gesamtheit der Kunstgriffe u. Verfahren, die auf einem best. Gebiet übl. sind; Arbeitsweise.

**Technikum,** svw. Ingenieurschule (heute Fachhochschule).

**Technisches Hilfswerk,** Abk. **THW,** B.-Anstalt, die als Teil des Katastrophenschutzes techn. Dienste wahrnimmt; gegr. 1950, heutiger Status seit 1953; über 60 000 ehrenamtl. Helfer.

**technische Universitäten,** Abk. **TU,** wiss. Hochschulen für Forschung und Lehre in den Natur- u. Ing.-Wiss.; Fachrichtungen v. a. Math., Physik, Chemie, Maschinenwesen, Elektrotechnik, Architektur, Ing.-Bauwesen; Studienziel: Dipl.-Ing., danach Promotion zum Dr.-Ing. möglich; früherer Name: techn. Hochschulen (TH), so noch in Aachen und Darmstadt.

**Techno** ['tɛkno; engl.], Ende der 1980er-Jahre entstandene Jugendkultur, in deren Zentrum eine hoch technisierte, digital produzierte Tanzmusik steht, die i. d. R. von den Diskjockeys, die sie einsetzen, selbst erstellt wird.

**Technokratie** [gr.], krit. gebrauchte Bez. für eine Ges., deren durch Experten *(„Technokraten")* bestimmte Entw. vorrangig od. ausschließl. Gesichtspunkten techn. Effizienz folgt.

**Technologie** [gr.], Wiss. von der Gewinnung u. Verarbeitung von Roh- u. Werkstoffen zu techn. Produkten; auch die Gesamtheit der dazu nötigen Prozesse bzw. angewendeten Methoden.

**Teck,** Vorsprung am Steilrand der Schwäb. Alb, 773 m; mit den Resten der *Burg T.,* dem Stammsitz der *Herzöge v. T.,* einer im 12. Jh. begr. Seitenlinie der Zähringer (1439 ausgestorben).

**Teckel,** svw. ↑Dackel.

**Tee** ↑Teestrauch.

**Teenager** ['ti:neɪdʒə; engl.], Junge od. Mädchen im Alter von 13 bis 19 Jahren.

**Teer,** bei der Schwelung u. Verkokung von organ. Substanzen entstehendes, meist zähflüssiges, braunes bis tiefschwarzes Produkt, z. B. ↑Steinkohlenteer.

**Teestrauch** [chin.; dt.], hpts. in S- u. SO-Asien u. O-Afrika angebautes, bis zu 15 m hohes Tee[strauch]gewächs; die immergrünen Blätter enthalten flücht. Öle (Aroma), Koffein (rd. 1–4 %), Gerbstoff u. a.; sie werden mehrmals im J. geerntet; nach dem Welken werden sie fermentiert u. getrocknet u. gelangen als *Tee* in den Handel; aus China gelangte

Tee im 17. Jh. nach Europa, wo er in Großbr. und Russland zum Volksgetränk wurde.

**Teflon**® ↑Polytetrafluoräthylen.

**Tegernsee, 1)** bayr. See nördl. des Mangfallgeb., 9 km², bis 72 m tief, 725 m ü. d. M. **2)** bayr. St. und Luftkurort an 1), 4 300 E.

**Tegnér** [tɛŋˈnɛːr], Esaias, schwed. Schriftsteller, * 1782, † 1846; Vertreter der nord. Romantik.

**Tegucigalpa** [-siˈɣalpa], Hptst. von Honduras, 670 000 E; Univ.; Erzb.; vielseit. Ind.; ✈. – Gegr. 1579; Hptst. seit 1880.

**Teheran,** Hptst. v. Iran, am S-Fuß des Elbursgeb., 6,6 Mill. E; 6 Univ., mehrere Hochsch., Institute u. Museen; Wirtsch.-Zentrum m. Textil-, chem. (u. a. Erdölraffinerie), Nahrungsmittel- u. a. Ind.; Verkehrsknotenpt., ✈. – In T. 1943 1. Konferenz zwischen W. Churchill, T. Roosevelt u. J. Stalin, die mil. u. polit. Maßnahmen gg. Deutschland u. seine Verbündeten absprachen.

**Teide** [ˈtɛjðe], **Pico de,** höchster Berg der Kanar. Inseln, auf Teneriffa, 3 718 m.

**Teilchenbeschleuniger,** Apparaturen zum Beschleunigen elektr. geladener Teilchen (Elektronen, Protonen, Ionen). Die nach Durchlaufen der Beschleunigungsstrecke hochenerget. Teilchen werden v. a. zu kernphysikal. Experimenten, zur Erzeugung von Elementarteilchen bzw. Atomkernen der Transurane verw., die in Betatrons beschleunigten Elektronen auch in der Strahlentherapie u. Werkstoffprüfung zur Erzeugung sehr harter Röntgenstrahlen. Man unterscheidet: *Linearbeschleuniger* (Beschleunigung durch elektr. Hochfrequenzfelder auf geradlin. Strecken) u. *Kreisbeschleuniger* (Teilchen werden durch Magnetfelder auf eine Kreisbahn od. Spirale gezwungen u. durch elektr. Hochfrequenzfelder auf hohe Geschwindigkeiten gebracht), z. B. ↑Betatron, ↑Synchrotron, ↑Zyklotron.

**Teestrauch:** *blühender Zweig und Kapselfrucht (links unten), die schwarzbraune, etwa 1 cm große Samen enthält*

**Tel Aviv-Jaffa:** *Blick über die am Mittelmeer gelegene Doppelstadt*

**Teiler,** Zahl, durch die eine gegebene Zahl ohne Rest teilb. ist.

**Teilhard de Chardin** [tɛjaːrdəʃaˈdɛ̃], Pierre, frz. Theologe, Paläontologe und Philosoph, * 1881, † 1955; Jesuit; entwarf eine Philos., Anthropol. und Christol. nach dem Prinzip der Evolution („Der Mensch im Kosmos“); kirchlicherseits wegen Infragestellung der Erbsünde kritisiert.

**Teilzahlungsgeschäft,** ↑Verbraucherdarlehensvertrag.

**Teilzeitbeschäftigung,** Arbeitsverhältnis, bei dem eine geringere als die übl. durchschnittl. Arbeitszeit vereinbart ist.

**Tein** [chin.], fr. Bez. für das in Teeblättern enthaltene Koffein.

**Teint** [tɛ̃; frz.], Beschaffenheit, Tönung der [Gesichts]haut.

**Teiresias,** Gestalt der griech. Mythol., blinder Seher in Theben.

**Tejo** ↑Tajo.

**Tel Aviv-Jaffa,** isr. St. am Mittelmeer, 353 000 E; 2 Univ., Fachschulen, Institute, Museen; Wirtsch.-Zentrum m. bed. Diamantenbörse, Messe und vielseitiger Industrie. – 1908 gegr., 1921 Stadt.

**tele..., Tele...** [gr.], Bestimmungswort; Bed.: „fern, weit“.

**Tele|arbeit,** Erwerbstätigkeit, die ganz od. teilw. an externen Arbeitsplätzen ausgeübt wird, die mit dem Unternehmen durch elektron. Kommunikationsnetze verbunden sind.

**Telebanking** [-bæŋkɪŋ], Abwicklung v. Bankgeschäften mittels Telefon, Telefax, PC od. per Internet *(Internetbanking).*

**Telefax** [Kw.], ↑Fax.

**Telefon** [gr.], histor. **Fernsprecher,** Endgerät für die Sprachkommunikation zur Umwandlung akust. in elektr. Signale u. umgekehrt. In einem Mikrofon werden die Schallwellen in Wechselstrom umgewandelt, der über Leitungen zum Empfänger geführt wird od. die Trägerschwingung eines Senders moduliert. Am Empfangsort werden die elektr. Signale in Schallwellen zurückgewandelt. Mikrofon u. Lautsprecher sind im T.hörer vereinigt. T. enthalten u. a. einen mit dem Tastenfeld verbundenen Nummernschalter, Tonrufbaugruppen u. den Gabelumschalter. Bei Standard-T. ist die Auflage des Hörers mit der Ein- u. Ausschaltfunktion gekoppelt. Moderne Ausführungen sind die am Festnetz angeschlossenen *schnurlosen T.* sowie ↑Mobil-T. Die Entw. des T. geht maßgebl. auf J. P. Reis u. A. G. Bell zurück.

**Telefonseelsorge,** von Kirchen u. anderen Trägern unterhaltene Einrichtung, die Menschen [in

T

Notsituationen] die Möglichkeit bietet, sich anonym über das Telefon beraten u. ggf. seelsorgerisch begleiten zu lassen.

**Telegrafie** [gr.; „aus der Ferne schreiben"], die Übermittlung v. Information in Form codierter Signale; älteste Form der elektr. Nachrichtenübertragung, zunächst über Leitungen, später auch über Funk. Die zu übertragenden Informationen werden v. Sender (z. B. Fernschreiber) nach einem best. Code (Telegrafenalphabet) in elektr. Schrittfolgen (Impulse) umgesetzt *(elektr. T.)* u. nach der Übertragung über Leitungen (z. B. mittels frequenzmodulierter Wechselströme bei der Wechselstrom-T.) od. auf dem Funkweg *(Funk-T.)* im Empfänger in ihre urspr. Form zurückgewandelt. Die T. gestattet auch die Bildübertragung; dabei findet beim Sender eine Codierung statt, d. h. die Zuordnung v. Helligkeitswerten zu Impulshöhen (umgekehrt beim Empfänger). Das Endgerät der T. heißt *Telegraf* (histor. z. B. der Morseapparat). Aus der T. entwickelte sich der Dienst des *Fernschreibens* (↑Fernschreiber).

**Telegramm,** Postwesen: im Telegrafendienst telegrafisch übermittelte Nachricht.

**Telekommunikation,** fr. **Fernmeldewesen,** der Austausch v. Information über T.netze; Sammelbez. für alle Formen der Nachrichtenübertragung mit Anlagen der Informationstechnik sowie die organisator. Einrichtungen u. rechtl. Regelungen zur Einführung u. Nutzung dieser Anlagen.

**Telemach,** griech. Sage: Sohn des Odysseus und der Penelope.

**Telemann,** Georg Philipp, dt. Komponist, * 1681, † 1767; Opern, Orchester-, Kammermusik u. a.; veranstaltete als einer der Ersten öff. Konzerte.

**Telemetrie** [gr.], die automat. Übertragung v. Messdaten über größere Entfernungen.

**Teleobjektiv,** fotogr. Linsensystem gr. Brennweite zur Aufnahme weit entfernter Objekte.

**Telepathie** [gr.], behauptete unmittelb. Übertragung seel. Vorgänge (v. a. *Gedankenübertragung*) v. Person zu Person.

**Teleshopping** [-ʃɔpɪŋ], telefon. Einkauf von auf dem Bildschirm präsentierten Waren.

**Teleskop** [gr.], das ↑Fernrohr.

**Telespiele,** svw. ↑Bildschirmspiele.

**Television,** Abk. **TV,** svw. ↑Fernsehen.

**Telex** [Kw. aus engl. **tel**eprinter **ex**change „Fernschreiberaustausch"], internat. standardisierter Fernmeldedienst zur Übermittlung v. Fernschreiben; verliert durch die Verbreitung v. Fax u. E-Mail weltweit an Bed.

**Tell,** Wilhelm, sagenhafter Nationalheld der Schweiz; gibt mit der Ermordung Geßlers das Zeichen zum Aufstand gg. die Habsburger.

**Teller,** Edward, amer. Kernphysiker, * 1908; war an der Entw. der Wasserstoffbombe beteiligt.

**Tellerschnecken,** Fam. im Wasser lebender Schnecken mit tellerförm. aufgerolltem Gehäuse.

**Tellur** [lat.], Symb. **Te,** chem. El., OZ 52, rel. A.-Masse 127,6, Übergangsel. zw. Metallen u. Nichtmetallen; kristalline u. amorphe Form; Fp. 449,5 °C, Sp. 988 °C; Dichte: rhombisch 6,24 g/cm³; Halbleiter; in seinen Verbdg. ähnl. denen des ↑Schwefels; als Legierungsbestandteil, zum Färben von Gläsern u. a.

**Tellus,** röm. Göttin der Erde.

**Telnet,** Abk. für engl. **Tel**etype **Net**work, ein Dienst des Internets, über den Benutzer direkten Zugriff auf andere Computer erhalten.

**Telophase** [gr.], ↑Zellteilung.

**Temesvar** [ˈtɛmɛʃvaːr], rumän. **Timișoara** [timiˈʃoara], fr. dt. **Temeschburg,** Bez.-Hptst. in Rumänien, in der Banater Ebene, 327 000 E; mehr. Univ.; Theater; Schloss (Museum); bed. Ind.-Standort mit Elektro-, Textil-, chem. u. a. Ind.; ✠. – 1552 türk., 1716 östr. (Neubau d. Festung u. d. Stadt), 1779 ungar., 1920 rumänisch.

**Tempel** [lat.], urspr. abgegrenzter hl. Bezirk, dann der einem Gott od. auch mehr. Göttern geweihte Kultbau. Der *griech. T.* besteht aus einem lang gestreckten und fensterlosen Raum *(Cella),* der durch Säulenreihen in mehr. Schiffe geteilt ist; hier meist das Götterbild, davor eine Vorhalle *(Pronaos).* Der *röm. T.* ist frontal angelegt; eine Treppe führt an der Vorderseite zu der Vorhalle. – Neben diesen Grundformen auch Rundtempel.

**Temperament** [lat.], Gesamtheit v. Persönlichkeitsmerkmalen, die sich in gleich bleibenden Verhaltensweisen äußern. Die Einteilung in 4 T. (Sanguiniker, Choleriker, Melancholiker u. Phlegmatiker) geht auf Hippokrates zurück.

**Temperatur** [lat.], thermodynam. Zustandsgröße, Maß für den Wärmezustand eines Körpers. T. (als intens. Größe) u. *Wärme* (als Energieform) sind streng zu unterscheiden. Nach der statist. Wärmetheorie ist die T. eine Eigensch. der Gesamtheit der Moleküle u. ein Maß für deren mittlere kinet. Energie; schnellere Molekularbewegungen entspr. einer höheren T. Am absoluten Nullpunkt, der tiefstmögl. T. (↑thermodynam. T.skale) haben die Teilchen keine Bewegungsenergie mehr. Zur Messung der T. bedient man sich u. a. der therm. Ausdehnung (↑Thermometer), zur Festlegung einer Skale empir. Festpunkte (z. B. Gefrier- u. Siedept. des Wassers; ↑Celsius, ↑Fahrenheit, ↑Kelvin, ↑Réaumur).

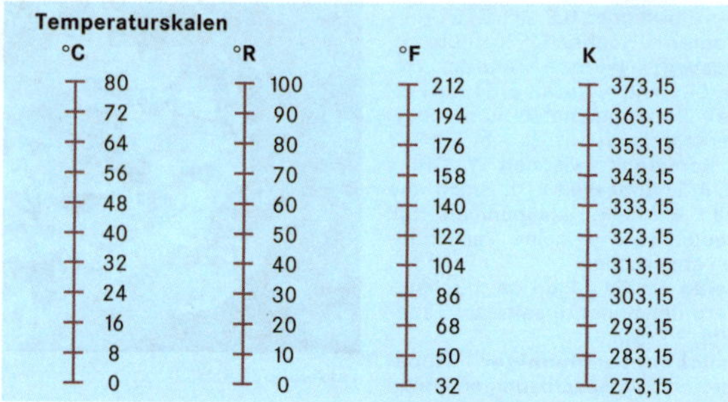


**Temperatur:** *Vergleich der Temperaturskalen von Celsius, Réaumur, Fahrenheit und Kelvin mit dem Schmelzpunkt des Eises als untere und dem Siedepunkt des Wassers als obere Werte*

**Temple** [templ], Shirley, amer. Filmschauspielerin, * 1928; populärster Kinderstar der 1930er-Jahre.

**Templer|orden,** geistl. Ritterorden, entstanden aus einem 1119 im Hl. Land gegr. Bund frz. Ritter; 1312 auf Betreiben des frz. Kg.s Philipp IV. durch Papst Klemens V. aufgehoben; Anfang des 18. Jh. als christl. Laienorden außerhalb der kath. Kirche neu formiert.

**Tempo** [ital.], **1)** Geschwindigkeit,

Schnelligkeit, Hast. **2)** einem Musikstück oder seinen Einzelteilen zugrunde liegendes Zeitmaß; gebräuchlichste *T.-Bezeichnungen:* adagio, andante, moderato, allegro, vivace, presto.

**Temporalsatz,** Gliedsatz mit zeitl. Bestimmung, eingeleitet mit „als“, „nachdem“ u. a.

**temporär** [lat.], zeitweilig, vorübergehend.

**Tempus** [lat.], Mrz. **Tempora,** Bez. für die Verbform, die die Zeitstufe (Vergangenheit, Gegenwart, Zukunft) ausdrückt.

**Tendenz** [lat.-frz.], **1)** Neigung, Absicht, Streben nach best. Zweck od. in best. Richtung; Entwicklungslinie. **2)** Bez. für die Kursentw. an Börsen.

**Tender** [engl.], **1)** Hilfsfahrzeug der Marine (Begleit- od. Versorgungsschiff). **2)** Anhänger an einer Dampflokomotive mit Brennmaterial- u. Wasservorräten.

**Teneriffa,** span. **Tenerife,** größte der Kanarischen Inseln, Spanien, 2 057 km², 600 000 E; größte Stadt Santa Cruz de Tenerife; im Pico de Teide 3 718 m; Anbau von Wein, Südfrüchten, Gemüse, Obst, Tabak; Spitzenherst.; Erdölraffinerie; bed. Fremdenverkehr.

**Teniers** [tə'ni:rs], David, d. J., niederl. Maler, * 1610, † 1690; v. a. bäuerl. Wirtshausszenen; auch Landschaften.

**Tennessee** [tenə'si:], Abk. Tenn., Staat der USA zw. dem Mississippi und den südlichen Appalachen, 109 152 km², 4,87 Mill. E, Hptst. Nashville. Rinder- und Schweinezucht; Anbau von Kartoffeln, Getreide, Baumwolle, Tabak, Sojabohnen; Steinkohlen-⚒, bed. Phosphatförderung; chem., Metall- u. a. Industrie.

**Tennessee River** [tenə'si: 'rɪvə], l., größter Nbfl. des Ohio, USA, 1 049 km.

**Tennis** [engl.], 1875 in Großbrit. entwickeltes Ballspiel auf Hart-, Zement- od. Rasenplätzen *(Lawn-T.)* oder in der Halle; 2 oder 4 Spieler (Doppel); Schläger (Racket) mit Darm- od. Kunstsaiten bespannt; Netzhöhe 91 cm. Ziel des Spielers ist es, den Ball im gegner. Feld so zu platzieren, dass der Gegner ihn nicht regelgerecht zurückspielen kann (Ball darf höchstens einmal auf jeder Spielfeldseite auf dem Boden aufspringen).

**Tenor** ↑Stimmlagen.

**Tenor** [lat.], **1)** Haltung, Inhalt, Sinn, Wortlaut. **2)** ⚖ die Urteilsformel.

**Tenside, Detergenzi|en,** ⚗ grenzflächenaktive chem. Verbdg.: seifenartige Substanzen, setzen die Oberflächenspannung des Wassers herab u. lösen Schmutzstoffe.

**Tentakel** [lat.], svw. ↑Fangarme.

**Teotihuacán,** nördl. der Stadt Mexiko gelegene Ruinenstadt, gegr. 2. Jh. v. Chr., im 8. Jh. aufgegeben.

**Teppich,** Bodenbelag oder Wandbekleidung aus textilem Material. Die Technik des *gewirkten* oder *geknüpften T.* entwickelte sich im Orient. In Europa kam die *T.-Wirkerei* mit den Gobelins u. Aubusson-T. zur Blüte. S. dem 19. Jh. trat die [maschinelle] *T.-Weberei* an erste Stelle. Man unterscheidet T. ohne Flor (Haargarn u. a.), T. mit aufgeschnittenen Noppen (Velours-T., Tournai-T.) und T. mit unaufgeschnittenen Noppen (Brüsseler u. a.).

**Tequila** [te'ki:la], aus ↑Pulque durch Destillation gewonnener mex. Branntwein.

**Tera...** [gr.], Vorsatzzeich. **T,** Vorsatz vor physikal. Einheiten; bez. das $10^{12}$fache der betr. Einheit.

**Terbium** [nlat.; nach dem schwed. Ort Yt**terb**y], Symb. **Tb,** chem. El. (Metall) aus der Gruppe der ↑Lanthanoide, OZ 65, rel. A.-Masse 158,925; Fp. 1 359 °C, Sp. 3 221 °C; techn. von geringer Bed.

**Terborch, ter Borch** [tɛr'bɔrx], Gerard, niederl. Maler, * 1617, † 1681; glänzender Schilderer der bürgerl. Gesellschaft.

**Terebinthe** [gr.], Pistazienart im Mittelmeergebiet, wesentl. Bestandteil der Macchie.

**Terenz, Publius Terentius Afer,** röm. Dichter libyscher Herkunft, * 185 (um 195?), † 159 v. Chr; Komödien nach griech. Vorbild, „Der Eunuch“.

**Teresa,** Mutter ↑Theresa.

**Teresina,** Hptst. des brasil. B.-Staates Piaui, 598 500 E; Nahrungsmittel- u. a. Ind.; ✈.

**Terezin** ['tɛrɛzi:n], dt. **Theresi|enstadt,** tschech. St. an der Eger, 2 700 E; ehem. Festung (1780 bis 1882); 1941–45 nat.-soz. KZ.

**Termin** [lat.], festgelegter Zeitpunkt; Liefer-, Zahlungstag.

**Terminal** ['tə:mɪnl; engl.], **1)** Abfertigungsgebäude od. -anlage eines Flughafens für Fluggäste od. Luftfracht *(Fracht-T.);* Umschlaganlage für Container *(Container-T.)* in Häfen u. an Bahnanlagen; Be- u. Entladeanlage für Tanker *(Erdöl-T.).* **2)** in der Informationsverarbeitung svw. Datenendstation; besteht aus Ein- u. Ausgabewerk (im Allg. mit Tastatur, Bildschirm, Drucker u. a.) u. einer Einheit für den Datenverkehr.

**Termingelder, Termineinlagen,** verzinsl. Einlagen bei Kreditinst. mit fester Laufzeit *(Festgelder)* od. vereinbarter Kündigungsfrist *(Kündigungsgelder).*

**Termingeschäft, Zeitgeschäft,** Börsengeschäft, das erst zu einem späteren Zeitpunkt, aber zu den bei Vertragsabschluss vereinbarten Bedingungen erfüllt wird.

**Terminologie** [lat.; gr.], Gesamtheit der in einem Fachgebiet übl. Fachwörter und -ausdrücke sowie die Lehre von ihnen.

**Terminus [technicus]** [lat.], Fachausdruck, Fachbegriff.

**Termiten** [lat.], Ordn. meist trop. Insekten; bilden Staaten, bestehend aus einer Kgn., einem Kg. u. vielen ♂♂ u. ♀♀ mit verkümmerten Geschlechtsorganen und verschieden aufgeteilten Aufgaben, z. B. Arbeiter, Soldaten; versch. Arten bauen ihre Nester als stein-

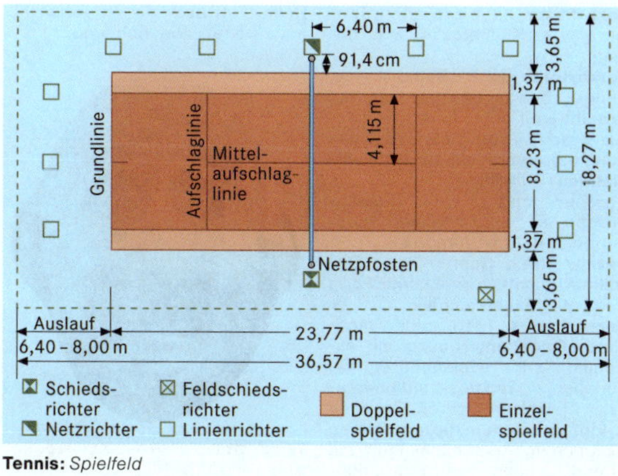


**Tennis:** *Spielfeld*

**Termiten:** *Termitenburg*

harte, bis 7 m hohe *T.burgen;* gefürchtete Holzschädlinge.

**Terpene** [gr.], gr. Gruppe von Kohlenwasserstoffen (Kondensationsprodukte des Isoprens) u. von ihnen abgeleit. Alkohole, Aldehyde, Ketone, Säuren; in äther. Ölen u. Harzen zahlr. Pflanzen.

**Terpentin** [gr.], Harz von harzreichen Kiefern, das sich aus 70–75 % festen Harzstoffen (Kolophonium) u. 15–30 % *T.öl,* einem hpts. aus Terpenen bestehendem farblosen äther. Öl, zusammensetzt.

**Terpsichore,** Muse des Tanzes.

**Terra** [lat.], Erde, Land.

**Terrakotta** [ital.], gebrannte Tonware, v. a. Kleinplastik, z. T. bemalt.

**Terrarium** [lat.], Behälter zur Pflege bes. von Lurchen u. Kriechtieren.

**terrestrisch** [lat.], die Erde, das Land betreffend, auf der Erde entstanden; irdisch.

**Terrier** [engl.], engl. Rassengruppe kl. bis mittelgr. Haushunde, z. B. Fox-, Airedale-T.

**Terror** [lat.], Schreckens-, Gewaltherrschaft; gewalttätige Form des polit. Machtkampfes.

**Terrorismus** [lat.], polit. motivierte Gewaltanwendung mit extremist. (z. B. revolutionärer, nationalist., religiös-fundamentalist.) Zielsetzung durch Gruppen u. Einzelpersonen, die mit *direkten Aktionen* gg. Persönlichkeiten des öffentl. Lebens, best. Einrichtungen od. Zufallsopfer (z. B. durch Attentate, Geiselnahmen, Luftpiraterie, Selbstmordanschläge) eine Atmosphäre der Verunsicherung erzeugen u. die bestehende Staats-/Verf.ordnung destabilisieren wollen. Die v. palästinens. Gruppen zur polit. Erpressung unternommenen Flugzeugentführungen brachten den Übergang zum *internat. T.* (internat. Zusammenarbeit v. Terrororganisationen unterschiedl. polit. Ausrichtung, seit 1990er-Jahren Bildung internat. *Terrornetzwerke*).

**terroristische Vereinigung** ↑kriminelle Vereinigung.

**Tertia** [lat.], früher übl. Bez. für das 4. (Untertertia) u. 5. (Obertertia) Schuljahr an Gymnasien (8. u. 9. Klasse).

**tertiär** [lat.-frz.], **1)** die 3. Stelle [in einer Reihe] einnehmend, sie betreffend. **2)** das Tertiär betreffend.

**Tertiär** ↑Geologie (Übers.).

**Tertium Comparationis** [lat.], Vergleichspunkt; das Gemeinsame zweier versch. Gegenstände.

**Tertullian, Quintus Septimius Florens Tertullianus,** lat. Kirchenschriftsteller, *um 160, †nach 220; verteidigte kompromisslos die kirchl. Lehre u. prägte maßgebl. die theol. Terminologie der lat. Kirche.

**Terz** [lat.], der 3. Ton der diaton. Tonleiter, Intervall aus erstem u. drittem Ton; die *große T.* (2 Ganztöne) kennzeichnet das Dur-, die *kleine T.* (Ganz- u. Halbton) das Mollgeschlecht.

**Terzett** [ital.], **1)** Komposition für 3 Singstimmen (meist mit Instrumentalbegleitung). **2)** ↑Sonett.

**Terzine** [ital.], urspr. ital. Strophenform aus drei elfsilb. Versen; Reim läuft über die Strophen hinaus weiter: aba, bcb, cdc, ...

**Terrakotta:** *Maske aus Karthago (phönikisch; 7./6. Jh. v. Chr.)*

**Tesla** [nach N. Tesla *1856, †1943], Einheitenzeich. **T,** SI-Einheit der magnet. Flussdichte (Induktion); 1 T = 1 Wb/m² = 1 Vs/m².

**Tessin,** ital. **Ticino** [tiˈtʃiːno], **1)** l. Nbfl. d. Po, 248 km. **2)** südschweizer. Kt., 2 812 km², 298 000 E, Hptst. Bellinzona; im Geb. Almwirtsch., in den Tälern Getreide-, Tabak-, Wein-, Obst-, Gemüsebau; Fremdenverkehr.

**Tessiner Alpen,** Teil der Westalpen südl. der Gotthardgruppe, bis 3 273 m.

**Test** [engl.], [Stich]probe; Methode der angewandten Psychol. zur Ermittlung der individuellen Beschaffenheit eines Menschen (Intelligenz-, Begabungs-, Leistungs-, Persönlichkeits-, Entwicklungstest).

**Testament** ↑Erbrecht.

**Testamentsvollstrecker** ↑Erbrecht.

**Testat** [lat.], Bescheinigung, Zeugnis, Beglaubigung.

**Testierfähigkeit,** die Fähigkeit, ein gültiges Testament zu errichten (mit Vollendung des 16. Lebensjahres).

**Testosteron** [Kw.], ♂ Geschlechtshormon.

**Tetanie** [gr.], Krankheit mit Muskelkrämpfen (bes. in Armen, Beinen) und übererregtem Nervensystem; beruht auf Calciummangel, z. B. infolge Versagens der Nebenschilddrüsen.

**Tetanus** [gr.], **Wundstarrkrampf,** meldepflichtige akute Wundinfektion, die zum Tod führen kann. Der Erreger, der *Tetanusbazillus,* (Clostridium tetani) findet sich v. a. in Erde u. bildet das Toxin. Verunreinigungen selbst kleinster Wunden führen zum T. (Anspannung der Muskulatur mit Rückwärtsbeugung des Kopfes, Krämpfe, Atembehinderung). Vorbeugung: Schutzimpfung; bei frisch Verletzten Injektion von Tetanusschutzserum.

**Tête-à-tête** [tɛtaˈtɛːt; frz.; = Kopf an Kopf], unter vier Augen; zärtl. Beisammensein.

**Tethys** [gr.], einer der Satelliten des Planeten Saturn.

**tetr[a]..., Tetr[a]...** [gr.], Bestimmungswort; Bed.: „vier".

**Tetrachlorkohlenstoff,** Abk. **Tetra,** $CCl_4$, farblose, stark lichtbrechende giftige Flüssigkeit; verw. u. a. als unentflammbares Lösungs- und Extraktionsmittel, fr. zur chem. Reinigung.

**Tetrachord** [gr.], Folge von 4 Tönen einer Tonleiter.

**Tetraeder** [gr.], v. 4 gleichseit. Dreiecken begrenzter Körper, dreiseitige Pyramide.

**Tetralogie** [gr.], eine Folge von 4

eine innere Einheit bildenden Dichtwerken, Kompositionen u. a.

**Tetzel,** Johannes, dt. Dominikaner, * um 1465, † 1519; auf finanziellen Erfolg ausgerichtete Ablasspredigten (Anlass für Luthers Thesen).

**Teufel** ↑Satan.

**Teufel,** Erwin, dt. Politiker (CDU), * 1939; s. 1991 Min.-Präs. von Baden-Württemberg.

**Teufelsaustreibung,** svw. ↑Exorzismus.

**Teufelskralle,** Gatt. der Glockenblumengewächse; meist blau blühende Pfl., oft auf Wald- oder Bergwiesen.

**Teutoburger Wald,** lang gestreckter (etwa 120 km) Höhenzug des Weserberglandes, im Barnacken 446 m; laubwaldbedeckt; Teile: *Iburger Wald, Osning* und *Lippischer Wald.*

**Teutonen,** german. Volk, im 4. Jh. v. Chr. in Jütland, zogen mit den Kimbern südwärts u. wurden 102 v. Chr. von Marius bei Aquae Sextiae besiegt.

**Texas,** Abk. **Tex.**, Staat im S der USA, 691 027 km$^2$, 16,9 Mill. E, Hptst. Austin; Hauptanbaugebiet der USA für Baumwolle, ferner Reis, Mais u. a. Getreide, Obst; führend in der Rinder- u. Schafzucht der USA; wichtigstes Erdöl- u. Erdgasgebiet der USA; ⚒ auf Schwefel, Gips u. Salz; Erdölraffinerien, Aluminiumhütten u. Masch.fabriken, chem. Ind.

**Texel** ['tɛsəl], größte der Westfries. Inseln, Niederlande, 161 km$^2$, 12 800 E; Schafzucht, Fischerei, Fremdenverkehr. Hauptort Den Burg; Fähre nach Den Helder.

**Text** [lat.], **1)** der eigtl. Wortlaut einer Schrift im Ggs. zu den Anmerkungen, der genaue Wortlaut oder der Wortlaut im Ggs. zur Illustration, zu einer Melodie u. a. **2)** Folge von Sätzen, die untereinander in Zusammenhang stehen und eine größere sprachl. Einheit bilden.

**tg,** Abk. für Tangens (↑Winkelfunktionen).

**Th,** ⚗ Symb. für ↑Thorium.

**Thackeray** ['θækərı], William Makepeace, engl. Schriftsteller des Realismus, * 1811, † 1863; z. T. scharfe Satire; auch Karikaturist.

**Thai,** fr. **Siamesen,** d. Bewohner v. Thailand.

**Thailand,** fr. **Siam,** hinterind. Kgr.; Z-Gebiet die Aufschüttungsebene des Menam, im O bis zum Mekong ein großfläch., wenig fruchtb. Sandsteinplateau; N u. W gebirgig, ebenso z. T. der thailänd. Anteil der Halbinsel Malakka; trop. Monsunklima; verbreitet Regenwald an den Geb.-Hängen, an Küsten Mangroven. Reisanbau, außerdem u. a. Mais-, Maniok-, Baumwolle-, Tabak-, Zuckerrohranbau; Rinder, Büffel meist nur als Arbeitstiere; die Wälder liefern Edelhölzer (rückläufig); Kautschukgewinnung; umfangr. Hochsee- u. Binnenfischerei; ⚒ auf Zinn, Wolfram, Antimon, Blei, Eisenerze, Edelsteine. Ind. hpts. in Bangkok. – *Gesch.:* Im 13. Jh. Gründung des Reiches v. Sukothai, im 14. Jh. unterworfen durch das Reich v. Ayutthaya (1767 v. Birmanen erobert); s. 1686 zeitw. Errichtung frz. Handelsniederlassungen, Missionstätigkeit; Begründung der heut. Dyn. durch Gen. Chaophraya Chakri (Kg. Rama I., reg. 1782–1809); unter Rama V. (regierte 1868–1910) bed. Gebietsverluste; 1932 konstit. Monarchie, 1938–44 Militärdiktatur; 1939 Änderung des Staatsnamens von *Siam* in T. Im 2. Weltkrieg mit Japan verbündet, danach zahlr. blutige Putsche, Wechsel v. Militärreg. u. Zivilreg. (Letztere wieder s. 1992). 1997 Ausgangspunkt der schweren Wirtschaftskrise in Asien. Staatsoberhaupt seit 1946 Kg. Bhumibol Adulayadej (gekrönt 1950 als Rama IX.).

**Thailand**

*Fläche:* 513 115 km$^2$
*Einwohner:* 60,609 Mill.
*Hauptstadt:* Bangkok
*Amtssprache:* Thai
*Zeitzone:* MEZ + 6 Stunden

**Thalamus** [gr.], Bez. für die den dritten Gehirnventrikel umschließenden Wände des Zwischenhirns (↑Gehirn) der Wirbeltiere.

**Thalbach,** Katharina, dt. Schauspielerin, Regisseurin, * 1954; Film: „Die Blechtrommel", Regie: „Der Hauptmann v. Köpenick".

**Thales von Milet,** Begr. der ion. Naturphilosophie, * um 640 oder um 624, † um 545 v. Chr.; mehrere geometr. Sätze wurden ihm zugeschrieben.

**Thalia,** Muse der heiteren Dichtkunst u. des Lustspiels.

**Thallium** [gr.], Symb. **Tl,** chem. El., OZ 81, rel. A.-Masse 204,37, weiß glänzendes, weiches Metall, Fp. 304 °C, Sp. 1 473 °C, Dichte 11,85 g/cm$^3$; wenig beständ., überzieht sich an der Luft mit einer grauen Oxidschicht, ist in seinen Verbdg. ein- und dreiwert., giftig (fr. als Rattengift verw.).

**Thallus** [gr.], flächiger bis fadenförm., einf. gebauter Pflanzenkörper ohne echte Blätter, Stängel und Wurzeln.

**Thälmann,** Ernst, dt. Politiker, * 1886, † 1944; 1924–33 MdR, 1925–33 Leiter der KPD, 1925 u. 1932 Kandidat für die R.-Präs.wahl; im KZ Buchenwald ermordet.

**Thalysia,** Erntefest der griech. Antike.

**Thanatos,** griech. Gott des Todes; Zwillingsbruder des Hypnos.

**Thanh Phô Hô Chi Minh,** früher **Saigon,** ↑Ho-Chi-Minh-Stadt.

**Thatcher** ['θætʃə], Margaret Hilda, Baroness T. of Kesteven (s. 1992), brit. konservative Politikerin, * 1925; 1970–74 Erziehungsmin., 1979–90 Premierministerin.

**M. Thatcher**

**Theater** [gr.; = Schauplatz], Gesamtheit darstellender Künste [auf einer Bühne]; Ursprung in kult. Spielen, in Europa im Dionysoskult der Griechen; höchste Entfaltung der griech. Tragödie durch Aischylos, Sophokles und Euripides, der griech. Komödie durch Aristophanes und Menander; die röm. Komödie (Terenz, Plautus) hielt sich weitgehend an griech. Vorbilder; beliebter jedoch die eigenen Formen des Mimus und der Pantomime. – Das geistl. Spiel im MA (Osterspiel, Passionsspiel) entwickelte sich aus der Liturgie, dann allm. Verweltlichung durch Einbeziehung von Possen und Scherzen (13./14. Jh.). Aus Fronleichnamsprozessionen ist d. *Wagenbühne* (auf aufeinander folgenden Wagen wurde je eine Szene gespielt) v.a. in Spanien u. England entstanden; in der Renaissance Entw. des Humanistendramas; Blütezeit des T. im elisabethan. England (Marlowe, Shakespeare); neue szen. Möglichkeiten durch Erfindung der *Kulissenbühne,* große Prachtentfaltung des höf. Barock-T.; Entw. von Oper und Ballett; in Dtl. entstand unter Einfluss der engl. Komödianten und der Commedia dell'Arte ein Berufsschauspielerstand; Bemühungen um ein dt. National-T. in Hamburg (Lessing), Weimar (Goethe, Schiller) und Wien (Schreyvogel); 1887 in Paris Gründung des „Théâtre Libre", 1889 der „Freien Bühne" in Berlin: Förderung des gesellschaftskrit. und naturalist. T.; Musik-, Farb- und Lichtwirkungen waren die Ausdrucksmittel der symbolist. u. expressionist. Bühnenkunst zu Beginn des 20. Jh.s (Reinhardt); parallel dazu Entw. eines agitator. polit. T. (Piscator); im heut. T. v.a. polit. u. experimentelle Tendenzen unter Einbeziehung multimed. Mittel.

**Theben, 1)** das „hunderttorige" T. gen., lange Zeit Hptst. und relig. Mittelpunkt des Pharaonenreichs; die erhaltenen Reste der Wohn- und Totenstadt zählen zum Weltkulturerbe. T. lag an der Stelle der heutigen Städte Luxor und Karnak. **2)** griech. St. nw. von Athen, 18700 E; auf dem Haupthügel des antiken T. (Hptst. von Böotien) gelegen; antike Baureste.

**Theiß,** ungar. **Tisza** ['tisɔ], l. u. größter Nebenfl. d. Donau, 966 km lang.

**Themistokles,** athen. Feldherr u. Staatsmann, *um 525, †nach 460 v.Chr.; ließ eine Flotte bauen, mit deren Hilfe er 480 die Perser bei Salamis schlug, baute Athen zur Festung aus, wurde 471 verbannt.

**Themse,** engl. **Thames** [temz], Hauptfl. Englands, 346 km, bis London für Seeschiffe befahrbar.

**Theoderich,** Gotenkönige: **1) T. I.,** ⚔ auf den Katalaun. Feldern 451, Kg. der Westgoten seit 418; begr. das Tolosan. Reich. **2) T. d. Gr.,** *um 453, †526, Kg. der Ostgoten (ab 474, in Italien ab 493); führte sein Volk nach Italien, besiegte Odoaker 493, eroberte Ravenna und errichtete ein starkes Germanenreich auf röm. Boden, Residenz in Ravenna (dort auch sein Grabmal); als Dietrich von Bern Held der dt. Sage.

**Theodizee** [gr.], in Theol. u. Philos. der Versuch einer Rechtfertigung Gottes angesichts des in der (seiner) Welt vorhandenen phys. Übels, moral. Bösen u. vielfältigen Leidens; *T.frage:* „Warum lässt Gott solches zu?".

**Theodolit** [Herkunft unsicher], geodät. Instrument zur Horizontal- u. Höhenwinkelmessung.

**Theodorakis,** Mikis, griech. Komponist, *1925; u.a. Filmmusik zu „Alexis Sorbas".

**Theodosius I., d. Gr.,** röm. Ks. s. 379, *347, †395; siedelte die Westgoten südl. der unteren Donau an; 392 Verbot der heidn. Kultausübung; nach seinem Tode Teilung des Röm. Reiches.

**Theokratie** [gr.; = Gottesherrschaft], Herrschaftsform, die sich aus göttl. Willen und Gesetz legitimiert und in der staatl. und religiöse Ordnung eine Einheit bilden *(„Gottesstaat");* bes. ausgeprägt als Priesterherrschaft (Hierokratie).

**Theologie** [gr.], wiss., method., histor. bzw. systemat. Entfaltung des in einer theist. Religion im Glauben der Gläubigen u. in der verkündeten Offenbarung vorhandenen Glaubensgutes; Hauptdisziplinen der *christl. T.:* systemat., histor., prakt. Theologie.

**Theophanie** [gr.], Gotteserscheinung; vgl. ↑Epiphanie.

**Theophanu, Theophano,** byzantin. Prinzessin, *zw. 950 u. 955, †991; seit 972 Gattin Ks. Ottos II., war zeitweise Regentin für ihren Sohn Otto III.

**Theorie** [gr.], **1)** log. geordnetes Nachdenken über einen begrenzten Gegenstandsbereich. **2)** wiss. Darst., Betrachtungsweise; Lehrmeinung; Lehre. **3)** reine Erkenntnis ohne Rücksicht auf prakt. Verwertung.

**Therapie** [gr.], Behandlung von Krankheiten; Heilverfahren.

**Theresa, Teresa,** gen. **Mutter T.,** eigtl. Agnes **Gonxha Bojaxhio** ['gɔndza bo'jadzhio], ind. kath. Ordensgründerin alban. Herkunft, *1910, †1997; gründete den Orden „Missionarinnen der Liebe"; Friedensnobelpreis 1979.

**Theresia, T. von Ávila, Teresa de Jesús** [- xe'sus], hl., eigtl. Teresa de **Cepeda y Ahumada** [- θe'peda i au'maða], span. Mystikerin, *1515, †1582; reformierte den Karmelitenorden; Kirchenlehrerin.

**Theresia vom Kinde Jesu, T. von Lisieux** [- li'zjø], hl., eigtl. Marie Françoise **Thérèse Martin** [- mar'tɛ̃], gen. **Kleine hl. T.,** frz. Karmelitin, *1873, †1897; Kirchenlehrerin.

**Theresienstadt** ↑Terezín.

**Thermalquellen,** Quellen mit Wassertemperatur von über 20 °C.

**Thermen,** öffentl. Badeanstalten der Antike.

**Thermik** [gr.], aufwärts gerichtete Luftströmungen, die durch starke Sonneneinstrahlung u. die damit verbundene Erwärmung der Erdoberfläche oder durch andere Wärmequellen verursacht werden.

**therm[o]..., Therm[o]...** [gr.], Bestimmungswort; Bed.: „Wärme, Hitze".

**Thermodynamik,** Teilgebiet der Physik, das, ausgehend v. der Untersuchung der Wärmeerscheinungen (i.e.S. der *Wärmelehre*), alle mit Energieumsetzungen unterschiedlichster Art verbundenen Vorgänge u. deren Anwendungen untersucht. Die T. nahm ihren Ausgang in der Untersuchung der Umwandlungsmöglichkeit v. Wärme in mech. Arbeit in Wärmekraftmasch. (heute das Gebiet der *techn. T.*). Sie untersucht insbes. die makroskop. *Zustandsgrößen* v. thermodynam. Systemen (wie Temperatur, Druck, Volumen, Energie, Entropie, Enthalpie) sowie ihre Änderung bei mech., therm., elektr. u.a. Einwirkungen, z.B. die Änderung des Aggregatzustandes. Die Zustandsgrößen sind durch *Zustandsgleichungen* miteinander verknüpft. Die *allg. T.* geht v. den unmittelb. messb. Größen aus u. leitet das Verhalten thermodynam. Systeme mithilfe der *Hauptsätze der T.* ab: Der *1. Hauptsatz* besagt, dass die Gesamtenergie eines abgeschlossenen Systems, d.h. die Summe aus mech., elektr., chem. u. therm. Energie, konst. bleibt (allg. Energiesatz). Wärmeenergie kann aus mech. bzw. elektr. Energie erzeugt u. in mech. (elektr.) Arbeit umgewandelt werden; diese sind äquivalente Energieformen (J. R. Mayer). Der *2. Hauptsatz (Entropiesatz)* drückt den Richtungscharakter aller Wärmevorgänge aus. Wärme kann nicht von selbst aus einem Körper niedr. Temp. in einen solchen höherer Temp. übergehen *(clausiussches Prinzip).* Eine period. arbeitende Wärmekraftmasch. benötigt also stets 2 unterschiedl. Arbeitstemp., zw. denen dem Arbeitsmedium (Luft, Gas, Dampf) Zustandsänderungen aufgezwungen werden, die period. wiederkehren (Kreisprozess). Der *3. Hauptsatz (nernstsches Theorem)* besagt, dass es unmögl. ist, den absoluten Nullpt. (0 K) völlig zu erreichen.

**thermodynamische Temperaturskale, Kelvin-Skale,** Tempera-

**Thermographie:** *Thermogramm eines Hauses; die verschiedenen Farben sind ein Maß für die unterschiedlichen Intensitäten der Wärmestrahlung (linke Leiste; unten höchster Wärmegrad).*

turskale, deren Nullpunkt bei −273,15 °C = 0 K (absoluter Nullpunkt) liegt.

**Thermo|element,** Leiterkreis aus (2) versch. Metallen od. Halbleitern, deren Verbindungsstellen auf unterschiedl. Temp. gebracht werden u. dann *Thermospannung* bzw. *-strom* liefern (Seebeck-Effekt); v.a. zur Temp.- u. Strahlungsmessung sowie zur Umwandlung v. Wärme- in elektr. Energie.

**Thermographie,** Verfahren zur Abbildung von Objekten mittels ihrer Wärmestrahlung (Infrarotstrahlung) mit Wärmebildwandlern; in der Bautechnik zur Überprüfung von Wärmedämmungen, in der Medizin zum Nachweis von Durchblutungsstörungen od. Tumorbildungen u.a.

**Thermolumineszenz,** durch Wärmezufuhr ausgelöste ↑Lumineszenz.

**Thermometer** [gr.], Gerät zur Messung der Temp. Beim *Gas-T.* wird die Temp. aus der Druck- bzw. Volumenänderung einer abgemessenen Gasmenge ermittelt, beim *Bimetall-T.* aus der Verformung eines ↑Bimetallstreifens, beim *Flüssigkeits-T.* aus der Volumenänderung einer in einem Glasrohr mit angesetztem Glaskolben befindl. T.flüssigkeit (z.B. Quecksilber, Alkohol); das Flüssigkeits-T. macht das Festhalten von Extremwerten (z.B. *Maximum-Minimum-T.*) mögl. Auf Änderungen elektr. Größen beruhen z.B. das *Widerstands-T.,* bei dem die Temp. aus der Änderung des elektr. Widerstandes eines Stoffes ermittelt wird, od. das ↑Thermoelement.

**Thermopylen,** histor. bed. Engpass in M-Griechenland südl. von Lamia; bek. durch die Verteidigung des Leonidas 480 v. Chr.

**Thermostat** [gr.], Vorrichtung zum Konstanthalten der Temp. eines Raumes od. Gefäßes, eine Kombination von Temperaturregler u. Wärmegerät.

**These** [gr.], aufgestellter [Lehr-, Leit]satz; zu beweisende Behauptung; Ggs. Antithese.

**Theseus,** griech. Sagenheld; erlegt mithilfe Ariadnes den Minotaurus im Labyrinth.

**Thessali|en,** griech. Region a.d. NW-Küste der Ägäis, 14 037 $km^2$, 731 200 E, Hptst. Larisa.

**Thessaloniki** ↑Saloniki.

**Thetis,** griech. Meeresgöttin, Mutter des Achill.

**Thiamin,** das Vitamin $B_1$, in Getreide, Hefe, Obst, Leber u.a., verhindert ↑Beriberi. ↑Vitamine (Übers.).

**Thidrekssaga, Þidreks saga,** norweg. Prosaroman um die Gestalt Dietrichs von Bern.

**Thiers** [tjɛ:r], Adolphe, frz. Politiker und Historiker, * 1797, † 1877; 1836 u. 1840 Min.-Präs. u. Außenmin., 1871–73 Präs. der 3. Rep.; „Geschichte des Consulats u. des Ks.reiches" (20 Bde.).

**Thierse,** Wolfgang, dt. Politiker, * 1943; seit 1990 stellvertr. Vors. der SPD, seit 1998 Präs. des Dt. B.-Tages.

**Thietmar von Merseburg,** Geschichtsschreiber, * 975, † 1018; seine Chronik der Liudolfinger ist bed. Quelle v.a. zur otton. Ostpolitik.

**Thimig, 1)** Hans, Sohn von 4); östr. Schauspieler u. Regisseur, * 1900, † 1991. **2)** Helene, Tochter von 4); östr. Schauspielerin, * 1889, † 1974; verh. mit M. Reinhardt. **3)** Hermann, Sohn von 4); östr. Theater- u. Filmschauspieler, * 1890, † 1982. **4)** Hugo, östr. Schauspieler, * 1854, † 1944; s. 1874 am Wiener Burgtheater, 1912–17 dessen Direktor.

**Thing,** german. Volks-, Gerichts- u. Heeresversammlung.

**Thio...** [gr.], Bestimmungswort; Bed.: „Schwefel" (in d. Chemie kennzeichnend f. den Ersatz eines Sauerstoffatoms, −O−, durch ein Schwefelatom, −S−, in anorgan. u. organ. Verbdg.).

**Thisbe** ↑Pyramus und Thisbe.

**Thoma, 1)** Hans, dt. Maler und Grafiker, * 1839, † 1924; Landschaften, Tier- u. Figurenbilder. – Abb. S. 694. **2)** Ludwig, dt. Schriftsteller, * 1867, † 1921; urwüchsiger, humorvoller, z.T. satir. Schilderer des bayr. Lebens; „Jozef Filsers Briefwexel", „Lausbubengeschichten".

**Thomanerchor,** aus Schülern der wohl bis 1212 zurückreichenden Thomasschule in Leipzig gebildeter Knabenchor. Berühmtester *Thomaskantor* war J. S. Bach (1723–50); seit 1992 leitet Georg Christoph Biller den Chor.

**Thomas,** Name von Heiligen: **1) T.,** hl., Apostel, zweifelte an der Auferstehung Jesu (daher sprichwörtl. „ungläubiger T."). **2) T. von Aquin,** hl., bedeutendster scholast. Philosoph u. Theologe des Hoch-MA, * um 1225, † 1274; Dominikaner; überragender spekulativer Denker; philos.-theol. Synthese von platon.-augustin. und

T

**Hans Thoma:** *Mutter und Schwester des Künstlers in der Bibel lesend (1866)*

aristotel. Konzeption in einer spekulativen, das gesamte christl. Glaubensgut durchdringenden Theol.; Hauptwerke: Aristoteleskommentare, „Summa contra gentiles", „Summa theologica", eucharist. Hymnen. **3) T.** von Canterbury ↑Becket, Thomas.

**Thomas, 1)** [tɔˈma], [Charles Louis] Ambroise, frz. Opernkomponist, *1811, †1896; „Mignon". **2)** [ˈtɔməs], Dylan [Marlais], brit. Dichter, *1914, †1953; „Unter dem Milchwald". **3)** [ˈtɔməs], Sidney Gilchrist, brit. Metallurg, *1850, †1885; entwickelte d. ↑Thomasverfahren zur Stahlerzeugung u. Gewinnung des Phosphatdüngers *T.mehl* (gemahlene T.schlacke).

**Thomas a Kempis,** eigtl. T. **Hemerken,** dt. Mystiker, *1379 od. 1380, †1471; „Nachfolge Christi" (Verfasserschaft umstritten).

**Thomasverfahren,** von S. G. Thomas entwickeltes Verfahren zur Stahlerzeugung (in Dtl. nicht mehr eingesetzt); Roheisen in einem Konverter *(Thomasbirne)* mit bas. Futter wird durch Einblasen von Luft u. Schlackenbildung von Phosphor befreit.

**Thomismus,** Lehre des Thomas von Aquin; bis in die jüngste Zeit philos.-theol. Grundlage des kirchl. Lehramtes der kath. Kirche; *Neu-T.* ↑Neuscholastik.

**Thor,** altnord. Gott (german. Donar), Herr des Donners, seine Waffe ist der Hammer Mjölnir.

**Thora** [hebr.; = Lehre], das jüd. Gesetz; der auf einer Rolle *(T.rolle)* aufgezeichnete ↑Pentateuch.

**Thorax** [gr.], svw. ↑Brustkorb.

**Thorium** [altnord.], Symb. **Th,** chem. El., OZ 90, rel. A.-Masse 232,038, platinart., weiches, dehnb. Metall, Fp. 1750 °C, Sp. 4788 °C, Dichte 11,7 g/$cm^3$; radioakt. (Halbwertszeit von $^{232}_{90}$Th ist 14,1 Mrd. Jahre), Ausgangssubstanz der *T.-Zerfallsreihe* (↑Radioaktivität); beständig gegen Luft, verdünnte Säuren u. Ätzalkalien; Legierungszusatz in der Elektronik. Im Gemisch mit Plutonium oder Uran als Kernbrennstoff verwendet; findet sich v. a. in *Thorit* ($ThSiO_4$) u. *Thorianit* (Th, U)$O_2$.

**Thorn,** poln. **Toruń** [ˈtɔruin], Krst. in Polen, Sitz d. Parlaments d. Wwschaft Kujawien-Pommern, an d. Weichsel, 205800 E; Univ., Poln. Akad. d. Wiss.; Baudenkmäler aus d. Zeit d. Dt. Ordens; Metall-, chem., Nahrungsmittelind.; ⚓. – 1233 Culmer Stadtrecht; 1411 Abschluss d. 1., 1466 d. 2. *Thorner Friedens* zw. Polen u. d. Dt. Orden. 1466 poln., 1793 preuß., 1919 polnisch.

**Thorvaldsen,** Bertel, dän. Bildhauer, *1770, †1844; Vertr. eines empfindsamen Klassizismus (u. a. „Sterbender Löwe", Luzern).

**Thot,** ägypt. Mondgott; dargestellt mit Ibiskopf.

**Thrakilen, 1) Thrazien,** histor. Ldsch. nördl. des Ägäischen Meeres, im Altertum urspr. Bez. für die gesamte Balkanhalbinsel, dann für deren O-Teil südl. der Donau, jetzt i. w. S. südl. des Balkans, i. e. S. davon nur die griech. und türk. Gebiete. **2)** die nordöstlichste griech. Region, 8578 $km^2$, 337500 E, Hauptort Komotini.

**Thriller** [ˈθrɪlə; amer.], auf starke [reißer.] Spannungs- od. Schaueffekte ausgerichteter Film, Roman o. Ä.

**Thrombose** [gr.], durch Bildung eines Blutgerinnsels *(Thrombus)* im Blutgefäßsystem hervorgerufene Gefäßverengung oder -verstopfung; entsteht am häufigsten in den Venen der unteren Körperhälfte; seltener in Arterien.

**Thrombozyten** [gr.], ↑Blut.

**Thuja** [gr.], svw. ↑Lebensbaum.

**Thukydides,** griech. Geschichtsschreiber, *um 460, †um 400 v. Chr.; suchte in seiner „Gesch. des Peloponnes. Krieges" das Geschehen wahrheitsgemäß und realistisch darzustellen.

**Thule, 1)** Luftstützpt. der USA an der NW-Küste Grönlands. **2)** im Altertum v. Pytheas entdecktes Gebiet nördl. von Britannien; galt als nördlichstes Gebiet der Erde *(ultima Thule).*

**Thulium** [nlat.; nach der Insel Thule], Symb. **Tm,** chem. El., OZ 69, rel. A.-Masse 168,934, Metall aus der Gruppe der ↑Lanthanoide; Fp. 1545 °C, Sp. 1946 °C, Dichte 9,32 g/$cm^3$.

**Thun,** schweizer. Bez.-Hauptort an dem von der Aare durchflossenen *T.er See* (48 $km^2$, bis 217 m tief), im Berner Oberland, 38200 E; zahlr. spätgot. Bauten; Waffen-, Nahrungsmittel-, Textilindustrie.

**Thunfisch,** bis 5 m lange Makrele, v. a. Atlantik, Mittelmeer; Raubfisch; Speisefisch.

**Thurgau,** schweizer. Kt. am S-Ufer des Bodensees, 991 $km^2$, 217000 E, Hptst. Frauenfeld; von der *Thur* durchflossen; Textil-, Masch.- u. a. Ind. – *Gesch.:* 58 v. Chr. v. den Römern unterworfen; s. 455 alemann.; im 8. Jh. Gau des Fränk. Reiches; fiel 1264 als Landgft. an die Habsburger; 1460 von den Eidgenossen erobert, 1803 selbst. Kanton.

**Thüringen,** Land der BRD, 16172 $km^2$, 2,45 Mill. E, Hptst.: Erfurt. Umfasst Thüringer Wald, Thüringer Schiefergebirge, Thüringer Becken, Kyffhäuser und einen Teil des Eichsfelds, grenzt im W an Werra und Rhön, im N an die Ausläufer des Harzes, greift im O über die Saale hinaus. Anbau von Getreide, Zuckerrüben u. a., um Erfurt Saatzucht; Rinder- und Schweinehaltung; Maschinen- u. Fahrzeugbau, elektron., pharmazeut., Spielzeug-, opt., feinmechan., Glas- und Keramikind. – *Gesch.:* Im 5. Jh. Kgr., 531–534 v. Franken u. Sachsen erobert, 1130–1247 Landgrafschaft der Ludowinger, s. deren Erlöschen an die Wettiner (ohne ↑Hessen), s. dem späten MA vielf. geteilt u. zersplittert. 1920 Zusammenschluss der ehem. ernestin., reuß. u. schwarzburg. Territorien zum Land T., 1944 um den Reg.-Bez.

Erfurt u. den Kreis Schmalkalden vergrößert; April 1945 zunächst amerikanisch besetzt, Juli 1945 zur SBZ; 1952–90 in die DDR-Bezirke Erfurt, Gera u. Suhl aufgeteilt. Am 3. 10. 1990 wieder gegründet.

**Thüringer Wald,** waldreicher Geb.-Zug nw. des Frankenwaldes; Gr. Beerberg 984 m, Schneekopf 978 m, Gr. Inselsberg 916 m.

**Thurn und Taxis,** dt., urspr. oberital. Geschlecht, s. 1615 im Besitz des erbl. R.-Postgeneralats; 1695 R.-Fürsten; 1806 mediatisiert; 1815 bundesunmittelbare Stellung; mussten 1867 die gesamte Postorganisation an Preußen verkaufen.

**Thutmosis,** Name von 4 ägypt. Königen der 18. Dyn., darunter *T. I.* (1506–1493 v. Chr.) u. *T. III.* (1490–1436 v. Chr.), die Ägypten zum Weltreich machten.

**THW,** Abk. für: **T**echn. **H**ilfs**w**erk.

**Thymian** [gr.], Gatt. der Lippenblütler, meist äther. Öle enthaltende Halbsträucher; *Feld-T.* u. *Garten-T.* offizinell, auch Gewürz.

**Thymus** [gr.], paar., im Hals- od. oberen Brustbereich lymphdrüsenähnl. Organ bei Wirbeltieren einschl. Mensch; fast vollst. Rückbildung bei der Geschlechtsreife.

**Thyristor** [gr.-lat.], steuerb. Halbleiterbauel. (Siliciumgleichrichter), bei dem der Stromdurchgang durch einen Steuerimpuls freigegeben wird; dient zur kontaktlosen u. schnellen Schaltung bei hohen Stromstärken (z. B. in Elektrolokomotiven).

**Ti,** ☈ Symb. für ↑Titan.

**Tl,** ☈ Symb. für ↑Thallium.

**Tiber,** ital. **Tevere,** mittelital. Fl. zum Tyrrhen. Meer, 405 km.

**Tiberias,** isr. St. am See v. Genezareth, 37 600 E; Kurort dank heißer (60 °C) Mineralquellen.

**Tiberius,** urspr. **T. Claudius Nero,** später **T. Iulius Caesar Augustus,** röm. Ks. s. 14 n. Chr., * 42 v. Chr., † 37 n. Chr.; Stief- und Adoptivsohn des Augustus, siegreicher Feldherr in Germanien und Pannonien.

**Tibet,** autonome Region In W-China, 1,22 Mill. km², 2,28 Mill. E (Tibeter, Chinesen), Hptst. Lhasa; umfasst den Großteil des *Hochlandes v. T.,* des ausgedehntesten Hochlandes der Erde, in Zentralasien zw. Kunlun im N u. Himalaja im S, rd. 2 Mill. km², durchschnittlich 4 500–5 000 m ü. d. M.; von zahlr. Gebirgsketten durchzogen; kontinentales Klima; dürftige Vegetation; Herden von Jaks, Wildeseln, Wildschafen, Antilopen; Raubtiere sind häufig; vorw. nomad. Viehhaltung. Bodenschätze noch weitgehend unerschlossen. *Gesch.:* im 7. Jh. Vereinigung tibet. Stämme zu einem Reich, Einführung des Buddhismus (Umformung zum Lamaismus); im 13. Jh. zeitw. unter mongol., s. dem 14. Jh. unter chin. Vorherrschaft; um 1400 Reform des Lamaismus, Schaffung eines theokrat. Staatsgebildes unter dem „Gelugpa"-(Gelbmützen-)Orden (Oberhaupt s. 1578 als Dalai-Lama bez.). Im 18. Jh. chin. Protektorat; seit 1904 (engl. Mil.-Expedition in Lhasa) gewann Großbrit. polit. und wirtsch. Einfluss; 1912/13 Lösung von China; 1950/51 Einmarsch chin. Truppen; 1959 Flucht des 14. Dalai-Lamas nach Indien, wo er eine Exilreg. bildete; 1965 Errichtung der „Autonomen Region Tibet". Unter chin. Herrschaft Zerstörung der meisten lamaist. Klöster, repressive Politik gegen die Bev. u. Sinisierung (Ansiedlung v. Chinesen); seit 1987 wiederholt antichin. Proteste u. Unruhen.

**Thymian**

**Tibetisch,** zur tibetobirman. Sprachengruppe gehörende Spr.; reiches *Schrifttum:* älteste Belege sind Übers. buddhist. Texte aus dem Sanskrit (7.–13. Jh.); in Europa wurde v. a. das tibet. Totenbuch bek.; der gelehrt-relig. (lamaist.) Lit. (bed. *Kandschur,* Slg. buddhist. Texte, kommentiert im *Tandschur)* steht das volkstüml. Epos vom Kg. Kesar gegenüber; einen Höhepunkt erreichte die tibet. Dichtung im Werk Milaraspas (11. Jh.; bed. Gedichtslg. „Gurbum").

**Tic** [frz.], gleichförm. wiederkehrende, unwillkürl. Bewegungsabläufe in einzelnen Muskeln od. Muskelgruppen (z. B. Gesichtszuckungen, Blinzeln).

**Tiden,** svw. ↑Gezeiten.

**Tieck, 1)** Christian Friedrich, Bruder von 3), dt. Bildhauer, * 1776, † 1851; Vertr. des Berliner Klassizismus. **2)** Dorothea, Tochter von 3), * 1799, † 1841, mit ihm an der Übers. Shakespeares beteiligt. **3)** Ludwig, dt. Dichter der Romantik, * 1773, † 1853; Romane („Franz Sternbalds Wanderungen"), Märchendrama „Der gestiefelte Kater", Kunstmärchen („Der blonde Eckbert"), „Volksmärchen" (Hg.), Novellen; setzte die von A. W. Schlegel begonnene Shakespeareübers., u. a. mit 2), fort.

**Tief, 1)** Fahrrinne in Küstengewässern, meist zw. Sandbänken. **2)** ↑Tiefdruckgebiet.

**Tiefdruck,** Druckverfahren, bei denen die Druckelemente vertieft in der Druckform liegen; Farbe bleibt nach dem Abrakeln nur in den Vertiefungen und wird auf das Papier übertragen.

**Tiefdruckgebiet, Depression, Zyklone,** meteorol. Bez. für ein Gebiet, in dem gegenüber seiner Umgebung ein niedrigerer Luftdruck herrscht.

**Tiefen|erosion** ↑Erosion.

**Tiefenpsychologie,** psychol. Richtungen, die den Schlüssel zum Verständnis des Seelenlebens im ↑Unbewussten sehen, u. a. Freuds Psychoanalyse, Individualpsychol. (A. Adler), analyt. Psychol. (C. G. Jung), Daseins- u. Existenzanalyse.

**Ti|enschan,** innerasiat. Geb.-System zw. Tarimbecken im S sowie der Dsungarei im N; höchster Berg Pik Pobeda (7 439 m); zahlr. Bodenschätze (Erdöl, Kupfer, Uran u. a.); hpts. zu China, der W zu Russland.

**Tientsin** [tjɛn-], provinzfreie Stadt sö. von Peking, 9,2 Mill. E; 2 Univ.; Ind.-, Handels- und Verkehrszentrum; ⚓, ✈.

**Tiepolo,** Giambattista, ital. Maler, * 1696, † 1770; Freskomaler des Barock, Hauptwerke von leuchtend transparenter Farbenpracht in Venedig, Würzburg und Madrid; monumentale Kompositionen, Einzelbilder und Radierungen.

**Tier|arzt, Veterinär,** approbierter Veterinärmediziner; freiberufl. tätig oder im staatl. und kommunalen Dienst mit Aufgaben der Lebensmittelüberwachung und Seuchenbekämpfung u. der Marktkontrolle betraut.

**Tiere,** weltweit verbreitete, sich im Ggs. zu den ↑Pflanzen heterotroph ernährende, meist frei bewegl., ein- od. vielzell. Lebewesen mit rd. 1,5 Mill. bek. rezenten Arten; im Ggs. zu den Pfl. Organismen mit sehr ausgeprägter Reizbarkeit über Sinnesorgane und Nervensystem; im Allg. keine festen Zellmembranen, keine Zellulose.

**Tierkreis, Zodiakus,** urspr. die Zone der 12 *T.sternbilder* entlang der scheinbaren Sonnenbahn (↑Ekliptik); heute die gleichmäß. Einteilung der Ekliptik in 12 Teile zu je 30° Länge, die (wegen der ↑Präzession) nicht mehr mit den T.sternbildern zusammenfallen, deren Namen sie tragen: Widder, Stier, Zwillinge, Krebs, Löwe, Jungfrau, Waage, Skorpion, Schütze, Steinbock, Wassermann, Fische.

J. Tserclaes Graf von Tilly

**Tiermehl,** aus toten Nutztieren durch Erhitzen u. Mahlen gewonnenes Futtermittel-Ausgangserzeugnis. Wegen d. Gefahr der BSE-Verbreitung wurde die T.-Verfütterung in Dtl. generell, in der EU für einen begrenzten Zeitraum verboten.

**Tierschutz,** Maßnahmen zum Schutz der Tiere, bes. zur Vermeidung von Tierquälerei (T.gesetz).

**Tierwanderungen,** period. od. unregelmäßig auftretende Wanderzüge einzelner Tierarten; meist von (ererbtem) *Wandertrieb* ausgelöst und gesteuert.

**Tiffany** ['tɪfənɪ], Louis Comfort, amer. Kunsthandwerker des Jugendstils, *1848, †1933.

**Tiflis, Tbilisi,** Hptst. Georgiens, 1,25 Mill. E; Akad. d. Wiss.; mehr. Univ., Hochschulen; oriental. Altstadt; warme Schwefelquellen; vielseitige Ind.; ✈.

**Tiger** [pers.-gr.], Großkatze in NO- bis S- und Südostasien, gelbbraun mit schwarzen Streifen; Einzelgänger.

**Tiger|auge,** Mineral aus Verwachsungen von feinfaser. Quarz mit ebensolchem Serpentinasbest, Härte 7; undurchsichtig, gelbbraun mit wechselnden Lichtreflexen; beliebter Schmuckstein.

**Tigerkatzen,** Bez. für mehr. gestreifte oder getüpfelte Katzen, z. B. Serval und Ozelot.

**Tigris,** Fluss in Vorderasien, 1 950 km, vereinigt sich im Unterlauf mit dem Euphrat zum Schatt el-Arab; Lebensader Mesopotamiens.

**Tikal,** Ruinenstätte aus der Mayazeit im nördl. Guatemala; Stadtanlage mit Palästen u. Tempeln.

**Tilde** [span.], Aussprachezeichen, bewirkt im Span. die mouillierte Aussprache des n (z. B. doña ['doɲa]), im Portug. die nasalierte Aussprache eines Vokals (z. B. Camões [ka'mõiʃ]).

**Tilgung** ↑Amortisation.

**Tilly,** Johann Tserclaes, Graf v., bed. Feldherr im Dreißigjähr. Krieg, *1559, †1632; Oberkommandierender d. kath. Liga.

**Tilsit,** s. 1946 russ. **Sowjetsk,** St. im Gebiet Kaliningrad, Russland, an d. Memel, 43 500 E. – 1807 *Friede v. T.,* durch den Preußen seine Großmachtstellung verlor.

**Timbuktu,** Oasenst. in Z-Mali, nördl. d. Niger, 20 500 E; histor. Altstadt (Lehmbauweise, Weltkulturerbe); Salzhandel; ⚓, ✈. – Gegr. um 1000.

**Timmermans,** Felix, fläm. Dichter, *1886, †1947; Romane u. Erzählungen; „Adriaan Brouwer", Legende „Das Jesuskind in Flandern".

**Timor,** größte der Kl. Sundainseln, östl. von Flores, 33 600 km², etwa 2 Mill. E; gebirgig (bis 2 960 m); vorw. Savanne und Buschformation; Anbau von Kaffee, Kokospalmen, Reis, Tabak. – Der seit d. 17. Jh. niederl. SW-Teil (Verw.-Sitz: Kupang) wurde 1949 indonesisch. Der O-Teil (↑Osttimor) war 1520–1975 portug. Kolonie, 1976–99 als Prov. Indonesien eingegliedert; nach UN-Übergangsverw. s. 2002 unabhängig.

**Timothe|us,** hl., Schüler und zeitw. Begleiter des Apostels Paulus, nach der Tradition Märtyrer unter Domitian, †97 (?); Briefe *an T.,* im N. T. zwei Pastoralbriefe, die an T. adressiert sind.

**Timur, Tamerlan,** mongol. Herrscher seit 1369, *1336, †1405; durch seine Grausamkeit berüchtigt; Begr. eines mongolischen Weltreiches in Mittelasien, das nach seinem Tode zerfiel.

**Tinbergen,** Nikolaas, niederl. Zoologe, *1907, †1988; Mitbegr. der vergleichenden Verhaltensforschung; 1973 Nobelpreis für Medizin.

**Tinguely** ['tɪŋəli], Jean, schweiz. Objektkünstler, *1925, †1991; seit 1971 ⚭ mit Niki de Saint Phalle.

**Tinktur** [lat.], alkohol. od. äther. Lösung bzw. Auszug aus Drogen.

**Tintenfische,** svw. ↑Kopffüßer.

**Tintenpilz,** Gatt. der Blätterpilze; der *Schopftintling* ist jung sehr schmackhaft, alt zu schwarzer Flüssigkeit zerfließend.

**Tintenstrahldrucker,** Drucker, der die zu druckenden Zeichen mithilfe eines matrixförmigen angeordneten Blocks v. Rasterpunkten zusammensetzt u. sie mit einer Spezialtinte zu Papier bringt.

**Tintoretto,** eigtl. Iacopo **Robusti,** ital. Maler, *1518, †1594; relig. best. Manierismus. Hauptwerk: Wand- und Deckengemälde der Scuola di S. Rocco, Venedig.

**Tirana,** Hptst. von Albanien, 243 000 E; Univ., Hochschulen; Textilind.; ✈.

**Tirol,** östr. B.-Land, 12 647 km², 661 900 E, Hptst. Innsbruck; Geb.-Land in den Nördl. Kalkalpen u. den Z-Alpen; je rd. ein Drittel der Fläche sind Weide- u. Waldland; Viehzucht, Milch- und Forstwirtsch., Ackerbau im Inntal; Metallind.; geringer Bergbau; Fremdenverkehr; *N-T.* umfasst den östr. Teil des Inntales u. seine Seitentäler; räuml. v. N-T. getrennt liegt *O-T.,* im Quellgebiet von Drau u. Isel am S-Abfall der Hohen Tauern. – *Gesch.:* In röm. Zeit Teil der Prov. Noricum u. Rätien, im 6. Jh. v. Bayern besiedelt; 788 zum Fränk. Reich; bis ins 13. Jh. unter den *Gf. von T.* geeint; 1363 habsburg., 1805 bayr., 1809 Freiheitskampf unter A. Hofer, v. bayr., frz. u. ital. Truppen niedergeschlagen; 1814 wieder östr., nach dem 1. Weltkrieg S-Tirol an Italien.

**Tirpitz,** Alfred v., dt. Großadmiral, *1849, †1930; ab 1892 Stabschef der Marine, systemat. Ausbau der dt. Kriegsflotte.

**Tirso de Molina,** eigtl. Gabriel **Téllez,** span. Dramatiker, *1571 (?), †1648; Komödien („Don Gil von den grünen Hosen").

**Tiryns,** Burg und Stadt in der Argolis (Griechenland), nahe bei Mykene; ausgegraben v. H. Schliemann und W. Dörpfeld (1884/85).

**Tischbein,** hess. Malerfamilie des 18. u. 19. Jh.: **1)** Johann Friedrich August (der „Leipziger T."), Bildnisse, *1750, †1812; **2)** Johann Heinrich, d. Ä. (der „Kasseler T."), vorzügl. Frauenbildnisse, *1722, †1789; **3)** Johann Heinrich Wilhelm (der Goethe-T.), Bildnis Goethes in der Campagna, *1751,

**Tintoretto:** *Die Entstehung der Milchstraße (1582)*

† 1829; wandte sich dem Klassizismus, später der Romantik zu.

**Tischtennis,** Rückschlagspiel als Einzel oder Doppel mit Bällen aus Zelluloid (2,5 g) auf einer durch ein Netz in 2 Hälften getrennten waagerechten Tischplatte von 274×152,5 cm in 76 cm Höhe; gespielt wird mit beschichteten Holzschlägern.

**Titan,** größter der Saturnmonde.

**Titan** [gr.], Symb. **Ti,** chem. El., OZ 22, rel. A.-Masse 47,88, Metall; reines T. ist silberweiß, gut schmied- u. walzbar, Fp. 1 668 °C, Sp. 3 287 °C, Dichte 4,51 g/cm$^3$, sehr korrosions- u. säurebeständig. Wichtigstes T.mineral ist der ↑Ilmenit, weitere T.minerale sind Anatas, Brookit, Rutil, Titanit u. a. Zur Gewinnung des Metalls Umsetzung mit Chlor zu *T.tetrachlorid,* aus dem durch Reduktion mit Natrium T. gewonnen wird; T.stahl u. titanhalt. Hartmetalle werden u. a. für Raketen, Düsentriebwerke, spezielle Motorenteile u. korrosionsfeste Behälter verwendet.

**Titanen,** in der griech. Mythol. die 6 Söhne u. die 6 Töchter des Uranos u. der Gäa, die von Zeus in einem gewalt. Kampf *(Titanomachie)* besiegt werden.

**Titanic,** brit. Schnelldampfer, 46 329 BRT, der 1912 auf seiner Jungfernfahrt nach der Kollision mit einem Eisberg im Nordatlantik mit 1503 Menschen sank; Wrack 1985 geortet u. fotograf. dokumentiert.

**Titel** [lat.], **1)** Amts-, Dienstbez., [Ehren]anrede[form]. **2)** Überschrift, Aufschrift. **3) Rechts-T.,** öff. Urkunde, die einen Anspruch feststellt.

**Titelschutz,** Rechtsschutz eines Buch-, Zeitungs-, Zeitschriften-, Filmtitels nach dem Markenges., ausnahmsweise nach dem ↑Urheberrecht.

**Titicaca|see,** See im peruan.-boliv. Hochland, 3 812 m ü. d. M., 8 300 km$^2$, bis 281 m tief.

**Titi|see,** See im S-Schwarzwald, Ba.-Wü., 1,1 km$^2$, bis 40 m tief, 846 m ü. d. M.

**Titisee-Neustadt,** St. im südl. Schwarzwald, an der Gutach, Ba.-Wü., 12 200 E; Kneippkurort und Wintersportzentrum; Papier- und Schraubenfabrik, Fertighausbau.

**Tito,** Josip, eigtl. J. **Broz** ['broz], jugoslaw. Marschall u. Politiker, * 1892, † 1980; organisierte 1941 d. kommunist. Partisanenkampf gg. die dt. u. ital. Besatzung; begr. die Föderat. Volksrep. Jugoslawien; ab 1945 Min.-Präs. u. Verteidigungsmin., s. 1953 Staatspräs.; widersetzte sich s. 1948 dem sowjet. Einfluss, führender Sprecher der Blockfreien (↑Titoismus).

**Titograd,** 1945–92 Name v. ↑Podgorica.

**Titoismus,** jugoslaw. Variante des Kommunismus unter Tito: Einführung der Arbeiterselbstverw., Durchsetzung marktwirtsch. Tendenzen bei weiter bestehender Vormachtstellung der Partei, offenere Kulturpolitik, außenpolit. Blockfreiheit.

**titrieren** [frz.], chem. Lösungen unbek. Gehaltes mit maßanalyt. Reagenzlösungen genau bek. Gehaltes (Titerlösung) quantitativ umsetzen.

**Titus,** hl., Schüler des Apostels Paulus, nach der Tradition der erste Bischof v. Kreta. – *Brief an T.,* im N. T. ein Pastoralbrief, der an T. adressiert ist.

**Titus,** eigtl. **T. Flavius Vespasianus,** röm. Ks. seit 79, * 39, † 81; zerstörte 70 Jerusalem. Sein Triumph über die aufständ. Juden ist im *Titusbogen* in Rom dargestellt.

**Tivoli,** ital. St. in Latium, östl. von Rom, 52 800 E; Villa d'Este, mit bek. Wasserkünsten; Villa Adriana.

**Tizian,** eigtl. Tiziano **Vecellio** [ve'tʃɛllio], ital. Maler, * um 1488, † 1576; vom rein Malerischen ausgehende Bildauffassung, im Spätwerk Auflösung aller festen Bildstrukturen; u. a. „Himml. und ird. Liebe", „Dornenkrönung"; bed. Porträts.

**Tjost** [frz.], im MA ritterl. Zweikampf mit scharfen Waffen.

**Tjumen,** Gebietshptst. in Russland, 503 800 E; Univ.; Logistikzentrum des Westsibir. Erdöl- u. Erdgasreviers; ⚓, ✈.

**Tm,** ☡ Symb. für ↑Thulium.

**TNT,** Abk. für: ↑**T**ri**n**itro**t**oluol.

**Toast** [to:st; engl.], **1)** geröstete Weißbrotscheibe. **2)** Trinkspruch.

**Tobago** [tə'beɪgəʊ], Insel nö. von Trinidad, 300 km$^2$, 50 300 E, Hauptort Scarborough; Anbau von Kakao u. Zuckerrohr, Tabak; Viehzucht. – Bildet s. 1962 mit Trinidad ↑Trinidad und Tobago.

**Tobias,** Titelgestalt des apokryphen at. Buches Tobias.

**Tobin** ['təʊbɪn], James, amer. Volkswirtschaftler, * 1918, † 2002; Nobelpreis f. Wirtschaftswiss.

**Tizian:** *Selbstporträt (um 1562)*

1981; bekannt v.a. durch seine 1972 vorgeschlagene [Lenkungs]abgabe auf Devisentransaktionen *(T.steuer)*.

**Tobruk,** Hafenst. in Libyen, am Mittelmeer, 94 000 E; Erdölexport (Pipelineendpt.); Erdölraffinerie.

**Tocharisch,** ausgestorbene idgm. Sprache; Texte aus dem 6. und 7. Jh. Anf. des 20. Jh. in Ostturkestan gefunden.

**Tochtergesellschaft,** ↑Kapitalgesellschaft, die v. einer anderen *(Mutterges.)* abhängig ist.

**Tocqueville** [tɔkˈvil], Charles Alexis Henri Clérel de, frz. Historiker, Staatstheoretiker und Politiker, *1805, †1859; 1848 Mitgl. der Nat.-Vers.; 1849–51 Außenmin.; 1841 Mitgl. der Académie française; Hauptwerk: „Über die Demokratie in Amerika".

**Tod,** Stillstand der Lebensfunktionen bei Mensch, Tier und Pflanze. Als *klin. T.* wird der Stillstand von Herz und Kreislauf sowie Atmung bezeichnet; zum *Hirn-T.* kommt es nach dem unwiderrufl. Absterben von Gehirnzellen, wenn das Gehirn nicht mehr mit Sauerstoff versorgt wird.

**Todd, 1)** Sir Alexander Robertus, brit. Chemiker, *1907, †1997; Arbeiten über Vitamine u. Sterine; Nobelpreis f. Chemie 1957. **2)** Michael (Mike), amer. Theater- und Filmproduzent, *1907, †1958; nach ihm ben. das *T.-AO-Verfahren,* ein Filmbreitwandverfahren.

**Todes|erklärung,** behördl. Toterklären einer verschollenen Person nach einem Aufgebotsverfahren durch gerichtl. Beschluss (Verschollenheitsges. v. 1951).

**Togo**

*Fläche:* 56 785 km²

*Einwohner:* 5,0 Mill.

*Hauptstadt:* Lomé

*Amtssprache:* Französisch

*Zeitzone:* MEZ – 1 Stunde

**Todes|strafe,** in den Strafrechtsordnungen vieler Länder vorgesehene schwerste Kriminalstrafe.

**Toga** [lat.], über der Tunika getragenes, knöchellanges Obergewand freier röm. Bürger.

**Togliatti** [toʎˈʎatti], Palmiro, ital. Politiker, *1893, †1964; 1921 Mitbegr. der KP Italiens; 1944/45 stellvertr. Min.-Präs., s. 1947 Gen.-Sekr. der KP.

**Togo,** Rep. in W-Afrika; ein etwa 600 km landeinwärts reichender, schmaler Landstreifen, im Innern z.T. gebirgig; vorw. Savannen; randtrop. Klima; Bev. umfasst über 40 ethn. Gruppen (Ewe, Kabre u.a.); Anbau v. Mais, Hirse, Maniok, für d. Export Kakao, Kaffee, Erdnüssen, Baumwolle; bed. Phosphatabbau; Nahrungsmittel-, Textil-, Holz- u.a. Ind.; Erdölraffinerie. *Gesch.:* 1471 v. Portugiesen entdeckt, 1884 dt. Kolonie durch Abschluss v. „Schutzverträgen", 1919 Mandat d. Völkerbundes, 1946 UN-Treuhandgebiet unter frz. u. brit. Verw.; d. frz. T. wurde 1960 als Rep. T. unabh., d. brit. Togo wurde d. Goldküste (heute Ghana) angegliedert; 1969–91 Einparteiensystem.

**Tohuwabohu** [hebr.; = wüst u. leer], nach 1. Mos. 1,2 die Welt im ungeordneten Urzustand; übertr.: Durcheinander, Wirrwarr.

**Tokio,** Hptst. Japans, an der Bucht v. T. (O-Küste Honshūs), 8,2 Mill. E (Groß-T. 11,9 Mill. E). T. ist Kultur-, Handels- und Verkehrszentrum Japans; im Zentrum der Kaiserpalast (2 km²); mehr. Univ., Akad., Hochschulen, Theater, Museen, Bibliotheken, botan. u. zool. Gärten; zahlr. Tempel, vielseit. Ind.; T. bildet mit Yokohama eine Hafengemeinschaft (Schiffsverkehr hpts. über Yokohama); ✈. – Als *Edo* Residenz der Tokugawa-Shōgune, s. 1869 als T. Kaiserresidenz.

**Tokkata** [ital.], in freier Improvisation gestaltetes Musikstück, v.a. als Präludium für Tasteninstrumente.

**Toledo, 1)** span. Prov.-Hptst. am Tajo, sw. von Madrid, 60 700 E; bed. Bauten, u.a. Kathedrale (1277–1493), Alkazar (16. Jh.); Metallwarenind., Handel. – 6. Jh.

**Tokio:** *Stadtteil Shinjuku im Westen von Tokio*

bis 711 Hptst. des span. Westgotenreiches (auch *Tolosan. Reich* [↑Westgoten]), bis zur Eroberung durch Alfons VI. von Kastilien (1085) Hauptstützpunkt der Mauren; dann Hptst. v. Kastilien. **2)** [tə'li:dəʊ] Ind.-St. im nördl. Ohio, am Eriesee, USA, 333 000 E; Univ.; vielseit. Ind.; ⚓.

**Toleranz** [lat.], **1)** Duldsamkeit. **2)** vermindertes Ansprechen auf die Wirkung eines Arzneimittels; macht eine Dosissteigerung erforderlich, um die gleiche Wirkung zu erzielen. **3)** Differenz zw. dem zulässigen größten u. kleinsten Wert (z. B. bei den Abmessungen eines Werkstücks).

**Tolkien** ['tɔlki:n], John Ronald Reuel, brit. Schriftsteller u. Philologe, *1892, †1973; „Der Herr der Ringe" (Romantrilogie) stellt ein ganzes mytholog. System dar.

**Toller,** Ernst, dt. Schriftsteller, *1893, †1939; wichtiger Vertr. des Expressionismus; Dramen, u. a. „Masse Mensch".

**Tollkirsche, Belladonna,** Nachtschattengewächs mit kirschenähnl., dunkelvioletten Früchten; Extrakt der T. enthält u. a. ↑Atropin.

**Tollwut, Lyssa, Rabi|es,** weltweit verbreitete, in Dtl. bereits bei Verdacht meldepflichtige, akute Infektionskrankheit, die durch den Biss eines erkrankten Tieres auf andere Tiere und auf den Menschen übertragbar ist; beginnt mit Fieber und Kopfschmerzen; dann folgen Schluckbeschwerden, Unruhe und Krämpfe, bes. beim Anblick von Wasser (Wasserscheu), Tobsucht, Lähmungserscheinungen und Tod. Vorbeugung durch T.impfung; bei T.verdacht nach Biss sofortige Schutzimpfung.

**Tölpel,** Fam. bis 1 m gr. Meeresvögel mit langem, kräft. Schnabel, fluggewandt; nisten in Kolonien.

**Tolstoi,** Lew Nikolajewitsch Graf (Leo T.), russ. Schriftsteller, *1828, †1910; z. T. stark autobiograf. best. Werk; versuchte, zu einem urchristl. Leben zurückzufinden (Dienst am Nächsten, Gewaltlosigkeit u. Askese); bed. Einfluss auf Realismus u. Naturalismus; Romane „Krieg u. Frieden", „Anna Karenina", Erz. „Kreutzersonate".

**Tolteken,** altmex. Indianervolk im Hochland v. Mexiko, v. hoher Kultur u. Kunstfertigkeit; Blüte etwa 900 bis 1168.

**Toluol** [span.; arab.], **Methylbenzol,** wicht., aus Erdöl u. aus Steinkohlenteer gewinnbarer aromat. Kohlenwasserstoff, $C_6H_5{-}CH_3$, verw. u. a. als Lösungsmittel f. Öle, Lacke u. a. u. als Ausgangssubstanz vieler Benzolderivate u. Sprengstoffe, Trinitro-T. (TNT).

**L. Tolstoi** *(Ausschnitt aus einem Gemälde von I. Repin, 1887)*

**Tomahawk** ['tɔməhɔ:k; indian.-engl.], kleine Stahlaxt d. nordamer. Indianer; Waffe u. Werkzeug.

**Tomasi di Lampedusa,** Giuseppe, auch G. **Tomasi,** Fürst von Lampedusa, ital. Schriftsteller, *1896, †1957; Roman „Der Leopard" (verfilmt); auch Erzählungen „Die Sirene" u. a.

**Tomate** [mex.-span.], Nachtschattengewächs; Kulturpfl. aus Mittel- und Südamerika mit saft., vitaminreichen, roten Früchten.

**Tombak** ↑Messing.

**Tombola** [ital.], Verlosung von [gestifteten] Gegenständen.

**Tomographie** [gr.], Schichtbildaufnahmeverfahren der Röntgendiagnostik; inzwischen weitgehend durch die Computertomographie ersetzt.

**Ton** [gr.], **1) harmon.** oder **reiner T.,** Schall von sinusförm. Schwingungsverlauf; *T.höhe* (als Empfindung) abhäng. von der *T.frequenz,* T.stärke als Maß für die Amplitude der T.schwingungen (↑Phon). In der Musik sind Töne eigtl. Klänge, d. h. aus mehreren harmon. Tönen zusammengesetzt; sie sind die Bausteine für Themen, Melodien und Mehrklänge; die charakt. Klangfarbe eines T. ergibt sich aus Anzahl u. Intensität der Obertöne (Töne ohne Obertöne nur auf elektron. Wege). **2)** in der Malerei der fein abgestufte Farbwert.

**Ton|art,** System von Tönen, die auf eine Tonika bezogen sind; im heute übl. abendländ. System kann Tonika der Dur- od. Mollklang auf jedem der 12 Töne der chromat. Tonleiter sein.

**Tonbandgerät,** Magnetbandgerät zur Speicherung u. Wiedergabe von Schallereignissen nach dem Magnettonverfahren. *Stereo-T.* haben je 2 Tonköpfe, Verstärker, Mikrofone und Lautsprecher, um je 2 Spuren gleichzeitig aufzuzeichnen u. wiederzugeben. Nach der Anzahl der Tonspuren unterscheidet man T. für Doppelspuraufzeichnung *(Halbspurverfahren)* und T. für Vierspuraufzeichnung *(Viertelspurverfahren),* beide in Mono- und Stereoausführung. *Synchron-T.* liefern Bänder mit Synchronisierungskennzeichen (Perforierung od. besondere Spur). Am einfachsten zu bedienen sind *Kassetten-T.* (↑Kassettenrekorder). Neuere Entwicklung sind in Digitaltechnik arbeitende Tonbandgeräte für Digitaltonbänder.

**Tone,** verbreitete ↑Sedimentgesteine, Gemenge aus *Tonmineralien* (Kaolinit, Montmorillonit, Bentonit u. a.), Quarz u. Glimmer; aus Rückständen der chem. Verwitterung feldspathalt. Gesteine in ruhenden Gewässern entstanden, durch Verunreinigungen meist grau, schwärzl. od. rötl., oft auch gebändert (Bändertone).

**Tonga,** Kgr. im südl. Pazifik; umfasst die T.inseln (*Freundschaftsinseln;* rd. 170 Vulkan- u. Koralleninseln). – 1616 v. Niederländern entdeckt, s. 1845 christl. Kgr., s. 1900 brit. Protektorat, s. 1970 unabh. u. Mitgl. d. Commonwealth.

**Tonga**

*Fläche:* 748 km²
*Einwohner:* 100 000
*Hauptstadt:* Nuku'alofa
*Amtssprachen:* Tongaisch, Englisch
*Zeitzone:* MEZ + 12 Stunden

**Tonika** [ital.], Abk. T, ↑Grundton einer Dur- oder Molltonart; auch der darauf errichtete Dreiklang.

**Tonkin, Tongking,** Gebiet im nördl. Vietnam, umfasst das dicht besiedelte Deltagebiet des Roten Flusses am Golf von T. u. das hügelige Hinterland, das zu einem bewaldeten Bergland ansteigt (bis

T

3143 m); Anbau von Reis u. a.; Zinn-, Wolframerze, Steinkohle.

**Tonleiter,** 𝄞 stufenweise Folge der Töne innerhalb einer Oktave. Die 7-stuf. *diaton. T.* hat 5 Ganz- und 2 Halbtöne, die 12-stuf. *chromat. T.* nur Halbtöne.

**T-Online** [-ˈɔnlaɪn], der aus dem BTX-/Datex-J-Angebot der Dt. Telekom AG hervorgegangener Onlinedienst mit Internetzugang.

**Tonnage** [tɔˈnaːʒə; frz.], Raumgehalt, Tragfähigkeit eines Schiffes.

**Tonne** [mlat.], **1)** Einheitenzeich. **t**, SI-Einheit d. Masse; 1 t = 1 000 kg. **2)** svw. ↑Registertonne. **3)** gr. Fass. **4)** schwimmendes Seezeichen.

**Topas** [gr.-lat.], $Al_2[F_2|SiO_4]$, versch. gefärbtes glasglänzendes Mineral, Härte 8; klarer u. reinfarb. *Edel-T.* als Schmuckstein.

**Topeka** [tɔˈpiːkə], Hptst. von Kansas, USA, am unteren Kansas River, 119 900 E; Univ.; Ind.; ✈.

**Töpfer,** Klaus, dt. Politiker (CDU), *1938; 1987–94 B.-Min. für Umwelt, Naturschutz u. Reaktorsicherheit, 1994-98 für Raumordnung, Bauwesen u. Städtebau, seitdem Dir. des UN-Umweltprogramms.

**Topinambur** [brasil.], ausdauernder Korbblütler mit winterharten Knollen; fr. Gemüse, heute vielfach Viehfutter.

**topo..., Topo...** [gr.], Bestimmungswort; Bed.: „Ort, Gegend, Gelände".

**Topographie** [gr.], Orts- und Lagebeschreibung.

**topographische Karten,** großmaßstäbige Karten mit sehr detailliertem Karteninhalt.

**Topspin,** im [Tisch]tennis Bez. für einen [starken] in der Flugrichtung wirkenden Aufwärtsdrall des Balles; auch der Schlag selbst.

**Torberg,** Friedrich, eigtl. F. **Kantor-Berg,** östr. Schriftsteller u. Publizist („Süßkind von Trimberg"), *1908, †1979; auch Übersetzer.

**Tordalk** [schwed.], etwa 40 cm großer, oberseits schwarzer, unterseits weißer Alk.

**Torero** [span.], Stierkämpfer.

**Torf,** brennb. Zersetzungsprodukt v. Pfl., Vorform der Kohle; *Flachmoor-T.* unter oder in Höhe des Grundwasserspiegels, kann als *Hochmoor-T.* über diesen hinauswachsen; Abbau im *T.stich;* als Heizmaterial od. Humusdünger *(T.mull)* verwendet.

**Torfmoos, Sphagnum,** Gatt. der Laubmoose, wichtigste Torfbildner, in Mooren und in Wäldern.

**Torgau,** Krst. an der Elbe, nö. v. Leipzig, Sa., 21 400 E; Renaissanceschloss Hartenfels; Glas-, keram. u. a. Ind. – 1526 *T.er Bund,* ein Schutzbündnis ev. Reichsstände; 1760 Sieg Friedrichs d. Gr. über Östr.; 1945 vereinigten sich bei T. die amer. und sowj. Kampflinien.

**Tories** [ˈtɔːrɪz; engl.], s. 1679 Parteigänger d. engl. Kg., Gegner d. Whigs; ab 1832 Wandlung d. T. zur Konservativen u. Unionist. Partei.

**Tornado** [span.], außertrop., verheerender Wirbelsturm in Nordamerika u. im Golf von Mexiko.

**Toronto,** Hptst. der kanad. Prov. Ontario, zweitgrößte St. Kanadas, am W-Ufer des Ontariosees, 635 500 E (mit Vororten 3,9 Mill. E); Univ., Kunstakad., Museen, Observatorium; CN-Tower (Fernsehturm, höchstes frei stehendes Gebäude, 553 m); Erzb.-Sitz; bed. Handels- u. Ind.-Zentrum; ⚓, ✈.

**Torpedo** [lat.], längl. Unterwassergeschoss mit Eigenantrieb zum Versenken feindl. Schiffe; Steuerung ggf. nach Progr.; aus *T.rohren* über od. unter Wasser ausgestoßen od. von Flugzeugen abgeworfen; *T.boot,* fr. kl., schnelles Kriegsschiff mit T.bewaffnung; durch Schnellboote ersetzt.

**Torr** [nach E. Torricelli], nicht gesetzl. physikal. Einheit des Druckes; 1 Torr = $^1/_{760}$ atm = 1,33 hPa.

**Torricelli** [-ˈtʃɛlli], Evangelista, ital. Physiker u. Mathematiker, *1608, †1647; Arbeiten über Luftdruck, u. a. *T.-Versuch* (Nachweis des Luftdrucks durch eine Quecksilbersäule in einem einseit. geschlossenen Glasrohr).

**Torsion** [ital.], **Drillung,** Form der ↑Scherung; schraubenförm. Verdrehung eines Körpers durch Drehmomente.

**Torso** [ital.], **1)** unvollendete Statue. **2)** allg.: Bruchstück, unvollendetes Werk.

**Tortur** [lat.], Folter; Qual.

**Toruń** [ˈtɔruɲ], ↑Thorn.

**Toscanini,** Arturo, ital. Dirigent, *1867, †1957; Leiter der Mailänder Scala, der Metropolitan Opera u. a.

**Toskana,** ital. **Toscana,** histor. Ldsch. u. Region Italiens, 10 Prov., 22 997 km², 3,53 Mill. E, Hptst. Florenz; umfasst Teile d. Apennin, d. Toskan. Berg- u. Hügelland, d. Küsteebenen d. Maremmen, d. Toskan. Inseln (u. a. Elba); Hptfl. Arno; ⚒ auf Eisenerz, Pyrit, Zinkerz, Quecksilber, Marmor (Carrara, Massa), Salz. Anbau v. Oliven, Wein (Chianti); Fremdenverkehr. *Gesch.:* Die T., im Bereich d. antiken Etrurien, bildete im 9. Jh. d. Markgft. *Tuszien* u. zerfiel später in mehr. rivalisierende Stadtstaaten; im 14./15. Jh. erlangte Florenz d. Vorherrschaft (↑auch Medici); s. 1737 habsburg.; 1860 Anschluss an den ital. Nationalstaat.

**Totalisator,** Einrichtung zur Entgegennahme von Wetten beim Renn- u. Turniersport.

**Totalitarismus** [lat.], Bez. für ein Herrschaftssystem, das alle Lebensbereiche des Einzelnen wie der Ges. umfassend steuert (ausgearbeitete Ideologie, eine einzige Massenpartei, Terrorsystem, Monopol der Massenkommunikation u. der Waffen, zentrale Lenkung der Wirtsch. durch bürokrat. Koordinierung).

**Totalität,** Gesamtheit, Vollständigkeit, Ganzheit.

**Totem** [indian.], bei Naturvölkern Lebewesen od. Ding, das als Ahne od. Verwandter eines Menschen, einer Sippe od. einer soz. Gruppe gilt; als zauber. Helfer verehrt, darf nicht getötet od. verletzt werden; *T.pfahl,* geschnitzter Holzpfahl mit Bildern des *T.tiers* od. aus der Ahnenlegende der Sippe; *Totemismus,* Glaube an die übernatürl. Kraft eines Totems u. seine Verehrung.

**Totenmesse** ↑Requiem.

**Totensonntag, Ewigkeitssonntag,** in den dt. ev. Kirchen der dem Gedenken der Verstorbenen gewidmete letzte Sonntag des Kirchenjahrs.

**Totenstarre** ↑Leichenstarre.

**Totentanz,** in der bildenden Kunst Darst. eines vom Tod angeführten Reigens v. Toten (Angehörige aller Stände u. Altersstufen); bek. der T. von Holbein.

**Totes Gebirge,** Gebirgsstock der Nördl. Kalkalpen, in der Steiermark u. Oberöstr.; stark verkarstet, ausgedehntes Höhlensystem; im Gr. Priel 2 515 m hoch.

**Totes Meer,** abflussloser Salzsee im Jordangraben (Jordanien, Israel); 403 m u. d. M., 940 km², bis 398 m tief, Salzgehalt 29 %.

**totes Rennen,** Pferderennen od. sportl. Wettlauf, in dem 2 od. mehr. Teilnehmer zu gleicher Zeit das Ziel passieren.

**Toto,** Kurzw. aus ↑Totalisator; heute Wettverfahren im Fußball (Fußballtoto).

**Totschlag,** vorsätzl. Tötung eines Menschen (soweit nicht ↑Mord).

**Tötung, fahrlässige,** Verursachung des Todes eines Menschen durch Fahrlässigkeit.

**Toul** [tul], ostfrz. Stadt an der Mosel, 17 700 E; Festung; Kathedr. (13. bis 15. Jh.); Textil-, Reifen-, Glasind.; Flusshafen.

**Toulon** [tuˈlɔ̃], Hptst. des frz. Dép. Var, Hafenst. am Mittelmeer, 167 600 E; Kathedr. (12. u. 17. Jh.); Werften, Masch.-, chem. Ind.; wichtigster frz. Kriegshafen.

**Toulouse** [tu'lu:z], Hptst. des südfrz. Dép. Haute-Garonne u. der Region Midi-Pyrénées, 359 000 E; Univ,; Kathedr. (11. bis 16. Jh.), St.-Sernin (um 1060), Renaissancerathaus; Luft-, Raumfahrt- u. a. Ind.; ⚓, ✈. – T. ist das antike *Tolosa.*

**Toulouse-Lautrec** [tuluzlo'trɛk], Henri [Marie Raymond] de, frz. Maler u. Grafiker, * 1864, † 1901; Motive aus Kabarett, Tanzlokal, Bordell, Café, Zirkus, Rennbahn; v. a. Farblithographien.

**Toupet** [tu'pɛ:; frz.], Halbperücke, Haarersatzstück.

**Tour** [tu:r; frz.], **1)** Ausflug, Wanderung; Reise. **2)** Wendung, Runde. **3)** Umlauf, Umdrehung, z. B. eines Maschinenteils.

**Tour de France** [turdə'frãs; frz.], bedeutendstes Etappenrennen im Straßenradsport (zw. 3 500 und 4 000 km), jährlich durch Frankreich und Nachbarregionen ausgetragen.

**Touring-Club Schweiz** [tu:rɪŋ-], Abk. **TCS,** größter schweizer. Automobilisten- u. Touristenverband; gegr. 1896; Sitz Genf.

**Tourismus,** svw. ↑Fremdenverkehr.

**Tournai** [tur'nɛ], niederl. **Doornik,** belg. St. an der Schelde, 68 000 E; Kathedr. (um 1140 ff.) u. a. bed. Baudenkmäler; Teppich- u. a. Industrie.

**Tournee** [tur'ne:; frz.], Gastspielreise; Rundreise.

**Tours** [tu:r], Hptst. des frz. Dép. Indre-et-Loire, 129 500 E; Univ.; got. Kathedrale; Masch.-, Textil-, u. a. Ind. – Bei *T. u. Poitiers* besiegte Karl Martell 732 die Araber.

**Tower** ['taʊə; engl.; = Turm], ältestes erh. Bauwerk Londons, v. Wilhelm dem Eroberer errichtetes Festungswerk, mehrf. erweitert; gelegentl. Residenz, bis 1820 Staatsgefängnis; heute Museum.

**Toxikologie** [gr.], Lehre von den Giften und den Vergiftungen des Organismus.

**Toxine** [gr.], von Bakterien, Pflanzen und Tieren (Kröten, Schlangen, Spinnen) gebildete giftige Stoffwechselprodukte, wirken in geringer Menge giftig, lösen im Körper die Bildung von Gegengiften (Anti-T.) aus.

**Toxoplasmose** [gr.], Protozoenkrankheit vieler Tiere, v. a. von Katzen; Erreger ist ein Sporentierchen. T. kann beim Menschen (als Zwischenwirt) zu langwierigem Fieber, zur Schädigung des Nervensystems, aber auch der Leibesfrucht führen.

**Trab,** laufende Gangart bes. des Pferdes, bei der ein Vorderfuß u. der entgegengesetzte Hinterfuß

**Henri Toulouse-Lautrec:** *Weiblicher Clown (1896)*

zugleich aufgesetzt werden. *T.rennen,* Rennen mit in der Gangart T. laufenden Pferden (Trabern); einspännig gefahren vor dem einachsigen Sulky.

**Trabant** [tschech.], ☼ ↑Mond.

**Traben-Trarbach,** St. an der Mosel, RP, 6 200 E; bed. Weinhandel; Fremdenverkehr.

**Trabzon,** fr. **Trapezunt,** osttürk. St. am Schwarzen Meer, 144 800 E; TU; Agrarzentrum (Tabak, Tee, Haselnüsse); ⚓, ✈.

**Tracheen** [gr.], **1)** der Atmung dienende Luftröhren bei Tausendfüßern, Insekten, Spinnentieren. **2)** Wasserleitungsbahnen in Pflanzen.

**Trachom, Körnerkrankheit, ägyptische Augenkrankheit,** infektiöse u. hartnäck. bakterielle Bindehautentzündung, meist Übergreifen auf die Hornhaut (mit Erblindung); Behandlung mit Antibiotika.

**Tracht, 1)** die versch. Völkern, Stämmen und Ständen eigentüml. Bekleidung; i. e. S. die *Volks-T.* (Bauern-T.), deren Formen z. T. bis heute bewahrt worden sind. **2)** v. Bienen, hpts. der Honigbiene, eingetragene Nahrung, v. a. Nektar, Pollen, Honigtau.

**Trächtigkeit,** Schwangerschaft der lebend gebärenden Wirbeltiere, bes. der Säugetiere; T.sdauer *(Tragezeit)* im Allg. v. der Körpergröße abhängig (Beutelratte 12, Elefant 640 Tage).

**Trackball** [træk'bɔ:l, engl.], 🖳 Positioniereinheit bei PCs; Sensoren registrieren die Rollbewegungen einer in einer Mulde gelagerten drehb. Kugel u. setzen sie in Cursorbewegungen um.

**Tracy** ['treɪsɪ], Spencer, amer. Bühnen- u. Filmschauspieler, * 1900, † 1967; „Der alte Mann und das Meer".

**Tradition** [lat.], **1)** Überlieferung kultureller, gesellschaftl. u. relig. Wertvorstellungen u. Normen. **2)** in der kath. Glaubenslehre die mündl. Überlieferung, zus. mit der Hl. Schrift Quelle der Offenbarung.

**Trafalgar, Kap,** span. Kap sö. von Cádiz; 1805 entscheidender Sieg Nelsons über die frz.-span. Flotte.

**Trafo,** Kurzw. für ↑**Transformator.**

**Trägerfrequenz,** Bez. für hochfrequente elektromagnet. Schwingungen, deren Amplitude od. Frequenz mit niederfrequenten Schwingungen moduliert wird.

**Träger|rakete,** Rakete, die zum Transport v. Menschen (in Raumkapseln) u. Material [in eine Umlaufbahn um die Erde] dient.

**Trägheit** ↑Masse.

**Trägheitsgesetz,** das 1. ↑newtonsche Axiom.
**Trägheitsmoment,** Maß für die Trägheit eines rotierenden Körpers bei Änderung der Rotationsgeschwindigkeit. Das T. eines Massept. ist das Produkt aus seiner Masse u. dem Quadrat seines Abstandes v. der Drehachse.
**Tragik** [gr.], philos.-ästhet. Grundbegriff, in der Lit. wesentl. Gattungsmerkmal der Tragödie.
**Tragikomödi|e,** dramat. Gattung, bei der sich trag. u. kom. Elemente wechselseitig durchdringen.
**Tragödi|e,** lit. Bühnenwerk trag. Inhalts mit [meist] unglückl. Ausgang; der Konflikt innerhalb der T. beruht oft auf dem Widerstreit des Individuums mit der Gesellschaft, der Fragen nach Freiheit und Notwendigkeit, nach Sinn und Sinnlosigkeit aufwirft.
**Training** [ˈtreɪnɪŋ; engl.], planmäß. Üben zur Erreichung der individuellen Best- oder absoluten Höchstleistung, v. a. im Sport.
**Trajan,** eigtl. **Marcus Ulpius Traianus,** röm. Ks. s. 98, *53, †117; während seiner Reg. kulturelle Blüte, größte Ausdehnung des Röm. Reiches. Ihm zu Ehren wurde auf dem Forum die *T.-Säule* errichtet.
**Trakl,** Georg, östr. Dichter, *1887, †1914, wichtigster Lyriker des Frühexpressionismus.
**Trakt** [lat.], **1)** Gebäudeteil. **2)** Zug, Strang (z. B. Darmtrakt).
**Traktat** [lat.], Form der Sachprosa (z. B. Abhandlung, Streitschrift).
**Traktor** [lat.], svw. ↑Schlepper.
**Traminer,** spät reife Weißweinrebsorte mit goldgelber bis rotbrauner Schale; Wein süß u. aromatisch, säurearm.
**Trampeltier,** zweihöckerige Kamelart Zentralasiens.
**Trampolinturnen,** Ausführung von Sprüngen und Sprungfolgen am *Trampolin,* einem Sprunggerät, an dem mit Gummikabeln oder Stahlfedern ein elast. Sprungtuch angebracht ist.
**Trance** [ˈtrɑ̃s; engl.], schlafähnl. Zustand mit herabgesetzter Willens- und Entscheidungsfähigkeit (z. B. in Hypnose).
**Tranche** [trɑ̃ʃ; frz.], **1)** [Fleisch-, Fisch-, Käse]schnitte. **2)** Teil einer Wertpapieremission.
**Trane,** v. a. von Meeressäugetieren (Wale, Robben) u. Fischen gewonnene dickflüss. Öle; u. a. zu Heilzwecken (Lebertran).
**Tränen,** wässer., alkal. reagierende, schwach salz. Flüssigkeit als Absonderungsprodukt der *T.drüsen* (seitlich oben unter dem Augenhöhlendach).
**Tränendes Herz, Flammendes Herz, Herzblume,** Zierstaude mit herzförm., hängenden Blüten.
**Tränengase,** chem. Verbdg., die noch in hoher Verdünnung die Augen zu Tränen reizen (Bromaceton, Brombenzylcyanid u. a.).
**Tranquilizer** [ˈtræŋkwɪlaɪzə; engl.], Psychopharmaka mit dämpfender Wirkung zur Beseitigung von Angst-, Spannungs- und Erregungszuständen und der durch sie bedingten Schlafstörungen.
**tranquillo** [ital.], 𝄞 ruhig.
**trans..., Trans...** [lat.], Vorsilbe; Bed.: „quer, durch – hindurch, hinüber, jenseits".
**Trans|actinoide,** die sich an die Actinoide anschließenden chem. El. mit den Ordnungszahlen ab 104.
**Trans|aktion,** der Übergang eines Gutes od. einer Forderung v. einem Wirtschaftssubjekt auf ein anderes.
**Trans|axle-Bauweise** [trænsˈæksl-; engl.], Kfz-Bauweise mit Frontmotor, aber an den angetriebenen Hinterrädern liegendem Getriebe.
**Transfer** [engl.], **1)** Überführung [im Reiseverkehr]. **2)** Übertragung v. Geld od. Gütern v. einem Wirtschaftssubjekt auf ein anderes ohne spezielle Gegenleistung des Empfängers (z. B. Schenkung, Erbschaft).
**Transformation** [lat.], Umformung, Umwandlung.

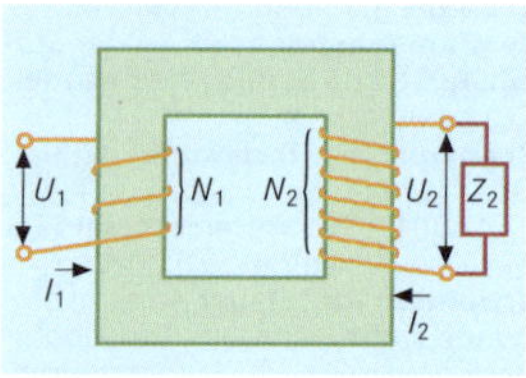


**Transformator:** *Schema eines Einphasentransformators; $N_1$, $N_2$ Windungszahlen, $I_1$, $I_2$ Stromstärke der in den Wicklungen fließenden Ströme, $U_1$, $U_2$ Spannung der auf den Schenkeln des geschlossenen Eisenkerns befindlichen Primär- und Sekundärwicklung, $Z_2$ Wechselstromwiderstand eines angeschlossenen Verbrauchers*

**Transformator** [lat.], kurz **Trafo,** Gerät zur Umformung v. elektr. Wechselströmen in solche mit anderer Amplitude v. Spannung u. Stromstärke bei gleich bleibender Frequenz. Die Wirkungsweise beruht auf der elektromagnet. Induktion: 2 Spulen *(Primär-* u. *Sekundärspule)* sind auf den Schenkel eines geschlossenen Eisenkerns gewickelt. Eine Wechselspannung in der Primärspule induziert ein magnet. Wechselfeld im Eisenkern, das seinerseits eine elektr. Wechselspannung in der Sekundärspule induziert.
**Transhimalaja, Hedingeb.,** Geb.-System im südl. ↑Tibet, China, im Kailas 6714 m.
**Transistor** [engl.], Halbleiterbauel. zur Verstärkung u. Steuerung elektr. Signale (Ströme, Spannungen); wichtigstes Bauel. der modernen Elektronik, in dem ein Strom v. elektr. Ladungsträgern in einem Halbleitergebiet zw. 2 Elektroden mithilfe einer weiteren kontinuierl. verändert (gesteuert) werden kann. Je nachdem ob beide Ladungsträgerarten (Elektronen, Löcher) oder nur eine beteiligt sind, unterscheidet man *bipolare* u. *unipolare T.* Bipolar-T. bestehen aus 3 aufeinander folgenden Schichten *(Basis, Emitter, Kollektor)* eines (Si-)Halbleiterkristalls, die abwechselnd als p- u. n-leitende Zonen ausgebildet sind.
**Transit** [lat.], Durchfuhr von (verplombten) Waren u. Beförderung von Personen von einem Staat in eine Exklave od. einen anderen Staat durch das Hoheitsgebiet eines dritten Staates.
**Transitiv[um]** [lat.], Verbum, von dem ein Akkusativobjekt abhängt.
**Transjordani|en,** das Ostjordanland (↑Jordanien, ↑Palästina).
**Transkarpati|en,** Gebiet in d. Ukraine, 12800 km², 1,3 Mill. E, Hptst. Uschgorod; gehörte bis 1919 zu Ungarn, 1919 bis 1939 zur ČSR *(Karpato-Ukraine* bzw. *Karpato-Russland),* 1939 v. Ungarn annektiert, 1945/46 d. Ukrain. SSR angegliedert.
**Transkei,** ehem. Homeland d. Xhosa in d. Rep. Südafrika; kam 1994 zur Prov. Ost-Kap.
**Translation** [lat.], allg. Übertragung, Übersetzung; geradlin. fortschreitende Bewegung.
**Transmission** [lat.], Kraftübertragung von einer Antriebsmasch. auf mehr. Arbeitsmaschinen (mittels Treibriemen).
**Transparent,** **1)** Spruchband. **2)** durchscheinendes Bild.
**Transpiration** [lat.], **1)** [Haut]ausdünstung, Schwitzen. **2)** Abgabe von Wasserdampf durch die Spaltöffnungen der Pflanzen.
**Transplantation** [lat.], Übertragung von Zellen, Geweben oder Organen (Transplantate) auf ein anderes Individuum (oder an eine andere Körperstelle); transplantiert werden z. B. Gefäße, Augen-

hornhaut u. Organe (Nieren u.a.). Die *Organ-T.,* Verpflanzung eines Organs von einem Spender auf einen Empfänger, ist die einzig mögl. Behandlungsform bei endgültigem Funktionsverlust. Ein bes. Risiko stellt die Abstoßungsreaktion durch den Empfängerorganismus dar.

**Transputer** [-ˈpju:tər], Mikroprozessor mit eigenem Arbeitsspeicher, eingesetzt in Parallelrechnern.

**Transrapid,** in Dtl. entwickelte Magnetschwebebahn, Geschw. bis 500 km/h; geplant sind (bis 2006) 2 Strecken zw. Dortmund u. Düsseldorf (77 km) sowie zw. der Münchner Innenstadt u. dem Münchner Flughafen (37 km).

**Trans|sexualität,** Entw. einer Geschlechtsidentität, die zum körperl. Geschlecht im Widerspruch steht.

**Trans|sibirische Eisenbahn, Transsib,** Eisenbahnverbdg. zw. Ural u. Pazifik, 1891–1903 gebaut, letztes Teilst. 1916 fertig gestellt, v. Tscheljabinsk nach Wladiwostok; 7 512 km, v. Moskau 9 289 km; Entlastung durch d. ↑Baikal-Amur-Magistrale.

**Trans|silvani|en** ↑Siebenbürgen.

**Trans|substantiation** [lat.], nach kath. Lehre die Wandlung v. Brot u. Wein in den Leib u. das Blut Jesu Christi bei der Feier der Eucharistie.

**Trans|urane,** künstl. hergest. chem. El., deren OZ größer als 92 sind, die also im Periodensystem der chem. El. hinter dem Uran stehen.

**Transvaal,** ehem. Prov. im NO d. Rep. Südafrika, Hptst. Pretoria, ging 1994 in d. Prov. Mpumalanga, Gauteng, Nordprovinz u. d. W d. Prov. Nordwest auf.

**Transversale,** Gerade, die eine geometr. Figur schneidet.

**Transversalwelle,** Welle, bei der die Schwingungen senkr. zur Fortpflanzungsrichtung erfolgen (z.B. elast. Wellen); Ggs.: Longitudinalwelle.

**Transvestismus, Transvestitismus** [lat.], das Bedürfnis, Kleidung und Verhalten des anderen Geschlechts anzunehmen.

**transzendent** [lat.], **1)** die Grenzen der Erfahrung u. der sinnl. erkennb. Welt überschreitend; Ggs. immanent. **2)** nicht algebraisch, über das Algebraische hinausgehend.

**Transzendenz,** Bereich außerh. von Erfahrung u. menschl. Bewusstsein; das Absolute; Ggs. Immanenz.

**Trap,** Wettbewerb des ↑Wurfscheibenschießens.

**Trapani,** Prov.-Hptst. in Italien, an d. NW-Küste Siziliens, 69 600 E; Salzgärten, Fischerei; ⚓.

**Trapez** [gr.], Viereck mit 2 parallelen, nicht gleich langen Seiten.

**Trapezunt** ↑Trabzon.

**Trapper** [engl.], Fallensteller, nordamer. Pelztierjäger.

**Trappisten,** Mitgl. des nach der Abtei La Trappe ben. Reformzweiges der Zisterzienser (s. 1892 selbst. Orden); beschaul. Orden (stetes Schweigen).

**Trasimenischer See,** größter See d. Apenninenhalbinsel, Italien, 128 km², bis 7 m tief; 217 v. Chr. Sieg Hannibals über d. Römer.

**Trassant** [ital.], Aussteller eines gezogenen ↑Wechsels; *Trassat,* Bezogener eines gezogenen Wechsels.

**Tratte** ↑Wechsel.

**Traube, 1)** Form des Blütenstandes. **2)** Bez. für den Fruchtstand der Weinrebe.

**Traubenwickler** ↑Pflanzenkrankheiten (Übers.).

**Traubenzucker, Glucose, Dextrose,** $C_6H_{12}O_6$, verbreitete natürl. Zuckerart, die in zahlr. Naturprodukten (Früchte, Honig u.a.) vorkommt; wesentl. am Aufbau von Di- u. Polysacchariden beteiligt.

**Trauermantel,** Tagfalter mit dunkelbraunen, hell umrandeten Flügeln.

**Trauerspiel,** svw. ↑Tragödie.

**Traum,** in best. Phasen des Schlafs auftretende, vorwiegend bildhafte seel. Erlebnisse mit ungeordnetem Situations-, Zeit- u. Persönlichkeitsbewusstsein; gedeutet u.a. als nachwirkende Sinnesreize, „Tagesreste", Triebwünsche (↑Freud), unbewältigte Erlebnisse, Komplettierung des Bewussten durch das Unbewusste (↑Jung).

**Trauma** [gr.], Verletzung, Wunde; seel. Erschütterung (Schock).

**Traun,** r. Nbfl. der Donau, Östr., 153 km.

**Traunsee, Gmundner See,** östr. See im Salzkammergut, 24 km², 191 m tief.

**Traunstein,** Krst. im Vorland der Chiemgauer Alpen, Obb., 17 700 E; LG; Kneippkurort.

**Trave,** Küstenfl. zur Ostsee, 118 km; mündet bei *T.münde* (Stadtteil von ↑Lübeck).

**Travellerscheck** [ˈtrævələ-], ↑Reisescheck.

**Traven,** B., * 1882 (?), † 1969, in Mexiko beheimateter Schriftsteller, der stets bemüht war, s. Identität zu verbergen u. sich auch Richard Maurhut, Ret Marut, Hal Croves nannte u. als T. Torsvan Croves starb. Sozialkrit. Romane, u.a. „Das Totenschiff".

**Travolta** [træˈvɔltə], John, amer. Filmschauspieler, * 1954; in den 1970er-Jahren Musikfilme („Saturday Night Fever"), später auch andere Filme („Pulp Fiction").

**Trawl** [ˈtrɔ:l; engl.] ↑Schleppnetz.

**Trawler** [ˈtrɔ:lə], Fischdampfer, der mit Schleppnetz arbeitet.

**Trebbia,** r. Nbfl. d. Po, 115 km.

**Treblinka,** poln. Ort am Bug, nordöstlich v. Warschau; bei T. befand sich 1942–43 ein dt. KZ (Vernichtungslager).

**Trebur,** hess. Gem. westl. von Groß-Gerau, 11 800 E. – 829 als Pfalz Ludwigs d. Frommen gen., erlangte T. *(Tribur)* vom 9. bis 12. Jh. Bed. als Tagungsort von R.-Tagen und Synoden.

**Treck** [niederdt.], Zug, Auszug; urspr. Auswanderungszüge der Buren aus der Kapkolonie (s. 1835); auch allg. Bez. für Flüchtlingszüge.

**Trecker,** svw. ↑Schlepper.

**Treibhaus** ↑Gewächshaus.

**Treibhaus|effekt,** allmähl. Erhöhung der Durchschnittstemp. der Atmosphäre infolge erhöhter Kohlendioxidemissionen. $CO_2$, Wasserdampf u. Methan absorbieren Infrarotstrahlung u. vermindern damit die nächtl. Wärmeabstrahlung.

**Treib|stoffe,** i.w.S. die Kraftstoffe; i.e.S. Stoffe, mit denen ohne Zutritt von Sauerstoff exotherm ein Gasstrom hoher Geschwindigkeit entsteht, der einen entgegengesetzten Schub bewirkt, z.B. Raketen-T.

**Trekking** [engl.], organisiertes Höhenwandern (mit Ausrüstung) in kaum erschlossenen Gebirgsregionen.

**Trelleborg** [-ˈbɔrj], schwed. Hafenst. an der S-Küste Schonens, 36 900 E; Ind.; Eisenbahn- u. Autofähre nach Sassnitz, Autofähre nach Lübeck-Travemünde.

**Trema** [gr.], 2 Punkte über einem von 2 nebeneinander stehenden Vokalen zur Bez. der getrennten Aussprache.

**Trematoden** [gr.], svw. ↑Saugwürmer.

**Tremolo** [ital.], abk. **trem.,** 𝄞 schnelle (zitternde, bebende) Wiederholung eines Tons, Akkords.

**Trenchcoat** [ˈtrentʃkəʊt; engl.], urspr. Wettermantel der engl. Soldaten im 1. Weltkrieg, später in die mod. Kleidung übernommen.

**Trenck, 1)** Franz Frhr. v. der, östr. Offizier preuß. Herkunft, * 1711, † 1749; berüchtigt war die Grausamkeit seiner pandur. Reiter. **2)** Friedrich Frhr. v. der, Vetter v. 1), preuß. Offizier, * 1726, † 1794; als Ordonnanzoffizier Friedrichs

d. Gr. 1745 wahrsch. wegen Spionage inhaftiert, auf Bitten Maria Theresias 1763 freigelassen, als Spion in Paris hingerichtet.

**Trend** [engl.], Grundrichtung einer Entwicklung (z.B. Wirtschaft, Mode).

**Trendsportarten,** neue Sportarten, die sich zunehmender Beliebtheit erfreuen (als freizeitsportl. Vergnügen: *Funsport*).

**Trenker,** Luis, Regisseur, Schriftsteller und Filmschauspieler aus Südtirol, *1892, †1990; „Der Feuerteufel" u.a. in den Bergen spielende Filme und Romane.

**Trentino-Südtirol,** ital. **Trentino-Alto Adige** [- 'a:didʒe], autonome Region in Italien; 13 607 km², 929 600 E, Hptst. Trient; zweisprach. (ital. u. dt.); Forst- u. Holzwirtsch.; Obst- u. Weinbau; Viehzucht; Fremdenverkehr.

**Trenton** ['trentn], Hptst. von New Jersey, USA, am Delaware River, 88 700 E; Masch.-, Metall-, keram. u.a. Ind., Fluss-⚓.

**Treuhand,** Verw. fremden Vermögens od. fremder Forderungsrechte durch *Treuhänder,* T.ges. od. Staaten bzw. internat. Organisationen.

**Treuhandanstalt,** ugs. Bez. für die Bundesanstalt zur treuhänder. Verw. volkseigenen Vermögens, 1990 von der DDR gegr. Ges. zur Privatisierung der Volkseigenen Betriebe, auch Aufgaben nach ↑Vermögensgesetz; Restaufgaben ab 1995 von Nachfolgeorganisationen übernommen.

**Treuhandgebiet,** svw. Mandatsgebiet (↑Mandat).

**Treu und Glauben,** Grundsatz des dt. Rechts, nach dem bei Berücksichtigung der Verkehrssitte die Auslegung von Willenserklärungen u. Vertr., die Art der Leistungsbewirkung sowie die Möglichkeit der Rechtsverfolgung beurteilt wird (§§ 157, 242 BGB).

**Treviso,** Prov.-Hptst. in Italien, nördl. v. Venedig, 81 700 E; Dom (15./16. Jh.) u.a. bed. Bauten; Textil-, Glas- u.a. Ind.

**tri..., Tri...** [gr.], Bestimmungswort; Bed.: „drei".

**Triade** [gr.], Dreiheit, Dreizahl.

**Trial** ['traɪəl], 🏍 1) Wettbewerb mit Spezialmotorrädern in schwierigstem Gelände; 2) Wettbewerb mit Mountainbikes, wobei steile Passagen und Hindernisse zu überwinden sind.

**Triangel** [lat.], Schlaginstrument, ein zu einem an einer Ecke offenen Dreieck gebogener Stahlstab; aufgehängt mit Metallstab geschlagen.

**Trianon** [tria'nɔ̃; frz.], zwei Lustschlösser im Park von Versailles, *Grand-T.* (1687/88), *Petit-T.* (1764–68). – 1920 Friedensvertr. zw. Ungarn, das v. Östr. abgetrennt wurde, u. den Alliierten.

**Trias** [gr.], **1)** Dreiheit, Dreizahl. **2)** ↑Geologie (Übers.).

**Triathlon** [gr.; = Dreikampf], Ausdauermehrkampf mit den nacheinander ohne Unterbrechung absolvierten Disziplinen Schwimmen, Radfahren u. Laufen; Sieger ist der Teilnehmer mit der besten Gesamtzeit. Eine ähnl. Disziplin ist *Duathlon,* bestehend aus Laufen, Radfahren, Laufen.

**Tribadie** [gr.] ↑Homosexualität.

**Triberg im Schwarzwald,** St. im mittl. Schwarzwald, Ba.-Wü., 5 800 E; Uhrenind.; Kurort, Wintersportplatz; *Triberger Wasserfälle* (162 m).

**Tribunal, 1)** [hoher] Gerichtshof. **2)** häufig polit. Sondergericht.

**Tribut** [lat.], bis in die Neuzeit Geld- od. Sachleistungen der Besiegten an den Sieger; übertr. für Opfer, Beitrag, auch Hochachtung.

**Trichinen** [gr.], parasit. Fadenwurmart in Menschen u. in Fleisch fressenden Säugetieren; gelangen bei Genuss von trichinösem Fleisch in den Darm und werden dort geschlechtsreif, begattete ♀♀ bohren sich in die Darmwand u. gebären dort bis über 1 000 Larven; diese gelangen über Lymph- und Blutgefäße in die Muskeln, entwickeln sich u. werden vom Gewebe des Wirts eingekapselt; die *T.krankheit* (Trichinose) kann zum Tod führen; Verhütung durch Fleischbeschau.

**Tri|chloräthylen, Tri|chlorethylen,** Abk. **Tri,** $CHCl{=}CCl_2$, farblose Flüssigkeit, wicht. Lösungsmittel.

**Tri|chlormethan,** svw. ↑Chloroform.

**Tri|chomonas, Trichomonaden** [gr.], Gatt. der Flagellaten. *Trichomoniasis,* Erkrankung durch Trichomonaden (Schleimhäute des Urogenitaltrakts).

**Trichterbecherkultur,** nach der typ. Gefäßform ben. jungsteinzeitl. Kultur (Übers. ↑Vorgeschichte).

**Tridentinum** [nlat.], **Tridentinisches Konzil,** das 1545–63 (mit Unterbrechungen) in Trient tagende Konzil; legte die Glaubenssätze der Kirche in ihrem Unterschied zur reformator. Lehre fest, stellte Missbräuche ab, sicherte den Vorrang des Papsttums; das Hauptziel, die Beendigung der mit der Reformation aufgebrochenen Kirchenspaltung, wurde nicht erreicht.

**Trieb, 1)** svw. ↑Spross. **2)** junger Zweig. **3)** biolog. Grundbedürfnisse (z.B. Nahrungs-, Sexual-, Selbsterhaltungs-T.), die gerichtete Handlungen auslösen, aber z.T. auch gesteuert od. unterdrückt werden können.

**Trient,** ital. **Trento,** Hptst. d. autonomen Region Trentino-Südtirol u. Prov.-Hptst. in Italien, an d. Etsch, 104 200 E; Univ.; roman.-got. Dom, Kastell (13. bis 15. Jh.); Zement-, Metall-, chem. u.a. Ind.; Fremdenverkehr.

**Trier,** Hptst. des Reg.-Bez. T., an der Mosel, RP, krsfr. St. u. Krst., 99 400 E; LG, Arbeitsger., IHK, Univ., Theater; Reste röm. Bauten, u.a. Porta Nigra; Dom (11. Jh.) und Liebfrauenkirche (um 1235 begr.); vielseit. Ind.; ⚓. – Als röm. Kolonie *Augusta Treverorum* um 15 v. Chr. von Augustus an der Stelle einer Ufersiedlung der kelt.-german. Treverer gegr., im 3./4. Jh. Residenz röm. Ks.; s. dem 3. Jh. Mittelpt. des Bistums, späteren Erzbistums und Kurft. T., das 1803 säkularisiert wurde.

**Triest,** ital. **Trieste,** Hptst. d. Region Friaul-Julisch Venetien u. Prov.-Hptst. in Italien, 217 900 E; am *Golf v. T.*; Univ., Hochschulen, wiss. Inst.; Erdölraffinerien, Transalpine Ölleitung (TAL); Eisen-, Masch.-, chem. u.a. Ind.; Aluminiumhütte, Werft; Fischerei; bed. ⚓; röm. Theater, Dom (14. Jh.), Kastell (15.–17. Jh.); – T., das antike *Tergeste,* wurde 1382 östr., war 1719–1891 Freihafen, 1919 ital.; d. 1947 aus St. u. Hinterland gebildete *Freistaat T.* wurde 1954 zw. Italien u. Jugoslawien geteilt.

**Trifels,** Bergkegel im Dahner Felsenland (Pfälzer Wald) b. Annweiler am T., RP, teilw. ausgebaute Ruine einer Reichsburg (11. Jh.).

**Trigeminus** [lat.], med. Kurzbez. für *Nervus trigeminus,* 5. Gehirnnerv bei Wirbeltier u. Mensch.

**Trigonalschein,** ✡ ↑Konstellation.

**Trigonometrie** [gr.], Dreiecksmessung; Lehre v. den Beziehungen zw. den Seiten u. Winkeln ebener u. sphär. Dreiecke *(ebene u. sphär. T.).* Dreiecksberechnungen erfolgen mithilfe der in der *Goniometrie* behandelten trigonometr. Funktionen (↑Winkelfunktionen).

**trigonometrische Funktionen,** die ↑Winkelfunktionen.

**Trikolore** [frz.], s. 1790 die senkr. gestreifte frz. Nationalflagge (Blau-Weiß-Rot).

**Trikot** [tri'ko; frz.], **1)** eng anliegendes gewirktes Kleidungsstück. **2)** maschinengestricktes Gewebe.

**Triller** [ital.], 𝄞 schneller, aber rhythm. genau aufgeteilter Wechsel zw. einem Ton u. seiner kl. oder gr. Obersekunde.

**Trillion** [lat.], eine Mill. Billionen (= $10^{18}$).

**Trilogie** [gr.], Folge von 3 zusammengehörigen literar. od. musikal. Werken.

**Trimester** [lat.], Zeitabschnitt von 3 Monaten; im Bildungswesen vieler Staaten dritter Teil des Studienjahres.

**trimmen, 1)** Schiffe bzw. Flugzeuge in die richtige Lage bringen. **2)** svw. Abgleichen; elektr. Schwingkreise auf eine feste Frequenz einstellen. **3)** Hunden das Fell ausdünnen, scheren.

**Trinidad,** Hauptinsel von T. und Tobago, 4 828 km², über 1,05 Mill. E, Hptst. Port of Spain; im N Küstenkette (bis 941 m), sonst meist flach; Anbau von Zuckerrohr, Zitrusfrüchten, Bananen u. a., Erdölförderung, Asphaltgewinnung. S. 1962 Teil v. ↑Trinidad u. Tobago.

**Trinidad und Tobago,** unabh. Rep. im Commonwealth, seit 1962, bestehend aus ↑Trinidad u. ↑Tobago, vor der N-Küste Südamerikas. – 1498 v. Kolumbus entdeckt, ab 1552 span. Kolonisation; Trinidad 1802, Tobago 1814 brit.; 1958–62 Mitgl. der Westind. Föderation; 1962 unabh.; 1976 Rep. (bisher Monarchie) innerhalb des Commonwealth.

**Trinidad und Tobago**

*Fläche:* 5 128 km²

*Einwohner:* 1,102 Mill.

*Hauptstadt:* Port of Spain

*Amtssprache:* Englisch

*Zeitzone:* MEZ – 5 Stunden

**Trinität** [lat.], **Dreifaltigkeit,** zentrale Lehraussage der christl. Theologie über Gott, nach der der eine Gott von Ewigkeit her eine Einheit dreier wesensgleicher „Personen“ (Seinsweisen) darstellt: Vater, Sohn und Hl. Geist; formuliert durch die Konzile von Nizäa (325) und Konstantinopel (381).

**Trinitrotoluol** [Kw.], **Trotyl,** Abk.

**Triptychon:** *Mettlacher Triptychon (13. Jh.)*

**TNT,** $C_6H_2(NO_2)_3CH_3$, stoßunempfindl. Explosivstoff.

**Trintignant** [trɛ̃ti'ɲã], Jean-Louis, frz. Schauspieler, * 1930.

**Trio** [ital.], **1)** Musikstück für 3 Instrumente, auch die Ausführenden. **2)** Mittelteil eines Menuetts, Marsches od. Scherzos.

**Triode** ↑Elektronenröhre.

**Tripel...** [frz.], Bestimmungswort; Bed.: „drei“.

**Tripoli,** libanes. Hafenst. am Mittelmeer, 160 000 E; Endpt. d. Pipeline v. Kirkuk, Irak; ⚓-Raffinerie.

**Tripolis,** Hptst. Libyens, am Mittelmeer, 1,7 Mill. E; Univ., Hochschulen; vielseitige Ind.; ⚓, ✈.

**Tripper** [niederdt.], **Gonorrhö,** häufigste, durch Übertragung von Gonokokken hervorgerufene Geschlechtskrankheit; beginnt 2 bis 4 Tage nach Ansteckung mit Brennen in der vorderen Harnröhre und eitrigem Ausfluss; kann zu schmerzhaften Nebenhoden- oder Eierstockentzündungen und Sterilität führen. Behandlung: Antibiotika.

**Triptychon** [gr.], Flügelaltar aus 3 Teilen, d. h. ein Altaraufsatz mit 2 Flügeln, geschnitzt od. gemalt.; auch allg. für dreiteiliges Bild.

**Tristan und Isolde,** Hauptgestalten eines ma. Sagenstoffs, Quelle wahrsch. kelt.; Epos von Gottfried von Straßburg; Oper von R. Wagner.

**Tritium** [gr.], **überschwerer Wasserstoff,** Symb. **T,** Isotop des Wasserstoffs, rel. A.-Masse 3; Atomkern *(Triton)* aus 1 Proton u. 2 Neutronen; radioakt.; natürl. Vorkommen selten; künstl. z. B. aus Lithium durch Beschuss mit Neutronen herstellbar.

**Triumph** [lat.], **1)** Siegesfreude, -jubel; Erfolg; Genugtuung. **2)** im antiken Rom Einzug des siegreichen Feldherrn *(Triumphator).*

**Triumphbogen,** zu Ehren eines Ks. oder Feldherrn errichteter torartiger Bogen, z. B. Titusbogen in Rom.

**Triumvirat** [lat.], im antiken Rom „Dreimännerbund“. *1. T.* (60 v. Chr.): Caesar, Pompeius, Crassus; *2. T.* (43 v. Chr.): Antonius, Octavianus (der spätere Ks. Augustus), Lepidus.

**trivial** [lat.], alltägl., abgedroschen; selbstverständlich.

**Trivialliteratur,** literar. Schriften, die inhaltl. od. sprachl.-stilist. ohne höheren od. gänzlich ohne Anspruch sind; die sich wiederholenden Themen werden in klischeehafter Weise abgehandelt und bieten eine Scheinrealität, in deren geordnete Verhältnisse sich der Leser flüchten kann.

**Troas,** antike Landschaft im nw. Kleinasien, an der Dardanellenküste, benannt nach Troja.

**Trochäus** [gr.], Versfuß aus langer (betonter) u. kurzer (unbetonter) Silbe: (–◡).

**Trocken|eis,** ↑Kohlendioxid in festem Aggregatzustand.

**Trockensavanne,** Vegetationstyp in trop. Gebieten mit 5–7 ariden Monaten; Gras bis 2 m hoch, Bäume zur Regenzeit grün.

**Trockenzeit,** die zw. den ↑Regenzeiten liegende niederschlagsarme od. -freie Zeit der Tropen und Subtropen.

**Troika** [russ.], Dreigespann vor Wagen od. Schlitten.

**Troisdorf** ['tro:s-], St. in der südl. Kölner Bucht, NRW, 68 800 E; Eisen-, Kunststoff-, chem. Industrie, Maschinen- und Apparatebau.

**Troja, Troia, Ilios, Ilion,** heute der Ruinenhügel Hissarlik, antike St.

nahe der nw. kleinasiat. Küste; bei den Ausgrabungen (H. Schliemann, W. Dörpfeld u. a.) ergaben sich 9 Schichten von aufeinander folgenden Siedlungen; vermutl. ist in der 6. Schicht das *homer. T.* anzunehmen, Schauplatz der Erzählung vom Trojan. Krieg.

**Trojanischer Krieg,** myth. Ereignis der antiken Überlieferung, Belagerung Trojas durch die Griechen wegen der vom trojan. Prinzen Paris entführten Helena. Im 10. Jahr Einnahme der Stadt durch List: die Griechen lassen ein hölzernes Pferd *(Trojanisches Pferd)* zurück, das nach scheinb. Abzug von den Trojanern in die Stadt geholt wird; ihm entsteigen griech. Krieger u. öffnen die Tore. Der T. K. ist überragendes Thema der altgriech. Lit. („Ilias" u. „Odyssee" Homers). Durch Grabungsfunde ist der histor. Hintergrund nicht zweifelsfrei zu belegen.

Wendekreisen mit ständ. hohen (außer in Gebirgen) Temp. von größerer Tages- als jahreszeitl. Schwankung; für das Klima Trocken- u. Regenzeiten charakt.; in äquatornahem Gebiet Trockenzeiten nur kurz u. schwach ausgeprägt, immergrüner Regenwald charakt. Vegetationsformation; in der Nähe des Wendekreises überwiegen die Trockenzeiten (versch. Formen der Savanne).

**Tropfsteine,** in Höhlen auftretende Kalkausscheidungen; von der Decke her entwickeln sich eiszapfenart. *Stalaktiten,* von der Sohle her spitze, turmart. *Stalagmiten.*

**tropisch** [gr.], **1)** auf den Frühlingspt. bezogen, im Frühlingspt. beginnend (↑Frühling), z. B. trop. Jahr. **2)** die ↑Tropen betreffend.

**Trotta,** Margarethe von, dt. Schauspielerin u. Regisseurin, *1942; „Das Versprechen".

**Tropfsteine:** *Tropfsteingruppe in den Adelsberger Grotten bei Postojna (Slowenien)*

**Troll,** Unhold der skandinav. Märchen- u. Sagenwelt, von der Fantasyliteratur übernommen.

**Trommelfell** ↑Ohr.

**Trompete,** [frz.], Blasinstrument aus Messing mit Kesselmundstück und Ventilen.

**Tromsø** ['trumsø:], norweg. Hafenst. u. Hptst. der Prov. *Troms,* auf der Insel *T.* (21,7 km²), 53 400 E; Univ.; ⚓.

**Trondheim** ↑Drontheim.

**Tropen** [gr.], Gebiete zw. den

**Trott zu Solz,** Adam von, dt. Diplomat, *1909, †(hingerichtet) 1944, suchte bei den Alliierten Unterstützung für die dt. Widerstandsbewegung zu gewinnen, an der Verschwörung des 20. 7. 1944 beteiligt.

**Trotzki,** Leo (Lew), eigtl. Leib **Bronstein,** russ. Politiker, *1879, †1940; führend an der Oktoberrevolution beteiligt; organisierte als Volkskommissar für Verteidigung (s. 1918) die Rote Armee; unterlag mit der Forderung nach permanenter Revolution Stalin; 1927 aus KPdSU ausgeschlossen, 1929 des Landes verwiesen; im mex. Exil ermordet.

**Troubadour** ['tru:badu:r; provenzal.-frz.], provenzal. Dichter des 12. u. 13. Jh.; Mittelpt. der *T.dichtung* ist die Frauenverehrung; u. a. Wilhelm von Poitou, Bernart de Ventadour, Bertran de Born; entspr. in N-Frkr. die *Trouvères.*

**Troyes** [trwa], Hptst. des frz. Dép. Aube, 59 300 E; Kathedr. (13. bis 17. Jh.) mit bed. Glasfenstern; Wirkwaren- u. a. Industrie.

**Truchsess,** Inhaber des vornehmsten der german. Hausämter, Hausverwalter u. Küchenmeister.

**Truffaut** [try'fo], François, frz. Filmregisseur, *1932, †1984.

**Trüffel,** Schlauchpilzgatt. mit unterird., knollenart. Fruchtkörpern; z. T. geschätzte Speisepilze.

**Trugdolde, Scheindolde,** Blütenstand, b. dem die Blüten zwar in einer Höhe liegen, ihre Stiele aber v. versch. Pt. am Stamm abzweigen; Ggs. ↑Dolde.

**Truman** ['tru:mən], Harry S., 33. Präs. der USA (1945–53), *1884, †1972; Demokrat; verfolgte eine gg. die sowj. Expansion gerichtete Politik, förderte mit der Marshallplanhilfe den wirtsch. Wiederaufbau W-Europas, engagierte die USA im Koreakrieg.

**Truman-Doktrin** ['tru:mən-], außenpolit. Leitlinie der USA, wonach sie anderen „freien" Völkern auf deren Ersuchen hin mil. u. wirtsch. Hilfe gg. eine Gefährdung ihrer Freiheit gewährten; 1947 v. Präs. H. S. Truman formuliert.

**Trust** [trʌst], Unternehmenszusammenschluss unter einer Holdingges., i. d. R. unter Aufgabe der Selbstständigkeit.

**Trut|hühner,** Fam. bis 1,3 m gr., ungern auffliegender Hühnervögel; Waldbewohner (Amerika); u. a. *Wildtruthuhn,* Stammform des *Haustruthuhns.*

**Tschad,** Rep. in Zentralafrika; erstreckt sich v. d. Sahara im N über Sahel- u. Sudanzone, umfasst d. östl. Teil d. T.beckens mit d. T.see; vorw. Savanne; randtrop., im N Wüstenklima; Bev. aus rd. 200 Ethnien; Anbau v. Hirse, Maniok, Erdnüssen, Reis, für d. Export Baumwolle, Zuckerrohr, Tabak; Fischerei; Viehzucht; wenig entwickelte Ind.; kaum Bodenschätze. *Gesch.:* 1910 Teil d. Gen.gouvernements Frz.-Äquatorialafrika, 1946 Überseeterritorium; 1960 unabh. Rep.; religiös-polit. Differenzen zw. christl. S u. muslim. N führten s. Ende der

**Tschad**

*Fläche:* 1 284 000 km²
*Einwohner:* 7,3 Mill.
*Hauptstadt:* N'Djamena
*Amtssprachen:* Arabisch, Französisch
*Zeitzone:* MEZ

1960er-Jahre zum Bürgerkrieg (Friedensvertrag 1989); s. 1991 Demokratisierungstendenzen.

**Tschad|see,** abflussloser, inselreicher Süßwassersee in Zentralafrika, Größe zw. 12 000 u. 24 000 km² stark schwankend; Hauptzufluss: Schari.

**Tschaikowski,** Pjotr (Peter) Iljitsch, russ. Komponist, *1840, †1893; von der dt. Romantik beeinflusster, eigener express. Stil; Hauptwerke: 6 Sinfonien (darunter die „Pathétique"), Ballette („Der Schwanensee", „Dornröschen", „Der Nußknacker"), Opern („Eugen Onegin", „Pique Dame"), Instrumentalkonzerte, Kammer- u. Klaviermusik, Ouvertüren.

**Tschechen,** westslaw. Volk v. a. in Böhmen und Mähren.

**tschechische Kunst,** im 9. Jh. kleine Rundkirchen in Böhmen u. Mähren als frühe Baudenkmäler, Prag im 14. Jh. als Residenzst. Karls IV. Zentrum der ma. Kunst in Europa, Prager Dombauhütte mit bed. Leistungen in Wölbetechnik u. Plastik (u. a. P. Parler), hohe Blüte der Malerei (Meister v. Wittingau u. a.), von europ. Rang das böhm. Barock (Dientzenhofer u. a.), bed. Beiträge zum Jugendstil (A. Mucha) sowie zur abstrakten Kunst. In den 1980er- u. 1990er-Jahren Rückbesinnung auf eigene Traditionen, aber auch Öffnung für Tendenzen des internat. Kunstbetriebs.

**P. Tschaikowski**

**tschechische Literatur,** *alttschech. Epoche* 11.–14. Jh.: geistl. Lieder, Legenden, Versepen („Dalimilchronik"); Ende des 14. Jh. didakt. u. wiss. Lit.; *das hussit. Schrifttum* war reformator.-revolutionär u. betont nat. (P. Chelčický); nach der Spaltung der Hussiten Übergang der literar. Tradition an die Böhmischen Brüder (Comenius; Kralitzer Bibelübers.); nach 1620 wurde Tschech. als Spr. der Protestanten unterdrückt; *Ende des 18. Jh.* Beeinflussung der Dichtung durch Romantik und Panslawismus; nach 1848 Realismus (J. Neruda); *Ende des 19. Jh.* Überwindung der volkskundl.-patriot. Richtung u. Durchbruch der Moderne mit erzählender Dichtung im Mittelpunkt; europ. Geltung erlangten nach dem *1. Weltkrieg* K. M. Čapek-Chods u. J. Hašek; *nach 1945* sozialist. Realismus zeitweise mit lib. Tendenzen; internat. Anerkennung der Theateravantgarde; zu den bekanntesten Namen gehören P. Kohout, M. Kundera u. V. Havel; nach der polit. Wende 1989 lit. Aufarbeitung der letzten Jahrzehnte.

**Tschechische Republik,** Abk. **ČR,** Staat in Mitteleuropa, grenzt an Dtl., Polen, die Slowak. Rep. u. an Österreich; umfasst ↑Böhmen, umgrenzt von Böhmerwald, Erzgebirge u. Sudeten, gg. ↑Mähren abgegrenzt durch das Böhm.-Mähr. Hügelland; hoch entwickelte Agrar-, Vieh- u. Waldwirtsch.; Ind.: Masch.- sowie Glas-, Leder-, Schuh-, Elektro-, Porzellan- u. chem. Ind. Ind.-Zentren an den Rändern von Erzgeb., Sudeten u. Nordmähr. Becken. – *Gesch.:* Böhmen, Mähren u. (Österreichisch-)Schlesien gehörten 1620–1918 zu Österreich(-Ungarn), bildeten danach den dominierenden Teil der ČSR u. später der ČSSR (↑Tschechoslowakei, Geschichte). Mit dem gewaltfreien Zusammenbruch der kommunist. Herrschaft (1989/90) in der ČSSR erfolgte Frühjahr 1990 die Umwandlung in eine föderative Rep. (T. R.) innerhalb der ČSFR. Die Separationsbestrebungen der Slowakei mündeten in die Trennung der beiden Rep., die T. R. konstituierte sich am 1. 1. 1993. Präs.: V. Havel. Seit 1999 Mitgl. der NATO; EU-Aufnahme zugesagt.

**Tschechische Republik**

*Fläche:* 78 866 km²
*Einwohner:* 10,282 Mill.
*Hauptstadt:* Prag
*Amtssprache:* Tschechisch
*Zeitzone:* MEZ

**tschechische und slowakische Musik.** Die landschaftl. sehr unterschiedl. Volksmusik der Tschechen ist s. dem 11. Jh. belegt, bes. der geistl. Volksgesang, der auf die Lieder der Böhm. Brüder Anfang d. 16. Jh. einwirkte. Im 16.–18. Jh. waren die böhm. Musiker in ganz Europa berühmt (J. W. A. Stamitz, F. u. G. A. Benda, A. Reicha), Entfaltung einer tschech. Nationalmusik unter F. Smetana u. A. Dvořák, L. Janáček baute auf mähr. u. ostslowak. Volksmusik auf. Zur Moderne zählen der folklorist. Martinů u. der Avantgardist A. Hába, ferner J. Seidel, V. Dobiás, J. Tausinger u. M. Kopelent. – In der Slowakei Höhepunkt d. geistl. Liedes im 16. Jh., Beginn einer eigenen Musikpflege im 19. Jh. (J. L. Bella erster nat. Komponist), eigtl. Aufschwung nach 1918, internat. Ansehen mit J. Cikker, D. Kardos, zeitgenöss. Komponisten u. a. O. Ferenczy, L. Burlas, T. Salva, J. Hatrik.

**Tschechoslowakei,** amtl. 1918 bis 1939 u. 1945–60 **Tschechoslowak. Rep.,** Abk. **ČSR,** 1960–89 **Tschechoslowak. Sozialist. Rep.,** Abk. **ČSSR,** 1990–92 **Tschech. u. Slowak. Föderative Rep.,** Abk. **ČSFR,** 1918–92 bestehende Bundesrep. in M-Europa, 127 905 km², 15,6 Mill. E; Hptst.: Prag. – *Gesch.:* am 28. 10. 1918 Ausrufung der Tschechoslowak. Rep. (ČSR), bestehend aus Teilen Östr.-Ungarns (Böhmen, Mähren, Östr.-Schlesien, Slowakei). Beitritt zur Kl. Entente; durch das Münchner Abkommen Vereinigung der sudetendt. Gebiete mit dem Dt. Reich;

1939 Unabhängigkeit der Slowakei („Schutzstaat"), Einmarsch dt. Truppen in d. Restgebiet u. Schaffung des R.-Protektorats Böhmen u. Mähren (Selbstverw. unter dt. Oberaufsicht); das slowak. ↑Transkarpatiengebiet von Ungarn besetzt. 1945 Wiederherst. der T.; KPČ stärkste polit. Kraft; 1945–46 Verfolgung und Vertreibung fast aller Sudetendeutschen (u. a. Massaker von Aussig; Beneš-Dekrete). 1948 Umbildung in eine volksdemokrat. Rep.; Anlehnung an die UdSSR; 1960 neue Verf. (sozialist. Rep., ČSSR). Die Anf. 1968 unter A. Dubček einsetzende Liberalisierung („Prager Frühling") hatte am 21. 8. 1968 das mil. Eingreifen des Warschauer Paktes (Besetzung der T.) zur Folge. Ab 1969 war die T. ein Bundesstaat, der aus der Tschech. u. aus der Slowak. Rep. bestand. Die s. 1968 nie ganz verstummte Bürgerrechtsbewegung (u. a. ↑Charta 77) erstarkte v. a. nach der in der UdSSR eingeschlagenen Reformpolitik ab 1986/87 und erreichte Ende 1989 die Ablösung der kommunist. Reg. sowie die Abkehr vom kommunist. Machtmonopol. 1990 erste freie Wahlen; Umwandlung in föderative Rep.; nach Separationsbestrebungen Auflösungsvertrag, der zum 31. 12. 1992 in Kraft trat.

A. Tschechow

**Tschechow,** Anton Pawlowitsch, russ. Erzähler u. Dramatiker, *1860, †1904; meisterhafte Kurzgeschichten („Das Duell"); Dramen („Die Möwe").

**Tscheljuskin, Kap,** nördlichster Punkt des asiat. Festlands, auf der russ. Halbinsel Taimyr, Sibirien.

**Tschenstochau,** poln. **Częstochowa** [tʃɛ̃stɔˈxɔva], Krst. nördl. v. Kattowitz, Polen, 258 200 E; Wallfahrtsort (Schwarze Muttergottes v. T.); Hütten-, Glas-, Holz- u. a. Ind.

**Tscherenkow-Effekt** [nach dem russ. Physiker Pawel Alexejewitsch Tscherenkow, *1904, †1990], das Auftreten elektromagnet. Strahlung *(Tscherenkow-Strahlung),* die entsteht, wenn ein elektr. geladenes Teilchen ein durchsicht. Medium mit einer Geschwindigkeit durchquert, die größer als die Lichtgeschwindigkeit in diesem Medium ist.

**Tscherkessen,** kaukas. Volk in Russland u. Vorderasien; Ackerbauern u. Hirten; Muslime.

**Tschernobyl,** St. am Pripjet, Ukraine. – Im Block 4 d. Kernkraftwerks T. ereignete sich am 26. 4. 1986 der bislang folgenschwerste Kernreaktorunfall. Durch d. radioaktive Strahlung sind v. a. Teile der Ukraine, Weißrusslands u. Russlands langfristig stark kontaminiert. Allein in der Ukraine starben mehr als 125 000 Menschen. Ende 2000 wurde das KKW stillgelegt.

**Tschetschenien,** Teilrep. in Russland, im N des Kaukasus, 16 000 km², 781 000 E, Hptst. Grosnyi. – S. 18. Jh. Widerstand der Tschetschenen gg. russ. Kolonialpolitik (Höhepunkt unter Imam Schamil 1834–59); 1922 Autonomes Gebiet; 1934 mit Inguschien vereint (ab 1936 gemeinsame ASSR); 1944 Deportation der Tschetschenen u. a. kaukas. Völker nach Zentralasien (1957 Rehabilition u. Rückkehr). Nach einseitiger Unabhängigkeitserklärung T.s (1991) 1994–96 opferreiche mil. Auseinandersetzung mit Russland, 1997 Friedensvertr. u. Präs.wahl; weiterhin instabile Lage (Machtkämpfe, Terroranschläge), 1999/2000 erneut blutige russ. Militärintervention (Fluchtwelle in Nachbarregionen). 2000 unter Direktverw. d. russ. Zentralreg. gestellt, tschetschen. Guerillakrieg.

**Tschiangkaischek** ↑Chiang Kaishek.

**Tschou En-lai** ↑Zhou Enlai.

**Tschuktschen,** altsibir., nomadisch lebendes Volk (Renzüchter, Fischer, Jäger), bes. im autonomen Kreis d. T. (*T.halbinsel*).

**Tsetsefliegen** [Bantuspr.; dt.], Fliegengatt. im trop. Afrika; übertragen durch ihren Stich Krankheiten (u. a. Schlafkrankheit, Nagana).

**Tsingtao,** amtl. Qingdao, chin. Hafenst. an der S-Küste der Halbinsel Shandong, 2,04 Mill. E; Univ.; Maschinen-, Textil- u. a. Ind. – 1898–1914 Hptst. des ehem. dt. Pachtgebietes Kiautschou.

K. Tucholsky

**Tsushima,** jap. Inselgruppe in der Koreastraße, 698 km². – Bei T. vernichteten die Japaner 1905 die russ. Flotte.

**Tuareg,** Berbervolk in d. westl. Z-Sahara; Muslime; Nomaden.

**Tuba** [lat.], **1)** gerade Heerestrompete bei den Römern. **2)** Blechblasinstrument mit Kesselmundstück u. meist 4 Ventilen.

**Tube, Tuba,** svw. ↑Eileiter.

**Tuberkulose,** Abk. **Tb, Tbc, Tbk,** weltweit verbreitete meldepflichtige Infektionskrankheit des Menschen und der Wirbeltiere. Erreger ist der 1882 von R. Koch entdeckte *Tuberkelbazillus;* Übertragung der Erreger erfolgt fast ausschließl. durch Tröpfcheninfektion über die Atemwege. Die T. verläuft meist in Form einer schleichenden Entzündung, wobei sich hirsekorngroße Gewebeknötchen *(Tuberkel)* bilden. Es können alle Organe befallen werden. Am häufigsten ist die *Lungen-T.,* bei der man zw. der offenen (mit Aushusten von Tuberkelbazillen; Ansteckungsgefahr) und der geschlossenen T. unterscheidet. Weitere Formen sind die *Kehlkopf-, Lymphknoten-, Nieren-T.* u. a. Frühzeitige Erkennung der T. ist in allen Fällen für die Heilungsaussichten sehr wichtig. Die Behandlung erfolgt mit Chemotherapeutika *(Tuberkulostatika),* die in Mehrfachkombination über einen längeren Zeitraum gegeben werden (mindestens 6 Monate).

**Tübingen,** Hptst. des Reg.-Bez. Tübingen, am Neckar, Ba.-Wü., Krst., 81 800 E; Univ.; Ev.-theol. Stift, B.-Forschungsanstalt für Viruskrankheiten der Tiere, Max-

Planck-Inst., Bibliotheken; LG; maler. Stadtbild, überragt v. Schloss Hohen-T. (1507 ff.); Metall-, Textil-, feinmech. Ind., Verlage.

**Tubus** [lat.; = Röhre], **1)** Fassungsrohr für Linsen an opt. Geräten. **2)** Rohransatz an Glasgeräten.

**Tucholsky,** Kurt, dt. Schriftsteller, *1890, †1935; scharfsinn., satir. Vers- u. Prosawerke; „Rheinsberg", „Schloß Gripsholm"; 1933 ausgebürgert, beging Selbstmord.

**Tucson** [tuːˈsɔn], St. im südl. Arizona, USA, 405 400 E; Univ.; Flugzeugbau, chem., Pharma- u. a. Ind.; ✈.

**Tudjman,** Franjo, kroat. Politiker, *1922, †1999; s. 1990 Präs. Kroatiens, 1995 im Amt bestätigt.

**Tudor** [ˈtjuːdə], walis. Geschlecht, engl. Königshaus 1485–1603 (Heinrich VII. bis Elisabeth I.).

**Tudorstil** [ˈtjuːdə-], Bez. für die Spätphase der engl. Gotik.

**Tuff, 1)** verfestigte vulkan. Lockermassen; Decken od. Aufschüttungskegel auf fast allen Ergussgesteinen. **2)** meist poröse, mürbe Mineralabscheidungen oft an Quellen, z. B. Kalk-T. *(T.stein),* Kieseltuff.

**Tuilerien** [tɥiləˈriːən; frz.], ehem. Schloss der frz. Könige in Paris, begonnen 1564, 1871 großenteils abgebrannt; erhalten Seitentrakte und *T.garten.*

**Tula,** Gebietshptst. in Russland, südl. v. Moskau, 513 300 E; Univ., Hochschulen; Kreml (16. Jh.) u. a. Baudenkmäler; Herst. v. Samowaren, Sportwaffen, Spielwaren, Musikinstrumenten; *T.-Arbeiten,* Silberarbeiten in ↑Niellotechnik.

**Tulpe,** Gatt. der Liliengewächse; Zwiebelpfl.; bek. Gartenzierpfl., in zahlr. Sorten gezüchtet (v. a. in den Niederlanden).

**Tulpenbaum,** ein Magnoliengewächs mit tulpenähnl. Blüten.

**Tulsa** [ˈtʌlsə], St. im nö. Oklahoma, USA, 367 300 E; 2 Univ.; Erdöl verarb. Ind., Bohrausrüstungen; internat. Erdölausstellung; ✈.

**Tumba** [gr.], sarkophagart. Überbau eines Grabes mit Grabplatte.

**Tümmler,** Gatt. der ↑Delphine.

**Tumor** [lat.], svw. ↑Geschwulst.

**Tumorviren, onkogene Viren,** RNA- oder DNA-Viren, die in Wirtstieren durch Transformation von Zellen zu Tumorzellen Geschwülste erzeugen können. Bisher sind über 100 versch. Viren mit onkogenem (geschwulsterzeugendem) Potenzial bekannt.

**Tundra** [finn.], Kältesteppe, baumlose Vegetationsformation der polaren und subpolaren Zonen, vorw. Flechten, Moose, Sträucher, Kräuter; *Wald-T.* in der Übergangszone zw. T. und Wald.

**Tunesi|en,** Rep. in N-Afrika; im N gebirgig, im O buchtenreiche Küste mit fruchtbaren Ebenen; im Innern Steppen, im S Salzsümpfe (Schott el-Djerid) u. Wüste; im N Mittelmeerklima; Bev. vorw. Araber; Anbau v. Getreide, Ölbaumkulturen, Zitrus- u. a. Früchte, Weinbau; Alfagras- u. Korkgewinnung; Fischerei; Viehzucht; ⚒ auf Phosphat, Erdöl, Eisen-, Blei- u. Zinkerze; Nahrungsmittel-, chem., Textilind., Zementfabriken, Eisen- u. Stahlwerk, Erdölraffinerie. *Gesch.:* Nach 146 v. Chr. Teil der röm. Prov. Africa, im 5. Jh. von Wandalen, im 6. Jh. v. Ostrom erobert; s. dem 7. Jh. unter arab. Herrschaft, s. 1574 unter osman. Oberhoheit, 1705–1957 Herrschaft der Husaniden; wurde 1881 frz. Protektorat, 1956 unabhängig; seit 1980 allmähl. innenpolit. Liberalisierung; 1987 Entmachtung von Präs. Bourguiba durch Ben Ali; trotz Mehrparteiensystem (seit 1988) Behinderung und z. T. Verfolgung oppositioneller Kräfte.

**Tunesien**

*Fläche:* 163 610 km²
*Einwohner:* 9,6 Mill.
*Hauptstadt:* Tunis
*Amtssprache:* Arabisch
*Zeitzone:* MEZ

**Tunguska,** r. Nbfl. d. Jenissei, Russland: *Steinige (Mittlere) T.,* 1 865 km, u. *Untere T.,* 2 989 km; als *Obere T.* wird häufig der Unterlauf der ↑Angara bezeichnet.

**Tunika** [lat.], hemdart. Unter- und Obergewand (meist aus Wolle) der altröm. Männer und Frauen.

**Tunis,** Hptst. Tunesiens, am Golf v. T., 674 100 E; Univ., Hochschulen; Wirtsch.-Zentrum m. Nahrungsmittel-, Textil-, Metall-, chem. Ind., Messe; bed. ⚓, ✈.

**Tüpfelfarn, Polypodium,** Gatt. der ↑Farne, meist trop. und subtrop. Arten; u. a. *Gewöhnl. T.* (Engelsüß), eines der bekanntesten heim. Farnkräuter.

**Tupi,** südamerik. Sprachfam. im trop. Waldgebiet, bis Paraguay; das T. ist Verkehrsspr. in Brasilien.

**Tupolew,** Andrei Nikolajewitsch, *1888, †1972, russ. Flugzeugkonstrukteur; entwarf mehr als 100 Flugzeugtypen, von denen zahlr. in Serienproduktion gingen.

**Turban** [türk.], gewickelte Kopfbedeckung orient. Völker.

**Turbine** [lat.-frz.], Strömungskraftmasch., die durchfließenden Medien mit beschaufelten Rädern mech. Energie entzieht u. diese als Rotationsenergie über Wellen u. Kupplungen an anzutreibende Aggregate (z. B. eines Schiffsantriebs) abgibt. Bei *Wasser-T.* strömt ein Wasserstrahl frei gg. die Schaufelmulden eines Laufrads *(Freistrahl-T.)* od. wird durch Leitvorrichtungen in nach innen sich verengende u. öffnende Zellen des Laufrades gedrückt (z. B. Francis-T.); *Dampf-T.* (Dampf strömt aus einem Druckgefäß mit gr. Geschwindigkeit gg. die Schaufeln) bauen den zugeführten Dampfdruck in mehr. Stufen ab; bei *Gas-T.* ist der Läufer v. Kammern umgeben, in denen ein verdichtetes Brennstoff-Luft-Gemisch zur Explosion gebracht od. gleichmäß. verbrannt wird; die expandierenden Verbrennungsgase treiben das Laufrad an. – In Verbdg. mit Strahltriebwerken liefern T. die erforderl. Rotationsenergie für Propeller.

**Turbogenerator,** aus einer Turbine u. einem mit ihr gekoppelten Stromerzeuger (Generator) bestehender Maschinensatz.

**Turbolader,** svw. Abgasturbolader (↑Aufladung).

**Turboprop,** engl. Kurzbez. für Propeller-Turbinen-Luftstrahltriebwerk (PTL-Triebwerk; ↑Flugzeug).

**Turboverdichter,** Bez. für Kreiselpumpen, die gasförm. Arbeitsmedien fördern; arbeiten ein- od. mehrstufig.

**Turbulenz,** durch Wirbelbildung u. unregelmäß. Schwankungen des Strömungsverlaufes gekennzeichneter Zustand v. Strömungen in Flüssigkeiten u. Gasen, insbes. der Luft.

**Turf** [təːf; engl.], Rennbahn, allg. Bez. für den Pferderennsport.

**Turgenjew,** Iwan Sergejewitsch, russ. Dichter, *1818, †1883; Romane („Väter und Söhne"), Novellen, Dramen.

**Turin,** ital. **Torino,** Hptst. d. Region Piemont u. Prov.-Hptst. in Italien, am Po, 909 700 E; Univ., Hoch-

T

schulen; Dom (1492 bis 1498), ehem. kgl. Schloss (17. Jh.); Kfz-, Flugzeug-, Lebensmittel-, Bekleidungs-, chem. u. a. Ind.; ✻.

**Turiner Grabtuch,** ein seit 1578 im Turiner Dom als Grabtuch Christi verehrtes Leinentuch (1,10 m × 4,36 m) mit dem Abdruck eines Gekreuzigten.

**Turkana|see,** fr. **Rudolfsee,** abflussloser See in NW-Kenia (N-Spitze in Äthiopien); 8 600 km², bis 73 m tief; fischreich.

**Türkei,** Rep. in Vorderasien u. SO-Europa, im N vom Schwarzen Meer, im W u. westl. S vom Mittelmeer begrenzt; stößt an Griechenland, Bulgarien, Georgien, Armenien, Iran, Irak u. Syrien; europ. T. (Ostthrakien), ein v. Mittelgebirgen umrahmtes Tiefland, asiat. T. (Anatolien), ein weites Hochland, v. küstenparallelen Gebirgsketten (im N Pont. Geb., im S Taurus) umrahmt, die sich im O zu einem unwegsamen Gebirgsland vereinigen (im Ararat 5 165 m). Beide Teile sind durch Dardanellen, Marmarameer u. Bosporus getrennt. *Klima u. Vegetation:* im W u. S mediterran, im Innern trocken-kontinental, hpts. Steppe; im N ganzjährig Niederschläge; Geb. bewaldet. *Anbau* v. Weizen, Mais, Kartoffeln, Tabak, Schlafmohn (für Opium), Baumwolle, Gemüse, Feigen, Zitrusfrüchten, Reben (für Rosinen), im NO v. Haselnüssen u. Tee; in Inneranatolien v. a. *Viehzucht* (Schafe, Angoraziegen, Rinder); Küstenfischerei. *Bergbau* auf Eisen-, Chrom-, Kupfer-, Antimon-, Blei-, Zink-, Manganerz, Bauxit, Stein- u. Braunkohle, Erdöl, Schwefel. *Ind.* im Ausbau, bes. Textil-, Tabak-, Nahrungsmittel-, chem., Baustoff-, Montageind., Eisen- u. Stahlwerke, Erdölraffinerien. Haupt-⚓: Istanbul, İzmir, İskenderun. – *Gesch.:* Osman I. begr. das *Osman. Reich,* das sich über ganz Kleinasien u. auf dem Balkan rasch ausdehnte (1453 Eroberung Konstantinopels), unter Selim I. Gewinn von Armenien, Syrien u. Ägypten; s. 1517 trug der Sultan auch den Kalifentitel u. übernahm den Schutz der hl. Stätten des Islams in Mekka u. Medina. Höhept. der türk. Macht unter Suleiman II., d. Gr., der Belgrad, Rhodos u. den größten Teil Ungarns eroberte; 1529 erste Belagerung Wiens. In den darauf folgenden krieger. Auseinandersetzungen, bes. nach der 2. Belagerung Wiens (1683) fortwährender Machtzerfall u. Abbröckeln der europ. Besitzungen. 1699 Ungarn u. Siebenbürgen, 1718 auch das Banat an Östr.; Kriege gg. Russland führten zum Verlust des N-Ufers des Schwarzen Meeres; nach dem griech. Freiheitskampf 1829/30 Abtrennung Griechenlands. Der Russ.-Türk. Krieg 1877/78 brachte weitere Gebietsverluste: Serbien, Rumänien u. Montenegro erweitert u. unabh., Bulgarien selbst. Vasallenft.; Östr. besetzte Bosnien u. die Herzegowina, Großbrit. Zypern. 1881–85 besetzte Frkr. Tunesien, Großbritannien, Ägypten, Bulgarien O-Rumelien. Nach dem Krieg gg. Griechenland 1896/97 Kreta autonom. 1908 Revolution der Jungtürken. 1911/12 Verlust von Tripolis, des Dodekanes u. der Cyrenaika an Italien. Nach den Balkankriegen 1912/13 blieb die T. auf dem europ. Festland auf O-Thrakien beschränkt. Teilnahme am 1. Weltkrieg aufseiten der Mittelmächte. Besitzstand nach dem Frieden v. Sèvres (1920) u. seiner Revision in Lausanne (1923): Kleinasien, fast ganz Armenien, Konstantinopel u. O-Thrakien. 1919–22 griech. Besetzung İzmirs; 1918–23 Istanbul u. die Meerengen unter alliierter Verw.; s. 1919 Kemal Atatürk in Anatolien an der Spitze der nat. Widerstandsbewegung, Vertreibung der Griechen aus den v. ihnen besetzten westanatol. Gebieten (1919–22). 1923 Ausrufung der Rep. unter Präs. Kemal Atatürk, zahlr. Reformen (Aufhebung v. Sultanat u. Kalifat, Religion u. Staat getrennt), Anerkennung der türk. Hoheit über die Meerengen. Weitere Festigung der T. unter dem Nachf. İsmet İnönü (ab 1938); im 2. Weltkrieg Neutralität (bis Februar 1945), dann Anlehnung an die W-Mächte. 1960 Sturz der autoritären Reg. Menderes (s. 1950), 1961 neue Verf. (Wiederherst. der Demokratie). Blutige Unruhen u. Terrorakte führten zum Eingreifen des Militärs, das Demirel (s. 1965) 1971 zum Rücktritt zwang. 1974 Besetzung des N-Teils von Zypern; 1980 Militärputsch; 1982 neue Verf. (parlamentar. Reg.-System bei starker Stellung des Mil.). Der Ausbruch der Kämpfe der Kurden (bes. PKK) f. kurd. Staat führte ab 1993/94 fakt. zum Krieg gg. diese; 1999 Hochverratsprozess u. Todesurteil gg. Öcalan (Gen.-Sekr. der PKK). Die T. ist Mitgl. der NATO, des Europarats; s. 1964 der EU assoziiert (s. 1999 Beitrittskandidatenstatus).

**Türkei**

| | |
|---|---|
| *Fläche:* | 779 452 km² |
| *Einwohner:* | 65,599 Mill. |
| *Hauptstadt:* | Ankara |
| *Amtssprache:* | Türkisch |
| *Zeitzone:* | MEZ + 1 Stunde |

**Türken, 1) Turkvölker,** mongolide Völkergruppe in W- (Aserbaidschaner, Tataren u. T.), Mittel- (Turkmenen, Usbeker, Kasachen, Uiguren u. a.), N-Asien (Jakuten) u. O-Europa (Baschkiren, Tataren); überw. sunnit. Muslime. **2)** fr. **Osmanen,** zu den Turkvölkern gehörendes Volk in Kleinasien u. den östl. angrenzenden Ländern sowie im sö. Europa.

**Türkenlouis** ↑Ludwig Wilhelm I.

**Turkestan,** histor. Name für d. v. Turkvölkern bewohnte Gebiet Mittelasiens.

**Türkis,** wachsglänzendes, blaues, blaugrünes od. grünes Mineral, Härte 5–6; Schmuckstein.

**Türkisch, Türkeitürkisch,** die den Turkspr. (Südturkgruppe) zugehör. Amtssprache in der Türkei.

**türkische Kunst,** innerhalb der islam. Kunst zeitweise bes. geprägte Kunst, z. B. der seldschuk. u. der osman. Stil.

**türkische Literatur,** von den Anfängen im 13./14. Jh. bis ins 19. Jh. unter pers. Einfluss; bed. Lyrik und Epik; in der Volksspr. Hymnen des Mystikers Junus Emre (13. Jh.). Im *15. Jh.* Pflege der höf. Lyrik, zahlr. Diwane; Blütezeit im *16. Jh.;* vorherrschende dichter. Formen v. a. Gasel, Kasside; größte Dichter des 16. Jh.: die Lyriker Fusuli u. Baki; Ausklingen der Klassik im *17. Jh.,* Überbetonung der Form: Satiren von Nefi; Lyrik von Nedim, Mathnawidichtung v. Galib Dede; im späten *19. Jh.* europ. Einflüsse, gefördert durch Übers. (von Ibrahim Schinasi u. a.). Im *20. Jh.* Aufkommen einer nat. Strömung, bes. Pflege der Volksspr.; erste türk. Dramen von Abdülhak Hamid; Romane u. Erzählungen von Halide Edip Adıvar, Satiren v. Nesin. Seit den 1970er-Jahren Migrantenproblematik: A. Ören (Lyrik) u. O. Pamuk (Roman). – Eine bes. Stellung nimmt die *türk.*

**Tutanchamun:** *einer der drei mumienförmigen Sarkophage des mit etwa 18 Jahren verstorbenen Königs*

*Volkslit.* ein: Märchen, Heldensagen u. Schwänke.

**Turkmenistan,** Rep. im SW Mittelasiens; vorw. Wüsten, im SW u. SO gebirgig; Steppen u. Gebirgsfußoasen; kontinentales Klima; Bev. vorw. Turkmenen; Erdöl-, Erdgasgewinnung, Baumwollanbau (Bewässerung, bes. Karakumkanal); Getreide-, Obstbau, Seidenraupenzucht, Weidewirtsch.; Teppichherst. *Gesch.:* im 8. Jh. v. Turkmenen besiedelt, im 13. Jh. v. Mongolen erobert; s. 16. Jh. unter wechselnden Herrschaften; nach 1877 russ., 1925 Turkmen. SSR, 1991 unabhängig, Mitgl. d. GUS.

**Turkmenistan**

*Fläche:* 488 100 km²

*Einwohner:* 4,5 Mill.

*Hauptstadt:* Aschchabad

*Amtssprache:* Turkmenisch

*Zeitzone:* MEZ + 4 Stunden

**Turksprachen,** von O-Europa bis Z-Asien u. NO-Asien verbreitete Sprachgruppe, umfasst die bulgar., Südturk-, Westturk-, Ostturk- und Nordturkgruppe.

**Turks- und Caicosinseln** [tə:ks-, 'kaɪkəs-], brit. Kronkolonie im Bereich der Westind. Inseln, zus. 430 km², 12 000 E, Verw.-Sitz Cockburn Town.

**Turku,** schwed. **Åbo** ['o:bu:], südwestfinn. Hafenst., Hptst. der Prov. T.-Pori, 159 400 E; 2 Univ.; Dom (13. Jh.), Schloss (13./17. Jh.); Schiff-, Masch.bau, Stahlwerk, Textil- u. a. Ind.; ✈.

**Turmalin** [singhal.-frz.], in versch. Farbvarianten vorkommendes Mineral, Magnesiumaluminiumborosilicat; Härte 7–7,5; wegen des starken Pleochroismus u. d. pyro- u. piezoelektr. Eigensch. techn. wichtig; Schmuckstein.

**Turmfalke** ↑Falken.

**Turmspringen** ↑Wasserspringen.

**Turnen,** v. F. L. Jahn 1810 geprägte Bez. für alle Leibesübungen; i. e. S. Geräte-T. (Reck, Barren, Pferd u. a.), heute wieder weiter gefasst. Im Leistungssport: ↑Kunstturnen.

**Turner** ['tə:nə], **1)** Tina, amer. Rocksängerin, * 1939; **2)** William, engl. Landschaftsmaler, * 1775, † 1851; v. a. Aquarelle atmosphär. Farbmalerei.

**Turnier** [frz.], **1)** ritterl. Kampfspiel im MA zu Fuß od. zu Pferd mit stumpfen oder scharfen Waffen nach Regeln. **2)** Wettkampf, z. B. Schach-, Reitturnier.

**Turnus** [lat.], in gleicher Weise sich wiederholender Ablauf, Reihenfolge, regelmäß. Wechsel.

**Tusche** [frz.], feine Farbpulveraufschwemmung od. Farbstofflösung zum Zeichnen; *chin. T.:* urspr. Ruß, mit Bindemitteln angerieben, getrocknet u. bei Gebrauch mit Wasser verdünnt.

**Tuschmalerei,** Art der ostasiat. Aquarellmalerei, ausgeführt mit schwarzer Tusche auf Papier, Seide oder Stoff.

**Tusculum** [lat.], antike St. in Latium, in den Albaner Bergen, sö. von Rom; mit Villen reicher Römer (Ciceros Landsitz *Tusculanum.*

**Tutanchamun, Tutenchamun,** ägypt. Kg. (s. etwa 1347) der 18. Dyn., † um 1339 v. Chr.; Schwiegersohn Amenophis' IV./Echnatons; sein fast unversehrtes Grab wurde 1922 v. H. Carter entdeckt.

**Tutsi, Watussi,** in Ruanda u. Burundi Name d. ↑Hima.

**Tuttlingen,** Krst. an der oberen Donau, Ba.-Wü., 35 000 E; Ruine *Honberg;* feinmech. u. a. Industrie.

**Tutu,** Desmond Mpilo, anglikan. Erzb. v. Kapstadt (bis 1996), * 1931; gewaltloser Einsatz gegen das Apartheidsystem in Südafrika; 1984 Friedensnobelpreis; 1995 Vors. der „Wahrheits- und Aussöhnungskommission".

**TÜV,** Abk. für **T**echnischer **Ü**berwachungs-**V**erein; Selbstverwaltungseinrichtungen der Wirtschaft u. Sachverständigenorganisationen mit der Aufgabe der Beratung, Begutachtung, Prüfung u. Überwachung auf den Gebieten der Sicherheitstechnik.

**Tuvalu**

*Fläche:* 26 km²

*Einwohner:* 11 000

*Hauptstadt:* Vaiaku

*Amtssprachen:* Englisch, Tuvaluisch

*Zeitzone:* MEZ + 11 Stunden

**Tuvalu,** Inselstaat im sw. Pazifik, Mitgl. des Commonwealth, umfasst die Ellice-Inseln (9 Atolle) nördl. der Fidschiinseln; Verw.-Sitz, ⚓ u. ✈ auf Funafuti; Kopragewinnung, Briefmarkenverkauf. – Seit 1877 brit., s. 1978 unabhängig.

**Twain** [tweɪn], Mark, ↑Mark Twain.

**Tweed** [twi:d; engl.], locker gewebter [Woll]stoff mit kl. Mustern aus groben Streichgarnen.

**Twer,** 1931–90 **Kalinin,** Gebietshptst. in Russland, an d. Wolga, 457 100 E; Univ., Hoch-

T

schulen; vielseitige Ind.; Kernkraftwerk; ⚓, ✈.

**Twinset** [engl.; = Zwillingsset], meist kurzärmeliger Pullover und Jacke aus demselben Material.

**Twist, 1)** Baumwollgarn; mehrfäd. Stopfgarn aus Baumwolle od. Reyon. **2)** Modetanz der späten 1950er-Jahre im schnellen $^4/_4$-Takt, bei dem die Partner getrennt tanzen.

**Tyche,** griech. Göttin des Schicksals; Personifikation des unberechenbaren Schicksals.

**Tympanon** [gr.], beim griech. Tempel Giebelfeld, beim roman. u. got. Portal Bogenfeld zw. Türsturz und den Archivolten.

**Typhus** [gr.], **Typhus abdominalis,** weltweit verbreitete, in Entwicklungsländern endem., meldepflichtige Infektionskrankheit; Erreger ist eine Salmonellenart. Übertragung durch Trinkwasser u. Nahrungsmittel, auch durch Berührung des Kranken od. durch Bazillenträger. Beginn etwa 10 Tage nach der Ansteckung mit Kopfschmerzen, leichtem Fieber u. Darmkatarrh. Danach v. a. hohes Fieber, Benommenheit u. Darmgeschwüre. Zur Vorbeugung T.-Schutzimpfung, Isolierung der Kranken, ständige Desinfizierung von Ausscheidungen u. Wäsche. Behandlung mit Antibiotika.

**Typografie** [gr.], **1)** Schriftsetzerkunst. **2)** die Satztechnik u. den Druck betreffende Gestaltung eines Druckwerkes.

**Typologie** [gr.], wiss. Beschreibung u. Einteilung eines Gegenstandsbereichs nach *Typen* mit jeweils gemeinsamen Merkmalen (z. B. zoolog., botan. T., Körperbautypen).

**Týr** ↑Ziu.

**Tyrann,** [gr.], im antiken Griechenland der Inhaber unumschränkter Herrschaft *(Tyrannis),* dann auch der willkürl. Gewaltherrscher.

**Tyros,** lat. **Tyrus,** reiche u. mächtige Hafenstadt Phönikiens am Mittelmeer; heute *Sur* (Libanon). 64/63 v. Chr. von den Römern erobert. Bei Ausgrabungen wurden röm. Bauten gefunden (Weltkulturerbe).

**Tyrrhenisches Meer,** ital. **Mare Tirreno,** Teil d. Mittelmeers zw. Apenninenhalbinsel, Sizilien, Korsika u. Sardinien, bis 3785 tief.

**Tzara,** Tristan, frz. Schriftsteller rumän. Herkunft, *1896, †1963; Mitbegr. des Dada in Zürich. Ab 1917 Hg. der Zeitschr. „Dada"; ab 1920 in Paris, später Surrealist.

# U

**U,** 21. Buchstabe des Alphabets.

**U,** ⚗ Symb. für ↑Uran.

**Ubangi,** größter (r.) Nbfl. des Kongo, rd. 1 000 km, schiffbar.

**Überbein,** svw. ↑Ganglion.

**Überblendung,** allm. Abblenden einer Bildeinstellung mit gleichzeit. Aufblenden eines neuen Bildes (Film-, Fernsehtechnik); entspr. *Ton-Ü.* bei Schallplattenaufnahmen u. -wiedergaben.

**Überbrettl,** das erste künstler. bed. dt. Kabarett; gegr. 1901 in Berlin von E. von Wolzogen.

**Überdruck,** Druck, der höher als der normale Luftdruck ist.

**Übergangselemente,** metall. chem. El. mit den Ordnungszahlen 21–30, 39–48, 57–80 u. 89–103 sowie die folgenden Transactinoide, bei denen (bei im Allg. gleicher Anzahl von Valenzelektronen) in den Atomen innere Elektronenschalen weiter aufgefüllt werden; auch „Nebengruppenel." gen.

**Überhangmandate,** bei gemischten Wahlsystemen, v. a. bei der Bundestagswahl, errungene Direktmandate einer Partei, die über die Zahl der durch Listenwahl (Zweitstimmen) erreichten Mandate hinausgehen. Ü. bleiben der betr. Partei erhalten u. erhöhen die gesetzl. Zahl der Parlamentssitze.

**Überlagerung, Superposition,** ungestörte Überlagerung mehr. physikal. Größen gleicher Art am gleichen Ort, z. B. bei der ↑Interferenz.

**Überlieferung,** svw. ↑Tradition.

**Überlingen,** St. am Bodensee, Ba.-Wü., 20 500 E; spätgot. Münster; Maschinenbau; Fremdenverkehr.

**Überrollbügel,** v. a. bei Sport- u. Rennwagen, Kabrioletts od. Schleppern ein über dem Sitz verlaufender Stahlbügel, der dem Fahrer, falls das Fahrzeug sich überschlägt, Schutz bieten soll.

**übersättigte Lösung, unterkühlte L.,** Lösung, die mehr gelöste Substanz enthält, als zur Sättigung notwendig, auch ↑Lösung.

**Überschallgeschwindigkeit,** Geschwindigkeit eines Körpers, die größer ist als die Schallgeschwindigkeit (↑Schall) im umgebenden Medium (Machzahl > 1).

**Überschuldung,** das Vermögen übersteigende Verschuldung eines Schuldners; bes. bei jurist. Personen Eröffnungsgrund für das Insolvenzverfahren.

**überschwerer Wasserstoff,** svw. ↑Tritium; ↑auch Wasserstoff.

**Übersetzung, 1)** Technik: Verhältnis der Drehzahlen zweier Wellen, gerechnet in Richtung des Kraftflusses. **2)** Übertragung des gesprochenen od. geschriebenen Wortes in eine andere Sprache.

**Überstunden,** über die regelmäßige Arbeitszeit hinausgehende Arbeitsstunden.

**Ubier,** westgerman. Volksstamm, vom röm. Feldherrn Agrippa 38 v. Chr. um das heutige Köln angesiedelt.

**üble Nachrede,** Behauptung od. Verbreitung von unwahren, verächtlich machenden oder herabwürdigenden Tatsachen über einen anderen; strafrechtlich verfolgbar.

**U-Boot** ↑Unterseeboot.

**UÇK** [-tʃe-; Abk. f. **U**shtria **Ç**lirimtare **K**osoves], „Befreiungsarmee für Kosovo"; gegr. 1996, aufgelöst nach NATO-Militäraktion 1999. – Ab 2000 Name einer Untergrundorganisation extremist. alban. Freischärler in Makedonien; 2001 offiziell aufgelöst.

**Uckermark,** seenreiche, glazial geformte Ldsch. zw. oberer Havel u. unterer Oder.

**Udet,** Ernst, dt. General, *1896, †1941 (Selbstmord); im 1. Weltkrieg Jagdflieger, 1935 Oberst im R.-Luftfahrtmin.; s. 1938 Generalluftzeugmeister; wurde für das Scheitern der Schlacht um England verantwortl. gemacht.

**Udine,** Prov.-Hptst. in Italien, 94 800 E; Univ.; im 18. Jh. barockisierter Dom, Kastell (16. Jh.); Masch.-, Metall-, Textilind.

**UdSSR** ↑Sowjetunion.

**Uechtland,** Teil des Schweizer Mittellandes, um Freiburg.

**UEFA,** Abk. für frz. **U**nion **E**uropéenne de **F**ootball **A**ssociation, Europ. Fußballunion; 1954 gegr. internat. Vereinigung der europ. Fußballverbände, Sitz: Nyon (Schweiz).

**Uelzen** [ˈyltsən], Krst. in der Lüneburger Heide, Nds., 35 500 E; Marienkirche (13./14. Jh.); Kieselgurwerke, Asbest-, Masch.- u. a. Ind.

**Uexküll** [ˈyskkyl], Jakob Johann Baron v., dt. Biologe, *1864, †1944; Schöpfer der Umweltforschung u. Mitbegr. der neueren vergleichenden Physiologie.

**Ufa,** Abk. für **U**niversum-**F**ilm **A**G, 1917 gegr. dt. Filmunternehmen.

**Ufa, 1)** r. Nbfl. der Belaja, 933 km. **2)** Hptst. v. Baschkirien (Rep. innerhalb Russlands), 1,09 Mill. E; mehr. Univ., Hochschulen; Erdölraffinerien, petrochem., elektrotechn., Masch.- u. Leichtind.; ⚓, ✈.

**Uffizilen,** bed. Gemäldegalerie in Florenz; erb. von G. Vasari 1560 ff.

**UFO, Ufo,** Kurzbez. für **u**nbekanntes **F**lug**o**bjekt, „fliegende Untertasse".

**Uganda,** Rep. in O-Afrika; vorw. Hochland (rd. 1 100 m ü. d. M.), im SW d. Ruwenzori (5 119 m), im O d. Vulkan Mount Elgon (4 321 m); Savannen, in d. Geb. Bergwälder; trop. Klima; Bev. aus über 40 versch. Völkern; Anbau v. Kaffee u. Baumwolle (wichtigste Exportgüter), Tee, Tabak, Mais, Erdnüssen, Hirse, Maniok, Zuckerrohr; Viehzucht.; Forstwirtsch.; Fischerei; Abbau v. Phosphaten, Kupfer, Chrom u. Gold; Tabakverarbeitung, Nahrungsmittel-, Textil-, Holz-, chem., Metall- u. Baustoffind. *Gesch.:* s. 1500 Staatengründungen der Hima; s. 1890 unter brit. Einfluss, s. 1896 brit. Protektorat, s. 1962 unabh., s. 1963 Rep.; s. 1966 A. M. Obote Staatsoberhaupt (sozialist. Kurs); 1971 Armeeputsch, unter Präs. Idi Amin Dada systematischer Terror, Massenmorde. 1978/79 eroberten tansan. Truppen U., Amin Dada floh; 1980 Rückkehr Obotes, erneut Präs., 1985 durch Militärputsch gestürzt; die Militärreg. musste 1986 der Nat. Widerstandsbewegung unter Y. Museveni weichen, der als Präs. wirtschaftl. u. polit. Reformen einleitete.

**Uganda**

*Fläche:* 241 038 km²

*Einwohner:* 23,3 Mill.

*Hauptstadt:* Kampala

*Amtssprachen:* Englisch, Suaheli

*Zeitzone:* MEZ + 2 Stunden

**Ugarit,** kanaanäischer Stadtstaat, heute Ruinenstätte *Ras Schamra* nördl. von Latakia, Syrien; Blüte im 2. Jt. v. Chr. (spätbronzezeitl. Funde).

**Ugriler** ↑Finnougrier.

**Uhr** *am Brauhaus in Alt-Köln*

**Ugrisch** ↑finnisch-ugrische Sprachen.

**Uhde,** Fritz v., dt. Maler, *1848, †1911; fand unter dem Einfluss von M. Liebermann zur Freilichtmalerei; relig. Szenen u. Bildnisse.

**UHF** ↑Dezimeterwellen.

**Uhland,** Ludwig, dt. Dichter, *1787, †1862, wichtigster Vertr. der Schwäb. Romantik, volkstüml. schlichte Natur- u. Liebeslyrik.

**Uhr,** Zeitmessgerät, das als Zeitmaß period. wiederkehrende Vorgänge benutzt; histor. Formen: *Wasser-U.* (Auslauf eines immer wieder gefüllten Behälters), *Sonnen-U.* (period. Wandern des Sonnenschattens eines Stabes), *Sand-U.* (period. Entleerung eines Sandbehälters); heute U.en mit Zeigerstellung od. ziffernmäßiger Zeitdarstellung *(Digital-U.).* Bei *mechan. U.* stellen die Schwingungen eines Pendels oder Drehpendels (Unruh) das Frequenznormal dar, bei *Quarz-U.* die period. Schwingungen eines piezoelektrisch erregten Quarzkristalls (Schwingquarz). Bei den extrem genauen *Atom.-U.* liefern Atom- oder Molekülschwingungen zw. best. Energieniveaus das Frequenznormal.

**Uhu,** größte europ. Eule (bis 70 cm); auch N-Afrika, Asien; jagt nachts Kleinsäuger u. Vögel, nistet unter Felsen u. in hohlen Bäumen.

**Uiguren,** Turkvolk in Sinkiang, Kasachstan, Kirgistan u. Usbekistan; im 8. Jh. bis zur Mongolei; hohe Kultur (eigene Schrift, reiche, relig. Lit.).

**U. K.,** Abk. für **U**nited **K**ingdom of Great Britain and Northern Ireland (Vereinigtes Kgr. Großbritannien und Nordirland).

**Ukas** [russ.], fr.: Erlass des Zaren; allg.: Verordnung, Befehl.

**Ukraine,** Rep. in O-Europa; im N Waldland, sonst Grassteppe auf fruchtbarer Schwarzerde u. Löss; Geb.regionen (Karpaten, Krim); im O d. Donezbecken (↑Donbass); kontinentales, an d. S-Küste d. Krim subtrop. Klima; Bev. Ukrainer, Russen u. a.; Erdgas- u. Erdölförderung; ⚒ auf Kohle, Uran, Eisen, Blei, Mangan, Zink; mehr. Kernkraftwerke (u. a. Tschernobyl); Stahl-, Metall-, chem., Elektro-, Textil- u. Rüstungsind.; Masch.-, Fahrzeug- u. Schiffbau; Anbau v. Getreide, Zuckerrüben, Kartoffeln, Gemüse, Tabak; Viehwirtschaft. *Gesch.:* seit dem 9. Jh. Zentrum d. Kiewer Reiches (↑Russland, Gesch.); im 14. Jh. kam Galizien an Polen, d. übrige U. an Litauen, 1569 ebenfalls an Polen; 1648 durch einen Aufstand d. Saporoger Kosaken unter Chmelnizki selbst. Staat, 1654 unter russ. „Schutz", 1667 zw. Russland u. Polen geteilt, nach d. Niederlage des Kosakenhetmans Masepa bei Poltawa 1709 Verlust d. Autonomie; 1772 Galizien zu Östr.; 1917 Ausrufung d. Ukrain. VR, Bündnis mit den Mittelmächten, d. 1919 in Kiew einziehenden Bolschewiki wurden nur noch vorübergehend verdrängt; 1921 Galizien an Polen; 1922 als „Ukrain. SSR" Gründungsmitgl. d. UdSSR. Ab den 1930er-Jahren in bes. Maße dem stalinschen Terror ausgesetzt (nach Zwangskollektivierung schwere Hungersnot mit Mill. v. Toten); während der dt. Besatzungszeit 1941–43/44 brutale nat.-soz. Okkupationspolitik (Ermordung der jüd. Bev.). 1945 UN-

**Ukraine**

*Fläche:* 603 700 km²

*Einwohner:* 49,95 Mill.

*Hauptstadt:* Kiew

*Amtssprache:* Ukrainisch

*Zeitzone:* MEZ + 1 Stunde

U

Gründungsmitgl. 1946 Karpato-Ukraine (Transkarpatien), 1947 Nordbukowina u. 1954 die Krim an d. U. 1986 folgenschwerer Kernreaktorunfall in Tschernobyl. Im Aug. 1991 Unabhängigkeitserklärung, im Dez. 1991 Gründungsmitgl. d. GUS. 1994 wurde L. Kutschma Staatspräs. 1997 russ.-ukrain. Grundlagenvertrag.

**Ukrainer,** ostslaw. Volk (rd. 41 Mill.), hpts. in der Ukraine; bed. Volkskultur.

**Ukrainisch,** Spr. der Ukrainer, gehört zum östl. Zweig des Slaw.; Verwendung der Kyrilliza.

**Ukulele** [hawai.], hawai. viersait. Kleingitarre.

**UKW,** Abk. für: ↑Ultrakurzwellen.

**Ulan Bator,** bis 1924 **Urga,** Hptst. der Mongol. Rep., 1 350 m ü. d. M., 575 000 E; Univ.; vielseit. Ind.; Verkehrsknotenpunkt, ✈.

**Ulanen** [poln.], fr. mit Lanzen bewaffnete Reiter; erstmals im 16. Jh. in Polen.

**Ulanowa,** Galina Sergejewna, russ. Tänzerin, *1910, †1998; ehem. Primaballerina des Moskauer Bolschoi-Theaters.

**Ulbricht,** Walter, dt. Politiker, *1893, †1973; Kommunist; nach Rückkehr aus der Emigration 1946 Mitbegr. u. bis 1950 stellvertr. Vors. der SED, als 1. Sekr. des ZK (bis 1971, 1950–53 Gen.-Sekr.) Parteiführer; s. 1949 Mitgl. des Politbüros; 1949–60 1. Stellvertr. Min.-Präs., s. 1960 Vors. des Staatsrats (Staatsoberhaupt). U. bestimmte – unter sowj. Anleitung – 2 Jahrzehnte lang die Entw. der SED u. der DDR.

**Ulfilas, Wulfila,** Bischof der Westgoten, *um 311, †383 (?); Arianer; übersetzte die Bibel ins Got.

**Ulkus** [lat.], svw. ↑Geschwür.

**Ullmann,** Liv, norweg. Schauspielerin, *1938; Filme v. a. unter der Regie von I. Bergman.

**Ullrich,** Jan, dt. Straßenrennfahrer, *1973; u. a. Sieger d. Tour de France 1997, Weltmeister im Straßenzeitfahren 1999, Goldmedaillengewinner im Straßenrennen bei den Olymp. Spielen 2000.

**Ulm,** krsfr. St. u. Krst. an der Donau, Ba.-Wü., 115 700 E; Univ., FH; Dt. Brotmuseum, Donauschwäb. Zentralmuseum; bed. Münster (1377–1529) mit 161 m hohem Turm; Fahrzeugbau, Elektro-, Textil- u. Maschinenind. – 854 erstmals erwähnt, ehem. R.-St., 1803 bayr., 1810 württembergisch.

**Ulme, Rüster,** Gatt. der U.ngewächse; meist sommergrüne Bäume od. Sträucher mit unsymmetr. Blättern u. geflügelten Früchten; v. a. nördl. gemäßigte Zone.

**Ulrich von Lichtenstein, Liechtenstein,** mhd. Dichter, *um 1200, †um 1275; „Frauendienst", eine der ersten Icherzählungen der dt. Lit., Minnelieder.

**Ulrich von Türheim,** mhd. Dichter, *um 1200, †wahrsch. nach 1250; vollendete den „Tristan" Gottfrieds v. Straßburg u. mit seinem „Rennewart" den „Willehalm" Wolframs v. Eschenbach.

**Ulster** [ˈʌlstə], histor. Prov. in N-Irland, seit 1921 geteilt in Nordirland und in die Grafschaften Cavan, Donegal u. Monaghan der Rep. Irland.

**Ultimatum** [lat.], letzte, äußerste Aufforderung [eines Staates an einen anderen], bevor nachteilige Maßnahmen ergriffen werden.

**Ultimo** [lat.], letzter Geschäftstag eines Monats.

**ultra..., Ultra...** [lat.], Bestimmungswort; Bed.: „jenseits von, über – hinaus".

**Ultrafiltration,** v. a. zur Abtrennung v. Kolloiden verw. Filtrierverfahren mit Filtern geringer Porenweite (0,01 µm) aus Kunststoffen (u. a. Kollodium, Polyvinylalkohol).

**Ultrakurzwellen,** Abk. **UKW,** elektromagnet. Wellen mit Wellenlängen zw. 10 m u. 1 m, bzw. Frequenzen zw. 30 u. 300 MHz.

**Ultramarin,** ungift., meist leuchtend blaues, lichtechtes Farbpigment, schwefelhaltiges Natrium-Aluminium-Silicat; kommt in der Natur als ↑Lapislazuli vor.

**Ultraschall,** Schall mit Frequenzen über etwa 20 kHz; wird vom menschl. Ohr nicht mehr wahrgenommen; Erzeugung mittels U.pfeifen, U.sirenen bzw. elektr. mithilfe von magnetostriktiven u. piezoelektr. Schallgebern; verw. u. a. beim ↑Echolot. – *U.therapie,* Heilbehandlung mit hochfrequentem U.; bewirkt u. a. Wärmebildung im Gewebe, Mikromassage; *U.diagnostik,* Verfahren zur Erkennung krankhafter Veränderungen im Organismus u. Fehlentwicklungen des Fetus während der Schwangerschaft.

**ultraviolette Strahlung,** Abk. **UV,** unsichtb. elektromagnet. Strahlung; Wellenlängen zw. etwa 400 u. 10 nm; biol. wirksam (Sonnenbrand, Bindehautentzündung u. a.) zw. 310 u. 200 nm *(UV-C).*

**Uludağ** [uˈludaː], **Mysischer Olymp,** Bergmassiv in NW-Anatolien, Türkei, 2 543 m; Fremdenverkehr (Seilbahn v. Bursa).

**Umberto,** ital. Könige: **1) U. I.,** *1844, †1900, Kg. s. 1878; Dreibund mit Dtl. u. Östr.-Ungarn; von einem Anarchisten erschossen. **2) U. II.,** Enkel von 1), *1904, †1983, s. 1944 Gen.-Statthalter des Kgr., Mai/Juni 1946 König.

**Umbra** [lat.], **1)** dunkler Kern eines Sonnenflecks, umgeben von der helleren *Penumbra.* **2)** braune Malerfarbe (Fe- u. Mn-haltiger Ton).

**Umbrer,** ital. Volksstamm, nach 1000 v. Chr. in Ober- und Mittelitalien, dann im Apennin, um 300 v. Chr. v. d. Römern unterworfen.

**Umbrien,** ital. **Umbria,** Region in Mittelitalien, 8 456 km², 832 700 E, Hptst. Perugia; im mittl Apennin.

**Umbruch,** Einteilung des Schriftsatzes in Seiten für den Druck.

**Umgangssprache,** zw. Hochsprache und Mundart stehende Sprachschicht mit festen, auch derben, bildhaften Ausdrücken.

**Umiak,** offenes Boot (fellbespanntes Holzgerüst) d. Eskimos.

**Umkehrfilm,** Film, der beim Entwickeln ein ↑Positiv liefert.

**Umlageverfahren,** Verfahren zur Verteilung v. Aufwendungen u. zur Erhebung finanzieller Mittel aus einem best. Personenkreis.

**Umlaufvermögen,** Vermögensteile, die nur kurzfrist. im Unternehmen verbleiben (z. B. Vorräte); Ggs. ↑Anlagevermögen.

**Umlaufzeit,** Zeit, die ein Körper braucht, um einen anderen zu umkreisen.

**Umlaut,** den west- u. nordgerman. Spr. eigentüml. Veränderung eines Vokals unter Einfluss des Vokals der Folgesilbe; für die dt. Spr. bed. der i-U.: z. B. werden a, o, u unter Einfluss eines (urspr.) i oder j der Folgesilbe zu e (bzw. ä), ö, ü.

**Umsatz,** Veräußerungswert (Erlös) der innerh. eines Zeitraums abgesetzten Güter.

**Umsatzsteuer,** Steuer auf Lieferungen u. sonst. Leistungen, die ein Unternehmen im Inland gegen Entgelt ausführt, auf die Einfuhr aus nicht zur EU gehörenden Drittländern *(Einfuhr-U.)* u. auf innergemeinschaftl. Erwerb innerh. der EU, geregelt im U.gesetz i. d. F. v. 9. 6. 1999. 1968 wurde die Brutto-U. durch eine Netto-U. *(Mehrwertsteuer)* ersetzt, bei der nur die Wertschöpfung des einzelnen Unternehmens besteuert wird.

**Umstands|sätze, Adverbialsätze,** Gliedsätze, die nach ihrem Sachgehalt Temporal-, Modal- oder Kausalsätze sein können.

**Umstandswort, Adverb,** das dem Verb beigefügte, vielfach auch als Attribut ein Substantiv, Adjektiv oder ein anderes U. näher bestimmende Wort, das die Umstände einer Handlung (oder eines Zustands) kennzeichnet.

**Umstimmungstherapie** ↑Reizkörpertherapie.

**UMTS** [Abk. für engl. **u**niversal **m**obile **t**elecommunications **s**ystem], Mobilfunkstandard, der in Europa ab 2002 eingeführt wird; sehr schnelle Datenübertragung, ermöglicht den direkten Internetzugang.

**Umwelt|audit, Öko|audit,** externes Verfahren zur Untersuchung u. Bewertung unternehmer. Umweltschutzaktivitäten; Rechtsgrundlage: U.gesetz v. 7. 12. 1995.

**Umweltbelastung,** die nachteil. Beeinflussung der belebten u. unbelebten Welt innerhalb der Großräume Luft (Abgase u. Rauch v. Ind., Verkehrsmitteln), Wasser (häusl. u. industrielle Abwässer) u. Boden (Verseuchung durch chem. Stoffe), bewirkt v. a. durch den chem.-physikal.-techn. Zivilisationsfortschritt. Durch die U. können beim Menschen zus. mit anderen Faktoren (z. B. Lärmbelastung, psych. Stresswirkungen) Zivilisationsschäden u. -krankheiten verursacht werden.

**Umweltbundesamt,** 1974 in Berlin errichtete Bundesoberbehörde, nimmt Planungs-, Forschungs-, Aufklärungs-, Verwaltungsaufgaben zum Umweltschutz wahr.

**Umweltforschung,** die Untersuchung u. Erforschung der durch die Tätigkeit des Menschen auftretenden Veränderungen seiner Umwelt u. der Wechselwirkungen zw. dieser künstl. Umwelt u. dem natürl. Ökosystem.

**Umweltkriminalität,** Zuwiderhandlungen gg. Bestimmungen des Umweltschutzes; Umweltstraftaten werden nach §§ 324–330 d StGB geahndet.

**Umweltprobenbank,** Sammelstelle von organ. Material sowie von tierischem und pflanzl. Gewebe zur Langzeitkonservierung; erlaubt Vergleichsanalysen mit später gezogenen Proben.

**Umweltschutz,** die auf Umweltforschung u. Umweltrecht basierenden Maßnahmen u. Bestrebungen, die dem Erhalt der Lebensgrundlagen des Menschen, dem Schutz der Natur sowie dem Ausgleich gestörter ökolog. Beziehungen dienen. Aufgaben des U. sind u. a.: Abfallentsorgung, Luftreinhaltung, Gewässer-, Boden-, Natur-, Strahlen- u. Lärmschutz, Umweltvorsorge.

**Umwelt|technik,** die Bereiche der Technik, die für Maßnahmen des Umweltschutzes v. Bed. sind, z. B. Verfahren zur Abwasserreinigung, der Luft-, Staub- u. Klimatechnik u. zur Erfassung v. Umweltschäden.

**Umwelt|toxikologie, Ökotoxikologie,** Teilbereich der Toxikologie, der die direkten Schadwirkungen von Umweltchemikalien auf den Menschen, sowie die Einflüsse auf versch. Ökosysteme u. deren Rückwirkungen auf die menschl. Gesundheit untersucht.

**Umweltverträglichkeitsprüfung,** Abk. **UVP**, Verfahren zur Prüfung von Bauvorhaben wie Kraftwerke, Müllverbrennungsanlagen, Autobahnen u. a. auf ihre Auswirkungen auf die Umwelt (U.-Ges. v. 2001).

**Umweltzeichen,** Bildsymbol zur Kennzeichnung umweltfreundl. Produkte, das dt. U. besteht aus dem Umweltemblem der Vereinten Nationen (Blauer Engel) und der Umschrift „umweltfreundlich weil ..."; in der Bundesrep. Dtl. verliehen von der Jury Umweltzeichen.

**UN,** Abk. für engl.: **U**nited **N**ations (= Vereinte Nationen), am 26. 6. 1945 v. 51 Nationen in San Francisco gegr. Staatenverbindung zur Erhaltung des Weltfriedens u. der internat. Sicherheit, zur Förderung der internat. Zusammenarbeit u. zur friedl. Schlichtung von Streitigkeiten; Hauptsitz in New York; 189 Mitgliedstaaten. Die UN-Charta sieht als oberstes Organ die *Gen.-Vers.* (Vollvers.) aller Mitgl. vor, die mind. einmal jährl. (ordentl. Sitzung) tagt. Ständ. tagendes Organ ist der *Sicherheitsrat* mit 5 ständ. (China, Frkr., Großbrit., Russland, USA) u. 10 von der Gen.-Vers. auf Zeit (in der Regel auf 2 J.) gewählten Mitgl.; soll auf die Beilegung von internat. Streitigkeiten hinwirken und bei Bedrohung des Weltfriedens friedl., notfalls mil. Sanktionen beschließen. Rein exekut. Organ ist das ständ. geschäftsführende Sekretariat unter dem *Gen.-Sekr.* (s. 1996: K. Annan). Weitere Organe: Internat. Gerichtshof, Wirtschafts- u. Sozialrat; Spezialorgane (u. a. UNICEF) u. Sonderorganisationen (u. a. UNESCO, FAO, WHO).

**Unabhängige Sozialdemokratische Partei Deutschlands,** Abk. **USPD,** polit. Partei in Dtl. 1917–22; aus der SPD als Abspaltung der Kriegsgegner hervorgegangen; 1920 Vereinigung der linken Mehrheit mit der KPD, 1922 der Restpartei mit der SPD.

**Unbefleckte Empfängnis,** kath. Dogma (seit 1854), besagt, dass Maria, die Mutter Jesu, im Augenblick ihrer Empfängnis vor der Erbsünde bewahrt blieb.

**Unberührbare** ↑Paria.

**unbewegliche Sachen,** svw. ↑Immobilien.

**Unbewusstes,** Bereich der Psyche, dessen Inhalte dem Bewusstsein nicht zugängl. (nach psychoanalyt. Vorstellung verdrängt) sind u. erst nach Überwindung anerzogener Hemmung bewusst wird.

**Uncle Sam** [ˈʌŋkl ˈsæm], scherzhaft für die USA, die Amerikaner (nach U. S. [= United States] als Abk. für Uncle Sam).

**Underdog** [ˈʌndədɔg; engl.], sozial Benachteiligter, Schwächerer.

**Underground** [ˈʌndəgraʊnd; engl.], **1)** Gruppe, Organisation außerhalb der etablierten Gesellschaft. **2)** avantgardist. künstler. Protestbewegung gegen das künstlerische Establishment.

**Understatement** [ʌndəˈsteɪtmənt; engl.], das Untertreiben, Unterspielen; nüchterne, unpathet., andeutende Ausdrucksform.

**un|edle Metalle,** rd. 55 metall. El., die an der Luft oxidieren u. von nicht oxidierenden Säuren auch unter Luftabschluss angegriffen werden.

**un|endlich,** Zeichen ∞, größer als jede endl. Zahl.

**unerlaubte Handlung, Delikt,** widerrechtl. u. schuldhafter Eingriff in ein fremdes Rechtsgut, verpflichtet zum Schadenersatz (§§ 823 ff. BGB).

**UNESCO,** Abk. für engl.: **U**nited **N**ations **E**ducational, **S**cientific and **C**ultural **O**rganization; 1945 zum Zwecke der internat. Zusammenarbeit auf den Gebieten der Erziehung, Wiss. u. Kultur gegr. Sonderorganisation der UN, Sitz Paris.

**Unfallflucht,** unerlaubtes Entfernen eines an einem Verkehrsunfall Beteiligten vom Unfallort, strafbar.

**Unfallversicherung,** als Privatversicherung finanzielle Absicherung gg. wirtsch. Folgen aus Unfällen aller Art; als ↑Sozialversicherung gesetzl. Schutz gg. berufsbedingte Unfälle u. Krankheiten.

**Unfehlbarkeit,** kath. Lehre v. der Irrtumslosigkeit der Kirche in der Auslegung der Hl. Schrift; Träger v. a. die ökumen. Konzile u. der Papst, wenn er förml. *ex cathedra* (als oberster Lehrer der Kirche) eine für die gesamte Kirche verbindl. Lehraussage (Dogma) verkündet; 1870 Dogmatisierung der päpstl. U.

**Unfruchtbarkeit** ↑Sterilität.

**Unfruchtbarmachung** ↑Sterilisation.

**Ungarisch** ↑finnisch-ugrische Sprachen.

**ungarische Kunst,** mit Ausnahme der Frühzeit im Wesentl. der westeurop. Stilentw. zugehör. Kunst Ungarns; im 13. u. 14. Jh. bes. starker frz. Einfluss, im 15. Jh. ital.; eigene nat. Kunstentw. erst im späten 19. Jh.; unter Aufnahme v. a. frz. Vorbilder nach dem 2. Weltkrieg internat. Einflüsse.

**ungarische Literatur,** erste literar. Denkmäler seit der Christianisierung (um 1000), geistl. Lit. in lat. Spr.; erste ungar. Zeugnisse 13./14. Jh.; erster bed. Lyriker Balassi; kunstvolle Prosa seit dem 17. Jh. (Pázmány); erstes ungar. Heldenepos von Zrinyi; im 18. Jh. Lyrik (Faludi); im frühen 19. Jh. Klassizismus (Kazinczy) und Romantik (Kisfaludy); Petőfi als bedeutendster ungar. Lyriker, bed. Epiker Arany; nach der Revolution von 1848 Reviczky (romant. Pessimismus) u. Bródy (Naturalist) bed.; mit der Zeitschrift „Nyugat" (Mitarb. Ady u. Babits) polit. u. soz. fortschrittl. Ideen; bekannt wurden auch Molnár u. Zilahy; nach 1945 verstummten einige Schriftsteller, andere emigrierten; Opposition gg. die Pol. im Petőfi-Kreis (u. a. T. Déry), der in den 1970er-Jahren zum Schweigen gebracht wurde; bed. das Werk von Németh, Illyés, Mándy, Magda Szabó, Mészőly, Nádas u. a.; nach der Wende 1989 literar. Aufarbeitung der stalinist. Unterdrückung in Ungarn.

**ungarische Musik,** in der Kunstmusik starker Einfluss der westeurop. Musik, eigene Elemente bes. in der Volksmusik mit Vielfältigkeit in Rhythmik und Melodik; bed. Einfluss der Zigeunermusik (Zigeunermoll), die v. a. von F. Liszt als spezifisch u. M. angesehen wurde. Weitgehend von der Folklore gingen aus: E. v. Dohnányi, B. Bartók, Z. Kodály u. a.

**Ungarische Pforte, Hainburger Pforte,** Donaupforte zw. den Kl. Karpaten u. Hainburger Bergen.

**Ungarisches Mittelgebirge,** Geb.-Zug beiderseits der Donau, Ungarn, im *Kékes* 1 015 m.

**Ungarisches Tiefland,** Tiefland zw. Alpen, Karpaten u. Dinar. Geb. (Kroatien, Serbien, Rumänien, Slowakei, Ungarn); ↑Kleines U. T. u. ↑Großes U. Tiefland.

**Ungarn,** Staat in SO-Europa; vorw. Tiefland (↑Ungar. Tiefland), im N d. ↑Ungar. Mittelgeb., d. Bakonywald, im S das Fünfkirchener Bergland; Hptfl.: Donau, Theiß; gr. See: Plattensee; kontinentales Klima; Bev. etwa 97 % ↑Magyaren, daneben Deutsche, Slowaken u. a.; Anbau v. Mais, Weizen, Zuckerrüben, Gemüse (Tomaten, Paprika, Zwiebeln); bed. Viehzucht; ⚒ auf Bauxit, Braun- u. Steinkohle; Erdöl, Erdgas; . Schwer-, Leicht- (v. a. Textil-) u. Nahrungsmittelind.; Tourismus. *Gesch.:* im 5. Jh. Kerngebiet des Hunnen-, dann bis ins 8. Jh. des Awarenreiches; um 900 Landnahme der Magyaren, Ende ihrer Einfälle in westl. Nachbarländer durch Ottos d. Gr. Sieg auf dem Lechfeld (955). Unter Kg. Stephan d. Hl. (997–1038) Christianisierung; Angliederung Kroatiens (1091) u. Dalmatiens (1102) in Personalunion; im 12./13. Jh. Ansiedlung der Siebenbürger Sachsen; im späten MA unter wechselnden Herrscherhäusern, zeitw. in Personalunion mit Polen u. Böhmen verbunden. 1526 der größte Teil U.s türk., der W habsburg., Siebenbürgen selbst.; im Türkenkrieg 1683–99 Zurückdrängung der Türken, U. östr. Kronland. Nach dem ungar. Freiheitskampf 1703–11 wurde die Unteilbarkeit des Habsburgerreiches gesetzl. festgelegt. 1848/49 ungar. Revolution unter Kossuth von Östr. mit russ. Hilfe erstickt. 1867 östr.-ungar. Ausgleich: U. im Rahmen der Doppelmonarchie Östr.-U. gleichberechtigt. Die Niederlage im 1. Weltkrieg führte zur Ausrufung der Rep. (16. 11. 1918), jedoch Verlust von rd. $^2/_3$ seines Territoriums (Vertr. von Trianon 1920). 1919 kommunist. Räterep. unter Béla Kun, 1920 wählte die Nat.-Vers. M. Horthy zum R.-Verweser, 1921 sprach sie die Thronenthebung der Habsburger aus. Durch die *Wiener Schiedssprüche* 1938/40 (von Dtl. u. Italien gefällt) Wiedergewinnung 1920 verlorener Gebiete (1947 wieder aufgehoben); seit 1941 Teilnahme am 2. Weltkrieg auf dt. Seite, 1944/45 von sowjet. Truppen erobert, 1946 Proklamation der Rep., s. 1949 Volksrep., 1946–49 sozialist. Umgestaltung des Landes nach sowj. Muster; Okt./Nov. 1956 Volksaufstand gg. die kommunist. Herrschaft durch sowj. Truppen blutig niedergeschlagen; weiter bestehende lib. Tendenzen führten nach Aufkommen der sowjet. Reformpolitik 1989/90 zur polit. Umgestaltung: 1989 Einführung des Mehrparteiensystems, freie Präsidentschafts- sowie 1990 freie Parlamentswahlen; 1990 wurden die Führer des Aufstands v. 1968 rehabilitiert. Seit 1999 Mitgl. der NATO; EU-Aufnahme zugesagt.

**Ungarn**

*Fläche:* 93 030 km²
*Einwohner:* 10,04 Mill.
*Hauptstadt:* Budapest
*Amtssprache:* Ungarisch
*Zeitzone:* MEZ

**Ungarn** ↑Finnougrier.

**ungerade Zahl,** nicht durch 2 teilb. natürl. Zahl, z. B. 1, 3, 5, 7.

**Ungerer,** Tomi, frz. Zeichner, * 1931; karikaturist. Zeichnungen, Buchillustrationen.

**Ungers,** Oswald Mathias, dt. Architekt, * 1926; u. a. Neubau Wallraf-Richartz-Museum in Köln (1996–2000).

**ungeschlechtliche Fortpflanzung** ↑Fortpflanzung.

**Unguja Island** [- 'aɪlənd], ↑Sansibar.

**uni** ['yni; frz.], einfarbig, ohne Muster (bes. bei Geweben).

**UNICEF,** Abk. für engl.: **U**nited **N**ations **I**nternational **C**hildren's **E**mergency **F**und, Weltkinderhilfswerk der UN; gegr. 1946; Sitz New York; 1965 Friedensnobelpreis.

**unierte Kirchen, 1)** mit der kath. Kirche unter Beibehaltung ihres eigenen Ritus u. Kirchenrechts [bei Anerkennung d. Primats d. Papstes] verbundene Ostkirchen, z. B. die *griech.-kath. Kirche* d. byzantin. Ritus in SO- und O-Europa u. die *Maroniten* (syr.-maronit. Kirche, 1181 Union mit der lat. [kath.] Kirche). **2)** im 19. Jh. aus Zusammenschlüssen von Lutheranern u. Reformierten entstandene dt. ev. Landeskirchen.

**Unihockey** [-hɔke:], dem Hallenhockey ähnl. Spiel, wobei auch hinter den Toren gespielt wird.

**Unikat** [lat.], einzige Ausfertigung eines Schriftstückes.

**Union** [lat.], allg. Bund, Vereinigung, **1)** Verbdg. von Staaten oder versch. kirchl. Gemeinschaften. **2)** auf Betreiben der Kurpfalz 1608 geschlossenes Bündnis süd- u. westdt. prot. Reichsstände, erwies sich bei Ausbruch des Dreißigjähr. Krieges als der kath. Liga nicht gewachsen; Mai 1621 aufgelöst.

**Union Jack** ['ju:njən 'dʒæk; engl.], volkstüml. Bez. der brit. Nationalflagge.

**Unitari|er** [lat.], **1)** aus emigrierten *Sozinianern* (v. Fausto Sozzini, * 1539, † 1604, geeinigte poln. Antitrinitarier) entstandene relig. Gruppen u. Gemeinschaften, die statt der Trinität die Einheit Gottes lehrten. **2) Dt. U.,** 1945 aus freiprot. Gruppen gegr. freie dt. Religionsgemeinschaft.

**United Nations** ↑UN.

**United States of America** ↑Vereinigte Staaten von Amerika.

**universal** [lat.], allgemein, gesamt; weltweit, umfassend.

**Universalilen** [lat.], ⓟ Allgemeinbegriffe, allg. Ideen.

**Universalilenstreit, Realilenstreit,** in der Scholastik Streit v. a. zw. dem *Realismus* (vertreten durch Anselm v. Canterbury u. Thomas v. Aquin) u. dem *Nominalismus* (v. a. Abaelard) über den realen oder bloß gedankl. Gehalt der Allgemeinbegriffe.

**Universität** [lat.], Institution zur Pflege der Wiss. in Forschung u. Lehre; älteste Art der wiss. Hochsch.; urspr. korporat. Zusammenschluss von Lehrern und Studierenden in ma. Städten; älteste U. des Hl. Röm. Reiches 1348 in Prag gegr.; die ma. U. hatte 4 Fakultäten; neuzeitl. dt. U. durch W. v. Humboldt begr. (idealist.-neuhumanist. Bildungsideal); an der Spitze Rektor mit Senat, Dekane vertreten die Fakultäten (heute oft Fachbereiche), neben den U.en Entw. der techn. Hochsch. (heute meist techn. Universitäten) sowie auch von wiss. Hochschulen einzelner Fachrichtungen (z. B. Med., Bergbau, Wirtschaft), heute meist U.en eingegliedert oder in U.en umgewandelt.

**Universum** [lat.], das ↑Weltall.

**Unken,** Gatt. der Froschlurche; in Dtl.: Gelbbauch- und Rotbauchunke.

**unlauterer Wettbewerb,** gg. die guten Sitten verstoßender Wettbewerb (z. B. Täuschung der Abnehmer, Boykott).

**Unna,** Krst. im östl. Ruhrgebiet, NRW, 66 500 E; Masch.-, Rohrleitungs-, Apparatebau. Ehem. Hansestadt.

**UNO,** Abk. für: **U**nited **N**ations **O**rganization (↑UN).

**Unpaarhufer,** Ordn. der Huftiere mit ungerader Zehenzahl; Mittelzehe dominiert, andere mehr od. weniger zurückgebildet; Pflanzenfresser; u. a. Tapire, Nashörner, Pferde.

**Unpfändbarkeit,** Schutz best. Sachen u. Forderungen zur Vermeidung v. *Kahlpfändung* (Pfändung v. Sachen, die dem persönl. Gebrauch od. der Erwerbstätigkeit dienen) durch Gläubiger.

**Unsere Liebe Frau** ↑Maria, Mutter Jesu.

**Unstrut,** l. Nbfl. d. Saale, 192 km, mündet bei Naumburg/Saale; um Freyburg/U. Weinbau.

**Unterbewusstsein,** seel. Inhalte u. Vorgänge unterhalb der Bewusstseinsschwelle, die vom Bewusstsein nicht gesteuert (z. B. Träume), nicht erinnert od. wahrgenommen werden.

**Unterbrecher,** Vorrichtung zur period. Unterbrechung eines (Gleich)stromkreises, z. B. bei der Kfz-Zündanlage.

**Unterfranken,** nordbayr. Reg.-Bez., 8 532 km², 1,31 Mill. E; Hptst. Würzburg.

**Unterglasurfarben,** Porzellan- od. Steingutfarben, die durch Glasur geschützt werden.

**Untergrundbewegungen,** polit. Bewegungen, die im Geheimen auf den Umsturz bestehender Verhältnisse hinarbeiten; häufig dadurch bedingt, dass keine legale Opposition zugelassen ist, od. in bewusster Abkehr v. legaler polit. Opposition.

**Unterhaltspflicht,** gesetzl., gegenseit. Pflicht v. Verwandten in gerader Linie (Eltern [auch unverheiratete]–Kinder) u. Ehegatten untereinander zur Leistung des Lebensunterhalts; Voraussetzungen: Bedürftigkeit u. Leistungsfähigkeit; U. besteht stets für Eltern gegenüber minderjähr. Kindern.

**Unterhaltungsmusik, U-Musik,** i. e. S. eine im 19. Jh. entstandene, sich zu einem eigenständigen, musikkulturellen System im Ggs. zur „ernsten" Musik entfaltende Musikart; zur U. zählen u. a. Tanz- und Salonmusik, Operette, Musical, Song, Schlager, Pop- u. Rockmusik.

**Unterhaus,** verbreitete Bez. für die 2. Kammer eines Zweikammerparlaments, v. a. für das brit. *House of Commons.*

**unterkühlte Lösung,** svw. ↑übersättigte Lösung.

**Unterlassungsdelikt,** strafb. Unterlassung einer v. der Rechtsordnung erwarteten Handlung.

**Unterlassungsklage,** Klage auf Unterlassung rechtswidr. Eingriffe.

**Untermiete,** Vertrag, durch den ein Mieter die v. ihm gemietete Sache weitervermietet; bedarf der Erlaubnis des [Haupt]vermieters.

**Unternehmen,** dauerhafte organisator. Einheit, in der wirtsch. Aufgaben (Produktion v. Sachgütern, Bereitstellung v. Dienstleistungen) zum Zweck der Erfolgserzielung (Gewinnstreben) erfüllt werden. – Abb. S. 718.

**Unternehmer,** Person, die ein Unternehmen selbst. u. eigenverantwortl. leitet, das Risiko trägt u. i. d. R. Eigenkapitalgeber ist. – *U.verbände,* Vereinigungen zur Wahrung v. U.interessen.

**Unterloffizier,** mil. Dienstgrad; in der Marine *Maat.*

**unter pari** ↑pari.

**Untersberg,** Geb.-Stock in den Salzburg.-Oberöstr. Kalkalpen, in Östr. u. Bay.; 1 972 m.

**Unterschlagung,** rechtswidr. Aneignung einer fremden bewegl. Sache, die der Täter im Besitz od. Gewahrsam hat.

**Unterseeboot, U-Boot,** Kriegsschiff v. a. für Unterwasserfahrten (Rumpf als Druckkörper, Tauch- u. Ballasttanks, Trimmzellen, Tiefenruder, Torpedoausstoßrohre an Bug und/oder Heck); im 1. und 2. Weltkrieg hpts. als Torpedoangriffswaffe; Diesel- u. Elektromotoren als Antrieb; heute z. T. mit über 5 000 t Wasserverdrängung, durch [Druckwasser]reaktoren über Dampfturbinen angetrieben (Atom-U.), mit prakt. unbegrenzter Reichweite u. Einsatzdauer; meist Träger von Mittelstreckenraketen.

**Untersuchungslausschuss,** mit der Aufklärung best. Sachverhalte beauftragtes Gremium; die vom Dt. B.-Tag eingesetzten parlamentar. U.e (jeweils für best. Fälle) erheben Beweise nach den Vorschriften der StPO u. des U.-Ges. (i. d. R. in öff. Sitzung).

**Untersuchungshaft,** Freiheitsentzug eines einer Straftat Verdächtigen bei Fluchtverdacht, Verdunkelungs-, Wiederholungsgefahr u. a. (durch Haftbefehl).

**Untersuchungsrichter,** Richter, der vor Anklageerhebung eine Straftat untersucht (nicht im dt. Strafprozess).

**Unterwalden,** schweizer. Kt. südl. des Vierwaldstätter Sees; geteilt in die Halbkantone *U. nid dem Wald* (Kurzform *Nidwalden,* 276 km², 35 400 E, Hptst. Stans) u. *U. ob dem Wald* (Kurzform *Obwalden,* 491 km², 30 800 E, Hptst. Sarnen); Milchwirtschaft, Obstbau, Fremdenverkehr.

**Unterwelt, 1)** in vielen Religionen das unter der Erde liegende, v. Gewässern umflossene Reich der Toten. **2)** das [organisierte] großstädt. Verbrechertum.

**Untreue,** strafb. Missbrauch der Verfügungsgewalt über das Vermögen eines anderen od. Pflichtverletzung bei der Wahrnehmung seiner Vermögensinteressen.

**Unze** [lat.], **1)** fr. dt. Gewicht, 1 U = $^1/_{16}$ Zollpfund = 31,25 g. **2)** brit. U. (Ounce) 28,35 g.

**Unzialschrift,** im 4./5. Jh. entw. abgerundete Majuskelschrift.

**Unzucht,** ehem. Begriff des Se-

**Die 22 umsatzstärksten Unternehmen in Deutschland** (2000)

| Unternehmen, Sitz | Branche | Umsatz (in Mill. DM) | Beschäftigte (in 1000) |
|---|---|---|---|
| DaimlerChrysler AG, Stuttgart | Auto, Technologie | 317595 | 416,5 |
| E.ON AG, Düsseldorf | Energie, Öl, Chemie | 182362 | 186,8 |
| Volkswagen AG, Wolfsburg | Auto | 167331 | 324,4 |
| Siemens AG, Berlin/München | Elektro, Elektronik | 153329 | 447,0 |
| Metro AG, Köln | Handel | 91787 | 179,6 |
| RWE AG, Essen | Energie, Bergbau | 82978 | 152,1 |
| Deutsche Telekom AG, Bonn | Telekommunikation | 80070 | 167,0 |
| Rewe-Gruppe, Köln | Handel | 73650 | 179,0 |
| ThyssenKrupp AG, Duisburg | Anlagen, Stahl | 72774 | 193,3 |
| BASF AG, Ludwigshafen | Chemie | 70304 | 103,3 |
| Bayerische Motorenwerke AG, München | Auto | 69150 | 93,6 |
| Deutsche Post AG, Bonn | Postdienste | 63971 | 324,2 |
| Robert Bosch GmbH, Stuttgart | Elektro | 61717 | 198,7 |
| EDEKA-Gruppe, Hamburg | Handel | 61100 | 190,0 |
| Bayer AG, Leverkusen | Chemie | 60574 | 122,1 |
| Tengelmann, Mülheim a. d. Ruhr | Handel | 53400 | 187,0 |
| Otto-Versand GmbH & Co., Hamburg | Versandhandel | 45835 | 73,0 |
| Preussag AG, Hannover | Touristik, Logistik, Energie | 42742 | 80,0 |
| ALDI-Gruppe, Mülheim a. d. Ruhr | Handel | 37750 | keine Angaben |
| Franz Haniel & Cie. GmbH, Duisburg | Handel | 36654 | 41,0 |
| DaimlerChrysler Services AG, Berlin | Dienstleistungen | 34278 | 9,6 |
| Adam Opel AG, Rüsselsheim | Auto | 33486 | 42,7 |

xualstrafrechts, 1973 durch „sexuelle Handlungen" ersetzt.

**Unzurechnungsfähigkeit,** fr. Bezeichnung für Schuldunfähigkeit (↑Schuldfähigkeit).

**Upanishaden,** philos.-theol. Abhandlungen des Brahmanismus (etwa seit 800 v. Chr.); Grundlage der ved. Philos. (↑Veda).

**Updike** [ˈʌpdaɪk], John [Hoyer], amer. Schriftsteller, *1932; Kurzgesch.; Romane („Hasenherz").

**Upperten** [ʌpə-; engl.], die oberen Zehntausend, Oberschicht.

**Uppsala,** schwed. Prov.-Hptst. nw. von Stockholm, 174600 E; Kulturzentrum m. Univ., Univ.-Bibliothek, Hochschulen, Afrikainstitut, Museen, got. Dom (13.–15. Jh.); graph. Gewerbe.

**Upstalsboom,** Platz bei Aurich (Ostfriesland), wo sich im MA die Vertreter der fries. Seelande zu Beratungen, Rechtsprechung und Landfriedenswahrung versammelten; Symbol fries. Freiheit.

**up to date** [ˈʌp tə ˈdeɪt; engl.], zeitgemäß, modern.

**UPU,** Abk. für **U**nion **p**ostale **u**niverselle (↑Weltpostverein).

**Ur,** sumer. Stadt in S-Mesopotamien, heute der Ruinenhügel *Tell Mukajir;* im 3. Jt. v. Chr. polit. Zentrum von Sumer; brit. Ausgräber fanden einen frühdynast. Königsfriedhof (um 2500) mit Sklavenbestattungen; reiche Beigaben, oft mit Einlegearbeiten (darunter die „Standarte von Ur") verziert. – Nach bibl. Tradition Heimat Abrahams.

**Ur,** svw. ↑Auerochse.

**Ur|abstimmung,** in versch. Organisationen Abstimmung aller Mitgl. zur Entscheidung grundsätzl. Fragen, v. a. über Einleitung bzw. Beendigung eines ↑Streiks durch gewerkschaftl. organisierte Arbeitnehmer.

**Ural, 1)** Mittelgeb. in Russland (Narodnaja, 1895 m), gilt als geogr. Grenze zw. Europa u. Asien, erstreckt sich über 2000 km nach S, gegliedert in *Polar-U.; Subpolarer U.; Nördl. U.; Mittl. U.* u. *Südl. U.;* vorw. Gebirgswälder, Tundra u. Waldtundra in polarem u. subpolarem U., Steppe im Südl. U., Höhenlagen v. Geb.-Tundra bedeckt; reiche Bodenschätze (Erze, Salze, Asbest, Erdöl u. -gas); im Mittl. u. Südl. U. Ind.-Zentren (Schwer- u. Rüstungsind.). **2)** Fl. in Russland u. Kasachstan, 2428 km, mündet ins Kasp. Meer.

**uralische Sprachen,** Sprachfam. der finn.-ugr. und samojed. Sprachen (in N-Asien).

**Urämie** [gr.], **Harnvergiftung,** Vergiftung des Organismus durch ungenügende Ausscheidung von Harn.

**Uran** [gr.], Symb. **Ur,** chem. El., OZ 92, rel. A.-Masse 238,03, silberweißes, schweres Metall, Fp. 1135 °C, Sp. 4131 °C, Dichte 19,1 g/cm$^3$; alle U.isotope sind radioakt.; das Hauptisotop U 238 ist Ausgangsstoff der U.-Radium-Zerfallsreihe (↑Radioaktivität), deren Endprodukt das Bleiisotop $^{206}$Pb (U.blei) ist. Das zu 0,7 % in natürl. U. enthaltene Isotop U 235 (eigentl. Ausgangsstoff der Actinium-Zerfallsreihe) ist durch langsame Neutronen spaltb. u. ermöglicht die Kettenreaktion v. Kernspaltungen in Kernreaktoren u. Atombomben; aus U 238 wird durch Neutronenanlagerung in Brutreaktoren das spaltb. Plutoniumisotop 239 erzeugt; *Vorkommen* in angereicherter Form in der Pechblende u. im Carnotit.

**Urania,** Muse der Astronomie.

**Uranos,** in der griech. Mythol. Sohn u. Gem. der Gäa, Vater der Titanen, Ahnherr aller Götter.

**Uranpech|erz, Uraninit, Pechblende,** $UO_2$, wichtigstes Uranerz (schwarz, pechglänzend).

**Uranus,** v. der Sonne aus der 7. Planet, entdeckt v. W. Herschel; Rotationsachse fast genau in seiner Bahnebene; mittl. Abstand v. der Sonne 2,87 Mrd. km; Umlaufzeit rd. 86 Jahre; 20 Satelliten u. Ringsystem.

**Urban,** Päpste: **1) U. II.,** selig gesprochen, *um 1035, †1099, vorher Oddo v. **Chatillon** [ʃatiˈjɔ̃] (od. **Lagery** [laʒˈri]), Papst s. 1088; setzte das Reformwerk Gregors VII. fort, leitete die Kreuzzugsbewegung ein. **2) U. VIII.,** *1568, †1644, vorher Maffeo Barberini, Papst seit 1623; unterstützte im Dreißigjähr. Krieg Frkr. gg. Habsburg; Nepotismus; bed. Bautätigkeit (Vollendung der Peterskirche); Prozess gg. Galilei.

**Urbanisation** [lat.], **1)** städtebaul. Erschließung. **2)** durch 1) entstandene moderne Stadtsiedlung. **3) Urbanisierung, Verstädterung,**

der Prozess zunehmender Bev.-Verdichtung in städt. Gebieten bei entspr. Rückgang der Bev. in ländl. Bereichen als Folge der Industrialisierung.

**urbi et orbi** [lat.; = der Stadt (Rom) u. dem Erdkreis], Bez. des an Festtagen (v. a. Weihnachten u. Ostern) vom Balkon der Peterskirche gespendeten päpstl. Segens.

**Urbino,** St. in d. Marken, Italien, südl. v. Rimini, 15 200 E; Univ.; Palazzo Ducale (15. Jh.), Geburtshaus Raffaels; Fremdenverkehr. – In d. Antike Urbinum Metaurense.

**Urchristentum, Urkirche,** das Christentum z. Z. der Apostel, bis etwa 150 n. Chr.

**Urd,** eine der 3 Nornen.

**Urdu,** neuind. Spr.; stark mit pers. u. arab. Wörtern durchsetzt; Amtssprache in Pakistan.

**Urethane,** Ester der Carbamidsäure $H_2N-COOH$; einige Verbdg. als Schlafmittel u. für andere med. Zwecke verwendb.; ↑Polyurethane sind wicht. Kunststoffe.

**Urfa** ↑Şanlıurfa.

**Urfehde,** im MA der eine Fehde beendigende Eid der Parteien, Frieden zu halten; bis ins 19. Jh. auch der eidl. Verzicht des Freigesprochenen od. Haftentlassenen auf Rache am Kläger od. Richter.

**Urgemeinde,** erste christl. Gemeinde, in Jerusalem; Gemeindeleiter: Petrus, Jakobus, der Bruder Jesu, Johannes, der Evangelist.

**Urgeschichte,** die ↑Vorgeschichte.

**Urheberrecht,** das absolute Recht an einem geistigen Werk, das dem Schöpfer *(Urheber)* für eine gewisse Zeit die alleinige Einwirkungs- und Verwertungsbefugnis hinsichtl. seines „geist. Eigentums" sichert; Gegenstände des U.s sind: Werke der Lit., Wiss., Musik, Kunst, Fotografie, Filmkunst, ggf. auch Computerprogramme. – Das U. entsteht mit der Schöpfung des Werkes u. endet grundsätzl. mit Ablauf des 70. Jahres nach dem Tod des *Urhebers.* Das U. ist nicht übertragbar, jedoch vererblich; Verletzung verpflichtet zum Schadenersatz. Der Urheber kann anderen Nutzungsrechte an seinem Werk einräumen. Das dt. U. ist geregelt durch das U.-Ges. v. 1965, das internat. U. durch die Berner Konvention v. 1886, die mehrfach revidiert wurde, u. das Welturheberrechtsabkommen v. 1952.

**Uri,** schweizer. Kt. am N-Abfall der Gotthardgruppe, 1 077 km², 35 700 E, Hptst. Altdorf (UR); Milchwirtsch., Holzind., Fremdenverkehr.

**Urin** [lat.], svw. ↑Harn.

**Ur|insekten, Apterygoten,** niederste u. älteste Insekten (bereits im Devon); kl., zarthäutig, flügellos; u. a. Borstenschwänze (Silberfischchen), Springschwänze.

**Urkirche** ↑Urchristentum.

**Urknall,** engl. **Bigbang** [-ˈbæŋ], kosmolog. Standardtheorie v. der Entstehung des Weltalls aus einem extrem verdichteten u. heißen Zustand vor 15 bis 20 Mrd. Jahren.

**Urkunde,** jede in Schriftzeichen verkörperte Gedankenerklärung, die eine rechtserhebl. Tatsache beweisen kann; *U.nfälschung,* Herst. einer unechten od. Verfälschung einer echten U.; strafbar, auch im Versuch; *U.nprozess,* bes. beschleunigter Zivilprozess, wenn alle zur Begründung des Anspruchs erforderlichen Tatsachen durch U.n bewiesen werden können.

**URL** [Abk. für engl. **u**niform **r**esource **l**ocator], Adresse eines Angebots im Internet.

**Urlaub,** die dem Arbeitnehmer bei Fortzahlung des Arbeitsentgelts für eine best. Zeit zu gewährende Arbeitsbefreiung, die seiner Erholung zu dienen hat; gesetzl. Mindest-U. 24 Werktage.

**Urnen,** hohe [geschlossene] Gefäße zur Aufnahme des Leichenbrandes; meist aus Metall od. Ton.

**Urnenfelderkultur,** nach der Sitte, die Leichenbrände ihrer Toten in Urnenfeldern zu bestatten, ben. Kulturgruppe der späten Bronzezeit (Übers. ↑Vorgeschichte).

**Urologie** [gr.], Fachgebiet der Medizin, das sich mit den Erkrankungen der Nieren und der ableitenden Harnwege sowie der männl. Geschlechtsorgane befasst.

**Ursa Maior** [lat.], das Sternbild ↑Großer Bär.

**Ursa Minor** [lat.], das Sternbild ↑Kleiner Bär.

**Urstromtäler,** breite, flache Talungen, entstanden während der pleistozänen Eiszeit als Sammelrinnen für die Schmelzwässer des Inlandeises, die sie vor dem Eisrand ableiteten; in N-Dtl. u. Polen Hauptrichtung O–W.

**Ursula,** hl., Märtyrerin; nach der Legende eine brit. Königstochter, die 452 zus. mit 11[000] (?) Jungfrauen in Köln den Märtyrertod erlitt; Stadtpatronin von Köln.

**Ursulinen,** 1535 gegr. kath. Frauenorden f. Jugenderziehung und Unterricht.

**Urteil, 1)** in der tradit. Logik eine Aussage od. Behauptung; in ihrer einfachsten Form bestehend aus log. Subjekt, log. Prädikat u. ihrer Verbdg. (Kopula). **2) Gerichts-U.,** richterl. Entscheidung, die ein Verfahren abschließt; enthält *U.stenor* im *U.skopf* (den eigtl. U.sspruch) u. die *U.sbegründung.* Das U. lautet im Strafprozess: Freispruch, Verurteilung, Anordnung einer Maßregel der Sicherung u. Besserung od. Einstellung des Verfahrens; in den anderen Prozessarten auch Zwischen-U.e zur Entscheidung eines Zwischenstreites möglich.

**Ur|tierchen, Protozoen,** niedrigster Tierstamm; Einzeller, meist mikroskop. klein; Plasmaleib oft hochkompliziert durch Ausbildung versch. Zellorganellen und Strukturen; Fortpflanzung bzw. Vermehrung durch Zwei- od. Vielteilung, Knospung, Kopulation oder Konjugation; z. T. pathogen; u. a. Geißeltierchen, Wurzelfüßer, Sporen-, Wimpertierchen.

**Uruguay**

*Fläche:* 177 414 km²

*Einwohner:* 3,313 Mill.

*Hauptstadt:* Montevideo

*Amtssprache:* Spanisch

*Zeitzone:* MEZ – 4 Stunden

**Uruguay, 1)** Zufl. zum Río de la Plata, 1 600 km. **2)** Republik in Südamerika, an der SO-Küste; niedr. Hügelland (bis 500 m), meist Grasland, das im S u. SO in die argentinische Pampas übergeht. Haupterwerbszweig ist die Viehzucht, ferner Anbau von Weizen, Mais, Reis, Erdnüssen, Sonnenblumen; unbed. Bodenschätze; die Ind. (Zentrum Montevideo) verarbeitet hpts. landw. Produkte (Fleisch, Wolle). – *Gesch.:* 1516 v. Spaniern entdeckt; erst Ende des 17. Jh. span. u. portug. Siedlungen; nach der Erhebung gg. die span. Kolonialherrschaft (1811) 1817 von Portugal annektiert u. Brasilien angegliedert, 1825–28 Erkämpfung der Unabhängigkeit; Ende des 19. Jh. innere Konsolidierung; seit 1919 wechselte die Verf. wiederholt zw. Präsidial- u.

Kollegialsystem; nach Staatsstreichen (1973, 1976) bestimmte das Militär die Politik. Seit 1984 werden Parlament u. Präs. demokratisch gewählt.

**Uruk,** bed. sumer. Stadtstaat in S-Mesopotamien, heute die Ruinenstätte *Warka* (Irak); um 3000 v. Chr. Zentrum der Kultur der Sumerer (Entstehung der Keilschrift, des Rollsiegels; monumentale Tempel); Schauplatz des Gilgamesch-Epos; wichtige Fundstätte.

**Urwald,** ein weitgehend vom menschl. Einfluss unberührter u. in einem natürl. Gleichgewicht befindl. Wald in versch. Klimabereichen der Erde.

**Urzeugung, Abiogenese, Archigonie,** Entstehung von Lebe[wese]n aus unbelebter Materie.

**Usambaraveilchen** [nach den Usambara Mountains in Tansania], **Saintpaulie,** ostafrik. Gesneriengewächs; kleine Rosettenpflanzen, fleischige, weich behaarte Blätter; Zimmerpflanze.

**Usbeken,** in mehr. Stämme gegliedertes Turkvolk (24,5 Mill.), v. a. in Usbekistan, Tadschikistan, Kirgistan, N-Afghanistan, China.

**Usbekistan,** Rep. in Mittelasien, vorw. Tiefland, im O u. SO Geb.; Wüsten u. Halbwüsten, im Geb. Krautsteppe; kontinentales Klima; Bev. vorw. Usbeken; Viehhaltung (Karakulschafe), Baumwollanbau; Erdgas- u. Erdölförderung, ⚒ auf Gold, Uran, Buntmetalle, Schwefel, Bauxit u. Kohle; elektrotechn., Textil-, Nahrungsmittel- u. chem. Ind.; Masch.-, Fahrzeugbau. *Gesch.:* gehörte zum histor. Großraum Turkestan; v. Alexander d. Gr. im 4. Jh. v. Chr. erobert, gehörte nach dessen Tod zum Seleukidenreich; im 7. Jh. v. Arabern besetzt, im 13. Jh. v. Mongolen erobert; um 1500 Gründung usbek. Khanate; 1860/70 v. Russland unterworfen, 1924 Bildung d. Usbek. SSR, s. 1925 Teil d. UdSSR; 1991 unabhängig.

**Usbekistan**

| | |
|---|---|
| *Fläche:* | 447 400 km² |
| *Einwohner:* | 24,8 Mill. |
| *Hauptstadt:* | Taschkent |
| *Amtssprache:* | Usbekisch |
| *Zeitzone:* | MEZ + 4 Stunden |

**Usedom,** stark gegliederte Ostseeinsel zw. dem Stettiner Haff u. der Pommerschen Bucht, 445 km²; Ackerbau, Fischerei; Seebäder; O-Rand mit Swinemünde.

**Utilitarismus** [lat.], philos. Lehre, die Nützlichkeit und Sittlichkeit gleichsetzt; Nutzen ist Prinzip des Handelns (J. Bentham, J. u. J. S. Mill u. a.); ↑auch Pragmatismus.

**Utopie** [gr.; = Nirgendland], literar., religiös-polit. *(Sozial-U.)* od. philos. Denkform, die eine ideale (od. bedrohl.: *negative U.*) Gesellschaft konstruiert.

**Uxmal:** *älterer Tempel der Wahrsagerpyramide*

**USPD,** Abk. für: ↑**U**nabh. **S**ozialdemokrat. **P**artei **D**eutschlands.

**Ussuri,** r. Nebenfl. d. Amur u. Grenzfl. zw. China u. Russland, mündet bei Chabarowsk, 897 km.

**Ustinov,** Sir Peter [Alexander], brit. Schriftsteller u. Schauspieler, * 1921; geistvolle, meist satir. Komödien.

**Ust-Urt-Plateau** [-pla'to:], wüstenhafte Hochfläche zw. Kasp. Meer u. Aralsee, 200–370 m ü. d. M.

**Usurpation** [lat.], widerrechtl. Inbesitznahme, gesetzwidr. Machtergreifung.

**Utah** ['ju:tɑ:], Abk. **Ut.,** Staat im W d. USA, 219 889 km², 1,72 Mill. E, Hptst. Salt Lake City; Anbau v. Getreide, Kartoffeln, Zuckerrüben, Luzerne, Obst; wichtigste Bodenschätze: Kupfer, Erdöl; Metall-, chem., Nahrungsmittelind. – 1847 von Mormonen besiedelt, 1850 Territorium, seit 1896 Staat der USA.

**Uterus** [lat.], svw. ↑Gebärmutter.

**U Thant,** Sithu, birman. Politiker, * 1909, † 1974; ab 1957 ständiger Vertr. bei den UN, 1961–71 deren Gen.-Sekretär.

**Utica,** histor. Ort in N-Tunesien, im 11. Jh. v. Chr. v. Phöniziern gegr., Niedergang nach Versandung des Hafens im 3. Jh.

**Utrecht** ['y:trɛxt], niederl. Provinzhauptstadt am Amsterdam-Rhein-Kanal, 234 200 E; Kathedr. (1254–1517); Univ.; bed. Museen; nat. und internat. Fachmessen; Schwer-, Möbel-, Konfektions-, Lebensmittel-, Elektro-, chem. Ind., Brauereien u. Tabakverarb. – Der *Friede von U.* (1713) beendete, zus. mit den Friedensverträgen von Baden u. Rastatt (1714), den Span. Erbfolgekrieg; Anerkennung des Systems eines polit. Gleichgewichts der europ. Mächte. – In der *Union von U.* verbanden sich 1579 die nördl. Niederlande gg. die span. Herrschaft.

**Utrillo** [u'triʎo], Maurice, frz. Maler, * 1883, † 1955; Pariser Stadtlandschaften in sehr persönl. geprägtem Stil.

**Uttar Pradesh** ['ʊtə prə'deɪʃ], ind. B.-Staat in der oberen Gangesebene, 294 411 km², 139 Mill. E, Hptst. Lucknow; dicht besiedeltes fruchtb. Flachland mit mehr. Großstädten als Kultur- u. Wirtschaftszentren.

**UV,** Abk. für **U**ltra**v**iolett (↑ultraviolette Strahlung).

**Uxmal** [uʃ'mal], Kultstätte der Maya auf der Halbinsel Yucatán, Mexiko. Besiedelt zw. dem 7. u. 11. Jh. Bed. Stadt mit Bauten, deren Außenwände mit Steinmosaikfriesen verziert sind.

# V

**V, 1)** 22. Buchstabe des Alphabets. **2)** röm. Zahlzeichen für 5. **3)** Einheitenzeich. für ↑**V**olt. **4)** Formelzeichen für ↑Volumen.

**V,** ⚗ Symb. für ↑Vanadium.

**v,** Abk. für lat. **v**elocitas (Geschwindigkeit).

**VA,** Einheitenzeich. für ↑**V**olt**a**mpere.

**Vaasa,** schwed. **Vasa,** westfinn. Prov.-Hptst. am Bottn. Meerbusen, 53 800 E; Industrie; ✈.

**Vabanque** [va'bãk; frz.; „es geht um die Bank"], *V. spielen,* alles aufs Spiel setzen.

**Vademekum** [lat.; = geh mit mir!], Taschenbuch, kl. Lehrbuch, Leitfaden.

**Vadim,** Roger, frz. Filmregisseur, * 1928, † 2000.

**Vadjrajana** [sanskr.], ↑Buddhismus.

**Vaduz** [*f*-], Hptst. v. Liechtenstein, am Alpenrhein, 5 000 E; Schloss (Residenz); Fremdenverkehr.

**vae victis** [lat.; = wehe den Besiegten!], angebl. Ausspruch des Keltenfürsten Brennus.

**Vaganten** [lat.], fahrende Schüler des 12. u. 13. Jh.s; die lat. u. lat.-dt. *V.dichtung* besingt v. a. den Lebensgenuss; Slg. Carmina Burana.

**Vagina** [lat.], svw. ↑Scheide.

**Vagotonie** [lat.; gr.], erhöhte Erregbarkeit des parasympath. Nervensystems.

**Vagus** [lat.], 10. Hirnnerv, Hauptvertr. des Parasympathikus, versorgt Lunge, Magen und Darm.

**Vajpayee** ['vadʒpaji:], Atal Bihari, ind. Politiker (Bharatiya Janata Party), * 1924; 1977–79 u. 1998–99 Außenmin.; 1996, erneut s. 1998 Premierminister.

**Vakuole** [lat.], vom Plasma abgegrenzter Raum in tier. u. pflanzl. Zellen, enthält Zellsaft, Reservestoffe, Verdauungspartikel.

**Vaku|um** [lat.], im Idealfall der völlig leere, materiefreie Raum, in der Praxis ein (abgeschlossener) Raum mit stark verdünntem Gas, dessen Druck weit unter Atmosphärendruck liegt.

**Vaku|umpumpe,** Gerät, das in einem abgeschlossenen Raum die Gasdichte, damit den Druck erniedrigt u. so der Erzeugung, Verbesserung u./od. Aufrechterhaltung v. Vakuum dient. Man unterscheidet *Transportpumpen* (die Gasmoleküle werden auf der Niederdruckseite angesaugt u. zur Hochdruckseite befördert; z. B. Molekular-V.) u. *Speicherpumpen,* in denen das Gas durch Kondensations- (Kryo-V.) od. Sorptionsprozesse (z. B. Sorptions-, Getter-u. Ionen-V.) gebunden wird.

**Vakzination** [lat.], Schutzimpfung; Bez. für eine Impfung mit lebenden od. inaktivierten Erregern.

**Valencia, 1)** span. Prov.-Hptst. an d. Mdg. des Turia in den *Golf v. V.,* 777 400 E; Univ.; Kathedr. (1262 bis 1482), Lonja de la Seda (1483–95), Palacio de la Generalidad del Reino (1510–79), wicht. Handels- u. Hafenplatz; Schwer-, Keramik-, chem., Textilind.; internat. Mustermesse; ✈. – 138 v. Chr. von den Römern gegr.; Hptst. eines maur. Kgr.; 1238 von Aragonien erobert, behielt bis 1707 Sonderrechte. **2)** Hptst. des venezol. B.-Staates Carabobo, westl. des Lago de V., 904 000 E; Univ.; vielseit. Industrie.

**Valentin** [f-], Karl, eigtl. Valentin Ludwig **Fey,** dt. Komiker u. Schriftsteller, * 1882, † 1948; Couplets, Monologe u. grotesk-kom. Szenen von absurder Logik.

**Valentinian,** röm. Kaiser: **1) V. I.,** eigtl. **Flavius Valentinianus,** Ks. s. 364, * 321, † 375; übertrug seinem Bruder Valens die Reg. des Ostens, sicherte die Rhein- u. Donaugrenze. **2) V. III.,** eigtl. **Flavius Placidus Valentinianus,** weström. Ks. s. 425, * 419, † 455; stand zuerst unter der Vormundschaft seiner Mutter Galla Placidia, dann unter dem Einfl. des obersten Heermeisters Aetius.

**Valentino,** Rudolph, eigtl. Rodolfo **Guglielmi,** ital.-amer. Schauspieler, * 1895, † 1926; Frauenidol.

**Valenz** [lat.], die ↑Wertigkeit eines chem. El. – *V.elektronen,* die für die chem. Reaktionen verfügbaren Elektronen in den unvollst. besetzten äußeren Elektronenschalen eines Atoms.

**Valera** [və'leərə], Eamon de, ir. Politiker, * 1882, † 1975; führend im ir. Unabhängigkeitskampf; lehnte als Führer des radikalen Flügels der Sinn Féin (Präs. 1917–22) den v. seinen Unterhändlern mit Großbrit. abgeschlossenen Vertr. über die Errichtung des ir. Freistaates unter Abtrennung v. N-Irland ab; gründete die Fianna Fáil; 1932 bis 1948, 1951–54 und 1957–59 Premiermin., 1959–73 Staatspräs. der Rep. Irland.

**Valéry** [vale'ri], Paul Ambroise, frz. Dichter, * 1871, † 1945; seine Lyrik ist vollendete „poésie pure"; Dramen.

**Val Gardena** ↑Grödner Tal.

**Valladolid** [baʎaðɔ'lið], span. St. am Pisuerga, nö. seiner Mdg. in den Duero, 333 700 E; Univ.; unvollendete Kathedr. (16. u. 18. Jh.), Museen; Ind.standort. – 1449 bis 1561 Hptst. v. Kastilien.

**Valletta,** Hptst. von Malta, 9 200 E; Univ., botan. Garten; ✈; ⚓; Schiffbau. – Ben. nach dem Großmeister des ↑Johanniterordens La Valette (* 1494, † 1568).

**Valmy** [val'mi], Gem. im frz. Dép. Marne, 290 E. – Mit der *Kanonade von V.* (20. 9. 1792) begann der siegreiche Vormarsch der frz. Revolutionsarmee zum Rhein.

**Valois** [val'wa], ehem. Gft., später Hzgt. in Frkr., heute Teil der Dép. Oise u. Aisne, Hpt.ort Crépy-en-V. – Das *Haus V.,* eine Seitenlinie d. Kapetinger, reg. Frkr. 1328–1498, mit den Nebenlinien *V.-Orléans* und *V.-Angoulême* bis 1589.

**Valparaíso,** chilen. Hafenst. westl. von Santiago de Chile, 277 000 E; 2 Univ., TU; versch. Ind.; Handelsplatz; ✈.

**Valuta** [ital.], **1)** fremde Währung. **2)** Wertstellung auf dem Konto; Datum, ab dem Gutschriften od. Belastungen verzinst werden.

**Vamp** [væmp; engl.], verführer., erot. anziehende, oft kühl berechnende Frau.

**Vampir** [serb.], im Volksglauben ein „Untoter", der nachts sein Grab verlässt, um Lebenden das Blut auszusaugen.

**Vampire,** Fam. der Kleinfledermäuse im wärmeren Amerika; bis 9 cm Körperlänge; nächtl. Blutsauger bei Mensch und Tier, Krankheitsüberträger.

**Vanadinit,** kurzsäulig, prismat. od. auch in derben Massen vorkommendes hexagonales Mineral, $Pb_5[Cl|(VO_4)_3]$, wicht. Vanadiumerz.

**Vanadium** [altnord.], Symb. **V,** chem. El., OZ 23, rel. A.-Masse 50,942, Metall; in reinster Form dehnb. u. geschmeidig; Fp. 1 910 °C, Sp. 3 407 °C, Dichte 6,11 g/cm³; verw. v. a. als Legierungszusatz.

**Vanadiumstähle,** Stähle, deren Härte, Zähigkeit, Schwingungs- u. Hitzebeständigkeit durch Zusatz von ↑Vanadium (bis zu 1 %) bed. verbessert worden ist.

**Van-Allen-Gürtel** [væn'ælən-; nach dem amer. Physiker J. A. Van Allen, * 1914], Strahlungsgürtel in gr. Höhe (rotationssymmetr. zur magnet. Erdachse), in dem die elektr. geladenen Teilchen der ↑kosmischen Strahlung v. Magnetfeld der Erde eingefangen werden.

**Vancouver** [væn'ku:və], bedeutendster Pazifik-⚓ Kanadas,

472 000 E (städt. Agglomeration 1,6 Mill.); Univ.; vielseit. Ind.; ✈.

**Vancouver Island** [væn'ku:və 'aɪlənd], durch Fjorde gegliederte Insel vor der südwestkanad. Küste, 31 284 km², Hauptort Victoria.

**Vanille** *(Blüte)*

**Vandalen** ↑Wandalen.

**Vanen,** auch **Wanen,** älteres Göttergeschlecht der german. Mythologie, führte Krieg mit den Asen.

**Vangionen, Wangionen,** Teilvolk der ↑Sweben; siedelten sich unter Ariovist um Worms an.

**Vanille** [auch: va'nilje; lat.], auf Bäumen wachsende trop. Orchidee; wertvolles Gewürz; synthet. gewonnen als *Vanillin.*

**Vanuatu,** Republik im sw. Pazifik, umfasst die Neuen Hebriden. – Landwirtsch.: Kokosnüsse, Kakao; Kaffee; Fremdenverkehr. – 1606 span. Entdeckung der Neuen Hebriden; 1906 unter frz.-brit. Verw.; 1980 als V. unabh.; Mitgl. des Commonwealth u. der UN.

**var.,** Abk. für: **var**ietas (Varietät, Abart).

**Varanasi,** fr. **Benares,** ind. St. am mittl. Ganges, 926 000 E; relig. Zentrum des Hinduismus; 2 Univ.; Handel; ✈.

**Varese,** Prov.-Hptst. in Italien, zw. Lago Maggiore u. Comer See, 84 100 E; Univ.; histor. Bauten; versch. Ind.

**Varèse** [va'rɛ:z], Edgar, amer. Komponist ital.-frz. Herkunft, *1885, †1965; radikaler Avantgardist, arbeitete mit geräuschhaften Schlagzeugeffekten.

**Vargas Llosa** ['barɣas 'ʎosa], Mario, peruan. Schriftsteller, *1936; Romane („Der Hauptmann u. sein Frauenbataillon").

**Variable, Veränderliche,** eine (math.) Größe, deren Wert nicht festgelegt ist.

**Variante** [lat.], **1)** Abwandlung, Abweichung; Spielart. **2)** abweichende Lesart einer Textstelle bei mehreren Textfassungen. **3)** eine von mehr. mögl. Fortsetzungen des [Schach]spiels.

**Variation** [lat.], **1)** ↑Kombinatorik. **2)** 𝄞 die Abwandlung eines Themas in Melodie, Harmonie, Rhythmus. **3)** ❀ Abweichung der Individuen einer Art von der Norm.

**Variationsrechnung,** Teilgebiet der Math., das sich mit der Berechnung v. Extremwerten v. Funktionalen befasst.

**Varietee** [frz.], Theater mit bunt wechselndem Programm (artist., tänzer., musikal. Darbietungen).

**Variometer** [lat.; gr.], **1)** Gerät zur Messung geringfüg. Änderungen best. Messgrößen (z. B. erdmagnet. Feld, Luftdruck), i. e. S. zur Messung der Steig- u. Sinkgeschwindigkeit eines Flugzeugs; der *Variograph* zeichnet die Messwerte selbst. auf. **2)** Spule mit stetig veränderl. Selbstinduktion.

**Varix** [lat.], svw. ↑Krampfader.

**Varnhagen von Ense** ['farn-], **1)** Karl August, dt. Schriftsteller, *1785, †1858; Mitgl. des Nordsternbundes der Berliner Romantik; „Biograph. Denkmale". **2)** Rahel, geb. **Levin,** Gattin von 1), *1771, †1833; in ihrem Berliner Salon verkehrten bed. Künstler.

**Varro,** Marcus Terentius, gen. Reatinus, röm. Schriftsteller, *116, †27 v. Chr; erforschte Kultur-, Religions-, Lit.-Gesch. u. Sprachwissenschaft.

**Vanuatu**

| | |
|---|---|
| *Fläche:* 12 190 km² | |
| *Einwohner:* 197 000 | |
| *Hauptstadt:* Port Vila | |
| *Amtssprachen:* Bislama, Englisch, Französisch | |
| *Zeitzone:* MEZ + 10 Stunden | |

**Varuna,** oberster Gott der ved. Religion (↑Veda); Hüter der kosm. u. sittl. Weltordnung.

**Varus,** Publius Quinctilius, röm. Statthalter Germaniens ab 7 n. Chr., *um 46 v. Chr., †9 n. Chr.; Niederlage gg. den Cherusker ↑Arminius (Varusschlacht, früher auch Schlacht im Teutoburger Wald gen.); tötete sich anschließend selbst.

**Vasall** [lat.], im Lehnswesen der Freie, der sich in den Schutz eines mächtigen Herrn begab, v. diesem seinen Unterhalt bezog u. sich dafür zu Gehorsam u. Dienst, später zu Rat u. Hilfe verpflichtete.

**Vasarély** [vazare'li], Victor de, frz. Maler ungar. Herkunft, *1908, †1997; um 1951 formulierte er die Prinzipien der Op-Art bzw. der Farbkinetik.

**Vasari,** Giorgio, ital. Maler, Baumeister u. Kunstschriftsteller, *1511, †1574; Slg. von Lebensbeschreibungen ital. Künstler von Cimabue bis Michelangelo.

**Vasco da Gama** ↑Gama, Vasco da.

**Västerås** [vɛstər'o:s], schwed. Prov.-Hptst. (von Västmanland) am N-Ufer des Mälarsees, 121 000 E; Domkirche; Elektromasch.-, Metallindustrie; bed. Binnenhafen.

**Vaterrecht** ↑Patriarchat.

**Vaterschaft,** Verhältnis vom Vater zum Kind, im Kindschaftsrecht v. Bed. Vater ist der Mann (§ 1592 BGB), der entweder zum Zeitpunkt der Geburt mit der Mutter verheiratet ist od. der das Kind anerkannt hat od. dessen V. gerichtl. festgestellt ist (widerlegbare V.svermutung aufgrund Geschlechtsverkehrs in der gesetzl. Empfängniszeit). Nach Feststellung der V. kann Unterhaltsanspruch geltend gemacht werden. Die V. kann durch Klage angefochten werden. Beweis bei V.feststellung u. -anfechtung durch medizin. Gutachten.

**Vaterunser,** lat. **Paternoster,** im N. T. das mit diesen Worten beginnende Gebet Jesu *(Gebet des Herrn),* überliefert in 2 Versionen (Mt. 6, 9–13 u. Lk. 11, 2–4).

**Vatikan,** auf dem *Mons Vaticanus,* zw. Engelsburg u. Janiculum, gelegener Wohnsitz des Papstes in Rom. Im 15. und 16. Jh. zur größten Palastanlage der Welt ausgebaut; mit Sixtin. Kapelle, den *V.ischen Sammlungen* (Antikenslg., Pinakothek), Vatikan. Bibliothek und Vatikan. Archiv.

**Vatikanische Konzile,** zwei im Vatikan abgehaltene Konzile [nach kath. Zählung das 20. u. 21. ökumen. Konzil]: *I. Vaticanum* 1869/70, vertagt, als Rom am 20. 9. 1870 von ital. Truppen besetzt wurde; Verkündung der päpstl. ↑Unfehlbarkeit; *II. Vaticanum* 1962–65, unter Johannes XXIII. u. Paul VI., Themen: das Selbstverständnis der Kirche, der

Dialog mit der mod. Ges. und den anderen christl. Konfessionen, Kurien-, Liturgiereform.

**Vatikanstadt,** ital. **Stato della Città del Vaticano** [-tʃit'ta-], am rechten Tiberufer in Rom gelegener kleinster Staat der Erde, 0,44 km², 750 E; ↑Vatikan, Vatikan. Bibliothek, ↑Peterskirche. Zahlr. wiss. Einrichtungen (Akademien, Hochschulen), Rundfunkanstalt, Observatorium. Weltl. Hoheitsgebiet aufgrund der Lateranvertr. v. 1929 (↑Kirchenstaat).

**Vatikanstadt**

*Fläche:* 0,44 km²

*Einwohner:* 1 000

*Amtssprachen:* Latein, Italienisch

*Zeitzone:* MEZ

**Vauban** [vo'bã], Sébastien le Prestre de, frz. Marschall, *1633, †1707; bed. Festungsbaumeister, legte im gesamten N u. O Frkr.s Sperrfestungen an. Einer der Begr. der Statistik.

**Vaudeville** [vod'vi:l; frz.], frz. Gassenhauer; auch Volks- und Trinklied; später burleskes oder satir. Singspiel.

**v. Chr.,** Abk. für: **v**or **Chr**istus.

**VDE** ↑Verband der Elektrotechnik Elektronik Informationstechnik e. V.

**VDI Verein Deutscher Ingenieure e. V.,** 1946 neu gegründeter Verein von Ing. aller Fachrichtungen; gibt VDI-Richtlinien als Regeln der Technik heraus.

**VDS,** Abk. für: **V**ereinigte **D**eutsche **S**tudentenschaften.

**VEB,** Abk. für: ↑**v**olks**e**igener **B**etrieb.

**Veda, Weda,** älteste religiöse Lit.-Sammlung der Inder, vermutl. aus der Zeit vor dem 1. Jt. v. Chr.; gegliedert in Rigveda (Hymnen an die Götter), Samaveda (Lieder), Yajurveda (Opfersprüche) u. Atharvaveda (Zauberlieder); gelten als Offenbarung; daran schließen sich an die Brahmanas (theol. Erörterungen des Rituals) u. die ↑Upanishaden.

**Vega Carpio,** Lope Félix de, span. Dichter des Hochbarocks, *1562, †1635; als bed. Lyriker und Begr. des nat. span. Theaters v. gr. Volkstümlichkeit; erzählende Prosa; Hauptleistung auf dramat. Gebiet, von angebl. 1 500 Dramen rd. 500 erhalten.

**Vegetarier,** Anhänger des *Vegetarismus,* einer Ernährungsweise, die ausschließl. rein pflanzl. Kost gelten lässt *(strenger V.);* der gemäßigtere *Lakto-V.* lässt auch Milch, Milcherzeugnisse und Eier zu.

**Vegetation** [lat.], Gesamtheit des Pflanzenbestandes [einer best. Gegend].

**vegetativ** [lat.], **1)** pflanzl. **2)** ungeschlechtl. **3)** ⚕ dem Willen nicht unterliegend (von Nerven).

**Veilchen, Viola,** Gatt. der V.gewächse; Kräuter, Blüten zweiseitig-symmetr., mit Sporn, oft blau bis violett; zahlr. Arten, u. a. Stiefmütterchen.

**Veit,** hl. ↑Vitus, hl.

**Vektor** [lat.], eine Größe, die durch Betrag, Richtung u. Richtungssinn gekennzeichnet ist, geometr. veranschaulicht als gerichtete Strecke entspr. Länge, z. B. Kraft, Druck.

**Vektorrechnung,** Teilgebiet der Math., das den rechner. Umgang mit V. zum Gegenstand hat; umfasst *Vektoralgebra* u. *Vektoranalysis*

**Velarlaut** [lat.; dt.], mithilfe des Gaumensegels gebildeter Laut, z. B. „ch" in „ach".

**Velázquez** [ve'laskεs], Diego Rodriguez de Silva y, span. Maler, *1599, †1660; Hauptmeister des span. Barocks; Hofmaler in Madrid; relig. und mythol. Szenen, Bildnisse und Gruppenbilder.

**Velbert** [f-], St. nw. von Wuppertal, NRW, 89 800 E; bed. Metallwarenindustrie.

**Velde, 1)** Adriaen van de, niederl. Maler und Radierer, *1636, †1672; Landschafts- und Tierbilder in warmer Farbigkeit. **2)** Henry Clemens van de, belg. Architekt, *1863, †1957; führender Künstler und Theoretiker des Jugendstils; Entwürfe für Bauten, Möbel u. Kunsthandwerk. **3)** Willem van de, d. J., Bruder von 1), niederl. Zeichner und Maler, *1633, †1707; s. 1674 Hofmaler in London (Seeschlachten).

**VELKD,** Abk. für: **V**ereinigte **E**vangelisch-**L**utherische **K**irche **D**eutschlands (↑lutherische Kirchen).

**Veltlin** [f-], ital. **Valtellina,** Tal des Adda, Italien, obh. d. Comer Sees, Hpt.-Ort Sondrio; Weinbau, Viehzucht, Fremdenverkehr. – 1512–1797 bei Graubünden, 1814/15 östr., 1859 italienisch.

**Venda,** ehem. Homeland d. V. in d. Rep. Südafrika, gehört s. 1994 zur Nordprovinz.

**Venedig,** ital. **Venezia,** Hptst. d. Region V. u. Prov.-Hptst. in Italien, am *Golf v. V.,* 291 500 E; auf 118 kl. Inseln in d. *Lagune v. V.* erbaut, v. über 150 Kanälen (rd. 400 Brücken) durchzogen (Canal Grande 3,8 km), durch Strandwälle v. d. offenen Adria getrennt, mit dem Festland durch 3,6 km lange Auto- und Eisenbahnbrücke verbunden; Univ., Hochschulen, wiss. Inst.; bed. Kulturzentrum, Museen, Kunstausstellungen (Biennale), Musik-, Filmfestspiele; Mittelpt. d. St. d. Markusplatz mit d. Markuskirche (11. Jh.) bzw. die Piazzetta mit dem Dogenpalast, d. Alten Bibliothek, den Prokurazien; am Canal Grande (mit Rialtobrücke) zahlr. Paläste aus Gotik, Renaissance u. Barock; bed. Kirchen, u. a. Frarikirche (14./15. Jh.) mit Tizians „Assunta", S. Maria della Salute (1631 ff.; von B. Longhena). Bed. Kunstgewerbe; Erdölraffinerien, Masch.-, Schiffbau, Metall-, chem. u. a. Ind.; ⚓, ✈. *Gesch.:* Im 5./6. Jh. v. Venetern besiedelt, s. 697 unter einem gewählten Dogen; s. dem 9./10. Jh. Haupthandelspartner v. Byzanz u. d. Levante; s. dem 12. Jh. Ausbau seiner polit. u. wirtsch. Stellung im östl. Mittelmeer (Dalmatien, Istrien, griech. Inseln, Peloponnes), s. dem 15. Jh. auch Handelsverbindungen nach England u. Flandern; Ausbildung einer oligarch. Verf.; im 17. Jh. Machtverlust; nach Absetzung d. letzten Dogen 1797 durch d. Franzosen östr.; 1805–14 an d. Napoleon. Kgr. Italien; 1815 erneut östr., 1866 ital. – Abb. S. 724.

**Venen,** Blutgefäße (Adern), die mit Kohlendioxid beladenes Blut zum Herzen führen.

**Venenentzündung, Phlebitis,** Entzündung der Venenwände; kann zu Thrombose u. Embolie führen.

**Veneter,** im nö. Italien ansäss. Volk mit hoher Kultur.

V

**Venetien,** ital. **Veneto,** histor. Ldsch. im NO Italiens, d. ehem. Gebiet d. Rep. Venedig; umfasst Teile d. Venetianer Alpen, d. NO u. d. östl. Tiefland d. Poebene.

**Venezuela,** Rep. im N Südamerikas. Im S u. SO Bergland von Guayana, das im S, W u. N vom Orinoko, dem Hauptstrom V.s, umflossen wird; nw. u. nördl. davon im Orinokotiefland die Llanos; den NW V.s bilden die Ausläufer der Ostkordillere der Anden, die

**Venedig:** *Kuppelkirche Santa Maria della Salute (1631 begonnen)*

das zum *Golf v. V.* hin geöffnete Maracaibobecken (mit Maracaibosee) einschließen; Ackerbau vorw. im N u. NW, Anbau von Mais, Reis u.a. Getreide, Zuckerrohr, Bohnen, Maniok, Kaffee, Obst, Baumwolle, Sisal; Viehzucht (Rinder, Pferde); bed. Erdölvorkommen im Maracaibobecken u. in O-V., hochwertige Eisenerze, Gold u. Diamanten, Kohle; vielseit. Ind.; Haupthäfen: Maracaibo, La

**Venezuela**

*Fläche:* 912 050 km$^2$

*Einwohner:* 23,706 Mill.

*Hauptstadt:* Caracas

*Amtssprache:* Spanisch

*Zeitzone:* MEZ – 5 Stunden

Guaira, Puerto Cabello. – *Gesch.:* 1498 v. Kolumbus entdeckt, 1528–46 Versuch der Kolonialisierung durch die Welser, 1546–1717 zum Vizekgr. Neuspanien, danach zum Vizekgr. Neugranada; 1811 Unabhängigkeitserklärung, Ausrufung der Rep.; wurde 1819 Teil Groß-Kolumbiens, 1830 unabh.; Ausbeutung der Erdölvorkommen seit den 1920er-Jahren, nach Verstaatlichung der Ölquellen in den 1970er-Jahren Verstärkung der sozialen Gegensätze.

**veni, vidi, vici** [lat.; = ich kam, ich sah, ich siegte], kurze Mitteilung Caesars über seinen Sieg bei Zela (47 v. Chr.).

**Venizelos,** Eleftherios, griech. Politiker, * 1864, † 1936; 1910–33 mehrf. Min-Präs., erreichte eine Gebietserweiterung Griechenlands, 1915 v. Kg. zum Rücktritt gezwungen, rief er 1916 eine provisor. Reg. aus, erklärte 1917 den Mittelmächten den Krieg.

**Ventil** [lat.], **1)** steuerb. Absperr- od. Drosselvorrichtung für Rohrleitungen: Teller-, Kegel-, Kugel-, Klapp-V.; gesteuerte od. selbststeuernde V. **2)** Vorrichtung an der Orgel zur Regelung der Luftzufuhr an den Blasebälgen sowie b. Blechblasinstrumenten zur Verkürzung od. Verlängerung d. Rohrs.

**Ventrikel** [lat.], **1)** svw. ↑Magen. **2)** Bez. für Herz-, Gehirnkammer.

**Ventura,** Lino, eigtl. Angelo **Borrini,** frz.-ital. Filmschauspieler, * 1919, † 1987; „Der Maulwurf".

**Venus,** italische Frühlings- und Gartengöttin, später der griech. Göttin Aphrodite gleichgesetzt als Göttin der Schönheit u. Liebe.

**Venus** [lat.], v. der Sonne aus der 2. u. erdnächster innerer Planet; mittl. Entfernung v. der Sonne 108,2 Mill. km; größte Elongation (v. der Erde aus) 47°, daher ist sie als *Abend-* od. *Morgenstern* sichtb. Die V. ist nach der Sonne der hellste Himmelskörper u. zeigt wie der Mond Phasen; erdähnl. Dimensionen, dichte Wolkenhülle, Oberflächentemp. etwa 470 °C bei einem Druck v. 9 Mio. Pa; Umlaufzeit 225 Tage, Eigenrotation in 243 Tagen.

**Venusberg, 1)** Name mehr. Berge in Dtl., v. a. in Thüringen u. Schwaben, in denen Frau Venus haust (Tannhäusersage). **2)** svw. Schamhügel der Frau.

**Veracruz** [bera'kru:s], mex. Staat, am Golf von Mexiko, 71 699 km$^2$, 6,2 Mill. E, Hptst. Jalapa Enríquez.

**Veracruz Llave** [bera'kru:s 'jaβe], mex. Hafenstadt in Veracruz, 328 000 E; ⚓. – Als erste span. St. Mexikos 1519 von H. Cortez gegr., später Ausgangshafen der „Silberflotten".

**Ver|änderliche, 1)** die ↑Variable. **2) veränderl. Sterne,** Sterne, bei denen eine od. mehr. Zustandsgrößen (v. a. die scheinb. Helligkeit) einer zeitl. Änderung unterworfen sind; z. B. als *Pulsations-V.* (u. a. Cepheiden, Mira-, RR-Lyrae-Sterne) od. *erupt. V.* (u. a. Novae, Supernovae).

**Ver|ätzungen,** ⚕ Verletzung von Haut u. Schleimhäuten durch Ätzgifte (Säuren, Alkalien, Metallsalze).

**Verbal|injurie** [lat.], Beleidigung durch Worte.

**Verband, 1)** soz. Gebilde, das durch Zusammenschluss zur Verfolgung gemeinsamer Interessen entsteht. **2)** Zusammenschluss mehrerer mil. Einheiten. **3)** ⚕ Bedeckung kranker oder verletzter Körperteile mit Verbandstoffen (z. B. Schutz- od. Wund-V., Gips-V., Streck-V.). **4)** algebraische Struktur mit 2 zweistell. Verknüpfungen, für die best. Axiome gelten.

**Verband der Elektrotechnik Elektronik Informationstechnik e.V.,** Abk. **VDE,** einer der größten techn.-wiss. Verbände

Europas, gegr. 1893, Sitz Frankfurt am Main.

**Verband deutscher Schriftsteller e.V.,** Abk. **VS,** 1969 aus der *Bundesvereinigung Dt. Schriftsteller e.V.* (BDS) hervorgegangener Schriftstellerverband; in der Gewerkschaft ver.di vertreten.

**Verbindlichkeit, 1)** persönl. Verpflichtung gegenüber einem Gläubiger. **2)** (V.en) alle Schulden eines Unternehmens.

**Verblitzung** ↑Schneeblindheit.

**Verbraucherdarlehensvertrag, Verbraucherkreditvertrag,** Darlehensvertrag, bei dem ein Unternehmer einem Verbraucher einen Geldbetrag zur Verfügung stellt (§§ 491 ff. BGB); bes. für Teilzahlungsgeschäfte.

**Verbraucherinsolvenzverfahren,** 1999 eingeführtes bes. Verfahren bei Insolvenz natürl. Personen, die keine od. nur geringfügige wirtsch. Tätigkeit ausüben (§§ 304 ff. Insolvenzordnung).

**Verbraucherschutz,** die rechtl. Vorschriften, die den Verbraucher vor Benachteiligungen schützen sollen (u.a. Preisauszeichnungspflicht, Produkthaftungs-Ges., lebensmittelrechtl. Bestimmungen).

**Verbrauchsteuern,** indirekte Steuern auf den Verbrauch best. Güter (z.B. Mineralöl-, Tabaksteuer).

**Verbrechen,** strafbare Handlung, die im Mindestmaß mit Freiheitsstrafe v. einem Jahr od. darüber bedroht ist.

**Verbrechen gegen die Menschlichkeit,** im Völkerstrafrecht die vor oder während eines Krieges gegen jedwede Zivil-Bev. begangenen bes. schweren verbrecher. Handlungen (v.a. Mord, Völkermord, Versklavungen sowie andere unmenschl. Handlungen).

**Verbrennung, 1)** unter Flammenbildung ablaufende Reaktion von Stoffen (v.a. mit Sauerstoff). **2) Combustio,** durch örtl. Hitzeeinwirkung (über 50 °C) hervorgerufene Gewebeschädigung in 4 Schweregraden: 1. Rötung, 2. Brandblasenbildung, 3. Entstehung von Brandwunden, 4. Verkohlung. Behandlung: Kühlung und keimfreie Abdeckung der verbrannten Hautflächen, Gabe von schmerzstillenden Mitteln, Antibiotika u. Tetanusimpfstoffen; bei ausgedehnter V. Behandlung im Krankenhaus.

**Verbrennungsmotor,** Kraftmaschine, in der Kolben bewegt werden u. so über diese Wärme- in mech. Energie umgewandelt wird; Viertakt-, Zweitakt-, Otto-, Diesel-, Kreiskolbenmotor.

**Verb[um]** [lat.], Zeit-, Tätigkeitswort; wird als Prädikat eines Satzes in je 3 Personen des Singulars u. Plurals sowie in versch. Zeiten (Gegenwart, Vergangenheit, Zukunft) konjugiert, wobei die tät. od. leidende Anteilnahme des Subjekts durch Aktiv oder Passiv, die tatsächl. Aussage durch den Indikativ, die mögl. durch den Konjunktiv ausgedrückt wird.

**Verbundmaschine,** Doppelschlussgenerator; elektr. Maschine mit einer vom Laststrom durchflossenen Reihenwicklung u. der Nebenschlusswicklung, die für praktisch konstante Spannung zw. Leerlauf und Volllast sorgt.

**Verbundwirtschaft,** Zusammenschluss mehr. Unternehmen zur Steigerung v. Produktivität u. Rentabilität, v.a. in der Energiewirtsch.

**Vercingetorix,** Keltenfürst, Führer des gall. Aufstands gegen Caesar, 52 v.Chr. in Alesia überwältigt, 46 v.Chr. in Rom hingerichtet.

**Verdampfung,** Übergang eines Stoffes v. flüss. in den gasförm. Aggregatzustand; findet im Ggs. zum Sieden nur an der Oberfläche statt; *V.enthalpie (V.wärme),* die Wärmemenge, die notwendig ist, um die Mengeneinheit einer Flüssigkeit ohne Temp.-Erhöhung v. flüss. in den gasförm. Aggregatzustand zu überführen.

**Verdandi,** eine der Nornen.

**Verdau|ung, Digestion,** durch enzymat. Zerlegung in niedermolekulare Substanzen gekennzeichneter Abbau der Nahrung in [für den Organismus] resorptionsfäh. Stoffe b. Tier u. Mensch; Abbau der Eiweiße zu Aminosäuren, der Kohlenhydrate zu Monosacchariden und der Fette zu Glyzerin u. Fettsäuren; *V.skanal* (V.strakt), die am V.svorgang beteiligten Hohlorgane (Mundhöhle, Rachen, Speiseröhre, Magen, Darm).

**Verdi,** Giuseppe, ital. Opernkomponist, * 1813, † 1901; Gegenspieler R. Wagners, ebenfalls um die Gestaltung des Musikdramas bemüht in seinem ganz vom Text her best. Kompositionsstil; „Rigoletto", „Der Troubadour", „La Traviata", „Die sizilian. Vesper", „Ein Maskenball", „Die Macht des Schicksals", „Don Carlos", „Aida", „Othello", „Falstaff"; Streichquartett e-Moll, „Requiem" u. „Stabat mater".

**Verdienstorden der Bundesrepublik Deutschland, B.-Verdienstkreuz,** v. B.-Präs. 1951 gestiftete Auszeichnung für „Leistungen, die im Bereich der polit., wirtsch., soz. u. geistigen Arbeit dem Wiederaufbau des Vaterlandes dienten"; 3 Klassen.

**Verdrängung,** Psychoanalyse: Abwehrmechanismus, durch den unerlaubte Triebwünsche ins Unbewusste verlagert werden.

**Verdun** [vɛrˈdœ̃], frz. St. im Dép. Meuse, 21 500 E; roman. Kathedr., barockes Rathaus. – Kelt. Gründung, im 13. Jh. R.-St., 1648 an Frkr. abgetreten, von Vauban zur starken Festung ausgebaut, im 1. Weltkrieg (Schlacht um V.) hart umkämpft. – Im *Vertr. von V.* (843) teilten die Söhne Ks. Ludwigs des Frommen das Fränk. Reich: Karl d. Kahle erhielt den W, Lothar das Mittelreich u. die Kaiserwürde, Ludwig der Deutsche den Osten.

**Verdunkelungsgefahr,** Gefahr der Vernichtung v. Spuren einer Straftat od. anderen Beweismitteln od. Gefahr einer die Wahrheitsermittlung erschwerenden Beeinflussung von Zeugen od. Mitschuldigen durch den Beschuldigten; Grund für ↑Untersuchungshaft.

**G. Verdi**

**Vered[e]lung, 1)** Weiterverarb. v. Rohstoffen u. Halbfabrikaten zu Ge- u. Verbrauchsgütern. **2)** Maßnahme zur Qualitätsverbesserung eines Holzgewächses durch Übertragung eines Teils einer edleren Pfl. *(Edelreis);* bes. im Obst- u. Weinbau und in der Gärtnerei; versch. Verfahren: Okulation, Pfropfung, Kopulation.

**Verein,** eine auf Dauer angelegte Personenvereinigung, die unter einem *V.snamen* ein einheitl. Ziel verfolgt u. in ihrem Bestand vom Wechsel der Mitgl. unabh. ist: 1. *rechtsfähiger V.:* jurist. Person des privaten Rechts; Erlangung der Rechtsfähigkeit b. Gewinnstreben mittels wirtsch. Geschäftsbetriebes *(wirtsch. V.)* durch staatl. Verleihung, bei einem V. ohne Gewinnstreben *(Ideal-V.)* durch Eintragung ins V.sregister; 2. *nichtrechtsfähiger Verein:* organisiert wie rechtsfähiger V., Anwendung der Vorschriften über die Ges. des bürgerl. Rechts.

**Vereinigte Arabische Emirate**

*Fläche:* 83 600 km²

*Einwohner:* 2,72 Mill.

*Hauptstadt:* Abu Dhabi

*Amtssprache:* Arabisch

*Zeitzone:* MEZ + 3 Stunden

**Vereinigte Arabische Emirate,** Abk. **VAE,** 1971/72 gebildete Vereinigung der Scheichtümer Abu Dhabi, dessen Herrscher Präs. wurde, Dubai, Ajman, Fujaira, Ras al Khaima, Sharja u. Umm al Kaiwain im O der Arab. Halbinsel, am Pers. Golf, die fr. das brit. Schutzgebiet *Befriedetes Oman* bildeten; Erdölförderung, -raffinerie, daneben Meerwasserentsalzungsanlagen.

**Vereinigte Arabische Republik,** Abk. **VAR,** 1958–61 Staatenbund zw. Syrien u. Ägypten, dann bis 1971 Staatsname v. Ägypten.

**Vereinigte Deutsche Studentenschaften,** Abk. **VDS,** student. Dachverband der wiss. Hochschulen der BRD.

**Vereinigte Evangelisch-Lutherische Kirche Deutschlands,** Abk. **VELKD** ↑lutherische Kirchen.

**Vereinigte Staaten von Amerika, United States of America** [ju'naɪtɪd 'steits əv ə'merɪkə], Abk. **USA,** Union von 50 B.-Staaten u. einem B.-Distrikt (District of Columbia mit der Bundes-Hptst.) in Nordamerika. Drei unterschiedl. gr., weit voneinander getrennte Teilräume: ↑Alaska im NW des Erdteils, die ↑Hawaiiinseln u. das Hauptgebiet der 48 B.-Staaten: Alabama, Arizona, Arkansas, Colorado, Connecticut, Delaware, Florida, Georgia, Idaho, Illinois, Indiana, Iowa, Kalifornien, Kansas, Kentucky, Louisiana, Maine, Maryland, Massachusetts, Michigan, Minnesota, Mississippi, Missouri, Montana, Nebraska, Nevada, New Hampshire, New Jersey, New Mexico, New York, North Carolina, North Dakota, Ohio, Oklahoma, Oregon, Pennsylvania, Rhode Island, South Carolina, South Dakota, Tennessee, Texas, Utah, Vermont, Virginia, Washington, West Virginia, Wisconsin, Wyoming. *Gliederung* (↑Nordamerika): Hauptgebiet erstreckt sich vom Pazifik nach O über mehr als 4 000 km zur atlant. Küste, von der kanad. Grenze im N bis Mexiko u. zum Golf von Mexiko im S über mehr als 2 000 km. Das westl. Drittel u. Alaska werden von den Kordilleren (Rocky Mountains, intermontane Zone, Küstengebirge) durchzogen; der mittl. Teil ist ein riesiges, vorw. aus paläo- u. mesozoischen Gesteinen aufgebautes, zum Mississippi sich senkendes Stufenland. Die Appalachen im O haben Mittelgebirgscharakter, flache Atlantikküste. Hauptflüsse sind Hudson, Mississippi mit Missouri u. Ohio im O; Columbia, Snake River u. Colorado River im W. *Klima:* sehr unterschiedl.; Florida u. die kaliforn. Küstenregion südl. von San Francisco subtrop., S-Florida trop.; der größte Teil der USA liegt in der gemäßigten Zone u. hat kontinentales Klima; in den intermontanen Ldsch. des W jährl. Niederschlagsmenge nicht über 250 mm, der ges. N hat strenge Winter u. gemäßigte Sommer; Alaska nur am pazif. Gebirgsrand regenreich, meist boreales, im N Tundrenklima. *Vegetation:* Mehr als ein Viertel der Gesamtfläche ist bewaldet; westl. des Zentralen Tieflandes u. a. Prärie, im äußersten S in eine subtrop. Dornbuschsavanne übergehend; in den Tälern u. Beckenldsch. zw. den Hochgeb.-Zügen des W viel Wüstensteppe, teilw. absolute Vegetationslosigkeit; im südl. Klimabereich Kaliforniens verbreitet macchienartige Hartlaubgewächse; das Yukonbecken Alaskas größtenteils mit borealem Nadelwald, der W u. N gehören zur Tundrenregion, die vegetationslosen Geb. sind arkt. Kältewüste. *Tierwelt:* ↑Nordamerika. *Bev.:* Die USA hatten 2000 (Volkszählung) 281,4 Mill. E (1990: 248,7 Mill. E). Von ihnen waren 211,35 Mill. Weiße, 36,59 Mill. Schwarze, 2,53 Mill. Indianer u. Eskimos, 10,13 Mill. Asiaten od. Bewohner pazif. Inseln, 20,8 Mill. Angehörige anderer Volksgruppen. Der hohe Bev.-Anstieg erfolgte v. a. durch legale u. illegale Zuwanderung. Am dichtesten besiedelt sind einige NO-Staaten; die geringste Bev.-Dichte hat Alaska; den größten Bev.-Zuwachs zw. 1990 u. 2000 hatte der Großraum Las Vegas/Nevada. *Religion:* 35 % Protestanten (v. a. Baptisten u. Methodisten), 24 % Katholiken, 2,4 % Juden, 2 % Angehörige von orth. Kirchen. *Wirtsch.:* Die USA sind einer der bedeutendsten Industriestaaten der Erde; freie Marktwirtsch. (free enterprise), durch Staat u. Konzerne lenkend beeinflusst. Land- u. forstwirtsch. genutzt werden fast 80 % der Festlandfläche; v. a. Mais, Weizen u. Hafer; wichtig sind auch Baumwolle, Tabak, Zuckerrohr, Obst, Gemüse. Bed. Bewässerungswirtsch.; hochgradige Mechanisierung der Landw.; führend in der Welterzeugung bei Sojabohnen, Mais, Hafer, Tabak u. Baumwolle. *Viehzucht:* Rinder, Schweine, Schafe, Geflügel. Umfangr. Küsten- u. Hochseefischfang, v. a. Kabeljau, Makrelen, Heringe, Austern. Außerordentl. vielseitige u. umfangreiche *Bodenschätze*, in der Förderung von Erdgas, Erdöl, Steinkohle, Kupfer-, Bleierz u. Silber, bei Gold u. bei Eisenerz nehmen die USA führende Stellen in der Weltproduktion ein; größte Kohlevorkommen der Erde, bis heute nur teilw. ausgebeutet (umfangreichste im Bereich der Appalachen). Bed. Erdöllager in Texas, Kalifornien u. Louisiana mit rd. zwei Drittel der US-Erdölproduktion. Allg. sind die Erdölgebiete auch sehr reich an Erdgas. Die größten der Wasserkraftwerke sind die des Grand Coulee Dam u. des Hoover Dam; zahlr. Kernenergieanlagen. Reiche Eisenerzlager am Oberen See (Mesabi Range) u. in Alabama (Birmingham); Gold wird vorw. in Kalifornien gewon-

**Vereinigte Staaten von Amerika**

*Fläche:* 9 809 155 km²

*Einwohner:* 281,4 Mill.

*Hauptstadt:* Washington (D. C.)

*Amtssprache:* Englisch

*Zeitzone:* MEZ (von O nach W) – 6 bis – 10 Stunden

**Präsidenten**

| | | | |
|---|---|---|---|
| 1. George Washington | 1789–1797 | 23. Benjamin Harrison, Rep. | 1889–1893 |
| 2. John Adams, Föderalist | 1797–1801 | 24. S. Grover Cleveland, Dem. | 1893–1897 |
| 3. Thomas Jefferson, DR | 1801–1809 | 25. William McKinley, Rep. | 1897–1901 |
| 4. James Madison, DR | 1809–1817 | 26. Theodore Roosevelt, Rep. | 1901–1909 |
| 5. James Monroe, DR | 1817–1825 | 27. William H. Taft, Rep. | 1909–1913 |
| 6. John Q. Adams, DR (National Republican) | 1825–1829 | 28. T. Woodrow Wilson, Dem. | 1913–1921 |
| | | 29. Warren G. Harding, Rep. | 1921–1923 |
| 7. Andrew Jackson, Dem. | 1829–1837 | 30. Calvin Coolidge, Rep. | 1923–1929 |
| 8. Martin Van Buren, Dem. | 1837–1841 | 31. Herbert C. Hoover, Rep. | 1929–1933 |
| 9. William H. Harrison, Whig | 1841 | 32. Franklin D. Roosevelt, Dem. | 1933–1945 |
| 10. John Tyler, Whig (später Dem.) | 1841–1845 | 33. Harry S. Truman, Dem. | 1945–1953 |
| 11. James K. Polk, Dem. | 1845–1849 | 34. Dwight D. Eisenhower, Rep. | 1953–1961 |
| 12. Zachary Taylor, Whig | 1849–1850 | 35. John F. Kennedy, Dem. | 1961–1963 |
| 13. Millard Fillmore, Whig | 1850–1853 | 36. Lyndon B. Johnson, Dem. | 1963–1969 |
| 14. Franklin Pierce, Dem. | 1853–1857 | 37. Richard M. Nixon, Rep. | 1969–1974 |
| 15. James Buchanan, Dem. | 1857–1861 | 38. Gerald R. Ford, Rep. | 1974–1977 |
| 16. Abraham Lincoln, Rep. | 1861–1865 | 39. James E. Carter, Dem. | 1977–1981 |
| 17. Andrew Johnson, Dem. (Unionsanhänger) | 1865–1869 | 40. Ronald W. Reagan, Rep. | 1981–1989 |
| | | 41. George H. W. Bush, Rep. | 1989–1993 |
| 18. Ulysses S. Grant, Rep. | 1869–1877 | 42. Bill Clinton, Dem. | 1993–2001 |
| 19. Rutherford B. Hayes, Rep. | 1877–1881 | 43. George W. Bush, Rep. | seit 2001 |
| 20. James A. Garfield, Rep. | 1881 | | |
| 21. Chester A. Arthur, Rep. | 1881–1885 | | |
| 22. S. Grover Cleveland, Dem. | 1885–1889 | | |

Dem.: Demokrat; DR: Demokrat. Republikaner; Rep.: Republikaner

nen; wichtig sind ferner Silber-, Blei-, Zink-, Molybdän-, Vanadin-, Wolfram- sowie Magnesiumerzlagerstätten; Uranerze werden v.a. in Colorado, Utah u. New Mexico gefördert. Nichtmetall. Minerale: Schwefel, Phosphate u. Kalisalze. Die *Ind.*, insbesondere das verarbeitende Gewerbe, verliert immer mehr an Bedeutung. Die Eisen- u. Stahlerzeugung hat ihre Standorte v.a. in den Ind.-Gebieten von Pittsburgh, Chicago, Gary; in Alabama das südappalach. Ind.-Gebiet; bed. Metall verarbeitende Ind. in Philadelphia, Chicago u. Dayton, Worcester, St. Louis, Syracuse; Gummiind. (zunehmend synthet. Produkte) bes. in Akron u. Los Angeles. Zentren der Luft-, Raumfahrt- u. Elektronikind. liegen v.a. im Bereich der Golfküste, in Kalifornien u. Washington. Im Silicon Valley sind die Hightechunternehmen auf Halbleiter- u. Computertechnik spezialisiert, im Research Triangle Park (North Carolina) auf Halbleiter- u. Biotechnologie. Bed. Schiffswerften v.a. an der atlant. Küste, in der Textilind. (bes. im O der USA) überwiegt die Baumwollverarb. Rasche u. umfangr. Entwicklung der chem. Ind., an der Golfküste Chemiedistrikt mit dem Zentrum Houston, vielseitige Nahrungs- u. Genussmittelindustrie. Die US-amerik. Wirtschaft ist dienstleistungsorientiert. Importiert werden hpts. Konsumgüter, Rohstoffe; Hauptausfuhrgüter: Maschinen, elektrotechn. Geräte u. Nutzfahrzeuge, chem. Erzeugnisse, Nahrungs- u. Genussmittel, Rohholz, Erze u.a. Wichtigste Handelspartner sind Kanada, Mexiko, Japan u. die EU-Staaten; seit 1994 Nordamerikan. Freihandelsabkommen (NAFTA) zw. den USA, Kanada u. Mexiko. Verkehrsmäßig gut erschlossener Wirtschaftsraum; dichtes Netz der Straßen u. Schienenwege, bes. im O; bed. Rolle der Binnenschifffahrt u. des Flugverkehrs. Der Luftverkehr verbindet alle wichtigen Zentren. Rd. 6,3 Mill. km Straßen, davon etwa 5,6 Mill. km mit fester Decke, Schienenlänge der Eisenbahnen: 240 000 km; Hauptseehäfen der USA am Atlantik sind: New York, Baltimore, Boston, Philadelphia; New Orleans u. Houston am Golf von Mexiko; am Pazifik San Francisco, Los Angeles u. Seattle. Wichtigste Flughäfen sind O'Hare (Chicago), Atlanta, Dallas, Los Angeles, Denver, Boston, San Francisco, John F. Kennedy International Airport (New York), La Guardia (New York), Miami u. National Airport (Washington);

*Geschichte:* Die USA entstanden aus brit. Kolonien an der nordamer. O-Küste, von denen Virginia die älteste war. Seit 1620 erfolgte die Besiedlung der Gebiete nördl. von Virginia durch puritan. Einwanderer, die jüngste Gründung war Georgia (1733). Durch wachsendes polit. Selbstbewusstsein der Kolonien Auseinandersetzungen mit dem Mutterland. 1774 Zusammenschluss der 13 Kolonien auf dem 1. Kontinentalkongress in Philadelphia. 1775–83 Unabhängigkeitskrieg (1776 Unabhängigkeitserklärung). Die B.-Verf. von 1787 errichtete eine Präsidialdemokratie; sie wurde mehrfach ergänzt u. ist heute noch gültig: Der Präs., der alle vier Jahre v. Volk indirekt gewählt wird, ist Staatsoberhaupt u. führt die Reg. Gesetzgebendes Organ ist der Kongress, bestehend aus dem Senat mit je zwei Mitgl. pro Bundesstaat u. dem Repräsentantenhaus mit 435 Mitgl. – 1803 Louisiana von Frkr. gekauft, 1819 Florida von Spanien. 1821 26 B.-Staaten. 1823 Monroedoktrin (↑Monroe, J.). Durch Aufnahme von Texas in die Union (1845) Krieg mit Mexiko (1846–48), der die Einverleibung von New Mexico u. Kalifornien zur Folge hatte. Wegen des Ggs. zw. Nord- u. Südstaaten (bes. Sklavenfrage) Austritt von 11 Südstaaten aus der Union als Konföderierte Staaten von Amerika; durch den Sieg der Nordstaaten im Sezessionskrieg (1861–65) wurde die Einheit der Union wieder hergestellt. 1867 Kauf Alaskas v. Russland. In der Folgezeit gr. Aufschwung von Handel u. Ind. (1869 Eröffnung der ersten Pazifikbahn). In der Ära des Imperialismus Aufstieg zur Weltmacht; 1897 Hawaii annektiert, 1898 im Krieg gg. Spanien die Philippinen u. Puerto Rico gewonnen. Nach anfängl. Neutralität im 1. Weltkrieg führte die dt. Erklärung des uneingeschränkten U-Boot-Krieges zur Kriegserklärung der USA an das Dt. Reich (1917). Präs. T. W. Wilson (1913 bis 1921) konnte seine Friedenspläne auf der Grundlage der von ihm aufgestellten 14 Punkte nicht durchsetzen. Eine Ratifizierung des Versailler Vertr. lehnte der Kongress ebenso ab wie einen Beitritt zum Völkerbund. Rückkehr zu einer isolationist. Pol. Ende des Wirtschaftsaufschwunges der Nachkriegszeit in der Weltwirtschaftskrise 1929, die Präs. F. D. Roosevelt durch den New Deal bekämpfte. Bei Beginn des 2. Weltkrieges wahrten die USA trotz ihres ideol. Ggs. zu den Achsenmächten die Neutralität, doch wurden durch ein bed. Rüstungsprogramm zugleich die europ. Westmächte unterstützt. Der jap. Überfall auf Pearl Harbor (7. 12. 1941) löste den Kriegseintritt der USA aus. Mit den (hinsichtlich ihrer militär. Notwendigkeit umstrittenen) Atombombenabwürfen über Hiroshima u. Nagasaki (6. 8. u. 9. 8. 1945) wurden die USA zur ersten Atommacht. Die gute Zusammenarbeit mit der UdSSR während des Krieges zerbrach nach 1945. Präs. H. S. Trumans neuer Kurs suchte, in bewusster Abkehr von der Monroedoktrin, der kommunist. Expansion durch mil. u. wirtsch. Unterstützung der westl. Welt entgegenzuwirken (↑Europ. Wiederaufbauprogramm; u.a. Hilfe für die Türkei u. Griechenland; Eingreifen in den Koreakrieg 1950–53). In weltweiten Bündnissystemen (NATO u.a.) wurden die USA Führungsmacht. Bei Prosperität u. relativer Stagnation der Ära Eisenhower wirkte als Schock der Start von Sputnik 1 (1957), wodurch die Überlegenheit der UdSSR in einem [auch strateg.] wesentl. Bereich erwiesen war. In den 60er-Jahren verschärfte sich der Rassenkonflikt, der durch die Bürgerrechts- u. Sozialgesetzgebung unter den Präs. J. F. Kennedy u. L. B. Johnson nur gemildert wurde. Nach der Konfrontation mit der UdSSR in der Kubakrise (1962) Übergang zu einer Pol. der Ost-West-Entspannung. S. etwa 1962 mil. Engagement in Vietnam. Die Eskalation des Vietnamkrieges ab 1964 wurde zur schweren innenpolit. Belastung (militante Protestbewegung). Unter Präs. R. Nixon 1972 pol. Verständigungskurs mit der VR China u. 1973 Rückzug der US-Truppen aus Indochina. Nachdem Nixon wegen seiner schuldhaften Verstrickung in die Watergate-Affäre zurückgetreten war, wurde 1974 G. R. Ford Präs. der USA. 1979 nahmen die USA diplomat. Beziehungen zu China auf u. brachen die mit Taiwan ab. Unter dem Demokraten J. E. Carter geriet die Entspannungspol. nach dem sowj. Einmarsch in Afghanistan (Ende 1979) ins Stocken (keine Ratifikation der SALT-II-Vertr., Boykott der Olymp. Sommerspiele 1980 in Moskau u. a.). Innenpolit. wurde die Geiselnahme der amer. Botschaftsangehörigen in Teheran (Nov. 1979) u. deren fehlgeschlagener Befreiungsversuch (April 1980) zu einer starken Belastung. J. E. Carters Nachfolger, der Republikaner R. W. Reagan, betrieb eine Pol. der Stärke gegenüber der UdSSR u. linksgerichteten Reg. in Mittelamerika (1983 Invasion Grenadas). Präs. G. H. W. Bush (s. 1989) vertrat außenpolit. entschieden die Interessen der USA, v. a. im ↑Golfkrieg 1991, konnte im Innern aber keine entscheidenden Impulse setzen. Der Zerfall der UdSSR zwang die USA in den 1990er-Jahren zu einer Neubewertung ihrer Rolle als einzig verbliebene Weltmacht. B. Clinton, Präs. s. 1993 (wieder gewählt 1996), setzte sich innenpolit. für Sozialreformen ein, belastete seine Amtszeit aber auch durch Affären (1998/99 gescheitertes Amtsenthebungsverfahren); außenpolit. suchte er z. B. im Nahostfriedensprozess zu vermitteln. Im Kosovokonflikt übernahmen die USA 1999 die Führung eines NATO-Mil.schlags gg. die Bundesrep. Jugoslawien. Der nur mit einem knappen Wahlergebnis ins Amt gekommene republikan. Präs. G. W. Bush forcierte sicherheitspolit. den Aufbau eines Raketenabwehrsystems (↑NMD, deshalb Ende 2001 gegenüber Russland einseitige Kündigung des ABM-Vertrages von 1972), innenpolit. trat er u. a. mit Steuersenkungsprogrammen u. einer starken Erhöhung des Verteidigungsetats hervor; außenpolit. sah er sich einem erneut eskalierenden Nahostkonflikt gegenüber. Nach den verheerenden (dem islamist. Terrornetzwerk von Osama Bin Laden zugeschriebenen) Anschlägen auf New York u. das Pentagon am 11. 9. 2001 formierten die USA eine internat. Antiterrorkoalition, der sich neben den westl. Verbündeten auch Russland, China u. weitere Staaten anschlossen, u. gingen im Rahmen eines von Bush verkündeten „langen Feldzuges" gegen den internat. Terrorismus mil. gegen die radikalislam. Taliban u. die mit ihnen verbündete „al-Qaida" in Afghanistan vor (im Zusammenhang damit Verstärkung der Mil.-Präsenz in versch. asiat. Ländern). – ↑amer. Kunst, ↑amer. Literatur, ↑amer. Musik.

**Vereinigungsfreiheit,** das im GG verbürgte Recht aller Deutschen, Vereine und Gesellschaften zu bilden, soweit deren Zweck od. Tätigkeit nicht den Strafges. zuwiderlaufen u. soweit sie nicht gg. die verfassungsmäß. Ordnung od. den Gedanken der Völkerverständigung gerichtet sind.

**Vereinigungskirche e. V.,** 1954 von dem Koreaner San Myung Mun (* 1920) aufgrund einer Vision gegr. Religionsgemeinschaft [nach dem Gründer auch *„Mun-Sekte"* gen.]; verbindet Elemente des Taoismus, der korean. Volksreligion u. des Christentums; Name seit 1998 *„Familienföderation f. Weltfrieden u. Vereinigung International"*.

**Vereinte Nationen** ↑UN.

**Vereisung,** Eisbildung an Tragflächenvorderkanten, am Leitwerk u. Propeller beim Flug durch unterkühlte Wasserwolken.

**Vererbung,** Übertragung best., für eine Art charakt. Eigensch. und Merkmale auf die Nachkommen; beruht auf Weitergabe der in den Genen bzw. der ↑Desoxyribonukleinsäure der Chromosomen des Zellkerns festgelegten genet. Information; folgt mit Ausnahme der Plasma-V. weitgehend den *mendelschen Regeln:* 1. *Uniformitätsregel,* nach der die Bastarde der 1. Filialgeneration (F1) aus der Kreuzung reinerb. Eltern (P) untereinander geno- u. phänotyp. völlig gleich sind; 2. *Spaltungsregel,* nach der die aus der 1. Filialgeneration (F1) durch Geschwisterkreuzung hervorgehende 2. Filialgeneration (F2) die Merkmale der reinerb. Eltern (P) in voller Reinheit in best. Zahlenverhältnissen wieder zeigt; 3. *Unabhängigkeitsregel,* nach der bei den Nachkommenschaften v. Elternteilen, die sich in mehr als einem Merkmalpaar unterscheiden, sich jedes einzelne Anlagenpaar nach der Spaltungsregel vererbt, sodass neue Merkmalskombinationen entstehen können.

**Verfassung,** Rechtsnormen, die Zweck, Einrichtung, Organe u. Verw. jurist. Personen, bes. v. Staaten regeln; in Gesetzen od. Satzungen (Statuten) enthalten.

**Verfassungsbeschwerde,** Beschwerde, die jeder, der sich durch die öff. Gewalt in seinen verfassungsmäß. Rechten (insbes. Grundrechten) verletzt fühlt, beim Bundesverfassungsgericht (wegen Verletzung des GG) u. bei den Verfassungsgerichten der Länder (wegen Verletzung der Landesverf.) erheben kann. Zulässig i.d.R. erst nach Erschöpfung des normalen Rechtsweges (↑Verfassungsgerichtsbarkeit).

**Verfassungs|eid,** der Eid des Staatspräs. u. der Reg.-Mitgl. auf die Verf. (in der BRD Art. 56 u. 64 GG).

**Verfassungsgerichte der Länder,** Gerichte in den Ländern der BRD, die über die Auslegung der Länderverf., über die Vereinbarkeit von Landesrecht und Verf. u. a. entscheiden.

**Verfassungsgerichtsbarkeit,** die von den Verfassungsgerichten des Bundes u. der Länder in allen die Verf. des Staates betr. Streitigkeiten ausgeübte Gerichtsbarkeit (Bundesverfassungsgericht, Verfassungsgerichte der Länder).

**Verfassungs|schutz,** in der BRD Schutz der verfassungsmäß. Ordnung und Organe auch durch repressive Abwehrmaßnahmen gg. verfassungsfeindl. Aktionen; das *B.-Amt für V.* untersteht dem B.-Min. des Innern.

**Verfügung,** im Zivilrecht im techn. Sinn jedes auf ein Recht unmittelbar einwirkende Rechtsgeschäft; im Prozessrecht die richterl. Maßnahme, die nicht Beschluss oder Urteil ist; im Verw.-Recht der ein Gebot oder Verbot aussprechende Verwaltungsakt.

**vergällen** ↑denaturieren.

**Vergaser,** Vorrichtung beim ↑Ottomotor, durch die das zündfäh. Kraftstoff-Luft-Gemisch hergest. wird; aus dem Tank fließt der Kraftstoff in das Schwimmergehäuse; der *Schwimmer* regelt über die Schwimmernadel den Zufluss so, dass der Kraftstoff stets in Höhe der Öffnung einer mit dem Schwimmergehäuse durch eine *Dosierungsdüse* verbundenen *Zerstäuberdüse* steht; an dieser streicht der vom Zylinder angesaugte u. durch eine Drosselklappe regulierte Luftstrom vorüber; der Brennstoff wird dabei angesaugt, zerstäubt und verdampft teilw.; *Leerlaufdüse* und Startautomatik sorgen dafür, dass der Motor auch bei geringen Drehzahlen, wenn der Luftstrom zu schwach ist, um genügend Kraftstoff an der Zerstäuberdüse mitzureißen, ein genügend fettes Gemisch erhält.

**Vergasung,** Überführung fester od. flüss. Stoffe durch starkes Erhitzen, meist unter Mitwirkung chem. reagierender Gase (Sauerstoff), in den Gaszustand od. Umwandlung in gasförm. Produkte.

**Vergehen,** alle strafbaren Handlungen, die mit Freiheitsstrafe im Mindestmaß von weniger als 1 Jahr od. mit Geldstrafe bedroht sind.

**Vergewaltigung,** fr. **Notzucht,** Straftat gegen die sexuelle Selbstbestimmung; Nötigung einer Person mit Gewalt od. durch Drohung mit gegenwärtiger Gefahr für Leib u. Leben zum Geschlechtsverkehr o.ä. sexuellen Handlungen.

**Vergiftungen, Intoxikationen,** Erkrankungen durch Giftwirkung; können durch innerl. Aufnahme, durch Eindringen von Giftstoffen in die Haut od. durch Einatmen von Giften eintreten.

**Vergil,** eigtl. **Publius Vergilius Maro,** röm. Dichter, *70, †19 v. Chr; bed. Vertr. der klass. röm Lit.: Frühwerk „Bucolica"; Lehrgedicht „Georgica"; Hauptwerk ist das Epos „Äneis", das die weltgeschichtl. Sendung Roms v. der augusteischen Ordnung her deutet.

**Vergissmeinnicht,** Gatt. der Raublattgewächse; Kleinstauden mit blauen Blüten; z.T. Zierpflanzen.

**Vergleich,** Vertrag, durch den ein Rechtsstreit durch gegenseit. Nachgeben beseitigt wird; bes. Arten: *Prozess-* u. *außergerichtl. Vergleich.*

**Vergleichsverfahren,** gerichtl. Verfahren zur Abwendung eines drohenden ↑Konkurses; 1999 wurde das V. als Alternative zum Konkurs durch die Einführung eines einheitl. Insolvenzverfahrens (↑Insolvenz) beseitigt.

**Vergnügungsteuer,** Gem.steuer auf Tanzveranstaltungen, Filmvorführungen *(Kinosteuer)*, den Betrieb v. Spielapparaten *(Automatensteuer)* usw.

**Vergütung, 1)** Wärmebehandlung v. Stahl, um die Kerbschlagzähigkeit erhebl. zu erhöhen. **2)** Entspiegelung v. Linsen u.a. durch Aufdampfen dünner Schichten (meist Leichtmetallfluoride). V. sind vielfach mehrschichtig *(Multicoating)* zur Entspiegelung im gesamten Spektrum.

**Verhaltensforschung, Ethologie,** Zweig der Biol., der mit objektiven, naturwiss. Methoden das Verhalten der Tiere (Tierethologie) u. die biol. Grundlagen des menschl. Verhaltens (Humanethologie) erforscht.

**Verhaltenstherapie,** psychotherapeut. Richtung, die gestörte Verhaltensstrukturen abbauen u. erwünschte festigen will (u.a. systemat. Desensibilisierung, Selbstsicherheitstraining).

**Verhältnis,** Quotient zweier Zahlen *a* / *b* („*a* verhält sich zu *b*" od. „*a* zu *b*"); *V.gleichung,* ↑Proportion.

**Verhältniswahl, Listenwahl, Proportionalwahl,** Wahlsystem, bei dem die Mandate im Verhältnis der für die einzelne Partei auf Wahllisten abgegebenen Stimmen verteilt werden; ermöglicht auch eine Vertretung der Minderheiten (↑Wahl); Ggs. Mehrheitswahlrecht.

**Verhältniswort** ↑Präposition.

**Verhüttung,** Verarb. von Erzen.

**Verismus,** ital. **Verismo,** in der 2. Hälfte des 19. Jh. aufgekommene Stilrichtung der ital. Lit., Musik u. bildenden Kunst, deren Ziel die schonungslose Darst. der Wirklichkeit ist.

**Verjährung,** der durch Ablauf best. *V.sfristen* eintretende Verlust der Durchsetzbarkeit eines Rechts. Im *Zivilrecht* unterliegen die Ansprüche der V.; die regelmäß. V.sfrist beträgt 3 J. Ansprüche aus Geschäften des tägl. Lebens verjähren in 2 J. (Gewährleistungsansprüche [↑Minderung, ↑Nacherfüllung], aus unerlaubter Handlung (Verletzung best. fremder Rechtsgüter), Mietrückstände u.a. in 3 Jahren, familien- u. erbrechtl. Ansprüche in 30 J. Im *Strafrecht* unterliegt das Recht des Staates, Straftaten zu verfolgen u. zu vollstrecken, der V. (außer bei Mord od. Völkermord). Die Fristen betragen 3 bis 30 Jahre. Die V. wird durch Hemmung oder Unterbrechung der V.sfristen aufgehalten.

**Verkalkung,** Kalkablagerung im Körpergewebe, meist Folge gestörter Stoffwechselvorgänge im Gewebe.

**Verkehrsgefährdung,** konkrete Gefährdung der Gesundheit od. des Lebens eines anderen od. Gefährdung von bed. fremden Sachwerten im Verkehr.

**Verkehrshypothek** ↑Hypothek.

**Verkehrs|sünderkartei,** svw. ↑Verkehrszentralregister.

**Verkehrs|unterricht,** von der Polizei durchgeführter Unterricht für Verkehrsteilnehmer, die gegen die Verkehrsvorschriften verstoßen haben; kann bei schweren Verkehrsdelikten (neben der Bestrafung) und bei leichten Verstößen als Besserungsmaßnahme verhängt werden. Nichterscheinen b. V. ist nach §48 StVO strafbar.

**Verkehrswacht,** gemeinnützige Vereinigung zur Erhöhung der Verkehrssicherheit; organisiert in Form von rechtsfähigen Vereinen auf Orts-, Landes- u. Bundesebene. Durchführung v. Verkehrserziehungswochen, Kursen u.a.

**Verkehrszeichen,** Zeichen zur

Verkehrsregelung: Warn-, Gebots-, Verbots-, Hinweiszeichen durch Schilder, Ampeln, Zeichen von Polizeibeamten.

**Verkehrszentralregister,** beim *Kraftfahrt-Bundesamt* in Flensburg-Mürwik geführtes Zentralregister über Versagungen u. Entziehungen der Fahrerlaubnis, Verkehrsordnungswidrigkeiten (Geldbuße ab 40€) u. Fahrverbote, Verurteilungen wegen Verkehrsstraftaten.

**verklappen,** Abfallstoffe (z. B. Klärschlamm, Dünnsäure) durch Öffnen v. Klappen od. Ventilen der Laderäume v. (Spezial)schiffen ins Meer einbringen.

**Verkleinerungsform** ↑Diminutiv[um].

**Verkohlung,** therm. Zersetzung von organ. Stoffen unter Luftabschluss od. unter heft. Entzug von Wasser.

**Verkokung,** Kohleveredelungsverfahren, bei dem Stein- od. Braunkohle (auch Holz, Torf u. Ä.) unter Luftabschluss zersetzt werden (trockene Destillation); Produkte der V. sind v. a. Koks, Teer u. brennb. Gase.

**Verkündung, 1)** öff. Bekanntmachung von Ges. durch Publikation im amtl. Gesetzblatt. **2)** öff. Verlesung v. Urteilen bei Gericht.

**Verlag,** wirtsch. Unternehmen, das Druckerzeugnisse (Bücher, Kunstblätter, Landkarten, Noten, Zeitschriften od. Zeitungen) herstellt und [über den Buchhandel] verkauft.

**Verlaine** [vɛrˈlɛ:n], Paul, frz. Dichter, *1844, †1896; einer der bedeutendsten Lyriker des Symbolismus, 1871–73 intime Freundschaft mit A. Rimbaud; Begr. des mod. freien Rhythmus in der frz. Dichtung.

**Verleumdung,** Behauptung und Verbreitung einer einen anderen betr. Tatsache *wider besseres Wissen,* die geeignet ist, diesen verächtl. zu machen od. in der öff. Meinung herabzuwürdigen.

**Vermächtnis,** lat. **Legat,** Zuwendung eines Vermögensvorteils durch Verfügung v. Todes wegen (Testament), die eine Forderung des Bedachten (V.nehmer) gg. den mit dem V. Beschwerten (den Erben) begründet.

**Vermeer,** Johannes, gen. **V. van Delft,** niederl. Maler, *1632, †1675; Interieurs v. größter Einfachheit der Komposition und höchstem maler. Reiz.

**Vermehrung,** svw. ↑Fortpflanzung.

**Vermieterpfandrecht,** gesetzl. Recht des Grundstücks- oder Wohnraumvermieters, eingebrachte Sachen des Mieters zu pfänden, sobald dieser mit seinen Verpflichtungen aus dem Mietverhältnis in Rückstand kommt.

**Vermittlungsausschuss,** im Gesetzgebungsverfahren institutionalisiertes Organ zur Harmonisierung der Gesetzgebungsarbeit zw. B.-Tag u. B.-Rat (je 16 Mitgl.); über seine Änderungsempfehlungen müssen beide Gesetzgebungsorgane beschließen.

**Vermögen,** alle in Geld bewerteten, dauerhaften Wirtschaftsgüter im Eigentum eines Wirtschaftssubjekts. In der *Betriebswirtschaftslehre* die auf der Aktivseite der Bilanz ausgewiesenen V.sgegenstände (Anlage-, Umlauf-V.), nach Abzug der Schulden ergibt sich das *Rein-V.*

**Vermögensbildung,** Umwandlung v. Einkommen in Vermögenswerte. Instrumente zur V. einkommensschwacher Bev.schichten sind die durch das 5. V.gesetz i. d. F. v. 4. 3. 1994 geförderte, meist tarifl. vereinbarte Zuwendung *vermögenswirksamer Leistungen* der Arbeitgeber an Arbeitnehmer (Sparformen: z. B. Sparbeiträge aufgrund eines Sparvertrages über Wertpapiere u. a. Vermögensbeteiligungen, Bausparbeiträge) u. die *Arbeitnehmer-Sparzulage* des Staates (v. Finanzamt ausgezahlt).

**Vermögensgesetz,** Ges. v. 1990, regelt die Rückgabe (od. wahlweise die Entschädigung) in der DDR rechtsstaatswidrig enteigneter Vermögenswerte auf Antrag an die ehem. Eigentümer.

**Paolo Veronese:** *Hochzeit zu Kana (1562/63)*

**Vermögensteuer,** Steuer, deren Höhe sich nach dem Vermögensbestand bemisst; in Dtl. seit 1. 1. 1997 nicht mehr erhoben.

**Vermont** [vəːmɔnt], Abk. **Vt.**, Staat im NO der USA, 24 900 m², 563 000 E, Hptst. Montpelier (8 200 E; ✲); gebirgig (Green Mountains); Anbau von Getreide, Obst, Kartoffeln; Rinderzucht; Forstw.; Marmorabbau; Textil- u. Masch.-, Nahrungsmittelindustrie.

**Verne** [vɛrn], Jules, frz. Schriftsteller, *1828, †1905; populäre utop. u. Abenteuerromane, u. a. „Reise zum Mittelpunkt der Erde", „Reise um die Erde in 80 Tagen".

**Vernichtungslager,** im Unterschied zu den nat.-soz. KZ v. der SS s. Ende 1941 zur Massentötung europ. Juden aus Geheimhaltungsgründen im besetzten Polen errichtete Lager (u. a. Bełżec, Chełmno, Sobibór, Treblinka; mit Doppelfunktion [auch KZ]: Auschwitz-Birkenau, Lublin-Majdanek).

**Vernissage** [vɛrniˈsaːʒ; frz.], Vorbesichtigung einer Kunstausstellung durch geladene Gäste am Tage vor der offiziellen Eröffnung.

**Vernunft,** nach I. Kant das „obere Erkenntnisvermögen", das die vom Verstand diskursiv erfassten Erkenntnisgegenstände verbindet, übergreifende Sinnzusammenhänge u. Einheit von Wissen und Handeln stiftet.

**Verona,** Prov.-Hptst. in N-Italien, östl. d. Gardasees, 254 700 E; röm. Theater, Amphitheater, San Zeno Maggiore (um 1125 ff.) u. a. bed. Kirchen; Scaligerburg („Castel Vecchio", 14. Jh.), Scaligergräber; vielseitige Ind.; ✲.

**Veronese,** Paolo, eigtl. P. **Caliari**, ital. Maler, *1528, †1588; von Tizian und Tintoretto beeinflusst; Freskenzyklen und großformat., dekorative Leinwandgemälde in leuchtenden Farben.

**Veronica** [nlat.; nach der hl. Veronika], svw. ↑Ehrenpreis.

**Veronika,** hl., nach frühchristl. Legende die Frau, die Jesus auf dem Wege nach Golgatha ihren Schleier reichte, auf dem der Abdruck seines Gesichtes zurückblieb *(Schweißtuch der Veronika).*

**Ver|ordnung,** Rechtsnorm, die an eine unbestimmte Vielzahl v. Personen gerichtet ist u. aufgrund gesetzl. Ermächtigung v. Organen der vollziehenden Gewalt (Bundes- od. Landesreg.) erlassen wird.

**Verpuppung,** Umwandlung der Larve zur Puppe bei Insekten mit vollkommener Metamorphose.

**Verrenkung, Luxation,** teilweise oder vollständige Verschiebung des Gelenkendes eines Knochens aus dem Gelenklager; v. a. bei Schulter-, Hüft- u. Kniegelenken.

**Versailles:** *Schloss von der Gartenseite*

**Vers** [lat.], **1)** rhythm., meist in V.füße unterteilbare, ggf. durch Endreime begrenzte Einheit der gebundenen Rede (im Gedicht, Epos, Drama); sowohl eine Folge betonter und unbetonter Silben (dt. V.) als auch von Längen und Kürzen (antiker V.) oder auch nur eine best. Silbenzahl (jap. Haiku); ↑Metrik. **2)** Bez. für die einzelne Strophe, z. B. im ev. Kirchenlied; auch kleinster Bibelabschnitt.

**Versailler Vertrag** [vɛrˈzajər -], wichtigster der Pariser Vorortvertr. v. 28. 6. 1919 zw. dem Dt. Reich u. 26 alliierten u. assoziierten Mächten, der den 1. Weltkrieg beendete. Inhalt: 440 Art. in 15 Teilen: I. Völkerbundssatzung. II. u. III. Grenzregelungen und Landabtretungen, die nicht immer korrekt durchgeführt wurden: Elsass-Lothringen an Frkr., Moresnet u. Eupen-Malmedy an Belgien, fast ganz Westpreußen und Posen, Kreis Soldau und Ostoberschlesien an Polen; Danzig wurde „Freie St."; Teile Ostpreußens (↑Memelland) kamen unter alliierte Verw., später an Litauen; Nordschleswig an Dänemark, das Hultschiner Ländchen an die ČSR. Weiterhin wurde das Saargebiet abgetrennt und wirtsch. an Frkr. angeschlossen; eine Volksabstimmung sollte nach 15 J. stattfinden. Verbot des Anschlusses von Östr. an das Dt. Reich; alliierte Besetzung des linken Rheinufers mit den Brückenköpfen Mainz, Koblenz, Köln. Räumung in 3 Zonen nach 5, 10 und 15 J. IV. Abtretung der dt. Kolonien an den Völkerbund. V. Beschränkung des Heeres auf 100 000 u. der Marine auf 15 000 Mann; Rüstungsbeschränkungen, Auslieferung des Kriegsmaterials. VI. u. VII. Anordnungen über die Freilassung der Kriegsgefangenen und die Auslieferung der Kriegsverbrecher (darunter Wilhelm II.). VIII. Im Art. 231 wurde die alleinige Schuld Deutschlands u. seiner Verbündeten am Ausbruch des 1. Weltkrieges festgestellt; Festsetzung der Reparationen. IX.–XV. Finanzielle und wirtsch. Forderungen: Internationalisierung der Elbe, Oder, Donau u. des Rheins u. a. – Der am 10. 1. 1920 in Kraft getretene Friedensvertrag, in Dtl. als Diktat empfunden, war eine der Ursachen für das Scheitern der Weimarer Rep. und die Entfaltung rechtsradikaler Strömungen in Deutschland.

**Versailles** [vɛrˈzaɪ], Hptst. des frz. Dép. Yvelines, sw. von Paris, 87 800 E; berühmte Schloss- und Parkanlage Ludwigs XIV., 1661 bis 1689 erb. von L. Le Vau und J. Hardouin-Mansart. – 1783 Beendigung des Nordamer. Unabhängigkeitskrieges durch den *Frieden v. V.;* am 18. 1. 1871 Proklamation Wilhelms I. zum dt. Ks.; am 26. 2. 1871 Beendigung des Dt.-Frz. Krieges im *Vorfrieden v. V.* (bestätigt im Frankfurter Frieden); ↑Versailler Vertrag.

**Versalien** [lat.], Großbuchstaben.

**Versammlungsfreiheit,** nach Art. 8 GG das Recht aller Deutschen, sich ohne Anmeldung od. Erlaubnis friedl. u. unbewaffnet zu versammeln; Versammlungen unter freiem Himmel sind vorher anzumelden (Versammlungsges. in der Fassung v. 1978).

**Versäumnis|urteil,** das Urteil,

das im ↑Zivilprozess bei Säumnis (Nichterscheinen od. Nichtverhandeln) einer Partei auf Antrag der anderen ergeht.

**Verschleppung, 1)** das Verbringen eines anderen durch List, Drohung od. Gewalt in ein Gebiet außerhalb der BRD; auch die Veranlassung, sich dorthin zu begeben, od. das Abhalten davon, von dort zurückzukehren; mit Freiheitsstrafe bedroht. **2)** als völkerrechtl. Delikt ↑Verbrechen gg. die Menschlichkeit.

**verschneiden, 1)** Weine versch. Lagen vermischen. **2)** Edelbranntwein mit Spiritus u. Wasser (Rum-, Weinbrandverschnitt) vermischen.

**Verschollenheit** ↑Todeserklärung.

**Verschulden,** zivilrechtl. Bez. für vorwerfbares Verhalten, das die Verpflichtung zur Ersatzleistung nach sich zieht.

**Versicherung,** gegenseitige Deckung eines im Einzelnen zufälligen, im Ganzen aber schätzbaren Geldbedarfs durch eine Vielzahl gleichartig bedrohter Wirtschaftseinheiten od. Personen.

**Versicherungs|aufsicht,** staatl. Überwachung der Privatversicherung (Zulassung v. Versicherungsunternehmen u. Beaufsichtigung des Geschäftsbetriebs) durch Aufsichtsämter auf Landes- u. B.-Ebene.

**Versicherungsbetrug,** allg.: Herbeiführen eines Schadens in der Absicht, Versicherungsleistungen zu erschleichen; i. e. S. betrüger. Inbrandsetzen einer gg. Feuergefahr versicherten Sache, auch das Sinken- oder Strandenlassen eines versicherten Schiffs; strafbar.

**Versicherungsteuer,** Verkehrsteuer auf die Zahlung v. Versicherungsentgelten; v. Versicherungsunternehmen erhoben u. abgeführt; der Steuersatz beträgt i. d. R. 16% der Prämie. Steuerfrei u. a. Kranken- u. gesetzl. Sozialversicherungen.

**Versicherungsvertrag,** privatrechtl. Vertrag, durch den der Versicherer sich gg. Entgelt *(Versicherungsprämie)* verpflichtet, entw. dem Versicherungsnehmer den Schaden aus einem zukünftigen ungewissen Ereignis *(Versicherungsfall)* zu ersetzen od. nach Eintritt des Versicherungsfalls die vereinbarte Leistung (Geldbetrag od. Rente) zu erbringen. Gesetzl. geregelt im V.sgesetz; der Versicherer ist verpflichtet, dem Versicherungsnehmer eine unterschriebene Urkunde über den V. *(Versicherungspolice)* u. seine allg. Versicherungsbedingungen auszuhändigen.

**Versöhnungstag** ↑Jom Kippur.

**Verstaatlichung,** Überführung v. Privateigentum in Staatseigentum.

**Verstädterung** ↑Urbanisation.

**Verstand,** Fähigkeit zu denken, Begriffe zu bilden, zu abstrahieren, Schlussfolgerungen zu ziehen und Urteile zu bilden.

**Verstärker, 1)** Lösung von Metallsalzen, die unterbelichtete Negative dichter macht (Fotogr.). **2)** Gerät od. Schaltung zur Verstärkung v. Spannungen, Strömen od. Leistungen (z. B. Vor-, Zwischenfrequenz- u. Niederfrequenz-V. in Rundfunkgeräten). Als V. dienen aktive Bauel., wie Transistoren.

**Verstauchung, Distorsion,** teilweise od. vollständige Verschiebung des Gelenkendes eines Knochens aus dem Gelenklager; v. a. bei Schulter-, Hüft- u. Kniegelenken.

**Versteigerung, Auktion,** Sonderform des Kaufs; im Wechselspiel zw. *Versteigerer* (Auktionator) und mehr. Kaufinteressenten wird der Preis des zum Verkauf stehenden Gegenstands durch Überbieten der Kaufinteressenten gesteigert; dem Meistbietenden wird der Zuschlag erteilt.

**Versteinerungen,** svw. ↑Fossilien.

**Versuch, 1)** im Strafrecht der Beginn (im Ggs. zur Vollendung) eines ↑Verbrechens oder ↑Vergehens durch Handlungen, die auf die Ausführung des Delikts gerichtet sind. Der V. wird bei Verbrechen immer, bei Vergehen nur in den gesetzl. ausdrückl. vorgesehenen Fällen bestraft, unter Umständen aber milder als die vollendete Tat. **2)** svw. ↑Experiment.

**Verteidigung, 1)** im Strafprozess das Bestreben des Beschuldigten oder des Verteidigers, den strafrechtl. Vorwurf zu entkräften. **2)** Zivil- und Strafrecht: Notwehr. **3)** im Völkerrecht die mil. Abwehr eines bewaffneten Angriffs.

**vertikal** [lat.], senkrecht.

**Vertikalkreis,** ein auf dem Horizont senkr. stehender Großkreis an der Sphäre, geht durch den Zenit des Beobachtungsortes; *erster Vertikal,* der V., der durch den O- u. W-Punkt geht.

**Vertrag,** ↑Rechtsgeschäft, das auf der erklärten Willensübereinstimmung zweier od. mehr. Parteien zur Herbeiführung eines einheitl. Rechtserfolgs beruht. Man unterscheidet 1. nach den Rechtsfolgen: einseit. (↑Schenkung) und zweiseit. verpflichtende Verträge; 2. nach Rechtsgebieten: Verträge des öff. Rechts u. des Privatrechts; hier bes. die des Schuldrechts (z. B. Miete, Kauf), des Sachenrechts (z. B. Übereignung), des Familienrechts (↑Annahme als Kind) u. des ↑Erbrechts. Einem gültigen V. können sich die Beteiligten nur unter best. Voraussetzungen, bes. durch ↑Anfechtung, ↑Kündigung, ↑Widerruf, entziehen. Auslegung nach ↑Treu u. Glauben. Verträge sind grundsätzl. formlos; nur in Ausnahmefällen Schriftform (kann z. T. durch elektron. Form ersetzt werden) od. notarielle Beurkundung od. öff. Beglaubigung.

**Vertrauens|arzt,** Arzt, der im Auftrag der gesetzl. Kranken- u. Rentenversicherung gutachterl. Funktionen ausübt, z. B. als Rentengutachter; inzwischen werden diese Aufgaben vom medizin. Dienst der Krankenversicherung wahrgenommen.

**Vertrauensfrage,** v. Reg.-Chef gestellter Antrag an das Parlament, ihm das Vertrauen auszusprechen; bei Ablehnung erfolgt i. d. R. der Rücktritt der Reg. u./od. die Auflösung des Parlaments.

**Vertriebene,** dt. Staatsangehörige od. dt. Volkszugehörige, die ihren Wohnsitz in den ehem. dt. Ostgebieten od. in den Gebieten außerh. des Dt. Reiches (Gebietsstand v. 31. 12. 1937) hatten u. diesen im Zusammenhang mit den Ereignissen des 2. Weltkriegs durch Ausweisung od. Flucht verloren haben; als *Heimatvertriebene* gelten V., die am 31. 12. 1937 od. bereits einmal vorher ihren Wohnsitz im Vertreibungsgebiet hatten.

**Ver|untreuung,** ↑Unterschlagung von Sachen, die jemand mit der Maßgabe erhalten hat, sie zurückzugeben oder in best. Weise zu verwenden.

**Ver|ursacherprinzip,** Grundsatz der Umweltpolitik, wonach der Verursacher v. Umweltschäden die Kosten für deren Beseitigung, Ausgleich od. Vermeidung trägt.

**Verwaltung,** die Tätigkeit des Staates od. eines sonst. Trägers öff. Gewalt außerhalb der Rechtsetzung u. Rechtsprechung, bes. die Ausführung der Gesetze u. ihre Anwendung im Einzelfall. Die V. obliegt i. d. R. den Ländern; diese führen auch die B.-Gesetze grundsätzl. als eigene Angelegenheit od. im Auftrag des Bundes aus, soweit das GG nichts anderes bestimmt. Innerhalb der V. *unmittelb. Staats-V.,* die von den staatl. Behörden (deren höchste die einzelnen Ministerien) ausgeübte V., *mittelb. Staats-V.,* die weitgehend mit der Selbst-V. ident. V. der sonst. Träger öff. Gewalt. Aufsichtsbefugnisse über die Träger bundeseigener V. hat der Bund, hinsichtl. der übrigen (bes. der kommunalen Körperschaften) die Länder.

**Verwaltungs|akt,** jede Maßnahme, die von einer Verw.-Behörde zur Regelung eines Einzelfalls auf dem Gebiet des öff. Rechts getroffen wird.

**Verwaltungsgerichtsbarkeit,** bes. Zweig der Rechtspflege für alle öff.-rechtl. Streitigkeiten, die nicht zur Zuständigkeit der ↑Verfassungsgerichtsbarkeit gehören u. nicht ausdrückl. einem anderen Gericht zugewiesen sind.

**Verwaltungsrat,** Kontrollorgan bei Körperschaften und Anstalten des öff. Rechts, entspr. dem ↑Aufsichtsrat der AG.

**Verwaltungsrecht,** Gesamtheit der die Verw. betr. u. regelnden Rechtsnormen; *allg. V.,* die für die Verwaltung allg. geltenden Regelungen (z. T. kodifiziert im Verwaltungsverfahrensges. des Bundes u. Ges. der Länder); *bes. V.,* die die einzelnen Rechtsgebiete betr. gesetzl. Regeln, bes. des Kommunal-, Polizei-, Gewerbe-, Bau- und Sozialrechts.

**Verwandten|ehe,** verbotene Ehe zw. Verwandten in gerader Linie u. zw. voll- u. halbbürt. Geschwistern.

**Verwandtschaft,** im Recht 1. i. e. S. die *Bluts-V.:* in gerader Linie Personen, deren eine von der anderen abstammt, in der Seitenlinie Personen, d. v. derselben dritten Person abstammen; 2. i. w. S. auch V. infolge Eheschließung (Schwägerschaft) u. ↑Annahme als Kind. – Rechtl. Bed. v. a. für die gesetzl. ↑Unterhaltspflicht, die Eheverbote (↑Verwandtenehe), das ↑Erbrecht.

**Verwarnung,** **1)** fr. **gebührenpflichtige V.,** Maßnahme gg. Ordnungswidrigkeiten, u. a. für Verkehrsverstöße von der Polizei ausgesprochen. ↑Zuchtmittel. **2)** ⛹ v. a. bei Mannschaftsspielen Androhung des Schiedsrichters, einen sich unsportl. od. regelwidrig verhaltenden Spieler des Spielfeldes zu verweisen (z. B. im Fußball Zeigen der „gelben Karte").

**Verwerfen,** vorzeit. Ausstoßen der [nicht lebensfäh.] Leibesfrucht bei Tieren.

**Verwerfung, Bruch, Sprung,** tekton. Störung d. urspr. Gesteinslagerung, bei d. 2 Schollen an einer Bewegungsfläche zerlegt u. gegeneinander verschoben werden.

**Verwirkung,** Verlust einer Rechtsposition aufgrund eigenen rechtsmissbräuchl. Verhaltens. *Zivilrecht:* V. eines Anspruchs, wenn längere Zeit die Möglichkeit bestand, ihn geltend zu machen und die spätere Geltendmachung gg. ↑Treu und Glauben verstoßen würde. *Staatsrecht:* V. versch. Grundrechte (insbes. Freiheit der Meinungsäußerung, Asylrecht), vom B.-Verfassungsger. gg. Personen ausgesprochen, die diese Grundrechte zum Kampfe gg. die freiheitl. demokrat. Grundordnung der BRD missbrauchen (Art. 18 GG).

**Verwitterung,** d. durch d. Einwirkung exogener Faktoren (Frost, Temperaturschwankungen, Wasser u. a.) bewirkte Zerfall v. Gesteinen u. Mineralen an od. nahe d. Erdoberfläche: *mech. V.* aufgrund mech. Vorgänge (z. B. Frostsprengung), *chem. V.* auf d. lösenden Wirkung d. Wassers beruhend, *biol. V.* durch Pfl. (z. B. Wurzelsprengung) u. Tiere verursacht.

**Verzicht,** einseit. Willenserklärung, mit der die Aufgabe von Rechten bekundet wird.

**Verzug,** **1)** ↑Schuldnerverzug. **2)** Gläubiger- od. ↑Annahmeverzug.

**Vespasian,** eigtl. **Titus Flavius Vespasianus,** röm. Ks. seit 69, *9 n. Chr., †79; von seinen Legionen ausgerufen, stellte die in den Bürgerkriegen zerrüttete Ordnung wieder her, ließ das Kolosseum in Rom errichten.

**Vesper** [lat.; = Abend], **1)** in der kath. Kirche Gebetszeit (Abendlob) des ↑Stundengebetes; in den ev. Kirchen Abendgottesdienst. **2)** Mahlzeit am Nachmittag; Abendbrot.

**Vesperbild,** svw. ↑Pieta.

**Vespucci** [vɛsˈputtʃi], Amerigo, ital. Seefahrer in span. u. portug. Diensten, *1454 (1451?), †1512; Reisen an die Küsten Mittel- und Südamerikas (1497–1504), entdeckte die Mdg. des Amazonas; nach ihm ist „Amerika" ben.

**Vesta,** röm. Göttin des Herdfeuers.

**Vestalinnen,** in Rom die in klosterähnl. Gemeinschaft lebenden jungfräul. Priesterinnen der Göttin Vesta, die das ewige Feuer unterhielten.

**Vestibül** [lat.], Vorhalle, Treppenhalle.

**Vesuv,** aktiver Schichtvulkan bei Neapel, Italien, z. Z. 1281 m, aus Laven u. Tuffen.; vulkanolog. Inst. u. Observatorium; Weinbau; letzter größerer Ausbruch 1944 (vorher 1906) – 79 n. Chr. wurden ↑Pompeji, ↑Herculaneum u. Stabiae verschüttet.

**Veterinärmedizin** ↑Medizin.

**Veto** [lat.; = ich verbiete], Einspruch, mit dem der Beschluss eines Gremiums endgültig (absolutes V.) od. aufschiebend (suspensives V.) verhindert wird.

**Vexierbild** [lat.; dt.], Suchbild, das eine nicht sofort erkennb. Figur enthält.

**Vexillologie** [lat.], svw. ↑Fahnenkunde.

**VHF** [Abk. für engl. **v**ery **h**igh **f**requency], die ↑Ultrakurzwellen.

**Via** [lat.], Weg, Straße, z. B. *V. Appia,* röm. Militärstraße v. Rom über Capua nach Brindisi, 312 v. Chr. beg.; *V. dolorosa,* Kreuz-, Schmerzensweg; *V. Mala,* Schlucht des Hinterrheins in Graubünden, bis 600 m tief, 6 km lang.

**Viadukt** [lat.], über ein Tal führende [Eisenbahn]brücke.

**Vian** [vjã], Boris, frz. Schriftsteller, *1920, †1959; fantast.-groteske Romane u. Erzählungen; auch Theaterstücke u. Chansons.

**Viareggio** [viaˈreddʒo], ital. Seebad u. Winterkurort am Ligur. Meer, nw. von Pisa, 57 800 E.

**Vibraphon** [gr.], dem Xylophon ähnelndes Schlaginstrument.

**Vibration** [lat.], Schwingung, Erschütterung, Beben; *V.massage* ↑Massage.

**Vibrionen** [lat.], Gatt. kommaförm., bewegl. Bakterien; u. a. Erreger der Cholera.

**Vicenza** [viˈtʃentsa], Prov.-Hptst. in Italien, am SO-Fuß d. *Vicentiner Alpen* (zw. Etsch u. Brenta, bis 2341 m), 109 100 E; durch Bauten Palladios geprägt; Textil-, chem., keram. u. a. Ind.; Fremdenverkehr.

**Vichy** [viˈʃi], frz. St. nö. von Clermont-Ferrand, 28 000 E; Kurort mit alkal. Eisen- u. Kohlensäurethermen; ✠. – 1940–44 Sitz der *V.-Reg.* (Pétain).

**Vickershärte** [ˈvɪkəz-; engl.; dt.], Abk. **HV,** nach bes. Prüfverfahren ermittelte Härte eines Werkstoffes.

**Vicomte** [vi:kõt; frz.], frz. Adelstitel (zw. Gf. und Baron).

**Victoria** [vɪkˈtɔ:rɪə], **1)** B.-Staat im SO Australiens, 227 600 km², 4,4 Mill. E, Hptst. Melbourne; von den Ostaustral. Kordilleren durchzogen, im NW Flachland; Melbourne (mit 70 % der Bev.) ist Wirtschafts-, Verkehrs- und Kulturzentrum. **2)** Hptst. der kanad. Prov. British Columbia, 71 000 E; Univ.; Werften, Holz-, Bekleidungs-, Nahrungsmittelind.; ⚓, ✠. **3)** Verw.sitz v. ↑Hongkong am Fuße des *V. Peak* (556 m), 1,1 Mill. E. **4)** Hptst. d. Seychellen, auf d. Insel Mahé, 25 000 E; Konsumgüterind.; ⚓, ✠.

**Victoriafälle,** Wasserfälle d.

V

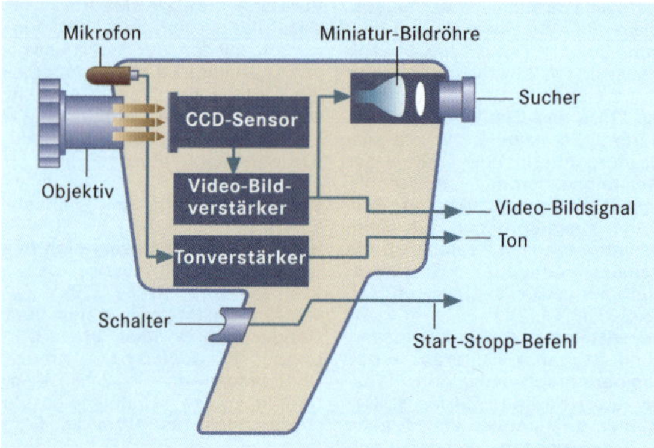


**CCD-Videokamera**

Sambesi bei Livingstone; an d. Grenze v. Sambia zu Simbabwe; d. 1700 m breite Fl. stürzt in eine 110 m tiefe u. 50 m breite Schlucht; Weltnaturerbe.

**Victoria|see,** größter See Afrikas, im ostafrik. Hochland, 1134 m ü. d. M., 68000 km², bis 85 m tief; inselreich, Fischfang.

**Video...** [lat.], Bestimmungswort von Zusammensetzungen mit den Bed. „Bildschirm...", „mit Bildschirmaufzeichnung arbeitend".

**Videokamera,** Laufbildkamera, mit der Bilder auf Magnetband (Videokassette) in einem angeschlossenen [tragbaren] Videorekorder aufgezeichnet werden (auch als CCD-V.; ↑CCD); bei Camcordern wird das Aufnahmeband (8-mm-Magnetband, Super-VHS, Hi-8) in die Kamera eingelegt.

**Videoplatte,** svw. ↑Bildplatte.

**Videorekorder,** stationäres od. tragbares Magnetbandgerät zur Bildaufzeichnung und -wiedergabe über ein angeschlossenes Fernsehgerät; arbeitet mit Halbzoll- oder 8-mm-Magnetband in entspr. Kassetten im Schrägspurverfahren; aufgenommen und/oder wiedergegeben werden Fernsehsendungen, Bild-Ton-Inhalte von käufl. oder leihweise erhältl. Videokassetten und mit einer ↑Videokamera aufgenommene Bild-Ton-Streifen.

**Videospiele,** svw. ↑Bildschirmspiele.

**Videotext,** auf dem Fernsehbildschirm abrufbare Textinformationen, die im Ggs. zum ↑Bildschirmtext von den Fernsehanstalten (in den Austastlücken des Fernsehbildes) ausgestrahlt werden.

**Videothek,** für Verleihzwecke eingerichtete od. private Slg. von Videokassetten.

**Viel|eck,** geometr. Gebilde aus *n* Punkten u. deren Verbdg.linien; *regelmäßige V.* haben gleich lange Seiten u. gleich große Winkel.

**Vielfraß, Järv,** plumper ↑Marder, bis 1 m lang; N-Skandinavien, N-Sibirien u. nördl. Teile Amerikas.

**Vielvölkerstaat,** svw. ↑Nationalitätenstaat.

**Vientiane** [vjɛnti'a:nə], Hptst. von Laos, am Mekong, 377000 E; Zigarettenfabriken; Handelszentrum; ⚓, ✈.

**Vier|eck,** von 4 Geraden (Seiten) begrenzte Figur; Winkelsumme des ebenen V. ist 360°.

**Viererbande,** Bez. für die nach Mao Zedongs Tod (1976) verhafteten Exponenten des „ultralinken Flügels" der chin. KP-Führung, u. a. Maos Witwe Jiang Qing († 1991), die sich dem mehr pragmat. ausgerichteten Parteikurs widersetzten; zu hohen Freiheitsstrafen verurteilt.

**Vierkampf,** ⛸ aus 4 Disziplinen bestehender Mehrkampf im Eisschnelllauf (großer V. u. Sprint-V.) sowie im Frauenkunstturnen (Pferdsprung, Stufenbarren, Schwebebalken, Boden).

**Viermächteabkommen über Berlin,** svw. Berlinabkommen (↑Berlin).

**Viertaktmotor,** ↑Verbrennungsmotor, bei dem auf je 2 Umdrehungen (= 4 Takte; 1 Takt = 1 Auf- oder Abgang des Kolbens) nur eine Zündung kommt, also nur bei jedem 4. Takt Nutzarbeit verrichtet wird. 1. Takt: Ansaugen des Brennstoff-Luft-Gemisches, 2. Takt: Kompression (Verdichten), 3. Takt: Zündung u. Verbrennung (Arbeitshub), 4. Takt: Ausstoßen (Ausschieben) der Verbrennungsgase.

**vierte Dimension,** die Zeit als 4. Koordinate neben den 3 räuml. im *Raum-Zeit-Kontinuum* der ↑Relativitätstheorie.

**Vierte Republik,** die frz. Republik 1944–58.

**vierter Stand** ↑Stand.

**Vierte Welt,** die Staaten Afrikas, Asiens, Ozeaniens u. Lateinamerikas, die am stärksten von Hunger, Armut, Auslandsverschuldung u. a. betroffen sind (UNO: „Least Developed Countries", Abk. LLDC).

**Vierung,** [in der ma. Basilika] der meist quadrat. Raum, in dem sich Längs- und Querschiff durchdringen; meist mit *Vierungsturm.*

**Vierwaldstätter See,** schweizer. See am N-Rand der Alpen, von der Reuß durchflossen, 114 km², bis 214 m tief, 434 m ü. d. M.; Teile: Urner, Küssnachter, Luzerner, Alpnacher See.

**Vierzehnheiligen,** Wallfahrtskirche in Ofr., südl. von Lichtenfels, Bay.; Barockbau (1743/44–72) von B. Neumann, im Rokokostil ausgestattet.

**Vietcong** [viɛt-], s. 1957 in S-Vietnam, dann auch in der westl. Welt gebräuchl. für die südvietnames. kommunistischen Guerillakämpfer (↑auch Vietnamkrieg).

**Vietnam,** sozialist. Rep. in Südostasien, entlang der Ostküste der Halbinsel Hinterindien. V. wird vorw. von lang gestreckten Küstengeb. eingenommen, im NW Geb. bis über 3000 m, im N u. S die Tiefländer um die Deltas v. Rotem Fluss u. Mekong; rd. 44 % des Landes sind bewaldet (bes. im Gebirge Teakholz u. Bambus); *Bev.:* vorw. Vietnamesen, ferner Thai, Miao, Cham, Chinesen. *Wirtsch.:* Haupterzeugnis Reis,

**Vietnam**

*Fläche:* 331 114 km²
*Einwohner:* 77,896 Mill.
*Hauptstadt:* Hanoi
*Amtssprache:* Vietnamesisch
*Zeitzone:* MEZ + 7 Stunden

Zuckerrohr, Kautschuk, Baumwolle, Tee, Tabak, Mais, Kaffee, Gewürze; Seidenraupenzucht; Fischfang; Bodenschätze: insbes. Steinkohle, Chrom-, Eisen-, Zink- u. Zinnerze, Gold, Phosphate, Salz; Metall-, Baustoff-, chem., Textil-, Nahrungsmittelindustrie. – *Gesch.:* Im 3. Jh. v. Chr. 1. Staatenbildung (Aulac); s. 111 v. Chr. chin. Prov., 939 Gründung der 1. nat.-vietnames. Dyn.; im S s. 1620 unabh. Herrschaftsgebiet der Nguyên. 1862 kamen die reichsten Prov. des S an Frkr., das 1887 Annam, Tonkin u. Cochinchina zur Indochin. Union vereinigte. 1941 ging aus der v. Ho Chi Minh 1930 gegr. KP Indochinas die antikolonialist. Freiheitsbewegung *Vietminh* hervor. 1945 rief Ho Chi Minh die *Demokrat. Rep. V.* (DRV) aus, die die frz. Rekolonialisierungspolitik 1954 abwehren konnte (↑Vietnamkrieg). 1954 Genfer Abkommen: Teilung V. in das prowestl. Süd-V. u. das kommunist. Nord-V. (bis 1969 Ho Chi Minh Staatspräs., zunehmende sowj. Orientierung). In Süd-V. 1955 Ausrufung der Rep. Süd-V., Ngô Đinh Diêm Präs.; seine Gewaltherrschaft führte zum Erstarken der kommunist. geführten Nat. Befreiungsfront v. Süd-V. (FNL; Vietcong); 1963 Ngô Đinh Diêm v. der Armee gestürzt; der in der Folge entbrennende Vietnamkrieg endete 1975 mit der Kapitulation der Saigoner Reg., Errichtung einer provisor. Revolutionsreg. der FNL in Süd-V. 1976 Vereinigung beider Landesteile zur *Sozialist. Rep. V.* Ende 1977 Beginn krieger. Auseinandersetzungen mit dem nach China orientierten Kambodscha, das bis 1979 weitgehend besetzt wurde, deswegen mil. Auseinandersetzungen mit China; Ende der 80er-Jahre vorsichtige wirtsch. Öffnung u. folgend Bemühungen um Ausgleich mit USA (1994 Aufhebung des Wirtschaftsembargos durch Letztere).

**Vietnamesen,** fr. **Annamiten,** zu d. Mongoliden gehörendes Volk in Hinterindien, d. Staatsvolk ↑Vietnams; urspr. in Tonkin ansässig, vom 2. Jh. v. Chr. bis 10. Jh. n. Chr. unter chin. Herrschaft (starke chin. Einflüsse in d. Kultur); s. dem 15. Jh. Ausbreitung nach Süden.

**Vietnamkrieg,** in zwei Phasen verlaufener Krieg in Indochina, bes. in Vietnam. In der 1. Phase (1946–56) kämpfte die kommunist. Frontorganisation Vietminh unter Führung von Ho Chi Minh gg. die frz. Herrschaft (ab 1950 unterstützt durch amer. Finanzhilfe) wie gg. die traditionelle Oberschicht im Lande. Nach dem Sieg des Vietminh bei Điên Biên Phu 1954 Beendigung des Krieges durch die Genfer Indochina-Konferenz (↑Vietnam [Gesch.]). Die 2. Phase des V. begann 1957/58 mit ständig zunehmenden Guerillaaktionen der von Nord-Vietnam unterstützten Vietcong gg. die s. Mitte 1964 immer stärker von den USA unterstützte südvietnames. Reg.; Bombenabwürfe auf Nord- u. Süd-Vietnam, 1968 545 000 amer. Soldaten in Süd-Vietnam. 1970 Ausweitung des Krieges auf Kambodscha; Waffenstillstand wurde im Jan. 1973 von den USA, Nord-Vietnam, Süd-Vietnam u. der provisor. Revolutionsreg. von Süd-Vietnam in Paris unterzeichnet. Bis zu diesem Zeitpunkt hatte die 2. Phase des V. rd. 2 Mill. Menschenleben gefordert. In der Folgezeit zogen die USA fast sämtl. amer. Soldaten ab. Der V. endete mit der völligen Niederlage der südvietnames. Reg.

**Vignette** [vin'jɛtə; frz.], **1)** [Weinranken]ornament, Titelbildchen [in Druckschriften]. **2)** Aufkleber (z. B. als Gebührennachweis).

**Vigny** [vi'ɲi], Alfred Comte de, frz. Dichter der Romantik, * 1797, † 1863; Romane („Cinq-Mars"), Dramen („Chatterton"), Gedichte.

**Vikar** [lat.], **1)** Stellvertr. in einem kath. geistl. Amt, u. a. Apostol., Gem.-, Pfarr-V. **2)** ev. Kirchen: svw. ↑Pfarrvikar.

**Vike-Freiberga,** Vaira, lett. Politikerin, * 1937; 1965–98 Prof. in Montreal (Kanada); s. 1999 Staatspräs. Lettlands.

**Viktor,** *Italien:* **1) V. Emanuel II.,** * 1820, † 1878, Kg. seit 1861; 1849–61 Kg. v. Sardinien; begr. mit C. Cavour die nat. Einheit Italiens. **2) V. Emanuel III.,** * 1869, † 1947, Kg. (1900–46); berief 1922 Mussolini zum Reg.-Chef; im Zusammenspiel mit dem monarchist. Flügel im Großrat des Faschismus gelang es V. E., ihn 1943 zu stürzen; beauftragte P. Badoglio mit der Reg.-Bildung; dankte 1946 ab. – *Sardinien:* **3) V. Amadeus I.,** * 1666, † 1732, Hzg. v. Savoyen (1675–1730 als V. A. II.), König von Sizilien (1713–1718/20) und Sardinien (1718/20–30); Wegbereiter des aufgeklärten Absolutismus.

**Viktoria,** röm. Siegesgöttin, der griech. Nike entsprechend.

**Viktoria,** Herrscherinnen: *Dt. Reich:* **1) V.,** preuß. Kgn. u. Ksn., * 1840, † 1901; Tochter v. 2), Gattin Ks. Friedrichs (s. 1858), Mutter Ks. Wilhelms II., dessen Pol. sie z. T. kritisierte. – *Großbritannien u. Irland:* **2) V.,** * 1819, † 1901, Kgn. s. 1837, Ksn. von Indien s. 1876; s. 1840 verh. mit Albert von Sachsen-Coburg-Gotha; ihre Reg.-Zeit, das *Viktorianische Zeitalter,* wird als Glanzepoche der brit. Gesch. empfunden; charakt. die imperialist. Ideol. des Besitzbürgertums, höchste polit. Machtentfaltung (Burenkrieg).

**Viktoria,** *Königin von Großbritannien und Irland*

**Villach** [f-], östr. St. an der Drau, Kärnten, 55 000 E; Holz-, Masch.-, chem. u. a. Ind.; Fremdenverkehr. In *Warmbad V.* Thermalquellen (30 °C). – V. entstand um die 878 erstmals gen. Draubrücke.

**Villiger,** [-f-], Kaspar, schweizer. Politiker, * 1941; Bundesrat (1989–95 Militär-, seither Finanzdep.), 1995 u. 2002 Bundespräs.

**Villingen-Schwenningen** [f-], Krst. des Schwarzwald-Baar-Kreises, Ba.-Wü., an der Brigach u. am Neckar, 80 700 E; in Villingen Münster (13. Jh.), gr. Teile der Stadtmauer erhalten; elektrotechn., feinmech. Ind.; Kurort; 1971 Zusammenschluss von Villingen im Schwarzwald und Schwenningen am Neckar.

**Villon** [vi'jõ], François, eigtl. F. de **Montcorbier** [-mõkɔr'bje], od. des **Loges** [-lɔʒ], frz. Dichter, * um 1431, † nach 1463; sein Werk ist Ausklang und Höhepunkt der frz. Vagantendichtung; „Das große Testament"; derb-zyn. Witz neben tiefer Empfindung und erschütternder Aufrichtigkeit.

**Vilnius,** dt. **Wilna,** Hptst. d. Rep. Litauen, 578 400 E; mehr. Univ., Hochschulen, Akad. d. Wiss.; got., Renaissance-, Barock- u. klassizist. Kirchen; vielseit. Ind.; ✈. – Im 10. Jh. gegr., ab 1795 russ., 1915–18 dt. Besetzung, 1920–39 polnisch, 1940–90 Hptst. d. Litauischen SSR, s. 1990 der Rep. Litauen.

**Vincennes** [vɛ̃'sɛn], östl. Vorort von Paris, 43 000 E; Schloss (hpts. got.), Park, Rennbahn; Elektro-, Foto-, Masch.- u. a. Ind.

**Vineta,** sagenumwobene in der Ostsee versunkenen Stadt.

**Vinylbenzol,** svw. ↑Styrol.

**Vinylgruppe** [lat.; gr.; dt.], der einwert. Rest $CH_2{=}CH-$; organ. Verbdg., die eine V. enthalten *(Vinylverbdg.),* sind sehr reaktionsfähig, oft polymerisierbar, liefern wertvolle Kunststoffe *(Vinylharze).*

**Vinzentinerinnen,** von Vinzenz v. Paul u. Louise de Marillac (* 1591, † 1660) begr., karitativ tätige Schwesternkongregation.

**Vinzenz v. Paul,** frz. Vincent de Paul, hl., frz. kath. Theologe, * 1581, † 1660; Begr. der neuzeitl. Karitasarbeit; gründete die Orden der Lazaristen u. der Vinzentinerinnen.

**Viola,** Sammelname für die beiden seit dem 16. Jh. im Abendland führenden Familien von Streichinstrumenten: die in Kniehaltung gespielten Instrumente der *V.-da-Gamba-Fam.* (Violen- od. Gambenfam., ↑Gambe) u. die in Armhaltung gespielten Instrumente der *V.-da-Braccio-Fam.* (Violinfam.); heute bez. V. ohne Zusatz das Altinstrument der Violinfam., die ↑Bratsche; *V. d'Amore,* Gambe in der Altlage, 7 Griff- u. 7 Resonanzsaiten.

**Viola** [ital.], svw. ↑Veilchen.

**Violine** [ital.], **Geige,** aus der Viola entwickeltes Streichinstrument mit hellerem, durchdringenderem Klang; bespannt mit 4 in Quinten gest. Saiten ($g{-}d^1{-}a^1{-}e^2$); bed. Geigenbauer: N. Amati, A. Stradivari, A. u. G. A. Guarneri.

**Violinschlüssel** ↑Schlüssel.

**Violoncello** [-'tʃɛllo; ital.], kurz **Cello,** Streichinstrument aus der Fam. der Violinen, mit bed. größerem Korpus als diese; wird mit einem Stachel auf den Boden aufgesetzt u. zw. den Knien gespielt; 4 Saiten in der Stimmung C, G, d, a.

**VIP,** Kurzw. für engl.: **v**ery **i**mportant **p**erson, wichtige Persönlichkeit [mit bes. Privilegien].

**Vipern** [lat.], svw. ↑Ottern.

**Virchow** ['virço], Rudolf, dt. Pathologe, * 1821, † 1902; grundlegende Untersuchungen zur pathol. Anatomie, v. a. Geschwulstforschung; Begr. der Zellularpathol.; Vorkämpfer der Hygiene (Desinfektion, Kanalisation); Mitbegr. der Dt. Fortschrittspartei.

**Viren** [lat.], **1)** sehr kl., mit Ultramikroskopie sichtb. gemachte, ganz oder zum gr. Teil aus Nukleoproteiden (DNS oder RNS) bestehende Körper von kugel. bis stäbchenförm. Gestalt, parasit., außerordentl. geringfügig differenzierte Krankheitserreger (z. B. Grippe, Poliomyelitis, Masern) an der Grenze zw. Belebtem und Unbelebtem; Vermehrung nur in der Wirtszelle; viele *Viruserkrankungen (Virosen)* erzeugen lebenslängl. Immunität, daher vorbeugende, akt. Immunisierung vielfach erfolgreich. **2)** ↑Computerviren.

**Virginia** [auch: və'dʒɪnjə], Abk. **Va.,** Staat im Osten der USA, 105 586 km², 6,18 Mill. E, Hptst. Richmond; von der Atlantikküste (südl. Chesapeake Bay) bis in die Appalachen; Anbau von Getreide, Mais, Tabak, Kartoffeln, Bataten, Erdnüssen, Obst; Viehzucht; Küstenfischerei (Austern); reiche Bodenschätze; Schiffbau, Tabak- u. Kunstfaserindustrie.

**Virginität** [lat.], Jungfräulichkeit; Unberührtheit.

**Virgo** [lat.], das Sternbild ↑Jungfrau.

**viril** [lat.], männlich.

**Virologie** [lat.; gr.], Wiss. und Lehre von den Viren.

**virtuell** [lat.], der Möglichkeit nach vorhanden oder wahrscheinl.; auch scheinbar.

**virtuelle Realität** ↑Cyberspace.

**virtuos** [lat.], meisterhaft, techn. vollendet; *Virtuose,* ausübender Künstler (bes. Musiker), der seine Kunst mit vollendeter [techn.] Meisterschaft beherrscht.

**Virus|erkrankungen** ↑Viren.

**vis-à-vis** [viza'vi; frz.], gegenüber.

**Visconti,** lombardische Adelsfam. (Ghibellinenpartei), herrschte 1277–1447 in Mailand.

**Visconti,** Luchino, ital. Regisseur, * 1906, † 1976; Vertr. des Neorealismo, sozialkrit.-revolutionäres Engagement („Tod in Venedig").

A. Vivaldi

**Viscount** ['vaɪkaʊnt; engl.], dem ↑Vicomte entspr. brit. Adelstitel.

**Vishnu** ['viʃnu], einer der 3 Hauptgötter des Hinduismus, verehrt in 10 Inkarnationen, bes. Rama u. Krishna.

**Visier** [frz.], **1)** der bewegl., das Gesicht deckende Teil des [ma.] Helmes. **2)** Zielvorrichtung bei [Hand]feuerwaffen.

**Vision** [frz.], **Gesicht,** übernatürl. Erscheinung; Offenbarung; auch Trugbild; *visionär,* seher., traumhaft.

**Visitation** [lat.], **1)** Durchsuchung (z. B. des Gepäcks). **2)** offizieller Besuch des vorgesetzten [höheren] Geistlichen in den ihm unterstellten Gemeinden.

**Visite** [lat.], Krankenbesuch des Arztes.

**Viskose** [lat.], aus Zellulose durch Tränken mit Natronlauge u. Behandeln mit Schwefelkohlenstoff gewonnene Chemiefaser.

**Viskosität** [lat.], Zähigkeit, innere Reibung v. Flüssigkeiten u. Gasen, gemessen mit dem *Viskosimeter.*

**visuell** [lat.], das Sehen, den Gesichtssinn betreffend.

**Visum** [lat.; = Gesehenes], Sichtvermerk im Pass.

**Vita** [lat.], Leben, Lebenslauf.

**Vitamine** [Kw.], lebenswicht., vorw. in Pfl. gebildete Wirkstoffe; werden im Ggs. zu Hormonen und Enzymen vom tier. u. menschl. Organismus nicht synthetisiert, sondern mit der Nahrung zugeführt; regulieren in kleinsten Mengen biol. Lebensvorgänge, sind als Koenzyme an der Enzymbildung beteiligt; der menschl. Vitaminbedarf wird durch normale Mischkost gedeckt.

**Vitoria** [bi-], span. Prov.-Hptst. (von Álava) sö. von Bilbao, 209 500 E; Kathedrale (14. Jh.); versch. Industrie.

**Vitrine** [frz.], gläserner Schaukasten, Glasschrank.

**Vitriol** [mlat.], fr. für schwefelsaures Salz zweiwert. Metalle; z. B. Eisen-V. (Eisensulfat).

**Vitruv,** eigtl. **Vitruvius,** röm. Architekturtheoretiker des 1. Jh. v. Chr.; „De architectura" bed. als Quelle über die antike Architektur.

**Vitus, Veit,** hl., Märtyrer unter Diokletian in Sizilien, † zw. 303 u. 305; einer der 14 Nothelfer.

**vivace** [vi'va:tʃe; ital.], 𝄞 lebhaft.

**Vivaldi,** Antonio, gen. il Prete rosso, ital. Komponist und Violinist, * 1678, † 1741; Opern, Violinkonzerte, Sinfonien, Kammermusik.

**vivipar** [lat.], **1)** lebend gebärend. **2)** auf der Mutterpfl. keimend.

**Vivisektion** [lat.], zoolog. u. medizin. Forschungszwecken dienen-

## Vitamine

| Vitamin | Trivialname | Funktion | Vitaminmangelerkrankungen | Vorkommen |
|---|---|---|---|---|
| A | Retinol | Schutz und Regeneration epithelialer Gewebe; Aufbau des Sehpurpurs | Nachtblindheit, Epithelschädigungen von Auge und Schleimhaut | Lebertran, Kalbsleber, Eidotter, Milch, Butter; Provitamin Karotin in Karotten und Tomaten |
| $B_1$ | Thiamin (Aneurin) | Regulation des Kohlenhydrat-stoffwechsels | Beriberi; Störungen der Funktionen von Zentralnervensystem und Herzmukel | Hefe, Weizenkeimlinge, Schweinefleisch, Nüsse |
| $B_2$-Komplex | Riboflavin | Regulation von Atmungsvorgängen, Wasserstoffübertragung | Haut- und Schleimhauterkrankungen | Hefe, Leber, Fleischextrakt, Nieren |
| | Folsäure | Übertragung von Einkohlenstoff-körpern ($C_1$) im Stoffwechsel | Blutarmut | Leber, Niere, Hefe |
| | Pantothensäure | Übertragung von Säureresten im Stoffwechsel | unbekannt | Hefe, Früchte |
| | Nicotinsäure, Nicotinsäureamid (Niacin PP-Faktor) | Regulation von Atmungsvorgängen, Wasserstoffübertragung; Baustein der Koenzyme NAD und NADP | Pellagra | Hefe, Leber, Reiskleie |
| $B_6$ | Pyridoxin | Übertragung von Aminogruppen im Aminosäurestoffwechsel | Hautveränderungen | Hefe, Getreidekeimlinge, Kartoffeln |
| $B_{12}$ | Cobalamin | Reifungsfaktor der roten Blut-körperchen | perniziöse Anämie | Leber, Rindfleisch, Austern, Eidotter |
| C | Ascorbinsäure | Redoxsubstanz des Zellstoff-wechsels | Skorbut, Moeller-Barlow-Krankheit | Zitrusfrüchte, Johannisbeeren, Paprika |
| D | Calciferole | Regulation des Calcium- und Phosphatstoffwechsels | Rachitis, Knochenerweichung | Lebertran, v. a. von Thunfisch, Heilbutt, Dorsch; Eidotter, Milch, Butter |
| E | Tocopherole | antioxidativer Effekt (u. a. in Keim-drüsenepithel, Skelett und Herzmuskel) | Mangelsymptome beim Menschen nicht sicher nachgewiesen | Weizenkeimöl, Baumwollsamenöl, Palmkernöl |
| H | Biotin | Koenzym von an Carboxylierungs-reaktionen beteiligten Enzymen | Hautveränderungen, Haarausfall, Appetitlosigkeit, Nervosität | Hefe, Erdnüsse, Schokolade, Eidotter |
| K | Phyllochinon, Menachinon | Bildung von Blutgerinnungsfaktoren, v. a. von Prothrombin | Blutungen, Blutgerinnungsstörungen | grüne Pflanzen (u. a. Kohl, Spinat) |

der Eingriff am lebenden, i. d. R. narkotisierten Tier. V. unterliegen den Bestimmungen des Tierschutzgesetzes.

**Vize...** [f-; lat.], Bestimmungswort; Bed.: „an Stelle von ..., stellvertretend".

**VKSE,** Abk. für **V**erhandlungen über **k**onventionelle **S**treitkräfte in **E**uropa, die MBFR fortführenden Abrüstungsverhandlungen, führten 1990 zu weit reichenden Abrüstungsvereinbarungen.

**Vlaminck** [vla'mɛ̃k], Maurice de, frz. Maler, * 1876, † 1958; schloss sich 1901 den ↑Fauves an.

**Vlies** [f-], **1)** [Schaf]fell; Rohwolle des Schafes. **2)** ↑Goldenes V. **3)** Textiltechnik: breite, geordnete Faserschicht. *V.stoffe* sind Faserverbundstoffe, die weder gewebt noch gewirkt sind.

**Vogel, 1)** Bernhard, dt. Politiker (CDU), * 1932; Bruder v. 2), 1967–76 Kultusmin., 1976–88 Min.-Präs. v. RP; s. 1992 Min.-Präs. von Thüringen. **2)** Hans-Jochen, dt. Politiker (SPD), * 1926; Bruder v. 1), 1960–72 Oberbürgermeister v. München, 1972–77 Landesvors. der bayr. SPD, 1972–74 B.-Min. f. Raumordnung, Bauwesen u. Städtebau, 1974–81 B.-Justizmin., 1981 Reg. Bürgermeister von Berlin (West), 1983–91 Fraktionsvors. der SPD im Dt. Bundestag u. 1987–91 Parteivors. der SPD.

**Vögel,** etwa 8 600 Arten umfassende Kl. warmblüt., meist flugfäh., von den Reptilien abstammender, Eier legender Wirbeltiere mit Federn u. zu Flügeln umgebildeten Vordergliedmaßen.

**Vogelbeerbaum** ↑Eberesche.

**Vogelfluglini|e,** dem Weg der Zugvögel über die Inselbrücke zw. Mitteleuropa u. der skandinav. Halbinsel folgende Fernverkehrsstrecke (Eisenbahn u. Straße) mit Fähre zw. Puttgarden auf Fehmarn (BRD) und Rødbyhavn auf Lolland (Dänemark).

**vogelfrei,** rechtlos, friedlos.

**Vogelmiere** ↑Sternmiere.

**Vogelschutz,** Schutz wild lebender [nicht jagdb.] Vögel; erreicht durch Einrichtung von V.gebieten, Fütterung der Vögel im Winter u. a.; *V.warte,* Inst. für V. u. angewandte Vogelkunde.

**Vogelspinnen,** Fam. bis 9 cm langer trop. Spinnen; überwältigen Beutetiere im Sprung; Biss giftig.

**Vogelwarte,** Inst. für wiss. Vogelforschung, zugl. Vogelberingungszentrale.

**Vogesen** [v-], fr. dt. **Wasgenwald,** frz. **Vosges** [vo:ʒ], Mittelgeb. am W-Rand des Oberrhein. Tieflandes, von der Zaberner Senke im N bis zur Burgund. Pforte im S; im Gr. Belchen 1 424 m.

**Vogt,** im MA Inhaber einer Schutzherrschaft (häufig mit Gerichtsbarkeit), die Kirchenvogtei od. weltl. *Vogtei* sein konnte; später landesherrl. Verw.-Beamter.

**Vogtland,** histor. Ldsch. zw. oberer Saale u. dem Quellgebiet der Zwickauer Mulde; zw. Plauen u. Greiz die *Vogtländische Schweiz;* bed. Textilind. – Das V. wurde s. dem 12. Jh. von Reichsvögten verwaltet; 1569 an Kursachsen.

**Vogue** [vɔg; frz.], [Mode]strömung (↑en vogue).

**Vokabel** [lat.], [Einzel]wort.

**Vokabular,** Wörterverzeichnis.

**Vokal** [lat.], Selbstlaut (a, e, i, o, u).

**Vokalmusik,** für Singstimmen geschriebene Musik mit od. ohne Begleitung.

**Vokativ** [lat.], Anredefall, Kasus idgm. Spr., im Lat. erh.; im Dt. gleich Nominativ.

**Volant** [vo'lã; frz.], angekrauster Besatz an Kleidungs- u. Wäschestücken.

**Volapük** [Kw.], von J. M. Schleyer (* 1831, † 1912) geschaffene Welthilfssprache.

**Volatilität,** Ausmaß der Preis- bzw. Kursschwankung best. Basiswerte (z. B. Aktien, Anleihen, Devisen, Aktienindizes) od. ganzer Börsenmärkte.

**Voliere** [vol'jɛ:rə; frz.], Vogelhaus, gr. Flugkäfig.

**Volk,** durch gemeinsame Sprache, gemeinsames kulturelles Erbe u. histor. Schicksal gekennzeichnete Lebensgemeinschaft von Menschen; oft im Sinn von Nation u. *Staats-V.* verw.; das Staats-V. ist in der Demokratie Träger der verfassung- u. gesetzgebenden Gewalt (↑Volkssouveränität).

**Völkerbund,** die auf der Versailler Friedenskonferenz v. 1919, insbes. auf Veranlassung von W. Wilson, gegr., 1920–46 bestehende internat. Organisation zur Erhaltung des Weltfriedens u. zur Beachtung der Regeln des Völkerrechts, jedoch ohne Teilnahme d. USA; Dtl. war 1926–33 Mitgl.; zeitw. 59 Mitglieder; im 2. Weltkrieg aktionsunfähig u. damit bedeutungslos. Seine Ziele werden heute durch die ihm entspr. Organisation der UN verfolgt.

**Völkerkunde, Ethnologie,** Disziplin d. Kulturanthropologie, d. Unterschiede in d. Lebensweise menschl. Gemeinschaften beschreibt u. zu erklären versucht, beschränkt sich im Wes. auf außereurop. Kulturen, nicht ind. Ges., schriftlose Völker u. Ethnien; verarbeitet Ergebnisse d. *Ethnographie* (Kulturbeschreibung).

**Völkermord, Genozid,** schwere Schädigung oder Ausrottung einer nat., rass., relig. oder durch ihr Volkstum bestimmten Gruppe; völkerrechtl. in der Konvention vom 9. 12. 1948 unter Strafe gestellt (in der BRD in §220 a StGB).

**Völker|recht,** Rechtsnormen zur Regelung der Beziehungen souveräner Staaten u. internat. Organisationen untereinander; beruht auf Gewohnheitsrecht oder völkerrechtl. Vertr.; Einteilung in *Friedens-* u. *Kriegs-V.* Die Wahrung des V. obliegt den UN und der internat. Schiedsgerichtsbarkeit, Selbsthilfe nur in best. Grenzen zulässig; allg. Regeln des V. Bestandteil des Bundesrechts.

**Völkerwanderung,** eine s. dem späten 4. Jh. einsetzende Wanderung german. Völkerschaften und Stammesverbände; frühe german. Wanderungen (Kimbern, Teutonen) bereits im 2. Jh. v. Chr., verstärktes Auftreten im 3. Jh. n. Chr. Hauptbewegung nach Einbruch der Hunnen in Europa (um 375) durch die Goten. Die Westgoten errichteten nach langen Zügen ein Reich in S-Frkr., die Wandalen in N-Afrika, die Ostgoten in Italien, die Langobarden in Oberitalien u. die Burgunder in Südostgallien. Britannien wurde in der 2. H. d. 5. Jh. v. Angeln, Sachsen u. Jüten erobert (↑Angelsachsen). Die german. Reiche d. V.zeit verfielen verhältnismäßig rasch. Nur das Fränk. Reich konnte seinen Bestand wahren, wurde bed. v. a. für die abendländ. Geschichte.

**Volks|abstimmung,** Abstimmung der Stimmberechtigten über Sachfragen im Unterschied zur Wahl, als ↑Volksentscheid od. ↑Volksbegehren.

**Volksbegehren,** Verlangen einer Mindestzahl v. Stimmberechtigten nach Erlass eines Gesetzes od. Herbeiführung eines ↑Volksentscheids.

**Volksbücherei,** meist von der Gemeinde unterhaltene *öffentl. Bücherei* für jedermann; entstanden im 19. Jh.

**Volksdemokratie,** nach marxist.-leninist. Lehre eine Staatsform, in der im Unterschied zur bürgerl. Demokratie die Herrschaft v. der Mehrheit des Volkes (nicht v. der herrschenden Klasse) ausgeht; histor. angewendet auf die nach dem 2. Weltkrieg entstandenen kommunist. regierten Staaten (außer der UdSSR); wichtigste Merkmale: Vergesellschaftung der Produktionsmittel, Herrschaftsmonopol der kommunist. Partei. Die meisten V. lösten sich 1990/91 auf.

**Volksdeutsche,** außerh. Dtl. (in den Grenzen v. 1937) u. Östr. lebende Personen dt. Volks- u. fremder Staatszugehörigkeit, v.a. in O- u. SO-Europa bis 1945.

**volks|eigener Betrieb,** Abk. **VEB,** in der DDR Bez. für Betriebe in Staatseigentum; nach 1990 privatisiert.

**Volks|einkommen,** Summe aller den inländ. Wirtschaftssubjekten aus dem In- u. Ausland in einer Periode zufließenden Einkommen; errechnet aus dem Bruttonationaleinkommen durch Abzug v. Abschreibungen u. indirekten Steuern u. Addition der Subventionen.

**Volks|entscheid, Volksabstimmung,** Entscheidung des Staatsvolkes bes. über Gesetzesvorlagen; in der BRD in den einzelnen Länderverf. vorgesehen, nach dem GG nur im Fall der Neugliederung des B.-Gebietes; ↑auch Referendum.

**Volksfront,** Koalition der bürgerl. Linken mit Sozialisten und Kommunisten zum Zweck der Reg.-Übernahme.

**Volksfront zur Befreiung Palästinas** ↑palästinensische Befreiungsbewegungen.

**Volksgerichtshof,** das während des 3. Reiches 1934 errichtete Sonderger. für polit. Straftaten (Terrorurteile).

**Volkshochschule,** Abk. **VHS,** öffentl. Einrichtung der Erwachsenenbildung bzw. Weiterbildung in unmittelbarer (Gemeinde, Stadt, Landkr.) od. mittelbarer (e.V., Zweckverband, GmbH) kommunaler Trägerschaft.

**Volkskammer,** bis 1990 Volksvertretung der DDR.

**Volkskommissar,** in Sowjetrussland bzw. in der Sowjetunion u. ihren Gliedstaaten 1917–46 Bez. für die Minister.

**Volkskunde,** Wiss. von den Lebensformen u. -äußerungen d. Volkes, seinen geistig-seel. Schöpfungen (Volksglaube, -brauch, -spr., -dichtung, -musik) u. handwerkl. Erzeugnissen (Haus, Gerät, Tracht, Kunst).

**Volksmusik,** von nat. und landschaftl. Eigentümlichkeiten best. Musik, im Wesentl. mündl. überliefert. Hauptgebiete das Volkslied u. die Begleitung zum Volkstanz auf in der Kunstmusik eher selten gebrauchten Instrumenten (Zither, Gitarre, Dudelsack, Mandoline, Balalaika, Schalmei).

**Volkspolizei, Dt. V.,** ugs. **Vopo,** bis 1990 die Polizei der DDR, durch den Min. des Innern u. den Chef der V. zentral geleitet.

**Volks|schule,** fr. Schulart in Dtl., im 19. Jh. entstanden in Realisierung der Idee allg. muttersprachl. Volksbildung (verbunden mit der allg. Schulpflicht); in der Weimarer Rep. 8 Schuljahre umfassend, dabei für alle Kinder die ersten 4 Schuljahre; in der BRD bis 1964 bestehend, seitdem an ihrer Stelle Grund- u. Hauptschule.

**Volks|souveränität,** Grundelement demokrat. Staatsform, das dadurch realisiert wird, dass die Reg. dem v. Volk gewählten Parlament verantwortl. ist.

**Volks|sturm,** s. 1944 aus allen nicht der dt. Wehrmacht angehörigen waffenfähigen Männern zw. 16 u. 60 Jahren gebildete Kampforganisation; unterstand dem R.-Führer SS, H. Himmler; sollte in unmittelbar bedrohten Heimatgebieten vorübergehend zur Verstärkung der Wehrmacht eingesetzt werden.

**Volks|tanz,** Bez. für an Landschaft, Stand, Brauchtum und Tracht gebundene Tänze, zumal der Bauern. Ein Nationaltanz ist z.B. der ungar. Csardas, ein Heimattanz der Schuhplattler, ein Zunfttanz der Schäfflertanz.

**Volks|trauertag,** nat. Trauertag zum Gedenken an die Opfer beider Weltkriege u. des Nat.-Soz.; in der BRD der 2. Sonntag vor dem 1. Advent.

**Volks|tribun,** in der frühen röm. Rep. Sonderbeamter, der die Plebejer gegenüber dem Senat vertrat (jeweils 10 gewählte V.en mit einjähr. Amtszeit), nach 287 v. Chr. den anderen Magistraten gleichgestellt.

**Volksvermögen,** Summe aller Sach- (z.B. Boden, Bodenschätze, Gebäude, Ausrüstungen, Vorräte) u. immateriellen Vermögen (Patente, Lizenzen u.a.) einer Volkswirtsch. zuzügl. Saldo aus Forderungen u. Verpflichtungen gegenüber dem Ausland.

**Volksversammlung,** das Zusammentreten aller stimmberechtigten Bürger eines Staatswesens zur Wahrnehmung ihrer polit. Rechte (↑Landsgemeinde); in versch. Staaten Bez. für das Parlament.

**Volksvertretung** ↑Parlament.

**Volkswagenstiftung,** bis 1989 *Stiftung Volkswagenwerk,* 1961 v. der BRD u. dem Land Nds. gegr. Stiftung zur Förderung v. Wiss. u. Technik in Forschung u. Lehre; Sitz Hannover.

**Volkswirtschaft,** Gesamtheit des Zusammenwirkens der privaten u. öff. Wirtschaftssubjekte innerhalb eines Wirtschaftsraums (Staatsgebiet). Eine V. erhält durch das Wirtschaftssystem, die Geld- u. Währungsordnung, die jeweilige Wirtschaftspolitik, die Rechts- u. Gesellschaftsverhältnisse, die natürl. Standortbedingungen u.a. ihr bes. Gepräge.

**Volkswirtschaftslehre, Nationalökonomie, polit. Ökonomie,** Teilgebiet der Wirtschaftswiss., das neben der Analyse einzelwirtsch. Phänomene v.a. gesamtwirtsch. Zusammenhänge u. Prozesse untersucht. Kerngebiet ist die *Wirtsch.theorie* (untergliedert in Mikro- u. Makroökonomik), i.w.S. umfasst die V. auch *theoret. Wirtsch.politik*, *Finanzwiss.* u.a.

**Volkszählung, Zensus,** statist. Erhebung zur Feststellung der Bev. in einem Staat nach Zahl, Beruf usw.; in der BRD zuletzt 1987.

**Vollbeschäftigung,** volle Auslastung des gesamtwirtsch. Produktionspotenzials, d.h., alle Arbeitswilligen können einen zumutbaren Arbeitsplatz finden.

**Vollblut,** rassereines, schlankes, sehr temperamentvolles Hauspferd mit den Rassen Arab. V. und Engl. Vollblut.

**Volleyball** ['vɔle-; engl.; dt.], Rückschlagspiel für 2 Mannschaften zu je 6 Spielern, die den

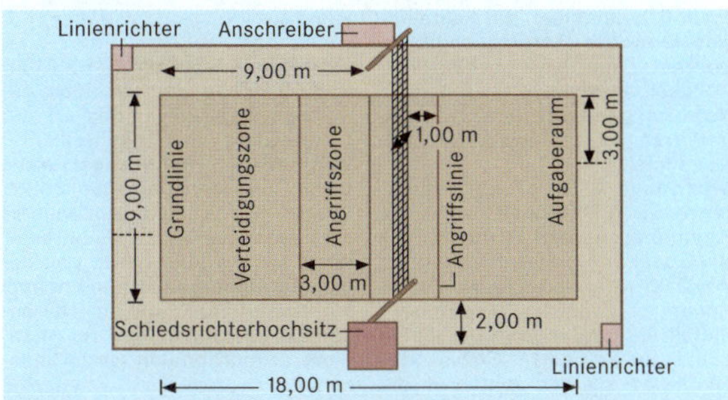


**Volleyball:** *Spielfeld*

A. Graf Volta

Ball mit den Händen so über ein Netz zu schlagen versuchen, dass er im gegner. Feld den Boden berührt od. nur fehlerhaft angenommen werden kann. – ↑Beachvolleyball.

**Volljährigkeit** ↑Mündigkeit.

**Vollmacht,** durch einseit. Erklärung erteilte Vertretungsmacht; *General-V.* für alle Geschäfte, *Gattungs-V.* für einen größeren Geschäftskreis, *Spezial-V.* für best. einzelne Geschäfte (↑auch Prokura, ↑Handlungs-V.); *Einzel-V.* steht einem allein zu, bei *Gesamt-V.* kann die Vertretungsmacht nur mit anderen gemeinsam ausgeübt werden. – Der Rechtsanwalt vertritt die Partei aufgrund einer *Prozessvollmacht.*

**Vollstreckungsbescheid** ↑Mahnverfahren.

**Vollstreckungstitel, vollstreckbare Titel,** öff. Urkunden, die die Möglichkeit, einen best. Anspruch im Wege der Zwangsvollstreckung durchzusetzen, ersichtl. machen; u. a. Endurteile, Vollstreckungsbescheide.

**Volontär** [frz.], in Ausbildung befindl. Arbeitnehmer, der keine abgeschlossene Berufsausbildung, sondern Einarbeitung in eine best. Tätigkeit anstrebt.

**Volonté générale** [vɔlõ'te ʒene'ral; frz. „Allgemeinwille"], ↑Contrat social.

**Volt** [nach A. Gf. ↑Volta], Einheitenzeich. **V,** SI-Einheit der elektr. Spannung; gesetzl. festgelegt als die Spannung (Potenzialdifferenz) zw. 2 Pt. eines fadenförm., homogenen, gleichmäßig temperierten metall. Leiters, in dem bei einem zeitl. unveränderl. Strom der Stärke 1 A zw. den beiden Pt. die Leistung 1 W umgesetzt wird. 1 V = 1 W/A.

**Volta,** Alessandro Graf, ital. Physiker, *1745, †1827; bahnbrechende Arbeiten auf dem Gebiet der Elektrizitätslehre; gab die *voltasche (galvan.) Spannungsreihe* der Elemente an; konstruierte die aus einzelnen galvan. El. *(V.-Elemente)* bestehende *voltasche Säule,* die (bei geringer Leistung) hohe Gleichspannungen liefert.

**Volta-Element,** ↑Element.

**Voltaire** [vɔl'tɛ:r], eigtl. François Marie **Arouet** [arṷ'ɛ], frz. Philosoph und Schriftsteller, *1694, †1778; wichtigster Vertr. der frz. Aufklärung; 1750–53 Gast Friedrichs d. Gr. in Berlin; umfangreiches lyr., ep. u. dramat. Werk; Romane u. Novellen; histor. Darstellungen, Essays, Korrespondenz.

**Voltampere** [-'pɛ:r], Einheitenzeich. **VA,** Einheit der elektr. Scheinleistung von Wechselströmen; 1 VA = 1 Watt.

**Volte** [frz.], **1)** Reitfigur (Kreis von meist 6 Schritt Durchmesser). **2)** seitl. Ausweichen aus der Gefechtslinie beim Fechten. **3)** ein Kartenspiel so mischen, dass eine gewisse Karte an einen best. Platz kommt (die *V. schlagen*).

**Voltaire** *(Büste von J. A. Houdon)*

**voltigieren** [vɔlti'ʒi:rən; frz.], Gewandtheitsübungen auf einem galoppierenden Pferd, das an der Longe einen Kreis beschreibt.

**Voltmeter, Spannungsmesser,** Gerät zur Messung der elektr. Spannung; direkt u. leistungslos mit *elektrostat. V.,* z. B. Elektrometer; meistens aber mit in Volt geeichten Amperemetern mit hohem Innenwiderstand, die, in Nebenschluss geschaltet, den der Spannung proportionalen Strom messen.

**Volumen** [lat.], **1)** Zeichen *V,* Rauminhalt eines festen, flüss. od. gasförm. Körpers; SI-Einheit: $m^3$, gesetzl. zuläss. auch Liter (l), in der Schifffahrt Netto- bzw. Bruttoraumzahl. **2)** Abk. **vol.,** Teil eines größeren Werkes, Band.

**Volute** [lat.], spiralförmiges Ornament od. architekton. Element.

**Vonnegut** ['vɔnəgʌt], Kurt, amer. Schriftsteller, *1922; Erzählungen u. satir. u. a. Romane mit realist. u. surrealist. Zügen; „Zielwasser".

**Voodoo** ['vu:du:] ↑Wodu.

**Vorarlberg,** westlichstes östr. B.-Land, 2601 $km^2$, 333100 E, Hptst. Bregenz; erstreckt sich vom Bodensee u. Alpenrhein im W bis „vor" den Arlberg (westl. davon) im O; Obst- u. Ackerbau in der Rheinebene, Milch- u. Viehwirtsch. im Geb. (über 50 % der Gesamtfläche Grünland); Textilind. u. Wasserkraftwerke (Energieexport) u. a. Ind.; zahlr. Sommerfrischen u. Wintersportorte. – V. war s. dem 6. Jh. Teil des Hzgt. Schwaben, zerfiel später in kleine Territorien, die vom 14. bis 16. Jh. an die Habsburger kamen.

**Vorbehaltsgut,** das Vermögen eines Ehegatten [in einer Gütergemeinschaft], das seiner alleinigen Verfügung u. Verw. unterliegt.

**Vorderasien,** der SW Asiens; umfasst d. asiat. Teil d. Türkei, Israel, Libanon, Jordanien, Syrien, die Staaten auf d. Arab. Halbinsel, Irak, Iran u. Afghanistan.

**Vorderindien,** südasiat. Subkontinent, deckt sich größtenteils mit den Staatsgebieten ↑Indiens und ↑Bangladeshs; Anteil haben auch ↑Pakistan und ↑Sri Lanka.

**Vorderlader,** alte Handfeuerwaffe, Ladung und Geschoss von vorn in den Lauf eingeführt.

**Vorderösterreich,** seit dem 16. Jh. Bez. für die habsburg. Besitzungen im Elsass (1648 an Frkr.), im Breisgau, in der Schweiz, in Schwaben, der Ortenau und der Pfalz; 1801–05 ging der größte Teil des verbliebenen V. an Bayern, Württemberg u. Baden.

**Vorfahrt,** das Recht eines Fahrzeugführers, eine Kreuzung oder Straßeneinmündung vor einem anderen zu befahren, soweit keine Regelung durch Polizeibeamte oder Signalanlage erfolgt. Vorfahrt hat in den meisten Ländern, wer von rechts kommt, es sei denn, dass eine Straße durch ein amtl. Verkehrszeichen als *V.sstraße* gekennzeichnet ist.

**Vorgabe,** Ausgleichsverfahren, um allen Teilnehmern gleiche Siegesaussichten zu geben (↑Handikap).

**Vorarlberg:** *Brandnertal mit Blick auf Schesaplanamassiv*

**Vorgeschichte,** siehe Übers. S.742.

**Vorhaut, Präputium,** über die Eichel des ↑Penis verschiebbare Hautduplikatur.

**Vorkaufsrecht,** durch Vereinbarung erworbene Berechtigung, eine Sache zu erwerben, die der Eigentümer verkaufen will; *dingl. V.* an Grundstücken (Eintragung im Grundbuch).

**Vormärz,** Bez. für die Zeit der dt. Gesch. von 1815 (Wiener Kongress) bis zur Märzrevolution v. 1848, gekennzeichnet v. a. durch die Zersplitterung Dtl.s in zeitw. 39 Einzelstaaten, die erzwungene innere Ruhe durch eine reaktionäre Knebelung aller nat. u. liberalen Bewegungen (u. a. Karlsbader Beschlüsse), die zögernd einsetzende Industrialisierung u. verbreitetes Massenelend.

**Vormundschaft,** rechtl. geordnete Fürsorge für nicht voll geschäftsfähige Personen (Minderjährige, d. nicht unter elterl. Sorge stehen). *Vormund* ist eine vom *V.sgericht* (Amtsgericht) bestellte u. beaufsichtigte Vertrauensperson, die das Sorgerecht hat u. gesetzl. Vertr. ihres *Mündels* ist. *Amts-V.* des Jugendamtes besteht bei Kindern, deren Eltern nicht miteinander verheiratet sind, wenn kein Sorgeberechtigter vorhanden ist. V. über Volljährige durch ↑Betreuung ersetzt.

**Vorsatz, 1)** Wille zur Verwirklichung insbes. einer strafbaren Handlung unter Kenntnis aller zum Tatbestand gehör. Tatumstände; zivilrechtl. das Wollen eines rechtswidr. (bei best. Verhalten Schaden stiftenden) Erfolges. **2)** [Doppel]blatt, das zur Hälfte auf die vordere Innenseite eines Buchdeckels geklebt wird; entspr. der *Hintersatz;* **3)** im Messwesen zur Bez. von dezimalen Vielfachen u. Teilen der Einheiten verw. Bestimmungswörter (z. B. Giga..., Kilo..., Mega..., Nano...).

**Vorstand,** Organ eines Vereins, insbes. einer Aktiengesellschaft, dem Geschäftsführungsbefugnis und Vertretungsmacht zustehen.

**Vorsteherdrüse,** svw. ↑Prostata.

**Vorstehhund,** Sammelbez. für meist mittelgr. Jagdhundrassen, die Wild durch „Vorstehen" (Stehenbleiben in charakt. Körperhaltung) anzeigen, z. B. Deutsch Kurzhaar, Pointer.

**Vorstrafen,** die zeitl. vor einer erneuten Verurteilung rechtskräftig gg. einen Straftäter verhängten Strafen.

**Vorteil,** Bestimmung im Fußball u. Hockey, die besagt, dass bei einem regelwidrigen Verhalten der Schiedsrichter das Spiel nicht zu unterbrechen braucht, wenn die benachteiligte Mannschaft dennoch im Ballbesitz bleibt.

**Vor|urteil,** vorgefasste Meinung, deren Wahrheitsgehalt und sachl. Begründung fragl. ist; auch kritiklose Übernahme gängiger Urteile.

**VOR-Verfahren** (VOR = **V**ery High Frequency **O**mnidirectional **R**ange), Funknavigationsverfahren, das den richtungsabhängigen Phasenunterschied zweier von einem UKW-Drehfunkfeuer abgestrahlter elektromagnet. Wellen ausnutzt.

**Vorzugs|akti|en, Prioritätsaktien,** Aktien mit Vorrechten (z. B. erhöhte Dividende) gegenüber den Stammaktien.

**Vosges** [vo:ʒ], **1)** ↑Vogesen. **2)** Dép. in O-Frkr., Hptst. Épinal.

**Voß** [f-], Johann Heinrich, dt. Dichter, *1751, †1826; Mitbegr. des Göttinger Hains; Idyllen; bed. Übers. der „Ilias" u. „Odyssee".

**Votiv** [lat.], wiss. Bez. für: *V.gabe,* Opfergabe, Weihgeschenk an Götter od. Heilige, bes. in Wallfahrtsorten (*V.tafeln* [Bildtafeln] u. Schrifttafeln, plast. Darst. von Sachen, Tieren, Körperteilen u. a.); auch in Form von *V.prozessionen, -messen* oder *-festen.*

**Votum** [lat.], Urteil, Gutachten; Wahlstimme, [Volks]entscheid[ung].

**Voyager** [ˈvɔɪədʒə; engl.], Name zweier amer. Raumsonden, die 1977 zur Erkundung der Planeten Jupiter (Vorbeiflug 1979), Saturn (1980/81), Uranus (1986) u. Neptun (1989) gestartet wurden.

**VPS,** Abk. für **V**ideo-**P**rogramm-**S**ystem, Codesystem zum automat. Einschalten von Videorekordern für Fernsehaufzeichnungen; ↑Showview.

**Vranitzky,** Franz, östr. Politiker (SPÖ), Wirtschaftswissenschaftler, *1937; 1984–86 Finanzmin., 1986 bis Jan. 1997 Bundeskanzler.

**Vries** [f-], **1)** Adriaen de, niederl. Bildhauer, *um 1545, †1626; tätig u. a. in Augsburg (Merkur- u. Herkulesbrunnen), in Prag am Hofe Rudolfs II. (Büsten Rudolfs). **2)** Hugo de, niederl. Botaniker, *1848, †1935; einer der Wiederentdecker der mendelschen Regeln (↑Vererbung); Begründer der Mutationstheorie.

**VSBM,** Abk. für **V**erhandlungen über **s**icherheits**b**ildende **M**aßnahmen in Europa, in Nachfolge der KVAE s. 1989 tagende Abrüstungskonferenz, deren Ergebnisse in die VKSE-Vereinbarungen übernommen wurden.

**VTOL** ↑Flugzeug.

**Vulcanus,** röm. Gott des Feuers; dem griech. Hephäst entspr.; auch kunstfert. Schmied.

**Vulgata** [lat.], seit dem Tridentinum Bez. für die v. a. von Hieronymus revidierte lat. Bibelübersetzung; 1979 fertig gestellt die revidierte Fassung *(Neo-V.).*

**Vulkan** [lat.], eine Stelle d. Erdoberfläche, an d. aus dem Erdinneren gefördertes Magma zutage tritt; i. e. S. ein dabei entstandener Berg; als Sitz d. vulkan. Kräfte gelten vulkan. Herde, Magmaansammlungen in 10–20 km Tiefe; Austritt d. Magmas u. seiner Gase (*Eruption*, erfolgt durch einen

Schlot (Krater) od. eine Spalte u. wird aktiviert durch Temp.-Erniedrigung, Druckentlastung u. Kristallisationsvorgänge. V. treten vorzugsweise in tekton. aktiven Zonen d. Erde auf, z. B. in jungen Faltengeb. längs Kontinentalrändern (Japan, Anden) u. bed. Bruchlinien (Ostafrikan. Graben; untermeer. Schwellen).

**Vulkanfiber** [lat.-engl.], aus Zellulose durch Pergamentierung mit Zinkchlorid u. anschließende Verfilzung der gequollenen Fasern gewonnener Kunststoff; verw. für Dichtungen, als Koffermaterial.

**Vulkanite,** svw. ↑Ergussgesteine.

**Vulpius,** Christiane, ↑Goethe, Christiane von.

**Vulva** [lat.], äußere weibl. Geschlechtsteile.

## VORGESCHICHTE

Vorgeschichte, auch Prähistorie oder Urgeschichte, bez. den Zeitraum von den ersten Anfängen der Menschheit bis zu der Zeit, aus der schriftl. Überlieferungen vorliegen. Unter *Frühgeschichte* wird zumeist die Übergangsphase verstanden, für deren Erhellung die mit archäol. Methoden gewonnenen Erkenntnisse mit den mit histor. gewonnenen mindestens gleichbedeutend sind.

Die *Vorgeschichtsforschung* wertet bes. die Bodenaltertümer aus. Wesentlich für ihre Forschungsweise sind: 1) das von C. J. Thomsen aufgestellte Dreiperiodensystem: Stein-, Bronze-, Eisenzeit; 2) die von O. Montelius geschaffene typologisch-chronolog. Methode (zeitl. Bestimmung eines Funds durch Einordnung in die passende Typenreihe aufgrund von Form und Ausbildungsgrad); 3) die von G. Kossinna angebahnte siedlungsarchäolog. Methode (Erschließen von Heimat, Kulturstufe, Wanderwegen aufgrund von Siedlungsresten, Grabanlagen usw.). Die Epochengliederung ist jedoch nur für begrenzte Gebiete gültig. Fast jeder der verwendeten Begriffe hat zwei Bedeutungen: als Bez. für eine zeitl. Periode u. für eine kulturelle Einheit. Die Jungsteinzeit z. B. endet in Ägypten im 4. Jt. v. Chr., in M-Europa zu Beginn des 2. Jt., im inneren Neuguinea dauert sie z. T. heute noch an.

Die *Steinzeit* wurde zunächst in eine ältere (Altsteinzeit, Paläolithikum) und eine jüngere (Jungsteinzeit, Neolithikum) Periode unterteilt, später die Mittelsteinzeit (Mesolithikum) dazwischengeschoben. Auch das Paläolithikum wurde zunächst zweigeteilt: Alt- (auch Archäolithikum) u. Jungpaläolithikum. Der jüngere Abschnitt des Altpaläolithikums wird jetzt oft Mittelpaläolithikum genannt.

*Altsteinzeit:* Nach der auf B. Franklin zurückgehenden Definition des Menschen als „Werkzeuge herstellendes Lebewesen“ beginnt das Forschungsgebiet der V. mit dem frühesten Werkzeuggebrauch vor etwa 2,5–3 Mill. Jahren. Die ältesten bisher bekannten Werkzeuge sind aus Stein und stammen aus der ältesten Phase des Pleistozäns (Eiszeitalter). Fundstellen in O- u. N-Afrika, im Jordantal, in Rumänien, M- und W-Europa. Mit den altpaläolith. Faustkeilgruppen (Acheuléen) werden Andeutungen regional begrenzter Kulturen erkennbar. Ihr Schwerpunkt liegt in Afrika, W-Europa u. Vorderasien bis Indien. Daneben gibt es auch faustkeilfreie Gruppen. Späte Faustkeilgruppen sind auch aus M- u. O-Europa u. Asien (bis Java u. Japan) bekannt. Von nun an häufen sich auch Funde aus Höhlen.– Das Mittelpaläolithikum im engeren Sinne ist die Zeit der Neandertaler. Formen u. Herstellungstechnik der Steinwerkzeuge werden stärker differenziert; einige Typen waren sicher geschäftet (zus.-gesetzt); früheste Belege für Bestattung von Toten. – Jungpaläolith. Formengruppen (Aurignacien, Gravettien, Solutréen, Magdalénien) gibt es zunächst nur in Europa, W-Asien u. N-Afrika (Cyrenaika). Später dringen vereinzelte Gruppen auch ins übrige Afrika u. in Asien ein. Zu dieser Zeit – der Endphase des Pleistozäns – lassen sich auch die frühesten eindeut. menschl. Kulturreste in Amerika nachweisen (z. B. Sandia, Folsom-Kultur). Wichtigste jungpaläolith. Kulturerscheinungen: verfeinerte Herstellungstechnik der Stein- u. Knochenwerkzeuge, Fernwaffen (Speerschleuder, am Ende wohl auch Bogen), Zelt- u. Hüttenbauten, v. a. Kunstwerke: kleine Schnitzereien u. Gravierungen auf Schäftungen u. Kultgeräten aus versch. Material, Felsbilder in Höhlen.

Um 8000 v. Chr. Übergang zur *Mittelsteinzeit.* Zu dieser Zeit gab es in S-Asien vielleicht schon Kulturen, die Fruchtbäume u. Knollengewächse kultivierten u. den Hund domestiziert hatten. Älteste Belege für Kulturformen der Jungsteinzeit im Vorderen Orient noch ohne Keramik, aber mit Kulturpflanzen (Hülsenfrüchte, Hirse?) u. Tierhaltung (Hund, Schaf, Ziege). In Europa, N-Asien u. Afrika lebte die Bev. noch lange vom Sammeln und Jagen, d. h. in mesolith. Lebensformen. – *Jungsteinzeit:* Von nun an gibt es keine Einheit der V. mehr. Jede Teilregion der Alten u. Neuen Welt wäre getrennt zu behandeln. Die neolith. Kulturen Europas gingen v. a. auf vorderasiat. Anregungen zurück. In M-Europa blühte im 6./5. Jt. v. Chr. als früheste jungsteinzeitl. Gruppe die Bandkeramik: Dörfer mit Langhäusern, Getreide, als Haustiere Rind, Schaf, Ziege, Schwein u. Hund. Nördl. davon seit dem späten 5. Jt. v. Chr. die Trichterbecherkultur: Megalithgräber neben Erdbestattungen. Andere megalith. Erscheinungen, wie Menhire (unbehauene Steinblöcke) u. Steinkreise (Kromlechs), sind mehr auf W-Europa beschränkt u. kommen auch noch später vor. Im W und SW M-Europas Blüte der Michelsberger Kultur. Gg. Ende der Jungsteinzeit Auftreten von Streitaxtkulturen in N- (Bootaxtkultur), O- u. M-Europa (Schnurkeramik). Vorherrschende Grabform war das Hockergrab (oft unter einem Grabhügel). Im späten 3. Jt. drangen aus W-Europa die Träger der Glockenbecherkultur ein. Aus ihnen erwuchsen versch. Kulturgruppen der europ. Bronzezeit.

Die Kultur der mittleren *Bronzezeit* (ab 16. Jh. v. Chr.) stand zu Beginn unter Einflüssen aus dem SO (Schachtgräber von Mykene). Seit dem 13. Jh. v. Chr. führten weit verbreitete, wohl vom nördl. Balkan ausgehende Umschichtungen zur Herausbildung der Urnenfelderkulturen (Lausitzer Kultur). – Im Verlauf des 8. Jh. v. Chr. in M-Europa Übergang zur älteren vorröm. *Eisenzeit* (Hallstattkultur). Versch. Lokalkulturen, z. B. die späte Lausitzer Kultur; gg. Ende im NW die Jastorfkultur. Es bildeten sich die Stämme heraus, die später als Kelten (seit der Spätphase der Hallstattkultur) oder Germanen ins Licht der Geschichte traten. Im 5. Jh. v. Chr. Übergang zur jüngeren vorröm. Eisenzeit (La-Tène-Zeit). Die eigtl. La-Tène-Kultur, von Kelten getragen, beeinflusste die nördl. wohnenden german. Stämme. Mit der Eroberung u. Besetzung durch die Römer trat M-Europa in die Frühgeschichte ein.

**V-Waffen,** Kurzform für: **V**ergeltungs**waffen**; dt. Waffen, die im 2. Weltkrieg seit 1944 v. a. gg. London eingesetzt wurden. *V1,* Flugkörper mit Pulsionsstrahltriebwerk und rd. 850 kg Sprengladung; *V2,* Flüssigkeitsrakete mit 980 kg Sprengladung.

**vwd** ↑Nachrichtenagenturen (Übers.).

# W

**W,** 23. Buchstabe des Alphabets.

**W,** Einheitenzeich. für: ↑**W**att.

**W,** ☡ Symb. für ↑Wolfram.

**Waadt, W.land,** frz. **Vaud** [vo], Kt. in der W-Schweiz, zw. dem Neuenburger u. dem Genfer See, 3211 km², 597000 E, Hptst. Lausanne; im W Kettenjura, Hauptteil zum Schweizer Mittelland, im SO Alpenanteil; Milch-, Holzwirtsch., am Genfer See u. im Rhonetal Wein-, Tabakbau; Uhrenind., Kurorte.

**Waage, 1)** ⊙ Messgerät zur unmittelb. od. mittelb. Best. der Masse eines Körpers; *W-Typen: Feder-W.;* die bei der Dehnung der Feder auftretende, der Längenänderung proportionale Kraft hält der Masse das Gleichgew.; *Balkenwaage;* ein zweiarm. Hebel, im Drehpunkt auf einer Schneide gelagert, vergleicht die Masse eines Körpers mit d. Masse eines geeichten Gewichtsstücks; *Brücken-W.* (z. B. *Dezimal-W.*) erlauben die Feststellung gr. Massen mithilfe kl. Eichmassen; bei *Neigungs-W.* (z. B. Brief-W.) wird beim Auflegen der Last eine Gegenmasse schräg angehoben u. dadurch der Hebelarm verlängert; bei *Laufgewichts-W.* wird die Veränderung des Hebelarmes durch Verschieben eines Massenstückes auf einer Skala, an der die Masse abgelesen werden kann, bewirkt (Küchen-W.); bei *elektron. W.* wird die Masse in elektr. Größen umgesetzt u. mit elektr. Messinstrumenten gemessen (Anzeige meist als Digitalanzeige). **2)** ☼ lat. **Libra,** zum ↑Tierkreis gehörendes Sternbild der Äquatorzone.

**Wachau,** Durchbruchstal der Donau zw. Melk u. Krems an der Donau in Niederösterreich; Weinbau.

**Wacholder, Juniperus,** Gatt. der Zypressengewächse; einheim.: *Gemeiner W.* in Heiden und Nadelwäldern; *W.beeren* verwendet u. a. in der Volksmedizin, als Gewürz, zur Schnapsherstellung.

**Wachsblume,** Schwalbenwurzgewächs; Epiphyt; Zimmerpflanze.

**Wachse,** Gruppe von chem. uneinheitl., kompliziert zusammengesetzten Gemischen organ. Verbdg., die bei 20 °C fest bis knetbar sind, über 40 °C unzersetzt schmelzen.

**Wachsfigurenkabinett,** eine Sammlung von meist lebensgr. Nachbildungen berühmter, auch berüchtigter Persönlichkeiten; am bekanntesten das W. der Madame Tussaud (* 1761, † 1850), London.

**Wachsmalerei,** svw. ↑Enkaustik.

**Wachstum,** durch Zellteilungen u./od. Zellvergrößerungen hervorgerufene Körpergrößenzunahme während der Individualentwicklung der Organismen; Größe und Art des W.s wird durch innere (z. B. Hormone) und äußere Faktoren bestimmt.

**Wachtel,** kl. Feldhuhn Eurasiens u. Afrikas, lebt am Boden, frisst Samen u. a.; Zugvogel, überwintert im trop. Afrika u. in Indien.

**Wachtraum,** traumähnl. Fantasievorstellungen erwünschter od. gefürchteter Situationen im Wachzustand.

**Wackenroder,** Wilhelm Heinrich, dt. Schriftsteller der Romantik, * 1773, † 1798.

**Wadai,** ehem. mittelsudan. Reich, seit dem 17. Jh. fassbar; 1912 frz. Kolonialgebiet.

**Wade,** hinterer, gewölbter Teil des Unterschenkels; *W.nbein* (Fibula), hinterer der beiden Unterschenkelknochen; *W.nkrampf,* schmerzhafter ton. Krampf der Wadenmuskulatur.

**Wadi** [arab.], tief eingeschnittenes Bett eines Wüstenflusses; führt episod. od. period. Wasser.

**Wafer** ['weɪfə; engl.], Halbleiterscheibe (⌀ 2,5–5,5 cm) für integrierte Schaltkreise; wird in 1–16 mm² gr. Chips zerteilt.

**Waffen-SS,** s. 1939/40 Bez. für die bewaffneten Formationen der SS: im Krieg eingesetzte mil. Verbände u. Wachmannschaften der KZ. Grundstock waren die polit. Bereitschaften der SS (später SS-Verfügungstruppe) u. die Totenkopfverbände, die die W.-SS v. 100000 (1940) auf rd. 900000 Mann (1944) anwachsen ließen (zunächst Freiwillige, ab 1942 auch Wehrpflichtige; daneben Volksdeutsche u. ausländ. Freiwillige).

**Waffenstillstand,** Einstellung der Feindseligkeiten zw. Krieg führenden Parteien auf d. Grundlage eines Abkommens (bis zum Abschluss eines Friedensvertrages).

**Wagenrennen,** v. a. im Altertum geübter Wettkampf mit zweirädrigen Wagen [die in der Arena von Pferden gezogen wurden].

**Wagner, 1)** Adolph, dt. Nationalökonom, * 1835, † 1917; führender Vertr. des ↑Kathedersozialismus. **2)** Cosima, * 1837, † 1930, Tochter Franz Liszts; zuerst mit dem Dirigenten Hans v. Bülow, s. 1870 mit 3) verh.; nach dessen Tod künstler. u. kaufmänn. Leitung der Bayreuther Festspiele. **3)** Richard, dt. Komponist, * 1813, † 1883; von F. Liszt gefördert, mit F. Nietzsche befreundet (1878 Bruch); 1849 Flucht nach Zürich; 1876 Einweihung des mit Unterstützung Ludwigs II. von Bayern erbauten Fest-

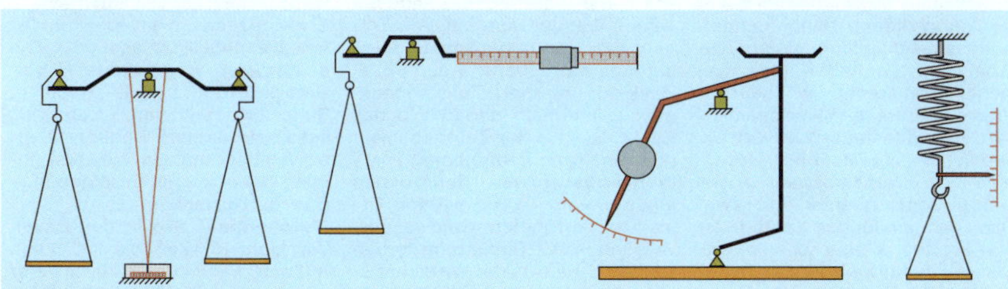

**Waage:** *schematische Darstellung verschiedener Waagen; gleicharmige Balkenwaage, Laufgewichtswaage, Neigungswaage und Federwaage (von links)*

spielhauses in Bayreuth, das seiner Idee vom *Gesamtkunstwerk* dienen sollte; dieses beruht auf dem Musikdrama, das W. in dichter. u. musikal. Umwandlung der alten Oper schuf. Opern: „Rienzi", „Der Fliegende Holländer", „Tannhäuser", „Lohengrin", „Der Ring des Nibelungen" (Tetral.), „Tristan und Isolde", „Die Meistersinger von Nürnberg", „Parsifal". **4)** Siegfried, dt. Dirigent u. Komponist, *1869, †1930, Sohn v. 3); übernahm 1909 die Gesamtleitung der Bayreuther Festspiele; schrieb Opern, u.a. „Der Bärenhäuter". **5)** Wieland, Sohn v. 4), dt. Regisseur, *1917, †1966; 1951 Neubegr. u. mit seinem Bruder Wolfgang Leiter der Bayreuther Festspiele; schuf durch Abstraktion u. Symbolisierung einen neuen Inszenierungsstil. **6)** Winifred, Frau von 4), Mutter von 5) u. 7), *1897, †1980; leitete 1930–44 die Bayreuther Festspiele. **7)** Wolfgang, dt. Regisseur, *1919, Sohn v. 4); übernahm nach dem Tod seines Bruders (↑5) die Gesamtleitung der Bayreuther Festspiele.

**Wagri|en,** Teil des Ostholstein. Hügellandes zw. Kieler und Lübecker Bucht.

**Wahl,** Berufung von Personen in eine öff., kirchl. od. private Stellung durch Abstimmung einer Anzahl von W.berechtigten; *W.recht* im objekt. Sinne ist die Gesamtheit der die W. betreffenden Normen, im subjekt. Sinne das Recht des Einzelnen, zu wählen *(akt. W.recht)* od. gewählt zu werden *(pass. W.recht).* In der Demokratie Mittel zur Bestellung der leitenden Staatsorgane, bes. der Volksvertretung. *W.system* in der BRD: Die W.en zum B.-Tag (u. entspr. die W.en in Ländern, Kreisen u. Gemeinden) müssen sein: 1. allg.: Jedem Deutschen über 18 J. steht d. aktive (u.a. in Nds. bei Kommunalwahlen 16 J.) u. pass. W.recht zu; 2. unmittelb.: Die Abg. der Volksvertretung werden durch Direktentscheid aller W.berechtigten gewählt; 3. frei: Jedem muss die Entscheidung ohne fremden Einfluss mögl. sein; 4. gleich: Alle W.berechtigten haben gleichgewicht. Stimmrecht; 5. geheim: durch verdeckte Stimmzettel. – Bei den Bundestags-W.en wird ein gemischtes W.system aus ↑Mehrheits- u. ↑Verhältniswahl angewandt. Jeder Wähler hat zwei Stimmen: eine für den Kandidaten s. W.kreises u. eine für die Landesliste der jeweil. Partei. Dabei gilt die *Fünfprozentklausel,* derzufolge bei der Verteilung der Sitze nach Zweitstimmen nur Parteien berücksichtigt werden, die mind. 5% aller Zweitstimmen erhalten (oder mind. drei Direktmandate errungen) haben.

**Wahldelikte,** die mit Strafe bedrohten Handlungen, die sich gegen die rechtmäßige Durchführung von Wahlen u. die freie Ausübung des Wahlrechts richten; insbes.: Verletzung des Wahlgeheimnisses, Wahlbehinderung durch Gewalt od. Drohung mit Gewalt, Wählerbestechung.

**Wahlmänner,** Personen, die in einem polit. System mit indirekter Wahl v. den Urwählern in ein Gremium gewählt werden, das nur zu dem Zweck zusammentritt, den od. die eigtl. Vertr. bzw. Amtsträger zu wählen.

**Wahlrecht** ↑Wahl.

**Wahrscheinlichkeitsrechnung,** Teilgebiet der Math., das sich mit der Untersuchung der Gesetzmäßigkeiten zufäll. Ereignisse befasst, die bei Massenerscheinungen versch. Art auftreten. Die *Wahrscheinlichkeit* für das Eintreten eines Ereignisses kann als die relat. Häufigkeit definiert werden, mit der das Ereignis bei einer hinreichend gr. Zahl v. Versuchen, Vorkommnissen u.a. eintritt.

**Währung,** die W.einheit eines Landes, die gesetzl. Zahlungsmittel ist. Der *Außenwert* einer W. ist die Kaufkraft der inländ. W. im Ausland, die durch den Wechselkurs festgelegt wird; das Verhältnis zweier W. zueinander heißt *W.parität.* Das *W.gebiet* ist der Raum, in dem eine W. gilt. Die *W.reserven* sind die von der Zentralbank gehaltenen Bestände an internat. einsetzbaren liquiden Mitteln (Goldbestand, Devisenreserven, Reserveposition im IWF, Sonderziehungsrechte); ↑Währungssystem.

**Währungspolitik,** Gesamtheit der Maßnahmen zur optimalen Gestaltung der Währungsordn. u. zur Sicherung des Binnen- u. Außenwerts der Währung (Preisniveau- bzw. Wechselkursstabilität) sowie der Währungsbeziehungen versch. Länder *(internat. W.).* Träger: nat. Zentralbanken u. Reg., auf internat. Ebene v.a. IWF u. Bank für Internat. Zahlungsausgleich, innerhalb der EWWU das Europ. System der Zentralbanken (↑Europäische Zentralbank).

**Währungsreform,** Neuordnung eines aus polit. u./od. wirtsch. Ursachen zerrütteten Geldwesens, verbunden mit Einführung neuen Geldes u. Reform der Wirtschaftspol. Mit der dt. W. v. 1923 wurde die Mark durch die Rentenmark (1924 Reichsmark, RM) ersetzt. Die W. in den 3 westl. Besatzungszonen v. 21. 6. 1948 u. Berlin (West) am 25. 6. 1948 ersetzte die RM durch die DM im Verhältnis 1:1 (zahlr. Sonderbestimmungen); für Verbindlichkeiten galt z.B. ein Verhältnis 10:1 (Ausnahme Löhne, Gehälter, Mieten u. Pensionen, Verhältnis 1:1). Natürl. Personen erhielten pro Kopf eine Erstausstattung v. 40 DM gg. 40 RM, 2 Monate später erhielten sie weitere 20 DM („Kopfbetrag"). In der SBZ wurde v. 24. bis 28. 6. 1948 eine eigene W. durchgeführt.

**Währungs|system, Währungsordnung,** Regelung des Währungswesens eines Landes *(nat. W.)* bzw. Zusammenspiel versch. nat. Währungen *(internat. W.).* Man unterscheidet v.a. die an einen best. Stoff, z.B. an Gold od. an Gold u. Silber (Mono- bzw. Bimetallismus), einen Waren- od. Währungskorb *gebundene Währung* u. die an kein Medium gebundene *freie Währung* (Papierwährung), bei der die Zentralbank Geldmenge u. Zahlungsverkehr nach wirtschaftspolit. Erfordernissen regelt (insofern *manipulierte Währung*).

**Währungs|union,** Zusammenschluss v. Staaten zur Bildung eines gemeinsamen Währungsgebietes mit einheitl. Geld- u. Währungspolitik sowie Einheitswährung. Der s. 1999 bestehenden Europ. W. gehören derzeit 12 EU-Staaten an (↑Euro-Zone).

**Wajda,** Andrzej, poln. Filmregisseur, *1926; „Danton".

**Wakeboarding** [ˈweɪkbɔːdɪŋ; engl.], Wassergleiten auf einem dem Surfbrett ähnl., aber kürzeren Brett. Die Fußbefestigung entspricht etwa der beim ↑Wasserski.

**Wakefield** [ˈweɪkfiːld], Hptst. der engl. Metropolitan County West Yorkshire, südl. v. Leeds, 60500 E; Ind. u. Kohlen-⚒.

**Walachei,** histor. Ldsch. in Rumänien, zw. S-Karpaten u. Donau; durch den Alt in *Gr. W.* (Muntenien) im O (Hpt.-Ort Bukarest) u. *Kl. W.* (Oltenien) im W (Hpt.-Ort Craiova) geteilt, umfasst im N eine d. Karpaten vorgelagerte Hügelzone mit Erdöl-, Erdgas-, Kohle- u. Steinsalzlagerstätten; Landwirtschaft (fruchtbare Böden), Obst- u. Weinbau; Ind. um Bukarest, Pitești, Craiova u. im Erdölgebiet. – Gesch. ↑Rumänien.

**Walchensee,** See in den Bayer. Voralpen, 16,4 km², bis 192 m tief, 802 m ü. d. M. Mit dem 200 m tiefer liegenden Kochelsee durch das *W.kraftwerk* (124 MW) verbunden.

**Wald,** mit Bäumen dicht bewach-

| **Währungen** (Auswahl) | | |
|---|---|---|
| **Staat** | **Währungseinheit (Abk.)** | **Untereinheit (Abk.)** |
| Ägypten | Ägypt. Pfund (ägypt£) | 100 Piaster (PT) = 1 000 Millieme |
| Albanien | Lek | 100 Qindarka |
| Algerien | Alger. Dinar (DA) | 100 Centime (CT) |
| Argentinien | Argentin. Peso (arg$) | 100 Centavo |
| Armenien | Dram (ARD) | 100 Luma (Lm) |
| Äthiopien | Birr (Br) | 100 Cent (ct.) |
| Australien | Austral. Dollar ($A) | 100 Cent (c) |
| Bangladesh | Taka (Tk.) | 100 Poisha (ps.) |
| Belgien | Euro (EUR, €) | 100 Cent |
| Bolivien | Boliviano (Bs) | 100 Centavo (c.) |
| Bosnien u. Herzegowina | Konvertible Mark (KM) | 100 Fening |
| Brasilien | Real (R$) | 100 Centavo |
| Bulgarien | Lew (Lw) | 100 Stotinki (St) |
| Chile | Chilen. Peso (chil$) | 100 Centavo |
| China | Renminbi ¥uan (RMB. ¥) | 10 Jiao = 100 Fen |
| Dänemark | Dän. Krone (dkr) | 100 Øre |
| Deutschland | Euro (EUR, €) | 100 Cent |
| Estland | Estn. Krone (ekr) | 100 Senti |
| Finnland | Euro (EUR, €) | 100 Cent |
| Frankreich | Euro (EUR, €) | 100 Cent |
| Georgien | Lari (GEL) | 100 Tetri |
| Griechenland | Euro (EUR, €) | 100 Cent |
| Großbritannien u. Nordirland | Pfund Sterling (£) | 100 Pence (p) |
| Indien | Ind. Rupie (iR) | 100 Paise (P.) |
| Indonesien | Rupiah (Rp.) | 100 Sen (S) |
| Irak | Irak-Dinar (ID) | 1 000 Fils |
| Iran | Rial (Rl.) | 100 Dinar (D.) |
| Irland | Euro (EUR, €) | 100 Cent |
| Island | Isländ. Krone (ikr) | 100 Aurar |
| Israel | Neuer Schekel (NIS) | 100 Agorot |
| Italien | Euro (EUR, €) | 100 Cent |
| Japan | Yen (Y, ¥) | 100 Sen |
| Jugoslawien | Jugoslaw. Neuer Dinar (N. Din) | 100 Para (p) |
| Kanada | Kanad. Dollar (kan$) | 100 Cent (c) |
| Kenia | Kenia-Schilling (K. Sh.) | 100 Cent (cts) |
| Kolumbien | Kolumbian. Peso (kol$) | 100 Centavo (c, cvs) |
| Kroatien | Kuna (K) | 100 Lipa (lp) |
| Lettland | Lats (Ls) | 100 Santim (s) |
| Libanon | Libanes. Pfund (L£) | 100 Piaster (P. L.) |
| Libyen | Libyscher Dinar (LD.) | 1 000 Dirham |
| Litauen | Litas (LTL) | 100 Centai (ct) |
| Luxemburg | Euro (EUR, €) | 100 Cent |
| Makedonien | Denar (Den) | 100 Deni |
| Malta | Maltes. Lira (Lm) | 100 Cent (c) = 1 000 Mils (m) |
| Marokko | Dirham (DH) | 100 Centime (C) |
| Mexiko | Mexikan. Peso (mex$) | 100 Centavo (c) |
| Monaco | Euro (EUR, €) | 100 Cent |
| Neuseeland | Neuseeland-Dollar (NZ$) | 100 Cent (c) |
| Niederlande | Euro (EUR, €) | 100 Cent |
| Norwegen | Norweg. Krone (nkr) | 100 Øre (Ø) |
| Österreich | Euro (EUR, €) | 100 Cent |
| Pakistan | Pakistan. Rupie (pR) | 100 Paisa (Ps) |
| Peru | Neuer Sol (S/.) | 100 Céntimo |
| Philippinen | Philippin. Peso (P) | 100 Centavo (¢) |
| Polen | Złoty (Zł) | 100 Groszy (Gr) |
| Portugal | Euro (EUR, €) | 100 Cent |
| Rumänien | Leu (l) | 100 Bani |
| Russland | Rubel (Rbl) | 100 Kopeken |
| Saudi-Arabien | Saudi Riyal (S. Rl.) | 20 Qirshes = 100 Hallalas |
| Schweden | Schwed. Krone (skr) | 100 Öre |
| Schweiz | Schweizer Franken (sfr) | 100 Rappen (Rp)/Centime (c) |
| Slowak. Republik | Slowak. Krone (Sk) | 100 Heller (h) |
| Slowenien | Tolar (SIT) | 100 Stotinov |
| Spanien | Euro (EUR, €) | 100 Cent |
| Südafrika | Rand (R) | 100 Cent (c) |
| Syrien | Syr. Pfund (syr£) | 100 Piaster (PS) |

**Währungen** (Auswahl, Fortsetzung)

| Staat | Währungseinheit (Abk.) | Untereinheit (Abk.) |
|---|---|---|
| Thailand | Baht (฿) | 100 Stang (St., Stg.) |
| Tschech. Rep. | Tschech. Krone (Kč) | 100 Heller (h) |
| Tunesien | Tunes. Dinar (tD) | 1 000 Millime (M) |
| Türkei | Türk. Pfund/Türk. Lira (TL) | 100 Kuruş (krş) |
| Ukraine | Hrywnja (UAH) | 100 Kopijki (Kopeken) |
| Ungarn | Forint (Ft) | 100 Filler (f) |
| USA | US-Dollar (US-$) | 100 Cent (c, ¢) |
| Venezuela | Bolívar (Bs.) | 100 Céntimo (c, cts) |
| Weißrussland | Belarus-Rubel (BYR) | 100 Kopeken |
| Zypern | Zypern-Pfund (Z£) | 100 Cent (c) |

sene größere Fläche; eine bis in die unteren Bodenhorizonte reichende natürliche Lebensgemeinschaft u. Ökosystem.

**Waldburga, Walburg, Walburga, Walpurgis,** hl., ags. Benediktinerin, *um 710, †779; Äbtissin des Doppelklosters Heidenheim.

**Waldemar,** *Dänemark:* **1) W. I.,** d. Gr., *1131, †1182, Kg. s. 1157; begr. die dän. Großmachtstellung. **2) W. II.,** der Sieger, *1170, †1241, Kg. s. 1202, Sohn v. 1); eroberte die dt. Ostseeküste, 1219 auch Estland; 1227 v. dt. Fürsten bei Bornhöved geschlagen. **3) W. IV. Atterdag,** *um 1320, †1375, Kg. s. 1340; eroberte 1361 Visby auf Gotland, führte Krieg gg. die Hanse (zw. 1361 u.1370).

**Waldenburg,** poln. **Wałbrzych** [ˈvaubʒix], Krst. in Polen, im *Waldenburger Bergland* (Teil d. W-Sudeten), 137 800 E; rückläufiger Steinkohlenbergbau, Ind.-Zentrum; am St.rand Sonderwirtsch.zone.

**Waldenser,** Anhänger einer nach ihrem Gründer *Petrus Waldes* (†zw. 1184 u. 1218) aus Lyon ben., um 1175 entstandenen relig. Laienbewegung, die nach dem Armutsideal lebte und zur Buße aufrief; sehr bald im Ggs. zum Klerus stehend, wurde sie 1184 von der Kirche verurteilt; heutige *W.kirche* hpts. in Italien.

**Waldersee,** Alfred Gf. v., preuß. Gen.-Feldmarschall, *1832, †1904; Gegner Bismarcks als Verfechter einer antiruss. Politik; 1889–91 Chef des Großen Gen.-Stabes, 1900/01 Oberbefehlshaber der europ. Interventionstruppen im Boxeraufstand.

**Waldgrenze,** Grenze des geschlossenen Waldes gg. [infolge Kälte oder Trockenheit] waldlose Gebiete.

**Waldheim,** Kurt, östr. Politiker, *1918; 1968–70 Außenminister, 1972–81 UN-Generalsekretär; 1986 bis 1992 als Kandidat der ÖPV B.-Präsident.

**Waldmeister,** Art d. Gatt. Labkraut, bes. in Laubwäldern verbreitet; z.T. angebaut, Verwendung als Aromamittel u. offizinell.

**Waldorfschulen, Freie,** nach den Grundsätzen R. Steiners geführte, von der Grundschule bis zum Abitur reichende Schulen; angestrebt wird umfassende Fantasie-, Gemüts- und Willensbildung.

**Wald|stätte,** Bez. für die um den Vierwaldstätter See liegenden schweizer. Kantone Uri, Schwyz, Unterwalden und Luzern.

**Wald|sterben, Baumsterben,** in M-Europa regional unterschiedl. stark auftretende Erkrankung von Waldbäumen (neuartige Waldschäden); Ursachen: Luftschadstoffe, die Übersäuerung des Bodens (auch↑ saurer Regen) verursachen u. damit das Wurzelwachstum u. die Nährstoffversorgung verschlechtern, Immissionen von Schwefeldioxid, Stickoxiden, Fluor- u. Chlorverbindungen, Ozon.

**Wale,** Ordn. ganz zum Wasserleben übergegangener Säugetiere; 2 Unterordn.: ↑Barten-W., ↑Zahn-W.; Körper fischförm., Vorderextremitäten flossenart., Hinterextremitäten äußerl. fehlend, Schwanz zu einer breiten, horizontalen Flosse umgewandelt, meist mit Rückenfinne; hervorragende Schwimmer, tauchen sehr tief, leben (meist gesell.) als Kosmopoliten bes. in nördl. Meeren; viele Arten vom Aussterben bedroht.

**Wales** [weɪlz], walis. **Cymru** [ˈkœmru], Teil von Großbr., umfasst die Halbinsel zw. der Ir. See und dem Bristolkanal sowie die Insel Anglesey, 20 768 $km^2$, 2,9 Mill. E (hpts. Waliser, Spr. Engl., z.T. Kymrisch), Hptst. Cardiff;

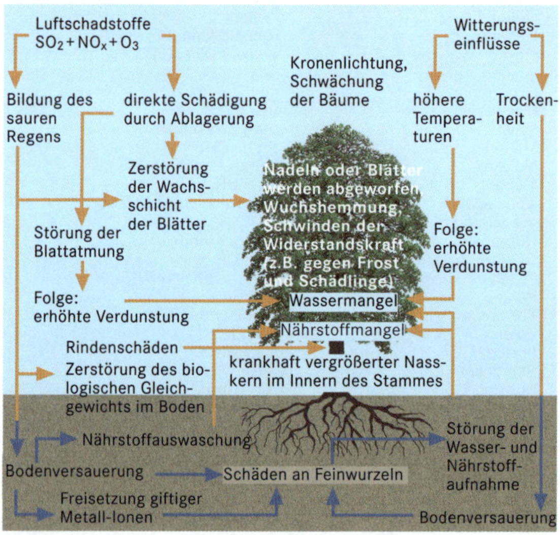


**Waldsterben:** *Entstehung der neuartigen Waldschäden*

vorw. waldarmes Bergland; Schaf- u. Rinderzucht; Küstenfischerei; im S bed. Hütten- u. Metall verarb. Ind. (reiche Steinkohlen- u. Eisenerzvorkommen in Cardiff, Rhondda, Swansea), ein zweites entspr. Ind.-Gebiet bei Wrexham im NO von W.; Seebäder. – *Gesch.:* Das kelt. Ft. W. wurde im späten 13. Jh. vom engl. Kg. Eduard I. völl. unterworfen, 1536 (1542) England dann endgült. einverleibt, rechtl., polit. u. administrativ gleichgestellt; s. 1301 führen die engl. Thronfolger den Titel *Prince of Wales.*

**Wałesa** [vaˈŭɛsa], Leszek („Lech"), poln. Gewerkschafter, *1943; 1970 u. 1980 Streikführer der Werftarbeiter in der Danziger Bucht; setzte vorübergehend die Zulassung freier Gewerkschaften in Polen durch, im Sept 1980 Vors. des Dachverbands der freien Gewerkschaften Polens („Solidarität"); 1981 bis Nov. 1982 interniert; 1983 Friedensnobelpreis; 1990–95 Staatspräs. von Polen.

**Walfisch, Cetus,** ausgedehntes Sternbild der Äquatorzone.

**Walfischbai,** Hafenst. an d. Walfischbucht, Namibia, 50 000 E; Fischfang u. -verarbeitung; bed. ⚓, ⚒. – Exklave d. Kapprovinz (Rep. Südafrika), 1992–94 gemeinsam mit Namibia verwaltet, seitdem zu Namibia.

**Walhall,** in der nord. Mythol. Aufenthaltsort der in der Schlacht gefallenen Helden.

**Walhalla,** Ruhmeshalle in *Donaustauf* (östl. von Regensburg, Bay.), mit Bildnisbüsten berühmter Deutscher; 1830–42 nach einem Entwurf L. v. Klenzes als Nachahmung eines griech. Tempels erbaut.

**Walkie-Talkie** [ˈwɔːkɪˈtɔːkɪ; engl.], ↑Funksprechgerät.

**Walküren,** Kampfjungfrauen der nord. Mythol., wählen die für Walhall geeigneten toten Krieger aus.

**Wallace** [ˈwɔlɪs], Edgar, engl. Schriftsteller, *1875, †1932; Kriminalromane („Der Hexer").

**Wallach,** kastriertes ♂ Pferd.

**Wallenstein, Waldstein,** Albrecht Wenzel Eusebius v., Hzg. von Friedland (s. 1625), Hzg. von Mecklenburg (s. 1627/29), Fürst von Sagan (s. 1627/28), gen. der Friedländer, kaiserl. Heerführer im Dreißigjähr. Krieg, *1583, †1634; seit 1604 in habsburg. Diensten; stellte mit eigenen Mitteln ein Heer auf, 1625 Oberbefehl über alle kaiserl. Truppen im Reich, zahlr. mil. Erfolge, 1630 auf Druck der R.-Fürsten hin entlassen, 1632 erneut Oberbefehlshaber; Verhandlungen mit Schweden, Sachsen und Brandenburg brachten ihn in Ggs. zu Wien; 1634 abgesetzt; mit mehr. seiner Generale (A. E. Terzky, W. Ilow, C. v. Kinský) ermordet.

**Wallfahrt,** religiös motivierte Fahrt od. Wanderung zu hl. Stätten, Gräbern oder Gnadenbildern.

**Wallis,** frz. **Valais** [vaˈlɛ], Kt. in der SW-Schweiz, 5 224 $km^2$, 266 700 E, Hptst. Sitten; Hochalpenland; Almwirtsch., im Rhonetal Obst-, Wein- und Gemüsebau; Wasserkraftwerke, Fremdenverkehr.

**Walliser Alpen,** Teil der Westalpen südl. des Rhonetals, bis 4 634 m ü. d. M. (Dufourspitze).

**Wallonen,** Bez. für die frz. Mundarten sprechende Bev. Belgiens.

**Wallraff,** Günter, dt. Schriftsteller, *1942; dokumentar., stark gesellschaftskrit. Texte („Ganz unten").

**Wall Street** [ˈwɔːlstriːt], Banken- und Börsenstraße in New York; übertragen für das amer. Finanzzentrum.

**Walnussbaum, Walnuss,** Art der Walnussgewächse; wahrsch. aus dem Orient stammender Baum, bereits von den Römern in Dtl. eingeführt; liefert Möbelholz *(Nussbaum);* die *Walnüsse* enthalten über 50 % Öl (für Speiseöl).

**Walpole** [wɔːlpoʊl], Sir Robert, 1. Earl of Orford, brit. Staatsmann (Whig), *1676, †1745; 1721–42 als Schatzkanzler u. 1. Lordschatzmeister erster brit. Premiermin. mit Gesamtverantwortung; Periode d. Friedens u. d. Prosperität; erklärte 1739 gg. seinen Willen Spanien den Krieg.

**Walpurgisnacht,** die Nacht vor dem 1. Mai, in der nach dem Volksglauben die Hexen zu ihren Tanzplätzen fliegen.

**Walrosse,** Fam. der Robben mit d. einzigen Art *Walross;* dem Wasserleben angepasste Säugetiere, in nördl. Meeren; etwa 3 (♀) bis 4,5 (♂) m lang; wegen ihrer Elfenbein liefernden Hauer stark bejagt, Bestand gefährdet.

**Walser, 1)** Martin, dt. Schriftsteller, *1927; vielseitiges, umfangreiches Werk, u. a. Dramen („Eiche und Angora"), gesellschafts- u. zeitkrit. Romane („Halbzeit", „Finks Krieg"), Autobiogr. „Ein springender Brunnen", Essays; Georg-Büchner-Preis 1981, Friedenspreis des Dt. Buchhandels 1998. **2)** Robert, schweizer. Schriftsteller, *1878, †1956; wichtiger Vertr. der europ. Moderne, autobiogr. geprägte Romane, Erz., Kurzprosa.

**Walstatt,** Kampfplatz der Helden in der german. Sage.

**Wälsungen,** Heldengeschlecht der german. Sage, dem Siegfried entstammt.

**Walter,** Fritz, dt. Fußballspieler, *1920, †2002; WM-Endrundenteilnehmer 1954 (Weltmeister) und 1958; 61 Länderspiele, 33 Tore (1940 bis 1958); Ehrenspielführer d. dt. Nationalmannschaft.

**Walther von der Vogelweide,** mhd. Dichter, *um 1170, †um 1230; Vollender der Formkunst der höf. Minnelyrik u. zugleich Überwinder ihrer Stilisierung u. Vergeistigung durch neue, persönl. Erlebniskraft; Spruchdichtung als scharfe, treffsichere polit. Waffe.

**Walzer,** Gesellschaftstanz im $^3/_4$-Takt; Blüte als Wiener W. unter J. Lanner sowie Johann Strauß Vater und Sohn.

**Wälzlager,** Maschinenelement zur Führung drehbarer Teile, bei dem zur Verringerung d. Reibung Kugeln (Kugellager) oder Rollen (Rollenlager) eingebaut sind.

**Walzwerk,** Ind.-Anlage, in der Metallhalbzeuge auf *Walzstraßen* (mit versch. *Walzgerüsten)* zu Walzwerkerzeugnissen (Bänder, Draht u. a.) umgeformt werden.

**Wampum** [indian.], Mosaikarbeit d. nordamer. Indianer aus kl. Muschelperlen, meist als Gürtel (Zahlungsmittel od. Urkunde bei Verträgen).

**Wams** [frz.], urspr. der unter dem Panzerhemd, später unter dem Überrock getragene gesteppte Rock des Mannes; nach dem 17. Jh. durch die Weste ersetzt.

**WAN** ↑Rechnernetz.

**Wandalen, Vandalen,** german. Volk mit den Teilstämmen der Hasdingen u. Silingen; im 1. Jh. v. Chr. im Oder-Warthe-Raum ansässig, Ende des 2. Jh. n. Chr. auch an der oberen Theiß; wanderten im 5. Jh. nach Spanien und N-Afrika u. gründeten dort unter Kg. Geiserich ein mächtiges Reich, das 533 von den Byzantinern zerstört wurde.

**Wanderfeldröhre, Lauf|feldröhre,** Elektronenröhre für Mikrowellen.

**Wanderniere, Nierensenkung, Nephroptose,** Abwärtstreten der Niere in den Mittel- bis Unterbauch, verursacht bes. beim Stehen ein dumpfes Druckgefühl in der Flankengegend; verursacht durch Bindegewebeschwäche, häufige Geburten, starke Abnahme der Körpermasse (Fettschwund).

**Wandlung, 1)** liturg. Höhepunkt der kath. Eucharistiefeier (↑Transsubstantiation), äußerlich angezeigt durch das Erheben v. Hostie

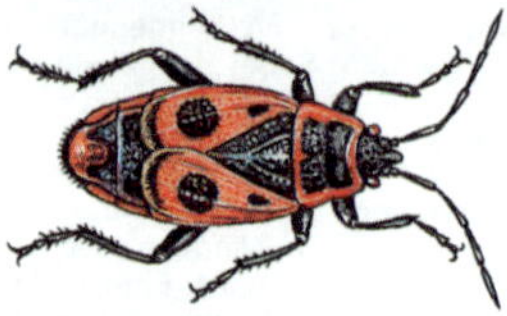

**Wanze:** *Feuerwanze*

u. Kelch durch den Priester. **2) Wandelung,** rückwirkende Aufhebung eines Kauf- od. Werkvertrags bei Mängeln der gelieferten Ware (Mängelhaftung); Vorschriften über Rücktritt gelten.

**Wandmalerei,** Malerei auf Wänden, an Decken und Gewölben, entw. auf die trockene Wand (al secco) od. auf die feuchte Wand (al fresco).

**Wanen** ↑Vanen.

**Wange, 1)** Mundhöhlenseitenwand zw. Jochbein u. Unterkiefer. **2)** seitl. Teil (z.B. einer Treppe), seitl. Fläche (z.B. des Blattes einer Axt).

**Wangenbein,** svw. ↑Jochbein.

**Wangerooge,** östlichste der Ostfriesischen Inseln, Nds., 5,01 km², 1300 E; Nordseebad; Fähre v. Harlesiel.

**Wankelmotor,** svw. ↑Kreiskolbenmotor.

**Wanne-Eickel,** ehem. St. im Ruhrgebiet, NRW, seit 1. 1. 1975 nach Herne eingemeindet.

**Wannsee, 1)** Havelsee im SW v. Berlin, 2,6 km², bis 9 m tief. **2)** Ortsteil des Bezirks Zehlendorf in Berlin.

**Wannseekonferenz,** am 20. 1. 1942 abgehaltene Konferenz v. Spitzenvertr. oberster R.- u. Parteidienststellen unter Vors. v. R. Heydrich im Berliner Interpolgebäude am Wannsee mit dem Ziel, grundsätzl. Fragen der „Endlösung der Judenfrage" zu klären; vorgesehen war die Deportation der jüd. Bev. in den O zur Vernichtung anstelle der bisher praktizierten Auswanderung.

**Wanten,** starke Draht- od. Hanfseile, die die Masten nach der Seite zur Bordwand hin abstützen.

**Wanzen, 1) Halbflügler, Heteroptera,** Ordn. der Schnabelkerfe; Körper meist flach, Vorderflügel teilw. ledrig; oft mit Stinkdrüsen; v.a. Pflanzensauger, auch Räuber sowie Ektoparasiten (Bettwanze); unvollkommene Verwandlung; Unterordn.: *Land-* u. *Wasserwanzen.* **2)** Bez. f. kl. Abhörgeräte.

**WAP** [Abk. für engl. **w**ireless **ap**plication **p**rotocol], Protokoll zur Übertragung v. Internetseiten zum Handy.

**Wappenkunde, Heraldik,** Lehre vom Wappenwesen, eine der histor. Hilfswissenschaften; das *Wappen,* urspr. Unterscheidungsmerkmal gepanzerter Ritter, dann nur noch bildl. Abzeichen einer Person, einer Fam. od. einer Körperschaft, ist vererbl., nach best. Regeln zusammengestellt u. wird mit anerkannter Berechtigung geführt; bei den Wappenbildern unterscheidet man *Heroldsbilder* (Schildteilungen) u. *gemeine Figuren* (Darst. von Menschen, Pflanzen, Tieren, Geräten u.a.), auch Kombinationen sind möglich.

**Waräger,** Bez. für die in O-Europa eingewanderten Normannen.

**Warane** [arab.], Fam. gr. Echsen; Schwanz lang, Zunge tief gespalten; lebhafte Raubtiere der Alten Welt und Australiens.

**Warendorf,** Krst.in NRW, an der Ems, 37200 E; Ind.; Nordrhein-Westfäl. Landesgestüt, Dt. Reitschule, Dt. Olympiakomitee für Reiterei.

**Warentest,** vergleichende Prüfung v. Waren u. Dienstleistungen auf Qualität, Sicherheit, Umweltverträglichkeit u. Preis.

**Warenzeichen,** fr. Bez. für ↑Marken.

**Warft, Warf,** ↑Wurt.

**Warhol** [ˈwɔːhɔl; engl.], Andy, eigtl. Andrew **Warhola,** amer. Popkünstler und Filmregisseur, *1928, †1987; Konsumwelt, Starkult und Zeitgeschehen wurden Themen seiner Pop-Art, menschl. Verhalten, z.B. Sex od. Sucht, Thema seiner Filme.

**Warmblut** ↑Pferde.

**Warmblüter,** Tiere, deren Körpertemp. gleich bleibend u. unabhängig von der Außentemp. ist.

**Wärme, W.-Menge,** spezif. physiol. Empfindungen auslösende Energieform (therm. Energie); die Summe der in einem Körper enthaltenen Bewegungsenergie seiner Moleküle. (↑Temperatur)

**Wärme|austauscher, Wärmetauscher,** Vorrichtungen, die von einem Medium zu einem zweiten Wärme übertragen. W. sind z.B. die Regeneratoren in den Kokereien.

**Wärmebildkamera,** eine im Infrarotbereich arbeitende Kamera, bei der die Bildpunkte gemäß ihren Intensitätsunterschieden zu einem Falschfarbenbild zusammengesetzt werden; Anwendung in Medizin, Raumfahrt, Bautechnik u.a.

**Wärmedurchgangskoeffizient, Wärmedurchgangszahl, k-Wert,** Kennzahl der Wärmeübertragung bzw. -dämmung; gibt an, welche Wärmeleistung bei einer Temp.-Differenz v. 1 K (zw. Innen- u. Außenluft eines Gebäudes) durch 1 m² Wand hindurchtritt; SI-Einheit: W/(m² · K).

**Warschau:** *Renaissance- und Barockhäuser am Alten Markt*

**Wärmekapazität,** Quotient aus der einem Körper zugeführten Wärmemenge u. der dadurch bewirkten Temperaturerhöhung; SI-Einheit: J/K; *molare W.* (fr. *Molwärme*), die auf die Stoffmenge bezogene W.; SI-Einheit: J/(K · mol).

**Wärmelehre,** ↑Thermodynamik.

**Wärmepumpe,** Anlage, die unter Aufwendung mechan. bzw. elektr. Energie einem auf relativ niedriger Temp. befindl. Wärmespeicher Wärmeenergie entzieht u. sie einem anderen Wärmespeicher bzw. Wärmetauscher, der bereits eine höhere Temp. besitzt, zuführt und ihn so weiter erwärmt. W. werden heute v.a. zur Heizung von Gebäuden, zur Wärmerückgewinnung u. zur Abwärmenutzung verwendet.

**Warmfront,** Aufgleitfront bei vordringender wärmerer Luft; führt zur Bildung von Schichtbewölkung und zu Niederschlägen.

**Warschau,** poln. **Warszawa** [var'ʃava], Hptst. v. Polen, an d. Weichsel, 1,625 Mill. E; Zentrum d. poln. Kultur u. Wirtsch.; Univ., Hochschulen, Akad. d. Wiss., wiss. Inst., Bibliotheken, Museen, Theater; got. Kathedr., got. Marienkirche, Palast für Kultur u. Wiss. (227 m hoch, 1952–55); Masch.-, Fahrzeugbau, Schwer-, Textil-, Glas-, Leder-, Schuh-, Holz-, Nahrungsmittel-, feinmech. u. chem. Ind., Druckereien, Verlage; ⚓, ✈. – Im 2. Weltkrieg stark zerstört, v. a. bei der Vernichtung des jüd. Gettos (April bis Juni 1943) u. der Niederwerfung des am 1. 8. 1944 ausgebrochenen poln. Aufstandes.

**Warschauer Pakt, Warschauer Vertrag,** 1955 geschlossener Militärpakt von Albanien (bis 1968), Bulgarien, ČSSR, DDR (bis 1990), Polen, Rumänien, UdSSR, Ungarn (Gegenstück zur NATO); Auflösung der militär. Struktur zum 1. 4. 1991, der polit. Organisation zum 1. 7. 1991.

**Warschauer Vertrag, 1)** ↑Warschauer Pakt. **2)** svw. ↑Deutsch-Polnischer Vertrag.

**Warstein,** St. im O des Arnsberger Waldes, NRW, 29 600 E; Eisen-, Textil-, Holzind.; sw. die *W.er Höhle* (Tropfsteinhöhle).

**Wartburg,** oberhalb von Eisenach gelegene Burg (UNESCO-Weltkulturerbe), 394 m ü. d. M., der Sage nach 1067 gegr. und 1080 erstmals gen.; Zufluchtsort Luthers, der auf der W. das N. T. übersetzte.

**Wartburgkrieg, Sängerkrieg auf der Wartburg,** mhd. Gedicht (Mitte des 13. Jh.s), das vom sagenhaften Wettstreit mhd. Dichter auf der Wartburg berichtet.

**Warthe,** poln. **Warta,** r. Nbfl. d. Oder, in Polen, 808 km.

**Warwick** ['wɔrɪk], Richard Neville, Earl of, engl. Staatsmann, *1428, ⚔1471; gen. der Königsmacher; stützte in den Rosenkriegen zunächst Eduard IV., schwenkte später zur Lancasterpartei um u. reg. 1470/71 für Heinrich VI.; fiel im Kampf gg. Eduard IV.

**Warze, Verruca,** durch Viren verursachte, meist gutartige Wucherung von Hautpapillen unter einer stark verdickten Hornschicht; chirurg. Beseitigung.

**Wasa,** schwedisches Königsgeschlecht, reg. 1523 (Gustav I.) bis 1654 (Thronverzicht der Kgn. Christine) in Schweden, 1587–1668 in Polen.

**Wasalauf,** zur Erinnerung an die Flucht v. Gustav Erikson Wasa (Kg. Gustav I.) vor den Dänen 1521 s. 1922 jährl. ausgetragener Skilanglauf v. Sälen nach Mora in Mittelschweden (etwa 90 km).

**Waschbär,** Gattung der Kleinbären Nord- u. Mittelamerikas; „waschen" in Gefangenschaft ihre Nahrung im Wasser; eingebürgert in M-Europa der Nordamerikan. Waschbär.

G. Washington

**Washington** ['wɔʃɪŋtən], George, amer. Gen. und Politiker, *1732, †1799; 1. Präsident der USA (1789–97); im Nordamer. Unabhängigkeitskrieg Oberbefehlshaber der amer. Armee 1775–83, leitete 1787 den Verfassungskonvent; unter seiner Präsidentschaft festigte sich der neue Staat; außenpolit. Neutralität; verzichtete 1796 auf die Wiederwahl.

**Washington** ['wɔʃɪŋtən], **1)** B.-Hptst. der USA am unteren Potomac River, als Verw.-Bez. ident. mit dem *District of Columbia* (Abk. D.C.) 178 km², 607 000 E; Kapitol (Kongressgebäude), ↑Weißes Haus; 5 Univ., Institute, Museen, Bibliotheken, Theater, zahlr. Kirchen und Denkmäler; zool. u. botan. Garten; ✈. – 1790 gegr., s. 1800 Sitz der Unionsreg. **2)** Abk. **Wash.,** Staat im NW der USA, 176 479 km², 4,86 Mill. E, Hptst. Olympia; zw. Coast Range und Cascade Range der fruchtb. N-Teil der pazif. Längssenke, im O das steppenhafte Columbia Plateau; Anbau v. Obst, Gemüse, Getreide, Kartoffeln; Rinder- und Schafzucht; Fischerei; Bodenschätze: Kohle, Magnesit, Zink- u. Bleierze. Größte St. und Ind.-Zentrum ist Seattle.

**Washingtoner Artenschutzabkommen** ['wɔʃɪŋtɔnər -; engl.] ↑Artenschutz.

**Wasser,** $H_2O$, geschmack- und geruchlose, durchsicht. Flüssigkeit, Gefrierpt. 0 °C, Sp. 100 °C (bei 1 bar); größte Dichte bei 4 °C: 1 g/cm³; Dichte (flüssig) bei 0 °C 0,9998 g/cm³ bzw. 0,91674 g/cm³ (Eis); die elektr. Leitfähigkeit v. reinem W. ist sehr gering (bei Zimmertemp. $4 \cdot 10^{-8}$ S), da nur sehr wenige W.moleküle in $H^+$- u. $OH^-$-Ionen dissoziieren (Prüfmittel für seine Reinheit). Da im Wasserstoff neben dem leichten (Protium) auch ein schweres Wasserstoffisotop (Deuterium) mit 0,0145 % vorkommt, enthält W. zu einem sehr geringen Anteil schwerere $H_2O$-Moleküle; durch Isotopentrennverfahren ist es mögl., schwere $H_2O$-Moleküle zu isolieren u. ein Konzentrat (99,99 %) von schwerem Wasser (Deuteriumoxid) herzustellen (Moderator in Kernreaktoren u. a.). – Im Labor wird W. destilliert, d. h. chem. rein (als Aqua destillata) verw., in der Natur enthält es feste u. gelöste Bestandteile (Ca- u. Mg-Verbindungen), durch deren Mengenanteil seine Härte bestimmt wird (10 mg CaO in 1 l $H_2O$ entspr. 1 dt. Härtegrad). – Wasser bedeckt 71 % der Erdoberfläche, die Atmosphäre nimmt bei +21 °C u. Normaldruck 15 g W. pro kg Luft auf; Tiere u. Pflanzen enthalten zw. 60 u. 98 % Wasser.

**Wasser|amsel,** schwärzl. Singvogel mit weißer Brust und Kehle, lebt bevorzugt an schnell strömenden Bächen.

**Wasser|aufbereitung,** Sammelbez. für Verfahren zur Gewinnung von Trink- u. Betriebswasser (f. gewerbl. u. ind. Zwecke) aus Grund- bzw. Oberflächenwasser; neben der *Wasserreinigung* (Reinigung des Grundwassers durch Klärung, Enteisenung, Ozonisierung u. ggf. Chlorung) gewinnt in zunehmendem Maße die Aufbereitung von Meerwasser Bed., z. B. durch Destillation bzw. Entspannungsverdampfung, Gefrierverfahren, Elektrodialyse, Ionenaustausch (für kl. Mengen).

**Wasserball,** mit den Händen gespieltes, im Wasser (mindestens 1,80 m tief) ausgeübtes Torspiel zweier Mannschaften zu je 7 Spielern mit Torwertung über 4 × 7 min effektive Spielzeit.

**Wasserflöhe,** Unterordn. der Kleinkrebse, vorw. im Süßwasser; wicht. Fischnahrung.

**Wasserflugzeuge** ↑Flugzeug.

**Wasserglas,** glasartige Alkalisilicate (Natron-, Kali-W.) u. ihre wässrigen Lösungen; z. T. Imprägnierungs-, Binde-, Konservierungs-, Flammschutzmittel u. a.

**Wasserkopf, Hydrozephalus,** abnorm vergrößerter Hirnschädel infolge übermäßiger Ansammlung von Gehirn-Rückenmark-Flüssigkeit in den Hirnkammern; hervorgerufen durch intrauterine Entwicklungsstörungen od. Gehirnfehlbildungen.

**Wasserkraftwerk,** Anlage zur Umwandlung der Energie fließenden od. stürzenden Wassers in elektr. Energie.

**Wasserläufer, 1)** Gatt. hochbein. Schnepfenvögel, an Gewässern, in Sümpfen u. auf nassen Wiesen. **2)** Fam. die Wasseroberfläche bewohnender Landwanzen.

**Wasserlilie,** am Wasser wachsende, gelb blühende Schwertlilie.

**Wassermann,** August v., dt. Bakteriologe, *1866, †1925; Entw. der nach ihm ben. *W.-Reaktion,* als Nachweis einer bestehenden Syphilis dienende Komplementbindungsreaktion; durch sichere serolog. Methoden ersetzt.

**Wassermann,** lat. **Aquarius,** zum ↑Tierkreis gehörendes Sternbild der Äquatorzone.

**Wasserpest,** Gatt. der Froschbissgewächse; Wasserpfl., z. T. aus Amerika eingeschleppt.

**Wasserrecht,** gesetzl. Bestimmungen über Gewässerschutz, Wasserstraßenbenutzung, Be- und Entwässerung.

**Wasserscheide,** Grenze zw. zwei Abflussgebieten.

**Wasserschlangen,** allg. Bez. für im Wasser lebende Schlangen.

**Wasserschlauch,** Gatt. der W.gewächse; Fleisch fressende Pfl.

**Wasserschutzpolizei,** in der BRD v. den Ländern getragene Polizei zur Wahrnehmung schifffahrtspolizeil. Aufgaben, soweit diese nicht v. der Strom- u. Schifffahrtspolizei des Bundes wahrgenommen werden.

**Wasserschwein,** größtes Nagetier, bis 1 m lang, guter Schwimmer. Südamerika.

**Wasserski,** Laufen mit einem oder 2 (Wasser-)Skiern bzw. barfuß auf dem Wasser, meist im Schlepp eines Motorbootes,

**Wasserspeier,** über die Mauer vorspringendes Ende des Regenabflussrohres; an got. Kirchen in Form fantast. Tiere, Menschen und Fabelwesen.

**Wasserspringen,** Sprünge v. einem (meist 10-m-)Sprungturm *(Turmspringen)* od. v. einem (1- od. 3-m-)Sprungbrett *(Kunstspringen)* ins Sprungbecken.

**Wasserstoff, Hydrogenium,** Symb. **H,** chem. El., OZ 1, rel. A.-Masse 1,00794; Nichtmetall; farb-, geruchloses u. geschmackfreies Gas; 3 Isotope: gewöhnl. W. (Protium, H), Deuterium (D) u. das radioakt. Tritium (T); Fp. (H) −259,34 °C, Sp. −252,87 °C; verbreitetstes El. des Weltalls; verbindet sich heft. mit Sauerstoff, den Halogenen u. einigen Metallen. W. wird u. a. durch elektrolyt. od. chem. Spaltung von Wasser, durch Lösen billiger unedler Metalle in Säuren, durch Abspaltung aus Kohlenwasserstoffen in techn. Umfang gewonnen; verw. in gr. Mengen für Hydrierungen (Benzin, Treibgas), zur Ammoniaksynthese, zur Gewinnung weiterer techn. wicht. Chemikalien (u. a. Methanol), zum autogenen Schweißen, als Heizgas (im Gemisch mit anderen brennbaren Gasen), zur Reduktion von Eisenerzen, zur Reindarstellung von Metallen wie Kobalt, Germanium, Nickel. Die Verwendung als ein wichtiger Energieträger der Zukunft wird in intern. Projekten vorangetrieben.

J. Watt

**Wasserstoffbombe** ↑Atomwaffen.

**Wasserstoffenergietechnik,** techn. Verfahren, d. Wasserstoff herstellen u. als umweltfreundl. Sekundärenergieträger nutzen, z. B. Elektrolyse v. Wasser mittels Strom aus Solarzellen, Speicherung des Wasserstoffs in Kryogentanks u. Nutzung als Kraftstoff durch Verbrennung mit Sauerstoff.

**Wasserstoffperoxid,** $H_2O_2$; Oxidations-, Desinfektions- u. Bleichmittel; im Handel als wässr. Lösung (meist 30 od. 3 Vol.-%).

**Wasserstraßen,** i. e. S. die natürl. od. künstl. Verkehrswege der Binnenschifffahrt.

**Wassersucht** ↑Ödem, ↑Hydrops.

**Wasserwaage, Setzwaage,** Instrument zur Prüfung der waagrechten bzw. geneigten Lage ebener Flächen mithilfe einer ↑Libelle.

**Wasserzähler, Wassermesser, Hydrometer,** oft unkorrekt als *Wasseruhr* bez. Messgerät zur Ermittlung des Wasserdurchflusses in geschlossenen Rohrleitungen (zur Bestimmung des Wasserverbrauchs).

**Wasserzeichen,** im Papier in der Durchsicht erscheinende Muster; bes. als Echtheitsnachweis bei Banknoten und Wertpapieren.

**Wästberg** [-bærj], Per, schwed. Schriftsteller, *1933; 1979–86 Präs. des Internat. PEN; sozialkrit. Romane.

**Watergate-Affäre** [ˈwɔːtəgeɪt-], bed. polit. Skandal in den USA; ein Einbruch im demokrat. Wahlkampfhauptquartier in den Watergate-Appartements in Washington im Sommer 1972 u. die zw. den Einbrechern u. dem Komitee für die Wiederwahl Präs. R. Nixons bestehenden Verbindungen führten zu einer erhebl. Belastung engster Mitarbeiter des Präs., schließl. zu dessen Rücktritt (1974); sein Nachfolger G. R. Ford befreite Nixon v. jeder Strafverfolgung.

**Waterloo,** belg. Gem. südl. von Brüssel; in der Schlacht bei W. siegten 1815 Wellington u. Blücher über Napoleon I.

**Waterproof** [ˈwɔːtəpruːf; engl.], wasserdichter Stoff; Regenmantel.

**Watt,** James [wɔt], brit. Ingenieur, *1736, †1819; erfand 1765 die erste brauchb. Dampfmasch. für größere Leistungen und in Verbdg. damit das *w.sche Parallelogramm* zur Führung der Kolbenstange und den *w.schen Fliehkraftregler* zur Regelung bzw. Konstanthaltung der Drehzahl einer Dampfmaschine.

**Watt** [nach J. ↑Watt], Einheitenzeich. **W,** abgeleitete SI-Einheit der Leistung; 1 W = 1 J/s = 1 Nm/s = 1 V·A.

**Watt** [niederdt.], aus Sand u. Schlick bestehender Meeresboden flacher Gezeitenküsten, der bei mittlerem Niedrigwasser trockenfällt u. bei mittlerem Hochwasser überspült wird. Wattpfl. sind u. a. Queller u. Salzmelde.

**Watteau** [vaˈto], [Jean] Antoine, frz. Maler, *1684, †1721; Schöpfer des galanten Genres; sehr maler. Stil innerhalb des frz. Rokokos.

**Wattsekunde,** Einheitenzeich. **Ws,** Einheit der Energie u. der Arbeit: 1 Ws = 1 Joule; gebräuchlicher ist die ↑Kilowattstunde.

**Watvögel,** Vogelordn.; Sumpfvögel mit langem Hals u. langen Beinen; Schnepfen, Ibisse, Störche, Reiher u. a.

**Waugh** [wɔ:], Evelyn [Arthur St. John], engl. Schriftsteller, * 1903, † 1966; satir. Romane, Ges.-Kritik aus kath. Sicht („Tod in Hollywood").

**Wayne** [weɪn], John, eigtl. Marion Michael **Morrison** ['mɔrɪsn], amer. Schauspieler, * 1907, † 1979; v. a. Westerndarsteller.

**Wb,** Einheitenzeich. für: ↑Weber.

**Weber** [nach W. E. ↑Weber], Einheitenzeich. **Wb,** SI-Einheit des magnet. Flusses; 1 Wb = 1 V · s.

**Weber, 1)** Adolf, dt. Volkswirtschaftler, * 1876, † 1963; Vertr. der Neoklassik, Arbeiten zu Soz.-Pol. u. Bankwesen. **2)** Alfred, dt. Volkswirtschaftler u. Soziologe, * 1868, † 1958; Bruder v. 8), Begr. der industriellen Standortlehre, Arbeiten zur Kultursoziologie; **3)** A[ndreas] Paul, dt. Zeichner, * 1893, † 1980; zeitkrit. Satire. **4)** Carl Maria v., dt. Komponist, * 1786, † 1826; Schöpfer der dt. romant. Oper („Der Freischütz", „Euryanthe", „Oberon"); Klavier- u. Kammermusik, Lieder. **5)** Ernst Heinrich, dt. Anatom u. Physiologe, * 1795, † 1878; Arbeiten über Mech. des Blutkreislaufs u. den Tastsinn der Haut. **6)** Helene, dt. Politikerin, * 1881, † 1962; 1924–33 MdR (Zentrum), s. 1949 MdB (CDU); s. 1952 Vors. des Kuratoriums des Dt. Müttergenesungswerkes. **7)** Marianne, Gattin v. 8), dt. Publizistin, * 1870, † 1954; führend in der ↑Frauenbewegung seit 1898. **8)** Max, dt. Sozialwissenschaftler, * 1864, † 1920; Mitbegr. der Soziol. als eigenständiger wiss. Disziplin; bed. Arbeiten zur Wirtschafts- u. Religionsgesch. sowie zur Religionssoziol. **9)** Wilhelm Eduard, Bruder v. 5), dt. Physiker, * 1804, † 1891; Arbeiten zur Elektrizitätslehre, konstruierte mit C. F. Gauß den ersten elektromagnet. Telegrafen; schuf experimentelle Grundlagen für J. C. Maxwells elektromagnet. Lichttheorie.

**Weber|aufstand,** Hungerrevolte der schles. Weber in Peterswaldau u. Langenbielau (4.–6. 6. 1844); 3 000 Aufständische zerstörten Maschinen u. Bücher der Fabrikanten u. Verleger; 1. proletar. Erhebung in Dtl. mit überregionaler Bed.; v. preuß. Truppen blutig niedergeschlagen.

**Weberei,** Herst. von Geweben auf einem Handwebrahmen od. Webstuhl durch Vereinigung von Fadensystemen. Vorarbeiten für die W. sind das Spulen der Schussfäden auf Kegel od. Zylinder, die in das Schiffchen gelegt werden, das Schären (Spannen) der Kettfäden auf dem Schärrahmen u. das Aufbäumen (Aufwinden) der Kette auf den Kettbaum des Webstuhls.

**Weberknechte, Kanker,** Ordn. der Spinnentiere; sehr lange Beine, Hinterleib in voller Breite dem Vorderkörper ansitzend.

**Webern,** Anton (von), östr. Komponist, * 1883, † 1945; wirkte mit der Fortführung der Zwölftonmusik Schönbergs stark als Anreger serieller Komponisten; Orchester-, Kammermusik, Lieder, Chöre, Klavierstücke.

**Website** ['websaɪt; engl.], im Zus. mit dem Internet ein komplettes Angebot im WWW, das aus mehreren Seiten bestehen kann.

**Wechsel, 1)** schriftl., unbedingte, jedoch befristete Zahlungsverpflichtung in gesetzl. vorgeschriebener Form (Wertpapier); *gezogener W.* (Tratte): Aussteller weist Schuldner (Bezogener) an, einen best. Geldbetrag (W.summe) bei Verfall an einen Dritten (W.nehmer oder Remittenten) oder dessen Order zu zahlen, der Bezogene verpflichtet sich durch sein Akzept zur Zahlung; *Sola-W.:* wechselmäß. Zahlungsversprechen des Ausstellers, bei Verfall die W.summe an den W.nehmer oder dessen Order (den Indossatar) zu zahlen. Wesentl. Bestandteile des W.s: W.klausel, d. h. die ausdrückl. Bez. als W. im Text der Urkunde, unbedingte Anweisung, eine best. Geldsumme zu zahlen, Angabe des Bezogenen, der Verfallzeit, des Zahlungsortes u. des W.nehmers, Tag u. Ort der Ausstellung, eigenhänd. Unterschrift des Ausstellers; heute grundsätzl. Einheitsvordrucke, Zusätze sind z. B.: Domizilvermerk (Domizil-W.), Bez. als „erste Ausfertigung" (Prima-W.). Der W. wird mit allen Rechten aus dem Papier durch Indossament vom Indossanten auf den Indossatar übertragen; der Indossant haftet dem rechtmäß. W.inhaber wie der Aussteller für die Annahme u. die Bezahlung des W.s; durch Blankoindossament wird der W. zum Inhaberpapier. – Der W. ist am Verfalltag zur Zahlung fällig; dieser ist: ein best. Kalendertag (Tages-W.), eine best. Zeit nach der Ausstellung (Dato-W.), der Tag der Vorlegung des W.s (Sicht-W.) oder eine best. Zeit danach (Nachsicht-W.); zahlungspflichtig ist der Bezogene, der akzeptiert hat; die Weigerung der Zahlung (wie der Annahme) muss durch ↑Protest festgestellt werden. Der W., urspr. nur Zahlungsmittel, ist heute v. a. ein Instrument des Kreditverkehrs zur kurzfrist. Finanzierung des Warenhandels; auch Sicherungsmittel (Depot-W.). **2)** von Tieren durch Begehen ausgetretener Pfad.

**Wechseljahre, Klimakterium, Klimax,** etwa die Zeit zw. dem 45. u. 55. Lebensjahr der Frau, in der die Tätigkeit der Eierstöcke erlischt u. die Menstruation aufhört (Menopause).

**Wechselkurs,** Austausch- bzw. Umrechnungsverhältnis zweier Währungen.

**Wechselrichter,** Gerät zur Umwandlung v. Gleichstrom in Wechselstrom mittels Zerhacker od. elektron. Schaltung.

**Wechselstrom,** elektr. Strom, dessen Stärke u. Richtung sich period. mit der Zeit ändern; entsteht stets primär im elektr. Generator durch Drehen des Ankers im Magnetfeld (infolge period. Änderung des magnet. Flusses). Gegenüber ↑Gleichstrom hat W. den Vorteil der Transformierbarkeit (↑Transformator) u. dadurch der verlustärmeren Fortleitung; *W.generator,* Wechselstrommasch. als Generator; *W.gerät,* Gerät, das nur mit W. betrieben werden kann.

**Weck,** Peter, östr. Schauspieler, Regisseur, * 1930; 1983–92 künstler. Leiter d. Vereinigten Bühnen Wien.

**Weck|amine,** Arzneimittel, Verwandte des Adrenalins (süchtig machende Rauschmittel), z. B. Amphetamin, Methamphetamin. Sie wirken als Anregungsmittel u. Appetitzügler.

**Wecker,** Konstantin, dt. Liedermacher, * 1947; polit. Lieder u. Chansons.

**Weckherlin,** Georg Rudolf, Lyriker, * 1584, † 1653; Vertreter des literar. Frühbarock in Deutschland.

**Weda** ↑Veda.

**Wedda,** Ureinwohner Sri Lankas, eine zu den Europiden gehörende Menschenform Asiens, rd. 1 000 Angehörige.

**Weddellmeer, Weddellsee,** v. dem brit. Seefahrer J. Weddell (* 1787, † 1834) 1823 entdecktes antarkt. Randmeer des Atlantik, zw. Antarkt. Halbinsel u. Coatsland; zw. 500 m u. 5 000 m tief; S-Teil mit Filchner-Ronne-Schelfeis.

**Wedekind,** Frank, dt. Dramatiker, * 1864, † 1918; griff in seinen Dramen die konventionelle bürgerl. Moral an: „Der Erdgeist", „Die Büchse der Pandora" (zusammengefasst u. d. T. „Lulu", danach Oper von A. Berg).

**Wedel (Holstein),** St. an der Unterelbe, Schl.-Ho., 31 700 E; Erdöl-, Metall-, opt. u. chem. Ind.

**Wega,** der hellste Stern (α) im Sternbild ↑Leier.

**Wegener, 1)** Alfred [Lothar], dt. Geophysiker, * 1880, † 1930; mehr. Expeditionen nach Grönland (Durchquerung 1912/13), Arbeiten zur Physik der Atm.; Schöpfer der ↑Kontinentalverschiebungstheorie. **2)** Paul, dt. Schauspieler und Filmregisseur, * 1874, † 1948; „Der Golem".

**Wegerich,** Gatt. der W.gewächse; weltweit verbreitete Kräuter; Blätter des Gr. u. des Spitz-W.s Volksheilmittel gg. Erkrankung der Atmungsorgane u. a.

**Weggis,** schweizer. Kurort am Vierwaldstätter See, 2 400 E.

**Wegwarte** ↑Cichorium.

**Wehen,** schmerzhafte Zusammenziehungen der Gebärmutter zur Austreibung der Frucht bei der ↑Geburt.

**Wehner,** Herbert, dt. Politiker, * 1906, † 1990; 1927–42 Mitgl. der KPD, 1935–46 im Exil (v. a. in der UdSSR u. in Schweden); 1949–83 MdB (SPD). 1958–73 stellvertr. Parteivors. der SPD; 1966–69 B.-Min. für gesamtdt. Fragen, 1969–83 Fraktionsvors. im Bundestag.

**Wehr,** feste od. mit bewegl. Verschlüssen versehene Stauanlage zur Hebung der Wasserstände fließender Gewässer, zur Änderung des Gefälles od. zur Regelung des Abflusses zum Zwecke der Energiegewinnung.

**Wehrdienst,** aufgrund der Wehrpflicht geleisteter mil. Dienst; Grund-W. in der BRD 9 Monate.

**Wehrdienstverweigerung** ↑Kriegsdienstverweigerung.

**Wehrkirchen,** befestigte oder zu einer burgähnl. Anlage (Kirchenburg) ausgebaute Kirchen des MA (v. a. in Siebenbürgen).

**Wehrmacht,** 1935–45 Bez. der dt. Streitkräfte mit den 3 W.teilen Heer, Marine u. Luftwaffe; oberster Befehlshaber war A. Hitler.

**Wehrpflicht,** Verpflichtung zum Waffendienst, in Dtl. für Männer zw. 18 u. 45 J. (b. Offizieren u. Unteroffizieren sowie im allg. Kriegsfall bis 60 J.).

**Weichkäse,** gereifter Käse mit weichem Teig, z. B. Camembert.

**Weichmacher,** Stoffe, die spröden Harzen u. Kunststoffen zugesetzt werden, damit diese geschmeid. und elast. werden; z. B. schwerflücht. Ester, fette Öle, Weichharze, Kampfer.

**Weichsel,** poln. **Wisła,** Hpt.-Strom Polens, entspringt in d. W-Beskiden, mündet bei Danzig in d. Ostsee, 1 047 km.

**Weichsel,** kultivierte Sauerkirsche.

**Weichtiere, Mollusken,** Stamm wirbelloser Tiere (rd. 128 000 Arten) im Meer, Süßwasser u. auf dem Land; Körper (zweiseitigsymmetr., unsegmentiert) besteht aus Kopf, Eingeweidesack, Mantel, Fuß; Haut sondert meist eine Kalkschale ab; Fortpflanzung geschlechtl.; vielf. mit Metamorphose; u. a. Schnecken, Muscheln, Kopffüßer.

**Weidengewächse,** Holzgewächse v. a. der nördl. gemäßigten Zone; zweihäus. Blüten in Kätzchen; Gatt.: Weide, Pappel.

**Weiden i. d. OPf.,** krsfr. St. am W-Rand des Oberpfälzer Waldes, Bay., 43 200 E; Verw.- und Wirtsch.-Akad.; LG; spätgot. Pfarrkirche; Porzellan- u. Glasind.

**Weidmann,** Jäger, der gleichzeit. Heger des Wildes ist.

**Weigel,** Helene, dt. Schauspielerin u. Theaterleiterin östr. Herkunft, * 1900, † 1971; verh. mit B. Brecht, s. 1949 Intendantin des gemeinsam mit Brecht in Berlin (Ost) gegr. Berliner Ensembles.

**Weihe,** in den Religionen rituelle Handlung, durch die Personen, Gebäude od. Sachen f. den Dienst (Kult) Gottes bzw. der Götter bestimmt werden [bei Personen dabei Übertragung entsprechender (exklusiver) Vollmachten].

**Weihen,** Unterfam. schlanker Greifvögel; lange Flügel, langer Schwanz; in Europa Rohr-, Korn- u. Wiesenweihe.

**Weihnachten,** christl. Fest der Geburt Jesu Christi, eines der Hauptfeste im Kirchenjahr; seit dem 4. Jh. am 25. Dez. gefeiert, dem Tag des röm. Staatsfestes der Geburt des unbesiegbaren Sonnengottes (Sol invictus). Im Brauchtum verlagerte sich die Weihnachtsfeier zunehmend auf die Weihnachtsvigil, den Abend des 24. Dez. (Christnacht, Hl. Abend, Hl. Nacht).

**Weihnachts|stern,** Zierpfl. aus dem trop. Amerika; Blüten unscheinbar, von meist roten Hochblättern umgeben.

**Weihrauch, Olibanum,** Gummiharz, das aus einigen Boswellia-Arten gewonnen wird; strömt beim Erhitzen aromat. Duft aus; verw. in antiken und altorient. Kulten, im röm.-byzantin. Hofzeremoniell sowie in der christl. (kath. u. orth.) Liturgie.

**Weihwasser,** in der kath. Kirche u. den Ostkirchen geweihtes Wasser, das v. den Geistlichen bei vielen liturg. Segnungen sowie v. den Gläubigen zur Selbstbekreuzigung verwendet wird.

**Weil am Rhein,** St. im südl. Markgräfler Land, Ba.-Wü., 27 900 E; Büromöbel- u. a. Ind.; Architekturpark; bed. Grenzverkehr.

**Weiler,** Dorfform, einfachste Form der Kleinsiedlung.

**Weill,** Kurt, dt.-amer. Komponist, * 1900, † 1950; schrieb zu Texten v. Georg Kaiser u. Bertolt Brecht Opern mit soz.-krit. Tendenz; im Stil Einflüsse v. Jazz, Chanson, Moritat, Foxtrott- und Tangorhythmen.

**Weimar,** krsfr. St. an der Ilm, in Thüringen, 63 000 E; zu Goethes Zeit Zentrum des dt. Geisteslebens; zahlr. Erinnerungsstätten: Goethehaus, Goethe-Nationalmuseum, Goethes Gartenhaus, Schillerhaus, Fürstengruft, Wittumspalais und Neues Schloss; Schloss Tiefurt; Dt. Nationaltheater, Herderkirche mit Cranachaltar, Liszt-Haus, Goethe- u. Schiller-Archiv; Hochsch. für Musik, Architektur u. Bauwesen; Landmasch.-, Porzellan-, Baustoff-, feinmech. u. opt. Ind., Verlage.

**Weimarer Nationalversammlung,** die am 19. 1. 1919 gewählte verfassunggebende Vers. der Weimarer Rep., die vom 6. 2. bis 30. 9. 1919 in Weimar, später in Berlin (bis 21. 5. 1920) tagte; am 11. 2. 1919 Wahl F. Eberts zum vorläufigen R.-Präs., am 22. 6. 1919 Annahme des Versailler Vertr. nach anfängl. Ablehnung, am 31. 7. 1919 Verabschiedung der Weimarer R.-Verf. gg. die Stimmen der DNVP, DVP, USPD.

**Weimarer Republik,** nach der Stadt Weimar, dem 1. Tagungsort der verf.gebenden dt. Nat.vers. 1919, ben. Periode der dt. Gesch. (1918–33).

**Wein,** aus Traubensaft (u. a. Obstsäften bei Obst-W.) durch alkohol. Gärung hergestelltes Getränk. Seit mehr als 5 000 J. in Ägypten, Mesopotamien u. den Ländern des östl. Mittelmeers nachzuweisen. – Wichtige Rebsorten: Riesling, Müller-Thurgau/ Rivaner, Silvaner, Kerner u. a. bei Weiß-W. sowie Spätburgunder, Portugieser, Dornfelder, Trollinger u. a. bei Rot-W. Die Trauben werden im Herbst geerntet *(W.-Lese), Spätlesen* nach Beendigung der allg. Lese (qualitat. über dem Durchschnitt); *Auslesen* stehen noch über Spätlesen (überreife, oft edelfaule Trauben oder Beeren). Ein Qualitätsmerkmal des W.s ist das *Mostgewicht* (Zuckergehalt, gemessen in Öchslegraden).

**Weinbergschnecke,** sehr häuf.

einheim. Lungenschnecke mit rd. 4 cm großem Haus, landlebend; gilt als Delikatesse.

**Weinbrand,** Trinkbranntwein, dessen Alkoholanteil ausschließl. der Destillation v. Traubenweinen entstammt.

**Weingarten,** St. in Oberschwaben, Ba.-Wü., 23 400 E; Benediktinerabtei (gegr. im 11. Jh.) mit bed. Wallfahrtskirche (1715 ff.).

**Weinheim,** St. nö. v. Mannheim, Ba.-Wü., 42 800 E; ehem. Schloss; obh. v. W. Wachenburg u. Burgruine Windeck; Leder-, Kunststoff-, chem., Nahrungsmittel- u. a. Ind., Verlage.

**Weinrebe,** Gatt. der W.ngewächse; meist sommergrüne, kletternde Sträucher; u. a. *Echte W.,* aus deren Wildrassen die schon im alten Ägypten angebaute *Kulturrebe* hervorging, mit zahlr., in vielen Gebieten der gemäßigten und subtrop. Zonen kultivierten Sorten; Verwendung der Beeren frisch (Tafelobst), getrocknet (Rosinen), als süßer Saft (Traubensaft) od. vergoren zu Wein od. Weinessig.

**Weinsäure,** **Weinsteinsäure,** $C_4H_6O_6$, in vielen Pflanzen auftretende organ. Säure, die in 2 opt. akt. und 2 inakt. Modifikationen vorkommt.

**Weinsberg,** St. östl. von Heilbronn, Ba.-Wü., 11 300 E. – Über der St. Ruine *Weibertreu,* 1140 von Ks. Konrad III. erobert; der Ks. gestattete den Frauen von W., ihr kostbarstes Gut zu retten, worauf sie ihre Männer aus der St. trugen.

**Weinsteinsäure,** svw. ↑Weinsäure.

**Weinstraße, Dt. W.,** Straße von Bockenheim an der Weinstraße bis zum *Dt. Weintor* bei Schweigen, RP; als erste Touristikstraße 1936 benannt u. festgelegt.

**Weisenborn,** Günther, dt. Dramatiker u. Erzähler, *1902, †1969; 1942–45 wegen Widerstandstätigkeit in Haft; zeit- und soz.-krit. Themen; „Memorial", „Der lautlose Aufstand".

**Weiser,** Grethe, dt. Bühnen- u. Filmschauspielerin, Kabarettistin, *1903, †1970; Film „Die göttl. Jette".

**Weisheitszähne,** 3. u. hinterste Backenzähne des Menschen, oft erst nach dem 20. Lebensjahr durchbrechend.

**Weismantel,** Leo, dt. Schriftsteller, *1888, †1964; symbolist. Romane, Mysterien- u. Festspiele, kulturpolit. u. folklorist. Schriften.

**Weiss,** Peter, dt. Schriftsteller und Maler, *1916, †1982; seit 1939 in Schweden; [autobiograf.] Romane („Die Ästhetik des Widerstands"); polem. [Dokumentations]stücke: „Die Verfolgung und Ermordung Jean Paul Marats", „Die Ermittlung".

**Weißbier,** svw. ↑Weizenbier.

**Weißblech,** zum Schutz gg. Rost mit Zinn überzogenes Eisenblech.

**Weißbuch** ↑Farbbücher.

**Weißbuche,** svw. ↑Hainbuche.

**Weißdorn,** Gatt. der Rosengewächse; Sträucher od kl. Bäume [mit Dornen], weiß oder rot blühend, Früchte fleisch.-mehl.; z. T. Heilpfl. (gg. Herzkrankheiten) od. Ziersträucher.

**Weiße Elster,** r. Nbfl. der Saale, 257 km.

**Weißenburg,** frz. **Wissembourg** [visã'bu:r], frz. St. im Elsass, an der dt.-frz. Grenze, 7 500 E; ma. Stadtbild, got. Stiftskirche; Industrie.

**Weißenfels,** Krst. in Sachsen-Anhalt, 31 700 E; Barockschloss; Schuhmuseum; Nahrungsmittelindustrie.

**Weißer Berg,** tschech. **Bílá Hora** ['bi:la:-], Berg östl. von Prag, 380 m. In der *Schlacht am Weißen B.e* (1620) wurde das prot. Heer Friedrichs V. von der Pfalz, des böhm. „Winterkönigs", von den Truppen Ks. Ferdinands II. u. der kath. Liga vernichtend geschlagen.

**Weißer Nil,** arab. **Bahr el-Abiad** ['baxər-], Abschnitt d. ↑Nils vom S d. Rep. Sudan bis zum Zusammenfluss mit dem Blauen Nil bei Khartoum.

**Weiße Rose,** student. Freundeskreis in München, der mit Flugblattaktionen an der Univ. 1942/43 zum Widerstand gg. das NS-Regime aufrief; die wichtigsten Mitgl. (u. a. S. u. H. Scholl, K. Huber) wurden im Febr. u. März 1943 hingerichtet.

**Weißer Sonntag** ↑Quasimodogeniti.

**Weißes Haus,** seit 1800 der Amts- u. Wohnsitz des Präs. der USA in Washington, D. C. (in übertragenem Sinne auch Bez. für die Exekutive der USA).

**Weiße Zwerge** ↑Zwergsterne.

**Weißfisch,** volkstümliche Bez. für versch. kleinere Karpfenfische, z. B. Ukelei, Perlfisch.

**Weißgold,** Legierung von Gold mit Nickel, Kupfer, Zink od. (bei hochwert. Legierungen) mit Palladium (u. Silber); für Schmuck.

**Weißherbst,** aus blauen Spätburgunder- od. Portugiesertrauben gewonnener rosafarbener Wein.

**Weißmuller** ['waɪsmʌlə], Johnny, amer. Schwimmer u. Filmschauspieler, *1904, †1984; 1924 u. 1928 mehrfacher Olympiasieger, 22 Weltrekorde; s. 1932 als Titelheld der „Tarzan"-Filmserie bekannt.

**Weißrussen, Belorussen,** ostslaw. Volk, rd. 10 Mill. mit eigener Sprache *(Weißrussisch);* vorw. in Weißrussland.

**Weißrussland**

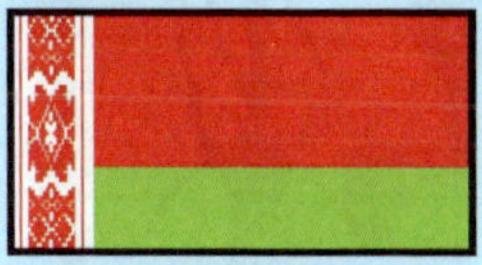

*Fläche:* 207 595 km²
*Einwohner:* 10,4 Mill.
*Hauptstadt:* Minsk
*Amtssprachen:* Weißrussisch, Russisch
*Zeitzone:* MEZ + 1 Stunde

**Weißrussland,** Rep. in O-Europa; flachwellige Moränenldsch., im S Sumpfgebiete; kontinentales, im W maritimes Klima; Bev. vorw. Weißrussen; Anbau v. Kartoffeln, Getreide, Zuckerrüben, Gemüse, im N Flachs; Viehzucht; Bodenschätze: Salze, Torf, Phosphat, in geringen Mengen Erdöl u. Erdgas; Masch.- u. Gerätebau, elektrotech., chem., Holz-, Leder-, Textil- u. Nahrungsmittelind. *Gesch.:* Seit dem MA. Teil des litauisch-poln. Staates; kam zw. 1772 u. 1795 an Russland, 1922 Gründungsmitglied d. UdSSR, W-Teil 1921–39 bei Polen. 1941–44 v. dt. Truppen besetzt (brutale Okkupationspolitik, gegen die sich eine starke Partisanenbewegung richtete). 1945 Gründungsmitgl. der UN. 1991 Unabhängigkeit, s. 1994 unter autoritärer Führung v. Staatspräs. A. Lukaschenko. 1991 Mitglied der GUS, 1996 Begründung einer „Gemeinschaft Souveräner Rep." mit Russland (Unionsverträge 1997 u. 1999).

**weisssche Bezirke** ↑Ferromagnetismus.

**Weitsichtigkeit,** svw. ↑Hypermetropie.

**Weitsprung,** leichtathlet. Disziplin; nach bis zu 40 m Anlauf Absprung v. einem Sprungbalken, der nicht übertreten werden darf.

**Weizen,** Süßgrasgatt., deren Arten z. T. zu den ältesten, bes. als Brotgetreide verw. Kulturpfl. zählen; am häufigsten angebaut: *Saat-W.,* einjährig als Sommer- od. überwinternd als Winter-W.; wei-

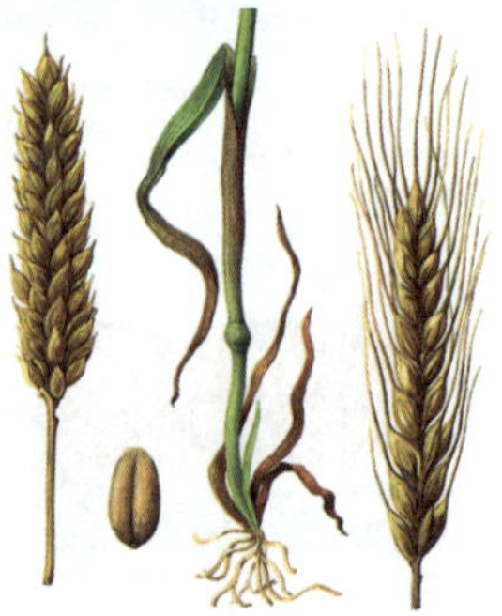

**Weizen** *(von links): unbegrannte Ähre mit Weizenkorn, Stängel und begrannte Ähre des Saatweizens*

tere W.arten sind: Dinkel, Emmer, Gommer, Hart- u. Rauweizen.

**Weizenbier, Weißbier,** obergäriges Bier, das je zur Hälfte aus Weizen- u. Gerstenmalz gebraut wird.

**Weizenstinkbrand** ↑Pflanzenkrankheiten (Übers.).

**Wẹizmann,** Chaim, isr. Politiker u. Chemiker, * 1874, † 1952; erwirkte 1917 die Balfour-Deklaration, gründete 1918 die Hebr. Univ. Jerusalem; 1920–31 u. 1935–46 Präs. der zionist. Weltorganisation u. ab 1929 der Jewish Agency, 1948/49 provisor. Staatsoberhaupt, ab 1949 Staatspräs. von Israel.

**Wẹizsäcker, 1)** Carl Friedrich Frhr. v., Sohn v. 2), dt. Physiker u. Philosoph, * 1912; bed. Arbeiten zur Kern- u. Astrophysik sowie zur Naturphilos. **2)** Ernst Frhr. v., dt. Diplomat, * 1882, † 1951; Staatssekretär im Auswärt. Amt 1938–43, Botschafter beim Vatikan 1943–45; informierte die brit. Reg. über die Absichten nat.-soz. Außenpolitik, 1949 in Nürnberg zu 7 Jahren Haft verurteilt, 1950 vorzeitig entlassen. **3)** Richard Frhr. v., Sohn v. 2), dt. Politiker (CDU), * 1920; 1964–70 Präs. des Ev. Kirchentages; 1969–81 MdB, 1972–79 stellvertr. Fraktionsvors. der CDU im B.-Tag, 1979–81 Vizepräs. des B.-Tages; 1981–84 Regierender Bürgermeister von Berlin (West), 1984–94 Bundespräs.

**Wẹlfen,** dt. Fürstengeschlecht, seit dem 8. Jh. nachweisbar; 2 Linien, die ältere (1055 ausgestorben) und die jüngere, der u.a. Heinrich d. Stolze u. Heinrich d. Löwe entstammten; Teilung in mehrere Nebenlinien; u.a. Braunschweig-Lüneburg (reg. bis 1866 in Hannover, bis 1918 in Braunschweig, 1714–1901 in Großbr.); *W.schatz,* Kirchenschatz des Hauses Braunschweig-Lüneburg, mit Hauptwerken roman. u. got. Kunsthandwerks; Welfenkreuz (11. Jh.), Eilbertus-Altar (um 1150), Kuppelreliquiar (um 1175) u.a.

**Welịki Nọwgorod,** bis 1999 **Nọwgorod**, Gebietshptst. in Russland, am Wolchow, 229 000 E; Univ.; Baudenkmäler (u.a. Sophienkathedrale [Weltkulturerbe]); im MA Hansekontor.

**Wẹlk,** Ehm, Pseud. Thomas **Trịmm,** dt. Schriftsteller, * 1884, † 1966; Romane aus dem dörfl. Milieu (u.a. „Die Heiden von Kummerow").

**Welle, 1)** allg. Bez. für jede zeitl. u. räuml. period. Zustandsänderung physikal. Größen, bei der Energie transportiert wird, z.B. die durch Störungen hervorgerufenen zeitl. u. räuml. Änderungen der Oberflächengestalt des Wassers *(Wasser-W.),* die sich als *Oberflächen-W.* ausbreiten, od. ↑elektromagnet. W. u. Schall-W. (↑Schall). Von einem punktförm. Erregungszentrum breiten sich im homogenen Raum Kugel-W. aus (↑Huygens). Die einfachste W.form hat die fortschreitende W. mit ebenen *W.flächen* (Flächen gleicher ↑Phase). *Ebene W.* werden durch eine Sinusfunktion beschrieben u. *harmon.* od. *Sinus-W.* gen.; sie sind neben der *Amplitude* (größter Wert der sich period. ändernden Größe) durch die *W.länge* (Abstand zweier aufeinander folgender Orte gleicher Phase), die ↑Frequenz, den *W.vektor* sowie eine Phasenkonstante gekennzeichnet. Andere W.formen lassen sich stets in Sinus-W. zerlegen bzw. aus ihnen zusammensetzen. Man unterscheidet u.a. auch ↑Longitudinal-W. u. ↑Transversal-W. **2)** Masch.-El., das u.a. auf Verdrehung beansprucht werden kann u. zur Übertragung von Drehmomenten innerh. von Antriebssystemen dient.

**Wellenmechanik,** v. E. Schrödinger 1926 entwickelte nichtrelativist. Formulierung der ↑Quantenmech., die v. der Vorstellung der Materiewellen ausgeht u. die Zustände atomarer Systeme als Lösungen, die zugehör. Energien als Eigenwerte der *Schrödinger-Gleichung* berechnet.

**Wellenreiten, Surfing** [ˈsəːfɪŋ], aus Polynesien stammende Sportart, bei der sich der Surfer auf einem flachen Brett über die Brandungswellen dem Strand entgegentreiben lässt.

**Wellensittich** ↑Sittiche.

**Welles** [welz], Orson, amer. Schauspieler u. Regisseur, * 1915, † 1985; Filme, in denen er oft die Hauptrolle übernahm („Citizen Cane").

**Wellington** [ˈwelɪŋtən], Arthur Wellesley, Hzg. v., brit. Feldmarschall u. Politiker, * 1769, † 1852; leitete s. 1808 das brit. Expeditionskorps in Portugal u. Spanien; 1815 Vertr. Großbrit. auf dem Wiener Kongress; siegte mit Blücher bei Waterloo über Napoleon I.; 1828–30 Premiermin., 1834/35 Außenmin.

**Wellington** [ˈwelɪŋtən], Hptst. v. Neuseeland, an der S-Küste der Nordinsel, 326 000 E; Univ.; Werften, Metall- u.a. Ind.; ⚓, ✈.

**Wẹllness** [engl.], Wohlbefinden, das sowohl Gelassenheit u. Entspanntheit als auch Energiegeladenheit u. Munterkeit einschließt, u. das mithilfe v. Ernährung u. Sport aktiv angestrebt wird.

**R. von Weizsäcker**

**Wells** [welz], H[erbert] G[eorge], brit. Schriftsteller, * 1866, † 1946; gesellschaftskrit. u. populärwiss. Schriften; „Die Zeitmaschine".

**Wẹls,** Otto, dt. Politiker (SPD), * 1873, † 1939; 1912–33 MdR (bzw. Mitgl. der Weimarer Nat.vers), s. 1931 Parteivors.; sprach 1933 im R.-Tag für seine Partei gg. das Ermächtigungsges., dann Emigration u. Leitung der Exil-SPD von Prag u. Paris aus.

**Wẹls,** oberöstr. St. an der Traun, am Rande der *W.er Heide,* 53 000 E; ehem. kaiserl. Burg, barockes Rathaus; Masch.-, Holz- u.a. Ind.; Landwirtschaftsmesse.

**welsch,** urspr. svw. „kelt.", dann roman., fremdländ., auch für unverständlich (Kauderwelsch).

**Welse,** Unterordn. der Knochenfische, fast ausschließl. im Süßwasser lebend, weltweit verbreitet (bes. Tropen); meist mit Barteln, ohne echte Schuppen; vielf. Brutpflege; einz. einheim. Art: *Wels,* bis über 3 m lang; gefräß. Räuber.

**Welser,** s. dem 13. Jh. nachweisbares augsburg. Patriziergeschlecht, das bed. Handelsunternehmungen gründete. Bartholomäus W. (* 1484, † 1561) war Bankier Karls V.; erhielt 1528 das Recht zur Kolonisierung von Venezuela; 1797 erlosch die Hauptlinie.

**Welt|all, Universum, Kosmos,** die Welt als Ganzes, der ges. mit Materie erfüllte Raum, in dem sich alles uns fassb. Zeitl. u. Räuml. abspielt; Erforschung der raum-zeitl. Struktur des W. durch die Kosmologie. Sie stützt sich auf Beobachtungsergebnisse der Astronomie, deren theoret. Deutungen zu *Weltmodellen* führen. Ein Beobachtungsbefund, den kosmol. Theorien u. a. erklären müssen, ist der Hubble-Effekt (↑Hubble), v. dem auf eine *Expansion des W.* geschlossen wird. Man geht heute davon aus, dass das W. eine euklid. (flache) Raumstruktur besitzt. Das *Weltalter* wird mit 10–20 Mrd. J. angenommen; der zz. der Forschung zugängl. Teil des W. hat einen Radius v. mehr als 3 Mrd. Lj.

**Weltbank, Internat. Bank für Wiederaufbau u. Entw.,** engl. **International Bank for Reconstruction and Development** [ɪntəˈnæʃnl bæŋk fɔ: ri:kənˈstrʌkʃn ənd dɪˈveləpmənt], Abk. **IBRD,** Sonderorganisation der UNO (s. 1947), gegr. 1945, Sitz Washington (D. C.); vergibt projektgebundene, Programm- u. Strukturanpassungskredite zur Förderung der wirtsch. Entw.; bildet zus. mit der *Internat. Entwicklungsorganisation* (engl. International Development Association, IDA; gegr. 1959), der *Internat. Finanz-Corporation* (engl. International Finance Corp., IFC; gegr. 1956), der *Multilateralen Investitions-Garantie-Agentur* (engl. Multilateral Investment Guarantee Agency, MIGA; gegr. 1988) u. dem *Internat. Zentrum zur Beilegung v. Investitionsstreitigkeiten* (engl. International Centrum for the Settlement of Investment Disputes, ICSID; gegr. 1966) die *W.gruppe.*

**Weltbestleistung** ↑Weltrekord.

**Weltchroniken,** Gatt. der ma. Geschichtsschreibung, die, in heilsgeschichtl. Konzeption, die gesamte Geschichte von der Schöpfung ab darstellt.

**Welteke,** Ernst, dt. Volkswirtschaftler, * 1942; 1995–99 Präs. der Landeszentralbank in Hessen; seit 1. 9. 1999 Präs. der Dt. Bundesbank u. Mitgl. des EZB-Rats.

**Weltenburg,** Benediktinerabtei bei Kelheim, Bay., am Beginn des Donaudurchbruchs, Anf. 7. od. 8. Jh. gegr., mit bed. Kirche der Brüder Asam.

**Welterbe,** Bez. für bes. erhaltenswerte Stätten des Menschheitserbes, die von der UNESCO entweder als *Kulturdenkmäler (Weltkulturerbe)* od. *Naturdenkmäler (Weltnaturerbe)* anerkannt und in die Liste des W. (World Heritage List) aufgenommen wurden.

**Weltergewicht** ↑Gewichtsklassen (Übers.).

**Welt|ethos,** von H. ↑Küng geprägter Begriff zur Bez. eines „Ethos für die Gesamtmenschheit", verstanden als für alle Menschen als notwendig angesehener Grundkonsens verbindl. Werte, Normen u. Haltungen (Frieden, Gerechtigkeit, Nächstenliebe, Pluralität, Solidarität, Verantwortung für Mitwelt, Umwelt u. Nachwelt u. a.).

**Weltgeschichte, Universalgeschichte,** der in der Geschichtsschreibung unternommene Versuch, die geschichtl. Entw. aller Völker u. Kulturen darzustellen.

**Weltgesundheitsorganisation,** engl. **World Health Organization** [wə:ld helθ ɔ:gənaɪˈzeɪʃn], Abk. **WHO,** 1948 gegr. Sonderorganisation der UN, Sitz Genf. Aufgaben u. a.: Organisation v. Gesundheitsdiensten, Bekämpfung v. Krankheiten, Verbesserung der Ernährungssituation in Entwicklungsländern.

**Welthandel** ↑Weltwirtschaft.

**Welthandelsorganisation,** engl. **World Trade Organization** [wə:ld ˈtreɪd ɔ:gənaɪˈzeɪʃn; engl.], Abk. **WTO,** Sonderorganisation der UN, gegr. 1994 (in Kraft s. 1995), Sitz: Genf. Die WTO bildet einen vertragl. u. institutionellen Rahmen zur Gewährleistung des freien Welthandels bei Einhaltung der Prinzipien Gegenseitigkeit, Liberalisierung (Abbau v. Zöllen u. nicht tarifären Handelshemmnissen) u. Nichtdiskriminierung (v. a. Meistbegünstigung). ↑GATT.

**Welthilfssprachen,** künstl. gebildete, zum internat. Gebrauch best. Sprachsysteme mit vereinfachter Formenbildung; u. a. ↑Esperanto, Ido, Interlingua, Volapük.

**Weltkrieg,** Übers. S. 756.

**Weltmarkt,** Gesamtheit der Märkte, an denen internat. gehandelte Güter getauscht werden. Der Preis für Welthandelsgüter *(W.preis)* entsteht durch Marktanalysen, Preisspiegel der Auslandsmärkte bzw. an internat. Warenbörsen.

**Weltpostverein,** frz. **Union postale universelle** [ynˈjɔ̃ pɔsˈtal ynivɛrˈsɛl], Abk. **UPU,** auf Anregung des dt. Generalpostmeisters H. v. Stephan durch den Berner Vertrag vom 9. 10. 1874 gegr. internat. Vereinigung des Postverkehrs in aller Welt, Sitz Bern; s. 1948 Sonderorganisation der UN.

**Weltraumfahrt, Raumfahrt, Astronautik,** die Bewegung jedes bemannten oder unbemannten künstl. Flugkörpers (Raumflugkörper, Raumfahrzeug), dessen Bahn weit über die Lufthülle der Erde hinausreicht. Die Flugkörper werden mit mehrstuf. Raketen oder durch Raumtransporter (mit Raketenantrieb) auf eine Bahn gebracht, die von der Geschwindigkeit u. der Lage der Raketen im Brennschlusspunkt und von den Gravitationskräften der Himmelskörper abhängt *(Trägheitsbahn).* Die vom Raketentriebwerk erzeugte Antriebsenergie dient zur Überwindung des Gravitationsfeldes der Erde und des Luftwiderstandes. Flugkörper, die sich auf kreis- oder ellipsenförm. Bahnen um die Erde bewegen, werden *Satelliten* genannt. Körper, die das Gravitationsfeld der Erde verlassen, bezeichnet man als *Raumsonden.* Für einen in 200 km Höhe über der Erdoberfläche umlaufenden Satelliten beträgt die Kreisbahngeschwindigkeit 7,8 km/s, die Umlaufzeit 88 min. Ein Satellit, der in 35 900 km Höhe über dem Äquator in Richtung der Erddrehung mit einer Geschwindigkeit von 3,1 km/s in 24 h umläuft, erscheint von der Erde aus als stillstehend und wird als *geostationärer Satellit* oder *Synchronsatellit* bezeichnet.

**Weltrekord,** internat. Bestleistung in einer Sportart, die nach den Bestimmungen des zuständ. internat. Verbandes erzielt und anerkannt sein muss; nicht offiziell: *Weltbestleistung.*

**Weltreligionen,** Religionen, die eine universelle Geltung beanspruchen u./od. über weite Räume verbreitet sind: Christentum, Judentum, Islam, Hinduismus, Buddhismus.

**Weltsozialforum,** internat. Plattform der globalisierungskrit. Bewegung (bislang 2001 u. 2002 zusammengetreten); Ziele des weltumspannenden Netzwerkes: Solidarität, soziale Gerechtigkeit u. nachhaltige Entwicklung.

**Weltwirtschaft,** Gesamtheit der globalen wirtsch. Beziehungen u. Verflechtungen zw. Staaten, die durch Außenhandel, internat. Arbeitsteilung sowie Austausch v. Arbeitskräften u. Kapital zw. unterschiedl. Volkswirtsch. entste-

*Der Erste Weltkrieg 1914–18*

**Vorgeschichte.** Verschiedenartige Ursachen waren für den Kriegsausbruch verantwortlich. Die Expansionspolitik der rivalisierenden europ. Großmächte seit etwa 1860 führte zu Interessenkollisionen in Übersee. Frz. Revanchebestrebungen für die Niederlage von 1870/71, der dt.-engl. Konkurrenzkampf im Welthandel, der forcierte dt. Flottenbau, das Streben Russlands nach den Meerengen sowie die panslawist. Bewegung (↑Panslawismus) auf dem Balkan waren Faktoren, die zu einem übersteigerten Nationalismus führten. Die Ermordung des östr.-ungar. Thronfolgers Erzherzog Franz Ferdinand durch serb. Nationalisten am 28. 6. 1914 in Sarajevo war der Anlass, der die Katastrophe auslöste. Österreich-Ungarn verlangte am 23. 7. in einem unannehmbaren Ultimatum von Serbien faktisch die Aufgabe seiner polit. Eigenständigkeit. Am 28. 7. folgte die Kriegserklärung. Die Verflechtungen im europ. Bündnissystem veranlassten Dtl., die Partei Österreich-Ungarns zu ergreifen und nacheinander Russland (1. 8.) und Frankreich (3. 8.) den Krieg zu erklären. Nach dem dt. Einmarsch in Belgien (4. 8.) trat Großbritannien auf der Seite Russlands und Frankreichs (Alliierte Mächte) in den Krieg ein.

**Das Kriegsjahr 1914.** Die dt. OHL (Oberste Heeresleitung, Gen.-Ob. v. Moltke) wollte gemäß dem Schlieffen-Plan vorerst unter Defensive im O die Entscheidung im W suchen und hierzu die 1.–5. Armee durch Belgien auf Paris-Verdun vorführen, um das frz. Heer gegen die Schweiz zu drängen. Die 6. und 7. Armee sollten frz. Vorstöße nach Elsass-Lothringen abwehren. Das geschah bei Mülhausen (9./10. 8.) und in Lothringen (20.–22. 8.). Die dt. Hauptkräfte schlugen nach Einnahme von Lüttich (6.–16. 8.) und Rückzug der Belgier nach Antwerpen die Briten bei Mons, warfen die Franzosen nach S zurück und überschritten Anfang Sept. die Marne. Am 5. 9. erfolgte aus Paris ein frz. Gegenangriff, der zur Marneschlacht führte. Trotz günstigen Verlaufs wurde sie von der OHL am 9. 9. abgebrochen, die Front hinter die Aisne zurückgenommen. Den erkrankten Gen. v. Moltke ersetzte Gen. v. Falkenhayn. Er vereitelte die feindl. Umfassungsversuche, konnte aber in der Schlacht in Flandern (20. 10.–3. 11.) nicht durchbrechen. Die Front erstarrte im Stellungskrieg.

In Ostpreußen vernichtete die dt. 8. Armee unter Gen. v. Hindenburg (Stabschef Gen. Ludendorff) bei Tannenberg (26.–31. 8.) eine vom Narew vorgegangene russ. Armee und schlug an den Masur. Seen (6.–14. 9.) die vom Njemen vorgerückten Russen. Das in Galizien aufmarschierte östr.-ungar. Heer musste nach Anfangserfolgen in Südpolen im Sept. vor der russ. Übermacht in die Karpaten zurückgehen. Zu seiner Unterstützung im Okt. von Oberschlesien bis südl. Warschau vorgestoßene dt. Kräfte sahen sich durch drohende Umfassung zum Rückzug genötigt. Eine neue dt. Offensive von NW im Nov. führte zur Einkesselung russ. Korps um Lodz, infolge eines russ. Gegenstoßes aber nicht zu vollem Erfolg. Im Dez. kam es an der ganzen Ostfront zum Stellungskrieg. In Serbien eroberten die Österreicher am 2. 12. Belgrad, serb. Gegenangriffe nötigten sie aber bald zur Räumung des Landes.

**Das Kriegsjahr 1915.** In der Champagne und im Artois versuchten die Alliierten im Frühjahr und Herbst vergeblich, die dt. Westfront zu durchbrechen. Ein dt. Angriff bei Ypern (22. 4.–24. 5.) hatte nur anfangs Erfolg. Im O schlug Hindenburg den russ. Nordflügel im Febr. in Masuren. Der zur Entlastung des Verbündeten am 2. 5. begonnene Angriff Mackensens bei Gorlice-Tarnów brachte die russ. Front in Galizien zum Einsturz und führte zu siegreicher Offensive an der Ostfront, die Ende Sept. in der Linie Tarnopol–Dünaburg–Riga eingestellt wurde. Italien, anfangs neutral, erklärte am 23. 5. Österreich-Ungarn den Krieg und versuchte vergeblich, die östr.-ungar. Isonzofront zu durchbrechen. Die Türkei, seit Okt. 1914 an der Seite der Verbündeten im Krieg, wehrte von März bis zum Jahresende an den Dardanellen See- und Landangriffe der Alliierten ab. Um Landverbindung mit der Türkei zu bekommen, warfen die Verbündeten mit bulgar. Hilfe Serbien nieder. Am 5. 10. bei Saloniki gelandete brit.-frz. Kräfte wurden zurückgeworfen, Montenegro und Albanien Anfang 1916 besetzt.

**Das Kriegsjahr 1916.** Im W führten der dt. Großangriff auf Verdun (21. 2.) und der brit.-frz. Großangriff an der Somme (24. 6.) zu monatelangem entscheidungslosem, blutigem Ringen um jeden Fußbreit Boden. Ein östr.-ungar. Angriff in Tirol (15. 5.) lief fest. Hingegen erzielte eine russ. Offensive gegen den Südteil der Ostfront (4. 6.) Geländegewinn. Die gespannte Lage und die rumän. Kriegserklärung an Österreich-Ungarn (27. 8.) veranlassten die Ersetzung Falkenhayns durch Hindenburg und Ludendorff (29. 8.). Sie stellten den Angriff auf Verdun ein und wandten sich gegen die Rumänen. Diese wurden von den Verbündeten in der Dobrudscha und in Siebenbürgen (bei Hermannstadt 26.–28. 9., bei Kronstadt 3.–8. 10.) geschlagen und aus der Walachei (Besetzung Bukarests 6. 12.) bis hinter den Sereth zurückgeworfen. Die Errichtung des Kgr. Polen (5. 11.) brachte den Mittelmächten keinen Gewinn. Ihr Friedensangebot vom 12. 12. wurde von der Entente abgelehnt; eine amerikan. Friedensnote vom 18. 12. blieb wirkungslos.

**Das Kriegsjahr 1917.** Im W wurden nach Zurückverlegung der dt. Front im Sommegebiet in die Siegfriedstellung (März) alliierte Großangriffe an der Aisne, in der Champagne und bei Arras (April/Mai) sowie in Flandern (31. 7.–10. 11.) in bewegl. Verteidigung abgewehrt, in der Tankschlacht bei Cambrai (20.–29. 11.) an die Briten verlorenes Gelände zurückerobert. Der Ausbruch der Revolution in Russland am 12. 3. und Siege der Verbündeten (Eroberung Ostgaliziens im Juli, Rigas 3. 9., der balt. Inseln im Okt.) führten zum Zusammenbruch des russ. Heeres. Die am 7. 11. zur Macht gelangten Bolschewiki schlossen am 15. 12. Waffenstillstand, aber erst nach neuem dt. Vormarsch am 3. 3. 1918 den Frieden von Brest-Litowsk. Ihm folgte am 7. 3. ein Sonderfriede mit Finnland, das mit dt. Hilfe die Bolschewiki vertrieb, und am 7. 5. der Friede mit Rumänien. Ein zur Entlastung der Isonzofront am 24. 10. 1917 bei Flitsch-Tolmein begonnener dt.-östr. Angriff warf die Italiener hinter den Piave zurück. Am Ansturm gegen die dt.-bulgar. Front in Makedonien beteiligte sich seit 27. 6. auch Griechenland. Die Türken verloren am 11. 3. Bagdad, am 9. 12. Jerusalem an die Briten. Der seit 1. 2. uneingeschränkte dt. U-Boot-Krieg führte zur Kriegserklärung der USA am 6. 4. 1917.

**Das Kriegsjahr 1918.** Die dt. Großangriffe (zw. Arras

u. La Fère 21. 3., bei Armentières 9. 4., zw. Noyon u. Reims 27. 5., beiderseits Reims 15. 7.) brachten trotz großer Erfolge nicht den entscheidenden Sieg. Die am 18. 7. einsetzende alliierte Gegenoffensive drückte das geschwächte dt. Westheer bis Anfang Nov. in die Antwerpen-Maas-Stellung zurück. Inzwischen hatten Bulgarien in Makedonien, die Türkei in Palästina und Österreich-Ungarn am Piave (28. 10.) schwere Niederlagen erlitten und am 29. 9., 31. 10. und 3. 11. Waffenstillstand mit der Entente geschlossen, die Reichsregierung auf Drängen der OHL schon am 5. 10. den amerikan. Präsidenten um Waffenstillstand und Einleitung von Friedensverhandlungen ersucht. Auf dessen Forderung wurde der U-Boot-Krieg am 20. 10. eingestellt. Aus Meutereien bei der Hochseeflotte entwickelte sich eine Revolution, die am 9. 11. in Berlin zur Ausrufung der Republik führte. Gemäß dem am 11. 11. im Wald von Compiègne mit der Entente geschlossenen Waffenstillstand wurden die besetzten Gebiete und Elsass-Lothringen binnen 14, das linke Rheinufer mit den Brückenköpfen Köln, Koblenz und Mainz binnen 30 Tagen von den dt. Truppen geräumt, die U-Boote und große Mengen Waffen ausgeliefert, die Flotte in Scapa Flow interniert sowie alle Kriegsgefangenen ausgeliefert.

Das Ziel der dt. **Seekriegführung** in der Nordsee, den Gegner durch U-Boote und Minen zu schwächen und dann zur Schlacht zu stellen, wurde wegen der Fernblockade der brit. Flotte nicht erreicht. Dt. Vorstöße gegen die engl. Ostküste führten am 24. 1. 1915 zur Schlacht an der Doggerbank, ein Vorstoß der Hochseeflotte am 31. 5. 1916 vor dem Skagerrak zum unentschiedenen Kampf mit der brit. Flotte. Die im Aug. 1914 nach Konstantinopel durchgebrochene dt. Mittelmeerdivision (Kreuzer „Goeben" und „Breslau") bekämpfte als Kern der türk. Flotte die russ. Seestreitkräfte im Schwarzen Meer. Das dt. Kreuzergeschwader in Ostasien besiegte am 1. 11. 1914 bei Coronel brit. Kreuzer, erlag aber am 8. 12. bei den Falklandinseln einem brit. Geschwader. Der am 4. 2. 1915 eröffnete, aber erst seit 1. 2. 1917 uneingeschränkte U-Boot-Krieg gegen die feindl. Handelsschifffahrt brachte Großbritannien in eine gefährl. Lage, wirkte aber nicht kriegsentscheidend.

Die **dt. Kolonien** und Schutzgebiete erlagen der feindl. Übermacht (Togo 27. 8., Tsingtao 7. 11. 1914, Dt.-Südwestafrika 9. 7.1915, Kamerun 15. 2.1916). Nur die Schutztruppe von Dt. Ostafrika unter Gen. v. Lettow-Vorbeck behauptete sich bis Kriegsende.

Der Krieg wurde durch die **Friedensschlüsse** von Versailles (mit dem Dt. Reich 28. 6. 1919), St.-Germain (mit Österreich 10. 9. 1919), Trianon (mit Ungarn 4. 6. 1920), Neuilly (mit Bulgarien 27. 11. 1919) und Sèvres (mit der Türkei 10. 8. 1920) beendet.

Die im Versailler Vertrag ausgesprochene dt. Alleinschuld am W. löste eine Kriegsschulddiskussion aus, die bislang keinen Abschluss fand. Weitgehende Übereinstimmung besteht in der wissenschaftl. Forschung darüber, dass 1914 kein verantwortl. Staatsmann den Ausbruch eines großen Krieges vorsätzlich herbeiführen wollte, dass aber die dt. Regierung ein hohes Maß an Mitverantwortung trifft, weil sie den auslösenden Angriff Österreich-Ungarns gegen Serbien nicht verhindert, sondern, um die Großmachtstellung der Donaumonarchie zu erhalten, gefördert hat.

*Der Zweite Weltkrieg 1939–45*

**Vorgeschichte.** Der 2. Weltkrieg war in einem weit zutreffenderen Sinn ein globaler Krieg als der 1. Weltkrieg. Seit die Weltwirtschaftskrise (1929–33) die Schwächen der Mächte USA, Großbritannien und Frankreich, die die 1919/20 errichtete Ordnung faktisch garantierten, offenkundig werden ließ, strebten die im 1. Weltkrieg besiegten oder bei der Friedensregelung benachteiligten Großmächte Dtl., Italien und Japan verstärkt eine Revision der Ordnung von 1919/20 an. Dtl. unter A. Hitler beabsichtigte über eine schrittweise Ausweitung seiner kontinentaleurop. Position, nach Ausschöpfung aller „friedlichen" Möglichkeiten durch lokalisierte „Feldzüge" („Blitzkriege"), die militär. Ausschaltung Frankreichs und die Eroberung des europ. Russland; nach der Errichtung einer kontinentalimperialen Basis, die mit einer rassenideolog. Umgestaltung Europas verbunden werden sollte (↑Nationalsozialismus), war der Ausbau einer Weltmachtstellung mit Kolonien in Afrika, einer starken Flotte und Stützpunkten im Atlantik vorgesehen hinsichtlich einer für später erwarteten Auseinandersetzung mit der Weltmacht USA. Das faschist. Italien strebte auf Kosten Großbritanniens und Frankreichs ein Mittelmeerimperium (mit einem kolonialen Ergänzungsraum in Nordostafrika und im Nahen Osten) an. Japan suchte die Hegemonialmacht in einem China, Südostasien und die westpazif. Inseln umfassenden „Großraum" zu werden. Trotz Abkommen (↑Antikomintern-Pakt und Stahl-Pakt) handelten die drei revisionist. Mächte ohne Absprache. Hitler erwies sich dabei als die vorwärts treibende Kraft.

Mit der Zerschlagung der Tschechoslowakei verließ die dt. Politik den nationalen Rahmen endgültig. Durch die Garantie der Unabhängigkeit Polens (31. 3. 1939) suchte Großbritannien das europ. Gleichgewicht zu erhalten. Die Bemühungen, die Garantieerklärung durch eine Einbeziehung der UdSSR wirksamer zu gestalten, scheiterten an den sowjet. Forderungen bezüglich der balt. Staaten. Nach parallel hierzu geführten dt.-sowjet. Geheimverhandlungen kam es am 23. 8. 1939 zum Abschluss des dt.-sowjet. Nichtangriffspakts, dessen geheimes Zusatzprotokoll u. a. die balt. Staaten, Ostpolen und Finnland der sowjet. Interessensphäre zurechnete. Großbritannien hatte sich am 25. 8. in einem Bündnis gegenüber Polen festgelegt, sodass es nach Hitlers Angriff auf Polen (1. 9. 1939) zus. mit Frankreich am 3. 9. 1939 Dtl. den Krieg erklärte. Hitler sah sich nun in einen Krieg verstrickt, für den das Reich nur unzureichend gerüstet war.

**Von der Eroberung Polens bis zur Niederwerfung Frankreichs (Sept. 1939 bis Juni 1940).** Infolge der Konzentration der dt. Heeres- und Luftwaffenverbände und der Passivität der Westmächte an der nur schwach geschützten dt.-frz. Grenze gelang die militär. Eroberung Polens in wenigen Wochen (28. 9. 1939 Kapitulation Warschaus). Gemäß den dt.-sowjet. Abmachungen rückte die Rote Armee am 17. 9. in Polen ein und nahm das Gebiet bis zur Weichsel, dann – nach Abschluss eines dt.-sowjet. Grenz- und Freundschaftsvertrages (28. 9. 1939) – das Gebiet bis zum Bug in Besitz. Litauen kam von der dt. in die sowjet. Interessensphäre. Über Danzig sowie die ehem. preuß. Provinzen Westpreußen und Posen hinaus wurde ein breites Gebiet des westl. Polen in das Reichsgebiet eingegliedert; Zentralpolen wurde als „Generalgouvernement" zu einem Nebenland des Dt. Reiches. Im Winter 1939/40 begann von dt. und sowjet. Seite die systemat. Ausrottung der poln. Intelligenz. Die Absicht der Westmächte, in den finnisch-sowjet. **Winterkrieg** (30. 11. 1939 bis 12. 3. 1940) über Norwegen/Nordschweden einzugreifen, veranlasste dt. Planungen, dem durch eine Besetzung Norwegens zuvorzukommen. Trotz Abschluss des finnisch-sowjet. Friedens (12. 3. 1940), bei dem Finnland unter Gebietsverlusten seine Selbstständigkeit wahren konnte, wurde diese Absicht am 9. 4. 1940 mit der Besetzung Dänemarks und (April–Juni 1940) Norwegens verwirklicht.

Am 10. 5. 1940 begann unter Verletzung der Neutralität Belgiens, der Niederlande und Luxemburgs der Feldzug im Westen. Nach Hitlers Plänen sollte die vollständige mil. Niederlage Frankreichs Voraussetzung sein für ein Arrangement mit Großbritannien und für einen Feldzug gegen die UdSSR. Militärisch war der Feldzug erfolgreich: Vorstoß über die Maas zur Kanalküste bei Abbéville; Kapitulation des belg. Heeres, Gefangennahme der frz. Nordarmee; Einnahme von Dünkirchen (4. 6. 1940), aus dem jedoch das brit. Expeditionskorps entkam. Nach Fortsetzung der dt. Offensive nach Innerfrankreich hinein (14. 6. 1940 Einzug in Paris) und nach dem Kriegseintritt Italiens (Kriegserklärungen an Großbritannien und Frankreich am 10. 6. 1940) fand sich die neue frz. Regierung (Marschall P. Pétain) zum Waffenstillstand bereit (22. 6. 1940 in Compiègne), der die dt. Besetzung der gesamten frz. Atlantikküste vorsah, Frankreich jedoch Flotte und Kolonialreich beließ. Von London aus rief General C. de Gaulle (18. 6. 1940) zur Fortsetzung des Krieges durch das „Freie Frankreich" auf. Der von Hitler angestrebte „Ausgleich" mit Großbritannien („Friedensappell" v. 19. 7. 1940) kam nicht zustande. Mit Hilfszusagen des amerikan. Präs. F.D. Roosevelt setzte Großbritannien den Kampf fort.

**Die Kriegshandlungen in der Zeit von Juni 1940 bis Juni 1941.** Dt. Anstrengungen, durch Vorbereitungen einer Landung auf der brit. Insel und durch eine Luftoffensive („Battle of Britain") Großbritannien zum Einlenken zu bewegen, scheiterten. Die Zahl der dt. U-Boote war zu gering, um die Zufahrtswege über den Atlantik ernsthaft zu gefährden. Die Unterstützung Großbritanniens durch die USA nahm zu. Die Kriegsproduktion Großbritanniens übertraf bereits die dt. (bes. an Panzern und Flugzeugen). Hitler sah im Herbst 1940 nur zwei Möglichkeiten, den Krieg erfolgreich fortzuführen: 1. durch den Aufbau eines „Kontinentalblocks" von Spanien bis Japan (unter Einschluss der UdSSR) eine so gewaltige Machtstellung zu gewinnen, dass Großbritannien aufgab und die USA sich auf den amerikan. Doppelkontinent zurückzogen; 2. trotz Fortdauer des Krieges im Westen den Eroberungszug nach Osten gegen die UdSSR zu führen und sogleich danach in den Nahen Osten (bis Afghanistan) und über Gibraltar nach Nordwestafrika und auf die portug. Inseln vorzudringen, während Japan nach Singapur vorstieß und Indien von Osten bedrohte, um die gesamte östl. Hemisphäre gegenüber den USA abzusichern. Die weit gespannte polit. Kombination gelang nur zum Teil: mit Japan und Italien wurde am 27. 9. 1940 der „Dreimächtepakt" abgeschlossen. Daher setzte Hitler Ende 1940 endgültig die militär. Ostlösung als nächste Etappe seines improvisierten Kriegsplans fest. Das Scheitern des ital. Angriffs auf Griechenland (28. 10. 1940) zwang zur Vorbereitung einer dt. Entlastungsoffensive über Rumänien-Bulgarien. Schon im Sommer 1940 hatten das sowjet. Ultimatum an Rumänien zur Abtretung der Nordbukowina und Bessarabiens und die Revisionsansprüche Ungarns und Bulgariens gegenüber Rumänien zu einem dt. Engagement in Südosteuropa geführt (2. Wiener Schiedsspruch 30. 8. 1940: Abtretung Nordsiebenbürgens an Ungarn; Garantie Rest-Rumäniens durch Dtl. und Italien). Die Niederlage der ital. Armee in Nordafrika und die brit. See- und Luftüberlegenheit im Mittelmeerraum führten s. Dez. 1940 zur Entsendung dt. Luftwaffen- und Heeresverbände nach Italien und Libyen (Afrikakorps unter Gen. E. Rommel). Vom 6. 4. 1941 an wurden Griechenland und Jugoslawien von dt. Truppen besetzt, vom 20. 5. bis 1. 6. 1941 auch die Insel Kreta. Der jugoslaw. Staat wurde zerschlagen und die Gebiete auf verschiedene Staaten aufgeteilt, u. a. Dtl., Italien. Dt. Truppen drangen in Nordafrika vom 27. 3. bis 14. 4. 1941 von der Großen Syrte bis zur libysch-ägypt. Grenze vor, konnten jedoch Tobruk nicht einnehmen. Hitler verknüpfte bei der Planung des dt. Angriffs auf die UdSSR die militär. Zielsetzung mit seinem rassenideolog. Programm: Er befahl die systemat. Ausrottung der Juden in den eroberten sowjet. Territorien durch „Einsatzgruppen" des Sicherheitsdienstes (SD) und der Sicherheitspolizei (SIPO) und strebte die Vernichtung der kommunist. Führungsschicht („Kommissarbefehl") und die Dezimierung der slaw. Bevölkerung an. Ein „Generalplan Ost" sah eine millionenfache Aus- und Umsiedlung mit dem Ziel einer Germanisierung weiter Teile Osteuropas vor. Die sowjet. Kriegsvorbereitungen hielten sich in Grenzen, da J.W. Stalin nicht von einem dt. Angriff vor Abschluss des Krieges im Westen überzeugt werden konnte und sich bis zuletzt um einen Ausgleich mit Hitler bemühte.

Japan, das am 13. 4. 1941 einen Neutralitätsvertrag mit der UdSSR geschlossen hatte, setzte die im Sept. 1940 mit der Besetzung Nordindochinas begonnene Südexpansion mit dem Vorstoß nach Südindochina fort und lehnte eine Mitwirkung am Krieg gegen die UdSSR ab. Die USA vervielfachten mit dem „Leih-Pacht-Gesetz" vom 11. 3. 1941 ihre Unterstützung für Großbritannien.

**Die Wende des Krieges (Juni 1941 bis Herbst 1942).** Dem dt. Angriff auf die UdSSR (22. 6. 1941) schlossen sich Rumänien, Italien, Finnland und Ungarn an. In Grenzschlachten sollte das Gros der Roten Armee ausgeschaltet werden, ehe die sowjet. Führung die auf 10–12 Mill. Mann geschätzten Reserven mobilisieren konnte. Danach sollten die dt. Truppen in die Tiefe des russ. Raumes bis Archangelsk-Astrachan vorstoßen. Dieses Ziel ließ sich nicht erreichen. Es gelang, in mehreren Kesseln, u. a. am Bialystok, östl. Kiew und im Raum Wjasma-Brjansk, rd. 3,5 Mill. sowjet. Kriegsgefangene in dt. Gewahrsam zu bringen, doch konnte die sowjet. Führung einen Zusammenbruch der Anfang Dez. 1941 bis auf 40 km vor Moskau zurückgedrängten russ. Front verhindern. Leningrad wurde von allen Landverbindungen abgeschnitten (in 3 Jahren Belagerung mindestens 800 000 Hungertote) sowie die Ukraine und die Krim von den Deutschen erobert. Die sowjet. Gegenoffensive im Raum Moskau (ab 6. 12. 1941) drängte die dt. Truppen zurück. Nach Befehl v. 31. 7. 1941 wurden am 20. 1. 1942 während der Wannsee-Konferenz die organisator. Planungen für die Verwirklichung der „Endlösung“, d. h. die systemat. Ausrottung aller Juden im dt. Machtbereich, festgelegt. In den Vernichtungslagern Auschwitz, Treblinka, Majdanek u. a. begann in den folgenden Monaten der Genozid an den Juden (etwa 6 Mill. Opfer). Die brutale dt. Besatzungspolitik verschaffte der Partisanenbewegung im besetzten Teil der UdSSR seit Herbst 1941 wachsenden Zulauf. Auch im übrigen dt. besetzten Europa gewannen Widerstandsbewegungen an Bedeutung (u. a. in Jugoslawien, Polen, Frankreich). Am 14. 8. 1941 verkündeten F.D. Roosevelt und W.Churchill die Atlantik-Charta.

Jap.-amer. Verhandlungen im Sommer 1941 erreichten am 26. 7. 1941 ihren toten Punkt, nachdem die amer. Reg. die jap. Besetzung Südindochinas mit einem Ölembargo beantwortet hatte. Japan entschied sich zur Eroberung der südostasiat. Rohstoffgebiete durch Angriff auf den dortigen Kolonialbesitz Großbritanniens, der Niederlande und der USA, verbunden mit einem Überraschungsschlag auf die amerikan. Pazifikflotte in Pearl Harbor (7. 12. 1941). Hitler und Mussolini erklärten am 11. 12. 1941 den USA den Krieg. Damit wuchsen der europ. und der jap.-chin. Krieg zusammen. Ziel der Japaner war es, nach der Eroberung von Singapur (15. 2. 1942), der Philippinen, Niederländisch-Indiens und Birmas sowie von Inselgruppen im Westpazifik zur Defensive überzugehen und die erwarteten Gegenoffensiven der Amerikaner und Briten abzuwehren, um mit ihnen zu einem Remis-Frieden zu kommen. In der See-Luft-Schlacht bei den Midway-Inseln (3.–7. 6. 1942) zeigte sich aber, dass die USA trotz anfängl. Niederlagen ihre Überlegenheit gewahrt hatten. Mit der Landung auf Guadalcanal (7. 8. 1942) ergriffen sie die Initiative (Beginn des „Inselspringens“).

Ohne Absprache mit Japan hatte Hitler als Ziel für 1942 die Eroberung wichtiger sowjet. Rohstoffgebiete und einen Vorstoß über den Kaukasus nach Iran festgelegt. Eine Offensive der Armee Rommel in Nordafrika in Richtung Suezkanal war als Nebenoperation gedacht. Der U-Boot-Krieg gegen die brit. Verbindungen im Atlantik erreichte seinen Höhepunkt. Die Offensive im Südteil der Ostfront begann am 28. 6. 1942 und blieb Anfang Sept. 1942 in Stalingrad sowie am Nordrand des Kaukasus stecken. Die Offensive Rommels (ab 26. 5. 1942) kam nach der Eroberung Tobruks (21. 6.) am 30. 6. 1942 an der El-Alamein-Linie westl. von Alexandria zum Stehen.

**Der Krieg in Europa und Afrika vom Herbst 1942 bis Mai 1945.** Die Hauptlast des Krieges gegen Dtl. trug die UdSSR. Stalins Forderung nach einer „Zweiten Front“ wurde von den Westalliierten unter Hinweis auf das Transportproblem und das globale Ausmaß des Krieges zunächst auf 1943 verwiesen. Stattdessen wurde als Vorbereitung für eine Invasion in Westeuropa eine Großoffensive im Mittelmeerraum mit dem Ziel der Ausschaltung Italiens und der Errichtung einer Abnutzungsfront beschlossen. Mit Beginn der brit. Offensive gegen die Armee Rommel bei El-Alamein (23. 10. 1942) und der amer.-brit. Landung in Marokko und Algerien (7./8. 11. 1942) wurde die Wende auf diesem Kriegsschauplatz eingeleitet. Die dt.-ital. Gegenzüge, Besetzung ganz Frankreichs und Errichtung eines Brückenkopfes in Tunesien (11. 11. 1942), hatten nur aufschiebende Wirkung. Die seit Frühjahr 1942 laufende brit. Bomberoffensive gegen dt. Städte wurde durch den Einsatz amer. Bomberverbände ergänzt. Am 24. 1. 1943 verkündeten Roosevelt und Churchill als Kriegsziel die „bedingungslose Kapitulation“ Dtl.s, Italiens und Japans. Die Niederlage der 6. dt. Armee im Raum Stalingrad (Winter 1942/43) markierte die äußere Wende auf dem östl. Kriegsschauplatz. Nach Abwehr der letzten dt. Offensive im Raum Kursk (5. 7. 1943) trat die Rote Armee zur Gegenoffensive an und überschritt im Jan. 1944 die Grenze nach Polen, im April 1944 die nach Rumänien. Aus der Kapitulation Italiens (3. 9. 1943) nach der Besetzung Tunesiens durch die Alliierten (13. 5. 1943), der Landung auf Sizilien (10. 7. 1943) und dem Sturz Mussolinis (25. 7. 1943) erwuchsen vorübergehend Spannungen zw. den Alliierten.

Politisch kam es 1943 zur inneren Festigung der Anti-Hitler-Koalition, nachdem es im Zusammenhang mit der Entdeckung von Massengräbern poln. Offiziere bei Katyn (April 1943) noch einmal zu einer Krise gekommen war: die UdSSR brach die Beziehungen zur poln. Exil-Reg. in London ab (26. 4. 1943) und stellte in Moskau den Kern einer künftigen kommunist. poln. Regierung bereit.

Auf der Konferenz von Teheran (28. 11. bis 1. 12. 1943) einigten sich Roosevelt, Churchill und Stalin über die gemeinsame Niederwerfung Dtl.s (Invasion im Westen im Mai 1944), die Verschiebung Polens nach Westen auf Kosten Dtl.s bis zur Oder (im Osten im Wesentl. Curzon-Linie, ↑Curzon, als poln.-sowjet. Grenze) und die Anerkennung Titos als alliierten Partner in Jugoslawien.

Von Mitte 1944 an engte sich der Raum der von Dtl. beherrschten improvisierten „Festung Europa“ schnell ein. Die Proklamation des „totalen Krieges“ (Febr. 1943, wiederholt im Aug. 1944) änderte daran nichts. Am 4. 6. 1944 mussten die dt. Truppen Rom aufgeben. Am 6. 6. 1944 begann die alliierte Großinvasion in der Normandie; ab 22. 6. 1944 zerschlug die Rote Armee die dt. Heeresgruppe Mitte und drang bis an die ostpreuß. Grenze und nach Warschau vor. Sie ließ es zu, dass die dt. Besatzungsmacht den Warschauer Aufstand der nationalpoln. Heimatarmee niederschlug (1. 8. bis 2. 10. 1944). Der Versuch der dt. ↑Widerstandsbewegung (Schenk von ↑Stauffenberg), durch ein Attentat auf Hitler das nat.-soz. Regierungssystem zu beseitigen und eine schnelle Beendigung des Krieges herbeizuführen, scheiterte am 20. 7. 1944. Am 31. 7. 1944 durchbrachen die Alliierten die Front in der Normandie, befreiten am 25. 8. 1944 Paris (Regierungsübernahme in Frankreich durch de Gaulle) und drangen in wenigen Wochen bis zur dt. Grenze vor. Rumänien, Bulgarien, Finnland wechselten im Aug./Sept. 1944, Ungarn im Dez. 1944 die Fronten. Hitlers Versuch, durch die Ardennenoffensive (ab 16. 12. 1944) im Westen eine Wende herbeizuführen, scheiterte. Am 12. 1. 1945 begann die Rote Armee zw. der Ostsee und den Karpaten eine Großoffensive, die sie bis zum 30. 1. 1945 an die Oder brachte.

Auf der Konferenz von ↑Jalta (4.–11. 2. 1945) hatten sich Roosevelt, Churchill und Stalin um eine Eini-

**WELTKRIEG** (Fortsetzung)

gung über ihre Dtl.- und Polen-Politik bemüht u. wichtige Vorentscheidungen getroffen. Gegen polit. und territoriale Zugeständnisse in Südostasien erklärte sich die UdSSR zu einem Kriegseintritt gegen Japan nach Beendigung des Krieges in Europa bereit.

Seit dem 8. 2. 1945 drangen die Westalliierten in das Innere Dtl.s vor. Sie hielten Mitte April 1945 an der Linie Elbe–Mulde inne. Am 16. 4. 1945 begann die Rote Armee ihre Endoffensive. Sie nahm am 2. 5. Berlin ein. Hitler hatte am 30. 4. 1945 in Berlin Selbstmord verübt. Zu seinem Nachfolger war Großadmiral K. Dönitz ernannt worden. Dieser ließ am 7. 5. in Reims und am 9. 5. in Berlin-Karlshorst die Kapitulation der dt. Wehrmacht unterzeichnen. Seine Reg. wurde am 23. 5. 1945 in Flensburg verhaftet.

Auf der Potsdamer Konferenz (17. 7. bis 2. 8. 1945) trafen die Mächte der Anti-Hitler-Koalition in Formelkompromissen Vereinbarungen, die die wirtsch. und polit. Einheit eines um die Gebiete östl. von Oder und Görlitzer Neiße verkleinerten Dtl. erhalten sollten. Die Aussiedlung der dt. Bev. aus Polen, der Tschechoslowakei und Ungarn „in humaner Weise" wurde beschlossen. Über 10 Mill. wurden aus ihrer Heimat vertrieben. Ein alliierter Kontrollrat übernahm die höchste Reg.-Gewalt in Dtl.

**Der Krieg im Pazifik 1942 bis 1945.** Die Rückgewinnung der von Japan eroberten Gebiete vollzog sich langsam, obwohl seit 1943 etwa die Hälfte der amerikan. Kräfte im Pazifik konzentriert war. Sie drangen im Zuge ihres „Inselspringens" von Ost nach West vor, die Briten von Indien aus nach Birma. Japan änderte seine Besatzungspolitik und förderte seit 1943 die Unabhängigkeitsbewegungen in Indochina, auf den Philippinen, in Birma und Indonesien. Das jap. Heer eroberte in einer Sommeroffensive 1944 weite Teile Chinas und suchte eine Landverbindung nach Indochina herzustellen. Am 4. 5. 1945 kündigte die UdSSR den Neutralitätspakt mit Japan. In Jalta hatte Stalin den Kriegseintritt spätestens drei Monate nach Kriegsende in Europa zugesagt. Am 6. 8. wurde die erste Atombombe auf Hiroshima geworfen (über 90 000 Tote), am 9. 8. 1945 die zweite auf Nagasaki.

Am 8. 8. 1945 erklärte die UdSSR Japan den Krieg. Die sowjet. Fernostarmee drang in die Mandschurei und in Nordkorea ein. Sie setzte ihren Vormarsch auch fort, als Kaiser Hirohito am 14. 8. 1945 die Kapitulation Japans verkündete (am 2. 9. 1945 unterzeichnet). Amer. Truppen besetzten die jap. Hauptinseln sowie Südkorea. Die Kolonialmächte kehrten nach Südostasien zurück, gerieten jedoch in Konflikt mit den Unabhängigkeitsbewegungen in den Ländern, die nach der jap. Kapitulation ihre Selbstständigkeit proklamiert hatten. Die Reg. Chiang Kaishek hatte am 14. 8. 1945 die von Roosevelt und Churchill in Jalta zugestandenen Einschränkungen der chin. Souveränität in einem „Freundschaftsvertrag" mit der UdSSR akzeptieren müssen. Große Teile Nordchinas wurden von den Truppen Mao Zedongs eingenommen.

**Bilanz des 2. Weltkrieges.** Dtl., Italien und Japan schieden als Großmächte aus dem Weltmächtesystem aus. In Europa hatten die USA und die zur Weltmacht aufgestiegene UdSSR die Entscheidung herbeigeführt. Ihren Macht- und Einflusssphären gemäß wurde Europa geteilt. In Ostasien dominierten zunächst die USA. Der Abstieg Großbritanniens und Frankreichs begann sich abzuzeichnen.

Zu Friedensschlüssen kam es nur mit Italien und den kleineren europ. Verbündeten des nat.-soz. Dtl. (10. 2. 1947). Die USA schlossen 1951 mit Japan Frieden. Österreich erhielt 1955 einen Staatsvertrag. Angesichts der Interessengegensätze zwischen den beiden Weltmächten war ein gemeinsamer Friedensschluss mit Dtl. von Anfang an unwahrscheinlich. Die Westmächte erklärten 1951 (UdSSR 1955) den Kriegszustand mit ganz Dtl. für beendet. Der 2. Weltkrieg forderte nach Schätzungen zw. 55 u. 62 Mill. Tote. Davon entfielen allein auf die UdSSR etwa 27 Mill., auf Dtl. 5,25 Mill., Polen 4,5–6 Mill., Jugoslawien etwa 1 Mill., Japan 1,8 Mill. und China bis zu 10 Mill. Die USA hatten 292 000 Kriegstote, Großbritannien 386 000, Frankreich 810 000, Italien 330 000, Rumänien 378 000, Ungarn 420 000, Finnland 84 000 Kriegstote. Etwa 6 Mill. europ. Juden fielen dem ↑Holocaust zum Opfer. Darüber hinaus bewirkte der 2. Weltkrieg, dass rd. 20 Mill. Menschen aus ihrer Heimat flüchten mussten oder aus ihr vertrieben, deportiert oder als Zwangsarbeiter verschleppt wurden. Zur Ahndung d. Kriegsverbrechen fanden in Dtl. u. Japan vor internat. Militärgerichtshöfen Prozesse statt (↑Nürnberger Prozesse).

---

hen. Die Gesamtheit der zwischenstaatl. Handelsbeziehungen wird als *Welthandel* bezeichnet.

**Weltwirtschaftsgipfel,** s. 1975 jährl. stattfindende Konferenz der Staats- u. Reg.-Chefs der 7 führenden westl. Ind.staaten (↑G 7) sowie des Präs. der Europ. Kommission (s. 1977) zu globalen Wirtsch.-, Entwicklungs-, Währungs- u. weltpolit. Fragen.

**Weltwirtschaftskrise,** allg. Wirtschaftskrise, die weltweit die wichtigsten Wirtsch.mächte erfasst; i. e. S. die mit dem Kurssturz an d. New Yorker Börse (25. 10. 1929) beginnende u. bis 1932 reichende globale Depression.

**Weltwunder, sieben,** Aufzählung aus dem 3. Jh. v. Chr. der 7 berühmten Bau- u. Kunstwerke des Altertums: 1. ägypt. Pyramiden von Giseh (zw. 2600 und 2400 v. Chr.), 2. Hängende Gärten der Semiramis in Babylon (wahrsch. 6. Jh. v. Chr.), 3. Tempel der Artemis (Artemision) in Ephesus (6. Jh. v. Chr.), 4. Kultbild des Zeus von Olympia (von Phidias, um 430 v. Chr.), 5. Mausoleum zu Halikarnassos (4. Jh. v. Chr.), 6. Koloss von Rhodos (Statue des Helios, 3. Jh. v. Chr.), 7. Leuchtturm der Insel Pharus vor Alexandria (vollendet um 280 v. Chr.).

**Weltzeit,** Abk. **UT** [von engl. **Uni**versal **Time**], **WZ,** die Zonenzeit des nullten Längenmeridians (Meridian v. Greenwich), auch *Greenwich Mean Time (GMT).* Die *koordinierte W. (UTC)* beruht auf der Internat. Atomzeit.

**Wendekreis,** Deklinationskreis an der Himmelssphäre, in dem die Sonne zum Zeitpt. der Sommersonnenwende (21. Juni; *W. des Krebses)* bzw. der Wintersonnenwende (21. Dez.; *W. des Steinbocks*) steht; auch Bez. für die beiden Parallelkreise auf der Erdkugel, über denen die Sonne zu den Solstitien (↑Solstitium) senkrecht steht (±23° 27' geograph. Breite).

**Wendelstein,** Gipfel im Mangfallgeb., Bay., 1 838 m.

**Wenden,** Bez. für slaw. Bev.-

Gruppen in Dtl., v. a. die ↑Sorben in der Lausitz; im Wendland (um Lüchow, Dannenberg u. Salzwedel); Sorbisch wird noch von einigen Zehntausend gesprochen.

**Wẹnders,** Wim, dt. Filmregisseur u. -produzent, *1945; Vertr. des *Neuen Dt. Films* („Paris, Texas").

**Wẹnzel,** *Hl. Röm. Reich:* **1) W.,** *1361, †1419, Röm. König 1376/1378–1400, Kg. v. Böhmen (als W. IV.) s. 1363; Sohn Ks. Karls IV., wegen Erfolglosigkeit 1400 von den vier rhein. Krfst. abgesetzt. – *Böhmen:* **2) W. I.,** der Heilige, *um 903, †935, Hzg. s. 921/922; förderte die Christianisierung seines Landes; von seinem Bruder Boleslaw I. ermordet; Landespatron Böhmens. **3) W. II.,** *1271, †1305, Kg. seit 1283; Sohn Ottokars II., beanspruchte 1300 die Krone Polens, gewann die Lehnsherrschaft über die oberschles. Fürstentümer.

**Wẹnzelskrone,** böhm. Königskrone; im 14. Jh. aus der alten böhm. Königskrone gearbeitet.

**Werbung,** Versuch der zwangfreien Meinungsbeeinflussung durch bes. Kommunikationsmittel; v. a. *Wirtschafts-W.:* Absatz-W. u. Vertrauens-W. (↑Public Relations).

**Werbungskosten,** steuerl. absetzb. Aufwendungen für Erwerb, Sicherung u. Erhalt des Einkommens (u. a. Fahrtkosten zur Arbeitsstätte).

**Werder,** **Wert[h]**, Flussinsel (Oberwerth im Rhein), auch d. Land zw. Fluss (Ochsen-W. bei Hamburg) u. stehendem Gewässer sowie urbar gemachtes Land.

**Wẹrfel,** Franz, östr. Schriftsteller, *1890, †1945; expressionist. Lyrik, Dramen („Jacobowsky und der Oberst"), Romane, zunächst zeitkrit. u. histor. Stoffe („Die 40 Tage des Musa Dagh"), im Spätwerk religiöse Thematik („Das Lied von Bernadette", „Stern der Ungeborenen").

**Werft** [niederl.], **1)** Schiffbauplatz am Wasser; Ind.-Unternehmen für Bau, Ausrüstung u. Reparatur v. Schiffen. **2)** Halle zur Überholung u. Reparatur von Luftfahrzeugen.

**Wergeld** [ahd. wer = Mann], auch als Blutgeld bezeichnet, im german. Altertum u. im frühen Mittelalter Sühnegeld für einen Totschlag, zu zahlen vom Täter an die Sippe des Getöteten.

**Werkbund, Deutscher,** 1907 gegr. (1947 wieder gegr.) Vereinigung von Architekten, Entwerfern, Handwerkern und Industriellen mit dem Ziel, die Qualität handwerkl. und ind. Erzeugnisse zu verbessern.

**Werkstoffe,** Materialien mit techn. nutzbaren Eigenschaften, d. stoffl. Basis d. Technik; metall., nichtmetall.-anorgan. u. organ. W.

**Werkstoffprüfung, Materialprüfung,** Prüfung der in der Technik verw. Werkstoffe (Materialien) auf ihre technolog., physikal. und chem. Eigenschaften, u. a. bei der Fertigung von Werkstücken, bei der Abnahme, im Gebrauch, bei der Entw. neuer Werkstoffe usw.; erfolgt mit mech., physikal., chem., mikroskop. Verfahren sowie mit den Methoden der *zerstörungsfreien W.* (z. B. Röntgenstrahl-, Ultraschallprüfung).

**Werkvertrag,** gegenseit. Vertr., der den Unternehmer zur Herst. eines Werkes (Arbeitserfolges) u. den Besteller zur Entrichtung der vereinbarten Vergütung verpflichtet. Beim *Werklieferungsvertrag* verpflichtet sich der Unternehmer, das Werk aus einem von ihm zu beschaffenden Stoff herzustellen u. dem Besteller das Eigentum an der hergest. Sache zu verschaffen.

**Werkzeugmaschinen,** Produktionsmasch. zur spanlosen od. spanenden Formung von Gegenständen; *spanlos:* Gieß-, Schmiede-, Pressmasch. u. a.; *spanend:* Dreh-, Bohr-, Fräs-, Hobelmasch. u. a.; man unterscheidet *Universal-* u. *Einzelmasch.* für versch. Bearb.-Arten bzw. zur Durchführung eines od. mehr. Arbeitsgänge. W. sind heute meist programmgesteuert (Numerik- od. NC-Masch. u. computergestützte Numerik- od. CNC-Masch.).

**Wermut[wein],** weinhaltiges Getränk mit Kräuterauszügen u. Bitterstoffen aus den Blüten des Wermuts (↑Artemisia).

**Wẹrne,** St. westl. v. Hamm, NRW, 30 500 E; Solbad; Steinkohlen-⚒; u. a. Stahl- und Möbelindustrie.

**Wernigerọde,** Krst. in Sachsen-Anhalt, 36 200 E; Stadtkern mit vielen Fachwerkbauten u. Fachwerkrathaus (15. Jh.), Schloss (Museum); Holz verarb., pharmazeut., Glas- u. a. Ind.; Luftkurort.

**Wẹrra,** Hauptquellfluss der Weser, 292 km.

**Wẹrst** [russ.], altes russ. Längenmaß (rd. 1,067 m).

**Wert, 1)** Bed., die Gütern im Hinblick auf die Bedürfnisbefriedigung beigemessen wird. Wertbestimmend sind der Nutzen, den ein Gut stiftet, u. der Grad der Knappheit im Verhältnis zum Bedarf. Es wird zw. *Gebrauchs-W.* (objektiv messbare Verwendbarkeit eines Gutes für einen best. Zweck) u. *Tausch-W.* (Preis des Gutes) unterschieden. **2)** Beziehung, die zw. einer Sache u. einem übergeordneten Maßstab durch den Menschen gefühlt oder gedacht wird, wodurch die Sache den Charakter des Guten u. „Wertvollen" erhält.

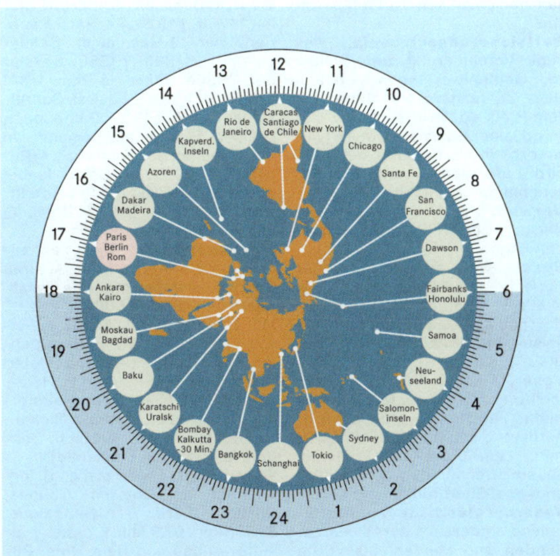


**Weltzeit:** *Weltzeituhr mit Stundenzahlenring*

Je nachdem, wie die Seinsweise des Wertes aufgefasst wird, ergeben sich versch. Werttheorien: 1. W. ist eine subjektive Setzung (z. B. F. Nietzsches Lehre von der „Umwertung aller Werte“ durch den „Willen zur Macht“), 2. W. haben objektive Gültigkeit, bilden ein an sich seiendes „Reich der Werte“ als oberste Maßstäbe menschl. Verhaltens (in M. Schelers materialer Wertethik u. bei N. Hartmann; Philos.).

**Wertigkeit, Valẹnz,** in der Chemie versch. gebrauchte Bez., z. B. als *Ionen-W.* (Zahl der posit. od. negat. Elementarladungen eines Ions) u. *Bindungs-W.* (Anzahl der kovalenten Bindungen).

**Wertpapiere,** Urkunden, die ein privates Recht mit Vermögenscharakter verbriefen, das ohne sie nicht geltend gemacht werden kann; nach Art der Übertragung unterschieden: ↑Inhaber-, ↑Namens- u. ↑Orderpapiere, nach der Verzinsung: *Gläubiger-* und *Teilhaberpapiere,* nach der Art des verbrieften Forderungsrechtes: *Geld-* und *Warenpapiere.*

**Wertschöpfung,** Summe der in einem Unternehmen od. einer Volkswirtsch. während einer Periode geschaffenen wirtsch. Werte. In der volkswirtsch. Gesamtrechnung ergibt sich die W. aus den Bruttoproduktionswerten (hergestellte Gütermengen zu Marktpreisen) abzügl. Vorleistungen der einzelnen Wirtsch.bereiche.

**Wertsicherungsklauseln,** vertragl. Vereinbarung zum Schutz gg. Geldentwertungen, wonach eine Zahlungsverpflichtung mit dem Preis od. Wert einzelner Güter od. einer Summe v. Gütern (Güterkorb) in Verbindung gebracht wird u. demgemäß variiert; in Dtl. genehmigungspflichtig.

**Werwolf,** im Volksglauben ein Mensch, der Wolfsgestalt annehmen kann.

**Wẹsel,** Krst. an der Mdg. der Lippe in den Niederrhein, NRW, 61 600 E; spätgot. Willibrordikirche (neu aufgebaut), Berliner Tor; vielseit. Ind.; Rhein- u. Rhein-Lippe-⚓.

**Wẹser,** Fluss in N-Dtl., 432 km, schiffb.; entsteht bei Münden aus Fulda 1) und Werra, Mdg. bei Bremerhaven; schiffb. Nebenfl.: Aller (mit Leine), Lesum, Hunte, Geeste; bei Minden vom Mittellandkanal überbrückt.

**Wẹserbergland,** Berg- und Hügelland beiderseits der Weser zw. Münden und Minden, bis 500 m ü. d. M.

**Wẹser-Ẹms,** Reg.-Bez. in Nds., 14 959 km², 2,36 Mill. E, Hptst. Oldenburg (Oldenburg).

**Wesir** [arab.], seit dem 14. Jh. Würdenträger (später Min.) in islam. Staaten. (↑Großwesir)

Wespe

**Wespen,** meist gelb-schwarz gezeichnete Hautflügler mit Brutpflege, Mundwerkzeuge kauend, Flügel längs faltbar; mit Giftstachel; Arten der Gatt. Vespa (z. B. Hornisse) Staaten bildend.

**Wẹsseling,** St. in NRW, 33 500 E; bed. Hafenanlagen am Rhein für Braunkohlen- u. Erdölumschlag, chem. Großind., Raffinerien.

**Wẹssely,** Paula, östr. Schauspielerin, * 1907, † 2000; verh. mit A. Hörbiger, seit 1953 am Wiener Burgtheater.

**Wẹssobrunn,** bayr. Ort sw. des Ammersees; 2 000 E; ehem. Benediktinerabtei (753[?]–1803), bek. durch das *W.er Gebet,* ein ahd. Schöpfungsgedicht aus einer lat. Handschrift des Klosters.

**Wẹst, 1)** Benjamin, amer.-brit. Maler, * 1738, † 1820; Porträts, Historienbilder. **2)** Mae, amer. Schauspielerin, * 1893, † 1980; Sexstar der 1930er-Jahre in den USA. **3)** Morris L[anglo], austral. Schriftsteller, * 1916, † 1999; Drehbücher, Dramen, Feuilletons, Romane; „In den Schuhen des Fischers“. **4)** Rebecca, eigtl. Dame Cecily Isabel **Andrews** [ˈændru:z], engl. Schriftstellerin, * 1892, † 1983; Romane, Essays, Reiseberichte.

**Wẹst|australi|en,** das flächenmäß. größte B.-Land des Austral. Bundes, umfasst das ges. westl. Australien, 2 525 500 km², 1,67 Mill. E, Hptst. Perth; Anbau v. Weizen, Hafer, Obst, Wein, Südfrüchten; in den Steppengebieten Schaf- und Rinderzucht; im N Perlenfischerei; ⚒ auf Gold (Kalgoorlie, Coolgardie), Eisen-, Nickel-, Uranerze, Bauxit; Wirtsch.-Zentrum ist Perth mit Fremantle; ⚓.

**West Bengal** [ˈwest bɛŋˈgɔ:l], ind. B.-Staat am unteren Ganges, westl. Teil ↑Bengalens, 87 853 km², 67,9 Mill. E, Hptst. Kalkutta; Anbau von Reis, Jute, Zuckerrohr, Mais, Bananen, Tee; Steinkohlenbergbau, Bauxitlager.

**Wẹsterland,** St. u. Seebad auf Sylt, Schl.-Ho., 9 400 E.

**Wẹsterwald,** Teil des Rhein. Schiefergeb. zw. Rhein, Sieg, Dill und Lahn, im Fuchskauten 656 m, der westl. *Unter-W.* waldreich, der *Hohe W.* großenteils entwaldet; teilw. Naturpark.

**Wẹsterwelle,** Guido, Politiker, * 1961; Rechtsanwalt; wurde 1994 Gen.-Sekr., Mai 2001 Bundesvors. der FDP.

**Wẹst|europäische Uniọn,** Abk. **WEU,** 1954 aus dem Brüsseler Pakt (1948) hervorgegangener Beistandspakt; Vollmitgl. sind Großbrit., Frkr., die Beneluxstaaten, Italien, Dtl., Spanien, Portugal u. Griechenland; Aufgaben: gegenseitiger bedingungsloser Beistand der Vollmitglieder bei bewaffnetem Angriff, europ. Pfeiler der NATO, Einsätze zur Krisen- und Konfliktbewältigung.

**wẹst|europäische Zeit,** Abk. **WEZ,** die Zonenzeit des Meridians v. ↑Greenwich.

**Westfalen,** NO-Teil von NRW, umfasst die *Westfäl. Bucht,* das nw. Weserbergland u. das Sauerland; Hauptort Münster. – Bis 1180 beim Hzgt. Sachsen, dann als *Hzgt. W.* an Köln, jedoch bald Zerfall des Territoriums in zahlr. Herrschaften; 1807 bildete Napoleon I. aus westfäl., hess., hannoverschen, braunschweig., preuß., sächs. u. a. Gebieten für Jérôme Bonaparte das *Kgr. W.* (Hptst. Kassel); 1815 preuß. *(Prov. W.),* nach dem 2. Weltkrieg zum Land Nordrhein-Westfalen.

**Westfälischer Friede,** 1648 v. Ks. u. R.-Ständen mit Frkr. in Münster (Westf.), mit Schweden in Osnabrück abgeschlossene Verträge zur Beendigung des Dreißigjähr. Krieges; Schweden erhielt Vorpommern, Wismar u. die Hzgt. Bremen u. Verden, Frkr. die östr. Gebiete im Elsass und die Bistümer Metz, Toul u. Verdun; an Bbg. kamen u. a. Minden, Halberstadt u. Hinterpommern. Die Schweiz u. die Niederlande schieden aus dem R.-Verband aus; die R.-Stände erhielten volle Landeshoheit für ihre Territorien u. das Recht, Bündnisse zu schließen; Wiederherst. des Augsburger Religionsfriedens.

**Wẹstfriesische Inseln,** die zu den Niederlanden gehörende westl. Gruppe der Fries. Inseln, mit (von W nach O) Texel, Vlieland, Terschelling, Ameland, Schiermonnikoog, Rottumerplaat und Rottumeroog.

**Westgoten,** Teilvolk der Goten, verließen um 395 ihre Lebensräume südl. der unteren Donau, plünderten 410 Rom u. gründeten 419 in SW-Gallien das *Tolosan. Reich,* das Chlodwig I. 507 zerschlug; Verlagerung des Schwergewichts des Reiches in das Gebiet um Toledo; es wurde 711 von den Arabern vernichtet.

**Westlindische Inseln, Westlindien,** der mittelamer. Inselbogen der Bahamainseln u. der Gr. u. Kl. Antillen.

**Westjordanland, Cisjordanilen, West Bank** [- bæŋk, engl.; = Westufer], westl. des unteren Jordan und des Toten Meers gelegener Teil (5 878 km², rd. 1,61 Mill. E) des ehem. brit. Mandatsgebiets ↑Palästina, 1948 v. jordan. Truppen besetzt, 1950 annektiert, s. 1967 unter isr. Verw. 1993 Einigung zw. Israel u. PLO über schrittweise palästinens. Autonomie (ab 1994/95 teilweise realisiert, 2001/02 militär. Abriegelungen u. Zerstörungen wegen 2. Intifada); gilt als Kerngebiet des mit der ausstehenden endgültigen Regelung zu bildenden palästinens. Staates.

**Westminster** ['westmınstə], offiziell: **City of W.,** Stadtbez. v. London; mit *W. Abbey,* Krönungskirche u. Grablege der engl. Könige; Hauptwerk des ↑Decorated Style.

**Westpreußen,** 1815 bis 1918 preuß. Provinz beiderseits der unteren Weichsel; 1919 zum größten Teil an Polen; 1939–45 Reichsgau Danzig-W.; 1945 ganz W. unter poln. Verwaltung, s. 1991 völkerrechtl. verbindlich zu Polen.

**Weströmisches Reich,** die W-Hälfte des Röm. Reichs seit der Teilung von 395 n. Chr.; es endete 476 mit Kaiser Romulus Augustulus.

**Westsahara,** Gebiet an d. NW-Küste Afrikas, 252 120 km², rd. 245 000 E (muslim. Saharaui, ein zu d. ↑Mauren zählender Stamm), Hpt.-Ort: El-Aaiún; Nomaden- u. Oasenwirtschaft, im N Phosphatabbau. – Wurde 1885 span. Protektorat, 1946 *Span.-Westafrika,* 1958 Überseeprov. *Span. Sahara;* 1975/76 nach Abzug d. Spanier Aufteilung d. W. unter Mauretanien u. Marokko ohne d. vorgesehene Volksabstimmung. D. Befreiungsbewegung FPOLISARIO, unterstützt v. Algerien, tritt dagegen für d. Unabhängigkeit v. W. ein („Demokrat. Arab. Rep. Sahara", DARS). Mauretanien trat 1979 unter marokkan. Protest seine Zone an d. DARS ab; daraufhin besetzte Marokko auch dieses Gebiet; 1991 Waffenstillstand. D. geplante Volksabstimmung über d. staatl. Zukunft konnte noch nicht durchgeführt werden.

**Westsamoa** ↑Samoa.

**Westsiebenbürgisches Gebirge,** rumän. **Munţii Apuseni** ['munts-], Geb.komplex in NW-Rumänien, d. Zentrum bildet d. *Bihargeb.* (1 849 m), südl. davon erstreckt sich nach W d. *Zarander Geb.* (860 m), nach O d. *Siebenbürger Erzgeb.* (1 080 m).

**West Virginia** [- və'dʒınjə], Abk. **W. Va.,** Staat im O der USA, 62 760 km², 1,79 Mill. E, Hptst. Charleston; Hauptanbauprodukte Obst, Mais, Tabak; Viehzucht; 75 % der Gesamtfläche Waldland; bedeutendste Steinkohlenförderung der USA, Erdöl-, Erdgasgewinnung.

**Westwall,** 1938/39 erbaute Befestigungsanlagen an der dt. W-Grenze zw. Aachen und Basel; nach 1945 geschleift.

**Westwood** [-wʊd], Vivienne, brit. Modedesignerin, *1941; gehört mit ihren fantasievollen Kreationen internat. zu den einflussreichsten Modedesignerinnen.

**Wettbewerb, Konkurrenz,** Rivalität zw. Wirtschaftssubjekten (v. a. Unternehmen) am Markt mit den Mitteln der Werbung, Produktgestaltung, Preispolitik u. a.; Steuerungsprinzip der Marktwirtschaft. *W.beschränkungen* (z. B. durch Kartelle) werden durch das *W.recht* unterbunden.

**Rogier van Weyden:** *Heimsuchung (um 1435)*

**Wetter, 1)** [sinnl.] wahrnehmb. Zustand der Atm. zu einem best. Zeitpunkt an einem best. Ort. **2)** ⚒ das in einer Grube vorhandene Gasgemisch.

**Wetterdienst,** staatl. Einrichtung, die Wetterbeobachtungen u. -analysen durchführt u. Wetternachrichten, Wettervorhersagen u. a. herausgibt. *Zentralamt des Dt. W.es* (DWD) in Offenbach am Main, für regionale Aufgaben 11 Wetterämter und das Seewetteramt Hamburg, meteorolog. Stationen u. a.; internat. Zusammenarbeit in der *Weltorganisation für Meteorologie* (World Meteorological Organization, WMO).

**Wetterhorn,** schweizer. Berggipfel in den Berner Alpen, 3 701 m.

**Wetterkarte,** kartograph. Darst. von Wetterlagen; zeigt Lage der Hoch- und Tiefdruckgebiete, Kalt- und Warmfronten u. a.

**Wetterkunde,** i. w. S. svw. ↑Meteorologie; i. e. S. svw. *synopt. Meteorol.* (vergleichende ↑Wettervorhersage).

**Wetterlampe,** fr. im Bergbau als Schlagwetteranzeiger benutzte explosionsgeschützte Benzindampflampe.

**Wettersatelliten,** künstl. Satelliten zur globalen Beobachtung u. Erforschung des Wetters.

**Wettersteingebirge,** Teil der Tirol.-Bayr. Kalkalpen zw. der Loisach und der Isar; Zugspitze 2 962 m.

**Wettervorhersage, Wetterprognose,** erfolgt *kurzfrist.* aus Extrapolation der in 3-stünd. Abständen vorgenommenen Wetteranalysen; *mittelfrist.* für 3–6 Tage aus weiterer Extrapolation der Wetterlage, z. T. mit statist. Mitteln; *langfrist. W.* nur durch Vergleich ähnlicher fr. Daten möglich.

**Wettiner,** s. dem 12. Jh. nach der Burg Wettin ben. dt. Fürstengeschlecht; erwarben die Mark Meißen, Thüringen u. 1423 das Hzgt. Sachsen-Wittenberg mit der Kurwürde; 1485 Teilung in *ernestin.* u. *albertin. Linie;* Albertiner waren 1806–1918 Kg. von ↑Sachsen, 1697–1706 u. 1709–63 zugleich v. Polen.

**Wetzlar,** Krst. an der Lahn, Hessen, 53 900 E; roman.-got. ehem. Dom; IHK; opt.- feinmechan. Ind., Eisen- und Stahlwerke. – Ehem. R.-St.; 1689 (1693)–1806 Sitz des Reichskammergerichts.

**WEU,** Abk. für: ↑**W**est**e**uropäische **U**nion.

**Weyden** ['wεjdə], Rogier van der, fläm. Maler, *1399 od. 1400, †1464; feierl. Strenge u. höf. Zurückhaltung der Figuren; stilbildend für dt. u. niederländ. Kunst; „Kreuzabnahme" (Madrid), „Jüngstes Gericht" (Beaune), „Columba-Altar" (München).

**WEZ,** Abk. für ↑**w**est**e**urop. **Z**eit.

**Wheatstone** ['wı:tstən], Sir Charles, brit. Physiker, *1802,

W

† 1875; fand unabh. von W. v. Siemens das dynamoelektr. Prinzip; Verdienste um die Entw. der Telegrafie; *W.-Brücke,* Brückenschaltung zur Messung elektr. Widerstände.

**Whigs** [wɪgz; engl.], **1)** Ende des 17. Jh.s entstandene engl./brit. Partei, die im Ggs. zu den Tories stand; Interessenvertr. der aristokrat. Grundbesitzer u. des Großbürgertums; aus ihr ging die Lib. Partei hervor. **2)** 1834–56 föderalist. Partei in den USA.

**Whisky** [ˈwɪskɪ; engl.], Trinkbranntwein (Mindestalkoholgehalt 43 Vol.-%) mit Rauchgeschmack; v. a. in Schottland u. Irland *(Whiskey)* auf Gersten- u. Weizenbasis, in Kanada u. den USA auf Roggen- *(Rye)* od. Maisbasis *(Bourbon);* lange Reifezeiten.

**Whist** [wɪst; engl.], Kartenspiel für 4 Spieler (je 2 sind Partner) mit 52 Karten.

**Whitehall** [ˈwaɪthɔ:l], repräsentat. Straße in London; Sitz v. Ministerien und Behörden.

**Whitehead** [ˈwaɪthed], Alfred North, brit. Philosoph u. Mathematiker, * 1861, † 1947; mit B. ↑Russell Begr. einer math. Logik, in der die grundlegenden Begriffe u. Theoreme der Math. u. Logik in einheitl. Aufbau systemat. definiert u. abgeleitet werden.

**Whitman** [ˈwɪtmən], Walt[er], amer. Dichter, * 1819, † 1892; verherrlichte den Aufstieg der Massen u. die Kraft des einf. Menschen; Glaube an den Fortschritt der menschl. Ges.; „Grashalme".

**WHO,** Abk. für: **W**orld **H**ealth **O**rganization (↑Weltgesundheitsorganisation).

**Wichern,** Johann Hinrich, dt. ev. Theologe, * 1808, † 1881; begr. 1833 das *Rauhe Haus* (für elternlose Kinder) in Hamburg; rief die ev. Kirchen auf dem Wittenberger Kirchentag 1848 zur „Inneren Mission" auf.

**Wichte,** Verhältnis v. Gewichtskraft zum Volumen eines Körpers.

**Wicke,** Gatt. der Schmetterlingsblütler; Futterpfl. und Unkräuter.

**Wickelbär,** Art der Kleinbären; gewandter Kletterer, Nachttier; Mittel- u. Südamerika.

**Wicki,** Bernhard, östr. Schauspieler u. Regisseur, * 1919, † 2000; Film „Die Brücke".

**Wickler,** Fam. kl. Schmetterlinge; Raupen leben u. a. in Blättern, die sie zusammenrollen und verspinnen, oder in Früchten.

**Widder,** lat. Ari|es, zum ↑Tierkreis gehörendes Sternbild des nördl. Himmels.

**Widder,** ♂ Schaf.

**Widerrist,** bei Huftieren, bes. Pferden, die vom Rücken zum Hals verlaufende Erhöhung (Dornfortsätze der ersten Brustwirbel).

**Widerruf,** Rücknahme einer privatrechtl. Willenserklärung [durch einseit., empfangsbedürft. Willenserklärung] od. Aufhebung eines rechtmäßigen Verwaltungsakts.

**Widerspruch, 1)** im Zivilprozess der eine mündliche Verhandlung herbeiführende Rechtsbehelf des Schuldners gg. Arrest, einstweil. Verfügung und Mahnbescheid (↑Mahnverfahren). **2)** der dem verwaltungsgerichtl. Verfahren vorgeschaltete Rechtsbehelf gg. rechtswidr. ↑Verwaltungsakte.

**Widerstand, 1)** die der Bewegung eines Körpers entgegengerichtete Kraft, z. B. ↑Luftwiderstand. **2) elektr. W.,** Zeichen *R*, der Quotient aus der zw. den Enden eines elektr. Leiters bestehenden Spannung *U* u. der in ihm herrschenden Stromstärke *I*; SI-Einheit: Ohm. Zur Erhöhung des W. werden bes. Schaltel. (ebenfalls W. gen.) verw., z. B. Draht-, Schicht- u. Schiebe-W.

**Widerstand gegen die Staatsgewalt,** unter Strafe gestellte Handlungen gg. den Staatswillen u. gg. die zu dessen Ausführung berufenen Organe.

**Widerstandsbewegung,** gemeinschaftl. organisierte Auflehnung gg. eine als tyrann., unrechtmäßig od. verf.widrig empfundene od. v. einer ausländ. Macht eingesetzte Herrschaft (v. a. die frz. Résistance u. versch. dt. W.en gg. die nat.-soz. Herrschaft); *Widerstandskämpfer* kamen in Dtl. aus der polit. verfolgten Linken: Kommunisten, Sozialdemokraten, Gewerkschaften (W. Leuschner), aus den christl. Konfessionen (M. Niemöller, Kardinal von Galen), aus dem Kreisauer Kreis (H. J. Gf. von Moltke), aus Militär u. Diplomatie (C. Schenk Gf. von Stauffenberg, C. F. Goerdeler, L. Beck, E. von Witzleben, Solf-Kreis); daneben kleinere Gruppen von Studenten (Weiße Rose), Intellektuellen, Künstlern.

**Widerstandsrecht,** das überstaatl. Grundrecht des Einzelnen, sich offenkund. verfassungswidr. od. [naturrechtl.] gg. das Sittengesetz verstoßenden Eingriffen der Staatsgewalt zu widersetzen, wenn die Ausübung des W. das einz. Mittel ist, das Aussicht auf die Erhaltung od. Wiederherst. des Rechts bietet.

**Widia**® [Kw.], Wolframcarbid-Kobalt-Legierung mit Zusätzen u. a. von Titancarbid; fast Diamanthärte; verw. für Werkzeuge.

**Widmark** [ˈwɪdmɑ:k], Richard, amer. Filmschauspieler, * 1914; „Mord im Orient-Expreß".

**Widukind, Wittekind,** † zw. 804 u. 812 (?), Führer der aufständ. Sachsen (778–785) im Kampf gg. Karl d. Gr.; entfachte s. 777 immer wieder Aufstände gg. die Franken; unterwarf sich 785 u. ließ sich taufen.

**Widukind** v. Corvey, sächs. Benediktiner im Kloster Corvey, * um 925, † nach 973; Verf. einer Sachsengesch., bed. Quelle bes. für die Zeit der Ottonen.

**Wiechert,** Ernst, Pseud. Barany **Bjell,** dt. Schriftsteller, * 1887, † 1950; Romane u. Erz.; „Das einfache Leben", „Die Jerominkinder".

**Wieck,** Clara, ↑Schumann, Clara.

**Wiedehopf,** etwa 28 cm gr., in Baumhöhlen brütende Art der Hopfe mit aufrichtb. Federschopf.

**Wieder|aufarbeitungsanlage** ↑Entsorgung.

**Wieder|aufnahmeklage,** ⚖ Klage auf Beseitigung eines rechtskräft. Urteils zur Neuverhandlung einer Sache, bei *Nichtigkeitsklage* wegen schwerster Verfahrensmängel, bei *Restitutionsklage* wegen unricht. Grundlagen (falsche Urkunden, Meineid) eines Urteils.

**Wiedergeburt,** in der Religionsgesch. Bez. für [den Glauben an] die Wiederverleiblichung nach d. Tod. (↑Seelenwanderung)

**Wiedergutmachung,** Entschädigung der BRD an Opfer der nat.-soz. Verfolgung, die Schaden an Leben, Körper, Gesundheit, Freiheit, Eigentum, Vermögen od. im berufl. od. wirtsch. Fortkommen erlitten haben; Grundlage v. a. das B.-Entschädigungsges. v. 1956 u. 1965 (BEG-Schlussgesetz). W. an Zwangsarbeiter erfolgte nach dem B.-Entschädigungsges., aufgrund bilateraler Verträge u. internat. Vereinbarungen (zuletzt v. 2000). W. v. SED-Unrecht ↑Rehabilitation, ↑Vermögensgesetz.

**Wiederkäuer,** Unterordn. der Paarhufer, mit mehrteil. Magen; Nahrung wird zunächst fast ungekaut verschlungen, gelangt später vom Netzmagen u. Pansen ins Maul zurück, wo sie dann gründl. gekaut u. wieder geschluckt wird; u. a. Hirsche, Giraffen, Rinder.

**Wiedertäufer** ↑Täufer.

**Wieland,** Gestalt der german. Heldensage; halbgöttl. Wesen, v. Kg. Nidhad gefangen gehalten und zu Schmiedearbeit gezwungen.

**Wieland,** Christoph Martin, dt. Dichter, * 1733, † 1813; pietist. Jugendgedichte; Wendung zur aufgeklärten, weltmänn. Kultur des

**Wien:** *Blick vom Rathaus über die Stadt, im Vordergrund das Wiener Burgtheater (1874–88)*

frz. Spätrokoko; entwickelt in s. ep. Werken ein dem Klassischen sich näherndes Humanitätsideal; „Gesch. des Agathon", „Musarion", „Die Abderiten", „Oberon".

**Wien,** östr. B.-Land (415 km$^2$) u. Hptst. von Östr., zugl. Verw.-Sitz v. Niederöstr., 1,53 Mill. E; Sitz der Internat. Atomenergie-Organisation u. der UNIDO; Kultur- und Wirtschaftszentrum von Östr.; Univ., TH, Hochschulen und Akademien, bed. Museen; Theater- und Musikstadt mit Staatsoper, Burgtheater u. a., auch Filmateliers. Der Kern der Stadt hpts. durch barocke Bauten geprägt, mit einigen bed. ma. Akzenten wie Stephansdom, Maria am Gestade (14. Jh.), Minoritenkirche (14. Jh.); barocke Kirchen, u. a. Jesuitenkirche, Peterskirche, Karlskirche; Hofburg mit Burgkapelle (1447–49), Östr. Nat.-Bibliothek, Span. Hofreitschule sowie Weltl. und Geistl. Schatzkammer; Schloss Schönbrunn u. Schloss Belvedere; zahlr. Adelspaläste des 17. und 18. Jh., Prachtbauten des 19. Jh. am Ring, zahlr. Parks; Kunstgewerbe, Verlage, Druckereien, Fahrzeug-, Masch.-Bau, Erdölraffinerie, chem. u. a. vielseit. Ind.; internat. Messe, Donau-⚓, ✈ in Schwechat. – *Gesch.:* anstelle der kelt. Siedlung u. des röm. Militärlagers *Vindobona* entstanden, 1137 erstmals als St. erwähnt, s. dem 12. Jh. Residenz der östr. Herzöge; 1276 habsburg.; 1529 und 1683 vergebl. von den Türken belagert; im 18. Jh. Ausbau; 1814/15 Tagungsort des ↑Wiener Kongresses; 1848 Aufstände; im 19. Jh. Entwicklung zur mod. Großstadt.

**Wiener,** Norbert, amer. Mathematiker, * 1894, † 1964; entwickelte mit C. Shannon die mod. Nachrichtentheorie; Begr. der Kybernetik.

**Wiener Klassik,** stilgeschichtl. Bez. für die hochklass. Periode d. Musikgesch., deren Hauptvertr. (J. Haydn, W. A. Mozart, L. v. Beethoven) hpts. in Wien lebten.

**Wiener Kongress,** Vers. europ. Herrscher und Staatsmänner 1814/15 unter Leitung Metternichs in Wien zur Neuordnung Europas nach dem Sturz Napoleons; Schaffung des Dt. Bundes; Russland erhielt den größten Teil des Hzgt. Warschau als Kgr. in Personalunion (Kongresspolen), Preußen die Hälfte des Kgr. Sachsen, Vorpommern, Westfalen u. die Rheinprov., Östr. verzichtete auf die niederl. und vorderöstr. Lande, erhielt die s. 1797 verlorenen Gebiete zurück, die Schweiz erhielt 3 Kt. u. die Garantie ihrer immer währenden Neutralität; Wiederherst. des Kirchenstaates, Vergrößerung der Niederlande um das spätere Belgien; Begründung der Hl. Allianz.

**Wiener Neustadt,** östr. St. im südl. Wiener Becken, 35 300 E; Stadtpfarrkirche (13. Jh.), ehem. Burg (um 1250; mehrfach umgebaut).

**Wiener Schule des phantastischen Realismus,** Gruppe v. Malern, die nach 1945 aus dem Schülerkreis A. P. Güterslohs hervorging; psychologisierend-dekorative, auch surreale Malerei (A. Brauer, E. Fuchs, R. Hausner, W. Hutter, A. Lehmden).

**Wienerwald,** Mittelgeb. westl. von Wien, NO-Ausläufer der Alpen, bis 893 m.

**Wies,** Wallfahrtskirche b. Steingaden in Obb., Hauptwerk des bayr. Rokoko, 1745–54 von D. Zimmermann erbaut.

**Wiesbaden,** Hptst. von Hessen u. krsfr. St., vom S-Rand des Taunus bis zum Rhein, 267 100 E; Statist. B.-Amt, B.-Kriminalamt, Staatsgerichtshof, Verw.-Ger., LG, IHK; Werkkunstsch., Konservatorium, Museen, Staatstheater; Kurhaus, 27 Thermalquellen; internat. Maifestspiele; Herst. von Zement, Zellglas, Zellstoff, Kälteanlagen, Dünger, Konfektionswaren, chem. Produkten, Sekt; Verlage. – Röm. Siedlung; im 13. Jh. an Nassau, im 19. Jh. Hptst. des Hzgt. Nassau.

**Wiesel,** Elie, amerikan.-jüd. Schriftsteller, * 1928; erzählende u. essayist. Werke um die Vernichtung der Juden im Nat.-Soz.; Friedensnobelpreis 1986.

**Wiesel,** Gatt. der Raubmarder; heim. Maus-W., Hermelin; eingebürgert der Mink.

**Wiesenschaumkraut** ↑Schaumkraut.

**Wight** [waɪt], brit. Kanalinsel u. Gft., 381 km$^2$, 124 800 E, Hptst. Newport; Sommer-, Winterkurorte.

**Wigman,** Mary, eigtl. Marie **Wiegmann,** dt. Tänzerin u. Choreographin, * 1886, † 1973; bed. Vertr. des mod. Ausdruckstanzes.

W

**Wigwam** [indian.-engl.], urspr. nur d. kuppelförmige Hütte d. Algonkin, später Bez. für alle Behausungen d. Indianer Nordamerikas.

**Wikinger,** skandinav. Kriegerscharen, die vom 6. bis 11. Jh. ganz Europa mit Plünderungsfahrten überzogen und die Handelswege beherrschten; sie erlernten früh die Segeltechnik; die Züge der *Norweger* führten v. a. zu den Brit. Inseln (8. Jh.), nach Island, Grönland (9./10. Jh.) u. Nordamerika, die der *Dänen* nach dem Kontinent (s. 834), nach England (866, 1013 erobert) u. der Normandie (911), die Züge der *Schweden* in den Ostseeraum u. nach Russland.

**Wild,** Sammelbez. für alle jagdb. Tiere, v. a. das zur hohen Jagd gehör. *Hoch-W.* (im Unterschied zum Nieder-W.); *Haar-W.* (Säugetiere), *Feder-W.* (Vögel).

**Wildbad im Schwarzwald,** St., Ba.-Wü., 11 700 E; Thermalquellen. – 1345 erstmals genannt.

**Wilde** [waıld], Oscar Fingal[l] O'Flahertie Wills, brit. Dichter ir. Herkunft, * 1854, † 1900; hervorragendster Vertr. des Ästhetizismus in Großbr.; Romane, Tragödien, geistreiche Ges.-Komödien, Märchen, Lyrik; „Dorian Gray", „Salome"; Bekenntnisschrift „De profundis".

**Wilde Jagd,** im Volksglauben gespenst. Heer, das, angeführt vom *Wilden Jäger,* in den Sturmnächten durch die Lüfte reitet.

**Wilder** ['waıldə], **1)** Billy, eigtl. Samuel **W.,** amer. Filmregisseur östr. Herkunft, * 1906, † 2002; „Extrablatt". **2)** Thornton [Niven], amer. Schriftsteller, * 1897, † 1975; europ.-abendländ. bestimmt; Romane („Die Brücke v. San Luis Rey"), Dramen („Unsere kl. Stadt").

**Wilderei,** unerlaubtes Jagen od. Fischen od. Zueignung, Beschädigung, Zerstörung v. Sachen, die einem fremden Jagd- bzw. Fischereirecht unterliegen.

**Wilder Kaiser,** S-Teil des Kaiser-Geb. in Tirol, Östr., 2344 m.

**Wildfeuer** ↑Pflanzenkrankheiten (Übers.).

**Wildleder,** urspr. aus der Haut von Rehen, Gämsen usw., heute auch von Ziegen, Schafen u. a. durch Sämischgerbung hergestellte Leder mit samtart. Oberfläche.

**Wildschaden,** jeder durch Wild verursachte [Vermögens]schaden; zu ersetzen ist der Schaden, der an einem in einem Jagdbez. gelegenen Grundstück u. seinen Erzeugnissen von best. wild lebenden Tieren verursacht wird.

**Wildschwein,** bis 1,8 m körperlange Schweineart Europas, Asiens, N-Afrikas; v. a. in deckungsreichem Gelände; Stammform des Hausschweins.

**Wildspitze,** höchster Gipfel der Ötztaler Alpen, Östr., 3768 m.

**Wilhelm,** *Dt. Reich:* **1) W. I.,** * 1797, † 1888, Kg. v. Preußen s. 1861, dt. Kaiser s. 1871; floh 1848 nach vergebl. Versuch, die Revolution gewaltsam zu unterdrücken; 1858–61 Regent für seinen geisteskranken Bruder, Einleitung der lib. Neuen Ära; berief nach dem Verf.-Konflikt Bismarck zum preuß. Min.-Präs., dessen polit. Führung er – oft widerstrebend – folgte. **2) W. II.,** Dt. Ks. u. Kg. v. Preußen (1888–1918), * 1859, † 1941; Sohn Friedrichs III.; der Ggs. zu Bismarck führte 1890 zu dessen Entlassung; beeinflusste durch seine unausgeglichene Innen- u. Außenpol. u. sein betont krieger. Auftreten die weltpolit. Entw. in einer für Dtl. oft verhängnisvollen Weise; ging am 10. 11. 1918 in die Niederlande und verzichtete auf den Thron. – *England/ Großbritannien:* **3) W. I., der Eroberer,** Kg. s. 1066, Hzg. der Normandie s. 1035, * 1027, † 1087; Sohn Roberts I., d. Teufels, begr. durch seinen Sieg b. Hastings 1066 die Herrschaft d. Normannen in England; führte das normann. Feudalsystem ein. **4) W. III. v. Oranien,** Kg. s. 1689, * 1650, † 1702; seit 1674 Erbstatthalter der Niederlande; verh. mit Jakobs II. Tochter Maria seit 1677; nach der *Glorreichen Revolution* von 1688 vom engl. Parlament zum Kg. berufen; Einleitung der Entwicklung zur konstit. Monarchie. – *Niederlande:* **5) W. I., der Schweiger,** Gf. v. Nassau, s. 1544 Prinz v. Oranien, * 1533, † 1584; mit Gf. v. Egmond u. Gf. v. Horne Führer im Freiheitskampf der Niederlande gg. Spanien; 1559 zum Statthalter von Holland, Seeland, Utrecht u. der Franche-Comté gewählt, vereinte 1576 alle niederl. Prov., konnte sie infolge des konfessionellen Ggs. nicht in einer Aufstandsbewegung zusammenhalten; vor der Wahl zum Fürsten der Niederlande ermordet.

**Wilhelm Gustloff,** 1936–38 erbautes dt. Motorpassagierschiff (25 484 BRT); im 2. Weltkrieg Lazarett-, dann Kasernenschiff in Gdingen. Am 30. 1. 1945 wurde das mit Flüchtlingen u. Verwundeten völlig überfüllte Schiff vor der pommerschen Küste bei Stolpmünde v. einem sowjet. U-Boot torpediert u. sank; etwa 9300 Menschen starben, 1252 wurden durch andere Schiffe gerettet.

**Wilhelmina,** Kgn. der Niederlande 1890–1948, * 1880, † 1962; bis 1898 unter der Regentschaft ihrer Mutter; s. 1901 verh. mit Hzg. Heinrich v. Mecklenburg-Schwerin; 1940–45 im brit. Exil; verzichtete 1948 zugunsten ihrer Tochter Juliana auf den Thron.

**Wilhelmshaven,** krsfr. St. am Jadebusen, Nds., 90 700 E; PH, Meeresaquarium, Forschungsanstalten; Masch.-, Textilind., Werft; Erdölleitung ins Ruhrgebiet; größter dt. Erdöl-⚓. – W. entstand neben dem 1856 gegr. preuß. Kriegshafen.

**Willendorf in der Wachau,** östr. Ort bei Krems an der Donau; jungpaläolith. Fundplätze (bek. die *Venus von Willendorf,* eine altsteinzeitl. Kalksteinstatuette).

**Willens|erklärung,** Erklärung des Willens in der Absicht, eine Rechtsfolge herbeizuführen; *unmittelbar* (mündl., schriftl. od. durch eine best. Handlung) od. mittelbar (durch konkludente Handlung, auch durch Stillschweigen).

**Williams** ['wıljəmz], Tennessee, eigtl. Thomas Lanier **W.,** amer. Dramatiker, * 1914, † 1983; v. der Psychoanalyse beeinflusste Dramen mit leidenschaftl. überspannten od. primit. Charakteren; „Die Glasmenagerie", „Endstation Sehnsucht", „Die Katze auf dem heißen Blechdach".

**Willibrord,** hl., gen. Apostel der Friesen, ags. Missionar, * 658, † 739; missionierte seit 690 bei den Friesen, Thüringern und Dänen; 695 Erzb. der Friesen; begr. 698 das Kloster Echternach.

**Willigis, Willegis,** hl., Erzb. v. Mainz seit 975, † 1011; starker Einfluss auf die Vormundschaftsregierungen der Ksn. Theophanu und Adelheid für Otto III.; begann den Bau des Mainzer Domes.

**Wilna,** dt. Name v. ↑Vilnius.

**Wilson** ['wılsn], **1)** Sir Harold, brit. Politiker (Labour Party), * 1916, † 1995; seit 1945 im Unterhaus; 1963–76 Parteiführer, 1964–70 u. 1974–76 Premiermin., seit 1983 Lord W. of Rievaulx. **2)** [Thomas] Woodrow, 28. Präs. der USA (1913–21), * 1856, † 1924; Demokrat, zahlr. innere Reformen; trat auf Seite der Alliierten in den 1. Weltkrieg ein (6. 4. 1917); legte 1918 sein Friedensprogramm in den Vierzehn Punkten dar, scheiterte jedoch damit in Europa am Interessenkampf der Staaten, in den USA am Widerstand der Isolationisten; erreichte weder die Ratifikation des v. ihm unterzeichneten Versailler Vertrags durch den amer. Kongress noch den

**Windskala nach Beaufort**

| Bezeichnung der Windstärke | mittlere Windgeschwindigkeit in m/s |
|---|---|
| 0 Stille | 0– 0,2 |
| 1 leiser Zug | 0,3– 1,5 |
| 2 leichte Brise | 1,6– 3,3 |
| 3 schwache Brise | 3,4– 5,4 |
| 4 mäßige Brise | 5,5– 7,9 |
| 5 frische Brise | 8,0–10,7 |
| 6 starker Wind | 10,8–13,8 |
| 7 steifer Wind | 13,9–17,1 |
| 8 stürmischer Wind | 17,2–20,7 |
| 9 Sturm | 20,8–24,4 |
| 10 schwerer Sturm | 24,5–28,4 |
| 11 orkanartiger Sturm | 28,5–32,6 |
| 12 Orkan | >32,6 |

Umrechnungsfaktor 1 m/s = 3,6 km/h

Beitritt der USA zum Völkerbund; 1919 Friedensnobelpreis.

**Wimperg,** got. Ziergiebel über Portalen, Fenstern und Arkaden.

**Wimpertierchen,** Kl. der Urtierchen; Fortbewegung durch Wimpern, Vermehrung durch Querteilung od. Knospung; u. a. Pantoffeltierchen.

**Winchester** [ˈwɪntʃɪstə], Hptst. der engl. Gft. Hampshire, 30 600 E, normann.-got. Kathedrale u. a. Baudenkmäler; Fremdenverkehr.

**Wịnckelmann,** Johann Joachim, dt. Archäologe und Kunsthistoriker, *1717, †(ermordet) 1768; Begr. der klass. Archäol.; 1764 Aufsicht über die Altertümer in u. um Rom; seine ästhet. Kunstbetrachtung („edle Einfalt, stille Größe") bestimmte das Schönheitsideal der dt. Klassik.

**Winde, 1)** ❀ Gatt. der Windengewächse; u. a. Acker-, Zaunwinde. **2)** ⚙ Fördermittel zum Heben u. Senken od. Heranziehen von Lasten; *Seil-, Schrauben-, Zahnstangen-* (u. a. als Wagenheber), *hydraul. Winde.*

**Wịndelband,** Wilhelm, dt. Philosoph, *1848, †1915; Neukantianer; „Lehrbuch der Gesch. der Philosophie".

**Windenergie,** Strömungsenergie des Windes.

**Winder** [ˈwaɪndə; engl.], Elektromotor zum schnellen Filmtransport bei fotograf. Kameras.

**Wịndhuk,** amtl. **Windhoek** [-huk, afrikaans], Hptst. v. Namibia, 1654 m ü. d. M, 200 000 E; Univ.; Wirtsch.- Zentrum d. Landes; Nahrungsmittel- u. a. Ind.; ✈.

**Windhunde,** Rassengruppe hochbein., schlanker Haushunde; urspr. für Hetzjagden gezüchtet; z. B. Afghan. Windhund, Saluki, Greyhound, Italien. Windspiel.

**Wịndischgrätz,** Alfred Fürst zu, östr. Feldmarschall, *1787, †1862; unterdrückte 1848 den Aufstand in Prag u. die Oktoberrevolution in Wien, leitete 1848/49 die Unternehmungen gg. die ungar. Aufständischen.

**Windkanal,** Anlage zur Untersuchung der aerodynam. Eigensch. v. Modellkörpern; W. für Überschallgeschwindigkeiten mit Axialverdichtern u. austauschb. bzw. verstellb. Düsen.

**Windkraftwerk,** Anlage zur Gewinnung elektr. Energie aus der natürl. Strömungsenergie des Windes; wichtigstes Bauelement ist der Rotor (Windrad, -turbine), dessen Drehung auf einen Generator übertragen wird. Gesamtkapazität der erzeugten Windenergie in Dtl. (2000): rd. 6 100 MW. *Windparks* mit über 50 MW Leistung sind üblich.

**Windmesser** ↑Anemometer.

**Windows** [ˈwɪndəʊz; engl.], Kurzbez. für Betriebssysteme der Firma Microsoft *(MS-W.).*

**Windpocken, Spitzpocken, Varizẹllen, Schafblattern,** weltweit verbreitete, i. d. R. gutartige Infektionskrankheit der Kinder; Erreger ist das Varizellenvirus. Bei mäßigem Fieber entstehen am Körper rote Flecke mit kleinen Bläschen, die nach wenigen Tagen eintrocknen. Latent in den peripheren Nervenfasern verbleibende Erreger können im Erwachsenenalter eine Gürtelrose auslösen.

**Windröschen,** Bez. für einige Anemonenarten.

**Windrose,** Kreis mit Angabe der 4 Haupthimmelsrichtungen u. der dazwischenliegenden Teilungen (0–360°, fr. bis 64 Strich).

**Windsor** [ˈwɪnzə; engl.], seit 1917 Name der brit. Dyn. Sachsen-Coburg-Gotha, ben. nach der Residenz.

**Windsor** [ˈwɪnzə], engl. St. an der Themse, westlich von London, 28 300 E; mit der kgl. Sommerresidenz *W. Castle* (11.–19. Jh.).

**Windspiel, Ital. Windspiel,** ↑Windhunde.

**Windstärke,** Geschwindigkeit des Windes, geschätzt nach der 17-teil. Windskala, urspr. Beaufortskala (1806) 12-teilig.

**Wịndsurfen** [-sə:fən], ↑Surfen.

**Wịndthorst,** Ludwig, dt. Politiker, *1812, †1891; Gegenspieler Bismarcks im R.-Tag, nach 1870 Führer des Zentrums; organisierte während des Kulturkampfes eine Front mit den partikularist. Oppositionsgruppen.

**Winkel, ebener W.,** geometr. Figur aus 2 v. einem Pt. *S (Scheitel)* ausgehenden Strahlen *g* u. *h (Schenkel);* die Größe eines W. wird als Bogenmaß (in ↑Radiant) od. Gradmaß (in ↑Grad ) angegeben. *W. arten: spitzer W.* (<90°), *rechter W.* (= 90°), *stumpfer W.* (>90°, <180°), *gestreckter W.* (= 180°), *überstumpfer W.* (>180°, <360°), *Voll-W.* (= 360°).

**Winkelfunktionen, trigonometrische Funktịonen,** Seitenverhältnisse im rechtwinkl. Dreieck mit der Ankathete *a*, der Gegenkathete *b* u. der Hypotenuse *c*, die v. der Größe eines spitzen Winkels $\alpha$ abhäng. sind: *Sinus:* $\sin\alpha = b/c$; *Kosinus:* $\cos\alpha = a/c$; *Tangens:*

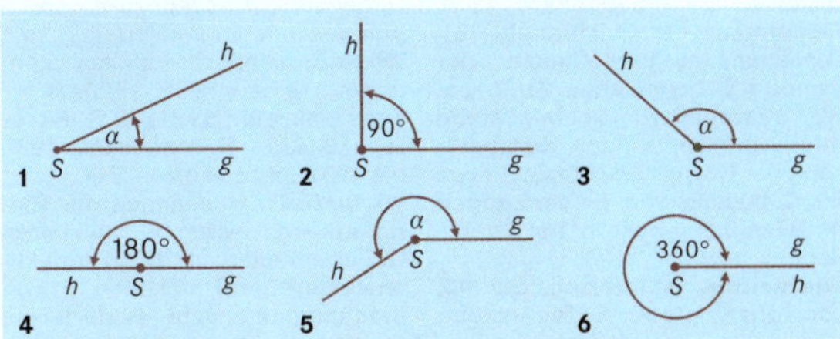


**Winkel:** *1 spitzer Winkel, 2 rechter Winkel, 3 stumpfer Winkel, 4 gestreckter Winkel, 5 überstumpfer Winkel, 6 Vollwinkel; S Scheitelpunkt, g und h Schenkel, α Winkel*

W

tan $\alpha = b/a$; *Kotangens:* cot $\alpha = a/b$; *Sekans:* sec $\alpha = c/a$; *Kosekans* cosec $\alpha = c/b$.

**Winkelhalbierende,** ein v. Scheitel eines Winkels ausgehender Strahl, teilt die Winkel in 2 gleiche Teile.

**Winkelmesser,** Gerät zum Messen u. Übertragen v. Winkeln; Gradeinteilung auf (halb)kreisförm. Skale.

**Winkelried,** Arnold (Erni), sagenhafter schweizer. Nat.-Held, ⚔ 1386; soll in der Schlacht bei Sempach 1386 ein Bündel feindl. Spieße mit den Armen umfasst u. so im Fallen eine Gasse in das östr. Ritterheer gebahnt haben.

**Winkler,** Angela, dt. Schauspielerin, * 1944;

**Winnipeg,** Hptst. der kanad. Prov. Manitoba, 652 000 E; 2 Univ.; Verkehrs- u. Wirtschaftszentrum W-Kanadas; ✈. – W. entstand neben einem 1835 gebauten Fort.

**Winnipegsee,** See im S der kanad. Prov. Manitoba, 217 m ü. d. M., 24 390 km², bis 21 m tief.

**Winter,** Jahreszeit; astronom. Dauer: 89 Tage, vom W.solstitium bis zum Frühlingsäquinoktium.

**Winterausfallgeld,** fr. **Schlechtwettergeld,** Lohnersatzleistung des Arbeitsamts im Baugewerbe für witterungsbedingte Arbeitsausfälle in der Schlechtwetterzeit nach Ausschöpfung einer vertragl. geregelten Vorausleistung.

**Wintergetreide** ↑Sommergetreide.

**Wintergrün,** Gatt. der W.gewächse; Kräuter mit immergrünen Blättern; z. B. *Nickendes W.* mit glockigen, gelblich weißen Blüten.

**Winterkohl** ↑Grünkohl.

**Winterkönig,** Beiname ↑Friedrichs V. von der Pfalz.

**Winterling,** Gatt. der Hahnenfußgewächse; *Kl. W.,* gelb blühende Kleinstaude des Vorfrühlings.

**Winterschlaf, 1)** v. a. durch Absinken der Körpertemp. auf nahezu die der Umgebung gekennzeichneter Zustand tiefer Lethargie im Winter bei best. Säugetieren (z. B. Fledermaus, Igel, Murmeltiere); *Winterruhe* (ohne Sinken der Temp.) z. B. beim Dachs. **2)** (künstl. W., Hibernation) Schlafzustand des Organismus nach Herabsetzung der Körpertemp. bis auf etwa 29 °C mithilfe von Eispackungen und Ganglienblockern; bei Operationen.

**Winterthur,** schweizer. St. nö. von Zürich, 109 000 E; Technikum; Musikkollegium, Kunstsammlungen; Masch.- und Textilindustrie.

**Wipptal,** Talschaft in Östr. (Tirol) u. Italien (Südtirol); umfasst das Tal der Sill, die Brennerfurche u. das obere Eisacktal bis Sterzing, bildet die kürzeste Verbindung zw. Inntal (Innsbruck) u. Etschtal; wichtige Verkehrsleitlinie (Brennerbahn, -straße u. -autobahn).

**Wirbel, 1)** Bez. für die einzelnen Knochen der Wirbelsäule; man unterscheidet *W.körper, W.bögen* (umschließen den *W.kanal*) und *W.fortsätze;* nach Körperregion ben.: *Hals-, Brust-, Lenden-, Kreuz[bein]- u. Steiß[bein]-W.* **2)** drehende Bewegung einer Flüssigkeit od. eines Gases mit kreisförm. Strömungslinien um eine *W.achse.* **3)** Schlagmanier bei Pauken und Trommeln. **4)** Holzpflöckchen an Saiteninstrumenten zum Spannen der Saiten.

**Wirbellose,** Tiere ohne Wirbelsäule (Würmer, Weichtiere, Insekten, Stachelhäuter usw.).

**Wirbelsäule, Rückgrat,** Achse des Skeletts aus gelenk. u. durch Bänder u. Muskeln miteinander verbundenen ↑Wirbeln u. zwischengeschalteten Bandscheiben.

**Wirbelströme,** elektr. Ströme, die durch ein magnet. Wechselfeld in einem Leiter induziert werden u. deren Energie sich dort in Wärme umsetzt.

**Wirbelstürme,** heftige, orkanartige Luftwirbel; trop. W. mit Windgeschwindigkeiten über 200 km/h; ↑Hurrikan, ↑Taifun, ↑Tornado.

**Wirbeltiere, Vertebraten,** Unterstamm der Chordatiere; höchstentwickelte Tiere, *niedere W.* (Rundmäuler, Fische, Lurche) u. *höhere W.* (Reptilien, Vögel, Säugetiere); Körper bilateralsymmetr., festes inneres Skelett, Wirbelsäule, Schädel, 2 Paar Gliedmaßen (außer Rundmäuler); Gehirn stets vorhanden, Sinnesorgane hoch entwickelt; fast immer getrenntgeschlechtig.

**Wirsing,** Kulturform des Gemüsekohls, mit lockerer Kopfbildung.

**Wirtel, Quirl,** Stellung v. Blättern, die in 3- bis Vielzahl auf gleicher Höhe der Sprossachse entspringen.

**Wirth,** Joseph, dt. Politiker (Zentrum), * 1879, † 1956; 1920/21 R.-Finanzminister, 1921/22 R.-Kanzler, 1930/31 R.-Innenmin., 1933 bis 1948 im schweizer. Exil.

**Wirtschaft,** Gesamtheit der Einrichtungen, wirtsch. nutzbaren Gegebenheiten (z. B. Produktionsfaktoren) u.Tätigkeiten zur Befriedigung menschl. Bedürfnisse an Waren u. Dienstleistungen. Die Gesamtheit der laufenden Produktions- u. Konsumvorgänge wird als *W.prozess* bezeichnet, der Mensch als Gestalter der W. als *W.subjekt.*

**Wirtschaftsausschuss,** Organ der Arbeitnehmer in Betrieben (Ausnahme: Tendenzbetriebe, § 118 Betriebsverfassungsges.) mit mehr als 100 Arbeitnehmern; Zweck: Sicherstellung der Unterrichtung in wirtsch. Angelegenheiten.

**Wirtschaftsgeographie,** Zweig der Geographie, der sich mit der wiss. Betrachtung der räuml. Verteilung von Wirtsch.-Phänomenen nach geograph. Gesichtspt. beschäftigt.

**Wirtschaftsgymnasien,** höhere Schulen, deren Lehrplan neben den allgemein bildenden Fächern Wirtsch.-Fächer umfasst; die Fächerkombination heute als Wahlmöglichkeit der reformierten gymnasialen Oberstufe.

**Wirtschaftshochschule,** betriebswirtschaftl. ausgerichtete Hochschule mit Promotionsrecht (Dr. rer. pol.) u. mit Diplomabschlüssen, die die Voraussetzung zur Promotion erfüllen.

**Wirtschaftskrieg,** staatl. Kampfmaßnahmen gg. die Wirtsch. eines anderen Staates, v. a. in Form des *Handelskriegs* gg. den Außenhandel des Gegners; im Frieden v. a. Zollkrieg, Boykott, Embargo, Dumping, kredit- u. währungspolit. Maßnahmen; im Krieg zusätzl. Blockade, Unterbindung der Zufuhr v. Rohstoffen, Lebensmitteln u. Ind.gütern.

**Wirtschaftskriminalität,** Bez. für Straftaten in der Wirtsch., wie Steuerhinterziehung, Versicherungsbetrug, Insolvenzstraftaten, unbefugtes Benutzen bzw. schädigendes Programmieren v. Computern *(Computerkriminalität).*

**Wirtschaftsordnung,** Gesamtheit der Normen, Regeln u. Institutionen, in deren Rahmen sich der Wirtschaftsprozess vollzieht u. die als Ordnungsgefüge das wirtsch. Handeln bestimmt. Die konkreten rechtl. Normen bilden die *Wirtschaftsverf.* Je nach Planungs-, Eigentums- u. Marktordnung sowie Unternehmensverf. werden Markt-, Zentralverw.- bzw. Planwirtsch. unterschieden.

**Wirtschaftspolitik,** staatl. Maßnahmen zur Gestaltung der Wirtschaftsordn. (Ordnungspol.) u. zur Beeinflussung v. Struktur (Strukturpol.) u. Ablauf (Prozesspol.) des Wirtschaftsprozesses.

**Wirtschaftsprüfer,** öff. bestellte Person, die befugt ist, betriebswirtsch. Prüfungen (v. a. v. Jahresabschlüssen) vorzunehmen u. zu bestätigen sowie Unternehmen steuerlich zu beraten u. zu vertreten.

**Wirtschaftswissenschaften,** Wiss.disziplin, die sich mit Wesen, Ordnung, Aufbau, Ablauf u. Ziel der Wirtsch. beschäftigt; eingeteilt in Betriebs- u. Volkswirtschaftslehre (einschl. Finanzwiss.).

**Wirtschaftswunder,** Schlagwort für die rasche wirtsch. Entw. der BRD nach der Währungsreform (1948).

**Wirtswechsel,** bei manchen Parasiten Übergang v. einem Wirt *(Zwischenwirt)* auf einen anderen; im *Endwirt* erreicht der Parasit Geschlechtsreife.

**Wischnewski,** Hans-Jürgen, dt. Politiker, *1922; 1966–68 B.-Min. für wirtsch. Zusammenarbeit; 1968–72 B.-Geschäftsführer der SPD; 1974–76 Staatsmin. im Auswärt. Amt, 1976–80 u. 1982 im B.-Kanzleramt, 1979–82 stellvertr. Vors., 1980–83 stellvertr. Fraktionsvors., 1984/85 Schatzmeister.

**Wisconsin** [wɪsˈkɔnsɪn], Abk. **Wis.,** Staat im N der USA, 145436 km², 4,89 Mill. E, Hptst. Madison; hügel., wald- u. seenreich; Anbau v. Getreide, Kartoffeln, Gemüse; bed. Viehzucht (bes. Milchkühe); ⚒ auf Blei- und Zinkerze; bed. Metallind., Masch.- und Fahrzeugbau; Ind.-Zentrum Milwaukee.

**Wisent,** sehr kräft. gebautes, zu Beginn des 20. Jh. in freier Wildbahn fast ausgerottetes europ. Wildrind; heute wieder kleine geschützte Bestände in Polen u. W.-Kaukasien.

**Wismar,** krsfr. Hafenst. an der *W.bucht* der Ostsee, Mckbg.-Vorp., 46900 E; FH; altertüml. Stadtkern mit Marien-, Georgen- und Nikolaikirche (14./15. Jh.); vielseit. Ind., Werften; Fischerei.

**Wismut,** fachsprachl. **Bismut,** Symb. **Bi,** chem. El., OZ 83, rel. A.-Masse 208,980, Fp. 271 °C, Sp. 1565 °C, Dichte 9,79 g/cm³; rötl. weißes, glänzendes, sprödes Metall; nicht sehr beständ., leicht legierb.; *Verwendung* v.a. in Form seiner niedrig schmelzenden Legierungen für Schmelzsicherungen u. Weichlote; harte Legierungen für den Guss v. Druckstöcken; einige (organ.) *W.verbdg.* werden pharmazeut. verwendet; *W.glanz,* $Bi_2S_3$ strahlig-nadeliges, zinnweißes Mineral; wichtigstes W.erz.

**Wissenschaft,** System des durch Forschung, Lehre u. überlieferte Lit. gebildeten, für gesichert erachteten Wissens einer Zeit; Einteilung nach Ziel (*theoret.* u. *angewandte W.*), Methode (*empir. [Erfahrungs-]W., axiomat./rationale W.,* „verstehende" Geistes-W.) od. Gegenstand: *Geistes-W.* (Geschichte, Philologie, Philos., Psychol., Theol., Kunst-W. u.a.), ↑Sozialwissenschaften, *Natur-W.* (Physik, Chemie, Biol., Astronomie, Geol., Medizin u.a.).

**Wissenschaftsrat,** 1957 begr. zentrales Beratungsgremium für die Förderung v. Wiss. u. Hochschulen in Dtl.; Sitz Köln.

**Wissensgesellschaft,** sozialwiss. Begriff, inhaltlich mit dem Begriff ↑Informationsgesellschaft verbunden; bes. d. „Wissen" als grundlegendes gesellschaftl. Kapital hervorhebend.

**Witebsk,** Gebietshptst. an d. Düna, Weißrussland, 355800 E; Hochschulen; Masch.-Bau, Leder-, Schuh-, Nahrungsmittel-, Holzind.; ⚓, ✈.

**Wittekind** ↑Widukind.

**Wittelsbacher,** bayr. Fürstengeschlecht, ben. nach der Burg *Wittelsbach* b. Aichach in Obb.; 1180 Hzg. v. Bayern, 1214 auch Pfalzgf. b. Rhein; 1294 Teilung in bayr. (bis 1777) u. pfälz. Hauptlinie; 1806–1918 Kg. von Bayern.

**Witten,** Hans, fr. Meister H. W., Bildhauer um die Wende zum 16. Jh.; unter dem Einfluss von V. Stoß: „Tulpenkanzel" in Freiberg, „Schöne Tür" in Annaberg.

**Witten,** St. sw. von Dortmund, NRW, 104800 E; Private Univ. W./Herdecke; Stahlwerk, Glas-, Eisen- u.a. Industrie.

**Wittenberg,** amtl. **Lutherstadt W.,** Krst. a. d. mittl. Elbe, Sa.-Anh., 52500 E; got. Stadtkirche, spätgot. Schloss mit Schlosskirche (Gräber Luthers u. Melanchthons), Luther-, Melanchthonhaus, Augusteum (Predigerseminar), Rathaus (1522); Maschinen-, Gummi-, chem. Industrie; Elb-⚓. – 1423–1547 Residenz der Wettiner; 1517 Beginn der Reformation; 1547 *W.er Kapitulation* (Ende des Schmalkald. Krieges); 1817 Vereinigung der 1502 gegr. Univ. mit der Univ. Halle.

**Wittenberge,** St. an der Elbe, Bbg., 26300 E; Zellstoffind.; Nähmaschinenmuseum; Elb-⚓.

**Wittgenstein,** Ludwig, östr. Philosoph, *1889, †1951; schuf aus einer Kritik der philosoph. Logik seiner Zeit Theorien zur Logik, Mathematik u. Wahrscheinlichkeit.

**Wittig-Reaktion,** von Georg Wittig (*1897, †1987) 1953 entwickelte Synthese von Olefinen durch Umsetzen von Aldehyden od. Ketonen mit Yliden; wichtig zur Herst. von Vitamin A und D, Karotinoiden u. Cholesterinderivaten.

**Wittmund,** Krst. in Ostfriesland, Nds., 20800 E; Kunststoffverarb.; barocke Kirche (1775).

**Witwatersrand,** Höhenzug in d. Rep. Südafrika, bis 1800 m; wichtigstes afrikan. Bergbau- (Gold, Uran, Diamanten, Mangan, Eisen) u. Ind.-Gebiet, Zentrum ↑Johannesburg.

**Witz,** Konrad, dt. Maler, *um 1400, †um 1445; einer der ersten gr. Realisten der dt. Kunst, statuar., plast. modellierte Figuren; Heilsspiegelaltar, Genfer Altar.

**Witzleben,** Erwin von, dt. Gen.-Feldmarschall, *1881, †1944; im 2. Weltkrieg Armee-, Heeresgruppenführer und Oberbefehlshaber West in Frkr.; s. 1938 an Umsturzplänen gg. Hitler beteiligt; hingerichtet.

**Wladimir,** St. nö. von Moskau, 350000 E; berühmtes Zentrum des ma. Kirchenbaus und der Ikonenmalerei, Kathedralen (12. Jh.); vielseit. Industrie.

**Wladimir, 1) W. I. Swjatoslawitsch,** gen. der Heilige od. d. Gr., *956, †1015, Großfürst v. Kiew s. 978; 969 Fürst v. Nowgorod, ließ sich 988 od. 989 taufen u. erhob das orth. Christentum zur Staatsreligion, verbreitete die byzantin. Kultur in Russland. **2) W. II. Wsewolodowitsch Monomach,** *1053, †1125, Großfürst v. Kiew seit 1113; mit ihm endete die Vormachtstellung Kiews; seine „Belehrung" ist Denkmal der altruss. Literatur.

**Wladislaw,** *Böhmen:* **1) W.,** *1456, †1516, Kg. s. 1471; nach dem Tod des Matthias Corvinus als W. II. auch Kg. v. Ungarn (s. 1490), das er gg. Maximilian I. behauptete. – *Polen:* **2) W. I., Lokietek,** *1260/61, †1333, Kg. s. 1320; einigte die poln. Teilft. zu einem erneuerten zentralen Königtum. **3) W. II.** ↑Jagello.

**Wladiwostok,** Regionshptst. u. bed. Hafenst. am Pazif. Ozean, Russland, 613100 E; mehr. Univ., Akad. d. Wiss., Hochschulen, wiss. Inst.; vielseit. Ind.; Werften, Fisch-, Holzverarbeitung; ✈. – 1860 gegründet.

**WMO,** Abk. für: **W**orld **M**eteorological **O**rganization (↑Wetterdienst).

**Woche,** Zeitraum von 7 Tagen, als Kalender-W. zur fortlaufenden Unterteilung des Kalenderjahres ohne Rücksicht auf die Monats- u. Jahresanfänge; beginnt nach internat. Vereinbarung am Montag.

**Wochenbett, Kindbett, Puerperium,** auf die Geburt folgende Zeit von etwa 6 bis 8 Wochen, in der sich die Gebärmutter wieder zu normaler Größe zurückbildet u. das Stillen in Gang kommt.

**Wochenbettfieber,** svw. ↑Kindbettfieber.

**Wochenfluss, Lọchi|en,** Absonderungen der Gebärmutter während der ersten Tage nach der Entbindung.

**Wọdan** ↑Odin.

**Wọdka** [russ.], Trinkbranntwein aus Kartoffel- od. Kornfeindestillat.

**Wọdu, Voodoo** ['vu:du:], afroamerikan. Religion westafrikan. Ursprungs, verbreitet in der Karibik (bes. in Haiti), entstanden aus der Verschmelzung afrikan., karib. u. kath. Glaubensvorstellungen; im Zentrum Opferriten u. ekstat. Tänze.

**Wogụlen** ↑Finnougrier.

**Wohlfahrts|ausschuss,** in der Frz. Revolution oberstes Exekutivorgan des Nationalkonvents; unter Robespierre (27. 7. 1793–27. 7. 1794) eines der wichtigsten Organe der jakobin. Schreckensherrschaft.

**Wohlfahrtsstaat,** polit. Begriff für einen privatwirtsch. organisierten Staat, der sich die Sicherung der materiellen Existenz der Bürger zur Aufgabe macht.

**Wohlstandsgesellschaft,** Schlagwort für eine wirtsch. prosperierende Ges., die dem überwiegenden Teil der Bev. die Befriedigung materieller Bedürfnisse weit über dem Existenzminimum ermöglicht.

**Wọhmann,** Gabriele, dt. Schriftstellerin, *1932, Romane, Erzählungen, Hör- u. Fernsehspiele.

**Wohngeld,** wird allen Mietern als Mietzuschuss oder Eigentümern eines Eigenheims als Lastenzuschuss gewährt, deren Familieneinkommen eine best., regelmäßig neu festgesetzte Grenze nicht übersteigt, wobei die Anzahl der Familienmitgl. berücksichtigt wird.

**Wohnsitz,** Ort der ständ. Niederlassung einer Person, begr. durch den tatsächl. Aufenthalt an frei gewähltem Ort (↑Freizügigkeit).

**Wohnungs|eigentum,** [Sonder]eigentum an Wohnungen (Eigentumswohnung), verbunden mit Miteigentumsanteil am Grundstück u. an gemeinsam genutzten Teilen des Gebäudes; Übertragung unterliegt den gleichen Formvorschriften wie die Eigentumsübertragung an Grundstücken.

**Woiwọde** [poln.], urspr. slaw. Heerführer (dem Hzg. entspr.); in Russland Mitte 17. Jh. bis 1775 Vorsteher der Provinzialverw., in Polen s. dem 12. Jh. Statthalterposten, s. 1918 oberster Beamter einer Prov. *(Woiwodschaft).*

**Wojwodịna,** serb. **Vọjvodina,** Prov. in Serbien, Jugoslawien, an Theiß u. Donau, 21 506 km², 1,98 Mill. E, Hptst. Novi Sad; bed. Agrargebiet. – Bis 1945 lebten hier rd. 500 000 Deutsche (Donauschwaben).

**Wọlf, 1)** Christa, dt. Schriftstellerin, *1929; zeitkrit., z. T. autobiograf. Romane („Kindheitsmuster"), auch zeitnahe Gestaltung mythol. Themen („Kassandra"), Essays u. Filmdrehbücher; Georg-Büchner-Preis 1980; **2)** Erik, dt. Jurist, *1902, †1977; Arbeiten zur Rechtsphilos. und zum Kirchenrecht. **3)** Hugo, östr. Komponist, *1860, †1903; zahlr. Lieder (nach Gedichten v. Eichendorff, Goethe, Mörike u. a.); Oper „Der Corregidor", Orchester-, Kammermusik.

**Wolf, 1)** Raubtier der Fam. Hundeartige, einem gr. Dt. Schäferhund sehr ähnl., Stammform des Haushundes; lebt in gr. Wäldern u. Ödländern, vorw. Dämmerungs- und Nachttier; nördl. Erdhälfte. **2)** Zerkleinerungsmaschine; u. a. als Fleisch-W., als Zerreißmaschine für Papier, zur Auflockerung von Wolle benutzt.

**Wolfe** [wụlf], Thomas [Clayton], amer. Schriftsteller, *1900, †1938; „Schau heimwärts, Engel!".

**Wolfenbụttel,** Krst. südl. von Braunschweig, Nds., 53 700 E; Lessing-Haus, Hzg.-August-Bibliothek (mit wertvollen Beständen), ehemaliges Schloss (17. Jh.), Marienkirche (1608 ff.); Masch.-, chem. u. a. Ind. – 1283–1753 Residenz des Ft. Braunschweig-Wolfenbüttel.

**Wọlff,** Christian Frhr. v., auch C. Frhr. v. **Wọlf,** dt. Philosoph, *1679, †1754; führend in der dt. Aufklärung, der „Schulmetaphysik", einer dogmat.-rationalist. Systematisierung der leibnizschen Philos.

**Wọlfgang,** hl., dt. Benediktiner, *924, †994; 972 Bischof von Regensburg; Erzieher Heinrichs II.; nach der Legende Einsiedler am Sankt-Wolfgang-See.

**Wọlfram,** Symb. **W,** chem. El., OZ 74, rel. A.-Masse 183,85, Fp. 3 422 °C, Sp. 5 555 °C, Dichte 19,3 g/cm³; weiß glänzendes, sehr festes Metall, gg. Säuren sehr beständ., in der Hitze reagiert es mit Halogenen zu Halogeniden; verw. u. a. als Bestandteil säurebeständ. Legierungen (W.stahl), als Glühdraht in Lampen u. Senderöhren, zur Herst. v. ↑Widia.

**Wọlfram von Eschenbach,** mhd. Dichter, *um 1170, †nach 1220; einer der größten Epiker des MA: „Parzival", „Willehalm", „Titurel", Minnelieder.

**Wọlfsburg,** krsfr. St. an d. Aller und am Mittellandkanal, Nds., 204 km², 126 300 E; ehem. Schloss (Renaissance); 1938 aus zwei Gem. gegr.; durch das Volkswagenwerk geprägt.

**Wolfsmilchgewächse, Euphọrbiengewächse,** Fam. kraut. u. holz., z. T. kakteenart. Gewächse, mit bisweilen gift. Milchsaft; vorw. in warmen Gebieten; u. a. Kautschukbaum, Rizinus, Maniok, Wolfsmilch, Christusdorn.

**Wọlga,** größter europ. Fluss, in Russland, 3 530 km, Einzugsgebiet 1,36 Mill. km², v. den Waldaihöhen bis zum Kasp. Meer.

**Wọlgadeutsche,** v. Katharina II. 1746–67 an der unteren Wolga angesiedelte Deutsche (etwa 27 000); nach Auflösung der *Wolgadt. Rep.* (ASSR der W.n mit Hptst. Engels, 1924–41) nach Sibirien u. M-Asien (wegen angebl. Spionage) deportiert; 1964 rehabilitiert, Autonomiebestrebungen.

**Wọlgafinnen** ↑Finnougrier.

**Wọlgemut,** Mich[a]el, dt. Maler und Zeichner, *1434, †1519; Lehrer A. Dürers; gr. Werkstatt in Nürnberg.

**Wolgogrạd,** bis 1925 **Zarịzyn,** bis 1961 **Stạlingrad,** Gebietshptst. an d. Wolga, Russland, 1 Mill. E; mehr. Univ., Hochschulen; Gedenkstätte für d. Helden d. Stalingrader Schlacht auf dem Mamaihügel; Masch.bau, Erdölraffinerie, Stahl-, Holz u. a. Ind.; ⚓, ✈. – D. Kesselschlacht v. Stalingrad 1942/43 bezeichnete d. Wende d. 2. Weltkrieges an d. Ostfront. D. Reste d. geschlagenen dt. 6. Armee (rd. 90 000 v. etwa 300 000 Mann) kapitulierten am 31. 1./2. 2. 1943.

**Wolken,** Ansammlungen v. Kondensationsprodukten des Wasserdampfes (d. h. Tröpfchen oder Eiskristalle) in der Atm.; entstehen bei Abkühlung der Luft (meist durch Hebung hervorgerufen); Grundformen: Feder-W. (Zirrus), Schicht-W. (Stratus), Haufen-W. (Kumulus) sowie die hohen oder Alto-W.; heute benutzt man internat. eine Einteilung in 10 Gattungen.

**Wolle, 1)** durch Schur als Vlies gewonnene, verspinnb. Wollhaare vom Hausschaf *(Schaf-W.);* man unterscheidet *Schur-W.* (beste Qualität), *Haut-* od. *Schlacht-W.* u. *Sterblings-W.* (schlechteste Qualität). **2)** Bez. für alle spinnfäh. tier. Haare (z. B. von Angorakaninchen u. -ziege).

**Wollgras,** Gatt. der Riedgräser; in Sümpfen u. Mooren; nördl. gemäßigte Zone, Arktis.

**Wollịn,** Insel an d. pommerschen Ostseeküste, zw. Stettiner Haff u.

Pommerscher Bucht, Polen, 265 km².

**Wols,** eigtl. Wolfgang **Schulze,** dt. Maler u. Grafiker, * 1913, † 1951; Hauptvertr. des Tachismus; arbeitete mit Farbflecken und subtilen linearen Gespinsten; auch Illustrationen zu Werken v. J. P. Sartre, F. Kafka.

**Wolsey** [ˈwʊlsɪ], Thomas, engl. Kardinal s. 1515 u. Staatsmann, * um 1475, † 1530; als Lordkanzler (seit 1515) Heinrichs VIII. Leiter der Reg., 1529 abgesetzt, als es ihm nicht gelang, v. Papst eine Nichtigkeitserklärung der Ehe des Kg. mit Katharina v. Aragonien zu erlangen; starb als Gefangener.

**Wolverhampton** [ˈwʊlvəhæmtən], Hptst. der Metropolitan County West Midlands im westl. M-England, 249 400 E; Ind.standort.

**Wolynilen, Wolhynilen,** histor. Ldsch. im NW der Ukraine.

**Wolzogen,** Ernst Frhr. v., dt. Schriftsteller, * 1855, † 1934; auch als Rezitator u. Regisseur tät.; begr. das Kabarett „Überbrettl".

**Wombats** [australisch-engl.], **Plumpbeutler,** sehr plumpe, bis etwa 1,2 m lange, grabende Beutelitiere Australiens.

**Women's Liberation Movement** [ˈwɪmɪnz lɪbəˈreɪʃn ˈmuːvmənt; engl.], **Women's Lib,** amer. ↑Frauenbewegung, die sich in der Bürgerrechtsbewegung Mitte der 1960er-Jahre herausbildete.

**Wondratschek,** Wolf, dt. Schriftsteller, * 1943; Prosa u. Hörspiele.

**Woolf** [wʊlf], Virginia, brit. Schriftstellerin, * 1882, † 1941; Vertr. der Bloomsbury Group; Romane und Erzählungen; Stilmittel des Stream of Consciousness; Verzicht auf realist. Charakterdarst.; „Eine Frau von 50 Jahren".

**Woomera** [ˈwʊmərə], Ort in S-Australien, westl. des Lake Torrens; wicht. Raketenversuchsgelände; unweit von W. *Island Lagoon,* mit mod. Weltraumbeobachtungsstation.

**Worcestersoße** [ˈwʊstə-], eine scharfe Würztunke.

**Wordsworth** [ˈwəːdzwəθ], William, engl. Dichter der 1. Romantikergeneration, * 1770, † 1850; die v. ihm u. S. T. Coleridge hg. Slg. „Lyrical ballads" leitete die eigtl. engl. Romantik ein; über 500 Sonette, daneben Oden.

**Worldcup** [ˈwəːldkʌp; engl.], **Weltpokal,** meist jährl. stattfindende Wettbewerbe in mehreren Sportarten.

**World Jewish Congress** [ˈwəːld ˈdʒuːɪʃ ˈkɔŋgres; engl.], **Jüd. Weltkongress,** Abk. **WJC,** Dachorganisation jüd. Organisationen der einzelnen Staaten zur Vertr. jüd. Anliegen in der Welt; gegr. 1936; Sitz New York.

**World Wide Fund for Nature** [ˈwəːld waɪd ˈfʌnd fɔː ˈneɪtʃə], Abk. **WWF,** 1961 als World Wildlife Fund gegr. unabhängige internat. Organisation (Sitz Gland, Schweiz), die Naturschutzprojekte verwirklicht u. sich um die Beschaffung v. Mitteln für solche Projekte kümmert.

**World Wide Web** [wəːld waɪd web], ↑WWW.

**Worms,** krsfr. St. am Oberrhein, RP, 80 000 E; Fachhochschule; Museen, Bibliothek, Gemäldegalerie; Dom Sankt Peter (um 1120/25 ff., 1181 geweiht), Pauluskirche (1016 ff.), Martinskirche (1265) u. a. bed. Kirchen, roman. Synagoge (wieder aufgebaut) mit Judenbad; ma. Judenfriedhof; Metall-, Masch.-, Elektro-, Möbel-, chem. Ind., Weinbau, Weinhandel. – Bereits in vorgeschichtl. Zeit besiedelt; nach kelt. Zeit *(Borbetomagus)* Einwanderung der ↑Vangionen und röm. Besetzung *(Civitas Vangionum);* s. dem 4. Jh. Bischofssitz. Um 420 Mittelpt. d. Burgunderreiches, s. Mitte d. 5. Jh. alemann., um 500 fränk.; bed. Reichs- und Fürstenversammlungen; s. 1002 unter der Herrschaft der Bischöfe, im 12. Jh. durch kaiserl. Privilegien bed. Freiheiten; 1273 erkannte Rudolf v. Habsburg die Reichsfreiheit an. Seit dem 15./16. Jh. sank die Bed. von St. u. Bistum infolge des Übergewichts mächtigerer Nachbarn (Mainz, Kurpfalz). 1689 durch frz. Truppen verwüstet, 1801 an Frkr. u. 1816 an Hessen-Darmstadt; Bistum W. 1803 säkularisiert.

**Worms:** *Dom (um 1120/25 ff., 1181 geweiht)*

**Wormser Edikt,** auf dem R.-Tag in Worms 1521 erlassenes Edikt, das über Luther u. dessen Anhänger die R.-Acht verhängte.

**Wormser Konkordat,** 1122 zw. Ks. Heinrich V. und den päpstl. Legaten in Worms getroffene Vereinbarung, die den Investiturstreit vorerst beendete; nahm dem Ks. das Recht der geistl. Investitur, gestattete ihm aber in Dtl. die vorher. weltl. Investitur.

**Worpswede,** Gem. im Teufelsmoor, nördl. von Bremen, Nds., 9 300 E; bek. als Malerkolonie.

**Wörther See,** See im Klagenfurter Becken, Östr., 19,3 km², bis 86 m tief; Badeorte.

**Wostok, 1)** von der ehem. UdSSR eingerichtete, heute russ. antarkt. Forschungsstation; bei 78° 27' s. Br. und 106° 52' ö. L. **2)** [russ. „Osten"], erster Typ sowjet. Raumfahrzeuge für einen Mann Besatzung, mit dem 1961 als erster Mensch J. A. Gagarin die Erde umkreiste.

**Wotan** ↑Odin.

**Wombats:** *Nacktnasen-Wombat*

**Wotjaken** ↑Finnougrier.
**Wotruba,** Fritz, östr. Bildhauer, *1907, †1975; aus Blöcken komponierte Steinfiguren, auch Bühnenbilder und Handzeichnungen.
**Wouk** [wəʊk], Herman, amer. Schriftsteller, *1915; „Die Caine war ihr Schicksal".
**Wouverman** [ˈwɔʊwərman], Philips, niederl. Maler, *1619, †1668; Reiter-, Kriegs- u. Lagerszenen; fein abgestimmtes Kolorit.
**Wowereit,** Klaus, Politiker (SPD), *1953; 1999–2001 Vors. der SPD-Fraktion des Berliner Abgeordnetenhauses, wurde 2001 Regierender Bürgermeister von Berlin.
**Wrangel, 1)** Carl Gustav, Gf. v. Salmis, schwed. R.-Marschall (s. 1664) u. R.-Admiral (s. 1657), *1613, †1676; kämpfte erfolgr. im Dreißigjähr. Krieg (s. 1646 Oberbefehl in Dtl.) u. im schwed.-poln.-brandenburg.-dän. Krieg (1655 bis 1660). **2)** Friedrich Heinrich Ernst Gf. v., gen. Papa W., preuß. Gen.-Feldmarschall s. 1856, *1784, †1877; besetzte im Nov. 1848 Berlin u. sprengte die Nat.-Versammlung.
**Wren** [rɛn], Sir Christopher, brit. Baumeister, *1632, †1723; Pläne für den Wiederaufbau Londons nach dem Brand v. 1666; St. Paul's Cathedral; Profanbauten: Greenwich (Hospital), Erweiterungen an Hampton Court und Kensington Palace.
**Wright** [raɪt], **1)** Frank Lloyd, amer. Architekt, *1869, †1959; überragender Einfluss auf die Entw. der mod. Architektur; Wohnbauten in enger Verbdg. mit der Natur; „Haus über dem Wasserfall" (Bear Run, Penn.); Guggenheim-Museum in New York. **2)** Orville, *1871, †1948, u. sein Bruder *Wilbur,* amer. Luftfahrtpioniere, *1867, †1912; führten 1903 mit dem selbst gebauten „Flyer I" die ersten gesteuerten Motorflüge durch; 1905 bereits Streckenflüge bis 45 km. **3)** Richard [Nathaniel], amer. Schriftsteller, *1908, †1960; Romane u. Erzählungen; „Onkel Toms Kinder".
**Wrocław** [ˈvrɔtsu̯af], ↑Breslau.
**Ws,** Einheitenzeich. für: **Wattsekunde.**
**WTO** ↑Welthandelsorganisation.
**Wucher,** Ausbeutung der Notlage, des Leichtsinns od. der Unerfahrenheit eines anderen zur Erreichung eines unverhältnismäßig gr. Vermögensvorteils; *zivilrechtl.* sind wucher. Rechtsgeschäfte nichtig; im *Strafrecht* in den versch. Formen des einf. und gewerbsmäß. *Kredit-W.s* (überhöhte Zinsen) u. *Miet-W.s* mit Geld- oder Freiheitsstrafe bedroht; allg. *Preisüberhöhung* nach Wirtsch.-Strafges. 1954 mit Geldbuße bedroht.
**Wucherblume,** Gatt. der Korbblütler auf der N-Halbkugel und in S-Afrika; Blütenköpfchen meist mit Zungen- und Röhrenblüten. Auf Äckern und Brachland die Saat-W. mit gelben Blüten.
**Wucherung,** volkstüml. Bez. für ↑Geschwulst, ↑Polyp, auch ↑Granulation.
**Wuhan,** chin. Hafenst. an der Mdg. des Han Shui in den Jangtsekiang, 3,28 Mill. E; Univ.; Eisen-, Stahl- u. a. Ind.; Handels- und Verkehrszentrum; ✈.
**Wühlmäuse,** Unterfamilie der Mäuse; plump, stumpfe Schnauze, im Fell versteckte Ohren; schaden durch Wurzelfraß; Feldmaus, Bisamratte, Lemming, Schermaus.
**Wulfenit** [nlat.; nach dem östr. Mineralogen F. X. v. Wulfen, *1728, †1805], **Gelbbleierz,** durchsicht. bis durchscheinendes gelbes od. orangerotes Mineral, $Pb[MoO_4]$, Härte 3.
**Wulfila** ↑Ulfilas.
**Wunde,** Verletzung, bei der Gewebe gewaltsam getrennt wurde; heilt durch Verklebung der Wundflächen od. durch Bildung v. Fleischwärzchen. Endzustand ist die Narbe. *Wundfieber* entsteht durch Verunreinigung mit Bakterien *(Wundinfektion).*
**Wunder,** außergewöhnl., Staunen u. Furcht erregendes, den Naturgesetzen od. aller Erfahrung widersprechendes Geschehen, Ereignis; v. relig. Menschen als Machtbezeugung, [Vor]zeichen, Strafe od. Wohltat der Gottheit gedeutet.
**Wunderblume, Mirabilis,** Gatt. der W.ngewächse; Gartenzierpflanzen.
**Wunderlich,** Fritz, dt. Sänger (lyr. Tenor), *1930, †1966.
**Wundklee,** Art der Schmetterlingsblütler; gelb blühende Futter- u. Weidepfl., auch Wundheilmittel.
**Wundstarrkrampf** ↑Tetanus.
**Wundt,** Wilhelm, dt. Mediziner, Philosoph u. Psychologe, *1832, †1920; Begr. des 1. Inst. f. experimentelle Psychol.; sah im Willen d. Grundform des seel. Geschehens (Voluntarismus); Beiträge zur Völkerpsychologie.
**Wünschelrute,** zweigegabelter Weiden- od. Haselzweig, auch gebogener Draht, wird vom Rutengänger in beiden Händen im labilen Spannungsgleichgew. gehalten; der Rutenausschlag soll Bodenschätze (Wasser, Erdöl, Erze) anzeigen.
**Wunsiedel,** bayr. Krst. im Fichtelgeb., 10 600 E; Fachsch. für Steinbearbeitung; jährl. Festspiele; got.-barocke Stadtkirche; Porzellan-, Stein- u. a. Industrie.
**Wunstorf,** St. westl. v. Hannover, Nds., 40 100 E; Nahrungsmittel- u. Baustoffind.; Bahnknotenpunkt.
**Wupper,** r. Nbfl. des Niederrheins, 105 km.
**Wuppertal,** krsfr. St. an der Wupper, NRW, 381 900 E; Gesamthochsch., techn., Verw.- u. Wirtschaftsakad., ev. kirchl. Hochsch., Fachschulen; IHK, LG; botan. u. zoolog. Garten; Schwebebahn (13,3 km, 1898–1903 erbaut); chem.-pharmazeut., Metall- u. a. Ind.
**Würfel,** von 6 Quadraten begrenzter achteck. Körper; Rauminhalt: $V = a^3$ (*a* Kantenlänge).
**Wurfscheibenschießen,** Sammelbez. für die Wettbewerbe „Skeet" u. „Trap". Dabei wird mit Schrotflinten auf tellerartige Wurfscheiben geschossen, die v. Wurfmaschinen in die Luft geschleudert werden.
**Würger,** Fam. der Singvögel, spießen ihre Nahrung (kl. Tiere) auf Dornen od. spitzen Ästchen auf, z. B. Raub-W., Rotrücken-W.

**Würger:** *Rotrückenwürger*

**Würmer,** volkstüml. Sammelbez. für meist lang gestreckte, bilateralsymmetr. Wirbellose ohne nähere systemat. Verwandtschaft untereinander; u. a. Platt-, Schlauch-, Ringel- u. Pfeilwürmer.
**Wurmfarn,** Tüpfelfarngewächs, in Wäldern u. auf Lichtungen.
**Wurmkrankheiten, Helminthiasen,** Erkrankungen durch schmarotzende Eingeweidewürmer, z. B. Band-, Maden-, Spulwurm, Trichine. Übertragung durch Wurmeier meist mit der Nahrung.
**Wurt[e], Warft,** künstl. aufgehöhter Erdhügel im norddt.-niederl. Marschengebiet und auf den Halligen.
**Württemberg,** östl. Teil von Ba.-Wü., mit den Reg.-Bez. Stuttgart u. Tübingen. – *Gesch.:* W. entstand aus den Besitzungen der Herren (s. 1135 Grafen) von W. (Wirdeberch) im mittl. Neckartal

**Würzburg:** *ehemalige Residenz (Ansicht vom Hofgarten); 1720–44*

und im Remstal, die im stauf.-welf. Thronstreit und nach dem Ende der Staufer (1268) beträchtl. Teile der stauf. Gebiete in Schwaben erwerben konnten. Die Besitztitel der Grafen v. W. wurden 1495 durch den Ks. zu einem einheitl. Reichslehen, dem *Hzgt. W. u. Teck,* zusammengefasst. 1520–34 habsburg.; 1803 Kurft., 1806 Kgr.; bed. Gebietserweiterungen südl. der Alb sowie in N u. O. Kg. Wilhelm II. verzichtete 1918 auf den Thron, und W. wurde Freistaat; 1919–33 demokrat. Verf.; seit 1952 Teil des Landes Baden-Württemberg.

**Würzburg,** Hptst. des Reg.-Bez. Unterfranken, Bayern, krsfr. St. und Krst., am Main, 127 300 E; Univ., Polytechnikum, Verw.- u. Wirtschaftsakad., Museen, LG; IHK; Dom (11.–13. Jh.) mit bed. Grabdenkmälern, Neumünster (13. Jh., barock umgestaltet), Marienkapelle (1377–1479), Stift Haug (1670–91), Käppele (Wallfahrtskirche, 1747–50) u. a. bed. Kirchen; Festung Marienberg (12./13. bis 18. Jh.) mit Marienkapelle (vielleicht 8. Jh.) u. Mainfränk. Museum; ehem. fürstbischöfl. Residenz (bed. dt. Barockbau, 1720–44) mit berühmtem Treppenhaus von B. Neumann, ausgemalt von Tiepolo, Alte Mainbrücke (um 1500); Druckpressenherstellung, versch. Ind., Weinbau u. -handel, ⚓. – *Gesch.:* 704 erstmals urkundl. gen., seit 741/42 Bischofssitz; Ausbau d. bischöfl. Landeshoheit im Kampf v. a. gg. die Gf. v. Henneberg und die St. W.; seit 1168 waren die Bischöfe auch Hzg. v. Franken. 1803 St. u. Bistum an Bayern.

**Wurzel, 1)** Grundorgan der Wurzelpflanzen, hpts. zur Verankerung der Pfl. im Boden u. zur Nahrungsaufnahme und -speicherung; Erd- u. Luft-W.n. **2)** der einer Gruppe etymol. verwandter Wörter zugrunde liegende Lautkomplex. **3)** diejenige pos. reelle Zahl *x*, die, in eine bestimmte Potenz *n* erhoben, die pos. reelle Zahl *a* ergibt: $x^n = a$. Die Lösung *x* heißt „*n*-te W. aus *a*", bez. mit $x = \sqrt[n]{a}$; *a* heißt *Radikand, n W.exponent,* die Rechenoperation *Radizieren* od. *W.ziehen.*

**Wurzelbrand** ↑Pflanzenkrankheiten (Übers.).

**Wurzelfüßer, Rhizopoden,** Kl. der Urtierchen, Fortbewegung und Nahrungsaufnahme durch veränderl., wurzelförm. Scheinfüßchen, Fortpflanzung durch Zweiteilung, Knospung od. multiple Teilung, z. T. auch geschlechtl.; u. a. Amöben, Foraminiferen.

**Wurzelkropf** ↑Pflanzenkrankheiten (Übers.).

**Wurzelstock,** svw. ↑Rhizom.

**Wurzeltöter** ↑Pflanzenkrankheiten (Übers.).

**Wurzelziehen,** $\sqrt{\ }$ ↑Wurzel.

**Wurzen,** Krst. in Sachsen, 18 000 E; got. Kirche, Schloss (Ende 15. Jh.); u. a. Masch.bau.

**Wüste,** vegetationsloses od. -armes Gebiet. Ursachen der W.nbildung: Wasser- oder Wärmemangel: *Trocken-W.* (in den ariden u. semiariden Gebieten der Erde) bzw. *Kälte-W.; Eis-W.n* von Schnee u. Eis bedeckt. Erscheinungsformen: *Sand-* (oft mit Dünen), *Geröll-* oder *Kies- (Serir, Reg), Fels-W.n (Hammada),* außerdem *Salz-, Lehm-, Mergel-* oder *Staubwüsten.*

**Wüstenfuchs,** svw. ↑Fenek.

**Wutach,** r. Nbfl. des Hochrheins, Ba.-Wü., 112 km; Abfluss des Feldsees, bis zum Titisee als *Seebach,* danach bis zur Einmdg. der Haslach als *Gutach.*

**WWW** [Abk. für engl. **W**orld **W**ide **W**eb], **Web, W3,** Dienst im Internet, der Information unterschiedlichster Art u. Herkunft zur Verfügung stellt. Neben einer Internet-Zugangsberechtigung (Serviceprovider, Onlinedienst) ist dazu ein Webbrowser notwendig, der den Zugriff auf die weltweit verteilten, auf Servern gespeicherten Informationen ermöglicht.

**Wyborg,** schwed. **Viborg** ['vibɔrj], finn. **Viipuri** ['vi:puri], russ. Hafenst. am Finn. Meerbusen, 81 2000 E; Burg (16. Jh.); Anlagenbau, Werft, elektrotech. Ind.; ⚓.

**Wyclif[fe], Wiclif** ['wɪklɪf], John, engl. Philosoph u. Theologe, * vor 1330, † 1384; sein extremer Rea-

**J. Wyclif**

lismus u. Biblizismus führten zur Kritik am Papsttum u. an der kirchl. Lehre; forderte die Armut der Kirche u. deshalb Säkularisation des Kirchengutes; übersetzte die Bibel ins Engl.; seine Anhänger, die *Lollarden,* verbreiteten als Laienprediger seine Ideen; seine Lehre war Ausgangsbasis für J. Hus.

**Wyk auf Föhr** [vi:k -], St. auf Föhr, Schl.-Ho., 4600 E; Seebad.

**Wyler** [ˈwaılə], William, amer. Filmregisseur schweizer. Herkunft, *1902, †1981; „Ben Hur".

**Wyoming** [waıˈəʊmıŋ], Abk. **Wyo.,** Staat der USA in den Rocky Mountains und in den Great Plains, 253326 km², 454000 E, Hptst. Cheyenne; Landw. größtenteils nur bei künstl. Bewässerung, Viehzucht (Schafe, Rinder); bed. Erdölförderung, ⚒ auf Kohle, Uranerze u. a. Im NW der Yellowstone National Park.

**Wyschinski,** Andrej Januarjewitsch, sowjet. Politiker, *1883, †1954; 1935 Generalstaatsanwalt der UdSSR, war 1936 bei den Moskauer Schauprozessen der „Großen Säuberung" Hauptankläger, 1949–53 Außenminister.

# X

**X, 1)** 24. Buchstabe des Alphabets. **2)** röm. Zahlzeichen für 10.

**x,** math. Zeichen für eine veränderl. od. unbek. Größe.

**x-Achse** ↑Koordinaten.

**Xanten,** St. westl. von Wesel, NRW, 18900 E; Dommuseum; ehem. Dom-Stiftskirche St. Viktor (1263–1530) mit roman. Westfassade; Kleinind. – Röm. Gründung.

**Xanthen** [gr.], **Dibenzopyran,** tricycl. aromat. Ringsystem mit einem O-Atom, $C_{13}H_{10}O$; Grundgerüst der *X.farbstoffe,* brillanter, aber wenig lichtechter Farbstoffe.

**Xanthippe,** Gem. des Sokrates; sprichwörtl. ihre Zanksucht.

**xanth[o]..., Xanth[o]...** [gr.], Bestimmungswort; Bed.: „gelb".

**Xanthom** [gr.], gutart., gelbl., knotenart. Lipidablagerung in Haut, Unterhaut u. Organen b. Störung des Cholesterolstoffwechsels; im Alter an Augenlidern als *Xanthelasma.*

**Xaver, Franz X.,** eigtl. Francisco **Javier,** hl., Mitbegr. des Jesuitenordens, *1506, †1552; Missionar („Apostel Asiens").

**X-Beine,** Abknickung der Unterschenkel (gegenüber den Oberschenkeln) nach außen; infolge Rachitis oder zu starker Belastung der Knochen; auch angeboren.

**X-Chromosom,** Träger der das ♀ Geschlecht bestimmenden Erbfaktoren bei den meisten Tieren u. beim Menschen; Chromosomenkombination XX beim Menschen (↑Chromosomen).

**Xe,** ⚗ Symb. für ↑Xenon.

**Xeni|en** [gr.], Epigramme in Form von Distichen; urspr. röm. Gastgeschenkbegleitverse; Titel der v. J. W. v. Goethe u. F. v. Schiller verf. Epigramme (1796).

**xen[o]..., Xen[o]...** [gr.], Bestimmungswort; Bed.: „Gast...; fremd".

**Xenon** [gr.], Symb. **Xe,** chem. El., OZ 54, rel. A.-Masse 131,29, farb- u. geruchloses einatom. Edelgas, Fp. −111,75 °C, Sp. −108,0 °C, Dichte bei 0 °C 5,887 kg/m³; bildet im Allg. wenige chem. Verbdg. (Oxide, Fluoride u. Oxidfluoride); *Vorkommen:* in der Luft, aus der es bei Verflüssigung gewonnen wird; Füllgas in Leuchtröhren u. a.

**Xenophon,** griech. Geschichtsschreiber, *um 430, †nach 355 v. Chr.; nahm 401 am Kriegszug Kyros' d. J. gg. dessen Bruder Artaxerxes II. teil, leitete nach der Schlacht b. Kunaxa den Rückzug der 10000 griech. Söldner zum Schwarzen Meer (beschrieben in seiner „Anabasis"); geschichtl. u. philosoph. Schriften.

**xer[o]..., Xer[o]...** [gr.], Bestimmungswort; Bed.: „trocken, dürr".

**Xerographie** ↑Druckverfahren.

**Xerxes I.,** im A. T. **Ahasverus,** pers. Kg. s. 486 v. Chr., *um 519, †465 v. Chr. (ermordet), Sohn Dareios' I., unterdrückte Aufstände in Ägypten u. Babylonien, versuchte vergebl., Griechenland zu erobern (↑Perserkriege); bed. Bautätigkeit (Persepolis).

**Xetra®,** Abk. für **Ex**change **E**lectronic **Tra**ding, 1997 v. der Dt. Börse AG eingeführtes vollelektron. Handelssystem f. alle an der Frankfurter Börse notierten Wertpapiere (Computerbörse).

**Xhosa, Xosa** [ˈko:sa], Bantuvolk in der Rep. Südafrika.

**Xi,** 14. Buchstabe des griech. Alphabets, Ξ, ξ.

**Xiamen** [çja-], **Amoy,** südchin. Hafenstadt, gegenüber Taiwan, 530000 E; Univ.; Schiff- u. Maschinenbau; Fischverarbeitung; s. 1980 Sonderwirtschaftszone.

**Xi'an** [sji-], Hptst. der mittelchin. Prov. Schaanxi, 2,65 Mill. E; Univ.; Masch.-, Textilind.; ✵ – Mehrfach Hptst. d. Chin. Reiches.

**Xiang Jiang, Siangkiang,** r. Nbfl. des Jangtsekiang, China, rd. 800 km.

**XP** [ˈçi:ro:], ↑Christusmonogramm.

**X-Strahlen,** histor. für ↑Röntgenstrahlen.

**Xylenole** ↑Phenole.

**xyl[o]..., Xyl[o]...** [gr.], Bestimmungswort; Bed.: „Holz".

**Xylographie** [gr.], der Holzstich (↑Holzschnitt).

**Xylophon** [gr.], Schlaginstrument; auf Holzrahmen befestigte abgestimmte Holzstäbe (auch Metallplatten), mit Holzschlegeln geschlagen.

# Y

**Y** [ˈypsilɔn; als Mitlaut Ausspr. wie J, als Selbstlaut wie Ü od. I], 25. Buchstabe des Alphabets.

**Y,** ⚗ Symbol für ↑Yttrium.

**y,** math. Formelzeichen für eine zweite veränderl. oder unbek. Größe (↑x); in Funktionsgleichungen Symbol für abhäng. Variable.

**y-Achse** ↑Koordinaten.

**Yak,** svw. ↑Jak.

**Yale University** [ˈjeıl ju:nıˈvə:sıtı], Univ. in New Haven (Conn.), gegr. 1701 als College, Univ. seit 1887; drittälteste u. eine der führenden [privaten] Univ. der USA.

**Yamoussoukro** [jamusuˈkro], s. 1984 Hptst. d. Rep. Elfenbeinküste, 110000 E; Hochschule; Basilika „Notre-Dame-de-la-Paix" (errichtet nach d. Vorbild der Peterskirche in Rom, größte Kirche Afrikas); ✵.

**Yamswurzel,** svw. ↑Jamswurzel.

**Yangon,** s. 1989 Name von ↑Rangun.

**Yankee** [ˈjæŋkı; engl.], in den USA Spitzname für die Bewohner Neuenglands, außerh. der USA für US-Bürger.

**Yankee Doodle** [ˈjæŋkı du:dl; engl.], um 1755 entstandenes amer. Volkslied.

**Yaoundé** [jaunˈde], Hptst. d. Rep. Kamerun, 800000 E; Univ., Handelszentrum, Ind., ✵.

**Yard** [engl.], Längenmaß in Großbrit. u. USA (= 0,9144 m).

**Yb,** ⚗ Symbol für ↑Ytterbium.

**Y-Chromosom,** bei den meisten Tieren u. beim Menschen Träger der das ♂ Geschlecht bestimmenden Erbfaktoren; der männl. Organismus (beim Menschen) hat die Chromosomenkombination XY (↑Chromosomen).

**Yeats** [jeɪts], William Butler, ir. Dichter, * 1865, † 1939; Vertr. der engl.-sprach. ir. Lit.; Mitbegr. des späteren „Abbey Theatre"; beteiligt an der ir. Freiheitsbewegung; lyr., dem frz. Symbolismus verpflichtete Dramen mit der Atmosphäre ir. Märchen u. Sagen; später Gestaltung gedanklich-weltanschaul. Themen unter dem Einfluss östl. Religionen; Nobelpreis 1923.

**Yellowstone River** [ˈjeləʊstəʊn ˈrɪvə], r. Nbfl. des Missouri, USA, 1 080 km. Am Oberlauf liegt der *Yellowstone National Park* (Weltnaturerbe); Naturschutzgebiet, 8 953 $km^2$, umfasst ein vulkan. Plateau der Rocky Mountains; zahlr. Geysire, heiße Quellen, reiche Tierwelt; im Zentrum der *Yellowstone Lake* (355 $km^2$).

**Yemen** ↑Jemen.

**Yeti** [nepales.], svw. ↑Schneemensch.

**Yggdrasil,** in der nord. Mythol. die immergrüne Weltesche, Mittelpt. der Welt.

**Yijing** [ɪdʒɪŋ; chin.], **I-ching, I Ging,** chin. Wahrsage- u. Weisheitsbuch, entstanden im 7./6. Jh. v. Chr. (?), zählt zu den 5 Kanon. Büchern des Konfuzianismus.

**Ynglingar** [ˈyŋliŋar; schwed.], älteste schwed. Kg.dyn., v. der auch die fr. norweg. Kg. abstammen; mit Björn dem Alten (etwa 900–950) greifbar, nahm um 1000 das Christentum an, erlosch etwa 1056.

**Yoga, Joga** [sanskr.], ind. System von körperl. u. geist. Konzentrationsübungen.

**Yogyakarta,** fr. **Jogjakarta, Djokjakarta,** indones. St. im mittl. S-Java, 430 000 E; 2 Univ.; Handelszentrum, Ind.; ✈.

**Yohimbin,** Alkaloid des westafrik. Y.-Baumes; wirkt gefäßerweiternd, Aphrodisiakum.

**Yokohama,** Hafenstadt südl. von Tokio, Japan, 3,22 Mill. E; 2 Univ., Museen, Theater; Schiffbau, Masch.-, Auto- u. chem. Industrie.

**Yorck von Wartenburg, 1)** Johann (Hans) David Ludwig Gf., preuß. Feldmarschall s. 1821, * 1759, † 1830; befehligte im Russlandfeldzug Napoleons I. 1812 das preuß. Hilfskorps, schloss die Konvention von ↑Tauroggen, erkämpfte 1813 den Elbeübergang b. Wartenburg. **2)** Peter Gf., Jurist, dt. Widerstandskämpfer, * 1904, † 1944; Mitbegr. des Kreisauer Kreises, nach dem Zwanzigsten Juli hingerichtet.

**York** [jɔːk], engl. St. nö. von Leeds, 100 000 E; Kathedr. (1230 ff.), Stadtummauerung; vielseit. Ind. – Als *Eburacum* bed. St. Britanniens in röm. Zeit, dann Hptst. des ags. Kgr. Northumbria.

**York** [jɔːk], engl. Dyn., Nebenlinie des Hauses Plantagenet; der Thronanspruch Richards, Hzg. von Y. (* 1411, † 1460), gg. Heinrich VI. Lancaster führte zu den Rosenkriegen; reg. 1461–85; erlosch 1499 in männl. Linie.

**Yoruba** [joˈruːba, ˈjoːruba, engl. ˈjɔrʊbə], **Joruba,** Volk in NW-Nigeria, Ghana u. Benin; rd. 26 Mill.; leben v. d. Landwirtsch. – Im 11. bis 18. Jh. *Y.reich* mit Gottkönigtum.

**Young** [jʌŋ], Owen D., amer. Finanzmann u. Politiker, * 1874, † 1962; Vors. der internat. Kommission zur Regelung der dt. Reparationen nach dem 1. Weltkrieg (*Y.plan:* Tilgung sollte sich über 59 Jahre erstrecken).

**Youngplan** ↑Young.

**Yourcenar** [jursəˈnaːr], Marguerite, eigtl. M. de **Crayencour** [krɛjãˈkuːr], frz. Schriftstellerin belg. Herkunft, * 1903, † 1987; u. a. psychol. fundierte Romane, u. a. „Ich zähmte die Wölfin"; ab 1980 als erste Frau Mitgl. der Académie française.

**Ypern,** niederl. **Ieper** [ˈiːpər], belg. St. in Westflandern, 35 000 E; die im 1. Weltkrieg zerstörte got. Kathedr. und die got. Tuchhalle mit Belfried im alten Stil wieder aufgebaut; v. a. Spitzen-, Tuchind. (größte Blüte im MA).

**Ypsilon** [ˈypsilɔn], 20. Buchstabe des griech. Alphabets; Y, y.

**Ysop** [ˈiːzɔp; semit.], Lippenblütler S-Europas und Vorderasiens, violett oder weiß blühend; Gewürz- und Heilpflanze.

**Ytterbium** [nlat.; nach dem schwed. Fundort *Ytterby*], chem. El., Symb. Yb, OZ 70, rel. A.-Masse 173,04, Metall der ↑Lanthaniden.

**Yttrium** [nlat.; nach dem schwed. Fundort *Ytterby*], chem. El., Symb. Y, OZ 39, rel. A.-Masse 88,9059, gehört zur Gruppe der ↑Metalle der seltenen Erden.

**Yuan, Yüan,** Mongolendyn. in China 1271–1368, begr. von Khubilai, dem Enkel Dschingis-Khans.

**Yucatán, Halbinsel,** mittelamer. Halbinsel am Golf von Mexiko, größtenteils zu Mexiko; Ruinen aus der Mayazeit.

**Yucca** [span.], **Palmlilie,** mittelamer. Gatt. der Liliengewächse, Sträucher od. Bäume; einige Arten liefern Fasern.

**Yukon River** [ˈjuːkɔn ˈrɪvə], Zufl. zum Beringmeer, im nw. Nordamerika, mit Teslin River/Nisuthin River 3 185 km.

**Yukon Territory** [- ˈterɪtərɪ], nordwestkanadisches Territorium, 483 450 $km^2$, 27 800 E, Hauptort Whitehorse; reiche Bodenschätze.

**Yunnan** [jy-], Prov. in SW-China, 436 200 $km^2$, 38,3 Mill. E, Hptst. Kunming; Geb.-Land; Anbau u. a. v. Reis, Weizen, Mais, Tee; Viehzucht; Bergbau (Eisen-, Zinn-, Kupfererze, Kohle).

**Yuppie** [ˈjʊpi], junger, v. a. an seinem berufl. Erfolg interessierter Großstädter, der gr. Wert auf seine äußere Erscheinung legt.

**Yverdon-les-Bains** [ivɛrˈdõ lɛ ˈbɛ̃], schweizer. Bez.-Hauptort am Neuenburger See, 22 800 E; Schloss (13. Jh.; Stadtmuseum; 1805–25 Wirkungsstätte H. Pestalozzis); Tabak- u. a. Ind.; Schwefelthermen (s. 1977 Heilbad).

# Z

**Z,** 26. Buchstabe des Alphabets.

**z,** math. Zeichen für eine 3. Unbekannte neben *x* u. *y*; auch Bez. für eine ↑komplexe Zahl.

**Zackenbarsche,** Fam. den Barschen nahe stehender Knochenfische, meist bunte Raubfische wärmerer Meere.

**Zadar** [ˈza-], Hafenstadt u. Seebad in Kroatien, am Adriat. Meer, 76 300 E; philos. Fakultät; röm. Forum, roman. Dom, venezian. Bauten.

**Zadek,** Peter, dt. Regisseur, * 1926; spektakuläre Inszenierungen; 1980–85 Spielleiter an der Freien Volksbühne Berlin (West), 1985–88 Intendant des Dt. Schauspielhauses in Hamburg.

**Zadkine** [zadˈkin], Ossip, russ.-frz. Bildhauer, * 1890, † 1967; kubist. Werke, dann aufgelockerte, abstrahierende Gestaltungen der menschl. Figur (Mahnmal „Die zerstörte Stadt" in Rotterdam).

**Zagreb** [z-], fr. dt. **Agram,** Hptst. v. Kroatien, 726 800 E; Univ., Hochschulen, mehr. Akad.; Metall-, Textil-, Elektro-, Nahrungsmittel-, elektrotech. u. chem. Ind.; Fremdenverkehr; ✈ – Abb. S. 776.

**Zahl,** ursprüngl. nur Bez. für posit. ganze Z. 1, 2, 3, ... *(natürl. Z.),* die uneingeschränkte Subtraktion führte zu den negat. ganzen Z. (−1, −2, −3,...) u. der Null (0), dem Gesamtbereich der *ganzen Z.* Die uneingeschränkte Division (außer durch 0) führte zu den Brüchen (zus. mit den ganzen Z. Bereich der *rationalen Z.*). Der Bereich der

**Zagreb:** *Innenstadt mit dem Stephansdom (13.–15. Jh. sowie 17. und 19. Jh.) und der erzbischöflichen Residenz (18. Jh.)*

*reellen Z.* beinhaltet auch die *irrationalen Z.* (z. B. $\sqrt{2}$); *imaginäre Z.:* Produkte aus reellen Z. u. der imaginären Einheit ($i=\sqrt{-1}$), die Summen aus reellen u. imaginären Z. ergeben die *komplexen Z.* – *Geschichte:* Um 2000 v. Chr. rechneten die Ägypter u. Sumerer mit Brüchen, die Pythagoreer (um 500 v. Chr.) entdeckten die irrationalen Z., den Indern schreibt man die Erfindung der Null u. der negat. Z. zu; ab 1580 rechnete man mit Dezimalbrüchen, seit 1550 sind die komplexen Z. bekannt.

**Zahlensystem,** aus den Ziffern u. Regeln für deren Zusammensetzung gebildete Systeme, u. a. *Dezimal-* (10 versch. Zahlzeichen) u. ↑Dualsystem.

**Zähler, 1)** ↑Bruch. **2)** svw. ↑Elektrizitätszähler.

**Zählrohr,** z. B. Geiger-Müller-Z. (↑Geiger).

**Zahlungsbefehl,** veraltet für Mahnbescheid (↑Mahnverfahren).

**Zahlungsbilanz,** systemat. wertmäßige Aufzeichnung aller wirtsch. Transaktionen zw. Inländern u. Ausländern in einer Periode. Wesentl. Teilbilanzen: 1. *Handelsbilanz* (Ex- u. Importe v. Waren), 2. *Dienstleistungsbilanz* (Verbuchung v. Reiseverkehr, Transportleistungen, Finanzdienstleistungen u. a.), 3. *Bilanz der Erwerbs- und Vermögenseinkommen* (Kapitalerträge u. Einkommen aus unselbstständiger Arbeit), 4. *Bilanz der laufenden Übertragungen* (z. B. Heimatüberweisungen ausländ. Arbeitnehmer), 5. *Leistungsbilanz* (Zusammenfassung der Teilbilanzen 1–4), 6. *Bilanz der Vermögensübertragungen* (z. B. Schuldenerlasse, Erbschaften, Schenkungen), 7. *Kapitalbilanz* (Kapitalbewegungen wie Direktinvestitionen, Wertpapieranlagen, Kreditverkehr), 8. *Veränderungen der Währungsreserven* (Devisenbilanz). Die Z. ist stets ausgeglichen; Salden treten nur in den Teilbilanzen auf.

**Zahlungsunfähigkeit,** Unvermögen, seine fälligen Geldverpflichtungen zu erfüllen. Z. u. drohende Z. sind Eröffnungsgrund für d. Insolvenzverfahren (↑Insolvenz).

**Zahlwort, Numerale,** Wortklasse der Grund-, Ordnungs-, Vervielfältigungs-, Verteilungszahlen.

**Zahnbein, Dentin,** knochenart. Gewebe, Hauptbestandteil des Zahnes.

**Zähne,** feste Skelettteile, die v. a. zum Zerteilen u. Zerkleinern der Nahrung dienen; Grundsubstanz ↑Zahnbein; die *Zahnkrone* ist v. *Zahnschmelz* (noch härter als Zahnbein) überzogen; die von [Zahn]zement umhüllte *Zahnwurzel* wird von der Zahnwurzelhaut bedeckt u. sitzt in der ↑Alveole; in die *Zahnhöhle* (Pulpa) münden Nerven u. feine Blutgefäße. Bei Reptilien, Amphibien u. Fischen werden die Z. öfter erneuert als bei Säugetieren. – Bei Säugetieren u. Menschen drei Zahntypen: Schneide-, Eck- und Backenzähne; ↑Gebiss.

**Zahn|ersatz,** künstl. Zähne, Ersatz defekter od. verlorener Zähne; bei einzelnen Zähnen, deren Zahnwurzel noch intakt ist, durch Zahnkronen (aus Gold, Stahl, Porzellan u. a.) od. durch Stiftzahn; größere Lücken können überbrückt werden, wenn die „Pfeilerzähne" gesund sind; Ersatz gr. Gebissabschnitte od. des ganzen Gebisses durch Prothesen.

**Zahnkari|es, Zahnfäule,** Substanzverlust an Zahnhartgeweben durch einen chron. destruktiven Prozess; ursächlich sind Zahnbeläge verantwortl., die im Zusammenhang mit der Mikroflora der Mundhöhle u. deren Stoffwechselprodukten, der Ernährung u. der Mundpflege stehen.

**Zahnkarpfen,** Familie kleiner [(sub)trop. Süß- u. Brackwasser]fische; Unterfam.: *Eierlegende* und *Lebendgebärende Z.;* viele Aquarienfische.

**Zahnlaut, Dentallaut,** an den Zähnen od. in ihrer Nähe gebildeter Konsonant, z. B. t, d, th [th], n.

**Zahnrad,** Maschinenelement zur Kraft- bzw. Bewegungsübertragung zw. versch. Wellen mit versch. Drehzahlen; kreisförm. Scheibe mit Verzahnungen am Rand, die in eine entspr. Verzahnung eines anderen Z.es eingreifen; Arten: Stirn-, Kegel-, Schneckenräder. *Z.getriebe* sind die am häufigsten eingesetzten Rädergetriebe, übertragen größte Leistungen.

**Zahnschmelz** ↑Zähne.

**Zahnstein,** Kalksalzablagerung am Zahnhals; führt zur Entzündung u. zum Zurückweichen des Zahnfleisches u. fördert die Zahnlockerung.

**Zahnwale,** Unterordn. der Wale; besitzen Zähne (bei den Bartenwalen durch Barten ersetzt); u. a. Delphine, Pottwale.

**Zähringer,** schwäb. Grafengeschlecht, ben. nach der Burg Zähringen (Freiburg im Breisgau); in der männl. Linie 1218 ausgestorben; 1078 spaltete sich eine markgräfl. Linie ab (Baden), 1187 die Linie der Hzg. von Teck.

**Zaire** [z-], 1971–1997 Name d. Demokrat. Rep. ↑Kongo.

**Zamenhof** [z-], Ludwik, poln. Augenarzt, * 1859, † 1917; Schöpfer des Esperanto.

**Zamora** [θa-], span. Provinzhauptstadt nördl. von Salamanca, 63400 E; Kathedr. (1151–74), Templerkirche (12. Jh.), Landw.
**Zander,** durchschn. 40–50 cm langer Barsch; Speisefisch.
**Zandvoort** ['zantfo:rt], niederl. Seebad westl. v. Haarlem, 16000 E; Autorennstrecke (4,2 km).
**Zanussi** [za'nusji], Krzystof, poln. Filmregisseur, * 1939.
**Zäpfchen,** svw. ↑Suppositorium.
**Zapfen, 1)** ährenförm. ↑Blütenstand, dessen Achse u. Tragblätter bei der Reife verholzen (z. B. bei Nadelhölzern). **2)** Maschinenel.; Bolzen, der Drehbewegungen aufnimmt u. a.
**Zapfenstreich,** mil. Abendsignal; bei feierl. Anlässen *Gr. Zapfenstreich.*
**Zapoteken,** Indianerstamm in S-Mexiko; Ackerbau; Bilderschrift (↑altamer. Kulturen).
**Zappa** ['zæpə], Frank, amer. Rockgitarrist u. Komponist, * 1940, † 1993; Vertreter des Rock-Underground.
**Zar** [slaw.], Herrschertitel in Russland (1547–1917) und Bulgarien (1908–46).
**Zaragoza** [θara'ɣoθa], **Saragossa,** span. Prov.-Hptst. am mittl. Ebro, 592700 E; Univ.; roman.-got. Kathedr. u. a. bed. Kirchenbauten, Reste des Maurenschlosses; Börse (Renaissance); Ind., Handel.
**Zarathustra,** gr. **Zoroaster,** altiran. Religionsstifter, * um 630 (?), † um 553 (?); erlebte im Alter von 30 Jahren seine Berufung zum Propheten Ahura Mazdas u. wurde über seinen Schülerkreis zum Begr. des ↑Parsismus; nur wenige histor. gesicherte Angaben über sein Leben.
**Zarewitsch** [slaw.], bis 1718 offiz. Titel d. Zarensohnes, *Zesarewitsch* ab 1797 Titel d. russ. Thronfolgers.
**Zarge,** tragende Rahmenkonstruktion (z. B. Tür-Z.), Seitenwand (z. B. von Musikinstrumenten).
**Zäsur** [lat.], **1)** Metrik: Einschnitt im Vers. **2)** Unterbrechung des Verlaufs eines Musikstücks durch Phrasierung oder Pause.
**Zauber,** mag. Handlung, die best. persönl. Zwecke durch Zuhilfenahme von Geistern und geheimnisvollen Kräften mit *Z.mitteln* od. *-sprüchen* zu erreichen sucht.
**Zauberwürfel, Rubik-Würfel,** aus in Schichten und einzeln gegeneinander drehbaren Teilwürfeln bestehender Würfel; bei einer von rd. 43 Trillionen mögl. Stellungen der an ihren Seiten unterschiedl. gefärbten Teilwürfel zeigt der Z. auf jeder Seite eine einheitl. Farbe.
**Zaum,** Vorrichtung zum Lenken und Zügeln des Pferdes: durch Riemenzug *(Kopfgestell)* gehaltenes stählernes Mundstück *(Gebiss),* an dem die Zügel sitzen.
**Zaunkönige,** Fam. bis 9,5 cm langer Singvögel bes. Amerikas; in Europa nur der *Zaunkönig* (kugel. Nester, schmetternder Gesang).
**ZDF,** Abk. für: **Z**weites **D**eutsches **F**ernsehen.

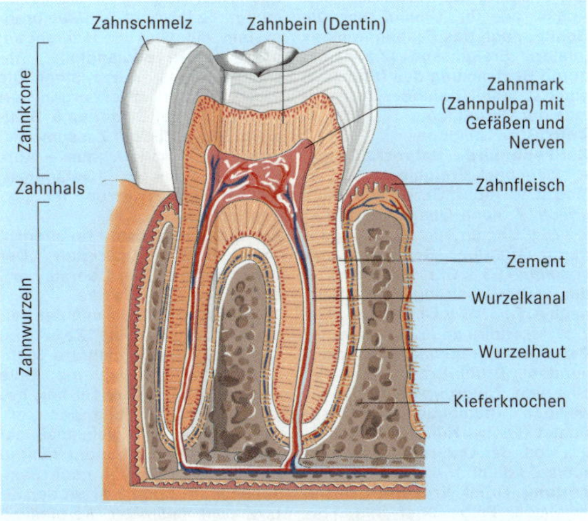

**Zähne:** *Bau und Verankerung eines Backenzahnes beim Menschen*

**Zebaoth** [hebr.], Heerscharen, *Adonai Zebaoth* (Herr Z.; = Herr der Heerscharen), at. Erweiterung des Gottesnamens.
**Zebrafink,** austral. Prachtfink.
**Zebrafisch,** bis 5 cm langer, schwarz u. silbern längs gestreifter asiat. Karpfenfisch; Aquarienfisch.
**Zebras** [afrik.], schwarz-weiß gestreifte, wild lebende Pferdearten afrik. Savannen u. Steppen; 3 noch lebende Arten: *Grevy-Z.,* O-Afrika, *Steppen-* u. *Berg-Z.,* S-Afrika.

**Zebu** *mit abgebrochenen Hörnern*

**Zebu** [tibet.], Hausrind mit buckelförm. Fetthöcker; uraltes Haustier, bes. in Asien (Indien) und Afrika; vermutl. hpts. vom Auerochsen abstammend.
**Zech,** Paul, dt. Schriftsteller, * 1881, † 1946; expressionist. Lyrik mit soz.-revolutionärer Tendenz; Erzählungen, Dramen.
**Zeche,** Bergwerk, Grube.
**Zechine,** ital. **Zecchino** [tsek'ki:no], venezian. Goldmünze s. dem 13. Jh., Vorbild des Dukaten.
**Zechstein** ↑Geologie (Übers.).
**Zecken,** Gruppe sehr flacher, derbhäut., Blut saugender Milben, z. T. Krankheitsüberträger; schwellen bei Blutaufnahme an.
**Zeder** [gr.], Gatt. lärchenähnl. Kieferngewächse; die *Libanon-Z.* war v. a. im Altertum bed. Holzlieferant; heute häufiger als Parkbäume: *Atlas-* und *Himalajazeder.*
**Zeffirelli** [dze-], Franco, ital. Regisseur, * 1923; Opern, aber auch Spielfilme.
**Zehen** ↑Fuß; *Z.gänger,* Säugetiere, die nur mit den Z. auftreten, ohne die Fußsohle aufzusetzen, z. B. Katzen und Hundeartige.

**Zehnfußkrebse,** Ordn. der Höheren Krebse, bis rd. 60 cm lang, mit 5 Schreitfußpaaren; meist marin, einige Süßwasser- u. Landformen; Unterordn.: Garnelen, Panzer-, Mittelkrebse, Krabben u. a. mit Flusskrebsen, Hummer.

**Zehnkampf,** leichtathlet. Mehrkampf d. Männer mit 10 versch. Übungen (100-m-, 400-m-, 1500-m-Lauf, 110-m-Hürdenlauf, Hoch-, Weit-, Stabhochsprung, Diskus- u. Speerwerfen, Kugelstoßen), bestritten an 2 aufeinander folgenden Tagen.

**Zehnt, Dezem,** ma. Bez. für Abgabe, urspr. 10 % vom Bodenertrag (Viehbestand); nach bibl. Vorbild s. dem 5. Jh. v. der Kirche erhoben (abgeschafft im 18./19. Jh.); urspr. in Naturalien, s. dem 13. Jh. auch in Geld.

**Zeichenleser, Lesegerät,** 💻 Gerät zur Zeichenerkennung, das Information (z. B. direkt lesb. Schriftzeichen beim Klarschriftleser) abtastet u. einer weiteren Verarbeitung zugängl. macht; z. B. auch Lesestift, Scanner.

**Zeisig,** etwa 12 cm langer Finkenvogel, bes. in Nadelwäldern, Birken- und Erlenbeständen.

C. Zeiß

**Zeiß,** Carl, dt. Mechaniker u. Unternehmer, *1816, †1888; gründete 1846 in Jena die feinmechan.-opt. Werkstätte (Fa. „Carl Zeiss") u. 1884 zus. mit E. ↑Abbe u. O. Schott das „Jenaer Glaswerk Schott u. Gen."; seit 1919 ist die 1889 gegr. *Carl-Zeiss-Stiftung* Alleininhaberin beider Unternehmen.

**Zeit, 1)** ⚛ kontinuierl. Veränderliche, auf die die Veränderung v. Zuständen od. eine Ereignisfolge bezogen werden kann; physikal. Grundgröße, *t*, SI-Einheit: ↑Sekunde. Da es keine Möglichkeit gibt, eine ideale *absolute Z.* (I. Newton) festzustellen od. zu messen, wird für jedes bewegte Bezugssystem eine eigene Z. angenommen, Raum u. Z. werden im *Raum-Z.-Kontinuum* verknüpft (↑Relativitätstheorie). **2)** ☼ ↑Sonnen-Z., ↑Stern-Z. **3)** Ⓟ Ordnung des Nacheinander in den 3 Dimensionen: Vergangenheit, Gegenwart, Zukunft; Aristoteles erkannte die Abhängigkeit der Z. v. den Prozessen der Welt; Kant sah Z. als e. vor aller Erfahrung (a priori) liegende formale Bedingung aller Erscheinungen; Husserl u. a. behandelten das Verhältnis v. objektiver u. erlebter Z. **4)** Gramm.: svw. ↑Tempus.

**Zeitarbeit,** Übernahme einer Arbeit f. begrenzte Zeit (↑befristeter Arbeitsvertrag).

**Zeitgeschichte,** die der unmittelbaren Gegenwart vorausgehende Epoche u. die ihr gewidmete histor. Disziplin.

**Zeitlohn** ↑Lohn.

**Zeitlose, Colchicum,** Gatt. der Liliengewächse; einz. heim. Art: Herbstzeitlose; enthält das giftige Alkaloid Kolchizin.

**Zeitlupe,** Bildaufnahme mit erhöhter Bildwechselzahl; bei Vorführung mit normaler Geschwindigkeit werden schnelle Vorgänge verlangsamt sichtbar; *Zeitraffer* wirkt umgekehrt.

**Zeitmessung,** das Messen v. *Z.intervallen* durch period., belieb. reproduzierb. Vorgänge hinreichend konst. Frequenz, wie die Schwingungen eines Quarzkristalls (Quarzuhr), Atoms (Atomuhr), die Drehung der Erde um ihre Achse od. ihr Umlauf um die Sonne; auch das Festlegen eines (histor.) Ereignisses *(Z.punktes)* durch Bestimmung des Datums in einer Z.skale (Kalender), Grundlage der Chronologie.

**Zeitraffer** ↑Zeitlupe.

**Zeitrechnung,** Jahresrechnung v. einem best. Ereignis an; *abendländ. Z.* v. Geburt Christi an; antike *griech. Z.* nach Olympiaden (4 J.) v. 776 v. Chr. an, *röm.* v. der legendären Gründung Roms *(ab urbe condita)* 753 v. Chr. an; *jüd. Z.* v. der Welterschaffung (konstruiert nach A. T.) 3761 v. Chr. an; *muslim. Z.* v. der Hidjra an (622 n. Chr.).

**Zeitschrift,** regelmäßig erscheinendes Druck-Erzeugnis, das eine best. Zielgruppe über den jeweiligen Themenbereich unterrichtet (Fach-, Kunst-, Börsen-Z. u. a.) od. der Unterhaltung *(Publikums-Z.)* dient.

**Zeitung,** Druck-Erzeugnis, das in regelmäß. Folge über allg. [Tages]ereignisse unterrichtet u. diese in Leitartikeln, Glossen, Kritiken u. a. kommentiert. – *Gesch.:* Erste regelmäß. Veröffentlichungen polit. Mitteilungen waren Caesars „Acta diurna publica populi Romani"; Ende des MA period. Zusammenfassungen v. Nachrichten zu Messen („Messrelationen") u. Flugblätter (v. a. zu bes. Ereignissen); erhalten die Nachrichtenslg. der Fugger; 1. dt. Wochen-Z. um 1609 in Straßburg, 1. dt. Tages-Z. 1750 „Einkommende Z." (Leipzig); in Dtl. bis ins 19. Jh. staatl. Pressezensur. – Übers. S. 779.

**Zeitwort** ↑Verb[um].

**Zeitz,** St. in Sa.-Anh., 31 900 E; frühgot. Kirche, Moritzburg, Rathaus (Anf. 16. Jh.); Zucker- u. Süßwaren-, Textilfabrik, Anlagenbau.

**Zeitzone,** Gebiet, in dem eine best. Zonenzeit gült. ist.

**Zell am See,** östr. St. am *Zeller See* (4,7 km², bis 69 m tief), Salzburg, 8 500 E; Sommerfrische, Wintersportplatz.

**Zelle, 1)** kleinste lebensfäh. Grundeinheit aller Lebewesen v. den ↑Einzellern bis zum Menschen; die Z. besteht aus *Zellplasma* (Zytoplasma), umschlossen von einer *Zellmembran* (Plasmamembran), semipermeable dünne u. elast. Doppelmembran; bei Pfl. zusätzl. eine feste *Zellwand);* die Z. enthält im zähflüss. Zytoplasma als wichtigste lebende Differenzierungen: *Zellkern* (Träger der ↑Chromosomen, lebensnotwend. für ↑Zellteilung und Lebensvorgänge in der Z.), Mitochondrien (wichtig für die Zellatmung), Golgi-Apparat (Membransystem mit Sekretionsaufgaben) u. a.; leblose Bestandteile: Einschlüsse (Fette, Harze, äther. Öle u. a.); viel primitiver organisiert sind die Z.n der Bakterien u. Blaualgen; die Größe der Z.n schwankt meist zw. $^1/_{10}$ bis $^1/_{100}$ mm. – Abb. S. 780. **2)** enger [Gefängnis-, Kloster]raum. **3)** Kurzbez. für elektrochem. El.

**Zeller,** Carl, östr. Komponist, *1842, †1898; Operetten; „Der Vogelhändler", „Der Obersteiger".

**Zeller See** ↑Zell am See.

**Zellteilung,** Vermehrung der Zellen durch autonome Zerlegung des Zellkörpers in mehrere Tochterzellen; erfolgt, wenn die ↑Zelle eine best. Entw. erreicht hat; beginnt mit der Teilung des Zellkerns (Erbgut wird gleichmäß. auf Tochterkerne übertragen), läuft in komplizierten Phasen nach best. Schema ab; hpts. 3 Arten der Z.: 1. *Z. mit indirekter Kernteilung* (Mitose), dient der Zellvermeh-

**Zeitungen** (Auswahl)

| Zeitungstitel (Verlagsort) | verkaufte Auflage 4. Quartal 2000 |
|---|---|
| **Deutschland** | |
| *überregionale Zeitungen* | |
| Financial Times Deutschland (Hamburg) | 66 000 |
| Frankfurter Allgemeine | 401 000 |
| Frankfurter Rundschau | 191 000 |
| Handelsblatt (Düsseldorf) | 170 000 |
| Neues Deutschland (Berlin) | 60 000 |
| Süddeutsche Zeitung (München) | 419 000 |
| die tageszeitung (taz; Berlin) | 57 000 |
| Die Welt (Hamburg, Berlin) | 252 000 |
| *Kaufzeitungen* | |
| Abendzeitung (München) | 185 000 |
| Berliner Kurier | 176 000 |
| Bild (Hamburg) | 4 265 000 |
| B. Z. (Berlin) | 261 000 |
| Express (Köln, Bonn) | 221 000 |
| Hamburger Morgenpost | 118 000 |
| Morgenpost für Sachsen (Dresden) | 110 000 |
| TZ-München | 151 000 |
| *Sonntagszeitungen* | |
| Bild am Sonntag (Hamburg) | 2 400 000 |
| B. Z. am Sonntag (Berlin) | 155 000 |
| Frankfurter Allgemeine Sonntagszeitung | 99 000 |
| HNA Hessische/Niedersächsische Allgemeine Sonntagszeitung (Kassel) | 189 000 |
| Morgenpost für Sachsen am Sonntag (Dresden) | 110 000 |
| Sonntag aktuell (Stuttgart) | 1 034 000 |
| Welt am Sonntag (Hamburg, Berlin) | 442 000 |
| *Wochenzeitungen* | |
| Bayernkurier (München) | 119 000 |
| Rheinischer Merkur (Bonn) | 101 000 |
| VDI Nachrichten (Düsseldorf) | 157 000 |
| Die Zeit (Hamburg) | 441 000 |
| *regionale Abonnementzeitungen* | |
| Aachener Zeitung/Aachener Nachrichten | 160 000 |
| Augsburger Allgemeine/ Allgäuer Zeitung | 368 000 |
| Badische Neueste Nachrichten (Karlsruhe) | 158 000 |
| Badische Zeitung (Freiburg) | 164 000 |
| Berliner Morgenpost | 174 000 |
| Berliner Zeitung | 205 000 |
| Braunschweiger Zeitung | 192 000 |
| Bremer Nachrichten/Weser Kurier | 200 000 |
| Darmstädter Echo | 107 000 |
| fp Freie Presse (Chemnitz) | 413 000 |
| General-Anzeiger (Bonn) | 89 000 |
| Hamburger Abendblatt | 293 000 |
| HAZ Hannoversche Allgemeine/ Neue Presse | 230 000 |
| HNA Hessische/Niedersächsische Allgemeine (Kassel) | 260 000 |
| Kieler Nachrichten | 158 000 |
| Kölner Stadt-Anzeiger/ Kölnische Rundschau | 390 000 |
| Lausitzer Rundschau (Cottbus) | 154 000 |
| Leipziger Volkszeitung | 310 000 |
| Lübecker Nachrichten | 115 000 |
| Main-Post (Würzburg) | 151 000 |
| Mannheimer Morgen (Ausgabe A) | 97 000 |
| Mannheimer Morgen (Ausgabe B) | 147 000 |
| Märkische Allgemeine (Potsdam) | 200 000 |
| Märkische Oderzeitung (Frankfurt [Oder]) | 125 000 |
| Mittelbayerische Zeitung (Regensburg) | 132 000 |
| Mitteldeutsche Zeitung (Halle) | 340 000 |
| Münchner Merkur | 285 000 |
| Neue Osnabrücker Zeitung/Zeitungsgruppe Südwest-Niedersachsen | 309 000 |
| Niedersächsisches Tageblatt (Lüneburg) | 134 000 |
| Nordkurier (Neubrandenburg) | 121 000 |
| Nordwest Zeitung (Oldenburg [Oldenburg]) | 129 000 |
| Nürnberger Nachrichten | 327 000 |
| Ostsee-Zeitung (Rostock) | 191 000 |
| Passauer Neue Presse | 180 000 |
| Rheinische Post (Düsseldorf) | 417 000 |
| RheinMainMedia Gesamt (Frankfurter Neue Presse, Rhein-Main-Zeitung, Höchster Kreisblatt, Taunus Zeitung, Nassauer Neue Presse) | 198 000 |
| Rhein-Main-Presse (Allgemeine Zeitung Mainz, Wormser Zeitung, Wiesbadener Kurier, Wiesbadener Tageblatt u. a.; Mainz) | 227 000 |
| Rhein-Neckar-Zeitung (Heidelberg) | 104 000 |
| Die Rheinpfalz (Ludwigshafen am Rhein) | 248 000 |
| Rhein-Zeitung (Koblenz) | 240 000 |
| Ruhr Nachrichten/Hellweger Anzeiger (Dortmund) | 164 000 |
| Saarbrücker Zeitung | 183 000 |
| Sächsische Zeitung (Dresden) | 347 000 |
| Schwäbische Zeitung (Leutkirch) | 197 000 |
| Schwarzwälder Bote (Oberndorf) | 150 000 |
| Schweriner Volkszeitung | 135 000 |
| Stuttgarter Nachrichten/Stuttgarter Zeitung/Fellbacher Zeitung | 215 000 |
| Südkurier (Konstanz) | 148 000 |
| Südthüringer Presse/Freies Wort (Suhl) | 137 000 |
| Südwest-Presse (Ulm) | 343 000 |
| Der Tagesspiegel (Berlin) | 149 000 |
| Volksstimme (Magdeburg) | 268 000 |
| Westfalen-Blatt (Bielefeld) | 142 000 |
| Zeitungsgruppe Neue Westfälische (Bielefeld) | 256 000 |
| Zeitungsgruppe Thüringen (Thüringer Allgemeine, Thüringische Landeszeitung, Ostthüringer Zeitung; Erfurt) | 469 000 |
| Zeitungsgruppe WAZ (Westdeutsche Allgemeine Zeitung, Neue Ruhr/ Neue Rhein Zeitung, Westfalenpost, Westfälische Rundschau; Essen) | 1 104 000 |
| **Österreich** | |
| Kleine Zeitung (Graz, Klagenfurt) | 250 300 |
| Kurier (Wien) | 185 400 |
| Neue Kronen Zeitung (Wien) | 895 000 |
| Oberösterreichische Nachrichten (Linz) | 103 000 |
| Die Presse (Wien) | 77 000 |
| Salzburger Nachrichten | 74 200 |
| Salzburger Volkszeitung | 10 400 |
| Der Standard (Wien) | 68 000 |
| Tiroler Tageszeitung (Innsbruck) | 88 500 |
| Vorarlberger Nachrichten (Bregenz) | 66 700 |
| WirtschaftsBlatt (Wien) | 30 400 |

**Zeitungen** (Auswahl, Fortsetzung)

| Zeitungstitel (Verlagsort) | verkaufte Auflage 4. Quartal 2000 | Zeitungstitel (Verlagsort) | verkaufte Auflage 4. Quartal 2000 |
|---|---|---|---|
| **Schweiz** | | Neue Mittelland Zeitung (Solothurn) | 81 700 |
| Aargauer Zeitung | 119 700 | Neue Zürcher Zeitung | 169 100 |
| Basler Zeitung | 115 400 | Die Südostschweiz (Chur) | 138 700 |
| Berner Zeitung | 135 700 | St. Galler Tagblatt | 110 500 |
| Blick (Zürich) | 314 200 | Tages-Anzeiger (Zürich) | 280 000 |
| Der Bund (Bern) | 68 200 | La Tribune de Genève | 78 400 |
| Neue Luzerner Zeitung | 133 500 | 24 heures (Lausanne) | 89 600 |

rung; in der ersten Teilungsphase *(Prophase)* werden die ↑Chromosomen als Fäden sichtbar, erfahren jeweils eine Längsspaltung in zwei Tochterchromosomen mit gleichem Erbgut; danach entsteht die Kernspindel (sorgt für die gleichmäß. Verteilung der Tochterchromosomen auf die Tochterkerne); in der *Metaphase* ordnen sich die längs geteilten Tochterchromosomen in der Äquatorialebene der Kernspindel an; in der *Anaphase* wandern sie zu den Polen der Kernspindel, in der *Telophase* bilden sich die Tochterkerne; 2. die *Reduktionsteilung* (Meiose), sie dient der Bildung von Fortpflanzungszellen (Chromosomenpaare werden dabei in einzelne Paarlinge getrennt, bevor sie neue Kerne bilden); 3. *direkte Teilung* (Amitose), einf. Durchschnürung des Zellkernes ohne Spindelbildung u. ohne dass Chromosomen sichtbar werden. – Die Z. kann als Zweiteilung erfolgen, als *multiple Z.* (mehr. Male „freie Kernteilung"), als *Zellknospung* od. *-sprossung* (an der Mutterzelle knospenart. Auswüchse).

**Zellulitis** [lat.], **Cellulitis,** konstitutionell bedingte Veränderung des Unterhautbindegewebes im Oberschenkel- u. Gesäßbereich bei Frauen durch das Eindringen v. Fettzellen in die Lederhaut; führt zu Formveränderung der Hautoberfläche („Orangenhaut").

**Zelluloid** [lat.; gr.], ältester thermoplast. Kunststoff aus Nitrozellulose u. Kampfer; für Folien, Knöpfe, Kämme u. a.

**Zellulose,** fachsprachl. **Cellulose,** Gerüstsubstanz fast aller Pfl.; häufigste organ. Verbdg.; ein makromolekulares Kohlenhydrat (Polysaccharid) aus mehr als 10 000 Glucosemolekülen; aus Holz, Schilf, Stroh u. a. gewinnt man reine Z. *(Zellstoff)* durch chem. Aufschluss in Hitze u. unter Druck mit Wasser u. Calciumhydrogensulfit od. Natronlauge u. Ä.

**Zeloten** [gr.], **1)** fanat. Streiter. **2)** radikale, nationalist., antiröm. jüd. Partei z. Z. Christi.

**Zelter,** Carl Friedrich, dt. Komponist, * 1758, † 1832; gründete in Berlin 1809 die ↑Liedertafel, 1822 das Kgl. Inst. für Kirchen- und Schulmusik.

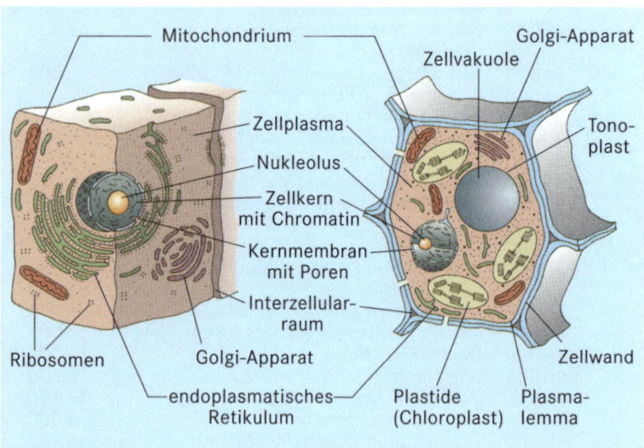


**Zelle 1):** *schematische Darstellung einer tierischen (links) und einer pflanzlichen Zelle*

**Zement** [lat.], hydraul. Bindemittel aus Kalkstein u. Ton, Kalk u. Bauxit, Kalk u. Eisenoxiden oder Kalk, Ton u. Hochofenschlacke; ↑Faserzement.

**Zen** [jap.], im 6. Jh. in China entstandene, heute v. a. in Japan verbreitete Richtung des ↑Buddhismus.

**Zenit,** Scheitelpt., Pol der Horizontebene eines Beobachtungsorts an der gedachten Himmelskugel (Gegenpt. ↑Nadir); *Z.-distanz,* Winkelabstand eines Gestirns v. Z. des Beobachtungsortes.

**Zenon, 1) Z. v. Elea,** auch **Z. d. Ä.,** griech. Philosoph, * um 490, † um 430 v. Chr.; verteidigte als Schüler des Parmenides dessen Seinslehre; berühmt sein Trugschluss vom Wettlauf des Achill mit der Schildkröte. **2) Z. v. Kition,** gen. **Z. d. J.,** griech. Philosoph, * um 336, † um 264 v. Chr.; um 300 Begr. der älteren ↑Stoa in Athen.

**Zensor** [lat.], im antiken Rom Beamter für die Schätzung des Vermögens der Bürger, sittenrichterl. Entscheidungen u. a.; jeweils 2 Z.en für anderthalb Jahre gewählt.

**Zensur** [lat.], **1)** Schulnote. **2)** Amt der altröm. Zensoren. **3)** behördl. Aufsicht über Veröffentlichungen in Wort und Bild.

**Zensus** [lat.], **1)** Vermögensschätzung. **2)** Bibliothekswesen: Verzeichnis aller bek. Exemplare v. Frühdrucken. **3)** ↑Volkszählung.

**Zensuswahlrecht,** Wahlrecht, das an den Nachweis eines best. Besitzes, Einkommens od. einer Steuerleistung (Zensus) gebunden ist (z. B. im antiken Rom, in Preußen das Dreiklassenwahlrecht).

**Zentaur,** ☼ ↑Kentaur.

**Zentaur, Kentaur,** wildes Fabelwesen der griech. Mythol. mit menschl. Oberkörper, Pferdeleib u. -beinen.

**Zenti...** [lat.], Vorsatzzeichen **c,**

Vorsatz vor Einheiten, bedeutet den Faktor $10^{-2}$ (Hundertstel), z. B. ↑Zentimeter.

**Zentimeter,** Einheitenzeich. **cm,** 1 cm = $^1/_{100}$ m.

**Zentner,** Einheitenzeich. **Ztr.,** altes Handelsgew., = 50 kg; *Doppel-Z.* (dz) = 100 kg.

**Zentralafrikanische Republik**

| | |
|---|---|
| *Fläche:* 622 984 km² | |
| *Einwohner:* 3,5 Mill. | |
| *Hauptstadt:* Bangui | |
| *Amtssprache:* Französisch | |
| *Zeitzone:* MEZ | |

**Zentralafrikanische Republik,** Rep. in Z-Afrika; hpts. Savannen, im SW trop. Regenwald; wechselfeucht-tropisches Klima; Bev. vorw. Sudanvölker; Anbau v. Maniok, Jamswurzel, Mais, Hirse, für d. Export Baumwolle, Kaffee, Kautschuk; bed. Holzwirtsch.; Viehzucht; ⚒ auf Diamanten, Gold, Uran; Vorkommen v. Eisen-, Kupfer-, Chromerz, Magnesium u. Erdöl; Textil-, Leder-, Nahrungsmittel-, Tabak- u. Holzind. *Gesch.:* Ende d. 19. Jh. erwarb Frkr. d. Kolonie Ubangi-Schari, 1910 Teil d. Gen.-Gouv. Frz.-Äquatorialafrika, 1946 Überseeterritorium; 1960 als Z. R. unabh., weiterhin enge Zusammenarbeit mit Frkr.; 1965/66 Staatsstreich Gen. J.-B. Bokassas (ab 1972 Präs. auf Lebenszeit), 1976 Proklamation d. *Zentralafrikan. Ks.reichs;* 1979 Sturz d. Schreckensregiments Bokassas, Wiederherstellung d. Rep.; 1981–93 Militärherrschaft.

**Zentral|amerika,** von NW nach SO verlaufende Landbrücke zw. Nord- u. Südamerika; zw. dem Isthmus von Tehuantepec im N u. dem Isthmus von Darién im S (bis zur Mdg. des Rio Atrato); Länge 2 300 km, rd. 800 000 km²; von Faltengeb. mit z. T. tätigen Vulkanen durchzogen, die die nordamer. Kordilleren fortsetzen; Steilabfall zur Pazifikküste, unregelmäß. gestaltete O-Küste mit vielfach flachem Hinterland. *Klima:* trop., nach Höhenlage und Exposition unterschiedl. Temp. u. Niederschläge. Vorw. *Landw.:* Mais, Kaffee, Bananen, Baumwolle, Tabak, Zuckerrohr, Gemüse, Obst; Edelhölzer. – Naturvölker bis auf kl. Reste ausgestorben; Anteil an den ↑altamer. Kulturen; in der span. Kolonialzeit gehörte das Generalkapitanat Guatemala, das ganz Z. umfasste, bis 1823 zu Mexiko; dann kl. Teilstaaten bis 1838; heut. polit. Gliederung: S-Mexiko, Belize, Guatemala, El Salvador, Honduras, Nicaragua, Costa Rica u. Panama.

**Zentral|asien,** die durch zahlr. Geb.-Züge gegliederten, v. Himalaja, Pamir, Altai, Tienschan, Westl. und Östl. Sajan, Jablonowygeb. u. Gr. Chingan umgebenen inneren Hochländer Asiens.

**Zentralbank** ↑Notenbank.

**Zentralbau,** auf ein Zentrum ausgerichteter Bau, häuf. von einer Kuppel überwölbt (Ggs. Langhausbau); Grundform: Kreis, Ellipse, Quadrat, Achteck; bed. das antike ↑Pantheon in Rom; im MA als Tauf-, Grab- u. Palastkirche, ↑Hagia Sophia; vereinzelt in Renaissance u. Barock.

**Zentrale, 1)** Hauptstelle. **2)** Fernsprechvermittlung. **3)** Gerade durch die Mittelpt. v. 2 Kreisen.

**Zentralheizung,** Sammelheizung (zentrale Feuerstelle) für mehr. Räume; Wärmeüberträger sind Dampf, Warmwasser, Luft.

**Zentralisation,** organisator. Zusammenfassung zu einem einheitl., zentral geleiteten Komplex; staatl. als *Zentralismus* (Ggs. ↑Föderalismus); Zwischenform im dezentralisierten Einheitsstaat.

**Zentralkomitee,** Abk. **ZK,** vom Parteitag gewähltes Vorstandsorgan in kommunist. Parteien. – *Z. der dt. Katholiken,* organisator. Zusammenschluss der kath. Laienarbeit in Dtl.; Sitz Bonn-Bad Godesberg.

**Zentralmassiv,** frz. **Massif Central** [masif sã'tral], nach W allm. sich abdachende, nach O zur Saône und Rhone steiler abfallende Hochfläche in Frkr. mit aufgesetzten erloschenen Vulkanen (bis 1 886 m).

**zentrieren** [lat.], auf den Mittelpt. (Zentrum) einstellen.

**Zentrifugalkraft, Fliehkraft,** bei krummlin. Bewegung eines Körpers (z. B. Drehung) auftretende Kraft, die die Richtungsänderung der Bewegung zu verhindern sucht; ihr gegenüber steht eine gleichgr., entgegengesetzt gerichtete Kraft, die *Zentripetalkraft.* Für einen Körper der Masse $m$, der im senkr. Abstand $r$ mit der Winkelgeschwindigkeit $\omega$ um die Drehachse rotiert, hat die Z. den Betrag: $F = m r \omega^2$.

**Zentrifuge** [gr.-lat.], **Separator,** Vorrichtung zur Trennung v. Substanzen mithilfe der ↑Zentrifugalkraft, z. B. Wäscheschleuder.

**Zentripetalkraft** ↑Zentrifugalkraft.

**Zentriwinkel,** Winkel zw. 2 Kreisradien.

**Zentrum, Z.spartei,** 1870 gegr. dt. Partei des polit. Katholizismus, v. a. im Kulturkampf Oppositionspartei gg. Bismarcks Pol.; 1918 Abspaltung der Bayer. Volkspartei; s. 1919 maßgebl. Reg.-Partei, Beteiligung an der Weimarer Koalition; 1933 aufgelöst. Die 1945 neu gegr. Dt. Z.spartei blieb ohne größere Bedeutung. Die Führer des ehem. Z.s waren nach 1945 maßgebl. an der Gründung der Christl.-Demokrat. Union beteiligt.

**Zenturie,** lat. **Centuria,** Einheit der röm. Armee mit urspr. 100, später meist etwa 80 Mann; unter einem *Centurio;* 60 Z.n bildeten 1 Legion.

**zephal[o]...** ↑kephal[o]...

**Zephanja** ↑Kleine Propheten.

**F. Graf von Zeppelin**

**Zeppelin,** Ferdinand Gf. von, dt. Luftschiffkonstrukteur u. General, * 1838, † 1917; widmete sich nach 1891 ganz dem Luftschiffbau, konstruierte das nach ihm ben. lenkbare Starrluftschiff (1900 Start v. LZ 1).

**Zepter** [gr.], Herrscherstab, Teil der Krönungsinsignien.

**Zerberus,** in der griech. Mythol. Höllenhund, der die Unterwelt bewacht; er lässt jeden in die Unterwelt hinein, aber keinen zurück.

**zerebral** [lat.], ⚕ das Gehirn betr., zu ihm gehörend.

**zerebrospinal** [lat.], ⚕ Gehirn u. Rückenmark betreffend.

**Zermatt,** schweizer. Ort in den

Walliser Alpen, 4600 E; Sommerfrische, Wintersportplatz.

**Zerobond** [ˈze:ro-], **Nullkupon|anleihe,** langfristige Anleihe ohne regelmäßige Zinszahlung. Das Entgelt für die Kapitalüberlassung (Zins) ergibt sich als Differenz zw. geringerem Ausgabe- u. erhöhtem Rückzahlungskurs. Möglich sind Abzinsungs- (Ausgabekurs unter Nennwert) u. Aufzinsungspapiere (Rückzahlungskurs über Nennwert).

**Zerstörer,** schnelles, mittelgroßes (1500–5000 t), vielseitig einsetzbares Kriegsschiff, u.a. als Torpedo-, Raketen-Z., v.a. für Begleitschutz.

**Zertifikat** [lat.], [amtl.] Bestätigung, Bescheinigung, Zeugnis; Anteilschein an einem Investmentfonds.

**Zervelatwurst** [ital.; dt.], Dauerwurst aus Schweine-, Rindfleisch u. Speck.

**Zession** [lat.], ↑Abtretung einer Forderung.

**Zeta,** 6. Buchstabe des griech. Alphabets: Z, z.

**Zetkin,** Clara, geb. **Eißner,** dt. Politikerin, * 1857, † 1933; baute die sozialist. Frauenbewegung auf, Mitbegr. der Spartakusgruppe u. der USPD, 1917–29 Mitgl. des ZK der KPD, 1920–33 MdR.

**Zeuge, 1)** Person, die zum Abschluss v. Rechtsgeschäften zugezogen wird (z.B. Testamentserrichtung). **2)** Person, die in einem gerichtl. Verfahren über eigene Wahrnehmungen aussagen soll *(Beweis-Z.)*, Auslagen sind zu ersetzen *(Z.ngeld);* der Z. hat die Pflicht, zu erscheinen und [unter Eid] wahrheitsgemäß auszusagen *(Zeugnispflicht).*

**Zeugen Jehovas,** bis 1931 **Ernste Bibelforscher,** von Ch. T. Russell (* 1852, † 1916) begr., heute weltweit verbreitete Religionsgemeinschaft, Hpt.sitz: Brooklyn (N. Y.); Erwartung der bald. Wiederkunft Christi; Lehre: der aus der Bibel abgeleitete „Plan Gottes mit der Menschheit“; strenge Moralvorschriften, rege missionar. Tätigkeit [Zeitschrift „Der Wachtturm“].

**Zeugnis, 1)** Aussage über Tatsachen. **2)** Beurkundung v. Leistungen: 1. bei Beendigung eines Dienstverhältnisses vom Arbeitgeber auszustellen über Art u. Dauer der Beschäftigung, auf Verlangen auch über Führung u. Leistungen des Arbeitnehmers; bei Beendigung eines Berufsausbildungsverhältnisses: *Z.;* 2. *Schul-Z.se* über die Leistungen der Schüler zum Versetzungstermin, in der Mitte des Schulj. u. beim Schulabgang.

**Zeugnisverweigerungsrecht,** Recht des Zeugen, das Zeugnis aus persönl. od. sachl. Gründen zu verweigern; Z. haben: Verlobte, Ehegatten, nähere Verwandte; Geistliche u. andere Personen mit Schweigepflicht, Abg. in best. Fällen.

**Zeugung,** Hervorbringen eines Lebewesens durch Begattung mit nachfolgender Befruchtung; *Z.sunfähigkeit* ↑Impotenz.

**Zeus,** höchster griech. Gott; Sohn des Kronos; Gott des Donners u. des Blitzes.

**Zgorzelec** [zgɔˈʒɛlɛts], St. in Polen, ↑Görlitz.

**z. H.,** Abk. für: **z**u **H**änden.

**Zhejiang** [dʒedʒjan], Prov. an der chin. O-Küste, 101800 km$^2$, 42,3 Mill. E; Hptst. Hangzhou.

**Zhou Enlai** [dʒoʊ-], **Chou En-lai, Tschou En-lai,** chin. Politiker, * 1898, † 1976; Mitbegründer der KP Chinas; Min.-Präs. (1949–76) u. Außenmin. (1949–58) der VR China.

**Ziborium** [lat.], **1)** liturg. Gefäß zur Aufbewahrung der konsekrierten Hostien. **2)** ein auf Säulen ruhender Aufbau über einem Altar u.a.

**Ziegel, Backstein,** aus Lehm, Ton u. Sand geformter u. gebrannter künstl. Stein zum Mauern u. zur Dachdeckung.

**Ziegenartige,** Gatt. der Rinder, Horntiere; meist erdfarben, vielf. mit Kinnbart; *Wildziegen* leben als geschickte Kletterer gesell. in euras. Geb. (auch NO-Afrika); die *Hausziege* ist mit 9 Monaten geschlechtsreif und wirft nach 22 Wochen meist 1–2 Junge.

**Ziegenpeter,** svw. ↑Mumps.

**Ziegler,** Karl, dt. Chemiker, * 1898, † 1973; bed. Forschungen zur Herst. v. Kunststoffen; Nobelpreis f. Chemie (mit G. Natta) 1963.

**Ziehharmonika,** volkstüml. Musikinstrument mit Blasebalg u. frei schwing. Zungenstimmen.

**Ziehschleifen,** svw. ↑Honen.

**Zielona Góra** [zjɛˈlɔna ˈgura], ↑Grünberg in Schlesien.

**Zieten, Ziethen,** Hans Joachim von, preuß. Reitergen, * 1699, † 1786; zeichnete sich in den Schles. Kriegen aus; entschied 1760 die Schlacht bei Torgau.

**Ziffern** [arab.], Zahlzeichen.

**Zigeuner,** auch **Sinti** u. **Roma,** im dt. Sprachgebrauch verbreitete Bez. einer weltweit (Ausnahme SO- u. O-Asien) ethn. Minderheit ind. Herkunft; von dieser als diskriminierend abgelehnt; erreichten, zw. 800 u. 1000 aus ihrer Heimat vertrieben, im 11. Jh. den Balkan (↑Roma), nach 1400 W-Europa; Ausbildung kleinerer „nat.“ Bev.gruppen, in Dtl. Selbstbez. „Sinti“; in Frkr. „Manouches“, in Großbritannien „Gypsies“, in Spanien „Cále“ od. „Gitanos“.

**Zikaden** [lat.], Unterordn. der Gleichflügler; Fühler sehr kurz, Hinterbeine oft als Sprungbeine entwickelt; ♂♂ mit Zirporgan am Hinterleib.

**Zikkur[r]at** ↑babylon. Kunst.

**Ziliarkörper** [lat.; dt.], ringförm. Wulst um die Augenlinse (↑Auge).

**Ziliarmuskel,** im ↑Ziliarkörper gelegener Muskel, ändert die Linsenform (↑Akkommodation).

**Heinrich Zille:** *Tägliches Brot (1910)*

**Zille,** Heinrich, dt. Zeichner, * 1858, † 1929; mit Humor u. Satire gestaltete Szenen aus dem Berliner Milieu der proletar. Viertel, Mitarb. am „Simplicissimus“.

**Zillertal,** r. Seitental des Unterinntales in Tirol; Fremdenverkehr.

**Zillertaler Alpen,** Teil der Zentralalpen, zw. Brenner und Birnlücke; im Hochfeiler 3510 m.

**Zimbel,** in der Orgel eine bis in die Barockzeit beliebte hoch liegende, gemischte Stimme.

**Zimmermann, 1)** Bernd Alois, dt. Komponist, * 1918, † 1970; Vertr. d. dt. Avantgarde. **2)** Dominikus, dt. Baumeister, * 1685, † 1766; Barockkirchen von Steinhausen, Günzburg u. Wies; v. Licht u. Farbe erfüllte Innenräume, deren Grundform das Oval ist. **3)** Udo, dt. Komponist u. Dirigent, * 1943; Opern (u.a. „Die weiße Rose“), Orchester- u. Vokalwerke; Gen.-Intendant der Dt. Oper Berlin.

**Zimt** [semit.-gr.], Gewürz aus der Rinde von versch. Z.baumarten; gemahlen oder als *Stangen-Z.; Z.öl,* aus Z. gewonnenes äther. Öl; Aromamittel.

**Zimtbaum,** Gatt. der Lorbeergewächse, u.a. *Ceylon-Z.* und *Chin. Z.;* liefern Zimt.

**Zink,** Symb. **Zn,** chem. El., OZ 30, rel. A.-Masse 65,39, im reinen Zustand stark glänzendes, bläul.

weißes Metall, Fp. 419,5 °C, Sp. 907 °C, Dichte 7,14 g/cm³; zieml. unbeständ. gg. Säuren, Salzlösungen, heißes Wasser; geringe Z.mengen für den Stoffwechsel v. Pfl., Tier u. Mensch unentbehrl.; bildet meist farblose Salze: *Z.chlorid* verw. für Batterien, Lötwasser, zum Verzinken v. Metallen, zum Desinfizieren u. a., *Z.sulfat* zur Konservierung v. Häuten u. Holz, zur Herst. v. *Z.pigmenten: Z.weiß* (ZnO), *Z.sulfid* (für Leuchtfarben), *Z.gelb* (Z.chromat); *Z.präparate:* desinfizierende u. adstringierende Wundsalben *(Z.salbe)* u. Lösungen (in größeren Mengen genossen Z.vergiftung); *Gewinnung:* aus Kieselgalmei, Z.carbonat od. Z.blende.

**Zinken,** Gaunerzeichen.

**Zinksalbe** ↑Zink.

**Zinksulfat** ↑Zink.

**Zinksulfid,** ZnS, wicht. Zinkverbdg., in Weißpigmenten (v. a. Lithopone) enthalten; auch verw. als intens. grün leuchtende Leuchtmasse (mit Spuren v. Kupfer) mit gr. Nachleuchtvermögen.

**Zinkweiß** ↑Zink.

**Zinn,** Symb. **Sn** [von lat. Stannum], chem. El., OZ 50, rel. A.-Masse 118,71, silberweißes, glänzendes, sehr weiches Schwermetall, kommt in mehr. Modifikationen vor, v. a. α- u. β-Modifikation (kub. bzw. tetragonal), Umwandlungstemp. 13,2 °C; Fp. 231,89 °C, Sp. 2 270 °C, Dichte (α) 5,75 bzw. (β) 7,29 g/cm³; beständ. gg. Wasser, Luft u. viele Chemikalien (u. a. Lebensmittelbestandteile, daher *Z.geschirr*); starke Säuren u. Laugen greifen Z. an; wichtigstes *Z.erz* ist Z.stein. Z. wird zur Veredelung v. Eisenblechen (Weißblech) od. als dünne Folie (Stanniol, Z.folie) verw. Z.guss kann sich langsam, bei tiefen Temp. schnell in graues, pulver. Z. (α-Z.) umwandeln und zerfallen *(Z.pest);* durch Zulegieren v. geringen Mengen Sb, Bi od. anderen Metallen kann man diesen Zerfall verhindern. *Z.legierungen* haben Bed. als Bronze, Lagermetall, Letternmetall, Löt-Z.; *Z.verbdg.:* Zinn(II)-chlorid u. Zinn(IV)-chlorid als Katalysatoren u. Färbehilfsmittel, Z.oxide (Z.asche) als Polier- u. Trübungsmittel für Milchglas u. Email.

**Zinnober,** meist rotes, glänzendes Mineral, HgS, wichtigstes Quecksilbererz; ☠.

**Zins,** Preis für die zeitl. befristete Überlassung v. Geld- bzw. Sachkapital (z. B. Miet-Z. für eine Wohnung). Der *Real-Z.* ist der um die Inflationsrate bereinigte Z., der *Nominal-Z.* der auf den Nennwert v. Wertpapieren bezogene Z.satz, der *Effektiv-Z.* der aus dem Verhältnis zw. Z.ertrag u. Kaufpreis eines Wertpapiers resultierende Zinssatz.

**Zinseszins,** Zinsen, die entstehen, wenn fällige Zinsen nicht ausbezahlt, sondern dem Kapital hinzugefügt (kapitalisiert) u. mit diesem zus. verzinst werden.

**Zinsrechnung,** Berechnung des Zinses. Die Höhe der Zinsen *Z* hängt ab v. Kapital *K*, den Zinstagen *t* (pro Jahr zählen 360 Zinstage) u. dem Zinsfuß *p* (bezogen auf ein Jahr); bei der einfachen Z. gilt die *Zinsformel*

$$Z = \frac{K \cdot t \cdot p}{100}.$$

**Zinzendorf,** Nikolaus Ludwig Gf. v. Z. u. Pottendorf, * 1700, † 1760; Begr. der Herrnhuter ↑Brüdergemeine (1722) aus einer Ansiedlung aus Mähren vertriebener Böhm. Brüder auf seinem Besitz.

**Zion,** urspr. Name der Festung v. Jerusalem; dann Name für den Tempelberg, auch für die Stadt Jerusalem; *Tochter Z.,* Personifizierung der Stadt Jerusalem.

**Zionismus,** auf nat. Wiedergeburt des jüd. Volkes abzielende Bewegung, deren polit. Ziel mit der Proklamation des Staates Israel 1948 erfüllt wurde; Anstoß von Th. Herzl.

**Zips,** slowak. **Spiš** [spiʃ], Gebiet im östl. Vorland der Hohen Tatra, Slowakei; im 12./13. Jh. von dt. Bauern, Handwerkern u. Bergleuten („Zipser Sachsen") besiedelt. 1945 wurde die dt. Bev. aus der Z. vertrieben.

**Zirbeldrüse, Epiphyse,** oberh. des Zwischenhirns liegende endokrine Drüse; steuert beim Menschen best. körperl. Funktionen, u. a. Hemmung der Geschlechtsorgane vor der Pubertät.

**Zirbelkiefer, Arve, Zirbe,** 12 bis 22 m hoch wachsende Kiefernart des Hochgebirges (bis etwa 2 500 m); wertvolles Holz.

**Zirkel** [lat.], **1)** Gerät zum Zeichnen v. Kurven (Kreise, Ellipsen), zum Abgreifen von Maßen (Greif-Z.), Übertragen v. Strecken (Stech-Z.) u. a. **2)** gesellschaftl. Kreis.

**Zirkonium,** Symb. **Zr,** chem. El., OZ 40, rel. A.-Masse 91,22, Fp. 1 852 °C, Sp. 4 300 °C, Dichte 6,50 g/cm³, stahlähnl. aussehendes, sehr widerstandsfäh. Metall.

**zirkum..., Zirkum...** [lat.], Vorsilbe; Bed.: „um, um – herum".

**Zirkumflex** [lat.], diakrit. Zeichen, im Griechischen als Dehnungszeichen über naturlangen Vokalen (~), in der frz. Sprache (ˆ) in der Regel über Vokalen für ein ausgefallenes e oder s; auch im Rumän., Türk. und Portugies.

**Zirkus** [lat.], **1)** lang gestreckte, altröm. Kampfspielbahn, Austragungsort der *zirzens. Spiele.* **2)** gr. Zelt od. Gebäude mit Manege, in dem Tierdressuren, Artistik u. Ä. gezeigt werden; auch das Unternehmen selbst.

**Zirndorf,** bayr. St. westl. von Nürnberg, 25 700 E; Spielwaren- u. a. Ind.; Durchgangslager für ausländ. Flüchtlinge.

**Zirrhose** [gr.], narb. Schrumpfung u. Verhärtung eines Organs nach Entzündung od. Wucherung, u. a. ↑Leberzirrhose.

**Zirruswolken, Cirrus,** Abk. **Ci,** hohe (über 6 km), aus Eiskristallen bestehende Wolkengattung; feine, faser. Struktur.

**zis...** [lat.], Vorsilbe; „diesseits".

**ziselieren** [frz.], polierte Metallflächen mit Stichel, Punze u. Ä. ornamentieren.

**Zisterne** [gr.], unterird. Behälter zum Auffangen von Regenwasser.

**Zisterzienser, SOC[ist],** v. Robert v. Molesme in Cîteaux 1098 gegr. benediktin. Reformorden; Blüte im 13./14. Jh.; gemäßigter Zentralismus; Betonung von Innerlichkeit und Einfachheit in Kult und Kunst, *Z.baukunst* ohne Türme und dekorat. El.; prakt. Arbeit (Musterlandw., Ostkolonisation); angeschlossen die *Z.innen.* – *Abb. S. 784.*

**Zita,** * 1892, † 1989, letzte Ksn. von Östr. u. Kgn. v. Ungarn (1916–18); s. 1911 mit dem späteren Ks. Karl I. vermählt; nach 1919 im Exil lebend.

**Zitadelle** [ital.], Festung innerh. od. am Rande einer Stadt.

**Zither** [gr.], Saiteninstrument aus längl., flachem Resonanzkasten, Griffbrett mit 5 oder 7 Melodiesaiten, die mit einem Ring geschlagen *(Schlag-Z.),* u. 24 bis 37 Begleitsaiten, die mit den Fingern gezupft werden.

**Zitronat** [lat.-roman.], kandierte Fruchtschale der *Z.zitrone,* einer Zitrusfrucht; Gewürz.

**Zitrone** [lat.-ital.], immergrüner, bis 7 m hoher Baum; Blüten weiß, Früchte (Z.n) mit hohem Vitamin-C-Gehalt; Heimat südl. Himalaja; heute gr. Kulturen v. a. in Italien und den USA.

**Zitronenfalter,** Tagfalter der Fam. der Weißlinge, ♂ leuchtend gelb.

**Zitronen|öl,** äther. Öl aus den Schalen best. Zitruspfl.; als Aroma u. für Parfüms.

**Zitronensäure,** dreibas. organ. Säure; in Zitronen u. a. Früchten, auch in tier. Organismen; verw. v. a. in der Lebensmittelindustrie.

**Zisterzienser:** *Abtei Sénanque bei Gordes in der Provence (Frankreich)*

**Zitronensäurezyklus,** von H. A. Krebs u. a. 1937 entdeckter, in der lebenden Zelle ablaufender Stoffwechsel-Kreisprozess, bei dem die zu einf. chem. Verbdg. zerlegten Nahrungsstoffe zu $CO_2$ und $H_2O$ oxidiert werden. Bei den höheren Lebewesen werden $^2/_3$ der in der Nahrung enthaltenen Energie durch den Z. gewonnen.

**Zitrusfrüchte** [lat.; dt.], Früchte der Zitruspfl., v. a. Apfelsine, Zitrone, Mandarine, Grapefruit.

**Zittau,** Krst. in Sa., 27 200 E; FH, Internat. Hochschulinstitut; Kirchen (13. bis 15. Jh.) u. a. Baudenkmäler; Textil-, elektrotechn. Ind., Maschinenbau.

**Zitterrochen** ↑Rochen.

**Ziu, Tiu, Týr,** german. Gott des Krieges und des Rechts.

**Zivilcourage** [-kuraːʒə], Mut, auch misslieb. Meinungen zu äußern.

**Zivildienst,** fr. **ziviler Ersatzdienst,** Dienst anerkannter Kriegsdienstverweigerer für das Allgemeinwohl, bes. im sozialen Bereich, Dauer 10 Monate.

**Zivil|ehe,** vor dem staatl. Beamten geschlossene Ehe; *Z.trauung* in Dtl. obligator. seit 1875.

**Zivilprozess,** gerichtl. Verfahren zur Entscheidung bürgerl.-rechtl. Streitigkeiten, geregelt in der *Z.ordnung* (ZPO) vom 30. 1. 1877, gültige Fassung vom 12. 9. 1950; ↑Prozess, ↑Mahnverfahren, Urkundenprozess (↑Urkunde), Versäumnisverfahren (↑Versäumnisurteil), ↑Zwangsvollstreckung.

**Zivilrecht,** svw. ↑bürgerliches Recht.

**Zivilschutz,** fr. **ziviler Bevölkerungsschutz,** alle nicht mil. Maßnahmen, um die Bev., lebens- und verteidigungswicht. zivile Betriebe u. Anlagen, Kulturgut vor Kriegseinwirkungen zu schützen, deren Folgen zu beseitigen od. zu mildern (Z.-Ges. vom 25. 3. 1997); *Maßnahmen:* Selbstschutz, Aufklärung u. Warnung der Bev., Katastrophenschutz, Schutzbauten, Gesundheitsschutz, Kulturgutschutz.

**ZK,** Abk. für: ↑**Z**entral**k**omitee.

**Zn,** ☈ Symb. für ↑Zink.

**Zobel** [slaw.], Raubmarder im nördl. Asien; Pelztier mit wertvollem, begehrtem Fell.

**Zola** [zɔˈla], Émile, frz. Schriftsteller, *1840, †1902; trat in dem berühmten offenen Brief „J'accuse" für A. Dreyfus ein; Hauptvertr. des frz. literar. Naturalismus; Romanzyklus in 20 Bänden „Die Rougon-Macquart. Gesch. einer Fam. unter dem 2. Kaiserreich"; zuletzt soz.-reformer. Themen.

**Zöliakie,** Dünndarmerkrankung bei Kleinkindern, Überempfindlichkeitsreaktion auf den im Getreide enthaltenen Eiweißstoff Gliadin.

**Zölibat** [lat.], Ehelosigkeit und geschlechtl. Enthaltsamkeit von Priestern, Mönchen u. Nonnen (Buddhismus, kath. Kirche u. a.).

**Zoll** [gr.-mlat.], **1)** Abgabe auf Waren bei Grenzübertritt; Bemessungsgrundlagen sind Preis *(Wert-Z.)* u. Mengeneinheit od. Gewicht *(spezif. Z.);* Arten: *Finanz-Z.* (Z.erhebung zur Einnahmengewinnung), *Schutz-Z.* (Schutz vor ausländ. Konkurrenz); Ausfuhr- u. Durchfuhr-Z. spielen keine Rolle mehr, v. a. Einfuhr-Z. Innerhalb der EU werden keine Z. erhoben; die Z.erhebung für den Warenverkehr mit Drittländern wird durch den s. 1994 für alle Mitgl.staaten verbindl. *Z.kodex* geregelt. **2)** altes Längenmaß (rd. 2,6 cm).

**Zöllner,** fr. für Zoll-(Steuer-)Einnehmer; ugs. für Zollbeamter.

**Zoll|union,** Zusammenschluss selbst. Hoheitsgebiete zu einem einheitl. Zollgebiet; verbunden mit Abschaffung der Zölle zw. den Mitgl. u. gemeinsamen Außenzöllen gegenüber Drittstaaten.

**Zombie,** wieder erweckter Toter, williges Werkzeug dessen, der ihn wieder zum Leben erweckt hat;

**E. Zola**

die Vorstellung vom Z. stammt aus dem Wodukult Haitis; Motiv des Horrorfilms.

**Zone** [gr.], **1)** Erdgürtel; beim Klima Unterscheidung von *trop. Z.* (beiderseits des Äquators), *gemäßigter Z.* (zw. Wende- und Polarkreisen) und *Polar-Z.;* **2)** ↑Zeitzone. **3)** bei Rotationskörpern zw. 2 parallelen Ebenen liegendes Oberflächenstück, z. B. *Kugel-Z.*

**Zonengrenzen,** die auf der Grundlage v. Vereinbarungen zw. Großbrit., den USA u. der Sowjetunion festgelegten Grenzlinien zw. den dt. Besatzungszonen; zw. den W-Zonen bald wieder aufgehoben, zur SBZ bzw. DDR hin 1961–89 hermet. abgeriegelt; nach Urteil des B.-Verf.gerichts v. 1973 war diese „innerdt. Grenze" eine staatsrechtl. Grenze.

**Zonenzeit,** die für best. Zeitzonen der Erde gültige Zeit (z. B. MEZ, OEZ, WEZ).

**Zoo,** Kurzw. für zool. Garten.

**zo|o..., Zo|o...** [gr.], Bestimmungswort; Bed.: „Leben, lebendig".

**Zo|ologie** [gr.], Teilgebiet der Biol., Wiss. von den Tieren (Bau, Leben, Entwicklung, Verhalten, Beziehungen zur Umwelt u. a.).

**zo|ologischer Garten,** Anlage, in der lebende heim. u. fremdländ. (exot.) Tierarten in Käfigen, Freigehegen od. klimatisierten Gebäuden (z. B. Exotarium) dauernd zur Schau gestellt u. wiss. beobachtet, auch gezüchtet werden.

**Zoom|objektiv** ['zu:m-; engl.], **Vario|objektiv, Gummilinse,** fotograf. Objektiv mit stufenlos veränderl. Brennweite; besteht aus Grundobjektiv u. afokalem Vorsatz (fokussierbare Frontlinsengruppe, ungleichförmig verschiebbare Variator- u. Kompensatorgruppe); durch zusätzl. Verschiebung des Grundobjektivs bzw. des Kompensators sind auch Nahaufnahmen mögl. *(Makro-Z.).*

**Zoppot,** poln. **Sopot,** St. an d. Danziger Bucht, Polen, 44 000 E; wiss. Inst. d. Univ. Danzig; Ind.; Seebad.

**Zorn** [so:rn], Anders, schwed. Maler u. Radierer, *1860, †1920; Impressionist; Frauenakte, Bildnisse, Genreszenen.

**Zoroaster** ↑Zarathustra.

**Zote,** unanständiger Witz.

**ZPO,** Abk. für: **Z**ivil**p**rozess**o**rdnung (↑Zivilprozess).

**Zr,** ☧ Symb. für ↑Zirkonium.

**Zschokke** [tʃ-], Heinrich, schweizer. Schriftsteller dt. Herkunft, *1771, †1848; Wortführer des schweizer. Liberalismus; Erzählungen u. Dramen mit moralisierender Tendenz, histor. Werke.

**Zuaven, 1)** Kabylenstamm im heutigen Algerien, stand im Ruf großer Tapferkeit. **2)** eine seit 1831 aus Z. rekrutierte frz. Infanterietruppe, später nur noch durch Franzosen ergänzt, 1963 aufgelöst.

**Zuccalli,** Enrico (Johann Heinrich), schweizer. Baumeister, *um 1642, †1724; Vollendung der Theatinerkirche in München, Neues Schloss Schleißheim (1701 ff.).

**Zuccari, 1)** Federico, gen. Cavalier d'Arpino, Bruder v. 2), ital. Maler, *1540 (?), †1609; bed. Vertr. des Spätmanierismus; erbaute den Palazzo Z. in Rom (allegor. Fresken). **2)** Taddeo, ital. Maler, *1529, †1566; Hauptvertr. des röm. Manierismus; Fresken im Palazzo Farnese in Caprarola u. im Vatikan.

**Zucchini** [tsu'ki:ni; ital.], nicht rankende, buschige Kürbisvarietät mit grünen bis gelben, länglichen Früchten.

**Zuchthaus,** fr. Strafanstalt; *Z.strafe,* Form der ↑Freiheitsstrafe, in der BRD 1969 abgeschafft.

**Zuchtmittel,** nach dem Jugendstrafrecht Mittel zur Ahndung der Straftat eines Jugendlichen; Z. sind im Einzelnen die Verwarnung, die Auferlegung bes. Pflichten, der Jugendarrest; werden nicht in das Straf-, aber in das Erziehungsregister eingetragen.

**Züchtung,** zielbewusst durch Anwendung v. Vererbungsgesetzen durchgeführte Verbesserung der Eigensch. und Leistungen von Pfl. u. Tieren.

**Zucker,** süß schmeckende, wasserlösl., meist weiße, kristalline Kohlenhydrate, die sich (direkt od. nach Spaltung) vergären lassen; i. e. S. Rohr- u. Rüben-Z. (Saccharose); i. w. S. alle ↑Mono-, ↑Di- und ↑Polysaccharide. – *Z.fabrikation: Z.rohr* (bis 20 % Z.) wird zermahlen bzw. *Z.rüben* (bis 21 % Z.) werden geschnitzelt; danach Extraktion des Z.s durch Wasser, Behandeln des rohen Z.saftes mit Kalk und Kohlensäure, Filtern, Einengen der wässr. Lösung in Verdampfern, Abscheiden der Melasse (Sirup), Waschen der Rohzuckerkristalle, Umlösen, Entfärben u. erneute Konzentrierung der entstandenen reinen Zuckerlösung; als Flüssig-, Kristall-, Würfel-, Platten-, Hut-, Kandis- od. Puder-Z. im Handel.

**Zuckerhut,** Berg an der Baia de Guanabara, Brasilien, 395 m. – Wahrzeichen von Rio de Janeiro.

**Zuckerkrankheit** ↑Diabetes.

**Zuckerpalme,** Palmart Ostindiens u. Indonesiens, liefert neben Fasern eine Art Zucker.

**Zuckerrohr,** Grasart mit 3–7 m hohen Stängeln, nur in Kultur bek.; Anbau in zahlr. trop. Ländern; Mark liefert Rohrzucker, der Sirup dient zur Herst. von Rum; ↑Zucker.

**Zuckerrübe,** mit der Runkelrübe verwandtes Gänsefußgewächs, aus dessen Rübe ↑Zucker gewonnen wird; eine der jüngsten landw. Kulturpflanzen.

**Zuckersäure,** organ. Säure, entsteht bei der Oxidation von einfachen Zuckern.

**Zuckmayer,** Carl, dt.-schweizer. Schriftsteller, *1896, †1977; realist. Dramen: „Der fröhl. Weinberg"; „Der Hauptmann v. Köpenick", „Des Teufels General"; Romane, Erzählungen („Die Fastnachtsbeichte"), Gedichte.

**Zufalls|auswahl,** in der *Statistik* Auswahlmethode, bei der der Zufall entscheidet, welches El. für die Untersuchung herangezogen wird; eine wesentl. Grundlage der Stichprobentechnik.

**Zug, 1)** schweizer. Kt. um den Z.er See, 239 km², 88 600 E, Hptst. Z.; Viehhaltung; Ackerbau, etwas Obst- und Weinbau; Masch.-, Textil-, Holz-, Papierind. – 1352 Ewiger Bund mit den eidgenössischen Orten. **2)** Hptst. v. 1), 21 900 E, ma. Stadtbild; Textil- u. a. Ind.; Fremdenverkehr.

**Zügel,** Heinrich v., dt. Maler, *1850, †1941; Mitbegr. der Münchner Sezession, zunächst realist., später impressionist. Tierbilder.

**Zuger See, Zugersee,** See nördl. des Rigi, Schweiz, 38,3 km², bis 198 m tief, 414 m ü. d. M.

**Zugewandte Orte,** bis 1798 die der Schweizer Eidgenossenschaft oder einzelnen Orten nur locker verbundenen Städte oder Territorien, hatten keinen Einfluss auf die eidgenöss. Politik, genossen, zum Kriegsdienst verpflichtet, jedoch Schutz.

**Zugewinngemeinschaft** ↑Eherecht.

**Zugfunk,** Funkeinrichtung für Sprechverbindungen zw. ortsfesten Betriebsstellen u. Eisenbahnzügen auf der Strecke.

**Zugriffszeit,** 🖳 die Zeit, die nötig ist, um von einer Daten verarbeitenden Systemkomponente (z. B. Zentraleinheit) auf eine Daten speichernde (z. B. Hauptspeicher) zuzugreifen.

**Zugspitze,** höchster Gipfel des Wettersteingeb. u. höchster Berg in Dtl., 2 962 m; auf dem Westgipfel Münchner Haus und meteorol. Observatorium. *Bayer. Zugspitz-*

**Zugspitze** *mit Ehrwald in Tirol*

*bahn* von Garmisch-Partenkirchen zum Zugspitzplatt.

**Zugvögel,** Vögel, die alljährl. in best. Winterquartiere ziehen.

**Zuhälterei,** Straftatbestand; Z. begeht eine Person, die eine Person, die der Prostitution nachgeht, ausbeutet od. überwacht; mit Freiheits- od. Geldstrafe bedroht.

**Zukunft,** svw ↑Futur.

**Zukunftsforschung** ↑Futurologie.

**Zulassung,** i. Allg. formloser Verwaltungsakt, bes. auf Gewährung der Benutzung von öffentl. Anstalten oder öffentl. Sachen im Allgemeingebrauch. Eigene Regelung für die Z. von Personen und Fahrzeugen zum Verkehr auf öffentl. Straßen in der Straßenverkehrs-Z.-Ordnung (StVZO) und die Z. zur Ausübung eines selbstständigen Gewerbes.

**Zulliger,** Hans, schweizer. Psychologe u. Pädagoge, *1893, †1965; machte Erkenntnisse der Psychoanalyse f. Schule u. Erziehungsberatung nutzbar.

**Zülpich,** Stadt in NRW, Kr. Euskirchen, an den nördl. Ausläufern der Eifel in der Zülpicher Börde, 18 900 E; Verpackungs-, Papier- u. Textilindustrie.

**Zulu** [z-], Bantuvolk in d. Rep. Südafrika; rd. 9,1 Mill.; Ackerbauern, z.T. Viehzüchter, Wanderarbeiter.

**Zunder,** bei hoher Temp. in oxidierenden Gasen auf einer Metalloberfläche entstehende Korrosionsprodukte (Oxidschichten).

**Zündholz, Streichholz,** Holz-, Wachs- od. Papierstäbchen, an Kuppe mit Zündmasse versehen, entzündet sich beim Reiben an rauer Fläche; *Sicherheits-Z.,* Kuppe aus ungiftigem Material, entzündet sich nur an Reibfläche aus rotem Phosphor u. Antimonsulfid.

**Zündhütchen,** Metallkapsel (fr. Sprengkapsel) mit Zündsätzen.

**Zündkerze,** Vorrichtung zur Zündung des im Verbrennungsraum von Ottomotoren verdichteten Kraftstoff-Luft-Gemischs durch einen elektr. Funken. Der Funkenüberschlag erfolgt zw. Mittel- u. Masseelektrode (Abstand 0,7 bis 0,8 mm; übl. Spannungen 5 000 bis 17 000 V).

**Zündnadelgewehr,** erstes brauchbares Hinterladergewehr, von J. N. v. Dreyse (*1787, †1867) in den 1830er-Jahren erfunden.

**Zündschnur,** Mittel zur Zündung von Sprengkapseln. Schwarzpulver-Z. werden durch Umspinnen u. Teeren eines Schwarzpulverstrangs hergestellt; detonierende Spreng-Z. für sehr hohe Zündgeschwindigkeiten bestehen aus ummanteltem Nitropentaerythrit.

**Zündspule,** Transformator, der die zur Bildung des Zündfunkens an der ↑Zündkerze benötigte hohe Spannung erzeugt.

**Zündung,** Auslösung einer Verbrennung oder Explosion; bei Verbrennungsmotoren d. Entzündung des Kraftstoff-Luft-Gemischs, auch Bez. für die Zündanlage der Ottomotoren. Bei der heute übl. *Hochspannungs-Z.* springt ein Zündfunke an den Elektroden einer Zündkerze über. Die Hochspannung wird mit einem Unterbrecher in der Sekundärwicklung einer Induktionsspule erzeugt u. gelangt über den Verteiler (umlaufender Kontakt) an die Zündkerzen. Bei der *Transistor-Z.* übernimmt ein Transistor die Aufgabe des Unterbrechers. *Batterie-Z. (elektr. Z.):* der Primärstrom wird einer Akkumulatorenbatterie entnommen, bei der *Magnet-Z.* in einem Generator mit Permanentmagneten erzeugt.

**Zündverteiler,** bei mehrzylindr. Verbrennungskraftmasch. erforderl. Vorrichtung, die die Spannung der ↑Zündspule zum gewünschten Zündzeitpt. an die ↑Zündkerzen d. Zylinder verteilt.

**Zündwilligkeit,** bei Dieselkraftstoffen die Bereitwilligkeit zur Selbstzündung durch die Kompressionswärme der Verbrennungsluft. Ein Maß für die Z. des Dieselkraftstoffs ist die Cetanzahl (↑Cetan).

**Zünfte,** bis ins 19. Jh. bestehende Genossenschaften v. a. der selbst. Handwerker; Meister und Gesellen waren zum Beitritt verpflichtet *(Zunftzwang)*. In *Zunftordnungen* wurden Preisgestaltung, Qualität der Waren, Ausbildung der Lehrlinge u. a. festgelegt; mit Einführung der Gewerbefreiheit s. der Frz. Revolution (1791 in Frkr., 1810/11 in Preußen, 1859 in Östr.) aufgelöst; heute Zusammenschluss der Handwerker in Innungen.

**Zunge,** muskulöses, bewegl., im Mundraum gelegenes Organ, mit derber Schleimhaut überzogen; dient zum Saugen, Kauen u. zur Lautartikulation; Hauptsitz des Geschmackssinns.

**Zungenblüten,** Randblüten der Korbblütler.

**Zurbarán** [θurβaˈran], Francisco de, span. Maler, *1598, †1664; führender Vertr. der relig. span. Barockmalerei.

**Zürich, 1)** Kt. in der N-Schweiz, 1729 $km^2$, 1,16 Mill. E; Teil des Schweizer Mittellandes mit breiten, dem Rhein zustrebenden Tälern; Ackerbau, Vieh-, Milchwirtsch.; verbreitet Textil- u. Metallind. **2)** Hptst. von 1), am Z.see u. an der Limmat, 343 000 E; bed. Kultur-, Wirtsch.-, Handels-, Verkehrszentrum, der Geldmarkt (u. a. Börse) der Schweiz; Univ., Eidgenöss. TH, Konservatorium, Museen; Großmünster u. a. bed. Kirchen, Zunft- u. Patrizierhäuser; Masch.-, Textil-, Papier-, Nahrungsmittelind., graf. Gewerbe, Verlage; Fremdenverkehr; ✈. – Röm. Gründung; 929 erstmals als Stadt erwähnt.

**Zürichsee,** schweizer. See am N-Rand der Alpen, von der ↑Limmat durchflossen, 90 $km^2$, bis 143 m tief, 406 m ü. d. M.

**Zürn,** Jörg, dt. Bildhauer, *um 1583, †zw. 1635 u. 1638; Leiter einer gr. Werkstatt in Überlingen; frühbarocker Hochaltar im Überlinger Münster.

**Zusatzstoffe,** alle Substanzen, d. best. Materialien zur Verbesserung ihrer Eigensch. od. zur Vereinfachung ihrer Verarb. beigefügt werden. Im Lebensmittelrecht sind zulässige Z., die z. T. gekennzeichnet werden müssen (E-Nummern), u. a.: Farb-, Konservierungsstoffe, Antioxidantien, Emulgatoren, Gelier- u. Verdickungsmittel, Stabilisatoren, modifizierte Stärken.

**Zuse,** Konrad, dt. Ing, *1910, †1995; entwickelte die 1. programmgesteuerte Rechenmaschine (in Relaistechnik), fertig gestellt 1941.

**Zustand,** Gesamtheit der physikal. Größen, die zu einer best. Zeit die Eigensch. eines physikal. Systems beschreiben. In der *Thermodynamik* lässt sich die Zahl der *Z.größen* (sind v. der Vorgeschichte des Systems unabhäng.) auf Druck $p$, Temp. $T$, Volumen $V$ (u. Entropie $S$) reduzieren. Die *therm. Z.gleichung* zeigt deren funktionalen Zusammenhang im thermodynam. Gleichgewicht, die allg. Form ist: $f(V,T,p) = 0$. Die Z.änderung eines Systems (bei Änderung einer Größe) wird im *Z.diagramm* dargestellt.

**Zustellung,** förml. Übergabe eines Schriftstücks durch eine amtl. Person unter Ausfertigung einer *Z.surkunde*.

**Zwangs|arbeit,** „jede Art v. Arbeit od. Dienstleistung, die v. einer Person unter Androhung irgendeiner Strafe verlangt wird u. für die sie sich nicht freiwillig zur Verfügung gestellt hat" (Definition der Internat. Arbeitsorganisation [IAO] v. 1930); ausgenommen werden Militärdienstpflicht, die übl. Bürgerpflichten, Strafarbeit aufgrund gerichtl. Verurteilung,

**Zürich:** *Blick über die Altstadt beiderseits der Limmat auf den Zürichsee*

Z

Notstandspflichten. In diktator. regierten Staaten Einsatz von Z. als Machtmittel, um Menschen aus polit., ideolog. oder wirtsch. Gründen zu unterwerfen; z. B. Z. in Straflagern in d. UdSSR, v. Kriegsgefangenen u. Fremdarbeitern im nat.-soz. Dtl. (2000 in Dtl. u. Österreich Entschädigungsleistungen vereinbart).

**Zwangs|ernährung,** die gegen den Willen u. u. U. gg. den Widerstand eines Gefangenen od. Untersuchungshäftlings vorgenommene künstl. Ernährung durch einen Arzt. Die Vollzugsbehörden haben ein Recht zur Z. bei Lebensgefahr u. schwerwiegender Gefahr für die Gesundheit des Gefangenen.

**Zwangsversteigerung,** öff. Versteigerung gepfändeter Sachen zur Durchführung einer Zwangsvollstreckung.

**Zwangsverwaltung, Sequestration,** Form der Zwangsvollstreckung in ein Grundstück, Zwangsverwalter befriedigt Gläubiger aus den Grundstückserträgen; Grundstückseigentum bleibt unberührt.

**Zwangsvollstreckung,** Verfahren zur Durchsetzung von Ansprüchen durch staatl. Zwang im Auftrag des Berechtigten; als *Verw.-Z.,* v. a. als *gerichtl. Z.,* die der Verwirklichung der im Zivilprozess zuerkannten Ansprüche dient, betrieben durch *Gerichtsvollzieher* u. ↑Amtsger. als Vollstreckungsger.; Gegenstand ist das Vermögen des Schuldners. – 1. Z. *wegen Geldforderungen* in das bewegl. Vermögen durch ↑Pfändung, in das unbewegl. Vermögen (Grundstücke) v. a. durch Zwangsversteigerung u. Zwangsverw.; 2. *Z. zur Erwirkung der Herausgabe von Sachen* erfolgt durch Wegnahme oder sonst. Besitzenthebung durch Gerichtsvollzieher und Übergabe an den Gläubiger; 3. *Z. zur Erwirkung von Handlungen und Unterlassungen* durch Beugestrafen, bei vertretb. Handlungen durch Ersatzvornahme durch Dritte auf Kosten des Schuldners; 4. bei der Verpflichtung zur *Abgabe einer Willenserklärung* wird kein Zwang ausgeübt, vielmehr gilt (↑Fiktion3) die Erklärung, zu der der Schuldner verurteilt ist, als abgegeben, sobald das Urteil rechtskräftig (↑Rechtskraft) ist. Rechtsbehelfe gg. unrechtmäß. Z.: für den *Schuldner* die *Erinnerung* gg. die Art und Weise der Z., *Vollstreckungsklage* gg. den zugrunde liegenden Anspruch; für einen betroffenen *Dritten* die *Drittwiderspruchsklage.*

**Zwanzigster Juli [1944],** Datum des versuchten Attentats auf Hitler im Rahmen des wichtigsten Umsturzplans der seit etwa 1938 mit unterschiedl. Stärke bestehenden u. unterschiedl. Auffassungen vertretenden dt. Widerstandsbewegung; häufig auch Bez. des Attentats durch Oberst C. Schenk Graf von ↑Stauffenberg selbst.

**Zweibrücken,** krsfr. St. im Westrich, RP, 36 100 E; spätgot. Alexanderkirche, barockes Schloss; berühmter Rosengarten; OLG, LG; bed. Pferdezucht; Masch.-, Schuh- u. Textilind. – 1477–1778 Residenz der Herzöge v. Pfalz-Zweibrücken.

**Zweibund,** 1879 abgeschlossenes Defensivbündnis zw. dem Dt. Reich und Östr.-Ungarn für den Fall eines Angriffs Russlands (auf Östr.-Ungarn) od. dessen Unterstützung für eine andere angreifende Macht (Frkr. gg. Dtl.). 1882 zum ↑Dreibund erweitert.

**Zweier,** von 2 Ruderern gefahrenes Boot (Z. mit od. ohne Steuermann u. Doppel-Z.; Länge: 10,5 bzw. 10 m, Breite 0,4 m).

**Zweiflügler,** Insektenordn. mit rd. 85 000 etwa 1–55 mm gr. Arten; nur Vorderflügel, diese glasartig, Hinterflügel rudimentär als Schwingkolben; 2 Unterordnungen: ↑Mücken, ↑Fliegen.

**Zweig, 1)** Arnold, dt. Schriftsteller, *1887, †1968; zeitkrit., zyklisch angelegte Romane (u. a. „Der Streit um den Sergeanten Grischa", „Junge Frau v. 1914", „Erziehung vor Verdun"). **2)** Stefan, östr. Schriftsteller, *1881, †1942 (Selbstmord); Ged. u. Dramen aus dem Geist des Wiener Expressionismus; Biografien u. Essays mit subjektiver Deutung der Geschichte („Sternstunden der Menschheit", „Marie Antionette"); psycholog. Romane u. Novellen („Ungeduld des Herzens", „Schachnovelle").

**Zweihäusigkeit** ↑Diözie.

**Zweikammersystem,** Organisation der gesetzgebenden Körperschaft in 2 Kammern („Häusern"): 1. Kammer (z. B. Senat, Oberhaus), berufsständ. od. regionale Vertretung, 2. Kammer (z. B. Unterhaus, Abg.-Haus), gewählte Abg.; Ggs. ↑Einkammersystem.

**Zweikeimblättrige, Dikotyledonen,** Klasse der Bedecktsamer mit meist 2 Keimblättern.

**Zweinaturenlehre,** die christl. Lehraussage der Einheit v. Gott u. Mensch (zweier „Naturen") in Jesus Christus; als Glaubenssatz verbindlich beschlossen durch das Konzil v. Chalkedon (451).

**Zwei-plus-vier-Vertrag,** 1990 zw. beiden dt. Staaten einerseits u. den USA, der UdSSR, Frankreich u. Großbritannien andererseits geschlossener Vertrag, worin die alliierten Siegermächte der Vereinigung von BRD und DDR innerhalb der zu Vertragsabschluss bestehenden Grenzen zustimmen.

**Zweischwerterlehre, Zweigewaltenlehre,** in der ma. abendländ. Kirche entstandene Lehre über d. Verhältnis v. Staat u. Kirche (↑Gelasius I.); anknüpfend Luthers *Zweireichelehre* v. den beiden Reg.weisen Gottes in Kirche u. Welt.

**Zweistromland,** svw. ↑Mesopotamien.

**Zweitaktmotor,** Verbrennungskraftmasch., bei der jeder 2. Kolbenhub (Takt) ein Arbeitshub ist; 1. Takt: Brennstoff wird verdichtet u. gezündet, 2. Takt: Kolben bewegt sich infolge der Explosion nach unten, dabei Vorverdichtung des für die nächste Explosion angesaugten Brennstoff-Luft-Gemisches im Kurbelgehäuse; beim tiefsten Stand des Kolbens puffen die verbrannten Gase aus, u. das neue Gemisch tritt ein.

S. Zweig

**zweiter Bildungsweg,** Bez. f. alle Möglichkeiten f. Erwachsene, nach einer abgeschlossenen Berufsausbildung die Hochschulreife od. den Befähigungsnachweis für den Besuch der Fachhochschule zu erlangen, i. w. S. (nach Aufnahme einer Berufstätigkeit) einen mittleren Bildungsabschluss od. qualifizierten Hauptschulabschluss zu erwerben.

**Zweiter Orden** ↑Orden.

**Zwerchfell,** quer verlaufende, kuppelförm., teils muskulöse, teils sehn. Trennwand von Brust- u. Bauchhöhle; bed. b. der Atmung.

**Zwerenz,** Gerhard, dt. Schriftsteller, *1925; Essayist, Lyriker; zeitkrit., auch erot. Romane.

**Zwerge, 1)** im Volksglauben kl., geisterhafte, meist hilfreiche Wesen. **2)** Menschen mit rass. (Pygmäen) oder individuellem *Zwergwuchs* (unter etwa 130 cm), pathol. Ursachen: Schilddrüsen-, Hypophysenstörungen. **3)** svw. ↑Zwergsterne.

**Zwergmispel** ↑Steinmispel.

**Zwergsterne, Zwerge,** die in unserer Galaxie am häufigsten vorkommende Sternart; relat. geringe Masse, Leuchtkraftklasse V. Zu den Z. gehören u.a. *Weiße Zwerge* (Oberflächentemp. bis 40 000 K) u. *Unterzwerge*.

**Zwetsche, Zwetschge,** Form der ↑Pflaume, Fruchtfleisch gelb, säuerlich.

**Zwickau,** kreisfreie St. in Sa., 102 400 E; FH; spätgot. Marienkirche, spätgot. Gewandhaus (heute Stadttheater); elektrotechn., Maschinenbau- u. Autoindustrie.

**Zwiebel** [lat.], westasiat. Liliengewächs; weit verbreitete, in vielen Sorten kultivierte Gewürz- u. Gemüsepflanze.

**Zwiebel,** [unterird.] Spross mit gestauchter Achse, an der fleisch. verdickte, zu Schutzhüllen und Speicherorganen umgewandelte Blattorgane stehen.

**Zwiebelbrand** ↑Pflanzenkrankheiten (Übers.).

**Zwiebelhaube,** Turmbedachung mit zwiebelförmiger Spitze, v.a. in der russ. und in der islam. Baukunst; s. dem 16. Jh. auch in S-Dtl. häufig.

**Zwiefalten,** Gem. nördl. v. Riedlingen, Ba.-Wü., 2300 E; spätbarocke Abteikirche mit reicher Rokokoausstattung.

**Zwiesel,** St. im hinteren Bayer. Wald, 10 500 E; bed. Kristall- u. Farbglasherstellung; Wintersportplatz.

**Zwillinge,** lat. **Gemini,** zum ↑Tierkreis gehörendes Sternbild des nördl. Himmels, Hauptsterne Kastor (α) u. Pollux (β).

**Zwillinge, 1)** bei Mensch und Tieren 2 gleichzeitig im Mutterleib sich entwickelnde und kurz nacheinander geborene Mehrlinge; beim Menschen sind *zweieiige Z.* häufiger (gleichzeit. Befruchtung von 2 Eizellen; Ähnlichkeit wie bei normalen Geschwistern), seltener *eineiige Z.* (schwer unterscheidbar; am Anf. der Entw. Spaltung der Keimanlage der von einer Samenzelle befruchteten Eizelle). **2)** in der Kristallographie gesetzmäß. Verwachsung zweier artgleicher Kristallindividuen; stehen in einf. symmetr. Beziehung zueinander; u.a. bei Orthoklas, Quarz, Gips, Kalkspat.

**Zwinger,** bei Stadt- u. Burgbefestigungen Bereich zw. innerer u. äußerer Ringmauer oder der zur Vorburg gehörende freie Platz, häufig als Bären-Z. od. für ritterl. Spiele benutzt. Der *Dresdner Z.,* dessen Bez. auf einen Z.-Garten des ehem. Festungsgeländes zurückgeht, wurde von M. D. Pöppelmann als großzügige Barockanlage gestaltet (1711–28).

**Zwingli,** Ulrich (Huldrych), schweizer. Reformator, *1484, ⚔1531; s. 1518 am Großmünster in Zürich; vom Humanismus u. auch v. Luther beeinflusst, enge Beziehung zu Erasmus v. Rotterdam; 1523 1. und 2. Züricher Disputation über seine „67 Schlußreden" (Thesen); 1525 „De vera et falsa religione commentarius"; 1523 in Zürich Bruch mit dem Konstanzer Bischof; Abschaffung der Messe; Armenordnung; Sitten- und Eheger.; Ausbreitung der Reformation in der O-Schweiz; in der Entscheidungsschlacht bei Kappel am Albis zw. den ref. u. den kath. gebliebenen Kantonen fiel Z. als Feldprediger. – Stärker von der kirchl. Praxis bestimmt als Luther, mit dem er sich bes. über die Abendmahlslehre auseinander setzte (Marburger Religionsgespräch 1529).

U. Zwingli

**Zwischenhirn** ↑Gehirn.

**Zwischenwirt** ↑Wirtswechsel.

**Zwitter, Hermaphrodit, 1)** Organismus mit normal ausgebildeten ♂ und ♀ Geschlechtsorganen; häuf. b. Tieren (u.a. Bandwurm) und Pfl. (u.a. einhäus. Pfl.). **2)** durch Entw.-Störungen entstandener scheinb. Z. (Scheinzwitter) bei normalerweise getrenntgeschlechtigem Tier.

**Zwölffingerdarm, Duodenum,** am Magenausgang beginnender oberster Dünndarmabschnitt; *Z.geschwür,* im Anfangsteil des Z.s auftretende Geschwürbildung mit Nüchtern- und Nachtschmerz.

**Zwölfkampf,** turner. Mehrkampf der Männer: je 6 Pflicht- u. Kürübungen an Reck, Barren, Pferd (Seitpferd u. Pferdsprung), Ringen u. im Bodenturnen.

**Zwölftafelgesetz,** um 450 v. Chr. auf 12 Tafeln aufgezeichnetes ältestes röm. Gesetzgebungswerk; nur fragmentar. erhalten.

**Zwölften, Zwölfnächte,** im dt. Sprachgebiet in Volksglauben u. -brauch die Zeit zw. Thomas- (21. 12.) u. Dreikönigstag (6. 1.), Zeit der Toten- u. Geisterumzüge.

**Zwölftonmusik, Dodekaphonie,** Kompositionsweise, die, von der chromat. Tonleiter ausgehend, jeden der 12 Halbtöne als gleichwertigen Bestandteil einer *Reihe* betrachtet, die das Gerippe der Thematik bildet. Ein Ton darf erst nach Ablauf der Reihe, die vielf. verändert werden kann, wiederkehren. Die überkommene Ordnung des Tonstoffs durch die Dur- und Molltonarten (Tonalität) wird aufgegeben u. eine Neuordnung auf der Grundlage der atonalen Musik erreicht. Z. schrieb erstmals A. Schönberg (seit 1923), ferner u.a. A. Berg u. A. v. Webern (↑serielle Musik).

**Zwolle** ['zwɔlə], Hptst. der niederl. Prov. Overijssel, 98 300 E; spätgot. Michaelskirche, Stadthaus (15. Jh.); Handel, Ind.; ehem. Hansestadt.

**Zyankali,** Trivialname für Kaliumcyanid, KCN, farblose hygroskop. Kristalle; ☠.

**Zyanose** ↑Blausucht.

**Zyklamen** [gr.], svw. ↑Alpenveilchen.

**zykl[o]..., Zykl[o]...** [gr.], Bestimmungswort; Bed.: „Kreis", „kreisförmig".

**Zykloide** [gr.], **Radkurve,** Kurve, die von einem Pt. auf dem Radius bzw. auf der Verlängerung des Radius eines rollenden Kreises beschrieben wird.

**Zyklon** [gr.-engl.], heft. Wirbelsturm in trop. Gebieten.

**Zyklopen, Kyklopen,** einäug. Riesen der griech. Mythol., bekannt v.a. Polyphem aus der „Odyssee".

**Zyklotron** [gr.], Gerät zur Beschleunigung elektr. geladener Teilchen auf hohe Energien (durch Hochfrequenzwechselspannung); die Teilchen laufen auf Spiralbahnen v. innen nach außen.

**Zyklus** [gr.], **1)** Kreis[lauf]. **2)** Folge inhaltl. zusammengehörender [literar., musikal., bildner.]

Werke, Vorträge u. Ä. **3)** ‡ Zeitraum vom 1. Tag der Regelblutung bis zum Beginn der nächsten ↑Menstruation.

**Zylinder** [gr.], **1)** geometr. Körper aus zwei parallelen, ebenen, kongruenten Grundflächen, die durch eine Mantelfläche verbunden sind; *Kreis-Z.:* die Grundflächen sind Kreise; *gerader Z.:* Mantelfläche senkr. auf der Grundfläche (im Unterschied zum *schiefen Z.*). **2)** röhrenförm. Hohlkörper, in dem sich gleitend der Kolben bewegt (z. B. bei Dampf- und Verbrennungskraftmasch.). **3)** hoher Herrenhut; urspr. aus schwarzer Seide, später auch farbig u. aus Filz.

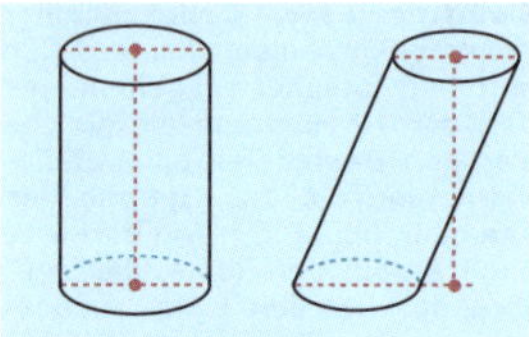

**Zylinder:** *gerader (links) und schiefer Kreiszylinder*

**Zylinderprojektion,** Kartenprojektion, bei der die Meridiane durch parallele Geraden gleichen Abstandes dargestellt werden.

**Zynismus** [gr.], destruktive, verächtl. machende Kritik.

**Zypergras** [nach ↑Zypern], **Cyperus,** Gatt. der Riedgräser; die afrik. Art *Papyrusstaude* diente im Altertum zur Papierherstellung, einige Arten Zierpflanzen.

**Zypern,** Inselstaat im östl. Mittelmeer, 9 251 km², 762 000 E (80 % orth. Griechen, 19 % muslim. Türken), Hptst. Nikosia. De facto ist Z. jedoch seit 1974 geteilt in den griech. S-Teil (5 750 km²) u. den türk. N-Teil (3 300 km²); zw. beiden Teilen Niemandsland mit UN-Truppen; außerdem bestehen 2 souveräne brit. Stützpunkte. Die zentrale fruchtb. Schwemmlandebene der Messaria wird im N v. der schmalen küstenparallelen Gebirgskette des Pentadaktylos, im SW vom Massiv d. Troodos (bis 1 953 m) begrenzt. Anbau von Weizen, Kartoffeln, Gemüse; Zitrus-, Ölbaum- u. Rebkulturen (Weinbereitung); Viehhaltung, Fischerei; Abbau v. Kupfererz (zz. eingestellt), Asbest, Umbra u. a.; Lebensmittel-, Textilind., Zigarettenfabr., Erdölraffinerie. Haupthäfen: Famagusta für den türk., Limassol für den griech. Teil; auch getrennte ⚒. – *Gesch.:* s. etwa 1400 v. Chr. besiedelt, s. 1200 v. Achäern, s. 10. Jh. v. Phöniziern besiedelt; 58 v. Chr. röm.; 1192 selbst. Kgr. unter dem Haus Lusignan; 1489 an Venedig, 1573 osman.; s. 1878 unter brit. Verw., 1925 brit. Kronkolonie; s. 1931 Terrorakte griech. Zyprer, die den Anschluss an Griechenland forderten (1950–77 unter Erzbischof Makarios III.), s. 1955 Guerillakampf gg. die brit. Kolonialmacht; 1960 unabh. Rep.; die Einschränkung türk. Sonderrechte 1963 führte zum Bürgerkrieg zw. den Volksgruppen, 1964 Entsendung einer UN-Friedenstruppe; 1967 Errichtung der „Provisor. türk.-zypr. Verw."; 1975 Besetzung des N-Teiles der Insel durch türk. Truppen. Ausrufung des „Türk. Föderationsstaates v. Z.", 1983 der „Türk. Rep. N-Z." (internat. nicht anerkannt). Dem griech. Reststaat inzwischen EU-Aufnahme zugesagt; ab Ende 2001 deutl. Annäherung beider Teile.

**Zypern**

*Fläche:* 9 251 km²

*Einwohner:* 776 000

*Hauptstadt:* Nikosia

*Amtssprachen:* Neugriechisch, Türkisch

*Zeitzone:* MEZ + 1 Stunde

**Zypresse:** *Echte Zypresse*

**Zypresse** [gr.-lat.], Gatt. der Z.ngewächse; meist immergrüne Bäume; u. a. *Echte Z.* (20–25 m hoch, meist kegelförm.), charakt. Baum des Mittelmeergebietes.

**Zyste** [gr.], **1)** ‡ im od. am Körper gebildeter, sackartiger, mit Flüssigkeit gefüllter Hohlraum. **2)** bei niederen Pfl. u. Tieren auftretendes kapselartiges Dauerstadium zum Überstehen ungünstiger Lebensbedingungen, z. B. bei Bakterien.

**zystische Fibrose** ↑Mukoviszidose.

**zyto..., Zyto...** [gr.], Bestimmungswort; Bed.: „Zelle".

**Zytologie** [gr.], ❀ Lehre von der Zelle.

**zytostatische Mittel** [gr.; dt.], **Zytostatika,** die Entw. und Vermehrung schnell wachsender Zellen hemmende, als Krebsmittel verwendete Substanzen, z. B. radioakt. Stoffe.

# Bildquellenverzeichnis

Agence photographique de la Réunion des musées nationaux, Paris *407*

akg-images, Berlin *21, 30, 37, 48, 72, 74, 114, 141, 168, 174, 205, 229, 262, 265, 269, 271, 300, 304, 309, 328, 345, 353, 361, 363, 373f., 384, 413, 417, 419, 424, 427, 430, 434, 436, 438f., 442, 446f., 460, 466, 480, 497, 535, 562, 572f., 582f., 585, 589, 592, 625, 643, 652f., 656, 690, 697, 707, 725, 730*

Archives Nationales, Paris *582*

Artothek, J. Hinrichs, Weilheim *14, 98, 132, 151, 216, 241, 314, 349, 450, 626, 694*

artur, Köln *187*

Astrofoto Bildagentur, Sörth *55, 645*

Dr. W. Bahnmüller, Geretsried *265*

Bibliographisches Institut & F. A. Brockhaus, Mannheim *Einband, 12–14, 17–20, 22–24, 26f., 31f., 34–36, 38–42, 45, 47–52, 54, 56f., 59–62, 65, 67, 69–71, 77–79, 82, 84–89, 92f., 96, 98–100, 102f., 106, 109, 111, 113, 115, 119, 122f., 126, 131f., 136–138, 157, 160, 165f., 168, 170, 175f., 180, 182f., 185f., 189, 193f., 196f., 199, 201f., 205, 208f., 211f., 214–216, 218–220, 225f., 233, 236–239, 242f., 250, 252, 254f., 257, 259, 261, 269f., 273, 276–279, 281, 284, 287–290, 292, 294, 296f., 299, 302, 305, 308, 310f., 315, 317, 319, 323–327, 330–332, 334, 337–339, 343–348, 351f., 354–358, 361, 364, 367–371, 376, 382, 384–389, 392–394, 397, 399–407, 415, 417, 421–425, 428f., 432f., 443f., 448f., 451–453, 455f., 458, 465–467, 469f., 472f., 475, 478–483, 489, 496f., 501, 504, 506, 508–512, 515, 518, 521, 523, 525, 528, 531, 535f., 538, 540f., 545, 556f., 561, 563, 568, 571, 578, 581, 586, 588–590, 593, 596–598, 600–602, 604–608, 610–612, 616, 620, 623f., 626, 628, 631, 633f., 636, 638f., 641f., 644, 646, 651, 654f., 657–661, 663, 668–671, 674f., 678, 680, 682–684, 687–691, 695f., 698f., 701f., 705, 707–711, 713, 716, 719f., 722–724, 726, 734f., 739f., 743, 746, 748–750, 753f., 761, 767, 772f., 777f., 780–782, 784, 788–790*

Bildarchiv Preußischer Kulturbesitz, Berlin *151, 300, 650, 677*

British Airways *130*

Bundespräsidialamt Bonn *754*

Chionin, Kyoto *124*

Corbis, London und Frankfurt am Main *Einband, 15, 21, 23, 27, 29f., 44, 56, 69, 71, 109, 122, 204, 328, 335, 340, 348, 410f., 418, 515, 555, 559, 565, 579, 614, 653, 679, 724*

Werner Dausien Verlag, Hanau *470*

Deutsche BP, Hamburg *693*

dpa Bildarchiv, Frankfurt am Main *Einband, 17, 28, 39, 47, 75, 90, 101, 113, 169, 186, 223, 264, 268, 280, 289, 293, 333, 336, 360, 366, 379f., 383, 408, 440, 468, 471, 477, 487, 556, 616, 619, 621, 661, 671, 711, 748*

Prof. Dr. A. Effenberger, Berlin *73*

ESA/ESOC, Darmstadt *563*

H. Fasching, Wien *504*

Prof. Dr. Ch. Feest, Frankfurt am Main *720*

Prof. Dr. G. Fellenberg, Wolfsburg *722*

Fischer Verlag, Frankfurt am Main *518*

Fremdenverkehrsamt der VR China, Frankfurt am Main *125*

B. Friedrich, Köln *192*

Gamma, Studio X, Limours *546*

Dr. G. Gerster, Zumikon, Schweiz *192, 526*

Photographie Giraudon, Paris *229, 678*

Greater Phoenix Convention & Visitors Bureau *Einband*

H. Gunnelin, Krylbo, Schweden *708*

Bildarchiv Hansmann, München *45, 54, 86, 200, 263, 316, 356, 486*

Nachlass Erich Heckel, Hemmenhofen *304*

G. Heil, Berlin *316*

Heinrich-Heine-Institut, Düsseldorf *291*

Heinrich-und-Thomas-Mann-Zentrum, Lübeck *425*

G. Helmes, Aachen *451*

Dr. W. & I. HENZE-KETTERER, Wichtrach/Bern *361*

Bildarchiv H. Huber, Garmisch-Partenkirchen *44, 179*

IFA-Bilderteam, Taufkirchen *26, 172, 283, 325, 376, 392, 503, 609, 631, 643, 687, 771, 786*

Interfoto/Bridgeman Art Library, London *43, 328, 425, 480, 499, 573, 640, 699*

Keystone Pressedienst, Hamburg *174, 241, 549*

Keystone Pressedienst, Zürich *552*

Kinemathek Hamburg *25, 162, 164, 453*

Bildkunstverlag G. + W. Klammet, Ohlstadt *553, 741, 787*

Krauss-Maffei, München *180*

Kunsthistorisches Museum, Wien *570*

Prof. Dr. P. Kurmann, Pieterlen, Schweiz *151, 189*

Helga Lade Fotoagentur, Frankfurt am Main *664*

H. Lange, Bad Lausick *398*

A. Leibovitz *49*

Luftbild-Bertram, München-Haar *673*

Malaysia Tourism Promotion Board, Frankfurt am Main *384*

Bildagentur Mauritius, Mittenwald *15, 32, 41, 71, 97, 118, 170, 208, 328, 341, 352, 442, 462, 545, 548, 569, 603, 667, 698, 706, 731, 776*

MEV Verlag, Augsburg *35, 68, 81, 95, 104, 107, 267, 324, 347, 368, 407, 412, 457, 537, 547, 580, 592, 599, 618, 625, 633*

A. Münchow, Aachen *493*

Museum der Bildenden Künste, Leipzig *763*

National Palace Museum, Taipei *123*

New China Pictures, Peking *520*

Nobelstiftelsen, The Nobel Foundation, Stockholm *76, 97, 127, 210*

Tierbilder Okapia, Frankfurt am Main *507, 617, 627, 762, 777*

Die Österreich-Werbung, Wien *765*

Photo Digital, München *282, 285, 401, 461, 518, 713, 773*

Corbis/Bettman/Picture Press, Hamburg *385*

W. van de Poll, Ascona *79*

Popperfoto, London *494*

Presse- und Informationsamt des Landes Berlin *81*

Presse- und Informationsamt des Landes Berlin/Hatebur *362*

Rheinisches Bildarchiv, Köln *705*

AGENZIA FOTOGRAFICA L. RICCIARINI, Mailand *325, 420*

Rijksmuseum Kröller-Müller, Ede-Otterlo, Niederlande *262*

Roger-Viollet, Paris *228*

Prof. Dr. H. Roth, Bonn *252*

Sächsische Landesbibliothek, Staats- und Univ.-Bibliothek, Deutsche Fotothek, Dresden *583*

SCALA, Florenz *64, 258, 375*

Schiller-Nationalmuseum und Deutsches Literatur-archiv, Marbach am Neckar *708*

G. Schneider, Berlin *81*

Bildarchiv Schneiders, Lindau am Bodensee *53, 63, 151*

Silvestris Verlag, Bildarchiv, Kastl *20, 149, 213, 489, 771*

Prof. Dr. U. Sinn, Würzburg *36, 271*

Staatliche Antikensammlungen, München *34*

Staatliche Galerie Moritzburg, Halle (Saale) *207*

Staatsbibliothek zu Berlin Preußischer Kulturbesitz *412*

Stadtarchiv, Ulm *681*

Städtische Kunsthalle, Mannheim *236*

Bildarchiv Steffens, Mainz *584*

H. Stierlin, Genf *584*

Süddeutscher Verlag Bilderdienst, München *232, 252, 423, 534, 560, 564, 595, 667, 736*

teutopress, Bielefeld *410*

The British Antarctic Survey, Cambridge *40*

Tobis Fimkunst, Berlin *250*

ullstein bild, Berlin *691*

U. S. Information Service, Bonn *181, 357*

A. Hermann/Verkehrsverein Bad Aachen *11*

P. Voß, Bremerhaven *612*

Prof. Dr. D. Wildung, Berlin *557*

ZEFA - Zentrale Farbbild Agentur, Düsseldorf *33, 463*



Weitere grafische Darstellungen, Karten und Zeichnungen Bibliographisches Institut & F. A. Brockhaus, Mannheim.

## Alpen: Hauptgruppen und höchste Gipfel

**Westalpen**

*Innere Gneisalpen:*
Ligurische Alpen, Marguareis 2 651 m ü. M.
Seealpen (östlicher Teil), Argentera 3 297 m ü. M.
Cottische Alpen, Monte Viso 3 841 m ü. M.
Grajische Alpen, Gran Paradiso 4 061 m ü. M.
Walliser Alpen, Monte Rosa (Dufourspitze) 4 634 m ü. M.
Tessiner Alpen, Basodino 3 273 m ü. M.
Adulagebirge, Rheinwaldhorn 3 402 m ü. M.

*Äußere Gneisalpen:*
Seealpen (westlicher Teil), Mt. Pelat 3 053 m ü. M.
Dauphiné-Alpen, Pelvoux (Barre des Ecrins) 4 102 m ü. M.
Savoyer Alpen, Montblanc 4 810 m ü. M. (Neuvermessung 2001)
Berner Alpen, Finsteraarhorn 4 274 m ü. M.
Glarner Alpen, Tödi 3 614 m ü. M.

*Kalkalpen:*
Provençalische Alpen, Blayeul 2 191 m ü. M.
Französische Kalkalpen, Obiou 2 971 m ü. M.

**Ostalpen**

*Nördliche Kalkalpen:*
Rätikon, Schesaplana 2 965 m ü. M.
Allgäuer Alpen, Großer Krottenkopf 2 657 m ü. M.
Lechtaler Alpen, Parseierspitze 3 036 m ü. M.
Tirolisch-Bayerische Kalkalpen (Wetterstein, Karwendel, Kaisergebirge), Zugspitze 2 962 m ü. M.
Salzburger und Berchtesgadener Kalkalpen, Hochkönig 2 941 m ü. M.
Salzkammergutberge, Hoher Dachstein 2 995 m ü. M.
Steyr- und Ennstaler Alpen, Hochtor 2 372 m ü. M.
Steirisch-Niederösterreichische Kalkalpen, Hochschwab 2 277 m ü. M.

*Zentralalpen:*
Rätische (auch Graubündner oder Albula-)Alpen und Silvretta, Piz Kesch 3 420 m ü. M.
Verwallgruppe, Hoher Riffler 3 168 m ü. M.
Berninagruppe und Engadiner Alpen, Piz Bernina 4 049 m ü. M.
Ortlergruppe, Ortler 3 899 m ü. M.
Ötztaler Alpen, Wildspitze 3 774 m ü. M.
Stubaier Alpen, Zuckerhütl 3 507 m ü. M.
Sarntaler Alpen, Hirzer Spitze 2 785 m ü. M.
Zillertaler Alpen, Hochfeiler 3 509 m ü. M.
Kitzbüheler Alpen, Kreuzjoch 2 558 m ü. M.
Hohe Tauern, Großglockner 3 798 m ü. M.
Defereggengebirge und Rieserfernergruppe, Hochgall 3 435 m ü. M.
Schober-, Kreuzeckgruppe, Petzeck 3 283 m ü. M.
Niedere Tauern, Hochgolling 2 863 m ü. M.
Gurktaler Alpen, Eisenhut 2 441 m ü. M.
Lavanttaler Alpen, Zirbitzkogel 2 396 m ü. M.
Eisenerzer und Mürztaler Alpen, Gößeck 2 215 m ü. M.

*Südliche Kalkalpen:*
Bergamasker Alpen, Pizzo di Coca 3 052 m ü. M.
Adamello-, Presanellagruppe, Cima Presanella 3 564 m ü. M.
Brentagruppe, Cima Tosa 3 176 m ü. M.
Brescianer Alpen, Corone di Blumone 2 830 m ü. M.
Vicentiner Alpen, Cima Dodici 2 341 m ü. M.
Südtiroler Dolomiten, Marmolada 3 342 m ü. M.
Venetianer Alpen, Cima dei Preti 2 703 m ü. M.
Karnische Alpen, Hohe Warte 2 780 m ü. M.
Gailtaler Alpen und Lienzer Dolomiten, Große Sandspitze 2 772 m ü. M.
Julische Alpen, Triglav 2 863 m ü. M.
Karawanken (Hochstuhl 2 238 m ü. M.) mit Steiner Alpen, Grintavec 2 558 m ü. M.

## Alpen: Alpenstraßen, Alpenbahnen, Alpenpässe

(Auswahl, Reihenfolge von SW nach NO)

| Pass | m ü. M. | verbindet | Geschichte und Ausbau |
|---|---|---|---|
| Colle di Tenda | 1 873 | Nizza und Ventimiglia mit Cuneo und Turin | Fahrstraße, 1782 erbaut (Tunnel 1882, 3,2 km lang, 1 316 m ü. M.); Bahn (Tunnel 8,1 km, 1 037 m ü. M.). |
| Mont Genèvre | 1 854 | Briançon (Durance) mit Susa (Dora Riparia) | Übergang der Gallier 388 v. Chr., früheste Römerstraße über die Alpen (»Mons Matronae«), durch Pompejus 77 v. Chr. angelegt, unter Augustus ausgebaut, trat seit fränk. Zeit hinter dem Mont Cenis zurück; 1807 zur Fahrstraße erweitert. |
| Mont Cenis | 2 083 | Grenoble und Modane (Arc) mit Susa und Turin (Dora Riparia) | Im 6. Jh. angelegt, von den dt. Kaisern 13-mal benutzt, Hospiz nahe der Passhöhe, Fahrstraße 1810, Bahn 1871 erbaut (Tunnel 25 km südwestlich des Passes unter dem Col de Fréjus, 12,2 km lang, 1 294 m ü. M.), Straßentunnel seit 1980. |
| Col de l'Iseran | 2 769 | Val d'Isère mit Arctal | Höchster Pass der »Route des Grandes Alpes«. |
| Kleiner Sankt Bernhard | 2 188 | Albertville (Isère) mit Aosta (Dora Baltea) | Von den Kelten benutzt, wahrscheinlich Hannibals Übergang 218 v. Chr., unter Augustus ausgebaut (»Alpis Graia«), von den dt. Kaisern 4-mal benutzt (seither Hospiz), dann verödet, heute Autostraße. |
| Montblanc-Straßentunnel | 1 392 | Chamonix (Arve) mit Aosta (Dora Baltea) | 1965 eröffnet, 11,6 km lang, 1 300 m ü. M., kürzeste Verbindung zw. Rom und Paris. |

**Alpen: Alpenstraßen, Alpenbahnen, Alpenpässe**
(Auswahl, Reihenfolge von SW nach NO, Fortsetzung)

| Pass | m ü. M. | verbindet | Geschichte und Ausbau |
|---|---|---|---|
| Großer Sankt Bernhard | 2 469 | Martigny (Rhone) mit Aosta (Dora Baltea) | Seit der Bronzezeit benutzt, unter Augustus ausgebaut (»Alpis Poenina«), bevorzugter Pass der Karolinger (im MA »Mons Jovis«), von den dt. Kaisern 20-mal benutzt, Hospiz auf der Passhöhe; Überquerung durch Napoleon 1800 mit 30 000 Mann auf dem Wege nach Marengo. Neue Straße 1905; Tunnel (5,8 km lang, 1 924 m ü. M., mit Erdölleitung) 1964 erbaut. |
| Simplon | 2 005 | Brig (ob. Rhone) mit Domodossola (Toce) | Zur röm. Kaiserzeit angelegt; Fahrstraße 1807, Bahn mit Tunnel 1906 fertig gestellt, Paralleltunnel 1922 (Tunnel 19,8 km lang, 700 m ü. M.; Autoverladung); Hospiz. |
| Lötschberg | 2 690 | Kandersteg mit Brig (Goppenstein) | Bahn 1913 erbaut (Tunnel 14,6 km, 1 242 m ü. M.; Autoverladung); seit 1999 Basistunnel (34,6 km) im Bau. |
| Grimsel | 2 165 | Aare mit Rhonetal | Straße 1894 erbaut (Anschluss an die Furkastraße). |
| Brünig | 1 007 | Aaretal mit Luzern | Autostraße und Schmalspurbahn. |
| Susten | 2 224 | Reußtal mit Aaretal | Autostraße seit 1945, heute 36 km lang. |
| Klausen | 1 952 | Altdorf mit Glarus | Straße 1899 fertig gestellt. |
| Furka | 2 431 | Goms (ob. Rhonetal) mit Urseren (ob. Reußtal) | Fahrstraße 1866 erbaut; 15,4 km langer Tunnel mit Schmalspurbahn seit 1982; Autoverladung. |
| Sankt Gotthard | 2 108 | Reußtal (Altdorf) mit Tessintal (Bellinzona) | Im 13. Jh. als Station erwähnt, seither Hospiz auf der Passhöhe, für den Wagenverkehr 1830 ausgebaut (Straßentunnel 16,3 km, 1 175 m ü. M., seit 1980). Bahn seit 1882 (Tunnel 15 km lang, 1 154 m ü. M.; Autoverladung); seit 1999 Basistunnel (56 km) im Bau. |
| Oberalppass | 2 044 | Urserental mit Vorderrhein | Fahrstraße und Schmalspurbahn. |
| Lukmanier | 1 917 | Disentis (Vorderrheintal) mit Biasca (Tessintal) | Zur sächs. Kaiserzeit angelegt, von den Kaisern 2-mal benutzt, Hospiz im MA, Fahrstraße seit 1877. |
| San Bernardino | 2 065 | Thusis mit Bellinzona | Zur sächs. Kaiserzeit angelegt, Hospiz im MA., Fahrstraße seit 1823; Tunnel (6,6 km lang, 1 644 m ü. M.), 1967 eröffnet. |
| Splügen | 2 113 | Thusis mit Chiavenna | Zur röm. Kaiserzeit angelegt, Fahrstraße seit 1826. |
| Septimer | 2 311 | Bivio mit Casaccia | Reste eines röm. Hospizes, in fränk. Zeit Hauptübergang, von den dt. Kaisern 17-mal benutzt; als erste feste Alpenstraße für Wagenverkehr 1387 ausgebaut; seit Eröffnung des Maloja nur Saumpfad. |
| Julier | 2 284 | Bivio mit Silvaplana | Zur röm. Kaiserzeit angelegt, Fahrstraße 1826 erbaut. |
| Maloja | 1 815 | Oberengadin mit Bergell | Seit dem 16. Jh. benutzt, Straße 1839 erbaut. |
| Albulapass | 2 312 | Tiefencastel mit Oberengadin | Straße 1865, Bahn 1903 erbaut (Tunnel 5,9 km, 2 063 m ü. M.). |
| Flüela | 2 383 | Davos mit Unterengadin | Straße 1867 erbaut. |
| Arlberg | 1 793 | Landeck im Inntal mit Bludenz im Illtal | Seit 1375 ausgebaut, Fahrstraße 1786, heutige Straße 1825 (14 km langer Tunnel seit 1978), Bahn 1882 erbaut (Tunnel 10,3 km lang, 1 310 m ü. M.). |
| Bernina | 2 330 | Oberengadin mit Veltlin | Straße 1865, Berninabahn 1910 fertig gestellt (ohne Tunnel). |
| Ofenpass | 2 149 | Zernez (Oberengadin) mit Münstertal | Straße 1872 eröffnet. |

**Alpen: Alpenstraßen, Alpenbahnen, Alpenpässe**
(Auswahl, Reihenfolge von SW nach NO; Fortsetzung)

| Pass | m ü. M. | verbindet | Geschichte und Ausbau |
|---|---|---|---|
| Wormser Joch (Umbrailpass) | 2502 | St. Maria (Münstertal) mit Bormio (Addatal) | Straße 1901 eröffnet. |
| Stilfser Joch | 2757 | Sponding mit Bormio | Straße 1825 eröffnet. |
| Reschenpass | 1504 | Nauders und Oberinntal mit Mals (Vintschgau) | Unter Claudius angelegt (»Via Claudia«), im frühen MA bedeutend. |
| Fernpass | 1216 | Imst mit Reutte | Unter Claudius angelegt (»Via Claudia«), seitdem stets benutzt. |
| Jaufen | 2094 | Sterzing mit Passeiertal | Im MA viel begangen, heutige Straße 1911 eröffnet. |
| Brenner | 1371 | Innsbruck (Inn) mit Sterzing und Bozen (Eisack, Etsch) | Von den Etruskern und Kelten begangen, unter Septimus Severus ausgebaut, von den dt. Kaisern 66-mal benutzt; Wagenverkehr seit 1772, Bahn seit 1867 (Tunnel geplant); seit 1974 Autobahn. |
| Seefelder Sattel | 1185 | Mittenwald mit Zirl | Straße zur röm. Kaiserzeit angelegt. Mittenwaldbahn 1912 eröffnet. |
| Gerlospass | 1628 | Ziller- mit Salzachtal | Autostraße 1962 eröffnet. |
| Felber Tauern | 2545 | Mittersill (Salzach) mit Matrei in Osttirol und dem Iseltal | Straßentunnel (5,6 km, 1652 m ü. M.) 1967 fertig gestellt. Tunnel der Transalpinen Ölleitung. |
| Großglockner-Hochtor | 2576 | Salzach- mit Mölltal | Großglockner-Hochalpenstraße (mit Tunnel in 2505 m ü. M.). 1935 eröffnet. |
| Niederer und Hoher Tauern | 2431<br>2460 | Gasteiner Tal mit Mallnitz und dem Mölltal | Mittelalterl. Weg über den Hohen oder Korntauern. Bahn 1908 erbaut (Tunnel 8,5 km, 1225 m ü. M.; Autoverladung). |
| Plöcken | 1360 | Kötschach mit Tolmezzo | Zur röm. Kaiserzeit erbaut; heute Autostraße. |
| Radstädter Tauern | 1739 | Radstadt (Enns) mit St. Michael im Lungau | Zur spätröm. Kaiserzeit angelegt; im MA viel benutzt; heute Autostraße. Autobahn Salzburg–Villach (Tauerntunnel 6,4 km, 1340 m ü. M.). |
| Katschberg | 1641 | St. Michael im Lungau mit Spittal a. d. Drau | Seit der Eisenzeit begangen; spätröm. Straße; heute Autostraße sowie Tunnel (5,4 km, 1194 m ü. M.) der Autobahn Salzburg–Villach. |
| Saifnitzer Sattel | 804 | Udine mit Villach | Zu Beginn der röm. Kaiserzeit angelegt, noch heute Hauptweg zw. Wien und Italien; Straße und Bahn, Autobahn. |
| Predil | 1156 | Tarvisio mit Bovec | Übergang der Langobarden 568; Straße 1404 erbaut. |
| Phyrn | 945 | Windischgarsten und das Steyrtal mit Liezen (Enns) | Römerstraße; Bahn 1906 erbaut (Tunnel 4,8 km lang, 727 m ü. M.). Phyrnautobahn (Bosrucktunnel 5,5 km, 742 m ü. M., seit 1983). |
| Rottenmanner Tauern | 1263 | Liezen (Enns) mit Judenburg (Mur) | Frühgeschichtl. Salz- und Eisenstraße; in der röm. Kaiserzeit ausgebaut, Fahrstraße. |
| Schoberpass | 849 | Ennstal mit Murtal | Bahn und Autostraße. |
| Präbichl | 1227 | Hieflau mit Leoben | Frühgeschichtl. Eisenstraße; Bahn (Tunnel 1204 m ü. M.), Autostraße. |
| Neumarkter Sattel | 880 | Murtal mit Gurktal | Zur röm. Kaiserzeit angelegt; Bahn Wien–Klagenfurt; Autostraße über den Perchauer Sattel, 995 m ü. M. |
| Wurzen | 1073 | Villach mit Savetal | Autostraße. |
| Karawanken | 637 | Rosenbach mit Jesenice | Bahn 1906 erbaut (Tunnel 8 km lang, 637 m ü. M.). Straßentunnel, 1991 fertig gestellt (7,87 km lang). |
| Loibl | 1368 | Klagenfurt mit Ljubljana | Straße 1717 angelegt, Autotunnel (seit 1965). |
| Semmering | 985 | Gloggnitz (Schwarza) mit Mürzzuschlag (Mürz) | Im MA angelegt; 1728 alte, 1842 neue Straße, Schnellstraße bis Gloggnitz 1985 fertig gestellt, Bahn 1854 fertig gestellt (Tunnel 1,4 km lang, 897 m ü. M.). |

| Brücken | | | |
|---|---|---|---|
| **Name und Lage** | **voll-endet** | **größte Spann-weite in m** | **Gesamtlänge in m** |
| **Steinerne Gewölbebrücken** | | | |
| Pont du Gard bei Nîmes (Frankreich) | 19 v. Chr. | 24,5 | 275 |
| Engels-B. über den Tiber in Rom (Italien) | 136 n. Chr. | 10 | 100 |
| Tsiho-B., Zhaozhou bei Harbin (China) | 650 | 37 | 50 |
| Steinerne B. über die Donau bei Regensburg | 1146 | 15 | 312 |
| Scaliger-B. über die Etsch in Verona (Italien) | 1355 | 48,7 | 150 |
| Karls-B. über die Moldau in Prag (Tschech. Rep.) | 1358 | 20 | 497 |
| Neretva-B. in Mostar (Bosnien und Herzegowina) | 1566 | 30 | – |
| Alte B. über den Neckar in Heidelberg | 1788 | 25 | 200 |
| Göltzschtal-B. bei Netzschkau, Sachsen | 1851 | 31 | 575 |
| Syratal-B. in Plauen | 1904 | 90 | 135 |
| **Stahlbeton- und Spannbetonbrücken** | | | |
| *Bogenbrücken* | | | |
| Isar-B. in Grünwald bei München | 1903 | 70 | 200 |
| Albert-Louppe-B. über den Elorn bei Brest (Frankreich) | 1929 | 179 | 700 |
| Traneberg-B., Stockholm (Schweden) | 1934 | 181 | 538 |
| Chimki-B. bei Moskau (Russland) | 1934 | 116 | – |
| Teufelstal-B. bei Jena | 1938 | 138 | 253 |
| Sandö-B. über den Ångermanälv, Kramfors (Schweden) | 1940 | 264 | 813 |
| Paraná-B. (Brasilien–Paraguay) | 1962 | 290 | 552 |
| Arrábida-B., Porto (Portugal) | 1963 | 270 | – |
| Parramatta-B., Sydney (Australien) | 1963 | 305 | 580 |
| B. über den Saarkanal, Wawern–Kanzem | 1984 | 169 | 179 |
| Eistobeltal-B. bei Isny, Allgäu | 1986 | 145 | 230 |
| *Schrägseilbrücken* (seilverspannte Balken) | | | |
| Maracaibosee-B. (Venezuela) | 1962 | 235 | 8272 |
| Dnjepr-B., Kiew (Ukraine) | 1963 | 144 | 276 |
| Polceveratal-B. bei Genua (Italien) | 1967 | 208 | 1203 |
| Wadi-El-Kuf-B. (Libyen) | 1971 | 282 | 477 |
| Werks-B. der Hoechst AG über den Main, Frankfurt a. M. | 1972 | 148 | 300 |
| Waal-B. bei Tiel (Niederlande) | 1974 | 267 | 1419 |
| Brotonne-B. über die Seine bei Rouen (Frankreich) | 1976 | 320 | 1278 |
| Penang-B. (Malaysia) | 1985 | – | 13500 |
| Öresund-B. (Dänemark–Schweden) | 2000 | 490 | 7845 |
| *Hängebrücken* | | | |
| B. bei Merelbeke, bei Gent (Belgien) | 1962 | 100 | 192 |
| B. bei Hudson Hope, British Columbia (Kanada) | 1965 | 207 | – |
| *Balkenbrücken* | | | |
| Straßen-B. Aue, bei Zwickau | 1937 | 69 | 308 |
| Pontchartrain-B., New Orleans (USA) | 1956 | 17,1 | 38600 |
| Autobahn-B. über den Main bei Wertheim | 1961 | 140 | 310 |
| Alnösund-B., Sundsvall (Schweden) | 1963 | 134 | 1152 |
| Alnösund-B. Saratow-Engels (Russland) | 1965 | 166 | 2790 |
| Oosterschelde-B. (Niederlande) | 1965 | 95 | 5020 |
| Autobahn-B. über den Rhein bei Bendorf | 1965 | 208 | 1029 |
| Oléron-B. (Frankreich) | 1966 | 79 | 2862 |
| Autobahn-B. (Siegtal-B.) bei Siegen | 1969 | 105 | 1050 |
| Moskwa-B., Moskau-Nagatino (Russland) | 1969 | 114 | 807 |
| Hang-B. zw. Villeneuve und Montreux (Schweiz) | 1970 | 104 | 2150 |
| Nusletal-B., Prag (Tschech. Rep.) | 1970 | 115,5 | 485 |
| neue Save-B. in Belgrad (Serbien) | 1970 | 250 | 350 |
| Carola-B., Dresden | 1971 | 120 | 400 |
| Rhein-B., Bonn-Süd | 1971 | 230 | – |
| Öland-B. über den Kalmarsund (Schweden) | 1972 | 130 | 6072 |
| Pine-Valley-Creek-B. bei San Diego, Calif. (USA) | 1974 | 137 | 550 |
| Autobahn-B. über die Mosel in Schweich bei Trier | 1974 | 192 | 1000 |
| Autobahn-B. über die Donau bei Novi Sad (Serbien) | 1975 | 210 | 2250 |
| Uruguay-B. bei Fray Bentos (Argentinien–Uruguay) | 1976 | 220 | 3408 |
| Hamanasee-B., bei Hamamatsu (Japan) | 1976 | 240 | 1437 |
| Vejlefjord-B. bei Vejle (Dänemark) | 1978 | 114 | 1720 |

| **Brücken** (Fortsetzung) | | | |
|---|---|---|---|
| **Name und Lage** | **vollendet** | **größte Spannweite in m** | **Gesamtlänge in m** |
| *Rahmenbrücken* | | | |
| Kanalhafen-B., Heilbronn | 1950 | 108 | 174 |
| Dischinger-B., Berlin | 1956 | 94 | 120 |
| **Stahlbrücken** | | | |
| *Bogenbrücken* | | | |
| Müngstener B. über die Wupper bei Solingen | 1897 | 170 | 485 |
| Kill-van-Kull-B., New York (USA) | 1930 | 504 | 1762 |
| Hafen-B., Sydney (Australien) | 1932 | 503 | 1150 |
| Storstrøm-B. (Dänemark) | 1937 | 136 | 3200 |
| Karmsund-B. bei Haugesund (Norwegen) | 1955 | 184 | 690 |
| Niagara-B., Queenstone-Lewiston (Kanada-USA) | 1962 | 305 | 478 |
| Fehmarnsund-B. | 1963 | 248 | 964 |
| Port-Mann-B., Vancouver (Kanada) | 1965 | 366 | 2092 |
| Eisenbahn-B. über den Rhein Düsseldorf–Neuss | 1987 | 250 | 812 |
| *Schrägseil- und Zügelgurtbrücken* | | | |
| Rhein-B. Krefeld-Uerdingen | 1935 | 250 | 857 |
| Severin-B., Köln | 1959 | 302 | 691 |
| Rhein-B. Emmerich | 1965 | 500 | – |
| Rheinknie-B., Düsseldorf | 1966 | 320 | 564 |
| Friedrich-Ebert-B. Bonn | 1967 | 280 | 1290 |
| Autobahn-B. über den Rhein bei Duisburg-Neuenkamp | 1970 | 350 | 780 |
| neue Donau-B., Preßburg (Slowak. Rep.) | 1972 | 303 | 432 |
| Köhlbrand-B., Hamburg | 1974 | 325 | 520 |
| Ishikari-B., auf Hokkaidō (Japan) | 1975 | – | 1400 |
| Loire-B. bei Saint-Nazaire (Frankreich) | 1975 | 404 | 3356 |
| Dnjepr-B., Kiew (Ukraine) | 1976 | 300 | 783 |
| Fleher-B. (Autobahn-B.) bei Düsseldorf | 1979 | 368 | 1147 |
| B. der Normandie (Frankreich) | 1995 | 856 | 2441 |
| *Hängebrücken* | | | |
| Golden-Gate-B., San Francisco (USA) | 1937 | 1280 | 2150 |
| Chesapeakebai-B., Virginia (USA) | 1952 | 488 | 6491 |
| Autobahn-B. über den Rhein bei Köln-Rodenkirchen | 1954 | 378 | 567 |
| Seine-B. bei Tancarville nahe Le Havre (Frankreich) | 1959 | 608 | 1400 |
| Elisabeth-B. über die Donau in Budapest (Ungarn) | 1964 | 290 | 404 |
| Verrazano-Narrows-B., New York (USA) | 1964 | 1298 | 4170 |
| Straßen-B. über den Firth of Forth (Schottland) | 1964 | 1006 | 2400 |
| Tejo-B., Lissabon (Portugal) | 1966 | 1013 | 2278 |
| Bosporus-B., Istanbul (Türkei) | 1973 | 1074 | 1570 |
| Humber-B. bei Kingston upon Hull (England) | 1979 | 1410 | 2200 |
| *Vollwandbalkenbrücken* | | | |
| Rhein-B. Düsseldorf–Neuss | 1951 | 206 | 677 |
| alte Save-B. in Belgrad (Serbien) | 1956 | 261 | 311 |
| Europa-B. der Brennerautobahn bei Innsbruck | 1963 | 198 | 785 |
| Zoo-B., Köln | 1966 | 259 | 597 |
| San-Mateo-Hayward-B., San Francisco (USA) | 1967 | 229 | 10877 |
| Autobahn-B. (Moseltal-B.) bei Winningen | 1972 | 218 | 935 |
| Hoch-B. über die Guanabarabucht, Rio de Janeiro–Niterói (Brasilien) | 1974 | 300 | 7400 |
| Elbe-B. Wittenberge | 1978 | 160 | 1110 |
| *Fachwerkbalkenbrücken* | | | |
| Eisenbahn-B. über den Firth of Forth (Schottland) | 1890 | 521 | 2466 |
| Sankt-Lorenz-Strom-B., Quebec (Kanada) | 1917 | 549 | 988 |
| East-Bay-B., San Francisco (USA) | 1936 | 427 | 3600 |
| Jangtsekiang-B., Wuhan (China) | 1957 | 128 | 1670 |
| Mullet-Key-B. über die Tampa Bay, Florida (USA) | 1957 | 263 | 6100 |
| Mississippi-B. New Orleans (USA) | 1958 | 480 | 920 |
| Panamakanal-B. (Panama) | 1962 | 343 | 1900 |
| Jangtsekiang-B., Nanking (China) | 1968 | 160 | 6772 |
| Hafen-B., Osaka (Japan) | 1974 | 510 | 980 |
| Ob-B. in Westsibirien (Russland) | 1975 | 110 | 2000 |
| Mala-Rijeka-Tal-B. (Kroatien) | 1976 | 250 | 498 |
| Elbe-B. Herrenkrug, Magdeburg | 1978 | 135 | 681 |

| Brücken (Fortsetzung) | | | |
|---|---|---|---|
| **Name und Lage** | **voll-endet** | **größte Spann-weite in m** | **Gesamtlänge in m** |
| **Bewegliche Brücken (Stahl)** | | | |
| *Hubbrücken* | | | |
| B. über den Cape Cod Canal, Mass. (USA) | 1935 | 166 | – |
| Arthur-Kill-B., New York (USA) | 1959 | 170 | – |
| *Drehbrücken* | | | |
| B. bei Fort Madison, Iowa (USA) | 1927 | 160 | – |
| Suezkanal-B. bei El-Ferdan (Ägypten) | 1965 | 167,5 | – |
| *Klappbrücken* | | | |
| Tower Bridge, London (England) | 1894 | 61 | – |
| B. bei Sault Sainte Marie, Mich. (USA) | 1941 | 102 | – |

**Die längsten Flüsse der Erde** (Auswahl)

| Fluss | Länge in km | Einzugsgebiet in 1000 km² | Einmündungsgewässer |
|---|---|---|---|
| Nil (mit Kagera) | 6671 | 2870 | Mittelmeer |
| Amazonas | 6500 | 7180 | Atlantischer Ozean |
| Jangtsekiang | 6300 | 1827 | Ostchinesisches Meer |
| Mississippi (mit Missouri) | 6021 | 3221 | Atlantischer Ozean |
| Ob (mit Irtysch) | 5410 | 2990 | Nordpolarmeer |
| Hwangho | 4845 | 771 | Gelbes Meer |
| Mekong | 4500 | 810 | Südchinesisches Meer |
| Amur (mit Argun) | 4440 | 1845 | Ochotskisches Meer |
| Lena | 4400 | 2490 | Nordpolarmeer |
| Kongo | 4374 | 3690 | Atlantischer Ozean |

**Die größten Inseln der Erde** (Auswahl, Flächenangaben in km²)

| | | | |
|---|---|---|---|
| Grönland | 2130800 | Tasmanien | 64880 |
| Neuguinea | 771900 | Devon Island (Kanad.-Arkt. Archipel) | 55247 |
| Borneo | 751838*) | Nowaja Semlja, Nordinsel | 48904 |
| Madagaskar | 587041*) | Marajó, Ilha de (Amazonasmündungs-gebiet) | 48000 |
| Baffin Island (Kanad.-Arkt. Archipel) | 507541 | Feuerland, Hauptinsel | 47000 |
| Sumatra | 425000 | Alexander-I.-Insel (Antarktis) | 43200 |
| Honshū | 231090*) | Axel Heiberg Island (Kanad.-Arkt. Archipel) | 43178 |
| Großbritannien | 229957 | Kyūshū | 42163 |
| Victoria Island (Kanad.-Arkt. Archipel) | 217290 | Melville Island (Kanad.-Arkt. Archipel) | 42149 |
| Ellesmere Island (Kanad.-Arkt. Archipel) | 196236 | Southampton Island (Hudsonbai) | 41214 |
| Celebes | 189216*) | Spitzbergen, Hauptinsel | 37673 |
| Neuseeland, Südinsel | 151757 | New Britain (Bismarckarchipel) | 36500*) |
| Java | 118000 | Taiwan | 35873 |
| Neuseeland, Nordinsel | 114597 | Hainan | 33670 |
| Neufundland | 108860 | Timor | 33600 |
| Kuba | 105007 | Prince of Wales Island (Kanad.-Arkt. Archipel) | 33338 |
| Luzon | 104688 | Nowaja Semlja, Südinsel | 33275 |
| Island | 103000*) | Vancouver Island | 31284 |
| Mindanao | 94630 | Sizilien | 25426 |
| Irland | 84403*) | Somerset Island (Kanad.-Arkt. Archipel) | 24786 |
| Hokkaidō | 78523*) | Sardinien | 23813 |
| Sachalin | 76400 | Halmahera (Molukken) | 17800 |
| Hispaniola | 76192 | | |
| Banks Island (Neue Hebriden) | 70028 | | |
| Ceylon | 65610*) | | |

*) Mit Nebeninseln.

**Die größten Seen der Erde** (Auswahl)

| See | Fläche in km² | Seespiegel in m ü.M. | größte Tiefe in m | Abfluss |
|---|---|---|---|---|
| Kaspisches Meer (Westasien) | etwa 400 000 | −28 | etwa 1 030 | ohne Abfluss |
| Oberer See (Nordamerika) | 82 100 | 184 | 405 | Saint Mary's River |
| Victoriasee (Ostafrika) | 68 000 | 1 134 | 85 | Victorianil |
| Huronsee (Nordamerika) | 59 596 | 176 | 229 | Saint Clair River |
| Michigansee (Nordamerika) | 57 800 | 177 | 281 | Straits of Mackinac |
| Tanganjikasee (Ostafrika) | 34 000 | 773 | 1 435 | Lukuga |
| Baikalsee (Südsibirien) | 31 500 | 456 | 1 637 | Angara |
| Großer Bärensee (Nordamerika) | 31 153 | 156 | 413 | Great Bear River |
| Aralsee (westl. Mittelasien) | 30 900*) | 40 | etwa 10 | ohne Abfluss |
| Malawisee (Südostafrika) | 30 800 | 472 | 706 | Shire |
| Großer Sklavensee (Nordamerika) | 28 568 | 156 | 416 | Mackenzie |

*) Ständiger Rückgang des Seespiegels seit 1960 (damals 64 100 km²).

**Große Stauseen der Erde** (Auswahl)*)

| Name | Staat | Fluss | Fläche in km² | Fertigstellung | Stauinhalt in Mill. m³ |
|---|---|---|---|---|---|
| Volatastausee | Ghana | Volta | 8 482 | 1965 | 148 000 |
| Smallwood Reservoir | Kanada | Churchill River | 6 527 | 1974 | 28 000 |
| Samarer Stausee | Russland | Wolga | 6 450 | 1955 | 58 000 |
| Nassersee | Ägypten/Sudan | Nil | 5 900 | 1970 | 165 000 |
| Buchtarmastausee | Kasachstan | Buchtarma (Irtysch) | 5 490 | 1966 | 53 000 |
| Bratsker Stausee | Russland | Angara | 5 470 | 1967 | 169 270 |
| Unterkama-Stausee | Russland | Kama | 5 400 | 1978 | 13 000 |
| Karibasee | Simbabwe/Sambia | Sambesi | 5 230 | 1960 | 180 000 |
| Rybinsker Stausee | Russland | Wolga | 4 580 | 1947 | 25 400 |
| Kaniapiskausee | Kanada | Kaniapiskau | 4 285 | 1987 | 53 790 |
| Embalse de Guri | Venezuela | Río Caroní | 4 250 | 1985 | 140 000 |
| Sobradinho-Stausee | Brasilien | Rio São Francisco | 4 214 | 1980 | 34 100 |
| Wolgograder Stausee | Russland | Wolga | 3 117 | 1958 | 31 500 |
| Speichersee von La Grande 2 | Kanada | La Grande-Rivière | 2 835 | 1978 | 61 715 |
| Cabora-Bassa-Stausee | Moçambique | Sambesi | 2 800 | 1974 | 159 000 |
| Sejastausee | Russland | Seja | 2 740 | 1973 | 68 400 |
| Zimljansker Stausee | Russland | Don | 2 700 | 1955 | 23 900 |
| Tucuruí-Stausee | Brasilien | Rio Tocantis | 2 420 | 1982 | 45 800 |
| Sanmen-Stauwerk | China | Hwangho | 2 350 | 1962 | 36 000 |
| Tscheboksaryer Stausee | Russland | Wolga | 2 274 | 1985 | 13 800 |
| Krementschuger Stausee | Ukraine | Dnjepr | 2 252 | 1959 | 13 500 |
| Kachowkaer Stausee | Ukraine | Dnjepr | 2 155 | 1955 | 18 200 |
| Krasnojarsker Stausee | Russland | Jenissej | 2 000 | 1967 | 73 300 |
| Manicouagan Réservoir | Kanada | Manicouagan | 1 942 | 1967 | 141 851 |
| Ust-Ilimsker Stausee | Russland | Angara | 1 837 | 1978 | 59 400 |
| Saratower Stausee | Russland | Wolga | 1 831 | 1968 | 12 900 |
| Kossou | Elfenbeinküste | Bandama | 1 750 | 1972 | 25 000 |
| Williston Lake | Kanada | Peace River | 1 660 | 1968 | 70 300 |
| Brokopondostausee | Surinam | Suriname | 1 560 | 1964 | 12 400 |
| Lake Oahe | USA | Missouri | 1 440 | 1958 | 29 100 |
| Rincón-del-Bonete-Stausee | Uruguay | Río Negro | 1 400 | 1946 | 6 600 |
| Itaipú-Stausee | Brasilien/Paraguay | Paraná | 1 350 | 1984 | 29 000 |
| Furnas-Stausee | Brasilien | Rio Grande | 1 350 | 1962 | 20 900 |
| Kainjistausee | Nigeria | Niger | 1 300 | 1969 | 15 000 |
| Trés-Marias-Stausee | Brasilien | Rio São Francisco | 1 130 | 1961 | 19 300 |
| Atatürk-Stausee | Türkei | Euphrat | 1 065 | 1990 | 48 470 |

*) Zum Vergleich: Bodensee 571,5 km².